Geschichtliche Grundbegriffe
Historisches Lexikon
zur politisch-sozialen Sprache in Deutschland
Band 3 H—Me

GESCHICHTLICHE GRUNDBEGRIFFE

Historisches Lexikon
zur politisch-sozialen Sprache in Deutschland

Herausgegeben von
Otto Brunner †   Werner Conze   Reinhart Koselleck

Band 3
H — Me

Klett-Cotta

Herausgegeben im Auftrag des Arbeitskreises für moderne Sozialgeschichte e. V.

CIP-Kurztitelaufnahme der Deutschen Bibliothek

Geschichtliche Grundbegriffe: histor. Lexikon zur polit.-sozialen Sprache in Deutschland / hrsg. von Otto Brunner ... [Hrsg. im Auftr. d. Arbeitskreises für moderne Sozialgeschichte e. V.]. — Stuttgart: Klett-Cotta

NE: Brunner, Otto [Hrsg.]

Bd. 3. H—Me. — 1982.
 ISBN 3-12-903870-1

Alle Rechte vorbehalten
Fotomechanische Wiedergabe nur mit Genehmigung des Verlages
Verlagsgemeinschaft Ernst Klett – J. G. Cotta'sche Buchhandlung
Nachfolger GmbH, Stuttgart
Einbandentwurf E. Dambacher, Korb
© Ernst Klett Verlag, Stuttgart 1982. Printed in Germany
Satz und Druck Ernst Klett, Stuttgart

Vorwort

Wir freuen uns, auch den dritten Band vorlegen zu können und hoffen, daß er das gleiche positive Echo wie die bereits erschienenen Bände haben wird. Für die Schwierigkeiten des Unternehmens sei darauf hingewiesen, daß die hier verfolgte Methode die Autoren große Hürden zu nehmen zwingt. Oft sind Hunderte von Seiten zu lesen, vor allem auf der Ebene der nie zu erschöpfenden Alltagsquellen, bevor ein Zitat als repräsentativ eingestuft werden kann. Und selbst dann noch enthält jede Einschätzung einer Quelle als repräsentativ für die Sozialgeschichte ein Risiko. Wollte man, von der Ebene der sogenannten Klassiker und von der Ebene der Lexika und Wörterbücher ausgehend, den gesamten Sprachhaushalt einer Epoche erfassen, so würde unser Vorhaben ins Unendliche ausgedehnt werden müssen. Es sei daran erinnert, daß der Grimm vorzüglich literarische Quellen auswertet. Wenn unser Registerband erschienen ist, darf man füglich hoffen, daß das Lexikon darin eine Summe von Belegstellen aus der sozialen und politischen Sprache anbietet, die bisher noch nicht in vergleichbarer Intensität präsentiert worden sind. Aber das eigentliche Vorhaben bleibt die Begriffsgeschichte, die den epochalen Wandel auf der Schwelle zu unserer eigenen Zeit sprachlich analysiert. Keine Geschichte geht in ihrer sprachlichen Erfassung auf, aber ohne sprachliche Erfassung ist sie ebensowenig erkennbar. In dieser Spannung bewegt sich unsere Methode. Von ihren Möglichkeiten und Schwierigkeiten zeugt der Sammelband über Historische Semantik und Begriffsgeschichte, in dem die ersten Erfahrungen unserer Mitarbeiter kritisch und selbstkritisch zusammengefaßt sind.
Einige Artikel, wie „Kirche", mußten aus redaktionellen Gründen entfallen. Der Tod unseres ausgezeichneten, immer voller Anregungen mitarbeitenden Autors Dietrich Hilger hat eine große Lücke aufgerissen und dadurch eine gewisse Verzögerung mit verursacht. Aber Frau Hilger-Vopelius hat mit der spontanen Hilfe, die wir von ihr erhielten, die Lücke teilweise wieder geschlossen. Sie hat die Arbeit ihres verstorbenen Mannes souverän zu Ende geführt. Auch einigen Mitarbeitern des Arbeitskreises für Moderne Sozialgeschichte sei gedankt für Überbrückungshilfen. Gleichwohl gebührt der Dank in erster Linie Dietrich Hilger selbst, dessen Artikel zu den eigenständigen Beiträgen unseres Lexikons gehören.
Weitere Danksagungen sind erforderlich: dem Land Baden-Württemberg für die finanzielle Unterstützung des Arbeitskreises, der das Unternehmen trägt; der Deutschen Forschungsgemeinschaft für ihre anhaltende finanzielle Beihilfe; den Mitarbeitern der Heidelberger Redaktion, die sich u. a. dem mühsamen Geschäft unterzieht, alle Belege zu überprüfen. Der Teufel sitzt bekanntlich im Detail. Christa Schönrich, Reinhard Stumpf und Rudolf Walther wurden nicht müde, ihn auszutreiben und darüber hinaus produktive Hilfen zu leisten. Ebenso gebührt unser Dank den Bielefelder Mitarbeitern Jörg Fisch und Lucian Hölscher sowie den studentischen Hilfskräften, ohne deren Arbeit das Werk nicht vorangekommen wäre. Nicht zu vergessen ist unser Dank an die unermüdlichen Schreibhilfen, die Frauen Doris Lösch, Heidi Schier, Adele Weigand und Jutta Wiegmann.
Schließlich muß unser aller Dank dem Verlag Klett-Cotta und seinen bewährten Mitarbeitern ausgesprochen werden: Herrn Dieckmann, Herrn Haas und last, but not

least Frau Kurtz, die mit Geduld und verständnisvollem Nachdruck den Abschluß herbeiführen geholfen haben.

Endlich ist allen Autoren zu danken, deren Geduld oder deren Arbeitskapazität oft genug über Gebühr strapaziert worden sind. Die Lasten eines Gemeinschaftsunternehmens können leichter getragen werden, wenn sich ein Gewinn abzeichnet. Das zu beurteilen aber müssen wir den Lesern und Benutzern des Lexikons überlassen, um deren weitere Kritik für die Fortsetzung des Unternehmens wir bitten.

Der fünfte Band hat nun gute Aussicht, im Abstand von ein bis zwei Jahren zu erscheinen.

Während der Schlußredaktion erreicht uns die Nachricht vom Tode Otto Brunners. Unser Lexikon ist ohne sein wissenschaftliches Lebenswerk nicht denkbar. Denn er hat die Wege erschlossen, auf denen sich die Begriffsgeschichte und die Sozialgeschichte dauernd ergänzen müssen, um kritisch kontrollierbare Ergebnisse erzielen zu können. Durch seinen nüchternen und klugen Rat hat Brunner das Gemeinschaftsunternehmen initiieren geholfen, wofür wir ihm zu tiefem Dank verpflichtet bleiben.

Dem Andenken Otto Brunners und dem Andenken Dietrich Hilgers sei der Band gewidmet.

Bielefeld Im Namen der Herausgeber
im Juni 1982 REINHART KOSELLECK

Inhalt

Verzeichnis der Mitarbeiter	VIII
Hinweise zur Benutzung	IX
Abkürzungsverzeichnis	X
Herrschaft	1
Hierarchie	103
Ideologie	131
Imperialismus	171
Industrie, Gewerbe	237
Interesse	305
Internationale, International, Internationalismus	367
Kapital, Kapitalist, Kapitalismus	399
Kommunismus	455
Konservativ, Konservatismus	531
Krieg	567
Krise	617
Kritik	651
Legitimität, Legalität	677
Liberalismus	741
Exkurs: Wirtschaftlicher Liberalismus	787
Macht, Gewalt	817
Marxismus	937
Materialismus — Idealismus	977
Mehrheit, Minderheit, Majorität, Minorität	1021
Menschheit, Humanität, Humanismus	1063

Verzeichnis der Mitarbeiter

Redaktor des dritten Bandes: REINHART KOSELLECK
Redaktion: REINHARD STUMPF (1975—1978),
RUDOLF WALTHER (1978—1982) unter Mitarbeit von CHRISTA SCHÖNRICH, ANTJE SOMMER, JÖRG FISCH und LUCIAN HÖLSCHER.

HANS ERICH BÖDEKER	Menschheit
HERMANN BRAUN	Materialismus — Idealismus
ULRICH DIERSE	Ideologie
KARL-GEORG FABER	Macht, Gewalt I. III—IV. V.2—V.3 V.5—VI
JÖRG FISCH	Imperialismus I—II Interesse III
PETER FRIEDEMANN	Internationale
DIETER GROH	Imperialismus III—VI
HORST GÜNTHER	Herrschaft III. 1—3. 5—7
DIETRICH HILGER †	Herrschaft IV—IX Industrie, Gewerbe I. III—VIII
MARIE-ELISABETH HILGER	Kapital I—III. IV.1—4. 6—7. V—VII
LUCIAN HÖLSCHER	Industrie, Gewerbe II. IX—X Internationale Kapital IV.5
KARL-HEINZ ILTING	Herrschaft III.4 Macht, Gewalt V.1. V.4
WOLFGANG JÄGER	Mehrheit
WILHELM JANSSEN	Krieg
REINHART KOSELLECK	Herrschaft I. III. 8—9 Interesse VI Krise
CHRISTIAN MEIER	Macht, Gewalt II
PETER MORAW	Herrschaft II
ERNST WOLFGANG ORTH	Interesse I—II. IV—V. VII
HEINZ RAUSCH	Hierarchie
KURT RÖTTGERS	Kritik
WOLFGANG SCHIEDER	Kommunismus
RUDOLF VIERHAUS	Konservativ, Konservatismus Liberalismus
RUDOLF WALTHER	Imperialismus VII Exkurs: Wirtschaftlicher Liberalismus Marxismus
THOMAS WÜRTENBERGER	Legitimität, Legalität

Hinweise zur Benutzung

1. Zum Schriftbild

Nachgewiesene Quellenzitate stehen in *Kursivdruck*, Zitate aus der Sekundärliteratur in *Normaldruck mit Anführungszeichen*. Begriffe sind durch '*Häkchen*' gekennzeichnet, ebenso Wörter, die als solche hervorgehoben werden sollen. Die Bedeutung von Wörtern und Begriffen steht in *Anführungszeichen*.

2. Zur Zitierweise

Um das Nachschlagen von Zitaten auch dann zu ermöglichen, wenn die kritische Ausgabe nicht zur Hand ist, wird bei „Klassikern" (zum Begriff s. Bd. 1, XXIV unter 3.1) und Lehrbuchverfassern von der *inneren Zitierweise* (nach Teil, Buch, Paragraph bzw. Band, Kapitel, Abschnitt) reichlich Gebrauch gemacht. In vielen Fällen tritt sie auch zu der *äußeren Zitierweise* (nach Band und Seite mit Erscheinungsort und -jahr) hinzu.

Ist ein Werk streng systematisch gegliedert, kann die innere Zitierweise *abgekürzt* werden, z. B.

    FRANCIS BACON, The Advancement of Learning 1, 7, 3 = Buch 1, Kap. 7, § 3.

Entsprechend können abgekürzte (a) oder ausführliche (b) innere Zitierweise in einer einzigen Belegformel mit der äußeren gekoppelt werden, z. B.

(a) HUGO GROTIUS, De iure belli ac pacis 2, 4, 2, hg. v. B. J. A. de Kanter-van Hettinga Tromp (Leiden 1939), 172.
    SAMUEL PUFENDORF, De jure naturae et gentium 2, 5, 9 (1688; Ndr. Oxford, London 1934), 191.

(b) KANT, Metaphysik der Sitten, Rechtslehre, § 49, Allg. Anm. D [= innere Zitierweise]. AA Bd. 6 (1907), 329 [= äußere Zitierweise].

Bei der *äußeren Zitierweise* stehen Erscheinungsort und -jahr in Klammern; auf die Klammer folgt, durch ein Komma abgetrennt, die Seitenzahl *ohne* nähere Kennzeichnung. Mehrere Seitenzahlen werden durch Punkte voneinander getrennt.

Antike Autoren werden auf die in der Altphilologie übliche Weise zitiert, z. B.

    PLATON, Pol. 445 d; 587 d.

Zeitschriftentitel werden lesbar abgekürzt. Die dabei verwendeten Abkürzungen finden sich im allgemeinen *Abkürzungsverzeichnis* (S. X ff.).

Die im *Verzeichnis der benutzten Quellenreihen, Sammelwerke und Werkausgaben* (Bd. 1, 925 ff. u. Ergänzungen in Bd. 2, XII) und in der *Bibliographie der Lexika, Wörterbücher und Nachschlagewerke* (Bd. 1, 930 ff.) aufgeführten Titel werden unter den dort genannten Siglen abgekürzt, d. h. ohne Herausgeber und Erscheinungsort.

3. Sonstiges, Register

Zur *Modernisierung deutscher Quellenzitate* ab 1700 s. Bd. 1, XXV unter 3. 4.

Die manchen Artikeln am Ende beigegebene *Literaturangabe* beschränkt sich auf begriffsgeschichtliche Literatur im engeren Sinne.

Der letzte Band wird umfangreiche *Namens- und Begriffsregister* enthalten, die das in den Artikeln vorgelegte Quellenmaterial erschließen.

Abkürzungsverzeichnis

Hier nicht angeführte Abkürzungen s. Verzeichnis der Quellenreihen und Sammelwerke (Bd. 1, 925, und Ergänzungen Bd. 2, XII).

AA	Akademie-Ausgabe	dass., ders.,	dasselbe, derselbe, dieselbe
abgedr.	abgedruckt (bei)	dies.	
Abg.	Abgeordneter	d. Gr.	der Große
Abg.-Hs.	Abgeordnetenhaus	d. i.	das ist
Abh.	Anhandlung, -en	Dict.	Dictionnaire, Dictionary
Abschn.	Abschnitt	Dig.	Digesten
Abt.	Abteilung	Diss.	Dissertation
Ac. franç.	Académie françoise (-çaise)	dt.	deutsch
		ebd.	ebenda
ahd.	althochdeutsch	ed., éd.	editio, edition, édition; editor, éditeur
Akad.	Akademie		
allg.	allgemein, -e	eingel. v., Einl.	eingeleitet von, Einleitung
ALR	Allgemeines Land-Recht für die Preußischen Staaten	Enc., Enz.	Encyclopädie, Enzyklopädie, Encyclopaedia, Encyclopédie etc.
Anh.	Anhang		
Anm.	Anmerkung	engl.	englisch
Arch.	Archiv	Erg. Bd., Erg. H.	Ergänzungsband, -heft
Art., art.	Artikel, articulus, article		
Aufl.	Auflage	erw.	erweitert
Aufs.	Aufsätze	etym.	etymologisch
Ausg.	Ausgabe	europ.	europäisch
ausg.	ausgewählt	ev.	evangelisch
Ausg. Abh.	Ausgewählte Abhandlungen	f., ff.	folgende
		f.	für
Ausg. Schr.	Ausgewählte Schriften	Forsch.	Forschung, -en
Ausg. Werke	Ausgewählte Werke	Forts.	Fortsetzung
bayr.	bayerisch	Fragm.	Fragment, -e
Bd., Bde.	Band, Bände	franz.	französisch
bearb.	bearbeitet	Frh.	Freiherr
Beih.	Beiheft, -e	Fschr.	Festschrift
Beitr.	Beiträge	GBl.	Gesetzblatt
bes.	besonders	gedr.	gedruckt
betr.	betreffend	gen.	genannt [bei Namen]
Bibl.	Bibliothek	gén.	général, -e
Bl., Bll.	Blatt, Blätter	germ.	germanisch
Br. u. Schr.	Briefe und Schriften	germanist.	germanistisch
c.	capitulum, chapître, chapter	Ges.	Gesellschaft
		ges.	gesammelt
ca.	circa	Ges. Abh.	Gesammelte Abhandlungen
CIC	Codex iuris canonici		
Conv. Lex.	Conversationslexikon	Ges. Aufs.	Gesammelte Aufsätze

Gesch.	Geschichte	NF	Neue Folge
geschr.	geschrieben [bei Datierungen]	nhd.	neuhochdeutsch
		niederl.	niederländisch
Ges. Schr.	Gesammelte Schriften	nord.	nordisch
GLA	Generallandesarchiv	Nr.	Nummer
griech.	griechisch	o. J.	ohne Jahr
Grundr.	Grundriß	o. O.	ohne Ort
GSlg.	Gesetz(es)sammlung	o. S.	ohne Seite
GW	Gesammelte Werke	ökon.	ökonomisch
H.	Heft, -e	österr.	österreichisch
Habil.-Schr.	Habilitationsschrift	p.	page, pagina
Hb.	Handbuch	päd.	pädagogisch
hg. v.	herausgegeben von	philol.	Philologie, Philology, philologisch, philologique, philological
hist.	historisch, historique, historical		
HStA	Hauptstaatsarchiv	philos., phil.	philosophisch, philosophicus, philosophique
Hwb.	Handwörterbuch		
i. A.	im Auftrag	Philos.	Philosophie
idg.	indogermanisch	polit.	politisch, politique, political
Inst.	Institut		
internat.	international	poln.	polnisch
ital.	italienisch	preuß.	preußisch
Jb., Jbb.	Jahrbuch, Jahrbücher	Progr.	Programm
Jber.	Jahresbericht, -e	prot.	protestantisch
Jg.	Jahrgang	ps.	pseudo- [bei Namen]
jur.	juristisch	qu.	quaestio
Kap.	Kapitel	R.	Reihe
kath.	katholisch	Realenc., RE	Realencyclopädie
kgl.	königlich	Reg.	Regierung
Kl.	Klasse [bei Akademieabhandlungen]	rev.	revidiert
		Rev.	Revue, Review
Kl. Schr.	Kleine Schriften	Rez.	Rezension
Konv. Lex.	Konversationslexikon	RGBl.(l.)	Reichsgesetzblatt, -blätter
lat.	lateinisch		
Lex.	Lexikon	rhein.	rheinisch
Lfg.	Lieferung	romanist.	romanistisch
Lit.	Literatur	russ.	russisch
luth.	lutherisch	s., s.o., s. u., s. d.	siehe, -oben, -unten, -dort
mhd.	mittelhochdeutsch		
Mitt.	Mitteilungen	S	Seite
Mschr.	Maschinenschrift(lich)	sä.chs.	sächsisch
Nachgel. Schr., -Werke, -Papiere	Nachgelassene Schriften, -Werke, -Papiere	sämtl.	sämtliche
		Sb.	Sitzungsbericht, -e
		sc.	ergänze
		Schr.	Schrift, -en
Ndr.	Nachdruck, Neudruck	Schr. u. Fragm.	Schriften und Fragmente
neolog.	neologisch		

Abkürzungsverzeichnis

schweiz.	schweizerisch	Übers., übers.	Übersetzung, übersetzt
Sekt., sect.	Sektion, sectio(n)	u. d. T.	unter dem Titel
Ser., sér.	Serie, série	ung.	ungarisch
Slg.	Sammlung	Unters.	Untersuchungen
SozÖk.	Sozialökonomik	unv.	unverändert
SozWiss.	Sozialwissenschaften	v., vv.	Vers, -e
Sp.	Spalte	Verh.	Verhandlungen
span.	spanisch	Veröff.	Veröffentlichung, -en
StA	Staatsarchiv	Vers., -vers.	Versammlung
Sten.Ber.	Stenographische(r) Bericht(e)	Vjbll.	Vierteljahresblätter
		Vjh.	Vierteljahresheft, -e
Suppl. (Bd.)	Supplement, Supplementband	Vjschr.	Vierteljahr(es)schrift
		vol., vols.	volume, volumes
s. v.	sub verbo	WA	Weimarer Ausgabe
SW	Sämtliche Werke	Wb.	Wörterbuch
synon.	synonymisch	westf.	westfälisch
t.	tome, tomus	wiss., Wiss.	wissenschaftlich, Wissenschaft, -en
theol., théol.	theologisch, théologique, théologie		
		Z.	Zeile
Theol.	Theologie	zit.	zitiert (bei)
Tit.	Titel	Zs.	Zeitschrift
Tl.	Teil		

Ergänzungen zum Verzeichnis der Quellenreihen und Sammelwerke (vgl. Bd. 1, 925)

CC Ser. Lat.   Corpus christianorum, Series Latina (Turnhout 1953 ff.)

DLE   [Deutsche Literatur in Entwicklungsreihen.] Deutsche Literatur. Sammlung literarischer Kunst- und Kulturdenkmäler in Entwicklungsreihen, hg. v. Heinz Kindermann, 26 Reihen, 110 Bde. [unvollendet] (Leipzig, später Stuttgart 1928—1950; Ndr. der meisten Bde. Darmstadt 1964 ff.)

Sten. Ber. Dt. Nationalvers.
   Stenographischer Bericht über die Verhandlungen der deutschen constituirenden Nationalversammlung zu Frankfurt am Main, hg. v. Franz Wigard, 9 Bde. (Frankfurt 1848—1849)

Herrschaft

I. Einleitung. II. 'Herrschaft' im Mittelalter. 1. Einleitung. 2. Sprachliches. a) Deutsch. b) Lateinisch. 3. Früh- und Hochmittelalter. a) Germanisch-deutsch. b) Lateinisch. 4. Spätmittelalter. III. 'Herrschaft' von der frühen Neuzeit bis zur Französischen Revolution. 1. Begriff, Bedeutung und Gebrauch. 2. 'Herrschaft' im 16. Jahrhundert. a) Machiavelli. b) Herrschaftsbegriffe im reformatorischen Deutschland. c) Calvinistische Begriffsbildung und der Einfluß des juristischen Denkens. d) Zur Dialektik des Herrschaftsbegriffs. e) Bodins Antwort auf die Krise. 3. 'Herrschaft' im Staatsvertrag. a) Althusius und Grotius. b) Hobbes und der Absolutismus. 4. 'Herrschaft' im rationalen Naturrecht des 17. und 18. Jahrhunderts. 5. Drei Themen langfristiger Auseinandersetzung. a) 'Imperium' und 'dominium'. b) Herrschaft des Hausvaters. c) Dienstbarkeit, Gesinde, Knechtschaft; Herr und Knecht. d) Spiegelungen auf der Wörterbuchebene. 6. Aufklärung und Revolutionierung der Herrschaft. a) Vernünftige Herrschaft. b) Historisierung und Aktualisierung. c) Kritik aller Herrschaft. d) „Herrschaft des Schreckens". 7. „Herrschaft und Knechtschaft". 8. Die Beziehung zwischen 'Herr' und 'Knecht' in ihrer lexikalischen Erfassung. 9. Die Verallgemeinerung der Anredeform 'Herr'. IV. Der Herrschaftsbegriff im Zeitalter der Revolutionen: Grundzüge seiner Geschichte. V. Der Herrschaftsbegriff an der Schwelle der Großen Revolution. 1. Fundamentaldemokratische Herrschaft und kommissarische Regierung. a) 'Herrschaft' und 'Gleichheit'. b) Autonomie und Absolutismus. c) Die Trennung von 'Herrschaft' und 'Regierung'. 2. Republikanismus, Privatherrschaft und moralisches Gesetz. a) 'Republikanismus' und 'Despotismus'. b) 'Hausherrschaft' und 'Personenrecht'. c) Das moralische Gesetz: Imperativ ohne imperans. VI. Die Ökonomisierung des Herrschaftsbegriffs. 1. Herrschaft in der „kommerziellen Gesellschaft". 2. Herrschaft der Bourgeoisie und Diktatur des Proletariats. a) Herrschaft der Arbeit im dialektischen Selbstunterschied. b) Die letzte Herrschaft von Menschen über Menschen. c) Klassenlose Gesellschaft und wahre Demokratie. 3. Von der Fabrikherrschaft zum Regime der Manager. VII. Herrschaft und Genossenschaft. 1. Verfassungsgeschichte als Auflösung der Identität des Sinnenhaften und des Sinnhaften. 2. Verfassungsgeschichte als Dialektik von Herrschaft und Genossenschaft mit immanentem Entwicklungsziel. 3. Zum politischen Sprachgebrauch zwischen vorrevolutionärer Tradition und tendenzieller Demokratisierung. 4. 'Herrschaft' und 'Genossenschaft' als allgemeine Wissenschaftstermini. VIII. Die Substitution von 'Herrschaft' durch 'Führung'. IX. Ausblick.

I. Einleitung

'Herrschaft' gehört heute zu jenen politischen Schlagworten, die entweder tabuiert sind oder nur in kritischer Absicht verwendet werden. Dieser Sprachgebrauch zeichnet sich seit dem 18. Jahrhundert ab, wurde aber erst durchschlagkräftig, nachdem zuvor 'Herrschaft' als ein universaler Rechtsbegriff (Gierke) oder als soziologischer Allgemeinbegriff (Max Weber) terminologisch festgeschrieben worden war.

Verfolgt man den Sprachgebrauch von 'Herrschaft' in die Vergangenheit zurück, so fällt auf, daß dieser Ausdruck keineswegs jene allgemeine Geltung beanspruchen konnte, der lateinischen Äquivalenten wie 'dominium', 'imperium', 'auctoritas', 'potestas' füglich zugeschrieben werden darf. Anders gewendet, die Begriffsgeschichte von 'Herrschaft' läßt sich nur aus dem Bereich konkreter Einzelanalysen herausführen, indem moderne wissenschaftsterminologische Erklärungen hinzukommen. Dann differenziert sich das Bild sehr schnell.

I. Einleitung

Gerade die Erforschung der mittelalterlichen Herrschaftsstrukturen zeigt, wie notwendig es ist, terminologische Erörterungen und begriffsgeschichtliche Analysen zu kombinieren. Ohne die Auswertung und Übersetzung der leitenden Begriffe aus dem Lateinischen und aus dem Deutschen der zunächst spärlich fließenden Quellen läßt sich gar nichts ausmachen über das, was erst seit der Neuzeit als 'Herrschaft' in einem abstraktionsfähigen Sinne bezeichnet worden ist. Wie wegweisend die Forschungen gerade hier vorangeschritten, aber auch wieder in verschiedene Richtungen geraten sind, bezeugt der Mittelalter-Abschnitt. Offensichtlich führt es zu einer Verkürzung der damaligen Wirklichkeit nicht nur, wenn sie mit dem modernen Begriff des 'Staates', sondern auch mit einem Begriff von 'Herrschaft' schlechthin interpretiert wird. 'Herrschaft' taucht zwar schon im Althochdeutschen auf, aber „die ersten klaren Belege für 'herscaph' als Herrenstellung über Sachen, Eigenleute oder größere Gebiete entstammen dem 13. Jahrhundert"[1]. Herrschaft bezog sich immer auf einen konkreten Herren, auf seine Gerechtsame und seinen Machtbereich, sei er nun Dorfherr, Stadtherr, Grundherr, Gerichtsherr oder Landesherr gewesen, um nur wichtige Positionen zu nennen. Zuvor schon sind auseinanderzuhalten die Lehensherrschaft und die Hausherrschaft sowie die Bezeichnung des Königs oder Gottes mit dem Ausdruck 'Herr'. Der Ausdruck läßt sich demnach in unterschiedlichen sozialen, politischen, rechtlichen und theologischen, einander auch überschneidenden Kontexten wiederfinden. Gemeinsam blieb ihm nicht einmal die Zuordnung zum Adel, da auch das Stadtbürgertum Herrschaft ausübte, dessen jeweiliger Rat auch so bezeichnet werden konnte.

Allgemein läßt sich nur festhalten, daß alle Herrschaft nicht nur Recht schützte und wahrte, sondern auch an Recht gebunden blieb. 'Herrschaft' war kein Begriff, der absolut gesetzt werden konnte. 'Herrschaft' blieb von theologischer Kritik, aber auch von konkurrierenden kirchlichen Herrschaftsansprüchen flankiert, so daß die christliche Zweiweltenlehre vielfältig in die politische Herrschaftspraxis hineinreichte. Ferner blieb Herrschaft pluralistisch ausgefächert, auch nachdem sich — seit dem 13. Jahrhundert — die territorialen Landesherrschaften langsam ausbildeten: dieser Vorgang blieb an ständische Mitwirkung gebunden. So läßt sich zwar sagen, wer jeweils Herr in welchem Bereich war, und insofern auch, was im konkreten Fall Herrschaft gewesen ist, aber es scheint ohne terminologische Erläuterung nicht möglich zu sein, aus der Begriffsgeschichte selbst einen theoriefähigen Herrschaftsbegriff abzuleiten. Selbst der Fürst des frühneuzeitlichen Flächenstaates blieb als oberster Herr persönlich verantwortlich, wobei er sowohl mit einem Hausherren und seinen Amtspflichten wie mit dem allmächtigen, gerechten Gott in Analogie gesetzt werden konnte. Die unmittelbare personale Herrschaft gehörte zur Alltagserfahrung vor allem auf der untersten Ebene der Guts- und Grundherrschaften, die in Regionalständen zusammenwirkten.

Im Gegensatz zum deutschen hat der lateinische Sprachgebrauch in der römisch-rechtlichen und in der theologischen Tradition das Begriffsbündel um 'imperium' und 'dominium' herum zu theoriefähigen Aussagen geführt. STERNBERGER hat auf

---

[1] KARL KROESCHELL, Haus und Herrschaft im frühen deutschen Recht. Ein methodischer Versuch (Göttingen 1968), 18f.; ders., Art. Herrschaft, Hwb. z. dt. Rechtsgesch., Bd. 3 (1978), 104ff.

die beiden Modelle von Augustin und von Thomas von Aquin hingewiesen, die wirkungsgeschichtlich besonders herausragen. AUGUSTIN deutete alle Herrschaft als Folge des Sündenfalls, um mit ihrer Hilfe dessen Folgen niedrig zu halten — womit er auf die lutherische Position und darüber hinaus wirkte. THOMAS hat dagegen im Sinne des Aristoteles die Herrschaft von Freien über sich selbst bereits in die Zeit des Paradieses vor dem Sündenfall verlegt. Auf diese Weise war es möglich, Herrschaft auch ohne Unterwerfung zu legitimieren, — womit auf die naturrechtlich begründeten Verfassungstheorien der Neuzeit verwiesen wird, die 'Herrschaft' demokratisch einzubinden suchen[2].

Die Aufgaben eines Herren wurden — im Gefolge der Fürstenspiegelliteratur — auch noch frühneuzeitlich als christlicher Dienst, als Knechtschaft begriffen. Wie HENISCH ein ganz auf die Person des Herrschers bezogenes Sprichwort registriert: *Fürsten müssen ihrer Diener Knecht sein*[3]. Innerhalb der deutschen Reichsstaatsrechtslehre, die auf die antike Typologie der Herrschaftsweisen zurückgriff, rückte dann 'Herrschaft' in die klassische Theoriediskussion ein. Dabei wurde der Begriff zunehmend auf den Staat als die übergreifende Einheit bezogen. Damit verwandelte sich 'Herrschaft' langsam aus einer personalen Relationsbestimmung in eine naturrechtlich begründete Funktionsbestimmung, die von persönlicher Herrschaft abzusehen auffordert. Daß der Fürst nur als „der erste Diener des Staates" zu betrachten sei — diese Wendung FRIEDRICHS DES GROSSEN faßt die Umbesetzung einer alten christlich-personalen Herrschaftsdefinition in eine generelle Funktionsbestimmung aphoristisch zusammen. Seit dem 18. Jahrhundert gibt es kaum noch theoretische Zugriffe, die nicht von der Depersonalisierung von 'Herrschaft' ausgehen, wodurch diesem Begriff zwangsläufig eine neue metaphorische Dimension zuwuchs. 'Herrschaft' existiert im Kontext der Aufklärung nur noch unter Absehung von 'Herren', die Herrschaft ausüben könnten. Sei es, daß die Herrschaft der Gesetze, sei es, daß die Herrschaft der Menschen über sich selbst, sei es, daß die Beseitigung von Herrschaft überhaupt postuliert wird — immer handelt es sich um Theorien, die jedenfalls das Ende konkreter persönlicher Herrschaft fordern oder voraussetzen. 'Herrschaft' wird als Begriff der Vergangenheit zugewiesen und so natürlich in der Rechtsgeschichte weiterhin behandelt. Im 19. Jahrhundert treten 'verfassungsgemäße Regierung' oder 'gesetzmäßige Verwaltung' an die Stelle von 'Herrschaft'. Insofern ist spätestens seit der Französischen Revolution 'Herrschaft' ein immer schwerer legitimierbarer Begriff geworden.

Seitdem driftet der Sprachgebrauch im Alltag, in politischen Reden und in wissenschaftlichen Texten immer weiter auseinander. Wo Herrschaft im täglichen Umgang personenbezogen sichtbar blieb, wurde sie auch so angesprochen. Mehr oder weniger unangefochten blieb Herrschaft lange im Haus erhalten. Der Hausherr in bezug auf die Familie, besonders auf das Gesinde, übte Herrschaft aus, an der die Frau, verschieden dosiert, teilhaben konnte. Vom 'Herrn im Haus' wurde der Be-

---

[2] DOLF STERNBERGER, Der alte Streit um den Ursprung der Herrschaft (1977), Schr., Bd. 3 (Frankfurt 1980), 9 ff. Vgl. ferner FERDINAND SEIBT, Thomas und die Utopisten, Miscellanea medievalia 11 (1977), 253 ff.
[3] GEORG HENISCH, Thesaurus linguae et sapientiae germanicae, t. 1 (Augsburg 1616), 701, s. v. Diener.

griff übertragen auf den 'Fabrikherrn' und gehörte so in der entstehenden Industriegesellschaft zur Alltagssprache.

In der politischen und in der Wissenschaftssprache wurde der Ausdruck nur von konservativen Autoren positiv beibehalten, während er mehrheitlich entweder negativ besetzt oder im Sinne der soziologischen Wirklichkeitsbeschreibung verwendet wurde. Daraus ergaben sich neue Mehrdeutigkeiten.

Wenn Herrschaft in der komplexer werdenden Gesellschaft aufgewiesen wurde, so mußte sie in gesellschaftlichen Institutionen, in Produktionsverhältnissen, in staatlichen oder wirtschaftlichen Organisationen, in Verwaltungseinrichtungen usw. gefunden werden, als deren Vollstrecker zwar Menschen tätig sind, ohne daß sie sich aber selbst persönliche Herrschaft zubilligen dürften. Selbst die bürgerlich-kapitalistische 'Klassenherrschaft' im konstitutionellen oder liberalen Verfassungssystem wurde dann etwa von LORENZ VON STEIN oder von MARX nicht als Herrschaft von einzelnen Personen begriffen. In diesem Spannungsfeld zwischen soziologisch beschreibbarer Wirklichkeit von Herrschaftsstrukturen und theoretisch deduzierten Sollenssätzen einer nicht mehr zuzulassenden persönlichen Herrschaft bewegt sich weiterhin der Sprachgebrauch der Wissenschaft.

Freilich herrscht zwischen den Sprachbereichen von Wissenschaft und Politik ein lebhafter Wechselverkehr, nicht zuletzt dank der Ideologiekritik, die zwischen Theorie und Praxis vermitteln soll. So konnte MARX *die herrschenden Gedanken* als Ausdruck *der herrschenden Klasse* interpretieren, und so konnte BISMARCK, der sich als Konservativer immer zu 'Herrschaft' bekannt hat, seine parlamentarischen Gegner angreifen: *Kurz, sie verstehen unter „Freiheit" eigentlich „Herrschaft"; unter „Freiheit der Rede" verstehen sie „Herrschaft der Redner"; unter „Freiheit der Presse" ...den vorwiegenden Einfluß der Redaktionen;...unter „Freiheit der Kirche" die Herrschaft der Priester*[4]. Gerade die Vorkämpfer einer Aufhebung jeder Herrschaft werden von Bismarck ideologiekritisch auf ihre persönlichen Herrschaftsinteressen zurückgeführt. In ähnlicher Rhetorik ist heute die Rede von den anonym „Herrschenden", um die sogenannten politischen, wirtschaftlichen oder technischen Sachzwänge zu personalisieren und auf diese Weise besser angreifen zu können. Andererseits wurde dort, wo Herrschaft persönlich sichtbar blieb, im Typus des modernen 'Führers', der sich seit Napoleon I. mit demokratischer Legitimation ausstattet, auf den Begriff verzichtet. Der neuzeitliche Diktator oder Führer appelliert an Klasse, Volk oder Gefolgschaft, ohne terminologisch noch 'Untertanen' beherrschen zu wollen.

Zwischen personaler Beziehung und institutioneller Einfassung, zwischen Tabuierung und Ideologiekritik, zwischen Wirklichkeitsanalyse und normativen Postulaten hat der Ausdruck 'Herrschaft' jede Eindeutigkeit verloren. In vielfacher metaphorischer Abschichtung reicht sein Gebrauch vom Schlagwort bis zur wissenschaftlichen Kategorie, mit deren Hilfe MAX WEBER erstmals versucht hat, alle befragten Phänomene zu klassifizieren. Die folgende Begriffsgeschichte soll dazu beitragen, die Probleme diachron zu entzerren und somit erneut zur Debatte zu stellen.

REINHART KOSELLECK

---

[4] MARX/ENGELS, Die deutsche Ideologie (1845/46), MEW Bd. 3 (1958), 46; BISMARCK, Rede v. 15. 3. 1884, Die politischen Reden des Fürsten Bismarck, hg. v. Horst Kohl, Bd. 10 (Stuttgart 1894; Ndr. Aalen 1970), 59.

a) Deutsch   Herrschaft

II. 'Herrschaft' im Mittelalter

1. Einleitung

Die Erörterung des sehr komplexen Begriffs 'Herrschaft' auf knappstem Raum muß für unser Zeitalter nicht nur vielfach ohne Vorarbeiten auskommen, sondern stößt auch auf große allgemeine und besondere Schwierigkeiten. Jene sind vor allem die unterschiedliche Abstraktionsfähigkeit und die differierenden geistigen Traditionen der lateinischen und der deutschen Sprache, sodann der chronologisch und regional sehr verschiedene Quellenbestand und die wechselnde soziale Basis der Belege[5]; diese sind besonders der vielfach hohe Anteil von zeichenhaft, also nicht schriftlich dargestellter und daher kaum adäquat erfaßbarer Herrschaft[6] sowie in ganz anderer Richtung die Verwendung unseres Begriffs als zentralen Terminus der modernen Verfassungsgeschichte des Mittelalters anstelle von 'Staat', was z. T. zu einer anachronistischen Überlagerung der Quellensprache durch die Forschungssprache und damit zu Verwirrung geführt hat[7]. Im Mittelalter verblieb unser Begriff stets im Schatten des Konkretums 'Herr' und „konkreterer" Abstrakta, die einzelne, hier nicht zu verfolgende Herrschaftsformen bezeichnen, und noch am Ende des Zeitalters existiert kein zentraler Oberbegriff 'Herrschaft'. So kann man vom mittelalterlichen Anteil an der begrifflichen Ausformung eines vielleicht zeitlosen Problems schwerlich einen geschlossenen Eindruck vermitteln, weil es diese Geschlossenheit kaum gibt. Künftige Forschung wird ohnedies wohl noch stärkere Differenzierungen erarbeiten.

2. Sprachliches

a) **Deutsch.** Das ahd. Wort 'hêrscaf(t)', zunächst auch 'hêrtuom', stammt vom ahd. Adjektiv 'hêr', das „grau(haarig)", „erhaben", „würdig" bedeutet, und wird noch in mhd. und späterer Zeit entsprechend verwendet[8]. Im Hochmittelalter voll-

---

[5] Das hohe Maß an Vorläufigkeit mittelalterlicher Begriffsgeschichte läßt sich leicht erweisen: Es fehlt z. B. eine Geschichte der Abstraktion, die begriffsgeschichtliche Einzelerörterungen aus ihrer Isolierung befreien und vor allem das weithin ungeklärte Verhältnis von lateinischer und deutscher Sprache erhellen könnte (der Terminus 'Übersetzung' trifft diese Beziehung oft nicht). Solange auch keine Sozialgeschichte der mittelalterlichen Schriftlichkeit vorliegt, arbeitet man notgedrungen mit der ungeprüften Annahme einer etwa neuzeitlichen Gegebenheiten vergleichbaren Begriffstradierung im Zeitablauf.
[6] Auch über das Verhältnis von schriftlicher Fixierung und politischer Welt wissen wir mangels einer Wirkungsgeschichte der mittelalterlichen Schriftlichkeit wenig Zuverlässiges.
[7] Deshalb kann im folgenden die Darstellung der verfassungsgeschichtlichen Forschungssituation nicht entbehrt werden, deren Erwähnung auch darauf hindeuten mag, daß der Begriff 'Herrschaft' nicht aus dem Konnex mit anderen verwandten Kernbegriffen politischer Existenz ('Königtum', 'Adel', 'Gefolgschaft' usw.) herausgelöst werden kann, die hier nicht zu erörtern sind.
[8] BENECKE/MÜLLER/ZARNCKE Bd. 1 (1854; Ndr. 1963), 669, s. v. hêrschaft; GRIMM Bd. 4/2 (1877), 1152, s. v. Herr; RWB Bd. 5 (1953/60), 854ff., Art. Herrschaft; noch FRISCH, Dt.-lat. Wb. (1741), 445, s. v. Herr, registriert die Formen 'her' und 'Er' als *Titelworte*

zog sich eine entscheidende Neuerung, die Anlehnung an 'herre'[9]. Dieses Wort entstand im 7. Jahrhundert als ahd. 'hêrro' aus dem Komparativ 'hêriro' des Adjektivs 'hêr'; 'hêriro' war Lehnübersetzung zu 'senior' (spätantike Rangbezeichnung) und Übersetzung von 'presbyter'. Durch den Übergang vom Adjektiv zum Substantiv vermochte 'hêrro' auch den Hoch- oder Höchstgestellten zu bezeichnen und sich damit neben 'dominus' zu stellen.

b) **Lateinisch.** Lateinische Äquivalente von 'Herrschaft' können sein 'dominium' (von 'dominus' und 'domus'), aber auch z. T. 'potestas', 'potentia', 'auctoritas', 'regnum' u. a. 'Dominium' bezeichnet zuerst (neben 'potestas' im eigentlichen Sinne und 'manus') einen Aspekt der unumschränkten, unteilbaren, auf 'auctoritas' gegründeten hausherrlichen Gewalt des „pater familias". In frührepublikanischer Zeit wurde 'dominium' als Herrenrecht über Sklaven und leblose Dinge begrifflich ausgesondert[10]. Wohl nach Christi Geburt fällt die für die Zukunft entscheidende Aufspaltung in einen weiteren, offenbar von 'dominus' ständig neu gespeisten Sinn von „Herrengewalt" (auch über Personen) und in einen verengten technischen Sinn von „Eigentum" (über Sachen). Jenes gilt mehr für die Literatur (seit Livius und besonders Seneca, nicht bei Cicero), dieses — häufiger belegt — kann als ausgezeichnete Abstraktionsleistung römischer Jurisprudenz gelten (quiritisches und dann bonitarisches Eigentum, durch Justinian vereinheitlicht)[11]. Wegen dieser präzisen Auffüllung haben Vulgata und Patristik gegenüber 'dominium' große Zurückhaltung geübt und damit für das Mittelalter vorentschieden. HIERONYMUS sprach nur von 'dominus', 'regnum' (was 'basileia', einem Zentralbegriff der Synoptiker, entsprach) und von 'potestas'; AUGUSTIN gebraucht in „De civitate Dei" äußerstenfalls 'dominatio'[12]. Die Päpste folgten diesem Beispiel, besonders der überaus häufig

---

im Sinne von *ehr* oder *Ehren* im Kanzleistil und im Niedersächsischen. Ebenso KRÜNITZ Bd. 23 (1781), 78, Art. Herr, der 'Herr' höher einstuft als *Ehr* (im Hoch- und Oberdeutschen) und *Heer* (im Niederdeutschen).

[9] GRIMM Bd. 4/2, 1124 ff.; RWB Bd. 5, 781 ff., Art. Herr. — GUSTAV EHRISMANN, Die Wörter für 'Herr' im Althochdeutschen, Zs. f. Wortforsch. 7 (1905/06), 173 ff.; PETER MEZGER, Die Gruppe 'Herr sein, Knecht sein' im Germanischen, Arch. f. d. Studium d. neueren Sprachen 158 (1930), 96 ff.; ARNO SCHIROKAUER, Die Wortgeschichte von 'Herr', in: ders., Germanistische Studien (Hamburg 1957), 213 ff.; DENNIS HOWARD GREEN, The Carolingian Lord. Semantic Studies on four Old High German Words: balder, frô, truhtin, hêrro (Cambridge 1965).

[10] R. LEONHARD, Art. Dominium, RE Bd. 9 (1903), 1302 ff.; vgl. K. J. NEUMANN, Art. Dominus, ebd., 1305 ff.; FRANZ WIEACKER, Vom römischen Recht, 2. Aufl. (Stuttgart 1961), 10 ff.

[11] HERMANN GOTTLIEB HEUMANN / EMIL SECKEL, Handlexikon zu den Quellen des römischen Rechts, 9. Aufl. (Jena 1914), 158; WIEACKER, Vom römischen Recht, 187 ff.; FRANCO NEGRO, Das Eigentum. Geschichte und Zukunft. Versuch eines Überblicks (München, Berlin 1963), 10 ff.

[12] 'Dominium' nur zweimal in der Vulgata: 1. Makk. 11, 8; Tob. 8, 24. Vgl. RUDOLF SCHNACKENBURG, Gottes Herrschaft und Reich. Eine biblisch-theologische Studie (Freiburg 1959); WILHELM DANTINE, Regnum Christi — gubernatio Dei, Theol. Zs. 15 (1959), 195 ff.; ERNST BERNHEIM, Mittelalterliche Zeitanschauungen, Bd. 1: Die Augustinischen Ideen (Tübingen 1918), 39 ff.

zitierte GELASIUS I., der *auctoritas sacrata pontificum* und *regalis potestas* einander gegenüberstellte[13]. An der Kurie mochte man sich damals noch der schweren altrömischen Fracht dieser Worte bewußt gewesen sein. Bald indessen machten auf dem Weg zum Mittelalter das Sinnfeld „Herrschaft" und der juristisch präzisierte Eigentumsbegriff einen noch kaum erforschten Vulgarisierungsprozeß durch. Die Sondertraditionen der römischen Wörter in diesem Sinnbezirk gingen verloren, auch die Unterscheidung von 'dominium' und 'possessio', d. h. von 'Eigentum' und 'Besitz', verfiel. Der Bereich der Austauschbarkeit weitete sich aus, tautologischer Gebrauch stellte sich ein[14].

3. Früh- und Hochmittelalter

a) **Germanisch-deutsch.** Das derzeit für das frühere Mittelalter verbreitet anerkannte, eindrucksvoll geschlossene verfassungsgeschichtliche Lehrgebäude, in welchem das Wort- und Begriffsfeld 'Herrschaft' wissenschaftsterminologisch eine grundlegende Rolle spielt, ist vor allem das Werk Walter Schlesingers[15]; es ist besonders von Karl Kroeschell angegriffen worden, der von der wortgeschichtlichen Basis ausging[16]. Die Forschung ist in Fluß geraten. Das Ineinandergreifen begriffsgeschichtlicher und über die Wortgeschichte hinausreichender Zeugnisse und Argumente und die Verflechtung von Quellenbefund und moderner Terminologie kann hier nicht dargetan werden: Im großen und ganzen verändert sich die Situation bis zum Ausgang des Mittelalters derart, daß Verabredungsbegriffe zunehmend zu quellenbelegten Begriffen werden, wenn auch in unterschiedlichem Maße — ohne daß sich zumal die ältere Forschung dieser zu äußerster Vorsicht verpflichtenden Situation immer voll bewußt gewesen wäre. Es sei nur angedeutet, daß nach herrschender Lehre frühe germanisch-deutsche Herrschaft im Kern auf der Hausherrschaft des Hausherrn über Familie und Gesinde ruhte. Hausherrschaft weitete sich aus zur Herrschaft über Land und Leute. Herrschaft über Freie entstand besonders durch Gefolgs-

---

[13] GELASIUS, Ep. 12, 2—8 an Kaiser Anastasius (494), abgedr. Quellen zur Geschichte des Papsttums und des römischen Katholizismus, hg. v. CARL MIRBT, 6. Aufl., hg. v. KURT ALAND, Bd. 1 (Tübingen 1967), 222, Nr. 462. Vgl. WILHELM ENSSLIN, Auctoritas und Potestas, Hist. Jb. 74 (1955), 661 ff.

[14] ERNST LEVY, Weströmisches Vulgarrecht (Weimar 1956); WIEACKER, Vom römischen Recht, 222 ff.; GERHARD KÖBLER, Das Recht im frühen Mittelalter (Köln, Wien 1971), 147.

[15] WALTER SCHLESINGER, Die Entstehung der Landesherrschaft (Dresden 1941; Ndr. Darmstadt 1968), bes. 9 ff.; ders., Herrschaft und Gefolgschaft in der germanisch-deutschen Verfassungsgeschichte (1953), in: ders., Beiträge zur deutschen Verfassungsgeschichte des Mittelalters, Bd. 1 (Göttingen 1963), 9 ff. 355 ff.; vgl. REINHARD WENSKUS, Stammesbildung und Verfassung. Das Werden der frühmittelalterlichen gentes (Köln, Graz 1961), 339 ff.

[16] K. KROESCHELL, Rez. W. Schlesinger, Beiträge zur deutschen Verfassungsgeschichte des Mittelalters, 2 Bde., Der Staat 5 (1966), 239 ff.; ders., Haus und Herrschaft im frühen deutschen Recht (Göttingen 1968). Schlesingers Antwort vgl. W. SCHLESINGER, Rez. K. Kroeschell, Haus und Herrschaft im frühen deutschen Recht, Zs. f. Rechtsgesch., germanist. Abt. 86 (1969), 227 ff.; ders., Beiträge zur deutschen Verfassungsgeschichte, Bd. 2 (1963), 286 ff.; KROESCHELL, Art. Herrschaft, Hwb. z. dt. Rechtsgesch., Bd. 3, 104 ff.; HANS KURT SCHULZE, Art. Grundherrschaft, ebd., Bd. 1 (1971), 1824 ff.

herrschaft und Heerkönigtum. Die Parallelisierung von Königs- und Hausherrschaft und von Herrschaft über Land und Leute ist wie die Aufteilung des „öffentlichen" Lebens an Herrschaftsverbände auf Kritik gestoßen. Die herrschende Lehre bedarf offenbar der Einschränkung und der Ergänzung durch andere Organisations- und Rechtsprinzipien, auch aus nichtgermanischer Tradition. Es wird auch immer mehr danach gefragt, was eigentlich germanisch sei. Zugleich hebt man die Distanz zwischen einem wie auch immer beschaffenen germanischen Altertum und dem fränkisch-deutschen Mittelalter stärker hervor. So wird das Bild für die Frühzeit differenzierter und komplizierter werden.

Auch im engeren deutschen Mittelalter ist jede Abstraktion und Systematik von 'Herrschaft' bis zum Ende unseres Zeitraums Konstruktion der Forschung, wie die Geschichte des Begriffs 'Grundherrschaft' schön zeigen könnte. Man unterscheidet, der Sache nach einigermaßen sinnvoll, 'Königsherrschaft', 'Lehnsherrschaft', 'Herrschaft über Land und Leute', 'Kirchenherrschaft', 'Stadt- und Dorfherrschaft', 'Gerichts-, Leib-, Vogt- und Dienstherrschaft' und dann 'Landesherrschaft' in regional jeweils sehr unterschiedlicher Ausprägung. Auf festem Grund stehen wohl die von der Forschung erarbeiteten inneren Prinzipien mittelalterlicher Herrschaft, d. h. die Gegenseitigkeit von Herrschen und Beherrschtwerden („Schutz und Schirm" gegenüber „Rat und Hilfe"; bei Schmälerung ein Widerstandsrecht des Beherrschten) sowie die Einbettung von Herrschaft in die religiöse Sphäre und in eine stark religiös beeinflußte Rechtssphäre. Herrschaft im vollen Sinn mediatisierte die Beherrschten gegenüber einer höheren Gewalt. Die Herrschaftsverbände des Adels waren offenbar zumindest im Prinzip autogen, nicht von einer Zentralgewalt abgeleitet, d. h. jede oder gar keine Gewalt war im Mittelalter „staatlich", jedenfalls nicht allein die königliche.

Der sprachliche Befund stellt sich bei insgesamt auf lange Zeit hin spärlicher und oft sehr uneinheitlicher Überlieferung wie folgt dar: Das von NOTKER DEM DEUTSCHEN am Ende der althochdeutschen Zeit bezeugte Durchsetzen von 'hêrro' („Herr") gegenüber 'frô' und 'trûhtin' kennzeichnet die Vereinfachung einer ehemals sehr komplizierten wortgeschichtlichen Situation. Das Wort 'hêrro' gehört vor allem der Sphäre der Vasallität und des aufkommenden Lehnswesens an und bezeugt mit seinem Erfolg dessen alles durchdringende Macht. Hierzu gehört nun das Abstraktum 'hêrtuom' (auf Personen, nicht auf Sachen bezogen). Schlesinger hatte aus der Tatsache, daß 'hêrtuom' u. a. 'res publica' und 'regnum' glossierte, den recht weitreichenden, methodisch nicht voll abgesicherten Schluß gezogen, in germanisch-fränkischer Zeit würden 'Staat' und 'Herrschaft' gleichgeachtet, und er hat das Auseinandertreten antiker und germanischer Traditionen konstatiert. Diese Interpretation vereinfacht wohl die Überlieferung in zu hohem Maße. Der Ton wird eher darauf liegen, daß 'hêrtuom' (Abschn. II. 2. a) „Vornehmheit", „Erhabenheit" in verschiedener Gestalt wiedergibt, erst danach auch die (im einzelnen ganz unterschiedliche) konkrete Stellung eines Herrn; ein allgemeiner Begriff von 'Herrschaft' läßt sich nicht oder kaum erkennen. Um und nach 1200 zeigt sich der gleiche Befund. Einerseits dominiert in der staufischen Dichtung für 'hêrschaft' die Bedeutung „Herrenwürde", „Hoheit"[17]; hiervon rührt als Kollektivum „versam-

---

[17] Nibelungenlied vv. 1274, 1; 1434, 2; WOLFRAM VON ESCHENBACH, Parzival, hg. v. Karl Lachmann, 7. Aufl., hg. v. Eduard Hartl, Bd. 1 (Berlin 1952), 229, v. 481, 3; GOTTFRIED

melte hohe Herren" her[18]. Andererseits mündet der im 11. und 12. Jahrhundert dunkle Weg des Äquivalents von Notkers 'dominatio' — angelehnt an das Wort 'Herr' — in historischer und juristischer Prosa zunächst im Begriff 'Herrenstellung' im Sinn von (unklar umrissener) Amtsstellung (ca. 1265)[19]. Die Herrenstellung ist auf verschiedene Weise gefüllt: Herr gegenüber Knecht in OTFRIEDS VON WEISSENBURG „Evangelienharmonie" (verfaßt 863/71); hûsherro im 11. Jahrhundert, Herr eines Gegenstandes von HARTMANNS VON AUE „Iwein" (verfaßt um oder bald nach 1200) an[20].

b) **Lateinisch.** Nicht nur Vulgarisierung, sondern in nicht präzis davon abhebbarem Maße auch Germanisierung hat auf die recht klaren altrömischen Vorstellungen von 'dominium' eingewirkt[21]. Die deutschrechtlichen Begriffe von 'Herrschaft' und von 'Eigentum' verweisen ohnehin auf ein urtümliches, vorwissenschaftliches Rechtsdenken. Sie sind wie im Altlateinischen eines Ursprungs und blieben weit über das Ende des Hochmittelalters hinaus verflochten. Herrschaft ruhte auf dem Eigen, und Eigentum an Land und Leuten war wirkliche Herrschaft. In der Urkundensprache des 7. bis 12. Jahrhunderts meint demnach 'dominium' im Zusammenhang mit Liegenschaftsübertragungen, gern kombiniert mit synonym gebrauchten Begriffen ('ius', 'potestas', 'proprietas', 'possessio')[22], ein Innehaben ohne Scheidung von 'Eigentum' und 'Besitz' und ohne Abgrenzung gegenüber 'Herrschaft', ja mit Einschluß oder gar Betonung der Bedeutung „Herrschaft über Land und Leute". Der lateinisch formulierte, germanisch-deutsche Eigentumsbegriff[23] ist demnach aufzufassen als ein Ausschnitt aus einem weiteren Bereich von 'Herrschaft'. Er ist eher

---

VON STRASSBURG, Tristan, hg. v. Gottfried Weber, Gertrud Ulzmann, Werner Hoffmann (Darmstadt 1967), 113, v. 4042ff. Vgl. RUTH SCHMIDT-WIEGAND, Historische Onomasiologie und Mittelalterforschung, Frühmittelalterliche Studien 9 (1975), 48ff., bes. 76f.; BENECKE/MÜLLER/ZARNCKE Bd. 1, 668f., s. v. hêrschaft.
[18] Bei BERTHOLD VON REGENSBURG, vgl. RWB Bd. 5, 862, Art. Herrschaft.
[19] LEXER Bd. 1 (1872), 1262, s. v. hêr-schaft; Eberhards Reimchronik von Gandersheim, MG Deutsche Chroniken, Bd. 2, hg. v. LUDWIG WEILAND (Hannover 1877), 399.
[20] OTFRIED VON WEISSENBURG, Evangelienbuch 5, 4, 11. 22, hg. v. Oskar Erdmann u. Ludwig Wolff, 6. Aufl. (Tübingen 1973), 177; HARTMANN VON AUE, Iwein, Text d. 7. Aufl. v. G. F. Benecke, K. Lachmann, L. Wolff, hg. v. Thomas Cramer (Berlin 1968), 20, v. 1001; RWB Bd. 5, 426f., Art. Hausherr. Vgl. SCHULZE, Art. Hausherrschaft, 2030ff.; im städtischen Milieu findet sich die Gegenüberstellung von 'Herrschaft' und 'Knecht' seit dem 14. Jahrhundert, vgl. RWB Bd. 5, 862, Art. Herrschaft.
[21] DU CANGE 9ᵉ éd., t. 3 (1884; Ndr. 1954), 172f., s. v. dominium; JAN FREDERIK NIERMEYER, Mediae latinitatis lexicon minus (Leiden 1954ff.), 353, s. v. dominium; H. K. SCHULZE / W. OGRIS, Art. dominium, Hwb. z. dt. Rechtsgesch., Bd. 1, 754ff.; WILHELM KÖLMEL, Regimen Christianum. Weg und Ergebnisse des Gewaltenverhältnisses und des Gewaltenverständnisses. 8. bis 14. Jh. (Berlin 1970), 3f.; HELMUT RITTSTIEG, Eigentum als Verfassungsproblem. Zur Geschichte und Gegenwart des bürgerlichen Verfassungsstaates (Darmstadt 1975), 1ff. — Für die Erlaubnis, die Sammlungen des „Mittellateinischen Wörterbuchs" (München) einsehen zu dürfen, danke ich herzlich Frau Dr. Th. Payr.
[22] KÖBLER, Recht im frühen Mittelalter, 44f.
[23] RWB Bd. 2 (1932/35), 1321ff., Art. Eigentum; DIETER SCHWAB, Art. Eigen, Hwb. z. dt. Rechtsgesch., Bd. 1, 877ff.; H.-R. HAGEMANN, Art. Eigentum, ebd., 882ff.; RUDOLF HÜBNER, Grundzüge des deutschen Privatrechts, 5. Aufl. (Leipzig 1930), 241ff.; WILHELM

vielfältig als vage, jedenfalls nicht abstrakt-verallgemeinernd wie der klassisch-römische, sondern hängt aufs engste mit dem entsprechenden konkreten Recht zusammen. Es konnte einen „dominus" auch bei sehr beschränkten Rechten geben, oder: die gleiche Sache vermochte verschiedene „domini" zu tragen; der „dominus" war auf jeden Fall entscheidend.

Zur Bezeichnung des Herrschaftsaspekts bediente man sich demgemäß des Wortes 'dominium' vom 8. bis 11. Jahrhundert in Form von 'dominium regis' u. ä. in der Bedeutung von „Königsherrschaft"; aber häufiger formulierte man mit Hilfe von 'dominus', 'rex', 'regnum' und verbalen Konstruktionen. Von den mit 'dominium' angesprochenen Bereichen können hier nur die drei wichtigsten erwähnt werden: 1) Die Stellung des Lehnsherrn gegenüber dem Lehnsmann, zumal solange die Vasallenrechte noch nicht überhandgenommen hatten[24]. 2) Das Herrenrecht des Königs am Königsgut, besonders konkret gegenüber dessen einzelnen Teilen, ein Wortgebrauch, der im Reich mit dem Königsgut selbst seit dem 13. Jahrhundert schnell schwand, im Spätmittelalter noch gelegentlich die Reichsunmittelbarkeit bezeichnen konnte und vor allem in Frankreich zum Begriff der königlichen Domäne weiterentwickelt wurde. Zumal im Westen des Reiches bezeichnete das Wort auch den Kern der Herrschaft großer Herren. Aus diesen Zusammenhängen erwuchs seit dem 9. Jahrhundert die sich in Deutschland offenbar langsamer als in Frankreich vollziehende Hinwendung des Begriffs zur räumlichen Dimension[25], die zunächst auf kleine Gebilde im Zusammenhang mit konkreten Herrenrechten bezogen war. So entwickelte sich also 'dominium' von der Herrengewalt über die Anwendung dieser Gewalt zur Bezeichnung eines Gebiets. 3) Mit der beginnenden Rezeption des römischen Rechts beim Königtum seit salischer, zumal seit staufischer Zeit trat der Kaiser als 'dominus mundi' in Publizistik und Dichtung hervor. Jedoch ist in der politischen Realität ein „dominium mundi" nicht nur nicht ernsthaft beansprucht worden, sondern eine unkommentierte Übersetzung (die die mittelalterlichen Rahmenbedingungen außer acht läßt) mit „Weltherrschaft" würde auch sehr mißverständliche Assoziationen auslösen. Wesentlich weiter reichte die von der potestas Christi über die potestas Petri auf die Päpste übergegangene Gewalt, die seit BERNHARD VON CLAIRVAUX zur 'plenitudo potestatis' wurde. Der Papst besaß auctoritas, potestas, sacerdotium als einzige universale Gewalt des Abendlandes[26].

EBEL, Über den Leihegedanken in der deutschen Rechtsgeschichte, Vorträge und Forschungen, hg. v. Theodor Mayer, Bd. 5 (Konstanz 1960), 11ff.; → Eigentum, Bd. 2, 65ff.; DIETMAR WILLOWEIT, Dominium und Proprietas, Hist. Jb. 94 (1974), 131ff.

[24] NIERMEYER, Mediae latinitatis lexicon, 353, s. v. dominium; FRANÇOIS-LOUIS GANSHOF, Was ist das Lehnswesen? (Darmstadt 1961), 200.

[25] DU CANGE 9ᵉ éd., t. 3, 55, s. v. demanium; NIERMEYER, Mediae latinitatis lexicon, 353, s. v. dominium; ebd., 318, s. v. demanium; SCHULZE/OGRIS, Art. Dominium, 754ff.; G. NEUSSER, Art. Domäne, Hwb. z. dt. Rechtsgeschichte, Bd. 1, 750ff.; GAMILLSCHEG 2. Aufl. (1969), 327, s. v. domaine; WALTHER KIENAST, Französische Krondomäne und deutsches Reichsgut, Hist. Zs. 165 (1942), 110ff.

[26] WALTER STACH, Salve mundi domine!, Ber. über d. Verh. d. Sächs. Akad. d. Wiss. zu Leipzig, Philos.-hist. Kl. 91, H. 3 (1939); HELMUT QUARITSCH, Staat und Souveränität, Bd. 1: Die Grundlagen (Frankfurt 1970), 83ff.; KÖLMEL, Regimen Christianum (s. Anm. 21), 660.

4. Spätmittelalter

In diesem Zeitalter, in welchem man endlich lateinische und deutsche Belege sinnvoll gemeinsam behandeln kann, stehen im Vordergrund die verstärkte Aufnahme antiker Traditionen in der kirchlichen Publizistik und beim praktizierten Recht sowie die Entstehung und Entwicklung der Landesherrschaft.
Die publizistische Diskussion im Zusammenhang mit dem Aufstieg und den Ansprüchen des Papsttums (1302 Bulle „Unam sanctam") nährte sich aus kanonischem und römischem Recht. Beim Begriff 'dominium' trat der Eigentumsaspekt wieder deutlicher hervor, während man sich über die Gewalt Gottes, des Papstes, der Könige und Fürsten vor allem mit Hilfe von 'potentia', 'potestas', 'imperium', 'regnum', 'monarchia', 'regimen', 'superioritas' aussprach[27]. THOMAS VON AQUIN[28] hat von 'dominium' nur wenig Gebrauch gemacht. Anders handelte der Vollender seines Fürstenspiegels „De regimine principum", THOLOMÄUS VON LUCCA[29]. Tholomäus, der damit eine Ausnahme auf dem Kontinent darstellt, ging wohl von der Relation 'dominium'/'servitus' im Urstand der Menschheit aus und entwickelte daraus das geschichtliche 'dominium', ohne jedoch für dessen abstrahierende Austauschbarkeit mit 'regimen', 'potestas', 'imperium' viel Gefolgschaft zu finden. Der radikale Papalist ÄGIDIUS ROMANUS[30] („De ecclesiastica sive summi pontificis potestate", um 1300) hat mit der antiken Zweiwertigkeit von 'dominium' ein Doppelspiel getrieben, indem er dem Papst auf Grund der „plenitudo potestatis" nicht nur Herrschaftsrechte, sondern auch ein Obereigentum an sämtlichen Gütern als vollständige Sachherrschaft im altrömischen Sinne zusprach; den gläubigen Laien wies der machtpolitisch und heilsgerecht gleichermaßen konsequent denkende Autor nur ein spezielles Untereigentum zu. Die Vorstellung von einem geteilten 'dominium' wurde zwar von den Glossatoren, zumal in der Glosse des ACCURSIUS, formal römisch-rechtlich konstruiert, ist jedoch inhaltlich mittelalterlich-nordalpinen Rechtsvorstellungen nachgebildet[31]; denn hier ist deutlicher 'Herrschaft' als 'Eigentum'

---

[27] REINHOLD SEEBERG, Lehrbuch der Dogmengeschichte, 4. Aufl., Bd. 3 (Leipzig 1930), 112 ff. 297 ff. 558 ff.; LUDWIG BUISSON, Potestas und Caritas. Die päpstliche Gewalt im Spätmittelalter (Köln, Graz 1958), 16. 58. 76; SUSANNE HAUSER, Untersuchungen zum semantischen Feld der Staatsbegriffe von der Zeit Dantes bis zu Machiavelli (phil. Diss. Zürich 1967); KÖLMEL, Regimen Christianum, 11 f.

[28] THOMAS VON AQUIN, Opuscula omnia necnon opera minora, ed. Joannes Perrier, t. 1 (Paris 1949), 220 ff.; LUDWIG SCHÜTZ, Thomas-Lexikon, 2. Aufl. (Paderborn 1895), 257 f.; GEORGES DE LAGARDE, La naissance de l'esprit laïque au déclin du moyen âge, 2ᵉ éd., t. 2 (Löwen, Paris 1958), 342.

[29] Vgl. THOMAS, Opuscula, 270 ff.; THOLOMÄUS VON LUCCA, Determinatio compendiosa de iurisdictione imperii, MG Fontes iuris antiqui, ed. Marius Krammer (Hannover, Leipzig 1909), 80; MARTIN GRABMANN, Mittelalterliches Geistesleben, Abh. z. Gesch. d. Scholastik u. Mystik, Bd. 1 (München 1926), 354 ff.; LAGARDE, Esprit laïque, 2ᵉ éd., t. 2, 341; KÖLMEL, Regimen Christianum, 276 ff.

[30] RICHARD SCHOLZ, Die Publizistik zur Zeit Philipps des Schönen und Bonifaz' VIII. (Stuttgart 1903), 49 ff.; LAGARDE, Esprit laïque, 2ᵉ éd., t. 2, 308 f.; KÖLMEL, Regimen Christianum, 291 ff.

[31] ERNST LANDSBERG, Die Glosse des Accursius und ihre Lehre vom Eigentum (Leipzig 1883), 87. 92 ff.; ROBERT HOLTZMANN, Dominium mundi und imperium merum. Ein Beitrag zur Geschichte des staufischen Reichsgedankens, Zs. f. Kirchengesch. 61 (1942),

gemeint, so auch bei BARTOLUS. So wurde dem Lehnsherrn das 'dominium directum' ('dominium eminens' und 'superius'), dem Lehnsmann das 'dominium utile' zugesprochen. Diese Formulierung drang vom 13. Jahrhundert an vom Westen her in Deutschland ein und dehnte sich dort aus, wo mehrfache Rechte an einer Liegenschaft bestanden. — Am zweiten Höhepunkt der publizistischen Diskussion, im Zeitalter Ludwigs des Bayern, auch im Zusammenhang mit dem Armutsstreit der Franziskaner, trat nach MARSILIUS VON PADUA mit seinem „Defensor pacis" (1324)[32], wo der Herrschafts- und der Eigentumsaspekt von 'dominium' wieder getrennt sind, vor allem WILHELM VON OCKHAM[33] hervor. Er zerlegte die Entwicklung des Eigentums historisch in drei Stufen und widersprach der allzu gewagten These der Kurialisten von der Gleichsetzbarkeit eines aus kühner Bibelexegese gewonnenen 'dominium' vor dem Sündenfall mit dem römisch-rechtlichen 'dominium'. Diese Theorie ist eine scharfe Waffe im Konflikt von päpstlicher Allgewalt und Kaiserrecht unter Ludwig dem Bayern gewesen.

Von größter politischer Bedeutung für die Geschichte Deutschlands in Mittelalter und Neuzeit wurde die Entstehung der Landesherrschaft[34] als Ausdruck der Gewalt des Landesherrn in seinem Territorium. Wir kommen damit wieder zunächst zur Forschungsterminologie. Das Werden von Landesherrschaft ist als Prozeß der allmählichen Bündelung älterer Einzelrechte aufzufassen, die zu verschiedener Zeit in der Hand eines Herrn vereint wurden, mehr aufgrund von strenger Auslese im Kampf der Nachbarn untereinander als gegen das Königtum. Die Unterlegenen wurden ganz langsam, zumal in der frühen Neuzeit, als private Grundherren[35] auf-

191 ff.; GILLES COUVREUR, Les pauvres ont-ils des droits? Recherches sur le vol en cas d'extrême nécessité depuis la concordia de Gratien jusqu'à Guillaume d'Auxerre (Rom 1961), 279 ff.

[32] MARSILIUS VON PADUA, Der Verteidiger des Friedens, hg. v. Horst Kusch (Berlin 1958), 290. 292. 428. 484. 486; KÖLMEL, Regimen Christianum, 517 ff.

[33] WILHELM VON OCKHAM, Tractatus de imperatorum et pontificum potestate, ed. W. Mulder, Arch. Franciscanum hist. 16 (1923), 469 ff.; ebd. 17 (1924), 72 ff.; R. SCHOLZ, Unbekannte kirchenpolitische Streitschriften aus der Zeit Ludwigs des Bayern. 1327—1354, Bd. 1 (Rom 1911), 144 ff.; Bd. 2 (1919), 329 ff.; LAGARDE, Esprit laïque, 2ᵉ éd., t. 4 (1962), 195 ff.; JÜRGEN MIETHKE, Ockhams Weg zur Sozialphilosophie (Berlin 1969), 350 ff. 440 ff. 458 ff.; KÖLMEL, Regimen Christianum, 657. Vgl. J. MIETHKE, Parteistandpunkt und historisches Argument in der spätmittelalterlichen Publizistik, in: Objektivität und Parteilichkeit in der Geschichtswissenschaft, hg. v. REINHART KOSELLECK, WOLFGANG J. MOMMSEN, JÖRN RÜSEN (München 1977), 47 ff.

[34] Vgl. die Lit. in Anm. 15 f. Ferner: F. MERZBACHER, Art. Landesherr, Landesherrschaft, Hwb. z. dt. Rechtsgesch., Bd. 2, 1383 ff.; W. SELLERT, Art. Landeshoheit, ebd., 1388 ff. (Begriff des 17. Jahrhunderts); KARL SIEGFRIED BADER, Herrschaft und Staat im deutschen Mittelalter, Hist. Jb. 62/69 (1949), 618 ff.; TH. MAYER, Analekten zum Problem der Entstehung der Landeshoheit, Bll. f. dt. Landesgesch. 89 (1952), 87 ff.; K. S. BADER, Territorialbildung und Landeshoheit, ebd. 90 (1953), 109 ff.; W. SCHLESINGER, Die Landesherrschaft der Herren von Schönburg (Münster, Köln 1954); HANS PATZE, Die Entstehung der Landesherrschaft in Thüringen, Bd. 1 (Köln, Graz 1962); OTTO BRUNNER, Land und Herrschaft (1939), 5. Aufl. (Darmstadt 1965).

[35] Erstbelege für 'Grundherr' 1303, 1343 (ungedruckt), verbreitet erst im 15. und 16. Jahrhundert im „privaten" Sinne, GRIMM Bd. 4/1, 6 (1935), 825 ff., s. v. Grundherr; RWB Bd. 4 (1939/51), 1189 ff., Art. Grundherr; vgl. SCHULZE, Art. Grundherrschaft (s. Anm. 16), 1824 ff.

gefaßt, die Sieger klärten ihre Rechte juristisch zur Landeshoheit ab. Mit der allmählichen Ausweitung des Staatszwecks wurde die Landesherrschaft aktiviert und verdichtet. Die schon der Entwicklung des Lehnsrechts innewohnende Tendenz zur Verdinglichung wurde durch den Bezug auf die Fläche auch bei der Landesherrschaft wirksam, während der nächste Schritt zur Versachlichung oder Entpersönlichung von Herrschaft mit der Sonderung von öffentlichen und privaten Rechten, mit der Annahme von Staatsgewalt, Staatsnotwendigkeit und gemeinem Wohl als maßgebliche Bezugspunkte und mit dem Verständnis des ganzen Landes als politischer Einheit gewöhnlich erst der Neuzeit angehört. Hat sich damit die Sache in ihrer Kompliziertheit nur langsam fortentwickelt, so erst recht die Begrifflichkeit. Der Terminus *dominus terrae* ist zuerst 1229, in der Reichsgesetzgebung 1231/32 belegt[36]. Der *dominus terrae* oder *lantherr* (was aber auch „Herr im Land" heißen kann) verbreitete sich rasch, ebenso noch das geschmeidige lateinische Abstraktum *dominium* in dieser Bedeutung (zuerst 1225/26), das deutsche Abstraktum *Herrschaft* jedoch erscheint in diesem Sinn einigermaßen zweifelsfrei erst vom 14. Jahrhundert an[37]. Wesentlich ist, daß die lateinische und die deutsche, die personenbezogene und die abstrakte Terminologie wohl nirgends allein und scharf auf Landesherrschaft im verfassungstechnischen Sinn bezogen sind; d. h. selbst der Begriff 'dominus terrae' ist noch nicht klar vom Aspekt des Eigentums gelöst, jedoch wird die räumliche Komponente immer deutlicher. Um 1400, bei hochentwickelter Landesherrschaft, war jedenfalls das sprachliche Abstraktionsvermögen in unserem Bereich noch recht gering[38]. Es lebten auch die oben angeführten älteren Wortinhalte fort, regionale Sonderformen bestanden weiter oder bildeten sich aus[39].

So kann man zusammenfassend sagen: Wer in irgendeiner Weise ein „Herr" war (auch nur im Hinblick auf eine spezielle Einnahme), konnte „Herrschaft" ausüben. Von diesem Begriffskern abgesehen, teilte der Terminus 'Herrschaft' mit anderen Wörtern der Staatssprache in Deutschland jene Unbestimmtheit und Mehrdeutigkeit, die bis ins 18. Jahrhundert anzudauern scheint.

Peter Moraw

---

[36] Brunner, Land und Herrschaft, 203; Constitutio in favorem principum (1232), MG Const. Bd. 2 (1896), 211 ff., Nr. 171; Sententia de libertate stratarum regalium (1229), ebd., 401 ff., Nr. 285; Sententia de iure stratuum terrae (1231), ebd., 420 ff., Nr. 305.

[37] Lat.: Mecklenburgisches Urkundenbuch, Bd. 1 (Schwerin 1863), 311 f., Nr. 319; vgl. Schulz/Ogris, Art. Dominium (s. Anm. 21), 754 ff. Dt.: für 'Landesherrschaft' gibt es im Mittelalter offenbar keine Belege; vgl. Grimm Bd. 6 (1885), 110, s. v. Landesherrschaft; Schlesinger, Landesherrschaft (s. Anm. 15), 12 f.; Wolfgang Adam, Herrschaftsgefüge und Verfassungsdenken im Reich zur Zeit der Absetzung König Wenzels (phil. Diss. Hamburg 1969), 37 ff.; 'Herrschaft' im Sinne von „Landesherrschaft", darunter auch *die herrschaft und das lant* oder *lande und herscheft ze Beyern*, seit den dreißiger Jahren des 14. Jahrhunderts, RWB Bd. 5, 855, Art. Herrschaft.

[38] Adam, Herrschaftsgefüge, passim.

[39] Richard Schröder, Das Eigentum am Kieler Hafen, Zs. f. Rechtsgesch., germanist. Abt. 26 (1905), 341 ff.; Joseph Joachim Menzel, Jura ducalia. Die mittelalterlichen Grundlagen der Domanialverfassung in Schlesien (Würzburg 1964).

III. 'Herrschaft' von der frühen Neuzeit bis zur Französischen Revolution

1. Begriff, Bedeutung und Gebrauch

In der frühen Neuzeit ist der Begriff 'Herrschaft' auf der Ebene des allgemeinen Sprachgebrauchs und der Wörterbücher immer noch weitgehend unbestimmt. Er steht für konkrete Rechtsverhältnisse ebenso wie für Abstraktionen der antiken politischen Theorie und der neuzeitlichen Staatsphilosophie. In die Bezeichnung konkreter Rechtsverhältnisse teilt er sich mit anderen Begriffen wie 'Herrschung', 'Beherrschung', 'Gewalt', 'Gebiet', 'Gerichtsbarkeit', 'Regiment', 'Obrigkeit', 'Magistrat', mit denen er auch oft gemeinsam benutzt wird, oder er bedarf dazu einer Spezifikation wie bei 'Grundherrschaft', 'Landesherrschaft' und 'Oberherrschaft'. Kein einzelner Begriff des Lateinischen oder der neueren Sprachen kann auch nur ungefähr als Äquivalent seines Bedeutungsumfanges gelten; schon in den frühen Wörterbüchern und Übersetzungen kann er für eine ganze Anzahl verschiedener Begriffe stehen, im Lateinischen z. B. für: 'auctoritas', 'dignitas', 'ditio', 'dominatus', 'dominium', 'imperium', 'iurisdictio', 'maiestas', 'potestas', 'principatus', 'territorium'. Im Französischen für: 'autorité', 'domination', 'empire', 'juridiction', 'maîtrise', 'pouvoir', 'puissance', 'seigneurie', 'souveraineté', und entsprechend im Englischen für: 'authority', 'command', 'dominion', 'empire', 'lordship', 'manorial estate', 'mastery', 'reign', 'rule', 'sovereignty', um nur die wichtigsten zu nennen.

Neben dieser Fülle von Synonymen und Äquivalenten steht als weitere Schwierigkeit die Tatsache, daß die Enzyklopädien der Staats- und Sozialwissenschaften des 19. Jahrhunderts diesen Begriff meist aussparen und nur auf andere Stichworte verweisen, unter denen Teile seines Inhalts behandelt werden. Das hat zum Teil seinen Grund ebenfalls darin, daß 'Herrschaft' zu unspezifisch ist oder noch nicht die abstrakte Allgemeinheit besaß, die sie zu einem Grundbegriff der politischen Theorie und zu einem soziologischen Universale hat werden lassen, mit dessen Hilfe sich alles gesellschaftliche Handeln zwischen subordinierten Personen oder Gruppen beschreiben läßt.

Die Mehrdeutigkeit von 'Herrschaft' stammt aus der mittelalterlichen Bedeutungsvielfalt des Begriffs, wo er u. a. die Herrengewalt über Haus und Gefolgschaft, auch die Anwendung dieser Gewalt in einem räumlichen Bereich und dabei den Ausübenden sowohl wie das Gebiet seiner Hoheitsrechte bezeichnen konnte. Kaum unterschieden und oft als zusammengehörig betrachtet werden Herrschaft über Sachen (Eigentum) und Herrschaft über Personen (Gewalt). Die mehr oder weniger ausführlichen Aufzählungen der frühen Wörterbücher erlauben kaum Schlüsse auf den Sprachgebrauch, sondern lediglich auf die Entwicklung der lexikographischen Technik und auf die Sorgfalt der Darstellung. Synonyme und Äquivalente, die sich unter dem Stichwort selbst nicht finden, sind häufig unter verwandten Begriffen und in nicht systematisch geordneten Beispielsätzen aufgeführt. In den variierenden Zuordnungen der Synonyme zu den Äquivalenten in mehrsprachigen Wörterbüchern dürfen vor der Mitte des 18. Jahrhunderts kaum je definitorische Klärungen vermutet werden, obwohl solche Arbeiten seit dem 15. Jahrhundert in Werken wie Lorenzo Vallas „Elegantiae linguae latinae" geleistet wurden. Vielmehr handelt es sich bei diesen meist praktisch orientierten Wörterbüchern um die Berücksichtigung

III. 1. 'Herrschaft' in der frühen Neuzeit: Bedeutung und Gebrauch

unterschiedlicher Kontexte und sprachlicher Situationen[40]. Der Sprachgebrauch gleichzeitiger Autoren wird von ihnen nur ungenügend registriert, so daß sich weder der Bedeutungsgehalt in zeitgenössischen Werken aus ihnen erschließen läßt, noch in der Entwicklungsreihe der Wörterbücher der Prozeß des politischen Denkens in der frühen Neuzeit ablesbar wird.

ADELUNG versucht als erster eine systematische Ordnung der vorher variabel und oft gegensätzlich verteilten Äquivalente fremdsprachlicher Begriffe, allerdings um den Preis der Zuordnung zu anderen Sprachen. Er unterscheidet ein Abstraktum im Singular, *die Gewalt, andern zu befehlen*, von dem er die Prognose wagt, daß es *zu veralten anfängt*, sowie die *Gewalt, Sachen als Eigenthum zu gebrauchen*, und ein Konkretum, das entweder die Personen bezeichnet, welche in einem Land, Ort oder der Familie die Herrschaft ausüben, oder das *Gebiet, über welches jemand Herr ist*[41].

CAMPE strafft den Artikel etwas, erweitert aber die Definition des abstrakten Begriffs um *die Macht, die Befugnis des Herren, d. h. die Macht, Gewalt, andern zu gebieten, von ihnen seinen Willen als Gesetz befolgen zu lassen, und, wenn der Gegenstand eine Sache ist, die Macht, sie als sein Eigenthum nach Belieben zu gebrauchen*[42]. Insgesamt ist Adelungs Systematik noch für die jüngsten lexikalischen Arbeiten wegweisend. Die sprachwissenschaftlich orientierten Wörterbücher von HEYSE (1833) und SANDERS (1876) verkürzten sie nur, Definitionen und Beispiele blieben im wesentlichen dieselben, wie auch SCHEIDLERS Artikel im ERSCH/GRUBER sich wörtlich an Adelung anlehnt[43]. GRIMMS „Deutsches Wörterbuch" ergänzt die nur bis ins frühe 18. Jahrhundert belegte Bedeutung *würde, vornehme stellung*, vereinfacht im übrigen Adelungs Einteilung, ändert aber die Reihenfolge, indem es das räumliche Konkretum dem personalen vorangehen läßt[44]. Das „Deutsche Rechtswörterbuch" (1960) geht in Anlehnung an Heyse von der frühen Bedeutung aus, folgt dann aber Adelungs Systematik, die rechtshistorisch differenziert wird, vereinzelt auftretende Bedeutungen dazu erhält, aber keine Veränderung der kategorialen Bestimmungen erfährt[45].

Kaum einen Hinweis geben die Wörterbücher darauf, daß 'Herrschaft' kritisierbar wird, sobald sie aus dem Bereich der natürlichen und natürlich sich ablösenden Altersrelation (senior — signoria — seigneurie) und dem Bereich des Hauses (domus — dominus — dominatio) übertragen wird auf die Herrschaft über Menschen, die sich als frei verstehen. Die Argumente dazu stehen zu Beginn der frühen Neuzeit bereit. Sie stammen aus verschiedenen Bereichen. Einmal ist es die Freiheit des Bürgers antiker Republiken, der selbst alternierend an der Regierung der Polis teilhat und keinen Despoten oder Tyrannen über sich duldet, oder wie in Rom nach dem Sturz des Königtums ein System der Gewaltbeschränkung entwickelt und selbst in der Zeit der Kaiser noch zwischen dem Amt des Fürsten und der Stellung eines

---

[40] Vgl. die Anm. 226ff.
[41] ADELUNG Bd. 2 (1775), 1133f., s. v. Herrschaft.
[42] CAMPE Bd. 2 (1808; Ndr. 1969), 657, s. v. Herrschaft.
[43] HEYSE Bd. 1 (1833), 705f., s. v. Herr; DANIEL SANDERS, Wörterbuch der deutschen Sprache, Bd. 1 (Leipzig 1860), 749f., s. v. Herrschaft; KARL HERMANN SCHEIDLER, Art. Herrschen, Herrschaft, ERSCH/GRUBER 2. Sect., Bd. 7 (1830), 37f.
[44] GRIMM Bd. 4/2, 1152f., s. v. Herrschaft.
[45] RWB Bd. 5, 854ff., Art. Herrschaft.

Herrn unterscheidet. Bodin und noch Rousseau werden zustimmend PLINIUS' Wort an Trajan zitieren: *Principis sedem obtines, ne sit domino locus*[46]. Damit wird nicht nur rechtlose Willkür und Unterdrückung abgewiesen, sondern die grundlegende Unterscheidung getroffen zwischen der (staatsrechtlichen) Herrschaft über freie Menschen und dem (privatrechtlichen) Verfügen über Unmündige und Sachen; die Staatsgewalt kann der Regierende entsprechend nicht als Eigentümer innehaben, sondern nur als Amtsträger, dessen Machtbefugnis vom Volk verliehen ist. Mit diesen Begriffen konnten Vorstellungen aus ganz anderen Bereichen verbunden werden, solche von deutschrechtlicher Freiheit und germanischem Wahlkönigtum oder naturrechtliche Konstruktionen wie die geniale Entwicklung der Volkssouveränität bei NICOLAUS CUSANUS[47].

Hier ist die Freiheit des Bürgers im politischen Gemeinwesen der leitende Gesichtspunkt. Seit sich in der Spätantike die Bedeutung des öffentlichen Lebens verringert, entwickelt sich mit stoisch-epikuräischen ebenso wie mit christlichen Vorstellungen ein Begriff individueller Freiheit. Und damit verändert sich auch die Bedeutung politischer Herrschaft: ist sie den einen als Garant äußerer Sicherheit ein notwendiges Übel, sonst aber nur ein zufälliges Gebilde innerhalb der durch Vernunft und Sittlichkeit verbundenen menschlichen Gemeinschaft, so ist sie den anderen Verkörperung des Bösen, denn nicht von Natur aus, sondern nur der Sünde wegen herrschen Menschen über Menschen, und die christliche Gehorsamspflicht hat ihren Sinn in der Erwartung des Endes aller Herrschaft, sie gilt nur vorläufig: *donec transeat iniquitas, et evacuetur omnis principatus et potestas humana, et sit Deus omnia in omnibus*[48].

Die politischen Auseinandersetzungen der Neuzeit gewinnen ihre Dynamik nicht zuletzt aus diesem Potential verschiedener und in sich gegensätzlicher Argumente, die sich unterschiedlich verbinden können, sich aber jeweils an den realen Institutionen und ihrer Praxis messen. 'Herrschaft' hat aber nicht nur ein Regulativ in der naturrechtlichen Freiheit und Gleichheit, in den Versuchen, die faktische gesellschaftliche Ungleichheit der Stände oder Klassen auszugleichen oder zu beseitigen, sondern 'Herrschaft' kann insgesamt in Frage gestellt werden. Die Absicht, Herrschaft zu mildern und einzuschränken zugunsten größerer politischer Freiheit des Bürgers, hat zwei mögliche Richtungen. Einmal kann sie Herrschaft absolut setzen und damit neutralisieren um der individuellen Freiheit willen. Zum anderen kann Herrschaft als unvereinbar mit der Bestimmung des freien Menschen erscheinen und deshalb ihre Aufhebung eschatologisch erwartet oder hier und jetzt ins Werk gesetzt werden.

In diesem Bedeutungsfeld muß 'Herrschaft' gesehen werden, denn nicht erst in revolutionären Krisen, sondern gleich zu Beginn der Neuzeit bezeichnet sie, neben den überlieferten Rechten und Pflichten des Hausvaters oder eines jeweiligen Her-

---

[46] PLINIUS, Panegyricus Traiano Imperatori dictus 55, 7; vgl. BODIN, Les six livres de la République 2, 3 (Paris 1583; Ndr. Aalen 1961), 279; ROUSSEAU, Discours sur l'origine et les fondemens de l'inégalité parmi les hommes (1755), Oeuvres compl., t. 3 (1964), 181.
[47] NICOLAUS CUSANUS, De concordantia catholica 2, 14 (1433), Opera omnia, t. 14/1, ed. Gerhardus Kallen (Hamburg 1968), 162ff.; vgl. ebd. 3, 41 (p. 460ff.).
[48] AUGUSTINUS, De civitate Dei 19,15.

III. 1. 'Herrschaft' in der frühen Neuzeit: Bedeutung und Gebrauch

ren, auch schon den Sachverhalt unberechtigter Gewalt und Unterdrückung, den im Lateinischen nicht 'imperium' oder 'dominium', sondern 'dominari', 'dominatio' ausdrücken.

Daß die frühen Wörterbücher und die Lexika und Enzyklopädien der Epoche von 1775 (Adelung) bis 1830 (Ersch/Gruber) dem kaum Rechnung tragen, und das im Gegensatz zum wirklichen Sprachgebrauch ihrer Zeit, ist ein Faktum, das selbst der Interpretation bedarf. Diesseits der Zensur wird dabei eine Ansicht des politischen Zustandes vor allem Deutschlands verlängert, die zunächst zutraf: *Im Deutschen Reiche ist die machthabende Allgemeinheit, als die Quelle alles Rechts, verschwunden, weil sie sich isoliert, zum Besonderen gemacht hat*[49]. *Diese schon vergangene Welt war eine Beschränkung auf eine ordnungsvolle Herrschaft über sein Eigentum, ein Beschauen und Genuß seiner völlig untertänigen kleinen Welt, und dann auch eine diese Beschränkung versöhnende Selbstvernichtung und Erhebung im Gedanken an den Himmel*[50].

In den Wörterbüchern noch des 19. und 20. Jahrhunderts lebt diese Ansicht fort. Das personale und das räumliche Konkretum 'Herrschaft' werden — wenn überhaupt — als langsam veraltend, bis in die Gegenwart registriert, das Abstraktum wird nach Ausweis der Belege vorwiegend in figürlichem Sinne gebraucht, was Adelungs Prognose zu bestätigen scheint[51]. Und für die Rechtssprache ist es ein unklarer Sammelbegriff *aller Rechte und Verbindlichkeiten der höchsten Gewalt*[52], der in den wichtigsten Enzyklopädien und juristischen Handbüchern nicht eigens abgehandelt wird, sondern nur zum Verweis auf eine Reihe anderer Begriffe dient.

Zu diesen Begriffen gehört nicht 'Gewalt', als welche 'Herrschaft' doch regelmäßig definiert wird, und auch nicht 'Macht', die seit Campe häufig definierender Begriff ist[53], und auch nicht die in den Beispielen von Adelung synonym gebrauchte 'Regierung'[54]. Vielmehr sind es 'Landeshoheit' ('Oberherrschaft', 'Oberherrlichkeit') und, in Scheidemantels „Repertorium" (1783) wie in der „Deutschen Encyclopädie" (1790) fast gleichlautend, 'Dominium', 'Territorium', 'Majestät', 'Dynastie' und 'Gerichtsbarkeit'. Mit dem Ende des alten Reiches verlieren sich die beiden Begriffe 'Dominium' und 'Territorium', die ein Jahrzehnt später nicht einmal mehr als Fremdwörter registriert werden[55]. Es gibt Verweise auf 'Gesinde', keine jedoch auf komplementäre oder antonyme Begriffe wie 'Freiheit', 'Knechtschaft' usw. Freilich wird eine zunehmende Kritik an 'Herrschaft' in den Artikeln über 'Knechtschaft' dem Leser vermittelt[56].

---

[49] Hegel, Die Verfassung Deutschlands (1800/1802). Einleitung (1799/1800), Werke, hg. v. Eda Moldenhauer u. Karl Markus Michel, Bd. 1 (Frankfurt 1971), 459.
[50] Ebd., 458.
[51] Vgl. Ruth Klappenbach / Wolfgang Steinitz, Wörterbuch der deutschen Gegenwartssprache, Bd. 3 (Berlin 1969), 1805f., s. v. Herrschaft; Hermann Paul, Deutsches Wörterbuch, 5. Aufl., hg. v. Werner Betz (Tübingen 1966), 306, s. v. herrlich, Herrschaft.
[52] Scheidler, Art. Herrschen, Herrschaft, 29.
[53] Campe Bd. 2, 657, s. v. Herrschaft.
[54] Adelung Bd. 2, 1133, s. v. Herrschaft.
[55] Vgl. Scheidemantel Bd. 2 (1793), Art. Herrschaft; Dt. Enc., Bd. 15 (1790), 285ff., Art. Herrschaft; ferner Schulz/Basler (1913; 1942), wo die Begriffe fehlen.
[56] s. u. Abschn. III. 8.

Das semantische Feld erweitert sich, wenn man etwa aus CAMPES „Verdeutschungswörterbuch" diejenigen Begriffe heranzieht, zu deren Übersetzung 'Herrschaft' in meist negativen Wortverbindungen gebraucht wird. So für *Aristocrat: Herrscherling*, für *Democratie* u. a. *Volksherrschaft*[57]. *Despotismus ist der willkürliche Gewaltgebrauch, die willkürliche Herrschaft, die Zwing- oder Zwangsherrschaft, die Gewalt- oder Gewaltsherrschaft. Man kann beides sagen, jenes für Herrschaft durch Zwang oder Gewalt, dieses für Herrschaft des Zwanges oder der Gewalt. Dominium: das Herrschafts- oder Eigenthumsrecht; das Eigenthum.* Geradezu synonym ist nur *Regiment: die Herrschaft, die Staatsverwaltung.* In der Erklärung von *Souveraineté* findet sich neben *die oberste oder unbeschränkte Staatsgewalt, mit einem Worte, die Obergewalt oder Oberstaatsgewalt ... Oberherrlichkeit ... Machtvollkommenheit ... Grundgewalt auch Herrschergewalt (besser Herrschgewalt)*[58]. Für *Terrorismus* steht *Herrschaft des Schreckens oder durch Schrecken; also die Schreckensherrschaft*, und schließlich für *Tyrannei: die Herrschwut, gelinder, die Herrschsucht und die Zwangsherrschaft ... die Alleinherrschaft*[59]. Der politische Gehalt des Begriffs läßt sich auf der Ebene der Wörterbücher so nur auf indirektem Wege erschließen. Festzuhalten bleibt die politische Zurückhaltung nicht nur gegenüber den Kämpfen, sondern auch den Diskursen, die zu dieser Zeit um die Verfassung und den Wechsel der Herrschaft und um ihre Berechtigung überhaupt ausgetragen wurden. Es kennzeichnet die Lage zwischen Revolution und Restauration, daß das politische Begriffsfeld sich nur auf dem Umweg der oft wenig glücklichen Übersetzungsversuche romantischer Puristen erschließen läßt. Methodisch folgt daraus, daß die Wörterbücher als eine sekundäre Quellengattung kontrastiert werden müssen mit dem Sprachgebrauch, der aus den Texten zu erarbeiten ist.

2. 'Herrschaft' im 16. Jahrhundert

a) **Machiavelli.** Im Vergleich mit der staatsrechtlichen und politischen Literatur der vorausgegangenen Zeit betreten wir hier völlig neuen Boden. Ist *das Verlassen einer toten Sprache* allein schon *der wichtigste Schritt im Entwicklungsgange der Sprachen*[60], so ist das Bewußtsein, mit welchem MACHIAVELLI seine Vorstellungen begrifflich gestaltet, vorher nicht zu finden und ebensowenig die schroffe Unbekümmertheit um die geschichtlich gewordenen Institutionen und Gesetze der westeuropäischen Länder seiner Zeit. Zudem ist er völlig frei von kirchenrechtlichem Denken, in dessen Rahmen die staatsrechtlichen Lehren des Mittelalters entwickelt wurden, unter ihnen gerade auch die modern anmutenden, die erst durch die Übertragung aus dem sakralen Bereich revolutionierende Konsequenzen für die Auffassung der Staatsgewalt gewannen.

---

[57] CAMPE, Fremdwb., 2. Aufl. (1813; Ndr. 1970), 125, s. v. Aristocrat; vgl. ebd., s. v. Aristocratie: *Adelherrschaft, Herrschelei;* ebd., 253, s. v. Democratie.
[58] Ebd., 258, s. v. Despotismus; ebd., 272, s. v. Dominium; ebd., 523, s. v. Regiment; ebd., 562, s. v. Souveraineté.
[59] Ebd., 585, s. v. Terrorismus; ebd., 597, s. v. Tyrannei.
[60] WILHELM V. HUMBOLDT, Über die Verschiedenheiten des menschlichen Sprachbaus 1, § 10 (1827/29), AA Bd. 6 (1907), 123.

a) Machiavelli   Herrschaft

Fragen wir, methodisch rückblickend, für welche Begriffe Rehberg in seiner Übersetzung des „Principe" von 1810 'Herrschaft' einsetzen kann, so finden wir deren vier: 'imperio', 'principato', 'stato', 'dominio'. Sie alle treten gleich im ersten Satz des Werkes auf, wo sie im Deutschen natürlich differenziert werden müssen. *Tutti li stati, tutti e' dominii che hanno avuto e hanno imperio sopra li uomini, sono stati e sono o republiche o principati*[61]. Bei REHBERG: *Alle Staaten und Gewalten welche Herrschaft über die Menschen gehabt haben, sind Republiken oder Fürstentümer gewesen*[62]. Im Latein des 16. Jahrhunderts: *Quaecunque fuit unquam, aut est imperandi ratio, qua homines hominibus dominari consuevere, ea, aut Respublica aut principatus appellatur*[63].

'Stato' und 'dominio' bezeichnen hier die Herrschaftsweise, 'imperandi ratio', an anderen Stellen die Wahrung der Herrschaft, aber auch objektiv das beherrschte Reich[64], 'imperio' die Ausübung der Herrschaft und die Herrscherstellung wie 'principato', daneben das alte wie das neue Römische Reich und das kaiserliche Ansehen[65], 'principato' auch das Fürstentum und 'dominio' schließlich außer der genannten Bedeutung emphatisch die schmachvolle Gewaltherrschaft: *questo barbaro dominio*[66].

Die beiden, in der Antike gewöhnlich strikt unterschiedenen Begriffe 'imperium' und 'dominium', „Befehlsgewalt" bzw. „Eigentumsrecht", die im Mittelalter heftig umkämpft waren und in kurialistischem ebenso wie in deutschrechtlichem Zusammenhang vermischt werden konnten, treten hier klar auseinander: 'imperio' hat neutralen Sinn, 'dominio' daneben den negativen einer Herrschaft, die nicht sein soll, wie die fremder Herrscher über Italien; 'imperio' wird nur subjektiv gebraucht, 'dominio' subjektiv und objektiv.

Sachlich gliedert sich das Begriffsfeld in Fürstenherrschaft und republikanische Herrschaft. Dabei gehört letztere, von Machiavellis Blickpunkt aus gesehen, wesentlich der Vergangenheit an, obwohl sie die vorzüglichere ist, was die Entfaltung der menschlichen Fähigkeiten, aber auch Sicherheit und Dauer betrifft, ganz zu schweigen von Würde und Freiheit. Aber zu seiner Zeit gibt es kein kraftvolles Beispiel ihrer Gattung mehr, und er muß ihre Gesetze an der Frühzeit Roms darstellen. Die prägende Erfahrung seiner Gegenwart ist der unaufhörliche Wechsel von Herrschaften, ihre Unbeständigkeit, die fortwährende Gefahr von Umsturz, Aufruhr, Eroberung und Fremdherrschaft. Gegen dieses Chaos der italienischen Staaten, in welchem zwar Kunst, Wissenschaft und Handel blühen wie nie zuvor, empfiehlt er als Gewaltkur die Fürstenherrschaft, deren Regeln er im „Principe" zur gleichen Zeit verfaßt wie die längerfristig besseren der republikanischen Herrschaft in den „Discorsi". In dieser Zeit, die er wie kein anderer begreift und zu deren Nutzen er schreibt, sind Legitimation von Herrschaft, Abgrenzung von geistlicher und welt-

---

[61] NICCOLÒ MACHIAVELLI, Il Principe 1 (1513), ed. Giuliano Procacci e Sergio Bertelli (Mailand 1960), 15.
[62] Ders., Das Buch vom Fürsten 1, dt. v. AUGUST WILHELM REHBERG (Hannover 1810), 57.
[63] N. MACHIAVELLI, Princeps, ex Sylvestri Telii Fulginatis traductione diligenter emendatus (o. O. 1589), 1.
[64] Ders., Principe 20 (p. 85); 24 (p. 97).
[65] Ebd. 12 (p. 57f.).
[66] Ebd. 26 (p. 105).

licher Gewalt, Zuerkennung der Souveränität und andere Probleme, die vor und nach ihm das Staatsrecht beschäftigen, gegenstandslos. Das erlaubt ihm, von rechtlichen und institutionellen Fragen abzusehen und in klaren Gesetzen die Mechanik der Macht zu formulieren. Indem er Herrschaft als Faktum voraussetzt, kann er den Wechsel ihrer Formen im Anschluß an Polybios beschreiben und der Typik ihres Verlaufes Handlungsmaximen zu seiner Beeinflussung entgegensetzen. Diese Methode eröffnet ihm dialektische Einsichten, die sich den naturrechtlich konstruierenden Denkern der folgenden Zeit verschließen: daß z. B. die Freiheit des Volkes den Privilegienträgern als ihre eigene Knechtschaft erscheine, die sie auf jede Weise zu verhindern suchen[67]; daß die Kirche es sein kann, die — wie in Italien — als weltliche Gewalt die staatliche Einheit verhindert und die Religion selbst zerstört[68]; daß das Prinzip monarchischer Erbfolge die dadurch beabsichtigte Dauer öffentlicher Sicherheit gefährdet, während die Übereinstimmung eines Volkes sie auch über Umsturzversuche hin gewährleisten kann[69]. Herrschaftsvertrag, Gewaltübertragung und Volkssouveränität können in diesem Denken keinen Platz finden, das allein darauf abzielt, die Chancen relativer Dauer der öffentlichen Einrichtungen zu ergründen, mit welchen die Bürger eines Staates im Innern die stets bedrohte Freiheit kämpfend behaupten und nach außen Macht erwerben können[70]. Die unabhängige Analyse seiner Gegenwart und das planvolle historische Studium bilden mit der Fähigkeit, diese Erfahrungen als Gesetze zu formulieren, eine Instanz politischen Denkens, dessen jahrhundertelange Perhorreszierung nicht verhindern kann, daß alles spätere an ihm zu messen ist.

b) **Herrschaftsbegriffe im reformatorischen Deutschland.** Die deutsche Situation unterscheidet sich nicht nur dadurch grundlegend von der italienischen, daß der rasche Wechsel von Herrschaften und der Kampf verschiedener Parteien oder Klassen um sie unbekannt war und daß die veränderte Kriegstechnik sowie soziale Unruhe erst mit einer gewissen Verspätung auftraten, sondern auch dadurch, daß nirgendwo ein Ort scharfsichtiger Analyse gegeben zu sein schien, der alternative Möglichkeiten des Handelns zu formulieren erlaubt hätte. Das Fehlen einer Theorie nötigt dazu, aus den verschiedenen und gegnerischen Mahnungen und Forderungen zusammen den vollständigen Begriff 'Herrschaft' in dieser Zeit zu entwickeln.
Erasmus von Rotterdam versucht im Geiste des Humanismus, die antik-republikanischen Anschauungen mit dem Bild des christlichen Fürsten zu versöhnen. Zum Argumentationshaushalt gehörte, mit Bezug auf Aristoteles, die Rechtfertigung von Herrschaft aufgrund natürlicher Überlegenheit, ungeachtet der naturrechtlichen Gleichheit. In einer zeitgenössischen Paraphrase: *Eben die leut, so da vor andern eyn wackern verstand habend, die seind von natur Herren über andere menschen*[71]. Es ließ sich aber doch unterscheiden, was berechtigtes Herrschen (imperare)

---

[67] Ders., Discorsi sopra la prima deca di Tito Livio 1, 16 (1513/17), ed. G. Procacci e S. Bertelli (Mailand 1960), 173 ff.
[68] Ebd. 1, 12 (p. 163 ff.).
[69] Ebd. 1, 10 (p. 158 f.); vgl. ebd. 1, 58 (p. 240 f.); 3, 7 (p. 412 f.).
[70] Ebd. 1, 1 (p. 125 ff.); 1, 58 (p. 240 f.); 2, 33 (p. 345 ff.); 2, 1 (p. 275 ff.); 2, 9 (p. 300 ff.).
[71] DANTE ALIGHIERI, Monarchey Oder Dasz das Keyserthumb zu der Wolfart diser Welt von nöten (Basel 1559), 11; ARISTOTELES, Politik 1255a.

b) 'Herrschaft' im reformatorischen Deutschland

sei und was unberechtigtes (dominari). Bei qualitativer Differenz ist die Subordination auch naturrechtlich begründbar, und die Einigkeit schien so groß, daß ein AUGUSTINUS-Referat sich in die Cicero-Ausgaben einschleichen konnte: *Cur igitur deus homini, animus imperat corpori, ratio libidini ... et ceteris vitiosis animi partibus*[72]. Die Schwierigkeit beginnt bei dem republikanischen Abscheu vor der Königsherrschaft: *Desunt omnino ei populo multa, qui sub rege est, in primisque libertas, quae non in eo est, ut iusto utamur domino, sed ut nullo*[73]. Es ist denkwürdig, daß ERASMUS diesen Gedanken in einer Fürstenlehre entwickelt und nicht nur 'dominium', dem die deutschrechtliche 'Herrschaft' entspricht, sondern auch 'imperium' als unchristlich ablehnt und die Begriffe nur nennt für etwas, das christlich verwandelt werden müsse: *Cogitato semper dominium, imperium, regnum, maiestatem, potentiam, ethnicorum esse vocabula, non Christianorum. Christianum imperium nihil aliud esse quam administrationem, quam beneficentiam, quam custodiam*. Die zeitgenössische Übersetzung: *Gedenck allweg, das dise namen herrschaft, rych, regierung, maiestat, gwalt wörtlin sind, die den heyden zu gehören, nit Christen. Ein Christeliche regierung und gepyet, ist nüt anders, dann ein pfläg, ein guthät, ein hut*[74]. Das entspricht zwar weitgehend der antik-römischen Selbstdarstellung: *Also mochte das Römisch Reich vil warlicher ein beschirmung des gantzen erdtrichs, dann ein gewaltige herschung genant werden*[75]. Und nicht der Bibel, sondern Xenophons Ökonomie entstammt das Ideal, mit dem noch Hegel das Perikleische Zeitalter verklären wird: *divinum imperare liberis ac volentibus, das es meer götlich sy, dann menschlich, zu herschen über die fryer und willigen*[76]. Gäbe es eine christliche Staatslehre, die nicht diese Welt verneinte und entwertete, so würde sie auf diesen Prinzipien aufbauen.

Wenn LUTHER einen eigenständigen Beitrag zur Staatslehre geliefert hat, dann liegt er — anders als seine Apologeten denken — darin, daß eine christliche Politik nicht möglich ist: *Es ist kein ampt so klein, es ist hengens werd. Göttlich und recht sind die ampt, beide der Fürsten und Amptleute, aber des Teufels sind sie gemeiniglich, die drinnen sind und brauchen ... Das macht die böse, verderbte natur, die gute Tage nicht tragen kan, das ist, sie kan ehre, gewalt und herrschafft nicht Göttlich brauchen*[77]. Selbstverständlich ermahnt er die Fürsten, nach Möglichkeit gut zu handeln: *Welcher nu eyn Christlicher furst sein will, der muß warlich die meynung ablegen, das er hirschen und mit gewallt faren wolle. Denn verflucht und verdampt ist alles leben, das yhm selb zu nutz und zu gutt gelebt und gesucht wirt, verflucht alle werck, die nit ynn der liebe gehen*[78]. Weltliches Gesetz kann nicht positiv begriffen werden, es ist allein um der Sünde willen da: *Haec tria, lex, peccatum, mors sunt inseparabilia*[79].

---

[72] CICERO, De re publica 3, 24; AUGUSTINUS, De civitate Dei 19, 21.
[73] CICERO, De re publica 2, 23.
[74] ERASMUS VON ROTTERDAM, Institutio principis christiani (Basel 1517), Diij^v; ders., Ein nutzliche underwisung eines Christenlichen fürsten wol zu regieren (Zürich 1521), XXIII^r.
[75] CICERO, Officia, Teutsch: Des Fürtreflichen, hochberühmpten Römischen Redners Marci Tullij Ciceronis drey Bücher an seinen Sohn; von Gebührlichen Wercken ... (Frankfurt 1565), 89; vgl. ders., De officis 2, 6.
[76] ERASMUS, Nutzliche underwisung, XXIIII^v; vgl. die Widmungs-,,Epistel".
[77] LUTHER, Auslegung des 101. Psalms (1534/35), WA Bd. 51 (1914), 254.
[78] Ders., Von weltlicher Oberkeit, wie weit man ihr Gehorsam schuldig sei (1523), WA Bd. 11 (1900), 271f.
[79] Ders., Quinta disputatio contra Antinomos (1538), WA Bd. 39/1 (1926), 354.

Und ist das Amt zwar unantastbar, wenn auch jeglichem Mißbrauch ausgesetzt, so kann umgekehrt die Integrität des Amtsträgers nicht die Heillosigkeit seines Handelns verhindern: *Ein Furst kan wol ein Christen sein, aber als ein Christ mus er nicht regieren: und nach dem er regiret, heißt er nicht ein Christ, sondern ein Furst. Die person ist wol ein Christ, aber das ampt odder Furstenthumb gehet sein Christentum nicht an*[80].

Luther ist überzeugt, daß die Gesetze der Politik in der Antike erkannt und besser als je angewendet wurden; das Christentum, das von ihnen gar nicht betroffen wird, kann sie auch nicht vervollkommnen: *Weil Gott den Heiden oder der vernunfft hat wollen die zeitliche herrschafft geben, hat er ja auch müssen leute dazu geben, die es mit weisheit und mut, dazu geneigt und geschickt weren und erhielten*[81]. Der Begriff 'Herrschaft' wird im Gegensatz zu 'Oberkeit' und 'Regiment' in negativem Sinn gebraucht und kann „Unterdrückung" bedeuten: *Unnd wer vergeblich ding, so ein priuat person auß Teutschland wold Jn Franckrich lauffen, den armen Christen rettung da zuthun wider die herschaft*[82]. Dagegen verherrlicht er die neutraleren Begriffe für 'Gewalt' in einer auch für seine Zeitgenossen fast unbegreiflichen Weise, nachdem er einmal die Partei des Adels und der Fürsten ergriffen hatte: *Denn ich mich schier rhümen möchte, das sint der Apostel zeit das weltliche schwerd und oberkeit nie so klerlich beschrieben und herrlich gepreiset ist ... als durch mich*[83].

Verwendet er 'Herrschaft' in allgemeinem Sinn, so versteht er sie vorzüglich im Rahmen der Landesherrschaft. Reichsrechtliche Gesichtspunkte liegen ihm ferner. Fremd sind ihm die im spätmittelalterlichen Kirchenrecht und in den westeuropäischen Staaten entwickelten Konstruktionen der Gewaltbeschränkung und Volkssouveränität. Eine über sein Territorium reichende Verantwortlichkeit des Fürsten bestreitet er mit der Begründung: *so werden alle Herrschafften eine Herrschafft, und ist eitel confusio*[84]. Dabei kann er zur Anprangerung von Mißständen zu Beginn der Bauernunruhen und solange sie vorwiegend auf geistliche Territorien begrenzt sind, Worte finden, die denen Thomas Müntzers sehr ähnlich sind: *Denn das sollt yhr wissen, lieben herrn, Gott schaffts also, das man nicht kan noch will, noch soll ewr wüeterey die lenge dulden*[85]. Milton wird sie in eine Tradition protestantischer Fürstenkritik einzureihen versuchen[86]. Im Moment der Entscheidung kann Luther noch schwanken und den geistlichen Herrschaften drohen: *Und wenn ich lust hette, mich an euch zu rechen, so möchte ich itzt ynn die faust lachen und den*

---

[80] Ders., Wochenpredigten über Matth. 5—7 (1530/32), WA Bd. 32 (1906), 440.

[81] Ders., Auslegung des 101. Psalms, WA Bd. 51, 243.

[82] Ders./MELANCHTON an Kurfürst Friedrich u. Landgraf Philipp, 21. 11. 1542, WA Br., Bd. 10 (1947), 194.

[83] LUTHER, Ob Kriegsleute auch ynn seligem stande seyn künden (1526), WA Bd. 19 (1897), 625.

[84] Bedenken LUTHERS an Kurfürst Johann Friedrich aus dem Jahre 1532, zit. FRIEDRICH HORTLEDER, Der Römische Keyser und Königlichen Majestäten ..., [Bd. 1] (Frankfurt 1617), 1223.

[85] LUTHER, Ermanunge zum fride auff die zwelff Artickel der Bawrschafft ynn Schwaben (1525), WA Bd. 18 (1908), 294.

[86] JOHN MILTON, The Tenure of Kings and Magistrats (1649), Works, ed. Frank Allen Patterson, vol. 5 (New York 1932), 46.

c) Calvinistische Begriffsbildung

bawren zu sehen oder mich auch zu yhnen schlahen und die sachen helffen erger machen[87]. Die Auseinandersetzung polarisiert die Gegner anders, und welcher Partei Luther zuneigte, hat MÜNTZER später mit Bezug auf den Wormser Reichstag drastisch formuliert: *So du zu Worms hettest gewanckt, werest du ee erstochen vom Adel worden, dann loß gegeben, weiß doch ein yeder*[88].

Keine protestantische Staatslehre hat Luther begründet, eher eine frühe absolutistische vorbereitet. Deutlicher als seine Verteidiger hat das BOSSUET erkannt, der gegnerische Historiker der Reformation und selbst absolutistischer Staatstheoretiker[89]. Auf die Staatsethik einer Minderheit (Röm. 13) Prinzipien der Herrschaft zu bauen, kann nur auf die Schattenseite des Machiavellismus führen; nur eine unpolitische Ethik ist darauf zu errichten, wie sie der Jansenismus theologisch konsequenter entwickeln sollte und ohne die Gefahr, herrschende Doktrin zu werden. Das Problem von Luthers Wirkung liegt darin, daß er einerseits die Lehre Augustins von den zwei Reichen noch radikalisiert und andererseits den eigenen Parteistandpunkt mit allen theologischen Mitteln zu armieren versucht. Dieser Widerspruch konnte nicht fruchtbar werden und führte in die lutherische Orthodoxie, deren Starrheit und Unbeweglichkeit Melanchthon mit seinen ganz anderen, versöhnenden Absichten nicht zu lösen vermochte, sondern durch Systematisierung der Lehre wider Willen noch verfestigte.

In einem nicht vermittelbaren Gegensatz standen jene aufständischen Bauern, die alle Herrschaft beseitigen wollten, *quod intentio eorum fuerit omnem principatum et dominium extinguere*[90], und jene Reformatoren, die nur dadurch sich glaubten retten zu können, daß sie die Partei der bestehenden Herrschaft ergriffen. Zu spät bemerkten sie, daß bei diesem Bündnis die Landesherrschaften sich konsolidierten, ihr eigener sozialer und politischer Gehalt neutralisiert wurde.

c) **Calvinistische Begriffsbildung und der Einfluß des juristischen Denkens.** CALVIN unterscheidet sich nicht dadurch von Luther, daß er die Obrigkeit etwa nicht von Gott herleitete. Und das gilt für die Fürsten, die zur Strafe des Volkes *vero iniuste et impotenter dominantur*[91], ebenso wie für die Gerechten: *omnes ex aequo sancta illa maiestate esse praeditos, qua legitimam potestatem instruxit*[92]. Aber er stellt sie doch unter die Herrschaft des Gesetzes. Seine Staatslehre ist nicht nur im Umkreis der neuen französischen Schule der historischen Rechtsinterpretation entstanden und weithin juristisch konstruiert. Sie ist mit dem Prinzip der Gesetzmäßigkeit, mit der Gemeindeverfassung und ihren Aufsichtsfunktionen auch fähig, auf die Gedanken des Herrschaftsvertrags, der Repräsentativverfassung und der

---

[87] LUTHER, Ermanunge zum fride, 296.
[88] THOMAS MÜNTZER, Hochverursachte Schutzrede und antwort wider das Gaistlose Sanftlebende fleysch zu Wittenberg (1524), Polit. Schr., hg. v. Carl Hinrichs (Halle 1950), 99.
[89] JACQUES BÉNIGNE BOSSUET, Histoire des variations des églises protestantes, t. 1 (Paris 1688), 27 ff.
[90] J. TRITHEMIUS, Der Bundschuh zu Untergrombach (1502). Bericht von Zeugenaussagen der Gefangenen, Annales Hirsaugenses 2 (1690), 589 ff., abgedr. Quellen zur Geschichte des Bauernkrieges, hg. v. GÜNTHER FRANZ (Darmstadt 1963), 74, Nr. 16.
[91] CALVIN, Institutio religionis christianae 4, 20, 25 (1559), CR Bd. 30 (1864), 1112.
[92] Ebd.

Kontrolle der Staatsgewalt anregend zu wirken. Die Begriffsbildung ist genügend allgemein, um in der Folge für monarchische ebenso wie für republikanische Staaten zu gelten, und da der Calvinismus sich nur in Ausnahmefällen mit der bestehenden Herrschaft identifizieren kann, so geht es darum, Rechte für die Minderheitenkonfession und für die ökonomisch fortgeschrittenen, an der Staatsgewalt jedoch noch kaum beteiligten Stände zu erwirken. Darin liegt ein durch Rückschläge nicht zu entkräftendes Potential der Veränderung.

Die Argumente stammen aus dem germanischen Wahlkönigtum, aus dem Kirchenrecht, dem Naturrecht und antikem Republikanismus. Der Modellfall ist immer der gleiche: Mißbrauch der staatlichen Gewalt durch den Herrscher, der sie nicht mehr zum öffentlichen Wohle, sondern willkürlich zum eigenen Nutzen ausübt. *Sed (ut humana sunt omnia) statu rerum in peius prolabente, quod publicae utilitatis causa fuerat constitutum imperium, in superbam dominationem vertit*[93]. Das widerspricht nicht nur der Natur und der Bürgerfreiheit[94], sondern auch ihrer gegenseitigen vertraglichen Verpflichtung: *mutua igitur regi cum civibus est pactio*[95], durch welche das Volk sich keineswegs seines höheren Rechts entäußert: *igitur cum lex sit rege, populus lege potentior*[96].

Körperschaftsrechtliche Begriffe erlauben es, das Volk in den Individuen als Untertanen, im Ganzen aber als Souverän zu verstehen: *Ut singuli principe inferiores sunt: ita universi, et qui universos repraesentant, regni officiarii, principe superiores sunt*[97]. Und die ihn einzusetzen befugt sind, haben auch die Macht, ihn bei Gesetzesbruch abzusetzen[98], *de s'opposer à l'oppression manifeste du Roiaume*[99]. Denn der Vertrag ist ein „Bündnis", dessen Verpflichtung von seiner Erfüllung abhängt: *In constituendo principe intervenit foedus inter ipsum et populum, tacitum, expressum, naturale, vel etiam civile, ut bene imperanti bene pareatur*[100]. Mit wechselseitigem Vertrag, Souveränität des Volkes als Ganzem und Widerstandsrecht sind wesentliche Bestimmungen des modernen Begriffs 'legaler Herrschaft' gefunden, die über Bodin und Hobbes hinaus auf Rousseau verweisen.

d) **Zur Dialektik des Herrschaftsbegriffs.** Gingen diese Staatstheoretiker aus vom Mißbrauch der Macht, von der Tyrannei, so wagt LA BOÉTIE eine Kritik der Monarchie überhaupt. Das Übel liegt in der persönlichen Herrschaft: *c'est un extreme malheur d'estre subiect a un maistre duquel on ne se peut jamais asseurer qu'il soit bon,*

---

[93] GEORGE BUCHANAN, De iure regni apud scotos, dialogus (Edinburgh 1579; Ndr. Amsterdam 1969), 20.
[94] Ebd., 53.
[95] Ebd., 96.
[96] Ebd., 86.
[97] [STEPHANUS IUNIUS BRUTUS CELTA? HUBERT LANGUET? PHILIPPE DU PLESSIS MORNAY?], Vindiciae contra tyrannos, sive de principis in populum, populique in principem legitima potestate (o. O. 1579), 214.
[98] [THÉODORE DE BÈZE], Du droit des magistrats sur leurs sujets (o. O. 1575), 81.
[99] Ebd., 35
[100] [CELTA? LANGUET? MORNAY?], Vindiciae contra tyrannos, 215.

d) Dialektik des Herrschaftsbegriffs

puis qu'il est tousjours en sa puissance d'estre mauvais quand il voudra[101], und das widerstreitet nicht nur der Freiheit als der Bestimmung des Menschen, sondern dem Prinzip des Öffentlichen: *pource qu'il est malaisé de croire qu'il y ait rien de public en ce gouvernement, ou tout est a un*[102]. Erklärungsbedürftig ist aber nicht die Anmaßung autoritärer Befehlsgewalt, sondern die Tatsache, daß ihr Folge geleistet wird, das Rätsel, *de voir un million d'hommes servir misérablement, aiant le col sous le joug, non pas contrains par une plus grande force, mais aucunement (ce semble) enchantés et charmés par le nom seul d'un, duquel ils ne doivent ni craindre la puissance puis qu'il est seul, ny aimer les qualités puis qu'il est en leur endroit inhumain et sauvage*[103].

Damit ist ein Gemeinplatz der Staatslehre angesprochen, älter noch als der Vergleich des Staates mit einem Organismus und ebenso tief verwurzelt: daß es ein Prinzip sei, von dem die Entstehung, Bewegung, Entscheidung oder Erkenntnis eines Dinges ausgehe und daß deshalb auch e i n e r herrschen solle. Die Polysemie von ἀρχή („Prinzip" und „Herrschaft")[104] mag dazu beigetragen haben, und das Motiv der Übertragung läßt sich in der Struktur des patriarchalischen Familienverbandes sehen. Die Faszination einer Metapher kann vielleicht die Verführung einiger Staatstheoretiker, aber nicht die wirkliche Unterwerfung, „Dienstbarkeit" oder, um Luthers Neuprägung zu gebrauchen, „Knechtschaft" ganzer Völker erklären. Der Grund liegt auch nicht in der im Vergleich zum Volke geringen bewaffneten Macht zum Schutz des Herrschers und zum Erzwingen des Gehorsams. La Boétie versucht das Geheimnis der Herrschaft, *le secret de la domination*, soziologisch zu erklären: es ist der Apparat, die hierarchisch gegliederte Komplizenschaft, die Verstrickung in den Nutzen aus der Gewaltausübung und dem Machtmißbrauch, der die ganze Gesellschaft durchzieht, bis die Zahl derer, *ausquels la tirannie semble estre profitable*[105], denen gleichkommt, die noch die Freiheit wollen. Denn wollten sie sie alle wirklich und wären entschlossen, nicht länger Sklaven zu sein, so wären sie auch schon frei[106].

Dieses überraschende Werk, dessen Wirkung symptomatisch in den revolutionären Situationen der Neuzeit festzustellen ist, und dessen Gedanken erst in den Soziologien der Herrschaft, bei Lorenz von Stein und Max Weber, eine systematische Behandlung finden werden, formuliert vorgreifend den Gehalt des politischen Denkens der Neuzeit; was von diesem Gehalt verwirklichbar zu sein schien nach den entsetzlichen Erfahrungen der ersten Religionskriege, versucht Bodin mit den Mitteln historischer und rechtsvergleichender Forschung zu sichern.

---

[101] ÉTIENNE DE LA BOÉTIE, Le discours de la servitude volontaire ou le contr'un (1574), éd. Pierre Léonard (Paris 1976), 104; vgl. meine Ausgabe: ders., Von der freiwilligen Knechtschaft, hg. v. Neithard Bulst u. Horst Günther (Frankfurt 1980).
[102] LA BOÉTIE, Discours de la servitude, éd. Léonard, 104.
[103] Ebd., 105.
[104] Vgl. ARISTOTELES, Metaphysik 5, 1, 1013a; zur Wirkungsgeschichte des Homerzitats (Ilias 2, 2, 204f.), von dem LA BOÉTIE, Discours de la servitude, 173f., ausgeht, schon THEOPHRAST, Characteres 26, 2.
[105] LA BOÉTIE, Discours de la servitude, éd Léonard, 150. 152f.
[106] Ebd., 116.

e) **Bodins Antwort auf die Krise.** Dabei ist es eine Gewalttat, die BODIN die konstruktive Geschlossenheit seiner Staatslehre ermöglicht. Die beiden wesentlichen Streitfragen, die nicht nur den Auseinandersetzungen seiner Zeit zugrunde liegen, sondern bis zur Französischen Revolution virulent bleiben, schließt er völlig aus. Es ist die Freiheit der Konfession und des Gewissens, die er, wie die Partei der „Politiques", nur pragmatisch, von der Einheit des Staates aus, betrachtet und als religiöses Problem politisch zu neutralisieren versucht, ähnlich wie es Luther tat. Dann ist es die Beteiligung der Stände an der Staatsgewalt und die Rolle des Adels, vor allem im Falle der Regentschaft, die bewegende Frage der nationalen Geschichtsschreibung von Hotmans „Franco-Gallia" (1573) bis ins 18. Jahrhundert hinein. Bodins Standpunkt in der zeitgenössischen Politik entspricht der entwickelten französischen Magistratur, die sich einen unbestreitbaren, letztinstanzlichen Kompetenzträger wünscht. Er versucht, den überlieferten Stoff der Politik vorwiegend nach juristischen Gesichtspunkten zu gestalten. Sein Verfahren ist formal das von allgemeinen Definitionen aus ins einzelne gehende des Petrus Ramus, inhaltlich ein enzyklopädisches, das die *universa Rerum publicarum historia*[107] einsichtig machen will und aufgrund der logischen ebenso wie der historischen Allgemeingültigkeit den auf das Perikleische Athen beschränkten Aristoteles hinter sich läßt und anders als Platons Idealstaat oder Morus' „Utopia" es mit der Wirklichkeit selbst zu tun hat, *de suyvre les reigles Politiques*[108]. Dabei kollidiert die naturrechtliche Voraussetzung freier und gleicher Individuen mit der entwicklungsgeschichtlichen Ableitung der Staatsgewalt aus der Herrschaft der Hausväter. Unbefragt wird da eine absolute Gewalt vorausgesetzt: *chacun chef de famille estoit souverain en sa maison*[109]. In einem Gemeinwesen verwandelt sich der Hausvater, sobald er gemeinsame und öffentliche Angelegenheiten behandelt, zum Bürger: *alors il despouille le tiltre de maistre, de chef, de seigneur, pour estre compagnon, pair et associé avec les autres: laissant sa famille, pour entrer en la cité: et les affaires domestiques, pour traitter les publiques: et au lieu de seigneur, il s'appelle citoyen*[110]. Aber nicht als auf dem Wege friedlicher Übereinkunft entstanden, dürfe man sich das Gemeinwesen denken, sondern als nach kriegerischer Unterwerfung erzwungene: *et celuy qui ne vouloit quitter quelque chose de sa liberté, pour vivre sous les loix, et commandement d'autruy, la perdoit du tout. Ainsi le mot de seigneur, et de serviteur, de Prince, de subiect auparavant incongnus, furent mis en usage. La raison et la lumiere naturelle nous conduit à cela, de croire que la force et violence a donné source et origine aux Republiques*[111]. Beim zeitgenössischen Übersetzer lautet der letzte Satz: *Und sollte uns der natürlich Verstand und Vernunfft selbst lehren, daß die Herrschafften durch gewalt anfangs auffkommen*[112]. Die Unfähigkeit, zwischen 'seigneurie' und 'république' einerseits und 'violence' und 'puissance' andererseits zu differenzieren,

---

[107] J. BODIN, Methodus ad facilem historiarum cognitionem 4 (1566), éd. Pierre Mesnard (Paris 1951), 167.
[108] Ders., République 1, 1 (s. Anm. 46), 4.
[109] Ebd. 1, 6 (p. 68).
[110] Ebd.
[111] Ebd. 1, 6 (p. 69).
[112] Ders., Res publica. Das ist: Gründliche und rechte Unterweisung ..., dt. v. JOHANN OSWALDT (Mömpelgard 1592), 51.

e) Bodins Antwort auf die Krise

beides für Bodin grundlegende Unterschiede, die auch im Deutschen des 16. Jahrhunderts sprachlich möglich waren, geht zu Lasten des Übersetzers, der eine Wirkung von Bodins Gedanken in Deutschland nicht erleichterte.

Denn Bodin unterscheidet deutlich zwischen der negativ bewerteten und im wesentlichen der Vergangenheit angehörenden *Monarchie Seigneuriale* und der positiven *Monarchie Royale*[113] ebenso wie zwischen gesetzmäßiger Gewaltausübung und ihrem tyrannischen Mißbrauch. Allerdings wird dadurch nicht das Recht der Souveränität berührt, die Bodin am entschiedensten entwickelt hat. Sie ist ihm nicht nur die Eigenschaft der höchsten, unabhängigen, keinem Menschen verantwortlichen Gewalt des Staates, sondern die Gewalt über den Staat selbst, eine Summe von bestimmten Hoheitsrechten, die unmittelbar dem Volk oder dem Fürsten zukommen. Die Klarheit ihrer Darstellung verdankt er der französischen Situation weitgehender Unabhängigkeit von Kaiser, Kirche und Ständen. Sie mit logischer Stringenz als dauernd, rechtlich schrankenlos und unverantwortlich sowie als unteilbar zu beweisen, begründete zwar die absolutistische Doktrin, überzog jedoch die Möglichkeiten juristischer Demonstration. Denn daraus, daß nur eine souveräne Gewalt möglich sei, zu schließen, daß sie auch nur einem Organ zustehe, Gewaltenteilung mithin widersinnig sei, schleppt ein politisches Zweckargument ein in die juristische Beweisführung[114].

Folgenschwerer war es, die absolute Monarchie zu idealisieren, die höchste Gewalt herkömmlich dem Zufall der Geburt auszuliefern, alle Macht und die letzte Entscheidung der Willkür eines einzelnen zu überlassen. Als Institution ist die absolute Herrschaft im Normalfall überfordert, ihre Theorie krankt daran, daß sie den Machtapparat ignoriert, wo sie ihn nicht, wie Bodin, als verläßlich funktionierend voraussetzt. Die monarchische Mythologie in Literatur und öffentlicher Meinung wird das dadurch kompensieren, daß sie den König als im Grunde gut, nur von schlechten Räten umgeben darstellt. Die Theorie absoluter Herrschaft, die bei Bodin nicht zufällig in einem großangelegten Vergleich mit den göttlichen Gesetzen musikalischer Harmonie gipfelt, der Keplers Weltharmonik verwandt ist, bleibt bis hin zu Hegel Domäne der politischen Theologie. Ist sie in der Renaissance der Versuch, der Vorstellung von einem „deus in terra" Wirklichkeit zu verleihen, so wandelt sie sich mit der neuzeitlichen Metaphysik zu einem erkenntnistheoretischen Spielfeld, auf welchem alle geheime Sehnsucht von der herrschaftlichen Willkür und königlichen Freiheit des menschlichen Selbstbewußtseins scheinbar gefahrlos ausgespielt werden durfte. Wie hoch der Preis auch werden sollte, es darf nicht übersehen werden, daß noch HEGELS Begriff des 'Monarchen' der Ort in der Rechtsphilosophie ist, wo die Theorie des Selbstbewußtseins mit den wesentlichen Bestimmungen, unvordenklich sowie letztinstanzlich zu sein, auftritt: das *schlechthin aus sich Anfangende* wird verbunden mit dem *Moment der letzten sich selbst bestimmenden Willensentscheidung*, und was dem Menschen mit der *sich wissenden und damit wahrhaften Freiheit* zukommt, das wird politisch nur dem *über alle ... Bedingung erhabenen* Monarchen zugestanden[115].

---

[113] BODIN, République 2, 2f. (p. 270. 279).
[114] Ebd. 2, 1 (p. 250 f. u. passim).
[115] HEGEL, Grundlinien der Philosophie des Rechts (1821), SW Bd. 7 (1928), 383f. 385f., § 279.

3. 'Herrschaft' im Staatsvertrag

Die Theorie der Souveränität setzt seit Bodin nicht nur die natürliche Freiheit des Individuums voraus, sondern auch eine souveräne Gewalt des Hausherrn als Ursprung der Gewalt des Herrschers oder des Staates. Um den Widerspruch zwischen den natürlichen Rechten des Individuums und ihrer gesellschaftlichen Einschränkung zu erklären, entwickelte man ein typisch neuzeitliches Modell, das nach der Französischen Revolution obsolet werden sollte: den Staatsvertrag, um mit dem privatrechtlichen Instrument des freien Kontraktes das Zusammenleben von Menschen und die Berechtigung von Herrschaft im Staat zu konstruieren.

a) **Althusius und Grotius.** Wie alle bedeutenden Vertragstheoretiker bis hin zu Rousseau steht ALTHUSIUS unter calvinistischem Einfluß. Und mit dem Ausgehen von kleinen Gemeinschaften sowie dem strikten Festhalten an der Volkssouveränität ist er Rousseau auch näher als Grotius oder Hobbes. Der naturrechtliche Vertragsgedanke, entstanden in der Spätantike mit der Auflösung der positiven Ordnungen, enthält ein Potential der Legitimierung revolutionär gedachter oder geschaffener Ordnungen. Dient das naturrechtliche Element in der Antike zur Konzeption des besseren Staates, ermöglicht es im Mittelalter kühne Konstruktionen, die jedoch nicht verwirklicht werden und es nicht werden können, weil ihnen ein einheitlicher Begriff von 'Herrschaft' fehlt, so hat es in der Neuzeit zunächst begründenden und versöhnenden Charakter, und erst die Inkonsequenzen und Radikalisierungen der Theorie setzen die revolutionäre Staatslehre frei.

So ist es der Widerspruch Bodins und der Absolutisten zwischen der Unveräußerlichkeit der Herrschersouveränität und ihrer Herleitung aus der ursprünglichen Souveränität des Volkes, den Althusius fruchtbar macht. Ist das Gemeinwesen auf den freien Vertrag der sich gegenseitig verpflichtenden Individuen gegründet, so bleiben sie gemeinsam als Volk Subjekt der unveräußerlichen Souveränität, und der Herrscher oder Magistrat ist nur mehr Träger der Staatsgewalt. Mit einer alten körperschaftsrechtlichen Unterscheidung werden die Bürger einzeln als Untertanen, im Ganzen, in ihrer Gesamtheit aber als Herrscher bestimmt: *Hoc jus regni, seu majestatis jus, non singulis, sed conjunctim universis membris, et toti corpori consociatio regni competit*[116]. Mit diesem Gedanken wird Rousseau die „volonté générale" von der „volonté de tous" abheben. Diese Staatsgewalt des Volkes ist nicht absolut, sondern an Gesetze gebunden, kann sich selbst verpflichten, ohne darum weniger souverän zu sein.

Althusius schreibt mit dem Blick auf republikanische Staaten wie die niederländischen Provinzen, die sich nie, wie er bemerkt, von der spanischen Herrschaft hätten befreien können, wenn sie Bodin gefolgt wären[117]. Der Einfluß Althusius' ist begrenzt auf kleinere, konsensfähige Gemeinwesen oder auf revolutionäre Situationen, z. B. den englischen Königsprozeß, wo Milton sich seiner bedienen wird. In den deutschen Fürstenstaaten wird er fast allgemein bekämpft, besonders heftig von CONRING, da es gefährlich sei, *daß alle Obrigkeit von des Volckes Willkuhr dependire,*

---

[116] JOHANNES ALTHUSIUS, Politica methodice digesta atque exemplis sacris et profanis illustrata 9, § 18 (1603), 3. ed. (Herborn 1614; Ndr. Aalen 1961), 175.
[117] Ebd., Praefatio.

a) Althusius und Grotius

und der noch Spuren dieser Lehre vertilgt, *welche allen Frieden zwischen Herrn und Unterthanen ... zwar nicht in der gantzen Welt, wie die Althusianische, jedoch in gantz Sachsen-Land auf einmahl über den Hauffen werffen*[118]. Gerade sein fruchtbarster Gedanke, die Ableitung der Staatsgewalt aus freiwilligen Verträgen ohne Aufgabe der Souveränität, die vielfache föderale Gliederung des Gemeinwesens und die Rechtsstellung des Herrschers als Mandat, bezeichnet auch seine Grenze. Eine Vermittlung mit der politischen Wirklichkeit der großen Machtstaaten schien nicht möglich, und so wirkte er eher auf die Verfassung zivilrechtlicher Gemeinschaften wie der entstehenden Handelsgesellschaften.

Dieses unerklärte „Geheimnis der Herrschaft" versucht nun GROTIUS zu beschreiben, nicht etwa zu beheben. Er bestreitet Althusius das naturrechtliche Fundament der Volkssouveränität. Dazu findet er aber nur ein erbärmliches Argument aus dem antiken Privatrecht: daß man sich freiwillig in Privatsklaverei begeben könne, das auch schon Suarez benutzte[119]. Und er findet genügend historische Beispiele und Autoritäten, um diese Möglichkeit zu belegen, wie er andererseits auch, um enzyklopädisch allen Fällen gerecht zu werden, eine reiche Kasuistik des Widerstandsrechts gegen die Obrigkeiten entwickelt[120]. Grotius beabsichtigt, die größte Zahl noch vertretbarer Fälle zu integrieren, womit er das naturrechtliche Denken historisch überwuchern läßt. Und dieses selbst hat nicht mehr die politische Stoßkraft, die es bei La Boétie, Buchanan oder beim Verfasser der „Vindiciae contra tyrannos" besaß. Ein positiver Rechtsbegriff fehlt[121], und die Natur des Naturrechts setzt Grotius gleich mit der Vernunft, die Vernunft mit Gott, dessen Handeln aus der Heiligen Schrift zu erkennen ist. Das führt ihn dazu, Prinzipien von hoher Allgemeinheit durch entlegene Einzelfälle zu belegen oder Behauptungen, die eines naturrechtlichen Beweises gar nicht fähig sind, durch Analogien oder historische Autoritäten zu sichern. Das Verfahren, das er dabei anwendet, hat eine überraschende Ähnlichkeit mit dem der barocken Allegorie in der Literatur und Kunst seiner Zeit: der eigentliche Gegenstand, Herrschaft im Staate und höchste Gewalt, wird dargestellt durch einen anderen, die Herrschaft in Familie und Haus, und beide durch einen dritten, die Herrschaft Gottes, die wiederum als väterliche Herrschaft veranschaulicht wird. Ein System von Verweisen tritt an die Stelle des unerkennbaren Gegenstandes[122].

Diese Übertragungen aus dem allein juristisch vollständig entwickelten Privatrecht und aus religiösen Vorstellungen trübten nicht die Klarheit der Begriffsbildung. Wie Grotius zwischen bürgerlicher und persönlicher Freiheit unterschied, so auch zwischen öffentlicher und privater Unterwerfung: die *subjectio publica* mindere nicht das persönliche Recht, sondern verleihe nur das *jus perpetuum eos regendi, qua populus sunt,* wie auch das Recht an der Herrschaft kein Eigentum privatrechtlichen

---

[118] HERMANN CONRING, Litterae ad Senatum Brunsvicensem (1650), Opera omnia, t. 3 (Braunschweig 1730), 999.
[119] HUGO GROTIUS, De iure belli ac pacis libri tres 1, 3, 8 (1625), Ndr. d. Ausg. 1646, hg. v. James Brown Scott (Washington 1913), 53.
[120] Ebd. 1, 4, 8 ff. (p. 90 f.).
[121] Ebd. 1, 1, 3 (p. 2).
[122] Vgl. ebd. 2, 13, 20 (p. 249); 2, 14, 6 (p. 257 f.).

Charakters ist, sondern *imperium*, das kein Recht des *dominium* bedeute[123]. Leugnete Bodin die Souveränität des Staates und Althusius die des Herrschers, so versucht Grotius, beides anzuerkennen, indem er zwischen Souveränität des Staates und des Staatsorgans dadurch differenziert, daß er auf letztere die Kriterien der Teilbarkeit der Gewalt und des Widerrufs der Herrschaftsausübung anwendet. Das erlaubt ihm, Staats- und Regierungsform deutlicher zu scheiden, als es Althusius möglich war, der in der Demokratie Subjekt und Träger der Staatsgewalt so weit identifiziert, daß er sich keine Teilung der Gewalt, wohl aber ihre Einschränkung denken kann. Aber auch Grotius' Trennung der Bedeutung von 'populus' als Organ der Herrschaft in der Demokratie vom Staate selbst ist nicht klar genug, um nicht Hobbes zu einer schärferen Bestimmung herauszufordern.

b) Hobbes und der Absolutismus. Während die französischen und deutschen Theoretiker des Absolutismus sich gewöhnlich damit begnügten, die königliche Herrschaft von der göttlichen abzuleiten, hielt Hobbes es im Umkreis calvinistischen Denkens und der Vorstellungen vom Wahlkönigtum für notwendig, die Herrschaftsübertragung genauer zu begründen. Dazu hat er die naturrechtliche Freiheit vor dem ersten Vertrag stärker akzentuiert, in welchem jedes Individuum jedem anderen verspricht, sich ein und derselben Herrschaft zu unterwerfen. Darauf übertragen in einem zweiten Vertrag alle ihr natürliches Recht, sich selbst zu regieren, auf ein einheitliches Herrschaftsorgan. Denn die „wilde" Freiheit des Naturzustandes, der eine gedankliche Konstruktion des Ursprungs ist und weder historisch noch bei den neu entdeckten barbarischen Völkern nachweisbar sein muß, ist notwendig als vollkommene und uneingeschränkte Freiheit zu denken, damit nach der Übertragung die Herrschaft des Staatsorgans ebenso vollkommen und uneingeschränkt sein kann. Und die Übertragung aller einzelnen Willen auf einen Willen, der dann der Wille aller ist, muß ebenso als völlig frei gedacht werden, so daß die staatsgründende Versammlung der Individuen eine unmittelbare Demokratie darstellt. Nun besteht der Staat und seine Souveränität nur durch und im Staatsorgan, die Übertragung ist also so vollständig, daß der staatsgründenden Versammlung kein Recht mehr bleibt, bis es ihr — etwa beim Aussterben des Herrscherhauses — ebenso plötzlich und vollständig wieder zufällt.

Dabei können Mängel der Beweisführung, Schwierigkeiten der Priorität von Volk, Staat und Staatsorgan im Akt der Konstitution der Herrschaft und bei dem des Verhältnisses von Individuum zum populus sowie dessen sofortige Wiederauflösung in eine *dissoluta multitudo* nach der Herrschaftsübertragung hier beiseite bleiben[124]. Sie haben ihren Grund in der politischen Absicht, die Unantastbarkeit des Souveräns — auch beim Mißbrauch der Staatsgewalt — durchzusetzen um des alleinigen Zieles der Friedenssicherung willen. Daß dabei die juristische Argumentation auf der Strecke bleibt, ist weniger erstaunlich, als daß Hobbes sich überhaupt so weit auf die naturrechtliche Begründung einläßt, deren revolutionäres Potential er wider

---

[123] Ebd. 1, 3, 12 (p. 59f.).
[124] Hobbes, De cive 7 (1642), Opera, t. 2 (1839; Ndr. 1961), 239. Unterschiede zwischen der allgemeinen und der besonderen Begründung vgl. ebd. 5 (p. 209ff.); 7 (p. 235ff.). Zur juristischen Konstruktion immer noch unersetzt Hermann Rehm, Geschichte der Staatsrechtswissenschaft (Freiburg, Leipzig 1896), 231ff.

b) Hobbes und der Absolutismus

Willen aufbereitet. Zeitgenössische Kritiker wie JOHANN FRIEDRICH HORN waren sich der Gefährlichkeit der naturrechtlichen Argumente bewußt und wiesen deshalb jeden Versuch ab, die unumschränkte Herrschaft anders als unmittelbar von Gott abzuleiten[125]. Es gehört zu den Paradoxa der Geschichte politischer Theorien, daß Richelieu und das absolutistische Frankreich, deren Praxis am ehesten Hobbes' Vorstellungen entsprach, sich mit der religiösen Begründung sicherer fühlten, während England seine Entwicklung in einer Richtung vollzog, die zu Hobbes in striktem Gegensatz steht, der in gemäßigter Form auf die mitteleuropäischen Fürstenstaaten wirkt, die durch die radikalen Konsequenzen aus seiner Theorie ebenso aufgelöst werden wie das französische Ancien Régime. Ein Epiphänomen bildet die totalitäre Faszination, die seine Theorie im 20. Jahrhundert ausübt, nachdem vielfache Versuche absoluter Herrschaft gescheitert waren und ihr Ignorieren gesellschaftlicher und wirtschaftlicher Bedingungen ebenso offenkundig war wie die Tatsache, daß sie gerade ihren Zweck, die Friedenssicherung, nicht zu erreichen vermochte.

Diese Klugheit, die an ihren eigenen Plänen zuschanden geht, hat CALDERON zur gleichen Zeit zum Gegenstand eines Schauspiels gemacht. Mit der zwingenden Logik, mit der Hobbes die Individuen im Staat auf ihren Willen verzichten läßt, weil ihre natürlichen Triebe sie unweigerlich in den Bürgerkrieg stürzten, kerkert der König in „La Vida es sueño" seinen Sohn wie ein wildes Tier ein, weil er in den Sternen las, daß der Prinz sich so verhalten würde. Was er vermeiden wollte, tritt ein, und der Prinz erst gewinnt die Einsicht, nachdem er die ihm zustehende Herrschaft usurpiert und sich selbst bezwungen hat, daß befürchtetes Unrecht sich nicht durch Begehen von Unrecht vermeiden läßt: *la fortuna no se vence / con injusticia y vengança*[126].

Während Hobbes das Ziel der Politik darin sieht, künftigen Herrschaftswechsel auszuschließen, versucht SELDEN, ihn aus der Natur der Menschen zu erklären: *If the Prince be servus natura, of a servile base Spirit, and the Subjects liberi, Free and Ingenuous, oft-times they depose their Prince, and govern themselves. On the contrary, if the People be servi natura, and some one amongst them of a Free and Ingenuous Spirit, he makes himself King of the rest; and this is the Cause of all changes in State: Common-wealths into Monarchies ... and Monarchies into Common-wealths*[127].

Die Staatstheoretiker des Absolutismus versuchten, in der „ratio status" ein objektivierbares Gesetz zu finden, das die Willkür unter Regeln bringt und die Fürsten selbst beherrscht: *Principes subditis suis imperant, ratio Status etiam Principibus*[128]. Da es aber einmal die Fürsten sind, die herrschen, wird ihnen ein weiter Spielraum im Gebrauch des Notrechts eingeräumt: *Ihrer viel sind der Meinung, daß ein weiser und witziger Printz nicht allein nach den Gesetzen herrschen, sondern auch die Gesetze beherrschen soll, wenn es die Noth erheischet*. Und die Herrschaft selbst wird derart hypostasiert, daß sie als höchster Zweck alle Mittel heiligt:

---

[125] JOHANN FRIEDRICH HORN, Politicorum pars architectonica de civitate 2, 1, 19, ed. Simon Kuchenbecker (Leiden 1699), 231 ff.
[126] PEDRO CALDERON DE LA BARCA, La vida es sueño 3, 14, 683.
[127] JOHN SELDEN, Table-Talk: Being the Discourses of John Selden (1689; Ndr. London 1868), 89.
[128] HENRY DUC DE ROHAN, Trutina stratuum europae, ed. Josua Arnd (Rostock 1668), 2.

Wenn ja das Recht gebrochen seyn soll, so geschehe es umb zu herrschen[129]. Dieses Ausnahmerecht, *Fürstliche Reservaten und Hoheit*[130], wird unter dem Titel der „arcana imperii" als spezifisches Herrscherrecht innerhalb des allgemeinen Staatsrechts dogmatisch abgehandelt. Es bildet nun das *secret de domination*, die *Geheimnüsse der Regierung, welche diejenigen, die herrschen, schuldig seyn zu Erhaltung ihres Ansehens zu beobachten*[131]. Der faktische Geltungsgrund solchen Handelns ist nur als Usurpation der Macht, als gewaltsame Aufhebung geltenden öffentlichen Rechts zu beschreiben, wie es in ohnmächtig bleibenden Protesten auch immer wieder geschah[132].

Es ist nicht zu leugnen, daß der entwickelte Absolutismus den fanatischen und partikularistischen Streit der Konfessionen beendete und eine private Meinungs- und Gewissensfreiheit gestattete und auch auf dem Gebiet der Verwaltung und Wirtschaft moderne Formen der bürgerlichen Selbstverwirklichung ermöglichte. Ebenso war es methodisch ein Fortschritt, daß Hobbes mit den Mitteln der neuen Philosophie die Staatsgewalt aus einem Prinzip, dem Willen, und seinem Inhalt und alleinigen Zweck, der Selbsterhaltung, abzuleiten versuchte. Dabei läßt sich die Berechtigung bestreiten, die Methode auf einen anderen Gegenstand zu übertragen, aber auch die politisch motivierte Vermischung der Mechanik der Staatsgewalt mit der juristischen Rechtfertigung ihres durch kein Gesetz beschränkten Handelns.

PASCAL begreift 'Gewalt' und 'Recht' als antithetische Prinzipien, die aber einander bedürfen: *La justice sans la force est impuissante; la force sans la justice est tyrannique.* Und die Lage des Rechts gegenüber der Gewalt ist prekär: *La justice est sujette à dispute, la force est très reconnaissable et sans dispute*[133]. Und da sie sich nicht verbinden lassen, bemächtige sich die Gewalt des Rechts: *Et ainsi ne pouvant faire que ce qui est juste fût fort, on a fait que ce qui est fort fût juste*[134]. Aber was nun Recht ist, ist nicht mehr das natürliche Recht, sondern das in die Hände der Gewalt geratene, das auf dieser Erde herrsche. Auf völlig andere Weise, mit Vorstellungen Augustins, kommt Pascal zum gleichen Ergebnis wie Hobbes, daß die bestehende Herrschaft nicht bestritten werden soll. Und ebenso wie bei Hobbes läßt sich der Argumentationsgang zurückverfolgen und das gewonnene Ergebnis in einer veränderten politischen Situation in Frage stellen, wie es in Frankreich gerade bei den Jansenisten geschehen sollte, die die individuelle Moral zum Maßstab der Staatsraison machen werden.

---

[129] GABRIEL NAUDÉ, Politisches Bedencken über die Staatsstreiche (Leipzig, Merseburg 1678), 12. 121.
[130] ARNOLDUS CLAPMARIUS, De arcanis rerumpublicarum 1, 4 (Amsterdam 1644), 8.
[131] NAUDÉ, Politisches Bedencken, 53; ders., Considerations politiques sur les coups d'estat (o. O. 1667), 60.
[132] [MICHEL LEVASSOR], Les soupirs de la France esclave qui aspire après la liberté. 7ᵉ Mémoire (Amsterdam 1689), 253 ff.
[133] BLAISE PASCAL, Pensées, éd. Léon Brunschvig, t. 2 (Paris 1904), 224, Nr. 298. Vgl. die Analyse von ERICH AUERBACH, Über Pascals politische Theorie, Ges. Aufs. z. romanischen Philol. (Bern 1967), 204ff.
[134] PASCAL, Pensées, 224, Nr. 298.

Das barocke Trauerspiel, das die Darstellung der Affekte sich zum Ziel setzt, auf deren Analyse Hobbes seine Theorie begründet, ist ebenso wie er, aber aus dramaturgischen Gründen, fasziniert vom souveränen Willen des Herrschers, der auch dort die Person aller repräsentiert. An kein Gesetz gebunden, ist er den sich in wilder Jagd folgenden Stürmen der Affekte ausgeliefert, und da er jede Entscheidung fällen kann, lähmt diese Allmacht seine Entschlußkraft. Den Höhepunkt vieler dieser Schauspiele bildet der mehrfache Wechsel von Todesurteil und Begnadigung, und die grübelnde Ohnmacht des Tyrannen kann innerhalb dieser Gattung der Passion des Märtyrers sich nähern. Ist das einst prächtige Reich derart ruiniert, wie es der barocken Vorliebe für verwüstete Schauplätze und der theologischen Ansicht von der Verworfenheit dieser Welt entspricht, dann wird ihre brüchige Ordnung im Opfergang versöhnt mit der Transzendenz wie z. B. in GRYPHIUS' „Catharina von Georgien": *Gott beut mir höher Cronen an. / Diß was die Welt nicht geben kan / die Freyheit ist mir heut begegnet*[135]. Verwandt damit und mit der eigentümlichen Simultaneität der darstellenden Künste des Barock ist die zirkuläre Begründung von Hobbes' wichtigstem Argument für die Unterwerfung unter eine höchste Gewalt. Der Krieg aller gegen alle ist nicht recht zu verorten; nachweisbar sind nur einzelne Kriege, die es auch nach Einrichtung der Staatsgewalt gibt. Den Beweis trägt der Schrecken des modernen Bürgerkriegs, der so den ursprünglichen Vertrag motiviert, und vor allem die bewaffnete Unsicherheit der zeitgenössischen Souveräne, die untereinander in dem latenten Kriegszustand stehen, vor dem sie ihre Untertanen dadurch bewahren[136].

HORST GÜNTHER

4. 'Herrschaft' im rationalen Naturrecht des 17. und 18. Jahrhunderts

Herrschaft — verstanden als Recht auf Gehorsam — ist ein zentrales Thema des modernen, von Hobbes begründeten rationalen Naturrechts. Denn die rechtliche Gleichheit und Freiheit aller Menschen wird hier als die Grundlage einer jeden gültigen rechtlichen Ordnung angesehen. Wer einem andern zum Gehorsam verpflichtet ist, der befindet sich nicht mehr im Zustand der Gleichheit und Freiheit; diese Ungleichheit und Unfreiheit bedarf auf dem Boden des modernen Naturrechts daher einer besonderen Begründung. So erklärt schon HOBBES: *inaequalitatem, quae nunc est, puta a divitiis, a potentia, a nobilitate generis, profectam esse a lege civili*[137]. Die Begründung kann letztlich nur in einem Akt der Anerkennung

---

[135] ANDREAS GRYPHIUS, Catharina von Georgien. Oder bewehrte Beständigkeit (1657), hg. v. Willi Flemming, 4. Aufl. (Tübingen 1968), 80f., vv. 298ff.; vgl. H. GÜNTHER, Art. Trauerspiel, Reallexikon der deutschen Literaturgeschichte, hg. v. P. MERKER u. W. STAMMLER, 3. Aufl. (Berlin 1981), 546ff.
[136] HOBBES, Leviathan 13 (1651), Opera, t. 3 (1841; Ndr. 1961), 97ff., bes. 100.
[137] Ders., De cive 3, 13. Opera, t. 2, 189; ders., Philosophical Rudiments Concerning Government and Society (1640), EW vol. 2 (1841; Ndr. 1962), 38; ders., Leviathan 15. EW vol. 3 (1839; Ndr. 1962), 140; ders., De homine 15 (1658), Opera, t. 3, 118; vgl. PUFENDORF, De iure naturae et gentium 3, 2, 9 (1688), ed. J. B. Scott (Oxford, London

gefunden werden: *there being no obligation on any man which ariseth not from some act of his own*[138]. In letzter Begründung beruht nach diesen Voraussetzungen jedes Herrschaftsrecht auf einer ausdrücklichen oder stillschweigenden Zustimmung des zum Gehorsam Verpflichteten; jeder Herrschaftstitel, der nicht aus einer solchen Zustimmung deduziert werden kann, muß demnach zurückgewiesen werden. Die Zustimmung muß sich als ein Vertrag normativ rekonstruieren lassen, der entweder tatsächlich geschlossen worden ist oder als implizite Vereinbarung zugrunde gelegt werden darf. Die von späteren Autoren wie HEGEL[139] oft mißverstandene Bedeutung des Vertragsgedankens im rationalen Naturrecht hat hier ihren Grund. Herrschaft im Sinne eines unabhängig von freier Zustimmung bestehenden Rechts gilt daher fortan als unausgewiesen: „Herrschaft über Menschen" ist nicht erst im „Kommunistischen Manifest", sondern bereits im rationalen Naturrecht grundsätzlich in Frage gestellt worden.

Seit HOBBES hat daher die Polemik gegen die aristotelische Lehre, einige seien von Natur aus zur Herrschaft, einige zur Knechtschaft bestimmt[140], im rationalen Naturrecht ihren festen Ort: *Aristotle ..., for a foundation of his doctrine, maketh men by nature, some more worthy to command, meaning the wiser sort, such as he thought himself to be for his philosophy; others to serve, meaning those that had strong bodies, but were not philosophers as he*[141]. Zwar übersieht auch Hobbes nicht, daß de facto überlegene Macht und natürliche Kräfte (potentia et vires naturales) Herrschaftsverhältnisse begründen können; aber den Rechtsgrund eines solchen Herrschaftsanspruchs leitet er auch aus einem Vertrage zwischen Siegern und Besiegten ab[142]. Denn eine Verpflichtung zum Gehorsam wird nur unter der Voraussetzung eines Vertrauensverhältnisses (fides, fiducia) anerkannt: *pactum autem nisi fide habita nullum est;* sobald dieses aufgehoben wird, herrscht nur noch physischer Zwang ohne Rechte und Pflichten[143].

Ebensowenig kann unter diesen Voraussetzungen von einem natürlichen Recht der Eltern auf den Gehorsam ihrer Kinder die Rede sein. Die Elternschaft als solche enthält keinen Rechtsgrund, aus dem sich irgendwelche Ansprüche ableiten lassen; daß man seinen Eltern gehorchen soll, ist ein synthetischer Satz: *dominus non est*

1934), 233; CHRISTIAN THOMASIUS, Institutiones iurisprudentiae divinae 2, 24 (1688), 7. Aufl. (Halle 1730), 177; ders., Fundamenta iuris naturae et gentium 2, 3, 2 (1705; Ausg. Halle, Leipzig 1718), 213; CHRISTIAN WOLFF, Ius naturae methodo scientifica pertractatum (Frankfurt, Halle 1740—48; Ndr. Hildesheim 1972).

[138] HOBBES, Leviathan 21 (p. 203); ders., De homine 21 (p. 164); vgl. PUFENDORF, Ius naturae 1, 6, 12 (p. 69f.).

[139] HEGEL, Philosophie des Rechts, 131ff. 241ff. 329ff., §§ 75. 163. 258.

[140] ARISTOTELES, Politik 1254a 15.

[141] HOBBES, Leviathan 15 (p. 140); ders., De homine 15 (p. 118); ders., The Elements of Law 1, 17, 1 (1640), ed. Ferdinand Tönnies, 2nd. ed. (Cambridge 1928), 68f.; ders., De cive 3, 13 (p. 189); ders., Philos. Rudiments, 38; vgl. PUFENDORF, Ius naturae 3, 2, 8 (p. 231); 6, 3, 2 (p. 637); THOMASIUS, Institutiones 2, 4, 17 (p. 120); WOLFF, Ius naturae 7, 202 (p. 147); 7, 1085 (p. 788).

[142] HOBBES, Elements 2, 3, 2 (p. 99f.); ders., De cive 8, 1 (p. 249f.); ders., Philos. Rudiments, 108f.; ders., Leviathan 20 (p. 189); ders., De homine 20 (p. 153).

[143] Ders., De cive 8, 3 (p. 250f.); ders., Elements 2, 3, 3 (p. 100); ders., Philos. Rudiments, 110; ders., Leviathan 20 (p. 189); ders., De homine 20 (p. 153).

III. 4. 'Herrschaft' im rationalen Naturrecht des 17. und 18. Jahrhunderts

in definitione patris[144]. Diese auch heute vielfach noch anstößig wirkende Einsicht ergibt sich aus dem Grundsatz, daß alle Menschen von Geburt an auf die gleichen Freiheitsrechte Anspruch haben. Auch gegenüber unmündigen Kindern, die sich aus eigener Kraft noch nicht erhalten könnten, müssen Herrschaftsrechte jedweder Art daher als Vertragsverhältnisse konstruiert werden[145].

Von denselben Voraussetzungen wie Hobbes ausgehend, hat daher PUFENDORF auch die Lehre JOHANN FRIEDRICH HORNS, der Mann habe ein natürliches Herrschaftsrecht über die Frau[146], zurückgewiesen: *imperium maritale naturaliter ex consensu mulieris oritur*[147].

Die wichtigste Anwendung finden die Grundsätze des rationalen Naturrechts in der Lehre von der Souveränität des Staates. Ebenso wie die Idee eines Staatsvertrags dazu dienen soll, alle staatlichen Herrschaftsverhältnisse aus einem Konsens zwischen dem Inhaber der staatlichen Souveränität und den Untertanen zu begründen, so dient alle spätere Kritik an der Lehre vom Staatsvertrag gewollt oder ungewollt der Rechtfertigung von Herrschaftsansprüchen, die nicht auf den Konsens der Untertanen rechnen können. Schon bei HOBBES und nicht erst bei Rousseau nimmt diese Lehre die Gestalt eines Vertrags aller mit allen an, durch den sich ein gemeinsamer Wille konstituiert: *Populus in omni civitate regnat*. Dies gilt selbst für die Monarchie: *Et in monarchia ..., quamquam paradoxum sit, rex est populus*[148]. Das Volk ist nicht nur die Menge der Untertanen *(multitudo ... quae regitur)*, sondern ebenso *civitas quae imperat, vult et agit per voluntatem unius hominis, vel per voluntates plurium hominum consentaneas*[149]. Die Identität von Herrschern und Beherrschten im Staate ist damit in der Theorie bereits postuliert.

Daß die bestehenden Herrschaftsverhältnisse, gemessen an den Regeln des rationalen Naturrechts, nicht durchweg zu rechtfertigen waren, unterlag kaum einem Zweifel. Die Repräsentanten dieser Rechtslehre ließen indes ihre revolutionären Konsequenzen insgesamt unausgesprochen. Bezeichnend hierfür ist, was Hobbes von den Prinzipien seiner Theorie sagt: *Wether they come not into the sight of those that have power to make use of them, or be neglected by them, or not, concerneth my particular interests, at this day, very little*[150]. Um so bemerkenswerter ist es, daß die Unterscheidung zwischen einem auf Zwang und Gewalt beruhenden Naturstaat und einem auf Konsens und freiwilligem Zusammenschluß beruhenden Vernunftstaat sich bereits bei Hobbes findet. Mit dieser Unterscheidung war als Alternative zu den bestehenden Herrschaftsverhältnissen die Idee einer rationalen Staatsver-

---

[144] Ders., De cive 9, 1 (p. 225); ders., Philos. Rudiments, 115; ders., Elements 2, 4, 2 (p. 103); ders., Leviathan 20 (p. 186); vgl. PUFENDORF, Ius naturae 6, 2, 4 (p. 623); THOMASIUS, Institutiones 3, 4, 28 (p. 373); WOLFF, Ius naturae 7, 636 (p. 439).

[145] HOBBES, Elements 2, 4, 3 (p. 103f.); ders., De cive 9, 2 (p. 115f.).

[146] HORN, Politicorum pars architectonica de civitate 1, 1 (s. Anm. 125), 1ff.

[147] PUFENDORF, Ius naturae 6, 1, 12 (p. 587); vgl. THOMASIUS, Institutiones, 2, 2, 105. 111 (p. 311. 312); WOLFF, Ius naturae 7, 490 (p. 333).

[148] HOBBES, De cive 12, 8 (p. 291); ders., Philos. Rudiments, 189; vgl. PUFENDORF, Ius naturae 7, 2, 14 (s. Anm. 137), 672f.; THOMASIUS, Institutiones 4, 6, 86f. (s. Anm. 137), 398f.; WOLFF, Ius naturae 8, 33. 93 (s. Anm. 137), 63. 21.

[149] HOBBES, De cive 6, 1, Anm. (p. 217). Vgl. PUFENDORF, Ius naturae 7, 2, 8 (p. 666); THOMASIUS, Institutiones, 3, 6, 92 (p. 399); WOLFF, Ius naturae 8, 131f. 142 (p. 90. 97).

[150] HOBBES, Leviathan 30 (p. 325).

fassung klar genug angegeben. Bezeichnend ist nun, daß Hobbes in seinen englischen Schriften das Wort 'Herrschaft' ('dominion') ziemlich konsequent für alle auf Zwang und Gewalt ('compulsion') beruhenden Herrschaftsverhältnisse gebraucht und es für den „institutionellen" Staat ziemlich konsequent vermeidet. Nur der letztere erhält den Namen 'Staat' ('commonwealth'): *When many men subject themselves the former way, there ariseth thence a body politic, as it were naturally; from whence proceedeth dominion, paternal, and despotic. And when they subject themselves the other way, by mutual agreement amongst many: the body politic they make, is for the most part called a commonwealth, in distinction from the former*[151]. Den Titel 'König' verwendet Hobbes vorwiegend für ein „natürliches" Herrschaftsverhältnis: *When one man hath dominion over another, there is a little kingdom. Regem enim esse, nihil aliud est quam dominium habere in personas multas*[152].

Hobbes war indes außerstande, diesen Ansatz in der Theorie durchzuhalten. Denn eine Grenze zwischen freiwilligen und erzwungenen Handlungen konnte er aus zwei Gründen nicht anerkennen: Sein Determinismus in der Naturphilosophie nötigte ihn zur Leugnung der Freiheit; und sein Voluntarismus brachte ihn dazu, jede Handlung als frei zu betrachten. Daher erklärte er alle Willenserklärungen, die unter Zwang abgegeben werden, für verpflichtend[153]. Die Unterscheidung zwischen einem auf Zwang beruhenden Naturstaat und einem auf freiwilligem Zusammenschluß beruhenden Vernunftstaat wurde dadurch rechtlich irrelevant: *whatsoever rights be in the one, the same also be in the other*[154]. Daher konnte es Hobbes auch nicht gelingen, in seinem institutionellen Staat dem Herrschaftsanspruch des Inhabers der Staatsgewalt über einige elementare Forderungen hinaus Grenzen zu setzen.

An diesem Punkt setzt die über Hobbes hinausführende Diskussion seiner Nachfolger an. Sie beginnt bei PUFENDORF mit einer terminologischen Klärung: 'dominium' heißt fortan das Verfügungsrecht über die eigenen Sachen (proprietas); das Verfügungsrecht (potestas) über andere Personen wird als 'imperium' bezeichnet und als *ius regendi alterius personam* definiert[155]. Mit dieser strengen und vorher unbekannten Unterscheidung sollte endgültig klargestellt sein, daß zur Herrschaft, anders als bei Eigentumsrechten, stets der Konsens oder eine Tat des zum Gehorsam Verpflichteten erforderlich ist: *homines naturali libertate ex aequo gaudent; cuius diminutionem ut patiantur, necessum est, ipsorum consensu expressus, vel tacitus aut interpretativus accedat, aut aliquod ipsorum factum, quo aliis ius*

---

[151] Ders., Elements 1, 19, 11 (p. 81). — Zur Unterscheidung von natürlichem und institutionellem Staat bei Hobbes, vgl. F. TÖNNIES, Thomas Hobbes. Leben und Lehre (Stuttgart-Bad Cannstatt 1971), 209 ff. und meine Einleitung, ebd., 30.

[152] HOBBES, Elements 2, 3, 1 (p. 99); ders., De cive 81 (p. 249). — Beim institutionellen Staat gebraucht Hobbes die Ausdrücke 'monarchy' oder 'sovereign'.

[153] Ders., Elements 1, 4, 10 (p. 12 f.); ders., De cive 2, 16 (p. 176); ders., Leviathan 14 (p. 126); ders., De homine 15 (p. 108).

[154] Ders., Elements 2, 4, 10 (p. 12 f.); ders., De cive 2, 16 (p. 176); ders., Leviathan 20 (p. 186); ders., De homine 20 (p. 151).

[155] PUFENDORF, Ius naturae 1, 1, 19; 6, 3, 7 (p. 13. 640); vgl. THOMASIUS, Institutiones 1, 1, 115 f. (p. 21 f.); WOLFF, Ius naturae 7, 199 (p. 146).

III. 4. 'Herrschaft' im rationalen Naturrecht des 17. und 18. Jahrhunderts

fuit quaesitum eandem vel invitis eripiendi[156]. Das so entstandene Herrschaftsrecht kann nach Pufendorf nie zu einem unbeschränkten Verfügungsrecht (dominium, proprietas) werden: Selbst der weitestgehende Anspruch vermag nicht alle Spuren der ursprünglichen Gleichheit der Menschen auszulöschen; wenn viele Völker Sklaven als eine Sache, über die man nach Belieben verfügen darf, angesehen, und so den Unterschied zwischen Herrschafts- und Eigentumsrechten aufgehoben haben, so ist dies eine Ungeheuerlichkeit *(immanitas)*[157]. Pufendorf spricht daher dem Menschen als solchen eine gewisse Würde zu: *In ipso quippe hominis vocabulo iudicatur inesse aliqua dignatio*[158].

Die Idee der Menschenwürde erlaubt es Pufendorf, den Naturalismus des Hobbes zu überwinden und die Grundgedanken des rationalen Naturrechts klarer zu formulieren. Indem er die Auffassung, alle unter Zwang geschlossenen Verträge seien rechtlich bindend, zurückwies[159], schuf er sich die Voraussetzung zu einer differenzierteren Würdigung vertraglich begründeter Herrschaftsrechte. Dies wiederum erlaubte ihm, auch die Lehre vom Staatsvertrag soweit auszuarbeiten, daß eine rationale Argumentation über die Grenzen des staatlichen Herrschaftsanspruchs möglich wurde. Diese Grenze ergibt sich grundsätzlich aus dem Zweck einer staatlichen Vereinigung überhaupt: *Subiectio autem voluntatis civium civitati facta ex fine huius interpretanda et limitanda est*[160]. Damit ist auch der Versuch des Hobbes, jedwede vertragliche Bindung zwischen dem Inhaber der Souveränität und den Untertanen zu bestreiten, zurückgewiesen[161]. Die Idee einer rechtmäßigen Herrschaft erhält dadurch eine bei Hobbes unbekannte Glaubwürdigkeit: Souveränität *(summum imperium)* bedeutet nach Pufendorf *non violentia, sed ultronea civium subiectione et consensu legitime constitutum*[162]. Der Anspruch, es gebe eine den Königen unmittelbar von Gott übertragene Souveränität, den im Zeitalter der Restauration noch Hegel verteidigte[163], wird daher von Pufendorf überlegen zurückgewiesen[164].

Die Nachfolger Pufendorfs, vor allem Thomasius und Wolff, hatten zu dieser Lehre von den Grundlagen der rechtmäßigen Herrschaft nichts Wesentliches mehr hinzuzufügen. Aber sie haben das Verdienst, als erste das rationale Naturrecht in deutscher Sprache vorgetragen zu haben[165]. Dabei stellte sich ihnen sofort die

---

[156] Pufendorf, Ius naturae 3, 2, 8 (p. 232); vgl. Thomasius, Institutiones 3, 1, 62 (p. 294); Wolff, Ius naturae 7, 203 (p. 148).
[157] Pufendorf, Ius naturae 6, 3, 7 (p. 641).
[158] Ebd. 3, 2, 1 (p. 224); vgl. ebd. 2, 1, 5 (p. 101): *humanae naturae dignitas, et praestantia*.
[159] Ebd. 3, 6, 10 (p. 280).
[160] Ebd. 7, 8, 2 (p. 756); vgl. Thomasius, Institutiones 3, 1, 66 (p. 295); Wolff, Ius naturae 7, 214 (p. 153).
[161] Pufendorf, Ius naturae 7, 2, 9 (p. 667f.).   [162] Ebd. 7, 3, 1 (p. 683).
[163] Hegel, Philosophie des Rechts, 381, § 279.
[164] Pufendorf, Ius naturae 7, 3, 3 (p. 685); vgl. Thomasius, Institutiones 3, 6, 66f. (p. 395f.).
[165] Chr. Thomasius, Vernünfftige und Christliche aber nicht Scheinheilige Gedancken und Erinnerungen über allerhand gemischte philosophische und juristische Händel, 3 Tle. (Halle 1723—25); Chr. Wolff, Vernünfftige Gedancken von dem gesellschaftlichen Leben der Menschen und insonderheit dem gemeinen Wesen (1721), 4. Aufl. (Frankfurt, Leipzig 1736; Ndr. Hildesheim 1975) = Dt. Schriften, Bd. 5: Deutsche Politik.

Herrschaft III. 4. 'Herrschaft' im rationalen Naturrecht des 17. und 18. Jahrhunderts

Schwierigkeit, daß sie die naturrechtliche Terminologie nicht unmittelbar wiedergeben konnten. Vor allem fehlte ein Ausdruck für 'Herrschaft' ('imperium'). Das deutsche Wort 'Herrschaft' wurde in der ersten Hälfte des 18. Jahrhunderts noch vorwiegend für die Befehlsgewalt des Gutsherrn über das Gesinde verwandt[166]. Sein Anwendungsbereich umfaßte also nur einen kleinen Ausschnitt dessen, was im rationalen Naturrecht als 'imperium' erörtert wurde. Noch am Ende des Jahrhunderts wurde 'Herrschaft' vorwiegend nicht als Abstraktum (im Sinne von 'imperium'), sondern konkret im Sinne von 'Gutsherr' ('imperans') oder 'Herrschaftsgebiet' ('territorium') verwendet. Ähnlich umfassend wie 'imperium' wurde zwar 'Gewalt' gebraucht; aber bei diesem war die Unterscheidung zwischen Herrschaftsrecht und Gehorsamerzwingungschance ('Macht') nicht deutlich genug[167]. Das Wort 'Herrschaft' begegnet bei Wolff (1725) daher vorwiegend im Zusammenhang mit der *Herrschaftliche(n) Gesellschaft ... zwischen Herrschafft und Gesinde*[168]. Erst CRUSIUS (1744) führt *Herrschafft* als Äquivalent von 'imperium' ein: *Imgleichen verwirre man das Eigentums-Recht oder dominium nicht mit dem imperio oder der Herrschaft, welche nur ein Recht über vernünftige Geister ist, vermöge welcher dieselben Gesetze und Befehle von uns anzunehmen verbunden sind*[169].

Dieser Mangel wird bei WOLFF dort am offenkundigsten, wo er das Verhältnis des Vaters zu seinen Kindern und des Gutsherrn zum Gesinde auf das Verhältnis der Obrigkeit zu den Untertanen überträgt[170]. Mit einer sonst bei den Autoren des rationalen Naturrechts vollkommen unbekannten Naivität schreibt Wolff hier den *regierenden Personen* das Recht und die Pflicht zu, *für die gemeine Wohlfahrt und Sicherheit zu sorgen, und demnach alle dazu nötige Mittel zu erdenken, wodurch der Untertanen Wohlfahrt auf das bequemste befördert werden kann, auch ihnen ihre Handlungen dergestalt einzurichten, wie es diese Absicht erfordert*[171]. Ebenso sollen sie *davor sorgen, daß kein Haus das andere hindere, seine Wohlfahrt zu erreichen, sondern vielmehr einer dem andern förderlich sei*[172]. Die Frage nach den Rechtsgrundlagen staatlicher Herrschaft wird von Wolff in dieser Schrift überhaupt nicht gestellt[173]. Um so bemerkenswerter ist es, daß Wolff zwei Jahrzehnte später in seinem lateinisch geschriebenen Naturrecht in allen wesentlichen Grundsätzen mit Pufendorf übereinstimmt.

Dieser Abstand zwischen der deutschen und der lateinischen Darstellung bei Wolff ist für die Stoßrichtung des modernen Naturrechts in Deutschland im Ganzen charakteristisch: Es wendet sich mehr an die Gelehrten als an das Volk oder die Gebildeten und vermeidet ängstlich alles, was revolutionär klingen könnte, um alle Wirkung von einer Reform des Rechts zu erhoffen. Aber zu den Artikulationsweisen des rationalen Naturrechts gehört auch die antizipierende Rede, wie man sie etwa

---

[166] Vgl. ZEDLER Bd. 12, 1798 ff., Art. Herrschaft; KRÜNITZ Bd. 23, 91 ff., Art. Herrschaft; Dt. Enc., Bd. 15, 285 ff., Art. Herrschaft.
[167] → Macht und Gewalt.
[168] WOLFF, Politik, 117, § 162.
[169] CHRISTIAN AUGUST CRUSIUS, Anweisung vernünftig zu leben (Leipzig 1744), 618, § 516.
[170] WOLFF, Politik, 200 ff., §§ 264—269.
[171] Ebd., 200 f., § 264.
[172] Ebd., 202, § 266.
[173] Vgl. die Ausführungen über die *Gewalt der Obrigkeit*, ebd., 463, § 435.

bei THOMASIUS findet: *Omnem servitutem inter Christianos esse abrogatam*[174]. Dieser Satz bedarf daher zu seiner Ergänzung eines zeitgenössischen Kommentars: *Zwar ist der Name derer Knechte von ihnen nicht in Gebrauch ..., sondern sie werden leibeigene, halbeigene, eigenbehörige, eigene Leute, arme Leute, arme Manne, etc. genennet*[175].

KARL-HEINZ ILTING

5. Drei Themen langfristiger Auseinandersetzung

Der Begriff 'politische Herrschaft' bildet sich durch Bedeutungsübertragungen. Diese nehmen ihren Ausgang oder orientieren sich auch weiterhin an den wesentlich privaten Rechtsverhältnissen Eigentum, Familie und Gesinde bzw. Dienerschaft. Das politische Denken der Neuzeit ist dadurch geprägt, daß antike Begriffe, vor allem Rechtsvorstellungen der römischen Republik, ein Ideal bilden, an das ständig appelliert werden kann und von dem aus jeder geschichtliche Wandel sich als Verfall deuten läßt, wobei die stoisch-christliche Verinnerlichung, politisch gewendet, zu einem nur um so schärferen Widerspruch führt. Kriterium ist dabei der Begriff 'Freiheit', daneben der der 'Person', von dem aus die Ausdehnung der Befehlsgewalt ('imperium') auf das Eigentumsrecht an Sachen oder gar Personen ('dominium'), der Vergleich väterlicher mit staatlicher Gewalt, politischer Herrschaft mit der des Hausvaters, und der Vergleich des Rechtsverhältnisses zu Sklaven oder Knechten mit Untertanen oder Bürgern kritisiert oder bestätigt werden kann. Erst nach einer Übersicht dieser Beziehungen ist festzustellen, ob die Wörterbücher in ihrer zeitlichen Folge eine Entwicklung vollziehen oder nur einige mehrerer möglicher Rechtsstandpunkte verzeichnen.

a) **'Imperium' und 'dominium'.** Es ist zu vermuten, daß die römisch-rechtliche Unterscheidung beider Begriffe auch da, wo sie im geltenden Recht nicht angewandt wurde, bekannt sein konnte und die Vermischung beider dann nicht von mangelnder Begriffsbildung, sondern von einer politischen Absicht zeugt. Das „private" Eigentumsrecht eines Herrn über seine Güter (dominium) hat zunächst keinerlei Beziehung zur Ausübung öffentlicher Gewalt und Gerichtsbarkeit (imperium). Erst die „privatrechtliche" Auffassung der Herrscherstellung in der späten Kaiserzeit als 'dominatus' ändert diese Sachlage, und die Übertragung mag erleichtert worden sein dadurch, daß es ein Verfügungs- und Eigentumsrecht des Herrn am Erwerb und Besitz seiner Sklaven gibt: *Per eos (servos) qui in nostra potestate sunt dominium ignorantibus nobis adquiritur. Possessio non item, quia dominium est iuris, possessio facti*[176]. Die vor allem germanischer Rechtsauffassung entsprechende Bedeutungserweiterung von 'dominium' zu „Gewalt", „Herrschaft" und „Recht" über privates Eigentum drängt die Glossatoren zur Unterscheidung des „dominium

---

[174] CHR. THOMASIUS, Theses inaugurales de iurisdictionis et magistratuum differentia secundum mores Germanorum (Halle 1724), § 53.
[175] ZEDLER Bd. 15 (1737), 1087, Art. Knecht.
[176] JACOBUS CUIACIUS, Commentarii in titulas pandectarum de verborum obligationibus (Lyon 1562), 36f.

secundum proprietatem" vom „dominium secundum potestatem" des Kaisers[177]. Das führt weiter dazu, daß es zwar die wirkliche Gewaltausübung von 'imperium' enthalten kann, *ius graviter animadvertendi, coercendi, verberandi, belli gerendi, nominatim lege datum*[178], aber auch den vagen und durch keine Macht erzwingbaren Anspruch der Kaiser auf Weltherrschaft als „dominium mundi"[179]. Und das hindert NICOLAUS CUSANUS keineswegs daran, in einer naturrechtlich geführten und kirchenrechtlich motivierten Argumentation, diese mehrfache Rechtsbemächtigung und Entrechtung des populus zurückzuweisen: *imperator, qui imperialium omnium non dominus sed administrator exsistit*[180].

Die Vermischung deutschen und römischen Rechts in den mehrfach übereinander gelagerten „Herrschaften", die sich begrifflich keineswegs klar gliedern oder juristisch konstruieren ließen, führte zum Verlust der früheren *Herlichkeit und Friheiten*[181] der nun erst zu „Untertanen" erklärten Bauern und Bürger[182]. Die Rechtsunsicherheit dieses Zustandes mehrfacher „privatrechtlicher" Abhängigkeit wurde sogar den Regierenden lästig und als Traktandum auf die Reichstage gebracht, um die *disputationes* zu klären, *so der unterthanen halber vorfallen, nemlich daß dieselbe in mehrerley wege gepfändt werden, als von wegen des eigenthums oder der gült, von wegen der lehensvogtei, niedergericht, schutz und schirm, fraischlicher, malefitzischer und landsfürstlichen obrigkeit, dergestalt, daß gemeiniglich die arme leute jetzt erzähltermassen mehr dann einer herrschaft unterworfen seynd*[183]. Die Klärung dieser Rechtsverhältnisse wird sich in der deutschen Geschichte bis ins 19. Jahrhundert schleppen.

Die Versuche begrifflicher Klärung mit Hilfe der ursprünglichen Bedeutungen von 'imperium' und 'dominium' erweisen sich für Deutschland als ohnmächtig, solange die Territorialherrschaft besteht. Auch nach 1789 heißt im geltenden Staatsrecht *die Machtvollkommenheit des Fürsten im Staate das Obereigenthum (dominium eminens) oder wie es schicklicher sollte übersetzt werden, die Oberherrschaft. Denn die Teutschen, welche zu diesem Ausdrucke Gelegenheit gegeben, verbinden mit dem Worte dominium den Begriff einer Herrschaft*[184]. Während einige Aufklärer theoretisch an das westeuropäische Staatsrecht anzuschließen versuchen, erläutert JUSTUS MÖSER die Begriffe geschichtlich und auch als vergangene. In germanischer Zeit waren die *Gemeinen ... gegen alle Herrschaft; obwohl nicht gegen ein Reich. Jetzt unterscheidet man Reich und Herrschaft, imperium et dominium so genau nicht mehr. Bei den Römern verwandelte sich ebenfalls imperium in dominationem, bis man endlich mit dem imperio einen andern Begriff verband. Jetzt ist alles Territorial-Hoheit, ein Mittel-*

---

[177] REHM, Staatsrechtswissenschaft (s. Anm. 124), 171.
[178] J. CUIACIUS, Iurisconsulti praeclarissimi, regii consiliarii, recitationes solemnes in varios, eosque praecipuos digestorum titulos (Frankfurt 1596), 2.
[179] HOLTZMANN, Dominium mundi (s. Anm. 31), 191 ff.
[180] CUSANUS, De concordantia catholica 3, 41 (s. Anm. 47), 466.
[181] Die Beschwerden der Rheingauer Bauern, 10. 5. 1525, abgedr. FRANZ, Quellen (s. Anm. 90), 452, Nr. 147.
[182] QUARITSCH, Staat und Souveränität (s. Anm. 26), Bd. 1, 202 ff., bes. 206 f.
[183] Reichsmemorial von 1555, abgedr. GEORG MELCHIOR V. LUDOLFF, Corpus Iuris Cameralis: Das ist des Kayserlichen Cammer-Gerichts-Gesetz-Buch (Frankfurt 1724), 196 f.
[184] SCHEIDEMANTEL Bd. 3 (1793), 343, Art. Machtvollkommenheit; vgl. ebd., 684, Art. Obereigenthum.

b) Herrschaft des Hausvaters

wort zwischen Reich und Herrschaft[185]. Dabei ist es juristisch sinnvoll, im Unterschied zu untergeordneten Herrschaften, die verschiedenen Arten von Oberherrschaft, die des Reiches, des Papstes, der Bischöfe, der Landeshoheit als *Imperium publicum seu civile*[186] zu definieren, ohne daß dadurch eigentumsrechtliche Verfügungsgewalt im Sinne von 'dominium' ausgeschlossen wäre.

Auch GROTIUS anerkannte beide Begriffe im Staatsrecht, und diese Unterscheidung ist bei seinen deutschen Übersetzern weniger bezeichnend in der Fassung der eleganten Jurisprudenz unter Thomasius' Einfluß als in der verzweifelten Umständlichkeit der deutsch-rechtlichen Begriffssprache. Im Original: *Interdum primas acquisitiones a populo aut populi capite ita factas, ut non tantum imperium, in quo inest jus illud eminens, ... sed et privatum plenumque dominium generaliter ... populo, aut ejus capiti quaereretur;* zu deutsch: *daß bißweilen die erste Einnahm eines Landes, so von einem Volck oder Volcks oberstem Haupt also und solchergestalt geschehen, daß dem Volck oder dessen Ober-Haupt nicht nur die Regierungs-Macht oder Staats-Gewalt, welcher das außerordentliche Ober-Macht-Recht des Regenten oder des Staats ... mit anhänget, sondern auch das Privat- und vollkommene Eigenthums- und Macht-Recht ... insgemein erworben und zuwegen gebracht würde*[187].

Bei den französischen Juristen des 16. Jahrhunderts ist die übereinstimmende Meinung in SENECAS klassischer Formulierung zu finden: *omnia Rex imperio possidet, singuli dominio*[188]. Und der Kanzler MICHEL L'HOSPITAL bestätigt das bei der Eröffnung der Generalstände 1560: *Je vouldrois aussi que les roys se contentassent de leur revenu, chargeassent le peuple le moins qu'ils pourroient, estimassent que les biens de leursdicts subjects leur appartiennent, imperio, non dominio et proprietate*[189]. Dieser Rechtszustand und selbst das Bewußtsein davon ging mit dem Absolutismus verloren, und selbst die Pamphletliteratur beginnt erst mit dessen Krise, in den Jahren nach 1680, gegen die Ausdehnung und Übergriffe des „gouvernement royal" zu protestieren. Ein anderer Vergleich, der mit der väterlichen, durch die göttliche überhöhten Herrschaft, drängte sich mit Macht in die politische Theorie.

b) Herrschaft des Hausvaters. Die Hausgemeinschaft als soziale, wirtschaftliche und rechtliche Form des Lebens bestimmt noch ganz entscheidend die frühe Neuzeit, obwohl die geschichtliche Entwicklung seit Jahrhunderten wesentlich von anderen Organisationsformen getragen war. An der Deckung des Eigenbedarfs aus dem Grundbesitz orientiert, ist die häusliche Wirtschaft längst von der auf Erwerb gerichteten, mit Kapital arbeitenden, durch Fernhandel und Kredit wachstums-

---

[185] JUSTUS MÖSER, Osnabrückische Geschichte. Allgemeine Einleitung (Osnabrück 1768), 181 f.
[186] DANIEL NETTELBLADT, Von den verschiedenen Gattungen der Oberherrschaft in Teutschland (1753), Sammlung kl. jur. Abh. (Halle 1792), 127.
[187] GROTIUS, De jure belli ac pacis 2, 3, 19 (s. Anm. 119), 132; ders., Drey Bücher von Kriegs- und Friedensrechten, dt. v. JOHANN NICLAS SERLIN (Frankfurt 1709), 504.
[188] Vgl. BODIN, Methodus 4 (s. Anm. 107), 188; J. CUIACIUS, Observationes, zit. R. W. CARLYLE / A. J. CARLYLE, A History of Mediaeval Political Theory in the West, vol. 6: Political Theory from 1300 to 1600 (Edinburgh, London 1936), 318, Anm.
[189] MICHEL L'HOSPITAL, Harangue prononcé à l'ouverture de la session des États-Généraux assemblés à Orléans le 13 décembre 1560, Oeuvres compl., éd. Pierre Joseph Spiridon Duféy, t. 1 (Paris 1824; Ndr. Genf 1968), 392.

fähigen Geldwirtschaft überflügelt. Sie bildet den ruhenden Boden, das Reservoir der Arbeitskräfte und — eventuell — den Rückhalt in Krisenzeiten. Es ist deshalb keine Beschreibung der Realität, sondern eine politische Argumentation und zugleich der Versuch einer historischen Konstruktion, wenn BODIN die Republik direkt als Zusammenschluß mehrerer Familien versteht und dabei nicht nur Kirche und Adel, sondern alle Formen bürgerlicher Vereinigung und Verwaltung, Innungen wie Handelsgesellschaften, Ämter wie Behörden vernachlässigt[190]. Ebenso entspricht der lutherischen Stärkung des Hausvaters wie der landesväterlichen Obrigkeit eine rückständige Wirtschaftsauffassung, während die calvinistische Betonung der Rolle der Gemeinde dem neuen Wirtschaften entgegenkommt. Dabei kann im einzelnen der Erfolg ganzer Imperien auf dem Familienzusammenhalt beruhen, und große Betriebe können mit Hausgewalt regiert werden. Im ganzen jedoch lösen sich Betrieb, Gewerbe und Amt, Beruf und Bildung sukzessive aus der Hausgemeinschaft, und der für die frühe Neuzeit typische, obrigkeitliche Polizeistaat individualisiert zunehmend die Untertanen, wovon er den Adel — trotz aller Privilegien — nicht ausnimmt; und er tut es gerade dort, wo er im Zeichen einheitlicherer Administration unvergleichlich gewaltsamer als vorher in das Privatleben eingreift, diese Eingriffe aber als Ausübung einer gleichsam väterlichen, absoluten oder landesväterlichen Gewalt rechtfertigt.

Wie das Verhältnis Fürst—Untertanen in der absolutistischen Doktrin, so stellen die drei Rechtsverhältnisse des Hauses: Mann über Weib, Eltern über Kinder und Herrschaft über Gesinde ein, wie noch KANT es deduziert, *auf dingliche Art persönliches Recht*[191] dar, das innerhalb sehr weiter Grenzen nur vom Verantwortungsbewußtsein der Ausübenden abhängt und wie die persönliche Herrschaft des Fürsten als Institution in der modernen Welt überfordert ist. Die Herrschaft beider wird von der Bürokratie aufgelöst, ohne daß die politische Literatur der Zeit den anonymen Gegner beider teils gegeneinander, teils gegen ihre Untertanen sich verteidigenden Institutionen zu erkennen vermochte. Zunächst nahm der Hausvater rechtlich eine Zwischenstellung ein: *Obwohl ein Hausvater als eine Privatperson, eigentlich zu reden, keine Jurisdiction hat, so steht ihm doch ein mit derselben einige Gleichheit habende Macht zu. Daher kann er in Ansehung der ihm zukommenden Gewalt allerhand das Hauswesen angehende, und die Bedienten obligierende Verordnungen machen, jedoch müssen dieselben nicht auf auswärtige Sachen bezogen werden*[192]. Diese Quasi-Souveränität im Hause sollte durch die Gesetzgebung ihr Ende finden, und ein Markstein der Entwicklung bildet die Einsicht: *Die Hausväter waren nur Hausväter und deshalb keine wahren Hausväter geworden*[193]. Was ihre „Herrschaft" früher zu schaffen vermochte, muß seither als verloren gelten: ein vor obrigkeitlichen Eingriffen weitgehend geschützter, relativ staatsfreier Bereich privaten Lebens.

---

[190] BODIN, République 1,1; 1,6 (s. Anm. 46), 1. 68.

[191] KANT, Metaphysik der Sitten. Rechtslehre (1797), AA Bd. 6 (1907; Ndr. 1968), 276, §§ 22 ff.

[192] JULIUS BERNHARDT V. ROHR, Vollständiges Haus-Haltungs-Recht (Leipzig 1716), 261 f.

[193] CLEMENS THEODOR PERTHES, Das deutsche Staatsleben vor der Revolution. Eine Vorarbeit zum deutschen Staatsrecht (Hamburg, Gotha 1845), 275.

b) Herrschaft des Hausvaters

Das Verhältnis der Hausgenossen zueinander kann sehr lebendig beschrieben werden, ohne jedoch seinen eigentumsrechtlichen Charakter zu verändern: *Inn der Haußhaltung ist viererlei Volk. Eins gebietet und herschet, als der Haußvatter: daß ander gehorsamet, als das Weib: daß dritt ist ein anmutige Zugehülfe deß Geschlechts und deß Haußgesinds, als die Kind: daß vierte ist unterthänig, als Knecht und Mägd*[194]. Die historische Ableitung der politischen Herrschaft aus der häuslichen ist zu einem Gemeinplatz geworden, der zu Beginn vieler Werke der politischen Literatur steht und meist nur einem Bedürfnis der Begründung Genüge tut: *Es helt sich mit dem Burgerlichen Stande folgendermassen, daß anfangs, als der Menschen eine geringe Anzahl, das Regiment sich weiter nit als eines jeden Haußwesen erstreckte, unnd sonsten kein gebieth oder Herrschafft war, dann der Eltern gegen ihren Kindern unnd Haußgesind, welche in unterschiedlichen Hütten oder Häußlein zu Feld hin unnd wider außgetheilt*[195]. Ein Problem entsteht erst dort, wo aus dieser zeitlichen Abfolge eine bleibende Wesensgleichheit und die Usurpation eines väterlichen Rechts über mündige Bürger hergeleitet wird, wie es in der absolutistischen Doktrin geschieht. So lehrt BOSSUET, *que la première idée de puissance qui ait été parmi les hommes est celle de la puissance paternelle, et que l'on a fait les rois sur le modèle des pères*[196].

Dieser Vergleich ist strittig, seit es eine Staatstheorie gibt. PLATON führte ihn in einem Gedankengang durch, der die Eigenart der Gewalt in Haus oder Staat vernachlässigt bei der Frage, ob auch ein Privatmann ohne Amt die Fähigkeit haben kann, gut zu regieren und die richtigen Gesetze zu geben; sein Gegenstand ist die Staatskunst[197]. JUSTI hat diese Mischung beider Sphären bemerkt und beschreibt Platons Absicht so: *Er wollte aus dem Staate nichts, als eine einzige große Familie machen; und sein ganzer Plan war das Bild einer häuslichen Regierung*[198]. Die entschiedene Kritik an der Vergleichbarkeit ist für ARISTOTELES ein Ausgangspunkt seiner „Politik"[199]. Ein tragendes Argument ist dabei, den Staat als Objekt der Staatsgewalt und als ihr die Herrschaft ausübendes Subjekt die Versammlung freier und gleichrangiger Bürger anzusehen, was freilich nur konstitutionelle und demokratische Theorien nachzuvollziehen vermochten. In der Neuzeit ist die Hausgewalt im Vergleich zur Antike bedeutend eingeschränkt. LOCKE unterscheidet deshalb 'family' und 'civil society' *in its constitution, power, and end ... The master of the family ... has no legislative power of life and death over any of them, and none too but what a mistress of a family may have as well as he. And he certainly can have no absolute power over the whole family, who has but a very limited one over every individual in it*[200]. Die monarchische Theorie benützte den Vergleich bis weit ins 19. Jahr-

---

[194] JOHANN FISCHART, Das philosophisch Ehezuchtbüchlein oder die Vernunfft gemäse naturgescheide Ehezucht, samt der Kinderzucht (Straßburg 1591), fol. K 8ᵇ.

[195] PAUL NEGELEIN, Vom Burgerlichen Stand (1600), 3. Aufl. (Frankfurt 1616), 1.

[196] J. B. BOSSUET, Politique tirée des propres paroles de l'Écriture Sainte 3, 3 (1679), Textes choisis, éd. Henri Brémond, t. 2 (Paris 1913), 108.

[197] PLATON, Politicus 258e ff.

[198] JOHANN HEINRICH GOTTLOB V. JUSTI, Die Grundfeste zu der Macht und Glückseligkeit der Staaten oder ausführliche Vorstellung der gesamten Polizeywissenschaft, Bd. 2 (Königsberg 1761; Ndr. Aalen 1965), 132, Anm.

[199] ARISTOTELES, Politik 1252a, 8; 1255b, 16.

[200] LOCKE, Two Treatises of Government. On Civil Government (1690), Works, vol. 5 (1823; Ndr. 1963), 387, § 86.

hundert, obwohl er den komplementären Vergleich mit der Volljährigkeit des Volkes, den Anspruch auf Mündigkeit und Emanzipation herausgefordert hat. SONNENFELS, der diese Ambivalenz nicht ohne Sympathie vermerkt, verwirft den Vergleich: *Kein uneigentlich angewandter Ausdruck hat die unbegrenzte Gewalt, und die Anmaßungen der Unterdrückung stärker begünstigt, als die zum Vorbild hingestellte Ähnlichkeit der Fürstengewalt mit der väterlichen: Und nie waren zwei Gegenstände dem Ursprunge, den Rechten, dem Zwecke nach wesentlicher unterschieden ... Der Vater ist vor dem Sohne da, gibt dem Sohne das Dasein. Die Nation ist immer vor dem Fürsten vorhanden, der Fürst erhält sein Dasein von der Nation*[201].

Es sollte sehr lange dauern, bis im 18. Jahrhundert der vom frühen Bürgertum schon formulierte Anspruch auf Mündigkeit erhoben wurde, denn zunächst wurde die als väterlich angesehene Gewalt des Fürsten noch sentimental aufgeladen, und die Kritik, die den Fürsten selbst lange schonte und sich vor allem gegen die ihn umgebenden Amtsträger wandte, baute sich erst langsam auf mit dem unpolitischen Argument der höheren Moralität des privaten Haushalts. Und ebenso lange dauerte es, bis innerhalb des häuslichen Regiments die starre Unterordnung unter den Hausvater abgelöst wurde: *Der Vorschlag, daß der Mann Regent, Madame Premierminister sei, ist ein Vorschlag zur Güte.* Und *die Preisfrage, „wem die Herrschaft gebühre?" fand ihre Antwort: der Vernunft*[202], auch im häuslichen Bereich erst dann, als die Vernunft in zweifelhafter Apotheose durch die Straßen von Paris geführt wurde.

c) Dienstbarkeit, Gesinde, Knechtschaft; Herr und Knecht. *Herren und Knechte sind ungewöhnliche Erscheinungen*[203], stellt WILHELM VON HUMBOLDT am Ende unserer Epoche für die bürgerliche Welt fest, und in der historischen Perspektive beobachtet er, daß, wie *die Theologie mit der Ketzerei, die Politik mit der Knechtschaft entstanden sei*[204]. Das bedeutet nicht, daß es nicht vor allem im ländlichen Haushalt Knechte und Mägde gab, die zusammen das Gesinde bilden. Dem räumlichen oder persönlichen Konkretum 'Herrschaft' aber entspricht 'Knechtschaft' keineswegs. LUTHER prägte das Wort analog zu *Kindschafft* als christlicher Freiheit, um die allegorische Bedeutung von δουλεία, „servitus" zu bezeichnen: Moses' Gesetz, *das zur Knechtschafft gebirt*. Wer ihm unterliegt, ist, ganz nach dem üblichen Sprachgebrauch, *dienstbar*[205]. Es verdrängte das ältere „Knechtheit" und wird vorwiegend in bildlicher Bedeutung gebraucht[206]. In theologischem Kontext ist es die Knechtschaft der Sünde, in moralischem die der Affekte, der die Herrschaft über sich selbst

---

[201] JOSEPH V. SONNENFELS, Handbuch der inneren Staatsverwaltung (Wien 1798), 41f., Anm. 13.
[202] [THEODOR GOTTLIEB V. HIPPEL], Über die Ehe, 4. Aufl. (Berlin 1793), 245f.
[203] W. v. HUMBOLDT, Über den Entwurf zu einer neuen Konstitution für die Juden (17. 7. 1809), AA Bd. 10 (1903), 103.
[204] Ders., Ideen zu einem Versuch, die Gränzen der Wirksamkeit des Staates zu bestimmen (1792), AA Bd. 1 (1903), 135.
[205] Gal. 4, 5; 4, 24f., LUTHER, Die gantze Heilige Schrifft Deudsch (Wittenberg 1545; Ndr. Darmstadt 1972), 2350f.
[206] GRIMM Bd. 5 (1873), 1399f., s. v. Knechtschaft.

c) Dienstbarkeit, Gesinde, Knechtschaft

gegenübersteht, in GRACIANS klassischer Formulierung: *No ai mayor señorío que el de sí mismo, de sus afectos*[207].

Aber selbst das ganz gebräuchliche Konkretum 'Knecht' wird immer wieder überwuchert von der bildlichen Sprache. Ihre wichtigste Wurzel hat sie in der Rede vom *Knecht des Herrn*, der als Messias die Welt verändern soll. Paulus nimmt die Prophetie des Alten Testaments auf und bezieht sie auf Jesus, der trotz *göttlicher gestalt ... eussert sich selbs, und nam Knechts gestalt an*[208]. Diese Umkehrung der weltlichen Ordnung, die sich literarisch als Stilmischung äußert, enthält ein Potential der Veränderung, da sie einen Wechsel der Blickrichtung erlaubt. Der einfachste bildliche Wortgebrauch in der Umkehrung liegt dort vor, wo man über *Laster* und *Mutwillen* der Knechte klagt und diesen unerfreulichen Befund in der Aussage zusammenfaßt, daß *unser Gesinde ... gemachte Herren* seien[209]. Auf einer weiteren Stufe ist aufgrund der gedanklichen Umkehrung des Verhältnisses von Herr und Knecht eine ethische Maxime formulierbar: *Gegen die Diener und das andere Gesinde soll ein Haus-Herr sich also erweisen, daß, wo Gott ihn nicht in dem Herrn, sondern in dem Dienst-Stand gesetzet, er mit seinem Herren willig könte zu frieden seyn*[210]. Schließlich ist auf der eschatologischen Ebene im Unterschied von Zeit und Ewigkeit ein Ende aller Herrschaft zu erhoffen. Diese Aussicht soll aber keine vorzeitigen Folgen in dieser Welt erbringen, und selbst an ihrer Grenze, wie sie die populäre Totentanzliteratur markiert, kann gerade die weltliche Herrschaft bestätigt werden. Die Klage des Knechts findet kein Gehör: *Wer diente gern Bey unserm stets lermenden, fluchenden, donnernden Herrn; Bey unsrer schwermüthigen, zankenden, balgenden Frauen?* Aber der Tod rechtfertigt hier die Herrschaft und stellt jenseitigen Trost in Aussicht: *Der Herr der Herrschenden belohnt den frommen Knecht; Er ordnet jeden Stand; ihm ist kein Sklave schlecht, der seine Pflicht erfüllt; nach seiner Knechtschaft Bürde schmückt Herrschaft ihn und Engels-Würde*[211].

Dieser weitreichende bildliche Sprachgebrauch führt dazu, daß die Eindeutigkeit der sozialen Beziehung, ob einer des anderen Herr oder Knecht ist, damit kollidiert, daß die Wortbedeutungen von 'Herr' und 'Knecht' bzw. 'Diener' moraltheologisch und staatstheoretisch ambivalent waren. In der gesellschaftlichen Hierarchie gehört 'Herr' seit dem 18. Jahrhundert zu jedem männlichen Titel von der *Röm. Kayserl. Majestät* und dem *Pabst* an bis zu dem letzten *Bader* und *Seiffen-Sieder*, sofern er

---

[207] BALTASAR GRACIAN, Oráculo manual y arte de prudencia (1647), ed. Miguel Romer-Navarro (Madrid 1954), 26, Nr. 8; ders., Handorakel und Kunst der Weltklugheit, dt. v. ARTHUR SCHOPENHAUER, hg. v. Karl Voßler (Stuttgart 1973), 3, Nr. 8: *Keine höhere Herrschaft, als die über sich selbst und seine Affekte.* Schon ZEDLER, Bd. 15, 1065, Art. Knecht, übersetzt: *Es ist keine höhere Herrschafft als die Herrschafft über sich selbst und über seine Affekten.*
[208] Jes. 42, 19; Phil. 2, 6f., LUTHER, Heilige Schrifft, 1233. 2367.
[209] JOHANNES COLERUS, Calendarium perpetuum et sex libri oeconomici ... Das ist: ein stets währender Kalender, auch sechs nothwendige und gantz nützliche Hausbücher, 2. Aufl. (Wittenberg 1627), 219.
[210] CASPAR JUGELIUS, Oeconomica oder Nothwendiger Unterricht und Anleitung wie eine gantze Hauß-Haltung am nützlichsten ... kan angestellt werden (Frankfurt, Leipzig 1677), 108.
[211] RUDOLF u. CONRAD MEYERN, Die menschliche Sterblichkeit unter dem Titel Todten-Tanz (Hamburg, Leipzig 1759), 78.

ein Meister ist[212]. 'Diener' heißen aber auch die höchsten Staatsbeamten, und so ist es gar kein Paradox, allerdings eine Pointe gegen das Amtsverständnis mancher fürstlicher Kollegen, wenn FRIEDRICH II. vom Souverän sagt: *Er ist nur der erste Diener des Staates, ist verpflichtet, mit Redlichkeit, mit überlegener Einsicht und vollkommener Uneigennützigkeit zu handeln, als sollte er jeden Augenblick seinen Mitbürgern Rechenschaft über seine Verwaltung ablegen*[213].

'Knechtschaft' bezeichnet nur selten in eigentlicher Bedeutung den Stand einer Person, *welche sich zu einem Herrn zu unermessener Arbeit verdinget, davor ihren Unterhalt zu haben*, was nur mit ihrer *freien Einwilligung* geschehen kann[214]. Dabei behält der Knecht *alle Rechte, die ihm als Menschen zukommen* und ist insofern seinem Herrn gleich. Dann läßt sich der anonyme Lexikonautor zu der Bemerkung hinreißen, *daß wir aber einander auch an der Gewalt gleich sein sollten, ist eben nicht nötig*[215]. Die formale Freiheit des Dienstkontrakts und späteren Arbeitsvertrags erhöht nicht nur die Macht des Dienstherrn, der nach Lage des Arbeitsmarktes weitgehende und nahezu beliebige Bedingungen stellen konnte, sie verringert zugleich seine Verpflichtungen, und das Verhältnis wechselseitiger Rechte wie beim Klientel- oder Lehenswesen reduziert sich auf den bloß möglichen einseitigen Gnadenerweis gegenüber dem zum Hause gehörigen langjährigen Dienstboten. Man unterscheidet zwischen *knechtischer ... Arbeit* und *besserer Bedienung*. Für die Knechte gilt lediglich: *Ob wir uns gleich ihrer nicht aus Liebe, sondern aus Not gebrauchen, weshalb es auch zwischen uns und ihnen nicht leicht eine Freundschaft zu hoffen, so sind sie doch Mit-Glieder in häuslicher Gesellschaft, die man zum wenigsten nicht als Feinde tractieren soll.* Würde Vertraulichkeit ihnen gegenüber von *knechtischem Gemüte* zeugen, so kann man mit denen, *so bessere Bedienungen bekleiden*, in Freundschaft und Vertrauen leben, wobei der erfahrene Dienstherr seine Gefühle zu rationalisieren weiß: *Solchergestalt werden sie durch Leutseligkeit öfters mehr Gutes zu tun angetrieben, als ihnen vermöge ihrer Pflicht oblieget*[216].

Sucht man nach einem Entstehungsgrund für Herrschaft und Knechtschaft, so wird es als Folge des Eigentumsrechts angesehen: *Die Leute wollten nach dem eingeführten Eigenthum entweder aus Ehrgeiz oder Geiz ein mehrers besitzen als sie selber erwerben konnten. Oder sie wollten aus Faulheit ihre eignen Güter nicht verwalten*[217]. Die Untersuchung führt auf Ursachen, die traditionell als Laster galten, enthält also die Möglichkeit, die Folgen davon als verwerflich und veränderbar anzusehen. Das bewirkte jedoch keineswegs eine Besserung der Zustände, sondern zunächst, wie im sonstigen Privat- und Wirtschaftsleben, obrigkeitliche Aufsicht: *Denn es muß die Polizey nicht allein die Gränzen der häuslichen Gewalt der Herrschaften über ihr Gesinde bestimmen, sondern auch das Gesinde wider unbillige und harte Herrschaften schützen*[218].

---

[212] NEHRING (1710), 95. 117. 120, Art. Herr; vgl. RWB Bd. 5, 781 ff., bes. 796 f., Art. Herr.
[213] FRIEDRICH D. GROSSE, Regierungsformen und Herrscherpflichten (1777), Werke, hg. v. Gustav Berthold Volz, Bd. 7 (Berlin 1913), 235 f.
[214] ZEDLER Bd. 15, 1065, Art. Knecht.
[215] Ebd., 1066 f.
[216] CHR. THOMASIUS, Kurtzer Entwurff der politischen Klugheit (Frankfurt, Leipzig 1725), 243. 245 f.
[217] ZEDLER Bd. 12 (1735), 1800, Art. Herrschafft.
[218] KRÜNITZ Bd. 17 (1787), 566, Art. Gesinde.

d) Spiegelungen auf der Wörterbuchebene   **Herrschaft**

Zu den moralischen Erwägungen kommen ökonomische, die *Bedienten-Sucht* schaffe *privilegierte Müßiggänger*, Bediente ohne Arbeit, aus denen *ein dritter Teil von unserm Gesinde* im vorindustriellen Deutschland bestehe[219]. Die haus- und gutsherrschaftliche Selbstkritik zeitigte jedoch keine Rechtsfolgen. Auch in einer Epoche konstitutioneller Einschränkung der Staatsgewalt mußte sich der Dienende der häuslichen Gewalt buchstäblich unterwerfen. Er gelobt in den üblichen Dienstverträgen nicht nur, *seine ganze Zeit und Tätigkeit dem Dienst der Herrschaft zu widmen*, es bleibt ihm kein Rest privater Unabhängigkeit: *Wie über die Geschicklichkeit in seinen dienstlichen Verrichtungen, so steht auch über die sittliche Aufführung des Dienstboten der Herrschaft die Aufsicht zu*[220].

In den oft sehr detaillierten Gesindeordnungen sind die Pflichten des Gesindes meist auf die Begriffe 'Treue', 'Ehrerbietung' und 'Gehorsam', 'Abwendung des Schadens', 'Beförderung des Nutzens' der Herrschaft gebracht[221]. Auf der Seite der Herrschaft vermeidet man es sehr lange, von Pflichten zu sprechen, und noch in der unter Friedrich II. erlassenen Gesindeordnung formuliert man statt dessen umständlich: *Wie sich die Herrschaften gegen das Gesinde zu verhalten*[222]. Häufig und bei Strafe verboten wird der Herrschaft seit dem 16. Jahrhundert, *daß keiner hinfüro seinem Gesinde das geringste säen, noch etwas an Viehe aufziehen oder halten* lasse[223], ihm Land verleihe oder die festgesetzten Löhne überbiete und Gesinde abwerbe[224].

d) Spiegelungen auf der Wörterbuchebene. Das weite Bedeutungsfeld von 'Herr' und 'Herrschaft' teilt die deutsche Sprache keineswegs mit anderen Sprachen. Um nur ein Beispiel zu bringen: so differenziert JOHANN LEONHARD FRISCH die Bedeutungen von 'Herr' in die französischen Äquivalente, die durch keinerlei etymologische Verwandtschaft untereinander verbunden sind: *als gemeiner Ehren-Titel von andern, Sieur, Monsieur; gnädiger Herr, Seigneur, Monseigneur; Herr, sofern er Gesinde, Bediente und Untertanen hat, maître; sofern er Leute hat, die seiner Hülffe bedürffen, patron; sofern er der Vornehmste unter andern ist, principal; große Herren, die keine über sich haben, les souverains*[225].

Auch die eigentümliche Verbindung von 'Herrschaft' und 'dominium' unterscheidet die deutschen Wörterbücher von den französischen. Im Begriffsfeld von 'autorité' finden sich zwar fast alle anderen lateinischen Äquivalente, aber nicht 'dominium'. Das tritt bei dem auch lehensrechtlich gebrauchten Begriff 'seigneurie' auf, aber typischerweise noch nicht bei dem klassisch orientierten ESTIENNE, der es nur bei 'domination' anführt, sondern erst bei späteren Autoren[226]. Umgekehrt kommen in

---

[219] Ebd., 697f.
[220] Vorschriften und Verhaltensregeln für Dienende (Berlin o. J.), §§ 3. 6.
[221] Ebd.
[222] Königlich Preußische und Chur-Brandenburgische neu-verbesserte Gesinde-Ordnung (Berlin 1746), 16.
[223] Mantissa. Churfürstlich-Sächsische Gesinde-Ordnung de Anno 1651, abgedr. AHASVER FRITSCH, Famulus peccans, sive tractatus de peccatis famulorum (Nürnberg 1685), 67.
[224] Königl. Preuß. Gesinde-Ordnung, 34f.
[225] FRISCH (Ausg. 1712), 185, s. v. Herr.
[226] ESTIENNE (1549), s. v. domination; NATHANAEL DHUEZ, Dictionaire François-Allemand-Latin (Leiden 1642), 563, s. v. seigneurial; FURETIÈRE 4ᵉ éd., t. 4 (1721), 1614, s. v. seigneurie.

frühen deutschen Vokabularien bei „Herrschaft", „Gewalt", „Gebiet" 'dominium' und die übrigen Äquivalente vor, aber 'imperium' fehlt[227]. JOSUA MAALER in Zürich versucht, möglicherweise unter Einfluß der französischen Jurisprudenz, zu differenzieren: *Herrschaft* ist für ihn vor allem *imperium*, während *Herrschung/Beherrschung* mit mehreren Wörtern übersetzt wird, unter denen sich wohl *dominium*, nicht aber 'imperium' befindet[228]. Damit steht er jedoch allein. Schon Dasypodius hatte eher umgekehrt akzentuiert, aber auch beide unterschiedslos nebeneinandergesetzt, wie es auch die Lexikographen der folgenden Zeit tun werden. Überhaupt widersetzen sich die Wörterbücher der frühen Neuzeit den Versuchen semantischer Systematisierung. In den mehrsprachigen Wörterbüchern werden die Hauptbedeutungen durch die Übersetzungen der Beispielsätze oft ganz entscheidend erweitert, und die bei einer Sprache mit Hilfe der Übersetzung getroffenen Unterscheidungen werden bei der Gegenprobe im anderssprachigen Teil wieder über den Haufen geworfen, wobei man häufig nicht Gedankenlosigkeit der Bearbeiter, sondern Bezugnahme auf verschiedenartige Kontexte vermuten darf. Die Normierung in den nicht mehr an der Übersetzungsarbeit orientierten einsprachigen Wörterbüchern bedeutet deshalb auch eine Verarmung und zugleich den Ausschluß von Bedeutungen, die in der zeitgenössischen Sprache und Literatur gebraucht werden. Mehr noch als Bedeutungen fallen Beispielsätze dieser Selbstzensur zum Opfer, die nur noch sprachlich Steriles oder, wo sie sich poetischer Beispiele bedient, politisch Neutrales übrigläßt. Das gilt auch für die großen französischen Wörterbücher vor Diderots „Encyclopédie", der zuerst wieder bewußt anders vorgeht. Zum Beleg der kraftvollen Beispiele von DHUEZ der Satz, der 'seigneurial' erläutert, wobei der barocke Pessimismus der neusprachlichen Fassungen eigentümlich kontrastiert zur Nüchternheit der lateinischen: *L'injustice est plus forte, libre et plus seigneuriale que la justice, Die ungerechtigkeit ist stärcker / Freyer / und Herrischer / dan die Gerechtigkeit / Latius imperat injustitia quam justitia*[229].

6. Aufklärung und Revolutionierung der Herrschaft

Die revolutionäre Veränderung von Staat und Gesellschaft im modernen Europa bedeutet auch eine Änderung des Herrschaftsbegriffs. Drei Übertragungen von dinglichen Rechtsvorstellungen müssen als unberechtigt erkannt werden, um einen eigenen Begriff 'politischer Herrschaft' zu bilden: sie beruht nicht auf einem Eigentumsrecht einzelner, sondern ist öffentliche Angelegenheit; sie ist keine Fortsetzung häuslicher Gewalt über Unmündige, sondern höchste Gewalt, ausgeübt im Auftrag der Bürger, und deren Verhältnis zum Staat darf deshalb nicht das der Knechtschaft sein. Der Begriff 'Herrschaft' unterscheidet sich dadurch von anderen politischen Begriffen, daß er ein Relationsbegriff ist und deshalb keine Zielvorstellung, kein Ideal von ihm formuliert werden kann. Vielmehr ist er selbst orientiert an anderen Begriffen, wie der Erhaltung des Staates und seines Rechtszustandes sowie an

---

[227] Vocabularius incipiens teutonicum ante latinum [Nürnberg ?, Speyer ? 1482 ?], 60. 49. 42. 83.
[228] MAALER (1561), 219ʳ.
[229] DHUEZ, Dictionaire François-Allemand-Latin, 563, s. v. seigneurial.

a) Vernünftige Herrschaft

der bürgerlichen Freiheit. Die begriffliche Klärung von 'Herrschaft' besteht deshalb wesentlich im Abweisen von Übergriffen, von verfehlten Bedeutungsübertragungen. Da es zu sinnvollem Handeln klarer Begriffe bedarf, stellte Diderot sich dieser Aufgabe; er ist der erste, der das in einem Lexikon getan hat.

a) **Vernünftige Herrschaft.** In einer Zeit, als das kontinentale Europa absolutistisch beherrscht wurde, als selbst Montesquieu nur mit größter Vorsicht auf das Beispiel der englischen Verfassung hinzuweisen wagte, und ein Jahrzehnt bevor Rousseau den „Contrat social" schrieb, entwickelte DIDEROT als Neuling in politischer Theorie den Begriff 'autorité politique'. Seine Demonstration ist von überwältigender Einfachheit, und obwohl sie populär, und das heißt damals noch, mit religiösen Vorstellungen argumentiert, ist das kein Versteckspielen, sondern die Herausforderung christlicher Lehre durch die Vernunft, die, wie der Cusaner oder Erasmus — aber auch Zedler — beweisen, zu ganz anderen Ergebnissen gelangen kann als Luther oder Bossuet. Der Ausgangspunkt ist naturrechtlich: *Aucun homme n'a reçu de la nature le droit de commander aux autres.* Herrschaft über andere widerspricht der Freiheit und Vernunft, und von Natur gibt es nur die begrenzte väterliche Gewalt: *Toute autre autorité vient d'une autre origine que de la nature.* Herrschaft entsteht entweder durch Gewalt, dann ist sie Usurpation und dauert auch nicht länger, als die Gewalt es erzwingt, oder aber durch vertragliche Übereinstimmung, und dann zu einem bestimmten Zweck, *pour le bien commun et pour le maintien de la société,* und unter bestimmten Bedingungen. Religiös motiviert mit der scharfen Wendung, daß alle Religion andernfalls politischer Betrug wäre, ist das Einschränken der Unterwerfung von Menschen unter einen ihresgleichen: *Toute autre soumission est le véritable crime d'idolâtrie.*

Ebenso entschieden wie er die Vergötzung der Staatsgewalt verurteilt, leitet er aus dem Vertrag die bleibende Verpflichtung des Inhabers der Herrschaft denen gegenüber her, von denen er sie erhielt. Mißbrauch annulliert den Vertrag, und Eigentümer der Herrschaft als eines *bien public* bleibt das Volk selbst in der erblichen Monarchie: *la couronne, le gouvernement et l'autorité publique, sont des biens dont le corps de la nation est propriétaire*[230]. Die Konsequenz, mit welcher der Begriff aus dem Zusammenhang von Volkssouveränität, Vertragsgedanken und Freiheitssicherung entwickelt wird, führt zum Bewußtsein, daß er notwendig so gedacht werden muß: denn monströs ist der Staat, der dem Privatinteresse der einen und der Knechtsgesinnung der anderen ausgeliefert ist, *la soumission y est honteuse, et la domination cruelle.* Um diesen Prinzipien höchste Autorität zu verleihen, zitiert Diderot einen Herrscher, der ihnen gemäß regiert, und er muß dazu auf das späte 16. Jahrhundert zurückgreifen, auf Henri IV.[231]. Es ist kein Wunder, daß das offizielle Frankreich das als skandalös empfand.

Für Diderot und die Begriffsbildung der französischen Aufklärung war es ein Vorzug, in 'autorité' einen neutralen Begriff gesetzmäßiger Herrschaft zu besitzen, der traditionell von 'domination' als unberechtigter und uneingeschränkter Herrschaft unterschieden war und ebenso von 'seigneurie' als lehensrechtlichem Institut.

---

[230] DENIS DIDEROT, Art. autorité politique, Encyclopédie, t. 1 (1751), 898f.
[231] Ebd., 899f.

b) **Historisierung und Aktualisierung.** Der deutsche Begriff 'Herrschaft' ist im Gegensatz zu Adelungs Prognose dadurch bestimmt, daß die immer noch vorhandenen konkreten regionalen Herrschaften und die persönlichen Dienstherrschaften als veraltet und unberechtigt angesehen werden. Das wirkt sich auf das wie 'autorité' nur im Singular gebrauchte Abstraktum 'Herrschaft' so aus, daß es mit den konkreten Bedeutungen, aber stärker noch, den Inbegriff unberechtigter Gewaltausübung bildet und zu 'Regierung' in Gegensatz tritt[232]. Danach erst, durch eine erneute Konkretisierung der abstrakten Bedeutung, bezeichnet sie den Besitz der Staatsgewalt, um den die verschiedenen Klassen der Gesellschaft und ihre Parteien kämpfen. Dieser Herrschaftsbegriff entsteht in der Dissoziation von Staat und Gesellschaft, in welcher die Begriffe 'Klasse' und 'Partei' einen neuen Inhalt gewinnen. Herrschaft einer der konkurrierenden Klassen bedeutet Ungleichheit und Unfreiheit der nicht zur Herrschaft gelangten Klassen. Dieser Prozeß, der im wesentlichen erst nach der Französischen Revolution, aber in Frankreich zuerst und beispielhaft für Europa bis 1848 durchgeführt wird, findet seine erste theoretische Darstellung bei LORENZ VON STEIN (1850), dem die repräsentativen deutschen Lexika um zwei bis drei Generationen nachhinken[233].

Zunächst verfällt der Historisierung schon im aufgeklärten Absolutismus der deutschrechtliche Begriff 'Herrschaft': *Gemeiniglich hat eine solche mittelbare Herrschaft die Gerichtsbarkeit, die Policey und einige andere Rechte unter Anordnung, Aufsicht und Obergebietschaft der obersten Gewalt auszuüben. Allein, alle solche Verfassungen rühren aus Zeiten her, wo man eine schlechte Einsicht in die guten Regierungsgrundsätze gehabt hat, und verursachen viele unnötige Vorsorge und Maßregeln des Regenten, und viele Unbequemlichkeiten auf Seiten der Untertanen*[234]. Fast gleichzeitig beschreibt JUSTI in einer Satire das Leben eines dieser Landjunker, der über *sechs Bauern und fünfzehn Hintersättler* seine unumschränkte *Herrschaft* ausübt[235].

Als nächstes wird das „dominium eminens" der obersten Gewalt für obsolet erklärt, das nach Justis Erfahrung *in denen despotischen Staaten schon auf eine erschreckliche Art gemißbrauchet* wurde[236]. BIENER versucht es noch 1780, in einem bildhaften Vergleich zu erläutern und zu verharmlosen: *Nur kam ein zweites gleichsam unsichtbares Eigenthum, wie eine Wolke oben her, welches in eigentlichem Verstande das Landes und Obereigenthum (dominium terrae) genannt wurde. Man muß also das Eigenthum der Landeshoheit ohne Nachteil der Privateigenthümer annehmen*[237]. Das Recht

---

[232] Vgl. SCHEIDLER, Art. Herrschen, Herrschaft (s. Anm. 43), 37 f.; FURETIÈRE 3ᵉ éd., t. 1 (1708), s. v. autorité.

[233] LORENZ VON STEIN, Geschichte der sozialen Bewegung in Frankreich von 1789 bis auf unsere Tage (1850 ff.), Ndr. hg. v. Gottfried Salomon, Bd. 1: Der Begriff der Gesellschaft und die soziale Geschichte der Französischen Revolution bis zum Jahre 1830 (München 1921; Ndr. Darmstadt 1959), passim, bes. Einleitung.

[234] J. H. G. v. JUSTI, Staatswirthschaft oder Systematische Abhandlung aller Oekonomischen und Cameral-Wissenschaften, 2. Aufl., Bd. 1 (Leipzig 1758; Ndr. Aalen 1963), 341.

[235] Ders., Das Leben Junker Hansens, eines Landedelmannes (1760), abgedr. Satiren der Aufklärung, hg. v. GUNTER GRIMM (Stuttgart 1975), 108. 106.

[236] Ders., Natur und Wesen der Staaten als die Quelle aller Regierungswissenschaften und Gesetze, hg. v. Heinrich Godfried Scheidemantel (Mitau 1771; Ndr. Aalen 1969), 109.

[237] CHRISTIAN GOTTLOB BIENER, Bestimmung der kaiserlichen Machtvollkommenheit in der teutschen Reichsregierung, Tl. 3 (Leipzig 1780), 200.

der Untertanen wurde allerdings oft genug durch die Landeshoheiten verletzt, nicht jedoch deren Recht durch die „Machtvollkommenheit" des Kaisers. Für dieses Verhältnis findet Biener ein neues Bild: *Man wollte die Maiestät nicht neben sich in dem Lande, sondern bloß über sich haben; sie sollte ein Baum sein, welcher der Landeshoheit Schatten gäbe, ihr aber keine Nahrung und Wachstum entzöge; sie sollte über alles herrschen, aber nichts unmittelbar berühren*[238]. Ein groteskes Bild, der wurzellose Baum, der einer Wolke Schatten gibt, enthüllt ungewollt den Zustand des dahinsiechenden alten Deutschen Reiches. Zugleich verweist das Zitat auf eine zweite Bedeutung von 'Herrschen' und 'Herrschaft', die bloß formale Überordnung, die ebenfalls zu 'Regierung' in Gegensatz steht. Sie bezeichnet nicht nur das Verhältnis des Kaisers zu den Fürsten, sondern in der konstitutionellen und liberalen Auffassung auch das des Monarchen sowohl zur selbständig, aber auswechselbar gewordenen Regierung wie zur Gesellschaft überhaupt. THIERS' klassische Formulierung: *Le roi règne et ne gouverne pas*[239] geht zurück auf die Forderung der polnischen Adelsfreiheit im 16. Jahrhundert: *Regna, sed non impera*[240], die nicht nur die Anmaßung unberechtigter Gewalt, sondern jeden Herrschaftsakt verhindern will.

c) **Kritik aller Herrschaft.** Zur Zeit der Französischen Revolution wird 'Herrschaft' als Ausübung oder Anmaßung unberechtigter Gewalt und, in deren Folge, als Willkür und Unterdrückung verurteilt im Gegensatz zur gesetzmäßigen und zweckbestimmten 'Regierung'. Dieser Unterschied zwischen 'Regieren' in konkreter und 'Herrschen' in abstrakt allgemeiner Bedeutung ist älter; ein anonymer Autor des Barock gebraucht ihn glanzvoll, um Karl V. seinen Thronverzicht erklären zu lassen: *Ich höre auff zu regieren, damit ich ewiglich in der gedächtnuß der menschen herrschen möge*[241]. Die neuere Synonymik unterscheidet beide Begriffe so, daß 'Herrschen' die gemeinsame Grundbedeutung, *die Handlungen eines Andern bestimmen*, ohne Angabe von Mittel und Zweck ausdrücke, 'Regieren' zusätzlich *das Bestimmen der Mittel anzeigt, wodurch ein erwünschter Zweck erreicht wird*[242]. So verwendet GOETHE sie in der Bemerkung, *Herrschen lernt sich leicht, Regieren schwer*[243].

Entschiedener wird die Abwehr von Übergriffen auf das Recht des Bürgers, die sich aus der bloßen Machtstellung des Fürsten oder der Mehrheit in Gewissensfragen herleiten. In der Religionsdebatte der Nationalversammlung ergreift MIRABEAU das Wort: *On vous parle sans cesse d'un culte dominant. Dominant! Messieurs, je n'entends pas ce mot, et j'ai besoin qu'on me le définisse. Est-ce un culte oppresseur que l'on veut dire? ... dominer. C'est un mot tyrannique qui doit être banni de notre législ-*

---

[238] Ebd., 173f.
[239] ADOLPHE THIERS, Le National, 19. 2. 1830. Für die Entstehungsgeschichte vgl. Anm. 418.
[240] JAN ZAMOJSKI (1541—1605), mündlich im poln. Reichstag zit. BÜCHMANN 32. Aufl. (1972), 653.
[241] [Anonym], Entdeckte Grufft Politischer Geheimnüssen, 2. Aufl. (Heidelberg 1664), 15.
[242] EBERHARD/MAASS 3. Aufl., Bd. 3 (1827), 377, s. v. Herrschen, Regieren.
[243] GOETHE, Maximen und Reflexionen, HA Bd. 12 (1953), 378, Nr. 102.

lation[244]. In „dominer" wie in „herrschen" steckt auch die Bedeutung quantitativen Überwiegens, mit der unberechtigten Folgerung, die Minderheit zu unterdrücken. Die Veränderung der Wirklichkeit verändert auch die Begriffe, aber sie fordert vor allem, klare Begriffe zu erarbeiten. Mirabeau hat sich dieser Aufgabe unterzogen, und deshalb ist sein politisches Argument auch Sprachkritik.

Konnte JUSTI noch überzeugt sein, daß *der Trieb zur Herrschaft über andere nicht in der menschlichen Natur gegründet*, sondern *bloß eine Folge von einem mittelmäßigen Verstande sei*[245], so ist die Psychologie der Herrschaft doch rasch in Bewegung geraten. MIRABEAU hält die Herrschsucht für eine grundlegende Leidenschaft des vergesellschafteten Menschen, weshalb der Unterdrückte jede Gelegenheit ergreifen wird, sich zum Herrn zu machen: *Il n'est qu'un pas du despote à l'esclave, de l'esclave au despote, et le fer le franchit aisément*[246]. So beurteilt auch GEORG FORSTER die ersten Phasen der *neuen französischen Staatsreform: man habe die Menschen dumm und blind zu machen gesucht, sich Herrschaft über freie Intelligenzen angemaßt und seine Leidenschaften dabei befriedigt. Ist es ein Wunder, daß die Ausbrüche des endlich erwachten Gefühls nun nicht ganz rein und ungemischt sein können?*[247] Im Prozeß gegen den König wird SAINT-JUST die radikalen naturrechtlichen Konsequenzen ziehen und nicht nur die Handlungen dieses Königs gegen sein Volk, sondern die königliche Herrschaft selbst als ein Verbrechen der Usurpation anklagen, gegen das jeder Bürger das Recht zum Widerstand habe. Und er beschwört das Bild einer zukünftigen Menschheit, die es sich zur Aufgabe machen wird, alle Herrschaft abzuschaffen, *d'exterminer la domination en tout pays*, denn Herrschaft ohne Schuld ist nicht möglich: *On ne peut point régner innocemment*[248].

Vor solchen Folgerungen scheute die deutsche Öffentlichkeit zurück. Hier galt noch länger, wie FICHTE beklagt, daß *noch die meisten unter uns meinen: ein Mensch könne Herr eines andern Menschen sein — ein Bürger könne durch die Geburt auf Vorzüge vor seinen Mitbürgern ein Recht bekommen*[249]. Und doch wird im Rückgriff auf die privatrechtliche Prägung des Begriffs 'Herrschaft', der Personen wie Sachen, Öffentliches und Allgemeines wie Privates ansieht, und Unterordnung ohne Zweck bezeichnet, im Vergleich mit 'Regierung' Sache und Begriff der 'Herrschaft' abgelehnt. PESTALOZZI erläutert *Beherrschung: Wesentlich von der Regierung verschieden, ist sie eine bloße Folge des Privateigentums, der Privatbedürfnisse und der Privatrechte. Die Regierung hingegen ist eine bestimmte Folge des allgemeinen Eigentums, der allgemeinen Bedürfnisse und Rechte*[250]. Schärfer noch formuliert SEUME den Gegensatz:

---

[244] [HONORÉ GABRIEL VICTOR RIQUETTI, MARQUIS DE MIRABEAU], Rede v. 23. 8. 1788, Collection complète des travaux de M. Mirabeau l'aîné à l'Assemblée Nationale, t. 2 (Paris 1791), 68f.

[245] JUSTI, Natur und Wesen der Staaten (s. Anm. 236), 39f.; vgl. ebd., 19f.

[246] [H. G. V. RIQUETTI, MARQUIS DE MIRABEAU], Essai sur le despotisme, 2ᵉ éd. (London 1776), 25.

[247] GEORG FORSTER an Heyne, 12. 7. 1791, Sämtl. Schr., Bd. 8 (1843), 149.

[248] ANTOINE LOUIS LÉON FLORELLE DE SAINT JUST, Rede v. 13. 11. 1792, Archives parlementaires de 1787 à 1860, éd. M. Mavidal et E. Laurent, t. 53 (Paris 1898), 391.

[249] FICHTE, Beitrag zur Berichtigung der Urtheile des Publikums über die Französische Revolution (1793), AA Bd. 1 (1964), 212.

[250] PESTALOZZI, Meine Nachforschungen über den Gang der Natur in der Entwicklung des Menschengeschlechts (1797), SW Bd. 12 (1938), 20.

III. 7. „Herrschaft und Knechtschaft"

Die Wörter Herr und herrschen geben keinen vernünftigen Begriff unter vernünftigen Wesen. Man ist nur Herr und herrscht über Sachen und nie über Personen. Nur wer nicht gesetzlich gerecht regieren kann, maßt sich der Herrschaft an, und begeht den Hochverrat an der Vernunft[251]. Damit ist ein gewisser Abschluß der Entwicklung des Begriffs ‚Herrschaft' erreicht, wie er von den naturrechtlichen Voraussetzungen aus möglich war.

d) **„Herrschaft des Schreckens".** Keine der nachrevolutionären Parteien Frankreichs wäre ohne die Revolution möglich gewesen, und kaum ein europäisches Land hätte auf die durch sie in Gang gesetzte politische Neuordnung verzichten wollen, aber viele fühlten sich bemüßigt, die Revolution lediglich an ihren Exzessen zu beurteilen. Zumeist wurde ihr Verrat oder Widerlegung ihrer Prinzipien von denen vorgeworfen, die diese Prinzipien nicht anerkannten. Und selbst die Denker, die der Französischen Revolution zutiefst verpflichtet waren, sahen sich vor ungewöhnlichen Schwierigkeiten der Rechtfertigung des Geschehens. HEGEL beurteilte das Moment der Schuld im politischen Handeln kaum weniger radikal als Saint-Just. Aber in einer bezeichnenden Wendung spricht er es nicht der monarchischen Herrschaft zu, sondern der wechselnden Regierung: *Darin, daß sie Faktion ist, liegt unmittelbar die Notwendigkeit ihres Untergangs; und daß sie Regierung ist, dies macht sie umgekehrt zur Faktion und schuldig*[252]. Deshalb schien es ihm, als ginge *die absolute Freiheit aus ihrer sich selbst zerstörenden Wirklichkeit in ein anderes Land des selbstbewußten Geistes über*[253].

Mit einer gewissen Verspätung erst wurde in Deutschland erkennbar, daß die „Herrschaft des Schreckens" keine Widerlegung der Revolution war, sondern ihre praktische ökonomische Bedeutung in der *dauernden Sicherung der neuen Bodenverteilung*[254] hatte. Sie beendete die Standesherrschaft und schuf den Raum für Bildung und Besitz und — in deren Folge — für die Herrschaft von Klassen. Von nun an kämpfen die ungleichen Klassen der Gesellschaft um Herrschaft als Teilhabe und Besitz von Staatsgewalt und Gesetzgebung. Damit ist die Möglichkeit gegeben, daß ‚Herrschaft', nach dem Veralten der konkreten räumlichen und personalen Bedeutungen, als soziologisches Universale in allen Gesellschaften *die Chance* bezeichnet, *für einen Befehl bestimmten Inhalts bei angebbaren Personen Gehorsam zu finden*[255]. Zugleich wächst der Widerspruch zu den sich entwickelnden Begriffen von ‚Freiheit' und ‚Persönlichkeit' und drängt zu einer Aufhebung der Herrschaft über Menschen, die weiter geht als die bisherigen Versuche, deren Scheitern die Epochen der Geschichte bezeichnet.

7. „Herrschaft und Knechtschaft"

Die literarische Gestaltung der sozialen Wirklichkeit spart den Knecht und die Warenproduktion so gut wie völlig aus. Sie kennt den Diener als Vertrauten, als

---

[251] SEUME, Apokryphen (1806/07), SW Bd. 4 (1839), 223 f.; vgl. ebd., 270.
[252] HEGEL, Phänomenologie des Geistes (1807), SW Bd. 2 (1927), 455.
[253] Ebd., 459.
[254] STEIN, Geschichte der sozialen Bewegung (s. Anm. 233), Bd. 1, 364.
[255] MAX WEBER, Wirtschaft und Gesellschaft. Grundriß der verstehenden Soziologie, hg. v. Johannes Winckelmann, 5. Aufl. (Tübingen 1972), 28.

Gefährten der Abenteuer und, wenn es hoch kommt, als Gegenspieler der Intrige seiner Herrn. Und doch findet die psychologische Dialektik von Herrschaft und Knechtschaft unübertroffene Gestaltung. Im „King Lear" bietet sich der eben verbannte Kent verkleidet dem schon verarmten Lear zum Dienst an. Lear sieht nicht mehr wie ein König aus, aber er hat noch etwas: *You have that in your countenance which I would fain call master.* Lear: *What's that?* Kent: *Authority*[256]. Eine Hoheit, die zerbricht, sobald sie sich der Realität niedrigen Handelns gegenübersieht, das sie sich nicht vorzustellen vermag und daher des Dieners bedarf. Würde ohne Amt, die dann erst sich bewährt — *Ay, every inch a king* — wenn der Herr aller Macht beraubt, erniedrigt, nackt und närrisch, Einsicht gewinnt in das Unrecht und den Mißbrauch der Herrschaft: *the great image of authority; a dog's obey'd in office*[257].

Keine Herrschaft in der Literatur der Neuzeit, die nicht in Frage gestellt und problematisch wäre, und keine, die nicht schon aus dem Kontrast lebte zwischen einer Vergangenheit, auf die sie ihre Geltung gründet, und einer Gegenwart, in der diese Geltung bezweifelt wird. Der Rechtsgrund ist unwirklich geworden, eine Ideologie, die den Herrn gefangen hält. Und der Diener bemächtigt sich ihrer, um den Herrn mit dessen eigenen Mitteln zu schlagen[258]. Das kann der närrische und doch weise Heroismus des Don Quijote sein, mit dem Sancho Pansa ihn übertölpelt[259], oder das Dogma der Willensfreiheit des Herrn in Diderots „Jacques le fataliste" oder die Unwiderstehlichkeit des Grafen Almaviva in BEAUMARCHAIS' „Le mariage de Figaro". Hier erst und endlich erhebt sich die bewußte Überlegenheit des fähigen Geistes gegen die Standesherrschaft des Ancien Régime, das mit ererbten Privilegien für einzelne alle anderen in allgemeiner Knechtschaft hält: *Noblesse, fortune, un rang, des places, tout cela rend si fier! Qu'avez-vous fait pour tant de biens? Vous vous êtes donnés la peine de naître et rien de plus*[260]. Die Knechtschaft, die von da an als unerträglich empfunden wird, ist nicht die des dienenden Standes, sondern die eines Rechts, das keinen Grund seiner Geltung mehr beanspruchen darf, will es nicht als selbstverschuldet angesehen werden.

Die Ungleichheit von konkreten und abstrakten Begriffen, die in Wechselbeziehung zueinander stehen, hat schon die antike Dialektik beschäftigt. Für den konkreten Begriff ist es wesentlich, daß der einzelne Herr nicht Herr überhaupt von Knechten überhaupt, sondern nur Herr bestimmter Knechte sein kann, die wiederum Knechte nur dieses Herrn sind. Herrschaft selbst aber verhält sich anders zu Knechtschaft als Herr zu Knecht[261]. Aber auch innerhalb dieser Relation ist eine Ungleichheit, auf die ARISTOTELES aufmerksam macht: formal ist der Herr seines Sklaven Herr ebenso wie der Sklave seines Herrn Sklave ist, aber der Herr besitzt seinen Sklaven, während der Sklave weder seinen Herrn noch sonst etwas besitzt[262]. Selbst beim

---

[256] WILLIAM SHAKESPEARE, King Lear 1, 4, 29 ff.

[257] Ebd. 4, 6, 110. 163 f.

[258] MIGUEL DE CERVANTES, Don Quixote de la Mancha 1, 1, 22. Obras compl., ed. Rodolfo Schevill y Adolfo Bonilla, t. 1 (Madrid 1928), 299.

[259] Ebd. 1, 2, 10; vgl. die Interpretation von E. AUERBACH, Mimesis. Dargestellte Wirklichkeit in der abendländischen Literatur (1946), 3. Aufl. (Bern 1964), 319 ff.

[260] PIERRE AUGUSTIN CARON DE BEAUMARCHAIS, La folle journée ou le mariage de Figaro 5, 3 (1785), Studies on Voltaire 63 (1968), 429 f.

[261] PLATO, Parmenides 133 d, e.

[262] ARISTOTELES, Politik 1255 b 10 f.

III. 7. „Herrschaft und Knechtschaft"

formal freien Kontrakt zwischen Herr und Knecht oder beim modernen Arbeitsvertrag liegt eine entscheidende Ungleichheit und Unfreiheit vor[263].

Die inhaltliche Ungleichheit findet sich aber auch in der Begriffsentwicklung von 'Herrschaft' gegenüber 'Knechtschaft'. 'Herrschaft' bezeichnet eine vorhandene Gewalt, die Personen, die diese Gewalt ausüben, Amt und Titel dieser Personen, das Gebiet, in dem diese Gewalt Geltung beansprucht und schließlich jedes Gewaltverhältnis. 'Knechtschaft' und seine Äquivalente dagegen bezeichnen nur allgemein die Eigenschaft, Knecht, Sklave oder abhängig zu sein. Und ihr bildlicher Gebrauch in religiösem und moralischem Sinn entspricht nicht der Ausdehnung und Verfestigung in der Entwicklung des Begriffs 'Herrschaft'.

Übertragung liegt auch an der Stelle vor, zu deren Übersetzung Luther das Abstraktum 'Knechtschaft' prägte. Der Begriff bezeichnet ein zeitloses soziales Verhältnis, um dessen spirituelles Ende und Überholtsein anzukündigen. Das geschieht schon mit der Verinnerlichung des Freiheitsbegriffs in der Stoa und gleichzeitig bei PHILO VON ALEXANDRIEN[264]. Das bedeutet eine Umkehrung der sozialen Wertordnung und eine Verinnerlichung der Ethik. Zugleich ist unbeabsichtigt ein Potential der Veränderung angelegt, denn eine neuerliche Übertragung in den Bereich gesellschaftlichen Handelns kann gar nicht ausgeschlossen werden. Interpretationsbedürftig bleibt vielmehr die Tatsache, daß eine Änderung in der Ansicht der gesellschaftlichen Institution Knechtschaft vor dem 18. Jahrhundert nur sehr selten zu belegen ist. Noch LEIBNIZ hat in der Lehre der „Natürlichen Gesellschaften" die gleichen Schwierigkeiten wie Aristoteles und das römische Recht, die Knechte kategorial vom Vieh zu unterscheiden. Der Mangel an Verstand bei den Knechten, der ihre Knechtung legitimieren soll, dominiert deshalb im Argumentationshaushalt entschieden die unsterbliche Seele, die keine Rechtsfolgen hat und deshalb zugestanden werden kann[265].

In HEGELS Denken bezeichnen 'Herrschaft' und 'Knechtschaft' zunächst, wie bei Paulus, eine unzureichende und vergangene Alternative, eine *Trennung*, die *alle freie Vereinigung ausschließt*[266]. In der „Phänomenologie des Geistes" wird dieser Zustand als durch Arbeit zu überwindende Stufe des Selbstbewußtseins entwickelt. Interpretationsversuche, diesen Zustand sozialgeschichtlich auf eine bestimmte Epoche oder psychologisch nur als Entfaltung des Prinzips Selbstbewußtsein zu deuten, bleiben unbefriedigend. Dafür sind zu viele und zu allgemeine Bestimmungen in diesem Begriffspaar.

Hegel bezieht sich einmal auf den fiktiven historischen Wendepunkt, seit dem der Sieger den im Kampf Unterlegenen nicht mehr tötet, sondern unterwirft und arbeiten läßt. Es ist das Stadium der Geschichte, das VICO mit Schrecken noch aus den von den römischen Historikern geglätteten Spuren der Vorzeit erkannte und als *imperi ... ciclopici* („zyklopische Herrschaft") und die ihr entsprechende Freiheit

---

[263] WEBER, Wirtschaft und Gesellschaft, 455.

[264] → Freiheit, Bd. 2, 456 ff.; PHILO VON ALEXANDRIEN, Über die Freiheit der Tüchtigen, § 141.

[265] LEIBNIZ, Die natürlichen Gesellschaften (1694/98), Kl. Schr. z. Metaphysik. Opuscules métaphysiques, hg. v. Hans Heinz Holz (Frankfurt 1965), 402 f.

[266] HEGEL, Der Geist des Christentums und sein Schicksal. Entwurf 7 (1798/99), Hegels theol. Jugendschr., hg. v. Hermann Nohl (Tübingen 1907), 374.

allein der Grundherren beschrieb[267]. Zugleich ist es der Individuationsprozeß in einer durch Bedürfnisse und Arbeit bestimmten und sozial differenzierten Gesellschaft. Und ebenso bezeichnet es den mit der späten Bedeutung eines alten Begriffes 'Emanzipation' genannten Prozeß der sozialen und rechtlichen Lösung aus dem Schema des römischen Rechts in seiner ständischen Verfestigung.

„Herrschaft und Knechtschaft" werden als Bewegung und in dieser Bewegung sich umkehrende Relation verstanden. Die Umkehrung ist nicht mehr die des Topos der „verkehrten Welt", sondern geschichtsphilosophische Einsicht. Der Stand des Herren, der im Kampf sein Leben wagte, woraus er die Macht über den Knecht ableitet, und das Eroberte im Genuß vernichtet, enthält einen Mangel. Seiner *Befriedigung* fehlt das *Bestehen. Die Arbeit hingegen ist gehemmte Begierde, aufgehaltenes Verschwinden, oder sie bildet*[268]. Das knechtische Bewußtsein, das scheinbar verzichten muß, erlangt die *wirkliche Befriedigung, ... denn es ist Begierde, Arbeit und Genuß gewesen; es hat als Bewußtsein gewollt, getan und genossen*[269]. Zwar verdoppelt sich das *Bewußtsein seiner als des sich befreienden* und *als des absolut sich verwirrenden* und wird in diesem Widerspruch *unglückliches Bewußtsein*[270], und erst in der *Aufopferung* verliert es sein *Unglück*, im *Aufgeben des eignen Willens* setzt es einen *allgemeinen*. Es hat noch nicht die Freiheit gewonnen, aber eine *Vorstellung der Vernunft*[271].

Was Hegel als Prozeß des bewußtwerdenden Individuums beschreibt, ist zugleich als weltgeschichtlicher Prozeß zu lesen. Die Verwandlung von „Herrschaft und Knechtschaft" im Bewußtsein der Freiheit ist ebensowenig verifizierbares Faktum wie *abstraktes Denken* einer Utopie. Es ist vielmehr ein Vorgriff auf die Geschichte, der sich der Möglichkeit der Französischen Revolution verdankt und als *konkretes Begreifen ... eine Gewalt gegen das Bestehende geworden* ist[272].

Horst Günther

8. Die Beziehung zwischen 'Herr' und 'Knecht' in ihrer lexikalischen Erfassung

Es kennzeichnet die Geschichte der Wörterbuchartikel „Herr/Herrschaft" und „Knecht/Knechtschaft", daß vom 18. zum 19. Jahrhundert die Bedeutungsgehalte stark verdünnt werden, während die historischen Rückblicke dementsprechend zunehmen. Herrschaft und Knechtschaft scheinen seit dem 19. Jahrhundert, sofern die Artikel noch auftauchen, der Vergangenheit anzugehören.

Zedler und ähnlich Walch behandeln in zahlreichen Untertiteln das breit gefächerte Begriffsfeld, erweitert um die Artikel „Gesinde", „Diener" und „Leibeigenschaft". Aber mehr noch: der gesamte Kosmos wird nach Herrschafts- und

---

[267] Giambattista Vico, La scienza nova, 2, 5, 8; 4, 13, 3 (1744), Opere, ed. Fausto Nicolini, t. 4/1 (Bari 1928), 324; ebd., t. 4/2 (1928), 110.
[268] Hegel, Phänomenologie des Geistes, SW Bd. 2, 156.
[269] Ebd., 176.
[270] Ebd., 166.
[271] Ebd., 180f.
[272] Ders., Vorlesungen über die Philosophie der Weltgeschichte, hg. v. Georg Lasson, Bd. 4: Die germanische Welt (Leipzig 1920), 924.

III. 8. 'Herr' und 'Knecht' auf lexikalischer Ebene

Knechtschaftskriterien gegliedert, denn 'Herrschaft' ist *in dem allerweitesten Verstande ... diejenige Verhältniß derer Dinge gegeneinander, da die Abrichtung derer Kräfte des einen von dem Willen des anderen abhanget.* Nur vernunft- und willensbegabte Wesen übten Herrschaft aus, wobei als erster Gott genannt wird, der seine Herrschaft weder durch Gesetze noch durch Rechte begrenzt habe[273]. Bei WALCH rückt Gott bereits um einige Spalten nach hinten; KRÜNITZ registriert 1781, daß Gott immer seltener mit Großbuchstaben geschrieben werde; und die „Deutsche Enzyklopädie" nennt 1790 in ihrem Artikel „Herrschaft" Gott überhaupt nicht mehr[274]. Der theologische Bezug auf Gottes Herrschaft, der in der politischen und sozialen Alltagssprache weiterhin beschworen wird, ist aus der lexikalischen Registratur ausgefällt worden.

An zweiter Stelle rangiert bei ZEDLER die *Herrschafft über uns selbst*, was WALCH noch als *uneigentlichen* Begriff bezeichnet, wobei die Vernunft, gebunden an Amt und Pflicht, über die Affekte zu herrschen habe[275].

Erst an dritter Stelle erscheint bei ZEDLER die Herrschaft der Menschen über Menschen, und zwar bereits zwielichtig, da sie *sowohl rechtmäßig als unrechtmäßig genennet* werde. *Wenn man aber von der Herrschafft überhaupt redet, so verstehet man hierunter die rechtmäßige Herrschafft.* Herrschaft, sowohl die landesherrliche Majestät wie die hausherrliche Gewalt, haben also die Vermutung der Rechtmäßigkeit für sich, aber sie muß begründet werden. Denn *von Natur sind wir alle einander gleich*[276]. Weder physische Unterschiede noch Verstandeskräfte könnten — wie bei Aristoteles — Herrschaft und Knechtschaft legitimieren. Es gibt nur eine Legitimation der Ungleichheit — und hier sind Zedler und WALCH in der Diktion identisch —: weil durch den Stand der Herrschaft und den der Knechtschaft *das Interesse des menschlichen Geschlechts befördert wird*[277]. Deshalb sei die Ungleichheit dem natürlichen Recht nicht zuwider. Ihren Anlaß sehen die Autoren in der Stiftung des Eigentums, wobei ZEDLER — im Unterschied zu Walch — bereits verzichtet, auf Sünde und Bosheit als Quelle der Herrschaft hinzuweisen. Beide Lexika insistieren darauf, daß auch ein Knecht *alle Rechte (behalte), die ihm als Menschen zukommen*[278]. Beide Lexika folgern daraus, daß jeder Status der Abhängigkeit und Ungleichheit offen oder stillschweigend nur aus einem Vertrag abgeleitet werden dürfe. Vor allem WALCH besteht darauf, daß — entgegen der Wirklichkeit — auch die Leibeigenschaft nur vertraglich begründet werden dürfe. Denn man solle *darauf nicht sehen, was geschieht, sondern was geschehen sollte.* Deshalb dürfe man nicht *beide weit unterschiedenen Begriffe der Ober-Herrschafft und der Eigenthums-Herrschafft (vermengen)*[279]. Er trennt bewußt 'Imperium' vom 'Dominium', das sich nicht auf Menschen persönlich erstrecken dürfe. Und in der Auflage von 1775 wird mit Daries

---

[273] ZEDLER Bd. 12, 1798, Art. Herrschaft.
[274] Vgl. WALCH 2. Aufl., Bd. 2 (1749), 1415, Art. Herrschaft; KRÜNITZ Bd. 23, 75, Art. Herr; Dt. Enc., Bd. 15, 285ff., Art. Herrschaft.
[275] ZEDLER Bd. 12, 1800, Art. Herrschaft; WALCH 2. Aufl., Bd. 2, 1415, Art. Herrschaft.
[276] ZEDLER Bd. 12, 1800, Art. Herrschaft.
[277] WALCH 2. Aufl., Bd. 2, 1749, Art. Knechtschaft.
[278] ZEDLER Bd. 15, 1066f., Art. Knecht.
[279] WALCH 2. Aufl., Bd. 2, 1628, Art. Knechtschaft.

das Urteil soweit verschärft, daß es überhaupt keine Knechtschaft gebe, die auf Einwilligung der Herrschaftsunterworfenen gründen könne[280].

Auch von ZEDLER wird die Auseinandersetzung mit der römisch-rechtlichen Sprachtradition kritisch vorangetrieben. Zwar habe es nie eine Republik mit allgemeinem Besitz aller gegeben, aber ebensowenig könne eine persönliche Herrschaft aus dem Dominium abgeleitet werden, indem *von diesem Dominio ... das Leben und die Glieder eines Menschen (eximieret werden), über welche er nicht Herr, sondern nur ein Wächter, Verwalter und usuariusquasi ist, das Dominium aber stehet bloß Gott zu ... Der Mensch ist nur Herr über das, was er durch Fleiß, Glück und Menschen-Gunst acquirieren kann; das Leben und Glieder des Menschen aber, können durch keinen Fleiß oder Glück, acquirieret werden*[281].

Das verpflichtende Bindeglied zwischen Herrschaft und Knechtschaft wird von Zedler noch in der Doppelfunktion von Christus gesehen, der einerseits Herrschaft ausübe, und zwar als Prophet, als Hohepriester und als König, wobei er alle drei Ämter bis zu seiner Wiederkehr an weltliche Amtsträger delegiert habe. Andererseits nimmt er als Knecht des Herrn das Mittleramt zwischen Gott und Mensch wahr. Daraus folgt, wie es auch in den übrigen Lexika registriert wird, daß die Knechte Gottes in der Priesterschaft zu finden seien.

Der Stand der Knechtschaft wird von dem der Dienerschaft durch den unbefristeten Vertrag unterschieden, denn *Knecht ist diejenige Person, welche sich zu einem Herrn zu unermessener Arbeit verdingt, davor ihren Unterhalt zu haben*[282], wie es gemäß den frühneuzeitlichen Gesindeordnungen heißt. Neben pragmatischen Anweisungen für Herren und Knechte in der Landwirtschaft und in Haus, Hof und Stall, fällt nun auf, daß Zedler die meisten Spalten darauf verwendet, die Geschichte der Knechtschaft von den Hebräern und Griechen bis zu den heutigen Deutschen abzuhandeln. Dabei wird die Geschichte fortschrittlich ausgelegt. So habe der Bauernkrieg dazu geführt, daß die *teutschen Bauern als die eigentlichen Knechte derer Teutschen freie Leute geworden* seien. Für diesen Weg wird der Einfluß der christlichen Religion hoch veranschlagt, obwohl noch heute *viele Spuren der Knechtschafft* zu finden seien[283]. Die rechtlich-pragmatische Darstellung der Relation von Herrschaft und Knechtschaft wird also kritisch in Grenzen verwiesen, die sowohl christlich wie naturrechtlich aus der grundsätzlichen Gleichheit aller Menschen abgeleitet werden.

KRÜNITZ zeichnet sich durch eine sorgfältige Bestandsaufnahme der ständischen Alltagssprache und ihrer Bedeutungen aus, wobei er alle Stufen registriert, auf denen Herren *die Macht zu befehlen* haben — von Gott über die Obrigkeiten bis zum geringsten Unterbeamten. Zugleich aber nimmt der Raum zu, auf dem die traditionellen kritischen Sprichwörter verzeichnet werden: *Herrengunst währet nicht lange ... große Herren haben lange Hände ... Herren Sünde, Bauern Buße* usw.[284].

Die kritische Gangart wird wesentlich verschärft von HEYNATZ. Er verzichtet 1796 auf die Artikel „Herr" und „Knecht", registriert dagegen 'herrisch', 'herschaftlich' und 'Herschelei' — für Aristokratie oder, wie von Campe empfohlen, für *Aristo-*

---

[280] Ebd., 4. Aufl., Bd. 1 (1775), 2155, Art. Leibeigen.
[281] ZEDLER Bd. 12, 1805, Art. Herrschaft.
[282] Ebd., Bd. 15, 1065, Art. Knecht.
[283] Ebd., 1085.
[284] KRÜNITZ Bd. 23, 74f., Art. Herr.

kratismus. Ich würde Adelherschelei noch vorziehen, wenn es nur nicht so viel bürgerliche Aristokraten gäbe, die sich ebenfalls durch *Unterdrückungssucht* auszeichnen. Mancher wende sich *gegen die Pöbelherscherei oder den Demokratismus*, indem er sich als Aristokraten definiert, *ohne daß es ihm einfällt, sich Herscherling nennen zu wollen*[285]. So hat auch auf der Wörterbuchebene, über die immanente Standeskritik hinaus, die grundsätzliche Kritik an Herrschaft überhaupt ihren Einzug gehalten. Das erweist auch die „Deutsche Enzyklopädie", die 1790 'Herrschaft' und 1801 'Knecht' und 'Knechtschaft' behandelt. Nach einer kurzen Feststellung des Alltagssprachgebrauches von 'Herrschaft' wird sofort ein langer Artikel über 'Herrschaft' in polizeilicher Hinsicht nachgeliefert, in dem festgestellt wird, daß Gesindeordnungen eigentlich keine Herrschaftsordnungen seien, und der sich vor allem darauf konzentriert, die Gutsherrschaften kritisch zu beleuchten. Diese *sehen in den Bauern vornehmlich Werkzeuge* und hielten sie für einen *Teil ihres Eigentums*[286]. Aus einem ehedem „objektiven" Recht wird eine subjektive Einschätzung. Deshalb folgen nicht mehr rechtliche, sondern politisch-psychologische Erörterungen, die von der Nutzlosigkeit überzogener Härte oder nachgiebiger Milde gegenüber den Bauern handeln. Aus beiden Verhaltensweisen entstünden Revolutionen, die also eher von den Gutsherren, besonders von solchen, die ihre Verwaltung abgegeben haben, als von den Bauern selber verursacht würden. *Man begegne ihm als Menschen: so wird er als Mensch handeln*. So wird aus den naturrechtlichen und christlichen Postulaten bei Walch oder Zedler eine politisch-pädagogische Anweisung. Durch Vorbild und Liebe allein könne der Bauer gebessert werden. *So wie der Bauer jetzt noch ist*, helfe freilich Güte nicht allein, da er sich wie ein Kind betrage, das auch Strenge brauche[287] — und auch die besten Gesindeordnungen erbrächten nur magere Früchte, *solange wir nicht verbesserte Schulanstalten für den niedrigen Teil des Volkes besorgen*[288].

In zahlreichen Sonderartikeln über die Bedeutungsfelder von 'Knecht' und 'Knechtschaft' wird historisch und anthropologisch dargelegt, wie die Wende zum Besseren erzwungen werden muß. Grundsätzlich komme es darauf an, daß jedermann sich durch den Gebrauch vernünftiger Freiheit von der Knechtschaft, vor allem von seinen Leidenschaften befreien müsse. Immer noch sei er ein Sklave der Sünde, da *der größte Teil der Menschheit in moralischer Knechtschaft lebt*[289]. Nur durch strenge Gewissensschulung — nicht mehr durch Gnade — könne der Mensch sich aus seiner gewollten oder ungewollten Verzweiflung herausarbeiten. Die Bedeutung der Knechtschaft in den beiden Testamenten wird bereits historisch relativiert, wenn auch dem Christentum bestätigt wird, daß es keine Gleichmacherei dulde. Die breit ausgefaltete Gelehrsamkeit, die sich nicht mehr mit Herrschaft, sondern mit Knechtschaft und Sklaverei beschäftigt, bedient sich der geschichtlichen Argumente als Kontrastfolie, um das systematische Erziehungsprogramm zu beleuchten.

Mit dem BROCKHAUS (1817) hat sich die Situation bereits grundlegend geändert. Er reagiert auf die Ergebnisse der Französischen Revolution. Bis zum Ende des 19. Jahr-

---

[285] HEYNATZ Bd. 1 (1796), 116f., s. v. Herschelei.
[286] Dt. Enc., Bd. 15, 285, Art. Herrschaft.
[287] Ebd., 287.
[288] Ebd., 211, Art. Gesindeordnungen.
[289] Ebd., Bd. 21 (1801), 521, Art. Knechtschaft.

hunderts wird auf jeden Artikel „Herr" und „Herrschaft" verzichtet. Und „Knechtschaft" taucht nur noch in den Auflagen bis 1820 auf: sie sei so wenig wie Sklaverei rechtlich, noch sei sie nützlich, da der Freie im eigenen Interesse besser arbeite als der Knecht, der in der Furcht des Herren lebe. Deshalb sei die Aufhebung der Leibeigenschaft nicht nur zum Vorteil des Staates, sondern auch der ehemals Berechtigten durchgeführt worden. In den folgenden Auflagen wird entsprechend dem liberalen Programm nur noch von der Sklaverei und von der Leibeigenschaft berichtet, um zu registrieren, wann diese Rechtsinstitute jeweils abgeschafft worden sind. 'Herrschaft' taucht nur noch dort auf, wo ein konkreter Rechtssinn mit ihm verbunden blieb: in den Artikeln über „Gesinde" und „Gesinderecht", dessen Änderungen sorgsam verbucht werden. Ein ähnliches Negativbild zeigen auch die Auflagen des PIERER, die sich auf historische und philologische Auskünfte über den Wortgebrauch von 'Herr' beschränken, während das Gesinderecht weiterhin registriert wird. Diesem Ansatz entsprechen die systematischen Auskünfte in anderen Lexika[290].

EBERHARD und MAASS differenzieren 1827 strikt: Ein Herr könne nur Herrschaft über Handlungen anderer ausüben, er habe nur ein Recht über die Arbeit, nicht aber über die Menschen selbst. Das Eigentumsrecht könne nur auf Sachen bezogen werden, jede Leibeigenschaft sei widerrechtlich[291]. Ähnlich argumentiert KRUG 1833: Für Herrschaft kennt er keine rechtliche Definition mehr, sondern bezieht sie — nunmehr in sozialer Perspektive — auf *das Ansehen, die Würde und Macht eines Herrn*, und wenn der Ausdruck noch auf Staatsoberhäupter bezogen werde, *darf dieselbe durchaus nicht als hausherrliche Gewalt gedacht werden*[292]. Und diese selbst beziehe sich nur auf das Verhältnis von Herr und Diener, wobei Krug bewußt auf den Ausdruck 'Knecht' verzichtet, um das sozial höhere Prestige eines Dieners den Untergebenen zukommen zu lassen. Nur durch einen Vertrag sei man verpflichtbar, einem Herren Dienste zu leisten. So bleibt 'Herrschaft' in den allgemeinen Nachschlagewerken auf die unterste konkrete Ebene der Hausherrschaft bezogen, während der Terminus aus der verfassungsrechtlichen Alltagssprache verdrängt zu sein schien. Die Verwandlungen der Herrschaft im Zuge der Industrialisierung und Konstitutionalisierung werden nicht mehr registriert. Dem entspricht der erste Artikel über 'Herr', den der BROCKHAUS 1898 wieder aufgenommen hat: Es werden historische Kurzinformationen und Anredeweisen verbucht. Erst nach dem 2. Weltkrieg — im Brockhaus von 1969 — erscheint ein breiter Artikel „Herrschaft", die nunmehr als historische und soziologische Allgemeinkategorie im Gefolge von Max Weber gründlich erläutert wird[293].

Insgesamt lassen sich also auf der Wörterbuchebene folgende Etappen festhalten: Zunächst wurden Herrschaft und Knechtschaft als rechtmäßig betrachtet, wenn auch christliche und naturrechtliche Einschränkungen — in Auseinandersetzungen mit der römisch- und deutschrechtlichen Tradition — vorgenommen wurden. In der

---

[290] Vgl. BROCKHAUS (1809), 5. Aufl. (1820), 6. Aufl. (1826) bis 13. Aufl. (1887) u. PIERER (1822), 2. Aufl. (1840) bis 7. Aufl. (1888).
[291] EBERHARD/MAASS 3. Aufl., Bd. 3 (1827), 373, s. v. Herr, Eigentümer.
[292] KRUG Bd. 2 (1833), 413, Art. Herrschaft.
[293] Vgl. BROCKHAUS 14. Aufl., Bd. 9 (1898), 87, Art. Herr; BROCKHAUS, Enz., Bd. 8 (1969), 415f., Art. Herrschaft.

III. 9. Verallgemeinerung der Anredeform 'Herr' Herrschaft

zweiten Hälfte des 18. Jahrhunderts rücken Kritik und pädagogisch-politische Aspekte in den Vordergrund, die Rechtmäßigkeit von Herrschaft der Menschen über Menschen wird zunehmend angezweifelt, wobei die christlichen zugunsten naturrechtlicher Argumente zurücktreten. — Im 19. Jahrhundert verlieren die Ausdrücke — vom Gesinderecht abgesehen — ihren rechtlichen Gehalt: Herrschaft, Knechtschaft und Leibeigenschaft werden zunehmend als historische Befunde registriert und ihre Überreste als unrechtmäßig eingestuft. Von sich aus verweist der Terminus 'Herrschaft' nicht mehr auf Verfassungsbedeutungen, auch wenn solche im Sprachgebrauch enthalten waren. Herrschaft und Knechtschaft, bei Zedler noch von kosmischem Rang, scheinen seit der Französischen Revolution verdrängt oder verschwunden zu sein.

Diesem rapiden Bedeutungsschwund auf der Wörterbuchebene entspricht nun in der Alltagssprache die zunehmende Demokratisierung der Anrede mit 'Herr'.

9. Die Verallgemeinerung der Anredeform 'Herr'

SCHEIDEMANTEL erklärt *das Wort Herr* als *Ehrenwort, welches nach seinem Ursprung einen solchen bedeutete, welcher entweder an Alter, Ansehen, Stand oder Gerichtsbarkeit vor andern den Vorzug hat, und jederzeit solche Leute unter seiner Botmäßigkeit siehet, welchen er die Befehle erteilen kann*[294]. Er beruft sich dabei auf WACHTER, der auf die alte komparative Bedeutung von 'Herr' und 'Dominus' verwiesen hat[295]. Es handele sich um einen Titel, der immer von Niedergestellten gegenüber Höheren verwendet wurde. Dabei war man sich im 18. Jahrhundert darüber im klaren, daß schon im Mittelalter der Titel 'Herr' vom König auf den Fürstenstand übergegangen war und sich danach auch auf den niederen Adel ausgebreitet hat[296].

Die von unten nach oben gerichtete Anrede wurde zum Schichtungskriterium der ständischen Welt. Wie FRISCH es definiert: *Herr, Dominus qui regit aut imperat, nach allen Stufen, bis auf dem Geringsten, der Herr über etwas ist, unter dem Titel, den jeder hat, qui aliquid in potestate sua habet*. Gemäß den ständischen Amtsfunktionen weitete sich der Titel in Kombinationen wie 'Ratsherr' oder wie 'Pfarrer', der seit dem 15. Jahrhundert als 'Pfarrherr' gedeutet wurde[297], auch auf bürgerliche Positionen aus. Die Wörterbücher und Zeremonienbücher des 18. Jahrhunderts lassen nun erkennen, wie die Funktionsbestimmung und der Ehrentitel, vor allem in der Anrede, auseinanderdriften. In der zwischenständischen Ausweitung der Anrede 'Herr' kündigt sich die Auflockerung der ständischen Welt an. Die — ursprünglich nur Gott vorbehaltene — Doppelanrede 'Herr Herr' blieb im rechtserheblichen Schriftverkehr freilich bis in das 19. Jahrhundert erhalten, um die ständische Stellung und den dem Namen zugeordneten Titel nebeneinander zu bezeichnen. Gleichwohl zeigt die Anrede mit 'Herr' schon im 18. Jahrhundert einen inflationären Charakter, so daß immer mehr Menschen mit 'Herr' angesprochen

---

[294] SCHEIDEMANTEL Bd. 2, 438, Art. Herrschaft.
[295] JOHANN GEORG WACHTER, Glossarium germanicum, t. 1 (Leipzig 1737; Ndr. Hildesheim 1975), 718, s. v. Herr.
[296] GANSHOF, Was ist das Lehenswesen (s. Anm. 24), 147, bemerkt für das 13. Jahrhundert, daß auch ein Lehensmann 'dominus' genannt wurde.
[297] FRISCH, Dt. lat. Wb., Bd. 1, 445, s. v. Herr.

werden konnten. Dabei wird die ständische Rangordnung in dem Augenblick durchlässig, wenn der Titel nicht nur von unten nach oben, sondern auch von oben nach unten verwendet werden konnte.

Frankreich geht hier voran. RICHELET registriert für 'Monsieur' bereits 1709[298]: *Terme de civilité dont on se sert dans le commerce du monde civil.* FURETIÈRE (1690) verzeichnet für 'Monsieur' noch *titre d'honneur*, den man in der Anrede für jemanden gebraucht, *quand il est de condition égale ou supérieure*. In der nächsten Auflage 1721 wird bereits die Anrede nach unten als freigegeben betrachtet: *Quand il est de condition égale, ou peu inférieure*[299].

Diese Möglichkeit, auch Geringere mit Herr anzusprechen, verbucht in Deutschland erstmalig WACHTER (1737) für die homines liberi als Adressaten[300]. Die weitere Ausdehnung der Anrede mit 'Herr' scheint zunächst im Schriftverkehr vorgenommen worden zu sein, denn HEYNATZ und SCHRÖKH bezeugen vor allem für den Kaufmannsstand die weit verbreitete Anrede[301] 'Herr'. Eine ständische Differenzierung blieb durch Epitheta gesichert wie 'Durchlauchtig', 'Hochwohlgeboren', 'Hochedelgeboren' usw. Aber die Vereinfachung und Angleichung dieser schriftlichen Anreden, die JUSTI schon 1769 mit seiner Kritik an der Titelsucht fordert[302], vollzieht sich nur langsam und erstreckt sich bis zum 1. Weltkrieg.

Wichtiger jedoch für die zunehmende Durchlässigkeit der ständischen Hierarchie in der Alltagssprache ist die Anrede, die auch von Höhergestellten gegenüber niedrigeren Personen gewählt werden konnte. ZEDLER hält den längst eingebürgerten Befund fest[303], daß die akademischen Doktoren auch von Höhergestellten mit Herr angeredet werden mußten, nicht dagegen Handwerker, *denen nach alter Gewohnheit der Titel Meister gebühret*. SCHRÖKH zeigt uns später, als er gegen die französische Anrede 'Monsieur' polemisiert, daß die Handwerksmeister sich aus Stolz nur ungern mit 'Herr' anreden ließen. Sie zogen es vor, weiterhin als Meister angesprochen zu werden, *indem sie sagen, der Meister hätte ihnen Mühe und Geld gekostet, bis sie darzu gelangt wären, aber Herr ließe sich heutiges Tages ein jeder Knecht schelten*[304]. Aber die Schleuse nach unten öffnete sich. KRÜNITZ übernahm 1781[305] von ADELUNG (1776)[306]: *Aus Höflichkeit nennt man auch eine jede männliche Person von einigem Stande, auch wenn es nicht der bloße Titel ist und den Namen begleitet, einen Herren ... In weiterer Bedeutung ist dieses Wort, so wie das weibliche Frau, auch ein Ehrenwort oder Titel, welchen alle männliche Personen von einigem*

---

[298] RICHELET t. 2 (Ausg. 1709), 61, s. v. Monsieur.
[299] FURETIÈRE t. 2 (1690), s. v. Monsieur; ebd., (Ausg. 1721), t. 3, s. v. Monsieur.
[300] WACHTER, Glossarium, t. 1, 718, s. v. Herr.
[301] JOHANN FRIEDRICH HEYNATZ, Handbuch zu richtiger Verfertigung und Beurteilung aller Arten von schriftlichen Aufsätzen ..., Bd. 2 (Berlin 1773), 598ff. 605. 675; S. J. SCHRÖKH, Anweisung zum kaufmännischen Briefwechsel, 3. Aufl. (Frankfurt, Leipzig 1781), 33ff. 60. 140. 156.
[302] J. H. G. v. JUSTI, Anweisung zu einer guten deutschen Schreibart ..., 2. Aufl. (Leipzig 1769), 183ff. 208.
[303] ZEDLER Bd. 12, 1783, Art. Herr.
[304] SCHRÖKH, Anweisung, 42.
[305] KRÜNITZ Bd. 23, 76f., Art. Herr.
[306] ADELUNG Bd. 2 (1775), 1127, Art. Herr.

III. 9. Verallgemeinerung der Anredeform 'Herr' — Herrschaft

Stande, sowohl von Geringern, als von Personen ihres Standes und von Vornehmern zu bekommen pflegen, wenn man sie anredet, oder auch mit Achtung erwähnet. Diese Wendung läßt die ständische Gliederung bestehen, aber die Anredeform auch von oben nach unten gebrauchen. Noch Campe, Heyse und Heinsius halten im 19. Jahrhundert an dieser Formulierung fest. Freilich geht HEINSIUS 1819 bereits weiter, als er feststellt: *In der weitesten Bedeutung nennt man Herr jede erwachsene Person männlichen Geschlechts, wenn sie nicht ganz gering ist, ohne Rücksicht auf Stand, Rang, Ansehen, Alter usw.*[307]. PIERER registriert 1843, daß *seit 60—70 Jahren jeder, nur irgend gebildete Mann* Anspruch auf die Anrede habe — womit die altständische durch eine neuständische Definition ersetzt wurde — aber er findet die Anrede bereits ausgedehnt auf *jeden angesehenen Handwerker*[308]. ERSCH/GRUBER veränderten die Formel „Person von einigem Stande" in Person von *nicht ... geringem Stande*. Die Negativumschreibung zeugt vom steigenden Verallgemeinerungsdruck[309]. PIERER, in seiner Auflage von 1877[310], hält sinnigerweise *jeden anständigen Menschen* für fähig, mit 'Herr' angeredet zu werden. Der BROCKHAUS (1898) kommt zum Schluß: *Herr ist die allgemein übliche Anrede für jede männliche Person*[311]. Damit ist der Ausdruck seiner alten ständischen Bedeutung restlos entblößt. Aus der Funktionsbestimmung ist ein bloßer Titel geworden, der nunmehr, als Anrede demokratisiert, zur Umgangssprache des Alltags gehörte. Freilich fällt dies in eine Zeit, da sich zunehmend mehr Menschen der außerständischen Gesellschaftsschichten klassenbewußt als 'Genosse' anreden. Im Spannungsfeld zwischen Stand und Klasse ließ sich der 'Herr' nicht vollständig demokratisieren. Erst im Laufe des 20. Jahrhunderts wurde 'Herr' soweit neutralisiert, daß die altständische Relation — etwa in der Briefunterschrift des 'gehorsamsten Dieners' — nicht mehr mitgesetzt oder mitgedacht wird[312].

REINHART KOSELLECK

---

[307] HEINSIUS, Wb., Bd. 2 (1819), 765, s. v. Herr.
[308] PIERER 2. Aufl., Bd. 14 (1843), 126, Art. Herr.
[309] ERSCH/GRUBER 2. Sect., Bd. 7 (1830), 8, Art. Herr.
[310] PIERER 6. Aufl., Bd. 10 (1877), 223, Art. Herr.
[311] BROCKHAUS 14. Aufl., Bd. 9, 87, Art. Herr.
[312] Während die ständische Aufweichung des Ausdrucks 'Herr' offenbar auch über die Eindeutschung des französischen 'Monsieur' im 18. Jahrhundert erfolgt war, hat die entsprechende weibliche Anrede 'Madame' länger gebraucht, aus dem deutschen Sprachgebrauch verdrängt zu werden. LOUISE OTTO-(PETERS) hat 1849 gegen diese noch weit verbreitete Anrede polemisiert, *weil wir deutsche Frauen sind und als solche die französische Anrede verwerfen müssen und somit einen Standesunterschied zu vernichten* (sic!), *der durch dies Wort sich erhalten hat*, Frauen-Zeitung, 5. 5. 1849, Nr. 3 (dank freundlichem Hinweis von Ulrich Engelhardt). Mit 'Madame' werde ein Privileg des sogenannten dritten Standes aufrechterhalten, während die Anrede 'Frau' sich auf den sogenannten vierten Stand beschränke. Nach der sehr anders verlaufenden Geschichte von 'Weib', 'Frau' und 'Dame' erfolgte rein semantisch die Egalisierung der Anrede nunmehr von unten nach oben. Vgl. dagegen ADELUNG (s. Anm. 306) u. KRÜNITZ (s. Anm. 305).

IV. Der Herrschaftsbegriff im Zeitalter der Revolutionen: Grundzüge seiner Geschichte

In aller Klarheit hat EDMUND BURKE seit 1790 die Revolution in Frankreich als das historisch einzigartige Beispiel einer totalen Revolution *(complete revolution)* erkannt. Alle bisherigen Revolutionen seien nur gegen die jeweils Herrschenden gerichtet gewesen oder hätten allenfalls eine Änderung der Herrschaftsform erstrebt. Das mit dem Sturm auf die Bastille eingeleitete Geschehen hingegen sei nicht *a revolution in government*, sondern eine Zerstörung und Auflösung der ganzen Gesellschaft[313]. Dem Ausgriff dieser Revolution neuen Typs auf die gesamte Sozialstruktur entspricht die geographische Ausbreitungstendenz: in der Französischen Revolution erkennt Burke eine große Krise der gesamten Welt — in der Terminologie einer späteren Zeit, der die von Burke antizipierte Kontinuität der Revolutionen zur historischen Erfahrung geworden ist — die erste Phase einer Weltrevolution. Den gemeinsamen Grund für die politisch-sozialen und die geographischen Expansionstendenzen der Französischen Revolution sieht Burke in dem von der Gleichheitsidee inspirierten Angriff auf das Prinzip 'Herrschaft', wie es in Alteuropa verstanden worden ist: als Inbegriff wechselseitiger, aber ungleicher Rechte und Pflichten, das damit umgekehrt, im Lichte der Dämmerung, welches die Konturen um so schärfer hervortreten läßt, als dominierendes Strukturprinzip der alteuropäischen Ordnung erfaßt wird. — Als Prinzip und Pathos der neuen, revolutionären Ordnung hingegen gilt Parteigängern wie Gegnern der Revolution, was Thomas Paine in Nachfolge Jean-Jacques Rousseaus formuliert und Burke als charakteristisch zitiert: *Every citizen is a member of sovereignty, and, as such, can acknowledge no personal subjection*[314].

Die Aufhebung persönlicher Herrschaft ist indes nur Teil eines komplexen Vorgangs, den die neuere Wissenschaftssprache und die Terminologie politischer Publizistik — die eine oft so diffus und unkritisch wie die andere — mit der These zusammenfassend zu beschreiben suchen, daß Herrschaft in der modernen Welt der Großbürokratien und Superstrukturen „abstrakt" geworden sei. Geschichte und dimensionale Analyse des Herrschaftsbegriffs im Zeitalter der Revolutionen von 1789 bis auf unsere Tage lassen hinter jener geläufigen Rede mindestens folgende Vorgänge und Tendenzen unterscheiden[315]:

1. Grundlegend ist die Depersonalisierung von Herrschaft auf der Subjektseite. Im Gegenzug zur Aufhebung persönlicher Herrschaftsrechte erheben Kollektive, d. h. diejenigen, die sich, ohne auf Widerspruch zu stoßen, mit solchen Kollektiven identifizieren können, den Anspruch auf das Monopol der Herrschaft über Menschen. Sie proklamieren die Herrschaft des Volkes, einer Klasse, einer Partei, bona fide ausgegeben oder ideologisch kaschiert als Herrschaft der Gesetze, deterministisch modifiziert zur Herrschaft der Gesetzlichkeit: 'Herrschaft' wird zu einer semipersonalen Kategorie.

---

[313] EDMUND BURKE, An Appeal from the New to the Old Whigs (1791), Works, vol. 3 (London 1855), 16. 71; vgl. dazu mit weiteren Belegen DIETRICH HILGER, Edmund Burke und seine Kritik der Französischen Revolution (Stuttgart 1960), 5 ff.
[314] BURKE, Appeal, 71.
[315] Zum folgenden vgl. D. HILGER, Begriffsgeschichte und Semiotik, in: Historische Semantik und Begriffsgeschichte, hg. v. R. KOSELLECK (Stuttgart 1979), 121 ff.

IV. 'Herrschaft' im Zeitalter der Revolution

2. Auf der Objektseite von Herrschaft setzt sich definitiv die Freiheit des Menschen als Person durch. Abhängigkeiten werden nur noch partikular, je in bestimmter Position und Rolle, anerkannt: 'Herrschaft' wird zu einer rollenspezifisch segmentierten Kategorie.

3. Infolge sozioökonomischer Strukturumbrüche — kommerzielle und, vor allem, industrielle Revolution — verliert Herrschaft ihre agrargesellschaftliche Basis. Die Entfeudalisierung von Herrschaft wird bis zur vollständigen Deterritorialisierung fortgeführt. Bodeneigentum ist nur noch kontingente Herrschaftsbasis mit schwindender historischer Bedeutung: aus seinen agrargesellschaftlichen Bezügen gelöst, wird der Terminus 'Herrschaft' frei verfügbar — auch für die Zwecke universaler Diskriminierung.

4. Fortschreitende Aufklärung wirft grundsätzlich und allgemein, unabhängig von agrargesellschaftlichen Voraussetzungen, die Frage nach der materiellen Basis von Herrschaft auf: 'Herrschaft' wird radikal ökonomisiert.

5. Unter veränderten sozioökonomischen Bedingungen tritt neben das ideell-naturrechtliche Illegitimitätsverdikt gegen Herrschaft das materiell-ökonomische („Ausbeutung"). Dieses vermag in generalisierter, von der Agrargesellschaft abstrahierter Fassung die naturrechtliche Legitimation (durch Konsens oder Kontrakt) zu unterlaufen. Manifeste Legitimation wird zwar für unabdingbar erklärt, letzthin aber für irrelevant für das latente Wesen von Herrschaft gehalten. Der Begriff unterliegt, auch in dezidiert antipositivistischer Argumentation, dem positivistischen Trennungsdenken mit seinen Unterscheidungen von Macht und Recht, Basis und Überbau usf.: 'rechtmäßig' ist nicht mehr analytisches Prädikat von 'Herrschaft'.

6. Im Zusammenhang mit der einseitigen Depersonalisierung steht der zunehmende Schwund an Sinnenhaftigkeit; auch insoweit wird 'Herrschaft' abstrakt.

7. Als Reaktionsphänomen auf Depersonalisierung und Entsinnlichung treten, trennbar-verbunden in beiden Dimensionen, Versuche zur Rekonkretisierung mit unterschiedlicher historischer Potenz auf. Der jüngste und folgenschwerste ist der Faschismus mit seinen sinnenfälligen Integrationstechniken und seinem ideologischen Anspruch, 'Herrschaft' durch 'Führerprinzip' zu ersetzen.

8. Voraussetzung dieser Substitution ist eine Psychologisierung des Begriffsfeldes: 'Herrschaft' bzw. 'Führung' (als Korrelate zu 'Masse' oder 'Volk') werden Termini für psychische Bedürfnisse; auf dem Umweg über Psychologie und Anthropologie wird 'Herrschaft' in gewissem Sinne erneut ontologisiert.

9. Solche Tendenzen stehen im Gegensatz zur vorangegangenen, sie überdauernden Neufassung des Begriffs auf dem sozialgeschichtlich vorgegebenen hohen Abstraktionsniveau unter strenger Beschränkung auf das gegenwärtig konkret Faßbare: ausschließlich durch die Koinzidenz von Befehl und Gehorsam bestimmt, wird 'Herrschaft' als soziologischer Universalbegriff neutralisiert.

10. In der wissenschaftlichen Terminologie, trotz seiner historischen Problematik, weithin rezipiert, steht der neutralisierte Herrschaftsbegriff im jüngsten, asymmetrischen Spannungsfeld von Herrschaftsapologetik und Herrschaftskritik. In ihm scheint 'Herrschaft', mehr denn je abstrakt gebraucht, zur Chiffre für die condition humaine in der modernen Welt zu werden.

V. Der Herrschaftsbegriff an der Schwelle der Großen Revolution

1. Fundamentaldemokratische Herrschaft und kommissarische Regierung

So verschieden Tag und Nacht sind, so schwierig ist es, sie in den Übergangsstunden voneinander zu unterscheiden. Statt von historischen Zäsuren zu sprechen, sollte man, nach einer Anregung Hans Freyers, das den Übergängen eher angemessene Bild der „Schwelle" benutzen[316]. Eine Epochenschwelle in der Geschichte des Herrschaftsbegriffs bildet Rousseaus politische Philosophie. In ihr konvergieren und kulminieren Tendenzen, die sich im neueren Naturrecht seit Hobbes anbahnen: individualistischer Voluntarismus und demokratischer Absolutismus, die Fiktion personaler, im Wortsinne: maskenhafter Gleichheit und, in deren Konsequenz, die Trennung von Herrschaft und Regierung. Radikaler als seine Vorgänger, die neben dem Gesellschaftsvertrag noch den Herrschaftsvertrag postulieren, bricht Rousseau mit der traditionellen Auffassung von 'Herrschaft' als wechselseitiger Treueverpflichtung. Sie wird abgelöst durch die Konzeption der fundamentalen Demokratie, einer Herrschaft ohne Herren.

Daß in dieser nach traditionellen Kriterien herrschaftsfreien 'Herrschaft' Wort und Begriff weit auseinandertreten, macht den Reiz, aber auch die Schwierigkeit einer Explikation des Rousseauschen Herrschaftsbegriffs aus. Er ist aus einer terminologisch noch nicht festgelegten Sprache zu entbinden, daher nur im Blick auf die größeren Zusammenhänge der politischen Philosophie Rousseaus zu gewinnen. Einmal mehr wird sich dabei erweisen, daß die Differenz zwischen Wort und Begriff, ohnehin konstitutiv für die Begriffsgeschichte, um so bedeutsamer wird, je mehr die sprachlichen Quellen eine Übergangslage spiegeln[317]. In ihr zeigt sich ein Überhang von Tradition in der Sprache, der als Indikator eines historischen Wandels angesehen werden darf, in dem politische und soziale Strukturen den überkommenen sprachlichen Mitteln und Möglichkeiten gleichsam entwachsen.

a) **'Herrschaft' und 'Gleichheit'.** Grundlage des von Rousseau konzipierten, durch die Revolution konstitutionalisierten Herrschaftsbegriffs ist jene Idee, die Herrschaft in hierarchischen Gefügen gerade nicht zu tragen vermag: die Idee der Gleichheit, im Zeitalter kontinuierlicher Revolution immer wieder als Ferment bestehender Ordnungen erkannt, die treibende Kraft einer früher unbekannten sozialen Dynamik und bis heute von unwiderstehlicher expansiver Potenz in eben dem Maße, in dem sie vom Augenschein widerlegt wird. Denn es ist gerade das Scheitern an Beobachtungsdaten und Erfahrungswissen, das Rousseaus Gleichheitsidee unangreifbar macht. Als latente *égalité morale* hat sie die Anerkennung der manifesten *inégalité physique*, des Inbegriffs der unübersehbaren Unterschiede zwischen den Menschen, zur Voraussetzung[318].

---

[316] Hans Freyer, Schwelle der Zeiten. Beiträge zur Soziologie der Kultur (Stuttgart 1965).
[317] Wie auch sonst in diesem Lexikon kann 'Begriff' die Bedeutung eines Wortes oder ein Wort von historisch bemerkenswerter Bedeutung bezeichnen.
[318] Rousseau, Du contrat social; ou, principes du droit politique 1, 9 (1762), Oeuvres compl., t. 3, 367.

b) Autonomie und Absolutismus   **Herrschaft**

Moralische Gleichheit und politisches Gemeinwesen sind nach Rousseau (der auch insoweit dem neueren Naturrecht und dessen technologischen Kategorien: der Ablösung von Praxis durch Poiesis, verpflichtet ist) Produkte von Menschen, die in zumindest einmal bestehender Einmütigkeit den Gesellschaftsvertrag schließen[319]. Durch ihn wird auch ein neuer Typ von Herrschaft geschaffen. Rousseaus „Contrat social" von 1762 ist nicht das Grundbuch des Anarchismus geworden, sondern das der radikalen Demokratie. Doch bezeichnet Rousseau diese neuartige Herrschaftsform weder als Demokratie noch als Herrschaft überhaupt. Er vermeidet insoweit den der 'inégalité physique' zugeordneten Terminus 'domination', benutzt andererseits aber 'démocratie' durchaus noch in traditioneller, d. h. restriktiver, wenn nicht auch pejorativer Bedeutung. Daß es dennoch, unter welcher Bezeichnung auch immer, um so etwas wie Herrschaft geht, ist schon deswegen zu vermuten, weil Rousseau zwar die radikale Disjunktion von „maître" und „esclave" für unvereinbar mit dem politischen Status erklärt, dabei aber eine Reihe einfacher, nichtradikaler Unterscheidungen einführt, mit denen die dichotomische Formalstruktur von Herrschaft auch im politischen Verband festgehalten wird. Daß es sich andererseits um eine Herrschaft neuer Art handelt, geht daraus hervor, daß zugleich und widerspruchsfrei mit der Dichotomie der formalen Herrschaftspositionen die personale Identität von Herrschenden und Beherrschten behauptet wird. Der theoretische Kunstgriff, der die Positionen auseinanderzuhalten gestattet und zugleich das Identitätspostulat fundiert, ist die Projektion der dichotomischen Struktur von Herrschaft in die Brust eines jeden einzelnen: *Ils ... s'appellent en particulier Citoyens comme participans à l'autorité souveraine, et Sujets comme soumis aux loix de l'Etat*[320]. Herrschaft, ihrer Natur nach eine zwischenmenschliche, am Vorabend der Revolution auch schon eine inter-personale Beziehung, wird in eine intrapersonale umgedeutet[321]. Daß dies für Rousseau die einzige Möglichkeit zu sein scheint, 'Herrschaft' mit 'Gleichheit' für vereinbar zu erklären, läßt Rückschlüsse auf die Rigorosität des Rousseauschen Herrschaftsbegriffs zu. Als „Sujet" ist jeder einzelne einer umfassenden, tendenziell „totalen" Herrschaft unterworfen.

b) Autonomie und Absolutismus. Mit der Internalisierung von Herrschaft soll der Zweck des Zusammenschlusses, die Erhaltung vorpolitischer Autonomie im politischen Status, erreicht werden: *chacun s'unissant à tous n'obéisse pourtant qu'à luimême et reste aussi libre qu'auparavant.* Dieses Autonomiekonzept schließt jede persönliche Herrschaft, als notwendig zwischenmenschliche Beziehung, aus. Die Existenz auch nur eines Herren („maître") wäre unvereinbar mit dem Bestand des politischen Ganzen — tertium non datur; aber es schließt keineswegs den Gehorsam aus: *les sujets ... n'obéissent à personne*, bedeutet, positiv gewendet, *l'obéissance à la loi*[322]. Mit aller Entschiedenheit betont Rousseau den keinem einzelnen von allen

---

[319] Ebd. 1, 5 (p. 359).
[320] Ebd. 1, 6 (p. 362).
[321] Auch der *Knecht* gilt, wie der *Herr*, bereits im Deutschland des frühen 18. Jahrhunderts als *Person*, freilich noch unter den Bedingungen der Ungleichheit: er *behält ... alle Rechte, die ihm als Menschen zukommen; daß aber beide einander auch an der Gewalt gleich sein sollten, ist eben nicht nötig*, ZEDLER Bd. 15, 1066f., Art. Knecht. Zur 'Person' als sozial durchgreifender Kategorie s. u. Abschn. V. 2. b.
[322] ROUSSEAU, Contrat social 1, 6; 1, 8 (p. 360f. 365); vgl. ebd. 2, 1 (p. 369).

einzelnen, nicht als „Citoyens", wohl aber als „Sujets", geschuldeten Gehorsam. Der „Contrat social" steht — auch insoweit — in der Tradition des monarchischen Absolutismus, der die Gleichheit der Untertanen und den einheitlichen Untertanenverband intendiert hat; *l'idée de ne former qu'une seule classe de citoyens*, die, nach einem Wort MIRABEAUS, die Tätigkeit der Regierungsgewalt so sehr erleichtert[323].

Bedingung der Möglichkeit einer theoretisch widerspruchsfreien Verbindung von Autonomie und Absolutismus ist ein Partizipationsmodell von praktisch sich selbst aufhebender Radikalität. Es soll durch die Teilnahme jedes einzelnen als Bürger an der Willensbildung der Gesamtheit die Identität von Selbstgehorsam und Gesetzesgehorsam und damit die Identität von Herrschenden und Beherrschten gewährleisten, hat aber eine theoretische Steigerung von Herrschaft über alle Möglichkeiten des fürstlichen Absolutismus hinaus zur Folge: auch insofern wird Herrschaft internalisiert, als der Wille der Mehrheit auch der Minderheit als deren eigentlicher Wille unterstellt wird, weil nur um den Preis der Fiktion, daß die Minderheit bei ihrer Willensäußerung einem Irrtum über das, was sie eigentlich gewollt habe, anheim gefallen sei, die Einheit des Ganzen erhalten werden kann[324].

Autonomie und Absolutismus sind, als Konsequenzen des Gesellschaftsvertrages, in dessen einziger Klausel angelegt: der vorbehaltlosen Selbstentäußerung jedes einzelnen mit allen seinen Rechten zugunsten des Ganzen. Durch diese *aliénation totale* — eine Antizipation der „Selbstentfremdung" bei Hegel und Marx, späteren Marxisten und vielen nicht allein in dieser Kategorie dem Denken von Marx verpflichteten Nichtmarxisten — wird das Volk als monolithische Einheit *(le peuple* als *corps moral et collectif, ... moi commun, ... personne publique, ... corps politique)* geschaffen und, uno actu, auch die ausschließliche Herrschaft des Volkes konstituiert[325]. Für sie übernimmt Rousseau den absolutistischen, von Bodin (in bewußter Abkehr von der konkreten alteuropäischen Wortbedeutung autonomer Herrschaft im Gefüge von Herrschaften) umdefinierten Terminus 'souveraineté'. Als *souveraineté du peuple* ist er in die jakobinische Verfassung von 1793 aufgenommen und damit in das positive Staatsrecht eingeführt worden[326].

c) **Die Trennung von 'Herrschaft' und 'Regierung'.** Identitätsphilosophie und dichotomisches Denken, deren Synthese in der Verinnerlichung absoluter Herrschaft sichtbar wird, bestimmen auch Rousseaus Auffassung von der Stellung und Funktion von Legislative und Exekutive. Daß diese Institutionen vom Volk als dem ausschließlichen Herrschaftssubjekt unterschieden werden, entspricht der formalen

---

[323] ALEXIS DE TOCQUEVILLE, L'ancien régime et la Révolution (1856), Oeuvres compl., éd. Madame de Tocqueville, t. 4 (Paris 1866), 11. — Tocqueville zitiert diese Worte mit lebhafter Zustimmung und der Bemerkung: *C'était comprendre la Révolution en homme capable de la conduire*, ebd.

[324] ROUSSEAU, Contrat social 4, 2 (p. 439ff.).

[325] Ebd. 1, 6 (p. 360ff.).

[326] Noch die Verfassung von 1791 (Tit. 3, Art. 1) nennt als Subjekt der Souveränität *la nation* im Unterschied zum Volk als empirischer, also auch teilbarer Größe. Erst nach der der Verfassung von 1793 vorangestellten „Déclaration des droits de l'homme et du citoyen" (Art. 25) und dem „Acte constitutionel" (Art. 7) ist *le peuple* in seiner Einheit Subjekt der unteilbaren Souveränität; vgl. Les constitutions et les principales lois politiques de la France depuis 1789, éd. GEORGES BERLIA, 7ᵉ éd. (Paris 1952), 6. 64f.

c) Trennung von 'Herrschaft' und 'Regierung'

Dichotomie von Herrschaft: als würde diese sich in und entgegen jener Identität von Herrschenden und Beherrschten a tergo doch durchsetzen, aus der letzthin sowohl der Rückgriff auf das feudale Institut des imperativen Mandats — *les députés du peuple ne sont donc ni ne peuvent être ses représentans, ils ne sont que ses commissaires* — als auch die Negation jeder autonomen Regierungsgewalt gegenüber dem Volk abgeleitet wird; in Rousseaus naturrechtlich-vertragstheoretischer Argumentation: *Que l'acte qui institue le gouvernement n'est point un contract*. Dabei nivelliert Rousseau nicht nur die Stellung der Abgeordneten und die der Regierungsmitglieder; er kombiniert selektiv — terminologisch wie der Sache nach — auch Elemente der vorabsolutistischen Amtsverwaltung mit denen der absolutistischen Kommissariatsverwaltung: beide, Angehörige der Exekutive wie Mitglieder der Legislative, sind *simples officiers du Souverain* und als solche nichts anderes als Volkskommissare[327].

Immer wieder aber schlägt auch bei Rousseau eine Tendenz zur Repersonalisierung von Herrschaft auch auf deren Subjektseite durch, so in der These *un peuple se soumet à des chefs* wie in der Gegenüberstellung von *un peuple et son chef* (Singular und positiv akzentuiert im Gegensatz zu *un maître et des esclaves!*) oder in der Austauschbarkeit von *Prince ou Magistrat;* und sie nimmt geradezu charismatische Züge an in der schlechthin systemwidrig eingeführten Person des *Législateur: à tous régards un homme extraordinaire dans l'Etat*, Stimme einer *raison sublime qui s'élève au dessus de la portée des hommes vulgaires*[328] — ein personales Subjekt der Herrschaftsgewalt vor und über der Verfassung, ein personifizierter „pouvoir constituant".

Die Unterscheidung von 'Souverän' und 'Regierung' gestattet es Rousseau, an der überkommenen quantitativen Differenzierung von Monarchie, Aristokratie und Demokratie festzuhalten; die Identifikation von Herrschenden und Beherrschten aber gibt der traditionellen Einteilung den neuen Sinn einer Unterscheidung bloßer Regierungsformen *(formes de gouvernement)* auf der Basis einer einzigen, allen drei Regierungsformen gemeinsamen Herrschaftsform. Noch nicht bei Hobbes, aber auch nicht erst seit Kant gilt: *tout gouvernement légitime est républicain*, mit der zwingenden Konsequenz: *alors la monarchie elle-même est république*[329]. Hobbes hingegen hatte 'Souverän' und 'Regierung' noch nicht gesondert. Bei ihm war die Souveränität in statu nascendi durch das versammelte Volk entweder an eine Person oder an ein aristokratisches Gremium oder an die Versammlung aller übertragen worden, so daß sich die klassische Trias der Herrschaftsformen unmittelbar aus dem Souveränitätsprinzip ergeben hatte. Aber schon bei Hobbes bestand kein Unterschied mehr in der Souveränität als solcher, sondern nur noch in ihren Trägern. Doch erst bei Rousseau und der von ihm inspirierten Verfassungstheorie und Verfassungspolitik seit der Französischen Revolution kommt der weltgeschichtliche Verschleifungs- und Nivellierungsprozeß zum Abschluß, an dessen Ausgangspunkt

---

[327] ROUSSEAU, Contrat social 3, 15; 3, 18; 3, 1 (p. 429f. 434. 396). Zur Unterscheidung von 'officiers' und 'commissaires' vgl. etwa GASTON ZELLER, Les institutions de la France au XVIe siècle (Paris 1948), 129ff.
[328] ROUSSEAU, Contrat social 3, 1; 1, 5; 2, 7 (p. 396. 359. 382ff.).
[329] Ebd. 3, 2; 2, 6 (p. 400. 380, mit Anm.).

die Lehre von Aristoteles gestanden hatte, daß Herrschaftsformen ihrer Grundart nach (εἴδει) verschieden seien[330], und dessen Ende durch die einfache Unterscheidung bloßer Regierungsformen infolge der Anerkennung nur noch einer einzigen legitimen Herrschaftsform markiert wird.

Nicht auf die Demokratie als Herrschaftsform, sondern allein auf die demokratische Regierungsform bezieht sich Rousseaus berühmtes Urteil, daß es im strengen Begriffssinne eine wahre Demokratie nie gegeben habe und auch nicht geben werde, denn: *il est contre l'ordre naturel que le grand nombre gouverne et que le petit soit gouverné*[331]. Damit bestätigt der Autor, der dem Prinzip der Volkssouveränität die historisch wirksamste Fassung gegeben hat, unter dem von ihm neu definierten Begriff 'Demokratie' eine alte Erkenntnis politischer Philosophie.

2. Republikanismus, Privatherrschaft und moralisches Gesetz

Naturrecht und Vertragstheorie stehen auch bei KANT, der Rousseaus Ansatz übernimmt, in einem Spannungsverhältnis sowohl zur politischen Realität wie zur Realität privater Herrschaft. Die Spannung wird noch dadurch vergrößert, daß Kant, anders als Rousseau, den *ursprünglichen Vertrag* ausdrücklich zu einer bloßen *Idee* erklärt[332]. Der Unterschied gewinnt sein volles Gewicht aus Kants Transzendentalphilosophie: Aus der Distanz zur Realität kann der Vertrag zur regulativen Idee von Praxis werden, ohne den Blick auf die Schründe und Abgründe in der Welt der Geschichte zu verstellen oder die Wirklichkeit überkommener Herrschaftsstrukturen in einem trivialen Sinne zu idealisieren.

Aus der Inkongruenz von Idee und Realität entwirft Kant das progressive Prinzip des *Republikanism*. Mit ihm nimmt er die Fortbildung des spätabsolutistischen Gesetzesstaates zum liberalen Rechtsstaat bestimmend vorweg. Dieselbe Inkongruenz läßt ihn aber auch die überkommenen Strukturen privater Herrschaft grundsätzlich anerkennen. Insofern besteht zwischen Kants politischer Philosophie und seiner Privatrechtstheorie ein Widerspruch. Doch wird dieser überwölbt und entschärft durch Kants Lehre vom kategorischen Imperativ: sie bildet den Schlußstein in Kants zwiespältiger Herrschaftstheorie.

a) **'Republikanismus' und 'Despotismus'.** Unter den Bezeichnungen *Autokratie, Aristokratie und Demokratie* oder *Fürstengewalt, Adelsgewalt und Volksgewalt* unterscheidet Kant die *Formen eines Staats (civitas)* in durchaus traditioneller Weise nach der *Form der Beherrschung (forma imperii)*. Einteilungsgrund ist nicht, wie bei Rousseau, die Form der kommissarisch eingesetzten Regierung, sondern, wie bei Hobbes, der *Unterschied der Personen welche die oberste Staatsgewalt innehaben*. Weit über Rousseau hinaus geht Kant jedoch, wenn er, unter dem Rousseauschen Terminus *Form der Regierung (forma regiminis)*, den ganz neuen Begriff der *Regierungsart des Volkes durch sein Oberhaupt, er mag sein, welcher er wolle*, einführt

---

[330] ARISTOTELES, Politik 1252a 9f.
[331] ROUSSEAU, Contrat social 3, 4 (p. 404).
[332] KANT, Zum ewigen Frieden (1795), AA Bd. 8 (1912; Ndr. 1968), 344; ders., Metaphysik der Sitten, AA Bd. 6, 340, § 52. Vgl. dazu MANFRED RIEDEL, Die Aporie von Herrschaft und Vertrag in Kants Idee des Sozialvertrags, Philos. Perspektiven 2 (1970), 213ff.

a) 'Republikanismus' und 'Despotismus'

und diesen Begriff zunächst bestimmt durch *die Art, wie der Staat von seiner Machtvollkommenheit Gebrauch macht*: diese sei *entweder republikanisch oder despotisch*.
Im scharf gebündelten Licht dieser neuen Alternative erweist sich der Rückgriff auf eine von Rousseau bereits überholte Tradition als subtiles Moment ihrer Überwindung: die überkommenen Herrschaftsformen werden als historische Vorgegebenheiten nicht in Frage gestellt, jedoch in ihrer gegenwärtigen, zumal aber in ihrer künftigen Bedeutung entschieden relativiert — und dies wiederum um so mehr, als Kant sich dessen sicher ist, daß *an der Regierungsart dem Volk ohne alle Vergleichung mehr gelegen* sei *als an der Staatsform* (womit der Philosoph, dem die berühmteste Definition von Aufklärung: als „Ausgang des Menschen aus seiner selbstverschuldeten Unmündigkeit", zu verdanken ist, auch auf das Urteil des Volkes über den Vorzug der von ihm eingeführten neuen politischen Klassifikation gegenüber der alten vertraut).
Die modale Bestimmung des Gegensatzes von republikanisch und despotisch nach der Art des Machtgebrauchs oder der *Regierungsart* wird durch eine strukturelle fundiert: Als *Republikanism* bezeichnet Kant das *Staatsprinzip der Absonderung der ausführenden Gewalt (der Regierung) von der gesetzgebenden*, als *Despotism* dagegen *das der eigenmächtigen Vollziehung des Staats von Gesetzen, die er selbst gegeben hat*[333]. Damit kombiniert Kant zwei Grundorientierungen politischer Philosophie und Praxis: steht hinter der modalen Bestimmung die Traditionslinie von παιδειά-humanitas, der Tugendlehren und Fürstenspiegel einschließlich ihrer Gegenbilder, die unter dem Topos der Hofkritik bekannt und einflußreich geworden sind[334], so folgt die strukturelle Definition den im wesentlichen jüngeren Bestrebungen, durch Teilung und Balancierung der Gewalten, durch Etablierung von Gegenmacht dem Machtmißbrauch zu steuern.
Mit der Einführung der neuen, modal-strukturellen Dichotomie verliert die traditionelle quantitative Einteilung der Herrschaftsformen den Schein der Neutralität: Für Kant ist ein monarchischer Staat der Möglichkeit nach republikanisch, ein demokratischer jedoch mit Notwendigkeit despotisch[335]. Wenn SCHLEGEL dagegen erklärt: *Der Republikanismus ist notwendig demokratisch, und das unerwiesene Paradoxon, daß der Demokratismus notwendig despotisch sei, kann nicht richtig sein*[336], so verkennt oder, nach Ausweis der Formulierung, verfälscht er die Tatsache, daß 'Republikanismus' und 'Demokratie' bei Kant nicht nur verschiedene Begriffe, sondern als Begriffe verschieden sind. Denn in einem dritten, analytisch von der modalen und der strukturellen Definition abzuhebenden Schritt dynamisiert KANT mit Hilfe der Kategorien 'Möglichkeit' und 'Notwendigkeit' (hinter denen die Modalitätstheorie der „Kritik der reinen Vernunft" steht) die neue Klassifikation der Regierungsformen: diese werden in die Dimension der Zeit und damit eigentlich erst in die als Bewegung begriffene Geschichte gestellt. Weil Monarchie und Aristokratie der Möglichkeit nach bereits republikanisch sind, können sie es auch tatsäch-

---

[333] KANT, Zum ewigen Frieden, 352f.
[334] Vgl. CLAUS UHLIG, Hofkritik im England des Mittelalters und der Renaissance. Studien zu einem Gemeinplatz der europäischen Moralistik (Berlin, New York 1973).
[335] KANT, Zum ewigen Frieden, 352.
[336] FRIEDRICH SCHLEGEL, Versuch über den Begriff des Republikanismus, veranlaßt durch die Kantische Schrift zum ewigen Frieden (1796), SW Bd. 7 (1966), 17.

lich werden; die Demokratie hingegen hält Kant aus strukturellen Gründen für notwendig despotisch, also nicht einmal für potentiell republikanisch. Für sie sei es *unmöglich, anders als durch gewaltsame Revolution, zu dieser einzigen vollkommen rechtlichen Verfassung zu gelangen*[337].

'Republikanismus' und 'Despotismus' sind demnach als Begriffe zwiegesichtig: sie werden von Kant, je nach dem Zusammenhang, statisch oder dynamisch verwendet[338], zunächst, entgegen ihrer Wortgestalt, als Zustandsbegriffe eingeführt und danach als Bewegungsbegriffe gebraucht, ohne dabei ihre Status-Bedeutung ganz zu verleugnen. Als Zustandsbegriffe sind sie noch der Frage alteuropäischen Verfassungsdenkens nach dem optimalen Status der res publica innerhalb eines vorgegebenen, quasinaturalen Schemas verbunden; als Bewegungsbegriffe weisen sie in den offenen Horizont künftiger Geschichte, dienen sie dem entwerfenden oder verwerfenden Vorgriff auf einen künftigen Verfassungszustand und erklären diesen zum Ziel bzw. Ergebnis eines je nach den strukturellen Voraussetzungen für möglich oder für notwendig gehaltenen historischen Wandels, der als solcher, in Antizipation des Ziels, unter den Zielbegriff subsumiert wird. Bewegungsbegriffe bringen das Ziel der Geschichte in die Geschichte selbst ein — dies aber, wie die Symmetrie von 'Republikanismus' und 'Despotismus', von intendiertem Ziel und perhorreszierter Folge, von Erwartung und Befürchtung erkennen läßt, um den Preis historischer Teleologie. Auch in diesem Zusammenhang ist an Kants Vernunftkritik zu erinnern: Wer die Antinomien der reinen Vernunft — unter ihnen die Antinomie von Kausalgesetzlichkeit und Freiheit — durch Gegenüberstellung jeweils nur argumentativ bewiesener Thesen und Antithesen aufgedeckt hat, der ist auch in seiner politischen Philosophie nicht als Determinist, und sei es im Sinne eines Fortschrittsdeterminismus, zu interpretieren. Gleichwohl wird man schon im Nachvollzug der berühmten Wende Kants von der theoretischen zur praktischen Philosophie behaupten dürfen, daß Kant, wie immer er die Zukunftschancen der „Herrschaftsformen" beurteilt hat, die „Regierungsform" des „Republikanism" als praxisleitendes Ziel aller Verfassungspolitik verstanden wissen wollte.

b) **'Hausherrschaft' und 'Personenrecht'**. Weit weniger liberal und progressiv, dafür um so realistischer ist Kants Begriff der *Hausherrschaft*[339]. Daß er dieses Grundphänomen von Herrschaft unter dem widerspruchsverdächtigen Titel *von dem auf dingliche Art persönlichen Recht* abhandelt[340], läßt zwar von vornherein auf eine dilatorische Rechtskonstruktion in einer historisch noch unentschiedenen Übergangslage schließen, verrät unmittelbar aber nur, daß Kant, im Gegensatz zu Rousseau, an der Rechtmäßigkeit privater Herrschaft nicht rüttelt. So hält er an der alten Bezeichnung der *häuslichen Gesellschaft* als einer *hausherrlichen (societas*

---

[337] KANT, Zum ewigen Frieden, 353.
[338] Terminologisch hier in Anlehnung an die in der Wirtschaftstheorie übliche, auf Ragnar Frisch zurückgehende Unterscheidung zwischen 'statisch' und 'dynamisch' in bezug auf die Analyse und 'stationär' bzw. 'nichtstationär' bezüglich der Gegenstände der Analyse; vgl. ERICH SCHNEIDER, Art. Statik und Dynamik, Hwb. d. SozWiss., Bd. 10 (1959), 23 ff.; über die Weiterentwicklung der dynamischen Analyse zur Prozeßtheorie HELMUT ARNDT, Kapitalismus — Sozialismus. Konzentration und Konkurrenz (Tübingen 1976), 5 ff.
[339] KANT, Metaphysik der Sitten, 283, § 30.
[340] Ebd., 276, § 22.

b) 'Hausherrschaft' und 'Personenrecht'

herilis) fest und beschreibt sie demgemäß als *eine ungleiche Gesellschaft (des Gebietenden oder der Herrschaft, und der Gehorchenden, d. i. der Dienerschaft)* — benutzt also 'Herrschaft' (wie es der heutige Sprachgebrauch noch mit dem komplementären Ausdruck 'Dienerschaft' hält) nicht, um eine soziale Beziehung zu bezeichnen, sondern als Bezeichnung für Menschen, die in dieser Beziehung die bestimmende Position innehaben. Und wenn Kant darlegt, daß Ungleichheit und Unfreiheit in eben dem Verhältnis, das sie charakterisieren, auch ihre Grenzen finden, so geht er nicht über das hinaus, was dem aufgeklärten Denken des 18. Jahrhunderts zum Gemeinplatz geworden ist: die naturrechtliche Erosion der *Hausherrschaft* durch die Rechtsfigur des *Vertrages*, die zwar Abhängigkeit begründet, aber auch dem Abhängigen noch *eine Person zu sein* gestattet[341].

Was also *Herren* und *Gesinde* gemeinsam ist, eben ihr Status als *Personen*, erlaubt durchaus eine klare Abgrenzung des ausschließlich durch Vertrag gestifteten Gesindezwangsdienstes vom — nach Kant — vertragslosen Zustand des *Leibeigenen (servus in sensu stricto)*[342], ist aber eben deswegen ex definitione nicht geeignet zur Unterscheidung von Herren und Gesinde als Personen. Daß Kant dennoch den Personenstatus auch dafür zu bemühen scheint, läßt einmal mehr auf die Zeitgebundenheit seines Begriffs von 'privater Herrschaft' schließen. So nimmt er Zuflucht zu jenem *neuerdings gewagten Rechtsbegriffe*, eben dem Begriff von *einem auf dingliche Art persönlichen Recht*, dessen ebenso langatmige wie subtile *logische Vorbereitung* und materielle *Rechtfertigung* schon durch ihre Gewaltsamkeit gegen die Sprache eine höchst artifizielle, zwischen Personenrecht und Sachenrecht schwebende Rechtskonstruktion verraten: Es sei *das Recht des Menschen, eine Person außer sich als das Seine zu haben, aber nicht als das Seine ... des Eigentums, sondern als das Seine des Nießbrauchs, um unmittelbar von dieser Person gleich als von einer Sache, doch ohne Abbruch an ihrer Persönlichkeit, als Mittel zu meinem Zweck Gebrauch zu machen*[343].

Ein Blick auf zeitgenössische Rechtsauffassungen bestätigt indessen, daß die Einführung einer sachenrechtlichen Fiktion in das Personenrecht bei Kant nicht den Sinn haben kann, die Person eines Abhängigen unter die Kategorie der Sachen zu subsumieren, sondern umgekehrt der Entlastung der Person gleichsam von sachenrechtlichen Zumutungen dienen soll. Denn bereits ein halbes Jahrhundert zuvor ist in lexikalischer Definition, also mit dem Anspruch und Widerschein einer gewissen Allgemeingültigkeit, festgehalten worden, daß auch *ein Knecht ... alle Rechte behalte, die ihm als Menschen zukommen;* auch ist *Knechtschaft* in naturrechtlicher Umkehr quasi naturaler Statusbestimmungen als *Stand nicht von Natur*, sondern als *eingeführter Stand* klassifiziert worden[344]. Aber gerade die vielfachen Unterteilungen dieses status adventitius noch in der ersten der großen Rechtskodifikationen des Spätabsolutismus, dem Bayrischen Landrecht von 1756, beweisen, daß aus dem „Bündnis des Vernunftsrechts mit der Aufklärung" (WIEACKER) nur ein ständisch abgestuftes Personenrecht hervorgegangen ist. Über dieses Niveau ist auch das be-

---

[341] Ebd., 283, § 30.
[342] Ebd., 330, § 49, Anm. D.
[343] Ebd., 357ff., Anh. 1, 2 u. 3.
[344] Exemplarisch wieder ZEDLER Bd. 15, 1065f., Art. Knecht.

deutendste deutsche Verfassungs- und Gesetzeswerk jener Zeit, das „Allgemeine Landrecht für die preußischen Staaten" von 1794, nicht hinausgelangt[345]. Und auch KANT hat mit dem Begriffszwitter „eines auf dingliche Art persönlichen Rechts" die ständische Gliederung der Gesellschaft nicht in Frage gestellt; doch war dieser „neuerdings gewagte Rechtsbegriff" neu genug, um mit seiner subtil begründeten, sozialen Grobschlächtigkeit die überkommene Feinstruktur der altständischen Welt zu überlagern. So hat auch Kant den Begriff 'Person' als sozial durchgreifende Kategorie anerkannt und ihr mit seiner großen Autorität zu weiterer Anerkennung verholfen, ohne dabei mit der Rechtswirklichkeit „hausherrlicher Gesellschaft" in Konflikt zu geraten.

c) **Das moralische Gesetz: Imperativ ohne imperans.** Den entscheidenden, historisch wirksamsten Beitrag zur praktischen Philosophie — jenem traditionellen Komplex von Ethik, Ökonomik und Politik — hat Kant in der Phase des durch ihn wesentlich vorangetriebenen Traditionsabbruchs mit seiner Lehre vom kategorischen Imperativ geleistet. Sie in einer Geschichte des Herrschaftsbegriffs zu berücksichtigen, bedarf, über den Rückbezug zur Tradition hinaus, eines rechtfertigenden Wortes: Zum einen, in formaler Hinsicht, erscheint der kategorische Imperativ als Fortsetzung und Verallgemeinerung der Verinnerlichung von Herrschaft bei Rousseau. Zum zweiten steht er in kritischem Bezug zu privater Herrschaft und politischem Despotismus. Zum dritten wird, im Rückblick von Problemen der Gegenwart aus, die Ambivalenz zumindest der Wirkungsgeschichte des kategorischen Imperativs erkennbar.

In seiner Formalstruktur erinnert der kategorische Imperativ an die Verbindung von Identitätsphilosophie und dichotomischem Denken, die Rousseaus begrifflich so schwer faßbarer Konzeption herrschaftsfreier Herrschaft zugrunde liegt, jedoch mit dem wesentlichen Unterschied, daß nach Kant der Mensch nicht nur als Bürger autonom und nicht allein als Untertan in letzter Instanz nur sich selbst unterstellt ist, sondern in jeder Hinsicht, in jeder Position und Rolle. Das von Rousseau in jeden einzelnen projizierte Herrschaftsverhältnis wird von Kant in dieser Verinnerlichung verallgemeinert: der generalisierte Bürger begegnet in sich dem generalisierten Untertan. Um so etwas wie Herrschaft handelt es sich auch hier, weil der kategorische Imperativ die Beliebigkeit des eigenen Willens ausschließt: auch sie wäre *Heteronomie der Willkür;* daß andererseits — formal abermals in Übereinstimmung mit Rousseau — ein neuartiges Herrschaftsverhältnis gemeint ist, geht aus der Erklärung der *Autonomie des Willens* zum *alleinigen Prinzip aller moralischen Gesetze und der ihnen gemäßen Pflichten* hervor[346]. Mit dem Gebot, so zu handeln, *daß die Maxime des eigenen Willens jederzeit zugleich als Prinzip einer allgemeinen Gesetzgebung gelten könne*[347], geht die Herrschaft eines jeden über sich selbst

---

[345] F. WIEACKER, Privatrechtsgeschichte der Neuzeit unter besonderer Berücksichtigung der deutschen Entwicklung, 2. Aufl. (Göttingen 1967), 322. — Vgl. HERMANN CONRAD, Individuum und Gemeinschaft in der Privatrechtsordnung des 18. und beginnenden 19. Jahrhunderts (Karlsruhe 1956), 11 ff.; zum ALR vgl. R. KOSELLECK, Preußen zwischen Reform und Revolution. Allgemeines Landrecht, Verwaltung und soziale Bewegung von 1791 bis 1848 (Stuttgart 1967).
[346] KANT, Kritik der praktischen Vernunft (1788), AA Bd. 5 (1908; Ndr. 1968), 33, § 8.
[347] Ebd., 30, § 7.

c) Moralisches Gesetz: Imperativ ohne imperans

weit über das — jedenfalls primär — auf das politisch-soziale Leben begrenzte Konzept herrschaftsfreier Herrschaft des „Contrat social" hinaus. Solche Herrschaft läßt keinerlei Sichselbstausweichen, keine herrschaftsfreien Räume in der eigenen Brust mehr zu, wie sie bei bloß legalem Handeln typischerweise gegeben sind und, wird nur legales Handeln gefordert, guten Gewissens wahrgenommen werden können. Ein derartiges, lediglich *pflichtmäßiges* Handeln genügt jedoch noch nicht dem kategorischen Imperativ, der vielmehr ein Handeln *aus Pflicht* auferlegt. In der Differenz zwischen *Legalität* und *Moralität* wird die ganze Strenge der Kantschen Ethik sichtbar. Der rigoroseste *Selbstzwang* ist der Preis denkbar vollkommener Autonomie[348].

Mit diesem Autonomieprinzip ist das Institut der „Hausherrschaft", trotz aller emanzipatorischen Klauseln wie ausschließlich vertragliche Basis, nur partielle Einschränkung von Freiheit und Gleichheit, nur Gebrauch, nicht Verbrauch des Gesindes usf., nicht zu vereinbaren, weil dort Menschen als Mittel für die Zwecke anderer gebraucht werden. Was die „Metaphysik der Sitten" ausdrücklich für rechtens erachtet[349], schließt die „Kritik der praktischen Vernunft" mit aller Entschiedenheit aus: *In der ganzen Schöpfung kann alles, was man will, und worüber man etwas vermag, auch bloß als Mittel gebraucht werden; nur der Mensch ... ist Zweck an sich selbst*[350]. Der Widerspruch ist schwerlich wegzudisputieren; vielmehr gilt es, ihn anzuerkennen und sich ihm zu stellen.

Der kategorische Imperativ impliziert mit seinem Begründungszusammenhang, in dem die Instrumentalisierung von Menschen durch Menschen ausgeschlossen wird, die Einschränkung von Herrschaft auf das funktional unerläßliche, historisch je mögliche Mindestmaß; und da auch fortschreitende Minimisierung von Herrschaft in ihren verschiedenen Dimensionen jenen Widerspruch nicht definitiv aufheben kann, bleibt Herrschaft grundsätzlich der Kritik nach einem für sie unerreichbaren Maßstab ausgesetzt. — Die liberale Emanzipationsgesetzgebung des ausgehenden 18. und des frühen 19. Jahrhunderts hat sich von Kants Bestimmung des Menschen als „Zweck an sich selbst" leiten lassen. Eben dabei ist aber auch zu Tage getreten und von MARX auf den Begriff gebracht worden, daß Emanzipation damals (wie mit Marx gesagt werden kann) *praktisch noch nicht erreicht* worden war; doch muß (gegen Marx) auch bezweifelt werden, daß Emanzipation je definitiv zu vollbringen ist, sofern sie sich unter das moralische Gesetz des kategorischen Imperativs stellt. Auf dem im späten 18. Jahrhundert erreichten *Niveau der Geschichte* (um abermals eine Formulierung von Marx aufzunehmen) bedeutet dieses Kriterium, daß die Person als solche nicht herrschaftlichem Zugriff unterliegt, daß 'Herrschaft' nur noch als rollenspezifisch segmentierte Kategorie anerkannt werden kann[351]. Über dieses Niveau ist die Geschichte seither nicht hinausgelangt, und es ist auch nicht abzusehen, ob und wie sie es je hinter sich lassen kann.

---

[348] Ebd., 81. 83, 3. Hauptstück.
[349] Vgl. ders., Metaphysik der Sitten, 357f., Anh. 1 u. 2.
[350] Ders., Kritik der praktischen Vernunft, 87, 3. Hauptstück.
[351] MARX, Zur Kritik der Hegelschen Rechtsphilosophie. Einleitung (1844), MEW Bd. 1 (1956), 386. 380. — Insofern bringt bereits die Lehre vom kategorischen Imperativ jene eindeutige Klarstellung, die Kant in der Rechtslehre der „Metaphysik der Sitten" wieder vermissen läßt.

Keines Wortes bedarf es in politischer Hinsicht, daß der Despotismus vor dem kategorischen Imperativ nicht bestehen kann. Interessanter, auch schwieriger ist die Frage nach dem Verhältnis von kategorischem Imperativ und Republikanismus. Daß auch *diese einzig vollkommen rechtliche Verfassung*[352] mit Gewaltenteilung und Repräsentativsystem, daß sogar eine KANTS konstitutionelle Vorstellungswelt übertreffende Verfassung der Freiheit nicht die Einhaltung des moralischen Gesetzes im politischen Leben verbürgt, daß sie dafür, wenn mit Kant ein solcher Zusammenhang postuliert werden kann, allenfalls die Bedingung der Möglichkeit bietet: dies gehört seit dem Untergang der Republik von Weimar mit ihrer weltweit als vorbildlich anerkannten freiheitlichen Verfassung zu den leidvollen Erfahrungen einer gerade in ihrer mundialen Expansion vollends desillusionierten konstitutionellen Bewegung[353].

Darf indessen überhaupt ein solcher Zusammenhang zwischen politischer Verfassung und moralischem Gesetz angenommen werden? Auch diese Frage kann hier nur aufgeworfen werden. Sie zu bejahen, würde bedeuten, daß nur unter einer bestimmten Verfassung der kategorische Imperativ im politischen Leben befolgt werden kann, hieße beispielsweise, die historische Staatsidee Preußens, das Selbstverständnis seiner Beamten und seiner Soldaten, zentral in Zweifel zu ziehen. Die Frage weist auf die Problematik des „Formalismus in der Ethik", gegen den im 20. Jahrhundert eine Gegenbewegung zur Besinnung auf inhaltliche Normen, auf eine „materiale Wertethik" (Max Scheler, Nicolai Hartmann), geführt hat. — Daß der kategorische Imperativ, wie immer es um ihn selbst nach begründetem philosophischem Urteil bestellt sein mag, in seiner Wirkungsgeschichte problematisch ist, sei abschließend an einem äußersten Beispiel demonstriert, bei dem das Mißverständnis so groß, so offenkundig ist, daß es den philosophischen Streit um den kategorischen Imperativ nicht tangieren kann, um so mehr aber die Aufmerksamkeit des Historikers auf sich ziehen muß: So absurd es ist, so ist es doch Tatsache, daß Adolf Eichmann vor seinen Richtern in Jerusalem sich auf Kants Pflichtethik glaubte berufen zu können und „zu jedermanns Überraschung" (die der bemerkenswerteste Bericht über diesen Prozeß festgehalten hat) den kategorischen Imperativ ziemlich genau wiedergeben konnte[354]. Gewiß eine absolut widersinnige Apologie. Doch ist nicht nur in diesem Fall von dem überaus anspruchsvollen Begriff eines Imperativs ohne äußeren imperans in der Dimension des Herrschaftssubjektes nur die Leerstelle geblieben, die von skrupellosen Machthabern okkupiert werden konnte. Auch deswegen gehört der kategorische Imperativ in eine Geschichte des Herrschaftsbegriffs.

VI. Die Ökonomisierung des Herrschaftsbegriffs

Hat im 18. Jahrhundert DAVID HUME mit der These, *that, as force is always on the side of the governed, the governors have nothing to support them but opinion*[355], die alte Einsicht, daß Herrschaft auf Zustimmung beruht, den gebildeten Schichten ins

---

[352] KANT, Zum ewigen Frieden, AA Bd. 8, 353.
[353] Vgl. KARL LOEWENSTEIN, Verfassungslehre (Tübingen 1959).
[354] HANNAH ARENDT, Eichmann in Jerusalem. Ein Bericht von der Banalität des Bösen (München 1964), 174.
[355] DAVID HUME, Of the First Principles of Government (1757), Political Essays, ed. Charles W. Hendel (New York 1953), 24.

VI. 1. Herrschaft in der „kommerziellen Gesellschaft"

Bewußtsein gerufen und damit eine öffentliche Meinung zur Grundlage von Herrschaft erklärt, so hat MARX im 19. Jahrhundert die Frage nach der ökonomischen Herrschaftsbasis zu einer Thematik von revolutionärer Brisanz für die gesamte Gesellschaft gemacht. Beide Perspektiven ergänzen sich wechselseitig. Im Fortgang von der opinion-These Humes zum Materialismus von Marx spiegeln sich Fortschritt und Fragwürdigkeit der Emanzipation. Resümiert Hume das Wissen der Herrschenden um ihre ursprüngliche Machtlosigkeit, so öffnet Marx den Herrschaftsunterworfenen die Augen für ihr sekundäres, aber verfestigtes Machtdefizit. Bedarf Herrschaftskritik, um wirksam zu werden, in Konsequenz der Meinung Humes, lediglich der Aufkündigung des Gehorsams durch die relativ kleine intermediäre Transmissionsgruppe, die dem Willen des einen bei den vielen Geltung verschafft, so verfolgt der Ersatz der *Waffe der Kritik* durch *die Kritik der Waffen* nach Marx die wiederum im Bewußtsein antizipierte Aufhebung der ökonomischen Herrschaftsbasis[356].

Ein Phänomen sui generis in der Ökonomisierung nicht von Herrschaft als solcher, sondern des in sprachlichen Zeugnissen faßbaren Begriffs 'Herrschaft' ist der Herrschaftsbegriff der „kommerziellen Gesellschaft". Diese hat ihren auch für Deutschland bedeutendsten Theoretiker in Adam Smith gefunden[357].

1. Herrschaft in der „kommerziellen Gesellschaft"

Fortschreitende Arbeitsteilung und zunehmende Entfaltung des Tauschverkehrs bestimmen nach ADAM SMITH die Entwicklung des Menschen als soziales Wesen wie auch den sozialen Wandel von der frühesten Gesellschaftsstufe, in der es weder Arbeitsteilung noch Tausch, weder einen Souverän noch ein Gemeinwesen gegeben habe[358], bis zur „kommerziellen Gesellschaft", in der das auf Tausch angewiesene und angelegte Wesen des Menschen seine Erfüllung findet: *Every man thus lives by exchanging, or becomes in some measure a merchant, and the society itself grows to be what is properly called a commercial society*[359]. Aber auch in dieser Gesellschaft sei die *authority of fortune* noch sehr groß. Diese von Smith beanstandete und beklagte Tatsache kollidiert mit seinen Vorstellungen von einer „guten Herrschaft" *(good government)*[360].

Die große Zäsur in der sozialen Entwicklung, oder besser auch hier: die große Zeitenschwelle liegt nach Smith in der Auflösung der Feudalgesellschaft, *a revolution of the greatest importance*[361], ausgelöst und vorangetrieben durch die strukturbestimmenden Wirtschaftszweige der bürgerlichen Welt: *Commerce and manufacture*

---

[356] MARX, Zur Kritik der Hegelschen Rechtsphilosophie, 385.
[357] Über die Rezeption von Smith in Deutschland umfassend MARIE-ELISABETH VOPELIUS, Die altliberalen Ökonomen und die Reformzeit (Stuttgart 1968).
[358] ADAM SMITH, An Inquiry into the Nature and Causes of the Wealth of Nations 1, 2, 5 (1776), Works and Correspondence, vol. 2/1, ed. R. H. Campbell, A. S. Skinner, W. B. Todd (Oxford 1976), 30.
[359] Ebd. 1, 4, 1 (p. 37).
[360] Ebd. 5, 1, 6, 7. Works, vol. 2/2 (1976), 712; ebd. 3, 4, 4 (p. 414).
[361] Ebd. 3, 4, 17 (p. 422).

gradually introduced order and good government, and with them the liberty and security of individuals[362]. Aus diesen Worten und ihrem Kontext sprechen bürgerliches Selbstbewußtsein und bürgerliche Geschichtsauffassung: die Hochschätzung der durch Arbeit geschaffenen Werte gegenüber dem arbeitslosen Einkommen von Rentenbeziehern, aber auch das Unverständnis für rechtmäßige Gewaltanwendung durch und gegen autonome Herrschaftssubjekte in der Feudalgesellschaft, die nivellierende Deutung jeder Abhängigkeit als Sklaverei, vor allem aber — und auch das ist charakteristisch für das frühe bürgerlich-liberale Denken — die Annahme eines Wirkungszusammenhanges zwischen zunehmendem Tauschverkehr und schwindender Bedeutung des Eigentums als Herrschaftsbasis mit der Folge, daß Herrschaft auch noch in zwei weiteren Dimensionen reduziert wird, die analytisch als Objektbereich und Funktionsbereich von Herrschaft unterschieden werden können — nach dem Beispiel der „Inquiry": in der zivilisierten Gesellschaft habe der Eigentümer eines großen Vermögens wenigen weniger zu befehlen als ein Tartarenkhan, von dem mehr Menschen in einer größeren Anzahl von Beziehungen abhängig gewesen sind[363]. An die Stelle der auch von Adam Smith nur noch asymmetrisch gesehenen Herrschaftsverhältnisse der Feudalgesellschaft ist die symmetrische Relation wechselseitiger Ergänzung in allseitiger Tauschgesellschaft getreten. Deren latente Asymmetrie aufzudecken, blieb im wesentlichen der konservativen, zumal aber der sozialistischen Sozialkritik des 19. Jahrhunderts vorbehalten. Doch auch Adam Smith, dem die Dimensionen der sozialen Frage des Fabrikindustrialismus noch verhüllt geblieben sind, hat aus dem Beobachtungshorizont von Manufakturbetrieben den Regierungen bereits soziale Aufgaben im Sinne der Sozialpolitik des Industriezeitalters zugewiesen angesichts jenes Zustandes, *into which the labouring poor, that is, the great body of the people, must necessarily fall, unless government takes some pain to prevent it*[364]. Die Erfüllung solcher Aufgaben gehört zu den wenigen bei Smith faßbaren positiven Kriterien eines „good government".

2. Herrschaft der Bourgeoisie und Diktatur des Proletariats

Die Lösung sozialer Zeitfragen nicht mehr einer Regierung zu überlassen, sondern sie zur Sache der Gesamtheit zu machen, ohne sie der Gesamtheit als äußere Verpflichtung aufzuerlegen: dies hat die Deklaration der Interessen der „labouring poor", d. h. unbestreitbar partikularer Interessen, auch wenn sie die Interessen der weit überwiegenden Mehrheit sind, zu Interessen der Gesamtheit zur Voraussetzung. Eine solche Identifikation erfordert, soll sie nicht bloß voluntaristisch erfolgen, eine Geschichtsphilosophie, nach der die Interessen der Mehrheit im Fortgang der Geschichte zu Interessen der Gesamtheit werden, und zwar notwendig, aber nicht notwendig automatisch, sondern durch eingreifendes Handeln (Praxis). Eine solche Lehre, im Ergebnis festgelegt, im Ablauf frei, entsprechend der HEGELschen *Vermischung von Naturnotwendigkeit und Willkür*[365], hat Karl Marx in Aufnahme

---

[362] Ebd. 3, 4, 4 (p. 414).
[363] Ebd. 5, 1, b, 7 (p. 712).
[364] Ebd. 5, 1, f, 50 (p. 782).
[365] HEGEL, Philosophie des Rechts, SW Bd. 7, 262, § 182.

a) Herrschaft der Arbeit

und Einschmelzung von Elementen der liberalen und englischen Ökonomie, des frühen französischen Sozialismus und der Hegelschen Geschichtsdialektik entwickelt, ganz abgesehen von allem älteren, insbesondere allem klassischen und jüdisch-christlichen Traditionsgut. Im Zusammenhang der Trias von Geschichtsphilosophie, Ökonomie und Soziologie wird auch der Begriff 'Herrschaft' dialektisch entfaltet.

a) **Herrschaft der Arbeit im dialektischen Selbstunterschied.** Hatte in der Auseinandersetzung mit Liberalismus und Demokratie sogar CARL LUDWIG VON HALLER in seiner ,,Restauration der Staats-Wissenschaft" die klassische Argumentation für die soziale Natur des Menschen wenigstens partiell ökonomisiert, indem er den *Ursprung aller Herrschaft nach einem allgemeinen Naturgesetz* zu erklären suchte durch *eine höhere Macht, natürliche Überlegenheit an irgendeinem nützlichen Vermögen auf der einen Seite und auf der anderen ein Bedürfnis an Nahrung und Pflege, an Schutz, an Belehrung und Leitung, welches jener höheren Macht entspricht und durch sie befriedigt wird*[366], so historisiert MARX das fragliche *Naturgesetz*, indem er es in den Bereich des historisch-gesellschaftlich *Naturwüchsigen* verweist: Marx übernimmt diesen von Heinrich Leo eingeführten, dort positiv akzentuierten Neologismus[367], verwendet ihn aber mit kritischem Wertgehalt, d. h. in der dialektischen Antithetik doch insofern positiv, als mit ihm jeweils Ausgangspositionen umschrieben werden, die, wenn nicht vor und außerhalb der geschichtlichen Bewegung, so doch, wie die *deutschen Zustände* im Vormärz, unter dem *Niveau der Geschichte* liegen und damit ihre dialektische Negation provozieren[368].

Zur noch gegenwärtigen Vergangenheit gehört im damaligen Deutschland nach Marx auch der vorindustrielle Pauperismus, *die naturwüchsig entstandene ... Armut*, von der er das Proletariat, *die künstlich produzierte Armut*, scharf abhebt[369]. Dieser (für jede historisch angemessene Einschätzung des Proletariats, nicht nur für dessen Selbstverständnis im marxistischen Sinne grundlegenden) Unterscheidung entspricht die Gegenüberstellung von *unmittelbarer, naturwüchsiger Herrschaft* und der *Herrschaft der Arbeit*[370]. Die ,,Herrschaft der Arbeit" wiederum entfaltet sich in der Dialektik des Selbstunterschiedes in sich und ihr Gegenteil: Als historische Alternative zur *naturwüchsigen Herrschaft* bedeutet ,,Herrschaft der Arbeit" zunächst *speziell* die *der akkumulierten Arbeit, des Kapitals*[371], als deren Negation jene ,,Herrschaft der Arbeit" auftreten wird, die zu errichten es nach Marx in den meisten Ländern des Kontinents eines Appells an die *Gewalt*, den *Hebel unserer Revolutionen*, bedarf[372].

---

[366] CARL LUDWIG V. HALLER, Restauration der Staats-Wissenschaft, 2. Aufl., Bd. 1 (Winterthur 1820; Ndr. Aalen 1964), 355. 357.
[367] Zur Wortgeschichte von 'naturwüchsig' vgl. den Hinweis von GEORG V. BELOW, Die deutsche Geschichtsschreibung von den Befreiungskriegen bis zu unseren Tagen, Geschichte und Kulturgeschichte (Leipzig 1916), 22.
[368] MARX, Das Kapital. Kritik der politischen Ökonomie, Bd. 1 (1867), MEW Bd. 23 (1962), 15. 87; ders., Zur Kritik der Hegelschen Rechtsphilosophie, MEW Bd. 1, 380.
[369] Ders., Zur Kritik der Hegelschen Rechtsphilosophie, 390.
[370] Ders./ENGELS, Deutsche Ideologie, MEW Bd. 3, 65.
[371] Ebd.
[372] MARX, Rede über den Haager Kongreß (1872), MEW Bd. 18 (1962), 160.

Die „Herrschaft der Arbeit" in diesem zweiten Sinne: als Herrschaft der unmittelbaren Produzenten, ist das Telos der dialektischen Geschichte von Herrschaft, ohne jedoch das Ende der Geschichte überhaupt zu bedeuten; im Gegenteil, es markiert nur das Ende der „Vorgeschichte" des Menschen, nach deren Ablauf die eigentlich menschliche Geschichte erst beginnen soll. Kommt in diesem Telos das Wesen der „Herrschaft der Arbeit" voll zur Existenz, so bildet es insofern aber auch das Prius jener abzulösenden „Herrschaft der Arbeit" in Gestalt einer „Herrschaft des Kapitals", als das Kapital selbst in ökonomisch-genetischer Analyse als akkumulierte Arbeit erfaßt wird: Die Arbeitswertlehre ist der ökonomische Ausdruck einer genuin bürgerlichen Philosophie der Arbeit von universalem Anspruch, die im Anschluß an Hegel sogar den Menschen als Resultat seiner eigenen Arbeit begreift[373].

In jenem Fortschritt, den schon die Verdrängung der „unmittelbaren, naturwüchsigen Herrschaft" durch die „Herrschaft des Kapitals" bedeutet, wird mit der Naturwüchsigkeit auch die Unmittelbarkeit aufgehoben. Denn *das Kapital ist ... keine persönliche, es ist eine gesellschaftliche Macht*[374]. Aber auch ein ökonomisch noch so vermitteltes Herrschaftsverhältnis bleibt in letzter Hinsicht ein Verhältnis zwischen Menschen, und zwar zwischen Eigentümern von Produktionsmitteln und Eigentumslosen: *Im ersten Fall, beim naturwüchsigen Produktionsinstrument ... kann die Herrschaft des Eigentümers über die Nichteigentümer auf persönlichen Verhältnissen, auf einer Art von Gemeinwesen beruhen, im zweiten Falle muß sie in einem Dritten, dem Geld, eine dingliche Gestalt angenommen haben*[375]. Marx erkennt, nach der Heraufkunft der Geldwirtschaft, *die hereinbrechende industrielle Bewegung*[376] als die entscheidende Phase im Prozeß der Entpersonalisierung von Herrschaft, meint aber zugleich, daß dieser Prozeß nur die Erscheinungsformen betrifft und hält daher um so mehr für geboten, hinter den manifesten ökonomischen Beziehungen die latenten sozialen freizulegen.

So macht Marx auch und gerade in der am weitesten fortgeschrittenen Unternehmungsform seiner Zeit, dem kapitalistischen Großbetrieb, noch ein *Herrschafts- und Knechtschaftsverhältnis* aus, das, wie alle derartigen Beziehungen zuvor, bestimmt werde durch *die spezifisch ökonomische Form, in der unbezahlte Mehrarbeit aus den unmittelbaren Produzenten ausgepumpt wird ... und seinerseits bestimmend auf sie zurückwirkt*. Mehr noch: in diesem *unmittelbaren Verhältnis der Eigentümer der Produktionsbedingungen zu den unmittelbaren Produzenten* entschlüsselt sich ihm *das innerste Geheimnis, die verborgene Grundlage der ganzen gesellschaftlichen Konstruktion und daher auch der politischen Form des Souveränitäts- und Abhängigkeitsverhältnisses, kurz, der jedesmaligen spezifischen Staatsform*[377].

---

[373] Ders., Ökonomisch-philosophische Manuskripte (1844), MEW Erg.Bd. 1 (1968), 574. — Zu den Auseinandersetzungen über die Arbeitswertlehre vgl. KARL KÜHNE, Ökonomie und Marxismus, Bd. 1: Zur Renaissance des Marxschen Systems (Neuwied, Berlin 1972), 84f. 88ff. 124ff.
[374] MARX/ENGELS, Manifest der Kommunistischen Partei (1848), MEW Bd. 4 (1959), 476.
[375] Dies., Deutsche Ideologie, 65.
[376] MARX, Zur Kritik der Hegelschen Rechtsphilosophie, 390.
[377] Ders., Das Kapital. Kritik der politischen Ökonomie, Bd. 3 (1894), MEW Bd. 25 (1969), 799f.

b) Letzte Herrschaft von Menschen über Menschen

b) **Die letzte Herrschaft von Menschen über Menschen.** Die durch die Produktionsverhältnisse bedingte Klassenstruktur der Gesellschaft ist ihrerseits die Bedingung dafür, daß die Herrschaft der Eigentümer von Produktionsmitteln, trotz prinzipieller *Anarchie der Produktion* insgesamt[378], zur Herrschaft über die gesamte Gesellschaft hat werden können. Politische Herrschaft ist daher grundsätzlich Klassenherrschaft, in welcher historischen Form auch immer die „Herrschaft der Arbeit" auftreten mag. Auf die *ökonomische und politische Herrschaft der Bourgeoisklasse*[379], die vorletzte Erscheinung von Herrschaft in der „Vorgeschichte" des Menschen, wird als letzte Herrschaft die des Proletariats folgen. *Das Proletariat wird seine politische Herrschaft dazu benutzen, der Bourgeoisie nach und nach alles Kapital zu entreißen, alle Produktionsinstrumente in den Händen des Staats, d. h. des als herrschende Klasse organisierten Proletariats, zu zentralisieren und die Masse der Produktionskräfte möglichst rasch zu vermehren*[380].
Das Ziel dieser letzten Herrschaft in aller durch die Existenz von Herrschaft definierten Geschichte ist die Aufhebung von Herrschaft überhaupt. Eine Herrschaft aber, deren Zweck die definitive Abschaffung von Herrschaft ist, wird noch weniger als jene Erscheinung von Herrschaft, die sie beseitigen will, nach dem traditionalen Muster eines wechselseitigen Treue- und Verpflichtungsverhältnisses angelegt sein; vielmehr wird sie die negativen Züge bisheriger Herrschaft, die Marx, gemäß der Ökonomisierung des Herrschaftsbegriffs, im Begriff 'Ausbeutung' zusammenfaßt, gegenüber den ehemals Herrschenden in einer letzten Steigerung aufweisen, also die „Exploitation der Exploiteure" durch deren völlige Enteignung von allen Produktionsmitteln durchführen.
Aber nicht nur die Rigorosität der revolutionären Gegenherrschaft der Arbeiterklasse wird mit dem von Marx seit 1852 gebrauchten Terminus *Diktatur des Proletariats* umschrieben[381], sondern auch eine bestimmte Wendung des naturrechtlichen Problems der Herrschaft der Gesamtheit über die Summe der Mitglieder des Gemeinwesens. Rousseau hat dieses Problem unter der Voraussetzung der Identität von Herrschenden und Beherrschten durch die Trennung von 'Herrschaft' und 'Regierung' gelöst und damit dem notwendig minoritären Charakter von Herrschaft unter dem Titel einer bloß kommissarischen Regierung Rechnung getragen. Anders Marx: indem er an Stelle der Gesamtheit des Volkes die proletarische Klasse zum Herrschaftssubjekt erklärt, der gegenüber ein konkretes Objekt von Herrschaft in Gestalt der Gegenklasse, der bisher herrschenden Bourgeoisie, identifizierbar bleibt, entfällt jenes Problem zwar in Anbetracht des antagonistischen Verhältnisses zwischen den Klassen, kehrt aber als Binnenproblematik der neuen herrschenden Klasse wieder. Die „Diktatur des Proletariats" tritt mithin nur dem Klassenfeind als

---

[378] Diese *Anarchie der Produktion* spiegelt sich in der *vollständigsten Anarchie*, die unter den Kapitalisten herrscht, ebd., 888. Vgl. ENGELS, Die Entwicklung des Sozialismus von der Utopie zur Wissenschaft (1880), MEW Bd. 19 (1969), 224.
[379] MARX/ders., Kommunistisches Manifest, 467.
[380] Ebd., 481.
[381] MARX an Joseph Weydemeyer, 5. 3. 1852, MEW Bd. 28 (1963), 508; vgl. MAXIMILIEN RUBEL, Marx-Chronik. Daten zu Leben und Werk (München 1968), 40f. Karl Marx. Chronik seines Lebens in Einzeldaten, hg. v. Marx-Engels-Lenin-Institut (Moskau 1934; Ndr. Glashütten/Ts. 1971), 120.

Herrschaft gegenüber; in bezug auf die eigene, nunmehr herrschende Klasse handelt sie jedoch, jedenfalls dem Begriff nach, in dem römische Reminiszenzen anklingen, als kommissarische Regierung.

Das Herrschaftsinstrument, dessen sich auch diese herrschende Klasse bedient, wird — zum letzten Mal — der Staat sein, wenngleich schon der Staat der Übergangsgesellschaft, der keines der qualifizierenden Attribute aus dem vielschichtigen Traditionskomplex von der Polis bis zum landesfürstlichen Obrigkeitsstaat und dessen Wohlfahrtspolizei mehr erkennen läßt; vielmehr fallen die positiven Bestimmungen des Staates gerade in der gegenüber der Tradition abermals erhöhten Form, die ihnen Hegel verliehen hat, in der Lehre von Marx der künftigen klassenlosen Gesellschaft zu. Diese ist für Marx, was der Staat für HEGEL gewesen: *die Wirklichkeit der sittlichen Idee*, d. h. aber unabdingbar zugleich *die Wirklichkeit der konkreten Freiheit*[382].

c) **Klassenlose Gesellschaft und wahre Demokratie.** Bekanntlich war MARX, wenn nicht auch aus anderen Gründen, so zumindest wegen der prinzipiellen Negativität der Dialektik, außerordentlich zurückhaltend in der positiven Beschreibung der klassenlosen Gesellschaft[383]. Fest steht indessen nach dem Zusammenhang von Herrschaft und Klassenstruktur, daß die klassenlose Gesellschaft eine herrschaftsfreie Gesellschaft sein sollte: Das Proletariat werde *die Herrschaft aller Klassen mit den Klassen selbst* und *damit seine eigene Herrschaft als Klasse* aufheben[384]. Denn auf dem dann erreichten *Höhegrad der Entwicklung der Produktion*, so ENGELS, werde die *Aneignung der Produktionsmittel und Produkte und damit der politischen Herrschaft ein Hindernis der Entwicklung geworden* sein[385].

Unter dem Aspekt der Herrschaftsfreiheit erscheint die klassenlose Gesellschaft als das sozioökonomische Äquivalent des späteren MARX für die *Demokratie* der Frühschriften. Als dialektische Negation der liberalen Trennung von Staat und Gesellschaft, definiert durch die Identität von materiellem und formellem Prinzip, ökonomischem *Inhalt* und politischer *Form*, als *die wahre Einheit des Allgemeinen und Besonderen*, steht der Begriff nicht mehr für eine politische Verfassung in irgendeinem spezifischen, auch restriktiven Sinne, wie er nach Marx noch der *politischen Emanzipation* des Liberalismus, der *Reduktion des Menschen, einerseits . . . auf das egoistische unabhängige Individuum, andererseits auf den Staatsbürger*, anhaftet; gemeint ist vielmehr der Zustand, in dem *die menschliche Emanzipation vollbracht* sein werde: die konkrete Isonomie, die mit der Aufhebung des ökonomisch bestimmten Klassenantagonismus wie der Klassen selbst universal gewordene Polis[386]. Inspiriert von der vor allem durch Hegel in die Geschichte projizierten teleologischen Metaphysik der aristotelischen Tradition, erklärt Marx, in Umkehrung der traditionellen Be-

---

[382] HEGEL, Philosophie des Rechts, 328. 337, §§ 257. 260.
[383] Eine Zusammenstellung einschlägiger Äußerungen von Marx bei RALF DAHRENDORF, Marx in Perspektive. Die Idee des Gerechten im Denken von Karl Marx (Hannover o. J.), 167 ff.
[384] MARX/ENGELS, Deutsche Ideologie, 70; dies., Kommunistisches Manifest, 482.
[385] ENGELS, Entwicklung des Sozialismus, 225.
[386] MARX, Zur Kritik des Hegelschen Staatsrechts (1843), MEW Bd. 1, 231; ders., Zur Judenfrage (1844), ebd., 370.

c) Klassenlose Gesellschaft und wahre Demokratie

griffsrelationen, die *Demokratie*, herkömmlich eine Spezies von Verfassung und Herrschaft neben anderen, zur *Verfassungsgattung*, zum *Wesen aller Staatsverfassung*, zum von der Geschichte *aufgelösten Rätsel aller Verfassungen*. An ihr sind alle Staatsformen zu messen, auf sie sind alle anderen hin angelegt, weil *alle Staatsformen zu ihrer Wahrheit die Demokratie haben und daher eben, soweit sie nicht die Demokratie sind, unwahr sind*[387].

Indessen hat Marx nicht übersehen, daß auch nach der *Aufhebung der ganzen alten Gesellschaftsform und der Herrschaft überhaupt*[388] Funktionen zu erfüllen sind, die den Herrschaftsfunktionen entsprechen. Das dreifache Problem, Bezeichnungen zu finden, die so neutral sind, daß sie die Diskriminierung von Herrschaft nicht auf sich ziehen, dabei den radikalen, in den ökonomischen Fundamenten begründeten Unterschied nicht nivellieren, aber doch über den Anspruch auf Gehorsam keinen Zweifel aufkommen lassen, dieses Problembündel versucht Marx durch Umschreibungen wie *Oberaufsicht* und *Leitung, kommandierender Wille, Direktor* und dergl. zu lösen. Die gewählte Terminologie ist denn auch so unspezifisch, daß sie auf alle *gesellschaftlich kombinierten* Produktionsprozesse, unabhängig von der Verfassung der Gesellschaft, anwendbar ist[389]. Gerade in ihrer Neutralität verrät die neue Begrifflichkeit aber auch das heute mehr denn je selbst im sozialistischen Lager diskutierte Problem, wie die Erfahrung der Fremdbestimmung durch einen „kommandierenden Willen" im Sozialismus von der Erfahrung von Herrschaft im Kapitalismus unterschieden werden kann.

3. Von der Fabrikherrschaft zum Regime der Manager

In der Frühzeit des in Deutschland verspätet und zögernd genug einsetzenden „gewerblich-industriellen Ausbaus"[390] konnten die hierarchischen Betriebsstrukturen schon wegen der Übersichtlichkeit und Unmittelbarkeit der innerbetrieblichen Beziehungen noch als konkrete Herrschaftsverhältnisse verstanden werden: So arbeiteten die *Fabrikanten*, d. h. diejenigen, *die nach Verding oder nach Zeit bezahlt, in einem Fabrikhause systematisch beschäftigt werden*, Christian Jakob Kraus zufolge, unter einem *Regierer* oder *Fabrikherrn*[391]. Insofern hatten Fabriken im neuen Sinne und Manufakturbetriebe noch die gleiche Verfassung, als *in einem dem Betriebsleiter gehörigen Gebäude ... die Arbeiter in großer Zahl vereint* waren[392], hier wie

---

[387] Ders., Kritik des Hegelschen Staatsrechts, 230ff.
[388] Ders./Engels, Deutsche Ideologie, 34.
[389] Marx, Kapital, Bd. 3, 397.
[390] Begriff und These des gewerblich-industriellen Ausbaus bei Hans Linde, Das Königreich Hannover an der Schwelle des Industriezeitalters, Neues Arch. f. Niedersachsen 24 (1951).
[391] Christian Jacob Kraus, Staatswirthschaft, hg. v. Hans v. Auerswald, Bd. 5 (Königsberg 1811), 189.
[392] Die übliche Charakteristik der Manufaktur bei Lujo Brentano, Eine Geschichte der wirtschaftlichen Entwicklung Englands, Bd. 2: Die Zeit des Merkantilismus (Jena 1927), 65; ebenfalls bekannt und vielfach zu belegen die These, daß der *Arbeitsvertrag ein Herrschaftsvertrag* sei, ebd., Bd. 3/1: Die Zeit der Befreiung und Neuorganisation (1928), 309.

da also die Identität von Eigentum und Kontrolle noch gegeben war. Überdies legte die fortbestehende agrargesellschaftliche Umgebung des vorindustriellen wie des frühindustriellen zentralisierten Großbetriebes die Orientierung an der Herrschaftsstruktur des „ganzen Hauses" nahe.

Daß dieses Modell seine unproblematische Selbstevidenz verloren, daß es sich immer weniger als hilfreich für die Lösung von Problemen fabrikindustrieller Beziehungen erwiesen hat, geht nicht allein aus den einander ablösenden Experimenten mit anderen, ihrerseits gesamtgesellschaftlich bedingten Verfassungsformen und Organisationsstrukturen („konstitutionelle Fabrik", „Arbeiterbrigaden", „Führerprinzip", „Betriebsgefolgschaft" usw.) hervor[393]; schon das emphatische Selbstverständnis von „Fabrikherren", wie es der Herr-im-Hause-Standpunkt demonstrativ zum Ausdruck gebracht hat, verrät, daß Umfang und Durchgriff, wenn nicht überhaupt die Legitimität, solcher Herrschaft radikal in Frage gestellt worden sind. Dabei hat gerade die säkulare Tendenz zur Diskriminierung von Herrschaft es auch der Gegenseite ermöglicht, die noch am konkreten Phänomen von „Haus und Herrschaft" orientierte Deutung formal aufzugreifen und den Fabrikbetrieb gleichfalls, jedoch in denunziatorischer Absicht, als *Herrschaftsordnung* zu deklarieren und eine *Ordnung ohne Herrschaft* als Ziel der sozialistischen Revolution zu proklamieren. Mit dieser Wendung ins Pejorative wird die formale, dichotomische Struktur und die Unmittelbarkeit des Herrschaftsverhältnisses nur um so schärfer betont. Je entschiedener die Basisperspektive, die Perspektive der Massen und der Direktheit in jeder Hinsicht, geltend gemacht wird, desto konsequenter die Personalisierung der Klassenherrschaft im einzelnen Unternehmer: *Unten, wo der einzelne Unternehmer seinen Lohnsklaven gegenübersteht, unten, wo sämtliche ausführenden Organe der politischen Klassenherrschaft gegenüber den Objekten dieser Herrschaft, den Massen, stehen, dort müssen wir Schritt um Schritt den Herrschenden ihre Gewaltmittel entreißen und in unsere Hände bringen* (ROSA LUXEMBURG[394]).

Doch können auch so späte Zeugnisse wie das von Rosa Luxemburg nicht darüber hinwegtäuschen, daß der Strukturwandel des Kapitalismus den formal übereinstimmenden, aber entgegengesetzt motivierten Deutungen innerbetrieblicher Beziehungen als konkreter, unmittelbarer Herrschaftsverhältnisse weitgehend den Boden entzogen hatte. Denn bedingt durch steigenden Kapitalbedarf und notwendige Differenzierung unternehmerischer Funktionen, war inzwischen jene Trennung von Eigentum und Kontrolle eingetreten, die MARX als den doppelten Prozeß der Verwandlung des wirklich *fungierenden Kapitalisten* in einen bloßen Dirigenten, Verwalter fremden Kapitals, und in einen bloßen Kapitaleigentümer, einen Geldkapitalisten, diagnostiziert hatte: Nicht die *industriellen Kapitalisten*, sondern die *industriellen managers* seien „*die Seele unseres Industriesystems*"[395]. Mit der Entstehung einer *absentee ownership* (THORSTEIN VEBLEN[396]) auf der einen Seite und

---

[393] → Fabrik, Fabrikant, Bd. 2, 252.

[394] ROSA LUXEMBURG, Unser Programm und die politische Situation. Rede auf dem Gründungsparteitag der KPD (30. 12. 1918—1. 1. 1919), GW, hg. v. Günther Radczun u. a., Bd. 4 (Berlin 1974), 512.

[395] MARX, Kapital, Bd. 3, 400, unter Berufung auf Andrew Ure. Vgl. ebd., 395 ff.

[396] THORSTEIN VEBLEN, Absentee Ownership and Business Enterprise in Recent Times. The Case of America (1923), 2nd ed. (London 1924).

VI. 3. Fabrikherrschaft und Regime der Manager

eines *Regimes der Manager* (JAMES BURNHAM[397]) auf der anderen war in der industriellen Verfassungsgeschichte die Phase unmittelbarer Fabrikherrschaft für den zukunftsweisenden Typ des großen Fabriketablissements zum Abschluß gekommen.
Der Strukturwandel des Kapitalismus hat Betrieb und Unternehmen nicht zu herrschaftsfreien Sphären werden lassen; wenn aber nunmehr auf Grund jener von Marx mit besonderer Prägnanz erfaßten Trennung von Eigentum und Kontrolle beide, Eigentümer wie Kontrolleure, gemeinhin als Herrschende apostrophiert werden, so wird dabei stillschweigend jeweils eine neue, von der anderen divergierende Definition von 'Herrschaft' vorausgesetzt: Ist die Herrschaft abwesender Eigentümer nicht mehr jener face-to-face-relation vergleichbar, wie sie weit über den Untergang der adelig-bäuerlichen Herrschaftswelt hinaus zwischen dem „Gutsherrn" und „seinen Leuten", dem „Fabrikherrn" und „seinen Arbeitern" bestanden hat, so abstrahiert die Rede von einer Herrschaft der Kontrolleure von der ökonomischen Basis, die doch durch die Ökonomisierung des Herrschaftsbegriffs erst allgemein bewußt geworden ist. Dieser Begriffswandel spiegelt sich in der Tatsache, daß man, symmetrisch zur Kritik der Herrschaft anonymer Geldkapitalisten, auch *Berechtigung und Anmaßung in der Managerherrschaft* einer Prüfung unterzog, und dabei wurde die ökonomische Risikofreiheit eigentumsloser Verwalter zum Kriterium der Illegitimität ihrer Herrschaft[398]. Beide Problemstellungen entsprechen der modernen Umkehrung der Beweislast: daß Herrschaft sich als legitim prinzipiell ausweisen muß und nicht schon auf Grund ihrer Faktizität die Vermutung der Legitimität für sich hat, gehört seit Aufklärung und Revolution zu den gemeinsamen Grundüberzeugungen aller politischen Richtungen.
Um hinter der manifesten Polykratie von Eigentümern und Kontrolleuren doch eine latente Monokratie auszumachen (oder dem kapitalistischen System als „Monopolkapitalismus" eine solche zu unterstellen — was zu entscheiden nicht Sache der Begriffsgeschichte sein kann), um also in den Erscheinungen kapitalistischer Wirtschaft das veränderte Wesen des Kapitalismus zu erkennen, bedarf es auch einer Reduktion des Herrschaftsbegriffs. Wie weit sie sinnvollerweise durchgeführt werden kann, ohne in Widerspruch zur Absicht der Herrschaftskritik zu geraten, hat unter dem Eindruck der *autokratisch organisierten, monopolistisch verfestigten Herrschaftsschichtung der Wirtschaft* EDUARD HEIMANN, einer der bedeutendsten der von Marx inspirierten Nichtmarxisten unter den deutschen Ökonomen dieses Jahrhunderts, in seiner Theorie der Sozialpolitik, einer Politik der Systemtransformation mit systemkonformen Mitteln, gezeigt: Heimanns prägnante These: *Kapitalismus ist ... Kapitalherrschaft, ... Sozialpolitik ist Abbau von Herrschaft zugunsten der Beherrschten*[399] nennt als einziges Herrschaftssubjekt abstrakt das Kapital und stellt diesem, ohne parallele Depersonalisierung auf der Objektseite, die Beherrschten gegenüber, weil anders Sozialpolitik nicht mehr als praktische Herrschaftskritik hätte deklariert werden können.

---

[397] JAMES BURNHAM, Das Regime der Manager (Stuttgart 1948); engl. u. d. T.: The Managerial Revolution (1941).
[398] HELMUT SCHELSKY, Berechtigung und Anmaßung in der Managerherrschaft (1950), in: ders., Auf der Suche nach Wirklichkeit. Ges. Aufs. (Düsseldorf, Köln 1965), 17.
[399] EDUARD HEIMANN, Soziale Theorie des Kapitalismus. Theorie der Sozialpolitik (Tübingen 1929), 33. 118.

Denn daß die Beherrschten, in der Sprache Rosa Luxemburgs: die „Objekte" der Herrschaft, identifizierbar bleiben, nicht aber die Herrschenden, gehört zu den paradoxen Bedingungen der Möglichkeit effizienter Herrschaftskritik in der modernen Welt. Als semipersonale Kategorie, mit einer Leerstelle auf der Subjektseite, die schon aus logischen und sprachlichen Gründen nach Besetzung verlangt, erfüllt der Herrschaftsbegriff eine ambivalente Funktion: er gestattet es, an Stelle konkreter Personen, die ja schon die Logik des Marxschen Systems nach dem Vorbild der klassischen Ökonomie jedem moralischen Vorwurf entzogen hatte (weil auch die „Ausbeuter" unter dem Zwang der zyklisch-krisenhaft sich entfaltenden „kapitalistischen Produktionsweise" handeln), das Kapital oder den Kapitalismus als Wirtschaftssystem, die sozioökonomischen Verhältnisse oder, in letzter Abstraktheit, das Bestehende schlechthin zu diskriminieren. Zugleich aber fordert der einseitig depersonalisierte Herrschaftsbegriff gleichsam von sich aus dazu auf, hinter dem Schleier ökonomischer Beziehungen die sozialen und in diesen die Menschen auszumachen, jedenfalls solange in der Sprachgemeinschaft das Wissen nicht verlorengegangen ist und von den Imperativen des Sprachgefühls wachgehalten wird, daß 'Herrschaft' ein mindestens in zwei Dimensionen personaler Begriff ist.

VII. Herrschaft und Genossenschaft

In Reaktion auf die Ökonomisierung des Herrschaftsbegriffs hat der Historiker FRITZ WOLTERS daran erinnert, daß *Herrschaft und Dienst nicht nur Begriffe sind, um Verhältnisse wirtschaftlicher Pakte zu bezeichnen, sondern lebendiges Handeln lebendiger Menschen, so daß die einen erhaben sind, die anderen willig oder unwillig sich neigen*[400]. Mit einem elitär-dichotomischen Menschenbild kommen diese Worte einem Bedürfnis nach Rekonkretisierung von Herrschaft entgegen, das sich in zweifacher Weise, als Verlangen nach Repersonalisierung und, trennbar-verbunden, nach Versinnlichung von Herrschaft, äußert. — Ist im 19. Jahrhundert die Geschichte von Herrschaft als fortschreitender mehrdimensionaler Abstraktionsprozeß erfahren und geschrieben worden, so haben im 20. Jahrhundert praktische Versuche zur Rekonkretisierung von Herrschaft in Formen stattgefunden, die in die säkulare Apokalypse führen sollten.

1. Verfassungsgeschichte als Auflösung der Identität des Sinnenhaften und des Sinnhaften

Während GEORG BESELER noch ganz unhistorisch aus der allgemeinen *Natur des Menschen* zu deduzieren sucht, daß *sich die Menge von dem Höchsten und Allgemeinsten nicht fortwährend beherrschen* lasse, daß sie vielmehr *das, woran ihr Leben in Freude und Leid gebunden ist, in unmittelbarer Nähe erfassen* möchte[401], verortet OTTO VON GIERKE im Rückblick auf die germanisch-deutsche Rechtsauffassung

---

[400] FRITZ WOLTERS, Über die theoretische Begründung des Absolutismus im 17. Jahrhundert, in: Grundrisse und Bausteine zur Staats- und zur Geschichtslehre, Fschr. Gustav Schmoller, hg. v. K. BREYSIG, F. WOLTERS, B. VALENTIN, F. ANDREAE (Berlin 1908), 201.
[401] GEORG BESELER, Volksrecht und Juristenrecht (Leipzig 1843), 159.

VII. 1. Auflösung der Identität von Sinnenhaftem und Sinnhaftem

die sinnenhafte Präsenz von Herrschaft ganz in der Geschichte: Alle seine Herrschaftsrechte habe *der Herr in seiner konkreten menschlichen Erscheinung, ... nicht als Repräsentant eines unsichtbaren idealen Rechtssubjekts*[402]. Das Entsprechende gilt nach Gierke auch für die Genossenschaften, die ohnehin als die komplementären Erscheinungen zu den herrschaftlichen Strukturen angesehen wurden und zusammen mit diesen seit Justus Möser das große Thema der deutschen verfassungsgeschichtlichen Forschung des 19. Jahrhunderts bildeten[403]. Die sinnenfällige Präsenz der Herrschaft wie der *Genossengesamtheit*, die ihre Rechte *als Versammlung in sinnlich-lebendiger Einheit* geübt habe, schließt sekundäre Re-präsentation des an sich nicht Präsenten — gemäß der ontologischen Prämisse liberaler Staatslehre — ebenso aus wie die aus dem naturrechtlichen Denken stammende, sozialistische Annahme, daß abstrakte Kollektive wie die Klassen Rechts- und Herrschaftssubjekte sein könnten, und zwar unabhängig davon, ob die ahistorisch-positivistische oder die historisch-bestimmte Bedeutung des Terminus 'Klasse' impliziert ist[404].

Was Gierke ausführlich als abnehmende Sinnenfälligkeit von Herrschaft und Genossenschaft beschreibt und zur Periodisierung der Verfassungsgeschichte mitheranzieht, was er als steigende *Abstraktion* interpretiert, erweist sich als eine in der Sozialstruktur von oben nach unten fortschreitende Auflösung der Identität des Sinnhaften mit dem Sinnenhaften. Dieser Vorgang darf durchaus schon als Symptom des „Trennungsdenkens" gedeutet werden, dessen Durchbruch und volle Entfaltung unter dem Einfluß der cartesianischen Bewußtseinsphilosophie mit ihrer Unterscheidung von res extensa und res cogitans die neuere verfassungsgeschichtliche Forschung (Otto Brunner u. a., terminologisch in Anknüpfung an Ernst Rudolf Huber) als eine der Signaturen der Moderne erkannt hat. Für Gierke wird die Trennung des Sinnhaften vom Sinnenhaften in *Herrschaftsverbänden* vor allem mit der Entstehung der *Landeshoheit* und der *Zurückdrängung des ihr entgegenstehenden ständischen Landesgemeinwesens* faßbar: von der *Individualpersönlichkeit des Landesherrn* habe sich der *Staat* als *das unsterbliche Subjekt der in der Landeshoheit zusammengefaßten Rechte und Pflichten* gelöst; der *Staat* sei als *unsichtbare Anstaltsperson* begriffen worden, der *Landesherr* hingegen sei *die sichtbare Ver-*

---

[402] OTTO V. GIERKE, Das deutsche Genossenschaftsrecht, Bd. 2: Geschichte des deutschen Körperschaftsbegriffs (Berlin 1873; Ndr. Darmstadt 1954), 43.

[403] Vgl. ERNST-WOLFGANG BÖCKENFÖRDE, Die deutsche verfassungsgeschichtliche Forschung im 19. Jahrhundert. Zeitgebundene Fragestellungen und Leitbilder (Berlin 1961).

[404] GIERKE, Genossenschaftsrecht, Bd. 2, 42. — Die These von GEORG WAITZ, daß das deutsche Volk *keine Herrschaft bevorrechtigter Klassen* gekannt habe, Deutsche Verfassungsgeschichte, Bd. 1 (1844), 3. Aufl. (1880; Ndr. Darmstadt 1953), 49, ist in ihrer begrifflichen Fassung ebenso ungeschichtlich wie die Interpretation der *Geschichte aller bisherigen Gesellschaft als der Geschichte von Klassenkämpfen*, MARX/ENGELS, Kommunistisches Manifest, MEW Bd. 4, 462. Doch bietet der Marxsche Klassenbegriff insofern ein begriffsgeschichtliches — und allein deswegen auch hier angezogenes — Schulbeispiel, als in seiner viel diskutierten Mehrdeutigkeit die oben erwähnte grundsätzliche Zweideutigkeit auszumachen ist. Daß, allgemein, zwei so unterschiedliche Verwendungsweisen desselben Terminus sinnvoll, gegebenenfalls sogar notwendig sind, hat begriffsgeschichtlich bewußte Historiographie wiederholt mit guten Gründen dargelegt. Der gegen sie erhobene Vorwurf des Neo-Historismus kann sie daher nicht treffen.

körperung der unsichtbaren Staatseinheit und deshalb zugleich das staatsrechtlich zur ausschließlichen Trägerschaft der Landeshoheit berufene Staatsorgan gewesen[405].

So unhistorisch dieses Staatsverständnis, wie es sich in der von WILHELM EDUARD ALBRECHT übernommenen Begrifflichkeit dokumentiert[406], auch gewesen sein mag, die doppelte Orientierung an herrschaftlichen und genossenschaftlichen Strukturen hat Gierke vor jeder etatistischen Verengung des verfassungsgeschichtlichen Blickfeldes bewahrt und seine Aufmerksamkeit auch auf „Erscheinungen des Nichtabsolutistischen im Absolutismus", auf die noch lange sich haltenden Residuen „örtlicher Souveränität" (GERHARD OESTREICH[407]) gelenkt. Gerade in diesem Bereich hat GIERKE strukturell bedingte Verzögerungen in der Entsinnlichung von Herrschaft entdeckt: die *Vorstellungen, welche alles politische Recht an sichtbare Herrn oder sichtbare Gesamtheiten knüpften, sind auf dem Lande erst spät und unvollkommen den abstrakten Begriffen obrigkeitlicher oder gemeinheitlicher Gewalt gewichen*[408]. Doch war Gierke, bei aller Faszination durch das germanisch-deutsche Genossenschaftswesen, fern von einer romantischen Sicht der Vergangenheit (und die Neo-Romantiker des 20. Jahrhunderts sind denn auch bald autoritativ darauf aufmerksam gemacht worden, daß sie sich auf Gierke nicht berufen können). Überzeugt, daß der Weg der Geschichte zu immer höheren Stufen führe, beurteilte er vergangene Sinnenfälligkeit von Herrschaft durchaus negativ als *Mangel an Abstraktion*, und die dabei gemeinten Verhältnisse trugen für Gierke *mit der begrifflichen Unvollkommenheit zugleich faktische Mängel an sich*, deren Überwindung er als Fortschritt bewertete[409].

Dieser Zusammenhang von 'Negation' (in verschiedenen Bedeutungen des Begriffs) und 'Fortschritt' sowie die durchgehende Annahme, daß die Triebkräfte der Geschichte jeweils von den nicht-dominierenden Gegebenheiten ausgehen, lassen Gierkes Aufgeschlossenheit mindestens für zwei damals miteinander konkurrierende Denkformen erkennen: für eine gewisse entwicklungsgeschichtliche Konzeption, die Geschichte als Aufhebung privativer Negationen interpretiert, und für die neuere, ihren eigenen Begriff der 'Negation' implizierende Dialektik — beide in je besonderer Weise noch der Tradition aristotelischer Metaphysik verpflichtet, beide aber auch als Wende traditioneller Ontologie in die Geschichte sowohl Zeugnis wie Mittel des Abbruchs jener Tradition und beide in Gierkes Werk in bestimmter Weise miteinander verbunden[410].

---

[405] GIERKE, Genossenschaftsrecht, Bd. 2, 44. 960.
[406] WILHELM EDUARD ALBRECHT, Rez. Romeo Maurenbrecher, Grundsätze des deutschen Staatsrechts, abgedr. R. MAURENBRECHER, Grundsätze (1837; Ndr. Darmstadt 1962).
[407] GERHARD OESTREICH, Strukturprobleme des europäischen Absolutismus (1969), in: ders., Geist und Gestalt des frühmodernen Staates (Berlin 1969), 183. 185.
[408] GIERKE, Genossenschaftsrecht, Bd. 2, 448. — Gierkes Beobachtung gilt in gewissem Sinne noch heute: unbeschadet des Gebrauchs abstrakter politischer und juristischer Termini, auch auf dem Lande, sprechen Dorfbewohner gelegentlich nicht nur vom „Gut", sondern auch von der „Herrschaft" und meinen dann den Gutsbesitzer und dessen Familie; diesen wiederum kann man von „seinen Leuten" reden hören.
[409] Ebd., 44.
[410] Vgl. BÖCKENFÖRDE, Verfassungsgeschichtliche Forschung, 147 ff.

2. Verfassungsgeschichte als Dialektik von Herrschaft und Genossenschaft mit immanentem Entwicklungsziel

Bei seinen vorbildlich quellennahen, materialgesättigten Forschungen läßt sich auch Gierke von einer geschichtsphilosophischen Frage leiten. Es ist jene Frage, die mit dem höchsten Anspruch Hegel aufgeworfen und beantwortet hat und auf die Marx seine eigene Antwort gefunden hat: die Frage nach dem eigentlichen Geschehen in aller Geschichte, die geschichtsphilosophische Frage par excellence. Der Historiker Gierke gibt eine schon im Ansatz differenzierte Antwort. Für ihn ist das, was in allem Geschehen eigentlich geschieht, der *Kampf dieser beiden großen Prinzipien: des Einheitsgedankens und des Gedankens der Freiheit*. Konkreter wird die geschichtsphilosophische Leitfrage beantwortet durch die Präzisierung des generellen Gegensatzes von *Einheitsidee* und *Freiheitsidee* zum *Kampfe zwischen Herrschaft und Genossenschaft*[411]. Die Antithetik von Einheit und Freiheit, von Herrschaft und Genossenschaft macht für Gierke Wesen und Struktur der Verfassungsgeschichte aus. Aufgehoben wird dieses Gegen- und Ineinander erst in der *modernen Staatsidee*: sie ist *die Versöhnung der uralten Genossenschaftsidee und der uralten Herrschaftsidee ... in einer höheren Einheit*[412]. Dort aber, wo der Gegensatz besonders ausgeprägt gewesen, in der durchgehenden Zwiespältigkeit der gesamten deutschen Verfassungsgeschichte[413], muß auch dessen endliche Aufhebung die Züge der Vollkommenheit tragen: der aus dem säkularen Zusammenhang von Krise und Kritik bekannte Topos vom „Ende aller bisherigen Geschichte" — er hat durch das „Kommunistische Manifest" weltweite Verbreitung gefunden — wird in Gierkes verfassungsgeschichtlicher Konzeption eingenommen von der konstitutionellen Monarchie. Sie ist für ihn das Telos der deutschen Verfassungsgeschichte, Ende und Vollendung einer historischen Entwicklung, die in sich dialektisch strukturiert gedacht wird. So ist dialektisches Denken in der durchgehenden Annahme zu erkennen, daß jeweils *das entgegengesetzte Prinzip* — das Prinzip *der Herrschaft und des Dienstes* oder das *der Genossenschaft* — *zur Quelle schöpferischer Neubildung* werde[414], wie in der Vorstellung, daß die Perfektion der endlich errungenen Einheit, gleichsam die Qualität der Synthesis als Synthesis, abhängig sei vom Maß der aufzuhebenden Spannung; dialektisch ist nicht nur die große Periodisierung der Geschichte, sondern auch die Deutung des Verfassungswandels in den einzelnen Perioden als Entfaltung der *Herrschaftsidee* oder der *Genossenschaftsidee* schon innerhalb der noch nach dem entgegengesetzten Prinzip verfaßten Ordnung[415].

Daß 'Herrschaft' bzw. 'Genossenschaft' immer wieder als „Idee", „Gedanke" oder „Prinzip" apostrophiert werden, verrät eine an Hegel orientierte Dialektik. Doch erst im Fortgang der Geschichte lassen Herrschaft und Genossenschaft den ontologischen Status dessen, was ist, ohne daß es sinnenfällig gegeben wäre, immer deutlicher gewahren, werden ihre Begriffe vollends zu Begriffen von Ideen und erst

---

[411] GIERKE, Genossenschaftsrecht, Bd. 1: Rechtsgeschichte der deutschen Genossenschaft (1868; Ndr. 1954), 1f. 3. 9.
[412] Ebd., 833.
[413] Ebd., 12.
[414] Ebd., 8f.
[415] Ebd., 833.

sekundär auch zu Begriffen realer Verfassungsstrukturen (die in dem Maße, in denen sie der Idee entsprechen, auch jenen ihnen anhaftenden „Mangel an Abstraktion", ihre Sinnenfälligkeit, hinter sich lassen). Mit dieser Deutung der Verfassungsgeschichte als eines stufenweise vollzogenen Abstraktionsprozesses und, damit aufs engste verbunden, als Dialektik von Herrschaft und Genossenschaft, die zwar von vornherein als Idealdialektik angelegt ist, aber von Epoche zu Epoche schärfere Konturen gewinnt, hat Gierke die historische Erfahrung des im Zeitalter der Revolutionen abstrakt gewordenen Verfassungswesens verarbeitet.

Definitiv aufgehoben wird der Gegensatz von Herrschaft und Genossenschaft in der *modernen Staatsidee* und deren Realisierung im *repräsentativen Verfassungsstaat*, einem *die genossenschaftliche Grundlage ... und die obrigkeitliche Spitze ... organisch, d. h. nicht als Summe, sondern als eine neue lebendige Einheit verbindenden Gemeinwesen*[416]. Über diese für Gierke mit der Gründung des Deutschen Reiches durch Bismarck vollzogene Synthese wird die Verfassungsgeschichte nicht mehr dialektisch hinausgetrieben. Dialektisches Denken selbst scheint aufgehoben zu sein in geschichtlicher Entwicklungstheorie, die auf das der Verfassungsgeschichte immanente Ziel, die konstitutionelle Monarchie, fixiert ist. In der Beschreibung dieses Endzustandes wird auch organologisches Denken sichtbar, eine dritte, in Gierkes späteren Veröffentlichungen immer stärker hervortretende Komponente.

Vollends aufgehoben hat Gierke seinen ursprünglichen dialektischen Ansatz mit dem vielzitierten späten Wort, daß der Staat *seiner Grundlage nach Genossenschaft, seiner Betätigungsform nach Herrschaft* sei[417]. In dieser These ist die strukturelle Dichotomie, die in der Gegenüberstellung von „genossenschaftlicher Grundlage" und „obrigkeitlicher Spitze" noch zu erkennen war, ersetzt worden durch die andersartige Unterscheidung von „Grundlage" und „Betätigungsform", in der eine dualistische Betrachtungsweise zum Ausdruck kommt. Aber auch noch mit diesem Übergang von der Dichotomie zum Dualismus, von der zwischen den Phänomenen selbst getroffenen Unterscheidung zur unterschiedlichen Betrachtungsweise ein und desselben Phänomens von zwei verschiedenen Gesichtspunkten aus, will Gierkes Lebenswerk den realen Gang der Verfassungsgeschichte reflektieren.

3. Zum politischen Sprachgebrauch zwischen vorrevolutionärer Tradition und tendenzieller Demokratisierung

Bei allen Vorbehalten, mit denen heute Gierkes Werk aufzunehmen ist, vermag auch vor dem Urteil der neueren Forschung, neben vielem anderen, die Erkenntnis des tiefgreifenden Strukturwandels von Herrschaft und der in steigender Abstraktionshöhe sich spiegelnden Auflösung konkreter Herrschaftsverhältnisse um so mehr zu bestehen, als zu Gierkes Zeit und weit über sie hinaus 'Herrschaft' oft genug in traditioneller Anschaulichkeit auf die Person eines Herrschers bezogen wird. Oft aber auch verrät die politische Sprache mit der emphatischen Konkreti-

---

[416] Ebd., 833f.
[417] Ders., Der germanische Staatsgedanke, Vortrag gehalten am 4. 5. 1919, in: ders., Staat, Recht und Volk. Wiss. Reden u. Aufs., hg. v. Ulrich v. Wilamowitz-Moellendorff (Berlin 1919), 7; vgl. ders., Recht und Sittlichkeit, Logos 6 (1916/17), 260f.

sierung von 'Herrschaft' den entschiedenen Willen, gegen die Zeittendenzen zu argumentieren, denen eben damit doch Rechnung getragen wird — und dies nicht nur im Negativen. Ein Beispiel solcher Vielschichtigkeit bietet BISMARCKS große Rede in der Reichstagssitzung vom 24. Januar 1882, in der er die liberale Trennung von *régner* und *gouverner* nach französischem Muster — *le roi régne et ne gouverne pas*[418] — scharf ablehnt: Sie sei weder mit der preußischen Verfassungsurkunde noch mit den Traditionen der preußischen Monarchie zu vereinbaren; trotz erforderlicher Gegenzeichnung blieben *Regierungsakte* doch die des *selbstregierenden Königs;* er, Bismarck, sei bei aller *gesetzlichen Verantwortlichkeit* nur der *Diener* seines *angestammten Königs und Herrn*. Im gleichen Atemzug verwahrt Bismarck sich gegen einen vom *Herrn Vorredner* erhobenen Vorwurf, den ausgesprochen zu haben, der betreffende Abgeordnete bestreitet; Bismarck aber — *das hat doch der Herr gesagt* — bleibt dabei, daß er beleidigt worden sei[419]. In kurzer Folge wird hier das Wort 'Herr' in verschiedenen Bedeutungen gebraucht: 1. als Ausdruck einer Herrschaftsbeziehung, deren Existenz mit aller Entschiedenheit, gestützt auf das positive Recht, betont wird, weil Außenstehende, auch schon mit Rechtsgründen, sie in Frage stellen; 2. als höfliche Anrede, deren Gebrauch zunächst unter Angehörigen der höheren Stände die Nivellierung der Ständegesellschaft und ihren Wandel zur Klassengesellschaft — auch in ihren informalen Strukturen — anzeigt: der Adelige respektiert auch den Bürger als Herrn, bis es schließlich, im Zeitalter des *Common man* und eines eher metapolitischen Verständnisses von *Demokratie als Lebensform*[420], ein Gebot der *égalité morale* wird, jedermann mit 'Herrn' anzureden; 3. könnte — der Text läßt eine eindeutige Entscheidung nicht zu — auch bei Bismarck jener ironisierende, polemische Ton anklingen, mit dem das Wort dem Angesprochenen (oder einem in Abwesenheit Gemeinten) die Qualität, die es ihm zu attestieren scheint, in Wahrheit gerade absprechen soll: wie man auch nach unserem Wortgebrauch von einem „feinen Herrn" sprechen kann, wenn man zu verstehen geben will, daß man den Betreffenden keineswegs für einen „Ehrenmann" hält.

Gegenüber diesen weit auseinandertretenden Bedeutungen, die sich rhetorisch auch gegeneinander ausspielen ließen, scheint die Begriffslage ungleich einfacher zu sein, die mit der Einführung der Bezeichnung „Herrenhaus" für die Erste Kammer in Preußen (durch das Gesetz vom 30. Mai 1855) geschaffen worden war[421], denn der adelige Grundbesitz stellte die weitaus größte Zahl der Mitglieder. Gleichwohl trügt der Anschein sozialer Homogenität: dem Herrenhaus gehörten nicht mehr nur *die*

---

[418] Die lateinische Fassung dieses vielzitierten Grundsatzes geht auf ein Wort zurück, das aus dem Polen des späten 16. Jahrhunderts überliefert worden ist. Die oben wiedergegebene Version stammt von ADOLPHE THIERS, der sie öfters gebraucht hat, wohl zum ersten Mal am 19. 2. 1830 in der von ihm mitherausgegebenen Zeitung „Le National", vgl. BÜCHMANN 32. Aufl., 653.
[419] BISMARCK, Rede v. 24. 1. 1882, FA Bd. 12 (1929), 342ff.
[420] CARL JOACHIM FRIEDRICH, The New Belief in the Common Man, 2nd ed. (Boston 1950); ders., Art. Demokratie, Hwb. d. SozWiss., Bd. 2 (1959), 561; ROUSSEAU, Contrat social 1, 9 (s. Anm. 318), 367.
[421] Vgl. ERNST RUDOLF HUBER, Deutsche Verfassungsgeschichte seit 1789, Bd. 3: Bismarck und das Reich (Stuttgart 1963), 81ff.

großen Herren an, die TREITSCHKE *die echte Aristokratie* genannt hat, sondern auch jene *kleinen Herren*, von denen er meinte, daß sie in den *gewaltigen Zeiten*, die über Preußen und Deutschland gekommen waren, *schmollend auf ihren Dörfern* sitzen geblieben seien[422]. Überdies zählte das Haus zu seinen Mitgliedern auch Bürgerliche. Obschon diese nur eine kleine Minderheit bildeten und fast ausnahmslos aus den führenden Schichten des Bürgertums kamen, war die Zusammensetzung des Herrenhauses doch schon wegen der inneren Schichtung des Adels so heterogen, daß es einer Bezeichnung bedurfte, die geeignet erscheinen konnte, sowohl die internen Unterschiede des Adels, einen Abglanz feudaler Vergangenheit, als auch die Unterschiede zwischen Adeligen und Bürgerlichen, zwischen *Grundbesitz* und *Geldmacht*, zu übergreifen, und sie sollte schließlich auch auf die Akademiker zutreffen. Ohne Zweifel waren es noch Herren in einem anspruchsvollen Sinne, die dort versammelt waren; aber es waren eben nicht mehr nur die Vertreter des *alten deutschen Herrenstandes* (von dem nach Treitschke ohnehin nur noch Trümmer bestanden). So empfand Treitschke den *prunkenden Namen* „Herrenhaus" denn auch als altständische *Reminiszenz*[423] in einer immer stärker vom Bürgertum geprägten Welt, in der das Wort 'Herr' in seiner Bezeichnungsfunktion wie in seinem Bedeutungsgehalt zunehmend der „Demokratisierung" unterlag. Parallel mit dem unterschiedslosen, allgemeinen Gebrauch der Anrede 'Herr' ist 'Herrschaft' zum abstrakten Klassifikationsbegriff geworden.

4. 'Herrschaft' und 'Genossenschaft' als allgemeine Wissenschaftstermini

Vielfältig und verschiedenartig waren die Folgen der eindrucksvollen Gegenüberstellung von 'Herrschaft' und 'Genossenschaft' als den beiden Grundbegriffen der deutschen Verfassungsgeschichte. Sind die Wirkungen auch nicht auf GIERKE allein zurückzuführen[424], so hätte ohne sein Werk das Begriffspaar schwerlich jene weite Verbreitung und universale Verwendung über die Rechts- und Verfassungsgeschichte hinaus in dogmatischer Jurisprudenz und Ökonomie, in Politik und Soziologie gefunden, die es neben 'Staat' und 'Gesellschaft' zum Schulbeispiel für das Trennungsdenken haben werden lassen. Zwar hat Gierke wie kein Historiker vor ihm und nach ihm mit Hilfe von 'Herrschaft' und 'Genossenschaft' konkrete historische Forschungen betrieben; wie keiner vor ihm aber hat er schon 'Herrschaft' und 'Genossenschaft' als Bezeichnungen für abstrakte „Ideen" oder „Prinzipien" verwendet, um sie dann, von hoher Allgemeinheitsstufe aus, in die Geschichte zu projizieren und dort ihrer unterschiedlichen Verwirklichung nachzugehen. Und indem er so verschiedenartige historische Gegebenheiten wie das *herrschaftliche Mundium* des germanischen Rechts, die *Obrigkeit* der frühen Neuzeit und den modernen, als *Anstalt* begriffenen Staat auf eine abstrakte „Idee von Herrschaft" bezogen hat, sollte er selbst den Weg freigeben für die nivellierende Deutung und

---

[422] HEINRICH V. TREITSCHKE, Das Zweikammersystem und das Herrenhaus (1873), Aufs., Reden u. Br., hg. v. Karl Martin Schiller (Meersburg 1929), 554.
[423] Ebd., 575f.
[424] Hinweise zur Wirkungsgeschichte bei ERIK WOLF, Große Rechtsdenker der deutschen Geistesgeschichte (1939), 3. Aufl. (Tübingen 1951), 663ff.

unterschiedslose Diskriminierung grundverschiedener Erscheinungen als Herrschaft[425]. Die Wertprämissen, unter denen die Deutung zur Diskriminierung wurde, waren freilich nicht mehr die seinen.

Schon der Verzicht auf die wie immer begrenzte und umstrittene Dialektik sollte sich für die historische Aussagefähigkeit von 'Herrschaft' und 'Genossenschaft' nachteilig auswirken. Herausgelöst aus den Zusammenhängen der Beschreibung wechselseitiger Einschränkung und Ablösung, Durchdringung und Anverwandlung konkreter Verfassungsstrukturen, sind sie zu schlichten Klassifikationsbegriffen geworden, die an Bestimmtheit verloren, was sie an Allgemeinheit gewonnen haben. So finden wir mit 'Genossenschaft' und deren sprachlichen Ableitungen, Kombinationen und Spezifikationen in ihrem Ursprung so heterogene, in ihrer Bedeutung so divergierende Begriffe und Vorstellungen assoziiert wie *die Ideenwelt des alten deutschen Rechts- und Staatsempfindens*, Naturrecht und Aufklärung, *klassischer deutscher Liberalismus*, Konstitutionalismus und Rechtsstaat, kurzum alles, was mit Freiheit in Verbindung gebracht werden kann, aber auch die Korrelation von Bürgerrecht und Bürgerpflicht, den *heutigen deutschen Polizeigedanken* und, als dessen Ausdruck, die sozialpolitische Gesetzgebung oder was sonst mit der arg strapazierten *Elastizität des Genossenschaftsgedankens* eben noch mag zu umspannen sein, während *Autoritätsprinzip* und *Einheit*, *Polizeistaat* und *Sozialismus* auf seiten von 'Herrschaft' verbucht werden[426]. Solche Zuordnungen mögen in ihrem Kontext sinnvoll sein; ohne sinnverleihenden Zusammenhang aber werden sie weithin austauschbar, können also insoweit als vernünftig gelten, als Beliebigkeit zum Kriterium von Rationalität gemacht werden kann: die Beliebigkeit bestätigt hier die Brauchbarkeit hochabstrakter Begriffe für klassifikatorische Zwecke[427].

Für den Sozialismus kann die Klassifikation als Herrschaftsphänomen um so weniger akzeptabel sein, als er mit der Anrede 'Genosse' den Grundbegriff des deutschen Genossenschaftsrechts zum Symbolwort für seine Ideen von Brüderlichkeit und internationaler Solidarität gemacht hat. — In Distanz zum Prinzip 'Herrschaft' sieht sich auch der Pluralismus: er kann sich auf GIERKES allgemeine Wesensbestimmung der Verbände durch das Prinzip der Homogenität von Staat, Gemeinden und Genossenschaften, auf die Annahme einer *realen leiblich-geistigen Einheit der menschlichen Verbände*, berufen[428]. Zur angelsächsischen Variante des Pluralismus führen weitere Brücken, insbesondere die in erster Linie durch Maitland vermittelten Wirkungen Gierkes auf das Selbstverständnis englischer Verfassungslehre und Verfassungsgeschichtsschreibung. Die bona fide entdeckten oder unterstellten Gemeinsamkeiten deutscher und englischer Verfassungsgeschichte haben natürlich nicht verhindern können, daß auch England in die große ideologische Konfron-

---

[425] GIERKE, Genossenschaftsrecht, Bd. 1, 92. 832.
[426] KURT WOLZENDORFF, Der Polizeigedanke des modernen Staats. Ein Versuch zur allgemeinen Verwaltungslehre unter besonderer Berücksichtigung der Entwicklung in Preußen (Breslau 1918; Ndr. Aalen 1964), 267f. 217. 215. Hier auch zahlreiche Belege für eine von ideologischer Färbung nicht freie, weit gespannte Genossenschaftstaxonomie.
[427] Über Beliebigkeit als Ingredienz von 'Rationalität' vgl. DIETER CLAESSENS, Rationalität revidiert, Kölner Zs. f. Soziologie u. Sozialpsychologie 17 (1965), 465ff.
[428] O. v. GIERKE, Das Wesen der menschlichen Verbände (Leipzig 1902; Ndr. Darmstadt 1954), 24.

tation zwischen Deutschland und Westeuropa, zwischen den *Ideen von 1914* und den *Ideen von 1789*, einbezogen worden ist[429]. Sie hat sich auch der Begriffe 'Herrschaft' und 'Genossenschaft' bemächtigt, was bei der — heute nahezu vergessenen — deutschen Voreingenommenheit für alles Genossenschaftlich-Freiheitliche nur bedeuten konnte, daß der ideologische Alternativradikalismus den Westen mit dem Gegenbegriff 'Herrschaft' zu identifizieren suchte. Die säkulare Tendenz zur Diskriminierung von Herrschaft kam der denunzierenden Propaganda entgegen (wobei hier dahingestellt sein mag, inwieweit es sich um ein Reaktionsphänomen auf die Funktionalisierung des Demokratiebegriffs durch die Propaganda des Westens gehandelt hat). Wie tief die Identifikation des Westens mit herrschaftlichen Strukturen angelegt, wie geläufig die Deutung von Herrschaft als römisch, romanisch oder welsch gewesen, geht u. a. daraus hervor, daß noch 1926 OTTO HINTZE die starke Betonung des *herrschaftlichen Moments* bei Max Weber als *sehr merkwürdig* empfunden und auf dessen *romanistisches Denken* in Reaktion auf das *germanistische der herrschenden staatsrechtlichen Richtung* zurückgeführt hat[430]. Vor allem aber sind Hintzes späte Veröffentlichungen repräsentativ für das um sich greifende Bemühen von Vertretern verschiedener Wissenschaften, im gewohnten Klassifikationsschema von 'Herrschaft' und 'Genossenschaft' den neuen Begriff 'Führung' unterzubringen.

VIII. Die Substitution von 'Herrschaft' durch 'Führung'

Im 19. Jahrhundert steht 'Führung' bei der Diskussion von Herrschaftsstrukturen typischerweise in einer Reihe mit Wörtern gleicher oder verwandter Bedeutung, hat also noch keine terminologischen Qualitäten[431]. Noch nicht anderweitig okkupiert, konnte das Wort um so leichter von jenen Theorien in Anspruch genommen werden, die das Phänomen der Herrschaft im Rahmen oder mit Hilfe der seit dem ausgehenden 19. Jahrhundert unter dem Einfluß experimenteller Naturwissenschaften zu großartiger Entfaltung gelangten Psychologie zu erklären suchten. Wenn etwa GEORG SIMMEL, noch mit charakteristischer Synonymität von 'Herrschaft' und 'Führung', behauptet: *Der Mensch ... will ... beherrscht sein, die Mehrzahl der Menschen kann ... ohne Führung nicht existieren*[432], wenn ALFRED VIERKANDT von einem *angeborenen Trieb zur Unterordnung* spricht und die Vermutung äußert: *Nichts wurzelt vielleicht so tief im Menschen als das Bedürfnis*

---

[429] Statt vieler: JOHANN PLENGE, 1789 und 1914. Die symbolischen Jahre in der Geschichte des politischen Geistes (Berlin 1916), passim; vgl. zum gesamten Komplex KLAUS SCHWABE, Wissenschaft und Kriegsmoral. Die deutschen Hochschullehrer und die politischen Grundfragen des Ersten Weltkrieges (Zürich, Frankfurt 1969).

[430] OTTO HINTZE, Max Webers Soziologie (1926), in: ders., Soziologie und Geschichte. Ges. Abh. z. Soziologie, Politik u. Theorie d. Gesch., hg. v. G. Oestreich, 2. Aufl. (Göttingen 1964), 142.

[431] So z. B. WAITZ, Verfassungsgeschichte (s. Anm. 404), Bd. 1, 185ff.: *Herrschaft, ... Leitung des Volks, ... Führung*.

[432] GEORG SIMMEL, Soziologie. Untersuchungen über die Formen der Vergesellschaftung, 2. Aufl. (München, Leipzig 1922), 109.

VIII. Substitution von 'Herrschaft' durch 'Führung'

nach Führerschaft[433], so geht es weder um Fragen sinnlicher Konkretisierung oder Repersonalisierung von Herrschaft noch um Legitimationsprobleme; beabsichtigt ist vielmehr die Erklärung der Faktizität von Herrschaft aus der psychischen Konstitution des Menschen. Im Zusammenhang mit der Psychologisierung des Herrschaftsbegriffs, die in anthropologische, letzthin ontologische Dimensionen verweist und ihren Reflex in der Rede von der „Führernatur" gefunden hat, scheint auch 'Führung' zum Terminus geworden zu sein.

So ist die Neutralität, die FRANZ OPPENHEIMER dem *Begriff der Führerschaft* zu attestieren sucht[434], nicht mehr die Offenheit und Flexibilität, genauer: die Ein-Mehrdeutigkeit der Analogie, mit deren Hilfe die natürliche Sprache ein Wort in immer neue Bedeutungen hineinwachsen läßt[435]. Daher auch stehen Behauptungen wie die, daß *Führerschaft sich ebenso gut mit Genossenschaft wie mit Herrschaft verbinden könne*, in Widerspruch zu Oppenheimers eigenen definitorischen Bemühungen, das Wort doch einseitig festzulegen, etwa wenn er die Bedeutung von *genossenschaftlicher Führerschaft* aus dem Gegensatz zu *herrschaftlicher Leitung* bestimmt. Eben in diesem Sinne ist er auch verstanden worden[436].

Daß die Versuche, 'Führung' und 'Führerschaft' ins dichotomisch-dualistische Schema von 'Herrschaft' und 'Genossenschaft' einzufügen, die Logik des zweigliedrigen Trennungsdenkens sprengen, geht in aller Deutlichkeit aus HINTZES brillanter Auseinandersetzung mit Oppenheimer und dessen radikal herrschaftsfeindlicher soziologischer Staatsidee hervor. Dabei konzediert Hintze durchaus, *daß Führerschaft begrifflich etwas anderes ist als Herrschaft*, bestreitet aber die Möglichkeit der Zuordnung zu 'Genossenschaft'; vielmehr hält er *Führung* für ein *Urphänomen*, ohne welches *die ursprüngliche Menschenhorde so wenig denkbar ist wie die tierische Herde*. Damit wird *Führung*, unbeschadet nachträglicher Einordnung in den nach Hintzes Ansicht *typischen, historisch unendlich oft wiederkehrenden Entwicklungsgang vom Führertum zur Herrschaft*[437], primär als Erscheinung sui generis anerkannt. Eben diese Meinung, die hier zur begriffsgeschichtlichen Illustration an einem über jeden Verdacht faschistischen Denkens erhabenen Historiker belegt worden ist, sollte zum Kernbestand der Ideologie des Nationalsozialismus gehören.

Ebenfalls schon vor und mit der Heraufkunft des Nationalsozialismus hat das „Zeitalter des kleinen Mannes" die Veralltäglichung des Charismas mit sich gebracht: So sieht VIERKANDT *eine blinde Hingabe, ... die eine völlige Unmöglichkeit des Widerstandes in sich schließt*, nicht allein hervorgerufen durch *die genialen Führerpersönlichkeiten der Weltgeschichte; sie sei in kleinerem Maßstab täglich um uns herum zu beobachten*[438]. 'Herrschaft', einer der zentralen Begriffe der alteuropäischen Welt, schien definitiv abgelöst zu sein durch 'Führung': mit ihm glaubte man das durchgehende Strukturprinzip sozialer Ordnung entdeckt zu haben.

---

[433] ALFRED VIERKANDT, Gesellschaftslehre. Hauptprobleme der philosophischen Soziologie (Stuttgart 1923), 68. 93.

[434] FRANZ OPPENHEIMER, System der Soziologie, Bd. 1/1: Allgemeine Soziologie. Grundlegung (Jena 1922), 369.

[435] Vgl. ALBERT MENNE, Einführung in die Logik (Bern, München 1966), 16 ff.

[436] OPPENHEIMER, System der Soziologie, Bd. 1/1, 369. 374.

[437] O. HINTZE, Soziologische und geschichtliche Staatsauffassung. Zu Franz Oppenheimers System der Soziologie (1929), in: ders., Soziologie u. Geschichte, 270. 275. 269.

[438] VIERKANDT, Gesellschaftslehre, 69.

Die zeittypische Generalisierung von 'Führung' zur Bezeichnung einer *Funktion, die in allen gesellschaftlichen Gruppen auftritt* (THEODOR GEIGER[439]), machte terminologische Spezifikationen erforderlich, von denen die bemerkenswerteste die des 'Massenführers' gewesen sein dürfte: sie nennt die neue Voraussetzung von Führung, widerstreitet aber eben damit der These, daß Führung ein eigenständiges soziales Phänomen — ein „Urphänomen" im Sinne Hintzes — sei. Denn der *Massenführer* ist nicht Führer in irgendeinem herkömmlichen Sinne. *Des Massenführers wesentlichste Funktion ist die, durch deren erste Betätigung er zugleich Führer wird: die adäquate Formulierung der Massenstimmung in ihrer aktuellen Nuance ... Er bestimmt nicht die Haltung der Masse, sondern er ist Führer kraft seiner potenzierten Massenhaltung; er ist Exponent der Masse.* Dem Nihilismus der Masse ohne Führung — nach der Definition Theodor Geigers: ein *von der destruktiv-revolutionär bewegten Vielheit getragener sozialer Verband*[440] — entspricht die Nichtigkeit des Führers ohne Massenanhang.

Der Nationalsozialismus hat die von den Modedisziplinen der Psychologie und Soziologie der Masse vertretenen Lehrmeinungen geschickt zu verwerten gewußt, dabei freilich die Abhängigkeitsverhältnisse in ihr Gegenteil gekehrt: nicht die Massen galten ihm als Ursprung der Spontaneität und Zentrum der Entscheidung, sondern „der Führer". Die Unterscheidung von 'Masse' und 'Führung' wurde durch die Gegenüberstellung von 'Führer' und 'Volk' abgelöst: die neue Wortfolge entsprach den politisch durchgesetzten Prioritäten[441].

Zu den stillschweigend übernommenen und raffiniert praktizierten Erkenntnissen aus Psychologie und Soziologie, die sich vorab auf eine breite Alltagserfahrung stützen konnten, gehörte die Erfüllung von Bedürfnissen nach sinnlicher Konkretheit. Freilich verstehen sich alle politisch-sozialen Massenbewegungen des 20. Jahrhunderts — keineswegs nur der Faschismus in seinen unterschiedlichen nationalen Ausformungen — vorzüglich darauf, Farben und Klänge, Symbole und Rhythmen als Integrationsfaktoren einzusetzen[442]. Solche Versinnlichung hat vielerlei Wirkungen. Sie fördert (worauf es hier allein ankommt) einerseits die emotionale Identifikation mit dem Führer, insonderheit unter den Bedingungen sozialer Homo-

---

[439] THEODOR GEIGER, Art. Führung, Handwörterbuch der Soziologie (1931), hg. v. A. VIERKANDT, 2. Aufl. (Stuttgart 1959), 137.

[440] TH. GEIGER, Die Masse und ihre Aktion. Ein Beitrag zur Soziologie der Revolutionen (Berlin 1926), 149. 37.

[441] Was Psychologie und Soziologie der Masse entdeckt hatten oder glaubten entdeckt zu haben, wollte man sich zunutze machen, ohne es für die eigene demagogische Praxis gelten zu lassen. Symptomatisch für dieses Dilemma ist der nachstehende Passus: *Massen sowohl wie Volk brauchen Führung ... Die Führung der Masse ist stimmungsbedingt ... Deshalb hat der Massenführer keinen eigenen Willen, kein Ziel, keine Lebensdauer ... Der wirkliche Führer kommt aus dem Volk und ist mit diesem natürlich verbunden. Er ist der instinktsichere Vollzieher des bewußten oder oft auch unbewußten Volkswillens*, OTTO GOHDES, Der neue deutsche Mensch, in: Der Schulungsbrief, hg. v. Hauptschulungsamt d. NSDAP u. d. DAF, 7. Folge (Sept. 1934), 8.

[442] Diese Praxis hat Smend aus dem noch begrenzten Erfahrungshorizont der zwanziger Jahre in seine „Integrationslehre" einbezogen; RUDOLF SMEND, Verfassung und Verfassungsrecht (1928), Staatsrechtliche Abh. u. andere Aufs. (Berlin 1955), 119ff.; vgl. ders., Art. Integrationslehre, Hwb. d. SozWiss., Bd. 5 (1956), 299ff.

VIII. Substitution von 'Herrschaft' durch 'Führung'

genität bzw. hoher sozialer Mobilität (der Führer, der selbst aus „kleinen Verhältnissen" stammt, der „ein einfacher Arbeiter", „ein Frontsoldat" gewesen ist — „einer wie Du und ich"); andererseits vermag Versinnlichung, zumal wenn sie sich der Mittel und Möglichkeiten moderner Technik zu bedienen versteht, den Führer aus der Masse herauszuheben, die Einsamkeit des einen gegenüber allen anderen augenfällig zu machen. Durch solcherart identifizierende Distanzierung wird Führung für die Geführten zu einem bipolaren Erlebnis, wie es in religiös sensibleren Zeiten *das Heilige* in seiner doppelten Qualität als *Tremendum* und *Faszinans* für breiteste Schichten gewesen ist[443].

Die Präsentation des Führers erfüllt zugleich teils bestehende und wissenschaftlich diagnostizierte, teils aber auch propagandistisch angesonnene oder erhöhte Bedürfnisse nach Autorität. 'Führerprinzip', 'Personenkult' und andere, durch ihre demokratische Umgebung minder verdächtige Begriffe und Erscheinungen sind Reaktionsphänomene auf den tief angelegten Abstraktionsprozeß, dem Herrschaft in mehrfacher Hinsicht ausgesetzt ist. Sie können ihn vorübergehend eskamotieren, aber weder aufhalten noch gar rückgängig machen.

Vergeblich war gegenüber der praktisch-revolutionären Entdeckung und ideologischen Stilisierung von 'Führung' zum Zentralbegriff der neuen „Weltanschauung" der Versuch des Konservatismus, Begriff und Phänomen der Herrschaft aufzuwerten, auch wenn der Konservatismus sich dabei zeitgemäß, d. h. auch seinerseits revolutionär, gegeben hat[444]; aussichtslos war zumal das Unterfangen, auf Grund der Diagnose, daß *der Tatbestand der Auflösung und grundsätzlichen Verneinung der herrschaftlichen Faktoren ... der zentrale der gegenwärtigen Staatskrise* sei, den *autoritären Staat* als Alternative zum *totalen Staat* zu beschwören[445]. — Wie sehr Hans Freyer recht behalten sollte, als er den *Begriff der Herrschaft ... den besttabuierten Begriff des gegenwärtigen Denkens* genannt hat[446], haben die folgenden Jahre bewiesen, in denen das *Führerprinzip* durchgesetzt und dessen Rückbezug auf das Prinzip Herrschaft autoritativ abgeschnitten worden ist. So hat man die allenthalben propagierte These von der historischen Eigenart und Unvergleichlichkeit solcher *nationalsozialistischer Grundbegriffe wie Gemeinschaft, Führer, Volksgemeinschaft* verhältnismäßig früh in zwar nicht respektloser, aber eben historisch distanzierender Auseinandersetzung mit Gierkes *Begriffswelt* zu begründen gesucht und dabei in aller nur wünschenswerten Klarheit erkannt und dargelegt, daß Gierkes Terminologie *unser neues staatsrechtliches Denken nicht auszudrücken vermag und uns nur hindernd im Wege steht*[447]. Mit dieser Einsicht, die sich wie eine Bestätigung

---

[443] Rudolf Otto, Das Heilige. Über das Irrationale in der Idee des Göttlichen und sein Verhältnis zum Rationalen (1917), 26./28. Aufl. (München 1947), 13. 39.
[444] Vgl. Armin Mohler, Die konservative Revolution. Ein Handbuch (1950), 2. Aufl. (Darmstadt 1972).
[445] Heinz Otto Ziegler, Autoritärer oder totaler Staat (Tübingen 1932), 27.
[446] H. Freyer, Herrschaft und Planung. Zwei Grundbegriffe der politischen Ethik (Hamburg 1933), 23.
[447] Reinhard Höhn, Otto von Gierkes Staatslehre und unsere Zeit. Zugleich eine Auseinandersetzung mit dem Rechtssystem des 19. Jahrhunderts (Hamburg 1936), 76. 13f. Bemerkenswert für die Geschichte begriffsgeschichtlicher Forschung die Erkenntnis, daß mit der Substanz der Lehre Gierkes auch deren terminologische Fassung ganz dem 19.

des traditionellen Verständnisses von 'Herrschaft' liest, war der Begriff aus der herrschenden Ideologie tendenziell ausgegrenzt, politisch neutralisiert und damit erneut freigegeben für die Zwecke wissenschaftlicher Forschung. In diesem Freiraum hat die Wiederentdeckung herrschaftlicher Strukturen in der germanisch-deutschen Verfassungsgeschichte durch Historiker wie OTTO BRUNNER, HEINRICH DANNENBAUER und WALTER SCHLESINGER stattgefunden[448]. Die Gegenposition, die es dabei zu überwinden galt, war nicht das neue, wissenschaftlich uninteressante „Führerprinzip", sondern der alte, inzwischen ebenfalls der Ideologisierung anheimgefallene „Genossenschaftsgedanke"[449]. Vorausgegangen aber war eine wissenschaftliche Neutralisierung des Herrschaftsbegriffs von anhaltender transnationaler Ausstrahlungskraft. Sie ist im wesentlichen das Verdienst eines Mannes: Max Weber.

IX. Ausblick

MAX WEBERS verstreute Beiträge zur Herrschaftssoziologie und zur Soziologie der Bürokratie haben weltweit die größte Beachtung gefunden und die nachhaltigsten Wirkungen ausgelöst. Daß Weber *drei reine Typen legitimer Herrschaft* unterscheidet[450], gehört zum akademischen Proseminarpensum wie zur eisernen Ration von Prüfungskandidaten; daß das Epitheton 'legitim' nicht analytisches Prädikat von 'Herrschaft' ist, scheint hingegen kaum der Beachtung wert zu sein. Zu fremd ist modernem Denken geworden, was vorrevolutionärem selbstverständlich gewesen: daß, *wenn man ... von der Herrschaft überhaupt redet, ... man hierunter die rechtmäßige Herrschafft* versteht[451]. Die Unterscheidung von *rechtmäßiger* und *unrechtmäßiger Herrschafft* war zwar geläufig; sie gehörte zu den Argumentationstopoi — sedes argumentorum — klassischer Herrschaftskritik bis zu den Tyrannislehren an

---

Jahrhundert angehört. — Übereinstimmend im Ergebnis, aber aus entgegengesetzten Gründen haben auch Gegner und Verfolgte des Nazi-Regimes die Verwendung des Wortes 'Herrschaft' in diesem Falle als unangebracht und irreführend verurteilt (so z. B. Siegfried Landshut im Gespräch mit dem Verfasser angesichts einschlägiger Titel in den fünfziger Jahren). Der heute übliche Sprachgebrauch ist freilich ein anderer.

[448] Diese Zusammenhänge sind, wenn ich recht sehe, noch nicht hinreichend beachtet worden — durchaus im Unterschied zu den Impulsen, welche die verfassungsgeschichtliche Forschung aus der zeitbedingten Historisierung und Relativierung des liberalen Staats- und Verfassungsbegriffs mit dem Untergang der Republik von Weimar empfangen hat. Vgl. die treffende Notiz von BÖCKENFÖRDE, Verfassungsgeschichtliche Forschung (s. Anm. 403), 17 — im Unterschied auch zur früh beobachteten Einbettung in eine Staat und Gesellschaft übergreifende Volksgeschichte; in diesem Sinne HEINRICH MITTEIS, Land und Herrschaft. Bemerkungen zu dem gleichnamigen Buch Otto Brunners (1941), in: Herrschaft und Staat im Mittelalter, hg. v. HELLMUT KÄMPF (Darmstadt 1956), 20 ff., bes. 63 ff.

[449] An die bis in die vierziger Jahre bestehenden Vorbehalte und Widerstände gegen eine herrschaftsorientierte Verfassungsgeschichte erinnert HEINRICH DANNENBAUER in der Vorbemerkung zum Wiederabdruck seiner Abhandlung: Adel, Burg und Herrschaft bei den Germanen. Grundlagen der deutschen Verfassungsentwicklung (1941), in: KÄMPF, Herrschaft und Staat, 66.

[450] WEBER, Wirtschaft und Gesellschaft (s. Anm. 255), 124 u. passim.

[451] ZEDLER Bd. 12, 1800, Art. Herrschaft.

der Schwelle des Zeitalters der Revolutionen; sie ist auch lexikalisch registriert worden[452]. Doch scheint ein Herrschaftsverhältnis bis zum Beweis des Gegenteils als rechtens gegolten zu haben. Modernes Denken tendiert, in verallgemeinernder Wendung auf Herrschaft überhaupt bezogen, zur entgegengesetzten Annahme, daß Herrschaft in ihrem Ursprung, wenn nicht auch in ihrem Fortbestand unrechtmäßig sei, und läßt den Beweis des Gegenteils, unter Umkehrung der Beweislast, jeweils nur für den konkreten Fall zu.

Auf Grund ihrer spezifischen *Legitimitätsgeltung* unterscheidet Max Weber die *rationale Herrschaft* (und als deren *reinsten Typus ... diejenige mittelst bureaukratischen Verwaltungsstabs*) von der *traditionalen Herrschaft* und der *charismatischen Herrschaft*[453]. Diesen *drei reinen Typen* und ihren Misch- und Übergangsformen liegt ein identischer Herrschaftsbegriff zugrunde, bei dessen Definition Weber *zweckmäßigerweise von modernen und also bekannten Verhältnissen* ausgeht, dessen Abstraktionshöhe daher den historischen Abstraktionsprozeß von Herrschaft selbst reflektiert[454]: Während *Macht* — nicht minder abstrakt definiert — nach Weber *jede Chance* bedeuten soll, *innerhalb einer sozialen Beziehung den eigenen Willen auch gegen Widerstreben durchzusetzen*, woraus folge, *daß der Begriff „Macht" ... soziologisch amorph* sei, soll *Herrschaft ... die Chance* heißen, *für einen Befehl bestimmten Inhalts bei angebbaren Personen Gehorsam zu finden*[455].

Vor allem zwei Verfahrensweisen sichern diesen Termini (wie allen, die nach demselben, für Max Weber charakteristischen Schema definiert sind) breite Verwendbarkeit, allerdings mit der Einschränkung, daß sie gegebenenfalls das jeweils historisch Wesentliche in seiner Eigenart verfehlen: Erstens — formal — die Orientierung am positivistischen Nominalismus, die voluntaristische, jedoch nicht willkürliche, sondern von Zweckmäßigkeitserwägungen unter dem Primat der Aktualität geleitete Festsetzung der Bedeutung des Terminus, mit der durch das konstitutive Begriffsmerkmal 'Chance' eröffneten Möglichkeit der Quantifikation, dem Ideal präziser Begriffsbildung[456]; zweitens — material — ein an manifesten Erscheinungen orientiertes Verfahren (das als ein phänomenologisches oder quasiphänomenologisches oder auch behavioristisches zu bezeichnen, nur in die Irre führen würde), der Aufweis dessen, was sich an Machtbeziehungen bzw. Herrschaftsverhältnissen an sich selbst zeigt, und dies ist eben, folgen wir Weber, bei Macht die Durchsetzung des „eigenen Willens", bei Herrschaft die Befolgung der „Befehle". Nicht in die Definition aufgenommen wird hingegen, was nur erschlossen, nur theoretisierend gewonnen werden könnte, was nur der Introspektion zugänglich wäre, insbesondere also — im Falle von Herrschaft — *die Motive der Fügsamkeit*. Maßgeblich für den *Tatbestand einer Herrschaft ist nur ... das aktuelle Vorhandensein eines erfolgreich anderen Befehlenden*[457].

---

[452] Ebd., 1800 f.
[453] WEBER, Wirtschaft und Gesellschaft, 124 ff.   [454] Ebd., 122.
[455] Diese Ausgangsdefinitionen der Herrschaftssoziologie, ebd., 28.
[456] Vgl. KARL W. DEUTSCH, Diskussionsbeitrag über „Max Weber und die Machtpolitik", in: Verh. d. 15. dt. Soziologentages. Max Weber und die Soziologie heute, hg. v. OTTO STAMMER (Tübingen 1965), 142.
[457] WEBER, Wirtschaft und Gesellschaft, 122. 29. Vgl. auch JAMES BRYCE, Obedience, in: ders., Studies in History and Jurisprudence, vol. 2 (Oxford 1901), 1 ff.

Die Grenzen der historischen Aussagefähigkeit des entscheidend durch Gehorsamsleistung definierten Herrschaftsbegriffs sind in der Gegenüberstellung von Gehorsam und Treue als Konstituenten von Herrschaft zu erkennen[458]. Wenn ausschlaggebend für Herrschaftsbeziehungen die Treue ist, zumal eine wechselseitig geschuldete Treue, deren Verletzung durch den Herrn das Recht zum Widerstand gibt, so kann solcherart Herrschaft mit Webers Herrschaftsbegriff offensichtlich nicht in ihrem Wesensgehalt erfaßt werden, obgleich auch sie logisch unter ihn subsumiert werden kann. Denn Treue schließt Gehorsam ja keineswegs aus; vielmehr gibt es Gehorsam aus Treue. Wer aber aus Treue gehorcht, handelt eben nicht *lediglich um des formalen Gehorsamsverhältnisses halber*[459]. Wird so etwas wie Treue als konstitutiv in die Definition einbezogen, der Begriff mithin nicht mehr auf der Ebene der Erscheinungen, sondern auf der der Begründungs- und Motivationszusammenhänge definiert, so verliert er mit seinem formalen Charakter auch seine Neutralität.

Die ausschließliche Orientierung an Befehl und Gehorsam, die entschiedene Ausgrenzung aller — positiv oder negativ — qualifizierenden Momente aus dem Begriff 'Herrschaft' führen in der breiten Rezeption, die Webers Herrschaftssoziologie gefunden hat, zu paradoxen Konsequenzen. Denn gerade der, der sich an Webers Verständnis von 'Herrschaft' hält, verliert, auch wenn er das Gehorchen als noch so ärgerlich, ja, als unzumutbar empfinden mag, per definitionem jede Möglichkeit der Diskriminierung von 'Herrschaft', sofern er unter dem Begriff mehr oder etwas anderes versteht als das formale Verhältnis von Befehl und Gehorsam. Was von der Definition nicht erfaßt wird, von ihr auch gerade nicht erfaßt werden soll, was also ex definitione nicht für jede Herrschaft zutrifft, kann zwar durchaus zum Gegenstand der Kritik gemacht werden, nur kann diese, bei Gefahr des Widerspruchs, nicht mehr als Kritik von Herrschaft schlechthin ausgegeben werden: eben dies aber ist der Fall bei moderner, in aller Regel generalisierender Herrschaftskritik. Anders gewendet, Weber verweist das gesamte Repertoire von Gründen und Argumenten generalisierender Herrschaftskritik in den Bereich des historisch Kontingenten und legt dem Kritiker die doppelte Beweislast auf, 1. daß der Grund im konkreten Fall tatsächlich gegeben sei und 2. daß eine Verallgemeinerung berechtigt wäre. Das eine wird oft genug möglich sein, kann dann aber nicht aus einem allgemeinen Obersatz deduziert werden; das andere wäre mit der bekannten Problematik induktiver Schlüsse behaftet. Auch könnte sich auf Max Weber nicht berufen, wer, gleichsam in Umkehrung der Veralltäglichung des Charismas zum tagtäglichen Räsonnieren gegen die Herrschenden, „Die-da-oben" usf., *die eigene Ansicht über den Wert und Unwert des Befehls* zum Maßstab seiner Einwände machen wollte[460]. Die von Weber prinzipiell geforderte Werturteilsfreiheit der Wissenschaft neutralisiert auch den Herrschaftsbegriff.

Ob und inwieweit die Neutralisierung die Substitution von 'Herrschaft' durch 'Führung' gefördert hat, in welchem Umfang Max Weber in anderer Weise — durch

---

[458] Dazu die prägnante Formulierung in bezug auf das differenziert gezeichnete, fränkische Königtum: *Dem König schuldete man nicht Gehorsam, sondern Treue*, SCHLESINGER, Entstehung der Landesherrschaft (s. Anm. 15), 120; im gleichen Sinne schon WAITZ, Verfassungsgeschichte (s. Anm. 404), Bd. 1, 47.
[459] WEBER, Wirtschaft und Gesellschaft, 123.
[460] Ebd.

seinen Typus 'charismatische Herrschaft', durch die Anerkennung des Plebiszitären als notwendiges Moment in modernen Massendemokratien usf. — der Verdrängung von 'Herrschaft' durch 'Führung' Vorschub geleistet hat: dergleichen Fragen müssen hier offenbleiben[461]. In der Geschichte des Herrschaftsbegriffs ist der Primat von 'Führung' ohnehin nur ein Zwischenspiel, kaum mehr als eine Episode, die in der Terminologie der Sozialwissenschaften des westlichen Auslands, bedingt durch den großen Exodus deutscher Gelehrter, deutlichere Spuren hinterlassen hat als bei uns. Inzwischen ist zwar auch hier der Bann der Assoziationen gebrochen, sind an 'Führung' die Male der jüngsten Geschichte verblaßt; aber auch seitdem die Sprache ihre Unbefangenheit im Gebrauch dieses Wortes wiedergewonnen hat, steht, wenn nicht ganz konkrete Fragen in wohldefinierten Zusammenhängen (wie etwa die der „Betriebsführung", der „Führung eines Kraftfahrzeuges" u. dergl.) gemeint sind, in der Begriffssprache der Wissenschaft und, wenn nicht alles täuscht, auch in alltäglicher Rede 'Herrschaft' wieder im Vordergrund.

So sind seit Max Weber zwei große, den Einbruch von 'Führung' überdauernde Linien in der Zeitgeschichte des Herrschaftsbegriffs zu unterscheiden. Sie kreuzen sich bisweilen, fallen auch zusammen, sind aber selbst dann analytisch auseinanderzuhalten: Die eine, streng wissenschaftliche, ist in der Nachfolge Webers um Wahrung der Neutralität bemüht; sie bewegt sich auf der historisch vorgezeichneten Höhe der Abstraktion und tendiert dazu, 'Herrschaft' zu einer Grundkategorie des Sozialen, folglich der Existenz des Menschen überhaupt, zu erklären. Die andere, deren Wissenschaftlichkeit je nach Selbsteinschätzung oder fremdem Urteil behauptet oder bestritten wird, ist bestimmt von der Frontstellung und den Nachkriegskonjunkturen von Herrschaftsapologetik und Herrschaftskritik. Keine der beiden Seiten kann sich mit Fug auf Max Weber berufen: er hat den Herrschaftsbegriff, durch Ausklammerung sowohl positiv als auch negativ qualifizierender Momente, symmetrisch nach „rechts" und nach „links" neutralisiert. Doch wenn auch in der Apologie so gewichtige Argumente wie die Unverzichtbarkeit haltgebender Institutionen vorgetragen werden[462], die Szene wird beherrscht von einer mehr denn je dezidierten, radikalen Herrschaftskritik. Größer denn je ist aber auch die Uneinigkeit, was 'Herrschaft' meint und bedeutet[463], wer die Herrschenden sind

---

[461] Sie führen in den Problemkreis, welche Bedeutung das Werk Max Webers für die Heraufkunft des Faschismus in Deutschland gehabt haben könnte. Dazu die seinerzeit heftig diskutierte Untersuchung von WOLFGANG J. MOMMSEN, Max Weber und die deutsche Politik 1890—1920, 2. Aufl. (Tübingen 1974), 442 ff., bes. 416 ff.

[462] Vgl., mit anthropologischer Fundierung, ARNOLD GEHLEN, Der Mensch. Seine Natur und Stellung in der Welt (1940), 10. Aufl. (Frankfurt 1974); ders., Urmensch und Spätkultur (1956), 2. Aufl. (Frankfurt, Bonn 1964), 33 ff.; über die Entlastungsfunktion der Institutionen vgl. ders., Mensch und Institution (1960), in: ders., Anthropologische Forschung (Reinbek b. Hamburg 1961), 69 ff.

[463] Auch Autoren, die ihre Verpflichtung gegenüber Marx stets besonders betont haben, sind in dieser Frage nicht eines Sinnes: Gegenüber dem wiederholten Versuch Hofmanns, Herrschaft auf *institutionell gesicherte Nutznießung eines Teils der Gesellschaft gegenüber einem anderen* zu reduzieren (in der wissenschaftlichen Absicht, der *babylonischen Sprachverwirrung* zu steuern, die *um den Herrschaftsbegriff entstanden ist,* und in der politischen Intention, den Stalinismus von der allgemeinen Diskriminierung von Herrschaft auszunehmen, ohne *dieses System der ins Unmaß gesteigerten Machtanwendung* im mindesten zu

und wer die Beherrschten[464], auf welcher Basis Herrschaft beruht und welcher Mittel sie sich bedienen kann — um nur einige der aus dimensionaler Analyse gewonnenen, weiterführenden Fragen zu formulieren. Der Terminus ist so unscharf geworden, daß unschwer als 'Herrschaft' in Fortsetzung traditioneller Diskriminierung bezeichnet werden kann, was mit 'Herrschaft' im traditionellen Sinn kaum mehr als eben diese Bezeichnung gemein hat. So scheint das Wort eine der wenigen Konstanten in der Geschichte des Herrschaftsbegriffs zu sein. In seiner abstrakten Verwendung ist es zur Chiffre für die condition humaine in der modernen Welt geworden.

DIETRICH HILGER

Literatur

KLAUS SCHREINER, „Grundherrschaft". Entstehung und Bedeutungswandel eines geschichtswissenschaftlichen Ordnungs- und Erklärungsbegriffs, in: Die Grundherrschaft während des späten Mittelalters in Deutschland, hg. v. HANS PATZE (Stuttgart 1981); KARL KROESCHELL, Haus und Herrschaft im frühen deutschen Recht. Ein methodischer Versuch (Göttingen 1968); OTTO BRUNNER, Land und Herrschaft (1939), 5. Aufl. (Darmstadt 1965); HORST GÜNTHER, Freiheit, Herrschaft und Geschichte. Semantik der historisch-politischen Welt (Frankfurt 1979).

exkulpieren), halten Abendroth und dessen Schule daran fest, daß es neben dem *liberalen* und dem *faschistischen* auch *das sozialstaatliche* und *das kommunistische Modell öffentlicher Herrschaft* gebe, WERNER HOFMANN, Was ist Stalinismus (1957), in: ders., Stalinismus und Antikommunismus. Zur Soziologie des Ost-West-Konflikts (Frankfurt 1970), 13; ders., Grundelemente der Wirtschaftsgesellschaft (Reinbek b. Hamburg 1969), 30; REINHARD KÜHNL, Das liberale Modell öffentlicher Herrschaft, in: Einführung in die politische Wissenschaft, hg. v. WOLFGANG ABENDROTH u. KURT LENK (Bern, München 1968), 57ff.; HANS MANFRED BOCK, Das faschistische Modell öffentlicher Herrschaft, ebd., 119ff.; JÖRG KAMMLER, Das sozialstaatliche Modell öffentlicher Herrschaft, ebd., 86ff.; HANNO DRECHSLER, Das kommunistische Modell öffentlicher Herrschaft, ebd., 136ff.
[464] Vgl. die These, daß *die Arbeiterklasse* zu *einer der herrschenden Klassen der Gegenwart* geworden sei — wohl gemerkt: in der Gesellschaft der BRD, GOLO MANN, Deutsche Geschichte des 19. und 20. Jahrhunderts (Frankfurt 1958), 934.

Hierarchie

I. Einleitung. II. Hierarchie im religiösen Bereich. 1. Grundlegung bei Pseudo-Dionysios Areopagita. 2. Kirchliche Bedeutung. a) Universalistische Auffassung im Mittelalter. b) Ämterordnung innerhalb der Kirche. c) Luther. d) Kanonisches Recht. 3. Lexikalische Bestimmung: Kirchenregiment. 4. Negative Bestimmung: katholische Kirche und päpstliche Herrschaft. 5. Religionssoziologische Ausweitung. III. Hierarchie im weltlichen Bereich. 1. Zur Übertragung des Hierarchiebegriffes auf den weltlichen Bereich. 2. Frühe Belege der Übertragung. a) Frankreich. b) Deutschland. 3. Hegel. 4. Görres und Gutzkow. 5. Der Liberalismus. IV. Ausblick.

I. Einleitung

In alle modernen Sprachen eingegangen, ist 'Hierarchie' von griech. ἱεραρχία abgeleitet. Etymologisch handelt es sich um eine Verbindung von ἱερός, „heilig", und ἄρχειν, „herrschen", „befehlen". Seinem Wortsinn nach ist Hierarchie eine Ordnung heiligen Ursprungs und Zieles (ἱερὰ ἀρχή = heilige Herrschaft, heiliger Ursprung); dem klassischen Griechen jedoch fremd[1] und auch im Neuen Testament nicht zu finden[2], ist 'Hierarchie' seit Pseudo-Dionysios Areopagita (Ende des 5. Jahrhunderts) Ausdruck für die von Gott der Kirche gegebene Ordnung. Im modernen Sprachgebrauch bezeichnet 'Hierarchie' jede Rangstufe im sozialen Bereich und insbesondere jedes Verhältnis der Ober- und Unterordnung im öffentlichen Dienst[3].

Diese Ausweitung des Wortes 'Hierarchie' vom kirchlichen auf den weltlichen Bereich ist in dieser Allgemeinheit nicht alt: noch um die Mitte des 19. Jahrhunderts wird eine derartige Anwendung des Wortes 'Hierarchie' als sehr weitgehend empfunden.

Hierarchie gehört zu denjenigen Wörtern, derer sich, besonders in der neueren Zeit, die Menge bedient, um irgend etwas ihr Mißfälliges, Widriges zu bezeichnen, ohne daß sie sich darum bekümmerte oder auch nur bekümmern wollte, was die betreffenden Wörter eigentlich bedeuten, ja auch nur darum, woran das ihr Mißfällige eigentlich bestehe (HERMANN WAGENER 1862)[4]. *Ce mot veut dire, au sens étymologique, gouvernement sacré, gouvernement de l'église, mais l'usage a singulièrement étendu la signification du mot. On entend aujourd'hui par hiérarchie une superposition, une subordination de personnes les unes aux autres. En vue d'un objet quelconque, qui est en général un service public. En général, mais pas toujours. Car la hiérarchie est le fait de tout le monde et se rencontre en toute chose* (DUPONT-WHITE 1874)[5].

---

[1] Vgl. die Wörterbücher zur griechischen Sprache, etwa HERMANN MENGE/OTTO GÜTHLING, Griechisch-deutsches und deutsch-griechisches Wörterbuch, 2. Aufl. (Berlin-Schöneberg 1913), 340; LIDDELL/SCOTT 3rd ed. (1940; Ndr. 1958), 820; HJALMAR FRISK, Griechisches Etymologisches Wörterbuch, Bd. 1 (Heidelberg 1960), 711.
[2] JOSEF GEWIESS, Art. Hierarchie I. Biblisch, LThK 2. Aufl., Bd. 5 (1960), 322.
[3] KLAUS MOERSDORF, Art. Hierarchie III. Kirchenrechtlich, ebd., 323; BROCKHAUS 16. Aufl., Bd. 5 (1954), 437; Das Große Duden-Lexikon, Bd. 4 (Mannheim 1966), 220.
[4] WAGENER Bd. 9 (1862), 416.
[5] DUPONT-WHITE, zit. BLOCK, nouvelle éd., t. 2 (1874), 20.

'Hierarchie' ist also eines jener Wörter, die aus einer religiös-kirchlichen Vorstellung in den profanen (staatlichen) Bereich übertragen worden sind. Diese „Verweltlichung" erfolgte durch die Aufnahme immer neuer Inhalte, die eigenständig neben den weiterwirkenden bisherigen traten. Eine Darstellung des Begriffes 'Hierarchie' im geschichtlichen Wandel muß daher über den Bezug zum sozialen Gefüge und zum sozialen Spannungsfeld hinaus (wie sie hier angestrebt ist) 'Hierarchie' in seiner ursprünglichen Bedeutung aufzeigen, um die Ausweitung und Ausdehnung verständlich zu machen.

II. Hierarchie im religiösen Bereich

1. Grundlegung bei Pseudo-Dionysios Areopagita

Geprägt wurde das Wort 'Hierarchie' wahrscheinlich zum ersten Mal Ende des 5. Jahrhunderts vom Neuplatoniker PSEUDO-DIONYSIOS AREOPAGITA[6] in den beiden Traktaten „De caelesti hierarchia" (περὶ τῆς οὐρανίας ἱεραρχίας) und „De ecclesiastica hierarchia" (περὶ τῆς ἐκκλησιαστικῆς ἱεραρχίας)[7], der damit den Weg von Gott zu den Geschöpfen umschreiben und als heilige Urstiftung, als ordnendes Grundprinzip, durch welches die göttliche Erleuchtung auf die Geschöpfe Gottes weitergeleitet wird, darstellen wollte. Zu 'Hierarchie' gehört als zugeordneter Begriff τάξις (Ordnung). Hierarchie stabilisiert die εὐταξία, die feste, harmonisch gefügte himmlische und irdische Gesamtordnung (Kosmos). Für Pseudo-Dionysios ist Hierarchie Aufgabe und Stand. *Hierarchie ist nach meiner Auffassung eine heilige Rangordnung, eine Erkenntnis ihrer selbst und dadurch auch eine Wirksamkeit. Sie will soweit wie möglich zu einer Ähnlichkeit mit Gott führen und in entsprechendem Verhältnis andere zum Nachbilde Gottes erheben, gemäß den von Gott gegebenen Erleuchtungen*[8]. Wer demnach den Ausdruck Hierarchie gebraucht, bekundet damit das Vorhandensein einer heiligen Ordnung, die ein Abbild der urgöttlichen Schönheit darstellt. *In hierarchischen Abstufungen des Wissens und Wirkens wird das Mysterium weitergegeben, in stetem Abglanz der Verähnlichung mit dem Urbilde, soweit jeder dieser Spiegel nur immer das Licht weiterzugeben vermag*[9].
Der Urheber dieser Hierarchie ist Gott; er ist auch der erste Hierarch. Alles Sein nimmt an Gott teil und stuft sich entsprechend der Anteilnahme an Gott ab. Dionysios kommt so zu einer Rangordnung, die von den unbelebten Wesen über die Organismen, die „vernünftigen Geister" zu den (wiederum stufenordnungsmäßig

---

[6] MOERSDORF, Art. Hierarchie, 323; KLUGE/MITZKA 17. Aufl. (1967), 307; ANDRÉ LALANDE, Vocabulaire technique et critique de la philosophie, 8ᵉ éd. (Paris 1962), 413; FOULQUIÉ (1962), 318.
[7] PSEUDO-DIONYSIOS AEROPAGITA, De caelesti hierarchia; ders., De ecclesiastica hierarchia, MIGNE, Patr. gr., t. 3 (1857), 119 ff.; 369 ff. Beide Abhandlungen liegen deutsch vor: DIONYSIOS AEROPAGITA, Die Hierarchien der Engel und der Kirche, hg. v. Jean Gebser, übers. v. Walther Tritsch (München-Planegg 1955). Die deutschen Zitate folgen dieser Ausgabe; griechischer Text sowie die verschiedenen lateinischen Übersetzungen und eine französische Version in: Dionysiaca, 2 vols. (Paris, Brügge 1937).
[8] Ders., De caelesti hierarchia 3, 1. MIGNE, Patr. gr., t. 3, 164 D; dt. Ausg., S. 110.
[9] Ebd., 3, 2. MIGNE, Patr. gr., t. 3, 165 B; dt. Ausg., S. 111.

untergliederten) Engeln[10] und letztlich zu Gott führt; damit verbunden ist die Organisation der Kirche nach dem Muster dieses stufenweisen Aufbaus[11], und zwar als Aufgabe, weil Gott die einzelnen Wesen in ihrer hierarchischen Ordnung erschuf und der Zweck der Schöpfung nichts anderes sein kann als die Verähnlichung und Vereinigung mit Gott[12].

2. Kirchliche Bedeutung

Von Pseudo-Dionysios aus wird 'Hierarchie' später, im Hochmittelalter, zu einem Zentralbegriff des kirchlichen Sprachgebrauchs und findet Eingang in das kanonische Recht und die kirchliche Rechtssprache. Soweit die Zeugnisse erkennen lassen — eine systematische Sammlung der Belege fehlt allerdings[13] — hält sich die Lehre von der Hierarchie bzw. den Hierarchien nicht nur im Rahmen gelehrter Erörterungen innerkirchlicher Auseinandersetzung über die Eingrenzung der dem Menschen vom göttlichen Willen zugemessenen Stellung im Ordo, sondern greift im 13. Jahrhundert auch auf die Volkspredigt über[14]; in der Sprache der Urkunden und offiziellen politischen Dokumente tritt 'Hierarchie' nicht auf[15].

---

[10] 'Hierarchie' als Bezeichnung für die Rangordnung der Engel ist ein bis heute fortwirkender Begriffsinhalt, vgl. die Lexika des 19. und 20. Jahrhunderts und besonders die Enc. Britannica, vol. 11 (1953), 544, wo fast ausschließlich die Engels-Hierarchie behandelt wird.

[11] Vgl. De ecclesiastica hierarchia 1, 3. MIGNE, Patr. gr., t. 3, 373 C., dt. Ausg., S. 168: *Hierarchie im allgemeinen ist das Gesamtsystem der vorhandenen Heilsmomente, gemäß unserer ehrwürdigen Überlieferung. Sie ist also der umfassendste Inbegriff der heiligen Dinge, sei es in dieser Hierarchie, sei es in jener. Hierarchie unserer Kirche dagegen ist und heißt jene Anstalt, welche die Gesamtheit der ihr eigentümlichen Heilsmittel umfaßt: nämlich jene, durch die ein Hierarch auf Wegen, die von Gott vorgezeichnet sind, zur ihm gemäßen Vollkommenheit gelangt und an all dem Hochheiligen Anteil erwirbt, das seinem Amte entspricht. Von der Hierarchie empfängt er ja seinen Namen. Denn so wie man mit dem Wort Hierarchie das Gemeinsame zusammenfaßt, und die Gesamtheit aller Mittel und Wege des Heils bezeichnet, so bedeutet der Name Hierarch den gotterfüllten, göttlich erhabenen Mann, der weise über alles hierarchische Wesen Kunde besitzt und in dessen Person auch die ganze ihm unterstellte Hierarchie kulminiert und erkannt wird; er ist ihre Spitze.*

[12] Zum Ganzen ETIENNE GILSON u. PHILOTEUS BÖHNER, Die Geschichte der christlichen Philosophie von ihren Anfängen bis Nikolaus von Cues (Paderborn, Wien, Zürich 1937), 129 ff.; BERTHOLD ALTANER, Patrologie. Leben, Schriften und Lehre der Kirchenväter, 5. Aufl. (Freiburg 1958), 466 ff. u. bes. THOMAS L. CAMPBELL, Dionysius, the Pseudo-Aeropagite, the Ecclesiastical Hierarchy (Washington 1955).

[13] Bei der Dissertation von GEORG WEIPPERT, Das Prinzip der Hierarchie in der Gesellschaftslehre von Platon bis zur Gegenwart (phil. Diss. München 1930) handelt es sich nicht um eine Begriffsgeschichte. Die Arbeit von ANTONIO AMORTH, La nozione di gerarchia (Mailand 1936) ist eine juristische Untersuchung zur Hierarchie als Prinzip der öffentlichen Verwaltung.

[14] Zum Ordo-Begriff LUISE MANZ, Der Ordo-Gedanke. Ein Beitrag zur Frage des mittelalterlichen Ständegedankens (Stuttgart, Berlin 1937); WILHELM DYCKMANS, Das mittelalterliche Gemeinschaftsdenken unter dem Gesichtspunkt der Totalität (jur. Diss. Köln, Paderborn 1937); HERMANN KRINGS, Ordo. Philosophisch-historische Grundlegung einer

a) **Universalistische Auffassung im Mittelalter.** Im kirchlichen Sprachgebrauch wird Hierarchie zum Symbol für das Ordnungsgefüge derer, die in der Kirche nach dem Strukturprinzip der Haupt-Lebens-Einheit zur Repräsentation des unsichtbaren Gottes berufen sind, sowie der institutionellen Stufung in diesem Ordnungsgefüge in objektiver und der Gesamtheit der Träger kirchlicher Gewalt in subjektiver Hinsicht.

Diese Formen sind nach heutiger katholischer Auffassung im Neuen Testament der Sache nach angelegt[16], haben ihre Ausprägung jedoch erst im Verlaufe des Mittelalters erhalten, ausgelöst vor allem durch die lateinische Übersetzung und Kommentierung der pseudo-dionysischen Texte durch JOHANNES SCOTUS ERIUGENA (9. Jahrhundert)[17]. Kurzgefaßt fußt die universalistische Hierarchielehre des Mittelalters[18] darauf, daß jeder Stand und jeder einzelne auf seinem Platz stehen, die ihm zugewiesenen Pflichten tun und die ihm eigenen Gnaden und Rechte genießen soll, da es der Wille Gottes sei, daß im Himmel und auf Erden die Höheren über die Niederen herrschen; in der Ausgestaltung lassen sich dabei eine mönchisch-asketische, eine priesterlich-sakramentale und eine monarchisch-theokratische Hierarchievorstellung unterscheiden[19]. In der Hochscholastik (13. Jahrhundert) wurde die (himmlische und irdische) Hierarchienlehre mit der mehrfach gewandelten (ursprünglich platonischen) Dreiständelehre (→ Stand) zusammengeschlossen und damit deutlicher als vorher auf die weltliche Ordnung angewandt, wobei sich für jede Hierarchie sowohl der Engel wie der Menschen die Substruktur von je drei

---

abendländischen Idee (Halle 1941); WILHELM SCHWER, Stand und Ständeordnung im Weltbild des Mittelalters, 2. Aufl. (Paderborn 1952). Zu den Predigten Bertholds von Regensburg vgl. WILHELM MAURER, Luthers Lehre von den drei Hierarchien und ihr mittelalterlicher Hintergrund (München 1970), 67 ff.

[15] Das Wort 'Hierarchie' taucht weder in den alten Staats- und Kirchengesetzen auf, die JOH. G. HEINECCIUS in seinen ,,Elementa juris Germanici" (Halle 1736/37) gesammelt hat, noch weist der Index der LUDWIG BÖHMERschen ,,Principia juris canonici" das Wort 'Hierarchie' auf. Auch das Sachverzeichnis von JOH. JACOB SCHMAUSS, Corpus juris publici S. R. imperii academicum (Leipzig 1759) und der Rerum Germanicarum scriptores aliquot insignis, ex Bibliotheca Marqvardi Freheri, 3. ed., hg. v. BURCARD GOTTH. STRUVE (Straßburg 1717) sowie dessen Glossarium ebd., Bd. 1 (1717), 705 f. enthalten 'Hierarchie' nicht. JOH. STEPHAN PÜTTER, Litteratur des Teutschen Staatsrechts, Bd. 3 (Göttingen 1783), 674 f. führt unter dem Stichwort 'Hierarchie' Werke über das *catholische Kirchenstaatsrecht* an.

[16] GEWIESS, Art. Hierarchie I, 322.

[17] Vgl. JOHANNES SCOTUS ERIUGENA, Expositiones super ierarchiam caelestem S. Dionysii, MIGNE, Patr. lat., t. 122 (1853), 204. Kommentare zu Dionysios wurden verfaßt u.a. von Robert Grosseteste im 12., Albertus Magnus und Thomas von Aquin im 13. Jahrhundert; dazu PAUL E. SIGMUND, Nicholas of Cusa and Medieval Political Thought (Cambridge/Mass. 1963), 46 ff.

[18] Grundlegende und ausführliche Darstellung bei GERD TELLENBACH, Libertas. Kirche und Weltordnung im Zeitalter des Investiturstreites (Stuttgart 1936) sowie WILHELM BERGES, Die Fürstenspiegel des hohen und späten Mittelalters (Ndr. Stuttgart 1952) und — mit Vorsicht — ALOIS DEMPF, Sacrum Imperium. Geschichts- und Staatsphilosophie des Mittelalters und der politischen Neuzeit, 3. Aufl. (Darmstadt 1962).

[19] TELLENBACH, Libertas, 58 f. 68 f. 72 ff.

b) Ämterordnung in der Kirche

„ordines" durchsetzt (vgl. besonders Bonaventura und Thomas von Aquin und die volkstümlich formulierte Korrespondenz zwischen himmlischer und irdischer Welt bei Berthold von Regensburg[20]).

b) Ämterordnung innerhalb der Kirche. Die Auffassung, nach der die Hierarchie nach der Leib-Seele-Analogie in zwei Ordnungen, durch zwei „Völker", Klerus und Laien, das eine Ganze in Gott wirkt, wird seit dem späten 13. Jahrhundert immer mehr zugunsten neuer ständischer Ideale ersetzt[21], die darzustellen den hier vorgegebenen Rahmen sprengen würden. Für den Hierarchiebegriff wichtig ist es, daß im Laufe dieser Umwandlung 'Hierarchie' immer mehr zur Bezeichnung des Über- und Unterordnungsverhältnisses bzw. des Herrschaftsverhältnisses in der Kirche wird. So findet sich die Annahme eines *sacer principatus* in THOMAS VON AQUINS Definition *Hierarchia dicitur quasi sacer principatus a hieron, quod est sacrum, et archon, quod est princeps*[22] ebenso wie in BONAVENTURAS Bestimmung *Hierarchia est rerum sacrarum et rationabilium ordinata potestas, debitum in subditos obtinens principatum*[23]; mit der Kennzeichnung bei MICRAELIUS 1653 *Hierarchia quasi sacer principatus est ordo doctorum et presbyterii in ecclesia* geht sie auch in den lexikalischen Bereich ein[24].

c) Luther. Bei Luther fallen — ganz deutlich erst von 1539 an, als das Wort 'Hierarchie' eingeführt wird[25], — in der Tradition der katechetischen Unterweisung seit der Hochscholastik Dreiständelehre und Hierarchienlehre zusammen. Die drei Stände, das Hausregiment, das weltliche und das geistliche Regiment stehen — jeweils personal bezogen — unter dem Schutz der ihnen entsprechenden englischen Hierarchien. *Sic dat Deus tres Hierarchias, ut omnes faciant officium*[26]. *Das sind drey Jerarchien, von Gott geordent, und dürffen keiner mehr, haben auch gnug und uber gnug zu thun, das wir in diesen dreien recht leben wider den Teuffel*[27]. Daß 'Hierarchie' dabei nicht nur auf die Engel, sondern auf die drei weltlichen Stände — synonym — angewandt wurde, zeigt der Satz: *Tres enim hierarchias ordinavit Deus contra diabolum, scilicet oeconomiam, politiam et Ecclesiam*[28]. Ähnlich heißt es auch noch bei

---

[20] Belege und Literatur bei MAURER, Luthers Lehre (s. Anm. 14), 67 ff.
[21] Dazu BERGES, Fürstenspiegel, 55 ff., bes. 58: „Im übrigen vermag sich die hierarchische Ständetheorie nur in einer auf den nationalen Staat zugeschnittenen Form und nach neuer Sinngebung zu erhalten."
[22] THOMAS VON AQUIN, In libros sententiarum Petri Lombardi 2, 9, 1.
[23] Zit. BERGES, Fürstenspiegel, 55, Anm. 1.
[24] MICRAELIUS (1653), 490. Bei JOSUA MAALER, Die teutsch spraach (Zürich 1561), CHAUVINUS (1692) u. BESOLD 2. Aufl. (1641) ist 'Hierarchie' nicht angeführt.
[25] MAURER, Luthers Lehre, 39.
[26] LUTHER, Michaelspredigt (1539), WA Bd. 47 (1912), 857.
[27] Ders., Von den Konziliis und Kirchen (1539), WA Bd. 50 (1914), 652, zit. MAURER, Luthers Lehre, 39.
[28] LUTHER, Zirkulardisputation über Matthäus 19, 21, WA Bd. 39/2 (1932), 42. Eine ähnliche Stelle in den „Vorlesungen über Genesis" 1, 43, WA Bd. 44 (1915), 530 f.: *Scimus esse tres ordines vitae huius, Oeconomiam, Politiam et Ecclesiam ... Si non potes imperare aut docere, tamen non minus pie parebis, aut disces ab aliis, modo in tribus hisce hierarchiis servias Deo.* Aufschlußreich ist, wie DANIEL GOTTFR. SCHREBER, Zwo Schriften von der

JOHANN GERHARD (1582—1637): *Status sive ordines in ecclesia a Deo instituti numerantur tres, videlicet ecclesiasticus, politicus et oeconomicus, quos etiam hierarchias appellare consueverunt, Oeconomicus ordo inservit generis humani multiplicationi, politicus eiusdem defensioni, ecclesiasticus ad salutem aeternam promotioni*[29]. Bei diesem aber war mit dem ausdrücklichen Bezug der drei Stände auf die Kirche (ecclesia) die Gefahr einer Voranstellung des status ecclesiasticus gegeben, wie sie Luther mit seiner Betonung der Gleichwertigkeit der drei Stände als „bürgerliches" Ordnungsprinzip (vita) vermieden hatte. Die von Johann Gerhard ausgehende Entwicklung schlägt sich begrifflich in einem Wandel vom Plural 'hierarchiae' zum Singular 'hierarchia' nieder, wie er sich bei Abraham Calov findet[30].

d) **Kanonisches Recht.** Die Entwicklung des kirchlichen (katholischen) Hierarchiedenkens vom Mittelalter über das Tridentiner Konzil (wo das Hierarchiemodell als Element des kirchlichen Aufbaus verankert wurde[31]) bis zur heutigen Auffassung kann hier nicht behandelt werden[32]. Heute ist 'Hierarchie' im katholischen Kirchenrecht der Ausdruck für das Verhältnis gegenseitiger Über- und Unterordnung

---

Geschichte und Nothwendigkeit der Cameralwissenschaften, Bd. 1 (Leipzig 1764), 23 f. diese Stellen übersetzt: *Wir wissen, daß dreierlei Stände in diesem Leben sind, nämlich das Hausregiment, die weltliche Policey und das Kirchenregiment ... Wo du andere nicht regieren oder lehren kannst, so wirst du nicht weniger auch gottseliglich gehorsam sein können, oder dich von andern lehren lassen, so ferne, daß du allein in diesen dreien göttlichen Ständen unserm Herrn Gott dienest;* vgl. dazu HANS MAIER, Die ältere deutsche Staats- und Verwaltungslehre. — Polizeiwissenschaft (Neuwied, Berlin 1966), 167, Anm. 172; GUNNAR HILLERDAL, Gehorsam gegen Gott und Menschen. Luthers Lehre von der Obrigkeit und die moderne evangelische Staatsethik (Göttingen 1955), 22.

[29] Zit. ERNST TROELTSCH, Die Soziallehren der christlichen Kirchen und Gruppen (Tübingen 1912), 522, Anm. 238.

[30] Vgl. WERNER ELERT, Morphologie des Luthertums, verbesserter Ndr. d. 1. Aufl., Bd. 2 (München 1958), 58 f., der Belege zu diesem Sprachwandel bringt.

[31] Concilium Tridentinum, Sessio 23, Canon 6, hg. v. d. Görres-Gesellschaft, Bd. 9 (Freiburg 1924), 622.

[32] Für die Entwicklung des kirchlichen Hierarchiebegriffes sei hingewiesen auf FRANZ XAVER ZECH, Hierarchia ecclesiastica ad Germaniae catholicae principia et usum delineata (Ingolstadt 1750), 2 ff., wo bestimmt wird: *Omnem Clericorum Ordinem complectitur Hierarchia Ecclesiastica, quae ex etymologia graeci nominis Sacrum Principatum designat, ... ad imaginem et imitationem Hierarchiae Coelestis, quam Deus inter Angelos condidit, a Christo in terra constitutum. Nam hic quoque in Ecclesia progressiones Episcoporum, Presbyterorum, Diaconorum, esse imitationes gloriae Angelicae, tradidere antiquissimi Patres, ... ex quibus Hierarchia Ecclesiastica dici potest, Ordo sacer in Lege nova a Christo institutus, mediante scientia et operatione per ejus imitationem et praeceptorum observantiam ad charitatem adducens, et Secundum actiones sibi proprias, ad Dei similitudinem pro modo suo ascendens. Alia est Hierarchia Ordinis, alia Jurisdictionis. Hierarchia Ordinis inter illos datur, qui sacris Ordinibus initiati sunt ... Insuper Hierarchia Ordinis tota refertur ad Eucharistiae mysterium ... Hierarchia Jurisdictionis appellatur Ordo sacer in Ecclesia per actionis sacrae potestatem subditos ad mandatorum observationem et Dei similitudinem adducens.* Ausführlich gewürdigt ist die kirchliche Hierarchie bei: Dt. Enc., Bd. 15 (1790), 473 ff.; Rhein. Conv. Lex., Bd. 6 (1827), 46 ff.; WETZER/WELTE Bd. 5 (1850), 161 ff.

innerhalb des Klerus sowie für die Gesamtheit der Kleriker, die in irgendeinem Grade an den beiden hierarchischen Gewalten teilhaben. Denn das „Codex Iuris Canonici"[33] stellt fest, daß die auf göttlicher Einsetzung beruhende Hierarchie der Kirche hinsichtlich der Weihe und Jurisdiktion unterschieden ist, wobei die Weihe-Hierarchie aus Bischöfen, Priestern und Gehilfen, die Jurisdiktions-Hierarchie aus dem obersten Hirtenamt des Papstes und dem Bischofsamt besteht; in die Hierarchie aufgenommen können nur Kleriker werden.

3. Lexikalische Bestimmung: Kirchenregiment

Im Schrifttum des 17. und 18. Jahrhunderts wird 'Hierarchie', an die Bestimmung als *sacer principatus* anknüpfend, aufgenommen und als Kirchen- oder Priesterregiment verstanden, so bei SECKENDORFF 1685: *Hierarchie oder das Priester Regiment in der Römischen Kirche*[34], so bei SPERANDER 1728 und ihm folgend KRACKHERR 1766: das *Kirchen Regiment*[35], so bei dem Herausgeber der Böhmeschen Werke 1730: *Hierarchie: ein heilig oder geistlich Fürstentum und Regiment*[36], so im „Wohlmeinenden Unterricht" 1755: *Herrschung in Kirchensachen*[37] und so bei ZEDLER 1735, HÜBNER 1761, JABLONSKI 1767 und ROTH 1791, die alle *heilig Regiment* übersetzen[38], wobei ROTH näher erläutert, *d. i. Regierungs-Verfassung der Geistlichkeit, insofern sie gleichsam einen besonderen Staat im weltlichen Staate ausmacht.* Wenn dieses „Kirchen-Regiment" auch vornehmlich auf die katholische Kirche angewandt wird, so schreiben einige Autoren die Hierarchie als kirchliches Ordnungsprinzip auch den protestantischen Kirchen zu[39], allein es handelt sich hier um einen nur vereinzelt anzutreffenden Sprachgebrauch, der auch manchmal zur

---

[33] CIC, CC. 108, 109. Über die Hierarchie im kanonischen Recht vgl. MOERSDORF, Art. Hierarchie III, 323 mit Literaturhinweisen (s. Anm. 3); ders., Lehrbuch des Kirchenrechts, 9. Aufl., Bd. 1 (1959), 24. 254 ff.; HANS BARION, Art. Hierarchie, RGG 3. Aufl., Bd. 3 (1959), 313 ff.; ders., Sacra Hierarchia, in: Tymbos für WILHELM AHLMANN, hg. v. seinen Freunden (Berlin 1951), 18 ff.; HEINRICH FLATTEN, Art. Klerus, Staatslexikon, 6. Aufl., Bd. 4 (1959), 1084 ff.
[34] VEIT LUDWIG V. SECKENDORFF, Christen-Stat (Leipzig 1685), zit. KLUGE/MITZKA, 307.
[35] SPERANDER (1728), 290; KRACKHERR (1766), 184.
[36] JACOB BÖHME, Sämtliche Schriften, 3. Aufl., Bd. 11 (1730; Ndr. Stuttgart 1960), Register, 21. Böhme selbst benutzt 'Hierarchie' nur für die Engels-Hierarchie; vgl. De electione gratiae oder von der Gnaden-Wahl (1623), 4, 24, ebd., Bd. 6 (1957), XV. 42: *Und sind uns vornehmlich sieben hohe Regimente in dreyen Hierarchien zu verstehen.*
[37] Wohlm. Unterricht (1755), Anhang, 30.
[38] ZEDLER Bd. 13 (1735), 19; HÜBNER (Ausg. 1761), 513; ebd. (Ausg. 1782), 1147; JABLONSKI 3. Aufl., Bd. 1 (1767), 610; ROTH 2. Aufl., Bd. 1 (1791), 412.
[39] Z. B. ZEDLER Bd. 13, 19: *wiewohl auch die Protestanten, welche noch Bischöfe und Erz-Bischöfe haben, sich desselben gebrauchen können;* ihm folgt mit gleichem Text HÜBNER (1761), 513. HÜBNER 31. Aufl., Bd. 2 (1825), 181 stellt fest: *Hierarchie bedeutet kirchlich bald die personellen, kirchlichen Rangstufen mit Auctorität, bald die Priesterherrschaft über den weltlichen Staat. In der protestantischen Kirche ist die Regierung unter dem Einflusse des Regenten mehr demokratisch als aristokratisch, selbst da, wo Bischöfe das Regiment führen.*

4. Negative Bestimmung: katholische Kirche und päpstliche Herrschaft

negativen Kennzeichnung von Strömungen in protestantischen Kirchen herangezogen wird[40].

Im Zusammenhang mit der Reformation erhält 'Hierarchie' eine pejorative Bedeutung[41]: es wird zur Kennzeichnung der römischen Kirche und insbesondere der päpstlichen Herrschaft benutzt, die als Streben nach Alleinherrschaft in der Welt, als Monarchie und Despotie gekennzeichnet wird. Wenngleich LUTHER das Wort 'Hierarchie' in seinen Angriffen gegen die kirchliche Rangordnung nicht benutzt hat. Er spricht zumeist davon, *das Bapst, Bischoff, Priester, Kloster volck wirt der geystlich stand genent*[42], so sind seine Ausführungen doch so eindeutig gegen jegliche kirchliche Abstufung gerichtet, daß sich für die polemische Literatur 'Hierarchie' zur Kennzeichnung der katholischen Kirche und der päpstlichen Herrschaft geradezu anbot. *Wenn auch etwas zu lob getrewer Prediger vnd diener Göttliches wort geschrieben wirdt, da macht sie* (= die Röm. Kirche) *gleich einen Pfaffen königreich, Bienenkorbitet vnnd Bäbstliche Monarchei oder alleinherrschung darauß*, heißt es in dem anti-päpstlichen, wohl von JOHANN FISCHART stammenden „Bienenkorb" (vor 1590)[43], und diese Aussage wird am Rande glossiert: *Geystliche Hierarchie oder Aller Heyligen Königreich*. Es nimmt daher auch nicht Wunder, daß 'Hierarchie' mit *geistlicher Oberherrschaft* übersetzt und aus dem *sacer principatus* abwertend ein *sacrorum principatus* wird (1675)[44]. CASPAR ZIEGLER sieht dann auch 1681 den Sinn

---

[40] Etwa bei GEORG SARTORIUS, Ueber die Gefahren, welche Deutschland bedrohen, und die Mittel, ihnen mit Glück zu begegnen (Göttingen 1820), 108: *Sie* (= die protestantische Geistlichkeit) *ist aber unter sich selbst nicht ganz einig, indem die einen eine vollkommenere freie Synodal-Verfassung auszubilden bemüht sind; die andern aber eine Art hierarchischer Herrschaft verfolgen.*

[41] Die Absage der Reformation an die Hierarchie hebt besonders hervor CARL GOTTLIEB SVAREZ, Vorträge über Recht und Staat, hg. v. Hermann Conrad u. Gerd Kleinheyer (Köln, Opladen 1960), 57: *Als durch die schreienden Mißbräuche ... die Reformation Luthers ... veranlaßt wurde, so war es einer der ersten Schritte, welche die Reformatoren taten, daß sie sich von aller Abhängigkeit und Verbindung mit dem Papste und mit den an sein Interesse zu fest gebundenen Bischöfen lossagten. Dadurch wurden ... die protestantischen Kirchen von dem Joche der Hierarchie frei.*
HEINR. EBERH. GOTTLOB PAULUS, Allgemeine Grundsätze über das Vertreten der Kirche bey Ständeversammlungen, mit besonderer Beziehung auf Württemberg (Heidelberg 1816), 15 hält gleichfalls fest, daß *der allgemeine hierarchische Klerus nach den protestantischen Religionsüberzeugungen für diese Kirche aufhörte.*

[42] LUTHER, An den christlichen Adel deutscher Nation von des christlichen Standes Besserung (1520), WA Bd. 6 (1888), 407 u. ö.; vgl. ebd., 429: *Szo mehr thun wir abe alle bischoff, ertzbischoff, primaten, machen eytel pfarrer drausz, das der Bapst allein sey ubir sie, wie er doch itzt ist, und den bischoffen, ertzbischoffen, primaten kein ordenliche gewalt noch ampt lessit, allis zu sich reyssit und yhn nur den namen und ledigen titel bleyben lessit.*

[43] (JOHANN FISCHART?), Bienenkorb, Deß Heiligen Römischen Imenschwarms/seiner Hummelszellen oder (Himmelszellen) Hurnaußnäster/Prämengeschwürm vnd Wespengestöß (o. O. o. J.), 35.

[44] Nouveau Dictionnaire françois-allemand et allemand-françois qu'accompagne le latin, 2ᵉ éd. (Basel 1675), 617. In dieser Bedeutung noch bei KRUG Bd. 5 (1829), 130: *Übrigens*

II. 4. Katholische Kirche und päpstliche Herrschaft

der Hierarchie nur noch in einem Schutzcharakter nach innen und außen. *Hierarchiae Ecclesiasticae utilitas, praesertim qvod nulla alia occasio et nullus alius finis illius ordinis, qvam ut schismata, aliaeque perturbationes et confusiones evitarentur*[45].
Der negative Sinn der Hierarchie wird im Gefolge der Aufklärung immer bestimmender und läuft auf die Charakterisierung der Hierarchie als absolutistische Monarchie und Despotie hin. Hierzu trug vor allem auch eine auf das Reich bezogene Geschichtsbetrachtung bei, die in den Kämpfen zwischen Kaiser und Papst die *furchtbare Gewalt der Hierarchie* (FICHTE 1793)[46] erblickte und das Eingreifen der Kirche in weltliche Angelegenheiten in den Hierarchiebegriff einfließen ließ. Damit verbunden war auch die Uminterpretation der 'Hierarchie' von „Kirchenregiment" zu *Priesterherrschaft* (CAMPE 1792)[47] und die Gleichsetzung von Hierarchie und Kirche bei ADOLF FELIX HEINRICH POSSE (1794)[48].
Dabei lassen sich, wenngleich nicht streng geschieden, zwei Tendenzen unterscheiden. Die eine Richtung versteht unter 'Hierarchie' die geistliche Herrschaft der Kirche, so etwa die „Deutsche Encyclopaedie" 1790: *Nach der Hierarchie macht die christliche Kirche gleichsam einen geistlichen Staat aus, welcher so wie die politischen durch verschiedene Graden oder Stufen der Regierungsgewalt und der Ämter beherrschet wird, und unter dessen Oberherrschaft alle und jede Mitglieder, selbst Kaiser und Könige nicht ausgenommen, da sie Laien sind, als Untertanen stehen*[49]; die andere begreift unter 'Hierarchie' dagegen — allein oder zusätzlich — die weltliche Herrschaft der Kirche, so das „Conversations-Lexikon oder encyklopädisches Handwörterbuch für gebildete Stände" 1818: *Hierarchie ist das Verhältnis der Kirche zum Staat, nach welchem die Kirche nicht nur unabhängig von dem Staat ist,*

---

könnte man wohl das Wort Hierarchie auch eine gute Bedeutung unterlegen, wenn man darunter die Herrschaft des Heiligen selbst über die Gemüter verstände. Leider ist aber an deren Stelle der bloß für heilig gehaltenen, aber oft sehr unheilig gesinnten Geistlichkeit getreten. Das „Neueste und wohlfeilste Conversations-Lexicon oder Universal-Handbuch für jeden Stand und jedes Alter", Bd. 2 (Leipzig 1836), 370 nimmt *Herrschaft der Heiligen* noch als ursprüngliche Bedeutung von 'Hierarchie' an.

[45] CASPAR ZIEGLER, De juribus majestatis tractatus (Wittenberg 1698), Index, s. v. 'Hierarchia'; vgl. ebd., 419.
[46] FICHTE, Beitrag zur Berichtigung der Urtheile des Publikums über die französische Revolution (Jena 1793), anonym erschienen, AA 1. Abt., Bd. 1 (1964), 294.
[47] CAMPE, Versuche (1792), 69 u. CAMPE, Fremdwb., 2. Aufl. (1813), 351. *Priesterherrschaft* ebenfalls bei OERTEL 2. Aufl., Bd. 1 (1806), 322 u. 4. Aufl., Bd. 1 (1830), 399; HÜBNER 31. Aufl., Bd. 2, 181; JAKOB HEINR. KALTSCHMIDT, Kurzgefaßtes vollständiges stamm- und sinnverwandtschaftliches Gesamt-Wörterbuch der Deutschen Sprache aus allen ihren Mundarten mit allen Fremdwörtern (Leipzig 1834), 409; Handwörterbuch der deutschen Sprache, 2. Aufl., Bd. 1 (Leipzig 1821), 336.
[48] ADOLF FELIX HEINR. POSSE, Ueber das Staatseigenthum in den deutschen Reichslanden und das Staatsrepräsentationsrecht der deutschen Landstände (Rostock, Leipzig 1794), 143, Anm. r.
[49] Dt. Enc., Bd. 15 (1790), 474. So auch noch das Neueste Conversations-Lexicon für alle Stände, 3. Aufl. (Leipzig 1834), 524: *erhob sie auch bald ihr Haupt und griff mit gewaltiger Macht über diese Grenzen hinaus, anfangs in die Angelegenheiten des christlichen Staatslebens, weil seine Glieder und ihre Herrscher Christen waren.*

sondern auch den Primat behauptet, und Unterordnung seines Zwecks unter ihren Zweck fordert[50], und so auch knapp Wolff 1835: *Herrschaft über den Staat*[51].
Beide Aspekte werden bei der Beschreibung des Mittelalters herangezogen, wenn immer der Aufstieg des Papsttumes behandelt wird. Johann Stephan Pütter etwa faßt 1772 unter dem Stichwort 'Hierarchie' zusammen[52]: *Hierarchie erste Keime derselben, Gegenanstalten Heinrichs III., ihre Vollendung, noch höhere Stufe unter Innozenz dem III., unter Bonifaz VIII. und nach überwundenen Concilien. Die Römischen Bischöfe drungen* — für Gottfried Achenwall (1779) — *den christlichen Reichen allmählig das Papsttum oder die Hierarchie auf*[53]. Und nach Posse (1794) seufzte Deutschland unter der *Gewalt der Hierarchie*, die *bis zur Despotie stieg*[54]. Alle diese Bemerkungen zusammenfassend, stellte das „Conversations-Lexicon mit Rücksicht auf die gegenwärtigen Zeiten" 1797 fest: *Hierarchie bedeutet der Inbegriff aller der Rechte, welchen sich die Römischen Päpste über die gesamte Christenheit anmaßten*[55]. Daß aus diesem Eingriff *in die Rechte der weltlichen Maiestät* (Scheidemantel 1783)[56] *der päpstliche Hof fast aus einem Hierarchen einen unumschränkten Monarchen gebildet hat* (1790)[57], liegt nahe und ebenso die Ausweitung der Alleinherrschaft zur despotischen Herrschaft[58], als *Geistesknechtschaft fürchter-*

---

[50] Conversations-Lexicon oder encyclopädisches Handwörterbuch für gebildete Stände, hg. bei A. F. Macklot, Bd. 3 (Stuttgart 1818), 467. So auch Brockhaus 9. Aufl., Bd. 7 (1845), 161: *Da auch die Kaiser, Könige, Fürsten und Obrigkeiten Laien waren ..., so war damit auch die Unterordnung des Staats und seiner Gesetze unter den Klerus gegeben.*

[51] Wolff Bd. 2 (1835), 276. Vgl. auch Hübner 31. Aufl., Bd. 2, 181.

[52] Joh. Stephan Pütter, Historische Entwicklung der heutigen Staatsverfassung des Teutschen Reichs, Bd. 3 (Göttingen 1787), Register, s. v. 'Hierarchie'; Pütter, Litteratur, Bd. 3, 674 f. (s. Anm. 15) ordnet die Literatur unter die Stichworte *von den Quellen der päpstlichen Hierarchie und von dem besonderen Verhältnisse der Teutschen catholischen Kirche zur päpstlichen Hierarchie*. Noch Hegel schreibt in der „Philosophie der Geschichte" einen Abschnitt über *die Feudalität und die Hierarchie*, SW 3. Aufl., Bd. 11 (1949), 467 ff.

[53] Gottfried Achenwall, Die Staatsklugheit nach ihren ersten Grundsätzen entworfen, 4. Aufl. (Göttingen 1779), 15.

[54] Posse, Staatseigenthum, 228; vgl. ebd., 190: *Von Italien her verbreitete sich der Gebrauch zweier Rechtsbücher, die in der schönsten Übereinstimmung weltlichen und geistlichen Despotismus atmeten ... das jüngste derselben habe eine Quelle ..., die Deutschland wegen der Hierarchie, unter der es seufzte, als die Quelle der Gesetzgebung anerkennen mußte.* Ähnliche Gedanken auch bei [v. Panzer], Versuch über den Ursprung und Umfang der landständischen Rechte in Baiern (o. O. 1798), 26: *der Einfluß der Hierarchie ... und der Mangel einer eigenen guten Gesetzgebung verschaffte den römischen und kanonischen Rechten Eingang in Deutschland.*

[55] Conversations-Lexicon mit vorzüglicher Rücksicht auf die gegenwärtigen Zeiten, Bd. 2 (Leipzig 1797), 203.

[56] Scheidemantel Bd. 2 (1783), 454.

[57] Dt. Enc., Bd. 15, 485.

[58] So schon Posse, Staatseigenthum, 228. Svarez, Vorträge, 57 spricht vom *Joche der Hierarchie*, August Ludwig v. Schlözer, StatsGelartheit, Bd. 1: Allgemeines StatsRecht und StatsVerfassungsLere (Göttingen 1793), 54, Anm. 5 davon, daß *die Hierachie ... ihre Krallen in die allererste menschliche Urgesellschaft einschlug,* nämlich sich in Eheangelegenheiten mischte. Krug Bd. 5 (1829), 130 bildet 'Hierarchomanie', das *in böser Bedeutung genommen wird, indem man darunter eine Art Leidenschaft (Wut, μανία) für die Beförderung*

II. 4. Katholische Kirche und päpstliche Herrschaft   **Hierarchie**

lich, sündhaft, den Geist vernichtend, das ganze politische Leben aufhebend (1834)[59]. Den Tenor dieser Klagen beschrieb CAMPE 1813 so: *Hierarchie dem Buchstaben nach, die heilige Herrschaft, der Tat nach, die unheiligste von allen. Es bedeutet nämlich dieses Wort Priesterherrschaft; und was kann gräulicher sein als diese?*[60] Daß *jetzt die päpstliche Hierarchie nur noch ein Schattenbild ist* (1797)[61], ist für diese Stimmen eine Folge der Französischen Revolution[62], von der JOHANN CHRISTOPH VON ARETIN 1809 sagt, daß sie *allerdings Leibeigenschaft, Hierarchie, Feudalsystem und alle andere Art von Sklaverei aufgehoben* habe[63].

Von katholischer Seite hat sich gegen diese Argumentation gegen die Hierarchie Widerspruch erhoben. Das „Rheinische Conversations-Lexicon" verteidigte 1836 die katholische Auffassung: 'Hierarchie' bezeichne *die geistliche Macht aller Stufen des Kirchenvorstandes, nicht bloß die des Papstes — wie man so oft behauptet hat — und am allerwenigsten die weltliche Gewalt, die sich mit dem Papsttume allgemein vereinigt und auch wieder ganz wegfallen könnte, ohne daß deswegen die kirchliche Hierarchie gekränkt würde*[64]. Dagegen fürchtet MEYER 1850, *daß die Kurie die Restauration des Hildebrandschen Systems nicht nur für möglich hält, sondern auch fortwährend noch anstrebt; denn von der päpstlichen Hierarchie kann man sagen, daß sie nichts gelernt und nichts vergessen hat*[65]. Für PIERER dagegen ist bei aller Anerkennung der *geistlichen Monarchie* der Hierarchie im Mittelalter *in neuerer Zeit die Hierarchie von den Regenten vielfach abhängig geworden und selbst im innern Kirchenregiment durch Staatsverfassungen, Polizei- und Finanzmaßregeln modifiziert und eingeengt* (1851)[66]. Für KARL HEINRICH LUDWIG PÖLITZ gehören daher schon 1831 (bei aller Ablehnung der mittelalterlichen Landstandschaft der Geistlichen, die *mit dem damaligen Verhältnisse der Kirche zum Staat, im Geiste des herrschenden Systems der Hierarchie, unmittelbar zusammenhing*) die Personen des geistlichen Standes *nach ihren gebildetsten und würdigsten, von keiner hierarchischen Ansicht verblendeten, Mitgliedern*

---

der unheiligen Zwecke der Geistlichkeit versteht. BROCKHAUS 9. Aufl., Bd. 7, 161 hebt die *Obergewalt der Päpste über die Kirche als eine absolute oder unbeschränkte* hervor und setzt dieses *römische Hofsystem* dem *Ultramontanismus* gleich (ebd., 162). MEYER, große Ausg., 1. Abt., Bd. 15 (1850), 731 führt als Kennzeichen der päpstlichen Herrschaft den Begriff *hierarchische Monarchie* ein. BLUM Bd. 2 (1852), 159 wettert gegen *Unkraut wie die römische Priesterschaft*, denn *die politische Reaction kann keine besseren Gehülfen finden als die Priester*, wenn es darum geht, *Mittel zur Unterdrückung der Völkerfreiheit und der Ideen zu ergreifen*.

[59] Neuestes Conversations-Lexicon (s. Anm. 49), 525.
[60] CAMPE, Fremdwb., 2. Aufl., 351.
[61] Conversations-Lexicon, Bd. 2 (s. Anm. 55), 203.
[62] SCHEIDEMANTEL Bd. 2, 454 stellte schon früher fest: *Es versteht sich von selbst, daß die Kirchen-Regierung die weltliche Herrschaft nicht nachäffen noch weniger aber in die Rechte der weltlichen Maiestät greifen darf. Das päpstliche System konnte also keine lange Dauer haben, da es wider die Natur der Kirche und des Staats streitet.*
[63] [JOH. CHRISTOPH v. ARETIN], Die Pläne Napoleons und seiner Gegner (München 1809), 10.
[64] Rhein. Conv. Lex., 4. Aufl., Bd. 6 (1839), 550.
[65] MEYER, große Ausg., 1. Abt., Bd. 15, 733.
[66] PIERER 3. Aufl., Bd. 7 (1851), 668.

zu dem ehrwürdigen Kreise der Vertreter der besonderen Interessen der Intelligenz[67], eine Ansicht, die für BLUM 1852 nicht nachvollziehbar ist, weil *die politische Reaction keine besseren Gehülfen finden kann* als *die Priester*, da *Priesterherrschaft und Despotismus stets Hand in Hand* gehen *und einander in die Hände* arbeiten[68].

Der Sprachgebrauch zu 'Hierarchie' ist also im 19. Jahrhundert je nach politischem Standort verschieden, wenn auch der polemische Charakter überwiegt. 'Hierarchie' ist vorwiegend *ein Schmachwort gegen allen und jeden Anspruch des geistlichen Standes auf selbständige Stellung und Funktion in der Kirche ... Es verbirgt sich unter der Anwendung des Namens Hierarchie in sehr vielen, ja in den meisten Fällen der tiefe Widerwille unserer revolutionären Zeit gegen die Kirche, ja gegen Christus selbst, und schließlich gegen alle und jede Autorität* (1862)[69]. Diesen Beigeschmack eines antiklerikalen Schlagwortes sollte 'Hierarchie' bei allen Rückgängen des antikirchlichen Liberalismus nie ganz verlieren[70]; noch heute klingt bei aller positiven Fassung der kirchlichen Hierarchie im allgemeinen Sprachgebrauch der pejorative Inhalt weiter, den WAGENER 1862 *als Hierarchismus, hierarchische Gelüste, als Bildung eines Staates im Staate, als Romanismus, Katholicismus und Pfaffenherrschaft*, kurz Anti-Klerikalismus umschrieben hat[71].

5. Religionssoziologische Ausweitung

Die Anwendung des Hierarchiebegriffes zur Charakterisierung der Herrschaftsausübung in und durch Religionsgemeinschaften (losgelöst von der christlich-katholischen Kirche) dürfte sich nicht vor dem 18. Jahrhundert finden. Erst von da an kann 'Hierarchie' als Ausdruck der Über- und Unterordnung in allen religiösen Organisationen benutzt werden. Der Sprachgebrauch ist dabei vorwiegend auf Frankreich beschränkt; ein deutscher Beleg liegt nicht vor — und noch im 19. Jahrhundert findet diese Bedeutung erst um die Jahrhundertmitte Eingang in die Lexika[72].

In Frankreich dagegen hatte die „Encyclopédie" 1778 bestimmt: *Toute religion suppose un sacerdoce, c'est-à-dire des ministres qui aient soin des choses de la religion*

---

[67] KARL HEINR. LUDW. PÖLITZ, Das constitutionelle Leben, nach seinen Formen und Bedingungen (Leipzig 1831), 94 f.

[68] BLUM Bd. 2, 159.

[69] WAGENER Bd. 9, 419.

[70] MEYER 6. Aufl., Bd. 9 (1905), 313 widmet der 'Hierarchie' einen informierenden Artikel, der vornehmlich vom Aufbau der katholischen Kirche und ihrer Institutionen handelt. Nur im geschichtlichen Rückblick auf das Mittelalter bedeutet 'Hierarchie' *vor allem die Ansprüche und die übergreifende Macht des Klerus über die bürgerliche Gesellschaft, über Staat und gesamtes Weltleben.*

[71] WAGENER Bd. 9, 419.

[72] Ein früher Beleg bei MONTESQUIEU, Esprit des Lois 24, 5, allerdings ohne das Wort 'Hierarchie': *Luther ayant pour lui de grands princes, n'auroit guère pu leur faire goûter une autorité ecclésiastique qui n'auroit point eu de prééminence extérieure; et Calvin ayant pour lui des peuples qui vivoient dans des républiques, ou des bourgeois obscurcis dans des monarchies, pouvoit fort bien ne pas établir des prééminences et des dignités;* für England SOUTH, zit. JOHNSON 2nd ed., vol. 1 (1755), s. v. 'hierarchy': *While the old Levitical hierarchy continued, it was part of the ministerial office to slay the sacrifices.*

II. 5. Religionssoziologische Ausweitung — Hierarchie

... *Les Grecs et les Romains avoient une véritable hiérarchie, c'est-à-dire des souverains, des prêtres, et d'autres ministres subalternes ... C'étoit principalement à Rome, que cette hiérarchie avoit lieu*[73]. Das Wörterbuch von MOZIN kennt 1811 den Ausdruck *le gouvernement des Juifs étoit hiérarchique*[74], und CHATEAUBRIAND läßt gegen die göttliche Herkunft der katholischen Hierarchie sagen: *Votre hiérarchie de cardinaux, d'archevêques ... sont des institutions égyptiennes*[75].
Deutschland dagegen hinkt dergestalt nach, daß HÜBNER/RÜDER 1825 'Hierarchie' auf alle christlichen Kirchen anwenden, und MEYER 1850 noch davon spricht, daß *andere christliche Kirchen ... teils die Sache haben, teils sich wenigstens analoge Verhältnisse bei ihnen vorfinden*[76]. Auch RANKE schreibt in bezug auf die Griechen, *daß der Staat, dem man angehören wollte, ein anderer als der ihre* (= der Türken) *war, es war die Hierarchie. Diese Hierarchie beruht auf der herkömmlichen Unterordnung aller Priester unter den Patriarchen von Konstantinopel*[77]. Seit BROCKHAUS 1845 zumindest ist jedoch auch die ausgeweitete Anwendung des Hierarchiebegriffes in Gebrauch. *Hierarchie bezeichnet zunächst die Würde und Macht des Oberpriesters, dann die Würde und Macht der Priester oder Gottgeweihten oder das Priestertum als Corporation. Das Wesentliche des Begriffs ist, daß die Hierarchie als ein von Gott gestifteter und mit besonderen Rechten, Prärogativen und übernatürlichen Gaben ausgerüsteter Stand betrachtet wird ... Da alle ausgebildeten Religionen einen äußerlichen Kult haben ... so ist es natürlich, daß wir in den meisten Religionen ein Priestertum finden*[78].
BINDER 1847 greift diese Bestimmung auf; für ihn wird 'Hierarchie' *überhaupt die Herrschaft des Priesterstandes, wie eine solche z. B. in Ägypten und bei den alten Juden bestand*[79]. BLUM geht von seinem anti-kirchlichen, anti-reaktionären Standpunkt aus noch weiter; die Priesterherrschaft oder Hierarchie *ist so alt als die Völker* und dient dazu, *eine große Gewalt über die leicht- und abergläubige Menge zu erringen*[80]. Indem das HERDERsche Lexikon 1855 den Begriff 'Hierarchie' in dieser Bedeutung aufgreift: *heilige Herrschaft, fällt ihrer Idee nach mit der Theokratie, Gottesherrschaft, zusammen, wie die sich historisch beim Volke Israel am vollkommensten ausbildete, als Priesterherrschaft bei den alten Ägyptern den Staat beherrschte, in Indien durch das Bramanentum bis auf die neuere Zeit die entscheidendste Rolle spielte*[81], ist das Wort auch im katholischen Bereich in diesem übertragenen Sinn verwendet worden und so zu einem nicht auf bestimmte Gruppen beschränkten Bestandteil der Sprache geworden.

---

[73] Encyclopédie, t. 29 (Ausg. Genf 1778), 630.
[74] MOZIN, dt. Tl. 1 (1811), 628.
[75] CHATEAUBRIAND, Essai historique, politique et moral sur les révolutions anciennes et modernes (1797), Oeuvres compl., nouvelle éd., t. 1 (Paris o. J.), 592.
[76] HÜBNER 31. Aufl., Bd. 2, 181; MEYER, große Ausg., Bd. 15, 734.
[77] LEOPOLD V. RANKE, Die Osmanen und die spanische Monarchie im 16. und 17. Jahrhundert (4. Aufl. des Werkes „Fürsten und Völker von Süd-Europa"), SW Bd. 35/36 (1877), 19.
[78] BROCKHAUS 9. Aufl., Bd. 7, 161.
[79] Allgemeine Realencyclopaedie oder Conversations-Lexicon für das katholische Deutschland, hg. v. WILHELM BINDER, Bd. 5 (Regensburg 1847), 342.
[80] BLUM Bd. 2, 159.
[81] HERDER Bd. 3 (1855), 305; vgl. auch WETZER/WELTE Bd. 5, 161 ff. Die Beziehung von

III. Hierarchie im weltlichen Bereich

1. Zur Übertragung des Hierarchiebegriffes auf den weltlichen Bereich

Das Phänomen der Unterordnung und Überordnung von Ämtern und Amtsinhabern, insbesondere im Bereich der Verwaltung, ist ohne Zweifel älter als seine Bezeichnung mit 'Hierarchie'. Dem kann jedoch im Rahmen einer Begriffsgeschichte nicht nachgegangen werden, da hier nicht die Erscheinungsformen Gegenstand der Betrachtung sind, sondern der Begriff selbst im geschichtlichen Wandel. Daher ist es für den Gang der Untersuchung unwichtig, daß bei BODIN ein voll ausgebauter hierarchischer Staatsaufbau vorliegt[82], da Bodin das Wort 'Hierarchie' nicht benutzt. Selbst wenn BARTHOLOMAEUS CASSANAEUS 1589 in Anlehnung an die kirchliche Begriffsbestimmung von der himmlischen Ordnung spricht, die sich die irdischen Ordnungen zum Vorbild zu nehmen hätten, so ist damit zwar ein Indiz dafür vorhanden, daß die Hierarchie der staatlichen Ämter ihre Genesis im religiösen Bereich hat, doch bewegt sich diese Bestimmung im herkömmlichen Rahmen der Ordo-Tradition und des christlich-(katholischen) Hierarchieverständnisses, wobei durchaus fraglich ist, ob Cassanaeus das Wort 'Hierarchie' gebraucht hat[83]. Wenn HERBERT KRÜGER daher von einem „seinerzeit in der Literatur bewußt vollzogenen Vorgang" spricht und die „Bedeutung des Denkschemas Hierarchie für den modernen Staat" hervorhebt[84], so ist dies von der Erscheinungsform sicherlich richtig, sagt aber nichts über das Wort und den Begriff 'Hierarchie' aus, die erst sehr spät auf den weltlichen Bereich ausgedehnt wurden, selbst wenn „nowhere the impact of ecclesiastical experience upon administration more apparent than in the term hierarchy" ist (CARL JOACHIM FRIEDRICH) [85].

KLUGE meint zwar, daß die heutige (Verwendungs-)Form von 'Hierarchie' kaum vor Sperander zu finden sei[86]; doch ist dies nur insoweit richtig, als sich in der Tat kein Beleg von 'Hierarchie' als Ausdruck staatlicher Rangordnung früher finden ließ[87]. Es trifft indes auf SPERANDER ebensowenig zu, der von politischer oder

---

Theokratie und Hierarchie hebt auch hervor JOH. JAKOB WAGNER, Der Staat, 2. Aufl. (Ulm 1848), 201: *als endlich neben diesen (= den Adligen) auch in dem Christentum noch Priester emporkamen, vergaßen diese nicht ihrer alten Natur und rangen als Hierarchie mit dem Adel um das Vorrecht, tief fühlend, daß nur die Zeit sie um die Theokratie gebracht hatte.*

[82] JEAN BODIN, Six livres de la république, nach einem Hinweis von ERIC VOEGELIN.

[83] BARTHOLOMAEUS CASSANAEUS, Catalogus gloriae mundi (Ausg. Frankfurt 1586), 69, zit. HERBERT KRÜGER, Allgemeine Staatslehre (Stuttgart 1964), 117.

[84] KRÜGER, Staatslehre, 117 f.

[85] CARL JOACHIM FRIEDRICH, Constitutional Government and Democracy, 3rd ed. (Boston 1950), 47.

[86] KLUGE/MITZKA 17. Aufl., 307.

[87] Vgl. etwa VEIT LUDWIG V. SECKENDORFF, Teutscher Fürsten Stat, 5. Aufl. (Frankfurt, Leipzig 1687), 91: *Weil die Dienst-Verrichtung beym Regiment nicht einerley, sondern mancherley, und eine der andern nach geordnet und untergeben ist, oder etliche Personen, als Collegen, neben einander bestallt werden müssen.* Von einer Staats-Hierarchie oder einer Beamten-Hierarchie ist hier ebensowenig die Rede wie einhundert Jahre später bei ACHENWALL, Staatsklugheit (s. Anm. 53), *wo von allen Classen der Bedienten* (61) oder von der *Subordinationskette der Staatsbedienten und Beamten* (257) gesprochen wird. Noch im

III. 1. Übertragung des Begriffs auf den weltlichen Bereich **Hierarchie**

staatlicher Hierarchie gleichfalls nicht spricht[88]. Noch in einer Sammlung jakobinischer Flugschriften der Zeit um 1800, in denen man am ehesten das Auftauchen des Wortes 'Hierarchie' erwartet hätte, ist es nicht enthalten[89]. Es ist deshalb nicht zu weit gegriffen anzunehmen, daß 'Hierarchie' in seinem modernen Sinn erst in dieser Zeit langsam verwendet wird und aus einem Wort der Kirchensprache und der Polemik gegen den Katholizismus zu einem allgemeinen Begriff der Rangordnung im staatlichen Bereich wird[90], wobei auch hier die französische Sprache vorrangig im Gebrauch gewesen sein dürfte. Dafür spricht auch, daß sich der säkulare Gebrauch in den Wörterbüchern der ersten Hälfte des 19. Jahrhunderts nur vereinzelt findet: *Bildlich drückt das Wort weltliche Hierarchie die Stufenfolge der Auctoritäten in der Staatsverwaltung aus* (1825)[91]; *endlich bezeichnet das Wort Hierarchie auch mißbräuchlich die Abstufung und Anordnung der Ämter und Würden im Staat wie in der Kirche* (1836)[92]; *an den Gebrauch des Wortes Hierarchie für Stufenfolge der geistlichen Würden schließt sich ein anderer an, wonach es mit völliger Beiseitelassung der Grundbedeutung zuweilen auch von der Rangordnung solcher Ämter gebraucht wird, welche mit dem Heiligen nichts gemein haben; so die Ausdrücke politische, militärische Hierarchie, Hierarchie des Staatsdienstes* (1850)[93]. Auch im Fran-

19. Jahrundert ist 'Klasse', 'Corps', 'Stand' viel häufiger anzutreffen als 'Hierarchie' etwa bei FRANZ BALTISCH, Politische Freiheit (Leipzig 1832), 272: *Es pflegen alle Beamte ihr gemeinschaftliches Interesse gefährdet zu sehen bei der geringsten Klage wider einen aus ihrem Corps.* Hier wird auch das Beamtentum mit dem Heer verglichen, doch die naheliegende Analogie zur Hierarchie nicht vollzogen: *So wie die Landwehr nötig ist als Gegenstück des stehenden Heeres, so sind die Gemeindebeamten nötig als Gegenstück des stehenden Heeres der Beamten.*

[88] Bei SPERANDER (1728), 290 heißt es nur: *Hierarchie heißt eigentlich das Kirchen-Regiment, und wird von den Catholischen das päbstliche Regiment also genennet. Sonsten bedeutet es auch die Ordnung der H. Engel, und werden sonderlich von den Catholischen verschiedene unter denen selben statuieret.*

[89] Jakobinische Flugschriften aus dem deutschen Süden Ende des 18. Jahrhunderts, hg. v. HEINRICH SCHEEL (Berlin 1965). In einer den Sachverhalt der weltlichen Hierarchie umschreibenden Stelle der Flugschrift „Die Privilegien des Adels in Bayern vor dem Richterstuhl der gesunden Vernunft" (1800), ebd., 279 heißt es: *Nur unter den Vollstreckern der Regierungsbeschlüsse findet eine notwendige Rangordnung statt; hier nur ist eine Stufenfolge unter den öffentlichen Gewalten erforderlich, hier nur sind die wahren Verhältnisse des Untern zum Obern; denn nur vermittelst dieser gegenseitigen Einwirkung kann sich die Maschine des Staats bewegen.*

[90] Die bei ANNETTE KUHN, Die Kirche im Ringen mit dem Sozialismus 1803—1848 (München, Salzburg 1965), 107 ff. angeführten Belege für die Profanisierung des Begriffes 'Kirche' würden nach einem Hinweis von HANS MAIER, Revolution und Kirche (Freiburg 1959), 45 in mancher Hinsicht interessante Parallelen ergeben.

[91] HÜBNER 31. Aufl., Bd. 2, 181.

[92] Neuestes und wohlfeilstes Conversations-Lexicon, Bd. 2 (s. Anm. 44), 370.

[93] MEYER, große Ausg., Bd. 15, 734. Alle anderen durchgesehenen Lexika enthalten *Hierarchie im andern Sinn* (MEYER) nicht. MEYER 6. Aufl., Bd. 9, 313 hält noch fest: *Das Wort Hierarchie wird zuweilen auch von der Rangordnung solcher Ämter gebraucht, die außerhalb des Gebietes des 'Heiligen' liegen; so die Ausdrücke politische, militärische Hierarchie, Hierarchie des Staatsdienstes etc.*

zösischen wird das Wort 'Hierarchie' in dieser Zeit in seiner ausgeweiteten Bedeutung registriert. Während der „Dictionnaire de l'Académie" von 1801 und das Wörterbuch von Mozin 1811 das Wort nicht weiter begrifflich fassen[94], stellt das „Wörterbuch der französischen Akademie" von 1840 fest[95]: *Il se dit, par extension, en parlant (die Hierarchie, Abstufung, Rangordnung) de toutes sortes de pouvoir d'autorités, de rangs, subordonnés les uns aux autres. La hiérarchie politique. La hiérarchie des pouvoirs. La hiérarchie militaire. Le plus haut degré de la hiérarchie sociale.*

2. Frühe Belege der Übertragung

a) **Frankreich.** Die Übertragung des Wortes 'Hierarchie' auf den weltlichen Bereich setzte auf verschiedenen Gebieten gleichermaßen ein, so daß nicht von einer Priorität etwa des Militärischen, Sozialen oder Philosophischen gesprochen werden kann. Im Französischen geht Antoine de Rivarol 1828 am weitesten, wenn er die Unterordnung verschiedener Dinge untereinander der Bezeichnung 'Hierarchie' subsumiert. *Deux expressions qui conviennent à la même chose ne conviennent pas au même ordre de choses; et c'est à travers cette hiérarchie des styles que le bon goût sait marcher*[96]. Dennoch ist es der Bereich der militärischen, sozialen, vor allem aber verwaltungsmäßigen Abstufung und Unterordnung, in dem das Wort 'Hierarchie' vornehmlich Platz greift. Insbesondere Saint Simon und Auguste Comte haben sich des Ausdrucks 'Hierarchie' bedient, wodurch dieser zugleich in den Rahmen der (Gesellschafts-)Philosophie mit einbezogen wurde. Für Saint Simon etwa war *le gouvernement du clergé, ainsi que celui de tous les peuples européens, une aristocratie hiérarchique*, die er der Feudalität gleich und dem parlamentarischen System entgegensetzt[97]. Seinen Schülern Saint Amand Bazard und Barthélemy Prosper Enfantin dagegen ist 'Hierarchie' Ausdruck der gesellschaftlichen Geschlossenheit und anzustrebendes Ziel für die Zukunft: *C'est l'ordre que nous réclamons, c'est la hiérarchie la plus unitaire, la plus ferme, que nous appelons pour l'avenir ... De même que les élémens des travaux guerriers tendaient, aux IXe siècle, à former une société ayant sa hiérarchie, ses chefs, et une systématisation complète de tous les intérêts, de tous les devoirs; de même aussi les élémens du travail pacifique tendent, aujourd'hui, à se constituer en seule société ayant ses chefs, sa hiérarchie, une organisation et une destinée communes*[98].

Comte, dessen profaner Hierarchiebegriff vielleicht von St. Simon herkommt, führte ihn in den sozialen Bereich weiter ein, wenn er von der *hiérarchie des phénomènes*

---

[94] Catel t. 2 (1801), s. v. 'hiérarchie'; Mozin, dt. Tl. 1, 628.
[95] Dict. Ac. franç. (dt. 1840), Bd. 1, 1105.
[96] Antoine de Rivarol, Dictionnaire universelle de la langue française (1828), zit. Littré t. 1/2 (1863), 2024.
[97] Saint-Simon, De la Réorganisation de la Société Européenne (1814), Oeuvres, t. 1 (Ndr. 1966), 161. Vgl. ebd., 196: *Que partout dans l'ancienne organisation on mette la forme de gouvernement parlementaire à la place de la forme hiérarchique ou féodale; par cette simple substitution on obtiendra une organisation nouvelle plus parfaite que la première.*
[98] [Saint Amand Bazard u. Barthélemy Prosper Enfantin], Doctrine de Saint-Simon, Exposition 1ᵉ année (1828—1829), 3ᵉ éd. (Paris 1831), 218. 197.

sociaux spricht[99]. In der Wissenschaftstheorie und Philosophie wird Comte gleichfalls bedeutsam, wenn er die Wissenschaften in sechs unwandelbare Rangordnungen einteilt und sie mit 'Hierarchie' bezeichnet[100]: nur das „positive" Vorgehen vermag die wahre wissenschaftliche Rangordnung, *la vraie hiérarchie scientifique*, zu charakterisieren[101]. Diese *formule hiérarchique*, dieses Hierarchiegesetz, ist eine der wichtigsten Formeln der Comteschen Wissenschaftslehre, weil es eine notwendige Ergänzung zum Drei-Stadien-Gesetz bildet, indem es das Nebeneinander von positiven und theologisch-metaphysischen Wissenschaften verständlich macht, zum andern aber weil es die Grundlage für eine positivistische Erziehung bildet[102]. Mit seiner Bestimmung der 'Hierarchie' als „Rangordnung von Wissenschaften" (und implizit darin enthalten: von Werten) hat Comte einer Bestimmung den Weg gewiesen, die 'Hierarchie' überhaupt als Rangordnung irgendeines beliebigen Phänomens versteht.

b) **Deutschland.** Ähnlich verschieden ist der Gebrauch im Deutschen. Einer der im 18. Jahrhundert noch seltenen Belege findet sich bei Ernst Brandes 1792, der — am Beispiel der geheimen Gesellschaften[103] unter Berufung auf kirchliche Einrichtungen — 'Hierarchie' mit militärischer Subordination in Verbindung bringt. *Das Großmeistertum des Tempelherrn-Ordens wies schon dahin. Viele Militair-Personen, die sehr wirksam in den Orden waren, mogten auch die Begriffe der militärischen Subordination und Hierarchie in die geheimen Verbindungen hineingetragen haben*[104]. *Das große Gebäude der kirchlichen Verfassung und Subordination, welches man die Hierarchie nennt* (Svarez)[105], ist hier positiv gefaßte militärische Hierarchie geworden. Ebenso positiv faßt Aretin 1809 den hierarchischen Aufbau der Verwaltung auf: *Die Hierarchie der Verwaltungsbehörden ist einfach und folgerecht, sie erleichtert die Übersicht des Ganzen, sie beschleunigt den Geschäftsgang und die Ausführungen, sie konzentriert in der obersten Leitung alles; sie verbindet gewissermaßen das herrschende Einheitssystem mit dem Kollegialsystem. Freilich setzt diese Hierarchie den höchsten Grad des Vertrauens und Glaubens an die Berichte des einzelnen voraus*[106].

---

[99] Comte, zit. Lalande, Vocabulaire (s. Anm. 6), 413.
[100] Auguste Comte, Discours sur l'esprit positif, éd. Iring Fetscher (Hamburg 1956), 208: *On parvient ainsi graduellement à découvrir l'invariable hiérarchie, à la fois historique et dogmatique également scientifique et logique, des six sciences fondamentales*.
[101] Ebd., 212; vgl. ebd., 218.
[102] Ebd., 214. 216: *Il est aisé de comprendre, en effet, que la considération habituelle d'une telle hiérarchie doit devenir indispensable, soit pour appliquer convenablement notre loi initiale des trois états, soit pour dissiper suffisamment les seules objections sérieuses qu'elle puisse comporter*.
[103] Der Einfluß, den die geheimen Gesellschaften auf die Profanisierung des Hierarchiebegriffes genommen haben, war sicherlich bedeutend; ihm müßte im Rahmen einer größeren Untersuchung nachgegangen werden.
[104] Ernst Brandes, Über einige bisherige Folgen der französischen Revolution in Rücksicht auf Deutschland (Hannover 1792), 65.
[105] Svarez, Vorträge (s. Anm. 41), 57.
[106] [Aretin], Pläne Napoleons (s. Anm. 63), 23.

3. Hegel

Zu denjenigen, die sehr früh das Wort 'Hierarchie' auf den weltlichen Bereich anwenden, gehört HEGEL, der sich seiner in der Verfassungsschrift von 1801/02 bedient. Er versteht unter 'Hierarchie' politisch alle Glieder des alten Reiches, die aktiv am politischen Leben teilhatten und in ihrer Gesamtheit eine Stufenfolge von Rechten und Pflichten besaßen: die *politische Hierarchie bestand aus jedem Fürstenhaus, jedem Stand, jeder Stadt, Zunft usw.*[107]. Dieser Auffassung, daß jeder Staat durch einen rangmäßigen Aufbau gekennzeichnet sei, jedes Glied seinen bestimmten Platz habe, wird die freie Art der Selbstbetätigung entgegengesetzt. Denn *die maschinistische, höchstverständige und edlen Zwecken gewidmete Hierarchie* (wie sie etwa Schlözer anstrebe[108]) *erweist in nichts ihren Bürgern Zutrauen*[109]. Dagegen sei die Staatsgewalt zu loben, die auf *das Selbstgefühl und das eigne Bestreben des Volkes zählen kann — einen allmächtigen unüberwindlichen Geist, den jene Hierarchie verjagt hat*[110].

Von dieser Hierarchieauffassung ist in der Rechtsphilosophie nichts mehr zu spüren, eine Folge der wesensmäßig anderen Bestimmung des Staates und seiner Teile. Nachdem dort nämlich die Notwendigkeit von Staatsbedienten in der Besorgung des allgemeinen Staatsinteresses und des Gesetzlichen betont wurde[111], ist es die Sicherung des Bürgers, die gerade durch die Hierarchie erreicht wird; sie schützt gegen *Mißbrauch der Gewalt von Seiten der Behörden* und dient der Verantwortlichkeit[112].

4. Görres und Gutzkow

In stärkerem Maße benutzt wird 'Hierarchie' im profanen Bereich erst seit den 1820er Jahren, wobei die Übernahme des Hierarchiebegriffes in den weltlichen Sprachgebrauch ihre gegenläufige Tendenz hat in der kritischen Eingrenzung des Begriffs innerhalb der Kirche, etwa beim jungen JOHANN ADAM MÖHLER: *Gott schuf die Hierarchie und für die Kirche ist nun bis zum Weltende mehr als genug gesorgt*[113]. Folgt man KLUGE darin, daß Görres es war, der den Ausdruck „Bürokrat" prägte[114], dann könnte man ihn durchaus als den eigentlichen Popularisator des Wortes 'Hierarchie' als Begleiterscheinung einer Bürokratie in Anspruch nehmen, stellt

---

[107] HEGEL, Die Verfassung des Deutschen Reiches, hg. v. Georg Mollat (Stuttgart 1935), 7f.
[108] SCHLÖZER, StatsGelartheit (s. Anm. 58), 3 f.
[109] HEGEL, Verfassung, 25f. Er begründet dies so: *Denn indem er (= der Staat) alle Zweige der Verwaltung, des Rechts usw. übernimmt, (müssen) ihm alle Kosten derselben zugleich zu Last fallen, welche, wenn das Ganze nach einer allgemeinen Hierarchie eingerichtet ist, ebenfalls durch regelmäßige Auflagen gedeckt werden müssen* (ebd., 24).
[110] Ebd., 26.
[111] HEGEL, Rechtsphilosophie, § 289. SW Bd. 7 (1928), 396.
[112] Ebd., § 295 (S. 401).
[113] JOH. ADAM MÖHLER ironisch in einer Kritik eines Buches von Katerkamp: Rez. Theodor Katerkamp, Des ersten Zeitalters der Kirchengeschichte erste Abteilung (1823), Theologische Quartalschr. 5/3 (1823), 497.
[114] KLUGE/MITZKA 17. Aufl., 112.

doch Görres das Wort 'Hierarchie' gerade in seiner negativen Schilderung von Bürokratie und Bürokratismus in den Vordergrund.

Zwar faßt GÖRRES 'Hierarchie' nicht durchweg negativ auf (und dies nicht nur, wenn er von der Hierarchie der Kirche spricht): 1819 etwa nennt er die *Hierarchie der Gewalten*, auf Grund derer es auch in den Ministerien eine Rangordnung geben müsse[115], und bezeichnet das Nebeneinander von Volkssouveränität und Konstitutionalismus als zwei *Hierarchien*, wo *im Schlag und Gegenschlag der beiden Mächte das Beamtentum von des Fürsten und des Volkes Gnade sich reiben müsse*[116]. Aber in der näheren Ausgestaltung seiner Analogie der kirchlichen Hierarchie und der Beamten-Hierarchie[117] wird letztere immer negativer gefaßt. Dabei spielt die organische Staatsauffassung eine Rolle, denn das moderne Beamtentum hat den Gegensatz zwischen einer *Hierarchie der adelichen Beamten* und einer *Hierarchie der nicht adelichen Beamten* mit sich gebracht, wodurch der Organismus im Staate empfindlich gestört und selbst die *Gemeinde der Beamten-Hierarchie dargeboten wurde*[118]. Das Beamtentum erscheint deshalb für Görres als die bevormundende Gewalt im Staate, und er führt dies auf die *nach neuliberalen Grundsätzen eingerichteten jetzigen Verfassungen* zurück. Der Beamtenstand hat *sich nicht bloß zum Vorherrschenden in Mitte der andern gemacht, sondern sie vielmehr mit dem Netze seiner Hierarchie eng umstrickt, und gebietet nun ausschließlich beinahe über die ihm in Dienstbarkeit Verbundenen*[119]. Daß Görres den „abstrakten Staat" auf den Liberalismus zurückführt und die konstitutionellen Ordnungen dafür verantwortlich macht, ist aus seiner Polemik für einen organischen, ständisch-gegliederten Staat zu verstehen, entspricht aber nicht der Sachlage, da gerade auch der Liberalismus das Beamtentum als Relikt vorkonstitutioneller obrigkeitsstaatlicher Vorstellungen bekämpft. Aber dessen Ideen waren zu sehr dem organischen, in Stufenreihen gegliederten Staatsverband, den Görres in Anlehnung an den Aufbau der Kirche entwickelt hatte[120], entgegengesetzt.

In diesem Zusammenhang ist die historisierende Benutzung des Hierarchiebegriffs in positivem Sinne bemerkenswert, wie er von Görres bereits 1807 in der Abhandlung „Wachstum der Historie" gefaßt wurde und unverändert in den Aufsatz „Die Feudalverfassung und Hierarchie im Mittelalter" 1828 eingegangen ist[121]. 'Hierarchie' ist Görres hier Ausdruck einer ganzen — geistlichen und weltlichen — Ordnung, die als Vorbild und Modell gültig bleibt, weshalb *die Lehre der gänzlichen Sonderung von Kirche und Staat, wie man in neueren Zeiten sie aufgestellt, ... eine*

---

[115] JOSEPH GÖRRES, Teutschland und die Revolution (1819), Ges. Schr., Bd. 13 (1929), 116.
[116] Ebd., 124.
[117] Ders., Erster Sendbrief an den Abgeordneten Frh. v. Rottenhan über Geist und Inhalt der Bayerischen Verfassung (1831), Ges. Schr., Bd. 15 (1958), 353: Es ist *eine doppelte Hierarchie, eine kirchliche und eine politische, der Cleriker und Staatsdiener anerkannt;* der Ausdruck *Beamten-Hierarchie* ebd., 354.
[118] Ebd., 360. 361.
[119] Ebd., 361.
[120] Vgl. ebd., 354 ff.; ders., Teutschland und die Revolution, 121.
[121] Ders., Wachstum der Historie. Das Christentum in der Geschichte, Ges. Schr., Bd. 3 (1926), 365 ff.; ders., Die Feudalverfassung und Hierarchie im Mittelalter, Ges. Schr., Bd. 15, 93 ff.

durch und durch nichtige, abgeschmackte, widersinnige und ganz und gar verwerfliche Irrlehre ist, *verwerflich in der Praxis, weil sie, von politischen und kirchlichen Revolutionären ersonnen, zum gleichen Verderben von Staat und Kirche führt*[122]. Ihr stellt er gegenüber *die ganze christliche sociale Ordnung, die vom Anfang an auf dies gänzliche Durchdringen und Durchwachsen der beiden Societäten gebaut gewesen, in Folge dessen die eine der andern so viel pflichtet, als diese ihr hinwiederum schuldet*[123]. Weltlicher Staat und Kirchenstaat, heißt es schon 1807, nämlich entwickelten sich *nicht geschieden voneinander, jeder für sich im eigenen Kreise, sondern das bildende Prinzip schlug gleichzeitig in beide ein, und sie durchliefen nun zusammen die gleiche Metamorphose. Rom war die Mitte und das Zentrum der Hierarchie; die ganze kirchliche Verfassung war durch das sichtbare Oberhaupt bedingt; alle Lebensgeister quollen dort hervor, es ging eine unsichtbare Gewalt, die der Schwerte Zug und Falles Kraft durch die ganze Christenheit hindurch, und es schossen in dem Zuge strahlenförmig die Gestalten an, von den Laien, Priestern zu den Prälaten, Bischöfen, Erzbischöfen, immer weiter in die Höhe hinauf verbanden die Radiationen sich in immer allgemeinere Gestaltungen, bis das letzte Glied im sichtbaren Statthalter Gottes auf Erden in's Unsichtbare hinüberreichte. Und weil unmittelbar auf diesem Gipfel das ganze wunderbare Gebäude sich in sich selbst abschließen sollte, darum ließ man es zurückkehrend aus dem Umkreis gegen die eigene Mitte gleichsam in die Zirkel- oder Kugelform sich runden. Indem man nämlich auch in die Hierarchie das Prinzip der geistlichen Freiheit übertrug, und diesen Republikanism repräsentieren ließ durch Kirchenväter in den Konzilien, — die, obgleich selbst als einzelne Glieder der Hierarchie jeder insbesondere dem Oberhaupte untergeordnet, in gemeinsamer Vereinigung eine freie Genossenschaft bildeten, über die der heilige Geist ausgegossen schwebte, und die daher wesentlich die gesetzgebende Macht in der Kirche besaßen, — war so durch dieses wechselseitige Umeinanderkreisen, wo, was eben selbst bedingt erschien, wieder bedingend wurde, jener Zirkel in sich geschlossen. Zum Haupte in dem großen Riesenorganism hatte so die Kirche sich gerundet, und das Haupt war in die himmlische Welt hinein geöffnet ...; abwärts aber fügten diesem Haupte die untern Gliedmaßen im europäischen Staatsverein sich an ... So stand der Titan des Mittelalters in der Geschichte*[124].

Diesen Gedanken ist nach Erscheinen des „Athanasius" (1838) ganz entschieden Karl Gutzkow entgegengetreten. Auch er argumentiert historisierend, wenn er als Hierarchie die mittelalterliche Ordnung auffaßt und sie für ihre Zeit auch für gut hält. Denn *das Papsttum faßte in sich den Glanz aller jener Verdienste zusammen, welche sich die Väter der Kirche der sinkenden Römischen Weltherrschaft, welche sich die Heidenbekehrer der Bildung einer neuen Weltlage gegenüber erworben hatten*[125]. Aber was damals richtig war, gilt nicht mehr; es ist unbrauchbar und überholt. *Unsre Bildung steuert einmal dem Ziele entgegen, daß wir Staat und Kirche nicht mehr als die beiden Einhäute sehen, die all unser Tun und Lassen im Keime umschließen ...;*

---

[122] Ders., Athanasius, 3. Aufl. (Regensburg 1838), 22.
[123] Ebd., 23.
[124] Ders., Wachstum der Historie, Ges. Schr., Bd. 3, 393 f., wo die Problematik mit der Formulierung *die Hierarchie und die moderne Feudalverfassung* eingeführt wird.
[125] Karl Gutzkow, Die rothe Mütze und die Kapuze. Zum Verständniß des Görres'schen Athanasius (Hamburg 1838), 51.

sondern dahin will allerdings die Zeit hinaus, daß die erste und Hauptinstitution der Gesellschaft die freie Persönlichkeit des Menschen ist und daß von dieser aus dann Verpflichtungen gegen das Ganze in betreff der bürgerlichen Ordnung und des Glaubens an die höhere Weltlenkung ausströmen, keineswegs aber Staat und Kirche wie Raum und Zeit alles umfassen und bedingen, was wir uns geistig und gesellschaftlich erworben haben[126]. Man muß *dem Traume zu Gunsten der Wirklichkeit entsagen*[127], in der es keinen Platz für eine ganzheitlich-weltliche Ordnung gibt. Nordamerika beweise, daß dabei dem Christentum nichts von seiner Kraft verlorengeht. Deshalb gibt es keinen *grelleren Kontrast als die Görres'schen Träumereien einer wiederkommenden Hierarchie und Nordamerika*[128].

Ob Gutzkow zu dieser z. B. auch von GEORG GOTTFRIED GERVINUS[129] hervorgehobenen Entgegensetzung von Hierarchie Alteuropas und liberaler Demokratie Nordamerikas durch die Lektüre von TOCQUEVILLES 1835 erschienenem Amerika-Buch gekommen ist, läßt sich nicht ausmachen. Tocqueville beschreibt zwar eingehend den Einfluß der Religion auf die amerikanische Gesellschaft, ohne jedoch diesen Vergleich anzustellen[130]. Da er jedoch die *absence de hiérarchie* als Kennzeichen der amerikanischen Verwaltung besonders hervorgehoben hat[131], wäre eine von Gutzkow vollzogene Analogie denkbar[132]. Die polemische Auseinandersetzung und die scharf gegensätzliche Begriffsbestimmung bei Görres und Gutzkow weist jedoch mit den bereits oben angeführten Belegen[133] darauf hin, daß 'Hierarchie' im 19. Jahrhundert zu einem politisch ideologisierten Begriff wurde, der zur Stützung eines konservativ-ständischen Weltbildes hoch gewertet oder als Inbegriff der Rückständigkeit verabscheut werden konnte.

Freilich war diese Wertung des Wortes auf konservativer Seite nicht eindeutig,

---

[126] Ebd., 48 f.
[127] Ebd., 47.
[128] Ebd., 46.
[129] GEORG GOTTFR. GERVINUS, Einleitung in die Geschichte des 19. Jahrhunderts, 4. Aufl. (Leipzig 1864), 94 zur amerikanischen Demokratie: *Aristokratie und Hierarchie war in Europa zurückgelassen.*
[130] Siehe ALEXIS DE TOCQUEVILLE, De la Démocratie en Amérique, Oeuvres compl., 7ᵉ éd., t. 1/2 (1951), 301 f.
[131] Ebd., 79. Vgl. ebd., 70. 71. 73. 77. 81 sowie 82: *Ainsi donc élection des fonctionnaires administratifs, ou inamovibilité de leurs fonctions, absence de hiérarchie administrative, introduction des moyens judiciaires dans le gouvernement secondaire de la société, tels sont les caractères principaux auxquels on reconnaît l'administration américaine.*
[132] Zum Einfluß Tocquevilles in Deutschland siehe ECKART G. FRANZ, Das Amerikabild der deutschen Revolution von 1848/49 (Heidelberg 1958) sowie THEODOR ESCHENBURG, Tocquevilles Wirkung in Deutschland, in: ALEXIS DE TOCQUEVILLE, Über die Demokratie in Amerika (Stuttgart 1959), XVII ff. Ebd., XXV auch ein Zitat aus der „Halleschen Allgemeinen Literaturzeitung" (1838), das vor dem Hintergrund der Kontroverse Görres — Gutzkow seinen Reiz gewinnt: *Politische Institutionen sind in der Tat nur Formen. Die eigentliche Grundlage ist die gesellschaftliche Verfassung der Völker. Man denke sich eine aus alten, mächtigen Hierarchien gebildete Gesellschaft; es wird gleichgültig sein, ob man ihr eine monarchische oder eine republikanische Regierungsform erteile. Diese Regierungen werden Jahrhunderte bestehen und nach einer unermeßlichen Zukunft streben können.*
[133] Siehe oben II. 4.

da das oben für Görres festgestellte pejorative Verständnis in bezug auf „Bürokratie" auch für andere, so für Friedrich v. Gentz (freilich ohne Gebrauch des Wortes 'Hierarchie'[134]) und den Freiherrn vom Stein gilt. Für diesen ist es 1822 *die Willkür der Beamten-Hierarchie, das Verderbliche ihrer Neuerungssucht, deren Maßregeln zur Verarmung der obern und untern Klassen und zu der Demokratie führen*[135]. Was Stein zu diesem scharfen Urteil über das Beamtentum veranlaßt, ist seine Forderung nach Freisetzung der kommunalen Selbstverwaltung und nach ständischem Aufbau. *Da man nun eine solche konzentrierte Beamten-Hierarchie ausgebaut hatte, so ist es keinem Zweifel unterworfen, die Gesetzgebung und Verwaltung wäre ruhiger, schonender, beratender geworden, hätte man der neuen Maschinerie der Behörden ein Gegengewicht durch ständische Korporationen angehängt*[136].

Diese abwertende Verwendung des Begriffs 'Beamtenhierarchie' blieb bei den Vertretern einer konservativ-ständischen Ideologie, besonders in Verbindung mit dem katholisch bzw. allgemein-christlich-germanischen (antiabsolutistischen und antiliberalen) Staatsgedanken in den folgenden Jahrzehnten üblich, so etwa bei Carl Ernst Jarcke, der von der *Maschine der Beamtenhierarchie* sprach und den *wirklichen Ständen des Volkes* das Phänomen *einer ebenso isolierten als unumschränkt gebietenden Beamtenhierarchie* entgegensetzte[137].

5. Der Liberalismus

Im Mißtrauen gegen „Beamtenhierarchie" traf sich die Auffassung von Görres und Stein mit antiabsolutistischen Tendenzen im Liberalismus, der sich im Übergang von landständischen zu konstitutionell-repräsentativen oder gar „radikalen" Forderungen vielfach den Satz, daß Beamtengewalt und Nichtigkeit der Bürger das eigentliche Gebrechen des Vaterlandes seien, zu eigen machte[138]. Es fällt jedoch auf, daß 'Hierarchie' im liberalen Sprachgebrauch kaum auf die Staatsverwaltung übertragen erscheint. Bezeichnenderweise findet man in den liberalen Lexika und Abhandlungen zum Staatsrecht keine Ausführungen über 'Hierarchie', sondern allenfalls über 'Bürokratie'[139]. Dem Liberalismus geht es ja weniger um Selbstverwal-

---

[134] Gentz spricht von *katholischer Kirche und Hierarchie*, Friedrich v. Gentz, Schr., hg. v. Gustav Schlesier, Bd. 4 (Mannheim 1840), 44. 1820 berichtet Gentz an Metternich, *er sei mit Baron Zentner einverstanden, daß, in Deutschland wenigstens, und zwar in allen Staaten ohne Ausnahme, das größte Verderben von den Staatsbeamten ausgeht*; Briefe von und an Friedrich von Gentz, Bd. 3/2, hg. v. Friedr. Carl Wittichen u. Ernst Salzer (München, Berlin 1913), 27.
[135] Stein an den Grafen von Meerveldt, 5. 2. 1822, Br. u. Schr., Bd. 6 (1965), 463.
[136] Ders., Bemerkungen über die allgemeinen Grundsätze des Entwurfs zu einer provinzialständischen Verfassung, 5. 11. 1882, ebd., 559.
[137] Carl Ernst Jarcke, Der Absolutismus, Vermischte Schr., Bd. 1 (München 1839), 160. 164.
[138] Vgl. bes. Karl Heinzen, Die Preußische Bureaukratie (Darmstadt 1845), 12. Zum folgenden bes. Theodor Wilhelm, Die Idee des Berufsbeamtentums. Ein Beitrag zur Staatslehre des deutschen Frühkonstitutionalismus (Tübingen 1933).
[139] Weder Rotteck/Welcker verzeichnet in seinen drei Auflagen das Stichwort 'Hierarchie' (unter 'Hierarchie' wird auf Deutsche Geschichte und Kirchenverfassung hingewiesen), noch ist dies der Fall bei Bluntschli/Brater (Verweis auf Theokratie,

tung — zumindest vor 1848 — als vielmehr um die Eindämmung fürstlicher Machtstellung, und das Problem des Beamtentums stellte sich ihm bereits im festen Rahmen positiver Verfassungen vornehmlich als Verfassungs-, nicht aber als Verwaltungsproblem.

Innerhalb der liberalen Polemik[140] gegen das staatliche Beamtentum spielt der Begriff 'Hierarchie' nur eine sehr geringe Rolle; er wird durchweg nicht so polemisch wie 'Demokratie' gebraucht und auch nicht näher definiert. FRIEDRICH BÜLAU gebrauchte ihn 1836 als eines der Kennzeichen, die ein Staat besitzen müsse, um sich der Zentralverwaltung bedienen zu können; dies sei nur der Fall *in einem Staate, in welchem u. a. die Staatsdiener durch eine Dienstpragmatik vor ministerieller Verfolgung gesichert sind und auch keine enggeschlossene Hierarchie bilden*. 'Hierarchie' wird hier gefaßt als kastenmäßige Absonderung; sie tritt aber auch als Rangordnung innerhalb der Verwaltung auf, als *große Hierarchie der Staatsdienerschaft*[141]. Beide Bedeutungen werden auch bei anderen liberalen Autoren nebeneinander gebraucht, wobei die erste desto mehr verschwindet, je mehr die Ansicht Gewicht gewinnt, daß *die Staatsbeamten für den Gang der öffentlichen Angelegenheiten in Deutschland die wichtigste Bürgerclasse sind*[142]. FRIEDRICH MURHARD betont 1837 allerdings mehr das Negative, wenn er Großbritannien deshalb lobt, *eben weil es keine Beamtenhierarchie hat*, doch entspricht dies seiner Polemik dagegen, *die Staatsangelegenheiten* nicht anders zu besorgen als *mittelst einer Hierarchie zahlreicher von der obersten Autorität* abhängiger Beamten[143]. Ähnlich schreibt er im „Staatslexikon", daß das *Zentralisationssystem* der öffentlichen Verwaltung *zu seiner Verwirklichung eines zahlreichen, historisch organisierten, vom Staatsregenten abhängigen Be-*

Kirche). JOSEPH HELD, Staat und Gesellschaft vom Standpunkte der Geschichte der Menschheit und des Staats, Tl. 1 (Leipzig 1861), 445 nennt nur *Theokratie, Bureaukratie und Plutokratie.* ROBERT V. MOHL, Über Bureaukratie (1846), ders., Staatsrecht, Völkerrecht und Politik, Bd. 2 (Tübingen 1862), 99 ff. u. ders., Politische Aphorismen, ebd., 61, wo von dem *theoretischen Sturmlaufen gegen den Bureaukratismus die Rede ist*, geht gleichfalls nicht näher auf 'Hierarchie' ein. JOH. C. BLUNTSCHLI, Politik als Wissenschaft, ders., Lehre vom modernen Staat, Bd. 3 (Stuttgart 1876), 492 wendet sich gleichfalls nur gegen *schroffe, kastenartige Scheidung der Beamten von der Gesellschaft* und *Vielregiererei.* 'Bürokratie' wird bestimmt als *Herrschaft des Formalismus über das Wesen der bloßen technischen Gewandtheit statt der sachlichen Befriedigung.* 'Bureaukratie' ist bei ROTTECK/WELCKER erst in der 3. Aufl., Bd. 3 (1859), 178 ff. in der Bearbeitung von HEINRICH v. GAGERN enthalten, bei BLUNTSCHLI/BRATER, Bd. 2 (1857), 293 ff. durch KARL BRATER. In Dahlmanns „Politik" wird 'Hierarchie' gleichfalls nicht im politischen Sinne verwendet.

[140] Vgl. z. B. FRIEDRICH MURHARD, Art. Staatsverwaltung, ROTTECK/WELCKER 2. Aufl., Bd. 15 (1843), 83. 100. 102; dazu ders., Das Beamtenregiment in den modernen Staaten, Jbb. d. Gesch. u. Politik, 1 (1837), 289 ff. 410 ff.; CARL WELCKER, Art. Staatsdienst, Staatsdienerpragmatik, ROTTECK/WELCKER 2. Aufl., Bd. 14 (1843), 738.

[141] FRIEDRICH BÜLAU, Die Behörden in Staat und Gemeinde (Leipzig 1836), 80. 89.

[142] Ebd., 89.

[143] MURHARD, Beamtenregiment, 304. 410. Murhard zitiert WEITZEL, wonach *durch keine Anstalt das öffentliche Leben im Volke von Selbständigkeit und Freiheit so ganz in seiner Herzgrube durchschnitten ward* als *durch eine Beamten-Hierarchie, die vom letzten Copisten bis zum ersten Präsident einen Stand mit gleichen Ansichten, mit gleichem Interesse und in gleicher Lage bildet* (ebd., 415).

amtencorps bedarf[144]. Mit HEINRICH VON GAGERNS Betonung jedoch, daß für die *Verwaltung der einzelnen innern Fractionen des Staats, bis zur Oberaufsicht über die Gemeinden, für welche in der Regel, je nach der Größe und Verfassung des Staats, eine ganze Hierarchie von Behörden in obern, mittlern und niedern Stellen besteht*[145], wird 'Hierarchie' immer weniger polemisch gebraucht, um so mehr als auch die Frage nach bürokratischer und kollegialischer Einrichtung der Verwaltungsbehörden hinter der nach der Stellung des Beamten zurücktritt. Für Gagern ist es daher schon selbstverständlich, eine Gliederung der *Verwaltungs-Hierarchie* herauszuheben[146], von daher ist es nicht mehr weit *zur bureaukratischen Hierarchie* MAX WEBERS[147], die aus dem *Prinzip der Amts-Hierarchie oder des Instanzenzuges, d. h. ein fest geordnetes System von Über- und Unterordnung der Behörden unter Beaufsichtigung der unteren durch die oberen*, besteht[148], wobei mit dem Ausdruck 'Amts-Hierarchie'[149] ein Ausdruck MOHLS aufgenommen wird. Neben dieser auf wertfreien Gebrauch in der politischen Wissenschaft — so Max Weber — zielenden Begriffsverwendung hält sich im 19. Jahrhundert und später die Abwertung des Begriffs, ausgehend vom römischen System und auf die Verwaltung übertragen. Bezeichnend dafür ist HEINRICH VON TREITSCHKE, der sogar eine Übernahme hierarchischer Strukturen in der Kirche aus dem römischen Beamtentum herausarbeitet. *Seit nämlich Constantius sich bekehrt hatte, beginnt der Klerus sich geschickt in die Formen der byzantinischen Bürokratie zu fügen, einer Rangordnung, wofür man in alle Zukunft den Ausdruck Hierarchie gebraucht hat. So entsteht jenes System, das man als Cäsaropapismus bezeichnet*[150]. In einer anti-römischen Einstellung sind für Treitschke denn auch *die romanischen Völker so zentralisiert und bürokratisiert worden, daß ihnen die Hierarchie im geistlichen und weltlichen Sinne natürlich erscheint*[151]. Zum Glück sei aber *die heidnische Auffassung vom Zusammenfallen von Staat und Kirche für christliche Völker unserer Zeit ein Anachronismus* (die Gutzkowsche Argumentation taucht hier in veränderter Form auf); überdies aber bleibt

---

[144] MURHARD, Art. Staatsverwaltung, 83.
[145] GAGERN, Art. Bureaukratie, 180.
[146] Ebd., 181.
[147] MAX WEBER, Wirtschaft und Gesellschaft, 4. Aufl., hg. v. Johannes Winckelmann (Köln 1964), 201.
[148] Ebd., 703.
[149] MOHL, Bureaukratie, 63. Siehe auch WILHELM ROSCHER, Naturgeschichte der Monarchie, Aristokratie, Demokratie. Ndr. der „Politik" (1892; Meersburg 1933), 304.
[150] HEINRICH V. TREITSCHKE, Politik, hg. v. Max Cornicelius, 2. Aufl., Bd. 1 (Leipzig 1899), 329. Ähnlich auch ebd., 2. Aufl., Bd. 2 (Leipzig 1900), 483: *Wir wissen, es ist das römische Kaiserreich gewesen, das durch die Gliederung seines Beamtentums vorbildend auf die folgenden Zeiten gewirkt hat. Ihr entlehnte die byzantinische Kirche die äußeren Formen ihrer Hierarchie.*
[151] Ebd., Bd. 2, 507 sowie — auch zum folgenden — 490: *Wir Germanen haben den Sinn für das Dominium der Örtlichkeiten bis zum Übermaße gehabt; es gibt aber Nationen, und dazu gehören alle, die jemals unter der harten Hierarchie des Römertums zusammengefaßt wurden, denen die logische Ordnung, die technische Zweckmäßigkeit der Verwaltung, die in der Zentralisation sich leichter erreichen läßt, wichtiger ist.*

es *Deutschlands Stolz, daß in keinem Lande der Gedanke der Selbstverwaltung* — und damit die Ablehnung der Hierarchie — *so ergriffen worden ist wie bei uns*[152].
Das sich bei Treitschke findende antikatholisch-protestantische, antirömisch-deutsche Denken um Hierarchie und Selbstverwaltung könnte von RUDOLF GNEIST herstammen, der neben einem wertneutralen Gebrauch des Wortes[153] auch seine polemische Verwendung kennt, so wenn ihm *die römische Hierarchie der Neubildung des deutschen Reiches* 1871 *in offener Feindschaft gegenübertrat, sobald eine protestantische Dynastie die deutsche Kaiserkrone angenommen hatte*[154]. Ähnlich — aber weiter als der nur deutsch denkende Treitschke — unterscheidet sich *das Selfgovernment* von der *geschlossenen Kette des Berufsbeamtentums, welches sich zu einer solidarischen Hierarchie abschließt*[155].

IV. Ausblick

Wie schon bei seiner Übernahme in den profanen Sprachgebrauch gewinnt das Wort 'Hierarchie' ein immer weiteres Anwendungsfeld, in dem positive und negative Wertungen nebeneinanderlaufen. Der Begriffsinhalt von 'Hierarchie' drängt in stets neue Richtungen vorwärts, in denen er jede Rangordnung und Abstufung bezeichnet, jede Selektion umschreibt, mit 'Stand' fast synonym wird[156]. Er wird dabei so beliebig vielfältig verwendet, daß dies jeder Aussagekraft des Wortes 'Hierarchie' letztlich entgegenstehen muß.
JOHANN HEINRICH DANIEL ZSCHOKKES *Aristokratie und Hierarchie* 1846 ('Hierarchie' verstanden als Rangordnung im Volk und pejorativ als Gegensatz zu Wohlstand und Bildung in Republiken und Monarchien gebraucht[157]), GERVINUS' Bestimmung der *aristokratischen, hierarchischen, poetischen, absolutistischen Rückschau in untergegangene Verhältnisse* (hierarchisch als rangmäßig aufgefaßt)[158] von 1847, CONSTANTIN ROESSLERS *Hierarchie des Staatsdienstes* von 1857, eine Organisationsform des Staates, *Hierarchie als politisches Werkzeug* des Ämteraufbaus gefaßt[159], — sowie die vielen Stellen über militärische und Beamten-Hierarchie — sie lassen

---

[152] Ebd., Bd. 1, 330 bzw. Bd. 2, 509.
[153] Etwa 'Hierarchie des Amts' und 'Polizeihierarchie', vgl. RUDOLF GNEIST, Der Rechtsstaat und die Verwaltungsgerichte in Deutschland, 2. Aufl. (1879; Ndr. Darmstadt 1966), 293. 51 — allerdings vor dem Hintergrund der Selbstverwaltung.
[154] Ebd., 329; vgl. 56. 187 sowie ders., Die nationale Rechtsidee von den Ständen und das preussische Dreiklassenwahlsystem (Berlin 1894), 48. 60 jeweils zur kirchlichen Hierarchie.
[155] Ders., Rechtsstaat, 51.
[156] Vgl. die Arbeit von WEIPPERT, Prinzip der Hierarchie (s. Anm. 13).
[157] JOHANN HEINR. DAN. ZSCHOKKE, Art. Solothurn, ROTTECK/WELCKER 2. Aufl., Bd. 12 (1848), 240.
[158] G. G. GERVINUS, Die Preußische Verfassung und das Patent vom 3. Februar 1847 (Mannheim 1847), 65. Dort findet sich auch die Feststellung, *daß die reformierte Kirche zwar unter ihren drei hierarchischen Instituten den Staat setzte* (91), sowie die Bemerkung, daß der Geist von 1818 u. a. *in einem religiös-hierarchischen Anflug nach Luthers Gläubigkeit strebte* (111).
[159] CONSTANTIN ROESSLER, System der Staatslehre (Leipzig 1857), 396. 197.

Dupont-Whites Bemerkung von 1874 verständlich werden[160]: *On voit que la hiérarchie s'applique aux administrations et gestions privées, industrielles, agricoles, commerciales: C'est la logique de toute oeuvre où s'emploient plusieurs personnes, c'est une appropriation des moyens à la fin; seulement ici les moyens sont les personnes, classées chacune suivant son degré d'aptitude.*

Karl Marx hat denn auch das Wort 'Hierarchie' auf den Produktionsprozeß übertragen, er erscheint als ein *als vollständige Hierarchie gegliederter, gesellschaftlicher Mechanismus*[161]. Die soziale Hierarchie Comtes ist von Max Weber weiterentwickelt worden, die *Hierarchie des Staates* (Friedrich Rohmer 1844)[162] — von Perthes 1845 noch auf die Gleichartigkeit zwischen der Hierarchie des Reiches und der Kirche zurückgeführt[163] — zu einem gemeinläufigen Ausdruck, die Beschreibung der Verwaltung ohne das Strukturmerkmal Hierarchie fast undenkbar geworden[164], das Wort 'Hierarchie' überhaupt in fast alle Wissenschaftszweige vorgedrungen. In der Rechtswissenschaft etwa bezeichnet es seit Adolf Merkle die Rangordnung des Rechts mit nicht wenigen Stufen[165], in der Philosophie die Stufen- und Rangordnung von Wesen und Werten: das Sein z. B. ist hierarchisch gegliedert nach Fechner, W. Stern, O. Spann, Wundt, Heymanns, Mahnke, Driesch[166]; Max Scheler spricht von der *Macht- und Daseins-Hierarchie, die zugleich und rein analytisch eine Wert-Hierarchie ist*[167]. Salvador de Madariaga hat zwischen *Anarchie oder Hierarchie* unterschieden: die *Verwickeltheit der Dienste* war eine *Erziehung zur organischen Demokratie und predigte die Bedeutung des Technikers, des Fachmanns, des Führers, also der Ordnung und der Hierarchie*[168]. In immer weiterer Ausdehnung ist 'Hierarchie' auch zu einem Strukturprinzip der Kybernetik geworden, in der es das Prinzip der selektiven Freihaltung höherer zentralnervöser Instanzen von Detailinformationen bedeutet, ein *fundamentales Prinzip der Informationsselektion des Organismus und damit mitbestimmend für die Leistung des Sensoriums*[169].

So ist 'Hierarchie' heute als formaler, beliebig anwendbarer und präzisierbarer Strukturbegriff weitgehend entleert — ein Vorgang, der mit der Übertragung auf den profanen Bereich, d. h. mit dem Fortfall der ἱερός-Bedeutung, um die Wende

---

[160] Dupont-White, zit. Block (s. Anm. 5), 21.
[161] Karl Marx, Das Kapital, MEW Bd. 25 (1964), 888.
[162] Friedrich Rohmer, Lehre von den politischen Parteien, Tl. 1: Die vier Parteien (Zürich, Frauenfeld 1844), 246.
[163] Clemens Theodor Perthes, Das deutsche Staatsleben vor der Revolution (Hamburg, Gotha 1845), 336.
[164] Vgl. dazu Krüger, Staatslehre, 117 ff.; Friedrich, Constitutional Government, 47 ff. und ders., Man and his Government (New York, San Francisco 1963), 468 ff.
[165] Adolf Merkle, Die Lehre von der Rechtskraft (Leipzig, Wien 1923), 213. Auch Friedrich, Man and his Government, 270 nennt die *hierarchy of legal norms*.
[166] Nach Eisler 4. Aufl., Bd. 1 (1927), 636.
[167] Max Scheler, Die Wissensformen und die Gesellschaft, 2. Aufl. (Bern, München 1960), 119. Karl Mannheim, Historismus, ders., Wissenssoziologie (Berlin, Neuwied 1964), 290 führt an, daß man *prinzipiell eine geschichtsphilosophische Hierarchie der sich ablösenden philosophischen Standorte herausarbeiten* kann.
[168] Salvador de Madariaga, Anarchie oder Hierarchie (Bern, Leipzig o. J.), 9.
[169] Art. Hierarchieprinzip, Lexikon der Kybernetik (Quickborn b. Hamburg 1964), 60 f.

IV. Ausblick

vom 18. zum 19. Jahrhundert begonnen hat. Als ideologisch-polemischer Kampfbegriff, z. B. in der Entgegensetzung von 'Demokratisierung' und hierarchischen Strukturen und der Gleichsetzung von 'Hierarchie' und (abzubauender) 'Herrschaft'[170], ist er bis heute immer wieder verwendet worden.

Literatur:

Eine spezielle begriffsgeschichtliche Untersuchung fehlt; auch hinweisende Literatur ist nicht vorhanden. Einiges bei Herbert Krüger, Allgemeine Staatslehre, Stuttgart 1964 und für den kirchlichen Hierarchiebegriff in den theologischen Abhandlungen zur Kanonistik.

HEINZ RAUSCH

---

[170] Vgl. für verschiedene Aspekte hierzu das „Gesamtkonzept für die Arbeit auf dem Katholikentag", verabschiedet von den Teilnehmern des Vorbereitungsseminars vom 30. 4.—4. 5. 1970 in Trier, hektograph., S. 1: *Der Katholikentag in Trier hat unter dem Motto „Gemeinde des Herrn" kirchliche Strukturfragen zu seinem Thema gemacht. Zu erwarten sind allenfalls Kritik und Veränderungsvorschläge, die den Charakter kosmetischer Operationen tragen. Dagegen ist festzuhalten: die hierarchische Struktur der Kirche, wie sie sich seit Jahrhunderten verfestigt hat, ist ein Wurzelübel. Durch sie wird die Dienstfunktion in einen Machtanspruch verkehrt. Jede Veränderung muß auf die Abschaffung der Hierarchie zielen. Agitation gegen Hierarchie ist der einzig mögliche Weg dazu. Antihierarchisch heißt keineswegs antikirchlich: Kirche ist erst ohne Hierarchie Gemeinde, Kirche ohne Hierarchie ist Voraussetzung für die Erfüllung ihrer behaupteten gesellschaftlichen Funktion. Heute muß Gesellschaftskritik sich im praktischen Eintreten für die Beseitigung des Kapitalismus vollziehen. Hierarchie und Kapitalismus bedingen und stützen sich gegenseitig. Darum fordern wir eine herrschaftsfreie Kirche und eine ausbeutungsfreie Gesellschaft. . . . Die konsequente Ablehnung der Hierarchie, nicht jedoch eine formaldemokratische Legitimierung des bestehenden Systems, ist der grundlegende Schritt zur Schaffung demokratischer Strukturen* (S. 2).

Ideologie

I. Einleitung. II. Die französischen Ideologen. III. Der Bedeutungswandel des Ideologiebegriffs bei Napoleon und die Rezeption dieses Begriffs. 1. Napoleon. 2. Der Ideologiebegriff außerhalb Frankreichs. a) Amerika. b) Deutschland. IV. Marx und Engels. V. Die Umbildung des Ideologiebegriffs in der Sozialdemokratie und im Sozialismus des späten 19. und frühen 20. Jahrhunderts. VI. Ausblick.

I. Einleitung

Der Ideologiebegriff gehört nicht zu jenen Begriffen, deren Ursprung und erste Entwicklungsphase bereits vor der Neugestaltung des alteuropäischen politisch-sozialen Begriffs- und Kategoriensystems liegt[1]. Charakteristisch für ihn ist vielmehr, daß er in der Zeit dieses Umbruchs und ihrer tiefgreifendsten historischen Umwälzung, der Französischen Revolution, geprägt wurde. Dabei hatten seine Schöpfer, die sog. französischen Ideologen, nur den Namen für eine neue, von ihnen entworfene Wissenschaft bilden wollen. Daß der Ideologiebegriff dann seinen philosophisch-unpolitischen Sinn verlor und zu einem polemisch verwendeten Schlagwort wurde, verdankt er Napoleon und der politischen Publizistik, vor allem der ersten Hälfte des 19. Jahrhunderts. Dort wird er zu jenem Kampfbegriff in verbal-politischen Auseinandersetzungen, als der er mindestens zum Teil bis heute bekannt ist. Von dort übernehmen ihn auch Marx und Engels und geben ihm eine spezifische Bedeutung, die, da wiederum unterschiedlichen Interpretationen unterworfen, dem Ideologiebegriff eine breite Verwendung in disparatesten Zusammenhängen sichert. Dies führt heute, trotz mancher Präzisierungsversuche, in einigen Bereichen zu einer völligen Diffusion des Ideologiebegriffs: er ist selbst in hohem Maße ideologisiert.

Der in der Forschung zur Geschichte des Ideologieproblems oft konstruierte Zusammenhang zwischen Bacons Idolenlehre, der Kritik der Aufklärung an Aberglauben, Priesterbetrug und Vorurteilen und dem Ideologiebegriff geht an der Bedeutung dieses Begriffs, wie er, ausgehend von Napoleon und seiner Kritik an den französischen Ideologen, im 19. Jahrhundert allgemein und speziell bei Marx und Engels gebräuchlich war, weitgehend vorbei. Denn 'Ideologie' meint in dieser Zeit ein an angeblich realitätsferne Ideen gebundenes und nicht auf die ihnen entgegen-

---

[1] Bereits KRUG 2. Aufl., Bd. 5/1 (1838), 552 wies darauf hin, daß das griech. ἰδιολογία („Sondermeinung", „privates Gespräch") bzw. das entsprechende Verb ἰδιολογέω (Belege s. LIDDELL/SCOTT 9. Aufl., Ausg. 1968, 818) nicht mit 'Ideologie' verwandt ist. Es hat aber insofern Epoche gemacht, als es in falscher Lesart bei EPIKUR, Epicurea, hg. v. Hermann Usener (Leipzig 1887), 36, 15: ἰδιολογίας statt richtig ἤδη ἀλογίας dem jungen MARX vorlag, der in seiner Doktordissertation die Epikur-Stelle übersetzte: *Nicht der Ideologie und der leeren Hypothesen hat unser Leben not, sondern des, daß wir ohne Verwirrung leben* (MEW Erg.Bd. 1, 1968, 300. 360). Vgl. HORST OERTEL, Zur Genesis des Ideologiebegriffs, Dt. Zs. f. Philos. 18 (1970), 206 ff.; HANS-CHRISTOPH RAUH, Zur Herkunft, Vorgeschichte und ersten Verwendungsweise des Ideologiebegriffs bei Marx und Engels bis 1844, ebd., 689 ff.; ERNST GÜNTHER SCHMIDT, Kannte Epikur den Ideologiebegriff?, ebd., 728 ff.

gesetzte Wirklichkeit gestütztes Denken, Leben und politisches Handeln. Der Ideologievorwurf unterstellt damit ein Auseinanderklaffen von Theorie und Praxis, Idee und Realität. Erst indem dann der Glaube an den Primat des Geistes als Verkehrung der wahren Verhältnisse im Bewußtsein bezeichnet und bekämpft wird, erhält auch 'Ideologie' den Nebensinn von „Illusion" und „Selbsttäuschung", wird auch Ideologiekritik zur Kritik an undurchschauten Hemmnissen im Prozeß der Wahrheitsfindung. Primär meint aber der Ideologiebegriff auch dann noch eine Sonderform jener Illusion, nämlich den Glauben an die Herrschaft der Ideen in der Politik und Weltgeschichte.

II. Die französischen Ideologen

Als ANTOINE LOUIS CLAUDE DESTUTT DE TRACY am 21. April 1796 in einem Vortrag vor dem Pariser „Institut National" den Ideologiebegriff in die philosophische Sprache einführte, verstand er darunter eine „Wissenschaft von den Ideen" *(science des idées)*, die er in diesem Vortrag entwarf[2] und später in seinen „Élémens d'idéologie" näher ausführte[3]. 'Idee' begreift er unter Rückgriff auf Locke und Condillac als das durch (sinnliche) Wahrnehmung Aufgenommene, d. h. als „Vorstellung" im Sinne des Sensualismus, so daß die Ideologie jene Wissenschaft ist, *qui traite des idées ou perceptions, et de la faculté de penser ou percevoir,* oder: *qui résulte de l'analyse des sensations*[4]. *Perceptions* (Wahrnehmungen) und *idées* (Vorstellungen) werden gleichgesetzt[5]. Alle übrigen intellektuellen Tätigkeiten sind nur Modifikationen einer einzigen, *celle de sentir*[6]. Die *sensations* sind die Quelle all unserer Ideen[7], und die abstraktesten Wahrheiten sind nur Folgerungen aus der Beobachtung der Tatsachen *(observation des faits)*[8]. Alles, was wir sind, von der Außenwelt wahrnehmen und im Bewußtsein erfahren, existiert für uns in den Ideen. Deshalb ist die Ideologie die erste und grundlegende Wissenschaft. Alle übrigen Wissenschaften leiten sich aus ihr ab, *ne sont que des applications de celle-là aux divers objets de notre curiosité*[9]. Auf die Untersuchung der Bildung und Entstehung der Ideen (eigentliche Ideologie) folgt die Kunst, die Ideen mitzuteilen (Grammatik), sie zu kombinieren und neue Wahrheiten daraus entstehen zu lassen (Logik), sie zu lehren und zu Gewohnheiten werden zu lassen (Unterricht und Erziehung), unsere Wünsche

---

[2] A. L. C. DESTUTT DE TRACY, Mémoire sur la faculté de penser, in: Mémoires de l'Institut National des sciences et des arts pour l'an IV de la République, Sciences morales et politiques, t. 1 (Paris an VI = 1798), 324.

[3] Ders., Projet d'élémens d'idéologie à l'usage des écoles centrales de la République française (Paris an IX = 1801), 2ᵉ éd. u. d. T.: Élémens d'idéologie. Première Partie, Idéologie proprement dite (Paris an XII = 1804), 3ᵉ éd. (1817; Ndr. Paris 1970); die weiteren Bde.: Seconde Partie, Grammaire (Paris an XI = 1803), 2ᵉ éd. (1817; Ndr. Paris 1970); Troisième Partie, Logique (Paris an XIII = 1805); Quatrième et Cinquième Parties, Traité de la volonté et de ses effets (Paris 1815), 2ᵉ éd. (1818).

[4] Ders., Mémoire, 325.

[5] Ebd., 326.

[6] Ders., Projet, 180; Élémens, t. 1 [= 2. Aufl. des „Projet"], 225.

[7] Ders., Mémoire, 289; vgl. ders., Projet, 182; Élémens, t. 1, 228.

[8] Ders., Projet, 21; Élémens, t. 1, 6 f.

[9] Ders., Mémoire, 286.

zu regeln (Moral) und die Gesellschaft bestmöglich einzurichten *(morale publique, l'art social)*[10]. Da die Ideologie die *description exacte et circonstanciée de nos facultés intellectuelles* zur Grundlage hat und den *mécanisme* von Denken, Sprechen und Urteilen/Schließen *(avoir des idées, les exprimer, les combiner)* sichtbar macht[11], ist sie Teil der *zoologie:* Sie erforscht die Gesetzmäßigkeiten unserer intellektuellen Tätigkeiten wie die Biologie die der tierischen Welt[12]. Ebenso wie die alte Metaphysik zur Logik, die Astrologie zur Astronomie, die Alchemie zur Chemie wurde, so gründet die Ideologie als strenge Wissenschaft nicht mehr auf der Theologie, sondern auf der Physiologie[13].

Obwohl Destutt de Tracy weiß, daß er vorerst nur die Grundlagen für die Ideologie liefern kann[14], glaubt er doch, in den *sensations* einen sicheren und unbezweifelbaren Ausgangspunkt *(un premier fait bien constaté, bien avéré)*[15], der nicht anders als wahr sein kann[16], gefunden zu haben. Ihn wie alle französichen Ideologen erfüllt das Pathos der neuen Wissenschaftlichkeit mit dem Ideal der Exaktheit und absoluten Beweisbarkeit, so daß man nach dem Vorbild der Mathematik *(imitons les mathématiciens)* von einer evidenten Grundlage aus streng methodisch zwar langsame, aber sichere Fortschritte machen kann und unter Vermeidung von Vorurteilen *(préjugés)* und übereilten Schlußfolgerungen zu Ergebnissen gelangt, deren Gewißheit der der Physik nicht nachsteht[17]. Eine solche Ideologie ist der Metaphysik entgegengesetzt, da sie sich allein auf die Beobachtung stützt *(l'étude de l'idéologie consiste tout entière en observation, et n'a rien de plus mystérieux ni de plus nébuleux que les autres parties de l'histoire naturelle)* und nicht wie die *métaphysique nébuleuse* Spekulationen etwa über den Ursprung und das Ziel der Welt anstellt[18]. Die Ideologie findet in Locke ihren Vorläufer und in Condillac, dem *grand idéologiste*[19],

---

[10] Ebd., 287; ders., Projet, 2. 181; Élémens, t. 1, XIV f. 227.

[11] Ders., Projet, 4. 18 f.; Élémens, t. 1, XVII. 3 f.; vgl. ebd., t. 3, VI.

[12] Ders., Projet, 1; Élémens, t. 1, XIII; vgl. Projet, 182; Élémens, t. 1, 228: *les rapports de l'idéologie et de la physiologie.*

[13] Ders., Élémens, t. 3, 143. 172 f.

[14] Ders., Projet, 7; Élémens, t. 1, XXI f.; vgl. ders., Mémoire, 320: Hoffnung auf einen zukünftigen *Newton pour la science de la pensée.*

[15] Ders., Mémoire, 289; vgl. ders., Élémens, t. 4/5, 1.

[16] Ders., Élémens, t. 3, 173; vgl. ebd., t. 4/5, 9.

[17] Ders., Mémoire, 288; vgl. ebd., 289 den Verweis auf die Forschungen Cabanis'.

[18] Ders., Projet, 355; vgl. ders., Mémoire, 322 f. An anderer Stelle unterscheidet DESTUTT DE TRACY die alte *métaphysique théologique* von der modernen *métaphysique philosophique, ou l'idéologie,* Dissertation sur l'existence, et sur les hypothèses de Mallebranche et de Berkeley à ce sujet, in: Mémoires de l'Institut National (s. Anm. 2), t. 3 (Paris an IX = 1801), 516 f. PIERRE JEAN GEORGES CABANIS setzt *idéologie* mit *véritable métaphysique* gleich, Lettre à M. F. sur les causes premières (1806/07), Oeuvres philos., éd. Claude Lehec, Jean Cazeneuve, t. 2 (Paris 1956), 272.

[19] DESTUTT DE TRACY, Élémens, t. 1, 238; in der 1. Aufl. (1801), 190 noch: *le grand métaphysicien.* Die Wortform *idéologiste* ist also nicht, wie allgemein behauptet, erst von Bernhardin de Saint-Pierre geschaffen worden. Sie findet sich auch bei P. J. G. CABANIS, Rapports du physique et du moral de l'homme (1802), Oeuvres philos., t. 1 (Paris 1956), 547 und bei FRANÇOIS PIERRE GONTHIER MAINE DE BIRAN, Note sur les rapports de l'idéologie et des mathématiques (1803), in: ders., Mémoire sur la décomposition de la pensée (1805), Oeuvres compl., éd. Pierre Tisserand, t. 3 (Paris 1952), 1 ff.

ihren Begründer[20]. Destutt de Tracy sieht sich als Fortsetzer dessen, was Condillac begonnen hat[21].

Die von Destutt de Tracy aufgestellten Prinzipien der Ideologie waren der gesamten Schule der Ideologen, zu der eine große Anzahl von Gelehrten, Philosophen, Politikern (u. a. Sieyès) und auch Schriftstellern (z. B. STENDHAL)[22] der damaligen Zeit zu zählen ist[23], geläufig und wurden von ihr in Zeitschriften („La Décade philosophique, littéraire et politique", 1794—1804, danach: „La Revue ou décade philosophique, littéraire et politique", 1804—07), Bildungsanstalten (den neu eingerichteten „Écoles normales" und „Écoles centrales", in deren Lehrpläne auch Unterricht in Ideologie aufgenommen wurde)[24], Akademien (dem „Institut National" und vor allem seiner Klasse „Sciences morales et politiques") und Lehrbüchern verbreitet.

Kurze Zeit bevor Destutt de Tracy sein „Mémoire" vortrug, lehrte JOSEPH DOMINIQUE GARAT bereits ganz ähnlich, daß eine neue Wissenschaft des menschlichen Verstandes zu begründen sei, die von den *sensations* ausgehen müsse *(entendre et sentir c'est la même chose)*. Als Namen für diese Wissenschaft wählte er jedoch nicht 'Ideologie', sondern, in Anlehnung an Locke, *analyse de l'entendement*[25]. PIERRE JEAN GEORGES CABANIS untersuchte in seinen „Rapports du physique et du moral de l'homme" (Paris 1802), wie die Sinnesorgane und das Gehirn die Eindrücke von den äußeren Objekten zu Empfindungen (sensations) umformen und wie daraus

---

[20] DESTUTT DE TRACY, Mémoire, 289; ders., Projet, 2 f. 182 f.; Élémens, t. 1, XV f. 228 f.; t. 2, 9; in t. 3, 116 wird auch Hobbes als Begründer der Ideologie bezeichnet.

[21] Ders., Dissertation sur quelques questions d'idéologie, in: Mémoires de l'Institut National, t. 3, 499.

[22] Vgl. STENDHAL, Souvenirs d'égotisme, Oeuvres compl., éd. Henri Martineau, t. 26 (Paris 1927; Ndr. Nendeln/Liechtenstein 1968), 37. 39; ders., Lucien Leuwen, t. 3, Oeuvres compl., t. 22 (1929; Ndr. 1968), 290; ders., Mélanges de politique et d'histoire, t. 1, Oeuvres compl., t. 40 (1933; Ndr. 1968), 81. 156; ders., Courrier anglais, t. 1, Oeuvres compl., t. 46 (1935; Ndr. 1968), 96. 331; ebd., t. 2, Oeuvres compl., t. 47 (1935; Ndr. 1968), 367; ebd., t. 3, Oeuvres compl., t. 48 (1936; Ndr. 1968), 409; ders., Journal, t. 1, Oeuvres compl., t. 50 (1937; Ndr. 1968), 273. 299 f.; ebd., t. 2, Oeuvres compl., t. 51 (1937; Ndr. 1968), 137; ders., Racine et Shakespeare, Oeuvres compl., t. 5 (1928; Ndr. 1968), 240 f.; ders., Correspondance, éd. H. Martineau, Victor del Litto, t. 1 (Paris 1962), 164. 168. 171. 178. 225. 231. 246 f. 248 ff. 257. 263 f. 284. 313. 603 f. 1119. 1141. 1152. 1155. 1172; ebd., t. 2 (1967), 132. Stendhal nennt seinen Essai „De l'amour" *un livre d'idéologie*, t. 1, Oeuvres compl., t. 4 (1927; Ndr. 1968), 40, Anm.

[23] Vgl. FRANÇOIS PICAVET, Les idéologues (Paris 1891); ÉMILE CAILLIET, La tradition littéraire des idéologues (Philadelphia 1943); SERGIO MORAVIA, Il tramonto dell'illuminismo. Filosofia e politica nella società francese. 1770—1810 (Bari 1968); ders., Il pensiero degli idéologues. Scienza e filosofia in Francia. 1780—1815 (Florenz 1974).

[24] Abdruck bei PICAVET, Les idéologues, 584 ff.; vgl. CHARLES HUNTER VAN DUZER, Contribution of the Ideologues to French Revolutionary Thought (Baltimore 1935), 84 ff.; MORAVIA, Il tramonto, 315 ff.

[25] J. D. GARAT, Analyse de l'entendement, in: Séances des écoles normales, recueillies par des sténographes, et revues par les professeurs, 1ᵉ partie: Leçons, t. 1 (Paris o. J. [1795]), 150; t. 2 (Paris o. J. [1795]), 14.

das ganze *système intellectuel et moral* zusammengesetzt wird, gab aber zu, daß trotz großer Fortschritte *(grand pas à l'idéologie)* diese Analyse noch unvollständig blieb[26]. Zu den Hauptvertretern der *doctrine idéologique*[27] zählte er neben Destutt de Tracy und Garat JOSEPH MARIE DEGÉRANDO[28], PIERRE LAROMIGUIÈRE[29], P.F. LANCELIN[30], Frédéric François Wenceslas Jacquemont und FRANÇOIS PIERRE GONTHIER MAINE DE BIRAN[31]. Darüber hinaus war die Ideologie die einflußreichste Philosophie in Frankreich zur Zeit des Direktoriums. FRANÇOIS THUROT bezeichnet sie als *base essentielle de toute saine philosophie*[32]. JACQUES PHILIPPE RAYMOND DRAPARNAUD plante, in einer „Idéologie comparée" die Funktionen des Geistes und Lebens nicht nur des Menschen, sondern aller Lebewesen zu erforschen[33]. L.J.J. DAUBE bestimmt die Ideologie als *base de toutes les autres sciences*[34].

Die Ideologie war in ihren hauptsächlichen Lehrinhalten politisch ohne Bedeutung. Eine kritische Stellung gegenüber Staat und Gesellschaft erhielt sie erst dadurch, daß sie sich, indem sie alles Geistige auf physiologische Vorgänge reduzierte, gegen die tradierte Metaphysik und Theologie richtete, und dadurch, daß sie aus der *analyse de l'entendement* auch eine Lehre von der gesellschaftlichen Verfassung des Menschen (Ökonomie und öffentliche Moral) ableitete[35], d. h. die soziale Wirklichkeit nach den Grundsätzen der neuen Wissenschaft zu organisieren suchte. Ein Weg hierzu war die von den Ideologen betriebene weitgehende Umstrukturierung des Bildungs- und Unterrichtswesens. Dies war einer der Gründe, die zum Zusammenstoß zwischen ihnen und Napoleon führten.

---

[26] CABANIS, Rapports (s. Anm. 19), 551. Vorveröffentlichung in: Mémoires de l'Institut National (s. Anm. 2), t. 1, 37 ff. 98 ff. 155 ff.; t. 2 (Paris 1799), 107 ff.

[27] Ders., Rapports, 112.

[28] J. M. DEGÉRANDO, Des signes et de l'art de penser, considérés dans leurs rapports mutuels, 4 vol. (Paris 1800).

[29] P. LAROMIGUIÈRE, Sur la détermination de ces mots. Analyse des sensations, und: Extrait d'un mémoire sur la détermination du mot idée, in: Mémoires de l'Institut National, t. 1, 451 ff. 467 ff.

[30] P. F. LANCELIN, Introduction à l'analyse des sciences, t. 1 (Paris 1801), XXIII; t. 3 (1803), 30: *idéologie*.

[31] F. P. G. MAINE DE BIRAN, Influence de l'habitude sur la faculté de penser (1803), Oeuvres compl., t. 2 (1954); ders., Note sur les rapports (s. Anm. 19), 1 ff. In seinen späteren Schriften hat sich Maine de Biran jedoch von den Ideologen abgewandt und diese kritisiert, z. T. aber schon in: Mémoire sur la décomposition (s. Anm. 19).

[32] F. THUROT, Rez. DESTUTT DE TRACY, Projet d'éléments d'idéologie à l'usage des écoles centrales de la République française (1801), in: ders., Mélanges de feu (Paris 1880), 296.

[33] Vgl. PICAVET, Les idéologues, 449. Auf Draparnaud beruft sich CHARLES LOUIS DUMAS, Principes de physiologie ou introduction à la science expérimentale, philosophique et médicale de l'homme vivant, t. 2 (Paris 1803), 497 f.

[34] L. J. J. DAUBE, Essai d'idéologie servant d'introduction à la grammaire générale (Paris 1803), 2 f.

[35] Vgl. DESTUTT DE TRACY, Élémens, t. 4 (s. Anm. 3); vgl. MORAVIA, Il pensiero degli idéologues, 791 ff.

III. Der Bedeutungswandel des Ideologiebegriffs bei Napoleon und die Rezeption dieses Begriffs

1. Napoleon

NAPOLEON war zunächst Anhänger der Ideologen. Er gehörte der Sektion für Mechanik des „Institut National" an, besuchte wie viele der Ideologen den Salon der Madame Helvétius in Auteuil und gründete während des Feldzuges in Ägypten ein „Institut" in Kairo und die „Décade égyptienne". Für den Staatsstreich des 18. Brumaire fand er Unterstützung auch bei einigen Ideologen (Sieyès, Cabanis). Je mehr er jedoch seine Macht festigte und der kirchlichen Lehre wieder mehr Einfluß zugestand (Konkordat von 1801), um so mehr geriet er in Gegensatz zur areligiösen, antitheologischen Lehre der Ideologen und ihren liberalen politischen Auffassungen. So wurde er etwa von Destutt de Tracy, den er einst eingeladen hatte, ihn nach Ägypten zu begleiten, in Auteuil nur kühl begrüßt[36]. Napoleon seinerseits bezeichnet jetzt seine ehemaligen Freunde als 'Metaphysiker' und 'Fanatiker'[37] und setzt diese Begriffe dann mit 'Ideologen' gleich. Jetzt wird aus dem ursprünglichen Namen für eine Wissenschaft ein Schlagwort, das zur Herabsetzung des politischen Gegners dient. Napoleon selbst soll schon den Begriff 'Ideologie' verallgemeinert sowohl für die *nobles dithyrambes spiritualistes de madame de Staël*, für Rousseaus politische Ideen, wie auch für die *analyses mesquines et erronées où se complaisaient les débiles héritiers de Condillac*, also die Ideologen, gebraucht haben[38]. Oft bleibt der Begriff bei ihm aber noch allein auf die Ideologen bezogen. Bereits Anfang 1800 heißt es: *On désigne encore la faction civile sous le titre de faction métaphysique ou des idéologues ... Flatteurs de Robespierre, ils le poussoient à la mort, par l'excès même de la puissance. Ils ont employé le directoire, pour proscrire des talens qui leur portoient ombrage. Ils ont cherché les héros pour abattre le directoire; aujourd'hui ils ont conçu de nouveaux projets. Si l'on n'y prend garde, ils réussiront*[39]. Napoleon geißelt die philosophischen Entwürfe der Ideologen als „abstrakte" und

---

[36] Bericht VICTOR JACQUEMONTS im Brief an Stendhal v. 17. 11. 1824, STENDHAL, Correspondance (s. Anm. 22), t. 2, 795 f.: *Le Consul fut humilié de se sentir un bourgeois ... De là sa haine pour M. de T[racy], les idéologues et la société d'Auteuil.*
[37] PIERRE LOUIS COMTE DE ROEDERER, Bericht über eine Unterredung mit Napoleon vom 18. 8. 1800, in der dieser die Notwendigkeit der Religion und der staatlichen Bezahlung der Geistlichen betont, in: ders., Autour de Bonaparte. Journal, éd. Maurice Vitrac (Paris 1909), 20: *Bonaparte. — Cabanis, Sieyès: métaphysiciens et fanatiques!*
[38] Philosophie des deux Ampère [André Marie et Jean Jacques Ampère], éd. JULES BARTHÉLEMY-SAINT-HILAIRE (Paris 1866), 3; THÉODORE IUNG, Lucien Bonaparte et ses mémoires. 1775—1840, t. 2 (Paris 1882), 224: *Jean-Jacques! ... moi je vous dis qu'il n'est à mes yeux qu'un bavard; ou, si vous l'aimez mieux, un assez éloquent idéologue.*
[39] Le Messager des relations extérieures, 22 nivôse an VIII (12. 1. 1800), 823. NAPOLEON bei einem Besuch der École normale 1812: *Marc-Aurèle, c'est une sorte de Joseph II dans de plus grandes proportions, philantrope et sectaire, en commerce avec les sophistes, les idéologues du temps, les flattant, les imitant et persécutant les chrétiens, comme Joseph II les catholiques des Pays-Bas*, zit. ABEL FRANÇOIS VILLEMAIN, Souvenirs contemporains d'histoire et de littérature (Paris 1854), 155.

III. 1. Napoleon   Ideologie

„finstere Metaphysik" *(métaphysique abstraite, métaphysique ténébreuse, misérables métaphysiciens)*[40], ihre *billevesées métaphysiques, ... idéologiques*[41] und versucht, ihnen jede politische Wirkung abzusprechen: *Ils débitent ... de grands discours qu'ils croient perfides, et qui ne sont que ridicules,* muß ihnen diese aber indirekt doch zugestehen, da er sie mit den ihm zu Gebote stehenden politischen Mitteln, dem *suprême pouvoir,* bekämpfen will: *A qui en veulent-ils? Au premier consul. On a, il est vrai, lancé contre lui des machines infernales, aiguisé des poignards, suscité des trames impuissantes; ajoutez-y, si vous voulez, les sarcasmes et les suppositions insensées de douze ou quinze nébuleux métaphysiciens. Il opposera à tous ces ennemis, le Peuple Français*[42].

Es zeigt sich, daß der Begriff 'Ideologie' Napoleon dazu dient, eine als unberechtigt empfundene Einmischung der philosophischen Theorie in die politische Praxis abzuwehren, indem er diese Theorie als bloße „Ideologie", d. h. leere Gedankenspielerei und Projektenmacherei zu decouvrieren und lächerlich zu machen sucht. Der Gebrauch des Ideologiebegriffs bedeutet hier die Umkehrung der platonischen Forderung, daß die Philosophen Könige bzw. die Könige Philosophen sein sollen: Sie können es nicht, da der Primat der Praxis den Anspruch der Theorie auf Realisierung ihrer Forderungen ausschließt, es sei denn, diese lassen sich für die eigenen Ziele funktional verwenden, wie Napoleon dies mit der traditionellen Religion versuchte: *Bonaparte combattit longuement les différents systèmes des philosophes sur les cultes, le déisme, la religion naturelle, etc. Tout cela n'était, suivant lui, que de l'idéologie. Il cita plusieurs fois Garat à la tête des idéologues ...:* „*Tant est forte la puissance des premières habitudes et de l'éducation! Je me dis alors: quelle impression cela ne doit-il pas faire sur les hommes simples et crédules! Que vos philosophes, que vos idéologues répondent à cela! Il faut une religion au peuple. Il faut que cette religion soit dans la main du Gouvernement*"[43]. Die Ideologen bilden sich ein, allein auf die Vernunft, d. h. für Napoleon: auf wirklichkeitsfremde Spekulationen gestützt, eine bessere Gesellschaftsordnung bilden zu können: Ein solch aufklärerischer Rigorismus habe aber zum Schreckensregime Robespierres geführt. *C'est à l'idéologie, à cette ténébreuse métaphysique qui, en recherchant avec subtilité les causes premières, veut sur ses bases fonder la législation des peuples, au lieu d'approprier les lois à la connaissance du cœur humain et aux leçons de l'histoire, qu'il faut attribuer tous*

---

[40] NAPOLEON, Observations, in: Journal de Paris, 15 pluviôse an IX (4. 2. 1801), 815 f.
[41] NAPOLEON zu Fontanes, zit. THUROT, Mélanges de feu, 659; LUCIEN BONAPARTE, Mémoires secrets sur la vie privée, politique et littéraire [vermutlich verfaßt v. Alphonse de Beauchamp], t. 1 (Paris 1816), 65, dt. u. d. T.: Geheime Denkwürdigkeiten aus dem häuslichen, öffentlichen und historischen Leben, Bd. 1 (Gotha, Erfurt 1819), 35: *Diese Republikaner, welche seit sieben Jahren Frankreich und Europa in Umwälzungen trieben, um den Triumph ihrer metaphysischen Abstraktionen zu erleben.* Vgl. NAPOLEONS Brief an Talleyrand, 20 germinal an XII (30. 3. 1804), zit. IUNG, Lucien Bonaparte, t. 2, 427 f.
[42] Journal de Paris (s. Anm. 40), 815. 817; vgl. NAPOLEON zu Antoine Claire Thibaudeau, in: ANTOINE CLAIRE THIBAUDEAU, Mémoires sur le Consulat, 1799 à 1804 (Paris 1827), 204: *Ils sont douze ou quinze métaphysiciens bons à jeter à l'eau. C'est une vermine que j'ai sur mes habits.*
[43] THIBAUDEAU, Mémoires, 151 f.

les malheurs qu'a éprouvés notre belle France. Ces erreurs devaient et ont effectivement amené le régime des hommes de sang[44].

Bonaparte brauchte oft das Wort Ideologie, wodurch er die Menschen lächerlich machen wollte, welche die Meinung der Möglichkeit einer unbestimmten Vervollkommnung der Menschheit annahmen, deren Sittlichkeit er achtete, sie aber übrigens für Träumer mit dem Typus einer allgemeinen Constitution für alle Völker hielt, weil sie ohne Kenntnis des menschlichen Charakters deren Glück schaffen wollten. Nach seiner Meinung sahen die Ideologen die Macht in den Institutionen. Er nannte das Metaphysik und sah nur Macht in der Gewalt[45]. Napoleon selbst weiß, daß das Wort *idéologie*, mit dem er jene armen Gelehrten (*pauvres savants-là*) und Schwätzer (*bavards*) bezeichne, die glaubten, sich in Regierungsgeschäfte einmischen zu können, jene *chercheurs d'idées (idées creuses en général)*, vor denen er einen Widerwillen bis zum Abscheu habe, bereits Schule gemacht hat: *Le mot a fait fortune, je crois parce qu'il venait de moi*[46].

Die französischen Ideologen verstanden 'Idee' als sinnlich erfaßte Vorstellung und glaubten, damit ein sicheres Fundament für alle Philosophie gefunden zu haben. Napoleon gibt dem Begriff aber die Bedeutung eines die Empirie und Wirklichkeit transzendierenden Bewußtseinsinhalts, so daß sich ihm in der Ideologie nur ein wesenloses und praxisfernes Räsonnieren und Theoretisieren zeigt, das zu Unrecht Anspruch auf praktische Geltung erhebt. Durch ihn erst wird aus dem Wissenschaftsbegriff 'Ideologie' ein kritischer Kampfbegriff, mit dem die politischen Gegner disqualifiziert werden sollen. Bezeichnend ist, daß er wie auch viele Autoren nach ihm bis hin zu Marx und Engels mindestens ebenso häufig wie von 'Ideologie' von den 'Ideologen' spricht: Mit der feindlichen Doktrin werden zugleich und vor allem ihre Vertreter bekämpft. Napoleon verwendet dabei gegen die Ideologen z.T. dieselben Vokabeln wie diese gegen die alte Philosophie. Er nennt Destutt de Tracy und seine Anhänger *nébuleux métaphysiciens*[47], während dieser alle nicht-empiristische Philosophie als *métaphysique nébuleuse* bezeichnet hatte[48]. Napoleon billigt sogar weiterhin den Grundsatz der Ideologen, daß alle Erkenntnisse auf die sinnlichen Empfindungen zurückzuführen seien, nennt dies aber nicht 'Ideologie', sondern verwendet den Begriff jetzt pejorativ: Die Grammatik sei sehr fruchtbarer

---

[44] NAPOLEON, Ansprache vor dem Staatsrat am 20. 12. 1812, Le Moniteur universel Nr. 356 v. 21. 12. 1812, 1408.

[45] LOUIS ANTOINE FAUVELET DE BOURRIENNE, Mémoires sur Napoléon, le Directoire, le Consulat, l'Empire et la Restauration, t. 3 (Paris 1829), 312 f., dt. u. d. T.: Memoiren des Staatsministers von Bourrienne über Napoleon, das Directorium, das Consulat, das Kaiserreich und die Restauration, Bd. 3 (Leipzig 1829), 189; vgl. t. 3, 39. 128; dt. Ausg. Bd. 3, 23. 77: Sieyès wird ein *Systemenschmied (homme à systèmes)* genannt, der in Gelddingen bald *sein ideologisches Äußere* ablege. Vgl. NAPOLEON zu Jacques-Claude de Beugnot, in: Mémoires du Comte Beugnot 1779—1815, éd. ROBERT LACOUR-GAYET (Paris 1959), 224 f.: *Vous êtes de l'école des idéologues ... Vous êtes de ceux qui soupirent du fond de l'âme pour la liberté de la presse, la liberté de la tribune, qui croient à la toute-puissance de l'esprit public.*

[46] Gespräch zwischen Napoleon und seinen Brüdern Joseph und Lucien (1803), mitgeteilt von Lucien, in: IUNG, Lucien Bonaparte, t. 2, 243. Im Laufe des Gesprächs berichtet Joseph, daß man Napoleon umgekehrt einen *idéophobe* genannt habe. Urheber dieses Wortes ist, wie Lucien weiß, ohne es zu enthüllen, Roederer; ebd., 243 ff.

[47] s. Anm. 42.

[48] s. Anm. 18.

Beobachtungen fähig, weil sie ihren Grund in den *sensations* habe. Da sie sich jedoch mit der Ideologie vermische, befinde sie sich noch in sehr großer Dunkelheit[49]. 'Ideologie' hat sich von der Sache, die der Begriff ursprünglich bezeichnete, losgelöst und wird, ebenso wie 'Metaphysik', zum Schlagwort, zum beliebig verwendeten Vorwurf.

Im Gebrauch dieses Begriffs bei Napoleon spricht sich zugleich die Abneigung des Politikers gegen die Intellektuellen aus, die mit Programmen und Forderungen der praktischen Politik gegenübertreten. Diese Funktion hat 'Ideologie' im ganzen 19. Jahrhundert behalten. „Ideologie wurde seit Napoleon zur Bezeichnung irgendeiner politischen Theorie, überhaupt einer Theorie, die in die Sphäre des Regierens und Handelns eingreift, die den Widerspruch der handelnden Politiker erregt hat"[50].

In den wenigen Lexika und Wörterbüchern des beginnenden 19. Jahrhunderts, in die das Wort 'Ideologie' aufgenommen wird, wie auch in der zeitgenössischen Philosophie außerhalb Frankreichs ist dagegen nur der Ideologiebegriff Destutt de Tracys und seiner Schule bekannt[51], und dieser im engeren Sinne philosophische Ideologiebegriff ('Ideologie' als Bezeichnung für die Disziplin „Ideenlehre") wird noch bis zum Ende des 19. Jahrhunderts verwandt[52], ist heute aber fast ganz vergessen. In der französischen Literatur und Publizistik des frühen 19. Jahrhunderts jedoch fin-

---

[49] NAPOLEON, Observations sur un projet d'établissement d'une école spéciale de littérature et d'histoire au Collège de France, Correspondance de Napoléon 1er, Nr. 12416 v. 19. 4. 1807, t. 15 (Paris 1864), 106.

[50] OTTO BRUNNER, Das Zeitalter der Ideologien: Anfang und Ende, in: ders., Neue Wege der Verfassungs- und Sozialgeschichte, 2. Aufl. (Göttingen 1968), 48; zum Verhältnis Napoleons zu den Ideologen vgl. MORAVIA, Il tramonto, 445 ff.

[51] Dict. Ac. franç., t. 1 (Ausg. 1802), 789: *Idéologie. Terme de métaphysique. Traité des idées. Discours sur les idées. Idéologue. Qui s'occupe de la science des idées, qui possède cette science;* LUNIER, Dictionnaire des sciences et des arts, t. 2 (Paris 1806), 372; BROCKHAUS 4. Aufl., Bd. 5 (1817), 13; DUGALD STEWART, Philosophical Essays, 3rd ed. (Edinburgh 1818), 170; FRANZ v. BAADER, Rez. M. BONALD, Recherches philosophiques sur les prémiers objets des connoissances morales (1818), SW Bd. 5 (1854), 80 f.; HEGEL, Vorlesungen über die Geschichte der Philosophie, SW Bd. 19 (1928), 505 f.; ARTHUR SCHOPENHAUER, Die Welt als Wille und Vorstellung, SW Bd. 2 (1949), 329; JEREMY BENTHAM, Brief v. 21. 5. 1802, zit. Bentham's Theory of Fictions, ed. C. K. OGDEN (London 1932), XXX; AUGUSTE COMTE, Système de politique positive, t. 1 (Paris 1851), 73. 191. 709; t. 4 (1854), Appendice général, 220; ders., Discours sur l'esprit positif. Rede über den Geist des Positivismus, franz.-dt. hg. v. Iring Fetscher (Hamburg 1956), 54 f. 122 f.

[52] Vor allem in den romanischen Sprachen, aber gelegentlich auch in Deutschland, so bei FRIEDRICH SCHLEGEL, SW Bd. 3 (1975), 15 f. (mit Bezug auf Destutt de Tracy); Bd. 12 (1964), 274; Bd. 18 (1963), 433. 455. 482. 484 f.; Bd. 19 (1971), 26. 61. 66. 72. 191 und bei KARL ROSENKRANZ, System der Wissenschaft (Königsberg 1850), XI; ders., Wissenschaft der logischen Idee, Bd. 2 (Königsberg 1859), 206; weitere Belege bei ULRICH DIERSE, Art. Ideologie I, Hist. Wb. d. Philos., Bd. 4 (1976), Anm. 54. Jedoch ist Grundlage dieses Ideologiebegriffs nicht mehr der sensualistische Ideebegriff. Der Bruch zeigt sich bereits bei JACQUES FRANÇOIS CAFFIN, Idéologie expérimentale ou théorie des facultés intellectuelles de l'homme (Paris 1824), V f., der ausdrücklich eine Reduktion der Funktionen des Geistes und der Seele auf die des Körpers ablehnt und damit nicht mehr das Grundaxiom der Ideologen teilt.

det auch die Kritik Napoleons an der Ideologie bald Widerhall. Man attackiert die atheistische, metaphysikfeindliche Lehre der *idéologistes modernes*[53] bzw. *idéologues*[54], ihren Glauben an die Perfektibilität des Menschen[55] und ihr Theoretisieren. So berichtet CHATEAUBRIAND von seinem Freund Louis Fontanes, dem von der Revolution verfolgten und unter Napoleon wieder zu Amt und Würden gelangten Politiker: *Il détestait les journaux, la philosophaillerie, l'idéologie, et il communiqua cette haine à Bonaparte*[56].

2. Der Ideologiebegriff außerhalb Frankreichs

a) **Amerika.** In Amerika werden der Ideologiebegriff Destutt de Tracys und der Napoleons fast gleichzeitig bekannt. Und etwa gleichzeitig findet sich auch schon die unterschiedliche Beurteilung der Ideologie als einer auf Ideen und Theorien basierenden Politik. 'Ideologie' im Sinne der französischen Ideologen wird vor allem durch THOMAS JEFFERSON, der mit Destutt de Tracy, Cabanis u. a. in Korrespondenz stand und für die Verbreitung der Werke Destutt de Tracys sorgte, bekanntgemacht. Jefferson selbst war jedoch mehr an den Entwürfen der Ideologen zur Ökonomie und Staatslehre als an der Ideenlehre interessiert[57]. Dagegen kennt JOHN ADAMS 'Ideologie' zunächst nur als einen von Napoleon erfundenen Begriff (ihm wie Jefferson ist Napoleons Verdammung der Ideologie im „Moniteur" vom 21. 12. 1812 bekannt)[58] und gesteht, daß dieser Begriff seinen eigenen Auffassungen über diejenigen, die an eine Staatsverbesserung glauben, entgegenkomme: Die Einrichtung einer freien, republikanischen Verfassung bei einem Volk, von dem die Mehrzahl Analphabeten sei, *was as unnatural irrational and impracticable ... Napoleon has lately invented a word, which perfectly expresses my Opinion at that time and ever since. He calls the Project Ideology*[59]. Alle, die von einer zukünftigen besseren Regierungsform

---

[53] JACQUES HENRI BERNARDIN DE SAINT-PIERRE, Harmonies de la nature, éd. Louis Aimé-Martin, t. 3 (Paris 1815), 2.
[54] FRANÇOIS RENÉ DE CHATEAUBRIAND, Le génie du christianisme 3, 2, 2. 3. Oeuvres compl., t. 2 (Paris 1859), 326. 331 f.; dagegen ebd., 329 ein neutraler Ideologiebegriff.
[55] CHARLES FOURIER, Manuscrits publiés par la Phalange. Revue de la science sociale 1851—1852, Oeuvres compl., t. 10 (Paris 1852; Ndr. 1967), 34 f.
[56] CHATEAUBRIAND, Mémoires d'outre-tombe 11, 3, éd. Maurice Levaillant, Georges Moulinier, t. 1 (Paris 1951), 393; vgl. auch FONTANES Brief an Lucien Bonaparte v. 16 frimaire an IX (7. 12. 1800): *... les sophistes et les idéologues. Cette dernière espèce est la pire de toutes. C'est là que sont vos véritables ennemis, ceux de la France et du Premier Consul qu'ils environnent*, zit. GABRIEL PAILHÈ, Chateaubriand, sa femme et ses amis (Bordeaux, Paris 1896), 74.
[57] Vgl. GILBERT CHINARD, Jefferson et les idéologues d'après sa correspondance inédite avec Destutt de Tracy, Cabanis, J. B. Say et Auguste Comte (Baltimore, Paris 1925), bes. 36 f. 41. 87 ff. 105 ff. 173 f. 183. 241. 259. 275 f. Vgl. auch ders., Volney et l'Amérique d'après des documents inédits et sa correspondance avec Jefferson (Baltimore, Paris 1923).
[58] J. ADAMS, Discourses on Davila. Notes (1813), Works, vol. 6 (Boston 1851), 402 f.; TH. JEFFERSON, Brief an Duane v. 4. 4. 1813, zit. CHINARD, Jefferson, 112.
[59] ADAMS, Brief an Jefferson v. 13. 7. 1813, The Adams-Jefferson Letters, ed. LESTER J. CAPPON, vol. 2 (Chapel Hill 1959), 355.

b) Deutschland   **Ideologie**

träumen (Franklin, Turgot, Rochefoucauld, Condorcet, Holbach u. a.), werden von ihm *Idiologians* (sic!) genannt[60]. Der Ideologiebegriff Destutt de Tracys ist Adams dagegen zunächst fremd[61]. JEFFERSON muß ihm daher Erklärungen dazu abgeben, bekennt aber gleichzeitig, daß ihn die Theorien Destutt de Tracys *on intellectual subjects or the operation of the understanding* nicht sehr interessieren. Trotzdem teilt Jefferson, der Anhänger der Französischen Revolution, Napoleons Verachtung und Adams' Skepsis gegenüber der politischen Ideologie nicht: *Bonaparte, with his repeated derisions of Ideologists ... has by this time felt that true wisdom does not lie in mere practice without principle*[62]. So geht es hier wie später in Deutschland um die dem Ideologiebegriff zugrunde liegende Frage: Ist Politik von Theorie losgelöst, oder kann gerade wahre Politik nur aufgrund von Prinzipien zustande kommen?
In England scheint dieser Ideologiebegriff in der ersten Hälfte des 19. Jahrhunderts nur wenig bekanntgeworden zu sein[63].

b) **Deutschland.** Der von Napoleon umgedeutete Ideologiebegriff erscheint in Deutschland offenbar noch früher als in Amerika. Bereits 1804 weiß man hier, daß in Frankreich *in allen öffentlichen Äußerungen solcher Menschen, die jetzt obenan sitzen und das laute Wort führen: Protestant, Philosoph, Enzyklopädisten, Ökonomisten, Principiés, Ideologue, Illuminat, Demokrat, Jakobiner, Terroristen, Homme de Sang überall als gleichbedeutende Ausdrücke* gebraucht werden[64]. FRIEDRICH HEINRICH JACOBI hört, man bezeichne jetzt in Frankreich das persönliche Räsonnieren und die Einbildungen eines Menschen als 'Ideologismus': *On ne veut plus de ces idéologismes, il faut se tenir aux principes dont l'expérience a démontré la solidité, ne pas s'imaginer contre des lois dictées, contre des ordres reçus*[65]. Während Jacobi aber noch um eine Erklärung für das neue Wort gebeten hatte, wird der 'Ideologe' in polemisch-personalisierender Zuspitzung einige Jahre später schon wie selbstverständlich gebraucht: *Kosaken und Ideologen, Lumpen und Ordensbänder* sind *unselige Extreme, die die Jugend mißbrauchen*[66]. Aber erst seit etwa 1830 läßt sich 'Ideologie' als politisches Schimpfwort häufiger belegen. Als 'Ideologen' werden jetzt, zumeist von konservativer Seite, jene betitelt und abqualifiziert, die auf die Verwirklichung der Prin-

---

[60] Ders., Brief an Jefferson v. 3. 5. 1816, ebd., 471; vgl. ebd., 355: *This gross Ideology of them all ...;* ders., Discourses, Works, vol. 6, 403: *The political and literary world are much indebted for the invention of the new word ideology ... It was taught in the school of folly; but alas! Franklin, Turgot, Rochefoucauld, and Condorcet, under Tom Paine, were the great masters of that academy!* Die Wortform *idiologues* verwendet auch MERCIER t. 1 (1801), LII.

[61] ADAMS, Brief an Jefferson v. 16. 12. 1816, Letters, vol. 2, 500 f.

[62] JEFFERSON an Adams v. 14. 10. 1816, ebd., 491 u. v. 11. 1. 1817, ebd., 505 f.

[63] OED vol. 5 (1933), 19 f., s. v. ideological, ideologist, ideology.

[64] [GUSTAV GRAF V. SCHLABRENDORF-KOLZIG/JOH. FRIEDRICH REICHARDT], Napoleon Bonaparte und das französische Volk unter seinem Consulate (Germanien [d. i. Hamburg] 1804), 225 f.

[65] F. H. JACOBI, Brief an Carl Vandenbourg v. 6. 11. 1805, Auserlesener Briefwechsel, hg. v. Friedrich Roth, Bd. 2 (Leipzig 1827), 382.

[66] PHILIPP ALBERT STAPFER, Brief an Usteri v. 11. 1. 1813, Briefwechsel, hg. v. Rudolph Luginbühl, Bd. 1 (Basel 1891), XI.

zipien der Französischen Revolution, auf Liberalisierung, Volkssouveränität, Pressefreiheit, Emanzipation der Juden, Errichtung einer Verfassung usw. dringen. 'Ideologen' heißen, oft ohne erläuternden Zusatz, alle politischen Theoretiker, „Schwärmer", „Prinzipienmenschen", „doktrinären Professoren"; sie sind in den Augen derer, die entweder das althergebrachte (göttliche) Recht und die darauf gegründete Staats- und Gesellschaftsordnung, wie etwa die Souveränität des Fürsten und den Ständestaat, verteidigen oder doch zumindest eine nicht-theoriegebundene Politik für durchsetzungsfähiger halten, nur Verfechter von „Chimären", „Fiktionen", „Wahnbildern", „Phrasen", „Schwärmerei"[67], *optimistischen Träumereien*[68] etc. FRIEDRICH AUGUST LUDWIG VON DER MARWITZ bekämpft 1834 das „Allgemeine Gesetzbuch für die Preußischen Staaten" (1793) und die darin zum Ausdruck kommenden Prinzipien vom *Glücke und der Freiheit des Volks*, da es von *Juristen und Theoretikern* geschrieben ist, die *ihrer Natur und der Richtung des Zeitgeistes nach sämtlich Ideologen, aufgezogen und eingeweiht in der Philosophie und in den Lieblingsideen des Jahrhunderts*, sind. *Die Idee, daß der König nur ein Beamter sei, dem das Volk zu regieren aufgetragen habe, waltet darin vor*[69]. Besonders die Revolution von 1848 und die darauf folgenden Ereignisse geben Anlaß zu einem häufigeren Gebrauch von 'Ideologie'. Hätte Friedrich Wilhelm IV. damals die *Unionspolitik forciert* und wäre er dann als *Geschlagener heimgekehrt*, so wäre er nach Meinung HERMANN WAGENERS mindestens der *Unfähigkeit und Ideologie* bezichtigt worden[70]. König WILHELM I. von Württemberg waren einige seiner Märzminister als *Ideologen und Prinzipienmenschen* und die Versammlung in der Paulskirche als *doktrinäre Professoreneitelkeit* suspekt[71]. Der preußische Ministerpräsident OTTO VON MAN-

---

[67] FRIEDRICH KÖPPEN, Vertraute Briefe über Bücher und Welt, Bd. 2 (Leipzig 1823), 15; [Anonym], Einige Fragen an die Staatsverbesserer (Halle 1831), 23, zit. TRÜBNER Bd. 4 (1943), 4; LUDWIG KÜHNE, Brief an Bodelschwingh v. 3. 4. 1847, abgedr. HEINRICH. v. TREITSCHKE, Deutsche Geschichte im Neunzehnten Jahrhundert, Bd. 5 (Leipzig 1894), 773; H. E. R. BELANI [d. i. KARL LUDWIG HÄBERLIN], Reactionäre und Demokraten. Geschichtlich-politischer Roman aus der neuesten Zeit, Bd. 1 (Leipzig 1850), IX f.; vgl. ebd., VI: *hohle Seifenblasen-Theorien*; WILHELM DILTHEY, Brief v. 12. 3. 1860, in: Der junge Dilthey. Ein Lebensbild in Briefen und Tagebüchern 1852—1870, hg. v. CLARA MISCH, 2. Aufl. (Stuttgart, Göttingen 1960), 109; WAGENER Bd. 7 (1861), 10; WILHELM MARR, Der Judenspiegel, 5. Aufl. (Hamburg 1862), 49; FRIEDRICH NIETZSCHE, Jenseits von Gut und Böse, Mus., Bd. 15 (1925), 130; ders., Der Fall Wagner, ebd., Bd. 17 (1926), 14: *Revolutions-Ideologen*; ders., Kritik der Moral, ebd., Bd. 18 (1926), 247: *ideologische Unnatur*; ebd., 249: *Ideologie von Gut und Böse*; JOHANNES SCHERR, 1848. Ein weltgeschichtliches Drama, 2. Aufl., Bd. 2 (Leipzig 1875), 105; in Frankreich: GEORGE SAND, Brief an Edmond Plauchut v. 6. 3. 1871, Correspondance 1812—1876, t. 6 (Paris 1884), 97; ERNEST RENAN, Souvenirs d'enfance et de jeunesse (Paris 1883), 122.
[68] Die Verhandlungen der Bundesversammlung von den geheimen Wiener Ministerial-Conferenzen bis zum Jahre 1845, ihrem wesentlichen Inhalte nach mitgetheilt aus den Protocollen des Bundes, Sitzung v. 13. 7. 1845 (Heidelberg 1848), 287.
[69] F. A. L. v. DER MARWITZ, Ein märkischer Edelmann im Zeitalter der Befreiungskriege, hg. v. Friedrich Meusel, Bd. 2/1 (Berlin 1913), 127 f. 129; vgl. Bd. 2/2 (1913), 278.
[70] H. WAGENER, Die Politik Friedrich Wilhelms IV. (Berlin 1883), 61.
[71] WOLFGANG MENZEL, Denkwürdigkeiten, hg. v. Konrad Menzel (Bielefeld, Leipzig 1877), 432.

b) Deutschland   **Ideologie**

TEUFFEL bezeichnet die verschiedenen Unionsbestrebungen, Debatten über Grundrechte und Konstitutionen als hilflose Versuche *deutscher Ideologen*, die nicht auf die faktischen politischen Verhältnisse Rücksicht nehmen können und wollen: *Sie erreichen nie etwas, weil sie ihre Ideen sich im voraus machen, sie festhalten und mit dem Kopfe gegen die Wand laufen*[72]. Fern von einem *französierten Liberalismus*, den Ideen von Emanzipation und Konstitutionalismus, gelte es in Preußen, *Europa ein Bild zu geben, in welcher Weise, fern von französischer Nivellierung, fern von papierener Ideologie, auf historische Grundlagen gestützt, und mit germanischer Gediegenheit und Loyalität ins Leben geführt, sich ein deutsches Ständewesen entwickle*[73]. Daß aber mit dem Ideologiebegriff kein bestimmter politischer Inhalt gemeint ist, sondern daß er sich von verschiedenen Parteien verwenden läßt, zeigt das Beispiel FERDINAND LASSALLES. *Ideologen* nennt er *alle solche, die ihr Lebtage in Büchern gelebt haben und gewohnt sind, in Ideen und Gedanken zu existieren und alles für sie aufzuopfern*. Wenn hinter der Freiheit *kein materielles Interesse ..., kein Klasseninteresse* steht, bleibt sie nur das Wunschziel einer *Handvoll Ideologen und Gefühlsmenschen*[74]. Entscheidend für den Ideologiebegriff ist also wie bei Napoleon, daß mit ihm Ideen als wesenlos und praxisfern charakterisiert werden. Diesem Sprachgebrauch entsprechend wird in den Lexika seit etwa 1838 unter 'Ideologie' neben der Bedeutung „Ideenlehre" jetzt auch die Kritik Napoleons an den Ideologen verzeichnet und gelegentlich daraus der deutsche Ideologiebegriff abgeleitet[75]. Bald kann 'Ideologie' als Bezeichnung für jedes (nicht nur politisches) realitätsferne Denken dienen[76]. Verwandt mit 'Ideologie' ist der von HEINRICH LEO geprägte Begriff *Ideokratie*, mit dem Leo eine Staatsform bezeichnet, in der eine *Ansicht das dominierende Element* ist, der *Fanatismus* und das *Hinarbeiten in der Verfassung auf eine abstrakte Spitze* wie in der *jüdischen Verfassung* und in der Französischen Revolution[77].

---

[72] O. FRH. V. MANTEUFFEL, Reden seit dem ersten vereinigten Landtage (Berlin 1851), 98. Von einer den Deutschen *angebornen Ideologie, ... ihrer verderblichen Unkenntnis des reellen Lebens*, spricht auch THEODOR ROHMER, Deutschlands Beruf in Gegenwart und Zukunft (Zürich, Winterthur 1841), 47.
[73] Oberdeutsche Zeitung (Karlsruhe), Nr. 65 v. 6. 3. 1841, 258 (zit. auch in: Breslauer Zeitung, Nr. 62 v. 15. 3. 1841, 428); vgl. Oberdeutsche Zeitung, Nr. 43 v. 12. 2. 1841, 170.
[74] LASSALLE, Arbeiter-Lesebuch (1863), Ges. Red. u. Schr., Bd. 3 (1919), 281 f. 284.
[75] KRUG 2. Aufl., Bd. 2 (1833), 501 f.; Bd. 5/1 (1838), 552; ROTTECK/WELCKER Bd. 8 (1839), 290; ERSCH/GRUBER 2. Sect., Bd. 15 (1838), 127 f.; PIERER 2. Aufl., Bd. 15 (1845), 71; BROCKHAUS 10. Aufl., Bd. 8 (1853), 187; HERDER Bd. 3 (1855), 390; MEYER 4. Aufl., Bd. 8 (1888), 875. Eine Rettung des *valeur scientifique* der französischen Ideologen verbindet DUCLERC 7e éd. (1868), 453 f. mit dem ausdrücklichen Hinweis, daß Napoleon mit seiner Kritik an der Realitätsferne der Ideologen recht hatte: *Leur place n'était pas au Sénat, mais à l'Athénée*.
[76] z. B. WILHELM V. CHRIST, Gedächtnisrede auf Karl von Prantl (München 1889), 6; humoristisch bei FRANZ FRH. V. GAUDY, Das fünfzigjährige Jubiläum, SW, hg. v. Arthur Mueller, Bd. 3 (Berlin 1844), 70.
[77] H. LEO, Studien und Skizzen zu einer Naturlehre des Staates (Halle 1833), 172. 176. 173. Vgl. ders., Was ist conservativ?, in: ders., Nominalistische Gedankenspäne, Reden u. Aufs. (Halle 1864), 53: *Man hat mit dieser Abstraktion der Freiheit Grund und Boden in der Realität des Lebens verloren, sich in die Wolkenregion gemachten Denkens und Denken-*

Diejenigen, die sich der Ideologie bezichtigt sehen, weisen den Vorwurf, sie verharrten nur in Ideen und Prinzipien, zurück und behaupten ihrerseits den Zusammenhang von Theorie und Praxis, das Angewiesensein der Politik auf Ideen und Grundsätze wie „Freiheit", „Vernunft" oder „Aufklärung" und verweisen darauf, daß diese sich, obwohl die *Despotie* nicht *„die Ideologie" und Aufklärung und das Licht der rücksichtslosen historischen Prüfung und Wahrheit* ertrage[78], doch schließlich durchsetzten[79]. *Man höre des eigenen und allgemeinen Wohles wegen auf, was eine naturnotwendige Folgerung unserer Bildung, eine unabweisliche Forderung unseres reif gewordenen Bewußtseins ist, für ein Wahnbild schwärmerischer Ideologen ... zu halten*[80]. Für die *Gestaltung der realen Welt* muß auf die *große ideelle Vergangenheit der Deutschen* (Kant, Hegel) zurückgegangen werden, die *eine gewisse deutsche Verwaltung* nicht als 'Ideologie' verdächtigen sollte[81]. Alles Neue in der Geschichte ist auf den *Idealismus des Verstandes und Herzens* angewiesen, und dieser ist keineswegs *ideologisch*[82]. Am Anfang ist er jedoch *kaum von Phantasie und Phantasterei zu unterscheiden*, und darum ist *der Ideolog den lebhaft wirkenden praktischen Tagesmenschen so sehr zuwider*[83]. Napoleon zeigte mit seiner Verachtung der Ideologen nur, daß das, *was uns zu Ideologen macht, ihm gefehlt hat zum großen Mann: die Gewalt des Gedankens, eine Gewalt, nicht so augenblicklich und glänzend, wie die des Kaiserreichs, aber schwer und allmächtig für die Zukunft*[84]. Hermann Friedrich Wilhelm Hinrichs und Heinrich Heine sehen Napoleons Verhältnis zur Ideologie und zu Deutschland unter der Hegelschen geschichtsphilosophischen Kategorie der List der Vernunft: Napoleon verkannte, daß die von ihm *als Ideologie verhöhnte deutsche Metaphysik* dort, wo sie nicht abstrakte Metaphysik blieb, sondern als *philosophische Kategorie der Selbstbestimmung und Freiheit des Geistes ... volkstümliche Macht* wurde, sich an ihm *rächte*, indem sie ihn aus Deutschland hinaustrieb

---

machens begeben. Von Leo übernimmt 'Ideokratie' auch Constantin Frantz, Die Naturlehre des Staates als Grundlage aller Staatswissenschaft (Leipzig, Heidelberg 1870), 197; desgl. Joh. Kaspar Bluntschli, Allgemeines Staatsrecht, 3. Aufl., Bd. 1 (München 1863), 285 ff. Vgl. Rotteck/Welcker Bd. 8, 289; Ersch/Gruber 2. Sect., Bd. 15, 128.

[78] Carl Theodor Welcker, Art. Staatsverfassung, Rotteck/Welcker Bd. 15 (1843), 46.

[79] Blum Bd. 1 (1848), 493.

[80] [Anonym], Deutsche Worte eines Oesterreichers (Hamburg 1843), 157; vgl. Friedrich List, Die Ackerverfassung, die Zwergwirtschaft und die Auswanderung (1842), Schriften, Bd. 5 (1928), 432.

[81] Christlieb Julius Braniss, Sieben öffentliche Vorlesungen über die Entwickelung der deutschen Nationalbildung während der letzten hundert Jahre, hg. v. Dr. Groeger (Breslau 1852), 36 f.

[82] Rudolf Haym, Die Krisis unserer religiösen Bewegung (Halle 1847), 9 f.

[83] Goethe, Maximen und Reflexionen, HA Bd. 12 (1953), 439.

[84] Friedrich Rohmer, An die moderne Belletristik und ihre Söhne (Stuttgart 1836), 11 f.; auch in: Morgenbl. f. gebildete Stände, Nr. 112 v. 11. 5. 1835, 447; vgl. Karl Immermann, Memorabilien (1840—43), Werke, hg. v. Benno v. Wiese, Bd. 4 (Frankfurt 1973), 538. Rohmer verwendet 'Ideologie' aber nicht positiv, sondern unterscheidet zwischen *radikaler Schwärmerei, Phantom, Idol, Ideologie* einerseits und *liberaler Begeisterung, Ideal, idealem Streben* und *lebensvollster Idee* andererseits: F. Rohmer, Lehre von den politischen Parteien, Bd. 1 (Zürich, Frauenfeld 1844), 128 f.; vgl. ebd., 44 f.

b) Deutschland   **Ideologie**

und seine eigene Ideologie, die *Abstraktion* einer Universalmonarchie, zerstörte[85]. Noch differenzierter sieht Heine diesen Prozeß: Napoleon unterdrückte zwar die französische Ideologie, die *philosophische Koterie, wozu Tracy, Cabanis und Konsorten gehörten*, wurde aber dadurch, daß er die Revolution nach Deutschland trug und das alte Regime beseitigte, unbewußt zum *Retter der* (deutschen) *Ideologie ... Ohne ihn wären unsere Philosophen mitsamt ihren Ideen durch Galgen und Rad ausgerottet worden*. Napoleon beachtete nicht das Aufkommen einer ihm (in den Befreiungskriegen) gefährlich werdenden Ideologie *unter der blonden Jugend der deutschen Hochschulen*. Die *deutschen Freiheitsfreunde* wußten um den Dienst, den ihnen Napoleon ungewollt erwiesen hatte: Als er fiel, *da lächelten sie, aber wehmütig, und schwiegen*[86]. Andere Autoren hingegen meinen, daß Napoleon *mit seinem genialen Seherblick* sehr wohl bemerkte, *daß Deutschlands gefährlichste Macht eben in der Ideologie liege*[87]. Er sprach von den *Ideologen, namentlich von denen in Deutschland ... mit einiger Besorgnis, die das Herannahen eines Geistes ahnete, der ihn später bewältigen und sich dadurch immerhin auf eine sehr praktische Weise betätigen sollte*[88].

Mit diesen Rechtfertigungen der politischen Ideen und Ideale will man diese aber nicht endgültig als 'Ideologie' bezeichnet wissen und damit etwa einen positiven Ideologiebegriff prägen. Man nennt sie zwar ironisch 'Ideologie', um dann aber nachzuweisen, daß diese politischen Grundsätze doch praktische Wirksamkeit erlangt haben, also nicht 'Ideologie' genannt werden dürfen. Da 'Ideologie' seit Napoleon nur pejorativ gebraucht wird, findet sie sich jeweils nur beim Gegner. Der Begriff ist so negativ besetzt, daß er sich nicht von einer Feindbezeichnung in eine Selbstbezeichnung ummünzen läßt. Er bezeichnet den „Gegensatz ... zwischen dem politischen Handeln ... und dem Denken einer Intellektuellenschicht, die in ihrer Wissenschaft das Programm eines Handelns entwickeln will, an dem sie selbst nicht verantwortlich beteiligt ist"[89]. *Als zu seiner Zeit Napoleon die Ideologie von der Politik abzuhalten für nötig hielt, öffnete er dagegen für alle Fähige ... eine durch Prämien und Anstellungen und angemessene Beschäftigungen anlockende Laufbahn*[90].

Die Gründe für das Aufkommen dieses Kampfbegriffs sind also die Entstehung einer Intelligenz, die mit Programmen und Forderungen der politischen Praxis gegenübertritt, und von politischen Parteien, die nicht mehr nur einzelne Privilegien oder Rechte bekämpfen oder verteidigen, sondern „abstrakte" Prinzipien wie Freiheit,

---

[85] H. F. W. HINRICHS, Politische Vorlesungen. Unser Zeitalter und wie es geworden, Bd. 1 (Halle 1843), VIII. 226; vgl. ebd., 218. 230 f. 237; vgl. JOHANNES SCHERR, Blücher. Seine Zeit und sein Leben, Bd. 2 (Leipzig 1863), 5 f.; ROHMER, Politische Parteien, 129.

[86] HEINRICH HEINE, Lutetia (1854), Nr. 44. SW Bd. 6 (o. J.), 312 f.; ders., Ludwig Börne (1840), ebd., Bd. 7 (o. J.), 127; vgl. ders., Gemäldeausstellung in Paris (1831), ebd., Bd. 4 (o. J.), 65.

[87] ALEXANDER JUNG, Charaktere, Charakteristiken und vermischte Schriften, Bd. 2 (Königsberg 1848), 4.

[88] ROTTECK/WELCKER Bd. 8, 290.

[89] BRUNNER, Zeitalter der Ideologien (s. Anm. 50), 48.

[90] HEINR. EBERH. GOTTLOB PAULUS, Des Großherzogl. Badischen Hofgerichts zu Mannheim vollständig motivirtes Urtheil über die in dem Roman: Wally, die Zweiflerin, angeklagten Preßvergehen (Heidelberg 1836), zit. Politische Avantgarde 1830—1840, hg. v. ALFRED ESTERMANN (Frankfurt 1972), 253.

Gleichheit, Fortschritt u. a. schlechthin auf ihre Fahnen schreiben. Dies ist mit und seit der Französischen Revolution der Fall und wurde schon in der Mitte des 19. Jahrhunderts als Kennzeichen der *modernen Partei* bemerkt: Sie *stellt einen allgemeinen Grundsatz, allgemeine Ziele voran* ... *Man kann sagen, die moderne Partei konstruiert philosophisch a priori, sie geht aus von der allgemeinen Idee* ... *Der Parteimann des Mittelalters dagegen begann bei der einzelnen Tatsache, er kämpfte gegen ein einzelnes Vorrecht* ... *und kam dann beiläufig wohl auch zu Prinzipien*[91]. 'Ideologie' ist dann jener Begriff, der diese einzelnen Prinzipien zusammenfaßt und als realitätsfern und praktisch wirkungslos disqualifiziert. Gleichzeitig indiziert der Ideologiebegriff die Freisetzung geschichtlicher Perspektiven in jener Zeit: Man beruft sich als Kritiker der Ideologie auf die vergangene Geschichte und auf historische Erfahrung gegenüber denjenigen, die wie die 'Ideologen', 'Schwärmer', 'Prinzipienmenschen' etc. über ihre Zeit hinausdenken, während die Verteidiger der sog. Ideologie beanspruchen, die zukünftige Geschichte und ihren Verlauf erkannt zu haben, und so die nur gegenwartsorientierte Politik als rückständig bezeichnen.

IV. Marx und Engels

Wo immer seit dem Ende des 19. Jahrhunderts der Ideologiebegriff eine exponierte Rolle im wissenschaftlichen Denken und außerwissenschaftlichen Sprachgebrauch spielt, läßt er sich nicht denken ohne eine wenigstens indirekte Vermittlung jenes Sinns, den ihm MARX und ENGELS gaben. Die Erforschung der Bedeutung von 'Ideologie' in deren Werk hat jedoch bis heute zu keinem allgemein akzeptierten Ergebnis geführt. Begünstigt durch den oft sehr verkürzten und beiläufigen, gelegentlich auch mißverständlichen und schillernden Gebrauch dieses Begriffs bei Marx und Engels selbst, muß ein Herausgreifen einzelner Formulierungen schnell zu einseitigen Deutungen führen. Offensichtlich hielten Marx und Engels den Ideologiebegriff, wie er in ihrer Zeit verwandt wurde, für so eindeutig, daß sie nur dort eine zusätzliche Erläuterung geben zu müssen glaubten, wo sie wesentlich über den bisherigen Sprachgebrauch hinausgingen. Mißverständnisse und Entstellungen, die daraufhin unter den Zeitgenossen entstanden waren, versuchte Engels ab etwa 1890 auszuräumen. Da die „Deutsche Ideologie" aber erst 1903/04 in wesentlichen Auszügen und noch sehr viel später (1932) vollständig veröffentlicht wurde[92], mußte die Kenntnis der für den Ideologiebegriff einschlägigen Schriften von Marx und Engels im Marxismus und bei dessen Gegnern fragmentarisch bleiben. In der Zwischenzeit hatten sich aber bereits voneinander divergierende und nicht unbedingt mit der „Deutschen Ideologie" in Einklang stehende Ideologiebegriffe herausgebildet, die nicht mehr rückgängig zu machen waren, sondern ihre eigene Wirkung erlangten. So wurden bei der Berufung auf den „ursprünglichen" Sinn von 'Ideologie' oft nur

---

[91] WILHELM HEINRICH RIEHL, Die Partei (1864), in: ders., Freie Vorträge. Erste Sammlung (Stuttgart 1873), 376 f. Riehl sieht den Umschlag allerdings schon mit der Reformation gegeben.

[92] Zur Entstehung, Edition etc. der „Deutschen Ideologie" vgl. BERT ANDRÉAS / WOLFGANG MÖNKE, Neue Daten zur „Deutschen Ideologie", Arch. f. Sozialgesch. 8 (1968), 5 ff., neuere kritische Teilausgaben ebd., 25, Anm. 45.

bestimmte ausgewählte Texte von Marx und Engels zugrunde gelegt, um die eigene Verwendungsweise des Begriffs zu rechtfertigen.

Für den jungen Marx wurde jener Ideologiebegriff maßgeblich, der spätestens seit 1830 in Deutschland allgemein gebräuchlich war. Dieser Ideologiebegriff meinte ein wirklichkeitsfremdes, die politische Praxis überfliegendes Theoretisieren, ein Propagieren von Idealen, die nach Meinung derer, die den Begriff zur Bekämpfung des politischen Gegners verwandten, für die Politik bedeutungslos bleiben mußten. Man weiß, daß vor allem Napoleon 'Ideologie' so gebraucht hat. Der früheste bekannte Beleg dafür, daß auch Marx den Ideologiebegriff in dieser Form kennenlernte, ist ein Brief von Marx' Vater Heinrich an seinen Sohn, in dem dieser — den Begriff scheinbar ins Positive wendend — die auch von Hinrichs, Heine u. a. geteilte Meinung vertritt, daß Napoleon zu Unrecht die Ideologen verachtete, da er in den Befreiungskriegen über sie stürzte[93]: *Unter Napoleon hat wahrlich kein einziger das laut zu denken gewagt, was in ganz Deutschland und in Pr[eußen] besonders täglich und ohne Störung geschrieben wird. Und wer seine Geschichte studiert hat und was er unter dem tollen Ausdruck von Ideologie verstanden, der darf mit gutem Gewissen seinen Sturz und den Sieg Pr[eußen]s hoch feiern*[94]. Eine ähnliche Ehrenrettung dessen, was man sonst abschätzig 'Ideologie' nannte, findet sich auch beim jungen Friedrich Engels, der den Vorwurf der Ideologie gleichzeitig an deren Gegner richtet: *Sie wollen nicht wissen, daß das, was sie Theorie, Ideologie oder Gott weiß wie nennen, längst in Blut und Saft des Volks übergegangen und zum Teil schon ins Leben getreten ist; daß damit nicht wir, sondern sie in Utopien der Theorie herumirren*[95]. Marx weiß von Napoleons *Verachtung der Ideologen*[96] und benutzt den Ideologiebegriff seiner Zeit zur Übersetzung einer Epikur-Stelle in seiner Doktordissertation (1840/41)[97]. Die Ideologie wird jedoch bei ihm trotz dieser anfänglichen Ehrenrettung fortan nur negativ beurteilt. Sie ist eine Verkennung der Wirklichkeit und Hypostasierung von Ideen: *Aber übereilen wir uns nicht, nehmen wir die Welt, wie sie ist, seien wir keine Ideologen*[98]. Proudhon, der die Dinge auf dem Kopf stehend sieht[99], errichtet *mit den Kategorien der politischen Ökonomie das Gebäude eines ideologischen Systems*, d. h. er sieht nicht die wahren Zusammenhänge der Gesellschaft und nimmt Ideen für deren bestimmende Elemente; er *verrenkt ... die Glieder des gesellschaftlichen Systems*[100]. Wie schon unter Napoleon, so tritt noch jetzt die Ideologie in Gestalt der bürgerlich-

---

[93] s. o. S. 144.

[94] Heinrich Marx, Brief an Karl Marx v. 2. 3. 1837, MEW Erg.Bd. 1, 629.

[95] Engels, Rez. Ernst Moritz Arndt, Erinnerungen aus dem äußeren Leben (1841), MEW Erg.Bd. 2 (1967), 127.

[96] Marx, Die heilige Familie (1845), MEW Bd. 2 (1957), 131.

[97] Ders., Doktordissertation, MEW Erg.Bd. 1, 300. Marx setzt sich zwar auch häufig mit Destutt de Tracy auseinander (vgl. die frühen Exzerpte, MEGA 1. Abt., Bd. 3, Berlin 1975, 560 ff. u. bes. Das Kapital, Bd. 2, 1885, Kap. 20. MEW Bd. 24, 1963, 476 ff.), jedoch betrifft dies immer nur dessen ökonomische Lehren (4. u. 5. Teil der „Élémens"), nicht den Ideologiebegriff.

[98] Ders., Das Verbot der „Leipziger Allgemeinen Zeitung" (1843), MEW Bd. 1 (1956), 158.

[99] Ders., Das Elend der Philosophie (1847), MEW Bd. 4 (1959), 153; vgl. ders., Über P.-J. Proudhon (1865), MEW Bd. 16 (1962), 28.

[100] Ders., Elend der Philosophie, 131.

demokratischen Ideen *rebellisch* gegen die politische Macht, d. h. gegen die tatsächlichen Verhältnisse, auf[101]. Mit dem Begriff 'Verkehrung der Wirklichkeit' wird jener Vorgang bezeichnet, der das zum Resultat hat, was einige Jahre später 'Ideologie' genannt wird: ein *verkehrtes Weltbewußtsein*[102], Imagination und *Spekulation*[103], *bloß abstrakte Vorstellungen* und *qualvolle Hirngespinste, die nur in der Einbildung existieren*[104].

In der „Deutschen Ideologie" (1845/46) haben Marx und Engels eine breit angelegte Kritik der Philosophie der Junghegelianer, speziell Ludwig Feuerbachs, Bruno Bauers, Max Stirners, Karl Grüns, und des „wahren Sozialismus" unternommen, die gleichzeitig die Philosophie Hegels betraf und nicht zuletzt auch eine Abrechnung mit ihrem eigenen *ehemaligen philosophischen Gewissen* bedeutete[105]. *Deutsche Ideologen*, das sind jene Kritiker Hegels, die zwar glauben, *über Hegel hinaus zu sein*, indem sie seine philosophischen Kategorien *für theologisch* erklären und als erledigt ansehen, damit aber nach Meinung von Marx und Engels bei einer Kritik *des von ihnen verselbständigten Bewußtseins* stehenbleiben und folglich Hegels Voraussetzungen übernehmen und nicht überwinden. *Diese Forderung, das Bewußtsein zu verändern, läuft auf die Forderung hinaus, das Bestehende anders zu interpretieren, d. h. es vermittelst einer andren Interpretation anzuerkennen. Die junghegelschen Ideologen sind trotz ihrer angeblich „welterschütternden" Phrasen die größten Konservativen.* Sie unterliegen der Illusion, *Vorstellungen, Gedanken, Begriffe*[106] bestimmten das menschliche Leben und seine Geschichte, und stellen damit die Dinge *auf den Kopf*[107]; sie drehen *ideologisch die Sache um*[108]. Marx und Engels beanspruchen dagegen, das tatsächliche Verhältnis zwischen Sein und Bewußtsein darzulegen, von den *wirklichen Voraussetzungen* auszugehen, die *die wirklichen Individuen, ihre Aktion und ihre materiellen Lebensbedingungen* sind. Die Vorstellungen und Ideen, die gesamte *geistige Produktion* der Menschen, werden bestimmt durch die *Entwicklung ihrer Produktivkräfte und des denselben entsprechenden Verkehrs*[109]. Die Ideologie sieht diesen Prozeß umgekehrt. Sie leitet nicht die Bewußtseinsformen aus der materiellen Produktion ab, sondern behauptet die Selbständigkeit und Prävalenz des Denkens und Geistes. In der Kritik an dieser Auffassung aber verlieren *Moral, Religion, Metaphysik und sonstige Ideologie und die ihnen entsprechenden Bewußtseinsformen ... den Schein der Selbständigkeit ... Nicht das Bewußtsein bestimmt das Leben, sondern das Leben bestimmt das Bewußtsein*[110]. Es ist aber nicht

---

[101] Ders., Debatten über das Holzdiebstahlsgesetz (1842), MEW Bd. 1, 129.
[102] Ders., Zur Kritik der Hegelschen Rechtsphilosophie (1844), ebd., 378.
[103] Ders., Kritik des Hegelschen Staatsrechts (1843), ebd., 206.
[104] Ders., Ökonomisch-philosophische Manuskripte aus dem Jahre 1844, MEW Erg.Bd. 1, 566.
[105] Ders., Zur Kritik der Politischen Ökonomie (1859), MEW Bd. 13 (1961), 10, Vorwort; vgl. Brief an N. F. Danielson v. 7. 10. 1868, MEW Bd. 32 (1965), 564.
[106] MARX/ENGELS, Die deutsche Ideologie (1845/46), MEW Bd. 3 (1958), 17. 19 f.
[107] Ebd., 26. 121. 405; MARX, [Aus I. Feuerbach], MEW Bd. 3, 539; vgl. Deutsche Ideologie, 522.
[108] Ebd., 447; vgl. ebd., 18. 406.
[109] Ebd., 20. 26.
[110] Ebd., 26 f.; vgl. ebd., 27: *Die selbständige Philosophie verliert mit der Darstellung der Wirklichkeit ihr Existenzmedium.*

nur das wahre Abhängigkeitsverhältnis zwischen Bewußtsein und Leben zu enthüllen, sondern auch zu erklären, daß auch die Behauptung der Vorherrschaft der Ideen, die *ideologischen Illusionen*[111] selbst auf bestimmte materielle Bedingungen zurückgehen, daß auch *die Nebelbildungen im Gehirn der Menschen ... notwendige Sublimate ihres materiellen, empirisch konstatierbaren und an materielle Voraussetzungen geknüpften Lebensprozesses sind. Wenn in der ganzen Ideologie die Menschen und ihre Verhältnisse wie in einer Camera obscura auf den Kopf gestellt erscheinen, so geht dies Phänomen ebensosehr aus ihrem historischen Lebensprozeß hervor, wie die Umdrehung der Gegenstände auf der Netzhaut aus ihrem unmittelbar physischen*[112]. Die Erklärung für diesen Vorgang ist in der *Teilung der Arbeit* zu suchen, der Trennung der geistigen von der materiellen Arbeit: *Von diesem Augenblicke an kann sich das Bewußtsein wirklich einbilden, etwas andres als das Bewußtsein der bestehenden Praxis zu sein, wirklich etwas vorzustellen, ohne etwas Wirkliches vorzustellen — von diesem Augenblicke an ist das Bewußtsein imstande, sich von der Welt zu emanzipieren und zur Bildung der „reinen" Theorie, Theologie, Philosophie, Moral etc. überzugehen*[113]. Diese scheinbare Emanzipation, die darin besteht, *daß die weltliche Grundlage sich von sich selbst abhebt und sich, ein selbständiges Reich, in den Wolken fixiert, ist eben nur aus der Selbstzerrissenheit und dem Sichselbst-Widersprechen dieser weltlichen Grundlage zu erklären*[114]. Wenn aber die scheinbar unabhängige Theorie sich in den Gegensatz zur Wirklichkeit setzt und diese kritisiert, ist dies nicht als Beweis für ihre Autonomie anzusehen, sondern dafür, daß sie widersprüchliche Verhältnisse widerspiegelt[115]. Die vermeintliche Verselbständigung des Denkens[116], das entscheidende Kennzeichen der Ideologie, bedeutet, daß das Denken die Wirklichkeit nicht mehr trifft, sie ist die Kapitulation vor den Widersprüchen des Lebens. *Diese ideelle Erhebung über die Welt ist der ideologische Ausdruck der Ohnmacht der Philosophen gegenüber der Welt. Ihre ideologischen Prahlereien werden jeden Tag durch die Praxis Lügen gestraft*[117].

Ausschlaggebend für die Ideologie ist, daß sich in ihr Begriffe, Gedanken, Vorstellungen scheinbar von der *empirischen Basis* loslösen und zur abstrakten Spekulation erheben. Sie werden so *Einbildung, ... Hirngespinst, ... Phantasie*[118]. Ihre Träger, wie exemplarisch Max Stirner, glauben an die *Herrschaft der spekulativen Idee in der Geschichte,* und das heißt zugleich: an die *Herrschaft der Spekulanten und Ideologen*[119]. Indem Stirner gegen die Ideen ankämpft und empfiehlt, sie sich aus dem

---

[111] MARX, Die Lage in Preußen (1859), MEW Bd. 12 (1961), 686.
[112] MARX/ENGELS, Deutsche Ideologie, 26.
[113] Ebd., 31; vgl. ebd., 432; MARX, [Aus I. Feuerbach], 539; die geschichtlich *erste Form der Ideologen* sind die *Pfaffen,* Deutsche Ideologie, 31.
[114] MARX, Vierte These über Feuerbach (1888), MEW Bd. 3, 534.
[115] MARX/ENGELS, Deutsche Ideologie, 31 f.
[116] Ebd., 83. 405. 432; MARX, [Aus I. Feuerbach], 539.
[117] MARX/ENGELS, Deutsche Ideologie, 363; vgl. dies., Revue (1850), MEW Bd. 7 (1960), 431.
[118] Dies., Deutsche Ideologie. 263. 13; vgl. ebd., 435: *Dies große Problem, sobald es überhaupt in den Köpfen unsrer Ideologen spukte.*
[119] Ebd., 116; vgl. ebd., 156. 161. 167. 405. In diesem Sinne verwendet auch MOSES HESS, Die Folgen einer Revolution des Proletariats, in: ders., Philosophische und sozialistische Schriften 1837—1850, hg. v. Auguste Cornu u. Wolfgang Mönke (Berlin 1961), 439 ff.,

Kopfe zu schlagen, glaubt er *wirklich an die Herrschaft der abstrakten Gedanken der Ideologie in der heutigen Welt, er glaubt, in seinem Kampfe gegen die „Prädikate", die Begriffe, nicht mehr eine Illusion, sondern die wirklichen Herrschermächte der Welt anzugreifen*[120]. Beispiele für ideologisches Spekulieren sind: *die bei allen, namentlich deutschen Ideologen, vorkommende Bestimmung der Freiheit als Selbstbestimmung, als Eigenheit*[121], der Glaube an das „reine" *Individuum*[122], an die Durchsetzungsfähigkeit des menschlichen Willens[123], an die von Hegel *idealisierte ... Vorstellung der politischen Ideologen vom Staat, die vom Willen der Individuen ausgingen, die bei den wahren Sozialisten ..., wie bei allen deutschen Ideologen anzutreffende Verwechslung der literarischen Geschichte ... mit der wirklichen Geschichte*[124]. Die Deutschen haben nie die *irdische Basis für die Geschichte* (Bedürfnisbefriedigung, *Produktion des materiellen Lebens selbst*) begriffen, während Franzosen und Engländer, obwohl auch sie noch z. T. in der *politischen Ideologie befangen sind, immerhin die ersten Versuche gemacht* haben, *der Geschichtsschreibung eine materialistische Basis zu geben*[125]. Die ganze historische Entwicklung reduziert sich für den Ideologen auf die theoretischen Abstraktionen der historischen Entwicklung, wie sie in den „Köpfen" aller „Philosophen und Theologen der Zeit" sich gebildet haben[126]. Daneben gibt es die *zur Illusion privilegierten Stände*[127], die *Religiösen, Juristen, Politiker, ... Moralisten*[128], die Recht, Moral, Religion immer und von vornherein

---

bes. 442 den Begriff 'Ideologie': *Was charakterisiert den Ideologen überhaupt? Der Glaube an die „Idee", an die Ewigkeit und Selbständigkeit der „absoluten Wahrheit". — Die Wahrheit ... ist in der Einbildung der Ideologen etwas, was sich nicht auf bestimmte, materielle Verhältnisse, sondern auf sich selbst bezieht.*

[120] MARX/ENGELS, Deutsche Ideologie, 219; vgl. MARX, Grundrisse der Kritik der politischen Ökonomie (Berlin 1953), 82: *Vom ideologischen Standpunkt* erscheint die *Herrschaft der Verhältnisse (jene sachliche Abhängigkeit ...) in dem Bewußtsein der Individuen selbst als Herrschen von Ideen*. ENGELS, Der magyarische Kampf (1849), MEW Bd. 6 (1959), 171: *Der Panslawismus* existiert nur *in den Köpfen einiger Ideologen.*

[121] MARX/ENGELS, Deutsche Ideologie, 292; vgl. ebd., 178.

[122] Ebd., 75.

[123] Ebd., 178. 312. 317.

[124] Ebd., 331. 455.

[125] Ebd., 28; vgl. ebd., 39. Wiederholt wird bemerkt, daß aufgrund der zurückgebliebenen Verhältnisse in Deutschland hier besonders günstige Bedingungen für die Entstehung der Ideologie vorlagen, bzw. sich eine besonders stark ideologische, sich von der Wirklichkeit entfernende Bewußtseinsform herausbildete (vgl. ebd., 32, Anm.: *Die Deutschen mit der Ideologie als solcher*). Ebd., 449: *Die Deutschen beurteilen Alles sub specie aeterni ..., die Ausländer sehen alles praktisch* (vgl. ebd., 285. 441. 453). ENGELS, Die Polendebatte in Frankfurt (1848), MEW Bd. 5 (1959), 355 f.: *Polen war schon der Herd der osteuropäischen Demokratie geworden, als Deutschland noch in der plattesten konstitutionellen und der überschwänglichsten philosophischen Ideologie umhertappte.* Dagegen MARX/ENGELS, Deutsche Ideologie, 14: *Der deutsche Idealismus sondert sich durch keinen spezifischen Unterschied von der Ideologie aller andern Völker ab.*

[126] Dies., Deutsche Ideologie, 522; vgl. ebd., 167.

[127] Ebd., 179; vgl. ebd., 53, Anm.: die *ideologischen Stände.*

[128] MARX, [Aus I. Feuerbach], 539; vgl. Deutsche Ideologie, 49 f. 339.

als selbständige, von der materiellen Grundlage gelöste, als scheinbar reine Begriffe vertreten und vertreten müssen[129]. *Dieselben Ideologen, die sich einbilden konnten, daß das Recht, Gesetz, der Staat pp. aus einem allgemeinen Begriff, etwa in letzter Instanz dem Begriff des Menschen, hervorgegangen und um dieses Begriffes willen ausgeführt worden seien, dieselben Ideologen können sich natürlich auch einbilden, Verbrechen würden aus reinem Übermut gegen einen Begriff begangen*[130]. So versteht *der Jurist, der Ideologe des Privateigentums, ... das Eigentumsverhältnis als ein Verhältnis „des Menschen"*[131]. In Wirklichkeit aber ist das *Ideal der Gerechtigkeit ... immer nur der ideologisierte, verhimmelte Ausdruck der bestehenden ökonomischen Verhältnisse*[132]. Von Stirner wird darüber hinaus ein *spekulatives Eigentum* als *Wahrheit und Wirklichkeit* des Privateigentums verstanden. Diese *durch und durch ideologische* Vorstellung mußte *eine große Magie auf die eigentumslosen deutschen Ideologen ausüben*, weil so die Besitzlosen sich im Besitz des wahren Eigentums wähnen konnten[133]. Bruno Bauer nimmt statt *der wirklich bestehenden sozialen Verhältnisse ... mit allen Philosophen und Ideologen die Gedanken, Ideen, den verselbständigten Gedankenausdruck der bestehenden Welt für die Grundlage dieser bestehenden Welt ... Die philosophische Phrase der wirklichen Frage ist für ihn die wirkliche Frage selbst*[134]. Stirner sieht Hegels *Idealisierung der Ideologie ... für die richtige Ansicht vom Staate an*[135]; er wähnt das Individuum im Kampf mit den über ihm stehenden Begriffen und glaubt, *das Aufgeben der Vorstellung* würde es *von dieser Kollision* befreien, anstatt diese praktisch-wirklich aufzuheben: *Hierdurch bringt er es zustande, die wirkliche Kollision, das Urbild ihres ideellen Abbildes, in eine Konsequenz dieses ideologischen Scheins zu verwandeln*[136]. Stirners Kampf ist nur *ideologische „Empörung"*[137].

Indem Marx und Engels die verselbständigten Gedanken, Vorstellungen und Ideen mit dem abqualifizierenden Begriff 'Ideologie' belegen, beanspruchen sie, die wirklichen und tatsächlichen Verhältnisse zu kennen und freizulegen, die man auf dem *Boden der Ideologie* nicht kennen kann, so daß man *einen phantastischen Zusammenhang konstruieren* muß. Diese Wirklichkeit besteht aus dem *an materielle Voraussetzungen geknüpften Lebensprozeß, der empirisch konstatierbar* ist[138], aus dem Stand der Produktionsverhältnisse. Oft wird „Wirklichkeit" aber noch spezifiziert als das

---

[129] Vgl. ebd., 49: *die Produzenten „des Begriffs" ..., die Theoretiker, Ideologen und Philosophen; ... eine Reihe von Personen, die „den Begriff" in der Geschichte repräsentieren, ... „die Denkenden", die „Philosophen", die Ideologen;* ebd., 46: *die aktiven konzeptiven Ideologen (einer Klasse), welche die Ausbildung der Illusion dieser Klasse über sich selbst zu ihrem Hauptnahrungszweige machen.*
[130] Ebd., 325.
[131] Ebd., 212. 334.
[132] Engels, Zur Wohnungsfrage (1872), MEW Bd. 18 (1962), 277.
[133] Marx/Engels, Deutsche Ideologie, 277. 457.
[134] Ebd., 83. 82.
[135] Ebd., 331.
[136] Ebd., 268; vgl. ebd., 281: *Sankt Sancho begnügt sich daher damit, sich die „Heiligkeit" oder den „Geist der Fremdheit" „aus dem Kopf zu schlagen" und seine ideologische Aneignung zu vollziehen.*
[137] Ebd., 361 f.
[138] Ebd., 442. 26.

durch die Ideologie verdeckte Interesse einer Klasse, der Bourgeoisie. In der Ideologie werden die besonderen Interessen als allgemeine ausgedrückt. Diese *Beschönigung des Bourgeoisinteresses* durch die *ideologischen Kretins der Bourgeoisie*[139] ist kein den Ideologen bewußter Vorgang: Sie glauben selbst an die hohen Ziele und gutgemeinten Vorschläge, die sie zur Verbesserung der als schlecht empfundenen Verhältnisse vorbringen, an ihre *teuersten Lieblingsschwärmereien*[140] und *philantropischen Illusionen*[141]. Die Ideologen abstrahieren damit von den den gesellschaftlichen Verhältnissen zugrunde liegenden *ökonomischen Lebensbedingungen:* Sie wissen z. B. kein *besseres Mittel, die Klassengegensätze aufzuheben, als von ihrer wirklichen Grundlage, eben von diesen materiellen Verhältnissen, wegzublicken und sich in den blauen Dunsthimmel der republikanischen Ideologie zurückzustürzen*[142]. Der gutgläubige Ideolog ist so naiv, nicht die materiellen Interessengegensätze oder die Interessen seiner eigenen Klasse, deren *ideologischer Vertreter und Wortführer* er ist[143], zu kennen und zu artikulieren. *Der Ideologe denkt, und der Krämer lenkt*[144]. Stirners *ideologische* (Selbst-) *Täuschung* besteht darin, daß er die *verdrehte Form, worin die scheinheilige und heuchlerische Ideologie der Bourgeois ihre aparten Interessen als allgemeine Interessen ausspricht, ... als wirkliche, profane Grundlage der bürgerlichen Welt akzeptiert*[145]. Wenn man, wie Arnold Ruge, die *materiellen Interessen* von Nationen unberücksichtigt läßt, führt dies zu der *ideologischen Naivetät zu glauben, Nationen, denen gewisse politische Vorstellungen gemeinsam seien, würden schon deshalb eine Allianz eingehen*[146]. Wenn aber Gesellschaftsform und Stand der Produktivkräfte, Entwicklung der Industrie und das einer früheren *Verkehrsform* entstammende Bewußtsein immer mehr auseinanderfallen, dann *sinken die früheren überlieferten Vorstellungen dieser Verkehrsverhältnisse, worin die wirklichen persönlichen Interessen ppp. als allgemeine ausgesprochen werden, zu bloß idealisierenden Phrasen, zur bewußten Illusion, zur absichtlichen Heuchelei herab*[147]. *Ideologie, Religion, Moral etc.* werden *zur handgreiflichen Lüge*[148].

---

[139] MARX, Die Bourgeoisie und die Konterrevolution (1848), MEW Bd. 6, 112.
[140] ENGELS, Polendebatte, 360.
[141] MARX/ENGELS, Deutsche Ideologie, 443.
[142] MARX, Die Pariser „Réforme" über die französischen Zustände (1848), MEW Bd. 5, 450.
[143] MARX, Die Klassenkämpfe in Frankreich 1848 bis 1850, MEW Bd. 7, 12 f.: *Gelehrte, Advokaten, Ärzte usw.* als Ideologen der *kleinen Bourgeoisie;* vgl. MARX/ENGELS, Revue, 443: Theologen der englischen Hochkirche als *religiöse Ideologen der Aristokratie;* Brief MARX an Ferdinand Lassalle v. 19. 4. 1859, MEW Bd. 29 (1963), 591: Franz von Sickingen kämpft noch mit der Ideologie der Ritterlichkeit gegen die Fürsten, obwohl sein Klasseninteresse ihm gebieten müßte, sich den Städten und Bauern anzuschließen; vgl. MARX/ENGELS, Deutsche Ideologie, 238.
[144] ENGELS, Polendebatte, 360.
[145] MARX/ENGELS, Deutsche Ideologie, 163.
[146] ENGELS, Polendebatte, 360. 359; vgl. das Urteil über Ruge, dies., Die großen Männer des Exils (1852), MEW Bd. 8 (1960), 276: *Philister und Ideolog, Atheist und Phrasengläubiger, absoluter Ignorant und absoluter Philosoph in einer Person — das ist unser Arnold Ruge.*
[147] Dies., Deutsche Ideologie, 274; vgl. ENGELS, Ludwig Feuerbach und der Ausgang der klassischen deutschen Philosophie (1888), MEW Bd. 21 (1962), 305.
[148] MARX/ENGELS, Deutsche Ideologie, 60.

Das für die Ideologie konstitutive Moment ist aber nicht darin zu sehen, daß partikulare Interessen unbewußt als allgemeine ausgedrückt werden, auch nicht primär im Glauben an eine Scheinwelt und an Illusionen, sondern darin, daß sich der (geistige, ideelle) Überbau gegenüber seiner Basis verselbständigt und glaubt, *für sich ein eignes Reich*[149] zu bilden. Die Ideologie bedeutet darin eine „Verdrehung" und „Verkehrung" des wahren Zusammenhangs. Marx und Engels folgen darin in etwa dem in ihrer Zeit gebräuchlichen Ideologiebegriff. In einem Wortfeld mit 'Ideologie' stehen die Begriffe 'Phrase', 'Spekulation', 'philosophische Abstraktion', 'Idealismus', 'reine Begriffe und Ideen', 'Gedanken und Vorstellungen', 'Nebelbildungen', 'Phantasien', 'geistige Sublimation' u. a., Begriffe, die z. T. auch sonst im 19. Jahrhundert im Zusammenhang mit 'Ideologie' genannt werden. Marx und Engels gehen jedoch insofern über den Sprachgebrauch ihrer Zeit hinaus, als sie a) eine besondere geschichtstheoretische Begründung für das Auftreten von Ideologie geben (Ideen werden ideologisch, wenn sie nicht der Wirklichkeit und Gegenwart entsprechen) und b) insofern, als sie nur die materiellen Verhältnisse als Grundlage und bestimmendes Element der geistigen Produktion ansehen: *Es wird von den wirklich tätigen Menschen ausgegangen und aus ihrem wirklichen Lebensprozeß auch die Entwicklung der ideologischen Reflexe und Echos dieses Lebensprozesses dargestellt.* Niemals wird jedoch der gesamte Überbau, *alle Formen und Produkte des Bewußtseins*[150], mit 'Ideologie' gleichgesetzt[151]. *Die wirkliche, positive Wissenschaft, die Darstellung der praktischen Betätigung, des praktischen Entwicklungsprozesses der Menschen*[152] ist nicht ideologisch. Nur jenes Wissen und Denken, das sich unabhängig von seiner tatsächlichen Grundlage dünkt, kann als 'Ideologie' bezeichnet werden. Einige Bereiche wie Moral, Religion, Recht, Philosophie können sich und ihre Normen jedoch nicht anders als ewig, heilig, unveränderlich, zumindest aber losgelöst von einem bestimmten Klasseninteresse verstehen und sind deshalb per se ideologisch. Andernfalls würden sie ihren Geltungsanspruch aufgeben[153]. Die positive Wissenschaft sieht diese Bereiche in ihrer historischen Be-

---

[149] Ebd., 433.
[150] Ebd., 26. 38.
[151] Zu dieser Deutung konnten allerdings vereinzelte Formulierungen wie *ideologischer Überbau* (ebd., 356) und *ideologischer Ausdruck* der *Verhältnisse* (ebd., 362) verleiten, wenn sie aus dem Zusammenhang gelöst wurden.
[152] Ebd., 27.
[153] Die häufig wiederkehrende Formulierung *Moral, Religion, Metaphysik und sonstige Ideologie* (ebd., 26) meint also nicht, daß damit der ganze Überbau ausgefüllt werde und alles Bewußtsein ideologisch sei. Vgl. dies., Manifest der kommunistischen Partei (1848): *Die Anklagen gegen den Kommunismus, die von religiösen, philosophischen und ideologischen Gesichtspunkten überhaupt erhoben werden, verdienen keine ausführlichere Erörterung,* MEW Bd. 4, 479; ähnlich Deutsche Ideologie, 26; MARX, Kritik (s. Anm. 105), 9, Vorwort; ENGELS, Ludwig Feuerbach, 304; ders., Das Begräbnis von Karl Marx (1883), MEW Bd. 19 (1962), 335; ders. an Friedrich Adolph Sorge v. 16. 9. 1886, MEW Bd. 36 (1967), 533; an Conrad Schmidt v. 5. 8. 1890, MEW Bd. 37 (1967), 437; an Joseph Bloch v. 21. 9. 1890, ebd., 463; an Franz Mehring v. 14. 7. 1893, MEW Bd. 39 (1968), 96; an W. Borgius v. 25. 1. 1894, ebd., 206.

dingtheit und entlarvt alle Bemühungen, ihnen überzeitliche normative Kraft zu verleihen, als Rechtfertigung des bereits Überholten.

Zu dem Mißverständnis, Recht, Moral, Religion u. a. bildeten den gesamten Bereich des Überbaus und dieser sei somit als ganzer oder in allen Teilen ideologisch, hat insbesondere das Vorwort zu Marx' „Kritik der Politischen Ökonomie" (1859) beigetragen, das bis zum Beginn des 20. Jahrhunderts eine der wenigen Quellen für den Ideologiebegriff bleiben mußte. Marx legt hier in einem Resümee seiner bisherigen Arbeiten auch die Prinzipien der materialistischen Geschichtsauffassung dar und erläutert das Verhältnis von Basis und Überbau, die sich beide in *sozialen Revolutionen* verändern: *In der Betrachtung solcher Umwälzungen muß man stets unterscheiden zwischen der materiellen, naturwissenschaftlich treu zu konstatierenden Umwälzung in den ökonomischen Produktionsbedingungen und den juristischen, politischen, religiösen, künstlerischen oder philosophischen, kurz, ideologischen Formen, worin sich die Menschen dieses Konflikts bewußt werden und ihn ausfechten*[154]. Übereinstimmend mit den früheren Aussagen werden Recht, Politik, Religion usw. zusammenfassend als 'Ideologie' bezeichnet. Damit ist aber nicht gesagt, daß diese Bereiche die gesamte geistige Produktion ausmachen, daß die Menschen sich nur in diesen Formen der materiellen Verhältnisse bewußt werden. Der weitere Zusammenhang ergibt vielmehr, daß Marx hier nur von solchen Bewußtseinsformen spricht, die aus in sich widersprüchlichen Verhältnissen, dem Antagonismus der bürgerlichen Welt, hervorgehen und sich deshalb scheinbar verselbständigen, also ideologisch sein müssen. Es wird nicht gesagt, daß auch eine Form, in der sich die Arbeiterklasse über die Produktionsverhältnisse und deren Entwicklungsprozeß bewußt würde, 'Ideologie' genannt werden müßte. Diese adäquate Widerspiegelung der materiellen Basis wäre vielmehr das Gegenteil der ideologischen Sicht. Eine 'sozialistische Ideologie' wäre ein Widerspruch in sich. Einen positiven Ideologiebegriff kennen Marx und Engels nicht[155].

In den späteren Veröffentlichungen von Marx und Engels wurde der Ideologiebegriff im wesentlichen nicht anders verwendet als früher. Nur richtet er sich jetzt nicht mehr so sehr gegen die Junghegelianer, sondern z. B. gegen die politischen Ökonomen[156], gegen die *ideologischen Rechts- und andre ... Flausen* von *gleichem Recht* oder *gerechter Verteilung* usw. in der Sozialdemokratie[157], gegen den abstrakt

---

[154] MARX, Politische Ökonomie, 9, Vorwort.

[155] Die Stelle im „Manifest der kommunistischen Partei" (MEW Bd. 4, 472), an der MARX zugesteht, daß *ein Teil der Bourgeoisideologen* sich *zum theoretischen Verständnis der ganzen geschichtlichen Bewegung ... hinaufgearbeitet habe* und *zum Proletariat* übergegangen sei, kann kaum, wie schon MAX ADLER versuchte (Der Sozialismus und die Intellektuellen, Wien 1910, 8; vgl. JOHANNES KADENBACH, Das Religionsverständnis von Karl Marx, München, Paderborn, Wien 1970, 152), als Beleg für einen positiven Ideologiebegriff bei Marx herangezogen werden. Sie dürfte vielmehr so zu verstehen sein, daß die Bourgeoisideologen, wenn sie das bessere theoretische Verständnis erlangt haben, damit die alte ideologische Sicht ablegen.

[156] MARX, Das Kapital, Bd. 1 (1867), Kap. 21. MEW Bd. 23 (1962), 598: der *politische Ökonom* als *Ideolog* des Kapitalismus.

[157] Ders., Kritik des Gothaer Programms (1875), MEW Bd. 19, 21 f.

naturwissenschaftlichen Materialismus[158], z. T. gegen den Darwinismus[159] und besonders gegen Eugen Dühring, dessen mathematische Methode Engels als *pure Ideologie*, als *eine andere Wendung der alten beliebten, ideologischen, sonst auch aprioristisch genannten Methode*, die die *wirklichen gesellschaftlichen Verhältnisse* außer acht läßt, kritisiert[160]. Neben diesen beiläufigen Bemerkungen wird der Ideologiebegriff nur noch von Engels in seinem Spätwerk „Ludwig Feuerbach und der Ausgang der klassischen deutschen Philosophie"[161] und mehreren schon bald veröffentlichten Briefen näher erläutert. 'Ideologie' nennt Engels die *Beschäftigung mit Gedanken als mit selbständigen, sich unabhängig entwickelnden, nur ihren eignen Gesetzen unterworfnen Wesenheiten. Daß die materiellen Lebensbedingungen der Menschen, in deren Köpfen dieser Gedankenprozeß vor sich geht, den Verlauf dieses Prozesses schließlich bestimmen, bleibt diesen Menschen notwendig unbewußt, denn sonst wäre es mit der ganzen Ideologie am Ende*[162]. Das entscheidende Kriterium für die Ideologie ist also hier wie in der „Deutschen Ideologie" die Loslösung des Denkens von den materiellen Verhältnissen[163]. Die Ideologen, denen diese Grundlage unbewußt bleiben muß, sehen die Geschichte als *Verwirklichung von Ideen*. Die Geschichtsphilosophie *importiert die geschichtlichen Triebkräfte von außen, aus der philosophischen Ideologie, in die Geschichte hinein*[164].

Engels unterscheidet dann mehrere Stufen der Ideologie nach dem Grad ihrer Intensität. Hatte Marx die Religion als erste Form der Ideologie bezeichnet, so ist es bei Engels der Staat. Er war ursprünglich nur ein *Organ zur Wahrung der Interessen* der Menschen *gegenüber inneren und äußeren Angriffen*, verselbständigte sich dann aber gegenüber der Gesellschaft und wurde damit zur Ideologie. Danach bildet sich in Form des Staats- und Privatrechts eine den Staat überhöhende und die *ökonomischen Tatsachen* vergessende *weitere Ideologie*, und schließlich entstehen in Philosophie und Religion *noch höhere, d. h. noch mehr von der materiellen, ökonomischen Grundlage sich entfernende Ideologien ... Hier wird der Zusammenhang der Vorstellungen mit ihren materiellen Daseinsbedingungen immer verwickelter, immer mehr durch Zwischenglieder verdunkelt. Aber er existiert*[165]. Außerdem nimmt Engels an, daß sich die Ideologien, wenn sie sich einmal herausgebildet haben, unabhängig entwickeln können, d. h. nicht mehr in allen Wandlungen den Veränderungen der

---

[158] Ders., Das Kapital, Kap. 13. MEW Bd. 23, 393, Anm.
[159] ENGELS, Dialektik der Natur (geschr. 1873/83), MEW Bd. 20 (1962), 451: Unter dem *ideologischen Einfluß* der *idealistischen Weltanschauung* haben die Darwinisten die Rolle der Arbeit bei der *Entstehung des Menschen* unterschätzt.
[160] Ders., Herrn Eugen Dühring's Umwälzung der Wissenschaft, MEW Bd. 20, 89; vgl. ebd., 34. 37. 40; Dialektik der Natur, ebd., 574.
[161] Zuerst erschienen in: Die Neue Zeit 4 (1886; Ndr. 1971), 145 ff. 193 ff. Einzelveröffentlichung: Stuttgart 1888.
[162] ENGELS, Ludwig Feuerbach, 303.
[163] Diese Verselbständigung versteht ENGELS zwar hier nicht ausdrücklich als scheinbare Unabhängigkeit; er wiederholt diese für den Ideologiebegriff konstitutive Bestimmung aber in seinem Brief an Mehring v. 14. 7. 1893, MEW Bd. 39, 97 f.
[164] Ders., Ludwig Feuerbach, 296. 298.
[165] Ebd., 302; vgl. Brief an Conrad Schmidt v. 27. 10. 1890, MEW Bd. 37, 492: *Was nun die noch höher in der Luft schwebenden ideologischen Gebiete angeht, Religion, Philosophie etc.* (zu Marx s. o. Anm. 113).

Basis unterworfen sind. Beide Differenzierungen stehen im Zusammenhang mit dem Versuch des späten Engels, als Reaktion auf einseitige Interpretationen und Kritiken der materialistischen Geschichtsauffassung[166] das Verhältnis von Basis und Überbau nicht mehr als starres Schema von Wirkung und Ursache zu verstehen[167]. Hatte PAUL BARTH die Beweiskraft der von Marx und Engels zur Illustrierung der materialistischen Geschichtsauffassung angeführten historischen Beispiele bezweifelt, eine Reihe von Gegenbeispielen gegeben und — schon einen neutralen Ideologiebegriff verwendend — daraus gefolgert, daß *Marx und seine Anhänger die Kraft der Ideologien zu gering angeschlagen* hätten[168], so sieht sich ENGELS nun zu Einschränkungen der historisch-materialistischen Methode veranlaßt: *Die politische, rechtliche, philosophische, religiöse, literarische, künstlerische etc. Entwicklung beruht auf der ökonomischen. Aber sie alle reagieren auch aufeinander und auf die ökonomische Basis. Es ist nicht, daß die ökonomische Lage Ursache, allein aktiv ist und alles andere nur passive Wirkung. Sondern es ist Wechselwirkung auf Grundlage der in letzter Instanz stets sich durchsetzenden ökonomischen Notwendigkeit*[169]. Der Kern der Bedeutung des Begriffs 'Ideologie', die Loslösung des geistigen Bereichs *vom Ökonomischen*, das damit zum *abstrakt Ideologischen* wird[170], ist auch jetzt beibehalten. Keineswegs ist alles Gedankliche bereits Ideologie. Neben der

---

[166] Besonders P. BARTH, Die Geschichtsphilosophie Hegels und der Hegelianer bis auf Marx und Hartmann (Leipzig 1890), 40 ff.

[167] Von ENGELS selbst wurde dies teils nur als Präzisierung des früheren Standpunktes verstanden (vgl. Brief an Joseph Bloch v. 21. 9. 1890, zuerst veröffentlicht in: Der socialistische Akademiker 1/19, Okt. 1895, 351 ff.; MEW Bd. 37, 463: *Nach materialistischer Geschichtsauffassung ist das in letzter Instanz bestimmende Moment in der Geschichte die Produktion und Reproduktion des wirklichen Lebens. Mehr hat weder Marx noch ich je behauptet*), teils aber auch als dessen Modifizierung (vgl. Brief an Franz Mehring v. 14.7.1893, MEW Bd. 39, 98). Von EDUARD BERNSTEIN, Die Voraussetzungen des Sozialismus und die Aufgaben der Sozialdemokratie (1899), 2. Aufl. d. verbesserten Ausg. (Stuttgart, Berlin 1921), 36. 41 wurden die späten Engels-Briefe als Einschränkung des ursprünglichen Konzepts und als wünschenswerte Weiterentwicklung der Theorie der materialistischen Geschichtsauffassung bewertet, nach GEORG LUKÁCS, Beiträge zur Geschichte der Ästhetik (Berlin 1954), 373 f. ist aber Engels' Kritik an *Mehrings Erklärungsweise der ideologischen Erscheinungsformen aus der ökonomischen Grundlage*, an dieser mechanischen Ableitung, *ihm und Marx gegenüber* nicht *am Platze*, obwohl *sie in die Form einer Selbstkritik* eingekleidet wurde.

[168] BARTH, Geschichtsphilosophie Hegels, 58.

[169] ENGELS an W. Borgius v. 25. 1. 1894, Der socialistische Akademiker 1/20, Okt. 1895, 373 f. (MEW Bd. 39, 206) und zusammen mit den Briefen an Franz Mehring und Conrad Schmidt, in: Dokumente des Sozialismus, hg. v. E. BERNSTEIN, Bd. 2 (Stuttgart 1903), 73 ff. (irrtümlich als Brief an Heinz Starkenburg); MEW Bd. 39, 207: *Je weiter das Gebiet, das wir grade untersuchen, sich vom Ökonomischen entfernt und sich dem reinen abstrakt Ideologischen nähert, desto mehr werden wir finden, daß es in seiner Entwicklung Zufälligkeiten aufweist, desto mehr im Zickzack verläuft seine Kurve.* Vgl. Brief an Conrad Schmidt v. 27. 10. 1890, MEW Bd. 37, 492: *Und daß diese Umkehrung, die, solange sie nicht erkannt ist, das konstituiert, was wir ideologische Anschauung nennen, ihrerseits wieder auf die ökonomische Basis zurückwirkt und sie innerhalb gewisser Grenzen modifizieren kann, scheint mir selbstverständlich.*

[170] ENGELS an W. Borgius v. 25. 1. 1894, MEW Bd. 39, 207.

unklaren ... ideologischen ..., verhimmelten Form steht die *klare ... unmittelbare* Form der Widerspiegelung der ökonomischen Grundlage im Bewußtsein, die der Arbeiterklasse, die die geschichtlichen Zusammenhänge adäquat begreift. Deshalb kann Engels sagen, daß Philosophen und Historiker die treibenden Ursachen der Weltgeschichte nicht verstehen; sie sind die *unverhüllten Ideologen der Bourgeoisie und des bestehenden Staats.* Vielmehr besteht *nur bei der Arbeiterklasse ... der deutsche theoretische Sinn* fort[171]. Der bekannte Brief an Franz Mehring vom 14. 7. 1893[172] wiederholt in der Kritik an dessen *undialektischer* Bestimmung des Verhältnisses von Basis und Überbau[173] noch einmal die Hauptmomente des Ideologiebegriffs: Die *ideologischen Vorstellungen auf jedem Sondergebiet* haben nur den *Schein einer selbständigen Geschichte.* Insofern der *historische Ideolog* glaubt, er bearbeite *auf jedem wissenschaftlichen Gebiet einen Stoff, der sich selbständig aus dem Denken früherer Generationen gebildet habe, reines Gedankenmaterial, das er unbesehen als durchs Denken erzeugt hinnimmt und sonst nicht weiter auf einen entfernteren, vom Denken unabhängigen Ursprung untersucht,* müssen ihm die *eigentlichen Triebkräfte,* die den Prozeß der Ideologie bewegen, unbekannt und unbewußt bleiben. Insofern arbeitet der Ideolog mit einem *falschen Bewußtsein.* In der Ideologie erscheint ihm alles *in letzter Instanz im Denken begründet* statt in den *ökonomischen Grundtatsachen.* Indem *den verschiednen ideologischen Sphären ... eine selbständige historische Entwicklung* abgesprochen wird, wird ihnen jedoch nicht *jede historische Wirksamkeit* bestritten: Sie können auf ihre *Umgebung* und sogar auf die *ökonomischen Ursachen ... zurückwirken.* Wenn demzufolge das Verhältnis zwischen Basis und Überbau als *Wechselwirkung* beschrieben wird, bleibt indessen ungeklärt, wie diese Annahme mit der These, daß die ökonomischen Verhältnisse das Bewußtsein in *letzter Instanz* bestimmen, zu vereinbaren ist[174].

V. Die Umbildung des Ideologiebegriffs in der Sozialdemokratie und im Sozialismus des späten 19. und frühen 20. Jahrhunderts

Da in der Frühzeit der Sozialdemokratie theoretisch-philosophische Probleme wie das des Verhältnisses von Basis und Überbau gegenüber den Fragen der Praxis kaum Interesse fanden und erst durch Engels' „Anti-Dühring" (1878) und seine

---

[171] ENGELS, Ludwig Feuerbach, 298. 306 f.
[172] Ders. an Franz Mehring v. 14. 7. 1893, MEW Bd. 39, 96 ff., auch im Anhang zu FRANZ MEHRING, Geschichte der deutschen Sozialdemokratie, Bd. 2 (Stuttgart 1898), 556 f.
[173] F. MEHRING, Über den historischen Materialismus (1893), in: ders., Die Lessing-Legende, Neuausg. hg. v. Rainer Gruenter (Frankfurt, Berlin, Wien 1972), 391 ff. Zu PAUL ERNSTS Kritik an der „falschen" Anwendung der materialistischen Methode (Mehrings „Lessing-Legende" und die materialistische Geschichtsauffassung, 1893/94, in: MEHRING, Lessing-Legende, 524 ff.) vgl. MEHRING, Zur historisch-materialistischen Methode (1894), ebd., 456 ff., bes. 471: *Versteht Paul Ernst denn nicht, daß, wenn die materialistische Geschichtsauffassung den verschiedenen ideologischen Sphären eine selbständige historische Existenz abspricht, sie ihnen keineswegs jede historische Wirksamkeit abspricht?* Hier macht sich Mehring Engels' kritische Bemerkungen aus dem Brief an ihn teils wörtlich zu eigen!
[174] ENGELS an Mehring v. 14. 7. 1893, MEW Bd. 39, 97. 96. 98. 97.

übrigen späten Schriften der Marxismus, der allerdings ein darwinistisch-evolutionistisch interpretierter Marxismus war, zur maßgeblichen „Weltanschauung" wurde[175], da schließlich die Frühschriften von Marx und Engels weithin unbekannt waren, ist auch der Ideologiebegriff hier noch kein Gegenstand der Diskussion. Erst im Zusammenhang mit der in den neunziger Jahren einsetzenden Debatte um die materialistische Geschichtsauffassung[176] wird auch der Begriff 'Ideologie' wieder beachtet, ohne daß er aber in jedem der vielfältigen Diskussionsbeiträge eine Rolle spielt. Es vollzieht sich jetzt die auch für die spätere nicht-marxistische Philosophie, Soziologie und Politik entscheidende Umdeutung des Ideologiebegriffs, die Identifizierung von 'Ideologie' und 'Überbau', die es möglich machte, daß 'Ideologie' fortan neutral zur Bezeichnung jeder Form von Theorie, Bewußtsein etc. gebraucht werden konnte. Ein nur negativ gebrauchter Ideologiebegriff findet sich dagegen außer in unspezifischen Formulierungen wie *die bürgerlichen Ideologen* oder die *ideologischen* (im Gegensatz zu *materiellen*) *Interessen*[177] weitaus seltener, so bei FRANZ MEHRING[178], der dem Kantianismus in der Sozialdemokratie sehr reserviert gegenüberstand[179] und alles Philosophieren als Form der Entfremdung des Proletariers von seinen wahren Interessen ansah[180], und bei ANTONIO LABRIOLA, der *eindeutig und endgültig jede Ideologie* ablehnt, da er *jede Form von Rationalismus, dieses Wort verstanden als die Konzeption, nach der die Dinge in ihrem Dasein und ihrer Entwicklung explizit oder implizit einer Norm, einem Ideal, einem Maß, einem Zweck entsprechen*, ablehnt[181].

In den Debatten über den historischen Materialismus wird nun, obwohl man glaubt, Marx und Engels zu folgen, 'Ideologie' mit 'Idee', 'Theorie', 'Überbau' u. a. gleichgesetzt, so daß dann auch eine positive Einschätzung der 'Ideologie' möglich wird, da man diesen Begriff nicht mehr nur für die von vornherein schlechte, weil von ihrer materiellen Grundlage sich (scheinbar) entfernende Theorie gebrauchte. EDUARD BERNSTEIN bemüht sich, die Notwendigkeit von Ideen und *idealen Mächten* im Sozialismus nachzuweisen, da dieser auf die erst in der Zukunft zu erreichende Verwirklichung eines Gedankenbildes ziele, also ein Programm aufstelle, das mehr als die Produktion der unmittelbaren Lebensbedingungen sei. *Sind aber nun wenigstens die „proletarischen Ideen" selbst, d. h. die socialistische Auffassung von Staat, Gesellschaft, Ökonomie, Geschichte von Ideologie frei? Durchaus nicht. In ihrer Rich-*

---

[175] Vgl. HANS-JOSEF STEINBERG, Sozialismus und deutsche Sozialdemokratie, 4. Aufl. (Berlin, Bonn-Bad Godesberg 1976).
[176] s. o. S. 155.
[177] AUGUST BEBEL, Rede auf dem Parteitag in Hannover (1899), in: ders., Politik als Theorie und Praxis. Ausg. Texte aus Reden u. Schr., hg. v. Albrecht Langner (Köln 1967), 133. 135 f. 227.
[178] MEHRING, Lessing-Legende, 398 f. 404. 413 f. 421. 424. 434. 436. 448.
[179] Ders., Kant und der Sozialismus, Die Neue Zeit 18/2 (1900; Ndr. 1973), 1 ff.; ders,. Die Neukantianer, ebd., 33 ff.; ders., Rez. KANT, Kritik der Urtheilskraft u. K. VORLÄNDER, Die neukantische Bewegung im Sozialismus, ebd. 20/2 (1902; Ndr. 1973), 123 f.
[180] Ders., Philosophieren und Philosophie, ebd. 27/1 (1909; Ndr. 1974), 921 ff.
[181] A. LABRIOLA, Del materialismo storico. Dilucidazione preliminare (Rom 1896), franz.: Essais sur la conception matérialiste de l'histoire (Rom 1897), dt. u. d. T.: Über den historischen Materialismus, hg. v. Anneheide Ascheri-Osterlow u. Claudio Pozzoli (Frankfurt 1974), 162; vgl. ebd., 148 f. 161. 164 f. 200. 218. 221 f. 236.

V. Umbildung des Ideologiebegriffs

tung realistisch, d. h. in erster Linie den materiellen Faktoren der Entwicklung der menschlichen Gesellschaften zugewandt, sind sie doch dabei Gedankenreflexe, auf gedankliche Zusammenfassungen ermittelter Tatsachen aufgebaute Folgerungen und damit notgedrungen ideologisch gefärbt[182]. Der Marxismus *unterscheidet sich nicht dadurch von anderen socialistischen Theorien, daß er völlig frei von jeder Ideologie wäre*, sondern dadurch, daß er seine Theorie nicht aus *vorgefaßten Ideen* ableitet, sondern *auf den soliden Boden einer realistischen Geschichtsbetrachtung* stellt. *Alle Theorie zukünftiger Entwicklung, und sei sie noch so materialistisch, ist nach alledem notwendigerweise ideologisch gefärbt. Ja, gerade wenn sie sich ausschließlich an greifbar ökonomische Erscheinungen hält, ist sie es, denn die geistigen Strömungen, moralische Anschauungen u. s. w. sind durchaus reale Dinge, wenn sie auch nur in den Köpfen der Menschen existieren*[183]. Würde man z. B. Moral- und Rechtsanschauungen als nur sekundäre Phänomene verwerfen, würde man sich einer unrealistischen Abstraktion schuldig machen. Wie sehr sich das Verständnis von 'Ideologie' gewandelt hat, zeigt eine Äußerung Bernsteins, in der er die Unabhängigkeit der Ideologie von dem materiellen Bereich eigens hervorhebt, die doch für Marx und Engels, allerdings als nur illusorische Unabhängigkeit, gerade Definiens der Ideologie war. So sei die *moderne Gesellschaft an Ideologie, die nicht von der Ökonomie und der als ökonomische Macht wirkenden Natur bestimmt ist, ... reicher als frühere Gesellschaften*. Es steht für Bernstein auch fest, daß der Marxismus *durchaus nicht eine Eigenbewegung politischer und ideologischer Mächte* leugne, sondern *nur die Unbedingtheit dieser Eigenbewegung* bestreite[184]. Max Adler billigt der *Ideologie* zwar keine absolute Selbständigkeit zu, aber eine solche, die auf der *formalen Funktionsweise des menschlichen Geistes* beruht, d. h. nach einer nicht-mechanischen Kausalität abläuft[185]. Damit zeigen sich die Folgen der Identifizierung von 'Ideologie' und 'Überbau': Die Ideologie kann sich gegenüber der Basis verselbständigen, während sie für Marx und Engels per definitionem verselbständigte Theorie, (scheinbar) autonomes Gedankengebilde war. Ähnlich wie Bernstein behauptet Karl Kautsky: *Es ist mit den Satzungen der Moral wie mit dem übrigen, komplizierteren ideologischen Überbau, der sich über der Produktionsweise erhebt. Er kann sich von seiner Grundlage loslösen und eine Zeitlang ein selbständiges Dasein führen*[186].

Die Bedeutung des Ideologiebegriffs selbst ist demnach unter den verschiedenen Richtungen der Sozialdemokratie, vor allem Orthodoxen und Kantianern, nicht umstritten. Meinungsverschiedenheiten gibt es aber über die Rolle der Ideologie bei der Herbeiführung der sozialistischen Gesellschaft. Während z. B. Bernstein die *Weiterbildung der Moral- und Rechtsanschauungen* für *jede weitblickende Reformtätigkeit* für unerläßlich hält[187], warnt Kautsky, daß die Ideologien nur so lange *ein Element des*

---

[182] E. Bernstein, Das realistische und das ideologische Moment im Sozialismus (1898), in: ders., Zur Theorie und Geschichte des Socialismus, Ges. Abh., 2. Aufl., Bd. 2 (Berlin 1904), 130. 132 f.; vgl. ebd., 136: *Was wir „proletarische Auffassung" nennen, ist so für den Proletarier selbst zunächst — Ideologie;* vgl. ebd., 143.
[183] Ebd., 145 f.
[184] Ders., Voraussetzungen des Sozialismus (s. Anm. 167), 40. 38.
[185] M. Adler, Marxistische Probleme, 5. Aufl. (Stuttgart, Berlin 1922), 252.
[186] K. Kautsky, Ethik und materialistische Geschichtsauffassung (Stuttgart 1906), 128.
[187] Bernstein, Realistisches und ideologisches Moment, 146.

gesellschaftlichen Fortschritts seien, als sie von der Gesellschaft abhängig blieben und sich nicht verselbständigten[188]. Für Bernstein läßt *der heute erreichte Stand ökonomischer Entwicklung ... den ideologischen und insbesondere den ethischen Faktoren einen größeren Spielraum selbständiger Betätigung, als dies vordem der Fall war*[189]. Demgegenüber sind für Kautsky die *Ideen und Ideale, ... die theoretischen Sätze der Kommunisten ... nur allgemeine Ausdrücke eines Klassenkampfes, sie entstammen der Erkenntnis der bestehenden ökonomischen Bedingungen*[190].

Auch in der Frage des tatsächlichen Verhältnisses der Ideologien zu ihrer materiellen Grundlage, ihrer Autonomie oder Abhängigkeit von der Basis, bestehen Differenzen. G. V. PLECHANOV kommt zu dem Ergebnis, daß es trotz aller Komplizierung in der Entwicklung der verschiedenen Ideologien *nur eine Geschichte ihrer eigenen gesellschaftlichen Beziehungen gibt, die in jeder gegebenen Zeit durch den Zustand der Produktivkräfte bedingt werden. Die sogenannten Ideologien sind bloß vielgestaltige Widerspiegelungen dieser einzigen und unteilbaren Geschichte in den Köpfen der Menschen*[191]. *Auf der vorhandenen ökonomischen Grundlage erhebt sich schicksalhaft der ihr entsprechende ideologische Überbau*[192]. Demgegenüber interpretieren andere, vor allem einige Austromarxisten, die materialistische Geschichtsauffassung so, daß, wie bei MAX ADLER, der Dualismus von ökonomischer Grundlage (Basis) und Ideologie (Überbau) aufgegeben wird. Vielmehr sei die *ganze Geistigkeit bereits in der ökonomischen Sphäre enthalten ... Ökonomie und Ideologie* bilden *gar nicht zwei verschiedene Sphären, sondern nur zwei verschiedene Stufen eines und desselben geistigen Zusammenhanges. Und das ökonomische Moment, d. h. also die auf Lebenserhaltung und Lebenssteigerung gerichtete Arbeit, tritt von vornherein schon selbst in ganz bestimmten „ideologischen" Formen auf, vor allem in bestimmten Rechtsformen*[193]. In vielen Fällen muß, so KARL RENNER, *die ökonomische Materie hindurch durch ihren ideologischen Überbau, muß sich selbst zur Ideologie erheben und eine fremde Ideologie durchdringen*[194]. Auch für JEAN JAURÈS sind *materialistische und idealistische Geschichtsauffassung* nicht einander entgegengesetzt, sondern *in dem modernen Bewußtsein so ziemlich miteinander verschmolzen und miteinander ausgesöhnt*[195]. Man will allgemein dem

---

[188] KAUTSKY, Ethik, 129.
[189] BERNSTEIN, Voraussetzungen des Sozialismus, 41.
[190] K. KAUTSKY, Was will und kann die materialistische Geschichtsauffassung leisten?, Die Neue Zeit 15/1 (1897; Ndr. 1973), 269; vgl. ebd., 213 ff. 228 ff. 260 ff.
[191] GEORGIJ VALENTINOVIČ PLECHANOV, Über materialistische Geschichtsauffassung (1897; dt. Berlin 1946), 39; vgl. ebd., 32 ff.
[192] Ders., Zur Frage der Entwicklung der monistischen Geschichtsauffassung (1895; dt. Berlin 1956), 194; vgl. ebd., 198.
[193] M. ADLER, Die Beziehungen des Marxismus zur klassischen deutschen Philosophie, in: ders., Kant und der Marxismus. Gesammelte Aufsätze zur Erkenntniskritik und Theorie des Sozialen (Berlin 1925), zit. Austromarxismus, hg. v. HANS-JÖRG SANDKÜHLER u. RAFAEL DE LA VEGA (Frankfurt, Wien 1970), 181; vgl. M. ADLER, Die Staatsauffassung des Marxismus. Ein Beitrag zur Unterscheidung von soziologischer und juristischer Methode (Wien 1922; Ndr. Darmstadt 1964), 87 f.; ders., Lehrbuch der Materialistischen Geschichtsauffassung, Bd. 1 (Berlin 1930), 168. 183 ff.
[194] K. RENNER, Marxismus, Krieg und Internationale, 2. Aufl. (Stuttgart 1918), 128 f.
[195] J. JAURÈS, Die idealistische Geschichtsauffassung, Die Neue Zeit 13/2 (1895; Ndr. 1972), 547.

V. Umbildung des Ideologiebegriffs

Eindruck entgegentreten, als sehe der Materialismus Ideologien als wesenlosen Schein an[196] und unterschätze die Wirkung der Ideen und Ideale in der Politik und im Klassenkampf, wie es Ludwig Woltmann, einer der entschiedensten Kantianer in der Sozialdemokratie, dem Marxismus vorgeworfen hatte[197]. Karl Renner warnt aber zugleich vor einer *erstarrten Ideologie*, die sich von den geschichtlichen Tatsachen entferne. Die *Ideologie der (Arbeiter-)Klasse* müsse aus den ideellen Zielen und dem *System von Aktionen*, dessen sich die Klasse zur Durchsetzung dieser Ziele bediene, bestehen[198].

Ideen und Ideale werden jetzt allgemein höher eingeschätzt, weil man sieht, daß *Triebkraft des Klassenkampfes ... nicht nur das Interesse der Klasse, sondern auch die der Klasse eigentümliche, ihrer besonderen Klassenlage entspringende Ideologie, ... die inhaltlich bestimmte Klassenethik des Proletariats ist*[199]. Der Klassenkampf kann *ein Kampf ... ökonomischer Interessen ... nur im Rahmen der ideologischen Formen des Bewußtseins sein ..., welche ihm die Gestalt eines Kampfes von Wertungen geben*[200]. 'Ideologie' erhält hier implizit schon jenen Sinn, der dann besonders nach dem Zweiten Weltkrieg häufig als Hauptbedeutung dieses Begriffs angesehen wurde: 'Ideologie' als politisch-soziale Kollektivvorstellung, als Kombination von Lehren und Wertangaben, die zur Orientierung in der gegenwärtigen Realität und zur Definition und Legitimation der Handlungsziele dienen. *Die Massen bedürfen einer Ideologie, eines idealen Weltbilds, das ihnen ein „Endziel" zeigt: die Überwindung der sozialen Übel, unter denen sie seufzen, den Ausgleich der sozialen Gegensätze und Ungerechtigkeiten*[201]. Mit der stärkeren Berücksichtigung der Rolle des Klassenbewußtseins kann man die Ideologie nicht mehr als bloße Epiphänomene behandeln, sondern muß ihre tatsächliche Funktion im Entwicklungsprozeß der Gesellschaft untersuchen. Ideologien sind, so A. Bogdanow, *die organisierenden Formen für die gesamte Praxis der Gesellschaft, oder, was das gleiche ist, ihre Organisationsmittel. Sie werden in ihrer Entwicklung in der Tat bestimmt durch die Bedingungen und Verhältnisse der Produktion, aber nicht nur als ihr Überbau, sondern etwa so, wie Formen, die einen gewissen Inhalt organisieren, durch diesen Inhalt bestimmt werden und sich*

---

[196] Adler, Lehrbuch, 182 f.; Renner, Marxismus, 128.

[197] L. Woltmann, Der historische Materialismus. Darstellung und Kritik der Marxistischen Weltanschauung (Düsseldorf 1900), 386. 408. Woltmann geht deshalb nicht so weit, den Einfluß der ökonomischen Sphäre auf die Ideologien völlig zu leugnen. *Aber die ausschließliche Zurückführung aller Ideologien der Vergangenheit auf das wirtschaftliche Klasseninteresse muß zu den schiefsten Urteilen führen ... Gerade die höheren Ideologien können sich vom Klasseninteresse so weit entfernen, daß sie darüber stehen, ja ihr Zweck dahin strebt, die Klassengegensätze zu überwinden* (406). *Der angebliche ökonomische Mechanismus der Geschichte ist selbst eine Ideologie der schlimmsten Sorte* (426).

[198] K. Renner, Was ist Klassenkampf? (Berlin 1919), zit. Sandkühler/de la Vega, Austromarxismus, 307.

[199] Otto Bauer, Marxismus und Ethik, Die Neue Zeit 24/2 (1906; Ndr. 1974), 485 ff., zit. Sandkühler/de la Vega, Austromaxismus, 74 f.

[200] Adler, Beziehungen des Marxismus, zit. Sandkühler/de la Vega, Austromarxismus, 185.

[201] Klara Zetkin, Die Frauen und die Reichstagswahlen, Referat auf der 6. Frauenkonferenz am 8./9. 9. 1911, abgedr. Protokoll über die Verhandlungen des Parteitages der Sozialdemokratischen Partei Deutschlands, Jena 10.—16. 9. 1911 (Berlin 1911), 444.

ihm anpassen. Die Sprache ist die *grundlegende und primäre Form der Ideologie*[202]. Der Marxismus hat bisher nur festgestellt, daß die Ideologien von den Produktionsverhältnissen abhängig sind, ließ aber die *objektive Rolle der Ideologie in der Gesellschaft, ihre notwendige soziale Funktion im Dunkeln*[203]. Diese zu klären, ist Bogdanows Ziel: *Die Ideologie ist das Werkzeug der gesellschaftlichen Organisationen, der Produktion, der Klassen, wie überhaupt aller gesellschaftlichen Kräfte und Elemente*[204]. LENIN, obwohl Bogdanows Gegenspieler, wendet sich ebenfalls gegen die *Geringschätzung der Theorie*, gegen *das ausweichende und schwankende Verhalten zur sozialistischen Ideologie*, das *der bürgerlichen Ideologie in die Hand* arbeite. *In den Klassenkampf des Proletariats, der sich auf dem Boden der kapitalistischen Verhältnisse spontan entwickelt, wird der Sozialismus von den Ideologen hineingetragen*[205]. Die *Ideologen der werktätigen Klasse* formulieren *die Aufgaben und die Ziele* des Klassenkampfs[206]. Die Arbeiterbewegung kann und wird sich nicht *von selbst eine selbständige Ideologie schaffen*[207]. Sie bedarf deshalb der *ideologischen Führer*[208]. Der Marxismus ist die *Ideologie des revolutionären Proletariats*[209].

Die Notwendigkeit, das noch *„falsche"*, obwohl *eine Intention auf das Richtige* enthaltende Bewußtsein der Proletarier erst zum *wahren Klassenbewußtsein* hin zu entwickeln, begründet GEORG LUKÁCS mit den *verheerenden und erniedrigenden Wirkungen*, die der Kapitalismus auch im Bewußtsein der Proletarier hatte[210]. Das verdinglichte Bewußtsein, Produkt des Kapitalismus selbst, muß *ideologisch* noch *einen weiten Weg* zurücklegen, *bis es zur ideologischen Reife, zur richtigen Erkenntnis seiner Klassenlage, zum Klassenbewußtsein gelangt* ist[211]. Wenn dieses aber erreicht ist, dann ist es keine der Praxis unvermittelt gegenüberstehende Theorie, sondern bedeutet *Einheit von Theorie und Praxis. Für das Proletariat ist seine „Ideologie" keine Flagge, unter der es kämpft, kein Deckmantel der eigentlichen Zielsetzungen, sondern die Zielsetzung und die Waffe selbst*[212].

So bleibt trotz mancher Differenzen im einzelnen die Bedeutung des Ideologiebegriffs in den verschiedenen Strömungen des Sozialismus und der Sozialdemokratie gleich.

---

[202] ALEXANDER BOGDANOW, Allgemeine Organisationslehre. Tektologie, Bd. 1 (1913; 3. Aufl. 1925; dt. Berlin 1926), 80. 129.

[203] Ebd., 80; vgl. ders., Die Entwicklungsformen der Gesellschaft und die Wissenschaft (1914; 3. Aufl. 1923; dt. Berlin 1924), 6.

[204] Ders., Entwicklungsformen, 8; vgl. ebd., 33.

[205] LENIN, Warum muß die Sozialdemokratie den Sozialrevolutionären einen entschiedenen und rücksichtslosen Kampf ansagen? (1902), Werke, Bd. 6 (1956), 165 f.; ders., Brief an den „Nordbund" (1902), ebd., 155.

[206] Ders., Der ökonomische Inhalt der Volkstümlerrichtung und die Kritik an ihr in dem Buch des Herrn Struve (1895), Werke, Bd. 1 (1961), 403.

[207] Ders., Was tun? Brennende Fragen unserer Bewegung (1902), Werke, Bd. 5 (1955), 394; vgl. ebd., 395 f.

[208] Ders., Was sind die „Volksfreunde" und wie kämpfen sie gegen die Sozialdemokraten? (1894), Werke, Bd. 1, 301.

[209] Ders., Revolutionsentwurf, geschrieben am 8. Okt. 1920, Werke, Bd. 31 (1959), 308.

[210] G. LUKÁCS, Geschichte und Klassenbewußtsein (Berlin 1923; Ndr. Amsterdam 1967), 85. 89. 93.

[211] Ebd., 92. 89.

[212] Ebd., 82 f.

Er unterscheidet sich von dem Marx' und Engels' dadurch, daß 'Ideologie' für jedwede, auch die positiv bewertete Theorie oder Bewußtseinsform gebraucht wird. Nur durch Zusätze wie „sozialistisch" oder „bürgerlich" kann dann zwischen „richtiger" und „falscher" Ideologie differenziert werden. Und da die sozialistische Ideologie immer die höherwertige, durchzusetzende Bewußtseinsform ist, behält der Begriff mit dieser Spezifizierung seinen Charakter als kritischer Kampfbegriff. Erst KARL KORSCH stellt fest, daß diese Redeweise nicht dem Sprachgebrauch von Marx und Engels entspricht, daß es ihnen *nie eingefallen ist, das gesellschaftliche Bewußtsein, den geistigen Lebensprozeß, schlechthin als eine Ideologie zu bezeichnen. Ideologie heißt nur das verkehrte Bewußtsein, speziell dasjenige, das eine Teilerscheinung des gesellschaftlichen Lebens für ein selbständiges Wesen ansieht*[213]. Diese Bemerkung Korschs konnte aber nicht mehr eine Korrektur des Ideologiebegriffs bewirken. Auch für die nichtmarxistische Philosophie und Soziologie wird zunächst der verallgemeinerte, wertneutrale Ideologiebegriff maßgeblich.

VI. Ausblick

Neben dem im Sozialismus des ausgehenden 19. und beginnenden 20. Jahrhunderts gebräuchlichen Ideologiebegriff hält sich weiterhin der ältere pejorative, der ein weltfernes Theoretisieren und unpraktisches Philosophieren in abstrakten Begriffen bezeichnet. Er wird auch noch im 20. Jahrhundert verwandt und häufig den Begriffen 'Wirklichkeit', 'Realpolitik' u. a. entgegengesetzt[214]. Auch der Nationalsozialismus bediente sich dieses Ideologiebegriffs: 'ideologisch' heißt *theoretisch, unpraktisch, ohne Sinn für die reale Wirklichkeit*[215], und als maßgebliche Wirklichkeit gelten die *ursprünglichen Lebensinteressen* des Volkes und der Rasse, die, weil undiskutierbar lebensnotwendig, dem Ideologievorwurf entzogen sind: *Ideologie ist alles, was in den konkreten Entscheidungen, vor die ein Volk ständig gestellt wird, sich nach anderen Werten ausrichtet als den aus der rassisch-völkischen Selbstbehauptung und Selbstverwirklichung sich ergebenden*[216].
Vor allem die Wissenssoziologie gab aber dann den Anstoß, daß der in der Sozialdemokratie verallgemeinerte Ideologiebegriff auf breiter Front auch im nicht-marxistischen Denken rezipiert wurde. Außerdem werden jetzt neu aufgetretene Theorien, die den Ideologiebegriff selbst nicht kennen, wie die Paretos, zur Bildung abge-

---

[213] K. KORSCH, Marxismus und Philosophie (Leipzig 1923; 2. Aufl. 1930), 103.
[214] z. B. ADOLF KUHNERT, Realpolitik und Ideologie, Die Hilfe 25 (1919), 637 ff. 654 f.; HANS SIEGFRIED WEBER, Deutsche Ideologie, Deutsche Stimmen. Nationalliberale Bll. 31 (1919), 540 ff.; NIKOLAUS GÖTZ, Die Funktion der Ideologie, Widerstand 7 (1932), 358 ff.; KARL GEORG SCHRÖTTER, Das Wesen der Ideologie im politischen und geistigen Leben Deutschlands, Schweizerische Monatsh. f. Politik u. Kultur 4 (1924/25), 136 ff.; H. EBERL, Ideologisches Deutschtum, Die Hilfe 38 (1932), 993 ff.
[215] JOSEF GOEBBELS, Die zweite Revolution (Zwickau o. J. [1926]), 41; vgl. ADOLF HITLER, Rede am 21. 8. 1923 in München, Reden, hg. v. Ernst Boepple (München 1934), 78; ders., Rede vor dem Reichstag am 30. 1. 1934, Reden und Proklamationen, 1932—1945, hg. v. Max Domarus, Bd. 1 (Tübingen 1962), 354.
[216] ANDREAS PFENNING, Zum Ideologie-Problem, Volk im Werden 4 (1936), 511.

wandelter Bedeutungen von 'Ideologie' herangezogen. Die Aufdeckungs- und Entlarvungstechniken Nietzsches und Freuds können zu legitimen Vorläufern der Ideologiekritik werden[217].

Während GOTTFRIED SALOMON 'Ideologie' unter Berufung auf Marx, dessen Ideologiebegriff er interessenpsychologisch interpretiert, als Verdeckung und Rechtfertigung von Interessen und die Ideologienlehre als deren Enthüllung versteht[218], HEINZ O. ZIEGLER, unter Berufung auf Nietzsche und Pareto, auch die Kritik an falschen Hypostasierungen und Verabsolutierungen in die Ideologienlehre aufgenommen wissen will[219], faßt KARL MANNHEIM die *Interessenbezogenheit der Ideengehalte*[220] nur als einen Sonderfall der allgemeinen *Seinsgebundenheit des Denkens* auf. In dieser zeigt sich die gesamte Weltanschauung, das ganze Gedankensystem einer Zeit oder Gruppe auf das *das Auftreten und das Einsetzen eines geistigen Gebildes erst ermöglichen(de)* soziale Sein hin funktionalisiert (*totaler Ideologiebegriff* im Gegensatz zum *partikularen*, der nur einzelne Ideen und Vorstellungen des Gegners als Ideologie, im Sinne von Verhüllung der wahren Absichten, anspricht und damit aufdeckt)[221]. Dieser notwendig *wertfreie* Ideologiebegriff, der einen durchgängigen *Relationismus* des Denkens auf das Sein behauptet[222] und der in der Gleichsetzung von 'Ideologie' mit 'Überbau' in der Sozialdemokratie vorbereitet war und von Mannheim von dort übernommen werden konnte[223], geht nur dadurch wieder in einen *wertenden Ideologiebegriff* über, daß nun danach gefragt wird, ob ein Denken oder eine Lebensform der Zeit adäquat ist oder nicht, ob ein Bewußtsein *ein historisch bereits mögliches, „wahres" Verhältnis zu sich selbst oder zur Welt* herbeiführt oder verhindert: *Falsch und ideologisch ist von hier aus gesehen ein Bewußtsein, das in seiner Orientierungsart die neue Wirklichkeit nicht eingeholt hat und sie deshalb mit überholten Kategorien eigentlich verdeckt*[224].

Demgegenüber arbeitete ALFRED SEIDEL schon 1923/24, von der Psychoanalyse herkommend und Marx' Ideologiebegriff modifizierend, an einer Strukturanalyse der *individuellen Ideologien*, in der diese als *wertbetonte Weltanschauungsfaktoren* bestimmt werden, wobei die jeweilige *Wertung* ein unbewußter Ausdruck oder Kontrast des individuellen Wesens ist: *Von außen gesehen erscheint die Beziehung eines Menschen zu dem von ihm anerkannten Werte so, als habe er ihn unabhängig von jeglicher Bedingtheit erkannt und handle danach, während von innen, unter dem Gesichtspunkte der Ideologie gesehen, das Verhältnis gerade umgekehrt liegt: er erkennt etwas als absoluten Wert nur darum, weil es der Ausdruck oder Kontrast seines Wesens ist.* Ideologien dienen so zur *Stärkung im Daseinskampfe ..., Selbstbejahung ..., Aus-*

---

[217] Obwohl Nietzsche selbst einen anderen Ideologiebegriff verwandte (s. Anm. 67).
[218] G. SALOMON, Historischer Materialismus und Ideologienlehre, Jb. f. Soziologie 2 (1926), 386 ff., bes. 419.
[219] H. O. ZIEGLER, Ideologienlehre, Arch. f. SozWiss. u. Sozialpolitik 57 (1927), 657 ff., bes. 699 f.
[220] K. MANNHEIM, Das Problem einer Soziologie des Wissens, ebd. 53 (1925), 643.
[221] Ders., Ideologie und Utopie (Bonn 1929), 35. 9; ders., Ideologische und soziologische Interpretation der geistigen Gebilde, Jb. f. Soziologie 2, 430.
[222] Ders., Ideologie und Utopie, 41.
[223] Obgleich MANNHEIM sich von der *sozialistischen Ideologieforschung* abzugrenzen glaubt; Soziologie des Wissens, 643.
[224] Ders., Ideologie und Utopie, 49. 52 f.

gleich der inneren Disharmonie ..., Rechtfertigung des eigenen Soseins vor anderen und sind dadurch ein Hilfsmittel, dem einzelnen die Lebensfähigkeit zu sichern ... Gruppenideologien erfüllen prinzipiell dieselben vitalen Funktionen[225].

Während Seidels Ideologiebegriff ohne größere direkte Resonanz blieb, rief der Mannheims heftige Reaktionen hervor, von denen viele darin übereinkamen, daß der Ideologiebegriff seinen kritischen, wertenden Charakter behalten müsse[226] und nicht durch Herauslösung aus seinem Marxschen Kontext zu einer *entgifteten* Kategorie werden dürfe[227]. Auch der Ideologiebegriff der späteren Kritischen Theorie erwächst, zumindest bei MAX HORKHEIMER, noch aus der Kritik an der Wissenssoziologie: *Der Name der Ideologie sollte dem seiner Abhängigkeit nicht bewußten, geschichtlich aber bereits durchschaubaren Wissen, dem vor der fortgeschrittensten Erkenntnis bereits zum Schein herabgesunkenen Meinen, im Gegensatz zur Wahrheit vorbehalten werden*[228]. THEODOR W. ADORNO versteht für seine Zeit 'Ideologie' nicht mehr, wie Marx, als den sich vom *gesellschaftlichen Prozeß* ablösenden Geist, sondern sieht sie im Gegenteil gerade in dessen Eingehen in die Realität, so daß beide zu einem *zugleich allmächtigen und nichtigen Schein* zusammenfallen. Nicht mehr in der Autonomie des Denkens liegt heute die *Signatur der Ideologien*, sondern darin, daß sie in den gesellschaftlichen Verblendungszusammenhang einbezogen sind[229]: *Die Ideologie, der gesellschaftlich notwendige Schein, ist heute die reale Gesellschaft selber*. Es gibt keine Ideologie im Sinne eines der Gesellschaft gegenüberstehenden falschen Bewußtseins mehr, sondern das Bewußtsein ist nur noch *deren Verdopplung*[230]. JÜRGEN HABERMAS konstatiert einen anderen Funktionswandel der neueren Ideologien: Technik und Wissenschaft entstehen und rechtfertigen sich aus der Kritik an traditionellen Herrschaftslegitimationen, sind also insofern „*weniger ideologisch*" als alle voran-

---

[225] A. SEIDEL, Bewußtsein als Verhängnis, hg. v. Hans Prinzhorn (Bonn 1927), 128 ff. 152. 147. 153. 161. Eine andere Verbindung von Psychoanalyse und Ideologienlehre versucht etwas später auch ERICH FROMM, Über Methode und Aufgabe einer analytischen Sozialpsychologie, Zs. f. Sozialforsch. 1 (1932), bes. 47 f.

[226] PAUL TILLICH, Ideologie und Utopie, Die Gesellschaft 6/2 (1929), 348 ff.; M. HORKHEIMER, Ein neuer Ideologiebegriff?, Arch. f. Gesch. d. Sozialismus u. d. Arbeiterbewegung 15 (1930), 33 ff.; HERBERT MARCUSE, Philosophie und kritische Theorie, Zs. f. Sozialforsch. 6 (1937), 635; andererseits konnte man anhand der nun größtenteils publizierten Marxschen Frühschriften aufweisen, daß Mannheim nur den vulgärmarxistischen, nicht den genuin Marxschen Ideologiebegriff aufgenommen hatte: ERNST LEWALTER, Wissenssoziologie und Marxismus, Arch. f. SozWiss. u. Sozialpolitik 64 (1930), 98. 104.

[227] HELMUTH PLESSNER, Abwandlungen des Ideologiegedankens, Kölner Vjh. f. SozWiss. 10 (1931/32), 169. Die Aufsätze von Plessner, Tillich, Horkheimer und Lewalter jetzt auch in: Ideologienlehre und Wissenssoziologie, hg. v. HANS-JOACHIM LIEBER (Darmstadt 1974), 589 ff. 395 ff. 505 ff.

[228] M. HORKHEIMER, Ideologie und Handeln, in: ders. / THEODOR W. ADORNO, Sociologica II. Reden und Vorträge (Frankfurt 1962), 47.

[229] TH. W. ADORNO, Beitrag zur Ideologienlehre, Kölner Zs. f. Soziologie u. Sozialpsychologie 6 (1953/54), 373. 375.

[230] Ders., Prismen. Kulturkritik und Gesellschaft (Berlin, Frankfurt 1955), 26. 30. Vgl. H. MARCUSE, Über das Ideologieproblem in der hochentwickelten Industriegesellschaft, in: Ideologie. Ideologiekritik und Wissenssoziologie, hg. v. KURT LENK, 3. Aufl. (Neuwied, Berlin 1967), 387. 399.

gegangenen Ideologien, andererseits aber *unwiderstehlicher und weitreichender* als diese, weil sie mit der Eliminierung praktisch-politischer Fragen *das emanzipatorische Gattungsinteresse als solches* treffen und eine allgemeine Entpolitisierung herbeizuführen drohen[231].

Verschleierung und Rechtfertigung von nicht offen dargelegten Zwecken und Interessen, diesen Sinn hat der Begriff 'Ideologie' auch außerhalb der Kritischen Theorie weithin im allgemeinen Sprachgebrauch. Ideologie ist hier instrumentalisierte Wahrheit, d. h. Wahrheit, die für bestimmte (zumeist politische) Zwecke benutzt wird[232], was den Vertretern der Ideologie aber unbewußt bleibt[233]. Es gibt keine Ideologie an sich, sondern Ideologien sind *Parasiten* von Theorien und Aussagen[234]. Ein solcher Gebrauch von 'Ideologie' impliziert zugleich Ideologiekritik als Aufdeckung versteckter Motive des Sprechens und Handelns; dies führt jedoch in der Konsequenz zum gegenseitigen Ideologieverdacht und -vorwurf. Auch ist damit über den Wahrheitsgehalt der Theorie selbst noch nichts ausgemacht[235].

Der Positivismus hat diesen Ideologiebegriff sprachanalytisch gewandt und mit ihm solche Aussagen gekennzeichnet, die Werturteile und Gefühlsbeziehungen in die Form einer objektiv-wissenschaftlichen Darstellung kleiden[236]. Ideologisch sind jene Sätze — hierin trifft sich der positivistische Ideologiebegriff mit dem der 'Derivation' bei V. Pareto[237] —, *die sich als Sachaussagen geben, die aber a-theoretische, nicht der objektiven Erkenntniswirklichkeit zugehörende Bestandteile enthalten*[238].

Während in diesen Ideologietheorien 'Ideologie' nur die besondere Form eines Denkens oder einer Aussage ist, ein Denken oder eine Aussage Träger von Ideologie ist, wird in anderen Theorien dieser Begriff für ein eigenständiges System von Ideen,

---

[231] J. Habermas, Technik und Wissenschaft als 'Ideologie' (Frankfurt 1968), 72. 88 f.

[232] z. B. Donald G. MacRae, Ideology and Society (New York 1962), 64; Helmut Thielicke, Zum Begriff der Ideologie, in: Dank an Paul Althaus, Fschr., hg. v. Walter Künneth u. Wilfried Joest (Gütersloh 1958), 203 ff.; Hans-Joachim Lieber, Philosophie, Soziologie, Gesellschaft. Gesammelte Studien zum Ideologieproblem (Berlin 1965), 69; Werner Hofmann, Wissenschaft und Ideologie, Arch. f. Rechts- u. Sozialphilos. 53 (1967), 197 ff., bes. 201.

[233] Vgl. Hermann Lübbe, Politische Philosophie in Deutschland. Studien zu ihrer Geschichte (Basel, Stuttgart 1963), 15: *Die Ideologie ... ist jene Betrugstheorie, die nur dann funktioniert, wenn man selber daran glaubt.*

[234] Jean Baechler, De l'idéologie, Annales 27/3 (1972), 645 f.

[235] Carl Friedrich Frh. v. Weizsäcker, Notizen über Ideologiekritik, Merkur 28 (1974), 807.

[236] Hans Kelsen, Reine Rechtslehre (1934; 2. Aufl. Wien 1960), 111 f.

[237] Vilfredo Pareto, Traité de sociologie générale, éd. Pierre Boven, t. 2 (Lausanne, Paris 1919), 785 ff.

[238] Theodor Geiger, Ideologie und Wahrheit (Stuttgart, Wien 1953), 66, zu Pareto bes. ebd., 69; vgl. ders., Kritische Bemerkungen zum Begriff der Ideologie, in: Gegenwartsprobleme der Soziologie, Fschr. Alfred Vierkandt, hg. v. Gottfried Eisermann (Potsdam 1949), 141 ff.; Gustav Bergmann, Ideology, Ethics 61 (1950/51), 205 ff., auch in: ders., The Metaphysics of Logical Positivism, 2nd ed. (Madison 1967), 300 ff. Für Ernst Topitsch, Sozialphilosophie zwischen Ideologie und Wissenschaft (Neuwied, Berlin 1961), bes. 32 ff. ist die Tarnung von Werturteilen als wissenschaftliche Sätze nur ein, wenn auch ein wesentliches Element innerhalb einer Reihe anderer Strategien ideologischer Aussagen.

VI. Ausblick

Werten, Glaubensinhalten etc. gebraucht, das immer und von vornherein ideologisch ist. Dabei kann 'Ideologie' sowohl negativ, als ein abzulehnendes und zu ersetzendes Denken, als auch neutral, als ein für alle Gruppen (und auch Individuen) notwendiges und unumgängliches Faktum bestimmt werden. Ersteres ist vor allem bei der nach dem Zweiten Weltkrieg einsetzenden Kritik am totalitären oder den Totalitarismus begünstigenden Denken der Fall, in der der Anspruch der Ideologien auf totale und sichere Erklärung des Geschichtsprozesses, für den die einzelnen nicht aktiv handeln, sondern nur die Rolle des Vollstreckers oder Opfers spielen, abgelehnt wird[239] und die Ideologien als intolerant und dogmatisch, missionarisch, doktrinär, geschlossen, simplifizierend und Teilwahrheiten verabsolutierend gekennzeichnet und disqualifiziert werden, obwohl man ihre Bedeutung für Politik und Gesellschaft nicht verkennen will[240]. Dieser Ideologiebegriff ist auch in der Debatte um das „Ende der Ideologien" gemeint[241].

In einer zweiten Gruppe von Ideologietheorien, vor allem der Soziologie und Sozialpsychologie, werden kritische Bemerkungen zwar nicht immer ausgeschlossen, jedoch wird 'Ideologie' hier nicht emphatisch der Wahrheit entgegengestellt; man fragt vielmehr in erster Linie nach der Funktion der Ideologien für das politisch-soziale Handeln und die Organisation sozio-politischer Gruppen[242]. Eine Ideologie dient als *Antriebs- und Steuerungssystem der menschlichen Gesellschaft* und als *Medium und Instrument der Sozialisation* für den einzelnen[243]. Sie ist die Form, in der die Wirk-

---

[239] HANNAH ARENDT, Ideologie und Terror, in: Offener Horizont, Fschr. Karl Jaspers, hg. v. KLAUS PIPER (München 1953), 229 ff.

[240] z. B. JEANNE HERSCH, Die Ideologien und die Wirklichkeit (München 1957), bes. 28; JAKOB BARION, Was ist Ideologie? (Bonn 1964); ders., Ideologie, Wissenschaft, Philosophie (Bonn 1966), 59; HERMANN ZELTNER, Ideologie und Wahrheit (Stuttgart 1966); DANTE GERMINO, Beyond Ideology. The Revival of the Political Theory (New York 1967), bes. 45 f. 51; GIOVANNI SARTORI, Politics, Ideology and Belief Systems, The American Polit. Science Rev. 63 (1969), 398 ff., bes. 405: Gegensatz Ideologie — Pragmatismus. Vgl. dagegen EDUARD SPRANGERS Unterscheidung von *echten* und *unechten* Ideologien, Wesen und Wert politischer Ideologien, Vjh. f. Zeitgesch. 2 (1954), 118 ff.

[241] Wohl zuerst erwähnt von ALBERT CAMUS, Ni victimes ni bourreaux (1946), in: ders., Actuelles chroniques 1944—48 (Paris 1950) und in: ders., Essais, éd. Roger Quilliot, Louis Faucon (Paris 1965), 338; vgl. BRUNNER, Zeitalter der Ideologien (s. Anm. 50); RAYMOND ARON, L'opium pour les intellectuels (Paris 1955), 362 ff.: *Fin de l'âge idéologique?;* DANIEL BELL, The End of Ideology (New York 1960); The End of Ideology Debate, ed. CHAIM I. WAXMAN (New York 1968); JEAN MEYNAUD, Destin des idéologies (Lausanne 1961).

[242] Beides ist verbunden bei PETER CHRISTIAN LUDZ, Ideologie, Intelligenz und Organisation, Jb. f. SozWiss. 15 (1964), 86, auch in: ders., Ideologiebegriff und marxistische Theorie. Ansätze zu einer immanenten Kritik (Opladen 1976), 126: *Unter Ideologie sei ... verstanden: eine aus einer historisch bedingten Primärerfahrung gespeiste, systemhafte und lehrhafte Kombination von symbolgeladenen theoretischen Annahmen, durch die spezifischen historisch-sozialen Gruppen in einem gegebenen sozialen System ein intentional-utopisches, geschlossenes und dadurch verzerrtes Bild von Mensch, Gesellschaft und Welt vermittelt, dieses Bild für eine bestimmte politisch-gesellschaftliche Aktivität bei strenger Freund-Feind-Polarisierung programmatisch-voluntaristisch organisiert und den sozialen Gruppen ein Ort in einem Kontinuum von sozialer Integration/Desintegration zugewiesen wird.*

[243] EUGEN LEMBERG, Ideologie und Gesellschaft (Stuttgart, Berlin, Köln 1971), 34. 325.

lichkeit und die Vielzahl ihrer Informationen angeeignet und verarbeitet werden müssen[244], das Orientierungsmuster in einer Zeit, in der die traditionellen Lebensregeln und Werte fragwürdig geworden sind[245]. Verallgemeinert kann dann jede Weltanschauung, jedes System von Ideen, Einstellungen, Ziel- und Wertsetzungen[246] als 'Ideologie' bezeichnet werden. Sie legitimiert eigenes Handeln, erlaubt fremdes als richtig oder falsch zu beurteilen, rechtfertigt den gegenwärtigen sozialen Zustand oder gibt Mittel und Ziele für dessen Veränderung an und trägt zur (Selbst-) Identifizierung und zum Zusammenhalt von Parteien, Nationen etc. bei[247]. *An ideology, then, is a system of beliefs, held in common by the members of a collectivity, i. e., a society, or a sub-collectivity of one, ... a system of ideas which is oriented to the evaluative integration of the collectivity*, indem es die Mitglieder einer Gruppe auf diesen *belief* verpflichtet. Ideologien rationalisieren *value-selections*, indem sie objektive Gründe für die jeweilige Wahl bereitstellen[248]. In Weiterführung solch funktionaler Analysen hat NIKLAS LUHMANN 'Ideologie' definiert als dasjenige Wertsystem, das entscheidet, *welche Folgen des Handelns Wertcharakter haben und daher zu bezwecken (zu erstreben oder zu vermeiden) sind* und welche unbezweckten Nebenfolgen tolerabel sind und welche nicht. Dabei wird aber nicht nur das Handeln fungibel, sondern die Ideologie selbst: *Nicht in der kausalen Bewirktheit liegt das Wesen der Ideologie, auch nicht in ihrer instrumentalen Verwendbarkeit, bei der es nicht um Wahrheit, sondern um Wirkungen geht, und schließlich auch nicht darin, daß sie die eigentlichen Motive verbirgt. Ein Denken ist vielmehr ideologisch, wenn es in seiner Funktion, das Handeln zu orientieren und zu rechtfertigen, ersetzbar ist*[249].

[244] JACQUES ELLUL, Le rôle médiateur de l'idéologie, Demitizzazione e ideologia, Archivio di filosofia (1973), Nr. 2/3, 335 ff.
[245] CLIFFORD GEERTZ, Ideology as a Cultural System, in: Ideology and Discontent, ed. DAVID E. APTER (New York 1964), 47 ff., bes. 63 f.; vgl. NIGEL HARRIS, Die Ideologien in der Gesellschaft (München 1970), 48 f.
[246] Abgesehen von der Widerspiegelungstheorie deckt sich dieser Ideologiebegriff auch in etwa mit dem des strengen Marxismus-Leninismus; vgl. Philos. Wb., 8. Aufl., Bd. 1 (1972), 504: *Ideologie — System der gesellschaftlichen (politischen, ökonomischen, rechtlichen, pädagogischen, künstlerischen, moralischen, philosophischen u. a.) Anschauungen, die bestimmte Klasseninteressen zum Ausdruck bringen und entsprechende Verhaltensnormen, Einstellungen und Wertungen einschließen*. Erst durch den Zusatz *sozialistisch* oder *bürgerlich* (ebd., 505) erhält der Ideologiebegriff einen positiven oder negativen Akzent. Vgl. ERICH HAHN, Ideologie (Berlin 1969), 128 f.; ders., Marxismus und Ideologie, Dt. Zs. f. Philos. 12 (1964), 1181 f.: *Der Begriff Ideologie ... wird ... in einem doppelten Sinne gebraucht. Einmal zur Kennzeichnung dessen, was Marx und Engels konkret unter falschem Bewußtsein verstanden. Zum anderen aber tritt dieser Terminus in der marxistischen Literatur — aber nicht nur in ihr — als Sammelbegriff für das gesellschaftliche Bewußtsein überhaupt auf. In diesem Falle dient er nicht zur Kennzeichnung eines falschen Bewußtseins*.
[247] z. B. FRANCIS X. SUTTON/SEYMOUR E. HARRIS u. a., The American Business Creed (Cambridge/Mass. 1956), 2; TH. W. ADORNO, The Authoritarian Personality (New York 1950), 2.
[248] TALCOTT PARSONS, The Social System (New York 1951), 349. 351.
[249] N. LUHMANN, Wahrheit und Ideologie, Der Staat 1 (1962), 439. 436, auch in: ders., Soziologische Aufklärung (Köln, Opladen 1970), 59. 57.

VI. Ausblick

Literatur

HANS BARTH, Die Ideologie Destutt de Tracys und ihr Konflikt mit Napoleon Bonaparte, in: ders., Wahrheit und Ideologie, 2. Aufl. (Erlenbach-Zürich, Stuttgart 1961), 13 ff.; OTTO BRUNNER, Das Zeitalter der Ideologien: Anfang und Ende, in: ders., Neue Wege der Verfassungs- und Sozialgeschichte, 2. Aufl. (Göttingen 1968), 45 ff.; ERWIN HÖLZLE, Wendungen der Ideologie, in: ders., Idee und Ideologie. Eine Zeitkritik aus universalhistorischer Sicht (Bern, München 1969), 85 ff.; HERMANN LÜBBE, Zur Geschichte des Ideologiebegriffs, in: ders., Theorie und Entscheidung (Freiburg 1971), 159 ff.; HENRI GOUHIER, L'idéologie et les idéologies, Esquisse historique, in: Demitizzazione e ideologia, Archivio di filosofia (1973), Nr. 2/3, 83 ff.; PETER CHRISTIAN LUDZ, Ideologieforschung, Kölner Zs. f. Soziologie u. Sozialpsychologie 29 (1977), 1 ff.; ders., Ideologiebegriff und marxistische Theorie. Ansätze zu einer immanenten Kritik (Opladen 1976), 126 ff.

ULRICH DIERSE

Imperialismus

I. Einleitung. II. 'Imperium' bis zur Bildung von 'Imperialismus'. 1. Rom. 2. Mittelalter. a) 'Imperium' und 'regnum'. b) 'Imperium' und 'sacerdotium'. c) Mehrere Imperien. 3. Neuzeit. III. Wortverwendungen im Vorfeld des modernen Imperialismusbegriffs. 1. Vom traditionellen zum modernen Begriff. 2. Anfänge ökonomischer Erklärungen des Imperialismus. 3. Der Begriff 'Imperialismus' als analytisches Instrument. IV. Die nationalen Imperialismen. 1. Greater Britain: von der Apologie zum Paradigma. 2. USA, Rußland, Frankreich und der Imperialismus. a) USA. b) Rußland. c) Frankreich. V. 'Imperialismus' in Deutschland. 1. Die Geburt des Imperialismus aus dem Nationalismus. 2. 'Imperialismus' als 'Weltpolitik'. a) 'Weltpolitik' als Kampfbegriff. b) Propaganda für das „größere Deutschland". c) 'Imperialismus', 'Imperialist' und 'imperialistisch' als Selbstbezeichnungen. d) Lexikonebene. e) 'Imperialismus' in der innenpolitischen Auseinandersetzung. f) 'Imperialismus' nach dem Ersten Weltkrieg. VI. Politische Ökonomie des Imperialismus. 1. Theoretische Ansätze bei Marx. 2. Die Diskussion über den Imperialismus in der deutschen Sozialdemokratie bis zur expliziten Theoriebildung. 3. Imperialismustheorien. a) Hobson. b) Hilferding. c) Rosa Luxemburg. VII. Ausblick. 1. Kommunistische Imperialismustheorien. 2. 'Imperialismus', Raumideologie und Nationalsozialismus. 3. Imperialismusdiskussion nach dem Zweiten Weltkrieg.

I. Einleitung

'Imperialismus' ist abgeleitet von lat. 'imperium'. 'Imperium' war primär stets ein rechtlich mehr oder weniger genau bestimmter Begriff, dem daneben auch verschiedene nichtrechtliche Bedeutungen zukamen. Besonders wichtig waren dabei die Tendenzen auf Machterweiterung, bis hin zur angestrebten Weltherrschaft, teils als Anspruch, teils als Vorwurf. Diese Bedeutungen lösten sich mit dem Imperialismusbegriff vom rechtlich bestimmten Imperiumsbegriff — die Ismusbildung bedeutete gewissermaßen die Verselbständigung der Komponente der Macht von der des Rechts, was wiederum den Vorwurf der Unrechtmäßigkeit oder zumindest der Illegitimität verschärfen mußte, wodurch der Begriff besonders anfällig wurde für Ideologisierung und parteiliche Verwendung. Freilich ist das Ausmaß der rechtlichen Fixierung schon beim Imperiumsbegriff von der römischen Republik über die Kaiserzeit, das Mittelalter und die frühe Neuzeit bis zum 19. Jahrhundert immer geringer geworden.

II. 'Imperium' bis zur Bildung von 'Imperialismus'

1. Rom

'Imperium' ist abgeleitet vom Verb 'imperare', „befehlen". Seine ursprüngliche untechnische Bedeutung ist „Befehl", „Geheiß". Daneben ist es schon seit der frühen Republik ein staatsrechtlicher terminus technicus[1]. Es bezeichnet die Amtsgewalt

---

[1] Zum Folgenden vor allem JOCHEN BLEICKEN, Art. Imperator und Imperium, KL. PAULY Bd. 2 (1967), 1377 ff. Dazu A. ROSENBERG, Art. Imperium, RE Bd. 9 (1916), 1201 ff. u. TLL Bd. 7/1 (1973), 568 ff. Für die Zeit seit Cicero ist grundlegend WERNER SUERBAUM,

der höchsten Magistrate. Ursprünglich wohl auf die Militärgewalt beschränkt, wird es später zum Inbegriff der umfassenden, wenigstens theoretisch uneingeschränkten Amtsgewalt. Die militärische Herrschaft zeigt sich beim Titel 'imperator', der ursprünglich für Magistrate mit militärischem Kommando verwendet wurde und später zu einem Ehrentitel für Feldherren wurde.

'Imperium' wurde, zumindest seit der späten Republik, auch für die Gewalt des römischen Volkes über andere Völker verwendet, als 'imperium populi Romani'. Aus dieser rechtlich weniger genau fixierbaren Befehlsgewalt über Personen wurde die Befehlsgewalt über die betreffenden Gebiete und schließlich die Bezeichnung für das beherrschte Gebiet selber: der Befehlsbereich wurde zum 'imperium Romanum' (nachweisbar seit Sallust)[2]. 'Imperator' wurde mehr und mehr als Kaisertitel verwendet.

Insbesondere bei CICERO hat 'imperium' oft eine ausgeprägte expansive Komponente, z. B.: *maiores vestri primum universam Italiam devicerunt, deinde Karthaginem exciderunt, Numantiam everterunt, potentissimos reges, bellicosissimas gentes in dicionem huius imperii redegerunt*[3], bis hin zur Weltherrschaft: von Pompeius heißt es, daß er *omnibus bellis terra marique compressis imperium populi Romani orbis terrarum terminis definisset*[4].

'Imperium' wurde stets auch untechnisch im Sinne einer beliebigen Befehlsgewalt verwendet. Ebenso bezieht es sich seit der augusteischen Zeit vielfach auf nichtrömische Herrscher und Reiche, wobei freilich Rom das Imperium par excellence bleibt.

'Imperium' behält eine Vorzugsstellung gegenüber 'regnum'. Es wird oft als aus mehreren 'regna' bestehend definiert. Zuweilen wird die Differenz auch fast aufgehoben, aber 'regnum' wird 'imperium' nie übergeordnet[5].

2. Mittelalter

Im Mittelalter entfällt die ursprüngliche technische Bedeutung der magistratischen Amtsgewalt. 'Imperium' ist auf kaiserliche und königliche Herrschaft sowie auf das dieser Herrschaft zugeordnete Reich eingeschränkt. Es behält sein hohes Prestige. Die Existenz einer Vielzahl von Reichen und Gewalten führt zu sehr umfangreichen

---

Vom antiken zum frühmittelalterlichen Staatsbegriff. Über Verwendung und Bedeutung von res publica, regnum, imperium und status von Cicero bis Jordanis, 2. Aufl. (Münster 1970).

[2] SUERBAUM, Staatsbegriff, 57. In vielen Belegen läßt sich nicht eindeutig bestimmen, ob die Herrschaft oder das Gebiet gemeint ist.

[3] CICERO, Phil. 4, 13.

[4] Ders., Sest. 67; vgl. SUERBAUM, Staatsbegriff, 56.

[5] Die Diskussion über den römischen Imperialismus, der von der Forschung vorwiegend in der Republik angesiedelt wird, ist begriffsgeschichtlich unergiebig, da sich kein zeitgenössisches Äquivalent zum Imperialismusbegriff findet. Vgl. z. B. ROBERT WERNER, Das Problem des Imperialismus und die römische Ostpolitik im zweiten Jahrhundert v. Chr., in: Aufstieg und Niedergang der römischen Welt, Bd. 1/1, hg. v. HILDEGARD TEMPORINI (Berlin, New York 1972), 501 ff. Auf die Problematik der Anwendung des modernen Begriffs weist hin DIETER FLACH, Der sog. römische Imperialismus, Hist. Zs. 222 (1976), 1 ff. Vgl. noch ERICH S. GRUEN, Imperialism in the Roman Republic (New York 1970).

Disputen in Fragen der Über-/Unterordnung einerseits und der gegenseitigen Unabhängigkeit andererseits. Dem Imperiumsbegriff kommt dabei eine zentrale Stellung zu[6].

a) **'Imperium' und 'regnum'.** Nach dem Untergang des weströmischen Reiches erhielt 'imperium' im Westen mit der Kaiserkrönung Karls des Großen (800) und der Ottos des Großen (962) wieder große Bedeutung. Es blieb, mit wechselnden Zusätzen, Bezeichnung des Reiches bis zu dessen Auflösung im Jahre 1806. Neben dem Imperium standen die Königreiche, die 'regna'. Das Verhältnis zwischen beiden blieb offen. Von kaiserlicher Seite wurde versucht, den Aspekt der Überordnung zu betonen, der vom Weltherrschaftsanspruch (der freilich nur von Propagandisten, nicht offiziell erhoben wurde) bis zum bloßen Vorrang im Zeremoniell reichte. Von seiten der 'regna' bestanden entsprechend mehr oder weniger starke Vorbehalte gegenüber dem Imperium. Ansprüche auf Oberherrschaft wurden stets zurückgewiesen, während in der Regel dem Kaiser eine höhere Würde und größeres Prestige zugestanden wurden. Das Imperium hat aber in Gebieten, die ihm staatsrechtlich nicht zugehörten, nie eine wirkliche Herrschaft ausgeübt[7].

b) **'Imperium' und 'sacerdotium'.** Im Gegensatz zur Antike entstand im Mittelalter eine zweite Macht mit universalem Geltungsanspruch, das Papsttum. Während im Verhältnis zwischen 'imperium' und 'regnum' nur das Ausmaß der Überlegenheit des ersteren umstritten war, trat dem Imperium im Sacerdotium ein gleich weitreichender Anspruch entgegen, der sich zwar auch auf die 'regna' bezog, aber das Imperium als Schutzmacht Roms stärker berührte. Das Papsttum vermochte den Kampf um die Priorität schließlich für sich zu entscheiden und trug dadurch zur weitgehenden Reduktion des 'imperium' auf ein Reich unter anderen bei. Das römische Element des Reiches wurde immer weniger wichtig, das deutsche immer wichtiger. Aber auch die päpstliche Priorität führte nie über die geistliche Autorität hinaus zu einer anerkannten Herrschaft[8].

c) **Mehrere Imperien.** Bis 1453 bestand das byzantinische Reich, mit dem Anspruch, noch immer das Imperium Romanum zu sein. Das westliche Reich mußte sich mit diesem Anspruch auseinandersetzen. Im 9. und 10. Jahrhundert verstand man sich

---

[6] Die neueste umfassende Behandlung des Themas unter Berücksichtigung der gesamten Literatur bei WALTHER KIENAST, Deutschland und Frankreich in der Kaiserzeit (900 bis 1270). Weltkaiser und Einzelkönige, Bd. 2 (Stuttgart 1975). Außerdem HELMUTH G. WALTHER, Imperiales Königtum, Konziliarismus und Volkssouveränität. Studien zu den Grenzen des mittelalterlichen Souveränitätsgedankens (München 1976) u. ROBERT FOLZ, L'idée d'empire en occident du Ve au XIVe siècle (Paris 1953).
[7] Vgl. z. B. HEINZ LÖWE, Kaisertum und Abendland in ottonischer und frühsalischer Zeit (1963), in: ders., Von Cassiodor zu Dante. Ausgewählte Aufsätze zur Geschichtsschreibung und politischen Ideenwelt des Mittelalters (Berlin, New York 1973), 259. Für Frankreich besonders vehement KARL FERDINAND WERNER, Das hochmittelalterliche Imperium im politischen Bewußtsein Frankreichs (10.—12. Jahrhundert), Hist. Zs. 200 (1965), 1 ff.
[8] Vgl. etwa FRIEDRICH KEMPF, Das mittelalterliche Kaisertum. Ein Deutungsversuch, in: Das Königtum. Seine geistigen und rechtlichen Grundlagen, Mainauvorträge 1954, hg. v. THEODOR MAYER (Konstanz 1954), 225 ff.

als Nachfolger des römischen Reiches neben Byzanz: das Westreich war durch „renovatio imperii" oder „divisio imperii" entstanden. Seit dem 11. Jahrhundert wurde der Anspruch verschärft. Das Westreich wurde nun als ausschließlicher Nachfolger des Imperium Romanum gesehen: dieses war 800 durch „Translatio imperii a Graecis ad Francos" auf die Franken, 962 durch eine weitere Translation auf die Deutschen gekommen. Die Translationstheorien bestimmten bis zum 17. Jahrhundert weitgehend die Auffassung vom Kaisertum. In ihren unterschiedlichen Ausformungen, die sich aus der Interpretation der Rolle des Papstes bei der Krönung Karls des Großen ergaben, spielte sich zugleich der Streit um die Prärogative zwischen Kaiser und Papst, später zwischen Katholiken und Protestanten ab[9].

Wie in der Antike ist auch im Mittelalter die Bezeichnung 'imperium' nie ausschließlich für das Imperium Romanum verwendet worden. Neben der defensiven Strategie, die Bedeutung des Imperiums möglichst herabzumindern, bot sich für die 'regna' die Möglichkeit der Offensive, indem sie sich selber als 'imperium' stilisierten. Entsprechende Bezeichnungen sind für England und Spanien schon aus dem 8. Jahrhundert bekannt, also noch ohne Spitze gegen die Ansprüche eines anderen Imperiums. Eine solche Funktion erhalten sie später zumindest in diesen beiden Ländern sowie in Frankreich[10]. Die entsprechenden Tendenzen schlagen sich seit dem 12. Jahrhundert in der Formel 'rex est imperator in regno suo' nieder[11].

3. Neuzeit

Auch für die Neuzeit blieb das Imperium ein Reich mit besonderer Weihe und Würde, wobei die große Ausdehnung mehr und mehr Gewicht erhielt. Die Relativierung erfolgt nun auch durch den Hinweis auf andere gleichzeitig existierende Imperien. Dennoch blieb dem römisch-deutschen Reich eine gewisse Vorzugsstellung, die freilich nur noch auf Alter und Ansehen, nicht mehr auf Macht beruhte. So definiert etwa die Encyclopédie 1755 zunächst ganz dürr: *Empire. C'est le nom qu'on donne aux états qui sont soûmis à un souvérain qui a le titre d'empereur.* Beispiele sind Rußland und das Mogulreich. Aber: *parmi nous, on donne le nom d'empire par*

---

[9] Grundlegend WERNER GOEZ, Translatio Imperii. Ein Beitrag zur Geschichte des Geschichtsdenkens und der politischen Theorien im Mittelalter und in der frühen Neuzeit (Tübingen 1958). Für die Frühzeit außerdem PERCY ERNST SCHRAMM, Kaiser, Rom und Renovatio. Studien und Texte zur Geschichte des römischen Erneuerungsgedankens vom Ende des karolingischen Reiches bis zum Investiturstreit, 2. Aufl. (Darmstadt 1957).
[10] Vgl. EDMUND E. STENGEL, Kaisertitel und Souveränitätsidee. Studien zur Vorgeschichte des modernen Staatsbegriffs (1939), in: ders., Abhandlungen und Untersuchungen zur Geschichte des Kaisergedankens im Mittelalter (Köln, Graz 1965), 239 ff.; ders., Imperator und Imperium bei den Angelsachsen. Eine wort- und begriffsgeschichtliche Untersuchung (1960), in: ebd., 287 ff.; H. LÖWE, Von den Grenzen des Kaisergedankens in der Karolingerzeit (1958), in: ders., Von Cassiodor zu Dante (s. Anm. 7), 206 ff. Außerdem WERNER, Imperium (s. Anm. 7) u. KIENAST, Deutschland und Frankreich (s. Anm. 6).
[11] z. B. KIENAST, Deutschland und Frankreich, 420 ff. u. passim; LÖWE, Kaisergedanke (s. Anm. 10).

excellence au corps Germanique, qui est une république composée de tous les princes et états qui forment les trois colléges de l'Allemagne, et soumise à un chef qui est l'empereur[12].

'Imperium' behielt jedoch auch seine expansive, ja aggressive Bedeutung, vor allem bei den Gegnern: diese verbanden mit ihm das Streben nach Weltherrschaft, in der frühen Neuzeit auch als Streben nach der Universalmonarchie bezeichnet[13]. Beide Elemente, das höhere Prestige des 'imperium' für seine Träger und die expansive Tendenz, bestimmen auch die Begriffsgeschichte von 'empire' für die beiden napoleonischen Reiche des 19. Jahrhunderts[14].

Trotz der stärkeren Betonung der expansiven Tendenzen des Imperiumsbegriffs im 19. Jahrhundert entfielen die traditionellen rechtlich-institutionellen Elemente noch nicht. Das zeigt sich 1882 in ALBRECHT JUSTS Artikel „Kaiserthum" im Ersch/Gruber. Für Just *verknüpft sich mit dem Begriffe Kaisertum historisch stets der Gedanke einer gewissen Steigerung des Königtums, einer Ausdehnung desselben über die Grenzen des strengen Einheitsstaates hinaus, einer Neigung zur Weltherrschaft, zu einer Art von völkerrechtlicher Hegemonie ... Das wahre Kaisertum ist das Resultat einer nach außen gehenden Expansion der Kraftüberfülle eines Einheitsstaates*, es hat den *Drang, durch Eroberungen sich äußerlich zu vergrößern*. Aber es hat auch noch eine besondere religiöse Weihe; das Kaiserreich hat als Verbindung mehrerer Staaten notwendig föderalistischen Charakter; die überseeische Expansion wird als Möglichkeit der Reichsbildung nicht eigens genannt, und wirtschaftliche Antriebe fehlen völlig[15]. Die Nähe dieses Imperiumsbegriffs zum entstehenden Imperialismusbegriff ist ebenso deutlich wie die Differenz: die Institutionsbezeichnung vermag die Ismusbildung nicht einzuholen.

JÖRG FISCH

III. Wortverwendungen im Vorfeld des modernen Imperialismusbegriffs

1. Vom traditionellen zum modernen Begriff

Von den politischen Publizisten gebrauchte CONSTANTIN FRANTZ den Begriff 'Imperialismus' in den fünfziger, sechziger und siebziger Jahren kontinuierlich zur Charakterisierung der *Säbelherrschaft*[16], als deren Vorbild ihm die Herrschaft Cäsars im römischen Reich galt. Schon früh, freilich ohne explizite Verwendung des Imperialismusbegriffs, verwies Frantz aber auch auf neue Phänomene, deren sukzessive Erkenntnis das Umfeld für die Konzeption des modernen Begriffs frei machte von einem Gestrüpp von Assoziationen und Konnotationen. Noch ziemlich unverbindlich schreibt er 1857: *Die weltherrschaftlichen Ideen hingegen sind in neuester Zeit*

---

[12] Encyclopédie, t. 5 (1755; Ndr. 1966), 582, Art. Empire.
[13] → Monarchie, Bd. 4, 170 ff.
[14] → Cäsarismus, Bd. 1, 731 ff. Dort auch Belege für die frühe Verwendung von 'Imperialist' und 'Imperialismus' für die Anhänger zuerst des römisch-deutschen Kaisers, später Napoleons.
[15] ALBRECHT JUST, Art. Kaiserthum, ERSCH/GRUBER 2. Sect., Bd. 32 (1882), 87 ff.
[16] CONSTANTIN FRANTZ, Kritik aller Parteien (Berlin 1862), 202; vgl. ders., Der Militairstaat (Berlin 1859), 135.

mehr auf England übergegangen, welches, als ein Mittelding zwischen Rom und Karthago, viel von diesem und vielleicht noch mehr von jenem hat. Im *Rule Britannia* wollte er daher lediglich eine Neuauflage des *tu regere imperio populos Romane memento* sehen, ohne daß er auf die spezifisch modernen Grundlagen und Methoden der englischen Expansionspolitik eingegangen wäre[17]. Zwanzig Jahre später, wiederum ohne direkt von 'Imperialismus' zu sprechen, erklärte er das *kapitalistische Ausbeutungssystem der Börse* zur bloßen Kehrseite der *Militärherrschaft* (für Frantz synonym mit 'Imperialismus'!) *mit ihren Eroberungstendenzen*[18]. In dieser These taucht zum ersten Mal die bewußte Parallelisierung der expansionistischen Momente in der römischen Militärherrschaft mit der ebenso auf schrankenlose Ausbreitung zielenden kapitalistischen Produktionsweise auf. Zwar werden die ökonomischen und sozialen Bedingungen, die das Kapital zur weltweiten Ausdehnung treiben, von Frantz nicht thematisiert, aber seine Hinweise bereiteten trotzdem den Boden für das Verständnis der expansiven Dynamik der kapitalistischen Wirtschaft ausgangs des 19. Jahrhunderts. Daß aber Frantz zeitlebens am traditionellen Imperialismusbegriff festhielt und das moderne Phänomen der kapitalistischen Ausbreitung nicht mit demselben Begriff bezeichnen wollte, läßt sich daraus erschließen, daß er den Begriff in einem seiner spätesten Aufsätze, der sich ausdrücklich mit der modernen Problematik befaßt, nicht verwendet[19].

In einer eigenartigen Zwischenlage ist auch BRUNO BAUERS Imperialismusbegriff anzusiedeln. Er verwendet ihn zur Bezeichnung dessen, was seine Zeitgenossen in der Regel 'Cäsarismus' oder 'Bonapartismus' nannten, d. h. für die mehr oder weniger voneinander abweichenden, im Kern aber identischen Konzeptionen Disraelis, Napoleons III. und Bismarcks; jene strategischen Überlegungen also, die *die Verbindung mit den Arbeiterklassen gegen das liberale Bürgertum* zur Basis der politischen Macht ausbauen wollten, um die *demokratische Monarchie* als *Diktatur über den Parteien* zu errichten und nach dem Vorbild römischer Militärs regieren zu können[20]. Obwohl dieser Begriff des 'Imperialismus' fast ausschließlich bestimmt ist durch das Bild, das sich Bauer von den spätrömischen Verhältnissen machte, sowie durch seine Erfahrungen mit den zeitgenössischen bonapartistischen Herrschaftspraktiken, enthält der Terminus auch schon Anklänge an den modernen — englischen — Sprachgebrauch. So sieht Bauer in der *Krise der Produktion wie des Handels* und in der amerikanischen Konkurrenz[21] wirtschaftliche Erscheinungen, die die Großmächte zur Expansion, zur Abkehr von Europa und zur Hinwendung nach *Konstantinopel, Ägypten, Syrien, Asien und Nordafrika*[22] zwingen. Zwar fehlt bei Bauer eine explizite ökonomische Fundierung des Begriffs 'Imperialismus', aber an den Rändern des Begriffs und vor allem in den Konstellationen, in die er den Begriff hineinprojiziert, tauchen schon verschwommen ökonomische Momente auf.

---

[17] Ders., Vorschule zur Physiologie der Staaten (Berlin 1857), 173; vgl. auch ebd., 271 f.
[18] Ders., Der Untergang der alten Parteien und die Partei der Zukunft (Berlin 1878), 91.
[19] Vgl. ders., Großmacht und Weltmacht, Zs. f. d. ges. Staatswiss. 44 (1888), 675 ff.
[20] BRUNO BAUER, Disraelis romantischer und Bismarcks sozialistischer Imperialismus (Chemnitz 1882; Ndr. Aalen 1969), 64. 29. 73; vgl. → Cäsarismus, Bd. 1, 763 f.
[21] BAUER, Imperialismus, 76. 95. 215.
[22] Vgl. ebd., 76. 111. 113 ff.

III. 1. Vom traditionellen zum modernen Begriff Imperialismus

Bismarcks Volkswirtschaftsrats- und Tabakmonopolpläne etwa registriert er als den *Beginn der volkswirtschaftlichen Dictatur* und die Durchbrechung der englischen Hegemonie auf dem Weltmarkt als einen entscheidenden Wendepunkt in der europäischen Geschichte[23]. Schließlich erkannte Bauer in der *Zentralisation der staatlichen Machtmittel nur ein Symptom der allgemeinen Neigung zur imperialistischen Dictatur*[24], ohne aber dafür wirtschaftliche Gründe anzuführen. Noch dominiert die französische Terminologie, die den Begriff als politische Herrschafts- und Regierungsform über den gesellschaftlichen Parteien und Interessen definierte.

In einer 1897 erschienenen Studie Georg Adlers taucht der Begriff immer noch im gleichen Kontext auf[25]. Stärker als Bauer legt aber jetzt Adler das Gewicht auf die Außenpolitik, *da sie erst ihn (Disraeli) zum vollen Imperialisten stempelt: denn unter ihm ging England nach Jahrzehnten endlich wieder aggressiv in allen Weltteilen vor*[26]. Dagegen hielt er Preußen-Deutschland unter Bismarck für *das klassische Versuchsfeld der imperialistischen Sozialpolitik* und Bismarck für den Hauptvertreter des *modernen Imperialsozialismus*[27]. Diesen begriff er als Politik *der Krone im Bunde mit ihren mächtigsten administrativen Organen*[28] gegen die gesellschaftlichen Interessenvertreter und Parteien. Wie eklektisch Adler bei der Begriffsbildung verfährt, zeigt die Tatsache, daß für ihn erst Disraelis Außenpolitik diesen zum Imperialisten macht, während bei Bismarck überhaupt nur von der Innenpolitik die Rede ist. Das tertium comparationis der beiden Imperialismen liegt lediglich in dem Versuch beider Politiker, in gewissen Grenzen über die Parteien hinweg politische Ziele durchzusetzen. Das Gravitationszentrum von Adlers Imperialismusbegriff erweist sich damit immer noch als identisch mit jenem, von dem aus die Begriffe 'Bonapartismus' und 'Cäsarismus' bestimmt wurden.

Diese drei Beispiele zeigen, wie langsam sich die Einbürgerung des Begriffs zur Bezeichnung des modernen Phänomens des Imperialismus in Deutschland vollzog. — In seiner modernen Bedeutung wurde der Begriff 'Imperialismus' zunächst — d. h. in den achtziger Jahren — ausschließlich zur Kennzeichnung einer der Parteien in den englischen Auseinandersetzungen um das Verhältnis zu den Kolonien verwendet. Eine umständliche Umschreibung der Herkunft und Bedeutung des Begriffs aus dem Jahre 1881 soll belegen, wie neu der Terminus selbst einem mit Flugschriften und Pamphleten zur Kolonialpolitik überhäuften Publikum um diese Zeit noch gewesen sein muß: *Zwei scharf getrennte Parteien haben sich in jüngster Zeit herausgebildet — von denen die eine in engerem politischem Anschluß der Kolonien ans Mutterland das Gesamtwohl zu fördern glaubt, während die andere die Ansicht vertritt, daß für beide Teile vollkommene Lösung aller politischen Bande das Beste sei; ... Und es ist in den letzten Jahren Mode geworden, diejenige Politik, welche die*

---

[23] Ebd., 5. 71.
[24] Ebd., 166; vgl. ebd., 167, wo Bauer von der *imperialistischen Zentralisation der Kirchengewalt* unter Pius IX. spricht.
[25] Georg Adler, Die imperialistische Sozialpolitik. D'israeli, Napoleon III., Bismarck (Tübingen 1897).
[26] Ebd., 22.
[27] Ebd., 36. 43.
[28] Ebd., 36.

Imperialismus   **III. 1. Vom traditionellen zum modernen Begriff**

Kolonien dem Mutterlande zu erhalten strebt, als Imperialism zu bezeichnen. Die Imperialisten zerfallen wieder in zwei Fraktionen, von denen die eine die Theorie einer „Personal-Union" aufstellt, ... während die andere behauptet, das Interesse Englands und seiner Besitzungen dürfe in keiner Weise getrennt werden[29]. Dem Verfasser erscheinen die beiden Fraktionen als Ausdruck der Spaltung zwischen einer *rein merkantilen kleinstaatlichen Auffassung* und einer *großstaatlich oder imperialen* Konzeption. Die letztere definiert er zugespitzt als *Zusammenschmelzung von Greater Britain und Great Britain*, was *eben Imperialism*[30] bedeute. Nicht nur die durchgehende englische Schreibweise des Begriffs deutet darauf hin, daß man mit 'Imperialism' lediglich die englische Politik, bzw. einen Teil davon meinte. Zusätzlich unterscheidet LOEHNIS nämlich die Politik der anderen Mächte, deren Aktivität er nicht als 'Imperialismus', sondern als *nationale Kolonialpolitik* verstanden wissen will[31]. Diese terminologische Unterscheidung hält sich bis zur Jahrhundertwende und vielfach darüber hinaus durch, und nicht einmal den größten Enthusiasten einer forcierten deutschen Kolonialpolitik scheint der Terminus 'Imperialismus' geläufig gewesen zu sein, wie die folgenden Beispiele aus einer immensen Fülle von Kolonialliteratur zeigen. HÜBBE-SCHLEIDEN spricht von Englands *extensiver Cultur-Politik*[32], PETERS vom *Pananglosaxonismus*[33], BRAUN von der *räuberischen Kolonialpolitik*[34] Großbritanniens und JANNASCH von der *ruinösen Handelspolitik ... auf Kosten wirtschaftlich unmündiger Völker*[35]. Auch in den großen kolonialpolitischen Debatten des deutschen Reichstags in den Jahren 1884 bis 1889 fand der Begriff 'Imperialismus' keine Verwendung, obwohl hier die englische Vorherrschaft auf dem Weltmarkt und wirtschaftliche Probleme im Zusammenhang mit den Krisenzyklen in der „Großen Depression" häufig zur Sprache kamen und koloniale Abzugskanäle zur Bewältigung der Krise mit Nachdruck gefordert wurden. Offensichtlich hielt man den Begriff 'Imperialismus' vorerst einzig und allein für ein Wort aus der

---

[29] HEINRICH LOEHNIS, Die europäischen Kolonien. Beiträge zur Kritik der deutschen Kolonialpolitik (Bonn 1881), 50.
[30] Ebd., 51.
[31] Ebd., 82 u. passim.
[32] WILHELM HÜBBE-SCHLEIDEN, Überseeische Politik. Eine culturwissenschaftliche Studie mit Zahlenbildern (Hamburg 1881), 42; vgl. ebd., 124: *britisches Weltreich*. Nach dem Erscheinen von FRIEDRICH FABRIS „Bedarf Deutschland der Kolonien" (Gotha 1879) wurde die Kolonialliteratur bald unübersehbar; vgl. Bibliographie zur Außen- und Kolonialpolitik des Deutschen Reiches 1871—1914 (Stuttgart 1943); HANS-ULRICH WEHLER, Bismarck und der deutsche Imperialismus (Köln 1969), 507 ff.
[33] CARL PETERS, All-Deutschland (1886) in: ders., Deutsch-national. Kolonialpolitische Aufsätze (Berlin 1887), 94.
[34] KARL BRAUN, Die Kolonisations-Bestrebungen der modernen europäischen Völker und Staaten (Berlin 1886), 20.
[35] ROBERT JANNASCH, Die deutsche Handelsexpedition 1886 (Berlin 1887), 88. — Auch in zwei zum Vergleich herangezogenen holländischen Schriften zur Auseinandersetzung Englands mit den Buren taucht der Begriff 'Imperialismus' in den achtziger Jahren noch nicht auf: J. A. ROORDA SMIT, Het goed recht der transvaalsche boeren, 2. Aufl. (Utrecht 1881); PIETER JOH. VETH, Onze transvaalsche broeders (Amsterdam 1881).

*modernen politischen Phraseologie*³⁶ zur Bezeichnung innerenglischer Interessen- und Parteigruppierungen und nicht für einen übertragbaren politisch-ökonomischen Allgemeinbegriff und schon gar nicht für einen Epochenbegriff. Für die achtziger und neunziger Jahre kann man festhalten, daß der moderne Begriff 'Imperialismus' im Deutschen lediglich — und auch das eher selten, angesichts der Masse an Kolonialschriften — als Parteibegriff zur Kennzeichnung der englischen Verhältnisse verwendet wurde.

Die Vorbereitung eines allgemeiner verwendbaren Imperialismusbegriffs führt in die Debatten des 19. Jahrhunderts zurück. 1834 schrieb FRIEDRICH LIST: *Aus dem Charakter des Fortschreitens, welcher der europäischen Cultur eigentümlich ist, entspringen drei Hauptwirkungen, die ... dafür bürgen, daß die europäische Cultur sich über den ganzen Erdball verbreiten müsse, nämlich 1) die durch neue Erfindungen von Maschinen und Verfahrungsweisen und durch neue Entdeckungen sich fortwährend vermehrende Production an Lebensgütern, 2) die Vermehrung der Capitale und 3) die fortwährende Vermehrung der Bevölkerung*³⁷. List bezeichnete damit zum ersten Mal den historischen Tatbestand, den man seit der Jahrhundertwende allgemein mit dem modernen Begriff 'Imperialismus' meint.

Dabei wurde er mit der Vergrößerung und Verselbständigung staatlicher Macht innerhalb der Nationalstaaten verbunden. Die in der Abgrenzung gegenüber Napoleon III. sich manifestierende Kritik³⁸ verwendete den Begriff in negativer Bedeutung. 1884 definierte der BROCKHAUS: *Imperialismus ist der Zustand eines Staates, in welchem die auf die Soldaten gestützte Willkür des Regenten herrscht*³⁹. Demgegenüber galt die Konkurrenz der Nationalstaaten und deren Drang zur kulturellen und wirtschaftlichen Expansion zunächst uneingeschränkt als positiv und befruchtend⁴⁰. Ein verbindendes Glied zwischen dem traditionellen und dem modernen Begriff bildete das plebiszitäre Element, das sowohl für den 'Imperialismus'

---

[36] LOEHNIS, Kolonien (s. Anm. 29), 51. — Die Durchsicht der Reichstagsprotokolle ergab, daß weder Befürworter noch Kritiker der Kolonialpolitik sich des Begriffs bedienten. Je nachdem sprach man von der Notwendigkeit einer *gesunden Kolonialpolitik..., nicht einer Kolonialpolitik, welche auf Eroberungen ausgeht und auf Machterweiterungen, sondern einzig und allein eine Politik, welche praktische Ziele verfolgt;* WOERMANN 10. 1. 1885, Sten. Ber. Verh. Dt. Reichstag, 6. Leg., 1. Sess. 1884/85, Bd. 1 (Berlin 1885), 530 oder davon, *daß unsere ganze Kolonialpolitik nichts sein wird als ein sehr teures Spielzeug für die nationale Phantasie;* BAMBERGER 20. 1. 1886, Sten. Ber. Verh. Dt. Reichstag, 6. Leg., 2. Sess. 1885/86, Bd. 1 (Berlin 1886), 659.

[37] FRIEDRICH LIST, Art. Asien, ROTTECK/WELCKER Bd. 1 (1834), 718.

[38] → Cäsarismus, Bd. 1, 756; RICHARD KOEBNER/HELMUT DAN SCHMIDT, Imperialism. The Story and Significance of a Political Word. 1840—1960 (Cambridge 1964), 1 ff.

[39] BROCKHAUS 13. Aufl., Bd. 9 (1884), 553. Die Definition ist direkt von 'Imperium' abgeleitet, wo das Imperium die auch in der Verfassung vorgesehene, aber auf bestimmte Zeit beschränkte höchste Befehlsgewalt eines Diktators darstellte.

[40] So u. a. bei FICHTE, Grundzüge des gegenwärtigen Zeitalters. Vorlesungen 1804/05 in Berlin gehalten, SW Bd. 7 (1846), 211 f. u. ARNOLD HERMANN LUDWIG HEEREN, Versuch einer historischen Entwicklung der Entstehung und des Wachstums des Britischen Continental-Interesses, Hist. Werke, Bd. 1 (Göttingen 1921), 113 ff. Vgl. auch WOLFGANG J. MOMMSEN, Das Zeitalter des Imperialismus, in: Fischer Weltgeschichte, Bd. 28 (Frankfurt 1969), 10 ff.

gleich 'Cäsarismus' als auch für den 'Imperialismus' gleich 'Weltpolitik' konstitutiv war. So beklagte der „Spectator" am 8. 4. 1876, daß der gefährliche Fortschritt der Demokratie, *which the present Premier has done more to hasten than any public man of his day, opens the way for any statesman who is so disposed, to alliances with the prejudices and ignorance of the masses, such as constitutes the very essence of the Imperialist policy of France. Despotic decrees, such as are likely to be ratified by plébiscites, are the favourite engines of French Imperialism*[41]. In der zweiten Hälfte des 19. Jahrhunderts wurde die Haltung der Massen und ihre Beeinflussung für jede Regierung äußerst wichtig. So wandelte sich auch das demokratische Moment im Begriff 'Imperialismus' zu einem Mittel ideologischer Beeinflussung.

Dies wurde zum ersten Mal in größerem Ausmaß in England deutlich, als in der Auseinandersetzung über den Russisch-Türkischen Krieg sowohl von Gladstone als auch von seinem Gegenspieler Disraeli Emotionen als Mittel der Politik eingesetzt wurden. In dieser Situation entstand 1878 der „Jingoismus"[42]. Während dieser großen innenpolitischen Kontroverse zwischen Gladstone und Disraeli wurde der moderne Begriff 'Imperialismus' geprägt, und zwar zunächst gegen Disraeli. Ausgehend von den wachsenden Problemen des Empires und sich festmachend an beispielhaften Ereignissen (wie die Annahme des Titels „Kaiserin von Indien"), setzte sich der Begriff durch. So LORD CARNARVON 1878: *We have been of late much perplexed by a new word , 'Imperialism', which has crept in among us ... It is not free from perplexity. I have heard of Imperial policy, and Imperial interests, but Imperialism, as such, is a newly coined word to me*[43]. In der aktuellen Auseinandersetzung der Zeit spielte jedoch die „Home Rule", die Selbstverwaltung Irlands, eine wesentlichere Rolle als die Kolonien. Letztere wurden noch lange als Ballast für die liberale Entwicklung von Nation und Gesellschaft betrachtet.

Der Liberalismus, der einerseits gegen die Vergrößerung und Verselbständigung staatlicher Macht aufgetreten, andererseits aber die Ideologie par excellence des Kapitalismus der freien Konkurrenz und des Freihandels gewesen war, verlor in dem Maß an Kraft, in dem die europäische Expansion in den Kolonien und auf dem Weltmarkt an ihre Grenzen stieß. 1887 schrieb BRUCE SMITH in seiner programmatischen Schrift „Liberty and Liberalism": *The aggressive function of Liberalism has been exhausted, and, with minor exceptions, it only remains for it to guard over the equal liberties of citizens generally, with a view to their preservation. This I regard as the proper function of Liberalism in the present day*[44]. Erst in den neunziger Jahren

---

[41] Zit. KOEBNER/SCHMIDT, Imperialism, 122.

[42] Der Name entstammt einem bekannten Tingeltangellied, das sich auf diesen Krieg bezog: *Wir wünschen keinen Kampf, aber bei Jingo, wenn wir kämpfen, dann haben wir die Männer, haben die Schiffe und haben auch das Geld.* Vgl. den engl. Text in: The New Encyclopaedia Britannica. Micropaedia, 15th ed., vol. 5 (Chicago, London 1974), 561: *We don't want to fight, yet by Jingo, if we do, we've got the ships, we've got the men, and got the money, too!* Dazu KOEBNER/SCHMIDT, Imperialism, 136: „Jingo became the popular word in February and March as music hall patriotism reflected the growing warfever."

[43] LORD CARNARVON, Imperial Administration, Fortnightly Rev., 1. 12. 1878, vol. 24 (1878), 760.

[44] BRUCE SMITH, Liberty and Liberalism (1887); zit. THOMAS P. NEILL, The Rise and Decline of Liberalism (Milwaukee 1953), 250.

näherte sich der Liberalismus aufgrund seiner inneren Zerrissenheit wieder imperialistischen Strömungen, die zu Recht mit dem modernen Begriff bezeichnet werden können.

Im Deutschen Reich führten historische Bedingungen, die ein Ergebnis der Spaltung und Ohnmacht des deutschen Liberalismus waren, zur ungehemmten Entfaltung nationalistischer Ideologie und zu deren Verknüpfung mit spezifisch deutscher „Weltpolitik"[45].

Neben die liberale Kritik am traditionellen Imperialismus, wie sie u. a. an Napoleon III. festgemacht wurde, trat unter dem direkten Einfluß der Pariser Kommune die Kritik des bürgerlichen Gesellschaftssystems durch die I. Sozialistische Internationale. MARX schrieb 1871 noch ganz im Sinn der traditionellen Begrifflichkeit: *Der Imperialismus ist die prostituierteste und zugleich die schließliche Form jener Staatsmacht, die von der entstehenden bürgerlichen Gesellschaft ins Leben gerufen war als das Werkzeug ihrer eignen Befreiung vom Feudalismus und die die vollentwickelte Bourgeoisgesellschaft verwandelt hatte in ein Werkzeug zur Knechtung der Arbeit durch das Kapital*[46]. Der Begriff 'Imperialismus' wurde jedoch im nächsten Vierteljahrhundert bei der Entwicklung sozialistischer Theorien nicht benutzt. Erst Ende der neunziger Jahre wurde er von der deutschen Sozialdemokratie aufgegriffen, um die umfassenden politischen und wirtschaftlichen Umwälzungen seit der „Großen Depression" auf den Begriff zu bringen.

2. Anfänge ökonomischer Erklärungen des Imperialismus

Der Zusammenhang zwischen der Entwicklung der kapitalistischen Produktion, Welthandel und Weltpolitik geriet schon früh in den Blick. 1803 verwies A. H. L. HEEREN auf die beispielhafte Entwicklung des Britischen Reiches: *Allein, wenn eine solche Inselmacht zugleich ein Handelsstaat ist, so verbindet sich mit dem politischen Interesse auch ein Handelsinteresse, welches die Vernachlässigung der Verhältnisse auf dem festen Lande nicht erlaubt. Dieses Handelsinteresse kann kein anderes sein, als sich den Markt für den Absatz seiner Waren offenzuhalten und sich denselben möglichst zu erweitern*[47]. Das politische und wirtschaftliche Interesse galt der vehementen Entfaltung der nationalen Wirtschaft, und dem entsprach — trotz vorübergehender Schutzzölle — die Theorie der freien Konkurrenz: *der Welthandel war unstreitig der mächtigste Hebel der Industrie*[48].

Entgegen dem Aufruf BENTHAMS von 1793: *Emancipate your Colonies!*[49] und den

---

[45] FRIEDRICH NAUMANN, National-sozialer Katechismus (1897), Werke, Bd. 5 (1964), 201: *Was ist das Nationale? Es ist der Trieb des deutschen Volkes, seinen Einfluß auf die Erdkugel auszudehnen.*

[46] MARX, Der Bürgerkrieg in Frankreich. Adresse des Generalrats der Internationalen Arbeiter-Association (30. Mai 1871), MEW Bd. 17 (1962), 338.

[47] HEEREN, Versuch (s. Anm. 40), 120.

[48] Allg. dt. Conv. Lex., Bd. 10 (1837; Ndr. 1841), 735.

[49] JEREMY BENTHAM, Emancipate your Colonies! Addressed to the National Convention of France, anno 1793. Shewing the Uselessness and Mischievousness of Distant Dependencies to an European State!; zit. EARLE MICAJAH WINSLOW, The Pattern of Imperialism (New York 1948), 20.

entsprechenden Theorien des „Laissez faire" verwies SCHMIDT-PHISELDECK 1820 auf die Gefahren wachsender Konkurrenz: *Es scheint also so wenig der Fall zu sein, daß die Erweiterung des Welthandels und des bisherigen Kolonialsystems Europa für das mutmaßliche Aufhören seines Einflusses auf Amerika und seiner dortigen Handelsverhältnisse sollte entschädigen können, daß vielmehr zu besorgen steht, daß von dieser Seite ihm durch Amerika je mehr und mehr Abbruch geschehen werde*[50].

Die ganze Tragweite dieser Befürchtung wurde erst sichtbar, als der Welthandel an die Grenze des Weltmarktes stieß und die gesamte liberale Wirtschaftstheorie erschütterte. Die Konkurrenz, der Kampf um die Anteile am Weltmarkt, um die Einflußsphären und Ausdehnungsmöglichkeiten, um den „Platz an der Sonne" entbrannte in diesem Moment und rief konsequent die Militärs auf den Plan. Die Kolonien rückten in den Mittelpunkt politischer Diskussionen und Aktionen. Der Burenkrieg bildet hier einen wesentlichen Einschnitt.

3. Der Begriff 'Imperialismus' als analytisches Instrument

Der Begriff erfaßte, mit negativer oder positiver Gewichtung, die neuen Phänomene der europäischen Expansion. Zum begrifflichen Instrument historischer Analyse machten ihn jedoch erst die liberalen und sozialistischen Kritiker dieser Entwicklung. 1902 erschien J. A. HOBSONS Buch „Imperialism", das mit folgenden Worten beginnt: *This study of modern Imperialism is designed to give more precision to a term which is on everybody's lips and which is used to denote the most powerful movement in the current politics of the Western world*[51]. Seither summieren sich die spezifischen Inhalte, ob sie nun 'Nationalismus', 'Kolonialismus', 'Militarismus' oder 'Marinismus' genannt werden, ob sie die politische Ökonomie oder das Hegemoniestreben der Großmächte betreffen, zur Totalität des Begriffs, der eine ganze Epoche beschreiben soll.

Daß Inhalt und Gebrauch im wesentlichen kritisch entwickelt wurden, gilt sowohl für das England der siebziger Jahre, wo der positive Inhalt mit den Begriffen 'Empire' und z. T. 'Imperium' verbunden wurde, als auch für den deutschen Sprachraum, wo sich der positive Inhalt an dem auf das Gleichgewicht der Kräfte abzielenden Begriff 'Weltpolitik' festmachte. Gleichgewicht bedeutete jedoch für das aufstrebende Deutsche Reich Einbruch in die Macht- und Einflußsphäre Englands: *Nur in großen Staaten kann sich ein wirklicher Nationalstolz entwickeln, der ein Zeichen ist der sittlichen Tüchtigkeit eines Volkes; der Weltsinn der Bürger wird freier und größer in den größeren Verhältnissen. Namentlich die Beherrschung des Meeres wirkt in dieser Richtung ... Es kann eine Zeit kommen, wo Staaten ohne überseeische Besitzungen gar nicht mehr zu den Großstaaten zählen werden*[52]. Diese Auffassung TREITSCHKES wurde in der Politik Bülows praktisch. Wie 'Empire' geriet auch 'Weltpolitik' in den Sog der übergreifenden Bestimmung 'Imperialismus'.

---

[50] CARL F. V. SCHMIDT-PHISELDECK, Europa und Amerika oder die künftigen Verhältnisse der civilisirten Welt (Kopenhagen 1820), 119 f.
[51] JOHN A. HOBSON, Imperialism: A Study, 2nd ed. (London 1905), V.
[52] HEINRICH V. TREITSCHKE, Politik. Vorlesungen gehalten an der Universität Berlin, hg. v. Max Cornicelius, 3. Aufl., Bd. 1 (Leipzig 1913), 44 f.

Die Übereinstimmung in inhaltlicher Beziehung umfaßte kaum die oberflächliche Bestimmung der Phänomene: Erschließung der Welt durch die europäische Produktionsweise und Kultur, Welthandel, Weltmarkt, Weltpolitik. Die deutsche Sozialdemokratie benutzte den Begriff, um ihre Kritik an der aggressiven und militaristischen Entwicklung des Kapitalismus zu verschärfen. 1910 erschien Rudolf Hilferdings „Finanzkapital", 1913 Rosa Luxemburgs „Akkumulation des Kapitals", die beide versuchten, die Marxsche Kritik der politischen Ökonomie weiterzuentwickeln. Weniger der Erste Weltkrieg selbst als eine seiner wesentlichsten Folgen, die Oktoberrevolution in Rußland, vertiefte und festigte die ideologische Frontbildung. Lenins Imperialismusanalyse wurde Grundlage und Maßstab für die kommunistische Bewegung bis zu deren Spaltung und bis hin zu den aktuellen Auseinandersetzungen. Die Vielschichtigkeit und Vieldeutigkeit des Begriffs hat bis heute noch zugenommen. Die Begriffsgeschichte kann hier nur eine „Vor"klärung — im doppelten Sinn — bringen. Die entscheidende Klärung muß eine historisch-sozioökonomische Analyse des strukturellen Wandels selbst leisten, der die einzelnen Phänomene, die unter den Begriff subsumiert werden, hervorgebracht hat. Allerdings kann Begriffsgeschichte im Zusammenwirken mit anderen Methoden[53] den ideologischen Gehalt des Imperialismusbegriffs — als Faktor der politischen Bewegung und damit der Weltpolitik — kritisch analysieren helfen.

Es ist hier auch nicht der Ort, eine Dogmen- oder Theoriengeschichte des Imperialismus zu geben. Die Entfaltung des modernen Begriffs wird bis zu dem Augenblick verfolgt, in dem sämtliche Momente der marxistischen Imperialismustheorie entwickelt waren. Wissenschaftstheoretisch gesprochen, sind die marxistischen Imperialismustheorien die einzigen, die Theoriestatus beanspruchen können. Und zwar weil ihre Hypothesen hinreichend explizierbar und damit auch empirisch und intersubjektiv überprüfbar sind. Über die Frage, ob sie nicht in erster Linie dazu dienen, die Marxsche Theorie oder besser: die aus dieser abgeleiteten Theorien verschiedener Observanz zu exhaurieren oder gegen falsifizierende empirische Befunde zu immunisieren, ist mit dieser Feststellung nichts ausgesagt.

IV. Die nationalen Imperialismen

1. Greater Britain: von der Apologie zum Paradigma

Nur eine kurze Spanne in der neueren Geschichte Großbritanniens konnten sich Staatsmänner so unwidersprochen für die imperialistische Idee und den Auftrag Englands aussprechen wie EARL RUSSEL 1869: *There was a time when we might have stood alone as the United Kingdom of England, Scotland, and Ireland. That time has passed. We conquered and peopled Canada, we took possession of the whole of Australia, Van Diemen's Land and New Zealand. We have annexed India to the Crown. There is no going back. Tu regere imperio populos, Romane, memento. For my part, I delight in observing the imitation of our free institutions, and even our habits and manners in*

---

[53] Siehe z. B. die Modellanalyse von HEINZ-DIETER WEBER, Geschichtsfakten und Textbedeutung, Deutschunterricht 26 (1974), 6 ff.

Colonies, at a distance of 3.000 or 4.000 miles from the Palace of Westminster[54]. Diese ungetrübte und selbstbewußte Zeit unter dem Einfluß von Charles Dilkes' „Greater Britain", das ein Jahr zuvor erschienen war, markierte jedoch nur den Umbruch von der liberalen Theorie zur politisch-administrativen und militärischen Öffnung, Verteilung und Absicherung der Welt. Die Kolonien und ihre Stellung zum „Mutterland" waren hierbei die wichtigsten Themen. Der Ausdruck 'Imperialismus' wurde in dieser Zeit nur im traditionellen Sinn von „Napoleonismus" verwendet.

Das Verhältnis des Mutterlandes zu den Kolonien schien zunächst keinerlei Probleme aufzuwerfen: *It is a law founded on the very nature of colonies*, meinte MALACHY POSTLETHWAYT 1757, *that they ought to have no other culture or arts wherein to rival the arts and culture of the parent country*[55]. Hier wird eine notwendige Bedingung des Kolonialismus als „Naturgesetz" formuliert: das Gefälle zwischen den Produktionsweisen bzw. den Kulturen. Es entfaltete seine Wirkung gleichsam naturwüchsig und bedurfte nicht des Einsatzes staatlicher Machtmittel zu seiner Durchsetzung. Zudem war das Augenmerk der liberalen Freihändler auf die Entfaltung der nationalen Wirtschaften gerichtet, und der Beitrag der Kolonien dafür erschien mehr als zweifelhaft. Die Handelsgewinne strömten zwar ohne Zutun des Staates in das Mutterland, aber die Ausdehnung der Verwaltung tauchte als Kostenfaktor auf. So wurde schon unter dem jüngeren Pitt ein Indiengesetz (1784) erlassen, das bestimmte: *Pläne der Eroberung und Herrschaftsausweitung in Indien widerstreben dem Wunsch, der Ehre und der Politik unserer Nation*. Und noch 1852 bezeichnete DISRAELI die Kolonien als *Mühlsteine an unserem Hals*[56]. Die Mühlsteine wurden jedoch ständig größer und schwerer, und mit ihnen wuchsen auch die Schwierigkeiten in den Kolonien, die dann vor allem in den sechziger Jahren des 19. Jahrhunderts als **das** Organisationsproblem des britischen Empire artikuliert wurden[57].

In den Jahren 1866/67 reiste CHARLES DILKE durch die englischsprechenden Länder. Er verarbeitete seine Eindrücke über die Veränderungen in den Beziehungen Englands zu seinen Kolonien zusammen mit rassistischen und darwinistischen Ideen zu einem ungemein populären Buch „Greater Britain": *The idea which in all the length of my travels has been at once my fellow and my guide — a key wherewith to unlock the hidden things of strange new lands — is a conception, however imperfect, of the grandeur of our race, already girdling the earth, which it is destined, perhaps, eventually to overspread*[58]. Den Zusammenhalt des „Greater Britain" sah er durch die Überlegenheit der englischen Rasse, die freiheitlichen und fortschrittlichen Institutionen und Gesetze sowie durch die englische Sprache gesichert, in der sich diese Überlegenheit manifestiert. Nicht die staatliche Bindung des Empire, sondern die „civilization"

---

[54] Selections from Speeches of Earl Russel, vol. 1 (London 1870); zit. KOEBNER/SCHMIDT, Imperialism, 94.

[55] MALACHY POSTLETHWAYT, Britains Commercial Interest Explained and Improved, vol. 1 (London 1757), 153; zit. WINSLOW, Imperialism, 14.

[56] Vgl. ALFRED LE ROY BURT, The Evolution of the British Empire and Commonwealth (Boston 1956), 443.

[57] Vgl. z. B. JOSEPH HOWE, The Organization of the Empire (London 1866).

[58] CHARLES WENTWORTH DILKE, Greater Britain. A Record of Travel in English-Speaking Countries (1868; London 1894), VII. Das Buch erlebte allein bis 1894 11 Auflagen!

der angelsächsischen Rasse ist das Ordnungsprinzip. Gleichzeitig enthält diese Vorstellung jenes Missionsargument, das später dem modernen Begriff 'Imperialismus' mitgegeben wurde. Den Terminus selbst benutzt Dilke jedoch nur als Kampfbegriff im traditionellen Sinn, um sich vom französischen 'Despotismus' und 'Demokratismus' abzusetzen.

Wesentliches Gewicht bekamen Dilkes Ideen dadurch, daß sie zur Apologie der englischen Expansion benutzt werden konnten. Im Grunde genügte für die Rechtfertigung die Tatsache der englischen Kolonisation, denn dies wiederum war der Beweis für die Überlegenheit der englischen Rasse. Beide Momente brauchten dann nur noch als allgemeingültiges Gesetz gefaßt zu werden, um das Streben nach, ja die Notwendigkeit weltweiter Hegemonie als größtes Glück für die Menschheit darzustellen. Dieser zirkuläre Begründungszusammenhang verweist frühzeitig auf die Verbindung von Irrationalität und Imperialismus.

In der Zeit der Hinwendung Englands zu bewußter imperialistischer Politik begann der traditionelle Begriff 'Imperialismus' (gleich 'Cäsarismus' oder 'Napoleonismus') zu verblassen. An seine Stelle traten 'Empire' und 'Imperium'. Im Juli 1869 verkündete der „Spectator": *The spirit of Imperialism having died out of Englishmen*[59]. Der Geist des neuen Imperialismus und der moderne Begriff wurden in den siebziger Jahren in der innenpolitischen Frontstellung zwischen Whigs und Tories geboren. Die zwei Reden von BENJAMIN DISRAELI am 3. 4. und 24. 6. 1872 markierten die Fronten. Persönlich war Disraeli weniger an den überseeischen Gebieten als an der nationalen Ehre und Größe gelegen. Mit sicherem Instinkt zog er aus der vorangegangenen Diskussion den Schluß, daß nicht die Tendenz zur Unabhängigkeit einzelner Teile des Greater Britain, sondern zur stärkeren Verknüpfung des Empire dem Zug der Zeit — und, was für ihn immer entscheidend war, der Wählerstimmung — entsprach. Die Konsolidierung und Stärkung der Einheit gegenüber der liberalen Politik machte er an vier „essential pillars of imperial strength" fest: „imperial tariff, imperial trusteeship, imperial defence, and a form of common imperial consultation on a representative basis"[60]. Die Vorstellung von *a great country — an Imperial country — a country where your sons, when they rise, rise to paramount positions, and obtain not merely the esteem of their countrymen, but command the respect of the world*[61], bezog sich nicht auf administrative Pläne innerhalb der Kolonien selbst, denn auch hier entsprach Disraelis Desinteresse weitgehend der öffentlichen Stimmung. Seine Sätze enthielten allerdings Vorstellungen von Weltmacht, Welt-

---

[59] Spectator v. 24. 7. 1869; zit. BODELSEN, Studies in Mid-Victorian Imperialism (Kopenhagen 1924), 127, Anm. 2.
[60] KOEBNER/SCHMIDT, Imperialism (s. Anm. 38), 109.
[61] BENJAMIN DISRAELI, Conservative and liberal principles. Speech at Cristal Palace (24. 6. 1872), in: Selected Speeches of the late Right Honourable the Earl of Beaconsfield, ed. Theodor Edward Kebbel, vol. 2 (London 1882), 534; vgl. ebd., 530: *It (the great policy of Imperial consolidation) ought to have been accompanied by an Imperial tariff, by securities for the people of England..., and by a military code which should have precisely defined the means and the responsibilities by which the colonies should be defended ... It ought, further, to have been accompanied by the institution of some representative council in the metropolis, which would have brought the colonies into constant and continuous relations with the Home Government.*

reich, Größe, an denen sich die weitere Entfaltung der imperialistischen Bewegung und Begrifflichkeit orientierten, sowie Anspielungen auf persönliche Karrierechancen, die nicht ohne Wirkung auf die imperialistische Bewegung und deren Motivationen blieben.

Die Entfaltung geschah jedoch hauptsächlich in der Auseinandersetzung mit wachsender Kritik, die noch mehr anschwoll, als Disraeli die imperialistischen Emotionen mit der „Royal Titles Bill"[62] politisch ausnutzen wollte. Die Opposition war empört und erinnerte an den Napoleonismus, den alten 'Imperialismus'. *This assent was due to carelessness. People had not realised that sycophants would be likely to transform the customary titles into the phrases of imperialism*, schrieb die „Fortnightly Review" am 1. 4. 1876[63]. Der alte Ausdruck wurde so unzertrennbar verknüpft mit den neuen Problemen des Empire.

Queen Victoria bedankte sich bei Disraeli, indem sie ihn 1876 zum Earl of Beaconsfield ernannte. Die praktischen Auswirkungen der imperialistischen Ausrichtung wurden deutlich, als Beaconsfield aufgrund des russischen Vormarsches im Russisch-Türkischen Krieg indische Truppen ans Mittelmeer beorderte. Der Zusammenhalt des Empire und die es zusammenhaltende Idee erreichten gleichermaßen einen Höhepunkt. Das Bewußtsein der Stärke fand seinen Niederschlag im „Jingoismus".

In seiner Rede nach der Rückkehr vom Berliner Kongreß faßte Beaconsfield das historische Ergebnis, daß das Bewußtsein nationaler Größe nunmehr unlösbar mit Expansion und Kolonisation verbunden war, zusammen: *Her Majesty has fleets and armies which are second to none. England must have seen with pride the Mediterranean covered with her ships; she must have seen with pride ... the discipline and devotion which have been shown to her and her Government by all her troops, drawn from every part of her Empire. I leave it to the illustrious duke, in whose presence I speak, to bear witness to the spirit of imperial patriotism which has been exhibited by the troops from India, which he recently reviewed at Malta. But it is not on our fleets and armies, however necessary they may be for the maintenance of our imperial strength, that I alone or mainly depend in that enterprise on which this country is about to enter. It is on what I must highly value the consciousness that in the Eastern nations there is confidence in this country, and that, while they know we can enforce our policy, at the same time they know that our Empire is an Empire of liberty, of truth, and of justice*[64]. 'Imperialismus' wurde mehr und mehr zur umfassenden Kennzeichnung dieser Politik durch ihre Gegner, obwohl manche damit gemeinten Tatbestände von einigen Politikern auch positiv besetzt wurden.

Weitere Klärung brachte die liberale Kritik. ROBERT LOWE führte zwei wesentliche Charakteristika in die Diskussion ein. Zum einen, daß militärische Gewalt oberstes Gesetz werde: *What does Imperialism mean? It means the assertion of absolute force over others*. Und zum anderen, daß imperialistische Politik zur Ausschaltung der

---

[62] Sie sah den Titel „Empress of India" für Queen Victoria vor und wurde am 17. 2. 1876 eingebracht. Am 1. 1. 1877 nahm Victoria den Titel an.

[63] Home and Foreign Affairs, Fortnightly Rev., 1. 4. 1876, vol. 19 (1876), 618; zit. KOEBNER/SCHMIDT, Imperialism, 123.

[64] DISRAELI, Berlin Treaty. Speech in the House of Lords (18. 7. 1878), in: Selected Speeches (s. Anm. 61), 201 f.

parlamentarischen Kontrolle tendiere: *The people should be put on their guard against the flimsy but dangerous delusions to which they are exposed ... They should be guarded against those odious sophisms which, under the vulgar mask of Imperialism, conceal the substitution of might for right, and seek to establish the dominion of one set of human beings on the degradation and misery of another. And above all, the public ought to be warned against that abuse of the prerogative of making treaties, by which, in defiance of constitutional practice and theory, we have been entangled in the most tremendous liabilities without the previous consent of the Parliament that should have sanctioned, or the people who must bear them*[65].

Noch einmal wurde der Versuch gemacht, das allgemeine Gesetz der Expansion gegen Begleiterscheinungen und Auswüchse abzuschirmen. 1883 veröffentlichte der Historiker JOHN ROBERT SEELEY seine Vorlesungen unter dem Titel „The Expansion of England", die rasch populär wurden. 'Greater Britain' zog er als Bezeichnung des Britischen Weltreichs allen anderen vor, enthielt sie doch nicht den militärischen und despotischen Beigeschmack von 'Empire' und 'Imperialismus'. Wenn auch die Expansion eine ökonomische und bevölkerungspolitische Notwendigkeit war, so war für Seeley Gewalt nicht notwendig mit ihr verbunden. Wolle man Überbevölkerung beseitigen, so sei es nicht nötig, über das Land der Nachbarstaaten herzufallen: *It is only necessary to take possession of boundless territories in Canada, South Africa and Australia, where already our language is spoken, our religion professed, and our laws established. If there is pauperism in Wiltshire and Dorsetshire, this is but complementary to unowned wealth in Australia; on the one side there are men without property, on the other there is property waiting for men*[66]. Seeleys These, daß nur „zivilisierte" Menschen und Nationen bei der Expansion mitreden dürfen, war noch unwidersprochenes Allgemeingut. Neu hingegen war, daß er die Expansion unter dem Gesichtspunkt der internationalen Konkurrenz sah, besonders der USA und Rußlands, denen er eine große Zukunft versprach[67]. Noch während Seeley auf die noch nicht aufgeteilte Welt verwies und auf die Schnelligkeit und Überlegenheit des Britischen Empire baute, änderte sich die internationale Konstellation: die Aufteilung der Welt unter die aufstrebenden Großmächte schritt rasch voran.

Anfang der neunziger Jahre war die Welt erschlossen, und England hatte den Löwenanteil der Beute eingebracht. Gefahr drohte nur noch von Ländern, die aus sich heraus über Kräfte und Ressourcen verfügten, um mit dem Britischen Empire zu wetteifern.

Gleichzeitig wurde eine uneingeschränkte Verantwortung des Greater Britain beansprucht. *Es bildet einen Teil unserer Verantwortung, dafür zu sorgen, daß die Welt, soweit sie noch geprägt werden kann, angelsächsischen Charakter erhält*, sagte LORD ROSEBERY 1893 im „Royal Colonial Institute"[68]. Wieweit sie noch geprägt werden konnte, wurde mehr und mehr zur Machtfrage.

Zwei neue Aspekte, nämlich die status-quo-erhaltende, manipulative Variante des Sozialimperialismus und eine rein ökonomistische Interpretation des Imperialismus,

---

[65] ROBERT LOWE, Imperialism, Fortnightly Rev., 1. 10. 1878, vol. 24 (1878), 458. 465.
[66] JOHN ROBERT SEELEY, The Expansion of England (Leipzig 1884), 69 f.
[67] Ebd., 312 f.
[68] Zit. MOMMSEN, Zeitalter des Imperialismus (s. Anm. 40), 20 f.

wurden im letzten Jahrzehnt des Jahrhunderts in die Diskussion eingeführt. Den einen formulierte CECIL RHODES: *Meine große Idee ist die Lösung des sozialen Problems ... Wenn sie den Bürgerkrieg nicht wollen, müssen sie Imperialisten werden*[69]. Damit erhob er Seeleys These zum Programmpunkt des Imperialismus. Den anderen Aspekt faßte GEORGE WYNDHAM so: ein *Imperialist* sei *a man who realizes ... that those places which were recondite, visited at great intervals by travellers, are now the markets, the open ports, the exchanges of the world to which every energetic Briton should tend his footsteps and where a great part of the capital of Great Britain is invested*[70]. Damit waren zum ersten Male die ökonomischen Triebkräfte, die im Zusammenhang mit der Kolonisation schon immer, wenn auch selten politökonomisch, behandelt wurden, mit dem 'Imperialismus' verbunden worden.

Die Liberalen standen vor einem großen Dilemma, das schließlich zur Spaltung führte. Entweder blieb ihre Kritik im Bereich der Auswüchse und Phänomene stecken und akzeptierte damit das Ergebnis der „Expansion of England", oder aber sie kritisierten das Wesen und die strukturellen Zusammenhänge, wie Hobson, der die sozioökonomischen Momente einer Imperialismuskritik zum ersten Mal stringent formulierte. Damit hatten die Liberalen theoretisch abgestützte Argumente und, im Hinblick auf die spätere Entwicklung, auch eine bessere Prognosefähigkeit.

Argumente aber konnten sowieso nicht mehr verhindern, daß der Imperialismus des Greater Britain im 20. Jahrhundert zum Paradigma jeder aufstrebenden Nation wurde, die in den Wettbewerb um Welthandel, Weltmarkt und Weltpolitik eintreten wollte, so wie im 19. Jahrhundert der Industrialismus Großbritanniens zum Paradigma der europäischen Industrialisierung geworden war. Sie mußten sich messen an dem, was CHAMBERLAIN am 6. 10. 1903 über die britische Weltreichpolitik sagte: *Unser ... Ziel ist oder sollte sein: Die Verwirklichung des größten Ideals, das jemals Staatsmännern in irgendeinem Lande oder zu irgendeiner Zeit vorgeschwebt hat: die Schaffung eines Reiches, wie es die Welt noch nie gesehen hat. Wir müssen bauen an der Einheit der Staaten um die Ozeane; wir müssen die britische Rasse konsolidieren; wir müssen dem ganzen Rattenkönig von Wettbewerbungen begegnen, die gegenwärtig Handelswettbewerbe sind, die früher etwas anderes waren und es auch einmal in der Zukunft wieder werden könnten*[71]. Beides geschah, die großen Nationen traten in den Wettbewerb ein, maßen sich an dem Britischen Empire, und auch die Wettbewerbe selbst blieben immer weniger auf den Handel beschränkt.

---

[69] Zit. MAX BEER, Der moderne englische Imperialismus, Neue Zeit 16/1 (1897/98), 304. Das manipulative Moment wurde sofort erkannt. FRANÇOIS DE PRESSENCÉ schrieb in der Contemporary Rev. 75 (1899), 158 ff.; zit. KOEBNER/SCHMIDT, Imperialism, 215: *a curious thing, but a fact beyond dispute, that when the masses are on the verge of rising in their majesty and asking for their rights, the classes have only to throw into their eyes powder of „imperialism" and to raise the cry of the fatherland is in danger.*

[70] Rede v. 19. 1. 1899; zit. KOEBNER/SCHMIDT, Imperialism, 223.

[71] Abgedr. IGNAZ JASTROW, Textbücher zu Studien über Wirtschaft und Staat, Bd. 1: Handelspolitik (Berlin 1914), 126.

a) USA

2. USA, Rußland, Frankreich und der Imperialismus

a) **USA.** CECIL RHODES formulierte die Maxime: *There was not a single man who was not doing something with the world. The same thing applies to everything here. It must be brought home to you that — your trade is the world — and your life is the world — and not England. That is why you must deal with these questions of expansion and retention in the world*[72]. Damit stand nicht nur die wirtschaftliche und handelspolitische Konkurrenz, sondern auch die militärische Konfrontation auf dem Programm der Imperialisten. Als erste Macht erkannte Großbritannien diesen Zusammenhang klar, paßte ihn den modernen Bedingungen an und verwirklichte ihn konsequent. Die alten Kolonialmächte wie Spanien und Portugal betrieben Kolonialpolitik, die den Bedürfnissen feudalen Glanzes, nicht jedoch moderner Konkurrenz gerecht wurde.

Als Kolonialmacht abgelöst wurde Spanien durch die Vereinigten Staaten, die mit dem Spanisch-Amerikanischen Krieg 1898 ihre Entwicklung zur Weltmacht abschlossen und ihren Weg zur bestimmenden Flügelmacht einschlugen. Während der Krieg selbst durchaus mit den politischen und moralischen Prinzipien der Unabhängigkeitserklärung vereinbar war, erhob sich gegen seine Folgen, die Besetzung Kubas und die Annexion Puerto Ricos, Guams und der Philippinen, eine breite Protestwelle. Wieder machte sie sich, dem europäischen Vorbild folgend, an den despotischen Auswüchsen des Napoleonismus fest. Schon 1892 hatte SARAH E. V. EMERY gewarnt: *There is no feature of history more sad, no phase of human nature more dismal, than that innate desire in man's heart to rule over his fellow men ... But the battle field is not its only place of carnage ... The spirit of imperialism that has arisen in America has not sprung spontaneous from our soul, but has been nursed and fostered through the strategic ministrations of despotic Europe*[73]. CARL SCHURZ nahm unter dem Eindruck des Krieges diesen Gedankengang auf, indem er die amerikanischen mit den spanischen Eroberern verglich, die gleichermaßen von den Ereignissen fortgetrieben würden *as Napoleon was when he started on his career of limitless conquest. This is imperialism as now advocated ... If we take those new regions, we shall be well entangled in that contest for territorial aggrandizement, which distract other nations and drives them far beyond their original design ... We shall want new conquests to protect that which we already possess. The greed of speculators working upon another government, will push us from the one point to another*[74]. Schurz war Mitglied der „Anti-Imperialist League", die Ende 1898 in Boston gegründet wurde und zeitweise bis zu 150 000 Mitglieder zählte. Neben der Tendenz zur uferlosen Expansion geißelte die „League" auch die innenpolitische Seite des Imperialismus, den militaristischen Angriff auf republikanische Prinzipien: *We*

---

[72] CECIL RHODES, Rede v. Jan. 1895; zit. IMPERIALIST [Pseudonym], Cecil Rhodes. A biography and Appreciation. With personal Reminiscences by Dr. Jameson (London 1897), 382.
[73] S. E. V. EMERY, Imperialism in America. Its Rise and Progress (Lansing/Mich. 1892), 5 ff.; zit. WINSLOW, Imperialism (s. Anm. 49), 39.
[74] CARL SCHURZ, American Imperialism, Rede v. 4. 1. 1899; zit. KOEBNER/SCHMIDT, Imperialism, 239.

hold, that the policy known as imperialism is hostile to liberty and tends towards militarism, an evil from which it has been our glory to be free[75].

Andererseits prägte sich aber in den Vereinigten Staaten, ausgehend von demselben politischen Überlegenheitsgefühl, ein „zivilisatorisches Sendungsbewußtsein" aus. Schon 1853 propagieren deutsche Emigranten in der Programmschrift „The New Rome or the United States of the World" die Intervention der USA in Europa für die Herstellung der Weltrepublik, allgemeines Stimmrecht, Einführung der Volksbewaffnung, Kampf gegen jede Form von Tyrannei. Waren die Voraussetzungen solcher Politik auch nicht gegeben, so konnten die Argumente doch in einer neuen Situation aufgegriffen und, von ihrer ursprünglichen Intention abgekoppelt, auf die Kolonialisierung der Philippinen und die Besetzung Kubas angewandt werden. Hier ging die Literatur und besonders *Rudyard Kipling* voran, dessen „The White Man's Burden" (1899) rasch volkstümlich wurde und zu zahllosen Nachahmungen, Erwiderungen und Travestien Anlaß gab[76].

Die Hochschätzung der Flotte und deren Stellenwert innerhalb imperialistischer Politik wurde von Kapitän ALFRED T. MAHANS Buch „The Influence of Seapower on History" (1890) stark beeinflußt. Er nahm Argumente Seeleys auf und folgerte, daß alle großen historischen Entscheidungen letztlich durch die Stärke oder Schwäche der Flotten zustande kämen. Die Aufrechterhaltung und Kontrolle der Verbindungen in alle Welt rückte im Zuge schärfer werdender Konkurrenz immer mehr in den Mittelpunkt imperialistischer Politik. Mahan fand große Beachtung und beeinflußte unter anderem die deutsche Flottenpolitik unter Tirpitz[77].

b) **Rußland.** Noch stärker als die der Vereinigten Staaten war die russische Expansion von militärischen Gründen bestimmt. Dies gilt u. a. für die Sicherung der unruhigen Südgrenze Sibiriens. Da das Zarenreich von der kolonialen Expansion über See weitgehend ausgeschlossen war, konnten sich die Russen in den machtpolitischen Auseinandersetzungen der imperialistischen Ära auf den Nationalismus in der spezifischen Form des Panslawismus berufen[78]. Sicher ist dieser nicht mit dem Imperialismus identisch. Gleichwohl bringen gerade die Panbewegungen Momente in die Epoche des Imperialismus ein, die am schärfsten die Ausuferung und die Tendenzen der europäischen Machtpolitik und Expansion kennzeichnen — wie sie dann auch auf Europa selbst zurückwirken. Da die bloße Existenz kolonialer Expansion nicht zur Legitimation von Herrschaftsansprüchen herangezogen werden konnte, mußte die Überlegenheit des eigenen Volkes um so mehr betont werden. So DOSTOJEWSKIJ: *Jedes große Volk, das lange leben will, glaubt und muß glauben, daß in ihm und nur in ihm allein das Heil der Welt ruhe, daß es nur dazu lebe, um an der Spitze der anderen Völker zu stehen, um sie alle in sich aufzunehmen und sie in einem harmonischen Chore zum endgültigen, ihnen allein vorbestimmten Ziel zu führen.* Die

---

[75] SCHURZ, Rede Ende 1899; zit. ebd., 240.
[76] Vgl. M. BEER, Die Vereinigten Staaten im Jahre 1899, Neue Zeit 18/1 (1899/1900), 457 ff.
[77] VOLKER R. BERGHAHN, Der Tirpitz-Plan. Genesis und Verfall einer innenpolitischen Krisenstrategie unter Wilhelm II. (Düsseldorf 1971), 145. 179 f. 424.
[78] HANNAH ARENDT, Elemente und Ursprünge totalitärer Herrschaft (Frankfurt 1955), 337, weist mit Recht darauf hin, daß die Panbewegungen eine kompliziertere Geschichte haben als der Imperialismus.

Vorstellung der Prädestination gedieh besonders gut auf religiösem Boden, was gleicherweise den Drang ins Irrationale förderte. Weiter wurden Sendungsbewußtsein und Irrationalität durch die Beziehung zum Zaren verstärkt. *Der Zar bedeutet für das Volk keine äußere Macht, nicht die Macht irgendeines Siegers (wie es z. B. mit den früheren königlichen Dynastien in Frankreich der Fall war), sondern eine allverbindende, allvölkische Kraft, die das Volk selbst will, die es in seinem Herzen großgezogen hat, die es liebt und für die es alle seine Leiden getragen hat, da es doch nur von ihr allein seinen Auszug aus Ägypten erhoffte. Für das Volk ist der Zar eine Verkörperung seiner selbst, seiner ganzen Idee, aller seiner Überzeugungskraft, aller seiner Hoffnungen und Überzeugungen*[79].

c) **Frankreich.** Die französische Kolonialpolitik bewegte sich weg vom Programm der „Assimilierung" zu dem der „Assoziierung". Unruhen in den Kolonien sowohl seitens der europäischen Siedler als auch der Eingeborenen verwiesen schnell auf die natürlichen Besonderheiten der Kolonien, die durch die Politik der „Assimilierung" nicht in den Griff zu bekommen waren. Seit Napoleon III. und endlich gegen Ende des Jahrhunderts rückte die Idee der Übertragung der französischen Zivilisation und somit der Integration der Kolonien immer mehr in den Hintergrund. Obwohl Frankreich eine konsequentere Kolonialpolitik betrieb, eine zentralisierte Verwaltung entwickelte und auch für die Kolonien beträchtliche Mittel aufwendete, gelang ihm nie der Durchbruch zu einer mit Großbritannien vergleichbaren imperialistischen Ausrichtung und entsprechenden Ideologie. Nach der Niederlage von 1871 und der Pariser Kommune waren die politischen Energien vornehmlich in der Spaltung und den Widersprüchen der Nation selbst gebunden. Mit welchen politischen Kosten eine machtstaatliche, selbstbewußte Orientierung innerhalb der europäischen Spannungsfelder erkauft werden mußte, zeigten sowohl das Phänomen des „Boulangismus" als auch die Dreyfus-Affäre. Erst im Ersten Weltkrieg entlud sich die aufgestaute imperialistische Ideologie angesichts des klaren außenpolitischen Feindbildes.

Andererseits förderte die spezifische Situation Frankreichs den Blick auf die ökonomischen Triebkräfte und die neuen Inhalte des Imperialismus. Hier wirkten die politisch ausgeprägten Klassenauseinandersetzungen nach, die sich im Juniaufstand 1848 und in der Commune erstmals manifestiert hatten. So schreibt der Sozialist PAUL LOUIS 1904, wesentliche Elemente der Leninschen Imperialismustheorie vorwegnehmend: *L'impérialisme est un phénomène général à notre époque; il est même une des caractéristiques de ce début du XX*[e] *siècle ... Le monde traverse, à l'heure présente, l'ère de l'impérialisme, comme il a subi la crise du libéralisme, la crise du protectionnisme, la crise du colonialisme — comme il a éprouvé l'effort collectif des nationalités, comme il constate depuis dix ans la formation universelle et la poussée grandissante du socialisme. Au reste, tous ces éléments, tous ces aspects de la vie de l'humanité, se tiennent étroitement et, dans une très large mesure, l'impérialisme et le socialisme constituent l'opposition fondamentale du moment ... L'impérialisme, qui est la dernière carte du monde capitaliste, qui lui semble un suprême abri contre*

---

[79] FJODOR M. DOSTOJEWSKIJ, Tagebuch eines Schriftstellers, hg. v. Alexander Eliasberg, Bd. 3 (München 1922), 188 (Jan. 1877) u. Bd. 4 (1923), 448 (Jan. 1881).

la banqueroute et la dislocation spontanée, qui s'impose à lui avec une invincible fatalité, est aussi un merveilleux, un incomparable artisan de révolution[80]. Diese Position spannt den Bogen von der liberalen Theorie Hobsons zu der zentralen Diskussion der deutschen Sozialdemokratie und muß dort nochmals aufgegriffen werden.

V. 'Imperialismus' in Deutschland

1. Die Geburt des Imperialismus aus dem Nationalismus

Sowohl die nationale Begeisterung der Frankfurter Paulskirche und der Reichsgründung als auch die Legitimation der Macht- und Weltpolitik benötigten das historische Beispiel. In Verbindung damit wurden auch neue, irrationale Momente, wie Rasse und Prädestination, beschworen. Besonders der Kaisergedanke wurde spezifisch verändert. Einmal in Richtung auf Cäsarismus, denn was in der Person Wilhelms II. schließlich kulminierte, war von Anfang an in der preußisch-deutschen „Machtpolitik" angelegt. Das andere Spezifikum war eine Konsequenz der „Großmachtpolitik" — die Legitimierung des expansiven Elements aus dem Kaisertum selbst. So schrieb Joseph Edmund Jörg, der Herausgeber der „Historisch-Politischen Blätter für das katholische Deutschland", über das Erbe des universellen Kaisertums: *Überhaupt darf man nicht außer acht lassen, daß ein deutsches Kaisertum immer nur dadurch seinen Wert und seine rechte Bedeutung erhält, daß es nicht in die engsten vier Pfähle deutscher Zunge eingepfercht ist, sondern auch über fremde Nationen, und zwar die hülflosesten, das Zepter führt*[81]. Die Bildung des Nationalstaats in Deutschland war also nicht nur durch die Schwäche des Liberalismus gekennzeichnet, sondern gleichzeitig durch cäsaristische Elemente der Verfassung und durch ein auf mittelalterliche Kaiserherrlichkeit zurückgreifendes irrationales expansives Programm, das sich aber freilich erst nach 1890 entfalten konnte.

So erfolgte immer wieder ein Rückgriff der deutschen Imperialisten auf ältere Begründungen des deutschen Nationalismus. Aber die ideologische Diskussion fußte nicht wie in England auf über 200jähriger Erfahrung bürgerlicher Revolution, sie fußte auf dem moralischen Appell bürgerlicher Philosophen zur Bildung des Nationalstaates, die in Fichtes „Reden an die deutsche Nation" ihren ersten Höhepunkt gefunden hatte. Zielte deren direkte politische Absicht zwar auf einen deutschen Nationalstaat, so ging die Begründung darüber hinaus und sah die deutsche Nation als *Hoffnung des gesamten Menschengeschlechtes auf Rettung aus der Tiefe seiner Übel*[82].

In der Kolonialfrage tauchte das klassische englische Legitimationsschema wieder auf. Die Zivilisation liefert aus sich heraus die Begründung für ihre imperialistische

---

[80] Paul Louis, Essai sur l'impérialisme, Mercure de France 50/2 (1904), 100. 114.
[81] Joseph Edmund Jörg, Zeitläufe, Hist. Polit. Bll. f. das kath. Deutschland 50 (1862), 677.
[82] Fichte, Reden an die deutsche Nation, 14. Rede, 20. 3. 1808. SW Bd. 7, 498 f.

Ausbreitung. Indem der „nationale Wirtschaftsbetrieb" unter die Kultur subsumiert wird, wird der Zusammenhang von Wirtschaft und Politik ausgeblendet.
Mit der Entlassung Bismarcks geriet der deutsche Nationalismus endgültig in den Bann imperialistischer Expansion. Der gescheiterte Versuch, die „soziale Frage" kraft Gesetz zu lösen, sowie die Expansion von Kapital und Waren auf dem Weltmarkt sind zwei Seiten desselben Problems, nämlich der grenzenlosen Erweiterung der kapitalistischen Wirtschaft und ihrer politischen Absicherung. Die Formel von RODBERTUS aus dem Jahr 1858: *Jeder neue auswärtige Markt gleicht daher einer Vertagung der socialen Frage*[83] wurde zu einem Leitsatz für den Bestand der Nation, zur sozialimperialistischen Alternative von Umsturz und Staatsstreich; allerdings erst seit den neunziger Jahren. Die Miquelsche Sammlungspolitik und die Außenpolitik Bülows entsprachen in ihrer gesamten Struktur, nicht jedoch stets in ihren bewußten Motiven, nicht nur den Krisen- und Integrationsstrategien, sondern auch dem imperialistischen Konkurrenz- und Hegemonialstreben. Entsprechend erschien die Größe der Nation nicht mehr in der auf Preußen-Deutschland beschränkten Macht, nicht mehr in der defensiven Bestimmung der kaiserlichen Macht und nicht mehr im Bismarckschen Bündnissystem. Der deutsche Nationalismus wurde integraler Bestandteil des jungen und aggressiven deutschen Imperialismus, der sich selbst als „Weltpolitik" bezeichnete. Augenfällig wurde dies an der neuen Position des Kaisers, wie er sie selbst verstand und wie sie politisch genutzt wurde. Er sanktionierte und vertrat in steigendem Maß die „weltpolitische" Tendenz der deutschen Großbourgeoisie.

Neben diejenigen Wissenschaftler und Ideologen, die sich bemühten, die Entwicklung begrifflich zu erfassen und zu werten, die also die deutsche Sendung tatsächlich als Streben nach weltpolitischem Gleichgewicht verstanden, wie Delbrück, Hintze, Marcks und auch Meinecke, standen diejenigen, die ihre Staatsauffassung — *ein König, der regiert, ein Adel, der ihn umgibt, ein Volk, das gehorcht*[84] (TREITSCHKE) — auf die „Weltpolitik" übertrugen. In dem Maße, in dem die Legitimation deutscher Weltpolitik verflachte, verstärkten sich die Indoktrination und die mit ihr notwendig einhergehenden sozialpsychologischen Mechanismen. Hier sind einerseits der sozialdemokratische Sündenbock[85], dem man die nationale Loyalität nicht nur absprach, sondern den man auch als Angreifer auf die nationale Machtstellung hinstellte, sowie der Antisemitismus und andererseits die außenpolitischen Feindbilder (neidisches England, revanchelüsternes Frankreich, russische Unkultur) zu nennen.

HEINRICH VON TREITSCHKE führte bereits um 1890 ins Feld: *Bei der Verteilung dieser nichteuropäischen Welt unter die europäischen Mächte ist Deutschland bisher*

---

[83] CARL V. RODBERTUS JAGETZOW, Die Handelskrisen und die Hypothekennot der Grundbesitzer (1858), Schr., hg. v. Moritz Wirth, Bd. 4 (Berlin 1899), 233. Zur dogmengeschichtlichen Einordnung von Rodbertus zwischen Sismondi und Hegel einerseits und Rosa Luxemburg andererseits vgl. DIETER GROH, Negative Integration und revolutionärer Attentismus. Die deutsche Sozialdemokratie am Vorabend des Ersten Weltkrieges (Berlin 1973), 299 f., Anm. 111.
[84] H. v. TREITSCHKE, Bundesstaat und Einheitsstaat (1864), in: ders., Historische und politische Aufsätze, 8. Aufl., Bd. 2 (Leipzig 1921), 218.
[85] GROH, Negative Integration, 49 f.

immer zu kurz gekommen, und es handelt sich doch um unser Dasein als Großstaat bei der Frage, ob wir auch jenseits der Meere eine Macht werden können. Sonst eröffnet sich die gräßliche Aussicht, daß England und Rußland sich in die Welt teilen; und da weiß man wirklich nicht, was unsittlicher und entsetzlicher wäre, die russische Knute oder der englische Geldbeutel[86]. In der Konsequenz rückte damit auch das ideologische Zweck-Mittel-Verhältnis in den Hintergrund. Ziel war nicht mehr die Ausbreitung der „höherwertigen" europäischen Kultur, noch nicht einmal eine ausgleichende politische Weltordnung; das Ziel hieß jetzt einfach Flotte oder noch einfacher — Macht. Gegenüber der rein defensiven Haltung des Liberalismus[87] waren die Theorien im Vorteil, die die Expansion wissenschaftlich zu fassen suchten, daher aber den Ausdruck 'Imperialismus' vermieden. Hier ist vor allem zu erwähnen die politische Geographie von FRIEDRICH RATZEL, der das Gesetz des territorialen Wachstums der Staaten aufstellte, das besagte, jeder Staat müsse sich bei Strafe seines Untergangs ausdehnen[88]. Damit wurde eine Zwangsläufigkeit hypostasiert, ohne die Motive des damaligen Imperialismus zu benennen. In Deutschland wirkte neben General Haushofer später GEORG R. KJELLÉN, der den Begriff 'Geopolitik' prägte[89].

Die stärkste politische und ideologische Alternative zur imperialistischen Weltpolitik war in Deutschland die Sozialdemokratie. Dem deutschen Liberalismus blieb höchstens eine mahnende Stimme, daß ein *überreizter Nationalismus ... zu einer sehr ernsten Gefahr für alle Völker Europas* geworden sei, *die Gefahr liefen, das Gefühl für die menschlichen Werte darüber einzubüßen*[90]. Solche Worte verflogen im machtpolitischen Wind unbarmherziger wirtschaftlicher und hegemonialer Konkurrenz.

2. 'Imperialismus' als 'Weltpolitik'

Meine Herren, wenn der Krieg, der jetzt schon mehr als zehn Jahre lang wie ein Damoklesschwert über unseren Häuptern schwebt, — wenn dieser Krieg zum Ausbruch kommt, so sind seine Dauer und sein Ende nicht abzusehen. Es sind die größten Mächte Europas, welche, gerüstet wie nie zuvor, gegeneinander in den Kampf treten; keine derselben kann in einem oder in zwei Feldzügen so vollständig niedergeworfen werden, daß sie sich für überwunden erklärte, daß sie auf harte Bedingungen hin Frieden schließen müßte, daß sie sich nicht wieder aufrichten sollte, wenn auch erst nach Jahresfrist, um den Kampf zu erneuern ... es kann ein siebenjähriger, es kann ein dreißigjähriger Krieg werden, — wehe dem, der Europa in Brand steckt, der zuerst die Lunte in das Pulverfaß schleudert —! So der preußische Generalstabschef

---

[86] TREITSCHKE, Politik (s. Anm. 52), 42 f.
[87] Vgl. HERMANN LÜBBE, Politische Philosophie in Deutschland. Studien zu ihrer Geschichte (Basel 1963), 112 ff.
[88] FRIEDRICH RATZEL, Politische Geographie (München, Leipzig 1897), 183.
[89] Vgl. GEORG RUDOLF KJELLÉN, Die Großmächte der Gegenwart (Leipzig, Berlin 1914), 119.
[90] HANS DELBRÜCK, Rez. FRIEDRICH PAULSEN, Die deutschen Universitäten und das Universitätsstudium (Berlin 1902), Preuß. Jbb. 110 (1902), 173.

a) 'Weltpolitik' als Kampfbegriff   Imperialismus

GRAF HELMUTH VON MOLTKE in einer Reichstagsrede vom 14. Mai 1890[91]. Dieser weitsichtige und defensive Gedankengang hatte nur mehr kurze Zeit Einfluß auf die deutsche Politik. Sehr bald setzte sich die eigentümliche Konsequenz der imperialistischen Expansion, nämlich die prinzipielle Schrankenlosigkeit, durch, die notwendig zu Konflikten mit anderen Mächten führen mußte, auch wenn der subjektive Wille zum Krieg nicht vorhanden war. In den neunziger Jahren verbreitete sich rasch der Begriff 'Weltpolitik'. Er war synonym mit 'Imperialismus', ersetzte diesen Ausdruck bis in den Weltkrieg hinein weitgehend und diente speziell als anti-englischer Kampfbegriff.

a) **'Weltpolitik' als Kampfbegriff.** 'Weltpolitik' wurde bereits 1846 von FRIEDRICH LIST in den deutschen Sprachgebrauch eingeführt[92]. JULIUS FRÖBEL hat den Ausdruck 1855 aufgenommen[93], der dann später bei CONSTANTIN FRANTZ zu einem zentralen Begriff seiner politischen Theorie wurde[94]. Ähnlich wie 'Imperialismus' umschrieb er zunächst nichts als die faktische Dimension der Politik; sein ideologischer Inhalt war von der politischen Position abhängig. 'Weltpolitik' wurde der Kampfbegriff des jungen deutschen Imperialismus im Streben nach wirtschaftlicher und politischer Hegemonie, besonders gegen den etablierten Anspruch des „Greater Britain". Eine zeitgenössische Kontroverse drehte sich darum, ob der deutsche Anspruch bzw. „Auftrag" in der Übertragung des europäischen Gleichgewichtssystems auf den Erdball oder darin bestehe, daß „am deutschen Wesen die Welt genesen" solle, wie ein populäres Wort Geibels forderte. Sie wurde, je mehr man sich 1914 näherte, gegenstandslos, da sich herausstellte, daß beide Standpunkte zu einer ähnlichen politischen Praxis führten.

Die Schrankenlosigkeit imperialistischer Konkurrenz mußte nach der Aufteilung der Welt umschlagen in einen Kampf um die Neuaufteilung. Hier markierte die Kanzlerschaft HOHENLOHES den Einschnitt: *Als jüngste Macht ist das Deutsche Reich in eine Kolonialpolitik eingetreten. Die Beweggründe, welche das Reich dazu geführt haben, sind wirtschaftlicher, natürlicher und religiöser Natur,* erklärte der neue Kanzler in seiner Antrittsrede vom 11. 12. 1894[95]. Er äußerte damit die gleiche Vorstellung von den Gründen und Zielen der deutschen 'Weltpolitik' wie Wilhelm II. und Hans Delbrück als Kritiker der Wilhelminischen Epoche[96].

---

[91] Sten. Ber. Verh. Dt. Reichstag, 8. Leg., 1. Sess. 1890/91, Bd. 1 (Berlin 1890), 76.
[92] LIST, Über den Wert und die Bedingungen einer Allianz zwischen Großbritannien und Deutschland (1846), Schriften, Bd. 7 (1931), 288.
[93] JULIUS FRÖBEL, Die europäischen Ereignisse und die Weltpolitik (1855), in: ders., Kleine politische Schriften, Bd. 1 (Stuttgart 1866), 50 ff.
[94] Vgl. C. FRANTZ, Die Naturlehre des Staates als Grundlage aller Staatswissenschaft (Leipzig, Heidelberg 1870; Ndr. Aalen 1964), 449, wo er die drei Hauptfaktoren der „Weltpolitik" nennt: Rußland, Nordamerika, Europa. *Im vollen Gegensatze zueinander, und eben deswegen sich gegenseitig anziehend, stehen Rußland und Nordamerika.* Siehe auch ders., Die Weltpolitik unter besonderer Bezugnahme auf Deutschland, 3 Bde. (Chemnitz 1882/83). Zu Fröbel und Frantz vgl. D. GROH, Rußland und das Selbstverständnis Europas. Ein Beitrag zur europäischen Geistesgeschichte (Neuwied 1961), 293 ff. 306 f.
[95] Sten. Ber. Verh. Dt. Reichstag, 9. Leg., 3. Sess. 1894/95, Bd. 1 (Berlin 1895), 21.
[96] Vgl. ANNELIESE THIMME, Hans Delbrück als Kritiker der Wilhelminischen Epoche (Düsseldorf 1955).

b) **Propaganda für das „größere Deutschland".** Es ist interessant zu sehen, wie in Preußen-Deutschland — anders als in England — die ideologische und politische Ausrichtung sofort und unvermittelt in irrationale Konstruktionen sich verflüchtigte und in einem unbestimmten Hinterherlaufen bzw. Dabei-sein sich erschöpfte. Damit soll nicht gesagt sein, daß der englische Imperialismus nicht auch irrationale Momente aufgewiesen hätte. Nur war für Preußen-Deutschland die Differenz zwischen Anspruch und Macht derart groß, daß genau aus dieser Differenz sich typische Kompensationsideologien entwickeln konnten. BÜLOW erklärte im Reichstag am 11. 12. 1899: *Über einen Punkt kann ein Zweifel nicht obwalten, nämlich daß die Dinge in der Welt auf eine Weise in Fluß geraten sind, die noch vor zwei Jahren niemand voraussehen konnte. Man hat gesagt, meine Herren, daß in jedem Jahrhundert eine Auseinandersetzung, eine große Liquidation stattfinde, um Einfluß, Macht und Besitz auf der Erde neu zu verteilen ..., jedenfalls können wir nicht dulden, daß irgendeine fremde Macht, daß irgendein fremder Jupiter zu uns sagt: Was tun? die Welt ist weggegeben. Wir wollen keiner fremden Macht zu nahe treten, wir wollen uns aber auch von keiner fremden Macht auf die Füße treten lassen, und wir wollen uns von keiner fremden Macht beiseite schieben lassen, weder in politischer, noch in wirtschaftlicher Beziehung ... Wir können das nicht aus dem einfachen Grunde, weil wir jetzt Interessen haben in allen Weltteilen ... Die rapide Zunahme unserer Bevölkerung, der beispiellose Aufschwung unserer Industrie, die Tüchtigkeit unserer Kaufleute, kurz, die gewaltige Vitalität des deutschen Volkes haben uns in die Weltwirtschaft verflochten und in die Weltpolitik hineingezogen. Wenn die Engländer von einer Greater Britain reden, wenn die Franzosen sprechen von einer Nouvelle France, wenn die Russen sich Asien erschließen, haben auch wir Anspruch auf ein größeres Deutschland ... In dem kommenden Jahrhundert wird das deutsche Volk Hammer oder Amboß sein*[97].

Ein „größeres Deutschland" konnte aber um die Jahrhundertwende kaum mehr auf friedlichem Weg errichtet werden. Die aggressive Rhetorik eines Teils der deutschen Politiker und Publizisten führte zusammen mit der zumindest aggressiv wirkenden deutschen Außenpolitik nach der Jahrhundertwende zur vielzitierten „Einkreisung". Diese Entwicklung ist sicherlich auch auf das starke Gewicht irrationaler Momente in der deutschen Politik zurückzuführen.

Das wird an keinem anderen Punkt so deutlich wie in der Diskussion über die Flottengesetze. Der aufstrebende deutsche Imperialismus zielte auf der offiziellen Linie — *nach außen hin begrenzt, im Innern unbegrenzt*[98] — auf ein weltumfassendes Gleichgewichtssystem. Dabei richteten sich Weltpolitik und Flottenbau nach Lage der Dinge gegen die englische Hegemonie und nahmen objektiv gesehen offensiven Charakter an. So schrieb MAX WEBER zur ersten deutschen Flottenvorlage: *Nur völlige politische Verzogenheit und naiver Optimismus können verkennen, daß das unumgängliche handelspolitische Ausdehnungsbestreben aller bürgerlich organisierten*

---

[97] Sten. Ber. Verh. Dt. Reichstag, 10. Leg., 1. Sess. 1898/1900, Bd. 4 (Berlin 1900), 3292f. 3295.

[98] WILHELM II., Bremer Rede v. 22. 3. 1905, Die Reden Kaiser Wilhelms II., hg. v. Joh. Penzler, Bd. 3 (Leipzig 1905), 242; vgl. auch ELISABETH FEHRENBACH, Wandlungen des deutschen Kaisergedankens 1871—1918 (München 1969), 165.

Kulturvölker, nach einer Zwischenperiode äußerlich friedlichen Konkurrierens, sich jetzt in völliger Sicherheit dem Zeitpunkt wieder nähert, wo nur die Macht über das Maß des Anteils der einzelnen Nationen an der ökonomischen Beherrschung der Erde und damit auch der Erwerbsspielraum ihrer Bevölkerung, speziell ihrer Arbeiterschaft, entschieden wird[99].

c) 'Imperialismus', 'Imperialist' und 'imperialistisch' als Selbstbezeichnungen.
Ausgehend von der Sozialdemokratie (s. u. VI. 2), setzte sich wiederum zunächst in der Kritik an der deutschen imperialistischen Politik — übrigens erst nach dem Ersten Weltkrieg allgemein, auch auf der Wörterbuchebene — der Terminus 'Imperialismus' im Sprachgebrauch durch. Schon 1901 analysierte der Schweizer Philosoph F. W. Förster scharfsinnig: *Diese neue Kriegsbewegung ist der Imperialismus, d. h. die politische Lehre, welche durch die kriegerische Eroberung neuer Länderstriche und Vergewaltigung schwächerer Racen neue Ausbeutungsgebiete für die angesammelten wirtschaftlichen und technischen Kräfte der großen Industrie sichern will und darum die Nationen zur äußersten Anspannung ihrer militärischen Machtmittel treibt, damit sie bei der Verteilung der Erdkugel nicht zu kurz kommen*[100].
Auch in Deutschland begann daraufhin die Diskussion um eine — vom Standpunkt der Imperialisten — positive Begründung und Definition. 1903 verwendete ihn Erich Marcks positiv und als Selbstbezeichnung. Er grenzte zunächst von dem alten Begriff zur Bestimmung des kaiserlichen Weltreichs den *neueren Imperialismus* ab: gerechnet wird innerhalb der Welt nur noch mit Rußland, Großbritannien, Nordamerika, Deutschland, Frankreich, dazu Japan und, in einem erheblichen Abstand, Italien. Diese aber haben *über die alten Grenzen ihrer Kernlande hinausgestrebt, sie drängen, mit ihrem Menschenmaterial oder ihrer Macht, in die große Welt hinaus. Sie betreiben „Weltpolitik"*. Die Medien der Weltpolitik, die Marcks mit 'Imperialismus' gleichsetzt, sind Kolonien und Einflußsphären, Kapital und Verkehrslinien, Handel und Bevölkerungsüberschuß und *als entscheidende Organe* die Flotten. Der Imperialismus bedient sich des Schutzzolls, *er lenkt zurück ... in die Bahnen des Merkantilismus*. Ausgehend vom Rechtfertigungstopos für die deutsche Expansion, daß man nicht abseits stehen dürfe, wolle man nicht zermalmt werden, bestimmt er den Begriff: *Der Imperialismus unserer Gegenwart ist alt und neu zugleich. Neu, indem er zur Entfaltung seiner gegenwärtigen Art allerdings des Aufeinandertreffens der rivalisierenden Völker bedurfte, wie es erst seit 20 Jahren wieder die Welt unmittelbar beherrscht. Erst seitdem sind alle diese internationalen Verhältnisse so gewaltig gestiegen an Größe der Zahlen, der Interessen, der Gegensätze, an intensiver Wucht und innerer Feindseligkeit der Berührungen; erst seitdem ist England wieder in den unmittelbaren Kampf eingetreten; erst seitdem ist die Epoche des Liberalismus der des vollen Imperialismus, wie wir das Wort heute*

---

[99] Stellungnahme Max Webers zur Flottenumfrage der Münchner Allgemeinen Zeitung (13. 1. 1898); zit. W. J. Mommsen, Max Weber und die deutsche Politik 1890—1920 (Tübingen 1959), 420.
[100] Friedrich W. Förster, Imperialismus und Sozialwissenschaft, Neue Dt. Rundschau 12/2 (1901; Ndr. 1970), 673.

verstehen, gewichen. Marcks betonte den nationalen Inhalt des Begriffs in seiner Wirkung auf die Masse des Volkes und folgerte: *In den politisch reifsten und glücklichst gestellten Nationen steht eben deshalb der Imperialismus mit dem Wollen und Fühlen breiter Volksmassen im innigsten Bunde.* In diesen Worten drückt sich die Verbindung zweier Stoßrichtungen der imperialistischen Ideologie aus: einmal der Versuch, eine Massenbewegung auf nationalistischer Basis zu schaffen, zum anderen der Versuch, das Wohl der breiten Massen mit der imperialistischen Expansion zu verknüpfen. Das sind wesentliche Gründe dafür, daß der deutsche Liberalismus sowie die demokratisch-republikanischen Kräfte der imperialistischen Ausrichtung Preußen-Deutschlands keine Alternative von politischem Gewicht entgegenzusetzen hatten. Das Ideal der freien und friedlichen Konkurrenz war machtlos gegen den imperialistischen Kurs; mehr noch, es wurde in Deutschland zugunsten dieses Kurses funktionalisiert: *Wir sehen nicht ab, wie auch das demokratischste Regiment einer vielerstrebten Zukunft sie* (sc. die gesteigerte Wirklichkeit schneidender Völkergegensätze) *anders überwinden und seine einfachste staatliche und soziale Pflicht anders erfüllen könnte als durch Kampfbereitschaft und, schließlich einmal, durch Kampf; und wenigstens die Erfahrung aller Vergangenheit wird uns wiederholen, daß in der Welt, wie sie bis heute war, der Völkerkampf das Leben und die Energie bedeutet hat*[101].

Vizeadmiral a. D. Hoffmann definierte 'Imperialismus' als *Tendenz, gerichtet auf den Zusammenschluß und das Emporwachsen weniger Reiche von gewaltiger Machtfülle, die allein auf Weltpolitik und Weltwirtschaft einen bestimmenden Einfluß auszuüben vermögen und die kleineren Staaten einschnüren und erdrücken.* Während Marcks das Nebeneinander konkurrierender Großmächte konstatiert, schließt Hoffmann von der Tendenz auf die Zielsetzung. Damit ist in seinem Begriff nicht nur die weltpolitische Situation, sondern auch der jeweilige Anspruch enthalten. So wird begrifflich der Zusammenhang mit dem deutschen Nationalismus hergestellt. *Auf Hebung der Volkszunahme in Deutschland, nicht Zurückschraubung derselben, und damit seiner Vorherrschaft in Mitteleuropa, schließlich auf einem Imperialismus, der die deutsche Welt in ein Weltreich umzuwandeln strebt, beruht die Zukunft Mitteleuropas*[102].

---

[101] Erich Marcks, Die imperialistische Idee in der Gegenwart (1903) in: ders., Männer und Zeiten, Bd. 2 (Leipzig 1911), 268. 269. 288. 289. 291. Zur positiven Verwendung des Begriffs als Selbstbezeichnung: *Wir stehen, das ist die Tatsache, inmitten imperialistischer Bewegungen; auch uns ziehen sie in sich hinein; ... Und insofern Deutschland imperialistisch geworden ist, hat auch Deutschland und gerade Deutschland die Linien seiner geistig-politischen Entwicklung während der letzten Menschenalter einfach fortgesetzt* (ebd., 287 f.); vgl. auch ebd., 290: *Der Gedanke der gesteigerten Staatsgewalt, der Gedanke der Macht hat ihn* (den Liberalismus) *verdrängt... Gerade in dieser Hinsicht schließt sich die imperialistische Idee unserer Tage unzweifelhaft dicht an die großen Träger des staatlichen Realismus in unserer neueren deutschen Vergangenheit an. Man wird es sagen dürfen, und, wenn ich nicht irre, so hat er selber es gern bekannt: was Joseph Chamberlain ... seinem Lande handelnd erstrebt und persönlich verkörpert, das ist — von dem Eigensten der beiden Männer freilich abzusehen! — der Sache nach ganz einfach die Übertragung Bismarckischen staatlichen Prinzips, Bismarckischer Ziele und Bismarckischen Verfahrens auf England.*

[102] Paul Georg Hoffmann, in: Imperialismus. Beiträge zur Analyse des wirtschaftlichen und politischen Lebens der Gegenwart, hg. v. Walther Borgius (Berlin 1905), 42. 48.

c) 'Imperialismus' als Selbstbezeichnung

Eine Durchsicht der Literatur zur wilhelminischen 'Weltpolitik' ergibt ein sehr buntes Bild. Zunächst fällt auf, daß der Begriff 'Imperialismus' in der nichtsozialdemokratischen Literatur selten und zur Selbstbezeichnung vorerst gar nicht gebraucht wurde. Einer der Protagonisten der deutschen Kolonialexpansion — CARL PETERS — warnte 1897 vor dem *Anschwellen des Engländertums auf der Erde* und empfahl gleichzeitig, *sich die englische Kolonial- und Weltpolitik zum Vorbild zu nehmen*[103]. Peters — Bewunderer und ressentimentgeladener Kritiker Englands zugleich — mied den Begriff 'Imperialismus' und bediente sich umschreibender Formeln: *die imperialistische oder pananglosächsische Idee* bzw. *die Reichsidee*[104]. Noch 1903 spricht er von der *modernen Weltreichsbewegung*, und 1908 bezeichnet er Japan nach dem Aufstieg zur Großmacht des Ostens nicht etwa als imperialistische Macht, sondern stellt fest: *Der Panasiatismus ist im Werden*[105]. Diese Zurückhaltung im Umgang mit dem Begriff deckt sich, wie noch zu zeigen sein wird, mit dem Befund, daß der Imperialismusbegriff erst nach der Jahrhundertwende, und auch dann noch zögernd, in die Lexika aufgenommen wurde, mithin kaum als allgemeinverständlich vorausgesetzt werden konnte und sich deshalb für die Aufnahme ins politisch-publizistische Alltagsvokabular kaum eignete. Eine Ausnahme bildet der Sprachgebrauch HANS WAGNERS, des Redakteurs der „Kolonialen Zeitschrift". In einem Aufsatz vom August 1900 bezeichnete er das Flaggenhissen in der Lüderitz-Bucht (7. 8. 1884) als Beginn der *Epoche des nationalen Imperialismus*, konstatierte aber zugleich, daß *der schreckbare Name 'Weltpolitik' am Regierungstische* vorerst *ängstlich* vermieden worden sei[106]. Erst mit einer Tischrede des Kaisers zum 25jährigen Bestehen des Reiches (18. 1. 1896) — an einem der großen Wendepunkte in der Geschichte des Kaiserreichs — habe sich das geändert, als der Kaiser u. a. ausführte: *Aus dem Deutschen Reiche ist ein Weltreich geworden. Überall in fernen Teilen der Erde wohnen Tausende unserer Landsleute. Deutsche Güter, deutsches Wissen, deutsche Betriebsamkeit gehen über den Ozean. Nach Tausenden von Millionen beziffern sich die Werte, die Deutschland auf der See fahren hat. An Sie, meine Herren, tritt die ernste Pflicht heran, mir zu helfen, dieses größere Deutschland auch fest an unser heimisches zu gliedern*[107]. Wagner kommentierte diesen Passus mit der folgenden Bemerkung: *Was der Kaiser in diesen Worten ausspricht, ist die Verbindung des nationalen Gedankens mit dem imperialistischen. Das eben unterscheidet den modernen Imperialismus, den nationalen, von seinen Vorgängern, die ein rein kommerzielles oder dynamisches Gepräge hatten.* Das heißt, für Wagner war die nationale Verankerung *im heimischen Boden* das entscheidende Moment im modernen Imperialismusbegriff, den er vom alten, *die Keime des Ver-*

---

[103] C. PETERS, Was lehrt uns die englische Kolonialpolitik? (1897), Ges. Schr., hg. v. Walter Frank, Bd. 1 (München, Berlin 1943), 375. 385. — Die folgenden Abschnitte, bis und mit V. 2. d., wurden von der Redaktion ausgearbeitet.
[104] Ebd., 379. 381; vgl. ders., Deutschtum und Engländertum II (1897), ebd., Bd. 3 (1944), 288: *das welterobernde Engländertum*.
[105] Ders., Die heraufziehende Weltherrschaft der Angelsachsen (1903), ebd., 327; ders., Am Stillen Ozean (1908), ebd., 385.
[106] HANS WAGNER, Der deutsche Imperialismus, Koloniale Zs. 1 (1900), 141.
[107] WILHELM II., Rede v. 18. 1. 1896, Reden (s. Anm. 98), Bd. 2 (1904), 9.

derbens in sich tragenden Völkergemisch, wofür er die Reiche Alexanders des Großen und der Römer hielt, abzugrenzen versuchte. Positiv verstand er unter 'Imperialismus' den Zusammenschluß des größeren Deutschland mit der Heimat und charakterisierte dieses mit allen Mitteln anzustrebende Ziel als *ein ganz reelles Geschäft, bei dem die Heimat allerdings allein die Spesen trägt*[108]. Trotz dieser letzten Aussage, die der Autor leider nicht präzisierte, ist der Imperialismusbegriff in Wagners Diktion ganz eindeutig positiv besetzt, obwohl er ihn in seinen zahlreichen Artikeln nur selten gebrauchte. Wagners Sprachregelung blieb insofern ein Intermezzo, als er schon im Herbst 1900 die Redaktion der Zeitschrift verlassen mußte, weil er zweifelhafte Geschäfts- und Verwaltungspraktiken in den deutschen Kolonien offen kritisierte und die Verantwortlichen beim Namen nannte.

Noch nach der Jahrhundertwende verband sich mit dem Begriff 'Imperialismus' eine Ambiguität, die gerade den publizistischen Einpeitschern der preußisch-deutschen 'Weltpolitik' nicht angenehm sein konnte. Auf eine Umfrage des Journalisten Walther Borgius, was 'Imperialismus' bedeute, gab nämlich der renommierte Nationalökonom SARTORIUS FRH. VON WALTERSHAUSEN-STRASSBURG die bezeichnende Antwort: *alleinige Weltherrschaft Roms. Unter dem heutigen Imperialismus verstehe ich nichts anderes als die Wiederholung jener Idee*[109]. Anläßlich der gleichen Umfrage plädierte der Bankier KARL HELFFERICH dafür, in Deutschland müsse sich der *imperialistische Gedanke in erster Reihe darauf richten, daß in einer starken Flotte ein Machtmittel geschaffen wird, das es ermöglicht, die weltumspannenden wirtschaftlichen Interessen überall, wo ihnen eine Vergewaltigung droht, zu schützen*[110]. Von diesem *positiven Imperialismus* unterschied er *Nebenströmungen* wie den *Jingoismus,* d. h. die *säbelrasselnde Überhebung und schmähende Gehässigkeit gegen andere Nationen*[111]. Zwischen den zwei, genauer gesagt: drei Imperialis-

---

[108] WAGNER, Der deutsche Imperialismus, 142. 144. — In den Flottendebatten um die Jahrhundertwende spielte der Imperialismusbegriff bei Gegnern und Anhängern eine untergeordnete, ja fast gar keine Rolle. So sprach der Zentrumsabgeordnete SCHAEDLER von *Wasserpatrioten, Kathedermarinisten* und *Vortrags-Aquariern* (gemünzt auf die Agitation der Flottenprofessoren), aber nicht von Imperialisten, Sten. Ber. Verh. Dt. Reichstag, 10. Leg., 1. Sess. 1898/1900, Bd. 5 (Berlin 1900), 3959 (8. 2. 1900). FROHME (SPD) klagte darüber, *in welch erschreckender Weise der Byzantinismus zur Verherrlichung der Weltpolitik um sich greift,* ebd., 3965. BEBEL gebrauchte den Begriff, aber im traditionellen Sinne: *Das ist der Geist des vorigen Jahrhunderts, der Geist des Absolutismus, das ist der Geist des Imperialismus, das ist der Geist, wie er seiner Zeit im alten Rom herrschte,* ebd., 4023 (10. 2. 1900). Auf der Gegenseite gab es dagegen Versuche, den Begriff 'Chauvinismus' positiv zu verwenden. LEHR am 18. 2. 1899, ebd., Bd. 2 (1899), 962: *Chauvinist ist derjenige in meinen Augen, der immer und überall für deutsches Recht und für die deutschen Ansprüche an der Mitherrschaft über die Welt und für den deutschen Anteil am Sonnenlicht eintritt ... Zu diesem Chauvinismus bekenne ich mich offen.* Und HASSE stellte am 9.6.1900 lapidar fest: *Ich finde, daß in Deutschland der Chauvinismus viel zu wenig verbreitet ist,* ebd., Bd. 7 (1900), 5934.

[109] SARTORIUS FRH. V. WALTERSHAUSEN-STRASSBURG, in: Imperialismus (s. Anm. 102), 40. — In einer fünf Jahre früher erschienenen Schrift taucht der Begriff 'Imperialismus' noch nicht auf, obwohl der Verfasser über die „Imperial Federation League" referiert; W. BORGIUS, 1903. Ein handelspolitisches Vademecum (Berlin 1900), 56.

[110] KARL HELFFERICH, in: Imperialismus, 38.

[111] Ebd., 39.

c) 'Imperialismus' als Selbstbezeichnung

musbegriffen, denn Helfferich sieht ja einen positiven und einen negativen, klafft eine Lücke, in der sich eine fast unbegrenzte Zahl von Varianten ausbreiten konnte. Die damit gegebene Bandbreite von Mißverständnissen, bis hin zur Annahme, der moderne Begriff des 'Imperialismus' unterstelle eine Rekonstruktion des Imperium Romanum, ließen es offensichtlich geraten sein, den Begriff zu vermeiden oder mehr oder weniger glücklich zu umschreiben. ARTHUR DIX antwortete denn auch auf die Frage Borgius' mit einem einzigen, aber großkalibrigen Wort: Imperialismus ist *Weltmacht-Wachstums-Wille*[112].

Trotz der semantischen Unklarheit des Begriffs 'Imperialismus' gingen neben Marcks einige Autoren dazu über, den Begriff für sich zu reklamieren, und zwar in positiv akzentuiertem Sinne. Für den alldeutschen Professor ERNST HASSE war der *neuzeitliche Imperialismus nichts anderes als eine der Formen der Ausdehnungsbestrebungen großer Völker und Staaten* bzw. *ein System der auswärtigen Politik*. Präzisierend fuhr er fort, daß es sich beim Imperialismus aber nicht nur um ökonomische Expansion im engeren Sinne handle, sondern um ein *Herrschaftsverhältnis oder das Streben, ein solches herzustellen*[113]. Für Hasse war die Zeit reif, *daß der deutsche Imperialismus Farbe bekenne und grundsätzlich Maßnahmen ergreife*, die dem bei der Kolonialbewegung zu spät gekommenen Land die Chance böten, einen *deutschen Weltstaat* zu errichten[114]. Beabsichtigt oder nicht — auch bei Hasse besteht die terminologische Unschärfe weiter. Geht es dem „neuzeitlichen" Imperialismus um die Ausdehnung seiner Herrschaft auf neue Gebiete oder um einen „Weltstaat" stricto sensu? Sein Plädoyer für ein vergrößertes Mitteleuropa — die Achse Berlin—Bagdad — scheint dafür zu sprechen, daß seine Redeweise vom „deutschen Weltstaat" nicht wörtlich zu verstehen ist. Der nationalliberale ARTHUR DIX, der 1907/08 zwei Broschüren zur Bülowschen Blockpolitik nach den Hottentottenwahlen und zum Kongreß der II. Internationale in Stuttgart herausgab[115], gebrauchte den Begriff in beiden Schriften vorerst nicht, was um so erstaunlicher ist, als die deutsche Sozialdemokratie gerade in diesen Jahren ihre antiimperialistische Propaganda gegen Kolonialskandale intensivierte und der Stuttgarter Kongreß der Internationale ausführlich über Militarismus und Imperialismus debattierte. Erst vier Jahre später trat Dix mit einem Werk hervor, das seine Zielsetzung programmatisch im Titel vorantrug: „Deutscher Imperialismus". Jetzt stand für ihn *die Geschichte . . . im Banne des imperialistischen Gedankens*[116].

---

[112] ARTHUR DIX, in: ebd., 29. Nicht nur Peters (s. Anm. 103), sondern auch bekannte Publizisten und Promotoren der 'Weltpolitik' wie PAUL ROHRBACH, Der deutsche Gedanke (Düsseldorf, Leipzig 1912), MAXIMILIAN V. HAGEN, Voraussetzungen und Veranlassungen für Bismarcks Eintritt in die Weltpolitik (Berlin 1914) und viele andere gebrauchten den Begriff 'Imperialismus' vor dem Weltkrieg nicht oder nur beiläufig.
[113] ERNST HASSE, Weltpolitik, Imperialismus und Kolonialpolitik (München 1908), 11.
[114] Ebd., 71. 64.
[115] A. DIX, Blockpolitik. Ihre innere Logik, ihre Vorgeschichte und ihre Aussichten (Berlin 1907); ders., Sozialdemokratie, Militarismus und Kolonialpolitik auf den Sozialistenkongressen 1907 (Berlin 1908).
[116] Ders., Deutscher Imperialismus (1912), 2. Aufl. (Leipzig 1914), 1. Vgl. auch: *Und doch ist es gerade das Bewußtsein dieser Weltaufgaben, die imperialistische Idee, die unsere Partei, wie ihre letzte Tagung wieder zeigte, im Innersten heute zusammenhält und . . . alle unsere*

Er versuchte, seine Ausgangsthese geschichtsphilosophisch abzustützen, indem er *den Imperialismus als eine neue Stufe im Völkerleben* bezeichnete, *die über den Nationalismus* hinausgehe, freilich *ohne diesem deshalb seine Bedeutung und seinen Wert zu nehmen*[117]. Mit Dix erhält der Imperialismusbegriff ein geschichtsphilosophisches Fundament von einiger Tragweite und wird damit zum Epochenbegriff im Rahmen einer expansionistisch erweiterten, nationalpolitische Alternativen von Freihandel oder Schutzzoll transzendierenden, allgemeinen kapitalistischen Wachstumsideologie: *Der Imperialismus hat zur Voraussetzung eine Weltmacht, die beseelt ist von dem Willen, sich auszuwachsen gemäß den Bedürfnissen ihres Volkstums und ihrer Volkswirtschaft*[118]. Deshalb ist der Imperialismus für Dix keine lokale oder regionale Bewegung mehr, sondern eine globale, der sich nacheinander England, die Vereinigten Staaten, Japan, Rußland, Frankreich, Österreich und Italien angeschlossen haben. Daraus leitete er ab, *daß auch der deutsche Imperialismus sich betätigen muß, wenn wir uns nicht mehr und mehr zurückgedrängt sehen wollen*[119]. Die *Taufe des deutschen Imperialismus* fand ihm zufolge zwar schon am 18. 1. 1896 anläßlich einer Rede Wilhelms II. zum 25jährigen Bestehen des Kaiserreichs statt, aber *zu einem vollen parlamentarischen Siege des deutsch-imperialistischen Gedankens* sei es erst im Mai 1912 gekommen, als der Reichstag umfangreiche Mittel zum *Ausbau unserer militärisch-maritimen Machtmittel* bewilligt habe[120]. Und so wie Dix der nationalliberalen Partei empfahl, *ihr nationales Programm von ehedem heute sinngemäß* zu erweitern zu einem *imperialistischen Programm*, so erwartete er vom Volk, daß es *imperialistisch denken lernt* und jene Figuren hervorbringt, die das Volk *bestimmten positiven Zielen des Imperialismus entgegenzuführen gewillt und befähigt sind*[121]. Trotz der lautstarken Versuche, den Begriff 'Imperialismus' positiv zu besetzen und zum Markenzeichen der nationalen Rechten zu machen, kann nicht einmal ansatzweise davon gesprochen werden, daß sich diese Sprachregelung durchgesetzt hätte. Die Aussichten dazu waren auch denkbar ungünstig, denn in den letzten Jahren vor dem Krieg wurde 'Imperialismus' zu einem zentralen Kampfbegriff der deutschen und der internationalen Arbeiterbewegung[121a].

d) **Lexikonebene.** Auf die nur zögernde und fragmentarische Rezeption des modernen Imperialismusbegriffs in der Nationalökonomie und in der politischen Publizistik wurde bereits oben hingewiesen. Wenn überhaupt, so gebrauchte man den Begriff

---

Volksgenossen noch zusammenschließen muß in Not und Tod; FRIEDRICH MEINECKE, Nationalliberal und „Altliberal" (1912), Werke, Bd. 2: Polit. Schr. u. Reden, hg. v. Georg Kotowski (Darmstadt 1958), 62.
[117] DIX, Deutscher Imperialismus, 24; vgl. auch ebd., 1: auf die *Periode der Staatengründungen* sei die *Periode imperialistischer Ausbreitung gefolgt.*
[118] Ebd., 1.
[119] Ebd., 5.
[120] Ebd., 34; vgl. auch ebd., 10, wo Dix Wilhelm II. zum *ersten Bannerträger des deutschen Imperialismus* ernennt.
[121] Ebd., 13 f.
[121a] Vgl. die Resolution gegen den Imperialismus, in: Internationaler Sozialisten-Kongreß zu Stuttgart. 18. bis 24. August 1907 (Berlin 1907; Ndr. Stuttgart 1977), 39 f. 102.

d) Lexikonebene   **Imperialismus**

noch lange im traditionellen politischen Sinne zur Bezeichnung der napoleonischen Herrschaftsform oder als Parteibezeichnung der Anhänger Napoleons I. bzw. Napoleons III.[122]. Sieht man von einem frühen Beleg ab[123], so kann man festhalten, daß sich der Begriff 'Imperialismus' in Deutschland erst nach der Jahrhundertwende und auch dann nur langsam durchsetzte, obwohl er schon vorher vereinzelt zur Charakterisierung der englischen Kolonialpolitik und der britischen Parteiverhältnisse herangezogen wurde.

Dieser doppelte Befund — die späte Rezeption des Begriffs und das lange Fortleben älterer Begriffsinhalte ('Cäsarismus', 'Bonapartismus') und Konnotationen ('Militärherrschaft', 'Imperium Romanum') — bestätigt sich auch auf lexikalischer Ebene. Allerdings ist hier die „Verspätung" noch größer. — Bei MEYER hält sich von der dritten (1876) bis zur sechsten Auflage (1905) die Definition des 'Imperialismus' als *politischer Zustand der Staaten, in denen, wie unter den römischen Kaisern, nicht das Gesetz, sondern die auf die Militärmacht sich stützende Willkür des Regenten herrscht*[124], durch, obwohl in der sechsten Auflage neue Stichwörter aus dem Umfeld des modernen Imperialismusbegriffs aufgenommen wurden; so etwa die Artikel „Jingo"/ „Jingoismus" und „Greater Britain", in denen aber der Begriff 'Imperialismus' nicht vorkommt[125]. Ebenfalls erstmals in der Auflage von 1905 definiert Meyer den Begriff 'Imperialist': *Bezeichnung für die Anhänger der engeren Vereinigung und*

---

[122] S. o. Abschn. III. 1. Für Frankreich vgl. das pseudonym erschienene Tagebuch: FIDUS, Souvenir d'un impérialiste. Journal de dix ans (Paris 1886), 17: *„L'Ordre", le nouveau journal impérialiste; partout on m'interroge sur la fusion légitimiste-impérialiste* (ebd., 96); *nombre de gens adoptent l'idée du prince impérial, qui n'avaient jamais auparavant été impérialistes* (ebd., 157).

[123] KARL FRIEDRICH NEUMANN, Geschichte des englischen Reiches in Asien, Bd. 2 (Leipzig 1857), 65: *Jeder ist frei, und frei in vollem Sinne des Wortes nach dem Begriffe der englischen Verfassung und Gesetzgebung. Es konnte nicht fehlen, daß diese kühne Verpflanzung des britischen Bürgertums in die Nähe des nach anderen Prinzipien regierten Indien* (durch Sir Stanford Raffles, engl. Kolonialbeamter) *eine feindliche Partei in Bengalen und in der Heimat erregte, welche ihn für einen Schwärmer und gefährlichen Menschen erklärte. Vom imperialistischen englischen Standpunkt freilich mit gutem Grunde.* — Bereits SCHULZ/BASLER Bd. 1 (1913), 283 verweisen auf diese Stelle und interpretieren sie als Beleg für die Expansionspolitik Englands. Aus dem Kontext kann man diese Interpretation vertreten, obwohl nicht direkt von Expansion die Rede ist. Möglich ist allerdings auch eine andere Interpretation: das Faktum der englischen Oberherrschaft in Indien vorausgesetzt, ist es vom Standpunkt des Empire aus (d. h. vom *imperialistischen Standpunkt* aus!) verständlich, daß den Beherrschten nicht dieselben Bürgerrechte zugestanden werden wie den Kolonisatoren. Diese zweite Interpretation kann für sich anführen, daß sie ohne die Unterstellung, 'imperialistisch' bedeute an dieser Stelle 'expansiv', auskommt. Für diese Interpretation spricht auch, daß Neumann das Adjektiv ausschließlich an dieser Stelle verwendet und darauf verzichtet, wo es wirklich um die englische Expansion geht; vgl. ebd., 48 ff. 145 f. 512 ff. 672 ff.

[124] MEYER 3. Aufl., Bd. 9 (1876), 241; MEYER 6. Aufl., Bd. 9 (1905), 778.

[125] MEYER 6. Aufl., Bd. 8 (1904), 260: *Greater Britain ... Ausdruck, ... mit dem man aber heute England und seine Kolonien bezeichnet, ein über sämtliche Erdteile verteilter Länderkomplex.* Auch die „Encyclopaedia Britannica" von 1902/03 enthält noch keinen eigenen Art. Imperialismus.

der *Vergrößerung des britischen Weltreichs, deren Bestrebungen besonders während des südafrikanischen Krieges 1899—1900 hervortreten*. Chauvinistische Ausschreitungen des Imperialismus bezeichnet man mit dem Wort 'Jingoismus'[126]. Zweierlei erscheint dabei bemerkenswert. Zunächst springt die unübersehbare Spannung zwischen der Definition des Begriffs 'Imperialismus' und jener des 'Imperialisten', der für Meyer vor allem ein Parteibegriff ist, ins Auge. Während man in der ersten Definition unter 'Imperialismus' ein überzeitliches, nach römischem Vorbild herrschendes Willkürregiment versteht, versucht der Autor des Artikels „Imperialist", diesen Begriff historisch, regional und soziologisch einzugrenzen. Diese Eingrenzung erst ermöglicht eine wenigstens ansatzweise Dechiffrierung der Interessengebundenheit und Parteilichkeit des Begriffs. Noch unvermittelt stehen sich bei Meyer der allgemeine Begriff einer Regierungsform, die man ebensogut mit irgendeinem anderen Terminus aus der klassischen politischen Sprache ('Tyrannis', 'Despotie') bezeichnen könnte, und ein historischer Parteibegriff gegenüber, was um so erstaunlicher ist, als gleichzeitig in der sozialistischen Presse, aber auch anderswo (Hobson), große Anstrengungen unternommen wurden, das neue Phänomen historisch einzuordnen und zu begreifen. Zweitens enthält die Definition des Begriffs 'Imperialist' ebenfalls den Begriff 'Imperialismus' und zwar im Sinne von 'Jingoismus', was für das Lexikon soviel bedeutet wie *Chauvinismus der Torypartei*[127]. Darüber hinaus impliziert diese Definition eine klare Wertung, denn sie unterstellt zumindest hypothetisch einen Imperialismus ohne *chauvinistische Ausschreitungen*, auf den Meyer aber bezeichnenderweise nicht eingeht, denn dies erforderte eine sozialgeschichtlich und ökonomisch fundierte Vermittlung zwischen dem abstrakten Allgemeinbegriff und dem exklusiv auf England bezogenen Parteibegriff.

Die karge Behandlung des Imperialismusbegriffs in den Lexika muß um so mehr verwundern, als die britische Kolonialpolitik schon früh mit Skepsis registriert wurde: *Mit zäher, rücksichtsloser Energie wurde jeder europäische Nebenbuhler beseitigt und jede Gelegenheit zu neuem Landerwerb benützt: die Ausbreitung ruhte zeitweise, um dann wieder mit um so größerem Nachdruck aufgenommen zu werden, da man der riesig angewachsenen Industrie stets neue Absatzgebiete eröffnen muß*[128]. Diese noch vor der Inauguration der deutschen 'Weltpolitik' formulierte Kritik kam ohne den Imperialismusbegriff aus, obwohl sie das Phänomen ziemlich genau erfaßte. Die Erklärung dafür liegt nicht nur in der Vieldeutigkeit des Begriffs und der Langlebigkeit des älteren Imperialismusbegriffs[129], sondern auch darin, daß man offensichtlich die sich aus dem lateinischen Wortstamm und der Anspielung auf das Imperium Romanum eröffnenden Konsequenzen scheute: die positive Aufnahme der Kolonial- und Flottenpolitik in weiten Teilen der Öffentlichkeit war eine Sache, der — auch nur unbeabsichtigte — Anspruch auf Weltherrschaft eine ganz andere. Noch 1905 reflektiert HERDER in diesen Zusammenhängen, wenn er *Imperialismus* als *das Streben nach Einfluß auf die Leitung der Geschicke der gesamten Kulturwelt,*

---

[126] MEYER 6. Aufl., Bd. 9, 778.
[127] Ebd., Bd. 10 (1905), 256.
[128] EDUARD FRANZ, Art. Großbritannien, Staatslexikon, Bd. 2 (1892), 1596.
[129] Außer den bereits zit. Belegen vgl. WAGENER Bd. 10 (1862), 9; Bd. 4 (1860), 263; BLUNTSCHLI/BRATER Bd. 5 (1860), 452.

d) Lexikonebene

nach *Weltherrschaft (Imperium)*[130] definiert. Von daher wird es verständlich, daß das dreibändige, 1920 erschienene, aber schon vor dem Ersten Weltkrieg abgeschlossene „Deutsche Koloniallexikon" den Begriff 'Imperialismus' weder zur Bezeichnung fremder noch eigener kolonialpolitischer Bestrebungen gebraucht und lediglich von der *Strömung des Greater Britain ... unter Disraelis Ministerium* spricht[131].

Wie spät der Begriff ins Bewußtsein einer breiten Öffentlichkeit gelangte, läßt sich am Beispiel eines Fachlexikons zeigen. Für die erste Auflage des „Wörterbuchs der Volkswirtschaft" ist der Befund negativ, und in der zweiten Auflage (1907) schreibt der Autor, man beobachte *neuerdings wieder vielfache Bestrebungen auf einen engeren Zusammenschluß von Mutterland und Kolonien* und habe diese *Tendenz ... mit dem Namen 'Imperialismus' bezeichnet*[132]. Die vierte Auflage des „Staatslexikons" (1911) ist eines der wenigen Werke, das noch vor dem Ersten Weltkrieg einen größeren Artikel „Imperialismus" enthält. In diesem Artikel werden verschiedene Formen des Imperialismus diskutiert. Die Skala reicht vom *Rassenimperialismus* bis zur allgemeinen Bestimmung des Begriffs als *Wille zur Herrschaft, das Streben nach Macht*[133]. Das „Staatslexikon" verzeichnet auch einen *deutschen Imperialismus*, den es wie folgt umschreibt: *Seit dem letzten Jahrzehnt des 19. Jahrhunderts ist auch im Deutschen Reiche der Imperialismus stark in Erscheinung getreten. Recht häufig ist die Meinung vertreten, daß Deutschland nicht mehr Agrarstaat, sondern Industriestaat sei, daß an Stelle von Volkswirtschaft Weltwirtschaft, an Stelle von Nationalismus nunmehr Imperialismus zu treten habe*[134]. Auch hier gerät der Begriff in die Nähe eines Epochenbegriffs, in dem sich vor allem die Erfahrung des relativ raschen wirtschaftlichen und sozialen Wandels des Kaiserreichs vom Agrarstaat zum Industriestaat verdichtet. Schwächer als Arthur Dix begreift der Autor die Übergangsphase in geschichtsphilosophischer Perspektive, wobei er sich aber im Unterschied zu Dix über den Zusammenhang von Nationalismus und Imperialismus insofern keine Gedanken macht, als er die beiden Begriffe in den Rahmen einer abstrakten, rein temporal strukturierten Aufeinanderfolge stellt, ohne die sachlichen Gründe ihres gleichzeitigen Auftretens zu erörtern. Schließlich sollte das Tastende in der Definition des „Staatslexikons" nicht überlesen werden, denn ohne Zweifel wurde die deutsche 'Weltpolitik' nur von den wenigsten unter ihren Befürwortern als 'Imperialismus' begriffen. Dies hängt sicherlich damit zusammen, daß 'Weltpolitik' in

---

[130] HERDER 3. Aufl., Bd. 4 (1905), 775; fast wörtliche Übernahme der Definition bei E. BAUMGARTNER, Art. Imperialismus, Staatslexikon, 4. Aufl., Bd. 2 (1911), 1364: *Gemeinhin definiert man den Imperialismus als das Streben nach dem Einfluß auf die Geschichte der gesamten Kulturwelt, nach Weltherrschaft*. Vgl. ERNST HASSE, Art. Kolonien und Kolonialpolitik, Hwb. d. Staatswiss., Bd. 4 (1892), 740: *Die englische Kolonialpolitik ist fest auf die Errichtung einer englischen Weltherrschaft gerichtet*. Der Begriff 'Imperialismus' findet sich erst in der 3. Aufl., Bd. 5 (1910), 991, und einen eigenen Artikel „Imperialismus" enthält erst die 4. Aufl., Bd. 5 (1923), 383 ff. des Hwb. d. Staatswiss.
[131] Deutsches Koloniallexikon, hg. v. HEINRICH SCHNEE, Bd. 2 (Leipzig 1920), 334.
[132] F. KÖBNER, Art. Kolonien und Kolonialpolitik, Wb. d. Volkswirtsch., 2. Aufl., Bd. 2 (1907), 188.
[133] BAUMGARTNER, Art. Imperialismus (s. Anm. 130), 1365.
[134] Ebd., 1366.

gewissem Sinne neutraler und weniger ambitiös klang als 'Imperialismus', obwohl die zahlreichen mit dem Begriff 'Welt' gebildeten Komposita zuweilen in penetranter Dichte auftraten. *Weltbahnen und Weltkanäle öffnen neue Verbindungen, geben dem Welthandel und der Weltpolitik neue Werkzeuge und helfen die Weltkarte umgestalten*[135].

e) **'Imperialismus' in der innenpolitischen Auseinandersetzung.** Über den Wert der kolonialen Besitzungen entzündete sich schon damals eine heftige Kontroverse, die PAUL DEHN einfach entscheiden zu können glaubte: *Trotz aller ihrer Berechnungen haben es die Kolonialgegner, abgesehen von den sozialdemokratischen Nihilisten, doch vermieden, die letzte Schlußfolgerung zu ziehen — sie haben sich gescheut, einen Besitz für wertlos zu erklären, der so hohe Zuschüsse fordert, sie haben es unterlassen, das Aufgeben dieses Besitzes zu verlangen, und sie waren sehr klug, als sie darauf verzichteten, denn diese letzte Schlußfolgerung zeigt die Unrichtigkeit ihrer ganzen Darlegung*[136]. Dehn brauchte sich gar nicht um eine argumentative Widerlegung des Kostenarguments der Kolonialgegner zu bemühen; er konnte sich einfach auf die pure Faktizität, auf den mitreißenden Strom imperialistischer Begeisterung berufen. Diese wurde auch von liberalen bürgerlichen Parteien genährt, deren Kritik keinerlei politische Alternative gegenüber Kolonialpolitik und Weltpolitik implizierte.

Eine Ausnahme bildeten allein die linksliberalen Sozialimperialisten, eine Gruppe, die den Trägern des von Hans-Ulrich Wehler analysierten konservativen 'Sozialimperialismus' gegenübergestellt werden kann. Letztere befürworteten und betrieben imperialistische Expansion, um den innenpolitischen status quo in ökonomischer, sozialer und politischer Beziehung, koste es, was es wolle, aufrechtzuerhalten. Für sie gilt weitgehend der Primat der Innenpolitik. Die linksliberalen Sozialimperialisten dagegen, zu denen u. a. Max Weber, Friedrich Naumann und große Teile des Vereins für Sozialpolitik gehörten, erkannten recht früh, daß das innenpolitische Fundament für eine imperialistische Expansion im Zeichen der Machtpolitik zu schwach war. Sie forderten deshalb Parlamentarisierung und Demokratisierung als Mittel, um die innenpolitische Basis für die außenpolitischen Aufgaben zu stärken. Im Gegensatz zu den konservativen Eliten standen bei ihnen außenpolitische Erwägungen im Vordergrund, freilich stets in Verbindung mit einer Einsicht in die Dimensionen der mit den politischen und technisch-ökonomischen Umwälzungen zu lösenden Probleme.

Die mit dem deutschen Imperialismus gegebene Antinomie von Massenmobilisierung auf der einen und status-quo-Erhaltung auf der anderen Seite erwies sich langfristig als Wegbereiter des Faschismus. Frühindikatoren für diese Entwicklung sind die präfaschistischen Haltungen und Ideologien, die seit den neunziger Jahren rasch um sich greifen. Imperialistische Politik war in steigendem Maße von der Haltung der Volksmassen abhängig und erhöhte Einfluß und Bedeutung der Parteien, ohne

---

[135] A. DIX, Deutschland auf den Hochstraßen des Weltwirtschaftsverkehrs (Jena 1901), 9. Der Autor erinnert daran, daß das Reich Karls des Großen an *die Gestade von fünf Meeren grenzte* (ebd., 29).
[136] PAUL DEHN, Von deutscher Kolonial- und Weltpolitik, 2. Aufl. (Berlin 1907), 113 f.

e) 'Imperialismus' in der innenpolitischen Auseinandersetzung

allerdings das weithin verantwortungslose Parlament in seiner integrierenden Funktion nutzen zu können. Der preußisch-deutsche Staat befand sich eben nicht auf einem Weg kontinuierlicher Demokratisierung und Parlamentarisierung, sondern nach den Wahlschocks von 1903 und 1912 wurde die wachsende Repression und imperialistische Ausrichtung auf dem Hintergrund sich verschärfender Klassenantagonismen durch entsprechende ideologische Massenindoktrination abgesichert[137]. Innenpolitische Situation und imperialistische Expansion verstärkten sich gegenseitig, wobei letzten Endes die beherrschende Rolle der 'Weltpolitik' Ergebnis der innenpolitischen Krisensituation war, was dem deutschen Imperialismus seine spezifische nationale Ausprägung verlieh. Ein Indikator für die Krisensituation ist die wachsende Bedeutung der Sozialdemokratie, der eben durch weitere ökonomische Expansion und damit auch politische Integration entgegengewirkt werden sollte. OTTO HINTZE wies 1907 darauf hin, daß diese Wechselwirkung, die er als *Machtsteigerung durch Konzentration im Innern und durch Ausdehnung nach außen* umschreibt, nicht völlig neu war, womit er sich in Übereinstimmung mit jenen Zeitgenossen befand, die vom 'Neomerkantilismus' sprachen, wenn sie 'Imperialismus' meinten. Sie sei *der Inhalt jener Großmachtpolitik, durch die, namentlich im 17. und 18. Jahrhundert, die Ausbildung des Staatensystems, die gegenseitige Abgrenzung der Machtsphären ... unter den europäischen Staaten sich durchgesetzt hat. Es handelt sich dabei ebenso um wirtschaftliche wie um militärische Kraftanstrengungen. Im Gegensatz zum älteren Imperialismus, der die Gesamtinteressen eines großen, abgesonderten, in der Hauptsache auf sich selbst beruhenden Zivilisationsgebietes zum politischen Ausdruck bringt*, handele es sich jetzt um das Resultat langdauernder heftiger Rivalitätskämpfe, deren Impuls allerdings, insofern er von dem Streben nach Suprematie ausgehe, noch etwas von dem alten imperialistischen Geist enthalte. Das gelte u. a. für England, das sein Kolonialreich zu einem selbständigen Sonderdasein und zu einer straffen Ordnung zusammenfassen wolle. Speziell für dieses Bestreben hat sich nach Hintze der Begriff 'Imperialismus' eingebürgert. Deshalb hält er auch den Begriff 'Weltpolitik' für geeigneter, das Streben nach einem Nebeneinander, nach einem Gleichgewicht mehrerer Großmächte auszudrücken. Ähnlich wie Marcks meint Hintze: *Der Kampf um eine solche Großmachtstellung ist der eigentliche Sinn der imperialistischen Bewegung in der modernen Welt.* Womit doch implizit gesagt wird, daß der englische Imperialismus innerhalb dieser so charakterisierten *imperialistischen Bewegung*, die zu einem Nebeneinander, zu einem Gleichgewicht tendiert, eine Sonderstellung deshalb einnimmt, weil er Momente des alten imperialistischen Geistes mit denen moderner *Weltpolitik* verbinde. Gegenüber dem englischen Imperialismus grenzt er deutlich die *deutsche Weltpolitik* ab, deren Sinn ... *jedenfalls nicht Streben nach Weltherrschaft, sondern Streben nach Aufrechterhaltung des Gleichgewichts der Macht in einem Weltstaatensystem der Zukunft sei*[138].

---

[137] Vgl. GROH, Negative Integration (s. Anm. 83), passim.
[138] OTTO HINTZE, Imperialismus und Weltpolitik (1907), in: ders., Staat und Verfassung. Ges. Abh. z. allg. Verfassungsgesch. (1941), 2. Aufl., hg. v. Gerhard Oestreich (Göttingen 1962), 463. 461. 469 f.

Daß Hintze diese Entwicklung zwar akzeptierte, aber durchaus nicht emphatisch begrüßte, klingt später in seinem Hohenzollernbuch an: *Das europäische Staatensystem, in dessen Rahmen unsere ganze bisherige Geschichte sich abspielt, ist im Begriff, sich zu einem Weltstaatensystem umzubilden, in dem ganz andere Maßstäbe und Machtverhältnisse gelten als bisher. Rings um uns sind Riesenreiche entstanden oder in der Bildung begriffen, die weit über Umfang und Bevölkerungszahl der bisherigen Großstaaten hinausgehen; alles, was an der Peripherie liegt, dehnte sich aus, während wir in unserer eingeschlossenen Mittellage, im Herzen des europäischen Festlandes, in Gefahr gerieten, hinter den neuen Weltmächten, die rings umher emporkamen, zurückzubleiben. Es bedurfte einer vermehrten Anstrengung, um uns in der ersten Reihe zu behaupten. Kaum hatten wir die normale nationalstaatliche Daseinsform gewonnen, die Länder wie Frankreich und England schon seit Jahrhunderten besitzen, so sahen wir uns durch das Schicksal zu einer neuen Formwandlung gezwungen, um uns in dem werdenden Weltstaatensystem als eine der führenden Mächte, als „Weltmacht", aufrechtzuerhalten. Das ist der Sinn der „Weltpolitik", die das Zeitalter Kaiser Wilhelms II. charakterisiert*[139].

Die auf die Ziele des deutschen Imperialismus und damit potentiell auch auf den Krieg gerichtete Agitation des Alldeutschen Verbandes bestand hauptsächlich in der Negation völkerrechtlicher Bedenken, in dem Niederreißen liberaler Schranken und politischer Wertvorstellungen. So blieb es den liberalen Imperialisten vorbehalten, die leere Zielvorstellung mit einem Minimum an Inhalt zu füllen. KURT RIEZLER, der politische Intimus Bethmann Hollwegs, beschrieb die schwierige Lage des Deutschen Reiches, das, von beiden Seiten eingeschlossen, in der Kolonialpolitik zu spät gekommen sei und keine Möglichkeit der Expansion besitze. Dies zeigte sich im Vergleich mit England: *Englands Weltherrschaft ... hat neben der Seeherrschaft noch zwei andere Grundpfeiler: den britischen Kulturzusammenhang und die Londoner Börse*[140]. Es zeigte sich auch in der Marokkofrage, in dem Nachgeben gegenüber Frankreich. Riezler sah die deutsche Schwäche zur See und folgerte: *Die Entscheidung über die deutsche Weltpolitik fällt auf dem Kontinent*[141]. Auch er konstatierte den entscheidenden Einfluß der Ökonomie[142], was auf *diese Verflechtung der materiellen Interessen der zivilisierten Welt, die Entstehung einer einzigen Weltwirtschaft* zurückzuführen sei[143].

Riezler entwickelte eine Konzeption, die sich erst nach dem Scheitern des Schlieffenplans durchsetzen sollte: die Konzentration auf Mitteleuropa als entscheidende Voraussetzung weiterer imperialistischer Politik. Damit brach der Teil der deutschen außenpolitischen Konzeption, der sich gegen England gerichtet hatte, deutlich sichtbar zusammen. Die Niederlage dieser Konzeption hatte sich schon mit

---

[139] Ders., Die Hohenzollern und ihr Werk. Fünfhundert Jahre vaterländischer Geschichte (Berlin 1915), 679.

[140] J. J. RUEDORFFER [d. i. KURT RIEZLER], Grundzüge der Weltpolitik in der Gegenwart (Stuttgart, Berlin 1914), 95.

[141] Ebd., 106 f. Dies entsprach auch der deutschen Wehrpolitik vor 1914, die den Tirpitz-Plan als gescheitert betrachtete. Vgl. BERGHAHN, Tirpitz-Plan (s. Anm. 77), 419 ff. 600.

[142] RUEDORFFER [d. i. RIEZLER], Grundzüge, 157: *... daß alle Kriege der letzten Zeit, an denen europäische Großmächte beteiligt waren, wenn nicht von dem Kapitalsinteresse angezettelt, so durch das Kapitalsinteresse eingeleitet worden sind.*

[143] Ebd., 159.

f) 'Imperialismus' nach dem Ersten Weltkrieg

dem Scheitern des Tirpitzschen Flottenprogramms nach 1905 abgezeichnet[144]. Die Basis der deutschen Politik war offensichtlich zu schmal für eine Ablösung der englischen Suprematie, weshalb nun die machtpolitische Arrondierung in Mitteleuropa eindeutig in den Vordergrund trat. Diese Konzeption fand zum ersten Mal ihren Niederschlag in einem Brief WALTHER RATHENAUS an Bethmann Hollweg vom 7. 9. 1914: *Das Endziel wäre der Zustand, der allein ein künftiges Gleichgewicht Europas bringen kann: Mitteleuropa geeint unter deutscher Führung, gegen England und Amerika einerseits, gegen Rußland andererseits politisch und wirtschaftlich gefestigt*[145].

In der anfänglichen Euphorie kulminierten sowohl die chauvinistischen und rassistischen Momente als auch die Expansionstendenzen des deutschen Imperialismus. Der Terminus selbst jedoch wurde im Krieg wieder vornehmlich zur Kennzeichnung der Hegemonialbestrebungen der Feinde, allen voran Englands, benutzt, denen die deutsche Gleichgewichtsbewahrung gegenübergestellt wurde. Diese Legitimation war aber politisch und ökonomisch gesehen objektiv unhaltbar. Das Deutsche Reich war trotz offensichtlicher innenpolitischer Schwächen bereits Weltmacht, und jeder Schritt, der den status quo zugunsten des Reiches entscheidend veränderte, konnte nicht nur von den Feinden als Hegemoniestreben interpretiert werden, sondern war es auch objektiv zumindest auf ökonomischem Gebiet. Es war nicht nur übersteigertes Selbstgefühl, wenn die „Deutsche Arbeitgeberzeitung" am 7. 2. 1915 schrieb: *Der Krieg wird geführt zur Entscheidung darüber, wer auf dem Weltmarkt die erste Rolle spielen soll*[146].

f) 'Imperialismus' nach dem Ersten Weltkrieg. Sowohl das politische als auch das ökonomische Moment setzten sich als inhaltliche Bestimmung des Begriffs 'Imperialismus' im Ersten Weltkrieg in einem Umfang durch, daß sofort nach Kriegsende eine neue, breite Diskussion einsetzte. JUSTUS HASHAGEN unterschied 1919 eine ältere Bestimmung, die an den Begriff 'Imperium' anknüpft und das Streben nach Weltherrschaft meint. Von diesem alten Begriff *hebt sich jedoch häufig das bescheidenere Streben nicht nach der Weltherrschaft, sondern nur nach einem Anteil an der Weltherrschaft, also nach Weltmacht ab. Auch dies bescheidenere Streben wird, was sich kaum vermeiden läßt, als Imperialismus bezeichnet*[147]. Damit subsumiert Hashagen 'Weltpolitik' in ihrer spezifisch deutschen Abgrenzung unter den Begriff. HEINRICH FRIEDJUNG bestimmte die gesamte Epoche seit 1884 als 'Imperialismus', wobei er den Begriff allerdings in idealistischer Manier benutzte, insofern er eine historische Sequenz von liberaler, nationaler und imperialistischer Idee konstruierte. Der Nationalstaat hätte den ruhelosen Geist nicht ausgefüllt. *Eine neue Leidenschaft ergriff die Völker: Sie strebten aus der Heimat in die Weltweite und erfanden für diese alte, aber niemals gleich mächtige Begierde den tönenden Namen Imperialismus*[148].

---

[144] Vgl. BERGHAHN, Tirpitz-Plan, 423 ff.
[145] WALTHER RATHENAU, Politische Briefe (Dresden 1929), 12.
[146] Zit. Sozialpolitische Chronik, Arch. f. SozWiss. u. Sozialpolitik 41 (1915), 295.
[147] JUSTUS HASHAGEN, Über historische Imperialismusforschung, Internat. Monatsschr. f. Wiss., Kunst u. Technik 13 (1919), 506.
[148] HEINRICH FRIEDJUNG, Das Zeitalter des Imperialismus. 1884—1914, Bd. 1 (Berlin 1919), 4.

Das Neue der Situation ist also einmal die Stärke der „Begierde" und zum anderen das bewußte Moment: *Unter 'Imperialismus' versteht man den Drang der Völker und Machthaber nach einem wachsenden Anteil an der Weltherrschaft, zunächst durch überseeischen Besitz. Diese Begriffsbestimmung ist aber durch das Merkmal zu ergänzen, daß der Trieb zu klarem Bewußtsein gediehen, zur Richtschnur des Handelns erhoben worden ist*[149]. Nach dieser idealistischen Bestimmung brauchte sich Friedjung nicht mehr mit den materiellen Hintergründen dieser „Leidenschaft" zu beschäftigen, während sich Hashagen mit einem wesentlichen Versuch zur soziologischen Bestimmung des Begriffs auseinandersetzte, der von JOSEPH A. SCHUMPETER unternommen wurde.

Schumpeter ging von vornherein davon aus, *daß das aggressive Verhalten der Staaten oder der vorstaatlichen Gebilde zueinander ... nur zum Teil zweifelsfrei und unmittelbar aus realen und konkreten Interessen der Leute erklärt werden kann.* Da er keine treibende Kraft und nur Aggressivität an sich erkannte, folgerte er konsequent: *Imperialismus ist die objektlose Disposition eines Staates zu gewaltsamer Expansion ohne angebbare Grenze.* Schumpeter verwies auf die imperialistischen Tendenzen im absoluten Fürstenstaat, von dem sie sich in der sozialen Struktur und im psychologischen Habitus herleiteten: *Der Imperialismus ist ein Atavismus. Er fällt in die große Gruppe von Überbleibseln früherer Epochen, die in jedem konkreten sozialen Zustand eine große Rolle spielen.* Da Schumpeter diese These gegenüber der ökonomischen Erklärung des Imperialismus belegen mußte, behauptete er, daß die wesentlichen ökonomischen Erscheinungen des Imperialismus nicht aus der immanenten Entwicklung des Kapitalismus folgten. Die Konkurrenz widerspräche der Konzentration bis hin zur Monopolisierung, weshalb die Interessenlage der kapitalistischen Wirtschaft keineswegs in die Richtung des Imperialismus weise. *Weil der Kapitalismus seinem Wesen nach antiimperialistisch ist, ... können wir die tatsächlich bestehenden imperialistischen Tendenzen nicht ohne weiteres aus ihm ableiten, sondern offenbar nur als ihm fremde, von außen in seine Welt hineingetragene, durch nichtkapitalistische Faktoren modernen Lebens gestützte Elemente begreifen.* Dabei benutzte Schumpeter eine Besonderheit des Imperialismus in Preußen-Deutschland, nämlich die Repräsentation durch Junkertum und Kaiser sowie den besonders aggressiven Charakter, um seine globale These vom feudalen Überrest zu stützen. Freilich können so die epochalen und übergreifenden Phänomene nicht erklärt werden. *Damit sind wir nun zu den historischen wie soziologischen Quellen des modernen Imperialismus vorgedrungen, der mit Nationalismus und Militarismus nicht zusammenfällt, aber verschmilzt, indem er sie ebenso stützt, wie er von ihnen gestützt wird. Auch er ist — historisch nicht nur, sondern auch soziologisch — eines der Erbstücke des Fürstenstaates, seiner Strukturelemente, seiner Organisationsformen, seiner Interessenlage und der Dispositionen seiner Menschen: vorkapitalistische Mächte, die der Fürstenstaat, zum Teil mit den Mitteln des Frühkapitalismus, neu organisiert hat.* Das gleiche gelte für den *Exportmonopolismus, der selbst noch nicht 'Imperialismus' sei und sich in der Hand unkriegerischer Bourgeoisie nie zum Imperialismus entwickelt. Das geschah nur, weil auch die Kriegsmaschine, ihre sozialpsychische Atmosphäre und das*

---

[149] Ebd., 5; sowie Bd. 2 (1922), 4.

f) 'Imperialismus' nach dem Ersten Weltkrieg

kriegerische Wollen mit geerbt wurden, und weil sich eine kriegerisch orientierte Klasse in herrschender Position erhielt. Mit dieser Orientierung konnten sich die kriegerischen Interessen der Bourgeoisie verbinden, wobei aber beide der weiteren Entwicklung der *modernen Welt* zum Opfer fallen würden[150]. Somit ist der Imperialismus nur ein vorübergehender Betriebsunfall der Weltgeschichte, hervorgerufen durch Atavismen. Bezogen auf den deutschen Hintergrund, handelt es sich bei Schumpeter um einen Kampfbegriff gegen die bis zur Revolution in Preußen-Deutschland herrschenden Klassen oder, anders ausgedrückt, gegen die Klassensymbiose von Junkertum und Bourgeoisie. Das utopische Moment in Schumpeters Argumentation rückt seinen Imperialismusbegriff zweifellos in die Nähe jener marxistischen Imperialismustheorie, die vom letzten Stadium des Kapitalismus spricht.

HASHAGEN erkannte die Schwäche dieser Begriffsbestimmung und ergänzte sie in zwei Richtungen. Zum einen fügte er das Autarkiestreben hinzu, wodurch er die *objektlose Disposition* modifizierte, besonders was das Finanzkapital angeht. Zum anderen stellte er den Imperialismus in einen breiteren lebensphilosophischen Kontext, der biologistisch konkretisiert wird. Dadurch wird zwar das Problem umgangen, mit Schumpeter die Dominanz eines atavistischen Militarismus auf schmalster soziologischer Basis begründen zu müssen; aber andererseits gerät Hashagen die Definition zu einer alles legitimierenden Leerformel ohne jeglichen Erklärungswert: *Was also zunächst nur als blinde, atavistische Offensive erscheint, ist in Wirklichkeit gleichsam nur die Außenseite einer in tiefsten Lebensgesetzen haftenden Defensive: nicht aus objektlosem Fanatismus, sondern aus dem Selbsterhaltungstriebe erklärt sich der Ausdehnungsdrang*[151].

Diese beiden Ansätze nach dem Ersten Weltkrieg sind insofern interessant, als sie versuchten, das neue politische System gegenüber den Kräften zu immunisieren, die den Krieg verursachten. Schumpeter schob die Schuld einfach auf die überwundenen Momente der preußisch-deutschen halbabsolutistischen Militärmonarchie, während Hashagen die „tiefsten Lebensgesetze" auch für die Weimarer Republik erhalten wollte. Beide mußten sich dabei gegen materialistische, politökonomische Theorien dadurch abgrenzen, daß sie auf idealistische und psychologische Argumentationsreihen auswichen, die allerdings die reale historische Entwicklung nicht konsistent und auf empirischer Basis zu erklären vermochten. So wurde der Begriff mehr und mehr von den systematischen Kritikern des Imperialismus vereinnahmt und für die bürgerliche Sozialwissenschaft zunächst höchst suspekt[152].

---

[150] JOSEPH A. SCHUMPETER, Zur Soziologie der Imperialismen (1919), in: ders., Aufsätze zur Soziologie (Tübingen 1953), 72. 74. 119. 126. 145.

[151] J. HASHAGEN, Der Imperialismus als Begriff, Weltwirtschaftliches Arch. 15 (1919/20), 189.

[152] So z. B. OTHMAR SPANN, Art. Imperialismus, Hwb. d. Staatswiss., 4. Aufl., Bd. 5 (1923), 385: *Der größte Teil des Schrifttums über Imperialismus gehört daher weder der Gesellschaftslehre noch der wissenschaftlichen Geschichtsbetrachtung an, sondern einer mehr oder weniger verkappten Parteipolitik und ist ja auch in der Tat meistens von Nichtkennern jener Fächer geschrieben.*

VI. Politische Ökonomie des Imperialismus

1. Theoretische Ansätze bei Marx

Mit ADOLF LÖWE läßt sich das bei Schumpeter angeschnittene Problem, das die gesamte Diskussion über den 'Imperialismus' spätestens seit der Jahrhundertwende durchzieht, so formulieren: *Der gewaltige Expansionsdrang der abendländischen Staaten in der Neuzeit ist eine unbestrittene Tatsache. Auch daß dieses machtpolitische Verhalten der Staaten seinen Niederschlag in der Wirtschaftspolitik findet und die Struktur der nationalen Wirtschaften wie des weltwirtschaftlichen Verkehrs seit Anfang des 19. Jahrhunderts nachdrücklichst beeinflußt hat, ist allgemeine Überzeugung. Um so heftiger tobt der Meinungsstreit um das Problem, ob die Wirtschaft und ihre Triebkräfte selbst die entscheidende Ursache für diesen politischen Expansionsdrang, der mit dem Begriff 'Imperialismus' gemeint ist, darstellen, oder ob diese aggressivenTendenzen sich ohne Rücksicht, womöglich gar im Gegensatz zu den wirtschaftlichen Interessen der Subjekte einer solchen Politik durchsetzen*[153].

In der Diskussion über die politische Ökonomie des Imperialismus spielte der Rekurs auf die ersten, vorklassischen Theorien und Maßnahmen des Merkantilismus eine hervorragende Rolle, insofern Parallelen hinsichtlich Finanz- und Schutzzollpolitik unübersehbar waren. RUDOLF HILFERDINGS exportmonopolistische Theorie, zuerst 1902/03 skizziert[154], wurde von ihm und OTTO BAUER bis 1906 voll ausgearbeitet[155]. Ebenfalls 1902 veröffentlichte Hobson die erste umfassende Analyse des Imperialismus mittels politökonomischer Kategorien. Auf Hobson und Hilferding bezieht und gründet sich die spätere Diskussion bis heute.

Beide sind allerdings nicht denkbar ohne die kritische Aufarbeitung der klassischen bürgerlichen Ökonomie durch KARL MARX und ohne die bereits von ihm im Rahmen dieser Kritik entwickelten Ansätze zu einer Imperialismustheorie[156], die aus seiner Krisentheorie ableitbar sind.

---

[153] ADOLF LÖWE, Zur ökonomischen Theorie des Imperialismus, in: Wirtschaft und Gesellschaft. Beiträge zur Oekonomik und Soziologie der Gegenwart, Fschr. FRANZ OPPENHEIMER (Frankfurt 1924; Ndr. 1969), 189.

[154] RUDOLF HILFERDING, Der Funktionswechsel des Schutzzolls, Neue Zeit 21/2 (1902/03), 274 ff.

[155] 1906 wurden sowohl BAUER, Die Nationalitätenfrage und die Sozialdemokratie (Wien 1907) als auch HILFERDING, Das Finanzkapital. Eine Studie über die jüngste Entwicklung des Kapitalismus (Wien 1910; Ausg. Frankfurt 1968), geschrieben. Kurzer Abriß bei GROH, Negative Integration (s. Anm. 83), 296 f.

[156] Da die These, aus der Marxschen Kritik der Politischen Ökonomie ließe sich kein stringentes Erklärungsmodell für das Phänomen Imperialismus ableiten, in der Forschung vorherrscht, ich aber im Rahmen dieses Artikels nur sehr summarisch und darüber hinaus ohne Beleg (denn jede Auswahl wäre reiner Dezisionismus) argumentieren muß, kann ich nur auf die Arbeit von ANDREAS GRIESSINGER, Ansätze zu einer Imperialismustheorie bei Karl Marx. Arbeitspapiere der Projektgruppe Basisprozesse und Organisationsproblem, Nr. 7, hg. v. D. GROH (Universität Konstanz, Oktober 1975) verweisen. Zur Krisentheorie s. ROLF-PETER SIEFERLE, Die Revolution in der Theorie von Karl Marx (Frankfurt, Berlin, Wien 1979).

VI. 2. Imperialismus und deutsche Sozialdemokratie

Wenn Marx glaubt, daß die Welt als Krisenzusammenhang „ökonomisch begründet" ist und die geschichtliche Entwicklung „die praktische Auflösung des vorgefundenen Krisenzusammenhangs" impliziert[157], so ergibt sich aus der Einbettung dieses Geschichtsprozesses in das Verhältnis von Kapital und Arbeit, daß die Krisen, in denen ihr feindlicher wechselseitiger Gegensatz periodisch zum Eklat kommt, sich aus zwei Quellen speisen. Deshalb verbindet und erweitert Marx in der Darstellung der Krisen das Gesetz des tendenziellen Falls der Profitrate ständig durch das Unterkonsumtionstheorem. Da die Überproduktion aus zwei voneinander unabhängigen Ursachen entstehen kann, nämlich entweder kapitalimmanent aus dem tendenziellen Fall der Profitrate oder in äußerer Bestimmung aus der Diskrepanz von Produktion und Konsumtion, hat die Untersuchung imperialismustheoretischer Ansätze bei Marx stets von dieser Doppelstruktur auszugehen. Folgende Ansätze lassen sich bei Marx nachweisen:

1) Die beständige Erweiterung des Warenexports, die zur Folge hat, daß sich die Absatzmärkte notwendig ausdehnen bzw. in unkapitalisierten Räumen neu geschaffen werden.
2) Die Modifikation des Wertgesetzes durch den Außenhandel, vor allem beim Austausch mit unterentwickelten Gebieten, und der sich daraus ergebende Einfluß der Expansionsbestrebungen auf die Bewegung der Profitrate.
3) Der zunehmend sich verschärfende Zwang zur dauernden Sicherung der Rohstoffquellen.
4) Die steigende Bedeutung des Kapitalexports aufgrund der verschärften Tendenz zur Überakkumulation von Kapital.
5) Der sich entwickelnde Interessengegensatz zwischen Industrie- und Finanzkapital, der zur indirekten Beherrschung des Produktionsprozesses durch das in den Banken sich organisierende Geldkapital führt.

2. Diskussion über den Imperialismus in der deutschen Sozialdemokratie bis zur expliziten Theoriebildung

a) Der Begriff 'Imperialismus' wird zunächst im historischen Vergleich und in der Auseinandersetzung mit England benutzt. MAX BEER sieht 1897 drei imperialistische Perioden: die makedonische, die römische und die napoleonische, deren gemeinsames Kennzeichen sei, *daß sie von überragenden Persönlichkeiten, von Gewaltmenschen geleitet wurden, deren Taten alle sachlichen Triebfedern dieser historischen Erscheinungen überschatteten und verdunkelten.* Demgegenüber treten beim modernen englischen Imperialismus die *sachlichen Motive* klar hervor. Diese sind: *die wohlbegründete Annahme, daß Englands industrielle und kommerzielle Oberherrschaft erschüttert wird; das Wachstum der politischen Macht, des sozialpolitischen Strebens und Klassenbewußtseins der Arbeiter; das Aufsteigen des Deutschen Reiches, dessen Kolonialeifer und energisches Vordringen auf dem Weltmarkt; die wiedererwachte Kolonialtätigkeit Frankreichs; die Verjüngung der Tories und ihrer Ideale durch Disraeli, oder richtiger, durch ihr Aufgehen in der Bourgeoisie. Allen diesen Motiven*

---

[157] JÜRGEN HABERMAS, Zwischen Philosophie und Wissenschaft. Marxismus als Kritik (1963), in: ders., Theorie und Praxis. Sozialphilosophische Studien (Frankfurt 1971), 252.

liegt zugrunde: das krampfhafte Bestreben der Bourgeoisie, ihre wirtschaftliche und politische Macht zu behalten, was auf eine Erhaltung der kapitalistischen Produktionsweise hinausläuft. Bei der Angliederung der Kolonien und in der Innenpolitik wirke der Imperialismus reaktionär, außenpolitisch laufe er jedoch auf eine zunehmende politische und ökonomische Zentralisierung hinaus (Vereinigte Staaten Europas!), die *nichts anderes denn die letzte Phase der bürgerlichen Welt darstellen* würde[158]. Mit dem Auftreten des Begriffs bei marxistischen Autoren taucht bemerkenswerterweise sofort der Imperialismus als letztes Stadium des Kapitalismus am Horizont auf. Dies ist ein Zeichen dafür, daß marxistische Imperialismustheorien auch die Funktion haben, ein spezifisches Defizit der Marxschen Theorie, nämlich die fehlende Revolutionstheorie, auszugleichen. Wie sehr den damaligen analytischen Ansätzen jedoch die materialistische Substanz fehlte, beweist die Diskussion innerhalb der SPD um Kiautschou. Denn die Partei hatte den imperialistischen Bestrebungen nur formale, humanitäre und ökonomische Argumente entgegenzuhalten, die die imperialistische Expansion als unabänderlich anerkannten und nur deren Folgen mildern wollten. 'Imperialismus' wurde so als eine spezifische Herrschaftsform verstanden, worin die in der Bismarckära entwickelten Begriffe 'Bonapartismus' und 'Cäsarismus' aufgingen. So bei Franz Mehring[159] und bei Karl Kautsky[160] um die Jahrhundertwende. Das Haften an der Oberfläche der Erscheinungen, statt in die „Anatomie" (Marx) des Kapitalismus einzudringen, führte zu einer erstaunlichen Affinität zu bürgerlichen Positionen (Schumpeter).

b) 1897 hatte Georg Adler die innenpolitischen Aspekte imperialistischer Politik untersucht und den Begriff *imperialsozialistische Sozialpolitik* geprägt. Er zieht aus der Sozialpolitik besonders Preußens den Schluß, daß sich der Gegensatz zwischen Bourgeoisie und Proletariat verringern werde. *Da der Imperialsozialismus in dem, was von ihm Dauer hatte, objektiv einen mächtigen Schritt zur Einordnung des Proletariats in die moderne Gesellschaft und zu seiner positiven Mitarbeit an ihren Kulturaufgaben darstellte*, sei er zwar nur eine *weltgeschichtlich bedeutsame Illusion*, aber in seinem Ergebnis nützlich, wenn auch das Proletariat nicht mit seinen Feinden wie Disraeli, Napoleon III. und Bismarck ausgesöhnt worden sei[161].

Das gleiche Argument von den gemeinsamen kulturellen und zivilisatorischen Zukunftsaufgaben benutzte Eduard Bernstein 1898, um seine positive Haltung zur Kolonialpolitik zu begründen. Die Sozialdemokratie *wird die Vergewaltigung und betrügerische Ausraubung wilder oder barbarischer Völker bekämpfen, aber sie wird auf jeden Widerstand gegen ihre Einbeziehung in die Geltungssphäre zivilisatorischer Einrichtungen als zweckwidrig verzichten und ebenso von jeder grundsätzlichen Bekämpfung der Erweiterung der Märkte als utopisch Abstand nehmen*[162]. Bernstein wandte sich gegen den Gedanken, daß die Kolonialpolitik den Zusammenbruch hinausschieben würde mit dem Argument, daß dieser aus der Kinderzeit der

---

[158] Beer, Der moderne englische Imperialismus (s. Anm. 69), 303. 306.
[159] Franz Mehring, Geschichte der deutschen Sozialdemokratie (1903/04), Ges. Schr., hg. v. Thomas Höhle, Hans Koch, Josef Schleifstein, Bd. 2 (Berlin 1960), 687. 690.
[160] Karl Kautsky, Kiautschou, Neue Zeit 16/2 (1898/99), 25.
[161] Adler, Die imperialistische Sozialpolitik (s. Anm. 25), 43 f.
[162] Eduard Bernstein, Zusammenbruchstheorie und Colonialpolitik, Ges. Abh. (Berlin 1901), 234.

sozialistischen Bewegung stamme und übernahm so mit den neuen Bedingungen imperialistischer Entwicklung selbst deren ideologische Legitimation[163].

c) ROSA LUXEMBURG wandte sich entschieden gegen die Position Bernsteins. Sie analysierte die deutsche Weltpolitik 1900 unter dem Aspekt, daß sie Spannungen und Gegensätze vergrößerte: *So geht in diesem Augenblick der weltpolitische Drang in allen Großstaaten offenbar dahin, sie ganz unbeachtet ihrer verschiedenen geographischen, politischen und wirtschaftlichen Lage unterschiedslos zur höchsten Anspannung des Militarismus sowohl zu Lande wie zu Wasser anzutreiben — mit allen sich daraus ergebenden Konsequenzen für die innere Entwicklung dieser Staaten. Nicht Abschwächung und Milderung der sozialen Kämpfe, sondern Steigerung der Gegensätze, Verschärfung der Kämpfe ebenso außerhalb wie innerhalb der modernen Gesellschaften haben wir demnach jetzt zu gewärtigen. Die Niederlage Englands wird unzweifelhaft in erster Linie ein starker Dämpfer für den volksfeindlichen englischen Imperialismus sein. In weiterer Folge kann sie aber, darüber dürfen wir uns nicht täuschen, nur zur erneuten Steigerung des Militarismus und der Weltpolitik mit doppelter Vehemenz führen*[164]. R. Luxemburgs Analyse verbleibt auf einer formalen Ebene, auf der 'Militarismus', 'Weltpolitik' und 'Imperialismus' austauschbare Begriffe sind, obwohl sie spezifischen Ländern zugeordnet werden. Daß auf dieser Ebene auch die Festlegung der politischen Linie wie der praktischen Schritte mehr Produkt politischer Überzeugung als materialistischer Analyse waren, zeigte sich auf dem Internationalen Sozialistenkongreß 1900 in Paris[165].

d) Diese unklaren Positionen in der Sozialdemokratie führten um die Jahrhundertwende zu einer intensiveren Beschäftigung mit der politischen Ökonomie des Imperialismus, die u. a. von Alexander Parvus-Helphand, Heinrich Cunow und später Hilferding vorangetrieben wurde. CUNOW führte Ende Mai 1900 die Eroberungstendenzen des Imperialismus auf *das Verwertungs- und Ausdehnungsbedürfnis des Geldkapitals* zurück: während zu Beginn der Kolonisation der Absatzmarkt im Mittelpunkt stand, ist die Stellung Englands nicht aus der Größe des Kolonialbesitzes, sondern umgekehrt aus dem damit verbundenen *Welthandels- und Industriemonopol* zu erklären. Während für den Warenaustausch mit den Kolonien die Gesetze des Marktes gelten, steht es anders *mit dem nach profitabler Anlage suchenden Geldkapital, das tatsächlich die wirklich treibende Kraft der imperialistischen Expansionsbestrebungen ist. Für das Kapital, das in überquellendem Betätigungsdrang in auswärtigen Unternehmungen höhere Profite sucht, als die einheimische Anlage bietet, ist es keineswegs gleichgültig, wem dieses und jenes Gebiet gehört, denn für die Möglichkeit und Sicherheit der Anlage ist die politische Herrschaft von ausschlaggebender Bedeutung.* Die Entstehung des Geldkapitals und seine Funktion analysiert Cunow so: *Aus den Profitakkumulationen des Industriekapitals hat sich wuchernd ein noch fortwährend anschwellendes Geld- und Finanzkapital erhoben, das nach*

---

[163] Ders., Die Voraussetzungen des Sozialismus und die Aufgaben der Sozialdemokratie (1899), 2. Aufl. (1921; Ndr. Bonn-Bad Godesberg 1973).
[164] ROSA LUXEMBURG, Ein Ergebnis der Weltpolitik (1900), GW Bd. 1/1 (Berlin 1972), 678.
[165] Vgl. das Protokoll: Internationaler Sozialisten-Kongreß zu Paris 1900. 23. bis 27. September 1900 (Berlin 1900), 25 ff.

profitabler Verwertung sucht. Neben den Warenexport ist der Kapitalexport getreten; aus Absatzmärkten für die Großindustrie haben sich die Kolonien zu Anlagemärkten für das überschüssige Kapital der reich gewordenen Industrieländer entwickelt. Und dieses, wenn man so sagen darf, Verwertungs- und Ausdehnungsbedürfnis des Geldkapitals ist es, was in der modernen Expansions- und Weltpolitik zum Ausdruck kommt, teilweise deren eigenen Fürsprechern unbewußt. Die politische Konsequenz aus diesem auf Hilferding vorausweisenden Artikel, der schon klar die Kapitalexporttheorie vertrat, war: *Für die sozialistische Partei ergibt sich aus diesem Charakter der imperialistischen Weltpolitik nur die Notwendigkeit, diese um so rücksichtsloser zu bekämpfen*[166].

3. Imperialismustheorien

Zur theoretisch ausformulierten Kritik an einer umfassend verstandenen imperialistischen Entwicklung drängten erst die großen außenpolitischen Auseinandersetzungen, der Spanisch-Amerikanische Krieg, der Boxeraufstand und vor allem der Burenkrieg. Mit dem Burenkrieg verallgemeinerte sich nicht nur die innere und äußere Kritik am englischen Vorgehen, die Kritik führte auch zur theoretischen Aufarbeitung mittels des zentralen Begriffs 'Imperialismus'.

a) **Hobson.** In England war es HOBSON, der seine eigenen Erfahrungen aus Südafrika mit der Kritik an der Sozialstruktur des Mutterlandes verband und 1902 in seinem Buch „Imperialism" die erste systematische Analyse der als neu empfundenen historischen Situation bot. Hobson geht aus von einem *genuine nationalism*, der seine nationalen Schranken überwindet und unbewohnte, öde Gebiete kolonisiert. Dieser Nationalismus entartet *to a spurious colonialism on the one hand, Imperialism on the other* in der Konkurrenz mehrerer Reiche, der wiederum, was Hobson als *the novelty of the recent Imperialism* bezeichnet, zur Unterwerfung anderer Völker führt: *Nationalism is a plain highway to internationalism, and if it manifests divergence we may well suspect a perversion of its nature and its purpose. Such a perversion is Imperialism, in which nations trespassing beyond the limits of facile assimilation transform the wholesome stimulative rivalry of varied national types into the cut-throat struggle of competing empires. Not only does aggressive Imperialism defeat the movement towards internationalism by fostering animosities among competing empires: its attack upon the liberties and the existence of weaker or lower races stimulates in them a corresponding excess of national self-consciousness.*

Aufgrund dieser Unterscheidung untersucht Hobson Handel und Expansion der wichtigsten europäischen Mächte und kommt zu dem Ergebnis, daß sich imperialistische Expansion für die gesamte Volkswirtschaft und die Nation als ganzes nicht lohnt. Er findet die Erklärung für imperialistische Expansion trotz dieses unbestreitbaren Tatbestandes darin, *that the business interests of the nation as a whole are subordinated to those of certain sectional interests that usurp control of the national resources and use them for their private gain ... The new Imperialism ... has been*

---

[166] HEINRICH CUNOW, Handelsvertrags- und imperialistische Expansionspolitik, Neue Zeit 18/2 (1899/1900), 240. 235. 239 f. 242.

good business for certain classes and certain trades within the nation[167]. So irrational die Expansion vom Standpunkt der ganzen Nation ist, so rational ist sie vom Standpunkt bestimmter Gruppen. Dies belegt er anhand der Zunahme der Investitionen in Form von Anleihen, Verkehrsmitteln etc. Während der Imperialismus dem Steuerzahler teuer zu stehen kommt, bildet er die Quelle großer Profite für die Investoren und Spekulanten. Sie schüttelten auch die „alte Garnitur" der Politiker ab, mit ihnen die Freihandelsdoktrin, fanden sich in der republikanischen Partei in den USA, in der konservativen Partei in England und setzten den Imperialismus als politisches Prinzip und politische Praxis durch.

Ökonomisch gesehen, ist diese Politik deshalb notwendig, weil die Konkurrenz zur Überproduktion und weiter zur Konzentration der Industrie in Trusts führt. Mit Schutzzoll und Monopolisierung sowie dem machtpolitischen Instrumentarium der Regierungen versuchen diese Organisationen, sich auf fremden Märkten und in unterentwickelten Ländern durch Eroberung und Kolonisation Investitionsmöglichkeiten für Güter und Kapitalien zu schaffen. Der Imperialismus ist nach Hobson eine Art Kanalsystem, durch das die großen Machthaber der Industrie ihren überschüssigen Reichtum gewinnbringend anlegen. Hobson vertritt eine spezifische Kapitalexporttheorie. Da der Kapitalexport aber nur die Kehrseite davon ist, daß die Konsumenten daran gehindert werden, ihren Verbrauch entsprechend dem Wachstum der Produktion zu erhöhen, läßt sich sein theoretischer Ansatz auf die Unterkonsumtionstheorie zurückführen. Er hält die kapitalistische Produktionsweise an sich nicht für antagonistisch, sondern allein die Interessen der konkurrierenden Cliquen. Die herrschende parasitäre Klasse benutzt ihren Reichtum auch dazu, um die Fügsamkeit der unteren Klassen durch Bestechung zu erkaufen. (Dies ist ein Ansatz für die bei Lenin ausformulierte Arbeiteraristokratie-Hypothese.) Die imperialistische Politik bedient sich aller ihr zur Verfügung stehenden Mittel, u. a. des Parlamentarismus, der Presse, der Schule und, wo nötig, auch der Kirche, um den Massen den Imperialismus *under the attractive guise of sensational patriotism* zu verkaufen[168].

Hobsons Buch war ein Wendepunkt. Es war die erste Analyse, die versuchte, die Totalität der imperialistischen Entwicklung in den Griff zu bekommen. Er setzte Ausbeutung und Unterdrückung in den unterentwickelten sowie soziale Ungerechtigkeiten und Widersprüche in den kapitalistischen Ländern miteinander in Beziehung und vereinte ökonomische mit politischen Aspekten. Hobson glaubte an die Reformierbarkeit der kapitalistischen Produktionsweise und stellte auf ihrem Boden Umverteilungsforderungen auf. Trotzdem hat er die marxistischen Imperialismustheorien grundlegend beeinflußt, besonders über Hilferding und Lenin.

b) **Hilferding.** 1902 analysierte auch RUDOLF HILFERDING das neue Stadium des Kapitalismus. Dessen Spezifikum sah er darin, daß der Zoll nicht mehr vorübergehend über die Anfangsschwierigkeiten der Akkumulation hinweghelfen sollte, wie es der alte Schutzzoll getan hatte, sondern durch Sicherung hoher Inlandspreise die Kartelle und Monopole um so konkurrenzfähiger auf den Außenmärkten machen

---

[167] HOBSON, Imperialism (s. Anm. 51), 3. 5. 8. 42.
[168] Ebd., 318.

sollte. Aus den damit verbundenen organisierenden Staatseingriffen sowie aus der aggressiven Kolonial- und Weltpolitik zog Hilferding den Schluß, daß *das moderne Schutzzollsystem, und dies ist also seine historische Bedeutung ... die letzte Phase des Kapitalismus* einleitet[169].

Unter Aufarbeitung von Hobsons Kapitalexporttheorie und des zweiten Bandes des „Kapital" versuchte Hilferding 1906, diese letzte Phase im „Finanzkapital" umfassend zu analysieren: aus dem Bestreben, das in der Zirkulation brachliegende Geldkapital auf ein Minimum zu reduzieren, wird dieses Geld in den Banken konzentriert, welche es an andere Kapitalisten ausleihen. Um so fester wird die Bindung der industriellen Unternehmen an die Banken, die dadurch die Verhältnisse besser kontrollieren und beherrschen können. Die Expansion der kapitalistischen Unternehmen erfolgt jetzt zunehmend ohne die Fesseln und Zufälligkeiten des individuellen Eigentums. Die Bindung an das Bankkapital schafft auch das gleiche Interesse an möglichst großem Profit und somit an Ausschaltung der Konkurrenz. Mittel dazu sind einmal die Kombination, die Vereinigung der Grundstoffindustrien mit den weiterverarbeitenden Industrien, wodurch auch der Handelsprofit aufgesaugt werden kann; zweitens das Kartell und der Trust. Beide zielen nicht nur auf Konzentration, sondern auch auf Überflüssigmachung des Handels.

Aus dem Charakter der Kartellierung, aus ihrer Tendenz zur stetigen Ausbreitung bis hin zu einem *Generalkartell*, welches das Ausmaß der Produktion in allen Sphären bestimmt, und der damit verbundenen Konzentration des Kapitals erscheint in der Totalität des Finanzkapitals deren eigene Negation: *So erlischt im Finanzkapital der besondere Charakter des Kapitals. Das Kapital erscheint als einheitliche Macht, die den Lebensprozeß der Gesellschaft souverän beherrscht, als Macht, die unmittelbar entspringt aus dem Eigentum an den Produktionsmitteln, den Naturschätzen und der gesamten akkumulierten vergangenen Arbeit, und die Verfügung über die lebendige Arbeit als unmittelbar entspringend aus den Eigentumsverhältnissen. Zugleich erscheint das Eigentum, konzentriert und zentralisiert in der Hand einiger großer Kapitalassoziationen, unmittelbar entgegengesetzt der großen Masse der Kapitallosen. Die Frage nach den Eigentumsverhältnissen erhält so ihren klarsten, unzweideutigsten, zugespitztesten Ausdruck, während die Frage nach der Organisation der gesellschaftlichen Ökonomie durch die Entwicklung des Finanzkapitals selbst immer besser gelöst wird*[170]. Diese nicht mit Marxschen Ansätzen zur Imperialismustheorie kongruente Schlußfolgerung weist voraus auf Hilferdings spätere staatstheoretische Position, auf den *organisierten Kapitalismus*[171]. Sie ist auch schwer mit den nachfolgenden Darstellungen über Möglichkeit und Realität der Krise zu vereinbaren. Er wendet sich nämlich gegen die Unterkonsumtionstheorie, insofern die Konsumtion jetzt bestimmt ist durch das Ausmaß der Produktion und selbst nicht beliebig ausdehnbar ist, weil dies eine Verminderung der Profitrate bedeuten würde. Er verneint auch die Frage, ob die monopolistische Organisation der Industrie Änderungen im Konjunkturverlauf verursachen könne. Denn die Krisenursache liegt nicht einfach in

---

[169] HILFERDING, Funktionswechsel des Schutzzolls (s. Anm. 154), 280.
[170] Ders., Finanzkapital (s. Anm. 155), 321. 323; vgl. auch ebd., 267. 303.
[171] Vgl. ders., Die Aufgaben der Sozialdemokratie in der Republik, in: Sozialdemokratischer Parteitag 1927 in Kiel. Protokoll (Berlin 1927; Ndr. Glashütten/T. 1974), 165 ff.

einer aus der Unübersichtlichkeit des Marktes folgenden Warenüberproduktion, sondern im Charakter der kapitalistischen Produktion selbst, insbesondere in der Überproduktion von Kapital. Hier ist anzumerken, daß Hilferding die Unterkonsumtionstheorie, im Gegensatz auch wieder zu Marx, auf den Warenbereich beschränkt. Andernfalls könnte er konsequenterweise aus der Überproduktion von Kapital eine Unterkonsumtion deduzieren.

Auf der Ebene des Weltmarktes führt diese Entwicklung zu Wandlungen in der Handelspolitik: von der merkantilistischen Politik, der zentralisierten und privilegierten Staatsmacht, zur Eigengesetzlichkeit und Überlegenheit der kapitalistischen Wirtschaft über die staatliche Regulierung, und weiter zu deren Umkehrung in der Zollpolitik des entfalteten Kapitalismus. Die mit dem Schutzzoll verbundene Einschränkung des Wirtschaftsgebietes und damit auch der Akkumulationsmöglichkeiten durchbricht der betroffene Industriesektor dadurch, daß er durch Verlagerung der Produktion ins Ausland den Schutzzoll des fremden Landes ausnutzt und an dem dortigen Extraprofit partizipiert. *Wir verstehen unter Kapitalexport die Ausfuhr von Wert, der bestimmt ist, im Ausland Mehrwert zu hecken. Es ist dabei wesentlich, daß der Mehrwert zur Verfügung des inländischen Kapitals bleibt.* Der Kapitalexport beschleunigt auch die Erschließung neuer Märkte und Länder, um die Produktion im Inland zu steigern und Krisen abzumildern.

Von diesen Phänomenen aus schildert dann Hilferding anschaulich den politischen Konfliktmechanismus. Der Kapitalexport fordert eine imperialistische Politik, weil er sich *am wohlsten fühlt bei völliger Beherrschung des neuen Gebietes. Und so wird das Finanzkapital zum Träger der Idee der Stärkung der Staatsmacht mit allen Mitteln,* dessen Politik drei Ziele verfolgt: *Erstens Herstellung eines möglichst großen Wirtschaftsgebietes, das zweitens durch Schutzzollmauern gegen die ausländische Konkurrenz abgeschlossen wird und damit drittens zum Exploitationsgebiet der nationalen monopolistischen Vereinigungen wird.* Aus diesen ökonomischen Gesetzmäßigkeiten begründet Hilferding die politische und ideologische Haltung der Imperialisten: *Das Verlangen nach Expansionspolitik aber revolutioniert auch die ganze Weltanschauung des Bürgertums. Es hört auf, friedlich und humanitär zu sein ... Als Ideal erscheint es jetzt, der eigenen Nation die Herrschaft über die Welt zu sichern, ein Streben ebenso unbegrenzt wie das Profitstreben des Kapitalismus, dem es entsprang.* Auf der anderen Seite erkennt die Arbeiterklasse in der Verallgemeinerung der kapitalistischen Politik durch den Imperialismus den notwendigen sozialen — nicht ökonomischen — Zusammenbruch des Kapitalismus und damit ihre historische Aufgabe: *Das Finanzkapital bedeutet seiner Tendenz nach die Herstellung der gesellschaftlichen Kontrolle über die Produktion. Es ist aber Vergesellschaftung in antagonistischer Form; die Herrschaft über die gesellschaftliche Produktion bleibt in den Händen einer Oligarchie. Der Kampf um die Depossedierung dieser Oligarchie bildet die letzte Phase des Klassenkampfes zwischen Bourgeoisie und Proletariat*[172].

c) **Rosa Luxemburg.** Während Hilferding an der Geld- und Zirkulationssphäre anknüpfte, konzentrierte sich ROSA LUXEMBURG auf die Reproduktionsbedingungen des Kapitals. Die kapitalistische Akkumulation erscheint ihr durch die übergreifen-

---

[172] Ders., Finanzkapital, 426. 437. 451. 443. 457. 503.

den Reproduktionsbedingungen angetrieben[173]. Eine Interpretation der Reproduktionsschemata im zweiten Band des „Kapital" kommt zu dem Schluß, daß eine Realisation des gesamten produzierten Mehrwerts nicht möglich sei, und *daß bei der Annahme wachsender organischer Zusammensetzung* (des Kapitals) *die Einhaltung der notwendigen quantitativen Proportionen überhaupt nicht möglich sein kann, d. h. daß die Unmöglichkeit der Dauerakkumulation rein quantitativ schematisch beweisbar sei*[174].

Sie vertritt gegen Marx die Auffassung, daß der ökonomische Zusammenbruch des kapitalistischen Systems berechenbar sei, weil innerhalb des vom Kapitalismus beherrschten Gebietes der gesamte Mehrwert nicht realisiert werden könne. Denn, um zu überleben, müsse der Kapitalismus notwendig immer weitere Teile der Welt erschließen, womit er seinem Zusammenbruch immer näher komme[175].

R. Luxemburg vergleicht die moderne Kolonialpolitik mit dem Bauernlegen des Mittelalters. Sie übernimmt die Marxschen Überlegungen nur hinsichtlich der Tendenz und des theoretischen Endresultats. Zwar meint auch sie, daß die ausschließliche Herrschaft der kapitalistischen Produktionsweise in sämtlichen Ländern und Zweigen der Produktion *nur theoretische Konstruktion bleibt*. Gleichzeitig nimmt sie aber dieses theoretische Konstrukt als den der imperialistischen Entwicklung zugrunde liegenden realen Widerspruch an: *In dem Moment, wo das Marxsche Schema der erweiterten Reproduktion der Wirklichkeit entspricht, zeigt es den Ausgang, die historische Schranke der Akkumulationsbewegung an, also das Ende der kapitalistischen Produktion. Die Unmöglichkeit der Akkumulation bedeutet kapitalistisch die Unmöglichkeit der weiteren Entfaltung der Produktivkräfte und damit die objektive geschichtliche Notwendigkeit des Untergangs des Kapitalismus. Daraus ergibt sich die widerspruchsvolle Bewegung der letzten, imperialistischen Phase als der Schlußperiode in der geschichtlichen Laufbahn des Kapitals*. Diese imperialistische Phase sieht R. Luxemburg entgegen dem tatsächlichen Vorgehen der europäischen Imperialisten vornehmlich unter dem Gesichtspunkt der Industrialisierung der *früheren Hinterländer des Kapitals*, wo sich die *kapitalistische Verselbständigung* durchsetzt[176]. Sie definiert konsequent: *Der Imperialismus ist der politische Ausdruck des Prozesses der Kapitalakkumulation in ihrem Konkurrenzkampf um die Reste des noch nicht mit Beschlag belegten nichtkapitalistischen Weltmilieus*. Und: *Der Imperialismus ist ebensosehr eine geschichtliche Methode der Existenzverlängerung des Kapitals, wie das sichere Mittel, dessen Existenz auf kürzestem Wege objektiv ein Ziel zu setzen*[177]. Die in der „Akkumulation des Kapitals" vorherrschende ökonomische Betrachtung, die die historische Entwicklung nur als Entwicklung der Produktivkräfte und nicht auch als Resultat der Klassenauseinandersetzungen erfaßt, steht in einem unvermittelten Gegensatz zu Rosa Luxemburgs aktivistischer politischer Strategie sich kumulie-

---

[173] R. LUXEMBURG, Die Akkumulation des Kapitals. Ein Beitrag zur ökonomischen Erklärung des Imperialismus (1913; Ausg. Leipzig 1923; Ndr. Frankfurt 1970), 4. 11. 17.
[174] OTTO BENEDIKT, Die Akkumulation des Kapitals bei wachsender organischer Zusammensetzung, Unter dem Banner des Marxismus 5 (1929), 870.
[175] LUXEMBURG, Akkumulation, 266. 270.
[176] Ebd., 335 f.
[177] Ebd., 361.

render Massenaktionen. Ausdruck dieser Antinomie ist das rein dezisionistische Verfahren, mit dessen Hilfe sie versuchte, den attentistischen Konsequenzen ihrer Imperialismusanalyse zu entgehen[178]. Von ihrer Theorie her betrachtet, stand sie genauso erwartungsvoll passiv der imperialistischen Entwicklung gegenüber, wie dies für die anderen Fraktionen der Sozialdemokratie charakteristisch war: *Auf einer gewissen Höhe der Entwicklung kann dieser Widerspruch nicht anders gelöst werden, als durch die Anwendung der Grundlagen des Sozialismus — derjenigen Wirtschaftsform, die zugleich von Hause aus Weltform und in sich ein harmonisches System, weil sie nicht auf die Akkumulation, sondern auf die Befriedigung der Lebensbedürfnisse der arbeitenden Menschheit selbst durch die Entfaltung aller Produktivkräfte des Erdrundes gerichtet sein wird*[179].

Mit dem Ausbruch des Ersten Weltkriegs war die erste Phase der Geschichte des Begriffs 'Imperialismus' insofern abgeschlossen, als sämtliche Momente, die in späteren Imperialismustheorien explizit entwickelt wurden, bereits vorhanden waren.

DIETER GROH

VII. Ausblick

Nach dem Ersten Weltkrieg war der Imperialismusbegriff so hoffnungslos diskreditiert, daß er sich zur Selbstbezeichnung nicht mehr eignete. Die imperialistische Epoche wurde für die einen zum Forschungsgegenstand, für die nationalistisch geprägte Historiographie in Deutschland allerdings — zusammen mit dem Kriegsschuldparagraphen des Versailler Friedensvertrages — mehr zu einer Quelle für die Pflege von Ressentiments. Für die sozialistische und vor allem für die kommunistische Bewegung dagegen blieb 'Imperialismus' ein zentrales Schlagwort, gegen die Politik der Alliierten und bald auch gegen die Außenpolitik der Weimarer Republik gerichtet. Die Spaltung der nationalen und internationalen Arbeiterbewegung nach 1914 gründete wesentlich in der unterschiedlichen Stellung der sozialdemokratischen, linkssozialistischen und kommunistischen Gruppierungen zum 'Imperialismus' bzw. zum Charakter des Krieges, der je nachdem als nationaler Verteidigungskrieg oder als imperialistischer Eroberungskrieg begriffen wurde. — Von ebenso großer begriffs- wie sachgeschichtlicher Bedeutung ist, daß in den Auseinandersetzungen während und nach dem Weltkrieg nicht mehr einzelne Momente des Imperialismusbegriffs diskutiert wurden, sondern relativ umfassende und geschlossene Gesamtkonzeptionen; d. h., nicht mehr der Begriff stand im Vordergrund, sondern ganze Imperialismustheorien. Diese Entwicklung widerspiegelt die Transformation des Imperialismusbegriffs in einen geschichtsphilosophisch geprägten Epochenbegriff, der mehr war als Schlagwort, politische Zielsetzung, wirtschaftlich bedingtes Faktum oder theoretischer Ansatz und nach einem höheren Grad von Allgemeinheit strebte. Für die begriffsgeschichtliche Untersuchung bringt dies mit sich, daß sie sich der Dogmengeschichte annähern muß, weil die Substanz etwa des Leninschen Imperialismusbegriffs nur im Rahmen seines Lehrgebäudes verstanden

---

[178] Vgl. GROH, Negative Integration (s. Anm. 83), 297 ff.
[179] LUXEMBURG, Akkumulation, 380.

werden kann. Diese dogmen- oder theoriegeschichtliche Ausweitung der Analyse hat ihrerseits einen doppelten Hintergrund: sachgeschichtlich wäre die Vielfalt und Komplexität imperialistischer Phänomene zu berücksichtigen, und theoriegeschichtlich bestünde die Nagelprobe darin, ob die jeweilige Theorie der Komplexität der Phänomene gerecht wird. Gerade am Schicksal der Leninschen Imperialismustheorie hat sich gezeigt, daß mit einer „Fortschreibung theoretischer Formeln" nichts gewonnen ist für die Erkenntnis der gesellschaftlichen Realität, sondern allenfalls für die Befriedigung ideologischer Bedürfnisse[180].

1. Kommunistische Imperialismustheorien

MARX' Beschäftigung mit der englischen Kolonialpolitik und mit der Integration der Wirtschaft der ganzen Welt zum Welthandelssystem vermittelte ihm zwar die Einsicht, daß exportiertes Kapital, das irgendwo in der Welt *ohne Geburtsschein auftritt, ... erst gestern in England kapitalisiertes Kinderblut*[181] ist, aber seine eurozentrische Perspektive und die Erwartungen, die er in das Proletariat in den fortgeschrittensten Industrieländern setzte, ließen eine theoretische Durchdringung der Problematik der westeuropäischen — später auch amerikanischen — Eroberung der Märkte in aller Welt nicht zu. Erst mehr als dreißig Jahre nach Marx' Tod übernahm es der selbst aus einer unterentwickelten Randzone stammende LENIN, die Frage des Imperialismus aus der Sicht der Betroffenen zu behandeln. Die unmittelbaren Anlässe für sein Pamphlet ergaben sich aus dem Ausbruch des Ersten Weltkrieges, der für ihn *auf beiden Seiten ein imperialistischer (d. h. ein Eroberungskrieg, ein Raub- und Plünderungskrieg) war, ein Krieg um die Aufteilung der Welt*[182], und aus der sozialdemokratischen Reaktion bei Kriegsausbruch, die er als *Renegatentum der Helden der II. Internationale*[183] geißelte. Nicht allein der Untertitel der Schrift Lenins verweist auf ihre primär praktisch-politische Absicht; Lenin selbst nennt Hobsons Buch als seine Hauptquelle, die er *mit der Aufmerksamkeit verwertet (habe), die diese Arbeit meiner Meinung nach verdient*[184]. Mit anderen Worten, es kam ihm weniger auf die Ausarbeitung einer eigenständigen Imperialismustheorie an als auf eine Zusammenstellung des vorhandenen Materials in eindeutig politisch-praktischer Absicht. Lenin kompilierte fast die ganze zugängliche Fachliteratur und formte aus den sehr unterschiedlichen Zügen der diversen Imperialismen[185] gleichsam einen Idealtypus des 'Imperialismus', der so nur in der Abstraktion seiner Theorie existierte.

---

[180] W. J. MOMMSEN, Imperialismustheorien. Ein Überblick über die neueren Imperialismustheorien (Göttingen 1977), 5.
[181] MARX, Das Kapital. Kritik der politischen Ökonomie, Bd. 1 (1867), MEW Bd. 23 (1963), 784.
[182] LENIN, Der Imperialismus als höchstes Stadium des Kapitalismus. Gemeinverständlicher Abriß (1917), Werke, Bd. 22 (1960), 194.
[183] Ebd., 196.
[184] Ebd., 191.
[185] So war z. B. der extensive Kapitalexport charakteristisch für den französischen Imperialismus, die enge Verflechtung von Bank- und Industriekapital im Rahmen des Universalbankenprinzips für den deutschen.

VII. 1. Kommunistische Imperialismustheorien

In der kürzesten Definition des 'Imperialismus' heißt es, daß er *das monopolistische Stadium des Kapitalismus*[186] sei, aber Lenin selbst hielt diese Fassung für unzulänglich. Sein Bestreben, die vielfältigen Formen der industriellen Monopolisierung und der Transformation des auf der Konkurrenz beruhenden Kapitalismus zum *monopolistischen*[187] in griffige Formeln umzugießen, ließ ihn freilich oft die Spezifik nationaler und regionaler Ausformungen wirtschaftlicher und gesellschaftlicher Phänomene vernachlässigen. Wichtiger als eine empirisch abgesicherte Theorie waren ihm die Dechiffrierung des Imperialismus als *Herrschaftsverhältnis*[188] und die geschichtsphilosophisch orientierte Suche nach dem *Platz des Imperialismus in der Geschichte*[189]. In dieser Perspektive erschien ihm der Imperialismus als *Epoche des Finanzkapitals und der Monopole*[190] oder als Epoche des *reifen und überreifen Kapitalismus, der vor dem Zusammenbruch steht, der reif ist, dem Sozialismus Platz zu machen*[191]. Die Umformung des Imperialismusbegriffs zu einem Epochenbegriff mit eschatologisch zu nennenden Zügen hatte nicht nur die Erfahrung des Krieges mit *dutzenden Millionen von Leichen und Krüppeln*[192] zur Voraussetzung, sondern eine ebenso moralisch inspirierte Kritik an *Parasitismus und Fäulnis des Kapitalismus*. Parasitismus- und Fäulnistendenzen wollte Lenin auf zwei Ebenen nachweisen: einmal glaubte er, mit der Monopolisierung sei die *ökonomische Möglichkeit, den technischen Fortschritt aufzuhalten*, entstanden[193], da keine Konkurrenz mehr bestehe, womit der Kapitalismus den letzten Rest seiner Legitimität — nämlich den technischen Fortschritt zu fördern — verspielt habe. Mindestens so wichtig wie diese künstlich herbeigeführte Stagnation der technischen Entwicklung, die auch Lenin nur für eine temporäre, keineswegs permanent wirkende Tendenz hielt, war für ihn der Indikator, den er unter dem Titel *Rentnerstaat* zusammenfaßte: *Der Imperialismus bedeutet eine ungeheure Anhäufung von Geldkapital in wenigen Ländern ... Daraus ergibt sich das außerordentliche Anwachsen der Klasse oder, richtiger, der Schicht der Rentner, d. h. Personen, die vom „Kuponschneiden" leben, ... deren Beruf der Müßiggang ist*[194].

Für Lenins Imperialismustheorie bedeutender als diese polemisch zugespitzten Thesen zur geschichtlichen Lage des westeuropäischen und amerikanischen Kapitalismus, denen immerhin eine zweite technische Revolution erst noch bevorstand, sind zwei andere Überlegungen geworden. Lenin legte großes Gewicht auf die Tat-

---

[186] LENIN, Imperialismus, 270.
[187] Ders., Über eine Karikatur auf den Marxismus und über den „Imperialistischen Ökonomismus" (1916), Werke, Bd. 23 (1957), 34.
[188] Ders., Imperialismus, 211.
[189] Ebd., 304 ff.
[190] Ebd., 302.
[191] Ders., Der Opportunismus und der Zusammenbruch der II. Internationale (1916), Werke, Bd. 22, 108; vgl. ders., Der Imperialismus und die Spaltung des Sozialismus (1916), Werke, Bd. 23, 102: *Der Imperialismus ist ein besonderes historisches Stadium des Kapitalismus. Diese Besonderheit ist eine dreifache: der Imperialismus ist: 1. monopolistischer Kapitalismus; 2. parasitärer oder faulender Kapitalismus; 3. sterbender Kapitalismus.*
[192] Ders., Imperialismus, 195.
[193] Ebd., 280 f.
[194] Ebd., 281.

sache der *Ungleichmäßigkeit der ökonomischen und politischen Entwicklung*[195] innerhalb der Wirtschaftssektoren einzelner Länder, aber auch im internationalen Vergleich ganzer Länder. In dieser Ungleichmäßigkeit bzw. Ungleichzeitigkeit der Entwicklung des Kapitalismus in verschiedenen Regionen der Welt sah er nicht nur den Hauptgrund für die Entstehung und Verschärfung der Konflikte, die schließlich im Weltkrieg kulminierten, sondern er zog daraus die für die Oktoberrevolution fruchtbar gemachte Konsequenz, daß deshalb auch der Sozialismus *nicht gleichzeitig in allen Ländern siegen* könne[196]. Methodisch verfeinert hat die These von der Ungleichmäßigkeit und Ungleichzeitigkeit der ökonomischen Entwicklung als Quelle nationaler und internationaler Spannungen und Konflikte in der modernen Sozialwissenschaft ungemein befruchtend gewirkt[197]. In seinen eigenen Arbeiten bediente sich Lenin der These in einer allzu forschen Art, und seine daraus abgeleiteten Hoffnungen auf einen baldigen Sieg des Sozialismus in der ganzen westlichen Welt blieben bekanntlich unerfüllt.

Im Zusammenhang mit der Hervorhebung der Bedeutung der ungleichmäßigen Entwicklung steht auch Lenins zweite Überlegung: sein Plädoyer für die *geschichtslosen Nationen*, gegen *nationale Unterdrückung* und *Verletzung der Selbstbestimmung der Nationen*[198]. Mit der schlicht anmutenden Feststellung, *die unterdrückten Nationen* machten *nicht weniger als 70 Prozent der Gesamtbevölkerung der Erde* aus[199], sprengte er nicht nur die beschränkte Optik vieler sozialistischer und kommunistischer Theoretiker, die Fragen der Nationalität nur zu leicht in verbalem Internationalismus aufgehen ließen, sondern lenkte die Aufmerksamkeit der Welt auf eine Frage, die bis dahin kaum je aufgeworfen wurde: das Verhältnis zwischen sich international gebärdenden, fortgeschrittenen westeuropäischen Industriestaaten und dem erwachenden Nationalbewußtsein der unterdrückten Völker, die zur Befreiung von Bevormundung drängten. Wie kein anderer sozialistischer Theoretiker vor ihm erkannte Lenin die Dynamik der nationalen Bewegungen in jenen Ländern der Welt, die bis 1914 nur als Objekte der Großmächte eine Rolle spielten, und er versuchte, diese Einsicht in seine politische Strategie aufzunehmen. — Beide Überlegungen bilden nicht nur das Zentrum seiner Imperialismustheorie, sondern gehören auch zum Kernbestand von Lenins Verständnis des Marxismus, den er als Revolutionstheorie begriff; insofern ist Lenins Imperialismustheorie — neben Ansätzen zu empirischer Imperialismusforschung — primär als ein Teil einer Revolutionstheorie zu betrachten.

Stärker empirisch ausgerichtet als die Theorie Lenins ist die fast gleichzeitig entstandene Studie über „Imperialismus und Weltwirtschaft" von NIKOLAI BUCHA-

---

[195] Ders., Über die Losung der Vereinigten Staaten von Europa (1915), Werke, Bd. 21 (1962), 345; vgl. ders., Imperialismus, 278.
[196] Ders., Das Militärprogramm der proletarischen Revolution (1916), Werke, Bd. 23, 74.
[197] Vgl. etwa WEHLER, Bismarck und der Imperialismus (s. Anm. 32), 21 und die hier verzeichnete Literatur.
[198] LENIN, Imperialismus, 302.
[199] Ders., Rede in der Aktivversammlung der Moskauer Organisation der KPR (B) v. 6. 12. 1920, Werke, Bd. 31 (1959), 448.

RIN[200]. Anhand der Auswertung von Handels- und Produktionsstatistiken wollte der Ökonom die strukturellen Zusammenhänge des Weltwirtschaftssystems vor 1914 aufdecken. Er unterschied dabei zwischen dem *Prozeß der Internationalisierung des Wirtschaftslebens*, d. h. der weltweiten Verflechtung der Produktion und des Warenaustauschs, und den gegenläufigen Tendenzen, den nationalen *kapitalistischen Interessen*[201], die er für antagonistisch, prinzipiell unversöhnlich und damit für die Ursachen des Weltkrieges hielt. In den entgegengesetzten Prozessen von Internationalisierung und *Nationalisierung*[202] kommt dem Imperialismus in Bucharins Konzeption die Steuerungsfunktion zu; er definierte den Imperialismusbegriff in der Nachfolge Hilferdings als *Politik des Finanzkapitalismus*[203]. Bucharin legte Wert auf die Feststellung, daß es sich bei dieser Politik nicht um eine *Eroberungspolitik* schlechthin handle, sondern um eine *bestimmte geschichtliche Größe*[204], die sich im engen, geschichtlich neuartigen Zusammenwirken von monopolistischen Gruppen, Finanzkapital und Staatsmacht ausdrücke. Seine Analyse der Formen und Tendenzen dieses keineswegs als harmonisch unterstellten Zusammenwirkens blieb holzschnittartig, unvollständig und natürlich stark durch die Kriegsereignisse beeinflußt, wies aber doch in die Richtung einer gehaltvollen, empirische Verhältnisse nicht einfach ignorierenden kommunistischen Imperialismustheorie. Diesen Weg beschritt später EUGEN VARGA, der als einer der wenigen Theoretiker der Stalin-Ära gelten kann, dessen Wirtschaftsanalysen in mehr als der Wiederholung leninistischer Formeln bestand[205].

Aufbauend auf den revolutionstheoretischen Momenten in Lenins Imperialismustheorie, hat MAO TSE-TUNG eine eigenständige Theorie konzipiert, in der er den Imperialismus konkreter als Lenin aus der Sicht der Betroffenen untersuchte. Der Ausgangspunkt für seine Theorie ist die These, daß *jedes von den Besonderheiten Chinas losgelöste Gerede über Marxismus bloß ein abstrakter, hohler Marxismus* ist[206]. Für seine Imperialismustheorie bedeutete dies, daß sie geprägt ist von einer spezifisch chinesischen Sicht, bzw. einer Situationsanalyse der ökonomischen und politischen Verhältnisse in den dreißiger Jahren. Die Determinanten dieser Verhältnisse sind für Mao die *japanische Aggression* von außen und das *Feudalsystem* im Innern, worunter er ganz allgemein die politische, soziale und ökonomische Rückständigkeit des Landes verstand[207]. Aus dieser Situationsbeschreibung zog Mao den Schluß, daß die Unabhängigkeit Chinas nur durch die Mobilisierung des Volkes für einen nationalen Befreiungskrieg wiederherzustellen sei. Mit den ökonomischen und ge-

---

[200] NIKOLAI BUCHARIN, Imperialismus und Weltwirtschaft (Wien 1929; Ndr. Frankfurt 1969).
[201] Ebd., 63.
[202] Ebd., 116.
[203] Ebd., 126.
[204] Ebd., 127.
[205] EUGEN VARGA, Die Krise des Kapitalismus und ihre politischen Folgen, hg. v. Elmar Altvater (Frankfurt 1969).
[206] MAO TSE-TUNG, Der Platz der kommunistischen Partei Chinas im nationalen Krieg (1938), Ausg. Werke, Bd. 2 (Peking 1968), 246.
[207] Ders., Die Aufgaben der kommunistischen Partei Chinas in der Periode des Widerstandskampfes gegen die japanische Aggression (1937), Ausg. Werke, Bd. 1 (1968), 309.

sellschaftlichen Voraussetzungen des Imperialismus beschäftigte er sich wenig, um so mehr dafür mit den Bedingungen seiner militärischen Bekämpfung. 'Imperialismus' wird in Maos Sprache zu einem Synonym für 'Aggressor', d. h. für den nur militärisch zu bekämpfenden 'Feind'. Die wesentlichsten Bestandteile seiner Imperialismustheorie bestehen deshalb in Überlegungen zu Fragen militärischer Strategie und Taktik im revolutionären Volks- und Partisanenkrieg, denn die direkte militärische Intervention Japans und die indirekte Unterstützung von Maos innenpolitischen Gegnern durch die USA und andere Westmächte machten den Imperialismus für den chinesischen Kommunisten mehr zu einem militärischen als zu einem sozialökonomischen oder politischen Problem. Maos Imperialismustheorie gipfelt denn auch in einer Theorie der gerechten und ungerechten Kriege: *Alle Kriege, die dem Fortschritt dienen, sind gerecht, und alle Kriege, die den Fortschritt behindern, sind ungerecht ... Der Krieg, den Japan führt, ist ein ungerechter Krieg, der den Fortschritt behindert. Die Völker der ganzen Welt, darunter auch das japanische Volk, müssen ihn bekämpfen und tun es bereits. Was China betrifft, so haben wir alle ... das Banner der Gerechtigkeit erhoben und führen den revolutionären nationalen Krieg gegen die Aggression. Unser Krieg ist ein heiliger, gerechter und fortschrittlicher Krieg für den Frieden*[208]. Militärstrategische und -taktische Analysen bestärkten Mao darin, daß China, gestützt auf *Hirse und Gewehre*[209], die enge Verzahnung von Volk und Armee, die numerische Überlegenheit des chinesischen Volkes[210] sowie die internationale Isolierung Japans, den Krieg auf lange Frist bestimmt zu seinen Gunsten entscheiden müsse, trotz der rein waffentechnischen Suprematie der japanischen Armee. Maos Imperialismustheorie erhielt so den Charakter einer Lehre von der Strategie und Taktik eines Volks- und Partisanenkrieges. Es ist nicht überraschend, daß diese Lehre nach dem Zweiten Weltkrieg außerhalb Chinas bei vielen Befreiungsbewegungen in Ländern der Dritten Welt auf großes Interesse stieß. Von allen kommunistischen Imperialismustheoretikern forcierte Mao die politisch-praktischen bzw. militärischen Implikationen von Lenins Theorie am meisten und gab dieser eine aktivistische Stoßrichtung, die zwar schon bei Lenin vorhanden, aber nicht en détail ausgeführt war.

Im Gegensatz zu dieser Konzeption, der man mindestens theoretische Konsequenz und praktisch-weltpolitische Bedeutung bis auf den heutigen Tag nicht absprechen kann, brachte die Fortsetzung der Imperialismusdiskussion im kommunistischen Lager wenig Nennenswertes. Im wesentlichen begnügte man sich mit der Wiederholung einiger Leninscher Kernsätze. — Schon die zwanziger Jahre zeitigten für die marxistisch-leninistische Orthodoxie ein mit ihren Mitteln und ihrem Habitus unlösbares Problem: unbestreitbar folgte auf die Inflation eine vorübergehende Stabilisierung der kapitalistischen Wirtschaft. Dieses Faktum war mit der Prognose des parasitären, faulenden und sterbenden Kapitalismus nicht vereinbar. STALIN selbst lieferte das Strickmuster für die orthodoxe Apologetik: *Lenin sagte ... Ist*

---

[208] Ders., Über den langwierigen Krieg (1938), Ausg. Werke, Bd. 2, 174.

[209] Ders., Gespräch mit der amerikanischen Korrespondentin Anna Louise Strong (1946), Ausg. Werke, Bd. 4 (1968), 101.

[210] Ders., Über den langwierigen Krieg, 166: *Waffen sind im Krieg ein wichtiger Faktor, jedoch nicht der entscheidende; der entscheidende Faktor sind die Menschen, nicht die Dinge.*

VII. 1. Kommunistische Imperialismustheorien

die These Lenins richtig? Und wenn sie richtig ist, ist es dann nicht klar, daß die kapitalistische Stabilisierung nur eine morsche Stabilisierung sein kann?[211] Keine Frage, Lenins These war richtig. In dieser Weise wurde jede ernstzunehmende Diskussion über das Problem des Imperialismus — die Kontinuität und die Brüche in seiner Geschichte sowie seinen Formwandel — in eine scholastische Spielerei mit ideologisch hoch besetzten, aber inhaltlich leeren Begriffen verwandelt.

So konzedierte man *große Strukturveränderungen der Wirtschaft im letzten Jahrzehnt*[212] oder erließ *programmatische Bemerkungen zum Nachkriegsimperialismus*[213] — freilich ohne auch nur ansatzweise etwas theoretisch oder empirisch zu begründen bzw. zu belegen. Die Imperialismustheorie erstarrte völlig, und der Begriff 'Imperialismus' wurde zu einem platten Schlagwort fürs politische Handgemenge. Ohne inhaltliche Präzisierung konnte Ernst Thälmann im gleichen Atemzug behaupten, der Young-Plan bedeute die Einordnung Deutschlands *in das System des Weltimperialismus* und zugleich dessen *Verwandlung in einen förmlichen Vasallenstaat des französischen Imperialismus*[214]. Weder die theoretischen Erklärungsansprüche, noch die empirische Grundlage, noch die praktisch-politische Stoßrichtung wurden bei diesem Gebrauch des Begriffs deutlich; er gerann zur beliebig austauschbaren Schablone und teilte damit das Schicksal des Faschismusbegriffs im Sprachgebrauch der kommunistischen Orthodoxie.

Die fast völlige Entleerung und Enthistorisierung des Imperialismusbegriffs machte ihn verfügbar für die Bezeichnung zahlreicher gesellschaftlicher Phänomene und Ereignisse. Er erreichte wohl gerade deshalb — in Ost und West — zeitweilig auch noch nach dem Krieg einen hohen Kurswert im Haushalt der politischen Propaganda. Für jene ist der Imperialismus der *schlimmste Feind des Fortschritts und des Friedens*, und seine Anhänger sind *Landräuber, Kolonisatoren und Kriegstreiber*[215]. Und in der diesseitigen Propaganda hieß es einst: *Wir sprechen ... mit vollem Recht von einer sowjetischen Kolonialherrschaft und einem sowjetischen Imperialismus. Sie sind um so verwerflicher und verderblicher, als sie nicht wie die klassische Kolonialherrschaft der Seemächte auch manche Segenstat vollbrachten. Der sowjetische Imperialismus in Europa konnte sich nie die Aufgabe stellen, einem primitiven Kannibalismus zu wehren, Seuchen zu bekämpfen oder Schulen zu bauen*[216].

---

[211] J. W. Stalin, Rede v. 19. 12. 1928, Kommunistische Internationale 10 (1929), 14.

[212] Hermann Remmele, Einiges über die Krise in Deutschland, Kommunistische Internationale 11 (1930), 1228.

[213] E. Ludwig, Programmatische Bemerkungen zum Nachkriegs-Imperialismus, Die Internationale 11 (1928), 362 ff. Praktisch auf dasselbe hinaus läuft die ebenso unbegründete wie globale These: *Die Nachkriegszeit brachte lediglich quantitative Veränderungen;* Fred Ölssner, Das Problem der Arbeitslosigkeit in der Epoche des Imperialismus, Die Internationale 12 (1929), 771.

[214] Ernst Thälmann, Katastrophe oder Sozialismus? Rede v. 12. 6. 1931, Internat. Pressekorrespondenz 11 (1931), 1303.

[215] Der Imperialismus, Der junge Marxist, hg. v. Jugendsekretariat und der Abteilung Parteischulung des Parteivorstandes der SED, H. 7 (Berlin 1949), 4.

[216] Der sowjetische Imperialismus, Schriftenreihe innere Führung, hg. v. Bundesministerium für Verteidigung, H. 7 (Bonn 1961), 70.

Nach dem Zweiten Weltkrieg zeichnete sich in der kommunistischen Theoriebildung insofern eine Änderung ab, als man jetzt besonders betonte, Lenins Imperialismustheorie besitze nach wie vor umfassende Geltung. Die Begründung erfolgte allerdings nicht durch eine Konfrontation von Lenins Thesen mit dem historischen Material oder neueren Forschungsansätzen, sondern allein durch fleißige werkimmanente Interpretationen, schulmäßige Einführungen und orthodoxe Katechismen[217]. Aus der nun einsetzenden internationalen Diskussion um Imperialismustheorien schaltete man sich durch dieses doktrinäre Festhalten am Dogmenbestand von selbst aus. Weniger theoretisch als politisch aufschlußreich am heutigen Sprachgebrauch in der DDR ist der ungebrochene geschichtsphilosophische Grundgestus bei der Behandlung des *staatsmonopolistischen Kapitalismus*, den ein Autorenkollektiv schlicht als *höchste Stufe der materiellen Vorbereitung des Sozialismus und letzte Stufe des Imperialismus*[218] definiert. Der rigorose Objektivismus dieser Definition — als ob die materielle Entwicklung allein schon etwas verbürge — verschleiert nur notdürftig den Umstand, daß die kommunistische Orthodoxie offensichtlich den Glauben an die revolutionäre Kraft und Entschlossenheit des Volkes, der die Theorien Lenins und Maos auszeichnete, nicht mehr teilt.

2. 'Imperialismus', Raumideologie und Nationalsozialismus

Die Geschichte der politisch-sozialen Sprache seit der Aufklärung soll im Folgenden unter dem Teilaspekt der Verräumlichungstendenz des politischen Vokabulars betrachtet werden. In groben Zügen gezeichnet, ergibt sich dabei: zunächst spielten abstrakte Begriffe als Motoren der geistigen Emanzipationsbewegung des Bürgertums eine zentrale Rolle — 'Freiheit', 'Gleichheit', 'Brüderlichkeit'. Im Laufe des 19. Jahrhunderts und der Ausgestaltung bzw. Neubildung der Nationalstaaten vollzog sich ein erster Wandel, in dem 'nationale Einheit' neben, zum Teil vor den Begriff 'Freiheit' gestellt wurde. Der Begriff der 'Nation' schließlich avancierte immer stärker zum Angelpunkt und Gravitationszentrum des ganzen politischen Vokabulars, zumal in Deutschland. Der Prozeß der Verräumlichung der politischen Sprache, in dem sich die Erfahrung des Konkurrenzverhältnisses der Nationalstaaten und der nationalen Volkswirtschaften niederschlug und spiegelte, bekam ab der zweiten Hälfte des 19. Jahrhunderts eine beträchtliche Eigendynamik, die das Bewußtsein mehrerer Generationen prägte. In Kaiser Wilhelms II. „Weltpolitik", Bülows „Platz an der Sonne" bis hinunter zum Propagandajargon der Alldeutschen ist dieser Prozeß nachzuweisen. Eine neue Stufe erreichte er mit der Begründung der Geopolitik durch Ratzel. Bei der nationalen Rechten und bei den Nationalsozialisten fand der Verräumlichungsprozeß der politischen Sprache seinen Höhepunkt in der sich über alle Bereiche verbreitenden Raum- und Großraum-Metaphorik.

---

[217] Vgl. aus der unübersehbaren Literatur etwa: ALFRED LEMNITZ, Der historische Platz des Imperialismus (Berlin 1977); ERNST HAAK/HANNES WUNDERLICH, Grundkurs zu „Der Imperialismus als höchstes Stadium des Kapitalismus" (Berlin 1971); Lenin und die deutsche Arbeiterbewegung. Beiträge zu Lenins 100. Geburtstag (Frankfurt 1970); P. N. FEDOSSEJEW, Der Marxismus im 20. Jahrhundert (Frankfurt 1973).
[218] Der Imperialismus der BRD, hg. v. Inst. f. Gesellschaftswiss. beim ZK der SED, 4. Aufl. (Berlin 1973), 628.

VII. 2. 'Imperialismus', Raumideologie und Nationalsozialismus

Die zuerst 1922 erschienene Programmschrift ALFRED ROSENBERGS bezeichnete die *Raumsicherung im heute polnisch-tschechischen Osten als wichtigstes Ziel*[219] deutscher Außenpolitik. Der Terminus 'Lebensraum', den RATZEL 1897 einführte[220], gebrauchte HITLER seinerseits in „Mein Kampf" nur einmal[221], obwohl er mit geopolitischen Ideologien vertraut war. Zur Popularisierung des Raumbegriffs in politischen Diskursen trugen vor allem der Erfolgsroman „Volk ohne Raum" (1926) und die rührigen Aktivitäten einer großen Anzahl von Theoretikern der Geopolitik und der Geoökonomie bei. ARTHUR DIX etwa formulierte 1925 das *geopolitische Grundgesetz* folgendermaßen: *möglichst zusammenfassende Beherrschung geschlossener Stromgebiete unter einer staatlichen Macht*[222]. Dieser „schématisme géographique"[223] fand in der deutschen Publizistik, Nationalökonomie und Jurisprudenz verhältnismäßig schnell Resonanz, wie die folgenden Beispiele belegen. HAUSHOFER proklamierte das *Recht auf Lebensraum* als das *geopolitische Naturrecht aus erster Hand*[224]. BÖHMER glaubte, ein Volk habe *nur die Wahl zwischen Kampf um Raum und absoluter Versklavung*, da ein Volk, das Lebensmittel importieren müsse, unweigerlich *zugunsten ausländischer Bodenbesitzer enterbt* werde[225]. BAUER konstatierte eine *fürchterliche Raumnot* und erklärte den *Drang nach mehr Raum* zur *Lebensnotwendigkeit*[226]. Der Reichsbankdirektor RUDOLF EICKE variierte das Motto „Volk ohne Raum" zum konkreteren *Land ohne Rohstoffe* und fügte hinzu: *Die wirtschaftlichen Gesichtspunkte stehen heute im Vordergrund*[227].

Erst relativ spät übernahmen die Juristen den Raumbegriff in ihr Vokabular, und CARL SCHMITT spielte dabei eine Schlüsselrolle. Weder in seiner Abhandlung „Völkerrechtliche Formen des modernen Imperialismus" (1932) noch in dem Aufsatz „Völkerrechtliche Neutralität und völkische Totalität" (1938)[228] taucht der Raumbegriff auf. 1939 dann machte er den in der Publizistik längst geläufigen Raumbegriff

---

[219] ALFRED ROSENBERG, Wesen, Grundsätze und Ziele der Nationalsozialistischen Deutschen Arbeiterpartei (1922; München 1935), 16.
[220] FRIEDERICH RATZEL, Politische Geographie (München, Berlin 1897), Vorwort; ders., Der Lebensraum. Eine biogeographische Studie, Fschr. ALBERT EBERHARD FRIEDRICH SCHÄFFLE (Tübingen 1901), 153 ff. Zum Kontext vgl. K. LANGE, Der Terminus 'Lebensraum' in Hitlers „Mein Kampf", Vjh. f. Zeitgesch. 13 (1965), 426 ff.
[221] ADOLF HITLER, Mein Kampf, Bd. 2 (München 1927), 306.
[222] A. DIX, Geoökonomie. Einführung in die erdhafte Wirtschaftsbetrachtung (München, Berlin 1925), 58 f.
[223] RAYMOND ARON, Paix et guerre entre les nations (Paris 1962), 197.
[224] KARL HAUSHOFER, Lebensraum, Deutscher Lebensraum 2 (1934), H. 5, 85; vgl. ADOLF GRABOWSKY, Staat und Raum. Grundlage räumlichen Denkens in der Weltpolitik (Berlin 1928), der für eine *räumliche Geschichtsauffassung* (ebd., 22) plädiert.
[225] RUDOLF BÖHMER, Das Erbe der Enterbten (München 1928), 93.
[226] H. W. BAUER, Wann kommt die kolonialpolitische Entscheidung? Raum für unser Volk! Koloniale Gleichberechtigung! (Kulmbach 1932), 99; vgl. GERHARD HERRMANN, Abessinien. Raum als Schicksal (Leipzig, Berlin 1935), 2 ff.
[227] RUDOLF EICKE, Rohstoffversorgung und Kolonien, Zs. d. dt. Ges. f. Völkerbundfragen (1937), 62.
[228] Beide Schriften in: CARL SCHMITT, Positionen und Begriffe im Kampf mit Weimar — Genf — Versailles. 1923—1939 (Hamburg 1940).

für die Jurisprudenz verfügbar. Sprach Schmitt noch 1932 vom *amerikanischen Imperialismus*[229], dessen Grundlage die Monroe-Doktrin von 1823 darstelle, so interpretierte er sieben Jahre später dieselbe Doktrin als *konkret bestimmten Großraum ... in welchen raumfremde Mächte sich nicht einmischen dürfen*[230]. Die *echte Raumdoktrin* bildete jetzt den Gegensatz zum *universalistischen Weltprinzip*, zur *raummißachtenden Verwandlung der Erde in einen abstrakten Welt- und Kapitalmarkt* und zum *imperialistischen Welthandelsprinzip*. Schmitt erklärte sich jetzt für die Übernahme des *gesunden Kerns eines völkerrechtlichen Großraumprinzips* nach Monroes Vorbild zwecks Konstruktion eines *europäischen Großraums*[231]. Konkretisiert wurden diese Überlegungen in Schmitts Schrift „Völkerrechtliche Großraumordnung mit Interventionsverbot für raumfremde Mächte", in der er den Begriff 'Großraum' wie folgt faßte: *Großraum ist ein aus einer umfassenden gegenwärtigen Entwicklungstendenz entstehender Bereich menschlicher Planung, Organisation und Aktivität. Großraum ist für uns vor allem ein zusammenhängender Leistungsraum*[232].
Ein bezeichnendes Beispiel für die Verräumlichung der politischen Sprache ist Schmitts Übersetzung einer Passage aus einer MUSSOLINI-Rede vom 1. 1. 1936. Mussolini sagte: *Se per gli altri il Mediterraneo è una strada, per noi Italiani è la vita;* Schmitt übersetzte 'vita' einfach mit *Lebensraum*[233], so wie er den völkerrechtlichen Begriff der 'Gebietshoheit' zu einer *Raumhoheit* uminterpretiert, in der dann staatliche Grenzen nur noch bedingt anerkannt werden von der raumbeherrschenden Großmacht: das Großraumprinzip soll die *Völkergemengelage*[234] in Europa bereinigen.
Die Radikalität von Schmitts Zugriff behob die Unbestimmtheit seines Großraumbegriffs und seiner Raummetaphern nicht, und deshalb ist es unmöglich, das „neue" Prinzip von gemeinen imperialistischen Parolen des 19. und 20. Jahrhunderts abzugrenzen, denn seine Hinweise auf den mittel- und osteuropäischen Raum liefern kein zureichendes Kriterium zur Abtrennung seiner Konzeption vom alten, in der Regel überseeisch orientierten Imperialismus, da diese „Beschränkung" einerseits nur ideologisch, andererseits objektiv — durch den Mangel an Schiffskapazität — bedingt war. ERNST RUDOLF HUBERS Rezension von Schmitts Schrift zeigt dieses Dilemma ganz deutlich. Huber ist bemüht, den *alten Imperialismus* als nur *faktisches Machtsystem*, die *neue Großraumordnung* dagegen als *echtes Rechtssystem* darzustellen[235]. Aber auch ihm gelingt es nicht, die Differenz rational zu begründen, denn seine Bemerkung, *daß das Moment der Ordnung das Machtsystem des Imperialismus in das Rechtssystem des Großraumgedankens verwandelt und erhöht*, bleibt

---

[229] Ders., Völkerrechtliche Formen des modernen Imperialismus (1932), ebd., 179.
[230] Ders., Großraum gegen Universalismus (1939), ebd., 295.
[231] Ebd., 295 f. 302.
[232] Ders., Völkerrechtliche Großraumordnung mit Interventionsverbot für raumfremde Mächte. Ein Beitrag zum Reichsbegriff im Völkerrecht (1939), 3. Aufl. (Berlin, Leipzig, Wien 1941), 6.
[233] Ebd., 24.
[234] Ebd., 52. 32.
[235] ERNST RUDOLF HUBER, „Positionen und Begriffe". Eine Auseinandersetzung mit Carl Schmitt, Zs. f. d. ges. Staatswiss. 101 (1941), 40.

eine nur zu durchsichtige Ideologie, auch wenn er die „Erhöhung" diffus als *dialektische Verwandlung* bezeichnet[236]. Entgegen Schmitt will Huber die staatliche Gebietshoheit und den Staatsbegriff nicht einfach in eine unbestimmte „Raumhoheit" und eine „Großraumordnung" aufgehen lassen, sondern vermutet zu Recht, daß die „Großraumordnung" nur ein Deckname für *Erweiterung der staatlichen Grenze, Errichtung eines „Überstaates"* ist[237].

Die Raumideologie der nationalen Rechten und der Nationalsozialisten ist letztlich eine Chiffre für einen radikalen Expansionismus, für den man den Imperialismusbegriff nicht gebrauchen konnte, weil dieser Begriff für diese Theoretiker in zweifacher Weise negativ belastet war: die Kommunisten und Sozialisten verwendeten ihn in ihren Theorien und vor allem als Schlagwort im politischen Alltag. Ferner galt die Politik der Westmächte der deutschen Rechten gemeinhin als *Imperialismus*[238]. Die Raumideologie erfüllte ihrerseits zwei Funktionen. Zunächst erlaubte ihre Verschwommenheit und Unbestimmtheit keinen konkreten Schluß auf die wirklichen Ziele der Expansion, und darüber hinaus ließ sie keine Erinnerung an die grobschlächtige Propaganda der Kolonialenthusiasten aufkommen. Daß eine solche sprachliche Manipulation auf diesem Gebiet nicht unüblich war, läßt sich an einem naheliegenden Beispiel belegen. Der Reichslehrgang der Gau-Sachbearbeiter im nationalsozialistischen Lehrerbund beschloß schon im Februar 1938, nicht mehr von *ostdeutscher Kolonisation*, sondern von *ostdeutscher Landerschließung, ostdeutscher Rückgewinnung, Wiederbesiedelung oder Rodezeit* zu sprechen, und präventiv erklärte man, den von mancher Seite gewünschten Anschluß Österreichs als *Wiedervereinigung* zu deklarieren[239].

Über die tagespolitisch-ideologische Funktion hinaus enthielt die Großraumideologie allerdings auch Momente, die in die Zukunft wiesen. Die Politik der Siegermächte nach 1945 bestand im wesentlichen in der Aufteilung der Welt in zwei Großräume, bzw. gegenseitig respektierte Einflußsphären, in denen die jeweilige Großmacht mindestens von Fall zu Fall quasi-hoheitliche Befugnisse erlangte. Schließlich kann man in Schmitts Begriff des Leistungsraums — sieht man von der ideologischen Verklärung einmal ab — eine embryonale Vorform europäischer Einigungsbestrebungen nach 1945 erkennen, wenn man das zweifellos ökonomische Substrat des Begriffs sowie die wirtschaftspolitischen Notwendigkeiten im kriegsgeschädigten Europa in den Vordergrund rückt.

---

[236] Ebd., 41. 40.
[237] Ebd., 43.
[238] Paul Schmitthenner, Übersicht über die deutsche Außenpolitik von Bismarck bis zum Führer, in: Beiträge zur auslandskundlichen und außenpolitischen Schulung der Kameradschaften des NSD-Studenten-Bundes, hg. v. Alfred Zingraff u. Wilhelm Classen (Heidelberg 1938), 37; Otto Welsch, Das größere Frankreich, Deutscher Wille (1930), 39; Joseph M. Abs, Der Kampf um Schutzgebiete. Unsere Kolonien einst und jetzt (Essen 1926), 13; Giselher Wirsing, Der maßlose Kontinent. Roosevelts Kampf um die Weltherrschaft (1941), 2. Aufl. (Jena 1942), 27. 176. 187. 190.
[239] Wilhelm Glungler, Theorie der Politik. Grundlehre einer Wissenschaft von Volk und Staat (München, Leipzig 1941), 317 f.

3. Imperialismusdiskussion nach dem Zweiten Weltkrieg

In der Imperialismusdiskussion nach 1945 sind zwei Schwerpunkte festzustellen. Einmal ging es einer großen Zahl von Historikern und Sozialwissenschaftlern anderer Disziplinen darum, anhand konkreter Analysen des historischen Materials einen hinlänglich präzisen Begriff des 'Imperialismus' für die Zeit bis 1918 zu gewinnen. Selbstverständlich standen im Hintergrund dieser Bemühungen die zahlreichen Imperialismustheorien und -modelle, an denen sich die empirisch orientierte Forschung abarbeitete und die sie kritisierte, bestätigte oder verwarf. Der zweite Diskussionsstrang entwickelte sich dagegen entlang der Frage, inwiefern auch nach dem Beginn der Dekolonisation und in der Gegenwart noch sinnvoll von 'Imperialismus' gesprochen werden kann. Hier spielten die Imperialismustheorien eine beträchtlich größere Rolle als in der ersten Forschungsrichtung; durchaus nicht immer zum Nutzen der Diskussion, die sich vereinzelt als theorielastig und empiriefeindlich erweist.

Zur terminologischen Abgrenzung der klassischen Epoche des Imperialismus von seinen Ausläufern bis in die Gegenwart ist es üblich geworden, die Epoche von 1880—1918 *Hochimperialismus*[240] zu nennen. Für die Erforschung dieser Periode wurde die Unterscheidung zwischen *formal* und *informal empire*, die der englische Historiker FAY einführte, von grundsätzlicher Bedeutung[241], weil sie den Blick frei machte für eine ganze Reihe neuer Probleme; so z. B. dafür, daß imperialistische Expansion durchaus nicht gebunden sein muß an die Existenz formell-staatlicher Herrschaft über Kolonien, sondern sich unterhalb institutionalisierter Staatlichkeit in der *Errichtung informeller finanzimperialistischer Nebenregierungen* verwirklicht, die den einheimischen Regierungen Kapital zu *äußerst ungünstigen, ja räuberischen Zins- und Tilgungskonditionen*[242] leihen und dadurch informell und indirekt die Herrschaft übernehmen oder wenigstens daran partizipieren. Nach dem bahnbrechenden Aufsatz von JOHN GALLAGHER und RONALD ROBINSON „The Imperialism

---

[240] W. J. MOMMSEN, Imperialismus. Seine geistigen, politischen und wirtschaftlichen Grundlagen. Ein Quellen- und Arbeitsbuch (Hamburg 1977), 20.

[241] C. R. FAY, Cambridge History of the British Empire, vol. 2 (Cambridge 1940), 399. — Hinzuweisen wäre auf die oft vergessene Tatsache, daß sich diese für die Forschung so fruchtbare Unterscheidung der Sache nach schon bei Lenin und wörtlich bei Mao findet: *Spricht man von der Kolonialpolitik in der Epoche des kapitalistischen Imperialismus, dann muß bemerkt werden, daß das Finanzkapital und die ihm entsprechende internationale Politik ... eine ganze Reihe von Übergangsformen der staatlichen Abhängigkeit schaffen. Typisch für diese Epoche sind nicht nur die beiden Hauptgruppen von Ländern — die Kolonien besitzenden und die Kolonien selber —, sondern auch die verschiedenartigen Formen der abhängigen Länder, die politisch formal selbständig, in Wirklichkeit aber in ein Netz finanzieller und diplomatischer Abhängigkeit verstrickt sind;* LENIN, Imperialismus (s. Anm. 182), 267. Mao unterscheidet Länder, die *direkt unter imperialistischer Herrschaft* stehen von solchen wie China, das vor der japanischen Invasion unter *der indirekten Herrschaft des Imperialismus* gestanden habe; MAO TSE-TUNG, Warum kann die chinesische Rote Macht bestehen? (1928), Ausg. Werke, Bd. 1, 69.

[242] MOMMSEN, Imperialismus, 26; vgl. ders., Europäischer Finanzimperialismus vor 1914. Ein Beitrag zu einer pluralistischen Theorie des Imperialismus, Hist. Zs. 224 (1977), 17 ff.

VII. 3. Imperialismusdiskussion nach 1945

of Free Trade"[243], in dem die Unterscheidung zwischen *formal* und *informal empire* zuerst ausführlich dargelegt und an empirischem Material überprüft wurde, fand dieser Ansatz auch in der deutschen Geschichts- und Sozialwissenschaft Beachtung[244].

Trotz der Fruchtbarkeit des Ansatzes wurde in jüngster Zeit auch auf die einem zu allgemein gefaßten Begriff des 'informellen Imperialismus' inhärente Gefahr aufmerksam gemacht. Wird er nämlich zu pauschal oder gar nicht definiert, so erscheint unter der Hand jede *Ausweitung des Anteils am Welthandel* als Imperialismus. Um dies zu vermeiden, hält ZIEBURA die folgende Präzisierung des Begriffs für notwendig: damit von 'informellem Imperialismus' gesprochen werden kann, *muß eine „Ausbeutung" oder zumindest eine Abhängigkeit dergestalt stattfinden, daß sich die ökonomische Durchdringung durch die kapitalistischen Metropolen auf Kosten des einheimischen Reichtums und damit der autochthonen Entwicklung vollzieht*[245].

In der immer noch anschwellenden Literatur zur Epoche des Hochimperialismus sind im wesentlichen drei Haupttendenzen erkennbar. Die in diesem Rahmen vertretbare Verallgemeinerung sollte aber nicht darüber hinwegtäuschen, daß es in der Imperialismusforschung eine Vielzahl von unterschiedlichen Positionen gibt. — Die drei Haupttendenzen ergeben sich insofern aus der Sache selbst, als je verschiedene Momente des zu begreifenden Phänomens ins Zentrum der Diskussion gerückt werden: 1) die Theorien des Sozialimperialismus; 2) die politischen Imperialismustheorien; 3) die peripherieorientierten Imperialismustheorien.

Während ERICH PREISER feststellte, daß *für die Forschung der 20er Jahre ... das Zeitalter des Imperialismus für die Wirtschaftswissenschaft noch ein faszinierender Gegenstand war*[246], so kann dies für die Nachkriegszeit nicht mehr behauptet werden[247]. Vielmehr beschäftigen sich jetzt vornehmlich Historiker und Politologen mit der Epoche, und einer der Exponenten der Theorie des Sozialimperialismus betrachtet die Imperialismusforschung geradezu als Paradigma einer *Integrationswissenschaft*, in der sich *ökonomische mit soziologischen und politikwissenschaftlichen Theorien* zu vereinigen hätten, *um dem Komplexphänomen gerecht zu werden*[248].

---

[243] JOHN GALLAGHER/RONALD ROBINSON, The Imperialism of Free Trade, Economic History Rev. 6 (1953), 1 ff.; dt.: Der Imperialismus des Freihandels, in: Imperialismus, hg. v. H.-U. WEHLER (Köln, Berlin 1970), 183 ff.

[244] Vgl. die zahlreichen neueren Studien in der — schon wieder überholten — Bibliographie in: WEHLER, Imperialismus, 443 ff.

[245] GILBERT ZIEBURA, Sozialökonomische Grundfragen des deutschen Imperialismus vor 1914, in: Sozialgeschichte heute, Fschr. Hans Rosenberg, hg. v. H.-U. WEHLER (Göttingen 1974), 499.

[246] ERICH PREISER, Die Imperialismusdebatte. Rückschau und Bilanz, in: Wirtschaft, Geschichte und Wirtschaftsgeschichte, Fschr. Friedrich Lütge, hg. v. WILHELM ABEL, KNUT BORCHARDT, HERMANN KELLENBENZ, WOLFGANG ZORN (Stuttgart 1966), 355.

[247] Der „Kieler Zeitschriften-Katalog", der eine große Anzahl nationalökonomischer Zeitschriften erfaßt, weist für die Jahre 1967—77 nicht einmal ein Dutzend Aufsätze auf, die sich mit dem Thema befassen — die überwiegende Zahl übrigens von kommunistischen Autoren.

[248] WEHLER, Einleitung, in: ders., Imperialismus, 22.

Als 'Imperialismus' definiert HANS-ULRICH WEHLER *diejenige direkt-formelle und indirekt-informelle Herrschaft,* ... *welche die okzidentalen Industriestaaten unter dem Druck der Industrialisierung mit ihren spezifischen ökonomischen, sozialen und politischen Problemen und dank ihrer vielseitigen Überlegenheit über die weniger entwickelten Regionen der Erde ausgebreitet haben.* Die sozialimperialistische Komponente besteht darin, daß die Expansion ihre Ursache nicht nur im krisenhaften Verlauf der nationalen Wirtschaft hat, sondern darüber hinaus als *Integrationsideologie in einem Staatswesen* fungierte, *dem es an stabilisierenden historischen Traditionen mangelte, das aber schroffe Klassengegensätze unter der Decke des Obrigkeitsstaates nicht verbergen konnte*[249]. Gleichsam als Scharnier zwischen den objektiv-ökonomischen und politikwissenschaftlich-historischen Erklärungsmustern baute Wehler zudem sozialpsychologische Vermittlungen in seine Theorie ein, mit denen die Massenwirksamkeit der von oben protegierten und streckenweise verordneten imperialistischen Ideologie plausibel gemacht werden soll. Generell geht Wehlers Sozialimperialismus-Theorie also vom *Primat der Innenpolitik* aus[250], aus dem heraus die expansiven wirtschaftlichen, politischen und ideologischen Phänomene, Pläne und Strategien erklärt werden. Wehler verfährt dabei — seinen eigenen Worten zufolge — *eklektisch*[251], d. h. er kombiniert verschiedene ihm tauglich erscheinende wissenschaftliche Ansätze und gelangt so zwar nie zu einer einheitlichen Imperialismustheorie, wohl aber zu äußerst aufschlußreichen Erkenntnissen und Interpretationen. Dieses Verfahren bietet mithin eine Sicherung gegen die Einseitigkeit früherer Ansätze, und zum andern bahnt es einem facettenreichen Imperialismusbegriff den Weg. Wehlers Imperialismusbegriff versucht, alle bestimmenden Momente der gesellschaftlichen Realität einer Epoche einzufangen und wird so zu einem Epochenbegriff im strikten Sinne des Wortes.

Mehr in seinen früheren als in seinen neueren Arbeiten neigt WOLFGANG J. MOMMSEN — als Vertreter der zweiten Haupttendenz in der Imperialismusdiskussion — einer politischen Imperialismustheorie zu. Gegenüber der Überbetonung ökonomischer Erklärungen insistiert er auf der wesentlichen Bedeutung von *politischen Erwartungen und Sehnsüchten nationalistischer Färbung* und konstatiert: *Erst im Streckbett nationaler Rivalitäten entwickelte der moderne Kapitalismus imperialistische Züge*[252]. Ökonomische, nationale, traditionell-machtpolitische und soziologische Faktoren bilden deshalb in seiner Konzeption ein Parallelogramm autonomer, gleichberechtigt nebeneinander wirkender Kräfte und nicht eine einseitig von der Ökonomie her konstruierte Hierarchie, wie man sie wohl nur noch in orthodox-kommunistischen Lehrbüchern findet. Die Erklärung des 'Imperialismus' aus dem 'Nationalismus' — soweit besteht in der Forschung mit ganz wenigen Ausnahmen Einigkeit — kann freilich nur gelingen, wenn Quellen und Ursachen nationalistischer Bewegungen zureichend begreifbar gemacht werden. Mommsen greift deshalb auf eine ganze Reihe

---

[249] Ders., Bismarck und der Imperialismus (s. Anm. 32), 23. 469.
[250] Ebd., 486 ff.
[251] Ebd., 21.
[252] MOMMSEN, Zeitalter des Imperialismus (s. Anm. 40), 19. — Neuerdings wandte sich Mommsen explizit gegen die Restauration einer *rein politisch-strategischen Interpretation des Hochkapitalismus*, die er als *ausgesprochenen Rückschritt hinter den heute erreichten Forschungsstand* betrachtet; ders., Finanzimperialismus (s. Anm. 242), 18.

VII. 3. Imperialismusdiskussion nach 1945

soziologischer und ökonomischer Erklärungen zurück und identifiziert z. B. jene Schichten als soziale Basis von Nationalismus und Imperialismus, die im *Zuge der Entwicklung der industriellen Gesellschaft nach oben getragen wurden*[253].

Ganz neue Wege geht die dritte Forschungsrichtung, die peripherieorientierte Imperialismustheorie. Sie erklärt den Imperialismus nicht aus dem wirtschaftlichen Krisenverlauf, innenpolitischen Spannungen in den Metropolen oder Profitinteressen finanzkapitalistischer Gruppen, sondern umgekehrt aus den Krisen, *die die indigenen Gesellschaften — teilweise als Folge europäischer informeller wirtschaftlicher, kultureller und politischer Penetration — befallen hätten*[254]. Dieser Forschungsansatz fand vor allem bei englischen Historikern Beachtung und spielte in der deutschen Diskussion bis jetzt nur eine untergeordnete Rolle. Dieser Theorie zufolge hing es wesentlich vom Verhalten der Eliten in den Ländern der Peripherie ab, ob und wann eine imperialistische Eroberung mit Aussicht auf Erfolg stattfinden konnte. Da dem Verhalten dieser Gruppe in der Tat *eine strategische Bedeutung zukommt*, die spezifischen Ausformungen dieses Verhaltens aber noch weitgehend im Dunkeln liegen, ist Mommsen sehr wohl zuzustimmen, wenn er meint, *jede moderne Theorie des Imperialismus* habe sich diesem Ansatz zu stellen, trotz der *auf den ersten Blick ausgesprochen apologetischen Tendenz*[255]. Anläufe zur Aufgabe des *traditionellen europazentrischen Geschichtsbildes* in der Imperialismusforschung finden sich allerdings nur vereinzelt. So plädiert etwa IMMANUEL GEISS für die Einbeziehung der frühneuzeitlichen Kolonisation in die Imperialismusforschung unter Berücksichtigung der dadurch bewirkten Prozesse in den eroberten Ländern, will aber gleichzeitig daran festhalten, *daß die Verknüpfung von Imperialismus und modernem Kapitalismus gewahrt bleibt*[256]. Ob dies zutrifft, könnte sich erst im Anschluß an materiale Studien zu dem Problem klären lassen.

Sieht man vom zuletzt erwähnten Ansatz ab, so wäre der allgemeinste gemeinsame Nenner aller Beiträge zur Imperialismusforschung nach 1945 der, daß in ihnen versucht wurde und wird, den Imperialismusbegriff als terminus technicus für die Geschichtswissenschaft zurückzugewinnen, nachdem er lange Zeit einzig und allein als politisches Schlagwort fungierte. Die individuellen Ausformungen des zurückgewonnenen Begriffs sind äußerst verschieden und decken heute in der Bundesrepublik eine Bandbreite ab, die vom 'Imperialismus' als Epochenbegriff bis zum 'Imperialismus' als letzte kapitalistische Gesellschaftsform reichen.

Die zweite Ebene, auf der der Begriff 'Imperialismus' nach wie vor diskutiert wird, behandelt weniger konkrete Forschungsprobleme als vielmehr die Einordnung des

---

[253] Ders., Zeitalter des Imperialismus, 19.

[254] Ders., Imperialismustheorien (s. Anm. 180), 86. Die wichtigsten englischen Vertreter dieser Richtung sind: R. ROBINSON/J. GALLAGHER/ALICE DENNY, Africa and the Victorians. The official Mind of Imperialism (London 1961); R. ROBINSON, Non-European Foundations of European Imperialism, in: Studies in the Theory of Imperialism, ed. R. OWEN and B. SUTCLIFF (London 1972), mit weiterer Literatur; DAVID K. FIELDHOUSE, Economics and Empire. 1830—1914 (London 1973).

[255] MOMMSEN, Imperialismustheorien, 89.

[256] IMMANUEL GEISS, Die Stellung des modernen Imperialismus in der Weltgeschichte, in: Imperialismus im 20. Jahrhundert, Fschr. George W. F. Hallgarten, hg. v. JOACHIM RADKAU u. IMMANUEL GEISS (München 1976), 23. 20.

Phänomens in die Geschichte und die Frage der Kontinuität des Imperialismus bis in die Gegenwart. Naturgemäß kommen in dieser Diskussion sehr viel schneller und massiver politische und ideologische Momente ins Spiel, und die Literatur dazu ist so unübersehbar wie die eingenommenen Positionen vielfältig. Um nur zwei Extreme zu bezeichnen: HANNAH ARENDT sah als Resultat des Imperialismus den *imperialistischen Charakter: die einzige authentische politische Charakterbildung der Moderne*, der Rudyard Kipling das geistige Gepräge verliehen habe[257]; auf der Gegenseite findet man einen *apologetischen*, formaldialektisch verbrämten und *moralisch falsch intonierten* Objektivismus[258], in dem sich die blutige *Geschichte der Kolonisation* unter der Hand zu einer *Geschichte der Zivilisation* verdünnt[259].

In historischer Perspektive scheint THEODOR SCHIEDER der Imperialismus *im eigentlichen Sinne reaktionär geworden* zu sein, weil Imperien, die er als *rein herrschaftliche Gebilde* begreift, den inner- und zwischenstaatlichen Demokratisierungstendenzen schroff entgegenstehen. In bezug auf beide Supermächte hält er den Imperialismusbegriff in unterschiedlicher Weise für anwendbar, denn im Falle der Sowjetunion handle es sich lediglich um eine *neue Form indirekter Herrschaft im Dienste imperialistischer Politik*, die sich außer wirtschaftlicher und militärischer Mittel auch — und darin liegt Schieder zufolge das Neue — der *ideologischen Verklammerung* verschiedener Länder durch die *Parteimacht der kommunistischen Parteien*, deren *Dirigierung durch Moskau sich formalen Kriterien* entziehe, bediene[260]. In der Politik der USA dagegen erblickt Schieder nur einen *defensiven, konservierenden Imperialismus*, der sich *im Aufbau eines strategischen Stützpunktrings um den sowjetischen Machtbereich*[261] verwirkliche und nicht in wirtschaftlicher und/oder politischer Unterwerfung. — Verallgemeinernd wurde dagegen neuerdings festgestellt, daß der Imperialismusbegriff nach einer Periode, in der er ein *Untergrund- und Außenseiterdasein als marxistisch-demagogisches* Schlagwort führte, in den letzten Jahren in verschiedenen sozialwissenschaftlichen Disziplinen von der Geschichtswissenschaft bis zur Friedensforschung *eine regelrechte Renaissance als Schlüsselbegriff zum Verständnis des internationalen Systems der Gegenwart und der Außenpolitik der führenden Protagonisten dieses Systems* erlebt[262]. Diese Renaissance dürfte nicht zuletzt auch damit zusammenhängen, daß die rohstoffarmen unter den Ländern der Dritten Welt in den letzten Jahren in dramatische Versorgungsschwierigkeiten gerieten und dafür die Industrieländer, bzw. die von diesen beherrschten, ungünstigen terms of trade vor der Weltöffentlichkeit verantwortlich machten.

RUDOLF WALTHER

---

[257] H. ARENDT, Der imperialistische Charakter, Der Monat 2 (1950), 510.
[258] MOMMSEN, Imperialismustheorien, 63.
[259] HERBERT LÜTHY, Ruhm und Ende der Kolonisation (1962), in: ders., Nach dem Untergang des Abendlandes (Köln, Berlin 1964), 369.
[260] THEODOR SCHIEDER, Imperialismus in alter und neuer Sicht, Beilage zur Wochenzeitung „Das Parlament", Nr. 21 (25. 5. 1960), 331. 334 f.
[261] Ebd., 335.
[262] EKKEHART KRIPPENDORF, Imperialismusbegriff und Imperialismustheorien, Neue polit. Lit. 21 (1976), 141.

Industrie, Gewerbe

I. Einleitung. II. Wort- und begriffsgeschichtlicher Abriß im Spiegel der Lexika. 1. Industrie. 2. Gewerbe. a) 'Gewerbe' im fiskalischen Kontext. b) 'Gewerbe' in der Volkswirtschaftslehre. 3. Synonymität und Abgrenzung der Begriffe 'Industrie' und 'Gewerbe' im 19. Jahrhundert. III. Die Freisetzung des Industriebegriffs aus dem Bezugsfeld von traditioneller Ökonomik und praktischer Philosophie. IV. Der qualifizierende Sprachgebrauch von 'Industrie'. 1. 'Industrie' als inner- und zwischengewerbliches Kriterium. 2. Der Sprachgebrauch von 'Industrie' als Anzeichen für die Entfaltung des vorindustriellen Großgewerbes (individuell und institutionell qualifizierender Industriebegriff). V. Der Industriebegriff in der Ökonomisierungsphase der deutschen Gesellschaft. 1. Die „Triebfedern" der Industrie. 2. Industriöse Bewußtseinsbildung. 3. 'Industrie' als Ausdruck des ökonomischen Prinzips. 4. Die Industrie des Landmannes. 5. Die Unterscheidung von 'Industrie' und 'Fleiß'. 6. 'Industrie' im pejorativen Sprachgebrauch. VI. 'Industrie' als Ausdruck des bürgerlichen Weltbildes. 1. Industrie und die Eskalation der Bedürfnisse: Hegel. 2. Industriesystem und Arbeitswertlehre. VII. Die Entfaltung der Fabrikindustrie. 1. Die Unterscheidung von 'immaterieller' und 'materieller Industrie'. 2. Zur Synonymität von 'Industrie' und 'Gewerbe'. 3. Die Trennung von 'Industrie' und 'Gewerbe' mit dem Durchbruch der Fabrikindustrie. VIII. Von der 'industriösen Klasse' zur 'Klasse der Industriellen': zur soziologischen Relevanz des Industriebegriffs. IX. 'Industrie' als Epochenbegriff; 'Industrialismus' und 'industrielle Revolution'. 1. Die Entfaltung von 'Industrie' zum politisch-sozialen Grundbegriff. 2. 'Industrialismus'. 3. 'Industrielle Revolution'. X. Ausblick: Theorie der Industrialisierung und Industriekritik im 20. Jahrhundert.

I. Einleitung

Das Jahr 1776 ist für die Wirtschafts- und Sozialgeschichte zu einem Epochenjahr geworden: Mit der Erklärung der Unabhängigkeit der amerikanischen Kolonien vom britischen Mutterland ging die vorindustrielle, merkantilistische Phase des europäischen Kolonialsystems zu Ende; in Frankreich wurden — ein absolutistischer Vorgriff auf den demokratischen Absolutismus der Französischen Revolution — die Zünfte aufgehoben und mit ihnen ein wesentliches Hindernis für die freie Entfaltung des Gewerbewesens beseitigt; mit dem Sturz Turgots zeichnete sich die Überwindung der die Produktivität von Gewerbe und Handel leugnenden Physiokratie ab; in England veröffentlichte Adam Smith seine "Inquiry into the Nature and Causes of the Wealth of Nations", die theoretische Grundlage des ökonomischen Liberalismus wie des später höchst unterschiedlich verfaßten Industriesystems: In diesem für die Wirtschafts- und Sozialgeschichte so ereignisreichen und folgenschweren Jahr bemerkte ein anonymer deutscher Autor: *Das Wort Industrie bedeutet so viel, daß man es oft braucht, ohne zu wissen, was man damit sagen will. Ich verstehe darunter erfinderischen Fleiß*[1]. So unscheinbar diese Worte, so präzise und prägnant sind sie: die Unbestimmtheit des Ausdrucks 'Industrie' im allgemei-

---

[1] [Anonym], Über das neue französische System der Polizeyfreiheit, Ephemeriden der Menschheit 2 (1776), 18. — Vgl. ARTHUR EICHLER, Die Landbewegung des 18. Jahrhunderts und ihre Pädagogik (Langensalza, Berlin, Leipzig 1933), 59f.

nen Sprachgebrauch ist der Grund für eine klare Bestimmung; der Feststellung der Vieldeutigkeit folgt die Festsetzung einer scharf umrissenen Bedeutung. Sie wird gegeben durch die Verbindung und wechselseitige Einschränkung von Fleiß und Erfindungsgabe. Mit dieser Definition werden traditionelle, gleichwohl im diffusen Sprachgebrauch noch gegenwärtige Bedeutungen ausgegrenzt: gemeint ist nicht mehr die Tugend des Fleißes schlechthin, aber auch nicht der schlichte Gewerbefleiß eines Handwerkers: *non pas simplement ... l'imitation, ... l'adresse et ... la routine*[2], wie sie sich in den gewöhnlichen Erzeugnissen von Handwerkern zeigten; gemeint ist andererseits nicht die von der Ausdauer und Konsequenz des Fleißes entbundene, frei spekulierende Erfinderlust der „Projektemacher"[3]; gemeint ist vielmehr ein Komplex moralischer und intellektueller Dispositionen — aber dieser nur insofern, als er sich in bestimmter Weise objektiviert; oder, in der vorwissenschaftlichen, mitunter minder präzisen, oft aber anmutigeren Sprache des 18. Jahrhunderts: eine *faculté de l'âme, dont l'objet roule sur les productions et les opérations mécaniques, qui sont les fruits de l'invention*[4]. Ausgeschlossen wird mit jener Definition des Industriebegriffs aus der Feder eines anonymen deutschen Autors also nicht allein der Rückbezug auf die traditionelle praktische Philosophie, in der 'industria' eine tragende Kategorie gewesen, sondern auch die ebenfalls schon traditionsreiche, aber neutrale klassifikatorische Beziehung auf wirtschaftliche Tätigkeiten aller Art, sei es also im Landbau, sei es in Handwerk oder Handel; ausgeschlossen ist ebenso die klassifikatorische Beziehung auf einen bestimmten *Zweig der Industrie*[5]. Formuliert wird hingegen mit der Kombination von Fleiß und Erfindungsgabe ein Anspruch an Menschen, die wirtschaftlichen Tätigkeiten nachgehen und nicht zuletzt unter solchen Ansprüchen zu Wirtschaftssubjekten werden, ohne daß jedoch dieser qualifizierte Industriebegriff auf ein bestimmtes Tätigkeitsfeld oder einen bestimmten Industriezweig, etwa ein in Handwerk, Manufaktur oder Fabrik betriebenes Gewerbe, schon festgelegt wäre. Die eingangs zitierte Definition des vieldeutigen Wortes 'Industrie' steht auf der Schwelle zur modernen Welt, die nach der vorherrschenden Produktionsweise als 'Industrielle Welt' bezeichnet wird.

Der radikale Bedeutungswandel von 'Industrie' vollzieht sich etwa binnen eines Jahrhunderts. 'Industrie' ist daher ein Begriff, bei dem sich die Ausgangshypothese dieses begriffsgeschichtlichen Lexikons vollauf bewährt: daß Grundbegriffe der politischen und sozialen Sprache im Zeitraum von wenigen Jahrzehnten, etwa zwischen der Mitte des 18. und der Höhe des 19. Jahrhunderts, einen radikalen Wandel in ihrer Verwendungsweise und damit in ihrem Umfang und ihrem Inhalt, ihrer Bezeichnungsfunktion und ihrer Bedeutungsfunktion erfahren[6].

Dietrich Hilger

[2] François Quesnay, Art. Industrie, Encyclopédie, t. 18 (1765), 694f.
[3] Vgl. dazu die karikierende Darstellung von Jonathan Swift, Gullivers Reisen (1727).
[4] Quesnay, Art. Industrie, 694.
[5] [Anonym], Aufforderung an den Unternehmergeist, Neue Lübeckische Bll. 4 (1838), 241.
[6] Eine solche Verdichtung des Bedeutungswandels im Zeitalter der Revolutionen schließt selbstverständlich nicht aus, daß traditionelle Bedeutungen noch lange, insbesondere in Form lexikalischer Registraturen, in Gebrauch oder Erinnerung gehalten werden, während andererseits neue Bedeutungen sich frühzeitig anzukündigen scheinen.

II. Wort- und begriffsgeschichtlicher Abriß im Spiegel der Lexika

1. Industrie

Das lateinische Wort 'industria' bedeutet „eifrige Tätigkeit", „Emsigkeit", „Betriebsamkeit", „reger, beharrlicher Fleiß" u. dgl. An der adjektivischen Bildung 'industrius' ist die konkrete altlateinische Bedeutungsfunktion noch zu erkennen, die auch, bei aller gebotenen Vorsicht gegenüber etymologischen Befunden, das ursprüngliche Bezugsfeld noch verrät: die alte lateinische Form 'indostruus' (aus 'indu' und 'struo') bedeutet soviel wie „drinnen bauend" oder, allgemeiner, „daheim schaffend"[7]. Das Feld der industria ist daher der οἶκος, die familia, das „ganze Haus" und sein weiter Umkreis, wie Otto Brunner in freier Verwendung dieses von Wilhelm Heinrich Riehl geprägten, im 19. Jahrhundert in verschiedenen Abwandlungen begegnenden Terminus das Grundelement der alteuropäischen Sozialstruktur genannt hat[8].

Aus dem konkreten Erfahrungsraum von οἶκος und familia und der in ihnen gewonnenen und auf sie zurückbezogenen Lehre, der Ökonomie, welche im Verein mit Ethik und Politik die traditionelle praktische Philosophie bildete, ist 'industria' im Spätmittelalter in die romanischen Sprachen eingegangen und wird bald darauf, in kaum abgewandelten Formen, auch ins Englische übernommen[9]. Dabei überschreitet das Wort schon bald die enge Bedeutung einer Eigenschaft und bezeichnet spätestens seit dem 15. Jahrhundert im Französischen auch eine professionelle Fähigkeit oder Geschicklichkeit, die sich auf bestimmte, insbesondere gewerbliche Tätigkeiten richtet[10]. Auch im deutschen Sprachraum wird das lateinische Wort schon im 16. Jahrhundert in diesem Sinne verstanden: *Industria, Ein angeborne geschicklichkeit etwas zu machen oder zuerfinden. Item fleiß*[11].

Durch diese Öffnung seines Bedeutungsspektrums wird das Wort in der frühen Neuzeit frei für neue Bedeutungsgehalte, in denen sich mit der Zeit immer deutlicher die Auflösung der traditionellen Hauswirtschaft und die neue Struktur einer in Manufakturen und Fabriken betriebenen Produktion im Rahmen der Nationalwirtschaft niederschlägt:

a) Dabei ist einerseits eine klassifikatorische Tendenz des Wortgebrauchs in Richtung auf eine Eingrenzung und Rubrizierung des Gegenstandsbereichs zu beobachten, für den jene 'industria' genannte Geschicklichkeit, bzw. Fähigkeit gilt: wo im 16. und 17. Jahrhundert in den europäischen Sprachen von 'industrie' ('industry') die Rede ist, ist in der Regel die richtige Handhabung eines Gewerbes im

---

[7] Hermann Menge, Lateinisch-deutsches Schulwörterbuch mit besonderer Berücksichtigung der Etymologie, 2. Aufl. (Berlin 1911), 377, s. v. industria.
[8] Vgl. Otto Brunner, Das „ganze Haus" und die alteuropäische „Ökonomik", in: ders., Neue Wege der Verfassungs- und Sozialgeschichte, 2. Aufl. (Göttingen 1968), 103 ff.
[9] Die frühesten Belege des OED vol. 5 (1933), 236, s. v. industry, gehen auf das späte 15. Jahrhundert zurück.
[10] Vgl. FEW 2. Aufl., Bd. 4 (1952), 654 f., s. v. Industria.
[11] Joannes Serranus, Dictionarium latinogermanicum (Nürnberg 1539; Ndr. Hildesheim 1974), s. v. industria.

weitesten Sinne, sei es handwerklicher, landwirtschaftlicher, merkantiler oder sonstiger Art, gemeint.
b) Zugleich hebt der Ausdruck aber auch auf die besondere Qualifikation desjenigen ab, der ein Gewerbe mit besonderem Geschick betreibt. So gibt der „Nouveau Dictionnaire" von 1683 das französische 'industrie' im Deutschen neben *Fleiß* auch mit den Ausdrücken *Kunst, Sinn, Witz, Verstand* wieder[12].
Qualifizierender und klassifikatorischer Sprachgebrauch haben sich jedoch selbst im 18. Jahrhundert noch nicht zu eigenständigen Bedeutungen ausgefächert, sondern überlagern und ergänzen sich im Bemühen kameralistischer und merkantilistischer Autoren um eine planvoll und systematisch betriebene Gewerbepolitik auf regionaler und nationaler Basis.
In diesem Sinne begegnet das lateinische und französische Fremdwort seit dem späten 17. Jahrhundert auch in deutschen Texten häufiger[13], und zwar, nach Ausweis deutscher Wörter- und Handbücher des frühen 18. Jahrhunderts[14], ebenfalls mit einem in mehrfacher Hinsicht erweiterten Bedeutungsgehalt: Dem deutsch-italienischen Wörterbuch von CASTELLI z. B. zufolge konnte das italienische 'industria' über *Fleiß und Mühe, Witz, Kunst und Verstand* hinaus sogar *das ausgearbeitete Werk selbst* bezeichnen[15]. Trotz der allmählichen Eindeutschung des Fremdwortes seit der Mitte des 18. Jahrhunderts[16] bleibt seine fremdländische Herkunft noch lange bewußt: die zur Reinigung des Deutschen von Fremdworten bestimmten Wörterbücher Adelungs (1777/85 u. 1792/95) und Campes (1808) verzeichnen es aus diesem Grunde noch nicht, und CAMPE sucht es sogar 1813 durch den Ausdruck *Kunstbetriebsamkeit* zu verdrängen[17].
Einer der Gründe, warum dies nicht gelang, dürfte in der Bedeutungsfülle liegen, die das Wort inzwischen vor allem im Französischen aufgesogen hatte, so daß es zum unübersetzbaren Grundbegriff aufgewertet wurde. So wird in der zweiten Hälfte des 18. Jahrhunderts immer wieder auf das Fremdwort zurückgegriffen, wenn es gilt, die privaten und staatlichen Bemühungen um eine Belebung der nationalen Wirtschaft begrifflich zu fassen. Auf die Frage der Göttinger Sozietät nach den *wirksamsten Mitteln, die Einwohner eines Landes zum Fleiße oder zu dem, was man im Französischen Industrie nennt, zu bewegen* (1765), bemerkt GUDEN in seiner Preisschrift „Polizey der Industrie" 1768, die Übersetzung *Fleiß* träfe die Bedeutung des Fremdwortes nicht voll: *Die Franzosen nehmen zwar das Wort Industrie auch in einem weitläufigen Verstande, so wie wir Deutschen den Fleiß oder*

---

[12] Nouveau Dictionnaire (1683), zit. GRIMM Bd. 4/3 (1911), 5545, s. v. Gewerbefleiß.
[13] Vgl. DUDEN, Etym. (1963), 286, s. v. Industrie.
[14] Vgl. FOCKO EULEN, Vom Gewerbefleiß zur Industrie. Ein Beitrag zur Wirtschaftsgeschichte des 18. Jahrhunderts (Berlin 1967), 17f.
[15] CASTELLI 3. Aufl. (1718), s. v. industria. Lessing gibt den von Voltaire mehrfach benutzten französischen Begriff in seiner Übersetzung mit „Fleiß", „Emsigkeit", „Geschicklichkeit", „Arbeitsamkeit" und auch einfach „Arbeit" wieder; vgl. dazu GRIMM Bd. 4/3, 5545, s. v. Gewerbefleiß.
[16] Den frühesten Beleg (1754) für die Eindeutschung des Fremdworts liefern SCHULZ/BASLER Bd. 1 (1913), 290, s. v. Industrie: *die Verhinderung der Industrie (ich meine, die auf dem Fleiß der Menschen gesetzten Taxen)*.
[17] CAMPE, Fremdwb. (1813; Ndr. 1970), 373, s. v. Industrie.

II. 1. Wort- und begriffsgeschichtlicher Abriß: Industrie

die Befleißigung. Jedoch die Industrie wird in den mehrsten Fällen und gewöhnlicher Weise von den besten französischen Schriftstellern nur in einem engern Verstande genommen, da es den künstlichen Fleiß oder den Fleiß in den Manufacturen und Fabriken bedeutet[18]. Selbst diese Eingrenzung der Bedeutung konnte die Fülle dessen, was im Französischen mit 'industrie' gemeint war, inzwischen jedoch nicht mehr einfangen. Daher erklärt um 1780 einer jener Autoren, die in der Sache schon ganz modern argumentierend, im *Mangel der Industrie* zutreffend *eine Ursache und Quelle der Armut* erkannten: *man verzeihe mir dieses französische Wort, weil ich kein deutsches weiß, das den ganzen Sinn desselben erschöpft*[19].

Wenige Jahre später setzt dann die Reihe der lexikalischen Versuche ein, die Bedeutung des neuen Begriffs nicht mehr durch eine einfache Übersetzung, sondern durch eine Abhandlung des Gegenstandes, auf den er sich bezieht, zu erläutern. Die knappe Übersetzung des Begriffs 'Industrie' als *erfinderischer Fleiß* bietet in Krünitz' „Oeconomischer Encyclopädie" 1789[20] nur noch den Einstieg für eine weitläufige Darstellung der Bemühungen, die in der zeitgenössischen Kameralistik und Gewerbepolitik zur Beförderung aller Wirtschaftszweige unternommen werden, bzw. werden sollen. In dem Ziel der *Vermehrung der Industrie*[21] bündelt sich dabei zwar immer noch in erster Linie ein Katalog von Maßnahmen zur Hebung des Fleißes, der Fähigkeiten der Gewerbetreibenden und des wirtschaftlichen Ertrags; zugleich schließt dieses wirtschaftspolitische Ziel aber auch ein spezifisches Eingehen auf die verschiedenen Zweige der Wirtschaft ein. So unterscheidet schon Scheidemantel 1783 vier *Zweige der Industrie: Das System der Industrie bezieht sich 1. auf Künste und Wissenschaften, 2. Landwirtschaft mit ihren Gattungen, 3. Stadtwirtschaft und Gewerbe, 4. Kaufmannschaft*[22]. Mit seiner Übernahme aus dem Französischen hat der Begriff in der zweiten Hälfte des 18. Jahrhunderts einen kollektivischen Sinn angenommen: Krünitz spricht wiederholt vom *Genie* und der *Industrie des Volkes* bzw. *der Nation*, wobei er ausdrücklich die *Arbeitsamkeit*, also eine kollektive Tugend, meint[23].

Zugleich kündigt sich im zeitgenössischen Sprachgebrauch aber auch schon die heute dominierende Bedeutung einer ökonomischen Institution an. Die Feststellung eines reisenden Kaufmanns von 1781: *Es gibt keine Industrie, keine Manufakturen in Polen* oder eine 1787 publizierte Beobachtung: *Sehr oft ist die englische Industrie durch deutschen Beistand belebt worden*[24], mögen vielleicht auch noch im Sinne der kollektiven Tugend bzw. der gewerblichen Fähigkeiten (nach moderner Terminologie: des technischen know-how) gelesen werden. Es fällt jedoch schwer, in den wiederholten begrifflichen Zusammensetzungen *Gewerbe und Industrie, Handel und Industrie* einer frühen Übersetzung des berühmten Werkes von Adam Smith über

---

[18] Philipp Peter Guden, Polizey der Industrie oder Abhandlung von den Mitteln, den Fleiß der Einwohner zu ermuntern (1768), zit. Schulz/Basler Bd. 1, 290, s. v. Industrie.
[19] Albrecht Stapfer, Über die Armuth [um 1780], zit. Eichler, Landbewegung (s. Anm. 1), 59.
[20] Krünitz Bd. 29 (1783), 709, Art. Industrie.
[21] Ebd., 735.
[22] Scheidemantel Bd. 2 (1783), 49.
[23] Krünitz Bd. 29, 710f., Art. Industrie.
[24] Schulz/Basler Bd. 1, 290, s. v. Industrie.

den Reichtum der Nationen durch Schiller und Wichmann die moderne Bedeutung „gewerbliche Produktion" ganz auszuschließen[25].
Für den französischen Sprachgebrauch von 'industrie' ist die Bedeutung eines *ensemble des arts, des métiers qui produisent des richesses par la mise en oeuvre des matières premières* schon für 1771 belegt[26]. Die deutschen Wörterbücher und Enzyklopädien halten dagegen bis in die Mitte des 19. Jahrhunderts noch grundsätzlich an der alten qualitativen Bedeutung des Begriffs fest. Seine sich in der ersten Hälfte des 19. Jahrhunderts allmählich im Sprachgebrauch durchsetzende Synonymität mit dem deutschen Begriff 'Gewerbe' wird zunächst nur in französisch-deutschen Wörterbüchern wie dem „Dictionnaire de la langue française" von 1771 und SCHWANS „Nouveau Dictionnaire" von 1810 im Hinblick auf den französischen Sprachgebrauch registriert[27]. Erst 1847 erkennt auch ein deutsches Lexikon die inzwischen eingetretene Synonymität der Begriffe an: *Industrie oder Gewerbebetrieb ist diejenige Art menschlicher Beschäftigung, welche aus den Rohstoffen der drei Naturreiche Erzeugnisse herstellt, wodurch dieselben überhaupt einen Gebrauchswert, oder einen höheren Wert, oder auch einen größeren Nutzen erhalten*[28].

2. Gewerbe

Im Gegensatz zum fremdsprachlichen 'Industrie' ist das Wort 'Gewerbe' deutschen Ursprungs. Abgeleitet aus dem schon im Mhd. belegten Verbum 'huerpan' = *werben, drehen, hin- und hergehen*[29], ist das Substantiv schon im Mhd. weit verbreitet und hat ursprünglich die semantische *Funktion eines nomen actionis*, d. h. es bekundet im allgemeinen Sinne die Vorstellung einer Tätigkeit, einer Bewegung: *Werc üebet man von ûzen, aber gewerbe ist, so man mit redelîcher bescheidenheit sich üebet von*

---

[25] ADAM SMITH, Untersuchung über den Reichtum der Völker, dt. v. Johann Friedrich Schiller u. Christian A. Wichmann, Bd. 1 (Berlin 1776), 192. 506. Vgl. ADAM SMITH, An Inquiry into the Nature and Causes of the Wealth of Nations 1, 11, p, 6 (1776), Works and Correspondence, vol. 2/1, ed. R. H. Campell, A. S. Skinner, W. B. Todd (Oxford 1976), 265: *manufacturing art and industry;* ebd. 4, 2, 15 (p. 458): *trade and industry.*
[26] BRUNOT t. 6 (1930), 381, Art. industrie. — Der von Quesnay inspirierte Artikel, Droit politique et commerce, Encyclopédie, t. 6 (1765), 694, gibt dagegen noch eine Vorstufe dieses modernen Begriffs wieder: *ensemble des inventions de l'esprit en machines utiles, relativement aux arts et aux métiers.*
[27] *Encourager l'industrie ... Handlung und Gewerbe aufmuntern,* Dictionnaire universel (1771), zit. SCHULZ/BASLER Bd. 1, 290, s. v. Industrie. *Im Finanzwesen und in der Staatswirtschaft nennt man Industrie, Handel und Gewerbe, im Gegensatz der Fonds réels, der Capitalien, liegenden Gründe, des wirklich vorhandenen Vermögens. Taxer l'industrie, eine Steuer oder Abgabe auf Handel und Gewerbe legen,* SCHWAN Bd. 2 (Ausg. 1810), 28, s. v. Industrie.
[28] Katholische Encyklopädie, hg. v. WILHELM BINDER, Bd. 5 (Regensburg 1847), 649, Art. Industrie.
[29] Vgl. ADELUNG 2. Aufl., Bd. 2 (1796), 660, s. v. Gewerbe; GRIMM Bd. 4/3, 5481, s. v. Gewerbe; KLUGE/MITZKA 18. Aufl. (1960), 255, s. v. Gewerbe u. ebd., 855, s. v. werben. Der etymologische Ursprung erklärt die frühen Sonderbedeutungen des Wortes: „Wirbel", „Gelenk" und „Schraubenmutter", die sich bis ins 19. Jahrhundert regional erhalten.

innen, schreibt Meister Eckart[30]. Neben dieser allgemeinsten Bedeutung hat 'Gewerbe' aber auch schon im Spätmittelalter die engeren Bedeutungen 1) *eines Geschäftes ... welches durch einen Gang oder mündliche Bestellung ausgerichtet wird*, sowie 2) allgemeiner des *ganzen Zusammenhangs von Geschäften, womit jemand seinen Unterhalt erwirbet*, angenommen[31]. Die erste dieser Bedeutungen findet sich z. B. häufig in der mittelhochdeutschen Dichtung in der Formel *waz ist daz gewerbe din?*[32]

Die Wörterbücher des 16.—18. Jahrhunderts geben die Breite dieses Sprachgebrauchs nur zum Teil wieder[33]. Zwar dominiert offenbar schon im 16. Jahrhundert die ökonomische Bedeutung einer dauerhaften Tätigkeit, eines Berufes oder Nahrungserwerbs[34], aber noch 1691 führt STIELER den nicht-ökonomischen Wortgebrauch in Zusammensetzungen wie *Briefgewerbe/commercium literarium. Freundschaftsgewerbe/usus familiaritatis. Amtsgewerbe/negotia muneris* und *Liebesgewerbe/puellae ambitus, amoris commercium* auf[35]. Eine begriffliche Eingrenzung der Wortbedeutung auf die Handelstätigkeit hat sich freilich offenbar schon im Spätmittelalter im Sprachgebrauch der größeren Städte und des ökonomischen Schrifttums eingebürgert. Ihr soll erst später zunächst die kaufmännische Tätigkeit von Handwerkern und dann auch das Handwerk selbst als 'Gewerbe' zur Seite gestellt worden sein[36]. Noch bis über die Mitte des 18. Jahrhunderts hinaus beherrscht jedoch die unterminologische Bedeutungsweite der Umgangssprache selbst die merkantilistische und kameralistische Fachliteratur: ohne nähere begriffliche Abgrenzung wird das Wort 'Gewerbe' neben Ausdrücken wie 'Kunst', 'Handwerk', 'Handtierung', 'Profession' etc. gebraucht[37] und in enzyklopädischen Werken wie ZEDLERS „Universallexikon" (1735) und HEINSIUS „Allgemeiner Schatzkammer" (1741) mit keinem eigenen Artikel bedacht[38].

Seit der Mitte des 18. Jahrhunderts setzen in der ökonomischen Literatur Bemühungen ein, den Ausdruck 'Gewerbe' als Oberbegriff für alle Arten gewinnbringender wirtschaftlicher Tätigkeit gegenüber den bisher gleichwertigen Begriffen hervorzuheben. So subsumiert schon in den 1760er Jahren JUSTI unter den neuen

---

[30] GRIMM Bd. 4/3, 5482, s. v. Gewerbe.
[31] ADELUNG 2. Aufl., Bd. 2, 660, s. v. Gewerbe.
[32] GRIMM Bd. 4/3, 5493, s. v. Gewerbe.
[33] *Gewerb und handtierung, traffique, marchandise*, LENIUS HULSIUS, Dictionarium (1616), zit. GRIMM Bd. 4/3, 5485, s. v. Gewerbe. Ähnlich auch GEORG HENISCH, Teutsche sprach und Weisheit (Augsburg 1616; Ndr. Darmstadt 1973), 1597, s. v. Gewerb. *Gewerb, geschefft, une affaire, negotium ... befelch und amt, une commission et vocation ... handel, handelung, handtierung ... gelenck*, NATHANAEL DHUEZ, Dictionnaire françois-allemand-latin et allemand-françois-latin (Ausg. Genf 1664), 198, s. v. Gewerb.
[34] *Gewerbe oder handtierung, contractus*, Vocabularius teutonicolatinus (Nürnberg 1482), s. v. Gewerbe. *Gewärb (der) Wäg und weiß zegewünen. Quaestus, Commercium*, MAALER (1561), 178, s. v. gewärb.
[35] STIELER (1691), 2547, s. v. wirb/werben.
[36] TRÜBNER Bd. 3 (1939), 168, s. v. Gewerbe.
[37] Vgl. z. B. bei CHRISTIAN WOLFF, Vernünftige Gedancken von dem gesellschafftlichen Leben der Menschen und insbesondere dem gemeinen Wesen (Halle 1721), 241. 250.
[38] Unter dem Stichwort „Gewerbe" verweist HENSIUS auf „Handlung", ohne daß sich dieser Artikel jedoch auf den Begriff 'Gewerbe' bezieht.

Klassifikationsbegriff neben Handwerk, Manufaktur und Handel auch solche Wirtschaftszweige wie Landwirtschaft, Bergbau, öffentlicher Dienst, Kunst und Wissenschaft, die im Laufe des 19. Jahrhunderts aus ihm z. T. wieder ausgegliedert werden[39]. Neben der engeren Bedeutung von Handwerk und Handel erhält sich der weite Begriff seither jedoch vor allem in der Umgangssprache[40].

Umfang und Inhalt des Gewerbebegriffs werden im 19. Jahrhundert einerseits durch die staatliche Gewerbepolitik, andererseits von der volkswirtschaftlichen Fachliteratur bestimmt, wobei beider Interesse sich jedoch durchaus nicht völlig deckt:

a) **'Gewerbe' im fiskalischen Kontext.** Schon in Justis (und anderer Kameralisten) steuerpolitischen Plänen, nach denen an die Stelle aller bestehenden Wirtschaftssteuern (insbesondere der Akzise) eine allgemeine Gewerbesteuer treten sollte[41], bildet der Gewerbebegriff den zentralen sprachlichen Bezugspunkt aller diesbezüglichen Ausführungen[42]. Mit der Geschäfts-Instruktion vom 26. 12. 1808 für die Regierungen sämtlicher preußischer Provinzen und der Verordnung vom 2. 11. 1810, die für die preußischen Staaten die Gewerbefreiheit in Verbindung mit einer allgemeinen Gewerbesteuer einführten[43], setzt sich dieser Begriff auch in der Gesetzgebungs- und Verwaltungssprache durch. Allerdings wird in der preußischen Gesetzgebung des 19. Jahrhunderts niemals der Versuch unternommen, den weiten Begriff des Gewerbes zu definieren. Da sich dieser jedoch für die Praxis der Gewerbepolitik als unbrauchbar erweist, folgt die Ausgliederung einzelner Berufszweige allein pragmatischen Gesichtspunkten. Dabei dient der Begriff, semantisch ambivalent, einerseits als Oberbegriff für *jede zum Zweck des Erwerbes als unmittelbare Einnahmequelle betriebene dauerhafte Tätigkeit*[44]; andererseits zeichnet sich in der Summe der erfaßten Berufe ein engerer Begriff von 'Gewerbe' ab, der die sozialen Konturen einer breiten Mittelschicht im Vormärz erkennen läßt: von der Pflicht zur Lösung

---

[39] JOHANN HEINRICH GOTTLOB V. JUSTI, Staatswirthschaft, 2. Aufl., Bd. 1 (Leipzig 1758; Ndr. Aalen 1963), 266; davon z. T. abweichend ders., Grundsätze der Polizeywissenschaft, 3. Aufl. (Göttingen 1782; Ndr. Frankfurt 1969), 6; ders., Staatswirthschaft, 2. Aufl., Bd. 2 (1758; Ndr. 1963), 375.

[40] Vgl. z. B. BROCKHAUS 5. Aufl., Bd. 4 (1820), 223, Art. Gewerbe; PIERER 2. Aufl., Bd. 12 (1842), 209, Art. Gewerbe; Kathol. Enc. (s. Anm. 28), Bd. 4 (1847), 788, Art. Gewerbe.

[41] Der bisherigen Gewerbesteuer gestand Justi nach dem Zeugnis von KRÜNITZ Bd. 18 (1788), 141, Art. Gewerbe, *nicht einmal diesen Namen* zu, da er sie *für eine Kopfsteuer unter einem anderen Namen* hielt. Justi kam es vor allem auf das steuerpolitische Grundprinzip an, den Gewinn zu besteuern. Zur Erhebung der Gewerbesteuer forderte er allgemeine Wirtschaftstabellen, aus deren Registratur von Arbeitspersonal, Materialverbrauch, Preisen, Umsatz und Handelsbedingungen er den Gewinn eines Unternehmens ungefähr zu ermitteln hoffte.

[42] Vgl. KARL JULIUS BERGIUS, Polizey- und Cameralmagazin, Bd. 4 (Wien 1786), 189ff., Art. Gewerbesteuer.

[43] Einen Überblick über die Geschichte der preußischen Gewerbepolizei gibt LUDWIG V. RÖNNE, Die Gewerbepolizei des Preußischen Staates, Bd. 1 (Breslau 1851), 8ff.

[44] So die Definition in einer Entscheidung des Reichsgerichts in Zivilsachen von 1897, zit. GRIMM Bd. 4/3, 5480, s. v. Gewerbe, welche zugleich feststellt: *Da sich auch in der preußischen Gesetzgebung keine ausdrückliche Definition von Gewerbe findet, so ist kein Grund ersichtlich ... von einem anderen Begriffe des Gewerbes auszugehen, als von dem weitesten, der im gewöhnlichen Sprachgebrauche heutzutage mit diesem Worte verbunden wird*, ebd.

b) 'Gewerbe' in der Volkswirtschaftslehre Industrie

eines Gewerbescheins entbindet schon die Gewerbeordnung von 1810 nach „oben" alle *Staats- und Kommunalbeamten*, die Großgrundbesitzer und Besitzer von Kapitalien in Form von *Hypotheken, Wechsel, Aktien, Leibrenten oder öffentlichen Fonds;* nach „unten" alle kleinen Landwirte, das private Hauspersonal, *Aufseher, Gehülfen und Arbeiter in Fabriken und Handlungen*, ... *gemeine Tagelöhner* und andere einfache Handarbeiter von der Art der Spinner, Wollkämmer, Sortierer etc.[45] Infolge des Gewerbesteuergesetzes von 1820 werden dann auch die freien und wissenschaftlichen Berufe (insbesondere Ärzte und Gerichtskommissare) von der Steuerpflicht entbunden[45a]. Die Reichsgewerbeordnung bestätigt diese Praxis 1869 im wesentlichen, indem sie die sogenannte Urproduktion (Land- und Forstwirtschaft, Viehzucht, Fischerei und Bergbau), Kunst und Wissenschaft, die persönlichen Dienstleistungen mit höherer Bildungsqualifikation (Medizinalwesen, Seelsorge und Lehramt) sowie den gesamten öffentlichen Dienst von der Gewerbesteuer eximiert. Der Versuch des GRIMMschen „Wörterbuchs", diesen engeren Umkreis der Gewerbe definitorisch zu umreißen, erbringt dabei wenig mehr als eine Reihe von positiven Merkmalen, die sich in leicht abgewandelter Form auch schon bei früheren Autoren[46] finden: *Das Hauptbestimmungsmerkmal ist der Privaterwerb, und zwar diejenige Form desselben, in der auf die einzelne Leistung auch die Gegenleistung erfolgt, die Erwerbstätigkeit wird hier unter dem Gesichtspunkt eines Tauschgeschäfts erfaßt, während bei dem künstlerischen oder wissenschaftlichen Berufe die Auffassung des Honorars überwiegt. Aus dem Gegensatz des Privaterwerbs gegen die öffentliche Dienstleistung ergibt sich auch der bürgerliche Charakter dieses Begriffs von Gewerbe, mit dem geschichtlich die Vorstellung eines selbständigen Betriebs verknüpft ist*[47]. In solchen definitorischen Bemühungen überlagern sich volkswirtschaftliche und soziologische Systematisierungstendenzen. Soziologisch gesehen soll die Erwerbstätigkeit eines breiten Mittelstandes erfaßt werden, zu dem z. B. Hasemann auch Bergbau und Fischerei rechnet, während die Landwirtschaft ebenso wie Tagelöhner und einfache Handarbeiter ausgeschlossen bleiben. Die soziologische Eingrenzung deckt sich jedoch keineswegs mit dem Klassifikationsbegriff, der sich seit der Wende zum 19. Jahrhundert in der ökonomischen Literatur abzuzeichnen beginnt.

b) 'Gewerbe' in der Volkswirtschaftslehre. Im Gegensatz zum fiskalischen Interesse der Gewerbegesetzgebung zielt die im Entstehen begriffene Volkswirtschaftslehre mit dem Begriff 'Gewerbe' auf eine innere Strukturierung des nationalen Wirtschaftsprozesses. Unterschieden wurde hier, in Anlehnung an Adam Smith's Dreiteilung der Wirtschaftszweige in Landwirtschaft, Gewerbe und Handel, zwischen drei Phasen des Wirtschaftskreislaufs: der stoffbeschaffenden Urproduktion, der den Stoff wertmäßig veredelnden Weiterbearbeitung und der Güterverteilung[48]. Der

---

[45] GSlg. f. d. Königlichen Preuß. Staaten (Berlin 1810), 79f.
[45a] Vgl. JOHANN GOTTFRIED HOFFMANN, Die Lehre von den Steuern (Berlin 1840), 198. 211; REINHART KOSELLECK, Preußen zwischen Reform und Revolution, 2. Aufl. (Stuttgart 1975), 588f.
[46] Vgl. J. G. HOFFMANN, Die Befugnis zum Gewerbebetriebe (Berlin 1841), 1ff.; I. HASEMANN, Art. Gewerbe, ERSCH/GRUBER 1. Sect., Bd. 65 (1857), 354.
[47] GRIMM Bd. 4/3, 5479, s. v. Gewerbe.
[48] s. u. Abschn. II. 3. u. VII. 2.

Gebrauch des Gewerbebegriffs schwankt in der Fachliteratur jedoch ebenso wie in der Rechts- und Umgangssprache zwischen einer weiteren Verwendung als Oberbegriff für alle drei Formen wirtschaftender Tätigkeit und einer engeren Verwendung als spezielle Bezeichnung für die stoffverarbeitende und -veredelnde Produktion. Dabei beginnt sich der Begriff 'Gewerbe' in der ersten Hälfte des Jahrhunderts immer häufiger mit dem der 'Industrie' zu decken.

3. Synonymität und Abgrenzung der Begriffe 'Industrie' und 'Gewerbe' im 19. Jahrhundert

In ihrer klassifikatorischen Beziehung auf diejenigen wirtschaftlichen Beschäftigungen, deren Ausübung ein besonderes Geschick erfordern, im engeren Sinn insbesondere das Handwerk und später das Manufaktur- und Fabrikwesen, kommen sich die Bedeutungen von 'Industrie' und 'Gewerbe' schon in der frühen Neuzeit häufig nahe. Daß dies, soweit ich sehe, in den Wörterbüchern des 16.—18. Jahrhunderts niemals ausdrücklich hervorgehoben wird, hat seinen Grund vermutlich darin, daß der Ausdruck 'Industrie', anders als 'Gewerbe', stets in besonderem Maße auf die Geschicklichkeit und Erfindungsgabe als individuelle oder kollektive Eigenschaften bestimmter Berufszweige abhebt. Dies ändert sich jedoch mit der Expansion des Manufaktur- und Fabrikwesens und der gleichzeitigen Einübung eines neuen Arbeitsethos durch die industriepädagogische Bewegung in Deutschland. Seitdem gleichen sich die Begriffsinhalte der Ausdrücke 'Industrie' und 'Gewerbe' auch im Deutschen zunehmend an.

Dies geschieht zunächst in den Übersetzungen *Gewerbsamkeit*[49] und *Gewerbefleiß*[50], welche allerdings schon 1796 in Garves Übersetzung von Adam Smith's „Inquiry into the Nature and Causes of the Wealth of Nations" nicht allein die Eigenschaft des Fleißes, sondern häufig auch schon die ökonomische Institution des Gewerbes selbst bezeichnen[51]. Auch in den ersten Jahrzehnten des 19. Jahrhunderts werden die Begriffe 'Industrie' und 'Gewerbe' allerdings niemals so weit austauschbar, daß 'Industrie' seine qualifizierende Bedeutung ganz zugunsten der klassifizierenden ablegte. *Da diese Geschäfte wesentlich verschieden sind* (gemeint sind diejenigen, *womit jemand seinen Lebensunterhalt zu erringen sucht*), *so ergibt sich von selbst, daß man in diesem Sinne durch Gewerbe auch die verschiedenen Erwerbsarten ausdrücken könne, oder dadurch überhaupt Industrie angezeigt werde.* 'Gewerbe' und 'Industrie' beziehen sich in dieser Formulierung des „Geschäftslexikons" von HARTLEBEN auf denselben Gegenstandsbereich, doch bleibt der Ausdruck 'Industrie' auch hier noch mit „Fleiß" übersetzbar[52].

Auf der lexikalischen Ebene der Wörterbücher und Enzyklopädien ist jetzt jedoch ein von Jahrzehnt zu Jahrzehnt fortschreitender Bedeutungswandel des Industriebegriffes zu beobachten, an dessen Ende in den 1840er Jahren die Bedeutung einer

---

[49] CAMPE Bd. 2 (1808; Ndr. 1969), 362, s. v. gewerbsam; lexikalisch erstmals belegt im Catholicon de la langue française, zit. GRIMM Bd. 4/3, 5545, s. v. Gewerbefleiß.
[50] Erstmals bei CAMPE Bd. 2, 361, s. v. Gewerbefleiß.
[51] Zahlreiche Belege bei GRIMM Bd. 4/3, 5547, s. v. Gewerbefleiß.
[52] HARTLEBEN Bd. 1 (1824), 432, Art. Gewerbe.

II. 3. Synonymität und Abgrenzung von 'Industrie' und 'Gewerbe'   **Industrie**

ökonomischen Institution unter gänzlicher Abstreifung der qualifizierenden Bedeutung steht[53]. Als sprachlicher Indikator dieser neuen semantischen Stufe kann das Auftreten des Plurals 'Industrien' gelten, welcher sich infolge eines schleichenden und zunächst verborgenen Sprachwandels schon in den 1830er Jahren findet und 1840 selbst in einem Lexikon begegnet, das den Begriff noch traditionell als Eigenschaft deutet[54]: *Die möglichste Teilung der Arbeiten trug viel bei zur Verbreitung der Industrien ... Alle Industrien heben auch das Handwerksmäßige zu einer edleren Stufe empor, wenn ein denkender Kopf mit einer geschickten Hand das Handwerk betreibt*[55].

Zwischenglied zu dieser neuen Bedeutung, in der 'Industrie' ebenso wie 'Gewerbe' einen Wirtschaftszweig bezeichnet, ist die neue Verfertigungsweise, welche aus der „Industrie" (im alten Sinn des Wortes) eines erfinderischen Kopfes hervorgeht und in der ersten Hälfte des 19. Jahrhunderts häufig unter dem Begriff der 'industriellen Produktion' gefaßt wird. *Industrie oder richtiger industrielle Produktivkraft*, heißt es 1818 in der 4. Auflage des BROCKHAUS, *ist derjenige auf die Verschönerung des Menschenlebens berechnete, ununterbrochene Fleiß und die damit verbundene ausdauernde Betriebsamkeit des Menschen, welche entweder einzig nur geistig, also ohne allen vorhandenen rohen Stoff erschafft oder den Urstoff, rohen Stoff ... mittelst der Veränderung seiner Gestalt in ein Genußmittel veredelt und verwandelt*[56]. Schon zwei Jahre später, 1820, ist in der 5. Auflage — wohl unter dem Eindruck der neuen Erhebungspraxis der preußischen Gewerbesteuer — die eine Seite dieses Industriebegriffes, welche sich auf die geistige, immaterielle Produktion richtete, fallengelassen worden, so daß es nun heißt: *Industrie, Industrielle Produktion (in der Staatswirtschaft) ist diejenige Kraftäußerung, welche ein Urprodukt, rohes Produkt, in eine andere Gestalt umwandelt*[57]. Ist für die 4. Auflage Industrie noch eine Form

---

[53] Vgl. Abschn. II. 1. a. b. — Rau bestätigt den neuen Wortgebrauch, lehnt ihn aber noch ab: *Neuerlich bedient man sich öfters auch des Namens Industrie, der aber eigentlich eine viel ausgedehntere Bedeutung hat und keinen einzelnen Gewerbszweig bezeichnet*, KARL HEINRICH RAU, Lehrbuch der politischen Ökonomie (Heidelberg 1847), 127, § 98, Anm. b. Die gesamte Bedeutungsbreite des Begriffs registriert erst WAGENER Bd. 10 (1862), 62f., Art. Industrie: *Industrie bedeutet im eigentlichen Sinne des Wortes Fleiß, beharrliches Streben, ein vorgesetztes Ziel zu erreichen. Der heutige Sprachgebrauch setzt, selbst wenn das Wort im weitesten Sinne genommen wird, materielle Zwecke voraus mit Ausschluß rein geistiger Bestrebungen. Die wissenschaftliche Definition läßt sich etwa so formulieren, daß darunter jede Art menschlicher Tätigkeit zu verstehen ist, welche die Nutzbarmachung oder weitere Bereitung der Materie für den Gebrauch der Menschen zum Zwecke hat. In der Sprache des gemeinen Lebens ist häufig Industrie gleichbedeutend mit Fabrikation und Manufaktur im Gegensatze zum Ackerbau und zum Handelsbetriebe; nicht selten aber dient auch der Name Industrie zur Bezeichnung der Production und Fabrikation im Großen, als Gegensatz zum Kleinbetriebe, namentlich des Handwerks, und dann wird manche Art des Ackerbaues und Handelsbetriebes als industrielles Unternehmen angesehen.*
[54] RÜDER, Art. Industrie, ERSCH/GRUBER 2. Sect., Bd. 17 (1840), 137: *In unserer Sprache bedeutet jenes Wort (Industrie) sowohl nationalökonomisch als gewerblich stets einen sehr hohen Fleiß.*
[55] Ders., Art. Industrielle Produktion, ebd., 138f.
[56] BROCKHAUS 4. Aufl., Bd. 3 (1818), 611, Art. Industrie.
[57] Ebd., 5. Aufl., Bd. 5 (1820), 67, Art. Industrie.

des *Fleißes* und der *Betriebsamkeit*, so handelt es sich für die 5. Auflage dabei nun um eine *Kraftäußerung;* das Wesentliche der Industrie liegt nicht mehr in der menschlichen Erfindungsgabe, sondern in der neuen Gestalt des industriellen Produkts. So umfaßt der Begriff der 'Industrie' für den Autor der 5. Auflage auch nur noch Künste, Fabriken und Manufakturen, Gewerbe und Handwerke, während wissenschaftliche Arbeiten und Handel nun ausgeschlossen sind.

In dieser Verengung seines Bedeutungsfeldes hält der Industriebegriff zwar immer noch an der qualifizierenden Bedeutung der Kunstfertigkeit fest, nähert sich aber doch immer mehr dem des 'Gewerbes' in einem mittleren Bedeutungsumfang, bei dem darunter neben dem Handwerk insbesondere das neue Fabrik- und Maschinenwesen verstanden wird. Mit der Annäherung an die gemeinsame Bezeichnung bestimmter Wirtschaftszweige — ausgeschlossen davon sind in der Regel Landwirtschaft, häufig auch Handel und Bergbau — geht jedoch zugleich eine neue Trennung einher, die die Begriffe 'Industrie' und 'Gewerbe' zum Teil sogar in eine neue semantische Opposition zueinander setzt. *Fragt man, was sind industrielle Produkte*, schreibt RÜDER 1835 in PIERERS „Universal-Lexikon", *so muß man erwidern, alles Resultate von Gewerben, die noch nicht eine feste Form angenommen haben und sich wesentlich fortgehend umgestalten, wozu also bloßer Modenwechsel nicht zu rechnen ist*[58]. Die mit dem Begriff 'Industrie' schon seit der zweiten Hälfte des 18. Jahrhunderts stets assoziierte Vorstellung einer fortschreitenden Verbesserung der Produktionsmethoden führt zu der weitergehenden Vorstellung, daß diese permanente Innovationskraft gerade im fabrikmäßigen Großbetrieb am Werke sei. *Industrieprodukte, wenn sie vom Gewöhnlichen und Handwerksmäßigen wenig abweichen, verdienen alsdann ihren schönen Namen nicht. Was in unsern Tagen Industrieprodukt heißt, kann in der nächsten Generation, wo die Kenntnisse höher steigen, ein gemeines Handwerksprodukt sein*[59]. Das handwerkliche Kleingewerbe wird nun zwar unter den übergreifenden Klassifikationsbegriff 'Industrie' subsumiert, zugleich aber auch ausgeschlossen, wenn man insbesondere die maschinelle Großfabrikation bezeichnen will, für die sich schon in den 1830er Jahren der Begriff 'Großindustrie' einbürgert[60]. Mit der üblichen Verspätung lexikalischer Registrationen des allgemeinen Sprachwandels bestätigt SCHÄFFLE 1859 den sich abzeichnenden semantischen Gegensatz von 'Industrie' und 'Gewerbe': *Im engsten Sinn wird das Gewerbe der Fabrikation (Industrie im engern Sinne) entgegengesetzt ... Gewerbe in dieser Gegenüberstellung bezeichnet den mit mehr oder weniger individuellen Mitteln für mehr oder weniger individuelle Bedürfnisse arbeitenden Kleinerwerb gegenüber dem Großerwerb*[61]. Die

---

[58] RÜDER, Art. Industrie, PIERER Bd. 10 (1835), 153.
[59] Ders., Art. Industrie, ERSCH/GRUBER 2. Sect., Bd. 17, 138.
[60] ROBERT V. MOHL, Über die Nachtheile, welche sowohl den Arbeitern selbst, als dem Wohlstande und der Sicherheit der gesamten bürgerlichen Gesellschaft von dem fabrikmäßigen Betriebe der Industrie zugehen..., Arch. d. polit. Ökon. u. Polizeiwiss. 2 (1835), spricht von der *Fabrik-Industrie* (ebd., 160. 191), der *großen Industrie* (ebd., 193) und von der Idee, *das ganze System der Fabrikation im Großen aufzugeben und zum bloß handwerksmäßigen Betriebe der Industrie zurückzukehren* (ebd., 169).
[61] ALBERT EBERHARD FRIEDRICH SCHÄFFLE, Art. Gewerbe, BLUNTSCHLI/BRATER Bd. 4 (1859), 318f.

zunehmenden strukturellen Unterschiede in der Produktionsweise von Großindustrie und Kleingewerbe, deren soziale Folgen für die in ihnen beschäftigten Handwerksgesellen bzw. Arbeiter sowie die von der Großindustrie ausgehende Existenzbedrohung des Kleingewerbes findet darin ihren sprachlichen Niederschlag. Aufgrund ihrer ungleichen Chancen im wirtschaftlichen Konkurrenzkampf kann so die Gewerbefreiheit 1861 von einem konservativen Autor als *ein ungeheuerliches Privilegium der Fabriken-Industrie*, als deren *Freiheit von dem Gewerbe, nicht die Freiheit der Gewerbe* gedeutet werden[62]. Trotz des vor allem umgangssprachlichen Gegensatzes von 'Industrie' und 'Gewerbe' erhält sich in der zweiten Hälfte des 19. Jahrhunderts jedoch auch noch der synonyme Wortgebrauch beider Begriffe, so daß BÜCHER im Jahre 1900 ihre gegensätzliche Verwendung zumindest für die Wissenschaftssprache zurückweisen kann: *Die vielbenutzten Ausdrücke 'Kleinindustrie' und 'Großgewerbe' illustrieren drastisch das Widersinnige dieses Gebrauchs*[63]. Die weitgehende Synonymität der Begriffe hat im 19. Jahrhundert auch immer wieder zu Versuchen geführt, einen von beiden als Oberbegriff des anderen zu definieren. So konnte Gülich 1829 in seiner „Geschichtlichen Darstellung des Handels, der Gewerbe und des Ackerbaus" diese drei Wirtschaftszweige noch unter dem gemeinsamen Begriff der 'Industrie' zusammenfassen, weil er den Begriff noch in seiner alten qualitativen Bedeutung der technischen Kunstfertigkeit gebrauchte[64]. Die umgekehrte Unterordnung der Industrie unter das Gewerbe in PIERERS „Konversations-Lexikon" von 1890 zeigt dagegen schon an, wie sehr der Industriebegriff diese Bedeutung inzwischen abgestreift hatte: *Der Begriff Gewerbe ist umfassender als der Begriff Industrie. Die Landwirtschaft kann wohl als ein Gewerbe, aber nicht als eine Industrie bezeichnet werden*[65]. Unter Abstreifung der alten qualitativen Bedeutung des „Fleißes" erhält sich seither der Organisationsbegriff 'Industrie' neben der dominierenden Bedeutung der „Großindustrie" auch im weiteren Gebrauch als „gewerbliche Produktionsstätte" schlechthin.

LUCIAN HÖLSCHER

III. Die Freisetzung des Industriebegriffs aus dem Bezugsfeld von traditioneller Ökonomik und praktischer Philosophie

Bis an die Schwelle der industriellen Revolution bedeutet 'industria' die „Tugend des Fleißes", welche sich im traditionellen Rahmen der alteuropäischen Hauswirtschaft langfristig konstant zu entfalten vermag. Diese Industrie, als Tugend verstanden, ist weder auf ein bestimmtes Feld des tätigen Lebens festgelegt noch an

---

[62] WAGENER Bd. 8 (1861), 334, Art. Gewerbe.
[63] KARL BÜCHER, Art. Gewerbe, Hwb. d. Staatswiss., 2. Aufl., Bd. 4 (1900), 361.
[64] Vgl. HASEMANN, Art. Gewerbe (s. Anm. 46), 352.
[65] PIERER 7. Aufl., Bd. 7 (1890), 1087, Art. Industrie. Die Einteilung der Gewerbe in *Gewerbe der Oekonomie* und in *Gewerbe der Industrie*, wie sie THEODOR ANTON HEINRICH SCHMALZ, Encyklopädie der Cameralwissenschaften (Leipzig 1823), 12f., vornahm, folgte allerdings noch der traditionellen Bedeutung: 'Industrie' bezeichnet hier noch die industrielle Verarbeitung und den Verkauf der Rohprodukte, die in den *Gewerben der Oekonomie* gewonnen wurden.

einen besonderen Zweck gebunden; vielmehr kann sie sich bewahren *in prosecution of any reasonable, honest, useful design in order to the accomplishment or attainment of some considerable good*[66]. In der alteuropäischen Tradition der praktischen Philosophie bleibt Industrie durch Vorsatz und Ziel eingebunden in die Teleologie vernünftigen, auf die Verwirklichung des Guten gerichteten Tuns: Der Begriff bezeichnet eine Tugend im alten, umfassenden Sinne der Einheit von Wissen und Gesinntsein, jenen Komplex moralischer und intellektueller Dispositionen, der im Moralbegriff auch jener Lehren noch impliziert ist, für die der Name Moralphilosophie nach neuerem Verständnis als zu eng erscheinen muß.

Ein solches Verständnis von 'Industrie' als Tugend im umfassenden, zugleich unspezifischen Sinne der Tradition trägt und begleitet auch noch die Freisetzung von 'Industrie' aus der Ökonomie des Hauses, die sich mit der zunehmenden Entfaltung von Handel und Gewerbe vollzieht. Im Zuge der Heraufkunft der *commercial society*, in welcher ADAM SMITH *a revolution of the greatest importance* erkennt[67], gewinnt der Industriebegriff, in Frankreich schon seit dem hohen Mittelalter, eine Reihe von engeren Bedeutungen, ohne dabei seine teleologische Grundrichtung und mit ihr den Bezug auf Qualitäten, die sich in Tätigkeiten verschiedener Art bewähren können, zu verlieren.

So begegnet 'industrie' — seit dem 14. Jahrhundert im Französischen als Entlehnung aus dem Lateinischen belegt, nach begründeter Vermutung jedoch schon vor dem 13. Jahrhundert in den französischen Sprachgebrauch aufgenommen[68] — immer häufiger seit dem späteren 15. Jahrhundert sowohl als allgemeiner Ausdruck für ein handwerkliches oder kaufmännisches Gewerbe *(une profession mécanique ou mercantile)* wie auch als Bestandteil des Namens für bestimmte Zweige wirtschaftlicher Tätigkeit *(branche d'industrie* oder *genre d'industrie)*[69]. Die Bedeutung des lateinischen 'industria' wird so im spätmittelalterlichen Französisch einerseits im Sinne des gewerblichen Fleißes eingeengt, andererseits verblaßt die darin enthaltene qualitative Bedeutung zur gewerblichen Beschäftigung oder Tätigkeit schlechthin. So halten sich Bezeichnungen wie *industrie de charpentier* und *l'industrie de l'impression* in dieser Zeit in einer eigentümlichen semantischen Schwebe zwischen der personenbezogenen Bedeutung der handwerklichen Fähigkeit eines Zimmermanns oder Druckers und der berufsbezogenen Bedeutung des Zimmermann- bzw. Druckgewerbes. Im Maße wie die qualitative Bedeutung des Fleißes als einer ökonomischen Tugend in der Verwendung des Ausdrucks 'industrie' zurücktritt, wird dieser frei für einen klassifikatorischen Gebrauch im Sinne des gleichzeitigen deutschen Ausdrucks 'Gewerbe'. Ebenso wie 'Gewerbe' im Deutschen ist die Verwendung von 'industrie' im Französischen dabei aber noch nicht auf die handwerklich-gewerb-

---

[66] ISAAC BARROW, Of Industry (London 1660), zit. EULEN, Gewerbefleiß (s. Anm. 14), 24, Anm. 6.
[67] SMITH, Wealth of Nations 1, 41; 3, 4, 17. Works (s. Anm. 25), vol. 2/1, 37. 422.
[68] Vgl. EULEN, Gewerbefleiß, 17f.
[69] FEW 2. Aufl., Bd. 4, 654, s. v. Industria. Vgl. KURT BALDINGER, Einige terminologische Auswirkungen des Aufschwungs der Industrie im 18. Jahrhundert in Frankreich, in: Alteuropa und die moderne Gesellschaft, Fschr. OTTO BRUNNER, hg. v. Hist. Seminar d. Universität Hamburg (Göttingen 1963), 318 ff.

III. Freisetzung des Industriebegriffs

liche Sphäre im uns geläufigen Sinne begrenzt gewesen: Gleichermaßen wird z. B. von den *sciences et industries* der Buchbinder wie auch der Schreiber gesprochen, die Seefahrt als *l'art et industrie de navigage de la mer* bezeichnet usw.[70].
Wie also 'industrie' in Bezug auf eine „profession mécanique ou mercantile" die Unterschiede zwischen Handel und Handwerk einebnet, so läßt die Verwendung des Wortes auch keine Unterscheidung zwischen manueller und geistiger Tätigkeit gewahr werden. Die klassifikatorische Bezeichnung *ouvriers d'industrie des doigts*[71] setzt als Gegenkategorie den Begriff des an Maschinen tätigen Arbeiters voraus. Der Ausdruck verweist auf die Hochschätzung der in diesem Begriff vorausgesetzten höheren Anforderungen an Fingerfertigkeit und Handgeschick; Gaben, die sich in der Regel ja nicht im bloß Manuellen erschöpfen und im konkreten Kontext, in dem auf die Anpassungsfähigkeit an die Erfordernisse wechselnder Moden angespielt wird, in der Tat über bloß Manuelles weit hinausgehen.
Neben Handel und Handwerk werden aber auch, nachweisbar wiederum seit dem späten 15. Jahrhundert, die Landarbeit und deren Erzeugnisse unter den Industriebegriff subsumiert: *Sont reputez fruitz industriaux les fruicts pendans en vignes et bleds estans semez es terres*[72]. Solche aus dem agrarischen Bereich stammenden Belege bestätigen einmal mehr den Ursprung von Industrie in den konkreten Lebenszusammenhängen und Aufgabenstellungen des „ganzen Hauses" in der adelig-bäuerlichen Welt Alteuropas; und sie zeigen, wie der Begriff in der frühen Neuzeit allmählich immer deutlicher die traditionell allgemeine Bedeutung des (handwerklichen) Fleißes in Richtung auf eine Klassifikation der verschiedenen Bereiche wirtschaftlicher Tätigkeit überschreitet.
In Deutschland scheint Gottfried Wilhelm Leibniz als erster das Wort 'Industrie' verwendet zu haben. In seinem „Plan zur Gründung einer Akademie der Wissenschaften" von 1700 weist er einer solchen Institution die Aufgabe zu, *die Praxis mit der Theorie* zu *verbinden und neben den Künsten und Wissenschaften und durch sie alles, was das Land und Volk interessiert, Ackerbau, Industrie, Handel, Lebensmittel* zu *verbessern*[73]. Auch bei Leibniz hat der Begriff die traditionelle Bedeutung des „Fleißes" schon in Richtung auf die Bezeichnung „handwerklicher Fähigkeiten" überschritten und sich dabei auf eine bestimmte Form wirtschaftlicher Tätigkeit, die gewerbliche Produktion, eingeschränkt. So kann er nun in klassifikatorischer Funktion parataktisch neben 'Ackerbau' und 'Handel' stehen, sich zugleich über diese Ebene der Wirtschaftssparten aber auch schon im qualitativen Sinne einer Förderung des Wirtschaftswachstums erheben.
In dieser schillernden semantischen Zwischenlage deutet sich bereits die Kontroverse des 19. Jahrhunderts um die Abgrenzung der Begriffe 'Industrie' und 'Gewerbe' an: Mit dem Gewerbebegriff beginnt der Begriff 'Industrie' im 18. Jahrhundert nämlich in der Bezeichnung desjenigen wirtschaftlichen Sektors zu kon-

---

[70] Für die Nachweise vgl. Eulen, Gewerbefleiß, 19, und die dort verzeichnete Lit.
[71] Jean-François Melon, Essai politique sur le commerce (1734), in: Économistes financiers du XVIIIe siècle, éd. Eugène Daire, 2ᵉ éd. (Paris 1851), 692.
[72] Coutume de Troyes (1471), zit. Eulen, Gewerbefleiß, 19, Anm. 15.
[73] Gottfried Wilhelm Leibniz, Plan zur Gründung einer Akademie der Wissenschaften (1700), zit. Eulen, Gewerbefleiß, 29; zum Erstbeleg vgl. ebd., 28.

kurrieren, dessen Expansion das vorherrschende Interesse merkantilistischer Wirtschaftspolitik bildet und damit eine neue geschichtliche Epoche ankündigt: die industrielle Revolution. Dabei bewahrt der Begriff 'Industrie' durch seine etymologische Herkunft eine semantische Dimension, die das Neuartige dieser Wirtschaftsweise zu erfassen vermag: denn es geht nun nicht mehr nur um die Regelung bestimmter Wirtschaftszweige und deren konstantes Zusammenspiel im Rahmen gegebener politisch-sozialer Einheiten, sondern um die ständige Vergrößerung der Güterproduktion aufgrund einer systematischen Förderung des Gewerbefleißes, des Ausbaus technischer Fähigkeiten und der Infrastruktur eines Landes[74]. Die hierzu erforderlichen menschlichen Qualitäten faßt der Industriebegriff in einer Weise zusammen, wie es kein deutscher Begriff im 18. Jahrhundert vermag.

Blickt man zurück auf die Entwicklung von 'industria' (und den Varianten des lateinischen Wortes in den neueren Sprachen) von einem in der praktischen Philosophie geläufigen Ausdruck, der Qualitäten von Menschen und Anforderungen an Menschen bezeichnet — eine Tugend eben in jener traditionellen Einheit von Wissen und Gesinntsein —, zu einem in weiterer oder engerer Bedeutung verwendeten Klassifikationsbegriff, so spricht manches für die Vermutung, daß es gerade die ursprüngliche, auf keine bestimmte Tätigkeit begrenzte Bedeutung gewesen ist, die das Wort für immer neue Bedeutungen offengelassen hat. Denn anders als die ebenfalls dem Lateinischen entstammenden, französischen oder englischen Gattungsbezeichnungen 'agriculture' und 'commerce' oder auch und insonderheit 'manufacture', bei dem der ursprüngliche Bezug auf die gewerbliche Produktion noch im verfremdeten Gebrauch präsent geblieben ist, anders aber auch als das deutsche Wort 'Gewerbe', hat 'industria' weder eine unmittelbar anschauliche Bedeutung, noch kann das Wort ohne weiteres, d. h. ohne etymologische Analyse, aus seiner Geschichte verstanden werden[75]. Die Etymologie aber bestätigt, indem sie den Zusammenhang mit dem Oikos gewahr werden läßt, daß das Wort schon in diesem ursprünglichen Bezugsfeld nicht auf eine bestimmte Art von Tätigkeiten zur Sicherung des zum Leben Erforderlichen festgelegt war. Wenn also 'industria' durch Analogiebildung in immer neue Bedeutungen hineingewachsen ist, so spricht dies für die weitere Vermutung, daß die jüngere, deskriptiv-klassifikatorische Verwendung des Wortes nicht auf ökonomische Theorien oder gewerbliche Technologien zurückzuführen ist, insbesondere daß sie nicht auf bewußten terminologischen Setzungen beruht, sondern daß sie sich allmählich in der Umgangssprache entwickelt hat. Denn die Analogiebildung in der natürlichen Sprache ist es, die den Menschen vor jeder Konzeption von Theorien und Technologien befähigt, beliebig große, im Prinzip unendliche Mengen von Elementen mit einem endlichen, in aller Regel sogar recht begrenzten Wortschatz zu bezeichnen, unter Begriffe zu bringen und damit seiner Herrschaft zu unterwerfen.

---

[74] Vgl. Abschn. VII. 3.
[75] Diese Überlegungen folgen PAUL HARSIN, De quand date le mot „industrie" ?, Annales d'histoire économique et sociale 10 (1930), 242.

IV. Der qualifizierende Sprachgebrauch von 'Industrie'

1. 'Industrie' als inner- und zwischengewerbliches Kriterium

Im Gebrauch der unmittelbaren und mittelbaren Entlehnungen von 'industria' im Französischen, Englischen und Deutschen als Ausdrucksformen eines Gattungsbegriffes, unter den agrarische, gewerbliche und kommerzielle Tätigkeiten wie auch, bei engerer klassifikatorischer Verwendung, einzelne Zweige solcher Industrien fallen können, taucht frühzeitig eine die praktische Tugend des Fleißes überschießende Bedeutungskomponente auf, die semantisch jedoch erst sehr viel später, gegen Ende des 18. Jahrhunderts, ausdrücklich von der Bedeutung „Fleiß" getrennt und dieser empirisch gegenübergestellt worden ist: unter 'industrie' konnte schon im ausgehenden Mittelalter eine besondere Befähigung für bestimmte Verrichtungen *(habileté à faire quelquechose)*[76] verstanden werden, sodann aber auch die Fähigkeit und die Neigung, das, was man tut, auch anders zu versuchen, der Einsatz der Intelligenz, um neue Wege zu gehen, die Umsicht, die über die alltägliche Routine hinausblickt, — dies alles wird in der Phase der Übersetzungsversuche des französischen Wortes ins Deutsche im späteren 18. Jahrhundert definitorisch zusammengefaßt im Begriff des *erfinderischen Fleißes*[77]. In jener frühzeitigen Ausrichtung auf das Erfinderische ist im Nachhinein der eher unscheinbare Ansatz für die Aufladung des Begriffes mit dynamischen Vorstellungen an der Schwelle des Zeitalters der Revolution zu erkennen — auch dafür hat das weder durch einen unmittelbaren Anschauungsgehalt okkupierte noch durch seine Geschichte in einer bestimmten Richtung festgelegte Wort zur Verfügung gestanden.

Zunächst aber sollte die Hervorhebung und Auszeichnung bestimmter Qualitäten aus dem Gesamtkomplex des Fleißes die Möglichkeit zu einer qualitativen Differenzierung der insgesamt, in allgemeiner klassifikatorischer Rede, der Industrie zugerechneten ökonomischen Betätigungen geben: 'industrie' fungiert insoweit nicht als Gattungsbegriff, sondern als unterscheidender, qualitativ abstufender Maßstab für die einzelnen Zweige von Industrie im Hinblick auf das notwendige Maß von Zeit- und Kraftaufwand sowie von erfinderischem Genie. Dabei ist analytisch des weiteren die innere qualitative Differenzierung eines bestimmten Industriezweiges von dessen Unterscheidung von anderen Industriezweigen abzuheben — in zugespitzter Formulierung: 'industrie' kann in solcher Verwendungsweise sowohl als innergewerbliches wie als zwischengewerbliches Kriterium fungieren.

Zum Zwecke interner Differenzierungen bediente man sich des Wortes 'industrie' und seiner Ableitungen bemerkenswerterweise gerade auch in bezug auf die Landwirtschaft und deren Erzeugnisse: Als *fruits industriaux* gelten, nach einem aus dem Jahre 1604 stammenden Beleg, *les fruits de la terre dont la production demande des soins incessantes*[78]. Wenn aber in derselben Quelle insoweit kein Unterschied zwischen Weinbau und Getreidebau gemacht wird[79], so wird der begriffsgeschichtliche

---

[76] GEORGES CHASTELLAIN, Chronique (1455/68), Oeuvres compl., t. 4 (Brüssel 1864), 478, zit. EULEN, Gewerbefleiß, 18, Anm. 5.
[77] [Anonym], System der Polizeyfreiheit, 18, zit. EICHLER, Landbewegung (s. Anm. 1), 60.
[78] Vgl. FEW 2. Aufl., Bd. 4, 655, s. v. Industria.
[79] Coutume de Troyes, zit. EULEN, Gewerbefleiß, 19, Anm. 15.

Befund unmittelbar für die Agrargeschichte aussagefähig. Denn daß die qualifizierend-auszeichnende Rede in die klassifizierend-deskriptive übergeht, ist nicht allein mit noch ungenügender begrifflicher Distinktionsschärfe zu erklären, sondern dürfte seinen entscheidenden Grund in den vorindustriellen Bedingungen der Landwirtschaft haben, unter denen auch der Getreidebau, wie bis in unsere Zeit hinein der Weinbau, zu den besonderer Bemühungen bedürftigen Kulturen gerechnet werden mußte.

Wichtiger als die interne Differenzierung wirtschaftlicher Tätigkeiten ist für die Geschichte des Industriebegriffs und die sich in ihr reflektierende wirtschaftliche und soziale Entwicklung Frankreichs der spezifizierende Sprachgebrauch von 'industrie', die Verwendung des Wortes als inter-industrielles Kriterium. Als solches gestattet es, innerhalb des übergreifenden klassifikatorischen Industriebegriffs, die *industrie des manufactures* in aller Deutlichkeit von den *productions de la terre* abzugrenzen und dementsprechend die Handwerker als *hommes d'industrie* den *laboureurs*[80], d. h. den Bauern, gegenüberzustellen. Solche Bezeichnungen brauchen nicht notwendigerweise eine soziale Geringschätzung zum Ausdruck zu bringen: Bauern und Gewerbetreibende können durchaus auch gemeinsam zur *classe cultivatrice et industrieuse* zusammengefaßt werden[81].

Gleichwohl kommt in den Unterscheidungen, die mit Hilfe des qualifizierenden Industriebegriffs im Ancien Régime unter dem weiten Dach des klassifizierenden, deskriptiven Industriebegriffs getroffen werden, der langfristige, durch drückende Steuerlasten noch beschleunigte Niedergang der französischen Landwirtschaft zum Ausdruck, während sich umgekehrt im zunehmenden Bezug von 'industrie' auf das Gewerbewesen dessen naturwüchsige Entfaltung wie auch die Intentionen merkantilistischer Gewerbeförderung spiegeln, bis im späteren 18. Jahrhundert Physiokratie und fièvre agricole, das bis zum Enthusiasmus gesteigerte Interesse für Fragen der Agrikultur, ein gewisses Gegengewicht zur merkantilistischen Politik der Gewerbeförderung bilden sollten. Doch hat auch die nunmehr zunehmende Gegenüberstellung von 'industrie' im engeren, auf das Gewerbewesen bezogenen Sinne auf der einen Seite und der Landwirtschaft auf der anderen den allgemeinen Industriebegriff noch keineswegs definitiv gesprengt[82].

2. Der Sprachgebrauch von 'Industrie' als Anzeichen für die Entfaltung des vorindustriellen Großgewerbes (individuell und institutionell qualifizierender Industriebegriff)

Aus den angeführten Gegenüberstellungen von „hommes d'industrie" und „laboureurs" oder „industrie des manufactures" und „productions de la terre" ist exemplarisch eine weitere Unterscheidung zu erkennen; auch sie begegnet zuerst im

---

[80] MELON, Essai politique (s. Anm. 71), 748.
[81] FRANÇOIS JEAN DE CHASTELLUX, De la félicité publique, t. 2 (Amsterdam 1777), 202, zit. BALDINGER, Terminologische Auswirkungen (s. Anm. 69), 320, Anm. 5.
[82] Wie gemeinhin in der Begriffsgeschichte, so laufen auch im Falle des Industriebegriffs unterschiedliche Verwendungsweisen des identischen Wortes und die aus ihnen — nach der Konzeption der pragmatischen Semantik — zu erschließenden Bedeutungsunterschiede

französischen Sprachgebrauch: 'industrie' kann eine individuelle Fähigkeit bedeuten[83] oder sich auf eine institutionell gegebene Chance zur Verwendung einer solchen Fähigkeit beziehen, wobei mit dem Begriff der Chance die gesamte Variationsbreite der Verwendungsmöglichkeiten einer persönlichen Qualifikation angedeutet sei. Die Einführung kapitalistischer Organisationsformen in die gewerbliche Produktion hat denn auch die individuellen Chancen der „unmittelbaren Produzenten" (wie sie später genannt worden sind) extrem auseinandertreten lassen: sie hat diejenigen, die als Fertigmacher auf der Endstufe der Produktion tätig waren, zu Verlegern aufsteigen lassen, anderen aber konnte das verlegte häusliche Gewerbe zum Inbegriff von Not und Elend werden.

Individuell durchaus unterschiedlich konnten die unmittelbaren Produzenten auch in Manufakturbetrieben gestellt sein, deren Begriff lexikalisch schon im ausgehenden 17. Jahrhundert durch Zusammenfassung der Arbeitskräfte und geringe Produktdifferenzierung definiert worden ist: *lieu où sont réunis plusieurs ouvriers pour travailler à une même sorte d'ouvrages*[84]. War es doch eines der ersten Ziele merkantilistischer Arbeitspolitik, für Manufakturbetriebe Arbeitskräfte zu rekrutieren, die nicht allein fleißig im herkömmlichen Sinne waren, sondern über spezielle Kenntnisse und Fertigkeiten verfügten, Handwerker also, die eher als Künstler gelten mochten, etwa weil sie das Geheimnis der Herstellung von Spiegeln kannten, die es mit den berühmten venetianischen aufnehmen konnten, oder die um die Arcana der Erzeugung von Porzellan wußten. Konnte für hochqualifizierte „ouvriers d'industrie des doigts"[85] die Manufaktur gleichsam zur Stätte der Begegnung des individuell und des institutionell qualifizierenden Industriebegriffs werden, so haben andererseits gerade die Verhältnisse in Manufakturbetrieben insbesondere durch die Gleichförmigkeit repetitiver Arbeit — mit den Worten von ADAM SMITH: *in performing a few simple operations, of which the effects too are ... always the same*[86] — die individuellen Fähigkeiten verkümmern lassen und schon damit, abgesehen von allen anderen Mißständen, Anlaß zur Konzeption von Verelendungstheorien gegeben, die es an Umsicht und Prägnanz mit deren jüngsten Varianten aufnehmen können[87].

Mit der Verwendung von 'Industrie' als klassifikatorischem Terminus in engerer, nur auf das Gewerbewesen bezogener Bedeutung, wie sie erstmals im Deutschen bei Leibniz in der Aufzählung von „Ackerbau, Industrie, Handel, Lebensmittel" begegnet, war auch hier die logische Voraussetzung für die qualifizierende Hervorhebung und Auszeichnung der gewerblichen Produktion vor anderen wirtschaftlichen Tätigkeiten gegeben. Dieses Stadium der Geschichte des Industriebegriffs ist

---

längere Zeit nebeneinander her, als daß sie einander schroff ablösten: ein Grund mehr für begriffsgeschichtliche Analysen, die Chronologie immer wieder zu durchbrechen und die ineinander verflochtenen Entwicklungslinien einzeln diachronisch zu verfolgen.

[83] BALDINGER, Terminologische Auswirkungen, 318ff.
[84] FURETIÈRE (1690), s. v. manufacture; Dict. de Trevoux, 7ᵉ éd., t. 5 (1771), 810, s. v. manufacture; vgl. auch BALDINGER, Terminologische Auswirkungen, 332f.
[85] Nachweis s. Anm. 71.
[86] SMITH, Wealth of Nations 5, 1, 50. Works (s. Anm. 25), vol. 2/2 (1976), 782.
[87] So die gedrängten Darlegungen wiederum von Adam Smith zur Lage der *labouring poor, that is, the great body of the people* (ebd.), deren einseitig ausgebildete und ausgeübte Geschicklichkeit auf Kosten ihrer sonstigen Gaben erworben sei.

in Deutschland in aller Deutlichkeit bei FRIEDRICH II. zu erkennen: Während 'Industrie' bei Leibniz, also an der Wende zum 18. Jahrhundert, noch in einer Reihe mit den Bezeichnungen für andere Wirtschaftszweige steht, wird der Sache nach Industrie über alle anderen gestellt, wenn Friedrich in seinem ,,Politischen Testament" von 1752 erklärt, *la puissance de la Prusse n'est point fondée sur une force intrinsèque, mais uniquement sur l'industrie*[88]. Es ist indessen zweifelhaft, ob merkantilistische Vorstellungen und Forderungen, auf die auch der deutsche Übersetzer anspielt, wenn er 'industrie' hier mit *Gewerbefleiß* wiedergibt, den Inhalt des Begriffs an der zitierten Stelle erschöpfend charakterisieren[89]. Zu vermuten ist vielmehr, daß der König, in Anlehnung an den allgemeinen klassifikatorischen Sprachgebrauch im Französischen, unter 'industrie' auch die Gesamtheit der steuerträchtigen wirtschaftlichen Tätigkeiten in seinen Staaten, also eine Art ,,Landesindustrie", verstanden wissen wollte[90]. Wie nah klassifizierende und qualifizierende Rede beieinander liegen und ineinander übergehen und wie schwer eben deswegen der gemeinte Sinn in einer Übersetzung zu treffen ist, zeigt auch die These Friedrichs, daß die Privatleute ihren Wohlstand erhöhen könnten, *sans faire de nouvelles acquisitions que d'une industrie inusitée*[91]. Das vieldeutige Wort kann hier, in Anlehnung an die französische Rede von den ,,branches" oder ,,genres d'industrie", ein in den preußischen Staaten bislang nicht ausgeübtes Gewerbe oder auch eine in Preußen noch nicht eingeführte gewerbliche Produktionstechnik meinen, und zwar beides insofern ohne wechselseitigen Ausschluß, als die Einführung eines neuen Gewerbes die Übernahme spezifischer Verfahrensweisen und deren Anwendung wiederum die Rekrutierung entsprechend qualifizierter Arbeitskräfte zur Voraussetzung hatte. Das typisch merkantilistische Ziel aller auf den Ausbau des Gewerbewesens gerichteten Maßnahmen ist einem anderen Argument Friedrichs zu entnehmen, in dem Manufaktur und Industrie in einen auch für die Begriffsgeschichte bemerkenswerten Zusammenhang gebracht werden: *Les manufactures font naturellement entrer beaucoup d'argent comptant dans un Etat, et elles nous en peuvent procurer beaucoup plus encore, vu le voisinage de la Pologne et de la Russie, pays qui manquent de tout et qui sont obligés de payer l'industrie de leurs voisins*[92]. Hier können unter dem in vielen Bedeutungen changierenden Wort 'industrie' weder alle Exportgewerbe insgesamt noch die Summe der Manufakturen als großgewerblicher Produktionsstätten verstanden werden; vielmehr wird hier, nach Ausweis der syntaktischen Konstruktion des Satzes mit dem Verbum ,,payer", jene auch lexikalisch zu belegende Wendung von 'industrie' ins Gegenständliche vollzogen, in der das Wort *das ausgearbeitete*

---

[88] FRIEDRICH D. GROSSE, Das politische Testament von 1752, in: Die politischen Testamente der Hohenzollern nebst ergänzenden Aktenstücken, hg. v. GEORG KÜNTZEL u. MARTIN HASS, Bd. 2 (Leipzig, Berlin 1911), 6.

[89] Ders., Die politischen Testamente, dt. v. FRIEDRICH V. OPPELN-BRONIKOWSKI, hg. v. Gustav Berthold Volz (Berlin 1920), 7.

[90] So auch EULEN, Gewerbefleiß (s. Anm. 14), 32, mit der weitergehenden Annahme, daß Friedrich ,,mit einem das andere ausdrücken wollte, d. h. er sah durch Gewerbefleiß Landesindustrie ermöglicht".

[91] FRIEDRICH D. GR., Testament von 1752, 19.

[92] Ebd., 30; dt. Übersetzung: Polen und Rußland seien gezwungen, *die Industrie ihrer Nachbarn zu bezahlen*, ders., Testamente, dt. v. OPPELN-BRONIKOWSKI, 27f.

IV. 2. 'Industrie' und vorindustrielles Großgewerbe

Werk selbst bezeichnet[93]. In dieser Bezeichnungsfunktion gewinnt das Wort an der zitierten Stelle aus dem „Politischen Testament" Friedrichs des Großen die Bedeutung eines Kollektivsingulars: 'industrie' steht für die Produkte von Manufakturen.

Die Variationen des Begriffsumfangs in seiner Funktion als Gattungs- oder Klassenbegriff, die Ausbildung eines qualifizierenden Industriebegriffs bei entsprechender Einschränkung seines Umfangs, die Wendung des Begriffs ins Gegenständliche: so schwer es im Blick auf einzelne Textstellen sein mag, die bislang skizzierten Entwicklungen in der Geschichte des Industriebegriffs auseinanderzuhalten und im Einzelfall mit hinlänglicher Sicherheit zu bestimmen, insgesamt zeigen sie tiefgehende sozioökonomische Veränderungen an: die Entstehung und Ausbreitung des vorindustriellen Großgewerbes im Zusammenhang mit dem allgemeinen Aufschwung von Handel und Gewerbe oder, in der von Adam Smith vermittelten sozialhistorischen Perspektive: den langfristigen, gleichwohl revolutionären Übergang zur „kommerziellen Gesellschaft", während die Landwirtschaft, wie deren Gegenüberstellung zur Industrie im engeren Sinne erkennen läßt, relativ an Bedeutung verliert, ohne indessen ihre absolut dominierende Stellung in der vorindustriellen Welt einzubüßen.

Bis ins späte 18. Jahrhundert ist die Geschichte des Industriebegriffs auch insofern signifikant für eine sich freilich lange anbahnende Übergangssituation, als sie nach der Freisetzung von Industrie aus der Ökonomik des „ganzen Hauses" durchaus noch im Horizont der vom Oikos auf den Staat übertragenen, zur politischen Ökonomie gewandelten Auffassungen verharrt. Symptomatisch dafür ist die Beschreibung der neuen *Staats-Ökonomie* durch den Aristoteles-Übersetzer JOHANN GEORG SCHLOSSER kurz vor Anbruch des 19. Jahrhunderts, der überkommenen, zu seiner Zeit schon überholten Auffassungen noch erheblich näher steht als der neuen Wirtschaftslehre des Liberalismus. Zwar bemerkt er zu Recht: *Industrie war bei den Alten äußerst selten, und konnte auch wohl nicht sehr allgemein sein, weil die Handarbeiten und die Handwerke alle entweder in jeder Familie durch die Knechte, oder doch in jeder Stadt durch die ärmsten und verächtlichsten Bürger getrieben wurden*[94]; aber mit dieser ahistorischen Reprojektion des neueren, vom Oikos abstrahierten Industriebegriffs trägt Schlosser doch nur der Verlagerung gewerblicher Tätigkeiten aus dem Haus Rechnung, im übrigen aber bleibt sein Industriebegriff dem Erfahrungsraum von Handarbeit und Handwerk ausdrücklich verhaftet. Die neue Maschinentechnik, deren Einführung und zunehmende Verbreitung spätere Historiker als den Beginn der industriellen Revolution gedeutet haben, wird von Schlosser bei der Aufzählung der Voraussetzungen für den Wandel des ökonomischen Denkens noch nicht erwähnt: *die Entdeckung neuer Länder, die Aufhebung der Knechtschaft, die Veränderung des Kriegswesens, die Erfindung so vieler neuer Sachen und Formen, die Erweckung so vieler neuer Phantasien; dieses alles muß natürlicherweise die Staats-*

---

[93] CASTELLI (1700), 830, s. v. industria.
[94] JOHANN GEORG SCHLOSSER, Aristoteles' Politik und Fragment der Oeconomik, Bd. 3 (Lübeck, Leipzig 1798), 219. — Zum Kontext vgl. MANFRED RIEDEL, Aristoteles-Tradition am Ausgang des 18. Jahrhunderts, in: Alteuropa und die moderne Gesellschaft (s. Anm. 69), 278 ff. 308.

Ökonomie unsrer Zeiten unendlich mannigfaltiger, künstlicher, ausgebreiteter machen, als sie zu den Zeiten des Aristoteles gewesen sein kann[95]. Schon die Wahl der Epitheta, mit denen Schlosser die neue Ökonomie beschreibt — sie sei „mannigfaltiger, künstlicher, ausgebreiteter" — und die durchgehende Benutzung des Komparativs verraten, daß der Autor zwar eine thematisch weiter ausgreifende, auch durch innere Differenzierung vielgestaltiger gewordene Lehre vor Augen hat, daß er sich aber noch nicht auf den Neuansatz des ökonomischen Denkens bezieht, der weder an Haus und Herrschaft noch am Staat orientiert ist, sondern von den Interessen der Individuen und dem Geschehen am Markt ausgeht.

V. Der Industriebegriff in der Ökonomisierungsphase der deutschen Gesellschaft

1. Die „Triebfedern" der Industrie

Zur selben Zeit, als das von Adam Smith konzipierte, später so genannte „Industrie-System" in England wachsende Aufmerksamkeit in der Öffentlichkeit gefunden hat — die vierte Auflage der „Untersuchung über den Wohlstand der Nationen" ist 1786 erschienen — ist in Deutschland noch im kameralistischen Bezugsrahmen des *Finanzwesens und der Staatswirtschaft* die Frage nach den *Triebfedern der Industrie* aufgeworfen[96] und mit dem Hinweis auf das *Verlangen, sich das Leben angenehm zu machen* und der *Begierde nach Vorzug, es sei in Ansehung des Reichtums oder der Ehre*, beantwortet worden[97]. Diese Antwort ist in der Verbindung von 'Ehre' und 'Reichtum' zugleich vergangenheitsorientiert und zukunftsbezogen: 'Ehre' als Zielbestimmung von 'Industrie' weist zurück in die Zusammenhänge praktischer Philosophie und deren unspezifischen Industriebegriff, der hier sogar noch eine den Tendenzen der Moderne vollends entgegengerichtete Einschränkung und Präzisierung im Sinne politischer (oder militärischer) Tugenden erfährt. Denn Ehre kann nur durch öffentliches Handeln erworben werden, 'Reichtum' hingegen ist eine Kategorie des privaten Lebens. Auch Industrie ist, soweit sie nicht nach Ehre strebt, sondern auf den Erwerb von Wohlstand oder Reichtum zielt, eine Eigenschaft von Individuen in ihrer privaten Existenz[98], und sie verliert diesen Charakter auch dann nicht, wenn sie, sei es gemäß liberaler Lehre als Bedingung allgemeinen Wohlstandes, sei es nach merkantilistischen Vorstellungen als Mittel staatlichen Machtzuwachses, zu einem öffentlichen Erfordernis deklariert wird, wie es exemplarisch in der Moralphilosophie von FRANCIS HUTCHESON geschieht: *The virtues most necessary to a state next to piety, which excites to and confirms all the rest, are sobriety, industry, justice, and fortitude*[99]. Dies erinnert noch sehr an traditionelle Formulierungen

---

[95] SCHLOSSER, Aristoteles, Bd. 3, 220.
[96] GEORG GOTTFRIED STRELIN, Realwörterbuch für Kameralisten und Ökonomen, Bd. 4 (Nördlingen 1788), 728f.
[97] Ebd., 729.
[98] Vgl. dazu AUGUST NIEMANN, Von der Industrie, ihren Hindernissen und Beförderungsmitteln (Altona 1784), 3f.
[99] FRANCIS HUTCHESON, A System of Moral Philosophy, vol. 2 (Glasgow, London 1755), 317.

V. 2. Industriöse Bewußtseinsbildung

praktischer Postulate. Doch führt die Explikation von 'Industrie' als Tugend (virtue) bei Hutcheson sogleich in neuere ökonomische Zusammenhänge: *Industry is the natural mine of wealth, the fund of all stores for exportation, by the surplus of which, beyond the value of what a nation imports, it must increase in wealth and power*[100]. Aus solchen typisch merkantilistischen Überlegungen wird der Industriebegriff jedoch sofort wieder in einen moralphilosophischen Kontext zurückgenommen, um aus ihm mit vermehrtem Gewicht erneut in ein ökonomisches Argument eingebracht zu werden: *If people have not acquired an habit of industry, the cheapness of all the necessaries of life rather encourages sloth*[101]. Die in diesem Bedingungszusammenhang formulierte Forderung nach Habitualisierung zeigt paradigmatisch, daß die Diskussion über Industrie im 18. Jahrhundert eine neue Dimension erreicht hat, in der es nicht mehr nur um Förderung bestimmter wirtschaftlicher Tätigkeiten und Bereiche, namentlich des Gewerbewesens, gegangen ist, sondern um die Weckung, Förderung und Verbreitung einer bestimmten Mentalität bei möglichst vielen (people), d. h. insbesondere bei den Angehörigen der handarbeitenden Klassen. *Kultur der Industrie* bedeutet daher nicht nur, objektiv, Anlage neuer Produktionsstätten und dergleichen[102], sondern auch, subjektiv, die Ausbildung eines bestimmten Bewußtseins und darüber hinaus das Einschleifen unbewußt wirkender Steuerungsmechanismen für wirtschaftliches Verhalten. In diesem Sinne verstanden, steht die „Kultur der Industrie" im 18. Jahrhundert, dem pädagogischen Jahrhundert par excellence, in der Tradition der „cultura animi"[103], nur daß der Mensch nunmehr zum Wirtschaftssubjekt gebildet werden sollte.

2. Industriöse Bewußtseinsbildung

Immer klarer wurde seit dem späten 18. Jahrhundert im *Mangel der Industrie* nicht allein ein um der staatlichen Machtentfaltung und Machtbehauptung halber abzustellendes Übel gesehen, sondern *auch eine Ursache und Quelle der Armut*[104]. Immer häufiger wurde daher auch gefordert, *den Industrialgeist einer ganzen Nation* zu wecken[105]. Diesem Zweck sollten neben den nach englischem und französischem Vorbild gegründeten, polytechnischen Vereinen (oder Gewerbevereinen) *zur Beförderung der Industrie unter dem Volke* vor allem die *Industrieschulen* dienen. Für manche Autoren waren sie sogar das einzige Mittel, um *die Größe der Armut (zu) vermindern*[106].
Die Begründung für die *Notwendigkeit der Industrieschulen* war freilich so zwie-

---

[100] Ebd., 318.
[101] Ebd.
[102] Möser, Schreiben über die Kultur der Industrie, Patriotische Phantasien und Zugehöriges 2, 26 (1774/86), SW Bd. 5 (1945), 110.
[103] Zu diesem von Cicero stammenden Begriff vgl. W. Perpeet, Art. Kultur, Kulturphilosophie, Hist. Wb. d. Philos., Bd. 4 (1976), 1309, mit Lit.
[104] Albrecht Stapfer, [Über die Armut], zit. Eichler, Landbewegung (s. Anm. 1), 59.
[105] Ritter v. Schulstein, Über den Nutzen der Industrieschulen, Göttingisches Magazin f. Industrie u. Armenpflege 2 (1791), 151.
[106] Ebd., 147. 156.

spältig wie die Resonanz auf die Massenverarmung unter den vom Pauperismus nicht Betroffenen: Neben dem Hinweis auf den Zusammenhang zwischen *steigender Bevölkerung* und *Vermehrung der Anzahl derer, die wenig oder nichts an dem Erdboden besitzen, so daß diese zahlreiche Menschenklasse auf andere Art als durch Feldbau beschäftigt und ernährt werden* müsse, steht bezeichnenderweise die These, daß *die Zahl derer, die nur genießen, aber nicht erwerben wollen,* immer größer werde[107]. Diese entgegengesetzte Argumentation kann sich auf die Autorität des philanthropischen Erziehers JOACHIM HEINRICH CAMPE stützen, der den gleichen Gedanken viel kräftiger und anschaulicher zum Ausdruck gebracht hatte: *Da es nicht mehr bei uns steht, die Menschen wieder simpel, frugal und bedürfnisfrei zu machen: so bleibt uns nichts mehr übrig, als zu versuchen, ob wir sie nicht emsiger, industriöser und erwerbsamer machen können, damit Einnahme und Ausgabe wieder einigermaßen ins Gleichgewicht kommen mögen*[108]. Gerade weil man in solchen Überlegungen 'Industrie' noch als eine Tugend verstanden hat, zu der die Menschen *wie zu jeder anderen moralischen und politischen Tugend gebildet werden* könnten, sah man auch in der Bildung einer *Nation zur Industrie* eine pädagogische Aufgabe[109], die in den Industrie- oder Arbeitsschulen bewältigt werden konnte[110].

Die Doppelbezeichnung als 'Industrie- oder Arbeitsschulen' weist auf die zweifache Aufgabenstellung solcher Anstalten hin: Zum einen sollten *schon bekannte Nahrungszweige und Geschicklichkeiten verbessert und ausgebreitet, unbekannte eingeführt und unter beiderlei Geschlecht gangbar gemacht werden* — dies ist die schon traditionelle „Kultur der Industrie" im objektiven Sinne; zum anderen sollte der immer wieder, in unterschiedlichen Formulierungen, beschworene *Geist der Betriebsamkeit immer weiter ausgebreitet werden*[111] —, hierin besteht die subjektive Dimension der Industrieförderung. Und wenn auch in programmatischen Forderungen und konkreten Aufgabenstellungen beides (mit den Worten des zuletzt zitierten Autors: *Nahrungszweige und Geschicklichkeiten*)[112] in einem Atemzuge genannt wurde und die institutionelle Bezeichnung als 'Industrie- oder Arbeitsschulen' durchaus als doppelter Ausdruck eines identischen Begriffes gemeint war, so trat doch das subjektive Moment immer stärker hervor und gewann gegenüber dem objektiven zunehmend an Eigenständigkeit.

Mindestens in drei Punkten weist die Programmatik der Industrieschulen in die Zukunft: 1) Der Idee einer sozialen Öffnung *ohne Unterschied des Vermögens* noch des Geschlechts entspricht 2) der umfassende pädagogische Ansatz bei den *Leibes- und Seelenkräften*, der in der Absage an einseitige Ausbildung körperlicher oder

---

[107] FRIEDRICH WILHELM KOHLER, Gedanken über die Einführung der Industrieschulen auf Begehren der Württembergischen allgemeinen Landesversammlung (Leipzig 1801), 2f. 6.
[108] J. H. CAMPE, Über einige verkannte, wenigstens ungenutzte Mittel zur Beförderung der Industrie, der Bevölkerung und des öffentlichen Wohlstandes. Zwei Fragmente (Wolfenbüttel 1786), 4.
[109] Ebd., 16.
[110] Vgl. dazu CARL LUDOLF FRIEDRICH LACHMANN, Das Industrieschulwesen, ein wesentliches und erreichbares Bedürfnis aller Bürger- und Landschulen (Braunschweig, Helmstedt 1802; Ndr. Glashütten/Ts. 1973), 54. 59. 63.
[111] KOHLER, Gedanken, 7.
[112] Ebd.

V. 3. 'Industrie' als Ausdruck des ökonomischen Prinzips

geistiger Fähigkeiten einen Vorgriff auf das idealistische Konzept universaler Entfaltung der Persönlichkeit darstellt. Und 3) entsprach der Verbindung des Unterrichts aus Büchern mit dem Industrieunterricht, um *die Erziehung im Ganzen praktischer zu machen* und auf diesem Wege die *sittliche Kultur* zu fördern, die Unterweisung und Übung an *mannigfaltigen Gegenständen*, was ja Unterschied und Überlegenheit der Industrieschulen gegenüber gewöhnlichen Arbeitsanstalten ausmachen sollte[113].

So zeichnet sich in der Programmatik der industriepädagogischen Bewegung der Industriebegriff der kommenden Jahrzehnte ab, in denen 'Industrie' zur Signatur einer Gesellschaft ohne ständische Schranken werden sollte, zugleich aber auch zum Inbegriff universaler, nach außen gewendeter Fähigkeiten des Menschen wie zum Inbegriff der Vergegenständlichung dieser Fähigkeiten in einer zur Universalität drängenden Industriekultur, die der „Kultur der Industrie" im objektiven wie im subjektiven Sinne nicht mehr zu bedürfen schien, weil Industrie objektiv wie subjektiv von ihrer eigenen Dynamik vorangetrieben wurde. Ein wichtiger Schritt zur Entbindung der Dynamik von Industrie war die Verbreitung rationaler ökonomischer Einstellungen und Verhaltensweisen. Auch dies hatte sich die industriepädagogische Bewegung zur Aufgabe gemacht.

3. 'Industrie' als Ausdruck des ökonomischen Prinzips

Die Adressaten der Industrieschulbewegung waren Kinder und Erwachsene, eben das gesamte „Volk", obschon auch hier im Sinne des traditionellen negativen Volksbegriffs vornehmlich die Unterschichten ohne Unterschied des Alters gemeint waren. Das Ziel solcher Bestrebungen konnte aufgeschlüsselt werden mit der Unterscheidung von *Kraft-Ökonomie* und *Zeit-Ökonomie*[114]. Denn inzwischen hatte sich auch im deutschen Sprachgebrauch die Bedeutungsverschiebung von Ökonomie bzw. Wirtschaft im Sinne einer Betonung planvollen, rationellen Arbeitens und der Sparsamkeit durchgesetzt[115].

Mit dieser Zielbestimmung der Bildung zur Industrie wird notwendig der Industriebegriff durch das Ziel definiert: 'Industrie' wird zum Ausdruck des ökonomischen Prinzips. Daß man mit seinen Kräften gerade auch bei körperlicher Arbeit tunlichst sparsam umgehen muß, weiß jeder, der einmal solche Arbeit verrichtet hat. Mit der Maxime der „Kraft-" und „Zeit-Ökonomie" sind denn auch wiederum alte Erfahrungen auf neue Begriffe gebracht worden[116]. Dennoch handelt es sich nicht allein um eine neue Formulierung alter Einsichten. Wohl nicht zufällig werden „Kraft-Ökonomie" und „Zeit-Ökonomie" immer wieder begrifflich auch auseinandergehalten; auch fällt auf, daß die Explikation der „Zeit-Ökonomie" weitaus mehr Raum einnimmt. *Hätte ich für die Landschulen in Hinsicht auf Industrie ein Rechenbuch zu*

---

[113] Ebd., 2f.
[114] ARNOLD WAGEMANN, Über die Bildung des Volkes zur Industrie, Bd. 1 (Göttingen 1791), 15 u. passim, bringt diese terminologische Variante.
[115] BRUNNER, Das „ganze Haus" (s. Anm. 8), 10ff.
[116] Vgl. etwa MARC BLOCH, Les caractères originaux de l'histoire rurale française (Paris 1955/56); RICHARD JOSEPH EDOUARD CHARLES LEFEBVRE DES NOËTTES, L'attelage. Le cheval de selle à travers les âges (Paris 1931).

schreiben, so würden die meisten Exempel vom Gebrauche der Zeit handeln, heißt es um die Wende zum 19. Jahrhundert im Organ einer der damals um die Förderung des Wirtschaftslebens bemühten Gesellschaften[117]. In dieser Präferenz der „Zeit-Ökonomie" spiegelt sich das neue Verhältnis der Menschen zur Zeit, das sich seit dem ausgehenden Mittelalter in zunehmender Beschleunigung herausgebildet hat und in seinem Wandel selbst zum Schlüssel für die zeitraffende Bewegung der Geschichte geworden ist[118]. Die Zäsur, die das neue Zeitverständnis zwischen vormoderne Welt und Moderne gelegt hat, wird den Menschen buchstäblich in jedem Augenblick demonstriert: Uhren diktieren allgegenwärtig die „Zeit-Ökonomie" des Industriezeitalters[119].

4. Die Industrie des Landmannes

Mehrere Gründe dürften dafür gesprochen haben, vor allem der bäuerlichen Bevölkerung die Notwendigkeit eines Zeitkalküls vor Augen zu führen. Zum einen bildete sie in der vorindustriellen Welt die große Mehrheit; zum anderen war sie traditionellen Produktionstechniken mit besonderer Hartnäckigkeit verhaftet: Rationalisierungen vollzogen sich eher in großen Schüben als in kleinen Schritten; entscheidend aber dürfte die strenge, im Prinzip unaufhebbare Einbindung der Landwirtschaft in die Rhythmen der Natur sein. Wenn beispielsweise von REDEN in seiner Aufzählung der *industriellen Arbeiten . . ., welche die Benutzung der Naturkräfte und der Gaben der Natur zum Vorteile des Menschengeschlechts bezwecken,* an erster Stelle *die Landwirtschaft*[120] nennt, so ist die damit angesprochene Abhängigkeit von der Natur auch im negativen Sinne zu verstehen: Landwirtschaft konnte bis vor kurzem nur unter den Bedingungen naturaler Zeit betrieben werden. So fiel im Winter, trotz Viehversorgung, Dreschen, Holzfällen und dergleichen, weniger Arbeit an, hatte also der Landmann eine beträchtliche *Nebenzeit, die ihm von seinen eigentlichen Berufsgeschäften, Schlaf und Essen abgerechnet, übrig bleibt*[121].
Industrie des Landmannes meint daher zunächst *die nutzbare Verwendung seiner ganzen Nebenzeit*[122]. Sie insbesondere sollte dem Rationalitätsprinzip der „Zeit-

---

[117] FRIEDRICH EBERHARD V. ROCHOW, Der Landmann in Rücksicht auf seine Industrie (1802), zit. EICHLER, Landbewegung (s. Anm. 1), 60.
[118] Zum neuen Verhältnis der Menschen zur Zeit vgl. EDWARD P. THOMPSON, Time, Work-Discipline and Industrial Capitalism, Past and Present 38 (1967), 56 ff.; R. KOSELLECK, 'Neuzeit'. Zur Semantik moderner Bewegungsbegriffe, in: ders. (Hg.), Studien zum Beginn der modernen Welt (Stuttgart 1977), 264 ff. Vgl. auch → Fortschritt, Bd. 2, 371 ff.; → Geschichte, ebd., 691 ff.
[119] Diese Beobachtung schon bei OSWALD SPENGLER, Der Untergang des Abendlandes. Umrisse einer Morphologie der Weltgeschichte (1917/23; München 1979), 1160 ff.
[120] [FRIEDRICH V. REDEN], Welche Beziehungen knüpfen das innige Band zwischen der Landwirtschaft und den übrigen gewerblichen Beschäftigungen?, Mitt. d. Gewerbe-Vereins f. d. Königreich Hannover 1.—7. Lfg. (1834/35), 107 f.
[121] ROCHOW, Landmann, zit. EICHLER, Landbewegung, 59.
[122] Ebd. — In seinem *Rechenbuch* hatte Rochow Aufgaben gestellt wie die: *wer mit nutzbaren Nebenbeschäftigungen alle Stunden einen Pfennig verdient und jeden Tag 4 Stunden dazu verwendet, wieviel Taler gewinnt derselbe im Jahre? Wieviel verliert der, welcher diese 4 Stunden täglich zu nützlichen Nebenbeschäftigungen nicht anwendet?*, zit. ebd., 60.

Ökonomie" unterworfen werden, das zur Rechenhaftigkeit im buchstäblichen Sinne zugespitzt wurde.

Nach der Wende zum 19. Jahrhundert wird jedoch immer öfter auch die *Landwirtschaft* selbst zu den *industriellen Arbeiten* gerechnet. Und auch hierbei, wie beim Bezug von 'Industrie' auf nichtagrarische Nebenbeschäftigungen, handelt es sich nicht nur um eine gradlinige Fortsetzung des älteren, im Französischen und im Englischen ohnehin stärker ausgeprägten klassifikatorischen Sprachgebrauchs. Hatte doch noch GARVE bei der deutschen Wiedergabe der von Adam Smith getroffenen Unterscheidung zwischen *that industry which is carried on in towns* und derjenigen *which is carried on in the country* nur im ersten Fall das Wort *Industrie* gewählt, im zweiten dagegen der Rede von *dem Fleiße, der auf den Landbau gewandt wird*, den Vorzug gegeben, obgleich andere Autoren vor ihm auch die Landwirtschaft ausdrücklich schon unter den Industriebegriff subsumiert haben[123]. Daß dies in den ersten Jahrzehnten des neuen Jahrhunderts vermehrt geschehen ist, darf als Anzeichen für die verstärkten Bemühungen gewertet werden, auch den breiten bäuerlichen und unterbäuerlichen Schichten für ihre eigentliche Tätigkeit zu einer industriösen, am Prinzip ökonomischer Rationalität orientierten Einstellung zu verhelfen. In diesem Bestreben haben sich die deutsche industriepädagogische Bewegung und der bald auch in Deutschland propagierte ökonomische Liberalismus getroffen.

Zum bedeutendsten Pionier der *rationellen Landwirtschaft* in Deutschland ist, unter dem Einfluß englischer Vorbilder, ALBRECHT THAER geworden. Bereits mit dem ersten Satz seines Hauptwerkes stellt er lapidar fest: *Die Landwirtschaft ist ein Gewerbe, welches zum Zwecke hat, ... Gewinn zu erzeugen oder Geld zu erwerben*[124]. Dieser berühmt gewordene Eröffnungspassus ist Tatsachenbehauptung und programmatische Erklärung zugleich. Er entzieht die Landwirtschaft der aus der qualifizierenden Verwendung von 'Industrie' hervorgegangenen begrifflichen Alternative, daß *alle Arbeit ... entweder urproduktiv ... oder industriell* sei, wobei als „urproduktiv" solche Arbeit gilt, *welche uns die ersten Lebensbedürfnisse unmittelbar verschafft*, also der *Ackerbau*, während unter die reduzierte Gegenkategorie der „industriellen" Arbeit *Fabriken, Manufakturen, Gewerbe* fallen, *welche erst durch den Vertrieb, Verkauf der Ware uns die Mittel zum Eintausch der ersten Lebensbedürfnisse gewährt*[125]. Daß diese begriffliche Alternative mit den Worten eines Autors wie ALEXANDER LIPS belegt werden kann, der in der Sache grundsätzlich mit Thaer übereinstimmte[126], macht das Zeugnis für die Begriffsgeschichte um so bemerkens-

---

[123] SMITH, Wealth of Nations, Works (s. Anm. 25), vol. 2/1, 11, Introduction; ders., Untersuchung über die Natur und die Ursachen des Nationalreichtums, dt. v. CHRISTIAN GARVE (Frankfurt, Leipzig 1796), 5. — Zuvor hatte z. B. Schlözer die Landwirtschaft zur Industrie gerechnet, vgl. dazu Abschn. VI. 2. Über die deutschen Smithianer, ihre Lehren und ihren Einfluß vgl. MARIE-ELISABETH VOPELIUS, Die altliberalen Ökonomen und die Reformzeit (Stuttgart 1968).

[124] ALBRECHT THAER, Grundsätze der rationellen Landwirtschaft, 2. Aufl., Bd. 1 (Berlin 1837), 3, § 1.

[125] ALEXANDER LIPS, Über die wahren Ursachen der Brotnot und Teuerung und die wahren Mittel dagegen, Bd. 1 (Erlangen 1817), 30.

[126] Wie Thaer propagierte er die neuen Grundsätze der Landwirtschaft und wollte sie durch *Strenge und Zwang* durchgesetzt sehen. Vgl. A. LIPS, Prinzipien der Ackergesetz-

werter. Denn die scharfe, begriffliche Trennung verführt den Autor hier dazu, gegen seine Überzeugung den Landbau nicht unter die auf Verkauf ihrer Produkte angewiesenen Gewerbe zu rechnen. Thaer dagegen bezeichnet zweifelsfrei die Landwirtschaft als ein Gewerbe unter anderen, das, wie andere auch, zum Zwecke des Gelderwerbs ausgeübt wird. Die Prinzipien der *rationellen Landwirtschaft* brechen den engen Kreis agrarischer Eigenversorgung (die später von KARL BÜCHER zur historischen Entwicklungsstufe typisierte *geschlossene Hauswirtschaft*)[127] auf und stellen den Landbau in die offenen Marktbeziehungen der modernen Wirtschaft.

Bei dieser Umorientierung der Agrarlehre gerät auch der Industriebegriff in neue systematische Zusammenhänge, in denen seine formale klassifikatorische Funktion inhaltlich ebenfalls weitgehend neu besetzt wird: Nach THAER besteht das *landwirtschaftliche Gewerbe ... aus vier Elementen (Faktoren, Bestandteilen): 1. Grund und Boden... 2. Arbeit... 3. Kapital... 4. Intelligenz; Kenntnis und Geschicklichkeit, Künstlertalent.* Jedes dieser Elemente habe an jedem Produkt der Landwirtschaft Anteil. Deshalb ergebe sich der Wert des Grund und Bodens nie direkt aus dem Wert seines Produkts, *sondern erst nachdem der Anteil der übrigen Elemente, die wir in ihrem Komplexus Industrie nennen, abgezogen wurden*[128]. Daß in dieser Systematik so persönliche Qualitäten wie „Intelligenz, Kenntnis und Geschicklichkeit", ja sogar das „Künstlertalent" nicht der Arbeit zugeschlagen, sondern zu einem eigenständigen Produktionsfaktor zusammengefaßt und in der Tradition des individuell qualifizierenden Sprachgebrauchs als Industrie aufgefaßt werden, unterstreicht die Ansprüche, die Thaer an die Landwirtschaft durch Unterwerfung unter das Rationalitätsprinzip moderner Wirtschaftsweise stellt.

5. Die Unterscheidung von 'Industrie' und 'Fleiß'

Die vom ausgehenden 18. bis über die Höhe des 19. Jahrhunderts reichende Zeit, in der mit besonderer Emphase *sämtliche Gewerbe der Nation* unter den Industriebegriff subsumiert wurden, kann als die Epoche vorindustrieller Ökonomisierung von Wirtschaft und Gesellschaft in Deutschland bezeichnet werden. Gegen die Tendenz, *nur die technischen Gewerbe oder auch noch den Handel ... unter dem Wort Industrie, Industrialgewerbe* zu begreifen, erinnerte man an die ursprüngliche Bedeutung des Wortes, in der es *den Eifer, die Emsigkeit, die Sorgfalt überhaupt in der Arbeit* bezeichnete; *und darum gilt sie* (sc. die Tugend der Industrie) *notwendig von allen Gewerben; und folglich gibt es ebensogut eine Industrie des Landbaus, des Bergbaus und des Handels, als der technischen Gewerbe: und so verstehen wir also unter Industrie der Nation den Zustand eines hohen Flors der sämtlichen Gewerbe der Nation, die sich bestrebt und beeifert, dieselben in möglichst größter Ausdehnung und*

---

gebung als Grundlage eines künftigen Ackercodex für Gesetzgeber und rationelle Landwirte, Tl. 1: Negative Gesetzgebung (Nürnberg 1811), 20.
[127] KARL BÜCHER, Die Entstehung der Volkswirtschaft. Vorträge und Aufsätze, 16. Aufl., Bd. 1 (Tübingen 1922), 91.
[128] A. THAER, Versuch der Ausmittelung des Rein-Ertrages der produktiven Grundstücke mit Rücksicht auf Boden, Lage und Örtlichkeit nebst dem Entwurf einer Gemeinheitsteilungs-Verordnung für die Preußischen Staaten, Neue Annalen 4/3 (1813), 362f.

V. 5. 'Industrie' und 'Fleiß'

Vollkommenheit zu betreiben[129]. Dieser Passus aus der Feder eines namhaften Ökonomen und Kameralisten kann durchaus als charakteristisch für den Sprachgebrauch in einer Übergangslage angesehen werden, die auch in Deutschland, durch die zu stärkerer Ausbildung gelangende, vorindustriell-kommerzielle Gesellschaft, gegeben war: Sprachkritische Feststellung (a), wortgeschichtliche Aussage (b), normative Bekundung des gegenwärtigen Geltungsbereichs praktischer Tugenden (c), Deskription der ökonomischen Realität (d), neue Begriffsdefinition (e) zum Zweck der Proklamation eines ökonomischen Entwicklungsziels (f) gehen fast nahtlos ineinander über. Dementsprechend changiert 'Industrie' mindestens in den drei grundverschiedenen Bedeutungen eines deskriptiven Klassifikationsbegriffs im engeren (a) und weiteren (d) Sinne, 2. eines Tugendbegriffs, (b und c) und 3. eines ökonomischen Zielbegriffs (e und f).

Dabei war die wortgeschichtliche Reminiszenz des Autors bereits zu seiner Zeit überholt und deswegen eher geeignet, seine progressiven Intentionen zu widerlegen als sie zu bekräftigen. Denn um das proklamierte ökonomische Entwicklungsziel zu erreichen, bedurfte es schon nach den Kriterien der Industriepädagogik einer neuen dynamischen Potenz, die von den traditionellen ökonomischen Tugenden der *Arbeitsamkeit* und des *Fleißes* nach der auch in die „Deutsche Encyclopädie" bereits eingegangenen Meinung wohl zu unterscheiden war[130]. Für diese neu entdeckte Triebkraft wirtschaftlicher Entwicklung bot sich gleichsam von selbst das alte Wort 'Industrie' an: der neue Sprachgebrauch konnte an die Identifikation von 'Industrie' und 'erfinderischem Fleiß' anknüpfen; aber er hebt diese Identifikation auf, setzt das Moment des Erfinderischen frei und erklärt 'Industrie' zum Gegenbegriff von bloßem 'Fleiß' — ein begriffsgeschichtlicher Vorgang, der fast schon die Konturen eines dialektischen Selbstunterschiedes im Sinne der spekulativen Logik Hegels ahnen läßt.

Das in seiner Rhetorik eindrucksvollste, für die Analyse ergiebigste Zeugnis dieser Begriffsdialektik sei hier in mehreren Auszügen wiedergegeben und in seinen Argumentationsstufen interpretiert.

Über den Unterschied von Industrie und Fleiß lesen wir bei HEINRICH PHILIPP SEXTROH: *Der Fleiß* gehe *die alte gebahnte Straße mit all ihren Krümmungen*, wage *keinen neuen Weg*, traue selbst einer Verbesserung nicht, *wenn sie nicht anbefohlen* werde *oder von hundert anderen schon Jahre lang mit größtem Vorteil versucht* worden sei. *Die Industrie* hingegen blickt ... *umher, ob sie nicht auf einem kürzeren, richtigeren Wege zum Ziel gelangen und dabei gewinnen könne, raffiniert selbst auf Verbesserung der Manier, versucht und nutzt jeden tunlichen Vorschlag anderer, und gelingt der Versuch nicht, so eilt sie zurück und holt auf dem vorigen Wege durch größere Anstrengung den Fleiß schnell wieder ein, gewinnt aber dabei immer an Bildung und Übung der Kräfte*[131]. Anders wieder der Fleiß: er tue sein Werk nach der Ordnung in bestimmter Zeit, wie er es gelernt habe, glaube auch wohl, dieses Zeitmaß sei durchaus notwendig und halte Anweisungen zur Zeitverkürzung in einzelnen Fällen

---

[129] FRIEDRICH BENEDICT WEBER, Lehrbuch der politischen Ökonomie, Bd. 1 (Breslau 1813), 110f.
[130] Dt. Enc., Bd. 17 (1793), 370ff., Art. Industrie.
[131] HEINRICH PHILIPP SEXTROH, Über die Bildung der Jugend zur Industrie. Ein Fragment (Göttingen 1785), 35f. 37.

oder zur Zeitökonomie überhaupt bald für ein der vermeintlichen Güte seines Werkes oder gar der Dauer seiner Existenz nachteiliges Projekt. *Die Industrie verrichtet das nämliche Werk von gleicher Güte durch schnellere Kraftanwendung in ungleich kürzerer Zeit. Sie freuet sich jeder Zeitersparung zum neuen Geschäfte und bringt ... 10- 20- 30mal mehr zustande als der Fleiß*[132]. Insoweit begründet Sextroh die Vorzüge der Industrie, an sich schon überzeugend genug, mit den Argumentationstopoi der „Kraft-" und „Zeit-Ökonomie". Diese aber bewegt sich nur im Bereich der Mittel; sie entspricht nur einer der beiden Fassungen des ökonomischen Prinzips. Eine neue Stufe und Qualität erreicht die Argumentation, wo sie sich auf die unterschiedlichen Zielsetzungen bezieht: Der Fleiß richte die Anwendung seiner Kräfte unausgesetzt auf ein Ziel allein; er verhalte sich außerdem wie leidend, wisse sich außer in dem einzigen Berufswerke in anderen ihm nötigen Bedürfnis- und Bequemlichkeitsgeschäften nicht selbst zu helfen. Auch habe er gewöhnlich nur die Erhaltung der nächsten Bedürfnisse im Auge. *Die Industrie, nicht zufrieden mit der Notdurft, hört nicht auf, wenn diese befriedigt ist, sondern sucht immer weiter zu kommen, ... ergreift immer jede Veranlassung zur neuen Kraftaufregung, Aufklärung usw. mit Freuden, fühlt und übt die Pflicht, auch für den frohen Genuß, für höhere Wohltätigkeit, Erweiterung ihres nützlichen Wirkungskreises, so lange das Leben dauert, unaufhörlich zu arbeiten*[133]. Damit hat der Autor die Ebene der Mittel und Verfahrensweisen, des Methodischen und Technischen verlassen und die Überlegenheit der Industrie auf der Ebene der Ziele begründet. In der Zieldiskussion aber sind zwei Schritte zu erkennen: Zunächst wird gegen den Fleiß dessen Einschränkung auf ein Objekt geltend gemacht, zugunsten von Industrie jedoch deren Richtung *noch auf andere nötige und nützliche Gegenstände* angeführt, sie mögen *mit dem Berufsgeschäfte in Verbindung stehen, oder aber der Seele oder dem Körper mehr Bildung, Nahrung und Vergnügen geben*[134]. Bemerkenswerterweise schlägt hier das Plädoyer für die Industrie um in ein Plädoyer gegen den durch Arbeitsteilung und berufliche Spezialisierung bedingten Fortschritt, während umgekehrt die Anklage des Fleißes nolens volens zu einer Apologie der vermeintlich nur mit dem Fleiß verbundenen arbeitsteiligen Produktion gerät. Solche Verschränkungen dürften wiederum charakteristisch sein für historische Übergangslagen, in denen Geschichte sich verdichtet und Altes und Neues einander scheinbar unvermittelt begegnen. Sie sollten einige Generationen nach Sextroh ihre geschichtsmächtigste Stilisierung im Werk von Marx finden, das in seiner geschichtsphilosophischen Komponente als Demonstration der Verschränkung von Vergangenheit, Gegenwart und absehbarer oder auch nur erwarteter Zukunft interpretiert werden kann.

Geht es bei der Zieldiskussion zunächst nur um eine Ausfächerung der Ziele im Bereich der *nötigen und nützlichen Gegenstände*, so verläßt die Diskussion in einem zweiten Schritt die elementare Sphäre der *Notdurft*: Industrie *sucht immer weiter zu kommen*, d. h. sie strebt aus sich heraus immer neue und höhere Ziele an[135]. Zwei Generationen später kann denn auch von der Industrie behauptet werden:

---

[132] Ebd., 38.
[133] Ebd., 39.
[134] Ebd., 35.
[135] Ebd., 35. 39.

V. 6. 'Industrie' im pejorativen Sprachgebrauch　　　　　　　　　　　　　　**Industrie**

Eines ihrer gewaltigen Ziele ist, Zeit und Raum einander nahe zu bringen[136]. Und diese im Zeitalter des beginnenden Eisenbahnbaus empirisch einlösbare These erhält eine so abstrakte Fassung, daß sie auf jede mögliche Steigerung der konkreten Überwindung von Raum und Zeit zutrifft. Industrie wird zum Motor des Fortschritts, und sie hat mit dem Fortschritt auch dies gemein, daß die Ziele, die sie erreichen soll, selbst als fortschreitende entworfen werden[137]. Sie werden zu perspektivischen Fluchtpunkten, die auch durch Extrapolation nicht mehr zu bestimmen sind. Aber gerade in solchem Agnostizismus gewinnen die Aussagen über Industrie prophetische Züge: *Wie weit sie einmal unter den Nachkommen ihre kühne Sphäre verbreiten wird, vermag kein Sterblicher den Zeitgenossen zu verraten, sei es im Schaffen, im Zerstören oder im Auflösen. Sie zu leiten, vermögen weise Regierungen, ihr Stillstand zu gebieten, wagte bisher noch kein Despot mit Erfolg. Doch scheint ihre Grenze unsere Erde und ihr Dunstkreis zu sein*[138].

Industrie entfaltet aus sich heraus ihre eigene Dynamik; sie ist die Triebkraft ihrer selbst. Schon Sextrohs durchgehend personalisierende Sprache verrät die motorischen Qualitäten, die der Industrie zugeschrieben werden, während der Fleiß gewissermaßen auch persönlich in den Anklagezustand versetzt wird. So ist 'Industrie' zwar formal nicht als Bewegungsbegriff (Koselleck) zu identifizieren (wie etwa *Republikanism* und *Despotism* bei Kant schon an ihrer Form als Bewegungsbegriffe zu erkennen sind)[139], inhaltlich aber hat 'Industrie' in der begriffsdialektischen Unterscheidung von sich selbst als bloßem 'Fleiß' die Bedeutung eines Bewegungsbegriffes erhalten.

Diese Bedeutung wird auch durch die metaphorische Sprache unterstrichen, wenn es heißt, daß der Fleiß *immer still im Kreise* bleibe, die Industrie hingegen *will immer vorwärts — der schaffenden, bildenden, zerstörenden und wieder belebenden Natur nach*[140]. Der Unterschied der Bilder reflektiert den Umbruch des ökonomischen Denkens seit dem späteren 18. Jahrhundert: an die Stelle der Vorstellung, daß der Vorrat der Güter prinzipiell begrenzt, daher immer nur neu zu verteilen sei, tritt die Idee einer ständigen Vermehrung der Güter durch Produktion[141].

6. 'Industrie' im pejorativen Sprachgebrauch

Mit der begriffsgeschichtlichen Unterscheidung von 'Industrie' und 'Fleiß' wächst die Distanz des Industriebegriffs zu seinem ursprünglichen Bezugsfeld, den praktischen Tugenden. Auch hat die Ausfächerung und Steigerung der mit Industrie zu erreichenden Ziele das Mittel moralisch neutralisiert: Industrie *kann ... eine Pfle-*

---

[136] RÜDER, Art. Industrie, ERSCH/GRUBER 2. Sect., Bd. 17, 138.
[137] → Fortschritt, Bd. 2, 351 ff.
[138] RÜDER, Art. Industrie, 137 f.
[139] KANT, Zum ewigen Frieden. Ein philosophischer Entwurf (1795), AA Bd. 8 (1912; Ndr. 1968), 352; → Einl., Bd. 1, XVI.
[140] SEXTROH, Bildung der Jugend, 37.
[141] Dazu die prägnante Skizze von JOHANNES BURKHARDT, Der Umbruch der ökonomischen Theorie, in: Verhaltenswandel in der Industriellen Revolution. Beiträge zur Sozialgeschichte, hg. v. AUGUST NITSCHKE (Stuttgart 1975), 57 ff.

gerin der Tugend, aber auch der Laster sein[142]. Zum Subjekt ihrer eigenen Bewegung geworden, kann Industrie, deren Name eine Tugend bezeichnet hat, als Subjekt auch gegenüber Tugend auftreten.

Solche Verwendung von 'Industrie' in pejorativer Absicht ist nicht einfach zu belegen. Und wiederum kann der Sprachgebrauch als ein Symptom für tiefgehende wirtschaftliche und soziale Veränderungen gedeutet werden: für den Abbau ständischer Schranken, die gestiegene soziale Mobilität im Übergang von einer geburtsständisch zu einer berufsständisch geprägten Sozialstruktur, die Ökonomisierung der Gesellschaft und dergleichen Phänomene, die im beginnenden Zeitalter der Revolutionen auch in Deutschland aufgetreten sind. Sehr anschaulich hat ADAM MÜLLER gegen den vollen Durchbruch der Wirtschaftsgesellschaft (vom Typ der „kommerziellen Gesellschaft") polemisiert: *Kaufmännische Schätzung und kaufmännischer Erwerb der Dinge, wenn er allgemein wird, bringt auch kaufmännischen Glückswechsel über alle Dinge. Soll es keine Art des Besitzes weiter geben, als den unmittelbar erworbenen, mit gemeiner Industrie erwucherten*[143]? Die am französischen Verdikt über die *chevalier d'industrie* orientierte Verbindung von 'industrie' mit einem Terminus aus der ständischen Welt zu *Industrieritter, Glücksritter* und dergleichen[144] läßt in ihrer ursprünglichen Intention auf eine Sozialkritik gleichsam von oben schließen, in der sich Unverständnis, Mißtrauen, Verachtung, auch wohl Neid denen gegenüber artikuliert haben, die in Handel und Gewerbe zu Wohlstand oder Reichtum — jenen primär genannten „Triebfedern der Industrie" — gelangt waren. In Erwägung solcher altständischer Ressentiments wird man daher die negativ besetzte Assoziation von 'Industrie' mit *Leuten, die auf eine unredliche Weise die Mittel, ein den höheren Ständen eigentümliches Leben führen zu können, sich zu erwerben suchten*[145], nicht ohne ideologiekritische Vorbehalte aufnehmen dürfen. Das Verdikt der Industrie traf aber auch Menschen, von denen gesagt wurde, daß sie, weil sie kein eigenes Vermögen hätten, *sich vom Spielen nähren, oder durch allerlei Intrigen, betrügliche Künste, Finessen und listige Streiche*[146]. Wer zu solchen Praktiken Zuflucht nahm, mußte auch nach den bürgerlichen Maßstäben einer „kommerziellen Gesellschaft" Mißbilligung auf sich ziehen. So reichte das mit dem Industriebegriff belegte soziale Kontinuum tatsächlicher oder vermeintlicher Unredlichkeiten von den *feinen Spitzbuben* (wie in der KRÜNITZschen „Encyclopädie" die *chevaliers d'industrie auf grobes Deutsch* genannt wurden)[147] bis zu den proletarischen Grenzexistenzen der *Gauner, Freudenmädchen und ähnlichen industriellen Personen*[148].

---

[142] RÜDER, Art. Industrie, ERSCH/GRUBER 2. Sect., Bd. 17, 137.
[143] ADAM HEINRICH MÜLLER, Streit zwischen Glück und Industrie, Vermischte Schr. über Staat, Philos. u. Kunst, Bd. 1 (Wien 1812), 96.
[144] Nach KLUGE/MITZKA 18. Aufl., 326, s. v. Industrie, ist *Industrieritter* in der Bedeutung von „betrügerischer Glücksritter" und „Hochstapler" seit Gutzkow (1848) in Gebrauch. Sinngemäße Umschreibungen von „chevalier d'industrie" sind in Deutschland seit 1733 nachweisbar; vgl. EULEN, Gewerbefleiß (s. Anm. 10), 30; KRÜNITZ Bd. 29, 709, Art. Industrie; Universallexikon der Handelswissenschaften, hg. v. AUGUST SCHIEBE, Bd. 2 (Leipzig, Zwickau 1838), 122, Art. Industrie.
[145] SCHIEBE, Universallexikon, Bd. 2, 122, Art. Industrie.
[146] KRÜNITZ Bd. 29, 709, Art. Industrie.
[147] Ebd.
[148] HEINRICH WILHELM BENSEN, Die Proletarier. Eine historische Denkschrift (Stuttgart

VI. 1. Industrie und Bedürfnisse: Hegel

Die der frühen Wortbedeutung entgegengesetzte Benutzung von 'Industrie' zum Zwecke moralischer oder moralisierender Kritik[149] bestätigt das Absterben des traditionellen moralphilosophischen Sinngehalts auf dem Felde gleichwohl moralischer Betrachtungen. Schon deswegen ist der pejorative Gebrauch von 'Industrie' streng zu scheiden von der durch den *fabrikmäßigen Betrieb der Industrie* provozierten Sozialkritik[150], bei der das Wort selbst nicht mehr zum Vehikel der Kritik und diese, wenn sie nur irgend Niveau hatte, auch nicht mehr ad personam geübt wurde[151]. Denn wenn auch Industrie *in einem antisozialen und unchristlichen Lichte sich zeigte*, so waren doch klügere Köpfe von der Unverzichtbarkeit der Fabrikindustrie so sehr überzeugt, daß man in ihr sogar das einzige Mittel erkennen konnte, um die Mißstände, die in ihrem Gefolge aufgetreten waren, auch wieder zu überwinden[152].

Die Entflechtung von 'Industrie' aus dem Komplex von Tugendlehren war Voraussetzung für den Übergang von der moralischen Kritik an industriellen Personen zur strukturellen Kritik der Industriegesellschaft, die (wie insbesondere das Werk von Marx und die Grundeinstellung der Marxisten beweisen sollte) mit hoher Einschätzung der Industrie einhergehen konnte.

VI. 'Industrie' als Ausdruck des bürgerlichen Weltbildes

1. Industrie und die Eskalation der Bedürfnisse: Hegel

Schon in seiner ursprünglichen, unspezifischen Bedeutung war das lateinische Wort 'industria' und dessen Lehnformen in neueren Sprachen auf die Sphäre der Ökonomie, der Sicherung des zum Leben Notwendigen im Haus und den vom Haus ausgehenden wirtschaftlichen Tätigkeiten, bezogen: Industrie diente der Befriedigung von menschlichen Bedürfnissen. Wenn in KRÜNITZ' „Ökonomischer Encyclopädie" der im Französischen *mit dem Worte Industrie* verbundene *Begriff eines erfinderischen Fleißes* dahingehend expliziert wird, daß *man alle Vorteile seiner Kunst oder seines freien Gewerbes zu der Absicht anwendet, sich vermittelst seiner Arbeit ein solches*

1847), 368. Vgl. als älteren Beleg eine Schilderung des Hamburger Bergs, einer Wohngegend, die *einer gewissen niedrigen Volksklasse vorbehalten sei, in der die meisten Häuser der Venus Cloacina geheiligt* seien: *Hier genießt der starke rohe Matrose die höchsten Freuden seiner Menschheit ..., wenn er ... aus einem der dortigen vielen Bierhäuser taumelnd und lallend zurückkommt, und hier in den Umarmungen einer industriösen Dirne um Gesundheit und den Lohn vieler mühsam durcharbeiteter Monden in einer Minute auf einmal berupft wird,* JOHANNES LUDWIG V. HESS, Hamburg topographisch, politisch und historisch beschrieben, Bd. 2 (Hamburg 1787/92), 28.
[149] Diese Variante auch bei MARX, Die moralisierende Kritik und die Kritik der Moral (1847), MEW Bd. 4 (1959), 331 ff., bes. 345.
[150] Vgl. als Paradigma die Abhandlung von MOHL, Über die Nachtheile (s. Anm. 60), 141; s. Abschn. IX.
[151] RÜDER, Art. Industrie, ERSCH/GRUBER 2. Sect., Bd. 17, 137. Zur Unverzichtbarkeit der Fabrikindustrie vgl. z. B. die anonym erschienene Abhandlung: Pauperismus und Industrie. Dt. Vjschr. 1 (1847), 376 ff.
[152] SEXTROH, Bildung der Jugend (s. Anm. 131), 32.

Äquivalent zu verschaffen, wodurch sich alle Bedürfnisse befriedigen lassen[153], so wird Industrie schon im Dienst prinzipiell schrankenloser Bedürfnisse gesehen. Daß aber auch der umgekehrte Zusammenhang besteht, Industrie und Bedürfnisse sich also wechselseitig bedingen und vorantreiben, ist in Frankreich schon vor der Höhe des 18. Jahrhunderts bedacht und als „Fortschritt der Industrie" beschrieben worden, wobei das Wort 'progrès' durchaus den modernen Begriff einer seit ihren Anfängen unumkehrbar gerichteten historischen Bewegung zum Ausdruck bringt und 'industrie' sich weniger auf individuelle Qualifikationen als auf technisch-institutionelle Gegebenheiten bezieht: *Selon le progrès des arts, les hommes ont d'abord travaillé la terre à bras, et ensuite avec des instruments dont ils tiraient d'abord de légers secours, que l'expérience rendait successivement plus grands. Ce progrès d'industrie n'a point de bornes; il est à présumer qu'il augmentera toujours, et que toujours il se présentera des besoins nouveaux, sur lesquels une industrie nouvelle pourra s'excercer*[154].

In Deutschland hat vornehmlich die industriepädagogische Bewegung und die von ihr wiederum mit besonderem Nachdruck getroffene Unterscheidung vom schlichten Fleiß die Industrie aus der Bindung an die Sicherung des Existenzminimums gelöst und *Wohlstand und Reichtum, Bequemlichkeit und Annehmlichkeit des Lebens*, kurzum: alles, was über die *Befriedigung der nötigsten Lebensbedürfnisse* hinausgeht[155], speziell zu Zielen der Industrie erklärt. Diese Zielsetzung aber ist grenzenlos und entspricht genau damit der in sich unbegrenzten Dynamik von Industrie — ein Zusammenhang, den wohl kein zeitgenössischer Beobachter der vorindustriellen Ökonomisierung Deutschlands in der Reformzeit so klar formuliert und so ins Grundsätzliche gekehrt hat wie HEGEL: Der einzelne Mensch — die *konkrete Person* — sei *ein Ganzes von Bedürfnissen und eine Vermischung aus Naturnotwendigkeit und Willkür*[156], innerhalb der unaufhebbaren Grenzen des Naturnotwendigen, also nicht auf eine bestimmte Art der Befriedigung seiner Bedürfnisse festgelegt, deren subjektives Maß eben nur die Subjektivität des Menschen ist: *Der Verstand ... bringt Vervielfältigung in diese Bedürfnisse ... Ebenso teilen und vervielfältigen sich die Mittel für die partikularisierten Bedürfnisse und überhaupt die Weisen ihrer Befriedigung, welche wieder relative Zwecke und abstrakte Bedürfnisse werden*[157].

Für Hegel aber sind (anders als namentlich für Lessing) Vernunftwahrheiten und Tatsachenwahrheiten identisch. Daher ist die theoretisch-anthropologische Ableitung jener *ins Unendliche fortgehenden Vervielfältigung*[158] sich wechselseitig bedingender Bedürfnisse und der Mittel zu ihrer Befriedigung zugleich der auf Begriffe gebrachte philosophische Nachvollzug eines historischen Vorgangs: Erst

---

[153] KRÜNITZ Bd. 24, 709, Art. Industrie.
[154] MELON, Essai politique (s. Anm. 71), 691. BALDINGER, Terminologische Auswirkungen (s. Anm. 69), 319, Anm. 3, sieht in dem zitierten Passus einen Beweis dafür, „daß im Begriff Industrie die Begriffe Fleiß, Geschicklichkeit und Intelligenz noch bewußt sind", was in umgekehrter Blickrichtung aber auch besagt, daß hier bereits der Bedeutungskomplex technischer Mittel und Verfahrensweisen („arts", „instruments") und deren institutioneller Einbindung zum Zwecke dauernder Nutzung stärker zur Geltung kommt.
[155] SEXTROH, Bildung der Jugend, 34.
[156] HEGEL, Philosophie des Rechts (1821), SW Bd. 7 (1928), 262, § 182.
[157] Ebd., 273, § 190f.
[158] Ebd., 273, § 191.

VI. 1. Industrie und Bedürfnisse: Hegel

in der *modernen Welt*, von der nach Hegel grundsätzlich gilt, daß sie *allen Bestimmungen der Idee erst ihr Recht widerfahren läßt*[159], kann der Mensch auch insoweit ganz sein, woraufhin er von Natur aus angelegt ist und was er immer schon gewesen: ein auch in seiner Bedürfnisstruktur und den korrespondierenden Mitteln zu ihrer Befriedigung offenes Möglichkeitswesen. Andererseits hat ebenfalls erst in der modernen Welt der Staat die Gesellschaft aus sich entlassen, die Hegel im Hinblick auf die für sie — und wiederum erst für sie — konstitutive *Verallgemeinerung des Zusammenhangs der Menschen durch ihre Bedürfnisse und der Weisen, die Mittel für diese zu bereiten und herbeizubringen*, schlechthin als *das System der Bedürfnisse* definiert und als *bürgerliche Gesellschaft* bezeichnet[160]. Beide Entwicklungen: die historisch-anthropologische und die sozialhistorische, bedeuten in ihrem von Hegel akzentuierten Zusammenhang, daß erst die *in fortschreitender ... Industrie*[161] begriffene bürgerliche Gesellschaft dem Menschen, diesem von Natur aus offenen Möglichkeitswesen, auch die Möglichkeit zur Vervielfältigung seiner Bedürfnisse bietet und in paralleler Vervielfältigung die Mittel zur möglichen Befriedigung der Bedürfnisse bereitstellt[162].

Das bürgerliche Selbstbewußtsein, das in solchen Gedanken zum Ausdruck kommt, war indessen schon bei Hegel nicht mehr ungebrochen. Auch daher hat die Interpretation immer wieder das Moment der Potentialität zu betonen. Die Befriedigung der Bedürfnisse sei auch in der bürgerlichen Gesellschaft nicht mit Notwendigkeit gegeben, im Gegenteil: Hegel erkennt, daß *fortschreitende Bevölkerung* selbst bei *fortschreitender ... Industrie* zur *Anhäufung der Reichtümer* auf der einen Seite und dem *Herabsinken einer großen Maße unter das Maß einer gewissen Subsistenzweise* auf der anderen führen kann[163]. Trägt er damit der Armut und Not vorindustrieller Pauper und frühindustrieller Proletarier Rechnung, so nimmt er zentrale Thesen der Kritik an der Wohlstandsgesellschaft mit der Erkenntnis vorweg, daß fortschreitende Industrie nicht nur die Mittel zur Befriedigung von Bedürfnissen produziert, sondern auch die Bedürfnisse selbst allererst hervorbringt[164]. So ist denn auch schon Hegel die Einsicht zu verdanken, daß es zuletzt *nicht mehr der Bedarf, sondern die Meinung* sei, die befriedigt werden müsse[165].

---

[159] Ebd., 262, § 182.
[160] Ebd., 318. 262, §§ 243. 182.
[161] Ebd., 318, § 243.
[162] Wenn Hegel in seiner Theorie der bürgerlichen Gesellschaft nach verbreiteter Meinung zugleich die erste in deutscher Sprache verfaßte Theorie des Industriezeitalters vorgelegt hat, so erscheint um so bemerkenswerter, daß er dabei das Wort 'Industrie' kaum benutzt, sondern den Industriebegriff in eher geschichtslosen Umschreibungen („Mittel", „Weisen" und dergl.) zum Ausdruck gebracht hat. Daher kann sich in solchen Fällen die begriffsgeschichtliche Analyse auch nicht mehr an den „Leitfaden des identischen Wortes" halten; vgl. KARL GRÜNDER, Bericht für das Archiv für Begriffsgeschichte, Akad. Wiss. Lit. Mainz (1967), 76.
[163] HEGEL, Philosophie des Rechts, 318, § 243f.
[164] *Es wird ein Bedürfnis daher, nicht sowohl von denen, welche es auf unmittelbare Weise haben, als vielmehr durch solche hervorgebracht, welche durch sein Entstehen einen Gewinn suchen*, ebd., 273, § 191.
[165] Ebd., 273, § 190.

2. Industriesystem und Arbeitswertlehre

'Industrie' wurde im ausgehenden 18. Jahrhundert ein begrifflicher Indikator für die allgemeine Ökonomisierung der niedergehenden Ständegesellschaft. Damit verlor die überkommene aristotelische Scheidung zwischen 'Oikos' und 'Polis' ihre gliedernde und teleologische Kraft. So sagte SCHLÖZER, *alles, ... was zum Sein und Wohlsein gehört*, verschaffe sich ein Volk durch *Industrie*[166]. Die Aufgabe des Oikos, für das bloße Leben zu sorgen und die Aufgabe der Polis, das gute, edle Leben anzustreben, werden beide an einer Skala steigerungsfähiger ökonomischer Bedürfnisse gemessen: das gute, edle Leben ist zum Wohlsein, zum guten Leben im trivialen Sinne geworden. Der Ökonomisierung des politischen Telos entspricht die Politisierung des ökonomischen Telos, und diese Konvergenzzone der Übergangszeit wird durch den Begriff 'Industrie' erfaßt. Schlözer zählt in liberaler Brechung merkantiler Auffassungen die *3 ErwerbArten*, nämlich Landbau, Gewerbe und Handel, zu den Privatgeschäften des Bürgers. Ihnen korrespondiert auf Seiten der Regierung *die ÖkonomiePolitik, die ManufakturPolitik* und *die HandelsPolitik*, die Schlözer unter dem Oberbegriff *IndustriePolitik*[167] zusammenzufassen vorschlägt. In dieser allgemeinen Definition ließ der Begriff keine Präferenz für einen bestimmten Wirtschaftszweig erkennen: in seiner wirtschaftspolitischen Neutralität waren die Einseitigkeit eines vorzugsweise auf die Förderung von Handel und Gewerbe gerichteten Merkantilsystems ebenso überwunden wie das Reaktionsphänomen einer einseitigen Hochschätzung der Landwirtschaft durch die Physiokratie. Auch die wirtschaftliche Funktion der außer- und unterständischen Schichten wurde durch diesen Begriff 'IndustriePolitik' mit abgedeckt. So sind in Schlözers Begriff 'IndustriePolitik' bereits die Konturen jener in der Ökonomisierungsphase Deutschlands von breiterer Zustimmung getragenen Forderung nach einer gleichmäßigen Entfaltung aller produktiven Kräfte auszumachen, die in der Geschichte des ökonomischen Denkens vor allem mit dem Namen Friedrich Lists verbunden ist.

Aber auch diese Forderung war schon zuvor für die Nation als wirtschaftspolitische Bezugsgröße erhoben worden. Damit erhielt der aus dem Französischen entlehnte Ausdruck 'Nationalindustrie' ebenfalls eine neue Bedeutung: er war nicht mehr (wie bei Friedrich dem Großen) Ausdruck wirtschaftspolitischer Staatsräson, sondern bestimmt vom Bewußtsein überstaatlicher Gemeinsamkeiten: eben dieses Bewußtsein war auf den im revolutionären Frankreich demokratisierten und im Deutschland der napoleonischen Ära emphatisch beschworenen Begriff 'Nation' gebracht worden. Daß Deutschland über den einzelnen deutschen Staaten stand, wenngleich konkrete Probleme der Wirtschaft und Wirtschaftspolitik auch unter dem Eindruck der zollpolitischen Einigung Deutschlands — freilich nur im Sinne der kleindeutschen Lösung — immer noch vorwiegend aus der Perspektive der Einzelstaaten gesehen werden mußten, bezeugt exemplarisch FRIEDRICH BENEDICT

---

[166] AUGUST LUDWIG SCHLÖZER, Allgemeines StatsRecht und StatsVerfassungslere (Göttingen 1793), 19.
[167] Ebd. *Alle drei zusammen (sc. die ÖkonomiePolitik, die ManufakturPolitik und die HandelsPolitik) könnte man auch IndustriePolitik nennen; nur mit Polizei vermenge man sie nicht. Auch der Name StatsWirtschaft ist noch zu schwankend: einige verstehen darunter bloß FinanzWissenschaft, andere bloß IndustriePolitik, noch andere beides zugleich,* ebd.

VI. 2. Industriesystem und Arbeitswertlehre

WEBERS „Historisch-statistisches Jahrbuch in Bezug auf Nationalindustrie und Staatswirtschaft mit besondrer Berücksichtigung Deutschlands und namentlich des Preußischen Staats"[168].

Weber identifiziert die *Nationalindustrie* mit der *gesamten National-Produktion* und versteht darunter die *gewerbliche Kultur und Produktion* einschließlich der Landwirtschaft. Seine Terminologie folgt damit dem allgemeinen klassifikatorischen Sprachgebrauch von 'Industrie' auf dem durch die industriepädagogische Bewegung und insbesondere die Theorie der rationellen Landwirtschaft vorgegebenen Niveau des anspruchsvolleren, hier als qualifiziert bezeichneten Industriebegriffs. Auf diesem Niveau aber konnten weder 'Fleiß' noch 'Industrie' als Kriterium für eine solche zusammenfassende Betrachtung der gesamten *National-Produktion*[169] dienen; denn sowohl 'Fleiß' als auch 'Industrie' waren in ihrer Trennung und Gegenüberstellung zu unterscheidenden Kriterien geworden, anders gewendet: 'Industrie' konnte auch qualitative Abstufungen innerhalb von 'Industrie' markieren. Was also rechtfertigte einen solchen synoptischen Sprachgebrauch, wie er uns exemplarisch bei Schlözer oder Weber begegnet? Die Antwort ist der ökonomischen Theorie jener Zeit zu entnehmen[170]: sie hatte in einer Abstraktionsleistung ersten Ranges die Arbeit als gemeinsamen Faktor in allen Zweigen der „National-Produktion" entdeckt und zu einem der drei Produktionsfaktoren neben Boden und Kapital als den beiden anderen erklärt. Aber auch diese sind letzthin auf die Arbeit zurückgeführt worden: diese sogenannte Arbeitswertlehre — sei es in ihrer absoluten Fassung, nach der die Arbeit als der einzig produktive Faktor überhaupt gilt, sei es in ihrer historisch relativierten Version, welche die Arbeit als den einzigen ursprünglichen Produktionsfaktor gelten läßt[171] — ist im 19. Jahrhundert vielfach als das *Industriesystem* bezeichnet und mit der Lehre von Adam Smith identifiziert worden[172].

---

[168] F. B. WEBER, Historisch-statistisches Jahrbuch ..., 3 Bde. (Breslau 1834/37).
[169] Ebd., Bd. 1 (1834), III. 13.
[170] Vgl. dazu, neben den theoriegeschichtlichen Lehrbüchern, → Arbeit, Bd. 1, 154 ff.
[171] Historisch relativiert wird die Arbeitswertlehre mit besonderem Nachdruck von Recktenwald; vgl. SMITH, Der Wohlstand der Nationen, hg. v. Horst Claus Recktenwald (München 1974), LIX. Dagegen von marxistischer Seite: Adam Smith gestern und heute. 200 Jahre „Reichtum der Nationen", hg. v. PETER THAL (Berlin 1976), 146 f. — Andere halten diese Frontstellung überhaupt für obsolet. So hat Kühne unter Berufung auf amerikanische Interpreten eine bemerkenswerte Übereinstimmung der „modernsten akademischen" (d. h. nicht-marxistischen) und der „modernen marxistischen Sicht" festgehalten: neuere Kommentatoren aus beiden Lagern seien sich darin einig, „daß weder Smith noch Ricardo selbst noch Marx jemals eine Arbeitswerttheorie gehabt haben", KARL KÜHNE, Ökonomie und Marxismus, Bd. 1: Zur Renaissance des Marxschen Systems (Neuwied, Berlin 1972), 89.
[172] Eine ausführliche, kritische Darstellung des *Industriesystems* als der *Lehre ..., durch welche Adam Smith's Name der Unsterblichkeit übergeben worden* sei, ist nachzulesen bei R. v. MOHL, Die Geschichte und Literatur der Staatswissenschaften. In Monographien dargestellt, Bd. 3 (Erlangen 1858; Ndr. Graz 1960), 299 f. Mohl versteht unter dem *Industriesystem* sowohl die *Wirtschaftslehre* von Smith insgesamt wie auch die spezielle Theorie, welche *als die Quelle alles Reichtums und als den Maßstab des Wertes aller Güter... die menschliche Arbeit* erklärt (ebd.). In kürzeren Erläuterungen oder bloßen Definitionen

Die Abstraktionshöhe dieser Theorie führt den Anschein wirtschaftspolitischer Neutralität mit sich, die durch den Anspruch auf Allgemeingültigkeit gerade ausgeschlossen wird. So klingen die Abgrenzungen des „Industriesystems" zwar durchaus plausibel, die ein österreichischer Ökonom des ausgehenden 19. Jahrhunderts in einem dogmengeschichtlichen Rückblick getroffen hat: Das *Merkantilsystem* habe den Gewerben und dem Handel den ersten Platz in der Wirtschaft eingeräumt; das *Ackerbau- oder physiokratische System* habe ihn dem Ackerbau zugesprochen, weil es diesen als die einzige Quelle des Wohlstandes angesehen habe. Allein *das Industriesystem schließt nichts aus, noch zieht es irgend etwas vor, sondern stellt im allgemeinen die Arbeit als die Ursache des Reichtums hin, ohne Rücksicht auf den Stoff, mit welchem sie sich beschäftigt*[173]. Eine solche Argumentation aber setzt an die Stelle der praktischen Präferenz eines bestimmten Wirtschaftszweiges den theoretischen Primat eines in allen Wirtschaftszweigen effektiven Produktionsfaktors. Den Anspruch dieser Theorie auf Allgemeingültigkeit sucht der Autor semantisch zu begründen: Das *Industriesystem* habe *seinen Namen von der Industrie, da ja die Industrie in ihrem generischen Sinne nichts anderes als die Arbeit ist, die auf irgendwelches auf Erzeugung von Reichtum gerichtetes Werk angewendet wird*[174]. Diese These ersetzt die Umfangsdefinition von 'Industrie' — die Definition durch Aufzählung aller Zweige von Industrie, wie sie der überkommenen Verwendung des Wortes als Gattungsbezeichnung implizit zugrunde lag — durch eine Inhaltsdefinition mittels Angabe des für alle Zweige der Industrie als konstitutiv angesehenen Merkmals. Sie hält, historisch gesehen, an einer mittleren Bedeutung des Wortes fest, die es im allgemeinen klassifikatorischen Sprachgebrauch noch nicht hatte und die es in der Hochindustrialisierung des späteren 19. Jahrhunderts auch wieder verlieren sollte: sie war schon zu jener Zeit überholt.

Jene semantische Reminiszenz gilt einer Bedeutung von 'Industrie', die dem Wort in der Phase der Aufnahme des ökonomischen Liberalismus in Deutschland und seiner Verbindung mit kameralistischen Lehren vorübergehend beigelegt wurde: Die theoretische Abstraktionsleistung von Adam Smith, der entsprechende Ansätze im ökonomischen Denken seiner Zeit zusammengefaßt und zu großer historischer Wirkung gebracht hatte, schien den deutschen *Kameralwissenschaften* eine neue Grundlage zu bieten, auf der man ihre *systematische Einheit* und ihren *organischen Zusammenhang* darzulegen und in diesem Kontext auch die Arbeitswertlehre zu deduzieren suchte[175]: Wo Arbeit als das Subjektive und das Materiale als das Objektive mit dem Kapital als vermittelndem Dritten zusammenträfen und sich zur Benützung

---

werden 'Arbeitswerttheorie' und 'Industriesystem' tendenziell gleichgesetzt, was dem Gemeinverständnis am nächsten gekommen sein dürfte. Vgl. etwa GEORG VIEBAHN, Statistik des zollvereinten und nördlichen Deutschlands, Bd. 3 (Berlin 1868), 521; symptomatisch für diese Tendenz die relativierende Definition des *Industriesystems* als *desjenigen volkswirtschaftlichen Systems, welches die Quelle des Volkswohlstandes nicht überwiegend in der Vermehrung der Geldschätze oder im Grund und Boden, sondern in wertschaffender Arbeit sucht*, PIERER 6. Aufl., Bd. 10 (1877), 726, Art. Industrie.

[173] P. MATTHÄUS LIBERATORE, Grundsätze der Volkswirtschaft (Innsbruck 1891), 156.
[174] Ebd.
[175] JOHANN ADAM OBERNDORFER, Grundlegung der Kameralwissenschaften oder über die systematische Einheit und den organischen Zusammenhang derselben (Landshut 1818).

der Natur zum Behufe der Erzielung von Bedürfnismitteln oder der Erzeugung von Gütern verbanden, *da verwandelt sich die Arbeit in Industrie. Sie ist also die einzige Quelle aller Güter*[176].

Auch wenn die Arbeitswertlehre bzw. — in der Terminologie des 19. Jahrhunderts — das „Industriesystem" in den Revolutionen des 20. Jahrhunderts zum ideologischen Rüstzeug des Proletariats gehört und dessen Herrschaftsanspruch legitimieren soll, so war diese Theorie ursprünglich ein Ausdruck des spezifisch bürgerlichen Weltbildes und Geschichtsverständnisses — der vielleicht großartigste und anspruchsvollste Ausdruck, den bürgerliches Denken je gefunden hat. Aufgekommen in der „kommerziellen Gesellschaft", implizierte das „Industriesystem" eine vernichtende Kritik an der „feudalen Gesellschaft" und deren Institutionen. Die These, daß allein Arbeit oder Industrie Werte zu schaffen vermöge, negierte die Legitimität des bezeichnenderweise nunmehr als solches denunzierten arbeitslosen Einkommens von Rentenbeziehern, d. h. konkret zunächst einmal der Empfänger von Feudalabgaben.

Seine größte Anerkennung fand dieses bürgerliche Denken — nur scheinbar paradox — im „Kommunistischen Manifest", dem hohen Lied auf die weltgeschichtlichen Leistungen der Bourgeoisie. Seine bislang größte Bestätigung aber erhielt es durch das mit dem „Industriesystem" nicht mehr identischen *System der großen Fabrikation*, der modernen Fabrikindustrie[177]. Mit ihrer Entfaltung löste sich die Identität von Arbeit und Industrie wieder auf.

VII. Die Entfaltung der Fabrikindustrie

1. Die Unterscheidung von 'immaterieller' und 'materieller Industrie'

Die Gleichsetzung von 'Industrie' mit dem Produktionsfaktor Arbeit führte auch zur Verwendung von 'Industrie' oder 'industrieller Produktivkraft' als austauschbaren, partiell bedeutungsgleichen Bezeichnungen, die insoweit auch den gleichen universalen Geltungsanspruch in sich trugen, der in der älteren klassifikatorischen Rede über Industrie angelegt war und im „Industriesystem" seine zeittypische Legitimation gefunden hatte. Innerhalb dieses weit angesetzten Begriffs der 'industriellen Produktivkraft' wurde der traditionelle Einschlag des Erfinderischen, der Bezug auf intellektuelle Gaben und deren Einsatz, der, zuerst in Frankreich erkennbar geworden, in Deutschland zur Trennung von 'Industrie' und 'Fleiß' geführt hatte, idealistisch überhöht und in eine scharfe Dichotomie eingebracht: *Industrie oder industrielle Produktivkraft ist ... diejenige ausdauernde Betriebsamkeit des Menschen, welche entweder nur geistig, also ohne allen vorhandenen rohen Stoff erschafft, oder den Urstoff, rohen Stoff ... veredelt und verwandelt*[178]. In dieser strengen Scheidung waren ältere Gegenüberstellungen aufgehoben, wie sie zwei

---

[176] Ebd., 67.
[177] R. v. Mohl an Justus Mohl, 28. April 1836, zit. Erich Angermann, Robert von Mohl 1799—1875. Leben und Werk eines altliberalen Staatsgelehrten (Neuwied, Berlin 1962), 216, Anm. 1.
[178] Brockhaus 4. Aufl., Bd. 5, 41 f., Art. Industrie.

Menschenalter zuvor SONNENFELS getroffen hatte in seinen Ausführungen über das *Handgewerbe* der *nutzbaren Künstler, ... welche ... die rohen Erzeugnisse vollkommener machen, zum Gegensatz der belustigenden Künste, die etwas gleichsam für sich selbst hervorbringen.* Als Beispiele für die erste Kategorie nennt Sonnenfels *Uhrmacher, Goldarbeiter und dergleichen;* für die zweite erwähnt er exemplarisch *Maler, Bildhauer usw.*, nicht ohne übrigens den aufgewiesenen Gegensatz sogleich wieder mit dem Hinweis auf den engen Zusammenhang und gemeinschaftlichen Nutzen von Handwerkern und Künstlern zu relativieren[179]. Daß die zum „Handgewerbe" gehörenden „Künstler" unverzüglich wieder als 'Handwerker' bezeichnet wurden, zeigt, wie fließend die Übergänge zwischen Kunst und Handwerk noch am Vorabend der industriellen Revolution gewesen sind.

Die neue Dichotomisierung von Industrie überlagert und vereinfacht die alte Einteilung der *Gewerbe* in die *vier Hauptarten: ... 1. den Erdenbau, 2. die Handwerker, Manufakturen und Fabriken, 3. den Kaufhandel innerhalb des Landes, 4. die Künste und Wissenschaften*[180]. Erst mit der beginnenden Hochindustrialisierung in der zweiten Hälfte des 19. Jahrhunderts hat die interne Dichotomie zwischen geistiger und stoffgebundener, gewissermaßen erdenschwerer Industrie diesen Industriebegriff gesprengt und zur Ausgliederung der Künste und Wissenschaften geführt. So hat SCHÄFFLE *das Gewerbe ... als illiberale (banausische, gemeine) Beschäftigung* den *artes liberales* d. h. *dem wissenschaftlichen und künstlerischen Erwerb* gegenübergestellt und sich dabei auf den *bereits verengerten Begriff* des Gewerbes bezogen, also den Wandel des Sprachgebrauchs durch seine betont komparatistische Ausdrucksweise nicht nur im Ergebnis festgehalten, sondern auch als Vorgang ins Helle gerückt[181].

Die spätere Eliminierung von 'Kunst' und 'Wissenschaft' aus dem Begriff 'Industrie' könnte noch mehr zu dem ohnehin vielleicht naheliegenden Irrtum verleiten, daß die Einteilung der industriellen Produktivkraft in eine geistige und eine stoffbedingte Richtung im idealistisch bestimmten Klima der Industrie-Diskussion des früheren 19. Jahrhunderts zusammenfiele mit der uns geläufigen Unterscheidung 'geistige' und 'körperliche Arbeit'. Diese Unterscheidung aber wird im vorindustriellen Industriebegriff des ausgehenden 18. und frühen 19. Jahrhunderts gerade aufgehoben. Denn das sollte 'Industrie' vom schlichten 'Fleiß' ja unterscheiden und 'Industrie' dem 'Fleiß' überlegen machen, daß sie beides: *die Anwendung der Kräfte der Seele und des Körpers* erfordere[182]. Noch im frühen Trennungsdenken des 19. Jahrhunderts wurde diese Differenzierung von 'Fleiß' und 'Industrie' mit dem Unterschied von *Quantität* und *Qualität* assoziiert und in die prägnante These gefaßt: Fleiß sei *mechanisch*, Industrie hingegen *intellektuell*[183].

---

[179] JOSEPH V. SONNENFELS, Politische Abhandlungen (Wien 1777; Ndr. Aalen 1964), 129.
[180] Dt. Enc., Bd. 12 (1787), 289, Art. Gewerbe; vgl. als weiteres Beispiel für die Subsumtion *aller wissenschaftlichen Arbeiten (selbst in national-ökonomischer Hinsicht,* wie kuriosterweise hinzugefügt wird) und *aller Künste* unter den Industriebegriff: BROCKHAUS 4. Aufl., Bd. 5, 42, Art. Industrie.
[181] SCHÄFFLE, Art. Gewerbe, BLUNTSCHLI/BRATER Bd. 4, 318.
[182] Diese fast stereotype Formel z. B. bei SEXTROH, Bildung der Jugend (s. Anm. 131), 34.
[183] JOHANN PAUL HARL, Vollständiges Handbuch der Staatswirtschaft und Finanz, Bd. 1 (Erlangen 1811), 301. — Als *intellektuelle Industrie* wurde aber auch ein bestimmter Pro-

VII. 1. 'Immaterielle' und 'materielle' Industrie

Seelische oder geistige und körperliche Kräfte können in ganz verschiedenen Objekten der Industrie gegenständlich werden. Doch *gründet sich ... auf die Verschiedenheit der Objekte der Industrie* eine anders gerichtete *Einteilung*[184], und diese läßt sich (an Stelle der Unterscheidung 'geistige' und 'körperliche' Arbeit) auf die Dichotomie 'geistige' und 'stoffgebundene Tätigkeit' zurückführen: *Die Industrie kann man die immaterielle nennen, wenn sie darauf gerichtet ist, mannigfaltige persönliche Dienstleistungen, welche die Menschen begehren, zu ersinnen und zu leisten; wogegen diejenige Industrie die materielle heißen kann,* welche den *materiellen Stoffen* die von den Bedürfnissen der Menschen geforderte *Form, Gestalt oder Einrichtung* erteile[185]. Mit dieser Begriffsbildung hat der deutsche Smithianismus die Weiterentwicklung der klassischen Ökonomie durch Jean Baptiste Say der Sache nach aufgenommen, ohne allerdings dem Vorbild auch schon terminologisch zu folgen: Say hatte die Dreiteilung von Produktion, Distribution und Konsumtion in die ökonomische Wissenschaft eingeführt und mit der Erweiterung des Begriffs 'Produktion' über die Erzeugung materieller Güter hinaus auch den wirtschaftlichen Charakter der immateriellen Güter anerkannt[186]. In Deutschland aber wurde mit der auf die *Gewerbe* gemünzten Kurzformel: *Alle liefern entweder Dienste oder Produkte,* an der enger gefaßten Terminologie für den Bereich der Produktion festgehalten[187]. Insbesondere zeigt die Subsumtion des Handels unter den Begriff der *materiellen Industrie*[188], daß der Begriff 'Dienstleistung' im deutschen Sprachgebrauch des frühen 19. Jahrhunderts mit dem des heute so bezeichneten 'Dienstleistungssektor' der Volkswirtschaft weder aus systematischen noch und vor allem aus realen sozialgeschichtlichen Gründen kongruent war.

Im Kontext der deutschen Industrie-Diskussion mußte die Subsumtion der Dienste unter den Industriebegriff bedeuten, daß auch für sie die gleichen Anforderungen der „Kraft-" und „Zeit-Ökonomie" rationaler Wirtschaft, des Einsatzes der Intelligenz usf. zu gelten hatten wie für die „materielle Industrie". Zudem erwies sich der Industriebegriff auch in dieser Bedeutung zumindest potentiell als sozial indifferent. Denn unter den Begriff 'immaterielle Industrie' fielen gleichermaßen *Privatbedienungen* und *öffentliche Bedienungen,* d. h. so grundverschiedene *Gewerbe*

---

duktionszweig der *materiellen Industrie* bezeichnet: *Berlin, diese intellektuelle Stadt, wie sie Fouqué nennt, liefere allein vom Brantwein fünf Millionen Quart, und Nordhausen, was an intellektueller Industrie nicht nachstehen will, ebenfalls fünf Millionen,* CARL AUGUST WEINHOLD, Über das menschliche Elend, welches durch den Mißbrauch der Zeugung herbeigeführt wird (Leipzig 1828), 68. Bei diesem deutschen Malthusianer, der sich durch barbarische Vorschläge zur mechanischen Verhütung der Zeugung einen höchst fragwürdigen Ruf erworben hatte, ging der eng gefaßte klassifikatorische Sprachgebrauch von 'Industrie' in den pejorativen über.

[184] LUDWIG HEINRICH JAKOB, Grundsätze der National-Ökonomie oder Theorie des National-Reichtums, 3. Aufl. (Halle 1825), 67.
[185] Ebd.
[186] Vgl. GERHARD STAVENHAGEN, Geschichte der Wirtschaftstheorie, 2. Aufl. (Göttingen 1957), 95.
[187] L. H. JAKOB, Einleitung in das Studium der Staatswissenschaften (Halle 1819), 64.
[188] So differenziert ders., Grundsätze, 68, *immaterielle Industrie* nach dem üblichen klassifikatorischen Schema in *Boden-Industrie, Manufaktur-Industrie* und *Handels-Industrie.*

mit den entsprechend weit auseinanderliegenden sozialen Positionen, wie sie mit den Stichworten *Gesinde, Knechte, Mägde* auf der einen Seite und — sozial ganz heterogen — *Minister, Heerführer, Richter, Lehrer usw.* auf der anderen illustriert wurden[189]. Im Begriff 'immaterielle Industrie' werden alle diese „Gewerbe" auf so großer Abstraktionshöhe zusammengefaßt, daß die Unterschiede aufgehoben erscheinen, ohne daß sie innerhalb der globalen Kategorie bestritten würden: der Begriff 'immaterielle Industrie' ist potentiell emanzipatorisch, stellt aber die bestehende Gesellschaftsordnung noch nicht in Frage.

2. Zur Synonymität von 'Industrie' und 'Gewerbe'

In der Phase der vorindustriellen Ökonomisierung Deutschlands seit dem späteren 18. Jahrhundert sind 'Industrie' und 'Gewerbe' nicht selten synonym gebraucht worden. Mit der Industrialisierung aber ist diese Synonymität wieder aufgelöst worden. Es erscheint daher geboten, an dieser Stelle der begriffsgeschichtlichen Darstellung von 'Industrie' die Orientierung am identischen Wort aufzugeben und nunmehr gewissermaßen zweigleisig zu verfahren. Denn für die Wirtschafts- und Sozialgeschichte Deutschlands in der Industrialisierungsphase ist der Bedeutungswandel von 'Gewerbe' nicht minder aussagefähig als der von 'Industrie'.
Im Laufe des 18. Jahrhunderts[190] war die *weitere ... Bedeutung* des Wortes bereits seine *gewöhnlichste* geworden: in ihr steht es für den *ganzen Inbegriff der Geschäfte, womit jemand seinen Unterhalt erwirbt*[191]. Diese wörtlich oder mit geringfügigen Abwandlungen vielfach begegnende Formel setzt den allgemeinen klassifizierenden Sprachgebrauch von 'Gewerbe' wie auch die Synonymität von 'Gewerbe' und 'Industrie' schon voraus. Der „Inbegriff der Geschäfte, womit jemand seinen Unterhalt erwirbt" — was nach Auskunft des „Geschäftslexikons" von HARTLEBEN sowohl 'Gewerbe' als auch 'Industrie' genannt werden konnte[192] — oder der *Industrie* wird in der oft für ein breiteres Publikum gebildeter Leser bestimmten ökonomischen Literatur entfaltet in die bekannte Triade der Produktions-, Fabrikations- und Handelsgewerbe[193] — oder, um eine anschaulichere Fassung ausführlich zu zitieren: Zum Gewerbe *gehören alle Zweige 1) der Naturerzeugung (des Landbaus), als Landwirtschaft (d. h. Ackerbau und Viehzucht vereint), Forstwirtschaft, Bergbau, Jagd und dergl., 2) die Kunsterzeugung (technische Gewerbe), als Handwerke, Fabriken und Manufakturen, 3) des Handels*[194]. Dieser Dreiteilung der Gewerbe entsprach auf der Ebene der Theorien die Unterscheidung von *Produktionslehre, Manufakturlehre* und

---

[189] BROCKHAUS 4. Aufl., Bd. 4 (1817), 245, Art. Gewerbe.
[190] Zur älteren Wortgeschichte von 'Gewerbe' vgl. Abschn. II. 1.
[191] CAMPE Bd. 2, 361, s. v. Gewerbe.
[192] HARTLEBEN Bd. 1, 432, Art. Gewerbe.
[193] Statt vieler vgl. etwa CHRISTIAN JAKOB KRAUS, Staatswirtschaft, hg. v. Hans v. Auerswald, Bd. 5 (Königsberg 1811), 7: *Gewerbe der Produktion, der Fabrikation, des Handels*.
[194] FRIEDRICH G. SCHULZE, Über das Wesen und Studium der Wirtschafts-, der Cameral-Wissenschaften, vorzüglich über wissenschaftliche Begründung der Landwirtschaftslehre, auch der Forstwirtschafts-, Bergbau-, Handelslehre und Technologie durch die Volkswirtschaftslehre (Jena 1826), 1, Anm. 1.

VII. 2. Synonymität von 'Industrie' und 'Gewerbe'

Handelslehre[195]. Auch die Land- und Forstwirtschaft war also Gegenstand der *Gewerbkunde*[196]. Der engere Gebrauch von 'Gewerbe' nur für *die eine Art von Gewerbe, nämlich die Handwerke*, wurde zwar registriert, aber noch als *ganz fälschlich* abgelehnt[197]. Diese Terminologie entsprach vollauf den Intentionen der Industriepädagogik und der rationellen Landwirtschaft.

Diese Einteilung der Gewerbe war zwar von der Praxis des Wirtschaftslebens vorgegeben; sie wurde indessen überlagert von Schemata, die sich an den politischen Rahmenbedingungen orientierten. So unterschied man typischerweise *freie Gewerbe* und auf *obrigkeitlicher Konzessionierung* beruhende; letztere wurden in *Kommerzial-* und *Polizei-Gewerbe* unterteilt; diese wiederum waren in der Regel *auf den Ortsbedarf berechnet* oder durch *öffentliche Gesundheits- oder Sicherheits-Rücksichten* bedingt[198].

Wieder eine andere Einteilung ging auf die Trennung von Stadt und Land in der altständischen Gesellschaft zurück, an der man auch noch über die Schwelle der liberalen Reformen hinweg festhielt, wenn Erzeugung, Veredelung und Umsatz als ländliche, technische und kommerzielle Gewerbe voneinander abgehoben und die beiden letzten als *städtische oder bürgerliche Gewerbe* den *ländlichen* gegenübergestellt wurden (wobei wieder die *ländliche und städtische Industrie, so wie bei letzterer die Gewerbs- und Handelsindustrie* unterschieden und damit einmal mehr 'Gewerbe' und 'Industrie' als synonym verwendete Ausdrücke verzeichnet werden)[199].

Auch semantische Sonderbewegungen von 'Industrie' vollzieht das deutsche Wort mit, wenngleich, soweit erkennbar, in abgeschwächter Form. So wird 'Gewerbe' vorübergehend ebenfalls pejorativ besetzt[200], um danach dauerhaft, unbeschadet der im Industriebegriff wie im Gewerbebegriff akzentuierten Erwartungen einer neuen Zeit, an der moralischen Neutralität zu partizipieren, die 'Industrie' gewonnen hat, nachdem der Terminus definitiv aus dem großen Schatten der praktischen Philosophie getreten war.

---

[195] KRAUS, Staatswirtschaft, Bd. 5, 7ff.
[196] A. NIEMANN, Abriß des sogenannten Kameralstudiums und Bestimmung seines Zwecks für sich und in Verbindung mit der Rechtsgelehrsamkeit (Kiel 1792), 12. Vgl. ders. (Hg.), Chronik der Universität Kiel und der Gelehrtenschulen in Schleswig und Holstein 1826 bis 1831 (Kiel 1826/31), 59.
[197] BROCKHAUS 4. Aufl., Bd. 4, 245, Art. Gewerbe.
[198] GEORG HANSSEN, Rez. Tafeln zur Statistik der österreichischen Monarchie für das Jahr 1842 und 1843, Arch. d. polit. Ökon. u. Polizeiwiss., NF 7 (1848), 202.
[199] J. A. OBERNDORFER, Theorie der Wirtschaftspolizei oder die sogen. Nationalökonomie und Staatswirtschaft, auch Volkswirtschaftslehre und Volkswirtschaftspflege genannt (Sulzbach 1840), 119f.
[200] Beispielsweise nennt Krug, ein schon unter dem Einfluß von Adam Smith stehender Kameralist, *die Kunst, die Regierung ... zu betrügen*, ein *schädliches und unnatürliches Gewerbe*, welches dort *das einträglichste* werde, wo die Regierung alles bis ins Einzelne reglementiere. Andererseits könne die Regierung durch ihre Steuerpolitik *sich selbst zum Mitschuldigen unmoralischer Gewerbe oder schlechter Menschen machen*. Und von der Konsumtionssteuer behauptet Krug, sicher ebenfalls nicht ohne Berechtigung, daß sie ein *eigenes von Betrug bestehendes Gewerbe* geschaffen habe, das der *Kontrebandierer*, LEOPOLD KRUG, Abriß der Staatsökonomie oder Staatswirtschaftslehre (Berlin 1808), 20. 149. 171.

3. Die Trennung von 'Industrie' und 'Gewerbe' mit dem Durchbruch der Fabrikindustrie

Gegenläufige Bewegungen sollten sich indessen noch in der ersten Hälfte des 19. Jahrhunderts verstärkt geltend machen: von zwei Seiten aus ist die allgemeine klassifikatorische Verwendung des Wortes 'Gewerbe' wieder eingeschränkt worden. Zum einen wurden 'Produktion' und 'Erzeugung' im engeren Sinne, d. h. die Landwirtschaft, wieder ausgegrenzt. Ohnehin war sie, auch unter dem nachhaltigen Eindruck der Lehre Thaers, nicht durchweg dem Gewerbe zugerechnet worden; und auch wenn Berechtigung und Notwendigkeit „rationeller Landwirtschaft" nicht angefochten wurden, fand ein *den Boden lediglich als Gewerbe behandelnder Grundeigentümer* nicht ungeteilte Anerkennung[201]: obschon als Gewerbe anerkannt, galt die Landwirtschaft eben doch nicht nur als ein Gewerbe unter anderen. — Zum zweiten war es auch nicht unbestritten geblieben, daß Beamte, Künstler, Gelehrte Industrie betrieben[202]. So fand im Fortgang des 19. Jahrhunderts die Tendenz immer mehr Anklang, *Künste* und *Wissenschaften* wie auch die *Bedienungen* privater oder öffentlicher Natur aus dem Komplex von Gewerbe oder Industrie herauszunehmen. Damit konzentrierte sich der Sprachgebrauch auf einen *mittleren Begriff* von *Gewerbe*[203], der neben dem Gewerbewesen im engeren Sinne nur noch den *Handel* umfaßte, bis auch dieser — das *Gewerbe des Umsatzes* — ausgeklammert wurde. Schließlich wurden auch die *verarbeitenden Gewerbe* begrifflich aufgespalten in 'Fabrikwesen' und 'Handwerk'[204].

Der gesamte Bedeutungswandel von 'Gewerbe' konnte schon in den dreißiger Jahren in einer vierstufigen Begriffspyramide zusammenfassend dargestellt werden: Nach SCHIEBES „Universallexikon" war *Gewerbe im weitesten Sinne des Wortes* jede zum regelmäßigen Geschäft gewordene, auf Gewinnung eines Einkommens berechnete Tätigkeit. In der zweiten, *engeren* Bedeutung, die bereits als die *gewöhnlichere* eingeschätzt wurde, galt als Gewerbe nur eine *auf materielle Güter gerichtete Tätigkeit*, während *das geistige Leben* ausdrücklich nicht mehr erfaßt wurde. In der dritten Bedeutung setzte man das Gewerbe dem Landbau und dem Handel entgegen, in der vierten schließlich wurden 'Gewerbe' und 'Handwerk' synonym, wobei das Handwerk als eine Hauptrichtung der Industrie im Unterschied zur anderen, dem Fabrikwesen, gesehen wurde[205]. Noch aber ist gerade diese vierte Definition bei einem Autor, der in Deutschland doch nur den erst zögernd einsetzenden „industriellen Ausbau" hatte beobachten können, zwiegesichtig[206]: einerseits, der Vergangenheit zugewandt (von der freilich wieder zu bemerken wäre, daß sie im Deutschland

---

[201] CARL BERTRAM STÜVE, Wesen und Verfassung der Landgemeinden und des ländlichen Grundbesitzes in Niedersachsen und Westfalen (Jena 1851), 230.
[202] Vgl. z. B. OBERNDORFER, Grundlegung der Kameralwissenschaften (s. Anm. 175), 67.
[203] GRIMM Bd. 4/1, 5478, s. v. Gewerbe.
[204] Diese weitverbreitete Bezeichnung für den Handel z. B. bei NIEMANN, Kameralstudium, 13.
[205] Vgl. SCHIEBE, Universallexikon (s. Anm. 144), Bd. 1 (1837), 535, Art. Gewerbe.
[206] Dieser den revolutionären Charakter der industriellen Revolution in Deutschland relativierende Terminus stammt von HANS LINDE, Das Königreich Hannover an der Schwelle des Industriezeitalters, Neues Arch. f. Niedersachsen 24 (1951), 413ff., bes. 440.

VII. 3. Trennung von 'Industrie' und 'Gewerbe'

des Vormärz durchaus noch gegenwärtig war), erfaßte das Wort das überkommene, in Verlag und Manufaktur organisierte Großgewerbe; andererseits trug es schon dem neuartigen, in den wirtschaftlich weiter fortgeschrittenen Staaten Westeuropas ausgebildeten Fabrikwesen Rechnung. Schiebes „Universallexikon" will freilich das Wort 'Gewerbe' noch *in der dritten Bedeutung ... als den Inbegriff industrieller Bestrebungen aufgefaßt wissen*[207].

Fast die gleiche Begriffspyramide finden wir rund zwei Jahrzehnte später bei SCHÄFFLE — jedoch mit einem wesentlichen Unterschied: Die Explikation der *vielfach abgestuften Begriffe*, welche *der Sprachgebrauch* gemeinhin *mit dem Ausdruck Gewerbe* verbinde, mündet in die Feststellung, daß *im engsten Sinn das Gewerbe der Fabrikation (Industrie im engeren Sinn) entgegengesetzt* werde[208]. Das neue Fabrikwesen, für das auch in Deutschland die Verbreitung der von einer Dampfmaschine angetriebenen „automatischen Fabrik" signifikant wurde, hat noch vor dem Durchbruch der Hochindustrialisierung den Gewerbebegriff auf das Kleingewerbe und dessen vorindustrielle Produktionsverfahren reduziert und damit die große Klammer des Industriebegriffs definitiv gesprengt: *Gewerbe in dieser Gegenüberstellung* (sc. zur *Industrie im engeren Sinn* nach Schäffles letzter Definition) *bezeichnet den ... Kleinerwerb gegenüber dem Großerwerb*[209]. Formal fällt bei Schäffle die saubere Unterscheidung zwischen diesem einen Ausdruck und mehreren mit ihm verbundenen Begriffen auf; inhaltlich wäre vor allem noch festzuhalten, daß das Gewerbe als *stoffveredelnde Beschäftigung*, im Gegensatz zu den *stoffschaffenden Beschäftigungen (Bergbau, Ackerbau, Jagd, Fischerei usw.)* und den *güterverteilenden Beschäftigungen*, d. h. *dem Handel und seinen Hilfsgewerben*, als diejenige Stufe bezeichnet wird, auf welcher *ausschließlich durch die persönliche Arbeit und ihre Mittel ... einem Gute die Gutseigenschaft* gegeben werde[210].

Nach der Streuung begriffsgeschichtlicher Zeugnisse hat sich indessen die Trennung von 'Industrie' und 'Gewerbe' über mehrere Jahrzehnte erstreckt (wobei freilich zu bedenken ist, daß vielfach, insbesondere aber in Nachschlagewerken, über Bedeutungen noch Auskunft gegeben wird, die der jeweils aktuelle Sprachgebrauch schon ausgefällt hat, wie andererseits die neue Divergenz von 'Industrie' und 'Gewerbe' noch lange begleitet worden ist von jenen älteren, konvergierenden Tendenzen)[211]. Dieser über mehrere Jahrzehnte zu verfolgende begriffsgeschichtliche Vorgang, in dem 'Industrie' und 'Gewerbe' auseinandergetreten sind, erscheint vorweggenommen in zeitraffenden Variationen der Begriffssprache, wenn MOHL in ein- und demselben Text zunächst vom *fabrikmäßigen Betrieb der Gewerbe-Industrie*, dann von der *fabrikmäßigen Industrie* und zuletzt, schon ganz modern, von der *Fabrik-Industrie* spricht[212].

Diese „Fabrik-Industrie" ist unter dem noch fortbestehenden Überhang vorindustrieller Bedingungen nicht identisch mit der *technischen Industrie*, auch wenn das Urteil zeitgenössischer Beobachter, daß *der Hebel aller höheren wirtschaftlichen,*

---

[207] SCHIEBE, Universallexikon, Bd. 1, 535, Art. Gewerbe.
[208] SCHÄFFLE, Art. Gewerbe, BLUNTSCHLI/BRATER Bd. 4, 318.
[209] Ebd., 319.
[210] Ebd., 318.
[211] MOHL, Über die Nachtheile (s. Anm. 60), 141 ff.
[212] Ebd., 141. 160.

sozialen und politischen Entwicklung die technische Industrie sei, die Identifikation mit der neuen Fabrikindustrie nahelegen könnte[213]. Aber das Epitheton 'technisch' ist, austauschbar mit 'mechanisch' oder gelegentlich auch 'künstlerisch', den vorindustriell fabrizierenden, in Verlag und Manufaktur verfaßten Gewerben insgesamt beigelegt worden. Daher konnte unter Voraussetzung der Arbeitswertlehre (bzw. einer realistisch abgeschwächten Version dieser Theorie) auch die These vertreten werden, daß, anders als *bei dem Landbau*, … *bei der Gewerbetätigkeit* unter den *Gattungen* der Arbeit *vornehmlich die geistige Arbeit der technischen Intelligenz* bedeutsam werde[214]. Um die Mitte des 19. Jahrhunderts mochte eine solche These noch als bestätigende Erinnerung an das herkömmlich enge Verhältnis von Industrie und Intelligenz aufgenommen werden; in der Perspektive des neuen Fabrikwesens hingegen muß sie als Vorgriff auf die Bedeutung wissenschaftlich geleiteter Empirie für die Überwindung traditioneller Technik erscheinen. Zur vollen Entfaltung gelangt ist dieses Bündnis von Wissenschaft und Technik in der neuen, der *großen Industrie:* ihrem Begriff und Wesen nach galt sie als eine Ausdifferenzierung aus der technischen Industrie *nach dem Entwicklungsgang unserer Zeit*[215].

Als die Dichotomie der technischen Industrie in Gewerbe im engeren Sinne und Fabrikindustrie stärker ausgebildet war, konnte sie im historischen Rückblick zu einer neuen Einteilung der *Gewerbe der Handwerker, mechanischen Künstler und Fabrikanten* führen: Nach dem Kriterium überwiegender *Arbeit und Geschicklichkeit des Menschen* bei geringer Arbeitsteilung auf der einen Seite und der Unterstützung der *Menschen von Tieren, Naturkräften und Maschinen* bei unterschiedlich ausgebildeter Arbeitsteilung auf der anderen wurden *die Handwerke und mechanischen Künste … in die eine, die Fabriken in die andere Kategorie* eingeordnet — offenbar zusammen mit den Manufakturen: Die neue Erscheinung — die Fabrikindustrie — hat die Manufaktur für ihre eigene Vorgeschichte reklamiert[216].

Mit dem Durchbruch der „großen Industrie" war, bei allen Verspätungen auch der Wirtschaftsgeschichte Deutschlands im einzelnen, die Zukunft der *Industrieanstalt* herkömmlichen Verständnisses entschieden (bei der *ein Kapitalbesitzer als Verleger den Produktstoff aller Art durch gemietete Arbeiter für seine Rechnung bearbeiten und in Genußmittel verändern läßt*)[217]. Die Okkupation des Fabrikbegriffs, unter den früher 'Verlag' bzw. 'Manufaktur' oder auch beide zusammen subsumiert wurden, durch den Begriff 'große Industrie' zeigt paradigmatisch eine noch im Vormärz erschienene Rezensionsabhandlung. Sie bezog sich — bezeichnend genug — nicht auf Veröffentlichungen zur technisch-industriellen Entwicklung Deutschlands, sondern auf einen englischen Titel sowie das als empirischer Vorgriff auf die Marxsche „Kritik der politischen Ökonomie" berühmt gewordene Buch von Friedrich Engels über „Die Lage der arbeitenden Klasse in England": *Unter Industrie versteht man … gewöhn-*

---

[213] C. W. Schüz, Über Handelsfreiheit und Gewerbe-Schutz, Zs. f. d. ges. Staatswiss. (1846), 367.
[214] Friedrich Bülau, Encyklopädie der Staatswissenschaften, 2. Aufl. (Leipzig 1856), 374.
[215] Schüz, Über Handelsfreiheit, 367.
[216] Johann Friedrich Gottfried Eiselen, Der Preußische Staat. Darstellung seiner geschichtlichen Entwicklung und seiner gegenwärtigen natürlichen, sozialen und politischen Verhältnisse (Berlin 1862), 457.
[217] Brockhaus 4. Aufl., Bd. 5, 42, Art. Industrie.

lich diejenige *Entwicklungsstufe industrieller Beschäftigung, welche durch Anwendung von Maschinen, Konzentration der Kräfte und Teilung der Arbeit charakterisiert ist und die man sehr wohl mit dem allgemeinen Namen des Fabrikwesens bezeichnen kann*[218]. Danach galt der Einsatz von Maschinen, vor allem der Dampfmaschine, als das einzige neue Kriterium: durch sie komme die *Tendenz zu größerer Konzentrierung und intensiverer Wirkung der arbeitenden Kräfte in Beschäftigungszweigen zur Erscheinung ..., die man gewöhnlich nicht mit dem Namen der Fabrikarbeit bezeichnet*[219].

Die über Deutschland *erst ... hereinbrechende industrielle Bewegung*[220] hat auch hier schon zu der Erkenntnis geführt, daß die Entscheidung zwischen herkömmlichem Großgewerbe und „großer Industrie" neuen Typs zugunsten der zweiten, der zukunftsträchtigen Alternative gefallen sei: In *der durch die Geldwirtschaft möglich gewordenen Anhäufung großer Capitalien, der ausgedehnten Einführung der Maschinen und dem durch beide bedingten Großbetrieb der Gewerbe in Fabriken und Manufakturen* erkannte man einen historischen Vorgang erster Größenordnung. Und es mindert die Bedeutung dieser Erkenntnis keineswegs, daß die Verbreitung der Fabrikindustrie mit einem *anderen Weltereignis* auf eine Stufe gestellt werden konnte: der Einführung der *Kartoffeln*[221]. Aus dem Erfahrungshorizont des 20. Jahrhunderts mag eine solche Parallele erstaunlich anmuten. Doch sollten wir sie unbefangen auf uns wirken lassen. Dann läßt sie ahnen, was beide, die Kartoffelnahrung und die Maschinenindustrie, für eine vom Pauperismus gezeichnete Gesellschaft bedeutet haben.

VIII. Von der 'industriösen Klasse' zur 'Klasse der Industriellen': zur soziologischen Relevanz des Industriebegriffs

Schon die Verbreitung industriöser Mentalität tunlichst unter allen Schichten der Bevölkerung in der vorindustriellen Ökonomisierungphase Deutschlands, vollends aber die Entfaltung der neuen Fabrikindustrie waren als wirtschaftsgeschichtliche Vorgänge auch für die Sozialgeschichte — insonderheit für die Sozialgeschichte im engeren Sinne: als Geschichte sozialer Stände, Klassen oder Schichten — von größter Bedeutung. Auch dieser Aspekt des großen Umbruchs einer revolutionären Zeit ist in den Zeugnissen der Begriffsgeschichte wie in focusartiger Bündelung und Verdichtung zu erkennen: Die Verwendung von 'Industrie' bzw. 'Gewerbe' als Klassenbezeichnungen im logischen Sinne bildete die Grundlage für den Gebrauch abgeleiteter Termini zum Ausdruck soziologischer Klassenbegriffe. Deren Umfang und Inhalt hing von Umfang und Inhalt des jeweils unterstellten Industriebegriffes ab. Der eine vollzog die Bewegungen des anderen mit: beide waren in Umfang und Inhalt kovariant.

---

[218] CHRISTIAN A. WEINLIG, Rez. W. Cook Taylor, Factories and the Factory System (1844) u. Engels, Die Lage der arbeitenden Klasse in England (1845), Arch. d. polit. Ökon. u. Polizeiwiss., NF 4 (1846), 74.

[219] Ebd.

[220] MARX, Zur Kritik der Hegelschen Rechtsphilosophie. Einleitung (1844), MEW Bd. 1 (1956), 390.

[221] FRIEDRICH JAKOB SCHMITTHENNER, Ueber Pauperismus und Proletariat (Frankfurt 1848), 13.

Wer also, nicht unbeeinflußt von Industriepädagogik und den Postulaten rationeller Landwirtschaft, die Auffassung vertrat, daß *es ebenso gut eine Industrie des Landbaues, des Bergbaues und des Handels als der technischen Gewerbe* gebe, mußte sich konsequenterweise dagegen wenden, daß *bloß die technischen Arbeiter ... mit dem Namen der industriösen Classe* belegt würden[222]. Solche Kritik zielte auf die Orientierung am engeren Industriebegriff, die zur *Einteilung in die produzierende, industriöse und besoldete Klasse* führte. Doch war dieses Schema zur Erfassung der Sozialstruktur so vergangenheitsbezogen nicht, wie es nach der zukunftsweisenden Programmatik einer alle Stände gleichermaßen erfassenden industriösen Bewußtseinsbildung erscheinen könnte. Wie der entsprechende Industriebegriff wird auch dieser engere Begriff der *industriösen Klasse* inhaltlich durch negative Bestimmungen gewonnen: *Zu den industriösen Klassen gehören alle die Menschen im Staate, welche keinen Anteil an Grund und Boden besitzen und keine Besoldung genießen ...; diese sind Handwerker und Fabrikanten, Kaufleute und Krämer, Tagelöhner und Gesinde*[223] — eine Residualkategorie, die, sozial alles andere als homogen, vielleicht nicht zufällig hier mit dem Plural („industriöse Klassen") bezeichnet wird, wobei der Wechsel des Numerus formal den deskriptiven, klassentheoretisch nicht fundierten Gebrauch des Wortes 'Klasse' unterstreicht. Die negative Inhaltsdefinition wird ergänzt durch eine positive Umfangsdefinition: von *Apotheker, Bäcker, Barbierer* bis *Tischler, Tuchmacher, Uhrmacher* und *Zinngießer* werden in alphabetischer Reihenfolge die *einzelnen Stände der industriösen Klasse* aufgezählt[224].

Innerhalb des pari passu mit der Einschränkung des Industriebegriffs enger gefaßten Begriffs der 'industriösen Klasse' zeichnete sich frühzeitig auch schon jene große Dichotomie der Fabrikindustrie neueren Typs ab, die in dem Maße, in dem die Fabrikindustrie Erscheinungsform und Wesen der Wirtschaftsgesellschaft bestimmte oder doch zu bestimmen schien, zur Dichotomie der gesamten Gesellschaft erklärt worden ist: *Der Industriöse kann selbst Arbeiter sein, oder er kann auch andere zur Arbeit gebrauchen, indem er die Anwendung ihrer Kräfte nach seinen Begriffen leitet*[225]. Über die berufsständische Gliederung der Gesellschaft hinweg werden hier der Sache nach, wenn auch noch nicht in dieser Terminologie, *Arbeiter und Arbeitgeber*[226] als neue Klassen unterschieden. Noch aber hat der immanente Klassenantagonismus die gemeinsame Kategorie der 'industriösen Klasse' nicht gesprengt. Die nächste Stufe dichotomischer Begriffsbildung spiegelt die Auflösung der Arbeitgeberseite, der *Aristokratie des Capitals ... in die Geldmänner und die Industriellen*[227]. Damit hat ein heute nur noch Historikern bekannter Sozialkritiker des Vormärz, WILHELM BENSEN, die später so viel diskutierte Trennung von Eigentum und Kontrolle, die Marx in seiner Analyse der Aktiengesellschaft in prägnante Thesen gefaßt hat, bereits in ihrer Grundstruktur erfaßt. Mit fortschreitender Verbreitung der

---

[222] WEBER, Lehrbuch, Bd. 1 (s. Anm. 129), 110 f.
[223] L. KRUG, Betrachtungen über den National-Reichtum des preußischen Staates und über den Wohlstand seiner Bewohner, Bd. 2 (Berlin 1805), 1.
[224] Ebd., 173 ff.
[225] JAKOB, Grundsätze (s. Anm. 184), 69.
[226] Als Beleg für diese Terminologie vgl. WAGENER Bd. 10 (1862), 61, Art. Industrialismus.
[227] BENSEN, Proletarier (s. Anm. 148), 340.

VIII. 'Industriöse Klasse' und 'Klasse der Industriellen'

Fabrikindustrie und der Ausbildung korporativer Großunternehmen hat sich dieser jüngste und engste Begriff 'Industrieller' durchgesetzt. Daneben hat sich bis heute die Zwischenstufe erhalten: als 'Industrieller' gilt, wer noch Eigentümer und Unternehmer in einer Person ist — in der Sprache von MARX: *ein wirklich fungierender Kapitalist*[228]. Die Entstehung dieses Sprachgebrauchs ist im ausgehenden 19. Jahrhundert lexikalisch (auch mit den für lexikalische Belege oft charakteristischen Verzögerungen) registriert worden: *Industrie als Mittel zwischen der Produktion (Ackerbau, Viehzucht, Bergbau) und Handel* umfaßte danach die zur *Kleinindustrie* zurückgestuften *Gewerbe* und die *Großindustrie*, d. h. die *Fabriken* und die mit ihnen noch immer in einem Zuge genannten *Manufakturen* ... *Wer sich damit beschäftigt, wird ein Industrieller genannt, doch hat der Sprachgebrauch merkwürdigerweise die Grenzen hier viel enger gezogen, denn man versteht unter Industrieller nur den Vertreter der Großindustrie, d. h. den Fabrikbesitzer und nicht den Handwerker*[229].

Die Parallelität des Bedeutungswandels von 'Industrie' und der abgeleiteten soziologischen Bezeichnungen ist bis in die pejorativen Seitenwege zu verfolgen: *die Industriellen, das heißt* nach BÖRNE *auf Deutsch die miserablen Kaufleute und Krämer, die nichts haben als Furcht und Geld*. Das Urteil über *diese Menschen, die fünfzehn Jahre gegen alle Aristokratie gekämpft* hätten, nach ihrem Sieg aber sogleich *für sich selbst eine neue Aristokratie bilden* wollten, *eine Geldaristokratie, einen Glücksritterstand* — dieses Urteil hatte sich Börne in Paris gebildet[230]. In Frankreich indessen war *das vornehme Wort die Industriellen* mit ausgesprochen positiver Akzentuierung gebildet worden. In seinen „Catéchisme des Industriels" hat Claude-Henri de Saint-Simon der „classe industrielle" den ersten Rang in der Gesellschaft zugewiesen. Sie nehme in der bestehenden Gesellschaft den letzten Rang ein, in Wahrheit aber gebühre ihr wegen ihrer Bedeutung der erste Rang. Gleichwohl wird das klassische Paradigma sozialer Revolution vom Autor nicht zu revolutionären Zwecken beschworen. Er will seinen Katechismus nicht als Predigt der Gewalt verstanden wissen, sondern als Darlegung des einzigen Mittels, um Gewalthandlungen zu verhindern. Saint-Simon baut, darin dem liberalen Ökonomen und Philosophen Adam Smith verwandt, auf die langfristige Wirkung gewaltloser Agenten sozialen Wandels: die Industriellen könnten geduldig auf einen Umschwung der Meinung warten, auf die neue soziale Lehre, die sie berufen würde.

Alle Vorteile seien auf ihrer Seite: sie machten die überwältigende Mehrheit der Nation aus, produzierten den Wohlstand, seien an intellektuellen Fähigkeiten überlegen, kurzum, sie seien im Besitz aller unwiderstehlichen Mittel, um sich aus einer beherrschten Klasse zur herrschenden Klasse zu machen. Von der „classe industrielle" als soziologische Schicht unterscheidet Saint-Simon den engeren Kreis der „industrialistes", welche sich das Glaubensbekenntnis des „Industrialismus"

---

[228] MARX, Das Kapital. Kritik der politischen Ökonomie, Bd. 3: Der Gesamtprozeß der kapitalistischen Produktion (1894), MEW Bd. 25 (1949), 392.
[229] LUDWIG FORT, Handlexikon der gesamten kaufmännischen Wissenschaften. Praktisches Kontor-Nachschlagebuch über alle Verhältnisse des Handels und Verkehrswesens, 6. Aufl. (Leipzig 1880), 537, Art. Industrie.
[230] LUDWIG BÖRNE, Briefe aus Paris v. 9. u. 17. 11. 1830, Sämtl. Schr., hg. v. Inge u. Peter Rippmann, Bd. 5 (Darmstadt 1968), 49. 54.

zu eigen gemacht haben[231]. Im Deutschen begegnet diese Bezeichnung der industriösen Mentalität nur selten und meist in negativer Verwendung[232], während die 'Klasse der Industriellen' seither zur geläufigen Beschreibungskategorie für die Unternehmer geworden ist.

DIETRICH HILGER

IX. 'Industrie' als Epochenbegriff; 'Industrialismus' und 'industrielle Revolution'

Seine moderne, bis heute vorherrschende Bedeutung hat der Begriff 'Industrie' erst in den 1840er Jahren angenommen. Erst jetzt wird — mit jahrzehntelanger Verspätung gegenüber dem französischen und englischen Sprachgebrauch, aber zugleich auch abrupter — im Deutschen die alte qualifizierende Bedeutung „Fleiß" ausgefällt. Der Ausdruck bezeichnet nun, moralisch zunächst neutral, in erster Linie eine Produktionsform, nämlich die unter Einsatz von Maschinen arbeitende Fabrikation von Gütern, unter Ausschluß aller einseitig positiven Bewertungsfunktionen, die bislang seinen Gebrauch bestimmt haben. Darin drückt sich einerseits die zunehmend kontrovers diskutierte Einschätzung der neuen ökonomischen Organisations- und Fertigungstechniken im Vormärz, andererseits der beschleunigte Durchbruch dieser Techniken im Auf- und Ausbau industrieller Großproduktion seit den 1840er Jahren in Deutschland aus. Begriffsgeschichtlich manifestiert sich dieser bis heute nicht abgeschlossene Prozeß der Umstrukturierung der wirtschaftlichen Produktion und ihrer weitreichenden sozialen Folgen in einer Reihe abgeleiteter Begriffsbildungen, mit denen dieser Prozeß einerseits beschrieben, andererseits auf einer höheren Ebene historischer Reflexion bewertet und auf neue gesellschaftliche Zielvorstellungen hin orientiert wird.

1. Die Entfaltung von 'Industrie' zum politisch-sozialen Grundbegriff

Erstes Indiz des tiefgreifenden ökonomischen Umbruchs ist die Tatsache, daß der Ausdruck 'Industrie' selbst nun zu einem wichtigen politisch-sozialen Begriff aufrückt. *Die Mitte der modernen Lebensbestimmungen* nennt GUSTAV VON MEVISSEN die Industrie 1838 in einem Gutachten für die preußische Regierung über die Flachsspinnerei im Rheinland[233]. Und kurz nach der Revolution von 1848 beginnt KARL GEORG WINKELBLECH seine „Historische Einleitung in die Ökonomie" mit der Beobachtung: *Die jüngste Zeit hat eine neue Macht kennengelernt, welche die Schicksale der Völker bewegt, und diese Macht ist die Industrie.* Die Geschichte zeige zwar viele Beispiele der Anhäufung großer Reichtümer in einzelnen Staaten. *Aber nicht hierin besteht der Wert der neuen Industrie, sondern der alle ihre Zweige umfassende technische*

---

[231] s. u. Abschn. IX. 2.
[232] Vgl. VICTOR AIMÉ HUBER, Die Arbeiterfrage im Lichte volkswirtschaftlicher Tatsachen und Dogmen (1863), Ausg. Schr. über Sozialreform u. Genossenschaftswesen, hg. v. K. Munding (Berlin 1894), 478.
[233] JOSEPH HANSEN, Gustav v. Mevissen. Ein rheinisches Lebensbild 1815—1899, Bd. 2 (Berlin 1906), 48.

IX. 1. 'Industrie' als Grundbegriff *Industrie*

Fortschritt ist es, welcher sie charakterisiert. Er ist es, der die Früchte des menschlichen Geistes vervielfältigt und sie ohne nationale Rücksichten unter alle Völker verteilt. Gewiß liegt nur in diesem Grund die Rechtfertigung dafür, daß in unserer Zeit kein anderer Gegenstand so sehr das öffentliche Interesse beschäftigt als die Industrie[234].

In Winkelblechs umfassender ökonomischer und politisch-sozialer Würdigung der modernen Industrie lassen sich mehrere semantische Merkmale des Aufstiegs des Wortes 'Industrie' zum Grundbegriff nachweisen:

a) Zunächst wird hinter der Summe technischer und organisatorischer Verbesserungen ein geschichtsphilosophisches Subjekt, nämlich der Fortschritt, sichtbar, das sie zu einem gerichteten und unumkehrbaren Prozeß der Steigerung bündelt. Semantisch zeigt sich dies darin, daß „die Industrie", nach neuerem Verständnis des Wortes eigentlich nur die Summe moderner Industrieanlagen, nun als Kollektivsingular auftritt, und sich so auch im sprachlichen Sinne als Subjekt eines Prozesses der Selbstentfaltung darstellt: seither spricht man von einer „Entwicklung der Industrie", einer „Revolution der Industrie" usw. oder, kürzer, der „industriellen Entwicklung" bzw. der „industriellen Revolution"[235].

b) Hinzu kommt, daß der Begriff 'Industrie' nun die normativen Bedeutungskonnotationen, die das Wort in der Bedeutung „Fleiß, Erfindungsgabe" gerade abzulegen im Begriff steht, auf einer höheren Ebene begrifflicher Abstraktion wieder an sich zieht. Indem nämlich in der Industrie ein Signum des gegenwärtigen Zeitalters erkannt wird, fordert diese zu einer umfassenden politisch-sozialen Bewertung heraus.

Diese Bewertung ist nun allerdings ambivalent, der Begriff wird in die Kontroverse zwischen Industriegegnern und Industriebefürwortern hineingezogen. So finden sich auf der einen Seite, bei den „Liberalen" und „Freihändlern", hymnische Darstellungen der gegenwärtigen und zukünftigen Wohltaten der Industrie, die bei weitem den Bereich der materiellen Wohlfahrt überschreiten: *In den Händen der Industrie liegt zuvörderst der Wohlstand eines Landes und seiner Glieder. Dies ist die nächste wichtige Aufgabe, aber nicht die höchste und eigentliche der Industrie. Die bloße Verbesserung der zeitlichen Umstände einzelner Individuen oder deren Gesamtheit wäre bei aller ihrer Wichtigkeit immerhin ein untergeordneter Zweck, wenn nicht ihr wahrer Zweck darin bestände, die Menschen freier zu machen von der Last des Tages und den Sorgen des Daseins*[236].

Umgekehrt werden der Industrie von ihren Kritikern nun aber auch materielle und moralische Folgelasten zugerechnet, die mit dem Ausbau industrieller Anlagen aufgetreten sind. So beschreibt schon 1835 Robert von Mohl die katastrophalen sozialen und moralischen Auswirkungen der Ablösung des Handwerksbetriebes durch die neuen industriellen Produktionstechniken[237]. Zunehmende Verelendung der Ar-

---

[234] KARL MARLO [d. i. KARL GEORG WINKELBLECH], Historische Einleitung in die Ökonomie, 2. Aufl. (Tübingen 1885), 1 f.

[235] Die Bedeutung des Kollektivsingulars darf nicht mit derjenigen des alten Begriffs 'Fleiß' verwechselt werden: Dieser kann als Bezeichnung für eine menschliche Eigenschaft gar nicht im Plural vorgestellt werden, jene dagegen setzt die Pluralität vieler industrieller Produktionsstätten gerade voraus.

[236] MEYER, große Ausg., 1. Abt., Bd. 20 (1851), 588, Art. Industrie.

[237] MOHL, Über die Nachtheile (s. Anm. 60), 141 ff.

beiterschaft, erhöhte Kriminalität und wachsende Entfremdung der Arbeiter gegenüber ihrer Arbeit bilden den psychischen und materiellen Hintergrund für den aufbrechenden Klassenantagonismus zwischen Kapital und Arbeit, der von Friedrich Engels zehn Jahre später eindrucksvoll am Beispiel der industriellen Verhältnisse in England geschildert wird[238].

Die Kontroverse zwischen Industriegegnern und -befürwortern ist in erster Linie ein Streit um die Instanz, der die negativen sozialen Folgen der Industrialisierung zuzurechnen sind. Für MOHL ist dies 1835 noch die *moderne Fabrikation*, der *fabrikmäßige Betrieb der Industrie*[239], unter den er einzelne Aspekte wie die Gewerbefreiheit und das moderne Maschinenwesen subsumiert. Der Begriff 'Industrie' ist dagegen prinzipiell noch so weit gehalten, daß darunter sowohl die kleinen Handwerksbetriebe als auch das *Fabriksystem*, die *große Industrie*, wie Mohl schon 1835 sagt, fallen[240].

Aus diesem weiten Industriebegriff hebt sich jedoch im Laufe der 1840er Jahre eine engere Bedeutung hervor, welche sich nur noch auf die fortgeschrittenste Form industrieller Produktion, die sich zuerst in der Tuch-, Eisen- und Stahlfabrikation (einschließlich der neuen Verhüttungstechniken bei der Kohlegewinnung) durchsetzende Großindustrie bezieht. Die sich hierin abzeichnende Temporalisierung des Begriffs läßt sich z. B. in ENGELS' Sprachgebrauch nachweisen, wenn er in derselben Schrift von der *kleinen Industrie* früherer Zeiten und der *modernen großen Industrie* spricht: *Die kleine Industrie schuf die Mittelklasse, die große schuf die Arbeiterklasse und hob die wenigen Auserwählten der Mittelklasse auf den Thron, aber nur, um sie einst desto sicherer zu stürzen ... Die zentralisierende Tendenz der Industrie bleibt aber hierbei nicht stehen. Die Bevölkerung wird ebenso zentralisiert wie das Kapital*[241]. Engels' Sprachgebrauch liegt die Vorstellung zugrunde, daß sich in der modernen Großindustrie nur das vollende, was in der Kleinindustrie früherer Jahrhunderte schon angelegt war: die zunehmende Konzentration des Kapitals, welche einerseits für die Verelendung eines wachsenden Teils der Bevölkerung verantwortlich sei, zugleich aber auch die Bedingung für eine umfassende Emanzipation der Menschheit vom Joch materieller Not und sozialer Unterdrückung schaffe.

In der Industriedebatte des ausgehenden Vormärz zeigt die Aufwertung des Begriffs 'Industrie' eine Generalisierung der Problemstellung an, welche sich auf einer konkreteren Ebene als unlösbar herausstellte. Denn die Befürworter einer liberalen Gewerbepolitik wiesen zwar mit Recht darauf hin, daß es keinen zwingenden systematischen Zusammenhang zwischen maschineller Produktion und fabrikmäßiger Organisation des Arbeitsprozesses einerseits und geistiger wie materieller Verelendung der Arbeiterschaft andererseits gäbe. Gleichwohl hatte die ökonomische Rationalisierung faktisch unbestreitbar die beschriebenen Folgen und konnte nicht allein auf außerökonomische Faktoren wie mangelndes Verantwortungsbewußtsein der Fabrikbesitzer oder mangelnde polizeiliche Kontrolle zurückgeführt werden. Der Begriff 'Industrie' eignete sich hier gerade wegen seiner terminologischen Un-

---

[238] ENGELS, Die Lage der arbeitenden Klasse in England (1845), MEW Bd. 2 (1957), 225 ff.
[239] MOHL, Über die Nachtheile, 141. 156.
[240] Vgl. ebd., 143. 158. 170. 193.
[241] ENGELS, Die Lage der arbeitenden Klasse, 252.

genauigkeit dazu, das in Frage stehende Problem als komplexer zu betrachten, als es die unmittelbare Zuordnung der materiellen und sozialen Mißstände zur Einführung neuer Maschinen etwa vermochte.

2. 'Industrialismus'

Bei der Zuordnung technischer, institutioneller und wirtschaftlicher Prozesse zu moralischen Einstellungen und politischen Zielvorstellungen wird der Begriff 'Industrie' nur in der sozialistischen Argumentation an Komplexität noch vom Begriff 'Kapital' übertroffen, der schließlich die Industrie auch wieder von den üblen Folgen ihres Wachstums entlastet. Ökonomisch-technische und politisch-soziale Entwicklungen verbinden sich erst auf der höheren Ebene kapitalistischer Rechts- und Organisationsformen zu einem notwendigen Bedingungszusammenhang. Epochal gesehen, folgt die sozialistische damit letzten Endes wieder der liberalen Argumentation, welche die sozialen Übel der industriellen Entwicklung nur als temporäre, nicht notwendige Nebenerscheinungen eines im ganzen für die Menschheit wohltätigen Entwicklungsganges betrachtet. In dieser eingeschränkten Rechtfertigung des industriellen Fortschritts ist wohl der Grund zu sehen, weshalb der Begriff 'Industrialismus' in der sozialistischen Literatur nie zu einem politisch-sozialen Schlüsselbegriff wurde. Während hier die Begriffe 'Kapital' und 'Kapitalismus' als Zurechnungsinstanzen der sozialen Mißstände ins Zentrum der Kritik rücken, bündelt sich im Begriff 'Industrialismus' nämlich, ebenfalls seit den 1830er Jahren, eine in der Regel von konservativer Seite vorgebrachte Kritik, die die Industrie schlechthin für die letztlich verantwortliche Zurechnungsinstanz der dargestellten sozialen Übel hält[242].

Ins Deutsche übernommen wurde dieser Begriff aus dem Französischen, wo er sich zuerst 1822 bei SAINT-SIMON findet. In seinem „Catéchisme des Industriels" wendet sich Saint-Simon an alle potentiellen Träger der zukünftigen industriellen Gesellschaft (Arbeiter und Bauern ebenso wie Erfinder und Finanziers, die er alle noch semantisch traditionell unter den Begriff der 'industriels' zusammenfaßt): *Nous invitons tous les industriels qui sont zélés pour le bien public et qui connaissent les rapports existants entre les intérêts généraux de la société et ceux de l'industrie, à ne pas souffrir plus longtemps qu'on les désigne par le nom de libéraux, nous les invitons d'arborer un nouveau drapeau et d'inscrire sur leur bannière la devise: Industrialisme*[243].

Den Ausdruck 'industrialisme' führt Saint-Simon bewußt als programmatischen Parteibegriff einer von ihm angeführten politischen Bewegung ein, deren Mitglieder sich *industrialistes* nennen sollen[244] und deren Hauptgegner eine liberale Führungsschicht ist, zu denen Saint-Simon Rentiers, Großgrundbesitzer, Journalisten, Politiker u. a. Nutznießer der bestehenden Gesellschaftsordnung zählt. Die wichtigsten

---

[242] Vgl. Abschn. IX. 1. b.
[243] CLAUDE-HENRI DE SAINT-SIMON, Catéchisme des industriels (1822), Oeuvres, éd. E. Dentu, t. 4 (Paris 1875; Ndr. Paris 1966), 178.
[244] Ebd.

Vorteile des Industrialismus gegenüber dem Liberalismus sieht Saint-Simon darin, daß er erstens seine Politik auf Interessen gründe, der Liberalismus dagegen nur auf Gefühle, zweitens die industrielle Klasse („la classe industrielle") heute den weitaus größten Teil des Volkes umfasse, die Liberalen dagegen nur einen kleinen Teil der Gesellschaft, und drittens der Industrialismus ein pazifistisches Zeitalter einleiten werde, das das kritische und revolutionäre Zeitalter des Liberalismus in Kürze ablösen werde[245]. Im Begriff 'industrialisme' faßt Saint-Simon gleichzeitig wirkliche Züge seiner eigenen Zeit, insbesondere die Dominanz ökonomischer Interessen in der Politik, und utopische Züge einer neuen Moral zusammen, in deren Zentrum das industrielle Arbeitsethos und der Ausgleich gesellschaftlicher Antagonismen stehen.

Der der neuen Ismus-Bildung zugrundeliegende Begriff von 'industrie' ist bei Saint-Simon noch stark von den Vorstellungen des alten qualifizierenden 'industria'-Begriffes geprägt; d. h. er bezeichnet in erster Linie eine menschliche Disposition, welche technische, moralische und soziale Fähigkeiten umfaßt, erst in zweiter Linie auch die organisatorischen Formen, in denen sich diese Eigenschaften ökonomisch bewähren. In seiner „Geschichte der Literatur der Gegenwart" gibt THEODOR MUNDT 1842 eine Schilderung des Vorstellungshorizonts von Saint-Simon, die diesen alten Sinn von 'Industrie' noch festhält und die hier zugleich deshalb angeführt werden soll, weil sie den weitaus frühesten Beleg für den Ausdruck 'Industrialisierung' enthält — auch ihn allerdings im alten, nicht im heute gebräuchlichen Bedeutungsfeld von 'Industrie': *Der Industrialismus*, schreibt Mundt, sei nicht von Anfang an, sondern *erst später das ausdrückliche Organ* von Saint-Simons neuer Weltordnung geworden. *Damit hing eine Revision des ganzen wissenschaftlichen, politischen und gesellschaftlichen Tatbestandes der gegenwärtigen Menschheit zusammen. Die Industrialisierung der Welt* — d. h. die Gründung ihrer Ordnung auf die Prinzipien des ökonomischen Fleißes und der Erfindungsgabe — *sollte ein neues Rechtsverhältnis zwischen Arbeit, Fähigkeit und Lohn hervorbringen, worin jeder nur das war, was er leisten konnte, und das besaß, was er arbeitete*[246].

Schon bei Saint-Simon ist 'industrialisme' ein politischer Gesinnungsbegriff, der in sich eine Diagnose des gegenwärtigen Zeitalters und ein Erwartungspotential für dessen künftige Fortentwicklung verbindet. Freilich muß sich dessen positive Bewertung schon in den 1820er Jahren, obwohl hierfür bisher noch keine Zeugnisse vorliegen, im französischen Sprachgebrauch ins Gegenteil verkehrt haben. Denn als der Begriff zu Beginn der 1830er Jahre ins Englische und Deutsche übertragen wird, haftet ihm schon deutlich ein kritischer Nebensinn an[247]. Unter Ausfällung seiner utopischen Bedeutungsgehalte bezeichnet er nun nur noch den Geist der

---

[245] Ebd., 196 ff.

[246] THEODOR MUNDT, Geschichte der alten und neuen Literatur, Bd. 2: Geschichte der Literatur der Gegenwart (Berlin 1842), 268.

[247] Der bisher früheste Beleg im Englischen findet sich bei THOMAS CARLYLE, Sartor Resartus (1831), Works, ed. Henry Duff Traill, vol. 1 (New York 1969), 96; im Deutschen bei V. A. HUBER, Einige Zweifel und Bemerkungen gegen einige Ansichten über die deutschen Universitäten, deren Verfall und Reform (Hamburg 1934), 113. Vgl. OED vol. 5, 236, s. v. industry u. A. GOMBERT, Noch einiges über Schlagworte und Redensarten, Zs. f. dt. Wortforsch. 3 (1902), 180.

IX. 2. 'Industrialismus'

gegenwärtigen bürgerlichen Gesellschaft, die z. B. GUTZKOW 1839 in Paris durch „Spekulantia", eine unabhängig lebende Literatin, auf einem städtischen Ball beobachten läßt: *Sie sah hier die Tiefe und Gemeinheit des Zeitalters in einer bis zum Wahnsinn verworrenen Mischung; sie sah Herzen, verzehrt von Genußsucht, und wieder Gemüter, die sich schämten, Atheisten zu sein; sie klagte niemanden unter diesem Gewühl an; sie sah nur das Zeitalter in seinem Kampf, seinen Geburtswehen... sie klagte nur die Umstände und die Menschen an, durch welche der Industrialismus diese krampfhafte Erregbarkeit bekommen mußte*[248]. *Der Industrialismus* hat für Gutzkow die gesamte bürgerliche Gesellschaft erfaßt: *Kunst, Literatur, Politik sind Nebenzweige dieses Stammes geworden*[249]. Darin stimmt ihm 1843 auch HEINRICH HEINE bei: *Hat vielleicht der Geist der Bourgeoisie*, fragt er 1843 anläßlich des Besuches einer Pariser Gemäldeausstellung, *der Industrialismus, der jetzt das ganze soziale Leben Frankreichs durchdringt, auch schon in den zeichnenden Künsten sich dergestalt geltend gemacht, daß allen heutigen Gemälden das Wappen dieser neuen Herrschaft aufgedrückt ist?*[250] Der Begriff 'Industrialismus' bezieht sich damit auf eine als spezifisch bürgerlich empfundene Kombination von Verhaltensweisen, Einstellungen und Gesinnungen.

Den schleichenden Bedeutungswandel des Begriffes 'Industrie' vollzieht 'Industrialismus' um so leichter, als der Begriff in der rapiden industriellen Expansionsphase der 1840er Jahre weiterhin gerade auf diejenige Mentalität aufmerksam macht, von der diese Expansion getragen ist. *Industrialismus ist Materialismus*, heißt es 1862 in WAGENERS „Staatslexikon"[251], dem ersten deutschen lexikalischen Beleg des neuen Begriffs, *übertragen auf das gewerbliche Gebiet, und bezeichnet den krankhaften, wirtschaftlichen und gesellschaftlichen Zustand, in welchem die große Industrie ... allen übrigen Nahrungs- und Berufsarten prädominiert. Sein Ziel ist die möglichst große Fabrikation von Produkten nach Maßgabe der unbegrenzten Arbeitsteilung und vollkommenen freien Konkurrenz ... Das Band, welches, wie im allgemeinen die Gesellschaft, so besonders die Arbeitenden verbindet, soll die tätige Liebe sein; im Industrialismus aber ist es der Egoismus; und die Obrigkeit hat bei ihm nicht die Stelle einer sittlichen Ordnung über den Menschen, sondern die eines Kettenhundes, welcher den Geldsack bewacht*[252].

In der nationalökonomischen Literatur wird der Begriff 'Industrialismus' häufig mit dem „Industrie-" oder „Arbeitssystem" von Adam Smith in Zusammenhang gebracht, das die Arbeit als wichtigsten produktiven Faktor ins Zentrum ökonomischer Produktivitätsanalysen rückt[253]. In diesem Sinne wendet sich z. B. WILHELM

---

[248] KARL FERDINAND GUTZKOW, Rückblicke auf mein Leben (1875), Werke, Bd. 4 (Berlin 1876), 265.
[249] Ebd., 264.
[250] HEINRICH HEINE, Lutetia. Zweiter Teil LIX (7. 5. 1843), Sämtl. Schr., Bd. 5 (1974), 481.
[251] WAGENER Bd. 10, 61f., Art. Industrialismus.
[252] Vgl. hierzu auch die Gleichsetzung von 'Mammonismus' und 'Industrialismus', auf deren heutigen Erscheinungsformen *der Bann und Fluch der antimodernen Asketiker besonders schwer* laste, V. A. HUBER, Die gute alte Zeit (1861), Ausg. Schr. (s. Anm. 232), 447.
[253] Vgl. Anm. 172. Ein spätes Zeugnis liefert hierfür noch JOSEPH A. SCHUMPETER, Epochen der Dogmen- und Methodengeschichte, in: Grundr. d. SozÖk., 1. Abt. (Tübingen

KOSEGARTEN 1856 gegen den *überspannten Industrialismus der Smith'schen Schule*[254]. Möglich wurde diese Identifizierung dadurch, daß in der begriffsgeschichtlichen Übergangslage der ersten Jahrhunderthälfte 'Industrie' noch häufig mit (produktiver) 'Arbeit' gleichgesetzt wurde[255]. Die Industriekritik der Konservativen griff diese Bedeutung in ihrem Angriff auf die Lehre von Adam Smith auf, indem sie den in den modernen Industrien gepflegten Wirtschaftsstil als materielle Folge der theoretischen Überbewertung des Faktors 'Arbeit' deutete.

Bemerkenswert an dieser frühen Kritik am politisch-sozialen Wert der modernen Industrieentwicklung ist dabei vor allem, daß die industrielle Expansion noch nicht wie in den Industrialisierungstheorien des 20. Jahrhunderts als unaufhaltsamer, quasi „naturwüchsiger" Wachstumsprozeß, sondern als Produkt einer fragwürdigen gesellschaftspolitischen Überbewertung des materiellen Reichtums gesehen wird. Im Begriff 'Industrialismus' verdichten sich so seit den 1840er Jahren immer wieder aufs neue die Vorbehalte gegenüber einer Verabsolutierung des industriellen Wachstums als gesellschaftspolitischem Wert und Ziel. BISMARCK etwa wirft dem 2. Vereinigten Landtag in Preußen schon 1848 vor, *daß das leitende System der Finanzen die Zustände unseres Vaterlandes mehr durch die Brille des Industrialismus auffaßt, als mit dem klaren Auge des Staatsmannes, der alle Interessen des Landes mit gleicher Unparteilichkeit überblickt*[256]. 'Industrialismus' ist, ebenso wie bei Saint-Simon, ein parteilicher Gesinnungsbegriff, bezeichnet nun aber gerade im Gegensatz zu Saint-Simon die Interessenpolitik der Liberalen. In diesem Sinne stellt SCHÄFFLE 1873 fest: *Die Schäden des einseitigen liberalen Industrialismus erweckten denn auch sehr bald die Reaktion eines weiteren, das alte Europa gegenwärtig bis ins Mark erschreckenden Systems, des Sozialismus und Kommunismus*[257].

Die Industrie- und Gesellschaftskritik, die sich im Begriff 'Industrialismus' bündelt, wird in Deutschland vor allem von konservativer Seite vorgetragen[258]. Bei den

---

1914), 62: *Immer wieder erblickt man in Smith den Vater des „Industrialismus", im Sinn von kapitalistischer Profitwirtschaft.*

[254] WILHELM KOSEGARTEN, Geschichtliche und systematische Übersicht der National-Ökonomie oder Volkswirtschaftslehre als Grundlage der Volkswirtschaftspolitik (Wien 1856), 36.

[255] Vgl. Anm. 176; vgl. ferner EDUARD ORDINAIRE, Abriß der von Fourier vorgeschlagenen Einrichtungen der lusterweckenden Gewerbstätigkeit (industrie attrayante), Arch. f. polit. Ökon. u. Polizeiwiss. 1 (1835), 204: *Das Wort 'Industrie' in seiner weitesten Bedeutung begreift jede Gewerks-, Landwirtschafts-, wissenschaftliche und künstlerische Arbeit.*

[256] BISMARCK, Rede v. 10. 4. 1848, Die politischen Reden des Fürsten Bismarck, hg. v. Horst Kohl, Bd. 1 (Stuttgart 1892; Ndr. Aalen 1969), 54.

[257] A. E. F. SCHÄFFLE, Das gesellschaftliche System der menschlichen Wirtschaft, 3. Aufl., Bd. 1 (Tübingen 1873), 55.

[258] Vgl. JOSEPH GOEBEL, Die Geschichte der Industriegegnerschaft (Mainz 1936), passim. — Wo der Begriff von Befürwortern der Industrialisierung verwendet wird, geschieht dies meist in Replik auf die Vorwürfe der Gegner. So zitiert etwa Karl Winkelblech den Baron JOSEPH-MARIE DE GERANDO (1850) mit dem Ausspruch: *Statt euch nun über den Industrialismus zu beunruhigen und seine üblen Folgen zu vergrößern, vergleicht seine Wirkungen mit den Umständen, für welche er ein Heilmittel ist, und ihr werdet leicht einsehen, daß diese tausendmal trauriger sind als jene*, zit. MARLO [d. i. WINKELBLECH], Historische Einleitung (s. Anm. 234), 129.

Sozialisten begegnet der Begriff dagegen kaum. Während ihn z. B. Friedrich Engels in der „Lage der arbeitenden Klasse in England" nicht gebraucht, faßt der anonyme Rezensent seines Buches in der „Allgemeinen Preußischen Zeitung" im selben Jahr in ihm die wesentlichen Erkenntnisse des Buches zusammen: *In einem Lande..., wo die politische Verfassung ... den Individuen eine bis zum Extrem gehende Freiheit und damit den Leidenschaften und selbstsüchtigen Bestrebungen der Menschen, kurz einem zügellosen Industrialismus, ein freies Feld gegeben hatte, ... mußte der Arbeiter mit Erlangung seiner Freiheit dadurch, daß er von der gemächlich ihn nährenden Ackerbaubeschäftigung, aus dem bisherigen Abhängigkeitsverhältnis zur vermeintlich freien Fabriktätigkeit überging, ein hilfloses Subjekt werden*[259].

Auch in der Folge bleibt 'Industrialismus' ein terminologisch wenig festgelegter Begriff. Seine Schlagkraft im politischen Sprachgebrauch gründet sich nicht auf eine Theorie der gesellschaftlichen Entwicklung. Seine Funktion liegt vielmehr gerade darin, daß er zum Sammelbecken sich wandelnder kritischer Argumente gegen die fortschreitende industrielle Entwicklung wird[260]. In dieser vorwiegend negativen Bedeutung tritt er im 20. Jahrhundert mit dem neuen Begriff 'Industrialisierung' in ein semantisches Spannungsverhältnis.

3. 'Industrielle Revolution'

Der Epochenbegriff 'industrielle Revolution' verdankt seine Entstehung einer Analogie: dem Vergleich der politischen Umwälzungen in Frankreich nach 1789 mit der als ebenso grundsätzlich empfundenen Umwälzung der ökonomischen, insbesondere der gewerblichen Produktionsformen im gleichen Zeitraum[261]. Schon der ersten Industrieausstellung von 1798 in Paris soll der Gedanke einer Verherrlichung des menschlichen Erfindungsgeistes zugrunde gelegen haben, der seine Befreiung der Französischen Revolution verdankte[262]. Die Beobachtung eines grundsätzlichen und rapiden ökonomisch-sozialen Wandels findet sich in den folgenden Jahrzehnten sowohl in England als auch in Frankreich öfters[263]. Nur in Frankreich ist jedoch erstmals 1815 die Bezeichnung dieses Wandels als 'Revolution' nachzuweisen und damit die Übertragung des bislang politischen Begriffs auf die wirtschaftliche Entwicklung. *Malgré les fureurs d'une guerre universelle, qui semblait devoir tout détruire*, heißt es 1815 im Rückblick auf die Jahrhundertwende, *malgré le malheur des circonstances, le perfectionnement des procédés industriels a été tel, qu'il s'est opéré dans toutes les fabriques une révolution presque complète: heureuse et paisible révolution qui*

---

[259] [Anonym], Rez. Engels, Die Lage der arbeitenden Klasse in England (1845), Allg. Preuß. Zeitung, 31. 10.; 1. 11.; 7. 11. 1845, abgedr. Jürgen Kuczynski, Die Geschichte der Lage der Arbeiter unter dem Kapitalismus, Tl. 1, Bd. 8 (Berlin 1960), 174.
[260] Vgl. Anm. 289.
[261] Zu diesem Abschn. vgl. Anna Bezanson, The Early Use of the Term Industrial Revolution, Quarterly Journal of Economics 36 (1922), 343 ff.; George N. Clark, The Idea of the Industrial Revolution (Glasgow 1953); Claude Fohlen, Qu'est-ce que la révolution industrielle ? (Paris 1971).
[262] Annuaire de l'économie politique (Paris 1844), 220.
[263] Für Beispiele im Englischen vor 1820 vgl. Clark, Industrial Revolution, 8f.

*n'a rien de commun avec celles qui ont ensanglanté le monde*²⁶⁴. Vier Jahre später kommentiert CHAPTAL die Regulierung neuer Fertigungsverfahren in der Wollindustrie durch die Chambre d'Elboeuf im Jahre 1806 mit der Bemerkung, diese habe damit anerkannt, daß *cette révolution a été utile à l'industrie*²⁶⁵. Die wechselseitige Zuordnung der Begriffe 'industrie' und 'révolution' war damit schon längst vollzogen, als der „Moniteur Universel" am 17. 8. 1827 einen Artikel aus dem „Journal des Artistes" wieder abdruckte unter der Überschrift: „Grande révolution industrielle" und damit den bisher frühesten Beleg für diesen Ausdruck liefert. Beschrieben werden hier die neueren Wandlungen in den Fertigungsprozessen und institutionellen Rahmenbedingungen der Gewerbe und Manufakturen, wobei der Autor sich zu prüfen vornimmt, *jusqu'à quel point les arts ont pu exercer leur influence dans cette grande révolution industrielle*²⁶⁶.

Zum Epochenbegriff rückt der Ausdruck allerdings erst ein Jahrzehnt später auf. 1837 vergleicht BLANQUI die gewaltsame Entwicklung Frankreichs mit der friedlichen Englands in den vergangenen Jahrzehnten: *Tandis que la révolution française faisait ses grandes experiences sur un vulcan, l'Angleterre faisait les siennes sur le terrain de l'industrie ... Deux machines, désormais immortelles, la machine à vapeur et la machine à filer, bouleversaient le système commercial et faisait naître presque au même moment des produits matériels et des questions sociales, inconnus à nos pères*²⁶⁷.

Für NATALIS BRIAVOINE ist der Begriff 'révolution industrielle' zwei Jahre später schon ein geläufiger Epochenbegriff: *la révolution industrielle qui date de la fin du siècle dernier et à l'accomplissement de laquelle nous assistons encore*²⁶⁸. Die doppeldeutige Verwendung als Epochen- und als Prozeßbegriff, die dem Ausdruck vor allem im angelsächsischen Sprachgebrauch bis heute anhängt, ist so schon früh zu belegen. Die Ursachen der industriellen Revolution erkennt Briavoine scharfsinnig einerseits in der Revolution der technischen Wissenschaften, andererseits in der fortschreitenden Produktivitätssteigerung menschlicher Arbeit; ihre sozialen Folgen in der Steigerung der Bedürfnisse, deren Befriedigung den Kapitalisten weit besser gelinge als der Arbeiterklasse: *la révolution industrielle, en multipliant les besoins de l'homme, a augmenté les moyens de les satisfaire; mais ses bienfaits, s'ils sont réels ne s'étendent pas également à tous; elle a profité un peu aux classes ouvrières, beaucoup à la propriété et aux possesseurs de gros capitaux*²⁶⁹.

Außerhalb Frankreichs ist der neue Begriff erstmals 1843 bei Wilhelm Schulz belegt²⁷⁰. FRIEDRICH ENGELS greift ihn 1845 in der „Lage der arbeitenden Klasse in England" auf. Anknüpfend an Blanquis Darstellung der jüngeren englischen Wirtschaftsgeschichte, setzt auch er den Beginn der industriellen Revolution mit der Erfindung der Dampfmaschine und der Maschinen zur Verarbeitung der Baumwolle

---

[264] Annales des arts et manufactures, 1ᵉ collection, t. 56 (1815), 6.
[265] J. A. C. CHAPTAL DE CHANTELOUP, De l'industrie française, t. 2 (Paris 1819), 289, zit. BEZANSON, Industrial Revolution, 344.
[266] Moniteur Universel, 17. 8. 1827, zit. ebd., 344.
[267] ADOLPHE-JÉRÔME BLANQUI, Histoire de l'économie politique en Europe (Paris 1837), 208.
[268] NATALIS BRIAVOINE, De l'industrie en Belgique (Brüssel 1839), 189.
[269] Ebd., 190.
[270] WILHELM SCHULZ, Die Bewegung der Production (Zürich 1843), 30.

in der letzten Hälfte des 18. Jahrhunderts an: *Diese Erfindungen gaben bekanntlich den Anstoß zu einer industriellen Revolution, einer Revolution, die zugleich die ganze bürgerliche Gesellschaft umwandelte und deren weltgeschichtliche Bedeutung erst jetzt anfängt bekannt zu werden*[271]. Als epochale Zäsur grenzt die industrielle Revolution für Engels die Vorgeschichte der arbeitenden Klassen von deren neuerer politischer Entwicklung ab: bis dahin hätten Bauern und Industriearbeiter eine beschränkte und selbstgenügsame, aber im ganzen behagliche Existenz geführt: *Sie fühlten sich behaglich in ihrem stillen Pflanzenleben und wären ohne die industrielle Revolution nie herausgetreten aus dieser allerdings sehr romantisch-gemütlichen, aber doch eines Menschen unwürdigen Existenz ... Wie in Frankreich die Politik, so war es in England die Industrie und die Bewegung der bürgerlichen Gesellschaft überhaupt, die die letzten in der Apathie gegen allgemein menschliche Interessen versunkenen Klassen in den Strudel der Geschichte hineinriß*[272].

Die Erfahrung der industriellen Revolution als epochale Zäsur der Menschheitsgeschichte wird seither zum Topos der modernen Geschichtsschreibung: *kaum kennt die Weltgeschichte ein Ereignis, welches in dem kurzen Zeitraum weniger Menschenalter so außerordentliche Veränderungen hervorgebracht, so gewaltsam in die Schicksale der gebildetsten Völker eingegriffen hat und noch eingreifen wird, als die industrielle Revolution, in welcher unsere Zeit begriffen ist*[273]. Obwohl in erster Linie auf die neuere sozio-ökonomische Entwicklung gemünzt, wird der Begriff 'industrielle Revolution' allerdings auch auf andere wirtschaftsgeschichtliche Epochen angewandt. So erklärt WILHELM SCHULZ schon 1843: *Es ist überhaupt merkwürdig, wie bis jetzt alle politischen, religiösen und industriellen Revolutionen in Frankreich zu immer größerer Verteilung des Bodens und der Kultur geführt, in England dagegen das große Privateigentum begünstigt haben*[274]. Auch GUILBERT stellt 1847 von den *révolutions industrielles* ganz allgemein fest, daß sie in der Regel den politischen Revolutionen vorausgingen[275]. JOHN STUART MILL bezeichnet 1848 jeden schnellen technologischen und sozialen Wandel in einer Region als *industrial revolution*[276], und auch GREEN kennt noch 1894 nicht nur eine, sondern viele industrielle Revolutionen in der neuzeitlichen Geschichte[277]. Populär wurde der Begriff, vor allem im englischen Sprachgebrauch, allerdings erst durch Arnold Toynbees „Lectures on the Industrial Revolution" von 1884, denen man längere Zeit sogar die Urheberschaft dieses Begriffes zuschrieb[278]. Mit fortschreitender zeitlicher Distanz zum Beginn der industriellen Revolution verschärfte sich dabei freilich die Ambivalenz des Begriffs: als Epochenbezeichnung unterstrich er die historische Einmaligkeit des ökonomischen Umbruchs zur modernen Großindustrie hin; als Prozeßbezeichnung dagegen

---

[271] ENGELS, Lage der arbeitenden Klasse, 237.
[272] Ebd., 239.
[273] MARLO [d. i. WINKELBLECH], Historische Einleitung (s. Anm. 234), 40.
[274] SCHULZ, Bewegung der Production, 30.
[275] A. M. GUILBERT, Histoire des villes de France, t. 5 (Paris 1847), 487, zit. BEZANSON, Industrial Revolution (s. Anm. 261), 344.
[276] JOHN STUART MILL, Principles of Political Economy (London 1848), 581.
[277] A. S. GREEN, Town Life in the Fifteenth Century (1894), zit. CLARK, Industrial Revolution (s. Anm. 261), 11f.
[278] Vgl. PAUL MANTOUX, La révolution industrielle au XVIIIe siècle (Paris 1905), 1.

faßte er diesen Umbruch als noch unabgeschlossene, in die Zukunft linear fortschreitende Entwicklung.

Darin spiegelt sich jedoch nur die Vieldeutigkeit des Begriffs 'Industrie' überhaupt, der sowohl jede Form produktiver Arbeit als auch insbesondere diejenige des modernen Fabriksystems bezeichnen konnte. Als Prozeßbegriff wird der Ausdruck 'industrielle Revolution' im 20. Jahrhundert jedoch zunehmend von dem der 'Industrialisierung' abgelöst.

X. Ausblick: Theorie der Industrialisierung und Industriekritik im 20. Jahrhundert

Die Bildung des Begriffs 'Industrialisierung' ist in Deutschland wesentlich mit der Kontroverse verknüpft, welche kurz vor der Wende zum 20. Jahrhundert um die Frage entsteht, wie die zunehmende Entwicklung Deutschlands zum Industriestaat politisch zu bewerten sei[279]. Vor 1897 ist der Ausdruck 'Industrialisierung' bisher lediglich aus dem Jahre 1842 belegt, wo ihn Theodor Mundt zur Charakterisierung der Lehre Saint-Simons jedoch noch in einem wesentlich anderen Sinn verwendete[280]. Freilich lassen sich in der zweiten Hälfte des 19. Jahrhunderts zahlreiche Ausdrücke wie 'industrielle Entwicklung', 'industrieller Fortschritt', 'Auf- und Ausbau der Industrie' und 'industrielle Revolution' finden, die denselben Sachverhalt bezeichneten[281]. Ebenso wie ihnen liegt dem Ausdruck 'Industrialisierung' zunächst ein Begriff von 'Industrie' zugrunde, der weitgehend mit dem von 'Gewerbe' identisch ist[282]. D. h., wo immer um die Wende vom 19. zum 20. Jahrhundert von 'Industrialisierung' die Rede ist, ist der Auf- und Ausbau bestimmter gewerblicher Produktionssektoren gemeint, welche kategorial unter dem Begriff der 'Industrie' zusammengefaßt werden. Die Möglichkeit, daß auch andere Produktionszweige, wie vor allem die Landwirtschaft, einer „Industrialisierung" unterliegen, tritt erst später in den Blick[283].

Für die Kontroverse „Agrarstaat oder Industriestaat" zwischen den liberalen Vertretern einer Freihandelspolitik und den konservativen Exponenten einer protektionistischen Autarkiepolitik ist dieser Sachverhalt von entscheidender Bedeutung. Denn als KARL OLDENBERG am 11. Juni 1897 vor dem evangelisch-sozialen Kongreß in Leipzig seine aufsehenerregende Rede zugunsten einer protektionistischen Au-

---

[279] Vgl. den Überblick von HEINRICH DIETZEL, Art. Agrar-Industriestaat oder Industriestaat? Hwb. d. Staatswiss., 4. Aufl., Bd. 1 (1923), 62 ff.

[280] s. Anm. 246.

[281] Vgl. z. B. GERHART V. SCHULZE-GÄVERNITZ, Der Großbetrieb (Leipzig 1892) mit Umschreibungen wie *großindustrielle Entwicklung* (ebd., 2), *Fortschritte der Industrie* (ebd., 46), *Konzentrierung der Industrie* (ebd., 89. 92) und *industrielle Entwicklung* (ebd., 216).

[282] Pohle kann daher 1902 noch den ungebräuchlichen Begriff 'Industrialisierung' mit *Vergewerblichung* übersetzen: *An die Spitze der Erörterungen sei passend die Untersuchung der Ursachen der wachsenden Industrialisierung oder — sit venia verbo — Vergewerblichung Deutschlands im 19. Jahrhundert und der Bedeutung dieser Entwicklung gestellt*, LUDWIG POHLE, Deutschland am Scheideweg (Leipzig 1902), 15. — Zur Synonymität von 'Industrie' und 'Gewerbe' vgl. Abschn. II. 3. u. VII. 2.

[283] Vgl. Anm. 299 ff.

tarkiepolitik für landwirtschaftliche Erzeugnisse mit der Feststellung schloß, es gehe um die Alternative: *Industrialisierung und extremer Individualismus auf der einen Seite — ländliche Kultur, die uralte konservative Herrscherin auf der anderen Seite*[284] —, da griff er genau jenen Begriff von 'Industrie' auf, den er sich durch die Berufsstatistik von 1895 hatte vorgeben lassen: 'Landwirtschaft', 'Industrie', 'Handel und Verkehr', 'häusliche Dienste', 'öffentliche Beamte und freie Berufe' und 'ohne Berufsangabe' sind die aggregierten Kategorien, unter denen hier die berufstätige Bevölkerung statistisch erfaßt wurde. Oldenberg brauchte sie nur auf die beiden größten Gruppen, 'Landwirtschaft' und 'Industrie', zu reduzieren, um jenes zweigliedrige Modell zu gewinnen, aus dem er die Alternative „Agrar- oder Industriestaat"[285] — oder wie HEINRICH DIETZEL zwei Jahre später formulierte: *Industrialisierung oder Agrarisierung*[286] — entwickelte.

OLDENBERGS Kritik an der industriestaatlichen Entwicklung Deutschlands stützt sich letzten Endes auf die politische Erwägung, Deutschland könne außenpolitisch erpreßbar werden, wenn es dauerhaft auf Nahrungsmittelimporte angewiesen sei. Dem Argument liegt die fragwürdige Hypothese zugrunde, daß die nahrungsmittelexportierenden Staaten nicht ebenso auf Importe von Industrieprodukten angewiesen sind wie umgekehrt die Industriestaaten auf Nahrungsmittelimporte: *Ohne Industrie kann man leben, aber nicht ohne Nahrungsmittel*[287]. Das Axiom vom natürlichen Primat der landwirtschaftlichen Produktion bildet die Voraussetzung für Oldenbergs Modell einer gesunden, d. h. sich mit landwirtschaftlichen Gütern selbstversorgenden Volkswirtschaft: In ihm stellt die Industrie das zweite, und d. h., zugleich weniger wichtige Stockwerk der nationalen Produktion dar, welches personell nur so weit ausgebaut werden dürfe, wie das erste Stockwerk, die Landwirtschaft, Nahrungsmittelüberschüsse produziere. Ein 'Industriestaat' im negativen Sinne des Wortes[288] wird ein Staat seiner Definition zufolge in dem Augenblick, wo in seiner Industrie mehr Arbeitskräfte beschäftigt sind, als die nationale Landwirtschaft ernähren kann. Das Defizit an Nahrungsmitteln ist dann nur noch durch den internationalen Austausch von eigenen Industrieprodukten gegen fremde Agrarprodukte zu decken.

Diese als *Exportindustrialismus* gebrandmarkte internationale Arbeitsteilung[289] birgt Oldenberg zufolge neben der Gefahr politischer Erpreßbarkeit für die Industriestaaten noch eine weitere langfristige Gefahr in sich: Mit der Zeit müßten

---

[284] KARL OLDENBERG, Über Deutschland als Industriestaat, Verh. d. 8. Ev.-sozialen Kongresses (Göttingen 1897), 104.
[285] Ebd., 65ff.
[286] H. DIETZEL, Weltwirtschaft und Volkswirtschaft (Dresden 1900), 17.
[287] OLDENBERG, Über Deutschland als Industriestaat, 67.
[288] Der Begriff des 'Industriestaats' selbst ist schon in den 1840er Jahren zu finden, z. B. bei MARLO [d. i. WINKELBLECH], Historische Einleitung (s. Anm. 234), 6. 13, allerdings nicht ebenso definiert und negativ besetzt wie bei Oldenberg und seinen konservativen Mitstreitern.
[289] Das Schlagwort 'Exportindustrialismus' tritt für die Gegner der industriestaatlichen Entwicklung in der Folge weitgehend an die Stelle des 1897 von Oldenberg eingeführten, aber dann von seinen Gegnern okkupierten Begriffs 'Industrialisierung'. Vgl. z. B. PAUL VOIGT, Deutschland und der Weltmarkt, Preuß. Jbb. 91 (1898), 273; K. OLDENBERG,

nämlich wegen der rentableren Kapitalverwertung in der Industrie immer mehr Länder zu Industriestaaten aufrücken, so daß die internationale Nahrungsmittelbasis auf die Dauer immer schmaler, die internationale Konkurrenz in der Industriegüterproduktion dagegen immer schärfer werde. Die Befürworter einer Freihandelspolitik, in Deutschland u. a. Lujo Brentano, Paul Arndt und Heinrich Dietzel[290], halten dem einerseits entgegen, daß es noch auf unabsehbare Zeit eine größere Anzahl wenig industrialisierter Rohstoffstaaten geben werde, die die Industriestaaten versorgen könnten. Andererseits habe der Export von Industriegütern in einem Land bisher erfahrungsgemäß noch nie zum Rückgang des Industriegüterexports in einem anderen Land geführt, sondern beide Länder hätten sich in ihrer Produktion jeweils auf die Güter spezialisiert, für die bei ihnen die besseren Produktionsbedingungen bestanden[291].

Der in der Kontroverse „Agrarstaat oder Industriestaat" aufgekommene Begriff der 'Industrialisierung' bleibt dabei auf beiden Seiten jedoch derselbe. Wenn HEINRICH DIETZEL im Jahre 1900 von der *Industrialisierung der Rohstoffländer* spricht[292], so meint er damit ebenso den Auf- und Ausbau der klassischen „Industrien" (Tuchfabrikation, Kohleverhüttung, Eisenproduktion etc.), wie wenn JOSEF GRUNTZEL 1905 die *Vorbedingungen der Industrialisierung* untersucht[293]. Soweit bisher erkennbar, ist ALFRED WEBER der erste, der 1902 demgegenüber in einer Rezension von Ludwig Pohles Buch „Deutschland am Scheidewege", das die Argumente Oldenbergs im wesentlichen nur weiterentwickelt[294], darauf hinweist, daß Ausfuhr von Rohstoffen und Halbfabrikaten aus Bergbau und Landwirtschaft nicht im Widerspruch zur Industrialisierung eines Landes stehen: *Die Rohstoffausfuhr der Vereinigten Staaten ist trotz ihrer Industrialisierung fortdauernd gestiegen, wie überhaupt diese und Rohstoffexport in absolut keinem notwendigen Gegensatz stehen. Denn ein heutiger Rohstoffstaat kann seine Zukunftsaufgaben als Industrieland auch darin erblicken, der Welt Nahrungsmittel und industrielle Rohstoffe in der Form erster Halbfabrikate (also als Mehl, gefrorenes Fleisch, Stahl, Eisen) zu liefern*[295]. Die kategoriale Gegenüberstellung von 'Industrie' im Sinne bestimmter Gewerbe, die schon seit langem unter hohem Einsatz von Maschinen und sonstigen Kapital-

---

Industriestaat und Exportindustrie, Soziale Praxis 8 (1899), 748; POHLE, Deutschland, 7. 10. 57ff. — Mit umgekehrter politischer Intention bildet Schäffle 1901 analog zu 'Industrialismus' den Begriff 'Agrarismus' und versteht darunter das *Streben, die Rente der Landwirtschaft mit allen erreichbaren Mitteln, zunächst durch allgemeine Erhöhung der Landesproduktenzölle, künstlich zu heben*, A. E. F. SCHÄFFLE, Ein Votum gegen den neuesten Zolltarifentwurf (Tübingen 1901), 17f.

[290] LUJO BRENTANO, Das Freihandelsargument (Berlin 1901); PAUL ARNDT, Deutschlands Stellung in der Weltwirtschaft (Leipzig 1908); DIETZEL, Weltwirtschaft; ders., Art. Agrar-Industriestaat oder Industriestaat (s. Anm. 279).

[291] Ders., Art. Agrar-Industriestaat oder Industriestaat, 62ff.

[292] Ders., Weltwirtschaft, 16. Dietzel gebraucht in diesem Zusammenhang zum ersten Mal das Verb 'industrialisieren': *mit wachsender Ziffer und wachsender Kultur würden die Rohstoffstaaten von heute sich „industrialisieren"*, ebd., 49.

[293] JOSEPH GRUNTZEL, System der Industriepolitik (Leipzig 1905), 95ff.

[294] Vgl. Anm. 282.

[295] ALFRED WEBER, Rez. von L. Pohle, Deutschland am Scheidewege, Jb. f. Gesetzgebung, Verwaltung u. Volkswirtschaft 26 (1902), 1300.

X. Ausblick: Industrialisierung und Industriekritik

anlagen arbeiten, und 'Landwirtschaft' sowie 'Bergbau' als typischen Bereichen der sogenannten Urproduktion weicht hier, unter dem Eindruck fortschreitender Durchdringung auch dieser Produktionsbereiche mit industriellen Produktionsformen, einer einheitlichen Betrachtungsweise aller Produktionsbereiche unter dem Gesichtspunkt ihrer Anreicherung mit Kapitalgütern.

Diesen Gesichtspunkt hatte schon OLDENBERG durchaus hervorgehoben. *Als treibende Kraft des wirtschaftlichen Fortschritts zum Industriestaat sei nicht in erster Linie die Zunahme der Bevölkerung anzusehen, sondern die führende Rolle des Kapitals in der Volkswirtschaft*[296]. Der Grund, weshalb immer mehr Menschen statt in die Landwirtschaft in die Industrie gingen, sei nicht darin zu suchen, daß die Landwirtschaft überfüllt sei, wie häufig behauptet werde: *weil es sich nicht rentiert, in der Landwirtschaft zu arbeiten, darum wendet man sich von der Landwirtschaft ab, und weil die Industrie rentabler ist, darum fließen ihr die Kapitalien zu und suchen sie durch Export künstlich noch zu vergrößern*[297].

Daß die kapitalistische Entwicklung notwendigerweise zur Vernachlässigung der Landwirtschaft führe, diese Ansicht beruht auf dem um die Jahrhundertwende fast allgemein anerkannten „Gesetz des abnehmenden Bodenertrags"[298]: Ihm zufolge soll in der Landwirtschaft mit zunehmendem Einsatz von Kapital und Arbeit der zusätzliche Ertrag immer kleiner, während in der Industrie umgekehrt aufgrund des „Gesetzes des zunehmenden Kapitalertrags" die Erträge immer größer werden. Die semantische Eingrenzung des Begriffs 'Industrialisierung' auf den Ausbau der klassischen „Industrien" findet in dieser Auffassung, daß sich nur in ihnen eine praktisch unendlich fortschreitende Kapitalinvestition lohne, ihre theoretische Rechtfertigung. Erst JOSEF GRUNTZEL leitet 1911 in seinem Buch „Der Sieg des Industrialismus" durch die Revision dieser Auffassung eine Neubestimmung des Begriffs 'Industrialisierung' ein[299]: Verarbeitende Industrie und Landwirtschaft unterstehen seiner Analyse zufolge denselben Ertragsbedingungen, nämlich dem Gesetz des zunehmenden Kapitalertrags[300]. Daß man dies für die Bodenproduktion bisher verkannt habe, beruhe einerseits auf dem Irrtum der klassischen Nationalökonomie, den Boden nicht wie Luft, Wasser, Licht etc. als natürliche Grundlage der Volkswirtschaft, sondern neben Kapital und Arbeit als eigenständigen (und eigentümlichen) Produktionsfaktor zu betrachten. Andererseits habe dem jedoch auch empirisch die lange vorherrschende Restriktion der landwirtschaftlichen Produktion durch die Unbeweglichkeit des Bodenkapitals entsprochen. Erst in jüngerer Zeit sei durch neue technische Produktionsmethoden eine *Bodenemanzipation* eingeleitet

---

[296] OLDENBERG, Über Deutschland als Industriestaat (s. Anm. 284), 66.
[297] Ebd., 70.
[298] Vgl. z. B. ERNST V. HALLE, Weltmachtpolitik und Sozialreform, Soziale Praxis 21 (1899), 555; DIETZEL, Weltwirtschaft, 7 ff.
[299] J. GRUNTZEL, Der Sieg des Industrialismus (Leipzig 1911), 20 ff.
[300] Als einer der ersten spricht GRUNTZEL daher auch von einer *Industrialisierung der Landwirtschaft*, bzw. der *Bodenbebauung*, ebd., 12 f. Kautsky versteht unter *Industrialisierung der Landwirtschaft* allerdings noch ein Jahrzehnt später lediglich die Verlegung der klassischen Industrien aufs Land und die damit geförderte Einbeziehung ländlicher Arbeitskräfte in die industrielle Produktion, KARL KAUTSKY, Die proletarische Revolution (Berlin 1922), 301.

worden, welche auch die landwirtschaftliche Produktion von der natürlichen Ausstattung des Bodens weitgehend unabhängig mache: *Auf der heutigen Wirtschaftsstufe ist nicht die Natur entscheidend, sondern der Markt, die Produktion des Landes ist nicht Gottesgabe, sondern Menschenwerk*[301].

Mit Gruntzels Einebnung der Produktionsbedingungen von Industrie und Landwirtschaft ist die theoretische Voraussetzung für eine Ausdehnung des Begriffs 'Industrialisierung' auf die gesamte Volkswirtschaft gegeben[302]. Er bezeichnet nun ganz allgemein die zunehmende produktive Anreicherung der der Natur abgewonnenen Stoffe mit Kapital und Arbeit zu immer hochwertigeren Fabrikaten und schließt dabei selbst die Produktion der Kunst und Literatur ein, sofern diese unter wirtschaftlichen Gesichtspunkten betrieben wird. Die Darstellung dieses volkswirtschaftlichen Entwicklungsganges stößt bei Gruntzel erst hier an die Grenze ihrer im übrigen durchgängig positiven Bewertung; die Gegenrechnung der bleibenden Verluste wird unter dem Begriff 'Industrialisierung' nicht mehr aufgestellt[303].

Seither erlebt der Begriff 'Industrialisierung' eine beispiellose Aufwertung zum wirtschafts- und gesellschaftspolitischen Schlüsselbegriff[304]. Die Grenze vom wirtschaftspolitischen Fachausdruck zum politischen Programmbegriff überschritt er schon zu Beginn des 20. Jahrhunderts. In der 4. Auflage seiner programmatischen Schrift „Demokratie und Kaisertum" beantwortet FRIEDRICH NAUMANN 1905 die Frage „Industriestaat oder Agrarstaat" eindeutig zugunsten der industriestaatlichen Entwicklung: *Wir müssen ein Volk heranziehen wollen, das bis in jede Faser modern ist, ein Volk der Eisenzeit, ein Volk der Produktion im größten und besten Stil. Alle Politik muß der Steigerung der Leistungskraft dienen ... Das Thema des Deutschtums heißt Industrialisierung! Das ist nach der Schaffung des Deutschen Reiches die größte deutsche Angelegenheit, das ist unsere nationale Frage. Die Industrialisierung ist es, die einen neuen Aufschwung des demokratischen Denkens mit sich bringt und fordert, und zwar in verschiedener Weise, teils um den Industrialismus zur vollen Entfaltung zu bringen, teils um ihn davor zu behüten, das Wertvollste zu ruinieren, was es überhaupt gibt, die menschliche Persönlichkeit*[305]. Die positiven politischen und kulturellen Implikationen der Industrialisierungspolitik werden seither zwar stets im Gebrauch des Begriffs mit angesprochen, verstecken sich jedoch in der Regel

---

[301] GRUNTZEL, Industrialismus, 36.
[302] Ganz allgemein stellt GRUNTZEL daher fest: *Die moderne Produktion ist von dem Streben nach Industrialisierung geleitet, durch welche die der Natur abgewonnenen Stoffe einen immer höheren Aufwand von Arbeit und Kapital erfahren, bevor sie zum menschlichen Verbrauch gelangen*, ebd., 1.
[303] Ebd., 31.
[304] Die zunehmende Verbreitung des neuen Begriffs läßt sich verfolgen in den Werken von GERHARD HILDEBRAND, Die Erschütterung der Industrieherrschaft und des Industriesozialismus (Jena 1910), 27; EUGEN SCHWIEDLAND, Der Wettkampf der gewerblichen Betriebsformen, Grundr. d. SozÖk., VI. Abt. (Tübingen 1914), 33 ff.; ADOLF LÖWE, Chronik der Weltwirtschaft, Weltwirtschaftliches Arch. 22 (1925), 30. Lexikalisch belegt ist der Begriff erstmals im BROCKHAUS 15. Aufl., Bd. 9 (1931), 101, Art. Industrialisierung.
[305] FRIEDRICH NAUMANN, Demokratie und Kaisertum, 4. Aufl. (Berlin 1905), 26 f. In der 1. Aufl. von 1900 ist dieser Abschnitt noch nicht enthalten.

X. Ausblick: Industrialisierung und Industriekritik

eher hinter einer neoliberalen wirtschaftspolitischen Argumentation, die vor allem in England und Amerika vor und nach dem 1. Weltkrieg (Marshall, Keynes u. a.) an Einfluß gewinnt.

Die Bemühung um eine genauere wissenschaftliche Eingrenzung und Funktionalisierung des Begriffes setzt in Deutschland erst 1931 mit WALTER HOFFMANNS Buch „Stadien und Typen der Industrialisierung" ein. Hoffmann legt einen Begriff von 'Industrie' zugrunde, der von der alten klassifikatorischen Bedeutung grundsätzlich absieht: *Als Industrie betrachten wir in diesem Zusammenhang den technischen Merkmalen nach die Anwendung eines Systems von Maschinen und Apparaten, in dem der Arbeitsprozeß annähernd automatisch und hinsichtlich der Verbindung der Teilprozesse kontinuierlich verrichtet wird*[306]. Durch die Abstraktion von bestimmten Produktionszweigen gewinnt der Begriff nun diejenige Allgemeinheit, die zur Beschreibung unterschiedlich verlaufener Industrialisierungsprozesse in verschiedenen Ländern — dies ist Hoffmanns primäres Anliegen — nötig ist. 'Industrialisierung' versteht damit schon Hoffmann als einen gesamtwirtschaftlichen Prozeß, der durch bestimmte *vorherrschende Industrien*[307] in verschiedenen Stadien und Formen dieses Prozesses zwar initiiert und vorangetrieben wird, aber notwendigerweise über kurz oder lang die gesamte Struktur einer Volkswirtschaft erfassen muß.

Auch diese Begrenzung auf die ökonomischen Aspekte des Industrialisierungsprozesses bleibt aber nur ein Durchgangsstadium wirtschaftswissenschaftlicher Untersuchungen, die nach dem 2. Weltkrieg einer gesamtgesellschaftlichen Perspektive Raum geben. Eine *Theorie der Industrialisierung* müsse sich, so fordert SIGURD KLATT 1959, ebenso wie die Theorie der wirtschaftlichen Entwicklung überhaupt *mit den natürlichen Gegebenheiten, mit der politischen Struktur, mit dem gesellschaftlichen Aufbau, mit den Erziehungsmethoden, der Gesetzgebung, mit der Einstellung zur Wissenschaft, dem Verhalten gegenüber Veränderungen, gegenüber dem Sparen usw. auseinandersetzen.* Zusammenfassend stellt er fest: *Die Industrialisierung ist ein Vorgang, der die gesamte Gesellschaft erfaßt*[308].

Der Begriff bezeichnet seither die moderne Form wirtschaftlichen Wachstums schlechthin[309] und weist damit zwei signifikante Merkmale eines politisch-sozialen Grundbegriffs auf: Zum einen schließt seine Definition den wirtschaftlichen Fortschritt, d. h. die unendliche Steigerung der ökonomischen Wachstumsraten, nicht nur als programmatisches Ziel, sondern zugleich als strukturelles Moment gesamtgesellschaftlicher Gleichgewichte ein. Zum andern gibt es keine politische, soziale oder ethische Instanz mehr, an der sich die Wünschbarkeit fortschreitender Industrialisierung relativieren läßt. Vielmehr erscheinen alle kulturellen Werte, menschlichen Bedürfnisse und politischen Rahmenbedingungen selbst nur als funktionale Variablen des umfassenden Industrialisierungsprozesses und dieser selbst damit entweder als absoluter Wert oder als unabwendbares Schicksal der Menschheit. Im Rückblick auf die Geschichte des Begriffs 'Industrialisierung' läßt sich somit sagen, daß seine wissenschaftliche wie politische Popularität auf eine

---

[306] WALTER HOFFMANN, Stadien und Typen der Industrialisierung (Jena 1931), 1.
[307] Ebd., 15.
[308] SIGURD KLATT, Zur Theorie der Industrialisierung (Köln, Opladen 1959), 38f.
[309] Vgl. ebd., 20f.

zunehmende und bis heute kaum ernsthaft in Frage gestellte Aufwertung industriellen Wachstums zum geschichtlichen und gesellschaftspolitischen Selbstzweck hinweist.

Im Gegensatz zur steigenden Popularität des Begriffs 'Industrialisierung' ist der Begriff 'Industrialismus' heute beinahe in Vergessenheit geraten. Zwischen beiden Begriffen stellte sich schon zu Beginn des Jahrhunderts zunächst eine Konkurrenz ein, die bald jedoch einer gewissen semantischen Differenzierung Platz machte. Beides sind Prozeßbegriffe, die den Gesamtprozeß wirtschaftlicher Entwicklung im 19. und 20. Jahrhundert zu bezeichnen beanspruchen. Die ethischen und politischen Vorbehalte gegen diese Entwicklung artikulieren sich jedoch nur im Begriff 'Industrialismus', der stärker als 'Industrialisierung' auf die Gesinnung abhebt, von der diese getragen wird[310]. Oldenberg hatte mit dem Ausdruck 'Industrialisierung' 1897 zwar noch auf die wirtschaftspolitisch und moralisch fragwürdige Vorherrschaft kapitalistischer Profitinteressen, auf individualistische Wirtschaftsgesinnung und konsumorientiertes Produktionsverhalten hinweisen wollen[311]. Solche kritischen Konnotationen enthält in der Folge aber nur noch der Ausdruck 'Industrialismus', der vor allem von konservativen und nationalistischen Industriekritikern gebraucht wird. An dieser vor allem in den 1920er Jahren populären Kritik orientiert sich die nationalsozialistische Wirtschaftspolitik, die mit dem alten Postulat volkswirtschaftlicher Autarkie nun ernst macht, sich dabei aber nicht allein auf landwirtschaftliche, sondern auch auf Industrieprodukte bezieht[312].

Kritisiert werden unter dem Schlagwort 'Industrialismus' nun allerdings nicht mehr allein die liberalen Vertreter einer Politik des Freihandels und der internationalen Arbeitsteilung, sondern auch die Sozialisten, die mit ihnen die schädlichen Folgen des Industriesystems herunterzuspielen beschuldigt werden. Durch die sozialistische Revolution werde, so prophezeit schon DIETZEL, zwar der Kapitalismus, nicht aber der Industrialismus beseitigt werden[313].

BERTRAND RUSSELL bestätigt diese Auffassung aufgrund seiner Beobachtungen in Rußland 1920: *Der Kapitalismus und der Sozialismus sind die zwei Formen des Industrialismus*[314]. Seine Erfahrungen faßt Russell in der These zusammen, *daß das entscheidende Ereignis unserer Zeit nicht so sehr der Kampf zwischen Kapitalismus und Sozialismus ..., als vielmehr der zwischen Industrialismus und Menschlichkeit ist*[315] — wobei er allerdings im Sozialismus die Menschlichkeit weit eher gesichert

---

[310] s. o. Abschn. IX. 1. b.
[311] OLDENBERG, Über Deutschland als Industriestaat (s. Anm. 284), 72ff. 102ff.
[312] Vgl. Wörterbuch der Wirtschaft, hg. v. FRIEDRICH BÜLOW (Leipzig 1936), 196, Art. Industrialismus: *Seit 1933 ist wirtschaftspolitisch alles darauf abgestellt, die verschiedenen Wirtschaftszweige wieder ins rechte Verhältnis zueinander zu setzen und einer wahrhaft volksorganischen Entwicklung der deutschen Wirtschaft die Wege zu ebnen.*
[313] *Auch wenn die kapitalistische Produktionsweise binnen kurzer Zeit in dem ,,großen Kladderadatsch" zusammenbrechen sollte — die Industrialisierung würde, müßte andauern. Die Wirtschaftsminister des Zukunftsstaats würden der dann kommunistischen Produktionsweise die gleiche ,,industrielle Wendung"* (Oldenberg) *geben, wie heute die Kapitalisten-Unternehmer,* DIETZEL, Weltwirtschaft (s. Anm. 286), 14f.
[314] BERTRAND RUSSELL, Die Kultur des Industrialismus (München 1928), 8.
[315] Ebd., VI.

X. Ausblick: Industrialisierung und Industriekritik

findet als im Kapitalismus. ARTHUR PENTY, ein englischer Gildensozialist, kritisiert 1923 die marxistische Richtung des Sozialismus wegen ihrer Industrie- und Maschinengläubigkeit. Seine Schrift „Post-Industrialism", ins Deutsche als „Die Überwindung des Industrialismus" übersetzt[316], prognostiziert und propagiert zugleich den baldigen Zusammenbruch des Industrialismus und die Rückkehr zu einer handwerklichen Produktionsweise[317].

Die Einwände gegen den Industrialismus liegen wie im 19. Jahrhundert in den sozialen und kulturellen Folgelasten industrieller Produktions- und Absatzmethoden. So weist z. B. HERBERT VON BECKERATH 1930 darauf hin, daß die Industriewirtschaft *der Masse der Menschen ein Arbeitsleben aufzwingt, das im Widerspruch zu den Kulturidealen und z. T. zu den physiologischen Notwendigkeiten dieser Menschen steht*[318]. Da die industrielle Produktionsweise inzwischen die gesamte Kultur zu erfassen drohe, fordert er, *daß dem Wirtschaftssystem mit seinen immanenten Kräften ein gleichwertiges, seiner selbst und seiner Autonomie bewußtes Kultursystem gegenübergestellt würde, welches stark genug wäre, den Industrialismus mit seinen Tendenzen des Übergriffs in die Sphäre kulturbedingten Bedarfs in Schranken zu halten*[319].

Solche kritischen Vorbehalte werden auch nach dem 2. Weltkrieg noch weiter tradiert[320], schwächen sich nun aber deutlich ab[321]. Unter dem Eindruck des westdeutschen „Wirtschaftswunders" und einer damit parallel verlaufenden industriellen Expansion in ganz Westeuropa, Nordamerika und Japan verblaßt die Industriekritik über Jahrzehnte hinweg zu einem politisch wenig einflußreichen Kulturpessimismus. Erst seit den 1970er Jahren leitet die ökologische Bewegung eine neue

---

[316] ARTHUR PENTY, Die Überwindung des Industrialismus (Tübingen 1923). Den Ausdruck 'post-industrialism' übernahm Penty nach eigenem Zeugnis (ebd., XI) von A. K. Coomaraswamy.

[317] PENTY sah als wesentliche Zäsur hierbei die Erfahrungen des Weltkriegs an: *Vor dem Krieg war es den meisten Menschen ganz selbstverständlich, daß er (sc. der Industrialismus) eine feste und unveränderliche Größe sei ... Heutzutage hat sich das alles geändert ... Unser behaglicher Optimismus konnte die Erschütterung von vier Kriegsjahren nicht aushalten. Die Tatsache, daß die technischen Errungenschaften unserer Zivilisation sich so bereitwillig für den Zweck der Zerstörung umstellen ließen, hat ein für allemal den blinden Glauben an die ausschließlichen Segenswirkungen von Wissenschaft und Technik zerstört, der der Glaube unseres Zeitalters war*, ebd., VIII.

[318] HERBERT V. BECKERATH, Der moderne Industrialismus (Jena 1930), 430.

[319] Ebd., 431.

[320] Vgl. z. B. BRUNO SEIDEL, Industrialismus und Demokratie (Berlin 1954), der vor allem das Phänomen der mit dem Industrialismus verbundenen „Vermassung" psychologisch und soziologisch zu differenzieren versucht.

[321] Als Indiz sei hier nur darauf hingewiesen, daß sich ein Art. Industrialismus in der 15. Aufl. des BROCKHAUS (1931) noch — und zugleich zum ersten Mal — findet, in der 16. Aufl. (1954) dagegen nicht mehr. Auch in GABLERS Wirtschaftslexikon, hg. v. Reinhold u. Helmut Sellien wurde der Art. Industrialismus im Übergang von der 7. (1967) zur 8. Aufl. (1971) auf ein Drittel seines bisherigen Umfangs gekürzt. Unter den Enzyklopädien weist nur das LThK (1960) einen Art. Industrialismus auf, das Hwb. d. SozWiss. (1956), das SDG (1969) und die Internat. Enc. of Social Sciences (1968) dagegen nur ausführliche Artikel zum Begriff 'Industrialisierung' bzw. 'Industrialization'.

Phase der Industriekritik ein, indem sie insbesondere auf die zerstörerischen Wirkungen neuer technischer Erfindungen auf den Wirtschaftskreislauf selbst und die potenzierten Gefahren ihrer politischen, sozialen und ökonomischen Folgen hinweist. Ob sich dadurch der in der jungen Generation heute weitgehend unbekannt gewordene Begriff 'Industrialismus' noch einmal beleben läßt, bleibt abzuwarten.

Lucian Hölscher

Literatur

Focko Eulen, Vom Gewerbefleiß zur Industrie. Ein Beitrag zur Wirtschaftsgeschichte des 18. Jahrunderts (Berlin 1967); Kurt Baldinger, Einige terminologische Auswirkungen des Aufschwungs der Industrie im 18. Jahrhundert in Frankreich, in: Alteuropa und die moderne Gesellschaft, Fschr. Otto Brunner, hg. v. Hist. Seminar d. Universität Hamburg (Göttingen 1963), 318 ff.; Anna Bezanson, The Early Use of the Term Industrial Revolution, Quarterly Journal of Economics 36 (1922), 343 ff.

Interesse

I. Einleitung. II. Lateinische Grundbedeutung von 'interesse' bis in die frühe Neuzeit. 1. 'Id quod interest'. III. 'Interesse' in Wörterbüchern und Lexika vom 16. bis zum frühen 20. Jahrhundert. IV. Hauptakzente des Interessebegriffs vom 16. bis ins 19. Jahrhundert. 1. Religion und Moral. 2. Politik. 3. Kunst. 4. Der Interessebegriff in der Philosophie des 18. Jahrhunderts. V. Der Interessebegriff im 19. Jahrhundert. VI. Der Interessebegriff im Wandel des sozialen und politischen Kontextes. 1. Der politische Interessebegriff seit dem 17. Jahrhundert. 2. Die Aufwertung des Interessebegriffs im Zusammenhang mit der aufkommenden modernen Gesellschaft. a) Der zum Liberalismus führende ökonomische Interessebegriff. b) Die Politisierung des bürgerlichen Interessebegriffs. 3. Der Interessebegriff der Parteien und Verbände. a) Der Interessebegriff als Sprachwendung der Parteien. b) Der Interessebegriff in der Sprache der Verbände. VII. Ausblick.

I. Einleitung

Die begriffsgeschichtliche Bearbeitung des Wortes 'Interesse' hat vier kritische Eckwerte im Auge zu behalten.
1) Die Unterscheidung von Ausdruck und Bedeutung sowie deren jeweilige ideelle Stabilität ist zu berücksichtigen, um eine Verwechslung von Bedeutungs- resp. Begriffswandel und Bezeichnungswandel (und umgekehrt) zu vermeiden[1].
2) Das begriffsgeschichtliche Methodenideal von der Quellengemäßheit der Begriffe, das der Abwehr mißverständlicher sekundärer Rationalisierungen dient, darf nicht zu falschen Hypostasierungen führen. Weder ein Rückgang auf die außersprachlichen „Fakten" — von der sozialgeschichtlichen Betrachtungsweise gern reklamiert — kann eine letzte Basis garantieren, noch kann ein letzter authentischer Begriff als „ursprünglich" vorausgesetzt werden. Die Literalität der Orientierung bleibt unvermeidlich; wir sprechen nunmehr aber besser von der Quellengemäßheit der Ausdrücke, statt der Quellengemäßheit der Begriffe; denn die Begriffe als Orientierungsgrößen sind nicht substrathaft fixiert.
3) Termini als Begriffsnamen — vor allem in lexikalischer Ordnung — suggerieren verbindliche Zuordnungen von Ausdruck und Begriff. Demgegenüber ist die sprachpragmatische Perspektive zu berücksichtigen. D. h., auch Begriffsnamen können in die Funktion performatorischer und okkasioneller Ausdrücke geraten. Beim Ausdruck 'Interesse' ist dies von besonderer Tragweite. Denn er tritt nicht nur im üblichen Sinne im Lateinischen (s. Abschn. II.) als performatorischer Ausdruck auf („es ist interessant, daß..."). Vielmehr wird hier von der prinzipiellen Möglichkeit, auch Begriffsnamen performativ, rhetorisch operativ zu verwenden, oft Gebrauch gemacht. Dabei spielt die tatsächliche oder vermeintliche Transparenz des Aus-

---

[1] Zum Unterschied von Bedeutungs- bzw. Begriffswandel vgl. LEO WEISGERBER, Die Bedeutungslehre — ein Irrweg der Sprachwissenschaft?, Aufs. 1925—1933, hg. v. Helmut Gipper (Düsseldorf 1964), 76ff.; ders., Vorschläge zur Methode und Terminologie der Wortforschung, ebd., 122ff.; ders., Sprachwissenschaft und Philosophie zum Bedeutungsproblem, ebd., 246ff.

drucks eine große Rolle. Schon die Verwendung eines Begriffsnamens als Titel kann ein solches Umkippen in die pragmatische Funktion nach sich ziehen[2]. Es ist deshalb ganz charakteristisch, daß BENTHAM, der im Zuge seiner utilitaristischen Ethik den Interessebegriff semantisch favorisiert und sachlich positiv wertet, dennoch folgende Bemerkung macht: *Interest is one of those words, which not having any superior genus, cannot in the ordinary way be defined*[3].

4) Schließlich muß die Geschichtlichkeit der Orientierung und des Orientierungsmaterials beachtet werden. Das betrifft die Umstände und Verumständung sowohl der Quellenlage als auch dessen, der diese Lage untersucht. Dazu gehören die besonderen Sprachverhältnisse (z. B. alte Sprachen als Material für moderne Nationalsprachen), die kulturelle Bereichsgliederung sowie die politischen und kulturellen Verkehrsbeziehungen und -verhältnisse. Diese Gesichtspunkte, die zunächst eine Dimensionierung der Orientierung bedeuten, können aber jeweils bei verschiedenen Begriffen ganz verschieden manifestiert sein. Eine solche Manifestierung rational völlig aufzuklären, kann faktisch unmöglich sein und bleibt immer auch eine Sache der Urteilskraft[4].

Berücksichtigt man diese Eckwerte, dann wird gerade im Hinblick auf 'Interesse' die Schwierigkeit verbindlicher Abgrenzungen und Festlegungen des Begriffs und des Ausdruckes sichtbar. Mit dem Ausdruck 'Interesse' ist so ein Musterbeispiel für das gegeben, was man in anderem Zusammenhang einen „Erwartungsbegriff" genannt hat[5].

II. Lateinische Grundbedeutungen von 'interesse' bis in die frühe Neuzeit

Das Wort 'Interesse' kommt im Lateinischen nur als Verb vor, als solches allerdings relativ häufig. Die Verbindung des Hilfsverbs 'esse' mit der relationalen Lokalpräposition 'inter' gibt dem Ausdruck bezüglich seiner möglichen Bedeutungen sowohl eine vage Allgemeinheit als auch eine vielfältige Spezialisierungsfähigkeit. Da er wortbildungstheoretisch einen hohen Grad von Transparenz hat, liegt eine große Motivation zur Bildung der unterschiedlichsten Bedeutungen vor, deren tatsächliche Aktualisierung unabsehbar und stark kontextbezogen ist. Bedeutungserweiterung (bzw. -verengung) einerseits und analogische oder metaphorische Übertragung andererseits machen den Ausdruck zum potentiellen Träger unterschied-

---

[2] Vgl. GOTTFRIED GABRIEL, Definitionen und Interessen. Über die praktischen Grundlagen der Definitionslehre (Stuttgart 1972), 83 — ein unbeabsichtigtes Beispiel: *Das Verhältnis von Definitionen und Interessen ist in zweifacher Hinsicht interessant, bzw. sollte unser Interesse erwecken*. Musterbeispiel in unserer Zeit: JÜRGEN HABERMAS, Erkenntnis und Interesse (Frankfurt 1968).

[3] JEREMY BENTHAM, An Introduction to the Principles of Morals and Legislation (1780/89), in: ders., A Fragment on Government and an Introduction, ed. Wilfried Harrison (Oxford 1967), 127, Anm. 1.

[4] Vgl. ERNST WOLFGANG ORTH, Externe Bestimmung der Geisteswissenschaften?, in: Die politische Herausforderung der Wissenschaft, hg. v. KURT HÜBNER u. a. (Hamburg 1976), 111 ff.

[5] Vgl. REINHART KOSELLECK, Begriffsgeschichte und Sozialgeschichte (1972), in: ders., Vergangene Zukunft. Zur Semantik geschichtlicher Zeiten (Frankfurt 1979), 107 ff. 124.

II. Lateinische Grundbedeutung

lichster Bedeutungen, die gleichwohl aufgrund seiner Transparenz zu einem (volks-)etymologischen Beziehungsbewußtsein anreizen.

Auszugehen ist 1) in personaler grammatischer Verwendung von der a) Grundbedeutung „dazwischen liegen", „sich dazwischen befinden" — zunächst in α) räumlicher Bedeutung. Diese wird dann β) auf eine zeitliche analogisch übertragen, z. B. *inter primum et sextum consulatum XLVI anni interfuerunt* (CICERO). Die räumliche und die zeitliche Verwendung zeigen durch das doppelte Auftreten der Präposition 'inter', daß die verbale Verbindung 'interesse' stabil ist. Eine andere Auffassung b) der Grundbedeutung des 'inter' (als differenzierende Präposition) führt zu der α) ebenfalls räumlich aufgefaßten zweiten Grundbedeutung: „entfernt sein". Als eine Übertragung dieser Bedeutung ist β) die Fassung von 'interesse' als „verschieden sein" zu nennen: *interest aliquid inter laborem et dolorem* (Cicero). Eine dritte c) Grundbedeutung faßt 'interesse' als „dabei sein", „gegenwärtig sein", ebenfalls zunächst α) im lokalen Sinn und wird dann β) erweitert zu „teilnehmen", auch „die Hand im Spiele haben": *cum inter res eas ... nihil omnino interesset* (Cicero). In 2) impersonaler Verwendung tritt die stabile Formel 'interest' auf mit der Grundbedeutung: „es macht einen Unterschied", „es ist von Wichtigkeit", „es ist daran gelegen", „es verschlägt" (resp. „es verschlägt nicht"). Diese Formel hat eine stark rhetorische und sprachpragmatische Note[6]. Der Ansatz zu seiner Substantivierung taucht relativ spät auf. Bei ULPIAN heißt es: *et ideo licet interesse desiit, vel minoris vel pluris interesse coepit*[7].

Im mittelalterlichen Latein tritt 'interesse' — neben der speziellen römisch-rechtlichen Verwendung des 'id quod interest' — spätestens seit dem 13. Jahrhundert als Substantiv auf, zunächst in der Bedeutung von „Zins" neben dem eigentlichen Ausdruck 'usura (ae)', wohl als Euphemismus. Es findet auch im kirchlichen Bereich Verwendung, und zwar hinsichtlich des Dienstes der Kleriker. Es bezeichnet hier seit dem frühen 14. Jahrhundert eine Vergütung, die ein Kleriker für die Ausübung eines Officiums, z. B. einer Messe, meist in Naturalien erhält; die Kleriker bekommen es, soweit sie *officiis intersunt*. Später erscheinen weitere Ableitungsformen; z. B. 'interessentiae' als Bezeichnung für das, was die Kleriker im Sinne der oben genannten Vergütung bekommen (1585). Schließlich liegt auch das substantivierte Partizip Praesens 'interessens' vor. Es steht für „Teilnehmer", „Anwesende" und kommt ebenfalls im klerikalen Bereich vor; im Sinne von 'socius' ist 'interessor' belegt[8]. Die Bedeutung von „Nutzen" und „Schaden" generell ist nicht an das mittellateinische Substantiv 'interesse' geknüpft, sondern wird wohl erst im Französischen des 14. Jahrhunderts als 'interest', das später zu 'intérêt' wird, über die römisch-rechtliche Formel eingeführt[9].

---

[6] Belege bei HEINRICH GEORGES, Ausführliches lateinisch-deutsches Handwörterbuch, 8. Aufl., hg. v. Karl Ernst Georges, Bd. 2 (1913; Ndr. Basel, Stuttgart 1969), 390f., s. v. inter-sum. — CICERO, Cato maior de senectute liber 60; ders., Tusculanarum disputationum 2, 35; ders., De finibus bonorum et malorum 3, 50. — Weit verbreitet ist die Formel 'id mea interest' („es ist für mich wichtig") mit Ablativ des Possessivpronomens.

[7] ULPIAN, Dig. 2, 13, 8, § 1, Corpus iuris civilis, ed. Paul Krüger u. Theodor Mommsen, 6. Aufl., Bd. 1 (Berlin 1893), 61.

[8] DU CANGE 9ᵉ éd., t. 4 (1887; Ndr. 1954), 391, s. v. interesse.

[9] Ebd., 392; FEW 2. Aufl., Bd. 4 (1952), 752f., s. v. Interesse.

1. 'Id quod interest'

Zum ersten Mal erhält 'interesse' in der Formel 'id quod interest' im römischen Recht eine terminologische Funktion im Zusammenhang des Schadensersatzes, obwohl oder gerade weil es einen einheitlich römischen Begriff des Schadensersatzes nicht gibt[10]. 'Id quod interest' hat sich schon vor der römisch-rechtlichen Klassik als juristischer Fachausdruck zur Bezeichnung eines Leistungsinhaltes eingebürgert.

Aus den Quellen lassen sich vier Bedeutungen herausarbeiten: 1) Im Anschluß an den wörtlichen Sinn „die Differenz" zwischen einer mangelhaften Sache und ihrem wirklichen Wert; 2) „ein Verteilungsprinzip", wenn es darum geht, mehrere Klageberechtigte einzeln zu entschädigen. Klagen sie zusammen, so erhalten sie die Leistung gemeinsam; klagt einer allein, so erhält er 'id quod eius interest', d. h., was auf ihn entfällt; 3) „ein Zuschlag zu einer Hauptleistung", vergleichbar dem Verzugsschaden im Sinne des BGB § 286, Abs. 1. Bei diesen Klagefällen ist zu klären, ob der Kläger zu dem 'verum rei pretium etiam id quod interest' verlangen kann; 4) in den meisten Fällen bezeichnet die Formel „Schadensersatz" schlechthin[11].

Diese vier Bedeutungstypen zeigen, daß die Formel im römischen Recht keine strenge und abstrakte Festlegung erfahren hat. 'Id quod interest' bedeutet den Römern noch keine Rechenformel, deshalb ist „eine Wertung im Einzelfalle" erforderlich. Es ist „kein formales, sondern ein wertendes Prinzip; seine Anwendung im Einzelfall ist nicht logische Subsumtion, sondern schöpferische Gestaltung"[12]. Der Richter ist also frei für Erwägungen in bezug auf den Kontext. Es ist ganz folgerichtig, daß in der römisch-rechtlichen Tradition 'id quod interest' nie zur Bezeichnung von Zinsen benutzt wird, eben weil Zinsen klar und eindeutig berechnet werden können[13]. Um so interessanter ist es, daß im Mittelalter gerade 'id quod interest' zur Bezeichnung der Zinsen verwendet wird.

Durch die Glossatoren, Postglossatoren und Kommentatoren der römischen Rechtsschulen des Mittelalters erhält 'id quod interest' eine zunehmende Differenzierung bei gleichzeitigen Versuchen der Systematisierung. Was im „Corpus iuris" hermeneutisch implizit enthalten war, wird nun logisch explizit gemacht. Die Gründe dafür liegen in neuen wirtschaftlichen Entwicklungen, in weltanschaulichen Einstellungen gegenüber einzelnen Wirtschaftsfaktoren, z. B. dem Geld (vgl. das kanonische Zinsverbot; der frühere Schadensersatz nach dem 'id quod interest' kannte nur die Verurteilung zur Geldleistung) und in einer „scholastischen" Verfahrensweise gelehrter Juristen, die sich vor allem an vorliegende Texte halten und subtile Exegese betreiben[14].

---

[10] DIETER MEDICUS, Id quod interest. Studien zum römischen Recht des Schadensersatzes (Köln, Graz 1962); für die Häufigkeit und Stellennachweise vgl. ROBERT MAYR, Vocabularium Codicis Iustiniani, t. 1 (Prag 1923; Ndr. Hildesheim 1965), 319f.
[11] MEDICUS, Id quod interest, 300ff.
[12] Ebd., 307. 327.   [13] Ebd., 336.
[14] Hierzu HERMANN LANGE, Schadensersatz und Privatstrafe in der mittelalterlichen Rechtstheorie (Münster, Köln 1955); HANS JOSEF WIELING, Interesse und Privatstrafe vom Mittelalter bis zum Bürgerlichen Gesetzbuch (Köln, Wiesbaden 1970).

II. 1. 'Id quod interest'

Zwei Gliederungsschemata liegen vor, die miteinander verquickt werden und eine Fülle von Bezeichnungen hervorbringen[15]. Ein Zweierschema unterscheidet 'interesse intra (auch circa) rem' und 'extra rem'; auch 'utilitas' wird verwendet. 'Intra rem' ist die Schätzung nach in der Sache liegenden, objektivierbaren Kriterien, 'extra rem' das, was darüber hinausgeht. Dieser Differenzierung wird eine Fassung als 'interesse intrinsecum' und 'extrinsecum' parallelisiert. 'Intra rem' bezieht sich auf 'damnum' (Schaden), 'extra rem' auf 'lucrum' (Gewinn).

Ein Dreierschema unterscheidet 'interesse conventum', 'commune' und 'singulare'. Das 'interesse conventum' ist das von den Parteien vereinbarte Interesse. Das 'interesse commune' bezeichnet 'quantum res communiter valet', also den üblicherweise anzusetzenden Wert der Sache. Demgegenüber bezeichnet 'interesse singulare' eine Ausnahme. Es meint das Affektions-Interesse[16]. Die „Digesten" wollen die Affektion möglichst zurückhalten: *pretia rerum non ex affectu (affectione)*. In der Glosse wird nun zugestanden, daß der Schadensausgleich zu erhöhen sei, *situa interest propter affectionem ...; quod excedit utrum aliorum* („aliorum" meint 'interesse commune' und 'conventum', über die hinausgegangen wird). Die französische Schule der „ultramontani" bestreitet das Dreierschema, weil sie nur ein 'interesse singulare' anerkennt, da 'interesse' immer personbezogen sei. Den „ultramontani" wird von Bartolus und Dinus entgegengehalten: Auch wenn die Personbezogenheit des Interesses anerkannt werden müsse, so sei doch zu unterscheiden zwischen einer Person als Durchschnittsmensch und einer solchen als Individualität, also seien die Interessenunterscheidungen nötig[17]. Diese Beziehung des rechtlichen Interessebegriffs auf die Person und die damit verbundenen psychologischen Differenzierungen des Personbegriffs könnten die frühe anthropologische Verwendung in Frankreich verständlich machen.

Das mittelalterliche römische Recht legt auch die Unterscheidung von 'damnum' und 'lucrum' durch den Interessebegriff fest und entwickelt dabei in der Glosse das Begriffspaar 'damnum emergens' (entstehender Schaden) und 'lucrum cessans' (entweichender Gewinn): *vel dic interesse est damnum emergens et lucrum cessans ex eo quod aliquid fieri cessatur*[18]. Hier wird das Zeitmoment im Interessebegriff deutlich sichtbar[19], auch ein Grund für den Motivationsreichtum in seiner späteren Entwicklung.

Im Mittelalter bürgert sich die Verwendung des schadensrechtlichen Ausdrucks 'interesse' für Zinsen, die normalerweise 'usura' heißen, ein. Um Zinsen nicht als 'usura' bezeichnen zu müssen, werden sie mehr und mehr unter das 'id quod interest' (das ja eine gerechte Schadensregelung ist) gebracht und als 'interesse' bezeichnet. Es ist ein Euphemismus, der auf eine simulative Bedeutungsverbesserung hinausläuft. Der Interessebegriff verbindet sich mit dem Ideologieproblem. Hier konnte die Unterscheidung von 'damnum' und 'lucrum' für die Argumentation zu einem 'ius novum' verwendet werden. Daß mit diesem Mittel das noch über das Verbot

---

[15] Ebd., 16ff., bes. 19. 21.
[16] Ebd., 46ff.
[17] Ebd., 19ff.; zu Bartolus vgl. ebd., 28f.; PAULUS, Dig. 35, 2, 63 (p. 514).
[18] LANGE, Schadensersatz, 15. 33ff.; Cod. Iust. 7, 47, Corpus iuris civilis, 6. Aufl., Bd. 2 (1893), 316.
[19] LANGE, Schadensersatz, 73ff.; 'mora/morae' wird in den späteren Lexika oft gebucht.

des Anatozismus hinausgehende kanonische Zinsverbot umgangen werden kann, wird von der Glosse ausdrücklich notiert. Man mußte auf einen Schaden hin interpretieren, was ein Gewinn war[20]. Die Kirche selbst macht von diesem Euphemismus Gebrauch. DURANTIS (1237—1296) schreibt: *et quoniam in causis ecclesiasticis saepe petitur interesse*. In ULRICH TENGLERS „Laienspiegel" (1543) heißt es: *Wie woll die interesse wenig vor weltlichen gerichten sondern am meysten in geistlichen sachen erfordert*[21]. 'Interesse' nimmt seit dem 16. Jahrhundert die normale Bedeutung von „Zinsen" an. Die Verbindung von 'Interesse' als „Zins" mit 'Kapital' wird seit Ende des 16. Jahrhunderts deutlich[22].

Die Differenzierung des mittelalterlichen römisch-rechtlichen Interessebegriffs findet ihren Höhepunkt in dem Traktat des REBUFFUS (gest. 1557) „De eo quod interest", in welchem eine arbor super interesse aufgeführt ist, die fünfzig Interessebegriffe unterscheidet[23]. Schon beim Gebrauch innerhalb der Rechtssphäre wird neben der Festlegung der neuen Bedeutung „Zinsen" sowohl „Schaden" als auch „Nutzen" impliziert. Diese doppelte Bedeutung geht in die europäischen Sprachen ein; dabei überwiegt auf die Dauer die Bedeutung „Nutzen", verstanden als Gesamtheit all dessen, was jemandem nützt[24]. 'Interesse' als „Nutzen" bleibt aber selbst bipolar: subjektiv und objektiv — wohl im Anschluß an die schon im mittelalterlichen römischen Recht gegebene differenzierende und psychologisierende Betrachtung. Es hat sowohl den Sinn des „Erzielens eines Nutzens", womit 'Interesse' als eine in der Person liegende Absicht verstanden wird, wie es auch den Nutzen als eine „objektive" Gegebenheit auffaßt, womit das Interesse zum Gegenstand wird. Sprachliche Ableitungen (wie 'interessant' und 'interessieren') und subjektive wie objektive Differenzierungen werden nun möglich.

ERNST WOLFGANG ORTH

III. 'Interesse' in Wörterbüchern und Lexika vom 16. bis zum frühen 20. Jahrhundert*

Im Gegensatz zu den meisten andern der in diesem Lexikon behandelten Begriffe erscheint 'Interesse' in den Nachschlagewerken meistens unter mehreren Stichwörtern. Neben dem Substantiv stehen das Verb 'interessieren' (später meist auch noch die reflexive Form 'sich interessieren') sowie Adjektive und Partizipien: 'interessiert', später 'interessant', und manchmal speziellere Formen wie 'Interessent'. Dies zeigt, daß 'Interesse' kein Grundbegriff im prägnanten Sinne ist. Vielmehr umschreibt es ein spezifisches Verhältnis, das sich in den unterschiedlichsten Bezügen

---

* Dieser Abschnitt beruht auch auf Belegen, die E. W. Orth dankenswerterweise zur Verfügung gestellt hat.   [20] Ebd., 60ff.
[21] WILHELM DURANTIS, Speculum judicale u. ULRICH TENGLER, Laienspiegel, zit. LANGE, Schadensersatz, 65.
[22] Zur begriffsgeschichtlichen Parallelität der Entwicklung von 'Interessen' („Zinsen") und 'Kapital' vgl. HENRI SÉE, Note sur l'évolution du sens des mots intérêt et capital, Rev. d'histoire économique et sociale 12 (1924), 177ff. → Kapital.
[23] PETRUS REBUFFUS, De eo quod interest, zit. LANGE, Schadensersatz, 30f.
[24] HANS JÜRGEN FUCHS, Art. Interesse I, Hist. Wb. d. Philos., Bd. 4 (1976), 479ff.; LITTRÉ t. 3 (1877), 130ff., s. v. Intérêt.

III. 'Interesse' in den Wörterbüchern

finden kann, während sich der Inhalt selber in seiner relativen Unbestimmtheit und Offenheit einer Definition immer wieder entzieht.

Der Interessebegriff hat in der Lexikographie fast von Anfang an meist sowohl technische als auch nichttechnische Bedeutungen. Die zentrale technische Bedeutung ist die juristische des 'id quod interest', *ein angehender Schad und aufhörender Nutz*, wie BESOLD 1699 *damnum emergens vel lucrum cessans* übersetzt, und damit des Schadensersatzes[25]. Hieraus — als ein Spezialfall abgeleitet — entsteht die zweite technische Bedeutung von „Zinsen". Beide halten sich in den Nachschlagewerken seit dem 16. Jahrhundert durch. Allerdings wird ihr relatives Gewicht seit der zweiten Hälfte des 18. Jahrhunderts geringer. Besonders das 'id quod interest' wird nur noch selten ausführlich behandelt; im 19. Jahrhundert wird es oft nur gerade noch erwähnt. Größeres Gewicht gewinnt es erneut im späten 19. Jahrhundert, als neue Rechtsformen teilweise auf die alte Terminologie zurückgreifen, wenn z. B. der BROCKHAUS 1898 ausführlich zwischen *Erfüllungsinteressen* und *negativem Vertragsinteresse* unterscheidet[26]. — Kontinuierlicher noch wird die Zinsbedeutung registriert. Deutschsprachige Werke fangen allerdings seit dem späten 18. Jahrhundert an zu differenzieren zwischen 'Interesse' im Singular, unter dem hauptsächlich die nichttechnischen Bedeutungen abgehandelt werden, und 'Interessen' im Plural, den „Zinsen"[27]. So wird die Zinsbedeutung vom allgemeinen Interessebegriff ein Stück weit abgekoppelt, erscheint als isolierter Sonderfall. Zuweilen wird jedoch auch wieder versucht, sie aus dem allgemeinen Begriff abzuleiten, zu zeigen, daß die Grundbedeutung stets dieselbe ist. Nach KRUG (1833) versteht man unter 'Interessen' *die Zinsen eines Kapitals, ... weil dieses eigentlich nur insofern uns interessiert, als wir von demselben irgend einen Nutzen ziehen*[28].

Die nichttechnischen Bedeutungen schöpfen Möglichkeiten aus, die aus der ursprünglichen Bedeutung „Dazwischensein" entstehen, ohne dazu in Widerspruch zu treten. Aus „Dazwischensein" ergibt sich die Stellung zwischen zwei Subjekten oder zwischen einem Subjekt und einem Objekt (zuweilen auch die rein räumliche Lokalisierung zwischen zwei Objekten). Diese Stellung stiftet bzw. artikuliert eine Beziehung zwischen den beiden Elementen. Das Verhältnis ist zunächst wertneutral, aber es hat Bedeutung, Gewicht, Wichtigkeit für die verbundenen Seiten. Die weiteren Bedeutungen entstehen durch die Einführung von Bewertungen. Traditionell waren diese primär negativ, im Sinne der Schädigung beim 'id quod interest'. Schon beim Schadensersatz und beim Zins aber wurde daraus sekundär auch wieder ein positives Element: der Schaden mußte ausgeglichen werden. Dieser doppelte Aspekt findet sich auch bei den nichttechnischen Bedeutungen. Noch relativ unspezifisch überwiegt das positive Element in der Bedeutung „Vorteil", „Nutzen". Hier kann wieder wertmäßig nach dem, der den Nutzen (und möglicherweise den korrespondierenden Schaden) hat, differenziert werden: negativ im Sinne von „Eigennutz", positiv im Sinne von „Nutzen" für andere oder für die Allgemeinheit.

---

[25] BESOLD, Cont. (1699), 305, s. v. Interesse.
[26] BROCKHAUS 14. Aufl., Bd. 9 (1898), 645, Art. Interesse.
[27] Zuerst bei ADELUNG Bd. 2 (1775), 1390, Art. Interesse.
[28] KRUG Bd. 2 (1833), 539, Art. Interesse. Ähnlich WILHELM SCHULZ, Art. Ideen, politische, und Ideologie; ideelle und materielle Interessen, ROTTECK/WELCKER Bd. 8 (1839), 288.

Unmittelbar positiv ist die Bedeutung „Anteilnahme", „Sorge um das Wohl anderer". Mit ihr ist ein wertneutraler Aspekt verbunden: bloße „Teilhabe", „Besitz von Anteilen" u. dgl., besonders in Geschäften. Bis zum späten 18. Jahrhundert ist auch „Schädigung" als objektive Folge, ohne daß die subjektive Absicht betrachtet wird, eine häufig genannte Bedeutung. Es ist im Grunde die nichttechnische Verwendung des 'id quod interest'.

Diese Offenheit für unterschiedliche Beziehungen kennzeichnet die Geschichte des Interessebegriffs in der Lexikographie. Einseitige Festlegungen sowohl in positiver als auch in negativer Richtung sind immer wieder versucht worden, aber sie haben sich nie durchzusetzen vermocht. Die in der ursprünglichen Bedeutung enthaltene Neutralität bzw. Ambivalenz konnte durch nachträgliche Definitionen nicht beseitigt werden.

Bis zum späten 18. Jahrhundert liegt die Führung bei den französischen Nachschlagewerken, in denen der Begriff breit ausgefächert wird. In weitem Abstand folgen englische Werke, während deutschsprachige Wörterbücher 'Interesse' nur sporadisch registrieren. Das ändert sich seit 1775. Nun wird der Begriff nicht nur lexikographisch voll erfaßt. In den Enzyklopädien wird er ausführlich diskutiert, unter Aspekten, die unterschiedlichen Fachgebieten angehören, und schließlich erfolgt im Vormärz auch eine Politisierung.

In Deutschland registriert DASYPODIUS schon 1536 'interest', als *verbum impersonale*. Technische Bedeutungen werden nicht genannt und bei den nichttechnischen nur neutrale: *Es gehet an, oder ist nutz* und *es ist ein underscheydt*[29]. MAALER (1561) kennt das Wort nicht. STIELER führt 1695 nur 'interessiret' an, als *Anteil habend. Von Interesse, Anteil/Angelegenheit*[30]. Das Substantiv ist also bekannt, erscheint aber nicht als Stichwort; technische Bedeutungen fehlen noch immer. Das ändert sich 1728 bei SPERANDER, der verschiedene Stichwörter anführt: neben „Interesse" „Interessenten", „interessiren", „verinteressiren" und „interessiret". Er registriert die Zinsbedeutung sowie neben neutralen Komponenten *Vorteil, Parteilichkeit*. Auch „Eigennutz" tritt hinzu: ein *interessierter Mann heißt, der nur auf seinen Nutzen siehet, andern zum Schaden*[31]. ZEDLER handelt 1735 ausführlich die technischen Bedeutungen ab; FRISCH nennt 1741 sogar nur sie[32]. Sie waren auch im 17. und im frühen 18. Jahrhundert nicht unbekannt, wurden aber nur in lateinischen Kompendien registriert[33]. Innerhalb der juristischen Bedeutung differenzieren GOCLENIUS 1613 und MICRAELIUS 1662 zwischen *publice interest* und *privatim interest*, ohne daß dabei ein wertmäßiger Gegensatz konstruiert würde. Das eine bezieht sich auf den gemeinen Nutzen, das andere auf den Nutzen der einzelnen[34].

---

[29] PETRUS DASYPODIUS, Dictionarium Latinogermanicum (Straßburg 1536), 101^v, s. v. Interest.
[30] STIELER, Zeitungs-Lust (1695), 206, s. v. Interessiret.
[31] SPERANDER (1728), 321, s. v. Interesse, Interessiren.
[32] ZEDLER Bd. 4 (1735), 776ff., Art. Interesse; FRISCH, Dt. lat. Wb., Bd. 1 (1741), 489, s. v. Interesse.
[33] BESOLD, Cont., 305, s. v. Interesse; ebd., Bd. 1 (Ausg. 1740), 495f.; ebd., Bd. 2, 338. Vgl. auch die folgende Anm.
[34] RUDOLF GOCLENIUS, Lexicon philosophicum (Frankfurt 1613; Ndr. Hildesheim 1964), 258, Art. Interesse; MICRAELIUS 2. Aufl., Bd. 2 (1662; Ndr. 1966), 638f., Art. Interesse.

III. 'Interesse' in den Wörterbüchern

In England registriert COTGRAVE 1611 Substantiv und Adjektiv. Er kennt die technischen und nichttechnischen Bedeutungen. Letztere allerdings sind fast ganz auf die negativen Aspekte beschränkt, im Sinne der Schädigung und des Unrechts, aber auch der Schwäche. So übersetzt er *interessé de sa personne* mit *of a weake, faint, crazie, or sicklie bodie*. An neutralen Bedeutungen werden nur die kommerzielle und die juristische Teilhabe genannt[35]. Viel breiter ist das Spektrum 1755 bei JOHNSON, der nun auch affektive Anteilnahme und Vorteil, Profit sowie das Element der Bedeutung, Wichtigkeit aufführt, während die negative Komponente nur noch mit einem schwachen Hinweis auf den Eigennutz erscheint[36].

Die frühe lexikographische Ausfaltung des Begriffs erfolgt in Frankreich. ESTIENNE gibt bereits 1538 einen ganzen Katalog von Bedeutungen, bei denen nur neutrale und positive Aspekte vorkommen: „Unterschied", „Angelegenheit", dann aber auch „räumlicher Abstand", „Wichtigkeit", „Vorteil", „Profit"[37]. Die technischen Bedeutungen fehlen. Sie erscheinen 1549, während bei den nichttechnischen negative Aspekte weiterhin fehlen. Estienne spricht von *l'interest du Roy et de la chose publique*. Aber dies steht für *iura regia populariaque*. Ein Gegensatz zu Privatinteressen wird nicht konstruiert[38].

RICHELET führt 1680 neben dem Substantiv, dem Adjektiv und dem Verb auch das reflexive Verb *s'intéresser* ein, im Sinne des Teilnehmens und von *prendre les intérêts d'une personne*[39].

Bahnbrechend wird 1694/95 das Akademiewörterbuch. Darin erfolgt zum ersten Mal eine umfassende lexikographische Behandlung und Ausdifferenzierung des Begriffs. Sie wird zum Vorbild für alle folgenden ernsthaften Darstellungen in Wörterbüchern, nicht nur in Frankreich, sondern zumindest indirekt auch in Deutschland. Der Artikel geht von einer sehr umfassenden Definition von 'interest' aus: *Ce qui importe, ce qui convient en quelque maniere que ce soit, ou à l'honneur, ou à l'utilité, ou à la satisfaction de quelqu'un*. Das ist die wertneutrale Bedeutung: „Wichtigkeit", „Gewicht". Darunter werden nun die unterschiedlichsten Interessen zusammengefaßt, ohne daß irgendeine Hierarchie gebildet würde, z. B. *interest public, general, commun. interest de famille; interest particulier; interest d'honneur; interest pecuniaire; leger, mediocre interest; l'interest de l'estat; l'interest du public*. Daneben steht „Eigennutzen" *(ce qui concerne la seule utilité)*, und schließlich werden die technischen Bedeutungen genannt. Beim Verb 'interesser' werden „Nutzen", „Vorteil" und „Profit" erwähnt, „Schädigung" ganz allgemein, „Teilhabe" und „Anteilnahme". Negative wie positive Bedeutungen bleiben also keineswegs ungenannt. Charakteristisch bleibt aber — und dies gilt auch für die späteren französischen Wörterbücher — die zentrale Stellung der neutralen Komponente, im Sinne von „Wichtigkeit" und „Bedeutung". Dem Partizip 'interessé' wird die gleiche Bedeutung zugeschrieben wie dem Verb. Dazu tritt aber noch eine besondere Wendung: *Un homme interessé, un homme qui est trop attaché à ses interests, qui a son profit particulier en veue dans tout ce qu'il fait*[40]. Gegensatz zu

---

[35] COTGRAVE (1611; Ndr. 1950), s. v. Interest.
[36] JOHNSON vol. 1 (1755; Ndr. 1968), s. v. Interest.
[37] ESTIENNE (1538), 388f., s. v. Interest.   [38] Ebd., 2. Aufl. (1549), 328, s. v. Interset.
[39] RICHELET (1680; Ndr. 1973), 435, s. v. Intérêt.
[40] Dict. Ac. franç., 2ᵉ éd., t. 1 (1695), 365, s. v. Interest. Die erste Aufl. erschien 1694.

'interessé' ist 'désinteressé'; dem Eigennutz wird nicht der Gemeinnutzen, sondern die Uneigennützigkeit gegenübergestellt.

Diese auch schon 1680 bei Richelet[41] feststellbare Sonderstellung von 'interessé' wird sich in Zukunft noch verstärken, und zwar im Deutschen in gleicher Weise wie im Französischen. Im späten 18. und 19. Jahrhundert wird in den deutschen Wörterbüchern unter 'interessiert' die Bedeutung des Eigennutzes stets und oft sogar nur sie registriert. Diese negative Fixierung hat wahrscheinlich das Bedürfnis nach einer mehr positiven Form verstärkt. Sie erschien im frühen 18. Jahrhundert mit 'interessant', zuerst registriert in der Auflage des Akademiewörterbuchs von 1718[42]. 1727 wird es von FURETIÈRE nicht definiert, sondern lediglich mit Beispielen belegt: *ouvrage interessant. Jeu interessant.* Bei Furetière wird zunächst die neutrale Grundbedeutung herausgestrichen: *Le premier de nos intérêts, c'est notre conservation.* Politische Aspekte werden, im Sinne der Staatsräson, betont. So werden den persönlichen Launen der Fürsten deren Interessen entgegengesetzt: *Les Souverains se laissent gouverner si souvent par les mouvements de leur coeur, qu'on ne peut supposer sans imprudence que leurs intérêts seront toûjours la regle de leur conduite*[43].

Mit diesen beiden Wörterbüchern war ein gewisser Abschluß der lexikographischen Entwicklung erreicht. Die „Encyclopédie" brachte 1765 erstmals die ausführliche inhaltliche Erörterung des Begriffs, mit deutlicher Tendenz zu einer Bedeutungsverengung. Die traditionellen technischen Bedeutungen wurden breit abgehandelt[44]. Zentral aber war der Artikel *Intérêt (Morale)*. Darin versuchte DIDEROT, den Begriff im Sinne von „Eigennutz" negativ festzuschreiben, im Gegensatz zum *amour-propre*, dem auch eine positive Komponente zugebilligt wurde[45]. Der Versuch mißlang, wie alle Versuche, die Ambivalenz der ursprünglichen Bedeutung von 'interesse' zu beseitigen. In einem Supplementsband von 1777 wurde in zwei Artikeln auch die neuere, am Interessebegriff festgemachte, ästhetische Diskussion aufgegriffen[46].

WALCH hatte 1740 nur die Zinsbedeutung erwähnt. In der Auflage von 1775 fügte der Herausgeber Hennings hinzu: *Das Wort Interesse wird von den neuesten Schriftstellern auch in einer allgemeinern Bedeutung gebraucht, indem man darunter alles was uns Nutzen bringt, oder den Eigennutzen ... verstehet*[47]. Ein Blick auf Sperander hätte ihn belehrt, daß diese Verwendung so neu nicht war. Dennoch datiert aus diesem Jahr der Beginn des größeren Gewichts des Interessebegriffs in deutschsprachigen Nachschlagewerken. ADELUNG brachte einen Artikel, der für Deutsch-

---

[41] RICHELET (1680; Ndr. 1973), 435, s. v. Intéressé: *Qui aime fort ses intérèts.*

[42] Vgl. FEW 2. Aufl., Bd. 4, 753, s. v. Interesse. Der früheste englische Beleg stammt von 1711: OED vol. 5 (1933), 395, s. v. Interest.

[43] FURETIÈRE t. 2 (1727), s. v. Interest.

[44] DENIS DIDEROT, Art. Intérêt (Morale), Encyclopédie, t. 8 (1765), 818ff.

[45] Ebd., 818f.

[46] JOHANN GEORG SULZER, Art. Intéressant (Beaux-Arts), ebd., Suppl., t. 20 (1777), 627f.; JEAN FRANÇOIS DE MARMONTEL, Art. Intérêt (Belles-Lettres. Poésie), ebd., 628ff. — Vgl. Abschn. IV. 3.

[47] WALCH 2. Aufl. (1740), 1527, Art. Interesse; ebd., 4. Aufl., Bd. 1 (1775), 2081, Art. Interesse.

III. 'Interesse' in den Wörterbüchern

land während der folgenden Jahrzehnte ähnlich starken Einfluß gewann wie das Akademiewörterbuch in Frankreich. Freilich ist die in den französischen Wörterbüchern verzeichnete Fülle von Bedeutungen noch lange nicht erreicht. Adelung führte 'interessant' ein, als *eine merkliche Beziehung auf uns und andere habend*. Ein wirkliches deutsches Äquivalent dafür existiere nicht; deutsche Entsprechungen würden *doch den Begriff nicht in allen Fällen erschöpfen*. Anders bei der weiteren Bedeutung, die mit *wichtig, sowohl einen vorzüglichen innern Wert, als auch viele Folgen habend*, wiedergegeben wurde. Für 'Interesse' nannte Adelung nur *Vorteil* und *Nutzen* nebst der Verwendung in den schönen Künsten[48]. Gegenüber dem Akademiewörterbuch fällt auf, daß die zentrale Komponente der wertneutralen Wichtigkeit und Bedeutung fehlt. Dies ändert sich auch in den späteren deutschen Wörterbüchern kaum. Jene Komponente wurde unter „Interesse" höchstens beiläufig genannt; in der Regel erschien sie unter „interessant". Der Interessenbegriff schien so im Deutschen der wertmäßigen Anfüllung, sei es in positivem oder negativem Sinne, leichter zugänglich als im Französischen.

Adelungs Schema wurde übernommen und weiter differenziert. ROTH führte 1788 unter „Interesse" den Eigennutz an, der auch bei „interessiert sein" erscheint; *par interet*, oder *per interesse* wird geradezu mit *aus Eigennutz* übersetzt. Roth verwendet das Verb zum ersten Mal im Deutschen auch reflexiv, im Sinne von „Anteilnahme" sowie „eigennütziger Einmischung"[49].

Der Übergang von der Lexikographie zur umfassenden Erörterung des Begriffs erfolgte in Deutschland 1793 in der „Deutschen Encyclopädie", wobei eine Höhe erreicht wurde, die weit über die „Encyclopédie" hinausführte. In zwei längeren Artikeln wird nachgewiesen, daß die biblischen und theologischen Zinsverbote jedenfalls für die Gegenwart nicht gelten[50]. Damit ist das Terrain für den Artikel „Interesse" geebnet, in dem der Wirtschaftsliberalismus triumphiert. *Das Interesse ist das Band der menschlichen Gesellschaften .... In allen Staaten, die das Eigentum eingeführt, kann keine andere Triebfeder als das Interesse stattfinden, und dieses wahre Interesse jeden Privatmannes in den Gewerben, stimmt auch mit dem gemeinschaftlichen Besten, und dem Zusammenhang des Nahrungsstandes überein*. Gewisse Schwierigkeiten kann es lediglich beim auswärtigen Handel geben. Aber auch hier führt eine richtige Politik dazu, daß das *vernünftige Interesse des Kaufmanns* nur das allgemeine Wohl befördert[51]. Unter dem Stichwort „Interessant (schöne Wissenschaften)" wird die neuere ästhetische Theorie behandelt[52]. Das Interessante *setzt unsere Seele in Tätigkeit. Es ist die Einheit, womit alles zusammen-*

---

[48] ADELUNG Bd. 2, 1389f., Art. Interessant, Interesse.
[49] ROTH Bd. 1 (1788), 398f., Art. Interesse, interessiert sein. Für die Wirkung Adelungs vgl. z. B. KRÜNITZ Bd. 30 (1789), 446ff., Art. Interesse; KINDERLING (1795), 286, s. v. Interesse; JOHANN CONRAD SCHWEIZER, Wörterbuch zur Erklärung fremder, aus anderen Sprachen in die Deutsche aufgenommener Wörter und Redensarten, 2. Aufl. (Zürich 1841), 416f., s. v. Interesse; ALBERT SCHIFFNER, Allgemeines deutsches Sach-Wörterbuch aller menschlichen Kenntnisse und Fertigkeiten, Bd. 4 (Meissen 1826), 473, s. v. Interesse.
[50] Dt. Enc., Bd. 17 (1793), 738ff., Art. Interesse (moralisch betrachtet); ebd., 740ff., Art. Interesse (biblisch betrachtet).
[51] Ebd., 737.
[52] Ebd., 734ff.

treffen muß und *die wichtigste Eigenschaft ästhetischer Gegenstände*[53]. Gegensatz dazu ist das Gleichgültige. Der Autor unterscheidet zwischen *allgemeinem* und *besonderem Interesse.* Ersteres ist *das Interesse der Menschheit.* Dazu gehören das *Große und Erhabene* und *alle gesellschaftlichen Tugenden.* Es ergibt sich, wenn ein Gegenstand an sich selbst interessiert. Interessiert er nur *in Absicht auf gewisse Personen,* so spricht man vom *besonderen Interesse, das sich nur auf gewisse Beziehungen gründet*[54].

Zwischen den allgemeinen und den besonderen Interessen wird kein wertmäßiger Unterschied postuliert. Die Einteilung mußte aber eine Hierarchisierung zumindest nahelegen. Dies erfolgte in der ersten Hälfte des 19. Jahrhunderts. Dazu trug der große Einfluß bei, den die Kantische Philosophie auf die Behandlung des Interessebegriffs in den Lexika seit der Jahrhundertwende gewonnen hatte. Er zeigt sich etwa bei Lossius 1804, wo der Interessebegriff der kritischen Philosophie erläutert wird[55].

Die Verbindung der Kantischen Differenzierungen mit den traditionellen Einteilungen führte 1833 bei Krug zum Versuch einer umfassenden Hierarchisierung der Interessen[56]. Krug unterschied sechs Stufen: 1) *Das Interesse für das Angenehme.* Es ist auf *bloße Sinneslust* gerichtet und heißt auch *sinnliches* oder *tierisches Interesse;* 2) *das Interesse für das Nützliche* oder *intellectuales Interesse;* 3) *das Interesse für das Wahre.* Es ist ein theoretisches, rationales Interesse; 4) *das Interesse für das Gute,* als praktisches rationales Interesse; 5) *das Interesse für das Schöne* oder *ästhetische Interesse;* 6) *das Interesse für das Erhabene.* Ob die beiden letzten Stufen auch tatsächlich höher anzusetzen sind als alle vorangegangenen, wird nicht gesagt; immerhin macht der Kommentar deutlich, daß die klare Hierarchie hier nicht mehr gilt. Der Versuch einer vielfachen Abstufung vermag die traditionelle einfache Aufgliederung in positive und negative Bedeutungen nicht wirklich zu verdrängen. So differenziert Krug selber zum Schluß wieder ganz global zwischen *niederen und höheren Interessen,* die er mit *den Interessen der einzelnen und der Gesamtheit* parallelisiert. *Die Interessen der ganzen Menschheit* müssen *als die höchsten ... gedacht werden.* 1838 nennt er *die niederen Interessen* auch *die materialen, die höheren aber ... die geistigen Interessen*[57].

Diese ursprünglich mehr philosophisch-ästhetisch begründeten Hierarchisierungsversuche öffneten die Tür zu einer stärkeren Politisierung. Das wurde 1839 in Wilhelm Schulz' Artikel „Ideen, politische, und Ideologie; ideelle und materielle Interessen" im Rotteck/Welcker deutlich[58]. Schulz unterscheidet zwischen *politischen* und *anderen Interessen.* Diese sind die Partikularinteressen und stehen mit

---

[53] Ebd., 734f.
[54] Ebd., 736.
[55] Johann Christian Lossius, Neues philosophisch-allgemeines Real-Lexikon oder Wörterbuch der gesammten philosophischen Wissenschaften, Bd. 2 (Erfurt 1804), 652ff., Art. Interesse. Vgl. auch Rhein. Conv. Lex., 4. Aufl., Bd. 6 (1839), 1039f., Art. Interesse; Karl Hermann Scheidler, Art. Interesse, Ersch/Gruber 2. Sect., Bd. 14 (1841), 313f.
[56] Krug Bd. 2, 538f., Art. Interesse.
[57] Ebd., 2. Aufl., Bd. 2 (1838), 571, Art. Interesse. — Ähnlich auch Scheidler, Art. Interesse, 313.
[58] Schulz, Art. Ideen (s. Anm. 28), 283ff.

III. 'Interesse' in den Wörterbüchern

den politischen Ideen und Zielen oft in Widerspruch. Die politischen Interessen hingegen sind mit den politischen Ideen identisch: *Die politischen Ideen und Interessen der Völker haben ihren gesetzmäßigen und bestimmten Gang der Entwicklung*[59]. Im Leben der Völker wechseln Perioden, in denen die politischen Interessen mit den Interessen der einzelnen zusammenfallen, d. h. in denen die einzelnen politisiert sind, mit solchen, in denen die (unpolitischen) Partikularinteressen überwiegen. Derzeit sind die *partikulären Interessen* stärker. Doch die Begeisterung und der Einsatz für die politischen Interessen werden wiederkommen: *Daß dieses aber geschehen müsse, dafür bürgt selbst der raschere Fortschritt der materiellen Kultur, der die Gegensätze von Reichtum und Armut schroffer herausbildet und dadurch mit Notwendigkeit wieder auf den Staat und seine Institute, auf die Verteilung von Rechten und Vorrechten, und also auf politische Ideen und Interessen zurückführt*[60]. Die Warnung an die Herrschenden ist unüberhörbar. Die Unterscheidung zwischen 'egoistischen' und 'allgemeinen Interessen' ist nicht mit der zwischen 'materiellen' und 'geistigen Interessen' identisch. Geistige Interessen können egoistisch sein, und das derzeitige vermeintliche Übergewicht der materiellen Interessen besteht darin, *daß jetzt die wachsenden geistigen Kräfte gerade auf dem Gebiete der materiellen Kultur in vorzugsweiser Tätigkeit begriffen sind. Das ermöglicht wieder eine intensivere Pflege der geistigen Interessen*[61].

Die Sprengkraft dieser Äußerungen wurde 1848 von BLUM in einem Artikel „Interessen, ideelle und materielle" aufgenommen. Beide bilden keinen Gegensatz, sondern ergänzen und befruchten sich gegenseitig. Grundsätzlich besteht Harmonie; im Zweifelsfall aber gebührt den materiellen Interessen der Vorrang. Bei großer Not ist es *die Pflicht weiser Staatsverwaltung, zuerst den dringendsten stofflichen Bedürfnissen aus allen Kräften abzuhelfen und dadurch die Möglichkeit herzustellen, auch den geistigen genugtun zu können*[62]. So wurde das Monopol der höheren Klassen und Stände in doppelter Weise angegriffen: alle Klassen hatten ein Anrecht auf die Pflege der geistigen Interessen, wodurch diese in ganz anderer Weise von den materiellen Interessen abhängig wurden, und die Behauptung, geistige Interessen seien immer höhere, uneigennützige Interessen, wurde zurückgewiesen. Der Interessebegriff war zum Vehikel der Demokratisierungsforderungen geworden.

Diese politische Dimension des Interessebegriffs in den Nachschlagewerken bricht 1848 ab. Gleichzeitig verschwindet auch der Einfluß der Kantischen Philosophie weitgehend, und mit ihm die Versuche einer umfassenden Hierarchisierung des Begriffs. Lediglich die traditionelle Lexikographie wird weitergeführt, ohne daß wesentliche Bedeutungsverschiebungen registriert würden.

1906 wurde *Interessenpolitik* von LADENDORF als Schlagwort registriert. Es wurde positiv im Bismarckschen Sinne genommen und abgegrenzt gegen bloße *Gefühlspolitik* sowie *Machtpolitik*, wenn die *Interessenpolitik in unvorsichtiger und unzulässiger Weise gesteigert* werde, indem *eine Großmacht noch außerhalb ihrer Interessensphäre auf die Politik anderer Länder zu drücken und einzuwirken sucht*[63].

JÖRG FISCH

---

[59] Ebd., 289.   [60] Ebd., 294.   [61] Ebd., 293.
[62] BLUM Bd. 1 (1848), 498f., Art. Interessen, ideelle und materielle.

IV. Hauptakzente des Interessebegriffs vom 16. bis ins 19. Jahrhundert

Für die Zeit seit dem 16./17. Jahrhundert bis auf unsere Tage könnte man versucht sein, dem Interessebegriff die Funktion einer anthropologischen Kategorie zuzusprechen. Angemessener scheint es jedoch, den Gebrauch des Wortes als ein Indiz für das Bedürfnis nach einer solchen Kategorie anzusehen. Der Interessebegriff erscheint mehr als Medium von Orientierungsversuchen denn als souveräner, durchstrukturierter Begriff der Orientierung. Da er in ganz unterschiedlichen Bereichen virulent wird, ist für die betroffenen Zeitgenossen eine strenge Vergleichbarkeit nicht möglich. Soweit der Vergleich im nachhinein erfolgt, wirkt er gekünstelt und schematisch. Der menschliche Geist wird sich selbst thematisch in bestimmten Situationen, in denen die Kenntnis universaler Strukturen und ihrer Verbindlichkeiten — oder der Glaube an sie — sich als ungenügend erweist. 'Interesse' ist in je verschiedenen Typen solcher Situationen ein „neues" geistiges Mittel der (gerade auch verbalen) Verarbeitung. Es ist ein operativer Begriff. Er kann sowohl zur Verteidigung tradierter Orientierungen wie auch zur Berücksichtigung neuer wohlverstandener Erfordernisse eingesetzt werden. Es mag an dieser gleichsam taktischen Verwendung liegen, daß er nie zu einer letzten philosophisch-anthropologischen Kategorie geworden ist, aber gleichwohl diesen Anspruch dauernd zu suggerieren scheint.

Gebiete, auf denen sich der Interessebegriff so entfaltet, sind: 1) das Theologisch-Religiöse mit stark psychologisierender Note; 2) das Politische; dabei spielen neuentdeckte Momente des Wirtschaftlichen eine bedeutende Rolle; 3) das Künstlerische. Diese Thematisierungen können sich vorübergehend universalisieren: es geht dann um den religiösen Menschen — in säkularisierter Form um den moralischen Menschen —, um den politischen und wirtschaftlichen Menschen und um den künstlerischen Menschen. — Der Versuch einer prinzipiellen kategorialen Fassung „menschlicher Orientierung" erfüllt sich aber im Interessebegriff gerade nicht, sondern an ihm wird sowohl das Scheitern dieser Aufgabe wie auch der Versuch und eine Art, mit dem Problem zu leben, sichtbar.

1. Religion und Moral

In der theologischen, religiös-mystischen und moralistischen Literatur wird der Interessebegriff in seiner ersten übertragenen Bedeutung, wie sie im 16. Jahrhundert ausgebildet war, zunächst wirksam — als „Vorteil", „Nutzen", „Eigennutz", „privatum commodum"[64]. Er erhält aber eine charakteristische Bedeutungserwei-

---

[63] LADENDORF (1906), 143, s. v. Interessenpolitik.
[64] Vgl. dazu H. J. FUCHS, Art. Amour-propre, Hist. Wb. d. Philos., Bd. 1 (1971), 206ff.; ders., Art. Eigenwille, ebd., Bd. 2 (1972), 342ff.; HANS REINER, Art. Egoismus, ebd., 310ff.; vgl. auch H. J. FUCHS, Entfremdung und Narzismus. Semantische Untersuchungen zur Geschichte der 'Selbstbezogenheit' als Vorgeschichte von französisch 'amour-propre' (Stuttgart 1977).

terung vom „Eigennutz" zur „Eigennützigkeit", vom „privatum commodum" zum „studium (affectio) privati commodi"[65].

Die forcierte Verwendung von 'Interesse' als „Nutzen", „Eigennutzen" und „Selbstsucht" in der religiösen Selbstüberprüfung und in dem strengen Willen der Imitatio Christi geht von der spanisch-italienischen Mystik aus und wird seit der zweiten Hälfte des 16. Jahrhunderts in Frankreich rezipiert. IGNATIUS VON LOYOLA verlangt, sich von Eigenliebe und Interesse zu lösen: *salir de su proprio amor, querer y interesse*[66]. ALONSO DE CASTRILLO beklagt in seinem „Tractado de Republica" (1521), daß die, *welche von der Gerechtigkeit leben müßten, nun vom Interesse leben*[67]. Eine spanische Übersetzung der „Imitatio Christi" des THOMAS A KEMPIS von 1491 verwendet 'Interesse', ohne daß der Terminus in der Vorlage vorkommt[68], was für die Lebendigkeit des Wortes in der spanischen Mystik spricht. Domingo de Soto, Theresia von Avila und Johannes vom Kreuz verwenden 'Interesse' als Gegenbegriff zu 'amor de Dios'[69].

Bei JEAN-PIERRE CAMUS (1584—1652) findet sich eine Differenzierung von 'Interesse' als negativer *intérêt propre* (vgl. 'amour propre') und positiver *intérêt nôtre*, welch letzterer auf Gott und das Verhältnis des Menschen zu ihm bezogen ist[70]. Das Bedeutungskontinuum reicht also von „Nutzen", „Eigennutzen", „bewußtes Verfolgen des Nutzens" über „Anteilnahme" bis zu einer moralisch positiven Wertung. So kann 'intérêt' im 18. Jahrhundert von der COMTESSE DE GENLIS in ihrem Erziehungsroman „Adèle et Théodore" (1782) geradezu als *un cinquième sentiment* bezeichnet werden — im Sinne der außererotischen Liebe einer Frau zu einem Mann[71]. Bei einer solchen Rolle des Interesses und der Interessen muß die psychologische Frage nach der Motivation ebenso auftauchen wie die moralisierende nach der Intention. Bei FÉNELON wird dies ausdrücklich thematisch. Zunächst wird von einer durchaus traditionellen Vorstellung der Selbsterhaltung und Selbstgestaltung des menschlichen Daseins ausgegangen[72]. Diese wird zu einem psychologischen Problem im Sinne der Beurteilung der 'inclination' und der 'intention', zunächst in religiöser und moralischer Verarbeitung. Deshalb wird zwischen 'objet formel' und 'motif' unterschieden. *Un motif signifie ... non pas simplement l'objet extérieur qui me touche, mais le principe intérieur d'amour qui fait que je suis touché*

---

[65] Vgl. ROBERT SPAEMANN, Reflexion und Spontaneität. Studien über Fénelon (Stuttgart 1963), 74; H. J. FUCHS, Art. Désintéressement, Hist. Wb. d. Philos., Bd. 2, 131ff.; FEW 2. Aufl., Bd. 4, 752f., s. v. Interesse.

[66] IGNATIUS VON LOYOLA, Ejercicios espirituales (1548), Exercitia spiritualia, hg. v. Joseph Calveras u. Candidas de Dalmasses, Monumenta Ignatiana, Ser. 2, t. 1 (Rom 1969), 278, Nr. 189, zit. FUCHS, Art. Interesse (s. Anm. 24), 481.

[67] ALONSO DE CASTRILLO, Tractado de Republica con otras historias y antiguedadas (1521), ed. Instituto de estudios politicos (Madrid 1958), 196, zit. FUCHS, Art. Interesse, 481; LOPE FELIX DE VEGA CARPIO, El mayor impossible, ed. John Brooks (Tucson 1934), 34.

[68] FUCHS, Art. Interesse, 481.

[69] Ebd., 481f.

[70] JEAN-PIERRE CAMUS, L'esprit de Saint François de Sales, t. 2 (Paris 1840), 297, zit. FUCHS, Interesse, 482f. — Das wirkt auf Rousseau.

[71] STÉPHANIE FÉLICITÉ DUCREST DE SAINT-AUBIN [COMTESSE DE GENLIS], Adèle et Théodore ... (1782), zit. LITTRÉ t. 3, 131, s. v. Intérêt.

[72] SPAEMANN, Reflexion und Spontaneität, 57.

par cet objet. Daraus ergibt sich folgerichtig ein doppelter Interessebegriff: *Le terme d'intérêt peut être pris en deux sens; ou simplement pour tout objet qui nous est bon et avantageux, ou bien pour l'attachement que nous avons à cet objet par un amour naturel de nous-même.* Dabei wird hinzugefügt: wenn *l'objet est mon intérêt,* dann gilt demgegenüber, daß *le motif n'est point intéressé.* Das Interesse liegt also auf seiten des Objekts; das Motiv ist nicht interessiert oder sollte nicht interessiert sein; die Doppelung des Interesses scheint wieder beseitigt. Fénelon erläutert: *Quand on est excité par l'amour naturel de soi-même on agit par le motif de l'intérêt propre; quand on n'est excité que par un amour surnaturel, on agit par un motif désintéressé*[73]. Hier wird deutlich, daß der Interessebegriff die Last des vollen Sinnes der Motivation nicht trägt: Es gibt ein Interesse, das mit dem Nutzen des Objekts identisch ist; es gibt ein weiteres Interesse, welches das Motiv ist, sofern es vom bloß natürlichen Streben bestimmt ist; und es gibt ein Motiv, ein höheres Interesse gleichsam, das den Namen 'désintéressé' trägt ('désintéressement' würde dann als ein Interesse-überwindendes Interesse erscheinen).

FRIEDRICH DER GROSSE, dessen „Antimachiavelli" stark von Fénelons „Telemach" beeinflußt ist, propagiert in seinem „Essai sur l'amour propre envisagé comme principe de morale" im Geiste Fénelons einen sowohl moralisch akzeptablen als auch realistischen Interessebegriff, indem er ein wohlverstandenes Interesse *(véritable intérêt)* reklamiert: *Je voudrais qu'on employât ce ressort (de l'amour propre) pour prouver aux hommes que leur véritable intérêt est d'être bons citoyens, bons pères, bons amis, en un mot, de posséder toutes les vertus morales; et comme effectivement cela est véritable, il ne serait pas difficile de les en convaincre*[74].

Diese Überlegung leitet Friedrich II. mit ausdrücklichem Bezug auf LA ROCHEFOUCAULD ein, dessen Interessebegriff er eine positive Wendung geben will[75]. Für La Rochefoucauld, den Feudalisten und Gegner des Staatsabsolutismus, sind amour propre und intérêt immer gegenwärtige Feinde der menschlichen Tugend und Grundlage aller Heuchelei, die er pessimistisch und moralistisch entlarvt. Das terminologische Bewußtsein für 'Interesse' wird 1678 ausdrücklich: *par le mot d'intérêt, on n'entend pas toujours un intérêt de bien, mais le plus souvent un intérêt d'honneur ou de gloire*[76]. 'Interesse' ist aber nicht identisch mit 'amour propre': *L'intérêt est l'âme de l'amour propre* — und wie der Körper, wenn er der Seele beraubt wäre, keine Sehkraft, kein Gefühl hätte, so würde l'amour propre, getrennt vom Interesse, nicht sehen, noch erkennen, noch sich bewegen[77]. Weder der amour propre noch der amour pur können sich ohne Interesse entfalten[78]. Das Interesse

---

[73] FRANÇOIS DE SALIGNAC DE LA MOTHE FÉNELON, Première réponse donnée par M. L'Archevêque de Cambrais, aux difficultés de M. L'Évêque de Chartres, sur le livre „De l'explication des maximes des Saints", Oeuvres compl., t. 2 (Paris 1848), 259. 289f.; ders., Instruction pastoral ..., ebd., 326; vgl. SPAEMANN, Reflexion und Spontaneität, 72.

[74] FRIEDRICH DER GROSSE, Essai sur l'amour propre envisagé comme principe de morale (1770), Oeuvres, éd. J. D. E. Preuss, t. 9 (Berlin 1848), 105.

[75] Vgl. SPAEMANN, Reflexion und Spontaneität, 127.

[76] FRANÇOIS LA ROCHEFOUCAULD, Réflexions ou sentences et maximes morales (1664), 5ᵉ éd. (1678), Oeuvres compl., éd. L. Martin-Chauffier et Jean Marchand (Paris 1973), 402, Préface.

[77] Ebd., 475, Nr. 510.

[78] Ebd., 412, Nr. 69.

ist nicht einfach ein bloßes Negativum. Es ist eher Vermittler des Menschen mit sich selbst und der Welt. *L'intérêt parle toutes sortes de langues et joue toutes sortes de personnages, même celui de désintéressé. Es aveugle les uns, fait la lumière des autres*[79]. Auf dem *ménagement réciproque d'intérêts* beruhen *amitié* und *société*[80]. Mit Bezug auf 'curiosité' wird 'Interesse' von 'Stolz' unterschieden, denn eine Art der *curiosité* ist der *intérêt, qui nous porte à désirer d'apprendre ce que nous peut être utile*. Der Stolz will nur wissen, was andere nicht wissen[81]. Schließlich befördert das Interesse sogar die Tugend: *L'intérêt, que l'on accuse de tous nos crimes, mérite souvent d'être loué de nos bonnes actions*[82].

2. Politik

Ähnlich vielfältig wie auf religiösem können Interpretationen und Deutungen des Interesses auf politischem Gebiet motiviert werden (die einschlägigen Autoren sind ohnehin oft Kleriker). Es geht auch hier um Fragen der Echtheit der Motive und um entsprechende Reflexionen sowie darum, wann sie abgebrochen werden dürfen. Das Einkalkulieren des Negativen für positive Ziele ist Mittel irreführender Verschleierung und echter Rechtfertigung. Die Frage nach dem Träger und Addressaten der Interessen oder des Interesses erlaubt unterschiedliche Antworten. Es können die Herrscher (auch die Dynastien) oder der ganze Staat oder das Volk sein; einzelne oder Gruppen können betroffen sein. An diese Möglichkeiten läßt sich eine weitverzweigte psychologische und soziologische Ontologie knüpfen, deren Ergebnis u. a. die Personalisierung des Staates ist. Rationaler Kalkül wird ebenso thematisch wie vitale Passion, kluge Rücksicht und leidenschaftliches Drängen. Als Interesse können subjektive Stimmungen und Meinungen neben objektiven Gütern gleichermaßen Gewicht haben. Zunächst ist 'Staatsräson' das Interessethema[83].
Der Terminus 'Staatsräson' findet sich bei Machiavelli noch nicht. Er erscheint als 'ragione e uso degli stati' bei GUICCIARDINI. Als fester Begriff taucht der Ausdruck 'ragione degli stati' bei dem Bischof und Humanisten GIOVANNI DELLA CASA auf. Der Ausdruck wird dann bald außerordentlich häufig und zieht eine zahlreiche Literatur nach sich[84].
'Interesse' ist frühzeitig mit 'Staatsräson' verbunden. GUICCIARDINI benutzt den Ausdruck *interese (dello stato, della città, de' populi)* in seinen „Ricordi politici"

---

[79] Ebd., 408, Nr. 39. 40.
[80] Ebd., 414, Nr. 83; *nous ne pouvons rien aimer que par rapport à nous,* ebd., Nr. 81. Vgl. ebd., Nr. 85.
[81] Ebd., 425, Nr. 173.
[82] Ebd., 444, Nr. 305.
[83] Vgl. dazu FRIEDRICH MEINECKE, Die Lehre von den Interessen der Staaten im Frankreich Richelieus, Hist. Zs. 123 (1921), 14ff.; ders., Die Idee der Staatsräson in der neueren Geschichte (1924), Werke, hg. v. Hanz Herzfeld, Carl Hinrichs, Walther Hofer, Bd. 1 (München 1957); FRANZ OPPENHEIMER, System der Soziologie, Bd. 2: Der Staat (Jena 1926; Ndr. Stuttgart 1964).
[84] MEINECKE, Staatsraison, 54ff. 92. 139; JOHN A. W. GUNN, Politics and the Public Interest in the Seventeenth Century (London, Toronto 1969), 35ff.

(1512/30) gegenüber *interesse proprio, ... particulare, ... privato*[85]. Will der Mensch gut handeln, muß er sein Eigeninteresse an dem Interesse des Gemeinwesens messen.

Im 17. Jahrhundert können nun zunehmend das politische Interesse und die Staatsräson auch unter Wahrung christlicher Gesichtspunkte vertreten werden. GIOVANNI BOTERO bekämpft als gegenreformatorischer Katholik den Machiavellismus und weiß gleichzeitig dessen Rezepte zu nutzen. Die „Koinzidenz des kirchlichen und des realpolitischen Interesses" versuchte er durch die Staatsräson zu belegen — gerade darauf beruhe das System des spanischen Staates. Er schreibt, *daß in den Erwägungen der Fürsten das Interesse das ist, was jede Rücksicht besiegt. Und deswegen darf man nicht trauen auf Freundschaft, auf Verwandtschaft, auf Bündnis, auf irgendein anderes Band, wofern nicht dieses auch das Interesse dessen, mit dem man verhandelt, zum Fundamente hat*[86]. TRAJANO BOCCALINI[87] moralisiert dieses Interesse. Es ist *der wahre Tyrann der Seelen der Tyrannen und auch der Fürsten, die nicht Tyrannen sind,* und er kritisiert die *Ambition* der Fürsten. *Das Interesse des Staates ist gerade wie die Hunde des Aktäon, es zerreißt die Eingeweide dem eigenen Herrn*[88]. Die moralisch engagierte Entlarvung und Abwehr des Interesses geht Hand in Hand mit einer positiven Würdigung. Denn nicht die Fürsten seien am Einsatz notwendiger Übel schuld, sondern die aufrührerische und unbeständige Natur der Völker[89]. Boccalini kritisiert die Verwechselung der Interessen Gottes mit denen des Staates: *Da aber die modernen Ketzereien Staatsinteresse geworden sind, werden sie nicht mehr von Konzilien mit Disputationen und Dekreten, sondern von bewaffneten Heeren entschieden*[90]. 1639 erschien die erste Schrift, die 'Interesse' im Titel führte: HENRI DE ROHANS „De l'Intérêt des Princes et Estats de la Chrestienté"[91]. Seit etwa 1640 wurden in England Diskussionen um das „public interest" geführt[92]. Die Verbalisierung läuft zunächst über traditionelle

---

[85] FRANCESCO GUICCIARDINI, Ricordi politici (1512/30), zit. FUCHS, Art. Interesse (s. Anm. 24), 480 f.; zu Guicciardini vgl. HERMANN HONOLD, Menschenbild und Lebenskritik Francesco Guicciardinis (Diss. Freiburg i. Br. 1951), 98 f.

[86] GIOVANNI BOTERO, Aggiunte fatte alla sua ragion di Stato (1606), zit. MEINECKE, Staatsräson, 80; ebd., 77: das Meinecke-Zitat.

[87] Die erste dt. Übers. erschien schon 1616 v. G. Amincola; MEINECKE, Staatsräson, 84, Anm. 2, vermutet hinter dem Pseudonym Chr. Besold.

[88] TRAJANO BOCCALINI, La bilancia politica (posthum 1678), zit. ebd., 88 f.

[89] Ders., Ragguali di Parnaso (1612/13), zit. ebd., 88.

[90] Ebd., zit. ebd., 99.

[91] Vgl. dazu MEINECKE, Lehre von den Interessen, 14 ff.; OPPENHEIMER, System der Soziologie, Bd. 2, 120 ff. Zu Rohan vgl. unten Abschn. VI. 1. Spätere Werke: COUTILZ DE SANDRAS, Nouveaux intérêts des Princes de l'Europe (1685); JEAN ROUSSET, Les intérêts presens et les prétentions des puissances de l'Europe (1733); ACCARIAS DE SERIONNE, Les intérêts des nations de l'Europe, développés relativement au commerce (1733).

[92] Vgl. dazu GUNN, Public Interest, 5 ff. Gunn belegt die Interessenthematik in England durch politische Alltagsliteratur und erfaßt sie besser, als sie durch prominente Autoren wie Hobbes und Locke belegt werden könnte.

IV. 2. Politik
Interesse

Schlagwörter wie 'salus populi', 'public wealth', 'commonwealth', 'common good'. Diese Begriffe werden in einer Krise des Gemeinwesens, in welcher die Existenz des einzelnen und der Gruppen auf dem Spiele steht, virulent. An 'Interesse' können sich die Versuche um Orientierung dann abarbeiten, wobei das Wort seine negative Bedeutung zur Bezeichnung der Motivation schlechter Herrscher durchaus noch beibehält[93]. Rohan gibt einen entscheidenden Anstoß für die massierte Verwendung des Schlagwortes. Sein Buch erscheint 1640 in englischer Übersetzung von HUNT als „Treatise of the Interest of the Princes and States of Christendom"[94]. Aber auch vor 1640 war 'interest' in England schon gebräuchlich[95]. Es wurde mehr und mehr zu einem gesellschaftspolitisch notwendigen Begriff. Eine solche Ummünzung läßt sich erkennen: *The great interest (which word is now the only ideal that men fall down and worship) of government and governours is the glory of God and the good of mankind*[96]. Die königliche Inanspruchnahme des „public interest" im Namen der 'reason of state' wird von demselben Autor kritisiert und eine Verwahrlosung des Interessebegriffs notifiziert: *Words by tract of time degenerate like men. Tirannus once was taken in the better part, when kings were better commonwealthsmen ... So was the word Interest, whilst it was of public cognizance, and all Queen Elizabeth's days kept itself sober by drinking English beer till it was made drunk with Fruntiniack and the king and his courtiers by use upon use, and interest upon interest had almost swallowed up the people's principal*[97]. WILLIAM SEDGWICKE versucht, den guten Sinn von 'Interesse' zu sichern, und zeigt etymologisches Bewußtsein: *The word interest, which is of a uniting signification, inter esse, is to be in, or amongst each other. The public hath its interest in the king, and the king in the public ... they have the same esse or interest, which is to be together in each other*[98].

'Interesse' war in diesen Auseinandersetzungen ein so vages wie brauchbares Schlagwort. Die Ideale und Angelegenheiten einzelner sowie von Gruppen und Parteien konnten sich an ihm manifestieren. In der Dissoziation der englischen Bürgerkriegsgesellschaft war 'Interesse' ein Element und Katalysator — zumindest verbaler — Einigungsversuche. Die politische Sprache erweist sich hier als ein letztes Auskunftsmittel der Erhaltung des Gemeinwesens[99]. Seit etwa 1670 werden in England auch wirtschafts- und handelspolitische Probleme zunehmend über den Interessebegriff behandelt.

Die englische Entwicklung im 17. Jahrhundert läßt es fast überflüssig erscheinen, die Begriffsgeschichte von 'Interesse' hauptsächlich an Namen wie Hobbes, Locke

---

[93] Ebd., 36.
[94] HENRI DUC DE ROHAN, Treatise of the Interest of the Princes and States of Christendom, engl. v. H. HUNT (1640), zit. ebd.
[95] ETIENNE THUAU, Raison d'état et pensée politique à l'époque de Richelieu (Paris 1966).
[96] [Anonym], No Interest Beyond the Principal, or the Court Comissado (1648), zit. GUNN, Public Interest, 39.
[97] Ebd.
[98] WILLIAM SEDGWICKE, The Leaves of the Tree of Life (1648), zit. ebd., 40.
[99] GUNN zit. 33 Schriften (1641—1732), die 'interest' im Titel führen, davon 10 anonym im 17., eine im 18. Jahrhundert erschienene, ebd., 3 ff.

und Adam Smith anzuknüpfen, zumal der Ausdruck bei Hobbes und Locke nicht sehr häufig ist[100].

Die Frage der religiösen Toleranz, der geistigen Gesundheit der Gesinnung wird am Interessebegriff ausdrücklich thematisch bei CHRISTIAN THOMASIUS, in den von ihm 1688—1689 herausgegebenen „Freymüthige, lustige und ernsthaffte, jedoch Vernunfft- und Gesetz-mäßige Gedancken oder Monats-Gespräche über allerhand, fürnehmlich aber neue Bücher"[101]. 1688 wendet er sich gegen den Traktat von HEKTOR GOTTFRIED MASIUS: „Interesse principum circa religionem Evangelicam" (1687). Masius vertritt die Meinung, daß nur die evangelisch-lutherische Religion Frieden und Ruhe einer Republik sichern könne. THOMASIUS bestreitet, daß das *zeitliche Interesse* (auch das *zeitliche Staats-Interesse*) mit der Religion in Einklang zu bringen sei und plädiert für christliche Toleranz, empfiehlt Demut und warnt vor Heuchelei[102]. 1689 erscheint eine Verteidigungsschrift für Masius von PETER SCHIPPING (vermutlich ein Pseudonym für Masius selbst): „Abgenötigtes Gespräch von dem Bande der Religion und Sozietät; worinnen D. Masii interesse principum ... gegen eines neuerlichen Scribenten Ernsthafte Gedanken verteidiget wird". Darauf antwortet THOMASIUS, *daß man die wahre Religion wegen zeitlicher Interesse willen niemand recommodiren solle*[103].

Thomasius spricht von einer *Wissenschaft des Interesses* als einer *politischen*[104]. Auch das Problem, ob unter jeder Bedingung über den *intérêt räsonniret* werden kann, wird erörtert, *weil das Wesen der Raison d'Etat darinnen bestehet, daß solche heimlich gehalten und nicht ausposaunet werde*. Die *intention* der Regenten wird dabei thematisiert: *Großer Herren Interesse leidet nicht, daß man zu allen Zeiten ihre Jura ausführe, sondern je zuweilen ..., daß man dissimulire und eine gelegenere (Zeit) erwarte*[105]. Auch das Motiv Religion und Interesse ist gegenwärtig: Der katholische König von Frankreich sei *nichts weniger als katholisch*, sondern *brauche diese Religion nur als einen Deckmantel sein Interesse zu befördern*[106].

---

[100] Bei HOBBES ist 'self-interest' belegt, aber keineswegs leitender Terminus; 'potestas', 'conatus', 'impetus' und 'passion' sind wichtiger; vgl. PETER CORNELIUS MAYER-TASCH, Autonomie und Autorität. Rousseau in den Spuren von Hobbes? (Neuwied 1968), 66ff; RICHARD HÖNIGSWALD, Hobbes und die Staatsphilosophie (München 1924); bei LOCKE spielt 'interest' keine große Rolle. In spezieller wirtschafts- und finanzpolitischer Verwendung findet er sich in: ders., Some Considerations of the Consequences of Lowering the Interest and Raising the Value of Money (1691), Works, vol. 5 (1823; Ndr. 1963), 1ff.; HUME, Of Interest (1752), Works, vol. 3 (1883; Ndr. 1964), 320ff., schrieb ebenfalls über wirtschafts- und finanzpolitische Probleme; vgl. ders., A Treatise of Human Nature (1739), ebd., vol. 2 (1882; Ndr. 1964), 270. 299. 309, wo sich der Begriff bereits in der damals üblichen Bedeutung findet.
[101] CHRISTIAN THOMASIUS, Freymüthige, lustige und ernsthaffte, jedoch Vernunfft- und Gesetz-mäßige Gedancken oder Monats-Gespräche über allerhand, fürnehmlich aber neue Bücher (Halle 1690:; Ndr. Frankfurt 1972).
[102] Ebd. 2 (p. 795f.). 'Zeitliches' steht hier für 'weltliches Interesse'.
[103] Ebd. 3 (p. 388. 488).
[104] Ebd. 1 (p. 71. 88).
[105] Ebd. 1 (p. 100. 113).
[106] Ebd. 2 (p. 532).

Für Thomasius spielen diese Umstände des Interesses auch eine Rolle in einer weltoffenen und nicht schulfüchsigen Erziehung, z. B. künftiger Herrscher. Fürsten können als für ihre Aufgabe gebildet gelten, *wenn sie vom Ursprung und Fortgang derer Republiken in der Welt, von derselbigen heutigen Zustand, absonderlich aber von der Beschaffenheit des Hl. Römischen Reiches und dessen Haupt und Gliedern, von derer andern Europäischen Potentaten und Republiken dessein und intérêt wohl informiret werden*[107].

Auch bei Thomasius ist der Ausdruck 'Interesse' durchaus kein fixierter Terminus; er findet sich in verschiedenen Schreibweisen (auch was die Auszeichnung im Buchsatz betrifft). Belege für eine ganz unprätentiöse und beiläufige Verwendung lassen sich finden *(durch Freundschaft und nicht durch Interesse; wenn er nicht etwa ein merklich Interesse hätte*[108]*)*. An den Interessen, die in der Menschenwelt vielfach spielen und auch den zu Erziehenden jeweils selbst betreffen, kann der Mensch gebildet werden.

3. Kunst

Auf dem Gebiet der Kunst gewinnt 'Interesse' — vor allem auch das Adjektiv 'interessant' — große Bedeutung. Die Kunst und die Kunstbetrachtung erhalten seit Beginn des 18. Jahrhunderts eine anthropologisch, moralisch und erkenntnistheoretisch fundamentale Funktion[109]. Es ist ein Prozeß der Ablösung von einer rationalistischen, regelbestimmten Kunstauffassung hin zu Originalität und Urteilskraft. Charles Batteux hat vor allem die Einheit des Dramas im Auge, als eine Einheit des Interesses, das letztlich das Interesse der Menschheit sei. Auf ihn und auf De la Motte bezieht sich LESSING, wenn er 1750 die „Einheit des Interesses" aufnimmt und erläutert: *Diese ist die Einheit des Anteils, oder wie er* (De la Motte) *sie in seiner Sprache nennt, l'unité de l'intérêt*[110]. Bei DIDEROT ist das Interesse für Technik und Psychologie besonders der dramatischen Kunst wichtig: *L'intérêt dans un ouvrage de littérature naît du style, des incidens, des caractères, de la vraissemblance, et de l'enchainement*[111]. Die Frage, worauf sich das Interesse bezieht — auf die handelnden Personen oder auf die Zuschauer — steht im Mittelpunkt. Diderot bindet das Interesse an die im Drama handelnden Personen; das Reflektieren auf die Zuschauer macht die poetische Wirklichkeit unecht. Die Motivation der zu-

---

[107] Ders., Discours Welcher Gestalt man denen Frantzosen in gemeinem Leben und Wandel nachahmen solle ... (1701), Dt. Schr., hg. v. Peter v. Düffel (Stuttgart 1970), 34.
[108] Ders., Monats-Gespräche 2 (p. 28); 4 (p. 922).
[109] Vgl. ALEXANDER GOTTLIEB BAUMGARTEN, Aesthetica, Bd. 1 (Frankfurt a. O. 1750; Ndr. Hildesheim 1961), 3, § 6 den programmatischen Satz: *philosophus homo est inter homines.* — Dazu ALFRED BÄUMLER, Das Irrationalitätsproblem in der Ästhetik und Logik des 18. Jahrhunderts bis zur Kritik der Urteilskraft (1923; Ndr. Darmstadt 1974); JOACHIM RITTER, Art. Ästhetik, Hist. Wb. d. Philos., Bd. 1, 555ff.
[110] LESSING, Kritik über die „Gefangenen" des Plautus (1750), Sämtl. Schr., 3. Aufl., Bd. 13 (1897), 155.
[111] DIDEROT, Art. Intérêt (s. Anm. 44), 819; ders., De la poésie dramatique. Á mon ami Monsieur Grimm, Oeuvres compl., éd. Jean Assézat et Maurice Tourneux, t. 7 (Paris 1875), 299ff. 343.

schauenden Personen kann in der Kunst nur gelingen durch die Echtheit der Motivation der handelnden Personen. Die direkte Beschäftigung mit dem Zuschauer zerstört die Illusion[112].

JEAN FRANÇOIS DE MARMONTEL geht merklich über die ästhetisch-technische Würdigung des Interesses hinaus, *car la beauté poétique n'est autre chose que l'intérêt*[113]. Grundlage der vom Interesse bestimmten Kunst ist der Mensch und das Interesse am Menschen: *rien n'est si près de l'homme que l'homme même*. Marmontel unterscheidet *intérêt de la chose* und *intérêt de l'art* als zwei Ebenen der Wirklichkeit und der Kunst, die aufeinander bezogen werden müssen; für beide ist die *relation personelle* entscheidend; beide sind bezogen auf *l'amour de nous-mêmes*, der hier jeden moralisch negativen Sinn verliert. Das Interesse rechnet in der Kunst mit dem spontanen erlebnisfähigen Menschen, so wie die durch das Interesse bestimmte Kunst diesen Menschentyp restituieren soll *(l'homme qui est toujours enfant par coeur)* ... *Le mouvement du style, la poésie nous met par-tout en société avec nos semblables*. Der gesellige (gesellschaftliche!) Zusammenhang der Menschen gewinnt sein Pendant im Zusammenhang des Kunstwerks selbst, das darin sein höchstes Interesse hat: *rien n'est plus beau que parles rapports des détails avec l'ensemble, et de l'ensemble avec nousmêmes*[114].

Die philosophisch-anthropologische Bestimmung, die dem Interessebegriff so im Bereich der Kunst zuwächst, kommt 1771 bei CHRISTIAN GARVE zur Geltung[115]. Garve geht vom 'Interesse' als „Aufmerksamkeit" aus im Sinne einer subjektiven Kraft. Diese kann vom Objekt oder vom Subjekt her bestimmt sein. Der Bezug auf die Gegenstände ist ihm der wichtigste, weil damit ein Weltbezug hergestellt wird[116]. Garve unterscheidet *das Interessierende*, sofern die Sache zu unserer eigenen Vollkommenheit beiträgt — es bestimmt dann Deutlichkeit und Anzahl unserer Vorstellungen mit — und sofern es *etwas in unseren Umständen verbessert*. Letzteres ist ihm wichtig, da es Realität und Denken inniger verbindet. Dabei wird betont, *daß das Interessierende in den Begebenheiten immer ein künftiges ist, ... Gefahr* oder *Freude* machen seinen Erwartungshorizont aus. *In dieser Zukunft muß noch einige Dunkelheit sein. Es ist eine ungewisse Erwartung mit Begierde oder Abscheu verbunden.* Als Beispiel, das auch dramaturgisch wichtig ist, nennt Garve: ein Vater, der seinen Sohn tot findet, ist *gerührt*, aber nicht *interessiert;* hört er von einem Jüngling, der seinem Sohn ähnlich sieht, er sei tot, so ist er *in hohem Grad interessiert*. Die (unberechenbare) Situationsbezogenheit des Interesses wird betont: *So viel es also in unseren Umständen Veränderungen zum Besseren oder zum Schlechteren geben kann, große oder kleine; auf so vielfache Weise können wir interessiert werden*[117]. *Situation, Charakter, Umstände* stehen in Spannung zueinander und konstituieren das Interesse, d. h. *Unruhe* und *Bewegung*[118]. Die Interessen können so nach Situationen,

---

[112] Ders., De la poésie, 340ff.
[113] MARMONTEL, Art. Intérêt (s. Anm. 46), 628.
[114] Ebd., 628f.
[115] CHRISTIAN GARVE, Einige Gedanken über das Interessierende (1771; Leipzig 1779), 223ff.
[116] Ebd., 224: *Jeder Mensch hat um sich herum ein kleines System.*
[117] Ebd., 315f.
[118] Ebd., 317.

Ständen und Epochen verschieden sein[119]. Der *Streit zwischen Vernunft und Leidenschaften* ist konstitutiv für *Teilnehmung* und *Interesse; die Unruhe ist die eigentliche Bewegung der Seele, die sich am leichtesten mitteilt; die Arbeit, die die Seele selbst dabei anwenden muß*[120], die streitenden Leidenschaften zu differenzieren oder zu verbinden, ist die Grundlage der Wirkung des Kunstwerkes und der Sozialität. Besonders betont wird *die Einheit des Interesses* im Kunstwerk als *die alte oft wiederholte Vorschrift des Kunstrichters*, dessen Grundlage *die Imagination* ist[121].

Für JOHANN GEORG SULZER ist etwas interessant, *nur insofern es eine Angelegenheit für uns selbst wird*[122]; es beruht auf *Anteil nehmen*. So ist *das Interessante ... die wichtigste Eigenschaft der ästhetischen Gegenstände ... Die innere Wirksamkeit oder Tätigkeit, wodurch wir uns selbst als freie aus eigenen Kräften handelnde Wesen verhalten, ist die erste und größte Angelegenheit unserer Natur.* Sulzer verwendet hier 'Interesse' als „Eigennutz" ganz positiv, ohne moralisch abwertende Nuance: *Diese Wirksamkeit ist der erste, wahre Grundtrieb unseres Wesens, der Eigennutzen, oder das Interesse, welches einige Philosophen zur Quelle aller Handlungen machen,* d. h., *daß interessante Gegenstände die innere Wirksamkeit des Geistes, die eigentlich den Wert des Menschen ausmacht, vermehren*[123]. *Wer andere rühren will, ..., der muß selbst gerührt sein.* Der Künstler muß die zur Wirksamkeit fähigen Menschen in die richtige Bahn lenken, indem er *uns jederzeit für Recht und Tugend interessiert* und nicht aus *verkehrtem Herzen* falsch lenkt. Maßstab dieser sittlichen Aufgabe der Kunst ist, daß die *Angelegenheit der Menschen zum Hauptgegenstand* wird[124].

Auch HERDER reklamiert den Interessebegriff positiv für die Kunst. Er will das Interesse von der angeblich von Helvétius stammenden negativen Bedeutung als „Eigennutz" befreit sehen. *Mit Nutzbarkeit für mich kann die Tugend bestehen; mit Eigennutz nie. Würde endlich Eigennutz die Basis der Kritik alles Wahren, Guten und Schönen — kurz, zum Begriff der Schönheit gehört das Wort Eigennutz gar nicht ... Interesse aber hat die Schönheit; ja alles Gute hat nur durch sie Interesse.* Interesse ist hier also geradezu das anthropologische Relais, das Kunst und Moral verbindet. *Denn was heißt das Wort? Interesse ist quod mea interest, was mich angeht. Betrifft eine Sache mich nicht, wie könnte ich an ihr Wohlgefallen finden?.* So ist für Herder *Interesse ... wie des Guten und Wahren, so auch der Schönheit Seele.* Deshalb ist es nicht ein für klassisch erklärter Stoff, sondern das Interesse, durch welches ein Kunstwerk Wert erlangt: *Gib ihm Interesse, und ein Märchen von der Mutter Gans gefällt mehr, als eine langweilige Heroide.* Solches Interesse am Schönen ist gerade das Reinste: *Kein schönes Werk der Kunst oder der Natur soll uns also ohne Interesse sein; in dem reinen Verstande nämlich, in welchem alle kultivierten Nationen das Wort gebrauchen, der dann jeden schändlichen, der Kunst unwürdigen Nebenbegriff des Eigennutzes, des Wuchers usf. ganz ausschließt. Warum wollten wir Deutsche, und wie dürfen wir die gemeinsame Sprache der Völker, die früher als wir, die Kritik betrieben, eine angenommene Sprache, verwirren und ummodeln? Der feine komplexe Begriff,*

---

[119] Ebd., 360f.
[120] Ebd., 346ff.
[121] Ebd., 433f.
[122] J. G. SULZER, Allgemeine Theorie der schönen Künste, Bd. 1 (Leipzig 1773), 751.
[123] Ebd., 752.
[124] Ebd., 753.

der sich in Sachen der Kunst und des Geschmackes das Wort Interesse, interessant usf. einmal zugebildet hat, und dabei weder an Eingennutz, noch an Zinsen denkt, wundert sich, daß man ihm so etwas nur gegenüberstellen, geschweige mit ihm verwirren möge[125].

Dieser Gebrauch von 'Interesse' wird in der Ästhetik des 18. Jahrhunderts nicht immer mitgemacht, ohne daß damit in der Sache ein Dissens mit Herder bestehen müßte. LUDWIG HEINRICH JAKOB schreibt 1785: *Da aber Leidenschaft oder Unachtsamkeit oder Nachlässigkeit den Menschen oft verhindern, über Handlungen richtig zu urteilen: so kömmt es bloß darauf an, ihm einen anderen Fall vorzuhalten, wo Interesse und Parteilichkeit ihn nicht mehr hindern*[126]. Jakob will Teilnahme an Handlungen freihalten von kurzschlüssiger Leidenschaft und von umständlichem, abwegigem philosophischem Räsonnement. Daß ihm 'Interesse' zum Ausdrücken dieser Ansicht fehlt, zeigt, daß es trotz seiner vielfältigen Verwendung immer noch nicht zu einem festen Begriff geworden war.

Hatte für Sulzer das Interesse in der Poesie noch eine bewußt moralische Ausrichtung, so ist das Interessante bei FRIEDRICH SCHLEGEL Ausdruck des Modernen in einer ganz und gar nicht an festen Idealen orientierten Kunst, die sich als „universale Mischpoesie" versteht[127]. Schlegel knüpft an die Schillersche Terminologie an und charakterisiert die moderne Kunst und Poesie als 'sentimentalisch'. *Die charakteristischen Merkmale der sentimentalen Poesie sind das Interesse an der Realität des Ideals, die Reflexion über das Verhältnis des Idealen und Realen*[128]. D. h., die moderne Poesie arbeitet mit einem Bruch, der wesentlich ist für das menschliche Welt- und Selbstverständnis. Deshalb ist *die Herrschaft des Interessanten durchaus nur eine vorübergehende Krise des Geschmacks*[129]. Da das Schöne bisher durch ein uninteressiertes Wohlgefallen bestimmt wurde, muß Schlegel, der diese These akzeptiert, erklären: *Das Schöne ist also nicht das Ideal der modernen Poesie und von dem Interessanten wesentlich verschieden. Das Interessante ist also lediglich das Gebot der gegenwärtigen Poesie, die sich von der alten unterscheidet. Immer aber hat das Inter-*

---

[125] HERDER, Kalligone (1800), SW Bd. 22 (1880; Ndr. 1967), 96f.
[126] LUDWIG HEINRICH JAKOB, Über die äsopische Fabel der Alten, Berlinische Monatsschr. 5 (1785), 303. — KARL FRIEDRICH FLÖGEL, Versuch über die Schönheit (1770), zit. SCHULZ/BASLER, Bd. 1, 303, s. v. Interesse, nennt den Begriff positiv: *Das Wort Interesse ist seit jeher manchen Weltweisen so anstößig gewesen, daß sie immer etwas Böses oder Unanständiges darunter verstanden haben — ich muß aufrichtig bekennen, daß ich die fürchterliche Gestalt gar nicht finden kann, unter welcher man uns das Interesse vorstellen will. Laßt uns die bisher verengesten Grenzen desselben erweitern, alsdenn werden wir es nutzen können, wie es die Natur der Dinge zu erfordern scheint. Wer nötigte uns denn, dasselbe bloß auf Gegenstände der Habsucht, des Ehrgeizes und der groben Wollust einzuschränken; ist nicht sein Gebiet viel weitläufiger? Es gibt tausend Arten eines edlen Interesses, dessen sich der tugendhafte Mann nicht schämen darf. — Denn wenn ist unsere Seele tätig? Nur alsdenn, wenn ein Reiz zur Tätigkeit vorhergeht, und dieser Reiz ist irgendeine Art des Interesses.*
[127] HELMUT SCHANZE, Romantik und Aufklärung. Untersuchungen zu Friedrich Schlegel und Novalis (Nürnberg 1966), 74.
[128] FR. SCHLEGEL, Über das Studium der griechischen Poesie (1795/97), SW Bd. 1 (1979), 212.
[129] Ebd., 254.

essante in der Poesie nur eine provisorische Gültigkeit[130]. Aber das „Provisorische" ist sozusagen das Signum der „modernen" menschlichen Lage. Schlegel unterscheidet so die griechische *philosophische* oder *objektive Tragödie*, die er hoch einschätzt, von der *interessanten Tragödie*, für die ihm vor allem Shakespeare als Muster dient[131]. Die interessante Kunst ist erforderlich, *weil der ästhetische Imperativ nicht vollkommen befriedigt werden kann ... so ist eben damit auch bewiesen, daß das Interessante als die notwendige Vorbereitung zur unendlichen Vervollkommnung der gesamten Kunst-Anlage künstlerisch erlaubt sei*. So ist die *Krise des Geschmacks ... durchaus nur eine vorübergehende*[132], aber das Konstituens der Kunst einer ganzen Epoche, die von Schlegel als romantische oder interessante positiv propagiert wird: der akzeptierte *Mangel der Allgemeingültigkeit, ... die Herrschaft des Manierierten, Charakteristischen und Individuellen, die Ausrichtung der ganzen ästhetischen Bildung der Modernen auf das Interessante*[133]. Es ist *das rastlose unersättliche Streben nach dem Neuen*[134], d. h. nach Weltgestaltung, nach Subjektivierung der Welt und Verweltlichung des Subjekts. Das Verhältnis von Mensch und Welt ist das Interessante. Dieser anthropologische Sachverhalt realisiert sich bei Schlegel innerhalb einer geschichtsphilosophischen Konzeption der Kunst als einer vorläufig modernen: *Interessant ist, was sich bezieht auf den inneren Kampf zwischen dem Guten und dem Bösen, oder was zur Gottheit führt*[135]. Im Interessebegriff der Poesie verbinden sich Anthropologie und Geschichtsphilosophie.

SCHOPENHAUER trennt in einem Aufsatz von 1821 „Über das Interessante"[136] das 'Schöne' ausdrücklich vom 'Interessanten': *Das Wort 'Interessant' bedeutet ... überhaupt das, was dem individuellen Willen Anteil abgewinnt, quod nostra interest. Hier scheidet sich deutlich das Schöne vom Interessanten: jenes ist Sache der Erkenntnis und zwar der allerreinsten: dieses wirkt auf den Willen. Da als eigentlicher Zweck jeder Kunst ... das Schöne gilt, fragt sich nur, ob das Interessante ... ein zweiter Zweck der Dichtkunst ist, oder ob es Mittel zur Darstellung des Schönen ist, oder ob durch dieses als wesentliches Accidens herbeigeführt und sich von selbst einfindend sobald das Schöne da ist, oder ob wenigstens mit diesem Hauptzweck vereinbar*. Nur die letzte Frage könne prinzipiell bejaht werden. Schopenhauer akzeptiert das Interessante nur als Stärkung der Anteilnahme, *als Bindemittel der Aufmerksamkeit; das Interessante ist der Feder in der Uhr zu vergleichen, es ist der Leib des Gedichts, das Schöne die Seele*. Schopenhauers quietistische Metaphysik läßt weder eine genuin anthropologische noch eine geschichtsphilosophische Deutung des Interesses im Sinne Schlegels zu[137].

---

[130] Ebd., 213. 215.
[131] Ebd., 215.
[132] Ebd., 214. 254.
[133] Ebd., 252.
[134] Ebd., 228.
[135] Ders., Transcendentalphilosophie (1800/01), ebd., Bd. 12 (1964), 104.
[136] SCHOPENHAUER, Über das Interessante (Berlin 1821).
[137] Ebd., 382. — NIETZSCHE, Der Fall Wagner (1888), Werke, Bd. 2 (1955), 908, kritisiert auf seine Weise Schlegels Auffassung: *Wer lehrte es uns, wenn nicht Wagner, daß die Unschuld mit Vorliebe interessante Sünder erlöst?* Nietzsche zufolge gibt es *weder ein unegoistisches Handeln, noch ein völlig interesseloses Anschauen, es sind beides nur Sublimierungen ... Chemie der Begriffe und Empfindungen*, ders., Menschliches, Allzumenschliches. Ein Buch für freie Geister (1886), ebd., Bd. 1 (1954), 447.

4. Der Interessebegriff in der Philosophie des 18. Jahrhunderts

Wenn sich am Begriff 'Interesse' gegensätzliche Anliegen der Orientierung dokumentieren und die Philosophie ihn aufgreift, muß sie ihn entweder als widersprüchlich verwerfen oder seine Rationalisierung betreiben. Drei — zumindest scheinbare — Paradoxien führt der Interessebegriff mit sich: die moralistische, die politisch-gesellschaftliche und die erkenntnistheoretische. Die moralistische Paradoxie besteht darin, daß mit dem Interesse realistisch die Unfähigkeit des Menschen zur Tugend festgestellt wird und idealistisch gleichwohl tugendhaftes Verhalten verlangt wird. Die politische Paradoxie liegt in der Betonung der irrationalen Bestimmtheit des Menschen durch sein Einzelinteresse bei der gleichzeitigen Bemühung, die vereinzelten Menschen staatlich oder gesellschaftlich zum Zwecke ihrer Wohlfahrt bewußt zu integrieren. Die erkenntnistheoretische Paradoxie besteht in der fundamentalen Bestimmung der menschlichen Orientierung durch bloße Leidenschaft (Trieb, Wille, Lust, Unlust), die gleichwohl rational durch Kalkül oder Ideale strukturiert, geleitet oder gedeutet werden soll.

Die französische Philosophie des 18. Jahrhunderts sucht die drei Problemaspekte unter anthropologischer Akzentuierung zu verbinden[138]. HELVÉTIUS hat als erster dem Begriff 'Interesse' eine weitreichende philosophische Bedeutung gegeben. Wenn der Terminus 'Interesse' auch bis an die Schwelle des 20. Jahrhunderts nie in den Titel eines philosophischen Werkes hineingelangt zu sein scheint[139], so steht er bei Helvétius doch häufig in Kapitel- und Abschnittsüberschriften[140]. Nach Helvétius ist *l'esprit* nur *l'habitude des idées intéressantes pour tous les peuples, soit comme instructives, soit comme agréables*[141]. Unter 'Geist' versteht er das menschliche Orientierungssystem, das durch drei Aspekte zu kennzeichnen ist: a) Es ist ein immer schon genetisch etabliertes Konkretum, das durch Gewohnheit, d. h. durch zurückliegende Orientierungsleistungen bestimmt wird; in diesem Orientierungssystem dokumentiert und äußert sich b) eine metaphysisch nicht näher ableitbare Aktivität, die als *agréable* gefaßt wird, auch 'passion', 'amour', 'désir', 'crainte de peine/douleur' resp. 'désir/amour de plaisir' heißt[142]; c) äußert sich in dem Orientierungssystem eine mehr rationale, strukturierende Leistung. Zusammengehalten werden diese Leistungen durch das Interesse, das nicht etwa diesem allem voraus liegt oder von außen hinzukommt, vielmehr: der ganze Komplex ist interessant[143]. *L'intérêt préside à tous nos jugements*. Helvétius erläutert ausdrücklich den fundamentalen Gebrauch des Wortes: *Le vulgaire restreint communément la signification de ce mot intérêt au seul amour de l'argent: le lecteur éclairé sentira que je prends ce mot dans un sens plus étendu, et que je l'applique généralement à tout ce qui peut nous*

---

[138] Zum Interessebegriff der französischen Aufklärungsphilosophie vgl. LESTER G. CROCKER, An Age of Crisis. Man and World in the 18th Century French Thought (Baltimore 1958), 256ff.

[139] HANS FLASCHE / UTTA WAWRZINEK, Materialien zur Begriffsgeschichte. Eine Bibliographie deutscher Hochschulschriften 1900—1955, Arch. f. Begriffsgesch. 5 (1960), 255.

[140] CLAUDE ADRIEN HELVÉTIUS, De l'homme, de ses facultés intellectuelles et de son éducation (1772), Oeuvres compl., t. 7—12 (1795; Ndr. Hildesheim 1967/69); ders., De l'esprit (1758), ebd., t. 1—4 (1795; Ndr. 1967/69).

[141] Ders., De l'esprit, ebd., t. 3, 147.

[142] Ebd., t. 4, 37ff.   [143] Ebd., t. 1, 177.

procurer des plaisirs, ou nous soustraire à des peines[144]. Aber 'Interesse' ist nicht identisch mit 'amour', 'désir', 'crainte', 'peine' usw., noch ist es in seiner Bedeutung rein emotional oder voluntaristisch aufgefaßt. Es ist vielmehr sowohl passioniert als auch mit einem Minimum an intellektualer, d. h. bewußter, strukturierender Orientierung versehen.

Die Voraussetzung dieser Lehre liegt in CONDILLACS Sensualismus; nach ihm ist auszugehen von einem 'sentir', das so verstanden wird, daß es alle Aspekte möglicher Orientierungsleistungen elementar und gleichursprünglich enthält. Bereits im „Traité des sensations" von 1754 findet sich in diesem Zusammenhang der Interessebegriff. *Si l'homme n'avait aucun intérêt à s'occuper de ses sensations*, dann würde er überhaupt keinen Selbst- oder Weltbezug haben. Es liegt in der Natur der sensations, daß sie nicht in Lethargie verharren, weil sie notwendigerweise *agréable* oder *désagréable* sind; und das macht es, daß *l'homme ... est intéressé*. Der in der sensation oder den sensations ursprünglich vermittelte Weltbezug *occasionne d'actions dans l'âme*. So ist dauernd ein Bedürfnis (besoin) da, das gleichursprünglich ist mit einer fundamentalen *inquiétude*. Dieses ist das erste Prinzip, *qui nous donne les habitudes*, d. h. die Gewohnheiten als das Aufdauerstellen eines flexiblen und relativ stabilen konkreten Orientierungssystems[145]. In seinem „Traité des animaux" von 1755, in welchem Condillac — wie später Helvétius[146] — Tiere als einfachere und unflexiblere Gestalten solcher Orientierungsformen behandelt, wird besonders das Phänomen der Gewohnheit als systembildender Faktor im Zusammenhang mit dem Interesse dargestellt. Tiere haben wenige Bedürfnisse (besoins), und diese werden auf einfacheren und direkteren Wegen als beim Menschen befriedigt. Deshalb kreuzen sich die Interessen seltener; das für die Menschen wichtige Problem, *de concilier nos intérêts avec ceux de nos concitoyens*, stellt sich in dieser Härte bei den Tieren nicht[147]. Bei Condillac läßt sich so etwas wie ein Unterschied zwischen relativ elementaren Bedürfnissen (besoins) und Interesse erkennen. Dieses erweist sich als eine Art Arrangement der Bedürfnisse. Der Mensch muß seine Bedürfnisse ausdrücklich erörtern, um seine komplizierte Existenz zu erhalten und zu gestalten. Dieses gleichsam höhere Bedürfnis nennt Condillac *intérêt bien entendu ... à corriger nos méchantes habitudes*[148].

---

[144] Ebd., t. 2, 7, Anm. 1.
[145] ÉTIENNE BONNOT DE CONDILLAC, Traité des sensations (1754), Oeuvres compl., éd. A. S. Théry, t. 3 (Paris 1822), 7f. — Zum Begriff 'inquiétude' vgl. JEAN DEPRUN, La philosophie de l'inquiétude en France au 18ᵉ siècle (Paris 1979).
[146] HELVÉTIUS, De l'esprit, Oeuvres compl., t. 1, 195.
[147] CONDILLAC, Traité des animaux (1755), Oeuvres compl., t. 3, 453.
[148] Ebd., 455; vgl. ebd., 470. — Für 'intérêt bien entendu' wird oft auf Helvétius verwiesen; vgl. VOLKER GERHARDT, Art. Interesse II, Hist. Wb. d. Philos., Bd. 4, 487; EISLER 4. Aufl., Bd. 1 (1927), 767, Art. Interesse. Ein Beleg wurde nicht gefunden, wohl aber bei MARIE JEAN ANTOINE NICOLAS CONDORCET, Esquisse d'un tableau historique des progrès de l'esprit humain 1, 10 (1793/94), Oeuvres, éd. A. Condorcet-O'Connor et M. F. Arago, t. 6 (Paris 1847; Ndr. Stuttgart–Bad Cannstatt 1968), 240: *intérêt bien entendu de l'Europe*. — Zu Condillacs flexiblem System- und Gewohnheitsbegriff vgl. GERHARD FUNKE, Analyse und Synthese im französischen rationalistischen Empirismus, in: ders., Philosophia naturalis, Bd. 3 (1956), 70ff.; ders., Natur und „zweite Natur" im konsequenten Sensualismus. Condillacs Transformationstheorie, ebd., Bd. 4 (1957), 101ff.

HELVÉTIUS wendet 'Interesse' viel breiter auf gesellschaftliche, politische und erzieherische Gebiete an als Condillac[149]. Er analogisiert: *Si l'univers physique est soumis aux lois du mouvement, l'univers moral ne l'est pas moins à celles de l'intérêt. L'intérêt est sur la terre le puissant enchanteur qui change aux yeux de toutes les créatures la forme de tous les objets*[150]. Der Interessebegriff läßt unsere Urteile immer unsicher sein, weil ihnen eine lange Habitus-Genese zugrunde liegt[151]; der „Geist", d. h. das je konkrete Orientierungssystem, ist aber jeweils in einer aktuellen Beziehung zur Gesellschaft und muß Stellung nehmen oder handeln. Die Orientierung läuft hier über „estimer" oder „l'estime" und damit gerade nicht über das voll durchrationalisierte Urteil. Das Interesse und das Interessante ist ein solches Estimieren resp. zu Estimierendes. Hier wird also mit dem Interesse so etwas wie historische, politische und soziale Urteilskraft verbunden, nach welcher die Grenzen rationaler Durchdringlichkeit zu respektieren sind[152].

Der mit der sensualistischen Grundauffassung verbundene, methodisch gemeinte Reduktionismus, der in der Zurückführung auf wenige, einfache Grundgesichtspunkte besteht, macht gerade den Interessebegriff handhabbar und scheint ihn andererseits auch zu fordern[153].

Bei HOLBACH wird der Interessebegriff in einer mit Helvétius vergleichbaren Intensität behandelt, wobei jedoch das Thema auf ein Kapitel seines „Système de la Nature" (1770) konzentriert ist. Kapitel 15 beschäftigt sich ausführlich mit „Des intérêts des hommes ou des idées qu'ils font du bonheur" mit dem Untertitel „L'homme ne peut être heureux sans la vertu"[154]. Holbach stellt fest, *que l'intérêt est l'unique mobile des actions humaines ... nul homme ne peut être appelé désintéressé ... Organisation naturelle, circonstances, habitudes, idées vraies et fausses* bestimmen den Menschen und die Art seines Interesses. Dabei geht es um die *habitude de pratiquer la vertu* über einen *intérêt, qu'il* (der Mensch) *a de mériter l'affection l'estime et les secours des autres*[155]. Holbach nennt dies auch die *sociabilité* des Menschen, die über das Interesse verläuft[156]. Zwischen 'Bedürfnis' und 'Interesse'

---

[149] Die Kennzeichnung als 'Materialist', auch als Vorläufer von Marx, ist problematisch; vgl. GÜNTHER MENSCHING, Totalität und Autonomie. Untersuchungen zur philosophischen Gesellschaftstheorie des französischen Materialismus (Frankfurt 1971), 178 ff.
[150] HELVÉTIUS, De l'esprit, Oeuvres compl., t. 2, 21 f.
[151] Ebd., 8.
[152] Helvétius entwickelt eine am Interesse orientierte Romantheorie, die *estime* und *esprit (de l'esprit par rapport à la société)* korreliert (ebd., t. 3. 1 ff.) und eine politische Interessenlehre (ebd., 100 ff. 143 ff.) gegen eine *anarchie des intérêts* (ebd., t. 2, 228) stellt.
[153] Vgl. den Briefwechsel Helvétius' mit Montesquieu zur englischen Verfassung (ebd., t. 14 [1795; Ndr. 1967/69], 61 ff.), mit Hume zu seinem Interessebegriff (ebd., 33 ff.), ferner mit dem Voltaire gewidmeten „Epître sur le plaisir", ebd., t. 13 (1795; Ndr. 1967/69), 108 ff. — Zu *intérêt temporel* bezüglich Moral und Religion: ders., De l'esprit, ebd., t. 3, 113 ff. 125 ff.
[154] PAUL THIRY D'HOLBACH, Système de la nature ou des lois du monde physique et du monde moral (1770), éd. Yvon Belaval, t. 1 (Paris 1821; Ndr. Hildesheim 1966), 372 ff.
[155] Ebd., 374 f. 377.
[156] Ebd., t. 2 (1821; Ndr. 1966), 435 ff.

wird unterschieden. *L'intérêt dépend ... de ses besoins*[157]. Es ist eine höherstufige (z. B. gesellschaftliche) Verarbeitung und ein Arrangement der Bedürfnisse[158]. ROUSSEAU weicht auf den moralistischen Interessebegriff aus mit dem entsprechenden Auseinanderfallen des Begriffes in paradoxale Alternativen. Er unterscheidet streng 'amour propre' oder 'intérêt privé' als entartete Selbstliebe von dem „natürlichen" 'amour de soi' und von beidem den 'amour de l'ordre', die Liebe zur Schönheit des Ganzen. Der 'amour de l'ordre' realisiert sich in einem 'intérêt moral', der Konstituens der Tugend ist[159]. Die Möglichkeit verschiedener und verschiedenstufiger Interessenkonstellationen soll ausgeschlossen werden. In der Nachfolge Rousseaus wird SIEYÈS in seiner berühmten Schrift „Qu'est-ce que le Tiers-État?" ausdrücklich sagen: *La grande difficulté vient de l'intérêt par lequel un citoyen s'accorde avec quelques autres seulement. Celui-ci permet de se concerter, de se liguer; par lui se combinent les projets dangereux pour la communauté; par lui se forment les ennemis publics les plus redoutables. L'histoire est pleine de cette vérité*[160]. Die „Loi Le Chapelier" vom 17. 6. 1791 wird dann kurzerhand erklären: *Il n'y a plus de corporation dans l'État; il n'y a plus que l'intérêt particulier de chaque individu, et l'intérêt général. Il n'est permis à personne d'inspirer aux citoyens un intérêt intermédiaire, de les séparer de la chose publique par un esprit de corporation*[161]. Das interessante „estimer" und „estime" des Helvétius, das konkrete und differenzierte Interessenlagen würdigt und zuläßt, ist zugunsten einer über alles verfügenden politischen Vernunft verschwunden.

Gegen einen solchen Totalitarismus einer politisch überforderten Vernunft hatte sich schon 1778 LESSING in seinen Freimaurergesprächen gewandt. Er zeigte am Interessebegriff die Unmöglichkeit und Unwünschbarkeit einer völlig homogenisierten Gesellschaft[162].

KANTS Interessebegriff dokumentiert das Problem der Verknüpfung der "Reinheit" der Vernunft mit ihrer praktischen Bestimmung. Fragen, wie sie im Zusammenhang der amour-pur-Diskussion wichtig waren, sind in säkularisierter Gestalt wiederzuerkennen[163]. In der „Grundlegung zur Metaphysik der Sitten" (1785) nennt Kant *Interesse ... die Abhängigkeit eines zufällig bestimmbaren Willens ... von Prinzipien der Vernunft*. Das Interesse steht also zwischen bloßer Natur und reiner Vernunft;

---

[157] Ebd., t. 1, 377.

[158] Bei den aus dem französischen Sensualismus hervorgehenden „Ideologen" (wie Destutt de Tracy) findet der Interessebegriff keine besondere Würdigung, obwohl 'Bedürfnis' eine anthropologische Grundkategorie bleibt. E. W. ORTH, Von der Ideo-logie zur Ideologie-Kritik, in: Phänomenologie und Marxismus, Bd. 4, hg. v. BERNHARD WALDENFELS u. a. (Frankfurt 1979), 197 ff.

[159] IRING FETSCHER, Rousseaus politische Philosophie. Zur Geschichte des demokratischen Freiheitsbegriffs (1960), 3. Aufl. (Frankfurt 1975), 65 ff.

[160] EMMANUEL JOSEPH SIEYÈS, Qu'est-ce que le Tiers-État? (1789), éd. Edme Champion (Paris 1888), 87.

[161] Loi Le Chapelier (17. 6. 1791), zit. MAYER-TASCH, Autonomie (s. Anm. 100), 97 f., Anm. 128.

[162] LESSING, Ernst und Falk (1771/78), Sämtl. Schr., 3. Aufl., Bd. 13, 352. 355.

[163] KANT, Grundlegung zur Metaphysik der Sitten (1785), AA Bd. 4 (1903/11; Ndr. 1968), 406. 449 ff.

es findet ... nur bei einem abhängigen Willen statt, der nicht von selbst jederzeit der Vernunft gemäß ist; beim göttlichen Willen kann man sich kein Interesse gedenken. Kant muß den Willen des Menschen gleichwohl als einen vernünftigen sittlichen Willen ausweisen. Deshalb sagt er: *Aber auch der menschliche Wille kann woran ein Interesse nehmen, ohne darum aus Interesse zu handeln* — ein „höheres", „desinteressiertes" Interesse. *Das erste (sc. höhere) bedeutet das praktische Interesse an der Handlung, das zweite das pathologische Interesse am Gegenstande der Handlung*[164]. *Ein allgemein-gesetzgebender Wille darf kein Interesse haben; denn ein solcher abhängender Wille würde selbst noch eines anderen Gesetzes bedürfen, welches das Interesse seiner Selbstliebe auf die Bedingung einer Gültigkeit zum allgemeinen Gesetz einschränkte ... obgleich ein Wille, der unter Gesetzen steht, noch vermittelst eines Interesses an dieses Gesetz gebunden sein mag*[165]. Obwohl der Mensch sich als freier und unbedingter vernünftiger Wille erfährt, stellt Kant fest: *Wie nun aber reine Vernunft ohne andere Triebfedern, die irgend woher sonst genommen sein mögen, für sich selbst praktisch sein, d. i. wie das bloße Prinzip der Allgemeingültigkeit aller ihrer Maximen als Gesetze (welches freilich die Form der reinen praktischen Vernunft sein würde) ohne alle Materie (Gegenstand) des Willens, woran man zum voraus irgendein Interesse nehmen dürfe, für sich selbst eine Triebfeder abgeben und ein Interesse, welches rein moralisch heißen würde, bewirken, oder mit anderen Worten, wie reine Vernunft praktisch sein könne, das zu erklären, dazu ist alle menschliche Vernunft gänzlich unvermögend*[166]. Trotzdem gilt: *Was im Verhältnis der Menschen zu sich selbst und anderen Zweck sein kann, das ist Zweck vor der reinen praktischen Vernunft; denn sie ist ein Vermögen der Zwecke überhaupt, in Ansehung derselben indifferent sein, d. i. kein Interesse daran zu nehmen, ist also ein Widerspruch: weil sie alsdann auch nicht die Maximen zu Handlungen ... bestimmen, mithin keine praktische Vernunft sein würde*[167].

In der „Kritik der reinen Vernunft" unterscheidet Kant das *spekulative* und das *praktische Interesse der Vernunft. Die höchste formale Einheit, welche allein auf Vernunftbegriffen beruht, ist die zweckmäßige Einheit der Dinge, und das spekulative Interesse der Vernunft macht es notwendig, alle Anordnung in der Welt so anzusehen, als ob sie aus der Absicht einer allerhöchsten Vernunft entsprossen wären*[168]. Diese *höchsten Zwecke werden nach der Natur der Vernunft wiederum Einheit haben müssen, um dasjenige Interesse der Menschheit, welches keinem höheren untergeordnet ist, vereinigt zu befördern*[169]. Ein letztes Interesse auf anthropologischer Basis kündigt sich dann an: *Alles Interesse meiner Vernunft (das spekulative sowohl, als das praktische) vereinigt sich in folgenden drei Fragen: 1. Was kann ich wissen? 2. Was soll ich tun? 3. Was darf ich hoffen?*[170] Hier fehlt die vierte Frage: *Was ist der Mensch?*[171], in der

---

[164] Ebd., 413, Anm.
[165] Ebd., 432.
[166] Ebd., 461.
[167] Ders., Metaphysik der Sitten (1797), ebd., Bd. 6 (1907/14; Ndr. 1968), 395.
[168] Ders., Kritik der reinen Vernunft (1781), 2. Aufl. (1787), ebd., Bd. 3 (1904/11; Ndr. 1968), 452.
[169] Ebd., 518; vgl. ebd., 440.
[170] Ebd., 522.
[171] Ders., Logik (1800), ebd., Bd. 9 (1923; Ndr. 1968), 25.

alle übrigen Fragen kulminieren sollen, wie es in Kants „Logik" heißt. Nimmt man diese Frage hinzu, dann ist das höchste Interesse das anthropologische. Aber die Unterscheidung der Begriffe war notwendig, um einen „kritischen" anthropologischen Interessebegriff allererst zu erhalten und handhabbar zu machen. An der Einheit der Vernunft, die am Menschen manifest wird, will Kant festhalten. Aus dem konkreten Menschen allein läßt sich ein letzter Grund oder eine abschließende Einheit nicht gewinnen. Der Primat der (reinen) praktischen Vernunft darf nicht geschichtsphilosophisch, sozialphilosophisch oder anthropologisch umgedeutet werden. Hier dient Kant der Terminus 'Interesse' als ein (kritisch-problematischer) Begriff, der zwischen theoretischer Vernunft und praktischer Vernunft sowie menschlicher Realität vermittelt. Daß die Prinzipien des verschiedenen Vernunftgebrauches einander nicht widersprechen, ist nicht mehr Angelegenheit irgendeines Interesses, *sondern ist die Bedingung überhaupt Vernunft zu haben; nur die Erweiterung, nicht die bloße Zusammenstimmung mit sich selbst wird zum Interesse derselben gezählt*[172]. Sofern die Vernunft Zwecke setzt, kann sie nicht indifferent sein; sie muß handeln. Das Handeln ist notwendig, aber als solches liefert es keine Kriterien, diese müssen eigens erarbeitet werden. Beides zu vermitteln, dient Kant der Interessebegriff. Diese Vermittlung soll aber nicht der konkrete Vorgang selbst sein, sondern ist eine vernünftige, kritische Orientierung über das, was möglich und nicht möglich ist[173]. — Angesichts des Vermittlungsproblems ist es kein Zufall, daß die „Kritik der Urteilskraft" (1790) die meisten Interessebelege und entsprechende terminologische Versuche enthält[174].

ADAM SMITH geht wie Hutcheson vom 'self-interest' aus, das er als solches nicht näher definiert[175]. Das freie Wirkenlassen individueller Interessen führt zu der besten Form menschlichen Wirtschaftens und ergibt eine Art gesellschaftlicher Harmonie. Der Mensch kann sich zur konkreten Sicherung seiner Existenz nicht auf das direkte Wohlwollen anderer verlassen, obwohl er doch darauf angewiesen ist: *He will be more likely to prevail if he can interest their self-love in his favour, and shew them that it is for their own advantage to do for him what he requires of them ... We address ourselves, not to their humanity but to their self-love, and never talk to them of our own necessities but of their advantages.* Diese Ansicht hat eine philosophisch-anthropologische Grundlage, die über einen bloßen Interesse-Mechanismus gesellschaftlich-wirtschaftlicher Art hinausweist: 1) Die Bestimmung des Menschen als eines arbeitenden Wesens und der damit gleichursprünglich verbundene Welt- und

---

[172] Ders., Kritik der praktischen Vernunft (1788), ebd., Bd. 5 (1908/13; Ndr. 1968), 120.
[173] Vgl. HABERMAS, Erkenntnis und Interesse (s. Anm. 2), 244ff.
[174] KANT, Kritik der Urteilskraft (1790), AA Bd. 5, 296, § 41. — Vgl. dazu die zeitgenössische Kant-Lexikographie: SAMUEL HEINICKE, Wörterbuch zur Kritik der reinen Vernunft und zu den philosophischen Schriften des Herrn Kant (Preßburg 1788); CARL CHRISTIAN ERHARD SCHMID, Wörterbuch zum leichteren Gebrauch der Kantischen Schriften nebst einer Abhandlung (1798), hg. v. Norbert Hinske (Darmstadt 1976); GEORG SAMUEL AUGUST MELLIN, Encyclopädisches Wörterbuch der kritischen Philosophie, Bd. 3/1 (Jena, Leipzig 1800).
[175] HARTMUT NEUENDORFF, Der Begriff des Interesses. Eine Studie zu den Gesellschaftstheorien von Hobbes, Smith und Marx (Frankfurt 1973), 85. — Hutcheson und Smith haben auch Kant beeinflußt.

Gesellschaftsbezug. Entsprechend bestimmt Smith 'Selbstinteresse' als lebenslange, ruhige und leidenschaftslose Handlungsdisposition des Menschen. 'Interesse' im engeren Sinne ist der Impetus, die eigene Lage flexibel zu gestalten und zu verbessern; er nennt es *a very powerful principle, the plain and evident interest of every individual, ... the powerful motive of self-interest*, welches er von Habsucht und Habgier trennt[176]. 2) Die im Menschen angelegte Disposition zu Sympathie und Wohlwollen zu seinesgleichen, die durch einen komplizierten gesellschaftlich-persönlichen Prozeß der Internalisierung stabilisiert wird[177]. Das Interesse hat hier nicht die Funktion eines letzten Grundes, sondern eines Relais der Persönlichkeits- und Gesellschaftsbildung.

Die Bemühungen um den Interessebegriff im 18. Jahrhundert sind gekennzeichnet durch den Versuch einer umsichtigen Lokalisation des Begriffs im Rahmen einer philosophischen Konzeption oder einer spezielleren Verwendung. Methodische Bedingungen seiner Verwendung sind erkennbar. Dabei bleibt 'Interesse' auch dort ein Begriff sozusagen zweiter Dignität, wo er speziell definiert wird (vielleicht mit der einzigen Ausnahme des Helvétius). Die allgemeine philosophisch-anthropologische Grundlage als Selbstinteresse des Menschen (Smith) oder Interesse der Vernunft an sich selbst (Kant) ist kein Problem mehr einer Interessenlehre im engeren Sinne, sondern einer Frage der Bestimmung des Menschen und der Vernunft selbst, die im 18. Jahrhundert methodisch, d. h. analytisch und kritisch behandelt wird. Deshalb ist auch die Rückfrage nach den eigentlichen, wahren und letzten Interessen hier wenig ergiebig. Erst mit der holistischen Bewegung, die sowohl der analytischen Aufklärungsphilosophie als auch der kritischen Transzendentalphilosophie entgegensteht, ist gegen Ende des 18. Jahrhunderts und zu Beginn des 19. Jahrhunderts ein suggestiverer Interessebegriff wieder aktuell, der zwischen philosophischem Tiefsinn und zeitgemäßer Agitation operativ einsetzbar ist.

V. Der Interessebegriff im 19. Jahrhundert

Entgegen einem weitverbreiteten Eindruck bringt das 19. Jahrhundert in bezug auf den Interessebegriff nur wenig Neuerungen. Der Ausdruck erhält zwar weite Verbreitung; aber gerade die Allgegenwart des Interessemotivs zusammen mit der vag-allgemeinen Verwendung des Wortes als (halb-)performatorischer Ausdruck ist der Präzisierung des Begriffs eher schädlich[178]. Zu einer anthropologischen Grundkomponente wird 'Interesse' im deutschen Idealismus (Fichte, Hegel). Damit ist eine Art politischer Realismus verbunden, d. h. ein mehr oder weniger pathetisches Bekenntnis zur Wirklichkeit, auch dort, wo man solcher Wirklichkeit eher fremd gegenübersteht. Bei aller Unterschiedenheit idealistischer und realistischer

---

[176] ADAM SMITH, An Inquiry into the Nature and Causes of the Wealth of Nations 1, 2, 2; 2, 3, 19; 5, 1, g, 2 (1776), Works and Correspondence, vol. 2/1, ed. R. H. Campbell, A. S. Skinner, W. B. Todd (Oxford 1976), 26f. 338. 789.

[177] Ders., The Theory of Moral Sentiments (1759), ebd., vol. 1, ed. D. D. Raphael and A. L. Macfie (1976), 109ff.

[178] Zunehmend wird jetzt die Sache, um die es geht, in den Genitiv gesetzt, abhängig vom Substantiv 'Interesse'; z. B. „das Interesse der Vernunft verlangt, daß ..." (statt: „die Vernunft verlangt"). So entsteht eine Art Schattenbegriff.

V. Der Interessebegriff im 19. Jahrhundert

Positionen, inhaltlicher oder mehr formaler, empirischer oder spekulativer Betrachtungsweisen kultiviert man im 19. Jahrhundert das gemeinsame Bewußtsein der Weltbezogenheit und des Erfahrungsreichtums. Eine Art Lebensphilosophie und die Thematisierung des „Weltanschauungsproblems" können als gemeinsame Unterschicht der verschiedenen Orientierungen angesehen werden — auch derjenigen, die in einem engeren Sinne der Termini ganz und gar nicht lebensphilosophisch oder weltanschaulich sind. Wichtig ist die im 19. Jahrhundert ausdrücklich formulierte Beziehung von 'Interesse' und sogenannter Ideologie[179].

In Buchtiteln ist 'Interesse' im 19. Jahrhundert selten. Gleichwohl sind zwei Spezifikationen und damit Stabilisierungen des Begriffs zu verzeichnen, die hier vorgezogen werden sollen: die Verwendung in der Pädagogik Herbarts und seiner Schule seit der ersten Hälfte und die Entwicklung der sogenannten Interessenjurisprudenz gegen Ende des Jahrhunderts, die beide im 20. Jahrhundert voll zur Auswirkung kommen.

Für JOHANN FRIEDRICH HERBART ist Interesse nicht etwa bloß Voraussetzung des Unterrichts, sondern Ziel: *Der Endzweck des Unterrichts liegt zwar in dem Begriff der Tugend; allein das nähere Ziel, welches, um den Endzweck zu erreichen, dem Unterricht insbesondere muß gesteckt werden, läßt sich durch den Ausdruck Vielseitigkeit der Interessen angeben ... Es ist zwar eine bekannte pädagogische Vorschrift, der Lehrer müsse suchen, seine Schüler für das, was er vorträgt, zu interessieren. Allein diese Vorschrift wird gewöhnlich in dem Sinne gegeben und verstanden, als wäre das Lernen der Zweck, das Interesse das Mittel. Dieses Verhältnis nun kehre ich um. Das Lernen soll dazu dienen, daß Interesse aus ihm entstehe. Das Lernen soll vorübergehen und das Interesse soll während des ganzen Lebens beharren*[180]. Herbart hat damit eine szientifische Beschäftigung mit dem Interessebegriff angeregt und ihn so aus der bloßen allgemeinen Bestimmung, anthropologische Kategorie zu sein, herausgehoben; 'Interesse' wird Thema spezieller psychologischer und pädagogischer Bemühungen und Untersuchungen. Das erste und bekannte Buch mit dem Ausdruck 'Interesse' im Titel aus dem 19. Jahrhundert stammt so von dem Pädagogen AUGUST WALSEMANN: „Das Interesse. Wesen, tatsächlicher Stand und Bedeutung der inneren Anteilnahme am Unterricht" (1884)[181].

'Interessenjurisprudenz' wirkt sich terminologisch und sachlich im beginnenden 20. Jahrhundert aus, hat aber ihre Wurzeln im 19. Jahrhundert. Festgelegt wird

---

[179] Dazu ORTH, Von der Ideo-logie zur Ideologie-Kritik (s. Anm. 158), 197 ff.
[180] JOHANN FRIEDRICH HERBART, Pädagogisches Gutachten über Schulklassen und deren Umwandlung nach der Idee des Herrn Regierungsrat Graff (1818), SW hg. v. Gustav Hartenstein, Bd. 11 (Leipzig 1851), 283. 279. — Vgl. WILHELM OSTERMANN, Das Interesse. Eine psychologische Untersuchung mit pädagogischen Nutzanwendungen, 3. Aufl. (Oldenburg, Leipzig 1912), 7; JOHANNES FLÜGGE, Interesse. Ein pädagogischer Leitbegriff und seine Umkehrung, Mensch u. Bildung, Jb. d. Förderges. f. Forsch., Erziehung u. Weiterbildung (1974), 59 ff.
[181] AUGUST WALSEMANN, Das Interesse. Wesen, tatsächlicher Stand und Bedeutung der inneren Anteilnahme am Unterricht (1884), 3. Aufl. (Habelschwerdt 1920). — Vgl. FRIEDRICH MEYER, Herbarts Lehre vom Interesse und ihre Bedeutung für den Unterricht, insbesondere für den naturwissenschaftlichen (Diss. Borna, Leipzig 1909); GEORG LUNK, Das Interesse, Bd. 1: Historisch-kritischer Teil (Leipzig 1926); ders., Bd. 2: Philosophisch-pädagogischer Teil (Leipzig 1927).

der Terminus 'Interessenjurisprudenz' von PHILIPP HECK mit dem Aufsatz von 1905 „Interessenjurisprudenz und Gesetzestreue", nachdem kurz vorher ERNST STAMPE einen Beitrag „Rechtsfindung durch Interessenwägung" veröffentlicht hatte[182]. Für HECK ist die Aufgabe des Richters die Abwägung von Interessenkonflikten unter strikter Einhaltung des Gesetzes, das als solches schon — in durchaus unideologischem Sinne — ein *Interessenprodukt* ist oder sein soll. Dabei ist das *überwundene Gegeninteresse* ebenso in Rechnung zu stellen wie das *überwiegende Interesse;* deshalb kann der Inhalt einer Gesetzesnorm nicht nur aus ihrem Zweck erklärt werden, weil dieser nur das „überwiegende Interesse" berücksichtigt[183]. Der Versuch, sich von einem metaphysisch-spekulativen Naturrechtsdenken ebenso fernzuhalten wie vom Gesetzes- und Rechtspositivismus, die Würdigung von historischen und gesellschaftlichen 'Interessenlagen' führen zurück zu Auffassungen des 19. Jahrhunderts, besonders zu Rudolf von Ihering, den Heck als den *Begründer der teleologischen Richtung und mit ihr der Interessenjurisprudenz* bezeichnet[184]. Als ein Vorläufer der Interessenjurisprudenz wird auch Bentham angesehen[185].

FICHTE entwickelt einen ebenso allgemeinen wie unbestimmten und suggestiven Begriff 'Interesse'[186]. *Das reine Interesse für Wahrheit* wird einfach vorausgesetzt. *Wie jedes Interesse überhaupt, so gründet sich auch das Interesse für Wahrheit auf einen ursprünglich in uns liegenden Trieb. Unter unseren Trieben aber ist auch ein Trieb nach Wahrheit. Das Interesse für Wahrheit läßt sich daher nicht hervorbringen; es gründet sich der Anlage nach auf das Wesen der Vernunft*[187]. Man kann dieses Interesse aber erhöhen und zwar durch Appell an die Freiheit. Da Freiheit und Wahrheit gleichursprüngliche Triebe sind, heißt *die Hauptvorschrift zu Erhöhung jedes Interesses im Menschen, mithin auch des Interesses für Wahrheit ...: befriedige deinen Trieb! woraus ... sich ... zwei Regeln ergeben: entferne jedes Interesse, das dem reinen Interesse für Wahrheit entgegen ist, und suche jeden Genuß, der das reine Interesse für Wahrheit befördert! Genuß ist hier nicht auf Befriedigung der animalischen Sinnlichkeit* gegründet, sondern *geistiger Genuß*, dem entspricht das *geistige Interesse* für die *reine ... Wahrheit, die an sich ... bloß formal ist; sie steht unter diesem*

---

[182] ERNST STAMPE, Rechtsfindung durch Interessenwägung, Dt. Juristenzeitung 10 (1905), 713ff.; PHILIPP HECK, Interessenjurisprudenz und Gesetzestreue, ebd., 1140ff.; beide Texte abgedr. Interessenjurisprudenz, hg. v. GÜNTER ELLSCHEID u. WINFRIED HASSEMER (Darmstadt 1974), 24ff. 32ff.; weitere Texte: Das Problem der Rechtsgewinnung. Gesetzesauslegung und Interessenjurisprudenz, hg. v. ROLAND DUBISCHAR (Bad Homburg 1968). Vgl. zu Heck: WERNER KRAWIETZ, Art. Interessenjurisprudenz, Hist. Wb. d. Philos., Bd. 4, 494ff. Zu einer neukantianischen Kritik: R. HÖNIGSWALD, 'Begriff' und 'Interesse'. Eine methodologische Skizze, Arch. f. d. civilistische Praxis, NF 18 (1934), 1ff.; HECKS Antwort, ebd., 129ff.
[183] HECK, Interessenjurisprudenz, 33. Vgl. KRAWIETZ, Art. Interessenjurisprudenz, 502ff.
[184] PH. HECK, Begriffsbildung und Interessenjurisprudenz (Tübingen 1932), 31f. 41. Vgl. H. KRELLER, Philipp Hecks Lebenswerk und die Romanistik, Zs. f. Rechtsgesch., Romanist. Abt. 64 (1944), 469ff.
[185] Vgl. HELMUT COING, Benthams Bedeutung für die Entwicklung der Interessenjurisprudenz und der allgemeinen Rechtslehre, Arch. f. Rechts- u. Sozialphilos. 54 (1968), 69ff.
[186] FICHTE, Über Belebung und Erhöhung des reinen Interesses für Wahrheit (1795), SW Bd. 8 (1846), 342ff.
[187] Ebd., 342f.

V. Der Interessebegriff im 19. Jahrhundert

höchsten Gesetze: sei stets einig mit dir selbst![188] Einig mit sich selbst zu sein, ist aber jener ursprüngliche menschliche Trieb; es ist der Drang nach Wahrheit und — ein Genuß. Das *reine Selbst, das nur an sich interessiert ist, ist der wahre Charakter der Menschheit.* Zu diesem *Bewußtsein* hat man sich *durch eigene Kraft,* d. h. *durch Freiheit* zu erheben, und so hat man sich *zum selbständigen Wesen gemacht*[189]. Wie karikierbar diese auf sich selbst gestellte, sich selbst hervorbringende und sich selbst genießende Vernunft auch sein mag, sie geht Hand in Hand mit gewichtigen idealistischen Ansprüchen der Moralphilosophie und dient schließlich zur Bestimmung der Philosophie überhaupt. *Der letzte Grund der Verschiedenheit des Idealisten und Dogmatikers ist sonach die Verschiedenheit ihres Interesses*[190]. Den *Akt des Ich, auf den alles ankommt, kann der Idealist nur in sich selbst anschauen, und um ihn anschauen zu können, muß er ihn vollziehen. Er bringt ihn willkürlich und mit Freiheit in sich hervor*[191]. *Das höchste Interesse und der Grund alles übrigen Interesses ist das für uns selbst ... Sein Selbst im Räsonnement nicht zu verlieren, sondern es zu erhalten und zu behaupten, dies ist das Interesse, welches unsichtbar alles sein Denken leitet*[192]. Ein so allgemeiner Interessebegriff ist zwar nachvollziehbar, schwierig wird es aber, wenn es um die Beurteilung konkreter Interessen geht; dann erweist sich die allgemeine philosophische, reflexionsbetonte Betrachtungsweise als zu weitmaschig, und plötzlich scheint es in ein sehr einseitiges empirisches Belieben gestellt, was man will und nicht will, bzw. wollen soll (vgl. Fichte zu Machiavelli).

Hegel benutzt den Interessebegriff weniger forciert und nicht als philosophischen Grundterminus, eher als ein sprachliches Mittel normaler und gewöhnlicher Verständigung — ohne eine begriffliche Stilisierung, die bisher ohnehin versagt hatte[193]. Im „System der Philosophie" findet sich eine Definition: *Daß, insofern der Inhalt des Triebes als Sache von dieser seiner Tätigkeit unterschieden wird, die Sache, welche zu Stande gekommen ist, das Moment der subjektiven Einzelheit und deren Tätigkeit enthält, ist das Interesse. Es kommt daher nichts ohne Interesse zu Stande.* Solches Interesse wird nicht negativ beurteilt, und selbst im reinsten Begriff der Freiheit und in seiner Anwendung liegt auch eine Vereinzelung zum „Diesen" und zum „Natürlichen" (hier ist Hegel realistischer und vorsichtiger als Fichte). Das Interesse *darf mit der Selbstsucht nicht verwechselt werden*[194]. In der „Rechtsphilosophie" erscheint das Fichtesche Motiv einer hohen Würdigung des Interesses: *In der Moralität ist es das eigentümliche Interesse des Menschen, das in Frage kommt, und dies ist eben der hohe Wert desselben, daß dieser sich selbst als absolut weiß, und sich bestimmt*[195]. Hegel wendet sich in der „Ästhetik" gegen Friedrich Schlegel und die Auffassung der Romantik, wonach *die Kunst nun den Sinn erhält, ... als Künstler zu leben, und sein Leben künstlerisch zu gestalten.* Hegel weist auf die Gefährlichkeit

---

[188] Ebd., 343f.
[189] Ebd., 349. 351f.
[190] Ders., Wissenschaftslehre. Erste Einleitung (1797), ebd., Bd. 1 (1845), 433.
[191] Ebd., Zweite Einleitung (1797), ebd., 459f.
[192] Ebd., Erste Einleitung, 433.
[193] Hegel, Philosophie der Geschichte (1822/30), SW Bd. 11 (1928), 51f.
[194] Ders., System der Philosophie (1817/30), ebd., Bd. 10 (1928), 376, § 475.
[195] Ders., Grundlinien der Philosophie des Rechts (1821), ebd., Bd. 7 (1928), 166, § 107, Zusatz.

dieser Einstellung hin und fordert *wahrhaften Ernst, der nur durch ein substantielles Interesse* gewährleistet werde[196]. Erst wenn dieses berücksichtigt wird, kann die künstlerische Gestaltungskraft des Menschen auf ein Interesse bezogen werden, das ihn gerade über das bloß tierische Interesse hinaushebt, welches *durch das Naturbedürfnis der Ernährung, Geschlechtstriebes usf.* beherrscht ist. Damit wird das Interesse gerade nicht ins allgemeine gehoben, sondern Hegel fordert ausdrücklich, daß es auch in dieser neuen Sphäre eine Art *Natürlichkeit*, d. h. des *interessevollen Gehaltes* geben muß[197]. Beim Handeln dient das Interesse als elementare Orientierungsbasis: *Als Anfang ist das Individuum in den Umständen des Handelns vorhanden, und das Interesse, welches das Individuum an etwas findet, ist die schon gegebene Antwort auf die Frage: ob und was hier zu tun ist. Denn was eine vorgefundene Wirklichkeit zu sein scheint, ist an sich eine ursprüngliche Natur, welche nur den Schein eines Seins hat, — einen Schein, der in dem Begriffe des sich entzweienden Tuns liegt — aber als seine ursprüngliche Natur sich in dem Interesse, das es an ihr findet, ausspricht*[198]. Hier fungiert 'Interesse' geradezu als Bestimmung der Individualität, indem damit Inhaltlichkeit und subjektive Tätigkeit elementar verbunden werden. Analog wie für das Individuum kann 'Interesse' auch für die Bestimmung der Gesellschaft und des Staates dienen — als einem *Allgemeinen der Interessen*. Trotz dieser Allgemeinheit hebt Hegel wieder auf die besonderen Umstände ab im Sinne einer Konkretisierung: *Das Interesse solcher Teilnahme* (an den öffentlichen Angelegenheiten) *aber ist weder in den Vorzug besonderer Einsicht überhaupt zu setzen, ... noch in den Vorzug des guten Willens für das allgemeine Beste, — die Mitglieder der bürgerlichen Gesellschaft sind vielmehr solche, welche ihr besonderes Interesse ... zu ihrer nächsten Bestimmung machen*[199].

Es ist üblich geworden, die nachhegelsche Philosophie — gerade auch den Links- und Rechtshegelianismus — als eine Bewegung zunehmender Konkretisierung zu begreifen. Man kann dafür Rudolf Haym heranziehen, der ausdrücklich eine starke Betonung von 'Interesse' und 'Bedürfnis' nach dem Zusammenbruch der idealistischen Philosophie herausstellt; besonders auch Feuerbach, Marx und Kierkegaard hätten an diesen zwei Begriffen ihre Kritik an Hegel durchgespielt[200]. Die Ablehnung des Hegelschen Idealismus ist aber keineswegs mit einer präziseren und konkreteren Fassung des Interessebegriffs verbunden[201].

Bei KIERKEGAARD findet sich die vordergründig als Hegelkritik interpretierbare Wendung: *Die Abstraktion ist interesselos; das Existieren ist des Existierenden Inter-*

---

[196] Ders., Vorlesungen über die Ästhetik (1818/26), ebd., Bd. 12 (1928), 101.
[197] Ebd., 187. 229. 232.
[198] Ders., Phänomenologie des Geistes (1806), ebd., Bd. 2 (1928), 307.
[199] Ders., System der Philosophie, 420ff., § 544.
[200] KARL LÖWITH, Von Hegel zu Nietzsche. Der revolutionäre Bruch im Denken des 19. Jahrhunderts (1941), 5. Aufl. (Stuttgart 1964), 72; RUDOLF HAYM, Hegel und seine Zeit. Vorlesungen über Entstehung und Entwicklung, Wesen und Wert der Hegelschen Philosophie (Berlin 1857; Ndr. Hildesheim 1962).
[201] Vielmehr wird Lorenz v. Stein den Begriff gerade im Anschluß an Hegel konkretisieren.

V. Der Interessebegriff im 19. Jahrhundert

esse[202]. Wenn Kierkegaard den Interessebegriff ausdrücklich bestimmt, ist das eher spekulativ formalistisch: *Die Reflexion ist die Möglichkeit des Verhältnisses. Dies kann man auch so ausdrücken: die Reflexion ist uninteressiert. Das Bewußtsein hingegen ist das Verhältnis und damit das Interesse, eine Doppelheit, welche vollständig und mit prägnantem Doppelsinn ausgedrückt ist in dem Worte Interesse (interesse)*. Alles objektive Wissen (mathematisches, ästhetisches, metaphysisches) sei insofern *uninteressiert* und *das Interesse aufgehoben*, damit aber sei *der Zweifel nicht überwunden, sondern neutralisiert;* denn das objektive Wissen ist Voraussetzung des Zweifels. Der Motor aber des Zweifels ist das Interesse. Kierkegaard setzt 'Interesse' und 'Bewußtsein' gleich: *so lange kein Bewußtsein, kein Interesse da ist, das Interesse an diesem Streite nimmt, so lange gibt es keinen Zweifel*[203].

So wie Kierkegaard im Interesse, im Verhältnis oder im „Zwischen-sein" die Eigentümlichkeit der menschlichen Bewußtheit und damit der menschlichen Existenz sieht, so findet Lorenz von Stein im *Interesse* das *Prinzip der Gesellschaft*, das im Vergleich zum Prinzip des Staates für ihn erst noch aufzufinden war[204]: *Dieses, alle menschliche, nach außen gerichtete Tätigkeit beherrschende, allgegenwärtige, in jedem einzelnen lebendige, seine ganze gesellschaftliche Stellung bedingende Bewußtsein nennen wir das Interesse. Das Interesse, indem es den Mittelpunkt der Lebenstätigkeit jedes einzelnen in Beziehung auf jeden anderen, mithin der ganzen gesellschaftlichen Bewegung abgibt, ist daher das Prinzip der Gesellschaft*[205]. Das Streben nach Besitz und die Verteilung des Besitzes entfaltet nun die verschiedensten Interessen. Es wird von Stein *System der Interessen* genannt. *Jenes System der Interessen ... ist einer klaren, umfassenden systematischen Erkenntnis fähig; und diese auf den Begriff der Gesellschaft gebaute und durch das Prinzip derselben entwickelte Erkenntnis ist nichts anderes als das erste Gebiet der Wissenschaft der Gesellschaft*[206]. In seiner „Gesellschaftslehre" von 1856 hat Stein eine *Lehre von dem Interesse* entwickelt[207]. Er unterscheidet *Interesse an sich* und *Sonderinteresse*. Das Verhältnis zwischen den beiden ist immer schon gegeben und erweist sich gleichzeitig als der Motor der Entwicklung der Gesellschaft[208].

Der Interessebegriff bei Marx gleicht in einigen Grundzügen demjenigen von Lorenz von Stein — mit dem entscheidenden Unterschied, daß Marx den Begriff nicht ausdrücklich und systematisch zu definieren versucht. Mit Lorenz von Stein teilt Marx die Unterscheidung von Staat und Gesellschaft und zunächst auch die Applizierung des Interessethemas hauptsächlich auf die Gesellschaft, während der

---

[202] Kierkegaard, Abschließende unwissenschaftliche Nachschrift zu den philosophischen Brocken (1846), GW Bd. 16/2 (1958), 14. Vgl. Annemarie Pieper, Sören Kierkegaard. Inter-esse zwischen Theorie und Praxis, Philos. Rundschau 24 (1977), 129 ff.
[203] Kierkegaard, Philosophische Brocken oder ein Bröckchen Philosophie (1844), GW Bd. 10 (1952), 157 f.
[204] Lorenz v. Stein, Geschichte der sozialen Bewegung in Frankreich von 1789 bis auf unsere Tage, Bd. 1 (1850), hg. v. Gottfried Salomon (München 1921; Ndr. Darmstadt 1959), 40. 42.
[205] Ebd., 42 f.
[206] Ebd., 44.
[207] Ders., Das System der Staatswissenschaft, Bd. 2: Die Gesellschaftslehre (Stuttgart, Augsburg 1856; Ndr. Osnabrück 1964), 109. 119 ff. 253 ff. 296 ff. 345 ff.
[208] Ebd., 120 f.

Staat davon freigehalten wird. Der Unterschied zwischen Einzelinteressen, insbesondere Privatinteressen und Klasseninteressen sowie allgemeinen Gesellschaftsinteressen wird dabei ebenfalls betont. Das Problem, wie der Staat, auf den die Gesellschaft einwirkt, von dem Interesse der jeweils herrschenden Klasse freigehalten werden soll, wird schon von Marx gestellt — und verschärft[209]. Von besonderer Wichtigkeit ist bei Marx die ausdrückliche Verbindung des Interessethemas mit dem sogenannten Ideologieproblem[210].
Wie später Lorenz von Stein verteidigt der junge Marx 1842 den Staat gegen die privaten Interessen in der Gesellschaft, wenn er sich in der Holzdiebstahldebatte gegen das Ansinnen wehrt, das Interesse der Waldbesitzer müsse vom Staat rechtlich geschützt werden, und schreibt: *Diese Anmaßung des Privatinteresses, dessen dürftige Seele nie von einem Staatsgedanken erleuchtet und durchzuckt worden, ist eine ernste und gründliche Lektion für den Staat. Wenn der Staat sich auch nur an einem Punkt so weit herabläßt, statt in seiner eigenen Weise in der Weise des Privateigentums tätig zu sein, so folgt unmittelbar, daß er sich in der Form seiner Mittel den Schranken des Privateigentums akkomodieren muß*[211]. Soweit der Landtag *ein bestimmtes Sonderinteresse vertreten* hat, hat er *seine Bestimmung erfüllt*. Marx sieht hier die Pathologie der gegenwärtigen Verhältnisse, *denn das Interesse ist seiner Natur nach blinder, maßloser, einseitiger, mit einem Wort gesetzloser Naturinstinkt. Es wird so wenig zum Gesetzgeben befähigt dadurch, daß man es auf den Thron des Gesetzgebers setzt, als ein Stummer, dem man ein Sprachrohr von enormer Länge in die Hand gibt, zum Sprechen befähigt wird*[212]. Wird hier *der moderne Staat* im Namen gerade dieser Modernität gegen die Interessiertheit gesellschaftlicher Kräfte als eine gesetzeswahrende Rechtsinstitution verteidigt, so findet sich Marx schon 1845 in der „Heiligen Familie" mit der Vergesellschaftung und der Verinteressierung des Staates ab: *Napoleon besaß allerdings schon die Einsicht in das Wesen des modernen Staates, daß derselbe auf der ungehinderten Entwicklung der bürgerlichen Gesellschaft, auf der freien Bewegung der Privatinteressen etc., als seiner Grundlage ruhe. Er entschloß sich, diese Grundlage anzuerkennen und zu beschützen*[213].
Für das Verständnis dieser These ist Marxens Begriff der 'Gesellschaft' und sein ideologiekritischer Zugang wichtig. Zunächst gilt nach Marx, daß die Gesellschaft das Positive und Normative der menschlichen Existenz ist — und insofern sind es auch die Interessen; die bürgerliche Gesellschaft ist aber eine pathologische Form von Gesellschaft, und ihre Interessen, die so etwas wie Staat hervorrufen und diesen gleichzeitig bekämpfen, sind ebenfalls pathologisch. Napoleon hat dies erfaßt und bedient sich der Interessiertheit der bürgerlichen Gesellschaft, um den Staat aus der Hand der Revolution zu reißen und sich damit gleichzeitig die bürgerliche Gesellschaft gefügig zu machen. Die wahre Gesellschaft — frei vom Staat und von

---

[209] Zur Beziehung zwischen Marx und Stein: KARL-GEORG FABER, Nova Marxiana, Hist. Zs. 211 (1970), 354ff.

[210] Vgl. ORTH, Von der Ideo-logie zur Ideologie-Kritik. (s. Anm. 158), 197ff.

[211] MARX, Verhandlungen des 6. rheinischen Landtags. Debatten über das Holzdiebstahlgesetz (1842), MEW Bd. 1 (1956), 126.

[212] Ebd., 146.

[213] Ders./ENGELS, Die heilige Familie oder Kritik der kritischen Kritik (1845), ebd., Bd. 2 (1957), 130.

V. Der Interessebegriff im 19. Jahrhundert

der bürgerlichen Gesellschaft — bewahrt das *wirkliche Interesse*. Damit wird der Interessebegriff mehrdeutig und äquivok. Dies durchschaubar zu machen, dient die *wahre Kritik*. *Nach der bisherigen unkritischen, also nicht im Sinne der absoluten Kritik verfaßten Geschichte ist ferner genau zu unterscheiden, inwieweit die Masse sich für Zwecke „interessierte" und inwieweit sie sich für dieselben „enthusiasmierte". Die „Idee" blamierte sich immer, soweit sie von dem „Interesse" unterschieden war. Andererseits ist es leicht zu begreifen, daß jedes massenhafte, geschichtlich sich durchsetzende „Interesse", wenn es zuerst die Weltbühne betritt, in der „Idee" oder „Vorstellung" weit über seine wirklichen Schranken hinausgeht und sich mit dem menschlichen Interesse schlechthin verwechselt. Diese Illusion bildet das, was Fourier den Ton einer jeden Geschichtsepoche nennt. Das Interesse der Bourgeoisie in der Revolution von 1789, weit entfernt, „verfehlt" zu sein, hat alles „gewonnen", und hat „den eingreifendsten Erfolg" gehabt, so sehr der „Pathos" verraucht und so sehr die „enthusiastischen" Blumen, womit dieses Interesse seine Wiege bekränzte, verwelkt sind. Dieses Interesse war so mächtig, daß es die Feder eines Marat, die Guillotine der Terroristen, den Degen Napoleons wie das Kruzifix und das Vollblut der Bourbonen siegreich überwand. „Verfehlt" ist die Revolution nur für die Masse, die in der politischen „Idee" nicht die Idee ihres wirklichen „Interesses" besaß . . . Nicht weil die Masse sich für die Revolution „enthusiasmierte" und „interessierte", sondern, weil der zahlreichste, der von der Bourgeoisie unterschiedene Teil der Masse in dem Prinzip der Revolution nicht sein wirkliches Interesse, nicht sein eigentümliches revolutionäres Prinzip, sondern nur eine „Idee", also nur einen Gegenstand des momentanen Enthusiasmus und einer nur scheinbaren Erhebung besaß*[214].

Wesentlich für die Interessenauffassung ist die auch von Lorenz von Stein gesehene Grundbeziehung zwischen Staat, Interesse und Gesellschaft. Marx charakterisiert den Staat und seine rechtliche Ausgleichsfunktion ideologiekritisch als illusorisch. *Aus dem Widerspruch des besonderen und gemeinschaftlichen Interesses nimmt das gemeinschaftliche Interesse als Staat eine selbständige Gestaltung, getrennt von den wirklichen Einzel- und Gesamtinteressen, an, und zugleich als illusorische Gemeinschaftlichkeit*[215]; es ist *die Entfremdung*. Durch die Teilung der Arbeit ist die Entstehung von Klassen bedingt und damit der Versuch der Klassenherrschaft. D. h., *daß jede nach der Herrschaft strebende Klasse, wenn ihre Herrschaft auch, wie dies beim Proletariat der Fall ist, die Aufhebung der ganzen alten Gesellschaftsform und der Herrschaft überhaupt bedingt, sich zuerst die politische Macht erobern muß, um ihr Interesse wieder als das Allgemeine, wozu sie im ersten Augenblick gezwungen ist, darzustellen. Eben weil die Individuen nur ihr besonderes, für sie nicht mit ihrem gemeinschaftlichen Interesse zusammenfallendes suchen, überhaupt das Allgemeine illusorische Form der Gemeinschaftlichkeit, wird dies als ein ihnen „fremdes" und von ihnen „unabhängiges", als ein selbst wieder besonderes eigentümliches „Allgemein"-Interesse geltend gemacht . . . Andererseits macht denn auch der praktische Kampf dieser beständig wirklich den gemeinschaftlichen und illusorischen gemeinschaftlichen Interessen entgegentretenden Sonderinteressen die praktische Dazwischenkunft und Zügelung durch das illusorische „Allgemein"-Interesse als Staat nötig*[216]. Aus dieser

---

[214] Ebd., 85f.
[215] Dies., Die Deutsche Ideologie (1845/46), ebd., Bd. 3 (1958), 33.
[216] Ebd., 34.

Not, daß Interessen sich klassenmäßig organisieren und den „fremden" Staat produzieren, macht Marx nun eine Tugend, indem er fordert, daß eine Klasse, das Proletariat, die Funktionen übernimmt, die der Staat pathologischerweise innehat, um eben diesen Staat abzuschaffen und die wirkliche „klassenlose", d. h. in ihren Interessen widerspruchsfreie Gesellschaft herzustellen. Diese Ermächtigung wird unter Verwendung des Ausdruckes 'Interesse' im „Kommunistischen Manifest" ausgesprochen[217]. Die *Subsumtion der Individuen unter bestimmte Klassen kann nicht eher aufgehoben werden, als bis sich eine Klasse gebildet hat, die gegen die herrschende Klasse kein besonderes Klasseninteresse mehr durchzusetzen hat*[218].

Bei DILTHEY findet sich der Interessebegriff häufig und erfüllt eine Funktion im Streben nach einer konkreteren und praktischeren Lebensanschauung, ohne freilich die suggestiv pointierte Verwendung wie bei Marx zu erhalten. Es mangelt Dilthey nicht an Sinn für die konkrete Interessenbestimmtheit von Kultur und Gesellschaft, aber eine abschließende Beurteilung solcher Verhältnisse — wie Marx sie zu besitzen glaubt — wagt er nicht. Die Erfassung des Konkreten ist für Dilthey eine subtile methodologische Aufgabe, für die eine Wissenschaft allererst zu finden wäre. Dabei spielt die Lebenserfahrung und die Bereitschaft, sich ihr auszusetzen, eine große Rolle[219].

ERNST WOLFGANG ORTH

VI. Der Interessebegriff im Wandel des sozialen und politischen Kontextes

Die Anwendungsfelder und Bedeutungsstreifen von 'Interesse' fächern sich vom 17. bis 19. Jahrhundert enorm aus. Während der rechtlich eingebundene wirtschaftliche Wortgebrauch für Zinsen fortlebt, werden immer mehr Erfahrungsbereiche mit Hilfe unseres Ausdruckes erfaßt und gegliedert. Trotz — oder wegen — seiner begrifflichen Unschärfe wird er streifenweise zum Schlagwort hochgesteigert,

---

[217] Dies., Manifest der Kommunistischen Partei (1848), ebd., Bd. 4 (1959), 462 ff.

[218] Dies., Deutsche Ideologie, 75. — Den bei Marx durchaus instabilen und allusionsreichen Interessebegriff versucht die neuere marxistische Literatur zu fixieren. Vgl. PETER BOLLHAGEN, Interesse und Gesellschaft (Berlin 1967); Philos. Wb., 11. Aufl., Bd. 1 (1975), 581 ff., Art. Interessen. Marx und Engels haben sich in der „Heiligen Familie" (MEW Bd. 2, 140 f.) ausdrücklich auf Helvétius und Holbach bezogen. — Hilfreiche Definitionsversuche und Anwendungen bei EDUARD BERNSTEIN, Wie ist wissenschaftlicher Socialismus möglich? (1901), in: ders., Ein revisionistisches Sozialismusbild, hg. v. Helmut Hirsch (Hannover 1966), 21 ff.; ders., Die Voraussetzungen des Sozialismus und die Aufgaben der Sozialdemokratie (1899), hg. v. Dieter Schuster (Bonn, Bad Godesberg 1973), 29 ff.

[219] Vgl. KARL ACHAM, Subjektives Interesse und historische Objektivität. Ein kritischer Beitrag zur Konfundierung von Erleben und Erkennen im Hinblick auf die Geschichtswissenschaften, Zs. f. philos. Forsch. 23 (1969), 47 ff. — Frühere Belege in: Der junge Dilthey. Ein Lebensbild in Briefen und Tagebüchern (1852/70), hg. v. CLARA MISCH, 2. Aufl. (Göttingen 1960), 100. 118. 199. 289 f.; weitere Belege: WILHELM DILTHEY, Die geistige Welt. Abhandlungen zur Grundlegung der Geisteswissenschaften, Ges. Schr., Bd. 5, hg. v. Georg Misch (Stuttgart, Göttingen 1968), 31 ff. 44 ff. 63 f. 319; ders., Weltanschauungslehre. Abhandlungen zur Philosophie, ebd., Bd. 8, hg. v. Bernhard Groethuysen (1968), 182; ders., System der Ethik, ebd., Bd. 10, hg. v. Hermann Nohl (1970), 11. 30 f. 40. 48. 51. 66. 70. 78. 78 ff. 114. 121.

VI. 1. Politischer Interessebegriff

fungiert aber auch als Leitbegriff mit theoretischem Anspruch. Vier Etappen lassen sich aufzeigen: 1) die Entfaltung des politischen als eines interessengeleiteten, spezifisch modernen Sachbereiches, der sich theologischen, aber auch moralphilosophischen Vorgeboten entzieht; 2) der zunächst auf den Staat bezogene Wortgebrauch weitet sich aus auf die Bürger und die entstehende Konkurrenzgesellschaft; 3) spielt der Ausdruck eine zentrale Rolle im Selbstverständnis der ästhetisch sich begreifenden bürgerlichen Bildungswelt; 4) liefert der Interessebegriff Unterscheidungskriterien im verfassungspolitischen Machtkampf, den Parteien und Verbände zunächst im Rahmen des konstitutionellen Staates ausfechten. Alle, seit dem 17. Jahrhundert erschlossenen, Begriffsfelder bleiben seitdem dem Wortgebrauch zugeordnet. Politische, ökonomische, ästhetische, soziale und schließlich wissenschaftliche Frontlinien werden entlang dem im jeweiligen Kontext stehenden, formal unbestimmten, deshalb immer anschlußbedürftigen, Interessebegriff ausgezogen.

1. Der politische Interessebegriff seit dem 17. Jahrhundert

Unser Begriff schälte sich gleichsam aus der Gemengelage konfessioneller und ständischer Kampfgruppen heraus, um jenseits theologischer und rechtlicher Positionen eine neue und größere Handlungsfreiheit und rationale Erfolgschancen ausmessen zu können. Der Interessebegriff wird zum Katalysator, um aus der Vielfalt der Handlungsbedingungen und aus der Vielzahl der Handlungsträger sowie ihrer vielschichtigen Motive ein Maximum an „raison" herauszuarbeiten. Die politischen Erfahrungen der italienischen Renaissance gingen in die Interessenlehren ein, die dann im Horizont der international ausgetragenen religiösen Bürgerkriege von ROHAN wegweisend stilisiert wurden. Rohan, adliger Führer der Hugenotten, formulierte seinen Interessebegriff zunächst für alle politisch Handelnden, um ihn erst nach seinem Übertritt in das Lager Richelieus für die Fürsten zuzuspitzen[220].
Les princes commandent aux peuples, et l'interest commande aux Princes. La connaissance de cet interest, est d'autant plus relevée par dessus celle des actions des princes, qu'eux mesmes le sont par dessus les peuples. Le Prince se peut tromper, son Conseil peut estre corrompu; mais l'interest seul ne peut jamais manquer, selon qu'il est bien ou mal entendu, il fait vivre ou mourir ses Estats. Et comme il a toujours pour but l'accroissement, ou pour le moins la conservation; aussi pour y parvenir faut-il, qu'il se change selon le temps[221].
Mit rhetorischer Prägnanz hat Rohan den Interessebegriff verwendet, was seine Wirksamkeit in der folgenden Rezeptionsgeschichte erklären mag. Das Interesse ist grundsätzlich auf den Fürsten und damit auf den vom Fürsten repräsentierten Staat bezogen. Innerhalb des europäischen Staatensystems treten die Interessen deshalb im Plural auf. Das jeweilige Interesse ist ein Leitbegriff für den je einzelnen Staat. Es leitet den Fürsten so, wie dieser sein Volk leitet. Und es bleibt bestehen, selbst wenn der Fürst irrt oder seine Räte korrupt sind. Von der Einsicht in das

---

[220] J. H. M. SALMON, Rohan and Interest of State, in: Staatsräson. Studien zur Geschichte eines politischen Begriffs, hg. v. ROMAN SCHNUR (Berlin 1975), 121 ff.
[221] H. DUC DE ROHAN, De l'Interest des Princes et Estats de la Chrestienté (Paris 1639), 1. — Vgl. SALMON, Rohan, 132, zur Textgeschichte.

Interesse hängen Tod oder Leben eines Staates ab. Insofern konvergiert der Interessebegriff weithin mit dem Begriff der Staatsräson[222]; er macht diesen gleichsam handhabbar. Leidenschaften, verwandtschaftliche Bindungen oder religiöse Vorurteile sind im eigenen Lager zu unterdrücken, im Lager der anderen einzukalkulieren. Die entscheidende Handlungsalternative lautet: richtig oder falsch, nicht mehr rechtgläubig oder nicht, nicht mehr rechtens oder nicht. Das machtpolitische Ziel, den Staat zu erweitern, tritt klar hervor, seine Schwundstufe ist, wenigstens den bestehenden Besitz zu sichern. Um diese Ziele zu erreichen, werden — in einer späteren überarbeiteten Auflage — vier Faktoren genannt, an denen sich eine Interessendiagnose zu bewähren hat[223]. Erstens muß die jeweilige Religion beachtet werden, unter deren Vorwand Kriege oder Bürgerkriege geführt werden; zweitens muß die Kunst der Allianzen beherrscht werden, unter Berücksichtigung der Lage und Größe eines Landes sowie der verwandtschaftlichen Beziehungen; drittens schreibt die geographische Lage selber Handlungsmaximen vor; viertens müssen die Absichten und die wirklichen oder vorgeschobenen Rechtsansprüche ins Kalkül einbezogen werden.

Im Zuge der Fortschreibung jeweiliger Interessen, die sich von Lage zu Lage wandeln, wird deutlich, daß Interessen nicht ohne neue Anschlußbegriffe zu definieren sind. Auch wenn die Religion als Vorwand politischen Handelns durchschaut wird, bleiben die religiösen Motive noch Faktoren der Berechnung. Selbstverständlich gelten überkommene Rechtstitel weiter: erbrechtliche, lehensrechtliche, dynastische Ansprüche, Heirats- oder Tauschverträge, Schenkungen, Friedens- oder Unterwerfungsverträge: was auch immer in das moderne Völkerrecht eingeht, eine Interessendiagnose darf sie nicht umgehen[224]. RICHELIEU tat sich schwer, auf bestehende Rechtsansprüche zugunsten anderweitiger Interessen zu verzichten, wenn das politische Kalkül es erforderte[225]. Gleichsam reine Interessen waren nicht ungehindert aus dem Traditionsgefüge herauszuschälen. Jedenfalls blieb es dem Interessebegriff inhärent, daß ihm alle anderen Handlungs- und Rechtfertigungstitel prinzipiell unterzuordnen seien. *Interesse uniuscuiusque in facto non in iure consistit*[226]. „Recht" folgt dem Interesse, wie es 1657 in einer deutschen Schrift sarkastisch heißt: *Welcher Prinz ist, der sein Wort hält, wenn er mit Brechen seinen Vorteil tun kann? Die Religion ist eine wackere Decke, damit der einfältige Mann verblendet werde ... Was Recht habt ihr als Gelegenheit? ... Es war euer Interesse und darum war es Recht*[227].

---

[222] Vgl. Abschn. IV. 2.
[223] [Anonym], Maximes des Princes et Estats souverains (Köln 1666), 9ff. — Es handelt sich um eine Fortschreibung des Rohanschen Werks von 1639 aus dem Jahre 1647, vgl. SALMON, Rohan, 132.
[224] [Anonym], Maximes, 9ff. — Im Unterschied zu Rohan werden hier die Interessen der europäischen und asiatischen Staaten an wirkliche, beanspruchte oder vorgeschützte Rechte zurückgebunden.
[225] FRITZ DICKMANN, Rechtsgedanke und Machtpolitik bei Richelieu, Hist. Zs. 196 (1963), 265ff.
[226] Index zu JEAN BODIN, De republica libri sex, 4. ed. (Ursellis 1601).
[227] [Anonym], Zwei Gespräche, welche zwischen einem Holländer und einem Dänen gehalten (1657), zit. ERICH EVERTH, Die Öffentlichkeit in der Außenpolitik (Jena 1931), 67.

VI. 1. Politischer Interessebegriff — Interesse

Daß zumindest die religiösen Rechtstitel von der Interessenpolitik verzehrt worden sind, gibt selbst der Wiener Hof 1761 in einer antipreußischen Propagandaschrift zu: *Daß nun aber auch der Einfluß der Religion in Staats-Wesen bei den Großen in der Welt gering zu sein pflege, lehren die Exempel seit Jahrhunderten von Anfang der Religions-Trennungen, bis auf diese unsere Zeiten, wo Katholische und Protestanten, bald gegen katholische, bald gegen protestantische Staaten sich vereiniget, wenn es das gemeinsame Interesse erfordert.* Deshalb muß man sich *aus den Geschichten belehren lassen, daß die Kriege nicht mehr um die Religion, sondern um das zeitliche Interesse geführt werden*[228].

Im 18. Jahrhundert bürgerte sich für die Priorität der Interessen der euphemistische Ausdruck des 'droit de convenance' ein[229]. Eine Steigerung schien es dann, wenn der Wiener Hof Friedrich II. vorwarf, *bisher lauter Convenienz-Kriege ohne gerechte Titel unter eitlen Vorwendungen geführt* zu haben[230]. Rechtstitel wurden nicht ignoriert, aber funktional zu den Interessen, je nach „Convenienz" oder nach Opportunität verwendet.

Nun gab es freilich gemeinsame Legitimationstitel, auf die sich alle Fürsten oder Staaten zur Wahrung ihrer Interessen berufen konnten: der Friede oder die Christenheit, das europäische Völkerrecht oder, speziell der Interessenlehre zugeordnet, das Gleichgewicht der Staaten — im Frieden von Utrecht 1713 vertraglich festgeschrieben[231] —, die Republik der Fürsten oder *das allgemeine Europäische, vornehmlich aber das besondere Teutsche Interesse,* wie es in jener österreichischen Propagandaschrift 1761 hieß[232]. Hier ging es darum, Preußen aus dem Kreis der Großmächte wieder herauszudrängen und so weit zu verkleinern, daß es nur noch als friedliebender Mittelstaat existieren könne. Üblicherweise wurde ein übergeordnetes Interesse Europas beschworen, um eine Hegemonie — zunächst Habsburgs, dann Frankreichs — zu verhindern. Aber es blieb immer im Gefälle der Interessenlehre, daß die beanspruchten überstaatlichen Gemeininteressen funktional zum jeweils eigenen Interesse der Staaten angerufen wurden. Es handelte sich dann um zweiseitige, zwischenstaatliche Interessen. In der sanfteren Wendung Maria Theresias: *Es setzen aber die Höfe ihr eigenes Interesse niemalen außer Augen*[233], oder in der harten Formel Friedrichs II.: *Man muß blind dem Staatsinteresse folgen und sich mit der Macht verbünden, deren augenblickliche Interessen mit den unseren am besten zusammenstimmen*[234].

---

[228] [Anonym], Staatsbetrachtungen über gegenwärtigen Krieg in Teutschland (1761), abgedr. Johannes Kunisch, Das Mirakel des Hauses Brandenburg (München, Wien 1978), 101 ff. 113.
[229] Johann Gustav Droysen, Ein historischer Beitrag zu der Lehre von den Congressen, Abh. z. neueren Gesch. (Leipzig 1876), 208. → Gleichgewicht, Bd. 2, 972.
[230] [Anonym], Staatsbetrachtungen, 134.
[231] → Gleichgewicht, Bd. 2, 972.
[232] [Anonym], Staatsbetrachtungen, Untertitel.
[233] Denkschrift der Kaiserin Maria Theresia an Feldmarschall Leopold Joseph Maria Daun (24. 7. 1759), abgedr. Kunisch, Mirakel des Hauses Brandenburg, 99.
[234] Friedrich der Grosse, Politisches Testament (1768), Die politischen Testamente, dt. v. Friedrich v. Oppeln-Bronikowski, 3. Aufl. (München 1941), 220.

Die Konstellationen änderten sich, und jeder suchte aus den Fehlern der anderen seinen *Profit* zu schlagen, wie es 1666 hieß[235]. In ihrer theoretischen Voraussetzung kannte nun alle Interessenpolitik eine spezifische Gemeinsamkeit, ohne sich auf übergeordnete Legitimationstitel berufen zu müssen: die Reziprozität, die Gegenseitigkeit der Interessen. Für jeden galt die Maxime, daß die Interessen der anderen erkannt und insofern auch als gleichberechtigt anerkannt werden mußten[236]. Feindschaften, Freundschaften oder neutrale Positionen wurden gleicherweise auf den rationalisierbaren Kern der Interessenwahrung eines Staates zurückgeführt. 'Interesse' selber konnte deshalb in diesem Erfahrungshorizont nicht zum Kampfbegriff werden: jedes Interesse schloß die Gegenseitigkeit der Interessen ein.

Auch die aufgeklärte Kritik, die im Namen einer universellen Moral an den Staatsegoismen geübt wurde[237], konnte nicht mehr erreichen, als daß die allgemeinen Legitimationstitel zur politischen Aktion geändert oder stärker berücksichtigt wurden. So führte die Französische Revolution zur Neuformulierung von politischen Legitimationstiteln mit allgemeinem Anspruch — sei es die Revolutionierung der Gesellschaft oder Schutz der alten Ordnung —, in deren Namen politisch gehandelt wurde. Aber die Interessenwahrung der Staaten selber blieb gleichwohl ein durchgängiges Handlungsmotiv. So sah etwa METTERNICH 1811 in Österreich den *einzig übrigen Repräsentanten einer alten, auf ewiges, unwandelbares Recht gebauten Ordnung der Dinge*. Deshalb war für ihn ein Bündnis mit Napoleon, der auf die Alleinherrschaft ziele, gleich einem *Krieg gegen heilige, unwandelbare Grundsätze und also gegen Österreichs direktes Interesse*[238]. An dieser inhaltlichen Bestimmung des unmittelbar österreichischen Interesses, die alte Ordnung wahren zu sollen, hat Metternich zeit seines Lebens festgehalten[239]. Die durch den Interessebegriff formal vorbestimmte Politik hat sich deshalb nicht geändert. Davon zeugt der Sprachgebrauch auf dem Wiener Kongreß, wo auch 'Legitimität' funktional zu 'Interessen' gehandelt wurde. Wie CAPO D'ISTRIA feststellte — und ähnlich lauten alle Privat- und Geheimberichte: *Jetzt ist wieder alles in Verwirrung geraten, es ist zu Interessenkonflikten gekommen, und es ist unmöglich geworden, alle Länder zufriedenzustellen*[240].

Neu war seit der Französischen Revolution, daß geschichtsphilosophisch begründete, nationale, konstitutionelle und soziale Veränderungspostulate in die außenpolitischen Interessendiagnosen eingingen. So versicherten sich die fünf Großmächte 1818 zu Aachen[241] ihrer Gemeinsamkeit im Kampf gegen die Revolution,

---

[235] [Anonym], Maximes (s. Anm. 223), Au lecteur.
[236] Ebd., 1: *interests reciproques des Princes et des Estats souverains* — so lautet die korrekte Gesamtüberschrift der Einzeluntersuchungen.
[237] Dazu ERNST REIBSTEIN, Völkerrecht. Eine Geschichte seiner Ideen in Lehre und Praxis, Bd. 1 (Freiburg, München 1957), 483 ff.
[238] METTERNICH, Hauptbericht über die Pariser Mission an Franz I. (1809), Nachgel. Papiere, Tl. 1, Bd. 2 (1880), 415.
[239] Vgl. die Zitate bei PAUL HERRE, Völkergemeinschaftsidee und Interessenpolitik in den letzten Jahrhunderten, Fschr. Gerhard Seeliger, hg. v. RUDOLF BEMMANN u. a. (Leipzig 1920), 204 f.
[240] Zit. AUGUST FOURNIER, Die Geheimpolizei auf dem Wiener Kongreß (Wien 1913), 175.
[241] Schlußakte des Aachener Kongresses (15. 11. 1818), abgedr. GEORG FRIEDRICH V. MARTENS, Nouveau recueil de traités, t. 4 (Göttingen 1820), 555.

VI. 1. Politischer Interessebegriff

ihrer *rapports et intérêts communs,* ihre *union* sei um so dauerhafter, als sie von keinem Sonderinteresse *(intérêt isolé)* und keiner zeitbedingten Situation *(combinaison momentanée)* abhinge. Daraus folgte das Interventionsrecht, um revolutionäre Bewegungen zu unterdrücken. Im konkreten Fall, wie beim Einmarsch der Franzosen in Spanien 1823, blieb jedoch kein Zweifel zurück, daß der intervenierende Staat in seinem eigenen Interesse handele: *Nul État ne peut laisser périr ses intérêts essentiels sous peine de périr lui-même comme État* — wie sich CHATEAUBRIAND als Außenminister vor der Kammer rechtfertigte[242].

Der Interessebegriff blieb formal genug, um — wie früher religiöse oder merkantile Faktoren — im 19. Jahrhundert die neuen Bewegungsfaktoren in Rechnung zu stellen. Und je wirksamer die nationalen, konstitutionellen, liberalen, demokratischen oder sozialistischen Zukunftsentwürfe waren, desto mehr mußten solche noch nicht eingelösten Zielsetzungen als reale Faktoren berücksichtigt werden. Auf diesem Hintergrund kennzeichnet es BISMARCK, daß er die gleichsam nackten Staatsinteressen zu betonen nicht müde wurde. So schreibt er 1857 an Gerlach: *Die Interessen des Vaterlandes dem eignen Gefühl von Liebe oder Haß gegen Fremde unterzuordnen, dazu hat meiner Ansicht selbst der König nicht das Recht* — Worte, die Rohan entnommen sein könnten. Auch *jede andere Regierung nimmt lediglich ihre Interessen zum Maßstabe ihrer Handlungen, wie sie dieselben auch mit rechtlichen oder gefühlvollen Deduktionen drapieren mag ... Daß wir Interessen haben, daran werden uns andere schon erinnern*[243]. Es kam ihm immer darauf an, die Beziehungen zu den Großmächten, etwa zu Österreich, *frei von der konventionellen Beimischung unwahrer Gefühlsausdrücke auf die einfachen und allein sicheren Grundlagen der beiderseitigen Interessen zurückzuführen*[244]. Und noch in seiner berühmten Blut- und Eisenrede brachte Bismarck eine ähnliche Wendung, die freilich nicht zum geflügelten Wort wurde: *Jede Großmacht, die außerhalb ihrer Interessensphäre auf die Politik der anderen Länder zu drücken und einzuwirken und die Dinge zu leiten sucht, ... die treibt Machtpolitik und nicht Interessenpolitik, die wirtschaftet auf Prestige hin. Wir werden das nicht tun*[245].

So wohnte dem staatspolitischen Interessebegriff durch die Jahrhunderte hinweg eine bestimmbare Bedeutung inne, die den Begriff über seine Formalität und Anschlußbedürftigkeit hinaus auszeichnete. Er verwies immer auf das Augenmaß der Politiker für den Spielraum des Möglichen und Machbaren. Denn er implizierte immer die Gegenseitigkeit der Interessenträger, die Symmetrie der Partner oder Gegner, ohne die Politik rational nicht betrieben werden kann. Ein Produkt der frühen Neuzeit, hat der Begriff gleichwohl einen quasi strukturalen Anspruch gewonnen, der ihn heute noch — trotz aller inhaltlichen Neubesetzung — unumgänglich macht[246].

---

[242] FRANÇOIS RENÉ VICOMTE DE CHATEAUBRIAND, Rede v. 25. 2. 1823, Oeuvres compl., t. 2 (Paris 1843), 499.
[243] BISMARCK an Leopold v. Gerlach, 2. 5. 1857, FA Bd. 14/1 (1933), 465.
[244] Ders., Denkschrift für den Prinzen von Preußen (Ende März 1858), FA Bd. 2 (1925), 31 f.
[245] Ders., Rede v. 6. 2. 1888, FA Bd. 13 (1930), 131.
[246] Eine spezifisch deutsche Wortschöpfung — 'Realpolitik' — sollte die primär außenpolitische Interessenlehre auf die Innenpolitik übertragen. 1853 von Rochau konzipiert, um das Scheitern der nationalen und liberalen Hoffnungen zu verarbeiten, zielte der Be-

2. Die Aufwertung des Interessebegriffs im Zusammenhang mit der aufkommenden modernen Gesellschaft

Den Eygen-Nutz last herrschen nicht. Sonst strafft euch Gott in seim Gericht[247] — dieser Vers von Moscherosch aus dem Jahre 1643 übernimmt eine tradierte Lehre für die christliche Ständeordnung des Barock. Wie Thomas von Aquin sagte: *Pars autem id quod est totius est: unde et quodlibet bonum partis est ordinabile in bonum totius*[248], und wie Christian Wolff in seiner naturrechtlich begründeten Politik-Lehre sagen wird: *Gemeine Wohlfahrt gehet der besonderen vor*[249]. Obwohl dieser Satz — sprichwörtlich „Gemeinnutz geht vor Eigennutz" — in seiner Allgemeinheit bis heute seinen auch grundgesetzlichen Anspruch behalten hat, hat sich die Relation zwischen allgemeinem und besonderem Nutzen seit dem 18. Jahrhundert verschoben. Im Maße, wie die ständische Rechtsabstufung zugunsten der Rechtsgleichheit aller Staatsbürger eingeebnet und schließlich aufgehoben wurde, erhält der Privatnutzen der Individuen einen höheren Rang, eine neue Funktion im Hinblick auf das Gemeinwesen. Für diese Verschiebung, die tief in die soziale und die politische Verfassung zurückwirkt, ist der Wandel des Interessebegriffs ein Indikator. Wolff stand noch durchaus im Herkommen, als er 1721 damit begann, den Begriff 'Wohlfahrt' alternativ mit 'Interesse' zu verwenden: Mehrere zur Gesellschaft vereinigte Personen seien als eine Person anzusehen (wie es analog zur außenpolitisch handelnden Staatsperson heißt) *und haben demnach ein gemeinschafftliches Interesse: folgends ist es der Natur einer Gesellschaft zuwider, wenn man das Interesse des einen dem Interesse des andern, oder (welches gleich viel ist) die Wohlfahrt des einen der Wohlfahrt des andern entgegensetzen will.* Vollends handle

griff auf eine nüchterne Berechnung tatsächlicher Mächte und Kräfte. Schon unter dem Einfluß Bismarcks lieferte Rochau 1869 eine Definition nach: *Die Realpolitik bewegt sich nicht in einer nebelhaften Zukunft, sondern in dem Gesichtskreis der Gegenwart, sie findet ihre Aufgabe nicht in der Verwirklichung von Idealen, sondern in der Erreichung konkreter Zwecke, und sie weiß sich, unter allem Vorbehalt, mit halben Resultaten zu begnügen, wenn die ganzen nun einmal bis auf weiteres nicht zu haben sind,* Ludwig August v. Rochau, Grundsätze der Realpolitik (1853/69), hg. von Hans-Ulrich Wehler (Frankfurt, Berlin, Wien 1972), 208. Wirkungsgeschichtlich betrachtet lag in dieser Umprägung eine Verkürzung des überkommenen Interessebegriffs beschlossen. Das Ausblenden von idealen Fernzielen ließ die puren Machtfaktoren höher veranschlagen als es einer „wohlverstandenen" Interessenlehre angemessen war. Denn gerade die Imponderabilien, die sich in einer offenen Zukunft ansiedeln, als wirksame Faktoren einzukalkulieren heißt, die jeweils gegenwärtigen Mächte in ihrer Relativität besser zu durchschauen. So leistete Rochau selber der Umdeutung seines Begriffs in den bloßer 'Machtpolitik' Vorschub, die schließlich — nach 1945 — zu seiner Diskreditierung führte in dem Maße als die Realpolitik = Machtpolitik von dem klassischen, rationalen Interessebegriff nicht mehr abgedeckt wurde.

[247] Hans Michael Moscherosch, Wunderliche, wahrhaftige Geschichte Philanders v. Sittewalt (1643), hg. v. Felix Bobertag (Darmstadt 1964), 127.
[248] Thomas von Aquin, Summa theologica, qu. 58, art. 5, conclusio.
[249] Christian Wolff, Vernünfftige Gedancken von dem gesellschafftlichen Leben der Menschen und insonderheit dem gemeinen Wesen 21, § 218 (1721), 4. Aufl. (Frankfurt, Leipzig 1736), GW 1. Abt., Dt. Schr., Bd. 5 (Ndr. Hildesheim, New York 1975), 164.

VI. 2. 'Interesse' in der modernen Gesellschaft

unrecht, wer seine eigene Wohlfahrt zum Nachteil des anderen verfolge[250]. Trotz des individualistisch begründeten Gesellschaftsmodells ist nicht das Wohl der einzelnen, sondern das Wohl aller zusammen das politische Richtmaß. Dafür spricht nun die fast durchgängig pejorative Verwendung des Ausdrucks 'Interesse': er wird auf Individuen und Parteien bezogen, während 'Wohlfahrt' für alle gemeinsam einsteht. Wolff übernimmt also den Interessebegriff im negativen Gebrauch der westlichen Moraltheologen. *Unter dem Vorwand des Guten* werden z. B. *schädliche interessirte Absichten verdecket*[251]. Oder Duelle werden aus *Interesse* — nicht der Ehre wegen — geführt[252]. Oder Atheisten können einen Meineid leisten, weil ihnen ihr *Interesse* gewisser sei als die Furcht vor jenseitiger Strafe[253]. Andererseits gibt es Leute, *die dadurch ihr Interesse befördern, wenn sie andere für Atheisten ausschreien*[254].

So dient der Interessebegriff als eine Art ideologiekritisches Vehikel, um eine gesellschaftsfeindliche Unmoralität zu entlarven. Das wirkt bis in die Verfassungslehre ein. Alle drei guten Regierungsformen dienen der 'Wohlfahrt' und 'Sicherheit', während die drei Typen des Verfalls dem 'besonderen Interesse' des Tyrannen, der Oligarchen oder der Parteien ausgeliefert sind[255]. 'Interesse' wird vorzüglich im Sinne von „Sonderinteresse" verwendet und als solches den Menschen ohne vernünftige Einsicht und ohne guten Willen zugeordnet. Wolff macht nur eine bezeichnende Ausnahme: *Weil es der Kaufleute ihr Interesse ist, daß der Handel im Flor ist, so wird sie als interessirte Leute ihr eigen Vorteil antreiben, ihn in Flor zu bringen und zu erhalten*. Deshalb müsse man ihnen ihren Willen lassen. Die Erfahrung bestätige: *der Handel floriere nirgends mehr, als wo er frei ist*[256].

Von dieser wirtschaftlichen Position aus läßt sich nun eine sukzessive Aufwertung des persönlichen Interesses verfolgen. Die Freisetzung der Individuen erfolgt über einen verwandelten Begriff, über die Anerkennung ihrer persönlichen Interessen. Somit vollzieht sich in Deutschland — nur später — etwas Analoges zu England, wo bereits in der Revolutionszeit eine Explosion der *interests* stattgefunden hatte[257], und wo LOCKE feststellte, *that all the power of civil government relates only to men's civil interests*, die nichts mehr mit dem Jenseits zu tun hätten[258].

---

[250] Ebd. 1, 1, § 6 (p. 4).
[251] Ebd., Vorrede.
[252] Ebd. 2, 3, § 374 (p. 339).
[253] Ebd. 2, 3, § 369 (p. 332).
[254] Ebd., Vorrede.
[255] Ebd. 2, 2, §§ 233ff. (p. 175ff.).
[256] Ebd. 2, 6, § 488 (p. 585).
[257] Vgl. Abschn. IV. 2. — Der Gegensatz des königlichen Privatinteresses zum allgemeinen Volksinteresse taucht schon in der Anklageschrift gegen Karl I. (20. 1. 1649) auf: Alle Machenschaften von Charles Stuart seien durchgeführt worden *for the advancement and upholding of a personal interest of will, power and pretended prerogative to himself and his family, against the public interest, common right, liberty, justice and peace of the people of this nation*, zit. S. R. GARDINER, The Constitutional Documents of the Puritan Revolution, 3rd ed. (Oxford 1906), 373 f.
[258] JOHN LOCKE, An Essay Concerning Toleration (1667), engl.-dt., hg. v. Julius Ebbinghaus (Hamburg 1957), 18.

Wie den außenpolitischen Interessebegriff kennzeichnet es den bürgerlichen Begriff, auf eine transzendente oder religöse Begründung zu verzichten. Die Aufwertung dieser bürgerlichen Interessen in Deutschland, erst ökonomisch, dann politisch, sei kurz skizziert.

a) **Der zum Liberalismus führende ökonomische Interessebegriff.** Fiskalische und merkantile Gesichtspunkte veranlaßten den Staat, alle ökonomischen Belange unter seine Polizeiaufsicht zu stellen. Deshalb verteilte Preußen die Justiz-Instanzenzüge 1749 so, daß alle Prozeßsachen, *welche das Interesse privatum vel jura partium interest betreffen*, bei den traditionellen Justizkollegien verblieben. Dagegen wurden alle *den statum oeconomicum et politicum angehende und überhaupt in das Interesse publicum einschlagende Sachen* vor die Kammer-Verwaltungsgerichtsbarkeit gebracht[259].
Es war denn auch der Staat, der in Preußen unter dem Einfluß der Französischen Revolution ständische Privilegien so weit aufhob, daß eine interessengeleitete Wirtschaftsgesellschaft freigegeben wurde. Schon JUSTI gehörte zu den Vorkämpfern einer Bauernbefreiung. Denn nur als Eigentümer und ohne Fronlasten würden die Bauern den Boden optimal bewirtschaften, nämlich ihr *Interesse* walten lassen, *die Triebfeder allen Fleißes*[260]. Und Justi ging auch den Schritt weiter, aus einer ökonomisch begründeten freien Eigentümergesellschaft das Postulat zur freien Bürgergesellschaft abzuleiten. Ihr Bindeglied war das Interesse: *Ein jeder denket nur seiner eigenen Vorteile, nur seines eigenen Vorzugs halber zu arbeiten und dennoch arbeitet er zugleich vor das Beste des Staats*[261].
Bahnbrechend wurde auch in Deutschland Adam Smith, der das Ordnungsprinzip der Marktwirtschaft in der gegenseitigen Verfolgung des jeweiligen Eigeninteresses der Partner sah. Erst jetzt verlor das Eigeninteresse seine vorwiegende Bedeutung, nur auf Kosten anderer verfolgt werden zu können[262]. Die ökonomische Voraussetzung lag in der durch Arbeitsteilung und Kapitalinvestitionen ermöglichten Produktivitätssteigerung, die potentiell die Gewinne aller steigen ließ.
In Preußen war es CHRISTIAN JACOB KRAUS, der die Smithschen Lehren für die politischen Verwaltungsbeamten aufbereitete. Die drei Klassen der Landeigentümer, der Arbeiter und der „Beschäftiger", der „Verleger" suchen ihre je eigenen Interessen, um Renten, Löhne bzw. Profite zu steigern. Nur über die Verfolgung ihrer Interessen regeln sich Angebot und Nachfrage von Arbeit und Waren, von Löhnen und Preisen[263]. Dabei ging Kraus davon aus, daß sich die Interessen der Land-

---

[259] Justizressortreglement v. 19. 6. 1749, abgedr. WILHELM ALTMANN, Ausgewählte Urkunden zur Brandenburgisch-preußischen Verfassungs- und Verwaltungsgeschichte, 2. Aufl., Bd. 1 (Berlin 1914), 415.
[260] JOHANN HEINRICH GOTTLOB JUSTI, Oeconomische Schriften (1767), zit. URSULA A. J. BECHER, Politische Gesellschaft. Studien zur Genese bürgerlicher Öffentlichkeit in Deutschland (Göttingen 1978), 81.
[261] J. H. G. JUSTI, Natur und Wesen der Staaten als die Quelle aller Regierungswissenschaften und Gesetze (Mittau 1771; Ndr. Aalen 1969), 249, § 108.
[262] Vgl. NEUENDORFF, Begriff des Interesses (s. Anm. 175), 85 ff., mit Zitaten.
[263] CHRISTIAN JACOB KRAUS, Staatswirthschaft, Bd. 1 (Königsberg 1808), 170 ff. u. passim.

b) Politisierung des Begriffs

eigentümer — vorausgesetzt, sie verzichten auf ihre Privilegien — und die der Arbeiter — trotz ihrer mangelnden Einsicht — mit *dem allgemeinen Interesse der ganzen Staatswirthschaft* decken. Nur die Klasse der *Fabrikunternehmer und Kaufleute* sei nicht davor gefeit, ihre Interessen über das *Nationalinteresse* hinauswachsen zu lassen, weil sie aus Profitsucht die Konkurrenz einzuschränken suchten, was allemal auf Kosten des Publikums gehe[264].

Unbeschadet des neuen ökonomischen Kontextes läßt sich begriffshistorisch sagen, daß der bisher primär außenpolitische, auf Gegenseitigkeit beruhende Interessebegriff der konkurrierenden europäischen Staaten jetzt auf die Individuen der bürgerlichen Konkurrenzgesellschaft übertragen wurde. Preußen suchte hier dem englischen Modell am nächsten zu kommen. Wie es in einem der ersten liberalen Reformgesetze hieß: *Man gestatte daher einem jeden ..., sein eigenes Interesse auf seinem eigenen Wege zu verfolgen, und sowohl seinen Fleiß, als sein Kapital in die freieste Konkurrenz mit dem Fleiß und Kapitale seiner Mitbürger zu bringen*[265]. Damit war der Tenor aller Reformgesetze angeschlagen, die nicht müde wurden, an das Interesse der einzelnen zu appellieren, um das Gesamtwohl zu fördern. Der aufgewertete Interessebegriff war nicht nur ein Indikator, sondern auch ein sprachlicher Steuerungsfaktor, ein Fanal, um eine freie Marktgesellschaft zu eröffnen. Seit dem 18. Jahrhundert wurde 'Interesse' als ein verfassungspolitischer Begriff zunehmend verwendet[266].

b) Die Politisierung des bürgerlichen Interessebegriffs.

Wolff hielt es — ganz im Sinne eines landesväterlichen Fürsorgestaates — für eine *schlimme Staatsmaxime, wodurch Land und Leute verdorben werden, daß man das Interesse des Landes-Herren von dem Interesse der Untertanen trennt und als zwei widrige Dinge einander entgegensetzt*[267]. Sobald die Interessen der Untertanen nicht nur im Hinblick auf das fürstlich verwaltete Gemeinwohl, sondern als genuine Interessen von Staatsbürgern definiert wurden, mußte sich die Relation zwischen Staats- und Bürgerinteressen verschieben. Dies gehörte zur polemischen Thematik der deutschen Spätaufklärung. Auch hierbei stand England Pate. *Der geringste Mann macht hier das allgemeine Wohl zu seiner Privatangelegenheit*, wie Möser feststellte, der für seine ganze Geschichtsschreibung bereits einen historisierenden Interessebegriff verwendete. *Und dieses hohe Interesse ist es, was* (in England) *die menschlichen Kräfte spannt und ihnen ein höher Ziel erreichen läßt als andern*[268].

Ob durch Rekurs auf naturrechtliche Vertragslehren, ob durch eine innovative Ausdeutung des Reichsstaatsrechts oder ob durch konkrete Kritik an den Praktiken absolutistischer Fürsten — zunehmend berief sich die deutsche Aufklärung auf die genuinen Interessen der bürgerlichen Gesellschaft oder des Volkes, um an ihnen die

---

[264] Ebd., Bd. 2 (1808), 257.
[265] Geschäftsinstruction für die Regierungen in sämtlichen Provinzen v. 26. 12. 1808, abgedr. Novum Corpus Constitutionum Prussico-Brandenburgensium Praecipue Marchicarum, hg. v. Christian Otto Mylius, Bd. 12 (Berlin 1822), 727, § 50.
[266] In systematischer Verwendung bes. von Stein, Geschichte der sozialen Bewegung (s. Anm. 204), Bd. 1, 43. 137. 9ff.
[267] Wolff, Vernüfftige Gedancken 2, 6, § 489 (s. Anm. 249), 586.
[268] Möser, Patriotische Phantasien III (1774), SW Bd. 6 (1943), 84.

davon abgehobene staatliche Politik zu messen. Zunächst in Form von Postulaten: *Der ganze Begriff von National-Interesse setzt ein Volk voraus, welches in dergleichen großen seinen Ruhe- und Wohlstand betreffenden Angelegenheiten mit zu sprechen hätte, wie solches in allen Republiken und eingeschränkten Monarchien angetroffen wird* — dies forderte FRIEDRICH CARL VON MOSER 1761, begrifflich die Verfassungskämpfe der kommenden hundert Jahre vorwegnehmend[269]. In der Revolutionszeit diente der Interessebegriff, der sich auf die mannigfaltigen *Bedürfnisse und Geschäfte der bürgerlichen Gesellschaft* bezog, als kritische Instanz, um gegen die *Ketten des Despotismus* und ständische Rechtsunterschiede aufzubegehren, die eine freie Interessenartikulation verhinderten. So heißt es in einer Revolutionsschrift 1792[270]: *Jeder soll seine Würde als Mensch, seine Pflichten als Bürger, sein Interesse, das Interesse der Gesellschaft, und sein Verhältnis zu derselben kennen* — dann könnten *alle Vorteile der bürgerlichen Gesellschaft in freien Umlauf gebracht werden.*

Seit derartigen Forderungen begannen sich alle Verfassungsfragen, die die Folgezeit beherrschten, am jeweiligen Begriff von 'Interesse' anzukristallisieren. Im Spannungsfeld zwischen dem monarchischen Prinzip und der Volkssouveränität gingen die Positionskämpfe immer darum, wer das Allgemeininteresse am besten vertrete und wer nur Sonderinteressen. In der Antwort auf diese Frage lag der politische Testfall einer jeden Verfassung.

Die monarchische Position beanspruchte, den wahren Allgemeinwillen gegen die Summe der Einzelinteressen zu verteidigen. *Die Vernunft ist zwar der allgemeine Wille, wenn ein jeder von seinen Privat-Interessen, Neigungen und Zwecken abstrahiert*, konzedierte ANCILLON, *aber die Mehrheit der Menschen tut dieses schwerlich und sehr selten.* Deshalb müsse sich der Gesetzgeber hüten, von dem Willen der einzelnen, sollten sie auch die Mehrheit bilden, auf die Vernunft zu schließen. Sonst höre er *nur die Stimme der Unwissenheit, des Irrtums, des Eigennutzes, die Meinung des Tages ... statt die Stimme des allgemeinen Interesses, der Vernunft, der Jahrhunderte zu vernehmen.* Allenfalls die Besseren des Volkes dürfe der Monarch zu Rate ziehen[271].

HEGEL, der die Vernunft des Staates in seinen liberalen und korporativen Institutionen abgesichert sah, fand das Allgemeininteresse im dritten Stand, d. h. dem der Intelligenz, im Beamtenstand vertreten. In der vom Staat geschiedenen bürgerlichen Gesellschaft sah er den *Kampfplatz des individuellen Privatinteresses aller gegen alle*[272]. Wer diese Gesellschaft mit dem Staat verwechsle, dem sei *der Schutz von Eigentum und Freiheit*, also *das Interesse der einzelnen als solcher der letzte Zweck*[273]. In Wirklichkeit setze sich die Gesellschaft aus verschiedenen Bedürfnissphären zusammen, aus denen die ständischen Repräsentanten stammen, die jeweils ihre differierenden

---

[269] FRIEDRICH CARL V. MOSER, Beherzigungen (1761), zit. BECHER, Politische Gesellschaft, 109.
[270] Argos, oder der Mann mit hundert Augen. Schreiben eines im Elsaß sich aufhaltenden Deutschen an seinen Freund jenseits des Rheins (Straßburg 1792; Ndr. Nendeln 1976), 241 f., Nr. 31.
[271] FRIEDRICH ANCILLON, Zur Vermittlung der Extreme in den Meinungen, Bd. 1 (Berlin 1828), 368 ff.
[272] HEGEL, Grundlinien der Philosophie des Rechts (s. Anm. 195), 396, § 289.
[273] Ebd., 329, § 258.

b) Politisierung des Begriffs

großen Interessen vertreten[274]. In Anbetracht dieser gesellschaftlichen Vielfalt leiste allein der Beamtenstand *die Verknüpfung des allgemeinen und besonderen Interesses*[275], denn: *Der allgemeine, näher dem Dienst der Regierung sich widmende Stand hat unmittelbar in seiner Bestimmung, das Allgemeine zum Zwecke seiner wesentlichen Tätigkeit zu haben*[276].

Während Hegel das Selbstbewußtsein der preußischen Beamtenschaft, zwischen Staat und Gesellschaft zu vermitteln, wiedergab, blieb die entschieden liberale Position mit dem monarchischen Staat konfrontiert. *Wir wünschen* — wie ein Brief des jungen HEINRICH VON GAGERN 1818 lautet[277] — *eine Verfassung für das Volk nach dem Zeitgeiste und nach der Aufklärung desselben, nicht daß jeder Fürst seinem Volke gibt, was er Lust hat und wie es seinem Privatinteresse dienlich ist.* Nicht im Monarchen oder in der staatlich beamteten Intelligenz, sondern in den unabhängigen Vertretern von Besitz und Bildung sah der Liberale den Hort der allgemeinen Interessenwahrung.

So forderte ALMENDINGEN eine *repräsentative Demokratie*, in der alle wählen, aber nicht jeder gewählt werden kann. Nur die weisungsunabhängige *Volksintelligenz* sei fähig, das *Interesse des Volkes*, das *Interesse des Ganzen* zu vertreten. *Die Volksintelligenz aber kann sich nur in der Klasse der Gebildeten finden*. Da die Beamten nicht Volksvertreter sind, beschränkt sich der Kreis der Wählbaren auf *die Klasse der unabhängigen Güterbesitzer, der Kapitalisten, der Großhändler, der großen Fabrikunternehmer. Sie vor allem sind fähig, das Interesse des ganzen Volkes gegen die Regierung zu verteidigen*[278].

Der Altliberale ROTTECK forderte dagegen traditionellere Landstände, in denen die Gesichtspunkte *nach politischen Rechten und Interessen verschiedener Klassen* artikuliert werden könnten. Gewiß müsse jeder Abgeordnete *das Interesse der Gesamtheit höher als jedes besondere achten ... Aber das Gesamtinteresse besteht eben in der möglichst vollständigen und harmonischen Gewährleistung der Rechte und der Wohlfahrt aller einzelnen, und es ist, um das Gesamtinteresse zu erkennen, nötig, jedes der Teile zu erforschen*[279].

Um den nach Klassen oder Instanzen abgeschichteten Anspruch auf höhere Allgemeinheit abzusichern, wurde im Vormärz gerne auf die Trennung in höhere oder niedere Interessen zurückgegriffen[280]. Oder die Interessen wurden in materielle und ideelle eingeteilt, wobei den ersteren gemeinhin der stärkere Egoismus zugedacht wurde, wodurch implizit den Vertretern einer staatlichen oder bürgerlichen In-

---

[274] Ebd., 421, § 311.
[275] Ebd., 401, § 294.
[276] Ebd., 413, § 303.
[277] HEINRICH V. GAGERN an Hans Christoph v. Gagern, 17. 6. 1818, abgedr. Deutscher Liberalismus im Vormärz. Heinrich v. Gagern. Briefe und Reden, hg. v. PAUL WENTZKE u. WOLFGANG KLÖTZER (Göttingen 1959), 60.
[278] LUDWIG HARSCHER V. ALMENDINGEN, Politische Ansichten über Deutschlands Vergangenheit, Gegenwart und Zukunft (1814), abgedr. Restauration und Frühliberalismus 1814—1840, hg. v. HARTWIG BRANDT (Darmstadt 1979), 144f.
[279] CARL V. ROTTECK, Ideen über Landstände (1819), abgedr. BRANDT, Restauration, 163. 161f.
[280] KRUG 2. Aufl., Bd. 2, 539, Art. Interesse.

telligenz der überlegene Einfluß eingeräumt wurde[281]. Für das preußische Ministerium gehörte es zum Brauch, den Provinzständen als Vertretern rein materieller Interessen regionalen Zuschnitts grundsätzlich die Einsicht in die allgemeinen Interessen abzusprechen[282].

Gegen diese nach Positionen abgefächerten Ansprüche auf eine allgemeine Interessenwahrung wandten sich nun die Demokraten und Sozialisten, die sich auf den numerisch unüberbietbaren Legitimationstitel beriefen, eben für alle einzustehen. Dabei ging die Kritik am ökonomischen und politischen Interessebegriff des Liberalismus Hand in Hand. Ökonomisch wurde eine Organisation der Wirtschaft gefordert, bis *zuletzt das Interesse jedes einzelnen mit dem des Ganzen vollkommen zusammenfallen würde*[283].

Und kurz vor der Revolution heißt es: *Die politischen Parteien laufen mehr und mehr in ein einförmiges Aschgrau zusammen, und das Interesse des Volkes für den rein politischen Liberalismus ist nicht so lebhaft anzufachen, daß auf Erfolg zu rechnen wäre. Innere Lebenskraft hat nur der Sozialismus, der die Menschheit umfaßt und nicht bloß eine einzelne Kaste im Auge hat*[284].

In Robert Blums „Staatslexikon" wurde der Ausschließlichkeitsanspruch im Namen der ganzen Menschheit auf eine klare Formel gebracht: *Die verschiedenen Interessen sind es, welche die Menschheit stets gespalten haben, und zwar immer zu ihrem Nachteil. Es gibt Sonderinteressen und allgemeine Menschheitsinteressen. Jene sind die Rechte, Privilegien, diese das Recht.* Demgemäß gebe es nur zwei Arten von Parteien. Auf der einen Seite die Partei der Staatsgewalt, die der Kirche und die der Bourgeoisie — diese Parteien *suchen mit allen Mitteln den ihren Interessen entsprechenden Zustand des Bestehenden zu erhalten*. Ihnen gegenüber steht die demokratische Partei, die allein die *Interessen der Gesamtheit* verkörpert, vom Alten zum Neuen strebt und den *ewigen Verjüngungsprozeß der Menschheit vorantreibt*[285]. Dabei wird der historische Rechtsbegriff mit 'Sonderinteresse' identifiziert, während der naturrechtliche und geschichtsphilosophische Rechtsbegriff im Singular für die Menschheitsdemokratie und ihre Interessen einsteht.

Damit sind — bei formaler Identität der Begriffsdifferenzierung — inhaltlich alle Positionen abgesteckt, die im Namen der Allgemeinheit ihre jeweilige Zuständigkeit für Staat und Gesellschaft beanspruchen. Seit den Verfassungskämpfen des Vormärz und der 48er Revolution artikuliert sich jede politische Handlungseinheit durch den Interessebegriff. Deshalb konnte der Begriff auch emphatisch verwendet werden. Welcker rief 1845 in der badischen Kammer aus, daß die Zensurbehörde *mit den heiligsten Interessen der religiösen und politischen Entwicklung und Freiheit,*

---

[281] Schulz, Art. Ideen (s. Anm. 28), 283 ff., suchte in der Wechselwirkung materieller und ideeller Interessen einen progressiven Rhythmus zu erkennen, ohne den Politik nicht möglich sei.

[282] R. Koselleck, Preußen zwischen Reform und Revolution. Allgemeines Landrecht, Verwaltung und soziale Bewegung von 1791 bis 1848 (1967), 2. Aufl. (Stuttgart 1975), 337 ff.

[283] Joseph Weydemeyer, Die jetzige Not, ihre Ursachen und Mittel zu ihrer Abhilfe, Das Westfälische Dampfboot 2 (1846; Ndr. 1972), 6.

[284] [Anonym], Weltbegebenheiten, ebd., 95.

[285] Blum Bd. 2 (Ausg. 1851), 138 f., Art. Partei.

a) Parteien   Interesse

vor wie nach mit der bodenlosesten despotischen Willkür verfährt[286]. Oder das katholische Wahlkomitee ruft in Köln 1848 die Urwähler auf, nur solche Kandidaten zu wählen, die *auch eure heiligsten Interessen vertreten werden*[287]. Oder im Namen des ersten deutschen Handwerker- und Gewerbekongresses wird 1848 versichert: *Der eingetretene Verfall des deutschen gewerbetreibenden Mittelstandes, die Vernachlässigung seiner heiligsten Interessen, die seinen billigen Wünschen und gerechten Forderungen erwiesene Rücksichtslosigkeit, haben die Erschütterung der Throne selbst zur natürlichen Folge gehabt*[288]. So wurde der formale, auf Gegenseitigkeit bezogene Begriff zur einseitigen Kampfparole, indem er mit den entsprechenden Epitheta versehen wurde. Eine neue Phase der Begriffsverwendung setzte ein, als die Parteien und in zunehmendem Maß die Verbände ihre differierenden Interessen aufeinander abzustimmen genötigt wurden[289]. Seitdem verblaßte der ursprünglich auf das bürgerliche Individuum bezogene Interessebegriff; die partei-, klassen- oder gruppenspezifische Verwendung setzte sich durch. Die mit jedem Interesse notwendigerweise vorgegebene Partikularität mußte zugestanden werden, was nicht verhinderte, daß weiterhin auf dem Allgemeinheitsanspruch insistiert wurde. Folglich blieb der Begriff stets einer Ideologiekritik ausgesetzt, die ihn im politischen Sprachgebrauch seitdem wie ein Schatten begleitet.

3. Der Interessebegriff der Parteien und Verbände

In dem seit dem Vormärz aufkommenden Sprachgebrauch mußten die Parteien mit dem Auftrag potentieller Allgemeingültigkeit argumentieren, während die Korporationen, Vereine und Verbände ihre Gruppeninteressen ungebrochen und offen anmelden mußten, um Erfolg zu haben.

a) **Der Interessebegriff als Sprachwendung der Parteien.** Es liegt im Brauch der politischen Propagandasprache, daß allzu konkrete Ziele nicht als Sonderinteressen angepriesen werden dürfen. Gerade deshalb zeugt der Interessebegriff von spezifischen Schwerpunkten.
Das Zentrum bekennt sich offen zu den *katholischen Interessen* (1861)[290], oder wie es 1909 heißt, zu den *berechtigten Interessen der deutschen Katholiken*[291]. In wirt-

---

[286] CARL THEODOR WELCKER, Rede, Jan. 1846, zit. [Anonym], Weltbegebenheiten, Das Westfälische Dampfboot 2 (1846; Ndr. 1972), 33.
[287] Aufruf an die Urwähler seitens des Wahlkomitees der Katholiken (30. 4. 1848), abgedr. KARL BACHEM, Josef Bachem und die Entwicklung der katholischen Presse in Deutschland, Bd. 2 (Köln 1912), 465.
[288] Verh. d. ersten dt. Handwerker- und Gewerbekongresses, hg. v. GEORG SCHIRGES (Darmstadt 1848), IV.
[289] Vgl. die Eingabe der „Centralstelle für Gewerbe und Handel" in Stuttgart an die Nationalversammlung (6. 11. 1848), Sten. Ber. Verh. dt. Nationalvers., Bd. 4 (1848), 3071: die „Centralstelle" war *zur Fürsorge für die Gewerbe und Handel Württembergs und zur Vermittlung ihrer Interessen mit den Gesamtinteressen des Landes berufen*.
[290] Kundgebung der Preußischen Zentrumspartei (1861), abgedr. FELIX SALOMON, Die deutschen Parteiprogramme vom Erwachen des politischen Lebens in Deutschland bis zur Gegenwart (1907), 3. Aufl., H. 1 (Leipzig, Berlin 1924), 107.
[291] Berliner Erklärung der Zentrumspartei (28. 11. 1909), ebd., 3. Aufl., H. 2 (1924), 120.

schaftlichen Fragen sucht es immer *die goldene Mittelstraße* (1861) oder *die Ausgleichung der Interessen von Capital und Grundbesitz, sowie von Capital und Grundbesitz einerseits und der Arbeit andererseits, durch Erhaltung und Förderung eines kräftigen Mittelstandes*[292]; so wie es sich 1909 für die Interessen aller Staatsbürger und das *Gedeihen aller Klassen* einzusetzen verspricht[293]. *Unser Grundsatz ist* — wie der Wahlaufruf 1893 lautete — *daß die idealen Interessen der Reichsgemeinschaft allen materiellen Interessen der Angehörigen des Reiches vorgehen und immer vorgehen müssen*[294].

Die Konservativen beziehen offen gegen den Liberalismus Stellung, bekennen sich — so 1856 — zur *Feudalisierung des ländlichen Grundvermögens* und zu den altständischen Rechten auf der Gemeinde-, Kreis- und provinzialständischen Ebene. Nur werden die Privilegien hinter der Beschwörung versteckt, alle Gemeindemitglieder bzw. Mitstände *durch mächtige gemeinsame Interessen aneinanderzuketten*[295].
Die Freikonservativen setzen 1867 *das Vaterland stets über die Partei, wir stellen das Nationalinteresse über alles* (wie das Deutschlandlied variiert wird)[296]. — Die monarchisch-nationale Partei bekennt sich 1872 ebenso zu den *deutschen Interessen* und fordert weiterhin gegen die Arbeiterbewegung staatliche Eingriffe, *um die Geltendmachung berechtigter Interessen des Arbeiterstandes in gesetzliche Bahnen zu lenken*[297]. Die liberalen Parteien halten noch am längsten an dem allgemeinen Repräsentationsanspruch fest. *Das Vaterland über der Partei, das allgemeine Wohl über allen Sonderinteressen* (1907)[298]. Im Verfassungskonflikt versicherten sie — irrtümlich, aber konstitutionell korrekt —, *daß die wahren Interessen* (von Krone und Volk) *in Preußen untrennbar zusammenfallen, und daß man nicht das Königtum bekämpft, wenn man eine Anforderung der Regierung ablehnen zu müssen glaubt*[299]. Nach dem Kompromiß von 1866 setzen sie sich für jede Regierung ein, die *die deutsche Einheit gegen fremden Eingriff und heimische Sonderinteressen* durchsetzt[300]. Als die Liberalen durch die neu entstehenden pressure groups wegen der Zollfrage um ihre Führungsstellung gebracht wurden, traten sie allen Bestrebungen entgegen, *welche die Bevölkerung in Interessengruppen zersplittern*, sie suchten — vergeblich — die Gefahr zu bannen, die aufbreche, *wenn große wirtschaftliche Interessen zugleich als politische Parteien sich bekämpfen*[301]. Beschwörend stellen sie 1893 fest: *Gewiß hat*

---

[292] Kundgebung der Preuß. Zentrumspartei, 106 f.
[293] Berliner Erklärung, 119.
[294] Wahlaufruf der Zentrumspartei (24. 5. 1893), ebd., 114.
[295] Programmatische Kundgebung der Preußisch-konservativen Partei, ebd., H. 1, 80 f.
[296] Programm der Freikonservativen Partei (27. 10. 1867), ebd., 142 f.
[297] Programm der konservativen Fraktion des Reichstags (14. 5. 1872), ebd., 1. 3.
[298] Ziele und Bestrebungen der Nationalliberalen Partei (Januar 1907), abgedr. F. SALOMON, Die neuen Parteiprogramme mit den letzten der alten Parteien zusammengestellt (Leipzig, Berlin 1919), 7.
[299] Wahlaufruf der Fortschrittspartei (14. 3. 1863), abgedr. ders., Deutsche Parteiprogramme, H. 1, 121.
[300] Erklärung von 24 Abgeordneten, 15 von der Fortschrittspartei, 9 vom linken Zentrum (Sept. 1866), ebd., 132.
[301] Wahlaufruf der Deutschen Fortschrittspartei (23. 12. 1876), ebd., H. 2, 39; vgl. Berliner Erklärung der Nationalliberalen Partei (29. 5. 1881), ebd., 19 ff.; Gründungsprogramm der Deutschen Freisinnigen Partei (5. 3. 1884), ebd., 42.

a) Parteien

jedes vorhandene Interesse das Recht, sich geltend zu machen, aber stets nur mit Rücksicht auf das Gemeinwohl, um sich doch eindeutig der mittelständischen Interessen anzunehmen[302]. 1898 wiederholt sich dies Programm, *Sonderinteressen, Rassen- und Klassengegensätze* abwehrend, aber *die kraftvolle Wahrung deutscher Interessen auf dem Gebiete der auswärtigen und kolonialen Politik* begrüßend[303].

So bleibt der durchgängig formale, verschieden besetzbare Interessebegriff der politische Testfall, an dem sich die Parteien bewähren und der Kritik aussetzen lassen müssen.

Die sozialdemokratische Partei konnte dagegen den Interessebegriff nüchterner, politischer verwenden, weil sie entsprechend der Marxschen Lehre jede politische Programmatik auf die — gleichsam objektiven — sozio-ökonomischen Bedingungen zurückführt. MARX hatte gegen Smith festgestellt, daß die Verfolgung der Privatinteressen nicht von selbst zum summierten Allgemeininteresse führe. Aus dieser *abstrakten Phrase* könne man ebensogut auf das bellum omnium contra omnes schließen (wie auch Hegel die Hobbessche Formel auf die moderne Gesellschaft übertragen hatte). *Die Pointe liegt vielmehr darin, daß das Privatinteresse selbst schon ein gesellschaftlich bestimmtes Interesse ist und nur innerhalb der von der Gesellschaft gesetzten Bedingungen und mit den von ihr gegebenen Mitteln erreicht werden kann ... Inhalt, wie Form und Mittel,* um Privatinteressen zu verwirklichen, seien *durch von allen unabhängige gesellschaftliche Bedingungen gegeben*[304]. Privatinteressen hatten also per se nichts Anrüchiges, aber sie waren durch den zu erwartenden Wandel und durch die voranzutreibende Veränderung ihrer wirtschaftlichen, gesellschaftlichen und damit auch politischen Voraussetzungen zu bekämpfen. In diesem Sinne hieß es im Erfurter Programm der SPD 1891, daß alle *wirtschaftspolitischen Maßnahmen* zu beseitigen seien, *welche die Interessen der Allgemeinheit den Interessen einer bevorzugten Minderheit opfern*[305].

In Anbetracht der sich aufspreizenden Schere zwischen Marxscher Geschichtsphilosophie und sozialdemokratischer Praxis prägte BERNSTEIN die Formel: *Der Socialismus als Wissenschaft beruft sich auf die Erkenntnis, der Socialismus als Bewegung wird vom Interesse als seinem vornehmsten Motiv geleitet* — wobei Bernstein *persönliche, ... wirtschaftliche, ... moralische* und *idealistische Interessen* bündelte. *Der Classenkampf ist ein Kampf der Interessen, und wenn auch jedes Interesse, um zu einem Kampf zu führen, mehr oder minder klar erkannt sein muß, ... so bleibt er doch stets ein Kampf, bei dem es sich in erster Linie um Geltendmachung der Interessen einer Classe oder Partei und nicht von Erkenntnissätzen* handele[306].

Wie immer diese klare Trennung von Theorie und Praxis innerhalb der SPD als revisionistisch gedeutet wurde, jedenfalls gewann hier der Interessebegriff seinen geschichtsphilosophisch abgeleiteten positiven Sinn, der die politische Handlungs-

---

[302] Mitteilungen für die Vertrauensmänner der Nationalliberalen Partei (15. 5. 1893), ebd., 80.

[303] Berliner Erklärung der Nationalliberalen Partei (Okt. 1898), ebd., 81 f.

[304] MARX, Grundrisse der Kritik der politischen Ökonomie. Rohentwurf 1857/58 (Moskau 1939/41; Ndr. Frankfurt, Wien 1972), 74.

[305] Erfurter Programm der Sozialdemokratischen Partei Deutschlands (1891), abgedr. SALOMON, Deutsche Parteiprogramme, H. 2, 129.

[306] BERNSTEIN, Wie ist wissenschaftlicher Socialismus möglich (s. Anm. 218), 20 f.

gemeinschaft — sei es die SPD, seien es die Gewerkschaften — zur Aktion motivierte. Wie es schon 1893 in einer Flugschrift hieß: *Der soziale Gegensatz der Interessen ... hat noch einen einfacheren Namen, und der ist Hunger.* Und daraus wurde die politisch ebenso ernüchternde wie herausfordernde und zeitgemäße Folgerung gezogen: *die soziale Frage ist eben keine bloße Erkenntnis-, sondern auch eine Interessenfrage, und die Interessen der Stärkeren geben allemal den Ausschlag*[307]. Von hier ist es nur noch ein Schritt zu BERTOLT BRECHT, der sagte: *Unsere Sittlichkeit leiten wir von den Interessen unseres Kampfes gegen die Unterdrücker und Ausbeuter ab.* Wie früher Religion und Recht in den Sog der äußeren Interessenpolitik geraten waren, so — hier offen formuliert — auch Moral und Sittlichkeit. Die außen- und innenpolitischen Bedeutungen konvergieren im Wortgebrauch der Bürgerkriegsparteibildung[308].

b) Der Interessebegriff in der Sprache der Verbände. In der pragmatischen Sprache der Korporationen, der Vereine und Verbände gewann der Interessebegriff einen gruppenspezifischen, partikularen und insofern eindeutigen Sinn. Darin unterscheidet sich dieser Interessebegriff von dem der Parteien, die als Teile der gesamten Gesellschaft gleichwohl einen Allgemeinheitsanspruch für diese artikulieren mußten. Soweit das korporative Ordnungssystem der alten Wirtschaftsverfassung durch die Freigabe der Konkurrenz aufgelöst war, kam es gleichsam zwangsläufig zu einer neuen Herausforderung: ob und wie sich die einmal freigesetzten Individuen erneut zusammenschließen würden, um ihre gemeinsamen Belange zu regeln oder zu vertreten. Dauernd stand die liberale Wirtschaftsverfassung unter Kritik, sei es der alten Zünfte, sei es durch sozialistische Forderungen nach einer Organisation der Arbeit. In dieser Lage erließ die preußische Regierung die Gewerbeordnung von 1845, die auf der Basis eines freiwilligen Zusammenschlusses die gewerbliche Selbstorganisation in Innungen wieder zuließ: *Der Zweck der neu zu gründenden Innungen besteht in der Förderung gemeinsamer gewerblicher Interessen*[309]. Unser Begriff trat genau dort auf, wo sich gesellschaftliche Kräfte organisierten — wenn auch unter staatlicher Aufsicht —, um sich nach innen selbst verwalten und nach außen geschlossen auftreten zu können.

Zunächst in halb staatlicher — wie bei den Handelskammern[310] —, dann in rein gesellschaftlicher Form entstanden zunehmend in der zweiten Hälfte des 19. Jahr-

---

[307] [Anonym], Wird der Sozialismus siegen? Ein Überblick der Erscheinungen, welche das Kommende verkünden (Köln 1893), 12. 28.

[308] BERTOLT BRECHT, Me-ti. Buch der Wendungen (1934/42), GW hg. v. Elisabeth Hauptmann, Bd. 12 (Frankfurt 1967), 477.

[309] Allg. Gewerbeordnung v. 17. 1. 1845, Tit. VI, § 104, GSlg. f. d. Preuß. Staaten (Berlin 1845), 41.

[310] Vgl. auch den Anlauf, den die preuß. Regierung 1844 machte, um einen „Central-Industrie-Verein" zu gründen. Er sollte in der Gesellschaft *das Interesse am materiellen Fortschritt* wecken, *die Selbstbeteiligung* des Publikums anregen, *um alle geistigen und technischen Elemente der beteiligten und zu vertretenden Einzel- oder Gesamtinteressen zu ihrer gemeinsamen Belebung* zu verschmelzen, abgedr. SALOMON, Deutsche Parteiprogramme, H. 1, 2.

b) Verbände

hunderts eine Fülle von Organisationen — Berufsverbindungen, Unternehmerverbände, schließlich, soweit zugelassen, Gewerkschaften und politische Vereine —, die allesamt das wirtschaftliche, gesellschaftliche und politische Leben strukturierten[311]. Der Zusammenschluß regionaler zu nationalen Vereinigungen und zugleich die Ausdifferenzierung nach Standes- und Klassenzugehörigkeiten, aber auch vertikale Versäulungen erfolgten allesamt über derartige *Interessenvertretungen*[312]. So schlossen sich 1866 die Buchdrucker zusammen, *von Anfang an (zur) Wahrung unserer Berufsinteressen*[313]. Oder der „Allgemeine deutsche Schuhmacher Verein" (seit 1868) schloß sich zusammen, um — in sozialdemokratischer Sprachwendung — *für das stark bedrohte Interesse des Handwerks und Arbeiters nachhaltig wirken zu können*[314].

Während die entstehenden Industriegewerkschaften mehr und mehr ihr 'Klasseninteresse' artikulierten, bleibt der Ausdruck der 'Standesinteressen' vorwiegend im Gebrauch der Beamten-, der akademischen und freien Berufsvereine[315]. Freilich gibt es Vereine, deren Wirken weit über die eigene Interessenvertretung hinausführte, etwa zur technischen Sicherheitskontrolle, die der „Verein deutscher Ingenieure" (gegr. 1856) übernommen hat. Die beabsichtigte „Verschränkung von Standesinteressen und wichtigen Dienstleistungen für das Gemeinwohl"[316], kommt schon im Gründungsakt zur Sprache: *Der Verein bezweckt ein inniges Zusammenwirken der geistigen Kräfte deutscher Technik zur gegenseitigen Anregung und Fortbildung im Interesse der gesamten Industrie Deutschlands.* Bereits unmittelbar politisch, in der Tonlage wie in der Agitation ungleich härter lautet 1893 der Gründungsaufruf des „Bundes der Landwirte": *Wir müssen aufhören zu klagen, wir müssen schreien, daß es das ganze Land hört, wir müssen schreien, daß es bis an die Stufen des Thrones vernommen wird ... wir müssen Politik, und zwar Interessenpolitik, treiben ... denn nur dadurch, daß wir rücksichtslose und ungeschminkte Interessenpolitik treiben, kann vielleicht die Existenz der heutigen Landwirte gerettet werden. Deshalb müssen wir aufhören, liberal, ultramontan oder konservativ zu sein und zu wählen, vielmehr müssen wir uns zu einer einzigen großen agrarischen Partei zusammen-*

---

[311] Vgl. Joseph Kaiser, Die Repräsentation organisierter Interessen, 2. Aufl. (Berlin 1978), 338 ff., ein begriffsgeschichtlicher Exkurs.
[312] Vgl. Georg Friedrich Kolb, Art. Interessenvertretung, Pierer 6. Aufl., Bd. 10 (1877), 763 f., mit historischem Rückblick und konstitutioneller Kritik.
[313] Bericht über die Versammlung der Leipziger Gehilfen, Der Correspondent, Nr. 13, 23. 3. 1866, zit. Ulrich Engelhardt, „Nur vereinigt sind wir stark". Die Anfänge der deutschen Gewerkschaftsbewegung 1862/63 bis 1869/70, Bd. 1 (Stuttgart 1977), 317, mit zahlreichen weiteren Belegen.
[314] Hamburger Aufruf an die Schuhmacher, Sozialdemokrat, Nr. 43, 11. 4. 1869, zit. Siegfried Nestriepke, Werben und Werken. Geschichte und System der gewerkschaftlichen Agitation (Nürnberg 1914), 127.
[315] Belege bei Wilhelm Kulemann, Die Berufsvereine, Bd. 1: Geschichtliche Entwicklung (Jena 1908).
[316] Peter Lundgreen, Die Vertretung technischer Expertise „im Interesse der gesamten Industrie Deutschlands" durch den VDI 1856 bis 1890, in: Technik, Ingenieure und Gesellschaft, hg. v. Karl-Heinz Ludwig (Düsseldorf 1981), 68, mit eingehender Begriffsanalyse und -geschichte.

schließen und dadurch mehr Einfluß auf die Parlamente und die Gesetzgebung zu gewinnen suchen — was denn auch im Sinne der Neokonservativen gelungen ist[317].

Je erfolgreicher ein Interessenverband wurde, desto mehr setzte er andere in Zugzwang, sich auch zusammenzuschließen. Als erste reagierten die preußischen Städtetage gegen die *agrarischen Sonderbündeleien* und schlossen sich 1896 zum Schutz *der vitalsten Interessen der städtischen Bevölkerung* als „Allgemeiner Preußischer Städtetag" zusammen[318]. Andere Interessenverbände folgten.

So zeugt der formale, mit immer neuen Anschlußbegriffen besetzbare Interessebegriff in der Verbandssprache von einer Annäherung an seine außenpolitische Wortverwendung. Wer seine Interessen anmeldete, kämpfte um Macht und Einfluß. Und es bleibt eine Aufgabe der Innenpolitik und des Verfassungsrechts, die Gleichberechtigung der Interessenten — und der Nichtinteressenten — zu wahren, es sei denn, man verzichtet auf die dem Begriff innewohnende Reziprozität.

REINHART KOSELLECK

VII. Ausblick

In der zweiten Hälfte des 20. Jahrhunderts figuriert 'Interesse' als eine Art öffentlicher Geheimtip. In Buchtiteln kommt es vor, auch wenn es nicht ausdrücklich Thema ist[319]. Manche Autoren vermissen die Beschäftigung mit dem Begriff und sprechen von „Verdrängung", wobei allerdings gleichzeitig ein wichtiger Anstoß für die Aufarbeitung des Themas in der Soziologie, insbesondere derjenigen Max Webers, gegeben wird[320]. KLAUS HEINEMANN skizziert ein Projekt „Zur Soziologie des Interesses"[321]. Andere diagnostizieren *eine auffällige Konjunktur ... vor allem im sozialkritischen Jargon als ein vorgeblich erklärender Demystifikator*[322]. Andererseits eignet sich 'Interesse' in einer philosophischen Analyse zur Grundlegung einer

---

[317] Gründungsaufruf des Bundes der Landwirte (1893), zit. HANS-JÜRGEN PUHLE, Der Bund der Landwirte im wilhelminischen Reich, in: Zur soziologischen Theorie und Analyse des 19. Jahrhunderts, hg. v. WALTER RÜEGG u. OTTO NEULOH (Göttingen 1971), 145f.

[318] Hamburger Fremdenblatt, 13. 2. 1896, zit. OTTO ZIERBILL, Geschichte des Deutschen Städtetages (Köln 1955), 323.

[319] So bei GABRIEL, Definitionen und Interessen (s. Anm. 2); ARMIN MÜLLER, Autonome Theorie und Interessendenken. Studien zur politischen Philosophie bei Platon, Aristoteles und Cicero (Wiesbaden 1971).

[320] CHRISTIAN V. FERBER, Die gesellschaftliche Rolle des Interesses. Zur Neuauflage von Max Webers „Wirtschaft und Gesellschaft" (1956), Dt. Universitätszeitung (1958), H. 4/5, 213ff.; Seminar: Religion und gesellschaftliche Entwicklung. Studien zur Protestantismus-Kapitalismus-These Max Webers, hg. v. CONSTANS SEYFARTH u. WALTER M. SPRONDEL (Frankfurt 1973).

[321] KLAUS HEINEMANN, Zur Soziologie des Interesses, Sociologica internationalis 8 (1970), 79ff.

[322] LUTZ GELDSETZER, Interesse, Vorurteil, Kritik, in: Wissenschaftstheorie, Bd. 2, hg. v. HEINRICH ROMBACH (Freiburg, Basel, Wien 1974), 109.

anthropologischen Ontologie des „Zwischen-Seins"[323]. Erstaunlich ist freilich, welche weitgehenden Erwartungen man an den Begriff knüpft[324].

Am sinnfälligsten konvergieren die Erwartungen beim *erkenntnisleitenden Interesse* (oder *Erkenntnisinteresse*). Daß der Titel „Erkenntnis und Interesse" des aus anderen Gründen verdienstvollen Buches von HABERMAS dessen Thema gar nicht nennt, wird nicht beachtet. Es behandelt die Entwicklung einer reflexionsbetonten, erkenntnistheoretischen Wissenschaftsauffassung zu einer objektivistischen wissenschaftstheoretischen Wissenschaft und die Auswirkung dieses Vorganges auf die menschliche Kultur (von Kant zum Neopositivismus und zu Freud). Die Grundansicht kommt in folgenden Sätzen zum Ausdruck: *Interessen nenne ich die Grundorientierungen, die an bestimmten fundamentalen Bedingungen der möglichen Reproduktion und Selbstkonstituierung der Menschengattung, nämlich an Arbeit und Interaktion, haften ... Die Erfahrung der Reflexion artikuliert sich inhaltlich im Begriff des Bildungsprozesses, methodisch führt sie zu einem Standpunkt, von dem aus die Identität der Vernunft mit dem Willen zur Vernunft zwanglos sich ergibt. In der Selbstreflexion gelangt eine Erkenntnis um der Erkenntnis willen mit dem Interesse an Mündigkeit zur Deckung; ... Vernunft steht zugleich unter dem Interesse an Vernunft*[325]. Soweit hier speziellere und konkretere Motive des Interessebegriffs anklingen oder anzuklingen scheinen, werden sie vom Verfasser nicht aufgearbeitet, ja er scheint sie zu verschweigen. Eine gründliche Untersuchung dessen, was Habermas bei der Aufarbeitung des Interessebegriffs ausläßt, würde eine reichhaltige Information über die Rolle dieses Begriffs in der ersten Hälfte des 20. Jahrhunderts geben können.

So finden wir das Motiv eines „erkenntnisleitenden Interesses" schon bei MAX SCHELER, freilich nicht im Sinne eines allgemeinen Prinzips, sondern von jeweils sehr verschiedenen konkreten Problemstellungen aus behandelt. Die Interessebezogenheit des Wissens war für Scheler ein wichtiges Arbeitsthema seiner Wissenssoziologie: *Es folgt, daß erstens der soziologische Charakter alles Wissens, aller Denk-, Anschauungs-, Erkenntnisformen unbezweifelbar ist: daß zwar nicht der Inhalt alles Wissens, ... wohl aber die Auswahl der Gegenstände des Wissens nach der herrschenden sozialen Interessenperspektive; daß ferner die „Formen" der geistigen Akte, in denen Wissen gewonnen wird, stets und notwendig soziologisch, d. h. durch die Struktur der Gesellschaft mitbedingt sind*[326]. Auch das Problem der *Interessenideologien* wird von Scheler untersucht: *Die Eigenart dieses Scheinwissens* (sc. der Vorurteile) *ist es, daß die kollektive Interessenwurzel dieses „Wissens" stets denen unbewußt bleibt, die es je gemeinsam haben, und daß ihnen auch der Umstand unbewußt bleibt, daß nur sie als Gruppe, und nur vermöge dieser Zugehörigkeit zu einer dieser Gruppen, dieses*

---

[323] ALBERT ESSER, Art. Interesse, Hb. philos. Grundbegriffe, hg. v. HERMANN KRINGS, HANS MICHAEL BAUMGARTNER, CHRISTOPH WILD, Bd. 3 (München 1973), 738 ff.

[324] Unter den Spezialexika ist der Art. „Interest" in der International Encyclopedia of the Social Sciences, ed. David L. Sills, vol. 7 (London, Glencoe 1968), 471 ff., hervorzuheben, der sich allerdings zunächst (bis S. 484) mit Zinsen beschäftigt.

[325] HABERMAS, Erkenntnis und Interesse (s. Anm. 2), 242. 244. — Bei Habermas werden 'Vernunft' und 'Interesse' zu Synonyma.

[326] MAX SCHELER, Die Wissensformen und die Gesellschaft (1926), GW hg. v. Maria Scheler, 2. Aufl., Bd. 8 (Bern 1960), 58; vgl. ebd., 94.

Wissen gemeinsam haben[327]. Schelers „Wissensformen" kann man auch als Interesseperspektiven der Erkenntnis bezeichnen. Die Zeitkomponente solchen Interesses wird herausgestellt: *Der Interessenkegel, der, dem Lichtkegel eines Leuchtturmes ähnlich, einen Teil der Vergangenheit bestrahlt, ist ja stets auch ein Werk der historischen Gegenwart, an erster Stelle der dem Geiste und Willen vorschwebenden Zukunftsaufgaben, jenes Willens einer neuen „Kultursynthese"*[328].

In der Rothacker-Schule, für die Scheler sehr wichtig geworden ist, wurde 1934 von HEINZ K. F. WILD eine Dissertation angefertigt, die das Interesse am „erkenntnisleitenden Interesse" für die erste Hälfte des 20. Jahrhunderts schlagartig belegt[329]. Für ihn ist jede weltanschaulich orientierte Erkenntnis interessebezogen; da nun aber ihrerseits keine Erkenntnis ohne einen weltanschaulichen Rahmen hervorgebracht werden kann, ist alle Erkenntnis interessebezogen. Zwar versucht Wild, die Erkenntnis im engeren Sinne als von Interessen prinzipiell isolierbar auszuweisen; aber diese Isolierung wäre selbst wieder ein Interesse, eben das der Erkenntnis selbst.

Es mangelt seit Beginn des 20. Jahrhunderts nicht an Versuchen, einmal dem Interessemotiv Rechnung zu tragen und zum anderen den Interessebegriff zu analysieren. So hat LEONARD NELSON 1913 eine kurze Abhandlung vorgelegt „Die Theorie des wahren Interesses und ihre rechtliche und politische Bedeutung"[330], die in einer kaum mehr überschaubaren Kompliziertheit den Interessebegriff gleichsam ein für allemal sanieren will. Ein viel zu wenig beachteter Beitrag findet sich bei dem Soziologen FRANZ OPPENHEIMER[331]. Oppenheimer unterscheidet deutlich zwischen 'Bedürfnis' und 'Interesse'. Weil er den Interessebegriff im Zusammenhang des menschlichen Ich-Bewußtseins entwickelt, kann er ihn um so besser für die Erläuterung der gesellschaftlichen Realität benutzen. 'Interesse' ist bei Oppenheimer immer schon mehr als bloße Elementarität; er ist m.W. der erste, der den Interessebegriff von der einfachen Alternative, bloß konkret Singuläres oder trivial Allgemeines zu sein, befreit und ihn in seiner ganzen Breite entäquivozierend entfaltet.

Auch auf dem Gebiete politischer Erneuerungsversuche — mit dem Ziel wohlmeinender und „realistischer" Friedensstiftung — wird das Interesse Thema literarischer Bemühungen des frühen 20. Jahrhunderts. Eine tiefsinnige, ins Kosmologische ausgreifende Interessenphilosophie legt der Ungar HESSLEIN 1911 vor[332]. Als politisch erfahrener Staatsbeamter und Wirtschaftshistoriker beschäftigt sich

---

[327] Ebd., 103. 32.
[328] Ebd., 98; vgl. ebd., 240.
[329] HEINZ K. F. WILD, Der Anteil des Interesses am Werden von Weltanschauungen und deren Einfluß auf das Erkennen (Diss. Bonn; Emsdetten 1934).
[330] LEONARD NELSON, Die Theorie des wahren Interesses und ihre rechtliche und politische Bedeutung (1913), Ges. Schr., hg. v. Paul Bernays u. a., Bd. 8 (Hamburg 1971), 3ff.; ders., Kritik der praktischen Vernunft (1917), ebd., Bd. 4 (1972), 235ff.
[331] Vgl. OPPENHEIMER, System der Soziologie (s. Anm. 83), Bd. 2; sowie ebd., Bd. 1/1: Allgemeine Soziologie (1922; Ndr. 1964); ebd., Bd. 1/2: Der soziale Prozeß (1924; Ndr. 1964) sowie den Registerband zum Ndr. v. 1964.
[332] HEINRICH HERNÁD HESSLEIN, Ideale und Interessen. Soziologische Studie (Berlin 1911), 149ff.

VII. Ausblick

KURT RIEZLER 1924 mit dem Verhältnis von 'Idee' und 'Interesse' in der Politik[333] — mit starken inhaltlichen Anklängen an Max Weber. 1928 versucht der Philosoph PAUL FELDKELLER auf neu-idealistischer Grundlage über den Begriff 'Interesse' für den Weltfrieden zu wirken[334].

Die Geschichtsschreibung einzelner Disziplinen hat präzisere Vorstellungen über historische Vorläuferschaften im 19. und 20. Jahrhundert entwickelt. Dies gilt — neben der schon genannten Pädagogik — vor allem von den Sozialwissenschaften und der Politologie[335].

Literatur

DIETER MEDICUS, Id quod interest. Studien zum römischen Recht des Schadensersatzes (Köln, Graz 1962); GEORG LUNK, Das Interesse, 2 Bde. (Leipzig 1926/27); ALBERT O. HIRSCHMAN, The Passions and the Interests. Political Arguments for Capitalism before its Triumph (1977) 2nd ed. (New Jersey/Princeton 1978); BEAT HUBER, Der Begriff des Interesses in den Sozialwissenschaften (Winterthur 1958); FRANZ OPPENHEIMER, System der Soziologie, Bd. 1 (1922/1924; Ndr. Stuttgart 1964); Bd. 2 (1926; Ndr. Stuttgart 1964); Interesse und Gesellschaft. Definitionen — Kontroversen — Perspektiven, hg. v. PETER MASSING u. PETER REICHEL (München 1977); JOSEPH H. KAISER, Die Repräsentation organisierter Interessen, 2. Aufl. (Berlin 1978).

ERNST WOLFGANG ORTH

---

[333] KURT RIEZLER, Idee und Interesse in der politischen Geschichte, Die Dioskuren. Jb. f. Geisteswiss. 3 (1924), 1 ff.

[334] PAUL FELDKELLER, Verständigung als philosophisches Programm. Das „Interesse" mit Rücksicht auf Weltfrieden, Erziehung und Recht (Erfurt 1928). — Hier ist auch der von einem anderen Standpunkt, nämlich dem Dezisionismus, ausgehende CARL SCHMITT, Der Nomos der Erde im Völkerrecht des Ius Publicum Europaeum (Köln 1950) zu nennen, wo der Begriff 'Interessensphäre' eine wichtige Rolle spielt. Zum Interessebegriff in der Lebensphilosophie vgl. LUDWIG KLAGES, Der Geist als Widersacher der Seele, 3 Bde. (1929/32), SW hg. v. Ernst Frauchinger u. Gerhard Funke, Bd. 1 (Bonn 1969), 73. 561. 576 ff. 611 ff. 660 ff. Wichtige Beiträge leistet auch ERICH ROTHACKER, Zur Genealogie des menschlichen Bewußtseins (Bonn 1966), 27 ff.; vgl. auch das Begriffsregister.

[335] Wichtig ist BEAT HUBER, Der Begriff des Interesses in den Sozialwissenschaften (Winterthur 1958), der insbesondere die Geschichte von 'Interesse' in der Soziologie behandelt. — Ferner: GLENDON SCHUBERT, The Public Interest. A Critique of the Theory of a Political Concept (Glencoe 1960); WOLFGANG HIRSCH-WEBER, Politik als Interessenkonflikt (Stuttgart 1969). Als Beispiel einer ganz speziellen Untersuchung: LOTHAR DÖHN, Politik und Interesse. Die Interessenstruktur der Deutschen Volkspartei (Meisenheim a. G. 1970); CARL J. FRIEDRICH, Der Verfassungsstaat der Neuzeit (Berlin, Göttingen, Heidelberg 1953), 202 ff. 538 ff.

Internationale
International, Internationalismus

I. Einleitung. II. Vom adjektivischen Gebrauch zum Organisationsbegriff. 1. Der Erstbeleg von 'international' bei Jeremy Bentham. 2. Die Wörterbuchebene. 3. Verwendungsbreite des Adjektivs im Vormärz. 4. Internationale Ziele und Beziehungen in der Arbeiterbewegung vor 1848. 5. Der Sprachgebrauch von Marx und Engels in den 1840er Jahren. III. Der Organisationsbegriff 'Internationale'. 1. Internationale Organisationsformen der Arbeiterbewegung in den 1860er Jahren. 2. Die Entstehung des Grundbegriffs 'Internationale'. 3. Der sozialistische Klassifikationsbegriff: „Erste" bis „Vierte Internationale". IV. 'Internationalismus' und 'Internationalität' als deskriptive Prozeß- und normative Gesinnungsbegriffe. V. Ausblick.

I. Einleitung

Die geschichtlichen Grundbegriffe 'Internationale' und 'Internationalismus' sind erst mit der Gründung der „Ersten Internationale" (1864) entstanden, und zwar sowohl als Selbst- wie auch als Fremdbezeichnungen[1]. Die Begriffe enthalten jedoch mannigfache rechtliche, wirtschaftliche und gesellschaftspolitische Elemente älteren Ursprungs, die sich sprachlich vor allem im Entstehen und Bedeutungswandel der Ausdrücke 'international' und 'kosmopolitisch' niedergeschlagen haben.
Ebenso wie der Begriff der 'Staatsnation' ist der Ausdruck 'international' im geistes- und verfassungsgeschichtlichen Kontext der Aufklärung entstanden. Zunächst beheimatet in der völkerrechtlichen Fachliteratur des englisch-französischen Sprachraums, wird der Ausdruck im Laufe des Vormärz allmählich auch ins Deutsche übernommen, bürgert sich hier aber erst um die Jahrhundertmitte im allgemeinen Sprachgebrauch ein. Er transzendiert dabei zunehmend die rein juristische Bedeutung zwischenstaatlicher Beziehungen und wird weitgehend synonym mit dem älteren Attribut 'kosmopolitisch', das er jedoch erst in der zweiten Jahrhunderthälfte allmählich aus dem Sprachgebrauch zu verdrängen vermag. Über diese Synonymität zehrt das Attribut 'international' semantisch vom verfassungsrechtlichen, ökonomischen und ideellen Strukturwandel seit dem 18. Jahrhundert: Die Ausweitung der Handelsbeziehungen, das etappenweise Vordringen des Volkssouveränitätsprinzips gegenüber dem monarchischen Prinzip, die Verflechtung der literarischen und politisch-moralischen Interessen des Bürgertums u. a. m. führten zwischen den Völkern und einzelnen Gesellschaftsklassen zu neuen Beziehungen, die von der älteren völkerrechtlichen Terminologie begrifflich nicht mehr abgedeckt wurden. Die Ausdrücke 'kosmopolitisch' und 'international', die dem hieraus erwachsenen Bedarf an neuen politisch-sozialen Begriffen ihre Entstehung verdanken, signalisieren so eine neue Zuordnung nationaler und einzelstaatlicher Interessen zu staatenübergreifenden sozialen, wirtschaftlichen und kulturellen Bewegungen und

---

[1] Vgl. zu diesen Kategorien REINHART KOSELLECK, Zur historisch-politischen Semantik asymmetrischer Gegenbegriffe (1975), in: ders., Vergangene Zukunft. Zur Semantik geschichtlicher Zeiten (Frankfurt 1979), 211 ff.

Organisationen[2]: Die katholische Kirche der frühen Neuzeit, die landesübergreifenden gelehrten Verbindungen und Gesellschaften, das Freimaurertum des 18. und 19. Jahrhunderts, die republikanischen Freiheitsbünde und ihre restaurativen Gegenbündnisse und die sozialistischen Arbeiterbewegungen können so als Prototypen einer sich wandelnden Zuordnung von Staat und Gesellschaft verstanden werden, die sich semantisch in den Ausdrücken 'international' und 'kosmopolitisch' niederschlug[3].

Unter allmählicher Verdrängung des Attributs 'kosmopolitisch', das im 19. Jahrhundert vielfach eine ideologisch-negative Bedeutung annimmt, dient 'international' seit der zweiten Jahrhunderthälfte zur Bezeichnung einer wachsenden Anzahl internationaler Organisationen („Rotes Kreuz", „Weltpostverein" etc.), die sich teils auf zwischenstaatlicher, teils auf über- bzw. unterstaatlicher Ebene zusammenschließen. Erst der „Internationalen Arbeiterassoziation" und ihren Nachfolgeorganisationen, der „Zweiten" und „Dritten Internationale", gelingt es jedoch, die Partikularität nationaler und einzelstaatlicher Interessen so sehr in Frage zu stellen, daß sie als politische Konkurrenz zum Prinzip nationaler Souveränität und Interessenvertretung aufzutreten vermochten. In Analogie zu dieser Frontstellung werden die Begriffe 'Internationale' und 'Internationalismus' seit Beginn der 1870er Jahre dann auch auf andere überstaatliche Bewegungen und Organisationen wie die katholische Kirche („schwarze Internationale") und die häufig als „jüdisch" apostrophierte Kapitalistenklasse („goldene Internationale") übertragen. Seither decken diese Begriffe daher höchst unterschiedliche soziale Gruppierungen ab und definieren polemisch Konflikte und Frontstellungen, die im 20. Jahrhundert selbst dort noch nachwirken, wo sie scheinbar schon zugunsten internationaler Interessen aufgelöst wurden. So kann z. B. in den sozialistischen Ländern trotz der Entscheidung für das sozialistische System kaum von einem Sieg des *proletarischen Internationalismus* gesprochen werden[4]. Andererseits gelang es der organisierten internationalen Arbeiterschaft, zumindest in den hochindustrialisierten Ländern Westeuropas und Nordamerikas, in den internationalen Gewerkschaftsorganisationen und Parteien Strategien zu entwickeln, die einer unkontrollierten Entfaltung des internationalen kapitalistischen Systems Grenzen setzen.

---

[2] In der Sekundärliteratur wird der Begriff 'Internationalismus' seit Ende des 19. Jahrhunderts freilich meist undifferenziert schon auf die sich seit 1789 erweiternden politischen Beziehungen, sei es im Rahmen des „bürgerlich-universalen", sei es des „monarchisch-feudalen" Verfassungssystems, häufig angewandt. Vgl. GUSTAV MAYER, Friedrich Engels, Bd. 1 (Den Haag 1934; Ndr. Frankfurt, Berlin, Wien 1975), 309; FRANZ MEHRING, Geschichte der deutschen Sozialdemokratie, Bd. 1 (1897/98), Ges. Schr., hg. v. Thomas Höhle, Hans Koch, Josef Schleifstein, Bd. 1 (Berlin 1960), 448ff. Obwohl er den Prozeß der Ausdehnung sowohl politischer als auch sozialer Beziehungen (Binnen- und Auswanderungen, Austausch von Solidaritäts- und Grußadressen) sachgeschichtlich durchaus trifft, taucht der Begriff 'Internationalismus' in der ersten Hälfte des 19. Jahrhunderts für den zu beschreibenden Vorgang noch nicht auf.
[3] → Menschheit, Bd. 3; → Welt, Bd. 6.
[4] Vgl. MIKLÓS MOLNAR, Art. Internationalismus, SDG Bd. 3 (1969), 291.

II. Vom adjektivischen Gebrauch zum Organisationsbegriff

1. Der Erstbeleg von 'international' bei Jeremy Bentham

Der bislang früheste, wahrscheinlich sogar erste Beleg des Adjektivs 'international' stammt aus der zweiten Hälfte des 18. Jahrhunderts[5]. BENTHAM verwendete es erstmals in seiner 1780 verfaßten und 1789 veröffentlichten Schrift „An Introduction to the Principles of Morals and Legislation": Gesetzbücher müsse man erstens nach ihrem Geltungsbereich unterscheiden, je nachdem, ob sie nur für eine Nation oder für alle Völker Gültigkeit beanspruchten: *In the first case, the book may be said to relate to local, in the other, to universal jurisprudence;* zweitens müsse man sie nach dem Stand der Personen unterscheiden, für die sie gelten: *In the second place, with regard to the political quality of the persons whose conduct is the object of the law. These may, on any given occasion, be considered either as members of the same state, or as members of different states: in the first case, the law may be referred to the head of internal, in the second case, to that of international jurisprudence*[6]. Der neuen Wortprägung 'international jurisprudence' lag bei Bentham zunächst kein Begriff einer neuen Sache zugrunde — etwa, was hier nahezuliegen scheint, der Begriff eines internationalen Privatrechts —, sondern er sollte nur den ungenauen, aber eingebürgerten Ausdruck 'law of nations' ersetzen bzw. adverbialisieren[7]. Rechtsstreitigkeiten zwischen Privatpersonen verschiedener Staatszugehörigkeiten sollten generell durch nationales Recht („internal law") geregelt werden. Allerdings gäbe es auch noch Rechtsbeziehungen zwischen Personen anderer Art: *There remain, then, the mutual transactions between sovereigns as such, for the subject of that branch of jurisprudence which may be properly and exclusively termed international*[8]. Das neue Adjektiv 'international' bezeichnete bei Bentham also zwischenstaatliche Beziehungen, welche bisher durch das Völkerrecht („law of nations", „droits des gens") geregelt worden waren. Doch wurden diese hier weder als Beziehungen zwischen Privatpersonen noch als Beziehungen zwischen abstrakten politischen Handlungseinheiten gefaßt, sondern noch herkömmlich als Beziehungen zwischen Souveränen, in deren Person sich die Staaten quasi öffentlich-rechtlich verkörperten.

2. Die Wörterbuchebene

Bei seiner ersten lexikalischen Erwähnung im „Dictionnaire de l'Académie française" hat das Adjektiv 'international' 1839 schon den rein juristischen Verwendungszusammenhang überschritten, in den es bei Bentham Ende des 18. Jahr-

---

[5] Zum Erstbeleg vgl. FEW 2. Aufl., Bd. 7 (1955), 43, s. v. natio; ROBERTO BERARDI, Art. Internazionalismo, Enciclopedia Filosofica, 2. Aufl. (Florenz 1967), 1006; vgl. auch GUIDO FASSÒ, Art. Internazionale diritto, ebd., 1001 ff.
[6] JEREMY BENTHAM, An Introduction to the Principles of Morals and Legislation (1780/89), Works, ed. John Bowring, vol. 1 (Edinburgh 1838; Ndr. New York 1962), 149.
[7] Ders., Traités de législation civile et pénale. Précédés des principes généraux de législation, übers. v. E. DUMONT (Paris 1802), 147: *Le mot est nouveau*, merkt der Übersetzer an, *mais analogue et facile à comprendre. Il n'y a que la force de l'habitude qui puisse faire conserver un terme aussi impropre, aussi dépourvu de signification que celui des droits des gens.*
[8] BENTHAM, Introduction to the Principles, 149.

hunderts noch eingebettet gewesen war: *International: qui a lieu de nation à nation. Commerce international. Droit international, droit des gens; droit de la paix et de la guerre*[9]. Dieser nicht nur juristische, völkerrechtliche Sprachgebrauch ist auch 1842 in der dritten Auflage des „Nouveaux Dictionnaire" von Mozin erkennbar: *International(e), qui se passe entre les nations*[10]. In den Wörterbüchern des 19. Jahrhunderts überwiegt zwar noch lange die juristische Bedeutung des Ausdrucks, vor allem in der Zusammensetzung 'internationales Recht', welches Wagener als *ius quod inter nationes intercedit* definiert[11]. Gleichwohl wird der Ausdruck nun auch auf andere, insbesondere wirtschaftliche und technologische Beziehungen zwischen den Staaten angewandt[12]. So verweist das „Fremdwörterbuch" von Schulz/Basler 1913 insbesondere auf die wichtige Rolle der Weltausstellungen für die Verbreitung des Wortes: *Man spricht von internationalen Ausstellungen (sie haben wohl seit 1851 am meisten dazu beigetragen, das Wort in Kurs zu bringen), von internationalem Verkehr, Handel, Markt, Absatz usw.*[13].

In der deutschen Lexikographie wird 'international' erstmals 1843 erwähnt, und zwar gleichfalls in nicht nur juristischer Bedeutung: *International, neulateinisch, den Verkehr der Völker betreffend, völkerverbindend*[14]. Schon dieser erste lexikalische Beleg zeigt, daß der Ausdruck auch im Deutschen von Anfang an kosmopolitisch und philanthropisch eingefärbt war: *Zwischenvolklich*, so übersetzt noch 1879 Heyses „Fremdwörterbuch", *zwischen den Nationen oder Völkern bestehend oder obwaltend, völkerverträglich, völkerfreundlich, weltbürgerlich (z. B. internationales Recht, internationale Verhältnisse, Verträge usw.)*[15]. In den lexikalischen Definitionen des Attributs 'international' zeichnet sich so im 19. Jahrhundert eine eigentümliche semantische Ambivalenz zwischen einer multilateralen und einer universalistischen Verwendungsweise ab: Der Ausdruck kann sowohl die Beziehungen zwischen verschiedenen Staaten und Völkern bezeichnen als auch diese politischen und sozialen Einheiten in sich aufheben. Die Weite dieses Bedeutungsspektrums kommt besonders klar im „Verdeutschungswörterbuch" von Sarrazin (1906) zur Geltung: *International, zwischenländisch, völkerumfassend, -verbindend, -gemeinsam, -gemeinschaftlich; Länder umfassend, -verbindend; zwischenstaatlich; weltallgemein; (die Beziehungen, das Verhältnis, den Verkehr) zwischen (den) Ländern, Staaten, Völkern, Weltteilen (betreffend); allen Völkern offen; gemeinsam oder verständlich, alle Völker oder Länder umfassend; in allen Ländern oder Weltteilen, bei allen Völkern, in der*

---

[9] Dict. Ac. franç., 6ᵉ éd., t. 2 (1839), 521, s. v. international. Derselbe Text kehrt in den Auflagen von 1842, 1878 und 1935 wieder.
[10] Mozin 3ᵉ éd., t. 2 (1842), 119, s. v. international(e).
[11] Wagener Bd. 10 (1862), 116, Art. Internationales Recht.
[12] *International, qui a lieu de nation à nation. Commerce international. Nous avons émi le vœu qu'une convention formelle place ces frêles organes de la vie internationale (les télégraphes électriques) sous la sauvegarde de toutes les nations*, Littré t. 2/1 (1869), 134, s. v. international; vgl. ebd., Suppl., t. 3 (1878), 134, s. v. international.
[13] Schulz/Basler Bd. 1 (1913), 305, s. v. international.
[14] L. Kiesewetter, Neuestes vollständiges Fremdwörterbuch zur Erklärung und Verdeutschung der in der heutigen Schrift- und Umgangssprache gebräuchlichen fremden Wörter ..., Bd. 1 (Glogau, Leipzig 1841), 507, s. v. international.
[15] Heyse 16. Aufl. (1879), 478, Art. Internationale Arbeiterassoziation.

ganzen Welt verbreitet oder bekannt; weltbekannt; weltverständlich; Welt- (z. B. -handel, -verkehrs- (z. B. -wege); Völker- (z. B. -recht, -verkehr). Vgl. universal; Staats- (z. B. -verträge)[16].

Der substantivische Gebrauch von 'international', die 'Internationale', ist erstmals 1873 im „Grand Dictionnaire" von Larousse lexikalisch verzeichnet: *Association internationale ou substantive Internationale, Association générale d'ouvriers des diverses nations du globe, unis pour la revendication de certains droits qui leur sont communs*[17]. In der deutschen Lexikographie widmet als erste Enzyklopädie Pierers „Universal-Conversations-Lexikon" der „Internationalen Arbeiterassoziation" 1877 einen ausführlichen Artikel[18]. Ihm folgen 1879 Heyses „Fremdwörterbuch"[19], 1882 Baumbachs „Staatslexikon"[20], 1886 die „Encyclopedia Britannica"[21] und 1889 das „Kirchenlexikon" von Wetzer/Welte[22]. Erst nach der Jahrhundertwende verzeichnen jedoch die Enzyklopädien von Brockhaus, Herder und Meyer den Begriff 'Internationale'[23], welcher in der politischen und journalistischen Literatur schon seit 1870 gebräuchlich war.

In Analogie zur sozialistischen Internationale, welche — als revolutionäre Organisation — die „rote Internationale" genannt wird, werden seit den 1870er Jahren auch andere übernationale Bewegungen und Gruppierungen, sofern sie als „volksfeindlich" betrachtet werden, von deren Gegnern als 'Internationale' bezeichnet. Die politische Farbenskala, nach der sich diese verschiedenen Typen von Internationalen nun ordnen, hat sich seither im politischen Sprachgebrauch erhalten und weiter differenziert: So bürgerte sich vor allem im Sprachgebrauch der Agrarier und

---

[16] Otto Sarrazin, Verdeutschungswörterbuch, 3. Aufl. (Berlin 1906), 139, s. v. international. Vgl. auch Schulz/Basler Bd. 1, 304f., s. v. international.

[17] Larousse t. 9 (1873), 754, s. v. international.

[18] Pierer 6. Aufl., Bd. 10 (1877), 768, Art. Internationale Arbeiterassoziation.

[19] Heyse 16. Aufl., 478. Art. Internationale Arbeiterassociation: *Eine über Europa und Amerika verbreitete Verbindung von Arbeitern zur Verbesserung ihrer politischen und sozialen Verhältnisse; Internationalist, ein Mitglied einer solchen Verbindung.* Ebd., 15. Aufl. (1873), 470 fehlt der Begriff 'Internationalist' noch.

[20] *Eine kommunistische Arbeiterverbindung, welche 1864 zu London gestiftet ward, die Beseitigung der dermaligen Staats- und Gesellschaftsordnung anstrebt, und ihren Wiederaufbau auf der Grundlage des Kommunismus bezweckt. Führer derselben ist Karl Marx, auf dessen Betreiben der an der Spitze der Internationale stehende „Generalrat" nach New York verlegt worden ist*, Karl Baumbach, Staatslexikon (Leipzig 1882), 270, Art. Internationale.

[21] *It was a society of working men of all nations, somewhat like a cosmopolitan trades union, but bearing a still closer resemblance to an international social science association for discussing and furthering the rights of labour*, Enc. Britannica, 9th. ed., vol. 13 (1886), 189, Art. International.

[22] *Internationale oder mit dem vollen Titel die internationale Arbeiterassoziation, ist ein großartiger Versuch, die Lohnarbeiter ohne Unterschied des Landes und der Nation zu einem gemeinsamen Kampf gegen das Kapital oder die Kapitaleigentümer zu organisieren*, Wetzer/Welte 2. Aufl., Bd. 6 (1889), 830, Art. Internationale. *Aber wenn auch die Internationale selbst nicht mehr erstehen sollte, ihre Prinzipien und Ziele leben fort in der deutschen Sozialdemokratie und in dem Hauptkontingent der französischen Sozialisten, welche im wesentlichen das Erbe der Internationale angetreten haben,* ebd., 834.

[23] Brockhaus 14. Aufl., Bd. 9 (1902), 652, Art. Internationale; Meyer 6. Aufl., Bd. 9 (1905), 887, Art. Internationale; Herder 3. Aufl., Bd. 4 (1905), 861, Art. Internationale.

Antisemiten für die internationale, als *jüdisch* apostrophierte Kapitalistenklasse die Bezeichnung *goldene Internationale*[24], für die katholische Kirche, insofern sie die *ganze Welt unter ihre äußere Herrschaft zu beugen* gedenkt[25], der Kampfbegriff *schwarze Internationale* ein[26]. Weitere Ausfächerungen sind: die *eiserne Internationale* für die Gewerkschaften der Schwerindustrie, die *weiße Internationale* als Bezeichnung für die christliche Arbeiterbewegung, die *grüne Internationale* der Landwirtschaft[27]. Selbst die *blaue Internationale* der fürstlichen und hochadligen Familien taucht gelegentlich auf[28].

Nach dem Zusammenbruch der „Zweiten Internationale" 1914 und der Gründung der „Dritten Internationale" 1919 erfuhr der internationale Gedanke mit dem Ersten Weltkrieg eine erneute Anreicherung. Sprachliches Indiz ist die weite Verbreitung des Bewegungsbegriffs 'Internationalismus', welcher im Französischen zwar schon 1845 gebildet[29] und lexikalisch erstmals 1878 im „Dictionnaire" von LITTRÉ registriert wurde[30], der aber vor dem Ersten Weltkrieg als Bezeichnung für die internationalistische Gesinnung der Sozialisten noch häufig durch den Begriff der 'Internationalität' ersetzt wurde. 'Internationalismus' war zwar schon ein politischer Bewegungsbegriff, der die wachsende internationale Verflechtung auf ökonomischem, rechtlichem, kulturellem Gebiet etc. faßte, wurde aber in den Lexika noch kaum als politischer Gesinnungsbegriff verzeichnet. Hierzu rückte er erst seit dem Ersten Weltkrieg auf und färbte damit auch die Bedeutung des Adjektivs 'international' negativ ein. So heißt es 1923 in einem „Politischen Handwörterbuch" unter dem Stichwort 'Internationalismus': *International sind alle Erscheinungen und Einrichtungen, welche sich nicht auf eine Nation beschränken. In tadelndem Sinne wird der Ausdruck „international" gebraucht, um Bestrebungen zu kennzeichnen, denen man vorwirft, daß sie sich im Interesse der Förderung gemeinsamer internationaler Zwecke einer bestimmten Religionsgesellschaft oder einer bestimmten Gesellschaftsklasse*

---

[24] Nach HERDER 3. Aufl, Bd. 4, 861, Art. Internationale, gelegentlich gleichgesetzt mit dem Judentum in *den meisten Kulturstaaten*. Vgl. auch CHRISTOPH COBET, Der Wortschatz des Antisemitismus in der Bismarckzeit (München 1973), 171 f. 239.

[25] FRIEDRICH PATZSCHKE, Art. Internationale (goldene, rote, schwarze), Evangelisches Volkslexikon zur Orientierung in den sozialen Fragen der Gegenwart, hg. v. THEODOR SCHÄFER (Bielefeld, Leipzig 1900), 344.

[26] WILHELM KOPPELMANN, Art. Internationalismus, Politisches Handwörterbuch, hg. v. KURT JAGOW u. PAUL HERRE, Bd. 1 (Leipzig 1923), 849.

[27] LADENDORF (1906), 143, s. v. Internationale.

[28] Vgl. auch AUGUST PIEPER, Art. Internationaler Arbeiterschutz, Staatslexikon, 4. Aufl., Bd. 2 (1911), 1398 f.; s. auch Anm. 104.

[29] JEAN-BAPTISTE RICHARD, Enrichissement de la langue française. Dictionaire de mots nouveaux, système d'éducation, pensées politiques, philosophiques, morales et sociales, 2ᵉ éd. (Paris 1845). In der ersten Auflage von 1842 finden sich diese Begriffe noch nicht. Ich verdanke diesen Hinweis JACQUES GRANDJONC, Communisme, Kommunismus, Communism. Origine et développement international de la terminologie communautaire prémarxiste des utopistes aux néo-babouvistes 1785—1842 (im Druck).

[30] LITTRÉ Suppl., t. 3, 203, s. v. internationalisme. Vgl. auch WILHELM LIEBKNECHT, Volks- und Fremdwörterbuch (1874), 12. Aufl. (Stuttgart 1912), 263, s. v. Internationalismus: *Weltanschauung, welche das allgemein Menschliche, allen Nationen Gemeinsame über das spezifisch Nationale und die Nationen Trennende setzt.*

über berechtigte nationale Interessen hinwegsetzen[31]. Die doppeldeutige Benutzung des Begriffs in den 1920er Jahren als politisch-neutraler und als ideologisch-negativer Ausdruck stellt auch MEYERS Lexikon von 1927 klar heraus: *Internationalismus, 1) Gesamtheit der Bestrebungen, die darauf ausgehen, jene Probleme gemeinsam mit anderen Staaten zu lösen, die in den meisten Kulturstaaten gleich oder ähnlich auftreten. Viele solche Probleme bestehen auf den Gebieten der Rechtspflege, des Gesundheitswesens, des Verkehrs, der wissenschaftlichen Forschung. Siehe internationales Recht, internationaler Arbeitsschutz, Gesundheitsamt, Rotes Kreuz, Handelskammer, Eisenbahnfracht, Weltpostverein, Akademie. 2) Mangel an Nationalgefühl, die Vernachlässigung nationaler Interessen zugunsten internationaler Zusammenarbeit*[32]. Demgegenüber bezeichnete 'Internationalismus' im kommunistischen Sprachgebrauch positiv insbesondere die Solidarität der nationalen Sektionen innerhalb der „Dritten Internationale": *the responsibility of the communist and workers parties of all countries for the successful development of the world revolutionary process; and for internationalism is the most important condition in the struggle against war and the danger of war, for the development of the world revolutionary process and for the efficient building of socialism and communism*[33].

3. Verwendungsbreite des Adjektivs im Vormärz

Das Adjektiv 'international' ist, wie gezeigt wurde, zunächst als juristische Bezeichnung für die Beziehung zwischen den Staaten gebildet worden, überschritt jedoch schon bei Bentham den Bereich des Völkerrechts im engeren Sinne. So bürgerte sich der Ausdruck nach der Jahrhundertwende in der englisch- und französischsprachigen Literatur zum internationalen Privatrecht vor allem zur Bezeichnung ökonomischer und geistiger Beziehungen jenseits des rechtlichen Verkehrs zwischen den Regierungen ein, ohne deshalb jedoch die diplomatisch-politischen Beziehungen zwischen den Staaten auszuschließen. 1801 veröffentlichte der Journalist WILLIAM TAYLOR die Schrift „Comprehensive System of Civic Morality and International Obligation"[34], 1802 erschien BENTHAMS Schrift in französischer Übersetzung, welche ebenfalls zur Verbreitung des Adjektivs beitrug[35]. 1803 erörterte der Jurist und Politiker BROUGHAM ein Modell weltweiter politischer Beziehungen: *a general system of international relations*, in dem er u. a. für eine *jury of international relations* eintrat[36]. Auch das 1821 anonym in London publizierte Werk von EVERETT

---

[31] KOPPELMANN, Art. Internationalismus (s. Anm. 26), 848.
[32] MEYER 7. Aufl., Bd. 6 (1927), 510, Art. Internationalismus.
[33] S. T. KALTAKHIAN, Art. Internationalism, Great Soviet Encyclopedia. A translation of the 3rd ed. (1950/58), vol. 10 (Moskau 1976), 341.
[34] WILLIAM TAYLOR, Comprehensive System of Civic Morality and International Obligation, Monthly Magazine 11 (1801), 646ff. In anderem Zusammenhang bestritt Taylor zwei Jahre später Englands Recht, Ägypten von der Türkei zu annektieren, *because we are restrained, as we ought to be, by a sense of justice, by a respect of international law, by principles of cosmopolitical morality*, ders., A Memoir of the Life and Writings of the Late William Taylor, ed. J. W. Robberds, vol. 2 (London 1843), 13.
[35] BENTHAM, Traités de législation (s. Anm. 7).
[36] HENRY PETER BROUGHAM, An Inquiry into the Colonial Politics of the European Powers, vol. 2 (Edinburgh 1803), 242 f.

forderte *a regular international tribunal of Europe* zur Schlichtung zwischenstaatlicher Konflikte[37] und führte damit Kants Idee des Völkerbundes weiter aus. In den allgemeinen Sprachgebrauch ging das Attribut 'international' allerdings erst in den 1840er Jahren über. Symptomatisch für die neue Popularität des Wortes ist der Versuch des französischen Sprachschöpfers RICHARD, die Neubildungen 'internationalité' *(état, qualité de ce qui est international, de nation à nation)*, 'internationaliser' *(rendre, devenir international)*, 'internationalisation' *(action d'internationaliser, de rendre international)* und 'internationalisme' *(système d'internationalisation)* in den politischen Sprachgebrauch einzuführen[38]: Die Wortprägungen verweisen auf den gesteigerten Bedarf nach Ausdrücken, die die internationalen Bestrebungen und Interessen der Zeit begrifflich differenzieren.

Auch im Deutschen begegnet das Attribut erst in den 1840er Jahren häufiger[39]. So diskutierte WILHELM SCHULZ 1839 im „Staats-Lexikon" von ROTTECK/WELCKER *die Idee der Gerechtigkeit, ... die sich selbst wieder entfaltet als Idee einer bürgerlichen, politischen (staatsbürgerlichen) und internationalen Gerechtigkeit*[40]. SCHERR bemerkte 1844, Preußen habe in den vergangenen 25 Jahren *alle Fäden der internationalen Politik* in der Hand gehabt[41]. Und FRÖBEL wies 1847 darauf hin, daß durch den Föderalismus *der Gegensatz zwischen nationaler und internationaler Politik ... seiner gänzlichen Auflösung und Beseitigung* entgegengehen werde[42]. In der deutschen Nationalversammlung wurde der Ausdruck 'international' 1848 in Zusammensetzungen wie *internationale Verträge* und *internationale Politik* meist im Sinne von „zwischenstaatlich" gebraucht[43]. Besondere Aufmerksamkeit fand er, als Österreich im Dezember 1848 den Wunsch erklärte, dem künftigen Deutschen Bund nicht mehr angehören zu wollen. Vor die Nationalversammlung gebracht, schien diese Frage schon dadurch präjudiziert zu werden, in welchem Ausschuß man sie behandelte: im Verfassungsausschuß, im Ausschuß für österreichische Angelegenheiten oder im *Ausschuß für völkerrechtliche und internationale Verhältnisse.* Die ursprünglich pleonastisch gemeinte Benennung dieses letzteren Ausschusses[44]

---

[37] ALEXANDER HILL EVERETT, Europe, or, a General Survey of the Present Situation of the Principle Powers with Conjectures on their Future Prospects (London 1821).
[38] Vgl. RICHARD, Enrichissement, zit. GRANDJONC, Communisme (s. Anm. 29).
[39] Daß 'international' in den 1840er Jahren im Deutschen noch wenig geläufig war, belegt indirekt auch C. W. T. SCHUSTER, Neues und vollständiges Wörterbuch der deutschen und französischen Sprache (Paris 1841/43), wo 'international' nicht im deutschen, wohl aber im französischen Teil als Stichwort aufgeführt wird.
[40] WILHELM SCHULZ, Art. Politische Ideen und Ideologie, ROTTECK/WELCKER Bd. 8 (1839), 286. — Hingewiesen sei hier auch auf GUIDO GÖRRES, Theorie der internationalen Ungerechtigkeit, Hist.-polit. Bll. f. d. kath. Deutschland 26 (1850), 615ff.
[41] JOHANNES SCHERR, Das enthüllte Preußen. Vom Verfasser der Schrift „Württemberg im Jahre 1844" (Winterthur 1845), 71.
[42] JULIUS FRÖBEL, System der Sozialen Politik, 2. Aufl., Bd. 2 (Mannheim 1847; Ndr. Aalen 1975), 237.
[43] OSKAR v. WYDENBRUGK, Rede v. 1. 7. 1848, Sten. Ber. Verh. dt. Nationalvers., Bd. 1 (Frankfurt 1848), 655; A. REH, Rede v. 20. 7. 1848, ebd., Bd. 2 (1848), 1071. Vgl. auch die Rede des Wiener Abgeordneten BERGER, 26. 10. 1848, ebd., Bd. 4 (1848), 2886.
[44] FRIEDRICH SCHULZ, Diskussionsbeitrag v. 29. 5. 1848, ebd., Bd. 1, 176.

wurde nun zum Gegenstand einer strittigen Auslegung[45]: Bildete diese doppelte Bezeichnung nämlich lediglich einen Pleonasmus, so kam die Überweisung des Problems an diesen Ausschuß von vornherein einem Ausschluß Österreichs gleich; handelte es sich dagegen um zwei sich ergänzende Bestimmungen, so war damit noch keine Vorentscheidung getroffen.

Die sich hier andeutende Transzendierung einer auf das Völkerrecht begrenzten Verwendung des Attributs 'international' zeigt sich schon in den frühesten deutschen Belegen. Schon in einem von GOETHE überlieferten Ausspruch von 1829 bezog sich der Ausdruck weniger auf den Bereich des Rechts als auf den der Ökonomie: *Der Freihandel der Begriffe und Gefühle steigere ebenso wie der Verkehr in Produkten und Bodenerzeugnissen den Reichtum und das allgemeine Wohlsein der Menschheit. Daß das bisher nicht geschehen sei, liege an nichts anderm als daran, daß die internationale Gemeinsamkeit keine festen moralischen Gesetze und Grundlagen habe*[46]. Ebenfalls im Kontext des Handelsverkehrs verwandte FRIEDRICH LIST das Attribut 1844 in seinem „Nationalen System der politischen Ökonomie", dessen erster Band den Untertitel „Der internationale Handel, die Handelspolitik und der deutsche Zollverein" trug. Dabei zeichnete sich in seiner Verwendung von 'international' und 'kosmopolitisch', welche im übrigen meist als synonym galten, eine für den zeitgenössischen Sprachgebrauch bezeichnende, unterschiedliche Bewertung der Ausdrücke ab: der *kosmopolitischen* Theorie des Freihandels, die er für ergänzungsbedürftig und in ihrer praktischen Anwendung gar schädlich hielt, stellte List die praktische Aufgabe, die nationale Wirtschaft durch Zölle zu schützen, entgegen, um sie für den *internationalen Handel* zu stärken[47]. Die besondere, nicht-ideologische Bedeutung von 'international' lag in Lists Sprachgebrauch darin, daß das Attribut im Gegensatz zu 'kosmopolitisch' den Welthandel als Handel zwischen den Nationen, nicht einzelnen Wirtschaftssubjekten zu kennzeichnen vermochte.

Auch Marx und Engels verwendeten das Attribut 'international' vor 1848 nur in diesem ökonomischen Sinne: So referierte MARX noch im Januar 1848 kritisch die Ansicht, *der Freihandel* werde *eine internationale Arbeitsteilung ins Leben rufen und damit jedem Land eine mit seinen natürlichen Vorteilen harmonierende Produktion zuweisen*, und wies auf die dominante Stellung des Baumwollhandels im *internationalen Verkehr* hin[48]. Schon vor ihm hatte MOSES HESS 1843, gegenläufig zur bürgerlichen Lehre, den systemimmanenten Zusammenhang zwischen dem national motivierten Staatenkrieg und der liberal-ökonomischen Wirtschaftsverfassung festgestellt: *Das Problem der Aufhebung des Nationalhasses hängt ... innig mit dem Prob-*

---

[45] Vgl. die Debatte v. 18. 12. 1848, ebd., Bd. 6 (1849), 4236ff.
[46] GOETHE, Gespräch mit A. E. Odyniec (25. 8. 1829), Gedenkausgabe, hg. v. Ernst Beutler, Bd. 23 (Zürich 1950), 625; vgl. dazu auch Goethes Idee der „Weltliteratur", die er als geistiges Symposium europäischer Humanität dachte, BENNO V. WIESE, Goethe und Heine als Europäer, in: Teilnahme und Spiegelung, Fschr. Horst Rüdiger, hg. v. BEDA ALLEMANN, ERWIN KOPPEN, DIETER GÜTZEN (Berlin, New York 1975), 295ff.
[47] FRIEDRICH LIST, Das nationale System der politischen Ökonomie (1844), Schriften, Bd. 6 (1930), 3. 161.
[48] MARX, Rede über die Frage des Freihandels (9. 1. 1848), MEW Bd. 4 (1959), 456f.

lem der egoistischen Konkurrenz zusammen ... Der internationale Krieg kann nur aufhören, wenn der individuelle Krieg, die Konkurrenz, aufhört[49].

Aufgrund seiner verbreiteten Verwendung im ökonomischen Zusammenhang fand das Attribut auch schon relativ früh Eingang nicht nur ins internationale Privat-[50], sondern auch ins internationale Handelsrecht[51]. 1862 ist es erstmals im Zusammenhang mit der Londoner Weltausstellung von 1851 („Exhibition of all Nations") belegt[52] und wurde zugleich auch in den offiziellen Titel der zweiten Londoner Weltausstellung („International Exhibition") aufgenommen[53]. Ein späterer Berichterstatter hielt diese Neubenennung 1875 für einen bedeutsamen begriffsgeschichtlichen Wendepunkt: Die Londoner Weltausstellung *nannte sich, und das war das Interessante an ihr, „Internationale Ausstellung des Jahres 1862". Die Internationalität war bisher nur ein Rechtsbegriff. Jetzt nahm er die Welt der Arbeit in sich auf und er konnte es, weil man in der Arbeit schon das große weltverbindende Glied erkannte, das verband, indem es ausglich, das ausglich, indem es die Gesamtheit der Menschen emporhob zur Erkenntnis ihrer gleichen Berechtigung im Weltleben durch ihre gleiche Notwendigkeit für dasselbe*[54]. Die internationalen Industrieausstellungen standen hierbei allerdings nur in einem langfristigen Adaptionsprozeß des Attributs 'international' für länderübergreifende Organisationen und Vereine, der sich seit den 1840er Jahren verfolgen läßt[55].

Diese Belege verdeutlichen zweierlei: 1) Der Ausdruck 'international' bezeichnete seinem Ursprung bei Bentham nach zwar zunächst nur die Beziehungen zwischen

---

[49] MOSES HESS, Korrespondenzen aus der „Kölnischen Zeitung" (1843), Sozialistische Aufs. 1841—1847, hg. v. Theodor Zlocisti (Berlin 1921), 86.

[50] Der bislang früheste Beleg des Begriffs 'internationales Recht' im Deutschen findet sich im Titel des Buches von WILHELM SCHÄFFNER, Die Entwicklung des internationalen Privatrechts (Köln 1841); vgl. SCHULZ/BASLER, Bd. 1, 304, s. v. international.

[51] LEONE LEVI, International Code of Commerce, in Connection with the Law of Nature and Nations (London, Edinburgh 1851); CARL THEODOR V. KLEINSCHROD, Die internationale Patentgesetzgebung nach ihren Prinzipien nebst Vorschlägen für ein künftiges gemeines deutsches Patentrecht (Erlangen 1855).

[52] Vgl. HENRY COLE, On the International Results of the Great Exhibition of 1851, Journal of the Royal Society of Arts (1862).

[53] Collection of Printed Documents and Forms Used in Carrying on the Business of the International Exhibition (London 1863). — In Deutschland wurden die bisher gebräuchlichen Bezeichnungen „Industrieausstellung aller Völker" oder „Weltindustrieausstellung" erst seit der Wiener Weltausstellung (1873) durch den Zusatz „internationaler Kongreß" ergänzt; vgl. MAX WEIGART, Der internationale Kongreß in Wien zur Erörterung der Frage einer einheitlichen Garn-Numerierung, Verh. d. Vereins z. Beförderung d. Gewerbefleißes in Preußen 52 (1873), 172 ff. — Im Französischen ist erst 1878 von der „Exposition universelle internationale" die Rede; vgl. Rapports sur l'exposition universelle internationale de 1878 à Paris, 16 vols. (Paris 1880/85).

[54] KARL THOMAS RICHTER, Die Fortschritte der Cultur. Einleitung in das Studium der Berichte über die Weltausstellung 1873, Bd. 1 (Prag 1875), 14.

[55] Ein frühes Beispiel bildet die freihändlerische „Internationale Liga" (vgl. dazu Anm. 73) von 1847. Unter den internationalen Friedensgesellschaften, die seit 1815 vor allem in den USA entstanden, führt erst die 1867 von F. Passy, G. Garibaldi, V. Hugo u. a. gegründete „Ligue internationale de la paix et de la liberté" das Attribut 'international' in ihrem Titel.

den Staaten, überschritt diese jedoch schon bald in Richtung auf überstaatliche Organisations- und Verkehrsformen hin, welche die Politik der Einzelstaaten auf gemeinsame Rechtsnormen verpflichten sollten. 2) Obwohl zunächst ein rein juristischer Ausdruck, fing das Wort offenbar schon früh auch solche — vor allem ökonomische — Beziehungen auf, die sich ober- bzw. unterhalb der staatlichen Ebene im Verkehr zwischen sozialen Gruppen und Wirtschaftssubjekten verschiedener Länder herausgebildet hatten.

4. Internationale Ziele und Beziehungen in der Arbeiterbewegung vor 1848

In Verbindung mit einer Organisation der Arbeiterbewegung ist der Ausdruck 'international' zum ersten Mal 1855 belegt. Es handelt sich um das am 27. 2. 1855 gegründete „Comitee International", aus dem 1856 die „International Association", ein Vorläufer der „Internationalen Arbeiterassoziation", hervorging. Artikel 1 der Statuten dieser Organisation lautet: *A society is formed, composed of the citizens of all nations, both ladies and gentlemen, who will certify their adhesion, to this code of statutes.* Artikel 2: *The society adopts the name of International Association, and desires to be recognized by that title. Its objects are to propagate by all means within its power the doctrine of solidarity; to organize the universal assembly of the Socialist Democracy*[56]. Mit ihrem Aufruf zur Solidarität und der Idee einer universalen Vereinigung der sozialistischen Demokratie knüpfte die Organisation an alte Ideale an, die die frühe sozialistische Arbeiterbewegung aus der Aufklärung übernommen hatte. So erfuhr insbesondere die Idee des Kosmopolitismus nach dem patriotischen Nationalismus des frühen 19. Jahrhunderts im Laufe des Vormärz in liberalen Kreisen des Bürgertums eine Wiederbelebung, welche sich nun bewußter als im 18. Jahrhundert gegen die einzelstaatlichen Interessen richtete: *Man schreibt demjenigen Weltbürgersinn zu,* heißt es 1851 in ROBERT BLUMS posthum veröffentlichtem „Staatslexikon", *welcher nicht bloß dem engeren Vaterlande, sondern dem ganzen menschlichen Geschlecht mit Liebe und Teilnahme angehört*[57].

Die Arbeiterschaft, in vielen westlichen Vereinen der Handwerker international zusammengesetzt und durch eine wachsende Zahl an Emigranten in hohem Maße mobil[58], ergriff die kosmopolitischen Ideale und füllte sie mit sozialen Inhalten. Die in der französischen Verfassung von 1793 erstmals sichtbar gewordene soziale Komponente des Kosmopolitismus — *les hommes de tous les pays sont frères, et les*

---

[56] International Association Statutes (1856), abgedr. ARTHUR LEHNING, The International Association 1855—1859. A Contribution to the Preliminary History of the First International (1938), in: ders., From Buonarotti to Bakunin. Studies in International Socialism (Leiden 1970), 237.
[57] BLUM Bd. 2 (1851), 406, Art. Weltbürgersinn. → Welt, Bd. 6; → Menschheit, Bd. 3.
[58] Zur Binnenwanderung vgl. J. GRANDJONC, Die deutsche Binnenwanderung in Europa 1830—1848, in: Die frühsozialistischen Bünde in der Geschichte der deutschen Arbeiterbewegung, hg. v. OTTO BÜSCH u. HANS HERZFELD (Berlin 1975), 3 ff., bes. 37; BERT ANDRÉAS/JACQUES GRANDJONC/HANS PELGER, Anfänge des demokratischen Internationalismus. Initiativen und Organisationen im Umkreis der deutschen Emigration (in Vorbereitung).

différents peuples doivent s'entraider selon leur pouvoir comme les citoyens du même état —[59] wird in einer Formulierung, die 1846 in einer „Adresse des kommunistischen Bildungsvereins in London an die deutschen Proletarier" auftaucht, aufgenommen: *Bevor ich einer Nation angehöre, bin ich Mensch, ich werde als Mensch geboren und nicht als Deutscher; als Mensch gehöre ich der menschlichen Gesellschaft an und nicht dem deutschen Bunde ..., als Mensch habe ich ein menschliches Interesse und kein anderes, und wo irgendein anderes mit diesem in Kollision gerät, da opfere ich es dem menschlichen*[60].

Obwohl das Attribut 'international' bis in die frühen 60er Jahre in solchen Argumentationen kaum benutzt wurde, sind die ideologischen Elemente, welche später als 'proletarischer Internationalismus' bezeichnet wurden, schon in der frühen Arbeiterbewegung anzutreffen. Die internationale Verbundenheit der Armen und Unterdrückten aller Länder spricht z. B. schon am 17. 8. 1831 die „National Union of the Working Classes of England" in einer Solidaritätsadresse an das irische Volk an: *We hope the day is not distant, when the oppressed poor of every country will rise sentiment and action for the benefit of the whole human race*[61]. Träger dieser die nationalen Grenzen überschreitenden Solidarität sollte die Klasse der Unterdrückten sein: *What distinguishes the present from every other struggle in which the human race has been engaged, is that the present is evidently, openly and acknowledgedly a war of class and that this war is universal ... It is now everywhere the oppressed billions who are making common course against oppression*[62].

In der Betonung antagonistischer gesellschaftlicher Interessen erhielt die internationale Verbrüderung der Arbeiter nun zunehmend eine gegen die herrschenden Klassen der Einzelstaaten gerichtete Stoßrichtung: *Seit Menschengedenken*, heißt es 1841 in WILHELM WEITLINGS „Hülferuf der deutschen Jugend", *verfochten immer andere unsere, oder vielmehr ihre Interessen, darum ist es doch wahrlich bald Zeit,*

---

[59] Art. 35 der „Droits de l'Homme et du Citoyen" (1793), zit. PHILIPPE BUONAROTTI, Conspiration pour l'égalité dite de Babeuf (1828), éd. Georges Lefebvre, t. 1 (Paris 1957), 45.

[60] Adresse des Bildungsvereins in London an die deutschen Proletarier (Sept. 1846), abgedr. Der Bund der Kommunisten. Dokumente und Materialien, Bd. 1: 1836—1849 (Berlin 1970), 408. Vgl. auch ALEXANDER BRANDENBURG, Der kommunistische Arbeiterbildungsverein in London. Ein Beitrag zu den Anfängen der deutschen Arbeiterbildungsbewegung 1840—1847, Internat. Rev. of Social History 24 (1979), 341ff.

[61] Solidaritätsadresse der National Union of the Working Classes of England (17. 8. 1831), zit. LEWIS L. LORWIN, Labor and Internationalism (New York 1929), 14. — In England kam es im Rahmen der Chartistenbewegung auch am frühesten (seit 1831) zu Organisationsformen der Arbeiterbewegung (Arbeiterassoziationen, Gewerkvereine), die sich die Wahrung der Interessen der Arbeitnehmerschaft über den nationalen Rahmen hinaus zur Aufgabe setzten, ohne daß das Adjektiv 'international' freilich benutzt wurde; vgl. LEHNING, International Association, 150ff.

[62] Solidaritätsadresse der National Union of the Working Classes of England, zit. LORWIN, Labor, 14. Vgl. auch Réponse des ouvriers belges à l'adresse des ouvriers anglais (Dez. 1836), abgedr. LEHNING, International Association, 214ff. — Ebd., 150ff. werden auch die einzelnen Organisationen, die den de facto vorhandenen, sprachlich jedoch nicht nachweisbaren Begriff 'Internationalismus' des erwachenden Klassenbewußtseins des europäischen Proletariats seit 1830 belegen, aufgeführt.

II. 5. Marx' und Engels' Sprachgebrauch vor 1848

daß wir einmal mündig und dieser gehässigen, langweiligen Vormundschaft loswerden[63]. Begriffe wie 'the holy alliance of the people', 'holy alliance of the workers' und 'the great and universal family of mankind'[64] bezogen sich in der frühen sozialistischen Arbeiterbewegung nicht mehr auf eine die ganze Nation umspannende Brüderlichkeit, sondern allein auf die Armen und Unterdrückten, die innerhalb der liberalen Wirtschaftsgesellschaft in einem unversöhnlichen Klassenkampf zu den Besitzenden standen, sich aber über die nationalen Grenzen hinweg in ihrem sozialen Schicksal miteinander verbunden fühlten.

5. Der Sprachgebrauch von Marx und Engels in den 1840er Jahren

Eine nachhaltige und folgenreiche Belebung erfuhr der internationale Zusammenschluß der Arbeiter durch die Publikationen von MARX und ENGELS seit Mitte der 1840er Jahre, insbesondere durch das „Kommunistische Manifest". Begrifflich unterschieden sich jedoch auch ihre Formulierungen nicht vom zeitgenössisch üblichen Sprachgebrauch[65]. So erscheint insbesondere im „Kommunistischen Manifest" der Ausdruck 'international' noch an keiner Stelle, obwohl Marx und Engels hier der Sache nach mehr als irgend jemand zuvor die internationale Organisation der Arbeiterklasse als deren notwendige Antwort auf den Nationalismus der bestehenden bürgerlichen Herrschaftssysteme herausstellten. Zur Nation in ihrer bestehenden gesellschaftlichen Form, so ihre These, könne der Proletarier keine Bindungen entwickeln: *Den Kommunisten ist ... vorgeworfen worden, sie wollten das Vaterland, die Nationalität abschaffen. Die Arbeiter haben kein Vaterland. Man kann ihnen nicht nehmen, was sie nicht haben*[66]. *Die Proletarier haben nichts zu verlieren als ihre Ketten. Sie haben eine Welt zu gewinnen. Proletarier, aller Länder, vereinigt euch!*[67] Obwohl Marx und Engels die nationale Organisationsform der Arbeiterklassen als gegenwärtig noch notwendige Organisationsstufe anerkannten[68], war der Nationalstaat selbst für sie eine bereits im Untergang begriffene politische Form. Die revolutionäre Bewegung der Zeit werde, so ihre Prognose, die Auflösung aller Klassen und Nationalitäten zur Folge haben[69] und eine internationale Neu-

---

[63] WILHELM WEITLING, Aufruf an alle, welche der deutschen Sprache angehören, Der Hülferuf der deutschen Jugend 1 (1841; Ndr. 1973), 3.
[64] Vgl. LEHNING, International Association, 152.
[65] Vgl. Anm. 48. Dies gilt auch für ENGELS' Formulierung: *members of the great and universal family of Mankind* im Vorwort seines Buches „Die Lage der arbeitenden Klassen in England" (1845), welche in der deutschen Übersetzung von 1957 mit *Angehörigen der großen und internationalen Familie der Menschheit* wiedergegeben wurde, MEW Bd. 2 (1957), 230. Ebenso bereits die Übers. aus dem Jahre 1947, 2. Aufl. (Berlin 1952), 9.
[66] MARX/ENGELS, Manifest der Kommunistischen Partei (1848), MEW Bd. 4, 479; vgl. ebd., 474 und ENGELS, Das Fest der Nationen in London (1845), MEW Bd. 2, 611. 614.
[67] MARX/ENGELS, Manifest, 493.
[68] Vgl. hierzu MARX, Randglossen zum Programm der deutschen Arbeiterpartei (1875/1891), MEW Bd. 19 (1962), 23.
[69] Die geschichtsphilosophisch klare Beurteilung des Nationalismus bei Marx und Engels steht in gewisser Hinsicht im Widerspruch zur realen Entwicklung, die sich aus den Unabhängigkeitsbestrebungen der Tschechen, Kroaten u. a. slawischer Nationalitäten, der

ordnung der Gesellschaft einleiten. Die später als 'Internationalismus' bezeichnete Ausrichtung der Arbeiterschaft auf dieses Ziel artikulierte sich noch bis weit über die Jahrhundertmitte vorwiegend im traditionellen Vokabular des radikalen Republikanismus[70]: 'Allianz der Demokraten aller Völker', 'République universelle', 'Weltbürgertum', 'Kosmopolitismus', 'Fraternisierung', 'Verbrüderung' und ähnliche Begriffe umschrieben in Marx' und Engels' vorrevolutionären Schriften die völkerverbindenden Bestrebungen des Proletariats[71], wobei dieselben Begriffe, auf bürgerliche Vereinigungen angewandt, zugleich auch als phraseologisch kritisiert werden konnten: *Die Ausbeutung in ihrer kosmopolitischen Gestaltung mit dem Namen der allgemeinen Brüderlichkeit zu bezeichnen, ist eine Idee, die nur dem Schoß der Bourgeoisie entspringen konnte*[72]. Im Sprachgebrauch der 1840er Jahre wurde das Attribut 'international' noch stärker mit den wirtschaftspolitischen Verbindungen der liberalen Freihändler als mit den demokratischen Gesellschaften der Arbeiterschaft assoziiert. So berichtete ENGELS im November 1847 von der Gründung einer „Internationalen Liga", die die Anhänger des Freihandels in England den „brüderlichen Demokraten" („Fraternal Democrats"), einem 1845 in London gegründeten Zusammenschluß englischer Chartisten und revolutionärer Emigranten verschiedener Nationalität, entgegengestellt hätten, um deren wachsende Verbreitung zu verhindern[73]. Erst ein Jahrzehnt später hatte sich das Attribut so sehr eingebürgert, daß es nun auch Eingang in den Titel einer Organisation der Arbeiterbewegung fand.

III. Der Organisationsbegriff 'Internationale'

1. Internationale Organisationsformen der Arbeiterbewegung in den 1860er Jahren

Die objektive Voraussetzung für die Entstehung einer internationalen Arbeiterorganisation lag nach einhelligem Bekenntnis ihrer Anhänger im internationalen Charakter des kapitalistischen Weltmarktes. So ist es kein Zufall, daß der Anstoß zur Gründung der „Ersten Internationale" von der dritten Weltausstellung der

---

Polen und Iren ergeben hat. Vgl. dazu HANS MOMMSEN, Sozialismus und Nationen. Zur Beurteilung des Nationalismus in der marxistischen Theorie, in: Soziale Bewegung und politische Verfassung. Beiträge zur Geschichte der modernen Welt, Fschr. Werner Conze, hg. v. ULRICH ENGELHARDT, VOLKER SELLIN, HORST STUKE (Stuttgart 1976), 653ff.; S. F. BLOOM, The World of Nations. A Study of the National Implications in the Work of Karl Marx (New York 1941); ROMAN ROSDOLSKY, Friedrich Engels und das Problem der „geschichtslosen" Völker, Arch. f. Sozialgesch. 4 (1964), 106ff.

[70] Vgl. Abschn. III. 1. u. → Brüderlichkeit, Bd. 1, 573ff.

[71] *Endlich hat die Fraternisierung der Nationen heutzutage ebenfalls mehr als eine rein soziale Bedeutung. Die Hirngespinste von europäischer Republik, ewigem Frieden unter der politischen Organisation sind ebenso lächerlich geworden wie die Phrasen von der Vereinigung der Völker unter der Ägide allgemeiner Handelsfreiheit; und während so alle chimärischen Sentimentalitäten dieser Art ganz außer Kurs kommen, fangen die Proletarier aller Nationen, ohne viel Wesens davon zu machen, schon an, unter dem Banner der kommunistischen Demokratie wirklich zu fraternisieren*, ENGELS, Fest der Nationen, 614.

[72] MARX, Rede über die Frage des Freihandels (s. Anm. 48), 456.

[73] ENGELS, Chartistenbewegung (1847), MEW Bd. 4, 408.

III. 1. Internationale Organisationsformen in den 1860er Jahren

Industrie in London 1862 ausging, zu der die kaiserliche Regierung Frankreichs, als Schirmherrin der Weltausstellung, ausdrücklich auch die Arbeiter der ausstellenden Nationen eingeladen hatte[74]. Die englischen Arbeiter, welche am 5. 8. 1862 auf dem „Fest der internationalen Verbrüderung" ihren französischen „Brüdern" gegenüber die Hoffnung ausdrückten, *daß wir ein Mittel internationalen Verkehrs finden werden, und daß jeder Tag einen neuen Ring in der Kette der Liebe bilden wird, welche die Arbeiter aller Länder vereint*[75], waren sich des engen Zusammenhangs des internationalen kapitalistischen Systems mit ihren eigenen sozialen Problemen wohl bewußt: *Wie unsere nationalen Zwistigkeiten für die Länder, denen wir angehören, gefährlich gewesen sind, so werden auch unsere sozialen Trennungen verhängnisvoll für diejenigen sein, welche die Konkurrenz gegen ihre Brüder ins Feld führen. Solange es Arbeitgeber und Arbeitnehmer gibt, solange es Konkurrenz zwischen den Arbeitgebern und Streitigkeiten über die Löhne gibt, wird die Vereinigung der Arbeiter untereinander ihr alleiniges Mittel zum Heile sein*[76].

In ihren 1866 in Genf verabschiedeten Statuten stellte die 1864 gegründete „Internationale Arbeiterassociation" (IAA) klar heraus, *daß die Emanzipation der Arbeit weder ein lokales, noch ein nationales, sondern ein sociales Problem ist, welches alle Länder umfaßt, in denen moderne Gesellschaft existiert, und dessen Lösung von der praktischen und theoretischen Mitwirkung der vorgeschrittendsten Länder abhängt*[77]. Die internationale Verbindung der Arbeiterschaft wurde damit sogleich auf derjenigen Ebene angesetzt, auf der sich die Begriffe 'Internationale' und 'Internationalismus' in der Folge entfalten sollten: der Ebene gemeinsamer sozialer Interessen der Arbeitnehmer gegenüber den Arbeitgebern[78].

Das internationale Bekenntnis knüpfte dabei in Argumentation und Sprache zunächst noch stark an die Tradition der Französischen Revolution und der Aufklärung an. Dies kommt nicht allein in der Erklärung der IAA zum Ausdruck, *daß die internationale Association und alle ihr angehörigen Gesellschaften und Individuen Wahrheit, Recht und Sitte als die Grundlage ihres Betragens untereinander und gegen alle ihre Mitmenschen ohne Rücksicht auf Farbe, Bekenntnis oder Nationa-*

---

[74] Julius Braunthal, Geschichte der Internationale, Bd. 1 (1961), 3. Aufl. (Berlin, Bonn 1978), 101 ff.
[75] Grußwort der englischen an die französischen Arbeiter, zit. Zur Geschichte der Internationale, Die Grenzboten. Zs. f. Politik, Literatur u. Kunst 31/1 (1872), 494.
[76] Ebd.
[77] Statuten der Internationalen Arbeiterassociation, zit. Wilhelm Eichhoff, Die Internationale Arbeiterassociation. Ihre Gründung, Organisation, politisch-soziale Tätigkeit und Ausbreitung (Berlin 1868), 16.
[78] Erstaunt stellte der „Courrier Français" v. 24. 3. 1867 fest, zit. ebd., 34 f.: *Ob der gewaltige nationale, hundertjährige und beinahe übermenschliche Haß zwischen Engländern und Franzosen noch in dem Busen eines Teils der beiden Völker wurzelt, sind wir außer Stande zu beurteilen. Aber daß das englische Proletariat den Pariser Bronzearbeitern ein Bündnis und pekuniäre Hilfe anbietet, um sie in einer Arbeits- und Lohnfrage zu unterstützen, ist ein Symptom einer neuen Politik, von welcher die alten Parteien keine Vorstellung haben und haben können.*

lität anerkennen[79]. Derselbe aufklärerisch-revolutionäre Geist spricht vielmehr auch aus zahlreichen zeitgenössischen Äußerungen politisch-aktiver Anhänger der „Ersten Internationale": *Es liegt im Interesse aller Arbeiter*, erklärte z. B. im Namen der französischen Arbeiter der Delegierte BÜTTER aus Genf 1868 auf dem Nürnberger Vereinstag, *es ist sogar eine Ehrensache für sie und ihre heiligste Pflicht, sich an dem großen Werke zu beteiligen, das zum Zwecke hat: die Errichtung der neuen, der wahren menschlichen Gesellschaft auf der Grundlage der Freiheit, der Gleichheit und Gerechtigkeit*[80]. JOSEPH GEBERT, ein Bäckergeselle und Propagandist des „Vorboten" in Paris, schrieb 1869 an dessen Herausgeber Becker: *je fais mon possible de propager cette doctrine de fraternité qui prend racine sur notre globe et que rien ne peut arrêter tôt ... marche de progrès*[81]. Und für den Buchdrucker GROSS bedeutete internationale Solidarität: *Betonen wir nicht das Nationaltum oder das religiöse Dogma, sondern das Menschentum*[82]. Wie sehr die Arbeiter hofften, mit der neuen internationalen Organisationsstufe ihres Zusammenschlusses bestimmenden Einfluß auf die Weltpolitik gewinnen zu können, machte BECKER 1866 im „Vorboten" deutlich: *Heran ihr deutschen und schweizerischen Arbeiter! Laßt uns in der internationalen Genossenschaft die Freimaurer der Tat werden, und in rüstiger Arbeit Vorbereitungen treffen, dem Baue des aller Geister erhebenden und aller Herzen erquickenden Völkertempels zur Besiegelung des ewigen Bruderbundes granitfesten Schlußstein einzufügen, um endlich auf seiner Kuppelspitze das Erlösungszeichen der ganzen Menschheit aufzupflanzen*[83].

Die internationale Verbrüderung der Arbeiterklasse hatte so zunächst einen vorwiegend ideellen Charakter, vollzog sich aber damit nicht nur jenseits der politischen und ökonomischen Kontakte zwischen den Staaten, sondern richtete sich auch — und dies unterschied sie auf die Dauer nachhaltig von überstaatlichen Zusammenschlüssen anderer politischer Bewegungen — tendenziell zugleich gegen diese Staaten selbst. In der politischen Berichterstattung kündigte sich der für die Arbeiterbewegung neue Anspruch an, gegenüber der internationalen Politik der Regierungskabinette und Wirtschaftsbarone eine kontrollierende Gegeninstanz im internationalen Zusammenschluß des Proletariats gefunden zu haben: *Der schamlose Beifall, die nur scheinbare Sympathie oder der beschränkte Gleichmut, mit welchem die oberen Klassen Europas die Bergfestung des Kaukasus Rußland zur Beute fallen und das heldenmütige Polen durch Rußland haben vernichten sehen, die unwiderstandenen Übergriffe dieser barbarischen Macht, deren Haupt in St. Petersburg, deren Hände in allen Kabinetten Europas sitzen, haben den arbeitenden Klassen die Pflicht*

---

[79] Statuten der Internationalen Arbeiterassociation, zit. ebd., 17.
[80] FRÉDÉRIC BÜTTER, Zur Klärung der Programmfrage (7. 9. 1868), abgedr. Die ersten deutschen Sozialisten-Kongresse. Urkunden aus der Jugendzeit der deutschen Sozialdemokratie 1865—1875 (Frankfurt 1906), 52.
[81] JOSEPH GEBERT an Johann Philipp Becker, 12. 7. 1869, zit. GÖTZ LANGKAU, Die deutsche Sektion in Paris, Internat. Rev. of Social History 17 (1972), 116.
[82] KONRAD GROSS, Rede auf der Gründungsversammlung des 1. Wiener Arbeiterbildungsvereins (15. 12. 1867), zitiert HELMUT KONRAD, Nationalismus und Internationalismus. Die österreichische Arbeiterbewegung vor dem ersten Weltkrieg (Wien 1976), 20.
[83] J. P. BECKER, Was wir wollen und sollen, Der Vorbote. Polit. u. sozial-ökon. Zs. 1 (1866; Ndr. 1963), 9.

III. 1. Internationale Organisationsformen in den 1860er Jahren Internationale

gelehrt, sich selbst der Mysterien der internationalen Staatskunst zu bemeistern, die diplomatischen Streiche ihrer Regierungen zu überwachen[84].
Deutlicher als in der geistig weitgehend von Marx geprägten IAA verschmolzen antistaatliche und aufklärerisch-revolutionäre Bekenntnisse in der 1864 von BAKUNIN gegründeten „Internationalen Allianz der sozialistischen Demokratie": *La fédération internationale des peuples révolutionnaires*, schrieb er 1866, *avec un parlement, un tribunal et un comité directeur internationaux, sera basée naturellement sur les principes mêmes de la révolution*[85]. Der Konflikt zwischen Marx und Bakunin, welcher weniger in der Zielsetzung, den Werten und Überzeugungen als vielmehr in der Methode ihrer Durchsetzung bestand, zeigte sich auch in der Bedeutung, die sie der internationalen Arbeiterorganisation zuschrieben: Während Marx durch sie eine zentralistische Steuerung der Revolution anstrebte, sah Bakunin in ihr den föderativen Zusammenschluß nationaler und regionaler Arbeiterverbindungen, deren spontane Protestaktionen von der Verbandsspitze nur koordiniert und beaufsichtigt werden sollten.

Dem Vorbild der IAA folgend, gründete der Nürnberger Arbeitervereinstag 1868 auf Anregung von Bebel und Liebknecht die „Internationale Gewerkschaftsorganisation". Damit sollte ersten gewerkschaftlichen Kontakten zwischen den Mitgliedsländern der IAA eine breitere Basis verschafft werden; doch mußte BEBEL später einräumen: *Der Titel „Internationale Gewerksgenossenschaften" ging eigentlich etwas weit, denn wir konnten nur darauf rechnen, die deutschsprechenden Länder in die Organisation zu ziehen. In der Hauptsache sollte mit dem Namen die Tendenz ausgedrückt werden*[86]. Diese Neigung, mit dem Ausdruck 'international' nicht nur eine Organisationsform, sondern die gesamte Ausrichtung ihrer Politik zu bezeichnen, findet sich nicht nur im Umkreis der Eisenacher Parteimitglieder, welche — wie die Anarchisten[87] — gern schlichtweg *die Internationalen* genannt wurden[88]; auch die Politik der Pariser Kommune wurde von deren Anhängern in mehrfachem Sinne als 'international' bezeichnet: neben der Mitwirkung vieler nicht-französischer

---

[84] MARX, Inauguraladresse, zit. EICHHOFF, Internationale, 15.

[85] MICHAIL BAKUNIN, Les statuts et le programme de la société internationale révolutionnaire (1866), abgedr. DANIEL GUÉRIN, Ni Dieu, ni Maître. Anthologie de l'anarchisme, t. 1: Les pionniers: Stirner-Proudhon-Bakounine (Paris 1976), 193.

[86] AUGUST BEBEL, Aus meinem Leben, Tl. 1 (1910; Berlin 1964), 205. Vgl. auch den Beschluß der SDAP 1869 in Eisenach, in dem ebenfalls von der Notwendigkeit *der Fachgenossen aller Länder, eine internationale Tendenz zu befolgen*, die Rede ist, zit. WILHELM SCHRÖDER, Handbuch der sozialdemokratischen Parteitage 1869—1909 (München 1910), 183.

[87] Vgl. M. BAKUNIN, Réponse d'un international à Mazzini (Jul./Aug. 1871), Arch. Bakounine, t. 1, éd. A. Lehning (Leiden 1961), 16: *les internationaux*. — Schon bei Bakunin ist übrigens die farbliche Kennzeichnung gegnerischer politischer Positionen zu finden, die später zur Differenzierung der verschiedenen Internationalen üblich wurden (Abschn. III. 2): *Mazzini et tous ses nouveaux amis de toutes les couleurs: noirs, blancs, bleus, roses, jaunes (de sagesse doctrinaire impuissante et fiel), tricolores et unicolores, moins les rouges, doivent être contents*, ebd., 15.

[88] Als Fremdbezeichnung von seiten der Lassalleaner z. B. erwähnt bei L. FRIEDLIEB, Die rote und die schwarze Internationale (München 1874), 12.

Mitglieder der IAA (Moses Hess, Karl Kaub, Nils Laurens Petersen, Victor Schily, vor allem aber der Ungar Leo Frankel als Arbeitsminister) besonders wegen der international-sozialen Prinzipien, die lange zuvor in der IAA schon diskutiert worden waren und nun erstmals politisch verwirklicht wurden[89]. Im Aufruf der deutschen Sektion der IAA vom April/Mai 1870 in Paris klingt die Überzeugung an, von der diese Politik getragen wurde: *Die Befreiung der arbeitenden Klassen vom sozialen wie vom politischen Joche ist keine Aufgabe, deren Lösung an Sprachen gebunden ist, sie ist vielmehr eine internationale, d. h. eine allen Ländern gemeinsame Aufgabe, die daher auch nur durch die Verbindung der Arbeiter aller Länder gelöst werden kann*[90]. Das Attribut 'international' implizierte im Sprachgebrauch der „Ersten Internationale" mit der Organisationsform zugleich eine politische Zielvorstellung — die internationale sozialistische Neuordnung der Gesellschaft —, bezeichnete also zugleich ein politisches Bekenntnis[91].

2. Die Entstehung des Grundbegriffs 'Internationale'

Die durch Wegfall der Organisationsbezeichnung „Arbeiterassoziation" entstandene substantivische Form „Internationale" findet sich zuerst in einem am 20. 5. 1865 verfaßten Brief von MARX an Engels, in dem es heißt: *Heut abend Extrasitzung der „International"*[92]. Die abkürzende Bezeichnung der IAA ist in den folgenden Jahren mehrfach auch im Französischen belegt[93], rückte damit allein aber noch nicht zum politischen Kampfbegriff auf. Diese Bedeutung erhielt der Begriff 'Internationale' vielmehr erst in der Folge der Pariser Kommune von 1871, deren personelle und ideelle Verflechtung mit der „Ersten Internationale" vor allem in Deutschland zum Ausgangspunkt einer lang anhaltenden politischen Kampagne gegen die Sozialdemokratie wurde[94]. Weite Verbreitung fand der Begriff vor allem durch die anti-

---

[89] Die Größe des Einflusses der IAA auf die Pariser Kommune ist in der Forschung umstritten. Vgl. BRAUNTHAL, Internationale, Bd. 1 (s. Anm. 74), 154 ff; GÜNTER GRÜTZNER, Die Pariser Kommune. Macht und Karriere einer politischen Legende. Die Auswirkungen auf das politische Denken in Deutschland (Köln, Opladen 1963), 42 ff.

[90] Aufruf der deutschen Sektion an die deutschen Arbeiter in Paris, zit. LANGKAU, Deutsche Sektion, 139 f.

[91] Zu dieser neuen Bedeutung von 'international' vgl. Abschn. IV.

[92] Marx an Engels, 20. 5. 1865, MEW Bd. 31 (1965), 122; vgl. auch W. LIEBKNECHT an Marx, 10. 8. 1866, Briefwechsel mit Karl Marx und Friedrich Engels, hg. v. Georg Eckert (Den Haag 1963), 76: *the old manifest of the International*.

[93] In einer Resolution an die Delegierten der IAA zum Berner Friedenskongreß heißt es 1867: *Que les délégués de l'Association internationale qui se rendront à Berne, portent à l'assemblée, au nom de l'Internationale, les différentes résolutions prises aux Congrès de Genève, de Lausanne à Bruxelles*, abgedr. JACQUES FREYMOND, La Première Internationale, t. 1 (Genf 1962), 388. Vgl. ferner MARX, Bericht des Generalrats an den 4. Allgemeinen Kongreß der IAA in Basel vom 1. 9. 1869, abgedr. MARX/ENGELS/LENIN, Über proletarischen Internationalismus (Berlin 1969), 105. 114; Égalité, 7. 8. 1869, zit. M. BAKUNIN, Politik der Internationale (1869), GW Bd. 2 (Berlin 1975), 76 ff.; ferner Égalité, 28. 1. 1869. — Vgl. JEAN DUBOIS, Le vocabulaire politique et social en France 1869 à 1872 (Paris 1962), 326.

[94] Hierfür lieferten Bebel und Liebknecht selbst schon 1871 mit ihrem revolutionären Bekenntnis den Vorwand; vgl. A. BEBEL, Rede v. 25. 5. 1871, Sten. Ber. Verh. dt. Reichstag, 1. Leg., 1. Sess. 1871, Bd. 2 (Berlin 1871), 921; ders., Rede v. 24. 4. 1871, ebd., Bd. 1

III. 2. Grundbegriff 'Internationale'

sozialistische Agitationsschrift „L'Internationale" von TESTUT, der hier schon im Mai 1871 feststellte: *Es ist nun an der Zeit, mit Klarheit und Bestimmtheit zu zeigen, worin der Zweck der Internationale besteht, welche sich in so reißendem Fortschritt entwickelt hat, daß es jedermann erschrecken muß, der an die unermeßliche Gefahr denkt, welcher die soziale Ordnung durch eine so mächtige Organisation ausgesetzt ist*[95].

Zur selben Zeit aber übertrugen auch schon sozialistische Autoren den Begriff 'Internationale' auf ihre Gegner: So bezeichnete BAKUNIN schon 1869 einmal die Freimaurer als *l'Internationale de la bourgeoisie*[96]. Zwei Jahre später veröffentlichte der Sozialist CHOTTEAU eine Schrift mit dem Titel „L'Internationale des patrons" (1871) und fixierte damit begrifflich den kapitalistischen Gegenpol zur Internationale der Arbeiterklasse[97]. In sukzessiver Übertragung auf andere gesellschaftliche Klassen und Interessenverbände verwandelte sich der Begriff 'Internationale' nun rasch zum allseits fungiblen Grundbegriff der politischen Agitation. Während des Kulturkampfes der 1870er Jahre wurden unter dem Etikett der „schwarzen Internationale" zunächst die deutschen Katholiken von deren protestantischen Gegnern in Preußen in die Nähe der Sozialdemokratie gerückt[98]. Man spielte damit insbesondere auf die internationale Aktivität des Jesuitenordens an, unterstellte jedoch zugleich den Katholiken insgesamt eine illoyale Haltung gegenüber dem neuen Deutschen Reich. So heißt es 1874 in der Agitationsschrift „Die rote und die schwarze Internationale": *Gegenwärtig streiten sich zwei Parteien um die Gunst der Massen.*

(1871), 349f. Bismarck empfand dadurch, wie er später bekannte, zum ersten Mal *die Wucht der Überzeugung von der Gefahr, die uns bedroht ... Jener Aufruf der Kommüne war ein Lichtstrahl, der in die Sache fiel, und von diesem Augenblick an habe ich in den sozialdemokratischen Elementen einen Feind erkannt, gegen den der Staat, die Gesellschaft sich im Stande der Notwehr befindet,* BISMARCK, Rede v. 17. 9. 1878, ebd., 4. Leg., 1. Sess. 1878, Bd. 1 (1878), 70.

[95] OSCAR TESTUT, Die Internationale. Ihr Wesen und ihre Bestrebungen (1871), 7. Aufl. (Leipzig 1872), I.

[96] M. BAKUNIN, Lettres aux internationaux du Jura (1869), Oeuvres, 2ᵉ éd., t. 1 (Paris 1895), 210.

[97] Tatsächlich kam es in der Reaktion auf die Pariser Kommune schon 1871 zu einer internationalen Politik der „monarchischen Solidarität" gegenüber der sozialistischen „Internationale" auf diplomatischer Ebene. Hinzuweisen ist hier vor allem auf die Zirkularnote von Jules Favre v. 26. Mai 1871, vgl. LUDOLF HERBST, Die Erste Internationale als Problem der deutschen Politik in der Reichsgründungszeit. Ein Beitrag zur Strukturanalyse der Politik „monarchischer Solidarität" (Göttingen 1974), 24ff.; ferner auf die Anregung der spanischen Regierung v. 9. 2. 1873, eine Konvention aller Staaten gegen *die sogenannte Internationale* zu beschließen, vgl. Europäischer Geschichtskalender 1872, hg. v. HEINRICH SCHULTHESS, Jg. 13 (Nördlingen 1873), 302.

[98] N. STEFFEN, Brief eines Luxemburgers an einen Landsmann, Die Grenzboten. Zs. f. Politik, Literatur u. Kunst 32/2 (1873), 119: *Wenn du noch ferner den preußischen Militarismus als Schreckbild anführst, so gestehe ich dir, daß ich ihn selbst dafür halte, wenn auch nicht den armen, betörten und verblendeten Völkern, so doch der roten wie der schwarzen Internationale gegenüber. Und, Gott lob! daß er's ist.*

Die rote Internationale (Communisten, Sozialdemokraten etc.) predigt den Umsturz der bestehenden Ordnung und Krieg gegen die Herrschaft des Kapitals, ordnet Strike der Handwerker an und erklärt den Arbeiterstand für unterdrückt, während er nie freier war als jetzt. Die schwarze Internationale ... dagegen will das Deutsche Reich umstürzen und an seine Stelle die römische Priesterherrschaft setzen; dazu sollen die Franzosen helfen[99].

Die politische Funktion von 'Internationale' als Feindbezeichnung bestand in einer Selbstrechtfertigung der bezogenen Position; für sie rückten alle opponierenden politischen Meinungen unter dem neuen Schlagwort zu bloßen Varianten einer einzigen antinationalen, unpatriotischen Haltung zusammen. Im farblichen Spektrum, in das sich diese übernationale Gesinnung ausfächerte, erlangte der Begriff der 'goldenen Internationale' in den 1870er Jahren vor allem bei antisemitischen Autoren starke Verbreitung. Die unterstellte enge Verflochtenheit der jüdischen Hochfinanz, welche diese Bezeichnung wegen ihrer internationalen Wirtschaftsbeziehungen auf sich zog, mit der marxistischen Arbeiterbewegung belegt z. B. der Aufruf „Wählet keinen Juden!" von MARR: *Eins aber rufen wir der „roten" Internationale zu: Ihr glaubt zu schieben und ihr werdet geschoben. Ihr laßt eure Blicke soweit ablenken, daß Ihr für die „Verbrüderung" aller Völker zu arbeiten glaubt, und seht daher nicht, daß Ihr nur für die goldene Internationale des auserwählten Volkes arbeitet, die Euch in die Ferne hineinträumen läßt, um das, was Ihr in der Nähe umstürzt, sich selbst anzueignen*[100].

In der populären Agitation wurde der Begriff 'Internationale' häufig mit der Idee einer geheimen Verschwörung in Verbindung gebracht, die die tragenden Werte und Verfassungsprinzipien der bestehenden bürgerlichen Rechtsordnung bekämpfe[101]. Nahegelegt wurde durch die Begriffsbildung auch die Vermutung, daß

---

[99] FRIEDLIEB, Internationale (s. Anm. 88), 7. — Vgl. AUGUST REICHENSPERGER, Rede v. 27. 1. 1878, Sten. Ber. Verh. dt. Reichstag, 2. Leg., 3. Sess. 1875/76, Bd. 2 (Berlin 1876), 958: *wie der Herr Dr. Markus ... meine Wenigkeit zugleich mit einem Fraktionskollegen als ein Mitglied der „schwarzen Internationalen" bezeichnet hat, die bekanntlich mit der „roten Internationale" ein Bündnis geschlossen habe.*

[100] WILHELM MARR, Wählet keinen Juden! Ein Mahnwort an die deutschen Wähler (Berlin 1881), 37, zit. COBET, Wortschatz (s. Anm. 24), 171. Selbst im „Evangelischen Volkslexikon" heißt es 1900: *Die goldene Internationale dürfte eine viel größere Gefahr für den Bestand der Staaten sein, als die rote Internationale gewesen ist. Es kennzeichnet die internationale Sozialdemokratie, daß von einem Kampf, den sie gegen die goldene Internationale führt, nichts zu merken ist,* PATZSCHKE, Art. International, Ev. Volkslexikon (s. Anm. 25), 344. Zum Begriff 'goldene Internationale' vgl. auch C. WILMANNS, Die „goldene" Internationale und die Notwendigkeit einer socialen Reformpartei (Berlin 1876), 67; bisheriger Erstbeleg bei OTTOMAR BETA, Darwin, Deutschland und die Juden oder der Juda-Jesuitismus (Berlin 1875), 43.

[101] Für diesen Vorwurf gegen die Sozialdemokratie vgl. z. B. G. M. PACHTLER, Die internationale Arbeiterbewegung (Essen 1871), 40; als Indiz für deren geheimes Wirken wurde auch der „Sieg" der „internationalistischen" Eisenacher Partei über die „nationalistischen" Lassalleaner gewertet. Vgl. [K. EMMERICH], Die Kirche im Zukunftsstaat, Die Zukunft. Sozialistische Rev. 1 (1878), 549 ff.

die verschiedenen Spielarten der „Internationale" letzten Endes untereinander zusammenhingen: *Die* (sc. rote) *Internationale wächst in demselben Maße, als es den Geheimbünden und dem Liberalismus gelingt, die Massen zu entchristlichen,* spekulierte XAVIER ROUX. *Man würde indes sehr irren, wenn man in dem sogenannten „Chef der Internationale" die „Hohe Sonne" des Illuminatentums suchen wollte. Nur sein Perpetuum, F. Engels, gehört zu dem „Rat der Zwölfe", die in den unterirdischen Sitzungen des Zentralkomitees in London Zutritt haben*[102]. Welch diskriminierende Bedeutung der Bezeichnung einer sozialen Bewegung als „Internationale" im zeitgenössischen Sprachgebrauch anhing, läßt sich schließlich auch an der von PAUL DE LAGARDE überlieferten „Entlarvung" des Liberalismus als *graue Internationale* (1881) ablesen: *Von der schwarzen, der roten, der goldenen Internationale redet alle Welt: die graue Internationale läuft noch immer unter dem Namen Liberalismus um. Mir scheint es an der Zeit, sie in ihre Rechte einzusetzen*[103].

Die farbliche Ausdifferenzierung internationaler Interessenverbände führte zu weiteren Varianten der Begriffsbildung: „weiße Internationale" (christliche Arbeiterbewegung), „eiserne Internationale" (Metallarbeitergewerkschaften), „blaue Internationale" (Hochadel) etc.[104]. Nicht in allen Fällen wurden diese Bezeichnungen vom politischen Gegner eingeführt: So trat z. B. auf dem internationalen landwirtschaftlichen Kongreß in Budapest 1896 der Führer der deutschen Agrarier, VON PLÖTZ, für die Interessen der „grünen Internationale" ein, wobei er allerdings ausdrücklich deren nationalen Charakter betonte[105]. So artikulierte sich in der farblichen Differenzierung des Schlagworts 'Internationale' als Feindbezeichnung im allgemeinen ein nationalistisches Bekenntnis. Der Sprachgebrauch beschränkte sich freilich nicht auf die konservativen Parteien, sondern wurde von komplementären Auf-

---

[102] XAVIER ROUX, Léon Gambetta und Karl Marx: Enthüllungen über das Treiben der Internationale, der Freimaurer sowie der geheimen Secten überhaupt. Nebst Brief einer Nihilistin aus Sibirien, 2. Aufl. (Leipzig 1880), 65; vgl. MARX, An die Redaktion des „Volksstaat" (29. 3. 1871), MEW Bd. 17 (1962), 298 ff.

[103] PAUL DE LAGARDE, Die graue Internationale (1881), Dt. Schr., 3. Aufl., hg. v. Karl August Fischer (München 1937), 358.

[104] Die wichtigste, dauerhafteste und folgenreichste Bezeichnung war 'goldene Internationale' mit all ihren Varianten. Vgl. HEINRICH V. TREITSCHKE, Zwei Kaiser (1888), Ausgew. Schr., Bd. 1 (Leipzig 1907), 316: ... *welch ein Sykophantentum unter der Flagge des Freisinns sein Wesen treibt, und welch ein Gesinnungsterrorismus jeden freien Kopf mißhandeln würde, wenn diese Partei jemals ans Ruder gelangte, die zu unserem Glück im ganzen Reiche nichts weiter hinter sich hat als die Mehrheit der Berliner, einzelne in die Politik verschlagene Gelehrte, die Kaufmannschaft ... und die allerdings ansehnliche Macht des internationalen Judentums.* Weitere Belege bei KONRAD SCHILLING, Beiträge zu einer Geschichte des radikalen Nationalismus in der Wilhelminischen Ära 1890—1909 (phil. Diss. Köln 1968); HANS JÜRGEN PUHLE, Agrarische Interessenpolitik und preußischer Konservatismus im Wilhelminischen Reich 1893—1914. Ein Beitrag zur Analyse des Nationalismus in Deutschland am Beispiel des Bundes der Landwirte und der Deutsch-Konservativen Partei (Hannover 1966).

[105] Vgl. LADENDORF, 143, s. v. Internationale, der sich auf den Aufsatz „Die grüne Internationale", Die Zeit. Wiener Zs. f. Pol., Volkswirtschaft, Wiss. u. Kunst 10 (1897), 19 ff., bezieht.

fassungen im liberalen und sozialistischen Lager genährt[106]. Vor allem die Sozialdemokraten wiesen darauf hin, daß ihre internationalen Verbindungen nur als Antwort auf den internationalen Zusammenschluß ihres Gegners zu verstehen sei, im Ergebnis jedoch *ein weit festeres Band um die Länder* schlingen werde *als plötzliche Not der Reaktion oder die Gewinnsucht der Unternehmer*[107].

3. Der sozialistische Klassifikationsbegriff: „Erste" bis „Vierte Internationale"

Die Ausstrahlungskraft der sozialistischen „Ersten Internationale" überdauerte ihre organisatorische Form, welche nach dem Ausschluß der Anarchisten 1872 bald zerfiel. Begriffsgeschichtlich zeigt sich dies daran, daß sich der Ausdruck 'Internationale' innerhalb der sozialistischen Arbeiterbewegung schon zu Beginn der 1870er Jahre von der in London, seit 1872 in New York beheimateten Organisation löste und nun zunehmend den gesamten Komplex internationaler Verbindungen und gemeinsamer sozialistischer Überzeugungen bezeichnete. Den Grund hierfür deutete MARX 1875 in seiner Kritik des Gothaer Programmentwurfs an: *Die internationale Tätigkeit der Arbeiterklassen hängt in keiner Art von der Existenz der „Internationalen Arbeiterassoziation" ab. Diese war nur der erste Versuch, jener Tätigkeit ein Zentralorgan zu schaffen; ein Versuch, der durch den Anstoß, welchen er gab, von bleibendem Erfolg, aber in seiner ersten historischen Form nach dem Fall der Pariser Kommune nicht länger durchführbar war*[108]. In ihrer bisherigen Form hatte sich die „Internationale", im Urteil von Marx und Engels seit 1872, überlebt. Im September 1874 schrieb ENGELS an Sorge, nachdem dieser vom Vorsitz in der „Internationalen" zurückgetreten war: *Mit Deinem Austritt ist die alte Internationale ohnehin vollständig abgeschlossen und zu Ende. Und das ist gut. Sie gehörte der Periode des Zweiten Kaiserreichs an, wo der in ganz Europa herrschende Druck der eben wiedererwachenden Arbeiterbewegung Einigkeit und Enthaltung von aller inneren Polemik vorschrieb. Es war der Moment, wo die gemeinsamen kosmopolitischen Interessen des Proletariats in den Vordergrund treten konnten ... Um eine neue Internationale in der Weise der alten, eine Allianz aller proletarischen Parteien aller Länder hervorzubringen, dazu gehörte ein allgemeines Niederschlagen der Arbeiterbewegung, wie es 1849—1864 vorgeherrscht. Dazu ist jetzt die proletarische Welt zu groß, zu weitläufig geworden. Ich glaube, die nächste Internationale wird — nachdem Marx' Schriften einige Jahre gewirkt — direkt kommunistisch sein und geradezu unsere Prinzipien aufpflanzen*[109].
Die erneute Sammlung der sozialistischen Parteien gelang allerdings erst 1889 auf dem internationalen Kongreß in Paris, an den sich bis 1912 in unregelmäßigen Ab-

---

[106] JOHANN MOST, Rede v. 12. 8. 1871, Protokoll über den zweiten Congreß der sozialdemokratischen Arbeiterpartei abgehalten zu Dresden am 12., 13., 14. und 15. August 1871 (Leipzig 1872; Ndr. Glashütten/Ts. 1971), 61: *Wenn die Reaktion sich international verbindet, dann muß sich selbstverständlich die Revolution auch international verbinden.* Vgl. BEBEL, Aus meinem Leben (s. Anm. 86), 428.

[107] Ziele und Wege. Erläuterungen der sozialdemokratischen Gegenwartsforderungen hg. v. ADOLF BRAUN (Berlin 1906), 4, Einl.

[108] MARX, Randglossen (s. Anm. 68), 24.

[109] ENGELS an Friedrich Adolph Sorge, 12./17. 9. 1874, MEW Bd. 33 (1966), 641 f.

III. 3. Sozialistischer Klassifikationsbegriff — Internationale

ständen weitere Kongresse anschlossen. Ungelöst blieb freilich bis zuletzt die Frage, wie dieser Zusammenschluß — der zwar seit 1900 mit dem „Internationalen sozialistischen Büro" in Brüssel eine gemeinsame Informations- und Vermittlungsstelle, jedoch kein mit dem Generalrat der „Ersten Internationale" von 1864 vergleichbares politisches Zentrum besaß — zu nennen sei[110]. Man sprach gewöhnlich, wie schon Engels 1874, von der „Neuen" im Gegensatz zur „Alten Internationale"; erst kurz vor und nach Ausbruch des Ersten Weltkrieges scheint sich dagegen, im Rückblick, die numerierende Bezeichnung „Zweite Internationale" eingebürgert zu haben[111]. Das neue Klassifikationsschema erlaubte nämlich, nun auch von einer „Dritten Internationale" zu sprechen. Diese Möglichkeit nahm z. B. KAUTSKY im Juni 1914 in einem Abriß zur Geschichte der „Internationale" wahr[112]; unter der „Ersten Internationale" verstand er hier allerdings noch die bürgerlich-proletarischen Organisationen der 1840er und 1850er Jahre („Bund der Kommunisten", „Fraternal Democrats", „Internationales Komitee"), denen die „Erste" (von 1864) und die „Zweite" (von 1889) als „Zweite" und „Dritte Internationale" folgten. Terminologisch bedeutsam wurde die neue Klassifikation jedoch erst nach Kriegsausbruch im Sprachgebrauch derjenigen kommunistischen Opposition, die nach dem fast einhelligen Bekenntnis der sozialistischen Parteien zur nationalen Kriegspolitik ihrer jeweiligen Vaterländer den Zusammenbruch der „Zweiten Internationale" für so endgültig hielten, daß an eine bloße Wiederherstellung der alten Organisationsform nicht zu denken war. So zog LENIN schon im November 1914 das Resümee: *Die sozialistische Bewegung kann im alten Rahmen des Vaterlandes nicht siegen. Sie bringt neue, höhere Formen des menschlichen Zusammenlebens hervor, worin die berechtigten Bedürfnisse und fortschrittlichen Bestrebungen der werktätigen Massen jeder Nationalität zum erstenmal in internationaler Einheit, unter Wegfall der jetzigen nationalen Schranken befriedigt werden ... Der Dritten Internationale steht die Aufgabe bevor, die Kräfte des Proletariats zum revolutionären Ansturm gegen die kapitalistischen Regierungen zu organisieren, zum Bürgerkrieg gegen die Bourgeoisie aller Länder, für die politische Macht, für den Sieg des Sozialismus!*[113] Diese neue, „Dritte Internationale" sollte nach Lenins Vorstellung endgültig den Sieg des Sozialismus herbeiführen, daher straffer als ihre Vorgänger organisiert und weniger

---

[110] Diese Frage bildete schon auf dem Brüsseler Kongreß (1891) einen Tagesordnungspunkt, wobei das revolutionäre „Central-Comitee" zu Paris die Bezeichnung „Internationale Socialisten-Partei", die belgische Arbeiterpartei dagegen „Internationale socialistische Arbeiterpartei" vorschlug. Der Punkt blieb allerdings 1891 unerledigt und fand auch auf den folgenden Kongressen keine Entscheidung.

[111] Vgl. hierzu GEORGES HAUPT, Programm und Wirklichkeit. Die internationale Sozialdemokratie vor 1914 (Neuwied, Berlin 1970), 21.

[112] KARL KAUTSKY, Die alte und die neue Internationale (1914), abgedr. G. HAUPT, Der Kongreß fand nicht statt. Die Sozialistische Internationale 1914 (Wien, Frankfurt, Zürich 1967), 283 ff. — Kautskys Beitrag gehörte der Festschrift an, die zum „10. Internationalen Sozialisten-Kongreß" in Wien schon fertiggestellt war, als der Krieg dessen Zusammentreten verhinderte.

[113] LENIN, Lage und Aufgaben der sozialistischen Internationale (1914), Werke, Bd. 21 (1974), 26. 28.

kompromißbereit in der Durchsetzung ihrer Ziele sein[114]. Daß in der „Neuen Internationale" die Führung nicht mehr bei der deutschen Sozialdemokratie liegen könne, machten ROSA LUXEMBURG und Franz Mehring 1915 in der von ihnen gemeinsam redigierten Zeitschrift „Die Internationale" deutlich: *Am 4. August 1914 hat die deutsche Sozialdemokratie politisch abgedankt, und gleichzeitig ist die sozialistische Internationale zusammengebrochen ... Nicht an Forderungen und Formeln, sondern an der Fähigkeit, hinter diese Forderungen den Willen und die Tat im Geiste des Klassenkampfes und der Internationalität zu setzen, hat es bei den sozialistischen Parteien der ausschlaggebenden Länder, vor allem bei der deutschen, gefehlt*[115].

Mit der numerierenden Klassifizierung war eine stärkere Abgrenzung der verschiedenen „Internationalen" verbunden: Während sich die „Neue" von der „Alten Internationale" im Urteil ihrer Mitglieder vor 1914 noch vorwiegend durch die ungleich größere Macht der nationalen sozialistischen Parteien unterschieden hatte, erblickte die kommunistische Opposition nach 1914 in der nun als „Zweite" bezeichneten „Internationale" einen Bruch mit der politischen Tradition der „Ersten Internationale" (von 1864), den zu überwinden Aufgabe der künftigen „Dritten Internationale" sein werde. So deutete sich in der Benennung schon frühzeitig die Konkurrenz zweier internationaler Organisationsformen des Proletariats, der sozialistischen „Zweiten Internationale" und der kommunistischen „Dritten Internationale", an, wobei die letztere mit der höheren Zahl zugleich einen höheren geschichtlichen Legitimitätsanspruch verband[116]. Mit der Gründung der „Kommunistischen Internationale" (KI) in Moskau im März 1919[117] und der Restitution der „Zweiten Internationale" in Hamburg 1923 als „Sozialistische Arbeiterinternationale" (SAI) spaltete sich das alte sozialistische Lager endgültig in zwei internationale Machtblöcke, deren politische Differenzen vor allem in der Frage des reformistischen bzw. revolutionären Weges zum Sozialismus aufbrachen. Zwischen beide trat als langfristig weniger bedeutsame, aber für die numerierende Klassifikation bezeichnende Erscheinung zu Beginn der 1920er Jahre noch die „Internationale Arbeitsgemeinschaft der sozialistischen Parteien", die sich im Februar 1921 nach Konferenzen in Bern (1919) und Genf (1920) in Wien traf, als „2½. Internationale". Die Bezeichnung wurde offenbar ursprünglich innerhalb dieser auch

---

[114] LEO TROTZKI, Der Krieg und die Internationale (München o. J.), 9, sah schon Ende Oktober 1914 (das Vorwort datiert v. 31. 10. 1914) in der *neuen Internationalen ... die Internationale der letzten Kämpfe und des endgültigen Sieges.*
[115] ROSA LUXEMBURG, Der Wiederaufbau der Internationale, Die Internationale 1 (1915), GW hg. v. Günter Radczun u. a., Bd. 4 (Berlin 1974), 20. 29.
[116] In Analogie zu den „gelben" (nicht-sozialistischen) Gewerkschaften sprach Lenin allerdings auch von der „gelben" oder „chauvinistischen Internationale", vgl. LENIN, Thesen und Referat über bürgerliche Demokratie und Diktatur des Proletariats, Rede auf dem I. Kongreß der Kommunistischen Internationale (4. 3. 1919), Werke, Bd. 28 (1975), 476. 482.
[117] Lenin rief diesen Kongreß 1919 noch in der vielfach geteilten Erwartung einer unmittelbar bevorstehenden Weltrevolution ein. Vgl. Der I. Kongreß der Kommunistischen Internationale. Protokoll der Verhandlungen in Moskau vom 2.—19. 3. 1919 (Hamburg 1921), 6 ff.

als „Wiener Arbeitsgemeinschaft" bekannten Gruppe geprägt[118], dann aber als polemischer Begriff für ihre Zwitterstellung zwischen der „Zweiten" und der „Dritten Internationale" vor allem von den Kommunisten gegen sie gewandt[119].

Als eine der letzten Gemeinsamkeiten im internationalistischen Bekenntnis der „Zweiten" und „Dritten Internationale" erhielt sich in den 1920er Jahren bei Demonstrationen und Parteitagen der Vortrag der Hymne „Die Internationale". Sie war in der SPD und der „Sozialistischen Internationale" allerdings nur eines neben mehreren Kampfliedern bei offiziellen Anlässen, während sie in der Agitation der KPD bzw. der „Kommunistischen Internationale" (als gleichzeitige Nationalhymne der Sowjetunion bis zum Zweiten Weltkrieg) stets eine hervorragende Stellung einnahm[120].

Mit der Auflösung der SAI 1940 und der KI 1943 schien für kurze Zeit noch einmal die Chance einer einheitlichen Neugründung gegeben. Diese Aufgabe konnte allerdings weder die von Trotzki 1937 in Mexiko ins Leben gerufene „Vierte Internationale" noch Karl Renners Vorschlag, die UNO als eine „Vierte Internationale" zu konzipieren[121], erfüllen. Mit der Gründung der „Kominform" 1947

---

[118] Der bisherige Erstbeleg verweist auf die ursprünglich ironische Bedeutung dieser Bezeichnung. In einem Artikel, der im Laufe des Oktobers 1920 in Deutschland, Österreich, Frankreich und in der Schweiz erschien und der den deutschen Titel „Möglichkeiten der Internationale" trug, erklärte Friedrich Adler, die „Wiener Internationale" könne weder als „4." noch als „2½. Internationale" bezeichnet werden, und stellte damit die numerierende Klassifikation überhaupt in Frage. Vgl. dazu André Donneur, Histoire de l'union des partis socialistes pour l'action internationale 1920—1923 (Sudburg/Ont. 1967), 48.

[119] *Alle, die aus der II. Internationale austraten, weil sie keine Noskepolitik treiben wollen, aber sich an die III. Internationale nicht angeschlossen haben, weil sie keine revolutionäre Politik machen können: alle diese werden am 22. die Propheten des Wiener Nicht-Wollens (Bauer) und Nicht-Könnens (Adler) vernehmen*, Die Helden der Wiener Konferenz, mit Beiträgen von Lenin, Trotzki, Sinowjew u. a. (Wien 1921), 5, Vorwort.

[120] Die „Internationale" wurde 1871 von Eugène Pottier gedichtet, 1888 von Pierre Degeyter vertont und im selben Jahr auf der „Fête des Travailleurs" in Lille erstmals öffentlich vorgetragen. Auch auf dem Pariser internationalen Kongreß 1900 sangen die Franzosen den Refrain der Hymne. In der SPD wurde nach wie vor dem Ersten Weltkrieg als Abschlußlied von Parteitagen die „Arbeitermarseillaise" bevorzugt (so z. B. auf dem Gothaer Kongreß 1875 und 1921 auf dem Berliner Kongreß), doch wurden auch andere Lieder, wie der „Sozialistenmarsch" und die „Internationale", häufig unter den Klängen einer Orgel, vorgetragen. Die KPD sang dagegen vorwiegend die „Internationale" (z. B. auf dem Kongreß in Jena 1921 und in Magdeburg 1929), welche sich nach dem Zweiten Weltkrieg vollends als internationale Hymne der sozialistischen und kommunistischen Parteien durchsetzte. — In der Übersetzung des französischen Refrains ergaben sich bemerkenswerte Unterschiede: Franz.: *C'est la lutte finale / groupons-nous et demain / L'Internationale / sera le genre humain*. Dt.: *Völker, hört die Signale! / Auf, zum letzten Gefecht! / Die Internationale / Erkämpft das Menschenrecht!* Engl.: *Then, comrades, come rally / The last fight let us face / L'Internationalé / Unites the human race*. Texte bei Braunthal, Internationale, Bd. 1 (s. Anm. 74), 205; SDF-Song-Book (London o. J.), 39.

[121] Vgl. Karl Renner, Aufruf von 1946, in: ders., Die neue Welt und der Sozialismus (Salzburg 1946), 46ff.

und der „Sozialistischen Internationale" 1951 vertiefte und vervielfältigte sich vielmehr die Spaltung des sozialistischen Lagers weiter und besiegelte damit die Umwandlung der numerischen Klassifikation aus einer zeitlichen Schichtung in eine politische Differenzierung gleichzeitiger proletarischer Organisation. Der politische Klassenkampf ist in ihnen seither einerseits weitgehend in eine Politik des rechtlich eingebundenen Arbeitskampfes, andererseits in einen zwischenstaatlichen Machtkampf überführt worden.

IV. 'Internationalismus' und 'Internationalität' als deskriptive Prozeß- und normative Gesinnungsbegriffe

Sieht man von der frühen Erwähnung der wahrscheinlich von RICHARD erst künstlich gebildeten Wortformen 'internationalité' und 'internationalisme' im Jahre 1845 ab[122], so fällt die Bildung dieser Begriffe ebenso wie der der 'Internationale' wahrscheinlich in die späten 1860er Jahre[123]. Im Englischen sind die bislang frühesten Belege für 'internationality' und 'internationalist' aus dem Jahre 1864 nachgewiesen, beziehen sich hier aber noch nicht auf sozialistische Überzeugungen und Organisationsformen[124]. Dies gilt auch für den Begriff 'internationalism', welcher sich erstmals 1867 in einer Schrift des LORD HOBART, „The Mission of Richard Cobden", findet: Cobdens politische Botschaft, so führte Hobart aus, habe in der Vorstellung einer internationalen Föderation der Staaten bestanden, die analog zur Aufhebung individueller Rechtsunsicherheit im Einzelstaat einen allgemeinen Rechtszustand zwischen den Staaten herstellen sollte. Diese von Hobart als 'internationalism' bezeichnete Völkerbundskonzeption Cobdens[125] sollte sich vor allem durch ein hohes Maß politischer Freiheit auszeichnen, die von ihm analog zur Freihandelsdoktrin als umfassende individuelle Entfaltungsmöglichkeit verstanden wurde: *What is certain is, that for the complete realisation of internationalism in its ultimate result, political association, it is requisite that nations in general should possess a very large measure of real political liberty ... Complete political liberty once established in the world, some form of international federation would be the natural result*[126].

Die Ausdrücke 'international' und 'internationalism' hatten bei Hobart eine doktrinäre Bedeutung, die sich gleichzeitig auch schon in der sozialistischen Bewegung geltend machte: Als 'international' wurden hier seit Ende der 60er Jahre nicht mehr nur die Kontakte zwischen den nationalen Arbeiterparteien und ihre bruderschaft-

---

[122] RICHARD, Enrichissement, zit. GRANDJONC, Communisme (s. Anm. 29).

[123] Im Französischen ist 'internationalité' allerdings bisher erst für 1871, 'internationalisme' für 1876 nachgewiesen, DUBOIS, Vocabulaire (s. Anm. 93), 326. Vgl. LITTRÉ Éd. intégrale, t. 4 (1969), 1096, s. v. internationalité, internationalisme.

[124] Vgl. OED vol. 5 (1933; Ndr. 1970), 410, s. v. Internationalist: *one who advocates the principles of international Law* lautet eine Definition aus dem Jahre 1864. Und im Daily Telegraph, 7. 6. 1864, zit. ebd., s. v. Internationality, hieß es: *Of course, a French racecourse is not like an English one. Internationality is not jet so perfect.*

[125] LORD HOBART, The „Mission" of Richard Cobden, Reprinted from Macmillan's Magazine, Jan. 1867 (London o. J.), 5, wo Hobart Cobden als ersten *international man* rühmt.

[126] Ebd., 28f.

IV. 'Internationalismus' und 'Internationalität'

liche Vereinigung in der IAA bezeichnet, sondern auch die sie tragende politische Gesinnung. In einem Brief an Becker konnte LEO FRANKEL 1871 in diesem Sinne von der *Internationalen Arbeiterpartei in Deutschland* sprechen, die er Becker *von den Siegen Deutschlands* freizumachen bat: *denn meines Erachtens hat Deutschland mehr Arbeit um seinen Sieg fortzuwaschen, als Frankreich seine Niederlage*[127]. Dieselbe emphatische Bedeutung hatte das Attribut 'international', wenn MARX die Regierung der Pariser Kommune nach den blutigen Maiwochen 1871 mit den Worten rühmte, sie sei, weil *Arbeiterregierung, als der kühne Vorkämpfer der Befreiung der Arbeit, im vollen Sinn des Wortes international gewesen*[128].

Die bislang früheste, im Umkreis der Arbeiterbewegung belegte Verwendung des Begriffs 'Internationalismus' findet sich in Marx' Kritik des Gothaer Parteiprogrammentwurfs von 1875. Sie zeigt zugleich die Unbestimmtheit der zeitgenössischen sozialistischen Vorstellung von einer internationalistisch ausgerichteten Politik und die realistische Fundierung, die ihr Marx zu geben versuchte: Die im Programmentwurf formulierte Zielvorstellung einer „*internationalen Völkerverbrüderung*" unterzog Marx hier einer gewissermaßen materialistischen Prüfung: *Und worauf reduziert die deutsche Arbeiterpartei ihren Internationalismus? Auf das Bewußtsein, daß das Ergebnis ihres Strebens „die internationale Völkerverbrüderung sein wird"* — *eine dem bürgerlichen Freiheits- und Friedensbund entlehnte Phrase, die als Äquivalent passieren soll für die internationale Verbrüderung der Arbeiterklassen im gemeinschaftlichen Kampf gegen die herrschenden Klassen und ihre Regierungen.* Die wirkliche Bedeutung des Internationalismus für Marx kam in dem folgenden Vorwurf zum Ausdruck: *Von internationalen Funktionen der deutschen Arbeiterklasse also kein Wort! ... das internationale Bekenntnis des Programms (steht) noch unendlich tief unter dem der Freihandelspartei. Auch sie behauptet, das Ergebnis ihres Strebens sei* „*die internationale Völkerverbrüderung". Sie tut aber auch etwas, um den Handel international zu machen, und begnügt sich keineswegs bei dem Bewußtsein* — *daß alle Völker bei sich zu Haus Handel treiben*[129].

Der Begriff 'Internationalismus' verwies für Marx 1875 noch vorwiegend auf den realen Zusammenhang zwischen den Nationen, wie er im weltüberspannenden Handel und Verkehr hergestellt worden war, und hob sich gerade dadurch von jeder bloß ideologisch-geistigen Beziehung ab, wie sie in den alten Begriffen der Arbeiterbewegung 'Kosmopolitismus', 'Verbrüderung' etc. zum Ausdruck kam.

Auch BEBEL griff den neuen Ausdruck bei der Überarbeitung seines Buches „Die Frau und der Sozialismus" in dieser realistischen Bedeutung auf. Unter der Über-

---

[127] LEO FRANKEL an J. P. Becker, 5. 3. 1871, zit. LANGKAU, Deutsche Sektion (s. Anm. 81), 148. — 'International' hieß die Eisenacher Partei Bebels und Liebknechts nicht aufgrund ihrer (gesetzlich gar nicht möglichen) Zugehörigkeit zur IAA, sondern wegen ihrer antinationalistischen/internationalistischen Gesinnung. Vgl. FRIEDLIEB, Internationale (s. Anm. 88), 10.

[128] MARX, Der Bürgerkrieg in Frankreich. Adresse des Generalrats der Internationalen Arbeiterassoziation (1871), MEW Bd. 17, 346.

[129] Ders., Randglossen (s. Anm. 68), 24. — Der Begriff 'Internationalismus' konnte sich freilich schon allein deshalb nicht durchsetzen, weil Marx' Text aus dem Jahre 1875 erst 1891 veröffentlicht wurde.

schrift *Internationalität* heißt es dort[130]: *Handels- und Schiffahrtsverträge, Weltpostverträge, internationale Ausstellungen ... unser Handel und Verkehr, alles dies und vieles andere beweist den internationalen Charakter, den die Beziehungen der verschiedenen Kulturnationen ... genommen haben. Obgleich noch überall die nationale Idee die Köpfe beherrscht und als Mittel zur Aufrechterhaltung bestehender politischer und sozialer Herrschaft benutzt wird, weil diese nur innerhalb nationaler Schranken möglich ist, stecken wir bereits tief im Internationalismus.* Mit den Begriffen 'Internationalismus' und 'Internationalität' bezeichnete Bebel gleichermaßen zunächst die fortschreitende Verzahnung und Angleichung des kulturellen und wirtschaftlichen Lebens der Industrienationen, darüber hinaus aber auch den Endzustand dieser Entwicklung: *So wird also die neue Gesellschaft auf internationaler Basis sich aufbauen: Die Nationen werden sich verbrüdern, sich gegenseitig die Hände reichen und dann danach trachten, den neuen Zustand allmählich über alle Völker der Erde auszudehnen*[131]. In der Fernperspektive konvergierte bei Bebel die realistische Auffassung von der Geschichte, d. h. die fortschreitende Internationalisierung des Lebens, welche Marx als geschichtsmächtige Basis aller sozialistischen Programmatik eingeklagt hatte, mit der alten Idee der weltweiten Verbrüderung.

Die fortschreitende Ideologisierung der Ausdrücke 'Internationalität' und 'Internationalismus' von deskriptiven Zustands- und Prozeßbegriffen zu Gesinnungs- und Zielbegriffen eines nun auch bewußt geförderten geschichtlichen Prozesses mündete schließlich in ein offenes Bekenntnis der Sozialdemokratie zur Internationalität als programmatische Aufgabe. *Die internationale Sozialdemokratie ist für uns nicht ein Phantom, nicht bloß eine schöne Phrase,* erklärte LIEBKNECHT noch 1894 in Anspielung auf Marx' Kritik von 1875[132], *nein, sie ist ein Ziel, ohne dessen Erreichung die Emanzipation der Arbeiterklasse sich nicht vollziehen kann. Es ist uns heiliger Ernst mit der Internationalität ... Wenn wir dies* (sc. im Erfurter Programm) *nicht ausdrücklich aussprechen, wie es im alten Programm der Fall war, so geschieht das bloß deshalb, weil wir es, nach unserer jetzigen Erklärung, daß wir uns eins erklären mit der Sozialdemokratie aller übrigen Länder, für überflüssig, ja für abschwächend gehalten haben.* Ebenso wie Liebknecht bevorzugte KAUTSKY den Begriff 'Internationalität', wenn er sich auf die Bewußtseinslage des sozialistischen Proletariats bezog[133]. Als 'Internationalismus' dagegen bezeichnete er vorwiegend die faktische Zunahme des ökonomischen und kulturellen Verkehrs zwischen den Völkern, auf die sich freilich die sozialistische Internationalität stets als ihren materiellen Grund berief[134].

---

[130] A. BEBEL, Die Frau in der Vergangenheit, Gegenwart und Zukunft (1879), 2. Aufl. (Hottingen-Zürich 1883), 195. In der 1. Aufl. fehlen diese Begriffe noch.
[131] Ebd., 197.
[132] W. LIEBKNECHT, Was die Sozialdemokraten sind und was sie wollen (1877; Ausg. Chemnitz 1894), 33 f.
[133] Vgl. das Kapitel „Die Internationalität der Sozialdemokratie" bei K. KAUTSKY, Das Erfurter Programm. In seinem grundsätzlichen Teil erläutert (Stuttgart 1892), 243 ff.; ferner ders., Die Internationalität und der Krieg (Berlin 1915), passim, u. ders., Befreiung der Nationen (Stuttgart 1917), passim.
[134] Vgl. hierzu ders., Nationalität und Internationalität, Die Neue Zeit. Wochenschr. d. dt. Sozialdemokratie 26 (1908; Ndr. 1974), Erg. H. 1, wo er sich mit OTTO BAUER, Die

IV. 'Internationalismus' und 'Internationalität'

Die semantische Nuancierung des sozialistischen Gebrauchs der Begriffe läßt sich auch sonst finden. FRIEDRICH NAUMANN etwa sprach 1905 vom *Standpunkt proletarischer Internationalität*[135], aber vom *Internationalismus* der Katholiken und unterstrich die gängige Bedeutung dieses Begriffs mit der Bemerkung: *Was bei den Sozialdemokraten etwas mehr Erträumtes als Erlebtes ist, das ist beim Katholiken mit jeder heiligen Messe, mit jedem Ave Maria eingesogen: volkslose Lebensgemeinschaft*[136]. Auch WILHELM OSTWALD gebrauchte den Begriff 'Internationalismus' 1914 nur, um, unter Hinweis auf 510 derzeit bestehende internationale Organisationen, auf die wachsende Einschränkung einzelstaatlicher Souveränität durch internationale Verträge und Behörden aufmerksam zu machen: *Diese Zahlen zeigen ..., welch eine gewaltige Macht gegenwärtig schon der Internationalismus geworden ist. Diese Macht zeigt sich hautpsächlich darin, daß er mit unwiderstehlicher Gewalt den einzelnen Staaten ein Recht nach dem anderen aus der Hand nimmt, um es der internationalen Verwaltung zu übergeben*[137]. 'Internationalismus' blieb bis zum Ersten Weltkrieg ein weitgehend politisch neutraler Prozeßbegriff, dessen Bedeutung häufig dem der 'Internationalisierung' entsprach[138].

Erst während des Krieges bürgerte sich 'Internationalismus' als sozialistischer Gesinnungs- und Kampfbegriff ein. In ihm artikulierte sich nun die Bereitschaft der Kommunisten, die Weltrevolution nicht mehr wie Kautsky als unvermeidliches Schicksal zu erwarten, sondern selbst einzuleiten und aktiv voranzutreiben. Die Ismus-Bildung eignete sich hierzu besser als der Ausdruck 'Internationalität', da er analog zu anderen Programmbegriffen wie 'Nationalismus' und 'Imperialismus' gebildet war. Deutlich wird dies z. B. im beschwörenden Aufruf des Sozialisten ALEXANDER TROJANOWSKY von 1916: *Es handelt sich jetzt um Tod und Leben der*

Nationalitätenfrage und die Sozialdemokratie (Wien 1907) auseinandersetzt: Bauer habe es versäumt, für den Vielvölkerstaat Österreich *die Synthese zwischen Nationalismus und Internationalismus prinzipiell zu erfassen und zu entwickeln, da er die Nation nicht als Sprachgemeinschaft, sondern als Kulturgemeinschaft faßt, als Gemeinschaft der gesamten Kultur, deren nationalen und internationalen Charakter er nicht sondert*, KAUTSKY, Nationalität, 35. Auch in der österreichischen Sozialdemokratie, in der schon früh, aufgrund der ungelösten Nationalitätenfrage, ein lebendiges internationalistisches Bewußtsein bestand, hatte 'Internationalität' als Gesinnungsbegriff den Vorrang vor 'Internationalismus': *Wir hatten und haben vor allem die schwierige Aufgabe, den Gedanken der Internationalität in die lebendige Wirklichkeit zu übersetzen*, [O. BAUER / A. BRAUN / K. RENNER], Der Kampf. Editorial, Der Kampf. Sozialdemokratische Monatsschr. 1 (1907/08), 3.

[135] FRIEDRICH NAUMANN, Demokratie und Kaisertum (1900), 4. Aufl. (Berlin 1905), 33.
[136] Ebd., 125.
[137] WILHELM OSTWALD, Monistische Sonntagspredigten, 4. R., 22. Vorlesung (Leipzig 1914), 85.
[138] Dies gilt z. B. auch für die Bedeutung des Begriffs bei GUSTAVE HERVÉ, L'internationalisme (Paris 1910), Vorwort: *Ceux qui le liront jusqu'au bout se convaincront peut-être que l'internationalisme n'est pas une vague doctrine sortie un beau matin du cerveau fumeux de quelque socialiste désireux de troubler la digestion de ses contemporains; mais un état de choses et un état d'esprit, sortis des entrailles mêmes de notre civilisation capitaliste, telle que l'ont fait récemment la vapeur et l'electricité.* Als 'internationalisme' bezeichnete Hervé einen langfristigen historischen Prozeß, in dessen Folge an die Stelle des Vaterlandes in der neueren Zeit immer stärker das universelle Vaterland oder die Humanität getreten war.

Internationale. Sie steht vor der Frage: Sein oder Nichtsein. Entweder wird sie nach einer Periode von Zaudern, Irrungen und Desorganisationen das wirkliche Kampforgan der internationalen Arbeiterbewegung sein und auf festen Füßen stehen, oder sie wird sich in eine Art Kirchenkonzil verwandeln, das keine lebendige Arbeit hat. Entweder Internationalismus oder Imperialismus[139]. Der neue Kampfbegriff fand allerdings erst seit der Februar/März-Revolution (1917) durch die Kommunisten und Bolschewisten eine schlagwortartige Verbreitung: *Alles schwört heutzutage auf den Internationalismus,* schrieb LENIN 1917, *selbst die chauvinistischen Vaterlandsverteidiger, selbst die Herren Plechanow und Potressow, ja selbst Kerenski nennt sich Internationalist. Um so dringendere Pflicht der proletarischen Partei ist es, mit aller Deutlichkeit, Schärfe und Bestimmtheit dem Internationalismus in Worten den Internationalismus der Tat entgegenzustellen*[140]. Zur näheren Qualifizierung der eigenen revolutionären Strategie erhob Lenin insbesondere den Ausdruck 'proletarischer Internationalismus' zum programmatischen Kampfbegriff: *Der proletarische Internationalismus verlangt: erstens, daß die Interessen des proletarischen Kampfes in jedem einzelnen Lande den Interessen des proletarischen Kampfes im Weltmaßstab untergeordnet werden; zweitens, daß die Nation, die den Sieg über die Bourgeoisie erringt, fähig und bereit ist, die größten nationalen Opfer für den Sturz des internationalen Kapitals zu bringen*[141]. Im Mai 1918 findet sich das neue Schlagwort auch bei KARL LIEBKNECHT: „*Legitimität und Nationalität*" *waren die beiden* „*natürlichen Feinde*" *Napoleons, wie Nationalität und Sozialismus, Nationalismus und proletarischer Internationalismus die natürlichen Feinde des deutschen Imperialismus*[142].

Im nicht-sozialistischen Sprachgebrauch erhielt der Begriff in den 1920er Jahren nun eine zweite, stark negativ gefärbte Bedeutung. 'Kapitalismus', 'Judentum', 'Bolschewismus' und 'Internationalismus' rückten in ihm vor allem für die Nationalsozialisten zu einem einheitlichen Feindbild zusammen. HITLER erblickte im Internationalismus schon 1923 die Wurzel nationaler Dekadenz: *Das Greisenhafte aber im Volksleben ist der Internationalismus ... Was an wirklichen Werten menschlicher Kultur vorhanden ist, das entstand nicht aus dem Internationalismus, sondern das Volkstum hat es geschaffen*[143], und attackierte ihn seither als Versuch einer Weltverschwörung, deren Fäden letztlich in den Händen des „internationalen Judentums" zusammenliefen. Aber auch außerhalb der NSDAP nahm der Begriff 'Internationalismus' schon im bürgerlichen Sprachgebrauch der 1920er Jahre eine

---

[139] ALEXANDER TROJANOWSKI, Brauchen wir eine Internationale? (Zürich 1916), 32.
[140] LENIN, Die Aufgaben des Proletariats in unserer Revolution (1917), Werke, Bd. 24 (1974), 59.
[141] Ders., Entwurf der Thesen zur nationalen und kolonialen Frage (1920), Werke, Bd. 31 (1974), 136f.
[142] KARL LIEBKNECHT, Nach altem Klischee (Mai 1918), Ges. Reden u. Schr., hg. v. Horst Schumacher u. a., Bd. 9 (Berlin 1968), 502.
[143] ADOLF HITLER, Rede v. 1. 5. 1923, zit. WERNER SIEBARTH, Hitlers Wollen. Nach Kernsätzen aus seinen Schriften und Reden (München 1935), 86. Vgl. ders., Rede v. 27. 1. 1932, zit. ebd., 78: *Internationalismus und Demokratie sind unzertrennliche Begriffe;* ders., Rede v. 30. 1. 1934, zit. ebd., 76: *Über das Zentrum hinweg verbindet sich die mehr oder weniger national verbrämte bürgerliche Demokratie mit dem unverhüllten marxistischen Internationalismus.*

negativ-ideologische Bedeutung an[144], die sogar auf das Adjektiv 'international' abfärbte[145]. Noch 1966 registrierte das „Deutsche Wörterbuch" von PAUL den um 1950 unternommenen, allerdings vergeblichen Versuch, in politisch neutraler Bedeutung das Wort 'international' wegen seiner negativen Assoziation durch 'supranational' zu ersetzen[146].

V. Ausblick

Die ideologische Besetzung des Begriffs 'Internationalismus' hing eng mit der Erwartung einer in Kürze bevorstehenden sozialistischen Weltrevolution nach dem Ersten Weltkrieg zusammen. Unter grundsätzlicher Beibehaltung der Zielsetzung ist er heute, nach der Auflösung der „Dritten Internationale" und der „Kominform", im östlichen Sprachgebrauch stärker zu einem Integrationsbegriff geworden, der der ideologischen Einigung der sozialistischen Bewegung unter russischer Führung über die Grenzen des Ostblocks hinweg dient. Im westlichen Sprachgebrauch dagegen ist seine Bedeutung als politisches Schlagwort zurückgegangen. Die weiter zunehmende Verflechtung der Staaten auf politischem (EG, UNO etc.), militärischem (NATO, Warschauer Pakt etc.), wirtschaftlichem (EG, Comecon etc.), gesellschaftspolitischem (Weltgewerkschaftsbund/WGB, Internationaler Bund Freier Gewerkschaften/IBFG etc.) und kulturellem Gebiet (UNESCO etc.) wird nur noch selten unter dem Begriff 'Internationalismus' gefaßt. Man mag hierin ein Indiz für das vorherrschende Bewußtsein von den tiefgreifenden ideologischen, politischen und kulturellen Grenzen und Barrieren sehen, die gegenläufig zur zunehmenden Internationalisierung noch immer innerhalb und zwischen östlicher und westlicher Welt sowie auch zwischen hoch und weniger industrialisierten Ländern bestehen.

PETER FRIEDEMANN / LUCIAN HÖLSCHER

---

[144] Vgl. MEYER 7. Aufl., Bd. 6, 510, Art. Internationalismus.
[145] So betonte z. B. der konservativ-nationale Pfarrer E. KUPTSCH, daß *das biblisch-evangelische Christentum* zugleich *vaterländisch-national und ... übernational-universal, aber nie und nimmer international* sei, Dt. Pfarrerblatt 4 (1928), 498, zit. KARL-WILHELM DAHM, Pfarrer und Politik. Soziale Position und politische Mentalität des deutschen evangelischen Pfarrerstandes zwischen 1918 und 1933 (Köln, Opladen 1965), 190.
[146] HERMANN PAUL, Deutsches Wörterbuch, 5. Aufl. (Tübingen 1966), 327, s. v. international.

Kapital
Kapitalist, Kapitalismus

I. Einleitung. II. 'Kapital' in der sich entfaltenden Geldwirtschaft. III. Der Kapitalbegriff in der kommerziellen Gesellschaft. IV. Der Kapitalbegriff in der industriellen Gesellschaft. 1. Alltagssprache und wissenschaftliche Terminologie. 2. Sachkapital. 3. Nationalkapital. 4. Arbeitswertlehre und Zurechnungsproblem. 5. Der Kapitalbegriff bei Karl Marx. 6. Rückgriff auf den Geldkapitalbegriff. 7. Der Kapitalbegriff in der sozialistischen Übergangsgesellschaft. V. Kapitalbesitz und Klassenstruktur. 1. 'Kapitalisten' in der kommerziellen Gesellschaft: der logische Klassenbegriff. 2. 'Kapitalisten' in der industriellen Gesellschaft: der soziologische Klassenbegriff. VI. 'Kapitalismus'. 1. Politisch-sozialer Kampfbegriff. 2. Universalhistorischer Epochenbegriff. 3. Wissenschaftlicher Terminus. VII. Ausblick.

I. Einleitung*

Das Wort 'Kapital' ist aus der Sprache der Kaufleute, in der es in Deutschland seit dem frühen 16. Jahrhundert nachgewiesen werden kann, in die Terminologie der Wirtschafts- und Sozialwissenschaften übernommen worden. Wird das Wort in der Handelspraxis vergleichsweise eindeutig gebraucht, so ist der *Begriff des Capitales ... ein Zankapfel der Theoretiker geworden*[1]; er galt sogar einige Zeit als der am meisten umstrittene Begriff der wirtschaftswissenschaftlichen Terminologie[2]. Kaufmannsidiom und Wissenschaftssprache haben sich weit auseinander entwickelt, seit im 17. und 18. Jahrhundert ein neues Verständnis von Ökonomie aufgekommen ist, das sich von der zunächst noch fortbestehenden Struktur des „ganzen Hauses" gelöst hat und von der neuen Erfahrung sich entfaltender Staats- und Nationalwirtschaft bestimmt worden ist, und vollends seit im 19. Jahrhundert der allgemeine Prozeß der Verwissenschaftlichung auch das ökonomische Denken erfaßt hat. Auch die im 20. Jahrhundert wiederholt erhobene Forderung nach Rückbesinnung der Wirtschaftswissenschaften auf den „Kapitalbegriff ... des praktischen Lebens"[3] ist nicht in der Lage, der wirtschaftswissenschaftlichen Terminologie insoweit zu größerer Eindeutigkeit und Konsistenz zu verhelfen, was neben wissenschaftsimmanenten nicht zuletzt auch politische Gründe haben dürfte: Die theoretischen Kontroversen über den Kapitalbegriff erhalten praktisch-politische Relevanz und werden umgekehrt in Gang gehalten durch den Klassengegensatz des 19. Jahrhun-

---

* An einigen Stellen habe ich auf Formulierungsvorschläge von Herrn Borchardt zurückgegriffen. Ihm vor allem, doch auch anderen Mitgliedern des Arbeitskreises für moderne Sozialgeschichte, möchte ich für die Durchsicht des Manuskripts und für Anregungen danken.
[1] EUGEN V. BÖHM-BAWERK, Capital und Capitalzins, Bd. 2: Positive Theorie des Capitales (1889), 2. Aufl. (Innsbruck 1902), 21.
[2] So BERNHARD LAUM, Über Ursprung und Frühgeschichte des Begriffes „Kapital", Finanzarchiv NF 15 (1954/55), 72.
[3] ERICH PREISER, Der Kapitalbegriff und die neuere Theorie, in: Die Unternehmung im Markt, Fschr. WILHELM RIEGER (Stuttgart, Köln 1953), 24, Anm. 10.

derts und die aus ihm resultierenden politisch-sozialen Auseinandersetzungen im Zeitalter mundial ausgreifender Revolution.

In dieser Revolution verliert auch die ursprünglich ebenfalls relativ eindeutige Bezeichnung derer, die Kapital besitzen, ihre klaren Konturen: der logische Klassifikationsbegriff 'Kapitalist' wird zum soziologischen Klassenbegriff, als solcher von Theorien abhängig und selbst zum Gegenstand politischen Streites.

Der noch jüngere Terminus 'Kapitalismus' schließlich hat seine sozialpolitische Unschuld alsbald verloren: er wird zum Feindbegriff, er wird sozialistischer Kampfbegriff, in diesem negativen Wertgehalt auch von konservativen Autoren übernommen; er wird von Antisemiten benutzt[4], findet aber erst gegen hinhaltenden Widerstand Eingang in die Terminologie der Wirtschafts- und Sozialwissenschaften, in der er auch nur insoweit neutralisiert werden kann, als in ihr die um die Wende zum 20. Jahrhundert aufgekommene, später mit Nachdruck proklamierte Maxime der Wertfreiheit der Wissenschaften akzeptiert und befolgt wird. Noch in der Zeit zwischen den beiden Weltkriegen konnte in bezug auf die größer gewordene Zahl der Apologeten einer wissenschaftlich-neutralen Verwendung des Ausdrucks 'Kapitalismus' behauptet werden, daß jeder ihn für eine andere Bedeutung verteidige, jeder ihm einen anderen Sinn zugrunde lege, aber alle sich erst im nachhinein bemühten, *den nun einmal akzeptierten Sprachgebrauch ... möglichst in irgendwelche Beziehung zu 'Kapital' zu bringen*, was freilich auch durch dessen eigene Vieldeutigkeit erleichtert werde[5].

Diese sowohl wissenschaftlich wie politisch bedingte Ausfächerung der Bedeutungen der drei hier in Frage stehenden Begriffe ist durch ein ungewöhnlich hohes Maß an Reflexion über die Begriffe als solche bereits historisch zum Bewußtsein gebracht worden, was die Aufgabe begriffsgeschichtlicher Forschung zugleich erleichtert und erschwert: das eine, weil der Historiker ein in gewisser Weise bereits differenziert aufbereitetes Forschungsfeld vorfindet, und das andere, weil schon im Gegenstandsbereich seiner Forschungen zu den Kontroversen über die Phänomene Streitigkeiten über die Möglichkeiten angemessener begrifflicher Erfassung und Beschreibung der Phänomene treten und Klarstellungen auf der einen Ebene nicht selten von Unklarheiten auf der anderen begleitet werden.

Liegt in methodischer Hinsicht dieser im Falle von 'Kapital', 'Kapitalist' und 'Kapitalismus' auffallend oft begegnende Unterschied von objektsprachlichen und metasprachlichen Aussagen — d. h. von Sprache über außersprachliche Gegebenheiten und Sprache über Sprache — eine Orientierung an der Theorie von der Hierarchie der Sprachen, auch Theorie von den semantischen Stufen genannt, nahe, so bewährt sich angesichts der weiten Divergenz objektsprachlicher Aussagen über Kapital, Kapitalist und Kapitalismus — wieder einmal — die aus der Relationslogik bekannte Unterscheidung von ein-mehrdeutigen, mehr-eindeutigen und ein-eindeutigen Beziehungen zwischen sprachlichen Zeichen und dem, was sie bezeichnen

---

[4] Dieser Hinweis bei Friedrich Naumann, Neudeutsche Wirtschaftspolitik (1906), Werke, Bd. 3 (1964), 435.
[5] Richard Passow, „Kapitalismus". Eine begrifflich-terminologische Studie, 2. Aufl. (Jena 1927), III.

bzw. bedeuten⁶. Man kann hier vereinfacht auch von drei Arten von Beziehungen zwischen Wort und Begriff sprechen, sofern unter 'Begriff' nicht, wie vielfach in diesem Lexikon und so auch bereits in den vorstehenden Bemerkungen, ein Wort von historisch ausgezeichneter Bedeutung, sondern die Bedeutung eines historisch ausgezeichneten Wortes verstanden wird (wobei das Wort 'Begriff' im einen Fall analog zu 'Begriff' im anderen verwendet wird). Eine solche relationslogische Differenzierung der Beziehungen zwischen Wort und Begriff dient nicht nur der Klarheit; sie gestattet auch, die weitverzweigte und hochkontroverse Geschichte der Termini so übersichtlich wie sachgemäß zu periodisieren, die dabei gewonnenen Perioden in Beziehung zu setzen zu Perioden, Phasen oder Stufen (wie hier ohne jeden terminologischen Anspruch gesagt werden soll) der Gesellschaftsgeschichte und damit über die Geschichte der Bedeutung und Verwendung von Wörtern — historische Semantik und Pragmatik — hinauszugehen: erst damit wird Begriffsgeschichte, wenigstens der Möglichkeit nach, zum integralen Bestandteil der Sozialgeschichte.

II. 'Kapital' in der sich entfaltenden Geldwirtschaft

Die Grundbedeutung des Wortes 'Kapital' in der Sprache des Handels des 16. und 17. Jahrhunderts begegnet uns in besonders eindrucksvoller und aussagefähiger Weise in der Deutung des *Kauffmans-Mercurio* durch JOHANN JOACHIM BECHER: *Von den Flügeln an dem Kopff kan man durch einen verstehen den Verstandt und Wissenschafft, durch den andern aber die resolution, so in der Handelschafft erfordert wird, also kan der eine Flügel an dem Fuß die Freyheit zur Handlung, der andere aber das capital und fundum bedeuten, denn gewiß ist, daß diese vier Flügel — Verstandt, resolution, Freyheit und Gelt — die eintzige Bewegung und Beförderung der Kauffmanschafft seynd*[7]. In wohldurchdachter Lozierung steht einer der beiden oberen Flügel für die intellektuellen Gaben und Voraussetzungen, der andere für Entschlußkraft und Willensstärke: die überkommene, am Phänomen der Herrschaft orientierte Seelenlehre, nach der Vernunft oder Verstand das Regiment über die als niedriger eingestuften Schichten der Psyche innehaben — der Positivismus unserer Zeit spricht von einem soziomorphen Modell —, wird relativiert durch ein Symbol gleichen Ranges, das des Voluntarismus, der immer deutlicher als eine der großen Signaturen der Moderne erkannt wird. Dem Fuß zugeordnet, daher wohl als Sinnbild für unverzichtbare Grundlage erfolgreicher Kaufmannstätigkeit zu verstehen, sind die beiden anderen Flügel: „Freyheit zur Handlung" und „Capital" oder, wie Becher auch sagt: „Freyheit und Gelt". Alle vier Flügel aber stehen nach Becher für „die eintzige Bewegung und Beförderung der Kauffmanschafft": alle vier sind — in technischer, unbildlicher Sprache formuliert — Bedingungen der Möglichkeit erfolgreichen Handels und als solche funktional gleichgewichtig. So verbindet das

---

[6] Vgl. dazu die gängigen Einführungen in die Wissenschaftslehre oder Logik, zuletzt ALBERT MENNE, Einführung in die Methodologie. Elementare allgemeine wissenschaftliche Denkmethoden im Überblick (Darmstadt 1980), 51 ff.
[7] JOHANN JOACHIM BECHER, Politischer Discours von den eigentlichen Ursachen des Auf- und Abnehmens der Städt, Länder und Republicken, 3. Aufl. (Frankfurt 1688; Ndr. Glashütten/Ts. 1972), 184.

Symbol in zweifacher Weise noch gegenwärtige Vergangenheit und anbrechende Zukunft: es wahrt den Zusammenhang mit der traditionellen praktischen Philosophie, läßt aber auch schon die Leitidee des ökonomischen Liberalismus anklingen; und es ist noch dem hierarchischen Weltbild verpflichtet, orientiert sich andererseits schon an der neuen Metaphysik des Gleichgewichts. In dieser nicht minder universalen Metaphysik der Gleichordnung und der Balance in den verschiedenen Bereichen geht der ökonomische Liberalismus ebenso auf wie die Tugendlehren der praktischen Philosophie und die traditionelle Psychologie in der Universalität hierarchischen Denkens.

Die Gleichsetzung von 'Kapital' und 'Geld' war jener Zeit bereits vertraut, aber wohl noch nicht so geläufig, daß — nach Ausweis der Lexika des 17. und sogar noch des 18. Jahrhunderts — das fremde Wort nicht immer noch einer Übersetzung bedürftig erschienen wäre. Es stammt aus dem Lateinischen und bedeutet dort in der gehobenen Sprache der Urbanitas „ein Verbrechen, welches den Kopf (caput) kostet". Dieser konkrete Bezug ist auch in einer anderen Bedeutung erkennbar, in der unter 'capital' das Leinentuch zu verstehen ist, das die Priesterin beim Opfern um den Kopf getragen hat, ebenso im Adjektiv 'capitalis', das zunächst wieder „den Kopf" oder „das Leben betreffend" bedeutet, sodann „todbringend", überhaupt „gefährlich", in metaphorischer Verwendung aber auch mit „vorzüglich" (d. h. gleichsam um Haupteslänge herausragend) wiedergegeben werden kann[8]. In der vox rustica der spätlateinischen Zeit bedeutet das Wort 'capitale' das nach Köpfen gezählte Vieh, den Viehbestand. In dieser Bedeutung ist es — wie bereits Turgot gewußt hat[9] — in die germanischen Volksrechte eingegangen. Da aber, je nach Ausmaß und Fortdauer naturalwirtschaftlicher Beziehungen, Vieh Tauschobjekt und Wertmesser war — *die Ware, in der alle anderen Waren geschätzt* wurden[10] —, erfüllte das Vieh die Funktion von Geld: 'capitale' nahm die Bedeutung von „Geld" an.

Die Wege, auf denen sich dieser Bedeutungswandel zum monetären Kapitalbegriff vollzogen hat, sind noch nicht durchgehend erhellt. (So hat man vermutet, daß 'capitale' „nichts anderes als die Entschädigung für ein verletztes 'caput' bezeichnete"[11].) Eine besondere Rolle beim Übergang des Wortes in die Geldwirtschaft scheint die Institution der Viehverstellung gespielt zu haben[12] — selbst ein Phänomen des langfristigen, ungleichmäßig verlaufenden Wechsels von der Naturalwirtschaft zur Geldwirtschaft und dabei auch in sich im Wandel begriffen, wie nicht zuletzt die insbesondere im 16. Jahrhundert geführten juristischen Kontroversen über den Rechtscharakter der Viehverstellung verraten, d. h. Kontroversen dar-

---

[8] Nachweise bei WILHELM HOHOFF, Zur Geschichte des Wortes und Begriffes „Kapital", Vjschr. f. Sozial- u. Wirtschaftsgesch. 14 (1918), 558; KARL ERNST GEORGES, Ausführliches Lateinisch-Deutsches Hand-Wörterbuch, 8. Aufl., hg. v. Heinrich Georges, Bd. 1 (1913). Ndr. Basel, Stuttgart 1969), 979, s.v. capital/capitalis; HERMANN MENGE, Lateinisch-deutsches Schulwörterbuch, 2. Aufl. (Berlin 1911), 106, s. v. capital.

[9] Vgl. HOHOFF, Zur Geschichte des Wortes, 563.

[10] ENGELS, Der Ursprung der Familie, des Privateigentums und des Staats (1884), MEW Bd. 21 (1962), 156.

[11] EDGAR SALIN, Kapitalbegriff und Kapitallehre von der Antike bis zu den Physiokraten, Vjschr. f. Sozial- und Wirtschaftsgesch. 23 (1930), 417 f.

[12] Das Folgende nach LAUM, Ursprung und Frühgeschichte (s. Anm. 2), 72 ff.

II. 'Kapital' und Geldwirtschaft

über, ob es sich um ein Gesellschaftsverhältnis, eine zwischen Kauf und Miete schwankende Einrichtung oder um eine Art Darlehen handele. „Während früher der Versteller Vieheigentümer war, der Tiere ... an andere in Pflege und Nutzung gab, kann jetzt auch der Geldeigentümer Vieh verstellen, indem er es käuflich erwirbt und das gekaufte dann einem Bauern in Wartung gibt. Die Viehverstellung wird so zu einer Form der Geldanlage, die vor allem im 18. Jahrhundert" zu weiter Verbreitung gelangen sollte, schließlich zu einem reinen Gelddarlehen, bei dem nur zum Schein die äußere Form der Viehverstellung beibehalten wurde[13]. Viehverstellung und Geldleihe gingen ineinander über; die Viehverstellung wurde zur „Verbindungsbrücke, ... über die das Wort 'capitale' aus der Naturalwirtschaft in die Geldwirtschaft hinübergewechselt ist"[14]. Es verlor den konkreten Bezug auf das, was nach Köpfen gezählt wird, und bedeutete dann „Hauptgut", „Stammgut" und dergl.

In dieser Bedeutung ist 'capitale' in Italien seit dem Mittelalter nachweisbar[15]. Das Wort deckt dort zwei unterschiedliche Verwendungsweisen von Geld ab: 1) die gegen Zins ausgeliehene Summe, die im klassischen Latein, auch in der Sprache der Jurisprudenz, als 'sors' bezeichnet wurde, während die Volkssprache dafür den Ausdruck 'caput' kannte; 2) die Kapitalanlage durch Kommenda-Verträge, eine aus archaischer Wurzel hervorgegangene Form von Teilnahme und Teilhabe, die unter dem Druck des kirchlichen Zinsverbotes zu weiter Verbreitung gelangte „typische Form der Kreditierung von Seehandelsunternehmungen"[16]: eine für eine bestimmte Frist, am häufigsten nur für eine Handelsreise abgeschlossene „Gelegenheitsgesellschaft"[17], bei der ein daheimbleibender Gesellschafter, der socius stans, das Kapital aufbrachte und einem anderen Gesellschafter Gut oder Geld übergab, um es arbeiten zu lassen (ad laborandum, ex causa laborandi, portare laboratum), d. h. um das Geld gewinnbringend anzulegen, wobei 'capitale' und 'proficuum' unterschieden und 'proficuum', auch 'profictuum' oder 'profectuum' genannt, eben den Nutzen,

---

[13] Ebd., 90. — Auch in anderer, hier nicht zu verfolgender Hinsicht ist die Viehverstellung als Übergangserscheinung aufschlußreich: so beweist sie ein andermal, daß es sich bei der Unterscheidung von „Naturalwirtschaft" und „Geldwirtschaft" um ein „Pseudo-Dilemma" handelt; vgl. MARC BLOCH, Land and Work in Medieval Europe. Selected Papers (London 1967), 230 ff. Diese Problematik führt in die Diskussion der historischen Aussagefähigkeit ökonomischer Stufentheorien. Zudem bestätigt die Viehverstellung in ihrem langfristigen Wandel, wie schwierig es ist, für Landwirtschaft und ländliche Gesellschaften den Beginn der Moderne zu bestimmen: er ist, wie Hennig mit gut begründeten Argumenten darlegt, sogar erst auf die 50er Jahre unseres Jahrhunderts anzusetzen, FRIEDRICH-WILHELM HENNIG, Der Beginn der modernen Welt im agrarischen Bereich, in: Studien zum Beginn der modernen Welt, hg. v. REINHART KOSELLECK (Stuttgart 1977), 97 ff.

[14] LAUM, Ursprung und Frühgeschichte, 90.

[15] Nachweise bei FLORENCE EDLER, Glossary of Medieval Terms of Business. Italian Series 1200—1600 (Cambridge/Mass. 1934), 61, für *kapitale* (Florenz 1211); *chapitale* (Siena 1262).

[16] LAUM, Ursprung und Frühgeschichte, 96.

[17] JOSEF KULISCHER, Allgemeine Wirtschaftsgeschichte des Mittelalters und der Neuzeit, Bd. 1 (München 1958), 291. Vgl. zum Folgenden HOHOFF, Zur Geschichte des Wortes, 558 ff.; derartige Verträge sind in Babylon schon 2300 v. Chr. nachweisbar; vgl. dazu FRITZ GERLICH, Geschichte und Theorie des Kapitalismus (München, Leipzig 1913), 34. 70. 96 f.

den Vorteil, das Wachstum (von 'proficere' = „fortschreiten"), 'Profit' bezeichnete, den der socius stans als arbeitsfreies Einkommen — durch bloße Kapitalbeteiligung — erzielen konnte[18].

Mit 'capitale' werden in der spätmittelalterlichen Moraltheologie und Scholastik auch Gelddarlehen bezeichnet, die der Beteiligung an gewinnversprechenden kaufmännischen Unternehmungen dienen. Bernardin von Siena und Antonin von Florenz rechtfertigen diese Art der Geldanlage als mittels 'industria', also durch Fleiß und Eifer des Kaufmanns, dem Interesse des Gemeinwesens dienend und unterscheiden sie von der dem Zins- und Wucherverbot unterliegenden Geldleihe an Notleidende[19].

In Deutschland ist das Wort 'capitale' in differenzierter monetärer Bedeutung seit dem 16. Jahrhundert zu belegen, zunächst noch häufiger die lombardische Form 'cavedale' als *Haubtgut*, d. h. *dein hab und gut so du auff dato hast*[20], oder auch durch Fortfall des letzten Buchstabens eingedeutscht: *Dahet ich Cavedal ... fl. 20.000*[21]. In der Sprache des Rechts und der Kaufleute, vor allem in der Buchführung, tritt das Wort neben eine ganze Reihe bereits im 14. Jahrhundert gebräuchlicher deutscher Synonyma wie 'Hauptgut', 'Hauptsumma', 'Hauptstuhl', 'Hauptstamm', 'Hauptstock', 'Hauptgeld' sowie das niederdeutsche 'hovestole' und dessen Varianten; vermutlich ist es über das Niederländische in den deutschen Sprachbereich eingedrungen[22]. Allgemein genommen steht es — nach dem wohl frühesten lexikalischen Zeugnis, Josua Maalers Wörterbuch von 1561 — für *ein Summ gälts* oder *Summa pecuniae*[23]. Im besonderen bedeutet es, wie die deutschen Synonyma in der Regel erkennen lassen *(Capital ist ins gemein das Haubtgut*[24]*)*, das auf die eine oder die andere Weise angelegte Geld — wie es in einem späteren, klarer differenzierenden Text heißt: die *auf Zinsen oder Interesse gegebene ... oder auch im Handel laufende*

---

[18] Hohoff, Zur Geschichte des Wortes, 570.

[19] Vgl. E. Salin, Geschichte der Volkswirtschaftslehre, 4. Aufl. (Bern, Tübingen 1951), 43 ff.; F. Keller, Art. Kapital, Staatslexikon, 5. Aufl., Bd. 2 (1927), 1798 f.

[20] Wolfgang Schweicker, Zwiefach buchhalten, sampt seine giornal, des selben beschlus, auch rechnung zu thun ... (Nürnberg 1549), 10.

[21] Lucas Rem, Tagebuch aus den Jahren 1494—1541. Ein Beitrag zur Handelsgeschichte der Stadt Augsburg, hg. v. B. Greiff (Augsburg 1861), 37, Eintragung v. 1. 10. 1530; vgl. Alfred Schirmer, Wörterbuch der deutschen Kaufmannssprache (Straßburg 1911), 93, s. v. Kapital.

[22] Zahlreiche Hinweise bei Schirmer, Kaufmannssprache, 93 f.; *haubtgelt* (1399) nachgewiesen in: Das älteste Coburger Stadtbuch 1388—1453, hg. v. K. Frh. v. Adrian-Werburg (Neustadt/Aisch 1977), 73; ebd., 286: *hewbtgut* (1402). Für das späte 15. und das frühe 16. Jahrhundert zahlreiche Hinweise in: Quellen zur älteren Wirtschaftsgeschichte Mitteldeutschlands, Bde. 3—5, hg. v. Herbert Helbig (Weimar 1952/53). Als frühe niederländische Quelle für *capitale*, mit Hinweis auf den italienischen Ursprung, vgl. Ympyn Christoffels, Nieuwe instructie ende bewijs der loofeliicker consten des rechenboecks ... (o. O. 1543), 9.

[23] Maaler (1561; Ndr. 1971), 396, s. v. Die ganz Summ. Bereits im Fugger-Inventar von 1527 taucht *capital* in diesem Sinne auf. Vgl. Jacob Strieder, Die Inventur der Firma Fugger aus dem Jahre 1527 (Tübingen 1905), 109. 113 f.

[24] Stieler, Zeitungs-Lust (1695; Ndr. 1969), 184, s. v. capital.

II. 'Kapital' und Geldwirtschaft   Kapital

Summa Geldes[25], wobei das Hauptgut zunächst vermutlich noch als getrennt von den sich ergebenden Zinsen gedacht wird. Zwar wird lange noch lexikalisch, also wohl mit einem gewissen Anspruch auf Allgemeingültigkeit, festgehalten: *Capital ... heisset auch zuweilen eine Barschaft, ein Vorrat von Gelde*[26]; auch läßt ein sehr früher, offensichtlich noch nach keiner Richtung festgelegter Sprachgebrauch sogar von *Cavedal oder Haubtgut an parem gelt*[27] reden; doch erhält mit dem Wort 'Capital' das alte Wissen um den Unterschied zwischen bloßer Thesaurierung und gewinnbringender Anlage ein neues Ausdrucksmittel. In diesem Wissen kann dann ein sparsamer Mann erklären: *was ich seit einiger Zeit gesammelt hatte, ist vorige Woche ... zu Capital gemacht und ausgetan worden*[28].

Spätere Historiker mögen in solchen Zeugnissen den „Geist des Kapitalismus" erkennen; aus der Sicht des 18. Jahrhunderts hingegen gehört die wachsende Bereitschaft zu Konsumverzicht und Kapitalanlage zu den Phänomenen, in denen sich die Heraufkunft einer neuen, bürgerlichen Lebenswelt zeigt: der „commercial society", wie Adam Smith sie genannt hat. Diese ökonomische Grundbedeutung, in der 'Capital' als „Geldanlage" verstanden wird, hat sich über die tiefgreifenden Strukturwandlungen der kommerziellen und industriellen Revolution hinweg bis in die Gegenwart gehalten. Sie konnte aus der Alltagssprache auch von der Verwissenschaftlichung des ökonomischen Denkens nicht verdrängt werden; auf sie greift die wirtschaftswissenschaftliche Terminologie unserer Zeit definitorisch gelegentlich wieder zurück[29].

Im Italienischen hat 'capitale' seit alters auch noch andere Bedeutungen. Sie lassen sich unmittelbar oder mittelbar, durch Spezifizierung und Analogiebildung entstanden, aus dem lateinischen Sprachgebrauch herleiten und wie dieser eine eigentliche Verwendungsweise des Ausdrucks (z. B. in der Verbindung *delitto capitale* oder dem Substantiv *capitale, Lebens-Strafe*) und eine uneigentliche, metaphorische erkennen (dafür als Beispiel: *un'azzione capitale*, was als eine *Haupt-Ursach* übersetzt worden ist, oder metaphorisch substantiviert: *Capitale* in der Bedeutung von *capitale città, Haupt-Stadt*[30]). Mit der Rezeption des italienischen Wortes in Deutsch-

---

[25] HÜBNER, Handlungslex. (Ausg. 1731), 407, Art. Capital; mit übereinstimmender Formulierung: ZEDLER Bd. 5 (1733), 656, Art. Capital. — Der aus dem Lateinischen abgeleitete Begriff 'Interesse' stammt aus der Rechtssprache und bedeutet dort seit dem 13. Jahrhundert, vgl. KLUGE/MITZKA 21. Aufl. (1975), 328, s. v. Interesse, *aus Ersatzpflicht entstandener Schaden*. Hieraus hat sich vom Standpunkt des Schuldners aus die Bedeutung „Zinsen", von dem des Gläubigers aus „Vorteil", „Nutzen" entwickelt. In den hier herangezogenen Texten aus dem 17. und 18. Jahrhundert tauchen ohne erkennbaren Schwerpunkt der Verwendung sowohl 'Zins' wie 'Interesse' in übereinstimmender Bedeutung auf; des öfteren wird der eine Begriff durch den anderen ergänzt oder erläutert. Im frühen 19. Jahrhundert geht der Gebrauch des Wortes 'Interesse' für 'Zins' erkennbar zurück. Etwa ab der Mitte des Jahrhunderts ist im Deutschen 'Interesse' wohl endgültig durch 'Zins' ersetzt worden — im Gegensatz zum Englischen und Französischen. → Interesse.

[26] SPERANDER (1728), 90, s. v. Capital.

[27] SCHWEICKER, Zwiefach buchhalten, 1; vgl. SCHIRMER, Kaufmannssprache, 93, s. v. Kapital.

[28] Beleg von 1795 bei SCHIRMER, Kaufmannssprache, 93, s. v. Kapital.

[29] Vgl. dazu PREISER, Kapitalbegriff (s. Anm. 3), 14ff., bes. 33. 37.

[30] Statt vieler CASTELLI 4. ed. (1730), 158f., s. v. capitale.

land sind auch diese nicht der Welt des Handels angehörenden Bedeutungen lexikalisch mehr oder minder vollständig registriert worden. Einige, die schon im 18. Jahrhundert lexikalisch erfaßt wurden, wie *Capital-Hirsch*[31], ein vortreffliches **Exemplar** seiner Art, oder namentlich die Verbindung *Capital-Verbrechen oder Laster, so des Hauptes oder Halses schuldig ist*[32], haben sich bis heute erhalten; letztere **Verbindung** hat in jüngster Zeit sogar die Abschaffung der Todesstrafe überdauert, die das Wort auch in seiner ursprünglichen Verwendung zur Metapher hat werden lassen. Gemeinsam ist solchen Bedeutungen von 'Capital', daß sich das Wort weder auf den Handel noch auf die Sphäre der Ökonomie im neueren Sinne überhaupt bezieht, auch wenn es in nichtökonomischer Verwendung einen ökonomisch relevanten Sachverhalt bezeichnet, wie z. B. bei *imposizione capitale*, worunter man in Deutschland die *Kopfsteuer, Hauptsteuer* oder *Leibsteuer* verstanden hat[33]. Hier ist nicht der monetäre Kapitalbegriff impliziert, auch wenn diese Steuer in Geld zu entrichten ist, d. h. wenn in gewissen *oberzehlten hohen Nothfällen ... auch wol ehe Kopff-Steuern oder ein gewiß Geld jedem Haupt zu erlegen angesetzet worden*[34].

Die Ausgangslage der Geschichte des Kapitalbegriffs in Deutschland nach der Rezeption des italienischen Terminus läßt sich prägnant in zweifacher Hinsicht beschreiben: in der einen als Beziehung mehrerer Ausdrücke ('Capital' und seine deutschen Synonyma) zu einem Begriff, in der anderen als Beziehung eines Ausdrucks ('Capital') zu mehreren Begriffen oder eben, kurz gefaßt, als mehr-eindeutige Beziehung auf der einen Seite und als ein-mehrdeutige auf der anderen, wobei unter 'Begriff' hier, wie einleitend schon bemerkt, nicht ein Wort von historisch ausgezeichneter Bedeutung, sondern die historisch ausgezeichnete Bedeutung eines Wortes verstanden wird[35]. In beiden Arten von Beziehungen läßt die weitere Geschichte des Kapitalbegriffs eine gewisse Vereinfachung erkennen: schon mit der Entstehung der kommerziellen Gesellschaft, vollends aber mit dem Übergang zur modernen Wirtschaftsgesellschaft, hat das Wort 'Capital' die deutschen Synonyma fast vollständig verdrängt, zugleich sind die nichtökonomischen Bedeutungen von 'Capital' in zunehmendem Maße in den Hintergrund getreten, oder, wiederum kurz gefaßt: die Mehr-Eindeutigkeit, wie zunächst die Ein-Mehrdeutigkeit, sind abgelöst worden durch die wechselseitig-eindeutige oder ein-eindeutige Zuordnung von Ausdruck und Begriff. Aber derselbe sozioökonomische Wandel, der sich in dieser Reduktion auf ökonomische Gegebenheiten abzeichnet, hat zu einer inneren Ausdifferenzierung der ökonomischen Bedeutung von 'Capital' geführt: In Konsequenz des modernen, wissenschaftlichen Ansprüchen folgenden ökonomischen Denkens wie unter dem

---

[31] ADELUNG Bd. 1 (1774), 1176, s. v. Capital.
[32] NEHRING 10. Aufl. (1756), 103, Art. Capital.
[33] CASTELLI 4. ed., 159, s. v. capitale.
[34] VEIT LUDWIG V. SECKENDORFF, Teutscher Fürsten-Staat, 4. Aufl. (Frankfurt 1670; Ndr. Aalen 1972), 453.
[35] Auch dies ist eine starke, aber für die Zwecke begriffsgeschichtlicher Forschungspraxis vertretbare Vereinfachung, bei der u. a. der Unterschied zwischen realistischer und pragmatischer Semantik vernachlässigt wird. Zu dieser Unterscheidung vgl. FRANZ V. KUTSCHERA, Sprachphilosophie, 2. Aufl. (München 1975), 31ff.; zur Frage ihrer begriffsgeschichtlichen Relevanz: DIETRICH HILGER, Begriffsgeschichte und Semiotik, in: Historische Semantik und Begriffsgeschichte, hg. v. R. KOSELLECK (Stuttgart 1979), 127ff. 131.

II. 'Kapital' und Geldwirtschaft

Einfluß politisch-sozialer Entwicklungen ist die meta-ökonomische Ein-Mehrdeutigkeit abgelöst worden durch die subtilere ökonomische Ein-Mehrdeutigkeit.
Bevor diese Vorgänge im einzelnen verfolgt werden, ist für die begriffsgeschichtliche Betrachtung eine Entscheidung zu treffen, die freilich durch die Geschichte des Kapitalbegriffs selbst vorgegeben zu sein scheint: welche Beachtung nämlich jenen Bedeutungen von 'Kapital' zu schenken ist, die historisch in den Hintergrund getreten sind oder, Rinnsalen gleich, sich ganz verloren haben. So berechtigt die Maxime auch immer sein mag, daß begriffsgeschichtliche Forschung solche auslaufenden Bedeutungen nicht außerachtlassen dürfe, so sehr erscheint doch — angesichts des Zusammenhanges zwischen der Heraufkunft der modernen Wirtschaftsgesellschaft und der Diffusion des ökonomischen Kapitalbegriffs und dessen Bedeutungsdifferenzierung — die Beschränkung der Begriffsgeschichte von 'Kapital' auf das vor allem wesentliche Feld der Ökonomie gerechtfertigt.
In der nunmehr allein noch zu verfolgenden Geschichte des ökonomischen Kapitalbegriffs hat das Fremdwort, wie bereits erwähnt, aus der skizzierten Ausgangslage (a), bei Wahrung einer relativ einheitlichen Grundbedeutung, seine deutschen Synonyma verdrängt (b). Seit dem späteren 18. Jahrhundert sind im Zusammenhang mit dem Umbruch des ökonomischen Denkens und der Entwicklung der Ökonomie zur Wissenschaft auch dem Wort neue, heterogene Bedeutungen zugewachsen (c). Eine bewußte Wende kraft definitorischen Entschlusses, jene „Rückkehr zum geldlichen Kapitalbegriff", d. h. zugleich die Rückkehr zum „Sprachgebrauch des praktischen Lebens"[36], sucht man mitunter in neuerer Zeit durchzusetzen (d). Schließlich stellen uns die sozialistischen Gesellschaften vor die Frage, ob und gegebenenfalls unter welchen Bezeichnungen dort Kapital existiert (e).
Nach der Logik der Relationen von Wort und Begriff ergibt sich mithin folgende grobe Periodisierung der Geschichte des ökonomischen Kapitalbegriffs und eine zunächst nur hypothetische Zuordnung idealtypischer historischer Gesellschaftsformen: (a) mehr-eindeutig: der Kapitalbegriff der postfeudalen Übergangsgesellschaft, (b) ein-eindeutig: der Kapitalbegriff der kommerziellen Gesellschaft, (c) ein-mehrdeutig: der Kapitalbegriff der industriellen Gesellschaft, (d) ein-mehrdeutig: der Kapitalbegriff der postindustriellen Gesellschaft, (e) mehr-eindeutig: der Kapitalbegriff der sozialistischen Übergangsgesellschaft[37].

---

[36] PREISER, Kapitalbegriff, 24, Anm. 10.
[37] Die Termini 'postfeudal' und 'postindustriell' werden hier aus der historischen bzw. der soziologischen Diskussion zu freier Verwendung übernommen, d. h. ohne den ihnen andernorts definitorisch zugeschriebenen oder implizite zukommenden Bedeutungsgehalt. Gemeint ist jeweils eine Übergangsphase der Sozialgeschichte, wie sie historisch-exemplarisch von Adam Smith beschrieben worden ist als allmähliche Auflösung feudaler Institutionen durch „commerce and manufacture", den friedlichen Agenten jener „stillen Revolution", in der die „kommerzielle Gesellschaft" entstanden ist. Die Deklaration der Bezeichnungen als 'idealtypisch' soll hier nicht, wie sonst vielfach, der Immunisierung gegen Kritik dienen. Vielmehr will der Ausdruck 'Idealtypus' im strengeren Sinne der neueren Methodologie und Wissenschaftstheorie aufgefaßt werden: Als Produkt komparativer Begriffsbildung erscheint er zur Erfassung und Beschreibung historischer Übergangslagen mit ihren partiellen Verzögerungen und Beschleunigungen um so mehr geeignet zu sein, je mehr er als mehrdimensionaler Typusbegriff mehrere Merkmale in ihrer graduellen

III. Der Kapitalbegriff in der kommerziellen Gesellschaft

Handel und Gewerbe, die typischen Wirtschaftszweige der bürgerlichen Welt, haben nach ADAM SMITH in einer schleichenden, tiefgreifenden Revolution die feudalen Institutionen in Kirche und Welt aufgelöst und Ordnung und gute Herrschaft *(order and good government)* unter den bis dahin in ständiger Fehde liegenden Menschen eingeführt. Smith bezeichnet diese neue Gesellschaft, in der der Mensch sein auf Tausch mit seinesgleichen angelegtes Wesen ganz entfalten kann, in der also *every man ... becomes in some measure a merchant,* als *commercial society*[38]. Die anthropologisch begründete Bezeichnung erscheint auch ökonomisch gerechtfertigt: die Entfaltung der Handelsbeziehungen, noch nicht die Erweiterung der gewerblichen Produktion, ist das entscheidende Charakteristikum dieser Gesellschaft. Anthropologie und Sozialphilosophie spiegeln sich auch bei Smith ineinander, beide verraten bürgerliches Selbstbewußtsein und bürgerliches Geschichtsverständnis[39].
Die gleiche bürgerliche Denkweise läßt ein knappes Jahrhundert danach EUGEN DÜHRING erklären: *Auf eine Periode, in welcher die Grundherrschaft fast alles war, ist eine Epoche gefolgt, in welcher das Capital, d. h. die Industrie und der Handel, zu der vorwiegenden politischen Macht geworden sind*[40]. Auch hier werden gegen den überwundenen Feudalismus (Grundherrschaft) die bürgerlichen Wirtschaftszweige gestellt, nur in umgekehrter Reihenfolge und mit einem neuartigen Inhalt des Begriffs 'Industrie', der nicht mehr nur „Fleiß" und auch nicht mehr das „Gewerbe" des 18. Jahrhunderts meint. Der in Deutschland zögernd genug einsetzende „gewerblich-industrielle Ausbau" hatte bereits in den ersten beiden Dritteln des 19. Jahrhunderts dazu geführt, daß die Industrie, nicht der Handel, die Perspektive bürgerlichen wie weithin auch nichtbürgerlichen Denkens bestimmte[41]. 'Kapital' aber ist zum Inbegriff dieser Auffassung von Wirtschaft und Gesellschaft geworden, die der industriellen Produktion die führende Rolle zuweist oder angesichts der Entwicklungstendenzen zubilligen muß, und zwar unabhängig von der tatsächlichen rela-

---

Ausprägung zu erfassen gestattet, vgl. dazu JÜRGEN V. KEMPSKI, Zur Logik der Ordnungsbegriffe, besonders in den Sozialwissenschaften, Studium generale 5 (1952), 205 ff., im Anschluß an die Pionierleistung von CARL HEMPEL/PAUL OPPENHEIM, Der Typusbegriff im Lichte der neuen Logik (Leiden 1936).
[38] ADAM SMITH, An Inquiry into the Nature and Causes of the Wealth of Nations 1, 4, 1 (1776), Works and Correspondence, vol. 2/1, ed. R. H. Campbell, A. S. Skinner, W. B. Todd (Oxford 1976), 37. — CHRISTIAN GARVE, einer der frühesten Übersetzer überträgt *handelnde Gesellschaft,* Der Reichthum der Nationen, Bd. 1 (Breslau 1794), 10. In der Übersetzung von MAX STIRNER heißt es *Handelsgesellschaft,* Der Reichtum der Nationen, dt. v. M. Stirner (1846/47), hg. v. Heinrich Schmidt, Bd. 1 (Leipzig 1910), 13. Erst HORST CLAUS RECKTENWALD übersetzt *kommerzielle Gesellschaft,* Der Wohlstand der Nationen, dt. v. H. C. Recktenwald (München 1974), 23.
[39] Vgl. zu dieser Deutung D. HILGER, Zum Problem von Tradition und Traditionsabbruch bei Adam Smith, Hamburger Jb. f. Wirtschafts- u. Gesellschaftspolitik 24 (1979), 33 ff.
[40] EUGEN DÜHRING, Carey's Umwälzung der Volkswirtschaftslehre und Sozialwissenschaft. Zwölf Briefe (München 1865), 131.
[41] Zum Terminus 'gewerblich-industrieller Ausbau' vgl. HANS LINDE, Das Königreich Hannover an der Schwelle des Industriezeitalters, Neues Arch. f. Niedersachsen 24 (1951), 440 ff. → Industrie.

III. 'Kapital' in der kommerziellen Gesellschaft

tiven Bedeutung in Industrie und Handel, unabhängig auch vom tatsächlichen Entwicklungsstand des primären (agrarischen) und des sekundären (gewerblich-industriellen) Produktionssektors. Darüber hinaus galt bürgerlichem oder bürgerlich beeinflußtem Denken 'Kapital' als Inbegriff auch einer dominierenden politischen Macht, auch wenn ökonomisch Deutschland den Weg vom Agrarstaat zum Industriestaat noch nicht zurückgelegt hatte[42].

Was in Dührings These exemplarisch begegnet, ist der Kapitalbegriff der industriellen Gesellschaft. Ihm liegt die Vorstellung von der Vermehrbarkeit der Güter, die Annahme und Erfahrung des wirtschaftlichen Wachstums zugrunde: der Kapitalbegriff der industriellen Gesellschaft ist produktionsorientiert. Der Kapitalbegriff der kommerziellen Gesellschaft hebt ebenfalls auf ein zentrales Element der Entwicklung dieser Gesellschaft ab, nämlich auf das im Handel eingesetzte Kapital, das seine Qualität relativ rasch in der Ware-Geld-Beziehung zu ändern vermochte und doch als Liquidität erkennbar blieb. Das zirkulierende Kapital wird selbst nicht als produktiv verstanden, wenngleich Kaufmannschaft und Handel auf dem Wege über die Spezialisierung insgesamt dazu beitrugen, die Produktivität zu steigern. Das ökonomische Denken ist vornehmlich auf Bewegungs- und Verteilungsvorgänge, auf Balancierung und Proportionierung gerichtet[43], zumal die Erfahrung noch allemal zu lehren schien, daß der Nutzen und Wohlstand des einen nur auf Kosten des anderen vermehrt werden könne: „one man's loss is another man's gain"[44]. Die Handelsbilanz ist die konkrete ökonomische Gestalt jener Metaphysik des Gleichgewichts, die auch hinter Bechers Kaufmanns-Emblem zu erkennen ist[45]. Der kommerziellen Gesellschaft entspricht die unsystematische, „vortheoretische" Wirtschaftslehre des Merkantilismus.

Handelspraxis und Wirtschaftslehre der kommerziellen Gesellschaft haben nicht zu einer grundlegend neuen Definition des Kapitalbegriffs geführt. Die Gleichsetzung von Kapital und Geld ist weithin beibehalten, die innerhalb des monetären Kapitalbegriffs getroffenen Unterscheidungen sind immer wieder, zum Teil fast wörtlich,

---

[42] Begriffsgeschichte kann nach der Natur ihrer Quellen immer nur den sprachlichen Reflex außersprachlicher, historischer Gegebenheiten erfassen, nicht die außersprachliche Wirklichkeit selbst. Je mehr aber begriffsgeschichtliche Forschung sich selbst kritisch gegenübersteht, je entschiedener sie sich hütet, ihre Möglichkeiten zu überschätzen, desto weniger können ihre Ergebnisse durch außersprachliche, historische Befunde in Frage gestellt werden. So wird auch der begriffsgeschichtliche Aussagewert solcher Thesen wie der oben zitierten von Eugen Dühring davon nicht berührt, daß Deutschland in die Hochindustrialisierung noch nicht eingetreten war.

[43] Vgl. Johannes Burkhardt, Der Umbruch der ökonomischen Theorie, in: Verhaltenswandel in der industriellen Revolution. Beiträge zur Sozialgeschichte, hg. v. August Nitschke (Stuttgart 1975), 61.

[44] Ebd., 60.

[45] Eli F. Heckscher, Der Merkantilismus, Bd. 2 (Jena 1932), 16, belegt „diese Auffassung des Merkantilismus vom statischen Charakter des Wirtschaftslebens" — über den Ausdruck 'statisch' soll hier nicht gerechtet werden — mit Zitaten von Montaigne, Montchrétien, Bacon und vor allem Colbert, dessen These, „daß der Handel in Krieg und Frieden zwischen allen Nationen Europas einen ständigen Kampf verursacht" (ebd., 17), wiederum eine besondere Stütze für Heckschers Interpretation des Merkantilismus als Machtsystem abgibt.

übernommen worden. Im Prinzip nicht anders als ihre Vorgänger unterscheidet auch die vielzitierte „Oeconomische Encyclopädie" von KRÜNITZ, die mit ihrer weitgespannten Thematik die Summe einschlägigen Wissens zieht im Übergang von der vormodernen, auf Haus und Herrschaft bezogenen Ökonomik zur neueren, am Markt, und d. h. eben zunächst am Handel, orientierten Wirtschaftslehre, zwei Formen von Kapital: investiertes Kapital und gegen Zinsen ausgeliehenes Kapital. *Bei Kaufleuten und Manufakturen wird das Geld, welches in ihrer Handlung, Fabrik oder einem andern Gewerbe steckt, oder die Geldsumme (der Fonds), so eine Handlungsgesellschaft zum Betrieb ihrer gemeinsamen Unternehmungen zusammen geschlossen hat, ein Capital genannt, alles in Rücksicht auf den Gewinn, den es bringen soll ... Capital, L. Sors, nennet man ... eine Summe Geldes, sofern sie dazu bestimmt ist, Gewinn zu bringen, im Gegensatze dieses Gewinnes oder der Interessen; der Hauptstamm, das Hauptgeld, die Hauptsumme, das Hauptgut, der Hauptstuhl, welche Benennungen ehedem üblich waren und es zum Teile noch sind*[46]. Auch die Entstehung und Ausbreitung des Bankwesens — mit der Entfaltung der Kommerzien aufs engste verbunden und wie diese ein Merkmal der kommerziellen Gesellschaft — hat nicht zu einer weiteren Ausfächerung des monetären Kapitalbegriffs geführt. So bewegt sich beispielsweise auch PAUL JACOB MARPERGER in seiner detaillierten und umsichtigen *Beschreibung der Banquen* im vorgegebenen begrifflichen Rahmen, etwa wenn er der Frage nachgeht, *wie eine ... Lehn-Banco in guter Ordnung anzulegen und woher der fundus darzu könne genommen werden? Solcher findet sich sehr leicht in denen Städten, in welchen ordentliche Giro- oder Ab- und Zuschreib-Banquen angeleget sein ... Der andere Weg eine nützliche Lehn-Banco in einer Stadt ... anzurichten, kommet her aus dem Fundo solcher Capitalien, welche bei andern Collegiis, Fundationibus oder Stiftungen müßig liegen, dergleichen etwa bei General-Feuer-Kassen, Hospitälern, Kirchen und Schulen sich finden möchten*[47].

Doch sind solche Darlegungen wie die eben ausführlich zitierten in anderer Hinsicht aufschlußreich. Denn so problemfrei die Geschichte des Kapitalbegriffs in dieser Periode für die historische Semantik ist — diese fragt nach den sich wandelnden Beziehungen zwischen Wörtern, Termini, allgemein: sprachlichen Zeichen und dem, was sie bezeichnen bzw. bedeuten —, so bemerkenswert erscheint sie unter den Fragestellungen der historischen Pragmatik, bei der es um den Wandel der Beziehungen zwischen Zeichen und Zeichenbenutzern einer wie immer definierten Sprachgemeinschaft geht. KRÜNITZ registriert sehr genau, daß *Benennungen*, welche *ehedem üblich waren und es zum Teile noch sind*[48], im Sprachgebrauch allmählich durch den Ausdruck 'Capital' ersetzt worden sind. Nicht der Bedeutungswandel, sondern die Diffusion des monetären Kapitalbegriffs und seiner Differenzierungen ist die für die kommerzielle Gesellschaft signifikante Erscheinung.

Augenfällig ist auch die Tatsache, daß der Fluß der Zeugnisse über die Verwendung des monetären Kapitalbegriffs im 17., zumal aber im 18. Jahrhundert immer breiter wird (obschon die Quellenlage es auch in diesem Falle selbstverständlich nicht ge-

---

[46] KRÜNITZ Bd. 7 (1776), 636f., Art. Capital.
[47] PAUL JACOB MARPERGER, Beschreibungen der Banquen (Leipzig 1717), 46f.
[48] Zur Bedeutung dieser Unterscheidung für die begriffsgeschichtliche Forschung vgl. HILGER, Begriffsgeschichte (s. Anm. 35), 131. KRÜNITZ Bd. 7, 636, Art. Capital.

III. 'Kapital' in der kommerziellen Gesellschaft

stattet, diese Impressionen durch statistische Erfassung der Wortverwendung zu überprüfen). Neben einer Reihe von unspezifischen, nicht allein für den Kapitalbegriff zutreffenden Gründen wie der größeren Verbreitung des gedruckten Buches im Zeitalter der Reformation und der Religionskriege, einer gewissen Zunahme des lesenden Publikums und dergl., läßt die unübersehbar breiter werdende Erörterung des Kapitalbegriffs auf eine zunehmende Einführung der fortgeschrittenen Handelstechniken der Italiener schließen. Mit *dem Stylo des Italiänischen Buchhalters* kommen in *Compagnie-Handlungen* auch Bezeichnungen wie *General-Compagnie-Handels-Capital-Conto* im Unterschied zu *eines jeden Participanten Einlags-Capital-Conto* allgemein in Gebrauch[49]. Die Diffusion des Wortes 'Capital' und solcher abgeleiteter Termini kann als Indiz für die Ausbildung einer Gemeinsprache der Handelswelt, einer Art Koiné der Kaufleute, gedeutet werden, die ihr Fundament (wie vergleichbare Erscheinungen in unserer Zeit) in der Aufnahme und breiten Verwendung von Fremdwörtern hat[50]. Daß die fremden Ausdrücke immer noch als solche empfunden, freilich nicht stigmatisiert werden (was einer späteren Zeit vorbehalten bleiben sollte[51]), daß sie vielmehr im Zeitalter des Barock mit seiner Aufgeschlossenheit und Aufnahmebereitschaft für fremde Wortbildungen und Stilelemente eher bereitwillig angenommen worden sind, scheint schon das Druckbild zu verraten: auch im zuletzt zitierten Passus werden fremde Wörter, wie es vielfach üblich gewesen ist, sowohl einzeln wie auch als Bestandteile zusammengesetzter Wortbildungen (dann aber nur diese fremden Elemente!) durch lateinischen Druck aus dem in gotischen Lettern gesetzten Text herausgehoben.

Für die zunehmende Verbreitung der mit dem Wort 'Capital' zum Ausdruck gebrachten ökonomischen Denkweise und der ihr konformen Wirtschaftspraxis einer kommerziellen Gesellschaft spricht auch die Tatsache, daß, wie bei MARPERGER zu erkennen, das Geldvermögen verschiedenartiger, breit gestreuter Einrichtungen, zumal auch solcher, die primär keine wirtschaftlichen Ziele verfolgen, unter dem Gesichtspunkt seiner Anlagemöglichkeiten betrachtet wird: *in Vorrat einkommende Gelder* sollen *nicht müßig in Cassa liegen*, sondern *emploiret werden* — sie werden als

---

[49] HÜBNER, Handlungslex., 408, Art. Capital. Fast wörtlich übereinstimmend: CARL GÜNTHER LUDOVICI / JOHANN CHRISTIAN SCHEDEL, Neu eröffnete Academie der Kaufleute oder encyklopädisches Kaufmannslexicon, Bd. 2 (Leipzig 1798), 154: *Styl des italienischen Buchhaltens* als versachlichende Variante.

[50] Auf einen analogen Vorgang in der Gegenwart, die Herausbildung einer internationalen Sprache des Tourismus, weist beiläufig HELMUT LÜDTKE, Geschichte des romanischen Wortschatzes, Bd. 1 (Freiburg 1968), 121, hin. Dieser Vorgang wird entscheidend durch die Verbreitung eines internationalen Basisidioms wie des Englischen, quasi dem Latein der wissenschaftlich-technischen Zivilisation, gefördert. Sektorale Gemeinsprachen in Form von Fachjargons wirken auf Außenstehende, auch wenn sie derselben natürlichen Sprachgemeinschaft angehören, esoterisch.

[51] Im Zusammenhang mit der neuen Hochschätzung der deutschen Sprache und dem erwachenden Nationalbewußtsein in der Goethezeit hat man versucht, auch für 'Capital' wieder die älteren, deutschen Bezeichnungen in Erinnerung zu bringen, freilich nicht unterschiedslos. So meint CAMPE, Fremdwb., 2. Aufl. (1813; Ndr. 1970), 170, s. v. Capital, daß die Begriffe 'Hauptstamm', 'Hauptstuhl' und 'Hauptgut' *für uns nicht mehr brauchbar* seien. Anders stehe es mit 'Hauptgeld' oder 'Grundgeld', auch 'Haupt-' oder 'Grundvermögen' könne man in einigen Fällen sagen.

potentielles Kapital angesehen und sollen vor allem von ihren *Eigentumsherren* als solches behandelt werden[52]. Die naive Einstellung zum Geld, die zur Thesaurierung führt, wird entschieden bekämpft, wohl nicht ohne Erfolg: die Identifikation von 'Capital' mit „barem Geld", ohne zusätzliche Bestimmungen, scheint in den Hintergrund zu treten. Nunmehr *heißt viele Capitalien haben, viel bares Geld ausstehen haben; und in weiterer Bedeutung, viel bares Geld besitzen*[53]. Freilich verwischt der Zusatz die klaren Konturen wieder, aber deswegen darf er nicht außer acht gelassen werden, vielmehr könnte mit dem Hinweis auf die *weitere Bedeutung* so viel gemeint sein wie: eine zusätzliche Bedeutung, oder ganz anschaulich: entlegenere Bedeutung[54]. Immerhin wird eine solche Auslegung durch den Kontext gestützt, in dem jene unüblich gewordenen „Benennungen" aufgezählt werden. Es dürfte sich mithin wieder um einen pragmatischen Sachverhalt handeln, nicht, oder zumindest nicht primär, um einen semantischen, solange die verblassende Bedeutung überhaupt noch nachweisbar bleibt.

Eine gewisse Klärung der Begriffslage ist mit der Autorität einer Gesetzeskodifikation und der hinter ihr stehenden Herrschaftsgewalt, gestützt auch auf die Autorität der im Stadium der Beratung und Abfassung tätigen Rechtsgelehrten, durch die Legaldefinitionen des „Allgemeinen Land-Rechts für die Preußischen Staaten" herbeigeführt worden. Dort werden *bares Vermögen* und *Kapitalsvermögen* einander gegenübergestellt. *Unter barem Vermögen wird nur geprägtes Geld, außer seltenen Münzen und Medaillen, ingleichen gemünztes Papier verstanden*, während *die auf jeden Inhaber lautenden Papiere, z. B. Banknoten, Pfandbriefe, Aktien u.s.w., sie mögen Zinsen tragen oder nicht, ... gleich andern Schuldinstrumenten zum Kapitalsvermögen gerechnet* werden[55]. Das im späten 18. Jahrhundert erlassene Gesetzeswerk

---

[52] MARPERGER, Beschreibungen der Banquen, 47.
[53] KRÜNITZ Bd. 7, 637, Art. Capital. — Auch zuvor schon war mehrfach nur noch als Nebenbedeutung festgehalten worden, daß *Capital ... auch zuweilen eine Barschaft, ein Vorrat von Geld* heiße, CHRISTOPH FRIEDRICH KRACKHERR, Des klugen Beamten tägliches Hand-Lexicon ... (Nürnberg 1768), 58, Art. Capital.
[54] Man darf diesen Zusatz vermutlich nicht im Sinne des — übrigens umstrittenen — Lehrsatzes der Logik auffassen, daß Inhalt und Umfang von Begriffen sich stets reziprok verhielten, der weitere Begriff also der inhaltsärmere sei. Die Allgemeingültigkeit dieses auf die Logik von Port Royal zurückgehenden Satzes hat Bernhard Bolzano als unhaltbar erwiesen; vgl. dazu A. MENNE, Einführung in die Logik, 2. Aufl. (München 1973), 27. Die lexikalischen Bestimmungen und Angaben jener Jahrhunderte sind ohnehin nicht nach den Kriterien formaler Logik und noch weniger nach denen moderner Wissenschaftstheorie abgefaßt worden, was natürlich nicht zu dem Schluß verleiten darf, daß die Darstellung und Deutung geschichtlicher Zeugnisse solchen Kriterien nicht zu genügen hätte. Die Maxime quellen- und sachgemäßer Begriffssprache würde gründlich mißverstanden, wenn man aus ihr die Berechtigung ziehen wollte, Unklarheiten in den Quellen nicht in aller Klarheit aufzudecken. Daß „klare Begriffe um so nötiger sind", je weniger die Realität „scharfe Scheidungen" erkennen läßt — diese beiläufige Feststellung von Max Weber, die beste Rechtfertigung für die Konstruktion von Idealtypen, gilt auch im Verhältnis von Darstellungs- und Deutungsbegriffen zu jener Realität, die den Gegenstand begriffsgeschichtlicher Forschung bildet; vgl. MAX WEBER, Wirtschaft und Gesellschaft, 5. Aufl., hg. v. Johannes Winckelmann (Tübingen 1972), 123.
[55] ALR Tl. 1, Tit. 2, §§ 11ff.

III. 'Kapital' in der kommerziellen Gesellschaft

nimmt damit nur noch drei von jenen vier Bedeutungen auf, die im frühen 18. Jahrhundert Marperger bei der Darlegung seiner Vorstellungen von einem *rechten Banquier — eine Person von grossen Mitteln, grossen Verstand, grossen Credit und grosser Correspondenz* — aufgezählt und danach in einiger Ausführlichkeit erläutert hat: *Grosse Mittel muß er haben, daß er allezeit ein schönes Capital in Cassa, ein anders in Banco Publico, ein drittes auf laufenden Wechseln, ein viertes auf hin und wieder in ausländischen Orten unter seinen Factoribus vor eingegangene Wechsel stehend habe*[56].

Das ALR, dessen Janusgesicht — die eine Seite ist der noch gegenwärtigen Vergangenheit zugekehrt, die andere der sich abzeichnenden Zukunft — man oft dargestellt hat, zieht, indem es das Barvermögen vom Kapitalbegriff ausschließt, insoweit einen Schlußstrich unter eine immer deutlicher hervorgetretene Tendenz in der Entwicklung des Kapitalbegriffs der kommerziellen Gesellschaft. Es nimmt jedoch die ebenfalls bereits innerhalb dieser Gesellschaft vollzogene Abkehr vom Geldkapitalbegriff noch nicht zur Kenntnis: hier zeigt es nur die eine Seite seines Antlitzes. Und dabei sollte es auch bleiben, wiewohl die Definition des Kapitalvermögens bald als unbefriedigend empfunden worden ist und insonderheit die unterschiedslose Subsumtion von Banknoten unter den Begriff 'Kapitalvermögen' Bedenken hervorgerufen hat. Aber auch sie ist zunächst beibehalten worden, obschon die mit den Vorarbeiten zur Gesetzesrevision beauftragte Deputation sich der Tatsache nicht verschlossen hat, daß die Pommersche Privatbank, und so möglicherweise auch später sich bildende Institute, anders als die Königliche Bank, Noten über kleine Beträge ausgegeben hat, was zu der Erwägung Anlaß geben sollte, *ob nicht solche Bankscheine so wie überhaupt alle unter landesherrlicher Autorität zum öffentlichen Umlauf bestimmte Papiere zu dem ... gemünzten Papier zu rechnen seien*[57]. — Im Entwurf des „Bürgerlichen Gesetzbuches für die Preußischen Staaten" von 1840 ist die positive Bestimmung, daß Banknoten zum Kapitalvermögen gehörten, entfallen. Begründet wurde diese Änderung u. a. damit, daß *eine Definition von 'Kapital' so schwierig, ... eine allgemeine Bestimmung über dasjenige, was zum Kapitalsvermögen gehört ... daher füglich nicht möglich und noch weniger allgemein anwendbar* sei[58]. Auch diese nur zu berechtigte Feststellung verharrt noch im Umkreis des Kapitalbegriffs der kommerziellen Gesellschaft. Sie beschreibt aber unbeabsichtigt eine neue Lage, der der Gesetzgeber noch nicht Rechnung getragen hat, die er auch nicht berücksichtigen konnte, wenn er das Gesetz nicht mit allen inzwischen aufgekommenen Unsicherheiten und Kontroversen um den Kapitalbegriff belasten und es damit für die Praxis der Rechtsanwendung vollends unbrauchbar machen wollte. Im ökonomischen Denken indes war der Umbruch bereits vor Inkrafttreten des ALR vollzogen, der Kapitalbegriff der kommerziellen Gesellschaft gesprengt, die Entfernung der Lehrmeinungen von den Auffassungen des Wirtschaftslebens eingeleitet worden. Dies ist, letzteres gewiß entgegen den Absichten seines Autors und insgesamt nicht unvorbereitet, im Werk von Adam Smith geschehen.

---

[56] MARPERGER, Beschreibungen der Banquen, 335.
[57] Motive zu dem von der Deputation vorgelegten Entwurf zur Revision des ALR (Berlin 1829), zit. PASSOW, „Kapitalismus" (s. Anm. 5), 38.
[58] BGB f. d. preuß. Staaten, Bd. 2: Sachenrecht (1840), zit. PASSOW, „Kapitalismus", 39.

IV. Der Kapitalbegriff in der industriellen Gesellschaft

1. Alltagssprache und wissenschaftliche Terminologie

Für den Übergang von der kommerziellen zur industriellen Gesellschaft — und das heißt zugleich: mit dem Beginn der Sattelzeit für diese begriffsgeschichtlichen Untersuchungen — ist ein Auseinanderfallen von Sprache des Alltags und Sprache der sich entwickelnden Wissenschaft bemerkenswert, ein Vorgang, der sich allenthalben in den Wörterbüchern und Nachschlagewerken wie in den immer zahlreicher erscheinenden nationalökonomischen Lehrbüchern und Abhandlungen niederschlägt und den Zeitgenossen durchaus bewußt gewesen ist. Es ergibt sich eine nachgerade paradoxe Situation: während die Alltagspraxis, wie sie in den Lexika verzeichnet ist und sich dort lange durchhält, auch wenn die Wissenschaftssprache längst Rückwirkungen auf den umgangssprachlichen Bereich gezeigt hat, vergleichsweise eindeutig erscheint, begegnet einem eine überaus diffuse wissenschaftliche Terminologie. Durch definitorische Festsetzungen versuchen die Vertreter der Wissenschaft, eine vieldeutige Begriffslage zu klären. Wie ADOLPH FRIEDRICH RIEDEL 1838 bemerkt, wird der Ausdruck 'Kapital' *in der Sprache des gemeinen Lebens anders als in der Sprache der Volkswirtschaftslehre und selbst innerhalb der letzten nach Verschiedenheit der Ansichten ihrer einzelnen Bearbeiter in höchst ungleicher Bedeutung genommen*[59]. Deutlich wehrt man sich gegen den Ausschließlichkeitsanspruch des traditionellen Sprachgebrauchs, der Kapital mit Geld gleichgesetzt hat[60], man betont *Inhalt und Umfang des strengen Begriffs von Capital im national-ökonomistischen Sinne*, verlangt Festlegung *vom Capital in strenger Bedeutung* und verurteilt manche *Begriffsbestimmung* als *mehr spitzfindig als wesentlich oder folgenreich*[61].

Es erhebt sich die hier nicht zu beantwortende Frage, ob bei der sprachlichen Ausfächerung des Kapitalbegriffes, wie sie sich zumal in Deutschland in der ersten Hälfte des 19. Jahrhunderts zeigt, eine divergierende kleinstaatliche wirtschaftspolitische Praxis für die Autoren als Anschauungshintergrund eine Rolle gespielt hat. Für das Wissen um die Problematik des Begriffes 'Kapital' lassen sich jedenfalls zahlreiche Belege finden: *Je mehr „Capital" der modernen Wissenschaft zu denken und zu reden gab*, führt ein bedeutender Wirtschaftstheoretiker des ausgehenden Jahrhunderts aus, desto *verdrießlicher* und *ärgerlicher* sei die *Unsicherheit über den Begriff* geworden[62]. Wenn laut Ausweis einer neueren Untersuchung mühelos rund zweihundert mehr oder weniger differierende Definitionen des Begriffes 'Kapital' zusammengetragen werden konnten[63], so ist das auch ein Indiz für die Breite der wissenschaftlichen Beschäftigung mit Kapitaltheorien, wobei letztere meistens nur einen unter-

---

[59] ADOLPH-FRIEDRICH RIEDEL, Nationalöconomie oder Volkswirthschaft, Bd. 1 (Berlin 1838), 281.
[60] Vgl. CARL COURTI, Encyclopädisches Handbuch für Kaufleute und Geschäftsmänner aller Art oder vollständige, alphabetisch geordnete Anleitung ..., 2. Aufl. (Stuttgart 1836), 146, Art. Capital.
[61] CARL V. ROTTECK, Art. Capital, ROTTECK/WELCKER Bd. 3 (1836), 236. 238f.
[62] BÖHM-BAWERK, Capital und Capitalzins (s. Anm. 1), Bd. 2, 21f.
[63] WERNER BRYLEWSKI, Die verschiedenen Vorstellungsinhalte des Begriffes Kapital (Stuttgart, Berlin 1933), 2; vgl. ebd., 17. 99. 191 ff.

schiedlichen Aspekt des Produktionsprozesses in den Mittelpunkt des Interesses stellen[64]. Da es allein schon nach der Distributionstheorie so viele Kapitalbegriffe wie Zinstheorien gibt[65], muß deren Aufarbeitung der Geschichte dieser speziellen Theorien überlassen bleiben; sie kann unmöglich Aufgabe der Begriffsgeschichte sein; dieser obliegt es vielmehr, die politisch besonders relevant gewordenen Begriffsentwicklungen zu verfolgen. Bevor dies hier geschieht, sei jedoch eine Mahnung aus einer der bedeutendsten Publikationen des Vormärz zitiert, die bis heute nichts an Aktualität eingebüßt hat, ja eine solche, angesichts der fortschreitenden Entwicklung von wissenschaftlichen Fachsprachen und der immer schwieriger werdenden interdisziplinären Kommunikation, eher noch verstärkt gewonnen hat: *Von... in den Lehrbüchern der national-ökonomistischen Schriftsteller zu findenden Begriffsbestimmungen oder Lehrsätzen über das „Capital" weicht der gemeine Sprachgebrauch so wie die natürlich einfache Auffassung der ... Dinge und Verhältnisse bedeutend ab; und es ist billig, auch zumal gegen leeren Wortstreit sichernd, vor Aufstellung der Lehrsätze über die Begriffe und die Wortbedeutungen sich tunlichst zu verständigen; zumal aber dieselben nicht ohne wahres, wissenschaftliches oder praktisches Interesse anders, als der gemeine Sprachgebrauch mit sich bringt, zu bestimmen*[66].

2. Sachkapital

Bereits im 18. Jahrhundert ist die gängige, oft wiederholte Unterscheidung von Leihkapital und im Handel investiertem Kapital[67] durch Berücksichtigung der Investitionsmöglickeiten in *Manufakturen*, in einer *Fabrik oder einem andern Gewerbe*[68] erweitert worden. Von den beiden Wirtschaftszweigen, dem Handel und dem Gewerbe, deren Entfaltung nach Smith die feudalen Institutionen beseitigt und der kommerziellen Gesellschaft zum Durchbruch verholfen haben, tritt der eine aus dem Schatten des anderen heraus und gewinnt ihm gegenüber an Gewicht[69]. Aber auch in diesem neuen Bezugsfeld der sich stärker entfaltenden gewerblichen Produktion wird der monetäre Kapitalbegriff noch nicht gesprengt, bedeutet das Wort immer noch „Geld", insbesondere verliehenes oder investiertes „Geld".
Die Abkehr vom geldmäßigen Denken, die Hinwendung zur gütermäßigen Einstellung in der Ökonomie zeichnet sich ab bei jenen Autoren, die „die Zusammenhänge des Wirtschaftslebens" entdeckt und in Gestalt eines Kreislaufs schematisch dargestellt haben: den Physiokraten, die in François Quesnay ihren ersten großen Ver-

---

[64] BEN B. SELIGMAN / GOTTFRIED FRENZEL, Art. Kapital, SDG Bd. 3 (1969), 522.
[65] PREISER, Kapitalbegriff (s. Anm. 3), 34.
[66] ROTTECK, Art. Capital, 238.
[67] ZEDLER Bd. 5, 656, Art. Capital; wörtlich gleichlautend: JOHANN SAMUEL HEINSIUS, Allgemeine Schatzkammer der Kauffmannschaft oder vollständiges Lexikon aller Handlungen und Gewerbe, Bd. 1 (Leipzig 1741), 1051, Art. Capital.
[68] KRÜNITZ Bd. 7, 638, Art. Capital.
[69] Nach MAURICE H. DOBB, Art. Kapitalismus, SDG Bd. 3, 545, bietet der Bergbau ein Beispiel „dafür, wie die kapitalistische Investitionstätigkeit sich langsam vom Handel in die Produktion verlagerte".

treter hatten⁷⁰. Die Physiokratie war in Frankreich entstanden als Reaktion auf die allgemeine Geringschätzung der ohnehin in Notlage geratenen Landwirtschaft, insbesondere aber als Antwort auf die Handel und Gewerbe einseitig fördernde Wirtschaftspolitik des Merkantilismus. Im Zentrum der physiokratischen Lehre steht denn auch die Auffassung, daß der Reinertrag (produit net), der sich in der Gütererzeugung nach Abzug der in ihr entstandenen Kosten ergibt, nur in der landwirtschaftlichen Produktion erzeugt werde. In dieser Lehre von der ausschließlichen Produktivität der Landwirtschaft (von der man nicht ohne Berechtigung gesagt hat, daß sie den Tatsachen ziemlich genau entsprochen habe⁷¹) ist der „Geldschleier des Merkantilismus" zerrissen und die Bewegung der Güter als das wesentliche Geschehen in der Wirtschaft erkannt worden⁷².

Im ökonomischen Kreislauf unterscheidet QUESNAY der Sache nach, wenn auch noch unter anderen Bezeichnungen und in nicht strikt durchgeführter Trennung, konstantes und umlaufendes Kapital, wobei die von ihm gewählte Terminologie durchaus noch der geldmäßigen Betrachtung verhaftet bleibt. Denn was sich als konstantes Kapital identifizieren läßt, nennt er einerseits *avances foncières* — Anfangsausgaben für Urbarmachung, Drainagen, Zäune, Gebäude —, andererseits *avances primitives ... pour le premier fond des dépenses en bestiaux, instrumens, semence.* Für den Begriff des Umlaufkapitals steht bei ihm *les avances annuelles*⁷³: diese jährlichen Vorschüsse werden verwendet für Anlagefonds und Handelskosten, für Käufe von Rohstoffen, für Löhne und andere jährlich neu auftretende Kosten. Es ist also eine den späteren Bedeutungswandel vorwegnehmende Überinterpretation, wenn mitunter behauptet wird, die avances foncières, avances primitives und avances annuelles seien „die dauerhaften Kapitalgüter" bzw. „die in jedem Produktionsprozeß neu zu beschaffenden Roh- und Hilfsstoffe"⁷⁴. Die Indentität von

---

[70] PAUL MOMBERT, Geschichte der Nationalökonomie (Jena 1927), 224; vgl. dazu MARK BLAUG, Systematische Theoriegeschichte der Ökonomie, Bd. 1: Vom Merkantilismus zu Ricardo (München 1971), 67ff.; GERHARD STAVENHAGEN, Geschichte der Wirtschaftstheorie, 4. Aufl. (Göttingen 1969), 35ff.; JOSEPH A. SCHUMPETER, Geschichte der ökonomischen Analyse, hg. v. Elizabeth B. Schumpeter, Bd. 1 (Göttingen 1965), 290ff. u. insbes. die beiden Standardwerke: GEORGES WEULERSEE, Le mouvement physiocratique en France de 1756 à 1770 (Paris 1910); RONALD L. MEEK, The Economics of Physiocracy (London 1962). — Ferner die posthum auszugsweise veröffentlichte Studie von SIEGFRIED LANDSHUT, Der Begriff des Ökonomischen. Einige Kapitel aus einer historisch-analytischen Untersuchung über den Bedeutungswandel des Begriffs des Ökonomischen, in: ders., Kritik der Soziologie und andere Schriften zur Politik (Neuwied, Berlin 1969), 131ff., bes. 166.

[71] Vgl. BLAUG, Systematische Theoriegeschichte, Bd. 1, 84, mit Berufung auf Meek. Zum damit angesprochenen Verhältnis von Theorie und Realität vgl. die vorzügliche, leider nahezu vollständig vergessene Untersuchung von FRITZ WOLTERS, Studien über Agrarzustände und Agrarprobleme in Frankreich von 1700 bis 1790 (Leipzig 1905).

[72] E. SALIN, Politische Ökonomie. Geschichte der wirtschaftspolitischen Ideen von Platon bis zur Gegenwart (Tübingen, Zürich 1967), 61.

[73] FRANÇOIS QUESNAY, Tableau économique, 3ᵉ éd. (1759), zweisprachige Ausg. v. Marguerite Kuczynski (Berlin 1965), 12. 7; vgl. dazu die klare, aber vereinfachende Interpretation bei BLAUG, Systematische Theoriegeschichte, Bd. 1, 71.

[74] So PAUL MÖLBERT, Wandlungen des Kapitalbegriffs in der Volkswirtschaftslehre (Diss. Mschr. Köln o. J.), 29, im Anschluß an Salin und Jacoby.

IV. 2. Sachkapital

Kapital und Gütern ist bei Quesnay noch nicht gegeben, denn unter 'avances' versteht Quesnay eben doch Geldbeträge, die vor der Aufnahme der Produktion für die genannten Zwecke gesammelt worden sein müssen. Aber die Identifikation zeichnet sich ab, weil es sich hier um ein Erfordernis der Produktion handelt, worunter später entschieden diese Güter selbst als Kapital fallen.

Die „Emanzipation des Begriffes 'Kapital' vom Geldkapital", wie man später die von den Physiokraten eingeleitete Entwicklung genannt hat[75], ist entscheidend von TURGOT vorangetrieben worden, indem er noch im Anschluß an die verbreitete Auffassung, daß erspartes Geld Kapital sei *(ces valeurs accumulées sont ce qu'on appelle un capital)*, Geld und Sachen unterschiedslos unter den Kapitalbegriff subsumiert hat: *Il est absolument indifférent que cette somme de valeurs ou ce capital consiste en une masse de métal ou en toute autre chose, puisque l'argent représente toute espèce de valeur, comme toute espèce de valeur représente l'argent*[76]. Der Charakter des Geldes als allgemeiner Wertmesser und allgemeines Tauschmittel begründet die Subsumtion von Geld und geldwerten Sachen unter den Kapitalbegriff. Diese ansonsten nicht spezifizierte Betrachtung von „Sachen" als Kapital hat den monetären Kapitalbegriff gesprengt, darüber hinaus aber auch den vor allem von der deutschen Volkswirtschaftslehre des 19. Jahrhunderts eingeschlagenen Weg eröffnet, auf dem *nützliche Sachen*[77] schlechthin als Kapital gedeutet werden konnten.

Bei Turgot allerdings ist eine Einschränkung auch noch im Begriff der geldwerten und gegen Geld tauschbaren Sachen zu erkennen, und auch sie sollte richtungsweisend wirken: ihre Funktion im Produktionsprozeß. So erklärt er von dem in Geld erfolgenden Kapitalzuwachs, der jährlich in den Unternehmungen stattfindet: *tous les entrepreneurs n'en font d'autre usage que le convertir sur-le-champ dans différentes natures d'effets sur lesquels roule leur entreprise: ainsi cet argent rentre dans la circulation, et la plus grande partie des capitaux n'existent qu'en effets de différentes natures*[78]. Hier deutet sich die Auffassung des Kapitals als Produktionsmittel an. Gleichwohl erscheint es terminologisch noch nicht gerechtfertigt, wenn zentrale Begriffe dieser Thesen hernach, aus dem Wissen um die spätere Geschichte des Kapitalbegriffs, mit Ausdrücken wie *Güter* (für „valeurs") oder *Produktionsmittel* (für „effets") wiedergegeben werden[79]. Denn es handelt sich bei Turgot um eine terminologisch noch nicht festgelegte Sprache, deren Formulierungen auch abwegigen, das Kapital zu einer mystischen Größe stilisierenden Deutungen zwar keinen Anlaß gegeben, sie aber auch nicht von vornherein ausgeschlossen haben.

Ein sehr frühes Zeugnis für die sich anbahnende Sprengung des monetären Kapitalbegriffes in Richtung auf eine Erweiterung zu Sachkapital hin, zugleich ein Beleg, daß der Kapitalbegriff jedoch im Ökonomischen verbleibt, findet sich im Deutschen

---

[75] WALTHER JACOBY, Der Streit um den Kapitalsbegriff (Jena 1908), 2.
[76] ANNE ROBERT JACQUES TURGOT, Réflexions sur la formation et la distribution des richesses (1766), Oeuvres, éd. Eugène Daire, t. 1 (Paris 1844), 37, § 69.
[77] KARL HEINRICH PÖLITZ, Die Staatslehre für denkende Geschäftsmänner, Kameralisten und gebildete Leser, Bd. 2 (Leipzig 1808), 20.
[78] TURGOT, Réflexions, 67, § 100.
[79] So BÖHM-BAWERK, Capital und Capitalzins (s. Anm. 1), Bd. 2, 25f., mit ausführlicher Begründung und HOHOFF, Zur Geschichte des Wortes (s. Anm. 8), Jg. 15 (1921), 283, ohne Begründung.

— allerdings noch immer mit Bezug auf das für den Kaufmannsstand *erforderliche Capital* — dort, wo von Kapital als *barem Gelde* oder *angeerbter Ware* die Rede ist[80], welche aus Sachen besteht, aber doch aus in Geld umzusetzenden Sachen. Es ist hier noch nicht Realkapital als Produktionsmittel für Waren gemeint, ebensowenig wie das, wo es von 'Capital' heißt, daß *Kaufleute so ihr ganzes Vermögen nennen, welches sie sowohl an Geldern als auch an beweglichen und unbeweglichen Gütern besitzen*[81].

Derjenige, der nicht mehr nur das Geld — und stecke es auch in *Handlung, Fabrik oder einem andern Gewerbe*[82] —, sondern auch Waren und Produktionsanlagen als 'Kapital' bezeichnet und damit den Kapitalbegriff der industriellen Gesellschaft zwar wohl nicht absolut als erster, aber doch wohl als erster mit nachhaltiger geschichtlicher Wirkung definiert hat, ist Adam Smith — paradoxerweise der Autor, der der industriellen Revolution noch keine Beachtung geschenkt hat, d. h. der sich der „ungewöhnlichen Änderungen in der Wirtschaft seiner Epoche" nicht bewußt gewesen ist[83]. Für die Bedeutung der Lehre Smiths ist nicht der historische Primat als solcher entscheidend, sondern die spezifische Geschichtsmächtigkeit, die Durchsetzungschance des Begriffs, seine Fruchtbarkeit; auch wenn man im Sinne des Goethewortes, daß allein wahr sei, was fruchtbar ist, nicht als einziges Wahrheitskriterium gelten lassen kann, so ist es doch für historische, zumal begriffsgeschichtliche Forschungen ein brauchbares Postulat.

Bei Smith wird der Kapitalbegriff zur Klassifikation der Gesamtmenge („whole stock") an verfügbaren Gütern verwendet. Im Unterschied zu den Güterbeständen, die dem unmittelbaren Konsum dienen, versteht er unter Kapital alle Produktionserfordernisse — ausgenommen die Naturkräfte —, mit deren Hilfe Einkommen erzielt wird, d. h. alle Gütervorräte, die eine nur in der Tausch- und Erwerbswirtschaft mögliche produktive Funktion ausüben; eingeschlossen die Subsistenzmittel für produktive Arbeit. Der Begriff beschränkt sich also nicht — wie später — auf das technische Kapital im Sinne der produzierten Produktionsmittel[84]. Eine parallele Entwicklung zur güterwirtschaftlichen Auffüllung des Begriffes 'Kapital' scheint sich bei den Begriffen 'stock' und 'Vorrat' vollzogen zu haben. Bedeutet noch 1756 bei ROLT 'Capital' *the fund or stock of a trading company or corporation, or the sum of money they jointly furnish to be employed in trade*[85], ist also der Sphäre des Handels zugeordnet, so entspricht bei DAVID HUME 'stock' bereits der Güterwelt und wird zu Kapital „durch die Hineinstellung in ein Erwerbsunternehmen". Die frühere, bei ZEDLER und HEINSIUS (1733 und 1741) anzutreffende Unterscheidung von 'Ka-

---

[80] JOHANN CARL MAY, Versuch einer allgemeinen Einleitung in die Handlungswissenschaft theoretisch und praktisch abgehandelt, Bd. 1 (Altona 1770), 17.
[81] Dt. Enc., Bd. 5 (1781), 182, Art. Capital.
[82] KRÜNITZ Bd. 7, 636, Art. Capital.
[83] BLAUG, Systematische Theoriegeschichte (s. Anm. 70), Bd. 1, 91.
[84] Vgl. SCHUMPETER, Geschichte (s. Anm. 70), Bd. 1, 254f. 410f. 774f.; MÖLBERT, Wandlungen (s. Anm. 74), 39ff.
[85] RICHARD ROLT, A New Dictionary of Trade and Commerce (London 1756), s. v. capital.

pital' als einer *in Vorrat habende oder auch in Handel laufende Summa Geldes*[86], also Kapital als Vorrat in Geld, bekommt nun auch bei dem deutschen Smithianer GRAF SODEN einen neuen Sinn, eine reale Komponente: *Capital* wird *Vorrat* an *Stoff* genannt[87].

ADAM SMITH hat in Analogie zu den Differenzierungen der avances bei Quesnay nun auch hinsichtlich der Kapitalgüter verschiedene Arten unterschieden — und hierin sind ihm die deutschen Smithianer weithin gefolgt. *Fixed capital*, als „stehendes" oder „festes Kapital" übersetzt, sind jene Bestände, die mittels Bodenverbesserungen oder in Gestalt von nutzbringenden Maschinen und Werkzeugen sowie Gebäuden Gewinn abwerfen, ohne ihren Besitzer wechseln zu müssen. Und *circulating capital*, „umlaufendes Kapital" genannt, ist der Bestand an Gütern, der in der Produktion verarbeitet wird oder allein dem Zweck dient, wiederverkauft zu werden, der also erst dann Einkommen erbringt, wenn er verändert oder verkauft wird[88]. Obwohl Smith dies nicht ausdrücklich sagt, wird man auch die Mittel zum Unterhalt der produktiven Arbeit in den Begriff des zirkulierenden Kapitals einschließen müssen. Tatsächlich ist die Terminologie bei Smith noch nicht völlig konsistent, und manchmal klingt auch bei ihm noch die Vorstellung von Kapital als eines einzusetzenden Geldbestandes an. Insbesondere fällt auf, daß geldmäßige und gütermäßige Betrachtungsweise bei den persönlichen Fähigkeiten *(acquired and useful abilities)* nicht scharf geschieden sind. *The acquisition of such talents ... always costs a real expense, which is a capital fixed and realized, as it were, in his person ... The improved dexterity of a workman may be considered in the same light as a machine or instrument of trade which facilitates and abridges labour, and which, though it costs a certain expense, repays that expense with a profit*[89]. Hier zeigt sich, daß die Deutung des Kapitals als einer Menge physischer Güter zu eng und unangemessen wäre. Zu den Produktionserfordernissen und damit zum Kapitalbegriff im weiteren Sinne gehört bei Adam Smith auch die Menge an erlangten und nützlichen Fähigkeiten der Menschen. Damit ist „geistiges Kapital" oder „human capital" — eine im 20. Jahrhundert wieder aktualisierte Betrachtungsweise — schon avisiert.

Für die Begriffsgeschichte ist Smiths Verständnis von Sachen als Kapital entscheidend. Geld ist allerdings noch immer ein besonders wichtiger Bestandteil des Kapitals, aber eben nur noch einer von mehreren, und zwar des zirkulierenden Kapitals. Zum stehenden Kapital zählt Smith vier Arten von „Sachen": *useful machines and instruments of trade, ... profitable buildings, ... improvements of land, ... acquired and useful abilities*[90], ebensoviele rechnet er dem umlaufenden Kapital zu: Geld, Vorräte an Lebensmitteln, unfertige Rohmaterialien und Halbfabrikate, Fertigprodukte. Zum Verhältnis dieser Kategorien von Kapital führt Smith aus: *Every*

---

[86] SALIN, Kapitalbegriff (s. Anm. 11), 433; vgl. ebd., 432, Anm. 3 u. 433, Anm. 3 zur unaufgehellten Begriffsgeschichte von 'stock'. — ZEDLER Bd. 5, 656, Art. Capital u. HEINSIUS, Schatzkammer (s. Anm. 67), Bd. 1, 1051, Art. Capital.

[87] JULIUS GRAF V. SODEN, Die National-Oekonomie. Ein philosophischer Versuch über die Quellen des National-Reichthums und über die Mittel zu dessen Beförderung, Bd. 1 (Wien 1815), 62; vgl. ebd., 65: *Vorrat oder Capital-Stoff*.

[88] SMITH, Wealth of Nations 2, 1, 4ff. Works (s. Anm. 38), vol. 2/1, 279f.

[89] Ebd. 2, 1, 17 (p. 282).

[90] Ebd. 2, 1, 14ff. (p. 282).

fixed capital is both originally derived from, and requires to be continually supported by a circulating capital ... No fixed capital can yield any revenue but by means of circulating capital[91]. Seiner Klassifikation von Kapital nach kommt die höhere Produktivität dem fixen Kapital zu. Indem Smith ihm die Aufgabe zuschreibt, *to increase the productive powers of labour*[92], antizipiert er aus dem Erfahrungshorizont von Manufakturbetrieben bereits die kapitalintensive Produktionsweise als Charakteristikum der industriellen Gesellschaft und ihre zunehmende Verbreitung als ein Moment der industriellen Revolution, wenngleich er zunächst dem zirkulierenden Kapital als reale Größe die wichtigere Rolle zugesteht. Die im Blick auf die modernen Verhältnisse deutlich gewordene übermächtige wirtschaftliche und politische Bedeutung des Anteils des fixen Kapitals konnte Smith angesichts seiner Anschauung von der gewerblichen Situation im damaligen England noch nicht als vorrangiges Problem erscheinen. Vermutlich hatten Quesnay und er, wenn sie an die beträchtlichen Summen fixen Kapitals dachten, die Landwirtschaft im Auge (ihre Beispiele: Drainagen, Zäune, Bauten, Viehbestand deuten darauf hin), in ihr war die Fixkapitalbildung im 18. Jahrhundert durchaus schon erheblich. *To maintain and augment the stock which may be reserved for immediate consumption in the sole end and purpose both of the fixed and circulating capitals*[93]. In diesem Satz schlägt sich die zukunftsträchtige produktions- und wachstumsorientierte Auffassung Smiths nieder. Ganz offensichtlich geht es ihm nicht mehr um das damals bereits der Vergangenheit zugehörige Problem der Distribution eines vermeintlich gegebenen, festumrissenen Gütervorrats.

Die Trennung zwischen stehendem und umlaufendem Kapital sollte bei Marx später eine ausschlaggebende Veränderung dadurch erfahren, daß nur der Teil des umlaufenden Kapitals, der zur Entlohnung der Arbeit dient, als „variables" Kapital dem übrigen Teil des umlaufenden und des gesamten stehenden Kapitals als dem „konstanten fixen" Kapital gegenübergestellt wurde. Mit Hilfe der Theorie der Ausbeutung leitete er aus dem „variablen" Kapital den Überschuß ab, den der Eigentümer der Produktionsmittel als Mehrwert für sich behält, also den sich als Residuum ergebenden Gewinn des Unternehmers. Im übrigen machen Kapital nach Marx nur jene Güter aus, die sich im Besitz dieses Unternehmers befinden, darauf ist in anderem Zusammenhang noch einzugehen. Bei Smith ist das durch die Orientierung am Erwerb zwar ebenfalls schon angelegt, doch kann seiner Auffassung nach Kapital, zum Beispiel in Gestalt von Werkzeugen, durchaus auch von Arbeitern besessen werden.

Mit der Auffassung von Gütern als Kapital ist der Standpunkt der merkantilen Praxis verlassen und der populäre Kapitalbegriff aus der Wissenschaft verdrängt worden. Bei den deutschen altliberalen Ökonomen gewinnt 'Kapital' im Anschluß an den englischen Theoretiker dabei ähnliche, heterogene Bedeutungen. 'Kapital' ist auch hier stofflicher Vorrat und *Nutzungsvorrat*[94] oder, wenig anders, ein *Vorrat*

---

[91] Ebd. 2, 1, 2 (p. 283).
[92] Ebd. 2, 2, 7 (p. 287).
[93] Ebd. 2, 1, 26 (p. 283).
[94] CHRISTIAN v. SCHLÖZER, Anfangsgründe der Staatswirthschaft oder die Lehre von dem Nationalreichthume, Bd. 1 (Riga 1805), 17.

nützlicher Sachen[95], wobei festzuhalten ist, daß damit in der Regel ausdrücklich ein Güterfond für die Produktion, nicht für den unmittelbaren Konsum angesprochen wird[96].
Zugleich werden *persönliche oder Kunstkapitale*, zum Zwecke der Aneignung von bestimmten Fertigkeiten für jemanden, vom *Realkapital* unterschieden, zu dem wiederum *Grundkapital* gehört, was soviel heißt wie auf Grund und Boden zum Einsatz gelangende Gütervorräte[97]. Weitere Unterscheidungen im Bereich des Sachkapitals beziehen sich auf *tätige oder lebendige* in Gegenüberstellung zu *müßigen oder toten Kapitalien*. Dabei können erstere wiederum in *hervorbringende, produktive* oder *zur Konsumtion bestimmte* aufgeteilt werden[98]. Schließlich kommt es auch noch zur Bildung einer negativen Definition: Kapital ist etwas Drittes, *das dritte Gewerbsmittel, ... die dritte Güterquelle, ... der dritte Faktor der Gütererzeugung*, und zwar dasjenige, was *weder zur Arbeit noch zur Natur gehört*[99]. Das alles — und manches andere mehr — sind Belege für eine Diversifikation der wissenschaftlichen Terminologie in der ersten Hälfte des 19. Jahrhunderts in Deutschland. Durch Wandel im Sprachgebrauch, häufiger aber durch implizite und explizite Definition sind dem Wort 'Kapital' immer neue Bedeutungen zugefallen, was die sprachschöpferische Rolle der „Analogie als Spezialart der Ein-Mehrdeutigkeit"[100] bekräftigt.

3. Nationalkapital

Die vielfach konstatierte, im 19. Jahrhundert wachsende Vieldeutigkeit des Kapitalbegriffs ist u. a. schon auf Adam Smith zurückgeführt worden, bei dem die Unterscheidung zwischen einem volkswirtschaftlichen und einem erwerbs-, d. h. privatwirtschaftlichen Begriff von 'Kapital' einerseits überhaupt erst rudimentär angelegt und andererseits von den Epigonen nicht genügend beachtet und späterhin terminologisch konfundiert worden sei[101]. Während der Schwerpunkt des einzelwirtschaftlich interpretierten Kapitalbegriffs bei der Deutung von Kapital als Einkommensquelle im Bezug zum Zins und zum Profit liegt, steht beim gesamtwirtschaftlichen Kapitalbegriff die Beziehung zur Produktion im Vordergrund, ist Kapital Produktionsmittel, „produziertes Produktionsmittel". Diese Unterscheidung ist in etwas abgewandelter Form bis in die jüngste Zeit, in der sie in der kapitaltheoretischen Diskussion unter der Bezeichnung „Cambridge-Kontroverse"[102] eine

---

[95] PÖLITZ, Staatslehre (s. Anm. 77), Bd. 2, 20; wörtlich gleichlautend: LUDWIG HEINRICH JAKOB, Grundsätze der National-Oekonomie oder Nationalwirthschaftslehre, 3. Aufl. (Wien 1814), 31.
[96] Ebd.
[97] SCHLÖZER, Anfangsgründe, 20.
[98] JAKOB, Grundsätze, 110.
[99] FRIEDRICH GOTTLOB SCHULZE, Nationalökonomie oder Volkswirthschaftslehre, vornehmlich für Land-, Forst- und Staatswirthe (Leipzig 1856), 461.
[100] MENNE, Einführung (s. Anm. 54), 19.
[101] BÖHM-BAWERK, Capital und Capitalzins (s. Anm. 1), Bd. 2, 25f.; so auch PASSOW, „Kapitalismus" (s. Anm. 5), 55.
[102] So genannt nach den mehr neoklassisch ausgerichteten Ökonomen aus Cambridge/Mass. und den stärker in der Nachfolge von Marx und Keynes stehenden Ökonomen aus Cambridge/Engl.

Rolle spielt, von Bedeutung geblieben. Hierbei geht es — erneut oder noch immer — um die Zurechenbarkeit von Einkommen zu bestimmten Kapitalgrößen. Auf der einen Seite werden in der Nachfolge der Neoklassik unter vorwiegend technisch-einzelwirtschaftlichen und an der Beziehung zwischen Kapitalmenge und Kapitalwert orientierten Gesichtspunkten mehr der Knappheits- und Gleichgewichtsaspekt betont. Auf der anderen Seite stehen der Verteilungs- und Ungleichgewichtsaspekt im Vordergrund der Betrachtung bei stärkerer Hervorhebung der jeweiligen sozialen und institutionellen Komponenten und der Zusammenhänge zwischen Einkommensverteilung und Kapitalakkumulation und zugleich in der Überzeugung, daß die Kapitalmenge nicht befriedigend meßbar sei[103].

Bei Smith ergibt sich das volkswirtschaftliche Kapital aus der Summierung aller Einzelkapitalien[104]. Demgegenüber geht die stärkere Gegenüberstellung von 'Nationalkapital' *(stock of a nation)* zu 'Handels'- und 'Erwerbskapital' *(stock of all trade)* wohl vorrangig auf den englischen Autor NICHOLAS BARBON zurück, der bereits im ausgehenden 17. Jahrhundert als wichtiger Vorläufer Smiths 'Kapital' als Realkapital, also in Gestalt von Gütern, von Rohstoffen und Waren und sogar von Boden, begriffen hat, allerdings noch keine zusammenhängende Theorie der Wirtschaft entwickelte, sondern von praktisch-politischen Zielen bestimmt war[105].

Der merkantilistischen, am monetären Reichtum orientierten Betrachtung folgt hingegen eine Veröffentlichung von 1719, die sich auf die landesherrliche Kammer und deren Einnahmen bezieht. Ihr Autor sah im *Vermögen der Untertanen* das *Capital des Landes* (auch *Vermögen des Landes* genannt) und zugleich den *Reichtum des Landes-Herren* und setzte es ab von den *Capitalia von den Privatis*[106]. Wir haben hier noch keinen auf die Gesamtheit der Nation, des Volkes, bezogenen Kapitalbegriff vor uns, aber der Übergang zur Vorstellung von der Konzentration in einer Hand, zu ganzheitlichen Überlegungen bahnt sich an. „Capital des Landes" und „Reichtum des Landes-Herren" sind getrennt gesehen, doch deutet der im Text angesprochene Zusammenhang mit den fürstlichen Kammereinkünften darauf hin, daß das Land hier als dem Herrschaftsanspruch der „zum Absolutismus drängenden Fürstengewalt" ausgesetzt angesehen wird, wenn nicht sogar zu Beginn des 18. Jahrhunderts die Wahrscheinlichkeit dafür spricht, unter 'Land' die Untertanen des Fürsten zu verstehen[107].

Erst die Terminologie von Adam Smith, der zum einen bei 'Kapital' vom einzelnen Wirtschaftssubjekt ausgeht und zum andern vom Volk, von der Nation, „ist geradezu zu einem Fluch für die Nationalökonomie geworden", wie Passow gemeint

---

[103] Vgl. LEONHARD MÄNNER, Art. Kapital I: Theorie, volkswirtschaftliche, Hwb. d. Wirtschaftswiss., hg. v. Willi Albers u. a., Bd. 4 (1978), 352 ff. u. die knappen Hinweise bei G. C. HARCOURT, Non-Neoclassical Capital Theory, World Development 7 (1979), 923 ff.
[104] Vgl. MÖLBERT, Wandlungen (s. Anm. 74), 44.
[105] NICHOLAS BARBON, A Discourse of Trade (1690), ed. J. H. Hollander (Baltimore 1905), 34 f.; vgl. dazu SALIN, Kapitalbegriff (s. Anm. 11), 431 f.; MÖLBERT, Wandlungen, 34.
[106] THEODOR LUDWIG LAU, Aufrichtiger Vorschlag von vorteilhafftiger Einrichtung der Intraden (Frankfurt 1719), 90. 199.
[107] Vgl. dazu OTTO BRUNNER, Land und Herrschaft. Grundfragen der territorialen Verfassungsgeschichte Österreichs im Mittelalter, 4. Aufl. (Wien, Wiesbaden 1959), 438.

hat[108]. STEIN suchte daraus einen Ausweg, indem er den Kapitalbegriff nach der Mitte des 19. Jahrhunderts so festlegte, daß er sich ausschließlich *auf die Einzelwirtschaft bezieht* und, allgemein verwendet, nur *eine Mehrheit von Capitalien* meint[109]. Vor ihm haben andere Vertreter der ökonomischen Wissenschaft wie RAU und STORCH eine strengere begriffliche Festlegung angestrebt und von dem *in einem Volke gesammelten Capital* als *Nationalcapital*[110] oder — in metaphorischen Anklängen — vom *Gesamtverlag des Volkes*[111] gesprochen. 'Nation' und 'Volk' stehen hier in der Perspektive der Gleichheit, in der eines „demokratischen" Volksbegriffs; nicht das Kapital eines Staates, der losgelöst von der Person des Regenten als gleichsam „ewiges Subjekt" z. B. bei Kreditaufnahme eine Verlängerung der Tilgungsfristen beanspruchen konnte, ist gemeint. Vorherrschend ist eine summative Vorstellung von 'Nationalkapital'. Dabei konnte 1808 zum Problem werden, daß *das Kapital aller einzelnen Glieder einer Gesellschaft* als das *gesamte Kapital der Gesellschaft* zugleich Grenze für die *gesamte Gewerbsamkeit eines Landes* ist[112]. Diese Auffassung erscheint jedoch nur sinnvoll, wenn unter 'Nationalkapital' inländisches Realkapital, d. h. die inländischen Produktionsmittel verstanden werden, und Eigentumstitel wie auch innerstaatliche Kreditbeträge außer Betracht bleiben. Rechnete man alle Arten von Geldvermögen dazu, käme man unter Umständen wegen der Doppelzählungen zu enormen Kapitalbeträgen, die mit der realen Produktion nicht entfernt etwas zu tun hätten.

Gesundheit, Fleiß und Redlichkeit machen das größte Kapital des menschlichen Geschlechts aus[113], diese metaphorische Verwendung des Kapitalbegriffs durch den Osnabrücker JUSTUS MÖSER stehe für viele Beispiele, denn die Metaphorik, das „Lebenselement der Sprache"[114], hat sich frühzeitig auch dieses Begriffs bemächtigt, speziell auch des Begriffs 'Nationalkapital'. Nach der Jahrhundertwende wurde so durch ADAM HEINRICH MÜLLER, in Fortführung bereits bei Smith angelegter Auffassungen, dem *physischen Waren-Capital* ein *geistiges Erfahrungs-Capital, welches durch Sprache, Rede und Schrift realisiert und in Bewegung gesetzt wird,* gegenübergestellt. *Wissenschaft und geistliches Geschäft* betrieben die *Bewirtschaftung des geistigen Capitals,* dem Müller größere Wichtigkeit als dem *Capital von physischer National-Kraft* zuspricht. *Das Capital von National-Weisheit,* dieses *unsichtbare und schlummernde Capital* wird zu einem Element der Reichtumsbildung. Von hier eröffnet sich die durchaus modern anmutende Perspektive, die Wissenschaften als

---

[108] PASSOW, „Kapitalismus", 55.
[109] LORENZ V. STEIN, Lehrbuch der Volkswirthschaft. Zum Gebrauche für Vorlesungen und für das Selbststudium (Wien 1858), 99.
[110] KARL HEINRICH RAU, Lehrbuch der politischen Oekonomie, Bd. 1: Grundsätze der Volkswirthschaftslehre (1826), 3. Aufl. (Heidelberg 1837), 124.
[111] HEINRICH STORCH, Handbuch der National-Wirthschaftslehre, Bd. 1 (Hamburg 1819), 140.
[112] CHRISTIAN JACOB KRAUS, Staatswirthschaft, hg. v. Hans v. Auerswald, Bd. 3 (Königsberg 1808), 239; ebd., Bd. 4 (1808), 67.
[113] JUSTUS MÖSER, Patriotische Phantasien und Zugehöriges (um 1770), SW 2. Abt., Bd. 5 (1945), 119.
[114] So MENNE, Einführung (s. Anm. 54), 19 — auf die Analogie gemünzt.

integrierende Teile des Capitals aufzufassen[115] und ihnen als Produktivkraft hohe Bedeutung zukommen zu lassen[116]. In der *productiven Kraft* lag sowohl für den Romantiker Müller wie auch für den Liberalen ROTTECK das *Wesen des Capitals*, zu dem letzterer die *persönlichen Arbeitskräfte und Fertigkeiten* rechnete. Und diese individuellen Kräfte und Fähigkeiten gehören nun gleichermaßen zum Kapital des einzelnen wie *zu dem der Nation*[117].

Dieser Komplex von Anschauungen hat in neuester Zeit unter dem Stichwort 'Humankapital' im Zusammenhang und unter dem Eindruck des Wettrüstens, der wirtschaftlichen Entwicklung westlicher Industrieländer und den spezifischen Problemen der Dritten Welt in der Bildungs- und Forschungsökonomie — von den USA ausgehend — eine Neubelebung erfahren[118]. Schon MARX sah in der *Entwicklung einer individuellen Anlage* und in deren Einwirkung auf die Qualität von Arbeit *die größte Produktivkraft*[119]. Doch ergab sich dabei u. a. das bis heute noch nicht hinreichend gelöste Problem der Messung und wirtschaftlichen Bewertung des Bestandes an Humankapital, dem unter Fragestellungen der politischen Arithmetik in Ansätzen schon 1676 William Petty nachgegangen war. In Theorien und Prognosen zum modernen Wirtschaftswachstum spielt die Klärung des Beitrages von Bildung und Bildungspotential eine nicht zu übersehende Rolle.

Im Deutschland des 19. Jahrhunderts ist die Geschichte des Kapitalbegriffs eng verbunden mit der Frage nach dem *Wesen . . . der Kapitalien*[120]. Das findet seinen Niederschlag in der starken Ausdifferenzierung der Fachsprache, die sich mit dem Kapitalbegriff befaßt. Hier ist ausgeführt worden, daß in der Wissenschaftssprache der industriellen Gesellschaft das „Wesen des Kapitals" nicht mehr im Geld bzw. in der Reduzierbarkeit auf Geld besteht, sondern vorrangig in Gütern — und hier wiederum in einer breiten inhaltlichen Ausfächerung. Die Ablösung von der geldmäßigen Vorstellung von 'Kapital' kann sogar so weit gehen, daß der Ausdruck aus den Zusammenhängen der Geldwirtschaft überhaupt gelöst[121] und auf eine naturale Tauschwirtschaft, z. B. eine Nomadenwirtschaft, übertragen wird, in der die große Herde dann das Kapital ist[122]. Schließlich gibt es auch wieder eine Ablösung des

---

[115] ADAM HEINRICH MÜLLER, Die Elemente der Staatskunst (1809), hg. v. Jakob Baxa, Bd. 2 (Jena 1922), 33. 30.
[116] So schon bei JAKOB, Grundsätze (s. Anm. 95), 159, wo von der *Anwendung der Capitale auf Erlernung der Künste und Wissenschaften* die Rede ist, die ebenso fruchtbar sein könne wie *viele tausend Landbauern*.
[117] ROTTECK, Art. Capital (s. Anm. 61), 237.
[118] Vgl. dazu: Bildungsinvestitionen und Wirtschaftswachstum. Ausgewählte Beiträge zur Bildungsökonomie, hg. v. KLAUS HÜFNER (Stuttgart 1970), 11 ff.
[119] MARX, Grundrisse der Kritik der politischen Ökonomie, Rohentwurf 1857/85 (1939); Ausg. Frankfurt, Wien 1969), 599.
[120] Vgl. RIEDEL, Nationalöconomie (s. Anm. 59), Bd. 1, 287.
[121] Vgl. etwa RAU, Lehrbuch (s. Anm. 110), Bd. 1, 125 ff.
[122] Vgl. ALBRECHT FORSTMANN, Zur Problematik einer dynamischen Kapitaltheorie, Tl. 2, Schmollers Jb. f. Gesetzgebung, Verwaltung u. Volkswirtschaft 75/1 (1955), 39. 51; STORCH, Handbuch (s. Anm. 111), Bd. 1, 175: *Hirtenvölker kennen oft das Geld noch nicht, haben aber schon Capitalisten unter sich, und zwar große, denn zahlreiche Herden, wenn sie angewendet werden, das Vermögen der Hirten zu vermehren, bilden in eigentlicherem Sinne Capitale als das Geld.*

Kapitalbegriffs von Gütern und Sachen und jene Ausweitung, die bereits angesprochen worden ist, auf geistige, künstlerische oder wissenschaftliche Fähigkeiten, die als 'Kapital' bezeichnet werden.

Auf einen Kapitalbegriff im wohl weitesten Sinne bezieht sich 1838 RIEDEL, wenn er Autoren anführt, die zu Kapital *die ganzen Menschen selbst, bald Kundschaften und andere unkörperliche Besitztümer* rechneten[123]. Es eröffnet sich hier der Metaphorik immer weiterer Raum, so daß es nur ein kleiner Schritt war, als produktive Kraft besonders das *geistige Kapital* herauszustellen und in *der Anhäufung aller Entdeckungen, Erfindungen, Verbesserungen, Vervollkommnungen und Anstrengungen aller Generationen*, also in ihren historisch gewordenen Leistungen, das *geistige Nationalkapital* zu sehen, wie man es bei FRIEDRICH LIST — einem *materiellen Nationalkapital* gegenübergestellt — nachlesen kann[124]. Auch GOETHE bedient sich eines metaphorischen Kapitalbegriffs, wenn er in einem Gespräch über den Wert englischer Sprachstudien empfiehlt, die eigenen Kräfte zusammenzuhalten und sich vor Zersplitterung zu hüten: *Sich ein Kapital bilden, das nie ausgeht*[125], darauf komme es an. Der ökonomische Bezug des Kapitalbegriffs ist nicht mehr gegeben[126]. Zuletzt wird die Heterogenität des Begriffes *National-Capital* noch auf die Spitze getrieben, sofern bei ADAM HEINRICH MÜLLER sich die Hauptstadt eines Landes als Heimstatt des mit diesem Ausdruck Gemeinten zeigt: *in tausendfältigen erhabenen Ausdrücken sichtbar* versammelten sich dort *Gesetze, Geld, Kredit, das glänzende Leben der höhern Stände, Erfahrung und Wissenschaft, alle integrierende Teile des großen National-Capitals*[127].

4. Arbeitswertlehre und Zurechnungsproblem

Mit der Zurückdrängung des monetären und der Herausbildung eines an Sachen, an Gütern orientierten Kapitalbegriffs — Marx überschreibt einen Abschnitt im ersten Band seines 1867 erschienenen Werkes „Das Kapital" mit „Die Verwandlung von Geld in Kapital" — hat sich die Frage nach der Abgrenzung und der Gewichtung der als Kapital zusammengefaßten einzelnen Komponenten erhoben. Im Anschluß an die Ausführungen von Adam Smith schlägt sich das zunächst vielfach als eine nach Gründen der Zweckmäßigkeit erstellte Klassifikation in den wissenschaftlichen ökonomischen Veröffentlichungen des ausgehenden 18. und des beginnenden 19. Jahrhunderts in Deutschland nieder. Im Zuge des Ausbaues der vornehmlich auf die englischen Klassiker der Nationalökonomie zurückgehenden Lehre von den drei Produktionsfaktoren Boden, Arbeit und Kapital entsteht jedoch ein neues Problem: Wenn Kapital nicht mehr Geld ist, sondern wenn als Inbegriff aller Teile einer dieser

---

[123] RIEDEL, Nationalöconomie, Bd. 1, 282.
[124] LIST, Das nationale System der politischen Ökonomie (1844), Schriften, Bd. 6 (1930), 179.
[125] GOETHE zu Eckermann (3. 12. 1824), in: ders., Gespräche mit Eckermann, Gedenkausgabe, hg. v. Ernst Beutler, Bd. 24 (Zürich 1949), 128.
[126] Das Plattdeutsche mit seiner schönen Anschaulichkeit umschreibt geistiges Kapital mit *wat een in de Kopp hett*, OTTO BUURMANN, Hochdeutsch-plattdeutsches Wörterbuch, Bd. 6 (Neumünster 1968), 63, s. v. Kapital.
[127] MÜLLER, Elemente der Staatskunst (s. Anm. 115), Bd. 2, 14.

drei Produktionsfaktoren 'Kapital' genannt wird, so ist damit noch nichts über seine Zuordnung zu den anderen Produktionsfaktoren ausgesagt, d. h. über seine reale wirtschaftliche und politische Bedeutung. Mit der Lösung dieser Frage sind erhebliche praktische und theoretische Konsequenzen verbunden. Denn der klassischen Triade Boden, Arbeit und Kapital werden in der Regel spezifische Einkommen: Rente, Lohn und Zins (bzw. Profit) zugeordnet, denen dann auch soziale und politische Akteure entsprechen sollen: Grundeigentümer, Arbeiter, Kapitalisten, was wiederum auf bestimmte Modellvorstellungen von Staat und Gesellschaft verweist, die hinter diesen Lehren von den Produktionsfaktoren stehen. Das Problem läßt sich sowohl als Frage der logischen Subsumtion als auch als eines der historischen Herleitung der Produktionsfaktoren auseinanderfalten, bei den wichtigsten Autoren des 19. Jahrhunderts sind jedoch beide Perspektiven untrennbar ineinandergeblendet. Es handelt sich dabei letztlich um ein *Problem der Güterverteilung*[128], also ein hochpolitisches Problem, dessen Bedeutung in dem Maße gestiegen ist, in dem die Gesellschaft sich als Wirtschaftsgesellschaft entwickelt hat[129].

Die vorherrschende Ansicht bestand im 19. Jahrhundert zweifellos in der Subsumtion des Produktionsfaktors Kapital unter denjenigen der Arbeit. Nicht selten ist jedoch einerseits auch die umgekehrte Subsumtion vertreten worden, und zwar von entschiedenen Vertretern des Liberalismus — indem sie, wie oben schon ausgeführt, persönliche *Arbeitskräfte und Fertigkeiten ... mit zum Capital* gerechnet haben[130]; andererseits ist die Eigenständigkeit des Faktors Kapital als *eine selbständige Größe*[131], als *eine selbständige Güterquelle*[132] oder schlicht als *produktive Kraft*[133] betont worden.

Schon vor der durch Karl Marx weltweit geschichtsmächtig gewordenen Kapitaltheorie (s. den folgenden Abschnitt) wurde diese auf David Ricardo in der Nachfolge von Smith zurückgehende, sogenannte Arbeitswertlehre zu einem Credo bürgerlichen Selbstverständnisses. Kapitale sind *Producte vorhergegangener Arbeit*, heißt es bei JAKOB 1805 in Vorwegnahme der Ricardianischen Formel vom Kapital als „accumulated labour", als aufgespeicherte oder angehäufte Arbeit[134]. In der Arbeitswertlehre wird die Besinnung auf das Wesen gegen die bloße Erscheinung gestellt. Die Erscheinung, das waren die großen Etablissements, beispielsweise des frühen Fabriksystems in England, die von ANDREW URE (den Marx den *Pindar der auto-*

---

[128] BÖHM-BAWERK, Capital und Capitalzins, Bd. 1: Geschichte und Kritik der Capitalzins-Theorien (1884), 2. Aufl. (1900), 599; vgl. ebd., 603: *Das Zinsproblem ist ein Verteilungsproblem.*

[129] WERNER SOMBART, Der moderne Kapitalismus, Bd. 3/1: Das Wirtschaftsleben im Zeitalter des Hochkapitalismus, 2. Aufl. (München, Leipzig 1927), 140, hält das *Problem der Zurechnung* für *falsch gestellt.* Es gehe auf *die unselige Ethisierung der Wirtschaft* zurück und trage nur zur Verdunkelung der Tatbestände bei.

[130] ROTTECK, Art. Capital (s. Anm. 61), 237.

[131] RIEDEL, Nationalöconomie (s. Anm. 59), Bd. 1, 298.

[132] HERMANN RÖSLER, Grundsätze der Volkswirtschaft (1864), zit. BÖHM-BAWERK, Capital und Capitalzins, Bd. 1, 209.

[133] ROTTECK, Art. Capital, 237.

[134] JAKOB, Grundsätze (s. Anm. 95), 36; RICARDO veröffentlichte die „Principles of Economy and Taxation" 1817.

IV. 4. Arbeitswertlehre und Zurechnungsproblem

matischen Fabrik genannt hat) in seinem Buch „A Philosophy of Manufacture" 1835 eindrucksvoll dargestellt und durch eine Transmissionsanlage veranschaulicht worden sind[135]. Das Wesen des Kapitals ist dagegen nichts anderes als aufgespeicherte Arbeit. Sofern nicht metaphysische Überlegungen mitspielen — jedes Kapital enthalte *Kräfte in sich*[136] — wird die Geschichte als Legitimationsinstanz für beide Seiten, für Kapital und Arbeit, angerufen. Diejenigen, die die Erscheinung für sich haben, berufen sich auf die Faktizität dessen, was so geworden ist. Beispielsweise wird bei Senior daraus auf die Bedeutung der Enthaltsamkeit zurückgeschlossen[137], bei anderen Autoren auf die des Sparens für die Kapitalbildung; das Problem der innerweltlichen Askese ist damit angesprochen. Diejenigen, die auf das Wesen reflektieren, erheben den Anspruch, die wahre Geschichte der Faktizität, *die wahrhaft schaffende Kraft* aufzudecken[138], womit sich bis heute deutlich ein Enthüllungsanspruch, eine ideologiekritische Forderung verbindet. Gegen das Recht der Geschichte wird — wenn hier in Anlehnung an Erwin Hölzle so formuliert werden darf — das „historische Recht" gestellt[139].

Schon die These vom historischen Primat des umlaufenden Kapitals gegenüber dem stehenden Kapital, erst recht jedoch die Arbeitswertlehre in ihrer klassischen Fassung, die den Arbeitsertrag des Bürgers dem Renteneinkommen des Feudalherrn gegenüberstellt, ist ein Ausdruck typisch bürgerlichen Geschichts- und Selbstbewußtseins. Die Auffassung von der Überlegenheit der bürgerlichen Wirtschaftsweise über alle vorhergegangenen, speziell der Triumph über den Feudalismus, findet hier seine Begründung in einer Linie des Denkens, die von Adam Smith über Marx bis hin zu Schäffle reicht. Allerdings darf nicht übersehen werden, daß sich diese bürgerliche Argumentation im Zuge der Entwicklung der Wirtschaftsgesellschaft bald gegen die bürgerlichen Interessen selbst kehrte.

Über die ökonomische Filiation des Produktionsertrages, also über den Anteil am Produktionsertrag, der jeweils einem der Produktionsfaktoren zuzurechnen ist, ist bis heute keine Übereinstimmung erzielt worden. Mit der noch immer anhaltenden Erhöhung der Kapitalausstattung im Sinne von Realkapital hat sich die Zurechnungsproblematik verständlicherweise zunehmend erschwert. Darauf hat hellsichtigerweise schon 1838 der Ökonom Riedel hingewiesen, als er, ohne die uns heutzutage geläufige Anschauung von den Ausmaßen technischer Anlagen und erst mit Erfahrungen aus der Frühzeit der industriellen Revolution ausgerüstet, ausführte: *Bei den Maschinen ist es mit besonderer Schwierigkeit verknüpft, das Product*

---

[135] Marx, Das Kapital. Kritik der politischen Ökonomie, Bd. 1 (1867), MEW Bd. 23 (1962), 441; Andrew Ure, The Philosophy of Manufactures: or, an Explanation of the Scientific, Moral, and Commercial Economy of the Factory System (London 1835), 23. 34. Es ist zu vermuten, daß die im Sozialismus bis heute eine Rolle spielende Metapher vom „Transmissionsriemen" auf das Buch von Ure zurückgeht.
[136] Roesler, Grundsätze, zit. Böhm-Bawerk, Capital und Capitalzins, Bd. 1, 209.
[137] Vgl. Böhm-Bawerk, Capital und Capitalzins, Bd. 1, 329.
[138] Rotteck, Art. Capital, 237.
[139] Vgl. Erwin Hölzle, Historisches Recht, in: Aus Verfassungs- und Landesgeschichte, Fschr. Theodor Mayer, Bd. 1 (Lindau, Konstanz 1954), 265ff.

des Kapitals, was die Maschine darstellt, von dem Producte der Triebkräfte, welche teils menschliche Kräfte, teils Naturkräfte sind, ... zu trennen[140].

Was dann Sombart mit Vehemenz als grundsätzlich verfehlt bezeichnet hat, nämlich den Ertrag der Produktion in bestimmtem Anteilsverhältnis einem der daran beteiligten Faktoren zurechnen zu wollen[141] — wie es seit der sog. Marginalrevolution der Anspruch der mit der Produktionstheorie verbundenen Verteilungstheorie ist —, auch das hat Riedel bereits vorformuliert, als er es für *unrichtig* erklärte, *das Product eines Kapitals, dieser Verbindung wegen, in welcher es zur Erscheinung kommt, mit auf Rechnung der wirkenden Kräfte zu schreiben, deren es, um in Anwendung zu kommen, bedarf, der Natur- oder der Arbeitskräfte*[142]. Für ihn ist Kapital zwar ein Ergebnis auch von Arbeit, doch diese Zurechnung begründet keine Arbeitswertlehre; dem steht schon die Dauer einer Produktion, der Zeitfaktor, entgegen. Damit begegnet man hier erneut einem Argument, das in der Auseinandersetzung um die Zurechnungsfrage in der jüngsten Zeit wieder Bedeutung erlangt hat[143].

Was die Subsumtionsproblematik in der Moderne angeht, so ist sie einerseits dadurch gekennzeichnet, daß man angesichts der Tatsache, daß Boden in Kulturgesellschaften selbst ein weitgehend schon produziertes Produktionsmittel ist, ihn unter Kapital im weiteren Sinne subsumieren kann und dadurch die drei Produktionsfaktoren auf zwei, auf Kapital und Arbeit, reduziert werden. In jüngster Zeit wird es schließlich — in Annäherung der „akademischen" Ökonomen[144] an die Klassiker und an Marx und nicht zuletzt unter den Einflüssen des Keynesianismus — unter dem Gesichtspunkt kurzfristiger Betrachtung für sinnvoll erachtet, die Arbeitskraft als den einzigen Produktionsfaktor anzusehen. Kapital gilt dann zwar als notwendige Bedingung, daß *labour and natural resources* wirksam werden, *but ... is not a factor of production independent of them*[145]. Andererseits hat sich gezeigt, daß die moderne Betriebswirtschaftslehre mit der klassischen Trias von Produktionsfaktoren nicht auskommt, sondern in Wiederaufnahme eines Terminus aus dem 19. Jahrhundert von einer Vielzahl von Leistungsfaktoren handelt, was letztlich eine Frage der Zweckmäßigkeit ist und von den Zielen der mehr oder weniger stark abstrahierenden oder differenzierenden jeweiligen Theorie abhängt[146].

Marie-Elisabeth Hilger

5. Der Kapitalbegriff bei Karl Marx

In seiner „Kritik der politischen Ökonomie" hat Marx die Arbeitswertlehre der „klassischen" Ökonomie und deren Reduktion der Kategorie 'Kapital' auf die

---

[140] Riedel, Nationalöconomie (s. Anm. 59), Bd. 1, 323.
[141] Sombart, Kapitalismus (s. Anm. 129), Bd. 3/1, 140f.
[142] Riedel, Nationalöconomie, Bd. 1, 298.
[143] Karl Kühne, Ökonomie und Marxismus, Bd. 1: Zur Renaissance des Marxschen Systems (Neuwied, Berlin 1972), 125.
[144] Ebd., 124; vgl. ebd., 136: „akademische Nationalökonomie".
[145] Joan Robinson, The Accumulation of Capital (London 1956), 311.
[146] Vgl. etwa die *drei Gruppen von Produktionsfaktoren* bei Edmund Heinen, Einführung in die Betriebswirtschaftslehre, 6. Aufl. (Wiesbaden 1977), 177, oder die Unterscheidung zwischen *produktiven* und *dispositiven Faktoren* bei Carl Zimmerer, Kompendium der Betriebswirtschaftslehre, 4. Aufl. (Frankfurt 1971), 339.

IV. 5. 'Kapital' bei Marx

Wesensbestimmung 'Arbeit' zugleich aufgegriffen und kritisiert, wobei diese beiden Grundbegriffe seiner Theorie eine Reihe von neuen Bedeutungsdimensionen hinzugewannen. Unter Rückgriff auf Hegels Theorie der Reflexionsbestimmungen postulierte Marx schon in den „Ökonomisch-philosophischen Manuskripten" (1844), ausgearbeitet allerdings erst in den „Grundrissen der Kritik der politischen Ökonomie" (1859), ein wechselseitiges logisches Subsumtionsverhältnis von 'Kapital' und 'Arbeit'.

Ebenso wie seine „liberalen" Vorgänger versteht Marx' das Kapital zunächst als „Product vorhergegangener Arbeit"[147] oder — in Marx wechselnder Terminologie — als *aufgehäufte ..., vergegenständlichte* bzw. *tote Arbeit*[148] und unterscheidet dieses *konstante Kapital* im Produktionsprozeß vom *variablen Kapital*, der *lebendigen Arbeit*[149]. Diese Deutung des Kapitals als Arbeit hat bei Marx jedoch einen wesentlich anderen Sinn: Für die liberalen Ökonomen gab sie nur den Legitimationstitel ihrer Kritik am unproduktiven Renteneinkommen der Boden- und Immobilienbesitzer ab, die Deutung galt ihnen als bloße Richtigstellung der wahren ökonomischen Verhältnisse[150]. Bei Marx dagegen kehrt sich nicht nur die Kritik gegen das Kapital selbst, in dessen Namen die liberale Kritik vorgetragen worden war, sondern schon allein die Deutung des Kapitals als Arbeit stellt einen Akt der kritischen Durchdringung eines gesellschaftlichen Scheins dar, dessen objektive Realität nicht durch bloße Argumente aufzulösen ist. Die begriffliche Subsumtion des Kapitals unter die Arbeit, in der liberalen Arbeitswertlehre im wesentlichen eine bloße intellektuell-dekouvrierende Aufgabe, wird bei Marx zu einem Akt der Gesellschaftskritik von epochaler Dimension.

Eine wesentliche Voraussetzung für diese Kritik ist, daß 'Kapital' nicht mehr bloß als Produktionsfaktor, sondern zugleich auch als gesellschaftliches Produktionsverhältnis verstanden wird. *Aber das Kapital ist kein Ding, sondern ein bestimmtes, gesellschaftliches, einer bestimmten historischen Gesellschaftsformation angehöriges Produktionsverhältnis, das sich an einem Ding darstellt und diesem Ding einen spezifisch gesellschaftlichen Charakter gibt*[151]. Der Subsumtion des Kapitals unter die Arbeit, deren analytischer Sinn vor allem darin besteht, die Vermittlung von „toter" und „lebendiger" Arbeit im Produktionsprozeß durchsichtig zu machen, tritt auf dieser Ebene der Begriffsauslegung die umgekehrte reflexionslogische Figur zur Seite: Die Subsumtion beider Formen von Arbeit unter den Oberbegriff 'Kapital' verweist auf die reale gesellschaftliche Macht der Kapitalbesitzer, sich die Arbeitskraft der von

---

[147] s. o. Anm. 134.
[148] MARX, Kapital, Bd. 1, 209. 196.
[149] Ebd., 214.
[150] Die große Leistung dieser Kritik hebt Marx immer wieder hervor. Vgl. ders., Das Kapital. Kritik der politischen Ökonomie, Bd. 3 (1894), MEW Bd. 25 (1962), 838: *Es ist das große Verdienst der klassischen Ökonomie, diesen falschen Schein und Trug, diese Verselbständigung und Verknöcherung der verschiedenen gesellschaftlichen Elemente des Reichtums gegeneinander, diese Personifizierung der Sachen und Versachlichung der Produktionsverhältnisse, diese Religion des Alltagslebens aufgelöst zu haben, indem sie den Zins auf einen Teil des Profits und die Rente auf den Überschuß über den Durchschnittsprofit reduziert, so daß beide im Mehrwert zusammenfallen.*
[151] Ebd., 823 f.

ihnen angestellten Arbeiter zum Zwecke neuer Kapitalgewinnung dienstbar zu machen[152]. 'Kapital' bezeichnet so gesehen also ein Herrschaftsverhältnis, die Subsumtion von 'Arbeit' unter 'Kapital' nicht bloß wie die umgekehrte Subsumtion in der klassischen Arbeitswertlehre eine begriffliche Transformation wirtschaftlicher Aktivitäten, sondern die wirkliche Knechtung der Arbeitsformen, -bedingungen und -produkte unter das übergeordnete Interesse der Kapitalgewinnung[153].

In der wirksamen Vernachlässigung aller lebendigen Eigeninteressen der Arbeiter, bzw., in der Sprache der Reflexionslogik ausgedrückt, in der Abstraktion des Kapitals von allem, was sich seinem Verwertungsinteresse nicht fügt, wird dabei eine weitere Bedeutungsdimension des Marxschen Kapitalbegriffs sichtbar: Als geschichtsphilosophischer Bewegungs- und Zielbegriff bezeichnet 'Kapital' die unendliche, weil von jedem endlichen Ziel absehende Bewegung der Kapitalakkumulation, den gesellschaftlichen Reichtum um seiner selbst willen, der sich überall dort gegen die wirklichen Interessen der Menschheit richtet, wo er ihnen nicht mehr dienstbar zu machen ist. So relativiert sich für Marx der gesellschaftliche Wert der Kapitalherrschaft im Horizont der geschichtlichen Entwicklung: Aufs Ganze gesehen beschränkt sich ihre historische Berechtigung allein auf diejenige Epoche der Menschheitsgeschichte, in der sie die Emanzipation der Menschheit von materieller Not bewirkt. Das Kapital hat für Marx, als Organisationsprinzip gesellschaftlicher Produktion verstanden, nur einen begrenzten historischen Auftrag, dessen Erfüllung abzusehen ist.

Die Breite der semantischen Ausfächerungsmöglichkeiten zeigt, daß Marx die Kategorien 'Kapital' und 'Arbeit' eigentlich nur als begriffliche Fluchtpunkte dienen, deren jeweilige Konkretisierungen allerdings durch das dialektische Reflexionsniveau der Theorie immer wieder auf eine gemeinsame Mitte zurückbezogen werden[154]. So sind die beiden Begriffe im jeweiligen Zusammenhang bald historisch als Chiffre für eine Epoche der Wirtschafts- und der Weltgeschichte, bald systematisch als Chiffre für eine wirtschaftliche Produktionsweise zu lesen; einmal treten sie für die jeweiligen Akteure dieser Produktionsweise, die historischen Subjekte ('Kapitalist' und 'Arbeiter') ein, dann aber erscheinen sie auch wieder ganz im Gegenteil gerade selbst als historische Subjekte. Ihren theoretischen Zusammenhang erhält diese Palette gleichzeitiger und widersprüchlicher Bedeutungen durch den Anspruch der Marxschen Theorie, die Gesellschaft gleichzeitig auf mehreren Reflexionsebenen beschreiben zu wollen: der Ebene wirklicher, vordergründiger gesellschaftlicher Tätigkeiten von einzelnen Individuen und der Ebene derjenigen Wirkungen, die diese, ihnen selbst auf eigentümliche Weise unzugänglich, aufs Ganze der Gesellschaft oder der Geschichte hin gesehen, erzielen. Als Reflexionskategorien im Sinne

---

[152] Vgl. ebd., 412.
[153] Vgl. dazu ROMAN ROSDOLSKY, Zur Entstehungsgeschichte des Marxschen „Kapital". Der Rohentwurf des „Kapital" 1857—58 (Frankfurt, Wien 1968), 233 ff.
[154] Zu Marx' Methode vgl. HELMUT REICHELT, Zur logischen Struktur des Kapitalbegriffs bei Karl Marx (Frankfurt, Wien 1970); JINDŘICH ZELENÝ, Die Wissenschaftslogik und „Das Kapital" (Frankfurt, Wien 1973); OTTO MORF, Geschichte und Dialektik in der politischen Ökonomie, 2. Aufl. (Frankfurt, Wien 1972); WALTER TUCHSCHEERER, Bevor „Das Kapital" entstand (Berlin 1968).

der Hegelschen Logik evozieren die Begriffe 'Kapital' und 'Arbeit' bei Marx daher notwendigerweise eine doppelbödige Lesbarkeit, die nur um den Preis des theoretischen Ansatzes empirisch zu vereindeutigen ist.

Lucian Hölscher

6. Rückgriff auf den Geldkapitalbegriff

Die Verwendung des Kapitalbegriffs hat sich seit dem 19. Jahrhundert zunehmend ausgefächert, was nicht zuletzt auf Schwierigkeiten der zugrundeliegenden Kapitaltheorien zurückzuführen ist. Gegenwärtig stehen nach Ausweis eines neueren Handbuchartikels[155] drei Kapitalbegriffe im Mittelpunkt der Theorie: 'Realkapital' (Kapitalmenge, Produktionskapital, auch technisches Kapital genannt), 'Wertkapital' (Wert des Kapitalgüterbestandes) und 'Geldkapital'. Das Ausufern der Differenzierung des Begriffs in der Wissenschaft des 19. Jahrhunderts hat also nicht dazu geführt, daß der monetäre Kapitalbegriff verschwunden ist. Tatsächlich bleibt 'Kapital' umgangssprachlich mit verschiedenen Arten von Geldvermögen verbunden. Es ist dies — etwa in Zusammenhängen von „Kapitalmarkt", „Kapitalverkehr", „Auslandskapital" — sogar die gebräuchliche Form, von Kapital zu reden. Deshalb konnte schließlich auch der Wunsch entstehen, die Wissenschaft möge ebenfalls zu diesem monetären Kapitalbegriff als dem des „praktischen Lebens"[156] zurückkehren — und damit zur semantischen Ein-Eindeutigkeit des Begriffs. Ansätze zu dieser Rückbesinnung auf den allgemeinen „Sprachgebrauch" finden sich schon vor der Jahrhundertmitte[157], doch dann wird erst wieder Carl Menger zugeschrieben, den Weg aus dem „fast unerträglichen Zustand terminologischer Verwirrung" dadurch gesucht zu haben, daß er „unmittelbar das Leben befragen" wollte[158]. Endlich wird unbestritten Joseph Schumpeter zuerkannt, sich 1912 auf den Sprachgebrauch des täglichen Lebens berufen zu haben[159]. Erwähnenswert ist dabei, daß dieser Sprachgebrauch der Praxis, den man beschwört, auch weitgehend der Sprachgebrauch der Betriebswirtschaftslehre ist[160]. Diese hat sich — obgleich doch eine hoch terminologische Wissenschaft —, was den Kapitalbegriff angeht, letztlich näher am Sprachgebrauch des „praktischen Lebens" gehalten; vermutlich einfach deswegen, weil auch ihr Gegenstand, der konkrete einzelne Betrieb, nicht oder nicht unbedingt wohl ihre Methoden, dem, was man im Alltagsleben unter „Wirtschaften" versteht, näherliegen. Doch nicht nur in der Betriebswirtschaftslehre ist die ehemalige Geldbedeutung des Ausdrucks 'Kapital', den man definitorisch wieder durchsetzen wollte, gegenwärtig geblieben; gleichermaßen hat sie sich

---

[155] Männer, Art. Kapital I (s. Anm. 103), 347.
[156] Preiser, Kapitalbegriff (s. Anm. 3), 24, Anm. 10.
[157] Vgl. Friedrich J. Neumann, Beiträge zur Revision der Grundbegriffe der Volkswirtschaftslehre, Zs. f. d. gesammte Staatswiss. 25 (1869), 500.
[158] Vgl. Jacoby, Kapitalsbegriff (s. Anm. 75), 27. 73.
[159] Preiser, Kapitalbegriff, 24, Anm. 10; er beruft sich auf J. A. Schumpeter, Theorie der wirtschaftlichen Entwicklung, 2. Aufl. (München 1926); vgl. jedoch bereits ebenso 1. Aufl. (1912), 236.
[160] Preiser, Kapitalbegriff, 21. Vgl. auch Günter Franke, Art. Kapital II: Theorie, betriebswirtschaftliche, Hwb. d. Wirtschaftswiss. (s. Anm. 103), Bd. 4, 359ff.

in der Sphäre der Rechtsprechung erhalten, in Verwaltung und Gesetzgebung, und schließlich lebt sie auch in Teilen der Volkswirtschaftslehre fort, man denke dabei nur an die Lehren vom Geld-, Bank- und Kreditwesen[161].

7. Der Kapitalbegriff in der sozialistischen Übergangsgesellschaft

In Absetzung von der sog. bürgerlichen Wirtschaftstheorie, die z. B. bewirkt haben soll, daß *im kommunistischen Bereich ... die Auffassung von der Gleichberechtigung der Faktoren bei der Ertragsbildung*[162] bisher abgelehnt worden ist, hat sich die ideologische Notwendigkeit ergeben, für die verschiedenen Erscheinungsformen dessen, was in der nichtsozialistischen Nomenklatur 'Kapital' meint und mit der Kapitalrechnung zusammenhängt, für sozialistische Gesellschaften eine eigene sozialistische Nomenklatur zu finden. Dies geschieht beispielsweise dadurch, daß der Knappheit des Kapitals — ohne daß es damit als *Produktionsfaktor besonderer Art* anerkannt zu werden bräuchte — insoweit Rechnung getragen wird, als unter dem Namen *Produktionsfondsabgabe* ein Zinsersatz in Form einer öffentlichen Abgabe geschaffen worden ist[163]. Er wird von den sog. Grund- und Umlauffonds erhoben und soll einen optimalen Einsatz der *produktiven Fonds* gewährleisten. Diese wiederum — auch *Produktionsfonds* genannt — bestehen in breiter Ausdifferenzierung aus den für den Produktionsprozeß notwendigen (systemneutral bezeichneten) *Produktionsmitteln*, d. h. den *Arbeitsmitteln und Arbeitsgegenständen*[164]. Hinsichtlich der Semantik des Kapitalbegriffs ergibt sich hierdurch der Sachverhalt einer neuen Mehr-Eindeutigkeit. Er ist insofern eine zwingende Konsequenz marxistischer Kritik am kapitalistischen Wirtschaftssystem, als in diesem gerade die in privater Hand befindlichen Produktionsmittel, d. h. das Kapital, als Instrument der Ausbeutung fungieren. Insoweit in sozialistischen Gesellschaften Privateigentum an Kapital nicht mehr existiert, sind definitionsgemäß auch die Produktionsmittel nicht als Kapital zu bezeichnen und können nicht mehr der Ausbeutung dienen. Der Sachverhalt einer neuen Mehr-Eindeutigkeit hat zugleich Nichtmarxisten den Blick für die Möglichkeit und Notwendigkeit begrifflicher Sonderung von realen Produktionsmitteln und Eigentumsrechten geschärft[165].
Mit der Gegenüberstellung von 'Kapital' als einer „rein ökonomischen" und einer „historisch-rechtlichen" Kategorie, wie sie beispielsweise bei Rodbertus oder auch bei dem Kathedersozialisten Adolph Wagner — um nur zwei nichtmarxistische Au-

---

[161] Weitere Hinweise schon bei R. van der Borght, Ein Vorschlag zur Lehre von den Produktionsfaktoren Natur und Kapital, Jbb. f. Nationalökonomie u. Statistik, 3. F., 26 (1903), 600ff.
[162] Seligman/Frenzel, Art. Kapital (s. Anm. 64), 524.
[163] Ebd., 533; vgl. auch Günter Hedtkamp, Wirtschaftssysteme, Theorie und Vergleich (München 1974), 193.
[164] Wörterbuch der Ökonomie des Sozialismus, 2. Aufl. (Berlin 1969), 642f., Art. Kapital.
[165] Schon Blanc hat gegen Bastiat geltend gemacht, dieser vermenge beständig die Nützlichkeit des Kapitals mit dem, was *l'appropriation du capital par les uns, à l'exclusion des autres* bedeute und was er *capitalisme* nenne, Louis Blanc, Organisation du travail (1840), 9e éd. (Paris 1850), 161.

toren zu nennen — zu finden ist, eröffnet sich die Problematik eines Auseinandertretens von ökonomischen Kategorien mit „absoluter Bedeutung", also als zugleich notwendige und allgemeine, und rechtlichen Kategorien als den historischen, den bloß kontingenten, „den wandelbaren", nicht „ewigen"[166]. Sie würde Wirtschaftsgeschichte prinzipiell unmöglich machen, kehrte die Unterscheidung zwischen vermeintlich außerhistorischen und historischen Kategorien nicht als innerer Unterschied in den ökonomischen Kategorien wieder. Diese Unterscheidung birgt, zumal wenn die fraglichen Kategorien mit dem Epitheton „ökonomisch notwendig" auftreten, die Gefahr der Ontologisierung des Geschichtlichen in sich. Es sei als Beispiel hier abschließend der Hinweis auf eine in der Soziologie und Anthropologie vertretene Auffassung erlaubt, derzufolge die Allgemeingültigkeit der Grundaussagen des ökonomischen Liberalismus postuliert wird, also die Allgemeingültigkeit dessen, was schon Friedrich List in polemischer Absicht die Ansicht „der Schule" genannt und speziell als Theorie der damaligen englischen Wirtschaftsgesellschaft erkannt hat. Dieser Auffassung nach handelt selbst ein afrikanischer Bantu gemäß den Vorstellungen des homo oeconomicus im Grunde wie ein Kapitalist oder Bourgeois[167].

V. Kapitalbesitz und Klassenstruktur

1. 'Kapitalisten' in der kommerziellen Gesellschaft: der logische Klassenbegriff

In weitgehender Parallelität zur historischen Semantik des Ausdrucks 'Kapital' hat sich diejenige des Ausdrucks 'Kapitalist' entwickelt, wenngleich allerdings mit einiger zeitlicher Verzögerung. Fest steht, daß der Ausdruck im letzten Drittel des 17. Jahrhunderts im Deutschen bekannt ist[168] und einen *vir pecuniosus*[169] meint, einen *Eigenthums-Herrn* einer Summe Geldes, *wenn sie der Mühe wert*, also das *Interesse, das sie abwirft, groß genug ist*[170]. In der Bedeutung eines *capitalreichen* Mannes, *der bare Gelder und großes Vermögen hat und von seinem Interesse und Renten leben kann*[171], ist 'Capitalist' in zahlreichen Belegen nachweisbar; und zwar in hoher Flexibilität, so daß es auch dort, wo von 'Classe der Capitalisten' die Rede ist, um einen rein deskriptiven Ordnungsbegriff geht, d. h. um einen mit hoher Beliebigkeit definierbaren Begriff. Teils handelt es sich bei den *Capitalisten* um

---

[166] Vgl. dazu JACOBY, Kapitalbegriff (s. Anm. 75), 27. 39; ARTHUR SPIETHOFF, Die Lehre vom Kapital, in: Die Entwicklung der deutschen Volkswirtschaft im 19. Jahrhundert, Fschr. GUSTAV SCHMOLLER, Bd. 1 (Leipzig 1908), 8 ff.
[167] D. W. GOODFELLOW, Grundzüge der ökonomischen Soziologie. Das Wirtschaftsleben der primitiven Völker dargestellt an den Bantu von Süd- und Ostafrika (Zürich, Stuttgart 1954), 58 ff.
[168] Laut KLUGE/MITZKA 18. Aufl. (1960), 348, s. v. Kapital, seit 1673; vgl. auch SCHIRMER, Kaufmannssprache (s. Anm. 21), 94, s. v. Kapital, mit Hinweis auf die 2. Aufl. von Bechers „Politischem Discours" aus dem gleichen Jahr.
[169] FRISCH, Dt.-lat. Wb., Tl. 1 (1741), 165, s. v. Capital.
[170] HÜBNER, Handlungslex., 408, Art. Capital u. Capitalist.
[171] NEHRING 10. Aufl., 103, Art. Capitalist.

Kaufleute[172], teils um eine *Compagnie* oder *Parthey* von Leuten, *welche Gelder ausleihen, ... mit Capitalien handeln oder makeln*[173], also wohl um Bankiers und teils um reine Rentiers[174]. Aber beispielsweise auch Angehörige angesehener wohlhabender Dithmarscher Bauerngeschlechter wurden je nach Größe ihres Grundbesitzes zu den *kleinen* oder *großen und größten Capitalisten* gezählt, ein Indiz für die blühende, exportorientierte Landwirtschaft der Marschlande als Quelle von Reichtum[175].

In der kommerziellen Gesellschaft ist der Kapitalist vorwiegend in enge Nachbarschaft zum Kaufmann gebracht oder gar als einer identischen Klasse zugehörig angesehen worden, was auf die vielfältigen Chancen verweist, sich im Handel am raschesten ein großes Vermögen erwerben zu können. Doch sind auch die Risiken gerade eines solchen angeführt worden, die mit dem *Vorurteil von der Glückseligkeit des Capitalisten*, also mit der Auffassung von der Leichtigkeit und Beständigkeit seines Reichtumserwerbs, nicht unbedingt in Einklang zu bringen sind. Im Vergleich dazu seien die Möglichkeiten eines Landmannes nicht von vornherein als nachteiliger zu bewerten[176]. Untersuchungen haben denn auch gezeigt, daß bei der Entstehung von größeren Kapitalien in Bürgerhand Grundbesitz, und speziell auch Grundstücksgeschäfte, von nicht geringer Bedeutung gewesen sind; der Landkauf bedeutete dann nicht Thesaurierung, sondern gewinnbringende Kapitalanlage. Allerdings wird meist die Schatzbildung im Vordergrund gestanden haben. Es gibt zahlreiche Hinweise dafür, daß sich auch Kaufleute nach dem Erwerb eines gewissen Vermögens allmählich aus dem Handel zurückgezogen haben[177].

Kennzeichnend für die durch Tausch und ausgedehnten Handel geprägte kommerzielle Gesellschaft ist u. a., daß Kaufleute in ihren Bestrebungen kosmopolitisch orientiert, keiner Nation Bürger sind, wie Smith ausführte. Wieviel mehr muß das aber für den Kapitalisten gelten, sofern er nicht zugleich Kaufmann ist, sondern nur von seinen Zinsen lebt. Ihm, dem *wahren FinanzCosmopoliten*[178], ist es *gleichgültig, ob er an diesem oder an einem anderen Orte wohnt*[179], für das Land jedoch, in dem er sich aufhält, ist es von größter Wichtigkeit, was er mit seinem Vermögen anfängt, d. h. wem gegenüber und in welchen wirtschaftlichen Bereichen er als Gläubiger auftritt. Sofern allerdings die Meinung vertreten wird, daß Kapitalisten nur nutzlose Müßiggänger seien und demzufolge kein Staat Mitglieder haben dürfe,

---

[172] P. J. MARPERGER, Beschreibung der Messen und Jahr-Märckte (Leipzig 1711), 61.
[173] Ders., Beschreibungen der Banquen (s. Anm. 47), 32. 30. 29.
[174] LAU, Aufrichtiger Vorschlag (s. Anm. 106), 239: *Rentierer, welche von ihren Revenüen und Interessen* leben.
[175] Dieser Hinweis — einschließlich mehrerer Belege für das Auftauchen des Ausdrucks 'capitalist', auch 'reicher capitalist', in den 90er Jahren des 17. Jahrhunderts in Schleswig-Holstein — stammt freundlicherweise von GÜNTER KNÜPPEL; vgl. auch ders., Das Heerwesen des Fürstentums Schleswig-Holstein-Gottdorf 1600—1715 (Neumünster 1972), 33, Anm. 79.
[176] KRÜNITZ Bd. 7, 637, Art. Capital.
[177] HENRYK SAMSONOWICZ, Untersuchungen über das Danziger Bürgerkapital in der zweiten Hälfte des 15. Jahrhunderts (Weimar 1969), 43. 88. 115.
[178] JOHANN LUDWIG KLÜBER, Abhandlungen und Beobachtungen für Geschichtskunde, Staats- und Rechtswissenschaften, Bd. 1 (Frankfurt 1830), 396.
[179] KRÜNITZ Bd. 7, 638, Art. Capital.

V. 1. 'Kapitalisten' in der kommerziellen Gesellschaft   Kapital

die von Geldzinsen leben, erscheint es konsequent, wenn der preußische Ökonom LEOPOLD KRUG Kapitalflucht als Zeichen für die Gesundheit eines Staates deklariert[180]. Sein negatives Urteil über *die Klasse solcher Menschen, welche bloß von Geldzinsen leben* und damit *einen unnatürlichen Zustand des Staates* begründeten[181], resultiert vermutlich aus der noch merkantilistischen Vorstellungen verhafteten Annahme von der Unvermehrbarkeit der zur Verteilung gelangenden Gütermenge, derzufolge das Vermögen des einen nur zu Lasten des Anteils des anderen größer werden kann. Obendrein spielt bei den Ausführungen dieses Autors sicherlich auch der Einfluß der vorübergehend in Deutschland fußfassenden physiokratischen Lehre von der einzig dem Boden zukommenden produktiven Bedeutung eine Rolle, so daß ein Kapitalist, sofern er nicht als Grundherr vom produit net lebt, also von den jährlich vom Boden erwirtschafteten Überschüssen, zur classe stérile gehört, deren Unterhalt von der allein produktiven Klasse der den Boden Bebauenden und den Grundbesitzern aufgebracht werden muß[182].

Solcherart negative Bewertungen des Kapitalisten, wie sie nicht selten in den begriffsgeschichtlichen Quellen zu finden sind, stehen zunächst noch ganz in der Tradition von kirchlichem Zinsverbot und Kritik am Wucher, über dessen großen Anteil an der Anhäufung von Geldkapitalien es unter Wirtschaftshistorikern keinen Zweifel geben kann[183]. Letztlich mag man in der kritischen Argumentation einen Widerschein der aristotelischen Verurteilung der Chrematistik finden, wie sie in der Hausväterliteratur in Alteuropa lange fortgelebt hat[184].

Die zu Beginn des 15. Jahrhunderts in der Scholastik sich durchsetzende Auflockerung des Zinsverbotes, zunächst für den Gewinn aus Unternehmungen, im Unterschied zum Leihzins, dann die mit der Annahme der Lehre Calvins fortschreitende Emanzipation vom kirchlichen Zinsverbot, schließlich die wissenschaftliche Begründung der Zulässigkeit des Zinsnehmens bei Grotius und Salmasius[185] deuten auf die Anerkennung einer besonderen Fruchtbarkeit des Geldes hin[186] und gehören zu den Voraussetzungen der Entstehung von größeren Kapitalien[187]. Entsprechend

---

[180] LEOPOLD KRUG, Betrachtungen über den National-Reichthum des preußischen Staats und über den Wohlstand seiner Bewohner, Bd. 1 (Berlin 1805), 282.
[181] Ebd., 283.
[182] Vgl. zu den physiokratischen Anschauungen die dogmenhistorischen Darstellungen, die in Anm. 70 aufgeführt sind.
[183] Ein Hinweis auf Wucher als Quelle des Vermögens eines Kapitalisten findet sich bei CARL GÜNTHER LUDOVICI, Eröffnete Academie der Kaufleute oder vollständiges Kaufmanns-Lexicon, Bd. 2 (Leipzig 1753), 144. Zur wirtschaftsgeschichtlichen Bedeutung vgl. SAMSONOWICZ, Untersuchungen, 94.
[184] Vgl. dazu O. BRUNNER, Adeliges Landleben und europäischer Geist. Leben und Werk Wolf Helmhards von Hohberg 1612—1688 (Salzburg 1949), 252f. — Vgl. ARISTOTELES, Pol. 1258b 6ff.
[185] LAUM, Ursprung und Frühgeschichte (s. Anm. 2), 104 — von der Freigabe des Zinses datiere „der Aufstieg der Wirtschaftsform, die wir die 'kapitalistische' zu bezeichnen pflegen".
[186] BRYLEWSKI, Vorstellungsinhalte des Begriffes Kapital (s. Anm. 63), 94f.
[187] Die relativ positive Einschätzung des Anlagekapitals in den wirtschaftsmoralischen Lehren der Scholastik im Vergleich zu dem dem Wucherverbot unterliegenden Leihkapital

der wirtschaftlichen Situation des Spätmerkantilismus, in der der Handel ein besonderes Gewicht hatte, galt das abschätzige Urteil über Kapitalisten vorrangig dem Besitzer von Handelskapital. Eine zusätzliche Begründung, der für die Zeit des in Deutschland um sich greifenden Pauperismus eine gewisse Berechtigung nicht abgesprochen werden kann, findet sich bei dem altliberalen Staatswirt Kraus, insoweit er die Menge der in Arbeit gesetzten Hände als Kriterium für die Bewertung eines Wirtschaftszweiges ansieht. Eindeutig gibt er infolgedessen dem in der Landwirtschaft eingesetzten Kapital vor dem in Manufakturen angelegten, insbesondere vor dem im Handel, speziell noch im Geldhandel tätigen, den Vorzug[188].

Die den Kapitalisten diskriminierende Haltung resultiert endlich zunehmend aus einer Kritik daran, *daß es die Menschen sehr bequem finden, ohne Arbeit von ihren Interessen zu leben*[189], daß sie *müßig gehen*[190]: die Kritik an arbeitslosen Einkommen entsteht. Wie man sehen kann, hat sich die stark moralisch geprägte Diskussion um die Bewertung des Kapitalisten vor dem Hintergrund der Herausbildung der Zurechnungsproblematik, die politisch-ideologisch späterhin so entscheidend geworden ist, abgespielt. Nicht unerwähnt soll deshalb bleiben, daß im frühen 19. Jahrhundert sogar ein umgekehrtes Urteil vertreten worden ist, nämlich die These von der *Vervorteilung* des Kapitalisten durch den Arbeiter, sofern ersterer nicht erhält, was *er fordern zu können berechtigt sein mag nach dem Einflusse jener vom Arbeiter benutzten Werkzeuge*[191].

Eine der Wurzeln für die negative Einstellung gegenüber dem Kapitalisten liegt ohne Zweifel in der bürgerlichen Kritik am Renteneinkommen des Adels begründet. Sie ist also gegen die in Auflösung begriffene ständische Welt gerichtet, wiewohl sich erneut herausstellt, daß sich diese Kritik als Kritik am Kapitalisten bald gegen die Bourgeoisie selbst gerichtet hat. Zunächst jedoch liegt dieser Kritik nur die schon von TURGOT — vermutlich ohne kritische Absicht — getroffene Feststellung zugrunde: *tout propriétaire est capitaliste, mais tout capitaliste n'est pas propriétaire de biens-fonds*, daß also zwar jeder Grundbesitzer ein Kapitalist, nicht aber jeder Kapitalist ein Grundbesitzer sei[192]. Doch könnte hier — wie im Zusammenhang mit der Arbeitswertlehre — wiederum deutlich werden, daß es sich bei der geläufigen Dichotomie von Kapital und Arbeit, von Bürgern und Arbeitern, von Bourgeoisie und Proletariat um einen inneren Unterschied, einen Selbstunterschied im dialektischen Sinne des Begriffs 'Bürger' handelt[193] und zugleich um ein Problem der

---

hat sich im 19. Jahrhundert bei Marx verschoben: vor dem Hintergrund der wirtschaftshistorischen Veränderungen mit der wachsenden Bedeutung von Realakkumulation ist das vielleicht nicht allzu überraschend.

[188] KRAUS, Staatswirthschaft (s. Anm. 112), Bd. 1 (1808), 213.
[189] JOHANN HEINRICH GOTTLOB JUSTI, Die Grundfeste zu der Macht und Glückseligkeit der Staaten oder ausführliche Vorstellung der gesamten Polizeywissenschaft, Bd. 1 (Königsberg, Leipzig 1760; Ndr. Aalen 1965), 638.
[190] JOHANN CHRISTIAN SIMAPIUS, Theorie und Praxis der Handlungswissenschaft. Ein Versuch (Breslau 1777), 106.
[191] WALTER LOTZ, Revision der Grundbegriffe (1811/14), 323, zit. BÖHM-BAWERK, Capital und Capitalzins (s. Anm. 128), Bd. 1, 99, Anm. 1.
[192] TURGOT, Réflexions (s. Anm. 76), 62, § 93.
[193] Vgl. dazu JOSEPH KÖNIG, Sein und Denken. Studien im Grenzgebiet von Logik, Ontologie und Sprachphilosophie (Halle 1937).

logischen Subsumtion. Eine solche Interpretation kann sich nicht zuletzt auf einen sehr weiten Begriff von 'Kapitalist' stützen, wie er bei WEBER im „Lehrbuch der politischen Ökonomie" von 1813 anzutreffen ist, bei dem zu den *Capitalisten alle productiven und unproductiven Arbeiter, alle und jede Erwerbenden* gehören, ... *und wenn sie den Überschuß ihrer Arbeit, ihres Verdienstes über ihre nötige Konsumtion sammeln, um ihn aufs Neue auf Production und Arbeit zu verwenden*[194].

Webers Ausführungen sind auch noch insofern bemerkenswert, als dieser Autor zugleich einen engeren Begriff von 'Kapitalist' hat, der zwar dem üblichen, an dem Renteneinkommen orientierten Geldkapitalbesitzer entspricht, *dem Münzcapitalisten*[195], aber sich doch davon schon unterscheidet, insofern auch ein Besitzer von *Sachen, Gebäuden, Geräten, Waren* gemeint sein kann[196], kurz: ein *Habender* von Gütervorräten, von dem KNIES, ein Vertreter der älteren historischen Schule, einmal gesprochen hat[197].

2. 'Kapitalisten' in der industriellen Gesellschaft: der soziologische Klassenbegriff

Während bisher von der Klasse der Kapitalisten innerhalb einer klassifikatorisch-deskriptiven Ordnung als den Zugehörigen zu einer bestimmten sozialen Schicht die Rede gewesen ist, geht es im folgenden um den Ausdruck 'Klasse von Kapitalisten' im Sinne eines theorieabhängigen Klassenbegriffs, der sich im 19. Jahrhundert überaus wirkungsmächtig bis hin zum Zusammenhang mit Klassenkampftheorien herausgebildet hat. Wie es schon nicht Aufgabe der Begriffsgeschichte sein konnte, in Verbindung mit den verschiedenen Varianten des Kapitalbegriffs die Vielzahl ökonomischer Theorien über Kapital zu behandeln, sowenig kann es sich nun darum handeln, anhand der Wandlungen des Begriffes 'Kapitalist', eine Geschichte der soziologischen Klassentheorien bzw. eine Soziologie der bürgerlichen Gesellschaft zu bieten. Es kann hier nur darum gehen, einige Grundbedeutungen aufzuzeigen, die eine neue Qualität des Begriffs 'Kapitalist' verdeutlichen.

Bei Krug, dem preußischen Staatswirt, ist noch nicht eindeutig auszumachen, ob er zu Beginn des 19. Jahrhunderts, wenn er von der Klasse der Kapitalisten handelt, schon einen theorieorientierten Begriff hat — wie rudimentär die entsprechende dahinterstehende Theorie auch immer gewesen sein mag. Etwas anders sieht das schon bei KRAUS aus, der nur drei Jahre nach der Krugschen Veröffentlichung von den Kapitalisten als der *dritten Klasse* der *Lohnherren* spricht, zu denen *Verlagseigner, ... Fabrikunternehmer und Kaufleute* zählen, in ausdrücklicher Gegenüberstellung zu den Klassen der Arbeiter und der Landeigner. Kennzeichen dieser Klasse ist, daß zum einen nach ihren *Planen und Anschlägen ... alle die wichtigsten Arbeiten*

---

[194] FRIEDRICH BENEDIKT WEBER, Lehrbuch der politischen Ökonomie, Bd. 1 (Breslau 1813), 153.
[195] THEODOR HARTLEBEN, Geschäfts-Lexikon für die deutschen Landstände, Staats- und Gemeinde-Beamten, sowie alle, welche die deutschen Staats-Haushaltungen und landständischen Verhandlungen richtig beurteilen wollen, Bd. 1 (Leipzig 1824), 171, s.v. Kapital.
[196] WEBER, Lehrbuch, Bd. 1, 153.
[197] KARL KNIES, Geld und Credit, Bd. 1: Das Geld. Darlegung der Grundlehren von dem Gelde (Berlin 1873), 96.

angeordnet und geleitet werden und zum andern, daß die ihr Zugehörigen profitorientiert sind, während die Angehörigen der beiden anderen Klassen entweder Lohn oder Rente beziehen[198].

Wie unterschiedlich die Anschauungen bei den deutschen Ökonomen der Reformzeit sein konnten, zeigen die Ausführungen von Kraus, der den Unternehmer unter den Begriff 'Kapitalist' subsumiert; demgegenüber trennt JAKOB fast zur gleichen Zeit den Kapitalisten als den Eigentümer von Kapitalien von dem Unternehmer, der diese Kapitalien nutzbringend verwertet — *in Anordnung der Arbeiten, Verkauf der Producte usw.* — und *für das Geschäft der Unternehmung ... Profit* — in neuerer Terminologie würde man wohl sagen: Unternehmerlohn — bezieht[199]. In nuce wird hier das Problem der Trennung von Kapitaleigentümer bzw. -geber und Kapitalnutzer angesprochen, ein Problem, das eine Generation früher schon von Turgot 1769/70 scharf gesehen und bereits formuliert worden ist[200]. Man erhält gleichsam einen Hinweis auf die letzte Stufe der Arbeitsteilung: die Auflösung der Position des Kapitalisten in die wirtschaftliche Funktion des bloßen Geldkapitalisten („Absentee-Ownership" nach Veblen) einerseits und in die des verwaltende Funktionen ausübenden Kapitalisten (den „Manager" nach Burnham) andererseits. Was die Auffassungen der deutschen Nationalökonomen angeht, so sollte bedacht werden, daß ihnen ein wirtschaftsgeschichtlicher Erfahrungshorizont entspricht, den treffend NATHUSIUS, einer der ersten frühindustriellen Unternehmer auf agrarischer Rohstoffbasis, 1808 zum Ausdruck gebracht hat, indem er als eines der wesentlichsten Hindernisse für eine rasch voranschreitende industrielle Entwicklung in Deutschland *die Ungewohnheit unsrer Kapitalisten, ihre Gelder anders als auf Grundstücke oder gegen öffentliche Sicherheit herzugeben* herausstellte und die mangelnde *Sicherheit und Bequemlichkeit* der Anlage in *Handels- und Fabrikenentreprisen* beklagte[201].

Während man bei Kraus den Kapitalisten im Rahmen eines Drei-Klassen-Schemas behandelt findet, deuten Ausführungen des Kameralisten JUSTI einige Jahrzehnte zuvor auf die ausdrücklich mit Bezug auf englische Verhältnisse aufgezeigte, frühe Entwicklung einer Zwei-Klassen-Theorie hin, derzufolge *zwei entgegengesetzte Partheyen im Volke* sich gegenüberstehen und *sich nach gerade widerstreitenden Grundsätzen verhalten:* die einen, die ohne arbeiten zu müssen, von ihren Kapitalien leben, und die anderen, die *arbeitsamen Teile*[202].

Prononcierter hat das Sich-Gegenüberstehen von *entrepreneurs manufacturiers, maîtres fabricants, tous possesseurs de gros capitaux, qu'ils font valoir en faisant travailler par le moyen de leurs avances* und *simples artisans, lesquels n'ont d'autre bien que leurs bras* auch wiederum TURGOT gesehen[203]. Daß diese Gegenüberstellung

---

[198] KRAUS, Staatswirthschaft (s. Anm. 112), Bd. 2 (1808), 261f.
[199] JAKOB, Grundsätze (s. Anm. 95), 80f.
[200] Vgl. dazu SALIN, Kapitalbegriff (s. Anm. 11), 437ff.
[201] JOHANN GOTTLOB NATHUSIUS an Ludwig Friedr. Viktor Hans v. Bülow, Herbst 1808, zit. ELSBETH V. NATHUSIUS, J. G. Nathusius. Ein Pionier deutscher Industrie, 2. Aufl. (Berlin, Stuttgart 1915), 118.
[202] JUSTI, Grundfeste (s. Anm. 189), Bd. 1, 638.
[203] TURGOT, Réflexions (s. Anm. 76), 39, § 62.

V. 2. 'Kapitalisten' in der industriellen Gesellschaft Kapital

soziale und politische Konsequenzen hat, diese Erkenntnis wird allerdings als erstem dem englischen Philosophen DAVID HUME zugeschrieben. 'Kapital' — im englischen Text von 1752 steht 'stock' — bedeute „Befehlsgewalt über Arbeit und Güter" *(command over labour and commodities)*, wie Salin vielleicht etwas überpointierend übersetzt hat[204]. Damit hat Hume die „soziologische Bedeutung"[205] des Kapitals beschrieben und etwa gleichzeitig mit Turgot auf Sachverhalte hingewiesen, die in der Epoche der Frühindustrialisierung zwar am deutlichsten am Beispiel Englands und Frankreichs abzulesen waren, die in ihrer sozialen Dimension damals jedoch erst mehr zu erahnen, denn nachzuweisen gewesen sind. Der Aufweis des Gegensatzes zwischen Kapital und Arbeit, Unternehmer und Arbeiter ist deshalb auch von Edgar Salin als „epochaler Einschnitt in der Geschichte der Wirtschaft, der Wirtschaftslehre und der Kapitallehre" bezeichnet worden[206].

Ein frühes deutsches Zeugnis dieses Aufweises, zugleich ein Beleg dafür, daß das, was später unter dem Begriff 'Entfremdung' gefaßt, schon lange vor Karl Marx diagnostiziert und — wie vom jungen Marx — als Folge fortgeschrittener Arbeitsteilung gedeutet worden ist, findet sich 1811 in dem „Handbuch der Staatsweisheit" von LUDEN. Da die Passagen in dem betreffenden Werk die nach den Smithschen Ausführungen zur Arbeitsteilung im „Wealth of Nations" vermutlich beste, fast unbekannt gebliebene Kritik enthalten, soll aus ihnen etwas ausführlicher zitiert werden: *Der Capitalist mißbraucht leicht die Menschen, über welche ihm ihre Armut die Herrschaft gibt. Immer weiter und weiter treibt er seine Unternehmungen; der Haufe, der für ihn arbeitet, wird größer und größer; der bestimmte und gewisse Lohn zieht diejenigen an, die desselben bedürfen; sie verstehen sich zu einer bestimmten Arbeit, erlernen einen Handgriff vollkommen, verlernen aber jeden andern Gebrauch ihrer Kräfte; dadurch verbessern sich die Producte ihrer Tätigkeit, und bereichern den Unternehmer, während sie selbst arm bleiben. Er, der Capitalist, der ihrer nun gewiß ist, wird karger, verlangt mehr und gewährt weniger; sie, die Arbeiter, sind gezwungen, ihm nachzugeben, um das kümmerliche Leben zu erhalten. Nun stirbt der Capitalist, oder durch irgend eine Veranlassung geht die Manufaktur ein: was wird nun aus den Arbeitern? Sie sind verloren für den Staat und für sich. Die Armut zwingt sie zum Betteln; die Not verleitet sie zum Verbrechen*[207].

Ein Vorgriff auf die Theorien von Marx findet sich in den ökonomischen und sozialen Analysen des Schülers und zugleich Antipoden von Ricardo, bei THOMAS HODGSKIN[208]. Das Wort 'Kapital' sei *a sort of cabalistic word*, das gebraucht werde *by those who fleece the rest of mankind to conceal the hand that shears them. It is a sort of idol before which men are called upon to prostrate themselves ... Profit is derived ...*

---

[204] DAVID HUME, Of Interest (1752), zit. SALIN, Kapitalbegriff, 434.
[205] OTTO WEINBERGER, Art. Kapital, Hwb. d. SozWiss., Bd. 5 (1956), 482; vgl. auch SELIGMAN/FRENZEL, Art. Kapital (s. Anm. 64), 516, wo von „soziologischer Funktion" die Rede ist, die Hume erkannt habe.
[206] SALIN, Kapitalbegriff, 439.
[207] HEINRICH LUDEN, Handbuch der Staatsweisheit oder der Politik, Bd. 1 (Jena 1811), 285, Anm. 1.
[208] MARX, Kapital, Bd. 1, 359. 373. 376. 559. 599. 778, beruft sich zustimmend auf Ausführungen dieses Autors.

from the power which the capitalist has over the labourer; Profit entspräche zwar der *overwhelming nature of the demands of capital*, das dürfe aber nicht darüber hinwegtäuschen, daß er nur historisch bedingt und abhängig von der jeweiligen Eigentumsverfassung sei. Unter 'Kapital' ist hier also ein sozialer Begriff verstanden, dem ein ganz bestimmtes Produktionsverhältnis entspricht — *Kapital* als *gesellschaftliches ... Produktionsverhältnis*[209], wie es bei Marx heißt —, welches zur Revolutionierung der sozialen und politischen Verhältnisse führt. *The power of the capitalist over all wealth of the country is a complete change in the right of property*[210]. Schärfe und Reichweite dieser Aussage sind wahrscheinlich nur noch durch Marx übertroffen worden, nicht zuletzt dadurch, daß er ihre politischen Konsequenzen aufgewiesen hat.

Bei Marx gewinnt die Kritik an den als Klasse im soziologischen Sinne identifizierten Kapitalisten zweifelsohne dadurch eine neue Qualität, daß und insofern sie auf eine moralische Argumentation verzichtet. Vielmehr sieht sie die Kapitalisten selbst, insoweit sie *fungierende Kapitalisten*, im Unterschied zu bloßen *Geldkapitalisten*, also unternehmerisch Tätige sind[211], den Zwängen ihrer eigenen Produktionsweise ausgesetzt. Marx bedient sich ausschließlich einer strukturellen Beweisführung für das an Radikalität freilich kaum zu überbietende Verdikt. Die Tätigkeit des Kapitalisten, der als solcher *nur personifiziertes Kapital* ist[212] — Kapital erscheint sprachlich vielfach als autonom handelndes Subjekt bei Marx[213] —, steht unter einer Zwangsgesetzlichkeit: sie muß Ausbeutung sein, andernfalls droht dem Kapitalisten seinerseits, ins Proletariat abzusinken. Wenn späterhin die starke Resonanz der Marxschen Ausbeutungstheorie als der wohl härtesten Kritik am Kapitalisten auf eine traditionelle Animosität gegenüber Erscheinungen von Wucher zurückgeführt worden ist[214], so ist dem die These entgegenzusetzen, daß vermutlich erst aus der Sicht der klassischen Sozialkritik heraus die ältere Erscheinungsweise des Geldkapitalisten retrospektiv ihre vorwiegend negative geschichtliche Deutung erfahren hat. Überdies spricht einiges dafür, daß die Marxsche Kritik an Kapitalisten und

---

[209] Thomas Hodgskin, Labour Defended against the Claims of Capital (1825), ed. G. D. H. Cole (London 1922), 60. 70. 80; vgl. Hohoff, Zur Geschichte des Wortes (s. Anm. 8), Jg. 15 (1921), 286 ff. — Marx, Kapital, Bd. 3, 822. Als ein *bestimmtes soziales Verhältnis, worin die vergangene Arbeit selbständig und übermächtig der lebendigen gegenübertritt*, beschreibt Marx (ebd., 412) diesen Sachverhalt, um hier nur einen Beleg für viele zu nennen. Die Eigenart dieses Kapitalverhältnisses liegt für Marx darin, daß die Arbeiter, die eigentlichen Subjekte der Produktion, zu Objekten der Kapitalverwertung, der leitende Kapitalist zur *Personifikation ökonomischer Kategorien*, das Kapital dagegen zum *automatischen Subjekt* der kapitalistischen Produktion wird, ders., Kapital, Bd. 1, 16. 169. Vgl. auch Abschn. IV. 5.

[210] Th. Hodgskin, The Natural and Artificial Right of Property contrasted (1832), zit. Hohoff, Zur Geschichte des Wortes, 289. Sidney Pollard verdanke ich den Hinweis auf die Ideen aus dem Kreis der „ricardianischen Sozialisten" (zu dem Hodgskin gehörte), die Arbeiter dadurch der Ausbeutung zu entziehen und selbst zu „Kapitalisten" zu machen, daß man ihnen genügend Kapital verschafft.

[211] Marx, Kapital, Bd. 3, 387.

[212] Ebd., Bd. 1, 247.

[213] Für viele Nachweise vgl. ebd., 16. 247 f.

[214] Vgl. Laum, Ursprung und Frühgeschichte (s. Anm. 2), 109.

V. 2. 'Kapitalisten' in der industriellen Gesellschaft　　　　　　　　　　　　Kapital

am Kapitalismus eben wegen des Verzichts auf moralisierende Argumentation ihre Durchschlagskraft gewonnen hat und daß, wenn der Anspruch des marxistischen Sozialismus, als wissenschaftlicher Sozialismus zu gelten, berechtigt ist, dies wiederum vorwiegend auf den Verzicht auf moralisierende Argumente (zugunsten struktureller Begründungen) zurückgeführt werden könnte. Die Neuartigkeit der Marxschen Kritik als überwiegend struktureller Kritik, d. h. die Differenzierung zwischen einer moralisch und einer strukturell begründeten Kritik überhaupt, verweist in ihrer historischen Abfolge bzw. in dem ihr zugrundeliegenden Sachverhalt einer historisch bedingten Produktionsweise zum einen auf ein Element der Verzeitlichung der Welt, das auch am Wandel des Begriffs 'Kapitalist' festzumachen ist, und zum andern nicht zuletzt auf den Zusammenhang von „Kritik und Krise"[215].

Die fundamentale Kritik am Kapitalisten — und das heißt im weiteren Sinne: an der durch ihn bestimmten Produktionsweise — hat Marx gleichwohl nicht dazu geführt, die wirtschaftlichen und sozialen Leistungen dieser spezifischen Figur und des sie tragenden gesellschaftlichen Systems zu verkennen. Im Gegenteil: es gibt kaum einen Autor, der so beredt wie er die historischen Verdienste der Bourgeoisie herausgestellt hat[216].

Unterstützt wird Marx bemerkenswerterweise hierbei durch die Kapitalisten-Apologie des schwäbischen Staats- und Finanzwissenschaftlers SCHÄFFLE. Dieser sieht im Kapitalisten — trotz seiner möglichen moralischen Verwerflichkeit — den *Träger des volkswirtschaftlichen Fortschritts* und warnt davor, den Kapitalprofit zu verdammen, ehe man *den volkswirtschaftlichen Dienst des Privatkapitals* durch eine effektivere *öffentliche Organisation* zu ersetzen in der Lage ist. Kritisch fügt er hinzu: mit der einfachen Nichtbeachtung der *zusammenhaltenden, subsidiarisch socialen Function des jetzigen Kapitalbesitzes* sei es nicht getan, das heißt so viel wie: sind die wirtschaftlichen und sozialen Probleme der Zeit nicht zu lösen. Andererseits betont er nachdrücklich, daß im privaten Kapitalbesitz keineswegs das *non plus ultra der Geschichte der Volkswirtschaft* zu sehen sei[217], da hierin nach seiner Ansicht, die im Rahmen einer Zwei-Klassen-Theorie bleibt, die Dichotomie „*des Kapitals*" und „*der Arbeit*", der Besitzenden und der Proletarier begründet liegt, der Unterschied einer *herrschenden und dienenden Producentenklasse*[218].

Von den modernen politischen und wirtschaftlichen Erfahrungen her gesehen, hat sich gezeigt, daß Schäffle sowohl mit seinen skeptischen Ermahnungen wie mit seinen relativierenden Argumentationen der tatsächlichen Entwicklung weitsichtig vor-

---

[215] s. dazu R. KOSELLECK, Kritik und Krise. Eine Studie zur Pathogenese der bürgerlichen Welt (1959; Ndr. Frankfurt 1973), 5ff. 81ff. 132ff.
[216] Vgl. schon MARX/ENGELS, Manifest der Kommunistischen Partei (1848), MEW Bd. 4 (1959), 464ff. — Der Begriff 'Kapitalist' taucht nur einmal auf (ebd., 475). Interessanterweise hat Engels die Überschrift des ersten Teils „Bourgeois und Proletarier" für die engl. Ausg. von 1888 mit dem Zusatz versehen: *Unter Bourgeoisie wird die Klasse der modernen Kapitalisten verstanden*, ebd., 462.
[217] ALBERT EBERHARD FRIEDRICH SCHÄFFLE, Kapitalismus und Socialismus mit besonderer Rücksicht auf Geschäfts- und Vermögensformen (1870), 2. Aufl. (Tübingen 1878), 423.
[218] Ebd., 419.

gegriffen hat. Schäffle ist noch im Hinblick auf einen anderen, die moderne politische und soziologische Diskussion berührenden Problemkreis erwähnenswert: Er hat das Auseinanderfallen von unternehmerisch-finanzieller, d. h. kapitalbesitzender und organisatorisch-leitender Funktion des Kapitalisten herausgestellt und zieht in Erwägung, seitens des Unternehmers auch Lohnarbeitern *leitende Arbeit* zu *überlassen*[219]. Auch hier hat er bereits herausgearbeitet, was man inzwischen als den im Zuge der industriellen Revolution entstandenen und erforderlichen *new type of capitalist*, als *captain of industry*, den *organizer and planner of the operations of the production-unit* erforscht hat[220]. Unter dem Begriff des 'Kapitalisten', des *industrial capitalist*, wird jetzt sowohl der auf Entlohnung angewiesene kapitallose, wenngleich bei wirtschaftlichem Erfolg vielleicht rasch zu Vermögen gelangende Manager subsumiert wie der *moneyed capitalist*, d. h. derjenige, der das Kapital bereitstellt[221].

VI. 'Kapitalismus'

1. Politisch-sozialer Kampfbegriff

Man kann ... berechtigte Zweifel hegen, ob ein Artikel über Kapitalismus überhaupt in ein wissenschaftliches Werk gehört. Diese 1923 geäußerte Skepsis in den einleitenden Passagen zu dem Kapitalismus-Artikel im „Handwörterbuch der Staatswissenschaften"[222] gibt eigentlich auch noch die heutige Situation treffend wieder; ja, man kann geradezu sagen, daß sich die Lage noch verschärft hat. Denn nach wie vor wird man zu dem Ergebnis gelangen müssen, das schon zwischen den beiden Weltkriegen formuliert worden ist, nämlich, daß dem Begriff *genau bestimmte Vorstellungen überhaupt nicht zugrunde liegen*[223]. Nach wie vor ist die *einzigartige und düstere Größe*[224] des Phänomens Kapitalismus einem *stark gefühlsbetonten*[225] und äußerst heterogenen Zugriff sowohl seitens seiner Kritiker wie seitens seiner Befürworter ausgesetzt, was nicht zuletzt daran liegt, daß 'Kapitalismus' seinem Ursprung nach ein politisches Schlagwort ist und als ein solches verstärkt auch wieder die gegenwärtige politische und ökonomische Auseinandersetzung bestimmt.

Daß MARX, der größte Analytiker und schärfste Kritiker des Kapitalismus, der freilich zugleich einer der bedeutendsten Apologeten des Kapitalismus in entwicklungshistorischer Perspektive gewesen ist, den Ausdruck noch nicht gebraucht,

---

[219] Ebd.
[220] M. H. DOBB, Studies in the Development of Capitalism (London 1963), 260.
[221] SIDNEY POLLARD, The Genesis of Modern Management. A Study of the Industrial Revolution in Great Britain (London 1965), 150f.
[222] LUDWIG POHLE, Art. Kapitalismus, Hwb. d. Staatswiss., 4. Aufl., Bd. 5 (1923), 584. Die 3. Aufl., Bd. 5 (1910) enthält noch keinen selbständigen Art. Kapitalismus; E. v. BÖHM-BAWERK überschreibt allerdings den letzten Abschnitt seines Art. Kapital mit „Der Kapitalismus" (ebd., 783f.); dieser Artikel bereits wörtlich in der 2. Aufl., Bd. 5 (1900), 19ff.
[223] PASSOW, „Kapitalismus" (s. Anm. 5), 1.
[224] EDUARD HEIMANN, Art. Kapitalismus, RGG 2. Aufl., Bd. 3 (1929), 619.
[225] POHLE, Art. Kapitalismus, 584. — Nach INGOMAR BOG, Art. Kapitalismus, Hwb. d. Wirtschaftswiss. (s. Anm. 103), Bd. 4, 421, ist der Begriff nirgendwo so „gefühlsbefrachtet" wie in Deutschland.

sondern stets von *kapitalistischer Produktionsweise* spricht, muß vor allem denjenigen überraschen, der von der heutigen Geläufigkeit der Verwendung Rückschlüsse auf die Sprache des 19. Jahrhunderts zieht. Marx hat indessen seine Vorstellung von Kapitalismus nicht allein mit dem Begriff 'kapitalistische Produktionsweise' zum Ausdruck gebracht. *Weltmarkt* und *Weltgeschichte* benutzen er und ENGELS in der „Deutschen Ideologie" von 1845/46 in einem erstaunlich ähnlichen Sinne, was ein Beleg für die mehr-eindeutige Relation des Begriffes 'Kapitalismus' ist, d. h. dafür, daß die Sache schon erkannt worden ist, ehe ein endgültiger Begriff für sie dagewesen ist[226].

Der Ausdruck *capitalistische Produktion* taucht zwar schon 1815 bei dem bereits erwähnten süddeutschen Smithianer SODEN auf, womit, im Anklang an zeitgenössische Kapitalbegriffe, eine Produktion gemeint ist, die einen Überschuß, einen Vorrat hervorbringt, weniger eine solche, bei der Kapital verwendet, als eine, bei der Kapital erzeugt wird[227]. Doch von einem mehr-eindeutigen zu einem ein-eindeutigen Begriff dessen, was 'kapitalistische Produktionsweise' in Gleichsetzung mit dem Begriff 'Kapitalismus' bedeutet, kommt es erst in der zweiten Hälfte des 19. Jahrhunderts in der sozialdemokratischen Publizistik und sozialistischen Gesellschaftskritik.

Vermutlich ist der Begriff 'Kapitalismus' aus der französischen wirtschaftsreformerischen Literatur der Revolutionszeit nach Deutschland übertragen worden. So findet man ihn, nach dem möglicherweise bloß konstruierten, keinem schon existierenden Sprachgebrauch entsprechenden Erstbeleg im Lexikon von Richard 1842[228], bislang zum ersten Mal bei LOUIS BLANC, noch ohne moralisierendes Pathos, im Jahre 1850: *ce que j'appellerai capitalisme, c'est-à-dire l'appropriation du capital par les uns, à l'exclusion des autres*[229]. Für England ist sein Auftauchen spätestens für 1854 verbürgt[230]; für Deutschland kann hier seine Kenntnis mit einiger Verzögerung erst für 1869 bei RODBERTUS belegt werden[231]. Es scheint, als ob die Schaffung

---

[226] Vgl. MARX, Kapital, Bd. 1, 12. 49. 741 ff.; ders./ENGELS, Die deutsche Ideologie (1845/46), MEW Bd. 3 (1958), 36 f.
[227] SODEN, National-Oekonomie (s. Anm. 87), Bd. 1, 131.
[228] JEAN-BAPTISTE RICHARD, Les enrichissements de la langue française (Paris 1842), 88. — Die von A. DAUZAT, Nouveau dictionnaire étymologique et critique (Paris 1964), 132, zitierte Bedeutung der „Encyclopédie" von 1753: *état de ce lui qui est riche* blieb bislang ebenso unauffindbar wie seine Behauptung, das Wort sei um 1840 schon in der heute gebräuchlichen Bedeutung im Französischen bekannt gewesen. Vgl. zur ganzen Begriffsgeschichte von 'capitalisme': FERNAND BRAUDEL, Civilisation matérielle, économie et capitalisme, XVe—XVIIIe siècle, t. 2 (Paris 1979), 205 ff.
[229] BLANC, Organisation (s. Anm. 165), 161; noch in der 5. Aufl. (1848) ist der Begriff 'capitalisme' nicht anzutreffen.
[230] WILLIAM MAKEPEACE THACKERAY, The Newcomes (1854), zit. MURRAY vol. 2 (1893), 94, Art. Capitalism: *the sense of capitalism*.
[231] CARL V. RODBERTUS-JAGETZOW, Zur Erklärung und Abhülfe der heutigen Creditnoth des Grundbesitzes, Bd. 2: Zur Abhülfe (Jena 1869), XV: *Aber, wenn wir uns um unsere Rente sammeln wollen, müssen wir uns zuvor der Ratschläge unserer ökonomistischen Tagesredner erwehren, die samt und sonders dem Capitalismus dienen. Und diese Aufgabe ist nicht leicht, — denn der Capitalismus ist ein sociales System geworden.* Vgl. ebd., XIV.

eines Antonyms, eines Gegenbegriffs, zu 'Sozialismus' in der Revolutionszeit geradezu in der Luft gelegen habe[232]. Ausdrücke wie *kapitalistischer Betrieb* und *kapitalistische Hilfsmittel* sind dagegen schon im Umkreis der deutschen Manchester-Liberalen 1864 nachzuweisen[233].

Der Begriff 'Kapitalismus' wurde zunächst abgelehnt als marxistisch-sozialistischer Kampfbegriff — so spricht WILHELM LIEBKNECHT vom *Moloch des Kapitalismus*, der auf den *Schlachtfeldern der Industrie* sein Unwesen treibe[234]—, ist dann jedoch von der konservativen und katholischen und schließlich auch von der übrigen Publizistik übernommen worden.

Schäffle gilt als einer der ersten Ökonomen, der (1870) zur wissenschaftlichen Verbreitung des Ausdrucks Wesentliches beigetragen hat[235]; aber den terminologischen Durchbruch hat wohl erst WERNER SOMBART mit seinem großen Werk „Der moderne Kapitalismus" erreicht, das er 1902 noch in seiner marxistischen Phase konzipiert, aber dann in seiner nichtmarxistischen Phase in der 2. Auflage 1916 dreibändig vollendet hat. Auch MAX WEBER hat mit seiner berühmten, bis heute kontrovers diskutierten Arbeit „Die protestantische Ethik und der Geist des Kapitalismus" 1904/05 dazu beigetragen[236], daß der Ausdruck mit breiter Wirkung in den Wissenschaften zwar heimisch wurde, aber ohne daß über seine Bedeutung, geschweige denn seine wissenschaftliche Brauchbarkeit, ein Konsens erzielt worden wäre, und auch ohne daß ihm der negative Beiklang seiner politökonomischen Herkunft hätte genommen werden können[237]. Aus einem — wenn überhaupt, dann nur vorübergehend — ein-eindeutigen Begriff ist 'Kapitalismus' zu einem ein-mehrdeutigen Begriff geworden. Das hat schon GUSTAV SCHMOLLER 1903 in Auseinandersetzung mit Sombart angeführt, als er darauf hinwies, daß die Verwendung des Begriffs 'Kapitalismus' zwar durch *den allgemeinen Sprachgebrauch legitimiert* worden sei, *daß er aber in allen Farben schillert, vage, vieldeutig, unklar, deshalb bei der journalistischen Debatte beliebt (ist). Aus den Tagesblättern wird er nicht verschwinden. Ob er aber in der Wissenschaft die große Rolle spielen sollte, die ihm Sombart zuteilt, bin ich zweifelhaft*[238]. Mit dem Hinweis auf die Publizistik hat Schmoller vornehmlich die pragmatische Dimension des Begriffs angesprochen, die über der semantischen nicht aus den Augen verloren werden sollte, gerade auch heutzutage nicht, da — nach einer Zwischenphase der Entideologisierung in der Nachkriegszeit, als selbst die Gewerkschaften es als Zeichen wissenschaftlicher Rationalität ansahen,

---

[232] So die These von EDMOND SILBERNER, Le mot capitalisme, Annales d'histoire sociale 2 (1940), 134.

[233] JOHN PRINCE-SMITH, Die sogenannte Arbeiterfrage (1864), Ges. Schr., hg. v. Otto Michaelis, Bd. 1 (Berlin 1877), 34 f. u. passim.

[234] WILHELM LIEBKNECHT, Wissen ist Macht — Macht ist Wissen (1872), Kl. polit. Schr., hg. v. Wolfgang Schröder (Frankfurt 1976), 158.

[235] SCHÄFFLE, Kapitalismus (s. Anm. 217), 422 ff.

[236] MAX WEBER gebraucht den Begriff schon in einem Diskussionsbeitrag; vgl. Verhandlungen des 8. Evangelisch-sozialen Kongresses (Göttingen 1897), 107 ff. 113.

[237] Ähnlich NAUMANN, Neudeutsche Wirtschaftspolitik (s. Anm. 4), 435.

[238] G. SCHMOLLER, Rez. Werner Sombart, Der moderne Kapitalismus (1902), Jb. f. Gesetzgebung, Verwaltung u. Volkswirtschaft 27 (1903), 297.

den Ausdruck 'Kapitalismus' zu vermeiden — man nicht ohne Berechtigung im Verein mit der Zunahme der Kapitalismus-Kritik geradewegs von einer Hochkonjunktur der Reideologisierung sprechen kann; das heißt, daß damit auch das Wort 'Kapitalismus' wieder allerorten en vogue ist. Noch immer bzw. erneut hat demnach die aus dem Jahre 1910 stammende Feststellung von POHLE Gültigkeit, daß die Bezeichnungen 'kapitalistisch' und 'Kapitalismus' *weniger Mittel der Erkenntnis als Mittel der Anklage* sind[239].

Dieser Einschätzung steht auch nicht unbedingt entgegen, daß im angelsächsischen Bereich der Begriff 'capitalism' im Zusammenhang mit der Diskussion um den Vergleich von Wirtschaftssystemen erheblich unbelasteter und neutraler gehandhabt werden kann. Wenn dem in der Bundesrepublik neuerdings der Autor einer wissenschaftlichen Publikation über „Konzeptionen und Analysen des Kapitalismus" zu folgen bemüht ist, so geschieht das aufgrund relativ beliebig ausgewählter, unspezifischer Festlegungen und unter weitgehendem Verzicht auf historisch erklärende Feststellungen[240]. Auch hier gilt wohl, daß der Begriff 'Kapitalismus', wenn er im Sinne des Postulats der Wertfreiheit dem politisch-sozialen Kraftfeld entzogen werden soll, als wissenschaftlicher Terminus nicht allein schon dadurch an Klarheit und Brauchbarkeit gewinnt, daß er durch Merkmalskombinationen festgelegt wird. Die bis heute anhaltende Kontroverse um die Definitionen des Begriffes bei Werner Sombart und Max Weber hat erst kürzlich zu der resignativen Einsicht geführt: *Mit den Merkmalskombinationen sollte der Begriff 'Kapitalismus' aus der wissenschaftlichen Diskussion ausscheiden*[241].

2. Universalhistorischer Epochenbegriff

Der Trennungsstrich zwischen politisch-agitatorischem Begriff und historischem Epochenbegriff ist bei dem Ausdruck 'Kapitalismus' nicht leicht zu ziehen. Das hängt damit zusammen, daß dort, wo 'Kapitalismus' als Herrschaftssystem interpretiert worden ist, d. h. als ein auf Ausbeutung und arbeitslosem Einkommen beruhendes System *socialpolitischer Macht*[242] von Kapitalisten, er sowohl seine beredtesten Anhänger wie seine stärksten Kritiker gefunden hat, wobei jeweils ein intensives politisches Engagement zum Tragen kommt, das einer strengen begrifflichen Schärfe nicht immer dienlich ist.

Oft allerdings klingt 'Kapitalismus', verstanden als „kapitalistische Produktionsweise", relativ harmlos, terminologisch eindeutig, und man vermutet dann dahinter einen technisch-organisatorisch-ökonomischen Begriff, d. h. Produktion mit *Hilfe von Capitalsgegenständen*[243], von produzierten Produktionsmitteln. Da keine über

---

[239] L. POHLE, Der Unternehmerstand, in: Vorträge der Gehe-Stiftung zu Dresden, Bd. 3 (Leipzig 1910), 6.
[240] JÜRGRN KROMPHARDT, Konzeptionen und Analysen des Kapitalismus (Göttingen 1980), 13 ff. 17: *Charakteristische Merkmale kapitalistischer Wirtschaftssysteme*.
[241] BOG, Art. Kapitalismus (s. Anm. 225), 426.
[242] ADOLF HELD, Zwei Bücher zur socialen Geschichte Englands, hg. v. Georg Friedrich Knapp (Leipzig 1881), 538.
[243] BÖHM-BAWERK, Capital und Capitalzins (s. Anm. 1), Bd. 2, 21, Anm. 1.

die primitivste Stufe hinausgelangende Produktion ohne letztere denkbar ist, ist es einleuchtend, wenn ein moderner Wirtschaftstheoretiker *die kapitalistische Produktionsweise als solche* als *dem Menschen inhärent* bezeichnet; sie gäbe das *Spezifische des Menschen gegenüber der Tierwelt* ab[244]. Unter dieser Prämisse, unter die allein schon der Gebrauch von Werkzeug fällt, kann es nicht befremdend sein, von 'kapitalistischer Produktionsweise' auch hinsichtlich sozialistischer Länder zu sprechen. Die Mehrdeutigkeit beginnt, wenn 'kapitalistische Produktionsweise' häufiger als diesen anthropologisch-allgemeinen Begriff eine erst die industrielle Gesellschaft kennzeichnende Produktionsorganisation meint, bei der es um ein bestimmtes Maß an Ausstattung und Einsatz von Kapitalgütern geht. Und endlich erhält dieser Begriff nicht selten unter der Hand einen neuen soziologisch-organisatorischen Inhalt, wenn es nämlich um eine Produktion auf Rechnung und unter der Herrschaft privater Unternehmerkapitalisten gehen soll, um eine Produktionsform, die einer bestimmten, historisch gewordenen, gesellschaftlichen Verfassung zugeordnet wird. 'Kapitalismus' oder, wie man auch sagt, *capitalistische Periode*[245] ist in diesem Sinne ein politisch-soziologischer Verfassungsbegriff, der seine weltverändernde Wirkung vor allem durch die Marxsche Kritik erhalten hat[246].

'Kapitalismus' ist ein typischer Bewegungsbegriff. Die dem Kapital innewohnende Dynamik hat in ihm ihren sprachlichen Ausdruck gefunden. Schon früh wurde die in der Gegenüberstellung von Kapitalien als den beweglichen Gütern zum Boden als dem unbeweglichen Gut[247] angelegte Vorstellung von der Expansionsfähigkeit und Dynamisierung der Wirtschaft diskutiert. Als Indiz dafür und zugleich für die das Denken der Ökonomen ergreifende Temporalstruktur kann das dem Kapital zugeschriebene Wachstum *ins Unbegrenzte*, die Vermehrung *mit erstaunlicher Schnelligkeit*, die beide RIEDEL 1838 anspricht, angesehen werden[248]. Auch die für Kapital angeführte, ihm eigene *Accumulativkraft*[249] deutet auf den Sachverhalt des Wachstums in der Zeit hin. Im Zusammenhang mit der Erkenntnis der durch produktive Arbeit erreichbaren Vermehrbarkeit der Güter, mit der Anschauung ihrer Potenz der Expansion, wurden das merkantile System und zugleich die kommerzielle Gesellschaft gesprengt, denen noch die Vorstellung vom Wettbewerb um den größten Anteil an der Verteilung eines begrenzt gedachten Güterquantums zugrunde lag,

---

[244] ERNST HEUSS, Grundelemente der Wirtschaftstheorie, eine Einführung in das wirtschaftstheoretische Denken (Göttingen 1970), 107.
[245] HELD, Zwei Bücher, 536.
[246] Es muß hier — wie schon im Zusammenhang mit den Begriffen 'Kapital' und 'Kapitalist' — einschränkend herausgestellt werden, daß das begriffsgeschichtliche Bemühen im Hinblick auf 'Kapitalismus' nicht der Darstellung der Kapitalismuskritik als solcher oder gar der wissenschaftlich-politischen Sozialkritik des 19. und 20. Jahrhunderts gelten kann; erneut geht es nur um die Herausarbeitung einiger weniger charakteristischer und grundlegender begrifflicher Differenzierungen.
[247] Vgl. [Anonym], Kurzgefaßte gründliche Einleitung in die Commerz- und Handlungswissenschaft (Frankfurt, Leipzig 1779), 226.
[248] RIEDEL, Nationalöconomie (s. Anm. 59), Bd. 1, 296.
[249] FRIEDRICH JAKOB SCHMITTHENNER, Grundlinien der Geschichte der Staatswissenschaften, der Ethnologie, des Naturrechtes und der Nationalökonomie, 2. Aufl. (Gießen 1839), 378.

und damit der Weg freigegeben für das, was man im 19. Jahrhundert ökonomische Stufentheorie genannt hat. Der überlieferte Mythos von der Abfolge qualitativ verschiedener Zeitalter wurde mit neuem, ökonomischem Sinngehalt erfüllt. Und die traditionelle metaphysische Vorstellung des Anstiegs wurde in die Idee eines sich auch in ökonomischen Zusammenhängen durchsetzenden Fortschritts verwandelt[250].

Die Dynamik des Kapitals ist auch im Kapitalisten angelegt: sein Bereicherungsstreben gilt schon in der kommerziellen Gesellschaft als zwar objektiv noch begrenzt, doch subjektiv unbegrenzt; in der industriellen Gesellschaft erhält es vollends seine Steigerung und Grenzenlosigkeit. RODBERTUS ist einer der ersten, der das eindrucksvoll auf den Begriff gebracht hat. *Capitalien* sind für ihn geradezu *die Beweglichkeit selbst. Sie vermögen sich in alle Formen umzusetzen, alle nationalen Grenzen zu überfliegen, sich zu ungeheuren Summen zusammenzuschließen, sich bis ins Kleinste zu zerteilen.* Es habe sich ein *System der Capitalpräponderanz* ausgebildet, eben das soziale ... *System des Capitalismus*, in dem alles *aus dem einseitigen Gesichtspunkt des Capitals* beurteilt, alles *capitalistisch verzerrt* werde[251].

Ihre Kulmination erreicht diese Entwicklung schließlich in dem Gegensatz eines *immer größeren Reichtums auf der einen und immer gleichbleibender Armut auf der anderen Seite*, also in der Expansion des Kapitals seitens der Kapitalisten und im Stagnieren des Einkommens seitens der Arbeiter. *Es ist aber nicht sowohl die Ungleichheit des Reichtums in einer Nation, die ihren Frieden und ihre Zukunft gefährdet, als vielmehr die Steigerung dieser Ungleichheit, und es ist nicht sowohl der Abstand zwischen Höhen und Niederungen des Nationalvermögens, als vielmehr die durch keinen allmäligen Übergang vermittelte Schroffheit dieses Abstandes, die den heimlichen Bürgerkrieg in unserem heutigen Gesellschaftszustande unausgesetzt schürt*[252]. Nicht also auf die absolute Höhe der sozialen Differenzierungen, nicht auf die reale Lage kommt es letztlich für das soziale System nach Rodbertus an, sondern auf die Verschiebung der Relationen, auf das sich ausbildende Bewußtsein von den Unterschieden, schließlich darauf, daß bei den *arbeitenden Klassen* die *Ansprüche steigen*[253]. Also auch auf dieser Seite der sozioökonomischen Gruppierung tritt eine Dynamisierung, eine zeitgerichtete, unumkehrbare Verschiebung des sozialen und politischen Anspruchsniveaus ein.

Daß mit dem Kapitalismus als dem System der freien Konkurrenz eine neue ökonomische und soziale Stufe erreicht ist — gleichsam das *kapitalistische Zeitalter*[254] —, die gegenüber der Nationalwirtschaft einen *großen Fortschritt* darstellt und *daher wirtschaftlich unbedingt höher* steht als der historisch vorangehende Feudalismus[255]: diese Auffassung teilt mit Marx uneingeschränkt SCHÄFFLE, und darin zeigt sich ihr beider bürgerliches Weltbild. Noch nach der Jahrhundertwende ist das durch den

---

[250] Vgl. BURKHARDT, Umbruch der ökonomischen Theorie (s. Anm. 43), 65ff.
[251] RODBERTUS, Creditnoth des Grundbesitzes (s. Anm. 231), Bd. 2, V. XVf.
[252] Ders., Untersuchungen auf dem Gebiete der Nationalökonomie des klassischen Altertums, Jbb. f. Nationalökonomie u. Statistik 5 (1865), 284.
[253] Ebd.
[254] So TRAUB, Art. Kapital, RGG Bd. 3 (1912), 917.
[255] SCHÄFFLE, Kapitalismus (s. Anm. 217), 421; vgl. ebd., 426.

Sozialliberalen NAUMANN zum Ausdruck gebracht worden: *Kapitalismus ist ... der Sieg des Kaufmanns über das Feudalsystem*[256]. *Historisch kann denn auch*, wie SCHÄFFLE schreibt, *der Kapitalismus vollauf gewürdigt, der Kapitalprofit gerechtfertigt werden*. Aber — und hier liegen die Gefahren — der *kosmopolitische Erwerbskampf* könne in sein Gegenteil umschlagen, nicht nur durch *Ansammlung des Gegendrucks der Unterdrückten*, worauf vor allem Rodbertus hingewiesen hatte, sondern durch *wechselseitige Selbstvernichtung der Kapitalisten*[257] oder — wie es später bildhaft wiederum NAUMANN formuliert hat: *der Kapitalist wird vom Kapitalismus verschlungen*[258]. Schäffle artikuliert ins einzelne gehend die Krisenanfälligkeit der erreichten Entwicklungsstufe und kann denn auch im Ergebnis in der Epoche des Kapitalismus nicht den endgültigen Höhepunkt erblicken[259]. Ob diese Erkenntnis das Resultat der Feststellung von Gefahren und Mängeln der kapitalistischen Volkswirtschaft ist, oder ob umgekehrt die Einsicht in die historische Wandelbarkeit sozialer und ökonomischer Verhältnisse seinen Blick für die spezifischen Probleme der Wirtschaftsorganisation geschärft hat, bleibe dahingestellt. Schäffle gehört jedenfalls mit zu den Autoren, für die sich die historische Bewegung — wie in der Dialektik des klassischen Sozialismus — auch im Modus des Verfalls vollziehen kann. Demgegenüber gibt es durchaus Auffassungen — vermutlich ist dies ein Erbe der für alle kommenden Zeiten Gültigkeit beanspruchenden Lehren der ökonomischen Klassiker —, nach denen der Kapitalismus *ins Endlose, ... für alle absehbare Zeit hin, wenn nicht für immer* fortbestehen und als eine *hoch segensvolle, die Kultur der Welt und der Völkerverbrüderung fördernde Macht* begriffen werden könne, wenn er nur von dem in ihm liegenden Moment der *Geldmacherei*, des *Mammonismus* gereinigt würde[260].

Es sei noch einmal zusammengefaßt, was der Ausdruck 'Kapitalismus' focusartig zu bündeln vermocht hat: die schier grenzenlose Gütervermehrung, die Stufenfolge der Zeiten und die unumkehrbar gerichtete Bewegung.

3. Wissenschaftlicher Terminus

Als wissenschaftlicher Terminus hat sich 'Kapitalismus' trotz der definitorischen Bemühungen von zahlreichen Autoren bis heute nicht durchgesetzt. Interessant ist, daß vielfach zwar das Wort, der Terminus, akzeptiert wird, daß aber der jeweils mit dem Wort verbundene Begriff unklar bleibt oder ausdrücklich abgelehnt wird. Nach Ausweis der bis heute gründlichsten begrifflich-terminologischen Studie zu 'Kapitalismus' von Richard Passow, die eine Aufarbeitung der bis in die ersten Jahrzehnte unseres Jahrhunderts führenden vielfältigen Äußerungen zum Begriff darstellt, sind

---

[256] NAUMANN, Neudeutsche Wirtschaftspolitik (s. Anm. 4), 436.
[257] SCHÄFFLE, Kapitalismus, 422. 426.
[258] NAUMANN, Neudeutsche Wirtschaftspolitik, 437. — Vermutlich hat hier die Marxsche Formulierung, *die Expropriateurs werden exproprüert*, Pate gestanden, MARX, Kapital, Bd. 1 (s. Anm. 212), 791.
[259] SCHÄFFLE, Kapitalismus, 438. 430ff.
[260] WILHELM NEURATH, Der Kapitalismus, Jbb. f. Nationalökonomie u. Statistik, 3. F., 24 (1902), 183. 168.

es weniger die theoretischen Wirtschaftswissenschaftler gewesen, die sich dieses Ausdrucks bedient haben, als vielmehr die Juristen und Historiker[261]. Letztere sind es denn auch — besonders Weber und Sombart —, die in einer Zeit, als die verschiedenen Wissenschaften von den historischen Schulen geprägt worden sind, dem Begriff zum Durchbruch verholfen haben. Und sie, speziell die Wirtschafts- und Sozialhistoriker, sind es, die sich bis heute mit 'Kapitalismus' und Kapitalismen auseinanderzusetzen haben, also mit den ungeklärten Problemen eines vieldeutigen Begriffs und den ebenso ungeklärten und höchst kontroversen Fragen der historischen Erscheinungen und Entwicklungen, derer man mit diesem Begriff habhaft werden möchte[262]. Aus dem Umfeld der Problematik von Kapitalismus sind einige Forschungsbereiche historisch besonders relevant geworden. Zum einen ging es — und geht es noch immer — um die Frage nach der Entstehung des Kapitalismus, d. h. nach den zeitlichen Einordnungen und Abgrenzungen der neuen, als 'kapitalistisch' bezeichneten Epoche, wobei diese Fragestellung ihre anhaltende politische Brisanz und ihr kritisches Potential weniger aus einem genetisch-organizistischen Denken als vielmehr aus der Erwartung und Prognose des Untergangs des Kapitalismus erhält. Hierbei zeigt sich schon die Schwierigkeit, daß Quellenterminus und darstellender Begriff verschiedenen Dimensionen entstammen, die bei der Rede von 'vorindustriellem' und 'industriellem Kapitalismus' sowie vom 'Vor-', 'Früh-', 'Hoch-' und 'Spätkapitalismus' durchaus miteinander kombiniert werden als vorindustriell und vorkapitalistisch wie vorindustriell und frühkapitalistisch etc. Die Differenzierung zwischen dem Terminus 'kapitalistische Produktionsweise' und dem Begriff 'Kapitalismus' bei Marx hat zu einer Rückprojektion des Begriffs in die Geschichte geführt, schließlich zu einer terminologischen Neufassung, dann zu einer Erweiterung des Begriffs über Marx hinaus, z. B. bei Sombart und vielen anderen, und letztlich zu einem generellen Begriff eines politökonomischen Systems.

Eine von Max Weber und seinen Kritikern ebenfalls bis heute vieldiskutierte Frage ist die nach einem spezifisch „kapitalistischen Geist"[263], nach seiner Relevanz für die Entstehung des Kapitalismus, die zu der Auseinandersetzung über die soziologisch identifizierbaren Subjekte, d. h. seine Träger — seien es Kolonisten, Sekten, Juden, Fremde überhaupt — geführt und schließlich das Problem heterogener Kapitalismen bzw. ausbleibender kapitalistischer Entwicklungen sichtbar gemacht hat, was nicht zuletzt im Zusammenhang mit der Entwicklungsländerproblematik von aktueller Bedeutung ist.

Endlich ist auch in Verbindung mit der Frage nach dem „Geist des Kapitalismus" das Phänomen der methodischen Lebensführung, der Rationalisierung des Alltags, der Disziplinierung der Menschen ins Blickfeld der historisch-soziologischen Forschung geraten. Eine spezielle, davon abzuleitende Thematik ist die der kapitalisti-

---

[261] Passow, „Kapitalismus" (s. Anm. 5), 4f.
[262] Einen Einblick in die jüngste Diskussion gibt Rodney Hilton, Kapitalismus — was soll das bedeuten?, in: Der Übergang vom Feudalismus zum Kapitalismus, hg. v. R. Hilton (Frankfurt 1978), 195ff.
[263] Zum Stand der Diskussion vgl. Philippe Besnard, Protestantisme et capitalisme. La controverse post-Weberienne (Paris 1970).

schen Rationalität. Es hat sich herausgestellt, daß das, was Rationalität ist, überwiegend am Kapitalismus abgelesen wird. Dies führte zur Konsequenz, daß die kapitalistische Rationalität die ökonomische Rationalität in ihren Fassungen des ökonomischen Prinzips, d. h. der Zweck-Mittel-Relation, aus dem Gesichtskreis verdrängt hat und damit bestimmte vorkapitalistische oder außerkapitalistische Rationalitätsleistungen (beispielsweise in der Landwirtschaft) verkannt worden sind. Kapitalistische Rationalität ist also zum Maßstab für Rationalität schlechthin geworden.

Der wissenschaftlich-terminologische Umgang mit 'Kapitalismus' wird dadurch nicht gerade erleichtert und einer Klärung unterzogen, daß schon PASSOW nicht weniger als sechzehn Wortzusammensetzungen aufgeführt hat: *Frühkapitalismus, Hochkapitalismus, Handelskapitalismus, Zunftkapitalismus, Finanzkapitalismus, Effektenkapitalismus, Staatskapitalismus, Gemeindekapitalismus, Kartellkapitalismus, Trustkapitalismus, Exportkapitalismus, Altkapitalismus, Feudalkapitalismus, Organisationskapitalismus, Vergesellschaftungskapitalismus, Sozialkapitalismus*[264]. Von ihnen sind einige in der Zwischenzeit außer Gebrauch gekommen, andere wie 'Neo-', 'Renten-', 'Übergangs-', 'Industrie-', 'Volks-', 'Vor-', 'Spät-', 'Anti-', 'Gewerkschafts-', 'Monopol-', 'Agrar-', 'Vergeudungs-', 'Beute-', 'Abenteurer-', 'Staatsmonopolkapitalismus' lassen sich mühelos zusätzlich aufzählen. Das kann vielleicht ein Hinweis auf den Verlauf von regelrechten Sprachkonjunkturen, die bestimmte Begriffe nehmen, sein, was allerdings den Bereich der Pragmatik tangiert.

Zwei dieser Termini haben in jüngster Zeit eine Wiederbelebung erfahren: Zum einen handelt es sich um den Ausdruck *staatsmonopolistischer Kapitalismus* ('Stamokap'), der weniger als wissenschaftlich-theoretischer denn als polit-ökonomischer Kampfbegriff und als systematischer Begriff für die Darstellung der Epoche der Wirtschaftsgeschichte Deutschlands seit Ausgang des 19. Jahrhunderts durch DDR-Historiker aufgewertet wird[265]. Im Anschluß an Lenin, bei dem er zur Abgrenzung von einer dem Imperialismus als dem „monopolistischen Stadium des Kapitalismus" folgenden Phase benutzt wurde, ist er in neueren, an Ausführungen sowjetischer Theoretiker anknüpfenden, marxistischen Auseinandersetzungen um die Rolle des Staates, insbesondere in Frankreich und in der DDR, aufgegriffen worden[266].

Zum andern hat bei einer Gruppe westdeutscher Historiker der Begriff *organisierter Kapitalismus*, der im Ersten Weltkrieg von Rudolf Hilferding geprägt worden ist, eine Wiederentdeckung und Verwendung zur Durchdringung der Geschichte des Wilhelminischen Deutschland erfahren[267]. Doch hat sich dabei herausgestellt, daß der uneinheitliche Umgang mit diesem Begriff — losgelöst vom Kontext seines Ur-

---

[264] PASSOW, „Kapitalismus", 34.
[265] Vgl. Wirtschaft und Staat in Deutschland. Eine Wirtschaftsgeschichte des staatsmonopolistischen Kapitalismus in Deutschland vom Ende des 19. Jahrhunderts bis 1945, hg. v. HELGA NUSSBAUM u. LOTTE ZUMPE, 3 Bde. (Vaduz 1978/80).
[266] Vgl. KROMPHARDT, Konzeptionen (s. Anm. 240), 219ff.; MARGARET WIRTH, Kapitalismustheorie in der DDR. Entstehung und Entwicklung der Theorie des staatsmonopolistischen Kapitalismus (Frankfurt 1972).
[267] Organisierter Kapitalismus. Voraussetzungen und Anfänge, hg. v. HEINRICH AUGUST WINKLER (Göttingen 1974).

sprungs — zur systematischen Interpretation eines hochkomplexen gesellschaftlichen und politischen Zusammenhanges trotz aller Anregung, die sein Aufgreifen für die wissenschaftliche Forschung mit sich gebracht hat, die historische Analyse eher verschwommener und einseitiger denn durchsichtiger und vielseitiger gemacht hat. In beiden Fällen zeigt sich, daß die Grenzen zwischen politischem Schlagwort und wissenschaftlichem Terminus fließend sind und daß die Wiederbelebung eines solcherart ideologisch und historisch befrachteten Begriffs, zumal wenn es sich um den vieldeutigen Begriff 'Kapitalismus' handelt, einem der wissenschaftlichen Klarheit Genüge leistenden Anspruch im Wege steht.

VII. Ausblick

Noch immer gibt das um die Wende vom 18. zum 19. Jahrhundert ins Blickfeld geratene Zurechnungsproblem nach Ausweis eines kompetenten Historikers ökonomischer Theorien, MARK BLAUG, den Hintergrund für den *Kern moderner ökonomischer Forschung* ab, nämlich für die zentrale Frage, *wie Änderungen der realen Faktoranteile des Bodens, der Arbeit und des Kapitals mit der Rate der Kapitalakkumulation zusammenhängen*[268].

Darüber können auch die teilweise anderen Bezeichnungen für ökonomisch gleiche Phänomene in westlich-kapitalistischen wie östlich-sozialistischen Ländern — also der Trend zu neuer Mehr-Eindeutigkeit in den Begriffen — nicht hinwegtäuschen. Aufmerksam sollte verfolgt werden, daß die Herausbildung von zum Teil parallelen technisch-ökonomischen Gegebenheiten gleichwohl nicht zu einer Übereinstimmung oder auch nur Veränderung der unterschiedlichen rechtlichen und sozialen Beziehungen führen muß[269].

Es ist zwar festgestellt worden, daß *das Verschwinden der funktionierenden Unternehmer-Kapitalisten aus dem Produktionsprozeß* verdeutliche, *daß das Kapitalverhältnis nicht an seine personellen Träger gebunden* sei, zugleich jedoch *die Aufhebung der Kapitalistenklasse auf kapitalistischer Basis* bezeichne[270]. Das aber bedeutet noch nicht das Ende des Kapitalismus. Gleichzeitig gilt, daß produzierte Produktionsmittel Produkte sind, die die Situation des Menschen als Menschen in seiner durch Arbeitsteilung bedingten Entfremdung kennzeichnen. Wenn Arbeitsteilung selbst und damit Entfremdung nicht aufhebbar, sondern ein anthropologisches Kriterium, ein „Existential" (Heidegger) sind, wenn in diesem Sinne kapitalistische Produktionsweise für den Menschen charakteristisch ist, dann erklärt das, warum die Diskussion um den Fortbestand der Entfremdung im Sozialismus, d. h. unter den Bedingungen der Aufhebung von Privateigentum an Produktionsmitteln, diesem zentralen Element der marxistisch-sozialistischen Kritik am „kapitalistischen" Wirtschaftssystem, ein wichtiges Thema der nicht-orthodoxen Marxisten — vor allem in Jugoslawien und der CSSR — geblieben ist. Denn in sozialistischen Ländern ist die Abschaffung von Verfügungsgewalt über Produktionsmittel in der Hand von

---

[268] BLAUG, Systematische Theoriegeschichte (s. Anm. 70), Bd. 1, 256.
[269] Vgl. SELIGMAN/FRENZEL, Art. Kapital (s. Anm. 64), 534ff.
[270] KLAUS MESCHKAT, Nachwort zu: MICHAEL MAUKE, Die Klassentheorie von Marx und Engels (Frankfurt 1970), 172.

Privaten, von Kapitalisten, keineswegs mit deren breit gestreutem Übergang in die Hände von Arbeitern verbunden gewesen. Vielmehr hat sie sich in einer *staatsmonopolistisch, machtbürokratisch*[271] geprägten Form der Aneignung in der Hand einer „neuen Klasse" (M. Djilas) konzentriert, deren Rekrutierung nicht mehr dem Nachweis von Kapital folgt, sondern verschiedenen Formen von mitunter faktisch erblich gewordenen politischen, ökonomischen und sozialen Privilegien.

ERNEST MANDEL, der marxistische Wirtschaftstheoretiker, führt die gegenwärtigen Probleme der sozialistischen Staaten, speziell der UdSSR, auf die Ausprägung von Wirtschaftssystemen in ihnen zurück, die den Kapitalismus zwar überwunden, den Sozialismus aber noch nicht erreicht haben, sich also in der Phase des Übergangs befinden. Und für diese sei *die widersprüchliche Verknüpfung einer nicht-kapitalistischen Produktionsweise mit einer bürgerlichen Verteilungsweise* kennzeichnend[272]. Als Ergebnis einer solchen Verknüpfung von Elementen *der kapitalistischen Vergangenheit und der Umgebung*[273] sieht er vor allem die stark ausgeprägte *soziale Ungleichheit*, die auf den in der Sowjetunion und anderen sozialistischen Ländern bestimmenden *Entlohnungsnormen* beruhe. Die Verteilung knapper Güter ist auch für eine nichtkapitalistische Wirtschaft ein Problem, solange sie im *Austausch menschlicher Arbeit gegen die durch diese Arbeit erzeugten Güter* geregelt wird[274]. Nach Mandel begründet das Fortbestehen der Verteilung *nach Qualität und Quantität der Arbeit*[275] — dem schon Marx in der Kritik des Gothaer Programms gegeißelten Zustand[276] — das Dilemma der sowjetischen Ökonomie[277].

Während für Mandel das Grundproblem der sozialistischen Übergangsgesellschaft überwiegend im Arbeitsmarkt, diesem bürgerlich-kapitalistischen Relikt der Verteilungsvorgänge liegt[278], hat ein „bürgerlicher" Ökonom das Problem im Horizont einer anderen Zurechnung gesehen: im Fehlen eines Kapitalmarktes in sozialistischen Gesellschaften[279]. Zugleich *die Geldwirtschaft und die Marktwirtschaft abzuschaffen heißt, das Barometer abzuschaffen anstatt des Frostes*, so hat es wiederum Mandel formuliert und die Forderung nach einem *vernünftigen Mittelweg* zwischen beiden aufgestellt[280].

---

[271] OTA SIK, Der dritte Weg. Die marxistisch-leninistische Theorie und die moderne Industriegesellschaft (Hamburg 1972), 422; ders., Argumente für den Dritten Weg (Hamburg 1973), 140ff., zur Problematik des Eigentums an den Produktionsmitteln in sozialistischen Gesellschaften.

[272] ERNEST MANDEL, Marxistische Wirtschaftstheorie (Frankfurt 1968), 597.

[273] Ebd., 596.

[274] Ebd., 699f.

[275] So die Formulierung für den Lohn in Art. 24, 1 der Verfassung der DDR; im Art. 12 der Verfassung der UdSSR heißt es: *jeder nach seinen Fähigkeiten, jedem nach seiner Leistung*.

[276] Vgl. MARX, Randglossen zum Programm der deutschen Arbeiterpartei (1875/91), MEW Bd. 19 (1962), 20ff. Marx erhebt die Forderung: *Jeder nach seinen Fähigkeiten, jedem nach seinen Bedürfnissen!* (ebd., 21).

[277] MANDEL, Wirtschaftstheorie, 604.

[278] Ebd., 607.

[279] Vgl. HANS RAUPACH, Kapital und Management in sozialistischen Volkswirtschaften, Jb. f. Gesetzgebung, Verwaltung u. Volkswirtschaft 88 (1968), 513ff.

[280] MANDEL, Wirtschaftstheorie, 674. 678.

VII. Ausblick

Die Unvereinbarkeit von *kapitalloser Produktion* und Austausch mit Hilfe des Marktes, diesem einer kapitalistischen Wirtschaft zuzuordnenden Element, hat 1912 schon SCHUMPETER betont. In Vorwegnahme moderner Erfahrungen und noch immer ungelöster Probleme kann seiner Auffassung zufolge Produktion ohne Kapital nur *durch irgendeine Befehlsgewalt oder durch Vereinbarung aller Beteiligten* vor sich gehen[281]. Und wenn KNAPP bereits 1891 ausführen konnte, daß *der kapitalistische Betrieb gar nicht an eine bestimmte Arbeitsverfassung gebunden* sei, er habe bestanden *bei Sklaverei, bei Erbuntertänigkeit, bei freier Lohnarbeit* und werde *weiterbestehen können, wenn etwa noch andere Arbeitsverfassungen auftreten*[282], so lebt auch diese gegen Marx und die Marxisten gerichtete These von der Unklarheit des Begriffs. Gleichwohl antizipiert sie aber wiederum eine uns heute geläufige Einsicht, daß Probleme, die mit dem kapitalistischen Betrieb verbunden sind, nicht zugleich mit diesem verschwinden.

Die Begriffsgeschichte der Ausdrücke 'Kapital', 'Kapitalist', 'Kapitalismus' könnte aufweisen, daß es im Hinblick auf unterschiedliche Wirtschaftssysteme systemneutrale Erscheinungen gibt[283], daß jedoch die Feststellung gewisser Konvergenzen die Entwicklung neuer Divergenzen nicht ausschließt. Es bewahrheitet sich hier eine auf den Begriff 'Kapitalismus' gemünzte skeptische Erklärung von TAWNEY, nämlich daß man — bei allen begriffsgeschichtlichen Bemühungen — der europäischen Geschichte der letzten dreihundert Jahre nicht gerecht werden könne, *wenn man nicht nur das Wort vermeidet, sondern auch die Sache selbst nicht sehen will*[284].

Im vorstehenden ist ausgeführt worden, daß man im ausgehenden 19. Jahrhundert in bezug auf das Kapital und eine durch Kapitalanlage und -verwendung gekennzeichnete Produktionsweise der industriellen Gesellschaft eine ökonomische und eine historisch-rechtliche Sphäre zu unterscheiden versucht hat. Wollte man diese nicht unproblematische Trennung auf die moderne Situation beziehen, ließen sich zwei Fragestellungen im Hinblick auf sozialistische Gesellschaften aufwerfen: Die eine ist auf das Problem gerichtet, was in ihnen, gemäß einer rein ökonomischen Betrachtungsweise, als Kapital fungiert und was eventuell an die Stelle von Kapital im historisch-sozialen Zusammenhang getreten ist. Die andere führt darüber hinaus mit der Frage, woran die mit Kapital in Zusammenhang gebrachten Mißstände haften: gehören sie zum ökonomischen System, dann bestehen sie vermutlich in nur anderer Gestalt fort; sind sie hingegen aus dem historisch-rechtlichen Zusammenhang zu deuten, könnte man folgern, daß sie potentiell überwindbar wären. Von hier aus ergibt sich erneut ein Zugang zur Problematik von Entfremdung und Herrschaft im Sozialismus.

---

[281] SCHUMPETER, Theorie der wirtschaftlichen Entwicklung (s. Anm. 159), 226.
[282] G. F. KNAPP, Die Erbuntertänigkeit und die kapitalistische Wirtschaft, Jb. f. Gesetzgebung, Verwaltung u. Volkswirtschaft 15 (1891), 353.
[283] ERIK BOETTCHER, Die sowjetische Wirtschaftspolitik am Scheideweg (Tübingen 1959); ders., Ziel und Problematik des Marktstrukturgesetzes, Hamburger Jb. f. Wirtschafts- u. Gesellschaftspolitik 10 (1965), 202 ff.
[284] RICHARD H. TAWNEY, Religion und Frühkapitalismus (engl. 1926; dt. 1946), zit. DOBB, Art. Kapitalismus (s. Anm. 69), 540.

In diesem Diskussionszusammenhang steht dann sowohl die Schicksalsfrage der Herausbildung des „dritten Weges" zwischen Kapitalismus und Sozialismus, d. h. eines durch sozialpolitische Reformen veränderten und geläuterten „sozial temperierten Kapitalismus" wie auch diejenige eines „Sozialismus mit menschlichem Antlitz". Doch die Erörterung dieser Probleme gehört nicht mehr in den Zusammenhang dieser begriffsgeschichtlichen Untersuchungen.

MARIE-ELISABETH HILGER

Literatur:

CARL BRINKMANN, Die Wirtschaftsgeschichte des Kapitals und die Lehrgeschichte des Kapitalbegriffs, in: Die Unternehmung im Markt, Fschr. WILHELM RIEGER (Stuttgart, Köln 1953), 9ff.; ERICH PREISER, Der Kapitalbegriff und die neuere Theorie, in: ebd., 14ff.; EDGAR SALIN, Kapitalbegriff und Kapitallehre von der Antike zu den Physiokraten, Vjschr. f. Sozial- u. Wirtschaftsgesch. 22 (1930), 401ff.; RICHARD PASSOW, „Kapitalismus". Eine begrifflich-terminologische Studie, 2. Aufl. (Jena 1927); WILHELM HOHOFF, Zur Geschichte des Wortes und Begriffes „Kapital", Vjschr. f. Sozial- u. Wirtschaftsgesch. 14 (1918), 554ff. u. ebd., 15 (1921), 281ff.; BERNHARD LAUM, Über Ursprung und Frühgeschichte des Begriffes „Kapital", Finanzarchiv NF 15 (1954/55), 72ff.; PAUL MÖLBERT, Wandlungen des Kapitalbegriffs in der Volkswirtschaftslehre (Diss. Mschr. Köln o. J.); WALTHER JACOBY, Der Streit um den Kapitalbegriff (Jena 1908).

Kommunismus

I. Einleitung. II. Begriffsentwicklungen vom 16. bis zum 18. Jahrhundert. 1. Religiöse 'communistae' im 16. und 17. Jahrhundert. 2. Die agrarischen 'communistes' im ausgehenden Ancien Régime. 3. Agrarische 'comunisti' in Italien im 18. Jahrhundert. 4. Die moderne Begriffsbildung von 'communisme' und 'communiste' durch Restif de la Bretonne. III. Vom 'communisme' zum 'Kommunismus' 1840—1848/49. 1. Die Neuschöpfung des Begriffs 'communisme' und die politische Bewegung der französischen 'communistes' um 1840. 2. Die Übertragung der französischen Kommunismusbegriffe nach Deutschland. 3. Lorenz von Steins Zurückweisung des französischen Kommunismus (1842). 4. Wilhelm Weitling als erster deutscher Kommunist. 5. Die Wirkung des Kommunistenberichts von Johann Caspar Bluntschli (1843). 6. Das ,,Gespenst des Kommunismus". 7. Kommunisten in Deutschland vor 1848. a) Moses Heß. b) Friedrich Engels. c) Karl Marx. 8. Der ,,Bund der Kommunisten" und das ,,Manifest der Kommunistischen Partei". IV. 'Kommunismus' von 1848/49 bis zur deutschen Reichsgründung. 1. Kommunisten und Kommunistenfurcht in der Revolution von 1848/49. 2. 'Kommunismus' im Konzept der Gegenrevolution. 3. Arbeiterbewegung und 'Kommunismus' in der Zeit der Reichsgründung. a) Ferdinand Lassalle. b) Wilhelm Liebknecht und August Bebel. c) Karl Marx und Friedrich Engels. 4. Anarchismus und Kommunismus. V. 'Kommunismus' nach der Novemberrevolution von 1918. 1. Die Wiederaufnahme des Kommunismusbegriffs durch Lenin. 2. Die Rezeption des leninistischen Kommunismusbegriffs in Deutschland. 3. Die antikommunistische Abwehr des 'Bolschewismus'. VI. Ausblick.

I. Einleitung

Die deutschen Wörter 'Kommunist' und 'Kommunismus' sind als neologistische Bildungen Anfang der vierziger Jahre des 19. Jahrhunderts aus dem Französischen übernommen worden. Die Pluralform 'communistes' ist im Französischen erstmals im ausgehenden Ancien Régime belegt. Das gleiche gilt für die italienische Parallelform 'comunisti'. Der Systembegriff 'communisme' wurde in Frankreich während der Revolutionszeit Ende des 18. Jahrhunderts gebildet. Alle diese Wortbildungen gehen im Ursprung auf das lateinische Adjektiv 'communis' bzw. auf das Substantiv 'communio' zurück, das im Mittellateinischen vor allem den dörflichen Gemeinbesitz der ,,Allmende" und das Nutzungsrecht an diesem Gemeinschaftsbesitz bezeichnete[1]. Im Französischen wurde daraus eine ganze Wortfamilie abgeleitet, deren wichtigste Derivate die Wörter 'commune' und 'communauté' sind[2]. Im Italienischen wurden parallel dazu die Worte 'comune' und 'comunità' gebildet[3]. In beiden romanischen Sprachen gab es somit seit langem etymologische Vorformen für die Wortprägungen des späten 18. Jahrhunderts.

---

[1] Ausführliches Lateinisch-Deutsches Handwörterbuch, 8. Aufl., hg. v. HEINRICH GEORGES, Bd. 1 (1913; Ndr. Basel, Stuttgart 1969), 1328 f., s. v. communis; TLL Bd. 3 (1907), 1968ff., s. v. communis. Zur mittellateinischen Bedeutung vgl. Mittellateinisches Wörterbuch, Bd. 2 (München 1976), 1003, s. v. communio.
[2] FEW Bd. 2/2 (1944), 961 f., s. v. communis.
[3] SALVATORE BATTAGLIA, Grande Dizionario della Lingua Italiana, t. 3 (Turin 1964), 438 ff., s. v. comune; 448 f., s. v. comunità.

Unabhängig davon ist außerhalb des romanischen Sprachbereichs in der lateinischen Gelehrtensprache des 16. und 17. Jahrhunderts vorübergehend die Pluralform 'communistae' verwendet worden, die zumindest ins Polnische, vielleicht auch ins Deutsche übersetzt worden ist. Dieser Wortgebrauch ist allerdings allem Anschein nach spätestens im 18. Jahrhundert wieder in Vergessenheit geraten. Im Deutschen wurden die Worte 'Kommunist' und 'Kommunismus' jedenfalls öffentlich erstmals um 1840 im Zusammenhang einer politischen Begriffsbildung verwendet, in der es um die Formulierung von alternativen Gesellschaftsmodellen zu dem krisenhaft in Frage gestellten sozialen System des Vormärz ging.

Als politische Begriffe waren somit in Deutschland beide Begriffe schon in der Zeit ihrer Entstehung ausschließlich zukunftsorientiert. Ungeachtet eines durchaus beträchtlichen Begriffswandels haben sie diesen Charakter im Grunde bis zum heutigen Tage behalten. 'Kommunisten' sind Theoretiker und Protagonisten einer sozialen Realität geblieben, die ihre Zukunft jeweils noch vor sich haben. Unter 'Kommunismus' werden nach wie vor soziale Systeme verstanden, deren allgemeine Umsetzung in die Realität jeweils noch bevorsteht. 'Kommunisten' kämpfen seit ihrem ersten Auftreten für die Herbeiführung des 'Kommunismus', sie vertreten diesen nicht mit Bezug auf eine schon gegebene politische oder soziale Realität. Sollten die unter dem Begriff 'Kommunismus' im Laufe der Geschichte in unterschiedlicher Weise vorgestellten Inhalte jemals verwirklicht werden, so bedürfte es im Grunde keiner 'Kommunisten' mehr. Wo eine neuzeitliche politische Bewegung ihr Ziel erreicht, werden die sie als 'Bewegung' kennzeichnenden Begriffe überflüssig. Nur in der Spannung von theoretischer Norm (für die Zukunft) und sozialer Realität (in der Gegenwart) kann die von solchen Begriffen ausgehende politische Dynamik jedenfalls erhalten bleiben.

Trotz seiner extremen Zukunftsorientierung hat der moderne Kommunismusbegriff jedoch wie andere, ähnlich strukturierte Begriffe auch, eine Tradition, die in die vorrevolutionäre Vergangenheit zurückreicht. Diese Tradition ist allerdings nicht einlinig. Es gibt in ihr keine lückenlose begriffsgeschichtliche Kontinuität, sondern eher mehrere, miteinander nicht im Zusammenhang stehende Vorgeschichten.

Der älteste Traditionsstrang reicht in den Umkreis der europäischen Täuferbewegungen des 16. und 17. Jahrhunderts zurück. Als 'Kommunisten' wurden in dieser Zeit in der theologischen Diskussion bestimmte religiöse Gruppen bezeichnet, die unter Bezug auf die urchristliche Überlieferung Lebensformen ohne privates Eigentum praktizierten. Mit der Verdrängung der Täufer aus der reformatorischen Tradition verschwand auch die Erinnerung an diese früheste Vorgeschichte kommunistischer Begriffsbildung.

Ein zweiter Traditionsstrang führt in die französische und italienische Rechtssprache des 18. Jahrhunderts zurück. Anlaß zu der neuerlichen Begriffsbildung waren Veränderungen in der Agrarverfassung, die an der Schwelle zur Moderne zu einer Auflösung überkommener kollektiver Eigentumsformen führten. 'Kommunisten' waren zu dieser Zeit sowohl in Frankreich wie in Italien die gemeinschaftlichen Teilhaber eines rechtlich genau fixierbaren Kollektiveigentums.

II. Begriffsentwicklungen vom 16. bis zum 18. Jahrhundert

1. Religiöse 'communistae' im 16. und 17. Jahrhundert

Von Kommunisten war erstmals Ende des 16. Jahrhunderts die Rede. Anlaß dafür waren die theologischen Verständigungsversuche, die zu dieser Zeit zwischen unabhängig voneinander nach Ostmitteleuropa versprengten Gruppen der reformatorischen Täuferbewegung stattfanden. Eine dieser Täufergemeinschaften, die in den dreißiger Jahren in Mähren von Jakob Hutter vereinigt worden war, entwickelte unter den Bedingungen anhaltender Verfolgung eine kollektivistische Lebensform auf der Basis der allgemeinen Gütergemeinschaft. Diese „Hutterer" oder „Hutterischen Brüder" lebten unter Berufung auf die im Neuen Testament überlieferte urchristliche Gemeinde in sog. „Hauszhaben" zusammen, die jeweils eine geschlossene Produktions- und Konsumgemeinschaft bildeten[4]. In der eigenen, religiös bestimmten Selbstdarstellung ihrer Bekenntnisschriften sahen sie sich in *der heiligen gemeinschafft, nit allein im geistlichen, sonder auch im zeitlichen* und verstanden sich als *Gmain grundt von Christlicher Gemainschafft aus heiliger Schrifft*[5]. Für ihre Wohngemeinschaften entwarfen sie *ordnungen der heiligen in irer gmainschaft*[6]. In Abgrenzung von anderen täuferischen Gruppen bezeichneten sie sich folgerichtig als 'Gemainschaffter', 'Gemainschäftler' oder 'Gemeinschaftler'[7].

Die rigorose Abschaffung des Privateigentums wurde innerhalb der ostmitteleuropäischen Täuferbewegung tatsächlich auch als wichtigstes Unterscheidungsmerkmal zu den Hutterern angesehen. Insbesondere spielte die Eigentumsfrage in den theologischen Einigungsgesprächen eine Rolle, die zwischen den Hutterischen Brüdern und den in Polen um das geistige Zentrum in der Stadt Rakow sich sammelnden Täufern stattfanden. Diese Täufer verstanden sich wegen ihrer Ablehnung des Trinitätsdogmas als 'Unitarier' oder 'Antitrinitarier', wurden von ihren Gegnern

---

[4] Vgl. zu den Hutterern vor allem LYDIA MÜLLER, Der Kommunismus der mährischen Wiedertäufer (Leipzig 1927); GÜNTER MÜHLPFORDT, Deutsche Täufer in östlichen Ländern, in: Die frühbürgerliche Revolution in Deutschland, hg. v. GERHARD BRENDLER (Berlin 1961), 234 ff., bes. 259 f. 269. 288; CLAUS-PETER CLASEN, Anabaptism. A Social History, 1525—1618. Switzerland, Austria, Moravia, South and Central Germany (Ithaca, London 1972), 210 ff.; HANS-DIETER PLÜMPER, Die Gütergemeinschaft bei den Täufern des 16. Jahrhunderts (Göppingen 1972), 38 ff.

[5] PETER RIEDEMANN, Rechenschafft unserer Religion, Leer unnd Glaubens, Von den Brüdern so man die Hutterischen nennt, aussgangen ([1547]; 2. Aufl. 1565), abgedr. Mittheilungen aus dem Antiquariate von S. Calvary, Bd. 1 (Berlin 1870), 316; Von der waren Glassenheit und Christlicher Gemainschafft der Güter [1547], abgedr. Die älteste Chronik der Hutterischen Brüder, hg. v. ANDREAS JOH. FRIEDRICH ZIEGLSCHMID (Ithaca/N.Y. 1943), 285.

[6] ULRICH STADLER, Von ordnungen der heiligen in irer gmainschaft und leben mit den güetern ires vaters alhie in dem Herren (1618), abgedr. Glaubenszeugnisse oberdeutscher Taufgesinnter, Bd. 1, hg. v. L. MÜLLER (Leipzig 1938), 222.

[7] Die Geschichtsbücher der Wiedertäufer in Österreich-Ungarn, 1526—1785, hg. v. JOSEF BECK, 2. Aufl. (Nieuwkoop 1967), 72; ZIEGLSCHMID, Chronik, 53. 277; MÜHLPFORDT, Deutsche Täufer, 269.

wegen ihres italienischen Organisators Fausto Sozzini aber meist als 'Sozinianer' bezeichnet[8]. Im Unterschied zu den rein deutschsprachigen Hutterern bildeten die Sozinianer eine international gemischte Glaubensgemeinschaft, zu deren theologischer Führungsschicht neben Polen auch italienische und besonders deutsche Exulanten gehörten. Allein schon deswegen, aber auch unter humanistischem Einfluß, verständigten sie sich in ihren Schriften fast ausschließlich auf lateinisch. Die hutterischen 'Gemainschaftler' wurden dabei in der theologischen Gelehrtensprache der Sozinianer zu 'communistae'[9]. Gleichzeitig wurde diese lateinische Bezeichnung als Fremdwort ins Polnische, wahrscheinlich auch — obwohl das nicht schriftlich belegt ist — ins Deutsche übernommen.

Die Auseinandersetzung der Sozinianer mit den Hutterern begann im Jahre 1568, als Abgesandte beider Täufergruppen sowohl in Mähren wie in Polen zusammentrafen und auf der arianischen Synode über die *sekta communistów* bzw. *o Communistach Morawskich* beraten wurde[10]. Ein unbekannter polnischer Täufer schrieb nach diesen ersten Kontakten 1569 ein Traktat, das sich mit den *komunistami na Morawie* (Kommunisten in Mähren) beschäftigte und in dem er die Einwände der Antitrinitarier zusammenfaßte[11]. Seine Kritik an den mährischen Täufern lief im Kern darauf hinaus, daß er ihnen eine Verweltlichung der urchristlichen Gemeinschaftslehre des Neuen Testamentes vorwarf. Die hutterischen Kommunitäten hielt er für wirtschaftliche Erwerbsgemeinschaften, nicht für religiöse Gesinnungsgemeinschaften. Die Hutterer waren in seinen Augen daher nichts weiter als *oeconomistae maja* (gute Ökonomisten)[12]. Folgerichtig reduzierte sich für ihn, und das ist in begriffsgeschichtlicher Hinsicht am wichtigsten, der christliche Gemeinschaftsanspruch der Hutterer auf den rein weltlichen Bereich. Er nannte sie eine

---

[8] Vgl. dazu STANISLAW KOT, Socinianism in Poland: The Social and Political Ideas of the Polish Antitrinitarians in the Sixteenth and Seventeenth Centuries (Boston 1957) sowie MÜHLPFORDT, Deutsche Täufer, 253. 270.

[9] Vgl. Slownik polszczyzny XVI wieku 10 (1976), 517, Art. Komunista. Das Lexicon mediae et infimae latinitatis Polonorum, hg. v. MARIAN PLEZI, Bd. 2 (Krakau, Warschau 1967), 699, Art. communista verzeichnet darüber hinaus einen Reisebericht aus dem Jahre 1575, in dem der lateinische Begriff 'communista' von seinem Ursprung gelöst auf die Studentengemeinschaft des Wiener Jesuitenkollegs angewendet wird. Quelle dafür ist HENRYK BARYCZ, Dziennik prodrózydo Wloch biskupa Jerzego Radziwilla w 1575 r, Kwartalnik Historyczny 39 (1935), 351: *Domum etiam communistarum et seminaristarum pulcherrimam et habitaculis amoenissimis et satis splendidis admodum refertam, Collegio statim adjunctam*. Die Hinweise auf die polnischen Lexika verdanke ich der liebenswürdigen Hilfe von Teresa Payr (München) u. Marian Plezi (Krakau).

[10] STANISLAW ZACHOROWSKI, Najstarsze synodi arjan polskich, Reformacja w Polsce 1 (1921), 233. Vgl. ferner KOT, Socinianism, 31 ff.; GEORGE HUNTSTON WILLIAMS, Anabaptism and Spiritualism in the Kingdom of Poland and the Grand Duchy of Lithuania: An Obscure Phase of the Pre-history of Socinianism, in: Studia nad arianizmem, hg. v. LUDWIK CHMAJ (Warschau 1959), 244 ff.

[11] JAN KARLOWICZ, Traktat przeciwko „komunistom" Morawskim z roku okolo 1569, Roczniki towarzystwa przyjaciól nauk poznańskiego 15 (1887), 63. Die Veröffentlichung dieses Traktats beruhte auf einem handschriftlichen Manuskript, das sich in der Universitätsbibliothek Leiden (Voss. 331) erhalten hatte. Als Autor wird von KOT, Socinianism, 40, Stanislas Budzyński angenommen.

[12] KARLOWICZ, Traktat, 71.

II. 1. Religiöse 'communistae' im 16./17. Jahrhundert

sekta communistów, albo radszy oeconomistów (eine Sekte von Kommunisten oder vielmehr von Ökonomisten)[13]. Nach einer anderen Quelle wurde die religiöse Rechtfertigung der hutterischen Gütergemeinschaft von den polnischen Täufern 1569 sogar als Heuchelei empfunden. In einer Chronik der Sozinianer heißt es unter Bezug auf Peter Ridemanns „Rechenschafft", eine der hutterischen Bekenntnisschriften, im Jahre 1569 lapidar: *Rechenschafft. Liber Communistarum. Obluda*[14].

Anfang des 17. Jahrhunderts fand innerhalb des polnischen Unitarismus neuerlich eine Auseinandersetzung über die mährischen Täufer statt, in deren Mittelpunkt wiederum die Eigentumsfrage stand. Die meist handschriftlichen Texte dieser Auseinandersetzungen haben sich nicht erhalten. Schon die Titel der Schriften lassen jedoch erkennen, daß sich bei den Sozinianern die Bezeichnung 'communistae' für die Hutterer als pejorative Ablehnungsformel eingebürgert hatte. Die Richtung wurde 1606 von VALENTIN SCHMALZ angegeben, einem aus Gotha stammenden Theologen, der zusammen mit anderen ein Jahr zuvor in Rakow für die Sozinianer einen unitarischen Katechismus veröffentlicht hatte. Auf Wunsch des in Polen lebenden Deutschen Georg Hoffmann verfaßte er — angeblich in deutscher Sprache — eine Schrift *Adversus Hutterianos seu Moravienses communistas*[15]. Die Beschäftigung mit den mährischen Kommunisten stand für Schmalz nicht im Vordergrund seiner Aktivitäten, sonst hätte er seine Schrift sicherlich in dem minutiösen Tagebuch erwähnt, das von ihm aus dieser Zeit erhalten geblieben ist[16]. Jedoch handelte es sich nicht um eine vereinzelte Gelegenheitsarbeit, die Zurückweisung der mährischen Kommunisten wurde vielmehr auch von anderen sozinianischen Theologen für wichtig gehalten. So verfaßte auch der aus Goslar stammende CHRISTOPH OSTORODT ein *Contra Hutterianos, seu Moravienses Communistas libellus*, das offenbar nach seinem Tode im Jahre 1611 unter den Sozinianern handschriftlich zirkulierte[17]. Andere Sozinianer kamen auf die mährischen Kommunisten im Zusammenhang mit theologischen Erörterungen der biblischen „communio bonorum" zu sprechen. So erwähnte JOHANN VÖLKEL, der mit Schmalz 1605 an der Abfassung des Rakower Katechismus beteiligt war, die Kommunisten in einem theologischen Kommentar zum 10. Gebot des alttestamentarischen Dekalogs (2. Mose 20, 17): *Ex hoc autem ultimo praecepto, quemadmodum et ex aliis innumeris, quae apud*

---

[13] Ebd., 70.
[14] KAZIMIERZ DROBOWOLSKI, Nieznana Kronika Arjańska 1539—1605, Reformacja w Polsce 4 (1926), 166. Das Manuskript dieser Chronik wurde in der Erzbischöflichen Bibliothek (Lambeth Palace) in London aufgefunden. Es wurde nach Drobowolski zwischen 1605 und 1612 verfaßt.
[15] Vgl. CHRISTOPH SANDIUS, Bibliotheca anti-trinitariorum (Freistadt, d. i. Amsterdam 1684), 101 f., wo die Schrift von SCHMALZ folgendermaßen aufgeführt wird: *Adversus Hutterianos seu Moravienses communistas, scriptum, in gratiam Georgii Hoffmanni civis Smiglensis. Racoviae a. 1606, 28 Augusti, MS. Germ.* Vgl. MÜHLPFORDT, Deutsche Täufer 275.
[16] VALENTIN SCHMALZ, Annus fatalis belli Gothani continetur vocabulo diluvium (1567), in: GUSTAV GEORG ZELTNER, Historia crypto-socinismi ... et Martini Ruari epistolarum centuriae duae hactenus rarius apparentes (Leipzig 1729), 1158 ff.
[17] Vgl. SANDIUS, Bibliotheca anti-trinitariorum, 91, wo die Schrift von OSTORODT mit dem Zusatz *MS. Post obitum ipsius a Johanne Franco possidebatur* aufgeführt wird. Johannes Francus sind die latinisierten Vornamen von Crell (s. Anm. 21).

Mosem scripta leguntur, perspicuum est bonorum distinctionem olim sub Lege maxime viguisse; et porro nullam talem apud gentem Israëliticam eorum fuisse communionem, qualem hodie quidam adinvenerunt, sibique servandam existimant, qui ea de causa Communistae appellantur[18].

Das mosaische Gesetz lieferte ihm also den Beweis dafür, daß es im jüdischen Volk keine „communio bonorum" gegeben habe. Damit sah er die communistae als widerlegt an, die sich in der Gegenwart die Gütergemeinschaft erfunden haben und glauben bewahren zu müssen. Er hielt es überdies für offenkundig, daß Christus auch im Neuen Testament nirgendwo *legum bonorum communionem introduxisse, eorundemque distinctionem abrogasse*[19]. Und schließlich sprach in seiner Interpretation auch das christliche Caritasgebot gegen die Einführung der Gütergemeinschaft. Der Gemeinbesitz mache die private Wohltätigkeit des einzelnen unmöglich: *Ex quo intelligitur, omnium bonorum venditionem, inque commune collationem, etiamsi tum, cum fit, charitatis aliquod argumentum contineat, ... tamen in posterum beneficentiae privatae usum tollere, ipsamque adeo charitatem valde imminuere*[20].

An diese Argumentation knüpfte auch JOHANNES CRELL in seinem Kommentar zur neutestamentlichen Apostelgeschichte an, der 1656 posthum veröffentlicht wurde. Unter Verweis auf Völkels Kommentar wies er die „communio bonorum", *quae a Moravis, quos vocant fratribus fuit instituta*, zurück[21]. Darüber hinaus setzte er sich auch mit den Hinweisen auf eine frühchristliche Gütergemeinschaft auseinander, die sich im Lukasevangelium finden. Nach seiner Auffassung ließ sich auch aus dieser Überlieferung keine Rechtfertigung für eine Gütergemeinschaft nach Art der mährischen communistae finden: *Quod autem Communistae, quos vulgo vocant, haec, quae a Luca scripta sunt, ad suum institutum trahunt, id nullo solido fundamento nititur*[22]. Gegen die communistae sprach in seinen Augen zweierlei: einmal beruhte die Gütergemeinschaft der ersten Christen auf dem Prinzip der Freiwilligkeit, zum anderen beschränkte sie sich auf die gemeinschaftliche Verwendung des eigenen Besitzes zu caritativen Zwecken: *Praeterquam enim quod ex re libera rem omnino necessariam faciunt, neminemque in suam societatem recipiunt, qui bona sua in commune non conferat, id neutiquam probari potest, quod multiplex est in ipsorum communione confusio: ut quod non ita, quemadmodum decebat, pudori ac honestati, in cubiculis praesertim consulitur; naturali parentum erga liberos affectui, dum ab eorum consortio avulsi separatim educantur, vis quodammodo infertur; omnibus promiscue, nulla habita ratione vel valetudinis, vel temperaturae corporis, iidem cibi idemque potus apponitur; ac denique ut alia taceam, omnes itidem promiscue laboribus manuum mancipentur, nulla eorum, quae ad liberalia artium ac pietatis studia adhiberi possent, ingeniorum ratione habita*[23].

---

[18] JOHANN VÖLKEL, De vera religione libri quinque (Rakow 1630), 288.
[19] Ebd.
[20] Ebd., 289. Der „Elenchus: Rerum praecipuarum" verweist auf diese Stelle wie folgt: *Communio bonorum ... illa Communistarum beneficentia privata usum tollit*, ebd.
[21] JOH. FRANZ CRELL, Commentarius in magnam partem actorum apostolicorum, Opera omnia exegetica, t. 3 (Irenopoli 1656), 147.
[22] Ebd., 137.
[23] Ebd.

II. 1. Religiöse 'communistae' im 16./17. Jahrhundert

Die Publikation der Crellschen Widerrede gegen die communistae erfolgte zu einem Zeitpunkt, an dem die Hutterer innerhalb des Sozinianismus in dem Danziger Arzt DANIEL ZWICKER erstmals einen Fürsprecher gefunden hatten. Zwicker war 1654 in Mähren von den Hutterern von der Gütergemeinschaft überzeugt worden, ohne allerdings sein antitrinitarisches Credo deswegen aufzugeben[24]. Er verfaßte daraufhin in deutscher Sprache ein Manuskript mit dem Titel *Refutatio tractatus Valentini Smalcii, quem scripsit adversus Hutterianos seu Moravienses Communistas*[25]. Gleichzeitig führte er mit dem aus Holstein stammenden sozinianischen Theologen Martin Ruar einen ausführlichen Briefwechsel über die mährischen Kommunisten, ohne diese hierin allerdings so zu benennen[26]. Der Briefwechsel wurde 1729 von GUSTAV GEORG ZELTNER zu einer Zeit veröffentlicht, in der der Sozinianismus in Polen längst vernichtet worden war[27]. Aus seinem Kommentar zu dem Briefwechsel geht jedoch hervor, daß Zeltner noch sehr genaue Kenntnisse von den Auseinandersetzungen mit den mährischen Kommunisten hatte. Zu Zwickers einleitendem Bericht über seine Reise nach Mähren merkte er folgendes an: *Clariores illi, prae caeteris, visi sunt, qui Communistae Socinianis v. g. Crellio ad Act. IV appellabantur, propter communionem bonorum, quam profitebantur, et usu quoque vitae sectabantur*[28]. Der „Index Rerum" des Buches vermerkt dazu unter dem Stichwort „Anabaptistae": *Communistae etiam Socinianis vocati ib. quid illi Dan. Zwickero nolentes volentes indulserint*[29].

Daraus geht hervor, daß der Terminus 'communistae' in der theologischen Gelehrtensprache mit Bezug auf die Hutterer auch zu Beginn des 18. Jahrhunderts noch bekannt war. Zwischen 1740 und 1750 registrierte auch das ZEDLERsche Lexikon noch die Schriften der Sozinianer über die „Moravienses Communistas", wobei offensichtlich die „Bibliotheca Anti-Trinitariorum" von SANDIUS aus dem Jahre 1654 die Quelle für diese Angaben war[30]. Es handelte sich hierbei freilich nur noch um rein bibliographische Notizen. Da der Terminus 'communistae' nicht aus dem Umkreis theologischer Lehrstreitigkeiten hinausgetragen und vor allem auch nicht zu einem Allgemeinbegriff gemacht worden war, geriet er nach dem Verschwinden

---

[24] ZIEGLSCHMID, Chronik (s. Anm. 5), 858f.; BECK, Geschichtsbücher (s. Anm. 7), 488. Vgl. dazu vor allem KOT, Socinianism, 158ff.
[25] Zit. SANDIUS, Bibliotheca anti-trinitariorum, 156. Hier auch die Angabe *MS. Germ.*
[26] DANIEL ZWICKER, Epistolae ad Martinum Ruarum, de Fratribus Moravis, deque cum iis concordia, et quid illi desiderint (Danzig 18. 7. 1654); ders., Ad eundem de aulae appellatione, de fratribus Moravis ac communione bonorum, et de paupertate christiana (Danzig 20. 8. 1654), zit. SANDIUS, Bibliotheca anti-trinitariorum, 154.
[27] ZELTNER, Historia crypto-socinismi, 250ff.
[28] Ebd., 250f.
[29] Index rerum, ebd.
[30] ZEDLER Bd. 25 (1740), 2321, Art. Christoph Osterod: *Contra Hutterianos seu Moravienses communistas libellus;* Bd. 38 (1743), 73, Art. Valentin Schmalz: *Scripta adversus Hutterianos seu Moravienses communistas;* Bd. 64 (1750), 1609, Art. Daniel Zwicker: *Refutatio tractatus Val. Scmalcii, quem scripsit adversus Hutterianos seu Moravienses Communistas.*

der Sozinianer ganz offensichtlich in Vergessenheit[31]. Es führt kein Weg von den älteren 'communistae' zu den modernen 'Kommunisten'.

2. Die agrarischen 'communistes' im ausgehenden Ancien Régime

In der zweiten Hälfte des 18. Jahrhunderts kam der meist in der Pluralform 'communistes' verwendete Terminus 'communiste' in der französischen Rechtssprache in Gebrauch. Ein Zusammenhang mit der älteren, außerfranzösischen Begriffsgeschichte des 16. und 17. Jahrhunderts ist nicht nachweisbar. Die französische Begriffsprägung hing offenbar mit dem säkularen Strukturwandel der Agrarverfassung Frankreichs zusammen, der unter dem Ancien Régime eingeleitet wurde und in der Großen Revolution zwischen 1789 und 1793 kulminierte. Die Grundtendenz dieses Veränderungsprozesses war trotz mannigfacher regionaler Unterschiede unbestreitbar individualistisch, d. h. auf persönliches Eigentum an Grund und Boden ausgerichtet[32]. Traditionelle Formen von ländlichem Gemeineigentum standen dieser Entwicklung entgegen. Sie gingen zwar mehr und mehr zurück, kamen jedoch nicht völlig zum Verschwinden. Das ländliche Frankreich war daher am Vorabend der Revolution durch den Kontrast moderner und traditioneller Agrarstrukturen geprägt. Diese widersprüchliche sozialgeschichtliche Situation scheint der Anlaß für begriffliche Präzisierungen gewesen zu sein. Indem man sie neu auf den Begriff brachte, vergewisserte man sich der Gleichzeitigkeit ungleichzeitiger sozialer Tatbestände.

Ebenso wie der Zeitpunkt der neuen Begriffsprägung spricht auch die Tatsache für den sozialgeschichtlichen Entstehungszusammenhang, daß sich die Betroffenen selbst nicht als 'communistes' bezeichneten. Als 'communistes' galten sie nur denjenigen, denen ihre kollektive Eigentumsform als bewahrenswert oder als nicht mehr zeitgemäß erschien. So war es der physiokratische Theoretiker MIRABEAU, der, nach allem, was bekannt ist, 1769 erstmals von 'communistes' sprach: *Les biens fonds de main-morte sont départis et confiés parmi nous à deux genres de propriétaires. Les uns sont personellement usufruitiers titulaires; et en général ceux-là s'intéresseroient peu au maintien de leur propriété passagère; mais la loi qui, à chaque mutation, oblige leurs héritiers à l'entier rétablissement des avances foncières, pourvoit en partie à la dégradation qui proviendroit de leur négligence et de leur caducité isolée. Les autres sont communistes, et ceux-là ne meurent jamais, ne sont jamais pupiles ni caduques, ni*

---

[31] Weder in dem Buch von FRIEDRICH SAMUEL BOCK, Historia socianianismi prussici (Königsberg 1754) noch bei CHRISTIAN HECHT, D. Johann Jacob Rambachs Historische und Theologische Einleitung in die Religions-Strittigkeiten der Evangelisch-Lutherischen Kirche mit den Sozinianern (Coburg, Leipzig 1745) wird er z. B. noch benutzt.
[32] Vgl. aus der Fülle der Literatur dazu vor allem den grundlegenden Aufsatz von MARC BLOCH, La lutte pour l'individualisme agraire dans la France du XVIIIe siècle, Annales d'histoire économique et sociale 2 (1930), 329ff. 511ff.; ferner z. B. GEORGES LEFEBVRE, Répartition de la propriété et de l'exploitation foncière à la fin de l'Ancien Régime, in: ders., Études sur la Révolution Française (Paris 1954), 210ff.; MICHEL AUGÉ-LARIBÉ, La révolution agricole (Paris 1955).

II. 2. Agrarische 'communistes' im Ancien Régime

leurs biens un décret, ou à bail judiciaire; ils résident, et s'ils vivoient en sécurité et se trouvoient placés dans les lieux difficiles comme des montagnes sauvages, près des marais et des dunes, etc. Le territoire pourroit profiter beaucoup, par la continuité et la constance de leur résidence, de leurs travaux et de leurs dépenses foncières[33].

Die communistes waren demnach Teilhaber an einer bestimmten Art kollektiven Grundeigentums. Dieses beruhte auf einer verdinglichten Restform der Leibeigenschaft („main-morte"), durch die das Erbrecht beschränkt und zum Teil auch die Schollenpflichtigkeit hergeleitet wurde[34]. Mirabeau sieht noch die sozialen Vorteile dieser Eigentumsform. Nachdem die Leibeigenschaft durch das Edikt vom 8. August 1779 zunächst auf den königlichen Domänen abgeschafft und dann im März 1790 durch die revolutionäre Nationalversammlung ganz beseitigt worden war, verschwand jedoch diese im späten 18. Jahrhundert ohnehin nur noch in geographischen Extremlagen verbreitete Form kollektiven Eigentums. Der Terminus 'communistes' kam damit in dieser Bedeutung außer Gebrauch.

Längeren Bestand hatte dagegen eine Form familialer Gütergemeinschaft, die in vorrevolutionärer Zeit unter freien Bauern als 'communauté taisible' oder 'communauté tacite' bekannt war. Es handelte sich dabei um eine gewohnheitsrechtliche Institution des Erbrechts, durch die mobiles und immobiles Vermögen den Erben in der Familie „auf Jahr und Tag" zu gemeinschaftlicher Nutzung überlassen wurde[35]. Obwohl der Code Civil von 1804 (Art. 1834) diese Form bäuerlicher Erbengemeinschaft untersagte, hielt sie sich bis in das 19. Jahrhundert hinein. Die Mitglieder dieser 'communautés' wurden ebenfalls 'communistes' genannt. 1823 heißt es in einem einschlägigen agrarrechtlichen Werk: *Ces communautés se formaient autrefois par le seul fait de l'habitation, et comprenaient tous les biens meubles ou immeubles qu'acquéraient les communistes*[36].

Am häufigsten wurde der Begriff 'communistes' im 18. Jahrhundert in Frankreich jedoch in der Diskussion über die Auflösung des Gemeindelandes verwendet, deren Endpunkt das Teilungsgesetz der Nationalversammlung vom 10. 6. 1793 war. Der Begriff hatte in diesem Zusammenhang eine eingeschränktere Bedeutung. Als 'communiers', 'communaliers' oder eben als 'communistes' galten die Angehörigen

---

[33] L('AMI) D(ES) H(OMMES) [d. i. VICTOR RIQUETTI, Marquis de MIRABEAU], Les économiques, t. 1 (Amsterdam, Paris 1769), 309f. Vgl. BRUNOT t. 6/1 (1930), 281, mit allerdings ungenauer Quellenangabe.

[34] Vgl. MARCEL GARAUD, La révolution et la propriété foncière (Paris 1958), 18ff.

[35] Vgl. z. B. FRANCOIS RAGUIEAU, Glossaire du droit françois (Paris 1704), 138, Art. Communauté tacite: *C'est une Communauté contractée entre plusieurs personnes par le seul méllange de leurs biens pourvû néanmoins qu'elles soient demeurées ensemble pendant l'espace d'an et jour. Cette Communauté comme odieuse a été abolie dans plusieurs de nos Coutumes, et n'a plus lieu qu'entre les enfans, et leur père ou leur mère survivant, qui n'ont point fait d'inventaire.* Ferner RAYMOND-THÉODORE TROPLONG, Le droit civil expliqué suivant l'ordre des articles du Code. Du contrat de société civile et commerciale, ou commentaire du titre IX du livre III du Code Civil, t. 1 (Paris 1843), XLVIIff. 196ff. J.-F. VAUDORÉ, Le droit rural français, ou analyse raisonnée des lois, des 60 coutumes génerales, des 300 coutumes locales de France ... fermant un traité de la législation rurales et des attributions des juges de paix, t. 2 (Paris 1823), 70ff.

[36] VAUDORÉ, Droit rural, 70. Auf S. 72f. werden die *membres de la communauté* auch *communiers* genannt.

einer Dorfgemeinschaft („commune") nur im Hinblick auf ihre Nutzungsrechte am gemeinschaftlichen Eigentum der Gemeinde („bien communaux"), nicht im Hinblick auf ihr sonstiges individuelles Eigentum[37]. Die Nutznießung der gemeinschaftlichen Eigentumsrechte machte die Bewohner einer oder auch mehrerer Gemeinden zu 'communistes', als individuelle Grundeigentümer waren sie dies nicht.

Solche Nutzungsrechte ergaben sich z. B. aus der Holzgerechtigkeit („droit d'affouage"), dem Fischereirecht („droit de pêche") und vor allem aus dem freien Weiderecht („droit de vaine pâture"). Aus dem Jahre 1789 ist etwa ein Text überliefert, in dem davon die Rede ist, daß die „communauté Guillestre" *communiste avec celle de Risoul et de Ceillac* sei. Mit wiederum anderen Gemeinden besaß sie gemeinsam Bergweiden, *où les boeufs des deux communautés paîssent en été*[38].

Die Revolution bekämpfte diese Art von Kommunisten, weil ihre Existenz die eigenverantwortliche Bewirtschaftung des Bodens verhinderte. Man kritisierte, daß die *communistes ... actifs, industrieux sur leurs propriétés particulières, usent de ces biens communs comme des barbares*[39]. Und man bemängelte, daß der Gemeinbesitz nicht mobil sei: *Un communiste ne peut pas aliéner sa jouissance, ni la louer, ni l'hypothéquer; il l'étend autant que ses besoins le commandent ou que ces facultés le permettent*[40]. Die soziale Schutzfunktion des Gemeindelandes wurde hingegen nicht mehr beachtet[41]. Gerade diese dürfte jedoch ein Grund dafür gewesen sein, daß ländliches Gemeineigentum über das Auflösungsgesetz von 1793 und entsprechende Bestimmungen im Code Civil hinaus in dieser Form in allerdings beschränktem Maß bestehen blieb[42].

Dieser Fortbestand traditionaler agrarischer Gemeinschaftsformen spiegelt sich in der Begriffsgeschichte wider. Der Begriff 'communistes' blieb in Frankreich als privatrechtlicher Fachterminus für die Nutznießer von dörflichem Gemeinbesitz geläufig. So war 1834 in einer Gerichtsentscheidung zu einem Streitfall über Weiderechte ausdrücklich davon die Rede, daß die Einwohner einer Gemeinde *n'agiraient pas en leur qualité de communistes, mais comme propriétaires, à titre personnel et privé, des biens qu'ils revendiquent*[43]. 1839 wurde an anderer Stelle über eine *réclamation d'un communiste relative aux droits d'affouage d'un bois communal* gerichtlich entschieden[44]. Im gleichen Jahr befand ein anderes Gericht in einem Streit über Holzgerechtigkeiten, *qu'un communiste ne pouvait prescire contre son copropriétaire (qui s'abstenait de profiter du droit d'affouage) autre chose que la part que lui abandon-*

---

[37] Vgl. Georges Bourgin, Le partage des biens communaux. Documents sur la préparation de la loi du 10 juin 1793 (Paris 1908), 21 (Text v. 2. 12. 1791); 94 f. (Text v. 1791) für 'communier'; 499 (Text v. 22. 2. 1793) für 'communalier'; 376. 379. 387 (Text v. 1792) für 'communiste'.

[38] Paul-Pierre-Marie Guillaume, Recueil des réponses faites par les communautés de l'élection de Gap au questionnaire envoyé par la commission intermédiaire des États du Dauphiné (Gap 1908), 211. Vgl. auch Brunot t. 6/1, 281.

[39] Zit. Bourgin, Le partage, 387. [40] Ebd., 379.

[41] Vgl. dazu Albert Soboul, La communauté rurale (XVIIIᵉ—XIXᵉ siècle), Revue de Synthèse 3/7 (1957), 300ff.

[42] Vgl. Raymond Gromas, Histoire agricole de la France des origines à 1939 (Mende 1947).

[43] Félix Lebon, Recueil des arrêts du conseil ou ordonnances royales, rendues en séances publiques du Conseil d'Etat, sur toutes les matières du contentieux de l'administration, 2ᵉ sér., t. 4 (Paris 1834), 486. [44] Ebd., t. 9 (1839), 79.

II. 2. Agrarische 'communistes' im Ancien Régime Kommunismus

nait celui-ci, et non pas le droit en lui-même[45]. In allen drei Fällen wurden Einwohner einer Gemeinde in ihrer Eigenschaft als Einzeleigentümer und als Gemeinschaftseigentümer scharf unterschieden. Nur als 'communistes' hatten sie Rechte auf das Gemeineigentum. *L'habitant ne jouit des biens communaux qu'à titre de communiste*, hieß es noch 1863 in einer rechtssystematischen Darstellung[46]. Daraus folgte auch, daß sich die individuellen und die kommunistischen Eigentumsrechte eines Eigentümers gegenseitig behindern konnten. In einem gerichtlichen Streitfall zwischen zwei Einwohnern und ihrer Wohngemeinde über das Eigentumsrecht an einem Stück Land innerhalb der Gemeindegrenzen machte die Verteidigung 1833 auf folgenden Tatbestand aufmerksam: *En plaidant contre la commune, l'habitant gagne son procès, ou il le perd; mais dans l'un et l'autre cas, il est vrai de dire qu'il gagne et qu'il perd, tout à-la-fois. Dans le premier cas, en effet, il gagne comme une individu, mais il perd comme communiste; dans le second, au contraire, il perd comme individu, mais il gagne comme communiste*[47].

Die Verteidigung wollte damit demonstrieren, wie unsinnig eine gleichzeitig individuelle und kommunistische Eigentumsverpflichtung sei. Die Gerichte entschieden jedoch durch alle Instanzen hindurch für die Kommune und gegen die klagenden Privateigentümer. Sie sorgten damit dafür, daß der Begriff 'communiste' in Frankreich als Rechtsbegriff auch weiterhin auf eine konkrete soziale Realität bezogen blieb. Tatsächlich ist eine entsprechende Verwendung des Begriffs noch aus den sechziger Jahren überliefert. In einem Beschluß des „Conseil général de la Loire" wurde 1864 die Aufteilung der im Departement noch vorhandenen 8276 Hektar *biens communaux* mit der Begründung zurückgewiesen, daß diese *gratifierait les communistes actuels aux dépens des générations futures*[48]. Dieser soziale Bezug kann daher auch vorausgesetzt werden, wenn der Begriff in enzyklopädischen Nachschlagewerken des 19. Jahrhunderts als privatrechtlicher Fachterminus für *celui qui a une propriété commune, qui possède à l'état d'indivision* aufgeführt wird[49]. Obwohl mit dem Begriff seit Anfang der vierziger Jahre ganz neue Bedeutungsinhalte verknüpft wurden, konnte eine ältere Bedeutung so lange überleben, wie agrarisches Gemeineigentum in der Dorfgemeinde in nennenswertem Umfang vorhanden war[50].

---

[45] Entscheidung v. 24. 7. 1839, zit. EMILE TÉTU, Les droits d'usage en bois de chauffage: De l'affouage communal (Paris 1900), 130.

[46] LEON AUCOC, Des sections de commune et des biens communaux qui leur appartiennent, 2ᵉ éd. (Paris 1864), 142.

[47] MAXIMIN DELOCHE, Recueil, 2ᵉ sér., t. 2 (1833), 141.

[48] M. CAFFIN / M. ERNEST CAFFIN, Des droits respectifs de propriété des communes et des sections de communes sur les biens communaux (Bordeaux 1868), 29.

[49] LITTRÉ t.1 (1863), 692, s. v. Communiste u. unverändert bis ebd., t. 2 (Ausg. 1956), 535. Vgl. ferner: NICOLAS BESCHERELLE, Dictionnaire national ou grand dictionnaire classique de la langue française, t. 1 (Paris 1845), 884, s. v. communiste u. unverändert ebd., 3ᵉ éd., t. 1 (1856), 706: *Jurisprudence. Celui qui possède en commun.* Sowie LAROUSSE t. 4 (1869), 758, s. v. communiste: *Jurisprudence. Copropriétaire, copossesseur d'un bien indivis: Chaque communiste peut aliéner sa part sans le consentement des autres.*

[50] Irrig daher FEW Bd. 2/2, 963 und ihm folgend HANS MÜLLER, Ursprung und Geschichte des Wortes „Sozialismus" (Hannover 1967), 88, die bei Littré und Bescherelle nur einen Bezug auf das 18. Jahrhundert annehmen.

3. Agrarische 'comunisti' in Italien im 18. Jahrhundert

Es gibt Hinweise darauf, daß die privatrechtlich fixierten Bedeutungsinhalte des französischen Begriffs 'communistes' in Hinsicht auf das dörfliche Gemeineigentum analog auch in Italien bestanden haben. Auch die italienische Pluralform 'comunisti' wird Ende des 18. Jahrhunderts erstmals überliefert, und zwar im Zusammenhang mit der Durchsetzung des neuen Steuersystems im österreichischen Herzogtum Mailand, das wiederum auf der Einführung des Katasters im Jahre 1760 beruhte. Der dadurch bewirkte Übergang von einem Kopfsteuer- zu einem Realsteuersystem führte in den ländlichen Gemeinden des Herzogtums Mailand zu einem erbitterten Kampf um das durch den Kataster nicht erfaßte und damit nicht realbesteuerte Gemeineigentum der „beni comunali". In einem Bericht des „Supremo Consiglio di Economia" der Mailänder Regierung vom 28. 6. 1771 heißt es z. B.: *In oltre è stato permesso ai Particolari Comunisti di occupare porzioni di Fondo Comunale inculto, cingergli di siepi, e coltivargli con pagare qualche piccola recognizione alla Comunità, e altre volte anco senza di essa, e questi sono i Fondi che si chiamano Novali; come si è accennato, inoltre è in vigore la Consuetudine, che a ciascuno degli Abitanti è permesso di prendere qualche pezzo di Fondo Comunale, lavorarlo, e farvi la sementa senza altra ragione, che di goderne per quella sola volta il prodotto*[51].

Im gleichen Sinne berichtet GIOVANNI TARGIONI TOZZETTI 1779 über Streitigkeiten *fra i comunisti della valle di Mulpeda e quelli della Valdena* um den Besitz eines Waldes[52]. In diesen Auseinandersetzungen hatten, ähnlich wie in Frankreich, die ärmeren und daher ganz auf die „beni comunali" angewiesenen Bauern das Nachsehen. 1779 wurde die Privatisierung der „beni comunali" im Herzogtum Mailand durch ein Edikt Maria Theresias gesetzlich in der Weise geregelt, daß bei den nachfolgenden Verkaufsaktionen nur die größeren Landbesitzer zum Zuge kommen konnten. Vergeblich forderten die landlosen Bauern, *che la vendita non doveva farsi a pezzi grossi, ma bensì a pezzi piccoli di Pertiche 10, o 15 o 20 cadauno, per dar luogo ai Comunisti di poterne fare acquisto, giusta le Istruzioni Magistrali*[53]. Die Regierung sorgte lediglich dafür, *che in qualunque Comunità sia fissata una sufficiente porzione di Fondi, e Boschi Comunali per uso fuocolare dei Comunisti, e per pascolo del lor Bestiame*[54]. Die Hauptmasse des „fondo comunale" wurde dagegen zum Verkauf bestimmt.

Der Kampf der landlosen Kleinbauern um die Erhaltung des Gemeinbesitzes ging jedoch weiter. Er zog sich über die Revolutionszeit hinweg bis in das 19. Jahrhundert hinein. In der Sicht der modernen Wirtschaftsreformer wurden die comunisti dabei zu einem retardierenden, den wirtschaftlichen Fortschritt hemmenden Element. Bei VINCENZO DANDOLO findet sich 1806 ein ganzer Katalog von Vorwürfen gegen die comunisti. Dandolo spricht davon, daß die *distruzione è anzi così sistematica e*

---

[51] Zit. FRANCO CATALANO, Aspetti della vita economico-sociale della Lombardia nel secolo XVIII, Nuova Rivista Storica 38 (1954), 27, Anm. 2. Den Hinweis auf diesen und weitere italienische Belege verdanke ich Christof Dipper, Trier.
[52] GIOVANNI TARGIONI TOZZETTI, Relazioni d'alcuni viaggi fatti in diversi parti della Toscana, t. 11 (Florenz 1779), 303, zit. BATTAGLIA, Grande Dizionario, t. 3 (s. Anm. 3), 448.
[53] Rapporto del Regio Cancelliere Gio (Pavia 15. 2. 1782), zit. CATALANO, Aspetti, 69.
[54] Edikt v. 17. 3. 1784, zit. ebd., 44.

II. 3. Agrarische 'comunisti' in Italien

completa nei boschi comunali per parte dei comunisti poveri[55]. Das Weiderecht und das Holzrecht der comunisti an den „beni comunali" bezeichnete er als ein *diritto funesto sotto tutti i rapporti all'economia dello Stato, ed all'economia stessa dei comunisti*[56]. Der einzelne Kommunist, für den Dandolo erstmals auch den Singularbegriff 'comunista' benutzte, erhalte schließlich durch die Nutznießung an den „beni comunali" *una falsa idea della libertà*, die ihn zu Eigentumsdelikten verführe[57]. Dandolos Verdikt gipfelte schließlich in dem Vorwurf, daß der *spirito di corporazione* die Kommunisten von der *massa e dagli interessi della nazione* zu separieren drohe. *La sussistenza adunque de'beni comunali e l'abuso che i comunisti ne fanno, attaccano direttamente i costumi del comunista, rilassano i legami della sociabilità, indeboliscono l'energia, favoriscono le passioni odiose e rompono l'unità del corpo politico*[58]. Die comunisti gerieten damit auch politisch in die Defensive. Der ihnen unterlegte altertümliche Kooperationsgeist entsprach nicht der modernen Staatsauffassung.

Solange jedoch der ländliche Gemeinbesitz nicht völlig beseitigt war, gab es in Italien, ähnlich wie in Frankreich, auch an diesem kollektiv Nutzungsberechtigte. Für sie blieb die Bezeichnung 'comunisti' weiterhin gebräuchlich. Wie zu Ende des 18. Jahrhunderts wurde auch noch 1827 aus dem Herzogtum Mailand von einem Protest *di quei comunisti* berichtet, als in einer Gemeinde beschlossen wurde, die Almweiden zu reduzieren[59]. Noch 1848 wurden die alten Begriffsinhalte wieder lebendig, als man die diesen einstmals zugrunde liegende soziale Institution wiederherzustellen suchte. So hieß es nach der Besetzung von früheren Gemeindegütern durch Veltliner Bergbauern: *L'Austria tenta tutti i mezzi. Co'suoi emissari tentò una sollevazione comunista nella nostra Brianza*[60]. Im Rückblick auf die Revolution von 1848 schrieb der Süditaliener VINCENZO PADULA 1852: *Nei moti del 1848 gli uficiali del governo davano ai liberali il nome di teste riscaldate; ma i borbonici della mia provincia per crescerne le reità gli appellarono fochisti e comunisti. Ed io, e mille altri come me, fummo accusati e perseguitati per tali. E i comunisti vi erano davvero; ma (e veggasi di grazia scellerata confusione di nomi e d'idee!) eglino non volevano altro che rivendicare ai Comuni le vaste tenute usurpate dai grandi proprietarii, che non avevano lasciato all'infinita turba dei braccianti un palmo di terra che potessero coltivare*[61].

Padula reflektierte damit seine historische Erfahrung mit zwei Arten von Kommunisten. Als 'comunisti' scheinen ihm einerseits die Anhänger des modernen Kommunismus bekannt gewesen zu sein. Von diesen distanzierte er sich als Liberaler. Andererseits hatte er 1848 offensichtlich Versuche erlebt, den Gemeinden das von

---

[55] VINCENZO DANDOLO, Sulla pastorizia, sull' agricoltura e su vari altri oggetti di pubblica economia. Discorsi (Mailand 1806), 222.

[56] Ebd., 234.

[57] Ebd., 243.

[58] Ebd., 246.

[59] Vgl. MARINO BERENGO, L'agricoltura veneta dalla caduta della Repubblica fino all' Unità (Mailand 1963), 132 (Zitat eines Berichts der Provinzialdelegation von Vicenza v. 6. 7. 1827).

[60] CASATI an Castagnetto, 10. 5. 1848, Carteggio, ed. Vittorio Ferrari (Mailand 1909), 99.

[61] VINCENZO PADULA, Antonello capobrigante calabrese (Mailand 1852), 121, zit. GASTONE MANACORDA, Lo spettro del comunismo nel Risorgimento, Rinascita (1951), H. 2, 19.

den Großgrundbesitzern usurpierte Gemeindeland zurückzugeben. Daß die Befürworter dieser Aktionen ebenfalls 'comunisti' genannt wurden, war für ihn unverständlich. Er hielt das bezeichnenderweise für eine Konfusion der Namen und Ideen. Der Zusammenhang dieses Begriffs mit der alten Rechtsform des kollektiven Gemeinbesitzes dürfte ihm also nicht mehr geläufig gewesen sein. Damit war in Italien der Punkt erreicht, von dem an der Begriff in dieser Bedeutung nur noch als juristischer Fachterminus zur Bezeichnung historischer Tatbestände ohne konkreten sozialen Bezug weiterlebte[62].

4. Die moderne Begriffsbildung von 'communisme' und 'communiste' durch Restif de la Bretonne

Die Entstehung und Verbreitung der älteren Kommunistenbegriffe in Frankreich und Italien zeigt, daß sich die moderne kommunistische Begriffsbildung im 19. Jahrhundert nicht auf semantischem Neuland bewegte. Rein wortgeschichtlich bestand hier eine unmittelbare Kontinuität. Als in Frankreich die ersten modernen Kommunisten auftraten, war die Erinnerung an die älteren zwar verblaßt, aber noch nicht ganz geschwunden.

Hält man sich jedoch die Bedeutungsinhalte der älteren französischen bzw. italienischen Begriffe vor Augen, so stellt sich die Frage, wie aus dem rückwärtsgewandten Sozialbegriff ein zukunftsorientierter Bewegungsbegriff werden konnte. Wie es scheint, gab es hier keine allmähliche Bedeutungsveränderung, die sich begriffsgeschichtlich nachvollziehen ließe, sondern eher einen Bedeutungssprung. Dieser fand schon zu einer Zeit statt, in der der ältere Begriff noch in vollem Umfang geläufig war, nämlich in den neunziger Jahren des 18. Jahrhunderts.

Vermittler des Übergangs von dem älteren zu dem modernen Begriff war in erster Linie der Sozialtheoretiker NICOLAS EDMÉ RESTIF DE LA BRETONNE, einer der wohl vielseitigsten französischen Spätaufklärer[63]. Restif kannte die bäuerlichen Hausgemeinschaften und das dörfliche Gemeindeeigentum in seiner heimatlichen Auvergne. In einer Zeit, in der diese ländlichen Eigentumsformen zunehmend in Auflösung gerieten, setzte er, ähnlich wie andere zeitgenössische Sozialreformer[64],

---

[62] Vgl. so noch PASQUALE STANISLAO MANCINI, Enciclopedia giuridica italiana, t. 4/4 (Mailand 1905), 941 ff. Frühere Belege werden von MANACORDA, Lo spettro, 19 erwähnt.
[63] Den Hinweis auf Restif verdanke ich JACQUES GRANDJONC (Aix-en-Provence), der mir liebenswürdigerweise auch die entsprechenden Textstellen aus seinem Manuskript über „Communisme/Kommunismus/Communism. Origine et développement international de la terminologie communautaire pré-marxiste des utopistes aux néo-babouvistes 1785—1842" vorab zur Verfügung stellte, das voraussichtlich 1982 in Trier in der Reihe „Schriften aus dem Karl-Marx-Haus" erscheinen wird. Vgl. zu Restif im übrigen die älteren Arbeiten von HUGO LINDEMANN, Restif de la Bretonne, Arch. f. d. Gesch. d. Sozialismus u. d. Arbeiterbewegung 3 (1913), 225 ff.; HANS GIRSBERGER, Der utopische Sozialismus des 18. Jahrhunderts in Frankreich, 2. Aufl. (Wiesbaden 1973), 178 ff.; A. R. JOANISIAN, Restif de la Bretonne et le communisme utopique, La Pensée 78 (1958), 91 ff. u. J. RIVES CHILDS, Restif de la Bretonne. Témoignage et jugements. Bibliographie (Paris 1949).
[64] Vgl. vor allem CHARLES-ROBERT GOSSELIN, Réflexions d'un citoyen adressées aux notables sur la question proposée par un grand roi (Paris 1787).

darauf, das Gemeinschaftsprinzip von Teilbereichen auf das gesamte Grundeigentum auszudehnen. An die Stelle des partiellen sollte zukünftig das totale Kollektiveigentum treten.

In seinen Frühschriften richteten sich die Überlegungen Restifs zunächst auf die einzelne bäuerliche Dorfgemeinschaft[65]. Später erweiterte er sein System und übertrug es auf die gesamte Gesellschaft Frankreichs, die von ihm selbstverständlich als Agrargesellschaft gesehen wurde. Daraus ergab sich ein Agrarkollektivismus in der Form einer an der Vergangenheit orientierten Utopie[66]. Unter begriffsgeschichtlichem Aspekt ist Restifs voluminöse, von sprachschöpferischer Formulierungskunst getragene Autobiographie „Monsieur Nicolas" von großer Bedeutung[67]. Restif bezeichnete darin 1797 sich und seine Gesinnungsgenossen als *nous-seuls Patriotes-Republiquains-Communistes*[68]. Diese Selbstbezeichnung als 'communiste', die 1782 gegenüber Restif schon einmal von J.-A.-V. D'HUPAY-DE-FUVÉA verwendet worden war[69], bezog sich erstmals nicht auf die soziale Realität einer dörflichen Agrargemeinschaft, sondern auf die Protagonisten einer Sozialtheorie, welche für die Zukunft ein umfassendes Gesellschaftssystem auf agrarwirtschaftlicher Grundlage proklamierten. Für dieses prägte Restif 1797 im Französischen auch den Begriff 'communisme', der drei Jahre zuvor (1794) allerdings schon einmal auf deutsch von dem Wiener Jakobiner ANDREAS RIEDEL für die gütergemeinschaftlichen Ansichten Franz von Hebenstreits verwendet worden war. Riedel sprach im Polizeiverhör davon, daß er sich des Namens *Hebenstreitismus oder Kommunismus* bedient hätte, wenn dieser Name *einmal in Brauch gekommen wäre*[70]. RESTIF unterschied in einer

---

[65] NICOLAS-EDMÉ RESTIF DE LA BRETONNE, Le paysan perverti, ou les dangers de la ville, 4 vol. (Den Haag 1775); ders., L'école des pères, 2 vol. (Den Haag 1776).
[66] Vgl. vor allem ders., L'andrographe, ou idées d'un honnête-homme sur un projet de règlement, proposé à toutes les nations de l'Europe, pour opérer une réforme générale des mœurs, et par elle, le bonheur du genre humain (Den Haag 1782).
[67] Ders., Monsieur Nicolas, ou le coeur-humain dévoilé, 16 vol. (Paris 1794—1797), mit durchgehender Paginierung insgesamt 4840 S.
[68] Ebd., 3969.
[69] Ders., Les contemporaines-du-commun, ou avantures des belles marchandes, ouvrières, etc., de l'âge présent, 2ᵉ éd., t. 2 (= t. 19 d. Gesamtwerks; Leipzig 1785), Nr. 69: Brief v. J.-A.-V. D'HUPAY DE FUVÉA an Restif (1782): *parce qu'étant auteur communiste, je veus, de plus, les élever pour vivre en communauté*. Diese Stelle wird von JACOB [d. i. PAUL LACROIX], Bibliographie et iconographie de tous les ouvrages de Restif de la Bretonne (Paris 1875), 209f. erstmals als Erstbeleg für 'communiste' erkannt. Vgl. MAX NETTLAU, Der Vorfrühling der Anarchie. Ihre historische Entwicklung von den Anfängen bis zum Jahre 1864, Geschichte der Anarchie, Bd. 1 (Berlin 1925; Ndr. Glashütten/Ts. 1972), 18, Anm. 11.
[70] ANDREAS RIEDEL (1794), Verhörsprotokoll, zit. ALFRED KÖRNER, Die Wiener Jakobiner (Stuttgart 1972), 255. Es ist unklar, wie Riedel auf den Terminus gekommen ist, der im Deutschen vor den vierziger Jahren des 19. Jahrhunderts sonst bisher nirgendwo nachzuweisen ist. Riedel lebte allerdings von 1779 bis 1790 am Hofe des Großherzogs und späteren Kaisers Leopold II. in Florenz. Er kann somit dort die Auseinandersetzung über die 'comunisti' miterlebt haben. Vgl. dazu A. KÖRNER, Andreas Riedel. Ein politisches Schicksal im Zeitalter der Französischen Revolution (phil. Diss. Köln 1969), 20ff. Wenn ERIC HOBSBAWM, Gesellschaftskrise 1789—1848, in: Wien und Europa zwischen den Revolutionen (1789—1848), 15. Wiener Europagespräch 1977 (Wien, München 1978), 16f. behauptet,

eigenwilligen Systematik acht Regierungsformen *(sortes de Gouvernement): Le Despotisme, le Monarchisme, le Republicomonarchisme, le Republicisme, le Theocratisme, le Senatisme, le Paternellisme, le Communisme, sans compter l'Anarchisme*[71]. Unter diesen Regierungsformen war der 'communisme' für ihn *le meilleur des Gouvernemens, l'Uniq digne d'Homes raisonables*[72]. Er sah ihn bei den frühen Christen, einigen wilden Völkerschaften und interessanterweise bei den *Frères-Moraves de Moravie* sowie den *Herneuthers de Lusace* verwirklicht[73], glaubte aber, daß sich der 'communisme' als System einer allgemeinen Gütergemeinschaft erst in der Zukunft voll entfalten werde. Dafür entwarf er, aufbauend auf seinen früheren Schriften, ein „Réglement" von 29 Artikeln, dessen Inhalt er vorab folgendermaßen zusammenfaßte: *En quoi consisterait le communisme, ou la communauté? A mettre en comun, dans chaque cité, toute la surface de la terre, pour être cultivée par Ceux indiqués par l'arangement social ci-après, aura devolus à ce travail: A mettre en comun tous les produits, tant des champs, des vignes, des prairies, des bestiaux de toute espèce; que les produits des métiers, des arts et des sciences: sesorte que Tout le monde travaillât, come On travaille aujourd'hui, et que Chaqu'un profitât du travail de Tous; Tous du travail de Chaqu'un: A mettre de-même en comun, les maisons, Chaqu'un étant placé, logé, meublé, suivant son état exercé: De-même, à mettre en comun les Enfans, qui tous recevraient la même éducacion dabord*[74].

Der Begriff 'communisme' wurde von Restif also auf eine künftige Gesellschaftsordnung projiziert, in der der gesamte Produktionsbereich kollektiv organisiert sein sollte. Restif verband damit aber nicht die Vorstellung materieller Gleichheit, sondern entwickelte eine Art von Verdiensthierarchie[75]. Die damit entstehende Verteilungsproblematik stellte sich ihm lediglich als ein Erziehungsproblem dar, da er, ganz im Sinne der Aufklärung, von der moralischen Veränderbarkeit des Menschen überzeugt war[76].

III. Vom 'communisme' zum 'Kommunismus' 1840—1848/49

1. Die Neuschöpfung des Begriffs 'communisme' und die politische Bewegung der französischen 'communistes' um 1840

In vieler Hinsicht nahm Restif Elemente der Sozialtheorie Fouriers vorweg, mit dem ihn auch die sprachschöpferische Vitalität verband. Jedoch bezeichnete sich Fourier

---

daß Joh. Heinrich v. Thünen schon 1826 in der 1. Aufl. seines unten zit. Buches von den *Ansichten und Lehren der Kommunisten* in Frankreich gesprochen habe, dann übersieht er, daß es sich dabei um einen Zusatz Thünens aus dem Jahr 1842 handelt. Vgl. JOH. HEINRICH V. THÜNEN, Der isolirte Staat in Beziehung auf Landwirthschaft und Nationalökonomie, 2. Aufl., Tl. 2, 1. Abt. (Rostock 1850), 39.

[71] RESTIF, Monsieur Nicolas, 4233.   [72] Ebd., 4250f.

[73] Ebd., 3978. Der Hinweis auf die „Böhmischen Brüder" ist allerdings zu ungenau, als daß man bei Restif auf Kenntnis der „hutterischen Kommunisten" schließen könnte.

[74] Ebd., 4326f.   [75] Vgl. dazu LINDEMANN, Restif (s. Anm. 63), 243f.

[76] RESTIF wurde allerdings gelegentlich von Zweifeln geplagt. So erklärte er gegen Ende seiner Autobiographie plötzlich: *Je sais bien, qu'il est inutil de prêcher aux homes le Communisme: ... Les meneurs du Genre humain les Egoïstes, les Riches, tous les Viciens, ont trop d'intérêt à l'empêcher, pour que jamais ils puissent se réaliser*, Monsieur Nicolas, 4386.

III. 1. Französische 'communistes' um 1840

weder als 'Kommunist', noch kannte er den Begriff 'Kommunismus'. Als 'communistes' traten unter der Julimonarchie vielmehr zuerst Anhänger Babeufs hervor, die sich von den Fourieristen durch ihr strikt egalitäres Konzept unterschieden. Der Sache nach gibt es insofern keine Kontinuität von Restif zu den neueren Kommunisten, jedoch können sich die Neobabouvisten an Restifs Begriffsschöpfung erinnert haben, als sie mit dem neuen Namen hervortraten[77].

Die öffentliche Diskussion über Babeuf begann in Frankreich mit einem Lexikonartikel von THÉOPHILE THORÉ, in dem dieser für das *ensemble d'idées* des Revolutionärs den Begriff 'babouvisme' prägte[78]. Thoré sah den Babouvismus im Einklang mit der republikanischen Tradition Frankreichs, insoweit er *la socialisation de toute propriété, la communauté de travaux et de jouissances* anstrebte[79]. Er lehnte ihn aber wegen seiner egalitären Tendenzen ab. Dem widersprach RICHARD LAHAUTIÈRE mit der Behauptung, daß auch Babeufs Gleichheitslehre mit der *tradition révolutionnaire* übereinstimme, die durch Rousseau und Robespierre begründet worden sei[80]. Die Anhänger Babeufs bezeichnete er in diesem Zusammenhang zum erstenmal öffentlich als 'communistes'. Die *communauté rêve de Babeuf* stimme mit dem *but actuel des communistes* überein, *qui, sans se retrancher servilement derrière le nom de ce martyr, se glorifient pourtant d'avoir compris son idée*[81]. Die Art und Weise, wie Lahautière die Kommunisten vorstellte, ließ erkennen, daß er zwar ihren politischen Standort für erklärungsbedürftig hielt, ihre Existenz aber schon als bekannt voraussetzte. Das spricht dafür, daß der Terminus 'communistes' in den babouvistischen Geheimzirkeln zu dieser Zeit, zumindest intern, schon in Gebrauch gewesen sein muß. Tatsächlich wurde 1841 mit dem Prozeßbericht gegen den Attentäter Darmès die Aufnahmeerklärung der babouvistischen „Travailleurs Égalitaires" aus dem Jahre 1839 veröffentlicht, nach der diese sich *Républicains communistes* nannten und *tous les communistes* als *nos frères, tous les aristocrates* als *nos ennemis* bezeichneten: *La communauté, c'est la véritable République: travail commun, éducation, propriété, jouissances communes*[82]. Der Terminus 'communistes' scheint demnach im Französischen als Selbstbezeichnung Ende der dreißiger Jahre zunächst für eine besondere Gruppe von Republikanern gebraucht worden zu sein[83]. Als THORÉ im August 1840 neuerdings in die Diskussion über den Babouvismus eingriff, war ihm die Bezeichnung 'communistes' für die Anhänger Babeufs eben-

---

[77] Restif kannte nachweislich zumindest einen von Babeufs Mitverschworenen, nämlich Sylvain Maréchal; ferner ebd., 4414: *Les insensés Grenelistes ont été fusillés; Babeuf et Darthe exécutés à Vendôme*. Vgl. JOANISIAN, Restif (s. Anm. 63), 100.

[78] THÉOPHILE THORÉ, Art. Babouvisme, DUCLERC (1842), 136.

[79] Ebd., 137.

[80] RICHARD LAHAUTIÈRE, Réponse philosophique à un article sur le Babouvisme, publié par M. Thoré, dans le Journal du Peuple, 24. 11. 1839 (Paris 1840), 6.

[81] Ebd., 8.

[82] Cours des Pairs. Attentat du 15 octobre 1840. Rapport fait à la Cour par M. le Baron GIROD DE L'AIN (Paris 1841), 71.

[83] J. GRANDJONC hat in den Archives Nationales (CC 772, Dossier Stévenot) sogar ein Verhörsprotokoll vom 24. Juli 1835 entdeckt, in dem von einer *Secte de Communistes ou radicaux* die Rede ist. Diese Bezeichnung stammt jedoch nicht von den Angeklagten, sondern von dem Untersuchungsrichter V. Poinsot; vgl. ders., Communisme (s. Anm. 63).

falls vertraut[84]. Wenn er aber jetzt von der *nombreuse secte de Communistes ou d'égalitaires* sprach, so meinte er damit nicht nur die Babouvisten[85]. Vielmehr unterschied er unter den 'communistes' zwei Gruppen: eine politisch-revolutionäre und eine rein philosophisch-theoretische. Zu der ersten rechnete er die Babouvisten in allen ihren Varianten. Ungeachtet seiner früheren Vorbehalte bescheinigte er ihnen jetzt, daß sie *dans le grand courant démocratique* stünden[86]. Als zweite Gruppe unterschied er davon die *Communistes sectaires*, die von einem ehemaligen Priester geführt würden[87]. Thoré meinte damit die Anhänger von Jean-Jacques Pillot. Dieser hatte dem aufsehenerregenden *Premier Banquet Communiste* präsidiert, mit dem am 1. Juli 1840 auch einige, nicht an Babeuf orientierte Kommunisten an die Öffentlichkeit getreten waren[88]. Der Auftritt dieser Kommunisten hatte somit die Voraussetzung für die Verallgemeinerung des zunächst auf die Babouvisten beschränkten Gruppenbegriffs geschaffen. Die ausschließlich in der Zukunft liegende Programmatik der neobabouvistischen Kommunisten ließ eine Übertragung des Begriffs auf Anhänger von Programmen mit ähnlicher Zukunftsorientierung ohne weiteres zu. Es ist aber bezeichnend, daß innerhalb der kommunistischen Gruppen sogleich auch ein Streit um die rechtmäßige Verwendung des Kommunismusbegriffs entstand.

ETIENNE CABET demonstrierte 1840 seine Abwendung von Babeuf dadurch, daß er ihn aus der kommunistischen Tradition zu verbannen suchte[89]. Ihm widersprach daraufhin sofort der Babouvist ANDRÉ-MARIE SAVARY. In einem Brief an Cabet verteidigte er am 20. August die babouvistischen Kommunisten: *Au reste, que ceux qui donnent plus d'importance aux mots qu'ils n'en ont réellement, et voient avec déplaisir les communistes prendre le titre de Babouvistes, se rassurent. Nous sommes avant tout et surtout de l'école démocratique, égalitaire et révolutionnaire; nous sommes en communion d'idées et de sentiments avec tous les hommes qui ont concouru et qui concourent au salut du genre humain*[90].

CABET differenzierte daraufhin wenig später seinen Standpunkt in der programmatischen Broschüre „Comment je suis communiste". Jetzt sprach er davon, daß es *Communistes et Communistes* ebenso wie *Démocrates et Démocrates, Républicains et Républicains, Chrétiens et Chrétiens* gäbe[91]. Die *Communistes de toutes les nuances*

---

[84] TH. THORÉ, La vérité sur le parti démocratique (Paris, Brüssel 1840). Datierung auf August 1840 nach GRANDJONC, Communisme.
[85] THORÉ, La vérité, 22.
[86] Ebd., 29.
[87] Ebd., 28.
[88] Prémier Banquet Communiste, le 1er Juillet 1840 (Paris 1840).
[89] Vgl. ETIENNE CABET, Histoire populaire de la Révolution Française de 1789 à 1830 précédée d'une introduction contenant le précis de l'histoire des Français depuis leur origine jusqu'aux états-généraux, t. 4 (Paris 1840), 330f.
[90] ANDRÉ-MARIE SAVARY an Cabet, 20. 8. 1840, zit. J. PRUDHOMMEAUX, Babeuf jugé par un communiste de 1840, La Révolution Française. Rev. d'histoire moderne et contemporaine 55 (1908), 138f.
[91] E. CABET, Comment je suis communiste (Paris 1840), 3. Die Schrift erschien wahrscheinlich im November 1840. Vgl. GRANDJONC, Communisme.

III. 1. Französische 'communistes' um 1840

sah er einig in ihrem Streben nach Umwandlung der alten Gesellschaft in eine *communauté*[92]. Er erklärte jedoch erneut, daß er *ni Hébertiste ni Babouviste* sei[93]. Tatsächlich trennte ihn von den Anhängern Babeufs seine Absage an die Gewalt. Die neue Gesellschaft der „communauté" wollte er auf friedlichem Wege herbeiführen: *prêcher et propager la doctrine, discuter, persuader, convaincre*[94].

Die weitere Entwicklung der Schulstreitigkeiten unter den ersten französischen Kommunisten kann hier nicht verfolgt werden. Unter begriffsgeschichtlichem Aspekt ist allein wichtig, daß die Bezeichnung 'communiste' 1840 in Frankreich zum Sammelbegriff politischer Initiativgruppen wurde, die in ihrer egalitären Grundauffassung übereinstimmten, in ihrer Zukunftsprogrammatik aber durchaus differierten.

Gleichzeitig, wenngleich zögernder, kam in Frankreich der Terminus 'communisme' als politischer Systembegriff in Gebrauch. Unabhängig voneinander benützten ihn in diesem Sinne erstmals Etienne Cabet und Thoré im August 1840. Cabet warf den Babouvisten vor, *le Communisme en Babouvisme* zu verwandeln[95]. Damit stellte er zwar die begriffsgeschichtliche Entwicklung auf den Kopf, seine Polemik belegt jedoch, daß der Terminus 'communisme' noch nicht als systematischer Oberbegriff unterschiedlicher egalitärer Zukunftsprogramme anerkannt war. Thoré bestätigt diesen Befund durch die Bemerkung, daß 'communisme' noch nicht *très arrêté comme système* sei[96]. Den Inhalt des kommunistischen Systems konnte auch er nicht systematisch beschreiben. Er begnügte sich mit der Andeutung, 'communisme' enthalte *le sentiment de l'Égalité et de la solidarité humaine, le sentiment de la Fraternité, le sentiment d'une répartition selon la justice, le sentiment des droits et des devoirs*[97].

Eine genauere inhaltliche Verständigung über den Begriff 'communisme' wurde in Frankreich jedoch im Laufe der nächsten Jahre erreicht. Spätestens 1842 war der Begriff Allgemeingut der politischen Sprache Frankreichs[98]. Er bezeichnete alle Theorien, die auf der Basis der Abschaffung des Privateigentums eine egalitäre Gesellschaftsordnung herbeiführen wollten.

---

[92] Cabet, Communiste, 9.

[93] Ebd., 14. In einer späteren Schrift nannte er die Babouvisten *ultra-Communistes;* vgl. ders., Maligne droite, ou le vrai chemin du salut pour le peuple (Paris 1841), 78. Auch den Begriff 'anti-communistes' bildete er als erster. Vgl. ders., Douze lettres d'un communiste à une réformiste sur la communauté (Paris 1841), 94: *et je marche droit à la Communauté par la persuasion, en passant entre les ultra-Communistes et les anti-Communistes.* Ähnlich auch ebd., 13: *le Roi est Anti-Communiste* u. ö.

[94] Ebd., 12.

[95] Ders., Histoire populaire, t. 4, 331.

[96] Thoré, La vérité, 27.

[97] Ebd., 27f.

[98] Sowohl Thoré wie Cabet haben bei der Durchsetzung des Begriffs in gegenseitiger Polemik eine entscheidende Rolle gespielt. Vgl. Th. Thoré, Le communisme en France, in: Trésor National. Recueil historique, littéraire, scientifique, artistique, commercial et industriel, t. 2 (Brüssel 1842), 5ff.; E. Cabet, Le démocrate devenu communiste malgré lui, ou réfutation de la brochure de M. Thoré intitulée: „Le Communisme en France" (Paris 1842); ders., Réfutation du „Dictionnaire politique" (articles Babouvisme, Communauté, Association, Propriété) et de la „Revue des Deux Mondes" (sur le Communisme) (Paris 1842).

2. Die Übertragung der französischen Kommunismusbegriffe nach Deutschland

Die Formierung der Kommunisten in Frankreich um 1840 war auch in Deutschland Anlaß für eine öffentliche Diskussion über die neue politische Gruppierung und deren Zukunftsprogramm. Da es sich zunächst um eine rein französische Erscheinung handelte, überrascht es nicht, daß dafür im Deutschen die Fremdworte 'Kommunisten' bzw. 'Kommunismus' gebildet wurden.

Die deutsche Auseinandersetzung mit dem französischen Kommunismus begann mit einigen eher beiläufigen Korrespondentenberichten in verschiedenen Zeitungen. Der erste deutsche Bericht über die französischen Kommunisten erschien am 11. März 1840 in der „Augsburger Allgemeinen Zeitung". Der Tenor dieser und weiterer Berichte war ablehnend: *Die Kommunisten beabsichtigen nichts anderes als eine Nivellierung der Gesellschaft. — An die Stelle der jetzt bestehenden Ordnung der Dinge die absurde, unmoralische und unmögliche Utopie der Gütergemeinschaft!*[99] Jedoch sah man darin zunächst nicht mehr als eine politische Kuriosität. Das änderte sich erst schlagartig, als in Frankreich nach verschiedenen Attentaten auf Angehörige des Königshauses im Sommer 1841 die Kommunisten als Täter verdächtigt wurden. Jetzt wurden diese auch in Deutschland ernst genommen. Zwei Umstände vor allem ließen die deutschen Beobachter aufmerken.

Erstens wurde die Entstehung der kommunistischen Bewegung mit der sozialen Unruhe der „arbeitenden Klassen" in Zusammenhang gebracht. Vor allem die „Preußische Staats-Zeitung" wies besorgt auf diese Verbindung hin. *Wir haben hier die Kommunisten,* schrieb der Pariser Korrespondent des Blattes am 27. Mai 1841, *ihre Ideen, ein verwirrtes Gemisch von terroristischen Erinnerungen und vagen Begriffen über die Zukunft, erzeugt durch einen Teil des industriellen Elendes der modernen Gesellschaft, lassen sich leicht begreifen. Sie sind der Angstschrei einer unglücklichen und fanatisierten Classe*[100]. Die Zeitung sprach auch offen aus, weshalb sie die Träume der Kommunisten für gefährlich hielt: *Die Aussicht auf eine gleichmäßige Teilung des scheinbaren Überflusses der Erdengüter ist zu lockend für den darbenden Proletarier, als daß der Gedanke der Gütergemeinschaft sich nicht seinem beschränkten Geiste einschmeicheln sollte*[101].

Auch HEINRICH HEINE wies schon im Dezember 1841 in der „Augsburger Allgemeinen Zeitung" auf die in seinen Augen bedenkliche Wirkung des Kommunismus auf das Volk hin: *Die Propaganda des Kommunismus besitzt eine Sprache, die jedes Volk versteht: die Elemente dieser Universalsprache sind so einfach, wie der Hunger,*

---

[99] Augsburger Allg. Zeitung, Nr. 71, 11. 3. 1840; vgl. ebd., Nr. 193, 11. 7. 1840: *Communisten ... Communistenpartei*, eine Übersetzung des Artikels von LÉON FAUCHER, Le banquet des communistes, Le Courrier Français, Nr. 185, 3. 7. 1840; Augsburger Allg. Zeitung, Nr. 127, 7. 5. 1841 sowie ebd., Nr. 140, 20. 5. 1841.

[100] Allg. Preuß. Staats-Zeitung, Nr. 151, 2. 6. 1841, übernommen v. d. Augsburger Allg. Zeitung, Nr. 158, 7. 6. 1841.

[101] Allg. Preuß. Staats-Zeitung, Nr. 165, 16. 6. 1841. Vgl. auch: Der Pauperismus und die neuesten Systeme, ihm zu steuern, ebd., Nr. 196, 17. 7. 1841; Nr. 264, 23. 9. 1841; Nr. 265, 24. 9. 1841; Nr. 325, 23. 11. 1841. Der Artikel „Die Gesellschaft der Communisten in Frankreich", ebd., Nr. 268, 27. 9. 1841 wurde wiederum von der Augsburger Allg. Zeitung, Nr. 280, 7. 10. 1841, Beilage, übernommen.

wie der Neid, wie der Tod[102]. Ahnungsvoll meinte er wenig später, daß *der Kommunismus, obgleich er jetzt wenig besprochen* werde *und in verborgenen Dachstuben auf seinem elenden Strohlager hinlungere, doch der düstre Held ... in der modernen Tragödie* sein werde[103]. Er warnte vor der *radikalen Gleichheitsraserei* der *Kommunisten*[104] und ihrem *Terrorismus, den sie freimütig und unumwunden* zu erkennen gäben[105]. Heines Äußerungen entsprangen sicherlich dem mehr ästhetischen als politischen Vorbehalt des Künstlers gegenüber einer radikalen Gleichheitsideologie. Sie standen aber gleichwohl in Übereinstimmung mit den Befürchtungen, die dem Kommunismus zur gleichen Zeit in Deutschland wegen seiner möglichen Wirkung auf die Klasse der Eigentumslosen entgegengebracht wurde.

Ebenso wichtig wie dieser Zusammenhang war den ersten deutschen Beobachtern des französischen Kommunismus ein zweiter Gesichtspunkt. Wie in Frankreich selbst wurde der Kommunismus auch in Deutschland als Programm eines sozialrevolutionären Umsturzes verstanden. *Man wollte immer dasselbe*, hieß es über die „Communisten", *Umsturz des Bestehenden, Verwirrung, Anarchie*[106]. *Altar, Thron, Eigentum* und *Familie* würden, so stellte man fest, von den *Communisten* verschmäht. *Was das Eigentum angeht, so bringt es schon der Name Communismus mit sich, daß nicht die Rede davon sein kann. Die Religion betreffend, müssen die Communisten sich zum Materialismus bekennen, weil sie Rationalisten sind. Familie und Vaterland sind nur Fraternitäten am Feuerherd oder auf einem weitern oder engern Raum; sie werden darum von den Communisten abgewiesen, als die nur eine einzige Brüderschaft wollen*[107].

Es liegt auf der Hand, daß die Kommunismusbegriffe durch solche Charakterisierungen von vorneherein eine pejorative Bedeutung erhielten, die Differenzierungen oder partiell positive Kennzeichnungen von Seiten der Gegner ausschloß. Aus den Fremdworten 'Kommunismus' und 'Kommunist' wurden bei der Übertragung nach Deutschland politische Polarisierungsbegriffe.

3. Lorenz von Steins Zurückweisung des französischen Kommunismus (1842)

Eine Schlüsselrolle spielte bei der deutschen Begriffsbildung LORENZ VON STEIN. In seinem Buch über den „Socialismus und Communismus des heutigen Frankreichs" legte er 1842 in Deutschland zum ersten Mal eine systematische Analyse der Begriffe 'Sozialismus' und 'Kommunismus' vor[108]. Er war damit zwar nicht der erste, der die beiden Begriffe als politische Systembegriffe miteinander verknüpfte, jedoch trug er durch ihre dialektische Gegeneinandersetzung entscheidend dazu bei, daß beide künftig gemeinsam diskutiert wurden (→ Sozialismus).

---

[102] HEINRICH HEINE, Lutetia (1855; Text v. 11. 12. 1841), Sämtl. Schr., Bd. 5 (1974), 375.
[103] Ebd., 405.
[104] Ebd., 382.
[105] Ebd., 422.
[106] Die Gesellschaft der Communisten in Frankreich (s. Anm. 101).
[107] Auszug eines Schreibens an den Redacteur des Journals der Humanitarier, Augsburger Allg. Zeitung, Nr. 339, 5. 12. 1841.
[108] LORENZ V. STEIN, Der Socialismus und Communismus des heutigen Frankreichs. Ein Beitrag zur Zeitgeschichte (Leipzig 1842).

Wir stehen vor dem Communismus, begann Stein seine Ausführungen. Scharfsinnig reflektierte er den Tatbestand, daß sich in Deutschland *an jenes Wort* eine *Reihe von Vorstellungen* knüpften, diese aber nicht *in einem bestimmten Begriff erfaßt* worden seien. Er führte dies darauf zurück, daß hier — wie aus anderen Gründen in Frankreich — bisher *kein Bedürfnis* bestanden hätte, *nach einem Begriff zu suchen, dessen Erscheinung ihm in der wirklichen Welt nirgends entgegentritt.* Jedoch müsse man, *wenn man nicht bloß die einzelnen Erscheinungen, sondern eben den Communismus selber verstehen, oder ihn bekämpfen* wolle, seinen *letzten Inhalt sich zur klaren Anschauung bringen*[109]. Stein lieferte einen solchen Begriff, indem er zwei Beobachtungen systematisch miteinander verknüpfte, die schon den ersten deutschen Kritikern des französischen Kommunismus aufgefallen waren. 'Kommunismus' stellte sich ihm erstens *als die Fortsetzung der Einseitigkeit des Egalitätsprinzips* dar[110]. Diese Übersteigerung ergab sich für ihn daraus, daß der kommunistische Zentralgrundsatz der Gütergemeinschaft niemals in einen Zustand führen könne, sondern im Prinzip unendlich sei; denn jede noch so gleiche Neuverteilung des Privateigentums erzeuge neue Ungleichheiten. Stein erkannte im *Communismus* daher *die ewige, kreislaufende Negation gegen das überhaupt gesetzte Wirkliche. Die reine Verneinung des Bestehenden überhaupt, die aus dem Gefühl der unendlichen Freiheit des Ichs hervorgeht, ohne doch irgendwo in sich und außer sich ein bestimmtes Ziel und Wollen zu haben,* sei *das Wesen des Communismus*[111].

Daß das Egalitätsprinzip einseitig in seiner bloßen Verneinung des Bestehenden steckenbliebe, hing nach Stein zweitens mit der Existenz des Proletariats zusammen. *Der Communismus ist nur im Proletariate möglich. Einmal reize der Mangel des Besitzes ... den Nichtbesitzenden zum entschiedenen Widerspruch mit dem Bestehenden ...; denn er erkennt, daß in ihm die Bedingung seiner ganzen Stellung verborgen liegt. Er wendet sich daher zuerst und zumeist dem persönlichen Eigentum zu und fordert die Gemeinschaft desselben*[112]. Im Unterschied zu dem *wirklich Gebildeten* könne der Proletarier zum anderen den Kreislauf der Negation im Kommunismus nicht durchschauen. Er bleibe *in seiner einfachen Auffassung bei dem Gedanken einer ersten Gütergemeinschaft und einer einmaligen Gleichstellung aller Person im äußeren Leben stehen, ohne bis zur Unermüdlichkeit einer sich stets wiederholenden Verneinung seiner eignen Resultate zu gelangen*[113]. Das Proletariat war daher nach der Auffassung Steins in zweifacher Hinsicht für den Kommunismus prädisponiert: Infolge seiner Eigentumslosigkeit und seiner Unwissenheit verschaffe es dem Kommunismus überhaupt erst Resonanz und Anhängerschaft. Solange die *Bildung des Volks* nicht fortschreite, bleibe der *Communismus* daher ein *wucherndes Übel*[114].

Stein war, als getreuer Schüler Hegels, der Meinung, daß nur die begriffene Geschichte die Geschichte beherrschbar mache. Die *einfache Verneinung* könne die kommunistische Bewegung weder aufhalten noch unterdrücken[115]. Die Zurückführung des Kommunismus auf die Bedürfnisse des Proletariats rief jedoch eher Befürchtungen hervor, als daß sie diese abbaute. Steins Analyse erregte bei den Zeitgenossen gerade deshalb so große Aufmerksamkeit, weil sie dem Kommunismus als potentieller proletarischer Ideologie eine Zukunftsperspektive gab, die weit über

[109] Ebd., 349f. [110] Ebd., 350. [111] Ebd., 353f. [112] Ebd., 355.
[113] Ebd., 356. [114] Ebd. [115] Ebd., 444.

die reale historische Bedeutung der kleinen Kommunistenzirkel in Frankreich hinausging. Diese Wirkung verstärkte sich noch ganz erheblich, als die deutsche Öffentlichkeit nur ein Jahr nach dem Erscheinen von Steins Buch zur Kenntnis nehmen mußte, daß es inzwischen auch deutsche Kommunisten gab.

4. Wilhelm Weitling als erster deutscher Kommunist

Als Begründer des deutschen Kommunismus hat der Schneider WILHELM WEITLING zu gelten. Er führte Ende 1841 auch für das von ihm erstmals schon 1839 in der Schrift „Die Menschheit wie sie ist und wie sie sein sollte"[116] vertretene gütergemeinschaftliche Zukunftssystem die Bezeichnung 'Kommunismus' ein. Die dafür unter den Deutschen in der Schweiz und in Frankreich gewonnenen Anhänger bezeichneten sich gleichzeitig als 'Kommunisten'.

Zunächst hatte Weitling allerdings die Erfahrung machen müssen, daß *noch alles Furcht (hatte), sich Kommunist zu erklären. Man stellte sich darunter einen Menschen vor, dem die Polizei an allen Straßenecken ablauert*[117]. Seine Anhänger bemühten sich daher anfangs darum, ein unverfänglicheres deutsches Wort für ihre kommunistische Parteibildung zu finden. Der Handwerker SIMON SCHMIDT sprach von *Gemeinschäftlern*[118]. GERMAN MÄURER wollte noch Ende 1842 einen Artikel mit dem Titel *Was wollen und was sind die Gemeinschafter?* schreiben, und WEITLING selbst schließlich sprach anfangs erläuternd von *Kommunist oder Gemeinschafter*[119]. Ein deutscher Name setzte sich jedoch bei den Anhängern Weitlings nicht durch. Dies scheint in erster Linie an der nationaldemokratischen Konkurrenz gelegen zu haben, mit der es die Weitlingianer in den deutschen Handwerkervereinen der Schweiz zu tun hatten. Man wollte sich schon durch die Namenswahl von dem betonten Nationalismus der „Jungdeutschen" abheben. AUGUST BECKER belegt dies durch seine Reflexion über den *Namen „Kommunisten"* aus dem Jahre 1844: *Kommunismus bezeichnet besser als jedes andere Wort das, worauf wir am meisten Gewicht legen, das, was wir wollen und erstreben. Kommunist heißt Gemeinschafter oder Gemeinschäftler, wenn ihr wollt. Die Übersetzung klingt aber zu deutschtümlich, wie ihr merken werdet; deshalb bedienen wir uns lieber des fremden Worts, das, dem Bluntschli sei's gedankt, jetzt sehr populär geworden ist*[120].

---

[116] WILHELM WEITLING, Die Menschheit wie sie ist und wie sie sein sollte (1839), hg. v. Wolf Schäfer (Reinbek b. Hamburg 1971).
[117] Zit. JOHANN CASPAR BLUNTSCHLI, Die Kommunisten in der Schweiz nach den bei Weitling vorgefundenen Papieren (Zürich 1843; Ndr. Glashütten/Ts. 1973), 21.
[118] Zit. Geschichte des religiösen und atheistischen Frühsozialismus. Erstausgabe des von August Becker 1847 verfaßten und von Georg Kuhlmann eingelieferten Geheimberichtes an Metternich und von Vinets Rapport nebst einer Einleitung, hg. v. ERNST BARNIKOL (Kiel 1932), 60.
[119] GERMAN MÄURER an Weitling, 11. 11. 1842, StA Zürich, Fasz. e/1; [W. WEITLING], Die Kommunion und die Kommunisten, Der Hülferuf der dt. Jugend 1/3 (November 1841; Ndr. 1972), 34. Vgl. dazu WOLFGANG SCHIEDER, Anfänge der deutschen Arbeiterbewegung. Die Auslandsvereine im Jahrzehnt nach der Julirevolution von 1830 (Stuttgart 1963), 271.
[120] AUGUST BECKER, Was wollen die Kommunisten (Lausanne 1844), 45f.

Becker sah sich allerdings zu einer zusätzlichen Begriffserläuterung genötigt. Er unterschob dem Begriff des 'Kommunismus' unter Rückgriff auf die etymologische Ableitung von 'kommun' und 'gemein' eine Art Klassenbedeutung. Der Name 'Kommunist' verweise auf das *Interesse des gemeinen Volks*[121]. Diese inhaltliche Begriffserläuterung entsprach demselben Rechtfertigungszwang, der 1841 auch schon Wilhelm Weitling dazu getrieben hatte, den pejorativ belasteten Begriff mit einem positiven Wertgehalt zu füllen. WEITLING entschied sich für das Fremdwort 'Kommunismus', weil sich darin die von ihm postulierte Identität seines Zukunftsprogramms mit der christlichen Tradition scheinbar verbal manifestierte. Und zwar berief er sich zur Rechtfertigung des 'Kommunismus' auf die christliche 'Kommunion'. Er hielt es für ausgemacht, *daß das Prinzip, welches man das kommunistische nennt, ein uraltes und rein christliches* sei[122]. Die angenommene Identität der Worte sollte die Identität der Inhalte beweisen. Dem wurde in Genf sogleich widersprochen. Der Pädagoge JOHANN NIEDERER verwahrte sich gegen Weitlings profaniertes Verständnis der Eucharistie. Weitlings Beweisführung entlarvte er als etymologischen Trick: *Schon dem Namen, dem Wortlaut nach muß der Kommunikant vom Kommunisten unterschieden werden. Kommunikanten, nicht Kommunisten, nennen sich die Abendmahlsgenossen*[123]. Weitlings begrifflicher Legitimierungsversuch war damit gescheitert. Er beharrte zwar weiterhin darauf, daß *Kommunismus und Christentum... nicht voneinander zu trennen* seien[124], auf die ursprünglich behauptete Begriffsidentität von 'Kommunismus' und 'Kommunion' kam er aber nicht wieder zurück. Dennoch hielt er jedoch an dem Namen 'Kommunist' fest: *Kommunisten! Wir haben ein schönes Werk begonnen. Nennen wir uns immerhin stolz Kommunisten, obgleich wir es heute noch nicht sind, sondern darum, weil wir es werden wollen*[125]. Erstmals stellte er damit auch den Bewegungscharakter des Kommunistenbegriffs klar. Weitling und seine Anhänger verstanden sich als Kommunisten, weil sie den Kommunismus in der Zukunft herbeiführen wollten, nicht weil sie ihn in der Gegenwart für sich als verwirklicht ansahen. Der Weg, nicht das Ziel, bestimmte ihr politisches Selbstverständnis. Auf diese Weise entzogen sie sich auch der Kritik ihrer politischen Gegner, die ihnen die Praktizierung kommunistischer Lebensformen unterstellten. Irritiert mußte einer von diesen feststellen: *Sieh, so sind diese Leute! Der Kommunismus gilt ihnen als das Höchste und Edelste, als der wahre Inbegriff alles Menschlichen, und doch nennen sie sich nur sogenannte Kommunisten, und bedient man sich derselben Sprache, so läuft man Gefahr, sie zu beleidigen*[126].

---

[121] Ebd.
[122] [WEITLING], Die Kommunion und die Kommunisten, 37.
[123] [JOHANN NIEDERER], Freimüthiges Bedenken über den Aufsatz „Die Kommunion und die Kommunisten" in Nr. 3 des Hülferufs der deutschen Jugend, 6. 11. 1841, Anh. zu: Die junge Generation 1/3 (März 1842; Ndr. 1972), 2.
[124] [W. WEITLING], Kritik über Kritik, Der Hülferuf der dt. Jugend 1/4 (Dezember 1841; Ndr. 1972), 58.
[125] [Ders.], Hilf dir selbst, so wird dir Gott helfen!, Die junge Generation 2/5 (Mai 1843; Ndr. 1972), 67.
[126] [HERMANN DÖLEKE] an Wilhelm Marr, 24. 1. 1845, Bll. d. Gegenwart f. sociales Leben 1/3 (1845), abgedr. Vom kleinbürgerlichen Demokratismus zum Kommunismus. Zeitschriften aus der Frühzeit der deutschen Arbeiterbewegung (1834—1847), hg. v. WERNER KOWALSKI (Berlin 1967), 348.

5. Die Wirkung des Kommunistenberichts von Johann Caspar Bluntschli (1843)

Lorenz von Stein hatte 1842 noch die Meinung vertreten, daß der französische Kommunismus nicht nach Deutschland übergreifen könne. Tatsächlich waren die Pariser Aktivitäten Weitlings zu diesem Zeitpunkt noch überhaupt nicht, seine Genfer Tätigkeiten nur beiläufig bekannt geworden. In der „Augsburger Allgemeinen Zeitung" wurde Weitling im November 1841 als *Apostel der Gütergemeinschaft...*, *der den Pariser Communismus mit erstaunungswürdigem Eifer predigt*, vorgestellt[127]. Wenig später allerdings hieß es, daß *das germanische Element in Genf* sich *von dem fremdartigen Zusatze des gallischen Communismus* wieder *gereinigt* habe[128]. Damit schien kein Grund zur Beunruhigung mehr zu bestehen. Vor dem Erscheinen des Buches von Lorenz von Stein druckte die Zeitung auch nur noch einmal einen Korrespondentenbericht aus Bern ab, in dem auf *die Besorgnis der Nachbarstaaten vor den communistischen Umtrieben* hingewiesen wurde[129].

Umso größer war daher in Deutschland das Aufsehen, als 1843 in Zürich von Johann Caspar Bluntschli unter dem Titel „Die Kommunisten in der Schweiz nach den bei Weitling vorgefundenen Papieren" ein amtlicher Bericht über die Verhaftung und Ausweisung Weitlings aus der Schweiz veröffentlicht wurde[130]. Lorenz von Stein bemerkte dazu 1844: *Es gibt noch wenig oder gar keine Communisten in Deutschland, aber es gibt jetzt die Frage nach dem Communismus für dasselbe*[131]. Und Arnold Ruge zog zwei Jahre später das folgende Resümee: *Der Kommunismus war nun augenscheinlich auch eine teutsche Angelegenheit geworden und breitete sich unter Handwerkern und Literaten aus*[132]. In dieser Situation war es zweifellos von großer Wichtigkeit, daß Steins negative Charakterisierung des französischen Kommunismus von Bluntschli auf den deutschen übertragen wurde. Auch Bluntschli erklärte den 'Kommunismus' aus dem *Prinzip der Gleichheit*. Wer sich *ausschließlich an dieses Prinzip* halte, der habe keinen *prinzipiellen Haltpunkt mehr gegen die Konsequenzen auch des Kommunismus*[133]. Ferner warf er den Kommunisten *ruchlose Vernichtung des Bestehenden* sowie *politischen und socialen Fanatismus* vor, der an Gräuelhaftigkeit den scheußlichsten Ausgeburten religiöser

---

[127] Augsburger Allg. Zeitung, Nr. 329, 25. 11. 1841, Beilage. Der Artikel stammte nach August Becker von dem Genfer Widersacher Weitlings, Heinrich Hochdörfer, einem ehemaligen „Hambacher". Vgl. Barnikol, Frühsozialismus, 30. 46. Gegen den Artikel setzte sich Weitling in seiner Zeitschrift „Die junge Generation" 1/1 (Januar 1842; Ndr. 1972), 12ff. zur Wehr.

[128] Augsburger Allg. Zeitung, Nr. 347, 12. 12. 1841, Beilage; ebd., Nr. 340, 6. 12. 1841.

[129] Ebd., Nr. 59, 28. 2. 1842.

[130] Bluntschli, Kommunisten in der Schweiz (s. Anm. 117).

[131] L. v. Stein, Blicke auf den Socialismus und Communismus in Deutschland, und ihre Zukunft, Dt. Vjschr. (1844), H. 2, 50.

[132] Arnold Ruge, Der teutsche Kommunismus, in: Die Opposition, hg. v. Karl Heinzen (Mannheim 1846), 97. Ähnlich auch Benno, Die Bewegung des Socialismus und Humanismus unserer Tage (Bautzen 1848), 45 u. L. v. Stein, Art. Der Socialismus in Deutschland, Brockhaus, Gegenwart, Bd. 7 (1852), 533: *Die Sache wurde viel besprochen, und das eigentliche Ergebnis war, daß man von jetzt an das Dasein des Communismus auch in Deutschland als eine allgemeine Tatsache anerkannte.*

[133] Bluntschli, Kommunisten in der Schweiz, 12f.

Schwärmerei nicht nachstehe[134]. Darüber hinaus rückte er *die Kommunisten*, indem er ihnen *verbrecherische Pläne* unterstellte, in den Bereich des Kriminellen[135]. Die gerichtliche Verurteilung Weitlings in Zürich schien den kriminellen Charakter des Kommunismus vollends zu bestätigen. Jeder Umgang mit Kommunisten sollte nach der Absicht Bluntschlis zu einer politischen Kompromittierung führen. Der große publizistische Streit, den sein Bericht in der Schweiz auslöste, zeigte, daß diese politische Strategie von Erfolg gekrönt war. Vergeblich wurde Bluntschli vorgehalten, daß er in seinem Bericht *den Kommunismus auf die engherzigste und einseitigste Weise als religions- und staatsgefährlich verklagt und einzelne mißfällige Personen aufs unverantwortlichste der Welt als Verbrecher denunziert* habe[136]. Der *Kommunistenlärm in Zürich* hatte in der Schweiz die von seinen Urhebern gewünschte Wirkung[137], wie etwa die Reaktion Gottfried Kellers zeigt. Keller schien *der Kommunismus ... nur die Folge einer immer mehr um sich greifenden Genuß- und Bequemlichkeitssucht zu sein ...; hauptsächlich aber scheint es mir ein kurzsichtiger und gieriger Neid dieser guten Leute gegen die Reichen dieser Welt zu sein. Sie wollen nicht, wie Weitling deutlich sagt, bloß zu essen, sie wollen es vollauf, üppig und gut haben; sie wollen auch einmal an die Reihe*[138].

Sehr viel wichtiger als die innerschweizerischen Auseinandersetzungen waren für die Begriffsgeschichte die deutschen Reaktionen auf den Bluntschli-Bericht. Sie waren durchaus ambivalent. Auf der einen Seite hatte der Bericht einen unfreiwilligen Werbeeffekt, der, da es sich zudem noch um einen amtlichen Bericht handelte, auch unter den scharfen Zensurbedingungen des deutschen Vormärz gefahrlos ausgenutzt werden konnte. Der *antikommunistische Zweck* der Schrift verkehrte sich dadurch ins Gegenteil[139]. Auf der anderen Seite wurde er von den Vertretern des restaurativen Polizeistaates zum Anlaß genommen, planmäßig eine regelrechte Kommunistenfurcht zu verbreiten. Beides war von der Intention her an sich überhaupt nicht miteinander vereinbar, schloß sich jedoch auch nicht gegenseitig aus, da es beiden Seiten darauf ankam, die reale Bedeutung des deutschen Kommunismus möglichst hoch anzusetzen. Wilhelm Schulz stellte dazu 1846 im „Staatslexikon" von Rotteck/Welcker scharfsinnig fest, daß *Exzesse der Unbemittelten gegen die Bemittelten* zu rasch als *communistisch* bezeichnet würden. Dies geschieht

---

[134] Ebd., 19.
[135] Ebd., 123.
[136] Der Kommunismus in seiner praktischen Anwendung auf das soziale Leben. Nebst einem Anhang: Die Kommunisten in der Schweiz, ein Beitrag zur genauern Kenntnis der jetzigen Parteiverhältnisse im Kanton Zürich (Schaffhausen 1843), 35f. Ähnlich: Rückerinnerung an den in Zürich entdeckten Schweizerischen Communismus (St. Gallen, Bern 1843).
[137] [Sebastian Seiler], Der Schriftsteller Wilhelm Weitling und der Kommunistenlärm in Zürich. Eine Vertheidigungsschrift, die, bereits gesetzt, aber vom Walliser Staatsrat unterdrückt, jetzt hier dem Publikum geboten wird (Bern 1843), Anh. zu: Bluntschli, Kommunisten in der Schweiz.
[138] Gottfried Keller, Tagebuchnotiz v. 10. 7. 1843, in: Gottfried Kellers Leben, Briefe und Tagebücher, hg. v. Emil Ermatinger, Bd. 2 (Stuttgart, Berlin 1916), 108.
[139] So Theodor Oelckers, Die Bewegung des Socialismus und Communismus (Leipzig 1844), 82.

allzu häufig von einer offiziellen und halboffiziellen Presse, die den Communismus als Popanz im Interesse der Reaction zu benutzen weiß; so wie andererseits von communistischen Doktrinären, die so gern glauben, was sie wünschen, und jeden Vorfall solcher Art zum Beleg der Verbreitung ihrer unmaßgeblichen Meinungen stempeln[140]. Differenziertere Einschätzungen mußten dabei auf der Strecke bleiben. Das Grundmuster einer entweder positiv oder negativ hypertrophen Überbewertung des Kommunismus beherrschte die deutsche Diskussion bis in die Revolution von 1848/49 hinein. Es galt auch sogleich wieder, als die Gegenrevolution ähnliche Zustände wiederherstellte wie vor 1848.

BLUNTSCHLI hatte durchaus selbst schon die Gefahr gesehen, daß der ausführliche Bericht *über das kommunistische Treiben in der Schweiz* auch *Nachteile und Gefahren* hervorbringen könne. *Es ist nicht unmöglich, daß das kommunistische Prinzip, so ruchlos und so unwahr es in seinem Wesen ist, durch eine derartige Verbreitung dennoch neue Anhänger erwirbt*[141]. Tatsächlich schickten ihm die Pariser und Londoner Mitglieder des „Bundes der Gerechten" ironische Dankadressen, in denen ihm bescheinigt wurde, wider Willen *um die Sache des Communismus große Verdienste erworben* zu haben. *Durch die Verbreitung Ihrer Schrift in den Schweizer Cantonen und in den deutschen Staaten sind die Unwissenden, ja, selbst die Unwilligen zu einer schärferen Diskussion und Betrachtung getrieben worden*[142]. Bekümmert stellte daher der preußische Gesandte in Paris fest, daß durch den Bluntschli-Bericht *die Zwecke der Communisten ... mehr gefördert als gehemmt worden* seien. Die *deutsche Communistengesellschaft* in Paris hätte dadurch etwa *300 neue Mitglieder* gewonnen[143]. Die preußischen Polizeibeamten WERMUTH und STIEBER monierten noch 1853, daß man 1851/52 *sehr oft bei Mitgliedern des Kommunistenbundes Exemplare dieses Bluntschli'schen Berichts gefunden habe, was ohne Zweifel darin seinen Grund hatte, daß die Kommunisten in dieser Druckschrift die Weitling'schen Prinzipien, die Mittel und die Verfahrungsweise zusammengestellt fanden, man ihnen aber, wenn diese amtliche Druckschrift bei ihnen gefunden wurde, nicht einst Vorwürfe machen oder Schlüsse auf ihre Teilnahme daraus ziehen konnte*[144]. Wie bewußt man sich auch auf kom-

---

[140] WILHELM SCHULZ, Art. Communismus, ROTTECK/WELCKER 2. Aufl., Bd. 1 (1846), 294.
[141] BLUNTSCHLI, Kommunisten in der Schweiz, 123.
[142] Adresse an Dr. Bluntschli, 29. 8. 1843, Mannheimer Abendzeitung, Nr. 216, 15. 9. 1843 u. Kölnische Zeitung, Nr. 248, 5. 9. 1843, zit. MOSES HESS, Philosophische und sozialistische Schriften 1837—1850, hg. v. Auguste Cornu u. Wolfgang Mönke (Berlin 1961), 249. Ähnlich die Londoner Adresse v. 10. 9. 1843, in der der Bluntschli-Bericht als *durchaus geeignet* bezeichnet wird, *dem Prinzip des Kommunismus weitere Ausdehnung zu verschaffen*, Mannheimer Abendzeitung, Nr. 230, 1. 10. 1843, abgedr. Der Bund der Kommunisten. Dokumente und Materialien, Bd. 1: 1836—1849 (Berlin 1970), 175.
[143] HEINRICH FRIEDRICH V. ARNIM, Bericht an Heinrich Wilhelm Frh. v. Bülow v. 26. 9. 1843, zit. HESS, Philos. u. sozialistische Schr., XL, Einl., Anm. 106. Vgl. auch KARL GLOSSY, Literarische Geheimberichte aus dem Vormärz, Tl. 2: 1843—1847, Jb. d. Grillparzer-Ges. 23 (1912), 129. 133.
[144] WILHELM WERMUTH/WILH. JOH. CARL EDUARD STIEBER, Die Communisten-Verschwörungen des neunzehnten Jahrhunderts. Im amtlichen Auftrage zur Benutzung der Polizei-Behörden der sämmtlichen deutschen Bundesstaaten auf Grund der betreffenden gerichtlichen und polizeilichen Acten dargestellt, Bd. 1 (Berlin 1853; Ndr. Hildesheim 1969), 26.

munistischer Seite der unfreiwilligen Werbewirkung von Bluntschlis Veröffentlichung war, belegt eine Bemerkung von MOSES HESS: *Stein hat den französischen Sozialismus bei den Deutschen, Herr Bluntschli hat den deutschen Sozialismus bei den Regierungen denunziert. Die beiden Jünger der alten Borniertheit verfehlten ihren Zweck so sehr, daß sie verhinderten, was sie bewirken wollten, nämlich die Angst vor dem deutschen Sozialismus, und bewirkten, was sie verhindern wollten, nämlich seine Verbreitung*[145].

Sehr viel wirksamer als der Werbeeffekt des Bluntschli-Berichts war freilich die abschreckende Schockwirkung, die mit seiner Hilfe erzielt worden ist. Die Kommunistenfurcht wurde in Deutschland seit dem Erscheinen des Berichts zu gegenrevolutionären Zwecken ausgenutzt. 1846 dehnte der Deutsche Bundestag auf den gemeinsamen Antrag Preußens und Österreichs hin sogar das seit 1832 bestehende politische Vereinsverbot eigens auf *communistische Vereine, die den Umsturz der bestehenden Ordnung der Dinge offenbar bezwecken,* aus[146]. Der Kommunismus wurde dadurch als subversive Ideologie, eine kommunistische Parteibildung als Hochverrat abgestempelt.

Gravierender noch war es, daß der Anwendungsbereich des Begriffs weit über die verschwindend kleinen Gruppen ausgedehnt wurde, die sich vor 1848 selbst als 'Kommunisten' bezeichneten. Liberale Publizisten erkannten richtig die Gefahr, daß der Bericht als *Waffe ... gegen die liberalen Bestrebungen unserer Zeit* verwendet werden konnte, um *die Sünden des Kommunismus auf die Schultern des Liberalismus zu werfen*[147]. Man befürchtete nicht zu Unrecht, daß *diese ganze verächtliche Schweizerische Communistengeschichte als Hebel gegen die deutschen liberalen Schriftsteller und Männer des Fortschritts* gebraucht werden könnte[148]. Die weitere Entwicklung bestätigte diese Befürchtungen. BERTHOLD AUERBACH sprach 1846 aus, worauf die gegenrevolutionäre Instrumentalisierung des Kommunismusbegriffs hinauslief: *Der Polizeistaat will nicht sehen, welch eine gewaltige Umwälzung hereinzubrechen droht; er sucht sich zu helfen, indem er Schweigen auferlegt, und wer ein ungenehmes Wort davon verlauten läßt, für den hat man alsbald das nagelneue Ketzerwort Communist in Bereitschaft, und er ist gerichtet*[149]. Und FALLATI stellte 1847 fest: *So sind die Worte Communismus und Socialismus, Communist und Socialist nachgerade nicht nur zum Feldgeschrei einer wirklich gefährlichen radicalen Partei, sondern zugleich für viele conservativ Gesinnte zum Ruhebette der Unwissenheit und der Denkfaulheit und zu einer zweischneidigen Waffe politischer und sittlicher Verdächtigung geworden*[150].

---

[145] M. HESS, Über die sozialistische Bewegung in Deutschland (1845), Philos. u. sozialistische Schr., 302.

[146] PHILIPP ANTON GUIDO V. MEYER, Corpus juris confoederationis germanicae, 3. Aufl., Tl. 2 (Frankfurt 1859), 440f.

[147] Der Kommunismus und die liberalen Bestrebungen unserer Zeit, Das Vaterland. Zs. f. Unterhaltung, Literatur u. öffentliches Leben, Nr. 234 (1843), 933.

[148] Tagebuch. Die deutschen Loyalen, Die Grenzboten 2/2 (1843), 1033f.

[149] BERTHOLD AUERBACH, Schrift und Volk. Grundzüge der volksthümlichen Literatur, angeschlossen an eine Charakteristik J. P. Hebels (Leipzig 1846), Ges. Schr., Bd. 20 (Stuttgart, Augsburg 1858), 247.

[150] JOHANNES FALLATI, Zur Verständigung über Begriff und Wesen des Socialismus und des Communismus, Zs. f. d. gesammte Staatswiss. 4 (1847), 291.

Einige Beispiele mögen zeigen, wie rasch man vor 1848 in Deutschland unter Kommunismusverdacht geraten konnte.

In Köln sollte 1844 von der Bürgerschaft ein *Gegenseitiger Hülfs- und Bildungsverein* gegründet werden. *Die Regierung hat aber an dem „Gegenseitigen" Anstoß genommen, sie wittert dahinter Kommunismus und meint, der Kommunismus sei politisch. Man will nun versuchen, ob der Ausdruck „Gemeinsamer" mehr Glück machen wird*[151]. FRIEDRICH HARKORT unterstellte im selben Jahr, daß *die englische Armentaxe* ein *versteckter Kommunismus* sei: *Der Arme fordert die Unterstützung als ein Recht vom Besitze*[152]. METTERNICH rechnete die Deutschkatholiken ohne weiteres zu den *sich Kirchen nennenden communistischen Gestaltungen*, wobei er sich in Übereinstimmung mit König FRIEDRICH WILHELM IV. befand, der sie ebenfalls mit den *Anhängern der neuen communistischen Secten* gleichstellte[153]. 1848 konnte es schließlich nicht ausbleiben, daß der Ausbruch der Revolution den Kommunisten zugeschrieben wurde. Mit ausdrücklichem Bezug auf den Bluntschli-Bericht schrieb z. B. der orthodox protestantische Theologe NEANDER: Kommunistische Grundsätze, *durch eine abscheuliche Propaganda von der Schweiz aus allmählich auch in unserem Vaterlande verbreitet*, hätten *in dem Jahre 1848, dem Jahre des Frevels und der Gottvergessenheit, die ihnen entsprechenden Früchte erzeugt*[154]. Von hier aus war es dann nicht mehr weit bis zu der fantastischen Annahme *einer großen europäischen Communisten-Verschwörung*, die ihre *geheimen Fäden in Frankreich und Deutschland* gezogen haben sollte[155]. Was an Einzelheiten über diese „Verschwörung" mitgeteilt wurde, war durchweg erfunden. Es war jedoch für das nachrevolutionäre Klima bezeichnend, daß auch die deutschen Regierungen an eine zentrale Steuerung „kommunistischer Umtriebe" glaubten. In Bayern wurde deswegen 1850 über die diplomatischen Vertretungen des Landes sogar eine internationale Umfrage veranstaltet. Aus dem Vatikan verlautete daraufhin, *daß nur ein gemeinschaftliches Verfahren der Regierungen den unter einer zentralen Leitung bestehenden Bestrebungen der Demagogie und des Communismus mit sicherem Erfolg entgegentreten könne*[156]. Der Begriff 'Communismus' trat hier ganz selbstverständlich neben den der 'Demagogie', welcher bis 1848 die Ängste des restaurativen Europa durch die imaginäre Vorstellung einer Revolutionszentrale in Atem gehalten hatte. Noch 1844 hatte der Liberale

---

[151] GUSTAV ADOLF BERGENROTH an Johann Jacoby, 2. 12. 1844, in: Rheinische Briefe und Akten zur Geschichte der politischen Bewegung 1830—1850, hg. v. JOSEPH HANSEN, Bd. 1 (Essen 1919; Ndr. Osnabrück 1967), 698.
[152] FRIEDRICH HARKORT, Bemerkungen über die Hindernisse der Civilisation und Emancipation der untern Klassen (Elberfeld 1844), 78.
[153] METTERNICH, Antwort an die preußische Regierung v. 30. 4. 1845, zit. HEINRICH BRÜCK, Geschichte der katholischen Kirche in Deutschland im 19. Jahrhundert, Bd. 2 (Mainz 1889), 531; FRIEDRICH WILHELM IV., Gespräch mit Metternich am 14. 8. 1845 auf Burg Stolzenfels, zit. METTERNICH, Nachgel. Papiere, Bd. 7 (1883), 133.
[154] AUGUST NEANDER, Vorwort zu ALEXANDRE RODOLPHE VINET, Der Sozialismus in seinem Prinzip betrachtet, dt. v. Diethelm Hofmeister (Berlin 1849), IV.
[155] Die große europäische Communisten-Verschwörung, ihre Organisation und geheimen Fäden in Frankreich und Deutschland. Aus dem Französischen (Grimma 1849).
[156] Graf SPAUR, Bericht v. 13. 6. 1850, zit. FROLINDE BALSER, Sozial-Demokratie 1848/49 bis 1863. Die erste deutsche Arbeiterorganisation „Allgemeine Arbeiterverbrüderung" nach der Revolution (Stuttgart 1962), 306.

ADOLPH HELLER davor gewarnt, das alte *Gespenst der Demagogie* durch das *Zerrbild des Communismus* zu ersetzen. *Das absichtlich vorgeschobene Bild von Verschwörungen sei schon einmal ein von der Reaktionspartei geschickt benutztes Phantom* gewesen[157]. Genau in dem von Heller befürchteten Sinne wurde das Verschwörungssyndrom jedoch auf den Kommunismus angewandt. Die Furcht vor den Kommunisten ersetze die Furcht vor den Demagogen, wobei nicht auszumachen ist, inwieweit die Gegenrevolution selbst zum Opfer ihrer eigenen Propaganda geworden ist.

6. Das „Gespenst des Kommunismus"

Als gleichsam idiomatische Verfestigung der allgemeinen Kommunistenfurcht ist die auch von Heller gebrauchte Metapher des „Gespenstes" anzusehen. KARL MARX und FRIEDRICH ENGELS leiteten damit bekanntlich 1848 ihr „Manifest der Kommunistischen Partei" ein: *Ein Gespenst geht um in Europa — das Gespenst des Kommunismus. Alle Mächte des alten Europa haben sich zu einer heiligen Hetzjagd gegen dies Gespenst verbündet, der Papst und der Zar, Metternich und Guizot, französische Radikale und deutsche Polizisten*[158]. Es handelte sich aber bei diesem später so berühmten Satz nicht um eine semantische Eigenleistung der beiden sozialistischen Theoretiker, sondern um das Zitat einer durchaus geläufigen politischen Metapher. Der Pariser Korrespondent des „Telegraph für Deutschland" sprach schon im Februar 1841 davon, daß die *Communisten, ... da sie Furcht einflößen, da die große Majorität nichts von einer Gütergemeinschaft wissen will*, von der französischen Regierung als *Popanz der ganzen Republik hingestellt* würden[159]. Im November desselben Jahres verbreitete die „Augsburger Allgemeine Zeitung" die Gespenstermetapher in einem aus dem Französischen übersetzten Bericht: *Der Communismus erhebt das Haupt; die Reihe ist an ihm; in diesem System der Furcht verdrängt ein Gespenst das andere*[160]. WILHELM WEITLING sah sich daraufhin veranlaßt, *den schwarzen Teufel, den unsere deutschen Zeitungsschreiber uns unter dem Namen Kommunist hinmalten, genauer bei Lichte zu betrachten, damit der deutsche Handwerker sehe, was von diesem Fantome zu halten sei*[161]. Kein anderer als LORENZ VON STEIN sorgte dann für die literarische Weiterverbreitung der Gespenstermetapher, indem er den *Communismus* als *ein finstres, drohendes Gespenst, an dessen Wirklichkeit niemand glauben will, und dessen Dasein doch jeder anerkennt und fürchtet*, bezeichnete[162]. Unmittelbar von Stein übernahm JOHANNES FALLATI die

---

[157] ADOLPH HELLER, Preußen der Beamten-Staat, in seiner politischen Entwicklung und seinen social-ökonomischen Zuständen (Mannheim 1844), V, Einl.
[158] MARX/ENGELS, Manifest der Kommunistischen Partei (1848), MEW Bd. 4 (1959), 461.
[159] A[LEXANDRE W[EILL], Louis Philipp, Thiers und die gegenwärtige Lage der Demokraten in Paris, Telegraph f. Deutschland, Nr. 22 (Februar 1841), 87.
[160] Augsburger Allg. Zeitung, Nr. 322, 18. 11. 1841.
[161] [WEITLING], Kommunion und Kommunisten (s. Anm. 119), 34. Ähnlich auch A. BEKKER, Der Kommunist, Der Vorläufer, Nr. 51, 27. 6. 1843, 406: *Der Kommunismus — dies ist das moderne Schreckgespenst unserer Tage, der Knecht Ruprecht, mit dem Aristokraten, Pfaffen, überhaupt Vorrechtler das sich hebende Selbstbewußtsein des Volkes zu unterdrücken trachten, indem sie den Kommunismus als den leibhaftigen „Gott sei bei uns" darstellen.*
[162] STEIN, Socialismus (s. Anm. 108), 4.

III. 6. Das „Gespenst des Kommunismus"

Metapher. Seine Besprechung des Steinschen Buches begann er mit folgenden Sätzen: *Socialismus, Communismus! Gespenstergleich sehen sie die meisten der Zeitgenossen an, diese kaum erst laut gewordenen und schon so gefürchteten Namen! In der Tat, die Art und Weise, wie die große Masse, nicht bloß der Ungebildeten, nicht bloß in Deutschland, sondern in England, in Frankreich zu ihnen sich verhält, trug bisher großenteils den Charakter des Geisterglaubens, der Geisterfurcht halb Aufgeklärter*[163]. Fallati ging es ebenso wie schon Stein nicht um die Vertiefung der Gespensterpsychose, sondern um deren Bekämpfung. Er appellierte aus diesem Grunde an das aufgeklärte Wissen der Gebildeten.

Auf der gleichen Linie versuchte 1844 auch THEODOR OELCKERS, der im übrigen bloß Stein plagiierte, die Schockwirkung des Kommunismus mit mangelnder Information in der Sache zu erklären: *Man ist in Deutschland noch allzusehr gewohnt, hinter jenen Parteibezeichnungen, wie Kommunismus usw., besonders was die genannte betrifft, nichts als gefährliche Gespenster verborgen zu sehen, und die Furcht vor denselben ist so groß, daß man lieber ohne weiteres die Augen abwendet, statt sie zu prüfen und ihr Wesen kennenzulernen. Aber nur erst durch die Furcht wird der Gegenstand zum Gespenst, und es ist an der Zeit, daß man die blinde Furcht vor einem Etwas beseitigt, was uns im Stillen doch näher und näher schreitet, ja, was im Grunde schon unter uns ist, ohne daß wir's uns zu gestehen wagen*[164].

Eine noch einfachere Erklärung für die Gespensterwirkung des *Communismus und Socialismus aus Frankreich und England* fand ein Berliner Korrespondent der „Trierschen Zeitung". Er machte den *Communismus und Socialismus* unter Berufung auf Theodor Mundt zu einem *gesunden Kind des deutschen Geistes*, das keineswegs *eine willkürliche französische Erfindung* sei: *So ist's mit allem Gespensterwesen. Ein Gespenst ist allemal ein Gespenst unseres eigenen Geistes, das aber ihm hinterher als ein fremdes von außen her entgegenzutreten scheint.* Seine Kenntnis der neuen Sozialtheorien scheint aber nicht sehr weit gereicht zu haben. Zur deutschen *Wurzel des Socialismus* erklärte er unter Hinweis auf den Bauernkrieg nämlich *die Idee, daß alle Menschen gleich berechtigt, gleich freiheitsfähig, gleich vor Gott und Fürsten, vor dem Himmel und vor der Erde seien*[165]. Nicht zu Unrecht machte sich daher FERDINAND COELESTIN BERNAYS in den „Deutsch-Französischen Jahrbüchern" über die Behauptung eines *klugen jungen Berliners* lustig, daß Theodor Mundt den *Fieberwahn deutscher Schwäche, der in dem Communismus ein ausländisches Gespenst*

---

[163] J. FALLATI, Socialismus und Communismus, Rez. LORENZ STEIN, Der Socialismus und Communismus des heutigen Frankreichs. Ein Beitrag zur Zeitgeschichte, Jbb. d. Gegenwart (1843), Nr. 1, 1.
[164] OELCKERS, Bewegung des Socialismus (s. Anm. 139), 109.
[165] [Leitartikel], Triersche Zeitung, Nr. 26, 26. 1. 1844. Aus Duisburg äußerte einige Monate später ein anderer Korrespondent: *Das Gespenst des Communismus, welches in der neuern Zeit in mancherlei Gestalt auftaucht, ist nicht so lustiger Natur, wie es von manchen angesehen wird. Mag die Zeit noch fern sein und fern bleiben, wo es in Deutschland Fleisch und Bein annimmt und geharnischt in die allgemeine Bewegung eingreift; — es wurzelt mit seinen Fäden tief in bestimmten Grundrichtungen der Zeitbewegung, mit dem Bestreben, sich bei jeder dargebotenen Gelegenheit Luft zu machen und Rechtsgeltung zu gewinnen,* ebd., Nr. 295, 21. 10. 1844.

erblickt hatte, zerstört habe[166]. Der Gedanke, daß sich das *Schreckbild des Kommunismus* in Deutschland *viel menschlicher* ausnehme *als in den düstern Wolken des französischen Revolutionshimmels*, taucht auch nochmals bei ARNOLD RUGE auf[167]. Anders als der „Trierschen Zeitung" ging es Ruge jedoch um eine Abwertung des deutschen Kommunismus.

Einen neuen Akzent brachte 1846 WILHELM SCHULZ in die Auseinandersetzung über das kommunistische „Gespenst". Er sprach von *einer offiziellen und halboffiziellen Presse, die den Communismus als Popanz im Interesse der Reaction zu benutzen wisse*[168]. Um diese Propaganda zu widerlegen, hielt er eine eingehende Beschäftigung mit dem Kommunismus für geboten. *Seit wenigen Jahren ist in Deutschland vom Communismus die Rede und schon ist er zum drohenden Gespenst geworden, vor dem die einen sich fürchten, womit die andern Furcht einzujagen suchen. Der Spuk schwindet, sobald man ihm zu Leibe geht*[169]. Solche Äußerungen entsprangen der Sorge, daß die gegenüber dem Kommunismus geschürte Angstpsychose im vormärzlichen Polizeistaat selbst gemäßigte Oppositionelle diskreditieren könnte. CARL BIEDERMANN sprach diese Befürchtung 1847 offen aus. Er wies darauf hin, daß *man solchergestalt den Freunden politischer Reformen bange machen, die Gegner derselben aber in ihrem Haß bestärken will, indem man das Gespenst des Kommunismus heraufbeschwört*[170]. Alle Versuche, die unbestimmte Furcht vor einem weitgehend imaginären Kommunismus einzudämmen, waren jedoch vergeblich. Die Diskussion über den Begriff 'Kommunismus' blieb in Deutschland bis 1848 eine Diskussion über das „Gespenst des Kommunismus". VARNHAGEN VON ENSE, der in vormärzlicher Zeit wie kaum ein anderer politische Bewußtseinslagen registrierte, notierte im März 1846 bezeichnenderweise in sein Tagebuch, daß man *in den obern Kreisen* Berlins *entsetzlich das Gespenst Kommunismus* fürchtete[171]. Diese Furcht hatte eine reale Bedeutung, weil sich dahinter die unterschwellige Sorge vor der sozialen Revolution verbarg. Ein anonymer Autor brachte dies 1848 mit dem Bild, das dem *zuckenden Blitz*, der *das bleiche Gespenst des Communismus* sichtbar mache, der *Donner der Unzufriedenheit mit dem Bestehenden* folgen werde, zum Ausdruck[172].

---

[166] FERDINAND COELESTIN BERNAYS, Deutsche Zeitungsschau. Apogryphische Zeitung, Dt.-Franz. Jbb. (1844), 235f. THEODOR MUNDT hatte tatsächlich *die Hauptidee des Communismus, daß alle Güter der Menschen gemeinschaftlich sein sollen, ... zuerst in Deutschland auf dem Grunde der Reformationszeit entspringen* lassen, Die Geschichte der Gesellschaft in ihren neueren Entwickelungen und Problemen (1844), 2. Aufl. (Berlin 1956), 117.
[167] RUGE, Kommunismus (s. Anm. 132), 96.
[168] SCHULZ, Art. Communismus (s. Anm. 140), 294.
[169] Ebd., 290. EMIL OTTO WELLER griff Schulz wegen dieser Haltung an: *Wir kommen zu Herrn W. Schulz. Der hat einen großen langen Artikel im „Staatslexikon" geschrieben, um den „Communismus" zu vernichten. Auf 70 Seiten vollbringt er diese Heldentat ... mit einer Beschwörung gegen das „drohende Gespenst", dem er zu Leibe geht. Ei, ei, wer wird so kindisch sein und mit Gespenstern kämpfen!*, Unpolitische Bemerkungen, in: Demokratisches Taschenbuch für 1848 (Leipzig 1847), 152.
[170] CARL BIEDERMANN, Vorlesungen über Sozialismus und soziale Fragen (Leipzig 1847), 228f.
[171] KARL AUGUST VARNHAGEN v. ENSE, Notiz v. 11. 3. 1846, Tagebücher, Bd. 3 (Leipzig 1862), 316.
[172] [Anonym], Der Pauperismus und die Volksschule. Ein ernstes Wort über die wichtigsten Fragen unserer Zeit (Leipzig 1847), 1f.

III. 6. Das „Gespenst des Kommunismus"

Besonders aktiv waren Theologen der beiden großen christlichen Konfessionen an der Verbreitung der Gespensterpsychose beteiligt. So leitete etwa der Berner Theologe HUNDESHAGEN einen umfänglichen Aufsatz über den Kommunismus mit der wörtlichen Übernahme der zitierten Eingangssätze Fallatis ein[173]. Anders als Fallati wollte er mit der Enttarnung des „Gespenstes" jedoch nicht die Harmlosigkeit, sondern die Gefährlichkeit des Kommunismus beweisen. Unter Berufung auf Hundeshagen warnte wiederum ein anderer schweizerischer Theologe vor einer Unterschätzung des Kommunismus: *Bloß ein luftiges Gespenst, wie einige Erfindungen zu verstehen geben wollen, ist dasjenige leider nicht, was man mit den Worten Communismus und Socialismus bezeichnet*[174]. Schließlich gebrauchte auch JOHANN HINRICH WICHERN 1848 bei der Auseinandersetzung mit dem Kommunismus ähnliche Wendungen: *Kommunismus — der Name wirkt jetzt wie ein Medusenhaupt. Die Furcht geht vor ihm her und läßt das Blut in den Adern der bürgerlichen Gesellschaft erstarren. Und mit Recht*[175]. Auf katholischer Seite wurde das kommunistische „Gespenst" zum Beispiel 1847 im Mainzer „Katholik" beschworen: *Wie ein scheußliches Gespenst durchwandert nun schon seit Jahren der Communismus die Länder Europas*[176]. Die dem Verschwörungssyndrom adäquate Gespenstermetapher blieb somit bis 1848 für den Kommunismus in Umlauf. Die gewollt oder ungewollt von ihrer Verwendung ausgehende Schreckenswirkung blieb erhalten. Es lag unter diesen Umständen nahe, daß sich ihrer nicht nur die Gegner, sondern auch die Anhänger des Kommunismus bedienten.

Ein erster Beleg für diese Entwicklung ist in einem Brief eines unbekannten Breslauer Kommunisten an Wilhelm Wolff vom Juli 1846 enthalten. Der Anonymus schreibt: *Hier bleibt der Kommunismus auf diese Weise erst recht ein Gespenst, aber doch nur für die Gegner, und das wird er ja nach dem Plane einer geheimen Konspiration ebenfalls sein. Ich kann aber darin keinen Nachteil erblicken. Ein solches Gespenst ist ein verzweifelt fataler Gegner, ein Ding, das sich nicht fassen läßt, ein etwas, das, je weniger genau erkannt, umso weniger gefährliche Gegenanstalten hervorruft, bis es als massenhafte Gestalt in voller Kraft aus dem Dunkel in das helle, lichte Leben hineintritt*[177]. FRIEDRICH ENGELS schrieb etwa zur gleichen Zeit noch resigniert aus Paris, daß *selbst die Schreiner* dort *eine abergläubische Gespensterfurcht vor dem „Löffelkommunismus"* hätten[178]. Im „Manifest der Kommunistischen Partei" verwendete er dann 1848 gemeinsam mit Marx selbst die Gespenstermetapher, um das neue Selbstbewußtsein der Kommunisten zu demonstrieren.

---

[173] CARL BERNHARD HUNDESHAGEN, Der Communismus und die ascetische Socialreform im Laufe der christlichen Jahrhunderte, Theol. Studien u. Kritiken 18 (1845), Bd. 2, 535.
[174] J. P. ROMANG, Die Bedeutung des Communismus. Aus dem Gesichtspunkte des Christenthums und der sittlichen Cultur gewürdigt. Ein Vortrag gehalten in der schweizerischen Predigergesellschaft (Bern, Zürich 1847), 7.
[175] JOHANN HINRICH WICHERN, Kommunismus und die Hülfe gegen ihn (1848), Ges. Schr., Bd. 3 (Hamburg 1902), 208.
[176] Der Communismus, Der Katholik. Eine religiöse Zs. zur Belehrung u. Warnung 27 (1847), Nr. 41, 170.
[177] [Anonym], Brief an Wilhelm Wolff, ca. Juli 1846, abgedr. Der Bund der Kommunisten, Bd. 1 (s. Anm. 142), 361.
[178] ENGELS an Marx, 23. 10. 1846, MEW Bd. 27 (1963), 66.

7. Kommunisten in Deutschland vor 1848

a) **Moses Heß.** Die Drohgebärde des „Kommunistischen Manifests" kann nicht darüber hinwegtäuschen, daß die deutschen Kommunisten 1848 eine marginale politische Gruppe bildeten. Die seit 1843 in der deutschen Öffentlichkeit anhaltende Kampagne gegen den Kommunismus war für die Entfaltung einer kommunistischen Bewegung nicht gerade günstig. Die ohnehin durch Zensur und Vereinigungsverbote auf das Stärkste begrenzten Bewegungsmöglichkeiten der politischen Opposition waren für die Anhänger des Kommunismus im vormärzlichen Polizeistaat noch zusätzlich eingeschränkt. So war es schon eher erstaunlich, daß es vor 1848 in Deutschland überhaupt Kommunisten gab.

Weitlings 1843 erzwungener Weggang aus der Schweiz hatte für die ersten deutschen Kommunisten schwerwiegende Folgen. Nicht nur, daß ihr Einfluß auf die dortigen deutschen Handwerkervereine stark zurückging, sie gerieten auch in eine politische Bewußtseinskrise, in deren Verlauf es 1845 zu einer begriffsgeschichtlich bemerkenswerten Auseinandersetzung um den Inhalt des Kommunismusbegriffs kam. WILHELM WEITLING sah sich genötigt, diejenigen seiner bisherigen Anhänger, die von seinem gütergemeinschaftlichen System in dem ihm zentralen Punkt der „Kommerzstunden" abwichen, aufzufordern, *sich nicht mehr Kommunisten zu nennen*[179]. Dagegen verwahrte sich AUGUST BECKER, indem er auf *das Wort Kommunismus* Anspruch erhob als eine auch für seine Auffassungen nach wie vor *bezeichnende und willkommene Benennung*. Sodann fuhr er fort: *Weitling, der unerbittliche Feind jeden Eigentums, wird doch hoffentlich keine Eigentumsansprüche auf diesen Titel machen. Das wäre ja schrecklich inkonsequent. Und worauf wollte er sie begründen? Etwa auf das Recht der Priorität? ... Oder will er sein Eigentumsrecht aus seinem System herleiten?*[180] Wie zuvor schon in Frankreich, zeigte sich somit auch bei den ersten deutschen Kommunisten, daß sich der Kommunismusbegriff nicht als Gruppenbezeichnung monopolisieren ließ. Neben die ersten traten sofort, und wenn auch nur in leichter Zielabweichung, neue Kommunisten. Jede kommunistische Zukunftsvariante schuf neue Kommunisten. Da sich ihr Selbstverständnis ausschließlich aus ihrer Zukunftserwartung bestimmte, konnte es weder historische noch systematische Gründe für eine größere oder eine geringere Berechtigung der Begriffsverwendung geben. Jeder neue Kommunismusbegriff konnte gegenüber allen älteren den Anspruch auf Gleichberechtigung stellen. Da es aber keine Instanz gab, die über die größere oder geringere Berechtigung eines Kommunismus gegenüber einem anderen entscheiden konnte, traten die Kommunisten sich bezeichnenderweise mit einem gegenseitigen Ausschließungsanspruch gegenüber.

Unabhängig von Weitling und seinen Anhängern traten in Deutschland Mitte der vierziger Jahre die ersten Kommunisten in Erscheinung. FRIEDRICH ENGELS stellte im Oktober 1844 in Barmen fest: *Man mag sich hindrehen und hinwenden, wohin man will, man stolpert über Kommunisten.* Sogar der Barmer Polizeikommissar sei

---

[179] W. W[EITLING], Bemerkungen zu Nr. 5 der „Fröhlichen Botschaft", Die fröhliche Botschaft v. d. religiösen u. socialen Bewegung, Nr. 6 (September 1845), abgedr. KOWALSKI, Demokratismus (s. Anm. 126), 384.
[180] A[UGUST] B[ECKER], Anmerkungen zu Weitlings Artikel, abgedr. ebd., 389 f.

a) Moses Heß

Kommunist[181]. Insoweit diese Äußerung nicht reinem Wunschdenken entsprang, belegt sie, daß mit dem Begriff zunächst eher vage Inhalte verbunden wurden. Tatsächlich bestätigt KARL GRÜN, daß sich 1844, als in Deutschland *der sociale Gedanke* auftauchte, ein jeder, der *kühn war*, ohne weiteres *den Namen „Communist" gefallen (ließ)*[182]. Eine sozialkritische Haltung ohne jedes konkrete Alternativprogramm galt schon als 'kommunistisch'.

Aus diesen Eintagskommunisten schälten sich jedoch bald einzelne, meist intellektuelle Wortführer heraus, die sich langfristiger dem Kommunismus zuwandten. So etwas wie eine Schlüsselrolle spielte unter diesen anfangs Moses Heß. Er war *in der Tat der erste Kommunist in der Partei*, wie ENGELS schon im November 1843 im Hinblick auf die Junghegelianer feststellte[183]. Schon vor dem Erscheinen von Steins Buch berichtete HESS in der „Rheinischen Zeitung" über *Die Communisten in Frankreich*, wobei er den Kommunismus als eine *historische Erscheinung* hinstellte, die *wohl gewürdigt zu werden verdient*[184]. Dieser sowie einige weitere Berichte und Notizen waren für die „Augsburger Allgemeine Zeitung" der Anlaß, der „Rheinischen Zeitung" kommunistische Tendenzen nachzusagen[185], ein Vorwurf, der sogleich von KARL MARX zurückgewiesen wurde. In der Sache durchaus distanziert, benutzte Marx bei dieser Gelegenheit erstmals den Begriff 'Kommunismus'[186]. An Arnold Ruge schrieb er wenig später, daß er *das Einschmuggeln kommunistischer und sozialistischer Dogmen, also einer neuen Weltanschauung, in beiläufigen Theaterkritiken etc. für unpassend, ja für unsittlich halte und eine ganz andere und gründlichere Besprechung des Kommunismus, wenn er einmal besprochen werden solle, verlange*[187]. Hess kam dieser Aufforderung nicht nur nach, sondern vollzog Anfang 1843 in Paris nach intensiver Auseinandersetzung mit den französischen sozialistischen Theoretikern den Übergang zum Kommunismus. Der preußische Gesandte in Paris hielt ihn im Herbst 1843 schon für *einen der Chefs der Pariser Communisten und unter ihnen den fähigsten Kopf*[188].

MOSES HESS war der erste, der für den Kommunismusbegriff in Deutschland einen Wissenschaftscharakter beanspruchte. In heftiger Polemik gegen Lorenz von Stein, der nur dem 'Sozialismus' Wissenschaftlichkeit zubilligte, sie dem 'Kommunismus' aber verweigerte, unterschied er zunächst in Frankreich einen *abstrakten Communismus* bzw. *rohen Communismus* von einem entfalteten, *wissenschaftlichen Communismus*. Für den ersten standen ihm Babeuf, aber auch Cabet und Weitling, für den letzteren Proudhon[189]. Später distanzierte er sich unter dem Einfluß der materiali-

---

[181] ENGELS an Marx, Anfang Oktober 1844, MEW Bd. 27, 6f.
[182] [Leitartikel], Triersche Zeitung, Nr. 1, 1. 1. 1847.
[183] ENGELS, Fortschritte der Sozialreform auf dem Kontinent (16. 10. 1842), MEW Bd. 1 (1956), 494.
[184] M. HESS, Die Communisten in Frankreich, Rheinische Zeitung, Nr. 109, 19. 4. 1842, Beilage.
[185] Augsburger Allg. Zeitung, Nr. 284, 11. 10. 1842.
[186] MARX, Der Kommunismus und die Augsburger „Allgemeine Zeitung", MEW Bd. 1, 105ff.
[187] Ders. an Arnold Ruge, 30. 11. 1842, MEW Bd. 27, 412.
[188] ARNIM, Bericht (s. Anm. 143), IXL, Einl.
[189] Hess, Socialismus und Communismus (1843), ebd., 200; Das Zusammenhalten der materiellen und Privatinteressen, Kölnische Zeitung, Nr. 270, 27. 9. 1843, zit. ebd., 250.

stischen Philosophie Feuerbachs auch von Proudhon. *Feuerbach ist der deutsche Proudhon. Was dieser durch seine Kritik des Eigentums in Betreff aller praktischen Gegensätze und Kollisionen des Soziallebens, das hat Feuerbach in Betreff aller theoretischen Kollisionen geleistet ... In der Tat aber braucht man nur den Feuerbach'schen Humanismus auf das Sozialleben anzuwenden, um zu den Proudhon'schen praktischen Resultaten zu gelangen*[190]. Der Kommunismus als Wissenschaft wurde auf diese Weise zur deutschen Angelegenheit erklärt: *Der französische Kommunismus ist nur aus der Herzensnot, nicht aus der Not des Kopfes, d. h. nicht aus der Notwendigkeit des Denkens hervorgegangen; er und der mit ihm aufgewachsene deutsche Kommunismus, sie tragen beide die Zeichen ihres Ursprungs noch an sich — sie sind unwissenschaftlich*[191]. Das wesentlich deutsche Element, das dem Kommunismus zugewachsen sei, war für Heß ein philosophisches: *die Idee des Humanismus ... In Deutschland konnte der Sozialismus nicht vom Gefühl, er mußte vom Gedanken, von der Philosophie ausgehen, und von hier aus das Gefühl, den ganzen Menschen zu gewinnen suchen*[192]. 'Wissenschaftlicher Kommunismus' hieß demnach für Heß 'philosophischer Kommunismus' im Sinne der Anthropologie Ludwig Feuerbachs.

FEUERBACH selbst, so ist festzustellen, bezeichnete sich selbst nur einmal sehr beiläufig, und zwar im Zusammenhang mit einer Kritik an Stirner, als 'Kommunist': *Also weder Materialist, noch Idealist, noch Identitätsphilosoph ist F[euerbach]. Nun was denn? Er ist mit Gedanken, was er der Tat nach, im Geiste, was er im Fleische, im Wesen, was er in den Sinnen ist — Mensch; oder vielmehr, da F[euerbach] nur in die Gemeinschaft das Wesen des Menschen versetzt —: Gemeinmensch, Communist*[193]. In dieser Allgemeinheit konnte der Begriff des 'Kommunisten' geradezu als moderne Umschreibung der aristotelischen Lehre vom ζῶον πολιτικόν angesehen werden. Eine wie auch immer geartete politische Zukunftsperspektive ergab sich daraus nicht. MARX und ENGELS haben Feuerbach bezeichnenderweise deshalb kritisiert, weil er *das Wort Kommunist, das in der bestehenden Welt den Anhänger einer bestimmten revolutionären Partei bezeichnet, wieder in eine bloße Kategorie verwandeln zu können glaubt*[194].

Das kommunistische Selbstverständnis von Moses Heß unterschied sich zu dieser Zeit von dem Feuerbachs, weil er den 'philosophischen Kommunismus' der Deutschen nicht absolut setzte, sondern als notwendiges Gegenstück zu dem 'abstrakten

---

[190] Ders., Sozialistische Bewegung (s. Anm. 145), 293.
[191] Ebd., 300.
[192] Ebd., 304.
[193] LUDWIG FEUERBACH, Das Wesen des Christenthums in Beziehung auf den „Einzigen und sein Eigenthum" (1845), SW, hg. v. Wilhelm Bolin u. Friedrich Jodl, Bd. 7 (Stuttgart 1903), 309f. MAX STIRNER hatte den Kommunismus als kritische Sozialtheorie gerade deswegen kritisiert, weil er die „Einzigkeit" des Menschen zerstöre. *Daß der Kommunist in Dir den Menschen, den Bruder erblickt, das ist nur die sonntägliche Seite des Kommunismus. Nach der werkeltätigen nimmt er Dich keineswegs als Menschen schlechthin, sondern als menschlichen Arbeiter oder arbeitenden Menschen. Das liberale Prinzip steckt in der ersteren Anschauung, in die zweite verbirgt sich die Illiberalität,* Der Einzige und sein Eigentum (1845), hg. v. Hans Günter Helms (München 1968), 93.
[194] MARX/ENGELS, Die deutsche Ideologie (1845/46), MEW Bd. 3 (1958), 41.

Kommunismus' der Franzosen ansah. Beide sollten miteinander vereinigt erst den 'wahren Kommunismus' herbeiführen, den Heß im Sinne Feuerbachs als 'Humanismus' bezeichnete.

Es ist anzumerken, daß HESS seit 1844 vorwiegend den Begriff des 'Sozialismus', nicht den des 'Kommunismus' verwendete. Mehrfach stellte er aber klar, daß es sich dabei nicht um eine Begriffsverwischung handelte. Wenn er von *radikalem Sozialismus* sprach, dann meinte er den 'Sozialismus', der *mit seinem populären Namen (Kommunismus) genannt* werde[195]. HERMANN SEMMIG zog daher 1845 in den „Rheinischen Jahrbüchern" aus dem Wortgebrauch von Heß einen falschen Schluß, wenn er meinte, daß der *Unterschied zwischen Communismus und Socialismus* ein Unterschied zwischen Frankreich und Deutschland sei, der schließlich dadurch aufgehoben würde, daß beide *sich zuletzt in Humanismus* auflösten[196]. Für Heß war der Begriff 'Kommunismus' zu dieser Zeit zur Bezeichnung seines politisch-philosophischen Standortes schon unabdingbar geworden. Nur aus taktisch gebotenen Gründen der politischen Vorsicht vermied er es noch, ihn öffentlich zu benutzen. HERMANN PÜTTMANN wandte im Wissen darum gegenüber Semmig ein, daß *das Wort Communismus für diejenige Richtung, welche Aufhebung des Privateigentums als Grundprinzip aufstellt, allerdings bezeichnender als das Wort Socialismus* sei, *womit einerseits in Frankreich und Deutschland allerlei, nur nicht die Aufhebung des Privateigentums bezeichnet wird.* Und er fügte hinzu: *Heß selbst (...) hat in jüngster Zeit mit seinen Freunden den Namen Communist angenommen und ermächtigt uns zu der Erklärung, daß er nur aus äußern Rücksichten bisher den Namen gemieden habe*[197].

b) **Friedrich Engels.** Zu den politischen Freunden von Heß gehörte zu dieser Zeit mit Sicherheit Friedrich Engels. Schon Ende 1842 hatte HESS dem jungen Engels die ersten Kenntnisse über den französischen Kommunismus vermittelt und diesen als Alternative zu der Philosophie des Neuhegelianismus empfohlen[198]. Die Auffassungen von Heß spiegeln sich deutlich in der Artikelfolge über *Fortschritte der Sozialreform auf dem Kontinent* wider, in der ENGELS im November 1843 erstmals kommunistische Ideen adaptierte[199]. Auch er unterschied innerhalb des Kommunismus eine *volkstümliche* und eine *philosophische* Richtung. Mit der ersteren meinte er die Anhänger Weitlings, mit der letzteren die aus dem Junghegelianismus kommenden Intellektuellen, sich selbst eingeschlossen, die *durch immer weitere Entwicklung der Konsequenzen ihrer Philosophie zu Kommunisten wurden.* Der *philosophische Kommunismus* war auch für ihn zunächst eine *notwendige Konsequenz der neu-*

---

[195] HESS, Sozialistische Bewegung, 304. Ähnlich auch ders. an Marx, 3. 7. 1844, abgedr. WOLFGANG MÖNKE, Neue Quellen zur Heß-Forschung (Berlin 1964), 92f.: *In Kurzem wird das ganze gebildete Deutschland sozialistisch sein, u[nd] zwar radikal-sozialistisch, ich meine communistisch.*
[196] HERMANN SEMMIG, Communismus, Socialismus, Humanismus, Rhein. Jbb. zur gesellschaftlichen Reform 1 (1845; Ndr. 1975), 171.
[197] Ebd., 173f., Anm. d. Herausgebers HERMANN PÜTTMANN.
[198] M. HESS an Berthold Auerbach, 19. 6. 1843, Briefwechsel, hg. v. Edmund Silberner (Den Haag 1959), 103.
[199] ENGELS, Sozialreform (s. Anm. 183), 480ff.

*hegelianischen Philosophie*²⁰⁰. Die Beschäftigung mit der *Lage der arbeitenden Klasse in England* führte ihn allerdings im Laufe eines Jahres dazu, von der theoretischen Position des rein *philosophischen Kommunismus in Deutschland* abzurücken²⁰¹. *Der deutsche Sozialismus und Kommunismus ist mehr als jeder andre von theoretischen Voraussetzungen ausgegangen*, schrieb er jetzt selbstkritisch. *Wir deutschen Theoretiker kannten von der wirklichen Welt noch viel zu wenig, als daß uns die wirklichen Verhältnisse unmittelbar zu Reformen dieser „schlechten Wirklichkeit" hätten treiben sollen*²⁰². Folgerichtig hatte er in den öffentlichen kommunistischen Versammlungen, in denen er im Februar 1845 in Elberfeld gemeinsam mit Heß als Redner auftrat, erklärt, *daß der Kommunismus für Deutschland — wenn keine historische, doch eine ökonomische Notwendigkeit sei*²⁰³. Die „Wissenschaft" des Kommunismus, das war jetzt nicht mehr die Philosophie, sondern die Ökonomie. Der Kommunismus war für ihn nicht mehr die notwendige Folge philosophischer Deduktion, sondern das Ergebnis ökonomischer Analyse der bestehenden gesellschaftlichen Zustände. Er entwickelte damit eine Variante kommunistischer Theorie, die ihn zunehmend in Distanz zu seinen bisherigen Gesinnungsfreunden brachte. Während er ursprünglich ziemlich unbesehen akzeptierte, was nur immer den *raschen Fortschritt des Kommunismus in Deutschland* zu belegen schien²⁰⁴, meinte er im Frühjahr 1845: *Die Deutschen fangen nachgerade an, auch die kommunistische Bewegung zu verderben*²⁰⁵.

Eine solche Feststellung konnte nur machen, wer die eigene Position absolut setzte und von diesem Standpunkt aus befand, wer als Gesinnungsgenosse zu gelten habe und wer nicht. Es ist bezeichnend, daß das neue Selbstbewußtsein sich bei Engels auch terminologisch niederschlug. Während er bis dahin ganz unreflektiert sowohl von 'Sozialismus' wie von 'Kommunismus' gesprochen hatte, wenn es um die Kennzeichnung des eigenen Standpunktes ging, legte er jetzt ausdrücklich Wert auf den Begriff des 'Kommunismus', weil *das Wort Sozialismus nichts anderes als die verschiedenen verschwommenen, unbestimmten und unbestimmbaren Vorstellungen derjenigen, die sehen, daß etwas getan werden muß, und die sich dennoch nicht entschließen können, vorbehaltlos auf das Gemeinschaftssystem einzugehen*, bezeichne²⁰⁶.

c) **Karl Marx.** Das geschärfte kommunistische Eigenbewußtsein von Friedrich Engels fand seinen sichtbarsten Ausdruck in der Zusammenarbeit mit KARL MARX. Dieser hatte sich zunächst sehr viel zurückhaltender dem Kommunismus genähert als Engels. Informiert durch die Berichte von Stein und Heß, hatte er zunächst *den wirklich existierenden Kommunismus, wie ihn Cabet, Dézamy, Weitling etc. lehren*, im Auge. Dieser Kommunismus aber war für ihn *eine dogmatische Abstraktion* und

---

²⁰⁰ Ebd., 480f. 494.
²⁰¹ Ebd., 494.
²⁰² Ders., Vorwort zu: Die Lage der arbeitenden Klasse in England (1845), MEW Bd. 2 (1957), 233.
²⁰³ Ders., [Zwei Reden in Elberfeld] (1845), ebd., 549.
²⁰⁴ Ders., Rascher Fortschritt des Kommunismus in Deutschland (1844/45), ebd., 509ff.
²⁰⁵ Ders., Ein Fragment Fouriers über den Handel (1845), ebd., 604.
²⁰⁶ Ders., Fortschritt des Kommunismus, 519.

c) Karl Marx

als solche *eine besondre, einseitige Verwirklichung des sozialistischen Prinzips*[207]. In den „Ökonomisch-philosophischen Manuskripten" präzisierte er 1844 seine Kritik an den zeitgenössischen kommunistischen Theorien. Der entscheidende Punkt war, daß er die bloße Aufhebung des Privateigentums nicht als ausreichend ansah, um die menschliche Selbstentfremdung aufzuheben, die sich für ihn aus der Entfremdung des Menschen von seiner und durch seine Arbeit ergab. Dem *rohen Kommunismus* warf er vor, lediglich das *Privateigentum* zum *allgemeinen Privateigentum* zu machen, wie besonders der Gedanke der *Weibergemeinschaft* zeige. *Man darf sagen, daß dieser Gedanke der Weibergemeinschaft das ausgesprochene Geheimnis dieses noch ganz rohen und gedankenlosen Kommunismus ist. Wie das Weib aus der Ehe in die allgemeine Prostitution, so tritt die ganze Welt des Reichtums, d. h. des gegenständlichen Wesens des Menschen, aus dem Verhältnis der exklusiven Ehe mit dem Privateigentümer in das Verhältnis der universellen Prostitution mit der Gemeinschaft. Dieser Kommunismus — indem er die Persönlichkeit des Menschen überall negiert — ist eben nur der konsequente Ausdruck des Privateigentums, welches diese Negation ist*[208].

Auch ein politischer Kommunismus, der entweder *demokratisch* oder *despotisch* organisiert wäre bzw. die *Aufhebung des Staats* anstrebte, war in den Augen von Marx nicht ausreichend. Ihm schwebte ein anderer Kommunismus vor, von dem er die *positive Aufhebung des Privateigentums als menschlicher Selbstentfremdung und darum als wirkliche Aneignung des menschlichen Wesens durch und für den Menschen* erwartete. Dieser Kommunismus sollte ein Kommunismus sein, der sich als *die begriffne und gewußte Bewegung seines Werdens* verstand. Das bedeutete für den Schüler Hegels erstens, daß er den Kommunismus aus der Geschichte erklärte und in *die ganze Bewegung der Geschichte* eingebettet sah. „Bewegung der Geschichte" hieß allerdings über Hegel hinaus *Bewegung des Privateigentums, eben der Ökonomie*[209]. Marx konzipierte den Kommunismus somit zweitens mit Hilfe der ökonomischen Theorie. Interessanterweise war es gerade Moses Hess, der Marx die Überlegenheit dieses Zugriffs auf den Kommunismusbegriff gegenüber seiner eigenen rein philosophischen Verfahrensweise ausdrücklich bestätigte: *So notwendig im Anfange ein Anknüpfen der kommunistischen Bestrebungen an die deutsche Ideologie war, so notwendig ist jetzt die Begründung auf geschichtliche und ökonomische Voraussetzungen*[210]. Geschichte und Ökonomie wurden für Marx Instrumente zur empirischen, nicht bloß philosophischen Erkenntnis eines Kommunismus, der sich in letzter Konsequenz von den bis dahin vorliegenden kommunistischen Theorien durch seinen realen Bewegungscharakter unterscheiden sollte.

In den als Fragment überlieferten „Ökonomisch-philosophischen Manuskripten" blieb noch offen, ob dieser Kommunismus ein Endzustand sein sollte oder eine Etappe auf dem Wege dorthin. Marx bezeichnete ihn einerseits in geradezu chiliasti-

---

[207] Marx an Arnold Ruge, September 1843, MEW Bd. 1, 344. Ganz analog dazu die von Marx stammende Passage in „Die heilige Familie" (1845): *Aus diesem Satze kann man sogleich die kritische Kluft ermessen, welche den massenhaften, profanen Kommunismus und Sozialismus von dem absoluten Sozialismus scheidet*, MEW Bd. 2, 100.
[208] Ders., Ökonomisch-philosophische Manuskripte (1844), MEW Erg. Bd. 1 (1968), 534f.
[209] Ebd., 536.
[210] M. Hess an Karl Marx, 28. 7. 1846, Briefwechsel, 165.

schen Wendungen als *das aufgelöste Rätsel der Geschichte*[211], andererseits sah er in ihm nur das *für die nächste geschichtliche Entwicklung notwendige Moment der menschlichen Emanzipation und Wiedergewinnung*. Und er fügte sogar hinzu: *Der Kommunismus ist die notwendige Gestalt und das energische Prinzip der nächsten Zukunft, aber der Kommunismus ist nicht als solcher das Ziel der menschlichen Entwicklung — die Gestalt der menschlichen Gesellschaft*[212]. Erst in dem Manuskript „Die Deutsche Ideologie" formulierte Marx gemeinsam mit ENGELS 1845/46 endgültig, wodurch er seinen Kommunismus von allen anderen kommunistischen Theorien unterschieden wissen wollte: *Der Kommunismus ist für uns nicht ein Zustand, der hergestellt werden soll, ein Ideal, wonach die Wirklichkeit sich zu richten haben (wird). Wir nennen Kommunismus die wirkliche Bewegung, welche den jetzigen Zustand aufhebt. Die Bedingungen dieser Bewegung ergeben sich aus der jetzt bestehenden Voraussetzung*[213]. Und 1847 erläuterte Friedrich Engels diese Aussagen in der Auseinandersetzung mit Karl Heinzen folgendermaßen: *Der Kommunismus ist keine Doktrin, sondern eine Bewegung; er geht nicht von Prinzipien, sondern von Tatsachen aus. Die Kommunisten haben nicht diese oder jene Philosophie, sondern die ganze bisherige Geschichte und speziell ihre gegenwärtigen tatsächlichen Resultate in den zivilisierten Ländern zur Voraussetzung. Der Kommunismus ist hervorgegangen aus der großen Industrie und ihren Folgen, aus der Herstellung des Weltmarkts, aus der damit gegebenen ungehemmten Konkurrenz, aus den immer gewaltsameren und allgemeineren Handelskrisen, die schon jetzt zu vollständigen Weltmarktkrisen geworden sind, aus der Erzeugung des Proletariats und der Konzentration des Kapitals, aus dem daraus folgenden Klassenkampfe zwischen Proletariat und Bourgeoisie. Der Kommunismus, soweit er theoretisch ist, ist der theoretische Ausdruck der Stellung des Proletariats in diesem Kampfe und die theoretische Zusammenfassung der Bedingungen der Befreiung des Proletariats*[214].

Der entwickelte Kommunismusbegriff von Marx und Engels enthielt somit drei Elemente: erstens handelte es sich nicht um einen Systembegriff für eine prognostizierte gleichheitliche Zukunftsgesellschaft, sondern um einen Begriff zur Beschreibung der revolutionären Dynamik des Veränderungsprozesses selbst. Diese Dynamik ergab sich für Marx und Engels aus der Entstehung der modernen Industrie und des durch diese hervorgerufenen „Klassenkampfes" zwischen Bourgeoisie und Proletariat. Der Kommunismus war daher in der materialistischen Perspektive einer solchen ökonomistischen Geschichtsauffassung zweitens eine „Bewegung" der Geschichte selbst, nicht ein theoretischer Entwurf von dieser. Erst in bezug auf die vorgeblich „wirkliche Bewegung" war der Kommunismus drittens auch eine Theorie, und zwar die Theorie zum Verständnis und zur Beschleunigung dieser „Bewegung". In diesem letzteren Sinne konnte Engels dann auch sagen, daß *der Kommunismus ... die Lehre von den Bedingungen der Befreiung des Proletariats* sei[215].

---

[211] MARX, Ökonomisch-philosophische Manuskripte, 536.
[212] Ebd., 546.
[213] MARX/ENGELS, Deutsche Ideologie, 35.
[214] ENGELS, Die Kommunisten und Karl Heinzen (1847), MEW Bd. 4, 321f.
[215] Ders., Grundsätze des Kommunismus (1847), ebd., 363.

c) Karl Marx

Marx und Engels haben ihre politische Theorie entgegen mancher späteren Behauptung selbst nicht als 'wissenschaftlichen Kommunismus' bezeichnet. CARL LUDWIG BERNAYS verwendete allerdings 1847 diesen Terminus, um damit auf Marx anzuspielen. Nach Bernays hatte der *Communismus ... neben seiner höchst unbedeutenden revolutionären, akuten, propagandistischen Bedeutung auch noch eine wissenschaftliche und, mir scheint, nicht ebenso leicht zu erstürmende Position inne. Dieser wissenschaftliche, ernsthafte Communismus ist, soviel ich ihn kenne, von aller Exaltation frei*[216]. MARX und ENGELS sprachen selbst lediglich einmal von *wissenschaftlicheren französischen Kommunisten*, aber nur um diese, nicht um sich selbst von anderen Sozialisten abzuheben[217]. Um sich vom *wahren Sozialismus* wie vom *utopistischen kommunistischen Systeme* abzugrenzen, bezeichnete Marx seinen *Kommunismus* dagegen 1847 als *kritischen Kommunismus*[218]. Wenig später gestand er zwar den von ihm abgelehnten kommunistischen Richtungen zu, daß sie *auch aus kritischen Elementen* bestünden[219]. Es besteht jedoch kein Zweifel, daß er *den deutschen, den kritischen Kommunismus*, in allererster Linie selbst zu vertreten beanspruchte[220]. Marx hat sich nie dazu geäußert, weshalb er den Terminus 'kritischer Kommunismus' dem des 'wissenschaftlichen Kommunismus', der immerhin schon bei Heß angelegt war und 1847 von Bernays benutzt wurde, vorzog. In Anbetracht der bedeutenden Rolle, welche die „Kritik" im Denken des jungen Marx einnahm, spricht jedoch einiges dafür, daß er seinen 'Kommunismus' weniger durch seine Wissenschaftlichkeit als vielmehr durch die besondere Art dieser Wissenschaftlichkeit gekennzeichnet sah. Als 'wissenschaftlich' konnte in seinen Augen jeder Kommunismus gelten, nicht aber als 'wissenschaftlich' im Sinne von 'kritisch'[221].

Im übrigen legten es Marx und Engels weniger darauf an, ihre eigene kommunistische Theorie unter einem positiven Systembegriff zu subsumieren, als vielmehr darauf, konkurrierende kommunistische Richtungen durch negative Begriffsverbindungen zu diskreditieren. Wenn sie apodiktisch von *Handwerkerkommunismus, philosophischem Kommunismus, Systemkommunismus* oder *Kasernenkommunismus* sprachen[222], dann sollte sich in diesen Begriffsverbindungen jeweils

---

[216] Berliner Zeitungs-Halle, Nr. 25, 30. 1. 1847. Vgl. dazu HANS PELGER, Was verstehen Marx/Engels und einige ihrer Zeitgenossen bis 1848 unter „wissenschaftlichem Sozialismus", „wissenschaftlichem Kommunismus" und „revolutionärer Wissenschaft"?, in: Wissenschaftlicher Sozialismus und Arbeiterbewegung. Begriffsgeschichte und Dühring-Rezeption, Schr. aus dem Karl-Marx-Haus 24 (Trier 1980), 13. Ähnlich E[MIL] WELLER, Die Freiheitsbestrebungen der Deutschen im 18. und 19. Jahrhundert, dargestellt in Zeugnissen ihrer Literatur (Leipzig 1847), 281: *Wir hätten somit unsern Überblick ungefähr bis zum Jahre 1835 fortgeführt, wo bekanntlich noch nicht, weder diesseits noch jenseits des Rheins, der Kommunismus als Wissenschaft aufgetreten war.*
[217] MARX/ENGELS, Die heilige Familie, 139.
[218] MARX, Die moralisierende Kritik und die kritisierende Moral (1847), MEW Bd. 4, 358.
[219] MARX/ENGELS, Kommunistisches Manifest (s. Anm. 158), 490.
[220] MARX, Enthüllungen über den Kommunisten-Prozeß zu Köln (1853), MEW Bd. 8 (1960), 468.
[221] Vgl. dazu auch J. GRANDJONC, L'utopie en quête de science. Remarques sur l'utopisme social au XIXe siècle, Cahiers d'Études Germaniques, numéro special (1980), 93 ff.
[222] W. WEITLING an Moses Heß, 31. 3. 1846, abgedr. Bund der Kommunisten, Bd. 1 (s. Anm. 142), 307; ENGELS an Marx, 23. 10. 1846, ebd., 430; Rundschreiben des ersten Kongresses des Bundes der Kommunisten an den Bund, 9. 6. 1847, ebd., 485.

schon ihre Ablehnung der entsprechenden Richtung verdichten. Dahinter stand letztlich der Anspruch, daß sie bestimmen könnten, wer 'Kommunist' sei und wer nicht. So befanden sie z. B. im Mai 1846, daß *die von dem Redakteur Hermann Kriege im „Volks-Tribun" vertretene Tendenz ... nicht kommunistisch sei*[223]. Zutreffend bemerkte dazu WILHELM WEITLING, den der Bannstrahl der Brüsseler kurz zuvor getroffen hatte, jeder wolle *Kommunist sein und einer den andern als Nichtkommunisten hinstellen, sobald er seine Konkurrenz fürchte*[224]. Ganz falsch schätzte dagegen das Londoner *Kommunistische Korrespondenzkomitee* die Absichten der Brüsseler ein, als es den Plan eines *kommunistischen Kongresses* begrüßte, weil es sich davon eine harmonische Beilegung aller Differenzen unter den Kommunisten versprach. *Nicht alle sind große Nationalökonomen wie Ihr*, schrieben die Londoner an die Brüsseler, *verlangt daher auch nicht, daß alle den Kommunismus auffassen sollen, wie Ihr es tut*. Aber eben dies ließ die *verdammte Gelehrten-Arroganz* der Brüsseler nicht zu[225]. Marx und Engels legten es im Bewußtsein ihrer intellektuellen Überlegenheit gerade darauf an, ihren Begriff von 'Kommunismus' kompromißlos durchzusetzen. Herablassend sprach ENGELS von *soit-disant kommunistischen Schriftstellern* oder *soit-disant Kommunisten*, wenn es jemand wagte, sich ohne seine Billigung als 'Kommunist' zu bezeichnen[226]. Wer wie KARL HEINZEN danach fragte, von wem Marx und Engels *ein kommunistisches Monopol erteilt* worden sei und woher sie die *Prätension* nähmen, *nur die als Kommunisten anerkennen zu wollen, die im Oktober 1847 zu Brüssel den Stempel der Echtheit empfangen haben*, wurde mit einer Schärfe zurechtgewiesen, die angesichts der intellektuellen Schmalbrüstigkeit des Kritikers erstaunen mußte[227]. Erklärlich ist der polemische Aufwand gegenüber Heinzen nur mit der Entschlossenheit von Marx und Engels, sich das alleinige Verfügungsrecht über den Kommunismusbegriff zu sichern.

8. Der „Bund der Kommunisten" und das „Manifest der Kommunistischen Partei"

Der Monopolanspruch auf den Kommunismusbegriff wurde von Marx und Engels spätestens in dem Augenblick erhoben, in dem sie sich dem „Bund der Gerechten" zuwandten. Der Eintritt in diesen Geheimbund deutscher Handwerker wurde von ihnen im Frühjahr 1847 vollzogen, weil sie, wie ENGELS es später formulierte, *Fühlung mit dem organisierten Proletariat* suchten[228]. Es scheint so, als ob schon die

---

[223] Zirkular des Kommunistischen Korrespondenzkomitees in Brüssel gegen den „Volks-Tribun", hg. v. Hermann Kriege (11. 5. 1846), abgedr. Bund der Kommunisten, Bd. 1, 322.
[224] W. WEITLING an Hermann Kriege, 16. 5. 1846, zit. HESS, Philos. u. sozialistische Schr., 481, Anm. 188.
[225] Schreiben des Kommunistischen Korrespondenzkomitees in London an das Kommunistische Korrespondenzkomitee in Brüssel, 17. 7. 1846, abgedr. Bund der Kommunisten, Bd. 1, 379f.
[226] ENGELS, Der Status quo in Deutschland (1847), MEW Bd. 4, 40; ders., Die wahren Sozialisten (1847), ebd., 251.
[227] K. HEINZEN, Die Helden des teutschen Kommunismus. Dem Herrn Karl Marx gewidmet (Bern 1848), 51f. Vgl. zur Kontroverse mit Heinzen ferner: K. HEINZEN, Gegen die Kommunisten, in: ders., Die Opposition (s. Anm. 132), 42ff.; ENGELS, Die Kommunisten und Karl Heinzen (s. Anm. 214), 309ff.; MARX, Moralisierende Kritik (s. Anm. 218), 331ff.
[228] ENGELS, Zur Geschichte des Bundes der Kommunisten (1885), MEW Bd. 21 (1962), 212.

III. 8. „Bund der Kommunisten" und „Manifest"   Kommunismus

Umbenennung des Geheimbundes von „Bund der Gerechten" in „Bund der Kommunisten", die auf dem Bundeskongreß vom Juni 1847 in London erfolgte, unter dem Einfluß von Friedrich Engels vollzogen wurde. Die Umbenennung wurde von den älteren Bundesführern jedoch noch ganz in der Tradition des chiliastischen Systemkommunismus begründet. Der alte Name wurde von diesen deshalb als *nicht mehr zeitgemäß* angesehen, weil man für *Gerechtigkeit* sein konnte, ohne *Kommunist* zu sein. *Wir aber*, schrieb die Bundesführung an die Mitglieder, *zeichnen uns nicht dadurch aus, daß wir Gerechtigkeit überhaupt wollen, was jeder von sich behaupten kann, sondern dadurch, daß wir die bestehende Gesellschaftsordnung und das Privateigentum angreifen, dadurch, daß wir die Gütergemeinschaft wollen, dadurch, daß wir Communisten sind*[229]. Schon diese Erklärung stieß innerhalb des Bundes auf Widerstand, so daß die Bundesführung die *Beibehaltung des Namens B(und) d(er) K(ommunisten)* verteidigen mußte[230]. Vor allem wurde kritisiert, daß die Anhänger sowohl Weitlings wie Karl Grüns aus dem Bund ausgeschlossen worden waren. Einige der Ausgeschlossenen Weitlingianer erklärten bezeichnenderweise, *sie seien die ächten Kommunisten*[231]. Bis zum zweiten Kongreß, der Anfang Dezember 1847 in London stattfand, war der Einfluß von Marx und Engels auf den „Bund der Kommunisten" somit noch keineswegs gesichert. Der deutsche Geheimbund verstand sich als ‚kommunistisch', aber die damit verbundenen Bedeutungsinhalte waren umstritten. Erst auf dem zweiten Londoner Bundeskongreß gelang es Marx und Engels, ihren kommunistischen Führungsanspruch durchzusetzen. Sie wurden mit der Abfassung eines programmatischen Textes beauftragt, der dann im Februar 1848 als *Manifest der Kommunistischen Partei* veröffentlicht wurde[232].

Das „Kommunistische Manifest" wiederholt die Auffassungen von Marx und Engels über den historischen Bewegungscharakter des ‚Kommunismus'. Dieser bleibt Ausdruck *tatsächlicher Verhältnisse eines existierenden Klassenkampfes, einer unter unsern Augen vor sich gehenden geschichtlichen Bewegung*[233]. Er entspringt nach der Auffassung von Marx und Engels der *geschichtlichen Selbsttätigkeit (des Proletariats)* und der diesem *eigentümlichen politischen Bewegung*[234].

Einer besonderen Organisation von Kommunisten bedurfte es unter diesen Umständen zur Herbeiführung des Kommunismus eigentlich nicht, das Proletariat selbst sollte ihn mit historischer Notwendigkeit aus sich hervortreiben. Die Kommunisten konnten als „Partei" daher auch nur eine Art Gesinnungsgemeinschaft der höheren Einsicht darstellen. Ihre politische Legitimation ergab sich allein aus ihrem Bewußtsein, nicht aus ihrer realen Existenz innerhalb des Proletariats:

---

[229] Bericht über den vom 2. bis 9. Juni 1847 in London abgehaltenen ersten Kongreß des Bundes der Kommunisten, abgedr. Gründungsdokumente des Bundes der Kommunisten (Juni bis September 1847), hg. v. Bert Andréas (Hamburg 1969), 38f.
[230] Erster Vierteljahresbericht der Bundesleitung (September 1847), ebd., 68.
[231] Ebd., 73.
[232] Vgl. dazu B. Andréas, Le Manifeste Communiste de Marx et Engels. Histoire et Bibliographie 1848—1918 (Mailand 1963). Der Name „Kommunistisches Manifest" stammt von Engels. Vgl. Engels an Marx, 23./24. 11. 1847, MEW Bd. 27, 107: *Überleg Dir doch das Glaubensbekenntnis etwas. Ich glaube, wir tun am besten, wir lassen die Katechismusform weg und titulieren das Ding: Kommunistisches Manifest.*
[233] Marx/Engels, Kommunistisches Manifest, 475.
[234] Ebd., 490.

Die Kommunisten sind also praktisch der entschiedenste, immer weiter treibende Teil der Arbeiterparteien aller Länder; sie haben theoretisch vor der übrigen Masse des Proletariats die Einsicht in die Bedingungen, den Gang und die allgemeinen Resultate der proletarischen Bewegung voraus[235]. Es überrascht nicht, daß Marx den konkreten Organisationsbedürfnissen des „Bundes der Kommunisten" unter diesen Umständen wenig Interesse entgegenbrachte. Als der Ausbruch der Revolution von 1848 ihm in Deutschland eine öffentliche Propagandatätigkeit für den Kommunismus ermöglichte, löste er den Bund wahrscheinlich sogar auf[236]. Die aktuellen *Forderungen der Kommunistischen Partei in Deutschland* vom März 1848 waren die letzte Erklärung, in der er in der Revolution die Kommunisten öffentlich apostrophierte[237].

IV. 'Kommunismus' von 1848/49 bis zur deutschen Reichsgründung

1. Kommunisten und Kommunistenfurcht in der Revolution von 1848/49

Abgesehen von einigen Einzelgängern[238], wurde der Kommunismusbegriff 1848/49 in der Öffentlichkeit allenfalls von kirchlicher Seite reklamiert. Dies geschah selbstverständlich nicht, weil man sich für die Programme der modernen Kommunisten begeistert hätte, sondern weil man gegenüber diesen gewissermaßen ein Erstgeburtsrecht beanspruchen zu können glaubte. So befand das „Allgemeine Kirchenlexicon" von Joseph Aschbach schon 1847, daß *der Communismus ... in seinem, von ihm selber freilich verhöhnten Grundgedanken ungleich christlicher als der Liberalismus* sei, *der mit allen Waffen des Egoismus wider ihn zu Felde* ziehe: *Es ist nämlich durchaus wahr, daß alle Menschen ein gleiches Anrecht auf die Güter der Erde besitzen und daß, unbeschadet des Rechtes, das dem wohlerworbenen Eigentum zur Seite steht, die vorhandene Not vermöge der göttlichen Ordnung von der Gesellschaft als eine sie angehende betrachtet und gemildert werden muß*[239]. Das Lexikon distanzierte sich von *Repräsentanten der Jetztzeit*, welche den *Communismus* durch ihre *Lossagung vom Christentume* zu einem *scheußlichen Zerrbild* gemacht hätten, aber es plädierte für einen *Communismus*, der auf der Grundlage einer christlichen Soziallehre eine Milderung bestehender Gegensätze zwischen Arm und Reich bewirken sollte[240]. Von anderen Autoren wurde in der Revolutionszeit im gleichen Sinne der *wirkliche, weil christliche Communismus* von den *heutigen Gütergemeinschäftlern (Communisten)* abgehoben[241].

---

[235] Ebd., 474.
[236] Vgl. W. Scheider, Art. Bund der Kommunisten, SDG Bd. 1 (1968), 900ff.
[237] Marx, Forderungen der Kommunistischen Partei in Deutschland (1848), MEW Bd. 5 (1959), 3ff.
[238] Vgl. z. B. die im Selbstverlag erschienene Schrift des Kölner Katasterarbeiters Heinrich Hölscher, Der Communismus als Ziel der Zeitbestrebungen. Ein vollständiger Umriß über die Wesenheit der Gleichheitslehre und über ihre zukünftige Bedeutung (Köln 1849) sowie die ähnlich schwärmerische Broschüre von Rudolph Thimm, Der Communismus kein Schreckgespenst — sondern: die Quelle irdischer Glückseligkeit (Leipzig 1848).
[239] Aschbach Bd. 2 (1847), 154, Art. Communismus.   [240] Ebd., 156.
[241] Heinrich Merz, Armuth und Christenthum. Bilder und Winke zum christlichen Communismus und Socialismus (Stuttgart, Tübingen 1849), 10; ebenso Friedrich Armknecht, Der Communismus nach seinem Ursprung, Wesen und einzig untrüglichen Heilmittel geschildert (Celle 1848), 12.

IV. 1. Revolution 1848/49

Am entschiedensten trennte 1849 WILHELM EMMANUEL VON KETTELER den *falschen Communismus* von einem *wahren Communismus*. Dieser letztere bestand für ihn in der sozialen Verpflichtung des einzelnen, *die Früchte seines Eigentums wieder zum Gemeingute zu machen*[242]. Die individuellen Eigentumsrechte wurden damit nach der Kommunismusvorstellung Kettelers nicht angetastet, jedoch plädierte er für einen freiwilligen Eigentumsverzicht.

Kettelers Versuch einer positiven Anverwandlung des 'Kommunismus' konnte sich freilich innerhalb des Katholizismus nicht durchsetzen. Dafür sorgte schon die Haltung PIUS IX., der den *Comunismo* erstmals schon 1846 in der Enzyklika „Qui pluribus" verurteilte und diese Verdammung 1849 in den Enzykliken „Quibus quantisque" und „Nostris et nobiscum" wiederholte[243]. Ketteler hat den Kommunismusbegriff später bezeichnenderweise auch nicht wieder verwendet[244]. Die Aufnahme von 'Communismus' in den Irrtumskatalog des „Syllabus" von 1864, wo er in der bemerkenswerten Nachbarschaft von *Socialismus, Communismus, Societates clandestinae, Societates biblicae, Societates clerico-liberales* figurierte, machte solchen Versuchen ohnehin ein Ende[245].

Auch wenn in den Revolutionsjahren sonst niemand den 'Kommunismus' öffentlich propagierte, hieß das nicht, daß der Begriff nicht bekannt und zumindest latent in der Diskussion gewesen wäre. Wichtig war allein schon, daß er Eingang in die großen enzyklopädischen Lexika gefunden hatte[246]. *Vor kaum zehn Jahren noch war der Communismus nur ein leeres Wort*, stellte 1848 ein Beobachter fest, *selbst Rotteck und Welcker erwähnen seiner nicht in ihrem Staatslexicon ...; heute finden wir seiner selbst in der zweiten Familienbibel Deutschlands, dem ehrwürdigen Brockhausischen Conversationslexicon erwähnt*[247]. Wer mit dem Wort 'Kommunismus' nichts anzufangen wußte, konnte sich also 1848 durch einen Blick in die Lexika einen Begriff von dessen Inhalt machen. Das Ergebnis dieser Information mußte zwiespältig sein: einerseits versicherten die Lexika, daß der Kommunismus im Augenblick keine Gefahr darstelle, andererseits teilten sie mit, daß das Prinzip des Kommunis-

---

[242] WILHELM EMMANUEL FRH. V. KETTELER, Die großen socialen Fragen der Gegenwart. Sechs Predigten gehalten im Hohen Dom zu Mainz (1848), SW u. Br., hg. v. Erwin Iserloh, 1. Abt., Bd. 1: Schr., Aufs. u. Reden 1848—1866 (Mainz 1977), 30.

[243] Vgl. HEINRICH DENZINGER, Enchiridion symbolorum et definitionum (Würzburg 1900), 878 u. für 1849 EMIL MUHLER, Die Soziallehre der Päpste (München 1958), 299f.

[244] In seiner Nachfolge wurde lediglich noch einmal von LEO REDNER, Ueber den falschen und wahren Communismus. Vier Vorträge gehalten im St. Vinzenz-Verein zu Danzig (Danzig 1854), 5 zwischen *heidnischem* und *christlichem*, *falschem* und *wahrem* ... *Communismus* unterschieden.

[245] Vgl. HELMUT SCHNATZ, Päpstliche Verlautbarungen zu Staat und Gesellschaft (Darmstadt 1973), 28.

[246] Vgl. PIERER 2. Aufl., Bd. 7 (1841), 206, Art. Communisten; BROCKHAUS 9. Aufl., Bd. 3 (1843), 580ff., Art. Communismus; Allgemeines deutsches Volks-Conversations-Lexicon und Fremdwörterbuch, Bd. 2 (Hamburg 1846), 266ff., Art. Communismus; SCHULZ, Art. Communismus (s. Anm. 140), 290ff.; L. v. STEIN, Art. Der Socialismus und Communismus in Frankreich, BROCKHAUS, Gegenwart, Bd. 1 (1848), 314ff.

[247] GUSTAV SCHEIDTMANN, Der Communismus und das Proletariat. Zum Besten nothleidender Armen (Leipzig 1848), 9.

mus die größtmögliche Kampfansage an die bestehende Gesellschaft enthalte. Die Lexika verstärkten daher trotz gegenteiliger Absicht, ähnlich wie eine in die gleiche Richtung gehende Broschürenliteratur, die vage Furcht vor dem Kommunismus[248].

Dies wird besonders deutlich, wenn man den politischen Alltagsgebrauch des Kommunismusbegriffs untersucht, also auf solche Gelegenheiten achtet, bei denen der Begriff in der Revolutionszeit eher beiläufig verwendet worden ist, ohne daß die Sache selbst im Zentrum des Interesses stand. So trat der rheinische Liberale CAMPHAUSEN im Februar 1848 auf dem Vereinigten Landtag für die Zulassung von *communistischen Associationen in den Städten und Gemeinden der Monarchie* ein, weil dies *das wirksamste Mittel gegen den Communismus* sei. *Das Wahnsinnige, welches in der Lehre liegt*, könnte *durch die freie Erörterung* am besten bekämpft werden[249]. Genau die gegenteilige Ansicht vertrat in der Frankfurter Nationalversammlung der alte LUDWIG JAHN. Er brachte am 25. August die Anfrage ein, *ob die Reichsgewalt keine entscheidenden Schritte gegen das wühlerische Treiben der communistischen Vereine der sogenannten Radical-Democraten* ergreifen wolle. Damit erntete er die Heiterkeit des Hauses, aber offensichtlich nur deshalb, weil die demokratischen Vereine von ihm als 'communistisch' bezeichnet worden waren. In der negativen Einschätzung des Kommunismus war man sich dagegen in der Nationalversammlung durchaus einig[250]. Ein gemäßigter Liberaler wie GEORG FRIEDRICH KOLB etwa stellte bei anderer Gelegenheit ausdrücklich fest, daß trotz *aller entschiedenen Freiheitsliebe des Volkes solche Auswüchse wie der Communismus keinen Anklang finden*[251]. Es verwundert deshalb nicht, daß in der Nationalversammlung immer dann das Stichwort 'Kommunismus' fiel, wenn es um individuelle Eigentumsrechte ging.

So wandte sich der Hannoveraner Abgeordnete HEINRICH AHRENS gegen die entschädigungslose Übertragung der Flußzölle an die Reichsregierung. Unter Verweis auf Proudhons Parole „Das Eigentum ist ein Diebstahl" erklärte er, daß man, ließe man das zu, der Reichsgewalt auch das Recht geben müsse, *die Domänen, Bergwerke etc. zu konfiszieren, und einen allgemeinen Reichscommunismus einzuführen*. Der Chemnitzer Fabrikant EISENSTUCK bezeichnete sich daraufhin spontan als *Reichscommunist*, um damit für die völlige Aufhebung aller Wasserabgaben zu plädieren[252].

Ein weiterer Anlaß, einen allgemeinen Kommunismusverdacht zu äußern, bot die Debatte über das Niederlassungsrecht, weil hierbei das Gemeindeeigentum in Frage stand. Der Danziger Abgeordnete OSTERRATH erklärte in diesem Zusammenhang

---

[248] Vgl. z. B. KARL ARNDT, Die naturgemäße Vertheilung der Güter gegenüber dem Communismus und der Organisation der Arbeit des Louis Blanc (Frankfurt 1848); MANFRED EIMER, Der heutige Socialismus und seine principielle Verdorbenheit (Freiburg 1848), 29, wo der auch später häufig verwendete Begriff der *socialcommunistischen Umgestaltungen* verwendet wird; FERDINAND FISCHER, Republik und Socialismus oder Blicke auf Preußens Zustände (Hamburg 1848), 186, wo *Communismus* im Unterschied zu *Socialismus* mit *Untergang* gleichgesetzt wird.

[249] LUDOLF CAMPHAUSEN, Rede v. 8. 2. 1848, 15. Sitzung des vereinigten ständischen Ausschusses, zit. Triersche Zeitung, Nr. 54, 23. 2. 1848.

[250] Sten. Ber. dt. Nationalvers., Bd. 3 (1848), 1719.

[251] Ebd., Bd. 2 (1848), 855.   [252] Ebd., Bd. 5 (1848), 3345.

sowohl das Eigentum der Privaten als auch der Gemeinden für unantastbar. Wenn jeder, der sich in einer Gemeinde niederließe, *dadurch Teil an deren Vermögen erhielte, so würde dieses ein Eingriff sein in das Gemeindeeigentum, ein Communismus der gefährlichsten Art*[253]. Osterrath sprach, ohne davon zu wissen, in einem Zusammenhang von 'Kommunismus', der im 18. Jahrhundert aktuell gewesen war[254]. Nicht der Anteil am Gemeindeeigentum war freilich für ihn 'Kommunismus', sondern die Umverteilung desselben[255].

Aus dem gleichen Grund wurde schließlich mehrfach ein Kommunismusverdacht geäußert, als die Nationalversammlung über die entschädigungslose Aufhebung der Feudallasten diskutierte. Gegen die entsprechenden Anträge Schlöffels und Trützschlers beschwor der konservative Abgeordnete PLATHNER am 4. Oktober 1848 die Unantastbarkeit des Privateigentums: *Mit dem Augenblicke, in welchem wir dekretieren, das Privateigentum sei ohne Entschädigung aufgehoben, mit demselben dekretieren wir auch die Revolution des Communismus*[256]. Auch ROBERT HAYM befürchtete, daß die Anträge der Linken die *mehr oder minder verhüllten Anfänge eines Communismus enthielten, der die Gesellschaft zerstört, weil er das Eigentum, die Grundbedingung selbst der natürlichsten Selbständigkeit,* aufhebe[257]. Schon früher hatte auch das sog. „Junkerparlament" in Berlin am 19. August 1848 in einer Adresse an den preußischen König dieselben Argumente vorgebracht. Die von der preußischen Regierung angekündigte Aufhebung der noch bestehenden Feudallasten bedeutete in den Augen der preußischen Großgrundbesitzer, *daß unser gemeinsames großes Vaterland alsdann schonungslos der Anarchie sowie allen sozialen Umwälzungen und kommunistischen Gelüsten preisgegeben wird*[258]. Die junkerliche Adelsfronde konnte sicher sein, bei der hochkonservativen Kamarilla auf Resonanz zu stoßen, die bekanntlich im Verlauf der Revolution mehr und mehr auf König Friedrich Wilhelm IV. Einfluß gewann. LEOPOLD VON GERLACH hielt 1848 schon die preußischen Agrarreformen aus der Zeit Steins und Hardenbergs für *communistisch revolutionirt,* weil sie *die Achtung vor dem Eigentum* gemindert hätten. Erst recht lehnte er die sozialreformerischen Denkschriften von Radowitz ab, die dieser im

---

[253] Ebd., Bd. 2, 863.
[254] Vgl. o. Abschn. III. 2. S. 474ff.
[255] Ähnlich CARL LUDWIG v. HALLER, Die wahren Ursachen und die einzig wirksamen Abhülfsmittel der allgemeinen Verarmung und Verdienstlosigkeit (Schaffhausen 1850), 31, wo *die Verteilung der Allmenden* als *ächt kommunistische Konfiskation* bezeichnet wird.
[256] Sten. Ber. dt. Nationalvers., Bd. 4 (1848), 2420.
[257] ROBERT HAYM, Die deutsche Nationalversammlung bis zu den Septemberereignissen. Ein Bericht aus der Partei des rechten Centrum (Frankfurt 1848), 65f.
[258] Adresse gegen die Aufhebung bäuerlicher Lasten und Abgaben, 19. 8. 1848, abgedr. GERHARD BECKER, Die Beschlüsse des preußischen Junkerparlaments von 1848, Zs. f. Geschichtswiss. 24/2 (1976), 914. Vgl. auch die Rede von ERNST v. BÜLOW-CUMMEROW v. 18. 8. 1848, in der es u. a. heißt: *Endlich steht es ... faktisch fest, daß die Ratgeber der Krone, welchen die Aufgabe geworden war, sich über die Verfassung mit den Vertretern des Volkes zu einigen, zum Teil auf die kommunistischen Ideen der radikalen Partei eingegangen sind und, statt das Eigentum durch ein Staatsgrundgesetz zu schützen, es den Angriffen preisgeben zu wollen scheinen,* abgedr. Vormärz und Revolution 1840—1849, hg. v. HANS FENSKE (Darmstadt 1976), 333.

Frühjahr 1848 dem preußischen König vorgelegt hatte. Die vorgeschlagene Progressivsteuer nannte er bezeichnenderweise *communistisch*[259].

Sobald also in irgendeiner Form Eingriffe in die historisch überkommene Eigentumsordnung zur Debatte standen, wurde 1848 von den Verteidigern des status quo die Vorstellung des 'Kommunismus' assoziiert. Der Begriff wurde dabei so gut wie nie näher erläutert. Die schlagwortartige Verwendung reichte aus, einen politischen Gegner in der öffentlichen Diskussion zu diskreditieren. Die Furcht, unter Kommunismusverdacht zu geraten, war in der Revolutionszeit sogar schon so groß, daß mancher sich vorsorglich dagegen verteidigte. Der zur parlamentarischen Linken gehörende Abgeordnete NAUWERCK etwa glaubte in der Frankfurter Nationalversammlung vorweg versichern zu müssen, daß sein Antrag auf *ein Recht auf den Unterhalt ... nichts Communistisches* enthalte[260]. Offenbacher Arbeiter wandten sich im April 1848 mit einer öffentlichen „Verwahrung" an das deutsche Volk, in der sie erklärten, daß sie *keine Kommunisten* seien und *keinen Krieg gegen die Reichen und das Eigentum* wollten[261]. Und der Bonner „Demokratische Verein" schließlich ließ im Juli 1848 öffentlich erklären, daß *kein Redner im demokratischen Vereine für den Communismus gesprochen, wohl aber hielten es mehrere aus dem Grunde für überflüssig, gegen den Communismus eine Verwahrung auszusprechen, weil man, da derselbe noch ein Problem ist, sich keinen bestimmten Begriff von ihm machen könne*[262].

2. 'Kommunismus' im Konzept der Gegenrevolution

Es kann angesichts der in der Revolutionszeit vorherrschenden antikommunistischen Stimmungslage nicht überraschen, daß die Kommunistenfurcht auch eine Rolle im Kalkül der Gegenrevolution spielte. Anlaß dazu bot sich, als die sächsische Polizei im Frühjahr 1851 dem „Bund der Kommunisten" auf die Spur kam. Der vorrevolutionäre Geheimbund war nach der gescheiterten Revolution wieder reorganisiert worden. In der im wesentlichen von MARX verfaßten „Ansprache der Zentralbehörde an den Bund" war den Mitgliedern im März 1850 ein Aktionsprogramm an die Hand gegeben worden, dem im Dezember desselben Jahres nach einer internen Spaltung des Bundes der Entwurf von „Statuten des Kommunistischen Bundes" folgte[263].

Diese Texte lassen dreierlei erkennen: erstens geht daraus hervor, daß es in Deutschland trotz der allgemeinen Einschüchterungskampagne gegen den Kommunismus wieder Kommunisten gab. Diese Kommunisten vertraten zweitens offensiv das Pro-

---

[259] LEOPOLD V. GERLACH, Denkwürdigkeiten, hg. v. seiner Tochter, Bd. 1 (Berlin 1891), 165. 153.

[260] Sten. Ber. dt. Nationalvers., Bd. 7 (1849), 5106.

[261] Verwahrung der deutschen Arbeiter an das deutsche Volk (Offenbach 8. 4. 1848), abgedr. KARL OBERMANN, Flugblätter der Revolution. Eine Flugblattsammlung zur Geschichte der Revolution von 1848/49 in Deutschland (Berlin 1970), 198.

[262] Zit. DIETER DOWE, Aktion und Organisation. Arbeiterbewegung, sozialistische und kommunistische Bewegung in der preußischen Rheinprovinz 1820—1852 (Hannover 1970), 170.

[263] MARX, Ansprache der Zentralbehörde an den Bund vom März 1850, MEW Bd. 7 (1960), 244ff.; ders., Statuten des Kommunistischen Bundes (1850), ebd., 565ff.

gramm einer *kommunistischen Revolution*[264], das sie stufenweise verwirklichen wollten. *Im Anfange der Bewegung* sollten *noch keine direkt kommunistischen Maßregeln* vorgeschlagen werden, auf die Dauer waren diese jedoch anzuwenden im Rahmen einer Strategie der *Revolution in Permanenz*[265]. Schließlich sollten die Kommunisten *eine selbständige geheime und öffentliche Organisation der Arbeiterpartei* aufbauen und *jede Gemeinde zum Mittelpunkt und Kern von Arbeitervereinen* machen[266]. Marx zog damit die Konsequenzen aus den für ihn negativen Erfahrungen der Revolution von 1848/49, in der er auf einen organisatorischen Zusammenschluß der Kommunisten verzichtet hatte. Um deutlicher als zuvor als Protagonisten der proletarischen Bewegung in Erscheinung treten zu können, sollten sich die Kommunisten jetzt als eine eigenständige Arbeiterpartei konstituieren. An die Stelle der diffusen Gesinnungspartei sollte die organisierte Mitgliederpartei treten.

Aus der Sicht des gegenrevolutionären Staates war vor allem die intendierte Unterwanderung der politischen Vereinsbewegung der Arbeiter beunruhigend. Die Enthüllung dieser Absichten bot aber auch die Möglichkeit, die aus der Revolution hervorgegangene Arbeiterbewegung insgesamt in Mißkredit zu bringen. Organisiert von einem „Polizeiverein" preußischer, österreichischer, sächsischer und hannoveraner Polizeibeamter, ging 1851 eine regelrechte Kommunistenverfolgung durch die Staaten des Deutschen Bundes[267]. Man kam, wie eine liberale württembergische Zeitung schrieb, *wieder auf seinen kommunistischen Popanz zurück*, um die oppositionelle Bewegung einzuschüchtern[268]. Vergeblich beteuerte ein Führer der „Arbeiter-Verbrüderung", daß *der Arbeiterstand* nicht *den Grundsätzen eines wahnsinnigen Kommunismus, der gleiche Verteilung des Eigentums bezwecke, huldige*[269]. Für die Polizei waren die Arbeiterführer *moderne Volksbeglücker und Prediger des Kommunismus*[270]. Höhepunkt dieser Kampagne war der Schauprozeß, der im Oktober 1852 in Köln gegen die verhafteten Mitglieder des Kommunistenbundes inszeniert wurde. Dem weitgehend einflußlosen Geheimbund wurde in diesem Prozeß eine Bedeutung zugemessen, die weit über seine tatsächliche Verbreitung hinausging. Die Anklage geriet im Verlaufe des Prozesses mit ihrer Verschwörungstheorie *von einem kommunistischen Komplotte* in erhebliche Beweisnot, nicht zuletzt auch deshalb, weil Marx die Verteidigung von London aus erfolgreich mit Material unterstützte[271]. Dennoch wurde mit der Verurteilung der Kölner Angeklagten insofern der erwünschte abschreckende Zweck erreicht, als ein Eintreten für den Kommunismus

---

[264] Ders., Statuten, 565.
[265] Ders., Ansprache der Zentralbehörde, 253 f.
[266] Ebd., 248 f.
[267] Vgl. BALSER, Sozial-Demokratie (s. Anm. 156), 226 ff.
[268] Der Beobachter (Stuttgart), Nr. 165, 15. 7. 1851, zit. ebd., 231.
[269] FERDINAND BRAUN, Auch ein Votum. Abgegeben im Namen des Arbeiterstandes, Der Beobachter (Stuttgart), Nr. 61, 12. 3. 1850, zit. ebd., 410.
[270] EBERHARDT, Bericht „Bemerkungen mehrer zu Wurzen, Leipzig und Freiberg in Beschlag genommenen Papiere der Arbeitervereine", 13. 5. 1850, zit. ebd., 284.
[271] Zitat aus der Anklagerede des Staatsanwalts vom 6. 10. 1852, zit. Der Kommunistenprozeß zu Köln 1852 im Spiegel der zeitgenössischen Presse, hg. v. KARL BITTEL (Berlin 1955), 50.

nunmehr als Kriminalverbrechen verfolgt werden konnte. Dieser Effekt wurde noch dadurch verstärkt, daß den preußischen Polizeibeamten WERMUTH und STIEBER, welche das Material für den Kölner Kommunistenprozeß gesammelt hatten, gestattet wurde, ihre durchaus zweifelhaften Erkenntnisse für den Polizeigebrauch in einem Buch mit dem bezeichnenden Titel „Die Communisten-Verschwörungen des neunzehnten Jahrhunderts" zusammenzufassen[272]. Auch die, allerdings kaum verbreitete, Gegenschrift von KARL MARX „Enthüllungen über den Kommunisten-Prozeß zu Köln" konnte an dieser Entwicklung nichts ändern, weil Marx zwar daran gelegen war, den hochverräterischen Charakter des „Bundes der Kommunisten" zu widerlegen, er aber keineswegs dessen revolutionäre Perspektive als *Oppositionspartei der Zukunft* bestreiten wollte[273]. Als 1854 noch bestehende Arbeitervereine durch Bundesbeschluß verboten wurden, geschah dies unter ausdrücklichem Hinweis auf deren *politische, socialistische und communistische Zwecke*[274]. Es konnte daher keine Rede davon sein, daß *der deutsche Kommunismus*, wie FRIEDRICH ENGELS meinte, im Kölner Prozeß *sein Abiturientenexamen abgelegt* habe[275]. Vielmehr wurde der Kommunismus dadurch in Deutschland so gründlich diskreditiert, daß auch der Begriff für lange Zeit weitgehend außer Gebrauch kam. Die Begriffsgeschichte liefert hier ein Beispiel für die erzwungene Tabuisierung eines Begriffs.

Von liberalen und demokratischen Gruppierungen innerhalb des Bürgertums bis hin zu kirchlichen und konservativen Kreisen bestand in der zweiten Jahrhunderthälfte eine breite Front der Ablehnung gegenüber dem Kommunismus. Diese spiegelt sich in der Berichterstattung der großen Enzyklopädien ebenso wider wie in den Darstellungen der nicht sehr zahlreichen Autoren, die sich mit dem Phänomen befaßten. Da war in den Enzyklopädien unter dem Stichwort 'Communismus' von *Opposition gegen den wesentlichen Inhalt des gegenwärtigen Privatrechts, namentlich gegen den Begriff des Privateigentums und somit gegen die Basis der europäischen Gesellschaft selbst*[276], vom *Versuch, die Gütergemeinschaft durch gewaltsame Teilung herzustellen* als einem *Raub im Großen*[277] oder vom *Chaos einer uniformen Menschenwirtschaft* die Rede[278]. In dem auch in Deutschland viel gelesenen, 1882 schließlich auch aus dem Französischen übersetzten Buch von ALFRED SUDRE hieß es, daß *der Communismus ... seinem Grund und Wesen nach nur Negation, Prinzip der Zerstörung* sei[279]. HEINRICH CONTZEN sprach davon, daß *Haß gegen die besitzende Klasse ... die Losung des destruktiven Communismus der Neuzeit* sei[280]. Die Histo-

---

[272] s. o. Anm. 144.
[273] MARX, Kommunisten-Prozeß (s. Anm. 220), 461.
[274] Maßregeln zur Aufrechterhaltung der gesetzlichen Ordnung und Ruhe im Deutschen Bunde, insbesondere das Vereinswesen betreffend, Beschluß der Deutschen Bundesversammlung v. 13. 7. 1854, zit. BALSER, Sozial-Demokratie, 598.
[275] ENGELS an Joseph Weydemeyer, 12. 4. 1853, MEW Bd. 28 (1963), 580.
[276] BROCKHAUS 10. Aufl., Bd. 4 (1852), 328, Art. Communismus.
[277] HERDER Bd. 2 (1854), 176, Art. Communismus.
[278] WAGENER Bd. 5 (1861), 485, Art. Communismus; HEYSE 15. Aufl., Bd. 1 (1873), 191, Art. Communismus.
[279] ALFRED SUDRE, Geschichte des Communismus oder historische Widerlegung der socialistischen Utopien, dt. nach d. 5. Aufl. v. OSCAR FRIEDRICH (Berlin 1882), 342.
[280] HEINRICH CONTZEN, Über die sociale Bewegung der Gegenwart (Zürich 1876), 61.

riker HEINRICH VON SYBEL und LUDWIG HÄUSSER schließlich, um zwei Beispiele einer eher beiläufigen Begriffsverwendung anzuführen, sprachen im Zusammenhang ihrer Darstellungen der Französischen Revolution von 'Kommunismus'. In beiden Fällen ging es um Robespierre. Für Häusser war der *Communismus* die Art und Weise, in der sich Robespierre *das Recht auf fremdes Eigentum theoretisch zurechtlegte*[281]. Und Sybel schrieb dazu: *Der Kommunismus ist vorhanden, wo der Staat über die innerhalb seiner Grenzen befindlichen Güter ohne Rücksicht auf individuelles Recht verfügen darf, und diese Befugnis hatten Robespierre und die Seinen in vollstem Maße, wenn auch in verdeckten und tumultuarischen Formen ausgeübt*[282].

Alle diese zeitgenössischen Äußerungen lassen erkennen, daß der Kommunismusbegriff in Deutschland seit den fünfziger Jahren des 19. Jahrhunderts einen rein pejorativen Bedeutungsinhalt hatte. Der Kommunismus wurde abgelehnt, weil man damit die Vorstellung einer vollständigen Abschaffung des individuellen Eigentums und dessen Ersetzung durch ein kollektives Gemeineigentum verband.

Trotz solcher Übereinstimmung gab es in der Ablehnungsfront gegenüber dem Kommunismus jedoch auch Unterschiede. Sie ergaben sich vor allem dann, wenn nach den Gründen für die Entstehung des Kommunismus gefragt wurde. Der Kommunismusbegriff wurde hierbei zur Waffe im politischen Tageskampf der Nichtkommunisten untereinander. Für einen altständischen Konservativen wie JOSEPH VON RADOWITZ war der *Communismus die logische Folge aus den Vordersätzen des modernen absoluten Staates*[283]. Aus der Sicht des bürgerlichen Liberalismus kam GUSTAV DIEZEL 1852 ebenfalls zu dem Schluß, daß der *Communismus ... durchaus nichts andres als die notwendige, unvermeidliche Konsequenz des absoluten Staatsprinzips sei*[284]. *Ein weiteres communistisches Element* sei *im absolutistischen Staat* nach seiner Ansicht die *Bildung einer ausschließlich vom Staat lebenden Menschenklasse, eines förmlichen Beamtenstandes*[285]. Er stimmte darin interessanterweise mit JOHANN GUSTAV DROYSEN überein, der schon ein Jahr zuvor die Beamten der Reaktionszeit als *Communisten der conservativen Interessen* bezeichnet hatte[286]. HEINRICH VON SYBEL setzte dagegen zwanzig Jahre später aus nationalliberaler Sicht die *extreme Freihandelsschule* mit den *Communisten* gleich, weil beide *die menschliche Natur von der entgegengesetzten Seite her* verkannten[287]. Damit stand er unversehens neben einem konservativen Wortführer wie FRIEDRICH JULIUS STAHL, der — ohne diese zu unterscheiden — den *Kommunismus und Socialismus* gegen das

---

[281] LUDWIG HÄUSSER, Geschichte der französischen Revolution 1789—1799, hg. v. Wilhelm Oncken (Berlin 1867), 395.
[282] HEINRICH V. SYBEL, Geschichte der Revolutionszeit von 1789 bis 1800, 3. Aufl., Bd. 4 (Stuttgart 1878), IV.
[283] JOSEPH V. RADOWITZ, Fragmente, Ges. Schr., Bd. 4 (Berlin 1853), 175.
[284] [GUSTAV DIEZEL], Deutschland und die abendländische Civilisation (Stuttgart 1852), 88.
[285] Ebd., 93.
[286] JOH. GUSTAV DROYSEN, Aus Altpreußen (Fragment. 1851), Polit. Schr., hg. v. Felix Gilbert (München, Berlin 1933), 294; vgl. GÜNTHER BIRTSCH, Die Nation als sittliche Idee. Der Nationalstaatsbegriff in Geschichtsschreibung und politischer Gedankenwelt Johann Gustav Droysens (Köln, Graz 1964), 187.
[287] H. V. SYBEL, Die Lehren des heutigen Socialismus und Communismus (Bonn 1872), 44.

liberale Wirtschaftsprinzip des laissez-aller ausspielte[288]. Keinem dieser Autoren ging es um den Kommunismusbegriff selbst. Der Begriff mußte jeweils nur herhalten zur verbalen Diffamierung des politischen Gegners. Selbst Bismarck mußte sich mit dem Vorwurf des 'Kommunismus' auseinandersetzen, als er 1881 das Gesetz zur Unfallversicherung im Reichstag einbrachte. EUGEN RICHTER hielt ihm bei dieser Gelegenheit vor, daß das Gesetz nicht bloß *sozialistisch*, sondern *kommunistisch* sei: *Der Grundsatz der Reichsregierung ist ein kommunistisches Element, und weiter noch, es ist ein Kommunismus, so schlecht wie ihn noch niemand bisher erfunden hat*[289]. BISMARCK verteidigte vehement seinen Gesetzentwurf, ließ sich aber nicht auf eine Diskussion über 'Kommunismus' ein. Vielmehr bat er darum, *daß man da doch nicht alles aus dem Gesichtspunkt der Parteitaktik ... betreiben möge*[290].

3. Arbeiterbewegung und 'Kommunismus' in der Zeit der Reichsgründung

a) **Ferdinand Lassalle.** Es kann nicht überraschen, daß der Kommunismusbegriff unter den gegebenen Umständen auch in der seit den sechziger Jahren sich organisierenden Arbeiterbewegung nicht hoch im Kurs stand. Bezeichnend ist etwa die Rede von ANDREAS REUSS, die dieser am 1. November 1862 auf dem von ihm organisierten „Bayerischen Arbeitertag" in Nürnberg gehalten hat. Reuß ging darin auf die negative Wirkung, die der Verdacht des Kommunismus für die Arbeitervereinsbewegung haben könnte, ein: *Man hat seiner Zeit viel von Communismus geredet, man hat den Arbeiter verhaßt zu machen gesucht, man hat im Hinblick auf die natürliche Kraft seiner Arme sich ihn vorgestellt als einen Menschen, der den ganzen Tag mit der Pistole herumläuft, der lauernd herumgeht wie ein Löwe und sucht, welchen er verschlinge!* Um dieses Schreckbild zu verdrängen, forderte er die Arbeiter auf, den Beweis anzutreten, daß sie in einem ganz anderen Sinne 'Kommunisten' seien, ein Appell, der schließlich auf nicht mehr als die Aufforderung zu solidarischer Selbsthilfe hinauslief[291]. Der gezielte Versuch, den Kommunismusbegriff zu verharmlosen, zeigt, daß der gängige Bedeutungsinhalt auch im Bewußtsein der Arbeiter alles andere als harmlos gewesen sein muß. Nicht ohne Grund sicherte sich schon FERDINAND LASSALLE in seinem „Offenen Antwortschreiben" von 1863 ausführlich gegen *das Geschrei* derer ab, die in den von ihm vorgeschlagenen Produktivassoziationen *Sozialismus und Kommunismus* entdeckten. *Nichts ist weiter entfernt von dem sogenannten Sozialismus und Kommunismus als diese Forderung, bei welcher die arbeitenden Klassen ganz wie heute ihre individuelle Freiheit, individuelle Lebens-*

---

[288] FRIEDRICH JULIUS STAHL, Die gegenwärtigen Parteien in Staat und Kirche. Neunundzwanzig akademische Vorlesungen (Berlin 1863), 208. 275.
[289] Sten. Ber. Verh. dt. Reichstag, 4. Leg., 4. Sess. 1881, Bd. 1 (Berlin 1881), 709 (Sitzung v. 2. 4. 1881).
[290] Ebd., 715.
[291] ANDREAS REUSS, Rede v. 1. 11. 1862, abgedr. SHLOMO NA'AMAN/HANS-PETER HARSTICK, Die Konstituierung der deutschen Arbeiterbewegung 1862/63. Darstellung und Dokumentation (Assen 1975), 207.

weise und individuelle Arbeitsvergütung beibehalten[292]. Lassalle hat sich auch später nur ein einziges Mal als 'Sozialist' bezeichnet[293], nie jedoch, auch nur andeutungsweise, als 'Kommunist'. Entsprechend verhielten sich seine Anhänger. Wenn sie überhaupt je das Wort in den Mund nahmen, dann um sich von der Sache zu distanzieren. WILHELM HASENCLEVER beispielsweise sprach im Hinblick auf *das frühere Schlagwort Gleichheit, welches (verständlicher) Kommunismus genannt wird,* von einem *überwundenen Standpunkt*[294]. Dennoch gerieten die Lassalleaner auf bürgerlicher Seite in den Verdacht, *die Fahne des roten Kommunismus* zu entfalten[295].

b) **Wilhelm Liebknecht und August Bebel.** Nicht viel anders als die Lassalleaner verhielten sich auch August Bebel und Wilhelm Liebknecht, unter deren Führung 1869 in Eisenach die „Sozialdemokratische Arbeiterpartei" ins Leben gerufen wurde. AUGUST BEBEL reagierte sogar äußerst empfindlich, als ihm von der auf dem Nürnberger Vereinstag 1868 unterlegenen Minderheit vorgeworfen wurde, *die deutschen Arbeitervereine von dem Boden ihrer seitherigen praktischen Tätigkeit hinweg und auf den sozial-kommunistischen Standpunkt zu verlocken, was sowohl das Programm der internationalen Arbeiterassoziation und deren jüngst in Brüssel gefaßten Beschlüsse dartun, als auch die Reden einiger Führer der Mehrheit des Arbeitertages zu Nürnberg sattsam bekundeten*[296]. In einer sehr ausführlichen Antwort wies er den Verdacht auf *Sozial-Kommunismus* weit von sich. *Es sind nur zwei Worte, und doch enthalten diese erstens eine Dummheit, zweitens eine Lüge und drittens eine Denunziation.* Eine „Dummheit" enthielt der Vorwurf für Bebel, weil es gar keinen „Sozial-Kommunismus" gäbe. Von „Lüge" sprach er, weil *keiner der Verteidiger des Programms auch nur andeutungsweise darauf hingewiesen* habe. Selbst wenn der Brüsseler Kongreß, so fügte er hinzu, *auch wirklich kommunistische Beschlüsse gefaßt hätte,* so wären sie für den Vereinstag deutscher Arbeitervereine *durchaus nicht maßgebend* gewesen. Schließlich erklärte Bebel, daß *die Behauptung des Kommunismus eine Denunziation* sei, weil sie bezwecke, *nicht allein die Besitzenden, sondern auch die Arbeiter vor uns kopfscheu zu machen. Das Wort „Sozialist" und „Sozialismus" reicht nicht mehr aus, daran sind Arbeiter und Arbeitgeber bereits gewöhnt. Viele aus beiden Klassen finden*

---

[292] FERDINAND LASSALLE, Offenes Antwortschreiben an das Zentralkomitee zur Berufung eines allgemeinen Deutschen Arbeiterkongresses zu Leipzig (1. 3. 1863), Ges. Red. u. Schr., Bd. 3 (1919), 72.

[293] Ders., Rede zu Frankfurt a. M. am 19. Mai 1863, ebd., 263: *Nun meine Herren, wenn man dies unter Sozialismus versteht, daß wir suchen, die Lage der arbeitenden Klasse zu verbessern und ihrer Not abzuhelfen — nun dann in 30.000 Teufels Namen, dann sind wir Sozialisten! Glaubt man, ich würde mich vor einem Worte fürchten? Ich nicht!*

[294] WILHELM HASENCLEVER, Rede v. 1. 10. 1865, Der Sozialdemokrat, Nr. 164, 8. 10. 1865, zit. ULRICH ENGELHARDT, „Nur vereinigt sind wir stark". Die Anfänge der deutschen Gewerkschaftsbewegung 1862/63 bis 1869/70 (Stuttgart 1977), 201.

[295] Vgl. den Brief des Nationalvereinsmitgliedes WOLFGANG ERAS an Schulze-Delitzsch v. 24. 7. 1865, zit. ebd., 242, Anm. 11.

[296] Aufruf des provisorischen Vororts Nürnberg des Deutschen Arbeiter-Bundes vom 18. September 1868, zit. SH. NA'AMAN, Von der Arbeiterbewegung zur Arbeiterpartei. Der fünfte Vereinstag der Deutschen Arbeitervereine zu Nürnberg im Jahre 1868 (Berlin 1976), 151.

*sogar täglich mehr, daß es gar nichts so Schreckliches ist mit dem Sozialismus, da mußte der Kommunismus herhalten, um dem Philister die Angst in alle Glieder zu jagen*²⁹⁷. Bebel beschrieb damit exakt den Abschreckungseffekt, den der Kommunismusbegriff in der Zeit der Reichsgründung in Deutschland hatte. Aus Furcht vor negativen Wirkungen ging er, der in dieser Zeit freilich noch kein Marxist war, sogar so weit, dem Begriff auch der Sache nach seine Anerkennung zu verweigern.

WILHELM LIEBKNECHT, dem als dem Älteren die ursprüngliche Bedeutung des Kommunismusbegriffs für die Arbeiterbewegung noch vertrauter war, bezeichnete 1869 in privaten Briefen die Baseler Beschlüsse der „Internationale", das Privateigentum an Grund und Boden abzuschaffen und in Gemeineigentum zu überführen, als *die letzten Konsequenzen des Kommunismus*. Im Hinblick darauf bekannte er sogar: *Ich selbst bin Kommunist, also prinzipiell mit dem Beschlusse einverstanden*²⁹⁸. Das Leipziger Schwurgericht, vor dem sich Liebknecht 1872 gemeinsam mit Bebel und Hepner wegen Hochverrats verantworten mußte, kannte diese Äußerung nicht. Jedoch sah sich Liebknecht vor Gericht mit einer Aussage von AUGUST LADENDORF, einem bürgerlichen Mitbegründer der Eisenacher Partei, konfrontiert. Dieser hatte am 1. Oktober 1869 an den Ausschuß der „Sozialdemokratischen Arbeiterpartei" geschrieben: *Es gibt Kommunisten unter uns, und der Generalrat ist infolge der Baseler Beschlüsse der reine Caesaropapismus*²⁹⁹. LIEBKNECHT hatte sich in der Öffentlichkeit bis dahin nur sehr zögernd zum 'Kommunismus' bekannt. Das erste Mal war dies 1870 der Fall, als er in einem Vortrag vorsichtig die Baseler Beschlüsse zur Grund- und Bodenfrage erläuterte. Er machte zwar kein Hehl daraus, daß die von ihm in diesem Zusammenhang gegebene *Definition des Staates den Kommunismus, die Gütergemeinschaft mit einschließe, und sich nicht mit dem Bestehen von Privateigentum vertrage*³⁰⁰. Ganz offensichtlich fürchtete er jedoch, daß die damit hervorgerufene Begriffsassoziation bei seinen Zuhörern auch zu einer Ablehnung des von ihm intendierten politischen Programms führen könnte. Er versuchte daher, den Begriff der Sache zurücktreten zu lassen. *Aufhebung des Privateigentums, das ist ja Kommunismus*, nahm er mögliche Einwände vorweg, um dann aber fortzufahren: *Gut, doch wer wird sich vor einem Wort fürchten? Wortfurcht ist noch schlimmer und lächerlicher als Gespensterfurcht. Auf die Sache kommt's an*³⁰¹.

Was stellen sich die Gegner unter Kommunismus vor? Diese Frage beschäftigte Liebknecht ein Jahr später. Er versuchte dieses Mal, den Arbeitern den Kommunismusbegriff dadurch schmackhaft zu machen, daß er dessen Bedeutungsgehalt auf eine nahezu unverbindliche Allgemeinheit festlegte. *Kommunismus hieße nicht, daß die Faulenzer, die Nichtarbeiter auf Kosten der Gesamtheit leben wollen.* Das sei

---

²⁹⁷ AUGUST BEBEL, [Antrittserklärung des neugewählten Vororts], Arbeiterhalle, Nr. 18, 28. 9. 1868, zit. NA'AMAN, Arbeiterbewegung, 154 f.
²⁹⁸ WILHELM LIEBKNECHT, Briefwechsel mit deutschen Sozialdemokraten, Bd. 1: 1862 bis 1878, hg. v. Georg Eckert (Berlin 1970), 263. 267.
²⁹⁹ AUGUST LADENDORF, zit. Der Hochverraths-Prozeß wider Liebknecht, Bebel, Hepner vor dem Schwurgericht zu Leipzig vom 11. bis 26. März 1872 (Berlin 1894), 340.
³⁰⁰ W. LIEBKNECHT, Die Grund- und Bodenfrage. Ein Vortrag, gehalten im Saal des Schützenhauses zu Meerane am 12. März 1870 (Leipzig 1874), 7.
³⁰¹ Ebd., 74.

b) Wilhelm Liebknecht und Augsut Bebel

vielmehr in der bestehenden Gesellschaft der Fall. *In Wirklichkeit hat aber das Wort Kommunismus eine sehr verschiedene, ja entgegengesetzte Bedeutung — ich sage: in Wirklichkeit, weil die Kommunisten selbst es in diesem Sinne nehmen. Nicht Ausbeutung der Fleißigen durch die Faulenzer, der Arbeiter durch die Nichtarbeiter bedeutet Kommunismus, sondern Unterordnung der Sonderinteressen unter die allgemeinen Interessen, Rettung der Individualität in der Gemeinschaft und speziell auf das Eigentum angewandt: Erhebung des Eigentums zum Allgemeingut; also nicht Abschaffung des Eigentums — solange es Menschen gibt, wird es Eigentum geben —, sondern Verallgemeinerung des Eigentums, das jedem zugänglich gemacht werden soll, während es jetzt bloß das Vorrecht eines winzigen Bruchteils der Bevölkerung ist. Und in diesem Sinn den Begriff richtig aufgefaßt, wollen wir allerdings den Kommunismus*[302]. Später versuchte er noch gelegentlich, den Kommunismusbegriff dem des 'Sozialismus' zu unterschieben, um ihn auf diese Weise zu entschärfen[303]. Entschieden propagiert hat er den Begriff aber seitdem ebensowenig wie August Bebel. Zu dieser Zurückhaltung dürfte zweifellos der Hochverratsprozeß beigetragen haben, in dem beide in Leipzig angeklagt und verurteilt worden sind. Mangels besserer Argumente hatte nämlich der Staatsanwalt seine Anklage auf die Behauptung gestützt, daß Mitglieder des Kommunistenbundes, an ihrer Spitze Karl Marx, die Gründer der Sozialdemokratie gewesen seien. Die Verteidigung hatte es nicht schwer, nachzuweisen, daß *die Geschichte der Sozialdemokratie ... nicht mit dem Kommunistischen Manifest* angefangen habe[304]. Aber das Odium des 'Kommunismus' wurden die Angeklagten nicht mehr los. Liebknecht entwarf daher eine Verteidigungsrede, in der er den Kommunismusbegriff neuerdings zu verharmlosen suchte. *Wir sind Sozialisten*, sagte er, *gut! Kommunisten, gut! Sind wir darum moralische Monstra, die man, als außerhalb der menschlichen Gesellschaft stehend, außer dem Gesetz erklären muß?* Dann erklärte er, weshalb sowohl 'Sozialismus' wie 'Kommunismus' etwas ganz anderes seien als die Gegner es unterstellten: *Also des Sozialismus sind wir schuldig. Das heißt, wir sind schuldig, die brüderliche Gleichordnung der Menschen in der Gesellschaft zu wollen; denn das und nichts anderes ist Sozialismus. Wir sind des Kommunismus schuldig. Das heißt, wir sind schuldig,*

---

[302] Ders., Zu Trutz und Schutz. Festrede, gehalten zum Stiftungsfest des Crimmitschauer Volksvereins am 22. Oktober 1871, 4. Aufl. (Leipzig 1874), 32f.
[303] Vgl. ders., Rede v. 24. 5. 1875, Protokoll des Vereinigungs-Congresses der Sozialdemokraten Deutschlands, Gotha 22.—27. 5. 1875 (Leipzig 1875; Ndr. Glashütten/Ts. 1971), 39, wo er erklärte, daß *zwischen Sozialismus und Kommunismus nach moderner Auffassung kein Gegensatz, ja kein Unterschied mehr (bestehe)*, und wo er die „*gerechte Verteilung*" des Arbeitsprodukts als *eine durchaus sozialistische oder, wenn man so wolle: kommunistische Forderung*, bezeichnete; *denn heutzutage bestehe kein Unterschied mehr zwischen Communismus und Sozialismus*, ebd., 34.
[304] FREYTAG (Verteidiger), Rede v. 25. 3. 1872, zit. Hochverraths-Prozeß, 551. Es dürfte kein Zufall sein, daß das „Manifest der Kommunistischen Partei" von 1848 im Jahre 1872 erstmals unter dem folgenden, von nun an in Deutschland nur noch gebräuchlichen Titel erschien: Das Kommunistische Manifest. Neue Ausgabe mit einem Vorwort der Verfasser (Leipzig 1872). Die unter dem Verdacht des Hochverrats stehende Verbindung der „Sozialdemokratischen Partei" zur „Kommunistischen Partei" sollte damit unkenntlich gemacht werden. Vgl. ANDRÉAS, Le Manifeste Communiste (s. Anm. 232), 63f.

einen Staat anzustreben, welcher, dem Staatsideal der größten Denker des Altertums und der Neuzeit entsprechend, einerseits die Interessen jedes einzelnen denen der Gesamtheit unterordnet, andererseits die Interessen jedes einzelnen durch die Gesamtheit fördert; denn das und nichts anderes ist Kommunismus[305]. Auch mit solchen verallgemeinernden Formeln konnte er jedoch das öffentliche Mißtrauen gegen den Kommunismusbegriff nicht beseitigen. Schon gar nicht mehr war dies möglich, als die Sozialdemokratie 1878 durch das Sozialistengesetz für zwölf Jahre in einen politischen Ausnahmezustand versetzt wurde. Das Gesetz verbot nicht nur *Vereine*, sondern auch *Druckschriften, in welchen socialdemokratische, socialistische oder communistische, auf den Umsturz der bestehenden Staats- und Gesellschaftsordnung gerichtete Bestrebungen ... zutage treten*[306]. In dem Verbot der „Bestrebungen" war auch die propagandistische Verwendung der Sozialismus- und Kommunismusbegriffe mit eingeschlossen.

c) **Karl Marx und Friedrich Engels.** Obwohl sie den Ereignissen in Deutschland zwangsläufig fern standen, haben bemerkenswerterweise auch Marx und Engels den verschlechterten Aufnahmebedingungen für den Kommunismusbegriff Rechnung getragen. ENGELS sprach zwar zwei Jahre nach dem Tod von Karl Marx im Vorwort zur Neuauflage des „Anti-Dühring" von *der von Marx und mir vertretnen dialektischen Methode und kommunistischen Weltanschauung*[307], er verwendete aber den Kommunismusbegriff im Text des Buches selbst nur an wenigen Stellen, und zwar immer mit Bezug auf den vormärzlichen Kommunismus[308]. Das an sich einschlägige Kapitel trägt die Überschrift *Sozialismus*[309]. Und als 'wissenschaftlicher Sozialismus', nicht als 'wissenschaftlicher Kommunismus' wurde der Marxismus jetzt von ihm bezeichnet[310]. Nur intern hielt Engels an der Kennzeichnung des Marxismus als 'kommunistisch' fest, wie zum Beispiel seine Kritik am Gothaer Parteiprogramm zeigt. In der ersten Erregung bezeichnete er das Programm als eine *Kniebeugung des gesamten deutschen sozialistischen Proletariats vor dem Lassalleanismus*[311]. Einige Monate später glaubte er sich jedoch damit trösten zu können, daß es nicht nur *die Esel von Bourgeoisblättern*, sondern auch *die Arbeiter ... kommunistisch gedeutet* hätten. *Solange unsere Gegner und ebenso die Arbeiter diesem Programm unsere Absichten unterschieben, ist es uns erlaubt, darüber zu schweigen*[312]. Daß Engels, zumindest was die Arbeiter anbetrifft, einer Selbsttäuschung unterlag,

---

[305] LIEBKNECHT, „Ungehaltene" Rede, zit. Hochverraths-Prozeß, 693f. Diese Rede, die er im Verlauf des Prozesses nicht mehr halten konnte, wurde von ihm unter dem Titel „Hochverrath und Revolution" 1894 veröffentlicht.
[306] RGBl. Nr. 34 (Berlin 1878), 351ff.
[307] ENGELS, Vorwort zur Neuauflage von: Herrn Eugen Dührings Umwälzung der Wissenschaft (1885), MEW Bd. 20 (1962), 8.
[308] Ebd., 245. 247. 285; ders., Dialektik der Natur (1873/86), ebd., 464. Ebenso die popularisierende Fassung: Die Entwicklung des Sozialismus von der Utopie zur Wissenschaft (1882), MEW Bd. 19 (1962), 191. 199f.
[309] Ders., Anti-Dühring, 239ff.
[310] Ders., Entwicklung des Sozialismus, 228.
[311] Ders. an August Bebel, 18./28. 3. 1875, MEW Bd. 34 (1966), 130.
[312] Ders. an dens., 12. 10. 1875, ebd., 159.

c) Karl Marx und Friedrich Engels

braucht hier nicht weiter zu interessieren. In begriffsgeschichtlicher Hinsicht ist jedoch wichtig, daß er auf die Kennzeichnung des 'Marxismus' als 'Kommunismus' verzichtete, wenn nur dessen Wirkung inhaltlich gesichert war. Aus diesem Grund hat er sich schließlich 1894 selbst auch mit dem Begriff 'Sozialdemokratie' abgefunden, obwohl damit auch *Leute* gemeint waren, *die keineswegs die Übernahme sämtlicher Produktionsmittel durch die Gesellschaft auf ihre Fahne geschrieben hatten.* Er ließ *das Wort passieren, so unpassend* es in seinen Augen blieb, *für eine Partei, deren ökonomisches Programm nicht bloß allgemein sozialistisch, sondern direkt kommunistisch* war. Auch dieses Mal tröstete er sich bezeichnenderweise damit, daß *die Namen wirklicher politischer Parteien* nie ganz stimmten: *die Partei entwickelt sich, der Name bleibt* [313].

Beim späten MARX ist im Hinblick auf die Kommunismusbegriffe eher eine noch größere Zurückhaltung zu vermerken als bei Engels. 1871 glaubte er, die Zukunftsziele der Pariser Kommune darin zu erkennen, daß sie *das individuelle Eigentum zu einer Wahrheit machen* wollte, *indem sie die Produktionsmittel, den Erdboden und das Kapital, jetzt vor allem die Mittel zur Knechtung und Ausbeutung der Arbeit, in bloße Werkzeuge der freien und assoziierten Arbeit* verwandelte. Er fügte hinzu: *Aber dies ist der Kommunismus, der „unmögliche" Kommunismus!* [314] Die Bemerkung läßt erkennen, wie stark auch er mit den Vorbehalten gegenüber dem Wort 'Kommunismus' vertraut war. Seine weitere Argumentation lief denn auch darauf hinaus, den Kommunismus als „möglichen" Kommunismus plausibel zu machen [315]. Gemeint war mit 'Kommunismus' aber ausschließlich ein zukünftiger, von Marx immer nur formal definierter, nicht inhaltlich bestimmter Gesellschaftszustand, nicht die Bewegung zu dessen Herbeiführung und auch nicht die politische Theorie zur Erklärung dieser Bewegung. Gerade der Bewegungscharakter, der dem jungen Marx so wichtig gewesen war, trat beim alten Marx damit in den Hintergrund.

Ein einziges Mal ist er später überhaupt nur noch ausführlicher auf den Kommunismusbegriff zurückgekommen, als er in seiner zunächst nicht veröffentlichten Kritik am Gothaer Programm zwei Phasen der *kommunistischen Gesellschaft* unterschied, eine *erste Phase* und eine *höhere Phase*. Auch in diesen, später so intensiv ausgedeuteten Bemerkungen bezeichnete Marx nicht seine politische Theorie als 'kommunistisch', sondern den von ihm prognostizierten Endzustand der Gesellschaft, den wiederum er sich hütete, näher als mit dem alten Satz: *Jeder nach seinen Fähigkeiten, jedem nach seinen Bedürfnissen* zu beschreiben [316]. Wenn er seine als wissenschaftlich verstandene Theorie meinte, sprach er von 'Sozialismus' [317]. Dieser Begriff blieb als Bewegungsbegriff lebendig (→ Sozialismus). Damit stimmt überein, daß er sich scheute, den Begriff 'Kommunismus' als Parteinamen zuzulassen. Dem Agenten der „Internationalen Arbeiterassoziation" in Frankreich, Verlet, ließ er ausdrücklich den Rat erteilen, *der neuen Sektion, die er bilden will, keine Sekten-„Namen"*

---

[313] Ders, Vorwort [zur Broschüre „Internationales aus dem 'Volksstaat' (1871—75)"], MEW Bd. 22 (1963), 417f.
[314] MARX, Der Bürgerkrieg in Frankreich. Adresse des Generalrats der Internationalen Arbeiterassoziation (1871), MEW Bd. 17 (1962), 342f.
[315] Ebd., 343.
[316] Ders., Kritik des Gothaer Programms (1875/91), MEW Bd. 19, 21.
[317] Ebd., 23. 31.

zu geben, *weder kommunistisch noch anders*. In deutlicher Übereinstimmung mit seinen vormärzlichen Anschauungen sollten *die Kommunisten* in seinen Augen keine organisierte Partei bilden, sondern *diejenigen* bleiben, *die den verborgenen Sinn des sich vor unseren Augen abspielenden Klassenkampfes am besten deuten*[318].

4. Anarchismus und Kommunismus

Seit der Einführung des Sozialistengesetzes gab es für die Sozialdemokraten in Deutschland noch einen anderen Grund, den Kommunismusbegriff zu meiden. Ende der siebziger Jahre erfolgte nämlich die Usurpation des Kommunismusbegriffs durch den politischen Anarchismus. Ursprünglich hatten sich die Anarchisten unter der Führung Bakunins in der „Internationalen Arbeiterassoziation" gerade dadurch von den Anhängern von Karl Marx abgehoben, daß sie diese eines 'autoritären Kommunismus' bezichtigten. *Marx ist autoritärer und zentralistischer Kommunist*, erklärte BAKUNIN. *Er will, was wir wollen: den vollständigen Triumph der ökonomischen und sozialen Gleichheit, aber im Staate und durch die Staatsmacht ... Wir wollen den gleichen Triumph der ökonomischen und sozialen Gleichheit durch die Abschaffung des Staates*[319]. Konkret bedeutete dies, daß Bakunin für ein kollektives Eigentum an den Produktionsmitteln eintrat, das Verteilungsproblem jedoch auf der Basis genossenschaftlicher Freiwilligkeit lösen wollte. Um seine Distanz zum marxistischen Kommunismus zu beweisen, bezeichnete Bakunin seine Anhänger daher auch nicht als 'Kommunisten', sondern als *revolutionäre Sozialisten oder Kollektivisten*[320]. Einer seiner Gegner meinte: *Der Kommunismus ist ihm nicht radikal genug, darum ist er Kollektivist und stellt der wissenschaftlichen Doktrin des Kommunismus eine andere, die des Kollektivismus, gegenüber*[321]. In Wahrheit war jedoch eher das Gegenteil der Fall. Der marxistische Kommunismus führte in Bakunins Augen zuviel Unfreiheit in der individuellen Nutznießung der kollektiv erwirtschafteten Güter.

Nach dem Tode Bakunins begann in den anarchistischen Konventikeln in der Schweiz, in Belgien und in Italien jedoch eine aufgeregte Debatte darüber, ob der Anarchismus nicht auch im Hinblick auf die Verteilung der Güter einen kommunistischen Inhalt erhalten müsse. Bei dieser Gelegenheit stand besonders auch zur Diskussion, ob der Begriff 'Kommunismus' in vollem Umfang übernommen werden könnte. Eine Gruppe italienischer Anarchisten um Malatesta entschied sich schon 1876 für einen *comunismo anarchico*[322]. Auch eine Gruppe schweizerischer Anar-

---

[318] Ders. an Paul u. Laura Lafargue, 18. 4. 1870, MEW Bd. 32 (1965), 671.
[319] MICHAIL BAKUNIN an Ludovico Nabruzzi und die anderen Internationalisten der Romagna, 23. 1. 1872, abgedr. ders., Staatlichkeit und Anarchie und andere Schriften, hg. v. Horst Stuke (Frankfurt, Berlin, Wien 1972), 770; vgl. auch: ders., An die spanischen Brüder der Allianz [Frühjahr 1872], ebd., 806.
[320] Ders., Die Commune von Paris und der Staatsbegriff (1871), ebd., 300.
[321] CARL HIRSCH, Die angeblichen sozialen Theorien und die wirklichen politischen Bestrebungen des Herrn Bakunin (1872), abgedr. Die I. Internationale in Deutschland (1864—1872). Dokumente und Materialien (Berlin 1864), 664.
[322] ANDREA COSTA, Ai miei Amici ed ai miei Avversari (Imola 1881), zit. M. NETTLAU, Der Anarchismus von Proudhon zu Kropotkin. Seine historische Entwicklung in den Jahren 1859—1880, Geschichte der Anarchie, Bd. 2 (1927; Ndr. 1972), 232.

chisten befaßte sich mit dem Ausdruck *communisme anarchiste*[323]. Sie stellte auch die Veröffentlichung einer erklärenden Broschüre in Aussicht, die jedoch aus Mangel an Mitteln nie erschien. Im Oktober 1880 trat dann auf einem Kongreß der anarchistischen Juraföderation in Chaux-de-Fonds vor allem der Exilrusse PETER KROPOTKIN für eine kommunistische Umbenennung ein. Er räumte ein, „daß man früher das Wort Kommunismus wegen des Kasernen- oder Klosterkommunismus der Autoritären vermieden" habe, trat aber jetzt für dessen entschiedene Verwendung ein[324]. Seine auch später immer wieder vorgebrachte Argumentation lief auf einen umgekehrten Alleinvertretungsanspruch hinaus: *Mit dem Anarchismus als Ziel und als Mittel wird der Kommunismus möglich. Ohne ihn würde er mit Notwendigkeit die Knechtschaft bedeuten, und — als solche — könnte er nicht bestehen*[325].

Daß auch die Anarchisten sich der öffentlichen Ächtung des Kommunismusbegriffs bewußt waren, zeigen verschiedene Einwände, in denen vor dem Wort 'Kommunist' gewarnt und „auf die Feindseligkeit der Bevölkerung" gegenüber „offen kommunistischen Ideen" hingewiesen wurde[326]. Ähnlich wie früher Liebknecht gegenüber den deutschen Arbeitern meinte jedoch der Schweizer ELISÉE RECLUS 1880: *Fürchten wir nicht, uns Kommunisten zu nennen, was wir tatsächlich sind*[327].

Nur ein Jahr später wurde Zar Alexander II. von anarchistischen Attentätern ermordet. Mit dem Anarchismus geriet dadurch auch der durch diesen adaptierte Kommunismusbegriff in den Ruf des Terrorismus. Die Anarchisten focht das nicht weiter an. Im Gegenteil, als sich anfangs der achtziger Jahre in der Emigration eine kleine, aber lautstarke anarchistische Gruppe von der Sozialdemokratie abspaltete, machte sich ihr Wortführer JOHANN MOST über den *Dynamit- und Revolutions-Tatterich* seiner Gegner lustig und reklamierte den 'Kommunismus' ausdrücklich für sich: *Weshalb begnügen sie* (die Anarchisten) *sich nicht damit, sich Sozialisten oder Kommunisten zu nennen? Weil sie nicht verwechselt sein wollen mit solchen, die Mißbrauch mit diesen Worten treiben, und weil sie dafür halten, daß auch das System des Kommunismus ein unvollkommenes wäre, wenn dasselbe nicht getragen würde vom Geiste der Anarchie*[328].

Die anarchistische Usurpation des Kommunismusbegriffs bot den Gegnern der Sozialdemokratie die Möglichkeit, diese über den 'Kommunismus' mit den Anarchisten in einen Topf zu werfen. *Das Ziel, welches sich die Anarchisten vorstecken . . .*

---

[323] FRANÇOIS DUMARTHERAY, Aux travailleurs manuels partisans de l'action politique (1876), zit. ebd., 229.

[324] PETER KROPOTKIN, paraphrasiert v. NETTLAU, Anarchismus, 306.

[325] P. KROPOTKIN, Kommunismus und Anarchismus (Berlin o. J.), teilweise abgedr. Anarchismus. Theorie, Kritik, Utopie, hg. v. ACHIM v. BORRIES u. INGEBORG BRANDIES (Frankfurt 1970), 132. Vgl. auch P. KROPOTKIN, Der Wohlstand für Alle (Zürich 1896), 42: *Unser Kommunismus ist nicht derjenige der Phalansterien, noch derjenige der autoritären deutschen Theoretiker. Er ist der anarchistische Kommunismus, der Kommunismus ohne Regierung — derjenige freier Menschen.*

[326] NETTLAU, Anarchismus, 306f.

[327] ELISÉE RECLUS, zit. ebd., 306.

[328] JOHANN MOST, Der kommunistische Anarchismus (1889), hg. v. Rudolf Rocker u. Franz Pfemfert (Berlin 1921; Ndr. 1968), 9. 11. Vgl. z. B. auch [ders.], Die anarchistischen Kommunisten an das Proletariat (1892), abgedr. Der Anarchismus, hg. v. ERWIN OBERLÄNDER (Olten, Freiburg 1972), 297ff.

ist dasselbe wie das des Communismus und des größten Teils der Sozialdemokratie, der Gleichheit unter den Menschen, hieß es zum Beispiel in einer anonymen Schrift von 1890 unter Hinweis auf Mosts Zeitschrift „Die Freiheit" und August Bebels Buch „Die Frau und der Sozialismus"[329]. Ein anderer Pamphletist behauptete 1895, daß *der anarchistische Communismus dasselbe Agitationsrezept wie die soziale Demokratie* verfolge[330]. *Der einzige leitende Gedanke ... der sozialdemokratischen Bewegung* sei *ihr kommunistischer Zug.* Und ebenso dürfe man nicht vergessen, *daß Anarchisten in erster Linie Communisten seien*[331].

Von WILHELM LIEBKNECHT, der sich von dem *wüsten Kommunismus* Bakunins distanzierte[332], über MARX und ENGELS, die den anarchistischen Vorwurf des *autoritären Kommunismus* als *Kasernenkommunismus* zurückgaben[333], bis hin zu ROSA LUXEMBURG, die 1906 den russischen *Anarcho-Kommunismus* als *Aushängeschild für gemeine Diebe und Plünderer* bezeichnete[334], läßt sich demgegenüber nachweisen, daß die Sozialdemokraten den anarchistischen Kommunismus scharf ablehnten. Auffällig ist allerdings, daß man so gut wie nie mehr auf dem Begriff des ‘Kommunismus' beharrte. Typisch war etwa die Reaktion Karl Kautskys auf die posthume Veröffentlichung des Plädoyers von KARL RODBERTUS-JAGETZOW für einen *von den liberalen Ideen gesuchten, aber nicht gefundenen Kommunismus ... (Ich) habe,* konnte man in der 1884 veröffentlichten Schrift von Rodbertus lesen, *hier überall, indem ich die Bezeichnung „kommunistisch" wählte, absichtlich die Sache beim rechten Namen genannt. Ernster Männer ist es unwürdig, sich den Vorwurf des Kommunismus wie einen Fangball zuzuwerfen*[335]. Wenn er dann jedoch behauptete, daß man *im Kommunismus überhaupt* schon *mitten darin* stecke, *wie denn die Natur jeder Gesellschaft kommunistisch* sei[336], so war das KAUTSKY ganz unverständlich. Jedoch verweigerte er dem Außenseiter nicht das Recht auf eine eigene Begriffsbildung: *Jedermann hat das Recht, den Begriffen diejenigen Namen zu geben, die ihm*

---

[329] [Anonym], Anarchismus und Communismus. Seine Stärke und Zukunft im Gegensatz zu den christlichen Jungmänner-Vereinen. Von einem Gerichtsbeamten (Stuttgart 1890), 24.
[330] HEINRICH JOACHIM GEHLSEN, Das Christenthum und der Anarchistische Kommunismus. Ein sozial-politisches Andachtsbüchlein für Jedermann. Zeitgemäße Betrachtungen (Hagen 1895), 35.   [331] Ebd., 29. 34.
[332] W. LIEBKNECHT, Rede v. 16. 3. 1872, zit. Hochverraths-Prozeß (s. Anm. 299), 323.
[333] MARX/ENGELS, Ein Komplott gegen die Internationale Arbeiter-Assoziation. Im Auftrage des Haager Kongresses verfaßter Bericht über das Treiben Bakunins und der Allianz der sozialistischen Demokratie (1874), MEW Bd. 18 (1962), 425f.
[334] ROSA LUXEMBURG, Massenstreik, Partei und Gewerkschaften (1906), Polit. Schr., hg. v. Ossip K. Flechtheim, Bd. 1 (Frankfurt 1966), 138f. Ähnlich auch dies., Rede in Hagen am 1. 10. 1910, GW, hg. v. Günter Radczun u. a., Bd. 2 (Berlin 1972), 469f.
[335] CARL RODBERTUS-JAGETZOW, Das Kapital. Vierter sociater Brief an von Kirchmann, hg. v. Theophil Kozak (Berlin 1884), 93, Anm.
[336] Ebd., 89, Anm. Ähnlich auch ADOLPH WAGNER in einem Referat auf der 5. Generalversammlung des Vereins für Socialpolitik: *stehe man zu diesen Dingen, wie man will, so kann man nicht verkennen, in unserer heutigen Volkswirtschaft tritt mehr und schärfer und auch berechtigter eines hervor, was ich mich nicht scheue den communistischen Charakter der ganzen Volkswirtschaft zu nennen. Mehr und mehr wird in der Tat unsere Volkswirtschaft communistisch ...,* weil *der Bedarf zur Deckung der Staats- und Communalausgaben immer größer wird und die Steuerverteilung doch nur zu einem Teile nach „Leistung und Gegen-*

*belieben*³³⁷. Er widersprach Rodbertus als Marxist in der Sache, sah diese jedoch nicht an den Kommunismusbegriff gebunden.

Als einer der wenigen Marxisten benützte um 1900 noch FRANZ MEHRING häufiger den Kommunismusbegriff. Im Unterschied zu Bernstein oder Kautsky und anderen marxistischen Theoretikern sprach er vorwiegend vom *wissenschaftlichen Kommunismus*, wenn er die historische Lehre von Karl Marx meinte. Wie diesem war aber auch ihm der Begriff *wissenschaftlicher Sozialismus* geläufig³³⁸. Der nahezu synonyme Gebrauch der beiden Begriffe entsprach seiner Auffassung, *daß die tiefsinnigen Untersuchungen der bürgerlichen Ökonomen über die begrifflichen Unterschiede von Sozialismus und Kommunismus* nur *müßige Haarspaltereien* seien³³⁹. Auch ihm kam es also nicht auf die besondere Hervorhebung des Kommunismusbegriffs an. EDMUND FISCHER war sich 1910 schließlich schon gar nicht mehr bewußt, daß der Kommunismusbegriff auch einmal etwas mit dem Marxismus zu tun gehabt hatte. Für ihn hatte es überhaupt nur utopischen *Gleichheitskommunismus* gegeben, *wenigstens, wenn man das Wort Kommunismus in seiner historischen Bedeutung anwendet*. Im Hinblick darauf stellte er fest, daß *die Bezeichnung Kommunismus für Sozialismus auch innerhalb der sozialistischen Bewegung so ziemlich verschwunden* sei³⁴⁰. Verschwunden war aber im Bewußtsein der Sozialdemokratie nicht nur die Erinnerung an den frühen Gleichheitskommunismus, sondern auch daran, daß Karl Marx seine Sozialtheorie ursprünglich an den Begriff 'Kommunismus' geknüpft hatte.

Die marxistische Tradition, zu der man sich nach wie vor bekannte, galt nicht als 'kommunistisch'. Indem man den Kommunismusbegriff historisierte, wertete man zugleich auch die revolutionäre Zukunftsperspektive um, die der Marxismus diesem gegeben hatte. Man geht sicherlich nicht zu weit, wenn man die Verdrängung dieses Begriffs auch als Symptom für die Anpassung der Sozialdemokratie an das politische System des deutschen Kaiserreiches interpretiert.

V. 'Kommunismus' nach der Novemberrevolution von 1918

1. Die Wiederaufnahme des Kommunismusbegriffs durch Lenin

Nachdem der Begriff 'Kommunismus' in Deutschland aus der politischen Diskussion schon so gut wie verschwunden war, kam es nach 1918 zu einer durchaus unerwarteten Wiederbelebung. Die Ursache dieses begriffsgeschichtlich bemerkens-

---

leistung" erfolgen kann, Verhandlungen d. 5. Generalversammlung d. Vereins f. Socialpolitik am 8., 9. und 10. Okt. 1877 [= Schr. d. Vereins f. Socialpolitik, Bd. 14], (Leipzig 1878), 9.
[337] KARL KAUTSKY, Das „Kapital" von Rodbertus, Die Neue Zeit 2 (1884; Ndr. 1971), 342.
[338] Vgl. z. B. das mit „Der moderne wissenschaftliche Kommunismus" überschriebene Kapitel von FRANZ MEHRING, Geschichte der deutschen Sozialdemokratie, Tl. 1: Von der Julirevolution bis zum preußischen Verfassungsstreite 1830 bis 1863, Ges. Schr., hg. v. Thomas Höhle, Hans Koch, Josef Schleifstein, Bd. 1 (Berlin 1960), 39 ff. Der Band erschien erstmals 1898. Für den Terminus 'wissenschaftlicher Kommunismus' vgl. ferner ders., Ges. Schr., Bd. 5 (Berlin 1964), 181 ff.; Bd. 7 (1965), 457; Bd. 10 (1961), 538. 608. 'Wissenschaftlicher Sozialismus': Bd. 5, 116. 154; Bd. 13 (1961), 124. 126. 169.
[339] Ebd., Bd. 1, 3.
[340] EDMUND FISCHER, Kommunismus und Sozialismus, Sozialistische Monatsh. 14/1 (1910), 364.

werten Vorgangs kann genau bestimmt werden. Der Anstoß wurde von außen gegeben. Es war LENIN, der dem Kommunismusbegriff von Rußland aus zu neuer Aktualität verhalf. Lenin griff bewußt auf den Kommunismusbegriff zurück, um die ideologische Abgrenzung der von ihm geführten Arbeiterpartei von der alten russischen Sozialdemokratie auch terminologisch in Erscheinung treten zu lassen.

Die Idee dazu scheint ihm erstmals schon kurz nach dem Ausbruch des Ersten Weltkrieges gekommen zu sein. In der Parteizeitung „Sozial-Demokrat" fragte er im Dezember 1914, ob es nicht besser sei, auf den von den Sozialdemokraten *beschmutzten und erniedrigten Namen „Sozialdemokrat" zu verzichten und zur alten marxistischen Bezeichnung Kommunist zurückzukehren*[341]. 1915 wählte er erstmals für eine von ihm, Bucharin und Ptjatakow in Genf herausgegebene Zeitschrift den Namen „Kommunist"[342]. Nach Ausbruch der Februarrevolution kam er auf diese Ansätze zurück. In seinen bekannten „Aprilthesen", die er am 4. April 1917 in Petersburg in einer Versammlung bolschewistischer Delegierter des „Sowjets der Arbeiter- und Soldatendeputierten" vortrug, erklärte er in der neunzehnten und letzten These: *Wir müssen uns Kommunistische Partei nennen, so wie Marx und Engels sich Kommunisten nannten*[343]. Der Hinweis auf Marx und Engels war durchaus problematisch, da Lenin selbst einräumte, daß sich beide nach 1871 *mit der unrichtigen, opportunistischen Bezeichnung „Sozialdemokratie"* abgefunden hatten[344]. Er zeigt jedoch, daß Lenin bei der Wahl des neuen Parteinamens offensichtlich durch das Vorgehen von Marx und Engels vor 1848 angeregt worden ist. Die Berufung auf die Schöpfer des Marxismus diente ihm als historische Rechtfertigung für eine im übrigen ganz augenblicksbedingte Begriffserneuerung.

In seiner Begründung vermischte Lenin in der für ihn charakteristischen Weise ideologisch-systematische und taktisch-propagandistische Argumente. Der alte Parteiname der „Sozialdemokratie" wurde von ihm zunächst als *wissenschaftlich unrichtig* bezeichnet. Er spiegelte nur den Übergang vom Kapitalismus zum Sozialismus wider, während die Zukunftsperspektive der Partei über den Sozialismus hinaus in den Kommunismus reiche[345]. Ferner hielt er den alten Parteinamen auch deshalb für *wissenschaftlich unrichtig*, weil er den Übergangscharakter des Staates auf dem Wege zum Sozialismus nicht erkennen lasse[346]. Beide Argumente entsprachen der weltgeschichtlichen Formationstheorie, die er wenig später in seiner Schrift

---

[341] LENIN, Eine deutsche Stimme über den Krieg (1914), Werke, Bd. 21 (1960), 82. — Lenins weitergehende Behauptung, daß schon Kautsky in der Zeit des Revisionismusstreites eine solche Namensänderung erwogen habe, läßt sich nirgends belegen. Vgl. dazu schon MÜLLER, Ursprung und Geschichte des Wortes „Sozialismus" (s. Anm. 50), 181.
[342] Der Kommunist (1915), hg. v. Lenin, Bucharin, Ptjatakow.
[343] LENIN, Die Aufgaben des Proletariats in unserer Revolution (1917), Werke, Bd. 24 (1959), 70. Nach dem Protokoll seiner Rede in der Versammlung bolschewistischer Delegierter der gesamtrussischen Beratung der Sowjets der Arbeiter- und Soldatendeputierten v. 4. 4. 1917 sagte Lenin: *Persönlich beantrage ich, den Namen der Partei zu ändern und sie Kommunistische Partei zu nennen. Die Bezeichnung „Kommunistisch" wird das Volk verstehen*, ebd., Bd. 36 (1962), 431.
[344] Ders., Aufgaben des Proletariats, 72.
[345] Ebd., 70.
[346] Ebd., 71.

V. 1. Wiederaufnahme des Begriffs durch Lenin

„Staat und Revolution" entwickelte. In Auslegung einiger Bemerkungen von Marx unterschied er dabei zwischen der *niederen und der höheren Phase des Kommunismus:*
... Was gewöhnlich als Sozialismus bezeichnet wird, nannte Marx die „erste" oder niedere Phase der kommunistischen Gesellschaft. Insofern die Produktionsmittel Gemeineigentum werden, ist das Wort „Kommunismus" auch hier anwendbar, wenn man nicht vergißt, daß es kein vollständiger Kommunismus ist[347]. Die Zwischenschaltung dieser „niederen Phase" des Kommunismus beim prognostizierten *Übergang vom Kapitalismus zum Kommunismus* war Lenin wichtig, weil er damit *die revolutionäre Diktatur des Proletariats* rechtfertigen konnte[348]. Diese sollte bekanntlich an die Stelle der parlamentarischen Demokratie bürgerlicher Prägung treten. Der Parteiname erhielt für Lenin in diesem Zusammenhang symbolische Bedeutung. In ihm verdichtete sich schlagwortartig sein revolutionäres Zukunftsprogramm. Durch die Umbenennung in „Kommunistische Partei" sollte die von ihm geführte Nachfolgepartei der alten russischen Sozialdemokratie ihren revolutionären Sondercharakter demonstrieren.

Auf einem außerordentlichen Parteitag der Bolschewiki wurde am 8. März 1918 die Umbenennung vollzogen: *Der Parteitag beschließt, unsere Partei (die Sozialdemokratische Arbeiterpartei Rußlands, die der Bolschewiki) von nun an „Kommunistische Partei Rußlands" in Klammern „Bolschewiki" zu nennen*[349]. Lenin hatte zuvor noch einmal wiederholt, was er schon 1917 vorgetragen hatte. Seine Rede gipfelte in einem Satz, der sein besonderes Gefühl für die semantische Trennschärfe des Kommunismusbegriffs nochmals deutlich machte: *Und unsere Partei, die zweifelsohne in den Massen der Werktätigen aller Länder gegenwärtig außerordentlich große Sympathien genießt — unsere Partei ist verpflichtet, eine möglichst entschiedene, scharfe, klare, unzweideutige Erklärung abzugeben, daß sie die Verbindung mit diesem alten offiziellen Sozialismus zerreißt, und da wird die Änderung des Namens der Partei ein Mittel sein, das am besten geeignet ist, das Ziel zu erreichen*[350]. Um den neuen Parteinamen bei den Delegierten durchzubringen, sah sich Lenin allerdings zu einem Zugeständnis genötigt: Die spezifizierende Bezeichnung „Bolschewiki" wurde in Klammern auch im neuen Parteinamen beibehalten. Was zuvor seinen historischen Sinn hatte, mußte jetzt zwar als ein willkürlicher Begriffszwitter erscheinen. Offensichtlich erleichterte der Zusatz „Bolschewiki" jedoch den traditionalistischen Parteimitgliedern die Zustimmung zu dem neuen Parteinamen. Als ihr Sprecher hatte sich neben J. Larin vor allem J. G. STEKLOW zu Wort gemeldet[351]. Er wandte gegen Lenin ein, daß das *Wort „Sozialdemokrat" mit der Zeit zum Synonym des revolutionären Kommunisten* geworden sei. Und deshalb schlug er vor, *die Bezeichnung „Bolschewiki" wegzulassen und unsere Partei „Russische Sozialdemokratische Arbeiterpartei (Kommunisten)" zu nennen; auf diese Weise wäre der durch die Tradition geheiligte Name beibehalten worden. Gleichzeitig wäre durch die Beifügung des Wortes*

---

[347] Ders., Staat und Revolution (1917), Werke, Bd. 25 (1960), 484f.
[348] Ebd., 473.
[349] Ders., Resolution über die Änderung des Namens der Partei und des Parteiprogramms (1918), Werke, Bd. 27 (1960), 127.
[350] Ders., Referat über die Revision des Parteiprogramms und die Änderung des Namens der Partei (1917), ebd., 114.
[351] Vgl. ebd., 132.

„Kommunisten" hervorgehoben worden, was uns von den Kompromißlern, den Sozialverrätern und den Opportunisten aller Art trennt³⁵². Steklow konnte sich nicht durchsetzen. Daß jedoch entgegen den ursprünglichen Vorstellungen Lenins in dem neuen Parteinamen der traditionelle Zusatz „Bolschewiki" erhalten blieb, deutet auf einen terminologischen Kompromiß hin. Dieser war möglich, weil über die ganze Namensfrage letzten Endes nicht theoretisch, sondern nur politisch entschieden werden konnte.

2. Die Rezeption des leninistischen Kommunismusbegriffs in Deutschland

Man kann davon ausgehen, daß der Kommunismusbegriff ohne Lenins Zutun 1918 in Deutschland nicht wieder belebt worden wäre. In den verschiedenen linksradikalen Gruppierungen, die im Laufe des Ersten Weltkrieges von der deutschen Sozialdemokratie absplitterten, spielte der Begriff bis in das Jahr 1918 hinein keine Rolle. Sowohl die Spartakisten um Rosa Luxemburg und Karl Liebknecht wie die Gruppen der Bremer und Hamburger Linksradikalen oder die „Internationalen Sozialisten Deutschlands" um Julian Borchardt sprachen bis 1918 von 'revolutionärem Sozialismus', nicht aber von 'Kommunismus', wenn sie sich von den Sozialdemokraten abgrenzten. Noch im Programm des „Spartakusbundes", das an der Jahreswende 1918/19 auf dem Gründungsparteitag der „Kommunistischen Partei Deutschlands" als Parteiprogramm angenommen wurde, war nirgendwo von 'Kommunismus' die Rede. Das Programm beschwor unter Berufung auf das „Kommunistische Manifest" emphatisch den *Sozialismus*³⁵³. Es kann daher nicht überraschen, daß die Wahl des neuen Parteinamens auf dem Parteitag hart umstritten war. Einig waren sich die Parteigründer, daß die neue Partei in scharfen Gegensatz zu den sozialistischen Parteien der „II. Internationale" treten sollte. Durchaus offen war jedoch, wie eng sie sich an die „Kommunistische Partei Rußlands" anschließen sollte. Rosa Luxemburg steuerte hierbei bekanntlich einen Kurs, der bei aller Verbundenheit auf die Unabhängigkeit von der Partei Lenins bedacht war. Es ist bezeichnend, daß gerade sie zögerte, den Begriff 'Kommunismus' in den Parteinamen zu übernehmen. In der Spartakuszentrale wurde zu Beginn des Parteitages vorgeschlagen, *der neu zu gründenden Partei den Namen „Kommunistische Partei"* zu geben³⁵⁴. Rosa Luxemburg plädierte demgegenüber für den Namen „Sozialistische Partei". Ihre Argumentation war vordergründig rein taktischer Art. Sie behauptete, daß die deutsche Partei eine Verbindungsfunktion zwischen der „Kommunistischen Partei Rußlands" und den revolutionären Sozialisten im Westen zu erfüllen habe. *Diese Aufgabe wird leichter zu erfüllen sein, wenn wir als Sozialistische Partei auf den Plan*

---

³⁵² Jurij G. Steklow, Wer sind die Kommunisten? (Berlin [1919]), 5f. Vgl. dazu auch N. E. Verow, Die Staatsauffassung der Bolschewiki, Die Neue Zeit 37/1 (1918; Ndr. 1975), 6ff.
³⁵³ Programm des Spartakusbundes (1918), abgedr. Der Gründungsparteitag der KPD. Protokoll und Materialien, hg. v. Hermann Weber (Frankfurt, Wien 1969), 294.
³⁵⁴ Hugo Eberlein, Spartakus und die Dritte Internationale, Internat. Presse-Korrespondenz 4 (29. 2. 1924; Ndr. 1967), Nr. 28, 306, abgedr. Der deutsche Kommunismus. Dokumente 1915—1945, hg. v. H. Weber, 3. Aufl. (Köln 1973), 198f.

V. 2. Leninistischer Kommunismusbegriff in Deutschland   Kommunismus

treten; würden wir dagegen als Kommunistische Partei erscheinen, dann würde die naturgemäß enge Verbindung mit den russischen Kommunisten unsere Aufgaben in Westeuropa erschweren[355]. Hinter dieser Argumentation stand über das Taktische hinaus die Sorge, mit dem Namen „Kommunistische Partei" auch inhaltlich so stark mit den russischen Kommunisten identifiziert zu werden, daß eine eigenständige Linie der Deutschen, zum Beispiel in der Frage einer Beteiligung am parlamentarischen System, unmöglich gemacht wurde. Die Sensibilität in der Namensfrage war also für Rosa Luxemburg von prinzipieller Bedeutung.

Ihre innerparteilichen Gegner wollten sich aus dem gleichen Grund gerade auf den Namen „Kommunistische Partei" festlegen. Sie traten dafür ein, *daß nicht nur in Deutschland, sondern auch in der gesamten Internationale ein scharfer Strich zwischen uns und den sozialistischen Parteien der II. Internationale gezogen werden müsse, der schon rein äußerlich im Namen der Partei zum Ausdruck kommen muß.* Mit der Namenswahl wollten sie gerade *offen an die Seite der Kommunistischen Partei Rußlands* treten, *um so die engste Verbindung mit den russischen Revolutionären zu dokumentieren*[356]. Nach einer langen Diskussion blieb Rosa Luxemburg bei der Abstimmung im Führungsgremium knapp in der Minderheit. Dem Parteitag wurde dann abweichend von diesem Beschluß von der Programmkommission der Name „Revolutionäre Kommunistische Partei Deutschlands (Spartakusbund)" vorgeschlagen. In dem Zusatz „Revolutionär" spiegelte sich der Einfluß der Gruppe „Internationale Kommunisten Deutschlands" wider, die im November 1918 in Deutschland als erste den Kommunismusbegriff als Selbstbezeichnung aufgenommen und in Bremen eine Tageszeitung mit dem Titel „Der Kommunist" herausgebracht hatte[357]. Im Unterschied zu der spartakistischen Parteitagsmehrheit lagen die „Internationalen Kommunisten" auf einem radikalen Revolutionskurs, der jede parlamentarische Betätigung ausschloß und die Rolle von Partei und Gewerkschaften bei der Vorbereitung der proletarischen Revolution in spontaneistischer Weise bestimmte. In der Auseinandersetzung über den Parteinamen konnten sie sich jedoch nicht durchsetzen. Der spartakistische Delegierte FRITZ HACKERT widersprach im Namen von 28 Genossen dem Vorschlag der Programmkommission. Er plädierte für den kürzeren Namen „Kommunistische Partei Deutschlands (Spartakusbund)", auf den sich zuvor der Führungszirkel des Spartakusbundes mehrheitlich geeinigt hatte. Taktisch geschickt interpretierte er den offiziell vorgeschlagenen Namen als tautologisch: *Der Kommunismus ist doch eine revolutionäre Sache, es ist in der heutigen Zeit undenkbar, daß man eine Kommunistische Partei gründen könne,*

---

[355] R. LUXEMBURG, Rede auf dem Gründungsparteitag der KPD, zit. EBERLEIN, Spartakus, 199.
[356] Ebd.
[357] Die „Internationalen Kommunisten" hatten in der Programmkommission eine starke Stellung. Vgl. zum Ganzen HANS MANFRED BOCK, Syndikalismus und Linkskommunismus von 1918—1923 (Meisenheim/Glan 1969); PETER KUCKUCK, Bremer Linksradikale bzw. Kommunisten von der Militärrevolte 1918 bis zum Kapp-Putsch im März 1920 (phil. Diss. Hamburg 1970); Bericht über den Gründungsparteitag der Kommunistischen Arbeiterpartei Deutschlands, Berlin 4.—5. 4. 1920, eingel. u. kommentiert v. H. M. BOCK, Jb. f. Arbeiterbewegung, hg. v. Claudio Pozzoli, 5 (1977), 185 ff.

*die nicht politisch revolutionär wäre*³⁵⁸. Hackerts Antrag wurde von der Mehrheit des Parteitags angenommen. Die neue Partei erhielt damit am 30. Dezember 1918 den Namen „Kommunistische Partei Deutschlands (Spartakusbund)".

Die Partei legte sich mit diesem Namen weit mehr auf die politische Linie der Bolschewiki fest, als dies in Theorie und Praxis der heterogenen Struktur ihrer Mitgliederschaft entsprach³⁵⁹. Dies zeigte sich schon, als sie sogar noch als erste außersowjetische Partei der „Kommunistischen Internationale" beitrat, obwohl ihr Vertreter auf dem Gründungskongreß dieser Organisation im März 1919 weisungsgemäß seine Skepsis gegenüber den internationalen Organisationsbestrebungen der sowjetischen Führer zum Ausdruck gebracht hatte³⁶⁰. Unversehens wurde sie dadurch auf ein revolutionäres Programm festgelegt, das kurzfristig realisieren sollte, was in den Vorstellungen der deutschen Kommunisten nur langfristig erreichbar war. Die Aufrufe der „Kommunistischen Internationale" waren nämlich zumindest bis zum Jahresende von einer geradezu chiliastischen Revolutionserwartung getragen. Die universale Durchsetzung des Kommunismus schien für die Führer der „Internationale" nur eine Frage der Zeit zu sein. Euphorisch hatte SINOWJEW in der ersten Nummer des publizistischen Organs der „Kommunistischen Internationale" verkündet: *Nach Jahresfrist werden wir bereits zu vergessen beginnen, daß es in Europa einen Kampf für den Kommunismus gegeben hat, denn nach einem Jahre wird ganz Europa kommunistisch sein*³⁶¹. Und in dem von TROTZKIJ verfaßten Gründungsmanifest der „Kommunistischen Internationale" war zu lesen, daß in Jahresfrist *die neue Welt geboren* werde, *die lichte Welt des Kommunismus, der allgemeinen Verbrüderung der Werktätigen. Im Jahre 1919 wurde die große Kommunistische Internationale geboren. Im Jahre 1920 wird die große Internationale Sowjetrepublik geboren werden*³⁶². Obwohl die deutsche Partei angesichts des zunächst ausbleibenden Massenerfolges die Zukunftschancen der „Kommunistischen Internationale" sehr viel nüchterner beurteilte als ihre russischen Gesinnungsfreunde, wurde sie durch diese Verlautbarungen in ideologischer Hinsicht schon frühzeitig durch die „Kommunistische Internationale" fremdbestimmt. Die Übernahme des Kommunismusbegriffs hatte damit die von Rosa Luxemburg befürchtete Konsequenz.

Erst recht war dies der Fall, als die Bolschewiki 1920 unter dem Zwang der Ereignisse dazu übergingen, die „Kommunistische Internationale" von einem Organ der Weltrevolution zu einem Instrument der sowjetischen Staatserhaltung umzuformen. Diese Entwicklung begann im Juli 1920, als die Bolschewiki auf dem II.

---

³⁵⁸ FRITZ HACKERT, Diskussionsbeitrag, Protokoll des Gründungsbeitrags der KPD, 30. 12. 1918 — 1. 1. 1919, abgedr. WEBER, Gründungsparteitag der KPD, 67.
³⁵⁹ Vgl. dazu WERNER T. ANGRESS, Die Kampfzeit der KPD 1921—1923 (Düsseldorf 1973), 21ff.; WEBER, Gründungsparteitag der KPD, 38ff., Einl.
³⁶⁰ H. WEBER, Die Wandlung des deutschen Kommunismus. Die Stalinisierung der KPD in der Weimarer Republik, Bd. 1 (Frankfurt 1969), 28ff.
³⁶¹ GRIGORIJ SINOWJEW, Die Perspektiven der proletarischen Revolution, Die Kommunistische Internationale 1 (1919; Ndr. 1967), XII.
³⁶² [LEO TROTZKIJ], Manifest, Richtlinien, Beschlüsse des Ersten Kongresses. Aufrufe und offene Schreiben des Exekutivkomitees bis zum Zweiten Kongreß (Hamburg 1920), 91.

V. 2. Leninistischer Kommunismusbegriff in Deutschland Kommunismus

Weltkongreß der „Kommunistischen Internationale" die bekannten einundzwanzig Leitsätze aufzwangen. Die „Kommunistische Internationale" konnte mit Hilfe dieser noch von Lenin selbst formulierten Leitsätze im Laufe weniger Jahre zu einer straff zentralistisch organisierten „kommunistischen Weltpartei mit nationalen Sektionen" umgeformt werden[363]. Der ideologischen folgte die organisatorische Fremdbestimmung des deutschen Kommunismus.

Begriffsgeschichtlich ist in diesem Zusammenhang vor allem von Bedeutung, daß die Bolschewiki mittels der „Kommunistischen Internationale" für 'Kommunismus' als Parteibegriff ein Anerkennungsmonopol beanspruchten. In jedem Land durfte es nach dem Willen der Bolschewiki nur noch eine kommunistische „Sektion" der „Kommunistischen Internationale" geben. Und als Mitglieder wurden nur noch Parteien anerkannt, die sich selbst 'kommunistisch' nannten: *Jede Partei, die der Kommunistischen Internationale angehören will, hat den Namen zu tragen: Kommunistische Partei des und des Landes (Sektion der Kommunistischen Internationale). Die Frage der Benennung ist nicht nur eine formelle, sondern in hohem Maße eine politische Frage von großer Wichtigkeit*[364].

Nach außen hin wurde die politische Bedeutung der Namensfrage auf der Linie von Lenins alter Argumentation ausschließlich mit der Abgrenzung gegen die Sozialdemokratie begründet: *Es ist notwendig, daß jedem einfachen Werktätigen der Unterschied zwischen den kommunistischen Parteien und den alten offiziellen „sozialdemokratischen" oder „sozialistischen" Parteien, die das Banner der Arbeiterklasse verraten haben, klar ist*[365]. Mit dieser Auffassung stimmten jedoch 1920 auch noch solche kommunistische Gruppierungen überein, die sonst eine eigenständige, von Moskau unabhängige kommunistische Linie bewahren wollten. So verwies JULIAN BORCHARDT schon 1919 darauf, daß *der Name Kommunismus* einst im Kaiserreich verschwunden *und nur der Name Sozialismus* übriggeblieben sei. Damals sei es aber *eine Ehre* gewesen, *sich Sozialist zu nennen und als Sozialist zu betätigen*. Nachdem die Sozialdemokratie jedoch regierungsfähig geworden sei und seitdem *es gar „Novembersozialisten"* gäbe, sei es aber *für alle, die es mit den alten Zielen und Versprechungen ernst meinen, hohe Zeit geworden, den Namen „Sozialisten" abzulegen und wieder zu dem alten ehrenvollen Namen „Kommunisten" zurückzukehren, der sie von jenen Leuten deutlich unterscheide*[366]. Auch ANTON PANNEKOEK meinte 1920, daß *der Name „Sozialist"* im Weltkrieg infolge des Verhaltens der Sozialdemokratie *bedeutungslos und kraftlos geworden* sei. *Ein neuer Name war notwendig, und welcher Name war da mehr geeignet als der alte ursprüngliche der ersten Träger des Klassenkampfes? In allen Ländern springt derselbe Gedanke auf, wieder den Namen Kommunismus anzunehmen*[367]. Die von Pannekoek nach Kriegsende in Deutschland

---

[363] Vgl. WEBER, Wandlung, Bd. 1, 31.
[364] Leitsätze über die Bedingungen der Aufnahme in die Kommunistische Internationale, Protokoll des II. Weltkongresses der Kommunistischen Internationale (Hamburg 1921), 394.
[365] Ebd.; vgl. auch WEBER, Kommunismus, 206, sowie N. BUCHARIN/E. PREOBRASCHENSKY, Das ABC des Kommunismus (Wien 1920).
[366] JULIAN BORCHARDT, Die Diktatur des Proletariats (Berlin 1919), 1f.
[367] KARL HORNER [d. i. ANTON PANNEKOEK], Sozialdemokratie und Kommunismus (Hamburg 1920), 8f.

geförderte Gruppe der „Internationalen Kommunisten" hatte schon 1918 eine ähnliche Begründung für ihre Selbstbenennung gegeben: *Der Kommunismus von 1848 stellte dem „wahren" oder „deutschen" Sozialismus, der die Ideologie des Kleinbürgertums war, die Weltanschauung des Proletariats gegenüber. — Der Kommunismus von 1918 stellt dem kapitalistisch-imperialistischen Sozialismus den Kampf des Proletariats entgegen*[368]. Es war für die Gruppe dieser Kommunisten daher selbstverständlich, daß sie nach ihrem Ausschluß aus der „Kommunistischen Partei Deutschlands" ihre neue Parteigründung ebenfalls als 'kommunistisch' verstanden. Noch wichtiger war, daß die Zugehörigkeit der von ihnen im April 1920 konstituierten „Kommunistischen Arbeiter-Partei Deutschlands" zur „Kommunistischen Internationale" von ihnen ebenfalls als selbstverständlich vorausgesetzt wurde[369]. Gerade dies erwies sich jedoch als irrig. Für die Moskauer Zentrale der „Kommunistischen Internationale" war seit der Durchsetzung der einundzwanzig Leitsätze nicht mehr die Selbsteinschätzung kommunistischer Parteien maßgebend, sondern deren ideologische und organisatorische Unterwerfung unter den Willen der Bolschewiki. Der Eintritt der „Kommunistischen Arbeiter-Partei Deutschlands" in die „Kommunistische Internationale" ist daran ebenso gescheitert wie der anderer kommunistischer Gruppierungen in und außerhalb Deutschlands. Die bolschewistischen Kommunisten nahmen dabei in Kauf, daß sich außerhalb der „Internationale" kommunistische Gruppierungen und sogar eine „Kommunistische Arbeiter-Internationale" formierte[370]. Entscheidend war für sie, daß ihr Auslegungsmonopol für den 'Kommunismus' innerhalb der „Internationale" gewahrt blieb. Auf diese Weise setzten sie in den Parteien der „Internationale" ihre Interpretation des 'Kommunismus' durch. Der Kommunismusbegriff wurde in der „Internationale" seit Mitte der zwanziger Jahre mit dem des 'Bolschewismus' gleichgesetzt.

Anfang 1925 begann eine Kampagne für die *Bolschewisierung der Parteien der kommunistischen Internationale*[371]. Die erweiterte Exekutive erhob die Bolschewisierung im März/April 1925 offiziell zum Programm der „Kommunistischen Internationale". Dabei erklärte man die Begriffe 'Kommunismus' und 'Bolschewismus' für identisch: *An und für sich genommen ist Kommunismus, Marxismus und Bolschewismus ein und dasselbe. „Kommunistische Partei" oder „bolschewistische Partei" sind, an und für sich, identische Begriffe*[372]. In der politischen Praxis klaffte freilich der Inhalt der beiden Begriffe innerhalb der „Internationale" zunächst noch beträchtlich auseinander. Der „Internationale" wurde daher die Aufgabe gestellt, in ihren Reihen für eine Angleichung aller Parteien an die „Kommunistische Partei

---

[368] Der Kommunist. Flugzeitung d. Internat. Kommunisten Deutschlands 1/10 (1918), zit. Bock, Syndikalismus und Linkskommunismus, 89.

[369] Auf dem Berliner Gründungskongreß der KAPD erklärte ein Redner: *Wir haben ... nicht um Anschluß unserer Partei an die III. Internationale zu ersuchen, sondern wir haben unseren Anschluß nur zu erklären*, zit. ebd., 252.

[370] Zur „Kommunistischen Arbeiter-Internationale" vgl. ebd., 341ff.

[371] G. Sinowjew, Die Bolschewisierung der Parteien der Kommunistischen Internationale, Die Kommunistische Internationale 6 (1925; Ndr. 1967), 1ff.; vgl. auch Dimitri Manuilski, Zur Frage der Bolschewisierung der Parteien, ebd., 137ff.

[372] [Über die Bolschewisierung der Kommunistischen Internationale], Internat. Presse-Korrespondenz 5 (8. 5. 1925; Ndr. 1967), Nr. 77, 1018.

V. 3. 'Bolschewismus' als antikommunistischer Begriff

der Sowjetunion" zu sorgen: *Die Bolschewisierung besteht darin, sämtliche Sektionen der Kommunistischen Internationale in allen ihren Schichten zu wirklich kommunistischen, das heißt bolschewistischen zu machen*[373]. In Deutschland wurde daraufhin wie anderswo die „Bolschewisierung" der kommunistischen Partei besorgt. Der ungarische Kommunist BELA KUN formulierte schließlich 1929 das für alle kommunistischen Parteien verbindliche Ergebnis: *Die Stellung der KPdSU ist kraft der objektiven Gegebenheiten der historischen Epoche für jeden Kommunisten gleichbedeutend mit der Stellung zum Kommunismus überhaupt*[374]. Wenn in der „Kommunistischen Internationale" ursprünglich politische Gruppen vereinigt waren, die sich in der gemeinsamen Gegnerschaft gegen die Sozialdemokratie in unterschiedlicher Weise als 'Kommunisten' bezeichneten, so blieben jetzt nur noch solche 'Kommunisten' übrig, die sich auch uneingeschränkt als 'Bolschewisten' verstanden. In Deutschland entsprach die kommunistische Partei damit schließlich tatsächlich dem Bild, das sich sozialdemokratische und bürgerliche Kritiker von ihr von Anfang an gemacht hatten. Ihr ursprünglich durchaus vielfältiger Kommunismus reduzierte sich auf dessen bolschewistische Variante.

3. Die antikommunistische Abwehr des 'Bolschewismus'

Das Zeichen, das die Gründer der „Kommunistischen Partei Deutschlands" an der Jahreswende von 1918/19 mit der Wahl der Bezeichnung 'kommunistisch' setzen wollten, ist in Deutschland nur zu gut verstanden worden. Die deutschen Kommunisten wurden von ihren politischen Gegnern auf Anhieb mit den russischen Bolschewisten identifiziert. Wer sich in Deutschland nach 1919 zum Kommunismus bekannte, galt ohne weiteres als Bolschewist. So wie den Kommunisten ihr Parteiname wichtig war zur Abgrenzung von ihren politischen Gegnern vor allem in der Arbeiterbewegung, wurde der Begriff 'Bolschewismus' als antikommunistisches Schlagwort zur Waffe im politischen Tageskampf der Gegner des Kommunismus[375]. Ähnlich wie die Menschewiki in Rußland begrüßten auch die Mehrheitssozialdemokraten in Deutschland die Namenswahl der Linken allein schon deswegen, weil der sozialdemokratische Parteiname dadurch rehabilitiert wurde. PHILIPP SCHEIDEMANN äußerte sich dazu auf dem Parteitag der SPD im Juni 1919 folgendermaßen: *Nicht zufällig nennen wir uns von alters her Sozialdemokraten. Wir haben uns niemals die Verwirklichung des Sozialismus anders vorstellen können als auf dem Wege der Demokratie.* Und er fuhr fort: *Ich bin der äußersten Linken dafür dankbar, daß sie auf diesen Namen verzichtet, daß sie sich Kommunisten nennen, und ich wünsche den gleichen Bekennermut allen, die da glauben, die Demokratie, das gleiche Recht aller, sei eine abgetane Sache und von der Revolution zum alten Eisen geworden*[376]. Seine

---

[373] Ebd.
[374] BELA KUN, Die KP der Sowjetunion und die Kommunistische Internationale, Die Kommunistische Internationale 10 (1929; Ndr. 1967), 538, zit. WEBER, Wandlung, Bd. 1, 313.
[375] Vgl. zum Ganzen PETER LÖSCHE, Der Bolschewismus im Urteil der deutschen Sozialdemokratie (Berlin 1967), bes. 116 ff.
[376] PHILIPP SCHEIDEMANN, Rede v. 12. 6. 1919, Protokoll über die Verhandlungen des Parteitages der SPD, Weimar 10.—15. 6. 1919 (Berlin 1919; Ndr. Berlin, Bonn 1973), 234.

Argumentation lief darauf hinaus, daß der Begriff der 'Sozialdemokratie' mit 'parlamentarischer Demokratie', der des 'Kommunismus' mit 'Räteherrschaft' und 'Diktatur' identifiziert werden sollte. Der Kommunismusbegriff markierte damit die politische Bruchlinie zwischen Sozialdemokraten und Bolschewisten.

Großen Wert legte man auf den Nachweis, daß der bolschewistische Kommunismus nichts mit dem ursprünglichen Marxismus zu tun hatte. Dazu verwies man auf die russische Tradition. Von EDUARD BERNSTEIN wurde *der Bolschewismus* etwa als *eine spezifisch russische Erscheinung* bezeichnet, *die zu verstehen sei aus den Verhältnissen, die in Rußland lange geherrscht haben, wo unter einem absolutistischen Regime die größten Zwangsmittel der Unterdrückung üblich gewesen sind*[377]. Der Bolschewismus war für ihn *ein merkwürdiges Stück Wiederholung der altzarischen Despotie*[378]. Ähnlich hatte auch schon KARL KAUTSKY argumentiert, als er sich 1919 mit *der spaltenden und zersetzenden Tätigkeit der Kommunisten* in Deutschland auseinandersetzte. Für ihn lief der Bolschewismus auf einen *tatarischen Sozialismus* hinaus, dessen Kernstück der *Terrorismus* war[379].

Die Gleichsetzung mit 'Terror' und 'Unterdrückung' kann in Deutschland für die Zeit der beginnenden Weimarer Republik als die verbreitetste Form der Begriffsdeutung von 'Kommunismus' angesehen werden. Ein kritischer Beobachter wie der Wirtschaftswissenschaftler WILHELM MAUTNER gab diesen Bewußtseinsstand 1920 exakt wieder: *Drei Inhalte deckt das eine Wort „Bolschewismus". Einmal die Theorie, der Bolschewismus als sozialistische (kommunistische) Lehre; der Ausdruck „Bolschewismus" einfach für den des „Kommunismus" gesetzt. Dann die Praxis, d. h. die Versuche, diese Lehre in die Wirklichkeit umzusetzen, die Methode, die neue Gesellschaftsordnung nach ihr zu schaffen und ihr neues Leben zu gestalten, d. h. der Bolschewismus nicht als Kommunismus, sondern als Weg zum Kommunismus. Drittens — und das ist aus hier nicht zu untersuchenden Gründen fast die bei uns üblichste Deutung — eine Kennzeichnung der aus dieser Methode notwendig hervorgehenden Auswüchse, die sie als Inbegriff maßloser Gewalttätigkeit, einschüchternden Terrors und brutalster Bekämpfung des Gegners, zumal des Klassengegners, erscheinen lassen. Wirtschaftswissenschaftlicher Darlegung scheinen nur die beiden ersten Bedeutungen fähig. Die letzte, sich auf nicht wegzuleugnende Tatsachen stützende, macht die ablehnende Stellung weiter Kreise zum Bolschewismus begreiflich, mögen sie nun seine Theorien kennen oder nicht*[380].

Wenn den bolschewistischen Kommunisten nicht ihre terroristische Diktaturpraxis vorgehalten wurde, kritisierte man auf sozialdemokratischer Seite ihre utopischen Zukunftsvorstellungen. *Das, was in Rußland heute aufgerichtet ist, der Bolschewismus, hat trotz aller gegenteiligen Behauptungen mit Sozialismus und mit dem, was Karl Marx gelehrt hat, gar nichts zu tun. Es hätte sich vielmehr um einen utopisch zunehmenden*

---

[377] EDUARD BERNSTEIN, Der Sozialismus einst und jetzt, 2. Aufl. (Berlin 1923), 125.
[378] Ebd., 124.
[379] K. KAUTSKY, Terrorismus und Kommunismus. Ein Beitrag zur Naturgeschichte der Revolution (Berlin 1919), 152. Gegen Kautsky schrieb L. TROTZKIJ, Terrorismus und Kommunismus. Anti-Kautsky (Berlin 1920).
[380] WILHELM MAUTNER, Der Bolschewismus. Voraussetzungen, Geschichte, Theorie. Zugleich eine Untersuchung seines Verhältnisses zum Marxismus (Berlin, Stuttgart, Leipzig 1920), 120.

V. 3. 'Bolschewismus' als antikommunistischer Begriff

Kommunismus gehandelt[381]. Der bolschewistische 'Kommunismus' fiel damit in sozialdemokratischer Sicht hinter Marx zurück. *Die deutschen Kommunisten besitzen nicht etwa eine eigene neue Originallehre, sondern sie haben sich die Theorien zu eigen gemacht, die mit Hilfe des Revisionismus und der Erkenntnis der marxistischen Geschichtsauffassung durch den Sozialismus nun endlich überwunden sind*[382].

Es lag in der Konsequenz dieser Vorwürfe, den Bolschewismus schließlich nicht nur als anachronistisch, sondern als konterrevolutionär zu bezeichnen. *Rußland muß jetzt mehr als $1^{1}/_{2}$ Jahre den konterrevolutionären Pogrom ertragen, der unter dem Namen Kommunismus veranstaltet wird,* hieß es in einem Bericht von MARK LEWIN, der 1919 unter dem bezeichnenden Titel „Was in Rußland unter dem Namen Kommunismus getrieben wird" erschien[383]. *Weil Lenin, Trotzkij, und wie sie alle sonst heißen,* ständig *die Schlagworte Sozialismus und Kommunismus* im Mund führten, würden ihre Taten allgemein *vom Standpunkt der unter diesen Stichworten bekannten Lehren* her beurteilt. In Wahrheit stehe fest, *daß keine Spur von Sozialismus oder Kommunismus da zu suchen ist, wo, von obersten Führern angefangen, es in jeder Behörde von früheren Polizeispitzeln, allgemein bekannten Angehörigen der sogenannten Schwarzen Hundert, minderwertigen Geschäftemachern und ähnlichen Elementen förmlich wimmelt*[384]. OTTO WELS variierte dieses Argument 1924 vor den Delegierten des sozialdemokratischen Parteitages, indem er behauptete, daß *der Kommunismus von heute durchaus reaktionär sei.* Zur Begründung führte er folgendes aus: *Der Kommunismus und sein Mutterland Rußland können uns kein Vorbild sein. Marx ist, um die Entwicklungsgeschichte der kapitalistischen Gesellschaft zu studieren, nicht nach Moskau, er ist nach London gegangen. Der Gedanke, daß das bis vor wenigen Jahren nach allgemeiner Anschauung wirtschaftlich und politisch rückständigste Land plötzlich in allen Dingen ein Vorbild für die vorgeschrittenen Länder sein soll, ist geradezu ein Hohn auf den Marxismus selbst*[385]. Wels wiederholte schließlich, was er schon auf dem Parteitag von 1922 vorgetragen hatte: *Der Kommunismus ist das hervorragendste Mittel der russischen Außenpolitik. Die Dritte Internationale benutzt den Kommunismus im Interesse der staatspolitischen Ziele der Großmacht Rußland, die die Politik des zaristischen Rußlands fortzusetzen gezwungen ist. Sie benutzt den Kommunismus, diese angeblich neue Form der russischen inneren Staatsgestaltung, dazu, die inneren Verhältnisse anderer Staaten zu zermürben*[386].

Mit der Entlarvung des Kommunismus als eines Instruments russischer Großmachtpolitik erreichte die antikommunistische Abwehrstrategie der Sozialdemokratie ihren Höhepunkt. Der bolschewistische Kommunismus wurde nicht nur aus der

---

[381] ERWIN BARTH, Marxismus und Bolschewismus. Eine Auseinandersetzung (Berlin 1919), 19.

[382] WALTER OEHME, Sozialismus und Bolschewismus. Zur Revolution im Sozialismus (Berlin 1919), 19.

[383] MARK LEWIN, Was in Rußland unter dem Namen Kommunismus getrieben wird, Sozialistische Monatsh. 25/1 (1919), 542.

[384] Ebd., 534 f.

[385] OTTO WELS, Rede v. 12. 6. 1924, Protokoll über die Verhandlungen des Parteitages der SPD, Berlin 11.—14. 6. 1924 (Berlin 1924; Ndr. Berlin, Bonn 1974), 70.

[386] Ders., Rede v. 21. 9. 1922, Protokoll über die Verhandlungen des Parteitages der SPD, Augsburg 17.—23. 9. 1922 (Berlin 1923; Ndr. 1973), 58.

marxistischen Tradition verbannt, ihm wurde sogar jeder theoretische Eigenwert aberkannt. Der Begriff 'Kommunismus' wurde zu einem Synonym für den Imperialismus der russischen Großmacht.

Dem von Lenin für den Begriff 'Kommunismus' beanspruchten Auslegungsmonopol setzten die Sozialdemokraten das ihre entgegen. Beide Seiten beriefen sich auf die sozialistische Tradition, die für sie der Marxismus repräsentierte. Aus dieser Tradition heraus ließ sich aber letzten Endes nicht entscheiden, welche der beiden Seiten historisch im Recht war. Wie die Begriffsgeschichte zeigt, war der Begriff 'Kommunismus' innerhalb des marxistisch geprägten Sozialismus nicht kontinuierlich im Gebrauch, Lenin mußte ihn erst wiederbeleben. Dabei konnte er zwar auf seine Weise an Marx anknüpfen, allgemein verbindlich wurde aber seine Auslegung nie.

Für Außenstehende stellte sich die Frage nach der historischen Legitimität des Kommunismusbegriffs nicht. Wenn sie der Sozialdemokratie politisch schaden wollten, erklärten sie den bolschewistischen Kommunismus zur unvermeidlichen Konsequenz des Marxismus. *Bolschewismus — das heißt die Reduktion des menschlichen Lebens auf die Materie Mensch — ist die Konsequenz, die einzig mögliche Verwirklichungsweise des marxistischen Sozialismus*, schrieb z. B. Fritz Gerlich im Januar 1919 in einer Sondernummer der „Süddeutschen Monatshefte"[387]. Unter dem Schlagwort *marxistisch-bolschewistischer Kommunismus* faßte er die gesamte Geschichte des Sozialismus seit Marx zusammen[388]. Neutralere Kritiker sprachen davon, daß der Bolschewismus *eine konsequente Durchführung des Marxismus* sei. Die Bolschewisten hätten *den älteren Ausdruck „Kommunismus" gewählt, um ihren Gegensatz zu den anderen Richtungen der Sozialdemokratie zu betonen*[389]. Sie standen damit in dieser Sicht in der marxistischen Tradition, ohne aber als deren einzig mögliches Ergebnis angesehen zu werden. Der Kommunismusbegriff wurde als Unterscheidungskriterium akzeptiert, die damit von den Bolschewisten beanspruchte Überlegenheit über den 'Sozialismus' der Sozialdemokratie aber nicht anerkannt.

Eine Sonderstellung nahmen Anfang der zwanziger Jahre die österreichischen Sozialdemokraten ein, die bekanntlich an der revolutionären Tradition des Marxismus festhielten, ohne die sich daraus in leninistischer Sicht ergebenden politischen Konsequenzen (wie die Einführung der „Diktatur des Proletariats") als unvermeidlich anzusehen. Zu dieser Tradition gehörte für die „Austromarxisten" auch der Kommunismusbegriff. Anders als die deutschen Sozialdemokraten waren sie daher nicht bereit, diesen den Bolschewiki zu überlassen.

Otto Bauer empfahl, *zum Bolschewismus oder — wie er sich jetzt, einen weit älteren und weit größeren Namen annektierend, gewöhnlich nennt — zum Kommunismus* eine differenzierte Haltung einzunehmen. Den Absolutheitsanspruch der bolschewistischen Revolutionstheorie wies er als *naiv vereinfachende Lehre der Kommunisten* zurück, jedoch lehnte er die *Diktatur des Proletariats* als ein *letztes, nur vorüber-*

---

[387] Fritz Gerlich, Der Bolschewismus als Konsequenz des Marxismus, Südd. Monatsh. (Januar 1919), 237. Vgl. auch ders., Der Kommunismus als Lehre vom 1000-jährigen Reich (München 1920).

[388] Ders., Bolschewismus, 246.

[389] Max Hirschberg, Bolschewismus. Eine kritische Untersuchung über die amtlichen Veröffentlichungen der russischen Sowjet-Republik (München, Leipzig 1919), 16f.

VI. Ausblick

gehend und unter ganz besonderen Bedingungen anwendbares Mittel der Verzweiflung deswegen nicht ab[390].

Auch FRIEDRICH ADLER bemühte sich, die bolschewistische Ausdeutung nur als eine utopische Sonderform der Kommunismusvorstellungen hinzustellen. Die Entgegensetzung von 'Kommunismus' und 'Sozialdemokratie' hielt er daher für irreführend. *Sie nennen sich Kommunisten, nicht etwa deswegen, weil die Sozialdemokratie den Kommunismus nicht anstrebt, sondern weil sie diesen auf einem anderen Wege verwirklichen wollen. Dieser Weg ist ... der Weg der russischen Revolution, d. h. des Bolschewismus*[391]. Das aber rechtfertige nicht *die Aneignung des Namens des Kommunismus für diese besondere praktische Richtung. Alles was die sogenannten Kommunisten in ihrer Agitation vorbringen, den Kommunismus als Ziel, den Klassenkampf als Mittel, die Zertrümmerung des Klassenstaates als der Unterdrückungsmaschine des Kapitalismus, das sind die alten siegreichen Ideen der revolutionären Sozialdemokratie, nur daß sie diese nicht als bloße Schlagworte, außerhalb von Raum und Zeit gebraucht, sondern sich von ihrer Durchführbarkeit Rechenschaft gibt*[392]. Adler überließ somit den Kommunismusbegriff nicht den Bolschewisten, er reklamierte ihn vielmehr für die Sozialdemokratie. 'Bolschewismus' wurde von ihm nur als eine Sonderform von 'Kommunismus' anerkannt, den er im übrigen in Übereinstimmung mit der sozialdemokratischen Gesamtmeinung wegen seines utopischen und terroristischen Charakters ablehnte. Indem er aber, ähnlich wie Bauer, den Kommunismusbegriff nicht mehr als Unterscheidungskriterium zwischen Sozialdemokratie und Bolschewismus zuließ, hielt er die Möglichkeit offen, den bolschewistischen Monopolanspruch auf den Begriff 'Kommunismus' in Frage zu stellen.

Die weitere Begriffsgeschichte von 'Kommunismus' war bis zum heutigen Tage von Auseinandersetzungen um das bolschewistische Deutungsmonopol bestimmt. Je weiter sich aber der Bolschewismus in Rußland als politisches System verfestigte, desto mehr wurde 'Kommunismus' mit der Theorie und Praxis des Sowjetstaates identifiziert.

VI. Ausblick

Mit der Durchsetzung des sowjetischen Führungsanspruches in der kommunistischen Weltbewegung war das Deutungsmonopol über den Inhalt des Kommunismusbegriffs verbunden. Der Begriff 'Kommunismus' schien sich Ende der zwanziger Jahre ein für alle Mal mit dem des 'Bolschewismus' zu decken. Er gehörte seitdem gewissermaßen zur ideologischen Grundausstattung des Sowjetstaates. Dessen politische Konsolidierung und sein wachsender internationaler Einfluß schufen die machtpolitische Voraussetzung für die Durchsetzung des begrifflichen Anerkennungsanspruches. Der Kommunismusbegriff blieb Zielbegriff einer zukünftigen Gesellschaftsordnung, deren Zukunft aber in der Realität des Sowjetstaates schon begonnen hatte. In jüngster Zeit ging die Führung der Sowjetunion sogar so weit, den

---

[390] OTTO BAUER, Weltrevolution (1919), Werke, hg. v. d. Arbeitsgemeinschaft f. d. Gesch. d. österr. Arbeiterbewegung, Bd. 2 (Wien 1976), 182ff.
[391] FRIEDRICH ADLER, Sozialismus und Kommunismus, Der Kampf. Sozialdemokratische Monatsschr. 12 (1919), 253.
[392] Ebd., 255.

Anbruch der weltgeschichtlichen Epoche des Kommunismus zu verkünden. Die Beschäftigung mit dem Endziel des Kommunismus und dessen Herbeiführung erhielt 1962 in der Sowjetunion offiziell den Namen *wissenschaftlicher Kommunismus*[393]. Ein Lehrbuch mit dem gleichen Titel legte 1972 den Inhalt dieses 'wissenschaftlichen Kommunismus' aus sowjetischer Sicht dogmatisch fest, wobei besonders auf die Einheit des Systems gepocht wurde[394]. Es handelt sich hierbei jedoch um den vergeblichen Versuch einer Festschreibung des sowjetischen Deutungsmonopols für den Begriff 'Kommunismus'. Das Plädoyer für die Geschlossenheit der kommunistischen Bewegung und das Beharren auf der Einheitlichkeit und Unteilbarkeit des Kommunismus können nicht darüber hinwegtäuschen, daß der Kommunismusbegriff neuerdings in Bewegung geraten ist[395]. Dies ist nicht so sehr eine Folge des von den sowjetischen Kommunisten zum Feindbild hochstilisierten 'Antikommunismus'[396]. Die Gegner des 'Kommunismus' können sich nämlich bis zum heutigen Tage mit der sowjetischen Festlegung des Begriffs einverstanden erklären, da dies die Denunzierung des 'Kommunismus' durch den Hinweis auf die sowjetische Realität ermöglicht. Sehr viel bedrohlicher ist für das sowjetische Begriffsmonopol der Konflikt mit China geworden. Mit dem 'maoistischen Kommunismus' stellte sich dem sowjetischen ein anderer 'Kommunismus' gegenüber. Er trat, was die inhaltliche Bestimmung des propagierten Systembegriffs anbetrifft, mit demselben Ausschließlichkeitsanspruch auf wie der 'sowjetische Kommunismus'. In allen Weltsprachen wurde 1964 von den Chinesen eine Streitschrift vorgelegt, in der das kommunistische Zukunftsprogramm Chruschtschows als 'Pseudokommunismus' bezeichnet wurde[397]. Sie gab die Richtung für die Auseinandersetzungen um den Kommunismusbegriff an, die seitdem andauern. Wie schon so oft in der Geschichte des Begriffs ist seine inhaltliche Bestimmung seitdem wieder umstritten.

Das sowjetische Auslegungsmonopol würde vollends in Frage gestellt, wenn der Begriff des *Eurokommunismus* zu einer realen Alternative zu dem des 'Sowjetkommunismus' werden sollte. Dieser neue Terminus wurde 1975 an sich geprägt, um die Abhängigkeit der kommunistischen Parteien Westeuropas von der KPdSU bloßzulegen[398]. Der Begriff machte jedoch „eine Blitzkarriere", nachdem ihn am 3. Ju-

---

[393] Vgl. Erwin Oberländer, Art. Kommunismus, SDG Bd. 3 (1969), 750.
[394] Wissenschaftlicher Kommunismus, dt. v. M. Börner u. a. (Berlin 1972); vgl. auch Wolfgang Schneider, Zur Geschichte der Theorie des wissenschaftlichen Kommunismus. Marx, Engels und Lenin über das Wesen und die Phasen der kommunistischen Gesellschaft (Berlin 1977).
[395] Börner, Wissenschaftlicher Kommunismus, 219. 560f.
[396] Vgl. ebd., 552ff. (Kap. 24: „Der Antikommunismus — die politisch-ideologische Hauptwaffe des Imperialismus").
[397] Über den Pseudokommunismus Chrustschows und die historischen Lehren für die Welt (Peking 1964).
[398] Frane Barbieri, Le scadenze di Breznev, Il Giornale Nuovo, 26. 6. 1975, zit. Manfred Steinkühler, Ursprung und Konzept des Eurokommunismus. Gespräch mit Frane Barbieri, Deutschland Archiv 10 (1977), 347ff. In ähnlichem Sinne benutzten den Terminus offenbar gleichzeitig der Chefredakteur der Turiner Tageszeitung La Stampa, Arrigo Levi, und der katholische Philosoph Augusto Del Noce. Vgl. Wolfgang Leonhard, Eurokommunismus. Herausforderung für Ost und West (München 1978), 9.

VI. Ausblick

ni 1976 zunächst der italienische Kommunistenführer ENRICO BERLINGUER und dann vor allem sein spanischer Kollege SANTIAGO CARRILLO positiv zur Kennzeichnung ihrer politischen Linie verwendet hatten[399]. Trotz aller Vorbehalte, die sie gleichzeitig äußerten, eröffneten sie damit die Möglichkeit, unter dem Begriff 'Eurokommunismus' alle Bestrebungen zusammenzufassen, die innerhalb des westeuropäischen Kommunismus auf Unabhängigkeit vom Sowjetkommunismus aus sind. Die Zukunft des Kommunismusbegriffs könnte somit wieder offen sein.

WOLFGANG SCHIEDER

Literatur

HERBERT BARTHOLMES, Brüder, Bürger, Freund, Genosse und andere Wörter der sozialistischen Terminologie (Göteborg 1970); ARTHUR T. BESTOR, Jr., The Evolution of the Socialist Vocabulary, Journal of the History of Ideas 9 (1948), 259 ff.; JACQUES GRANDJONC, Communisme/Kommunismus/Communism. Origine et développement international de la terminologie communautaire pré-marxiste des utopistes aux néo-babouvistes 1785—1842 (Ms. Karl-Marx-Haus, Trier); HANS MÜLLER, Ursprung und Geschichte des Wortes 'Sozialismus' und seiner Verwandten (Hannover 1967); ERWIN OBERLÄNDER/CLAUS DIETER KERNIG, Art. Kommunismus, SDG Bd. 3 (1969), 731 ff.

[399] HELMUT KÖNIG, Der rote Marsch auf Rom. Entstehung und Ausbreitung des Eurokommunismus (Stuttgart 1978), 9. Vgl. SANTIAGO CARRILLO, Eurokommunismus und Staat (Hamburg 1977).

Konservativ, Konservatismus

I. Einleitung. II. Zur Problemlage: 'Traditionalismus' — 'Konservatismus'. III. Traditionalistische, restaurative und konservative Denkstrukturen in der europäischen Vergangenheit. IV. Zur Wortgeschichte. V. Die Situation nach 1830. VI. Konservative Partei. VII. Die Revolution 1848/49. VIII. Im Zeichen der Reaktion. IX. Die Reichsgründungsphase. X. Ausblick.

I. Einleitung

Die Begriffe 'konservativ' und 'Konservatismus' sind Kunstwörter bzw. Neologismen, deren Auftauchen in der deutschen politischen Sprache datierbar ist. Sie waren von Beginn an stark von politischen Gegenbegriffen ('Liberalismus', 'Demokratie', 'Radikalismus') mitbestimmt und sind im Gebrauch ebenso verallgemeinert und unscharf geworden wie diese, zumal sie nicht selten über den politischen Bereich hinaus zur Kennzeichnung allgemeiner intellektueller, sozialer, moralischer Verhaltensweisen und Denkhaltungen gebraucht werden. Diese Tatsache wie die in der Gegenwart häufig anzutreffende Verwendung der Begriffe zur globalen politischen Qualifizierung ganzer Gruppen, Parteien, Generationen hat es fragwürdig werden lassen, ob man sie politisch noch sinnvoll gebrauchen kann. Dieser Randschärfenverlust und dieses Vagieren der Begriffe sind seit dem Zweiten Weltkrieg in Deutschland noch verstärkt worden durch das lange Fehlen eines bewußten und organisierten, sich selber so bezeichnenden politischen Konservatismus, der durch den Verlauf der Geschichte selber diskreditiert erscheint. Wohl gibt es eine intensive politikwissenschaftliche Diskussion, die sich mit der politischen und sozialen Funktion des Konservatismus im Prozeß der Ausbildung der Gesellschaft befaßt.

II. Zur Problemlage: 'Traditionalismus' — 'Konservatismus'

Konservatismus nicht nur als eine allgemeine menschliche Grundeinstellung, sondern als eine bewußte politische Haltung ist älter als die Anwendung des Begriffs 'konservativ' auf sie. Eine solche Haltung läßt sich in Deutschland bereits vor der Französischen Revolution als Reaktion auf die Aufklärung, auf natur- und menschenrechtliche Ideen, auf zunehmende Publizität und auf die praktischen Reformen aufgeklärter Regierungen beobachten. Daß demgegenüber „Bestehendes" bewahrt werden sollte oder, wenn Reformen nötig sind, diese an das Bestehende anknüpfen und erstarrte und depravierte Institutionen wiederbeleben sollten, war eine weit verbreitete Überzeugung, die durch einige spektakuläre Maßnahmen reaktionärer Politik — z. B. durch die wieder schärfer werdende Zensur nach dem Verbot des Illuminatenordens in Bayern 1785 oder das Woellnersche Religionsedikt 1788 in Preußen — Auftrieb erhielt. Bezeichnend für diesen Konservatismus ist es, daß er sich nicht auf den Widerstand gegen einzelne Veränderungen beschränkte, sondern gegen den alle Lebensbereiche erfassenden Wandel der Zeit richtete. Er hatte bereits politischen Charakter, war aber noch weithin eingebettet in einen allgemeinen Traditionalismus, bei dem die Ablehnung von Veränderung stärker als der Wille zu aktiver Gestaltung ist.

Karl Mannheim hat zwischen „Konservatismus als einem spezifisch historischen und modernen Phänomen" und „Traditionalismus als einer allgemeinen menschlichen Eigenschaft" unterschieden. Diese letztere sei „eine allgemein menschliche seelische Veranlagung, die sich darin äußert, daß wir am Althergebrachten zäh festhalten und nur ungern auf Neuerungen eingehen": eine formalpsychische Eigenschaft, die die Menschen in gegebenen Situationen erwartungsgemäß reagieren läßt. Konservatives Handeln dagegen sei nicht bloß formal reaktiv, sondern bedeute „ein Handeln im Sinne eines objektiv vorhandenen Strukturzusammenhanges", der historisch aufweisbar sei und in dem allein das jeweilige subjektive Handeln verstanden werden könne[1]. Diese typisierende Unterscheidung darf nicht überanstrengt werden. Auch 'Traditionalismus' ist jeweils historisch und sozial geprägt, so daß seine psychologische und anthropologische Deutung nicht ausreicht. Andererseits bleiben die in jeder politischen Einstellung wirksamen vorpolitischen Elemente im Konservatismus besonders stark. Sie resultieren aus normalerweise wenig reflektierten, individuellen wie gruppenspezifischen, stark traditionell geprägten religiösen, moralischen, ästhetischen Antrieben und materiellen Interessen und motivieren eher zu reagierendem als zu gestaltendem Tun. Dementsprechend liegt im Verhältnis von Theorie und Praxis das Schwergewicht auf der letzteren. Und es entspricht diesem Verhältnis, daß die Benennung 'konservativ' eher und öfter von außen herangetragen denn als Selbstbezeichnung gebraucht worden ist. Das darf jedoch nicht dazu verleiten, den Konservatismus einerseits politisch zu unterschätzen, ihm andererseits die anthropologische Qualität einer fundamentalen menschlichen Verhaltensweise, den Charakter einer Naturgegebenheit also, beizulegen. Damit würde eine konservative Selbstinterpretation akzeptiert, wonach konservatives Denken eo ipso ordnungsorientiert sei. Traditionalismus ist eine zwar weitgehend vorauszusetzende, nicht aber eine notwendige und gewiß keine hinreichende Bedingung für politischen Konservatismus. Dieser ist vielmehr als bewußte politische Stellungnahme von einzelnen und Gruppen aufgetreten, die sich — generell formuliert — in ihren Besitzständen, im allgemeinen Zuschnitt ihrer Lebensverhältnisse, durch Veränderungen in den ökonomischen, sozialen und politischen Verhältnissen bedroht sehen und die Abwehr dieser Gefahr mit der Bewahrung geschichtlicher Kontinuität, der Geltung von Recht und Fortgang der Kultur identifizieren. Gegen „zerstörende" Tendenzen einzutreten, halten sie für die naturgemäße Aufgabe von ordnungswahrender Obrigkeit, von Justiz und Verwaltung. Bildung und Erziehung haben nach ihrer Vorstellung die Aufgabe, den Sinn für die Werte der Tradition zu wecken und eine auf die bestehende Ordnung bezogene positive Werthaltung zu erzeugen.

Konservatives Denken und Handeln in diesem Sinne können unter der Herausforderung tiefgreifenden und umfassenden sozialen Wandels bei reaktionärer Zielsetzung durchaus radikale Züge annehmen. Wird nicht nur die Wiederherstellung einer Herrschaftsform und die Rückführung einer classe dirigeante in ihre einstige Rolle angestrebt, obwohl diese Rolle obsolet geworden ist, sondern unter Berufung auf eine einst heile, durch menschliche Hybris unwiederbringlich zerstörte Ordnung,

---

[1] KARL MANNHEIM, Das konservative Denken. Soziologische Beiträge zum Werden des politisch-historischen Denkens in Deutschland (1927), in: ders., Wissenssoziologie. Auswahl aus dem Werk, hg. v. Kurt H. Wolff (Berlin, Neuwied 1964), 412 f.

eine heile Zukunft jenseits der abgelehnten Gegenwart, dann kann Konservatismus als politisches und ideologisches Programm zum revolutionären Potential werden. Dieses komplexe Verhältnis von Traditionalismus und Konservatismus findet seinen begrifflichen Ausdruck in der Tatsache, daß einerseits stets zahlreiche Wörter aus den Bedeutungsfeldern der Dauer und Fortdauer, des organischen Wachstums, der Bewahrung, Erhaltung und Pflege, der Ordnung und des gesetzmäßigen Weitergehens, der geschichtlichen Entwicklung und der Kontinuität — also aus dem Sinnbereich des Traditionalismus — verwendet worden sind, um inhaltlich zu bestimmen, was 'Konservatismus' sei; andererseits sind traditionalistische Verhaltensweisen und Denkstrukturen immer wieder als 'konservativ' bezeichnet worden. Deshalb ist eine scharfe Scheidung der als Selbstaussage und Trendbenennung gebrauchten Begriffe für traditionalistische oder konservative politische Einstellung nicht möglich. Es läßt sich auch aus der Geschichte des konkreten Gebrauchs des Begriffs 'konservativ' keine hinreichende Auskunft über den politischen Konservatismus gewinnen. Wohl aber kann man aus dem Prozeß der Aufnahme dieses Begriffs und der unterschiedlichen Versuche, ihn zu definieren, ferner aus dem Wandel seiner Funktion und seines Stellenwertes in der politischen Diskussion auf die historische Gestalt des Konservatismus schließen.

III. Traditionalistische, restaurative und konservative Denkstrukturen in der europäischen Vergangenheit

In der Tradition abendländisch-europäischen politischen Denkens dominierte bis zur Ausformung der modernen Welt die Tendenz der Erhaltung bestehender sozialer und institutioneller Ordnung gegenüber der stets drohenden Gefahr der Zerstörung von außen und des Verfalls im Innern und, eng damit verbunden, die Forderung nach Wiederherstellung gestörter oder verdorbener Ordnung durch Erneuerung der Institutionen in ihrer angeblich ursprünglichen, ihrer Aufgabe entsprechenden idealen Gestalt. Klage über Niedergang und Verfall, über die von den Menschen selber verschuldete Heillosigkeit der Gegenwart, Warnung vor Neuerern und Neuerungen, Berufung auf von altersher geltende Wahrheit und die sie begründende Seinsordnung, Aufforderungen zur Umkehr und zur Erneuerung des Menschen und seiner Welt — das alles sind Topoi dieser Tradition, in der auch noch revolutionäre Veränderungsabsichten und tatsächliche Veränderungen als Restaurationen gerechtfertigt wurden. Konservative Denkweisen in diesem — traditionalistischen und restaurativen — Sinne haben in der Antike in der Idee eines goldenen Zeitalters einstiger Harmonie, im Mittelalter in dem Glauben an die Vorbildlichkeit der christlichen Urgemeinde, bis in die frühe Neuzeit in der Überzeugung von der Verbindlichkeit alten Rechts Gestalt gefunden.

Die Berufung auf ursprüngliche Wahrheit ist also älter als die Forderung nach planvoller Veränderung. Obwohl auch die bäuerlich-aristokratische Welt Alteuropas stets Veränderungen erfuhr, haben sich die Menschen in ihr ganz vorherrschend an überlieferten Normen orientiert und ihre Befolgung, gegebenen Falles ihre Freilegung und Wiederbelebung, als zugleich moralische und politische Aufgabe angesehen. Begriffe wie 'reformatio', 'renovatio', 'revolutio' bzw. ihre deutschen Versionen haben bis über die Mitte des 18. Jahrhunderts hinaus Rückgriff und Rücklauf zu Älterem, erneuerte und verbesserte Wiederherstellung gemeint, also gerade keine emanzipatorische und revolutionäre Qualität gehabt. Auch die kirchliche Reformation des 16. Jahrhunderts, die wichtigste — von Hegel als 'Revolution' bezeichnete — Reformbewegung in der deutschen Geschichte, verstand sich in mittelalterlichem Sinne als renovatio ecclesiae: als Rückführung zur Norm der lex Christi, deren Verwirklichung in der erneuerten Formung des Menschen nach dem Bilde Christi geschieht.

Daß die oberste Aufgabe von Herrschern und Regierungen die Erhaltung ihrer Staaten, ihres territorialen Bestands, ihrer Verfassung, der in ihnen bestehenden Besitzverhältnisse und Rechte sei, war Grundbestand des Rechtsdenkens und der politischen Praxis in Europa gewesen, die in der Haus- und Grundherrschaft ihr Analogon hatte. *Regierung*, so heißt es 1741 in ZEDLERS „Universal-Lexicon", *ist im eigentlichen und rechtlichen Verstande die Verwaltung des gemeinen Wesens und Besorgung all dessen, so zur Erhaltung und Beförderung der Wohlfahrt des Staates ersprießlich ist*[2]. „Erhaltung" des gemeinen Wohls, Erhaltung der Untertanen bei ihrer Religion, bei ihren Rechten, ihrem Eigentum, ihrem Wohlstand — das war stehende Redensart ebenso politischer Schriftsteller wie fordernder Landstände und gewährender Landesherren. Im „Landesgrundgesetzlichen Erbvergleich" von 1755 versprach der HERZOG VON MECKLENBURG-SCHWERIN seiner *gesamten Ritter- und Landschaft vollkommene Sicherheit und Erhaltung bei Ihren Rechten, Gerechtigkeiten, Freiheiten, Vorzügen, Gebräuchen und Gewohnheiten, wie solche Unsere Ritter- und Landschaft überhaupt, oder ein jeder Stand für sich alleine, und ein jeglicher derselben insonderheit, rechtsbeständig erworben und hergebracht hat*[3]. Wahlkapitulationen waren ganz auf den Ton des Erhaltens, Beibehaltens, Verbleiben-Lassens gestimmt und von der Tendenz der Besitzstanderhaltung beherrscht. Auch diejenigen Kritiker der ständischen Praxis, die nur von einer modernisierten ständischen Repräsentation und von der Reform des Reiches die Überwindung des Absolutismus erhofften, haben konservativ, d. h. für die Erhaltung der noch bestehenden Institutionen plädiert. Und selbst die Verlautbarungen aufgeklärter Fürsten und Schriftsteller über die Funktion der Regierung bedienten sich bei der Ablehnung von Willkür und bei der Betonung der strengen Gesetzlichkeit häufig der Begriffe der Erhaltung: *Der Zweck des Staats ist*, so C. G. SVAREZ in seinen Kronprinzenvorträgen 1791/92, *die äußere und innere Ruhe und Sicherheit zu erhalten, einen jeden bei dem Seinigen gegen Gewalt und Störung zu schützen*[4]. Diese Definition stand nicht im Widerspruch mit der gleichzeitigen aufgeklärten Auffassung, daß Gesetzgebung ein Mittel positiver Gestaltung und Umgestaltung sei. Umschloß doch das gedankliche Konzept der Aufklärung starke Tendenzen der Erhaltung — nicht einfach von bestehenden Verhältnissen, sondern von grundlegenden Prinzipien (des Eigentums, der erworbenen Rechte) und von fundamentalen Werten (Menschenliebe, Patriotismus, Religion, gesetzliche Ordnung, Bildung)! Dieser Wertkonservatismus der deutschen Aufklärung hat sich mit benevolent-dirigistischen Tendenzen absolutistischer Regierung eng verbunden. Gegen solchen aufgeklärtkonservativen Steuerungsabsolutismus wehrte sich der ständisch-orientierte

---

[2] ZEDLER Bd. 30 (1741), 1793, Art. Regierung.
[3] Mecklenburgische Urkunden und Daten, hg. v. H. SACHSSE (Rostock 1900), 467.
[4] CARL GOTTLIEB SVAREZ, Vorträge über Recht und Staat, hg. v. Hermann Conrad u. Gerd Kleinheyer (Köln, Opladen 1960), 228.

Konservatismus von Privilegierten. Dabei entwickelten sich die Strukturen eines Systemkonservatismus. Er zeichnete sich zuerst ab in der Reaktion gegen die radikale Aufklärung.

Dieser Prozeß läßt sich an der benutzten Erhaltungs-Begrifflichkeit wie an der verbalen Kritik und Verdächtigung der Gegner als Revolutionäre, Umstürzler, Zerstörer ablesen. Es begann nun auch die Benennung kontroverser Richtungen und Gruppen mit qualifizierenden Sammelbegriffen. Für die Antiaufklärer fehlte es lange an eindeutigen Begriffen; von der Gegenseite wurden sie 'Aristokraten', 'Obskuranten', 'Zeloten', nach dem Ausbruch der Revolution in Frankreich auch 'Royalisten', 'Hofpartei', gelegentlich schon 'Reaktionäre' genannt[5]. Auf ihrer eigenen Seite begegnet der Begriff 'Antirevolutionäre'[6] oder auch *Freunde von Wahrheit und Recht*[7]. Es vertiefte sich das Bewußtsein einer politischen Polarisierung, für die zunehmend nicht allein die Einstellung zur Revolution, sondern — in weit allgemeinerer Weise — zur Frage gewollter Veränderung bestehender sozialer und politischer Verhältnisse entscheidend war, wobei die Gründe für diesen Gegensatz über politische Zielsetzungen hinaus in den Gegebenheiten der menschlichen Natur und Gesellschaft gesucht wurden. 1805 sprach FRIEDRICH GENTZ von *zwei Prinzipien*, welche die *moralische und intelligible Welt konstituieren:* dem *Fortschreitungsprinzip* und — als seine notwendige Beschränkung — dem *Erhaltungsprinzip*[8]. ADAM MÜLLER stellte (1809) den *Geist der Erhaltung* der *Idee der Produktion* gegenüber[9], und im gleichen Sinne wollte EICHENDORFF noch 1830 in der Ersten Kammer in Frankreich die Vertretung des *Stabilen*, in der zweiten Kammer die des *Fortstrebenden, Entwickelnden, ewig Beweglichen* sehen[10].

ARETIN und ROTTECK notierten 1823 für die allenthalben in heftigem Kampf verwickelten Elemente der „Aristokratie" und „Demokratie" vielerlei Namen: *Stabilität und Fortschreiten, Grundbesitz und Geldbesitz, Haben und Sein, Freiheit und Knechtschaft, Regierung und Regierte, Ministerium und Opposition, Glauben und Verstand etc.* Aus einer Wiener Zeitschrift zitieren sie die Gegenüberstellung des *Gegebenen, Organischen oder Positiven* einerseits, des *Anorganischen, Auflösenden* andererseits. Sie selber sehen zwischen den *diesseitigen und jenseitigen Ultra* in den *Anhängern der constitutionellen Monarchie* die *wahren Freunde der Monarchen*[11]. Und FRIEDRICH ANCILLON war überzeugt (1825), daß *das Gleichgewicht zwischen dem erhaltenden und dem beweglichen, neuernden Prinzip, oder wenigstens das Beschränken und die Wechselwirkung beider das Meisterstück der Gesetzgebung* sei[12].

---

[5] Belege bei FRITZ VALJAVEC, Die Entstehung der politischen Strömungen in Deutschland 1770—1815 (München 1951), 428 f.

[6] Ebd., 428.

[7] Untertitel der Zeitschrift: Eudämonia, oder deutsches Volksglück. Ein Journal für Freunde von Wahrheit und Recht 1 (1795; Ndr. 1972).

[8] FRIEDRICH V. GENTZ, Brief v. 23. 12. 1805, Briefe an Johannes von Müller, hg. v. Joh. Heinrich Maurer-Constant, Bd. 1 (Schaffhausen 1839), 155.

[9] ADAM MÜLLER, Die Elemente der Staatskunst, hg. v. Jakob Baxa, Bd. 1 (Jena 1922), 373.

[10] JOSEPH FRH. V. EICHENDORFF, Politischer Brief, Werke u. Schr., Bd. 4 (1959/60), 1359.

[11] JOH. CHRISTOPH FRH. V. ARETIN / CARL V. ROTTECK, Staatsrecht der constitutionellen Monarchie, 2. Aufl., Bd. 1 (Leipzig 1838), VI, Anm. VII, Vorrede zur 1. Aufl. 1823.

[12] F. ANCILLON, Über den Geist der Staatsverfassungen und dessen Einfluß auf die Gesetzgebung (Berlin 1825), 118.

Mit der reaktionären Wendung in Deutschland seit 1819 verstärkte sich das Bedürfnis nach begrifflich deutlicher Definition der politischen Standorte. Dabei gewann die Positionsbezeichnung 'liberal' insofern eine Leitfunktion, als sie früher auftrat und die Benennung der Gegenposition verlangte. 1823 benutzte WILHELM TRAUGOTT KRUG in Leipzig — wohl als erster — den Begriff *Antiliberalismus*, den er für geeigneter hielt als *Illiberalismus* und *Servilismus*, die ein Übermaß anzeigten[13]. Vier Jahre später kannte Krug nur noch zwei Parteien, welche *mit den Namen der Liberalen und der Servilen bezeichnet werden*. Der *Antiliberalismus* war für ihn nun *absoluter Servilismus*[14]. Und 1829 führte er dann die Begriffe *Torysmus* als gleichbedeutend mit *Autokratismus* und *Illiberalismus*, ferner *Ultraroyalismus* auf[15]. Aufschlußreicher noch sind die begrifflichen Bemühungen LUDWIG HARSCHERS VON ALMENDINGEN, sofern sie auf ein Grundproblem der politischen Orientierung verweisen: die Formulierung von Positionen zwischen den Extremen. Die *revolutionäre Partei* kennzeichnete Harscher 1823 als *umstürzenden Liberalismus* oder auch als *politische Unitarier*, ihr Gegenstück als *konservatorischen Obskurantismus* oder auch (im Hinblick auf die Reaktionspartei am Berliner Hof) als *umstürzenden Obskurantismus*. Er selber optierte für einen *konservatorischen Liberalismus*, der die *Erhaltung des Bestehenden* mit der *Freiheit des Denkens*, der Rede und des Drucks verbindet[16].

Billig, gesetzlich, und was noch mehr ist, konservatorisch bezeichnete auch HANS VON GAGERN 1820 sein politisches Handeln[17], obwohl er sich ebensowenig wie viele andere Zeitgenossen hätte sagen lassen, er denke nicht auch liberal. Die Überzeugung, daß der zu beschreitende Weg der politisch-sozialen Entwicklung in der Mitte zwischen Veränderung und Beharrung liege, daß beim Fortschreiten Kontinuität gewahrt werden müsse, ist unter deutschen Gebildeten im 19. Jahrhundert, ob sie sich selber mehr liberal oder konservativ verstanden, verbreitet geblieben. Sie hat nicht nur immer wieder zu vermittelnden und abschirmenden Begriffsprägungen geführt, sondern auch zu einer gewissen Begriffsundeutlichkeit und eben deshalb zu Begriffsablehnungen.

Das gilt für konservative politische Positionen mehr als für liberale. Bis 1830 wurde keine vorgeschlagene Bezeichnung wirklich angenommen; offenbar fehlte dafür sowohl das zwingende Bedürfnis als auch die Bereitschaft, denn keiner der gebrauchten Begriffe umfaßte die ganze Skala z. T. recht diffuser traditionalistischer, restaurativer und konservativer Vorstellungen. Das änderte sich, als mit der Julirevolution in Frankreich das politische Klima auch in Deutschland sich wandelte. Man mußte einsehen, daß die Revolution nicht besiegt, die Restauration nicht möglich und Entscheidung zwischen den Kräften der Erhaltung und denen

---

[13] WILHELM TRAUGOTT KRUG, Geschichtliche Darstellung des Liberalismus alter und neuer Zeit. Ein historischer Versuch (Leipzig 1823), X.
[14] KRUG Bd. 2 (1827), 628 f.
[15] Ebd., Bd. 4 (1829), 201. 259.
[16] Nach KARL-GEORG FABER, „Konservatorischer Liberalismus", „Umstürzender Liberalismus", „Konservatorischer Obskurantismus". Aus dem Briefwechsel zwischen Marschall und Almendingen (1823), Nassauische Annalen 78 (1967), 200 ff.
[17] Zit. HELLMUTH RÖSSLER, Zwischen Revolution und Reaktion. Ein Lebensbild des Reichsfreiherrn Hans Christoph von Gagern 1766—1852 (Göttingen, Berlin, Frankfurt 1958), 270.

der Veränderung gefordert war. Parteinahme, noch immer leicht mit dem Vorwurf der Einseitigkeit bedacht, schien unausweichlich, und sie brachte die Notwendigkeit der definierenden, bekennenden und appellierenden Benennung mit sich. In dieser Situation erhielt der Ausdruck 'konservativ' — im Deutschen ein Fremdwort — sein politisches Profil.

IV. Zur Wortgeschichte

Die wortgeschichtliche wie die bedeutungsgeschichtliche Herkunft von lat. 'conservare' („aufbewahren, instandhalten, retten") liegt offen zutage und ist stets bewußt gewesen. Schon im Lateinischen ist das Wort in wertakzentuierten Bedeutungsbereichen anzutreffen: das nomen agentis 'conservator' erscheint synonym für 'custos', 'servator'. In der Augusteischen Zeit erscheint 'conservator' als Epitheton der Kaiser einmal als Legende einer von Senat und römischem Volk gewidmeten Münze „Paren(ti) Conser(vatori) suo"; häufiger ist dieses Epitheton für den Kaiser erst im 3. Jahrhundert verwendet worden[18]. Im Christentum kommt vereinzelt 'conservator' neben 'salvator' für den Heiland vor. Im Altfranzösischen ist 'conserver' bereits 842 im Sinne von „einen Eid halten" belegt[19]; wichtiger ist die Übernahme von lat. 'conservator' in die Juristensprache des Südens gewesen (altprovencalisch 'conservador'), von wo es mit der Ausdehnung des römischen Rechts ins Französische überging[20]. Abgesehen von der Bezeichnung Gottes als *créateur et ... conservateur de toutes choses*[21] wird der Name 'conservateur' seit dem 14. Jahrhundert vor allem denjenigen beigelegt, deren Amt die Bewahrung von Recht und Eigentum ist: *Le Prince est naturellement le conservateur des biens et de la liberté de ses sujets*[22].

Ohne eine scharfe Abgrenzung zu diesem älteren, juristisch-administrativen Sprachgebrauch vorzunehmen, kann man doch erst mit der großen Revolution die Voraussetzungen erkennen, unter denen 'conservateur' ('conservatrice') zu einem politischen Begriff geworden ist — und zwar zunächst nicht zur Bezeichnung einer antirevolutionären Position, sondern einer Politik, die die revolutionären Errungenschaften bewahrt. Schon 1789 wird von einer *constitution conservatrice de la liberté des lois* gesprochen[23]. Der 1794 angekündigte „Conservateur ou Journal historique de la République française" soll die *vrais principes de la liberté* sichern[24]; und in einem Bericht vom 18. Thermidor des Jahres IV findet sich die Formulierung *un gouvernement tutélaire et conservateur*[25], die auf NAPOLEONS berühmte Erklärung vom 19. Brumaire 1799 — *Les ideés conservatrices, tutélaires, „libérales" sont*

---

[18] SETH WILLIAM STEVENSON / C. ROACH SMITH / FREDERIC WILLIAM MADDEN, A Dictionary of Roman Coins, Republican and Imperial (London 1889; Ndr. 1969), 600 ff.
[19] FEW Bd. 2/2 (1946), 1065.
[20] Ebd., 1066.
[21] Dict. Ac. franç., t. 1 (1694), 235.
[22] Ebd., t. 1 (1777), 245. Vgl. Encyclopédie, t. 17 (Bern, Lausanne 1779), 75: *Conservateur est un officier public établi pour la conservation de certains droits ou privilèges.*
[23] BRUNOT 2ᵉ éd., t. 9/2 (1967), 840, Anm. 6.
[24] JEAN CHARLES DE LAVEAUX, Prospectus zu: Le Conservateur (Paris 1794).
[25] Zit. ALPHONSE AULARD, Histoire politique de la Révolution française (Paris 1901), 625.

rentrées dans leur droit par la dispersion des factieux qui opprimaient les Conseils[26] — vorausweist. Von größerem Einfluß auf Napoleons Verwendung des Ausdrucks, die mit der Schaffung des Sénat Conservateur Ende 1799 (Tit. II der Verfassung vom 22. Frimaire VIII) gleichsam offiziell wurde, dürfte indes Mme DE STAËLS Schrift „Des circonstances actuelles qui peuvent terminer la Révolution" gewesen sein. In ihr hatte sie festgestellt, durch nichts werde das Repräsentativsystem so mißkreditiert wie durch die Verkündigung uneingeschränkter Prinzipien der Freiheit. *Il vaudrait mieux former un Corps conservateur ... Il y a deux grands intérêts élémentaires ... qui se partagent le monde: le besoin d'acquérir et celui de conserver ... En plaçant dans une institution conservatrice les principaux auteurs de la Révolution, vous réunissez des avantages presques contraires: vous placez les principes démocratiques sous la sauvegarde des formes aristocratiques et, comme les partisans des préjugés ont pris de tous les temps de grandes précautions pour se préserver des bouleversements, vous vous servez contre eux de quelques-unes de leurs fortifications*[27].
In dieser Verwendung ist der Ausdruck auf die Ergebnisse der Revolution selber bezogen, die in Abwehr der Konterrevolution wie der zweiten, radikalen Revolution bewahrt werden sollen; er ist dann jedoch zunehmend zu einem Begriff geworden, der das Selbstverständnis des Napoleonischen Systems ausdrückt, das die Revolution voraussetzt, aber auch abschließt. Erst als nach der Wiederherstellung der bourbonischen Monarchie sich Parteikonstellationen ausbildeten, die sich nach dem Grade der Anerkennung der zwischen 1789 und 1814 geschehenen Veränderungen und nach der Beurteilung der Charte constitutionelle als Ende dieser Veränderungen oder als Grundlage konstitutioneller Weiterentwicklung unterschieden, trat der Begriff 'conservateur' seinen Weg als programmatische politische Richtungs- und Parteibenennung an, die auch außerhalb Frankreichs aufgenommen wurde. Am Anfang dieses Weges stand Chateaubriands Wochenzeitschrift „Le Conservateur" (1818—20), ein Organ der Royalisten und — kennzeichnend für den politischen Konservatismus — eine Gegengründung zur liberalen „Minerve française". Wenn auch der Gegensatz zum Liberalismus, als angeblich bloßer Durchgangsstufe zur Demokratie, wesentlicher Bestandteil der Zielsetzung des „Conservateur" war, so doch nicht die Rückkehr in vorkonstitutionelle Zeiten. *Nous voulons la Charte: nous pensons que la force des royalistes est dans la franche adoption de la monarchie représentative ... Le Conservateur soutiendra la religion, le Roi, la liberté, la Charte et les honnêtes gens*[28]. Diese Bedeutung des Konservatismus (vor der Wortbildung), nämlich das Eintreten für Legitimität und Autorität gegen Volkssouveränität und Freiheit im Sinne eines monarchisch betonten Konstitutionalismus ist von ideologisch konsequenten Konservativen wie Bonald als zu schwach angesehen, aber doch zunehmend — auch in Deutschland — als „wahrer" Konservatismus vertreten worden.
Im Rückblick hat CHATEAUBRIAND 1839 die Wirkung seiner kurzlebigen Zeitschrift sehr hoch angeschlagen: sie habe eine *révolution* bewirkt, in Frankreich die Mehrheitsverhältnisse in der Kammer und im Ausland den Geist der Kabinette

---

[26] BRUNOT t. 9/2, 661.
[27] GERMAINE DE STAËL, Des circonstances actuelles qui peuvent terminer la Révolution (1798), éd. John Viénot (Paris 1906), 165. 173 f.
[28] Le Conservateur, 1. Ausg. v. 5. 10. 1818, 7.

gewandelt. *Les Tories ont pris le nom de Conservateurs, nom qui n'est pas dans la langue anglaise*[29]. Dabei ist bezeichnend, daß die Selbstbenennung als 'conservateur' immer noch die personalistische Variante des Ausdrucks vorzieht, ohne schon die abstraktere Variante einer -ismus-Bildung zu kennen. Wenige Jahre später, 1842, wurde 'conservateur' im „Complément" des „Dictionnaire de l'Academie française" als politischer Parteibegriff verzeichnet (*parti ... qui défend l'ancienne constitution de l'Etat et de l'Eglise avec leurs abus*), der von England nach Frankreich übernommen sei, *pour désigner les partisans de l'ancien ordre de choses*[30]. In England selber war 1830 erstmals von JOHN WILSON CROKER die alte Tory Party bewußt und „mit mehr Recht" *(with more propriety)* als 'Conservative Party' bezeichnet worden: *A party which we believe to compose by far the largest, whealthiest, and most intelligent and respectable portion of the population of this country, and without whose support any administration ... will be found deficient both in character and stability*[31]. Vorausgegangen war ein Wortgebrauch, der offensichtlich von Frankreich beeinflußt wurde. Der *great aristocracy* und dem *parti conservateur* sprach WELLINGTON 1827 die Aufgabe zu, die Krone vor Schaden zu bewahren *by moderation, by consistency, by firmness and good temper*[32]. Mit dem Ausbruch der Auseinandersetzungen um die Wahlrechtsreform nach 1830 gewinnen dann „conservative principles" an politischem Profil. Sie werden den „subversive principles" entgegengestellt. Als Bezeichnung einer law and order-Haltung setzte 'conservative' sich zwar noch nicht allgemein durch, aber es trat jetzt in dieser Bedeutung auf, die — auch in Deutschland — für einen mittleren Sektor der Anwendungsskala des Begriffs 'Konservatismus' bis heute kennzeichnend geblieben ist.

Wie in Frankreich so gehört auch in England zu diesem Begriff stets der Gegenbegriff. 1831 stellt das „Edinburgh Magazine" fest, daß die Begriffe 'Whigs' und 'Tories' fast vergessen seien, *or lost in distinctions of more recent creation. Between the 'Conservatives' and the 'Radicals' of the present generation there exists a far wider difference, and of a far more vital character*[33]. Und ROBERT PEEL definiert 1833: *The chief object of that party which is called Conservative ... will be to resist Radicalism, to prevent those further encroachements of democratic influence which will be attempted*[34]. Tatsächlich hat sich der englische Konservatismus, der gelegentlich von einem Ultra-Toryismus abgehoben wurde[35], im 19. Jahrhundert als reformwillig erwiesen.

Als nach 1830 in Deutschland der Neologismus 'konservativ' zunächst als englische

---

[29] FRANÇOIS RENÉ DE CHATEAUBRIAND, Mémoires d'outre-tombe, éd. Maurice Levaillant, 2ᵉ éd., t. 2/3 (Paris 1964), 29.

[30] Dict. Ac. franç., Complément (1842), 268.

[31] JOHN WILSON CROKER, International Policy, The Quarterly Rev. 42 (1830), 276.

[32] WELLINGTON an Lord Londonderry, 20. 4. 1827, zit. ELIE HALÉVY, Histoire du peuple anglais au XIXᵉ siècle, 2ᵉ éd., t. 3 (Paris 1928), 61 f., Anm. 3.

[33] Blackwood's Edinburgh Magazine, April 1831, 593, zit. UNO PHILIPSON, Political Slang 1750—1850 (Lund, London, Kopenhagen 1941), 85.

[34] ROBERT PEEL an Henry Goulburn, 3. 1. 1833, zit. ERNEST LEWELLYN WOODWARD, The Age of Reform 1815—1870, The Oxford History of England, 2nd ed., vol. 13 (Oxford 1962), 97.

[35] HENRY GOULBURN an Robert Peel, 8. 12. 1834, zit. GEORGE S. R. K. CLARK, Peel and the Conservative Party, 2nd ed. (London 1964), 209.

Parteibezeichnung, dann für die — wie man glaubte — entsprechende politische Richtung übernommen wurde, da kannten politisch interessierte Leser gewiß Chateaubriands „Conservateur"[36], und den Gebildeten waren die Fremdwörter 'conserviren' — 'Conservation' in der Bedeutung „erhalten", „Bewahrung", aber ohne direkten politischen Bezug, natürlich geläufig. So waren sie in den Wörterbüchern seit der Mitte des 18. Jahrhunderts erläutert worden, und so wurden sie übersetzt[37]. Der Napoleonische Sénat Conservateur wird in der ersten „Feldzeitung der Preußischen Armee" 1814 *Erhaltungs-Senat* genannt![38] Nach 1830 erscheint 'konservativ' auch im Deutschen als ein politisch gebrauchtes Wort, mit dem sich allerdings noch für längere Zeit keine klaren, jedermann verständlichen Vorstellungen verbanden. 1833 bezeugt der BROCKHAUS, daß die Gegner der *Partei der Bewegung* sich *neuerdings Conservative* nennen[39]. Bald setzen schon differenzierende und apologetische Definitionsbemühungen ein, die „gemäßigte", „wahre" und „echte" Konservative von Ultras und Reaktionären unterscheiden. Die Abwehr von Mißverständnissen geht mit Versuchen zur Standortbestimmung einher, die im eigenen Lager offenbar kaum mehr Zustimmung gefunden haben als bei Gegnern. Daß gleichwohl das Wort 'Konservative' sich auf die Dauer als allgemeine Bezeichnung für die politischen Gegner der Revolution, des Liberalismus und Sozialismus, der Demokratisierung und Modernisierung durchgesetzt hat, obwohl die Konservativen selber sich oft dagegen gewehrt haben, hängt wohl damit zusammen, daß es als Neologismus, als politisches Kunstwort, welches Aufmerksamkeit erregt, besonders geeignet war, zum Kenn- und Signalwort für eine politische Richtung zu werden, die zwar schon vorher existierte, aber weder Klarheit der Ziele noch einen überzeugenden eigenen Namen besaß. Über einen solchen zu verfügen, war — noch mehr für die Gegner der Konservativen als für diese selber — ein Gebot der politischen Auseinandersetzung und ein Bedürfnis des politischen Vokabulars. So ist 'konservativ' zunächst vor allem als Fremdbezeichnung von Gegnern und Kritikern der Konservativen gebraucht worden, die damit eine politische Einstellung charakterisieren wollten, die sich notwendigen Reformen verschließt, ständischem Denken und dem Interesse der Besitzstandsverteidigung verhaftet ist und à tout prix die Erhaltung des „Bestehenden" vertritt. Im BROCKHAUS von 1833 sind die *Conservativen* als diejenigen beschrieben, *welchen der gegenwärtige Zustand Vorteile bringt, in deren Besitz sie sich schützen wollen, und welche jede Untersuchung der Rechtmäßigkeit jener Vorteile abweisen, weil der Besitz selbst schon das Recht* sei;

---

[36] Erwähnung z. B. im Briefwechsel zwischen Gentz und Metternich; Briefe von und an Friedrich von Gentz, hg. v. FRIEDRICH CARL WITTICHEN u. ERNST SALZER, Bd. 3/1 (München, Berlin 1913); METTERNICH an Gentz, 30. 4. 1819, ebd., 420; GENTZ an Metternich, 6. 5. u. 1. 7. 1819, ebd., 424. 478. Vgl. auch Gentz' Bericht vom 18. 10. 1822 über seine Begegnung mit Chateaubriand: *Als die beiden großen Epochen dieser kühnen Reaction bezeichnet er — in Frankreich die Stiftung des Conservateur — in Deutschland den Kongreß von Karlsbad;* Aus dem Nachlasse Friedrichs von Gentz, hg. v. ANTON FRANZ PROKESCH-OSTEN, Bd. 1 (Wien 1867), 78.
[37] HÜBNER (Ausg. 1742), 92. — Für die Bedeutung „erhalten", „aufbewahren" finden sich Belege bis zurück ins 16. Jahrhundert; SCHULZ/BASLER Bd. 1 (1913), 382.
[38] Feldzeitung der Preußischen Armee, Nr. 45 v. 12. 1. 1814; zit. Preußens Freiheitskampf 1813/14. Eine zeitgenössische Darstellung, hg. v. KURT HESSE (Potsdam, Berlin 1940), 223.
[39] BROCKHAUS 8. Aufl., Bd. 1 (1833), 851.

ferner als Menschen, die der *unbedingten Stabilität* huldigen und sich mit dem *Schilde der Legitimität* decken[40]. Ein anderer Definitionsversuch aus denselben Jahren geht schon von der Existenz zweier gegenüberstehender *Parteien* aus. Während die eine die schnelle und durchgehende Umgestaltung der bestehenden politischen Ordnung verlange, weise die andere *jede Veränderung außer der langsam und unmerklich, ohne alle äußere Veranlassung von selbst hervortretenden, die einmal unvermeidlich in der Natur aller irdischen Dinge liegt,* zurück. Die letzteren *haben sich in neuerer Zeit den passenden Namen der Conservativen beigelegt, nach dem Vorgange der britischen Tories, denen das Erhalten und Conserviren als die würdigste Aufgabe des Staatsmannes und des Staates erscheint*[41]. Im gleichen Jahr (1835) sieht FRANZ VON BAADER das wahre Prinzip der *Conservation* darin, *daß man sich nie erlaubt, den Faden der Geschichte (Tradition) abzureißen ..., und daß man die Ausgleichung der Vergangenheit mit der Zukunft nur durch ihr beständiges Ineinanderführen bezweckt*[42].

Die Erklärungsbedürftigkeit des *neuesten* Namens der *Conservativen*[43] — sie bleibt in hohem Maße bestehen! — ist wesentlich durch die Natur des Konservatismus bedingt: durch die Vielschichtigkeit der konkreten Interessen, die Abneigung gegenüber programmatischen Prinzipien- und Zielformulierungen, die Neigung zur Identifizierung des eigenen Verhaltens und Wollens mit den Grundstrukturen natürlicher Ordnung und den Ergebnissen geschichtlicher Entwicklung. Hinzu kam in Deutschland für ungefähr anderthalb Jahrzehnte die Unsicherheit gegenüber einem Begriff, der in England Name einer Partei innerhalb eines erheblich früher entwickelten politischen Systems war und bei seiner Übernahme in ganz andere politisch-soziale Verhältnisse, die infolge größerer Interessendivergenzen und geringer entwickelter politischer Konsensfähigkeit ein Zweiparteiensystem nicht zuließen, Mißverständnisse erzeugen mußte. Die Begriffspolarität 'konservativ-liberal' erwies sich, so lange an sie nicht nur prinzipienpolitische und ideologische Ansprüche gestellt wurden, überhaupt als zu starr. Durch Definitionsbemühungen und progammatische Begründungen wurden beide Begriffe so sehr differenziert und aufgeweicht oder so grundsätzlich und allgemein interpretiert, daß sie sich im praktischen Gebrauch immer wieder dem Vorwurf aussetzten, bedeutungsleer zu sein. Das Substantiv 'Konservatismus' (auch 'Konservativismus') aber, das die volle Verselbständigung und Annahme des Begriffs als Name einer politischen Position, Richtung, Ideologie oder Partei markieren würde, taucht zwar um 1840 gelegentlich auf, setzt sich jedoch nicht wirklich durch, am wenigsten bei den Konservativen selber.

---

[40] Ebd.
[41] KARL HEINRICH HERMES, Die wahre Ursache der allgemeinen Gährung (1835), in: ders., Blicke aus der Zeit in die Zeit. Randbemerkungen zu der Tagesgeschichte der letzten fünfundzwanzig Jahre, Bd. 1 (Braunschweig 1845), 239 f.
[42] FRANZ V. BAADER, Über das dermalige Mißverhältniß der Vermögenslosen oder Proletairs zu den Vermögen besitzenden Classen der Societät in Betreff ihres Auskommens sowohl in materieller als intellektueller Hinsicht aus dem Standpuncte des Rechts betrachtet (1835), SW Bd. 6 (1854; Ndr. Aalen 1963), 127, Anm.
[43] So RADOWITZ noch 1846 (s. u. Anm. 84)!

V. Die Situation nach 1830

Die französische Julirevolution von 1830 hat das politische Klima in Europa stärker verändert, als am Ausmaß institutioneller Veränderungen abgelesen werden kann. Sie machte bewußt, daß der in der großen Revolution des ausgehenden 18. Jahrhunderts und in der Ära Napoleons hervorgetretene demokratische Trend und die dahinter stehende soziale Dynamik nicht überwunden waren und die politische Entwicklung nicht in maßvoll-evolutionäre Bahnen zurückgelenkt werden konnte. Mit der Einsicht, daß die soziale und politische Wirklichkeit in einem nicht aufzuhaltenden Wandel begriffen war, stellte sich die Frage nach dem Maß notwendiger, erwünschter oder zulässiger Veränderung oder Bewahrung. Durch zunehmende politische Öffentlichkeit sahen sich die Menschen zur Parteinahme herausgefordert: zur Formulierung ihrer Vorstellungen von gesellschaftlicher und staatlicher Ordnung, von dem, was getan oder verhindert werden, und wie dies geschehen sollte — und zwar in der Absicht, damit die Zustimmung anderer zu finden, Solidaritäten zu stiften, Gegner zu identifizieren und zu bekämpfen. Dazu waren signalisierende Begriffe, politische Namen notwendig.

Dennoch setzte sich die Bezeichnung 'konservativ' nicht so durch, als hätten die konservativen Kräfte nur auf ein zündendes Wort gewartet. In seinem Aufsatz über „Parteinamen und Parteigeist", die er beide für Übel hält, kennt FRIEDRICH BÜLAU 1831 nur *Royalisten* und *Liberale*[44]; 1833 nennt er das Landvolk *ein wichtiges conservatives Element im Staate*[45], und noch 1846 stellt er fest, daß *eine eigentlich conservative Partei ... in Teutschland, aus Mangel an Erfahrung, noch fehlt, oder wenigstens ungeordnet und schlaff ist*[46]. RADOWITZ, dem 1832 der Begriff 'Liberalismus' ganz geläufig ist (und einen Komplex von *Irrlehren* umfaßt), kennt zu dieser Zeit noch keinen Gegenbegriff[47]; in einem „Die politischen Parteien" überschriebenen Aufsatz reduziert er ihre Gegensätze *auf zwei Hauptrichtungen ...: die Wahrheit und die Unwahrheit*, um dann als Credo eines restaurativen Konservatismus dem *absoluten Staat*, auf den jene *Irrlehren* zielen, einen *auf Privatrechten gegründeten germanisch-christlichen Staate* entgegenzustellen[48]. Dieser Aufsatz erschien in dem „Berliner Politischen Wochenblatt", dem führenden Organ der preußischen Konservativen im Vormärz, das de Maistres Wort „Nous ne voulons pas la contrerévolution, mais le contraire de la révolution" als Motto trug, und als dessen Zweck ihr Herausgeber CARL ERNST JARCKE es bezeichnete, *der Revolution in jeder ihrer Gestalten entgegenzutreten* und die Lehren des *falschen Liberalismus* zu widerlegen[49]. Im ersten Jahrgang wird über Chateaubriands „Conservateur" gesagt, *daß kein Volk, keine Partei in einer periodischen Schrift ein so imponierendes*

---

[44] FRIEDRICH BÜLAU, Parteinamen und Parteigeist (1931), in: ders., Zeitfragen aus dem Gebiete der Politik und Volkswirthschaft, Ges. Aufs. (Leipzig 1846), 303.

[45] Ders., Über die Ergänzung des Militairs (1833), ebd., 141, Anm.

[46] Ders., Nachwort zu den vorhergehenden Aufsätzen, ebd., 98.

[47] JOSEPH MARIA V. RADOWITZ, Die Varietäten des Liberalismus, Berliner Polit. Wochenbl., Nr. 31 v. 4. 8. 1832, 200.

[48] Ders., Die Politischen Partheien, ebd., Nr. 35 v. 1. 9. 1832, 221 f.

[49] CARL ERNST JARCKE, Stiftung, Zweck und Tendenz des Berliner politischen Wochenblattes. Prospektus (1831), Vermischte Schr., Bd. 1 (München 1839), 1 f.

V. Situation nach 1830

Ganzes dargeboten habe[50], und viel über die englische *Conservativpartei* (auch *konservative Partei*) berichtet, wobei erläuternd hinzugefügt wird, daß dieser Name den *redlichen Anhängern der sogenannten Torypartei von ihren Gegnern beigelegt worden sei*[51]. Zwar wird der Hoffnung Ausdruck gegeben, der alte englische Gegensatz zwischen Tories und Whigs werde sich in den *einzig entscheidenden der Conservativen und Destruktiven auflösen*, dieser damit *als der die Gegenwart beherrschende angesehen*[52]; dennoch wird 'konservativ' noch nicht für die eigene Position in Anspruch genommen. Offenbar erscheint der Begriff noch zu sehr den englischen Verhältnissen zugehörig, den strikten Gegnern der Revolution wie des Liberalismus aber auch zu schwach. 1838 lehnt GÖRRES die *britische Einteilung in Whigs und Torys* für Deutschland ab, weil vor allem Tories hier nicht anzutreffen seien. Er selber spricht noch immer von der *sogenannten Bewegungspartei* und ihrem Extrem, der *mobilrevolutionären*, einerseits, der *stabilen* mit ihrem Extrem, der *stabilabsoluten* Partei, andererseits[53].

Ein ähnlicher Begriffsgebrauch bleibt auch auf der nichtkonservativen Seite nach 1830 zunächst bestimmend. Der BROCKHAUS stellt 1832 fest, daß *in unseren Tagen* von einer *Partei der Bewegung* und einer *Partei der Reaction* gesprochen werde, findet den letzten Ausdruck allerdings unzutreffend, weil die *Reaction* genau genommen *nur das erhalten, wiedergewinnen und befestigen will, was eben angefochten wird und zum Teil verloren ist, also doch zuletzt nur einen Stillstand beabsichtigt*[54]. 1833 unterscheidet der BROCKHAUS bei den Gegnern der *Partei der Bewegung* zwischen *Conservativen* und anderen, *welche zwar die Notwendigkeit von Reformen zugeben . . . , aber nur eine richtige Mitte dabei behaupten, d. h. nicht nur übertriebenen und gewalttätigen Maßregeln (Revolutionen) widersprechen, sondern auch zuweilen aus Mangel an Einsicht und Kraft gerechten, aber entschiedenen Abänderungen entgegen sind*[55]. In der Einleitung zum ersten Band von ROTTECKS und WELCKERS „Staatslexikon" 1834 wird von den beiden politischen *Hauptrichtungen des Liberalismus und Servilismus* gesprochen. Der letztere vertrete *aristokratische und servile Stabilitätstheorien*, fordere *das in sich zusammengesunkene Gerüste kastenmäßig abgesonderter Feudalstände* zurück und verwandle *den freien Verein freier Menschen in einen willenlosen Naturorganismus*[56]. An anderer Stelle wird zwischen *Bewegungs-Partei* und *Widerstands- oder Stillstands-Partei* unterschieden. Diese Bezeichnungen seien in Frankreich kurz nach der Julirevolution aufgekommen *(parti du mouvement, parti de la résistance)*, dann aber schnell angewendet worden zur Kennzeichnung der national in Nuancen unterschiedlichen, grundsätzlich aber gleichen *großen Gegensätze, nämlich der Prinzipien des Voranschreitens und des Stillstehens oder gar Zurückschreitens.* In England führten sie die Parteinamen der *Reformers und Conservativen,* an anderen Stellen unterscheide

---

[50] Berliner Polit. Wochenbl., Außerordentliche Beilage, Nr. 37 v. 15. 9. 1832, 237.
[51] Ebd., Nr. 1 v. 5. 1. 1833, 1; Nr. 5 v. 2. 2. 1833, 28; Nr. 17 v. 27. 4. 1833, 101.
[52] Ebd., Nr. 51 v. 20. 12. 1834, 303.
[53] JOSEPH GÖRRES, Athanasius (1838; 4. Aufl. Regensburg 1838), 10. 98.
[54] BROCKHAUS, CL neueste Zeit, Bd. 1 (1832), 245.
[55] BROCKHAUS 8. Aufl., Bd. 1, 851.
[56] CARL WELCKER, Allgemeine encyklopädische Übersicht der Staatswissenschaft und ihrer Theile, ROTTECK/WELCKER Bd. 1 (1834), 4. 6.

man *Constitutionelle und Absolutisten,* ... *Liberale und Antiliberale oder Stabile,* ... *Julius-Männer* und ... *Legitimisten,* ... *Anhänger des natürlichen und des historischen Rechts.* Der *Widerstands-Partei* werden neben *der ganz exzentrischen Reactions-Faction* und *den allzu starren Conservativen* diejenigen zugerechnet, die durch Privat- und Standesinteressen abgehalten oder unfähig sind, *das wahre Verhältnis zwischen natürlichem und historischem oder vernünftigem und positivem Recht zu erkennen und aus Furcht nach Ruhe verlangen,* ferner diejenigen, die Privilegien verteidigen und für alle *idealen Interessen* unansprechbar sind, schließlich diejenigen, die sich reformbereit geben, aber *nur eine behutsame und auf das Fortbauen auf den gegebenen historischen Boden beschränkte ... Bewegung* akzeptieren wollen[57].

ROTTECK, der Verfasser der hier herangezogenen Artikel, verschärft einige Jahre später seine Argumentation noch. Indem er sich zum *Radicalismus* bekennt, d. h. zu dem *die völlige Erreichung des Zieles, also die vollkommene Herrschaft des Vernunftrechtes sich zur Aufgabe setzenden Systeme,* und ihm den *Conservatismus* entgegenstellt, nämlich das *schlechthin die Erhaltung alles Bestehenden, ohne Unterschied, ob es gut oder schlecht sei, bezweckende System,* sieht er die Begriffe *Radicalismus* und *Conservatismus* besser geeignet, *die Gegensätze ... der Parteien* zu verdeutlichen, als es *Revolution* und *Reaction* können. Rotteck lehnt zugleich die Bezeichnung 'destruktives System' ab, weil dieser Begriff nur zur Verleumdung der Liberalen diene[58].

Der Begriff 'Konservatismus', der hier erstmals in voller Bedeutung als politischer Begriff begegnet, wird im „Staatslexikon" nicht festgehalten. Auch der negative Akzent gilt nicht durchgängig. Jeder *wahre Liberale,* so meint WELCKER 1838, sei weit davon entfernt, *eine conservative Richtung, eine Verteidigung der Regierungsrechte an sich tadeln zu wollen... Ohne Erhaltung und festen Bestand, ohne die conservative, historische und stabile Richtung auf sie, ohne festes, gesichertes und geachtetes Recht der Regierung kann auch ein freies Staatsleben gar nicht bestehen.* Einen solchen Konservatismus sieht Welcker bei Gentz; bei ihm und bei Burke könnten die *heutigen deutschen Conservativen* keine Zustimmung zu ihren *servilen, jede wahre Staatsverfassung auflösenden Grundsätze* suchen[59]. Die hier angesprochene Nähe eines „besonnenen" Konservatismus zu einem „wahrhaften" Liberalismus, die Welcker allerdings in seiner eigenen Zeit nicht findet, ist ein wichtiges Thema in der weiteren Diskussion in Deutschland geblieben.

Für das Zeitbewußtsein der Jungdeutschen gab es auf der Gegenseite des *Fortschritts,* bei den *Conservativen* — den *Besitzenden, vornehm Ruhenden* —, nur den *Rückschritt*[60]. Während des Kölner Kirchenstreits wurde der Begriff *konservativ,* etwa von KARL GUTZKOW, im Hinblick auf die Katholiken in aggressiver Weise

---

[57] CARL V. ROTTECK, Bewegungs-Partei und Widerstands- oder Stillstands-Partei, ebd., Bd. 2 (1835), 558 f. 562 f.
[58] Ders., Historisches Recht, ebd., Bd. 8 (1839), 12.
[59] WELCKER, Gentz, ebd., Bd. 6 (1838), 530. 532.
[60] THEODOR MUNDT, Windrosen. Zur Orientierung in Zeit, Literatur und Leben, Literarischer Zodiacus. Journal f. Zeit u. Leben, Wiss. u. Kunst (1835), Bd. 1, 176; FERDINAND GUSTAV KÜHNE, Eine Quarantäne im Irrenhause (Leipzig 1835), 131.

V. Situation nach 1830 — Konservativ

verwendet[61], während in den „Hallischen Jahrbüchern" lieber von *Reaction* gesprochen wurde[62]. Noch 1843 nannte GEORG HERWEGH die Parteien, die sich in Preußen gegenüberstünden, die *liberale* und die *illiberale*[63], womit er die letztere zum Gegensatz des Vernünftigen macht.

Vermutlich durch derartige pauschale Kritik und Vereinfachung mitveranlaßt, haben in den späten dreißiger Jahren vorsichtigere, differenzierende Definitionsbemühungen eingesetzt. Seit 1831 hatte KARL HEINRICH HERMES auf zwei gegenüberstehende *Parteien* in den europäischen Staaten hingewiesen: die der *Bewegung* und die des *Widerstandes* oder: die *Liberalen* und die *Ultra* oder *Royalisten*; 1832 hatte er gemeint, in Deutschland gebe es keine Parteien wie in England und Frankreich, 1835 dann von *Liberalen* und *Conservativen* gesprochen[64]. Zwei Jahre später unterteilt er in einem „Die Liberalen und die Conservativen" überschriebenen Aufsatz die *conservative Partei* in die *gemäßigten* und die *strengen oder eigentlichen Conservativen*. Während die ersteren nichts dagegen hätten, veraltete Einrichtungen durch leichte Verbesserungen wieder brauchbar zu machen, lehnten die letzteren jede Veränderung ab[65]. Im gleichen Jahr nennt der königliche Kommissar EDUARD VON WIETERSHEIM in der Ersten Kammer des sächsischen Landtags den *conservativen Geist* ein *hohes Bedürfnis unserer Zeit*, falls er sich *durch kluges Nachgeben dessen, was nicht zu behaupten, und entschiedenes Festhalten dessen, was einzig noch zu erhalten ist,* bewähre. Das erste führe, wie die Geschichte beweise, zur *Destruktion*, das zweite zur Rettung *manches Guten und Segensreichen der Vorzeit* und zu seiner wohltätigen Verknüpfung *mit der neuen Ordnung der Dinge*[66].

Ein Vorfall in der Zweiten badischen Kammer im gleichen Jahr demonstriert, wie definitionsbedürftig der Begriff 'konservativ' war. Der katholische Abgeordnete BUSS lehnte eine Gesetzesvorlage der Regierung mit den Worten ab, er tue dies, obwohl er bekanntlich *in der Politik zur conservativen Partei* gehöre und sich schon öfter *für die Verstärkung der Rechte der Verwaltung* ausgesprochen habe. WELCKER dagegen votiert als *Nichtconservativer* umgekehrt und behauptet, er könne seine Meinung mit besseren Gründen eine konservative nennen. ROTTECK, der wie Welcker stimmt, nimmt die beiläufigen Bemerkungen zum Anlaß eines Klärungsversuchs. Behaupte man, daß ein *Conservativer* normalerweise mit der Regierung stimme, so sei, wer gegen sie votiere, ein *Destruktiver* — denn das sei *naturgemäß* der Gegensatz. Er selber habe nie nur erhalten oder zerstören, sondern dasjenige erhalten wollen, was ihm *gut und recht*, dagegen *im Wege des Rechts und des Gesetzes*

---

[61] KARL GUTZKOW, Die Absetzung des Erzbischofs von Köln und die Hermessche Lehre (1837), Ausg. Werke, hg. v. Heinrich Hubert Houben, Bd. 9 (Leipzig o. J.), 6 ff. Vgl. ders., Zum Verständnis des Görresschen Athanasius (1838), ebd., 50.

[62] So z. B. ARNOLD RUGE, Rez. HEINRICH LEO, Sendschreiben an J. Görres (Halle 1838), Hallische Jbb., Nr. 148 (1838), 1183.

[63] Einundzwanzig Bogen aus der Schweiz, hg. v. GEORG HERWEGH, Bd. 1 (Zürich, Winterthur 1843), 12.

[64] HERMES, Der politische Horizont (1831), Blicke aus der Zeit, Bd. 1 (s. Anm. 41), 81 f.; ders., Die Parteien und die Verhältnisse (1832), ebd., 109; ders., Wahre Ursache, ebd., 240.

[65] Ders., Die Liberalen und die Conservativen (1837), ebd., Bd. 2 (1845), 153.

[66] Mitt. über d. Verh. d. [sächsischen] Landtags, Nr. 266 (Dresden 1837), 4493, Sitzung v. 2. 9. 1837.

abschaffen wollen, was ihm *unrecht und heillos* erschien. Es gebe jedoch *eine Art von Conservativen*, die auf das Gegenteil bedacht seien, und die Zeiten seien derart, daß man nicht mehr hoffen könne, selbst das Zerstörenswerte zu beseitigen. *Wir sind heutzutage auf die Rolle der Conservativen beschränkt; denn Tag für Tag müssen wir kämpfen, um das Wenige zu erhalten, was noch von unsern Rechten und Freiheiten zu erhalten übrig ist, nach Kräften hiernach streben, damit nicht auch noch alles, was wir an Verfassungsrechten und gesetzlichen Rechten noch haben, über den Haufen geworfen werde.* Buss akzeptiert die Unterscheidung zwischen einer *destruktiven zerstörenden* Partei, die *die angestammten Grundlagen einer nationalen Politik* untergrabe und *die gute Gesinnung des Volkes* erschüttern wolle, und einer *conservativen, erhaltenden*, die *die Reinheit des politischen Charakters des teutschen Volkes, die hergebrachten Grundlagen seines politischen Lebens zu bewahren* strebe[67].

Bei diesem Versuch zu erläutern, was 'konservativ' im Bereich der Politik bedeute, war den Rednern offensichtlich bewußt, wie ungenau der Begriff war, wie leicht sich an ihm, wie an alle politischen Parteinamen, globale Verhaltensanforderungen und Positionszuweisungen knüpfen, und wie stark das, was sie benennen sollen, von zeitlicher Situation und politischer Konstellation abhängt. Und natürlich dürfte jedem Zuhörenden klar gewesen sein, daß es sich bei den Definitionen um die Rechtfertigung bestimmter politischer Positionen handelte, wobei es Konservativen wie Liberalen darum ging zu betonen, daß ihre politischen Ziele so einseitig nicht waren, wie es scheinbar so klare, tatsächlich aber viel zu grobe Begriffspolaritäten glauben machen wollten. — Auch der politische Pragmatiker DAVID HANSEMANN unterscheidet in seiner ,,Denkschrift über Preußens Lage und Politik" von 1840 zwischen den liberalen Ideen zugeneigten Beamten, die dennoch eine *konstitutionelle repräsentative Verfassung* ablehnen, und einer *Partei*, die den aufgeklärten Ideen der Philosophie des 18. Jahrhunderts, vor allem dem *demokratischen Prinzip*, entgegenarbeitet und *dem Besondern, dem Eigentümlichen nicht nur, wo es sich erhalten hat, Dauer sichern, sondern es auch wieder ins Leben rufen* will, *wo die Allgewalt der Verhältnisse und der Ideen des Jahrhunderts es bereits untergraben haben*. Doch nicht diese *Partei* nennt Hansemann 'konservativ', sondern mit politischem Akzent eine Politik, die zur Abwehr demokratischer Gefahren, wozu eine allein auf das *Beamtenelement* gestützte Regierung nicht fähig ist, dem *nicht ganz besitzlosen Teile der unteren Volksklassen Freiheit gewährt*. Dadurch erlangen diese, *was nützlich und konservativ ist, einen rechtmäßigen, angemessenen politischen Einfluß, und sie werden dadurch zugleich eine Bürgschaft gegen die tiefer unten stehenden gefährlichsten demokratischen Elemente*[68]. 'Konservativ' ist also eine Revolution und Demokratie verhindernde Reformpolitik, die den unteren Mittelschichten größere politische Freiheit gibt.

In der preußischen Politik trat nach dem Thronwechsel von 1840 keine liberale Wendung ein. Während eine aufgeklärte, aber stark bevormundete Bürokratie eine vergleichsweise moderne und zu Verbesserungen bereite Verwaltung praktizierte,

---

[67] Verh. d. Stände-Vers. d. Großherzogthums Baden im Jahr 1837, 2. Kammer, 2. Protokollheft (Karlsruhe 1837), Sitzung v. 3. 5. 1837, 102. 106. 118 ff.
[68] DAVID HANSEMANN, Denkschrift über Preußens Lage und Politik (1840), abgedr. Rheinische Briefe und Akten zur Geschichte der politischen Bewegung 1830—1850, hg. v. JOSEPH HANSEN, Bd. 1 (Essen 1919), 201. 221 f.

VI. 'Konservative Partei'

entwickelte der König einen romantisch-patriarchalischen Herrschaftsstil und umgab sich mit Männern, die z. T. ständestaatliche Vorstellungen, z. T. die Idee eines persönlichen und väterlichen Königtums von Gottes Gnaden vertraten. Verschärfte sich einerseits die liberale Kritik, in der nun radikale Obertöne deutlicher hervortraten, so formte sich andererseits ein bewußterer politischer Konservatismus aus, der in seinem Selbstverständnis und nach seinen Selbstaussagen weder restaurativ und bewegungsfeindlich war noch sich darin erschöpfen wollte, die Revolution zu bekämpfen. Er findet Ausdruck in der betonten Abwehr von Versuchen, ihn als starres Festhalten am Überlieferten, an Besitz- und Machtpositionen zu diskreditieren, und in der Bejahung kontinuierlicher und „organischer" Entwicklung, in der die religiöse und soziale Grundlage der Kultur lebendig erhalten bleibe. Herausgefordert durch radikale Kritik, bestärkt durch die innerliberale Differenzierung zwischen Gemäßigten und Radikalen, durch religiöskirchliche Erneuerungsansätze und den Erfolg historisch-organologischer Schulen in den Wissenschaften und im Denken der Gebildeten, gestützt schließlich auf monarchische Regierungen, traten die Konservativen zunehmend aus der Defensive heraus, um eine Position nicht gegen den Wandel der Zeit, sondern gegen solche Zeittendenzen aufzubauen, die den Wandel zur grundlegenden Veränderung weitertreiben wollten. Der verbale Radikalismus der Demokraten lieferte den Konservativen neue Argumente gegen die „Destruktiven" und für die Rechtfertigung der Bewahrung im Wandel. Damit wurde der Konservatismus zu einer ernstzunehmenden politischen Ideologie. Je weniger die Konservativen ältere Zustände wiederherstellen oder bestehende Verhältnisse bloß festhalten, Veränderungen verhindern und Veränderer bekämpfen, sondern eine Lösung der Gegenwartsprobleme, die auch sie als solche erkannten, anbieten wollten, desto mehr wurden sie selber ideenpolitisch aktiv. Ihr Programm zielte darauf, die Grundelemente konservativen sozialen und politischen Denkens — nämlich die Überzeugung von der natürlichen Ungleichheit der Menschen, dem Lebensrecht und Wert lokaler und regionaler, ständischer und institutioneller Besonderheiten, die Wahrung historischen Rechts, die Bejahung persönlicher Herrschaft, die Bevorzugung der Praxis vor der Theorie, die Ablehnung der sittlichen Autonomie des Individuums, aller allgemeinen Kategorien und der Konstruktion der Gesellschaft nach rationalen Prinzipien — unter den veränderten Bedingungen der Gegenwart als aktuelles Programm verständlich zu machen und politisch zur Geltung zu bringen. Das war das Ziel der Bemühungen, die konservative Haltung zu artikulieren. Natürlich erschöpfen sie sich nicht in der Erläuterung der Formel 'konservativ'. Je mehr indes dieser Ausdruck zum Signalwort und zur definierenden Bezeichnung einer bestimmten politischen Einstellung wurde, um so mehr fielen Wort- und Sacherklärungen ineinander.

VI. 'Konservative Partei'

1841 erschien in Marburg eine Schrift „Über die Elemente, die Möglichkeit oder Notwendigkeit einer konservativen Partei in Deutschland", die als erstes konservatives Parteiprogramm in Deutschland gilt. Ihr Verfasser, der Literaturhistoriker VIKTOR AIMÉ HUBER, fand die Grundlage für eine recht verstandene konservative Politik wie Burke in Natur und Geschichte: sie lehren, daß *Konser-*

vation im höhern und eigentlichen Sinne gerade das Gegenteil von Erstarrung und Stagnation, daß es Entwickelung und Fortbildung alles dessen ist, was die höchsten Zwecke, Rechte, Pflichten fördern und bedingen mag, in der Weise und auf den Wegen, wie Zeit, Ort, Volk und Sache es fordert oder gestattet. Zur konservativen Sache gehöre, was sich des Zusammenhanges mit den Grundlagen christlicher Bildung, überhaupt mit einer positiven Grundlage des geistigen, emotionalen und sittlichen Lebens bewußt ist. Als politische Forderungen eines wahrhaft konservativen Standpunktes nennt Huber die freie Entwickelung aller gesunden Kräfte und Gegensätze des nationalen Lebens, als dessen vollkommenste Organisation die monarchische Staatsform ... gilt, ferner die unbedingte Heiligkeit des historisch entwickelten positiven Rechtszustandes ... unter dem Schutz ... der Monarchie, schließlich die Überzeugung, daß die christliche Kirche und der monarchische Staat alle Bedingungen bieten, deren einzelne und Völker für ihr zeitliches und ewiges Heil bedürfen. Die Anerkennung der geschichtlichen Entwicklung schließt es aus, einem einzelnen Element der Entwicklung ein unbedingtes Recht der Erhaltung zuzugestehen; aber der Gesamtprozeß der Geschichte wird als wahrhaft konservativ im Sinne prinzipieller Kontinuität, als lebendige Entwickelung gegebener Grundlagen nach gegebenen Gesetzen und Zielen verstanden. Von hier aus kann Huber auch die Nationalität bejahen und die Berechtigung ... nationaler Selbstsucht anerkennen, Preußen als das einzige wirklich christlich-monarchische Staatswesen ansehen, die Übernahme fremder politischer Ideen ablehnen[69]. Ja er kann — sozusagen in der Umkehr Welckerscher Argumente — zugestehen (in einem „Nachtrag" von 1842), daß der Liberalismus in manchen seiner Ziele aus den Bedürfnissen der Zeit hervorgegangen sei und diese zu befriedigen vermöge, der christlich-monarchische Staat aber könne es besser. Recht, Licht, Freiheit, Wissenschaft, Kunst, Bildung, Industrie, Volks- und Menschenglück im allgemeinen und in Beziehung auf jeden gegebenen Staat ... Alle diese schönen Dinge sind ... die wahren eigentlichen Losungen der konservativen Partei. Zur Zeit seien sie von der destruktiven Partei usurpiert und könnten deshalb nicht als unterscheidende konservative Parolen gelten. Deshalb bleibe für die konservative Partei in Preußen nur die negative Losung: keine Constitution[70].

Damit antwortete Huber auf die Kritik der „Historisch-politischen Blätter für das katholische Deutschland", die ihm — neben der Unterstellung, mit der conservativen Partei ein quasi altgläubig prostestantisches bataillon sacré bilden zu wollen — Unklarheit über das vorwerfen, was conservirt werden solle, während sie selber das Beharren auf vorhandenen und gegebenen Zuständen ablehnen und eine richtige Lenkung der Bewegung fordern. Dabei nehmen sie für sich in Anspruch, daß sie im eigentlich wahren und eminenten Sinne conservativ seien. Allerdings sei dieses Wort, wie alle heutigen Parteinamen, einer unendlich vielfachen Auslegung fähig[71]. — Auch in der „Allgemeinen Literatur-Zeitung" wird die Unklarheit Hubers bei der näheren Bestimmung des konservativen Standpunktes kritisiert und davor gewarnt, daß das

---

[69] VICTOR AIMÉ HUBER, Über die Elemente, die Möglichkeit oder Notwendigkeit einer konservativen Partei in Deutschland (1841), Ausg. Schr. über Socialreform und Genossenschaftswesen, hg. v. Karl Munding (Berlin 1894), 46. 59. 66. 69 f. 72. 74.
[70] Ders., Die Opposition. Ein Nachtrag zu der conservativen Partei (1842), ebd., 105 f.
[71] Die conservative Parthei in Deutschland, Hist.-polit. Bll. f. d. kath. Deutschland 8 (1841), 706. 717 f. 705.

Auftreten einer *prononcierten konservativen Partei* notwendig eine Sammlung der Liberalen jeder Art um eine Fahne bewirken müsse[72].

In Weiterführung seiner Gedanken hat Huber im Vorwort des ersten Bandes seiner Zeitschrift „Janus. Jahrbücher deutscher Gesinnung, Bildung und That" 1845 näher definiert, was „konserviert" werden solle und was zeitgemäße konservative Politik sei. Den Vorwurf *angeblicher Parteilichkeit* nehme er dabei hin; er wolle sich auch *den Ausdruck conservativ* gefallen lassen, *der einmal neben manchen andern Fremdwörtern in unserer politischen Sprache sich einzubürgern beginnt,* nicht aber die Interpretation des damit Gemeinten den Gegnern überlassen. Das *nachteilige Präjudiz,* das in der *ursprünglichen Bedeutung des Wortes liegen* möge, also die bloße Bewahrung, will er nicht anerkennen, sondern *Erhaltung nur als Fortbildung, als höhere Entwicklung der irgend gefundenen, berechtigten Elemente des Lebens, nach den in ihnen selbst gegebenen Gesetzen verstehen.* „Berechtigt" sei alles, was auf dem *Boden des Christentums, der christlichen Kirche und Bildung* steht und was das *Resultat historischer Entwicklung,* aber noch gesund und lebenskräftig ist. Die Entscheidung darüber, was „berechtigt" ist, behalten sich die Konservativen selber vor, wobei ihnen allerdings die *Erhaltung des zu Entwickelnden* wichtiger ist als die *Entwicklung* selber[73].

Mit dieser Anerkennung von „Entwicklung", die als kontinuierliche Fort- und Umbildung bestehender Institutionen, als das Gegenteil von Umgestaltung nach rational konstituierten allgemeinen Zielen oder durch Revolution verstanden ist, wird der Konservatismus dem Vorwurf der Bewegungsfeindlichkeit entzogen und von starrer Reaktion und bloßem Besitzstandenken abgehoben; er tritt in die Auseinandersetzung um das Ausmaß des zu Erhaltenden und um Richtung und Geschwindigkeit der als notwendig erkannten Veränderung ein. Dadurch wird es Konservativen möglich, Veränderungen und neue Institutionen, die sie selber nicht gewollt haben, anzuerkennen, wenn sie nur in der Kontinuität älterer Einrichtungen oder als zeitgemäße Formen für ältere Inhalte oder als Abwehr destruktiver Tendenzen gesehen werden können, und wenn in ihnen bewahrt bleibt, was Konservativen als notwendig zum gesitteten, freien, rechtschaffenen Leben gilt. Damit sind Möglichkeiten für konkretes politisches Handeln in einer sich wandelnden Welt gegeben. Daß dieses sich nicht in der bloßen Unterstützung der Regierung realisieren könne, daran läßt Huber keinen Zweifel. 'Konservativ' dürfe nicht mit 'monarchisch' identifiziert werden! Er ist überzeugt, daß Konservatismus auf dem Boden göttlicher und natürlicher Ordnung beruhe und daß die Masse des Volkes, die schweigende Mehrheit, und gerade in Deutschland die *edlern Blüten des ... Volkslebens durch und durch conservativ in unserem Sinne* sind[74].

Diese Ansicht hat Huber 1846 in einem Aufsatz über die „Conservative Presse" verstärkt. In ihm unternimmt er einen weiteren Versuch der Begriffsdefinition, der zugleich den Umkreis konservativen Verhaltens anzeigen soll. Meine man mit *conservativ* nur ein *unbewußtes mehr negatives Haften an dem Hergebrachten ...,* eine

---

[72] N. G. ELWERT, Rez. VICTOR AIMÉ HUBER, Über die Elemente, die Möglichkeit oder die Nothwendigkeit einer konservativen Parthei in Deutschland, Allg. Lit.-Zeitung (1842), Nr. 33, 260. 263.
[73] HUBER, Was wir wollen, Janus (1845), Bd. 1, 3. 8. 15. 31.
[74] Ebd., 1 f.

Haltung des Gemüts, eine Stufe der Bildung, welche der Kritik im Ganzen wenig oder keinen Raum gibt, und eine ... Pietät, z. B. gegen die Person des Fürsten, gegen die Kirche und ihre Diener und Lehren impliziert, und rechne man auch noch die *keineswegs verwerfliche Schwerfälligkeit und Beschränktheit* dazu, die aus der *Lage und Bildung* der *Massen* hervorgehe, dann sei *die unendliche Majorität des Volks im engern Sinne ... noch immer conservativ*. Auch im *eigentlich städtischen Mittelstand* gebe es viele, die *im Ganzen noch durchaus, wenngleich unbewußt, conservativ* seien. Darüber hinaus dürfe ein sehr großer Teil der höheren Schichten *conservativ* genannt werden, obwohl er selber keinen Anspruch darauf erhebe: nämlich *viele Tausende Individuen, welche in ihrer ganzen äußern Stellung, durch Amt, Geburt, Besitz, sociale Stellung und Lebensgenuß, Gewohnheit, Instinkt, Bildung, Gesinnung, Familien-Antecedentien usw. notwendig conservativ sind, es gar nicht anders wissen und wollen.* In ihnen sah Huber das Potential für eine konservative Partei und die Leser einer konservativen Presse[75]. Aber schon im folgenden Jahr mußte er eingestehen, daß er den Unterschied *zwischen bloß negativem, passivem, begehrendem, genießendem und tätigem, schaffendem, kämpfendem, opferndem Conservatismus* nicht richtig erkannt hatte[76]. Um so beredter wurde er in der Darlegung der Grundsätze, Anschauungen und Ziele der konservativen „Partei". Bei ihr sei *nicht von Freiheit, sondern von Notwendigkeit, nicht bloß von Entwicklung, sondern von der Bewahrung der ... Grundlagen, nicht nur von Fortschritt, sondern von ... dem Ziel des Fortschritts die Rede.* Sie halte sich streng ans Recht, vor allem an das *der rechtmäßigen Obrigkeit*, ferner an Erlösung und lebendigen Glauben; sie lehne ab, daß die *Herrschaft ... in die Hände ... angeblicher Repräsentanten des Volks* übergehe, und sie sehe den Weg zur Freiheit in der „Bildung", wofür die Monarchie den besten Schutz biete[77]. Dieser Konservatismus ist in der Tendenz wie in der praktischen Anwendung Zustimmung zur monarchischen Staatsform.

Das wird von Huber in aller Deutlichkeit Anfang 1848 noch einmal gesagt: nicht eine *conservative Doktrin*, sondern *das Bewußtsein und Gefühl der in dem conservativen, d. h. in dem konkreten historischen Leben und seinen berechtigten Resultaten liegenden Idee* entsprechen der konservativen Sache. Diese wird als die *Idee der sittlich und formal berechtigten Realität des konkreten Staats- und Volkslebens* und für Preußen als *organische, geistige, sittliche und deshalb politische Einheit zwischen der Dynastie und dem Volk in seinen mannigfachen provinziellen und sonstigen Gliederungen* bestimmt. Praktisch könnten die Konservativen in Preußen mit den Liberalen über die *Bewahrung* und *Fortbildung der Errungenschaften der letzten vierzig Jahre* sich verständigen; in der *Hauptsache* aber gebe es einen erheblichen Unterschied, insofern für jene der König im Staat und Christus in der Kirche *kein abstrakter Begriff, sondern eine lebendige konkrete Realität sein soll.* Und wo jene nur den Fortschritt als solchen anerkennen, da setzen die Konservativen *bei jedem Fortschritt seine Übereinstimmung mit dem gesunden status quo voraus*[78]. — Hier ist konservative Politik reduziert auf die Zustimmung zu Veränderungen, wenn sie

---

[75] Ders., Die conservative Presse, ebd. (1846), Bd. 2, 567 f.
[76] Ders., Als Vorrede und zur Orientierung, ebd. (1847), Bd. 1, 2.
[77] Ebd., 12 f. 22 f.
[78] Ders., Noch einmal: Was wir wollen, ebd. (1848), Bd. 1, 4. 9. 18.

nicht Umbruch, sondern störungsfreie, das Bestehende langsam, ohne Rechtsverletzung verändernde „Entwicklung" bedeuten.

Hubers publizistische Agitation für eine konservative „Partei" und Presse wie etwa auch KARL ROSENKRANZ' Erwähnung von *Servilen* und *Conservativen* als politische Partei-„Benennungen" (1843)[79] dokumentieren doch noch immer keinen festen Begriffsgebrauch. Huber selber, der, allerdings auch nur selten, das Substantiv 'Liberalismus' verwendete, gebrauchte den Gegenbegriff 'Konservatismus' zuerst 1846, obwohl dieser um 1840 herum auch auf konservativer Seite auftauchte, aber offenbar keine Resonanz fand. In einem Fragment des begriffsfreudigen JOSEF MARIA VON RADOWITZ von 1839 findet sich die skeptische Bemerkung, *der letzte Rest von Österreichs Hegemonie des Konservatismus* werde *mit Metternichs Tode schwinden,* da *der Josephinische Geist ... den ganzen Organismus der Regierung durchfressen* habe[80]. In negativer Wendung erwähnt FRANZ VON BAADER 1841, als Huber zuerst von einer konservativen Partei sprach, beiläufig *sich so nennende Conservative*[81]; im folgenden Jahre warf er in seinen Briefen einem *falschen Conservatism* vor, er habe im Katholizismus ebenso wie ein *falscher Liberalism* im Protestantismus das Wissen um religiöse Dinge ruiniert und in Frankreich nach der Revolution den Liberalismus erst hervorgerufen[82]. RADOWITZ stellte 1843 einem *toten Konservatismus,* der nur Bestehendes erhalten will, das *wahrhaft Historische* gegenüber, das in der organischen Entwicklung einzelner Menschen, Völker, Sprachen manifest ist[83]. In den folgenden Jahren ließ Radowitz das Abstraktum wieder fallen, das offenbar den Eindruck ideologischer Starre auslöste, der gerade vermieden werden sollte. Auch 1846 noch möchte Radowitz seine politische Ansicht nicht in politischem Sinne 'konservativ', sondern eher 'liberal' nennen, wenn dieser Begriff nur nicht so *vergeudet* wäre. Denn die *neueste Benennung* eines *Konservativen* leide an dem *Grundirrtume,* das *Beharren im Guten* sei *Pflicht* und das *Fortschreiten zum Bessern auf berechtigtem Wege* immer *löblich;* es komme aber viel mehr darauf an, im konkreten Fall richtig zu handeln[84]. Eine konservative Partei, wie Huber sie gefordert hatte, sieht Radowitz auch 1847 noch nicht, allenfalls eine Regierungspartei ohne politische Prinzipien. Gäbe es sie — *wahrhaftig unabhängig* und auf *dem Systeme der rechtlichen Freiheit* stehend —, so würde sie zwar *der Verwaltung oft weit schärfer entgegentreten als die liberale Opposition,* aber doch das *wahre Beste der Regierungen vertreten.* Sie würde *das Repräsentativsystem, die Preßfreiheit* und die *Kirchenfreiheit* nicht ablehnen, sondern *zu großem Segen führen*[85]. Nach 1848 hat

---

[79] KARL ROSENKRANZ, Über den Begriff der politischen Partei (1843), abgedr. Die Hegelsche Rechte, hg. v. HERMANN LÜBBE (Stuttgart 1962), 70.
[80] RADOWITZ, Politischer Enthusiasmus (1839), Ausg. Schr., hg. v. Wilhelm Corvinus, Bd. 2 (Regensburg o. J.), 241 f.
[81] BAADER, Der Morgenländische und Abendländische Katholicismus (1841), SW Bd. 10 (1855; Ndr. 1963), 111 (s. Anm. 42).
[82] Ders., Brief an Ouvarof [März 1841?], Lettres inédites, éd. Eugène Susini, t. 1 (Paris 1942), 455.
[83] RADOWITZ, Die historische Schule (1843), Ausg. Schr., Bd. 2, 277.
[84] Ders., Gespräche aus der Gegenwart über Staat und Kirche, 15. Gespräch, ebd., Bd. 1 (o. J.), 360 f.
[85] Ders., Die Unabhängigen (1847), ebd., Bd. 2, 313 f.

Radowitz *keine der vorhandenen älteren Parteien* für geeignet gehalten, den Aufgaben der Zeit gerecht zu werden, weil alle bisherigen Formen des Staates verbraucht seien, auch die der *ständischen Monarchie.* Nun gehe es darum, *die konstitutionelle Monarchie* auf der Grundlage des *monarchisch-konservativen* Bewußtseins der Masse zu errichten[86]. Wenig später aber konstatiert er bereits, daß *der konstitutionell-konservative Monarchismus* an Anhängern verliere und seine Trägerschaft auf die früheren *Royalisten* schrumpfe, die Schutz vor der Revolution wie vor dem Absolutismus suchten[87].

Eine andere Linie der Interpretation legte Gewicht auf die Behauptung, daß konservative Politik vernünftig sei und den *wirklichen Bedürfnissen* entspreche, weil sie weitergehende Veränderungen verhindere und dem *Radicalismus* weder *Angriffspunkte* biete noch ihm entgegenkomme (ERNST VON BÜLOW-CUMMEROW 1842)[88]. Verfassungspolitisch sei es wichtig, daß die *alte conservative Richtung im edleren Sinne* in die neuen Institutionen übertragen werde (FRIEDRICH BÜLAU 1842)[89].

Auch FRIEDRICH ROHMERS publizistisch aufsehenerregender, insgesamt aber wirkungslos bleibender Versuch, die politischen Parteien aus der „organischen Entwicklung" der Menschen herzuleiten und den verschiedenen Lebensaltern zuzuordnen (1844), rückt den *Konservatismus* in eine mittlere und vermittelnde Position. Er stehe dem verständigen Manne an, der *das Alte, was Not tut, durch innere Wiedergeburt mit der Zeit zu vermählen* sucht[90], der regionale und institutionelle Besonderheiten berücksichtigt und *alle rechtlich überlieferten Zustände* achtet[91]. Gemeinsam mit dem *Absolutismus* — der dem Greisenalter zugeordnet ist — bekämpfe der *Konservatismus* den *ungezügelten Fortschritt,* den *Geist der Empörung und die Herrschaft der Massen;* beide verteidigen Ordnung, Sitte, Recht, Religion, *väterliches Regiment,* göttliches Recht der Obrigkeit, Erblichkeit und gesetzliche Zustände; anders aber als jener denke dieser historisch und restaurativ und wolle die *gesunde und ungestörte Funktion der organischen Gewalten*[92]. — Andere pragmatischere Versuche nachzuweisen, daß 'Konservatismus' Bewegung nicht ausschließe, unterstellen in apologetischer oder werbender Absicht, daß es ja gar nicht mehr um eine krasse Gegenüberstellung von Fortschritt und Bewahrung gehe. *Im zeitgemäßen Sinne festgehalten,* sei das *conservative Prinzip* dem Fortschritt nicht entgegen, heißt es 1844; auch konstitutionelle Staaten seien zu ihm zurückgekehrt, und selbst Österreich habe nie bis zur Starrheit an ihm festgehalten. Man sei nun einmal an Geschichte gebunden; nicht alle gegenwärtigen *Interessen*

---

[86] Ders., Meine Auffassung der politischen Tages-Fragen (1851), ebd., 380. 382 f.
[87] Ders., Die Umwandlung in den Partheien (1852), ebd., 400.
[88] ERNST V. BÜLOW-CUMMEROW, Preußen, seine Verfassung, seine Verwaltung, sein Verhältniß zu Deutschland (Berlin 1842), 92.
[89] FRIEDRICH BÜLAU, Das Landesgrundgesetz für das Fürstenthum Schwarzburg-Sondershausen und die teutschen Verfassungen überhaupt, Neue Jbb. d. Gesch. u. Politik (1842), Bd. 1, 17.
[90] FRIEDRICH ROHMER, Lehre von den politischen Parteien, Bd. 1 (Zürich, Frauenfeld 1844), 202.
[91] Ebd., 248.
[92] Ebd., 256 f.

VI. 'Konservative Partei'

und Bedürfnisse ließen sich an *abstrakte Ideen* anknüpfen[93]. 1845 nennt FRIEDRICH LIST sich einen *Konservativen, der, auf der Grundlage der bestehenden Völker, Staaten, Regierungen bauend, diejenigen Reformen allmählich zu realisieren strebt, ohne welche kein Staatskörper von weit vorgerückter Zivilisation zu einer festen und unwandelbaren Basis im Innern, zu einer dauerhaften Garantie seiner Unabhängigkeit nach außen gelangen kann*[94]. Von anderen wird *vernünftiger Konservatismus*, nämlich Widerstand gegen Unverstand und Unfug, bei politischen Reformen für notwendig gehalten[95], oder es wird gar behauptet, daß nichts konservativer sei als das Prinzip der Reform, weil sie Revolution verhindere[96].

Verständlich, daß auf solche Versuche, den Konservatismus als Reformgesinnung auszugeben, das politische Gegenlager ablehnend oder mit Gegenzügen reagierte. 1842 veröffentlichte KARL NAUWERCK einen „Beitrag zur Philologie", den er „Conservatismus und Radicalismus" überschrieb. Ihm ist das *System des Conservatismus* der *gefährlichste Feind der Völker*, weil er ein unsinniges Prinzip verkörpere. Eher könnten die von ihm bekämpften *Destruktiven*, die den Staat nur besser und *gerechter machen* wollen, *wahrhaft Conservative* genannt werden. Das *Conserviren* sei überhaupt unmöglich, weil alles *Organische* weiterstrebe und nur durch Freiheit *conservirt* werde. Zwar möchten die *Conservativen* sich mit dem Namen des Reformisten schmücken, in Wirklichkeit müßten sie *Reactionäre* genannt werden[97]. — Wenig später erschien in derselben Zeitschrift ein „Fragment von einem Franzosen" über „Die Reaction in Deutschland", in der von einer *reactionären Partei* in Europa gesprochen wird, *welche in der Politik: Conservativismus, in der Rechtswissenschaft: historische Schule und in der spekulativen Wissenschaft: positive Philosophie genannt wird;* gegenwärtig sei sie überall die regierende Partei[98]. WELCKER hingegen versuchte umgekehrt, 'Konservatismus' für den wahren Liberalen in Anspruch zu nehmen, ohne, bezeichnenderweise, den Begriff 'Konservatismus' zu gebrauchen. In der Vorrede zur zweiten Auflage des „Staatslexikons" (1845) fordert er die *Conservativen* auf zu sagen, was *wir* — also die gemäßigten Liberalen — *nicht zweckmäßiger als sie selbst conserviren wollen ... Jeder echte verständige Liberale* wolle die Grundlagen und die Ergebnisse *würdiger deutscher Freiheit* bewahrt wissen. Wenn die Konservativen nicht gerade *veraltete Reste des Faustrechts und der Usurpation* zu erhalten beabsichtigen, dann blieben nur *das Fürstentum und der bürgerliche Frieden mit Ausschluß der Revolution.* Beides aber wollen *die Liberalen in der constitutionellen Monarchie conserviren und,*

---

[93] DR. S. [FRANZ SCHUSELKA?], Der Fortschritt und das conservative Prinzip in Österreich. In Bezug auf die Schrift „Österreichs Zukunft" (Leipzig 1844), 152 f.
[94] F. LIST, Über die nationalökonomische Reform des Königreichs Ungarn (1845), Schriften, Bd. 3/1 (1929), 482.
[95] Verh. d. 8. rhein. Provinziallandtages über die Frage der Volksrepräsentation, 10. 3. 1845, in: HANSEN, Briefe und Akten, Bd. 1, 817 (s. Anm. 68).
[96] Der Pauperismus und dessen Bekämpfung durch eine bessere Regelung der Arbeitsverhältnisse, Dt. Vjschr. (1844), H. 3, 323.
[97] KARL NAUWERCK, Conservatismus und Radicalismus, Dt. Jbb. f. Wiss. u. Kunst 5/2 (1842), 787 f.
[98] JULES ELYSARD [d. i. MICHAEL BAKUNIN], Die Reaction in Deutschland, ebd., 985.

wie ich glaube, auch hier abermals conservativer als die Conservativen, nämlich in würdigerer Gestalt und vor allem auf praktischeren Wegen[99].

So waren die Begriffe 'konservativ', 'die Konservativen' und 'Konservatismus' am Vorabend der Revolution von 1848 zwar in Gebrauch, keineswegs aber randscharf und auf eine klar bezeichnete politische Gruppe und Richtung festgelegt. Die Tatsache, daß organisierte politische Parteien in Deutschland nicht existierten und noch immer unter den Gebildeten — abgesehen von kleinen Gruppen extremer Richtung — eine tiefe Abneigung gegen Parteien bestand, trug dazu bei, daß Positionen und Namen flexibel blieben. Im übrigen waren die Konservativen durchaus nicht ohne weiteres bereit, sich als 'Konservative' bezeichnen zu lassen oder sich selber so zu nennen. Vor allem sind sie dem Begriff 'Konservatismus' gegenüber reserviert geblieben; er gehörte der Polemik ihrer Gegner an. Die einen fühlten sich dadurch zu sehr auf die Seite des Erhaltens à tout prix gedrängt, andere mißtrauten der mit einem Parteinamen verknüpften gleichschaltenden politischen Programmatik und scheuten die in dem Bekenntnis zu einer Partei liegende Pflicht zu politischer Aktivität. Aus den Denk- und Verhaltensgewohnheiten traditionaler classes dirigeantes heraus gehörten für sie soziale Ordnung und politische Macht dem Bereich des Seins, nicht des Wollens und Sollens an und waren deshalb nicht Gegenstand parteipolitischer Auseinandersetzung.

In dieser Auffassung unterschieden sie sich allerdings nicht weit von manchen gemäßigten Liberalen! Überhaupt läßt sich im Verlauf der 1840er Jahre eine Annäherung zwischen gemäßigten Konservativen und gemäßigten Liberalen beobachten, die sich in den begriffsdefinitorischen Bemühungen widerspiegelt. Versicherten jene, daß sie notwendige Veränderungen nicht ablehnten, sondern nur deren Überstürzung und Weitertreiben in einer Richtung, die den geschichtlichen und Rechtsboden verließ, so betonten diese, daß auch sie für die Erhaltung des Gesunden und Weiterentwicklung in Anknüpfung an das historisch Gewordene einträten. Unter dem Eindruck der Radikalisierung der Flügel zeichneten sich die Umrisse einer Mitte, eines „Zentrums" mit „rechts" oder „links" stehenden Gruppen ab. Im Blick auf diese Entwicklung verteidigte FRIEDRICH BÜLAU 1847 die Begriffe *liberaler Conservatismus* und *conservativer Liberalismus*, ohne die Unterschiede *zwischen dem rechten und linken Zentrum* wegwischen zu wollen. Der liberale Konservative wolle nicht alles Bestehende um jeden Preis erhalten. Der konservative Liberale dagegen wolle nicht alles Bestehende um jeden Preis verändern, trete nur für nötige Reformen und das Voranschreiten mit Stetigkeit ein. Den *echten Conservativen* erkenne man daran, *daß er mit den Grundzügen der bestehenden Ordnungen aus bewußter und für ihn vernunftgemäß begründeter Überzeugung dergestalt einverstanden ist, daß ihm der Gedanke einer Änderung in diesen gar nicht, oder nur in der Gestalt eines furchtbaren Unheils kommt*, oder daß er eine solche Möglichkeit in unabsehbare Zukunft vertagt. Reformen seien für ihn Mittel, nicht eine Frage des Prinzips und der Umsetzung von Idealen wie für den Liberalen. Der *denkende Conservative gehe von der Präsumtion für das Bestehende aus*, stimme einer Veränderung aber zu, wenn sie unumgänglich sei, und werde versuchen, sie eng am Bestehenden zu halten, allenfalls die Form, nicht das Prinzip verändern, um die Harmonie des Ganzen zu erhalten. Diese Einstellung, die für die Engländer

---

[99] CARL WELCKER, Vorrede, ROTTECK/WELCKER 2. Aufl., Bd. 1 (1845), XXVII f.

charakteristisch sei, mache die Konservativen für das Volkstümliche sensibel und lasse sie vieles verteidigen, was unter rationalistischem Gesichtspunkt schwer gerechtfertigt oder auch nur begriffen werden könne. Gehe der Liberale vom subjektiven Recht des einzelnen aus, so der denkende Konservative von der Pflicht auch gegenüber einem unvollkommenen Staat. Er verliere die Wirklichkeit nicht aus den Augen, lege alles Gewicht auf das positive, nicht das natürliche Recht und lasse Institutionen sich entwickeln, statt sie nach abstrakten Ideen reformieren zu wollen. In der politischen Auseinandersetzung verfügten sie zwar oft über die Macht, könnten sich jedoch nur schwer zu gemeinsamer Aktion vereinigen, während die Liberalen im Kampf einig seien, nachher allerdings auseinanderfielen und im übrigen nach Erreichung der Ziele oft konservativ würden[100].

Im gleichen Jahre 1847 hat der Zusammentritt des Vereinigten Landtags in Berlin das Bedürfnis verstärkt, die politischen Positionen zu benennen. Ein gouvernemental eingestellter Autor bezeichnete nun ausdrücklich *conservativ* als eines der *Schlagwörter der Flugschriften und Zeitungs-Löschblätter*, die zur *statistischen Verständigung* unentbehrlich seien. Sie würden jedoch ihre Tagesbedeutung verlieren, wenn sich herausstelle, daß der Kampf zwischen den *vulgären Conservativen* und den *vulgären Liberalen* nur leeres Strohdreschen sei; der wirkliche Streit werde zwischen dem in der *Mitte* stehenden *christlich-historischen Prinzip* und dem prinzipienlosen *Liberalismus* auf der *Linken*, gleicherweise dem *Conservatismus* auf der *Rechten* ausgetragen[101].

VII. Die Revolution 1848/49

Die Ereignisse des Jahres 1848, in Preußen schon der Zusammentritt des Vereinigten Landtags, haben die politische Bewußtseins-, Meinungs- und Gruppenbildung entscheidend weitergebracht. Daran hat auch die bald einsetzende Reaktion nichts ändern können. Zwar tauchten keine neuen Parteinamen und Richtungsbezeichnungen auf; das begriffliche Instrumentarium war bereits vorhanden. Aber Bekenntnis und Zuordnung zu der einen oder anderen „Partei" wandelten sich nicht selten; ebenso die Ortsbestimmungen der Gruppen, so daß 1849 in den nationalliberalen „Grenzboten" festgestellt werden konnte: *Die Parteinamen schwanken, und die Vorstellungen, die man mit ihnen verbindet, wechseln noch sehr schnell*[102]. So wird aus Wuppertal berichtet, daß zwar nur wenige den gewaltigen Sprung begriffen hätten, der mit der Februarrevolution in Paris in der *Entwicklungsgeschichte der Freiheit* getan worden sei; man sei jedoch verunsichert, und *was gestern noch liberal war, ist heute konservativ, und gerne schließen sich die früheren Konservativen den früheren Freisinnigen an*[103]. Preußische Minister waren sich

---

[100] BÜLAU, Conservative und Liberale, Neue Jbb. d. Gesch. u. Politik (1847), Bd. 2, 448 f. 451.
[101] PHILIPP ENGELHARD V. NATHUSIUS, Statistische Übersichten über die Verhältnisse und wichtigsten Abstimmungen beider Kurien und über die künftigen ständischen Ausschüsse. Als Ergänzung zu allen Ausgaben der Verhandlungen und als Vorläufer zu einer Geschichte des Ersten Reichstags in Preußen (Berlin 1847), 3f. 6f.
[102] Unsere Partei, Die Grenzboten 8/1,2 (1849), 290.
[103] GUSTAV MEVISSEN an David Hansemann, 1. 3. 1848, HANSEN, Briefe und Akten, Bd. 2/1 (1942), 483, Anm. 3.

schon Anfang 1848 darin einig, daß *unter den gegenwärtigen Verhältnissen* niemand *ein Zeitungsunternehmen im konservativen Sinne wagen* würde, obwohl im *gesunden sittlichen Sinne des Volkes* und auch *in dem Interesse der Aufrechterhaltung bürgerlicher Ordnung* eine *konservative Macht* liege[104]. Und als E. L. von GERLACH im Juni eine organische *Reaktion* fordert, da stellt er bitter fest, daß mit den Männern, die im April aus Furcht *Thron und Verfassung, Conservatismus und Rechtsboden* der *Revolution* geopfert haben, der Thron nicht wieder zu befestigen sei[105]. Die demokratische Kritik am Konservatismus als politische Anschauung der Bourgeoisie wird schärfer[106], während im „Kommunistischen Manifest" auch das Verhalten der gegen die Bourgeoisie um ihre Existenz kämpfenden mittleren Schichten als *konservativ*, ja *reaktionär* bezeichnet wird, weil sie nicht wirklich revolutionär sind und *das Rad der Geschichte zurückzudrehen* suchen[107].

Im Kampf mit Begriffen und Schlagwörtern wurden nun einerseits neue bzw. verschärfte Gegensätze anzeigende Begriffspaare gebildet, andererseits Annäherungen und zeitgemäße Bedeutungsdefinitionen vorgenommen. Mit dem allgemeinen Ruck nach „links", den die Revolution zunächst bewirkte, schien eine Klärung des prinzipiellen Gegensatzes eingetreten zu sein — des Gegensatzes zwischen den Revolutionären oder *Radikalen* und denen, die die Revolution nicht wollten: den *Conservativen*. Versuchten die einen, diesen Gegensatz zu verdeutlichen[108], so konstatierten andere, die Liberalen seien durch die eingetretene Entwicklung notwendig konservativ geworden, um den demokratischen Ergebnissen der Märztage durch Zuführung *so viel conservativer, d. h. liberaler Elemente, denn beides ist jetzt identisch, ... als möglich* Stabilität zu geben[109]. 1849 beschrieben die „Grenzboten" die *Partei*, die sie vertraten, als Sammlung *conservativer Männer*, als *die Volkspartei*, welche den Prozeß der Anerkennung der deutschen Reichsverfassung *auf gesetzlichem Wege durchführen*, die Revolution abschließen, den *Faden des Rechts und eines gesetzlichen Fortschritts* festhalten und Versöhnung mit den Parteien erreichen will. *Wir haben uns als Demokraten gefühlt, als wir im vorigen Jahr die Übergriffe der Volkspartei geißelten, wir haben ein Recht, uns jetzt conservativ zu nennen, wo wir in Opposition gegen die Regierungen treten*[110].

Als unter dem Eindruck der Reaktion in den „Grenzboten" nach Gründen für die *conservative Kraft* Preußens gefragt wurde, ist — in später häufig wiederholter Argumentation — behauptet worden, die große Mehrheit der Bevölkerung sei durch *Gemüt und Interessen ... conservativ*, weil sie noch auf dem Lande lebe. Als weitere Gründe werden genannt die Anhänglichkeit gegenüber den Hohenzollern, die den Staat geschaffen haben, und das Loyalität stiftende *conservative Institut*

---

[104] Ebd., 434 f.
[105] ERNST LUDWIG V. GERLACH, Die Errungenschaften und die Reaktion, Ev. Kirchen-Zeitung 42 (1848), 469.
[106] JULIAN SCHMIDT, Berlins neue Physiognomie II., Die Grenzboten 7/1,2 (1848), 16. Vgl. Ein Votum über die Reaction, ebd. 7/2,4 (1848), 253.
[107] KARL MARX/FRIEDRICH ENGELS, Manifest der Kommunistischen Partei (1848), MEW Bd. 4 (1959), 472.
[108] So z. B. Dt. Vjschr. (1849), H. 3, 90.
[109] JULIAN SCHMIDT, Preußen und die Revolution, Die Grenzboten 7/1,2 (1848), 67.
[110] Unsere Partei, ebd. 8/1,2 (1849), 283. 286. 290.

der eigentlich liberalen Landwehr. Nötig sei jetzt, den *Liberalismus* und die *conservative Kraft* Preußens, die sich gegenseitig steigern können, zu einem festen Zentrum zu verbinden[111]. Die im Juli 1849 neugewählte Zweite preußische Kammer wird von den „Grenzboten" global als *Ausdruck der conservativen Partei* bezeichnet und im einzelnen behauptet, daß die kleine Gruppe, die gelegentlich der Regierung einen Streich spielen wolle, *Liberale*, die stärkere, die den *modernen Liberalismus* strikt ablehne, *Legitimisten* genannt würden; *in der Mitte bleibt das eigentliche Juste Milieu der conservativen Partei*[112].

Wenn 1849 in der „Deutschen Vierteljahrs-Schrift" behauptet wird, nichts sei *conservativer als das Prinzip der Reform* und nichts fördere den *Umsturz* mehr *als das blinde Festhalten am Alten*[113], so ist damit die Überzeugung der Aufklärungsschriftsteller wiederholt, in Reformen liege die einzige Alternative zur Revolution. Aus Angst vor einem Sieg der Demokratie hält MAX DUNCKER, ein Mann des rechten Zentrums in der Paulskirche, eine *wirklich conservative Politik* für notwendig, die nicht darin bestehe, *dem Volk so wenig ... und der Regierung so ausgedehnte Machtbefugnisse als möglich* zu geben. *Conservativ sein heißt vielmehr dem normalen Prozeß der Geschichte mit Bewußtsein, mit Klarheit und Entschiedenheit folgen; conservativ sein heißt die gesunden Kräfte des Volkes an sich heranzuziehen, um mit ihnen das Gebäude des Staats dauernd zu begründen; conservativ sein heißt endlich feste Rechtsordnungen gründen, der Willkür keinen Spielraum lassen und das Volk dadurch mit dem Sinne des Rechts und der Gesetzlichkeit durchdringen*[114]. Liberales Rechtsstaatsdenken bezeichnet sich hier als 'konservativ' im Sinne einer Entwicklung, die soziale Erschütterung, politische Revolution und Rechtsbruch vermeidet und mit der Zustimmung aller Einsichtigen, auch auf der Seite der Regierenden, rechnen kann. So gebraucht, mochte das Wort Regierungen beruhigen; wichtiger war, daß bei den gemäßigten Liberalen die Überzeugung um sich griff, angesichts radikaler, die Revolution weitertreibender Tendenzen sei die Sammlung aller erhaltenden Kräfte in der Mitte notwendig. Ein deutlich von 'Reaktion' und 'Restauration' abgehobener und von ständischen wie patriarchalischen Leitvorstellungen abgelöster Begriff 'konservative Politik' bezeichnete dann genau das, was sie wollten!

Für die Altkonservativen bedeuteten die Ereignisse des März 1848 einen tiefen Schock, auf den sie unterschiedlich reagierten. VICTOR AIMÉ HUBER akzeptierte die neue Staatsordnung als den gegenwärtig rechtmäßigen Zustand; wenn jedoch die Stunde der Gefahr für das Vaterland vorüber sei, müsse der *alte Kampf* gegen einen vielleicht gereinigten Liberalismus, der seine Aufbaufähigkeit erst beweisen müsse, fortgeführt werden. Er vermutet aber auch hellsichtig, daß in der vom Liberalismus versprochenen Freiheit die konservative Sache besser als vorher vertreten werden könne![115] — AUGUST VON BETHMANN HOLLWEG verteidigt den

---

[111] Die conservative Kraft Preußens, ebd. 8/2,4 (1849), 204. 206; WILLIAM ROGERS, Die conservative Kraft des Ackerbaues, ebd. 8/1,2 (1849), 401 ff.
[112] Preußische Briefe. Achtzehnter Brief: Die zweite Kammer, ebd. 8/2,3 (1849), 299. 301.
[113] Der Geist der gegenwärtigen deutschen Reichsgesetzgebung, Dt. Vjschr. (1849), H. 1, 195.
[114] MAX DUNCKER, Zur Geschichte der deutschen Reichsversammlung in Frankfurt (Berlin 1849), VIII f., Vorwort.
[115] HUBER, Janus (1848), Bd. 1, 421, Schlußwort.

gesundesten Conservatismus und die Behauptung einer berechtigten Eigentümlichkeit gegen die Beschimpfungen durch die *Partei der permanenten Revolution*, wies auf *naturgemäße und notwendige Änderungen der bürgerlichen ... Verhältnisse* hin und nennt diejenigen, die *absterbende Lebensformen ... restaurieren* wollen, *Reaktionäre*[116]. Selbst im ursprünglichen Programm der „Neuen Preußischen Zeitung" wird über den Kampf gegen die Revolution hinaus eine *positive Stellung zu der neuen Ordnung der Dinge*, ein Eingehen auf die *bewegenden Gedanken der Gegenwart* gefordert[117]. Sie hat sich dann bei den hochkonservativen Kreuzzeitungsleuten auf eine prinzipielle Anerkennung der konstitutionellen Monarchie beschränkt, von der ERNST LUDWIG VON GERLACH im Januar 1849 eine konservative Version vorträgt[118]. RADOWITZ spricht im März von einer *conservativen Richtung, die auf der constitutionellen Monarchie* gründet[119]. Auch FRIEDRICH JULIUS STAHL bekennt sich zur Notwendigkeit von Veränderungen; er bejaht den Übergang zum konstitutionellen System, glaubt jedoch dabei, an seiner *alten conservativen und monarchischen Überzeugung* festhalten zu können. Nötig sei eine *große Koalition aller Wohlgesinnten gegenüber den Mächten der Zerstörung*, und sie sei möglich, nachdem *die frühern bloß „Ständischen"* den Konstitutionalismus kaum noch ablehnen könnten und *die frühern „Liberalen"* durch Erfahrung *mehr konservativ und monarchisch gestimmt* sein dürften[120]. Unter Aufbietung aller Kräfte sei eine konservative Gestaltung des konstitutionellen Systems möglich, in der *die Souveränität des Königs* bewahrt, aber ihre Ausübung konstitutionell geregelt sei, die Gewalt nicht zwischen König und Volk geteilt, sondern gemeinschaftlich bei beiden liege und *die Stärke und Selbständigkeit der königlichen Gewalt innerhalb der Constitution* erhalten bleibe, in der der König ein unterschiedener und selbständiger Faktor der Staatsgewalt ist. Voraussetzung dafür sei, daß der *sociale Zustand* wieder organisch in Ordnung gebracht werde und in der Volksvertretung *die conservativen Elemente, die wahren Interessen zur Macht* kommen[121]. Stahl hält jedoch auf deutliche Unterscheidung! Gegenüber der Inanspruchnahme der Bezeichnung *konservativ* durch die *liberale Partei*, die aus ihrem Widerstand gegen Demokratie und Revolution sich dazu berechtigt glaube, ist er überzeugt, daß die *liberale Doktrin ... wie die ganze Revolution destruktiv* sei, da sie *die sittlich organischen Verhältnisse* zerstöre. Die echte konservative Partei ist für Stahl legitimistisch: gegen *Bürokratie* und *Demokratie* und für eine *aristokratisch ständische Selbstregierung*, in der Form des christlichen Staates auf der Stufe, wie sie sich geschichtlich und konkret ausgebildet hat[122].

---

[116] AUGUST V. BETHMANN HOLLWEG, Reaction und Sonderthümlerei. Sermon an die Conservativen (Berlin 1848), 1 f.

[117] Zit. HERMANN WAGENER, Erlebtes. Meine Memoiren aus der Zeit von 1848 bis 1866 und von 1873 bis jetzt (Berlin 1884), 6.

[118] GERLACH, Neue Preuß. Zeitung (Kreuzzeitung), Nr. 22 v. 27. 1. 1849, 175.

[119] RADOWITZ, 23. 3. 1849, Berichte aus der Nationalversammlung zu Frankfurt am Main, Ges. Schr., Bd. 3 (Berlin 1853), 477.

[120] FRIEDR. JULIUS STAHL, Die Revolution und die constitutionelle Monarchie (Berlin 1848), IV f., Vorwort.

[121] Ders., Das Banner der Conservativen (zuerst im Sommer 1848 in der „Kreuzzeitung"), ebd., 17 f.

[122] Ders., Die gegenwärtigen Parteien in Staat und Kirche. Neunundzwanzig akademische Vorlesungen (1850/51; Berlin 1863), 89. 312.

VIII. Im Zeichen der Reaktion

Nach dem Fehlschlag der Revolution und der Niederwerfung radikaler Aufstandsversuche, mit dem Triumph der alten Autoritäten, dem ängstlichen oder enttäuschten Abrücken beträchtlicher Teile der Mittelschichten vom Engagement für die Ideale eines liberalen Staates und unter dem Eindruck massiver Reaktionsmaßnahmen stabilisierte sich das Selbstbewußtsein der Konservativen wieder, und zwar nun schärfer, aktiver, ideologisch ausgeprägter als vorher. Forderungen nach Rückkehr zu den Verhältnissen vor 1848, nach Verfassungsrevision und aktiver Bekämpfung revolutionärer Ideen in allen Formen und auf allen Ebenen wurden laut. Aber auch innerkonservative Stimmen der Kritik an einem Konservatismus im Besitz der Macht! Daneben stehen Analysen des eingetretenen Wandels im System der politischen Ideologien und Parteien.

Im Laufe der Revolution hatten die parlamentarischen Begriffe 'Rechte', 'Zentrum' und 'Linke' Verbreitung gefunden. Ausdrücklich bemerkt HUBER 1852, Konservative und Reaktionäre würden auf *parlamentarischem Gebiete* die *Rechte* genannt! Von ihr sagt er sich jetzt los, weil sie danach strebe, das *doktrinäre Programm einer sog. ständischen Monarchie über die Grenzen einer Restauration des vorrevolutionären status quo hinaus zu verwirklichen*, und weil sie alle, die diesem Programm nicht zustimmen, *als Bonapartistisch verdächtigt und mit conservativem Acht und Bann bedroht*. Neben politischer Intoleranz wirft Huber den preußischen Konservativen soziale Gleichgültigkeit, Unfähigkeit, Mangel an Herz und Phantasie vor[123]. Er selber verlangt die *reine Herstellung des vorrevolutionären Rechtsstandes*, den Verzicht auf das bewußte Machen von Neuem im politischen Organismus. Stelle sich jedoch heraus, daß der vorrevolutionäre Zustand wirklich unhaltbar gewesen sei, so müsse ein von Tatsachen ausgehender *Schöpfungsakt* erfolgen. In Preußen heiße die *Lebensaufgabe der Zukunft* eine *conservative Partei*, die nicht nur mit der Revolution brechen, sondern die *Restauration* zur *Wahrheit* machen wolle durch die Wiederherstellung der *vorrevolutionären reinen Monarchie*[124]. Hauptbedingung dafür sei allerdings eine *conservative Lösung der sozialen Frage*[125]. Wenn in den folgenden Jahren seine Kritik an konservativem Doktrinarismus und Pharisäismus, an der *pseudoconservativen vis inertiae* immer schärfer geworden ist, so vor allem deshalb, weil von jener Seite seine Assoziationsvorschläge als *revolutionär* und die *Corporation* als wirklich *conservative* Organisation bezeichnet wurde. Er hält dagegen: *Die Association ist die einzige wahrhaft conservative Corporation der Gegenwart und Zukunft für die sogenannten arbeitenden Classen*[126].

Zwei Komponenten in Hubers Aussagen sind sachlich wie begriffsgeschichtlich wichtig: die Kritik der Konservativen an konservativen Positionen und die Bindung des Schicksals des Konservatismus an ein sozialpolitisches Programm. Als ein Indiz für den Mangel an Aktivität der Konservativen registriert Huber das Wort *Conservativsein*, das eine bloße Haltung bezeichne, die der *Zumutung conservativer*

---

[123] HUBER, Bruch mit der Revolution und Ritterschaft (Berlin 1852), IV. VI f., Vorwort.
[124] Ebd., 2 f. 22. 29.
[125] Ebd., 45.
[126] Ders., Reisebriefe aus Belgien und Frankreich im Sommer 1854 (Hamburg 1855), XVI, Vorwort.

Tat enthebt[127]. 1855 stellt ein Beobachter der politischen Lage fest, man solle *sich nicht verhehlen, daß alle alte Dynastien, die sich wesentlich nur auf den Grundsatz der Legitimität, auf die Hülfe der Kirche und auf einen starren Conservatismus zu stützen suchen, sich heute, gegenüber der Bewegung, die Europa ergriffen hat, und dem Cäsarentume in eine mehr oder weniger bedrohte Lage versetzt finden würden, wenn einmal eine starke politische Crise das europäische System ... erschütterte*[128]. Im folgenden Jahr nannte GERD EILERS diejenigen, die der Gesellschaft das, was sie in politischer und sozialer, aber auch in Hinsicht auf den religiösen Glauben überwunden hat, wieder aufdrängen wollen, *falsche Conservative*[129].

Weiter stieß die liberale Kritik. Der preußischen *Junkerspartei* warf sie rücksichtslosen Parteiegoismus und *Gleichgültigkeit gegen die politische Freiheit des Volkes* vor, dazu Standesdünkel, übergroßen Einfluß im Staate, Gleichsetzung der ständischen Rechte und *des ritterschaftlichen Grundbesitzes ... mit dem „göttlichen Rechte" der Fürsten*[130]. Die „Grenzboten" griffen nicht nur die preußische Junkerpartei an; sie bescheinigten den Konservativen *Hinneigung zum Ultramontanismus* und die Benutzung der Kirche als *wichtigste Stütze der conservativen Gesinnung*[131]. MAX STIRNER sah die Reaktion unter der Losung des *Conservatismus* ihr Werk fortführen[132]; Erinnerung an die Metternichsche Ära wurde beschworen und — so 1858 im ersten Band der „Preußischen Jahrbücher" — die Neuetablierung jener *Solidarität der conservativen Interessen* festgestellt, *vermöge deren die deutschen Regierungen zu den älteren Rechtszuständen und zu der ständischen Verfassungsform zurückzustreben anfingen*[133].

Daneben standen Bemühungen, den Begriff 'konservativ' pragmatisch-politisch und empirisch-historisch gehaltvoller zu machen und dabei zu demonstrieren, daß ein maßvoller Konservatismus vernünftig und notwendig sei. So wird in der verbreitetsten deutschen Enzyklopädie 1852 zu den politischen Zielen der *Conservativen* bemerkt, die Geschichte bezeuge, *daß jedes unnötige Ändern und Neuern in Staatssachen vom Übel* sei, es dagegen zur *Festigkeit* der *Staatsgesellschaft* beitrage, *wenn das Volk* mit den *gewohnten Institutionen* lebe. Man müsse jedoch unterscheiden zwischen einer *niederen und beschränkten ... conservativen Richtung, die alles Bestehende erhalten will*, und einer *wahren, höheren, die durch Fortbildung conservirend* wirkt[134]. WILHELM HEINRICH RIEHL führt (1851) die politischen Richtungen auf die ökonomisch-soziale Gliederung der Gesellschaft zurück und stellt bei den *Stadtbürgern* einen *constitutionellen*, bei den *Proletariern* einen *social-demokratischen*, bei der *Aristokratie und den Bauern* einen *ständisch-conservativen ... politischen Grundton* fest[135].

---

[127] Ebd., Bd. 2 (1855), 129.
[128] HEINRICH KÜPFER, Denkschrift vom Herbst 1855, zit. MANFRED LAUBERT, Aus dem Nachlaß des Legationsrats Heinrich Küpfer, Forsch. z. Brandenburgischen u. Preuß. Gesch. 54 (1943), 340 f.
[129] GERD EILERS, Meine Wanderung durchs Leben, Bd. 3 (Leipzig 1858), 257.
[130] Die Junkerpartei in Preußen, Die Grenzboten 11/2,4 (1852), 487.
[131] Der Katholicismus und die conservative Partei, ebd. 10/1,1 (1851), 64.
[132] MAX STIRNER, Geschichte der Reaction, Bd. 2 (Berlin 1852), 6 f.
[133] Der preußische Landtag während der Jahre 1851 bis 1857, Preuß. Jbb. 1 (1858), 187.
[134] BROCKHAUS 10. Aufl., Bd. 4 (1852), 370.
[135] W. H. RIEHL, Die Aristokratie in ihrem socialen Berufe, Dt. Vjschr. (1851), H. 2, 156.

Ein gewichtigeres Zeugnis sind HERMANN WAGENERS — 1856 anonym in Berlin erschienene — „Grundzüge der conservativen Politik". Wenn auch die mittelalterlichen Gesellschaftszustände sich überlebt hätten, so berechtige das nicht dazu, die *gesellschaftlichen Bande* aufzulösen und die *organische Gliederung der Gesellschaft durch einen äußeren administrativen ... Mechanismus zu ersetzen*, wie es der Liberalismus tue. *Das Gegebene, die historischen Grundlagen, die Erfahrung* müsse um eines *gesunden Staatslebens* willen berücksichtigt, *dem Rechte des Individuums ... das Recht der Gesellschaft* gegenübergestellt und die *das lokale Leben absorbierende Zentralisation der wirtschaftlichen und der staatlichen Kräfte* verhindert werden. *Conservative Politik* wolle ein *geordnetes Social-, Cultur- und Staatsleben* bewirken[136]. Wagener entwickelt ein als einzige konstruktive Lösung der anstehenden sozialen und politischen Probleme sich verstehendes Programm, das fast alle seither vorgetragenen Argumente und Ziele des Konservatismus und große Teile des konservativen politischen und sozialen Vokabulars enthält, wie es bis an die Gegenwart heran gebraucht worden ist. Der Artikel „Conservativ" (bezeichnenderweise nicht „Conservatismus") im „Staats- und Gesellschafts-Lexikon" Wageners demonstriert dann noch einmal, wie sehr die Wort- und Sinnbedeutung des Erhaltens eine politische Hypothek darstellte und deshalb in einer Zeit offenkundigen Wandels in allen Lebensbereichen immer neue rechtfertigende Erläuterung verlangte. Selbstverständlich gehe es nicht um die Erhaltung schlechthin. *Die tiefere Bedeutung des Wortes conservativ* sei nur mit der Frage nach dem zu erfassen, was aus welchem Grunde und zu welchem Zweck erhalten werden solle. *Wahrhaft conservativ* sei nur, wer das Christentum bewahren, seine eigenen Interessen als *Bestandteil eines größeren Ganzen und im Dienste einer höheren Ordnung* pflegen, diese *Ordnung zur Anerkennung* bringen wolle und für die geistige Grundlage des Bestehenden eintrete. Eine *Partei* könne nur dann eine *conservative* genannt werden, wenn sie *wenigstens die Gesamtheit der Institutionen und Bildungen conserviren* wolle, *welche im Laufe der Zeit auf dem rechten zu conservirenden Grunde erwachsen und erbauet sind*[137].

Wenn hier die antiliberale Komponente wieder deutlicher hervortritt, so gründet sie jetzt hauptsächlich in der Ablehnung des ökonomischen und politischen Individualismus, dem als konservatives Prinzip die soziale Verpflichtung des einzelnen und die Priorität der nichtegalitären, monarchisch-verfaßten Gesellschaft gegenübergestellt wird. Mit der Konzeption des Königtums der sozialen Reform beansprucht der Konservatismus, eine Alternative zum Sozialismus zu geben. Die *sozialen Reformen*, so RUDOLF MEYER 1873 in seiner Schrift „Was heißt conservativ sein?", müssen *von der Krone ausgehen und von den Konservativen unterstützt werden*[138].

IX. Die Reichsgründungsphase

Während der „Neuen Ära", des preußischen Verfassungskonflikts, der parteipolitischen Vorherrschaft der Nationalliberalen und der nationalen Einigung befand sich der politische Konservatismus in Deutschland in der Defensive. Bei seinen

---

[136] [HERMANN WAGENER], Grundzüge der conservativen Politik (Berlin 1856), 15 f. 18.
[137] WAGENER Bd. 5 (1861), 541 f.
[138] RUDOLF MEYER, Was heißt conservativ sein? Reform oder Restauration? (Berlin 1873), 14.

Anhängern entwickelte sich jene aus Verdrossenheit, Gleichgültigkeit und Arroganz gemischte Abkehr von politischen Auseinandersetzungen, die bis in die zweite Hälfte der siebziger Jahre anhielt. HEINRICH LEOS gedankenleerer Vortrag „Was ist conservativ?" von 1864 vermochte sie gewiß nicht aufzuhalten. Er zeigt jedoch schon die pragmatisch-opportunistische Richtung an, die der preußische Konservatismus dann später eingeschlagen hat. *Politisch conserviren heiße, Einrichtungen, Sitten, Rechte ... in kontinuierlichem, gedeihlichem, in wachsendem und werdendem Zustande — im Fortschritte, aber in wirklich gedeihlichem Fortschritte erhalten und den zur Auflösung, zum Zerfall führenden Fortschritt — also das, was eigentlich Rückschritt ist, abwehren.* Der Konservative erkenne die geschichtlich gewordene Vielfalt und Eigentümlichkeit der Menschen und Völker an; er lehne es ab, das Leben Abstraktionen zu unterwerfen; in Preußen stehe er *zum wahren, lebendigen Könige,* halte Armee und Beamte des Königs in hohen Ehren und stütze alles, was *zu preußischer Zucht und Ordnung, diesem Grundpfeiler preußischer Freiheit* gehöre[139].—
Dieser Konservatismus ist ideell auf pfleglichen Reformismus und politisch auf einen Monarchismus sans phrase geschrumpft und steht der Wahrung von ökonomischen und sozialen Interessen nicht im Wege.
Tatsächlich hat der politische Konservatismus in Preußen und im Reich sich mit den veränderten Verhältnissen arrangiert und die Institutionen des konstitutionellen Staates zu nutzen gelernt. Auf diesem Wege gelangte er schließlich zur Bildung von Parteien, die sich mit programmatischen Erklärungen an die Wähler wandten. In ihnen erschien das Wort 'konservativ' allerdings noch immer zögernd. Das Programm des „Preußischen Volksvereins" von 1861, das von BISMARCK *konservativ* genannt wurde[140], kennt es noch nicht; auch im Wahlaufruf des Volksvereins und der „Patriotischen Vereinigung" vom September 1863 sucht man es vergebens. Als die letztere im Dezember 1866 zu den ersten Wahlen zum Norddeutschen Reichstag aufruft, spricht sie nur einmal vom *konservativen Gesichtspunkte,* von dem aus gesehen es ein Glück sei, daß kein Einheitsstaat angestrebt werde[141]. Dagegen nennen sich die 32 Abgeordneten, die sich im Oktober 1867 bei den bevorstehenden Landtagswahlen zur Politik Bismarcks bekennen, die *konservative Partei.* Sie sei überzeugt, daß *den veränderten politischen Verhältnissen* Rechnung getragen werden müsse; sie unterstütze die Regierung, weil diese *den Standpunkt Friedrichs des Großen* wieder eingenommen habe, *welcher das Regiment fortschreitend, die Völker aber konservativ wollte*[142].
Dieser Aufruf blieb ohne Erfolg, so daß 1872 ein neuer Versuch einer Parteibildung unternommen wurde. Die *konservative Partei,* so heißt es jetzt, werde *nur dann gedeihlich ... wirken* können, wenn es ihr gelinge, mit der Regierung *auf einer festbestimmten Grundlage gemeinsam zu handeln ... Ihrem politischen Grund-*

---

[139] HEINRICH LEO, Was ist conservativ?, in: ders., Nominalistische Gedankenspäne, Reden u. Aufs. (Halle 1864), 43. 57. 59.

[140] BISMARCK, Brief an Alexander v. Below-Hohendorf, 18. 9. 1861, FA Bd. 14/1 (1933), 578.

[141] Wahlaufruf der „Patriotischen Vereinigung" zu den Wahlen zum Norddeutschen Reichstage (Dezember 1866), abgedr. Deutsche Parteiprogramme, hg. v. WILHELM MOMMSEN (München 1960), 50.

[142] Wahlaufruf der konservativen Reichstagsfraktion zu den preußischen Landtagswahlen (Oktober 1867), ebd., 52 f.

gedanken nach sei sie *monarchisch-national,* d. h. gegen den *Einheitsstaat* und gegen *die Herrschaft parlamentarischer Majoritäten,* für das Vorgehen der Staatsgewalt gegen Bestrebungen zur Veränderung *der gegenwärtigen Staats- und Gesellschaftsordnung* und für *die Lösung der sozialen Frage* durch Regierung und *Kirche*[143]. Als dieser Versuch scheiterte, bildeten konservative Landtagsabgeordnete im Dezember die „Neue konservative Fraktion"; sie trat im Mai 1873 mit einem Wahlaufruf hervor, in dem sie sich *monarchisch* und *national* nennt, dazu *wahrhaft konservativ,* nämlich entschlossen, vom *Prinzip der Ordnung* ausgehend, *durch rechtzeitige Reformen den veränderten politischen Verhältnissen gerecht zu werden und durch Bekämpfung aller destruktiven und radikalen Tendenzen die Grundlagen unserer staatlichen und gesellschaftlichen Ordnung aufrechtzuerhalten*[144]. Während die Altkonservativen in ihrer nationalpolitisch zurückhaltenden, antiindustriellen und konfessionalistischen gleichzeitigen Erklärung den Begriff 'konservativ' geflissentlich vermieden — er ist ihnen offenbar nicht entschieden genug! —, machte ihn die „Deutsche Konservative Partei" öffentlich zu ihrem Namen. Ihr Gründungsaufruf von 1876 betont noch einmal, was jetzt den Basiskonsens des politischen Konservatismus ausmacht: monarchischer Charakter des Staates, starke Regierung, weitgehende *Selbstverwaltung, ... Weiterbildung* des *öffentlichen und privaten Rechtes* auf den *geschichtlich gegebenen Grundlagen,* Ablehnung des *allgemeinen Wahlrechts, ... Erhaltung ... der kirchlichen Einrichtungen* und der *konfessionellen ... Volksschule,* Ablehnung liberaler Wirtschaftstheorien, Förderung der *Interessen von Grundbesitz, Industrie und Handwerk,* Bekämpfung *sozialistischer Irrlehren* und wirtschaftsfriedliche Politik[145]. Das revidierte Programm von 1892 hat noch die Bekämpfung des vordrängenden *zersetzenden jüdischen Einflusses* auf das Volksleben hinzugefügt[146].

Damit unterschied sie sich programmatisch nicht wesentlich von der „Freikonservativen Partei", die aus der 1866 gegründeten „Freien konservativen Vereinigung" hervorgegangen war und in ihrem Wahlprogramm vom Oktober 1867 behauptete, in der Unterstützung der *nationalen Politik* Bismarcks verwirkliche sie zu ihrem Teil *den durchaus konservativen Gedanken, die gesunden und entwicklungsfähigen Elemente des Bestehenden sorgfältig zu pflegen und fortzuentwickeln, nicht aber mit der Geschichte zu brechen, nicht nach Maßgabe von Doktrinen die lebendige Wirklichkeit umformen zu wollen.* Aus *echt konservativem Geist* bejahe sie den Übergang zum Konstitutionalismus, erkenne sie die Verfassung an und fordere ihren Ausbau in Richtung auf die *Selbstverwaltung aller Gliederungen des Volkes*[147]. Vier Jahre später glaubt diese Partei bewiesen zu haben, *daß sie unter Konservierung der historischen Grundlagen der preußischen Monarchie ... das nationale, das deutsche Staatswesen verfassungsmäßig ausbauen will; sie will Reformen und bekämpft die Reaktion, den Stillstand, wie den — Radikalismus*[148].

---

[143] Programm der „Monarchisch-nationalen Partei des Reichstags" (1872), ebd., 62 ff.
[144] Wahlaufruf der „neuen konservativen Fraktion" des preußischen Abgeordnetenhauses (1873), ebd., 65.
[145] Gründungsaufruf der Deutschen Konservativen Partei (1876), ebd., 68.
[146] Revidiertes Programm der Deutschen Konservativen Partei (Tivoli-Programm: 1892), ebd., 78.
[147] Wahlprogramm der Freikonservativen Partei (Oktober 1867), ebd., 54 f.
[148] Freikonservatives Parteiprogramm (1870), ebd., 58. 61.

X. Ausblick

Deutsch- und Freikonservative Partei haben in ihren Selbstaussagen den Begriff 'Konservatismus' nicht verwendet. Er war zu kritikanfällig und zu ideologieverdächtig — zu programmatisch für Parteien mit schwachen Programmen. Aber auch 'konservativ' wird vermieden — vielleicht deshalb, weil es in so hohem Grade erläuterungsbedürftig geblieben war. Wo man zu solchen Erläuterungen schritt, gelangte man über Wiederholungen und allgemeine Floskeln nicht hinaus. Im „Konservativen Handbuch", das keinen Artikel „Konservatismus", wohl aber einen Artikel „Konservativ" kennt, heißt es 1898, *konservieren heiße nicht erhalten von allem und jedem. Erhalten werden sollen vor allem die Grundlagen unseres Volkstums und unserer Volkskraft: die christliche Lebensauffassung, das schöne Treueverhältnis zwischen König und Volk, die altpreußische Straffheit und Pflichttreue im Heere und im Beamtentum, die gesunde Gliederung des sozialen Körpers, den Bestand der ehrlichen produktiven Arbeit auf allen Gebieten der Nationalwirtschaft ... Dem Konservativen erscheint das Überlieferte, geschichtlich Gewordene gewissermaßen als der „Reinertrag" der Arbeit tüchtiger Vorfahren*[149]. Und völlig trivial 1903 im „Ratgeber für die Konservativen im Deutschen Reich": *Erhalten wollen wir alles, was gut und schön, was nützlich und recht ist nach göttlichem und menschlichem Recht*[150]. Ebenso allgemein wird die Bereitschaft zur *Fortbildung, Fortentwicklung, Weiterbildung* auf den *geschichtlichen Grundlagen* beteuert. *Der wahre Fortschritt ist nicht das ungestüme Vorwärtsdringen auf dunklen Wegen, sondern das planmäßige Vorgehen auf dem Boden des geschichtlich Gewordenen. Diesem wahren Fortschritt huldigen die Konservativen*[151].

Beide konservativen Parteien haben das Ende der preußischen Monarchie und des Reiches nicht überlebt. Ihre Nachfolgepartei, die „Deutschnationale Volkspartei" hat weder im Namen noch im Programm den Begriff 'konservativ' gebraucht; das tat erst die „Volkskonservative Vereinigung" (1929), die im nächsten Jahr sich als „Konservative Volkspartei" konstituierte, nachdem die Entwicklung der DNVP *den wirksamen Einsatz konservativer Kräfte verhindert* habe. Dieser aber, also die Durchsetzung des *konservativen Staatsgedankens*, daß der Staat der *lebendige Ausdruck der ewigen Volkspersönlichkeit* sei, stelle die notwendige Voraussetzung für die *Zusammenfassung* des deutschen Volkes *in einer starken Staatsgewalt* dar[152]. Hier hat sich in der Republik diejenige Komponente des Konservatismus durchgesetzt, die sich schon im 19. Jahrhundert von einem aristokratisch-ständischen Royalismus und einem partriarchalisch-christlichen Monarchismus zum Gouvernementalismus und Etatismus verschoben hatte. BISMARCK hatte an den Konservativen kritisiert, daß sie *die Begriffe konservativ und gouvernemental verwechseln* und offenbar nicht wüßten, *was sie konservieren wollen*[153].

Eben dies hing ab von den sozialen und politischen Bedingungen, unter denen

---

[149] Konservatives Handbuch, hg. v. Angehörigen beider konservativen Parteien, 3. Aufl. (Berlin 1898), 315.
[150] Ratgeber für die Konservativen im Deutschen Reich, hg. i. A. d. Leitung d. konservativen Partei (Leipzig 1903), 9.   [151] Kreuzzeitung, Nr. 524 (1863).
[152] Gründungsaufruf der Konservativen Volkspartei (1930), in: MOMMSEN, Parteiprogramme, 544.
[153] BISMARCK, 4. 9. 1897, zit. OSKAR STILLICH, Die politischen Parteien in Deutschland, Bd. 1 (Leipzig 1908), 18.

X. Ausblick

Konservative agierten. Zwar läßt sich eine deutliche Kontinuität im konservativen politischen Credo erkennen; ein Grundbestand von wertbestimmten Überzeugungen und Ablehnungen, die unter sich wandelnden Bedingungen zur Geltung gebracht werden sollen. Der Begriff 'Konservatismus' aber hat sich dafür nicht als Selbstbezeichnung und Kennwort durchgesetzt; 'die Konservativen' ist eine relativ vage Sammelbenennung geblieben, die eher von Gegnern als von Anhängern benutzt wurde. Diese nannten ihre Einstellung wohl eine 'konservative', bemühten sich dann aber sofort, sie inhaltlich näher zu bestimmen, also dem Wort einen Gehalt zu geben, über den es selber offenbar nicht hinreichend verfügte. Das aber war die Folge nicht der Schwäche konservativer Elemente, sondern umgekehrt der Stärke illiberaler Strukturen der deutschen politischen Kultur. In ihr hat sich der politische Konservatismus der herrschenden Schichten lange als so normal verstanden, daß die Festlegung auf einen Begriff, einen abstrakten „-ismus", als Reduzierung auf den Status einer Ideologie und Partei unter anderen abgelehnt wurde. Dahinter liegt ein tieferer Grund: Konservative widerstreben der Identifizierung durch einen generalisierenden Namen auch deshalb, weil sie überzeugt sind, daß sich die Konkretheit des durch Natur und Geschichte bestimmten menschlichen Lebens begrifflicher Fixierung entziehe. So haben denn weder die Schlagwörter der 'konservativen Demokratie' (Willy Hellpach 1921) und der 'konservativen Revolution' (Hugo von Hofmannsthal 1927) noch gegenwärtige Bemühungen, eine konservative Position neu zu bestimmen, 'Konservatismus' als politisch eindeutigen Begriff etabliert.

Literatur

HANS BARTH, Der konservative Gedanke, Ausg. Texte (Stuttgart 1958); Gesellschaft und Staat im Spiegel deutscher Romantik, hg. v. JAKOB BAXA (Jena 1924); KLAUS EPSTEIN, The Genesis of German Conservatism (Princeton/N. J. 1966), dt. Die Ursprünge des Konservativismus in Deutschland (Berlin 1973); OTTO-HEINRICH V. DER GABLENTZ, Reaktionen und Restaurationen, in: Zur Geschichte und Problematik der Demokratie, Fschr. Hans Herzfeld, hg. v. WILHELM BERGES u. CARL HINRICHS (Berlin 1958), 55 ff.; ADOLF GRABOWSKY, Konservatismus, Zs. f. Politik 20 (1931), 770 ff.; MARTIN GREIFFENHAGEN, Das Dilemma des Konservatismus (München 1971); GERD-KLAUS KALTENBRUNNER, Rekonstruktion des Konservatismus (Freiburg 1972); KLEMENS V. KLEMPERER, Art. „Konservativismus", SDG Bd. 3 (1969), 847 ff.; SIEGFRIED LANDSHUT, Art. Konservatismus, Wb. d. Soziologie, 2. Aufl., hg. v. WILHELM BERNSDORF (Stuttgart 1969), 587 f.; KARL MANNHEIM, Das konservative Denken. Soziologische Beiträge zum Werden des politisch-historischen Denkens in Deutschland (1927), in: ders., Wissenssoziologie. Auswahl aus dem Werk, hg. v. Kurt H. Wolff (Berlin, Neuwied 1964); ROBERT MICHELS, Art. Conservatism, Enc. of the Social Sciences, vol. 4 (1930; 12. Ndr. 1957), 230 ff.; JAN ROMEIN, Über den Konservativismus als historische Kategorie. Ein Versuch, in: Wesen und Wirklichkeit des Menschen, Fschr. Helmuth Plessner, hg. v. KLAUS ZIEGLER (Göttingen 1957), 215 ff.; CLINTON ROSSITER, Art. Conservatism, Internat. Enc. of the Social Sciences, vol. 3 (1968), 290 ff.; HANS-JOACHIM SCHOEPS, Das andere Preußen. Konservative Gestalten und Probleme im Zeitalter Friedrich Wilhelms IV., 2. Aufl. (Honnef 1957); OTTO ERNST SCHÜDDEKOPF, Konservatismus, Internat. Jb. f. Geschichtsunterricht 7 (1959/60), 306 ff.; Konservatismus, hg. v. HANS GERD SCHUMANN (Köln 1974); OSKAR STILLICH, Die politischen Parteien in Deutschland, Bd. 1: Die Konservativen (Leipzig 1908); FRITZ VALJAVEC, Die Entstehung der politischen Strömungen in Deutschland 1770—1815 (München 1951); RUDOLF VIERHAUS, Art. Conservatism, Dict. of the History of Ideas, vol. 1 (New York 1973), 447 ff.

RUDOLF VIERHAUS

Krieg

I. Einleitung. II. 1. 'Krieg' als Fehde in der politisch-sozialen Ordnung des Mittelalters. 2. Mittelalterliche Moraltheologie: Die Lehre vom gerechten Krieg. III. 1. „Modernes" Naturrecht: Der Krieg als natürlicher zwischenstaatlicher Zustand. 2. „Klassisches" Natur- und Völkerrecht: Vom gerechten Krieg zum rechtmäßigen Feind. 3. Politische Aufklärung: Die Rehabilitierung des Bürgerkriegs als Krieg gegen den Krieg. 4. Die Französische Revolution: Vom internationalen Bürgerkrieg zum interstatalen Nationalkrieg. 5. Deutsches Kriegsdenken um 1800: Aufklärerische Friedensprojekte und aufkeimender Bellizismus. 6. Die Restauration des zwischenstaatlichen Duellkriegs im 19. Jahrhundert. 7. Die Entfaltung des Bellizismus. 8. Die Verdrängung des naturrechtlich-liberalen Kriegsbegriffs. 9. Die Tradition des revolutionären Bürgerkriegs. IV. Ausblick.

I. Einleitung

Erst im Laufe des 14. Jahrhunderts hat mhd. 'kriec' jene Bedeutung angenommen, die dem lat. 'bellum' entspricht und dem modernen Verständnis nahekommt. Bis in die frühe Neuzeit hinein aber standen für den Begriff 'Krieg' noch andere Benennungen zur Verfügung: vor allem das alte 'urliuge', das später von 'Krieg' völlig aus dem deutschen Wortschatz verdrängt worden ist und sich als 'oorlog' nur noch im Niederländischen gehalten hat; ferner 'werre' („Verwirrung, Unordnung"), das sich über die latinisierte Form 'guerra' als Bezeichnung für den Krieg in den außerdeutschen Hauptsprachen des alten Europa durchgesetzt hat; schließlich dann 'Fehde' und 'Feindschaft', deren begrifflicher Inhalt durch die Entwicklung des sozialen und politischen Ordnungsgefüges seit dem Ausgang des Mittelalters stark modifiziert und von der Bedeutung „Krieg" immer mehr getrennt wurde[1]. So wenig also mhd. und frühnhd. 'kriec' für sich in Anspruch nehmen konnte, in der deutschen Sprache den Begriff 'Krieg' allein und ausschließlich verbal zu repräsentieren, so wenig war seine Bedeutung eindeutig auf „Krieg" festgelegt. Vielmehr waren die verschiedenen Entwicklungsstufen, die das Wortverständnis von 'kriec' bis hin zur verengenden Gleichsetzung mit 'bellum' durchlaufen hat, noch sehr lange wirksam; und es fällt häufig schwer zu entscheiden, ob in Komposita und Wendungen wie 'Ehekrieg', 'Sängerkrieg', 'Krieg mit Worten' u. ä. ein abgeleitet-bildlicher oder ein am ursprünglichen Wortsinn orientierter Sprachgebrauch vorliegt.

Aus dem weitgefächerten Bedeutungsbereich von dem aus ahd. 'chreg' „Hartnäckigkeit" abgeleiteten 'kriec' hat sich im Mittelalter besonders 'Streit' im Sinne von „Rechtsstreit" herausgehoben und verbreitet[2]. Und über dieses Zwischenglied „Rechtsstreit" hat sich die moderne Bedeutung entwickelt, die kräftig genug war, im Laufe der Zeit sowohl die übrigen Bedeutungsnuancen des Wortes zu verdrängen als auch das ganze Wortfeld des Begriffs 'Krieg' zu erobern und so die eindeutige Zuordnung von Wort und Begriff zu stiften, die wir seit dem 16. Jahrhundert vorfinden.

---

[1] KLUGE/MITZKA 18. Aufl. (1960), 405; TRÜBNER Bd. 4 (1939), 274 ff.; LEXER Bd. 1 (1872), 1726 f.; Bd. 2 (1876), 2007 f.; Bd. 3 (1878), 42. 338. 790 ff.; RWB Bd. 3 (1935/38), 445 ff.; vor allem GRIMM Bd. 5 (1873), 2211 ff.
[2] GRIMM Bd. 5, 2216 ff.

II.

1. 'Krieg' als Fehde in der politisch-sozialen Ordnung des Mittelalters

Die Bedeutungsentwicklung des Wortes 'Krieg' ist für das Verständnis des Begriffs 'Krieg' sicherlich aufschlußreicher als in vielen anderen Fällen. Wie immer man das Phänomen Krieg — seine Ursachen, seine Erscheinungsweisen — beurteilen mag, grundlegend für den mittelalterlichen Kriegsbegriff war die Zuordnung von Krieg und Recht. Nicht von ungefähr hat eben das Wort, das den Krieg als Rechtsstreit begreifen lehrt, ursprünglichere Bezeichnungen außer Gebrauch setzen und somit aus dem Bewußtsein löschen können. Ebenso charakteristisch ist, daß im Lateinischen das klassische 'bellum' dem aus dem Germanischen entlehnten 'guerra' weichen mußte, als dessen eigentlicher Sinn wohl „gestörte (Rechts-)Ordnung" anzunehmen ist. Während 'guerra' aber schon seit dem frühen Mittelalter die Sprache der Quellen beherrscht[3] — 'bellum' kann sich in der Bedeutung „Krieg" nur als gelehrter Terminus behaupten, bedeutet dagegen im normalen Sprachgebrauch fast durchweg „Schlacht"[4] —, machte 'kriec' einen langen Umweg über Zwillingsformeln wie 'krieg ind urloige', 'viantschaft ader krieg', 'feyde ader krige' u. ä.[5], um sich geleitet von solcherart Interpretationshilfen zur schließlichen Bedeutung 'Krieg' = „gewaltsamer Rechtsaustrag" zu verengen.

Diese Bedeutungsverengung von „Rechtsstreit schlechthin" zum „gewaltsam ausgetragenen Rechtsstreit" dürfte durch die Entwicklung des mittelalterlichen Fehderechts angestoßen worden sein, die dahin ging, immer weiteren Personenkreisen den Weg des erlaubten gewaltsamen Streitaustrags zu verlegen und sie zum gewaltlosen Streitaustrag vor Gericht zu zwingen. Weil die Möglichkeit, um das Recht mit Gewalt zu kämpfen, die friedliche Streiterledigung jederzeit in eine kriegerische umschlagen zu lassen, seit dem hohen Mittelalter nur noch einem relativ begrenzten Personenkreis eingeräumt war[6], mithin — trotz aller Häufigkeit — den Charakter des Besonderen annahm, ließ sich 'kriec' als ein beide Formen des rechtlichen Streitaustrags überdeckender Begriff nicht halten; denn hinsichtlich des Rechtsverfahrens verlor die Gegenüberstellung: „gerichtlich" — „gewaltsam" ihren Alternativ-

---

[3] Du Cange 8ᵉ éd., t. 3 (1844), 585 f.
[4] Etwa Annales Rodenses, hg. v. Petrus Cornelius Boeren u. Gerard Willem A. Panhuysen (Assen 1968), 46: *Eodem anno* [1114] *factum est bellum aput Andernacum inter imperatorem Heinricum et Fridericum Coloniensis ecclesie archiepiscopum;* Annales Egmundani, MG SS Bd. 16 (1859), 471: [1197] *Factum est tandem post longam controversiam inter eosdem comites* [scil. Hollandiae et Gelrensis] *bellum apud montem qui dicitur Heimenberg.*
[5] Außer den Belegen der in Anm. 1 und 2 genannten Wörterbücher vgl. z. B. noch: Weisthümer, hg. v. Jacob Grimm, Bd. 1 (Göttingen 1840; Ndr. Darmstadt 1957), 531. 600. 628; Bd. 2 (1840), 27. 713. 720; Bd. 3 (1842), 336. 812. 868; Bd. 4 (1863), 198. 414. 574; auch Theodor Josef Lacomblet, Urkundenbuch für die Geschichte des Niederrheins, Bd. 3 (Düsseldorf 1853), Nr. 562. 595. 755.
[6] Otto Brunner, Land und Herrschaft, 5. Aufl. (Wien 1965), 18; dazu Heinrich Mitteis, Land und Herrschaft, Hist. Zs. 163 (1941), bes. 261 ff., auch in: Herrschaft und Staat im Mittelalter, hg. v. Hellmut Kämpf (Darmstadt 1964), bes. 26 ff.; Joachim Gernhuber, Die Landfriedensbewegung in Deutschland bis zum Mainzer Reichslandfrieden von 1235 (Bonn 1952), 166 ff.

II. 1. 'Krieg' als Fehde im Mittelalter

charakter und nahm immer mehr den eines Gegensatzes an. Zwischen die einander zunehmend ausschließenden Bedeutungen „Prozeß" und „Fehde" gestellt, folgte 'kriec' der Fehde.

Daß diese Verschiebung des Begriffsinhalts von 'kriec' auf 'Krieg' hin sich gerade seit dem 14. Jahrhundert beobachten läßt, hängt mit dem Erstarken der Territorien zusammen, die durch die Neuordnung des Gerichtswesens, die Umformung des überkommenen Prozeßverfahrens und die Etablierung einer halbwegs wirksamen öffentlichen Gewalt damals die sachlichen Voraussetzungen für eine solche Begriffsentwicklung schufen[7]. Waren diese Territorien — ebenso wie die Königreiche Westeuropas — auch ihrer Struktur nach im Innern fehdefeindlich[8] und waren sie in der Eindämmung des Fehdewesens gewiß erfolgreicher als die kirchlichen Gottesfrieden und königlichen Landfrieden des hohen Mittelalters[9], so blieben sie doch weit entfernt davon, die legitime Gewaltanwendung zu monopolisieren und die eigenmächtige gewaltsame Rechtsverfolgung generell zu diskriminieren[10]. Den waffenfähigen Leuten stand die kriegerische Auseinandersetzung in Form der Ritterfehde weiterhin offen, zunehmend eingeengt freilich durch die in den territorialen Landfrieden festgelegten Beschränkungen und Kautelen, mit denen die Landesherren das Fehdewesen unter Kontrolle zu halten bestrebt waren[11]. Sie selbst — die *domini superiores*[12], wie sie seit dem 14. Jahrhundert gelegentlich genannt werden — nahmen allerdings das Fehderecht als Recht zum Kriege für sich uneingeschränkt in Anspruch. Einen prinzipiellen Unterschied zwischen 'Krieg' und 'Fehde' kannte das Mittelalter noch nicht[13]; das Problem des *bellum privatum*, mit dem sich das 16. und 17. Jahrhundert theoretisch so intensiv auseinandergesetzt hatten[14], konnte sich realiter erst stellen, als die territoriale Staatsbildung so weit fortgeschritten war, daß der Fürst und sein Verwaltungsapparat die Sphäre des Öffentlichen für sich in Beschlag nahmen und alles außerhalb ihrer selbst als privat deklarierten. Mittelalterliche Kriege waren große Fehden, von diesen qualitativ nicht unterschieden, sondern nur quantitativ abgehoben und hinsichtlich der damit verbundenen Folgen im politischen Kalkül aufmerksamer behandelt. So zwang z. B. im Jahre 1344 das Kölner Domkapitel den Erzbischof Walram, ohne seine Zustimmung kein *groyss*

---

[7] Vgl. Der deutsche Territorialstaat im 14. Jahrhundert, hg. v. HANS PATZE, 2 Bde. (Sigmaringen 1970/71).
[8] HEINRICH MITTEIS, Der Staat des hohen Mittelalters, 5. Aufl. (Weimar 1955), 373 f.
[9] GERNHUBER, Landfriedensbewegung; HEINZ ANGERMEIER, Königtum und Landfriede im deutschen Spätmittelalter (München 1966); HARTMUT HOFFMANN, Gottesfrieden und Treuga Dei (Stuttgart 1964).
[10] BRUNNER, Land und Herrschaft, 18; GERNHUBER, Landfriedensbewegung, 166. 179 f.
[11] BRUNNER, Land und Herrschaft, 95 ff.; GERNHUBER, Landfriedensbewegung, 193 ff.
[12] J. LAURENT, Aachener Zustände im 14. Jahrhundert auf Grund von Stadtrechnungen (Aachen 1876), 155.
[13] BRUNNER, Land und Herrschaft, 39. Vgl. auch die Skizze von FRITZ DICKMANN, Krieg und Friede im Mittelalter, in: ders., Friedensrecht und Friedenssicherung. Studien zum Friedensproblem in der Geschichte (Göttingen 1971), 98 ff.
[14] Das 18. Jahrhundert hinwiederum, das in der Erfahrung des absolutistischen Staates lebte, vermochte die Fehde nur als Faustrecht, als *abus du gouvernement féodal* (ROUSSEAU, Du contrat social 1, 4) zu begreifen.

urluge zu beginnen, *dat kenlich groyss heyssen muge*[15]. Der große wie der kleine Krieg aber wurden verstanden als das gewaltsame Durchfechten eines konkreten Rechtsstreits im Rahmen einer vorgegebenen Rechtsordnung, die eine solche Gewaltanwendung als legitim anerkannte: Gewalt und Recht vertrugen sich durchaus miteinander und wurden keineswegs als Gegensätze empfunden. Zwar ging die Tendenz dahin, die Gewaltanwendung durch eine Beschränkung des Kreises der Fehdeberechtigten, durch den Ausbau von Institutionen zu friedlicher Streiterledigung (Schiedsgerichtsbarkeit)[16], durch Machtakkumulation in fürstlicher Hand zu mindern; doch zeigen gerade diese Bestrebungen, die dem Bedürfnis der immer komplexer werdenden Sozial- und Wirtschaftsverhältnisse nach Friede und Ruhe Rechnung trugen, daß die Berechtigung zur Anwendung kriegerischer Gewalt grundsätzlich nicht in Frage gestellt wurde. Immerhin gelang es, die Fehde, den Krieg zu regulieren, insofern einmal die Fehdeführenden verpflichtet wurden, den zwischen ihnen bestehenden Zustand der Feindschaft — d. h. die Absicht, ihr Recht gewaltsam zu erkämpfen — durch eine „Absage" (diffidatio) zu proklamieren, und indem zum andern die Fehdeführung durch die Etablierung von Bereichen eines verstärkten, Gewaltaktionen ausschließenden Friedensschutzes eingegrenzt blieb. 'Fyentschaft', 'vehde', 'kriec' bezeichnen daher einen Zustand zwischen Kontrahenten, von denen wenigstens einer seinen Willen bekundet hat, einen bestehenden Rechtsstreit mit Waffengewalt auszutragen. Ob es wirklich zu kriegerischen Aktionen kam, war dabei unerheblich; es hat große mittelalterliche Kriege und Fehden gegeben, die schiedlich oder vertraglich beendet werden konnten, ohne daß es überhaupt zu Gewaltanwendung gekommen ist. Ohnehin wurde der mittelalterliche Krieg seinem Begriff als Rechtsstreit entsprechend mit einem Minimum an Gewaltaktionen durchgeführt: sein Ziel war nicht, den Gegner zu vernichten, sondern ihn zu zwingen, den eigenen Rechtsstandpunkt als auch für sich verbindlich anzuerkennen und diese Anerkennung schließlich in einem Friedensvertrag, einer Sühne, zu fixieren[17]. Und diesen Zwang übte man durch „Schadentrachten" aus: durch „Raub und Brand" — wie die zeitgenössischen Quellen es ausdrücken, durch Gewalt gegen Sachen — wie man heute zu sagen pflegt. Gewalt gegen Personen wurde in der Regel nicht angewandt, um den Feind zu töten, sondern um ihn gefangen zu nehmen; man wollte keine Leichen, sondern Lösegelder. Diese vom Verständnis des Krieges her bereits nahegelegte temperierte Kriegsführung war zugleich durch die realen Gegebenheiten bedingt. Der Unterhalt eines kleinen Heeres von 1000–2000 Leuten — es handele sich um eine Söldnertruppe oder um ein Ritteraufgebot — war für damalige Verhältnisse so kostspielig, daß nur finanziell potente Kriegsherren sich dergleichen erlauben konnten, und dies immer nur für relativ kurze Zeit[18]. Im

---

[15] LACOMBLET, Urkundenbuch, Bd. 3, Nr. 416; dazu BRUNNERS Bemerkungen über den 'namhaftigen Krieg'; Land und Herrschaft, 40.
[16] WILHELM JANSSEN, Die Anfänge des modernen Völkerrechts und der neuzeitlichen Diplomatie. Ein Forschungsbericht (Stuttgart 1965), 31 ff.; REINHARD SCHNEIDER, Zum frühmittelalterlichen Schiedswesen, in: Aus Theorie und Praxis der Geschichtswissenschaft, Fschr. Hans Herzfeld, hg. v. DIETRICH KURZE (Berlin, New York 1972), 389 ff. (Lit.).
[17] BRUNNER, Land und Herrschaft, 41 f. 78.
[18] WILHELM ERBEN, Kriegsgeschichte des Mittelalters (München, Berlin 1929); FERDINAND LOT, L'art militaire au moyen âge en Europe et dans le Proche Orient, 2 t. (Paris 1946); JOHN BEELER, Warfare in Feudal Europe 730—1200 (Ithaca, London 1971).

II. 2. Die Lehre vom gerechten Krieg

allgemeinen jedoch wurde der 'kriec' als sogenannter „täglicher Krieg" praktiziert, d. h. als Streifzüge kleiner Reisigenscharen, die von festen Plätzen (Burgen) aus operierten[19]. Häufig dürfte man bei erklärtem Krieg ganz auf irgendwelche militärischen Handlungen verzichtet haben. Nur unter dieser Voraussetzung läßt sich der wirtschaftliche Aufschwung im 15. Jahrhundert trotz blühenden Fehdewesens überhaupt verstehen. So drückend das mittelalterliche Kriegswesen sicherlich gewesen ist: die Tatsache, daß dabei große exzeptionelle Ereignisse und Katastrophen eine Seltenheit waren und der übliche Kleinkrieg den zahlreichen Plagen des Alltags zugezählt werden konnte, mit denen man sich abfinden mußte, hat gewiß dazu beigetragen, daß Zweifel an der Berechtigung des Krieges und der Gewaltanwendung schlechthin nicht laut geworden sind und die auf germanischen Grundlagen aufgebaute Rechtsordnung des Mittelalters, in der der Krieg seinen legitimen Platz hatte, nicht ernsthaft in Frage gestellt wurde.

2. Mittelalterliche Moraltheologie: Die Lehre vom gerechten Krieg

Ließ die aus germanischen Wurzeln entwickelte Verfassungsstruktur des Mittelalters das Bedürfnis nach einer Rechtfertigungstheorie des Krieges gar nicht aufkommen, so erforderte das Christentum, die andere prägende Kraft der mittelalterlichen Welt, eine solche zwingend und nachdrücklich. Schon die spätantiken Christen der nachkonstantinischen Zeit hatten sich mit dem Problem, der *generalissima quaestio*, auseinanderzusetzen, *an bellum aliquod justum sit sive an bellare unquam liceat* — wie GROTIUS später formulieren sollte[20]; d. h.: ob kriegerische Gewaltanwendung überhaupt mit der Lehre Christi vereinbar sei. Rigoristische Überlieferungen und Tendenzen, die auf ein generelles Kriegsverbot zielten, wurden dabei relativ leicht zurückgedrängt zugunsten von Überlegungen, die zwar nicht den Krieg schlechthin, aber den Krieg unter bestimmten Bedingungen als zulässig und der christlichen Lehre nicht widersprechend erklärten. Unter Aufnahme stoischer Traditionen hat AUGUSTIN diese Überlegungen zu einer Theorie des *bellum iustum*, des erlaubten Krieges[21], zusammengefaßt, wobei er das entscheidende Kriterium für die Rechtfertigung in der Kriegsursache aufsuchte: *Justa autem bella definiri solent, quae ulciscuntur iniurias, si qua gens vel civitas, quae bello petenda est, vel vindicare neglexerit quod a suis improbe factum est, vel reddere quod per iniurias ablatum est*[22]. Von dieser — durchaus formalen — Definition, die in das Decretum Gratiani übernommen[23] und somit kirchenrechtlich sanktioniert wurde, hatten die mittelalterlichen Theologen bei ihrer Beschäftigung mit dem Kriegsproblem auszugehen. Die hier nachdrücklich formulierte Verbindung von Recht und Krieg, die dem aus germanischer Tradition erwachsenen Kriegsverständnis korrespondierte, bewahrte sie bei diesem Geschäft davor, sich in allzu realitäts-

---

[19] BRUNNER, Land und Herrschaft, 79 f.
[20] HUGO GROTIUS, De iure belli ac pacis 1, 2 (Eingang).
[21] Die umfassendste Darstellung: ROBERT HUBERT WILLEM REGOUT, La doctrine de la guerre juste de Saint Augustin à nos jours d'après les théologiens et les canonistes catholiques (Paris 1934); weitere Literatur bei JANSSEN, Anfänge des Völkerrechts, 20 ff.
[22] AUGUSTIN, Quaestiones in Heptateuch. 6, 10.
[23] Decretum Gratiani 2, 23, 2, can. 2. CIC Bd. 1, 2. Aufl. (Leipzig 1879), 894.

ferne gelehrte Spekulationen zu verlieren. Daß nur eine Störung der Rechtsordnung, erlittenes oder drohendes Unrecht, einen Krieg rechtfertige, war nicht nur die im Fehderecht zum Ausdruck kommende tatsächliche Rechtsüberzeugung der Zeit, sondern auch eine unbestrittene, häufig formulierte Maxime gelehrter (moraltheologischer oder naturrechtsphilosophischer) Denkarbeit bis in das 17. Jahrhundert hinein: *Bella ... intantum sunt licita et justa ... inquantum tuentur pauperes et totam rempublicam ab hostium iniuriis* (THOMAS VON AQUIN)[24]. — *Unica est et sola causa iusta inferendi bellum, iniuria accepta* (VITORIA)[25]. — *Causa haec iusta et sufficiens est gravis iniuria illata, quae alia ratione vindicari aut reparari nequit* (SUÁREZ)[26]. — *Causa justa belli suscipiendi nulla esse alia potest nisi iniuria* (GROTIUS)[27]. Allerdings kamen die mittelalterlichen Theologen nicht mehr damit aus, bei der Frage nach dem bellum iustum wie Augustin — der von der Situation des spätrömischen Reichs her dachte — allein auf die iusta causa abzuheben; ihnen schienen zusätzliche Kriterien notwendig. THOMAS VON AQUIN hat der mittelalterlichen Theorie des bellum iustum die klassische Formulierung gegeben: Bedingungen eines gerechten Krieges sind die *auctoritas principis*, die *intentio recta* der Kriegführenden, die *iusta causa*[28]. Bezeichnend ist die Verlagerung des Gewichtes von der Frage: Was gibt ein Recht zum Kriege? hin zu der Frage: Wer hat ein Recht zum Kriege? — eine Widerspiegelung der tatsächlichen Rechtsentwicklung, deren Tendenz auf eine zunehmende Begrenzung des Kreises der Fehde-, d. h. Kriegsberechtigten ging. Alle mittelalterlichen Moraltheologen haben — unter dem Eindruck der realen Gegebenheiten und der Autorität des doctor angelicus — diese Schwenkung akzeptiert und sich mit dem Problem befaßt, was denn nun in concreto unter einem solchen 'princeps' zu verstehen sei. Denn die einleuchtende Stringenz der thomistischen Lehräußerung beruhte nicht zuletzt darauf, daß sie auf einer recht hohen Abstraktionsebene formuliert war, von der aus es schwierig war, eine Brücke zu den realen politischen Verhältnissen zu schlagen. Thomas selbst hat sich nicht darüber ausgelassen, welchen Typus von Herrschern und Gewalthabern seiner Zeit er als 'princeps' anzuerkennen bereit war; seine Zeitgenossen bzw. Interpreten kamen dabei zu höchst diffusen Ergebnissen. Der Kardinalbischof HUGO VON OSTIA glaubte unter dem Einfluß des römischen Rechts behaupten zu können, nur der *populus Romanus* (d. h. der Kaiser) habe das Recht, einen Krieg zu erklären, nur solcherart Kriegsgegner verdienten die Bezeichnung *hostes* im eigentlichen Sinne. Und zur Erläuterung fügte er bekräftigend hinzu: *Unde videtur, quod bellum, quod tota die exercent principes nostri temporis, est iniustum*; hier habe man es nicht mit *hostes*, sondern mit *latrunculi* zu tun[29]. Dieser einer anachronistischen Reichsideolo-

---

[24] THOMAS VON AQUIN, Summa theologiae 2/2, qu. 40, art. 2, 1.
[25] FRANCISCO DE VITORIA, De Indis recenter inventis et de iure belli Hispanorum in barbaros relectiones 2, 13, hg. v. Walter Schätzel (Tübingen 1952), 130.
[26] FRANCISCO SUÁREZ, De bello 4, 1 [= De triplici virtute theologica, fide, spe et charitate, 3. Traktat: De charitate, disputatio 13], in: ders., Ausg. Texte zum Völkerrecht, hg. v. Josef de Vries S. J. (Tübingen 1965), 142; vgl. LUCIANO PEREÑA VICENTE, Teoría de la guerra en Francisco Suárez, Bd. 2 (Madrid 1954), 126.
[27] GROTIUS, De iure belli ac pacis 2, 1, 1.
[28] THOMAS VON AQUIN, S. th. 2/2, qu. 40, art. 1.
[29] HUGO VON OSTIA [HOSTIENSIS], Summa 1, 34 (Ausg. Köln 1612), 313.

II. 2. Die Lehre vom gerechten Krieg

gie entspringenden Ansicht, die letzthin für das Abendland nur einen princeps gelten läßt, stand eine Bemerkung des RAIMUND VON PEÑAFORTE entgegen, der einen *casus* anerkennt, *in quo sine autoritate speciali principis vel ecclesiae possit moveri bellum, scilicet pro rebus repetendis et defensione patriae*[30]. Damit war das Fehdewesen der Zeit theoretisch weitgehend legitimiert, und jeder, der sich mächtig genug fühlte, gewaltsam *res suas repetere*, konnte sich als 'princeps' im Sinne der thomistischen Definition autorisiert fühlen. Durchgesetzt hat sich schließlich jene, die Extreme vermittelnde Interpretation, wie sie zum ersten Mal bei Papst INNOZENZ IV. begegnet: *Bellum autem, secundum quod proprie dicitur, solus princeps, qui superiorem non habet, indicere potest, et potest illud indicere contra eos, contra quos non competeret executio iurisdictionis*[31].

Wegweisend war diese Umschreibung des zum Kriege berechtigten princeps aus einem zweifachen Grunde: einmal entsprach sie zwar nicht der Wirklichkeit des politischen Lebens im Spätmittelalter, aber doch den um diese Zeit bereits deutlich sichtbar gewordenen Tendenzen der civitates oder res publicae, sich zu „verstaaten" und damit die legitime Gewaltanwendung nach innen und außen zu monopolisieren[32]; zum andern trug sie durch die Parallelisierung von Krieg und Justiz zur (theoretischen) Lösung einer Schwierigkeit bei, die der bellum-iustum-Doktrin seit Augustin inhärent war. Ziel des gerechten Krieges war es nicht nur, Unrecht wiedergutzumachen, sondern auch, Unrechtstäter zu bestrafen. Der Kardinal CAJETAN hat diesen Gedanken später besonders nachdrücklich ausgesprochen: *Manifestat quoque idem quod habens justum bellum non est pars, sed ex ipsa ratione necessitante ad bellum efficitur iudex hostium suorum, ex eo quod eadem ratione potest princeps in perturbatores suae respublicae intraneos et extraneos uti gladio propria auctoritate: scilicet ex ratione perfectae reipublicae*[33]. In welche (auch theoretisch) kaum lösbaren Probleme man mit der Interpretation des Krieges als einer executio iuris geraten würde, dürfte den mittelalterlichen Denkern kaum bewußt gewesen sein. Im Rahmen mittelalterlicher Rechtsüberzeugungen, die das Recht als richtige, eindeutige und unmittelbar einsichtige Lebensordnung begriffen, konnte die Frage: „quis iudicat?" keine hervorragende Rolle spielen. Sie sollte erst später entscheidendes Gewicht bekommen. Immerhin bedeutete die Tatsache, daß nur einem solchen princeps die Befähigung zum gerechten Krieg zugesprochen wurde, der selbst keinen „superior", keinen übergeordneten Richter, mehr kannte oder anerkannte, seinerseits aber (unbestrittener) Richter über andere war, nicht nur einen theoretischen Vorgriff auf spätere tatsächliche Entwicklungen, sie trug auch dem für das späte Mittelalter charakteristischen Prozeß der Machtkonzentration in den Händen verhältnismäßig weniger principes Rechnung. Diese Konzentrationsbewegung zielte dahin, einen von der privaten Sphäre deutlich abgegrenzten Bereich des Öffentlichen zu konstituieren und damit einen Gegensatz zu stiften, der für die Fortbildung des Kriegs-

---

[30] RAIMUND VON PEÑAFORTE, Summa 1, 5, 12 (Ausg. Verona 1744), 173.
[31] INNOZENZ IV., Apparatus in quinque libros decretalium (Lyon 1525), 89.
[32] WILHELM JANSSEN, Der deutsche Territorialstaat im 14. Jahrhundert. Zu einer Veröffentlichung des Konstanzer Arbeitskreises für mittelalterliche Geschichte [= Rez. des in Anm. 7 genannten Werkes], Der Staat 13 (1974), 415 ff.
[33] CAJETAN, Summula (Venedig 1571), 27 f.

begriffs von eminenter Bedeutung sein sollte. Als 'persona publica'[34] durfte aber nur der princeps gelten, der in seinem Herrschaftsbereich die summa potestas iudicandi von Rechts wegen oder tatsächlich behauptete, selbst hingegen gerichtlich nicht mehr wirksam belangt werden konnte und in der Lage war, die Grenze zwischen 'öffentlich' und 'privat' konkret und verbindlich zu bestimmen. Nur wenn das Vorhanden- bzw. Nichtvorhandensein einer übergeordneten effektiven richterlichen Gewalt zum Unterscheidungsmerkmal zwischen privatae und publicae personae gemacht wurde, ließ sich auch mit dem Begriff des bellum privatum, der traditionsbedingt durch die Schriften mittelalterlicher Theologen geistert, eine konkrete Vorstellung verbinden und in einer Definition wie: *privatum bellum ... inter privatas personas agitur non ex aliqua publica auctoritate* (THOMAS VON AQUIN)[35] mehr sehen als leeres Begriffsgeklapper. Verständlich wird dann auch, daß das bellum privatum nicht als bellum im eigentlichen Sinne anerkannt wurde; Thomas qualifiziert es als bloße *rixa*. *Bellum proprie* nämlich *est contra extraneos et hostes, quasi multitudinis ad multitudinem;* nur die 'extranei', die außerhalb der gleichen iurisdictio stehen, können 'hostes' im strengen Wortsinne, Kriegsgegner, werden[36]. Sicherlich verfehlte die strikte Trennung in 'privat' und 'öffentlich' das soziale und politische Ordnungsgefüge der mittelalterlichen Welt (Fehdegegner waren keine privatae personae im Sinne des römischen Rechts und moraltheologischer Auslassungen!)[37], ebenso gewiß aber blieb diese Unterscheidung trotz ihrer dem römischen Recht entnommenen unangemessenen Begrifflichkeit den Verschiebungen innerhalb dieser Ordnung auf der Spur. Unbestreitbar aber ist, daß die Denkarbeit, die der ersten Bedingung für einen gerechten Krieg: der auctoritas principis gewidmet wurde, jener Teil der mittelalterlichen bellum-iustum-Doktrin gewesen ist, der am nachhaltigsten in die Zukunft gewirkt hat, von der jüngsten Vergangenheit abgesehen; und das nicht zuletzt deshalb, weil hier vor allem sozial- und rechtsphilosophische, weniger spezifisch moraltheologische Erörterungen im Mittelpunkt standen. Das ist um einiges anders bei der von Thomas genannten zweiten Voraussetzung: der intentio recta. Daß ein Krieg nur geführt werden dürfe, um die gestörte Rechts- und Friedensordnung wiederherzustellen, einzig legitimes Kriegsziel mithin der Friede sei, war eine bereits von AUGUSTIN ausgesprochene Forderung: *Bellum geritur, ut pax adquiratur*[38]. Sie wurde zu einem oft wiederholten Gemeinplatz: *Bellum publicum geritur ..., ut bonum pacis per omnia maneat illibatum* (RUFINUS, ca. 1056)[39]. *Bella ordinantur ad pacem temporalem rei publicae conservandam*

---

[34] Dieser Begriff erscheint übrigens noch bei ROUSSEAU, Que l'état de guerre naît de l'état social, Oeuvres compl., t. 3 (1964), 607 f.: *S'il n'y eut jamais, et qu'il ne puisse y avoir, de véritable guerre entre les particuliers, qui sont donc ceux entre lesquels elle a lieu et qui peuvent s'appeler réellement ennemis? Je réponds que ce sont les personnes publiques. Et qu'est-ce qu'une personne publique? Je réponds que c'est cet être moral qu'on appelle souverain.* Vgl. dazu CARL SCHMITT, Der Nomos der Erde im Völkerrecht des Ius Publicum Europaeum (Köln 1950), 115 ff.

[35] THOMAS VON AQUIN, S. th. 2/2, qu. 41, art. 1.

[36] Ebd.

[37] BRUNNER, Land und Herrschaft, 106 ff. 123 ff.

[38] AUGUSTIN, Epistolae 189, 6 (an Bonifatius). Eine entsprechende Formulierung: *Pacis igitur intentione geruntur et bella;* De civ. Dei 19, 12.

[39] RUFINUS, De bono pacis, MIGNE, Patr. Lat., t. 150 (1854), 1621.

II. 2. Die Lehre vom gerechten Krieg

(Thomas von Aquin)[40] usw.[41]. Begriff man den Krieg als gewaltsamen Rechtsstreit, konnte die einzig richtige Intention der Kriegführenden in der Tat nur die Verfolgung des Rechts und nichts mehr sein. Dies ist auch niemals bestritten worden. Nur — wie ließ sich die Richtigkeit der intentio feststellen? Die zum Kriege berechtigende auctoritas des princeps war innerhalb einer allgemein anerkannten Rechtsordnung in civitatibus et inter civitates grundsätzlich nachprüfbar, seine im Herzen verborgenen intentiones jedoch wurden allenfalls seinem Beichtvater offenbar. Man hat deshalb neuerdings die ganze bellum-iustum-Lehre des Mittelalters als „theological concept"[42] zur Orientierung für Beichtväter, nicht für Juristen, charakterisiert — was im Rückblick sicher nicht falsch ist, am Selbstverständnis der Zeit aber, das zwischen Recht und Moral, Unrecht und Sünde noch nicht unterschied, doch wohl vorbeigeht.

Ebenso problematisch wie die intentio recta war die mit ihr eng verknüpfte iusta causa, die dritte Bedingung für die Rechtfertigung eines Krieges; und zwar deshalb, weil es keine übergeordnete unparteiische Instanz gab, ex definitione gar nicht geben konnte (sonst wäre der Krieg ipso facto kein Krieg, sondern ein crimen gewesen), die über die Gerechtigkeit der Sache ein Urteil abgeben konnte[43] — vorausgesetzt selbst, es hätte verbindliche Urteilsnormen gegeben. Es ist merkwürdig, daß diese heute ins Auge springende Schwierigkeit im Mittelalter offenbar gar nicht gesehen oder nicht als gravierendes Problem empfunden wurde. Es wäre sonst kaum verständlich, daß man der iusta causa so wenig Aufmerksamkeit gewidmet hat und es nicht der Mühe wert befand, legitime Kriegsgründe aufzuzählen und näher zu beschreiben[44]. Man beließ es bei der Feststellung: ein gerechter Grund zum Krieg besteht in erlittenem Unrecht. Dabei wird noch nicht einmal ganz deutlich, ob unter 'iniuria' eine Rechtsverletzung oder eine Unrechtstat zu verstehen ist, ob also die Frage der Schuld hier eine Rolle spielt. Berücksichtigt man, wie stark der Straf- und Vergeltungsgedanke in Definitionen des bellum iustum hervortritt, so wird man unterstellen können, daß die maßgeblichen Moraltheologen des Mittelalters 'iniuria' als ein mit Absicht schuldhaft zugefügtes Unrecht verstanden[45] — womit die ganze Doktrin noch unpraktikabler wurde, als sie es ohnehin schon war. Sehen wir jedoch von der unmittelbaren Anwendbarkeit der Lehre im praktischen politischen Leben ab, so wird man zugeben müssen, daß damit theoretische Orien-

---

[40] Thomas von Aquin, S. th. 2/2, qu. 123, art. 5, 3.
[41] Dieser Gedanke war selbst bei Leuten wirksam, denen es nicht mehr um ein legitimes, sondern ein vernünftiges Kriegsziel ging: *Bellum non nisi pacis causa inferendum, ut eo finito arma cessent;* Baruch de Spinoza, Tractatus politicus 6, 35.
[42] Vgl. Janssen, Anfänge des Völkerrechts (s. Anm. 16), 23 f.
[43] Blaise Pascal, Pensées, éd. Charles-Marc des Granges (Paris 1951), 153: *Quand il est question de juger, si on doit faire la guerre et tuer tant d'hommes, condamner tant d'Espagnols à la mort* [die theologisch und moralphilosophisch gängige Parallelisierung von Todesstrafe und Krieg!], *c'est un homme seul qui en juge et encore intéressé: ce devrait être un tiers indifférent.*
[44] Der Versuch einer solchen Liste in der „Summa Astesana" (1317) fiel so summarisch wie kläglich aus: *Sunt autem iustae causae plures, scilicet malorum cohertio, bonorum sublevatio, rerum ablatarum repetitio, iniuriae a se vel ab aliis propulsatio, patriae defensio, infirmorum protectio;* zit. Regout, Guerre juste (s. Anm. 21), 97.
[45] Ebd., 83.

tierungsdaten für ein sozial verantwortliches Handeln gesetzt waren, die nicht so hoch über den verbreiteten Rechtsüberzeugungen der Zeit standen, daß zwischen beiden keine Beziehung hergestellt werden konnte. Sicherlich klaffte eine Lücke zwischen dem, was die gelehrten Theologen und die durchschnittlichen principes über den Krieg dachten — bereits der Unterschied im Wortgebrauch ('bellum' in der Gelehrtensprache, 'guerra' in der politischen und juristischen Geschäftssprache) ist hier verräterisch —, doch unverkennbar ist die grundlegende Übereinstimmung: das Verständnis des Krieges als eines gewaltsam ausgetragenen Rechtsstreits innerhalb einer vorgegebenen, umfassenden und nicht weiter hinterfragten Rechtsordnung, der diesem seinem Begriffe nach kein schrankenloser Ausbruch von Gewalttätigkeit war, sondern an der Verantwortlichkeit der Kriegführenden und eingespielten Konventionen und Gepflogenheiten des politischen Lebens seine inneren und äußeren Grenzen fand.

III.

1. „Modernes" Naturrecht: Der Krieg als natürlicher zwischenstaatlicher Zustand

Von der Mitte des 14. Jahrhunderts an traten jene Tendenzen und Kräfte deutlicher hervor, die die Welt des abendländischen Mittelalters allmählich auflösen sollten: religiöse Unruhe, die nur noch mühsam und oberflächlich in der Kirche aufgefangen werden konnte (Hussiten!); eine zu großräumiger Verflechtung tendierende, von frühkapitalistischem Geist inspirierte Wirtschaftsentwicklung; eine Gewichtsverschiebung innerhalb der gesellschaftlichen Schichtung zugunsten des Bürgertums und zu Lasten des kleinen Adels, der Ritter; die zunehmende Verstaatung der regnae und terrae mit der sie auszeichnenden Tendenz zur Zusammenfassung, Nivellierung und — inneren Befriedung. Aber erst die Sprengung des überkommenen geschlossenen Weltbildes durch die Entdeckungen und der Riß der großen einenden Klammer: der Kirche durch die Konfessionsspaltungen machten das Ende des europäischen Mittelalters manifest; die neue Lage war im Rahmen der traditionellen Soziallehren nicht mehr befriedigend zu deuten. Das gilt besonders für das Kriegsproblem. Eine weitere Erfahrung kam dazu. Am Ende des Mittelalters war es den europäischen Gemeinwesen gelungen, innere Kriege und Fehden weitgehend zurückzudrängen und Räume eines Friedens von nicht gekannter Intensität zu schaffen; das gilt nicht nur für die Territorialstaaten, sondern selbst für ein so unstaatliches Gebilde wie das Reich. Die Glaubensspaltung beendete nicht nur diese Zeit relativer Ruhe, sondern gebar darüber hinaus einen neuen Typus von Krieg: den konfessionellen Bürgerkrieg, der die abendländische Geschichte für anderthalb Jahrhunderte bestimmen sollte. War der Krieg bis dahin ein gewaltsamer Rechtsstreit innerhalb einer von den Gegnern anerkannten Rechtsordnung gewesen, so fielen diese grundlegende Gemeinsamkeit und die daraus resultierenden Grenzen der Gewaltanwendung nun weg. Was das Mittelalter nur in der exzeptionellen und extremen Form des Ketzerkrieges gekannt hatte, wurde für den konfessionellen Bürgerkrieg allgemein charakteristisch: die rücksichtslose Entfesselung der Gewalt, die Verachtung des Feindes als „outlaw", die Tendenz zu seiner Vernichtung. Die schwachen Grenzen zwischen innen und außen, die die respublicae zu stabilisieren

III. 1. Der Krieg als natürlicher zwischenstaatlicher Zustand

sich angeschickt hatten, brachen ein; aber gerade weil sie schon sichtbar und funktionsfähig gewesen waren, wurde der Bürgerkrieg (dem die mittelalterlichen Denker übrigens nur wenig Aufmerksamkeit gewidmet hatten) zu einem besonders eindringlich erlebten Schrecken. Man wird die Entwicklung der Soziallehren und Staatsphilosophien in der frühen Neuzeit nicht verstehen können, wenn man ihre in der historischen Situation liegenden Voraussetzungen übersieht: einmal die Unzulänglichkeit der traditionellen Lehre angesichts der neuen Lage; zum andern die Grunderkenntnis aller Rechtsdenker bis ins 19. Jahrhundert, daß *la guerre civile est le plus grand des maux*, wie PASCAL es formuliert hat[46].

Von dieser selben Überzeugung ausgehend: daß nämlich die Wurzel aller Nachteile und alles Unglücks, die durch menschliche Erfindung vermieden werden können, der Krieg, vor allem der Bürgerkrieg, sei[47], und in dem Bestreben, die Bedingungen für einen garantierten absoluten Frieden theoretisch aufzuweisen, hat THOMAS HOBBES am schärfsten mit der traditionellen Doktrin gebrochen[48].

Der im Rahmen der mittelalterlichen Moraltheologie entwickelten Naturrechtslehre war es nicht zweifelhaft gewesen, daß der dem Menschen als vernunftbegabtem und gesellschaftsbezogenem Wesen gemäße natürliche Zustand des Zusammenlebens mit seinesgleichen der Friede sei; Krieg galt es ein stets zum normalen Status zurückstrebender Ausnahmezustand: *bellum geritur, ut pax adquiratur* (AUGUSTIN). Indem Hobbes die naturgegebene *socialitas* des Menschen leugnete, kehrte sich ihm das Verhältnis von Friede und Krieg, bezogen auf den *status naturalis* um: nicht die *pax* kennzeichnet den Naturzustand, sondern das *bellum omnium in omnes*[49]. Und als Erläuterung fügte er seine berühmte Definition des Krieges hinzu: *The nature of war consisteth not in actual fighting; but in the known disposition thereto, during all the time there is no assurance to the contrary*[50]. Die entscheidende Frage einer Theorie des menschlichen Zusammenlebens ist also nicht mehr: was rechtfertigt den Krieg (die

---

[46] PASCAL, Pensées, 157; Pascal adaptiert dort am Beispiel der Primogeniturnachfolge die Maxime von Hobbes, daß bei der Konstruktion des Staates nicht Wahrheit oder Richtigkeit, sondern Eindeutigkeit das eigentlich Friede garantierende Element sei: Wer soll den Staat regieren? *Le plus vertueux et le plus habile? Nous voilà incontinent aux mains, chacun prétend être ce plus vertueux et ce plus habile. Attachons donc cette qualité à quelque chose d'incontestable. C'est le fils aîné du roi; cela est net, il n'y a point de dispute. La raison ne peut mieux faire, car la guerre civile est le plus grand des maux.* — „Immer wieder muß daran erinnert werden, daß der geschichtliche Sinn des modernen Staates gerade darin besteht, dem ganzen Streit um die justa causa, d. h. um materielles Recht und materielle Gerechtigkeit ... ein Ende zu machen"; SCHMITT, Nomos der Erde, 129.
[47] THOMAS HOBBES, De corpore 1, 7. Opera, t. 1 (1839), 7: *Calamitates autem omnes, quae humana industria evitari possunt, a bello oriuntur, praecipue vero a bello civili.*
[48] Neueste Veröffentlichungen: BERNARD WILLMS, Die Antwort des Leviathan. Thomas Hobbes' politische Theorie (Neuwied 1970); KLAUS-MICHAEL KODALLE, Thomas Hobbes. Logik der Herrschaft und Vernunft des Friedens (München 1972). Für unsere Fragestellung nicht überholt sind FERDINAND TÖNNIES, Thomas Hobbes. Leben und Lehre, 3. Aufl. (1925; Ndr. Stuttgart 1971, mit einer instruktiven Einleitung von Karl Heinz Ilting) u. CARL SCHMITT, Der Leviathan in der Staatslehre des Thomas Hobbes (Hamburg 1938).
[49] THOMAS HOBBES, De cive 1, 12: *Negari non potest, quin status hominum naturalis antequam in societatem coiretur, bellum fuerit; neque hoc simpliciter, sed bellum omnium in omnes;* Opera, t. 2 (1839), 166; zu AUGUSTIN s. u. ANM. 38.
[50] Ders., Leviathan 1, 13. EW vol. 3 (1839), 113.

Gewaltanwendung), sondern: was ermöglicht einen sicheren, d. h. garantierten Frieden? Und darauf gibt Hobbes seine Antwort: der Staat, d. h. eine Gemeinschaft, zu der sich die Menschen, getrieben von ihrem Sicherheitsbedürfnis, unter Verzicht auf ihre natürlichen Rechte und unter Einsetzung einer obersten, mit letzter Entscheidungsvollmacht begabten unwiderstehlichen Zwangsgewalt vertraglich zusammengeschlossen haben[51]. Der „bürgerliche Zustand" ist der Zustand des absoluten Friedens; und nur solange er diesen unbedingten Frieden inter cives garantiert, ist der Staat existent. Ein Bürgerkrieg macht ipso facto dem Staat ein Ende, der status civilis schlägt wiederum in den status naturalis um, die cives werden zu homines, die für Hobbes ja gegeneinander wie Wölfe sind.

Von eminenter Bedeutung für die Entwicklung des Kriegsbegriffs war die Hobbessche Staatslehre in ihrer gleichsam negativen Spiegelung: der Lehre von den zwischenstaatlichen Beziehungen. „Inter civitates" nämlich bestand weiterhin der natürliche Zustand des „bellum omnium in omnes", und galten die „laws of nature" uneingeschränkt; *in statu naturae* aber, so hatte Hobbes erklärt, *mensuram juris esse utilitatem*[52]. Nicht ein System verpflichtender Normen des Naturrechts (im traditionellen scholastischen Sinne), sondern rationale Nützlichkeitserwägungen bestimmen den Verkehr der Staaten untereinander; und die Grundmaxime der am Nutzen orientierten politischen Vernunft fordert: *Suche den Frieden, wo du ihn haben kannst; wo du ihn* (in einer deinen Interessen angemessenen Form) *nicht haben kannst, rüste zum Krieg*[53].

Der Krieg als Charakteristikum des status naturae war damit ausschließlich als eine Beziehung zwischen jenen Wesenheiten definiert, die in der historischen Realität allein noch im Naturzustand lebten: den *homines artificiales*[54], den Staaten[55]. Krieg und Feindschaft (im präzisen mittelalterlichen Sinn) konnte es demnach nur noch inter, jedoch nicht mehr infra civitates geben. Jenseits der Staatsgrenzen allerdings war dann jeder ein Feind, mit dem man die Feindschaft nicht ausdrücklich durch vertragliche Vereinbarung zeitweilig aufgehoben hatte. *Porro hostis est, quicunque extra civitatem ita vivit, ut neque ut confoederatus neque ut subditus imperium civitatis agnoscit: hostem enim imperii non odium, sed jus facit, et jus civitatis in eum, qui ejus*

---

[51] *Ex quo intelligitur etiam, tanquam corollarium, in statu hominum naturali potentiam certam et irresistibilem jus conferre regendi imperandique in eos, qui resistere non possunt;* ders., De cive 1, 14 (p. 167).

[52] Ebd. 1, 10 (p. 165).

[53] Ebd. 2, 2 (p. 170): *Prima autem et fundamentalis lex naturae est, quaerendam esse pacem, ubi haberi potest; ubi non potest, quaerenda esse belli auxilia;* Lev. 1, 14 (p.117): *And consequently it is a precept, or general rule of reason, that every man, ought to endeavour peace, as far as he has hope of obtaining it; and when he cannot obtain it, that he may seek, and use, all helps, and advantages of war.*

[54] *But as men, for the attaining of peace, and conservation of themselves thereby, have made an artificial man, which we call a commonwealth;* Lev. 1, 21 (p. 198). Lat.: *Quemadmodum autem homines pacis et conservationis suae causa hominem fecerunt artificialem, quem vocant civitatem* (p. 161); Opera, t. 3 (1841), 161.

[55] Am kürzesten und prägnantesten hat SPINOZA dies ausgesprochen: *Haec autem clarius intelligi possunt, si consideremus, quod duae Civitates natura hostes sunt: homines enim in statu naturali hostes sunt;* Tractatus politicus 3, 13.

III. 2. Vom gerechten Krieg zum rechtmäßigen Feind

imperium nullo contrahendi genere agnoscit, idem est ac in eum, qui damnum intulit (Spinoza)[56].

Bis in das 19. Jahrhundert hinein hat man es nicht gewagt, diese von der Voraussetzung eines prinzipiell kriegerischen Naturzustandes ausgehende Theorie der internationalen Beziehungen uneingeschränkt zu rezipieren. Aufgenommen wurden aber ihre wesentlichen Ergebnisse, vor allem die scharfe Markierung der Grenze zwischen dem Bereich „infra civitatem" als einem Raum unbedingten Friedens und einem Bereich „extra civitatem" als einer Sphäre des Krieges, die *consisteth not in actual fighting, but in the known disposition thereto* (Hobbes). Die Doktrin, daß der Krieg eine Beziehung zwischenstaatlichen Charakters sei, die Rousseau mit Nachdruck wiederholt hat[57], konnte nicht nur deshalb eine so verbreitete Anerkennung finden, weil sie der Entwicklung des politisch-sozialen Ordnungsgefüges in Europa tatsächlich entsprach, sondern weil sie theoretisch auch anders, auf eine dem geistigen Habitus der Zeit näherliegende Weise begründet werden konnte.

2. „Klassisches" Natur- und Völkerrecht: Vom gerechten Krieg zum rechtmäßigen Feind

Auf den Zusammenbruch der mittelalterlichen Welt und den Versuch, die alte Einheit im Glauben *manu armata* wiederherzustellen, hatte Hobbes mit seiner, von einem völlig neuen Verständnis der traditionellen Begriffe des *ius naturae* und der

---

[56] Ders., Tractatus theologico-politicus 16; vgl. Hermann Steffen, Recht und Staat im System Spinozas (Bonn 1968), 35f.

[57] Rousseau, Contrat social 1, 4: *La guerre n'est donc point une relation d'homme à homme, mais une relation d'Etat à Etat, dans laquelle les particuliers ne sont ennemis qu'accidentellement, non point comme hommes ni même comme citoyens, mais comme soldats; non point comme membres de la patrie, mais comme ses défenseurs. Enfin chaque Etat ne peut avoir pour ennemis que d'autres Etats et non pas des hommes, attendu qu'entre choses de diverses natures on ne peut fixer aucun vrai rapport. Ce principe est même conforme aux maximes établies de tous les tems et à la pratique constante de tous les peuples policés. Les déclarations de guerre sont moins des avertissemens aux puissances qu'à leurs sujets. L'étranger, soit roi, soit particulier, soit peuple, qui vole, tue ou détient les sujets sans déclarer la guerre au prince, n'est pas un ennemi, c'est un brigand. Même en pleine guerre un prince juste s'empare bien en pays ennemi de tout ce qui appartient au public, mais il respecte la personne et les biens des particuliers; il respecte des droits sur lesquels sont fondés les siens;* Oeuvres compl., t. 3, 357; zu Hobbes s. o. Anm. 50.

In einer Vorstudie zu dieser Stelle hatte Rousseau ausgeführt: *J'appelle donc guerre de puissance à puissance l'effet d'une disposition mutuelle, constante et manifestée de détruire l'Etat ennemi, ou de l'affaiblir au moins par tous les moyens qu'on le peut. Cette disposition réduite en acte est la guerre proprement dite; tant qu'elle reste sans effet, elle n'est que l'état de guerre.* Und trotz seiner Überzeugung, *l'homme est naturellement pacifique et craintif*, vertrat er die These, *l'état de guerre est naturel entre les puissances*, stand also hinsichtlich einer Theorie der internationalen Beziehungen der Position von Hobbes und Spinoza ganz nahe; État de guerre (s. Anm. 34), 607. 601. 607. Vgl. dazu Kurt v. Raumer, Saint-Pierre und Rousseau. Das Problem des ewigen Friedens, Zs. f. d. gesamte Staatswiss. 108 (1952), 669ff.; Iring Fetscher, Rousseaus politische Philosophie, 2. Aufl. (Neuwied 1968), der mit Nachdruck die traditionsgeleiteten Elemente dieser Philosophie hervorhebt.

lex naturalis ausgehenden radikalen politischen Philosophie[58] eine Antwort gegeben. Es war nicht die einzige. In der spanischen Spätscholastik ist der Versuch unternommen worden, die mittelalterliche Soziallehre und insbesondere die Doktrin des bellum iustum — an der sich übrigens auch Luther orientierte[59] — so auszubauen, daß sie den neuen Gegebenheiten Rechnung trug. Es waren vor allem zwei Probleme theoretisch zu lösen. Die mittelalterlichen Denker hatten bei der Formulierung ihrer Theoreme die Verhältnisse in und zwischen christlichen Gemeinwesen vor Augen gehabt. Durch Entdeckungen und Eroberungen außerhalb Europas trat zum ersten Mal seit den Kreuzzügen die nichtchristliche Welt wieder eindringlich ins Bewußtsein; zum andern hatte man sich seit der Reformation mit der Tatsache auseinanderzusetzen, daß es innerhalb der christianitas Christen verschiedenen Glaubens, gegensätzlicher Anschauungen gab, die die trennenden Differenzen stärker als die Gemeinsamkeiten empfanden und betonten[60]. Die spanischen Spätscholastiker begegneten dieser Herausforderung auf eine dreifache Weise: mit der Konstruktion eines spezifisch christliche Argumente eliminierenden Naturrechts[61]; durch die Verknüpfung des ius ad bellum mit der summa potestas iurisdictionis; mit der Ausarbeitung eines Katalogs von Rechtstiteln, die ein bellum iustum rechtfertigen konnten.

Die Grundzüge des klassischen Naturrechts waren bereits von der Hochscholastik in der rezeptiven Auseinandersetzung mit der antiken Tradition festgelegt worden. Indem man Rationalität und Sozialität als konstitutive Wesensmerkmale des Menschen begriff und zugleich eine moralisch verpflichtende Kraft erkannter Vernunftwahrheiten postulierte, hatte man ein recht subtiles System des Naturrechts aufgebaut, das freilich Gottes noch nicht entraten konnte. Die ratio nämlich war eine von Gott erleuchtete Vernunft, und demgemäß garantierte letztlich der göttliche Wille die normative Verbindlichkeit der rational erkannten oder erschlossenen Wahrheiten. Diese Verbindung zwischen Glauben und Vernunft wurde im 16./17. Jahrhundert entschlossen zerrissen, das strittige Problem des Glaubens der theologischen Kontroverse überlassen, die menschliche Rationalität als nicht weiter hinterfragte Gegebenheit zur Grundlage des Naturrechtssystems gemacht. Mit dieser Verlagerung in den Fundamenten wurde der ganze Bau, der bisher erarbeitete materielle Inhalt des Naturrechts, über das Ende des Mittelalters hinaus gerettet; erhalten blieb vor allem das Verständnis des Menschen als eines gesellschaftsbezogenen Wesens und die daraus folgende Definition des Naturzustandes als eines prinzipiell friedlichen Zustandes. Festgehalten wurde schließlich an der Gerechtigkeit als dem leitenden Prinzip und Orientierungswert des Naturrechts. Hatte Hobbes in schroffer Abwendung von der herkömmlichen Lehre die utilitas zur „mensura iuris in statu naturali" erklärt, so blieb die traditionelle Gegenposition doch wirkmächtig: „in statu naturali mensura iuris est iustitia". Die Frage nach der Rechtfertigung des

---

[58] Leo Strauss, Naturrecht und Geschichte (Stuttgart 1956).

[59] Vgl. Heinz Zahrnt, Luther deutet Geschichte. Erfolg und Mißerfolg im Licht des Evangeliums (München 1952), 88 ff.

[60] Josef Engel, Von der spätmittelalterlichen respublica christiana zum Mächte-Europa der Neuzeit, in: Handbuch der europäischen Geschichte, hg. v. Theodor Schieder, Bd. 3 (Stuttgart 1971), 78 ff. 105 ff.

[61] Ernst Reibstein, Die Anfänge des neueren Natur- und Völkerrechts (Bern 1949); weitere Literatur bei Janssen, Anfänge des Völkerrechts (s. Anm. 16), 14 ff.

III. 2. Vom gerechten Krieg zum rechtmäßigen Feind

Krieges behielt deshalb ihren Sinn, das „theological concept" wurde zum juristischen Dogma. *Sileant ergo leges inter arma, sed civiles illae et iudiciariae et pacis propriae, non aliae perpetuae et omnibus temporibus accomodatae* (GROTIUS)[62].
Der grundlegende Unterschied im theoretischen Ansatz zwischen den Verfechtern des klassischen und des modernen Naturrechtsbegriffs schloß aber keineswegs aus, daß die für die politische Praxis relevanten Doktrinen einander vielfach sehr nahe standen. Das gilt insbesondere für das Verständnis des Krieges als eines zwischenstaatlichen Zustandes. *Pugna exterior ... proprie bellum dicitur, quando est inter duos principes vel duas respublicas*, schreibt der spanische Jesuit SUÁREZ, der von beträchtlichem Einfluß auf den philosophischen Schulbetrieb in der frühen Neuzeit war, in seiner 1621 postum erschienenen Abhandlung „De bello"[63] und präzisiert diese Definition dann weiter: *Supremus princeps qui superiorem in temporalibus non habet, vel respublica, quae similem jurisdictionem apud se retinuit, habet iure naturae potestatem legitimam indicendi bellum*[64]. Ins Negative gewandelt lautet dies so: *Princeps et respublica imperfecta et quicumque superiorem habet in temporalibus non potest iuste bellum indicere sine sui superioris auctoritate. Ratio est: quia huiusmodi princeps potest petere ius a superiore suo; ergo non habet ius indicendi bellum ... Nam, quando est tribunal et potestas superior utrique parti, contra ius naturae est quasi auctoritate propria per vim ius suum petere*[65].
Krieg im eigentlichen Sinne ist demnach nur zwischen „civitates perfectae" — also Staaten — möglich; er ist zwischenstaatlicher Ausnahmezustand, gerechtfertigt als notwendiges Mittel, um den auf der iustitia basierenden Frieden inter respublicas wiederherzustellen und zu sichern. *Ratio est, quia, sicut intra eamdem rempublicam, ut pax servetur, necessaria est legitima potestas ad puniendum delicta, ita in orbe, ut diversae respublicae pacate vivant, necessaria est potestas puniendi iniurias unius contra aliam. Haec autem potestas non est in aliquo superiore, quia nullum habent, ut ponimus ... Unde ... bellum introductum est loco iusti iudicii vindicativi*[66]. Noch betonter als im Mittelalter ist bei der Frage nach der iustitia belli das Gewicht von der Gerechtigkeit der Sache nach der Legitimation des Richters hin verschoben worden, dem als supremus iudex auch Urteil und Urteilsexekution in eigener Sache zugestanden waren. Erwartet konnte von ihm nicht mehr werden als eine *certitudo practica, quae explicatur hoc iudicio: Mihi licitum est bellare*[67]. Unter dieser Voraussetzung hat die enumerative und großzügige Ausarbeitung von *tituli justi belli*, die sich die spanischen Spätscholastiker wie die Naturrechtsrationalisten haben an-

---

[62] GROTIUS, De iure belli ac pacis, Proleg. 26.
[63] SUÁREZ, De bello, Einleitung (p. 114); dazu PEREÑA VICENTE, Teoría, Bd. 1 (s. Anm. 26); neuestens JOSEF SODER, Francisco Suárez und das Völkerrecht (Frankfurt 1973), bes. 248 ff.
[64] SUÁREZ, De bello 2, 1 (p. 124).
[65] Ebd. 2, 2 (p. 126).
[66] Ebd. 4, 5 (p. 144. 146). Vergleicht man dies mit der Bemerkung von HOBBES: *Atque jus hoc, quod gladium belli appellare possumus, esse ejusdem hominis vel concilii, cujus est gladius justitiae* (De cive 6, 7. Opera, t. 2, 221), dann wird deutlich, wie nahe sich beide Positionen trotz unterschiedlichster Voraussetzung und Begründung hinsichtlich der Ergebnisse stehen.
[67] SUÁREZ, De bello 6, initio.

gelegen sein lassen[68], tatsächlich die Wirkung gehabt, den principes die certitudo practica zu erleichtern und den Unterschied zwischen Rechtsgründen und politischen Interessen zu verwischen. Denn, so hatte schon ERASMUS gefragt: *Cui non videtur sua causa justa?*[69]

Bis zum Ende des 18. Jahrhunderts ist die Suárezsche Position in der klassischen Naturrechtslehre grundsätzlich nicht angefochten worden. Es wurden lediglich jene theoretischen Probleme entfaltet, die Suárez nicht explizit oder — im Sinne seines eigenen Systems — nur unzureichend behandelt hatte. Das war einmal die Frage nach dem schuldhaften Charakter der als *justa causa belli* geltenden *iniuria facta vel immanendi*[70]. Hier hatte bereits des Suárez Zeitgenosse und Ordensbruder MOLINA im Gegensatz zur mittelalterlichen Doktrin die für die Zukunft wirksame Lösung gegeben: *Observa tamen, ad bellum justum sufficere interdum injuriam materialiter, hoc est: absque peccato*[71]. Damit war dem Strafgedanken in der Theorie des bellum iustum, auf den Suárez offenbar im Interesse seiner mit der Vergleichbarkeit von „innerstaatlich" und „zwischenstaatlich" operierenden Argumentation nicht verzichten wollte, die eigentliche Grundlage entzogen und jener obsiegenden Auffassung der Weg freigemacht, die in ZEDLERS „Universal-Lexicon" so formuliert ist: *Das sogenannte Bellum punitivum ist eine bloße Chimäre, man mag solches in einem Verstande nehmen, wie man will, indem der Krieg und die Strafe so beschaffen, daß sie nicht beieinander stehen können* (1737)[72]. Mit dieser strikten Trennung der objektiven Rechtsverletzung von der schuldhaften Unrechtstat, von 'Krieg' und 'Strafe', war zugleich die größte Schwierigkeit weggeräumt, die der Lösung des zentralen Problems der neuzeitlichen Lehre vom gerechten Krieg entgegengestanden hatte: der Frage des *bellum iustum ex utraque parte*. Zwar hatten schon die spanischen Spätscholastiker (Vitoria, Suárez) zugegeben, daß die *ignorantia* über die tatsächliche Rechtslage eine Kriegspartei von dem Odium des schuldhaften Rechtsbruchs befreie, diese Situation aber als Ausnahmefall hingestellt und das Gewicht ihrer Argumentation darauf gelegt, die Absurdität jenes Theorems zu betonen, wonach ein Krieg objektiv beiderseits gerechtfertigt sein könne[73]. Bei GROTIUS hat sich das Verhältnis von Regel und Ausnahme bereits umgekehrt: *Speciali et ad rem ipsam relata acceptione bellum utrumque justum esse non potest. At vero, ut neuter bellantium injuste aget, fieri sane potest; injuste enim agit nemo, nisi qui et scit, se rem injustam agere: multi autem id nesciunt. Generali acceptatione justum dici solet, quod omni culpa*

---

[68] Es verdient in diesem Zusammenhang wenigstens angemerkt zu werden, daß die Utopier des THOMAS MORUS, obwohl sie *den Krieg ... aufs äußerste als etwas einfach Bestialisches ... verabscheuen*, wie selbstverständlich legitime Kriegstitel (Interventionsrecht, Schuldeneintreibung) anerkennen, die von den Spätscholastikern entweder rundweg verworfen worden oder höchst umstritten geblieben sind; Utopia (1517), in: Der utopische Staat, 4. Aufl., dt. v. Klaus J. Heinisch (Hamburg 1966), 88.

[69] ERASMUS, Institutio principis Christiani (1515), Opera, t. 4 (Ausg. Leiden 1703/06), 608.

[70] MARTIN BÉCAN, Summa theologiae scholasticae 2, 25, qu. 1, 4. Opera omnia, t. 1 (Mainz 1630), 507: *Justa causa indicendi bellum ... est gravis iniuria, quae alicui principi aut reipublicae vel imminet vel facta est.*

[71] LUIS MOLINA, De iustitia et iure, disp. 102 (Ausg. Venedig 1614), 374.

[72] ZEDLER Bd. 15 (1737), 1892.

[73] Etwa SUÁREZ, De bello 4, 1 (p. 142): *Ergo esset bellum ex utraque parte iustum per se, et sine ignorantia; quod est absurdissimum; duo enim contraria iura non possunt esse iusta.*

III. 2. Vom gerechten Krieg zum rechtmäßigen Feind

agentis vacat. Multa autem sine iure fiunt absque culpa ...[74] Die zunehmende Komplexität der interstatalen Beziehungen, der die frühneuzeitliche Kriegstheorie mit der steten Erweiterung des Katalogs gerechter Kriegsgründe Rechnung zu tragen suchte, gab dann schließlich die Möglichkeit, auf das subjektive Moment der ignorantia ganz zu verzichten und das bellum iustum ex utraque parte in der Form zu rechtfertigen, wie sie bei ZEDLER zu finden ist: *Weil aber auf beiden Teilen solche Handlungen können vorgefallen sein, die unrecht, so kann der eine Teil in Ansehung der einen Handlung recht, der andere unrecht, in einer andern aber dieser recht, und jener unrecht haben, und folglich können beide rechtmäßige Ursache zum Kriege haben*[75].

War man aber einmal so weit und gab darüber hinaus noch zu, *daß die wichtigsten Bewegungsgründe so beschaffen sind, daß es unklüglich wäre, so sie gemein und kund gemacht würden* und man deshalb *noch nicht einmal aus ihren* (der Kriegsparteien) *eigenen Bekenntnisse eine zuverlässige Beurteilung der Gerechtigkeit oder Ungerechtigkeit des Krieges hernehmen* könne[76], so lag es nahe, die Frage der iusta causa völlig der Sphäre der politischen Moral zu überweisen und aus der juristischen Beurteilung des Krieges zu verbannen. Bereits GROTIUS hatte eine Definition des völkerrechtlich erlaubten Krieges angeboten, aus der die causa iusta ausgeklammert war: *Ut bellum solenne sit ex iure gentium, duo requiruntur; primum ut geratur utrimque auctore eo, qui summam potestatem habeat in civitate; deinde, ut ritus quidam adsint*[77]. Die der politischen Praxis angemessene Konsequenz zog schließlich am prägnantesten der Völkerrechtslehrer VATTEL: *La guerre en forme, quant à ses effets, doit être regardée comme juste de part et d'autre*[78]. Das Problem war nicht mehr die Rechtfertigung, sondern die Regulierung des Krieges. Die Frage nach dem „bellum iustum" wurde ersetzt durch die Frage nach dem „iustus hostis"[79].

Ob man sich nun am modernen Naturrechtsbegriff von Thomas Hobbes und seinen Adepten orientierte oder am klassischen Naturrechtsbegriff festhielt: hinsichtlich der Kriegstheorie spielte dies quoad effectus keine Rolle. *Krieg ist in richtigem Verstande derjenige Zustand, da zwei einander nicht unterworfene Teile derer Völker ... einander etwas Widriges zufügen ... Krieg hat nur unter freien Völkern seine Bedeutung, als welche einander nichts zu befehlen, und da also eines das andere nicht durch Strafen, wie in gemeinen Wesen, zu Beobachtung der schuldigen Pflichten anhalten kann, die Sache dem Ausfalle des Krieges zu übergeben* (ZEDLER 1737)[80]. 'Krieg' ist demnach eine gewaltsame Auseinandersetzung zwischen souveränen Staaten, die im Innern Krieg und Feindschaft durch die Etablierung einer effektiven summa potestas iurisdictionis beseitigt haben. Die Grenze des Staates trennt einen Bereich des Friedens und der Sicherheit von einem Bereich des Krieges und der Unsicherheit. Im Begriff der Souveränität (konstituiert durch die suprema potestas imperandi et iudicandi nach innen und die potestas bellandi nach außen) hat der seit dem hohen Mittelalter fortschreitende Reduktionsprozeß der Kriegsberechtigten sein (vorläufiges?) Ende gefunden.

---

[74] GROTIUS, De iure belli ac pacis 2, 23, 13.
[75] ZEDLER Bd. 15, 1896.   [76] Ebd., 1895.
[77] GROTIUS, De iure belli ac pacis 1, 3, 4.
[78] EMERIC DE VATTEL, Le droit des gens 3, 12, 190 (1758), éd. M. P. Pradier-Fodéré, t. 3 (Paris 1863), 70.
[79] Dazu SCHMITT, Nomos der Erde (s. Anm. 34), 112 ff.   [80] ZEDLER Bd. 15, 1890.

An der Verbindung von 'Staat' und 'Krieg' aber sollte sich die Kritik entzünden, die zu einem neuen Kriegsverständnis führte.

3. Politische Aufklärung: Die Rehabilitierung des Bürgerkriegs als Krieg gegen den Krieg

Seit jeher waren neben den offiziellen, den Staatenkrieg rechtfertigenden politisch-sozialen Theorien Stimmen laut geworden, die aus religiösen oder moralischen Motiven heraus den Krieg verdammten, sei es den Krieg schlechthin, sei es die kriegerische Praxis der Zeit. Zu nennen sind hier christliche Sektierer wie Franck und humanistische Rationalisten wie Erasmus[81]. Dieserart Kritik war aber sogar ideengeschichtlich recht wirkungslos geblieben, weil sie über unbeholfen-leidenschaftliche oder literarisch-stilisierte Gewissensappelle nicht hinausgekommen ist; die Grundüberzeugung von dem erbsündlich bewirkten bzw. natürlich mitgegebenen rücksichtslosen Egoismus des Menschen als unaufhebbare Kriegsursache teilte sie mit den offiziellen Theorien; an der entscheidenden Frage, wie unter dieser Voraussetzung eine friedliche Rechtsordnung ohne Gewalt errichtet bzw. geschützt werden könne[82], sah sie ohne Verständnis oder auch mit Absicht vorbei und siedelte sich damit selbst in der Sphäre realitätsferner Moralität an, wo sie bestenfalls literarischen Widerhall erwarten durfte.

Mit der Kritik am europäischen Staatensystem[83], das im Wechselspiel von Kriegführung und Vertragsschluß ausbalanciert und stabilisiert wurde, verdichtete sich nun in der Aufklärung des 18. Jahrhunderts der Chor der Stimmen, die dem Wunsch nach einem Ewigen Frieden Ausdruck gaben und damit einen dem inneren Staatsfrieden analogen zwischenstaatlichen Friedenszustand meinten. Die im Zuge dieses intellektuellen Trends entwickelten Projekte wie das des ABBÉ DE SAINT-PIERRE[84] orientierten sich allerdings in ihren Ausformungen am Einungs- und Bündewesen des mittelalterlichen Europa, das noch keine souveränen Staaten im modernen Sinne gekannt hatte; sie waren mithin bereits in ihrer Konzeption anachronistisch und verdienten die ihnen vielerseits entgegengebrachte Geringschätzung als *belles chimères*[85] durchaus zu Recht. Sofern man die innerstaatlich garantierte öffentliche Ruhe und Sicherheit als Modell für einen zu erstrebenden Frieden zwischen den

---

[81] KURT V. RAUMER, Ewiger Friede. Friedensrufe und Friedenspläne seit der Renaissance (Freiburg, München 1953), 1 ff. 23 ff. Zu den christlichen Pazifisten vgl. PETER BROCK, Pacifism in Europe to 1914 (Princeton 1970), bes. 25 ff. 272 ff. und GEORGES LIVET, Guerre et paix de Machiavel à Hobbes (Paris 1972), 134 ff.; zu Erasmus: GÜNTER BRAKELMANN, Die Querela pacis des Erasmus von Rotterdam, in: HANS-DIETRICH WENDLAND, Sozialethik im Umbruch der Gesellschaft (Göttingen 1969), 157 ff.

[82] PASCAL hat dies Dilemma einer Beurteilung von Krieg (und Todesstrafe) aus dem Geist des Christentums und der Vernünftigkeit am eindrucksvollsten ausgesprochen: *Chaque chose est ici vraie en partie, fausse en partie ... De ne point tuer? Non, car les désordres seraient horribles, et les méchants tueraient tous les bons. De tuer? Non, car cela détruit la nature;* Pensées (s. Anm. 43), 169.

[83] Zum Folgenden allgemein REINHART KOSELLECK, Kritik und Krise. Eine Studie zur Pathogenese der bürgerlichen Welt (Freiburg, München 1959; Ndr. Frankfurt 1973).

[84] RAUMER, Ewiger Friede, 127 ff.

[85] BEAUHARNAIS 1790; → Friede, Bd. 2, 570, Anm. 120.

III. 3. Die Rehabilitierung des Bürgerkriegs

Staaten betrachtete, blieb eine per analogiam konstruierte interstatale Friedensorganisation wie ein Völker- oder Staatenbund logisch ohnehin stets schief.

Erst als die alte Einsicht von dem unlösbaren Zusammenhang zwischen innerstaatlichem Frieden und zwischenstaatlichem Krieg erneut begriffen wurde, nun aber nicht als unausweichliches Gesetz der europäischen Staatenordnung hingenommen, sondern als deren eigentlicher Strukturfehler entlarvt wurde[86], war der Ansatz gefunden, von dem aus die Berechtigung der Staatenkriege nachhaltig angefochten werden konnte.

Dadurch, daß die Staatsgewalt in ihren Auswirkungen nach innen und außen gleichermaßen, und zwar von dem in ihren Außenbeziehungen unverkennbaren Charakter der kriegerischen Gewalttätigkeit her beurteilt und abgewertet wurde, kehrten sich die bisher gültigen Argumentationsreihen der politischen Philosophie gleichsam um: aus dem Begriff der summa potestas im Staate als einer Ermächtigung zu letztgültiger richterlicher Entscheidung war das Verständnis des Krieges als eines Prozesses, eines legitimen Verfahrens der Streiterledigung, unter Völkern entwickelt worden[87]; ausgehend von der nach außen sich als Gewalttätigkeit darstellenden summa potestas, schloß man auf ihren innerstaatlichen Charakter als Unterdrückung zurück. Der (absolutistische) Staat hat nach dem kritischen Urteil der Aufklärung also keineswegs die Funktion, den Krieg zu hegen, er ist vielmehr dessen eigentliche Ursache. *La paix résulte de la liberté aussi nécessairement que la guerre de l'oppression;* mit einer Verzögerung von hundert Jahren hat der „Internationale Friedenskongreß" in Genf 1866 diese Überzeugung in eine eingängige Kurzformel gegossen[88]. Die Verurteilung des Staatenkrieges in der Aufklärung zielte demnach vor allem auf den Staat, weniger auf den Krieg. Im Verhältnis von Staat und Krieg galten Ursache und Wirkung gleichzeitig als austauschbar: wie der Krieg als Produkt des Staates, so wurde umgekehrt der Staat als Produkt des Krieges interpretiert. *Durch Neigung bilden sich kleine Gesellschaften, durch Bedürfnis bürgerliche und durch Kriege Staaten* (KANT)[89]. Das begreift sich ohne weiteres, wenn man

---

[86] ROUSSEAU, État de guerre (s. Anm. 34), 609: *Tout cela se fait paisiblement et sans résistance; c'est la tranquillité des compagnons d'Ulysse enfermés dans la caverne du Ciclope, en attendant qu'ils soient dévorés. Il faut gémir et se taire. Tirons un voile éternel sur ces objets d'horreur. J'élève les yeux et regarde au loin. J'apperçois des feux et des flammes, des campagnes désertes, des villes au pillage. Hommes farouches, où trainez-vous ces infortunés? J'entens un bruit affreux; quel tumulte! quels cris! J'approche; je vois un théâtre de meurtres, dix mille hommes égorgés, les morts entassés par monceaux, les mourans foulés aux pieds des chevaux, partout l'image de la mort et de l'agonie. C'est donc là le fruit des ces institutions pacifiques!*

[87] REGOUT, Guerre juste (s. Anm. 21), 249. 273. Vgl. TRAUGOTT WILHELM KRUG, Kreuz- und Querzüge eines Deutschen auf den Steppen der Staats-Kunst und Wissenschaft (1818), Ges. Schr., Bd. 4 (Braunschweig 1834), 55: *Der Krieg kann vernünftigerweise nicht anders angesehn werden, denn als ein großer Rechtsstreit oder Prozeß zwischen Völkern;* BERNER, Art. Krieg, Kriegsrecht (Politisch und völkerrechtlich), BLUNTSCHLI/BRATER Bd. 6 (1861), 100: *Der Krieg ist der Prozeß unter Staaten, der erste Angreifer ist der Kläger, die Klage aber setzt eine erlittene Rechtsverletzung voraus.*

[88] CHARLES LEMONNIER, La vérité sur le congrès de Genève (1867), zit. JACOB TER MEULEN, Der Gedanke der Internationalen Organisation in seiner Entwicklung, Bd. 2/2 (Den Haag 1940), 33.

[89] KANT, Handschriftlicher Nachlaß, AA Bd. 15 (1913), 607. — Die Doktrin vom Kriege als Staatengründer ist im übrigen nicht mehr untergegangen, wurde allerdings später —

die Denkarbeit dieser bürgerlichen Kritik des 18. Jahrhunderts als Reflex der tatsächlichen gesellschaftlichen Situation des Bürgertums im hochabsolutistischen Staat wertet. Trotz wachsender ökonomischer Macht von der politischen Mitentscheidung ausgeschlossen, erfuhr das Bürgertum den Staat als eine Zwangsinstitution unmittelbar — den Staat, der sich an Handlungskategorien orientierte, die den wahren Bedürfnissen und Strukturen der Gesellschaft zutiefst fremd erschienen, und der (historisch nicht korrekt) als letzte Aufgipfelung der alten feudalständischen Sozialordnung verstanden wurde. Vom zwischenstaatlichen Krieg des 18. Jahrhunderts war der Bürger hingegen nur mittelbar als Steuerzahler betroffen. Und es ist nicht von ungefähr, daß die Klagen über die Greuel des Krieges so literatenhaft-gekünstelt vorgetragen wurden, während die Klagen über die kostspieligen stehenden Heere dagegen durchaus echt wirken. *Man muß gestehen: daß die größten Übel, welche gesittete Völker drücken, uns vom Kriege, und zwar nicht so sehr von dem, der wirklich oder gewesen ist, als von der nie nachlassenden und sogar unaufhörlich vermehrten Zurüstung zum künftigen, zugezogen werden* (KANT)[90]. Diese drückende, den Fortschritt der allgemeinen Wohlfahrt hemmende Belastung war um so unerträglicher, als die Kriege lediglich durch die *bloße Vergrößerungsbegierde*[91] der Staatsoberhäupter motiviert erschienen; wobei allerdings diese Vergrößerungsbegierde nicht allein als moralische Verfehlung der Könige, sondern gleichermaßen als essentielles Strukturmerkmal des absolutistischen Staates überhaupt erkannt und gebrandmarkt wurde. *Der Geist der Monarchie ist Krieg und Vergrößerung*, hatte schon MONTESQUIEU 1748 geschrieben[92]. Im Lichte der aufklärerischen Kritik rückten 'Krieg' und 'Eroberung' begrifflich eng zusammen[93]; hinter den Staatenkriegen des 18. Jahrhunderts — und sie allein gaben das Erfahrungsmuster für das Verständnis des Krieges schlechthin ab — sah man deshalb nicht mehr als gewalttätige Eroberungssucht. Nicht auf die Erhaltung des Status quo zielende wohlmeinend-naive Projekte im Stil des Abbé de Saint-Pierre würden demnach den ersehnten ewigen Frieden herbeiführen, sondern die Beseitigung der eigentlichen Kriegsursache: der Staaten des Ancien régime. Darüber, daß dies nur durch eine „schmerz-

---

als die Staatskritik durch eine Staatsapotheose abgelöst worden war — zu einem Argument für die Wohltätigkeit des Krieges umfunktioniert; vgl. HEINR. GOTTLIEB TZSCHIRNER, Über den Krieg. Ein philosophischer Versuch (Leipzig 1815), 210 ff: *Der Staat ist die Bedingung der sittlichen und geistigen Kultur ..., und daher ist der Krieg, der Gründer der Staaten, ein Glied in der Reihe der die Bildung des Menschengeschlechtes fördernden Veränderungen.*
[90] KANT, Mutmaßlicher Anfang des Menschengeschlechts (1786), AA Bd. 8 (1912), 121; ähnlich ders., Über den Gemeinspruch: Das mag in der Theorie richtig sein, taugt aber nicht für die Praxis (1793), ebd., 312.
[91] Ders., Gemeinspruch, 311.
[92] MONTESQUIEU, De l'esprit des lois 9, 2: *L'esprit de la monarchie est la guerre et l'agrandissement; l'esprit de la république est la paix et la modération.*
[93] Vgl. etwa das 10. Buch in MONTESQUIEUS Abhandlung über den Geist der Gesetze, das über die *force offensive* handelt und von dem nur ein Kapitel dem Krieg, aber fünfzehn Kapitel der Eroberung gewidmet sind. Die Liberalen in der ersten Hälfte des 19. Jahrhunderts haben, angeführt von Benjamin Constant, diese aufklärerische Identifizierung von Krieg und Eroberung uneingeschränkt übernommen; vgl. HEINRICH V. BÜLOW, Geist des neuern Kriegssystems, 3. Aufl. (Hamburg 1837), XIII: *... dem Endzwecke des Krieges, gemeiniglich Eroberung und Usurpation.*

hafte Operation" möglich sein würde, gab man sich keiner Täuschung hin. Und daß unter dieser schmerzhaften Operation nichts anderes als der revolutionäre Bürgerkrieg zu verstehen sei, hat als erster MABLY ausgesprochen[94], der damit jedoch nur einer verbreiteten Zeitstimmung Ausdruck gab[95]. Das martialische Diktum ROUSSEAUS etwa, man müsse *keine Bücher mehr schreiben, sondern Truppen ausheben*, ging in die gleiche Richtung. Der „Waffe der Kritik" sollte die „Kritik der Waffen" folgen[96]. Diese Überzeugung markiert die Bruchstelle, die „Kehre" in der Entwicklung des neuzeitlichen Kriegsbegriffs.

Die Rechtfertigung des Staates als Liquidator des Bürgerkrieges und Garant des inneren Friedens wurde nicht mehr anerkannt, seitdem dieser innere Friede als despotische Unterdrückung der Gesellschaft diskreditiert war. Von der aufklärerischen Position einer moralischen und ökonomischen Interessenharmonie der Menschen aus ließ sich die Notwendigkeit eines mit dem Gewaltmonopol ausgestatteten institutionellen Friedensgaranten ohnehin nicht mehr einsehen. Der Bürgerkrieg, den Pascal aus den Erfahrungen seiner Zeit noch als größtes aller Übel gefürchtet hatte, schien nun MABLY sogar eine „Wohltat" *(bien)*[97], war doch nur mit seiner Hilfe die auf Unterdrückung und Eroberung angelegte Herrschaftsordnung des Ancien régime zu beseitigen und damit die Bedingung für die Errichtung eines ewigen Friedenszustandes zu schaffen. Im Rahmen des europäischen Staatensystems erhielt der revolutionäre Bürgerkrieg den Charakter und die Weihe eines Krieges gegen den Krieg.

4. Die Französische Revolution: Vom internationalen Bürgerkrieg zum interstatalen Nationalkrieg

In der Französischen Revolution und den Revolutionskriegen verdichteten sich mit dem Bürgerkrieg spielende Überlegungen dieser Art zu einer programmatisch formulierten Kriegsideologie und wurden gleichzeitig durch die Praxis — die Revolutionskriege wurden auch als Staatenkriege herkömmlichen Stils geführt! — modifiziert. Zunächst allerdings zeigten die in der Nationalversammlung vorgetragenen Deklarationen zum Kriegsproblem lediglich den beherrschenden Einfluß der traditionellen Naturrechtsphilosophie und der ihr inhärenten Doktrin des bellum iustum. *Le droit de repousser les attaques de ses ennemis est le droit naturel* (HERZOG VON LÉVIS 1790)[98]. *Toute guerre entreprise par un autre motif et pour un autre objet que la défense d'un droit juste, est un acte d'oppression* (VOLNEY 1790)[99]. Und noch 1793 legten Condorcet und die übrigen Mitglieder des Verfassungsausschusses dem Konvent einen Verfassungsentwurf vor, in dem es hieß: *La République française ne prendra pas les armes que pour le maintien de sa liberté, la conservation de son*

---

[94] GABRIEL BONNOT, ABBÉ DE MABLY, Des droits et des devoirs du citoyen (Kell 1789), 93 f.
[95] Entsprechende Stimmen bei KOSELLECK, Kritik und Krise (s. Anm. 83), 151 ff. 227 ff.
[96] RAUMER, Saint-Pierre und Rousseau (s. Anm. 57), 670.
[97] s. Anm. 94.
[98] Assemblée Nationale, 16. 5. 1790, Archives parlementaires de 1787 à 1860, 1ᵉ sér., t. 15 (Paris 1883), 526. Zum geistigen Hintergrund solcher Äußerungen vgl. EBERHARD WEIS, Geschichtsschreibung und Staatsauffassung in der französischen Enzyklopädie (Wiesbaden 1956), 77. 205 ff.
[99] Ebd., 18. 5. 1790 (p. 576).

*territoire et la défense de ses alliés*¹⁰⁰. Dies alles klang — zumindest dem reinen Wortlaut nach — wenig revolutionär und hätte gewiß den Beifall spätmittelalterlicher Moraltheologen und neuzeitlicher Natur- und Völkerrechtslehrer gefunden; mit Einschluß übrigens jenes unbestimmten Sinns von 'Verteidigung', der eher auf die Motivierung und Intention des Krieges als auf die Art der Kriegführung abhob[101] und deshalb durchaus auch einen Präventivkrieg einschließen konnte[102]. Die Äußerungen stammen freilich aus einer Zeit, als das revolutionäre Frankreich sich tatsächlich in seiner Existenz bedroht fühlen konnte und die Selbstbehauptung des revolutionären Staates im Mittelpunkt des politischen Kalküls stand. Sobald sich aber das neue Gemeinwesen seiner militärischen Kraft bewußt und der offensive Charakter seiner Kriegführung offenbar geworden war, schlugen jene Theoreme wieder durch, die im Krieg gegen die Unterdrücker den einzig legitimen Krieg sahen. Mehr noch: Frankreich — die einzige freie Nation Europas — schien zu einem solchen Krieg nicht nur legitimiert, sondern geradezu verpflichtet. Im Selbstverständnis eines messianischen Sendungsbewußtseins nahm der interstatale Krieg, den Frankreich mit den Mächten des alten Europa führte, die Züge eines internationalen Bürgerkriegs an.

I. Les hommes de tous les pays sont frères ... II. Celui qui opprime une nation se déclare l'ennemi de toutes. III. Ceux qui font la guerre à un peuple pour arrêter les progrès de la liberté et anéantir les droits de l'homme, doivent être poursuivis par tous, non comme des ennemis ordinaires (iusti hostes), *mais comme des assassins et des brigands rebelles. IV. Les rois, les aristocrates, les tyrans, quels qu'ils soient, sont des esclaves révoltés contre le souverain de la terre, qui est le genre-humain, et contre le législateur de l'univers, qui est la nature* (ROBESPIERRE 1793)[103]. *In einer solchen*

---

[100] Convention Nationale, 16. 2. 1793, Archives parlementaires, 1ᵉ sér., t. 58 (Paris 1900), 624.
[101] So ruft der erste Geschichtsschreiber des Siebenjährigen Krieges, JOH. WILHELM V. ARCHENHOLTZ, beim Überfall Friedrichs II. auf Sachsen, mit dem der Krieg begann, emphatisch aus: *Nie war ein Krieg gerechter!;* Die Geschichte des Siebenjährigen Krieges (Ausg. Berlin o. J. [1793]), 6. Vgl. KARL-ERNST JEISMANN, Das Problem des Präventivkrieges im europäischen Staatensystem mit besonderem Blick auf die Bismarckzeit (Freiburg, München 1957).
[102] BÜCHNER, Art. Krieg, Dt. Enc., Bd. 23 (1804), 179: *Hier müssen wir, um alle Zweideutigkeit zu vermeiden, erinnern, daß nicht derjenige immer der angreifende Teil ist, der zuerst mit dem Schwert drein schlägt, sondern derjenige, der durch Ungerechtigkeit, Beleidigung und verweigerte gütliche Übereinkunft die erste Ursache davon gewesen ist;* CARL V. ROTTECK, Art. Krieg, ROTTECK/WELCKER Bd. 9 (1840), 498: *Insofern also vom Zwecke des Krieges ... die Benennung Offensiv- oder Defensivkrieg entnommen wird, so ist der Offensivkrieg notwendig ein ungerechter, weil auf Beleidigung oder Rechtsverletzung gerichteter, und nur der Defensivkrieg, wofern die formellen Bedingungen seiner Zulässigkeit vorhanden sind, ein gerechter. Es werden jedoch im praktischen Völkerrechte die beiden Benennungen in ganz anderem Sinne gebraucht, nämlich als Bezeichnung der allernächst erscheinenden Tat des ... Angriffs oder der ... Verteidigung;* ähnlich BROCKHAUS 4. Aufl., Bd. 5 (1817), 438; BERNER, Art. Krieg (s. Anm. 87), 100; MEYER 2. Aufl., Bd. 10 (1865), 346. — Hier ist jenes Phänomen angesprochen, das die seit dem Ersten Weltkrieg betriebene völkerrechtliche Ächtung des Angriffskrieges so problematisch macht; vgl. WALTER SCHÄTZEL, Die Theorie des Krieges bei Francisco de Victoria und der moderne Angriffskrieg, Acta Scandinavia juris gentium 25 (1955), 79 ff.
[103] Convention Nationale, 24. 4. 1973, Archives parlementaires, 1ᵉ sér., t. 63 (Paris 1903), 198.

III. 4. Internationaler Bürgerkrieg und interstataler Nationalkrieg

Sprache, schrieb 1793 der skeptische WIELAND, *kündigen diese neuen Republikaner allen Königen und Fürsten der Erde den Krieg an, indem sie zu gleicher Zeit allen Völkern Friede und Verbrüderung anbieten*[104].

Entscheidend und für die Zukunft bedeutsam war, daß der Staatenkrieg nicht mehr, wie es etwa die Politiker des 16./17. Jahrhunderts getan hatten[105], als notwendiges Übel zur Vermeidung des Bürgerkrieges gerechtfertigt wurde, sondern daß genau umgekehrt der Staatenkrieg nur als eine von der überkommenen politischen Ordnung Europas erzwungene Spielart des Bürgerkrieges legitimiert war, dessen Sinn darin bestand, die Bedingungen des Staatenkriegs aufzuheben. Denn daß die sich selbst bestimmenden Völker gegen den Krieg seien, galt als selbstverständlich. *Les peuples sauront, qu'ils ne peuvent devenir conquérants sans perdre leur liberté* (CONDORCET)[106]. Eine politische Philosophie, die ihren Blick auf die Menschheit als Ganzes[107] und nicht auf ein System von Staaten gerichtet hatte, konnte das Verhältnis von Bürgerkrieg und Staatenkrieg nicht anders beurteilen. Praktisch wie theoretisch aus der Welt geschafft war das Problem damit allerdings keineswegs. Als Frage nach der Interdependenz von Krieg und Revolution, *war abroad* und *war of classes*[108], sollte es bis in die Gegenwart aktuell bleiben.

Die Umdeutung des Staatenkrieges zum zwischenstaatlichen Bürgerkrieg — nicht zuletzt durch die tatsächliche Situation des revolutionären Frankreich nahegelegt, das sich nach innen (Vendée!) und außen zugleich gegen den Royalismus wehren mußte — hatte ihre Konsequenzen. *In wirklichen Bürgerkriegen*, so liest man im 1840 erschienenen „Staatslexikon" von ROTTECK/WELCKER, *wird sich gewöhnlich faktisch eine größere Wut der Streitenden, also auch eine härtere Behandlung des Feindes ergeben ... Und da im Bürgerkrieg gewöhnlich die Fahne, welcher der einzelne folgt, von ihm selbst gewählt ward, er also auch als persönlicher oder freiwilliger Teilnehmer am Kampfe erscheint, so ist gegen ihn auch ein Mehreres und Härteres erlaubt als gegen den entweder ganz willenlosen Soldknecht einer feindlichen Macht, oder doch nur aus Pflicht, d. h. aus Gehorsam gegen seine rechtmäßige Staatsgewalt, ins Feld rückenden Krieger*[109]. Das hier erkannte, wenngleich noch tastend und unbeholfen artikulierte Phänomen ist jüngsthin als die „aktive" und „passive Demokratisierung des Krieges" im Zeitalter der Französischen Revolution beschrieben worden[110]. Während für den Staatenkrieg des Ancien Régime die Maxime galt, die Bataillen des Königs in jeder Hinsicht vom Bürger fernzuhalten[111], wurde nun umgekehrt das ganze Volk realiter oder propagandistisch am Kriege beteiligt. War den Soldaten

---

[104] WIELAND, Betrachtungen über die gegenwärtige Lage des Vaterlandes (1793), AA Bd. 15 (1930), 576.
[105] → Friede, Bd. 2, 564.
[106] CONDORCET, Esquisse d'un tableau historique des progrès de l'esprit humain (1794; Ausg. Paris 1900), 181.
[107] ROMAN SCHNUR, Weltfriedensidee und Weltbürgerkrieg 1791/92, Der Staat 2 (1963), 297 ff.
[108] s. u. Anm. 252.
[109] ROTTECK, Art. Krieg, 493 f.
[110] BERT V. A. RÖLING, Einführung in die Wissenschaft von Krieg und Frieden (Neukirchen-Vluyn 1970), 25.
[111] JOHANNES KUNISCH, Der kleine Krieg. Studien zum Heereswesen des Absolutismus (Wiesbaden 1973).

der alten Staaten die jeweilige causa belli gleichgültig — und hatte sie es auch zu sein! —, so identifizierte sich jetzt der Krieger mit der Sache, für die er focht oder zu fechten glaubte. Von ihm wurde auch mehr als unbeteiligter Gehorsam und formale Tapferkeit verlangt: die Prinzipien, für die er sich willentlich und wissentlich kämpfend einsetzte, forderten Enthusiasmus, Opferbereitschaft, Hingabe. Daß dieser neue Typus des Soldaten neue Möglichkeiten der Kampftechnik eröffnete und damit die Überlegenheit der Revolutionsarmeen begründete, ist häufig erörtert und betont worden[112]. Schon im 19. Jahrhundert aber war man sich auch klar darüber geworden, daß die Humanisierung des Kriegsrechts, als deren Bedingung die Kriegführung durch innerlich gleichgültige Berufsheere erkannt worden war, von Armeen, die sich aus enthusiasmierten Soldaten zusammensetzten, in Frage gestellt wurde[113]. Der Kreis der vom Kriege unmittelbar Betroffenen weitete sich aus, der Respekt vor einer privaten, den Kriegsfolgen entzogenen Lebenssphäre schwächte sich ab. Diese passive Demokratisierung des Krieges ist schwerlich zu verstehen, wenn man die Tendenz zu seiner Kriminalisierung übersieht, die in den oben zitierten Äußerungen Robespierres sichtbar wird[114]. Sobald dem Gegner der Charakter des 'justus hostis' ('ennemi ordinaire') abgesprochen und er als *ein gegen die menschliche Natur empörter Räuber*[115] angeklagt wurde, wuchs die Gefahr eines Abgleitens in die kriegerische Barbarei[116] um so mehr, als sich bei den Gegnern die Grenze zwischen Verführten, die als Feinde galten, und Unterdrückern, die als Verbrecher zu behandeln waren, realiter nur schwer ziehen ließ.

Daß Demokratisierung wie Kriminalisierung des Krieges nur aus der Rezeption spezifischer Bürgerkriegselemente in den allgemeinen Kriegsbegriff zu erklären sind, dürfte außer Frage stehen.

Hatte das messianische Sendungsbewußtsein, das die erste Phase der Revolutionskriege ideologisch begleitete, seine Kraft aus der Überzeugung gewonnen, der Krieg werde *aus reiner und aufrichtiger Liebe für den menschlichen Endzweck* — für die

---

[112] EBERHARD KESSEL, Die Wandlung der Kriegskunst im Zeitalter der französischen Revolution, Hist. Zs. 148 (1933), 248 ff.

[113] Vgl. Anm. 160; auch WILHELM RÜSTOW, Art. Krieg (Politische und völkerrechtliche Verhältnisse), ROTTECK/WELCKER 3. Aufl., Bd. 9 (1864), 338: *Allerdings hat nun diese Sache auch ihre guten Folgen, namentlich für die Humanisierung des Kriegs gehabt.* ROTTECK hatte sogar ein Gespür dafür, daß hier noch ein durch die Konfessionskriege der Frühneuzeit zeitweilig unterbrochener Entwicklungstrend aus dem mittelalterlichen Fehderecht wirksam war: *... es ist dieses ... teils noch ein Erbstück aus den Zeiten der Chevalerie, d. h. noch ein Überbleibsel des in den schöneren Tagen des Ritterwesens bestandenen edlern Geistes desselben*; Art. Krieg (s. Anm. 102), 501.

[114] Vgl. auch CONDORCET, Esquisse, 181: *Les peuples plus éclairés ... apprendront peu à peu à regarder la guerre comme le fléau le plus funeste, comme le plus grand des crimes.*

[115] WOLFGANG SCHIEDER, Anfänge der deutschen Arbeiterbewegung (Stuttgart 1963), 318, aus einer 1834 in Paris erschienenen deutschen Übersetzung der Erklärung der Menschen- und Bürgerrechte.

[116] TZSCHIRNER, Über den Krieg (s. Anm. 89), 175 f.: *In Vergleich mit den Kriegen der alten Welt sind die Kriege des neuen Europa menschlich zu nennen ... Seit der französischen Revolution aber machte man wieder Rückschritte zur Barbarei.*

III. 4. Internationaler Bürgerkrieg und interstataler Nationalkrieg

Freiheit und Harmonie aller Völker und Menschen — geführt[117], so verlagerte sich der Antrieb zu diesem Messianismus schon bald und unverkennbar von der Begeisterung für die Sache der Menschheit in ein nationales Überlegenheitsgefühl[118]. Das mag zum Teil in einem Durchschlagen traditioneller Bewußtseinshaltungen seine Ursache haben, dürfte sich im wesentlichen aber aus dem tatsächlichen Verlauf der Revolutionskriege begründen. Diese Kriege hatten das europäische Staatensystem des Ancien Régime zwar erschüttert und verändert, aber nicht zum Einsturz gebracht. Statt des erhofften Krieges der Hütten gegen die Paläste[119], des europäischen Bürgerkrieges, stellte sich die historisch vertraute Situation eines Staatenkrieges zwischen einer zur Hegemonie drängenden europäischen Macht gegen eine Koalition der übrigen Mächte wieder ein. Diese Hegemoniemacht freilich — und das war die neue Situation — wurde von den anderen Mächten nicht als ihresgleichen anerkannt, zerstörte die Homogenität des Systems und war gezwungen, ein neues Selbstverständnis zu finden. Der auf sich selbst zurückgeworfene menschheitsbeglückende Messianismus, angereichert durch Reminiszenzen an vergangene Größe und das Bewußtsein kultureller Überlegenheit sowie politischer Fortschrittlichkeit, wandelte sich zum Nationalismus; aus dem Revolutionskrieg wurde ein Nationalkrieg[120]. Konkrete Kriegsziele wurden formuliert: nicht mehr der Sturz der Tyrannen, sondern die natürlichen Grenzen[121] Frankreichs sollten erkämpft werden. Daß dieser *gerechteste aller Kriege* (MERLIN DE DOUAI 1795)[122] mit erheblichen Annexionen zugunsten Frankreichs enden mußte, galt schlichtweg als ausgemacht.

Nationalismus und Nationalkrieg, verstanden als Krieg katexochen, waren das eigentlich wirksame Erbe, das die Französische Revolution dem Europa des 19. Jahrhunderts mitgegeben hat, unmittelbar wirksamer jedenfalls als die Idee des allgemeinen revolutionären Bürgerkrieges der Unterdrückten gegen die Unterdrücker. Historisch gesehen stellen in der Tat das Phänomen und der Begriff des

---

[117] JOH. BAPTIST SARTORIUS, Organon des vollkommenen Friedens (Zürich 1837), 32.

[118] PETER KLASSEN, Nationalbewußtsein und Weltfriedensidee in der französischen Revolution, Die Welt als Gesch. 2 (1936), 33 ff.; WOLFGANG MARTENS, Völkerrechtsvorstellungen der französischen Revolution in den Jahren von 1789 bis 1793, Der Staat 3 (1964), 294 ff., bes. 302 ff.

[119] → Friede, Bd. 2, 574, Anm. 138.

[120] KLASSEN, Nationalbewußtsein u. MARTENS, Völkerrechtsvorstellungen; LOUIS BERGERON/FRANÇOIS FURET, in: dies./REINHART KOSELLECK, Das Zeitalter der europäischen Revolution (Frankfurt 1969), 82 f. 88 ff.

[121] Das Theorem von den natürlichen Grenzen, Erbstück des Ancien Régime, spielte überhaupt in der Kriegs- und Friedensdiskussion der „fortschrittlichen" Kräfte eine hervorragende Rolle, besonders eindrucksvoll bei FICHTE; vgl. Der geschlossene Handelsstaat (1800), SW Bd. 3 (1845), 481 f.: *Staaten (die keine natürlichen Grenzen miteinander haben) stehen in natürlichem Kriege ... Soll der Krieg aufgehoben werden, so muß der Grund der Kriege aufgehoben werden. Jeder Staat muß erhalten, was er durch Kriege zu erhalten beabsichtigt, und vernünftigerweise allein* (!) *beabsichtigen kann, seine natürlichen Grenzen.* Auch BÜLOW, Geist des neuern Kriegssystems (s. Anm. 93), bes. 201 f. schätzt die natürlichen Grenzen als Vorbedingungen und Garanten eines dauernden Friedens. Zu dieser Denkfigur kritisch FRIEDRICH GENTZ, Über den ewigen Frieden (1800), abgedr. RAUMER, Ewiger Friede (s. Anm. 81), 466 ff., bes. 474 f.

[122] Zit. BERGERON, in: ders./FURET/KOSELLECK, Zeitalter, 94.

Nationalkrieges den großen, der politischen Übergangslage angemessenen Kompromiß zwischen dem Staatenkrieg des Ancien Régime und dem universalen Bürgerkrieg dar. Der *Nationalkrieg* — der für das 19. Jahrhundert charakteristische Kriegstyp, *der höchste heroische Aufschwung, dessen die alte* (bourgeoise) *Gesellschaft noch fähig war* (MARX 1871)[123] — wurde in der Form und in den Regeln des klassischen Staatenkrieges geführt, aber in einem Geiste der Hingabe und der Selbstidentifikation mit der (gerechten) Sache, die der Bürgerkriegsmentalität entnommen war. *Der Nationenkrieg sieht in jedem Gliede des feindlichen Volkes einen Feind, der bekämpft oder wenigstens unschädlich gemacht werden muß* (WEISKE 1845)[124].

5. Deutsches Kriegsdenken um 1800: Aufklärerische Friedensprojekte und aufkeimender Bellizismus

Die in der französischen Aufklärung und Revolution entwickelten Vorstellungen über Krieg und Frieden fanden bei den deutschen Intellektuellen um 1800[125] eine merkwürdig zwiespältige, gebrochene Aufnahme. Typische Grundüberzeugungen wurden als evident übernommen: Kant wie Fichte etwa sahen im ewigen Frieden *zwischen dir und mir im Naturstande* und *zwischen uns als Staaten* (KANT 1797)[126] das von der Vernunft geforderte Ziel der geschichtlichen Entwicklung; beide stimmten darin überein, daß dieses Ziel nur durch eine Änderung der politischen Verfassung in den Staaten zu erreichen sei. Da die letzte Ursache aller Kriege *in der uneingeschränkten monarchischen Verfassung* zu *finden ist* (FICHTE 1793)[127]: *So erfolgt notwendig aus der Errichtung einer rechtlichen Verfassung im Innern und aus der Befestigung des Friedens zwischen den einzelnen ... allgemeiner Friede der Staaten* (Fichte 1800)[128]. Die *Republik ... (muß) ihrer Natur nach zum ewigen Frieden geneigt sein* (Kant 1795)[129];denn *eine Regierungsform, in der also die öffentliche Opinion ein entscheidendes Gewicht hat, wie dies bei der rein republikanischen der Fall ist, wird bei der Gesellschaft, der sie inhäriert, die Disposition zum Krieg nach und nach ganz aufheben, und das umso mehr, je reiner sie ist* (GÖRRES 1798)[130]. Wenigstens

---

[123] KARL MARX, Der Bürgerkrieg in Frankreich (1871), MEW Bd. 17 (1962), 361.
[124] WEISKE Bd. 6 (1845), 221.
[125] Literatur zu Kant → Friede, Bd. 2, 576, Anm. 148; dazu noch GÜNTER FREUDENBERG, Kants Lehre vom ewigen Frieden und ihre Bedeutung für die Friedensforschung, in: Studien z. Friedensforsch., Bd. 1 (Stuttgart 1969), 178 ff. Für Fichte s. MANFRED BUHR, Revolution und Philosophie. Die ursprüngliche Philosophie Johann Gottlieb Fichtes und die französische Revolution (Berlin 1965) und für beide OTTO DANN, Die Friedensdiskussion der deutschen Gebildeten im Jahrzehnt der Französischen Revolution, in: Historische Beiträge zur Friedensforschung, hg. v. WOLFGANG HUBER (Stuttgart, München 1970), 95 ff.; in den neueren Arbeiten wird m. E. aber die Virulenz des bellizistischen Traditionsstrangs zu gering angeschlagen.
[126] KANT, Metaphysik der Sitten (1797), Rechtslehre, 2. Tl., Beschluß. AA Bd. 6 (1907), 354.
[127] FICHTE, Beitrag zur Berichtigung der Urtheile des Publikums über die französische Revolution (1793), AA 1. Abt., Bd. 1 (1964), 248.
[128] Ders., Die Bestimmung des Menschen (1800), SW Bd. 2 (1845), 275.
[129] KANT, Zum ewigen Frieden, 2. Definitivart. AA Bd. 8 (1912), 356.
[130] JOSEPH GÖRRES, Der Allgemeine Frieden, ein Ideal, Ges. Schr., Bd. 1 (1928), 58.

III. 5. Aufklärerische Friedensprojekte und aufkeimender Bellizismus

KANT zollte auch den in der Aufklärung obsiegenden, im Gegenzug gegen die merkantilistische Wirtschaftspolitik der absolutistischen Staaten ausgearbeiteten ökonomischen Theorien seinen Tribut, wenn er den sich ausbreitenden *Handelsgeist*[131] als ein zum Frieden drängendes Moment hochschätzte. Hier urteilte Fichte freilich ganz anders[132].

Bemerkenswert bleibt aber, daß diese Offenheit für die Idee des ewigen Friedens sich nicht mit einer absoluten Diskreditierung des Krieges verband. Wahrscheinlich deshalb nicht, weil inzwischen ein zweiter, ebenfalls recht junger Traditionsstrang virulent geworden war. Bis ins 18. Jahrhundert hinein hatte nicht in Frage gestanden, daß der Krieg als solcher ein Übel sei, ein unvermeidliches und vielleicht notwendiges Übel, aber eben doch ein Übel[133]. Vereinzelte Gegenstimmen wie die BODINS, der den (äußeren) Krieg als Förderer von Tugend und Tüchtigkeit anerkannt wissen wollte, verhallten ohne Resonanz[134]. Erst als im 18. Jahrhundert der Krieg als *das große Verbrechen der Beherrscher dieser Erde und die ewige Geißel ihrer Bewohner* gebrandmarkt und *der Friede* als *das himmlische Band der Fürsten und der Glückseligkeitsbecher für ihre Untertanen* (EMBSER 1778)[135] gepriesen wurde, mehr noch: als ein ewiger Friede durch Fortschritte von Vernünftigkeit und Moralität realisierbar schien, wurde das Phänomen des Krieges — des Staatenkrieges wohlgemerkt! — auf seine *innere Würde* (KANT)[136] hin befragt. Der im Friedensdenken des 18. Jahrhunderts aufscheinende relative Pazifismus provozierte seinen Widerpart: den Bellizismus; nicht von ungefähr waren gegenaufklärerische Konterrevolutionäre wie JOSEPH DE MAISTRE[137] seine wirkungsvollsten, wenngleich keineswegs frühesten und überzeugendsten Vertreter. In Deutschland fand er seinen ersten literarischen Niederschlag bei VALENTIN EMBSER, in dessen Buch gegen die *Abgötterey unsers philosophischen Jahrhunderts*, den ewigen Frieden[138], sich bereits das ganze Ensemble von Bewußtseinshaltungen mit Argumenten und Bildern vertreten findet, aus dem sich der das ganze 19. Jahrhundert durchziehende Bellizismus

---

[131] KANT, Zum ewigen Frieden, 3. Definitivart., 1. Zusatz, 3. AA Bd. 8, 368; vgl. MONTESQUIEU, De l'esprit des lois 20, 2: *L'effet naturel du commerce est de porter à la paix;* dazu EDMOND SILBERNER, La guerre et la paix dans l'histoire des doctrines économiques (Paris 1957).
[132] Vgl. u. Anm. 243.
[133] Bei BÜCHNER, Art. Krieg (s. Anm. 102), 179 heißt es noch 1809: *Der Krieg, er mag so gerecht sein, als er will ist immer ein Übel.* Auch TZSCHIRNER, Über den Krieg, 19 referiert als gängige Meinung, *daß der Krieg ein Übel und der Friede ein Gut sei. Daher stimmen die philosophierende Vernunft und der gemeine Menschenverstand ... in diesen Urteilen zusammen.*
[134] JEAN BODIN, De republica libri sex, 2. Aufl. (Frankfurt 1591), 883f.
[135] JOH. VALENTIN EMBSER, Die Abgötterey unsers philosophischen Jahrhunderts. Erster Abgott: Ewiger Friede (Mannheim 1778), 1. Weitere Stimmen bei KLAUS EPSTEIN, Die Ursprünge des Konservativismus in Deutschland (Frankfurt 1973), 33 ff.
[136] KANT, Zum ewigen Frieden, 3. Definitivart., 1. Zusatz. AA Bd. 8, 365.
[137] JOSEPH DE MAISTRE, Considérations sur la France (London 1797), 50: *Les véritables fruits de la nature humaine, les arts, les sciences, les grandes entreprises, les hautes conceptions, les vertus mâles, tiennent sur-tout à l'état de guerre.* Über die „apologistes de la guerre": GASTON BOUTHOUL, Traité de Polémologie. Sociologie des guerres (Paris 1970), 59ff. 89ff.
[138] Vgl. Anm. 135.

speisen sollte: eine geschichtsphilosophische Konstruktion des Kulturfortschritts; ein betonter Etatismus, der späterhin durch die Verbindung mit dem Nationalismus besonders virulent werden sollte; ein religiöser Rigorismus und Subjektivismus verschiedener Provenienz[139]. Die wechselnden Kombinationen, die diese Motivationskomplexe miteinander eingingen, sollten die verschiedenen Spielarten des Bellizismus bestimmen, die das 19. Jahrhundert hervorgebracht hat.

Zunächst war es vor allem die Einschätzung des Krieges als Promotor des zivilisatorischen Fortschritts, die Eindruck machte und KANT zu jenen Äußerungen über die Kriege angeregt hat, die die Bewunderer seiner Schrift „Zum Ewigen Frieden" irritieren mußten und müssen: *Auf der Stufe der Cultur also, worauf das menschliche Geschlecht noch steht, ist der Krieg ein unentbehrliches Mittel, diese noch weiter zu bringen; und nur nach einer (Gott weiß wann) vollendeten Cultur würde ein immerwährender Friede für uns heilsam und auch durch jene allein möglich sein.* — Dem entspricht, daß der Krieg *ungeachtet der schrecklichsten Drangsale, womit er das menschliche Geschlecht belegt, ... dennoch eine Triebfeder mehr ist ..., alle Talente, die zur Cultur dienen, bis zum höchsten Grade zu entwickeln*[140]. Nach vorausgegangenem abwehrenden Zögern[141] hat sich FICHTE diese Ansicht schließlich auch zu eigen gemacht: *So ungerecht diese Zwecke (des Krieges) auch an sich erscheinen mögen, so wird dennoch dadurch der erste Grundzug des Weltplans, die allgemeine Verbreitung der Cultur, allmählig befördert; und nach derselben Regel wird es unablässig so fortgehen, bis das ganze Geschlecht, das unsere Kugel bewohnt, zu einer einzigen Völkerrepublik der Cultur zusammengeschmolzen sei* (1804/05)[142]. Ließ sich diese Argumentation noch in Einklang bringen mit jener verbreiteten liberalen Anschauung, daß sich die Vernunft nicht gegen den Krieg als *historische Erscheinung,* nur *gegen den*

---

[139] Für den pietistischen Anteil siehe GERHARD KAISER, Pietismus und Patriotismus im literarischen Deutschland. Ein Beitrag zum Problem der Säkularisation (Wiesbaden 1961), bes. 32 ff.

[140] KANT, Mutmaßlicher Anfang des Menschengeschlechts (1786), AA Bd. 8, 121; ders., Kritik der Urteilskraft (1790), § 83. AA Bd. 5 (1908), 433. Ganz ähnlich, mit konkretem Bezug freilich, schreibt ARCHENHOLTZ, Geschichte (s. Anm. 101), 394: *Nun fing der Zeitpunkt für die Bildung der Deutschen an; ein Volksglück, welches durch den Willen des Schicksals von jeher bei den berühmtesten Völkern unter den schrecklichsten Kriegen erzeugt wurde ... Durch den beständigen Anblick außerordentlicher Kriegsauftritte in Schwung gesetzt, nahm jetzt der Geist der Deutschen eine andere Richtung und umspannte das unermeßliche Feld der menschlichen Forschungen.*

[141] FICHTE, Beitrag (s. Anm. 127), 244: *Der Krieg, sagt man, cultiviert; und es ist wahr, er erhebt unsre Seelen zu heroischen Empfindungen und Taten, zur Verachtung der Gefahr und des Todes, zur Geringschätzung von Gütern, die täglich dem Raube ausgesetzt sind, zum innigeren Mitgefühl mit allem, was Menschenantlitz trägt, weil gemeinschaftliche Gefahr oder Leiden sie enger an uns andrängen; aber haltet dies ja nicht für eine Lobrede auf eure blutgierige Kriegssucht, für eine demütige Bitte der seufzenden Menschheit an euch, doch ja nicht abzulassen, sie in blutigen Kriegen aneinander aufzureiben. Nur solche Seelen erhebt der Krieg zum Heroismus, welche schon Kraft in sich haben; den Unedlen begeistert er zum Raube und zur Unterdrückung der wehrlosen Schwäche; er erzeugt Helden und feige Diebe, und welches wohl in größrer Menge?*

[142] Ders., Grundzüge des gegenwärtigen Zeitalters, SW Bd. 7 (1846), 163.

III. 5. Aufklärerische Friedensprojekte und aufkeimender Bellizismus   Krieg

Krieg als ewige Erscheinung erhebe (LIPS 1814)[143], der Krieg mithin nur eine *Durchgangsperiode* bzw. *erste Periode* der menschlichen Entwicklung charakterisiere (SARTORIUS 1837; SCHULZ 1847)[144] und sein Verhältnis zum endgültigen Friedenszustand dem vom „Mythos zur Philosophie" entspreche (PROUDHON 1861)[145], so zeigt die bekannte Kriegspassage aus der „Kritik der Urteilskraft" dagegen an, daß zumindest KANT sich noch tiefer in bellizistische Gedankengänge hat verstricken lassen: *Selbst der Krieg, wenn er mit Ordnung und Heiligachtung der bürgerlichen Rechte geführt wird* (d. h. der zwischenstaatliche „guerre en forme"), *hat etwas Erhabenes an sich und macht zugleich die Denkungsart des Volks, welches ihn auf diese Art führt, nur um desto erhabener, je mehreren Gefahren es gesetzt war und sich mutig darunter hat behaupten können; dahingegen ein langer Frieden den bloßen Handelsgeist, mit ihm aber den niedrigen Eigennutz, Feigheit und Weichlichkeit herrschend zu machen und die Denkungsart des Volks zu erniedrigen pflegt*[146]. Hier nimmt Kant nicht nur Treitschkes Verachtung des *jämmerlichen Manchestertums*[147] vorweg, sondern kommt auch der HEGELschen Kriegslehre sehr nahe: *Es ist durch diese zweite* (negative) *Seite der Beziehung für Gestalt und Individualität der sittlichen Totalität* (d. h. des Staates) *die Notwendigkeit des Kriegs gesetzt; der* (weil in ihm die freie Möglichkeit ist, daß nicht nur einzelne Bestimmtheiten, sondern die Vollständigkeit derselben als Leben vernichtet wird, und zwar für das Absolute selbst oder für das Volk) *ebenso die sittliche Gesundheit der Völker in ihrer Differenz gegen die Bestimmtheiten und gegen das Angewöhnen und Festwerden derselben erhält, als die Bewegung der Winde die Seen vor der Fäulnis bewahrt, in welche sie eine dauernde Stille, wie die Völker ein dauernder oder gar ein „ewiger Frieden" versetzen würde* (1802/03)[148]. Die Zwiespältigkeit der Denkanstöße, mit der die deutschen Philosophen im Zeitalter der Französischen Revolution die Entwicklung des Kriegsbegriffs im 19. Jahr-

---

[143] ALEXANDER LIPS, Der allgemeine Friede, oder wie heißt die Basis, über welcher allein ein dauernder Weltfriede gegründet werden kann? (Erlangen 1814), 8.

[144] SARTORIUS, Organon (s. Anm. 117), 173; WILHELM SCHULZ, Art. Frieden, Friedensschlüsse, ROTTECK/WELCKER 2. Aufl., Bd. 5 (1847), 228: ... *wenn selbst der Gedanke in uns aufdämmern mag, daß überhaupt der Zustand des Krieges vielleicht nur einer ersten Periode der Menschengeschichte als notwendig angehört*.

[145] PIERRE-JOSEPH PROUDHON, La guerre et la paix, t. 2 (Paris 1861), 380: *La paix, enfin, dont l'inexactitude du langage a fait jusqu'ici le contraire de la guerre, est à la guerre ce que la philosophie est au mythe*.

[146] KANT, Kritik der Urteilskraft, § 28. AA Bd. 5, 263.

[147] HERMANN BAUMGARTEN, Brief an Heinrich v. Treitschke v. 2. 8. 1870: *Unsere Lehre vom Kriege erfährt die glänzendste Bestätigung. Nichts demoralisiert ein Volk mehr als dieses jämmerliche Manchestertum, das nichts ist als das Hängen der Seele an den vergänglichen Gütern der Welt. Und darin tritt das religiöse Moment alles wirklich Großen und Tüchtigen hervor;* Deutscher Liberalismus im Zeitalter Bismarcks, hg. v. PAUL WENTZCKE u. JULIUS HEYDERHOFF, Bd. 1 (Bonn, Leipzig 1925), 473; vgl. auch III. 7. u. III. 8.

[148] HEGEL, Über die wissenschaftlichen Behandlungsarten des Naturrechts, SW Bd. 1 (1927), 487. In § 324 der „Rechtsphilosophie" hat er diese Lehre wiederholt; dort ist vom *sittlichen Moment des Krieges* die Rede, der *nicht als absolutes Übel und als eine bloß äußerliche Zufälligkeit zu betrachten* ist; und in einem Zusatz heißt es dann weiter: *Im Frieden dehnt sich das bürgerliche Leben mehr aus, alle Sphären hausen sich ein, und es ist auf die Länge ein Versumpfen der Menschen; ihre Partikularitäten werden immer fester und verknöchern*.

hundert anregten, wirkte sich im Sinne einer Fortführung beziehungslos nebeneinander herlaufender oder sich gegenseitig ausschließender Lehrtraditionen aus. Geradezu sinnenfällig wird das Unvermögen, die konträren Postionen zu vermitteln, im 23. Band der „Deutschen Encyclopädie" demonstriert, der 1809 erschienen ist und dem Phänomen des Krieges drei selbständige Abschnitte gewidmet hat: im ersten („Krieg schlechthin") kommt jene Auffassung zu Wort, die den Krieg als notwendiges Moment *in der großen Ordnung der Dinge* und *die kräftigste Arznei für die erkrankte, oder, wenn man will, erschlaffte Menschheit*[149] würdigt; im zweiten („Krieg theologisch") werden die Grundzüge der von Moraltheologie und Naturrechtsphilosophie vertretenen bellum-iustum-Doktrin dargelegt; und im dritten („Krieg nach dem natürlichen sowohl, als nach dem europäischen Völkerrecht"), der sich hinsichtlich der Frage nach dem „ius ad bellum" weitgehend mit dem zweiten deckt, werden vor allem die gewohnheitsrechtlich eingespielten „iura in bello" behandelt. Auffällig und sicherlich ein Rückfall hinter die Theoreme der klassischen Naturrechtslehre ist, daß der Bürgerkrieg nur in jenem *äußersten Fall* gerechtfertigt erscheint, *wo die höchste Gewalt ihn führt, um rebellische Untertanen zum Gehorsam zu bringen*[150] — gewiß ein Niederschlag der Reaktion der deutschen Intelligenz auf die Schreckensherrschaft des Konvents, die diese zur Ablehnung von Revolution und revolutionärem Bürgerkrieg getrieben hat.

Es ist zwar versucht worden, die *Urteile, daß der Krieg ein verwerfliches, vernünftiger Wesen unwürdiges Beginnen sei*, mit der angeblichen Einsicht, daß er zugleich *eine notwendige Welterscheinung* sei, zu einer Synthese zu verbinden; H. G. TZSCHIRNER hat in seinem seinerzeit einflußreichen Buch „Über den Krieg" sich die Aufgabe gestellt, diesen *Widerstreit zwischen der ethischen und der physischen Ansicht des Krieges* aufzulösen[151]. Herausgekommen ist freilich nicht mehr als ein referierendes Kompendium gängiger Doktrinen über den Krieg, aus dem des Verfassers Neigung zur *physischen Ansicht* überall durchscheint.

6. Die Restauration des zwischenstaatlichen Duellkriegs im 19. Jahrhundert

Ungeachtet des unvermittelten Nebeneinanders differierender Anschauungen über Krieg und Frieden in der deutschen Gedankenwelt um 1800 wurde während des ganzen 19. Jahrhunderts weder im allgemeinen Bewußtsein noch in der philosophischen Reflexion der *neuere Kriegsbegriff* ernstlich in Frage gestellt, wonach *der Krieg ... eine Reibung der Staaten, nicht der Personen ist*[152]. Eine Folge lexikalischer Definitionen macht dies deutlich: *Krieg ist ... der Zustand der öffentlichen Feindselig-*

---

[149] BÜCHNER, Art. Krieg (s. Anm. 102), 170 f.
[150] Ebd., 181.
[151] TZSCHIRNER, Über den Krieg (s. Anm. 89), 19. 103. 127.
[152] BERNER, Art. Krieg (s. Anm. 87), 114. — Einen merkwürdig abweichenden Standpunkt vertritt lediglich ROTTECK, der zwar ebenfalls den Krieg als zwischenstaatliches Verhältnis versteht (s. Anm. 156), dann aber ausführt: *Wo und insofern der Krieg als dem wirklichen Gesamtwillen der Nation entflossen erscheint, da treten alle Bürger, in der Eigenschaft als Elemente jenes Gesamtwillens, gewissermaßen selbst persönlich in ein feindliches Verhältnis gegen den bekriegten Staat; wogegen die Untertanen eines autokratisch den Krieg beschließenden Herrn dafür nicht verantwortlich sein können;* Art. Krieg (s. Anm. 102), 497. Ob sich Rotteck

III. 6. Die Restauration des zwischenstaatlichen Duellkriegs

keit zwischen Völkern (1817)[153]. *Krieg ... im engern Sinne aber* ist *ein Kampf der Völker oder Staaten miteinander, um ihre gegenseitigen Ansprüche mit Gewalt der Waffen durchzusetzen* (1833)[154]. *Guerre: Querelle, différend entre deux princes où deux nations, qui se vide par la voie des armes* (1835)[155]. *Der Krieg, von welchem wir hier ganz eigens zu reden haben, ist nur der öffentliche, d. h. der von oder zwischen Staaten oder Völkern geführte, der mit dem normalen innern Zustand des Staates gar wohl zusammen besteht* (1840)[156]. *Krieg: tätliche Feindseligkeit; Kampf zwischen Staaten* (1878)[157]. *Krieg, ein Akt der Gewalt, um den Gegner zur Erfüllung unsers Willens zu zwingen, ist ein erweiterter Zweikampf, bei dem sich nicht einzelne Individuen, sondern die Heere der betreffenden Staaten gegenüberstehen* (1886)[158]. Dieser *übliche Krieg ..., der zwischen selbstherrlichen Regierungen ausgefochten ... wird*[159], wie KARL MARX formulierte, konnte deshalb der „übliche" und somit den Kriegsbegriff bestimmende bleiben[160], weil sich das europäische Staatensystem nach der Napoleonischen Ära restaurierte und durch innerstaatliche Reformen jenes Minimum an innerer Homogenität gewann, das es erlaubte, vorrevolutionäre Formen des zwischenstaatlichen Verkehrs wieder aufleben zu lassen. Erhalten blieben vor allem die Grundelemente des Systems: die souveränen Einzelstaaten selbst, gleichgültig wer innerhalb dieser Staaten der Träger der Souveränität sein mochte; erhalten blieb mithin die Grenze zwischen Innen und Außen, die es ermöglichte, auch weiterhin scharf zwischen 'Revolution' und 'Krieg' zu unterscheiden und den internationalen Bürgerkrieg zu verhindern[161], obwohl ein Mann wie BISMARCK noch 1863 *auf Krieg mit Revolution kombiniert ... gefaßt war*[162].

über die Konsequenzen dieser vermeintlich aus dem Geiste Rousseaus deduzierten (jedoch dessen scharfe Trennung von 'homme' und 'citoyen' übergehenden!) Auffassung im klaren gewesen ist?

[153] BROCKHAUS 4. Aufl., Bd. 5 (1817), 437; unverändert 7. Aufl., Bd. 6 (1827), 294.
[154] KRUG 2. Aufl., Bd. 2 (1833), 644.
[155] Dict. Ac. franç., 6ᵉ éd., t. 1 (1835), 866.
[156] ROTTECK, Art. Krieg, 492 f.
[157] FRIEDR. KARL LUDWIG WEIGAND, Deutsches Wörterbuch, 3. Aufl. (Gießen 1878), 1012.
[158] HEINRICH V. LÖBELL, Art. Krieg, ERSCH/GRUBER 2. Sect., Bd. 39 (1886), 380.
[159] MARX, Eine preußische Meinung zum Krieg (1859), MEW Bd. 13 (1961), 353.
[160] Besonders kennzeichnend dafür ist, daß selbst der Bürgerkrieg nach dem Modell des Staatenkrieges interpretiert wurde: *Bürgerkrieg. Dieser entsteht, wenn in einem Staat eine durch die gewöhnlichen Rechtsmittel nicht zu beseitigende Spaltung eintritt, welche ihn zeitlich zerreißt und gewissermaßen aus Einem Volke oder Einem Staate vorübergehend zwei oder mehrere macht;* MEYER 2. Aufl., Bd. 10 (1865), 346, Art. Krieg; diese Stelle ist im übrigen übernommen aus ROTTECK, Art. Krieg, 493.
[161] Ungeachtet der Tatsache übrigens, daß sich die meisten Staatenkriege des 19. Jahrhunderts an Revolutionen oder nationale Erhebungen anschlossen.
[162] OTTO V. BISMARCK, Erinnerung und Gedanke, FA Bd. 15 (1932), 252. Bismarck teilte somit dieselbe Befürchtung, die SCHULZ, Art. Frieden, Friedensschlüsse (s. Anm. 144), 227, allerdings als Hoffnung, ausgesprochen hatte: *Die Politik ist öffentlicher und die öffentliche Meinung ist eine Macht geworden. Die Zahl der Teilnehmenden an den Angelegenheiten jedes Gemeinwesens hat sich vergrößert; im Innern der einzelnen Staaten selbst haben sich Parteien gegen Parteien gestellt, und jeder unbesonnene Schritt gegen das Ausland kann mit dem äußeren auch den inneren Feind bewaffnen. Die Geschichte hat gezeigt, daß hier die stabilisierende Wirkung von Reform und Restauration zu gering eingeschätzt worden ist.*

Wenigstens in Deutschland gelang es darüber hinaus, den aus dem Ancien Régime ererbten, nun durch die Philosophie Hegels ideologisch untermauerten Gegensatz von Staat und Gesellschaft zu stabilisieren[163]; der Krieg blieb dabei als *Fundamentalinstitution des Staates wie das Gesetz* (LASSON 1868)[164] der durch den Staat repräsentierten Sphäre des Politischen vorbehalten[165]. Innerhalb dieses faktisch gegebenen und philosophisch legitimierten Horizonts konnte sich die CLAUSEWITZsche Lehre vom Kriege als einem *Akt der Gewalt, um den Gegner zur Erfüllung unseres Willens zu zwingen*, als *Fortsetzung des politischen Verkehrs mit Einmischung anderer Mittel* entfalten[166]. Ebenso wie diese Lehre eine nachträglich gelieferte angemessene Theorie der Staatenbeziehungen des 18. Jahrhunderts darstellt, zeigt ihre rasche und durchschlagende Rezeption — bereits 1840 fand sie ihren lexikalischen Niederschlag[167] — an, daß auch die politische Praxis des 19. Jahrhunderts sich weitgehend noch an diesem Muster orientierte. *Zweck des Kriegs* ist *die Erkämpfung des Friedens unter Bedingungen, welche der von dem Staate verfolgten Politik entsprechen* (BISMARCK)[168]. *Der Krieg ist seinem Wesen nach ein Mittel der Unterhandlung, um zu einem neuen vernünftigen Vertrage zu kommen* (LASSON 1871)[169]. Wie verbreitet diese Überzeugung war, beweist übrigens ein so unverdächtiger Zeuge wie HALLER, der den Krieg als *Mittel zu ... besserem Frieden, d. h. zu vorteilhafteren Verträgen* (1818) gelten ließ[170].

Diese Handhabung des Krieges als legitimen Mittels der Politik schloß bei führenden Politikern wie Bismarck jeden *Idealismus des Krieges* (TREITSCHKE)[171] ebenso aus wie eine Hypostasierung des Staates als *Grundmacht der Kultur*[172]. Zugrunde lag ihr kaum mehr als die aus der historischen Erfahrung abgeleitete „Gewißheit", daß der *Krieg* wohl *in Gottes Weltordnung* liege[173], sowie die Überzeugung, daß er durch

---

[163] FRANZ ROSENZWEIG, Hegel und der Staat, 2 Bde. (München, Berlin 1920); JOACHIM RITTER, Hegel und die französische Revolution (Köln, Opladen 1957), bes. 45 f. 65; WERNER CONZE, Das Spannungsfeld von Staat und Gesellschaft im deutschen Vormärz, in: ders. (Hg.), Staat u. Gesellschaft im deutschen Vormärz 1815—1848, 2. Aufl. (Stuttgart 1970), 207 ff.

[164] ADOLF LASSON, Das Culturideal und der Krieg (Berlin 1868), 16.

[165] Ebd., 27: *Denn der Staat führt Kriege und nicht die Gesellschaft.*

[166] CARL V. CLAUSEWITZ, Vom Kriege 1, 1; 8, 6 B. 16. Aufl., hg. v. Werner Hahlweg (Bonn 1952), 89. 888.

[167] Rhein. Conv. Lex., 4. Aufl., Bd. 7 (1840), 854: *Allgemein ausgedrückt ist der Krieg ein Akt der Gewalt, um den Gegner zur Erfüllung unsers Willens zu zwingen.* Ebenso L. HÖRMANN, Art. Krieg, Kriegführung, Kriegstheorie (Militärisch), BLUNTSCHLI/BRATER Bd. 6 (1861), 83; LÖBELL, Art. Krieg, 380.

[168] BISMARCK, Erinnerung und Gedanke, 313.

[169] ADOLF LASSON, Princip und Zukunft des Völkerrechts (Berlin 1871), 66.

[170] CARL LUDWIG V. HALLER, Restauration der Staats-Wissenschaft oder Theorie des natürlich-geselligen Zustands, Bd. 3 (Winterthur 1818), 96.

[171] HEINRICH V. TREITSCHKE, Das constitutionelle Königthum in Deutschland, Hist. u. polit. Aufs., 7. Aufl., Bd. 3 (Leipzig 1915), 475.

[172] LASSON, Culturideal, 18: *Aber auch nicht als Schildhalter der Zivilisation, sondern als Grundmacht der Cultur führt der Staat Kriege.*

[173] *Der ewige Friede ist ein Traum, und nicht einmal ein schöner, und der Krieg ein Glied in Gottes Weltordnung;* HELMUTH GRAF V. MOLTKE, Brief an Joh. Kaspar Bluntschli v. 11. 12. 1880, Ges. Schr. u. Denkwürdigkeiten, Bd. 5 (Berlin 1892), 194; ähnlich schon

III. 6. Die Restauration des zwischenstaatlichen Duellkriegs Krieg

die Einbindung in das politische Kalkül rational zu steuern und zu temperieren sei[174]: *Möchten nur überall die Regierungen stark genug sein, um zum Krieg drängende Leidenschaften der Völker zu beherrschen* (MOLTKE)[175]. Nur auf diese Weise glaubte man, den aus dem 18. Jahrhundert überkommenen, durch die Kriege der revolutionären und Napoleonischen Ära in Frage gestellten Grundsatz aufrechterhalten zu können, *daß der Krieg nur mit den Soldaten und nicht mit den Bürgern des feindlichen Landes geführt wird* (ERSCH/GRUBER 1886)[176], *der Staat* mithin *von seinen einzelnen Angehörigen zu unterscheiden* ist (BLUNTSCHLI/BRATER 1861)[177].

Daß diese Art leidenschaftsloser Kriegführung wohl mit den Söldnerheeren des 18. Jahrhunderts einigermaßen praktiziert werden konnte[178], bei den auf der allgemeinen Wehrpflicht beruhenden Massenheeren des 19. Jahrhunderts aber nur mit Einschränkung noch möglich war, dürfte den Politikern und Militärs klar gewesen sein. Die „Demokratisierung des Krieges" ließ sich nicht rückgängig machen und hatte die Konsequenz, *daß durch die Einführung der allgemeinen Volksbewaffnung im Kriege die Kriege immer mehr zu nationalen Ereignissen werden und daß also der Einfluß der Kriege auf die Denkweise und die Grundsätze der Menschen immer mehr steigt* (PLATEN 1843)[179]. Bereits der Krieg gegen Napoleon hatte *die patriotische Gesinnung mächtig angeregt* (TZSCHIRNER 1815)[180]; und als dieser

---

ERNST MORITZ ARNDT (1814), zit. MAX JÄHNS, Über Krieg, Frieden und Kultur (Berlin 1893), 302: *Also Krieg ist, weil die irdische und menschliche Natur es so will und weil Gott von Anfang an es so eingerichtet hat.*

[174] Vgl. JOSEF ENGEL, Der Wandel in der Bedeutung des Krieges im 19. und 20. Jahrhundert, Gesch. in Wiss. u. Unterricht 19 (1968), 468 ff.

[175] MOLTKE, Brief an Goubarew v. 10. 2. 1881, Ges. Schr. u. Denkwürdigkeiten, Bd. 5, 200 f. Dazu seine Äußerung vor dem Reichstag am 14. Mai 1890: *Nein, meine Herren, die Elemente, welche den Frieden bedrohen, liegen bei den Völkern;* ebd., Bd. 7 (1892), 138. Vgl. RUDOLF STADELMANN, Moltke und der Staat (Krefeld 1950), bes. 173 ff. Ähnlich LASSON, Princip des Völkerrechts, 96: *Die wichtige Entscheidung über Krieg und Frieden freilich in die Hände der Volksmassen zu legen oder auch nur dem Votum einer Versammlung von Volksvertretern anheimzustellen, wäre das allergefährlichste;* denn hier kämen *schwere Irrtümer und heftige Leidenschaften* ins Spiel, und *das Gefühl der Verantwortlichkeit wird viel leichter getragen, wo sich dieselbe auf eine Vielheit verteilt.* — Es ist die genaue Umkehrung der aufklärerischen Überzeugung: Nicht die Könige, sondern die Völker sind kriegerisch.

[176] LÖBELL, Art. Krieg (s. Anm. 158), 385. Daß auch hier die HEGELsche Kriegsauffassung mit ihrer betonten Tendenz, die Sphäre der bürgerlichen Gesellschaft gegen den Krieg abzuschirmen, wirksam ist, lehrt ein Blick in die „Rechtsphilosophie", § 338: Der Krieg *enthält damit die völkerrechtliche Bestimmung, daß ... er nicht gegen die innern Institutionen und das friedliche Familien- und Privatleben, nicht gegen die Privatpersonen geführt werde.*

[177] BERNER, Art. Krieg (s. Anm. 87), 113.

[178] WEISKE Bd. 6, 221: *Die stehenden Heere aber ... haben jedenfalls das große Verdienst, ein humaneres Kriegsrecht möglich gemacht zu haben; ja sie sind als seine Bedingungen zu betrachten ... Sie erneuerten die Erscheinung von Kriegen, die ohne Haß geführt werden, jedenfalls ohne Haß des einzelnen wider den einzelnen.*

[179] O. v. P[LATEN], Wehrverfassungen, Kriegslehren und Friedensideen im Jahrhundert der Industrie (Berlin 1843), 59.

[180] TZSCHIRNER, Über den Krieg (s. Anm. 89), 227; ebd., 228: *Die patriotische Gesinnung aber ist das Mark des Staatskörpers,* und weiter ebd., 231: *Die gemeinschaftliche Folge des Bewußtseins der Kraft und der patriotischen Gesinnung ist ein lebendiges Nationalgefühl.*

Patriotismus sich im Zuge eines gesamteuropäischen Trends verwandelte und als Nationalismus konkretisierte, ließ sich die von BERNER 1861 gezogene Folgerung nicht mehr umgehen: *Soll nämlich ein Krieg mit der ganzen Kraft der Nation geführt werden, so muß er auch aus dem Willen der Nation hervorgegangen sein*[181], was bedeutete, *daß Kriege ... einzig und allein für große und gerechte nationale Interessen, nicht aber für kleinliche politische oder dynastische Zwecke geführt werden* (ERSCH/GRUBER 1886)[182].

Anders als noch im 18. Jahrhundert waren die Staatsmänner des 19. Jahrhunderts gezwungen, Kriege auch nach innen propagandistisch vorzubereiten und zu begleiten, der öffentlichen Meinung die damit verfolgten *großen und gerechten nationalen Interessen* klar zu machen bzw. zu suggerieren. Das mußte um so leichter erscheinen, je mehr die die Öffentlichkeit konstituierenden Bildungsschichten eines Staates bereits auf den Krieg als „Erlöser" und „Verjünger" *eines civilisierten Volks* (LASSON 1868)[183] eingeschworen waren. Hier war der Punkt, wo sich bei aller inneren Distanz die Interessen eines in seinem Kriegsverständis konservativen Politikers wie Bismarck mit dem sich immer lauter artikulierenden Bellizismus des Jahrhunderts berührten. Hier wurde zugleich aber deutlich, wie rückwärtsgewandt, anachronistisch dieses konservative Kriegsverständnis letztlich war, insofern es die Tatsache, *daß der Nationalhaß, an dem es auch bei unsern Kriegen selten fehlt, ... bei den einzelnen mehr oder weniger die individuelle Feindschaft vertritt* (1840)[184], ignorieren zu können glaubte. Dieses Ingredienz persönlicher, und sei es kollektiver, Betroffenheit — seiner historischen Provenienz nach ein Element des Bürgerkrieges — ließ sich aus den als Nationalkriege geführten Staatenkriegen des 19. Jahrhunderts nicht mehr eliminieren.

7. Die Entfaltung des Bellizismus

Als HEINRICH LEO 1853 durch sein Diktum vom *frischen, fröhlichen Krieg*[185] der *gefühlsseligen Überfeinerung mit markigen Worten die Herrlichkeit des Krieges ... vorhielt* (TREITSCHKE)[186], vulgarisierte er lediglich Argumentationen und Metaphern, die seit dem ausgehenden 18. Jahrhundert gang und gäbe waren, fügte allerdings mit seiner Hoffnung, daß der Krieg das *skrofulöse Gesindel* vertilgen werde, ein Argument hinzu, das durch die Erfahrung der 48er Revolution inspiriert und in dieser krassen Form bislang noch nicht zu hören war.

Weithin unbestritten war die Rechtfertigung des Krieges als Motor des Kulturfortschritts, als *Beweger des Menschengeschlechts*[187], wie wir sie bereits bei Kant und

---

[181] BERNER, Art. Krieg, 105.
[182] LÖBELL, Art. Krieg, 381.
[183] LASSON, Culturideal, 55.
[184] Rhein. Conv. Lex., 4. Aufl., Bd. 7, 854.
[185] Zit. BÜCHMANN 31. Aufl. (Ndr. 1970), 702.
[186] HEINRICH v. TREITSCHKE, Deutsche Geschichte im Neunzehnten Jahrhundert, Bd. 4, 8. Aufl. (Leipzig 1919), 474.
[187] SCHULZ, Art. Frieden, Friedensschlüsse (s. Anm. 144), 198: ... *der Krieg, der Beweger des Menschengeschlechts, nicht bloß zerstörend einherschreitet, sondern auch der Erwecker schlummernder Kräfte, der Schöpfer neuer und höherer Zustände.*

III. 7. Die Entfaltung des Bellizismus

Fichte kennengelernt haben; liberale und progressistische Denker hatten diese Rechtfertigung allerdings historisch relativiert, insofern sie den Krieg zwar als „bezeichnendes Merkmal der Vergangenheit" anerkannten, für die Zukunft jedoch den (ewigen) Frieden prophezeiten[188] und ihre eigene Zeit als den Zeitpunkt des Umschlags interpretierten. Als die vorherrschende Auffassung eines linear fortschrittlich verlaufenden Geschichtsprozesses durch eine von der Romantik beeinflußte organologische Geschichtsbetrachtung abgelöst wurde[189], war für eine derartige Relativierung kein Ansatz mehr gegeben: der Krieg wurde nicht bloß als *historische*, sondern als *ewige Erscheinung* (LIPS)[190] gerechtfertigt. *Wie die Einzelwesen so gehen auch die Staaten durch innere Auflösung oder durch äußere Gewalt unter, und in beiden Fällen ist es der Krieg, der ihnen den Untergang bereitet und den Willen des Schicksals an ihnen vollzieht; ... wie der Tod der organischen Wesen, so ist der Untergang der Staaten Gesetz und Wille der Natur; ... daher erscheint der die alternden Staaten zerstörende Krieg als ein Grund der Verjüngung der Welt* (TZSCHIRNER 1815)[191]. Ersetzte man das Begriffspaar 'alt' — 'jung' durch den Gegensatz 'wertvoll' — 'wertlos' oder verband beides miteinander, so erschien der Krieg, *indem er das Wertvolle emporhebt, das Wertlose daniederbeugt*[192], als Vollstrecker des Weltgerichts[193] — unter der ausgesprochenen, immer weitere Anerkennung findenden Voraussetzung, daß *der machtvollere Staat* auch *der bessere Staat* ist (LASSON 1871)[194]. Innerhalb dieses Horizonts konnte TREITSCHKE sich immer wieder an der *unerbittlichen Wahrhaftigkeit des Krieges*[195] berauschen. Romantische Geschichtsauffassung und Machtstaatsgedanke gingen bruchlos ineinander über.

---

[188] La doctrine de Saint-Simon (Exposition 1ᵉ année), éd. C. BOUGLÉ, ELIE HALÉVY (Paris 1924), dt.: Die Lehre Saint-Simons, hg. v. GOTTFRIED SALOMON-DELATOUR (Neuwied 1962), 96.
[189] FRIEDRICH MEINECKE, Weltbürgertum und Nationalstaat, hg. v. Hans Herzfeld, Werke, Bd. 5 (München 1962); FRANZ SCHNABEL, Deutsche Geschichte im neunzehnten Jahrhundert, 5. Aufl., Bd. 1 (Freiburg 1959), 187 ff.; PAUL KLUCKHOHN, Das Ideengut der deutschen Romantik, 5. Aufl. (Tübingen 1966), 107 ff.
[190] LIPS, Allg. Friede (s. Anm. 143).
[191] TZSCHIRNER, Über den Krieg, 114 ff.
[192] LASSON, Princip des Völkerrechts, 75.
[193] MEYER 2. Aufl., Bd. 10 (1865), 346: *Eine Entwickelung der Weltgeschichte ohne Kriege läßt sich kaum denken, sie sind das eigentlichste Weltgericht.*
[194] LASSON, Princip des Völkerrechts, 75; ebd., 74: *Der einzige Prätor, der nicht nach einem Rechtsbuche, aber nach Gerechtigkeit über die Staaten das Urteil spricht, ist der Krieg.* Wenige Jahre zuvor hatte Lasson diesen Gedanken in hobbesianisch-spinozistischer Weise ausgedrückt: *Zwischen Staaten gibt es nur eine Form des Rechts: das Recht des Stärkeren* (Culturideal, 7), und damit eine um 1800 wiederum an die Oberfläche kommende Tradition aufgegriffen; vgl. FICHTE, Über Macchiavelli als Schriftsteller, und Stellen aus seinen Schriften (1807), NW Bd. 3 (1835), 427: *Im Verhältnis von Staat zu Staat gibt es weder Gesetz noch Recht, außer dem Rechte des Stärkeren;* CONSTANTIN RÖSSLER, System der Staatslehre (Leipzig 1857), 547: *Es gibt zur Herrschaft nur einen Titel, die Kraft, und für diesen Titel nur einen Erweis, den Krieg. Die Kriegslose sind die Sprüche, welche die Völkerprozesse entscheiden, und diese Sprüche, wenn sie nur alle Instanzen durchlaufen, sind immer gerecht.*
[195] TREITSCHKE, Dt. Geschichte, Bd. 1, 5. Aufl. (1894), 599; Bd. 2 (1897), 25.

Dies war aber nur die eine Quelle, aus der sich der bellizistische Etatismus speiste; die andere war der HEGELsche Begriff des Staates als die alle Partikularitäten der Gesellschaft übersteigende *sittliche Totalität,* für deren *negative Beziehung ... die Notwendigkeit des Kriegs gesetzt* ist[196]. *Daher ist der Krieg ein Grund der fortdauernden, von der Natur hervorgebrachten Individualität der Völker,* wie TZSCHIRNER diesen Gedanken popularisierend wiederholte[197]. (Der Weltstaat, der alle Individualität auslöschen würde, wäre deshalb zutiefst unnatürlich und unsittlich!) Da der Staat die konkrete Erscheinungsweise der Allgemeinheit darstellt, im *Frieden aber kein wahrer Staat* ist, vielmehr *seine volle Bedeutung erst im Kriege offenbart* (LASSON)[198], gibt erst der Krieg dem einzelnen Gelegenheit, sich mit dem Allgemeinen zu identifizieren. *Nur der Krieg kann den Völkern Energie und Mut erhalten und wiedergeben, daß sie äußerer und innerer Freiheit fähig und würdig werden und größeres Übel fürchten als Verlust und Entbehrung. — Der Nation aber, der Masse des Volks bietet nur der Krieg Gelegenheit dar, für das Vaterland zu fühlen und zu handeln* (TZSCHIRNER)[199]. *Das Pathos des öffentlichen Lebens wird im Krieg ebenso herrschend wie im Frieden das des Privatlebens, das das Volk zum Indifferentismus bringt* (LASSALLE)[200]. — *Sobald der Staat ruft: jetzt gilt es mir und meinem Dasein — dann erwacht in einem freien Volke die höchste aller Tugenden ...: der Opfermut. Die Millionen finden sich zusammen in dem einen Gedanken des Vaterlandes ... Unter den Tausenden, die zum Schlachtfeld ziehen und willenlos dem Willen des Ganzen gehorchen, weiß ein jeder, wie bettelhaft wenig sein Leben gilt neben dem Ruhme des Staats, er fühlt in sich das Walten unerforschlicher Mächte. Daher die Innigkeit des religiösen Gefühls in jedem ernsten Kriege, daher die herrliche, dem platten Verstande unfaßbare Erscheinung, daß feindliche Heere denselben Gott um Sieg anflehen* (TREITSCHKE 1869/71)[201].

Besonders das letzte Zitat deutet an, wie leicht sich über den Begriff des Verzichts und Opfers für das Allgemeine der etatistische mit einem religiös getönten Bellizismus vermitteln ließ, wofür im übrigen schon durch den säkularisierten Pietismus des ausgehenden 18. Jahrhunderts der Boden emotionell und intellektuell bereitet worden war[202]. Bereits TZSCHIRNER hatte der verbreiteten Überzeugung Ausdruck gegeben, daß sich bei einem Volke, welches *im Genusse eines langen ... Friedens nur glückliche Tage ... sieht, ... Gottvergessenheit verbreitet,* während *der Krieg ... im ganzen Geschlechte das Bewußtsein ... sittlicher Kraft und der Abhängigkeit von Gott wirkt*[203]. HEGEL war mit der Beschreibung des Krieges als des *Zustandes, in welchem*

---

[196] s. o. Anm. 148.
[197] TZSCHIRNER, Über den Krieg, 100; ROTTECK, Art. Krieg (s. Anm. 102), 508: *... erscheint der Krieg als unermeßlich wohltätig. Er setzt nämlich voraus und erhält die Selbständigkeit der einzelnen Nationen, und nährt in ihnen die Kraft und den Mut, die sie solcher Selbständigkeit wert macht.*
[198] LASSON, Culturideal, 17.
[199] TZSCHIRNER, Über den Krieg, 230. 262.
[200] Zit. GUSTAV MAYER, Bismarck und Lassalle. Ihr Briefwechsel und ihre Gespräche (Berlin 1928), 87.
[201] TREITSCHKE, Constit. Königthum (s. Anm. 171), 472 f.
[202] Vgl. KAISER, Pietismus (s. Anm. 139).
[203] TZSCHIRNER, Über den Krieg, 269 ff. Ähnlich übrigens schon LUTHER, Vorlesung über Jesaja (1527/29), WA Bd. 25 (1902), 189: *Dum pace et securitate homines fruuntur, contemnunt et negligunt verbum.*

III. 7. Die Entfaltung des Bellizismus — Krieg

mit der Eitelkeit der zeitlichen Güter und Dinge, die sonst eine erbauliche Redensart zu sein pflegt, Ernst gemacht wird[204], voraufgegangen. Was dieserart religiöse Haltung mit jener übersteigerten Staatsverherrlichung — oft in ein und derselben Person — verband, war die Verachtung der bürgerlichen Gesellschaft mit ihrem *geräuschlosen Krieg der Konkurrenz, der den rechten und wahren Krieg verdrängt* (LASSON 1868)[205], die Ablehnung des *Materialismus unseres erwerbenden Jahrhunderts — das Mammonpriestertum der Manchesterschule* (TREITSCHKE)[206]. Daß diese prinzipiell antibürgerliche Einstellung von weiten Teilen des deutschen Bürgertums übernommen wurde, dürfte in der kräftigen Beimischung von Nationalismus begründet sein, die diesem Etatismus zunehmend eingegeben wurde. Sobald sich der Staat als Nationalstaat konstituiert hatte, konnte seine Apostrophierung als „Grundmacht der Kultur" leicht auf die staatlich organisierte Nation übertragen werden, nationales Selbstbewußtsein sich in das Gefühl einer überlegenen Kulturnation wandeln, die in der Welt den ihr eigentümlichen Auftrag, *einen hohen Beruf im Entwicklungsgange der Menschheit* (BERNHARDI)[207], zu erfüllen habe. In der Kombination von nationalem Sendungsbewußtsein und Machtstaatideologie konnten dann ein geschichtsphilosophisch legitimierter Sozialdarwinismus[208], ein mit dem Anspruch, die Welt des Sittlichen zu repräsentieren, auftretender Etatismus[209] sowie eine in der Verehrung der Nation sich findende säkularisierte Religiosität[210] gemeinsam das Lob des Krieges anstimmen. *Umso williger werden aber*, ärgerte sich NIETZSCHE 1873, *die-*

---

[204] HEGEL, Rechtsphilosophie, § 324, Anm.

[205] LASSON, Culturideal, 10.

[206] TREITSCHKE, Constit. Königthum, 467.

[207] FRIEDRICH V. BERNHARDI, Vom heutigen Kriege (Berlin 1912), Bd. 2, 485; Bd. 1, 8: *Unsere überragende Bedeutung als Kulturvolk ist seit dem staatlichen Zusammenschluß der deutschen Stämme unverhüllt in die Erscheinung getreten. Wir haben uns als einen ebenso kraftvollen wie notwendigen Faktor in der Entwicklung der Gesamtmenschheit erkannt. Diese Erkenntnis legt uns die Verpflichtung auf, unseren geistigen und sittlichen Einfluß soweit als möglich geltend, und der deutschen Arbeit wie dem deutschen Idealismus überall in der Welt die Bahn frei zu machen.* — RÜSTOW, Art. Krieg (s. Anm. 113), 331: *Der Verteidigungskrieg ist nach der hergebrachten Ansicht der gerechteste, welchen man sich denken kann. In mehrfacher Hinsicht ist diese hergebrachte Ansicht falsch, wie dies gewöhnlich von hergebrachten Ansichten gilt. Ein Volk und ein Staatsgebiet machen noch keinen Staat aus; zum Staate gehört noch ein Drittes, eine welthistorische Mission.*

[208] Am krassesten repräsentiert durch S. RUDOLF STEINMETZ, Der Krieg als soziologisches Problem (Amsterdam 1899); ders., Die Philosophie des Krieges (Leipzig 1907), 2. Aufl. u. d. T.: Soziologie des Krieges (Leipzig 1929). Vgl. HANSJOACHIM KOCH, Der Sozialdarwinismus (München 1973) u. BOUTHOUL, Traité (s. Anm. 137).

[209] FRIEDRICH MEINECKE, Die Idee der Staatsräson in der neueren Geschichte, hg. v. Walther Hofer, Werke, Bd. 1, 3. Aufl. (München 1963), 403 ff., 3. Buch.

[210] Dazu WOLFGANG HUBER, Evangelische Theologie und Kirche beim Ausbruch des Ersten Weltkriegs, in: ders., Hist. Beiträge (s. Anm. 125), 134 ff., bes. 139 ff.; daß diese Überzeugungen von der Nation als Gottesoffenbarung, von der Kulturbedeutung des — von protestantischem Geiste geprägten — deutschen Nationalstaats, die Huber auf der Stufe voller Entfaltung vorführt, schon ein halbes Jahrhundert zuvor kaum anders vorhanden waren, zeigt ein Blick in PAUL PIECHOWSKI, Die Kriegspredigt von 1870/71 (Leipzig 1917), bes. 62 ff. Einige Zitate: ... *die Hingabe unseres endlichen Selbst und alles, was wir sind und haben und vermögen, an das, was höher ist als dieses alles, was geistigen und unvergänglichen Wertes, ein von Gott gegebenes und gewolltes Gut. Und ein solches ist unser Volk,*

jenigen Schriftsteller angehört, welche keine wichtigere Meinung als jene öffentliche kennen und deshalb wetteifernd beflissen sind, den Krieg zu preisen und den mächtigen Phänomenen seiner Einwirkung auf Sittlichkeit, Kultur und Kunst jubilierend nachzugehen[211].

Nachdrücklich zu betonen bleibt, daß dieser Bellizismus ausschließlich den Krieg zwischen Staaten im Blick hatte, der als öffentliche Ruhe und Sicherheit sich darstellende innere Staatsfriede theoretisch nicht angetastet wurde. Diese ausschließliche Fixierung auf den äußeren Krieg legt den Verdacht nahe, ein wirksames, aber verschwiegenes Motiv für die Verherrlichung des Staatenkrieges sei eine das ganze Jahrhundert durchziehende uneingestandene Bürgerkriegs-, d. h. Revolutionsangst gewesen. Schon HEGEL hatte festgestellt, *daß glückliche Kriege innere Unruhen verhindert und die innere Staatsmacht befestigt haben*[212] — ein übrigens seit BODIN geläufiger Gedanke[213]. Daß der Krieg revolutionäre Lagen und Stimmungen nicht allein durch sittliche Erhebung zum Allgemeinen, sondern durch die Vernichtung revolutionärer Elemente auflöse, hatte dann Heinrich Leo angedeutet, JACOB BURCKHARDT unzweideutig ausgesprochen: *Der lange Friede bringt nicht nur Entnervung hervor, sondern er läßt das Entstehen einer Menge jämmerlicher, angstvoller Notexistenzen zu, welche ohne ihn nicht entständen und sich dann doch mit lautem Geschrei um „Recht" irgendwie an das Dasein klammern, den wahren Kräften den Platz vorwegnehmen und die Luft verdicken, im ganzen auch das Geblüt der Nation verunedeln. Der Krieg bringt wieder die wahren Kräfte zu Ehren* (ca. 1850)[214].

Mag eine Wertschätzung des Krieges als Liquidator lebensunwerten Lebens in einem auf Staaten bezogenen übertragenen Sinne geschichtsphilosophisch noch zu rechtfertigen und zu ertragen sein, diese unmittelbare Anwendung des durch den Krieg garantierten Auswahlprinzips auf das Leben einzelner läßt in ihrem Zynismus doch die Angst vor dem revolutionären Umsturz, die weite Teile der aristokratischen und bürgerlichen Eliten während des Jahrhunderts beherrscht hat[215], deutlich sichtbar werden.

unser Vaterland (64); ... *indem wir als Christen unsere Vaterlandsliebe betätigen, wir zugleich zur Förderung des Reiches Gottes in unserer Mitte wirken; ... daß Gott dem Volk der Reformation für den Weiterbau seines Reiches auf Erden noch eine große Aufgabe zugedacht hat* (70). *Das Vaterland, unser Volk, dem wir angehören, unlösbar wie ein Glied dem Ganzen, ist uns nicht äußerlich nur gegeben ... Es ist unser heiligstes Erbe und Anrecht, über welches wir mit unserem kleinen Selbst uns zu erheben haben. Nur in ihm und mit ihm können wir sein, was wir sind, und unsere Menschen- und Christenpflichten erfüllen* (75).

[211] NIETZSCHE, Unzeitgemäße Betrachtungen, 1. Stück, Werke, Bd. 1 (1954), 137.
[212] HEGEL, Rechtsphilosophie, § 324, Anm.
[213] BODIN, De republica (s. Anm. 134), 604: *Ex quo perspicitur nihil ad plebem in officio continendam utilius esse quam externis bellis implicari.* Vgl. GENTZ, Über den ewigen Frieden (s. Anm. 121), 487 f.: *Man muß die Kriege der Staaten wie Ableiter betrachten, an denen der einmal vorhandene Stoff der feindseligen Neigungen des Menschen ... gleichsam in bestimmte Kanäle verwiesen wird ...: ohne Krieg wäre kein Frieden auf Erden;* SCHULZ, Art. Frieden, Friedensschlüsse (s. Anm. 144), 233: *Von jeher war es aber ein naheliegendes Notmittel der Politik, der aufkeimenden Zwietracht im Innern durch einen Krieg gegen das Ausland Einhalt zu tun.*
[214] JACOB BURCKHARDT, Weltgeschichtliche Betrachtungen, GW Bd. 4 (Darmstadt 1962), 119.
[215] SCHULZ, Art. Frieden, Friedensschlüsse, 231: *Es ist da und dort die Furcht vor dem*

8. Die Verdrängung des naturrechtlich-liberalen Kriegsbegriffs

So sehr die Auffassungen vom Kriege als einer normalen, wenngleich exzeptionellen zwischenstaatlichen Verkehrsform[216] oder gar als eines für das soziale Leben notwendigen *reinigenden und klärenden Gewitters*[217] das Jahrhundert beherrschten, und zwar je länger je mehr, so war die aufklärerische Idee des ewigen Friedens als des natürlichen, vernunftgemäßen, mithin einzig menschenwürdigen Zustandes[218] doch in Deutschland nicht untergegangen. Mit Verdruß mußte TREITSCHKE 1869/71 rückblickend konstatieren, *daß die staatsfeindlichen Lehren des alten Naturrechts ... sich in der deutschen Kleinstaaterei mit erstaunlicher Lebenskraft fortgepflanzt haben*[219]. Gemeint war damit vor allem die klassische bellum-iustum-Doktrin, wie sie ROTTECK als Überzeugung des liberalen Bürgertums in der Zeit des Vormärz formuliert hat: *Der zur Behauptung oder Verteidigung oder Wiederherstellung des von andern verachteten oder angegriffenen oder verletzten Rechts angewendete Zwang paßt in die Rechtsform, d. h. in ein vernünftiges Rechtssystem und ist also erlaubt* (1840)[220]. Daraus erhellet, hatte schon 1833 KRUG ausgeführt, *daß die Vernunft nur den Angriffskrieg schlechthin mißbilligt, den Verteidigungskrieg hingegen als ein Notmittel zur Verwahrung eigener Rechte zulassen muß*[221]; und ROTTECK hat 1840 dann diese Maxime in aller Schärfe wiederholt: *Der Strenge der Grundsätze nach kann eigentlich nur der Defensivkrieg als gerecht anerkannt werden*[222] — d. h. derjenige Krieg, bei dem um gekränkte Rechte und nicht um politische Interessen gekämpft wird.

Das sind uralte Theoreme, aus denen aber zumindest eine neue Konsequenz gezogen wurde: während konservative Politiker und moderne Bellizisten aus verschiedenen Beweggründen keinen Zweifel an der Notwendigkeit einer stehenden

---

eigenen Volke, zumal vor der proletarischen Masse, die das Schwert in der Scheide zurückgehalten hat ... Aber dieselbe Furcht, die jetzt noch den Frieden erhält, kann den Krieg unvermeidlich machen.

[216] LASSON, Princip des Völkerrechts, 41: *Durch die Natur der Sache ist von je an der Krieg die Ausnahme, der Friede die Regel gewesen, genau wie es heute ist und wie es immer sein wird;* PLATEN, Wehrverfassungen (s. Anm. 179), 66: *... daß für künftige Zeiten die Kriege große Ausnahme, der Friede die Regel sein werde.*

[217] LÖBELL, Art. Krieg (s. Anm. 158), 381. Der Vergleich des Krieges mit einem Gewitter ist ungemein beliebt, s. auch ROTTECK, Art. Krieg (s. Anm. 102), 508.

[218] → Friede, Bd. 2, 567 ff. Der eigentliche Anstoß dazu scheint übrigens von PUFENDORF ausgegangen zu sein, der den Frieden als einen nur den Menschen auszeichnenden Zustand, den Krieg dagegen als ein allen Lebewesen gemeinsames Prinzip charakterisiert; vgl. Le droit de la nature et des gens 8, 6, 2, franz. v. Jean Barbeyrac, 5ᵉ éd. (Amsterdam 1734): *C'est même l'état propre de la nature humaine considérée comme telle, puisqu'il vient d'un principe qui distingue les hommes d'avec les bêtes; au lieu que la guerre est produite par un principe commun à tous les animaux;* dazu HORST DENZER, Moralphilosophie und Naturrecht bei Samuel Pufendorf (München 1972), bes. 102 f. Ebenso noch KRUG 2. Aufl., Bd. 2 (1833), 644: *Daß nun in der Menschenwelt kein Krieg sein solle, ist allerdings eine Forderung der Vernunft, gegen welche nicht eingewandt werden kann, daß die Natur den Krieg wolle, weil er in der gesamten Tierwelt stattfinde. Denn die Menschenwelt ist ja mehr als bloße Tierwelt.*

[219] TREITSCHKE, Constit. Königthum (s. Anm. 171), 467.
[220] ROTTECK, Art. Krieg, 492.
[221] KRUG 2. Aufl., Bd. 2, 645.
[222] ROTTECK, Art. Krieg, 498.

Armee ließen²²³, verblieben die liberalen Bürger bei der aufklärerischen Abscheu vor dem stehenden Heer als einem Instrument der Eroberung und Unterdrückung und hielten das bewaffnete Volk, die Milizarmee, für die dem Verteidigungskrieg angemessene militärische Organisation²²⁴. Die militärtheoretische Begründung für diese politische Überzeugung hatte der ehemalige preußische Offizier HEINRICH VON BÜLOW in seinem „Neuern Kriegssystem" geliefert, dessen Quintessenz folgendermaßen zusammengefaßt wird: *Aus dem Übergewicht der größern Zahl über die mehrere innere Güte der Streiter folgt, daß in der* (durch das Tirailleurssystem bedingten) *neuern Kriegskunst der Vorteil auf Seiten der Gerechtigkeit und Freiheit ist; das heißt, diese Ordnung der Dinge begünstigt den Verteidigungskrieg und die sich im Fall der Bedrückung etwa ereignenden Auflehnungen der Bürger eines Staats, wenn sie bewaffnet sind, gegen ein diszipliniertes stehendes Heer* (1817)²²⁵.
Bemerkenswert in diesem Zitat ist vor allem die Parallelisierung von bellum defensivum und Revolution, d. h. in liberaler Interpretation: von Verteidigung gegen eine Rechtsverletzung von außen und von oben. Über den Begriff des gerechten Krieges ließ sich das liberale Bürgertum, alter Naturrechtstradition folgend, zur Bejahung des Bürgerkriegs führen — zumindest theoretisch und recht zaghaft. Bereits TZSCHIRNER — sicherlich kein Liberaler reinen Wassers — hatte eingeräumt: *Allein verschweigen darf man es auch nicht, daß die Völker Rechte haben und nicht in allen Fällen alles zu ertragen verpflichtet sind* (1815)²²⁶; und noch im „Staatslexikon" von BLUNTSCHLI/BRATER war seit 1861 zu lesen, daß es *ohne grobe eigene Schuld der Regierung ... in keinem Staate bis zum förmlichen Bürgerkriege kommen*²²⁷ könne. Allerdings — der eigentliche revolutionäre Impetus zum Bürgerkrieg als einem Krieg zur Überwindung des Krieges hatte sich den deutschen Liberalen nicht mitgeteilt. Die Erfahrung der Napoleonischen Ära hatte ernüchternde Skepsis ver-

---

²²³ FRIEDRICH GENTZ, [Denkschrift:] Friedrich Wilhelm III. bei der Thronbesteigung alleruntertänigst überreicht (1797; Brüssel, Leipzig o. J.), 9: *Die erste Bedingung aber für einen großen Staat, der bei der jetzigen politischen Lage von Europa den Krieg vermeiden will, ist die — daß er beständig dazu gerüstet sei ... Ein starkes und geübtes Kriegsheer ist also noch immer die Präliminarbedingung des Ruhestandes;* BÜCHNER, Art. Krieg (s. Anm. 102), 171; TZSCHIRNER, Über den Krieg (s. Anm. 89), 54. — Eine charakteristische Gegenstimme: *Man klagt über Entnervung und Entartung der Völker; aber nichts hat mehr dazu beigetragen als die stehenden Heere, die den kriegerischen Geist der Völker und ihren Gemeinsinn zerstörten;* AUGUST GRAF NEITHARDT V. GNEISENAU, Aufzeichnungen über Heeres- und Staatsreform (ca. 1808), in: KARL GRIEWANK, Gneisenau. Ein Leben in Briefen, 3. Aufl. (Leipzig 1939), 398.
²²⁴ REINHARD HÖHN, Sozialismus und Heer, Bd. 1 (Bad Homburg, Berlin, Zürich 1959), 17 ff. — Zwei Stimmen: SARTORIUS: Organon (s. Anm. 117), 301: *Stehende Heere mit der Idee des Friedens vereinbar finden zu wollen, beleidigt den gesunden Menschenverstand;* BÜLOW, Geist des neuern Kriegssystems (s. Anm. 93), 202: *Regierungen, welche dessen ohnerachtet die große Zahl ihrer Söldner beibehalten wollten, würden beweisen, daß sie der Feind des Volkes sind, welches sie beherrschen, von welchem sie, ihrer Bedrückungen wegen, einen Aufstand besorgen.* — Vgl. insbesondere CARL V. ROTTECK, Über stehende Heere und Nationalmiliz, in: ders., Sammlung kleinerer Schriften meist historischen oder politischen Inhalts, Bd. 2 (Stuttgart 1829), 156 ff.
²²⁵ BÜLOW, Geist des neuern Kriegssystems, 197.
²²⁶ TZSCHIRNER, Über den Krieg, 195, Anm.
²²⁷ BERNER, Art. Krieg (s. Anm. 87), 99.

breitet. Sofern man am Ideal des ewigen Friedens festhielt, erwartete man die Verwirklichung dieses Ziels nicht von einem letzten Krieg gegen die Kriege, sondern von der fortschreitenden Zivilisierung und Vernünftigkeit, nicht revolutionär also, sondern evolutionär[228]: *Keine Befeindung, keine Religionskriege, keine Prinzipienkriege!* (GAGERN 1840)[229]. Aber die Zahl jener Liberalen, die noch ernstlich den ewigen Frieden als Ziel der historischen Entwicklung betrachteten, schmolz tagtäglich dahin. In demselben Artikel von 1840, in dem ROTTECK den liberalen Kriegsbegriff so klar vertrat, hat er bereits den „reinigenden" und „erhebenden Segnungen"[230] des Krieges sein sacrificium intellectus dargebracht; der bellizistische Traditionsstrang, in dem sich bereits Kant verfangen hatte, wand sich in den aufklärerisch-liberalen Begriff des Krieges als eines Kampfes um das Recht hinein und höhlte ihn allmählich aus.

Ebenso wie die aus der Staatenpraxis des 18. Jahrhunderts abgeleitete Auffassung des Krieges als eines leidenschaftslos zu handhabenden Instruments der internationalen Politik war auch die liberale Auffassung des Krieges anachronistisch; orientierte sich die eine an überholten Realitäten, so folgte die andere einer überlebten Doktrin, die außerdem mit ihrer vorsichtigen Rechtfertigung des Bürgerkrieges theoretisch zwar hingenommene, gefühlsmäßig aber abgelehnte Implikationen in sich barg. Es nimmt deshalb nicht wunder, daß nach 1848 der liberale Kriegsbegriff, sofern er sich auf den gerechten Verteidigungskrieg nach außen bezog, im Sog des vorherrschenden Bellizismus untergegangen ist, um dort als propagandistisch verwertbares Dekorstück zur Verfügung zu stehen; die Tradition des revolutionären Bürgerkrieges ging vom Liberalismus auf den demokratischen Radikalismus und schließlich den Sozialismus über, um sich dort gegen den *liberalen Bourgeois*[231] selbst zu kehren.

9. Die Tradition des revolutionären Bürgerkriegs

Der herrschende etatistische oder liberale Kriegsbegriff war gekoppelt mit bestimmten Rechtfertigungstheorien des Krieges; ein Bedürfnis nach der Ausarbeitung spezifischer Ursachentheorien des Krieges bestand offensichtlich nicht. Man begnügte sich mit der unreflektierten Überzeugung, daß der Krieg als *Glied in Gottes Weltordnung*[232] verankert sei, daß er in der *Verderbtheit der Menschen*[233] seinen unausrottbaren Ursprung habe oder daß seine Ursache in *allgemeinen Naturgesetzen* liege[234]. Solchermaßen in der anthropologischen Struktur selbst begründet — *mit der menschlichen Natur so innig verwebt*, heißt es 1804 in der „Deutschen Encyclo-

---

[228] → Friede, Bd. 2, 582.
[229] HANS CHRISTOPH FRH. V. GAGERN, Kritik des Völkerrechts (Leipzig 1840); auch KRUG 2. Aufl., Bd. 2, 646 hatte 1833 kundgetan, daß *Kriege über politische Prinzipien oder Konstitutionen ... ungerecht* sind.
[230] ROTTECK, Art. Krieg, 508 f.
[231] CHR. GOTTFRIED NEES V. ESENBECK 1848: *Krieg gegen den liberalen Bourgeois, den Züchter weißer Sklaven;* zit. ANNETTE KUHN, Theorie und Praxis historischer Friedensforschung (Stuttgart, München 1971), 61.
[232] s. Anm. 173.
[233] BÜLOW, Geist des neuern Kriegssystems, 205.
[234] RÜSTOW, Art. Krieg (s. Anm. 113), 331.

pädie"[235] —, ließ sich der Krieg nur als eine *ewige Erscheinung* begreifen, die erst *mit dem Menschengeschlecht selbst von der Erde verschwinden* werde[236].

In der aufklärerischen Idee des ewigen Friedens war demgegenüber zum ersten Mal der Gedanke aufgetaucht, die Ursachen des Krieges seien nicht in der Natur des Menschen, sondern in den geschichtlich gewordenen politisch-sozialen Institutionen zu suchen. Bereits MONTESQUIEU und ROUSSEAU hatten im Kriege ein Produkt der Vergesellschaftung erkannt[237]; aber erst als ihre eher pessimistische politische Philosophie[238] zu einem optimistischen politischen Programm umfunktioniert, der ständisch gegliederte absolutistische Staat als Inbegriff einer verfehlten, kriegsverursachenden Institution entlarvt war, wurde aus dieser Erkenntnis die Erwartung abgeleitet, daß der ewige Friede sich einstellen werde, wenn das unterdrückte Volk die politische Mitbestimmung oder Selbstbestimmung erkämpft habe durch den Bürgerkrieg. *Die demokratischen Elemente*, so resümierte KAUTSKY rückblickend, *führten Krieg, um die Bedingungen ewigen Friedens zu erobern*[239].

So schwach die Stimmen einer demokratischen Revolutions- und Bürgerkriegsbejahung nach 1800 auch wurden, ganz verstummt sind sie nicht. Selbst ein Mann wie TZSCHIRNER mußte — in einer an vergangenen Verfassungsstrukturen orientierten, verfehlten Terminologie übrigens — einräumen, daß *jeder Staat, in welchem es einen bedrückten Stand gibt, ... den Keim innerer Kriege in sich* trägt[240]. Und im „Organon des vollkommenen Friedens" des Zürcher Professors SARTORIUS von 1837 war zu lesen: Er glaube, *nicht nötig zu haben, noch besonders zu zeigen, daß die geforderten Fortschritte* (nämlich die Einführung der mittelbaren oder repräsentativen Demokratie) *nicht auf dem Wege der Revolution, noch durch einen Prinzipienkrieg gehörig zu bewerkstelligen seien. Der Friede muß am Ende doch friedlich gewonnen werden, wobei es aber immer möglich ist, daß die feindlichsten Gewalten nur wieder durch Gewalt wegzuräumen sind*[241]. Während Sartorius mit vielen seiner bürgerlichen Zeitgenossen noch den Despotismus als den großen Friedensfeind bekämpfte, bereitete sich untergründig aber bereits eine Verschiebung der Fronten vor. Der Sieg der bürgerlichen Revolution in Frankreich hatte gezeigt, daß sich aus der Freiheit weder die Gleichheit noch viel weniger die Brüderlichkeit von selbst ergaben; das Wesen der bürgerlichen Gesellschaft, die sich des Staates bemächtigt hatte, erwies

---

[235] BÜCHNER, Art. Krieg, 170.
[236] BROCKHAUS 10. Aufl., Bd. 10 (1853), 221; LÖBELL, Art. Krieg (s. Anm. 158), 380; ebd.: *Unter den obwaltenden Umständen wird aber das Wort vom Ewigen Kriege viel eher den Tatsachen entsprechen als das Wort vom Ewigen Frieden;* RÜSTOW, Art. Krieg, 331: *Ganz gewiß! an die Stelle des ewigen Friedens tritt der ewige Krieg, wobei nicht ausgeschlossen wird, daß an die Stelle vieler kleinerer Kriege wenigere, aber um so gewaltigere treten können.*
[237] MONTESQUIEU, De l'esprit des lois 1, 3: *Sitôt que les hommes sont en société, ils perdent le sentiment de leur faiblesse; l'égalité, qui était entre eux, cesse, et l'état de guerre commence;* ROUSSEAU, État de guerre (s. Anm. 34), 601 f.: *Ce n'est qu'après avoir fait société avec quelque homme qu'il se détermine à en attaquer un autre; et il ne devient soldat qu'après avoir été citoyen.*
[238] Vgl. FETSCHER, Rousseaus politische Philosophie (s. Anm. 57).
[239] KARL KAUTSKY, Krieg und Demokratie. Eine historische Untersuchung und Darstellung ihrer Wechselwirkungen in der Neuzeit, Bd. 1: Revolutionskriege (Berlin 1932), 82.
[240] TZSCHIRNER, Über den Krieg, 183, Anm.
[241] SARTORIUS, Organon (s. Anm. 117), 309 f.

sich keineswegs — wie von ihren Theoretikern im 18. Jahrhundert immer behauptet worden war — als Interessenharmonie[242]. Bestätigt wurden vielmehr von der Hobbesschen Philosophie beeindruckte Skeptiker wie FICHTE: *Durch den freien Handel entsteht ein endloser Krieg aller im handelnden Publikum gegen alle, als Krieg zwischen Käufern und Verkäufern; und dieser Krieg wird heftiger, ungerechter und in seinen Folgen gefährlicher, je mehr die Welt sich bevölkert, ... die Produktion sich vergrößert*[243].

Nicht mehr der Staat der Despoten und Aristokraten, die bürgerliche Gesellschaft selbst und das sie konstituierende Eigentumsprinzip wurden als Kriegsursache kritisiert; nicht die politische, sondern die soziale Unterdrückung, die Ausbeutung, erwies sich als das eigentliche Hemmnis auf dem Wege zu dem erstrebten harmonischen Friedenszustand. *So hat denn der Begriff des Eigentums das scheußlichste, den Menschen unter das Tier herabsetzende Ungetüm, den Krieg in die Welt gerufen. Aber: Halten wir den Krieg für ein Übel, aber für kein immer notwendiges, und suchen wir ihn nur als ein Gegengift gegen andere größere Übel zu benutzen; denn so lange die Ungerechtigkeit auf Erden herrscht, ist der Krieg notwendig, muß ihr der Krieg gemacht werden; darum sagte Jesus: Ich bin nicht gekommen, Frieden zu senden, sondern das Schwert! Deshalb: Der Umsturz des alten Bestehenden ist Revolution; folglich ist der Fortschritt nur durch Revolutionen denkbar. Es lebe die Revolution!* (WEITLING 1842)[244].

Stimuliert wurde das vom Umsturz der politischen zum Umsturz der sozialen Strukturen drängende Denken dadurch, daß die sozialen Gegensätze, die bislang durch die ständische Ordnung verdeckt oder — in gewisser Weise — auch gebändigt worden waren, nach dem Zusammenbruch oder der Zersetzung dieser Ordnung seit dem Anfang des 19. Jahrhunderts offen zutage traten[245]. Mehr noch: die zur Auflösung der Ständegesellschaft führenden Reformen und die damit einhergehende Vernichtung der alten, durch herrschaftliche oder genossenschaftliche Gebundenheit gekennzeichneten Agrar- und Wirtschaftsverfassung (in der mit einer Berechtigung immer eine Verpflichtung gekoppelt war) verschärften diese Gegensätze tatsächlich noch. Der Übergang zur kapitalistischen Produktionsweise (auch im agrarischen Bereich) rief das Bedürfnis nach einer Vermehrung der abhängigen Arbeitskräfte wach, das durch eine — nicht zuletzt im Wegfall ständisch begründeter Beschränkungen der persönlichen Lebensgestaltung begründete — Bevölkerungsvermehrung der Unterschichten befriedigt wurde. Da aber die schwach entwickelte, überdies von natürlichen Gegebenheiten noch sehr abhängige Produktivität eine ausreichende gleichmäßige Versorgung dieses vor- bzw. frühindustriellen Proletariats nicht gewährleisten konnte, resultierte daraus ein Pauperismus von ungewohnter Verbreitung und Intensität[246], der es verständlich macht, daß man in ihm die eigentliche

---

[242] → Friede, Bd. 2, 571 f.; WERNER BAHNER, Die Friedensgedanken in der Literatur der französischen Aufklärung, in: Grundpositionen der französischen Aufklärung, hg. v. WERNER KRAUSS u. HANS MAYER (Berlin 1955), 141 ff., bes. 192.

[243] FICHTE, Handelsstaat (s. Anm. 121), 457 f.

[244] WILHELM WEITLING, Garantien der Harmonie und Freiheit (Vivis 1842), 29. 32. 212.

[245] BERGERON/FURET/KOSELLECK, Zeitalter (s. Anm. 120); ausführliche Darlegung am Beispiel eines Staates: REINHART KOSELLECK, Preußen zwischen Reform und Revolution, 2. Aufl. (Stuttgart 1975).

[246] CONZE, Spannungsfeld (s. Anm. 163), bes. 253 ff.

Ursache von Kriegen zu entdecken (PROUDHON: *Le seul risque de guerre: ... le pauperisme*)[247] und mit seiner gewaltsamen Beseitigung den ewigen Frieden zu erreichen hoffte.

Der bei Weitling — in religiöser Einfärbung — zu Wort kommende sozialrevolutionäre Impetus, der die den Krieg bedingenden Antagonismen der bürgerlichen Gesellschaft durch Vernichtung dieser Gesellschaft in einem letzten revolutionären Bürgerkrieg beseitigen wollte, wurde schließlich im Marxismus eingefangen und in den Rahmen einer umfassenden Geschichtstheorie eingebaut.

Wenige Jahre, nachdem Weitling seine oben zitierten Sätze veröffentlicht hatte, beschrieb FRIEDRICH ENGELS die englische Gesellschaft wie folgt: *In diesem Lande ist der soziale Krieg vollständig ausgebrochen; jeder steht für sich selbst und kämpft für sich selbst gegen alle andern ... Es fällt keinem mehr ein, sich auf friedlichem Wege mit seinen Nebenmenschen zu verständigen; alle Differenzen werden durch Drohungen, Selbsthilfe oder die Gerichte abgemacht*, und prophezeite, daß *der Krieg der Armen gegen die Reichen ... der blutigste sein wird, der je geführt worden ist*[248]. Charakteristisch ist — was übrigens schon bei dem Fichtezitat auffällt —, daß der Begriff des Krieges, obwohl nach dem Sprachgebrauch der Zeit im „uneigentlichen" Sinne zu nehmen, keineswegs metaphorisch verwendet wird[249]; vielmehr bahnt sich hier eine sinnerweiternde Neuinterpretation des „eigentlichen Krieges" an, die für den marxistischen Kriegsbegriff[250] bezeichnend werden sollte. Nachdem MARX und Engels das Modell des *beständigen Krieges, der seit 1770 in England ... von den Arbeitern gegen die Bourgeois mit Gewalt und List geführt wird*[251], zu einer Theorie des Klassenkampfes erweitert hatten, die die ganze Geschichte als eine Geschichte von Klassenkämpfen begreifen lehrte, mußte dieses bewegende Moment der Geschichte, der *war of classes*[252], zum zentralen Inhalt ihres Kriegsbegriffs werden. Marx sprach von den *furchtbaren Kriegen ... zwischen den verschiedenen Klassen einer Nation, zwischen den verschiedenen Nationen*[253], vom *Kampf von Klasse gegen*

---

[247] PROUDHON, La guerre et la paix (s. Anm. 145), t. 2, 178.

[248] FRIEDRICH ENGELS, Die Lage der arbeitenden Klassen in England (1845), MEW Bd. 2 (1957), 359. 504.

[249] Das Bild des Krieges wird in jener Zeit häufig auf die sozialen Auseinandersetzungen angewandt, so etwa bei SCHULZ, Art. Frieden, Friedensschlüsse (s. Anm. 144), 232: *Denn nicht die Revolution ist noch für Europa zu fürchten, die sich in geschlossenen Reihen auf das Schlachtfeld drängt; wohl aber jener kleine Guerillaskrieg, der in stets wiederholten Angriffen die Grundlagen der Gesellschaft allmählig untergräbt.*

[250] WOLFRAM WETTE, Kriegstheorien deutscher Sozialisten. Marx, Engels, Lassalle, Bernstein, Kautsky, Luxemburg. Ein Beitrag zur Friedensforschung (Stuttgart, Berlin, Köln, Mainz 1971), 27; auch HÖHN, Sozialismus und Heer (s. Anm. 224), Bd. 1, 343 ff.

[251] MARX/ENGELS, Die deutsche Ideologie (1845/46), MEW Bd. 3 (1958), 185.

[252] MARX, Brief an Engels v. 28. 7. 1870, MEW Bd. 33 (1966), 12: *Glücklicherweise ist der war of classes in beiden Ländern, Frankreich und Deutschland, so weit entwickelt, daß kein Krieg abroad das Rad der Geschichte ernsthaft rückwälzen kann.*

[253] MARX, Das Elend der Philosophie, Beilage: Brief an P. W. Annenkow v. 28. 12. 1846, MEW Bd. 4 (1959), 555. Dementsprechend hat die marxistische Kriegslehre die herkömmliche Definition des Krieges als einer Reibung zwischen Staaten um das Moment des innerstaatlichen Klassenkonflikts erweitert; KAUTSKY, Krieg und Demokratie (s. Anm. 239), 3: *Der Krieg ist ein Kampf mit Waffen, geführt zu dem Zwecke, dem Gegner den Willen des*

III. 9. Die Tradition des revolutionären Bürgerkriegs

Klasse, den er als *veritablen Bürgerkrieg*[254] apostrophierte. Und er sprach vom *Krieg der Geknechteten gegen ihre Unterdrücker* als dem *einzig rechtmäßigen Krieg in der Geschichte*[255].

Insofern die politisch-soziale Entwicklung der Menschheit sich als eine Kette von Auseinandersetzungen zwischen unterdrückenden und unterdrückten Klassen, Klassenherrschaft und Klassenaufstand erwies, konnte nicht die Vernichtung des feudalen Staatswesens, nicht die Abschaffung der bürgerlichen Klasse, vielmehr allein die Aufhebung der Klassengesellschaft schlechthin die Bedingung für den ewigen Frieden sein[256]. Die historisch letzte Klasse, das Proletariat, war berufen, in einer großen *kommenden Schlacht*[257], der Weltrevolution, die Herrschaft an sich zu reißen, damit alle Klassengegensätze unmöglich und den ewigen Frieden möglich zu machen. Die marxistische Ursachentheorie des Krieges glitt bruchlos in eine Rechtfertigungstheorie über.

Bezeichnend für den zugrunde liegenden Kriegsbegriff war die eigentümliche Umkehrung der mit dem üblichen Verständnis von Krieg verbundenen Vorstellungen und Wertungen. Nicht der Staatenkrieg stellte demzufolge den Normaltypus des Krieges dar, sondern der Bürgerkrieg; der Staatenkrieg hatte seit der Mitte des 19. Jahrhunderts — nach Marx — ohnehin nur noch die Funktion, die wahren Gegensätze zu verschleiern und den Ausbruch des internationalen Bürgerkrieges — des „Krieges der Armen gegen die Reichen" — hinauszuschieben. *Der höchste heroische Aufschwung, dessen die alte Gesellschaft noch fähig war, ist der Nationalkrieg, und dieser erweist sich jetzt als reiner Regierungsschwindel, der keinen andern Zweck mehr hat, als den Klassenkampf hinauszuschieben, und der beiseite fliegt, sobald der Klassenkampf im Bürgerkrieg auflodert* (1871)[258]. Nicht dieser Bürgerkrieg[259], der

---

eigenen Gemeinwesens oder der eigenen Klasse oder Partei aufzuzwingen. Spricht man von Krieg schlechthin, so meint man nur den Krieg zwischen zwei Gemeinwesen. Der Krieg innerhalb des Gemeinwesens wird besonders bezeichnet als Bürgerkrieg.

[254] Marx, Das Elend der Philosophie (1847), MEW Bd. 4, 180 f.

[255] Ders., Bürgerkrieg in Frankreich (s. Anm. 123), 358.

[256] Zürcher Kongreß der 2. Internationale 1893: *Mit der Aufhebung der Klassenherrschaft verschwindet auch der Krieg. Der Sturz des Kapitalismus* (der historisch letzten mit einer Klassengesellschaft verzahnten Wirtschaftsordnung) *ist der Weltfriede;* Protokoll des Internationalen Sozialistischen Arbeiterkongresses in der Tonhalle Zürich vom 6. bis 12. August 1893, hg. vom Organisationskomitee (Zürich 1894), 20.

[257] Marx, Elend der Philosophie, 180.

[258] Ders., Bürgerkrieg in Frankreich, MEW Bd. 17 (1962), 361.

[259] Für Marx sind 'Klassenkampf', 'Bürgerkrieg' und 'Revolution' begrifflich eng zusammengerückt und werden promiscue gebraucht; vgl. etwa noch das „Manifest der Kommunistischen Partei" (1848), MEW Bd. 4, 473: *Indem wir die allgemeinsten Phasen der Entwicklung des Proletariats zeichneten, verfolgten wir den mehr oder minder versteckten Bürgerkrieg innerhalb der bestehenden Gesellschaft bis zu dem Punkt, wo er in eine offene Revolution ausbricht und durch den gewaltsamen Sturz der Bourgeoisie das Proletariat seine Herrschaft begründet.* — Die Revolution wurde von Marx wie auch den radikaldemokratischen Kräften durchaus als Gewaltakt verstanden; die Zeiten, in denen man Revolution als Verschleierungsbegriff für Bürgerkrieg benutzen konnte (Koselleck, Kritik und Krise [s. Anm. 83], 221 ff.) waren mit der Französischen Revolution für ein ganzes Jahrhundert zu Ende gegangen; vgl. auch Theodor Schieder, Art. Revolution, 1. Abt.: Die Theorie der Revolution, SDG Bd. 5 (1972), 692 ff.

die Fronten richtig stellt, sondern der *wegen einer Frage des Übergewichts oder wegen einer Dynastie*[260] geführte Staatenkrieg ist der eigentliche Bruderkrieg, insofern er die Proletarier verschiedener Länder einander niedermetzeln läßt.

Es kann kein Zweifel sein, daß der Marxsche Revolutionsbegriff sehr stark von der Tradition des revolutionären Bürgerkriegs geprägt ist. *Revolution ist* (Bürger-)*Krieg*, dieser Satz von LENIN[261] kennzeichnet auch die Position von Marx zutreffend. Die Konzeption einer gewaltlosen Revolution ohne Bürgerkrieg wurde erst unter dem Eindruck der parlamentarischen Erfolge der deutschen Sozialdemokratie entwickelt[262], bestärkt durch die Zweifel des alten ENGELS daran, ob die moderne Waffentechnik einen erfolgreichen Aufstand überhaupt noch zulasse[263].

IV. Ausblick

Allerdings darf nicht übersehen werden, daß die im Marxismus fortlebende Tradition des revolutionären Bürgerkrieges der Unterdrückten gegen die Unterdrücker in der zweiten Hälfte des 19. Jahrhunderts eine höchst esoterische Kriegslehre darstellte, esoterisch wenigstens gemessen an den gängigen Kriegsauffassungen. Diese mangelnde Resonanz ist sicherlich mitbedingt durch die Wirtschaftsentwicklung seit ca. 1850, die den Pauperismus zurückdrängen konnte und keine eigentlich revolutionäre Lage mehr geschaffen hat. Praktisch bedeutsam wurde die Bürgerkriegstradition erst wieder im 20. Jahrhundert, vor allem nach dem Zweiten Weltkrieg. Ein Grund mit dafür dürfte die Tatsache sein, daß durch die Entwicklung nuklearer Vernichtungswaffen von unvorstellbarer Wirkkraft die Sinngebung des zwischenstaatlichen Krieges als Mittel der Politik oder gar eine bellizistische Apotheose des Krieges unmöglich geworden ist[264]. Während das überkommene System souveräner Staaten, deformiert allerdings durch die Existenz von Supermächten, weiter besteht und sogar auf die ganze Erde ausgeweitet worden ist, ist der offene zwischenstaatliche Krieg, der diesem System als Strukturmerkmal inhärent ist, unmöglich geworden — von gelegentlich lokalen Kriegen militärisch impotenter Staaten vielleicht abgesehen. In diesem Dilemma stellt der revolutionäre Krieg[265] die einzige aus der Vergangenheit überkommene Form des Krieges dar, die heute noch praktikabel ist, sofern die entsprechenden Voraussetzungen — eine äußerst heterogene Gesellschaftsstruktur verbunden mit einer schwachen oder ungleichmäßig wirksamen Staatsgewalt — gegeben sind. Sie ermöglicht es darüber hinaus den großen Staaten, durch vielfältige Weisen offener oder verdeckter Intervention, gleichsam indirekt, ihre Interessen gewaltsam zu verfolgen, nachdem die direkte militärische Konfrontation sinnlos geworden ist.

Zu berücksichtigen ist allerdings, daß die Möglichkeit des Einsatzes von Massen-

---

[260] Le Reveil v. 12. 7. 1870, zit. MARX, Erste Adresse des Generalrats über den Deutsch-Französischen Krieg (1870), MEW Bd. 17, 4.

[261] LENIN, Der Plan der Petersburger Schlacht (1905), Werke, Bd. 8 (1959), 95.

[262] WETTE, Kriegstheorien, 145 ff.; auch HANS-JOSEF STEINBERG, Die Stellung der II. Internationalen zu Krieg und Frieden (Trier 1972).

[263] GUSTAV MAYER, Friedrich Engels. Eine Biographie, Bd. 2 (Den Haag 1934; Ndr. Köln 1971), 463 ff.

[264] BERT V. A. RÖLING, Internationale Maßnahmen gegen den Krieg (München 1970), 152.

[265] THEODOR ARNOLD, Der revolutionäre Krieg, 3. Aufl. (Pfaffenhofen 1962); ANDRÉ BEAUFRE, Die Revolutionierung des Kriegsbildes (Stuttgart 1973).

IV. Ausblick

vernichtungsmitteln erfahrungstranszendierenden Ausmaßes bereits in der ersten Hälfte des Jahrhunderts den Begriff des 'totalen Krieges'[266] provoziert hatte. Schon bei CLAUSEWITZ und in seiner Nachfolge war zwischen dem Krieg in seiner absoluten oder abstrakten Gestalt und dem begrenzten Krieg unterschieden worden[267], und diese von den Kriegszielen her bestimmte typisierende Unterscheidung (*Niederwerfen des Feindes* einerseits, Erreichung *beschränkter* politischer *Ziele* andererseits) zugleich historisch insofern dingfest gemacht worden, als erst die Veränderung der Politik durch die Französische Revolution diesen *idealen*, d. h. seinem eigentlichen Begriff angemessenen, Krieg wiederum ermöglicht hat[268]. Freilich ließ auch dieser abstrakte Krieg die aufgerichteten Grenzen zwischen Kombattanten und Nichtkombattanten, militärisch und zivil, staatlich und gesellschaftlich, öffentlich und privat prinzipiell noch unangetastet, absolut war er nur innerhalb der ihm eigens zugewiesenen Sphäre des Militärischen[269]; diese Sphäre ließ sich allerdings seit der Einführung der allgemeinen Wehrpflicht nicht mehr so säuberlich umschreiben wie zuvor. Der totale Krieg ist demgegenüber dadurch charakterisiert, daß er jene Grenzen einreißt und das ganze Volk unmittelbar — und nicht nur vermittels des Heeres — an der Kriegführung beteiligt[270]. Zugrunde liegt diesem Begriff die Auffassung, daß es im modernen Krieg nicht um *kleinliche politische Zwecke*, noch um *große... nationale Interessen*[271] (dem entspräche der absolute Krieg), sondern um die Existenz und Identität — die *Lebenserhaltung* sagt LUDENDORFF — von Staaten und Völkern überhaupt geht, wobei notwendig vorausgesetzt ist, daß ein staatlich verfaßtes Volk sich seines „Wesens" und damit seiner Identität gewiß ist oder sein müsse; der 'totale Krieg' ist nur als ein ideologisch legitimierter Krieg[272], als *échange sanglant d'idées*[273], denkbar. Sein Ziel ist nicht bloß das „Niederwerfen des Feindes", sondern die unbedingte Selbstbehauptung durch Vernichtung des gegnerischen Staates und Volkes, wenn nicht im physischen, so doch jedenfalls „moralischen" Sinne. Diskriminierung des Feindes gehört zum Wesen des totalen Krieges und recht-

---

[266] ERICH LUDENDORFF, Der totale Krieg (München 1935); vgl. ERNST JÜNGER, Die totale Mobilmachung, in: ders. (Hg.), Krieg und Krieger (Berlin 1930), 9 ff.
[267] CLAUSEWITZ, Vom Kriege 1, 1, bes. 8, 2. 16. Aufl. (s. Anm. 166), 89 f., bes. 850 ff.; LÖBELL, Art. Krieg (s. Anm. 158), 380: *Danach unterscheidet man den absoluten oder wirklichen Krieg von dem Kriege mit beschränktem Ziel.* Hier hat man Clausewitz allerdings schlecht abgeschrieben, da bei ihm der wirkliche Krieg der Gegensatz des absoluten Krieges ist und eben jene Beschränkung beinhaltet.
[268] *Es ist wahr, auch der Krieg selbst hat in seinem Wesen und in seinen Formen bedeutende Veränderungen erlitten, die ihn seiner absoluten Gestalt näher gebracht haben; ... sie sind aus der veränderten Politik entstanden, welche aus der französischen Revolution sowohl für Frankreich als für ganz Europa hervorgegangen ist;* ebd. 8, 6 B (S. 895 f.).
[269] Ebd. 1, 2 (S. 113): *Die Streitkraft muß vernichtet, d. h. in einen solchen Zustand versetzt werden, daß sie den Kampf nicht mehr fortsetzen kann. Wir erklären hierbei, daß wir in der Folge bei dem Ausdruck „Vernichtung der feindlichen Streitkraft" nur dies verstehen werden.*
[270] LUDENDORFF, Totaler Krieg, 6: *So richtet sich also der totale Krieg nicht nur gegen die Wehrmacht, sondern auch unmittelbar gegen die Völker.*
[271] s. o. Anm. 182.
[272] LUDENDORFF, Totaler Krieg, 5: *Der totale Krieg ... (berührt) unmittelbar Leben und Seele jedes einzelnen Mitgliedes der kriegführenden Völker.*
[273] VICTOR COUSIN, Introduction à l'histoire de la philosophie (Brüssel 1840), 71.

fertigt die debellatio, die hier wiederum zur Geltung kommt, nachdem sie jahrhundertelang als legitimes Kriegsziel verworfen worden war.

Trotz dieser vorgängigen Totalisierung des Kriegsbegriffs ist jedoch unbestreitbar, daß die Entwicklung der neuen Waffensysteme, die den Frieden zwingend zur Bedingung des biologischen Fortlebens der Menschheit macht, einen absoluten und irreversiblen Traditionsbruch im Kriegsdenken verursacht hat. Sein Ergebnis ist eine Orientierungs- und Hilflosigkeit, aus der man sich mit Hilfe einer neuen Wissenschaft, der Polemologie — in Deutschland wird sie unter der weniger verdächtigen Firma „Friedensforschung" betrieben —, zu befreien bestrebt ist.

Nachbemerkung. Es ist das Leidige an einer Begriffsgeschichte, daß sie Begriffsinhalte samt ihren emotionalen Implikationen nur insofern greifen kann, als diese in irgendeiner Form literarisch manifest sind. Sie kann mithin nur mögliche oder tatsächliche Bewußtseinshaltungen von sozialen Gruppen und Schichten beschreiben, die unmittelbar oder zumindest mittelbar vom geschriebenen bzw. gedruckten Wort erreicht werden. Wissenschaftlich zu verantwortende, d. h. verifizierbare oder falsifizierbare Aussagen über Vorstellungen, die die breiten illiteraten Massen mit bestimmten Begriffen verbanden, sind ebenso unmöglich wie Aussagen darüber, wie weit solche Begriffe überhaupt über das bloße Wort hinaus bekannt waren. Diese unbefriedigende Situation mag bei technischen, der Umgangssprache fremden Begriffen, die eo ipso zu ihrem Verständnis einen gewissen Kenntnisstand und eine bestimmte Abstraktionsstufe des Bewußtseins voraussetzen ('Anarchie', 'Aufklärung', 'Autarkie', 'Demokratie' usw.) noch zu ertragen sein; bei einem Begriff wie 'Krieg' hingegen, der sich auf eine Erscheinung des politisch-sozialen Lebens bezieht, von der jedermann zu allen Zeiten in irgendeiner Form betroffen wird, ist dieser Mangel gravierend, insofern vorausgesetzt werden kann, daß unterhalb der Ebene der Begrifflichkeit das Phänomen selbst, das im Begriff dem reflektierenden Bewußtsein verständlich gemacht werden soll, unmittelbare Gefühlsreaktionen auslöst, die nur zum Teil und kaum in unmodifizierter Weise begrifflich eingefangen werden. Es gibt hier eine Sphäre der direkten persönlichen Betroffenheit, die sich begrifflich nicht artikulieren läßt und die etwa bei politischen oder wissenschaftlichen Kunstbegriffen völlig fehlt; sichtbar wird sie allenfalls im konkreten Erlebnisbericht. In dieser Sphäre sind freilich nicht nur die illiterati behaust, sondern gleichermaßen auch die literati, sofern sie existentiell und nicht nur intellektuell berührt werden. Das hängt zweifellos damit zusammen, daß die Entwicklung des Begriffes sich überwiegend in bestimmten Sektoren der geistigen Welt vollzieht (bei 'Krieg' sind es vor allem Politische Philosophie und Jurisprudenz), daß gerade durch diese Beschränkung und die Ausblendung aller anderen Aspekte eine Entwicklung überhaupt stattfindet. Die Folge ist, daß sich Begriff und Sache zumindest im emotionalen Bereich nicht decken. Auch der intellektuelle Bellizist wird kaum in Begeisterung geraten, wenn neben ihm die Granaten einschlagen.

Es ist nicht die Aufgabe einer Begriffsgeschichte zu versuchen, jene Sphäre unterhalb ihrer selbst in den Griff zu bekommen; dies wäre beim Kriegsbegriff auch aus zwei Gründen nicht möglich: einmal aus dem angedeuteten Mangel an historischen

IV. Ausblick

Zeugnissen, zum anderen deshalb, weil die unmittelbare emotionale Reaktion niemals von dem begrifflich gemeinten Gesamtphänomen, sondern stets von seinen konkreten — und das heißt stets partiellen — Erscheinungsweisen ausgeht. Nicht der Krieg als solcher z. B. löst bei GRIMMELSHAUSEN und BRÄKER Entsetzen und Abscheu aus, sondern das grauenvolle Gemetzel der Schlacht[274]; und im 18. Jahrhundert — in dem die „Bändigung" des Krieges mit der elenden Existenz der Söldnertruppen erkauft wurde — ist es weniger der Krieg selbst als das Soldatendasein überhaupt, unter dem die Betroffenen leiden[275]. In diesem Bereich wird die Frage nach dem Sinn, der Notwendigkeit oder Berechtigung des Krieges schlechthin zumeist gar nicht gestellt — die Grundstimmung ist offenbar ein dumpfer Fatalismus —, oder man greift, wenn sie doch gestellt wird, auf Antworten zurück, die „von oben" — d. h. durch die religiöse oder philosophische Reflexion — in vereinfachter Form angeboten werden.

Begriffsgeschichtliche Arbeit aber muß sich an einem solchen Begriff wie 'Krieg' in besonderem Maße der Grenzen ihrer Möglichkeit innewerden, über den Begriff allein zu einem hinreichenden historischen Verständnis der Sache selbst zu kommen.

(Manuskriptabschluß 1974)   WILHELM JANSSEN

---

[274] Vgl. die Erlebnisberichte über die Schlachten bei Wittstock von GRIMMELSHAUSEN (Simplicissimus 2, 27) und bei Lowositz von ULRICH BRÄKER, Lebensgeschichte und Natürliche Ebentheuer des Armen Mannes im Tockenburg (1789), hg. v. Samuel Voellmy (Basel 1945), 213 ff., Kap. 55.
[275] Dazu die zeitgenössischen Stimmen bei PETER LAHNSTEIN, Report einer guten alten Zeit, 2. Aufl. (Stuttgart 1971), 489 ff. sowie die Soldatenlieder bei WOLFGANG STEINITZ, Deutsche Volkslieder demokratischen Charakters aus sechs Jahrhunderten, Bd. 1 (Berlin 1955), 315 ff.

Krise

I. Einleitung. II. Zur griechischen Wortverwendung. III. Die Übernahme in die Nationalsprachen. IV. Die Wörterbuchebene. V. Vom politischen zum geschichtsphilosophischen Begriff; das 18. Jahrhundert und die Französische Revolution. 1. Der politische Wortgebrauch. 2. Die geschichtsphilosophische Ausweitung. a) Der westliche Vorlauf in der geschichtlichen Begriffsbildung. b) Die geschichtsphilosophischen Varianten im Deutschen. VI. 'Krise' und Krisen: das 19. Jahrhundert. 1. 'Krise' in der Alltagserfahrung. 2. 'Krise' als geschichtstheoretischer Begriff. 3. Die ökonomische Ausdifferenzierung des Begriffs. 4. Marx und Engels. VII. Ausblick.

I. Einleitung

'Krisis' hatte in der griechischen Antike relativ klar abgrenzbare Bedeutungen im juristischen, theologischen und medizinischen Bereich. Der Begriff forderte harte Alternativen heraus: Recht oder Unrecht, Heil oder Verdammnis, Leben oder Tod. Der medizinische Sinn dominierte, gleichsam fakultätsgebunden, fast ungebrochen bis in die Neuzeit hinein. Seit dem 17. Jahrhundert erfolgte von hier aus, zunächst im Westen, dann auch in Deutschland, eine metaphorische Ausweitung auf die Politik, die Psychologie, die Ökonomie und schließlich auch auf die Geschichte. Gegen Ende des 18. Jahrhunderts wurde der Begriff wieder theologisch und religiös eingefärbt, im Sinne des Jüngsten Gerichts, das in säkularer Deutung auf die revolutionären Ereignisse angewandt wurde. Aufgrund seiner metaphorischen Vieldeutigkeit und Dehnbarkeit beginnt der Begriff zu schillern. Er dringt in die Alltagssprache ein und wird zum Schlagwort. In unserem Jahrhundert gibt es kaum einen Lebensbereich, der nicht mit Hilfe dieses Ausdrucks seine entscheidungsträchtigen Akzente erhielte.

Auf die Geschichte angewandt, ist 'Krise' seit etwa 1780 Ausdruck einer neuen Zeiterfahrung, Faktor und Indikator eines epochalen Umbruchs, der sich, gemessen an der steigenden Wortverwendung, eigentlich noch verstärkt haben müßte. Aber der Ausdruck bleibt so vielschichtig und unklar wie die Emotionen, die sich an ihn hängen. 'Krise' kann sowohl, als 'chronisch' begriffen, Dauer indizieren wie einen kürzer- oder längerfristigen Übergang zum Besseren oder Schlechteren oder zum ganz Anderen hin; 'Krisis' kann ihre Wiederkehr anmelden wie in der Ökonomie oder zu einem existenziellen Deutungsmuster werden wie in der Psychologie oder Theologie. Die Historie partizipiert an allen Angeboten.

II. Zur griechischen Wortverwendung

1) Κρίσις entstammt dem griechischen Verb κρίνω: „scheiden", „auswählen", „beurteilen", „entscheiden"; medial: „sich messen", „streiten", „kämpfen". Daraus ergab sich eine erhebliche Spannweite der Bedeutungen von 'Krisis'. Das Wort gehörte im Griechischen zu den zentralen Begriffen der Politik. Es bedeutete „Scheidung" und „Streit", aber auch „Entscheidung" im Sinne eines endgültigen Ausschlags. So verwendete THUKYDIDES das Wort, um den schnellen Ausgang der

Perserkriege auf vier entscheidende Schlachten zurückzuführen[1]. 'Krisis' bedeutete aber auch „Entscheidung" im Sinne der Urteilsfindung und der Beurteilung, was heute in den Bereich von 'Kritik' fällt[2]. Die später getrennten Sinnbereiche einer „subjektiven" Kritik und einer „objektiven" Krise wurden also im Griechischen noch vom selben Wort abgedeckt. Beide Bereiche hingen begrifflich zusammen. Vor allem als Urteil, Prozeß und Rechtsfindung, schlechthin als Gericht hatte Krisis einen hohen verfassungspolitischen Rang, durch den die einzelnen Bürger und ihre politische Gemeinschaft zusammengebunden wurden. Das „Für und Wider" wohnte also dem Wort ursprünglich inne und zwar in der Weise, daß die fällige Entscheidung immer schon mitgedacht wurde. So verwendete ARISTOTELES den Ausdruck häufig. κρίσις bestimmt als Rechtstitel und -setzung die Ordnung der bürgerlichen Gemeinschaft[3]. Von dieser spezifisch Recht schaffenden Bedeutung gewinnt der Ausdruck politisches Gewicht. Er zielt auf Wahlentscheidungen, auf Regierungsbeschlüsse, auf die Entscheidung über Krieg oder Frieden, über Todesstrafen und Verdammungen, auf die Abnahme von Rechenschaftsberichten, schlechthin auf Beschlüsse der Regierungspolitik. Am notwendigsten für das Gemeinwesen sei deshalb die κρίσις über alles, was heilsam und gerecht zugleich sei[4]. Deshalb konnte Bürger nur sein, wer am Richteramt teil hatte (ἀρχὴ κριτική). 'Krisis' war also ein zentraler Begriff, durch den Gerechtigkeit und Herrschaftsordnung über die jeweils richtigen Entscheidungen aufeinander abgestimmt wurden.

2) Der forensische Sinn von κρίσις wird in der Septuaginta für das Alte Testament und im Neuen Testament voll übernommen[5]. Aber dem Begriff wächst eine neue Dimension zu. Das weltliche Gericht wird in der jüdischen Bundestradition auf Gott bezogen, der Herrscher und Richter seines Volkes zugleich ist. Im Richten liegt insofern auch ein Heilsversprechen enthalten. Darüber hinaus gewinnt der Ausdruck zentrale Bedeutung im Gefolge der apokalyptischen Erwartungen: die κρίσις am Ende der Welt wird die zunächst noch verborgene, wahre Gerechtigkeit an den Tag bringen. Die Christen lebten in der Erwartung des Jüngsten Gerichtes (κρίσις = judicium), wobei Stunde, Tag und Ort unbekannt blieben, die Gewißheit des Jüngsten Gerichtes aber sicher war[6]. Es wird sich auf alle erstrecken, auf die Frommen und die Ungläubigen, auf die Lebenden und die Toten[7]. Das Gericht selber zieht sich als ein Prozeß hin[8]. JOHANNES geht noch über diese Gewißheit hinaus, indem er den Gläubigen verheißt, daß sie, dem Worte Gottes folgend, schon jetzt erlöst seien[9]. Die kommende Krisis bleibt zwar ein kosmisches Ereignis, es wird aber in der Gewißheit jener Gnade vorweggenommen, die eine Befreiung zum ewigen Leben zusichert. In dieser Spannung, daß Gottes Gericht durch Christi Verkündung schon da ist, zugleich aber noch aussteht, wird ein Erwartungshorizont entworfen, der die

---

[1] THUKYDIDES, Hist. 1, 23.
[2] ARISTOTELES, Pol. 1289b, 12.
[3] Ebd. 1253a, 35.
[4] Ebd. 1275b, 1ff.; 1326b, 1ff.
[5] Apostelgesch. 23, 3.
[6] Matth. 10, 15; 12, 36; 25, 31ff.
[7] Röm. 14, 10.
[8] Matth. 25, 31ff.
[9] Joh. 3, 18ff.; 5, 24; 9, 39.

kommende geschichtliche Zeit theologisch qualifiziert. Die Apokalypse wird im Glauben gleichsam vorweggenommen und als gegenwärtig erfahren. Die Krisis bleibt zwar als kosmisches Ereignis noch offen, wird aber im Gewissen schon vollzogen[10].

3) Während die Wirkungsgeschichte des juristischen Begriffes im engeren Sinne nur über die theologische Lehre vom Jüngsten Gericht (= judicium) verläuft, hat ein weiterer griechischer Wortgebrauch nicht minder den Sinnhorizont des modernen Krisenbegriffs erschlossen: die medizinische Krisenlehre, die dem „Corpus Hippocraticum" entstammt und von GALEN (129—199) für rund anderthalb Jahrtausende fixiert worden ist[11]. Bei der Krisis einer Krankheit handelt es sich sowohl um den beobachtbaren Befund wie auch um das Urteil (judicium) über den Verlauf, der an bestimmten Tagen zur Entscheidung treibt, ob der Kranke überlebt oder stirbt. Dabei kam es auf die richtige Datierung des Anfangs einer Krankheit an, um die Regelhaftigkeit des Ablaufes prognostizieren zu können. Je nachdem ob die Krise zur völligen Gesundung führte, unterschied man später zwischen der perfekten Krise und einer imperfekten, die Rückfälle nicht ausschloß, und die Trennung in akute und chronische Krisen führte — seit Galen — zu zeitlichen Differenzierungen der Krankheitsverläufe[12].

Der in das Lateinische übernommene Begriff ließ später seine metaphorische Ausweitung in den gesellschaftlich-politischen Bereich zu. Es ist ein Verlaufsbegriff, der, ähnlich einem juristischen Prozeß, auf eine Entscheidung zuführt. Er indiziert jenen Zeitabschnitt, in dem die Entscheidung fällig, aber noch nicht gefallen ist.

Zum Krisenbegriff gehört seitdem ein doppelter Bedeutungsgehalt, der auch in der politisch-sozialen Sprache erhalten blieb. Einmal hängt der objektive Befund, über dessen Ursachen wissenschaftlich gestritten wird, von den Urteilskriterien ab, mit denen der Befund diagnostiziert wird. Zum andern handelt es sich um einen Krankheitsbegriff, der eine wie auch immer geartete Gesundheit voraussetzt, die wieder zu erlangen ist oder die in einer bestimmbaren Frist durch den Tod überholt wird[13].

Der juristische, der theologische und der medizinische Wortgebrauch von 'Krisis' enthielt also, gleichsam fakultätsgebunden, spezifische Bedeutungen, die allesamt auf verschiedene Weise in den modernen politischen und sozialen Sprachgebrauch überwechseln konnten. Immer handelte es sich um lebensentscheidende Alternativen, die auf die Frage antworten sollten, was gerecht oder ungerecht, heilsbringend oder verderbend, gesundheitsstiftend oder tödlich sein würde.

---

[10] FRIEDRICH BÜCHSEL / VOLKMAR HERNTRICH, Art. Krino, Krisis, KITTEL Bd. 3 (1938), 920ff.; RUDOLF BULTMANN, Theologie des Neuen Testaments, 7. Aufl., hg. v. Otto Merk (Tübingen 1977), 77ff.; — zu Johannes vgl. ebd., 385ff.; dazu kritisch: JOSEF BLANK, Crisis. Untersuchungen zur johanneischen Christologie und Eschatologie (Freiburg i. B. 1964).
[11] Vgl. NELLY TSOUYOPOULOS, Art. Krise II, Hist. Wb. d. Philos., Bd. 4 (1976), 1240.
[12] THÉOPHILE DE BORDEU, Art. crise, Encyclopédie, t. 4 (1754), 471ff.
[13] Zum medizinischen Krisenbegriff vgl. TSOUYOPOULOS, Art. Krise II, 1240ff.; zur Übertragung des Krisenbegriffs in den psychologischen und anthropologischen Bereich seit dem Beginn des 19. Jahrhunderts U. SCHÖNPFLUG, Art. Krise III, Hist. Wb. d. Philos., Bd. 4, 1242ff.

III. Die Übernahme in die Nationalsprachen

Entsprechend dem lateinischen Sprachgebrauch der drei genannten Fakultäten bleibt in ihren Themenbereichen die latinisierte Form 'crisis' (neben 'judicium') erhalten und taucht im 17. Jahrhundert gelegentlich in Titeln auf[14]. Die Seltenheit der Belege scheint dafür zu sprechen, daß der Ausdruck nicht zu einem zentralen Begriff aufgerückt ist. Dazu bedurfte es erst der Übertragung in die Nationalsprachen.

Im Französischen ist 'Krise' — noch im Akkusativ: 'crisin' — schon im 14. Jahrhundert als medizinischer Terminus nachweisbar[15], im Englischen 1543[16] und im Deutschen ebenso im 16. Jahrhundert[17].

Obwohl die Corpus- und Organismusmetaphorik seit der Antike auf das Gemeinwesen angewendet worden ist, scheint der medizinische Krisenbegriff erst im 17. Jahrhundert auf den politischen Körper bzw. seine Organe bezogen worden zu sein. So verwendete RUDYERD 1627 im Kampf zwischen absolutistischer Krone und dem englischen Parlament den Ausdruck: *This is the Chrysis of Parliaments; we shall know by this if Parliaments life or die*[18]. Wenig später, zur Zeit des Bürgerkrieges, war das Wort angliziert, hatte den unmittelbaren Bezug zur medizinischen Bedeutung verloren und speiste sich vielleicht auch aus dem theologischen Herkunftssinn: 1643 schrieb BAILLIE: *This seems to be a new period and crise of the most great affairs*[19]. — Der Ausdruck setzte sich durch und wurde offenbar durch religiöse Bedeutungsgehalte aufgeladen. 1714 veröffentlichte RICHARD STEELE sein whiggistisches Pamphlet "The Crisis", das ihn seinen Parlamentssitz kostete. Der Titel der Flugschrift war geladen mit religiöser Emphase, die auf eine Entscheidung zwischen Freiheit oder Sklaverei zielte. Steele sah in England den Vorkämpfer gegen eine barbarische Überflutung Europas durch die Katholiken[20].

Auch in Frankreich wurde der Begriff — nach FURETIÈRE 1690 — in den politischen, wie kurz zuvor schon in den psychologischen Bereich übertragen[21]. Ebenso wurden die wirtschaftlichen Schwierigkeiten zur Zeit Ludwigs XIV. Ende des 17. Jahrhunderts mit diesem Begriff erfaßt — wie bei D'Argenson 1743 auch die innenpolitische Lage[22].

Kurz zuvor verwendete auch LEIBNIZ — noch in französischer Sprache — an zentraler Stelle den Begriff, um während des nordischen Krieges die Chancen und die

---

[14] Die Wirkungsgeschichte des theologischen Wortgebrauchs von κρίσις bleibt noch zu untersuchen. Seit der griechischen Edition des Neuen Testaments von Erasmus ist sie zu vermuten und sicher nicht ohne Einfluß auf die Entstehung der modernen Geschichtsphilosophie.
[15] FEW Bd. 2/2 (1946), 1345, s. v. crisis.
[16] MURRAY vol. 2 (1888), 1178, s. v. crisis; ebd., 1180, s. v. critic.
[17] DUDEN, Etym. (1963), 371, s. v. Krise.
[18] SIR B. RUDYERD, Hist. coll., vol. 1 (1659), zit. MURRAY vol. 2, 1178, s. v. crisis.
[19] R. BAILLIE, Letters, vol. 2 (1841), zit. ebd., 1178, s. v. crisis.
[20] RICHARD STEELE, The Crisis or, a Discourse Representing ..., the Just Causes of the Late Happy Revolution ... with Some Reasonable Remarks on the Danger of a Popish Succession (London 1714).
[21] FURETIÈRE t. 1 (1690; Ndr. 1978), s. v. crise.
[22] Vgl. BRUNOT t. 6/1 (1966), 44f.

Gefahren des aufsteigenden russischen Reiches zu diagnostizieren: *Momenta temporum pretiosissima sunt in transitu rerum. Et l'Europe est maintenant dans un état de changement et dans une crise, où elle n'a jamais été depuis l'Empire de Charlemagne*[23]. Leibniz sah mit der zivilisatorischen Erschließung Rußlands eine welthistorische Wende sich abzeichnen, die nur mit der Gründung des Reiches Karls des Großen zu vergleichen war. Der Begriff rückte in eine geschichtsphilosophische Dimension ein, die er im Laufe des 18. Jahrhunderts immer mehr ausfüllen sollte. Damit hat sich der englische und französische Sprachgebrauch und die Verwendung des Ausdrucks im deutschen Sprachraum in das innenpolitische, außenpolitische und wirtschaftliche Feld ausgeweitet und schließlich eine geschichtliche Dimension gewonnen, die von der medizinischen und theologischen Hintergrundsbedeutung gespeist wurde.

IV. Die Wörterbuchebene

Die Wörterbücher und Lexika zeigen, daß der Ausdruck 'Krise' im Deutschen — von Ausnahmen abgesehen — erst nach der Französischen Revolution und auch dann nur zögernd als politischer, sozialer und zuletzt als ökonomischer Begriff verbucht worden ist.
1) Einige Lexika registrieren den Ausdruck nur in seiner griechischen Verwendung: *Beurteilung, Verstand, Nachsinnen. Daher critica, Wort-Deuteley*, so STIELER 1695. HÜBNER, der 1739 nur auf die Krankheit Bezug nahm, erfaßte 1742 lediglich die Bedeutung, die sonst schon unter 'Kritik' abgehandelt wurde: *der Mensch hat keine crisin, das ist, er kann von einer Sache gar nicht urteilen*, was aus Sperander oder Zedler abgeschrieben wurde[24].
2) Zahlreiche Lexika verzeichnen allein den medizinischen Bedeutungsstreifen: so Hübner 1731, Jablonski 1748 und 1767. De Bordeu widmet in der großen französischen Enzyklopädie 1754 der medizinischen Begriffsgeschichte eine gelehrte Abhandlung, um die Lehre der Alten mit ihrer modernen Kritik zu konfrontieren. Das gleiche gilt für die „Encyclopédie méthodique" von 1792. Wenn auch weit kürzer, behandelt auch der Brockhaus von 1820 den Ausdruck nur in medizinischer Bedeutung[25]. Selbst der BROCKHAUS von 1866 referiert nur die medizinische Lehre, wobei alle anderen Bedeutungsverweise der früheren Auflagen entfallen. *Jetzt nennt man Krisis den schnellen Abfall der hohen Fiebertemperatur zur Norm und hat damit*

---

[23] LEIBNIZ, Konzept eines Briefes an Schleiniz (23. 9. 1712), Leibniz' Rußland betreffender Briefwechsel u. Denkschr., hg. v. Wladimir Iwanowitsch Guerrier, Tl. 2 (Petersburg, Leipzig 1873), 227f.; vgl. DIETER GROH, Rußland und das Selbstverständnis Europas (Neuwied 1961), 39.
[24] STIELER, Zeitungs-Lust (1695), 192, s. v. crise; HÜBNER (Aufl. 1739), 570, s. v. Crisis; ebd. (Aufl. 1742), 312, s. v. Crisis; ZEDLER Bd. 6 (1733), 1653, Art. Crisis; SPERANDER (1727), 171, s. v. Crisis naturae.
[25] HÜBNER, Handlungslex. (Aufl. 1731), 560, s. v. Crisis; JABLONSKI 2. Aufl., Bd. 1 (1748), 252, s. v. Crisis; ebd., 3. Aufl., Bd. 1 (1767), 345, s. v. Crisis; DE BORDEU, Art. Crise (s. Anm. 12), 471ff.; Enc. méth., t. 5 (1792), 202ff., Art. Crise; BROCKHAUS 5. Aufl., Bd. 2 (1820), 870, Art. Crisis; Allg. dt. Conv. Lex., Bd. 6 (Ndr. 1840), 262, Art. Krisis.

den Kern der Sache getroffen, insofern als sich aus dieser Änderung der Fieberverhältnisse alle anderen Erscheinungen ... erklären[26].

3) Viele Lexika verweisen kurz auf die anfängliche griechische Bedeutung der Urteilsfindung, um dann gleichwohl die medizinische Krisenlehre zentral zu referieren: so Pomey 1715 und Sperander 1727. Bei ZEDLER hieß es 1733: *Heutzutage nennt man Crisin diejenige heilsame Wirkung der Natur, durch welche die Materie der Krankheit, welche zuvor zu ihrer Ausführung wohl zubereitet worden, durch gehörige und gewisse emunctoria aus dem Körper geschafft und dieser dadurch von seinen Untergang und Krankheit befreiet wird*, wobei die Alternative des Todes auffälligerweise ausgeblendet bleibt[27]. Ebenso wird der medizinische Wortgebrauch vorrangig behandelt bei Heinse 1793 und in den verschiedenen Auflagen des Brockhaus[28].

4) Die juristische und vor allem die theologische Bedeutung von 'crisis' haben also in den allgemeinen Lexika für die Gelehrten des 18. und für die Gebildeten des 19. Jahrhunderts keinen Niederschlag gefunden. Obwohl die Kenntnis dieser Bedeutungen bei vielen Akademikern vorausgesetzt werden muß, scheint die medizinische Verwendung der primäre Anlaß für die metaphorische Ausweitung in das Politische und das Ökonomische geboten zu haben. Adelung registriert das Wort gar nicht, und weder Rotteck/Welcker noch Bluntschli widmen dem Ausdruck einen eigenen Artikel — trotz selbstverständlicher Wortverwendung im Text[29].

5) Selbst die Hinweise auf die metaphorische Ausweitung des Wortgebrauchs auf Politik und Wirtschaft oder seine Verwendung in der Umgangssprache sind vergleichsweise spärlich.

POMEY führt 1715 neben *Urteilung* und *Krankheit-Wechsel* schon als dritte Bedeutung an: *L'affaire est dans sa crise — res ad triarios rediit. — Die Sach ist aufs höchste kommen*[30]. Die Anlehnung an das Französische verweist auf die nachhinkende Eindeutschung des Wortes im Laufe des 18. Jahrhunderts. Aber Pomey fand nur zögernd Nachfolge, während JOHNSON nach der medizinischen Bedeutung registriert: *The point of time at which any affair comes to the height*[31]. Alletz, der auf Neologismen spezialisiert war, zitiert 1770 im Französischen zum ersten Mal nur die politische und militärische Bedeutung[32].

Erst KUPPERMANN bringt 1792 lakonisch alle drei Bedeutungsstreifen, die sich inzwischen im Deutschen längst eingebürgert hatten: *Krankheitswechsel, entscheidender Zeitpunkt, bedenkliche Lage* — HEINSE fügt noch *Gärung* hinzu[33]. Ähnlich BEYSCHLAG 1806: *Krankheitswechsel, bedenkliche Lage der Umstände*[34]. Und im

---

[26] BROCKHAUS 11. Aufl., Bd. 9 (1866), 83f., Art. Krisis.
[27] ZEDLER Bd. 6, 1652, Art. Crisis; vgl. POMEY, Grand Dict. Royal, 5ᵉ éd., Tl. 1 (1715), 240, s. v. crise; SPERANDER (1727), 171, s. v. Crisis naturae.
[28] HEINSE Bd. 1 (1793), 63, s. v. Crisis; BROCKHAUS 10. Aufl., Bd. 9 (1853), 227ff., Art. Krisis.
[29] Vgl. ADELUNG Bd. 1 (1774); ebd., 2. Aufl., Bd. 1 (1793); ROTTECK/WELCKER Bd. 1 (1834); BLUNTSCHLI/BRATER Bd. 2 (1857) — überall fehlen die Art. „Krise"/„Crisis".
[30] POMEY, Grand Dict. Royal, 5ᵉ éd., Tl. 1, 240, s. v. crise. — Die sprichwörtliche lateinische Wendung stammt von LIVIUS 8, 8, 11.
[31] JOHNSON vol. 1 (1755), s. v. crisis.
[32] ALLETZ (1770), 93, s. v. crise.
[33] KUPPERMANN (1792), 131, s. v. Crisis; HEINSE Bd. 1, 63, s. v. Crisis.
[34] BEYSCHLAG 2. Aufl. (1806), s. v. Crisis.

IV. Wörterbuchebene   Krise

gleichen Jahr schreibt OERTEL: *Crisis, die Krisis* — erster Beleg für die Eindeutschung auch der Schreibweise — 1) *Entscheidungspunkt* (z. B. in der Krankheit), 2) *Entscheidungszeichen* ..., 3) *Entscheidungszustand* ... *Bedenklichkeit der Umstände*[35]; ähnlich Campe 1813[36]. Damit hat sich, soweit lexikalisch erfaßt, der medizinische Wortgebrauch in die Allgemeinsprache umgesetzt. Die Fremdwörterbücher von HEYSE bestätigen das s. v. „Krisis oder Krise" mit einigen ergänzenden Definitionen, wobei 1873 auf die Krise *ebenso im Leben der Völker und Staaten: der Höhepunkt politischer Krankheit, zugleich Entscheidung und Gericht* hingewiesen wird[37]. Der BROCKHAUS notiert erstmals 1845 die Übernahme in die allgemeine Sprache: *Im gewöhnlichen Leben nennt man Krisis den Zeitpunkt in einer einzelnen oder einer Reihe von Begebenheiten, welcher den Ausgang derselben bestimmt, dem Ganzen die Wendung gibt, die es annimmt.* PIERER verweist im gleichen Jahr noch auf *die schnelle Umwandlung eines Zustandes in einen anderen, z. B. Staatsumwälzung; so: kritischer Moment, kritischer Fall*[38].

Aus diesen Belegen darf geschlossen werden, daß die metaphorische Ausdehnung im deutschen Alltagssprachgebrauch nicht über die ökonomische, sondern über die politische Sprache erfolgt ist. Pierer führt 1845 die politische, aber noch nicht die ökonomische Anwendung des Ausdrucks an. Zur gleichen Zeit behandelt die französische Lexikographie bereits 'crise commerciale' in einem gründlichen Artikel paritätisch neben 'crise (médecine)' und 'crise politique'[39].

In Deutschland folgte erst 1850 ROSCHER mit einem Artikel im BROCKHAUS „Die Gegenwart" über die „Produktionskrisen mit besonderer Rücksicht auf die letzten Jahrzehnte"[40]. Die nationalökonomische Bedeutung, die in der Fachsprache längst im Umlauf war, führte in den deutschen Lexika erst in der zweiten Jahrhunderthälfte zu eigenen Artikeln. Bluntschli analysiert unter dem Stichwort „Kredit" auch 'Krise'; Wagener war der erste Lexikograph, der 1862 den Begriff in seiner ganzen Breite, nämlich ökonomisch, politisch und sozial sowie weltgeschichtlich abhandelte. Pierer bringt 1859 einen knappen, 1891 einen sehr gründlichen Artikel über die „Handelskrisen"; ebenso verfährt Brockhaus 1884 und 1898. Erst 1931 wird die wirtschaftliche Bedeutung zentral unter „Krise" behandelt[41].

Offenbar haben erst die Revolution von 1848 und die weltwirtschaftliche Krise um 1857 die im ganzen mehr humanistisch gebildeten Lexikonbearbeiter zur Registratur eines Wortgebrauchs geführt, der sich in der ökonomischen Fachsprache und im allgemeinen Leben längst eingebürgert hatte[42].

---

[35] OERTEL 2. Aufl., Bd. 1 (1806), 461, s. v. Crisis.
[36] CAMPE, Fremdwb., 2. Aufl. (1813; Ndr. 1970), 239, s. v. Crise, Crisis.
[37] HEYSE 15. Aufl., Bd. 1 (1873), 513, s. v. Krisis oder Krise.
[38] BROCKHAUS 9. Aufl., Bd. 8 (1845) 399, s. v. Krisis; PIERER 2. Aufl., Bd. 16 (1845), 467, Art. Krise.
[39] Enc. des gens du monde, t. 7 (1836), 257 ff., Art. crise commerciale, crise (médecine).
[40] WILHELM ROSCHER, Art. Produktionskrisen, BROCKHAUS, Gegenwart, Bd. 3 (1849), 721 ff.
[41] BLUNTSCHLI/BRATER Bd. 6 (1861), 51 ff., Art. Kredit; PIERER 4. Aufl., Bd. 7 (1859), 946, Art. Handelskrisis; ebd., 7. Aufl., Bd. 7 (1890), 67 f., Art. Handelskrisis; BROCKHAUS 14. Aufl., Bd. 8 (1898), 743, Art. Handelskrisen; ebd., 15. Aufl., Bd. 10 (1931), 632, Art. Krise.
[42] Vgl. PIERER 2. Aufl., Bd. 16, 467, Art. Krise, wo nur die politische Ausweitung, noch nicht die ökonomische registriert wird.

Der Ausdruck hat sich also nie zu einem klaren Begriff so weit kristallisiert, daß er trotz — oder wegen — seiner Vieldeutigkeiten als Grundbegriff der sozialen, ökonomischen oder politischen Sprache aufgefaßt worden wäre. Für diesen Befund spricht auch der äußerst knappe Hinweis im GRIMMschen „Wörterbuch" von 1872, das sich mit zwei Zitaten — darunter eines von GOETHE: *Alle Übergänge sind Krisen, und ist eine Krise nicht Krankheit?* — zufrieden gibt[43]. Dieser lexikalische Befund läßt den Schluß zu, daß der Ausdruck außerhalb der fachsprachlichen Terminologie eher als Schlagwort verwendet wurde. Das freilich bedeutet nicht, daß er nicht Gefühls- und Stimmungslagen wiedergegeben hätte. Sie haben sich nur einer schärferen Begriffsbestimmung entzogen. Gerade was lexikalisch peripher zu sein scheint, konnte durchaus zum Indikator und Faktor der allgemeinen Umbruchsstimmung seit der zweiten Hälfte des 18. Jahrhunderts werden.

V. Vom politischen zum geschichtsphilosophischen Begriff; das 18. Jahrhundert und die Französische Revolution

1. Der politische Wortgebrauch

Frühe Belege für eine außenpolitische und militärische Wortverwendung von 'Krise' finden sich bei FRIEDRICH DEM GROSSEN. Als die europäischen Staaten für den österreichischen Erbfolgekrieg 1740 noch nicht bereit, aber schon dazu entschlossen waren, nutzte der König *cette crise pour exécuter ses grands projets*, nämlich in Schlesien einzumarschieren[44]. Und ähnlich sah er sich wieder *dans une grande crise*, als er vor der Schlacht von Hohenfriedberg vergebliche Friedensschritte unternahm[45]. Ähnlich definierte er — in einem Gespräch mit Catt — die Lage nach Kolin[46]. Eine derartige, auf Entscheidungsalternativen verschiedener Handlungsträger zulaufende Situationserfassung kann seitdem auch im Deutschen als 'Krise' bezeichnet werden. Schon beim Aufstieg Preußens im österreichischen Erbfolgekrieg sprach JOHANN JACOB SCHMAUSS von *der jetzigen Crisi des sinkenden Gleichgewichts der europäischen Mächten*[47]. Auch die Auswirkungen dieses Vorgangs finden in einem reichsrechtlich bedeutsamen Dokument ihren begrifflichen Niederschlag. Der deutsche Fürstenbund reagierte, wie es in der Präambel 1785 heißt, auf die

---

[43] GRIMM Bd. 5 (1873), 2332, s. v. Krise.
[44] FRIEDRICH D. GROSSE, Histoire de mon temps (1775), Oeuvres, éd. Johann David Erdmann Preuss, t. 2 (Berlin 1846), 66.
[45] Ders. an Heinrich Graf Podewils, 29. 3. 1745, Politische Correspondenz Friedrichs d. Großen, hg. v. Johann Gustav Droysen, Max Duncker, Heinrich v. Sybel, Bd. 4 (Berlin 1880), 96.
[46] Ders., Gespräch mit Heinrich de Catt, 20. 6. 1758, Unterhaltungen mit Friedrich d. Großen. Memoiren und Tagebücher von H. v. Catt, hg. v. Reinhold Koser (Leipzig 1884), 107: *Mon frère partit pour Dresde et quitta l'armée; sans doute, dans le moment de crise ou je me trouvais.*
[47] JOHANN JACOB SCHMAUSS, Die Historie der Balance von Europa (Leipzig 1741), Bl. 2; → Gleichgewicht, Bd. 2, 960.

Crisis des *Reichssystems*[48]. Damit wurde, wie häufig seitdem, die Diagnose der Krise zum Legitimationstitel politischen Handelns.

So griff der zunächst auf außenpolitische oder militärische Situationen bezogene Ausdruck in den Bereich des allgemeinen Verfassungslebens über. SCHLÖZER berichtet in den „Staatsanzeigen" 1782 von der Anarchie in Genf, wobei er die *inneren Zerrüttungen* des Stadtstaates als *Crise* definiert[49]. WIELAND sieht mit der Einführung der französischen Verfassung von 1791 den *Augenblick der entscheidenden Krisis* herannahen. *Es geht um Leben oder Tod; noch nie ist die Gefahr von innen und von außen größer gewesen als jetzt*[50]. Er verwendet den Ausdruck schon, um die bürgerkriegsartige Verschränkung der Innen- und Außenpolitik zu charakterisieren. Ähnlich grundsätzlich, aber unter anderen Alternativen, konnte später SCHARNWEBER von der *furchtbaren Staatskrise* sprechen, die Hardenberg, für eine Reform und gegen die Revolution arbeitend, in Preußen durchkämpfen mußte, um *den Staat zu retten*[51].

Treffsicher wurden konkrete Bürgerkriegssituationen als 'Krise' bezeichnet, weil sie die Loyalitäten der Bürger zerrissen. Diesen Sinn beschwörend, verwendete Graf REINHARD den Ausdruck 1813 in einer Eingabe an den König von Westfalen, um ihn von standrechtlichen Erschießungen abzuhalten. Andererseits konnte er denselben Ausdruck — *politische Krise* — 1819 auch für einen bloßen Kabinettswechsel in Paris verwenden[52].

Der politische Anwendungsbereich des Wortes war also breit gefächert. 'Krise' kennzeichnete außenpolitische oder militärische Situationen, die auf einen Entscheidungspunkt zutreiben, zielte auf grundsätzlichen Verfassungswandel, wobei Überdauern oder Untergang einer politischen Handlungseinheit und ihres Verfassungssystems die Alternative bildete, aber auch ein bloßer Regierungswechsel konnte so bezeichnet werden. Der alltägliche Wortgebrauch war theoretisch weder abgesichert noch angereichert worden, um in der politischen Sprache zum Grundbegriff aufzurücken. Er stand sowohl als Beschreibungskategorie wie als diagnostisches Kriterium für politisches oder militärisches Handeln zur Verfügung. So beschrieb CLAUSEWITZ zur Zeit der Karlsbader Beschlüsse die revolutionären Strömungen, die, *wenn sie mit anderen Umständen zusammentreffen, Krisen hervorbringen können. Daß einzelne Völker solche Paroxysmen gehabt haben, wissen wir aus der Geschichte*[53]. Oder der FREIHERR VOM STEIN appellierte 1813 an Hardenberg, er müsse eine kraft-

---

[48] Deutscher Fürstenbund. Vertrag zwischen den Churfürsten von Sachsen, Brandenburg und Braunschweig-Lüneburg (23. 7. 1785), abgedr. ELLINOR V. PUTTKAMER, Föderative Elemente im deutschen Staatsrecht seit 1648 (Göttingen, Berlin, Frankfurt 1955), 53.
[49] AUGUST LUDWIG SCHLÖZER, Anarchie von Genf, Staatsanzeigen 1 (1782), 462.
[50] WIELAND, Sendschreiben an Herrn Professor Eggers in Kiel (Jan. 1792), SW Bd. 31 (1857), 162.
[51] CHRISTIAN FRIEDRICH SCHARNWEBER an Hardenberg, 20. 11. 1820, zit. Einleitung d. Hg., Preußische Reformen 1807—1820, hg. v. BARBARA VOGEL (Königstein/Ts. 1980), 20, Anm. 30.
[52] KARL FRIEDRICH GRAF V. REINHARD an den König v. Westfalen, Okt. 1813, abgedr. Goethe und Reinhard. Briefwechsel in den Jahren 1807—1832, hg. v. OTTO HEUSCHELE (Wiesbaden 1957), 443; ders. an Goethe, 16. 1. 1819, ebd., 227.
[53] CARL V. CLAUSEWITZ, Umtriebe (1819/23), Polit. Schr. u. Br., hg. v. Hans Rothfels (München 1922), 192.

volle deutsche Bundesverfassung anstreben: *Benutzen die ... Staatsmänner die Krise des Moments nicht, um das Wohl ihres Vaterlandes auf eine dauerhafte Art zu befestigen, ... so werden Zeitgenossen und Nachwelt sie des Leichtsinns, der Gleichgültigkeit gegen das Glück des Vaterlandes mit Recht anklagen und als daran schuldig brandmarken*[54]. Die beiden Momente der Urteilsfindung und Diagnose sowie der Anweisung zur Therapie bleiben in Anlehnung an die medizinische Herkunft des Ausdrucks auch im politischen Sprachgebrauch erhalten. Das ist bis heute so geblieben, wobei die zeitliche Tiefenbestimmung, um den rechten Moment der Entscheidung zu finden, sich meistens aus unentrinnbaren Handlungszwängen ergibt. Der Handlungsspielraum wird dann durch den Krisenbegriff auf eine Zwangslage eingeengt, in der die Handelnden nur einander restlos widersprechende Alternativen wählen können.

2. Die geschichtsphilosophische Ausweitung

Seit der zweiten Hälfte des 18. Jahrhunderts kam eine religiöse Tönung in den Wortgebrauch, die aber schon als posttheologisch, nämlich geschichtsphilosophisch bezeichnet werden muß. Dabei spielt — neben der Krankheitsmetaphorik — die Assoziationskraft des Jüngsten Gerichtes und der Apokalyptik dauernd in die Wortverwendung hinein, so daß an der theologischen Herkunft der neuen Begriffsbildung kein Zweifel bestehen kann. Auch deshalb führt die geschichtsphilosophische Begriffsbildung von 'Krise' zu harten dualistischen Alternativen. Dennoch kann der Wortgebrauch keinem bestimmten Lager zugewiesen werden. 'Krise' bleibt parteipolitisch ambivalent. Die Stimmungslage der Krisenerfahrung wird allgemein, die Diagnosen und Prognosen, die sich ihr anschließen, sind verschieden.

Infolgedessen ist es nicht angebracht, dem pragmatischen Sprachgebrauch folgend, die damaligen politischen Lager als Gliederungsprinzip zu verwenden. Damit würden die Alternativen früherer Selbstdeutung als der geschichtlichen Wirklichkeit angemessene Indikatoren festgeschrieben werden. Diese Einteilung verfehlt die semantische Qualität des Krisenbegriffs, immer auch andere Alternativen zuzulassen, die nicht nur gegenläufige, sondern auch quer dazu verlaufende Möglichkeiten aufzeigen. Die verschiedenartige Verwendung des Krisenbegriffs indiziert gerade durch die Vielzahl gegenseitig sich ausschließender Alternativen, daß es sich tatsächlich um eine „Krise" gehandelt hat, ohne daß sie in den jeweils angebotenen Deutungen aufgegangen wäre.

Daher wird hier nicht nur nach den inhaltlichen Zielvorstellungen gefragt, sondern nach den zeitlichen Deutungsmustern, die verwendet wurden. Der medizinische und der theologische Herkunftsbereich bieten dazu eine Hilfe. Entweder gibt die Krise zu erkennen, daß es sich zwar um eine einmalige Situation handelt, daß sie sich aber — wie bei Krankheitsverläufen — grundsätzlich wiederholen könne. Oder die Krise wird in Analogie zum Jüngsten Gericht zwar auch als einmalige, vor allem aber als letzte Entscheidung gedeutet, nach der alles ganz anders sein werde. Zwischen diesen Extremen gibt es eine Fülle von Varianten, in denen sich, logisch einander aus-

---

[54] FRH. VOM STEIN, Denkschrift aus Prag (Ende August 1813), Ausg. polit. Br. u. Denkschr., hg. v. Erich Botzenhart u. Gunther Ipsen (Stuttgart 1955), 333.

schließend, der strukturell wiederholbare und der absolut einmalige Charakter der Krise gegenseitig einfärben.

So kann der Krisenbegriff die neuzeitliche Erfahrung so weit verallgemeinern, daß 'Krise' zum Dauerbegriff für 'Geschichte' schlechthin wird. Dies ist erstmals der Fall bei SCHILLERS Diktum: *Die Weltgeschichte ist das Weltgericht*[55], dessen Wirkung gar nicht unterschätzt werden kann. Ohne den Terminus für das Jüngste Gericht zu übernehmen, hat Schiller die ganze Weltgeschichte als einzige Krise gedeutet, die sich stets und ständig vollzieht. Der Richtspruch wird nicht von außen, etwa von Gott oder von den Historikern ex post über die Geschichte ausgesprochen, sondern er vollzieht sich durch die Handlungen und Unterlassungen der Menschen hindurch. Was man von der Minute ausgeschlagen, gibt keine Ewigkeit zurück. Der Krisenbegriff ist zur prozessualen Grundbestimmung der geschichtlichen Zeit geworden.

Eine andere Variante liegt in der wiederholten Anwendbarkeit eines Krisenbegriffs, der zugleich — etwa auf der aufsteigenden Linie des Fortschritts — eine historisch einmalige Durchgangsphase darstellt. Er gerinnt dann zu einem Epochenbegriff, der eine kritische Übergangszeit indiziert, nach der, wenn nicht alles, so doch grundsätzlich sehr vieles sehr anders sein werde. 'Krise' als Epochenbegriff, der eine der ganz seltenen, eher noch eine einzigartige Übergangszeit anzeigt, hat sich im letzten Drittel des achtzehnten Jahrhunderts am stärksten ausgebreitet, und zwar völlig unbeschadet der jeweiligen parteilichen Wortverwendungen.

Auf die geschichtliche Zeit bezogen, läßt sich also die Semantik des Krisenbegriffs nach vier — typisierten — Möglichkeiten hin aufschlüsseln. 1) Angelehnt an den medizinisch-politisch-militärischen Wortgebrauch, kann 'Krise' vorzüglich die Ereignisketten verschiedener Handlungsträger meinen, die alle auf einen Entscheidungspunkt zusteuern. 2) Angelehnt an die Verheißung des kommenden „letzten Tages", kann 'Krise' die geschichtliche Letztentscheidung meinen, nach der sich die Qualität der Geschichte grundsätzlich verändert. Eine solche Krise ist nicht wiederholbar. 3) Schon mehr abgelöst von den Herkunftsmöglichkeiten der medizinischen oder theologischen Bedeutungsfelder sind die Neuprägungen: 'Krise' als Dauer- oder Zustandskategorie, die gleichwohl auf einen Prozeß, auf ständig sich reproduzierende kritische Situationen oder entscheidungsschwangere Lagen verweist. 4) Oder 'Krise' dient als geschichtsimmanenter Übergangsbegriff, wobei es von der Diagnose abhängt, ob die Übergangsphase zum Besseren oder Schlechteren führt und wie lange sie dauern wird. In allen Fällen handelt es sich um die tastenden Versuche, eine zeitspezifische Ausdrucksmöglichkeit zu gewinnen, die die Erfahrung einer neuen Zeit auf den Begriff bringen sollte, deren Herkunft verschieden tief gestaffelt wird und deren unbekannte Zukunft allen Wünschen und Ängsten, Befürchtungen oder Hoffnungen freien Spielraum zu lassen schien. 'Krise' wird zur strukturellen Signatur der Neuzeit.

---

[55] SCHILLER, Resignation. Eine Phantasie (1781/84), SA Bd. 1 (o. J.), 199. Vgl. → Geschichte, Bd. 2, 667f. — Ein früher Beleg für 'Krise' als eine geschichtliche Dauer-Kategorie, wenn auch mit progressivem Oberton, findet sich bei MÖSER, Patriotische Phantasien (1778), SW Bd. 6 (1943), 81; um ein Volk groß zu machen, müsse es in Tätigkeit gehalten werden, *und in einer solchen beständigen Krisis unterhalten ..., worin es immerfort seine Kräfte anspannen und durch den Gebrauch derselben die Summe des Guten in der Welt vermehren könnte.*

a) **Der westliche Vorlauf in der geschichtlichen Begriffsbildung.** ROUSSEAU verwendet 'Krise' 1762 erstmals in einem modernen Sinn, nämlich geschichtsphilosophisch und prognostisch zugleich. Die Wortverwendung richtete sich sowohl gegen einen optimistischen Fortschrittsglauben wie gegen eine statische Kreislauflehre. Kraft dieser doppelten Stoßrichtung wurde 'Krise' zu einem gleichsam neuen Begriff. Nachdem Rousseau — im „Émile" — Herr und Knecht auf ihren menschlich gleichen Status natürlicher Bedürfnisse reduziert hatte, ruft er suggestiv aus, man vertraue vergeblich auf die Dauerhaftigkeit der gegenwärtigen Gesellschaftsordnung. Sie sei unentrinnbaren Revolutionen ausgesetzt, die man weder voraussagen noch verhindern könne. Die großen Monarchien Europas hätten ihre Glanzzeit hinter sich. Rousseau dreht seine Prognose aus dem überkommenen Kreislaufmodell heraus, das die Sukzession der Herrschaftsformen behandelte. Hinter dem Sturz der Könige taucht vielmehr die Vision einer radikalen Umwälzung auf, die die ganze Gesellschaft erfassen werde. *Nous approchons de l'état de crise et du siècle des révolutions*[56]. Revolutionen wird es in Vielzahl geben, der Zustand der Krise, der das 19. Jahrhundert eröffnet, so wird man später folgern, wird dauern. Halb prophetisch, halb prognostisch wird die Zukunft der Geschichte vorweggenommen. Er entwirft das Bild einer langfristigen Zukunft, in der nur noch zählt, wer arbeitet, wo Reichtum oder Armut zugunsten gesellschaftlicher Leistung verschwinden, wo jeder müßige Bürger Spitzbube genannt werde. Im heute gefällten gesellschaftskritischen Urteil über die kommenden Umwälzungen ist eine zeitliche Spannung angelegt, die früher in chiliastischen oder apokalyptischen Beschwörungen des Jüngsten Gerichts enthalten war[57]. Die Vision des fernen nachrevolutionären Zustandes gleicht einer Aufhebung aller bisherigen Geschichte. Insoweit handelt es sich um die Transposition eines eschatologischen in einen geschichtsphilosophischen Begriff, der den bisher üblichen, auch Rousseau geläufigen, nur politischen Sprachgebrauch überhöht[58].

Ähnlich, wenn auch unmittelbarer auf die eigene Situation bezogen, verwendete DIDEROT den Begriff. 1771 schrieb er nach der Auflösung des Pariser Parlaments, das Feuer der Freiheit, bisher verborgen, breche offen aus. Nachdem die Majestät des Himmels bedroht worden sei, sei der Angriff auf die irdische Souveränität nicht mehr aufzuhalten. Das sei die gegenwärtige Lage, und wer könne sagen, wohin sie

---

[56] ROUSSEAU, Émile ou de l'éducation (1762), Oeuvres compl., t. 4 (1969), 468.
[57] Eine Vorstufe zur Enttheologisierung des Krisenbegriffs bot MONTESQUIEU, Lettres persanes, Nr. 39 (1721), Oeuvres compl., t. 1 (1964), 187, als er den Bericht über die Geburt Mohammeds = Jesus ironisch paraphrasierte: *Il me semble, ... qu'il y a toujours des signes éclatants, qui préparent à la naissance des hommes extraordinaires; comme si la nature souffrait une espèce de crise, et que la Puissance céleste ne produisît qu'avec effort ... Les trônes des rois furent renversés; Lucifer fut jeté au fond de la mer.*
[58] Vgl. ROUSSEAU, Contrat social 2, 10 (1762), Oeuvres compl., t. 3 (1966), 390, wo von der *tems de crise* während der Gründungszeit eines Gemeinwesens die Rede ist, und ebd. 4, 6 (p. 458), wo von der *crise* gehandelt wird, die zur Diktatur führe, in deren Frist über Rettung oder Untergang entschieden werde. Noch getrennt verwendete Rousseau beide Begriffe, ebd. 2, 8 (p. 385), indem er Revolutionen und Bürgerkriege der Staaten ausdrücklich mit der Krankheitskrise einzelner Menschen vergleicht: beide könnten zur Wiedergeburt führen.

a) Begriffsbildung in Frankreich und England

uns führt? *Nous touchons à une crise qui aboutira à l'ésclavage ou à la liberté*[59]. Damit formulierte Diderot eine dualistische Zwangsprognose, die mehr als nur die politische Verfassung in Frage stellte. Die Alternative ist total, sie erfaßte die ganze Gesellschaft.

Sieben Jahre später verwendete Diderot die medizinische Metaphorik, um im Rom von Claudius und Nero eine gleichsam apokalyptische Situation zu beschreiben, womit er freilich auf das Paris von 1778 zielte. Unruhen seien die Vorläufer großer Revolutionen. Um dem Elend zu entgehen, glaube das Volk allem, was nur ein Ende verspreche. Freundschaften zerfallen, Feinde versöhnen sich, Visionen und Prophetien schießen empor, in denen sich die kommende Katastrophe ankündigt. *C'est l'effet d'un malaise semblable à celui qui précède la crise dans la maladie: il s'élève un mouvement de fermentation secrète au dedans de la cité; la terreur réalise ce qu'elle craint*[60].

Je nach Lage diente der Ausdruck als Indikator oder als Faktor einer auf Entscheidung drängenden Situation. Und beidemal gingen Argumentationsfiguren der strukturellen Wiederholbarkeit einer Krise sowie der unüberbietbaren Einmaligkeit der bevorstehenden Krise in den Wortgebrauch ein. Diese brisante Mehrdeutigkeit des Begriffs 'Krise' machte aus dem Wort einen geschichtlichen Grundbegriff, ohne daß Diderot — oder Rousseau — eine explizite Krisentheorie geliefert hätten. Die historisch-urteilende und richtende, die medizinisch-diagnostische und die theologisch-beschwörende Funktion sind anteilig, jeweils verschieden dosiert, im Wortgebrauch enthalten. Es ist gerade diese Kombinationsmöglichkeit, die den Ausdruck als Begriff auszeichnet: er übernahm alte Erfahrungen und verwandelte sie metaphorisch, um neue Erwartungen freizusetzen. 'Krise' gehört seit den siebziger Jahren zur strukturellen Signatur der Neuzeit.

Mit dem amerikanischen Unabhängigkeitskrieg erhielt unser Begriff die Dimension eines epochalen Schwellenbegriffs, der zugleich eine welthistorische Letztentscheidung ankündigte. THOMAS PAINE wählte deshalb den Ausdruck „The Crisis" — der sich in der englischen Publizistik längst eingebürgert hatte — zum Titel seiner Zeitschrift[61]. Darin kommentierte er die Ereignisse von 1776 bis 1783, indem er ihnen den geschichtlichen Sinn einer moralisch zwingenden Herausforderung verlieh, die zwischen Tugend und Laster, zwischen naturrechtlicher Demokratie und korrupter

---

[59] DENIS DIDEROT an Fürstin Daschkoff, 3. 4. 1771, Oeuvres compl., éd. Jean Assézat et Maurice Tourneux, t. 20 (Paris 1877), 28.

[60] Ders., Essai sur les règnes de Claude et de Néro (1778), ebd., t. 3 (1875), 168f.

[61] Zur Zeit der demokratischen Gärungen beschloß Junius 1769 seinen ersten Brief mit einer Passage, die den Wechsel aus der theologischen in die geschichtliche Dimension verdeutlicht: *If, by the immediate interposition of Providence, it were possible for us to escape a crisis so full of terror and despair, posterity will not believe the history of the present times*, JUNIUS, Including letters by the same writer ..., 21. 1. 1769, ed. John Wade, vol. 1 (London 1850), 111. — Zur Häufung der „The Crisis" genannten Pamphlete seit 1775/76 vgl. THOMAS PAINE, The Writings, ed. Moncure Daniel Conway, vol. 1 (New York 1902; Ndr. New York 1969), 168f., Introduction. — Als mit dem französischen Kriegseintritt eine Invasion drohte, sprach der Lord Chancellor 1779 von *a crisis more alarming than this country had ever known before*, zit. HERBERT BUTTERFIELD, George III., Lord North, and the people, 1779—80 (London 1949), 47.

Despotie fällig sei. *These are the times that try men's souls*⁶². Als Jünger Rousseaus glaubte er mit dem Aufstieg der neuen und der Niederlage der alten Welt dessen Visionen verwirklicht. Der Abfall der Kolonien war für ihn kein bloß politisch-militärisches Ergebnis — er war der Vollzug eines weltgeschichtlichen Gerichts, der Sturz der Tyrannei, ein Sieg über die Hölle: *the greatest and completest revolution the world ever knew, gloriously and happily accomplished*⁶³. So zeichnet sich semantisch eine Ausweitung des Krisenbegriffs ab, die dem modernen Bedeutungswandel von 'Revolution' entspricht. Krise ist nicht mehr die Vorphase der Revolution, sondern sie vollzieht sich bei Paine durch die amerikanische Revolution hindurch, die dadurch ihren Einmaligkeitscharakter gewinnt. Begriffshistorisch war das nur möglich, weil der politische Krisenbegriff durch eine theologisch gespeiste Anreicherung im Sinne des Jüngsten Gerichts zum geschichtsphilosophischen Epochenbegriff überhöht wurde. Später konnte freilich die situative und zeitlich punktuelle Bedeutung von 'Krise' wieder in den Vordergrund treten.

In diesem Sinn verteidigte 1791 Paine die Französische Revolution gegen Burkes vehemente Kritik: Jahrhunderte zurück lägen die Wurzeln einer Korruption, die nur noch durch *a complete and universal Revolution* zu beseitigen sei. *When it becomes necessary to do a thing, the whole heart und soul should go into the measure, or not attempt it. That crisis was then arrived, and there remained no choice but to act with determined vigor, or not to act at all*⁶⁴. Krise ist einerseits das letzte Ergebnis einer geschichtlichen Bewegung, andererseits nur vollziehbar durch die geschichtlich legitimierte Übernahme der moralisch absoluten Verantwortung zum Handeln, von dem Erfolg — und Erlösung abhängen.

Burke selber hatte denselben Ausdruck verwendet, aber um dieselben Phänomene, die Paine beschworen hat, analytisch zu beschreiben. Dabei verlor der Begriff keineswegs seine geschichtliche Funktion, eine schlechthin einmalige Lage begreifbar zu machen. *It appears to me as if I were in a great crisis, not of the affairs of France alone, but of all Europe, perhaps more than Europe. All circumstances taken together, the French Revolution is the most astonishing that has hitherto happend in the world*⁶⁵. Wenig später begründete Burke die Einmaligkeit dieser Krise: sie liege in der Einführung neuer politischer Prinzipien, Doktrinen, Theorien und Dogmen. Daraus sei ein bisher unbekannter Verfassungstyp entstanden: *This declaration of a new species of government, on new principles (such it professes itself to be), is a real crisis in the politics of Europe.* Sie lasse sich allenthalben mit der Reformation vergleichen. Die Grenzlinie zwischen Außen- und Innenpolitik werde unterspült, alle europäischen Staaten würden durch neue Freund- und Feindschaftslinien zersetzt, kurz, Burke entwirft das Bild eines europäischen Bürgerkrieges, der in quasi religiösen Formen alle überkommenen sozialen Bindungen und politischen Regeln sprengt⁶⁶. Er bedient sich einerseits der historischen Analogien, um die diagnostizierte Krise ihrer von den Revolutionären unterstellten Einmaligkeit zu entkleiden,

---

[62] PAINE, The Crisis, Nr. 1 (23. 12. 1776), Writings, vol. 1, 170.
[63] Ders., The Crisis, Nr. 13 (19. 4. 1783), ebd., 370.
[64] Ders., The Rights of Man (1791), ebd., vol. 2 (1906; Ndr. 1969), 283.
[65] EDMUND BURKE, Reflections on the Revolution in France (1790), ed. A. J. Grieve (London 1950), 8.
[66] Ders., Thoughts on French Affairs (1791), ebd., 287.

a) Begriffsbildung in Frankreich und England

andererseits muß er deren Auffassung teilen, um die tatsächliche „Krise" in ihrer Neuartigkeit überhaupt erfassen zu können. Der revolutionäre Erlösungsbegriff wird so in seiner Perspektive zu einer geschichtlichen Erkenntniskategorie, die gleichwohl zum politischen Handeln disponieren soll. Die diagnostische und prognostische Funktion ist im Wortgebrauch von Paine und Burke dieselbe, im diagnostizierten Inhalt und in ihrer Erwartung unterscheiden sich beide diametral. Burke eher der medizinischen und Paine eher der theologischen Herkunft verpflichtet, bedienen sich beide Autoren der neuen semantischen Qualität von 'Krise', weltgeschichtliche Alternativen deuten bzw. setzen zu können. So wird der Begriff zum gemeinsam verwendbaren, aber gegenläufig angewendeten Kampfbegriff.

Als Schlüsselbegriff für alle politischen Parteien zugleich nutzte CHATEAUBRIAND den Ausdruck: *Nul cependant dans ce moment de crise ne peut se dire: „Je ferai telle chose demain"*, *s'il n'a prévu quel sera ce demain*. Gemeinsam treibe man im Dunkeln, weshalb es erforderlich sei, den Ort der Herkunft, die eigene Lage und den Weg in die Zukunft zu erkennen. Das wolle er tun, und darum verglich er alle früheren mit den heutigen Revolutionen. Krise wurde zum Schnittpunkt der aktuellen Situation und ihrer universalhistorischen Bedingungen, deren Erkenntnis allein eine Prognose möglich macht[67].

In dieser zentralen geschichtsphilosophischen Funktion verwendeten auch SAINT-SIMON und seine Schüler den Ausdruck. Die langfristigen Ursachen der Revolution, die Jahrhunderte weit zurückreichen, drängen weiterhin auf eine totale Umwälzung aller gesellschaftlichen Verhältnisse. Die Französische Revolution war nur ein Teil der weltgeschichtlichen Krise. 'Krise', streckenweise deckungsgleich mit 'Revolution', wird zum zeitlich elastischen Oberbegriff der Moderne. Die Krise hat Religion, Wissenschaft, Moral und Politik erfaßt, aber ihre eigentlichen Triebkräfte sind gesellschaftlich. *La crise dans laquelle le corps politique se trouve engagé depuis trente ans, a pour cause fondamentale le changement total du système social*[68]. Alle Indizien verwiesen auf eine klassenlose Industriegesellschaft, und um den Weg dorthin zu beschleunigen und zu steuern, bedarf es einer Art Krisenwissenschaft, die die Gesellschaft und die Gesetze ihrer Geschichte erkenne. Sie finde dann die Mittel, um die Krise zu beenden. In COMTES Worten: *La réorganisation totale, qui peut seule terminer la grande crise moderne, consiste, en effet ... à constituer une théorie sociologique propre à expliquer convenablement l'ensemble du passé humain*. Wird die Krise erst einmal als zwangsläufige Phase der ganzen bisherigen Geschichte erkannt, dann läßt sie sich auch durch Prognose und Planung überwinden. Der zur 'Periode' gedehnte Epochenbegriff bleibt also weiterhin eschatologisch zugespitzt. Nur wird es die Aufgabe der Menschen selber sein, *la Grande Crise finale* auch wirklich zu beenden[69]. Ohne seine theologische Herkunft verleugnen zu können, hat sich der

---

[67] FRANÇOIS RENÉ VICOMTE DE CHATEAUBRIAND, Essai historique, politique et moral sur les révolutions anciennes et modernes (1797), Oeuvres compl., t. 1 (Paris 1843), 248.
[68] CLAUDE-HENRI DE SAINT-SIMON, Du système industriel (1824), Oeuvres, éd. E. Dentu, t. 3 (Paris 1869; Ndr. Paris 1966), 3. Vgl. NICOLAUS SOMBART, Vom Ursprung der Geschichtssoziologie, Arch. f. Rechts- u. Sozialphilos. 41 (1955), 487.
[69] AUGUSTE COMTE, Cours de philosophie positive, t. 2: Discours sur l'esprit positif (1844), zweisprachige Ausg., hg. v. Iring Fetscher (Hamburg 1956), 124f. 106.

Krisenbegriff zu einem genuin geschichtlichen Begriff verselbständigt. Als zentrale Erkenntniskategorie setzt er — so der positivistische Glaube — die voraussehbare und deshalb auch planbare Zukunft frei.

b) **Die geschichtsphilosophischen Varianten im Deutschen.** Im deutschen Sprachraum hat wohl Herder erstmals unseren Begriff geschichtsphilosophisch verwendet. 1774 richtet er sich gegen die viel debattierte Alternative, ob sich das menschliche Geschlecht sittlich verbessere und glücklicher werde oder ob sich alles verschlimmere. Dieses Entweder-Oder sucht er durch den Rekurs auf geschichtliche Kräfte und Neigungen, auf Institutionen und Entwicklungen zu hinterfragen. Zustände und ihr Wandel werden gegen eine lineare Fortschrittshoffnung ausgespielt, und für diesen weiterreichenden Perspektivenwechsel verwendet Herder den Entscheidungsbegriff: da *wir wirklich in mancherlei Absicht in einer so merkwürdigen Krisis des menschlichen Geistes, warum nicht auch des menschlichen Herzens? leben*, käme es darauf an, statt einem naiven Fortschritt zu huldigen, die inneren Kräfte aller Geschichte zu erkennen und abzuwägen[70].

Iselin, gegen dessen Geschichtsdeutung eines sich beschleunigt akkumulierenden Fortschreitens Herder polemisiert hatte, schob 1786 in die fünfte Auflage seiner Menschheitsgeschichte eine Krisenpassage ein. Die Teilung Polens, der amerikanische Unabhängigkeitskrieg und die populistischen Gärungen in England erscheinen als *moralische Ungewitter*, die *endlich die Luft reinigen und Heiterkeit und Stille erzeugen ... Sie scheinen die Mutmaßung zu rechtfertigen, daß Europa sich nun in einer weit größeren Crisis befinde, als es jemals seit dem Anfange seiner Policierung sich befunden hat, und weit entfernt, daß wir ängstlichen Beobachter diese Crisis als gefährlich ansehen sollten, gibt sie uns eher tröstliche und hoffnungsvolle Aussichten*[71]. Damit wurde der Krisenbegriff im Hoffnungssog des Fortschritts seiner alternativen Unentrinnbarkeit entblößt, zugunsten einer optimistischen Übergangsdeutung mediatisiert. Dieser heruntergestimmte Begriffsgehalt sollte im 19. Jahrhundert vor allem im Bereich der liberalen ökonomischen Theorie häufige Verwendung finden.

Aber bevor 'Krise' zu einem iterativen Begriff der progressiven Geschichte wurde, gewann er auch im Deutschen zur Revolutionszeit den Sinn einer einmaligen, epochalen Herausforderung. So sprach Herder um 1793 von *unsrer Zeit-Krise*, die die Alternative 'Revolution' oder 'Evolution' erzwinge[72].

Herder verwendete 'Krise' als geschichtlichen Schlüsselbegriff, dessen Alternative nicht mehr Tod oder Wiedergeburt lauten konnte, sondern in beiden Fällen eine langfristige Veränderung denknotwendig voraussetzte. Die medizinische Metapher verblaßt, der geschichtliche Krisenbegriff beginnt sich zu verselbständigen.

Ein ähnlicher Vorgang läßt sich beim jungen Görres verfolgen, der als Republikaner im anderen Lager stand. Zunächst nutzte er den kurzfristigen Krisenbegriff der

---

[70] Herder, Auch eine Philosophie der Geschichte zur Bildung der Menschheit (1774), SW Bd. 5 (1891), 589.
[71] Isaac Iselin, Philosophische Mutmaßungen über die Geschichte der Menschheit (1764/70), 5. Aufl., Bd. 2 (Basel 1786), 380.
[72] Herder, Briefe zu Beförderung der Humanität. Anhang: zurückbehaltene und „abgeschnittene" Briefe (1792/97), SW Bd. 18 (1883), 331. → Entwicklung, Bd. 2, 206.

b) Geschichtsphilosophische Varianten im Deutschen

Medizin, um politische, punktuelle Umschlagssituationen zu beschreiben, dann aber dehnte er den Horizont, um aus der Krise welthistorische Alternativen abzuleiten.

In seinem „Rothen Blatt" veröffentlichte er 1798 ein *Fragment unserer neuerfundenen politischen Pathologie*. Darin zog er *eine medizinisch-politische Parallele* zwischen vier Stadien der *Blattern* und dem *Revolutionsfieber* und diagnostizierte zwei Tage der Krise, den 9. Thermidor (1794) und den 18. Fructidor (1797). Kurz darauf formulierte er in seinem „Rübezahl", am Vorabend des zweiten Koalitionskrieges, *einige Ideen über die neueste Krisis im Staatensystem Europas*, und räumte ein, nicht zu wissen, wann sich *die Ruhe der Zukunft* einstellen werde. *Sechs Jahre hindurch hat uns der Monarchis'm und der Republikanis'm den Anblick eines Kampfes auf Tod und Leben gegeben, der einzig in seiner Art in der Weltgeschichte* sei. 42 Millionen Europäer seien auf das republikanische System eingeschworen, 40 Millionen *neutralisiert* und mehr als 57 folgten *dem entgegengesetzten monarchischen Prinzip*. Aber — gleich ob es Krieg oder Frieden geben werde — die Republikaner könnten der Zukunft *ohne Besorgnisse* entgegensehen. Für sie gebe es kein Zurück, während sich die Monarchien vom *Übergang* zur Republik bedroht sähen. Damit gewinnt der Krisenbegriff die Funktion, einen welthistorisch einmaligen, aber doch progressiv festgelegten Übergang zu beschreiben und mehr noch zu evozieren. Die von Paine und Iselin vorgezeichnete Variante setzt sich hier durch[73].

Zwei Jahre später verwendet Gentz den Begriff gegenläufig, um mit ihm eine langfristige Strukturveränderung zu bezeichnen, deren Ende noch nicht abzusehen sei. Dabei standen ihm Rousseau als anregender Gegner und Burke, den er übersetzt hatte, als gedanklicher Pate zur Seite. *Wir glauben uns dem Ende der größten und fürchterlichsten Krisis zu nähern, welche die gesellschaftliche Verfassung von Europa seit mehreren Jahrhunderten erfuhr*. So wird ‚Krise' auch im Deutschen zum Epochenbegriff gedehnt, ohne ein Ende daraus ableiten zu können. *Was ist ihr wahrscheinliches Resultat? Was sind unsere Erwartungen für die Zukunft?*, fragt Gentz weiter, und er gesteht sich ein, daß *die Krisis, in welcher das 19. Jahrhundert seinen Einzug hält*, nicht zu berechnen sei. Nur die negativen Seiten sind ihm unverkennbar. Die friedliebende Aufklärung sei mit der Revolution ein brisantes Bündnis eingegangen, das die Potenzen für *den grausamsten Weltkrieg, der je eine Gesellschaft erschütterte und auseinanderriß*, enorm gesteigert habe. Deshalb sei, wenn überhaupt, ohne gegensteuernde Staatskunst kein Ende der Revolutionskriege abzusehen[74].

---

[73] Görres, Rothes Blatt (1798), Ges. Schr., Bd. 1 (1928), 169. 164f.; ders., Rübezahl (1798), ebd., 318ff. — 1819 verwendete Görres — lange nach seiner politischen Umkehr von 1799 — den Krisenbegriff, um vor einer Revolution zu warnen. So wie die Natur den Kranken ins Delirium stürze, um die heilenden Kräfte nicht zu lähmen, *so muß auch in solchen Paroxysmus ein Volk zum Wahnsinn kommen, wenn die Krankheit wirklich zu einer kräftigen Krise gedeihen soll*, ders., Teutschland und die Revolution (1819), ebd., Bd. 13 (1929), 100. Die Revolution selber durcheile dann, wie alle bisherigen Beispiele zeigten, kreislaufförmig ihre Stadien. Deshalb sei es besser, ihr durch eine freiheitlich ständische Verfassung zuvorzukommen — eine These, die seine Vertreibung aus dem Rheinland zur Folge hatte.

[74] Friedrich v. Gentz, Über den ewigen Frieden (1800), abgedr. Kurt v. Raumer, Ewiger Friede. Friedensrufe und Friedenspläne seit der Renaissance (Freiburg, München 1953), 492. 494.

Wie sehr 'Krisis' im Deutschen um 1800 bereits zu einem geschichtlichen Epochenbegriff geronnen war, zeigt seine Nichtverwendung dort, wo die Zeitwende weiterhin spezifisch christlich oder religiös begriffen wurde. SCHLEIERMACHER kennt die *gewaltige Krisis* nur weltlich: als *die Grenze zwischen zwei verschiedenen Ordnungen der Dinge*, die gerade überschritten werde[75]. NOVALIS verzichtet auf den Ausdruck, da *die Christenheit* selber *die Vermittlerin der alten und neuen Welt* sein wird auf dem Weg zum *ewigen Frieden*[76]. FRIEDRICH SCHLEGEL verwendet den Ausdruck bereits als eine historische Kategorie für evolutionäre Schübe der Vergangenheit. So habe *der Nazionalcharakter des Europäischen Völkersystems in drei entscheidenden Krisen schon drei große Evolutionen erlebt ... — im Zeitalter der Kreuzzüge, im Zeitalter der Reformation und der Entdeckung von Amerika, und in unserem* (dem 18.) *Jahrhundert*[77]. Aber dort, wo er als katholischer Geschichtstheologe argumentiert, spricht er von der eigenen, der vorletzten Periode als der *schlechtesten und gefährlichsten*, der die Periode des *Weltgerichts* folge[78]. Oder er deutet den Untergang der jüdischen Nation *als ein partielles Weltgericht im kleinen*[79], während er den Krisenbegriff enger politisch-geschichtlich faßt. So sah er zu Beginn der 20er Jahre eine *neue Epoche* anbrechen, die alle *mit einer neuen furchtbaren Krisis und allgemeinen Erschütterung bedroht*, weil die Revolution nicht mehr von oben oder unten käme, sondern *aus der Mitte heraus*[80]. Oder ERNST MORITZ ARNDT, der 1807 den „Geist der Zeit" mit apokalyptischen Bildern zu deuten nicht müde wurde, bedient sich weiterhin der deutschen Bibelsprache: *Fürchterlicher Zustand, bei welchem man vor zwei Jahrhunderten noch an den jüngsten Tag gedacht hätte! und erleben wir nicht jüngste Tage genug? ... Nur eine Rettung ist da, mitzugehen durch den Feuertod, um das lebendige Leben für sich und für andere zu gewinnen*[81]. Das Wort 'jüngster Tag' teilt — mit 'Krise' — die Vergeschichtlichung, aber der deutsche Ausdruck schloß enger an jene religiösen Stimmungsgehalte an, die Arndt demokratisch anfachen wollte.

VI. 'Krise' und Krisen: das 19. Jahrhundert

Gott, wann wird doch die Zeit der Weltkrise vorübergehen und der Geist der Gerechtigkeit und der Ordnung wieder allgemeiner werden! Mit diesem Ausruf eines Journalisten endete im November 1814 eine Eingabe an einen preußischen Oberpräsidenten. Die gewichtige Wortwahl ist symptomatisch[82].

---

[75] SCHLEIERMACHER, Über die Religion. Reden an die Gebildeten unter ihren Verächtern (1799), GW 1. Abt., Bd. 1 (1843), 437.
[76] NOVALIS, Die Christenheit oder Europa (1799), GW 2. Aufl., Bd. 3 (1968), 524.
[77] FRIEDRICH SCHLEGEL, Über das Studium der griechischen Poesie (1810/11), SW Bd. 1 (1979), 356; ferner die Anwendung auf das englische 17. Jahrhundert, ders., Über Fox und dessen Nachlaß (1810), ebd., Bd. 7 (1966), 116.
[78] Ders., Vorlesungen über Universalgeschichte (1805/06), ebd., Bd. 14 (1960), 252.
[79] Ders., Philosophie der Geschichte (1828), ebd., Bd. 9 (1971), 227.
[80] Ders., Signatur des Zeitalters (1820/23), ebd., Bd. 7, 534.
[81] ERNST MORITZ ARNDT, Geist der Zeit (1807), Werke, hg. v. August Leffson u. Wilhelm Steffens, Bd. 6 (Berlin, Leipzig, Wien, Stuttgart o. J.), 47.
[82] ARNOLD MALLINCKRODT an Ludwig v. Vincke, 16. 11. 1814, abgedr. HANS JOACHIM SCHOEPS, Briefe an Ludwig v. Vincke, Westfalen. Hefte f. Gesch., Kunst u. Volkskunde 44 (1966), 268.

VI. 1. 'Krise' in der Alltagserfahrung

Das Zeitalter der Revolution schien beendet, aber die Erfahrungen des anhaltenden Umbruchs, des Übergangs und die Hoffnungen, die darauf gesetzt wurden, nahmen kein Ende. Für diesen Befund bot sich der Begriff 'Krise' wegen all seiner Varianten als besonders schlüssig an. Er konnte sowohl den langfristigen Wandel wie einmalige Zuspitzungen meinen, Endzeithoffnungen oder skeptische Befürchtungen zum Ausdruck bringen.

1. 'Krise' in der Alltagserfahrung

Wenn die Häufigkeit des Wortgebrauches ein Indikator für die Tatsächlichkeit einer Krise ist, könnte die Neuzeit seit dem Beginn des 19. Jahrhunderts ein Zeitalter der Krise genannt werden. Die „Weltkrise" erfaßt alle Bereiche. So sprach SCHLEGEL schon 1820 von *der großen Krisis der tiefern deutschen Philosophie*, die jetzt die Jugend zur Tat dränge[83]. Oder der BROCKHAUS („Conversations-Lexicon der Gegenwart") bescheinigte 1839 dem „Jungen Deutschland" eine *literarische Krisis*[84], BRUNO BAUER 1837 der Theologie eine *allgemeine Krisis*[85]. Der umfängliche Briefwechsel von PERTHES, ein Resonanzboden der damaligen Öffentlichkeit, bezeugt vor allem die politisch-historische Variantenskala. Nach Karlsbad erwartet man 1819, daß die deutschen Staaten *sämtlich eine innere Krisis zu überstehen haben, die zum Ministerwechsel führen müsse*[86]. 1822 heißt es: *Es wird noch mehr als eine Krisis eintreten, bevor diejenige erfolgt, die endlich ein Gefühl der Sicherheit gibt und es den einzelnen wie den Staaten erlaubt, sich des Besitzes zu freuen*[87].
Kurz darauf sieht jemand im Liberalismus das einzige *Heilmittel der allgemeinen Krankheit, an welcher Europa daniederliegt. Die wahre Genesung trete aber erst ein, wenn die Krisis, welche durch die hastige Arznei herbeigeführt werden wird, glücklich überstanden ist*[88]. Nach der Julirevolution wird dem kommenden deutschen Großstaat eine Krisis vorausgesagt, *vor der er heute schaudern würde, wenn er sie auch nur ahnte. Heute ist nicht mehr Zeit zu dem, was noch vor zehn Jahren an der Zeit war*[89]. Vor allem Preußen, heißt es kurz darauf, sei herausgefordert *in diesen Zeiten der Krise, welche noch lange anhalten, sich steigern und zuletzt in offenen Waffenkampf ausbrechen kann*[90]. 1843 schreibt Perthes selber: *Wir stehen an dem Vorabend großer, gewaltiger Ereignisse; die politischen Verhältnisse drängen zu einer europäischen Krisis*. Die Veränderungen in den materiellen und geistigen Bedingungen treiben beschleunigt auf einen Kulminationspunkt zu. *Solange es Geschichte gibt*, sei das letzte Vierteljahrhundert des Friedens *eine der größten und entscheidensten Epochen*[91]. — So deckte der Krisenbegriff die Einmaligkeit des strukturellen Wandels so gut ab wie die Einmaligkeit der jeweilig akut werdenden Entscheidungssituationen.

---

[83] SCHLEGEL, Signatur des Zeitalters, 517.
[84] BROCKHAUS, CL Gegenwart, Bd. 2 (1839), 1181, Art. Junges Deutschland.
[85] BRUNO BAUER, Rez. v. Schr. über Strauß' „Leben Jesu", Jbb. f. wiss. Kritik 1 (1837), 325, zit. HORST STUKE, Philosophie der Tat. Studien zur „Verwirklichung der Philosophie" bei den Junghegelianern und den wahren Sozialisten (Stuttgart 1963), 131.
[86] CLEMENS THEODOR PERTHES, Friedrich Perthes' Leben nach dessen schriftlichen und mündlichen Mitteilungen, 6. Aufl., Bd. 2 (Gotha 1872), 176.
[87] Ebd., Bd. 3 (1872), 241.
[88] Ebd., 259.   [89] Ebd., 315.   [90] Ebd., 343.   [91] Ebd., 455.

Es lag in der Sachlogik der Revolution, daß sich seit 1847 die situative Verwendung des Krisenbegriffs häufte. *Wir haben eine große Krisis durchlebt*, schrieb BECKERATH als Liberaler aus dem Vereinigten Landtag. *Es handelte sich darum, dem Könige den Gehorsam zu verweigern ... oder mit unserer Überzeugung in Widerspruch zu geraten*[92]. Im Mai 1848 schreibt KAPP, aus dem radikalen Lager, daß die kommende Republik auf die bisherigen Parlamentarier verzichten müsse: *Sie verlangt neue Menschen und als solche müssen wir uns stellen. Bis diese Krise eintritt, habe ich zu leben*[93]. Und MOLTKE, um einen Zeugen aus dem staatstreuen Lager zu nennen, verwendete 'Krisis' immer wieder, um innen- oder außenpolitische Wendepunkte im Verlauf der Revolution zu diagnostizieren[94].

Alle zeitlichen Dimensionen des Krisenbegriffs verwendete CONSTANTIN FRANTZ, um den Staatsstreich Napoleons III. geschichtlich zu begründen. Die parlamentarische Vorgeschichte bestand 35 Jahre lang aus *Ministerkrisen ... und immer wieder Ministerkrisen*[95]. Die Revolution von 1848 betrachtet er *physiologisch*, um *extramundane* oder *infernale* Deutungen zu vermeiden, *während sie doch nur die Krisis einer Krankheit des Nationallebens war, deren Ursachen vollkommen erkennbar sind*[96]. Ferner war der Staatsstreich selber das unvermeidliche Ergebnis einer akuten *Krisis*[97], und schließlich sagte Frantz in Anbetracht der fragwürdigen Figur des neuen Napoleon voraus: *Frankreich wird in der Krisis verharren, bis sich nicht die Scheidung vollendet, welche das Wahre zur Wirklichkeit macht, und die Lüge aber in ihr Nichts zurückweist. Dies ist die Lösung, oder es gibt überhaupt keine Lösung*[98]. Der Hintergrund dieser Dauerkrise ist für Frantz die Diskrepanz zwischen einer sich wandelnden Sozialstruktur und den niemals angemessenen, daher nicht legitimierbaren Herrschaftsformen. Den letztmöglichen Ausweg erblickte er in der Diktatur, — falls sie fähig sei, die Identität mit dem Volkswillen herzustellen[99].

Nachdem sich 'Krise' als Schlagwort eingebürgert hatte, wurde die Art seiner Verwendung zum Indikator der Krisenintensität und des Bewußtseins davon. Der häufige Kanzlerwechsel nach Bismarcks Sturz führte schnell zu einer Inflation des

---

[92] HERMANN V. BECKERATH an seine Familie, 26. 6. 1847, abgedr. Rheinische Briefe und Akten zur Geschichte der politischen Bewegung 1830—1850, hg. v. JOSEPH HANSEN, Bd. 2 (Bonn 1942), 288.

[93] FRIEDRICH KAPP an seinen Vater, 7. 5. 1848, abgedr. ders., Vom radikalen Frühsozialismus des Vormärz zum liberalen Parteipolitiker des Bismarckreiches. Briefe 1843—1884, hg. v. Hans-Ulrich Wehler (Frankfurt 1969), 55.

[94] HELMUTH V. MOLTKE an seine Mutter, 3. 8. 1848; ders. an seinen Bruder Adolf, 17. 11. 1848; ders., an seinen Bruder Ludwig, 21. 3. 1850, Ges. Schr. u. Denkwürdigkeiten, Bd. 4 (Berlin 1891), 122. 129. 142.

[95] CONSTANTIN FRANTZ, Louis Napoleon (1852), Ndr. d. Ausg. v. 1933 (Darmstadt 1960), 34.

[96] Ebd., 54.

[97] Ebd., 16.

[98] Ebd., 76.

[99] Mit ähnlich mehrdeutiger Verwendung des Begriffs 'Crise' forderte Romieu schon 1850 die Diktatur. Seine Prämisse lautete, *daß das neunzehnte Jahrhundert nichts Dauerndes begründet sehen wird*, AUGUSTE ROMIEU, Der Cäsarismus oder die Nothwendigkeit der Säbelherrschaft, dargetan durch geschichtliche Beispiele von den Zeiten der Cäsaren bis auf die Gegenwart (1850), dt. nach der 2. franz. Aufl. (Weimar 1851), 7. 47. 59. 79.

Ausdrucks 'Kanzlerkrise', die vordergründig gerne personenpolitisch gedeutet wurde. Aber gerade diesen Wortgebrauch nahm MAXIMILIAN HARDEN zum Anlaß, dahinter eine institutionelle Krise zu diagnostizieren: Das Raunen von einer verborgenen Kamarilla speise *die gespannte Erwartung einer politischen Krisis. Der Sprachgebrauch nennt jede Störung im Gleichgewicht der Organismen eine Krisis:* Nur meine der jedem Laien bekannte medizinische Krisenbegriff eine *rasche Entscheidung ... In diesem Sinne darf von einer politischen Krisis bei uns nicht gesprochen werden. Den krankhaften Zustand unseres staatlichen Lebens empfindet jeder, und die meisten fürchten, daß er eines Tages ein schlimmes Ende nehmen wird ... wir können froh sein, wenn eine langsame Lysis uns von dem schleichenden Übel befreit*[100].

Die Rückbindung der Metapher an ihre medizinische Herkunft ermöglichte es, die anhaltende Krise — als Lysis ebenfalls medizinisch umschrieben — von der ereignisbezogenen Krise abzuheben. Die auf diese Weise unterscheidbaren Befunde werden in unserem Jahrhundert freilich weiterhin mit demselben mehrdeutigen Schlagwort bezeichnet. Die emotionalen Obertöne verzehren jede theoretische Stringenz. Gleichwohl gab es immer wieder Ansätze, 'Krise' in einem geschichtstheoretisch geklärten Kontext eindeutiger zu verwenden.

2. 'Krise' als geschichtstheoretischer Begriff

Während die geschichtsphilosophischen Systeme des deutschen Idealismus den Krisenbegriff nur peripher nutzten — der die Wirklichkeit hervortreibende Geist war jeder akuten Krise überlegen — erhielt der Begriff in der junghegelianischen Erbfolge zentrale Bedeutung. Die zur Praxis und zur Tat drängende Philosophie sucht jene Freiheit zu verwirklichen, deren Fehlen von der Kritik registriert wird. Die mit der Wirklichkeit zerfallende Kritik drängt auf eine Entscheidung, die, von der Geschichte als 'Krise' begriffen, bereits vorgegeben und vorbereitet wird[101]. *Unsere Zeit ist nun vorzugsweise kritisch, und die Krisis ... nichts Geringeres, als das ... Bestreben, ... die Schale der ganzen Vergangenheit zu durchbrechen und abzuwerfen, ein Zeichen, das sich bereits ein neuer Inhalt gebildet hat,* wie RUGE formulierte[102]. Die Kritik treibt die Krise voran, indem sie deren geschichtliche Richtung durchschaut. In BRUNO BAUERS Worten: *Die Geschichte ... wird die Freiheit, die uns die Theorie gegeben hat, zur Macht erheben, die der Welt eine neue Gestalt gibt ... Die Geschichte wird für die Krisis und ihren Ausgang sorgen*[103]. Vom rechten Urteil über die Geschichte hängt es ab, ob die zur Entscheidung drängenden Probleme

---

[100] MAXIMILIAN HARDEN, Kamarilla, Die Zukunft (1896), zit. JÜRGEN W. SCHÄFER, Kanzlerbild und Kanzlermythos in der Zeit des „Neuen Curses" (Paderborn 1973), 46; dort auch eine semantische Analyse des Wortgebrauchs. — BISMARCK an Kaiser Franz Joseph, 26. 3. 1890, FA Bd. 14/2 (1933), 999: *Angesichts der Crisen, die im Innern uns bevorzustehen scheinen,* sei er nicht freiwillig zurückgetreten.
[101] Vgl. STUKE, Philosophie der Tat, passim; KURT RÖTTGERS, Kritik und Praxis (Berlin, New York 1975), 165ff.
[102] ARNOLD RUGE, Die Zeit und die Zeitschrift (1842), zit. RÖTTGERS, Kritik und Praxis, 238.
[103] B. BAUER, Die gute Sache der Freiheit und meine eigene Angelegenheit (1842), zit. STUKE, Philosophie der Tat, 174.

in Staat, Kirche und Gesellschaft auch praktisch aufgelöst werden können. So bleibt 'Krise' ein geschichtsphilosophischer Reflexionsbegriff, der auf eine bewußte Vollstreckung kritisch aufweisbarer Tendenzen angelegt ist.

In den Worten von MEVISSEN, einem Unternehmer, der Marx protegierte und den Junghegelianern nahestand: Die *Anerkennung des Vorhandenseins eines in seinen Gründen noch nicht, oder erst ungenügend, erkannten organischen Gebrechens ist der Vorbote einer geschichtlichen Krise, und heute, wie zu allen ähnlichen historischen Epochen, ist der Grund der Krise einzig in der Inkongruenz der Bildung des Jahrhunderts mit der Sitte, den Lebensformen und Zuständen desselben zu suchen. Ob die Krisis eine äußere, durch revolutionäre Umwälzungen sich vollziehende sein wird, oder ob der Geist der Menschheit mächtig genug geworden, um durch die Macht der Erkenntnis von innen heraus die Zustände freitätig umzugestalten* — das sei die Alternative. Deshalb suchte Mevissen die Vorrechte des Besitzes abzubauen und — vergeblich — durch einen „Allgemeinen Hülfs- und Bildungsverein" die *ausgeschlossene Majorität* des Proletariates in die Gesellschaft zu integrieren, Freiheit mit Gleichheit zu vermitteln[104].

Genau diese Diagnose teilte LORENZ VON STEIN, als er 1850, wohl zum letzten Mal, versuchte, unter den Prämissen des deutschen Idealismus die Geschichte systemimmanent zu interpretieren. *Vom Standpunkt der gesellschaftlichen Bewegung* aus zeige die europäische Geschichte *zwei große Epochen:* im Altertum herrschte die *Unfreiheit der Arbeit* neben der *Freiheit des Besitzes;* die Zeit des germanischen Königtums sei durch den wechselhaften Kampf zwischen *freier Arbeit* und *freiem Besitz* gekennzeichnet. *Unsere Gegenwart ist nichts anderes, als das letzte Stadium dieses Kampfes. Durch ganz Europa geht das Gefühl, daß dieser Zustand nicht dauern kann, nicht dauern wird. Gewaltige, furchtbare Bewegungen bereiten sich vor; niemand wagt es zu sagen, wohin sie führen werden. Und niemand hat in der Tat das Recht dazu, als einzelner der Zukunft ihr Losungswort zu geben.* Deshalb zieht sich Stein auf eine dritte Position zurück und formuliert eine herausfordernde Alternativprognose. Entweder gelingt es, die Sonderinteressen von Kapital und Arbeit aufzuopfern, ihre gegenseitige Bedingtheit institutionell abzusichern, so daß der Staat nicht mehr der Handlanger der Besitzinteressen bleibe, — oder Europa *falle in die Barbarei zurück* und sei *verloren*. Die Revolution von 1848, in der sich die *Souveränität der industriellen Gesellschaft ankündige,* sei nur *ein Akt jener gewaltigen Krisis*[105]. Der Krisenbegriff wird wie bei Saint-Simon aus der ganzen Geschichte abgeleitet und kennzeichnet längerfristig die allen Revolutionen des Jahrhunderts zugrundeliegende Übergangsphase zur Industriegesellschaft. Gleichwohl prognostiziert Stein nur zwei Möglichkeiten: Untergang oder gerechte Gesellschaftsorganisation. Eine eschatologische Komponente lebt in seiner Drei-Epochenlehre fort.

---

[104] GUSTAV V. MEVISSEN, Über den allgemeinen Hülfs- und Bildungsverein (1845), abgedr. J. HANSEN, G. v. Mevissen, Bd. 2: Abhandlungen, Denkschriften, Reden und Briefe (Berlin 1906), 129f.

[105] LORENZ V. STEIN, Geschichte der sozialen Bewegung in Frankreich von 1789 bis auf unsere Tage (1850), Ndr. hg. v. Gottfried Salomon, Bd. 3 (München 1921; Ndr. Darmstadt 1959), 208ff.

VI. 2. 'Krise' als geschichtstheoretischer Begriff

Deutlich abgeschwächt ist diese Komponente bei DROYSEN, als er 1854 — während des Krimkrieges — *zur Charakteristik der europäischen Krisis* eine welthistorische Gesamtanalyse vorlegte. Es handele sich nicht nur um Krieg und Verfassungsfragen, in denen sich die Kräfte messen. *Wir stehen in einer jener großen Krisen, welche von einer Weltepoche zu einer neuen hinüberleiten, ähnlich der der Kreuzzüge, und der Reformationszeit, mit der Amerika in den Horizont der Geschichte trat*[106]. Alle Bereiche seien von der Krise erfaßt. Die Macht verselbständige sich, in der Konkurrenzwirtschaft sei alles fungibel geworden, die Wissenschaft folge materialistischen Prinzipien, gegen die eine vom *Nihilismus* bedrohte Religion nicht aufkomme[107]. Das Völkerrecht werde revolutioniert, und in der Mächtekonstellation habe nur Rußland eine Stellung, *die über den Moment (der gegenwärtigen Krisis) hinausdauern wird*[108]. Am Horizont zeichne sich ein *Weltstaatensystem* ab, in dem außer Rußland das englische Reich und Nordamerika, später auch China, und eine noch nicht bekannte europäische Macht konkurrieren werden. Im Unterschied zu Stein legt sich Droysen auf keine Zukunftsalternative fest: Die Krise führt vielmehr in eine offene Zukunft, deren *unabsehbare Künftigkeiten* von Droysen prognostisch durchgespielt werden[109].

Aus noch größerer Distanz legte JACOB BURCKHARDT um 1870 eine Synopse der weltgeschichtlichen Krisen vor[110]. Statt in einer diachronen Gesamtschau dem 19. Jahrhundert seine Einzigartigkeit zuzuweisen, betont Burckhardt durch eine Typologisierung von Krisenverläufen zunächst deren Gleichartigkeit und Ähnlichkeit. Angeregt durch Thukydides und die medizinische Metaphorik vielfältig nutzend, zielt er auf eine Pathologie kritischer Prozesse, die er historisch-anthropologisch begründet[111].

Auch wenn Burckhardt den *Krieg überhaupt als Völkerkrisis* kennt, leitet er die meisten seiner Beispiele aus den beschleunigt verlaufenden revolutionären Prozessen ab[112]. Für diese bietet er eine Lehre regelhafter Phasen vom Anfang bis zum Ende, das in Restauration oder Despotie ausmündet. Auch die Verfassungskreislauflehre stand dabei Pate. Aber über diese traditionelleren, psychologisch stark angereicherten Elemente stülpt sich eine Krisentheorie, deren Ausfaltungen sich nicht an die diachronen Verlaufsfiguren revolutionärer Abläufe halten. *Sie sind als ein neuer Entwicklungsknoten zu betrachten.* Krisen sind vielschichtiger, verwickelter, auch wenn sie sich sprunghaft und plötzlich äußern. *Die echten Krisen sind überhaupt selten*[113]. So war selbst die Englische Revolution für Burckhardt keine wahre Krise, weil sich die sozialen Verhältnisse nicht tiefgreifend verändert hätten, oder die deutsche

---

[106] JOHANN GUSTAV DROYSEN, Zur Charakteristik der europäischen Krisis (1854), Polit. Schr., hg. v. Felix Gilbert (München, Berlin 1933), 328.
[107] Ebd., 341; vgl. ebd., 323ff.
[108] Ebd., 332.
[109] Ebd., 330.
[110] JACOB BURCKHARDT, Weltgeschichtliche Betrachtungen. Über geschichtliches Studium (um 1870), GW Bd. 4 (Basel, Stuttgart 1970).
[111] THEODOR SCHIEDER, Die historischen Krisen im Geschichtsdenken Jacob Burckhardts (1950), in: ders., Begegnungen mit der Geschichte (Göttingen 1962), 129ff.
[112] BURCKHARDT, Weltgeschichtliche Betrachtungen, 117.
[113] Ebd., 138. 122.

Reformation eine durch den Bauernkrieg abgekappte Krisis. Selbst die Französische Revolution nahm einen gemilderten Verlauf. Das römische erste Jahrhundert brachte so wenig die eigentliche, *große, gründliche Krisis* wie der peloponnesische Krieg. Dagegen lebte die attische Demokratie *im Grunde in einer beständigen Krisis mit beständigem Terrorismus*. Die Mehrzahl der Beispiele zeugt von *abgeschnittenen Krisen*, zu denen er auch den Bruderkrieg von 1866 rechnet. *Die Krisis wurde nach Österreich hineingeschoben*[114].

So ist die Krise zwar eine Dauermöglichkeit der Geschichte, die Wirklichkeit aber birgt zahllose Überraschungsmomente in sich, die jede Typologie relativiert. Religiöse, geistige, wirtschaftliche und politische Kräfte können sich verschürzen. *Wenn zwei Krisen sich kreuzen* — etwa eine nationale und eine religiöse —, *so frißt momentan die stärkere sich durch die schwächere hindurch*. Es gibt *gescheiterte Krisen* so sehr wie die *gemachte Scheinkrise*[115]. Eine wahre und wirklich große Krise war jedenfalls nur die Völkerwanderung, *und diese Krisis gleicht keiner andern uns näher bekannten und ist einzig in ihrer Art*. Sie führte zu Transformationen, zu rassischen Mischungen, vor allem aber zur Bildung einer geschichtlich machtvollen Großkirche[116].

Nur mit dieser langfristigen Krise läßt sich die des 19. Jahrhunderts vergleichen — weniger wegen ihrer Ähnlichkeit, als gerade wegen ihrer Einzigartigkeit, in die natürlich zahlreiche Faktoren der sich gleichbleibenden, immer auf Veränderung drängenden menschlichen Natur eingehen. Alle Kriege des Jahrhunderts seien nur Teile dieser Krise, in die sich Demokratie und Erwerbssinn, Machtsucht und intellektueller Utopismus hineinsteigern. Aber die *Hauptkrisis* stehe noch bevor, wenn Technik, Völkerkriege und soziale Revolutionen sich zusammenballen. *Der Hauptentscheid kann nur aus dem Innern der Menschheit kommen*[117] (womit die alte Weltgerichtsmetapher vollends zur anthropologisch-historischen Kategorie geworden ist).

Burckhardts semantische Einzugsgebiete waren besonders variabel, um die Vielschichtigkeit struktureller Veränderungen und ihre explosiven Aggregatbildungen umschreiben zu können. 'Krise' wurde zu einem transpersonalen Deutungsmuster höchsten Ranges, in dem lange und kurze Fristen sich überschneiden, das stets Rettung und Reinigung, Elend und Verbrechen in sich verbarg. Und trotz seiner erstaunlichen Prognosen über die kommenden Katastrophen hielt er sich in seinem Urteil zurück: *Freilich übersieht man von einer ganz großen Krisis die wahren (d. h. die relativ wahren) Folgen in ihrer Gesamtsumme (das sogenannte Gut und Böse, d. h. das für den jedesmalign Betrachter Wünschbare oder Nichtwünschbare, denn darüber kommt man doch nie hinaus) erst nach Abfluß des Zeitraums, der zu der Größe der Krisis proportional ist*[118]. So blieb der bedeutendste Krisenanalytiker vorsichtiger als alle seine Vorgänger.

1888 fragte sich Burckhardts, von ihm auf Distanz gehaltener Antipode: „Warum ich ein Schicksal bin". In NIETZSCHES Antwort bündeln sich diagnostisch und pro-

---

[114] Ebd., 120. 139. 147.
[115] Ebd., 129. 122. 146.
[116] Ebd., 122.
[117] Ebd., 150.
[118] Ebd., 132f.

vokativ alle Stränge seiner Philosophie, die die Krise des europäischen Geistes schließlich in seiner Person auf ihren Begriff zu bringen suchte: *Es wird sich einmal an meinen Namen die Erinnerung an etwas Ungeheures anknüpfen — an eine Krisis, wie es keine auf Erden gab, an die tiefste Gewissens-Kollision, an eine Entscheidung, heraufbeschworen gegen alles, was bis dahin geglaubt, gefordert, geheiligt worden war. Ich bin kein Mensch, ich bin Dynamit ... Aber meine Wahrheit ist furchtbar: denn man hieß bisher die Lüge Wahrheit. — Umwertung aller Werte: das ist meine Formel für einen Akt höchster Selbstbesinnung der Menschheit, der in mir Fleisch und Genie geworden ist.* Nach der Entlarvung der Jahrtausende währenden Lebenslügen in moralischer, metaphysischer oder christlicher Verpackung würde die Politik in einem *Geisterkrieg* aufgehen, der *alle Machtgebilde der alten Gesellschaft in die Luft* sprenge, und es werde *Kriege geben, wie es noch keine auf Erden gegeben hat*[119].

3. Die ökonomische Ausdifferenzierung des Begriffs

Sicher wäre unser Begriff zu keinem Schlagwort geworden, hätte er nicht einen Bedeutungsgehalt hinzugewonnen, der eine Erfahrung abdeckte, die immer mehr zum Alltag gehörte: die Wirtschaftskrisen. Zunächst durch die Kriegsfolgen bedingt und in Deutschland hauptsächlich auf agrarische Überschüsse wie 1825 oder Mißernten wie 1847 zurückführbar, rückten die Krisen zunehmend, endgültig seit 1857, in einen weltweiten Zusammenhang, der durch das kapitalistische System hervorgerufen worden war. Die Verwendung des Krisenbegriffs entspricht diesem Verlauf. Während 'crisis' im Englischen schon im 18. Jahrhundert als ökonomischer Ausdruck geläufig war, scheint er sich im Deutschen erst im 19. Jahrhundert auf diesen Bereich ausgedehnt zu haben. Obwohl die Metaphorik des Staatskörpers und seines Kreislaufes und die des Gleichgewichts, etwa zwischen Angebot und Nachfrage, die Sprache auch der deutschen Merkantilisten profiliert hatte, sind die darauf beziehbaren Bedeutungen einer Krise — als Krankheit oder als Gleichgewichtsstörung — erst im 19. Jahrhundert genutzt worden.

Geläufige Umschreibungen für sich verschärfende Notstände wie 'Rückfall', 'Kalamität', 'Konvulsion', 'Störung' wurden zunächst weiterverwendet, besonders lange und häufig 'Stockung'. Aus England berichten 1825 Korrespondenten, daß *eine Krisis drohe,* daß sie da sei, und im folgenden Jahr wird der Ausdruck für die Auswirkungen in Deutschland, für Bankrotte und ihre Folgen ebenso üblich. *Die Krisis,* in die der Handelsstand in Frankfurt geraten sei, *ist furchtbar*[120]. Der Ausdruck bürgerte sich ein, wie auch der Briefwechsel von PERTHES zeigt. Er sah in England eine *Geldkrisis,* die er — vom *Börsenpöbel* sprechend —, ebenso in moralischen und sozialen Kategorien beurteilte wie in wirtschaftlichen[121]. Dieser Stil blieb allgemein verbreitet. NIEBUHR rückte die Krise gleich in die historische Perspektive: *Die Geschichte des Handels und der Geldgeschäfte gehört seit 150 Jahren ebensogut wie*

---

[119] NIETZSCHE, Ecce homo. Wie man wird, was man ist (1888), Werke, Bd. 2 (1956), 1152f.
[120] Nachweise bei JÜRGEN KUCZYNSKI, Die Geschichte der Lage der Arbeiter unter dem Kapitalismus, Tl. 1, Bd. 11: Studien zur Geschichte der zyklischen Überproduktionskrisen in Deutschland 1825—1866 (Berlin 1961), 40ff. 43ff.
[121] PERTHES, Perthes' Leben (s. Anm. 86), Bd. 3, 285.

die Geschichte der Epidemien zur Weltgeschichte. Vor 1721 (auf die damaligen Spekulationskrisen in England und Frankreich anspielend) *hat man keine allgemeinen Handelskrisen gekannt; sie werden nun immer häufiger, und es mag einem schwarz vor Augen werden, wenn man an die Zukunft denkt*[122].

Je nachdem, wo sich die Symptome der Krise am frühesten und deutlichsten äußerten, wechselten die Komposita. Von 'Handelskrise' und 'Geldkrise' und ihren Varianten ist in der ersten Jahrhunderthälfte besonders gern die Rede, wobei — etwa in den Berichten der Handelskammern — der verschiedene Grad der Betroffenheit zum Ausdruck kommt[123]. Soweit die Ursachen diskutiert werden, in Zeitungs- oder Kammerberichten, überwiegt die moralisch stark eingefärbte Deskription. Spekulation, Habgier, Kreditüberziehung, mangelnde Kaufkraft, Erfindungen und Installation von Maschinen, Zollgesetze und Steuern, Notenpolitik und vieles andere werden verschieden gewichtet und zugeordnet[124].

Erst 1849 verfaßte ROSCHER einen breitenwirksamen Aufsatz, in dem er die Bezeichnung *Geld- oder Handelskrisen* für unpassend erklärte. Der Name *Produktionskrisen* sei vorzuziehen, *weil er das Wesen der Krankheit bezeichnet*. Roscher diskutierte die Theorien der westeuropäischen Nationalökonomen und optierte dabei, mit historischen Vorbehalten, für die These der Überproduktion, die u. a. von Sismondi gegen Say und die beiden Mills vertreten wurde. *Das Zurückbleiben der Konsumtion* und *Vorauseilen des Angebots*, so daß *die in zu großer Menge erzeugte Ware keine Abnehmer findet*, kennzeichne die Krise. Er unterscheidet *speziale Produktionskrisen* einzelner Branchen von den *allgemeinen Krisen*, die den ganzen Warenmarkt erfassen, *„general glut"*, wie die Engländer sich ausdrücken.

Theoretisch nicht gerade anspruchsvoll vollzog Roscher doch den Anschluß an die westliche Theorie, der wachsenden weltwirtschaftlichen Verflechtung angemessen, die auf eine Produktivitätssteigerung zurückgeführt wurde. Im übrigen debattierte er konventionell die *Pathologie der Krankheit* und ihre *Therapie*, wobei den staatlichen Vorbeugungsmaßnahmen und begleitenden Hilfestellungen das größte Gewicht zugemessen wurde, wogegen seine vorgeführten Fälle vorzüglich aus der angelsächsischen und amerikanischen Wirtschaft stammten[125].

Daß die Krisen der ersten Jahrhunderthälfte — und darüber hinaus — aus dem Westen importiert worden sind, aus den USA, England und auch Frankreich, gehört zu den Beobachtungen seit 1825. So berichtet für 1837 die Kölner Handelskammer: *Da unsere Provinz in den letzten zwei Jahrzehnten in bedeutende, mittel- und unmittelbare Verbindungen mit Nordamerika getreten ist, so konnte diese Krisis ihre unheilvollen Rückwirkungen auf den Handel und die Fabriken unseres Landes nicht verfehlen*[126].

Ebenso festigt sich die Gewißheit ihrer Wiederkehr. ROTHER, Leiter der preußischen Seehandlung, spricht 1837 von *der allgemeinen periodisch wiederkehrenden Bedräng-*

---

[122] BARTHOLD GEORG NIEBUHR, zit. ebd., 287.
[123] Belege bei KUCZYNSKI, Lage der Arbeiter, Tl. 1, Bd. 11, 43 ff.
[124] Ebd., 42. 47 für 1825; ebd., 66 für 1836; ebd., 91 für 1848; ebd., 132 ff. für 1856.
[125] ROSCHER, Art. Produktionskrisen (s. Anm. 40), 727 f. 740.
[126] Jahresbericht der Handelskammer Köln (1837), zit. KUCZYNSKI, Lage der Arbeiter, Tl. 1, Bd. 11, 69; vgl. ebd., 42. 100. 110. 132.

VI. 3. Ökonomische Ausdifferenzierung   Krise

nis (ohne unser Wort zu verwenden)[127], HARKORT 1844 von *jenen Krisen der Marktüberfüllungen, ... die stets in kürzeren Perioden wiederkehren*[128]. Auch das Gefühl der Unvermeidbarkeit breitet sich aus: *Eine Handelskrise zu verhindern, gibt es kein Mittel*[129]. Selbstverständlich gehörten die technischen Innovationen zum ökonomischen Krisenbefund. Wie HENRIK STEFFENS notierte: *Es gibt wohl keine Krise der neuern Zeit, die gewaltsamer hervortritt als die immer zunehmende Einführung der Eisenbahnen*[130].

Seit den vierziger Jahren durchzieht der wirtschaftlich eingefärbte Krisenbegriff alle gesellschaftskritischen Schriften, die damals — aus allen politischen und sozialen Lagern kommend — den Markt überfluteten[131]. 'Krise' war geeignet, die verfassungsrechtlichen oder klassenbedingten, die von der Industrie, Technik und der kapitalistischen Marktwirtschaft hervorgerufenen Notlagen insgesamt als Symptome einer Krankheit oder Gleichgewichtsstörung unter einen Begriff zu bringen. Deshalb konnte ROSCHER 1854 rückblickend die Allgemeinformel prägen: es handele sich um *Krisen, wo der veränderte Inhalt auch eine veränderte Form zu bilden versucht. Solche Krisen heißen Reformen, wenn sie auf dem friedlichen Wege des positiven Rechts vollzogen werden; bei widerrechtlicher Durchführung Revolutionen*[132]. So rückte auch im nationalökonomischen Kontext 'Krise' zum geschichtlichen Oberbegriff auf, um die Herausforderungen des Jahrhunderts zu benennen.

Die Dominanz der Ökonomie trat vollends zutage in der Krise nach 1856, die im Goldrausch und ihm folgender Spekulation einen ihrer Anlässe hatte. *Man hat allenthalben der Ursache dieser Krisis nachgespürt, man hat sie überall und nirgends gefunden*, wie ein Konsul aus den USA nach Berlin berichtete. Jedenfalls handele es sich um eine *Weltkrisis*[133]. Die Internationalität nicht nur der handelspolitischen Verflechtungen, sondern auch der kapitalistischen Produktionsbedingungen gehörte zu ihrer Neuartigkeit. *Die Krise von 1857*, schrieb MICHAELIS, *unterscheidet sich von*

---

[127] Memorandum des Leiters des königlichen Seehandlungsinstituts CHRISTIAN ROTHER (3. 4. 1837), zit. ebd., 7, Anm.

[128] FRIEDRICH HARKORT, Bemerkungen über die Hindernisse der Civilisation und Emancipation der unteren Klassen (Elberfeld 1844), 23f.; vgl. J. KUCZYNSKI, Die Geschichte der Lage der Arbeiter unter dem Kapitalismus, Tl. 1, Bd. 9: Bürgerliche und halbfeudale Literatur aus den Jahren 1840 bis 1847 zur Lage der Arbeiter. Eine Chrestomathie (Berlin 1960), 127.

[129] KARL QUENTIN, Ein Wort zur Zeit der Arbeiterkoalitionen (1840), zit. KUCZYNSKI, Lage der Arbeiter, Tl. 1, Bd. 9, 185.

[130] HENRIK STEFFENS, Was ich erlebte. Aus der Erinnerung niedergeschrieben (1844), zit. MANFRED RIEDEL, Vom Biedermeier zum Maschinenzeitalter, Arch. f. Kulturgesch. 43 (1961), 103.

[131] Vgl. KUCZYNSKI, Lage der Arbeiter, Tl. 1, Bd. 9, 47. 90. 94. 127. 160ff. 185.

[132] W. ROSCHER, System der Volkswirtschaft, Bd. 1: Die Grundlagen der Nationalökonomie (Stuttgart, Tübingen 1854), 36; vgl. J. KUCZYNSKI, Die Geschichte der Lage der Arbeiter unter dem Kapitalismus, Tl. 1, Bd. 10: Die Geschichte der Lage der Arbeiter in Deutschland von 1789 bis zur Gegenwart (Berlin 1960), 36.

[133] Konsul ADAE aus den USA an das Ministerium der auswärtigen Angelegenheiten (26. 3. 1856), zit. J. KUCZYNSKI, Die Geschichte der Lage der Arbeiter unter dem Kapitalismus, Tl. 2, Bd. 31: Die Geschichte der Lage der Arbeiter in England, in den Vereinigten Staaten von Amerika und in Frankreich (Berlin 1968), 30.

allen ihren Vorgängerinnen dadurch, daß sie ganz allgemein auftrat, während die früheren nur einzelne Nationen betrafen und auf die übrigen lediglich schwächere und stärkere Rückwirkungen übten. Zugleich aber war *die Krisis ... überall, wo sie auftrat, das Resultat selbständiger Ursachen.* Der gemeinsame Zug, ihr welthistorischer Zusammenhang, ließe sich nur in der *Historie der Weltwirtschaft* finden[134].
Im folgenden Jahr erschien eine erste „Geschichte der Handelskrisen" von MAX WIRTH, eine noch ziemlich naive Zusammenstellung der empirisch beobachtbaren Faktoren, unter Betonung der hervorragenden Rolle, die dem Kreditwesen dabei zukomme[135]. 1895 folgte, auf erhöhtem Reflexionsniveau die „Geschichte der nationalökonomischen Krisentheorien" von EUGEN VON BERGMANN[136].
Verglichen mit dem politischen und geschichtlichen Sprachgebrauch gewann der ökonomische Krisenbegriff zweifellos eine theoretisch größere Stringenz. Dabei gehörte es zur inzwischen angesammelten Erfahrung, daß alle Krisen — trotz allem Elend und aller Verzweiflung, die sie hervorriefen und jeweils steigerten —, nur Durchgangsphasen waren, die wiederum geschichtsphilosophisch eingeordnet wurden. Deshalb wirkten auch die ökonomischen Krisentheorien wieder in die Öffentlichkeit zurück, und darin unterscheiden sich nicht die liberalen oder sozialistischen Deutungen.
So wurde für die liberalen Optimisten jede Krise zu einer Sprosse auf der Leiter des Fortschritts. Die *Wirtschaftskrisen* erfüllten eine *Mission*, wie JULIUS WOLF sich ausdrückte. *Sie sind nicht bloß wiederkehrende Musterungen und treffen periodisch zwischen den besser und minder gut zur Führung der Geschäfte Veranlagten und Ausgestatteten die Auswahl, sondern sie stellen gleichzeitig die Produktionsbedingungen auf eine andere Basis. Es sind Veranstaltungen, von denen man fast sagen könnte, wie es Voltaire von Gott getan hat, daß man sie einführen müßte, wenn man sie nicht bereits hätte ... um ihres kraftsteigernden Effektes willen*[137]. LEXIS teilte 1898 die Auffassung, daß durch das Überangebot an Waren *fast überall und ununterbrochen ein Kampf ums Dasein herrscht*, doch könne der daraus folgende *chronische Ausscheidungsprozeß nicht als eine Krisis angesehen werden*[138]. Wie auch immer die Krisen sozialdarwinistisch gewichtet wurden, sie wurden als Durchgangsphasen des Fortschritts gedeutet. Darin stimmten ihnen die sozialistischen Interpreten zu, auch wenn die Misere ihrer Alltagserfahrung den Erwartungshorizont mit mehr eschatologischen Komponenten anreicherte. Davon zeugt die Begriffsverwendung von Marx und Engels, die zwischen revolutionärer Hoffnung und ökonomischer Analyse hin- und herpendelt.

---

[134] OTTO MICHAELIS, Die Handelskrisis von 1857 (1858/59), Volkswirtschaftliche Schr., Bd. 1 (Berlin 1873), 240 f.; vgl. KUCZYNSKI, Lage der Arbeiter, Tl. 1, Bd. 11, 111.
[135] MAX WIRTH, Geschichte der Handelskrisen (Frankfurt 1858).
[136] EUGEN V. BERGMANN, Die Wirtschaftskrisen. Geschichte der nationalökonomischen Krisentheorien (Stuttgart 1895; Ndr. Glashütten/Ts., Tokyo 1970).
[137] JULIUS WOLF, Sozialismus und kapitalistische Gesellschaftsordnung (1892), zit. BERGMANN, Wirtschaftskrisen, 232 f.
[138] WILHELM LEXIS, Art. Krisen, Wb. d. Volkswirtsch., Bd. 2 (1898), 122.

4. Marx und Engels

ENGELS führte 1844 in seinen „Umrissen zu einer Kritik der Nationalökonomie" die zyklisch sich steigernden Krisen auf die *überzählige Produktionskraft* zurück, *daß die Leute vor lauter Überfluß verhungern,* und er knüpfte daran die Erwartung, daß sie *endlich eine soziale Revolution herbeiführen, wie sie sich die Schulweisheit der Ökonomen nicht träumen läßt*[139]. 'Krisis' wird seitdem im Wortgebrauch von MARX und ENGELS, von Ausnahmen abgesehen, zu einer primär nationalökonomischen Kategorie, die die Zeitspanne des Umschlags in einer zyklischen Bewegung der Wirtschaft bezeichnet, deren Verlaufskurven sich aller bisherigen Einsicht entziehen. Werden freilich die Regelhaftigkeiten in ihrer geschichtlichen Bedingtheit durchschaut, steigt die Chance, daß sich das kapitalistische System überhole und daß ihm, in einer kritischen Phase, ein revolutionäres Ende bereitet werde. Insofern bleibt die ökonomische Kategorie eingelassen in die politisch-historische Gesamtanalyse von Marx und Engels. So heißt es im „Kommunistischen Manifest": *Seit Dezennien ist die Geschichte der Industrie und des Handels nur die Geschichte der Empörung der modernen Produktivkräfte gegen die modernen Produktionsverhältnisse, gegen die Eigentumsverhältnisse, welche die Lebensbedingungen der Bourgeoisie und ihrer Herrschaft sind ... In den Krisen bricht eine gesellschaftliche Epidemie aus, welche allen früheren Epochen als ein Widersinn erschienen wäre — die Epidemie der Überproduktion ... Wodurch überwindet die Bourgeoisie die Krisen? Einerseits durch die erzwungene Vernichtung einer Masse von Produktivkräften; andererseits durch die Eroberung neuer Märkte und die gründlichere Ausbeutung alter Märkte. Wodurch also? Dadurch, daß sie allseitigere und gewaltigere Krisen vorbereitet und die Mittel, den Krisen vorzubeugen, vermindert.* An die ökonomische Deutung knüpft sich die Aussicht einer endlich absehbaren Selbstaufhebung des kapitalistischen Systems. Aber zugleich sei dazu die politische Aktion jener todbringenden Klasse erforderlich, die sich die Bourgeoisie selbst erzeugt habe, des Proletariats[140].

In den politischen und gesellschaftlichen Zusammenhang gerückt, erhöhte die Aussicht auf einen ökonomischen Zusammenbruch, auf den *Weltkrach* — oder wie auch immer Marx und Engels ihn umschrieben[141] — die Gewißheit einer Revolution: *Eine neue Revolution ist nur möglich im Gefolge einer neuen Krisis. Sie ist aber auch ebenso sicher wie diese*[142]. Aus politischen, nicht ökonomischen Gründen blieb 'Krisis' immer positiv besetzt. Wie ENGELS 1857 jubelte: *Die Krisis wird mir körperlich ebenso wohltun wie ein Seebad*[143].

---

[139] ENGELS, Umrisse zu einer Kritik der Nationalökonomie (1844), MEW Bd. 1 (1956), 516.
[140] MARX/ders., Manifest der Kommunistischen Partei (1848), ebd., Bd. 4 (1959), 467.
[141] ENGELS an Bebel, 30. 3. 1881, MEW Bd. 35 (1967), 175; weitere Belege bei RUDOLF WALTHER, „... aber nach der Sündflut kommen wir und nur wir." „Zusammenbruchstheorie", Marxismus und politisches Defizit in der SPD 1890—1914 (Frankfurt, Berlin, Wien 1981), 11.
[142] MARX/ENGELS, Revue. Mai bis Oktober (1850), MEW Bd. 7 (1960), 440.
[143] Ders. an Marx, 15. 11. 1857, ebd., Bd. 29 (1963), 211f.; vgl. dazu PETER STADLER, Wirtschaftskrise und Revolution bei Marx und Engels. Zur Entwicklung ihres Denkens in den 50er Jahren, Hist. Zs. 199 (1964), 113ff.

Im Maß freilich als die wiederkehrenden Krisen keine Revolution nach sich zogen, gewann die ökonomische Theorie von MARX ihre Eigenständigkeit. Sie überbot alle bisherigen Theorien, indem sie zugleich — am Leitfaden der dominierenden wirtschaftlichen Faktoren — eine Geschichts- und Gesellschaftstheorie war. Innerhalb dieses Gesamtentwurfs gewann daher die — nie vollendete — Krisenlehre ihre zentrale Bedeutung[144]. Marx thematisierte im „Kapital" die dem System innewohnenden Widersprüche, die zyklisch zu immer neuen Krisen führen, um daraus die Bedingungen abzuleiten, die zur Aufhebung des ganzen Systems drängen. Seine Krisenlehre enthielt also systemimmanente und systemsprengende Elemente — woraus die auseinanderdriftende Rezeption in der marxistischen Praxis und der ökonomischen Theoriegeschichte herrührt.

In immer neuen Ansätzen untersucht er *allgemeine Möglichkeiten der Krisen*[145], um die wirklichen erklären zu können. *Die reale Krisis kann nur aus der realen Bewegung der kapitalistischen Produktion, Konkurrenz und Kredit dargestellt werden*[146]. Einzelerklärungen nutzt er, um vermeintliche Ursachen als Symptome kapitalistischer Krisen zu enthüllen. Ein solches Symptom ist etwa die Kreditverknappung. Jede Finanzkrise ist eingelassen in den Zirkulationsprozeß Ware-Geld-Ware. Das von den Liberalen unterstellte Gleichgewicht von Kauf und Verkauf komme niemals zustande. Vielmehr ist der Kreislauf diachron verzerrt. Weder sind die Produktionszweige aufeinander abgestimmt, noch entsprechen sich Waren- und Geldzirkulation. *Daß die selbständig einander gegenübertretenden Prozesse eine innere Einheit bilden, heißt ebensosehr, daß ihre innere Einheit sich in äußeren Gegensätzen bewegt. Geht die äußerliche Verselbständigung der innerlich Unselbständigen, weil einander ergänzenden, bis zu einem gewissen Punkt fort, so macht sich die Einheit gewaltsam geltend durch eine — Krise*[147]. Krise ist dann *nichts als die gewaltsame Geltendmachung der Einheit von Phasen des Produktionsprozesses, die sich gegeneinander verselbständigt haben*[148]. Kredit, der die materielle Entwicklung der Produktivkräfte steigern und den Weltmarkt erschließen hilft, ist deshalb — längst vor seiner Verknappung — nur einer der auslösenden Faktoren: Er *beschleunigt ... die gewaltsamen Ausbrüche dieses Widerspruchs, die Krisen, und damit die Elemente der Auflösung der alten Produktionsweise*[149].

Auch die Unterkonsumtion ist ein solcher Teilaspekt. Da sie schon zum Alltag der vorkapitalistischen Zeit gehörte, spielt die moderne Überproduktion die vergleichsweise wichtigere Rolle. Sie ist — verkürzt gesprochen — immer ein Ergebnis des Produktionsprozesses von Kapital und Arbeit, also soziologisch auch ein Produkt der Proletarierklasse in ihrer Abhängigkeit von den Kapitalisten. Jede Krise ist eine *Arbeitskrise und Kapitalkrise* zugleich[150]. Deren Relation wird in zahlreichen Varian-

---

[144] TRENT SCHROYER, Marx's Theory of the Crisis, Telos 14 (1972), 106 ff.
[145] MARX, Theorien über den Mehrwert, Bd. 2 (1861/63), MEW Bd. 26/2 (1967), 512; vgl. ders., Das Kapital. Kritik der politischen Ökonomie, Bd. 1 (1867), MEW Bd. 23 (1952), 128.
[146] Ders., Theorien über den Mehrwert, Bd. 2, 513.
[147] Ders., Kapital, Bd. 1, 127 f.
[148] Ders., Theorien über den Mehrwert, Bd. 2, 510.
[149] Ders., Das Kapital. Kritik der politischen Ökonomie, Bd. 3 (1894), MEW Bd. 25 (1952), 457.
[150] Ders., Theorien über den Mehrwert, Bd. 2, 516.

ten thematisiert. Statt auf gesellschaftliche Bedürfnisse hin zu produzieren, suche das Kapital nur den Profit zu maximieren, den es zwar auf dem Markt realisiert, aber zunächst in Form des Mehrwerts, den die Arbeiter produzieren, diesen wegnimmt. Aus dem zeitlichen und örtlichen Auseinanderfallen von Produktion, Verwertung und Verteilung entstehen Disparitäten zwischen Angebot und Nachfrage auf dem Kapital-, Arbeits- und Kreditmarkt. Die Überproduktion wird bedingt durch Kapitalakkumulation, Investitionen und Modernisierungen im Produktionsbereich, Konzentration auf Kosten kleinerer Betriebe, *durch Methoden, welche die Anzahl der beschäftigten Arbeiter im Verhältnis zur vermehrten Produktion vermindern*[151]. Die gesteigerten Produktivkräfte vergrößern also die zahlungsunfähige Reservearmee der Arbeitslosen und lähmen den Markt, so daß schließlich auch der Profit der Unternehmer sinkt.

Die systematische Grundlage dieser hier nur grob skizzierten Erklärungen und Prozesse bildet Marx zufolge das bereits von Ricardo entdeckte *Gesetz des tendenziellen Falls der Profitrate*. Sinkt der Ausbeutungsgrad *unter einen gegebenen Punkt*, so werden *Störungen und Stockungen des kapitalistischen Produktionsprozesses, Krisen, Zerstörung von Kapital* unvermeidlich[152]. Aber diese Tendenz führt nicht in einen totalen Zusammenbruch. Marx analysiert ebenso die entgegenwirkenden Tendenzen, die *den Fall hemmen, verlangsamen und teilweise paralysieren*[153], so daß sich der etwa zehnjährige Rhythmus *von Perioden mittlerer Lebendigkeit, Prosperität, Überproduktion, Krise und Stagnation* wieder einspielt[154]. So läuft die kapitalistische Produktionsweise immer auf die von ihr selber errichteten Schranken auf, weil *eine gewisse Höhe der Profitrate über Ausdehnung oder Beschränkung der Produktion entscheidet, statt des Verhältnisses der Produktion zu den gesellschaftlichen Bedürfnissen, zu den Bedürfnissen gesellschaftlich entwickelter Menschen*[155]. Die Krisen enthalten also sowohl die immanenten Momente ihrer Überwindung wie sie auch eine Tendenz ausdrücken, die an die Grenze des kapitalistischen Systems führt. Es ist jene Grenze, über die, in ENGELS' Worten, *der Sprung der Menschheit aus dem Reiche der Notwendigkeit in das Reich der Freiheit* führt[156]. So wirkt die von Marx vorsichtig formulierte doppelte Lesbarkeit seiner Krisenlehre weiter bis in die ökonomischen und geschichtsphilosophischen Deutungen der heutigen Weltlage.

VII. Ausblick

Die Bedeutungsvielfalt unseres Begriffs hat sich seit dem 19. Jahrhundert quantitativ enorm ausgefächert, während er an Klarheit oder Präzision kaum gewonnen hat. 'Krise' bleibt ein Schlagwort, das nur in einigen wissenschaftlichen Kontexten mit kategorialer Stringenz verwendet wird. Aber selbst für die Nationalökonomie be-

---

[151] Dors., Kapital, Bd. 1, 002.
[152] Ebd., Bd. 3, 221 ff. 266.
[153] Ebd., 249.
[154] Ebd., Bd. 1, 476.
[155] Ebd., Bd. 3, 269.
[156] ENGELS, Herrn Eugen Dührings Umwälzung der Wissenschaft. „Anti-Dühring" (1878), MEW Bd. 20 (1962), 264.

streitet das SCHUMPETER, weshalb er in seiner Analyse der Konjunkturzyklen *dem Ausdruck Krise keinerlei technische Bedeutung beilegt, sondern nur den Begriffen Prosperität und Depression*[157].

Seit dem Ersten Weltkrieg, der großen Weltwirtschaftskrise und dem Zweiten Weltkrieg mehren sich kulturkritische Schriften[158] und globale Weltdeutungen, die unter den Titel der Krise gestellt werden. 1918 verfaßte PAUL VALÉRY drei Essais über die Krise des Geistes: *La crise militaire est peut-être finie. La crise économique est visible dans toute sa force; mais la crise intellectuelle, plus subtile, et qui, par sa nature même, prend les apparences les plus trompeuses (puisqu'elle se passe dans le royaume même de la dissimulation), cette crise laisse difficilement saisir son véritable point, sa phase*[159]. ORTEGA Y GASSET suchte durch eine Parallelisierung zum ersten vorchristlichen Jahrhundert und zur Renaissance die Krise unseres Jahrhunderts zu deuten, die durch Selbstentfremdung, Zynismus, falschen Heroismus, schwankende Überzeugungen, Halbbildung und Rebarbarisierung gekennzeichnet sei. Das Ende des modernen Menschen sei mit dem Aufstand der Massen erreicht[160]. HUIZINGA betonte dagegen den Weg in eine offene Zukunft. Er hegte die *Überzeugung, daß die Krisis, die wir erleben, wie immer es damit bestellt sei, eine Phase in einem fortschreitenden und nicht umkehrbaren Prozeß sein müsse ... Das ist das Neue, noch nie früher Dagewesene an unserm Krisenbewußtsein*[161]. HUSSERL hat die Thematik philosophiegeschichtlich ausgeweitet und die „Krisis der europäischen Wissenschaften" als Ausdruck der immer mehr zutage tretenden *Krisis des europäischen Menschentums* begriffen. Das griechische Telos, der Offenbarung der Vernunft zu folgen, sei durch die Subjekt-Objekt-Spaltung seit Descartes immer mehr aus dem Blick geraten. Es sei eine Aufgabe der Phänomenologie, den Riß zwischen einer tatsachensüchtigen Wissenschaft und der Lebenswelt wieder zu überbrücken[162].

Der geschichtsphilosophische Rahmen, den unser Begriff bereits im vorigen Jahrhundert ausgespannt hatte, wird durch derartige Versuche — unbeschadet ihrer analytischen Qualität — freilich nicht überschritten. 'Krisis' bezeugt weiterhin eine anhaltende Neuheit unserer Epoche, die als Übergang gedeutet wird.

Eine andere Variante zeichnet sich in der negativen Theologie ab, die der Hereinnahme des Weltgerichts in die Weltgeschichte verpflichtet bleibt. Krise wird zu einer weltimmanenten Dauerkrise, wie RICHARD ROTHE schon 1837 formulierte:

---

[157] JOSEPH A. SCHUMPETER, Konjunkturzyklen. Eine theoretische, historische und statistische Analyse des kapitalistischen Prozesses (1939), hg. v. Klaus Dockhorn, Bd. 1 (Göttingen 1961), 11; ders., Business Cycles. A Theoretical, Historical, and Statistical Analysis of the Capitalist Process, vol. 1 (New York, London 1939), 5: *We shall not give any technical meaning to the term crisis but only to prosperity and depression.*

[158] Vgl. z. B. EHRENFRIED MUTHESIUS, Ursprünge des modernen Krisenbewußtseins (München 1963).

[159] PAUL VALÉRY, La crise de l'esprit (1918), Variété, t. 1 (Paris 1924), 15.

[160] JOSÉ ORTEGA Y GASSET, Das Wesen geschichtlicher Krisen, dt. v. Fritz Schalk (Stuttgart, Berlin 1943); zuerst 1942 u. d. T. „La esquema de las crisis y otros essayos."

[161] JOHAN HUIZINGA, Im Schatten von Morgen. Eine Diagnose des kulturellen Leidens unserer Zeit (1935), dt. v. Werner Kaegi, 3. Aufl. (Bern, Leipzig 1936), 18.

[162] EDMUND HUSSERL, Die Krisis der europäischen Wissenschaften und die transzendentale Phänomenologie (1935/36), hg. v. Walter Biemel, 2. Aufl. (Den Haag 1962), 10.

VII. Ausblick

Die ganze christliche Geschichte überhaupt (ist) *Eine große kontinuierliche Krisis unseres Geschlechts*, die er freilich noch progressiv begreift[163]. KARL BARTH entblößt diese Krisis aller teleologischen Obertöne, um sie existenziell auszulegen: *Gott ist der aller Gegenständlichkeit entbehrende Ursprung der Krisis aller Gegenständlichkeit, der Richter, das Nicht-Sein der Welt. Die sog. 'Heilsgeschichte' aber ist nur die fortlaufende Krisis aller Geschichte, nicht eine Geschichte in oder neben der Geschichte*[164]. 'Krisis' hat seine endzeitliche und seine übergangszeitliche Bedeutung eingebüßt — sie wird zu einer strukturalen Kategorie der (christlich begriffenen) Geschichte schlechthin. Die Eschatologie wird geschichtlich vereinnahmt.

In allen Human- und Sozialwissenschaften taucht 'Krise' als Schlüsselbegriff auf; natürlich in der Historie, um Epochen[165] oder Strukturen damit zu kennzeichnen[166]. Die Politikwissenschaft sucht den Begriff zu operationalisieren und etwa gegen 'Konflikt' abzugrenzen[167]. Von der Medizin aus erfolgt die Ausweitung in die Psychologie und Anthropologie[168] sowie in die Ethnologie und Kultursoziologie[169].

In den Medien ist seit einiger Zeit eine Inflation des Wortgebrauchs zu registrieren. Zugunsten bündiger Schlagzeilen sind mehr als zweihundert Komposita gebildet worden, in denen 'Krise' als Grundwort ('Minikrise', 'Selbstwertkrise') oder als Bestimmungswort ('Krisenstümper', 'Krisenkiller') fungiert, abgesehen von adjektivischen Komposita wie 'krisengeschüttelt'[170]. 'Krise' ist sowohl anschlußfähig wie anschlußbedürftig, sinnpräzisierend aber auch sinnsuchend. Diese Ambivalenz kennzeichnet den ganzen Wortgebrauch. 'Krise' wird austauschbar mit 'Unruhe', 'Konflikt', 'Revolution', so wie das Wort, relativ vage, aufgerührte Stimmungs- oder Problemlagen umschreiben kann. „Unschärfen sind eher willkommen, halten sie doch die inhaltliche Aussage für eventuelle Alternativ-Interpretationen auf bequeme Weise offen"[171]. Die alte Kraft des Begriffs, unüberholbare, harte und nicht austauschbare Alternativen zu setzen, hat sich in die Ungewißheit beliebiger Alternativen verflüchtigt. So mag denn dieser Wortgebrauch selber als ein Symptom

---

[163] RICHARD ROTHE, Die Anfänge der christlichen Kirche und ihre Verfassung (1837), zit. PETER MEINHOLD, Geschichte der kirchlichen Historiographie, Bd. 2 (München, Freiburg 1967), 221.
[164] KARL BARTH, Der Römerbrief (1918), 9. Ndr. d. 5. Aufl. (1926; Zollikon-Zürich 1954), 57. 32. — Zur katholischen Verwendung vgl. HARALD WAGNER, Krise als Problem katholischer Institutionalität, in: Traditio-Krisis-Renovatio, Fschr. Winfried Zeller, hg. v. BERND JASPERT u. RUDOLF MOHR (Marburg 1976), 463 ff.
[165] PAUL HAZARD, La crise de la conscience européenne 1680—1715 (Paris 1935).
[166] CHRISTIAN MEIER, Res publica amissa (Wiesbaden 1966), 201 ff., wo das erste vorchristliche Jahrhundert in Rom als „Krise ohne Alternative" interpretiert wird.
[167] Herrschaft und Krise. Beiträge zur politikwissenschaftlichen Krisenforschung, hg. v. MARTIN JÄNICKE (Opladen 1973).
[168] SCHÖNPFLUG, Art. Krise III (s. Anm. 13), 1242 ff.
[169] MATTHIAS LAUBSCHER, Krise und Evolution. Eine kulturwissenschaftliche Theorie zum Begriff 'Krisenkult', in: Gottesvorstellung und Gesellschaftsentwicklung, hg. v. PETER EICHER (München 1979), 131 ff.
[170] RENATE BEBERMEYER, „Krise"-Komposita — verbale Leitfossilien unserer Tage, Muttersprache. Zs. z. Pflege u. Erforschung d. dt. Sprache 90 (1980), 189 ff.
[171] Ebd., 189.

einer geschichtlichen „Krise" gedeutet werden, die sich einer exakten Bestimmung entzieht. Um so mehr sind die Wissenschaften herausgefordert, den Begriff auszumessen, bevor er terminologisch verwendet wird.

Literatur

André Béjin / Edgar Morin, La notion de crise, Centre d'études transdisciplinaires. Sociologie, anthropologie, sémiologie. Communications, t. 25 (1976); Friedrich Buchsel / Volkmar Herntrich, Art. Krino, Krisis, Kittel Bd. 3 (1938), 920ff.; Reinhart Koselleck, Kritik und Krise. Eine Studie zur Pathogenese der bürgerlichen Welt (Freiburg, München 1959; Ndr. Frankfurt 1973); Nelly Tsouyopoulos, Art. Krise II, Hist. Wb. d. Philos., Bd. 4 (1976), 1240ff.; Gerhard Masur, Art. Crisis in History, Dictionary of the History of Ideas. Studies of Selected Pivotal Ideas, ed. Philip H. Wiener, vol. 1 (New York 1973), 589ff.

Reinhart Koselleck

Kritik

I. Einleitung. II. Geschichtliche Entwicklung des Begriffs. 1. Antiker Ursprung. 2. Aufnahme des Begriffs im 15. und 16. Jahrhundert. a) 'Kritik' im Bereich der Philologie. b) Logik. c) Ästhetik. 3. Kombinationen und Berührungen der Varianten des Kritikbegriffs im 17. und 18. Jahrhundert. 4. Kritik oder Revolution: die Alternative des deutschen Idealismus. 5. Kritik im Spannungsfeld von Theorie und Praxis im Hegelianismus. 6. Terminologisierung des Kritikbegriffs als Tendenz der Lexika und Wörterbücher des 19. Jahrhunderts. III. Ausblick: Die soziale Generalisierung der Verwendung des Kritikbegriffs im 20. Jahrhundert.

I. Einleitung

Der Begriff der Kritik, der sich wortgeschichtlich aus dem griechischen Adjektiv κριτικός herleitet, wurde schon in der Antike im Sinne kunstmäßiger (philologischer) Textbeurteilung und in der Logik im Zusammenhang der Topik-Tradition verwendet. Während der Begriff im Mittelalter fehlt, wird die antike Verwendungsweise im 15. und 16. Jahrhundert wieder aufgenommen, und zwar relativ unabhängig voneinander in Philologie, Logik und Ästhetik. Ab dem 17. Jahrhundert ist eine Verwendung über diese Disziplingrenzen hinweg zu beobachten, die in einem ziemlich allgemeinen Begriff von 'Kritik' im wissenschaftlichen Sprachgebrauch mündet. Die Generalisierung bestand erstens in einer Generalisierung des Anwendungsbereichs bis hin zu einer *Kritik, der sich alles unterwerfen muß* (KANT)[1], zweitens in einer Generalisierung der Funktionen bis hin zur Funktion allgemeiner Aufklärung, drittens in einer Generalisierung des für Kritik zuständigen Subjekts bis hin zur Vernunft selber. Diese Generalisierungsentwicklung kulminiert in der Philosophie Immanuel Kants; seine theoretische Philosophie ist in einem Maße radikal, das die ihr korrespondierende praktische Philosophie nicht einzuholen vermag. So verhinderte gerade die schulbildende Wirkung der Kantischen Philosophie die Politisierung des Begriffs im Zeitalter der Revolution; 'Kritik' wurde zum wissenschaftsimmanent zu definierenden Kennzeichen deutscher Vernunft, die sich dadurch im Gegensatz zur Gewalt der Französischen Revolution wissen wollte. Erst im Hegelianismus ab 1830 bezeichnet der Begriff das Problem des Übergangs radikaler Theorie in verändernde Praxis, wofür die Begriffe 'praktische Kritik', 'objektive Kritik' und 'Kritik der Waffen' geprägt werden. Erst seither wird der Kritikbegriff nun auch so allgemein, daß er noch die tagespolitische Stellungnahme umfassen kann; die soziale Generalisierung zu einem in allen Bevölkerungsschichten verwendbaren Begriff setzt sich allerdings erst im 20. Jahrhundert durch.

II. Geschichtliche Entwicklung des Begriffs

1. Antiker Ursprung

Das Wort 'Kritik' hat seinen Ursprung im griechischen Adjektiv κριτικός zum Verbum κρίνω: „scheiden", „trennen"; „entscheiden", „urteilen"; „anklagen", „streiten" und gehört zur indogermanischen Wortsippe* (s)ker-: „scheiden";

---

[1] KANT, Kritik der reinen Vernunft (1781), AA Bd. 4 (1903; Ndr. 1968), 9, Anm.

"trennen"; "unterscheiden". Terminologisch verwendeten die Griechen die Wortgruppe um κριν — (κρίσις, κριτής, κριτικός) wohl zuerst in der Rechtssphäre, wobei sowohl die Anklage (der Streitvorfall) wie auch das ergangene Urteil (der Streitausgang) damit bezeichnet werden konnten. In jedem Fall waren Unterscheidungsfähigkeit, Verstand, Urteilskraft und die kontroverse Sache, die zur interessierten Stellungnahme als Partei oder Richter zwingt, gefordert. Darin gerade unterscheidet sich das kritische Urteil etwa von der bloß rezeptiven oder anschauenden Einstellung zur Sache in der θεωρία[1a]. Kompetenz und Legitimation zu Herrschaft und Richteramt (ἀρχή κριτική) nahm dann ARISTOTELES in seine Definition des Bürgers (πολίτης) auf. ᾧ γὰρ ἐξουσία κοινωνεῖν ἀρχῆς βουλευτικῆς ἢ κριτικῆς; πολίτην ἤδη λέγομεν εἶναι[2].

Aristoteles überholt die platonische Einteilung der dianoetischen Tugenden dadurch, daß er die kritische Einsicht als Aspekt einer Dimension faßt, zu der auch die anweisende gehört; das Zusammenspiel beider Aspekte macht nach Aristoteles die ethische Klugheit aus[3]. Die politisch-rechtliche Dimension, in der der Begriff bei Aristoteles feste Konturen gewann, hat sich in der Tradition aber gerade nicht durchgesetzt. Hier war es vielmehr der Bereich der rhetorisch-philologischen Kunstübung, der zur Prägung des Begriffs 'Kritik' führte[4]. Es scheint nach Ausweis der Quellen so zu sein, daß κριτικός die früheste der drei teilweise synonymen Berufsbezeichnungen κριτικός, γραμματικός, φιλόλογος gewesen ist. Nach dem Zeugnis von DIONYSIOS THRAX in seiner γραμματικὴ τέχνη war es Antidoros von Kyme, der κριτικός durch γραμματικός ersetzte[5]. In der Zeit der ideenpolitischen Auseinandersetzung zwischen Alexandrinern und Pergamenern nannten erstere sich in bewußter Anlehnung an den Elementarunterricht im Schreiben und Lesen γραμματικοί, letztere in Berufung auf die philosophische Tradition κριτικοί; insgesamt scheint eine klare Trennung von γραμματικός und κριτικός in der Antike undurchführbar zu sein[6]. Innerhalb der Stoischen Logik gehörte die Kritik zur Dialektik in der Bedeutung, daß es ihr um die Beurteilung des in Texten Überlieferten unter dem Aspekt zum Beispiel seiner logischen Konsistenz gehe. Dagegen richtete sich CICEROS Einwand: neben der ars iudicandi (κριτικὴ τέχνη) gälte es, die ars inveniendi hervozuheben, quae τοπική dicitur[7].

'Ars iudicandi' aber wird nunmehr mit 'Kritik' identifiziert, so daß sie innerhalb der mittelalterlichen Logiktradition zum Nachfolgebegriff von κριτικὴ τέχνη wird. Dagegen wird die philologische Begriffskomponente durch das lateinische Fremdwort 'grammaticus' aufgefangen, so daß nunmehr eine Beziehbarkeit philosophischer und philologischer Tätigkeiten von der Begrifflichkeit her unplausibel wird. In der teil-

---

[1a] ANTJE HELLWIG, Untersuchungen zur Theorie der Rhetorik bei Platon und Aristoteles (Göttingen 1973), 130 ff.
[2] ARISTOTELES, Pol. 1275 b, 18 f.
[3] Ders., Nik. Ethik 1143 a, 29 ff.; vgl. dazu GÜNTHER BIEN, Die Grundlegung der politischen Philosophie bei Aristoteles (Freiburg, München 1973).
[4] A. GUDEMANN, Art. Kritikos, RE Bd. 11 (1922), 1912 ff.
[5] RUDOLF PFEIFFER, History of Classical Scholarship. From the Beginnings to the End of the Hellenistic Age (Oxford 1968), 157.
[6] CLAUS V. BORMANN, Art. Kritik, Hist. Wb. d. Philos., Bd. 4 (1976), 1249 ff. 1252. 1254.
[7] CICERO, Topica 2, 6.

a) 'Kritik' in der Philologie

weisen Absetzung von κρίσις war der Begriff 'Kritik' schwerpunktartig schon in der Antike zum Handlungs-, 'Krise' zum Geschehensbegriff geworden, im iudicium schließlich in der Form der bloßen Potentialität von Handlung.

2. Aufnahme des Begriffs im 15. und 16. Jahrhundert

Die Wiederaufnahme des Kritikbegriffs im 15. und 16. Jahrhundert vollzog sich ausschließlich wissenschaftsimmanent, und zwar relativ unabhängig voneinander in Philologie, Logik und Ästhetik. Die Funktion der Wiederaufnahme war entsprechend verschieden: in der Philologie war es die Selbstermächtigung zum Beurteilungsmonopol von Schrifttum in Bestreitung des klerikalen Exegesemonopols, in der Logik die Herausbildung einer Theorie der logischen Analyse, die im Rückgriff auf stoische Lehren die scholastische Lehre vom Urteil überwand und die neuzeitliche Wissenschaftslogik und -methodik inaugurierte, in der Ästhetik schließlich die Theorie und Praxis der Artikulation bürgerlichen Selbstbewußtseins.

a) **'Kritik' im Bereich der Philologie.** Das Neuauftauchen des Begriffs im Zeitalter des Humanismus speiste sich nicht aus der mittelalterlichen Tradition, sondern in Absetzung von ihr aus dem Rückgriff auf die Antike. Es war vermutlich[8] ANGELO POLIZIANO, der 1492 in seiner Vorlesung über die „Analytica priora" des Aristoteles die antike Terminologie als erster wieder aufnahm: *Ut apud antiquos olim tantum auctoritatis hic ordo habuit, ut Censores essent, et Iudices, Scriptorum omnium soli Grammatici: Quos ob it etiam Criticos vocabant*[9]. Es scheint klar, wogegen sich dieses Dictum implizit richtet: in der Antike waren es allein die „Grammatiker" (= Philologen, wie Poliziano selbst), die die Kompetenz genossen, Beurteiler und Richter sämtlichen Schrifttums zu sein. Mit der Behauptung des Beurteilungsmonopols verbindet er den Titel eines Kritikers. Unter dem Titel der Kritik erhebt hier die Grammatik den Anspruch, die Beurteilungs- und Exegesekompetenz der Koalition von scholastischer Philosophie und Theologie zu brechen.

Die antitheologische Komponente bestimmte das Reden über Kritik durch die folgenden zwei Jahrhunderte: einerseits Selbstverständigung einer neuen sozialen Schicht im Medium der reinen, durch autoritative theologisch-philosophische Exegese unverstellten Quelle. Das implizierte (Selbst-) Ermächtigung der Gelehrten (eruditi) zur Beurteilung der Antike. Zugleich wird andererseits in der Beanspruchung des Richteramtes die formal-logische Redeweise vom Urteil, ebenfalls in unmittelbarem Rückgriff auf die Antike, aufgegeben, zunächst freilich noch ohne die ausdrückliche Beanspruchung einer eigenen literarischen Rechtssphäre. In der Bewährung der methodischen Regeln am Material der Philologie (den classici), welche zur rationalen Gewähr für deren Authentizität wurden, konsolidierte sich die wissenschaftliche Autonomie der ars critica. CALEPINUS betrachtete Kritik in jener Funktion als einen Teilbereich der Philologie: *emendatio et iudicium*[10].

---

[8] Nach RENÉ WELLEK, Grundbegriffe der Literaturkritik (Stuttgart, Berlin, Köln, Mainz 1965), 25.

[9] ANGELO POLIZIANO, Prelectio in priora Aristotelis analytica. Titulus Lamia (1492), zit. WELLEK, Grundbegriffe, 229, Anm. 5; vgl. CESARE VASOLI, Il Poliziano maestro di dialettica, in: Il Poliziano e il suo tempo, Atti del IV convegno internazionale di studi sul rinascimento (Florenz 1957), 161 ff.

[10] AMBROSIUS CALEPINUS, Lexicon, seu dictionarium XI linguarum (Reggio 1502), s.v. Criticus.

b) **Logik.** 1548 wurde auch in der Logik wieder an die Tradition des Kritikbegriffs angeknüpft, und zwar von PETRUS RAMUS. Er unterschied die logische Analyse ('Krisis' = „Urteil"; daher 'Analytik' = „Kritik") im Sinne der aristotelischen Analytiken von der Lehre der Auffindung der Argumente, die er in Anlehnung an Aristoteles 'Topik' nennt. In Wendung gegen die scholastische Tradition wird damit die Analytik von einem Disziplinentitel zu einer Frageperspektive, die sich sowohl auf die Logik wie auf Grammatik und Rhetorik anwenden läßt. Daher gliedert sich für Ramus die eigentliche Logik in zwei Teile: Ausübung und Kritik. Diese Kritik als die Lehre von der Praxis der logischen Analyse, eine Art Meta-Logik, die dazu dient, das tatsächliche Sprechen der Menschen zu klären, ist die eigentliche Legitimationsbasis für alle Logik als Ausübung[11]. Während also in der philologischen Tradition 'Kritik' „iudicium et emendatio" bedeutete und Selbstermächtigung ist, erscheint sie in der Ramistischen Logik als die Lehre, die die logische Analyse des Urteils („iudicium") allererst begründet. Diese Doppeldeutigkeit des Kritikbegriffs, sowohl Methode wie Methodologie zu meinen, bleibt in den folgenden Jahrhunderten erhalten und befähigt einerseits, Legitimationsprobleme zu überspielen, erzeugt andererseits aber immanent bestimmte logische Probleme.

c) **Ästhetik.** In seiner posthumen „Poetik" von 1561 fügte der ältere SCALIGER diesen beiden Begriffskomponenten eine dritte hinzu, die freilich genauso ihre antiken Vorgänger hatte. Das berühmte fünfte Buch, das aus wertenden Vergleichen zwischen römischer und griechischer Literatur besteht, trägt den Titel „Criticus". In dem selektiven Charakter des kritischen Werturteils steckte das Potential zu einem Widerspruch zum philologischen Kritikbegriff, dessen Emphase zur Restitution des Ursprungstextes vergangene Selektionen rückgängig zu machen bestrebt sein mußte. So bestand auch das Urteil („iudicium") des Kritikers in der doppelten Funktion 1) der Selektion der Klassiker: *quo optima quaeque seligamus ad imitandum* und 2) der Beurteilung der eigenen Werke wie mit fremden Augen: *quo ea, quae a nobis confecta fuerint, quasi peregrina perpendamus, atque etiam exagitem*. Die Funktion der Legitimierung solcher Werturteile wird von Scaliger den Grammatikern, die sich dieses fälschlich anmaßten, ab- und den Philosophen zugesprochen[12]. Signifikant für die neu erstandene Wichtigkeit des Kritikbegriffs ist der wortgeschichtliche Befund, daß sowohl bei Calepinus wie Ramus wie dann auch beim jüngeren Scaliger bereits das Wort als selbständiges Substantiv: *critica, la critique* begegnet[13].

---

[11] PETRUS RAMUS, Scholae in liberales artes (Basel 1569; Ndr. Hildesheim, New York 1970), 8f.
[12] JULIUS CAESAR SCALIGER, Poetices libri septem (Lyon 1561; Ndr. Stuttgart–Bad Cannstatt 1964), 214.
[13] JOSEPH SCALIGER an Claude du Puy, 7. 7. 1580, Lettres françaises inédites, éd. Philippe Tamizey de Larroque (Agen, Paris 1881), 109; *je prevois que les petitz grammatics seront cause que non seulement les critiques, mais aussi la critique mesmes sera exposée en risée*, ebd. 109f.

3. Kombinationen und Berührungen der Varianten des Kritikbegriffs im 17. und 18. Jahrhundert

Philologie, Logik und Ästhetik waren die drei Wissenschaftsdisziplinen, in denen unabhängig voneinander, allenfalls durch Analogien aufeinander bezogen, das Reden über 'Kritik' im 15. und 16. Jahrhundert entstand. Mit der weiteren Konsolidierung der Disziplinen im Wissenschaftsensemble der Neuzeit setzten sich auch die Varianten des Kritikbegriffs nahezu terminologisch fest, am spätesten und am wenigsten in der Ästhetik. Darüber hinaus vollzog sich im 17. und 18. Jahrhundert eine zunehmende Differenzierung und Durchdringung, die dann in dem generell applizierbaren Kritikbegriff kulminierte, für den FIELDING 1752 eine universale Begriffsbestimmung gab: *Critic. — Like Homo, a name common to all the human race*[14]. Der Kritikbegriff wurde in drei Richtungen ausgedehnt und dadurch verallgemeinert: erstens wurde der Anwendungsbereich von den klassischen Texten und der Bibel ausgedehnt auf alle Gebiete der Gesellschaft und des Staates. Zweitens wurden die Funktionen ausgedehnt von der Beurteilung der Authentizität von Texten zur Aufklärung schlechthin; drittens weitete sich das Subjekt aus: von den eruditi über das Genie bis zur Vernunft selber.

Bereits in der zweiten Hälfte des 16. Jahrhunderts setzte sich der Sprachgebrauch weitgehend durch, der als 'ars critica' die „Kunstübung" der Philologen bezeichnete, zum Beispiel LIPSIUS: *Opera omnia quae ad criticam proprie spectant*[15]. Polemisch im Dienste des Katholizismus wehrte noch 1597 KASPAR SCHOPPE ab, daß 'Kritik' sich auf die Heilige Schrift beziehen könne: *Criticorum munus et officium unicum est operam dare ut, eorum opera, melius sit omnibus utriusque linguae, Graecae dico et Latinae, scriptoribus*[16]. Schon Erasmus hatte dem Sinn nach die Anwendung der philologischen Kritik auf die Heilige Schrift in Anlehnung an John Colet praktiziert[17]. Aber erst seit der Mitte des 17. Jahrhunderts läuft diese Sonderrichtung der Kritik unter dem Terminus 'critica sacra'. Noch 1628 hatte VALERIANUS MAGNUS seine Kritik der protestantischen Glaubensregel unter dem Titel „De acatholicorum credendi regula iudicium" veröffentlicht, und die Antikritik von COMENIUS lief ebenfalls noch unter der Bezeichnung 'iudicium': „Iudicium de iudicio Valeriani Magni super catholicorum et acatholicorum credendi regula, . . ."[18]. 1639 erschien dann die „Critica sacra or Observations on the Hebrew Words of the Old, and the Greek of the New Testament" von LEIGH; dem schloß sich — ebenso noch im Dienste des Protestantismus — CAPPELLE mit seiner „Critica sacra" (1650) an. Doch schon knapp dreißig Jahre später nahm der Katholik RICHARD SIMON die so ausgebildete Kritik in den Dienst seiner Sache, indem er zeigte, wie die philologische

---

[14] HENRY FIELDING, The Covent Garden Journal, Nr. 4, 14. 1. 1752, Works, ed. J. P. Browne, vol. 10 (London 1903), 10.
[15] JUSTUS LIPSIUS, Opera omnia quae ad criticam proprie spectant (1585; Leiden 1596).
[16] KASPAR SCHOPPE, De criticis et philologis veteribus et recentioribus (1597), zit. WELLEK, Grundbegriffe, 229, Anm. 6.
[17] JOHN WILLIAM ALDRIDGE, The Hermeneutic of Erasmus (Zürich 1966), 26 ff.
[18] Vgl. KLAUS SCHOLDER, Ursprünge und Probleme der Bibelkritik im 17. Jahrhundert. Ein Beitrag zur Entstehung der historisch-kritischen Theologie (München 1966), 18, Anm. 6; 20, Anm. 22.

Kritik mit ihrem Aufweis der grundsätzlichen Verderbtheit des Wortlauts der Heiligen Schrift dazu angetan sei, das protestantische Schriftprinzip in Frage zu stellen[19]. Tatsächlich bedeutete diese scheinbare Indienstnahme der Kritik im Streit der Konfessionen die mindestens partielle Zusprechung von Entscheidungskompetenz über Wahrheit und Unwahrheit im religiösen Disput an das Forum der Gelehrten und der bei ihnen kultivierten Methoden der Kritik und damit die Negation der klerikalen Autorität; dieses wurde von den Kirchen der Zeit mit Verdammung geahndet. Das Bücherverzeichnis, das MARTIN LIPENIUS 1682 edierte[20], verzeichnet bereits „Critica sacra" als eigene und zu jener Zeit sicherlich zunächst brisanteste literarische Gattung von Kritik.

Die Textkritik, der es zunächst allein um die Herstellung eines authentischen Textes (niedere Kritik) und seines intendierten, immanenten Sinns (höhere Kritik) ging, entwickelte sich zur historischen Kritik fort, als sie sich auch auf die in den Texten gemeinte Realität bezog. Diese historisch-kritischen Bemühungen mündeten in PIERRE BAYLES monumentalem „Dictionnaire historique et critique", dessen dritte Auflage 1715 in Rotterdam erschien. „War die Kritik zunächst nur ein Symptom der sich verschärfenden Differenz zwischen Vernunft und Offenbarung, so wird bei Bayle die Kritik selber die Tätigkeit, die beide Bereiche trennt"[21]. Damit kann auch erstmals die Kritik als solche ins Zentrum der Überlegungen rücken; sie erhält von Bayle einen vorwiegend negativen und destruktiven Aspekt zugesprochen, der fundiert sei in der Qualität der Vernunft: *La raison humaine ... est un principe de destruction, et non pas d'édification*[22]. Die in diesem Zusammenhang als institutionelles Modell fungierende „république des lettres" postuliert Egalitarismus. Alle Glieder dieser Republik seien zusammen Souverän, und alle seien allen verantwortlich qua gleicher Partizipation aller an der einen, in allen gleichen Vernunft. Auch und gerade die Inanspruchnahme einer solchen politikfreien Quasi-Institution herrschaftsfreier Diskussion[23] ist als solche in der Welt des Absolutismus ein Politikum. Wenn Bayle das Ansinnen abweist, Kritik solle konstitutiv für jetzt zu konstruierende Wahrheit sein, so steht dieses einerseits in der Tradition der philologischen und historischen Kritik, die unterstellte, daß die Wahrheit, um die es ihr ging, schon vorhanden und nur verschüttet sei, andererseits ist dadurch aber die Kritik der Verpflichtung auf die gegenwärtigen konstruktiven Aufgaben entbunden; das Denkmodell der Rekonstruktion von Authentizität bot Gewähr dafür, daß schon die Destruktion als solche im Dienste der Wahrheit und einer unbestimmten Zukunft stehen konnte.

---

[19] RICHARD SIMON, Histoire critique du Vieux Testament (Paris 1685; Ndr. Frankfurt 1967).
[20] MARTIN LIPENIUS, Bibliotheca realis philosophica ... (Frankfurt 1682).
[21] REINHART KOSELLECK, Kritik und Krise. Eine Studie zur Pathogenese der bürgerlichen Welt (Freiburg, München 1959; Ndr. Frankfurt 1973), 89.
[22] BAYLE 3ᵉ éd., vol. 3 (1715), 93, Art. Manichéens. — Vgl. ELISABETH LABROUSSE, Pierre Bayle, t. 2: Hétérodoxie et rigorisme (Den Haag 1964); die Wirkung des „Dictionnaire" untersucht PIERRE RÉTAT, Le Dictionnaire de Bayle et la lutte philosophique au XVIIIᵉ siècle (Paris 1971).
[23] BAYLE 3ᵉ éd., vol. 1 (1715), 879, Art. Catius.

II. 3. Kritikbegriffe im 17./18. Jahrhundert

Wenn Bacon 1605 der pedantischen oder pädagogischen Wissenstradition mit ihrem Autoritätsprinzip den kritischen Geist der Erkenntnisvermittlung in den Wissenschaften entgegenstellte und damit die Erkenntnismethoden der philologischen Wissenschaften zum Modell von Wissenschaft insgesamt erklärte[24], so war der gleiche Tatbestand hundert Jahre später von Vico gemeint, als er Kritik zur propädeutischen Grundlehre aller Wissenschaften und Künste deklarierte, wobei er sich distanzierend auf Bacon berief. Was er damit meinte und beschrieb *(omnium scientiarium artiumque commune instrumentum est nova critica)*[25], ist das in der Tradition Descartes' stehende Programm der Fundierung alles Wissens in einem ersten Wahren. Vico war ein solcher Rigorismus nicht als Logik der Wissenschaft, sondern als Bildungsprogramm anstößig, weil es sowohl ungeeignet schien, bei den natürlichen Voraussetzungen und dem Ziel der Ausbildung (sensus communis, prudentia) nützlich zu sein, als auch — und das wird dann begriffsgeschichtlich bemerkenswert — der Entwicklung rhetorischer Fähigkeiten nicht diente[26]. Solcher Form der Kritik hält Vico die Topik als Kultur der Lehre des Wahrscheinlichen und der Auffindung der Beweisgründe entgegen und verteidigt ihre Priorität. So glaubt er belegen zu können, daß Kritik mit Wahrheitsnähe, Topik aber mit Reichhaltigkeit des Arguments korreliere, woraus er folgert, daß beide Methoden für sich allein genommen fehlerhaft seien. Der aus der Verbindung logischer und philologischer Kritik hervorgegangene Kritikbegriff, der die Freilegung des historischen Gegenstandes, des Wesens, der ersten Gründe etc. meinte, beinhaltete jedenfalls nicht eine Freilegung desjenigen Traditions- und Lebenszusammenhangs, in dem auch der Kritiker sich wüßte. Fortschritt an Kritik bedeutete demgemäß Zunahme der Distanz zur Vergangenheit, und zwar ohne gleichzeitige Steigerung der Fähigkeit, diese Distanzierung bei Bedarf in einer vermittelten Unmittelbarkeit aufheben zu können.

Noch von einer anderen Seite vollzog sich die Identifikation von (Wissenschafts-)Logik mit Kritik, nämlich von der Seite derjenigen, die im Interesse, die Ästhetik „hoffähig" zu machen[27], wie zum Beispiel Baumgarten, deklarierten: *aesthetica nostra sicuti logica* und *est etiam critica logica, quaedam critices species est pars aesthetices*[28]. Baumgarten konnte noch ästhetische und logische Kritik, zwei Formen bürgerlicher Selbstvergewisserung am Vorabend der Revolution, zusammenhalten. *Critica latissime dicta est ars diiudicandi*[29]. Deren Begriff wird dann in Wissenschaftsmethodik (logische Kritik) und ästhetische Kritik differenziert.

Hatte die methodische logische Kritik den absoluten und unbezweifelbaren Anspruch des Urteils gewährleisten sollen, und hatte das Modell der Gelehrtenrepublik den Anspruch auf absolute Freiheit und Selbstbestimmung der Grenzen ihrer

---

[24] Bacon, Of the Advancement of Learning (1605), Works, vol. 3 (1870), 413 ff.
[25] Gian Battista Vico, De nostri temporis studiorum ratione (1708), hg. v. Walter F. Otto, Carl Friedrich v. Weizsäcker, Fritz Schalk (Darmstadt 1974), 16.
[26] Ebd., 26.
[27] Armand Nivelle, Kunst- und Dichtungstheorien zwischen Aufklärung und Klassik (Berlin 1960), 14 ff.
[28] Alexander Baumgarten, Aesthetica (Frankfurt 1750/58; Ndr. Hildesheim, New York 1970), 5, § 13; 2, § 5; vgl. ebd., 378, § 583.
[29] Ders., Metaphysica, 7. Aufl. (Halle 1779; Ndr. Hildesheim, New York 1963), 220, § 607.

Rechtssphäre legitimieren sollen, so verband sich die ästhetische und historische Kritik dem griechisch-terminologisch präformierten ('crisis' = 'iudicium' = 'Urteil') Modell des Gerichtshofs. Die aufklärerische ästhetische Kritik konnte dieses Gericht wegen der Distanz zum Gegenstand, in dem der Kritiker in seiner Kritik nicht selbst ein Schaffender ist, als peinliches Gericht auffassen, das persönlich uninteressiert die Gerechtigkeit verwaltet. Die Legitimation dieses Strafgerichts der Kritik geschieht nun durch Berufung auf das logisch-methodologische Modell des ersten Wahren, so zum Beispiel bei BREITINGER in der Vorrede zu Bodmers „Critische Betrachtungen über die poetischen Gemälde der Dichter": *Das Ansehen des Kunstrichters kann dessen Urteil kein Gewicht geben, wenn es keines von der Wahrheit empfangen hat*[30].

Auf jeden Fall garantierte Philosophienähe der Kritik eine besondere Dignität. So verstand GOTTSCHED unter Berufung auf Shaftesbury unter einem Kritiker *einen Gelehrten, der von freien Künsten philosophieren, oder Grund anzeigen kann*[31]. Diese Form des Kritikbegriffs hat die erwähnte Nichtunterscheidung von 'Kritik' (= ästhetische Methode) und 'Kritik' (= Methodologie der Ästhetik) als begriffliche Schwäche an sich, die die Wahrheit von ihrer Praxis nicht trennen kann. Eine andere Form der Legitimation des kritischen Urteils, die diese Schwäche vermeidet und dabei den Mangel an Stringenz als vorläufig unvermeidbar in Kauf nimmt, beruft sich — wie zum Beispiel bei LESSING — auf die regelrechte Koinzidenz des Urteils des Kritikers mit der Praxis des Genies[32]. Dieser an der ästhetischen Produktion des Genies statt am philosophischen System der Ästhetik orientierte Begriff 'Kritik' benennt, da er im Geniebegriff den Zusammenfall von Natur und Geschichte postuliert, zugleich die begriffliche Verbindung von ästhetischer und philologisch-historischer Kritik. *Das Genie lacht über alle Grenzscheidungen der Kritik*[33].

Allerdings speiste sich aus Genieenthusiasmus und Identifizierung von Kritik und methodischem Denken auch eine erste Verdächtigung der Kritik als nicht zukunftweisend, weil schulgerecht-konventionell und nicht kreativ, z. B. bei DIDEROT: *Das Genie schafft Schönheiten; die Kritik bemerkt die Fehler. Das Genie braucht Einbildungskraft, die Kritik Urteilskraft. Wenn ich die Kritik zu malen hätte, so würde ich zeigen, wie sie dem Pegasus die Federn ausreißt und ihm die Gangart unserer Akademie beibringt. ... Die militärische Disziplin entsteht, wenn es keine Generale mehr gibt, und die Methodik, wenn es kein Genie mehr gibt*[34].

Insgesamt läßt sich sagen, daß die Logik, wenn sie als Herrschaftsinstrument der Welt des Alten erkannt ist und ins Schußfeld gerät, erst ihrerseits einer Legitima-

---

[30] JOHANN JACOB BREITINGER, Vorrede zu: JOHANN JAKOB BODMER, Critische Betrachtungen über die poetischen Gemälde der Dichter (Zürich 1741), o. S.

[31] JOHANN CHRISTOPH GOTTSCHED, Versuch einer critischen Dichtkunst, 4. Aufl. (Leipzig 1751), 96. Vgl. auch den Shaftesbury-Schüler HEINRICH HOME, Grundsätze der Kritik, Bd. 1 (Leipzig 1763), 1 ff.; bes. 8 ff.

[32] Zu Lessing vgl. INGRID STROHSCHNEIDER-KOHRS, Vom Prinzip des Maßes in Lessings Kritik (Stuttgart 1969); KURT RÖTTGERS, Kritik zwischen System und Produktion: Lessing, Kant - Studien 64 (1973), 200 ff.

[33] LESSING, Hamburgische Dramaturgie 1, 7 (1767), Sämtl. Schr., 3. Aufl., Bd. 9 (1893), 210.

[34] DENIS DIDEROT, Aus dem Salon von 1767. Vernet, Ästhetische Schr., hg. v. Friedrich Bassenge u. Theodor Lücke, Bd. 2 (Frankfurt 1968), 106 f.

II. 3. Kritikbegriffe im 17./18. Jahrhundert

tion vor der Kritik bedarf. Diese Kritik orientiert sich am Muster ästhetischer Kritik, wie wir am deutlichsten im Fall Kants sehen werden. Das Genie ist ein noch konkret gedachter, aber wegen der Unerfüllbarkeit schon transzendental aufzufassender begrifflicher Vorläufer des transzendentalen Subjekts bei Kant.

Die Entfremdung von Kritik und politischer Praxis einerseits und die Ambivalenz des Kritikbegriffs zwischen methodischer und methodologischer Reflexion andererseits erzeugt bei Voltaire unmittelbar politische Probleme: „Die Kritik scheidet sich zwar als unpolitisch vom Staate ab, unterwirft ihn aber dennoch ihrem Urteil"[35].

Kritik an 'Kritik' kann sich im deutschen Sprachraum auch die Lautverwandtschaft von 'Kritik' mit 'kritteln' („schreien", „zanken") zunutze machen[36]. Für die nichtabwertende Gleichsetzung von 'Kritik' mit 'Krittelei' versucht sich KLOPSTOCK ab 1774 vergeblich einzusetzen: *Kunstrichterei, welches man anstatt Kritik der Abwechslung wegen zu gebrauchen pflegt, ist zum Exempel kein gutes Wort; wenn wir aber ... Krittelei aufnähmen, so hätten wir für Kunstrichterei ein gutes Wort*[37]. Doch in der Abwehr der Kritik durch Betroffene bleibt der Topos der Abwertung von 'Kritik' (im Sinne kleinlicher, nörgelnder Kritik) als 'Krittelei' erhalten und durchgängig verfügbar, so bereits 1780 bei LESSING: *Doch weg mit allen Wortkritteleien! Die Verfälschung ... verdient eine schärfere Rügung*[38]. Später trieb die Entgegensetzung von 'Genie' und 'Kritik' Blüten in der Entgegensetzung von 'Männlichkeit', 'Kraft' und 'Deutschtum' gegen 'Kritik' und 'Zweifel': *Der Krittel der Zweiflerschaft kommt meistenteils aus unmännlichen Herzen*[39] und verbündet sich im 19. Jahrhundert mit dem antiintellektuellen Affekt[40].

Der der Ästhetik Shaftesburys verpflichtete Kritikbegriff von HENRY HOME sträubte sich gegen die Alternative abstrakter methodologischer Kritikauffassung versus technischer Einübung von Fertigkeit. Vielmehr siedelt Home 'Kritik' eindeutig auf dem Mittelweg zwischen abstraktem Denken und konkreten Fertigkeiten an. Diese Kritikauffassung kennt ihren gesellschaftspolitischen Stellenwert[41]. Frei von den Vorstellungen einer dem politischen Staat entgegengesetzten Gelehrtenrepublik ist es für einen Engländer auch denkbar, dem Präsidenten einer Gesellschaft zur Bildungsförderung zu sagen: *In this Situation, there are preserv'd to you all the natural Rights of the Critic. Yet, I am under no Pain from the Use you may make of that Freedom*[42].

---

[35] KOSELLECK, Kritik und Krise (s. Anm. 21), 95.
[36] Belege bei TRÜBNER Bd. 4 (1943), 278, s. v. Kritik.
[37] FRIEDRICH GOTTLIEB KLOPSTOCK, Die deutsche Gelehrten-Republik: Die Gesetze (1769), SW Bd. 12 (Karlsruhe 1821), 118.
[38] LESSING, Sogenannte Briefe an Herrn Doktor Walch (1779/80), Sämtl. Schr., 3. Aufl., Bd. 16 (1902), 504.
[39] FRIEDRICH LUDWIG JAHN, Werke zum deutschen Volksthum (1833), Werke, hg. v. Carl Euler, Bd. 2/2 (Hof 1887), 708.
[40] J. P. NETTL, Ideas, Intellectuals, and Structure of Dissent, in: On Intellectuals, ed. P. Rieff (New York 1969); RAINER M. LEPSIUS, Kritik als Beruf. Zur Soziologie der Intellektuellen, Kölner Zs. f. Soziologie u. Sozialpsychologie 16 (1964), 75 ff.
[41] HOME, Grundsätze der Kritik, Bd. 1 (s. Anm. 31), 23. 10.
[42] [Anonym], The Tears of the Muses in a Conference between Prince Germanicus, and a Male — Content Party (London 1737), Dedication; diesen Hinweis verdanke ich Herrn R. Koselleck.

Wortgeschichtlich bleibt anzumerken, daß das Wort 'Kritik' erstmals 1718 in einem deutschen Text erscheint: *Die Critic heißt insgemein eine Kunst, die alten Autores zu verstehen (oder verständlich zu machen), was sie geschrieben, von dem, was man ihnen untergeschoben, oder verfälscht hat, zu unterscheiden, und das verdorbene auszubessern oder zu ersetzen*[43]. In der zweiten Hälfte des 18. Jahrhunderts steht die Konjunktur des Kritikbegriffs in Deutschland derjenigen in den Nachbarländern nicht nach. Der auf einen übergreifenden Begriff gebrachte Gebrauch des Wortes findet sich auch in den Lexika der Aufklärungszeit. Die Lexika des 17. Jahrhunderts geben noch unverbunden die Rezeptionsformen des Kritikbegriffs wieder. So scheidet zum Beispiel 1662 MICRAELIUS[44] sogar noch sprachlich zwischen dem logischen Begriff der κριτική, die er mit Hinweis auf die Dialektik von Petrus Ramus als *dexteritas iudicandi* faßt, und dem philologischen Begriff 'critica'. WALCH verzeichnet unter der *Critic ... im weitern Sinn* Grammatik und Textverbesserung, erwähnt, daß Clericus auch die Didaktik der Grammatik und die Hermeneutik dazuzähle, und unterscheidet davon als *Critic ... im engern und eigentlichen Verstand ... die Wissenschaft, die verderbten Stellen der Scribenten zu verbessern, und die eingeschalteten Glossemata in den Büchern auszumerzen*. Bei der Beschreibung der Hilfsmittel, über die der Philologe bei dieser Ausübung verfügt, kommt dann auch die logische Begriffskomponente mit ins Spiel, freilich in einer abenteuerlichen Version, die sowohl 'inventio' als auch 'iudicium' unter 'Kritik' subsumiert: *Das ander critische Hülfs-Mittel ist das Ingenium oder diejenige Fähigkeit des Verstandes, allerhand mögliche Verknüpfungen unserer Ideen zu versuchen, welche Verknüpfungen man in gemeinem Leben Einfälle nennet. Die critischen Einfälle des Ingenii müssen dem Judicio übergeben, und von demselben nach den Regeln der Wahrscheinlichkeit geprüft werden*[45]. Erst ZEDLER bietet in seinem „Universallexicon" die erste vollständige Synthese des Begriffs auf Wörterbuchebene: *Critic. Unter diesem Worte verstehet man in dem allerweitesten Verstande alle Beurteilung;* der Rest lautet ähnlich wie bei Walch, wobei Zedler bemerkt, daß die engste Bedeutung die geläufigste sei. Zedler geht als erster auf den *Hochmuth* und *das sich angemaßte Richter-Amt* mancher Kritiker ein, was die Lächerlichmachung der Kritiker insgesamt bewirkt habe[46]. Kürzer sind die Darstellungen von HÜBNER 1739; bemerkenswert für den Einzugsbereich ist lediglich, daß Hübner in der 12. Auflage 1742 die französische Schreibweise neben die lateinische setzt: *Critica od. critique*. Der Entscheidung der Zweideutigkeit von 'Kritik' als Methode und Methodologie weichen die Wörterbücher in der Regel aus bzw. sie reproduzieren sie einfach, charakteristisch zum Beispiel die Terminologie bei ADELUNG: *Die Kritik ... 1) Die Kunst oder Wissenschaft, die richtige Lesart und den Sinn der alten Schriftsteller zu bestimmen, und in weiterer Bedeutung, die Fertigkeit etwas nach den Regeln der Kunst zu beurteilen, und die Wissenschaft derselben ... 2) Die Anwendung derselben in einzelnen Fällen, die Beurteilung nach den Regeln der Kunst*[47]. Das große französische Wörterbuch von MORERI, das 1759 in

---

[43] G. STOLLE, Kurtze Anleitung zur Historie der Gelahrtheit (1718), zit. KANT, Handschriftlicher Nachlaß. Logik, AA Bd. 16 (1914; Ndr. 1968), 170, Anm. 10.
[44] MICRAELIUS 2. Aufl. (1662; Ndr. 1966), 342, Art. Critica.
[45] WALCH Bd. 1 (Ausg. 1740), 468f., Art. Critic.
[46] ZEDLER Bd. 6 (1733), 1661f., Art. Critic.
[47] HÜBNER 12. Aufl. (1742), 431, Art. Critica; ADELUNG 2. Aufl., Bd. 2 (1796), 1792, s. v. Kritik.

II. 3. Kritikbegriffe im 17./18. Jahrhundert

der zweiten Auflage erschien[48], dagegen stellt ästhetische, philologische und historische Kritik gleichberechtigt nebeneinander und gibt ihnen den Obertitel *art de juger*. Anders und moderner klassifiziert MARMONTEL in der „Encyclopédie" 1754[49]. Zunächst wird die philologische Textkritik als weitgehend abgeschlossene, obgleich sehr verdienstvolle Aufgabe der Vergangenheit ausgegliedert. Sodann wird unter 'Kritik' die aufgeklärte Prüfung und gerechte Beurteilung menschlicher Produkte verstanden. Die menschlichen Produkte aber teilen sich auf in drei Gruppen: Wissenschaften, freie Künste, mechanische Künste. In bezug auf diese Gegenstandsbereiche wird der Kritik jeweils sowohl eine sachgehaltsprüfende wie eine methodische und heuristische Funktion zugewiesen. Der Übergang zur politischen Valenz wird in der Funktion der Kritik in moralischen Angelegenheiten offenkundig: hatte die wissenschaftliche Kritik nämlich das Subjekt auf Vernunft reduziert, so qualifiziert die politisch-moralische den Menschen als Bürger. Wie aber jeder Bürger nach den Maßen seiner Gesellschaft beurteilt wird, so wiederum jede Gesellschaft nach den unveränderlichen Grundsätzen der natürlichen Gerechtigkeit. Hier — in der „Encyclopédie" — ist der effiziente Ort der Selbstartikulation bürgerlicher Kritik als Kritik ohne Ausnahme und Grenze. Bayle hatte mit dem Modell der Gelehrtenrepublik den schonungslosen Individualismus der bürgerlichen Gesellschaft ideologisch entworfen; die „Encyclopédie" nimmt das partiell zurück, wenn sie zu einer Vereinigung der kritischen Philosophen zum Zweck des Kampfes für die Menschheit aufruft. Die Philosophen sollen der bürgerlichen Emanzipation das gute Gewissen geben, Kritik wird zur bewußten Parteinahme für die gute Sache. Weil diese aber als generell gesetzt wird, ist im Zustand vollzogener Emanzipation das Prinzip der Kritik durch das der Öffentlichkeit ersetzbar. Die Gelehrtenrepublik wird als politische Republik verwirklicht.
KRÜNITZ' „Ökonomische Enzyklopädie"[50] faßt in gewisser Weise die Tendenzen des 18. Jahrhunderts in Deutschland zusammen, wenn sie feststellt, daß *Kritik die Beurteilung dessen sei, was Menschen tun, oder ... hervorbringen ... Taten* und *Producte* sind die Gegenstände jeglicher Kritik. Damit wird 'Kritik' aufgrund gleicher Regelkenntnis zur Alternative zu produktivem Handeln. Wie die „Encyclopédie" legt Krünitz einen gewissen Akzent auf den prozessualen Aspekt und seine kritische Beurteilung. Diese Akzentverschiebung ist erklärlich nur aus dem Modell der ästhetischen Kritik und ihrem Übergang zur Würdigung genialen Schaffens statt der Beurteilung der Regelhaftigkeit eines Werkes. Die Kritik der schönen Wissenschaften wird dann zu einem Fall von Kritik allgemein, obwohl Krünitz noch anmerkt, daß der Sprachgebrauch seiner Zeit so sei, daß man unter 'Kritik' ohne jede Spezifikation normalerweise ästhetische Kritik versteht. 'Historische Kritik' belegt er mit dem Ersatznamen *Geschichtswissenschaft*[51].
Jede aufklärerische Kritik setzt das konkret Bestehende als Bestehendes voraus und anerkennt es partiell. Aber mit der kritischen Distanzierung wird eine partielle praktische und theoretische Negation des Bestehenden beabsichtigt: ein Text wird

---

[48] MORERI 2ᵉ éd., t. 4 (1759), 264, s. v. critique.
[49] JEAN FRANÇOIS MARMONTEL, Art. Critique, Encyclopédie, t. 4 (1754), 490ff.
[50] KRÜNITZ Bd. 53 (1791), 547, Art. Kritik.
[51] Ebd. — Zu Kants Auffassung vgl. dagegen MANFRED RIEDEL, Geschichte als Aufklärung. Kants Geschichtsphilosophie und die Grundlagenkrise der Historiographie, Neue Rundschau 84 (1973), 289ff.

als verderbt erkannt, eine Überlieferung als Verschleierung, ein Kunstprodukt als falsch hergestellt oder ein Schluß als unbegründet. Inhaltlich erfaßt die Kritik alle Texte, Kunstwerke und Institutionen: Kirchen, Staat und Gesellschaft. Die Generalisierung des Kritikbegriffs hat KANT sowohl formuliert als auch in seiner kritischen Philosophie auf ihren Höhepunkt gebracht: *Unser Zeitalter ist das eigentliche Zeitalter der Kritik, der sich alles unterwerfen muß. Religion, durch ihre Heiligkeit, und Gesetzgebung, durch ihre Majestät, wollen sich gemeiniglich derselben entziehen. Aber alsdann erregen sie gerechten Verdacht wider sich und können auf unverstellte Achtung nicht Anspruch machen, die die Vernunft nur demjenigen bewilligt, was ihre freie und öffentliche Prüfung hat aushalten können*[52].

4. Kritik oder Revolution: die Alternative des deutschen Idealismus

Die Zeit des deutschen Idealismus und der Französischen Revolution ist für den Kritikbegriff dadurch gekennzeichnet, daß die durch Kant vollendete Generalisierung des Kritikbegriffs einerseits in der Prägung des theoretischen Begriffs radikale politische Strukturen aufweist, andererseits die schulbildende Kraft der Kantischen Philosophie und die gemäßigte politische Philosophie Kants den Übergang des Begriffs in die politische Sphäre für lange Zeit effektiv verhinderten in einem Ausmaß, daß einerseits jakobinische Kantianer sich nicht des Kritikbegriffs zu bedienen wagten, andererseits philosophische Kritik und Terror der Revolution als Alternativen erschienen. Dadurch wird die Forderung nach Freiheit der Kritik zum Präventiv der politischen Revolution. Es ist die politische Valenz des Kritikbegriffs, daß er in Deutschland gerade nicht zum Begriff der politischen Sprache wird, sondern lediglich wissenschaftsimmanent verwendet wird.

Die Homologie zwischen der vom Bürgertum geforderten Wirtschaftsfreiheit und der Freiheit der Kritik (Surrogat des politischen bellum omnium contra omnes) ist unschwer erkennbar. Dadurch werden Adam Smith und Immanuel Kant zu vergleichbaren Theoretikern, daß beide eine Theorie der „invisible hand" zur Absicherung einer ökonomischen oder geistigen Freiheit erarbeiteten.

KANT verwendet den Kritikbegriff als Titelbegriff seiner Schriften zur Grundlegung der Metaphysik („Kritik der reinen Vernunft"), der Moral („Kritik der praktischen Vernunft") und der Beschäftigung mit Fragen der Ästhetik und der Teleologie („Kritik der Urteilskraft"). Seine Ausgangsprobleme im Denken über 'Kritik' liegen in der Logik und da genauer in demjenigen Teil der Logik, der die Lehre vom Wahrscheinlichen behandelt, der Dialektik. Sie galt Kant als eine *Vernunfterkenntnis aus empirischen Begriffen* wie zum Beispiel auch das ästhetische Urteil. Für eine solche war aber nicht der Name 'Wissenschaft' angemessen, sondern der der 'Kritik'. Daher gilt für die Kantische Logikproblematisierung nahezu die Umkehrung der Identifizierung der Ästhetik mit Logik, wie zum Beispiel Kants Logikvorlesung 1765/66 sich methodisch an der *Kritik des Geschmacks* orientieren sollte[53]. Damit gewinnt Kant Anschluß an die Logiktradition[54], die sich an der Topik orientierte.

[52] KANT, Kritik der reinen Vernunft, AA Bd. 4, 9, Anm.
[53] Ders., Nachricht von der Einrichtung seiner Vorlesungen (1765/66), ebd., Bd. 2 (1905; Ndr. 1968), 311.
[54] KARL OTTO APEL, Die Idee der Sprache in der Tradition des Humanismus von Dante bis Vico, Arch. f. Begriffsgesch. 8 (1963), 338ff.

II. 4. Kritik oder Revolution

Aus diesem Zusammenhang entspringt auch die Kantische Unterscheidung von 'kritisch' und 'dogmatisch': *Das dogmatische Verfahren mit einem Begriffe ist also dasjenige, welches für die bestimmende, das kritische das, welches bloß für die reflektierende Urteilskraft gesetzmäßig ist*[55]. Der dogmatische Gebrauch der Vernunft bringt sie zu Urteilen, die wegen ihrer widersprüchlichen Konsequenzen die Skepsis erregen, die dem Kantischen Philosophieren als Anstoß zugrunde liegt. Damit aber bleibt beim Einsatz des Kantischen Philosophierens der Prozeßcharakter der Kritik als Verfahren (der Logik wie auch der Ästhetik) voll erhalten. Dieses Verfahren der transzendentalen Dialektik ist Resultat einer Internalisierung und logischen Radikalisierung einer faktischen dialektischen Auseinandersetzung in der Gelehrtenwelt. Im Antinomien-Kapitel der „Kritik der reinen Vernunft" zum Beispiel sichert Kant den Satz, daß die Welt einen zeitlichen Anfang habe, durch Beweise e contrario gegen Widerlegungen ab und ebenso den widersprechenden Satz, daß die Welt keinen zeitlichen Anfang habe[56]. Daraus ergibt sich nicht nur der faktische Widerspruch, der nach Kants Ansicht die Metaphysik als chaotischen Kampfplatz des Kampfes aller gegen alle charakterisierte, sondern dieser erscheint nunmehr vor der Vernunft als notwendig ausgewiesen: *Den Gegner aber müssen wir hier jederzeit in uns selbst suchen. Denn spekulative Vernunft in ihrem transzendentalen Gebrauche ist an sich dialektisch. Die Einwürfe, die zu fürchten sein möchten, liegen in uns selbst*[57]. Voraussetzung einer solchen Metaphysik-Kritik ist die Annahme einer Metaphysik als Naturanlage, was konsequenterweise zu der Aufgabe eines faktisch unabschließbaren Prozesses der Vernunft-Kritik führen müßte. Die transzendentale Dialektik Kants ist aber nicht Anleitung zu logisch-dialektischer Auseinandersetzung, sondern markiert nunmehr als Theorie von deren Bedingung zugleich deren Ende. All dieses affiziert den Kritikbegriff elementar; denn die alte Dialektik war Hilfsmittel im System allseitiger kommunikativer polemischer Kritik. Die Kantische Vernunftkritik ist Aufklärung der Bedingungen auch dieser Kritik. Sie repräsentiert in sich erstens den faktischen, kritischen Kampf aller gegen alle in Gestalt der Dialektik, zweitens aber, was bisher in jeder Theorie der Gelehrtenrepublik bewußt — als argumentativer Vorbehalt gegen Autorität — ausgespart blieb, die „dritte Position". Damit wird eine strukturell Hobbesianische Figur in die Praxis der Theorie aufgenommen: das Rechtsmodell des Gerichtshofs der Vernunft löst das als anarchistisch empfundene Modell der Gelehrtenrepublik teilweise ab. Daß der aus dem Gesichtspunkt der république des lettres wünschenswerte Pluralismus der Lehrmeinungen nunmehr als Chaos der Metaphysik gesehen wird, hat eine Voraussetzung darin, daß die Newtonsche Physik als Muster einer erfolgreichen Wissenschaft gewertet wird. Das Freiheitsimplikat, nämlich Freiheit von politischer Intervention, des bellum omnium contra omnes ist nicht mehr Gewähr für Wahrheit, vielmehr dient der sichere Gang einer Wissenschaft, wie ihn die Physik vorführt, als Vorbild der methodischen Wahrheitssuche auch für die Metaphysik. Der Gerichtshof der Kritik bezieht seine Legitimation aus seiner Bewährung als Friedensstifter, und zwar durch den in der transzendentalen Analytik der „Kritik der reinen Vernunft" enthaltenen erkenntnistheoretischen Versuch, Erkenntnisansprüche zu begrenzen, d. h. keinen

---

[55] KANT, Kritik der Urteilskraft (1790), AA Bd. 5 (1908; Ndr. 1968), 395, § 74.
[56] Ders., Kritik der reinen Vernunft, 2. Aufl. (1787), ebd., Bd. 3 (1904; Ndr. 1968), 294 ff.
[57] Ebd., 805.

transzendenten Gebrauch der Vernunft in wissenschaftlichen Argumentationen zuzulassen. Legitimation ex post aus der Tatsache der erfolgreichen Friedenssicherung charakterisierte auch Hobbes' politische Philosophie. Der Unterschied ist klar: die absolutistische Theorie der Gewalt forderte Gewaltmonopolisierung beim Souverän, Gewaltentsagung bei den Untertanen; die liberale Kritik-Theorie Kants ist lediglich Selbstermächtigung der kritischen Vernunft zur „dritten Position". Die Diagnose des Anarchismus in der Gelehrtenrepublik war der sinnfällige Anlaß der kritischen Intervention[58]. Das Gerichtsmodell ist näher zu bestimmen als das des bürgerlichen Prozesses konkurrierender Interessen, des interesselosen Richters und der Rechtsetzung qua Rechtsprechung im vorgefundenen anarchischen Zustand. Für künftige Rechtsprechung werden damit Orientierungsnormen gesetzt. Eine Kritik, die wie die Kantische Transzendenz gegenüber dem System geltender Normen mit dem Anspruch auf Normsetzung verbindet, kann als Figur radikaler Kritik benannt werden[59].

Auf die Frage, inwieweit diese Radikalität die Kantische politische Philosophie geprägt hat, wird man zunächst daran erinnern müssen, daß die politische Metaphorik der theoretischen Philosophie nicht unmittelbar und wörtlich genommen werden darf, und selbst die jakobinisch orientierten Kantschüler haben dieses niemals getan. Das Interesse, das Kant selbst an der Trennung seines radikalen theoretisch-philosophischen Kritikbegriffs von einer entsprechenden politischen Praxis haben mußte, ist aufweisbar: Es ist der Wunsch, die theoretische Radikalität aufrechterhalten zu können, ohne politische Rücksichten nehmen zu müssen, der Wunsch, die Praxis der Theorie in dieser selbst nicht noch einmal vorkommen lassen zu müssen. Die Diagnose des gesellschaftlich-politischen Zustandes sieht denn auch bei Kant keineswegs so düster aus wie die der Metaphysik. Hier nämlich kann der anarchistische Zustand durch Rechtsetzung als schon längst überwunden gelten. Vernünftiger Fortschritt bestünde lediglich in allmählicher Anpassung der bestehenden Gesetze an die Idee der Gerechtigkeit. Amt des kritischen Philosophen in einem solchen Zustand ist es, vor der bestehenden Obrigkeit als Anwalt der Vernunft aufzutreten; daß es speziell der Philosoph sei, der diese Aufgabe zu übernehmen habe, lehrte Kants Schrift über den „Streit der Fakultäten": *Sie* (sc. *die philosophische Fakultät*) *erstreckt sich ... auf alle Teile des menschlichen Wissens (...), nur daß sie nicht alle (...) zum Inhalte, sondern zum Gegenstande ihrer Prüfung und Kritik in Absicht auf den Vorteil der Wissenschaften macht*[60]. Zugleich ist es speziell diese Schrift Kants, in der den Wissenschaften und besonders denen der philosophischen Fakultät eine politische Funktion zugewiesen wird. Die anderen Fakultäten sind dem Interesse der Regierung an den Ergebnissen der Wissenschaften und Ausbildung verbunden; die Kritik der Philosophen an diesen „Regierungsparteien" ist damit implizit (im Gewande der Wissenschaftskritik) immer auch Kritik an der politischen Regierung.

---

[58] Die politisch-juridische Interpretation der „Kritik der reinen Vernunft" tut dem Werk übrigens keine Gewalt an, sondern schließt sich dessen Metaphorik zwanglos an.
[59] Vgl. dazu und zum folgenden K. RÖTTGERS, Kritik und Praxis. Zur Geschichte des Kritikbegriffs von Kant bis Marx (Berlin, New York 1975), 25ff.; HELMUT HOLZHEY, Art. Kritik, Hist. Wb. d. Philos., Bd. 4, 1267ff.
[60] KANT, Der Streit der Fakultäten (1798), AA Bd. 7 (1907; Ndr. 1968), 28.

II. 4. Kritik oder Revolution

Aber diese Kritik wendet sich nicht an die Öffentlichkeit[61]. Im politischen Bereich und vor allem auch in der Wissenschaftsmoral seiner philosophischen Rede orientierte sich Kant am egalitären Modell der Gelehrtenrepublik und an der Kritik im Sinne eines intersubjektiven Verfahrens. Im Zentrum seiner Philosophie war jedoch bereits in der Gestalt des Gerichtshofs der Kritik ein Kritikmodell herangereift, das Ermächtigung gegenüber egalitär-anarchistischen Zuständen zur richtenden und rechtsetzenden dritten Position beinhaltete. Dieses führte mit einer Begründung der Illegitimität der streitenden Parteien zu der These, daß in ihnen die Vernunft ihre Grenzen überschritten habe. Ausgearbeitet ist dieses in einer Lehre der Grenzen möglicher Erkenntnis und einer Lehre der Vernunft als regulativer Instanz. So kam es, daß im Laufe der Kantischen Entwicklung, wohl nicht unmaßgeblich unter dem Einfluß seiner Parteigänger, 'Kritik' zur *Wissenschaft*, zum *System der Vorsicht*[62] wurde. Kant selbst nannte das System der Lehrinhalte der „Kritik der reinen Vernunft" auch 'Kritizismus'. Dieser Name und der der 'Kritik' wurden in den Jahren 1780—1800 zum Feldzeichen, an dem sich Kantianer und Anti-Kantianer schieden.

Die Kantische Philosophie war von 1785—1795 so dominant in bezug auf das Reden über 'Kritik', daß Wortgebräuche ohne bezug auf Kants Philosophie unmöglich wurden bzw. sich nur im terminologischen Gebrauch halten konnten, wie zum Beispiel in der Philologie, dem Rezensionswesen und der ästhetischen Beurteilung. Die Bedeutungsmöglichkeiten von 'Kritik' zwischen Dijudikation (Logik), ästhetischer und politischer Kritik aber wurden zerstört bzw. verhindert. Dieses wirkte selbst auf die Gegner, so daß z. B. Hamann und Herder den Gehalt des vorkantischen Kritikbegriffs nur dadurch zu retten wußten, daß sie das Wort *Metakritik*, eine Neuprägung von HAMANN, verwendeten[63]. Gegen den Kantischen und Kantianischen Wortgebrauch wendet HERDER ironisierend ein: *„Kritik der reinen Vernunft?" Reine Vernunft heißt richtige Kritik; Kritik also der richtigen Kritik, ohne welche es keine Kritik gibt*[64]. Und weiter: *Ein Vermögen der menschlichen Natur kritisiert man nicht; sondern man untersucht, bestimmt, begränzt es, zeigt seinen Gebrauch und Mißbrauch*[65]. Gegen die sich so nennenden kritischen Philosophen will Herder mit seiner „Metakritik" die *echte Kritik und Philosophie der Alten, d. i. aller aufgeklärten Köpfe, die in vergangenen Jahrhunderten lebten*, wenden; ihnen will er zeigen, *was von jeher (der von ihnen mißbrauchte Name) wahre, feine, scharfe Kritik war*[66].

Ab 1789 wurde die Umwälzung, die die Kantische Philosophie in Deutschland bewirkt hatte, mit der politischen Umwälzung verglichen, die die Französische Revolution in Frankreich bewirkt habe. Seitdem diese Parallele möglich war, ver-

---

[61] Ebd., 35.
[62] Ders., Kritik der reinen Vernunft, 2. Aufl., 468.
[63] JOHANN GEORG HAMANN, Metakritik über den Purismum der Vernunft (1783/84), SW hg. v. Josef Nadler, Bd. 3 (Wien 1951), 281 ff.; vgl. REINER WILD, „Metacriticus bonae spei". Johann Georg Hamanns „Fliegender Brief". Einführung, Text und Kommentar (Bern, Frankfurt 1975), 99 ff.
[64] HERDER, Metakritik zur Kritik der reinen Vernunft (1799), SW Bd. 21 (1881), 317.
[65] Ebd., 17.
[66] Ebd., 323.

stärkte sie in der Regel die Kraft des Arguments für Kritik im Sinne Kants. Aus dem alten gesellschaftlichen und wissenschaftlichen Chaos heraus gab es genau zwei alternative Wege, den Aufstand des „Pöbels" oder die Kritik der Vernunft. Kritik wird zur Alternative für Gewalt. So fehlt selbst bei revolutionär gesonnenen oder sich gebenden Autoren wie Erhard oder Schaumann und Fichte jegliche Instrumentalisierung der Kritik in einer Revolutionsstrategie[67]: 'Kritik' blieb ein Wort der Gelehrtensprache, insbesondere im Sinne einer Parteinahme für die Kantische Philosophie. Daß philosophische Kritik im Sinne Kants und Französische Revolution auf einer Ebene der Vergleichbarkeit lägen, wurde selbst von eingefleischten Kant-Gegnern zugegeben, wenn sie in einer Denunziationsstrategie die lateinische Übersetzung der „Kritik der reinen Vernunft" zur Mit-Ursache der Französischen Revolution erklärten[68].

Wenn die Kritik der Aufklärung sich in der Metaphysik die Basis zur Anfechtung klerikaler und staatlicher Macht geschaffen hatte, so erscheint die Leistung der „Kritik der reinen Vernunft" als Selbstkritik aufklärerischer Kritik. Damit erhält Kritik bei Kant erstmals die Gestalt einer Denk- und Argumentationsfigur reflexiver Selbstanwendung. Sie ist auch eine Figur der Überbietung, die im Dienste einer unbegrenzten Perfektionierung steht, und ersetzt die Figur der Permanenz der Kritik, die Bayle proklamiert hatte.

Die Dominanz des Kantianischen Redens über 'Kritik' und 'Kritizismus' wurde erst von den Romantikern angefochten im erneuten Rückgriff auf Probleme der Ästhetik. FRIEDRICH SCHLEGEL behandelte die *Charakteristik* als Perfektion von *Kritik*[69]. Je mehr die Kritik sich ihrem eigenen Ideal (der „Charakteristik") nähert, desto mehr versteht sie es, am besprochenen Werk dessen eigenes Ideal, das ihm zum Teil selbst verborgen bleiben muß, rein hervortreten zu lassen. Für eine vorklassische Epoche der Geistesgeschichte, für die Schlegel seine eigene Zeit hielt, erwächst daraus die Aufgabe einer *produzierenden ... Kritik*[70], die er insbesondere bei seinem Vorgänger Lessing verwirklicht sah. 'Kritik' erhält den Doppelaspekt, einerseits Anstoß zur Perfektionierung des Ursprungsphänomens zu sein, indem diesem sein eigenes Ideal vorgehalten wird, andererseits aber Perfektionierung der Kritik im Dienst dieser Aufgabe zu sein; im Begriff 'produzierende Kritik' ist die Einheit dieses Prozesses der „Potenzierung" festgehalten *(Die wahre Kritik ist ein Autor in der zweiten Potenz)*[71], der selbst angelegt ist auf eine immer größere Annäherung und endliche Verschmelzung von Kritik und ihrem Gegenstand. Dieses geschieht dadurch, daß einerseits Kunst sich in sich selbst in der Gestalt der Ironie reflektiert, andererseits Kritik zu einer Form der Kunst wird.

---

[67] Auch im Revolutions-Almanach, hg. v. HEINRICH AUGUST OTTOKAR REICHARD (Göttingen 1794ff.), ist von 'Kritik' nie die Rede.

[68] So BENEDIKT STATTLER, Wahres Verhältnis der Kantischen Philosophie zur christlichen Religion und Moral (München 1794; Ndr. München 1973), 28f.

[69] FRIEDRICH SCHLEGEL, Philosophische Fragmente (1797), SW Bd. 18 (1963), 99, Nr. 846: *Charakteristik ist das Werk der Kritik;* vgl. ders., Athenäum-Fragmente (1798), ebd., Bd. 2 (1967), 253, Nr. 439: *Eine Charakteristik ist ein Kunstwerk der Kritik.*

[70] Ders., Lessings Gedanken und Meinungen aus dessen Schriften zusammengestellt und erläutert (1804), ebd., Bd. 3 (1975), 82.

[71] Ders., Philosophische Fragmente, 106, Nr. 927.

II. 4. Kritik oder Revolution

In dem mit Schelling gemeinsam gezeichneten Programmartikel zum „Kritischen Journal der Philosophie" von 1802 erläutert HEGEL seine Vorstellungen von Kritik philosophischer Werke. Deren Aufgabe sei es vor allem zu zeigen, *die Art und den Grad, in welchem sie (die Idee der Philosophie) frei und klar hervortritt, so wie den Umfang, in welchem sie sich zu einem wissenschaftlichen System der Philosophie herausgearbeitet hat, deutlich zu machen.* Dieses ist gemeint vor allem gegen diejenigen, für die Originalität oder Eigenständigkeit das non plus ultra der philosophischen Orientierung ist. Übernimmt Hegel (ohne dieses zu bekennen) von der Romantik das Prinzip der immanenten Kritik, so ist philosophische Kritik, die sich ihr verschrieben hat, in einer schwierigen Lage, wenn sie sich völliger philosophischer „Nullität" im Gewande absoluter Prätention gegenübersieht. Für solche Fälle vertraut Hegel auf die Selbstentlarvung eines Werks auf dem Wege der *fortgesetzten Konstruktion* und deren bloße polemische Verwerfung; denn der absolute Gegner kann schon das Prinzip, dem die Kritik folgt, nicht als zu seiner Beurteilung legitimiert anerkennen, und Kritik an ihm erscheint zwangsläufig als bloßer Machtspruch. Diese Kritik, gleicherweise philosophische Kritik wie Kunstkritik, ist gedacht als Befreiung des *ewigen und unwandelbaren Urbilds der Sache selbst*[72] (theologisch: Seele) aus seinen Bedingtheiten im Werk. Die Gerichtsmetaphorik gewinnt dabei Züge des Jüngsten Gerichts.

Hegels philosophische Hauptschriften haben demgegenüber keine Verwendung für den Kritikbegriff, auch wenn dessen Strukturen in ihnen wiedererkennbar erscheinen und von den Hegelianern auch prompt so gelesen worden sind[73]. Beim späten Hegel nimmt Kritik den Charakter der affirmativen Kritik an, nämlich anzuerkennen, was eine Sache eigentlich sei. Dieser Kritik schlägt Hegel eine Arbeit *unter den Auspizien einer königlichen Staatsbehörde* vor[74]. Was für jede aufklärerische Kritik skandalöser Verrat gewesen wäre, ist bei Hegel nicht begründet in einer Zurücknahme von Aufklärung, sondern in der weiterführenden Einsicht, daß es nicht der Staat ist, der immer und primär als äußerster Gegner der Kritik aufzufassen ist, sondern daß es vielmehr zwischen dem vernünftigen Interesse am Fortschritt der Wissenschaft und der im Staat wirklichen Vernunft die Partikularinteressen ökonomisch abhängiger und daher profitorientierter Rezensionsanstalten gibt. Unter solchen Bedingungen werden bürgerliche Kritik und staatliche Macht bündnisfähig. Dem verderblichen Einfluß der dazwischentretenden Instanzen entgegenzuwirken, sollte das Hauptanliegen der nun zu gründenden kritischen Zeitschrift sein. Die in ihr auszubreitende Kritik solle sich ganz auf die Erkenntnis der Sache, um die es geht, einlassen und gelassen den Fortschritt der Wissenschaften verfolgen. Hatte noch Hegels ursprüngliche Konzeption der Neugründung einer kritischen Zeitschrift von 1807 als Maxime formuliert: *Gerade das, was gang und gäbe ist, das Herkommen für sich hat, was als längst bekannt gilt, ... bedarf es am meisten, auf den Kopf gestellt*

---

[72] HEGEL, Einleitung über das Wesen der philosophischen Kritik überhaupt, und ihr Verhältnis zum gegenwärtigen Zustand der Philosophie insbesondere (1802), GW Bd. 4 (1968), 119. 117.
[73] Vgl. RÖTTGERS, Kritik und Praxis (s. Anm. 59), 147ff.; HOLZHEY, Art. Kritik (s. Anm. 59), 1274.
[74] HEGEL, Über die Einrichtung einer kritischen Zeitschrift der Literatur (1819/20), SW Bd. 20 (1930), 32.

und in Anspruch genommen zu werden, um zunächst wenigstens Verwunderung und Stutzen zu erregen und weiterhin Nachdenken zu veranlassen[75], so will Hegel nun in seiner Eingabe an das Unterrichtsministerium von 1819/20 nur die Methode einer *das Anerkannte und Anzuerkennende* würdigenden Kritik zulassen, die gelassen den Fortschritt der Wissenschaften registriert[76]. Tatsächlich scheiterte der Plan der Einrichtung der Berliner „Jahrbücher für wissenschaftliche Kritik" als Staatseinrichtung; verwirklicht wurde der Plan ab 1827 als Privatunternehmen, für das die Hegelschen Maximen kritischer Methode gleichwohl zunächst orientierend waren. So ist Hegel der erste, der eine im Ansatz politische Philosophie der Kritik entwirft, deren Konsequenz eben deswegen auch die Ausscheidung der Tagespolitik aus dem Gegenstandsbereich der Kritik ist. Die aufklärerische Kritik hatte Anonymität der Kritik postuliert und praktiziert theoretisch unter Bedingungen staatlicher Zensur. Das sollte Rücksichtslosigkeit in persönlichen Verhältnissen um der Sache willen fördern, war aber in gleicher Weise Funktion des egalitären Konzepts von Vernunft. Hegel dagegen — in einer gewandelten Wissenschaftsmoral — sah es als notwendig an, daß die gesamte Persönlichkeit des Kritikers die Verantwortung für das kritische Urteil zu übernehmen und mit ihrem Namen dafür zu stehen habe.

5. Kritik im Spannungsfeld von Theorie und Praxis im Hegelianismus

Seit 1830 gewinnt der Kritikbegriff in Deutschland seinen Stellenwert im politischen Sprachgebrauch, weniger dadurch, daß das Wort aus der Gelehrtensprache „absinkt", sondern mehr dadurch, daß Intellektuelle beginnen, Politik zu treiben und dabei die Sprache verwenden, die sie aus ihrer Wirksphäre kennen. Vor allem die Hegelianer haben diese Begriffsentwicklung gefördert. Entgegen dem Hegelschen Wortgebrauch sahen Hegels Schüler in seinen philosophischen Hauptwerken, vor allem der „Phänomenologie des Geistes", Präfigurationen philosophischer Kritik. Im Hegelianismus lassen sich mindestens vier Momente deutlich unterscheiden: 1) das unmittelbare Anknüpfen an Hegels Begriff 'Kritik' beim jungen Feuerbach, 2) die erneute Erzeugung des philosophischen Kritikbegriffs aus der Tradition der Bibelkritik und historischen Kritik im Medium Hegelscher Philosophie und deren Übertragung auf die Methodik der Geschichtswissenschaft, 3) die Anwendung des so gewonnenen Kritikbegriffs auf die Hegelsche Philosophie, wodurch sowohl diese als jener modifiziert erscheinen, 4) die Fortentwicklung des gewonnenen Kritikbegriffs aus eigener Dynamik heraus. Insbesondere im vierten Moment gewinnt Kritik eine Anbindung an tagespolitische Fragen, einen Verlust ihrer esoterischen Wissenschaftlichkeit und damit eine Verallgemeinerung zu umgangssprachlichem Gebrauch.

1) FEUERBACH, der an Hegel die Methode der immanenten Kritik abliest, entwickelt sie zum Programm einer kritisch-genetischen Philosophie fort. Diese gehorcht dem Modell der Rekonstruktion eines Ursprungs (historisch oder metaphysisch), von dem aus die Formen der Entäußerung und Verzerrung in der Gegenwart begriffen werden können. Er unterstellt nicht naiv — wie die Aufklärung —, daß am rekon-

---

[75] Ders., Maximen des Journals der deutschen Literatur (1807), GW Bd. 4, 511.
[76] Ders., Über die Einrichtung einer kritischen Zeitschrift, 41. 33f.

struierten Ursprung die reine Wahrheit einfach bereitliege, sondern bloß, daß sie sich hier einfacher zeige. Dadurch hat der Kritikbegriff keine geschichtsfeindlichen Implikate mehr; im Gegenteil, wie der historische Prozeß die Wahrheit im einen Fall entstellt, so offenbart er sie im anderen Falle. In jedem Falle ist der rekonstruierte Ursprung der Ort, an dem die Komplexität der Gegenwart auf ihre einfachsten und am einfachsten kritisch entscheidbaren Strukturen reduziert erscheint. Kritik wird hier zur diagnostischen Anamnese der Pathologie der Gegenwart. Diese ist schonungslos; denn *nur wer den Mut hat, absolut negativ zu sein, hat die Kraft, Neues zu schaffen*[77].

2) Eine zweite Quelle des Wiederauflebens des Kritikbegriffs findet ihren Ursprung in einer erneuten engagierten Auseinandersetzung mit der Bibel und dem Christentum. Die Bibelkritiken D. F. STRAUSS' nehmen ihren Ausgang von Widersprüchen der Exegetik, die ihren Ursprung in Widersprüchen zwischen den Synoptikern und Johannes haben. Die Widersprüche machen die gläubige Hinnahme dieser Art von Realität, wie es das protestantische Schriftprinzip der dogmatischen Theologie gebiete, intellektuell unmöglich. Gegenüber den Widersprüchen erscheint die historische und dogmatische Kritik von Strauß wiederum als Gerichtsprozeß, in ihrer Bildlichkeit freilich wie schon bei Hegel eher am Jüngsten Gericht orientiert. Dieser Kritik geht es nicht nur um Sicherung eines widerspruchsvollen Jetztzustands, sondern um Herbeiführung der letzten, auf immer verbindlichen Wahrheit. Das macht sie für Eschatologie anfällig. Der Kritiker, der Widersprüche ausmerzt, folgt nur der „Geschichte selbst", die ebenfalls in ihrem Verlauf stets das Inhomogene ausscheidet oder homogenisiert. Damit vollzieht Kritik den Auftrag der Geschichte, sie ist ihre Bilanz[78].

DROYSENS „Historik" verband den so politisch gewordenen Begriff, der den Eingriff des Intellektuellen in die Politik, des Geistes in die Sphäre der Macht, markierte, mit dem Vorstellungskomplex, der die Methode der historischen Kritik charakterisierte. Zwar wird die historische Kritik von der politischen getrennt dargestellt, doch fügen sich die Charakterisierungen beider mühelos ineinander: *Die Gedanken sind die Kritik dessen, was ist und nicht ist, wie es sein sollte. Indem sie verwirklicht sich zu neuen Zuständen ausbreiten und zu Gewohnheit, Trägheit, Starrheit verdicken, wird von neuem die Kritik herausgefordert und so fort und fort. Die Kontinuität dieser Gedanken ... ist die Dialektik der Geschichte*[79]. Die Aufgabe der historischen Kritik nun ist ebenfalls die Artikulation des Geistigen, nämlich die Rekonstruktion des vergangenen Geistigen, von dem das Faktische Kenntnis gibt. Damit wird bei Droysen die Möglichkeit und Wirklichkeit politischer Kritik zur Erkenntnisbedingung der geschichtswissenschaftlichen Methodik. Solche Auffassung von Kritik war dann später der beißenden Kritik NIETZSCHES ausgesetzt: *Nirgends kommt es zu einer*

---

[77] LUDWIG FEUERBACH, Notwendigkeit einer Reform der Philosophie (1842), SW hg. v. Wilhelm Bolin u. Friedrich Jodl, 2. Aufl., Bd. 2 (Stuttgart, Bad Cannstatt 1959), 216.

[78] DAVID FRIEDRICH STRAUSS, Die christliche Glaubenslehre in ihrer geschichtlichen Entwicklung und im Kampfe mit der modernen Wissenschaft dargestellt, Bd. 1 (Tübingen, Stuttgart 1840), X f. Vgl. dazu auch JÜRGEN GEBHARDT, Politik und Eschatologie. Studien zur Geschichte der Hegelschen Schule 1830—1840 (München 1963).

[79] JOHANN GUSTAV DROYSEN, Historik. Vorlesungen über Enzyklopädie und Methodologie der Geschichte, 5. Aufl., hg. v. Rudolf Hübner (München 1967), 355.

Wirkung, immer nur wieder zu einer „Kritik"; und die Kritik selbst macht wieder keine Wirkung, sondern erfährt nur wieder Kritik. Dabei ist man übereingekommen, viel Kritiken als Wirkung, wenige als Mißerfolg zu betrachten. Im Grunde aber bleibt selbst bei sotaner „Wirkung", alles beim alten: man schwätzt zwar eine Zeit lang etwas Neues, dann aber wieder etwas Neues und tut inzwischen das, was man immer getan hat[80].

3) In Orientierung an und in Interpretation von Hegel wird der neu konzipierte Kritikbegriff bei ROSENKRANZ zur *produktiven Reproduktion, zum Prozeß des Begreifens*[81]. Für ihn vereinigt 'Kritik' *erstens die Einsicht in den Gang der allgemeinen Geschichte; zweitens die Einsicht in die Art und Weise, wie der einzelne nach seiner Eigentümlichkeit mit ihr in Wechselwirkung tritt; drittens den Begriff der einzelnen Werke selbst, in denen das Individuum sich seiner Individualität entäußert*[82]. Der generalisierte Kritikbegriff nimmt bei Rosenkranz die Form eines funktionalliberalen Begriffs an, in dem Sinne, daß der Kritiker die überlegene und weise Position dessen einnimmt, der um die Bedeutung der Mühe der engagiert kämpferischen Auseinandersetzung für die Sache weiß, sich selbst aber außerhalb der Mühe im reinen Genuß der Beurteilung hält: *Als Philosoph habe ich das Bedürfnis der freien, universellen Kritik und kann mich für die unvermeidlichen Einseitigkeiten und extremen Handlungen einer wirklichen Partei nicht verbindlich machen*[83].

Anders verläuft die Entwicklung des Kritikbegriffs in den Kreisen des Linkshegelianismus. BRUNO BAUER, der von der Aufgabe der Bibelkritik und von der philosophischen Kategorie des Selbstbewußtseins ausging, stilisiert den generalisierten Kritikbegriff zur *letzten Tat einer bestimmten Philosophie, welche sich darin von einer positiven Bestimmtheit, die ihre wahre Allgemeinheit noch beschränkt, befreien muß*[84]. Die Tendenz zur „reinen Kritik" Bruno Bauers ist eine Tendenz zur Selbstreinigung der Kritik von jeglicher Bestimmtheit. Darin ist die Bauersche Theorie die karikaturenhafte Überhöhung einer Tendenz der Begriffsentwicklung: totale Generalisierung der Kritik ist bei Geltung des Prinzips der Selbstanwendung nur im Negativen denkbar, weil sie alle Entäußerungen ihrer selbst sogleich als zu ihrem Objektbereich gehörig betrachten muß. Das kann dann zu nichts anderem führen als zur Leerheit tautologischer Formeln: *Die Kritik nun, ... ist eben Kritik*[85]. In der an Feuerbach und Stirner geschulten anthropologischen Wendung kann dem lediglich der Minimalsinn der Subjektabgrenzung gegenüber seiner Welt gegeben werden[86]. Insgesamt aber versiegt das Reden der Kritik im Kreis um Bruno Bauer zur Totalattitüde eines intellektuellen Bohème einer Charlottenburger Kneipe.

---

[80] FRIEDRICH NIETZSCHE, Unzeitgemässe Betrachtungen, 2. Stück: Vom Nutzen und Nachteil der Historie für das Leben (1874), Werke, hg. v. Giorgio Colli u. Mazzino Montinari, 3. Abt., Bd. 1 (Berlin, New York 1972), 280f.
[81] KARL ROSENKRANZ, Georg Wilhelm Friedrich Hegels Leben (Berlin 1844; Ndr. Darmstadt 1963), 164; ders., Goethe und seine Werke (1847), 2. Aufl. (Königsberg 1856), 7.
[82] Ders., Goethe, 29.
[83] Ders., Aus einem Tagebuch. Königsberg Herbst 1833 bis Frühjahr 1846 (Leipzig 1854), 256.
[84] BRUNO BAUER, Kritik der evangelischen Geschichte der Synoptiker, 2. Aufl., Bd. 1 (Leipzig 1846), XXI.
[85] EDGAR BAUER, Der Streit der Kritik mit Kirche und Staat (Bern 1844), 30f.
[86] Z. B. KARL SCHMIDT, Das Verstandesthum und das Individuum (Leipzig 1846).

II. 5. Kritik im Spannungsfeld von Theorie und Praxis **Kritik**

4) Dagegen wirkte die Hegelianische Identifizierung von historischem und kritischem Prozeß nicht nur als geschichtsphilosophische Legitimierung von Gegenwartskritik, sondern machte auf der Linie der Hegelschen „Vernunft in der Geschichte" die Bezeichnung gegenwärtiger Umwandlungsprozesse als 'objektive' oder 'praktische Kritik' begreifbar. Solcher Wortgebrauch begegnet zuerst bei HINRICHS[87]. Dem entspricht eine zunehmende Reflexion des Verhältnisses von 'Theorie' — 'Kritik' — 'Praxis', das bei Bauer verbal aufgelöst war in der Behauptung, Kritik sei selbst schon die Tat der Umwälzung[88]. Bei ARNOLD RUGE bricht der Widerspruch zwischen einem geschichtsphilosophisch ermächtigenden Kritikmodell und der genannten Struktur voll auf; denn diese Struktur ist so geartet, daß in ihr als Theorie der Praxis die Wirkungen der Kritik vorkommen und als Verantwortung einer Theorie für ihre Praxis sowohl auf die Möglichkeit des Übergangs, d. h. Kritik, wie aber auch auf die kritische Theorie selbst zurückwirken[89]. Damit markiert Ruge den Abschluß der Bewegung der bürgerlichen Intellektuellen. Hatte nämlich die Aufklärung sich selbst nicht begriffen, weil sie die Praxis der Theorie, insbesondere einer Theorie, die sie selbst als Kritik artikulierte, nicht zu fassen vermochte, so wird Ruge bewußt, daß die Praxis seiner Theorie in der Form literarischer Kritik nicht diejenige Praxis ist, die die Antizipation der Theorie, ihre kritische Distanz zur Wirklichkeit, einlösen könnte: Die Kritik der bürgerlichen Intellektuellen braucht zu ihrer theoriegemäßen Verwirklichung in der Form der „praktischen Kritik" die Massen. *Die Geburt der wirklichen, der praktischen Freiheit ist der Übergang ihrer Forderung auf die Masse. Diese Forderung ist das Symptom der verdauten Theorie und ihres Durchbruchs in die Existenz.* Eben dieser „Durchbruch" heißt 'Kritik'[90]. Ideell verbündet sie sich mit den Massen, ohne freilich ebenso plausibel machen zu können, daß die Massen sie auch brauchen. Tatsächlich liefen diese dem Autodidakten und Handwerksgesellen Weitling nach, der nicht von 'Kritik' redet, und nicht bürgerlichen Intellektuellen wie Ruge. Erst der ebenfalls bürgerliche Intellektuelle KARL MARX überwand dieses Dilemma. Einerseits ging er davon aus, daß Theorie selbst ein Stück der Realität sei; das minimalisierte durchgängig in seinem Werk die Differenz von Theoriekritik und Sachkritik. Ökonomiekritik fällt zusammen mit der Kritik der Wirklichkeit, deren widerspruchsvolle Theorie die politische Ökonomie ist. Das war bei Marx zugleich der Abschied von theorieimmanenter Kritik. Andererseits dient Kritik der Selbstverständigung der Gegner eines gesellschaftlich-politischen Systems, nicht bloß abstrakt darüber, was sie wollen, sondern vor allem darüber, als was die Realität ihnen erscheinen muß. In der Erscheinung ist das Bestehende durch Widersprüche charakterisiert. Die berühmte 11. These über Feuerbach *(Die Philosophen haben die Welt nur verschieden interpretiert, es kömmt darauf an, sie zu verändern)*[91] setzt das Erscheinen der Wider-

---

[87] HERMANN FRIEDRICH WILHELM HINRICHS, Politische Vorlesungen, Bd. 1 (Halle 1843), 168.
[88] HORST STUKE, Philosophie der Tat. Studien zur Verwirklichung der Philosophie bei den Junghegelianern und den Wahren Sozialisten (Stuttgart 1963), 123 ff.
[89] ARNOLD RUGE, Über das Verhältnis von Philosophie, Politik und Religion. Kants und Hegels Accomodation (1841), SW 3. Aufl., Bd. 4 (Leipzig 1850), 254 ff.
[90] Ebd., 285.
[91] MARX, Thesen über Feuerbach (1845), MEW Bd. 3 (1958), 7.

sprüche schon voraus und ihre Kritik hat die Figur der begreifenden Kritik[92]. Die traditionelle Theorie hat aus Widersprüchen in der Theorie der Realität stets die Konsequenz gezogen, die Realität neu und dann widerspruchsfrei zu interpretieren. Unter dem Aspekt, unter dem Theorie selbst eine Realität ist, kann ebensogut die Realität als die Theorie zur Beseitigung von Widersprüchen geändert werden. So wird Kritik in bestimmten Umständen zum Vernichtungskampf. *Die Waffe der Kritik kann allerdings die Kritik der Waffen nicht ersetzen, die materielle Gewalt muß gestürzt werden durch materielle Gewalt, allein auch die Theorie wird zur materiellen Gewalt, sobald sie die Massen ergreift*[93]. Seit der Begriff 'praktische Kritik' geprägt wurde, seitdem also jede — insbesondere revolutionäre — Veränderung als Selbstkritik der Realität aufgefaßt werden kann, als „Kritik der Waffen", ist solche Redeweise zusätzlich gerechtfertigt. *Es hindert uns also nichts, unsre Kritik an die Kritik der Politik, an die Parteinahme in der Politik, also an wirkliche Kämpfe anzuknüpfen und mit ihnen zu identifizieren*[94]. Damit hat Marx die zwingende Identifikation von Kritik mit der Emanzipation des Bürgertums, wie sie uns in der Alternative aufklärerischer Kritik oder Gewalt des Pöbels erschien, zerbrochen. Kritik und revolutionäre Gewalt sind nun keine Alternativen mehr, sondern verschiedene, sich ergänzende, unter Umständen auch identische Formen des politischen Kampfes. Indem so der Begriff 'Kritik' in die politische Sprache nicht nur Eingang gefunden hat, sondern der Eingang von der Theorie selbst einholend reflektiert wird, ist der letzte Schritt der Generalisierung des Kritikbegriffs erreicht. Alles seitherige Reden über 'Kritik' bewegt sich im wesentlichen variierend innerhalb des Rahmens, den die Geschichte des Begriffs von Kant bis Marx vorgezeichnet hat.

6. Terminologisierung des Kritikbegriffs als Tendenz der Lexika und Wörterbücher des 19. Jahrhunderts

Die Lexika des 19. Jahrhunderts spiegeln eine zunehmende Terminologisierung des Begriffs. Die politische Valenz wird fast durchgehend ausgespart. Der BROCKHAUS von 1820 setzt die Lexikontradition des 18. Jahrhunderts fort: *Beurteilung und Prüfung ... dann die Fähigkeit oder Kunst der Beurteilung ..., endlich auch die Wissenschaft für die Beurteilung*. Bemerkenswert ist, daß die entwickelte Theorie des Gegenstandes, auf den sich eine Kritik bezieht, zu ihrer Voraussetzung erklärt wird, andernfalls sei die Beurteilung nicht Kritik, sondern *fragmentarisches, und deshalb unsicheres Raisonnement*. Der aufklärerische Kritikbegriff ist hier nahezu umgekehrt: *Das Gefühl menschlicher Beschränktheit und die Einsicht, daß das Vollkommenste nur Ideal ist, lehrt den Kritiker bei Beurteilung menschlicher Produkte human und nachsichtig sein, ja selbst um seines eigenen Genusses willen, der Beurtei-*

---

[92] Vgl. ders., Ökonomisch-philosophische Manuskripte (1844), ebd., Erg.Bd. 1 (1968), 467 ff. 510.

[93] Ders., Zur Kritik der Hegelschen Rechtsphilosophie. Einleitung (1844), ebd., Bd. 1 (1956), 385.

[94] Ders., Briefe aus den „Deutsch-Französischen Jahrbüchern" (1843), ebd. 345. — Vgl. KLAUS HARTMANN, Die Marxsche Theorie. Eine philosophische Untersuchung zu den Hauptschriften (Berlin 1970); JACQUES RANCIÈRE, Der Begriff der Kritik und die Kritik der politischen Ökonomie (Berlin 1972).

lung im Leben eine Grenze setzen, um nicht mit Recht verhaßt zu werden[95]. Solche Biedermeierideologie fehlt in der Ausgabe des Brockhaus von 1845; dort ist ein Novum die Hereinnahme der *sittlichen Kritik,* der Kritik *der Gesinnungen samt dem daraus hervorgehenden Handeln*[96]. Die sehr viel programmatischeren Ausführungen der „Allgemeinen Realencyclopädie für das katholische Deutschland" erinnern erstaunlicherweise noch stärker an das politiknahe Pathos der Aufklärung: Es lasse *sich sicher nicht leugnen, daß in unserer Zeit die Kritik eine überaus große Bedeutung habe; sie ist eine, alle Gebiete menschlichen Denkens und menschlicher Tätigkeit durchdringende Macht, um überall das Wahre vom Falschen, das Haltbare von dem Unhaltbaren zu scheiden. Dieser Geist der endlichen radikalen Scheidung des Wahren vom Falschen, des Guten vom Bösen, liegt tief im Wesen des Christentums begründet.* Aus der auch vom Brockhaus vertretenen Auffassung, daß jegliche Kritik einer sicheren theoretischen Grundlage bedürfe (*wenn nicht das Erkennen des Menschen in ein endloses und trostloses Negieren und Protestieren sich auflösen soll,* so die „Katholische Realencyclopädie"), schließt der Lexikonautor auf einen letzten, jeder Kritik enthobenen Maßstab: Gott, die göttliche Offenbarung und das *im heiligen Geiste unfehlbare Lehramt der katholischen Kirche*[97].

Der MEYER von 1851 hält in stärkerem Maße als der gleichzeitige Brockhaus am generalisierten und eine politisch-ideologische Wendung ermöglichenden Kritikbegriff fest; Gegenstände der Kritik sind für ihn *die ganze Reihe des Geschehenen, so weit es uns bekannt ist, alles menschliche Tun und Handeln, alle Leistungen in Wissenschaft und Kunst, alle Gesinnung, so weit sie offenbar wird*[98]. Ab der 11. Auflage (1866) gibt der BROCKHAUS auch die Erwähnung der Theorie-Voraussetzung auf und führt nunmehr positivistisch nur noch terminologisch die Sparten der Kritik auf[99]. Das ändert sich erst mit der 14. Auflage, in der — dezidiert neukantianisch orientiert — etwa die Hälfte des Raums des Artikels für die Schilderung des Kritikbegriffs bei Kant verwendet wird[100]. Erst die 17. Auflage des Brockhaus (1970) und die 9. des MEYER (1975) sprechen wieder deutlich eine programmatische, auch entschieden politisch-programmatische Sprache, wobei der Meyer weitergeht: *Grundform der Auseinandersetzung mit Handlungen, Handlungsnormen und -zielen sowie mit der durch diese bestimmten Welt . . . nahezu synonym zu Vernunft und Denken . . . setzt einerseits eine gewisse Freiheit . . . voraus und ist andererseits darauf angelegt, diese Freiheit tendenziell zu erweitern. Kritik und die Fähigkeit zu Kritik sind damit konstitutiv für jede echte Demokratie*[101].
Den Übergang in den politischen Bereich, den wir in Deutschland mit ca. 1830 ansetzen, registriert im 19. Jahrhundert auf Wörterbuchebene einzig das Deutsche Wörterbuch der Brüder GRIMM: *Namentlich auch im politischen Leben gibt es Kritik . . . das Wort bringt den Anklang streng wissenschaftlicher Tätigkeit mit sich, und*

---

[95] BROCKHAUS 5. Aufl., Bd. 5 (1820), 515. 517, Art. Kritik.
[96] Ebd., 9. Aufl., Bd. 7 (1845), 400f., Art. Kritik.
[97] Allgemeine Realencyclopädie oder Conversationslexikon für das katholische Deutschland, hg. v. WILHELM BINDER, Bd. 6 (Regensburg 1848), 435ff., Art. Kritik.
[98] MEYER, große Ausg., Bd. 7 (1851), 236, Art. Kritik.
[99] BROCKHAUS 11. Aufl., Bd. 9 (1866), 84f., Art. Kritik.
[100] Ebd., 14. Aufl., Bd. 10 (1902), 741f., Art. Kritik.
[101] MEYER 9. Aufl., Bd. 14 (1975), 384, Art. Kritik.

eben dem verdankt es seine Beliebtheit[102]. Wirklich allgemein geworden zu sein scheint freilich nur die Wendung „unter aller Kritik", die in die nichtgebildeten Kreise einging ohne das historisch tradierte semantische Feld des Kritikbegriffs zu kennen. Die isolierte Bedeutung von etwas, mit dem sich zu beschäftigen fragwürdig, nicht lohnend erscheint, wird nahegelegt dadurch, daß es die parallele Verballhornung „unter allem Kredit" gibt.

III. Ausblick: Die soziale Generalisierung der Verwendung des Kritikbegriffs im 20. Jahrhundert

Der Begriff 'Erkenntniskritik' im Neukantianismus steht völlig innerhalb der Mißverständnisse bezüglich des Begriffs 'Kritik' bei Kant, die auch der erste Kantianismus teilte. Natürlich ist die Beschränkung des Kritikbegriffs auf den erkenntnistheoretischen Problembereich innerhalb der Philosophie nicht mehr wie 1780/90 einfach unterlaufen, sondern sie erzeugt sich zum Teil in bewußter Opposition gegen Hegelianismus und Materialismus. Aber auch hier wird 'Kritik' bzw. 'Kritizismus' zum bloßen Feldzeichen einer akademischen Schule[103]. Späte Nachfahren dieser Gruppe von Philosophen sind die an POPPER sich anschließenden *kritischen Rationalisten*, für die 'Kritik' wiederum zum Rationalitätskriterium wird, das auch für gesellschaftliche Bereiche gelten soll[104]. Danach soll ein gesellschaftlicher oder wissenschaftlicher Tatbestand nur dann legitim sein, wenn er kritisierbar ist, vorläufig gerechtfertigt aber nur, solange er permanenter kritischer Prüfung standhält.
Ebenso wie im „kritischen Rationalismus" ist in der „kritischen Theorie", die mit den Namen HORKHEIMER und ADORNO verbunden ist, die Nicht-Identität der Theorie mit der Wirklichkeit, deren Theorie zu sein sie beansprucht, der Ursprung des kritischen Widerspruchs[105]. Damit kann auch bei Adorno der Fortschritt, den Kritik bewirken soll, nicht innerhalb des Systems geltender Normen, sondern nur durch Normentranszendenz gewährleistet sein. Während aber der kritische Rationalismus Widerspruchsfreiheit im Rahmen der Logik definiert, will Adorno nur den befriedeten Zustand der Gesellschaft, das *Glück*, als diejenige Widerspruchsfreiheit anerkennen, die das Aufbegehren der Kritik perspektivisch leitet. Daß Kritik geltenden Denknormen in der Praxis des Denkens über Gesellschaft entwächst, läßt einerseits diesen Kritikbegriff als der Tradition der radikalen Kritik folgend

---

[102] GRIMM Bd. 5 (1873), 2335, s. v. Kritik.
[103] ALOIS RIEHL, Der philosophische Kritizismus und seine Bedeutung für die positive Wissenschaft (1876), 3. Aufl. (Leipzig 1924/26); ARTHUR LIEBERT, Wie ist kritische Philosophie überhaupt möglich? (Leipzig 1919); GERHARD LEHMANN, Geschichte der nachkantischen Philosophie. Kritizismus und kritisches Motiv in den philosophischen Systemen des 19. und 20. Jahrhunderts (Berlin 1931).
[104] Neben KARL RAIMUND POPPER, Logik der Forschung, 4. Aufl. (Tübingen 1971), bes. HANS ALBERT, Traktat über kritische Vernunft (Tübingen 1968); ders., Plädoyer für kritischen Rationalismus (München 1971).
[105] MAX HORKHEIMER, Traditionelle und kritische Theorie (1937), in: ders., Kritische Theorie. Eine Dokumentation, hg. v. Alfred Schmidt, Bd. 1 (Frankfurt 1968), 137 ff.; HERBERT MARCUSE, Philosophie und kritische Theorie, in: ders., Kultur und Gesellschaft, Bd. 1 (Frankfurt 1968), 102 ff.

erscheinen, andererseits weiß *der Gedanke, der sich nicht enthauptet*, sich dem immer totaleren Zugriff auf das Denken nicht anders als durch Negation und Weigerung zu entziehen[106].

Dieser theorieimmanenten Entwicklung steht gegenüber, daß der Begriff 'Kritik' im öffentlichen Sprachgebrauch zu einem Verpflichtungsbegriff geworden ist, dem sich inhaltlich und auch dessen Gebrauch als Wort sich kaum jemand entziehen kann ohne die Gefahr eines Legitimitätsdefizits. So gibt es neben „kritischen Rationalisten" und Anhängern der „kritischen Theorie" mittlerweile die „kritische Psychologie", die „kritische Pädagogik". Die allgemeine Verwendung des Wortes 'Kritik' hat sich so sehr durchgesetzt, daß es innerhalb der Rangfolge der Häufigkeit sämtlicher deutscher Wortformen der Tageszeitung „Die Welt" den 610. Platz innehat und damit immerhin häufiger ist als Begriffe wie 'Gemeinschaft', 'Freiheit' und 'Ordnung'[107].

Nicht durch die allgemeine soziale Partizipation am Gebrauch des Wortes 'Kritik', sondern durch allgemeine Verpflichtung auf die Rede von 'Kritik', ist der Begriff inhaltlich bagatellisiert und politisch depotenziert worden. Und daß man sich allgemein kritisch nennt, hindert nicht, daß radikale Kritik wie eh und je ebenso allgemein suspekt erscheint.

Kurt Röttgers

---

[106] Theodor W. Adorno, Negative Dialektik (Frankfurt 1966), 393f. 159; ders., Kritik, Die Zeit, Nr. 26 (1969).
[107] Inger Rosengren, Ein Frequenzwörterbuch der deutschen Zeitungssprache, 2 Bde. (Lund 1972/77).

Legitimität, Legalität

I. Einleitung. II. Der lateinische Sprachgebrauch. 1. 'Legitimus' und 'legalis' in der römischen Jurisprudenz. 2. Die Bedeutung von 'legitimus' und 'legalis' im mittelalterlichen Rechtsdenken. 3. 'Potestas legitima' und 'princeps legitimus' in den staatstheoretischen Werken der beginnenden Neuzeit. III. Die Entstehung des modernen Legitimitätsbegriffs in Frankreich. 1. Die 'monarchie légitime' in der Staatstheorie des Absolutismus. 2. Demokratisierung des Adjektivs 'légitime' in der Philosophie der Aufklärung. a) Die Encyclopédie. b) 'Le consentement libre de la société'. c) 'Gouvernement légitime' und 'volonté générale'. 3. Die Diskussion legitimer Herrschaft zur Revolutionszeit. 4. Die Legitimität als politisches Schlagwort und Prinzip inner- und zwischenstaatlicher Ordnung. a) Die politische Publizistik der Jahre 1814/15. b) Talleyrands machtpolitische Verwendung des Legitimitätsbegriffs. 5. Die Legitimitätsdiskussion in der Restaurationszeit. a) Legitimität und göttliche Ordnung. b) Die Begründung eines liberalen Legitimitätsprinzips bei Constant. c) Legitimität durch Verwirklichung von Recht und Vernunft. IV. Die Rezeption des Legitimitätsbegriffs im deutschen Sprachraum zu Beginn des 19. Jahrhunderts. 1. Zur Rolle des Rechtfertigungsdenkens in Deutschland bis zum Ausgang des 18. Jahrhunderts. 2. Die Rezeption des Legitimitätsbegriffs. V. Das Auseinandertreten von Legalität und Legitimität. 1. Die Trennung der Legalität von der Moralität. 2. Die Unterscheidung von Legalität und Legitimität. 3. 'Legalität' und 'Legitimität' in der juristischen Terminologie. VI. Die Neutralisierung des politischen Streites um die Legitimität im Dualismus von Staat und Gesellschaft. 1. Die Neutralisierung des Monarchen in Hegels Staatsphilosophie. 2. Die Legitimität der Monarchie durch Lösung des sozialen Konflikts. VII. Legitimitätstheorien zwischen Liberalismus und Konservativismus. 1. Der Liberalismus des Vormärz. a) Der Widerstreit zwischen Volkssouveränität und Legitimität. b) Legitimität und Vernunftrecht im Staatslexikon von Rotteck und Welcker. 2. Legitimität und Evolution in der organischen Staatslehre. 3. Legitimität und Tradition. a) Die privatfürstenrechtliche Legitimität. b) Die Funktion der Zeitdauer bei der Legitimierung der Staatsgewalt. c) Legitimität aus nationaler Tradition. d) Stahls Lehre der institutionellen Legitimität. e) Die Legitimisten, der Gerlach-Kreis und Bismarck. f) Das Scheitern der konservativen Legitimitätsvorstellungen. VIII. Ausblick.

I. Einleitung

Im Gegensatz zur bloßen 'Legalität', der Übereinstimmung des Handelns mit gesatztem Recht, bezeichnet die 'Legitimität' die Rechtfertigung staatlicher Machtentfaltung durch allgemeinverbindliche Prinzipien. Der Legitimitätsbegriff transzendiert das bloß gesatzte Recht, indem er letzte Verbindlichkeitsgründe staatlicher Herrschaft ausdrückt[1].

Der Legitimitätsbegriff steht in enger Beziehung zu den Bedingungen menschlichen Zusammenlebens in einem Staat. Der Mensch als „weltoffenes" und damit der Ge-

---

[1] CARL SCHMITT, Legalität und Legitimität (München, Leipzig 1932); ULRICH KLUG, Der Legalitätsbegriff, Deutsche Landesreferate zum V. Internationalen Kongreß für Rechtsvergleichung, hg. v. MURAD FERID (Berlin, Brüssel 1958), 49 mit weiteren Nachweisen; THOMAS WÜRTENBERGER, Die Legalität. Versuch einer Deutung des rechtsphilosophischen Sinngehalts, in: Gegenwartsprobleme des internationalen Rechts und der Rechtsphilosophie, Fschr. Rudolf Laun, hg. v. DEMETRIOS CONSTANTOPULOS u. HANS WEHBERG (Hamburg 1953), 607 ff.; REINHOLD ZIPPELIUS, Allgemeine Staatslehre. Politikwissenschaft, 7. Aufl. (München 1980), 365 ff.; HASSO HOFMANN, Legitimität und

fährdung und dem Chaos ausgesetztes Wesen ist auf eine übergeordnete Herrschaftsgewalt angewiesen, die sich an Recht und Gerechtigkeit orientieren muß[2]. Dieser existentiellen Bindung menschlichen Verhaltens an rechtliche und sittliche Normen genügt eine für legitim gehaltene staatliche Ordnung. Weiterhin steht der Legitimitätsbegriff in engem Zusammenhang mit der ordnung- und friedenstiftenden Funktion des Staates. Eine legitime Ordnung steht im Gegensatz zu Anarchie, Willkür und Unsicherheit im sozialen Bereich. Für den Gewaltunterworfenen bedeutet Legitimität der Herrschaft Steigerung des Vertrauens in den Staat im Sinne eines „System-Vertrauens"[3]. Hierauf mag es im wesentlichen beruhen, daß seit jeher der Legitimitätsglaube des Volkes die wichtigste Grundlage für den dauernden Bestand staatlicher Ordnung ist und daß jeder Staat sich gezwungen sieht, seine Legitimitätsgrundlage in der öffentlichen Meinung zur Anerkennung zu bringen. Das Urteil über die richtige Staatsform und die gerechte Ausübung staatlicher Herrschaft, das mit dem Legitimitätsbegriff verbunden ist, hat darum nicht allein eine erhebliche staatsphilosophische, sondern auch politische Bedeutung erlangt. Das Problem legitimer Herrschaft war zunächst im wesentlichen Gegenstand staatsphilosophischer Reflexion; es trat im Zusammenhang mit dem Entstehen des modernen souveränen Staates allmählich in die Sphäre des Politischen; im Zentrum politischer Auseinandersetzungen aber steht 'Legitimität' — als politischer Kampfbegriff — erst seit Beginn des 19. Jahrhunderts.

Geht es bei der Frage nach der legitimen Herrschaft seit mehr als einem Jahrtausend um das, was den Staat im Innersten zusammenhält, so dreht es sich hierbei immer auch um die Bewertung von Staatszwecken[4]. Unter dem Einfluß der Entwicklung in der Staats- und Gesellschaftstheorie und der Änderungen in der Sozialstruktur ist es jeder Generation aufgegeben, aus der Tradition stammende Lehren von der Rechtfertigung der Staatsgewalt und dem Zweck des Staates mit neuem Leben zu erfüllen oder zugunsten anderer Rechtfertigungsversuche zurücktreten zu lassen. Die Formulierung der ethisch-rechtlichen Kategorie der Legitimität ist daher in hohem Maß zeitbedingt und relativ. Als legitim ist jede staatliche Herrschaftsausübung anzusehen, „die mit den überwiegend anerkannten Rechtsvorstellungen der Kulturgemeinschaft übereinstimmt, welcher der Staat nach seiner Geschichte und dem Willen seines Volkes angehört"[5]. 'Legitimität' kann je nach Epoche be-

---

Rechtsgeltung. Verfassungstheoretische Bemerkungen zu einem Problem der Staatslehre und der Rechtsphilosophie (Berlin 1977), 11. — Das Manuskript wurde 1978 abgeschlossen; auf neuere Veröffentlichungen wird in den Anmerkungen hingewiesen.

[2] THOMAS WÜRTENBERGER JUN., Die Legitimität staatlicher Herrschaft. Eine staatsrechtlich-politische Begriffsgeschichte (Berlin 1973), 15.

[3] Vgl. NIKLAS LUHMANN, Vertrauen. Ein Mechanismus der Reduktion sozialer Komplexität, 2. Aufl. (Stuttgart 1973), 57 ff.; FRANZ XAVER KAUFMANN, Sicherheit als soziologisches und sozialpolitisches Problem, 2. Aufl. (Stuttgart 1973).

[4] Hierzu GEORG JELLINEK, Allgemeine Staatslehre, 3. Aufl. (Berlin 1914; Ndr. Bad Homburg 1959), 230 ff.; ULRICH SCHEUNER, Staatszielbestimmungen, in: Fschr. Ernst Forsthoff, hg. v. ROMAN SCHNUR (München 1972), 325 ff. 340 ff.; HANS PETER BULL, Die Staatsaufgaben nach dem Grundgesetz (Frankfurt 1973).

[5] HELMUT QUARITSCH, Art. Legalität, Legitimität, Evangelisches Staatslexikon, hg. v. HERMANN KUNST, ROMAN HERZOG, WILHELM SCHNEEMELCHER, 2. Aufl. (Stuttgart, Berlin 1975), 1463.

I. Einleitung

deuten: Wahrung herkömmlicher Formen staatlichen Zusammenlebens; Kontinuität einer als rechtmäßig anerkannten Dynastie; besondere Bedeutung von Frieden und Ordnung im Staat; Gesetzmäßigkeit der Herrschaftsübertragung und Herrschaftsausübung, d. h. Gleichsetzung mit dem Legalitätsbegriff; demokratische politische Willensbildung; Begrenzung der Staatsgewalt durch Grundrechte und Teilung der Gewalten; Förderung öffentlicher Wohlfahrt u. a. m. Da es sich bei der 'Legitimität' sowohl um eine wichtige Kategorie der Staatsphilosophie als auch um die zentrale politische Frage nach dem Zweck staatlicher Ordnung handelt, ist der Einfluß geschichtlicher Ereignisse, politischer Auseinandersetzungen, sozialer Verschiebungen und der treibenden Kraft politischer Ideen auf den Begriff der 'Legitimität' besonders stark ausgeprägt.

Offenbaren sich seit Jahrhunderten in der Legitimitätsidee das Entstehen und Vergehen von ethisch-rechtlichen Rechtfertigungsansprüchen der staatlichen Herrschaftsordnung, so erfaßt der Legitimitätsbegriff unter soziologisch-deskriptivem Aspekt in der Bevölkerung tatsächlich vorhandene Rechtfertigungsmechanismen. Diese Betrachtungsweise geht auf MAX WEBER zurück, der die Legitimität der Herrschaft mittels der Gehorsamsmotivationen der Gewaltunterworfenen (Glaube an die legitimierende Kraft der Tradition, an das Charisma des Herrschers, an eine Wertordnung oder Hoffnung auf Förderung eigener Interessen) zu erfassen suchte[6].

Die Frage nach der Legalität tritt beim Entstehen des modernen gewaltenteiligen Gesetzgebungsstaates in den Vordergrund. 'Legalität' bedeutet Übereinstimmung der Handlungen staatlicher Organe oder des einzelnen mit dem staatlichen Gesetz. Ganz allgemein ist die Legalität eine wichtige Grundlage für das Funktionieren des modernen Staates; mit der Legalität läßt sich eine Regelhaftigkeit bürokratischen Handelns bewirken, die die anfallenden Massenvorgänge bewältigen hilft und gleichzeitig ein Mindestmaß an Gleichbehandlung garantiert. Wenn die Gesetzgebung an die verfassungsmäßige Ordnung und die vollziehende Gewalt und die Rechtsprechung an das Gesetz gebunden werden, so werden damit die Handlungs- und Entscheidungsmöglichkeiten von Staatsleitung, Verwaltung und Rechtsprechung im Interesse der Wahrung der individuellen Freiheitssphäre und Rechtssicherheit beschränkt. Die staatliche Machtentfaltung ist für jeden Staatsbürger durch die Nachprüfung ihrer Legalität kontrollierbar. Das Legalitätsprinzip besitzt nicht allein diese machtbegrenzende, sondern auch eine die Rechtsordnung garantierende Funktion. Im Rahmen der Gesetze hat der einzelne gegenüber dem Staat einen Anspruch auf Justizgewährung; im Strafprozeß sichert das Legalitätsprinzip, daß die gesetzlich angedrohte Strafe in jedem Fall eintritt und stellt gewissermaßen die Kehrseite des Grundsatzes „nulla poena sine lege" dar[7].

---

[6] MAX WEBER, Die drei reinen Typen der legitimen Herrschaft, Ges. Aufs. z. Wissenschaftslehre, hg. v. Johannes Winckelmann, 3. Aufl. (Tübingen 1968), 475 ff.; ders., Wirtschaft und Gesellschaft. Grundriß der verstehenden Soziologie, hg. v. J. Winckelmann, 5. Aufl. (Tübingen 1976), 124 ff.

[7] Das Legalitätsprinzip verpflichtet die Staatsanwaltschaft — von Ausnahmen abgesehen — zur Anklageerhebung wegen aller gerichtlich strafbaren und verfolgbaren Handlungen (§ 152 Abs. 2 Strafprozeßordnung).

II. Der lateinische Sprachgebrauch

1. 'Legitimus' und 'legalis' in der römischen Jurisprudenz

'Legitimus' und 'legalis'[8] stehen in enger Beziehung zu dem Begriff 'lex'. In der römischen Jurisprudenz wird mit dem Ausdruck 'lex' die Vorstellung einer ausdrücklichen Satzung und die Erinnerung an die Entstehung des einzelnen Rechtssatzes verbunden[9]. In diesem Sinne bezeichnet 'legitimus' in einer Vielzahl von Wendungen einen Einklang mit dem Volksgesetz[10]. Von besonderer Bedeutung ist, daß mit dem Adjektiv 'legitimus' auch auf die Zwölf Tafeln Bezug genommen wird. Dies läßt sich unter anderem am Begriff des 'heres legitimus' belegen, der im Mittelalter in die öffentlich-rechtliche Terminologie einging: *Legitima hereditas* ist die, *quae ex lege XII tabularum defertur*[11]. Mit 'heres legitimus' bezeichnet man, im Gegensatz zu dem durch Testament berufenen Erben, den Intestaterben[12]. Der Begriff des 'heres legitimus' erhält durch seine Verknüpfung mit den Zwölf Tafeln eine gewisse Weihe. Die Zwölf Tafeln stellten die ursprüngliche Norm der römischen Gemeinde dar; sie sind eine Art über der Gemeinde stehenden unverrückbaren Urrechts. Sicherlich liegt es bereits in dieser etymologischen Wurzel des Terminus 'legitimus' begründet, daß in den Begriffen der 'potestas legitima', des 'roi légitime' und der 'Legitimität der Staatsgewalt' Vorstellungen von einer besonderen Weihe und einem vorstaatlichen Urrecht durch die Jahrhunderte hindurch lebendig bleiben konnten.

Neben der Idee vom Urrecht kommt in der römischen Jurisprudenz im Adjektiv 'legitimus' auch ein gewisser staatstheoretischer Gehalt zum Ausdruck. Wenn SALLUST anläßlich einer knappen Darstellung der römischen Geschichte vom *imperium legitumum, nomen imperii regium habebant*[13] spricht, so beschreibt er hiermit

---

[8] Der Terminus 'legalis' wird in der Rhetorik seit dem 1. Jahrhundert n. Chr. verwendet (z. B. bei QUINTILIAN, Institutio oratoria 3, 5, 4; 3, 6, 86); in der römischen Jurisprudenz spielt er freilich keine erhebliche Rolle, da *legitimus* bis zur Collatio legum Mosaicarum et Romanarum, Tit. 1 (ca. 400) statt *legalis* gebräuchlich ist; vgl. TLL Bd. 7 [1973], 1099 ff.

[9] BIONDO BIONDI, Lex e ius, Rev. internat. des droits de l'antiquité, 3ᵉ sér., 12 (1965), 169 ff.; MAX KASER, Das altrömische ius. Studien zur Rechtsvorstellung und Rechtsgeschichte der Römer (Göttingen 1949), 74.

[10] ULPIAN, Liber singularis regularum 11, 2 f.: *Tutores aut legitimi sunt aut senatus consultis constituti aut moribus introducti. Legitimi tutores sunt, qui ex lege aliqua descendunt: per eminentiam autem legitimi dicuntur, qui ex lege duodecim tabularum introducuntur.* — Vgl. MORITZ WLASSAK, Römische Prozeßgesetze, Bd. 1 (Leipzig 1888), 32 ff.

[11] POMPONIUS, Dig. D. 38, 16, 11; ULPIAN, Dig. D. 37, 14, 11; Dig. D. 38, 17, 1, 8; weitere Nachweise bei EUGEN EHRLICH, Beiträge zur Theorie der Rechtsquellen, Bd. 1 (Berlin 1902), 48 f.

[12] THEODOR MOMMSEN, Iudicium legitimum (1891), Ges. Schr., Bd. 3 (Berlin 1907), 362. 372 ff.

[13] SALLUST, Cat. 6, 6; ähnlich auch LIVIUS 1, 48; vgl. ERNST V. HERZOG, Geschichte und System der römischen Staatsverfassung, Bd. 1 (Leipzig 1884), 51. 65; TH. MOMMSEN, Römisches Staatsrecht, 3. Aufl., Bd. 2/1 (Leipzig 1893; Ndr. Graz 1952), 10 f. — Angemerkt sei freilich, daß die klassische politische Philosophie der Antike zwar gerechte und ungerechte Herrschaft unterschied, die Frage der Rechtfertigung staatlicher Machtentfaltung aber nicht stellte. Vgl. hierzu HOFMANN, Legitimität (s. Anm. 1), 12 ff.; MANFRED RIEDEL, Herrschaft und Gesellschaft. Zum Legitimationsproblem des Politischen in der Philosophie, in: ders. (Hg.), Rehabilitierung der praktischen Philosophie, Bd. 2 (Freiburg 1974), 235 ff. 238 ff.

II. 2. 'Legitimus' und 'legalis' im Mittelalter

ein freiheitliches und nicht zur Willkürherrschaft entartetes Königtum. Sallusts *imperium legitumum* erscheint geradezu als Gegensatz zur entarteten Willkürherrschaft der Tyrannis und berührt so das Grundthema, das alle spätere Reflexion über die legitime staatliche Herrschaft bestimmt.

2. Die Bedeutung von 'legitimus' und 'legalis' im mittelalterlichen Rechtsdenken

Dem mittelalterlichen Rechtsbewußtsein ist ein Widerspruch von Legalität, d. h. von gesetzmäßigem Verhalten, zu Gerechtigkeit und Sittlichkeit fremd[14]. Gesetze sind meist die guten Verhaltensregeln, die seit langem erprobt und in das allgemeine Rechtsbewußtsein eingegangen sind. Da im Volksbewußtsein Recht, Gerechtigkeit und Sitte als Einheit verstanden werden, ist ein gesetzmäßiges Verhalten gleichzeitig ein sittliches Verhalten schlechthin. Recht bedeutet das Redliche, Vernünftige und Gerechte in einem umfassenden Sinn.

Diese Einheit von Recht, Gerechtigkeit und Sittlichkeit spiegelt sich in der Terminologie der Zeit. Die 'legalitas', eine Wortschöpfung des Mittelalters, wird in zahlreichen Wendungen mit 'probitas', 'fides' und 'fidelitas' gleichgesetzt[15]. Legalitas kommt allen jenen zu, die sich an das bestehende Recht und Gesetz halten, rechtschaffen handeln und zu ihrem gegebenen Wort stehen. Durch Ächtung wird man seiner legalitas beraubt und steht außerhalb der Rechtsgemeinschaft[16]. Diese Einheit der rechtlich-sittlichen Welt leitet auch THOMAS VON AQUIN, wenn er die *iustitia legalis* mit der Gerechtigkeit als allumfassender Tugend gleichsetzt[17]. Iustitia legalis ist zunächst die Tugend, die nötig ist, um Gesetze einzuhalten[18]. Die 'legale' Gerechtigkeit ist darüber hinaus die allumfassende Tugend, weil das Gesetz das allgemeine Beste anstrebt und der Mensch, der dem Gesetz folgt, mit dem gemeinen Besten in Einklang steht[19]. Diese im Mittelalter geprägte Vorstellung von der iustitia legalis beherrschte die Gerechtigkeitsdiskussion der katholischen Moral

---

[14] FRITZ KERN, Recht und Verfassung im Mittelalter (Leipzig 1919; Ndr. Darmstadt 1965), 15 ff. 66 ff.; HOFMANN, Legitimität, 25 ff. mit weiteren Nachweisen; → Gesetz, Bd. 2, 870 f.

[15] Vgl. bei DU CANGE 9ᵉ éd., t. 5 (1886; Ndr. 1954), 57 f.

[16] *Si quis ... a proscriptione et excommunicatione ... non fuerit absolutus, universo iure et honore et legalitate sua privatus habeatur, ita ut in ferendo testimonio vel ad causandum de cetero nequaquam sit admittendus*, Constitutio contra incendiarios v. 29. 12. 1186; KARL ZEUMER, Quellensammlung zur Geschichte der Deutschen Reichsverfassung in Mittelalter und Neuzeit (Leipzig 1904), 21.

[17] THOMAS VON AQUIN, Summa theologica 2, 2, qu. 58, art. 5: *Et quia ad legem pertinet ordinare in bonum commune, ... inde est quod talis iustitia, praedicto modo generalis, dicitur iustitia legalis: quia scilicet per eam homo concordat legi ordinanti actus omnium virtutum in bonum commune*. — Zur Unterscheidung von 'lex legalis' und 'lex tyrannica' vgl. → Gesetz, Bd. 2, 873.

[18] So z. B. JUAN DE MARIANA, De rege et regis institutione 3, 11 (Toledo 1599; Ndr. Aalen 1969), 368; ROBERTUS BELLARMIN, De iustificatione imperii 1, 1, hg. v. David Pareus (Heidelberg 1615), 23.

[19] Hierzu GIORGIO DEL VECCHIO, Die Gerechtigkeit, 2. Aufl. (Basel 1950), 36 ff. mit weiteren Nachweisen; ARTHUR-FRIDOLIN UTZ, Sozialethik. Die Prinzipien der Gesellschaftslehre, Bd. 1 (Heidelberg, Löwen 1958), 202 ff. 208 ff.

philosophie, bis sie im 19. Jahrhundert von der „sozialen Gerechtigkeit" verdrängt wird[20], findet sich aber auch andernorts. Der junge LEIBNIZ etwa betrachtet die *iustitia legalis* als allumfassende Tugend, die vom Menschen Achtung vor dem Gesetz fordert und ihn zum Nutzen des gesamten Staates vervollkommnet[21].

Entsprechend der geschilderten Einheit von Recht und Gerechtigkeit bedeutet 'legitimus' in mittelalterlichen Rechtsquellen meist nur Übereinstimmung mit der bestehenden Rechtsordnung[22]. Über diese technische Verwendung hinaus wird *legitimus* in der Goldenen Bulle KARLS IV. von 1356 mit einem spezifisch staatstheoretischen Gehalt verknüpft: es wird zugesichert, daß die Landesherrschaft und das Kurrecht nach dem Tode des Kurfürsten auf dessen erstgeborenen ehelichen Sohn *(filium primo genitum legitimum)* übergehe (Primogeniturerbfolge). In diesem Zusammenhang bezeichnet man die Kurfürsten als die nach altem Herkommen *veros et legitimos sacri imperii principes electores*[23]. Hier ist also die Legitimität der Kurwürde mit der zivilistischen Vorstellung vom Erbrecht des 'heres legitimus' eng verknüpft. Legitime Herrschaft wird durch das Erbrecht des ehelich Geborenen vermittelt. Mit der legitimen Erbfolge soll Sicherheit und Ordnung im Reich bei der Nachfolge in die Herrschaft gewahrt werden, bei der es leicht zu Auseinandersetzungen um Wahlrechtsfragen kommen kann. Die Ordnungsidee klingt so bereits frühzeitig in dem Adjektiv 'legitimus' an. Daneben scheint bei dem Menschen des Mittelalters und der beginnenden Neuzeit eine gewisse Vorstellung von göttlicher Weihe mitzuschwingen, wenn es um den 'heres legitimus' als Nachfolger in der Herrschaft geht. Durch die Umwandlung des Geblütsrechts in ein Erstgeburtsrecht konnte das Gottesgnadentum der Geburt entstehen und „der privatrechtliche Grundsatz 'nur Gott kann einen Erben machen' ... im Thronfolgerecht seine sicherste Domäne" erhalten[24]. Damit vermochte der Begriff des 'heres legitimus' aus dem römischen Rechtsdenken heraus den Charakter sakraler Weihe zu bewahren.

Wurden in der Goldenen Bulle mit dem Adjektiv 'legitimus' vor allem pragmatisch-politische Vorstellungen von der guten Ordnung im Reich thematisiert, so finden sich bereits ausgangs des Mittelalters auch staatsphilosophische Betrachtungen zu den Voraussetzungen legitimer Herrschaft. TOLOMEO VON LUCCA arbeitet am Bei-

---

[20] ALBERT VONLANTHEN, Idee und Entwicklung der sozialen Gerechtigkeit. Zu einem bedenklich gewordenen Theologenstreit (Freiburg/Schweiz 1973), 14 ff. 22. 123 ff.

[21] LEIBNIZ, De iustitia, Textes inédits, éd. Gaston Grua, t. 2 (Paris 1948), 566 f.; vgl. HANS-PETER SCHNEIDER, Justitia universalis. Quellenstudien zur Geschichte des „christlichen Naturrechts" bei Gottfried Wilh. Leibniz (Frankfurt 1967), 368 f. 372 ff.

[22] So bezeichnet das *legitime citatus* im Rheinfränkischen Landfrieden vom 18. 2. 1179 die richtige Ladung der Übeltäter vor Gericht (ZEUMER, Quellensammlung, 16; vgl. ebd., 21: *legitimus induciis*). In einem „Vertrag über die Begründung der Markgrafenschaft von Namur" (Mai 1184) bedeutet *legitimus* die Übereinstimmung mit der Rechtsordnung (ebd., 19 f.). Durch das *allodium legitime conferre* (ebd., 22) sollen alle Rechte gemäß dem bestehenden Recht übertragen werden (vgl. weiter bei WÜRTENBERGER, Legitimität, 37).

[23] ZEUMER, Quellensammlung, 166 f.

[24] F. KERN, Gottesgnadentum und Widerstandsrecht im frühen Mittelalter. Zur Entwicklungsgeschichte der Monarchie, 2. Aufl. (Münster, Köln 1954), 40 f.

spiel der Herrschaft der Römer drei Merkmale eines *dominium legitimum* heraus[25]: Die Tugend der Vaterlandsliebe *(amor patriae)* soll jede politisch einflußreiche Persönlichkeit dazu veranlassen, sich nach besten Kräften für das Vaterland einzusetzen. Weiterhin bemüht sich eine legitime Herrschaft um gerechte Gesetze *(zelum iustitiae)* und um eine humanitäre Ausübung der Staatsgewalt *(zelum civilis benevolentiae)*[26]. Diese Grundsätze einer legitimen Autorität appellieren lediglich an die ethische Verpflichtung der Regierenden gegenüber dem Staat. Allein Gottes Fügung läßt den Menschen eine gerechte und legitime oder eine tyrannische Herrschaft zukommen: *Relinquitur igitur a Deo omne esse dominium, sive legitimum, sive tyrannicum, secundum varias rimas suae impervestigabilis providentiae*[27].

Im Gegensatz zu dieser staatsphilosophischen Besinnung auf eine legitime staatliche Herrschaft befaßt sich OCKHAM bei seiner Stellungnahme zu den Auseinandersetzungen zwischen Kaisertum und Papsttum mit den Rechtstiteln der weltlichen Gewalt. Gegen die These des Papsttums, daß die weltliche Gewalt des Römischen Reiches und damit auch des Kaisers vom Papst stamme, wendet Ockham u. a. ein, die legitime Staatsgewalt rühre zwar von Gott her, werde aber von den Menschen eingesetzt: *Sed imperium Romanum est a Deo, quemadmodum omnis potestas legitima et secularis est a Deo, sic tamen, quod est ab hominibus, quemadmodum alia regna subiecta imperio et principatus et aliae dignitates et potestates sunt a Deo et tamen ab hominibus*[28]. Bei der Klärung der einzelnen Bedingungen des Entstehens legitimer weltlicher Herrschaft geht Ockham von dem berühmten *reddite quae sunt Caesaris Caesari* aus. Hieraus entnimmt er, die weltliche Herrschaft könne auch ohne ein Mitwirken der geistlichen Gewalt legitim sein: *Et ita licet Christus tunc Caesari nullam tribuerit iurisdictionem vel potestatem, tamen tunc iurisdictionem et potestatem sibi datam per collationem et ordinationem humanam quodammodo specialiter approbavit, et ipsam non esse usurpatam nec tyrannicam, ... sed legitimam declaravit, ut innotesceret cunctis, quod in temporalibus Caesari tamquam vero et legitimo domino parere debebant*[29]. Wenn auch hinter einer legitimen Herrschaft noch nicht die Lehre von der Volkssouveränität in ihrem modernen Sinn steht, so ist doch der Gedanke lebendig, daß durch menschlichen Akt die Staatsgewalt auf den Herrscher übertragen wird. Gleichzeitig bringt das Adjektiv 'legitimus' zum Ausdruck, daß sich die Staatsgewalt letzten Endes von Gott herleitet.

Ein Hindernis für das Entstehen legitimer weltlicher Herrschaft kann allerdings ein Akt der Usurpation sein. Denn nach allgemeiner Meinung soll selbst eine nachfolgende gute und nützliche Regierungsweise in keinem Fall eine usurpierte Herrschaft zu einer legitimen machen können[30]. Gleichwohl stellt Ockham entscheidend

---

[25] TOLOMEO VON LUCCA, De regimine principum libri quatuor 3,4 (Leiden 1630), 191.
[26] Ebd. 3,4 (p. 186 ff.); 3,5 (p. 192 ff.); 3,6 (197 ff.).
[27] Ebd. 3,8 (p. 216).
[28] WILHELM VON OCKHAM, Breviloquium de principatu tyrannico 4,3 (1342), hg. v. Richard Scholz (Leipzig 1944), 147.
[29] Ebd. 4,7 (p. 152).
[30] Ebd. 4,9 (p. 159): *Quod principatus, qui malum habuit principium, propter consequentem bonitatem et utilitatem regiminis nequaquam verus et legitimus effici potest, quemadmodum per bonum usum rei furtive ... utens ipsa non efficitur verus dominus eius.*

auf die Worte Christi und die Lehre der Apostel ab, die den römischen Kaiser für den wahren Kaiser hielten. Er sieht sich allerdings außerstande, den Zeitpunkt zu bestimmen, seit dem dem Römischen Reich eine legitime Herrschaft zugesprochen werden kann: *Sed quando et qualiter incepit esse legitimum atque verum, non est facile per certitudinem diffinire, et forte solus Deus novit*[31]. Hierbei sind es die rechtfertigende Wirkung des Konsenses und neu entstehender Legitimitätsvorstellungen im Verlauf einer Ersitzung von Herrschafts- und Besitzrechten, die nach einer Usurpation zu neuer legitimer Herrschaft führen können. Bei Ockham findet sich bereits die hohe politische Spannung, die zwischen einem Akt der Usurpation und nachfolgender legitimer, weil gerechter und vom Menschen akzeptierter Herrschaft liegt. Wenn auch seiner Meinung nach nur Gott um den genauen Zeitpunkt weiß, wann usurpierte und tyrannische Gewalt in legitime Herrschaft umschlägt, so hat er sich doch mit Erfolg um die Klärung der Frage bemüht, wie in der Geschichte legitime Herrschaft entstehen kann.

3. 'Potestas legitima' und 'princeps legitimus' in den staatstheoretischen Werken der beginnenden Neuzeit

Die Verwendung des Adjektivs 'legitimus' in den staatstheoretischen Werken der beginnenden Neuzeit ist von zwei gegenläufigen Tendenzen geprägt. Auf der einen Seite bemüht sich die Spätscholastik um die Idee einer moralisch-rechtlichen Einheit der Welt. Die Staatsgewalt begreift man als Teil der sittlichen Ordnung, die ihren Ursprung in Gott habe[32]. Mit dem Adjektiv 'legitimus' wird ein Einklang zwischen menschlicher und göttlicher Ordnung beschworen; sobald der Herrscher durch Wahl oder Erbfolge[33] in sein Amt berufen ist, besitzt er die Staatsgewalt, die von Gott kommt und in gewisser Hinsicht heilig ist[34]. Auf der anderen Seite

---

[31] Ebd. 4,9 (p. 160); vgl. ebd. 4,11 (p. 163) und weiter WÜRTENBERGER, Legitimität (s. Anm. 2), 41 ff.
[32] FRANCISCUS DE VITORIA, Relectio de potestate civili (1528), Obras, ed. Teofilo Urdanoz (Madrid 1960), 151; FRANCISCUS SUAREZ, Theologiae summa 1, 5, 3, 3 (Köln 1732), 279; Einzelheiten bei WÜRTENBERGER, Legitimität, 45 ff.; ERNST REIBSTEIN, Johannes Althusius als Fortsetzer der Schule von Salamanca. Untersuchungen zur Ideengeschichte des Rechtsstaates und zur altprotestantischen Naturrechtslehre (Karlsruhe 1955), 116 ff.
[33] Zu Wahl und Anerkennung einer Erbfolge als Entstehensvoraussetzungen legitimer Herrschaft in der Spätscholastik: SUAREZ, Theologiae summa 1, 5, 3, 6 f. (p. 280); FRANCISCUS DE VITORIA, De Indis recenter inventis 2,6 (1539), hg. v. Walter Schätzel (Tübingen 1952), 126: *Et ratione probatur, quia princeps non est nisi ex electione Reipublicae. Ergo gerit vices et auctoritatem illius, immo iam, ubi sunt legitimi principes in Republica, tota auctoritas residet penes principes;* vgl. weiter HEINRICH ROMMEN, Die Staatslehre des Franz Suarez S. J. (Mönchen-Gladbach 1926), 177 ff.
[34] So etwa ADAM TANNER, Theologia scholastica 5, qu. 5,1 (Ingolstadt 1626), 1008: *Secundo certum ... est, ... quod si Princeps quispiam politicus semel principatum legitime adeptus sit, eum habere ipso iure divino, adeoque immediate a Deo potestatem ... praecipiendi, puniendi, iusteque subditos gubernandi ...;* vgl. ebd., 1010: *Deus ipso naturali et divino suo praecepto voluit et ordinavit, ut aliqua tandem legitima potestas civilis in genere ... constitueretur.* In diesem Sinne auch GUILELMUS ESTIUS, In quatuor libros sententiarum

II. 3. 'Potestas legitima' und 'princeps legitimus' in der Neuzeit — Legitimität, Legalität

beschreibt man jenseits dieser politischen Theologie mit dem Adjektiv 'legitimus' in der Staatstheorie der Monarchomachen, des Neustoizismus und des rationalen Naturrechts die Berufung des Herrschers durch Wahl[35] oder Erbfolge sowie die Bindung staatlicher Herrschaft an das positive Recht, an einen Konsens des Volkes oder an die Verfolgung des Gemeinwohls, wobei die Wahrung der ordnung- und friedenstiftenden Funktion des Staates oftmals Leitmotiv ist. Dieser Dualismus zwischen einer religiös fundierten und einer säkularisierten Verwendung des Epithetons 'legitimus' bleibt ein kennzeichnendes Merkmal der Diskussion um eine rechtmäßige staatliche Herrschaft bis zu Beginn des 20. Jahrhunderts.

In der Staatstheorie der Monarchomachen[36] begrenzen Gesetz und Vertrag die Befugnisse der legitimen Herrschaft. Der legitimus magistratus oder die legitima administratio achten das positive Recht des ständischen Staates[37]. Unter Verwendung des Epithetons *legitimus* bekämpfen die Monarchomachen die Allgewalt des souveränen Herrschers, indem sie den legitimen Herrscher an das Grundgesetz des Staates und an die Verträge binden[38]. Bei ALTHUSIUS hat der *legitimus magistratus* zur Aufgabe: *curare salutem et bonum regni publicum, atque Rempublicam administrare secundum leges honestas et justas, omnia facere, quae pertinent ... ad promovenda ipsius (sc. societatis civilis) commoda, et avertenda illias incommoda, legi et justitiae se subjicere*[39]. Der Tyrann dagegen gebraucht seine Macht zum Schaden der Gemeinschaft, handelt gegen die *leges regni fundamentales* und bemächtigt sich ihm nicht zustehender Rechte. Althusius' besonderes Verdienst ist es, das Adjektiv 'legitimus' erstmals im Zusammenhang mit einer Verwaltungslehre verwendet zu haben. Im Gegensatz zur *administratio tyrannica* ist die *iusta, legitima et salutaris administratio ..., quae quaerit et procurat salutaria et commoda ... et mala eorundum avertit, ab injuriis et vi illata defendit atque omnes administrationis suae actiones secundum leges instituit*[40]. Hier bedeutet das Adjektiv 'legitimus' lediglich die Übereinstimmung der

---

commentaria, t. 2 (Douai 1615), 443: *Certum est nunquam ei resistendum esse, cum ipsa secundum se non possit esse nisi legitima, et ut Apost. testatur, a Deo ordinata ... qui resistit potestati, Dei ordinationi resistit.*

[35] JOHANN GOTTL. HEINECCIUS, Elementa iuris naturae et gentium, 2. Aufl. (Halle 1742), passim.

[36] Zu den Monarchomachen KURT WOLZENDORFF, Staatsrecht und Naturrecht in der Lehre vom Widerstandsrecht des Volkes gegen rechtswidrige Ausübung der Staatsgewalt (Breslau 1916), 95 ff.; PETER JOCHEN WINTERS, Die „Politik" des Althusius und ihre zeitgenössischen Quellen (Freiburg 1963); JÜRGEN DENNERT, Ursprung und Begriff der Souveränität (Stuttgart 1964), 38 ff.

[37] WOLZENDORFF, Staatsrecht und Naturrecht, 177 ff.; vgl. weiter Richard Saage, Herrschaft, Toleranz, Widerstand (Frankfurt 1981), 23 ff.

[38] [STEPHANUS IUNIUS BRUTUS CELTA? PHILIPPE DU PLESSIS MORNAY? HUBERT LANGUET?], Vindiciae contra tyrannos, sive de principis in populum, populique in principem legitima potestate, qu. 3 (1579), 170 f.: *Regem eum esse dicimus, qui regnum sive per stirpem, sive per electionem delatum riteque commissum, legitime etiam regit atque gubernat. Eum itaque tyrannum, utpote regi plane contrarium esse, sequitur, qui aut vi malisque artibus imperium invasit, aut ultro sponteque delatum regnum contra ius et fas regit, contraque leges et pacta, quibus sese sacrosancte devinxit, pervicaciter administrat.*

[39] JOHANNES ALTHUSIUS, Politica methodice digesta atque exemplis sacris et profanis illustrata 38, 131, 3. Aufl. (Herborn 1614; Ndr. Aalen 1961), 938.

[40] Ebd. 18, 32 (p. 286); 38, 6 (p. 886).

Verwaltungstätigkeit mit den Geboten des positiven Rechts, zu dem der Autor auch den Dekalog zählt.

In der Staatstheorie der Monarchomachen nimmt das Adjektiv 'legitimus' bei der Erörterung des Widerstandsrechts eine wichtige Stellung ein. Im Hinblick auf den Kampf der Hugenotten gegen die katholische Monarchie erörtern die protestantischen Monarchomachen ausführlich, ob einer offenbaren Tyrannis — wenn der Fürst die Grenzen seiner Befugnisse überschreitet — Widerstand geleistet werden dürfe[41]. DE BÈZE[42] etwa greift auf die bekannte Unterscheidung zwischen legitimem Herrscher und Tyrann zurück[43]: wer mit Gewalt oder durch betrügerische Machenschaften eine Staatsgewalt usurpiert oder durch Bruch des positiven Rechts zum Tyrann entartet, ist nicht legitimer König. Der Makel der illegitimen Macht führt jedoch nicht ohne weiteres zu einem Widerstandsrecht. Im Falle einer Usurpation oder eines bewaffneten Angriffs auf das Staatswesen ist das Volk zur Verteidigung des legitimen Zustandes des Vaterlandes aufgerufen, wenn die Stände bei der Abwehr der Gefahr versagen. Dies aber nur so lange, als der Rechtsbruch nicht durch Zustimmung der berufenen Organe geheilt ist: der *legitimus et inviolabilis magistratus* kann durch Konsens geschaffen werden[44]. Gegenüber dem entarteten und damit illegitimen Königtum ist das Widerstandsrecht auf die Stände beschränkt. Derartige Lehren blieben nicht ohne Widerspruch. So schränkt ARNISAEUS das Widerstandsrecht der Untertanen gegen den legitimen Herrscher stark ein. Da alle *legitima imperia* ihre Ordnung aus der göttlichen Allgewalt ableiten und der legitime Herrscher ein Bestandteil dieser göttlichen Ordnung sei, wird selbst bei schwerwiegenden Pflichtverstößen ein Widerstandsrecht abgelehnt[45]. Erst wenn der Herrscher die Verfolgung seines privaten Glücks zum obersten Gesetz des Staates macht, steht er als Tyrann außerhalb der Rechtsordnung und kann abgesetzt werden: *Legitimae enim potestati propter Deum et conscientias obligamur: In Tyranno vero nihil est legitimum, nihil ordinatum a Deo, sed omnia Deo adversa, et Reipubl(icae) detrimentosa*[46].

Im Gegensatz zu dieser Festlegung auf das positive Recht des ständischen Staates beschreibt der Begriff 'legitimus' im Neustoizismus die hohe ethische Verpflichtung

---

[41] Zur Widerstandslehre Calvins, Hotmanns, de Bèzes, Plessis-Mornays u. a. vgl. WOLZENDORFF, Staatsrecht und Naturrecht, 95 ff.; DENNERT, Souveränität, 41 ff.

[42] THÉODORE DE BÈZE, De iure magistratuum in subditos et officio subditorum erga magistratus, qu. 5, hg. v. Klaus Sturm (Lyon 1580; Ndr. Neukirchen-Vluyn 1965), 35 f.: *Consequitur non esse reges legitimos, qui vi vel fraude eam potestatem usurpant, quae nullo iure ad ipsos pertineat* u. qu. 6 (p. 39): *Quid scilicet liceat bona conscientia subditis, quoties summi ipsorum magistratus alioqui legitimi in tyrannos degenerant manifestos?*

[43] Die klassische Lehre von der Rechtmäßigkeit des Tyrannenmordes hatte Thomas formuliert; THOMAS VON AQUIN, Scriptum super libros sententiarum 2, 49, qu. 2, art. 2, éd. Pierre Félix Mandonnet, t. 2 (Paris 1929), 1127 f. u. ders., S. th. 2, 2, qu. 104, art. 5.

[44] DE BÈZE, De iure magistratuum, qu. 5 (p. 38).

[45] HENNING ARNISAEUS, De autoritate principum in populum semper inviolabili (Straßburg 1673), 42: *Disputatum est pro salute et incolumitate legitimi principis, quem ab iniuriis et seditionibus subditorium tutum praestat ordo et potestas divina, a qua dependent et sustentantur omnia legitima imperia*. Vgl. HORST DREITZEL, Protestantischer Aristotelismus und absoluter Staat. Die „Politica" des Henning Arnisaeus (Wiesbaden 1970), 233 ff.

[46] ARNISAEUS, De autoritate, 64.

II. 3. 'Potestas legitima' und 'princeps legitimus' in der Neuzeit Legitimität, Legalität

des Fürsten: der legitime Herrscher soll das Gemeinwohl verwirklichen. In diesem Sinne definiert FERNANDO VASQUEZ die Voraussetzungen legitimer Staatsgewalt: *Meri et legitimi (sc. principes) sunt, qui a populo libero eliguntur ad regendum populum, quo principatu alius iustior esse nequit, aut gratior, isque spectat ad meram civium non etiam ad regentium utilitatem*[47]. Wenn bei Vasquez die legitime Staatsgewalt in enger Beziehung zu Recht und Gerechtigkeit steht und der Gegensatz zur legitimen Staatsgewalt die Tyrannis bildet, so befindet er sich in einer langen staatsphilosophischen Traditionskette, die von Platon über Cicero und Thomas von Aquin bis in unsere Zeit reicht. Die Voraussetzungen einer am Gemeinwohl orientierten legitimen Staatsgewalt finden sich bei LIPSIUS näher bestimmt. Die legitime Fürstenherrschaft ist die Herrschaft eines einzelnen, die nach Herkommen oder Gesetz erlangt ist und als Dienst an den Untertanen aufgefaßt und ausgeübt wird[48]. Wahl und Erbfolge bezeichnet Lipsius als die beiden legitimen Arten des Zugangs zum Fürstenamt. Er zieht allerdings ein System dynastischer Erbfolge vor, da hier seltener um die Nachfolge in das Regierungsamt gestritten werde. Bei seinem Votum für die machtvolle Herrschaft eines einzelnen und für ein System dynastischer Erbfolge steht bei Lipsius die frieden- und ordnungstiftende Funktion des legitimen Fürsten im Vordergrund.

Die Ordnungsfunktion des Staates leitet auch PUFENDORF, der in Deutschland im Zentrum jener neuen Epoche stand, die sich um ein rationales Naturrecht bemühte[49]. Er beschränkt die oberste Gewalt in der staatlichen Gemeinschaft auf Wahrung von Sicherheit und Förderung gemeinen Nutzens. Die Gehorsamspflicht des Bürgers besteht grundsätzlich nur gegenüber der *potestas legitima*, die an naturrechtliche Maximen gebunden ist[50]. Dies ist nach Pufendorfs Ansicht der Fall, wenn die Gesetze der potestas legitima der Verwirklichung des Staatszwecks dienen. Aus dieser Forderung zieht er jedoch keine praktischen Konsequenzen. Jeder Bürger im Staat ist allein durch das positive Recht gebunden, selbst wenn es naturrechtlichen Maximen widerspricht. Ein Widerstandsrecht ist in Pufendorfs Staatslehre so gut wie ausgeschlossen. Dieses Votum für die Ordnungsfunktion des Staates, die die Gewährleistung des positiven Rechts am ehesten zu erfüllen vermag, bestätigt sich bei seinen Darlegungen zur Usurpation. Erklärlich ist Pufendorfs Eintreten für eine starke staatliche Gewalt aus der historischen Lage Deutschlands, die vom Zerfall der Autorität nach dem Dreißigjährigen Krieg gekennzeichnet war.

Eine mehr institutionelle Bestimmung von 'legitimus' liefert CHRISTIAN WOLFF.

---

[47] FERNANDO VASQUEZ, Controversiarum illustrium, aliarumque usu frequentium libri tres (1559; Frankfurt 1572), 15; Vasquez unterscheidet zwischen dem *princeps merus et legitimus* und dem *princeps legitimus non merus* (ebd., 15). Der bloße *princeps legitimus* erwirbt aufgrund eines vasallitischen Rechtsverhältnisses die Jurisdiktion in einem bestimmten Gebiet.
[48] JUSTUS LIPSIUS, Politicorum sive civilis doctrinae libri sex 2,3; 2,4 (Leiden 1590), 39. 42; Praefatio, 3 f.; vgl. WÜRTENBERGER, Legitimität (s. Anm. 2), 60 ff. 63 ff.
[49] PAUL HAZARD, Die Krise des europäischen Geistes (Hamburg 1948), 24.
[50] SAMUEL A. PUFENDORF, De jure naturae et gentium (1672), 7, 2, § 11 (1688; Ndr. Oxford, London 1934), 669: *afferimus potestatem regis legitimam, et officium civium; adeoque pernegamus, a rege iure quid posse imperari, quod subiectus iure possit detrectare.*

Zwar sieht er den Zweck des Staates darin, die Menschen zur Glückseligkeit in einem nach den Maximen der Vernunft geordneten Staatswesen zu führen[51]. Ebenso wie vor ihm bereits CHRISTOPH BESOLD[52] bezeichnet WOLFF mit *regnum legitimum* aber lediglich jenen Staat, dessen Herrschaftsgewalt durch Gesetze eingeschränkt ist: *In regno legitimo ex legibus fundamentalibus et capitulatione metiendum est ius Regis*[53]. Weiterhin ist Wolffs regnum legitimum vom Gedanken der Kontrolle der Gewalten geprägt. In einem regnum legitimum hat der Monarch nicht die oberste Gewalt (imperium summum) inne, sondern teilt sie mit anderen staatlichen Organen. Das regnum legitimum gehört damit zu den Mischstaatsformen, deren hoher Gerechtigkeitswert und Stabilität seit der Antike anerkannt sind: *Quamobrem cum in monarchia imperium summum sit penes solum Regem, in aristocratia penes optimates solos, in democratia penes populum; regna legitima sunt mixta Reipublica forma ex ... monarchia, democratia et aristocratia simul*[54]. In Wolffs regnum legitimum wird die konstitutionelle Monarchie in ihren Grundzügen umrissen. Die Regierungsgewalt ist geteilt zwischen dem Monarchen und anderen staatlichen Organen, von denen der Monarch vor allem zum Befolgen der Gesetze angehalten wird[55]. Bei Wolff ist also ein gewisser Traditionsbruch gegenüber älteren staatstheoretischen Werken festzustellen. Der Begriff 'legitimus' steht weder in Antithese zu tyrannischer Herrschaft, noch stellt er auf eine religiöse Rechtfertigung des Herrscheramtes ab. Auch bindet Wolff die Legitimitätsvorstellung nicht an die Verfolgung eines bestimmten Staatszwecks. Für Wolff ist das regnum legitimum in einem ganz positivistischen Sinn die vom Regenten nicht einseitig ausdehnbare und damit beschränkte Herrschaftsgewalt; eine Mäßigung der Macht wird durch Bindung der Herrschaftsgewalt an das Gesetz und durch Verteilung der Gesetzgebungskompetenz auf verschiedene Staatsorgane erreicht.

III. Die Entstehung des modernen Legitimitätsbegriffs in Frankreich

Im französischen Staatsdenken seit Ende des 16. Jahrhunderts weist das Adjektiv 'légitime' eine große Spannweite politischen Bedeutungsgehalts auf. Die Staatstheorie des Absolutismus, die politischen Ideen der Aufklärung und die Auseinandersetzungen in der Zeit der Französischen Revolution verwendeten dieses Adjektiv an zentralen Stellen der politischen Theorie, so daß nach 1815 in Frankreich wie auch in Deutschland der Legitimitätsbegriff zu einem politischen Kampfbegriff werden konnte.

---

[51] Vgl. ERIK WOLF, Große Rechtsdenker der deutschen Geistesgeschichte, 4. Aufl. (Tübingen 1963), 430 f.; R. ZIPPELIUS, Geschichte der Staatsideen, 3. Aufl. (München 1975), 133 ff.
[52] Bei CHRISTOPH BESOLD, De maiestate in genere 4 (Straßburg 1625), 231 f. ist es dem König in einem *regnum legitimum* verwehrt, ohne Mitwirken der Stände Gesetze zu ändern.
[53] CHRISTIAN WOLFF, Ius naturae. Pars octava de imperio publico 7, 2, § 263 (Halle, Magdeburg 1748; Ndr. Hildesheim 1968), 192.
[54] Ebd. 7, 2, § 262 (p. 191); zu den Mischstaatsformen vgl. DREITZEL, Protestantischer Aristotelismus (s. Anm. 44), 285 ff.
[55] WOLFF, Ius naturae 7, 2, § 262 (p. 191): ... *in regnis legitimis, ubi imperans obligatur ab alio ad legum observantiam, quas vel invitus sequi tenetur in imperio administrando.*

III. 1. 'Monarchie légitime' im Absolutismus   Legitimität, Legalität

1. Die 'monarchie légitime' in der Staatstheorie des Absolutismus

Die politische Bedeutung des Adjektivs 'légitime' ist zunächst eng verknüpft mit dem Phänomen des Entstehens des modernen souveränen Staates[56]. Die Herausbildung des absolutistischen Königtums und der Souveränität als Bestandteil der Staatsgewalt haben ihre Wurzel in der geschichtlichen Situation Frankreichs in der zweiten Hälfte des 16. Jahrhunderts, nämlich dem Streit zwischen Königtum und Papst sowie dem Machtkampf zwischen Katholiken und Hugenotten, die den Bestand des Staates bedrohten. In dieser Situation wurde JEAN BODIN zum Theoretiker einer überkonfessionellen Monarchie, deren vorrangige Aufgabe die Sicherung von Frieden und Ordnung im Staate war. Diese Aufgabe kann von verschiedenen Formen des Königtums erfüllt werden. Im Gegensatz zur *monarchie seigneuriale* und zur *monarchie tyrannique* spricht Bodin nur der *monarchie royale* die Bezeichnung *légitime* zu: *J'ay mis en nostre definition, que les subiects soyent obeissans au Monarque Royal, pour monstrer qu'en luy seul gist la maiesté souveraine: et que le Roy doit obeir aux loix de nature, c'est-à-dire gouverner ses subiects et guider ses actions par la iustice naturelle ... Si donc les subiects obeissent aux loix du Roy, et le Roy aux loix de nature, la loy d'une part et d'autre sera maistresse, ou bien, comme dit Pindare, Reine: car il s'en ensuyvra une amitié mutuelle du Roy envers les subiects, et l'obeissance des subiects envers le Roy, avec une tresplaisante et douce harmonie des uns avec les autres, et de tous avec le Roy: c'est pourquoy ceste Monarchie se doit appeller royale et légitime*[57]. Bei Bodin macht also die Bindung des Monarchen an die natürlichen Gesetze und damit an Recht und Gerechtigkeit die legitime Herrschaft aus. Vor allem muß der legitime Monarch bei seiner Bindung an das über ihm stehende, von ihm nicht veränderbare Recht die natürliche Freiheit und das Eigentum der Untergebenen achten: *La Monarchie Royale, ou légitime, est celle où ... le Monarque (obéisse) aux loix de nature, demeurant la liberté naturelle et proprieté des biens aux subiects*[58]. Durch die Bindung des legitimen Monarchen an ein höheres natürliches Recht und der Bürger an die vom Monarchen erlassenen Gesetze gibt Bodin dem Staat eine juristische Grundlage; das religiöse Element tritt zurück. Bodins legitime Monarchie weist insofern rechtsstaatliche Elemente auf, als er den Souverän moralisch zur Einhaltung gewisser, menschlicher Willkür entrückter Prinzipien verpflichtet und Autorität und Freiheit miteinander zu versöhnen sucht[59].
Während für Bodin ein hohes Maß an Solidarität zwischen Herr und Beherrschtem die legitime Herrschaft kennzeichnet, so gewinnt mit dem Erstarken des souveränen

---

[56] Einzelheiten bei WÜRTENBERGER, Legitimität (s. Anm. 2), 73 ff.
[57] JEAN BODIN, Les six livres de la république 2,3 (Paris 1583; Ndr. Aalen 1961), 279 f. Das von JANINE CHANTEUR, Jean Bodin et les critères de la légitimité dans la République, in: L'idée de légitimité, Annales de philos. polit. 7 (1967), 148 ff. gezeichnete Bild der Legitimitätsvorstellungen Bodins überzeugt nicht, da die wenigen Bemerkungen Bodins die Annahme einer umfassenden auf das Legitimitätsprinzip bezogenen Staatslehre nicht gestatten.
[58] BODIN, Six livres 2,2 (p. 273).
[59] GERHARD RITTER, Die Dämonie der Macht. Betrachtungen über Geschichte und Wesen des Machtproblems im politischen Denken der Neuzeit, 6. Aufl. (München 1948), 123; WÜRTENBERGER, Legitimität, 78 ff.

französischen Staates das Adjektiv 'légitime' eine machtpolitische Bedeutung. Der Staatsrat CARDIN LE BRET sah in der Souveränität königlicher Herrschaft die Macht eines einzigen Willens, sich nur durch sich selbst zu bestimmen und zu beschränken. Im Verhältnis zwischen König und Volk sollen für die *Royauté légitime* zwei Dinge entscheidend sein: *L'une, l'authorité Souveraine, pour se faire obéir par les peuples qui luy sont sousmis: l'autre, qu'elle se doit proposer pour sa fin principale, de procurer par toutes sortes de moyens le bien de ses sujets*[60]. In dieser stichwortartigen Definition ist die Souveränität zu einem Bestandteil des legitimen Königtums geworden. Le Bret steht hier ganz unter dem Einfluß der Innenpolitik Richelieus, der mit der souveränen Gewalt des Königs ein starkes Frankreich zu schaffen versuchte. Hierbei mußte bereits der Wille des Königs für rechtmäßig, für legitim gehalten werden, wenn er nur geäußert wurde. Andererseits wird mit dem Legitimen auch dem souveränen König die Forderung auferlegt, sowohl Gerechtigkeit und Billigkeit walten zu lassen, als auch für das Glück der Untertanen zu sorgen.

Diese machtpolitische Bestimmung der legitimen monarchischen Gewalt durch die Prinzipien der Souveränität und Wohlfahrtsförderung wird in JACQUES BÉNIGNE BOSSUETS theokratischem Absolutismus durch theologische Argumentation gerechtfertigt. Auf dem Hintergrund der allumfassenden Herrschaft Ludwigs XIV. verstand er es noch einmal, die neuen Lehren von der Souveränität des Monarchen harmonisch in ein Weltbild einzugliedern, in dem eine religiöse Ethik die Regierung des Staates bestimmen soll. Bei Bossuet erscheint — im Sinne der politischen Theologie — die Lehre vom Staat als Nebenzweig der Religion[61]. Aus der Heiligen Schrift wird begründet, daß die königliche Gewalt absolut und souverän sei. Die Gesetze des Königs sind ebenso wie er selbst göttlichen Ursprungs. Die einzige Befehlsgewalt im Staate hat der König: Der Befehl des Königs ist legitim, weil er, von Gott eingesetzt, der einzige ist, der zu Recht befehlen darf und dem gehorcht werden muß. Unter einem *commandement légitime* soll ein geordneter und den Grundsätzen der Religion entsprechender Staat geschaffen werden, in dem der König seine Macht zur Förderung des öffentlichen Wohls ausübt und insbesondere aus der Heiligen Schrift die Grundsätze einer gerechten Verwaltung entnommen werden[62].

Bossuets theokratischer Absolutismus stieß vor allem in den Werken der aristokratischen Opposition gegen die absolutistische Doktrin eines Königtums von Gottes Gnaden auf Widerspruch[63]. So wendet sich etwa FRANÇOIS FÉNELON gegen die theokratische Doktrin eines Bossuet: *Quelques auteurs, respectables d'ailleurs, ont voulu soutenir que Dieu étant l'unique source de toute autorité, on doit non-seulement obéir à quiquonque possède actuellement la souveraineté, mais encore reconnaître son autorité comme légitime, parce qu'elle est de permission divine.* Die Tatsache aber, daß die weltliche Gewalt in Gott ihren Ursprung habe, soll noch kein legitimes Recht zur Regierung geben. Man müsse sich dem zwar fügen, was Gott geschehen läßt, brauche

---

[60] CARDIN LE BRET, De la souveraineté du roi (Paris 1635), 1 ff.; vgl. GILBERT PICOT, Cardin Le Bret et la doctrine de la souveraineté (Nancy 1948), 183 ff.
[61] JACQUES BÉNIGNE BOSSUET, Politique tirée des propres paroles de l'écriture sainte, éd. Jacques Le Brun (Genf 1967).
[62] Ebd. 4,3 (p. 94).
[63] Nachweise bei WÜRTENBERGER, Legitimität, 85 f.

es aber nicht als legitim anzuerkennen: *Il y a une grande différence entre obéir au roi de providence et reconnaître son droit comme légitime*[64]. Dem Grundsatz, daß Recht und Ordnung in der Gesellschaft herrschen müssen, selbst wenn man den Gesetzen eines Usurpators und Tyrannen gehorchen muß, gibt Fénelon den Vorzug vor jeder Auflehnung gegen die staatliche Gewalt. Aber dieser Gehorsam reicht nicht so weit, daß man vor seinem Gewissen diese Ordnung auch für gerecht und legitim halten müßte. Bei Fénelon bildet nicht ein Gottesgnadentum, wie etwa bei Bossuet, die Grundlage legitimer Herrschaft, sondern die Einsicht, daß hergebrachte Herrschaftsformen die Vermutung der Dauer und Richtigkeit für sich haben. Um einen die Ordnung gefährdenden Streit um die Autorität im Staat zu vermeiden, will Fénelon die Staatsgewalt durch Erbfolge an eine altehrwürdige Familie binden. Zwar stehe am Beginn jeder Erbmonarchie ein Akt der Usurpation, aber die Erbfolge diene dazu, die mit einer Neuwahl des Monarchen verbundenen Nachteile zu vermeiden. Es ist der Besitz bzw. die Innehabung, die die ererbte Krone wie auch das Eigentum an Gütern rechtfertigen. Nur wenn ein legitimer Prätendent vorhanden ist, gilt der Besitz als eine Usurpation. Wer aber seit langer Zeit die Souveränität innehat, besitzt auch die legitime Gewalt im Staat[65]. Es ist somit die Weihe der Zeit, die eine bestehende Gesellschaftsordnung und ein Thronrecht legitimieren kann, ein Topos, der u. a. bereits bei OCKHAM und BELLARMIN auftauchte, insbesondere aber in der konservativen Staatstheorie des 19. Jahrhunderts vertieft werden sollte[66]. Hinter diesen Ausführungen steht bei Fénelon ebenso wie bei der Ablehnung eines Widerstandsrechts die Furcht vor Chaos und Anarchie.

2. Demokratisierung des Adjektivs 'légitime' in der Philosophie der Aufklärung

Als die politische Philosophie nicht mehr in erster Linie die Staatsweisheit des Fürsten zu lenken beabsichtigte, sondern Ausdruck der Gesinnung freiheitlich empfindender Schichten des Adels und des Bürgertums wurde, und als die überkommenen Formen des monarchisch regierten Staates zerfielen, mußte die gesellschaftliche Wirklichkeit neu konstruiert werden. Denn die Privilegienordnung des Adels begann, ihren Sinn zu verlieren, ein wohlhabendes und selbstbewußtes Bürgertum war im Entstehen begriffen, und die religiöse Fundierung staatlicher Macht konnte den neuen Ideen gegenüber nicht mehr standhalten.

In dieser Situation des geistigen und sozialen Umbruchs bezeichnet 'légitime' teilweise den traditionellen Gegensatz zwischen Usurpator und legitimem Herrscher. Teilweise verbinden sich mit diesem Adjektiv aber auch sozialeudämonistische und

---

[64] FRANÇOIS DE FÉNELON, Essai philosophique sur le gouvernement civil, Oeuvres compl., t. 7 (Paris 1852; Ndr. Genf 1971), 144.
[65] Ebd., 117: *Le droit de domaine et le droit de domination étant tous deux fondés sur la nécessité de conserver l'ordre, l'ancienne possession de la souveraineté en rend l'autorité légitime, par les mêmes raisons que l'ancienne possession des terres en rend la propriété légitime.*
[66] OCKHAM, Breviloquium 4, 11 (s. Anm. 28), 163; BELLARMIN, Quinta controversia generalis. De membris ecclesiae 3,6 (1586—93), Opera omnia, éd. Justinus Fèvre, t. 3 (Paris 1870; Ndr. Frankfurt 1965), 10 ff.; vgl. weiter Abschn. VII. 3 b.

egalitär-demokratische Vorstellungen. Wenn die Aufklärungsphilosophie das Adjektiv 'légitime' mit sozialeudämonistischen Ideen anreichert, kann hierin insoweit wenig Neues erblickt werden, als man diese Wendung bereits seit langem an die Wahrung des bonum commune angeknüpft hatte. Die Aufklärungsphilosophie jedoch — hierin liegt der Bruch mit der staatsphilosophischen Tradition — radikalisierte die Forderung an die Staatsgewalt, das bonum commune zu verfolgen. Nicht mehr in philosophischer Abgeschiedenheit werden die Maximen guten Regierens entwickelt, Fürstenspiegel verfaßt oder Anleitungen zur Prinzenerziehung gegeben. Die Verfolgung des Gemeinwohls wird jetzt vielmehr als eine Aufgabe angesehen, der sich jeder kraft der ihm angeborenen Vernunft widmen kann: jeder darf nachprüfen, ob eine Maßnahme der Regierung mit den Maximen des Gemeinwohls vereinbar und zur Verwirklichung des höchstmöglichen Glücks der Bürger geeignet ist. Das Adjektiv 'légitime' geht in die allgemeine politische Diskussion ein, indem es eine Ordnung bezeichnet, die mit dem Glücksstreben[67] der Bürger in Einklang steht.

a) **Die Encyclopédie.** In den Wörterbüchern des ausgehenden 17. und des 18. Jahrhunderts bedeutet *légitime*, im Gegensatz zu dem vor allem auf das positive Gesetz bezogene *légal*[68], sowohl „gesetzmäßig" als auch „gerecht"[69]. In der zivilrechtlichen Terminologie bezeichnet *enfant légitime* die Ehelichkeit eines Kindes; uneheliche Kinder können durch *légitimation* der obersten Gewalt oder einer nachfolgenden Ehe ehelich werden *(légitimer)*; weiterhin bezeichnet *la légitime* den gesetzlichen Pflichtteil des Erben. Im staatsrechtlich-politischen Bereich versteht man unter *prince légitime celui qui est venu par élection, ou succession,* unter *autorité légitime, celle qui est émanée de celui qui a le pouvoir de la donner*[70].

In der Encyclopédie bestimmt je nach Autor eine demokratische, eine machtbegrenzende oder eine sozialeudämonistische Komponente die Bedingungen legitimer Herrschaft, ohne daß freilich dem Terminus 'légitime' ein besonderer Artikel gewidmet worden wäre. So legitimiert etwa bei BOUCHER D'ARGIS nur die Zustimmung des Volkes jene Rechte, derer sich die Fürsten bemächtigt haben[71]. DIDEROT zieht jeder legitimen Gewalt Grenzen, die in den Gesetzen der Natur und des Staates begründet liegen sollen[72]. JAUCOURT fordert von der legitimen Autorität, sie solle einen Zustand der Gesellschaft anstreben, in dem ein Höchstmaß an Wohlergehen aller garantiert ist. Der Pflicht der Untertanen zum Gehorsam entspricht die Pflicht der Regierung, sich um allgemeine Wohlfahrt zu bemühen: *Le supérieur est donc redevable aux inférieurs comme ceux-ci lui sont redevables; l'un doit procurer le bon-*

---

[67] Hierzu ROBERT MAUZI, L'idée du bonheur dans la littérature et la pensée française au XVIIIe siècle (Paris 1960), 153 ff.
[68] RICHELET (1680), 458; ebd., t. 2 (Ausg. 1732), 98; Dict. Ac. franç., 2e éd., t. 1 (1695), 403; Dict. de Trevoux, 4e éd., t. 3 (1734), 1356; als zweite Bedeutung wird *loyal, treu, aufrichtig* mitgeteilt; vgl. auch Anm. 15 und ROBERT t. 4 (1959), 222.
[69] RICHELET (1680), 595; ebd., t. 2 (Ausg. 1732), 100; Dict. Ac. franç., 2e éd., t. 1, 403; FURETIÈRE 3e éd., t. 2 (1708); Dict. de Trevoux, 4e éd., t. 3, 1366.
[70] FURETIÈRE 3e éd., t. 2; Dict. de Trevoux, 4e éd., t. 3, 1366.
[71] ANTOINE-GASPARD BOUCHER D'ARGIS, Art. Souverains, Encyclopédie, t. 15 (1765), 424.
[72] DENIS DIDEROT, Art. Autorité, ebd., t. 1 (1751), 898.

b) 'Le consentement libre de la société'.

heur commun par voie d'autorité et les autres par voie de soumission; l'autorité n'est légitime, qu'autant qu'elle contribue à la fin pour laquelle a été instituée l'autorité même[73]. Als legitim wird nicht allein die gute und gerechte Regierungsweise des Königs, sondern jede Staatsgewalt bezeichnet, die den Wohlfahrtszweck verfolgt. Das erbmonarchische System bleibt noch akzeptiert, weil es zur Stabilität des Staates beiträgt[74].

b) 'Le consentement libre de la société'. Die neue postulatorische Stoßrichtung von 'légitime', die es in der Staatsphilosophie der Aufklärung zu gewinnen vermochte, tritt vor allem dort in den Vordergrund, wo das Leitmotiv der allgemeinen Wohlfahrt mit republikanischen Prinzipien verknüpft wird. Hier wird das Wort endgültig entpersonalisiert: es ist nicht mehr auf die Person der Herrschers und auf sein Regiment bezogen, sondern verbindet sich u. a. mit dem Souveränitätsbegriff. Nicht mehr die Person oder Regierungsweise des Monarchen steht im Zentrum, sondern bestimmte Forderungen an die Gestaltung staatlicher Herrschaft. So beruht bei HELVÉTIUS die *souveraineté légitime* auf freier Wahl des Volkes und bemüht sich um das gemeine Beste. Der König ist nur noch der *premier commis de sa nation*[75], eine staatliche Institution mit fest umrissenem Aufgabenkreis. Die Verknüpfung von Souveränität und Autorität mit dem Adjektiv légitime wurde für die Aufklärer notwendig, weil ihnen die überkommene Herrschaft nicht mehr eo ipso als rechtmäßig galt. Insofern ist der Terminus 'souveraineté légitime' ein Indiz für eine fragwürdig gewordene alte Terminologie. Der durch den Zusatz 'légitime' dem Begriff 'souveraineté' imputierte postulatorische Charakter kennzeichnet das begriffsgeschichtlich Neue. Über die 'souveraineté légitime' führt ausgangs des 18. Jahrhunderts der Weg weiter zum Begriff der 'Legitimität', der erst in einer Zeit aufkommen konnte, in der die Differenz zwischen Herrschern und Beherrschten politisch artikuliert und grundsätzlich diskutiert wurde.

Vor allem die allgemeine Wohlfahrt wird zu der zentralen Legitimitätsgrundlage politischer Herrschaft erhoben, da sie die sozialpsychologisch wichtige Zustimmung des politisch qualifizierten Volkes zur Staatsgewalt garantiert. In diesem Sinne muß nach Meinung HOLBACHS eine legitime Regierung auf ein *consentement libre de la société* gestützt sein[76]. Ein legitimer Herrscher kann nur dann aufgrund des übereinstimmenden Willens seiner Nation regieren, wenn er die Idee der Glücksverwirklichung *(l'idée d'être plus heureux)* verfolgt. Auch bei Holbach ist die Person des Fürsten nicht mehr der Hort legitimer Herrschaft. Das Volk vielmehr entscheidet über die Rechtmäßigkeit und damit über den Fortbestand der Herrschaft. Für Holbach ist und bleibt immer die Nation die alleinige und wahre Quelle *de toute autorité légitime*[77]. Allein die Nation kann beurteilen, ob sie gut oder schlecht regiert wird;

---

[73] LOUIS DE JAUCOURT, Art. Société, ebd., t. 15, 254.
[74] Ders., Art. Loi politique, ebd., t. 9 (1765), 667.
[75] CLAUDE ADRIEN HELVÉTIUS, De l'homme, de ses facultés intellectuelles et de son éducation, t. 2 (London 1773), 323.
[76] PAUL-HENRY THIRY BARON D'HOLBACH, Système de la nature ou des lois du monde physique et du monde moral, t. 1 (Paris 1821; Ndr. Hildesheim 1966), 170.
[77] Ders., Système social ou principes naturels de la morale et de la politique, t. 2 (Amster-

sie hat das Recht, die regierende Gewalt abzuberufen, weiter auszudehnen, einzuschränken und zu ändern.

c) **'Gouvernement légitime' und 'volonté générale'.** Der radikalste Angriff auf die absolutistische Staatstheorie wird von ROUSSEAU geführt. Die revolutionäre Spannung, die sein „Contract social" zu erzeugen vermochte, klingt bereits in den einleitenden Sätzen an: *L'homme est né libre, et par-tout il est dans les fers. Tel se croit le maître des autres, qui ne laisse pas d'être plus esclave qu'eux. Comment ce changement s'est-il fait? Je l'ignore. Qu'est-ce qui peut le rendre légitime? Je crois pouvoir résoudre cette question*[78]. Rousseau wirft hier das bis heute aktuelle Problem auf, wie sich der Prozeß gesellschaftlicher und politischer Machtbildung rechtfertigen läßt. Für Rousseau ist eine staatliche Ordnung legitim, wenn der einzelne in einem contrat social den Willen aller, mit dem alle über alle herrschen, anerkennt. Durch den contrat social wird eine legitime Herrschaftsordnung begründet, da ein Ausgleich zwischen der im Staat erforderlichen Herrschaftsausübung und der unaufgebbaren Freiheit herbeigeführt wird[79]. Diesen Ausgleich zwischen Herrschaft und Freiheit schafft die volonté générale, die souveräne Gewalt im Staat, die von den einzelnen getragen wird. Wenn man sich völlig von der volonté générale leiten läßt, gelangt man nach Rousseaus Ansicht zu einer legitimen Regierung *(gouvernement légitime)*, die das Wohl des Volkes sich angelegen sein läßt[80].

In gewisser Hinsicht ist Rousseau der erste Staatstheoretiker von Gewicht, der von einer Gebundenheit der Gesetzgebung an göttliches oder natürliches Recht nichts mehr weiß und der mit der Ersetzung Gottes durch das Volk und dessen Unfehlbarkeit den Prozeß der Verweltlichung im politischen Bereich abschließt[81]. Nicht mehr der Monarch von Gottes Gnaden macht das Wesen der staatlichen Person aus, sondern an seine Stelle ist der Allgemeinwille getreten. Er ist unveräußerlich, unteilbar und unverjährbar — Attribute, mit denen der Absolutismus stets arbeitete. Rousseau schuf die Basis für den langen, erbitterten Kampf zwischen der Fürsten- und der Volkssouveränität, zwischen dem monarchischen Legitimitätsprinzip und den Legitimitätstheorien der Aufklärung.

3. Die Diskussion legitimer Herrschaft zur Revolutionszeit

In der politischen Sprache der Revolutionszeit beginnt der Begriff 'légitimité' eine staatstheoretisch-politische Bedeutung zu entfalten. Er war schon seit einem Jahrhundert in einem spezifisch zivilrechtlichen Sinn[82], seit Mitte des 18. Jahrhunderts

---

dam 1773; Ndr. Hildesheim, New York 1969), 11. 57; ebenso VOLTAIRE, Les droits des hommes et les usurpations des Papes, Oeuvres compl., t. 27 (1879), 194: *Le consentement libre des peuples* bezeichnet er als *le droit légitime* jeder Regierung.
[78] ROUSSEAU, Du contract social 1,1. Oeuvres compl., t. 3 (1964), 351.
[79] Ebd. 1,6 (p. 360 ff.).
[80] Ders., Art. Économie, Encyclopédie, t. 5 (1755), 339 f.
[81] HERBERT KRÜGER, Allgemeine Staatslehre, 2. Aufl. (Stuttgart 1969), 69; PIERRE BURGELIN, Hors des ténèbres de la nature, in: Rousseau et la philosophie politique (Paris 1965), 30.
[82] Bei RICHELET (1680) und FURETIÈRE 3ᵉ éd. (1708) findet sich der Ausdruck 'légitimité'

III. 3. Legitime Herrschaft in der Revolutionszeit   Legitimität, Legalität

ganz allgemein im Sinne von Gesetz- und Rechtmäßigkeit[83] gebräuchlich. Jetzt wird er mit der Rechtmäßigkeit staatlichen Handelns und insbesondere der staatlichen Herrschaft in Verbindung gebracht. So wird der Begriff in zahlreichen Flugschriften der Revolutionszeit im allgemeinen Sinn von Rechtmäßigkeit bei der Diskussion der Zivilverfassung des Klerus verwendet[84]. LE ROY DE BARINCOUR führt den Begriff der 'légitimité' in die engere staatstheoretisch-politische Diskussion ein. Am Vorabend der Revolution fragt er: *Quel est donc le titre qui constitue la légitimité de chacun des Souverains ? Quel est le titre, qui leur imprime un auguste caractère, qui leur confère un droit inviolable?*[85] Weiterhin redet dieser Autor in Auseinandersetzung mit Rousseau, bei dem sich der Begriff 'légitimité' im politischen Sinn noch nicht findet, von der *légitimité de la pure démocratie*[86]. Eine faßbare Inhaltsbestimmung des Legitimitätsbegriffs gelingt freilich noch nicht. Ebenso wie bei ROBESPIERRE, der nur beiläufig auf die Legitimität der Macht hinweist[87], wird hierunter bloß Rechtmäßigkeit in einem noch unreflektierten Sinn verstanden. Mit politischen Theorien wird der Begriff in der Revolutionszeit noch nicht aufgeladen.

Obwohl der Begriff 'légitimité' zur Revolutionszeit in die staatstheoretisch-politische Diskussion eingeht, bleibt doch das Adjektiv 'légitime' der zentrale Terminus, unter dem die Rechtmäßigkeit staatlicher Herrschaft weiterhin diskutiert wird. Hierbei wird teilweise an die Staatstheorie eines Bossuet und Fénelon oder eines Rousseau angeknüpft, ohne daß eine Weiterführung der Rechtfertigungslehren dieser Autoren gelungen wäre[88]. Eine neue Stoßrichtung gewinnt das Adjektiv 'légitime' in der Kontroverse um den Namen für das französische Parlament. Es manifestiert sich der Repräsentationsanspruch des dritten Standes, wenn formuliert wird[89]: *Assemblée légitime des représentants de la majeure partie de la nation, agissant en l'absence de la*

---

noch nicht verzeichnet (nur *légitimation*); etwa ab 1700 wird der zivilrechtliche Begriff der 'légitimité' (Ehelichkeit) allgemein gebräuchlich: Der Dict. Ac. franç., 2ᵉ éd. (1695) gibt nur umgangssprachlichen Gebrauch an! RICHELET t. 2 (Ausg. 1732), 100; Dict. de Trevoux, 4ᵉ éd., t. 3 ,1367.

[83] Dict. Ac. franç., 4ᵉ éd., t. 2 (1776), 17; CATEL t. 3 (1801), 18.

[84] Vgl. HENRI-BAPTISTE GRÉGOIRE, Légitimité du serment civique exigé des fonctionnaires ecclésiastiques (Ausg. Paris 1791); HENRI JABINAU, La légitimité du serment civique (Paris 1791); L. M. CELLIER / A. B. DESPREZ, Accord de la raison et de la tradition sur la légitimité des opérations de l'Assemblée Nationale concernant le clergé (Paris 1792) — alle zur Zivilverfassung des Klerus.

[85] LE ROY DE BARINCOUR, Principe fondamental du droit des souverains, t. 1 (Genf 1788), 5.

[86] Ebd., 205. 188: *légitimité de la constitution*.

[87] MAXIMILIEN ROBESPIERRE, Rapport sur les principes (25. 12. 1793), Oeuvres compl., éd. Emile Lesueur, t. 10 (Paris 1967), 274: ... *tyrans, qui, contents d'abuser de leur puissance, s'occupent peu d'en rechercher la légitimité.*

[88] J. A. EMERY, La politique du vieux temps ou les principes de Bossuet et de Fénelon sur la souveraineté (Paris 1797), 210: *L'ancien possession de la souveraineté en rend l'autorité légitime;* LE ROY DE BARINCOUR, Principe fondamental, 173. 244. 257.

[89] Archives parlementaires de 1787 à 1860, éd. J. Mavidal, 1ᵉ sér., t. 8 (Paris 1875), 113. 122; EBERHARD SCHMITT, Repräsentation und Revolution. Eine Untersuchung der Genesis der kontinentalen Theorie und Praxis parlamentarischer Repräsentation aus der Herrschaftspraxis des Ancien Régime in Frankreich 1760—1789 (München 1969), 266 ff.

mineure partie (Antrag MOUNIER vom 15. Juni 1789) und *assemblée active et légitime des représentants de la nation française* (Antrag PISON DU GALAND vom 16. Juni 1789). Der Nationalversammlung wird in diesen Anträgen das Epitheton 'legitim' beigelegt, das nach bisher herrschender Doktrin der Person des gerecht regierenden Königs zukam. Man spürte offenbar das Bedürfnis, schon bei der Namensgebung eine Verbindung zum Legitimen als Maxime des Richtigen und Gerechten bei künftigem Regieren herstellen zu müssen. Gleichzeitig wendete man sich mit der Bezeichnung 'assemblée légitime' und der Wendung von den *représentants légitimement et publiquement connus et vérifiés*[90], die auf das Beglaubigungsverfahren Bezug nimmt, gegen das Recht der beiden anderen Stände, sich selbständig zu konstituieren. Man gab vor, die einzige legitime Repräsentation der Nation zu sein, und versuchte, dem Beglaubigungsverfahren, das von den beiden anderen Ständen durchgeführt wurde, die legitimierende Wirkung abzusprechen. Hier wird der Ausdruck 'légitime' dazu verwendet, um einen Ausschließlichkeitsanspruch auf Repräsentation des Volkes zum Ausdruck zu bringen.

Wie bereits die Enzyklopädisten gebraucht auch die Publizistik der Revolutionszeit den Ausdruck 'légitime', um eine freiheitliche und auf dem Prinzip der Gleichheit basierende Gesellschaftsordnung zu bezeichnen. So schreibt LAFAYETTE am 16. Juni 1792 an die *Assemblée Nationale*, daß er auf ihre *autorité légitime* vertrauen möchte[91]. Lafayette ist überzeugt davon, daß keine ungerechte oder tyrannische Maßnahme getroffen werden könne, solange man die *bases sacrées de la liberté et de l'égalité* anerkenne. In demselben Sinn fordert ROBESPIERRE, es dürfe keine Regierungsform als legitim anerkannt werden, es sei denn ein *gouvernement républicain*, das auf die Prinzipien der Freiheit und Gleichheit gestützt sei und das allgemeine Wohl anstrebe[92].

In der Revolutionsepoche ist es insgesamt gesehen ein wichtiger Topos, die Volksvertretung als Hort legitimer Herrschaft zu betrachten. Ohne daß im Zusammenhang mit den Begriffen 'légitime' oder 'légitimité' die Repräsentationstheorien diskutiert wurden, steht doch die allgemeine Vorstellung im Vordergrund, daß nur die Volksvertretung politisch richtig handeln könne. Darauf gründend, erklärt SAINT-JUST in einem Verfassungsentwurf, *le pouvoir légitime est dans les lois*, und möchte das Gesetzgebungsverfahren genau geregelt wissen[93]. Der Glaube, daß „le consentement libre du peuple" sich in der Volksvertretung und innerhalb bestimmter Gesetzgebungsverfahren artikuliert und so die Herrschaft zu legitimieren vermöchte, war durch die politische Philosophie der Aufklärung geweckt worden. Die Herrschaft des bon ordre, die man sich erhofft hatte, ließ allerdings auf sich warten.

---

mit weiteren Nachweisen; vgl. auch DOLF STERNBERGER, Nicht alle Staatsgewalt geht vom Volke aus. Studien über Repräsentation, Vorschlag und Wahl (Stuttgart, Berlin, Köln, Mainz 1971), 86.

[90] Archives parlementaires, 1ᵉ sér., t. 8, 127.
[91] Abgedr. ebd., 1ᵉ sér., t. 45 (1895), 339.
[92] M. ROBESPIERRE, Discours sur la constitution (10. 5. 1793), Oeuvres compl., t. 9 (1958), 509.
[93] LOUIS ANTOINE LÉON SAINT-JUST, Rede in der Convention nationale am 24. 4. 1793, Oeuvres compl., éd. Charles Vellag, t. 1 (Paris 1908), 433, art. 1,5.

4. Die Legitimität als politisches Schlagwort und Prinzip inner- und zwischenstaatlicher Ordnung

Als es nach Napoleons Niederlage die äußere und innere Ordnung der europäischen Staaten neu zu gestalten galt, spielten das Prinzip des Gleichgewichts der Mächte und das der Legitimität der Dynastien eine wichtige Rolle. Im Gegensatz zum altbekannten Prinzip des Gleichgewichts der Mächte[94] war das Legitimitätsprinzip als völkerrechtliches Ordnungsprinzip ein Novum. Mit Abstrichen gilt dies auch für das Legitimitätsprinzip als innerstaatliches Ordnungsprinzip. Zwar besitzt die Frage nach der legitimen staatlichen Herrschaft eine lange staatsphilosophische Tradition, zwar war von der Legitimität staatlicher Macht bereits in der Revolutionszeit gesprochen worden; endgültig zu einer zentralen staatstheoretisch-politischen Kategorie wurde die Legitimität aber erst in der Restaurationsepoche. Mit dem Namen Talleyrands verbindet sich diese neuartige politische Auflagung des Legitimitätsbegriffs, weil er mit diesem Topos eine Restauration der Bourbonen und eine stabile Ordnung in Europa zu begründen suchte. Schon die Vorgeschichte dieses Begriffs zeigt, daß er nicht, wie häufig angenommen, der alleinige Schöpfer dieses nun politischen Schlagworts ist[95]. Mit Sicherheit hat er sich außerdem bei der Formulierung des Legitimitätsprinzips von politischen Flugschriften des Jahres 1814 inspirieren lassen.

a) **Die politische Publizistik der Jahre 1814/1815.** Beim Einmarsch der Alliierten in Paris erscheint CHATEAUBRIANDS Flugschrift „De Buonaparte et des Bourbons", in der zunächst Napoleon als Schreckgespenst eines Diktators beschrieben wird. Dagegen soll die Herrschaft der legitimen Dynastie, der Bourbonen, nach der stürmischen Zeit an eine lange Tradition gemäßigter Machtausübung anknüpfen und zu einer friedvollen gesellschaftlichen Ordnung führen[96]. Das Epitheton 'legitim' nimmt viele Erwartungen in sich auf, die an eine bessere Zukunft gestellt werden. Gleichzeitig erscheint der legitime König Ludwig XVIII. mystisch verklärt als ein König mit väterlicher Autorität und charismatischen Fähigkeiten, zu dem das Volk sich in ewiger Treue hingezogen fühle. Anläßlich der Rückkehr Ludwigs XVIII. gibt Chateaubriand dieser romantisch-schwärmerischen Haltung beredten Ausdruck: *Plus de factions, plus de partis! tous pour Louis XVIII! Telle est en France la force du souverain légitime, cette magie attachée au nom du roi*[97]. Eine romantisch-verklärte Erinnerung an den vorrevolutionären Zustand läßt den Monarchen als Verkörperung legitimer Herrschaft und damit als Garanten einer neuen besseren Staatsordnung erscheinen[98].

---

[94] Vgl. FRIEDRICH BERBER, Lehrbuch des Völkerrechts, § 23,3, 2. Aufl., Bd. 3 (München 1977), 159 ff.

[95] So bereits HEINRICH RITTER V. SRBIK, Metternich. Der Staatsmann und der Mensch, Bd. 1 (München 1925), 363 mit weiteren Nachweisen.

[96] FRANÇOIS-RENÉ DE CHATEAUBRIAND, De Buonaparte et des Bourbons (März 1814), Oeuvres compl., t. 24 (Paris 1828), 50 ff. 55. 62.

[97] Ders., Compiègne (April 1814), ebd., 71 ff. 77. *C'est en s'abandonnant ainsi à la loyauté des Français qu'il prouve invinciblement la légitimité de ses droits et la solidité de son trône*, ders., De l'état de la France au 4 octobre 1814, ebd., 81 ff. 96 f.

[98] Diese politisch-romantische Stimmung wich freilich, als sich Chateaubriands politische

Auch CONSTANT zollt in seinem „De l'esprit de conquête et de l'usurpation" der Stimmung der Zeit des Umbruchs von 1814 seinen Tribut. Ebenso wie Chateaubriand schöpft Constant sein Legitimitätsverständnis aus einer Antithese von Usurpation und Erbmonarchie. Der legitime Monarch verkörpert bei Constant Vorteile, die ein Usurpator nicht zu bieten vermag. Während die Usurpation zu Zwangsherrschaft und Krieg führt, erscheint die legitime Monarchie als Garantie gegen alle Gewalt im zwischenstaatlichen und innerstaatlichen Bereich[99]; der Monarch ist die Spitze einer organisch gegliederten Gesellschaft, die nicht von verheerenden Machtkämpfen zerrüttet wird. Bei Chateaubriand und Constant sind der legitime Monarch und der Usurpator Gegenspieler. Diese Gegenüberstellung des alten Gegensatzes von legitimus ordo und usurpatio bezweckt nicht zuletzt auch eine ästhetische Wirkung auf den Leser und erfolgt ganz im Stil der politischen Romantik[100].

In den Kriegsjahren 1814/15 wurde die Legitimität nicht allein zur Begründung der Herrschaft der Bourbonen herangezogen. Am Tage vor seiner Rückkehr nach Frankreich sucht NAPOLEON in einer Proklamation an die Soldaten die Herrschaft der Bourbonen als illegitim darzustellen: *Je rentre en France appelé par les voeux de la Nation entière pour mettre un terme au Gouvernement illégitime, qui vous a été imposé par la trahison et la force*[101]. Hier mag ein gewisser Beweiszwang eine Rolle spielen, nämlich die Legitimierungsversuche der neuen Staatsform zu diskreditieren. Wie vielschichtig der Legitimitätsbegriff in der Periode des Umbruchs besetzbar war, zeigen die Stellungnahmen zur Frage, ob Napoleon legitimer Herrscher Frankreichs war[102]. So gelangt etwa SISMONDI zu einer Legitimität der Herrschaft Napoleons: *La légitimité est seulement la preuve que donne un Gouvernement, qu'il a été établi conformément aux lois qui existaient immédiatement avant lui*[103]. Bei einer derartigen Gleichsetzung der Legitimität mit der Legalität der Machtergreifung sei nicht, weist Sismondi nach, Ludwig XVIII., sondern Napoleon der eigentlich legitime Herrscher in Frankreich. Letztlich will aber Sismondi der Legitimitätsfrage, ob nämlich die Staatsgewalt durch einen legalen Stammbaum legitimiert werde, im politischen Leben keine große Bedeutung beimessen. Denn da ein *droit très-légitime* oft sehr ungerecht sein könne, müsse man aus Gründen des öffentlichen Wohls des öfteren den Boden des Rechts verlassen. Hierbei ist es das Volk, das eine neue legitime Herrschaft ins Amt rufen kann: *La souveraineté réside dans le peuple, seule source légitime du pouvoir*[104].

Hoffnungen, die er auf einen Regimewechsel gesetzt hatte, nicht erfüllten. Später behauptete er sogar, nie ein richtiger Anhänger der Legitimität gewesen zu sein (ebd., IV).
[99] BENJAMIN CONSTANT, De l'esprit de conquête et de l'usurpation dans leurs rapports avec la civilisation européenne (1814), Oeuvres, éd. Alfred Roulin (Paris 1957), 1036 u. passim.
[100] C. SCHMITT, Politische Romantik, 2. Aufl. (München, Leipzig 1925), 153 ff.
[101] In Bastia gedruckte Proklamation (im Besitz des Verf.).
[102] Auch in Deutschland stellte man sich diese Frage: BROCKHAUS 4. Aufl., Bd. 5 (1817), 597; WILHELM TRAUGOTT KRUG, Dikäopolitik oder neue Restauration der Staatswissenschaft mittels des Rechtsgesetzes (Leipzig 1824), 191; ders., Über bestehende Gewalt und Gesetzmäßigkeit (légitimité) in staatlicher Beziehung, Dt. Staatsanzeigen 1 (1816), 20 ff.
[103] SIMONDE DE SISMONDI, Examen de la constitution française (Paris 1815), 76. 87.
[104] Ders., Observations générales sur le gouvernement actuel (Paris 1815), 6.

b) Talleyrands machtpolitische Verwendung des Legitimitätsbegriffs.

Durch TALLEYRAND[105] wird der Legitimitätsbegriff endgültig zu einer politischen Kategorie. Mit politischem Instinkt erkannte er, daß nur die „legitime" Dynastie der Bourbonen die Herrschaft in Frankreich übernehmen könne. Talleyrand führte den Legitimitätsbegriff in die den Friedensschluß vorbereitenden Verhandlungen ein und schuf so die Voraussetzungen, daß auf dem Wiener Kongreß die Legitimitätsidee zu einem politischen Ordnungsprinzip erhoben werden konnte. Bereits am Tage des Einmarsches der Alliierten trat Talleyrand bei Zar Alexander für Ludwig XVIII. als legitimen Monarchen ein: *Pour établir une chose durable et qui soit acceptée sans réclamation, il faut agir d'après un principe. Avec un principe nous sommes forts; nous n'éprouverons aucune résistance; ..., et un principe, il n'y en a qu'un: Louis XVIII est un principe; c'est le roi légitime de la France*[106]. Daß Talleyrand sein frühes Eintreten für die Bourbonen in seinen Memoiren zutreffend wiedergibt, zeigt sich an dem Aufruf an das französische Volk vom 31. 3. 1814, in dem eine Restauration der legitimen Herrscher in Aussicht gestellt wird[107]. Die Lenkung der Politik durch das Prinzip der Legitimität entspringt bei Talleyrand einem Drang nach rationalistischer Systematisierung des politischen Lebens[108]. Ähnlich wie in den Flugschriften Chateaubriands und Constants soll auch bei Talleyrand mit dem Legitimitätsprinzip eine dauerhafte Friedensordnung im innerstaatlichen und zwischenstaatlichen Bereich gesichert werden[109]: *Le premier besoin de l'Europe, ... était donc de bannir les doctrines de l'usurpation, et de faire revivre le principe de la légitimité, seul remède à tous les maux dont elle avait été accablée ... Ce principe ... n'est pas ... uniquement un moyen de conservation pour la puissance des rois et la sûreté de leur personne; il est surtout un élément nécessaire du repos et du bonheur des peuples, la garantie la plus solide ou plutôt la seule de leur force et de leur durée. La légitimité des rois, ou, pour mieux dire, des gouvernements, est la sauvegarde des nations; c'est pour cela qu'elle est sacrée.*

Im zwischenstaatlichen Bereich tritt Talleyrand mit dem Legitimitätsprinzip für eine Restauration der legitimen Dynastien ein und sucht vor allem den Bestand Frankreichs gegen die Ansprüche der Sieger im Krieg 1813/14 zu wahren. Durch die Betonung des Legitimitätsprinzips konnte Talleyrand den Alliierten eine französische Regierung präsentieren, die in gewisser Weise im Lager der Sieger stand[110]. In Talleyrands Äußerungen übernimmt das Legitimitätsprinzip die Funktion, die

---

[105] Zu Talleyrand vgl. WÜRTENBERGER, Legitimität (s. Anm. 2), 123 ff.
[106] CHARLES MAURICE DE TALLEYRAND, Mémoires, éd. Duc de Broglie, t. 2 (Paris 1891), 165.
[107] Le Moniteur 1. 4. 1814, 363: *Les Souverains Alliés ... déclarent: ... Qu'ils respecteront l'intégrité de l'ancienne France, telle qu'elle a existé sous ses rois légitimes.*
[108] HERMANN WENDORF, Die Ideenwelt des Fürsten Talleyrand, Hist. Vjsch. 28 (1934), 335 f. 356 ff.; WÜRTENBERGER, Legitimität, 127 f.
[109] TALLEYRAND, Mémoires, t. 2, 159. — Dieses Anliegen Talleyrands entsprach einer verbreiteten Stimmung auf dem Wiener Kongreß. So äußert etwa GRAF V. GÖRZ, GEN. SCHLITZ entgegen einer frankreichfeindlichen öffentlichen Meinung, es lasse sich *nur mit Ludwig XVIII. die Legitimität, die Ruhe in Frankreich und Europa wiederherstellen;* Memoiren eines deutschen Staatsmannes aus den Jahren 1788—1816 (Leipzig 1833), 273.
[110] Zur völkerrechtlichen Komponente von Talleyrands Legitimitätsprinzip vgl. FRIED-

politischen Interessen Frankreichs auf dem Wiener Kongreß zu sichern. Insgesamt gesehen, ist das Legitimitätsprinzip (im Sinne von Restauration der Dynastien und Wiederherstellung der alten Ordnung) auf dem Wiener Kongreß freilich nicht durchgehalten worden. Auch revolutionäre Änderungen (Teilung Polens oder Mediatisierungen) wurden durch das Wiener Vertragswerk bewußt legitimitätswidrig sanktioniert. Anknüpfungspunkt der restaurativen Legitimität, die in der Zeit nach dem Wiener Kongreß die großen politischen Aktionen lenkte, war die Aufrechterhaltung der inner- und zwischenstaatlichen Ordnung Europas, wie sie in den Wiener und nachfolgenden völkerrechtlichen Verträgen umrissen wurde. In diesem Sinne konnte man definieren: *Daß in der Politik nur das Vertragsmäßige berechtigt sei, ... dies ist das berühmte Prinzip der Legitimität*[111]. Indem man dem Legitimitätsbegriff das völkerrechtliche Vertragsrecht zugrunde legte, konnte er „funktional zu den Machtlagen gedehnt werden" und „sowohl revolutionäre Veränderungen wie restaurative Interessen" sicherstellen[112].

Im innenpolitischen Bereich läßt sich Talleyrand von der Maxime leiten: *c'était vouloir la maison de Bourbon dans l'ordre prescrit par la légitimité*[113]. Dennoch ist er als Realpolitiker davon überzeugt, daß mit der Restauration der alten Dynastien nicht auch die alten Herrschaftsformen wiederhergestellt werden können. So soll auch eine republikanische Regierung legitim sein können, wenn sie durch altes Herkommen gefestigt ist[114]. Vor allem lehnte Talleyrand es ab, das Legitimitätsprinzip mit dem Gedanken eines Königtums von Gottes Gnaden zu verknüpfen[115], da der Zeitgeist eine Begründung staatlicher Herrschaft aus Glaubenssätzen nicht zulasse. Talleyrands Auseinandersetzungen mit den politischen Lehren der Aufklärung und dem Geist der Revolution und Diktatur sowie sein Gespür für die allgemeine politische Stimmung hatten ihn erkennen lassen, daß das Königtum nur durch rechtsstaatliche Beschränkung seiner Macht Legitimität gewinnen konnte. Er forderte von Ludwig XVIII., daß er in der neuen Verfassung z. B. die individuelle Freiheit, die Pressefreiheit, unabhängige Gerichte, Verantwortlichkeit der Berater des Königs und Gesetzgebung unter Mitwirkung eines Parlaments garantieren müsse. Dieses Plädoyer für ein 'liberales' Legitimitätsverständnis mit Beschränkung der obersten Gewalt im Staat durch eine Repräsentativverfassung entspringt bei

---

RICH BROCKHAUS, Das Legitimitätsprincip. Eine staatsrechtliche Abhandlung (Leipzig 1868), 11 ff.; JOHANNES KRAFT, Prinzipien Talleyrands in der Außen- und Innenpolitik (Bonn 1968), 47 ff.

[111] JOHANN EDUARD ERDMANN, Philosophische Vorlesungen über den Staat (Halle 1851), 38; BROCKHAUS, Legitimitätsprincip, 78.

[112] REINHART KOSELLECK, Das Zeitalter der europäischen Revolutionen, in: Fischer Weltgeschichte, Bd. 26, hg. v. LOUIS BERGERON, FRANÇOIS FURET, R. KOSELLECK (Frankfurt 1969), 208 ff.; ALEXANDER GAULAND, Das Legitimitätsprinzip in der Staatenpraxis seit dem Wiener Kongreß (Berlin 1971), 16 ff.

[113] TALLEYRAND, Mémoires, t. 2, 156; vgl. METTERNICH, Nachgel. Papiere, Tl. 1, Bd. 1: Von der Geburt Metternichs bis zum Wiener Kongreß. 1773—1815 (Wien 1880), 510 f. (Nr. 194: TALLEYRAND an Metternich, 19. 12. 1814).

[114] TALLEYRAND, Mémoires, t. 2, 159.

[115] Ebd., t. 3 (1891), 317.

a) Legitimität und göttliche Ordnung

Talleyrand weniger einer grundsätzlichen politischen Einstellung, sondern der Überzeugung, daß nur jene Regierung der ihr obliegenden ordnungstiftenden Funktion nachkommen könne, die vom Willen des Volkes getragen werde. Talleyrands innerstaatliches Legitimitätsverständnis steht unter der gestaltenden Macht der öffentlichen Meinung und fordert im Namen des *esprit des temps* die Beteiligung des Volkes an der Staatsgewalt und die Garantie von Individualrechten, damit das Gefühl entstehe, einer legitimen Regierung zu gehorchen[116]. In den Vordergrund tritt hier das sozialpsychologische Element, daß nur dann eine stabile soziale Ordnung gewahrt werden könne, wenn die Legitimität der Herrschaft von allen Kreisen des Volkes anerkannt werde. Konnte Talleyrand auch die Forderungen der Restaurationsepoche an eine legitime Regierung präzise formulieren, so scheiterte er bereits nach kurzer Zeit bei der Durchsetzung seines politischen Programms an Ludwig XVIII. selber.

5. Die Legitimitätsdiskussion in der Restaurationszeit

Nachdem die Legitimität zu einem inner- und zwischenstaatlichen Gestaltungsprinzip geworden war, versuchten die verschiedenen politischen Richtungen, die zu Beginn des 19. Jahrhunderts um Anerkennung rangen, den Legitimitätsbegriff mit ihrem Gedankengut zu besetzen. Auf dem Hintergrund der Kardinalfrage Fürstensouveränität oder Volkssouveränität entbrannte ein engagiert geführter Streit um die Bedeutung der Legitimität staatlicher Herrschaft[117].

a) **Legitimität und göttliche Ordnung.** Die konservative Legitimitätstheorie wird in Auseinandersetzung mit der Katastrophe der Französischen Revolution, den Lehren der Aufklärung und durch Beschwören der alten Ordnung gewonnen. Statt mit den Mitteln der Vernunft die Gesellschaftsordnung neu zu gestalten, möchte der Traditionalismus[118] die in der Vergangenheit organisch gewachsenen Institutionen Kirche, Monarchie und ständische Gesellschaft wieder mit Leben erfüllen. Auf die Notwendigkeit der historischen Kontinuität wird vom Traditionalismus in einer Zeit besonderer Wert gelegt, in der die soziale Ordnung durch Revolution, Diktatur und beginnende Industrialisierung erschüttert war. Durch Anknüpfen an Ideen des theokratischen Absolutismus und Verherrlichen der vorrevolutionären Gesellschaftsordnung liefert der Traditionalismus das theoretische Gerüst für die reaktionäre Restaurationspolitik.

In der traditionalistischen Staatstheorie repräsentiert der Monarch den Willen Gottes auf Erden, der durch den erblichen Adel und das vermögende Bürgertum den Gewaltunterworfenen offenbar gemacht wird. Eine besondere stabilisierende

---

[116] Ebd., 214.
[117] Hierzu FRANZ SCHNABEL, Deutsche Geschichte im 19. Jahrhundert. Monarchie und Volks-Souveränität, 2. Aufl., Bd. 2 (Freiburg 1949), 36 ff.
[118] HANS MAIER, Revolution und Kirche. Studien zur Frühgeschichte der christlichen Demokratie 1789—1850, 2. Aufl. (Freiburg 1965), 145; zum französischen Traditionalismus vgl. DOMINIQUE BAGGE, Les idées politiques en France sous la Restauration (Paris 1952), 187 ff.

Wirkung auf die Gesellschaft erhofft sich BONALD von der Erblichkeit der Ämter[119]. Dadurch soll der Staat vor inneren Machtkämpfen bewahrt und gleichzeitig ein gut ausgebildetes Beamtentum geschaffen werden. Werden der Gemeingeist *(l'esprit public)* und der Familiengeist *(l'esprit de famille)*[120] durch die Erblichkeit der Ämter vereinigt, so soll eine Tradition des Pflichtbewußtseins und der Ergebenheit gegenüber König und Staat entstehen. Diese Erblichkeit der Macht bezeichnet de Bonald als *légitimité de succession* und damit als Grundstein der Gesellschaft und Bewahrerin aller Legitimitäten, deren Geheimnisse man erforschen muß[121].

In Bonalds „légitimité de succession" klingt der Topos von der legitimierenden Kraft der Zeit an, der das traditionalistische Denken insgesamt beherrscht. Für MAISTRE wird im historisch Gewordenen und durch die Zeit Legitimierten der göttliche Wille offenkundig. Der Mensch kann keine Verfassungen schaffen, keinen Souverän wählen, sondern muß sich der Allwirksamkeit des göttlichen Willens fügen[122]. *Dieu fait les Rois, au pied de la lettre. Il prépare les races royales; il les mûrit au milieu d'une nuage qui cache leur origine. Elles paraissent ensuite couronnées de gloire et d'honneur; elles se placent; et voici le plus grand signe de leur légitimité*[123]. Wie kann man aber erkennen, ob es sich um eine legitime Dynastie handelt? Den Willen des Volkes hält Maistre nicht für ausschlaggebend[124]; der Ursprung der Staatsgewalt soll vielmehr außerhalb der Sphäre der menschlichen Macht liegen. Die Menschen sind nur die *circonstances* Gottes, durch dessen Vorsehung sie gelenkt werden. Über die Legitimität einer Dynastie äußert sich Gott in einer für die Menschen erkennbaren Weise nur durch die Zeit, in der er sie bestehen läßt. Die Zeit ist Gottes *premier ministre au département de ce monde*, durch den er den Menschen Einblick in sein durch die Vorsehung gelenktes Walten gibt[125]. Am Anfang dieser durch den Zeitablauf für den Menschen erkennbaren Legitimierung kann eine *usurpation légitime* stehen, die die Zeit sich eilt zu weihen[126].

Die traditionalistische Staatstheorie des beginnenden 19. Jahrhunderts bemüht sich neben dieser geschichtstheologischen Rechtfertigung der Legitimität der Dynastien und der vorrevolutionären Ordnung auch um eine zeitgemäße Fortentwicklung der Institutionen. So bezeichnet CONRAD MALTE-BRUN in der Tradition des theokratischen Absolutismus zwar die Legitimität als eine indirekte Emanation des göttlichen Waltens und beschwört den Geist der Heiligen Allianz[127]. Dabei tritt eine religiöse Begründung staatlicher Herrschaft in den Hintergrund: *La légitimité est donc une*

---

[119] AMBROISE DE BONALD, Législation primitive consideré dans les derniers temps par les seules lumières de la raison (1820), Oeuvres, t. 1 (Brüssel 1845), 105 f. 108 f.
[120] Ebd., 110 f.
[121] Ders., Théorie du pouvoir politique et religieux dans la société civile (1796), Oeuvres, t. 3 (Brüssel 1845), 229; vgl. ROBERT SPAEMANN, Der Ursprung der Soziologie aus dem Geist der Restauration. Studien über L. G. A. de Bonald (München 1959), 88 ff.
[122] Einzelheiten bei WÜRTENBERGER, Legitimität, 140 ff.
[123] JOSEPH DE MAISTRE, Essai sur le principe générateur des constitutions politiques, et des autres institutions humaines (1809), Oeuvres, t. 1 (Paris 1841), 110.
[124] Ders., Considérations sur la France (1797), ebd., 47.
[125] Ders., Essai sur le principe générateur, ebd., 126.
[126] Ebd., 110.
[127] CONRAD MALTE-BRUN, Traité de la légitimité (Paris 1825), 5. 25. 130.

b) Liberales Legitimitätprinzip bei Constant

émanation indirecte de la pensée divine: la tendance de tous les peuples à la consacrer est une noble tentative de reproduire dans la société politique l'ordre éternel du monde moral et intellectuel, cette image réfléchie de la perfection divine[128]. Damit wird die iusdivinum-Lehre bei Malte-Brun sehr viel vorsichtiger formuliert als bei Bossuet, Bonald und Maistre. Legitimität bezieht sich nicht einseitig auf die Verwirklichung der Fürstensouveränität, sondern versucht zwischen den Ansprüchen der Dynastien und der Nationen zu vermitteln. Eine bloße Restauration der legitimen Dynastien hält Malte-Brun für die Bewahrung der Gesellschaft vor inneren Wirren nicht für ausreichend. Er fordert darüber hinaus die Einrichtung legitimer Institutionen[129], die die natürlichen Rechte des Menschen und die erworbenen Rechte des Bürgers garantieren. Zu diesen Institutionen rechnet er die frei verwalteten Gemeinden, Provinzialversammlungen, die nationalen Kammern, die Pressefreiheit, die gleiche Zulassung zu allen Ämtern, die Unabhängigkeit der Rechtsprechung etc. Hier wird die Diskussion um die Legitimität der Institutionen eingeleitet, die über Friedrich Julius Stahl bis auf unsere Tage andauert. Malte-Brun sah in der Legitimität erstmalig das Prinzip, das unaufhörlich und beharrlich bestimmte geistige Werte von einer Generation auf die andere überträgt und einen gewissen Rechtszustand, der gegenüber den Gesetzen vorrangig ist, wahrt. Er hat trotz seines religiösen Ansatzpunktes den unfruchtbaren Standpunkt der Traditionalisten zu überwinden vermocht und den Weg zu einer kontinuierlichen Fortentwicklung der Gesellschaftsordnung unter Achtung des Hergebrachten gewiesen.

b) Die Begründung eines liberalen Legitimitätsprinzips bei Constant. Der Kampf des Bürgertums gegen staatliche Bevormundung auf der einen Seite und die Erinnerung an den revolutionären Terror im Namen von Freiheit und Gleichheit auf der anderen bilden den Rahmen für die Entwicklung eines liberalen Legitimitätsverständnisses. In dieser Phase der Neugestaltung der sozialen Ordnung lehnt die liberale politische Theorie radikale Auffassungen von der Fürsten- wie auch von der Volkssouveränität ab[130]. So anerkennt Constant zwar die Überlegenheit des Gesamtwillens über individuelle Absichten und spricht der „volonté générale" Legitimität zu; jede Ausübung von Gewalt, die durch die Untertanen nicht anerkannt wird, bezeichnet er als illegitim. Der Rousseauschen Lehre von der Volkssouveränität macht Constant aber zum Vorwurf, es werde die Bedeutung des Gemeinwillens verkannt. Nach den Erfahrungen mit den demagogischen Plebisziten eines Napoleon fordert Constant, daß auch der auf dem Prinzip der Volkssouveränität gegründeten Staatsgewalt Grenzen zu ziehen seien: obgleich die Souveränität bei der Gemeinschaft der Bürger liege, dürfe man nicht im Namen dieser Souveränität über die Existenz eines Individuums verfügen. Es müsse im Gegenteil einen Teil der mensch-

---

[128] Ebd., 24.
[129] Ebd., 129; *nous n'exposerons pas la légitimité sociale sous la seule sauvegarde des idées morales et des sentiments élevés, nous l'environnerons d'un ensemble d'institutions* (ebd., 21).
[130] CONSTANT, Mélanges de littérature et de politique (1829), Oeuvres (s. Anm. 99), 835 ff.; ders., Principes de politique (1815), ebd., 1099 ff., bes. 1105; vgl. PAUL BASTID, Benjamin Constant et sa doctrine, 2 vol. (Paris 1966); LOTHAR GALL, Benjamin Constant. Seine politische Ideenwelt und der deutsche Vormärz (Wiesbaden 1963).

lichen Existenz geben, der unabhängig und außerhalb jeder gesellschaftlichen Einflußmöglichkeit bestehen kann. Zu den Menschenrechten, die kein Staat verletzen darf, ohne illegitim zu werden, gehören die persönliche Freiheit, Glaubensfreiheit, Eigentumsgarantie und Meinungs- und Pressefreiheit.

Neben diese „positive", liberal-machtbegrenzende Legitimität stellt Constant eine „unterschwellige": *J'admets deux sortes de légitimité: l'une positive, qui provient d'une élection libre, l'autre tacite, qui repose sur l'hérédité; et j'ajoute, que l'hérédité est légitime, parceque les habitudes qu'elle fait naître, et les avantages qu'elle procure, la rendent le voeu national*[131]. Die Erblichkeit des Herrscheramtes ist für ihn nicht allein im Volksbewußtsein tief verwurzelt. Die Verknüpfung von erbmonarchischer und liberal-demokratischer Legitimität erlangt darüber hinaus im politischen Leben eine erhebliche Bedeutung: *Je ne prends pas la légitimité comme un dogme; mais, avec la liberté, la légitimité est un grand bonheur ... La liberté est le droit de l'espèce humaine. La monarchie constitutionnelle est une forme suffisante pour assurer la jouissance de la liberté ... C'est un immense avantage qu'une famille antique sur un trône incontesté*[132]. Constant sucht bei seinem Streben nach einer freiheitlichen Ordnung des Staates einen Kompromiß zwischen dem erbmonarchischen und einem liberal-demokratischen Legitimitätsprinzip. Die legitimierende Funktion eines erblichen Königtums liegt für ihn darin begründet, daß es über dem Streit zwischen den einzelnen Gewalten eine neutrale Stellung einzunehmen vermag und sich der Aufgabe, Freiheit und Ordnung zu bewahren, widmen kann. Hier hat Constant die Basis für eine sachgerechte Diskussion der rechtlichen Stellung des Königs und der Grenzen staatlicher Macht geschaffen.

c) **Legitimität durch Verwirklichung von Recht und Vernunft.** Auch den Doktrinären, dem Kreis um Guizot, Royer-Collard u. a.[133], ging es um einen Ausgleich zwischen der Allmacht des Staates und der Freiheit des einzelnen. Im juste milieu zwischen den Ultraroyalisten und dem fortschrittlichen Flügel der Liberalen suchten sie Autorität und Freiheit im konstitutionellen Königtum zu einer Synthese zu bringen. Ihre Maxime *repousser l'ancien régime* und *fonder le régime constitutionnel*[134] wollten sie auf einem undoktrinären Mittelweg zwischen den Extremen politisch durchsetzen. Hierbei entwickelten sie durch das Verstehen der Gegenwart aus dem Verlauf der Geschichte Grundsätze für die praktische Politik.

L'idée de la légitimité politique betrachtet GUIZOT als eine relative, von der jeweiligen geschichtlichen Situation abhängige Kategorie, da Monarchie, Theokratie, Aristo-

---

[131] CONSTANT, De l'esprit de conquête (s. Anm. 99), 1615.

[132] Ders., Rede v. 23. 5. 1820, zit. KLIMRATH, Über das französische Gesetz vom 10. April 1834, die Vereine (associations) betreffend, Kritische Zs. f. Rechtswiss. u. Gesetzgebung d. Auslandes 7 (1835), 46, Anm. 2.

[133] Vgl. LUIS DIEZ DEL CORRAL, Doktrinärer Liberalismus. Guizot und sein Kreis (Neuwied, Berlin 1964), mit weiteren Nachweisen.

[134] FRANÇOIS GUIZOT, Des moyens de gouvernement et d'opposition dans l'état actuel de la France, 2ᵉ éd. (Paris 1821), 17; vgl. ders., Du gouvernement de la France depuis la restauration, 3ᵉ éd. (Paris 1820), 17 f.: *Il s'agit également de fonder l'ordre constitutionnel et de maintenir le trône légitime. La question se pose donc en ces termes: Pour atteindre à ce double but, quel instrument est le meilleur, la révolution ou la contre-révolution? ... Quelle*

c) Legitimität durch Verwirklichung von Recht und Vernunft

kratie und Demokratie die Legitimitätsidee für sich beanspruchen konnten. Legitimität kann jede Ordnung in einer konkreten historischen Situation besitzen. Wesentliches Element der Legitimität einer Ordnung ist zunächst das Prinzip der Dauer: *La légitimité politique est un droit fondé sur l'ancienneté, sur la durée*[135]. In der Restaurationsepoche verknüpft Guizot die Idee der Legitimität nicht allein mit dem erbmonarchischen Prinzip. Die Erblichkeit der Throne habe allein den Zweck, dem Recht höchste Würde zu verleihen, damit es überall verbindlich sei. Mit dem Blick auf die konkrete politische Situation in Frankreich sucht er weiterhin einzelne Kriterien herauszuarbeiten, die den Inhalt des Legitimitätsbegriffs ausmachen. Eine metaphysische Begründung des Legitimitätsgedankens lehnt Guizot ab, da er weder an ein göttliches Recht noch an die Volkssouveränität glaubt[136]. Für ihn begründen vielmehr die *légitimité* der *raison*, der *justice*, des *droit* die *légitimité politique* eines Staates[137]. Diese politische Legitimität ist also eine geschichtliche Kategorie, die dem Wandel in der Zeit unterworfen ist, in der aber zugleich minimale Bedingungen der Vernunft unaufgebbar enthalten sind. Die politische Legitimität bindet den Staat an sittliche Prinzipien, an die vernunftmäßig zu entwickelnden Ideen des Rechts und der Gerechtigkeit. Wie entsteht diese Legitimität, die auf den Grundsätzen der Vernunft basiert und der die Rechtsidee innewohnt? Guizot weist der Geschichte die Aufgabe zu, das Recht zu offenbaren. Die Entstehung von Recht und Legitimität betrachtet er als einen geschichtlichen Prozeß: die Legitimität einer bestehenden Gesellschaftsordnung liegt in ihrer Veränderung durch die Zeit begründet, aber auch in der Tatsache, daß die Gesellschaftsordnung von politisch tätigen Menschen gestaltet wird. Der Mensch trägt nach Guizots Ansicht einen Katalog von Ordnungsvorstellungen in sich, Gedanken über die Gerechtigkeit und Ideen bezüglich vernünftiger Lösungen, die er in die Umgebung, in der er lebt, einfließen läßt. Es ist der Mensch, der die Vernunft, die Sittlichkeit und die Gerechtigkeit in der Welt, in der er lebt, verwirklicht und damit eine legitime soziale Ordnung schafft.

Wegen dieser ewigen Aufgabe des Menschen, eine legitime Gesellschaftsordnung zu verwirklichen, gewinnt bei Guizot die bekannte sozialpsychologische Komponente der Legitimität erhebliche Bedeutung. Eine Gesellschaftsordnung kann nur Bestand haben, wenn ihre Legitimität von der Majorität anerkannt wird. In einer Parlamentsrede vom 25. 11. 1830 zur Frage der Pressefreiheit wendet sich Guizot gegen die Stimmen, die die Julirevolution von 1830 als einen gewaltsamen Akt der Usurpation be-

---

entreprise est la plus facile, faire accepter à la révolution la légitimité, ou la charte à la contre-révolution? Vgl. ebd., 129: *Il ne s'agit donc point de renverser ce qui est, de porter atteinte à la légitimité. Nous voulons ce qui est, au profit de ce qui est, et non de ce qui n'est plus. Nous réclamons pour l'ordre nouveau cette même légitimité que l'ancien régime prétend usurper.*

[135] Ders., Histoire générale de la civilisation en Europe, 8ᵉ éd. (Paris 1864), 72. 68; ähnlich ders., Du gouvernement, 203 f.

[136] Ders., Du governement, 201.

[137] Ders., Histoire générale de la civilisation, 7; ders., Du gouvernement, 201; DIEZ DEL CORRAL, Doktrinärer Liberalismus, 162 ff. — Auch andernorts, wie etwa bei AUGUSTE-MARSEILLE BARTHÉLEMY, Némésis, satire hebdomadaire, 4ᵉ éd., t. 2 (Paris 1835), 64, wird mit dem Begriff 'Legitimität' eine vernünftige Staatsführung gefordert: *La légitimité, c'est ... la raison agissante installée au pouvoir.*

zeichnen und ihre Legitimität bestreiten. Seiner Ansicht nach beruhte die Julirevolution auf einer gleichsam naturnotwendigen, spontanen Bewegung des Volkes gegen den illegitim gewordenen Absolutismus, da es dem Wesen eines Volkes entspreche, einer reinen Gewaltherrschaft die Anerkennung zu verweigern. Die Legitimität der Revolution begründet er mit Veränderungen im allgemeinen Rechtsbewußtsein des Volkes, dessen Wandlungen nämlich die Staatsgewalt sich anpassen muß, will sie im Recht und damit in der Legitimität bleiben. Bei Guizot erscheint Legitimität damit als geschichtliche Handlungskategorie, die Kontinuität verbürgt, selbst wenn sie auf dem Wege der Revolution durchgesetzt werden muß. Die Revolution schafft keine neue Legitimität, sondern ist eine Konsequenz des sich wandelnden Legitimitätsbewußtseins. Aufgabe der Politik ist es, den Legitimitätsglauben im Volk zu stärken. Guizot fordert daher, die Angriffe gegen die Legitimität der Julirevolution und der durch diese Revolution entstandenen Regierung mit aller Schärfe zurückzuweisen. *Affirmer la légitimité du gouvernement actuel et de l'insertion de ses principes dans nos lois*, hält Guizot für die vordringliche Aufgabe[138]. Im *ordre légal*, einem der Grundwerte in der Epoche des Bürgerkönigtums, sollte also die Legitimität zum Ausdruck gebracht werden[139].

IV. Die Rezeption des Legitimitätsbegriffs im deutschen Sprachraum zu Beginn des 19. Jahrhunderts

1. Zur Rolle des Rechtfertigungsdenkens in Deutschland bis zum Ausgang des 18. Jahrhunderts

Nach der bewegten Geschichte von 'legitimus' und 'légitime' ist es auf den ersten Blick kaum verständlich, daß in der deutschen politisch-sozialen Sprache bis zum Wiener Kongreß die Wendung von der legitimen staatlichen Herrschaft nicht auftaucht[140]. Die Wörterbücher des 18. und beginnenden 19. Jahrhunderts verzeichnen für 'legitim' nur die allgemeine Bedeutung von *gesetzlich, rechtlich*[141]; Ableitungen aus diesem Wortstamm besitzen lediglich einen spezifisch zivilrechtlichen Sinn[142].

---

[138] F. Guizot, Histoire parlementaire de France, t. 1 (Paris 1863), 154.
[139] Zum Auseinandertreten von Legitimität und Legalität vgl. Abschn. V. — Unter der Herrschaft der durch das Wahlrecht privilegierten Bourgeoisie und der Notabeln geriet der „ordre légal" allerdings bald in Mißkredit; Louis Blanc konnte kritisch mit seinem *le criterium du pays légal est l'argent* auf die Verknüpfung der Legalität mit wirtschaftlichen Interessen aufmerksam machen; zit. Ernst Rudolf Huber, Legitimität, Legalität und juste milieu, in: ders., Nationalstaat und Verfassungsstaat. Studien zur Geschichte der modernen Staatsidee (Stuttgart 1965), 87.
[140] So findet sich die politische Bedeutung von 'legitim' und 'Legitimität' in der 3. Aufl. (1816) von Oertels Wörterbuch noch nicht erwähnt.
[141] Schröter 3. Aufl. (1803), 309; Campe, Fremdwb., 2. Aufl. (1813; Ndr. 1970), 396; Roth Bd. 2 (1788), 27.
[142] z. B.: *legitima* = Pflichtteil bei Schröter 3. Aufl., 309; Zedler Bd. 16 (1737), 1393 ff., Art. Legitima; *legitimieren* = Vollmacht vorweisen; uneheliche Kinder *ehrlich und denen ehelich geborenen gleichgültig machen* (ebd., 1420).

IV. 1. Rechtfertigungsdenken am Ende des 18. Jahrhunderts — Legitimität, Legalität

Ohne daß schon 'legitim' oder gar der Begriff 'Legitimität' verwendet worden wäre, setzt erst ausgangs des 18. Jahrhunderts im deutschen staatstheoretisch-politischen Schrifttum, vor allem in Reaktion auf die Ereignisse in Frankreich, eine lebhafte Diskussion um die Rechtfertigung staatlicher Herrschaft ein[143]. Dieses lange Zeit hindurch geringe Interesse an Rechtfertigungslehren hat verschiedene Gründe: es entsprach der deutschen Mentalität seit Ende des Dreißigjährigen Krieges bis zu Beginn des 19. Jahrhunderts, von der Obrigkeit Frieden und Ordnung zu erwarten; man dachte nicht an Mitregieren oder Widerstand[144], so daß die kritische Frage nach der Rechtfertigung der Staatsgewalt kaum virulent wurde. Weiterhin läßt sich das mangelnde Rechtfertigungsdenken auf die politische Situation des Heiligen Römischen Reiches Deutscher Nation und seiner Territorien zurückführen[145]. Im Gegensatz zu Frankreich, wo sich eine starke Zentralgewalt des Monarchen herausbilden konnte, brauchte in Deutschland nicht nach der Legitimität der kaiserlichen Gewalt gefragt zu werden, soweit diese durch Verträge und Herkommen fest umrissen war und zudem an Bedeutung verlor. Ein kritisches Denken über die hergebrachten Formen politischer Ordnung konnte auch die Naturrechtslehre nicht in Gang bringen. Pufendorf erfuhr eine geistige Wirkung im Ausland, die ihm in Deutschland versagt blieb. Nur das Naturrechtssystem Christian Wolffs und seiner Schule erzielte eine gewisse Breitenwirkung. Da aber der absolute Staat in Deutschland naturrechtlichen Reformbestrebungen gegenüber sich offen zeigte und ein gewisses Maß an ständischen Freiheitsrechten garantiert blieb, mußte dem deutschen Naturrecht die revolutionäre Spitze gegen den absoluten Staat fehlen.

Diesen vorwaltenden Befund eines mangelnden Rechtfertigungsdenkens in Deutschland bis zum Ausgang des 18. Jahrhunderts bestätigt ein Blick auf die alte Reichsstaatslehre. Der systematisierenden Darstellung des Staatsrechts in den Werken eines JOHANN JAKOB MOSER lag ein Infragestellen der bestehenden Ordnung durch vernunftrechtliche Maßstäbe fern[146]. Ähnliches gilt für JOHANN STEPHAN PÜTTER,

---

[143] Vgl. etwa HERDER, Ideen zur Philosophie der Geschichte der Menschheit 9, 4. SW Bd. 13 (1909; Ndr. 1967), 375 ff.; JOHANN ADAM BERGK, Untersuchungen aus dem Natur-, Staats- und Völkerrechte mit einer Kritik der neuesten Konstitution der französischen Republik (1796; Ndr. Kronberg/Ts. 1975), 87 ff. u. passim; JOHANN CHRISTIAN MAIER, Allgemeine Theorie der Staatskonstitution (Hamburg, Kiel 1799), 27 ff.; Revolutionäre Vernunft. Texte zur jakobinischen und liberalen Revolutionsrezeption in Deutschland 1789—1810, hg. v. JÖRN GARBER (Kronberg 1974), 1 ff.; WILHELM V. HUMBOLDT, Ideen zu einem Versuch, die Gränzen der Wirksamkeit des Staats zu bestimmen (1792), AA Bd. 1 (1903). — GENTZ spricht allerdings bereits 1793 von der *Moralität und Legitimität politischer Totalrevolutionen;* Über die Moralität und Legitimität politischer Totalrevolutionen (1793), in: Kritik der Revolution. Theorien des deutschen Frühkonservativismus 1790 bis 1810, Bd. 1, hg. v. JÖRN GARBER (Kronberg 1976), 49.

[144] OTTO KIMMINICH, Deutsche Verfassungsgeschichte (Frankfurt 1970), 242.

[145] Einzelheiten bei WÜRTENBERGER, Legitimität, 162 ff.; Hans Maier, Die ältere deutsche Staats- und Verwaltungslehre, 2. Aufl. (München 1980), 278 ff.

[146] Vgl. ERWIN SCHÖMBS, Das Staatsrecht Johann Jakob Mosers 1701—1785. Zur Entstehung des historischen Positivismus in der deutschen Reichspublizistik des 18. Jahrhunderts (Berlin 1968), 217 f.; EBERHARD SCHMIDT-ASSMANN, Der Verfassungsbegriff in der deutschen Staatslehre der Aufklärung und des Historismus. Untersuchungen zu den Vorstufen eines hermeneutischen Verfassungsdenkens (Berlin 1967), 33 ff.

der zwar die kaiserliche Gewalt und Landeshoheit an die Verfolgung allgemeiner Wohlfahrt bindet, aus dieser vernunftrechtlichen Zielsetzung staatlicher Wirksamkeit aber keine weiteren Konsequenzen zieht[147]. Von den Vertretern der Reichsstaatslehre wird die Möglichkeit des wissenschaftlichen Protestes gegen die wirkliche Macht nicht wahrgenommen. Man sucht nicht nach einem Maßstab, anhand dessen die bestehende staatliche Gewalt 'legitim' oder 'illegitim' genannt werden kann. Erst die Auseinandersetzungen mit dem Gedankengut der Französischen Revolution und ihren politischen Wirkungen sowie der Umbruch der altständischen Gesellschaft zur Industrienation gaben Anlaß, die Funktion des Monarchen im Staat neu zu bestimmen und nach der Rechtfertigung seiner Herrschaft zu fragen. An dieser Frage sollte sich die Diskussion des Legitimitätsbegriffs im deutschen staatsrechtlichen und politischen Schrifttum der ersten Hälfte des 19. Jahrhunderts entzünden.

2. Die Rezeption des Legitimitätsbegriffs

Die Diskussion westeuropäisch-konstitutionellen Verfassungsrechts in den deutschen Staaten begann, als das alte Reich unterging und die souverän gewordene staatliche Gewalt ein neues politisches System erforderte[148]. Die deutschen Verfassungskämpfe des Frühkonstitutionalismus sind so eng mit der französischen politischen Geschichte verbunden, daß sie nur auf deren Hintergrund gesehen werden können. Vor allem werden seit der Revolution und dem Rheinbund staatsrechtliche Begriffe der westlichen Nachbarländer rezipiert; mit politischem Engagement erörtert man Begriffe wie 'Konstitution', 'konstitutionelle Monarchie', 'Legislative', 'Exekutive' etc.

Auch die Rezeption des Legitimitätsbegriffs aus dem französischen Sprachraum ist ein quellenmäßig belegbarer Vorgang. In den ersten beiden Jahrzehnten der Restaurationsepoche wird der Begriff der 'Legitimität' in die deutsche politische und verfassungstheoretische Diskussion eingeführt. In der Regel wird betont, daß TALLEYRAND der eigentliche Schöpfer dieses Ausdrucks sei. Denn in Deutschland waren weder die Vorgeschichte des Begriffs in Frankreich noch die politischen Flugschriften Chateaubriands und Constants aus dem Jahre 1814 bekannt, und nur in Verbindung mit Stellungnahmen Talleyrands wurde der Gedanke der Legitimität in KLÜBERS „Acten des Wiener Congresses"[149] dem am politischen Geschehen interessierten deutschen Publikum vermittelt.

Aus zwei Briefen von GENTZ an Müller und an Metternich in den Monaten Juli und August 1815 läßt sich entnehmen, daß die am Wiener Kongreß beteiligten Personen

---

[147] Vgl. JOHANN STEPHAN PÜTTER, Kurzer Begriff des Teutschen Staatsrechts, 2. Aufl. (Göttingen 1768), 49.
[148] C. SCHMITT, Das „allgemeine deutsche Staatsrecht" als Beispiel rechtswissenschaftlicher Systembildung, Zs. f. d. gesamte Staatswiss. 100 (1940), 10 ff.
[149] JOH. LUDWIG KLÜBER, Acten des Wiener Congresses in den Jahren 1814 und 1815, Bd. 7 (Erlangen 1817), 48 ff.: TALLEYRAND schreibt (an Metternich, 19. 12. 1814) von *Princes légitimes* (ebd., 49), *dynastie légitime* (ebd.), *droit légitime* (ebd., 50), *les deux principes de la légitimité et de l'équilibre* (ebd., 52) und (an Castlereagh, 26. 12. 1814) *que le principe de la légitimité triomphe sans restriction* (ebd., 62).

IV. 2. Rezeption des Legitimitätsbegriffs — Legitimität, Legalität

den Legitimitätsbegriff in die deutsche Sprache übernahmen. Bereits in der Diskussion am Rande des Wiener Kongresses tauchte die Frage auf, ob die Legitimität ein zeitbedingtes Ordnungsprinzip sei, oder ob ihr eine überzeitliche Allgemeingültigkeit zukomme. Im Gegensatz zu Adam Müller sah Gentz das Legitimitätsprinzip nie als ein bleibendes Ordnungsprinzip an: *Das Prinzip der Legitimität, so heilig es auch sein mag, ist in der Zeit geboren, darf also nicht absolut, sondern nur in der Zeit begriffen, und muß durch die Zeit, wie alles Menschliche, modifiziert werden. Für einen neuen Ausfluß, oder einen geoffenbarten Willen der Gottheit hielt ich es nie*[150]. Gleichzeitig wendet sich Gentz gegen Müllers religiös-theokratische Interpretation des Legitimitätsbegriffs und theosophische Staatslehre. Aus dem geschichtsbedingten Wandel der Institutionen erkennt er, daß die Legitimitätsdoktrin der Restaurationspolitik zur momentanen Ordnung des Staates beizutragen, sonst aber keine Allgemeingültigkeit zu erlangen vermag. Dieses Gefühl der Zeitbedingtheit war aber oft begleitet von Vorstellungen, die die Legitimität der Herrschaft als durchgängiges, gleichsam strukturelles Merkmal der Geschichte unterstellten. So schreibt etwa GOETHE in einem Brief, daß es *legitime Verhältnisse gibt, die, man mag sie schädigen, aufheben, zerstören, immer wieder auftauchen und die Oberhand gewinnen müssen. Ubi homines sunt, modi sunt, und das werdet ihr Gott sei Dank nicht los werden*[151]. In späteren Äußerungen rückt auch MÜLLER von der Auffassung ab, der Begriff der Legitimität könne im Zusammenhang mit einer theologischen Rechtfertigung des Staates sinnvoll gebraucht werden. Er bezeichnet die Legitimität *als eine kalte Sache* (1819)[152] und spricht von der *pharisäischen Ansicht von der Legitimität* (1817)[153]. Die ganze Welt sieht er gespalten *in zwei große, erbitterte Parteien der sogenannten Ultras, die nur die Legitimität, nur den juristischen Gesichtspunkt, und die der sogenannten Liberalen, die nur den ökonomischen, den Standpunkt des augenblicklichen Nutzens und Genusses gelten lassen wollen; der Ultras, die das ganze Heil der Welt in die pharisäische Behauptung des Gesetzes stellen, der Liberalen,*

---

[150] GENTZ an Müller (undatiert), Briefwechsel zwischen Friedrich Gentz und Adam Heinrich Müller (Stuttgart 1857), 202 f. GENTZ an Metternich, 14. 7. 1815, Briefe von und an Friedrich v. Gentz, hg. v. FRIEDRICH CARL WITTICHEN u. ERNST SALZER, Bd. 3/1 (München, Berlin 1913), 312. Freilich wurde der Legitimitätsbegriff in den ersten Jahren oft nur zur schlagwortartigen Umschreibung des erbmonarchischen Systems verwandt. So schreibt KARL HEINRICH LUDWIG PÖLITZ: *Was den — durch Talleyrand im Jahre 1814 der europäischen Staatskunst eingelegten — Begriff der Legitimität anlangt, so erhält er seine politische und geschichtliche Bedeutung, nur im Gegensatze des Begriffes eines Usurpators, und einer Revolution. Der Begriff der Legitimität setzt eine rechtlich bestehende erbliche Regierungsform voraus, so daß die Legitimität auf der in einer Erbmonarchie rechtlich begründeten Thronerbfolge, nach einer angenommenen festen Successionsordnung, beruht;* Die Staatswissenschaften im Lichte unserer Zeit, Bd. 1 (Leipzig 1823), 433 f.; ähnlich J. L. KLÜBER, Öffentliches Recht des Teutschen Bundes und der Bundesstaaten, § 98, Anm. b, 3. Aufl. (Frankfurt 1831), 102.

[151] GOETHE an Boisserée, 2. 3. 1828, Briefe, HA Bd. 4 (1967), 271, Nr. 1391.

[152] MÜLLER an Gentz, 11. 10. 1819, Briefwechsel, 302; vgl. auch HEINRICH O. MEISNER, Die Lehre vom monarchischen Prinzip (Breslau 1913), 157.

[153] ADAM H. MÜLLER, Auszüge aus dem Werke des Herrn von Montlosier „De la monarchie française". Vorerinnerung, Dt. Staatsanzeigen 2 (1817), 587.

die alles, was nützlich scheint, für recht halten[154]. Bei Müllers Bejahen und Verneinen des Gedankens der Legitimität treten uns wesentliche Züge der politischen Romantik entgegen. Man weist das Juristische als eng und „mechanisch" von sich und sucht den über Recht und Unrecht erhabenen Staat gleichsam als Anknüpfungspunkt für Gefühle[155].

Fast alle deutschen Autoren, die sich in der ersten Hälfte des 19. Jahrhunderts mit dem Begriff der Legitimität beschäftigen, beziehen sich auf französisches Schrifttum. So wird mit der Übernahme dieses Begriffes gleichzeitig auch die dem Legitimitätsprinzip zugrunde liegende politische Fragestellung und Diskussion aus den französischen Verfassungskämpfen rezipiert. Im Lager der Liberalen betont etwa ARETIN, bereits Bossuet habe unter 'Legitimität' sowohl das Gottesgnadentum des Monarchen als auch die Ablehnung einer despotischen Herrschaft verstanden[156]. Zur Begründung seiner Gleichsetzung von Legitimität und Gesetzmäßigkeit der Regierung beruft sich Aretin auf Sismondi, für den Napoleons Regierung legitim und Ludwigs XVIII. Regentschaft illegitim war. Gleichzeitig lehnt Aretin Maistres auf dem Walten der Vorsehung beruhendes Legitimitätsprinzip ab. ROTTECK übernimmt bei Erörterung des Legitimitätsgedankens vor allem Constants liberale Ideen über die Beschränkung staatlicher Gewalt und die Neutralisierung des Monarchen[157]. Aber auch mit den Ansichten des Doktrinärs Guizot über die Legitimität des Kampfes um die Freiheit und gegen die Willkür setzt sich Rotteck auseinander[158].

Auch die mehr konservativen Stellungnahmen der französischen Literatur zur Frage der Legitimität werden schnell in Deutschland bekannt. So wird etwa MALTE-BRUNS „Traité de la légitimité" (1824) häufig zitiert[159]. Nicht zuletzt dürfte STAHL bei der Formulierung des Prinzips der Legitimität bereits frühzeitig von den Ideen Bonalds und Maistres beeinflußt worden sein[160].

---

[154] Ders., Von der Notwendigkeit einer theologischen Grundlage der gesamten Staatswissenschaften und der Staatswirtschaft insbesondere (1819), Schr. z. Staatsphilos., hg. v. Rudolf Kohler (München 1923), 205.
[155] SCHMITT, Politische Romantik (s. Anm. 100), 162.
[156] JOH. CHRISTIAN FRH. V. ARETIN, Staatsrecht der constitutionellen Monarchie, Bd. 1 (Altenburg 1824), 184 f.; vgl. auch Anm. 102.
[157] Zum Einfluß der Aufklärung auf Rottecks Staatstheorie vgl. WÜRTENBERGER, Legitimität (s. Anm. 2), 172 f.
[158] CARL V. ROTTECK, Art. Doctrin, Doctrinairs, ROTTECK/WELCKER Bd. 4 (1837), 440 ff.
[159] Vgl. etwa ROMEO MAURENBRECHER, Grundsätze des heutigen deutschen Staatsrechts 1,4, § 46 (Frankfurt 1837), 57, Anm. c; HEINRICH ALBERT ZACHARIÄ, Deutsches Staats- und Bundesrecht 1,1, § 21, 2. Aufl., Bd. 1 (Göttingen 1853), 73, Anm. 5; KLÜBER, Öffentliches Recht des Teutschen Bundes, § 98, Anm. b (S. 110); JOSEPH HELD, Über Legitimität, Legitimitätsprinzip (Würzburg 1859), 4, Anm. 1 verarbeitet die gesamte konservativ eingestellte französische Literatur zu der Frage der Legitimität.
[160] FRIEDRICH JULIUS STAHL, Die gegenwärtigen Parteien in Staat und Kirche, 21. Vorlesung (Berlin 1863), 291.

V. Das Auseinandertreten von Legalität und Legitimität

In den deutschen Wörterbüchern finden sich seit dem 18. Jahrhundert die Ausdrücke 'legal', 'Legalität' und 'legitim' nur zum Teil verzeichnet[161]. Diese Ausdrücke werden fast synonym definiert. In einem spezifisch juristischen Sinn bringt man mit ihnen den Einklang mit der bestehenden Rechtsordnung zum Ausdruck. 'Legal' und 'legitim' bedeuten „gesetzlich", „gesetzmäßig", „rechtmäßig". Unter 'Legalität' versteht man die „Gesetzlichkeit", die „Übereinstimmung mit dem Gesetze"[162]. Die Funktion des gerichtlichen Verfahrens für die Richtigkeit des Urteils ist erkannt, wenn als weitere Bedeutung von 'Legalität' vereinzelt *eines Richters Geschicklichkeit im Rechtsprechen, oder vielmehr dessen recht- und gesetzmäßiges Verfahren* angegeben wird[163]. Weiterhin wird bereits in OERTELS „Gemeinnützigem Wörterbuch" die Legalität als Übereinstimmung mit einem Zwangsgesetz umschrieben[164] und damit die Trennung von Moralität und Legalität angesprochen.

Wenn man nach 1815 zwischen 'legal' und 'legitim', 'Legalität' und 'Legitimität' zu unterscheiden beginnt, so ist dies eine Folge der politischen Entwicklung seit der Aufklärung. Bis zu dieser Zeit waren das Recht und die Grundlagen der sozialen Ordnung als Bestandteile einer umfassenden Sittenordnung im Volksbewußtsein tief verwurzelt. Seit dem 18. Jahrhundert unternimmt es der Mensch in weitaus größerem Umfang als zuvor, die ökonomische und rechtliche Ordnung nach vernünftigen Einsichten zu gestalten. Genannt seien nur die Systeme sozialer und ökonomischer Planung im Merkantilismus oder das Preußische Allgemeine Landrecht und der Code Civil. Durch das Entstehen einer zu umfassender Gesetzgebung befugten Staatsgewalt bricht eine Kluft zwischen Rechtsordnung und Sittlichkeit auf. Sobald die sozialen und wirtschaftlichen Verhältnisse zur Disposition des Gesetzgebers stehen, hört die Rechtsordnung auf, Inbegriff der sozialethischen Vorstellungen der Gemeinschaft zu sein; der Gesetzgeber hat nun die verbindlichen Koordinationsmuster menschlichen Zusammenlebens nach den jeweiligen Bedürfnissen und Einsichten der Gegenwart zu entwerfen. Diese Lösung des Rechts aus einer umfassenden sittlichen Ordnung führt dazu, daß man der legalen, durch vernunftmäßige Satzung zustande gekommenen Ordnung die allgemeine Moral- und Sittenordnung sowie die legitime, der Rechtsidee entsprechende Ordnung entgegensetzen konnte.

1. Die Trennung der Legalität von der Moralität

Seit THOMASIUS' bedeutsamer Trennung vom erzwingbaren 'iustum' und nicht erzwingbaren 'honestum' und 'decorum' ist die Bestimmung der Sphären des Rechts

---

[161] Nicht erwähnt werden die Termini 'legal', 'Legalität', 'legitim' bei: ADELUNG (1774 ff.); 2. Aufl. (1793 ff.); BROCKHAUS 2. Aufl. (1812—1819); CAMPE (1807—1811; Ndr. 1969); HÜBNER, Handlungslex. (1722), 1004: nur *legitima* als Pflichtteil.
[162] ZEDLER Bd. 16 (1737), 1420: *legitimus heißt das, was nach den Gesetzen eingerichtet ist;* ebd., 1348: *legal heißt zum Gesetz gehörig, ... was von Rechten und Gesetzen dependiert;* ROTH Bd. 2 (1788), 24. 27: *legitime* (!); SCHRÖTER 3. Aufl. (1803), 308 f.; CAMPE, Fremdwb., 2. Aufl. (1813; Ndr. 1970), 395 f.; OERTEL 3. Aufl., Bd. 2 (1816), 537; HEINSIUS Bd. 3 (1820), 90. 93.
[163] ROTH Bd. 2, 24; SPERANDER (1728), 339.
[164] OERTEL 3. Aufl., Bd. 2, 537.

und der Moral ein Leitthema der Rechts- und Staatsphilosophie[165]. Recht und Moral werden nun als gleichwertige Bereiche menschlichen Daseins behandelt, während bislang das Recht als ein Zweig des Gesamtbereiches der Sittlichkeit angesehen wurde. Freiwilligkeit und Zwang, Gesinnung und äußeres Verhalten oder autonome und heteronome Gesetzgebung sind die Gegensätze, die die Bereiche von Sittlichkeit und Recht charakterisieren. Ausgangs des 18. Jahrhunderts wird in den Werken von Kant, Fichte, Hegel und anderen Philosophen und Staatstheoretikern in Antithese zum Begriff der Moralität die rechtsphilosophische und rechtstheoretische Dimension des Legalitätsbegriffs bestimmt.

Den Legalitätsbegriff durch eine Gegenüberstellung zu der Moralität zu entwickeln, wurde zuerst von KANT in Angriff genommen. Moralität und Legalität weisen je einen anderen Sinn auf: *Man nennt die bloße Übereinstimmung oder Nichtübereinstimmung einer Handlung mit dem Gesetze ohne Rücksicht auf die Triebfeder derselben die Legalität (Gesetzmäßigkeit), diejenige aber, in welcher die Idee der Pflicht aus dem Gesetze zugleich die Triebfeder der Handlung ist, die Moralität (Sittlichkeit) derselben*[166]. Einer Handlung kommt bloß Legalität zu, wenn nicht rein sittliche Motive, sondern etwa Furcht vor Schaden oder Strafe zur Beachtung der Gesetze führen[167]. Die Moralität der Handlung liegt darin begründet, daß aus Pflicht gehandelt wird, daß die subjektive Achtung für das Gesetz allein den Willen bestimmt. Kants Trennung von Legalität und Moralität entfaltete eine beträchtliche Breitenwirkung. Sie ging ein in die Lexika des 19. Jahrhunderts[168], in den Philosophieunterricht an den Schulen[169], in die rechtsphilosophische Systembildung[170] und nicht zuletzt in die Vorberatungen zum Österreichischen ABGB von 1811[171].

Kant weist dem Legalitätsbegriff eine wichtige Ordnungsfunktion im zwischenmenschlichen Bereich zu. Freiheit und Legalität stehen bei Kant in enger Verbindung. Legalität bedeutet Übereinstimmung mit den juridischen Gesetzen der Freiheit, die *nur auf bloße äußere Handlungen und deren Gesetzmäßigkeit gehen*[172]. Der Inhalt der äußeren Freiheit ergibt sich aus Kants bekannter Rechtsdefinition,

---

[165] GOTTFR. ACHENWALL, Prolegomena iuris naturalis in usum auditorum, 5. Aufl. (Göttingen 1763), 110, § 114; ALEXANDER GOTTLIEB BAUMGARTEN, Initia Philosophiae practicae primae (Halle 1760), § 77; vgl. WOLF, Große Rechtsdenker (s. Anm. 51), 405.

[166] KANT, Die Metaphysik der Sitten, Einleitung III. AA Bd. 6 (1907), 219; vgl. CHRISTIAN RITTER, Der Rechtsgedanke Kants nach den frühen Quellen (Frankfurt 1971), 276 ff.

[167] KANT, Kritik der praktischen Vernunft, Tl. 2, Methodenlehre. AA Bd. 6, 151 f.; vgl. R. ZIPPELIUS, Das Wesen des Rechts. Eine Einführung in die Rechtsphilosophie, 4. Aufl. (München 1978), 154 ff.

[168] BROCKHAUS 7. Aufl., Bd. 6 (1830), 498; BRÜGGEMANN Bd. 4 (1835), 384.

[169] GEORG SAMUEL ALBERT MELLIN, Marginalien und Register zu Kants metaphysischen Anfangsgründen der Rechtslehre (Jena, Leipzig 1800; Ndr. Aalen 1973), 7.

[170] JAKOB FRIEDRICH FRIES, Philosophische Rechtslehre und Kritik aller positiven Gesetzgebung (Jena 1803), 10 ff.

[171] JULIUS OFNER, Der Ur-Entwurf und die Beratungs-Protokolle des österreichischen Allgemeinen bürgerlichen Gesetzbuchs, Bd. 1 (Wien 1889), 490; FRANZ v. ZEILLER, Das natürliche Privatrecht (Wien 1802), § 12; HEINRICH STRAKOSCH, Privatrechtskodifikation und Staatsbildung in Österreich (München 1976), 78 ff.

[172] KANT, Metaphysik der Sitten, Einleitung I. AA Bd. 6, 214.

wonach *das Recht* als *Inbegriff der Bedingungen* erscheint, *unter denen die Willkür des einen mit der Willkür des andern nach einem allgemeinen Gesetze der Freiheit zusammen vereinigt werden kann*[173]. Die äußere Freiheit des Menschen kann bereits dann gewahrt werden, wenn man von den anderen bloß Legalität, nicht aber Moralität ihres Verhaltens fordert. Das legale Verhalten des Menschen ist erzwingbar, da sonst die Wahrung des allgemeinen Freiheitsgesetzes nicht möglich wäre[174].

Trotz der Trennung von Legalität und Moralität bleibt bei Kant die rechtliche Sphäre in ein umfassendes System der Sittlichkeit eingebaut. Denn nicht allein der ethischen Pflicht liegt notwendig eine innere (moralische) Notwendigkeit zugrunde, sondern auch der Rechtspflicht. Auch die Rechtspflicht ist Pflicht insofern, „als sie eine 'moralische Nötigung' mit sich führt". Bei ihr kann aber zum „freien Selbstzwang"[175] ein äußerer Zwang hinzukommen. Offen bleibt die Frage, wie eine Pflicht, deren Inhalt nicht der ethischen Selbstgesetzgebung entstammt, sondern von dritter Seite postuliert wird, mit innerlicher Verbindlichkeit ausgestattet wird[176].

Sind bei Kant Legalität und Moralität durch den Gedanken der sittlichen Pflicht verbunden, so sucht FICHTE das Recht von der Sittlichkeit zu trennen. Die Bestimmung des Inhalts menschlicher Freiheit ist bei Fichte Ausgangspunkt für die Abgrenzung von Moralität und Legalität. Eine Gemeinschaft freier Wesen ist möglich, wenn der einzelne seine Freiheit so weit einschränkt, daß andere neben ihm auch frei sein können[177]. Dieses unabänderliche Rechtsgesetz einer freien Gesellschaft kann nicht auf Verabredung oder ein sittliches Prinzip wie Treu und Glauben gestützt werden. Denn keiner kann vom anderen eine moralische Haltung erwarten. *Jeder hat nur auf die Legalität des anderen, keineswegs auf seine Moralität Anspruch*[178]. Der gute Wille für die äußere Realisation des Rechts wird durch das Zwangsgesetz entbehrlich gemacht, das gegen das *Gelüst* (des Menschen) *nach dem Unrechtmäßigen* gerichtet ist[179]: Gäbe es nämlich eine *durchgängige Moralität, ... eine Gattung vollendeter moralischer Wesen*, so entfaltete das Rechtsgesetz keine Wirkung[180]. In seiner Rechtslehre geht Fichte so weit, Moralität und Legalität, Sittlichkeit und Gesetzmäßigkeit als verschiedene Kategorien darzustellen. *Die bürgerliche Ordnung des Staates* soll es *nur mit der Rechtlichkeit der äußeren Handlungen*, nicht aber mit der *innern Sittlichkeit, der Liebe des Guten um sein selbst willen* zu tun haben[181]. Gleichwohl trägt Fichte der Bedeutung der Moralität für das Gemeinschaftsleben Rech-

---

[173] Ebd., Rechtslehre, § B (S. 230). Unter Bezugnahme auf Kant u. a. CARL V. ROTTECK, Lehrbuch des Vernunftrechts und der Staatswissenschaften, 2. Aufl., Bd. 1 (Stuttgart 1840; Ndr. Aalen 1964), 31.
[174] KANT, Metaphysik der Sitten, Rechtslehre, § D (S. 231).
[175] KARL LARENZ, Sittlichkeit und Recht. Untersuchungen zur Geschichte des deutschen Rechtsdenkens und der Sittenlehre, in: ders. (Hg.), Reich und Recht in der deutschen Philosophie, Bd. 1 (Stuttgart, Berlin 1943), 286 f.
[176] ZIPPELIUS, Staatsideen (s. Anm. 51), 141 ff.
[177] FICHTE, Grundlage des Naturrechts nach Principien der Wissenschaftslehre 1, 2, 7 (1796). SW Bd. 3 (1845), 85 ff.
[178] Ebd. 1,3,14 (S. 140).
[179] Ebd. 1,3,14 (S. 142).
[180] Ebd. 1,3,15 (S. 148).
[181] Ders., Das System der Rechtslehre (1812), NW Bd. 2 (1834), 609.

nung. In einer Art Rangordnung zwischen Moralität und Legalität erscheint die Legalität gleichsam als Vorstufe zur Moralität: *Der gewöhnliche Gang der Menschen aber ist, daß sie erst durch Legalität zur Sittlichkeit kommen, die Wildheit erst gezähmt, die Zügellosigkeit gebrochen werden muß. Also: ihr Wille muß erst durch das Gesetz gezähmt werden: dies ist die Vorbereitung*[182]. Der Gedanke, daß die durch die Gesetze erzwungene Legalität eine notwendige Vorstufe zur Erziehung des Menschen zur Moralität sein müsse, fand in der deutschen Strafrechtslehre des 19. Jahrhunderts zahlreiche Anhänger[183].

Auch HEGEL geht von einer begrifflichen Trennung von 'Moralität' und 'Legalität' aus. Damit thematisiert er zunächst die Unterscheidung von religiöser und rechtlicher Gemeinschaft. Der Zweck der religiösen Gemeinschaft besteht in der Förderung der Moralität, *welche kein Objekt bürgerlicher Gesetze sein kann*[184]. In der staatlichen Gemeinschaft aber herrscht die Legalität; allein durch Gesetze und durch die auf ihnen beruhende Legalität des Handelns können freilich die Menschen nicht moralisch gut werden. Während die Moralität als Prinzip der *Innerlichkeit* ganz auf das Individuum bezogen ist, betrifft die Legalität *das äußere Dasein der Freiheit*[185]. Dem Rechtlichen erkennt Hegel volle Eigenständigkeit zu, da es auch ohne das Moralische bestehen kann.

Während Kant und Fichte Moralität und Legalität in einem gewissen Dualismus belassen, sucht Hegel eine Synthese von Moralität und Legalität in der Sittlichkeit. Das rein formale Recht und das Prinzip der subjektiven Sittlichkeit sollen in der höheren Einheit der objektiven *Sittlichkeit* aufgehen. *Das Rechtliche und das Moralische kann nicht für sich existieren, und sie müssen das Sittliche zum Träger und zur Grundlage haben, denn dem Rechte fehlt das Moment der Subjektivität, das die Moral wiederum für sich allein hat, und so haben beide Momente für sich keine Wirklichkeit. Nur das Unendliche, die Idee ist wirklich: das Recht existiert nur als Zweig eines Ganzen, als sich anrankende Pflanze eines an und für sich festen Baumes*[186]. Für Hegel ist die menschliche Gesellschaft nicht nur äußere Rechtsgemeinschaft, sondern auch eine sittliche Gesinnungsgemeinschaft. So setzt er etwa in seiner Rechtsphilosophie im Kapitel „Moralität" die subjektiven Rechte des Menschen weitgehend seinen sittlichen Pflichten gleich. Den Bezugspunkt der Legalität, das Gesetz, betrachtet er nicht mehr allein als Begrenzung der rechtlichen Freiheitssphäre des Individuums, sondern als „die bewußte Gestaltung der in einem Volk lebendigen objektiven Sittlichkeit"[187]. Je näher das Gesetz der objektiven Sittlichkeit kommt, desto leichter kann es der einzelne als sittlich verbindlich anerkennen und desto eher als dauernden Bestand einer objektiven sittlichen Ordnung erleben.

---

[182] Ebd., 607; statt „Legalität" steht in der Ausg. von Immanuel Hermann Fichte „Loyalität"; vgl. dazu FICHTE, Rechtslehre. Nach der Handschrift hg. v. Hans Schulz (Leipzig 1920), 125.
[183] WÜRTENBERGER, Legalität (s. Anm. 1), 612 mit weiteren Nachweisen.
[184] HEGEL, Die Positivität der christlichen Religion, in: Hegels theologische Jugendschriften, hg. v. Hermann Nohl (Tübingen 1907), 175.
[185] Ders., Vorlesungen über die Philosophie der Weltgeschichte. Die orientalische Welt, hg. v. Georg Lasson, 2. Aufl., Bd. 2 (Leipzig 1923), 301 f.
[186] Ders., Rechtsphilosophie, § 141, Zusatz. SW Bd. 7 (1964), 225.
[187] LARENZ, Sittlichkeit und Recht (s. Anm. 175), 328.

2. Die Unterscheidung von Legalität und Legitimität

Im Frankreich der Restauration wird die 'légalité' bald zu einem zentralen staatsrechtlichen Begriff, der das Wesen der konstitutionellen Monarchie beschreibt: *Le principe fondamental de l'ordre nouveau est la légalité, c'est-à-dire le gouvernement selon les lois émanées d'un commun accord du Roi et des deux Chambres, qui sont investis de la puissance législative et l'exercent collectivement*[188]. Dieser Steuerung der Staatsgewalt durch Gesetze, die in einem von der Charte vorgesehenen Verfahren gefunden werden, stellt die traditionalistische Staatsphilosophie das Postulat der Legitimität gegenüber. So wird im konservativen Lager der Dualismus von Legitimität und Legalität, von übergeordneter Rechtmäßigkeit und bloßer, durch positives Gesetz verbürgter Gesetzmäßigkeit erstmalig auf den Begriff gebracht. Mit der Legitimität verbinden die Theoretiker des Ultramontanismus eine metaphysische Begründung der gesellschaftlichen Institutionen, die auf Gottes Ordnung zurückgeführt werden. Das historisch gewachsene, legitime Recht bildet die Antithese zu dem bloß gemachten, legalen Recht. Der positiven Rechtsordnung, auf die die Leitideen traditionalistischer Staatstheorie nicht zutreffen, kommt lediglich Legalität zu. Mit dieser Geringschätzung der Legalität konnte man vor allem den liberalistischen Ordnungsmodellen, die nur 'legale' Gesellschaftsordnungen anzubieten hatten, eine moralische Verbindlichkeit absprechen und die Restauration der überkommenen 'legitimen' Ordnung fordern. Im Geist des Ultramontanismus beklagt LAMENNAIS, das Königtum sei nicht mehr legitim im christlichen Sinne des Wortes, sondern lediglich eine legale Institution[189]. Das Königtum soll nur dann eine *souveraineté légitime* sein, wenn es sich von der göttlichen Souveränität herleite[190]; bloß legal sei es, wenn es auf dem Volkswillen beruhe oder durch lediglich rationalistische Erwägungen gerechtfertigt werde. In ähnlicher Weise sucht FABRE D'OLIVET den Unterschied zwischen 'légal' und 'légitime' mittels liberalistischen und monarchistischen Denkansätzen zu erklären. Für den Liberalen *ce qui est de fait et légal se compose d'un Destin soumis à la Volonté*, während für den Monarchisten *ce qui est légitime et de droit annonce une Volonté soumis au Destin*[191]. Der Liberale betrachtet den König lediglich als König, ohne das Königtum als vorgegebene, dauerhafte Institution anzuerkennen. Demgegenüber verstehen die Monarchisten das Königtum als eine in der Geschichte gewachsene, unveränderbare Institution mit festem Inhalt. Nicht die Erbfolgeordnung ist es, *qui fait la légitimité; c'est au contraire la légitimité qui consacre l'hérédité. Si la légitimité dépendait de l'hérédité, le peuple pourrait la soumettre à son examen, et la rendre légale, en réglant le mode de cette hérédité; mais*

---

[188] PROSPER DUVERGIER DE HAURANNE, De l'ordre légal en France et des abus d'autorité (Paris 1826), 24.
[189] HUGUES FÉLICITÉ ROBERT DE LAMENNAIS, Progrès de la révolution et de la guerre contre l'église (1829), Oeuvres compl., t. 9 (Paris 1837; Ndr. Frankfurt 1967), 103: *Elle (sc. la royauté) a cessé d'être légitime, selon le sens chrétien du mot, pour devenir simplement légale; de sorte que renverser la souveraineté, c'est renverser un ordre légal, et non pas un ordre divin;* vgl. MAIER, Revolution und Kirche (s. Anm. 115), 181 ff. mit weiteren Nachweisen.
[190] LAMENNAIS, Progrès de la révolution, 38 ff.; vgl. ebd., 69. 87. 93. 97. 74.
[191] ANTOINE FABRE D'OLIVET, Histoire philosophique du genre humain (1822), 4ᵉ éd., t. 2 (Paris 1967), 338 ff.

comme elle résulte uniquement de la royauté, selon l'ordre du temps, le peuple n'a rien à y voir; car la royauté est une, et le temps n'a pas deux manières de procéder[192].

Ähnlich wie bei Fabre d'Olivet und Lamennais wird auch bei BONALD die Legalität einer Gesellschaftsordnung lediglich durch den menschlichen Willen, durch menschliches Machen und menschliche Vernunft erzeugt. Demgegenüber steht die Legitimität einer Ordnung im Einklang mit dem Willen der Natur und damit mit dem Willen ihres Schöpfers. Der Wille des Schöpfers offenbart sich in den ethischen Maximen der Religion und der überkommenen Zivilisation. Angesichts der Diskrepanz zwischen seinen politischen Forderungen und der politischen Entwicklung fordert Bonald, die Legalität mit der Legitimität in Einklang zu bringen[193]. Die guten und natürlichen Gesetze sind die legitimen. Alles, was legitim ist, ist gleichzeitig göttlich, da die Legitimität nichts anderes bedeutet als die Übereinstimmung mit den Gesetzen, deren Urheber Gott ist[194]. Der legitime Zustand der Gesellschaft ist die Zivilisation, denn sie ist deren natürlicher Zustand, und die Zivilisation ist nichts anderes als das auf den gesellschaftlichen Zustand angewandte Christentum.

Ebenso wie die französischen Traditionalisten unterscheiden auch Jarcke und Stahl zwischen 'legalem' und 'legitimem' Recht, zwischen 'Legalität' und 'Legitimität'. Nach JARCKES Meinung ist die *Legalität*, der *Popanz des Gesetzes*, nicht in der Lage, eine revolutionäre Herrschaft zu legitimieren. Die *Legitimität* nämlich sei von der *Idee des Rechts* geprägt, die *über dem nackten Menschenwillen* und in Einklang mit den Geboten Gottes stehe[195]. Bei STAHL wird das legale Recht dem Staat durch die Macht der Ereignisse aufgezwungen. Legitim ist aber nur das naturwüchsige und geschichtlich gewordene Recht[196], das durch Gottes Fügung über den Menschen entstanden ist: *Legitim heißt eben das von einer höheren heiligen Macht Gesetzte*[197]. Für Stahl bedeutet dies aber nicht, daß ein bestimmter Rechtszustand festgeschrieben werden müßte. Die Kontinuität des Rechts und die Stetigkeit der Rechtsentwicklung sind bei Stahl die dynamischen Komponenten des legitimen historischen Rechts.

Diese scharfe Trennung von 'Legalität' und 'Legitimität' in der konservativ-traditionalistischen Staatsphilosophie findet sich auch in anderen politischen Schriften. CONSTANT etwa will ein Widerstandsrecht gegen legale, aber nicht legitime staatliche Maßnahmen gewähren, die den Prinzipien des Natur- und Vernunftrechts widersprechen[198]; GENTZ spricht von der Legalität der türkischen Herrschaft in Griechenland, der das christliche Europa die Legitimität bestreite[199].

---

[192] Ebd., 341.
[193] BONALD, Législation primitive (s. Anm. 119), 370.
[194] Ebd., 373 f.
[195] CARL ERNST JARCKE, Die Legitimität und ihre Gegner (1832), Vermischte Schr., Bd. 3 (München 1839), 115.
[196] Vgl. dazu Abschn. VII. 3 d.
[197] STAHL, Die gegenwärtigen Parteien, 23. Vorlesung (s. Anm. 160), 307.
[198] CONSTANT, Cours de politique constitutionelle, t. 1 (Paris 1818), 311 u. ders., Principes de politiques, Oeuvres (s. Anm. 99), 1109.
[199] FRIEDR. v. GENTZ, Mémoire sur l'insurrection des Grecs considérée dans ses rapports avec les puissances européennes (1823), Aus dem Nachlaß Friedrichs von Gentz, hg. v. Anton Frh. v. Prokesch-Osten, Bd. 2 (Wien 1868), 243.

3. 'Legalität' und 'Legitimität' in der juristischen Terminologie

Unter Legitimität versteht man ganz allgemein die Gesetzmäßigkeit und die auf einem Gesetz beruhende Rechtmäßigkeit eines Anspruchs oder Verhältnisses[200]. In der deutschen juristischen Terminologie des 19. Jahrhunderts besetzt der Legitimitätsbegriff also auch den Bedeutungsbereich von 'Legalität'. Als staatsrechtlicher Begriff bedeutet 'Legitimität' in einem engeren Sinn *die Gesetzmäßigkeit einer erblichen Dynastie in einer Monarchie*[201], in einem weiteren Sinn, daß der Regent in gesetzlich vorgesehener Weise zur Herrschaft gelangt, die Verfassung auf gesetzlichem Wege entstanden und die Regierung dem Staatsrecht gemäß gebildet sei. 'Legitimität' umschreibt so neben der allgemeinen Gesetz- und Rechtmäßigkeit auch den legalen Stammbaum der Staatsgewalt. Ob freilich das *durch sein Alter (oder durch das Herkommen) geheiligte positive Recht*[202] oder aber das von einer Volksvertretung gemachte Recht dem Legitimitätsbegriff untergelegt werden sollte, war der entscheidende Streitpunkt zwischen den politischen Lagern. Seit etwa Mitte des 19. Jahrhunderts beginnt sich eine genauere Differenzierung des Legitimitätsbegriffs einzubürgern: Die Legitimität eines Monarchen oder einer Regierung erörtert man in bezug auf den Staat selbst *(staatsrechtliche Legitimität)*, in bezug auf die Berechtigung zur Herrschaft gegenüber einer anderen Dynastie *(privatfürstenrechtliche Legitimität)* und in bezug auf dritte Staaten *(völkerrechtliche Legitimität)*[203]. Durch diese juristische Spaltung des Legitimitätsbegriffs konnte man einem Monarchen selbst dann staatsrechtliche (innerstaatliche) Legitimität (z. B. durch Anerkennung seitens des Volkes) und völkerrechtliche Legitimität (durch Anerkennung seitens dritter Staaten) zusprechen, wenn das eigentlich zur Regierung berufene Herrscherhaus verdrängt worden war, wenn also die privatfürstenrechtliche Legitimität fehlte[204].

---

[200] *Juristisch hat also die Legitimität nichts mit dem Inhalt des Gesetzes zu tun und ist insofern identisch mit Legalität;* JOSEPH V. HELD, Grundzüge des allgemeinen Staatsrechts oder Institutionen des öffentlichen Rechts, § 157 (Leipzig 1868), 216; vgl. weiter C. v. ROTTECK, Art. Legitimität, ROTTECK/WELCKER 2. Aufl., Bd. 8 (1847), 476; KLÜBER, Öffentliches Recht (s. Anm. 150), 101. 102, Anm. b; in der 1. Aufl. (1817) findet sich der Legitimitätsbegriff noch nicht; BROCKHAUS 4. Aufl., Bd. 5 (1817), 597; BRÜGGEMANN Bd. 4 (1835), 386; JOH. CASPAR BLUNTSCHLI, Art. Legitimität, BLUNTSCHLI/BRATER Bd. 6 (1861), 354; WAGENER Bd. 12 (1863), 107: nur positive Rechtsnormen können der Legitimität zugrunde liegen, nicht aber naturrechtliche Sätze; weitere Nachweise bei GAULAND, Legitimitätsprinzip (s. Anm. 112), 13, Anm. 3.

[201] Rhein. Conv. Lex., 4. Aufl., Bd. 8 (1841), 27; KRUG Bd. 2 (1827), 606 ff.; ders., Über bestehende Gewalt (s. Anm. 102), 203 ff.

[202] KARL SALOMO ZACHARIÄ, Vierzig Bücher vom Staate. Vorschule der Staatswissenschaft, 2. Aufl., Bd. 1 (Heidelberg 1839), 116; vgl. JARCKE, Legitimität, 108 ff.

[203] HEINRICH ZOEPFL, Grundsätze des allgemeinen und deutschen Staatsrechts, mit besonderer Rücksicht auf die neuesten Zeitverhältnisse, 5. Aufl., Bd. 1 (Leipzig, Heidelberg 1863), 557; HELD, Über Legitimität (s. Anm. 159), 7 ff.; BROCKHAUS 14. Aufl., Bd. 11 (1902), 16; SYLVESTER JORDAN, Lehrbuch des allgemeinen und deutschen Staatsrechts 1,7, § 54 (Kassel 1831), 62 ff.

[204] Kritisch BROCKHAUS, Legitimitätsprincip (s. Anm. 110), 208 ff.

In der juristischen Terminologie des öffentlich-rechtlichen Schrifttums vermochte sich anders als in Frankreich der Legalitätsbegriff nicht durchzusetzen. Die Legalität staatlichen Handelns wurde in Wendungen wie „Gesetzmäßigkeit der Verwaltung" diskutiert, die in und durch die konstitutionelle Monarchie erreicht wurde. Zu den Grundlagen der konstitutionellen Monarchie gehört es, die Individualsphäre des Bürgers u. a. durch Teilhabe an der Gesetzgebung zu sichern. Solange die Exekutive ohne gesetzliche Ermächtigung in Eigentum und Freiheit des Bürgers eingreifen konnte, blieb aber nach wie vor ein wesentlicher Teil der Individualsphäre des Bürgers ungeschützt. Seit Mitte des 19. Jahrhunderts beginnt sich das Prinzip der Gesetzmäßigkeit der Verwaltung unter Einschluß des Vorbehalts des Gesetzes für Einzeleingriffe in Freiheit und Eigentum durchzusetzen. Als Begründung zog man unter anderem das Wesen des Rechtsstaates heran oder verwies auf die Funktion der Grundrechte, die eine ungebundene Verwaltungstätigkeit ausschließen[205].

Im Zusammenhang mit der Forderung, die Akte der öffentlichen Gewalt an das Gesetz zu binden, spielt das Legalitätsprinzip im Strafrecht und Strafprozeßrecht eine wichtige Rolle[206]. In der deutschen Strafprozeßrechtslehre wird seit dem zweiten Deutschen Juristentag von 1861 gefordert, die Initiative zur Strafverfolgung nach dem Grundsatz *Legalität, nicht Opportunität* zu handhaben. Liegen die gesetzlichen Voraussetzungen vor, so besteht im Regelfall die staatliche Pflicht zur Strafverfolgung. Die Einführung des Opportunitätsprinzips würde ein *Aufhören der Legalität*[207] und damit Ungleichheit vor dem Gesetz und Mißtrauen gegen die Gerechtigkeit der Rechtsanwendung bedeuten.

VI. Die Neutralisierung des politischen Streites um die Legitimität im Dualismus von Staat und Gesellschaft

Wenn auch bei der Rezeption des französischen Diskussionsstandes Begriff und Idee der Legitimität in eine Lücke des deutschen politischen Denkens stießen, erhielt der Legitimitätsbegriff doch bereits unmittelbar nach seiner Rezeption in Deutschland eine neue Nuance. Genauer als in Frankreich begann man zu Beginn des 19. Jahrhunderts, das Auseinanderbrechen von Staat und Gesellschaft zu erfassen. Das gesamteuropäische Phänomen der Aufspaltung der ständisch-feudalen Sozialordnung in einen Staat und eine Gesellschaft gewann in Deutschland frühzeitig Einfluß auf die Vorstellungen von der Legitimität staatlicher Herrschaft[208].

---

[205] DIETRICH JESCH, Gesetz und Verwaltung. Eine Problemstudie zum Wandel des Gesetzmäßigkeitsprinzipes (Tübingen 1961), 109. 159 ff.; HANS-UWE ERICHSEN, Verfassungs- und verwaltungsgeschichtliche Grundlagen der Lehre vom fehlerhaften belastenden Verwaltungsakt und seiner Aufhebung im Prozeß (Frankfurt 1971), 168 ff.
[206] Zur französischen Wurzel dieses Prinzips: OSKAR ADOLF GERMANN, Zum strafrechtlichen Legalitätsprinzip, Schweiz. Zs. f. Strafrecht 77 (1961), 5.
[207] Gutachten des Oberstaatsanwalts DR. V. GROSS in Eisenach, in: Verh. des 2. dt. Juristentages, Bd. 1 (1861), 142; WILFRIED KÜPER, Art. Legalitätsprinzip, Hwb. z. dt. Rechtsgesch., Bd. 2 (1978), 1665 ff.
[208] Vgl. WÜRTENBERGER, Legitimität (s. Anm. 2), 175 ff.

VI. 1. Neutralisierung des Monarchen bei Hegel   Legitimität, Legalität

1. Die Neutralisierung des Monarchen in Hegels Staatsphilosophie

Auf den ersten Blick stehen HEGELS Ausführungen zur Legitimität des Monarchen im Lager der Restauration. Den Anschauungen seiner Zeit entsprechend, setzt er das Prinzip der Legitimität mit dem erbmonarchischen Prinzip gleich: *Geburts- und Erbrecht machen den Grund der Legitimität als Grund nicht eines bloß positiven Rechts, sondern zugleich in der Idee aus*[209]. Trotz der Betonung der erbmonarchischen Komponente des Begriffs der Legitimität befindet sich Hegel nicht in Übereinstimmung mit der herrschenden Doktrin der Restaurationspolitik. Er will gerade nicht die Vorrangstellung des Monarchen im Staat begründen. Der Monarch im Hegelschen Staat hat allein die Funktion des formellen Entscheidens; die politische Verantwortung tragen die den Monarchen beratenden Sachverständigen[210]. *Es ist bei einer vollendeten Organisation des Staates nur um die Spitze formellen Entscheidens zu tun, und man braucht zu einem Monarchen nur einen Menschen, der „Ja" sagt und den Punkt auf das I setzt ... In einer wohlgeordneten Monarchie kommt dem Gesetz allein die objektive Seite zu, welchem der Monarch nur das subjektive „Ich will" hinzuzusetzen hat*[211]. Damit hat Hegel die Person des Monarchen neutralisiert und seiner wesentlichen Regierungsrechte beraubt. Seiner Funktion nach ist der Monarch nur „der fast inhaltslose abschließende formelle Wille"[212], durch den die im Amtswege zustande gekommenen Beschlüsse vollzogen werden. Unabhängig vom subjektiven Wollen des Monarchen liefern in einem wohlgeordneten Staate Verfassung und Gesetz einen politischen Rahmen, in dem die rechte Vermittlung von besonderem und allgemeinem Willen stattfinden kann. Das erbmonarchische Prinzip und die Idee der Legitimität haben nur die Aufgabe, die Person des Monarchen dem Streit der einzelnen Interessen zu entziehen.

Es liegt in der Konsequenz dieser Neutralisierung des legitimen Monarchen, daß Hegel — ebenso wie das Modell einer Wahlmonarchie — das theokratische Legitimitätsprinzip oder eine auf der Volkssouveränität beruhende Monarchie ablehnt. Vor allem die Behauptung der Traditionalisten, Gott habe die Könige eingesetzt, hält er für nichtssagend, da Gott alles, auch das Schlechteste gemacht habe. Hegel spricht geradezu mit Verachtung von der *gesalbten Legitimität der Könige, d. i. einer Willkür des Fürsten, die als solche, weil sie Willkür der Gesalbten ist, göttlich, heilig sein soll. Der Wille des Fürsten ist nur insoweit ehrwürdig, als er mit Weisheit das Recht, die Gerechtigkeit und das Wohl des Ganzen will*[213]. In Hegels Rechtsphilosophie ist die erbmonarchische Legitimität einer der Bausteine, mit denen ein Staat konstruiert wird, in dem weder die Willkür des Monarchen noch die des Volkes herrscht, sondern allein die in der Verfassung gesicherte Ordnung die Einheit von Besonderheit und Allgemeinheit und damit die Sittlichkeit hervorbringt.

---

[209] HEGEL, Rechtsphilosophie, § 281 (S. 389).
[210] Ebd., § 284 (S. 393).
[211] Ebd., § 280, Zusatz (S. 388 f.).
[212] FRANZ ROSENZWEIG, Hegel und der Staat, Bd. 2 (München, Berlin 1920; Ndr. Aalen 1962), 141.
[213] HEGEL, Vorlesungen über die Philosophie der Geschichte 4, 3, 3. SW Bd. 11 (1961), 555.

2. Die Legitimität der Monarchie durch Lösung des sozialen Konflikts

Den sozialen Umwälzungen und Problemen des 19. Jahrhunderts entsprach freilich keine Neutralisierung, sondern eher eine Ausgleichsfunktion der Monarchie. Es entstand die Forderung, das Königtum solle Anwalt der sozial unterprivilegierten Klasse werden. Diese Forderung hat auf die frühe preußisch-deutsche Sozialpolitik nachhaltig eingewirkt[214].

Die Idee eines Königtums der sozialen Reform wurde vor allem von LORENZ VON STEIN entwickelt. Er setzt den Staat als Gegengewicht gegen die zum Zustand der Unfreiheit strebende Gesellschaft. Der Staat hat seiner Idee nach die Freiheit, die Gesellschaft aber die Unfreiheit zum Prinzip. Der Staat kann seiner freiheitswahrenden Funktion nur genügen, wenn die in der Gesellschaft herrschende Klasse sich des staatlichen Machtapparates nicht zu bemächtigen vermag. Hier setzt bei Stein die Aufgabe des Königtums ein. Das Königtum soll soziale Freiheit verwirklichen helfen, indem es sich der mittellosen Klasse annimmt und ihr soziales Niveau hebt. Dieser neuen Funktion entsprechend erscheint bei Stein die erbmonarchische Legitimität als eine *alte Legitimität*[215], die aus den überkommenen historischen Verhältnissen zu erklären sei. Neue Legitimität kann sich das Königtum nur erwerben, wenn es wollend und handelnd in den Vordergrund tritt, wenn es die wirklich herrschende Gewalt im Staat darstellt, was den Kampf zwischen Königtum und herrschender Schicht bedeutet.

Stein und Hegel erörtern die Frage der Legitimität im Zusammenhang mit der Funktion des Königtums. Beide bestimmen die Stellung des Königs im Staat unter Anwendung der dialektischen Methode: was für Hegel der Ausgleich zwischen Allgemeinheit und Besonderheit ist, ist für Stein der Ausgleich des sozialen Konfliktes zwischen der herrschenden und der beherrschten Klasse. Während Hegel mit dem Gedanken der Legitimität eine erbmonarchische Sukzessionsordnung verbindet und hiermit den Monarchen den Streitigkeiten der Individualinteressen entziehen will, legt Stein bei weitem mehr Wert auf die wirtschaftlichen und sozialen Ordnungsprobleme seiner Zeit. Er hebt das Königtum aus der untergeordneten Stellung, die es bei Hegel einnimmt, heraus, und weist ihm eine neue Funktion zu. Das Königtum muß als die *absolute Voraussetzung jeder Verfassung*[216] erscheinen, wenn es legitim sein möchte. In der konkreten historischen Lage der Mitte des 19. Jahrhunderts meint Stein, allein durch ein unabhängiges Königtum soziale Freiheit verbürgen zu können. Es allein vermag sich über gesellschaftliche Parteiungen zu erheben und die sozialen Gegensätze der Industriegesellschaft zu meistern. Fällt dem

---

[214] DIRK BLASIUS, Lorenz von Steins Lehre vom Königtum der sozialen Reform, Der Staat 10 (1971), 34.

[215] LORENZ V. STEIN, Geschichte der sozialen Bewegung in Frankreich von 1789 bis auf unsere Tage, Bd. 3: Das Königtum, die Republik und die Souveränität der französischen Gesellschaft seit der Februar-Revolution 1848 (1850), Ndr. hg. v. Gottfried Salomon (München 1921; Ndr. Darmstadt 1959), 53; ebd., 5 ff., bes. 14 über Staat und Gesellschaft. — Gelegentlich spricht man im liberalen Lager von *Liberalität* als Gegensatz zur restaurativen *Legitimität;* C. ROTTECK, Allgemeine Geschichte vom Anfang der historischen Kenntnis bis auf unsere Zeiten, Bd. 9: Geschichte vom Anfang der französischen Revolution bis zur Schließung der heiligen Allianz (Freiburg 1826), 39; vgl. dazu auch Anm. 231.

[216] Ebd., 52.

a) Volkssouveränität und Legitimität

Königtum nach Hegels Auffassung durch die Anerkennung des erbmonarchischen Prinzips ipso iure Legitimität zu, so muß nach Steins These das Königtum um die Legitimität kämpfen. Das soziale Königtum muß sich von der herrschenden Schicht im Staat emanzipieren, um seiner freiheitswahrenden Aufgabe und sozialen Ausgleichsfunktion gerecht zu werden.

VII. Legitimitätstheorien zwischen Liberalismus und Konservativismus

Seit dem Wiener Kongreß wird auch das politische Leben Deutschlands von dem großen Problem beherrscht, das Europa in zwei Lager spaltete: „der Solidarität der legitimen Regierungen auf der einen, der nach Freiheit und Selbstbestimmung trachtenden Nationen auf der anderen Seite"[217]. Die regierenden Dynastien aufrechtzuerhalten und die Verfassungen vor *antimonarchischer Umänderung* zu bewahren, waren die Ziele der Restaurationspolitik, die mit dem Legitimitätsbegriff zum Ausdruck gebracht wurden[218]. Dieser restaurativen Legitimität, dieser *nur noch ... dynastischen Fürstlichkeit*, die aus eigener Machtvollkommenheit zur Rechtsetzung befugt ist[219], tritt das liberal-aufklärerische Gedankengut gegenüber, dem es im Kampf um den modernen Verfassungsstaat frühzeitig gelingt, den Legitimitätsbegriff eigenständig zu bestimmen. Je nach Parteirichtung ist der Inhalt des Legitimitätsbegriffs also verschieden besetzt[220]. Der Legitimitätsbegriff gehört in die Reihe der modernen Partei- und Bewegungsbegriffe, die keine inhaltliche Allgemeingültigkeit beanspruchen können, sondern ideologische Fronten stabilisieren helfen sollen.

1. Der Liberalismus des Vormärz

Das liberale Denken des Vormärz bewegt sich in einem weiten Spannungsfeld. Es reicht von den Ideen der Aufklärung und des Rationalismus in einer französisch orientierten Richtung bis zu romantisch-organologischen Vorstellungen[221]. Hierbei werden nicht allein die Legitimitätsvorstellungen des konservativen Lagers kritisiert, sondern es wird auch ein liberaler Legitimitätsbegriff entworfen.

a) **Der Widerstreit zwischen Volkssouveränität und Legitimität.** Im liberalen Lager bildete die Stellungnahme zu den Prinzipien der Volkssouveränität und der Legitimität die theoretische Grundlage für die Auseinandersetzungen um die Ministerverantwortlichkeit, um Trennung von Justiz und Verwaltung, um die Einführung

---

[217] Friedrich Meinecke, Weltbürgertum und Nationalstaat, Werke, hg. v. Hans Herzfeld, Bd. 5 (München 1962), 182.
[218] Brockhaus 7. Aufl., Bd. 6 (1830), 504.
[219] Joh. Gustav Droysen, Vorlesungen über das Zeitalter der Freiheitskriege, 2. Aufl., Bd. 2 (Gotha 1866), 511.
[220] So u. a. Jarcke, Legitimität (s. Anm. 195), 106 f.
[221] E. R. Huber, Deutsche Verfassungsgeschichte seit 1789, Bd. 2: Der Kampf um Einheit und Freiheit 1830 bis 1850 (Stuttgart 1960), 371 ff.; Hartwig Brandt, Landständische Repräsentation im deutschen Vormärz. Politisches Denken im Einflußfeld des monarchischen Prinzips (Neuwied, Berlin 1968), 160 ff.

eines öffentlich-mündlichen Gerichtsverfahrens u. a. m. Ausgangspunkt ist oftmals ein diametraler Gegensatz zwischen Legitimität und Volkssouveränität: *Volkssouverainetät und Legitimität werden als zwei so vollkommene Gegensätze in der Theorie betrachtet, wie Radicalismus und Conservatismus in der praktischen Richtung des Parteikampfs unserer Zeit*[222]. Das Prinzip einer erbmonarchischen Legitimität, das die Idee der Volkssouveränität nicht anerkennt, bezeichnet man als eine Kategorie, die durch den Gang der geschichtlichen Ereignisse überholt sei. Denn die Verknüpfung des Legitimitätsprinzips mit dem monarchischen Prinzip, die *seit dem Wiener Kongreß verkündigt und durch die Stiftung einer sogenannten heiligen Allianz mit dem Mantel des Christentums bedeckt ward*[223], kann nach Ansicht der Liberalen den monarchischen Absolutismus nicht mehr rechtfertigen, da das Volk durch politische Aufklärung zur Erkenntnis seiner Rechte gelangt sei.

Weiterhin fordert man bei der Gegenüberstellung von Legitimität und Volkssouveränität mehr Raum zu steten Äußerungen des Volkswillens. So bezeichnet etwa der badische Politiker TÜRCKHEIM das Prinzip der Legitimität als ein Prinzip der Stabilität, das jeder Institution wesenseigen sei. Dieses Prinzip dürfe jedoch nicht dazu führen, daß in seinem Namen die Untauglichkeit der großen Masse zur Selbstregierung behauptet und *das positive überlieferte Recht als eine eherne Mauer* aufgestellt werde, *welche die große Mehrheit eines Volkes zum Vorteil einer Minderheit in den obligaten Banden der einmal bestehenden Institutionen gefangen halten soll*. Daher müsse die bestehende staatliche Ordnung durch ein *naturgemäßes Fortschreiten* vervollkommnet werden[224].

Die Lösung der Antithese von Volkssouveränität und erbmonarchischer Legitimität sucht man nicht zuletzt in einem auf der Volkssouveränität beruhenden Königtum. Man spricht der Gesamtheit des Volkes das Recht zu, die regierende Dynastie bei einem Machtmißbrauch abzusetzen, und beschränkt die Staatsgewalt auf die durch den Staatszweck gezogenen Grenzen[225]. Nicht eine machtvolle Stabilisierung der innenpolitischen Verhältnisse, sondern eine Anerkennung der Herrschaft durch das Volk mache das Wesen der Legitimität aus. Konsequenterweise erscheint hier der Terminus 'Legitimität' nicht lediglich als ein Reizwort, dessen Verwendung im konservativen Lager bekämpft wird, sondern die Liberalen suchen den Ausdruck 'Legitimität' für sich selbst zu verbuchen. In diesem Sinne findet sich bereits im BROCKHAUS von 1817 *eine engere und eine weitere* Bedeutung des Legitimitätsbegriffs verzeichnet. Die engere Bedeutung des Legitimitätsbegriffs, die erbmonarchische

---

[222] JOHANN V. TÜRCKHEIM, Betrachtungen auf dem Gebiet der Verfassungs- und Staatenpolitik, Bd. 1 (Karlsruhe, Freiburg 1842), 69; FRIEDRICH MURHARD, Die Volkssouverainetät im Gegensatz der sogenannten Legitimität (Kassel 1832), 193 ff.; vgl. weiter JARCKE, Legitimität, 122 ff.

[223] F. MURHARD, Das Recht der Nationen zur Erstrebung zeitgemäßer, ihrem Kulturgrade angemessener Staatsverfassungen (Frankfurt 1832), 14; ROTTECK, Art. Legitimität (s. Anm. 200), 476 f.

[224] TÜRCKHEIM, Betrachtungen, 71 f.; ähnlich ROTTECK, Art. Legitimität, 479 f.

[225] MURHARD, Die Volkssouverainetät, 350 ff.; H. ZOEPFL, Die Eröffnung der legitimen Thronfolge als rechtliche Folge des Mißbrauchs der Staatsgewalt (Heidelberg, Leipzig 1833), 43 ff. 46 ff.; ROTTECK, Art. Legitimität, 477 ff.; ders., Lehrbuch, Bd. 1 (s. Anm. 173), 116 f.; BRÜGGEMANN Bd. 4 (1835), 386.

b) Legitimität und Vernunftrecht bei Rotteck/Welcker

Legitimität, wird mit Nachdruck abgelehnt, da der Staat nicht wie Privateigentum vererbt werden könne. In der umfassenderen Bedeutung bezeichnet 'Legitimität' *die in einem Staat überhaupt bestehende und gesetzlich bestätigte Ordnung, die durch das Gesetz, welches in der Idee nichts anderes als den allgemeinen Willen oder den Willen des Volkes ausdrückt, bestätigt ist*[226]. Nicht Erbgang, sondern faktische Anerkennung macht die Legitimität eines Regenten aus. Solche Versuche eines Ausgleichs zwischen erbmonarchischer Legitimität und Volkssouveränität stehen in einer langen Kette staatsphilosophischer Theorien, die dem Volk ein Widerstandsrecht gegen eine unrechtmäßige Herrschaft zusprechen.

b) Legitimität und Vernunftrecht im Staatslexikon von Rotteck und Welcker.
Als Dogmatiker des Liberalismus des Vormärz verlieh ROTTECK dem liberalen Legitimitätsbegriff in Antithese zu den restaurativen Legitimitätstheorien staatstheoretische Konturen. Auf vernunftrechtlicher Basis wird im „Staatslexikon" und in Rottecks Schriften das politische Programm des Liberalismus formuliert. Die Staatsgewalt muß aus einem Gesamtwillen der Gesellschaftsmitglieder hervorgehen, der durch eine freigewählte Versammlung ausgedrückt wird[227]. Die gesetzgebende Gewalt einschließlich des Steuerbewilligungsrechts steht der Volksrepräsentation zu. Pressefreiheit und öffentliche Verhandlungen der Volksvertretung sollen die Richtigkeit der Beschlüsse der Volksvertretung sichern helfen. Dem Monarchen bleibt die Stellung eines republikanischen Präsidenten, dem die wesentlichen traditionellen Rechte entzogen sind.

Das liberale Legitimitätsverständnis umfaßt die wesentlichen Maximen der liberalen Staatstheorie. Rotteck bezieht die Legitimität nicht nur auf die Gesetzmäßigkeit des Erwerbs der Herrschaft, sondern auch auf den Inhalt des Verfassungsgesetzes und auf die Ausübung der Regierungsgewalt[228]. Eine politische Ordnung ist nur dann legitim, wenn ihre rechtlichen Regelungen vor dem Forum des Vernunftrechts bestehen können. In einem Staatswesen, das Anspruch auf Legitimität erhebt, müssen die Grenzen der Staatsgewalt bestimmt, die dem Volk vorbehaltenen Rechte bezeichnet und ihre Ausübung geregelt sein. Daneben muß der Grundsatz der Gewaltenteilung gelten, der die Menschen- und Bürgerrechte erst garantiert. Damit findet sich im „Staatslexikon" unter dem Prinzip der Legitimität das Ideal des modernen demokratischen Rechtsstaates angesprochen, dessen Rechtsordnung als richtige Ordnung von den Bürgern anerkannt wird. Die liberale Legitimität erscheint bei Rotteck geradezu als geschichtliche Kategorie, wenn er in deren Namen eine Änderung der Verfassungsordnung fordert: Da die Restaurationspolitik nur mit harter Gewalt durchgesetzt werden konnte, will eben das Volk keine andere Legitimität mehr anerkennen *als welche mit dem lauteren und echten Begriff der Gesetzlichkeit und Rechtmäßigkeit übereinstimmt, welche mit dem Rechte des Blutes oder des Hauses auch das auf der Pflichterfüllung ruhende verbindet, mithin auf die Beobachtung der positiven Constitutionsgesetze und auf jene der allgemeinen oder rein vernünftigen staatsrechtlichen Regentenpflichten bedingt ist*[229].

---

[226] BROCKHAUS 4. Aufl., Bd. 5 (1817), 597 ff.; BRÜGGEMANN Bd. 4, 386.
[227] ROTTECK, Art. Constitution, ROTTECK/WELCKER 2. Aufl., Bd. 3 (1846), 522 ff.; ROTTECK, Lehrbuch, Bd. 2 (1840), 259 ff.
[228] ROTTECK, Art. Legitimität, 480.   [229] Ebd., 481.

2. Legitimität und Evolution in der organischen Staatslehre

Die Organismustheorien betrachten den Staat nicht als Resultat rationalen Handelns einzelner Individuen. Die organische Staatslehre geht von einem Wirken überpersonaler Kräfte im Staat aus, die die einzelnen Individuen zu einer staatlichen Einheit zusammenschließen. Den Staat versteht man als eine Ganzheit, „die mehr sei als eine bloße Summe ihrer Teile, eine Ganzheit, die selber Träger eigener Zwecke, eigener sittlicher Aufgaben und eigener Werte sei"[230].

Das Legitimitätsverständnis der organischen Staatstheorie ist durch eine doppelte Frontstellung geprägt: man wendet sich gegen die reaktionären Bestrebungen der Restaurationspolitik wie auch gegen die am Vernunftrecht und an der Idee der Volkssouveränität orientierte liberale Legitimitätsidee. Im Kampf gegen die *Irrlehren der Liberalität und Legitimität* wird betont, Ruhe und Ordnung bestünden *nicht in der Exaction des Neuen, noch in der Reaction des Alten*[231]. Unter Berufung auf das Prinzip der Legitimität darf man nicht, wie die Restaurationspolitik, die gewordene Ordnung als unantastbar hinstellen und die Nationen daran hindern, sich organisch fortzuentwickeln[232]. Andererseits darf der Staat nicht zu einer Maschine unter Leitung des Volkes werden, da dann eine wirkliche Harmonie zwischen Verfassung und Gesellschaft, Regierten und Regierung nicht entstehen kann. Zwischen dem rigiden Legitimitätsprinzip der Restauration und der rationalistischen Staatskonstruktion der Liberalen sucht der Schweizer Rechts- und Staatsphilosoph TROXLER durch die Formulierung eines positiv gewendeten organischen Legitimitätsbegriffs zu vermitteln: verwirklicht werden soll *das wahre einzige System der Restauration und Legitimität, der Natur und Staat, Menschlichkeit und Bürgertum vermittelnden göttlichen Ordnung*[233]. Diese göttliche Ordnung, Kennzeichen von Troxlers Legitimitätsbegriff, besteht in dem System der Evolution und Repräsentation. Es hat die Aufgabe, die aus dem Volk hervorgehenden rechtlichen Impulse in die staatliche Wirklichkeit zu transformieren. Es soll ein Wechselspiel zwischen Behörde und Volk, Verfassung und Gesellschaft stattfinden, bei dem eine Dialektik zwischen objektiven Ordnungsprinzipien und subjektiven Freiheitsrechten möglich ist.

Auch BLUNTSCHLI formuliert einen organisch-evolutionistischen Legitimitätsbegriff. Er verbindet die Legitimität staatlicher Herrschaft mit dem natürlichen Recht des Staates auf Entwicklung seiner Rechtsordnung. Eine neue staatliche Ordnung wird weder durch gewaltsame Ergreifung noch durch gewaltsame Ausübung staatlicher Macht legitimiert; Legitimitätsgrund ist vielmehr das Rechtsbewußtsein des Volkes, das die neue Ordnung allgemein als dauerhaft und notwendig anerkennt. Das Rechtsbewußtsein des Staatsvolkes, das die Änderung der Herrschaftsverhältnisse gutheißt, legitimiert als das geistig-sittliche Element eine neue Ordnung. Ein derartiges

---

[230] ZIPPELIUS, Allgemeine Staatslehre, § 5 (s. Anm. 1), 31.
[231] IGNAZ PAUL VITAL TROXLER, Philosophische Rechtslehre der Natur und des Gesetzes mit Rücksicht auf die Irrlehren der Liberalität und Legitimität (Zürich 1820), 96.
[232] J. C. BLUNTSCHLI, Lehre vom modernen Staat, Tl. 2: Allgemeines Staatsrecht 1, 8, 5. Aufl. (Stuttgart 1875), 20 ff.; ders., Art. Legitimität (s. Anm. 200), 355.
[233] TROXLER, Philosophische Rechtslehre, 125 f. 137.

a) Privatfürstenrechtliche Legitimität   Legitimität, Legalität

Rechtsbewußtsein bildet sich immer nur allmählich heraus[234]; und es kann deshalb auch zu einer allmählichen Fortbildung der Legitimitätsgrundlagen führen. Die gesetzmäßige Ordnung des Staates besitzt damit einen dynamisch-evolutionistischen Charakter. Die Einsicht in die Entwicklungsfähigkeit und -bedürftigkeit des menschlichen Rechts führt gegebenenfalls zum *Recht auf Verfassungsreform*. Das Rechtsbewußtsein, das zu einer Änderung der Verfassungsform führen kann, ist Teil des Volksgeistes, d. h. jenes eigenartigen Charakters der *Volksperson*, der die Menge der einzelnen zu einer Einheit zusammenfaßt[235]. Dieser sich täglich äußernde Volksgeist ist also Träger des Legitimitätsbewußtseins und nimmt gleichzeitig das Recht des Staates auf Fortentwicklung der Rechtsordnung wahr.

3. Legitimität und Tradition

Während es bei der Ausprägung eines liberalen Legitimitätsprinzips um die Neugestaltung der gesellschaftlichen Ordnung ging, zielen die im konservativen Legitimitätsverständnis zum Ausdruck kommenden Bestrebungen auf die Wahrung der bestehenden Ordnung ab. Im konservativen Lager versteht man den Legitimitätsgrundsatz geradezu als Antipoden gegen revolutionäre Angriffe auf die bestehende Herrschaftsordnung, wie sie in den Verträgen auf und seit dem Wiener Kongreß festgelegt worden war. Die staatstheoretisch-politische Begründung des Prinzips der Legitimität erfolgt in Auseinandersetzung mit den Lehren der Liberalen. Als Grundlage der Legitimität des Monarchen erscheint zunächst die auf dem Privatfürstenrecht beruhende Erbfolgeordnung. Die innere Rechtfertigung dieses Prinzips sieht man, je nach Autor verschieden, in der ordnung- und friedenstiftenden Funktion einer Erbfolgeordnung, in der nationalen Tradition, in der religiösen Begründung der Herrschaft oder in der rechtfertigenden Wirkung der Zeitdauer.

a) Die privatfürstenrechtliche Legitimität. Die alte Lehre von einem öffentlich-rechtliche Herrschaft wie privatrechtliches Eigentum umfassenden 'dominium' vermochte sich im konservativ eingestellten deutschen staatstheoretischen Schrifttum zu Beginn des 19. Jahrhunderts teilweise mit Erfolg gegenüber der neuen Konzeption vom 'imperium', von der souveränen Gewalt im Staat, zu behaupten. Im Sinne der Patrimonialstaatstheorie leitete man noch vielfach die Herrschaftsgewalt aus dem Eigentum des Landesherrn am Staatsgebiet ab[236]. Wie stark diese Lehre das Legitimitätsverständnis des beginnenden 19. Jahrhunderts zu beeinflussen vermochte, zeigt sich in einer Verknüpfung des Legitimitätsbegriffs mit dem Erbrecht der regierenden Dynastie, und zwar selbst in Werken, die eigentlich von vernunftrechtlichem Gedankengut beherrscht sind. So verstehen etwa SCHMITTHENNER und VOLLGRAF unter dem Prinzip der Legitimität, daß die souveräne Gewalt im Staat *von demjenigen dem souveränen oder doch hohen Adel angehörigen Geschlechte, welches*

---

[234] BLUNTSCHLI, Art. Legitimität, 356; ders., Lehre vom Staat, Tl. 2, 29.
[235] Ders., Die Entwicklung des Rechts und das Recht der Entwicklung, Ges. kl. Schr. (Nördlingen 1879), 52 ff. 55; ders., Lehre vom Staat, Tl. 2, 24.
[236] ZIPPELIUS, Allgemeine Staatslehre, § 39 (S. 361 f.); KRÜGER, Allgemeine Staatslehre (s. Anm. 81), 137 ff. 820 ff.

dieselbe unter einem giltigen Titel des Fürstenrechts erworben hat, erblich eigen besessen werde[237]. Die legitime Gewalt im Staat wird allein durch die Erbfolgeordnung bestimmt. In ähnlicher Weise wird auch von MAURENBRECHER und in den späteren Werken ZOEPFLS die Souveränität in der Erbmonarchie als *reines Privatrecht (Eigentum, Teil des Patrimoniums)* aufgefaßt[238]. 'Legitimität' bedeutet, daß der Monarch die höchste Gewalt *als sein eigenes wohlerworbenes (göttliches) Recht ausübt*[239]. *Die rechtmäßige legitime Abstammung aus der herrschenden Familie durch die vollgültige Ehe und die Berufung zur Thronfolge durch die in einem Herkommen oder Hausgesetze ... begründete Sukzessions-Ordnung bilden ... einen historischen Titel für die Ergreifung des Besitzes der Souveränität ... Die Legitimität ist daher in bezug auf die Erbmonarchie nichts anderes als das Kronbesitzrecht, welches auf rechtmäßiger Abstammung aus dem Herrscherhaus beruht*[240]. Insoweit findet sich hier eine *Legitimität im (privat-)fürstenrechtlichen Sinne*[241]. Vielfach begründet man diese Verbindung des Legitimitätsprinzips mit dem Erbeigentum mit der Erwägung, auf diese Weise könne *Gleichmäßigkeit und Sicherheit* im Staatsleben am ehesten gewahrt werden[242]. Diese funktionale Komponente einer erbmonarchischen Legitimität war bereits in der Goldenen Bulle angeklungen und in der Folgezeit verschiedentlich hervorgehoben worden. Trotz der Verbindung der erbmonarchischen Legitimität mit einem eigentumsartigen Herrschaftsrecht des Fürsten am Staat unterscheidet man teilweise doch auch zwischen dem öffentlichen Rechtsbereich des Staates und dem privaten Rechtskreis der regierenden Dynastie. Zoepfl, Schmitthenner und ZACHARIÄ[243] trennen zwischen der staatsrechtlichen Legitimität, die das Verhältnis zwischen Souverän und Volk zum Inhalt hat, und der privatfürstenrechtlichen Legitimität, die den Rang der Regierungsprätendenten untereinander regelt.

---

[237] FRIEDRICH SCHMITTHENNER, Zwölf Bücher vom Staate, oder Systematische Encyklopädie der Staatswissenschaften, Bd. 3: Grundlinien des allgemeinen oder idealen Staatsrechtes (Gießen 1845; Ndr. Hamburg 1966), 447, § 135; ähnlich auch KARL VOLLGRAF, Die Systeme der praktischen Politik im Abendlande. Moderne Politik oder über die Verhältnisse der modernen Staaten untereinander, Bd. 4 (Gießen 1829), 21, § 13; vgl. BRANDT, Landständische Repräsentation (s. Anm. 221), 84 ff. mit weiteren Nachweisen.

[238] R. MAURENBRECHER, Die deutschen regierenden Fürsten und die Souverainität (Frankfurt 1839), 167; vgl. dazu H. ZOEPFL, Grundsätze des allgemeinen und des constitutionell-monarchischen Staatsrechts, § 60, 3. Aufl. (Heidelberg 1846), 94: *Eigentum (dominium politicum)*; ablehnend bereits BROCKHAUS 4. Aufl., Bd. 5, 598.

[239] MAURENBRECHER, Grundsätze (s. Anm. 159), 56; ders., Die deutschen regierenden Fürsten, 17. 19.

[240] ZOEPFL, Grundsätze, § 65 (S. 103).

[241] SCHMITTHENNER, Staatsrecht, § 135 (S. 447 f., Anm. 1). Schmitthenner stützt sich, soweit ersichtlich, als einziger deutscher Autor in der ersten Hälfte des 19. Jahrhunderts bei seiner Definition des Legitimitätsbegriffs auf eine englische Schrift: LESLIE-GROVE-JONES, An Examination of the Principles of Legitimacy (London 1828).

[242] BRÜGGEMANN Bd. 4, 384; Rhein. Conv. Lex., 4. Aufl., Bd. 8 (1841), 27.

[243] ZOEPFL, Grundsätze, §§ 64 f. (S. 100 ff.); SCHMITTHENNER, Staatsrecht, § 135 (S. 447 f.); ZACHARIÄ, Deutsches Staats- und Bundesrecht, § 21 (s. Anm. 159), 72: *An und für sich bezeichnet legitim nichts anderes als gesetzlich oder rechtlich; mithin ist eine legitime Regierung eine solche, die sich nicht bloß auf faktische Gewalt oder tatsächliche ... Usurpation stützt, sondern auf einem rechtsgültigen Grunde beruht, wobei teils das in gewissem Sinne*

b) **Die Funktion der Zeitdauer bei der Legitimierung der Staatsgewalt.** Die legitimierende Kraft der Zeit spielt insbesondere im konservativen politischen Denken, man denke nur an das französische traditionalistische Legitimitätsverständnis, eine wichtige Rolle. Vor dem Forum der Zeit erscheint eine Herrschaftsordnung legitim, wenn sie mit dem historisch gewordenen Recht übereinstimmt. Im Falle eines gewaltsamen Umsturzes der Ordnung beantwortet die Geschichte die Frage, wann eine Herrschaft de facto zu einer Herrschaft de jure und damit legitimen Herrschaft wird. Die Zeit heiligt die Herrschaft, weil sie ihren Ursprung der Diskussion entrückt und damit die Herrschaft von den Menschen bereits um ihres Bestehens willen für rechtmäßig gehalten wird. Den tiefer liegenden Grund dieser Erscheinung sehen — wie vor ihnen etwa Ockham[244] oder Bellarmin[245] — Wilhelm Traugott Krug, Heinrich Escher und Karl Salomo Zachariä[246] in der Einwilligung des Volkes in die Herrschaft, für die nach lang dauernder Herrschaft alle Vermutung spricht. Wenn die Generation, die die Herrschaft entstehen sah, ausgestorben ist und die nächste Generation die Herrschaft angenommen hat, ist der geschichtliche Vorgang des Entstehens staatlicher Herrschaft aus dem Gedächtnis der meisten Menschen verdrängt und *in den dunklen Hintergrund des Bewußtseins eines Volkes zurückgetreten*[247]. Zur weiteren Begründung der Legitimität zieht man die dem Institut der Verjährung zugrunde liegende Rechtsidee heran: nach Ablauf der Verjährungsfrist hält man dasjenige für rechtlich, bei dessen Ursprung es nicht entsprechend der Rechtsordnung zugegangen ist. Ob freilich mit dem Rechtsinstitut einer staatsrechtlichen Verjährung das Entstehen legitimer Herrschaft begründet werden kann, wird in der staatstheoretischen Literatur seit jeher unterschiedlich beantwortet[248].

c) **Legitimität aus nationaler Tradition.** Durch eine Verbindung der Idee von der legitimierenden Kraft der Zeit mit dem erbmonarchischen Regierungssystem sucht man ein spezifisch deutsches Legitimitätsverständnis herauszuarbeiten, das wohl der Überzeugung im Volk bis zur Mitte des 19. Jahrhunderts entsprach. Hier werden — in einem soziologischen Sinn — die Motivationsmechanismen aufgespürt, die zu jener Zeit zur Legitimierung staatlicher Herrschaft beitrugen. Eine Legitimitätstheorie, die sich auf die nationale Tradition stützt, geht von einer ununterbrochenen

---

privatrechtliche Verhältnis zum frühern Herrscher, teils das staatsrechtliche zum Staat selbst oder den Gliedern desselben, teils das völkerrechtliche zu anderen Staaten in Betracht kommen kann.

[244] Ockham, Breviloquium 11 (s. Anm. 28), 163.
[245] Bellarmin, Controversia 3, 6 (s. Anm. 66), 10 ff.
[246] Krug, Dikäopolitik (s. Anm. 102), 188 ff.; Heinrich Escher, Handbuch der praktischen Politik 8, 1, § 5, Bd. 2 (Leipzig 1864), 159; Zachariä, Vierzig Bücher vom Staate, Bd. 1 (s. Anm. 202), 116 ff. Ob Krug als ein Vertreter eines „vernunftrechtlichen Konstitutionalismus" — so Brandt, Landständische Repräsentation (s. Anm. 221), 214 ff. — bezeichnet werden kann, mag hier dahingestellt sein.
[247] Krug, Dikäopolitik, 190; ähnlich auch Bluntschli, Art. Legitimität (s. Anm. 200), 356.
[248] Bejahend Bodin, Six livres 2,5 (s. Anm. 57), 299; Jarcke, Legitimität (s. Anm. 195), 112 f.; ablehnend Brockhaus, Legitimitätsprincip (s. Anm. 110), 240 ff. mit weiteren Nachweisen; Heinrich Otto Lehmann, Art. Legitimität, Ersch/Gruber 2. Sect., Bd. 42 (1888), 374 ff.

Kontinuität des Rechts in einem räumlich begrenzten Bereich aus[249]. Legitimität beruht auf der Kontinuität von Recht und Gesellschaftsordnung, während der Rechtsordnung nach einem Umsturz bloße Legalität zukommt. 'Legitimität' bezeichnet im Gegensatz zur *bloßen Legalität* die *gegenwärtige durch kein bestehendes Recht gebrochene Rechtmäßigkeit, welche ältern und neuern Datums sein kann*[250]. Bedeutet Legitimität die Übereinstimmung mit dem gewordenen und bestehenden Recht, so kann in den verschiedenen Rechtsgemeinschaften dieser Begriff unterschiedlichen Inhalt erlangen. Während etwa in Frankreich und England die Legitimität im Gedanken der Volkssouveränität gründet, wird u. a. bei HELD, RIEHL und in WAGENERS „Staats- und Gesellschaftslexikon" ein spezifisch deutsches Legitimitätsverständnis herausgestellt. Hier beruht die Legitimität *auf der Basis der organischen verfassungsmäßigen Verbindung der gesetzlichen Dynastien mit dem Staate, des konsequent festgehaltenen und durch die Revolution oder Usurpation nicht unterbrochenen Thronfolgeprinzips, der Achtung allen Rechts, der Treue und des Vertrauens der Völker*[251]. Im deutschen Volk soll es im Gegensatz zu anderen Völkern noch eine gemüts- und vertrauensvolle Hingabe an die regierende Dynastie geben. Nach Meinung Riehls ist im deutschen Volksbewußtsein eine Legitimitätsvorstellung lebendig, die die Fürstenwürde im Glanze religiöser Weihe sieht[252]. Demgegenüber stellt Held weniger auf eine im Volk fortbestehende religiöse Rechtfertigung der fürstlichen Würde als vielmehr auf die legitimitätserzeugende Kraft der Rechtskontinuität ab. Im deutschen monarchischen Staat entspringt das Recht der regierenden Dynastie nicht aus der Abstammung, der Religion oder der Macht, sondern *aus dem verfassungsmäßigen Bestande des Staats, aus der organischen Stellung der herrschenden Dynastie ... Geblüt oder Dauer, Macht und Religion sind allerdings auch heutzutage noch wichtige Pfeiler der Legitimität, aber ihre unmittelbare Basis ist das Recht ohne ein dasselbe zum Unrechte machendes entgegenstehendes Recht*[253].

Dieses spezifisch deutsche Legitimitätsverständnis kraft nationaler Tradition beruht auf der Hypothese, daß das Herrschaftsrecht der regierenden Dynastien in der Geschichte des deutschen Volkes begründet liege und sich vor dem Forum der Geschichte auch bewährt habe[254]. Da jedoch das westliche politische Gedankengut auch in Deutschland zu wirken begann und mehr und mehr die Daseinsberechtigung der Erbmonarchie in Frage gestellt wurde, blieb diese Legitimitätstheroie eher eine Apotheose als eine zukunftsweisende Konzeption.

d) Stahls Lehre der institutionellen Legitimität. STAHL ist „der einzige konservative Staatstheoretiker seiner Zeit, der die Geschichte als Entwicklung begriff und einen

---

[249] J. v. HELD, Art. Legitimität, ROTTECK/WELCKER 3. Aufl., Bd. 9 (1864), 456 ff.; WAGENER Bd. 12, 111.

[250] HELD, Grundzüge des allgemeinen Staatsrechts (s. Anm. 200), 217; ähnlich auch ders., Über Legitimität (s. Anm. 159), 40 f.

[251] Ders., Über Legitimität, 41 f.

[252] WILHELM HEINRICH RIEHL, Die Legitimität im Volksbewußtsein, Dt. Vjschr. 25 (1862), 131; zustimmend WAGENER Bd. 12, 111.

[253] HELD, Über Legitimität, 43.

[254] RIEHL, Legitimität, 147.

d) Stahls Lehre der institutionellen Legitimität

Sinn für das Zeitgemäße besaß"[255]. Unter dem *Prinzip der Legitimität* versteht Stahl die Forderung, der Obrigkeit Gehorsam zu leisten und ein göttliches Walten in der menschlichen Ordnung anzuerkennen[256]. Die Schlagworte *der Obrigkeit Gehorsam zu leisten* und *das göttliche Recht der Obrigkeit* — er begründet sie mit dem lutherischen Verständnis von Röm. 13[257] — bestimmen nicht nur den Inhalt von Stahls Legitimitätsverständnis, sondern sind auch die theoretische Grundlage seiner Lehre vom Gottesgnadentum. Mit der These vom *göttlichen Recht der Obrigkeit*, d. h. ihrer überirdischen Legitimierung, ist Stahls Legitimitätsprinzip ein Bekenntnis zu einer Staatstheorie auf theologischer Basis. Die Obrigkeit leitet ihr Ansehen und ihre Gewalt nicht vom Willen und Auftrag des Volkes her, sondern von Gottes Ordnung und Sanktion; die obrigkeitliche Gewalt hat sich nur nach Gottes Gebot und eigenem Gewissen innerhalb ihrer rechtlichen Zuständigkeit zu richten[258]. Von den Untertanen verlangt Stahl, sich dem durch die Obrigkeit repräsentierten göttlichen Walten ohne Kritik zu unterwerfen. Er rechtfertigt mit dem *Prinzip der Legitimität* aber nicht eine *unumschränkte königliche Gewalt*. Diese ist trotz ihrer Unabhängigkeit vom Volkswillen *durch Rechte der einzelnen und durch Rechte des gesamten Volkes, ... von Natur und durch Sitte und Gebrauch* sowie eine *rechtmäßige Verfassung* begrenzt[259]. Diese Bindung der Obrigkeit an eine sittlich-rechtliche Ordnung führt bei Stahl keineswegs zu einer reaktionären Restauration überholter Formen staatlicher Ordnung. Er bezeichnet sich zwar ausdrücklich als Anhänger einer *ständisch-konstitutionellen Monarchie*, gleichzeitig aber auch als einen *institutionellen Legitimisten*. Sein Begriff der institutionellen Legitimität wird durch drei Merkmale geprägt: Anerkennung des göttlichen Rechts der Obrigkeit, Wahrung des historischen Rechts und Aufrechterhaltung der natürlichen Gliederung der Gesellschaft. Als dynamische Komponente verlangt die institutionelle Legitimität, *daß die Verhältnisse bloß persönlicher Gewalt sich fortbilden zu Einrichtungen und Institutionen von innerer Gesetzmäßigkeit, daß die Obrigkeiten als Glieder dieser Institutionen herrschen, bestimmt durch die Gesetzmäßigkeit derselben, daß eben damit die selbständigen geschichtlichen Herrschaften zu Einem ungeteilten, in sich gegliederten Reiche werden*[260].

Mit der institutionellen Legitimität eng verbunden ist bei Stahl die institutionelle Monarchie. Darunter versteht er ein selbständiges und starkes Königtum, das von Institutionen umgeben ist, *die es beschränken und ihm ihre eigene Gesetzmäßigkeit und höhere Notwendigkeit zum Gebote machen*[261]. In dieser Monarchie werden ständische und konstitutionelle Elemente zur Vereinigung gebracht. Es wird die ständisch-aristokratische Grundlage für die Bildung der Landesvertretung im Gegensatz

---

[255] Dieter Grosser, Grundlagen und Struktur der Staatslehre Stahls (Köln, Oplade 1963), 124 ff.; zu Stahls Legitimitätsbegriff ebd., 67 ff.; Würtenberger, Legitimität (s. Anm. 2), 224 ff.
[256] F. J. Stahl, Die Philosophie des Rechts, Bd. 1: Geschichte der Rechtsphilosophie, 5. Aufl. (Tübingen, Leipzig 1878; Ndr. Hildesheim 1963), 81; ähnlich auch Ferdinand Walter, Naturrecht und Politik im Lichte der Gegenwart, § 248 (Bonn 1863), 220 f.
[257] Stahl, Philosophie des Rechts, Bd. 2 (1878; Ndr. 1963), 81. 176.
[258] Ders., Die gegenwärtigen Parteien (s. Anm. 160), 298 ff.
[259] Ebd., 301.
[260] Ebd., 328 f.   [261] Ebd., 330.

zu einem allgemeinen oder Zensuswahlrecht anerkannt; das parlamentarische Prinzip mit einer schwachen königlichen Gewalt wird abgelehnt.

Als Gegner dieser *institutionellen Legitimität* bezeichnet Stahl die *Parteien der Revolution*, d. h. die Liberalen, Demokraten und Sozialisten[262]. Diese Parteien kämpfen für die Souveränität des Volkswillens, die Auflösung der überkommenen Gesellschaftsordnung und die Unterordnung der Institutionen unter die Menschenrechte. Stahl hat klar die Gefährlichkeit der liberalen Ideen für die überkommene Gesellschaftsordnung des 19. Jahrhunderts erkannt. Mit dem Bemühen, die göttliche Ordnung zu wahren, setzt er dem Postulat der Autonomie des Menschen eine theonome Ordnung entgegen. Anders als eine theokratische Zwangsordnung ist diese theonome Ordnung — wenn auch nur in geringem Maß — dynamisch, da die Frage nach dem Willen Gottes und dem transzendenten Sinn aller menschlichen Gestaltung stets von neuem unter dem Blickwinkel des historisch Gewordenen bei der Bewältigung der politischen Probleme und kontinuierlichen Fortentwicklung der Institutionen gestellt werden muß. Stahl unterscheidet sich mit dieser dynamischen Komponente auch von den französischen Traditionalisten, deren Blick zurück eine Gestaltung der Gegenwart unmöglich macht. Stahls Prinzip der Legitimität ist insoweit auch ein geschichtliches Prinzip, als die Legitimierung des Gewordenen die Funktion des Göttlichen in der Geschichte darstellt und zugleich auch Ziel und Richtmaß des Werdens ist.

e) **Die Legitimisten, der Gerlach-Kreis und Bismarck.** Seit den dreißiger Jahren werden die Verfechter der Restaurationspolitik verschiedentlich als 'Legitimisten'[263], die Lehre von einer erbmonarchisch und religiös fundierten Legitimität als 'Legitimismus' bezeichnet. Die *starr legitimistische oder Reaktionspartei*[264] setzt sich für eine Restauration der gestürzten legitimen Dynastien und ihr unbeschränktes Herrschaftsrecht ein. In Frankreich kämpften die Legitimisten für einen Anspruch Heinrichs V. auf den französischen Thron[265]. In Deutschland bezeichnet man in einem engeren Sinne jene als 'Legitimisten', die im Ausland Kriegsdienst bei den um ihren Thron kämpfenden Dynastien leisteten. In den konservativen Adelskreisen ist hier noch eine Anhänglichkeit an das Königtum weit verbreitet, die nicht bloß einer interessenorientierten Bindung, sondern großenteils einem unreflektierten Gefühl der inneren Bindung entspringt[266]. In diesen Adelskreisen finden sich jene

---

[262] Ebd., 71 ff. 177 ff. 208 ff.
[263] So rezipiert etwa Jarcke, Legitimität (s. Anm. 195), 108 den Begriff 'Legitimist' aus den französischen politischen Auseinandersetzungen nach der Julirevolution und versteht darunter einen *Verteidiger des Rechts*.
[264] Rotteck, Art. Legitimität (s. Anm. 200), 481; Brüggemann Bd. 4 (1835), 386; Bluntschli, Art. Legitimität (s. Anm. 200), 355: *die Partei der Legitimisten orientiert das Princip der Legitimität zu einem absoluten, ewig-unveränderlichen Rechte der Dynastien.*
[265] Constantin Frantz, Louis Napoleon, 2. Aufl. (Berlin 1852; Ndr. Darmstadt 1960), 67 f.; Brockhaus 10. Aufl., Bd. 9 (1853), 472; Herder Bd. 3 (1855), 730; vgl. auch Robert R. Locke, French Legitimists and the Politics of Moral Order in the Early Third Republic (Princeton 1974).
[266] Vgl. etwa Henri Gaston de B..., Memoiren eines Legitimisten von 1770—1830, hg. v. Julius v. Wickede (Potsdam 1858).

e) Legitimisten: Gerlach-Kreis, Bismarck

Legitimisten ..., die königlicher sind als der König[267]. Ein derartig reaktionäres Verständnis von der Legitimität monarchischer Herrschaft wurde im Kreis um die Brüder Leopold und Ludwig von Gerlach entwickelt. In diesem Kreis, dem u. a. Bismarck und Friedrich Wilhelm IV. angehörten, bekannte man sich — die politischen Ideen Hallers und Stahls aufgreifend — zu einer patriarchalischen Staatsordnung, wie sie in der Gutsherrschaft des Ostens noch verwirklicht war, und bezeichnete die ständische Gliederung und die christliche Obrigkeit als konstituierende Elemente des Staates[268].

In dem Kreis um die Brüder Gerlach befürwortete man eine legitimistische Lösung der politischen Probleme Europas, d. h. man trat für die Restauration der legitimen Dynastien ein. Angesichts der Machtergreifung Napoleons III. in Frankreich fordert LEOPOLD VON GERLACH von den legitimen Fürsten, mit aller Macht dem Bonapartismus und dem Prinzip der Revolution entgegenzutreten[269]. Er betrachtet den Bonapartismus als einen scharfen Gegensatz zu Recht, Freiheit und jeder von Gott gesetzten Obrigkeit. Am 10. Januar 1852 schreibt er in sein Tagebuch[270], daß der Kaiser von Rußland an einem *dunklen Gefühl von Legitimität* festhalte, da er Napoleon III. den Monarchen- und Kaisertitel verweigere. Einige Jahre später beklagt Leopold von Gerlach[271], daß der Legitimismus seit 1814 leider durch England und das Liberalisieren der Bourbonen sehr im Preis gesunken sei.

Wenn Leopold von Gerlach für Legitimität eintritt, so versteht er hierunter zunächst die *Obrigkeit von oben*[272]. Dies ist der von Gott eingesetzte König, der sich keiner Verfassung zu unterwerfen braucht. Im zwischenstaatlichen Bereich muß man die Regierungen fremder Staaten nach Gerlachs Meinung von einem Sympathisieren mit dem Bonapartismus und den Ideen der Revolution abbringen. Gerlach hängt bei seinen Äußerungen gegen Napoleon III. noch einer monarchischen Solidarität in der europäischen Politik an, die die Wahrung der vorrevolutionären Rechts- und Staatsordnung zum Inhalt hat. Ein Paktieren mit Frankreich unter Napoleon III. scheint ihm unvorstellbar[273]. Außen- und innenpolitisch ist sein politisches Prinzip der Kampf gegen die Revolution und die liberalen Ideen, dem sich alle anderen Erwägungen unterzuordnen haben.

Auch BISMARCK identifizierte sich mit jener älteren Form von Legitimität, was sich

---

[267] THEODOR FONTANE an Paul Heyse, 4. 12. 1854, Der Briefwechsel von Theodor Fontane und Paul Heyse 1850—1897, hg. v. ERICH PETZET (Berlin 1929), 21. Vgl. auch GEORG PHILLIPS / GUIDO GÖRRES, Politische Neujahrsbetrachtung, Hist.-polit. Bll. f. d. kath. Deutschland 1 (1859), 4: *Soweit der sogenannte Ultramontanismus durch die politischen Verwicklungen der vorigen Generation mit dem Legitimismus, dieser aber mit dem Absolutismus oder Patriarchalismus oder wohlmeinenden Bureaukratismus identisch geworden ist — existiert er unter uns nicht mehr.*
[268] Einzelheiten bei WÜRTENBERGER, Legitimität (s. Anm. 2), 231 ff. mit weiteren Nachweisen.
[269] LEOPOLD V. GERLACH, Denkwürdigkeiten, Bd. 1 (Berlin 1891), 761 f. (10. 5. 1852).
[270] Ebd., 721.
[271] Ebd., Bd. 2 (1892), 304 (17. 4. 1855).
[272] Ebd., 510 (4. 6. 1857).
[273] Briefe des Generals Leopold v. Gerlach an Otto v. Bismarck, hg. v. HORST KOHL (Stuttgart 1912), Nr. 103 v. 6. 5. 1857 (S. 211) und Nr. 104 v. 21. 5. 1857 (S. 213 ff.).

in seiner unreflektierten inneren Bindung an das angestammte Herrscherhaus und in dem adlig-ständischen Selbstbewußtsein, mit dem er der regierenden preußischen Dynastie gegenübertritt, äußert[274]. Er lehnt jedoch das Legitimitätsprinzip als Maxime der Außenpolitik ab. Bei seiner Machtpolitik im Interesse Preußens ist es ihm gleich, ob ein Gegner Preußens einen legitimistischen Titel besitzt oder nicht. Um den Druck der österreichischen Hegemonialpolitik zu schwächen, ist er auch zu einer Annäherung an das illegitime Frankreich bereit. Verächtlich spricht er von der *täuschenden Zauberformel der Legitimität*[275]. Die Gründe, um deretwillen er das Legitimitätsprinzip ablehnt, teilt Bismarck in seinem Briefwechsel mit Leopold von Gerlach mit. Dieser hatte Bismarck getadelt, er habe das Prinzip einem vereinzelten Mann, Napoleon Bonaparte, geopfert, der Preußens natürlicher Feind sei und bleibe[276]. *Meinen Sie*, so schreibt Bismarck am 2. Mai 1857 an Gerlach, *ein auf Frankreich und seine Legitimität anzuwendendes Prinzip, so gestehe ich, daß ich dieses einem spezifisch preußischen Patriotismus vollständig unterordne ... Ein legitimer Monarch wie Ludwig XIV. ist ein ebenso feindseliges Element für uns wie Napoleon I. ... (Es) zählt mir Frankreich, ohne Rücksicht auf die jeweilige Spitze, nur als Stein und zwar ein unvermeidlicher in dem Schachspiel der Politik, einem Spiele, in welchem ich nur meinem Könige und meinem Lande zu dienen den Beruf habe*[277].

f) Das Scheitern der konservativen Legitimitätsvorstellungen. Nach den umfangreichen Arbeiten von HELD[278], BRIE[279] und BROCKHAUS[280] in den sechziger Jahren finden sich für ein halbes Jahrhundert weder in der politischen noch in der staatsrechtlichen Literatur umfangreichere Stellungnahmen[281] zur Legitimität staatlicher

---

[274] OTTO BRUNNER, Bemerkungen zu den Begriffen „Herrschaft" und „Legitimität", in: Fschr. Hans Sedlmayr, hg. v. KARL OETTINGER u. MOHAMMED RASSEM (München 1962), 161.

[275] OTTO v. BISMARCK, Erinnerung und Gedanke 1, 8. FA Bd. 15 (1932), 110.

[276] L. v. GERLACH an Bismarck, 29. 4. 1857, Briefe, 206 (Nr. 102).

[277] BISMARCK, Erinnerung, 111; Bismarcks Briefe an den General Leopold v. Gerlach, hg. v. HORST KOHL, Bd. 2 (Berlin, Stuttgart 1896), 314 f.

[278] Vgl. Anm. 159.

[279] SIEGFRIED BRIE referiert eingehend die deutschen und französischen Legitimitätstheorien des 19. Jahrhunderts. Er identifiziert den Begriff der Legitimität mit dem der Rechtmäßigkeit, da das Gesetz als der vollkommenste Ausdruck des Rechts mit dem Recht selbst gleichzustellen sei; Die Legitimation einer usurpierten Staatsgewalt (Berlin 1866), 3. Bei dieser Gleichsetzung von Legalität und Legitimität steht Brie bereits unter dem Einfluß des sich entwickelnden Positivismus.

[280] BROCKHAUS erörtert zunächst die Entwicklung des Legitimitätsprinzips und der Legitimitätstheorien in der ersten Hälfte des 19. Jahrhunderts. Am Ende seiner Ausführungen bezeichnet er die Illegitimität als juristisch nicht relevant: Die Legitimität eines Herrschers *ist der bloßen Tatsache gegenüber, daß ein anderer den Thron innehat, vollständig* indifferent. Die Illegitimität *schadet in rechtlicher Beziehung ebenso wenig, wie die Legitimität nützt;* Legitimitätsprincip (s. Anm. 110), 324 f. Mit dem Legitimitätsprinzip mag zwar ein sittlich oder politisch wertvoller Zustand umschrieben werden, staatsrechtlich sei er aber das vollständig wertlose Merkmal des Ursprungs einer Dynastie. Diese Leugnung des Wertes des Legitimitätsprinzips deutet die im Positivismus erfolgende Gleichsetzung von Legalität und Legitimität an.

[281] Auch in den bürgerlichen Lexika wird das Stichwort 'Legitimität' nur noch knapp

f) Scheitern der konservativen Legitimitätsvorstellungen

Herrschaft[282]. Dies liegt u. a. darin begründet, daß der Bismarckschen Machtpolitik legitimistische Titel gleichgültig waren und sich nicht zuletzt unter dem Eindruck der nationalen Einigung in der Rechtswissenschaft der Rechtspositivismus durchsetzt. Jetzt vernachlässigen die Juristen die Frage nach den die neue Ordnung tragenden rechtlichen Wertgehalten zugunsten einer das Gesetzesrecht analysierenden und systematisierenden Betrachtungsweise.

Aber auch durch die Machtstaatstheorie eines ROCHAU oder FRÖBEL wird das Problem der Legitimität staatlicher Herrschaft beiseite geschoben. Die Frage, wer herrschen soll, überläßt man der philosophischen Spekulation; in der praktischen Politik könne allein die Macht herrschen. *Der unmittelbare Zusammenhang von Macht und Herrschaft bildet die Grundwahrheit aller Politik und den Schlüssel der ganzen Geschichte*[283]. Fröbel ist der Ansicht, daß Macht und Recht eng zusammenhängen und ihr Verhältnis zueinander das von Tatsache und Prinzip sei[284]. Als *legal* bezeichnet er die Macht, die aus dem Recht folgt, als *legitim* das Recht, das aus der Macht folgt. *Legitim ist die Gewalt der Obrigkeit überhaupt, wie sie auch entstanden sein möge, durch Wahl oder durch Gewaltergreifung; legal aber ist ihre Beschränkung durch die Teilnahme des Volkes an der Gesetzgebung und Verwaltung*[285]. Unter der *Legitimität* versteht Fröbel die *Übermacht*, aus der der Staat entsteht, während die *Legalität* nur die *Untermächte* sind, die den bestehenden Staat rechtlich ordnen[286]. Legitim ist, was sein Recht aus der Macht der Tatsache oder der Natur des Dinges ableitet. *Die wahre Legitimität beruht auf der zureichenden Macht. Ihr Recht ist das Recht der übermächtigen Tatsachen, das göttliche Recht des Schicksals.* Von diesem Standpunkt aus sind der Fortschritt der Legalität und die hierdurch bedingte *Absorption der Legitimität*[287] Vorgänge, in denen sich die zunehmende Altersschwäche der Macht darstellt. Fröbel begründet hier die Legitimität des nationalen Machtstaates, der Macht und Legitimität identifiziert und in dem der Aspekt der Rechtlichkeit von Macht eine untergeordnete Stellung einnimmt.

Neben dem aufkommenden staatsrechtlichen Positivismus und dem Machtstaats-

---

behandelt. Die 'Legitimität' definiert man als die *Rechtmäßigkeit einer Staatsregierung*, das Legitimitätsprinzip des Wiener Kongresses erscheint bereits als historische Kategorie; MEYER 4. Aufl., Bd. 10 (1888), 625; BROCKHAUS 10. Aufl., Bd. 9 (1853), 472; vgl. auch LEHMANN, Art. Legitimität (s. Anm. 248), 474. 476.

[282] C. FRANTZ, Die Naturlehre des Staates als Grundlage aller Staatswissenschaft (Leipzig, Heidelberg 1870), 196 apostrophiert den Niedergang des Legitimitätsgedankens durch den Wandel der politischen Ereignisse: *Endlich die Ereignisse von 1866, wodurch die Legitimitätsideen ihre letzte Stütze verloren. Seitdem scheint auf dem Kontinent einstweilen nur das die Volkssouveränität wie die Legitimität gleicherweise mißachtende Kanonenrecht gelten zu sollen. Auf dem Katheder des seligen Stahl sitzt Professor Krupp mit seinem Gußstahl.*

[283] AUGUST LUDWIG v. ROCHAU, Grundsätze der Realpolitik (Stuttgart 1853), 108.

[284] JULIUS FRÖBEL, Theorie der Politik, als Ergebniss einer erneuerten Prüfung demokratischer Lehrmeinungen 3, 8, Bd. 2 (Wien 1864), 93.

[285] Ebd. 3,2 (S. 14 f.).

[286] Ebd. 3,8 (S. 83).

[287] Ebd., 86. *Die stärkste Einsprache aber müßten wir erheben gegen die Theorie, nach welcher die Legitimität die Assecuranz einer Sinecure für souveräne Invaliden abgeben soll* (ebd., 87); vgl. ders., Die drei Völker und die Legitimität, oder die Italiener, die Ungarn und die Deutschen beim Sturze Oesterreichs, Kl. polit. Schr., Bd. 1 (Stuttgart 1866), 330 ff.

gedanken ist weiterhin für das Verstummen der Legitimitätsdiskussion entscheidend, daß das monarchische Prinzip gegenüber der seit 1789 andrängenden Vorstellung der allgemeinen Freiheit und Gleichheit keine originäre und vom Volk nachvollziehbare Legitimität mehr begründen konnte[288]. Das monarchische Prinzip vermochte nur eine gegebene Machtlage zu stabilisieren, einer geistigen Sinnbegründung entbehrte es hingegen von Anfang an[289]. Das Gottesgnadentum als Rechtfertigung des monarchischen Prinzips konnte nur im Rahmen einer religiös-sakralen Weltordnung eine tiefere Wirkung entfalten. Eine solche Ordnung verblaßte aber im 19. Jahrhundert zugunsten einer rational begründeten Herrschaftsordnung. Trotz der Staatslehre Stahls, der religiös bestimmten Haltung des Kreises um die Brüder Gerlach und der inneren Bindung weiter Kreise der Bevölkerung an ihr Herrscherhaus war der Gedanke, daß der König als heilige Person und in Gottes Auftrag die Staatsgewalt innehabe, als Begründung einer legitimen Herrschaft nicht mehr haltbar. Dem rationalen Zug der Zeit entsprechend konnte das Königtum nur noch aus seinen Aufgaben und seiner politischen Funktion im Staate gerechtfertigt werden. Das monarchische Prinzip stellte ein anfangs wirksames geschichtliches Faktum dar, ohne aber ein für die Zukunft tragfähiges politisches Prinzip zu sein, das seine Legitimität in sich trug.

Das konservative Denken vermochte es auch nicht, die erbmonarchische Herrschaft durch die Bildung einer geschichtlich begründeten Legitimitätsidee zu rechtfertigen. Zwar war in der Öffentlichkeit und selbst bei den Anhängern des gemäßigten Liberalismus das historische Recht der deutschen Freiheit als Legitimitätsvorstellung und als Grundlage einer neuen politischen Ordnung verbreitet. Günstig für das Entstehen einer an der historischen Überlieferung orientierten Legitimitätsidee war der Glaube an die rechtsbildende und legitimierende Kraft der eigenen geschichtlichen Tradition, in der die Macht des Königtums und die Volksfreiheit zu einem allseitig anerkannten Ausgleich gebracht worden waren. Scheitern mußte jedoch dieser Legitimitätsgedanke an der politischen Realität. Eine wirkliche geschichtliche Kontinuität war durch die Gebietsänderungen und die Neuverteilung der innerstaatlichen Macht im Reichsdeputationshauptschluß und auf dem Wiener Kongreß zerstört worden. Daher fehlte dem monarchischen Prinzip nicht nur eine metaphysische, sondern letztlich auch die historische Legitimität[290].

VIII. Ausblick

Nach den heftigen Auseinandersetzungen um die Legitimität staatlicher Herrschaft bis zu den sechziger Jahren des 19. Jahrhunderts wurde es, sieht man von der Legitimitätsdiskussion der katholischen Staatsphilosophie[291] ab, bis zum Ende des

---

[288] ERNST-WOLFGANG BÖCKENFÖRDE, Der deutsche Typ der konstitutionellen Monarchie im 19. Jahrhundert, in: Beiträge zur deutschen und belgischen Verfassungsgeschichte im 19. Jahrhundert, hg. v. WERNER CONZE (Stuttgart 1967), 89 f.
[289] O. BRUNNER, Vom Gottesgnadentum zum monarchischen Prinzip, in: ders., Neue Wege der Verfassungsgeschichte, 2. Aufl. (Göttingen 1968), 160 ff., bes. 178 ff.
[290] So bereits ESCHER, Handbuch (s. Anm. 246), 162; BROCKHAUS, Legitimitätsprincip (s. Anm. 110), 27 ff.
[291] Sichere Basis der mit teilweise starkem Engagement geführten Diskussion ist die Ver-

Ersten Weltkrieges still um diesen Begriff. Der lange Zeit die Jurisprudenz beherrschende Gesetzespositivismus ließ in der damaligen Staatslehre die Frage nach einer Legitimierung der Staatsgewalt nicht aufkommen[292]. Die Stabilität der innerstaatlichen Verhältnisse schloß eine kritische Haltung gegenüber der Rechtfertigung der Staatsgewalt weitgehend aus. Erst als die Weimarer Republik um Anerkennung und Rechtfertigung kämpfen mußte, setzte wieder eine lebendigere Erörterung des Legitimitätsproblems ein. Die Legitimität des Weimarer Staates suchte man u. a. mit der These von der Rechtfertigung der Ordnung durch die revolutionäre Idee zu begründen. Man sprach von einer „naturrechtlich-legitimen" Rechtsschöpfung, die den Grundüberzeugungen der Epoche entspricht[293].

Eine bedeutende Neuorientierung des Legitimitätsbegriffs ist MAX WEBER zu verdanken. Er nimmt nicht wertend zu den verschiedenen Legitimitätstheorien Stellung, sondern arbeitet mit seiner soziologisch-deskriptiven Betrachtungsweise empirisch mögliche Legitimitätsvorstellungen heraus. Ihm scheint es aller Erfahrung nach möglich, daß Herrschaftsunterworfene eine Ordnung deshalb als legitim anerkennen, weil sie nach rational gesetzten Regeln (Legitimität kraft Glaubens an die Legalität gesetzter Ordnung), nach tradierten Ordnungsvorstellungen (Legitimität kraft Glaubens an die rechtfertigende Wirkung der Tradition) oder durch eine charismatische Persönlichkeit (Legitimität kraft Glaubens an die Sendung des Herrschers) ausgeübt wird[294]. Diese neue Sicht der Legitimität der Herrschaft gewann in mehrfacher Hinsicht für die moderne Soziologie große Bedeutung. Unter anderem hat man nunmehr die Möglichkeit, die Legitimitätsgründe und den Legitimitätswandel in einer Ordnung empirisch nachzuweisen, bzw. zu messen[295]. Frühzeitig ist die Staatslehre von der soziologischen Betrachtungsweise der Legitimität beeinflußt worden. HELLER etwa unterscheidet zwischen der *sozialen Legitimierung der rechtsichernden Autorität* und der *ideellen Rechtfertigung des Staates durch sittliche Rechtsgrundsätze*[296]. Den möglichen Konflikt zwischen einer sozial anerkannten Legalität

---

bindung der Legitimität mit dem sich wandelnden Gemeinwohlgedanken und der ordnungstiftenden Funktion des Staates; vgl. VICTOR CATHREIN, Art. Legitimität, Staatslexikon, 4. Aufl., Bd. 3 (1911), 751; GODEHARD JOSEF EBERS, Reichsverfassung und christliche Staatslehre, Hochland 26/2 (1929), 576; JOHANNES MESSNER, Das Naturrecht. Handbuch der Gesellschaftsethik, Staatsethik und Wirtschaftsethik, 5. Aufl. (Innsbruck, Wien, München 1966), 291 ff. 794 u. passim; weitere Nachweise bei WÜRTENBERGER, Legitimität (s. Anm. 2), 258 ff.

[292] WÜRTENBERGER, Legitimität, 242 ff.; HOFMANN, Legitimität (s. Anm. 1), 23 ff.

[293] Vgl. WÜRTENBERGER, Legitimität, 255; WEBER, Wirtschaft und Gesellschaft (s. Anm. 6), 497; zur Diskussion in den dreißiger Jahren vgl. JÜRGEN MEINCK, Weimarer Staatslehre und Nationalsozialismus (Frankfurt, New York 1978), 119 ff. 206 ff.

[294] WEBER, Wirtschaft und Gesellschaft, 122 ff. 19 ff.; ders., Die drei reinen Typen der legitimen Herrschaft, Ges. Aufs. (s. Anm. 6), 475 ff.; vgl. hierzu FRIEDRICH WILHELM STALLBERG, Herrschaft und Legitimität. Untersuchungen zu Anwendung und Anwendbarkeit zentraler Kategorien Max Webers (Meisenheim am Glan 1975).

[295] KARL W. DEUTSCH, Diskussionsbeitrag, in: Max Weber und die Soziologie heute, Verh. des 15. dt. Soziologentages, hg. v. OTTO STRAMMER (Tübingen 1965), 142; GERHARD SCHMIDTCHEN, Ist Legitimität meßbar?, Zs. f. Parlamentsfragen 8 (1977), 232 ff.; Helmut Thome, Legitimitätstheorien und die Dynamik kollektiver Einstellungen (Opladen 1981), 5 ff. 54 ff.

[296] HERMANN HELLER, Staatslehre (Leiden 1934), 224. — Bei RUDOLF SMEND, Verfassung

und der sittlichen Legitimität der Staatsakte kann nach Heller nur das Rechtsgewissen lösen. Auch in der Rechts- und Staatsphilosophie greift man bei der Frage nach der Legitimation, nach der Richtigkeit rechtlicher Entscheidungen auf die Gewissensüberzeugung des einzelnen zurück. So ergeben sich bei ZIPPELIUS[297] die herrschenden Gerechtigkeitsvorstellungen nicht aus einem bloßen Rückgriff auf das höchstpersönliche Rechtsgefühl eines Richters oder Gesetzgebers, sondern aus einer möglichst breiten Konsensbasis; Voraussetzung ist, daß die Gewissensüberzeugungen jedes einzelnen in einem offenen und demokratischen Meinungsbildungsprozeß zur Geltung gebracht werden können und institutionalisierte Verfahren bereitstehen, die eine Neutralität gegenüber partikulären Interessen ermöglichen.

In den letzten Jahren wurde der Legitimitätsbegriff in zunehmendem Maß Gegenstand verschiedener Forschungsdisziplinen. Ausgangspunkt ist, im Gegensatz zu früheren Begründungsversuchen, vielfach die Überlegung, daß *bei hoher Komplexität und Variabilität des Sozialsystems der Gesellschaft . . . die Legitimation politischer Macht nicht mehr einer naturartig vorgestellten Moral überlassen* bleiben könne, *sondern . . . im politischen System selbst erarbeitet werden* müsse[298]. In einer Zeit, *da letzte Gründe theoretisch nicht mehr plausibel gemacht werden können, erhalten die formalen Bedingungen der Rechtfertigung selbst legitimierende Kraft*[299]. Hierzu zählt HABERMAS etwa *eine kritische Erörterung der Inhalte der Legitimationen* und die Möglichkeit einer permanenten Problematisierung gesellschaftlicher Handlungssysteme in einem Prozeß herrschaftsfreier Kommunikation[300]. Ein Blick auf vergebliche Versuche,

---

und Verfassungsrecht, Staatsrechtliche Abh. u. andere Aufs., 2. Aufl. (Berlin 1968), 150. 166. 215 ff. 226 ergibt sich die Legitimität der soziologischen Erscheinungsformen staatlicher Herrschaft aus einer Integration durch sachliche Werte, die gemeinschaftsbegründende Faktoren darstellen und vermöge ihrer Geltung eine bestimmte staatliche Herrschaftsordnung tragen. — Zu den Wandlungen der Legitimitätstheorie Carl Schmitts vgl. HOFMANN, Legitimität (s. Anm. 1), 41 ff.

[297] ZIPPELIUS, Wesen des Rechts (s. Anm. 167), 72 ff. 123 ff.; ders., Legitimation im demokratischen Verfassungsstaat, Archiv f. Rechts- u. Sozialphilosophie, Beiheft 15, 1981, 84 ff. 90 ff.; ders., Rechtsphilosophie (München 1982), §§ 12, 19 ff., 22.

[298] NIKLAS LUHMANN, Legitimation durch Verfahren (Neuwied, Berlin 1969), 30; ders., Selbstlegitimation des Staates, Archiv für Rechts- u. Sozialphilosophie, Beiheft 15, 1981, 65 ff. 72 f. 79 ff. hält die Kategorien Herrschaft und Gehorsam als Bezugspunkte für die moderne Legitimationsdiskussion für unangemessen und will die Legitimationsfrage im Kreislauf der Macht sog. selbstreferentieller Systeme verorten. — WILHELM HENNIS, Legitimität. Zu einer Kategorie der bürgerlichen Gesellschaft, in: Legitimationsprobleme politischer Systeme, hg. v. PETER GRAF KIELMANSEGG, Polit. Vjschr., Sonderh. 7 (1976), 22. 26; JÜRGEN HABERMAS, Legitimationsprobleme im modernen Staat, ebd., 43 ff. u. passim; CLAUSS OFFE, Überlegungen und Hypothesen zum Problem politischer Legitimation, in: Bürgerlicher Staat und politische Legitimation, hg. v. ROLF EBBIGHAUSEN (Frankfurt 1976), 88 f.; STALLBERG, Herrschaft, 165; BERND GUGGENBERGER, Wem nützt der Staat? Kritik der neomarxistischen Staatstheorie (Stuttgart, Berlin, Köln, Mainz 1974), 9 ff. 28 ff.; RICHARD MÜNCH, Legitimität und politische Macht (Opladen 1976), 80 f.

[299] HABERMAS, Legitimationsprobleme, 43.

[300] J. HABERMAS/N. LUHMANN, Theorie der Gesellschaft oder Sozialtechnologie. Was leistet die Systemforschung? (Frankfurt 1971), 259; vgl. HANS-PETER ZEDLER, Zur Logik von Legitimationsproblemen. Möglichkeiten der Begründung von Normen (München 1976), 176 ff.; WOLFGANG FACH/ULRICH DEGEN, Politische Legitimität (Frankfurt, New York 1978).

den Legitimitätsbegriff durch allgemeingültige Aussagen zu bestimmen[301], zeigt eine gewisse Plausibilität dieses Ansatzes. So kann sich legitime Herrschaft gegenwärtig nur auf *vorletzte Gründe* beziehen und bedarf einer finalen Legitimierung (der Legitimität kraft Erledigung der sich wandelnden sozialen und ökonomischen Herausforderungen) sowie einer Legitimierung durch Struktur (der Legitimität durch Machtbegrenzung und Konsenssicherung)[302]. Den Prozeß des Entstehens von Legitimität untersucht Popitz, wobei er von einem anthropologischen Verhaltensmuster ausgeht. Sobald eine bestehende Gesellschaftsordnung als ein dauernder Wert in das Bewußtsein des einzelnen eingedrungen ist, beginnt er in diese Ordnung Interessen zu investieren. Man akzeptiert die von der Gesellschaft auferlegten Pflichten, um die von der Gesellschaft gebotenen Chancen und Rechte wahrnehmen zu können. Hierdurch entsteht der *Investitionswert der bestehenden Ordnung*, der bei einer Bedrohung der Ordnung selbst bei Unterprivilegierten zu Verteidigungsbereitschaft führen kann. Diese *Basislegitimität*[303] resultiert aus der Anerkennung des Ordnungswertes einer sozialen Ordnung und dem in sie gesetzten Investitionswert. Sie beschreibt eine Bewußtseinslage, die jede bestehende Gesellschaftsordnung zu erzeugen vermag. Das Phänomen der Basislegitimität wurzelt also vor allem im menschlichen Bedürfnis nach Orientierungssicherheit. Unter dem Aspekt der Systemtheorie wird nach der Leistung von Legitimität für den Fortbestand gesellschaftlicher Systeme gefragt. So hebt Luhmann den Beitrag der Legitimität zur Reduktion und Erhaltung systemnotwendiger Komplexität hervor. Er sucht zu begründen, daß Verfahrensstrukturen nicht allein Entscheidungen des Staates legitimieren, sondern auch zur Legitimation der Staatsgewalt insgesamt zu führen vermögen. Er bindet den Legitimitätsbegriff nicht mehr an die persönlich geglaubte Richtigkeit der staatlichen Entscheidungen; die Legitimität resultiert vielmehr aus einem Verfahren, *das die Anerkennung verbindlicher Entscheidungen als Selbstverständlichkeit institutionalisiert*[304]. "Institutionalisierung von Legitimität" bedeutet bei Luhmann, daß in rechtlich geordneten rationalen Verfahren sich ein gesellschaftlicher Lernprozeß vollzieht mit dem Ziel, soziale Erwartungen umzustrukturieren. Zum Zwecke der Legitimation von Entscheidungen muß auf Seiten der Entscheidungsbetroffenen und der Entscheidenden ein *effektives, möglichst störungsfreies Lernen* programmiert sein[305]. Auch andernorts wird auf jene Dynamik des Legitimationsprozesses aufmerksam gemacht, derer komplexe Gesellschaften be-

---

[301] Etwa bei Georg Geismann, Ethik und Herrschaftsordnung. Ein Beitrag zum Problem der Legitimation (Tübingen 1974), 75 kommt der Legalität nur dann Legitimität zu, *wenn durch sie jede willkürliche (gesetzlose) Freiheitseinschränkung ausgeschlossen und damit Freiheit als Recht allererst gesichert wird*.
[302] Hennis, Legitimität, 22.
[303] Heinrich Popitz, Prozesse der Machtbildung, in: Recht u. Staat in Geschichte u. Gegenwart, Bd. 362/63 (Tübingen 1968), 36. 38 ff.
[304] Luhmann, Legitimation durch Verfahren, 34; ähnlich auch Münch, Legitimität, 108: *Vertrauen in die Offenheit der Normsetzung* als *taktische Legitimitätsgrundlage von Normen*.
[305] Luhmann, Legitimation durch Verfahren, 35; vgl. auch ders., Rechtssoziologie, Bd. 2 (Reinbek 1972), 261; aus der vielfach geäußerten Kritik an Luhmann vgl. etwa R. Zippelius, Legitimation durch Verfahren?, in: Fschr. Karl Larenz, hg. v. Gotthard Paulus, Uwe Diederichsen, Claus-Wilhelm Canaris (München 1973), 293 ff.; Wilfried Röhrich, Politische Soziologie. Eine Einführung in ihre Probleme (Stuttgart 1977), 77.

dürfen. So möchte etwa KIELMANSEGG Legitimation als einen *Prozeß* verstehen, als einen *Vorgang, der sich ununterbrochen vollzieht*[306]. Denn in komplexen Gesellschaften könne eben eine Herrschaftsordnung nicht mehr darauf vertrauen, ohne ihr Zutun von einer unangefochtenen Geltungsüberzeugung in der Gesellschaft getragen zu sein. Denkt man an die entlegitimierende Wirkung von Rassenkonflikten oder von Krisen durch unbewältigten gesellschaftlichen Wandel, so wird die allseitig akzeptable Lösung sozialer Konflikte geradezu zum Prüfstein der Legitimität eines politischen Systems[307]. Ein demokratischer Staat muß hier seine Legitimität quasi täglich durch konsensfähige Konfliktlösung neu produzieren. Dieser Gesichtspunkt einer Legitimität durch effiziente Funktionserfüllung steht auch bei einer leistungsstaatlich-sozialeudämonistischen Legitimität im Vordergrund. Die Funktionstüchtigkeit des Gesamtsystems, in dem der Staat durch Daseinsvorsorge, Wirtschaftspolitik u. a. m. den Bedürfnissen der Gesellschaft zu genügen hat, erklärt man verschiedentlich zur wesentlichen Legitimationsquelle staatlichen Handelns[308]. Eine solche leistungsstaatlich-technokratische Legitimität kann mit der Legitimität durch demokratisches Verfahren in Konflikt geraten; bei ökonomischen oder sozialen Krisen muß die Legitimität freilich in einem breiten und stabilen Konsens mit den politischen Institutionen gefunden werden[309].

Im Hinblick auf die politischen Verhältnisse in der Bundesrepublik Deutschland zeichnet sich eine Polarisierung des Legitimitätsbegriffs ab. In der Staatsrechtslehre sieht man in Art. 79 Abs. 3 GG eine Positivierung der Legitimität staatlicher Gewalt: Grundrechte, Sozialstaat, Föderalismus, Demokratie, Gewaltenteilung und Rechtsstaat sind die Legitimitätsgrundlagen der vom Grundgesetz geschaffenen Ordnung. Hinter der Verfassung des freiheitlich-demokratischen und sozialen Rechtsstaats steht ein legitimitätserzeugender und fortwährend zu aktualisierender Verfassungskonsens, der auf der *bewährten Tradition des demokratischen Verfassungs-*

---

[306] P. GRAF KIELMANSEGG, Legitimität als analytische Kategorie, Polit. Vjschr. 12 (1971), 373; ders., Volkssouveränität. Eine Untersuchung der Bedingungen demokratischer Legitimität (Stuttgart 1977), 255 ff.

[307] Zur Bedeutung der Funktionsfähigkeit und Konfliktlösungskapazität eines politischen Systems für die Legitimität vgl. SEYMOUR MARTIN LIPSET, Soziologie der Demokratie (Neuwied, Berlin 1962), 70 ff. 77 ff.

[308] ARNOLD GEHLEN, Rez. Joh. Winckelmann, Legitimität und Legalität in Max Webers Herrschaftssoziologie (Tübingen 1952), Dt. Verwaltungsbl. 70 (1955), 577; STALLBERG, Herrschaft (s. Anm. 294), 160 ff.; GUGGENBERGER, Staat (s. Anm. 298), 38 ff.; ders., Herrschaftslegitimierung und Staatskrise, in: MICHAEL TH. GREVEN / BERND GUGGENBERGER / JOHANO STRASSER, Krise des Staats? Zur Funktionsbestimmung des Staates im Spätkapitalismus (Darmstadt, Neuwied 1975), 9 ff.; ILSE STAFF, Lehren vom Staat (Baden-Baden 1981), 436 f. (zum Verlust nationaler Souveränität bei Sicherung leistungsstaatlicher Legitimität).

[309] *Die moderne Technik bedarf keiner Legitimität; mit ihr 'herrscht' man, weil sie funktioniert und so lange sie optimal funktioniert;* HELMUT SCHELSKY, Demokratischer Staat und moderne Technik, Atomzeitalter 1 (1961), 100 f.; PAUL KEVENHÖRSTER, Legitimitätsdoktrinen und Legitimierungsverfahren in westlichen Demokratien, in: PETER GRAF KIELMANSEGG / ULRICH MATZ (Hg.), Die Rechtfertigung politischer Herrschaft (Freiburg, München 1978), 59 ff. 94.

staates und seiner *Rechtskultur* aufbaut[310]. In diesem vorgezeichneten Rahmen von Gerechtigkeits- und Ordnungsvorstellungen hat sich *die Legitimität der konkreten Politik*[311] zu entfalten, indem in einem rechtlich geordneten Verfahren die Staatszielbestimmungen durch die staatsleitenden Instanzen in laufender Auseinandersetzung mit Opposition und öffentlicher Meinung konkretisiert und den sozialen und ökonomischen Wandlungen angepaßt und indem zwischen widerstreitenden Zielen Kompromisse gesucht werden. Die Legalität der vom Grundgesetz verfaßten Ordnung beruht auf zwei Elementen: zum einen auf dem Mehrheitsprinzip, das demokratische Legitimität verbürgt, zum anderen auf dem Primat des Rechts, das in gewissem Maße eine Unparteilichkeit und Unverbrüchlichkeit des Rechts sichert. Ein solches Legalitätsprinzip bleibt nicht lediglich im Bereich des Formalen und läßt sich dem Legitimitätsprinzip nicht entgegensetzen. Die Legalität *begründet wegen jenes rechtsstaatlich-demokratischen Zusammenhangs ihrerseits Legitimität*[312], eine Legitimität, der nur totalitäre Bestrebungen eine höhere Legitimität gegenüberstellen können. Demgegenüber wird von Systemkritikern mit Nachdruck gefragt, ob das Demokratie- und Sozialstaatsgebot des Grundgesetzes nicht lediglich die *gesellschaftlich notwendigen Legitimationsvorstellungen einer von der kapitalistischen Produktionsweise her zwangsweise undemokratischen und unsozialen Gesellschaft* seien[313]. Die Legitimität der Herrschaft in der industriellen Arbeitsorganisation wird analysiert[314] und so der Legitimitätsbegriff entstaatlicht. Legitimationsverluste sieht man durch die neuartigen Planungsverfahren eintreten, da diese neue Krisenvermeidungsstrategie kaum demokratischer Legitimation zugänglich sei[315]. Außerdem sollen die neuen Formen politischer Artikulation, wie außerparlamentarische Opposition, Studentenbewegung oder Bürgeraktionen, mit der Legitimationskrise der Parteiendemokratie eine tiefer greifende Strukturkrise des kapitalistischen Staates anzeigen. Gründe für solche Strukturkrisen sollen etwa der Autonomieverlust des politischen Systems und das Versagen des staatlichen

---

[310] HOFMANN, Legitimität (s. Anm. 1), 72 f.; ders., Artikel Legalität, Legitimität, in: JOACHIM RITTER, KARLFRIED GRÜNDER (Hg.), Historisches Wörterbuch der Philosophie, Bd. 5 (1980), 163 ff.

[311] ZIPPELIUS, Allgemeine Staatslehre, § 41 (s. Anm. 1), 385 f.

[312] KONRAD HESSE, Grundzüge des Verfassungsrechts der Bundesrepublik Deutschland, 13. Aufl. (Karlsruhe 1982), 77; C. SCHMITT, Theorie des Partisanen (Berlin 1963), 85: *Es gibt eine republikanische Legalität, und das eben ist in der Republik die einzige Form der Legitimität.* Kritisch HELLER, Staatslehre (s. Anm. 296), 221.

[313] R. EBBIGHAUSEN, Legitimationskrise der Parteiendemokratie und Forschungssituation der Parteiensoziologie, in: Parteiensystem in der Legitimationskrise. Studien und Materialien zur Soziologie der Parteien in der Bundesrepublik Deutschland, hg. v. JÜRGEN DITTBERNER u. R. EBBIGHAUSEN (Opladen 1973), 29; R. EBBIGHAUSEN, Legitimationsproblematik, jüngere staatstheoretische Diskussion und der Stand historisch-empirischer Forschung, in: ders. (Hg.), Bürgerlicher Staat und politische Legitimation (s. Anm. 298), 9 ff. mit weiteren Nachweisen und WOLF-DIETER NARR, Gewalt und Legitimität, Leviathan 1 (1973), 7 ff.

[314] URSULA SCHUMM-GARLING, Herrschaft in der industriellen Arbeitswelt (Frankfurt 1972); GUY KIRSCH, Manager — Herrscher ohne Auftrag? Die Legitimationsgrundlagen der Managerherrschaft (Köln 1969).

[315] C. OFFE, Strukturprobleme des kapitalistischen Staates (Frankfurt 1975), 123 ff.

Krisenmanagements sein, die zum Legitimationsentzug führen können, oder die Zukunftsversprechen der politischen Parteien, die übertriebene Erwartungen der Bevölkerung zur Folge haben, deren Enttäuschung die Legitimationsgrundlage des Staates erschüttern kann[316]. Demgegenüber bezweifelt etwa HENNIS, daß man die Probleme des Regierens in Industriestaaten als *Beleg für Legitimationskrisen rubrizieren* kann, und möchte die Kategorie des Legitimitätskonflikts nur verwendet wissen, wenn es zu massenhafter Exilierung oder Zerfall der Ordnung kommt[317].

THOMAS WÜRTENBERGER

---

[316] J. HABERMAS, Legitimationsprobleme im Spätkapitalismus (Frankfurt 1973), 98. 103 f.; C. OFFE, Krisen des Krisenmanagements: Elemente einer politischen Krisentheorie, in: Herrschaft und Krise. Beiträge zur politikwissenschaftlichen Krisenforschung, hg. v. MARTIN JÄNICKE (Opladen 1973), 200; vgl. auch HELMUT WAGNER, Zum Verhältnis von ökonomischer Krise und Legitimationskrise (Frankfurt, Bern 1976), 10 ff. 61 ff. 76. 162 ff.; MARIANNE RODENSTEIN, Bürgerinitiativen und politisches System (Gießen 1978), 85 ff.
[317] HENNIS, Legitimität (s. Anm. 298), 9; kritisch HABERMAS, Legitimationsprobleme (s. Anm. 298), 41 ff.

Liberalismus

I. Einleitung. II. Zur Problemlage: 'liberal' — 'fortschrittlich' — 'freisinnig' — 'demokratisch'. III. Zur Wortgeschichte. IV. Auf dem Wege zum politischen Begriff. V. Liberalismusbegriff vor 1830. VI. Liberalismus im Vormärz. VII. Revolution und Reaktion. VIII. Wiederaufleben des politischen Liberalismus. IX. Ausblick.

I. Einleitung

Mit den Wörtern 'liberal', 'Liberale', 'Liberalismus' ist eine der bedeutendsten und mächtigsten politischen Traditionen Europas und der europäisch geprägten Welt angesprochen. Als politische Schlag- und Kampfworte, als Richtungs- und Parteinamen erst im 19. Jahrhundert auftretend und sich durchsetzend, stehen hinter ihnen doch sowohl die lange Tradition ständischen und kirchlichen Freiheitsdenkens und des Lebens in einem institutionellen System von vielfältigen Privilegien, Immunitäten, Freiheiten und Garantien als auch die natur- und vernunftrechtliche Ideenwelt der europäischen Aufklärung. In Deutschland beriefen sich die „Liberalen" zudem auf Klassik, Idealismus und Neuhumanismus, auf den Geist der preußischen Reform und der Erhebung gegen Napoleon. Im Grunde aber waren alle Liberalen überzeugt, daß sie — weit über philosophische Lehrmeinungen und politische Forderungen hinaus — für Ziele eintraten, die an sich menschenwürdig sind und die Zustimmung eines jeden vernünftigen, gebildeten und gutwilligen Menschen finden müßten. Von ihren Gegnern und Kritikern jedoch sahen sie sich als Zerstörer diskreditiert und in die Nähe der Revolution gerückt, die mit liberalen Forderungen begann und zu egalitären Zielen weiterdrängte. Von Anfang an fand sich der politische Liberalismus mit der Behauptung konfrontiert, er sei die Begleiterscheinung von Säkularisation und gesellschaftlicher Atomisierung, der politische Ausdruck von Materialismus und Erwerbsdenken, der Wegbahner von Demokratie und Massendespotie.

So ergibt sich der widersprüchliche Befund, daß das Wort 'liberal' auf der einen Seite in oft unreflektierter, unpolitischer und auf keine bestimmte Partei bezogener Weise zur Benennung positiv bewerteter Verhaltensweisen und Ziele verwendet worden ist, während es andererseits von kraß unterschiedlichen Positionen her negativ, als diffamierende Charakterisierung unentschiedener und bindungsloser, leichtfertiger und egoistischer politischer Haltung gebraucht wurde. Möglich war dies aufgrund der Tatsache, daß einerseits liberale Ideen und Vorstellungen, Institutionen und Praktiken selbstverständliche Elemente der modernen Welt geworden sind, auf die von keiner politischen Partei ausschließender Anspruch erhoben werden kann, andererseits sich im Liberalismus alles vereinigte, was zunächst traditionalistische und konservative, zunehmend aber auch radikale Kräfte ablehnte — vor allem in Deutschland, wo der Liberalismus nie zur beherrschenden politischen Macht hat werden können. Das machte es hier so einfach, die Begriffe 'liberale Ideen' und 'Liberalismus' zu diskreditieren und als überholt abzutun.

Zwei weitere Tatbestände müssen berücksichtigt werden: zum einen die Erweiterung des Spektrums politischer Positionen nach „links" seit dem 19. Jahrhundert, durch die das, was einst als fortschrittlich und emanzipatorisch galt, zunehmend in die

Mitte gerückt worden ist und damit an progressivem Charakter verloren hat. Zum zweiten hat die weitgehende Gleichsetzung des Liberalismus mit der Weltanschauung und den politischen Zielen der bürgerlichen Mittelschichten den Liberalismus in den Augen seiner Kritiker zu einer Klassenideologie reduziert, deren Funktion mit der ihrer Träger ausgespielt hat. Das hat es den Liberalen seit der Mitte des 19. Jahrhunderts zunehmend schwerer gemacht, ein eigenständiges politisches Konzept zu vertreten, das sich hinreichend von demjenigen anderer Parteien abhebt, und seine Notwendigkeit überzeugend darzutun. Wenn es auch unstreitig ist, daß freie Staaten der „liberalen" Mentalität und des „liberalen" Verhaltens ihrer Bürger bedürfen, so genügt das nicht als Grundlage eines liberalen politischen Programms. Die politische Zukunft des Liberalismus hängt heute davon ab, in welchem Maße die Spannung zwischen Freiheit und Gleichheit, zwischen Selbstbestimmung des Individuums und institutioneller Sicherung sozialer Gerechtigkeit, zwischen Rechtsstaat und Wohlfahrtsstaat im politischen System der Demokratie zum Ausgleich gebracht werden kann. Das ist nicht erst ein gegenwärtiges Thema; es war die latente Problematik des politischen Liberalismus in Deutschland schon im 19. Jahrhundert. Sie hat ihren Niederschlag auch in der Entwicklung des Begriffs 'Liberalismus' gefunden.

II. Zur Problemlage: 'liberal' — 'fortschrittlich' — 'freisinnig' — 'demokratisch'

1) Bis heute werden die Wörter 'liberal' und 'Liberalität' zur Kennzeichnung vorurteilsfreien, freigiebigen, großzügigen, freisinnigen Denkens und Verhaltens einer bestimmten, durchaus noch nicht politischen Gesinnung und Einstellung verwendet. In der Tat liegen oft liberaler — wie auch konservativer — Politik Optionen zugrunde, die selber nicht mehr politisch, sondern moralisch und emotional, sozial und ökonomisch bedingt sind. Liberale haben darauf in starkem Maße selber rekurriert und ihre politische Stellungnahme als Ausdruck vernünftig und billig, selbständig und fortschrittlich denkender, wohlmeinender und gebildeter Menschen verstanden. Deshalb auch haben sie sich lange dagegen gewehrt, sich als Partei zu verstehen oder gar sich als eine solche zu organisieren. Sie tendierten dahin, die aus einer bestimmten Phase der sozialen und politischen Entwicklung Europas stammende Verbindung von bürgerlicher Emanzipation und liberalen politischen Ideen naturrechtlich und zugleich historisch zu legitimieren und aus ihr den mündigen, freien Staatsbürger hervorgehen zu sehen, damit aber auch ihr politisches Gedankengut gerade nicht für parteiisch zu halten. Und wenn sie nicht bestritten, daß es die besonderen Interessen der bürgerlichen Besitz- und Bildungsschichten ausdrücke, so waren sie doch überzeugt, daß diese Vorstellungen zugleich im Interesse aller Menschen liegen.

2) Die Entwicklung der Wörter 'liberal', 'Liberale', 'Liberalismus' zu politischen Begriffen ist eine nachrevolutionäre europäische Erscheinung. Menschen, die sich dieser Begriffe bedienten, besaßen bereits die Erfahrung des nicht mehr nur intellektuellen und literarischen Kampfes zwischen vorwärtsdrängenden und beharrenden, veränderungswilligen und besitzstandverteidigenden Kräften, zwischen politische Freiheit und rechtliche Gleichheit erstrebenden und privilegienverteidigenden Teilen der Gesellschaft. Sie kannten also auch bereits die Möglichkeit der revolutionären

II. 'Liberal', 'fortschrittlich', 'freisinnig', 'demokratisch'   Liberalismus

Eskalation zur gewaltsamen Umsetzung von Theorien einer zukünftigen Gesellschaft, aber ebenso der gewaltsamen Reaktion und Restauration. Gerade in Deutschland hat der Liberalismusbegriff seinen Aufstieg im Zeitalter der Restauration genommen. 'Liberal' wurde zum Kennwort, zur Eigen- und Fremdbezeichnung für diejenigen, die sich gegen die Wiederherstellung oder Erhaltung der politischen und sozialen Verhältnisse des Ancien Régime wandten und die Weiterentwicklung der politischen und sozialen Institutionen durch zeitgemäße Reformen wünschten. Die Aufstauung dieser Entwicklung im Vergleich einerseits mit Westeuropa, andererseits mit den eigenen anfänglichen Erwartungen hat dann den politischen Liberalismus in Deutschland unter besonders schwierige Bedingungen gestellt: sein Ausgeschaltetbleiben von der Regierung begünstigte idealistische und theoretische Tendenzen, führte zu Spaltungen, zu Radikalisierung auf der einen, Anpassung und Profilverlust auf der anderen Seite, bewirkte schließlich, daß selbst Reformen, die die Liberalen wünschten, von anderen und im Kontext eines Systems durchgeführt wurden, das als ganzes vom Liberalismus nicht geprägt war. Das aber hatte eine wachsende Identitätskrise des Liberalismus in Deutschland zur Folge, die auch im Begriffsgebrauch ihren Ausdruck fand.

3) Wenn die Vertreter individueller Freiheitsrechte und konstitutioneller Reformen in Deutschland im zweiten, dritten und vierten Jahrzehnt des 19. Jahrhunderts die Wörter 'liberal' und 'Liberale' geeignet fanden, ihre politischen Vorstellungen zu definieren und ihren politischen Standort zu benennen; wenn sie — seltener — mit dem Begriff 'Liberalismus' den Komplex von Anschauungen, die sie teilten, zutreffend bezeichnet meinten, so sind sie sich doch schon in dieser Zeit bewußt geblieben, wie ungenau diese Wörter ihre politischen Ziele angaben. Deshalb haben sie sich oft der entsprechenden Etikettierung zu entziehen versucht. Die Tatsache, daß das Schlagwort und der Parteiname 'liberal' aus Westeuropa übernommen wurden, aber auch in Deutschland an einen bestimmten Gebrauch der Worte 'liberal' und 'Liberalität' angeschlossen werden konnte, machte ebenso Mißverständnisse möglich, wie sie den politischen Horizont erweiterte. In dem Maße, wie auch in den deutschen Staaten von Liberalen und Konservativen, Radikalen und Demokraten gesprochen wurde, wuchs das Bewußtsein, in nationalen und übernationalen Fronten der politischen Auseinandersetzung zu stehen. Daß jedoch die Liberalen in Deutschland unter anderen Bedingungen und vor anderen Aufgaben standen als in England und Frankreich, haben ihre Gegner ausgenutzt, um gegen Namen und Ziele der deutschen Liberalen zu polemisieren. Diese gerieten aber auch selber in terminologische Not, als ihr linker Flügel, die Radikalen, mit der Forderung nach Demokratie über den Bereich der liberalen Mehrheitsziele hinausdrängte. Nicht willens, diesen Weg mitzugehen, bemühten sie sich auch um begriffliche Unterscheidung.

Die zahlreichen parteipolitischen Spaltungen des deutschen Liberalismus sind von begrifflichen Differenzierungen vorbereitet, begleitet und zu erklären versucht worden. Dabei ist der Begriff 'Liberalismus' selber als Bezeichnung einer politischen Position weitgehend aufgegeben worden, weil er zu wenig spezifisch war, deshalb zu viele Angriffsflächen für gegnerische und Selbstkritik bot und weil das, was als gemeinsame politische Ziele des Gesamtliberalismus übrigblieb, einesteils mit der Zeit zur institutionellen Wirklichkeit und zum Bestandteil der Programmatik auch nichtliberaler Parteien wurde, andernteils zu einem individualistischen Kulturliberalismus verblaßte, der der modernen Entwicklung zur egalitären Klassendemokratie keinen Widerstand leisten zu können meinte. Die Ersetzung von 'liberal' durch 'fortschrittlich', 'freisinnig', schließlich sogar 'demokratisch' auch in den Parteinamen, vor allem des linken liberalen Spektrums, zeigt das Verlangen, die für wesentlich gehaltene progressive und emanzipatorische Grundtendenz des Liberalismus und seine Wandlungsfähigkeit stärker hervorzuheben.

4) 1853 wurde in der 10. Auflage des BROCKHAUS rückblickend festgestellt, die Anwendung der Wörter 'liberal' und 'Liberale' sei in Deutschland am meisten verbreitet gewesen, wo man vor allem von den Befreiungskriegen bis 1848 *die Verfechter freierer Ideen in Staat, Kirche und Wissenschaft, die mehr oder weniger mit dem Bestehenden in Opposition gerieten, insbesondere die Anhänger des modernen englisch-französischen Verfassungswesens Liberale zu nennen pflegte*. Schon vor 1848 habe sich *aus der liberalen Partei eine radicale* ausgesondert; nach dem Ausbruch der Revolution habe ihr Gegensatz sich verschärft, da sich die *Monarchisch-Constitutionellen* den *Demokraten und Republikanern widersetzten* und deshalb von diesen als rückständig angesehen wurden. *Im allgemeinen ist seitdem der Parteiname liberal und Liberalismus etwas außer Gebrauch gekommen, indem neue Parteistellungen und damit auch neue Namen der Parteien sich gebildet haben*[1]. Obwohl dies im Nachhinein als eine voreilige Annahme erscheint — die Phase des größten politischen Einflusses des Liberalismus in Deutschland von 1867 bis 1878 ist mit dem Namen der „Nationalliberalen Partei" verbunden —, trifft sie doch insofern zu, als nach 1848 die Bezeichnung 'liberal' allein nicht mehr tragfähig erschien und, sofern sie nicht ganz als Parteiname aufgegeben wurde, nur noch in Verbindung mit einem anderen, die politische Richtung und Gewichtung angebenden Attribut aufgetreten ist. So zuletzt im Namen der „Liberaldemokratischen Partei" der DDR.

Die Geschichte des Begriffs 'Liberalismus' ist jedoch mit der Geschichte der Benennung liberaler Parteien, auch mit der Geschichte des parteipolitischen Liberalismus nicht identisch. 'Liberalismus' als politischer Begriff meint von Anfang an ein Verständnis der politischen Welt und ein Konzept ihrer Gestaltung, das nicht bloß von einer oder mehreren Parteien vertreten wurde. Mit der zunehmenden Verparteilichung des politischen Lebens geriet jedoch dieses Konzept in Identitätskrisen, blieb gleichwohl aber ungeheuer wirksam und ist es noch immer auch dort, wo seine Wirkungen nicht 'liberal' genannt oder perhorresziert und diffamiert werden. Seit einigen Jahren ist sogar in der Wissenschaft wie in der Politik eine neue Liberalismusdiskussion in Gang gekommen, die nicht nur ein neues Interesse an dem historischen Phänomen des Liberalismus bezeugt, sondern auch ein verstärktes Interesse daran, sein politisches Potential in der Gegenwart verstärkt zur Geltung zu bringen.

III. Zur Wortgeschichte

Die politischen Schlagwörter 'liberal', 'Liberale' und der voll ausgebildete politische Begriff 'Liberalismus' haben in Deutschland seit dem frühen 19. Jahrhundert als Neologismen und als Fremdwörter eine keineswegs widerspruchslose und unbestrittene Verbreitung gefunden. Durch sie ist der ältere un- oder vorpolitische Gebrauch

---

[1] BROCKHAUS 10. Aufl., Bd. 9 (1853), 577.

III. Wortgeschichte

des Wortes 'liberal' nicht beseitigt worden. Wortgeschichtlich müssen unterschieden werden: eine lateinische, in die römische Antike zurückführende Bedeutung, die unmittelbar oder auch mittelbar aus dem Französischen und Spanischen entlehnt werden konnte, und daraus hervorgehend ein un- oder vorpolitischer Gebrauch sowie eine politische, oft allerdings unspezifisch bleibende Verwendung.

Das französische Wort 'libéral' wie das deutsche 'liberal' ist ein aus lat. 'liberalis' gebildetes Lehnwort; 'liberalis' hieß einmal *die Freiheit betreffend*, zum anderen *freigebig* und *einem freigeborenen Menschen geziemend*, entsprechend dem Substantiv 'liberalitas': die *edle, freisinnige Denk- und Handlungsart* einzelner Menschen, vor allem ihre *Freigebigkeit*, und zwar verstanden als persönliche, uneigennützige Leistung; sie verleiht (z. B. als Spendenfreudigkeit) allgemeines Ansehen[2]. 'Liberalitas' war also noch keine politische Tugend, aber doch eine solche, die öffentliche Anerkennung fand. So erklärte CAESAR am Anfang des Bürgerkrieges: *Haec nova sit ratio vincendi, ut misericordia et liberalitate nos muniamus*[3]. 'Liberalitas' ist dann ein Schlagwort der Herrschaft Caesars und damit eine Bezeichnung für Herrschergnade geworden; Augustus hat es aus politischen Gründen vermieden, während es in den Provinzen offenbar in der caesarischen Bedeutung weitergelebt hat. Von Claudius an fand es wieder programmatische Verwendung im Sinne der Herrscherpropaganda. Daneben gab es eine allgemeine ethische Bedeutung von 'liberalitas', die sich vielfach mit der konkreten Bedeutung der Gabe oder Spende verbunden hat[4]. In der Bedeutung „großzügig" und „gebefreudig" ist 'liberalis' in die französische Sprache eingegangen und im Mittelalter mehrfach, in einem Wörterbuch allerdings erst 1677, bezeugt. Daneben stand, bereits bei Seneca, der Begriff der 'artes liberales', im Französischen um 1210 als 'arts libéraux'[5], in Deutschland sicher im 15. Jahrhundert als 'freie Künste' übersetzt, aber in der Bildungssprache in lateinischer, später auch in französischer Version geläufig[6].

'Liberal' und 'Liberalität' als von Gelehrten gebrauchte Lehnwörter aus dem Lateinischen kommen seit dem 16. Jahrhundert auch im Deutschen vor. Noch in HÜBNERS „Realem Staats-, Zeitungs- und Conversations-Lexikon" ist 'liberal' in der Auflage von 1742 mit *freigebig und guttätig* erläutert; in der Auflage von 1789 ist *wohlmeinend* hinzugefügt[7]. Aus dem 17. Jahrhundert ist auch 'liberalisch' bezeugt, das dann bald einen pejorativen Sinn angenommen zu haben scheint. Selbstverständlich war der Bedeutungszusammenhang mit 'libertas', französisch 'liberté', von hier deutsch 'Libertät', immer bewußt; doch scheint im Französischen und im Deutschen diese ständische Bedeutung nicht primär die politische Aufladung des Wortes 'liberal' bewirkt zu haben. Diese ist zumindest ebensosehr aus der praktisch-moralischen Bedeutung von 'liberal' = „großzügig, vorurteilsfrei, wohlmeinend" hervorgegangen. Als im frühen 19. Jahrhundert das politische Schlagwort 'liberal' aus

---

[2] Ausführliches Lateinisch-Deutsches Handwörterbuch, 8. Aufl., hg. v. HEINRICH GEORGES, Bd. 2 (1913; Ndr. Basel, Stuttgart 1969), 636 f.
[3] CICERO, Ad Att. 9, 7c, 1.
[4] HELMUT BERVE, Art. Liberalitas, RE Bd. 25 (1926), 82 ff.
[5] FEW Bd. 5 (1950), 299 f.
[6] GRIMM Bd. 5 (1873), 2669; ZEDLER Bd. 2 (1732), 1645.
[7] HÜBNER (Ausg. 1742), 614.

Frankreich und Spanien in Deutschland bekannt wurde, besaß das Wort als Bezeichnung einer moralischen Tugend und einer sich öffentlich bewährenden Haltung eine Bedeutung, an der die neue politische Qualität mühelos und sofort verständlich anknüpfen konnte.

Die Verwendung des Wortes 'liberal' in Aussagen, die sich im weiteren Sinne auf das Verhalten von Menschen im öffentlichen und politischen Leben beziehen, hat in Deutschland schon im späten 18. Jahrhundert deutlich zugenommen. 1784 sprach J. G. ZIMMERMANN von *Städten, wo ein Schriftsteller, der nicht des herrschenden Glaubens ist, für jede gemeinnützige und unleugbare Beobachtung, für jedes liberale Wort, büßen muß*[8]. Daß *liberale Erziehung* den *natürlichen Freiheitssinn des Menschen mit Weisheit nähre*, liest man 1788 im „Braunschweigischen Journal"[9]. 1792 stellte ERNST BRANDES fest, daß es in den deutschen Staaten keinen hinreichend *bemittelten dritten Stand* gebe, *der als Repräsentant des Städters und Landmannes die Rolle eines Britischen Unterhauses mit Würde spielen könnte*. Dazu gehöre eine gewisse materielle Unabhängigkeit und eine ihr entsprechende *liberale Bildung des Geistes, die in Deutschland fehle, weil die meisten wirklich sehr gebildeten Menschen vom dritten Stande ... von landesherrlichen Besoldungen oder eigenem Erwerbe, nicht von ererbtem Vermögen leben*[10]. Und 1793 sprach FRIEDRICH GENTZ von einem *anhaltenden, liberalen, partheylosen, vielseitigen Nachdenken über das Wesen und die Fundamente der bürgerlichen Verbindung, über die Natur der Freiheit und der Regierung, über den Charakter und die Eigenheiten des Menschen in den verschiednen Staatsgesellschaften*, dessen Resultat ein achtenswerter *Indifferentismus der Vernunft* in der Politik sei[11].

Gebildeten Lesern waren Wendungen wie *liberale Denkungsart*[12], *liberale Grundsätze*[13], *liberaler Geist*[14] in den neunziger Jahren durchaus geläufig; in ihrem allgemeinen Bedeutungsgehalt wie in ihrer jeweiligen Nuancierung wurden sie sofort verstanden. Mit einem *ebenso geistreichen Denker als liberalen Weltbürger* die Verhandlung über das *große Schicksal der Menschheit* zu untersuchen, die *auf dem politischen Schauplatz* stattfindet, erschien SCHILLER 1793 als anziehende Aufgabe; und wenn er die *Reflexion* als *das erste liberale Verhältnis des Menschen zu dem Weltall, das ihn*

---

[8] JOH. GEORG ZIMMERMANN, Ueber die Einsamkeit, 2. Aufl., Bd. 1 (Troppau 1785), 67 f.
[9] Ueber den wesentlichen Unterschied des Protestantismus und des Katholicismus, Braunschweigisches Journal 1/5 (1788), 17.
[10] ERNST BRANDES, Ueber einige bisherige Folgen der Französischen Revolution in Rücksicht auf Deutschland (Hannover 1792), 134 f.
[11] FRIEDRICH GENTZ, Ueber politische Freyheit und das Verhältniß derselben zur Regierung, Anh. zu: EDMUND BURKE, Betrachtungen über die französische Revolution, dt. v. F. GENTZ, Tl. 2 (Berlin 1793), 132.
[12] Vgl. z. B.: Ueber die Ursachen, warum wir vorerst in Teutschland wohl keine gefährliche politische Haupt-Revolution zu erwarten haben, Schleswigsches Journal 2 (1793), 277; Nachrichten aus Paris, Der Genius der Zeit, hg. v. August Hennings, 12 (1797; Ndr. 1972), 327.
[13] JOSEPH GÖRRES, Die Mitglieder der cisrhenanischen Föderation in Koblenz an ihre Mitbürger (1797), Ges. Schr., Bd. 1 (1928), 10.
[14] Genius von Frankreich, Der Genius der Zeit 14 (1798; Ndr. 1972), 212.

umgibt, bezeichnete[15], so war in beiden Fällen eine intellektuelle Freiheit im Sinne der Unabängigkeit von Zwängen und Vorurteilen und die Fähigkeit, von sich selber abzusehen, gemeint. 1793 äußerte sich Schiller resigniert über den Gang der Revolution in Frankreich: eine *verderbte Generation*, die der Situation nicht würdig sei, beweise durch den *Gebrauch, den sie von diesem großen Geschenk des Zufalls gemacht habe, daß das Menschengeschlecht der vormundschaftlichen Gewalt noch nicht entwachsen ist, daß das liberale Regiment der Vernunft da noch zu frühe kommt, wo man kaum damit fertig wird, sich der brutalen Gewalt der Tierheit zu erwehren, und daß derjenige noch nicht reif ist zur bürgerlichen Freiheit, dem noch so vieles zur menschlichen fehlt*[16]. Im gleichen Jahre definierte er: *Wenn ein monarchischer Staat auf eine solche Art verwaltet wird, daß, obgleich alles nach eines einzigen Willen geht, der einzelne Bürger sich doch überreden kann, daß er nach seinem eigenen Sinne lebe und bloß seiner Neigung gehorche, so nennt man dies eine liberale Regierung. Man würde aber großes Bedenken tragen, ihr diesen Namen zu geben, wenn entweder der Regent seinen Willen gegen die Neigung des Bürgers, oder der Bürger seine Neigung gegen den Willen des Regenten behaupte; denn in dem ersten Fall wäre die Regierung nicht liberal, in dem zweiten wäre sie gar nicht Regierung*[17]. — In der Bedeutung „Großzügigkeit, Wohlmeinung, Verständigkeit", die in Grenzen Freiheit zuläßt, benutzte auch Goethe gelegentlich dieses Wort — so als er 1797 notierte, es dränge sich ihm der Gedanke auf, Frankfurt müsse *in früheren Zeiten von Menschen ... regiert gewesen sein, die keinen liberalen Begriff von öffentlicher Verwaltung, keine Lust an Einrichtung zu besserer Bequemlichkeit des bürgerlichen Lebens gehabt* hätten. Indem man in der Stadt über Befugnisse gestritten habe, *konnte ein gewisser liberalerer Sinn des allgemein Vorteilhaften nicht stattfinden*[18]. Wenig später definierte Friedrich Schlegel im „Athenäum", noch immer im Sinne öffentlicher und patriotischer Moral, aber in der Intention doch erheblich politischer: *Liberal ist, wer von allen Seiten und nach allen Richtungen wie von selbst frei ist und in seiner ganzen Menschheit wirkt; wer alles, was handelt, ist und wird, nach dem Maß seiner Kraft heilig hält, und an allem Leben Anteil nimmt, ohne sich durch beschränkte Ansichten zum Haß oder zur Geringschätzung desselben verführen zu lassen*[19]. Die hier genannten Tugenden sind die des Patrioten und Bürgers. Man findet sie auch zur Erläuterung des Wortes 'liberal' in Campes Fremdwörterbuch: *1) Freigebig. 2) Billig, gütig, vorurteilsfrei oder unbefangen, mild und edel*[20]: Tugenden, die zugleich diejenigen aufgeklärter und benevolenter Regenten sein sollen.
Diese Wortbedeutung hat 'liberal' im vorpolitischen Bereich bis heute behalten. Es ist noch immer verständlich, jemanden als liberal denkend zu charakterisieren und von einer liberalen Handhabung z. B. der Strafgesetze zu sprechen. Das dazu-

---

[15] Schiller, Über die ästhetische Erziehung des Menschen (1793/94), SA Bd. 12 (1905), 6. 99.
[16] Ders. an Herzog Friedrich Christian von Augustenburg, 13. 7. 1793, Briefe, hg. v. Fritz Jonas, Bd. 3 (Stuttgart, Leipzig, Berlin, Wien 1893), 333.
[17] Ders., Über Anmut und Würde (1793), SA Bd. 11 (1904/05), 211 ff.
[18] Goethe, Reise in die Schweiz, 18. 8. 1797, WA 1. Abt., Bd. 34/1 (1902), 241. 249.
[19] F. Schlegel, Athenäumsfragment Nr. 441, SW Bd. 2 (1967), 253.
[20] Campe, Fremdwb., 2. Aufl. (1813; Ndr. 1970), 397.

gehörige Substantiv 'Liberalität' konnte auch im Bereich des nützlichen Tuns, des Handels und Verkehrs, angewendet werden. In den großen Handelsstädten, bemerkte FRIEDRICH GENTZ 1795, erweitere sich *mit dem Geschäft auch der Gesichtskreis ..., und durch die Menge und Wichtigkeit der Commerzial-Verbindungen* werde *nach und nach eine größere Liberalität in die Schätzung der Dinge und die Beurteilung der menschlichen Verhältnisse gebracht*[21]. 'Liberalität' in diesem Sinne — von der Haltung, die den überlegenen und überlegten, vorurteilsfreien und generösen Menschen kennzeichnet (GOETHE: *Die wahre Liberalität ist Anerkennung*)[22], bis zu Weltoffenheit, Toleranz und einem freien Verhältnis zu religiösen, weltanschaulichen und moralischen Norm- und Wertsystemen — ist eine positiv beurteilte kommunikative Tugend geblieben. Eine Tugend, die einen gewissen Bildungsstand und insoweit auch einen materiellen Status voraussetzt, als dieser Selbständigkeit verleiht. Eine Tugend überdies, die als Gegenteil von Parteilichkeit verstanden wird, immer aber auch ein Bestandteil der Substanz des politischen Liberalismus geblieben ist. Im Kontext antiaufklärerischen und antirevolutionären Denkens und Argumentierens konnten allerdings die Auswirkungen solcher Tugend kritisch bewertet werden. In dem schon herangezogenen Aufsatz von 1795 nannte GENTZ die Behauptung, die Französische Revolution sei Folge eines *außerordentlichen Drucks* gewesen, einseitig; man dürfe daneben nicht vergessen, daß sie auch *die Frucht der größten Nachgiebigkeit und der größten Liberalität der Gesinnungen war, die ... auf einem Thron gewaltet hat*[23]. Hinter dieser Wendung darf man EDMUND BURKES Einfluß vermuten, der in seinen „Reflections on the Revolution in France" vermutet hatte, Heinrich VIII. von England wäre, in der Gegenwart lebend, aller seiner tyrannischen Bemühungen durch den Gebrauch von *vier Kunstwörtern* enthoben gewesen; nämlich — in der GENTZschen Übersetzung — *Philosophie, Erleuchtung, Liberalität* (liberality), *Rechte des Menschen*[24].

IV. Auf dem Wege zum politischen Begriff

Mit der großen Revolution in Frankreich und ihren Ausstrahlungen hat sich die politische Konstellation ausgebildet, in der der Aufstieg des Wortes 'libéral' zu einem der politischen Zentral- und Schlüsselbegriffe des 19. Jahrhunderts begann. Über die natürlich jedermann bewußte Verwandtschaft mit 'libre', 'liberté' hinaus ist 'libéral' in Frankreich zunehmend als Adjektiv von 'liberté' verstanden worden — allerdings keineswegs sofort und nicht im revolutionären Sinne. Es scheint so, daß der Begriff 'libéral' erst nach 1795, entscheidend durch den Staatsstreich Napoleons im Jahre 1799, sein Profil erhalten hat. Aus dem Jahre VII des Revolutionskalenders stammt eine Aussage, die die ältere Wortbedeutung bereits in einen veränderten, politischen Sinnzusammenhang stellt: *Il ne s'agit pas de déchaîner les passions révo-*

---

[21] F. GENTZ, Über den Einfluß der Entdeckung von Amerika auf den Wohlstand und die Kultur des menschlichen Geschlechts, Neue Dt. Monatsschr. 2 (1795), 291, Anm.
[22] GOETHE, Maximen und Reflexionen, HA Bd. 12 (1953), 385.
[23] GENTZ, Über den Einfluß, 311.
[24] BURKE/GENTZ, Betrachtungen über die französische Revolution (s. Anm. 11), Tl. 1, 2. Aufl. (1794), 174.

IV. Entwicklung zum politischen Begriff

lutionnaires, mais d'enflammer toutes les affections „libérales" et généreuses, et de faire que la liberté ne soit pas le patrimoine de quelques-uns, mais le domaine de tous les Français[25]. Die Absetzung von den „revolutionären Leidenschaften" bei gleichzeitiger Betonung der Freiheit aller Franzosen zeigt die Argumentationsrichtung an, die für das Directoire und die napoleonische Herrschaft kennzeichnend geworden ist. Die Mehrheit der Republikaner dieser Jahre fürchtete die Konterrevolution und war eben deshalb an der Beendigung der Revolution, der Sicherheit des Eigentums und der erlangten Besitzstände interessiert. Bei ihnen dürfte der Begriff der 'idées libérales' aufgekommen sein, der in den von dem in Paris lebenden deutschen Radikalen C. E. OELSNER herausgegebenen „Beyträgen zur Geschichte der französischen Revolution" 1795 in der persiflierenden Wendung *liberale Ideenleutchen* für die „Anti-Sieyèsaner" verwandt wurde, also für eine Gruppe, die als gemäßigt-konstitutionell bezeichnet werden kann[26].

Sozusagen ins volle Licht der Öffentlichkeit ist der Begriff 'libéral' dann mit dem 18. Brumaire des Jahres VIII (1799) getreten. Am Tag zuvor hatte MARET die *idées généreuses et libérales qui fondèrent la Révolution* gefeiert[27]; am 18. erklärte NAPOLEON im „Conseil des Anciens", die Direktoriumsmitglieder Barras und Moulias hätten ihm vorgeschlagen, sich an die Spitze einer Partei zu stellen, *tendant à renverser tous les hommes qui ont des idées libérales*[28]; und am 19. proklamierte er: *Les idées conservatrices, tutélaires, libérales, sont rentrées dans leurs droits*[29]. Offensichtlich wollte er damit die Absicht ausdrücken, eine vermittelnde Linie zwischen den Parteien einzuschlagen, um seine Herrschaft zu stabilisieren. Erhaltende und freiheitliche Ideen sind nebeneinander gestellt, um zu zeigen, daß sie keinen Gegensatz bilden, sondern gegen Radikalismus und Reaktion, Korruption und Anarchie benötigt werden. Schlaglichtartig deutet sich hier eine postrevolutionäre Richtungs- und Parteienkonstellation an, die im 19. Jahrhundert eine wesentliche Rolle gespielt hat.

Wie sehr Napoleon mit dem Begriff 'idées libérales' Stimmungen und Wünsche der Zeit angesprochen hatte, zeigt die Resonanz, die er fand. Am 7. Dezember 1799 hieß es im „Ami des Lois", für Bonaparte hätten die Worte *idées libérales* eine andere Bedeutung als für Aristokraten, die sich ihrer bedienten, um sich ins Spiel zu bringen. Bonaparte verstehe darunter *tout ce qui peut embellir la République, la faire aimer; tout ce qui tend à moraliser la Révolution; à en réparer les fautes et les erreurs; il entend la magnanimité du vainqueur envers les vaincus; il entend l'indulgence qui ne peut nuire à l'affermissement de la République; il entend le rappel des hommes égarés aux lois; il entend les institutions bienfaisantes, la tolérance politique et religieuse, la confiance au repentir; il entend enfin l'oubli des injures et toutes les conceptions d'une*

---

[25] PHILIPPE JOSEPH BENJAMIN BUCHEZ / PIERRE CÉLESTIN ROUX-LAVERGNE, Histoire parlementaire de la Révolution française ou Journal des Assemblées Nationales, t. 38 (Paris 1834), 52 (25. 5. 1799). Dazu BRUNOT t. 9 (1937), 660.
[26] CONRAD ENGELBERT OELSNER, Beyträge zur Geschichte der französischen Revolution, Bd. 3 (1795; Ndr. Nendeln 1972), 330.
[27] FRANÇOIS ALPHONSE AULARD, Paris sous le Consulat, t. 1 (Paris 1903), 7, Nr. 5.
[28] Zit. BOUCHEZ/ROUX, Histoire, 190.
[29] NAPOLEON, Correspondance, Nr. 4389 v. 10. 11. 1799, t. 6 (Paris 1860), 8.

âme forte et généreuse. C'est le parcere subjectis des Romains, et dans ce sens les aristocrates peuvent-ils avoir des idées libérales? ... Leur libéralité est donc une chose ridicule, une générosité dérisoire, une usurpation[30]. Am 19. Brumaire aber war im „Rat der Fünfhundert" auch schon gesagt worden: *Si l'immortelle journée du 18 brumaire n'avait aucun résultat ... si elle ne posait enfin la liberté sur des bases inébranlables, en organisant son exercice, cette divinité des âmes libérales serait perdue à jamais pour la France*[31]. In diesem publizistischen Streit spiegelt sich die Auseinandersetzung zwischen denen, die unter dem Stichwort 'idées libérales' ein an englische Vorstellungen angelehntes System der konstitutionellen Monarchie wollten, und anderen, denen es um die Realisierung der durch die Revolution errungenen Freiheit für alle ging. Sie konnten sich auf BONAPARTE berufen, der seine Erklärung vom 15. Dezember 1799, daß die Revolution beendet sei, mit der Feststellung verknüpft hatte, *la révolution est fixée aux principes qui l'ont commencée*[32].

Die zentrale Funktion der „idées libérales" in Napoleons Selbstinterpretation wie in seiner imperialen Propaganda läßt sich vielfach belegen. 1805 erklärte er in Mailand: *J'y ferai prospérer les idées libérales qui, seules, peuvent assurer la splendeur des états*[33]. Und in dem Begleitschreiben zur Verfassung des „Königreichs Westphalen" an seinen Bruder Jérôme: *Il faut que vos peuples jouissent d'une liberté, d'une égalité, d'un bien-être inconnus aux peuples de la Germanie, et que ce gouvernement libéral produise ... les changements les plus salutaires au système de la Confédération et à la puissance de votre monarchie.* Welches Volk würde unter das preußische Willkürregiment zurückkehren wollen, wenn es die Wohltaten einer *administration sage et libérale* erfahren habe? Napoleon schließt mit den Worten: *Les peuples d'Allemagne, ceux de France, d'Italie, d'Espagne désirent l'égalité et veulent des idées libérales*[34].

Der Hintergrund dieses offiziellen Sprachgebrauchs läßt sich bisher nur schwer erkennen. Die spätere Bonaparte-Gegnerin MME DE STAËL hatte 1798 in ihrer Schrift „Des circonstances actuelles qui peuvent terminer la révolution" nicht das Wort 'libéral' gebraucht, aber Gedanken entwickelt, die auf die Einrichtung eines *système représentatif* hinausliefen, das die *stabilité des bases constitutionelles de la République et des principes de la Révolution* sichere — ein Ziel, das dann Napoleon als das seine bezeichnet hat[35].

In der Verbannung von St. Helena hat er die „idées libérales" als ein Grundelement seiner Politik angegeben. Es sei ein Fehler gewesen, während der „Hundert Tage" nicht diktatorisch regiert zu haben; aber die Erinnerungen seiner Jugend hätten ihn erschreckt. *Je ne vis de frein possible aux rancunes populaires que dans le règne des idées constitutionelles et libérales.* Seit er Benjamin Constant, den bedeutendsten

---

[30] AULARD, Paris, t. 1, 42, Nr. 26.
[31] Choix de rapports, opinions et discours prononcés à la tribune nationale, depuis 1789 jusqu' à ce jour, t. 17 (Paris 1818/25), 88.
[32] NAPOLEON, Correspondance, Nr. 4422 v. 15. 12. 1799, t. 6, 32.
[33] Ders., zit. FELDMANN (1911/12), 269.
[34] NAPOLEON, Correspondance, Nr. 13361 v. 15. 11. 1807, t. 16 (1864), 197.
[35] GERMAINE DE STAËL, Des circonstances actuelles qui peuvent terminer la révolution (1798), éd. John Viénot (Paris 1906), 164 f.

IV. Entwicklung zum politischen Begriff

Verfechter des *système constitutionnel*, beauftragt habe, die Verfassung zu reformieren, *je partageai de fait la direction des affaires avec les hommes qui, comme lui, avaient fait des idées libérales l'étude ou le rêve de leur vie*[36].

So wenig die Praxis der Herrschaft Napoleons eine liberale gewesen ist — an ihrem Anfang stand das Schlagwort von den „idées libérales" in einer Bedeutung und Funktion, die als paradigmatisch für den politischen Begriff des Liberalismus im 19. Jahrhundert gelten können. Er gehört der postrevolutionären Epoche an, umschließt die Zustimmung zu dem Wandel, in dem das Ancien Régime untergegangen war, betont gewonnene Freiheit gegenüber den Gefahren der Gleichheit und kann dann sogar einen konservativen Akzent tragen; er bezeichnet eine politische Praxis toleranter und großzügiger Anerkennung individueller Rechte und Handlungsspielräume auf der Grundlage des Repräsentativsystems.

Die Anhänger der „idées libérales" in der restaurierten Monarchie sind wohl zuerst von ihren Gegnern in kritischer Absicht und möglicherweise angeregt von den Parteibezeichnungen in den spanischen Cortes von 1812 ('Liberales' und 'Serviles') und auch von England 'libéraux' genannt worden. Schon aus dem Jahre 1817 ist ein entsprechender Flugschriftentitel bekannt[37], 1819 erschien zuerst die Zeitung „Le Libéral". Aus demselben Jahr stammt eine Schrift mit dem Titel „Examen du libéralisme par un libéral". Der „Dictionnaire universel de la langue française" von Boiste (1823) erläuterte den Begriff 'libéralisme' als: *Système, ensemble, adoption des idées libérales, d'une sage liberté*[38]. Damit war der Weg zum voll ausgebildeten politischen Begriff bereits abgeschritten, als Parteiname für die 1817 von den 'Constitutionnels' abgespaltenen 'Indépendants' hat 'Libéraux' nur kurze Verwendung gefunden.

Für die europäische Parteibezeichnung der 'Liberalen' ist nicht das französische, sondern das spanische Wort 'liberales' Vorläufer gewesen, das sehr wahrscheinlich aber wieder auf das von der napoleonischen Propaganda auch in Spanien bekannt gemachte Schlagwort von den 'idées libérales' zurückgeht. In England scheint es zunächst sogar in spanischer Version gebraucht worden zu sein (1817!); im Zusammenhang mit „Peterloo" erschien es in englischer Übersetzung. *As we predicted, the liberals are beginning to nug their doleful changes upon the transactions that occured at Manchester on Monday*, schrieb der „Courir" am 19. August 1819. Die Zeitschrift „The Liberal", die 1822 erschien, feierte die südeuropäischen Revolutionen[39]. Während das Substantiv 'liberalism' und schon früher das Adjektiv 'liberal' im politischen Sinne in den zwanziger Jahren geläufig sind, hat sich der Name 'liberals' erst nach dem Wandel und der Modernisierung des englischen Parteiensystems seit der Wahlrechtsreform von 1832 — und auch dann zögernd — durchgesetzt. Wie für die Tories die Bezeichnungen 'Conservatives', 'Conservative Party' eine neue Phase

---

[36] Napoleon, Correspondance, 21. 2. 1816, t. 32 (1867), 340.
[37] Les capucins, les libéraux et les canards (Pamphlet 1817), zit. Guillaume de Bertier de Sauvigny, Liberalism, Nationalism and Socialism: The Birth of Three Words, Rev. of Politics 32 (1970), 153.
[38] Zit. ebd., 154.
[39] Zit. Elie Halévy, A History of the English People in the Nineteenth Century, 2nd ed., vol. 3 (London 1950), 82, Anm.

der Parteigeschichte signalisierten, so die Bezeichnungen 'Liberals' und 'Liberal Party', die mit den Wahlen von 1847 offiziell wurden, für die Whigs[40].

Obwohl die Vorgänge in Westeuropa in Deutschland mit gespannter Aufmerksamkeit verfolgt wurden, ist die sich dort vollziehende Politisierung des Wortes 'liberal' nur langsam nachvollzogen worden. Hier gab es lange keine politische Position, die sich in vergleichbarer Weise hätte 'liberal' nennen können. Wohl ist in den französisch beherrschten Teilen Deutschlands von *liberalen Grundsätzen* gesprochen worden, so z. B. von JOSEPH GÖRRES, als er 1797 feststellte, daß sie von den cisrhenanischen *Volksgesellschaften ... mit Erfolg ... über die Masse des Volks* verbreitet würden[41], oder von seinem Schwager FRANZ VON LASSAULX, der 1803 bekannte: *Ich schäme mich des Enthousiasm's nicht, der unsre Jugend in den schönen Tagen der Revolution begeisterte. Der Sieg der liberalen Ideen, der Triumph der Freiheit sind meinem Herzen immer teuer*[42]. Offensichtlich handelt es sich hier um die Übersetzung der „idées libérales". Vom französischen Sprachgebrauch angeregt sein dürften auch Wendungen wie *die richtigsten und liberalesten Ideen, liberale Gesetze, liberalere Grundsätze* in dem von AUGUST HENNINGS herausgegebenen „Genius der Zeit"[43]. Die schon bald einsetzende Kritik und der satirische Spott dagegen bezeugt die Wirkung der neuen Wörter. Ein *interessanter Aufsatz*, so heißt es im „Revolutions-Almanach" von 1801, ließe sich *über die Abracadabera's und Scherwentzel dieser Revolutionszeit* schreiben, z. B. *über gewisse Wörter, welche die modernen Kraftmänner und Reformatoren in Umlauf gebracht, und gleichsam geheiligt, und mit einem magischen Sinn gestempelt haben, den vor zehn Jahren sich niemand, auch nur im Wahnsinn, hätte einfallen lassen: dahin gehören in diesem Augenblicke die Ausdrücke liberal, human usw.*[44]

Ihre Verwendung in der Publizistik des Rheinbundes stand zweifellos unter direktem französischem Einfluß. Das gilt insbesondere für den von PETER ANTON WINKOPP herausgegebenen offiziösen „Rheinischen Bund", der 1809 Napoleons Zuruf an die Spanier zitierte: *Alles, was das Volk drückt, habe ich entfernt, eine liberale Konstitution gebt euch, eine gemäßigte Monarchie!*[45] An anderer Stelle wurde von den *dem liberalen Genius der Zeit angemessenen Anstalten* zur bürgerlichen Verbesserung der Juden gesprochen[46] oder von den *liberalen Grundsätzen*, nach denen die Bürger des Bundes regiert werden sollten[47]. Das große Werk eines *Staatsrechts des Rheini-*

---

[40] Vgl. DONALD SOUTHGATE, The Passing of the Whigs 1832—1886 (London 1962).
[41] GÖRRES, Cisrhenanische Föderation (s. Anm. 13), 10.
[42] Zit. LEO JUST, Franz von Lassaulx. Ein Stück rheinischer Lebens- und Bildungsgeschichte im Zeitalter der großen Revolution und Napoleons (Bonn 1926), 124 f.
[43] Der Genius der Zeit 12 (1797; Ndr. 1972), 441; 17 (1799; Ndr. 1972), 307; 10 (1797; Ndr. 1972), 212.
[44] Revolutions-Almanach (1793—1804), hg. v. Heinr. Aug. Ottokar Reichard (Göttingen 1801), 174 f.
[45] SCHUE, Ist der Wunsch zur Rückkehr der alten teutschen Verfassung mit haltbaren Gründen versehen?, Der Rheinische Bund, hg. v. Anton Peter Winkopp, 11 (1809), 192.
[46] EMMERMANN, Ueber die bürgerliche Verbesserung der Juden, ebd. 8 (1808), 261 f.
[47] Aphorismen über die deutsche National-Einheit als Zweck des rheinischen Bundes, ebd. 5 (1808), 379.

IV. Entwicklung zum politischen Begriff — Liberalismus

schen Bundes, so hieß es 1810, könne *nur durch liberale Ideen erleuchtet und befördert werden*[48].

Es ist anzunehmen, daß 'liberal' in diesem Sinne ein importiertes Wort war, das einer napoleonischen Sprachregelung gehorchte. In der Sprache gleichzeitiger preußischer Politiker fand es in der älteren, durch die Aufklärung noch aktivierten Bedeutung „wohlwollend, wohltätig, großzügig" Verwendung. So antwortete der FREIHERR VOM STEIN 1802 dem Minister von Schulenburg-Kehnert, der es als notwendig bezeichnet hatte, in den Entschädigungsgebieten die „patriotischen" Grundsätze der preußischen Staatsverwaltung zu praktizieren: *Durch Anwendung der von Ew.Exzellenz geäußerten schonenden und liberalen Grundsätze wird gewiß der Zweck erreicht werden, den hiesigen Untertanen ... zu beruhigen und ihm seine neue Verfassung wert zu machen*[49]. Zwei Jahre später sprach J. F. ZÖLLNER, der Mitarbeiter Massows, die Überzeugung der aufgeklärten hohen Beamten aus, daß der preußische Staat seit einem halben Jahrhundert durch die *segnenden Folgen der liberalen Regierungsgrundsätze, der Toleranz, der Preßfreiheit und der ungehemmten Geistesentwickelung, ein belehrendes Beispiel für die meisten übrigen Staaten geworden* sei[50].

Anstalten zur Hebung der Religiosität, die der einzelne nicht selber treffen könne, solle *der Staat mit Liberalität* unterstützen oder errichten, heißt es in HARDENBERGS „Rigaer Denkschrift"[51], und WILHELM VON HUMBOLDT sprach gelegentlich von dem *liberaleren und vielseitigeren Geiste*, woran es den deutschen Universitäten in früheren Zeiten noch gemangelt habe[52]. ERNST BRANDES in Hannover hingegen meinte zur gleichen Zeit, *die Liberalität im Unterrichte und in der Aufsicht auf unsern Universitäten* sei vorhanden und *im ganzen genommen von den wohltätigsten Folgen für Lehrer und Lernende gewesen*[53]. Den *Geist der Liberalität des Fortschreitens zur Nationalbildung, Kraft und Einheit* sah ein Briefpartner STEINS 1810 weiterwirken[54], und dieser sprach von den *amis de l'humanité, des idées libérales*[55], von den *liberalen Grundsätzen der Fürsten*[56].

Eine klar umrissene politische Bedeutung besaß das Wort 'liberal' in Deutschland also noch keineswegs; aber es war doch schon eines der brauchbaren und aussagekräftigen Wörter geworden, mit denen für gebildete Leser eine wohlwollende und reformbereite Regierung charakterisiert werden konnte. Der Sieg über Napoleon,

---

[48] Ideen zu einem Staatsrecht des Rheinischen Bundes, ebd. 14 (1810), 3 f.
[49] STEIN an Schulenburg, 19. 10. 1802, Br. u. Schr., Bd. 1 (1957), 581.
[50] JOH. FRIEDRICH ZÖLLNER, Ideen über National-Erziehung, besonders in Rücksicht auf die Königl. Preußischen Staaten, Bd. 1 (Berlin 1804), 378.
[51] HARDENBERG, Rigaer Denkschrift, 12. 9. 1807, in: Die Reorganisation des preußischen Staates unter Stein und Hardenberg, Tl. 1, Bd. 1, hg. v. GEORG WINTER (Leipzig 1931), 354.
[52] W. v. HUMBOLDT, Über die innere und äußere Organisation der höheren wissenschaftlichen Anstalten in Berlin (1810), AA Bd. 10 (1903), 257.
[53] E. BRANDES, Ueber den Einfluß und die Wirkungen des Zeitgeistes auf die höheren Stände Deutschlands, 2. Abt. (Hannover 1810), 231.
[54] [FRANZ LUDW. WILH. V. REDEN] an Stein, 19. 6. 1810, in: STEIN, Br. u. Schr., Bd. 3 (1961), 319.
[55] STEIN, Verfassungsdenkschrift. Prag, Ende August 1813, ebd., Bd. 4 (1963), 242.
[56] Ders., Denkschrift „Über eine ständische Verfassung im Herzogtum Nassau", 24. 8. 1814, ebd., Bd. 5 (1964), 126.

die Charte Constitutionelle in Frankreich und die Aufgabe der politischen Neuordnung in Mitteleuropa haben dann in Deutschland Erwartungen ausgelöst, die sich auf *liberale Verfassung*[57] und *liberale, große, durchschneidende Maßregeln*[58] richteten. Als die preußische Regierung 1815 eine verbesserte Einrichtung der Provinzialbehörden anordnete, bekundete sie ihre Absicht, *mit der kollegialischen Form, welche Achtung für die Verfassung, Gleichförmigkeit des Verfahrens, Liberalität und Unparteilichkeit sichert, alle Vorteile der freien Benutzung des persönlichen Talents und eines wirksamen Vertrauens zu verbinden*[59]. Eine stärkere politische Konturierung des Wortes 'liberal' war in Deutschland um 1815 auch noch nicht erforderlich. Für die Formulierung republikanischer und demokratischer Forderungen war es zu unentschieden; für die Praxis einer aufgeklärten Regierung standen andere Ausdrücke zur Verfügung. Zwar konnte diese Praxis 'liberal' genannt werden; ebenso das Verhalten des patriotisch gesinnten Bürgers. Solche Politik zu verlangen und solche Haltung zu betonen, war jedoch noch nicht das politische Programm einer sich von anderen deutlich abhebenden Gruppe. So gab es auch keinen Anlaß, diejenigen, die „liberale" Ideen und Grundsätze im privaten und öffentlichen Leben verwirklicht zu sehen wünschten, als 'Liberale' zu bezeichnen. Sofern sie solchen Ideen zustimmten, bekannten sie sich damit nicht zu einer politischen Ideologie und ganz sicher nicht zu einer radikalen. Dem Wort 'liberal' hafteten vom Anfang seiner politischen Verwendung an nicht-extreme, nicht-parteiische Bedeutungsakzente an.

In die Nachschlagewerke der Zeit hat die beginnende Politisierung des Ausdrucks 'liberal' allerdings noch keinen Eingang gefunden. Wohl wurde von einigen 'liberale Denkart' verzeichnet und das Substantiv 'Liberalität' in Kontexten verwendet, die sich auf politische Zustände beziehen. Der *wohlregierte* preußische Staat habe ihn *mit Gerechtigkeit und Liberalität* alle Rechte eines *geachteten Bürgers* genießen lassen, heißt es 1805 in SCHLICHTEGROLLS „Nekrolog" über den jüdischen Arzt Marcus Herz![60] Das Wiener „Neue Zeitungs- und Conversations-Lexikon" erläuterte 1812: *Im allgemeinen ist Liberalität der Denkungsart die Unabhängigkeit von allem andern, außer von dem Gesetz*[61]. 1817 erklärte dann der BROCKHAUS das spanische Wort 'Liberales' als Bezeichnung für *diejenigen Mitglieder der Cortes (Ständeversammlung), ... welche eine freiere Regierungsform einzuführen wünschten (Freiheitsfreunde).* 'Liberalität' bezeichne *ursprünglich den Freisinn oder die eines freien Mannes würdige Denkart und Handlungsweise. Der eigentliche Gegensatz davon sei die Servilität. Das Wort meine auch die Freigebigkeit eines freien Mannes, der von seinem Eigentum den Bedürftigen mitteilt; das Gegenteil, die Kargheit, werde Illiberalität genannt. Da es ferner eines freien Mannes würdig ist, die Rechte anderer ungekränkt zu lassen, besonders das jedem angeborne und eben darum unveräußerliche Recht der Denkfreiheit, so bekommen die Ausdrücke Liberalität und Illiberalität auch oft die Nebenbedeutung von Duldsamkeit und Unduldsamkeit ... In den neuesten Zeiten* aber sei

---

[57] PAUL JOH. ANSELM FEUERBACH, Über teutsche Freiheit und Vertretung teutscher Völker durch Landstände: Teutschlands gerechten Fürsten gewidmet (Leipzig 1814), 29.
[58] Was ist zu tun?, Allemannia 3 (1815), 50.
[59] Preuß. GSlg. (1815), 85, Nr. 287.
[60] FRIEDRICH V. SCHLICHTEGROLL, Nekrolog der Teutschen für das 19. Jahrhundert, Bd. 3 (Gotha 1805), 28.
[61] Neues Zeitungs- und Conversations-Lexikon, Bd. 3 (Wien 1812), 72.

Liberalität auch auf das bürgerliche und kirchliche Leben bezogen worden. Die sogenannten liberalen Ideen sind daher keine anderen, als die Ideen von der politischen und religiösen Freiheit, nach deren Realisierung das gegenwärtige Zeitalter mit so großer Regsamkeit strebt; weshalb man auch dasselbe das Zeitalter der liberalen Ideen genannt hat. Eine Verfassung, durch welche *die politische und religiöse Freiheit der Bürger anerkannt und möglichst gesichert ist, mithin eine stellvertretende oder repräsentative,* sei eine *liberale Constitution.* Abschließend wird die zumindest für den frühen Liberalismus grundlegende Überzeugung zum Ausdruck gebracht, daß die Macht der liberalen Ideen in ihrer Vernünftigkeit gründe. Sie zu bekämpfen, bedeute *nichts anders, als die Vernunft selbst bekämpfen, also unvernünftig handeln*[62].

V. Liberalismusbegriff vor 1830

Der Wiener Kongreß hatte entschieden, daß in Deutschland keine Wiederherstellung der politischen Verhältnisse vor 1791 oder 1803, keine Restauration oder Reform des Reiches stattfand; der Deutsche Bund war begründet und der Weg zur Repräsentativverfassung in den Einzelstaaten geöffnet. Es mußte sich zeigen, ob dieses Werk der großen Politik das durch die geistige Bewegung des späten 18. Jahrhunderts, durch die Auseinandersetzung mit der Revolution und der napoleonischen Fremdherrschaft geweckte Verlangen nach größerer bürgerlicher Freiheit, nach mehr Teilnahme der Regierten an der Regierung, befriedigen konnte und ob die Einsicht der Regierenden in die Notwendigkeit solcher Teilnahme sich in Bereitschaft zu Reformen umsetzen würde. Zurückdrehen ließ sich die Entwicklung des politischen Bewußtseins auch in Deutschland nicht; die Liberalisierung des öffentlichen Lebens und die politische Mitwirkung der bürgerlichen Mittelschichten waren wie die nationale Einheit Ziele geworden, die nicht wieder verlorengingen. Nicht verloren ging allerdings auch die Furcht vor dem Terror, in den die im Namen der Freiheit begonnene Revolution in Frankreich umgeschlagen war. Sie nötigte jede politische Forderung nach mehr Freiheit, mehr Gleichheit und Errichtung einer Verfassung, sich von der Revolution abzusetzen, um dem Vorwurf der Gegenseite zu entgehen, sie leistete der Revolution Vorschub.

Eine andere, die Entwicklung des politischen Bewußtseins und die Entstehung politischer Gruppen in Deutschland konditionierende Voraussetzung ist die gouvernementale Liberalität, die sich in der Tradition des aufgeklärten Absolutismus und getragen von der Bürokratie bis weit in die zweite Hälfte des 19. Jahrhunderts erhalten und lange die Zustimmung großer Teile gerade der Gebildeten gefunden hat, die in die Liberalität der Regierungen große Erwartungen setzten. In diesem Sinne sah die „Allemannia" 1816 *Liberalität bei der Regierung* und *Charakter* beim Volke im gegenseitigen Bedingungsverhältnis. *Eine Regierung ..., welche das große Drei der bürgerlichen Wohlfahrt, Freiheit des Erwerbs, Freiheit der Personen und Freiheit der Meinungen ... durch positive Gesetze beschützt, welche im Innern durch aufmunternde Maßregeln den Wert und Wohlstand des Bürgers hebt, und den Umgriffen privilegierter Kasten Schranken setzt durch Gleichheit des Gerichtsstandes und der Besteuerung, welche durch ihre auswärtigen Verhandlungen dem Volke Selbständigkeit*

---

[62] BROCKHAUS 4. Aufl., Bd. 5 (1817), 674 f.

und Achtung erwirbt, und diese durch Erschaffung eines von Ehrgefühl und Vaterlandsliebe durchdrungenen Heeres sichert: eine solche Regierung ist liberal zu nennen. Ein Volk, das eine solche Regierung habe, könne glücklich genannt werden, *denn sie ist ihm Bürge der Ausbildung seines Nationalcharakters und Gewähr einer höhern Bestimmung.* Wenn ausdrücklich betont wird, *daß die Liberalität der Regierung erst dann reife Früchte tragen werde, wenn sie von der Humanität ihrer Diener unterstützt und begleitet ist,* so erweitert sich hier der gouvernementale zum bürokratischen Liberalismus[63].

Die im ersten Band der „Neuen Allemannia" unter dem gleichen Jahresdatum erschienene Abhandlung „Was heißt Liberal?" war der erste Versuch in Deutschland, diesen politischen Neologismus ausführlicher zu erläutern. Er knüpfte an den Artikel „De l'abus des mots, de leur fausse interprétation et de leur influence sur la destinée des peuples" im „Nouvelliste français" (1815) an, in dem das Modewort 'idées libérales' als leer und gefährlich bezeichnet ist. Der deutsche Verfasser JOH. CHRISTOPH FRH. VON ARETIN bestätigt, daß es seit ungefähr zwei Jahren einen Streit um den Begriff *liberale Grundsätze* gebe, der von den einen als umstürzlerisch und revolutionär verschrien, von den anderen als vernünftig verteidigt werde. Er selber versucht, durch Rückgriff auf die lateinische Herkunft des Wortes nachzuweisen, wie unverdächtig es sei. Es stamme von 'liber' her und bezeichne *alles, was auf Freiheit Bezug hat..., insbesondere aber das, was eines freien, wohlerzogenen Menschen würdig ist.* Ein entsprechendes deutsches Wort für 'liberalis' *im Sinne der Römer* gebe es nicht, während die Engländer *gentlemanly* sagen könnten; nur annäherungsweise könne man *edel, nachsichtig, mild, großmütig* sagen; *freisinnig* betone zu sehr den *Freiheitssinn, freimäßig* oder *freiisch* seien zu ungewöhnlich. *Liberalität* werde in seiner Bedeutung durch Worte wie *Billigkeit, Menschenfreundlichkeit, Wohlwollen, Uneigennützigkeit, Großherzigkeit* nicht voll ausgeschöpft, deshalb müsse man *die ausländischen Ausdrücke: Liberal, Liberalität, die Liberalen* beibehalten. — *Liberal* ist ein politischer Grundsatz, so definiert Aretin, *wenn er die freie Entwicklung der Geisteskräfte begünstigt, die öffentliche Freiheit sichert, die Rechte des Bürgers gegen gesetzwidrige Willkür in Schutz nimmt, das allgemeine Beste befördert, den edlen patriotischen Gesinnungen hold, den Ausbrüchen der Ehrsucht, der Habgier und der Nullität abgünstig ist, mit einem Wort, wenn er den Wünschen nicht des Höflings, des Schmeichlers und des Sklaven, sondern des Staatsbürgers, des unabhängigen und tätigen Mitgliedes der großen politischen Familie entspricht.* Diese Definition stimmt in allem mit derjenigen des aufgeklärten Patriotismus überein, und in diesen gedanklichen Umkreis gehört auch die Erläuterung „liberaler Grundsätze" in bezug auf die Religion (Sicherung der Gewissensfreiheit, Ablehnung von Fanatismus und Unglauben) oder auf die Verfassung (Gewährung derjenigen Freiheit, zu der die Nation nach ihrem Bildungsstand fähig ist); sie sind prinzipiell gerecht und vernünftig und schließen deshalb *Ultra-Liberalität* aus. Eine *liberale Regierung* ist durch eine politische Praxis gekennzeichnet, die solchen Grundsätzen entspricht. Sie gestattet öffentliche politische Diskussion und Kritik, sie leitet und bringt selber *jene ungeheure moralische Kraft, genannt öffentliche Meinung,* in Gang, erlaubt Pressefreiheit, die nur in „liberalem", nämlich gemäßigtem Sinne gebraucht werden darf.

---

[63] Über Völker-Bestimmung, Allemannia 7 (1816), 51 f.

V. Liberalismusbegriff vor 1830

Denn *liberale Ideen, die an sich, allen guten Köpfen und rechtschaffenen Gemütern gleichsam angeboren sind,* können mißbraucht werden, *aber man muß wegen des Mißbrauchs die Sache nicht selbst verdammen.* Im Gegenteil: es muß die Aufgabe *der Regierungen und der Nationalgelehrten* sein, *die liberalen Grundsätze allgemein zu machen.* Tun die Regierungen dies nicht, so verkennen sie ihr eigenes Interesse[64]. Am frühesten politisiert wurde das Wort 'liberal' in der Diskussion um die Verfassungsfrage — also in dem sachlichen Umkreis, in dem auch die spanischen Parteinamen 'Liberale' und 'Servile' entstanden, die gelegentlich auch in Deutschland, allerdings eher anspielungsweise denn als präzise Benennungen, gebraucht wurden. So schrieb BENZENBERG 1820 aus Berlin an Gneisenau: *Daß man eine Verfassung haben muß und daß diese kommt, das ist eine stillschweigende Übereinkunft unter den Menschen ..., woran auch weder die Liberalen noch die Servilen zweifeln*[65]. Auch GÖRRES nahm 1821 dieses Begriffspaar als neue Namen auf, nachdem er vorher nach französischem Vorbild von *Liberalen* und *Ultras* gesprochen hatte[66]. Wenn dagegen HEGEL 1817 dem württembergischen König bestätigte, daß er seinem Lande eine *offene und liberale Verfassung* gegeben habe[67], so meinte er dies noch in dem allgemeinen Sinne „freiheitlich"; es war noch an kein bestimmtes politisches Programm gedacht. In dieser Bedeutung hat Hegel auch in seiner Rechtsphilosophie vom Staat gesagt, er könne sich in seinem Verhältnis zu den Kirchengemeinden *desto liberaler* verhalten, je mehr er ein *starker Staat* sei[68]. — Inzwischen aber hatte die Gleichsetzung der Konstitutionellen mit den Liberalen begonnen. In einer Schrift um 1819, die die Frage aufwirft, ob Deutschland eine Revolution zu befürchten habe, werden *vier feindliche Elemente* unterschieden, die *in unserm gesellschaftlichen Leben* gären: *1) die Konstitutionellen, Liberalen, welche gesetzmäßige Freiheit, zeitgemäße Institutionen, wie sie die Bildung der Nation und ihre Bedürfnisse fordern, kurz die eine konstitutionelle Monarchie, eine Nationalrepräsentation mit erblicher Fürstengewalt wollen.* Als zweites Element sind die *reinen Monarchisten,* als drittes der *Ultra-Adel, die weißen Jakobiner, die Verfechter der Feudalität,* als viertes die *Demagogen, roten Jakobiner und reinen Volkstümler* genannt[69].
Wichtig für den Gebrauch des Wortes 'liberal' wurde das Jahr des Kotzebueschen Attentats und der Karlsbader Beschlüsse 1819. Von der Gegenseite setzte die massive Diffamierung der Liberalen ein. METTERNICH meinte, dem *Ultraliberalismus* müßten jetzt Schranken gesetzt werden[70]. Anfang 1820, nach der Ermordung des

---

[64] [JOH. CHRISTOPH FRH. V. ARETIN], Was heißt Liberal?, Neue Allemannia 1 (1816), 163. 166 ff. 171. 173. 172 f.

[65] JOH. FRIEDRICH BENZENBERG an Gneisenau, 5. 8. 1820, in: GEORG HEINR. PERTZ / HANS DELBRÜCK, Das Leben des Feldmarschalls Grafen Neithardt von Gneisenau, Bd. 5 (Berlin 1880), 437.

[66] J. GÖRRES, Europa und die Revolution (1821), Ges. Schr., Bd. 13 (1929), 157; ders., Teutschland und die Revolution (1819), ebd., 83.

[67] HEGEL, Beurteilung der in Druck erschienenen Verhandlungen in der Versammlung der Landstände des Königreichs Württemberg im Jahre 1815 und 1816 (1817), SW Bd. 6 (1927), 378.

[68] Ders., Rechtsphilosophie, § 270. SW Bd. 7 (1952), 354.

[69] JOHANN IGNAZ WEITZEL, Hat Deutschland eine Revolution zu fürchten? (Wiesbaden 1819), 92.

[70] METTERNICH an Gentz, 23. 4. 1819, Nachgel. Papiere, Bd. 3 (1881), 235.

Herzogs von Berry, schrieb er an Gentz: *Der Liberalismus geht seine Wege, es regnet Mörder*[71]. Aber auch GNEISENAU sah sich veranlaßt zu unterscheiden und sprach von *heftigeren Liberalen, welchen auch die eigentlichen Jakobiner und Revolutionairs beizuzählen sind.* Die Hoffnungen der deutschen Jakobiner seien dadurch verstärkt worden, daß die *ultraliberale* französische Verfassung durch das Wahl- und Rekrutierungsgesetz *noch demokratischer* geworden sei. Wenig später verteidigte er Clausewitz gegen Verleumdungen; mehr als er selber habe dieser sich *von den des Liberalismus Verdächtigen entfernt gehalten.* Und 1826 stellte er rückblickend fest, es sei *von beiden Seiten* viel falsch gemacht worden *durch Übertreibungen aller Art, im Absolutismus und Stabilismus, Liberalismus und Jakobinismus;* er selber habe sich auf einen Mittelweg zurückgezogen und dadurch seine Unabhängigkeit gerettet[72].

Damit hat der Sprachgebrauch — zügiger als bei 'konservativ' —, zunächst vom traditionellen Wort 'Liberalität' ausgehend und das Adverb bzw. Adjektiv 'liberal' zur Personenbezeichnung ('Liberaler') stilisierend, den abstrakten Sammelbegriff 'Liberalismus' aufgenommen. Wenn er als Bezeichnung einer politischen Richtung verwendet wird, dann allerdings noch nicht in der Bedeutung eines voll entwickelten und gefüllten politischen Begriffs, sondern — in Anlehnung an französischen Wortgebrauch — als ein kontrastierender Ordnungsbegriff. Für ihn bestand ein Bedarf, seit sich das Bewußtsein von politischen Gegensätzen verschärfte und die Neigung wuchs, in Polaritäten zu denken. *Woher der erbitterte Kampf*, fragte ADAM MÜLLER 1819, *zwischen den Liberalen, den Vernunfts- und Kulturphilosophen, die nur von einem allgemeinen Fortschreiten der Menschheit gegen ein zukünftiges Ziel der Zivilisation wissen wollen und die in der ganzen Vergangenheit nichts als einen großen Mißbrauch sehen, ohne dessen Umsturz kein Heil kommen könne; und den Ultras, die keine Rücksicht als auf die Tatsache, auf das positive Gesetz, den historischen Grund anerkennen und in der ganzen Zukunft nichts als ein Zerfallen und Zusammenstürzen des Dagewesenen, Besseren wahrnehmen wollen.* Europa spalte sich in zwei feindliche Parteien: *die sogenannten Ultras, die nur die Legitimität, nur den juristischen Gesichtspunkt,* und *die sogenannten Liberalen, die nur den ökonomischen, den Standpunkt des augenblicklichen Nutzens und Genusses gelten lassen wollen*[73]. Müller galt es als erwiesen, daß die *liberalen Ideen* und das Geld *den alten Ketten* nur noch *neue schlimmere Ketten* hinzugefügt haben. Sensibel für heraufkommende Veränderungen, hielt er das *allgemeine angeblich liberale Fabriksystem, welches alle natürliche Ordnung der Dinge in Europa zu verschlingen droht,* für ein *Universalverderben*[74].

Damit war ein zentrales Thema der romantisch-konservativen Liberalismuskritik angesprochen. 1822/23 nannte GÖRRES den *Geldhochmut der Capitalisten* und den *Verstandeshochmut der Gelehrten* Elemente des *schreienden Liberalismus*. Die Regierungen, die den *neuen Geldadel* und den neuen *gelehrten Klerus* in der Hoffnung

---

[71] Ders. an Gentz, 20. 2. 1820, ebd., 319.
[72] GNEISENAU an die Fürstin Radziwill, 22. 10. 1819, in: PERTZ/DELBRÜCK, Gneisenau, Bd. 5, 379; an dieselbe, 20. 11. 1819, ebd., 387; an Hardenberg, nach Jan. 1821, ebd., 457; an Karl v. Raumer, 30. 9. 1826, ebd., 528.
[73] ADAM MÜLLER, Von der Notwendigkeit einer theologischen Grundlage der gesamten Staatswissenschaften und der Staatswirtschaft insbesondere (1819), Schr. z. Staatsphilos., hg. v. Rudolf Kohler (München 1923), 205.
[74] Ebd., 234.

V. Liberalismusbegriff vor 1830

großgezogen haben, sie *zu Werkzeugen des Despotismus* machen zu können, müßten nun feststellen, daß diese die *Grundfeste* der Regierungen untergrüben, und zögen nun *zwei andere Classen* zu ihrem Schutze heran: *die Söldnerheere* und *die Beamten.
... Zwischen diesen zwei Antagonisten streitet sich der Streit, der auf der einen Seite Liberalismus, auf der andern Legitimismus zum Stichworte genommen*[75]. Wenige Jahre später (1825) glaubte FRANZ VON BAADER in den *liberalen Doktrinen* seiner Zeit *denselben Epikureismus wiederzuerkennen, der dem Römerstaate die Verwesung brachte, welcher Verwesung die christliche Religion Einhalt tat und hiemit die Sozietät neuerdings substantiierte, und daß folglich diese Liberalen auf gutem Wege sind, den europäischen Staaten denselben Verfall ... zu bereiten*[76]. Fast schon im Sinne des späteren katholischen Antimodernismus wurde der Begriff 'Liberalismus' bei Baader zum Inbegriff negativ beurteilten politischen Denkens und Tuns. Er setzte den *Liberalismus* mit dem *Revolutionismus neuerer Zeiten* gleich[77], warf den *Liberalen* eine *alles organisch Gewordene und Bestehende nichtachtende, zerreißende, verrückende und verrenkende oder walzendmachende Praxis*[78] und das Ziel einer *universellen Anarchie*[79] vor und bezeichnete den *Liberalismus* als eine *Fabel ..., deren Moral der Servilismus ist, oder als Scharlatanerie, die den Menschen Freiheit ohne Autorität ... Dienst und Gehorsam verspricht*[80]. Die meisten *Anhänger des Liberalismus seien dies allerdings nicht aus Schlechtigkeit der Gesinnung, sondern aus Mangel an Einsicht und aus Unverstand*[81]; sie bemerkten nicht, daß Liberalismus Unglaube und als solcher nicht besser sei als der Aberglaube des Servilismus und zur *Despotie* führe. Wer den Liberalismus durchschaue, könne sich nicht wundern, daß dieser *sich offenherzig und naiv auf zwei ebenso einfache als einleuchtende Prinzipien stützt und beruft, nämlich auf die durchgeführte Säcularisation der Gesinnungen, d. i. auf Beförderung der Irreligiosität und Niederträchtigkeit der letzteren, und dann auf die allgemeine Mobilisierung und Transposition des Eigentums aus den Händen des rechtlichen Besitzers in die des unrechtlichen*[82].

Wie sehr gleichwohl zu Beginn der zwanziger Jahre der Name 'Liberale' immer noch als neu und fremd angesehen und das Begriffspaar 'Liberale' und 'Ultras' als direkte Übernahme französischer Parteibegriffe verstanden wurde, bezeugt die an sich marginale Reaktion auf J. F. BENZENBERGS Schrift „Die Verwaltung des Staatskanzlers Fürsten von Hardenberg". In ihr ist Hardenberg als ein von Anfang an liberaler Mann gekennzeichnet, dem *die Liberalen* nicht gerecht wurden, weil sie seine Liberalität nicht erkannten, die sich *vornehmer liberaler Redensarten* enthielt. Höchstwahrscheinlich wäre er *im Verfassungswesen auf einer ganz anderen Linie fortgegangen,*

---

[75] J. GÖRRES, Aphorismen (1822/23), Ges. Schr., hg. v. Marie Görres, 1. Abt., Bd. 5 (München 1859), 135 ff.
[76] FRANZ V. BAADER, Rez. A. de Bonald, Recherches philosophiques sur les prémiers objets des connoissances morales (1825), SW Bd. 5 (1854; Ndr. 1963), 119 f.
[77] Ders., Vorlesungen über speculative Dogmatik. XV. Vorlesung (1828), SW Bd. 8 (1855; Ndr. 1963), 134, Anm.
[78] Ders., Socialphilosophische Aphorismen aus verschiedenen Zeitblättern (1828—40), SW Bd. 5, 268.
[79] Ebd., 277.
[80] Ebd., 289 u. Anm.
[81] Ebd., 292.
[82] Ebd., 292. 294.

wenn die Liberalen ihn durch ihren unzeitigen Eifer nicht immer gehindert hätten[83]. Darauf antwortete ERNST GOTTFR. GEORG VON BÜLOW-CUMMEROW mit dem Vorwurf, *der Verfasser* habe eine *schwere Sünde* begangen, insofern er *der erste sei, der die Namen von Liberalen, Ultras etc. auf uns zu übertragen sucht*. Nachdem es jedoch geschehen sei, müsse dem Namen 'Liberale' *eine bestimmte Deutung* gegeben werden, sonst entstehe *ein unglücklicher Namenskrieg, während die Partheien unter sich gar nicht oder wenig verschieden sind*. Bülows eigene, recht allgemein bleibende Definition entsprach dem Selbst- und Politikverständnis jener Gebildeten, die sich im späten 18. Jahrhundert als aufgeklärt denkende, im 19. als liberal gesinnte Männer bezeichneten. Wenn mit *Liberalen* Männer gemeint seien, sagt Bülow, die nicht *mit Vorurteilen am Alten hingen, sondern einsähen, daß alle Einrichtungen in der Zeit fortgehen müssen, die auch wünschten, daß eine Verfassung bestehe, die alle Bürger, soviel es der Natur der Gesellschaft nach möglich ist, gleich macht vor dem Gesetz, die der Person und dem Eigentum Schutz gewährt, die den Ständen des Reichs, das heißt den Repräsentanten des Grund und Bodens, das Recht einräumt, die Steuern zu bewilligen und die Gesetze zu beraten, übrigens aber den Thron in Würden und Macht ungeschwächt erhält*, dann sei *die Zahl der Liberalen sehr groß*, und *König, ... Kanzler* und fast *der ganze Adel* gehörten dazu. Würden dagegen diejenigen so genannt, die konstitutionelle Ideen nur als Aushängeschild benutzten, *im Grunde aber Revolution, das heißt: einen gesetzlosen Zustand wünschen, in dem alles Bestehende zugrunde gehe, damit sie allein als glänzende Sterne aus dem Chaos sich erheben können*, so könnten nur ganz wenige so bezeichnet werden[84]. Diese Unterscheidung zwischen konstitutionellem und revolutionärem Liberalismus hat ebenso zur Selbstdarstellung der gemäßigten Liberalen gehört, wie der Revolutionsverdacht eine der Waffen im Arsenal konservativer Kritik am Liberalismus geblieben ist.

Gleichzeitig artikulierte sich die Kritik an der Abstraktheit der Prinzipien und Ziele des Liberalismus, der deshalb die Realität verfehle, die Menschen falsch beurteile und zerstöre, wo er verbessern wolle. Es war ein Argument der Romantiker wie auch HEGELS, der den Liberalismus als Richtung bezeichnete, *die an der Abstraktion ... der Vernunft festhält. Die Grundsätze der Vernunft müssen konkret erfaßt werden; dann erst gelangt die wahre Freiheit auf den Stuhl. Die Richtung, die an der Abstraktion festhält, ist der Liberalismus, über den das Konkrete immer siegt, und gegen das er überall Bankerott macht*[85]. An den Verhältnissen in Frankreich nach 1814 glaubte Hegel zu erkennen, daß der *Liberalismus*, unzufrieden mit dem System der aufgeklärten und gesetzesstaatlichen Monarchie, *allem diesen das Prinzip der Atome, der Einzelwillen* entgegensetze; auf der bloß formellen, abstrakten Freiheit könne jedoch keine feste politische Organisation bestehen. *So geht die Bewegung und Unruhe fort*[86]. Liberalismus hat demnach nur ein begrenztes geschichtliches Recht, von sich

---

[83] [J. F. BENZENBERG], Die Verwaltung des Staatskanzlers Fürsten von Hardenberg. Aus dem XXII. Heft der Zeitgenossen besonders abgedruckt (Leipzig 1821), 33 f. 106 f.

[84] ERNST GOTTFR. GEORG v. BÜLOW-CUMMEROW, Ein Punkt auf's I oder Belehrung über die Schrift „Die Verwaltung des Staatskanzlers Fürsten von Hardenberg", H. 1 (Leipzig 1821), 13 ff.

[85] HEGEL, Vorlesungen über die Philosophie der Weltgeschichte, hg. v. Georg Lasson, Bd. 4 (Leipzig 1920), 925.

[86] Ebd., 933.

V. Liberalismusbegriff vor 1830

aus ist er prinzipiell nicht zur Stabilisierung fähig, so daß seine „Aufhebung" in der Idee eines allgemeinen Staatszwecks notwendig ist.

Für den Leipziger Kantianer W. T. KRUG hingegen, der 1823 eine „Geschichtliche Darstellung des Liberalismus alter und neuer Zeit" erscheinen ließ und damit die erste Geschichte liberaler Ideen vorlegte, als erster aber auch mit dem voll ausgebildeten politischen Begriff arbeitete, konnte Liberalismus zwar *revoluzionar* werden, wenn er alles *umgestalten will* und nichts *Positives* mehr anerkennt. Dann heiße er *mit Recht Ultraliberalismus, Jakobinismus, Sansculottismus, Radikalismus, Karbonarismus, oder wie man ihn sonst nach Zeit und Umständen nennen will*. Soweit er sich gegen diese *Ausartungen und Verirrungen* wehre, sei der *Antiliberalismus* im Recht, nicht aber wenn er das Bestehende verteidige; dann werde er ebenfalls zu einem *Ultraismus* — nämlich zum *Ultraroyalismus, Illiberalismus, Servilismus, Obskurantismus oder Imperfektibilismus*[87]. Krug bekannte sich zu einem *ruhigen und besonnenen ... Liberalismus*, der sich streng innerhalb der Schranken des Rechts und der Pflicht hält[88]; er sei *in der heutigen gebildeten Welt viel weiter verbreitet ... als sein Gegenteil*. Die ihm zugrunde liegenden *liberalen Ideen* aber seien keineswegs neu, sondern *eigentlich so alt ... als die höhere Bildung des Menschengeschlechts überhaupt*[89]. Krug verfolgt sie in seinem *historischen Versuch* zurück bis zu Xenophon und Platon; sie seien in Rom wie im Christentum wirksam gewesen, das Mittelalter habe sie verdrängt, die Reformation wieder hervortreten lassen; der *Protestantismus* sei ein *religiöser Liberalismus* gewesen[90]. Die moderne Auseinandersetzung zwischen Liberalismus und Antiliberalismus sei dann vor allem von England ausgegangen; in ihr habe der Liberalismus — bereichert um die *Idee einer allgemeinen Handelsfreiheit* — nach Nordamerika, von dort nach Frankreich übergegriffen, wo er *zum ausgelassensten Libertinismus, nicht nur in moralisch-religiöser, sondern auch in politischer Hinsicht* wurde. In der Revolution sank er, weil die Ideen Freiheit und Gleichheit falsch verstanden wurden, zum *Jakobinismus und Sansculottismus* herab. Dagegen trat Napoleon auf, der dann jedoch so sehr zum Antiliberalen wurde, daß er an der Macht des Liberalismus scheiterte. Die große Auseinandersetzung zwischen beiden sei in Frankreich trotz der Charte Constitutionnelle nicht überwunden; in Deutschland dagegen, *wo die Freiheitsliebe von alters her heimisch ist und den liberalen Ideen leichtern Eingang als anderswo verschafft hat*[91], sei der Liberalismus besonnen; hier bestehe keine Revolutionsgefahr. Die Geschichte zeige also, daß der Liberalismus nichts anderes als *das Streben nach Freiheit*, der *dem Menschen von Gott selbst eingepflanzte* Freiheitstrieb und deshalb *an sich untadelhaft* sei; allerdings seien *Gesetze* erforderlich, um die nötigen *Schranken der Freiheit* zu bestimmen[92]. Ausdrücklich gab Krug den konstitutionellen Forderungen des Liberalismus recht, der in einer Repräsentativverfassung eine Bürgschaft dafür sehe, *daß sich die Herr-*

---

[87] WILH. TRAUGOTT KRUG, Geschichtliche Darstellung des Liberalismus alter und neuer Zeit. Ein historischer Versuch (Leipzig 1823; Ndr. o. O. 1970), 102 ff.
[88] Ebd., IX, Vorrede.
[89] Ebd., 141 f.
[90] Ebd., V. 65.
[91] Ebd., 75, Anm. 79 f. 83.
[92] Ebd., 93. 96.

schaft innerhalb solcher Schranken halte, mit welchen die äußere Freiheit der Beherrschten bestehen kann[93].

In seinem „Allgemeinen Handwörterbuch der philosophischen Wissenschaften" hat Krug 1827 noch einmal betont, daß *liberal alles heiße, was eines freien und insofern auch vernünftigen Wesens würdig ist; denn Freiheit und Vernunft müssen immer zusammengedacht werden*[94]. Im gleichen Sinne argumentierte auch die 7. Auflage des BROCKHAUS von 1830. Allerdings zeigt der Artikel „Liberalität" in seinen abwägend-vorsichtigen und differenzierenden Erläuterungen auch, unter welche Definitionsnot die gemäßigten Liberalen durch die konservative Kritik wie durch die national-revolutionären Bewegungen in Südeuropa, Süd- und Mittelamerika geraten waren. Wie einen *falschen Royalismus*, so gebe es auch einen *unechten Liberalismus*, der annehme, *daß Recht und Wahrheit ... nur durch die Zerstörung derjenigen Verfassungsformen gedeihen können, welche die Geschichte und ... Vorsehung den Völkern ... vorgeschrieben hat. Der natürlichen Entwickelung der Dinge vorzugreifen, sei verbrecherisch ... Freiheit bestehe nicht in dem Entfernen des Zwanges, sondern in dem Zusammentreffen des eignen Willens mit dem Gebote, in der Übereinstimmung des Gebotes mit der Vernunft*, ferner *in dem Bewußtsein ... keinem Zwange unterworfen zu sein als einem gesetzlichen ... Parteigeist, der die Anhänger ... über die Grenzen des Wahren und Guten hinausreißt*, sei verderblich[95]. In der Gegenwart wachse in Europa bei äußerem Frieden die innere Entzweiung. *Alles wird nach und nach entweder in die Farben des Liberalismus oder die des unbedingten Gehorsams gekleidet.* Noch immer finde im *Liberalismus ... das Idol der falschen revolutionnairen Freiheit* Zustimmung, und man müsse zugeben, daß es in vielen Ländern Anlaß dazu gegeben habe. *Der echte Liberalismus* fordere nur, *daß die Gerechtigkeit sicher, die Wahrheit frei, die menschliche Würde auch im Geringsten geachtet, und mit einem Worte, daß die launenhafte Herrschaft der Willkür zu einer kraftvollen Herrschaft weiser Gesetze erhoben sei.* Glücklichste Lösung wäre eine *Regierung, die den Grundsätzen echter Liberalität in Wort und Tat huldigt;* sie habe die *Verirrungen des liberalen Geistes* nicht zu fürchten, am wenigsten, wenn sie vom *wohltätigen Geist der Reform* getragen sei. Im ganzen sei die *Monarchie* am besten geeignet, *echte Freiheit* zu gewähren; sie tue jedoch gut daran, sich in ihren *Prinzipien und in der Verwaltung republikanisch oder liberal* zu erweisen. Der Verfasser des Artikels ist überzeugt, daß alles auf den *Liberalismus der Regierungen* ankommt; sie müssen begreifen, daß *das erste aller liberalen Bedürfnisse der heutigen Völker* repräsentative Institutionen sind[96]. Anders gesagt: im politischen Diskurs meint 'Liberalismus' Eintreten für ein konstitutionelles System und Handeln in ihm.

Am Vorabend der Pariser Julirevolution wurde der Begriff 'Liberalismus' in Deutschland zwar durchaus noch als politischer Neologismus empfunden und für erklärungsbedürftig angesehen, aber schon vielfältig gebraucht, wobei der Spielraum seiner Bedeutung auf der einen Seite eine Haltung der Offenheit und Vernünftigkeit, auf der anderen Seite eine dezidierte politische Parteinahme umfaßte. In dem einen Sinne nannte GOETHE im Gespräch mit Eckermann Anfang 1830 Guizot

---

[93] Ebd., 101.
[94] KRUG Bd. 2 (1827), 628.
[95] BROCKHAUS 7. Aufl., Bd. 6 (1830), 575 f.
[96] Ebd., 577 ff.

V. Liberalismusbegriff vor 1830

einen Mann, der *tiefe Kenntnisse, verbunden mit einem aufgeklärten Liberalismus* besitze und *über den Parteien stehend* seinen Weg gehe. Alle *vernünftigen Leute* seien und sollten *gemäßigte Liberale* sein; er selber sei es und habe sich im Laufe seines Lebens bemüht, in diesem Sinne zu wirken. *Der wahre Liberale ... sucht mit den Mitteln, die ihm zu Gebot stehen, soviel Gutes zu bewirken, als er nur immer kann; aber er hütet sich, die oft unvermeidlichen Mängel sogleich mit Feuer und Schwert vertilgen zu wollen. Er ist bemüht, durch ein kluges Vorschreiten die öffentlichen Gebrechen nach und nach zu verdrängen, ohne durch gewaltsame Maßregeln zugleich oft ebensoviel Gutes mit zu verderben. Er begnügt sich in dieser stets unvollkommenen Welt so lange mit dem Guten, bis ihn, das Bessere zu erreichen, Zeit und Umstände begünstigen*[97].

Die andere Bedeutung zeigt die Rede von der *sogenannten liberalen Partei*[98] an, also von einer politischen Richtung und Gruppierung, wenn diese auch noch nicht durch gemeinsame Organisation, sondern durch grundsätzliche Gemeinsamkeit der politischen Ziele konstituiert ist. Schon war auch bewußt, daß nicht alle, die für Veränderungen und Reformen in Gesellschaft und Staat eintraten, in gleicher Weise 'Liberale' genannt und den, ebenso pauschal, als 'Ultras' oder 'Servile' bezeichneten Verteidigern von bestehenden Verhältnissen gegenübergestellt werden konnten. So hatte schon 1823 HARSCHER VON ALMENDINGEN den *umstürzenden Liberalismus* der Hardenbergschen Politik in Preußen vor 1819, der durch einen *umstürzenden Obskurantismus* ersetzt wurde, vom *konservatorischen Liberalismus* der Wiener Kabinettspolitik vor 1814 unterschieden, der durch einen *konservatorischen Obskurantismus* abgelöst wurde[99]. Verbreiteter waren die Qualifizierungen 'wahr', 'gemäßigt', 'echt'. Sie bestärken den Eindruck, daß 'Liberale', 'Liberalismus' noch nicht als echte Parteinamen galten; noch gab es keine stetige soziale Gruppe derjenigen, die sich zu einem klar umschriebenen liberalen Programm bekannten, sondern Verfechter und Anhänger von Vorstellungen, die sie für freiheitlich, freisinnig, fortschrittlich, vernünftig, human und zeitgemäß hielten. 'Liberalismus' meinte das Ensemble dieser Vorstellungen und ein entsprechendes Verhalten, das durch Kritik und Diffamierung von außen wie durch Radikalismus von innen genötigt wurde, sich in begrifflichen Abgrenzungen zu artikulieren.

Dazu haben die Auswirkungen der Julirevolution in Frankreich 1830 erheblich beigetragen. Sie brachten in Deutschland die konstitutionelle und liberale Bewegung voran; der begriffsgeschichtliche Befund ihrer Wirkung ist allerdings keineswegs eindeutig. Neben Befriedigung weist er Erschrecken über Radikalismus und verstärktes Bedürfnis nach Erklärung aus.

---

[97] JOH. PETER ECKERMANN, Gespräche mit Goethe in den letzten Jahren seines Lebens, hg. v. Fritz Bergemann (Wiesbaden 1955), 638. 640 (3. 2. 1830).
[98] So u. a. HEINRICH V. GAGERN an Hans Christoph v. Gagern, 23. 2. 1827, abgedr. Deutscher Liberalismus im Vormärz. Heinrich von Gagern, Briefe und Reden 1815—1848, hg. v. PAUL WENTZCKE u. WOLFGANG KLÖTZER (Göttingen 1959), 70.
[99] Zit. KARL-GEORG FABER, „Konservatorischer Liberalismus", „Umstürzender Liberalismus", „Konservatorischer Obskurantismus". Aus dem Briefwechsel zwischen Marschall und Almendingen (1823), Nassauische Annalen 78 (1967), 203 f. (Brief v. 13. 11. 1823).

VI. Liberalismus im Vormärz

Wer sich seit 1830 als 'Liberaler' im politischen Sinne verstand, wurde sich dessen bewußter, und wer von anderen so genannt wurde, erhielt dieses Etikett nun gezielter. Manche Gebildete, die „liberalen Ideen" angehangen und optimistisch an ihre Verbreitung und ihren endlichen Sieg geglaubt hatten, waren irritiert; sie fürchteten, mit radikalen Kräften gleichgesetzt zu werden, und versuchten, das Konzept einer „liberalen" Gesinnung über den Parteien zu retten. So erkannte FRIEDRICH BÜLAU 1831 zu viele *sogenannte Liberale*, denen es an *innerer Liberalität der Gesinnung* mangle. *Sie greifen alles an, was, sei es notwendig, gut, durch die Rücksicht auf die Erhaltung der öffentlichen Freiheiten bedingt, doch nicht den äußeren Anstrich einer liberalen Maßregel trägt, ... sie verdammen die Regierungen a priori und glauben, daß alles, was von dem Volke geschieht, auch für das Volk und zum Nutzen des Volkes getan sei.* Deshalb schwiegen oder warnten so viele *wahre Freunde der Freiheit, die durch die Ausschweifungen der liberalen Partei erschreckt* seien. Bülau plädiert für Einsicht, Geduld, Tun des Notwendigen und Einhaltung des Maßes. *Wahre Liberalität* spreche sich in der Gesinnung aus; *echter Liberalismus* sei kein verzehrendes, sondern ein erwärmendes Feuer[100]. — W. T. KRUG hat in der 2. Auflage seines „Allgemeinen Handwörterbuches der philosophischen Wissenschaften" 1833 den Liberalismusartikel um einen Zusatz ergänzt und behauptet, seit der *Julirevolution* habe sich der *Liberalismus ... sehr nach dem Extreme bewegt.* Der *echte Liberale* liebe *Recht und gesetzliche Ordnung und Mäßigung in allen Dingen*[101].

Nach 1830 wird der Begriff 'Liberalismus' auch von den allgemeinen Enzyklopädien mit der für sie charakteristischen Verspätung verzeichnet und nicht mehr nur von 'Liberalität' und 'liberalen Ideen' gesprochen. BROCKHAUS' „Conversations-Lexikon der neuesten Zeit und Literatur" nennt 1833 den Liberalismus einen *Proteus, der im Laufe der Weltgeschichte ... unter tausend verschiedenen Namen die Völker bewegt hat. Was man heutzutage Liberalismus nennt, ist nicht die Sache selbst, sondern nur eine Erscheinung derselben.* Der *Grundton des Liberalismus* seien *Freiheit, Unabhängigkeit, Selbständigkeit ..., aber nicht die bürgerliche und politische Freiheit allein, sondern die Befreiung von jeder naturwidrigen Schranke, welche dem menschlichen Geiste entweder von außen her gesetzt werden soll, oder in welcher er durch seine eigne Untätigkeit gefangen gehalten wird*[102]. Das ist noch die eher moralische als politische Argumentation der Aufklärer. Ihr entspricht die Behauptung, 'Liberalismus' könne mit *größter Illiberalität* verbunden sein, wenn jemand wohl *für sich und nach oben, aber nicht gegen andere und die unter ihnen Stehenden ... liberal* denke, oder die Menschen zum Fortschritt zwingen wolle. *Liberalismus* sei das *Ringen nach den höhern Gütern der Menschheit, nach einer Freiheit, die ihre Quelle wie ihren Kampfplatz vorzüglich im eignen Herzen und Geiste hat, nach einer Selbständigkeit, welche über jeden Zwang von außen erhaben ist. Er sei an keine Staatsformen gebunden, sei*

---

[100] FRIEDRICH BÜLAU, Die Liberalen (1831), in: ders., Zeitfragen aus dem Gebiete der Politik und Volkswirtschaft (Leipzig 1846), 304 f.; ders., Gedankenspäne (1831 ff.), ebd., 313.
[101] KRUG 2. Aufl., Bd. 2 (1833), 725.
[102] BROCKHAUS, CL neueste Zeit, Bd. 2 (1833), 877.

VI. Liberalismus im Vormärz

keine Partei, sondern eine Gesinnung ... Liberale in diesem Sinne habe es zu allen Zeiten nur sehr wenige gegeben, man könne sie *revolutionnair* nennen, insofern eine *gänzliche Veränderung aller öffentlichen Verhältnisse* und der Übergang zur *Republik* eintreten müsse, *wenn ihre Gesinnung... die herrschende werden sollte.* Danach zu streben, sei kein Unrecht, wohl aber das *gewaltsame, ungesetzliche Eingreifen in die bestehenden Verhältnisse*[103]. Revolutionen in diesem Sinne widersprechen der *Natur des wahren Liberalismus... Die Liberalen* sehen vielmehr ein, *daß sie dem Bestehenden Treue schuldig sind, daß aber diese Treue hauptsächlich darin besteht, die naturgemäße Fortbildung zu größerer Vollkommenheit fördern zu helfen.* Diese konservative Interpretation des Liberalismus entspricht den etwas später einsetzenden Bemühungen, den Konservatismus liberal zu interpretieren. — Dem *Liberalismus der neuesten Zeit,* der seit einem halben Jahrhundert *seine Richtung vorzugsweise auf das Staatsleben genommen* habe, wird unter Hinweis auf vorherige Mißstände Berechtigung zugesprochen. Die *Realisierung der Rechtsidee* mit dem, was daraus folgt: *Öffentlichkeit der Staatsverwaltung, Preßfreiheit, Verantwortlichkeit der Beamten für alle Regierungshandlungen, Land- und Reichsstände mit ihren Attributen, Gleichheit vor dem Gesetz, vorzüglich in Ansehung der gleichen Fähigkeit zu Staatsämtern,* habe *die Völker* immer mehr in Aktion gesetzt; noch sei keine *neugegründete Ordnung der Dinge* erreicht. *Die Ereignisse des Jahres 1830* hätten die *Gärung* weiter getrieben, und es sei noch nicht erwiesen, ob die *liberalen Tendenzen* in Europa nicht in planmäßiger Verbindung stünden. *So viel ist aber gewiß, daß es eine Verirrung des Liberalismus ist, wenn er seine eigentümliche Bahn des individuellen redlichen Wirkens für Wahrheit und Recht verläßt, um durch Verbindung zu einer Partei ... dasjenige von außen her zu erreichen, was nur von innen heraus durch Lehre und Beispiel gefördert werden kann*[104].
Der gleichen gesinnungsethischen Argumentationslinie folgt der Artikel „Liberalismus" in der 8. Auflage des BROCKHAUS von 1835: *Man ist ... noch nicht wahrhaft liberal, wenn man als Kämpfer für Preßfreiheit, öffentliche Rechtspflege, Geschworene, landständische Verfassung auftritt ... Der echte Liberalismus ist nichts als Liebe der Wahrheit und der Gerechtigkeit, welche in sich selbst ihre Stärke findet und von äußern Umständen unabhängig ist; der falsche hingegen sucht eine äußere Macht; er erhebt das Banner einer Partei, und daher gibt es bei ihm so viele Abtrünnige.* Verlangt er *das Umstürzen des Bestehenden ..., um dem Bessern Raum zu schaffen,* so ist er *mißverstandener Liberalismus*; denn das *Bessere* muß aus der *moralischen Bildung des Volkes* erwachsen, nicht *von außen herein aufgedrungen* werden. *Nur Unkunde oder böser Wille* können *echten Liberalismus ... mit dem Dämon der Revolutionen verwechseln*; ein *Liberalismus,* der *gewaltsame Umwälzung* anstrebt, verdient diesen Namen nicht[105].
Man gewinnt den Eindruck, als bemühten sich die Verfasser solcher Artikel, den 'Liberalismus' gegen seine Politisierung in Schutz zu nehmen, indem sie ihn zu einem Prinzip der Menschheitsentwicklung schlechthin erhoben, um damit zugleich seine aktuelle politische Harmlosigkeit zu demonstrieren. Und zwar nicht nur, um

---

[103] Ebd., 878 ff.
[104] Ebd., 880 f.
[105] BROCKHAUS 8. Aufl., Bd. 6 (1835), 631 f.

seiner Diffamierung als revolutionär entgegenzutreten, sondern um seine Anhänger vor revolutionären Bahnen zu warnen und um das eigene Vertrauen auf vernunft- und gesetzmäßigen Fortschritt, der durch Parteibildung und Politik verdorben werden müßte, bewahren zu können. *Der Liberalismus bezweckt keine Revolutio, sondern eine Revelatio, d. i. eine Offenbarung des Göttlichen im Menschen, der menschlichen Kräfte, Rechte und gegenseitigen Pflichten,* hieß es 1835 in dem von einer „Gesellschaft deutscher Gelehrter" bearbeiteten Leipziger „Neuesten Conversationslexikon für alle Stände"[106].

Anders als in den Wörterbüchern ist der Begriff 'Liberalismus' nach 1830 in der politischen Diskussion durchaus polemisch-kämpferisch mit der Absicht gebraucht worden, Anhänger oder Gegner zu identifizieren. So bestritt das in München erscheinende „Liberale Deutschland" 1831 in der Besprechung einer Berliner Flugschrift „Wo ist man liberal, in Frankreich oder Preußen?" voller Hohn das Vorhandensein *eigentlich liberaler Institutionen* in diesem Staat des Absolutismus. Es fehle ihm *das Wesentliche, die Spitze, die Bürgschaft der liberalen Institutionen, eine bei Erlassung der Gesetze und bei Deckung der Staatsbedürfnisse notwendig mit dem Fürsten konkurrierende Volksvertretung und wirksame Verantwortlichkeit der Minister*[107]. 1832 wurde die *Idee solcher, dem jetzigen Jahrhunderte nicht eigentlich angehöriger Staatsmänner, daß irgendwo in Europa ein Herd sei, wo alle Waffen der Revolution geschmiedet werden, irgendwo eine Propaganda sei, welche das Gift des Liberalismus bereite und verbreite,* als abenteuerlich bezeichnet. Die Liberalen wollten Throne nicht stürzen, sondern stützen![108] Und der rheinische Liberale DAVID HANSEMANN bescheinigte in seiner anonym erschienenen Schrift „Preußen und Frankreich" 1833 den *Liberalen in Deutschland,* sie unterschieden sich dadurch von der französischen Opposition, daß sie *häufig mehr philanthropisch als national der Freiheit ergeben* seien[109]. Im Hessen-Darmstädtischen Landtag wies HEINRICH VON GAGERN 1834 die Beurteilung aller *Elemente der Bewegung* nach dem Maßstab des französischen Republikanismus zurück. Nach der belgischen Revolution seien nicht die Kabinette um die Unverletzlichkeit deutschen Gebietes besorgt gewesen, sondern *die Partei der Bewegung, die liberale Meinung* habe zuerst Widerstand geweckt, wie sie auch zuerst den deutschen Zollverein gefordert habe[110].

Solchen Bemühungen, den Liberalismus als aufbauende Kraft zu zeigen, stehen massive Anklagen gegenüber. Für J. M. VON RADOWITZ war 1832 der Liberalismus eine *politische Irrlehre.* Sie habe in den *mittleren Classen der Gesellschaft, in deren Hände die Umwälzungen der letzten 40 Jahre einen unverhältnismäßigen Einfluß gelegt, ... die überwiegende Mehrzahl der Stimmen für sich*[111]. Im folgenden Jahr

---

[106] BRÜGGEMANN Bd. 4 (1835), 420.
[107] Beleuchtung eines Correspondenzartikels über Preußens Politik, Das liberale Deutschland. Eine censurfreie Zeitschrift, hg. v. Joh Georg Aug. Wirth, 1 (3. 8. 1831), 28.
[108] FRANZ BALTISCH [d. i. FRANZ HERM. HEGEWISCH], Politische Freiheit (Leipzig 1832), 119.
[109] [DAVID HANSEMANN], Preußen und Frankreich. Staatswirthschaftlich und politisch unter vorzüglicher Berücksichtigung der Rheinprovinz. Von einem Rheinpreußen (Leipzig 1833), 308 f., § 294.
[110] H. v. GAGERN, Redev. 9. 5. 1834, in: WENTZKE/KLÖTZER, Liberalismus, 137.
[111] JOSEPH MARIA v. RADOWITZ, Die Varietäten des Liberalismus, Berliner Polit. Wochenbl., Nr. 31 v. 4. 8. 1832, 200.

VI. Liberalismus im Vormärz

sah das „Berliner Politische Wochenblatt" *die am meisten auffallende allgemeine Eigenschaft des deutschen Liberalismus* in seiner *negativen Natur. Er entbehrt aller Originalität und empfängt Beispiel, Leitung, ja sogar seinen Jargon von unseren westlichen Nachbarn*[112]. Diesem Artikel war ein anderer über den *doktrinären Liberalismus* in Frankreich vorausgegangen, der sich mit der herrschenden Partei der *richtigen Mitte* beschäftigte. Ihr komme das Verdienst zu, ein revolutionäres *Schreckenssystem* verhindert zu haben, dennoch dürfe man von den Freunden der *sog. liberalen Ideen, der Doktrin der gemäßigten Liberalen,* nicht glauben, es handle sich wirklich um eine *Mitte ... zwischen Despotismus und Revolution. Im Gegenteil: Der doktrinäre Liberalismus ist seinen Prinzipien nach nichts weniger als eine Ausschließung jener beiden Kalamitäten, er ist eine Mischung aus beiden, und Revolution und Despotismus haben sich freundbrüderlich in ihn geteilt, dergestalt, daß die liberale Doktrin der Monarchie gegenüber, also nach oben hin, nichts weiter als eine, vielleicht nur hinter milden, gemäßigten Reden versteckte, durch scheinbare Gelehrsamkeit und eine gewisse Bildung verschleierte, aber eben deshalb viel gefährlichere Revolutionstheorie, — nach unten hin, also den administrierten Untertanen oder „Bürgern" gegenüber, nichts anderes, als ein milder, halb furchtsamer Despotismus ist.* Dieser Liberalismus sei *recht eigentlich revolutionair,* weil er *die Empörung gegen die Obrigkeit* rechtfertige, und er sei *seinem innersten Wesen nach auch zugleich despotisch,* weil er Macht über Recht stelle, Gesetze durch Majoritäten mache[113]. Durch diese Interpretation vorbereitet, werden die *hauptsächlichsten Fractionen, welche in dem dermaligen deutschen Liberalismus ziemlich genau zu unterscheiden sind,* charakterisiert: erstens diejenige, die, offenbar von außen gelenkt und finanziert, *eine deutsche Republik* will; für sie arbeiten unwissentlich *alle übrigen Nuancen des Liberalismus;* zweitens die *liberal-despotische ...,* die von der Idee des souverainen „Staates" ausgehe, der das allgemeine Wohl bezwecke und kein Recht der Regierten kenne. Die dritte sei die *constitutionelle,* die nicht sehe, daß eine Regierung ohne Macht nicht für das Wohl des Volkes sorgen könne und *daß der brutalste, rechtloseste und verderblichste Despotismus der der Majorität sei ... Diese Classe leistet den eigentlichen Revolutionairen die wesentlichsten Dienste,* die sich des Instruments der *öffentlichen Meinung* bemächtigt haben. Die vierte, zahlenstärkste Gruppe bestehe *aus allen Leuten von mäßiger und geringer Bildung, welche für „Freisinnige" gelten wollen.* Diese Form des Liberalismus sei *offenbar die bequemste,* verlange die geringste geistige Anstrengung und repräsentiere sich in einer großen Zahl liberaler Zeitschriften[114].

Im gleichen Jahr waren für F. von Baader *Liberalismus* und *Servilismus,* die *Liberalen* und ihre *illiberalen Gegner* und auch *Ultraliberale* und *Ultralegitimisten* gleicherweise moralisch und politisch negative Begriffe[115]. Daneben wirken Unterscheidungen, die einen reinen Ideenliberalismus gegen radikale Entartung und politische Parteibildung setzen, philiströs und penetrant. 1834 wurde in der „Frank-

---

[112] Der deutsche Liberalismus, ebd., Nr. 16 v. 20. 4. 1833, 95.
[113] Der doctrinaire Liberalismus, ebd., Nr. 12 v. 24. 3. 1832, 77 ff.
[114] Der deutsche Liberalismus, ebd., Nr. 16, 96.
[115] Vgl. F. v. Baader, Über das Revolutioniren des positiven Rechtsbestandes (1832), SW Bd. 6 (1854; Ndr. 1963), 58; ders., Über das damalige Missverhältnis der Vermögenslosen oder Proletairs zu den Vermögen besitzenden Classen der Societät (1835), ebd., 128 f.

furter Ober-Post-Amts-Zeitung" behauptet, der *aus Demokratismus zusammengesetzte Geist* brüste *sich noch immer mit dem Namen Liberalismus. Wie hat dies ursprünglich Reines und Edles bezeichnende Wort seinen Sinn verloren! Es ist nicht mehr, was es war. Die Faction des Umsturzes hat seinen Gehalt umgegossen, und doch den alten Namen darauf geprägt. Deshalb wird man es auch keinem Freunde der Ordnung verargen, wenn er — die in Gesinnungen und Handlungen sich beurkundende ächte Liberalität hoch ehrend — doch den Namen eines Liberalen endlich von sich stößt. Der Liberalismus ist zum Radikalismus geworden; er hat mit ihm gleiche Prinzipien. Einerlei also, welches von beiden Worten man gebraucht; beide trifft das gleiche Urteil, sowohl vor den Augen des philosophischen Politikers als vor dem Richterstuhle der geschichtlichen Erfahrung*[116]. Auch in den Konversationslexika findet sich nun dieser Ton. *In neuerer Zeit* sei das Wort *Liberalismus oft als Deckmantel egoistischer Absichten gebraucht worden; wer es mit seinem Volke gut meint, kann dasselbe nicht genug warnen vor den falschen Liberalen, die sich überall einzunisten suchen*[117]. Oder: die *ehrende Bezeichnung 'Liberalismus' sei von denen usurpiert worden, die den Umsturz wollten. Dadurch sei in das Wort eine verunehrende Nebenbedeutung* hineingekommen[118]. Daß nach 1830 die Liberalen in Deutschland zunehmend verdächtigt worden seien, wurde 1842 in der „Deutschen Vierteljahrs Schrift" beklagt. *Furcht vor der Revolution erweckte Abscheu vor allem, was etwas anderes wollte und dachte, als was bestand; weil die Revolutionäre sich für Männer des Fortschrittes ausgegeben hatten, so wurden die Männer des Fortschrittes nun für Revolutionäre gehalten. Wenn man früher stolz auf die Bezeichnung liberal gewesen war, so wurde dieses Epitheton jetzt zum Schimpfwort und zur Anklage, und hieß soviel als unruhig, intrigant, subversiv, gefährlich. Mit ihrer wachsenden Zahl habe man sich bemüht, die Liberalen von den guten Untertanen ... abzusondern. Wenn man zunächst denjenigen einen Liberalen genannt habe, der am göttlichen Rechte der Fürsten, der sogenannten Legitimität zweifelte, so sei dieser Vorwurf immer weiter ausgedehnt worden, schließlich auf jeden, den man unbequem fand, für den man aber nicht gleich ein anderes Prädikat des Tadels zu erdenken wußte*[119].

Bewußte oder naive Fehldeutungen abwehren wollte auch PAUL PFIZERS bedeutender Versuch von 1840, im ROTTECK/WELCKERschen „Staats-Lexikon", dem Grundbuch des südwestdeutschen Liberalismus, den Begriff 'Liberalismus' im Sinne der Rechtsstaatsidee zu definieren und nachzuweisen, daß er nichts anderes sei *als der Inbegriff der auf Herstellung eines vernünftigen Rechts gerichteten Bestrebungen.* Grundgedanke des Liberalismus sei *die möglichste, mit der sichern und vollständigen Erreichung der vernünftigen Staatszwecke vereinbare gleiche Freiheit*[120].

---

[116] Hannoversche Zeitung, Nr. 144 v. 18. 6. 1834, 1143. Wiederabdruck eines Artikels aus der „Frankfurter Ober-Post-Amts-Zeitung" v. 5. 6. 1834: „Aus dem Großherzogthum Hessen". Es handelt sich um eine Rezension der anonym erschienenen Schrift „Der Liberalismus auf dem merkwürdigen Landtage zu Darmstadt 1833. Freimüthig geschildert für Alle, denen es um Wahrheit und um Kenntniß des jetzigen Deutschen Ständewesens zu thun ist" (Gießen 1834).
[117] WOLFF 2. Aufl., Bd. 3 (1843), 35.
[118] Bilder-Conversations-Lexikon für das deutsche Volk. Ein Handbuch zur Verbreitung gemeinnütziger Kenntnisse und zur Unterhaltung, Bd. 2 (Leipzig 1838), 739.
[119] Ueber das Ständewesen in Preußen, Dt. Vjschr. (1842), H. 3, 208 f.
[120] PAUL A. PFIZER, Art. Liberal, Liberalismus, ROTTECK/WELCKER Bd. 9 (1840), 714.

VI. Liberalismus im Vormärz

Dieses *politische Prinzip* würde längst *allgemeinste Anerkennung* finden, wenn nicht in vielen Ländern *dynastische und aristokratische Interessen* noch übermächtig wären. Der *vernünftige Liberalismus* müsse jedoch gegen seine Kritiker wie gegen seine eigennützigen Mitläufer in Schutz genommen werden. *Rechtsgleichheit* bedeute *ächten Liberalen* nicht äußerliche Gleichheit von Besitz und Macht; zwar geben sie dem Mehrheitswillen den Vorzug, erkennen ihm jedoch keine unbedingte Herrschaft zu, sondern bestehen auf *der gleichen Achtung jeder vernünftigen Persönlichkeit;* sie lehnen eine *allgemeine sittliche Bevormundung* durch Staat und Kirche ab, stützen sich auf das *Recht der Vernunft;* die *tiefer blickenden und besonnenen,* die *denkenden Liberalen* sehen durchaus *den engen Zusammenhang von Recht, Moralität und Glauben* und treten deshalb für *allgemeine Aufklärung, ... Volkserziehung, ... Volksunterricht* und höhere Bildungsanstalten ein[121].

Heftig weist Pfizer den Vorwurf des *politischen Materialismus* und angeblicher *destruktiver und anarchisch-despotischer Tendenz der Liberalen* zurück. Nur *wo die Freiheit durch versteckten, blinden und brutalen Widerstand auf das Äußerste getrieben würde, greife sie zur Gewalt. Dem wahren Wesen der Freiheit* seien *gewaltsame Zerstörung und despotisches Nivellieren fremd,* und nach den Erfahrungen der Französischen Revolution seien *die heutigen Liberalen wohl der großen Mehrzahl nach darüber einig, nicht unmittelbare Volksherrschaft, sondern einen solchen Zustand zu erstreben, in welchem eine dem entschiedenen Volkswillen und Volksinteresse beharrlich widerstrebende Regierung nicht mehr möglich ist.* Natürlich verlange der *vernünftige Liberale* keinen direkten Mehrheitsentscheid über *Staatsangelegenheiten* und nicht mehr Freiheit für die Bürger, *als nach Maßgabe ihrer Bildungsstufe, ihrer politischen Reife und Selbständigkeit* mit der *friedlichen Koexistenz* im Staate verträglich ist, andernfalls gelange man zum *liberalen Despotismus* und damit in *Widerspruch* zum *eigenen Prinzip*[122].

In den *Ausschweifungen eines unächten oder mißverstandenen Liberalismus* erkennt Pfizer nur die Folgen der *Mißhandlung des ächten* und reinen. Da dieser nicht widerlegt werden kann, identifizieren seine Gegner ihn mit *grassestem Radicalismus* und nennen die *constitutionellen Liberalen ... zahme Revolutionäre ..., die sich vor den Konsequenzen ihrer eigenen Grundsätze fürchten.* Seitdem die *Reaction* sich ihrer Macht bediene, *um den Liberalismus waffenlos zu machen,* werden die *liberalen Ansichten* von allen Seiten verdächtigt, jedes Bestehen auf *dem liberalen Prinzip ... als systematische Opposition* verschrien, das Eintreten für die *Interessen der Gesamtheit ...* und das *unveräußerliche Recht des Fortschrittes* als Streben nach *Umsturz des Bestehenden, Anarchie und Pöbelherrschaft* verunglimpft und der *liberale Aufschwung* als Werk weniger Schwärmer abgetan[123]. Den *standhaft gebliebenen Liberalen* werden *Unmacht* und falsche Beurteilung der Zeit vorgeworfen, aber auch Feigheit angelastet, wenn sie einen zwecklos gewordenen parlamentarischen Kampf aufgeben und sich von einem bloß scheinhaften Konstitutionalismus abwenden; zugleich werde *die geringe Anzahl werktätiger Liberaler* von *Indifferenten und Ultraliberalen* für politisch beschränkt erklärt. *Ausschweifungen* der *radicalen Partei, Unduldsamkeit* und *Particularismus* der *constitutionellen Opposition* haben dazu geführt, den *Namen eines*

---

[121] Ebd., 714 f. 717. 716 ff.
[122] Ebd., 718 ff.
[123] Ebd., 721 ff.

Liberalen als *Ehrenkränkung* zu verstehen. Gegen den Vorwurf, *hohle Ideologie* zu sein, keine *lebendige positive Weltordnung* zu begründen, auf Gleichmacherei herauszulaufen und die *Mannigfaltigkeit des realen Daseins* nicht zu verstehen, weist Pfizer auf die *Leistungen des Liberalismus* in anderen Ländern hin und bekennt sich zu seiner Unbesiegbarkeit, weil er *nichts anderes ist, als der auf einer gewissen Stufe menschlicher Entwickelung notwendige Übergang des Naturstaats in den Rechtsstaat.* Erscheint er einerseits als *natürliche Reaction des politischen Lebens* gegen Despotismus und Hierarchie, so andererseits als eine den *natürlichen Gesetzen des Geisterlebens* (sic!) entsprechende *natürliche Entwickelung des geschichtlichen Lebens;* deshalb ist er *unzerstörbar*[124].

Gegenüber diesen Bemühungen, eine „reine" liberale Position jenseits des Parteienstreites und revolutionärer Verdächtigung zu bestimmen und dem Begriff 'Liberalismus' eine gesinnungsethische, vernünftige Qualität beizulegen, wurde auf dem linken Flügel des Liberalismus seine politische und parteiische Funktion hervorgehoben. EDGAR BAUER konnte 1843 die Kampfesscheu und die Einigungsrufe der *sogenannten Liberalen Deutschlands* nicht verstehen. Gegensätze sollten, so meinte er, deutlich gemacht und Einheit durch Kritik erreicht werden; deshalb kritisierte er *den Ostpreußischen Liberalismus, nicht in feindseliger Absicht, sondern damit er sich mit uns vereinige.* Jacoby habe in seinen „Vier Fragen" die *klaren Consequenzen liberaler Ideen* durch sein *reformistisches Betragen ... haltlos und unklar gemacht*, indem er sie *mit absolutistischen Gesetzen zu vermitteln suchte.* Hinter der *sogenannten Praxis* des *wohlmeinenden Reformismus* auf seiten der Regierungen stecke oft nur ein *jesuitischer Legitimismus; die wahre Praxis* dagegen sei *die Theorie*[125]. Auch an der badischen liberalen Opposition kritisierte Bauer *die starre Verblendung gegen die Theorie.* Dasjenige *Genre des sogenannten Liberalismus, welches in constitutioneller Verfassung das höchste Heil findet,* sei unklar und müsse überwunden werden[126]. — In dieser radikalen Kritik meint der Begriff 'Liberalismus' nicht mehr nur eine weltanschaulich-politische Richtung oder ein Ideenkonzept, sondern eine politische Position und Partei, der mangelnde Consequenz vorgeworfen wird, weil sie nicht zur entschiedenen Opposition weitergehe.

Die gleiche Richtung, aber differenzierter argumentierend, schlägt ARNOLD RUGE 1843 in einer „Selbstkritik des Liberalismus" ein. *Den ganzen Liberalismus* ins Auge fassend, wolle er *besser als seine Gegner* Defizite feststellen und Rat geben, sofern *von einer Aufhilfe überhaupt noch die Rede sein* könne. Die *Zerfahrenheit des Liberalismus* werde allgemein beklagt, weil die *liberale Partei* schöne Worte, aber keine Taten hervorbringe. Das aber sei nicht verwunderlich, weil es eine solche Partei in Deutschland gar nicht geben könne. In den Freiheitskriegen habe es *radicale Demokraten* gegeben, die ein neues Deutschland wollten. Der Deutsche Bund und die Restauration aber hätten den *Keim der demokratischen Partei* erstickt und damit den Deutschen das fragwürdige *Glück des politischen Todes,* nämlich der Parteilosigkeit, des Versinkens im *Privatwesen* verschafft. Für Ruge war der Liberalismus der ohnmächtige *theoretische Sohn der früh verstorbenen demokratischen Partei,* nichts anderes

---

[124] Ebd., 725 ff.
[125] EDGAR BAUER, Die liberalen Bestrebungen in Deutschland, H. 1: Die ostpreußische Opposition (Zürich, Winterthur 1843), Vorwort. 26 f. 29. 27.
[126] Ebd., H. 2: Die badische Opposition (1843), 3. 9.

VI. Liberalismus im Vormärz

als *die gute Meinung, die frommen Wünsche für die Freiheit, die 'Freisinnigkeit' oder die Sympathien mit der Demokratie — 'in der Gesinnung'*. Der Liberalismus in Deutschland sei *willen- und gegenstandslos;* er sei *die Freiheit eines Volkes*, das nicht zum Handeln in der Lage ist. Der Liberalismus müsse *Partei* sein; zur Zeit aber sei er nur unpolitisch, *nämlich ein rein theoretisches und passives Verhalten in der Politik;* er bringe nur *den guten Willen zur Freiheit, aber nicht den wirklichen Willen der Freiheit* hervor; er begnüge sich mit gewählten Freiheiten, greife die Autonomie und Souveränität des Staates nicht an und versuche, sein politisches Versagen durch *gute Gesinnung* und *sogenannte freimütige Reden* zu kompensieren. Er ist nur scheinbar ein *neuer Geist*, in Wirklichkeit hat er das *alte Spießbürgerbewußtsein* zur Voraussetzung. Wenn es in Deutschland politischen Fortschritt geben soll, ist ein neues Bewußtsein nötig, das *den freien Menschen zum Prinzip und das Volk zum Zweck erhebt, mit einem Wort die Auflösung des Liberalismus in Demokratismus*[127].

Diese Forderung Ruges markiert diejenige Phase der Bewußtseinsentwicklung innerhalb des Liberalismus selber, in der von seiten der Radikalen dezidiert zwischen Liberalismus und Demokratie unterschieden wird. Zur konservativen Liberalismuskritik tritt damit die demokratische: eine wichtige Etappe in der ideen- und richtungspolitischen Auseinandersetzung wie in der Begriffsgeschichte des Vormärz. In den vierziger Jahren hat die Liberalismuskritik der Radikalen bereits fast alle Argumente vorgebracht, die bis heute für sie charakteristisch sind, und den Begriffen 'liberal', 'Liberale', 'Liberalismus' — oft schon nicht einmal mehr mit wertenden Adjektiven — einen negativen oder spöttischen und herabsetzenden Akzent verliehen. In einem Artikel aus dem Lager der „wahren" Sozialisten wurde dem *deutschen Liberalismus* 1845 *geschichtliche Berechtigung* zugeschrieben, solange er für eine *liberale Verfassung* eingetreten und sein *politischer Gesichtskreis der weiteste* der Zeit gewesen sei. Durch die *Entdeckung des Proletariats* aber sei ihm die weitere Existenzberechtigung genommen worden, so daß er sich nun aufgeben müsse oder nur *in der Form der Heuchelei und Brutalität* weiterexistieren könne. Denn *das Dasein des Proletariats* demonstriere die *Unzulänglichkeit* des Liberalismus. Durch *die Erhebung des Proletariats* sei er aus dem *Feind ... der Regierungen* zu ihrem *letzten und einzigen Zufluchtsmittel* geworden. Während er, an sich selber zweifelnd, in ein durch und durch heuchlerisches Verhältnis zur Regierung getreten sei, übe er *gegen das Proletariat ... nackteste Brutalität*[128].

MARX und ENGELS ordneten um die Mitte der vierziger Jahre den politischen Liberalismus, die „liberale Bewegung" völlig den bürgerlichen Klassen zu. Der von ihnen vor allem im Hinblick auf England und Frankreich gebrauchte Begriff 'liberale Bourgeoisie' sprach die Klassenlage der Vertreter einer politischen Richtung an und sollte die Verknüpfung von sozialem Interesse und politischer Position ideologiekritisch enthüllen. Die englische liberale Bourgeoisie erschien Engels 1845 durch ihren *Eigennutz* völlig *demoralisiert* und zu jedem *Fortschritt unfähig* geworden[129]; in Frankreich sei sie von Napoleon I. unterdrückt und von der Restauration

---

[127] ARNOLD RUGE, Selbstkritik des Liberalismus (1843), SW Bd. 4 (Mannheim 1847), 80 ff. 86 f. 89 f. 116.

[128] FR. SCHMIDT, Deutscher Liberalismus, Rhein. Jbb. z. gesellschaftlichen Reform 1 (1845; Ndr. 1975), 146 f. 149.

[129] ENGELS, Die Lage der arbeitenden Klasse in England (1845), MEW Bd. 2 (1957), 486.

erneut zurückgeworfen worden, um dann 1830 ihre Wünsche von 1789 verwirklichen zu können, wobei sie nun den *konstitutionellen Repräsentativstaat* nicht mehr als ihr Ideal erstrebte, sondern ihn als *offiziellen Ausdruck ihrer ausschließlichen Macht und als die politische Anerkennung ihres besonderen Interesses erkannt hatte*[130]. In allen Ländern sei zwischen 1815 und 1830 *die im wesentlichen demokratische Bewegung der arbeitenden Klassen ... mehr oder weniger der liberalen Bewegung der Bourgeoisie untergeordnet worden.* Das arbeitende Volk habe *die völlige Verschiedenheit von Liberalismus und Demokratie, von Emanzipation der bürgerlichen Klassen und Emanzipation der arbeitenden Klassen* noch nicht erkennen können, solange nicht *das Bürgertum zur ausschließlich herrschenden Klasse geworden war.* Deshalb habe die *revolutionäre Partei in Deutschland von 1815 bis 1830 nur aus Theoretikern* bestanden. Hier, wo die Regierungen angesichts der Unmöglichkeit, zum Absolutismus zurückzukehren, aber auch der Regierungsunfähigkeit des Bürgertums den Kompromiß der *Bastardmonarchie* mit *bürokratischer Regierung* erfanden, habe der Liberalismus die Sekte der *Bastardliberalen,* nämlich *studentische Geheimbünde,* hervorgebracht. Nach 1830 sei auch hier die *liberale Agitation* stärker geworden; der Bewegung des deutschen Bürgertums aber habe die *substantielle Basis* des englischen und französischen Liberalismus gefehlt, und die Bundestagsbeschlüsse von 1834 hätten bis 1840 *jede öffentliche Bewegung* lahmgelegt[131]. Vor allem wirtschaftliche Gründe hätten dann, spürbar seit 1840, *die deutschen Bürger* an ihre *gemeinsamen Interessen* denken und sie nun, wie einst die französische Bourgeoisie, *national und liberal* werden lassen. — Für Marx und Engels gab es in Deutschland keinen *wirklichen Liberalismus,* sondern nur *Schwärmerei* und *Ideologie* über ihn. In der ätzenden Kritik der „Deutschen Ideologie" heißt es, *der letzte Zweck des Bourgeois* sei nicht, *ein vollendeter Liberaler, ein Staatsbürger zu werden,* sondern die *liberalen Redensarten* seien *der idealistische Ausdruck der realen Interessen der Bourgeoisie.* Der Glaube, *Liberalismus sei die Vernunfterkenntnis angewandt auf unsre bestehenden Verhältnisse,* bestätige nur, daß die Deutschen noch immer an ihren *Illusionen über den Libera[lismus]* hingen[132].

Kein Zweifel, daß im Laufe der vierziger Jahre der Begriff 'Liberalismus' zu einem der meistgebrauchten politischen Schlagwörter wurde: zur Bezeichnung eigener oder fremder politischer Position und Parteinahme, zu einem wichtigen Bestandteil im Vokabular der politischen Diskussion und Polemik. Dabei ging es nun nicht mehr nur um die Unterscheidung zwischen einer gemäßigten und einer radikalen Richtung. Soweit diese Diskussion innerhalb des Liberalismus fortgeführt wurde, rückte sie den gemäßigten Liberalismus näher an den Konservatismus heran. Diese für die weitere Entwicklung wichtige Tendenz ist u. a. erkennbar in einem Beitrag der „Grenzboten" von 1846. Von den *zwei Gattungen von Liberalismus* gehe die ältere auf die Zeit der preußischen Reformen zurück, während die *ganz moderne* nach der französischen Julirevolution aufgekommen und mit dem Regierungsantritt Friedrich Wilhelms IV. immer stärker hervorgetreten sei. Der erstere mache sich noch, in spezifisch preußischer Ausprägung, in der Beamtenschaft geltend, der andere, *der Liberalismus unserer Presse, unseres unabhängig gewordenen Geldbesitzes, unserer*

---

[130] MARX/ENGELS, Die heilige Familie (1845), ebd., 131.
[131] ENGELS, Deutsche Zustände (1846), ebd., 579 ff.
[132] MARX/ENGELS, Die deutsche Ideologie (1845/46), MEW Bd. 3 (1958), 179 f. 182.

Intelligenz, habe *bald eine mehr conservative, bald eine mehr radicale Färbung*. Während *der „gemäßigte" Fortschritt das eigentliche Element unseres höhern Bürgertumes* sei, habe der *in den Radicalismus übergehende Liberalismus* in Berlin aus polizeilichen Gründen kein Organ[133]. Wichtiger aber war die neue Erfahrung, daß nun der Liberalismus auch von links angegriffen wurde und daß sich eine politische Position jenseits der sich noch liberal verstehenden Radikalen abzeichnete. — 1847 hat der Vereinigte Landtag in Berlin dem politischen Bewußtseinsprozeß starke Impulse gegeben, die dann durch die folgenden revolutionären Ereignisse weiter-, aber auch zunehmend in Gegensätze auseinandergetrieben wurden. In den „Grenzboten" wurde nun festgestellt, daß *einige bisher übliche politische Schlagwörter* ihre Bedeutung verändert hätten. Das gelte vor allem für den *Gegensatz zwischen Radicalismus und Liberalismus*, da sich jener als hohl und seine Vorwürfe gegen diesen angesichts seiner weitgesteckten Ziele als haltlos erwiesen haben. Die verbale Auseinandersetzung gehe jedoch weiter, zumal sich die *prinzipielle Seite des Streits* verstärkt habe, *seitdem die Schule der Sozialisten ... Fuß gefaßt hat*. Gegen die Kritik der radikalen Presse am Liberalismus, die mit der der *ultra-conservativen* wetteifere, und gegen die Vorwürfe der Sozialisten wird der Liberalismus unter dem Eindruck seines Auftretens auf dem Landtag in Schutz genommen, weil er für Fortschritt, zunehmende Freiheit und selbst *demokratische Ausbildung* die größere Gewähr biete als die Revolution und der Kampf gegen den Staat[134].

Damit war natürlich die radikale Kritik am Liberalismus ebensowenig erledigt wie die konservative, die am Vorabend der Revolution von 1848 vielstimmig an Begriff und Sache ansetzte. LAVERGNE-PEGUILHEN, der 1847 *Liberalismus und zeitgemäßen Fortschritt* für unvereinbar erklärte, stellte polemisch fest, der Begriff des Liberalismus sei so schwankend, daß jeder, der ihn verwende, ein Beiwort hinzufüge, das den gemeinten Sinn angibt. Die Eigenschaft, die in Rotteck und Welckers „Staats-Lexikon" dem *denkenden Liberalismus und den besonnenen, redlichen Liberalen* beigelegt worden sei, käme der *großen Mehrzahl der außerhalb des Parteilebens sich bewegenden Preußen* zu. Sage man indes von jemandem, *er gehöre zu den Liberalen oder zur liberalen Partei*, so könne man ihn nun auch einen 'Radikalen' nennen, der der wahren Freiheit unendlich schade[135]. Auch für F. J. STAHL war *das, was man Liberalismus nennt, im technischen, geschichtlich festgestellten Sinn des Worts — wohl zu unterscheiden von dem, was man nach bloß sprachlichem Sinn unter liberaler Denkart und liberalen Einrichtungen verstehen müßte — ... nichts anderes als dieses* (naturrechtliche) *System der Revolution*[136]. Und LEOPOLD VON GERLACH unterschied im Vereinigten Landtag sehr einfach zwischen *Liberalen* und *Gutgesinnten*[137].

Wie sehr die Diskussion um die verschiedenen, sich bekämpfenden politischen Richtungen am Vorabend der Revolution von 1848 durch das Hervortreten des

---

[133] Parteien und Parteiungen in Berlin. Vom socialistischen Standpunkte, Die Grenzboten 5/3,33 (1846), 268.
[134] Politische Schlagwörter, ebd., 6/3,33 (1847), 276 ff.
[135] MORITZ V. LAVERGNE-PEGUILHEN, Der Liberalismus und die Freiheit (Königsberg 1847), XIV f.
[136] FRIEDR. JULIUS STAHL, Die Philosophie des Rechts, 2. Aufl., Bd. 1 (Heidelberg 1845; Ndr. Darmstadt 1963), 284.
[137] LEOPOLD V. GERLACH, Notiz v. 12. 4. 1847, Denkwürdigkeiten, Bd. 1 (Berlin 1891), 116.

Radikalismus bestimmt und wie dringend dadurch die Neudefinition der Position des Liberalismus geworden war, dafür ist der Artikel „Radikalismus und Liberalismus" ein Beweis, der 1847 in den „Ergänzungsblättern zu allen Conversationslexiken" erschien. In ihm nimmt die Charakterisierung des Radikalismus den größeren Raum ein; der Liberalismus wird in der Absetzung von ihm beschrieben und erhält dabei ein stark konservatives Profil. Es sei offensichtlich, heißt es hier, *daß ein großer Teil derjenigen Partei, die man gewöhnlich unter dem Namen der liberalen zu begreifen pflegt, ... im vollen Vorrücken nach dem Extrem begriffen ist, und es ist ebenso augenscheinlich, daß die entgegengesetzte Partei sich anschickt, von den politischen Fehlern ihrer Gegner den größtmöglichen Vorteil zu ziehen*[138]. Während der Radikalismus als prinzipiell revolutionär, theoretisch, intolerant, doktrinär, ungeduldig, pessimistisch gekennzeichnet ist, werden dem Liberalismus die entgegengesetzten Charakteristiken zugeschrieben. *Allgemein gedacht*, sei er *der Inbegriff des höchsten Sittengesetzes in dessen Anwendung auf den Staat und das Zusammenleben der Menschen*. Deshalb müsse er in den verschiedenen Staaten und Zeiten unterschiedliche Gestalt annehmen. Er strebe nicht *der bloßen Theorie zu Liebe* Reformen an, sondern nur, wenn dazu wirkliches Bedürfnis bestehe; er sei *mit dem Ausdruck der allgemeinen Volksbildung identisch*, wolle nicht systematisch erziehen, sondern achte auf die innere Entwicklung, reiße nicht Bestehendes, weil es alt ist, nieder, sondern pflege das historisch Gewordene und noch Lebendige. Liberalismus verlange Selbstachtung, Selbstbeherrschung und Selbstbestimmung und lasse sich durch die Leidenschaften anderer nicht beirren. *Allerdings fürchtet er die Willkür der Massen ungleich mehr als die Willkür der Einherrschaft*. Er will versöhnen und *zwischen philosophischem und historischem Recht* vermitteln; deshalb trete er, zwischen Absolutismus und Republikanismus, für die *konstitutionelle Monarchie* ein! Dabei bedürfe er der *apostolischen Tugend der Geduld*. Der *wahre*, im Unterschied zum *gemeinen Liberalismus* lehne die *Gleichheitstheorie, die verderblichste Irrlehre der Zeit*, ab und weise auf *den natürlichen und geschichtlichen Entwicklungsgang* hin, in dem frühere extreme Unterschiede gemildert worden seien. Er könne *keine systematische Opposition machen*, er sei überhaupt *mit Parteibestrebungen nicht vereinbar*, denn *die Unterordnung des Individuums und selbst der Überzeugung, welche die Partei verlangt, ist als unfrei und unsittlich dem Liberalismus zuwider*[139]. Diesem Verständnis entspricht die Behauptung, der Liberalismus habe *der Natur der Sache nach* Schwierigkeiten mit seinem Namen. *Denn da er nicht ein fertiges Schema hat, wie der Radikalismus, das freieste Walten des Geistes bedingt, und doch ohne die innigste Durchdringung mit dem Leben gar nicht gedacht werden kann, mit der historischen und naturgemäßen Entwicklung des Volkslebens steht und fällt, da er ferner nicht etwa bloß die Politik, sondern auch und mehr noch die geistigen und sittlichen Verhältnisse umfängt, so fügt er sich nicht leicht der Einengung in eine Definition, die alle diese verschiedenen Richtungen in einen bestimmten Kern klar zusammenfaßte*[140]. — Diese zugleich idealistische und über die Tendenzen der Zeit erschrockene Interpretation des Liberalismus hat sich während der Revolution noch verstärkt, ihn aber auch als politisch illusionär diskreditiert.

[138] Ergänzungs-Conversationslexikon. Ergänzungsblätter zu allen Conversationslexiken, hg. v. Fr. Steger, Bd. 2 (Leipzig 1847), H. 3, Nr. 85, 513.
[139] Ebd., 524 ff.   [140] Ebd., 523 f.

VII. Revolution und Reaktion

Die Revolution von 1848/49 hat der Verwendung des Begriffs 'Liberalismus' keine grundsätzlich neue Variante, sondern nur polemische Akzente hinzugefügt. Der eine Grund dafür ist in seiner auch schon vorher oft monierten Unbestimmtheit als Bezeichnung einer allgemeinen intellektuellen, moralischen und politischen Haltung zu suchen, die ihn zum Parteibegriff ungeeignet zu machen schien, ein anderer in der Tatsache, daß bei dem Linksruck auf der Skala der politischen Positionen nun bis weit ins gemäßigt konservative Lager hinein der Anspruch erhoben wurde, liberal zu sein. Hinzu kam, daß angesichts der Mobilität in den politischen Positionen das Denken weder in einem Zwei-, noch auch in einem Dreiparteienschema ausreichte. J. M. VON RADOWITZ hat diesen letzten Sachverhalt 1848 deutlich angesprochen: Bislang habe es in Deutschland *drei große Parteien* gegeben, *die absolutmonarchische, die konstitutionelle und die radikal-republikanische.* Von einer liberalen ist nicht mehr die Rede; sie wird — in einer zu dieser Zeit schon geläufigen Weise — als *konstitutionelle* bezeichnet und damit ihr hauptsächliches Ziel, der evolutionäre Übergang der Monarchie zum Verfassungsstaat, zum Parteinamen gemacht. Der *monarchisch-ständische Rechtsstaat* werde, so setzte Radowitz hinzu, nur noch *so schwach vertreten, daß mit ihm nicht mehr zu rechnen sei; nur die drei Formen des absoluten Staates: der Absolutismus von oben herunter als Beamtenstaat, der Absolutismus aus der Mitte als parlamentarische Regierung, und der Absolutismus von unten herauf als demokratische Republik* haben *wirkliche Parteien* für sich. Jetzt habe sich *die Mittelpartei ... mit dem radikalen Extreme* verbunden und in gemeinsamem Angriff die alte Monarchie überrannt. Nach diesem Siege hätten sich die Sieger gespalten und stünden sich feindlich gegenüber. *Die altliberale Partei* habe die Macht ergriffen, während sich die *republikanische* dagegen auflehne[141]. HELMUTH VON MOLTKE glaubte Ende März 1848, es gehe nun nicht mehr um Monarchie oder Republik, sondern nur um *Gesetz oder Anarchie.* Der *Liberalismus* habe als *Zauberbesen ... die Proletarier* heraufbeschworen und könne ihn nun nicht wieder bannen. *Bald wird der liberalste Deputierte ein Stockaristokrat sein*[142].

Nicht anders die nun noch heftigere Liberalismuskritik von links! GUSTAV STRUVE warf den *Büreaukraten* und *liberalen Schreiern* vor, sie hätten mehr getan, *den Adel zu kränken als den Bauern zu erleichtern ... Manche Gesetze, welche für liberal ausgegeben wurden,* hätten nur den *Schein der Freisinnigkeit* gehabt. *Seit einigen Jahren* nenne sich selbst *der Jesuit* noch *liberal, und der eingefleischteste Büreaukrat* erkläre, *daß er dem besonnenen Fortschritt* huldige; deshalb sei *der Gegensatz von servil und liberal* obsolet geworden. *Wer seine politische Partei nur durch das Wort liberal oder freisinnig zu bezeichnen* vermöge, wolle nur *seine Mitbürger täuschen* oder sich opportunistisch die Entscheidung offenhalten. *Die einzigen Parteinamen, welche im gegenwärtigen Augenblicke noch Bedeutung haben, sind: die Radikalen, die Conservativen und die Destruktiven,* wobei unterschieden werden müsse, ob diese Namen Eigen- oder Fremdbezeichnungen seien. Die Radikalen seien weitgehend *Worthelden,* die

---

[141] J. M. v. RADOWITZ, Die Provisorien und die Allianzen (1848), Ausg. Schr., hg. v. Wilhelm Corvinus, 4. Aufl., Bd. 2 (Regensburg [1852]), 336 f.
[142] HELMUTH v. MOLTKE, Brief an seine Schwägerin Jeanette, 29. 3. 1848, Ges. Schr. u. Denkwürdigkeiten, Bd. 6 (Berlin 1892), 159 f.

Konservativen *Taschenspieler*, die die tatsächlichen Zustände als die gesetzlichen ausgeben und ihre Gegner als *Störefriede*, ... *Revolutionäre* bezeichnen. Selber nennen sich diese, *die Destruktiven*, die die bestehenden Zustände völlig verändern wollen, *teils loyale Untertanen und pflichtgetreue Diener, teils aber auch Republikaner oder Demokraten* — je nachdem, ob sie *über die beschränkte Monarchie hinaus zum Absolutismus* oder *über die landständische Verfassung hinaus zur Demokratie hinsteuern*. Zu keiner dieser Parteien, die nur redeten, nicht handelten, bekannte sich Struve![143] Und STEPHAN BORN warf den Liberalen spottend vor, sie seien Helden, wenn sie keiner Gefahr gegenüberständen; jetzt aber: *Was seid Ihr so klein, Ihr deutschen Liberalen!*[144]

Das Urteil der Sozialisten über den Liberalismus lag seit spätestens 1848/49 fest: er wurde sozial der Bourgeoisie zugerechnet, deren klassenspezifisches Interesse sich in ihren konstitutionellen Forderungen ausdrücke. Im Laufe der Revolution büßte er für sie jegliches Profil und jeden politischen Kredit ein. So sehr verlor er in den Augen etwa von Marx und Engels den Charakter einer ernstzunehmenden politischen Position und Partei, daß beide den Begriff 'Liberalismus' nur noch selten gebrauchten und dafür von den 'Liberalen', von 'liberalen' Advokaten, Ministern, Grundsätzen, von 'liberaler Bourgeoisie' etc. sprachen. Ebenso scharf richtete sich der Vorwurf der Anpassung, Schwäche und Fehleinschätzung der Lage gegen die kleinbürgerlichen 'Demokraten'. Aus sozialistischer Perspektive standen sie den Liberalen näher, als es ihre Auseinandersetzungen mit diesen glauben machten, und ihr Versagen schien eher noch größer als das der Liberalen.

Liberalismuskritik ertönte von allen Seiten — zum Teil mit wiederholten alten Argumenten, zum Teil mit neuem Anschein von Berechtigung. In den „Historisch-politischen Blättern für das katholische Deutschland" wurde der *doktrinäre Liberalismus* — zwischen den *Conservativen* und dem *Radikalismus* angesiedelt — als beschränkt und mittelmäßig wie der *protestantische Rationalismus* bezeichnet; er beruhe seit seinem Beginn auf Mißverständnissen, so auf der Annahme, man könne englisches Staatsleben auf andere Länder übertragen, auf dem Nichtverstehen *wirklicher Freiheit* und auf der Verweisung der *Religion* auf die *innerste Sphäre des Gemüts*[145].

Für FRIEDRICH JULIUS STAHL blieb die *liberale Partei*, die sich seit 1848 *konservativ* nenne, weil sie sich gegen Demokratie und Umsturz stelle, *destruktiv*, weil ihre *Doktrin* die *sittlich organischen Verhältnisse* zerstöre und die *ewigen wahren Gedanken* der Ordnung verletze[146]. Auch ERNST LUDWIG VON GERLACH behauptete 1856, die *Fortschrittsmänner* rissen nun *das ganze Wort 'conservativ'* an sich, weil es einen guten Klang habe; sie sähen vor, das Bestehende zu schützen, nämlich die

---

[143] GUSTAV STRUVE, Grundzüge der Staatswissenschaft, Bd. 3 (Frankfurt 1848), 92 f. 220 f. 224 f.

[144] STEPHAN BORN, Die Moralischen und die Unmoralischen, die Freien und die Despoten (1848), in: Documente des Socialismus, hg. v. EDUARD BERNSTEIN, Bd. 1 (Berlin 1902; Ndr. Frankfurt 1968), 76.

[145] Beiträge zur Anatomie und Physiologie des doctrinären Liberalismus, Hist.-polit. Bll. f. d. kath. Deutschland 23 (1849), 101 ff., bes. 103 f. 108. 197 ff. 728.

[146] F. J. STAHL, Die gegenwärtigen Parteien in Staat und Kirche. Neunundzwanzig akademische Vorlesungen (1850/51; Berlin 1863), 89.

Verfassung gegen die Rechte schützen zu wollen. Allenfalls temperierten sie das in Besitz genommene Wort *durch den Zusatz 'liberal', wo es dann, als 'liberal-conservativ', vollends ungenießbar ist*[147]. Die im gleichen Jahr publizierten „Grundzüge der conservativen Politik" klagten *den Liberalismus* pauschal an, er habe die Bande der Gesellschaft gelöst und *einen aufreibenden, zerstörenden Kampf aller gegen alle hervorgerufen*[148]. Zusammengefaßt wurde die konservative und katholische Kritik am Liberalismus in AUGUST REICHENSPERGERS „Phrasen und Schlagwörter" (zuerst 1862). Die edle Bedeutung der Wörter 'liberal' und 'Liberalismus' sei *allmählich vielfach in ihr gerades Gegenteil umgeschlagen* und habe *nichts mit der ächten Freisinnigkeit gemein*. Anders als der Freisinnige sei *der Liberale* egoistisch, rechthaberisch und machtorientiert, achte keine Minderheit und keine positive Religion. *Deswegen täten ... diejenigen „Liberalen", die zur Partei des Rechts und der Geradheit sowie zu dem ewigen Gesetze eines lebendigen Gottes halten ..., wohl daran, sich in Zukunft Freisinnige zu nennen*. Das sei überdies ein deutsches Wort, während „liberal" die welsche Herkunft an der Stirne trägt und schon dadurch halbwegs zu erkennen gibt, daß es ihm an der Ursprünglichkeit und Echtheit gebricht. Alles Unbehagen an der Zeit entlädt sich hier am Liberalismus. Er habe manche Wandlung durchlaufen, sei dabei aber im Kern *immer derselbe geblieben*. Wie sehr 'liberal' hier negativ verstanden und in moralisch disqualifizierender Weise gebraucht wird, zeigt sich, wo eine ironische Ausnahme gemacht wird: was alles den Liberalen nachgesagt sei, gelte in vollem Umfange *nur denen, die man auch wohl Libertiner zu nennen pflegt, nur den politischen Intriganten, den Hypokriten der Freiheit, nicht den arglosen Biedermännern*, die nicht merken, welcher Verführung sie erliegen[149].

Auffälliger als solche und andere Liberalismuskritik ist das Zurücktreten bzw. die bewußte Vermeidung des Liberalismusbegriffs nach der Revolution bei denen, die sich selber als Liberale verstanden. AUGUST LUDWIG VON ROCHAU stellte 1853 fest, daß sich *der alte dienstunfähig gewordene Liberalismus* nun *conservativ* nenne. Selber behandelte er in seinen „Grundsätzen der Realpolitik" neben der konservativen, der demokratischen Partei und dem Sozialismus den *Constitutionalismus* und die *Gothaer*, nicht aber die Liberalen[150]. Und ROBERT MOHL sah auch darin einen Beweis für den Wandel der Zeit, daß *andere Fragen in den Vordergrund getreten* sind, *deren Beantwortung dem klaren aber knappen Katechismus des constitutionellen Liberalismus* Rotteckscher Prägung *nicht wohl entnommen werden kann*. Es genüge *die einfach auf dem alten Liberalismus gestellte Auffassung ... nicht mehr ganz*[151]. Solche Verlegenheit herrscht auch in dem Liberalismusartikel des MEYERschen Konversationslexikons 1852, der einen historischen Rückblick versucht. Die *liberale Gesinnung der Alten* sei ein *Merkmal des freien Mannes überhaupt* gewesen; *moderner Liberalismus* dagegen werde von dem *im heutigen Staatsleben unterdrückten unfreien*

---

[147] ERNST LUDWIG V. GERLACH, Fünf politische Quartalrundschauen von Neujahr bis Michaelis 1856 (Berlin 1857), 11.
[148] [HERMANN WAGENER], Grundzüge der conservativen Politik (Berlin 1856), 10 ff.
[149] REICHENSPERGER (1862; 3. Aufl. 1872), 69 f.
[150] AUG. LUDWIG V. ROCHAU, Grundsätze der Realpolitik, angewendet auf die staatlichen Zustände Deutschlands, 2. Aufl. (Stuttgart 1859), 125. 132 ff. 144 ff.
[151] R. MOHL, Die Geschichte und Literatur der Staatswissenschaften, Bd. 2 (Erlangen 1856; Ndr. Graz 1960), 576.

Bürger gegenüber seinen absolut freien, unumschränkten Beherrschern getragen. Eigentlich sei der Ausdruck *Liberalismus* unpassend, da es im Deutschen *ein ganz synonymes, viel bezeichnenderes Wort* gebe, *nämlich „Freisinnigkeit"*. Liberalismus in diesem Sinne sei notwendig für die geistige Vervollkommnung der Nation, der Fortschritt *etwas durch die Natur Gebotenes* und das Auftreten einer Partei geschichtlich berechtigt, *deren Streben dahin geht, diejenigen der historisch gegebenen Institute im Staate, welche der Vernunft widersprechen, zu entfernen, an die Stelle der Willkür das Recht zu setzen, überhaupt einen gesunden, naturgemäßen Fortschritt zu ermöglichen. Dieser Partei nun gebührt gegenüber den bevorzugten Aristokraten der Name der freisinnigen oder liberalen.* In Deutschland habe sich der politische Liberalismus unter den Bedingungen der fehlenden nationalen Einheit gebildet und bei den Burschenschaften ein *unklares, mystisches Wesen* angenommen. Er sei *erst dann auf rein praktischem Boden natürlicher, klarer* geworden und habe sich zu einem *politischen Glaubensbekenntnis für die deutsche liberale Partei* entwickelt, das am überzeugendsten von Paul Pfizer im „Staats-Lexikon" formuliert worden sei. Jene *Altliberalen* seien nichts weniger als revolutionär gewesen, hätten nicht die *Herrschaft des Volkswillens* gewollt, sondern sich mit dessen *Einfluß* auf die Regierung begnügt. Dieser Liberalismus habe das *politische Interesse* geweckt und durchaus Einfluß ausgeübt; die jüngeren Mitglieder der liberalen Partei aber hätten sich gegen die Ansicht gestellt, *die Idee* würde sich von allein durchsetzen und Fortschritt solle nur *auf gesetzlichem Wege* erstrebt werden. Im Frankfurter Vorparlament sei der Gegensatz von *Ultraliberalen* und *Altliberalen* zuerst voll deutlich geworden. Von der Revolution überrascht und bemüht, Zeit zu gewinnen, seien die Letzteren mit den *Aristokraten* zusammengetroffen. *Der Name liberal ist in Deutschland seitdem die ausschließliche Parteibezeichnung für die Konservativ-Konstitutionellen geworden.* Die Demokraten ließen sich ihnen gegenüber gern *radikal* nennen. Der Verfasser dieses Artikels bedauert diese Entwicklung; hätte doch der Name 'Liberalismus' *für immer die gemeinsame Bezeichnung für alle freisinnigen Bestrebungen im Volks- und Staatsleben bleiben sollen.* Der Richtungsstreit unter den Liberalen arbeite dem gemeinsamen Gegner in die Hände. Versöhnen könne nur ein neuer Sieg des Fortschritts; *dann wird man auch gegen den unschuldigen Namen „Liberalismus" nichts mehr einzuwenden haben*[152].

Während viele Liberale zwischen Resignation, Zweifel und Hoffen auf bessere Zeiten die Jahre der Reaktion durchstanden, andere aus Sorge vor Demokratie und „roter" Revolution von der Umsetzung liberaler Grundsätze in die Praxis abrückten, empfanden sie alle den Umbruch der Zeit, der den idealistischen Liberalismus der ersten Jahrhunderthälfte mit seiner Erwartung, daß die Zeit für ihn arbeite, nicht mehr zuließ. Ihre Verlegenheit gegenüber dem Begriff 'Liberalismus' und ihre Abneigung, sich 'Liberale' zu nennen, war ein Reflex dieses Gefühls. Verstärkt worden ist das Abstandnehmen vieler Liberaler von den Konsequenzen der eigenen politischen Grundsätze und die Bereitschaft zu Kompromissen mit dem „Bestehenden" durch die Möglichkeit, der wirtschaftlichen Gesamtentwicklung auch nach eigenen politischen Rückschlägen zuzustimmen und der Erreichung der nationalen Einheit die Priorität vor genuin liberalen Zielen zu geben. Solche Kompromisse aber können gerade eine nicht-regierende Partei in die Gefahr sowohl des Substanzverlusts als auch der Spaltung führen.

---

[152] MEYER, große Ausg., 2. Abt., Bd. 19 (1852), 235 ff.

VIII. Wiederaufleben des politischen Liberalismus

Mit dem Beginn der „Neuen Ära", der Einigung Italiens und ihrer Resonanz in Deutschland, der Begründung des „Deutschen Nationalvereins", setzte eine Phase des Wiederaufstiegs des politischen Liberalismus ein. Die verstärkt anhebende politische Diskussion und die Neuformierung des Parteiensystems haben dennoch dem Gebrauch des Liberalismusbegriffs keinen neuen Auftrieb gegeben und ihm keine neuen Bedeutungsvarianten hinzugefügt. LEOPOLD VON GERLACH notierte Anfang 1859 mißbilligend, der Prinzregent von Preußen glaube, *conservativ regieren zu können, selbst mit einem auf den Liberalismus gewählten Ministerium und mit in der Hoffnung des Liberalismus gewählten Häusern*[153]. Die Liberalen selber scheuten diesen Namen. In der Eisenacher Erklärung des „Deutschen Nationalvereins" von 1859 kommt das Wort 'liberal' nicht vor; es wird nur der Hoffnung Ausdruck gegeben, daß *alle deutschen Vaterlandsfreunde, mögen sie der demokratischen oder der konstitutionellen Partei angehören, ... die nationale Unabhängigkeit und Einheit höher stellen als die Forderungen der Partei*[154]. In den eigenen Reihen ist der „Nationalverein" auch als *nationale Bewegung* oder *Nationalpartei* bezeichnet worden, die freisinnige und demokratische Anschauungen in sich vereine[155]. BISMARCK nannte sie 1861 die *liberal-nationale Partei*[156]; auch sie selber stellte begrifflich vor allem ihren nationalen Charakter propagandistisch heraus, wobei ein fundamentaler Liberalismus, ein *Geist des Liberalismus*[157] immer vorausgesetzt wurde, der nicht nur in einer, sondern in mehreren politischen Parteien mit unterschiedlicher Akzentuierung organisierte Gewalt angenommen habe. Wenn BENNIGSEN in diesen Jahren im Blick auf Preußen von *Liberalen* oder *liberaler Partei* sprach, so hatte er die altliberale Fraktion Vincke im Auge[158]. Die Führung des „Nationalvereins" blieb reserviert gegenüber den Demokraten, von denen sich die Gemäßigten gelegentlich betont als *Liberale* absetzten[159]. Öfter wurde beim Rückblick auf die erste Jahrhunderthälfte und auf die Revolution von 1848/49 von *liberaler Partei, liberalen Kämpfern* gesprochen[160]; für die aktuelle Politik war es offenbar weder opportun noch präzise genug, sich 'liberal' zu nennen. Als Bestätigung dieser Flaute kann CARL TWESTENS Broschüre „Was uns noch retten kann" von 1861 gelesen werden: ein Plädoyer für entschieden *liberale Politik* und ein Bekenntnis zum Namen eines Liberalen auch in Preußen, nachdem längst *der öffentliche Geist Europas ... liberal* geworden sei. Wenn *die retrograde Schule ... durch ihr Gerede von vulgärem oder trivialem Liberalismus das Wort liberal in eine Art von Verruf gebracht* habe, so halte er *dieses Wort*

---

[153] GERLACH, Notiz v. 6. 1. 1859, Denkwürdigkeiten (s. Anm. 137), Bd. 2 (1892), 637.
[154] Eisenacher Erklärung des Deutschen Nationalvereins, August 1859, abgedr. Deutsche Parteiprogramme, hg. v. WILHELM MOMMSEN (München 1960), 131.
[155] Zit. HERMANN ONCKEN, Rudolf von Bennigsen. Ein deutscher liberaler Politiker, Bd. 1 (Stuttgart, Leipzig 1910), 368 f.
[156] BISMARCK an Minister von Schleinitz, 30./18. 1. 1861, FA Bd. 3 (1925), 174.
[157] So BENNIGSEN bei der 2. Generalversammlung des Nationalvereins am 23./24. 8. 1861, zit. ONCKEN, Bennigsen, Bd. 1, 528.
[158] BENNIGSEN an Reyscher, 5. 3. 1860, ebd., 368.
[159] So z. B. Herzog ERNST VON SACHSEN-GOTHA, Gespräch im August 1860, ebd., 433.
[160] So BENNIGSEN an Reyscher, 26. 12. 1860, ebd., 446 f.

für gut und seinen Gebrauch für zweckmäßig, weil es allgemein verständlich und ohne Beziehung auf engere Parteiunterschiede die gemeinsamen Grundzüge einer politischen Richtung bezeichne. Diese gründe auf *politischen Ideen*, die — *von der Französischen Revolution nicht erfunden, aber in das Leben der Völker eingeführt* — zu einer *Macht geworden sind, die sich nicht mehr unterdrücken läßt*[161].

Als sich angesichts der heranrückenden Neuwahlen zum preußischen Abgeordnetenhaus und unter dem Eindruck der Auseinandersetzungen um die Heeresreform im Juni 1861 die Liberalen spalteten und sich eine entschiedenere liberale Partei bildete, die sich überdies dezidiert national verstand, nannte diese sich, unter Vermeidung des Wortes 'liberal' und unter Rückgriff auf ein allgemeineres, aber politisch von den Liberalen stets für sich beanspruchtes Wort „Deutsche Fortschrittspartei". In ihrem Gründungsprogramm kommt das Wort 'liberal' nur in der Forderung nach einer *festen liberalen Regierung* vor, die *ihre Stärke in der Achtung der verfassungsmäßigen Rechte der Bürger sieht*[162]. Ihr Auftreten hat in der Tat das Spektrum der politischen Richtungen und Parteien verändert. Wieviel den altliberalen Konstitutionellen daran gelegen war, sich gegenüber der „Fortschrittspartei" als genuine Liberale zu behaupten und zu profilieren, zeigt u. a. Heinrich von Sybels Unterscheidung zwischen Liberalen und dem *Fortschritt;* wo dieser in Westdeutschland ausnahmsweise das Übergewicht habe, da seien *die anderen ... nicht altkonstitutionell, sondern ministeriell und klerikal*[163]. Man konstatierte eine *Linke* oder auch *äußerste Linke* im Fortschritt[164], verlangte *entschieden liberale Führung*[165], wollte durch ein *liberales und nationales Regiment* die Revolution verhüten[166], auf die man einen Teil der Fortschrittler hinsteuern sah. Bismarck dagegen hat die gesamte Opposition in seiner Eisen- und Blutrede als *Preußens Liberalismus* angesprochen und als letztlich unwichtig abgetan[167].

Im Zuge der sich verschärfenden Auseinandersetzung zwischen Regierung und oppositioneller Mehrheit des Abgeordnetenhauses sowie der wachsenden nationalen Unruhe über die schleswig-holsteinische Entwicklung hat sich der Gegensatz zwischen Liberalismus und Radikalismus weiter verschärft[168], so daß sich der Bruch abzeichnete, längst ehe er 1866 im preußischen Abgeordnetenhaus mit der Formierung einer Reihe von „rechts" stehenden Mitgliedern des Fortschritts als „Nationale Partei" eintrat. Als sie sich 1867 offiziell als „Nationalliberale Partei" konstituierten

---

[161] [Carl Twesten], Was uns noch retten kann. Ein Wort ohne Umschweife, 6. Aufl. (Berlin 1861), 18. 25 f.

[162] Gründungsprogramm der Deutschen Fortschrittspartei, Juni 1861, abgedr. Mommsen, Parteiprogramme, 133.

[163] Heinrich v. Sybel an Hermann Baumgarten, 25. 3. 1862, in: Deutscher Liberalismus im Zeitalter Bismarcks. Eine politische Briefsammlung. Bd. 1, hg. v. Julius Heyderhoff (Bonn, Leipzig 1925; Ndr. Osnabrück 1967), 86.

[164] Sybel an Baumgarten, 23. 5. 1862, ebd., 93.

[165] Mohl an Sybel, 26. 5. 1862, ebd., 94.

[166] Sybel an Baumgarten, 11. 6. 1862, ebd., 98.

[167] Bismarck, Rede vor der Budgetkommission des preußischen Abgeordnetenhauses, 30. 9. 1862, FA Bd. 10 (1928), 140.

[168] Vgl. Carl Twesten an Gustav Lipke, 21. 4. 1863, in: Wentzke/Klötzer, Liberalismus (s. Anm. 98), 145.

VIII. Wiederaufleben des politischen Liberalismus

und das Wort 'liberal' in ihren Namen aufnahmen, forderten sie im Gründungsprogramm *die liberalen Kräfte der Nation* auf, am nationalen Einigungswerk mitzuwirken, und beteuerten, an den beständigen *Endzielen des Liberalismus* festzuhalten; die praktischen Forderungen und Wege aber müßten den Ansprüchen der Gegenwart gerecht werden. Diese aber lehre, *daß in unserem Vaterlande jeder Schritt zur verfassungsmäßigen Einheit zugleich ein Fortschritt auf dem Gebiete der Freiheit ist oder den Antrieb hierzu in sich trägt*[169]. Es war dies das Bekenntnis zur Realpolitik, zur Regierungsfähigkeit des Liberalismus, die HERMANN BAUMGARTEN in seiner 1866 veröffentlichten Abhandlung „Der deutsche Liberalismus. Eine Selbstkritik" gefordert hatte. Hier war mit 'Liberalismus' konsequent eine politische Kraft gemeint, die als Partei ihre Ideen in die Tat umzusetzen versucht und deshalb Macht gewinnen, regieren, die Regierung wollen muß[170].
Die Nationalliberalen haben sich für ein Jahrzehnt in Preußen und Deutschland als Regierungspartei verstehen können. Die Identifizierung der Liberalen mit der nationalen Einheit als oberster politischer Forderung hat ihnen im Zeitalter der Reichsgründung noch einmal das Selbstverständnis und den anscheinenden Erfolg beschert, der es ihnen möglich machte, betonter und fester als zuvor sich zum — nationalen — Liberalismus zu bekennen. Aber auch dieses Bekenntnis erwies sich als nicht hinreichend tragfähig, als im Zusammenhang mit weltwirtschaftlichen Veränderungen in der deutschen Innenpolitik Ende der siebziger Jahre ein Umschwung eintrat. Die 1880 aus der „Nationalliberalen Partei" austretenden Sezessionisten verstanden sich selber weiterhin als *Mitglieder der liberalen Partei* und führten parlamentarisch den Namen „Liberale Vereinigung", bis sie sich 1884 mit der „Deutschen Fortschrittspartei" zur „Deutschen Freisinnigen Partei" vereinigten[171]. In ihrem Programm kommt das Wort 'liberal' nicht vor — nicht nur, weil man sich von den Nationalliberalen abheben wollte, sondern auch, weil sich mit ihm die Annahme einer gemäßigten, opportunistischen Position verband. 'Freisinnig' sollte demgegenüber größere Entschiedenheit im Prinzipiellen wie im Praktischen signalisieren. Wenn man zu diesem Zwecke ein Wort wählte, das immer wieder zur Übersetzung und Erläuterung von 'liberal' benutzt worden war, so wollte man offenbar eine Qualität des Liberalismus hervorheben, die man für essentiell, aber von der anderen liberalen Partei nicht hinreichend vertreten, ja weitgehend aufgegeben hielt. Es beweist zugleich, daß die Begriffe 'liberal' und 'Liberalismus' zu abgenutzt erschienen und von zu vielen Seiten in Anspruch genommen wurden, als daß sie die Ziele einer Partei noch deutlich konturieren konnten.
Sich 'demokratisch' zu nennen, war ein großer Teil der linken Liberalen noch nicht bereit; es erschien im Rahmen des preußisch-deutschen Systems der konstitutionellen Monarchie auch nicht angebracht. Dieser Schritt wurde erst nach dem Zusammenbruch dieses Systems, mit der Gründung der „Deutschen Demokratischen

---

[169] Gründungsprogramm der Nationalliberalen Partei, Juni 1867, abgedr. MOMMSEN, Parteiprogramme, 147. 151.
[170] HERMANN BAUMGARTEN, Der deutsche Liberalismus. Eine Selbstkritik (1866), Preuß. Jbb. 18 (1866), 455 ff. 575 ff., bes. 627.
[171] Liberale Vereinigung (Sezession), Erklärung 30. August 1880, abgedr. MOMMSEN, Parteiprogramme, 157; Deutsche Freisinnige Partei. Programm 5. März 1884, ebd., 157 f.

Partei" im November 1918 getan, in deren Programm vom 19. Dezember 1919 das Wort 'liberal' keine Verwendung findet. Das gilt sogar für die Fortsetzerin der Nationalliberalen, für die „Deutsche Volkspartei". 1927 allerdings, als sie der Gründung der „Nationalliberalen Partei" sechzig Jahre zuvor gedachte, da bekannte sie sich rhetorisch *erneut zu den alten Zielen und Bestrebungen des deutschen nationalen Liberalismus*[172].

IX. Ausblick

Bis in den Ersten Weltkrieg hinein haben die Nationalliberalen die Monarchie in der „konstitutionellen" Gestalt bejaht und — als „staatstragende" Kraft mit den Konservativen kooperierend — das preußisch-deutsche Regierungssystem für fähig angesehen, den wirtschaftlich und kulturell expansiven nationalen Machtstaat zu tragen, für den sie eintraten. In ihrer Mehrheit wollten auch die linken Liberalen diesen Staat, und auch sie lehnten die Monarchie im Prinzip nicht ab, verlangten jedoch ihre Entwicklung in parlamentarischer, eine kleine Gruppe nach der Jahrhundertwende in plebiszitärer, „bonapartistischer" Richtung. Beide behielten gegenüber dem Grundsatz der Volkssouveränität erhebliche Reserven, zumal seitdem er von den Sozialdemokraten mit dem Fernziel der Beseitigung der bürgerlichen Gesellschaft und des Privateigentums an Produktionsmitteln verknüpft war und auch manche ihrer Nahziele — direkte Gesetzgebung und Wahl der Behörden durch das Volk, Wirtschaftskontrolle und arbeiterfreundliche Sozialpolitik (Erfurter Programm 1891) — den Liberalen gefährlich erschienen, sie selber aber keine überzeugenden sozialpolitischen Lösungen anzubieten wußten. Zwischen der wachsenden Bedeutung der Sozialdemokratie und dem dominierenden politischen Illiberalismus des deutschen Establishments bis weit in die Reihen der Nationalliberalen hinein schrumpfte die soziale und ideologische Basis eines konsequenten politischen Liberalismus, der die moralische Überzeugungskraft und politische Energie des gleichzeitigen englischen Radicalism nicht erreichte.

Versuche zur Wiedervereinigung des gesamten oder auch nur des in sich zersplitterten „linken" politischen Liberalismus in einer Partei — oder Sammlungsbewegung — hat es immer wieder gegeben. Obwohl sie auf dem Boden liberaler Überzeugungen und Grundsätze erfolgten und dabei von den linken Liberalen immer mehr die repräsentative Demokratie als liberale Institution akzeptiert wurde, haben sie keine Renaissance des politischen Begriffs 'Liberalismus' bewirkt. Die Einigung der „Freisinnigen Volkspartei", der „Freisinnigen Vereinigung" und der „Deutschen Volkspartei" 1910 erfolgte unter dem Namen der „Fortschrittlichen Volkspartei", in dem sich die Traditionen des linken preußischen und des demokratischen süddeutschen Liberalismus verknüpften.

Wenn nach 1918 die Sammlung der entschieden liberalen bürgerlichen Kräfte unter dem Namen der „Deutschen Demokratischen Partei", 1930 unter dem Namen der „Deutschen Staatspartei" versucht wurde, so spiegelt sich in dieser Abfolge von Namen sowohl der Wandel der allgemeinen Bedingungen, unter denen der politische Liberalismus sich artikulierte, als auch der Wandel der liberalen Zielsetzung unter

---

[172] Kundgebung der Deutschen Volkspartei, Hannover 1927, ebd., 531 f.

dem Druck von Anpassungsnotwendigkeit und Bewahrung von liberalen Grundsätzen, die für unaufgebbar angesehen wurden. Da diese, soweit sie sich auf den Bereich staatlicher Ordnung bezogen, zunehmend auch von anderen Parteien — von den Konservativen und vom politischen Katholizismus bis zu den Sozialdemokraten — vertreten wurden, blieb dem politischen Liberalismus immer weniger, was er als Proprium in der praktischen Politik geltend machen konnte.

Während sich die „rechten", die nationalen Liberalen, seit dem letzten Drittel des 19. Jahrhunderts den konservativen Kräften näherten, öffnete sich zu Beginn des 20. Jahrhunderts ein Teil der „linken" — zum Teil unter dem Einfluß von FRIEDRICH NAUMANN — dem Gedanken der politischen Zusammenarbeit mit den Sozialdemokraten. In seinem Buch „Demokratie und Kaisertum" hatte Naumann, der sich selber zum *linken Liberalismus* zählte, vorausgesagt, der *bürgerliche Liberalismus* werde *ohne Sozialdemokratie* nicht wieder zur politischen Führung gelangen. *Das liberale Prinzip wird siegen, aber nicht ohne den Liberalismus der Masse.* Allerdings werde der bürgerliche Liberalismus nicht die Sozialdemokratie *wieder in sich aufsaugen;* es gehe vielmehr darum, ob diese *die altliberale Aufgabe* übernehmen könne und es den *ehrlich liberalen Teilen des Bürgertums* ermögliche, *sich der von ihr getragenen Gesamtbewegung ohne Opfer ihrer Überzeugungen anzuschließen*[173]. Die Verwirklichung der einem modernen Industriestaat mit wachsender Bevölkerung allein angemessen erscheinenden repräsentativen Demokratie ist hier als Konsequenz liberaler Prinzipien verstanden und zur Aufgabe des „bürgerlichen" Liberalismus erklärt, die er allerdings nicht allein, nicht einmal mehr in erster Linie, sondern nur gemeinsam mit dem stärkeren demokratischen Sozialismus bewältigen kann.

Wenn Naumann — ganz unliberal und die preußische Idee des sozialen Königtums mit dem Konzept des Bonapartismus verknüpfend — das Kaisertum als nationale Integrationskraft einplante, so hat THEODOR BARTH in seiner Schrift „Liberalismus und Sozialdemokratie" von 1908 konkreter argumentiert. Rückblickend stellte er fest, daß der *Liberalismus* Jahrzehnte gebraucht habe, um sich *gegenüber den Erfordernissen einer fortgeschrittenen Sozialpolitik* neu einzustellen; dabei hätten sich *Berührungspunkte* mit dem revisionistischen *Sozialismus* ergeben, der seinerseits *gewisse liberale Anschauungen* aufgenommen habe[174]. Der *Gesamtliberalismus* habe lernen müssen, daß seine Zersetzung nur durch energische demokratische Betätigung aufzuhalten sei und daß er auch vor *einer politischen Kooperation* mit der *Sozialdemokratie* nicht zurückschrecken dürfe. *Eine Kooperation des liberalen Bürgertums mit der in der Sozialdemokratie organisierten Arbeiterschaft (sei) der einzige Weg, der zu einer wirklichen Demokratisierung Deutschlands führen könne*[175]. Man dürfe behaupten, *daß in absehbarer Zukunft die entscheidenden politischen Kämpfe ... in einer Schlachtordnung geführt werden müssen, bei der auf der einen Seite die union des cloches et des tambours, verstärkt durch die kapitalistischen Feudalherren, aufmarschiert, während auf der anderen Seite eine liberal-sozialistische*

---

[173] FRIEDRICH NAUMANN, Demokratie und Kaisertum. Ein Handbuch für innere Politik (1900), Werke, Bd. 2 (1964), 37 f.
[174] THEODOR BARTH, Liberalismus und Sozialdemokratie (Berlin 1908), 22 f.
[175] Ebd., 31 f.

Fortschrittspartei ihr gegenübertritt, die sich auf die Millionenheere der Arbeiter stützt[176].
Die anfänglichen Wahlerfolge der linksliberalen „Deutschen Demokratischen Partei" beruhten 1919 allerdings weniger auf der Erwartung einer Kooperation mit der Sozialdemokratie als auf dem Willen vieler, deren absolute Mehrheit zu verhindern. Die schon bald sichtbar werdende politische Schwäche und der schließliche Zerfall der „bürgerlichen" Mitte in der Weimarer Republik beruhte nicht zuletzt in der tradierten und nun voll sichtbar werdenden Schwäche des in sich zersplitterten deutschen Liberalismus, der nach „rechts", aber auch nach „links" Kräfte verlor. Das hat in der zweiten Hälfte der zwanziger Jahre den Ruf nach einer Sammlung des gesamten Liberalismus laut werden lassen. Neu war dieser Sammlungs- und Einigungsgedanke nicht; er wurde bezeichnenderweise zu Beginn des 20. Jahrhunderts vor allem von der nationalliberalen Jugendbewegung vertreten, die die konservativen Tendenzen in der Partei zurückdrängen und ihr sozialpolitisches Engagement stärken wollte. *Die Jugendbewegung will der stets wachsame Hüter des Liberalismus und des Sozialismus innerhalb der nationalliberalen Partei sein, weil sie glaubt, durch die langsame Liberalisierung der großen nationalliberalen Partei am ehesten dem Gesamtliberalismus dienen zu können*[177]. Auch der sog. Bülowblock ist gerade von nationalliberaler Seite unter dem Aspekt der Zusammenfassung des „Gesamtliberalismus", des *Liberalismus in allen seinen Schattierungen* verteidigt worden[178]. Die neue Hoffnung der Sammlung, die zum Teil an Gustav Stresemann Anhalt suchte, hat — gleichsam verspätet — noch einmal den schon politisch diskreditierten Begriff 'Liberalismus' ins Gespräch gebracht und erneut kritische Überlegungen zum Wesen des Liberalismus ausgelöst.
Am 1. Januar 1927 schrieb FRIEDRICH MEINECKE: *Aber indem man sich ... auf das Wesen, den Ursprung und die geschichtliche Bedeutung des Liberalismus beruft, wird man inne, daß seine Stärke heute zugleich auch seine Schwäche ist ...; er ist zum mindesten, geschichtlich gesehen, eins der wichtigsten Fermente unseres politischen und geistigen Daseins. Aber ein solches, das derart aufgegangen ist in den Gesamtorganismus unseres Lebens, daß man es entweder ignoriert oder als selbstverständlich behandelt ... In allen Parteien und Richtungen des modernen Staats- und Kulturlebens seien Wirkungen und Nachwirkungen des Liberalismus nachzuweisen, und damit scheine er sich überflüssig gemacht zu haben.* Wenn Meinecke es dennoch für notwendig hielt, ihn neu zu beleben, dann deshalb, weil er sehr viel von dem, was er an *Lebensformen und Lebensmächten* hervorgebracht und gefördert hatte — also vor allem die humanitär-freiheitlichen Ideen, die bei Kant und Humboldt, *den beiden ersten großen deutschen Liberalen*, und in *der preußischen Reformzeit, der ersten großen politischen Betätigung des deutschen Liberalismus*, zum Ausdruck kamen — inzwischen aufs Schwerste gefährdet seien, und zwar gerade durch die Kräfte, die der Liberalismus entbunden habe. Jetzt gehe es darum, *die Selbständigkeit und Freiheit unseres politischen und geistigen Denkens und Wollens — das erste Postulat des echten Libera-*

---

[176] Ebd., 38 f.
[177] Zit. CURT KÖHLER, Der Jungliberalismus, sein Werden und Wesen (Köln 1909), 5.
[178] ERNST BASSERMANN, Rede auf dem Nationalliberalen Parteitag in Kassel (1910), zit. OSCAR STILLICH, Die politischen Parteien in Deutschland, Bd. 2: Der Liberalismus (Leipzig 1911), 322.

lismus zu bewahren oder wiederzugewinnen. Meinecke entscheidet sich aus Vernunftgründen für die Betätigung des *Liberalismus in der Demokratie* und fordert deshalb eine *starke liberale Reformbewegung*, die die Demokratie für Freiheit offen hält[179].

Die liberale repräsentative Demokratie, die zugleich ein freiheitlicher und sozialer Rechtsstaat sein soll, ist das politische Credo des Liberalismus bis heute in einem Lande, in dessen politischer Entwicklung sich der Liberalismus über der Frage der Zustimmung zur Demokratie lange immer wieder aufs neue gespalten hat, das Wort 'liberal' aus den Parteinamen längst verschwunden ist, aber die Notwendigkeit liberalen Denkens und Handelns, nicht zuletzt auch gegen andere Sinndeutungen und Praktiken der Demokratie, gesehen und betont wird. Dabei wird in letzter Zeit des Wort 'liberal' (weniger 'Liberalismus') in der Diskussion wieder häufiger benutzt, nachdem es lange Zeit als nicht nur unscharf, sondern auch als belastend galt, weil es sozial zu sehr mit den „bürgerlichen Schichten" und dem kapitalistischen System, politisch mit der Erinnerung an Schwäche und Opportunismus verbunden schien und deshalb durch die Worte 'frei', 'freiheitlich', 'freidemokratisch' ersetzt wurde. Vor allem erscheint angesichts der Sammlung der Anhänger einer eher konservativen Demokratie einerseits, einer eher sozialistischen Demokratie andererseits, die mittlere Position der liberalen Demokratie — zumindest als Korrektur — nötig. Will man sie definieren, so erscheint das Wort 'liberal' dafür stets noch geeignet, wobei jedoch seine Deutungsbedürftigkeit noch immer höher liegt als im Falle anderer politischer Richtungsbezeichnungen und Schlagwörter.

Literatur

GUILLAUME DE BERTIER DE SAUVIGNY, Liberalism, Nationalism and Socialism: The Birth of Three Words, Rev. of Politics 32 (1970), 147 ff.; KARL-GEORG FABER, Strukturprobleme des deutschen Liberalismus im 19. Jahrhundert, Der Staat 14 (1975), 201 ff.; LOTHAR GALL, Liberalismus und „bürgerliche Gesellschaft". Zu Charakter und Entwicklung der liberalen Bewegung in Deutschland, Hist. Zs. 220 (1975), 324 ff.; GUIDO DE RUGGIERO, Geschichte des Liberalismus in Europa (1927), dt. v. Kurt Walder u. Konrad Wandel (München 1930; Ndr. Aalen 1964); VOLKER SELLIN, Art. Liberalismus, SDG Bd. 4 (1971), 51 ff.

RUDOLF VIERHAUS

[179] FRIEDRICH MEINECKE, Einige Gedanken über Liberalismus (1927), in: ders., Politische Schriften und Reden, hg. v. Georg Kotowski (Darmstadt 1958), 414 ff.

Exkurs: Wirtschaftlicher Liberalismus

1. Einleitung. 2. Frühe Verknüpfungen des Begriffs 'Freiheit' mit Handel und Wirtschaft. 3. Freihandel und 'laissez faire' im 18. Jahrhundert. 4. Wirtschaftliche Freiheit bei Adam Smith. 5. Smith-Rezeption und Vulgarisierung der klassischen Ökonomie. 6. 'Individualismus', 'Manchestertum' und 'Kathedersozialismus'. 7. Langsame Durchsetzung des Liberalismusbegriffs. 8. 'Neoliberalismus', 'soziale Marktwirtschaft' und 'Liberalismus'.

1. Einleitung

In der politisch-sozialen Sprache des 19. Jahrhunderts bezeichnete der Begriff 'Liberalismus' — sieht man von Ausnahmen ab, auf die einzugehen sein wird — quer durch das politische und weltanschauliche Spektrum eine politische Bewegung oder Partei sowie deren Ideologien. Die dem Begriff heute eigene Zweideutigkeit: politische Bewegung oder Wirtschaftsdoktrin? ist neueren Datums und entwickelt sich erst seit Beginn des 20. Jahrhunderts. Diese für das zeitgenössische Bewußtsein überraschend späte Verbindung des politischen mit dem wirtschaftstheoretischen bzw. -politischen Bedeutungsfeld des Begriffs bedarf der Erklärung. Vorweg soll aber der kryptische Teil der Geschichte des Begriffs 'wirtschaftlicher Liberalismus' dargestellt werden, die Existenz der Sache avant la lettre. Das ist insofern von Belang, als die Begründer der modernen Nationalökonomie, die schottisch-englische Klassik also, in älteren und neueren Dogmengeschichten sachlich nicht unberechtigt, aber terminologisch irreführend unter dem Titel Liberalismus[1] abgehandelt werden, obwohl die Theoretiker selbst den Terminus nicht kannten. Darüber hinaus erscheint das Verfahren der Dogmengeschichten auch von der Sache her problematisch, weil die Theorien der klassischen Nationalökonomie nicht mit dem identifiziert werden können, was erst in unserem Jahrhundert 'wirtschaftlicher Liberalismus' genannt wird. Die dogmengeschichtliche Kontinuität bleibt scheinbar und oberflächlich, weil sie sich einzig an terminologische Übereinstimmungen hält und darüber die Differenzen in Anspruch, Substanz und Reichweite der verschiedenen theoretischen Ansätze übersieht. Erweist sich die mit dem Begriff 'Liberalismus' intendierte und vollzogene Gleichsetzung der Theorie von Smith mit derben Simplifikationen aus der Freihandelsschule des vorigen Jahrhunderts als ein bloßer begrifflicher Anachronismus in der Wissenschaftssprache, so soll doch nicht übersehen werden, daß Smiths und anderer klassischer Autoren Analysen der kapitalistischen Produktionsweise dennoch mit dem politischen Liberalismus und dessen geistigen Grundlagen eng zusammenhängen. Begriffsgeschichtliche Indizien für diesen Zusammenhang ergeben sich aus dem sowohl vom politischen als auch vom wirtschaftlichen Liberalismus unterstellten liberalen Freiheitsbegriff[2]; sachgeschichtlich relevant wäre die gemeinsame Opposition von wirtschaftlichem und politischem Liberalismus gegen die Strukturen der alten Gesellschaft.

---

[1] Vgl. CHARLES GIDE / CHARLES RIST, Histoire des doctrines économiques depuis les physiocrates jusqu'à nos jours, 5ᵉ éd. (Paris 1926), 377 ff.; OVERTON H. TAYLOR, A History of Economic Thought (New York, Toronto, London 1960), 78. 80. 86 ff.; ANTON TAUTSCHER, Geschichte der Volkswirtschaftslehre (Wien 1950), 89.
[2] → Freiheit, Bd. 2, 477 ff.

2. Frühe Verknüpfungen des Begriffs 'Freiheit' mit Handel und Wirtschaft

In unsystematischer und pragmatischer Weise wurde der Begriff 'Freiheit' bereits anfangs des 17. Jahrhunderts in wirtschaftswissenschaftlichen und wirtschaftspolitischen Traktaten verwendet. Die vorherrschende merkantilistische Doktrin verhinderte freilich die Umsetzung der theoretischen Ansätze in die wirtschaftspolitische Praxis weitgehend. 'Freiheit' wird in diesen Schriften noch in einem sehr engen Sinne benützt und bezeichnet im wesentlichen nur die Gegenposition zur staatlichen Reglementierung im Innen- und Außenhandel. Mit anderen Worten: die vorwiegend englischen Vertreter des free trade im 17. Jahrhundert plädieren nicht für uneingeschränkte Wirtschaftsfreiheit, unter Einschluß persönlicher Freizügigkeit, sondern für die Befreiung von einzelnen, als unpraktisch empfundenen Handelsrestriktionen, z. B. absolut prohibitiven Ein- und Ausfuhrbedingungen. Die Forderung nach free trade meint also nicht die Abschaffung von Restriktionen aller Art, sondern deren stufenweise Reduktion, von der man sich eine Belebung und Ausdehnung des Handelsverkehrs im In- und Ausland erwartete. Dieser pragmatische und, unter theoretischen Gesichtspunkten, wenig Stringenz aufweisende Zug in den Schriften der frühen Protagonisten des Freihandels hängt mit ihrer Herkunft zusammen; die meisten von ihnen waren praktisch orientierte Kaufleute, deren Interesse mehr wirtschaftspolitischen Tagesfragen als der Theorie galt. Zu Teilen der merkantilistischen Praxis standen sie zwar in Opposition, aber keineswegs in einer prinzipiellen, wie der vage Gebrauch des Begriffs 'Freiheit' in den folgenden Beispielen belegt.

In einem frühen Pamphlet des englischen „merchant economist"[3] EDWARD MISSELDEN ist an vielen Stellen von *liberty of fishing* oder allgemein von *liberty of Commerce*[4] die Rede. Gleichzeitig polemisiert er aber heftig gegen den *want of Government in Trade*, den *ungoverned Trade*[5], vornehmlich in den wirtschaftlichen Außenbeziehungen. In seiner halbmerkantilistischen Perspektive erscheint der Export von Waren als positiv, weil schatzbildend, der Import dagegen als schädlich, weil devisenkostend[6]. Die Freiheit des Handels, wie Misselden sie versteht,

---

[3] Vgl. WILLIAM LETWIN, The Origins of Scientific Economics. English Economic Thought 1660—1776 (London 1963), 3 ff., wo der Terminus für Sir Josuah Child verwendet wird. Diese Bezeichnung trifft aber auch schon für Misselden zu, der sich in seinen Schriften ausdrücklich als *Merchant* vorstellt und empfiehlt. Vgl. Dedication zu EDWARD MISSELDEN, Free Trade or the Meanes to make Trade florish (London 1622; Ndr. Amsterdam, New York 1970).

[4] MISSELDEN, Free Trade, 38. 64 u. passim. Vgl. auch die Gegenschrift von GERARD MALYNES, The Center of Circle of Commerce (London 1623), 32. 77. 81: *Free Trade*. — 1601 ist der Begriff bei ihm noch nicht zu finden; ders., A Treatise of the Canker of Englands Common Wealth (London 1601). In Frankreich erscheint der Begriff *liberté de commerce* zuerst bei EMÉRIC DE LACROIX, Le nouveau Cynée, ou discours d'estat représentant les occasions et moyens d'establir une paix générale et la liberté de commerce par tout le monde (1623). Pleonastisch bei Child: *free Liberty of Trade*, [SIR JOSUAH CHILD], A Treatise concerning the East-India Trade [1689], 23.

[5] MISSELDEN, Free Trade, 73 ff. 100.

[6] Ders., The Circle of Commerce or the Ballance of Trade, in Defense of Free Trade (London 1623; Ndr. Amsterdam, New York 1969), 130 ff.

2. 'Freiheit' und Freihandel im 17. Jahrhundert   Exkurs: Wirtschaftlicher Liberalismus

soll sich nur *within the Kingdom* verwirklichen, nicht außerhalb und vor allem nicht *without the Kingdom*[7], wofür er außer ökonomischen auch militärische Gründe aufführt. Sein Plädoyer für den Freihandel darf also nicht in einem modernen Sinne interpretiert werden, denn seinem Freiheitsbegriff sind Schranken gesetzt, die er mit Begriffen aus der traditionellen Politik legitimiert: zu den *two fundamental requisites of all good Lawes* gehören demnach *Equity and Utility*. Mit dem ersten der beiden Begriffe kann die Freiheit dem Individuum prinzipiell — wenn auch in ständischen Grenzen — zugesprochen werden *(it is against Equity, that one member of the common-wealth should be more free, then another of equall ranke and condition)*, mit dem zweiten kann sie ihm, aus Gründen der Staatsräson und des Gemeinwohls, abgesprochen werden. Der Vorstellung, *that all subjects should be a like free to be Merchants in all Trades*, hält er kein ökonomisches, sondern ein genuin politisches Argument entgegen: *there is no good Equality in it, because it is against Publique Utility that all should be Merchants at their pleasure*[8]. Der zu seiner Zeit einsetzenden Eigendynamik der Wirtschaft trägt der Autor zwar durch die pragmatische Befreiung des Binnenhandels (gegen Zunftgesetze und Monopole) ein Stück weit Rechnung, aber im Kern argumentiert er vom Boden der politischen Tradition aus, in der es für die Sphäre des Ökonomischen im strengen Sinne keine Autonomie geben kann, da das Wirtschaftssubjekt immer eingebunden bleibt in den vor- und übergeordneten politischen Verband: *where Trade is disordred, and the Traders ungoverned, there they are like a house divided, which cannot long subsist*[9]. Über den Zugeständnissen an die Freiheit des einzelnen verliert Misselden nie das Haus, das Ganze, den Staat aus den Augen, zu dessen Wohl er gewisse Freiheiten aus pragmatischen Gründen fordert. Politische und ökonomische Argumentation bilden bei diesem und anderen zeitgenössischen Ökonomen eine noch ungebrochene Einheit, auf die sie sich nicht rhetorisch berufen, sondern in deren Mitte sie stehen. Wie problematisch und brüchig andererseits diese Einheit angesichts der wirtschaft-

---

[7] Ders., Free Trade, 68. *Loose, distracted and disorderly Trade* führe dazu, daß die Handelsschiffe dem König im Ernstfall als *warlike and serviceable shippes* fehlten, ebd., 73. — Zum Begriff 'mare liberum' bzw. 'Freiheit der Meere', in dem 'Freiheit' ebenfalls durchaus unterschiedliche, situativ bestimmte Bedeutungen hatte, je nach juristischer, politischer, militärischer oder wirtschaftlicher Interessenlage, vgl. ERNST REIBSTEIN, Völkerrecht. Eine Geschichte seiner Ideen in Lehre und Praxis, Bd. 1: Von der Antike bis zur Aufklärung (Freiburg, München 1957), 393 ff., bes. 413, wo der Autor für Vasquez und Grotius nachweist, daß neben dem „allgemein anerkannten Rechtsgrundsatz der Freiheit der Meere ... tatsächliche Einschränkungen dieser Freiheit" fortbestanden und theoretisch wie praktisch eine große Rolle spielten.

[8] MISSELDEN, Free Trade, 57 f. 65 f.

[9] Ebd., 134. — Für die Ausrichtung an der traditionellen Politik spricht auch die Tatsache, daß das Pamphlet in Form von unzähligen Zitaten von Klassikern (von Aristoteles bis Cicero) eine äußerlich politische Allgemeinheit verbürgende Stütze eingezogen erhält, die sich allerdings als wenig stabil erweist, wenn man den Gehalt der Zitate mit den wirtschaftspolitischen Problemen der Zeit (Rivalität Englands mit Holland, Spanien und Portugal) in Beziehung setzt. Theologisch-politische Begründungen für den Handel finden sich noch am Ende des 17. Jahrhunderts. Vgl. CHILD, East-India Trade, 29: *Foreign Trade produceth Riches, Riches power; Power preserves our Trade and Religion.*

lichen Realität anfangs des 17. Jahrhunderts bereits geworden ist, zeigt sich dann, wenn auf bestimmte wirtschaftliche Krisensymptome eine sachgerechte, d. h. ökonomisch fundierte Antwort gegeben werden soll. Hier kann Misselden als Rezept nur auf *Patience and Prayer*[10] verweisen.

3. Freihandel und 'laissez faire' im 18. Jahrhundert

Nach der Aufweichung der umfassenden Handelsbeschränkungen im Laufe des 17. Jahrhunderts gewann die Propaganda für Handelsfreiheit unter dem Eindruck von wirtschaftlichen Krisen und Hungersnöten ausgangs des 17. und anfangs des 18. Jahrhunderts immer mehr an Gewicht. Zu den herkömmlichen Theoremen dieser Propaganda gesellte sich ein alter Topos aus der Medizin, der aber immer auch metaphorisch auf das politische Leben bezogen wurde: der Topos von der Selbstheilungskraft der Natur, wie er schon in Platons „Politeia" vorkommt[11] und bei Montaigne, Gracian u. a. eine eigentliche Renaissance erlebt. Noch im 17. Jahrhundert beginnt die Übertragung dieses Topos auf eindeutig wirtschaftliche bzw. wirtschaftspolitische Zusammenhänge, nachdem — einer nicht sicher verbürgten Erzählung zufolge — bereits 1664 ein Kaufmann namens LEGENDRE bei der Beratung wirtschaftlicher Tagesprobleme von Colbert verlangt haben soll: *laissez-nous faire!*[12] Ihren deutlichsten Ausdruck fand die Maxime zuerst bei BOISGUILLEBERT, der in der parteilichen Protektion der Manufakturen und des Handels den Grund für den Bruch des *intérêt solidaire* zwischen Käufern und Verkäufern im Innern sowie für die Zerstörung ihrer *harmonie* sah. Dieser Politik gegenüber rekurrierte er auf den natürlichen Zustand: *dans le commerce de la vie, elle (sc. la nature) a mis un tel ordre que, pourvu qu'on la laisse faire, il n'est point au pouvoir du plus puissant, en achetant la denrée d'un misérable, d'empécher que cette vente ne procure la subsistance à ce dernier ... On a dit, pourvu qu'on laisse faire la nature, c'est-à-dire qu'on lui donne sa liberté, et que qui que soit ne se mêle à ce commerce que pour y départir protection à tous, et empécher la violence*[13]. Diese Forderung meinte noch keineswegs allgemeine wirtschaftliche Freizügigkeit, und die „protection à tous" stellt sich — genauer betrachtet — als Postulat zum Schutz des *commerce des blés et des liqueurs*[14] heraus. Zum Wohle der Landwirtschaft erstrebte Boisguillebert Kompensationen für die Bevorzugung, die andere wirtschaftliche Branchen unter Colbert genossen hat-

---

[10] MISSELDEN, Free Trade, 110.
[11] PLATON, Pol. 407d. Vgl. dazu STEPHAN BAUER, Der Verfall der metaphorischen Ökonomik. Gedanken über die Aufdeckung verborgener Quellen der Doktrin des laisser faire und des wirtschaftlichen Gleichgewichts, Fschr. CARL GRÜNBERG (Leipzig 1932; Ndr. Glashütten 1971), 33 ff.
[12] AUGUST ONCKEN, Die Maxime 'laissez faire et laissez passer'. Ihr Ursprung, ihr Werden. Ein Beitrag zur Geschichte der Freihandelslehre (Bern 1886), 14 ff.
[13] PIERRE LE PESANT DE BOISGUILLEBERT, Factum de la France (1707), in: Economistes financiers du XVIIIe siècle, éd. EUGÈNE DAIRE, 2e éd. (Paris 1851), 259 f. — In der 1697 erschienenen Schrift Boisguilleberts „Le détail de la France" (ebd., 163 ff.) erscheint das Argument — trotz identischer Fragestellungen — noch nicht.
[14] Ders., Factum de la France, ebd., 260.

ten. Obendrein beinhaltete die Forderung lediglich die Ausfuhrfreiheit, um in Zeiten reichlicher Ernte die landwirtschaftlichen Produzenten vor einem Preiszerfall zu schützen. Die Pointe dieser, wie auch späterer, mit selbstbewußtem Allgemeinheitsanspruch auftretender Freihandelslehren bestand darin, daß sie durchaus Züge der Protektion einzelner sozialer Gruppen und Klassen trugen. Die Forderung nach wirtschaftlicher Freiheit war von Anfang an in Gruppen- und Klasseninteressen eingebunden, auch wenn die ideologische Staffage den gegenteiligen Eindruck zu erwecken versuchte.

Machte sich Boisguillebert im Namen von 'Freiheit' und 'Natur' zum Sprecher gegen die *diminuition du fonds*[15], so erklärte HUME dieselben Begriffe — aber jetzt im Namen von *tradesmen and merchants* — zur Voraussetzung *to preserve, if not to produce a free government*, da in einem Lande *where the arts are neglected, all labour is bestowed on the cultivation of the ground; and the whole society is divided into two classes, proprietors of land, and their vassals or tenants*[16]. Die Differenz zwischen Boisguillebert und Hume zeigt, wie mit der Forderung nach wirtschaftlicher Freiheit, je nach den spezifischen sozialen und ökonomischen Voraussetzungen, von denen aus sie erhoben wurde, ganz unterschiedliche politische Perspektiven und Ziele ins Spiel gebracht werden konnten. — Im Gegensatz zu seinen Vorgängern stützte Hume seine Argumentation stärker ethisch-moralisch ab. Wirtschaftliche Freiheit erscheint bei ihm nicht mehr nur als pragmatisch-wirtschaftspolitisch begründete Forderung, sondern hat ein ethisch-anthropologisches und ein philosophisch-spekulatives Fundament von einiger Tragweite. Ethisch-anthropologisch basiert die wirtschaftliche Freiheit auf Humes Ansicht, *human happiness ... seems to consist in the three ingredients; action, pleasure and indolence*[17]. Diese drei Konstanten variieren in ihrer Zusammensetzung bei jedem Individuum und — gesamtgesellschaftlich — in jeder historischen Epoche. Sie haben insofern einen Doppelcharakter, als sie metahistorisch gelagerte Garantien des menschlichen Daseins und Zusammenlebens sind, zugleich aber im historisch-gesellschaftlichen Prozeß stehen und durch diesen erst umfassend bestimmt und moduliert werden. Zu Humes Zeit erreichte die individuelle und gesamtgesellschaftliche Ausdifferenzierung von action, pleasure und indolence gleichsam einen Kontraktionspunkt, an dem sie nur noch realisierbar erschienen, wenn die wirtschaftlichen Restriktionen fielen. Untermauert wird diese vom Individuum her konzipierte These durch eine philosophisch-spekulative, derzufolge wirtschaftliche Schranken *deprive neighbouring nations of free communication and exchange, which the Author of the world has intended, by giving them soils, climates, and geniuses, so different from each other*[18]. Blieb diese zweite These im Rahmen der traditionellen, theologisch inspirierten Teleologie, so

---

[15] Ders., Détail de la France, ebd., 166.
[16] DAVID HUME, Of the Refinement in the Arts (1752), in: ders., Writings on Economics, ed. Eugene Rotwein (London 1955), 28.
[17] Ebd., 21.
[18] Ders., Of the Balance of Trade (1752), ebd., 75; vgl. auch ders., Of the Jealousy of Trade (1758), ebd., 78: Für Hume ist es eine *narrow and malignant opinon ... to consider all trading states as their rivals and to suppose that it is impossible for any of them to flourish but at their expense.*

eröffnete im Gegensatz dazu die individualpsychologische Begründung wirtschaftlicher Freiheit neue Perspektiven. Wenn Hume den Begriff der wirtschaftlichen Freiheit und des Eigentumsrechts auch stärker als seine Vorgänger auf das Individuum hin zentrierte, bedeutet dies nicht, daß er damit einem ungebundenen wirtschaftlichen Individualismus das Wort geredet hätte. Wirtschaftliche Freiheit ist immer bezogen auf *public spirit, amor patriae, the power of the sovereign as well as the happiness of the subjects*[19]. Andererseits aber liegt es auf der Hand, daß Smiths Theorie, zumindest in jenen Passagen, die das Verhalten des freien Wirtschaftssubjekts auf dem Markt thematisieren, an Hume anknüpfen konnte.

Die physiokratische Theorie, wie sie in der zweiten Hälfte des 18. Jarhhunderts auftrat, konzipierte die wirtschaftliche Freiheit — im Gegensatz zu Hume — entschieden objektiv-ökonomisch, also nicht von subjektiven Verhaltensweisen und Bedürfnissen her, sondern auf der Basis von Marktgesetzlichkeiten. Die Physiokraten griffen deshalb auf den Naturbegriff und die These des laissez-faire zurück, die beide die Objektivität ihrer wirtschaftspolitischen Vorschläge verbürgen sollten. Ausgehend von der Voraussetzung, daß nur landwirtschaftliche Arbeit Werte schaffe und das Wohl aller anderen gesellschaftlichen Klassen deshalb vom Wohlergehen der Landwirtschaft abhänge, plädierte etwa Du Pont de Nemours für die *liberté générale, entière, absolue et irrévocable du commerce extérieur des grains*[20]. In der ganzen zeitgenössischen Literatur spielte das Problem des Getreidehandels, dessen bürokratische Einschnürung für die Wirtschaftskrise und die Zerrüttung der Staatsfinanzen gleichermaßen verantwortlich gemacht wurde, eine hervorragende Rolle. Der Getreidehandel war aber nur der empirische Anstoß und Ausgangspunkt einer Wirtschaftstheorie, deren Kern Quesnay offen formulierte: *Le principal objet du gouvernement serait de veiller à l'entretien et à l'accroissement des revenus des biens-fonds*[21]. Im Kreise der Physiokraten setzte sich im Laufe der sechziger Jahre die Devise *laissez faire et laissez passer*[22] als Mittel zur Erreichung des von Quesnay formulierten Zwecks unumstritten durch. Die von den Physiokraten als Nahziel anvisierte Freiheit des Getreidehandels, das dazu vorgeschlagene Mittel und das eingestandene strategische Fernziel der ganzen Theorie werfen ein bezeichnendes Licht auf den unterstellten Begriff wirtschaftlicher Freiheit. Quesnay hielt die *disputes philosophiques sur la liberté, sur le juste et l'injuste* für bloße *abstractions idéales et nulles* und anerkannte nur ein *droit naturel*, nämlich dasjenige *aux choses propres à sa jouissance*[23]. Es ist für die Zwischenlage der vorrevolutionären Wirtschaftstheorie interessant, daß sie sich zwar schon zu einem dezidiert individuell ausgerichteten Wirtschaftsprozeß mit partieller Autonomie bekennt, den Prozeß selbst in einem theoretisch anspruchsvollen Schema der gesamtgesellschaftlichen

---

[19] Ders., Of Commerce (1752), ebd., 9 f.
[20] Du Pont de Nemours, De l'exportation et de l'importation des grains (1764), éd. Edgard Depitre (Paris 1911), VII; François Quesnay, Article Grains, in: F. Quesnay et la physiocratie. Textes annotés, t. 2 (Paris 1958), 499.
[21] Quesnay, Article Grains, 499.
[22] La dépravation de l'ordre légal, Éphémérides du citoyen 2 (1768), zit. Oncken, Maxime (s. Anm. 12), 86.
[23] F. Quesnay, Le droit naturel (1756), in: Quesnay et la physiocratie, t. 2, 729 mit Anm. 1.

Reproduktion (Quesnays „Tableau économique") erklärt, aber dennoch die Wirtschaft als Ganzes nicht als autonome gesellschaftliche Sphäre begreift, sondern ganz zur Disposition der Regierung stellt. Die drei Klassen der physiokratischen Theorie werden zwar noch in Anlehnung an herkömmliche ständische Ordnungen beschrieben, aber die Definition folgt in ihrem Kern ökonomischen Kriterien. Die Physiokraten entwarfen so das Bild einer staatlich gesteuerten, halb-autonomen Gesellschaft, deren Funktionsweise sie sich bereits in einer wesentlich ökonomisch-vorpolitischen Terminologie dachten. Neben diesen vorausweisenden dürfen allerdings die traditionellen Züge dieser Theorie nicht unterschlagen werden.

Die *loi physique constitutive du gouvernement* und der *ordre naturel* fielen zusammen und ließen keine wirtschaftliche Freiheit außerhalb des relativ kleinen Bezirks des auswärtigen Getreidehandels zu und schon gar keine politische Freiheit — vielmehr lief die „natürliche Ordnung" auf eine *autorité ... unique et impartial* hinaus, einen mehr oder weniger aufgeklärten Despotismus[24]. Die gesellschaftliche Basis der propagierten Politik des laissez faire beruhte auf dem realpolitisch begriffenen Interessenkartell zwischen Großgrundbesitz und Krone, mit den Worten FORBONNAIS', auf den *rapports justes de la propriété avec la force*[25]. Im Gegensatz zu verklärenden Wirtschaftsideologien im 19. und 20. Jahrhundert betrachteten die Physiokraten die wirtschaftliche Freiheit nüchtern und illusionslos vom Standpunkt ökonomischer Interessen und politischer Machterhaltung. Sie konnten dies um so leichter tun, und ohne gegen die Stringenz ihrer Argumentation zu verstoßen, als sich ihnen der Bereich wirtschaftlicher Freiheit noch nicht als vom Staat völlig abgekoppelte Gesellschaft darstellte; vielmehr bildeten beide, als *corps moral et politique*[26], eine im Großen und Ganzen noch intakte Einheit, auf die sie sich in ihren wirtschaftspolitischen Reformvorschlägen berufen konnten. Die Spitze gegen staatliche Eingriffe in den Getreidehandel richtete sich denn auch nicht gegen die staatliche Kontrolle der Wirtschaft überhaupt, sondern nur gegen mißbräuchliche Interventionen in einen wirtschaftlichen Bereich. Mit einem weniger mißverständlichen Wort als dem vom laissez faire ist die Grundlage der physiokratischen Theorie in dem folgenden Satz von D'ARGENSON auf den Begriff gebracht worden: *Pour gouverner mieux, il faudrait gouverner moins*[27]. Nicht eine staatsfreie, autonome Wirtschaftsgesellschaft, sondern eine besser organisierte, staatlich kontrollierte Wirtschaft mit gewissen Freiräumen für die Landwirtschaft bildete die Perspektive dieser Theorie. Die wirtschaftliche Freiheit, die dieses System zuläßt, ist weder gesellschaftlich allgemein noch sachlich umfassend; sie gleicht eher einem ständischen Privileg im Rahmen des von QUESNAY vertretenen *despotisme unitaire*[28] als einem in die Zukunft weisenden wirtschaftstheoretischen und -politischen Prinzip.

---

[24] Ders., Despotisme de la Chine (1767), ebd., 918 f.
[25] FRANÇOIS VÉRON DE FORBONNAIS, Principes économiques (1767), in: Mélanges d'économie politique, éd. E. DAIRE et G. DE MOLINARI (Paris 1847), 173.
[26] QUESNAY, Despotisme, in: Quesnay et la physiocratie, t. 2, 918.
[27] RENÉ LOUIS DE VOYER, MARQUIS D'ARGENSON, Mémoires (1735), t. 5 (1825), 309, zit. ONCKEN, Maxime, 58.
[28] F. QUESNAY, Article Hommes (1757), in: Quesnay et la physiocratie, t. 2, 539.

4. Wirtschaftliche Freiheit bei Adam Smith

Gegen die verführerische Tendenz, ADAM SMITH zum Urheber dessen zu erklären, was man später als 'Manchestertum', sodann als 'Liberalismus' bezeichnete, muß sein wissenschaftliches Hauptwerk gelesen werden, will man oberflächliche Vereinfachungen vermeiden. Hat die bisherige Analyse ergeben, daß — mit Ausnahme von Hume — die Forderung nach wirtschaftlicher Freiheit weder allgemein noch in direkter Verbindung mit politischen Emanzipationsbestrebungen auftrat, so ändert sich das mit Smith. Nicht, daß seit 1776, dem Erscheinungsjahr des „Wealth of Nations", wirtschaftliche und politische Freiheit immer parallel gelaufen wären, aber punktuelle Annäherungen terminologischer und sachlicher Natur sind durchaus zu konstatieren.

Bei Smith wird zum ersten Mal in systematischer Form die Abschaffung aller wirtschaftlichen Restriktionen wissenschaftlich begründet und politisch gefordert. *All systems either of preference or of restraint, therefore, being thus completely taken away, the obvious and simple system of natural liberty establishes itself of its own accord.* Dem fügt er jedoch sofort hinzu: *Every man, as long as he does not violate the laws of justice is left perfectly free*[29]. Die Kategorie, die das Kriterium für die Begrenzung der Freiheit abgibt, stammt nicht restlos aus der Sphäre des Marktes mit seinen Tausch- bzw. Äquivalenzgesetzen, sondern sie besitzt zusätzlich ein von der Tradition bestimmtes, politisch-moralisches Fundament, das in der trockenen Diktion Smiths zwar selten explizit hervortritt, aber dennoch immer mitreflektiert wird[30]. Arbeit und Eigentum sind als Naturrechte wesentlich individueller Natur, aber Smith verdeutlicht gleich am Anfang seines Werkes, daß sein Ausgangspunkt nicht das isolierte Individuum, sondern der vergesellschaftete Mensch ist[31]. Wirtschaftliche Freiheit wird zunächst definiert gegenüber staatlichen Eingriffen, die Smith nur in sehr beschränktem Ausmaß zuläßt, was ihn übrigens noch am ehesten mit den Epigonen des 19. Jahrhunderts verbindet. Daneben sorgt die Konkurrenz der Individuen untereinander dafür, daß die wirtschaftliche Freiheit des einen nicht zur Fessel anderer wird. In einer Art von „providentiellem Finalismus"[32], Smiths *invisible hand*[33], werden Selbstinteresse und Gesamtinteresse durch die freie Konkurrenz, die als Scharnier der ganzen Theorie fungiert, vermittelt. Die Vermittlung beruht darauf, daß Smith den Begriff des Selbstinteresses nicht im Sinne eines rohen Egoismus begreift, sondern dieses Interesse — wie auch jenes der Gesamtheit einer Gesellschaft — an die Vernunft rückkoppelt, was nichts anderes heißt, als daß das wohlverstandene Selbstinteresse eo ipso vernünftig ist, weil die Identität

---

[29] ADAM SMITH, An Inquiry into the Nature and Causes of the Wealth of Nations 4, 9. Works and Correspondence, vol. 2/2, ed. R. H. Campbell, A. S. Skinner, W. B. Todd (Oxford 1976), 687.
[30] Vgl. ebd. 1, 8. Vol. 2/1 (1976), 82 ff. — das Kapitel über den Arbeitslohn, in dem die chancenungleichen Ausgangspunkte für Kapital und Arbeit schonungslos offengelegt werden.
[31] Ebd. 1, 1 (p. 13 ff.).
[32] GÖTZ BRIEFS, Untersuchungen zur klassischen Nationalökonomie. Mit besonderer Berücksichtigung des Problems der Durchschnittsprofitrate (Jena 1915), 212 f.
[33] SMITH, Wealth of Nations 4, 2. Works, vol. 2/1, 456.

von Selbsterhaltung und Gemeinwohl im unterstellten Vernunftbegriff vorausgesetzt wird. Die spekulativ abgeleitete Harmonie aller mit allen, nicht ein solipsistisch konzipierter Freiheitsbegriff, bildet den Ausgangspunkt für die Theorie der freien Wirtschaftsgesellschaft. Wirtschaftliche Freiheit bedeutet demnach Freiheit innerhalb eines ethisch-moralisch und theologisch-politisch vorgeformten Rahmens. Die Grundlage des *system of natural liberty*[34] unterhalb des Wirtschaftslebens umreißt Smith in einem anderen Werk wie folgt: *The administration of the great system of the universe, however, the care of the universal happiness of all rational and sensible beings, is the business of God and not of man*[35]. Das heißt, Smith konzipierte die Funktionsweise der freiheitlichen Wirtschaft nicht als schlichten ökonomischen Automatismus, sondern band diese an eine spekulativ gewonnene Idee, an der sich Wirtschaftstheorie und Wirtschaftspolitik auszurichten und zu messen hatten.

5. Smith-Rezeption und Vulgarisierung der klassischen Ökonomie

Die Smith-Rezeption lief in Deutschland über die Universitäten Göttingen und Königsberg, und die Theorie drang in relativ kurzer Zeit auf breiter Front — von der alten Kameralistik über die Jurisprudenz bis zur modernen Nationalökonomie — in den akademischen Lehrbetrieb ein. Dadurch wurde sie auch in die Beamtenschaft, zumal in die preußische, hineingetragen[36]. Die Rezeption fand in einem Klima statt, das zunächst durch die Französische Revolution, dann auch durch die napoleonische Eroberung und ihre wirtschaftlichen und politischen Folgen, schließlich durch die preußische Reformbewegung bestimmt wurde.

Vor allem von konservativer Seite wandte man sich nach der Jahrhundertwende gegen die wirklichen und vermeintlichen politischen Implikationen des *sogenannten Freiheits- oder passiven Staatswirthschaftssystems*[37], wie Smiths Theorie genannt wurde. Die Ausdrücke 'liberales Wirtschaftssystem' oder gar 'Liberalismus' erschienen um diese Zeit noch nicht, dafür gebrauchte BAADER den Terminus *Pseudofreiheitssystem*, worunter er die negative Bestimmung staatlicher Wirtschaftstätigkeit verstand. Smith hielt er entgegen, durch sein System werde erworbenes Eigentum zwar staatlich geschützt, der Bürger aber andererseits *im Erwerb desselben selbst völlig (gegen alle diese Menschen) vogelfrei*[38] gelassen. Baader erkannte also sehr präzis die Dialektik des liberalen Freiheitsbegriffs, die darin besteht, daß das Individuum von

---

[34] Ebd. 4, 9. Works, vol. 2/2, 687.
[35] Ders., The Theory of Moral Sentiments (1759), Works and Correspondence, vol. 1, ed. D. D. Raphael and A. C. Macfie (1976), 237.
[36] Über Details der Rezeption vgl. WILHELM TREUE, Zum Problem des „politischen Professors" zwischen 1776 und 1810, in: Deutschland und Europa. Historische Studien zur Völker- und Staatenordnung des Abendlandes, Fschr. Hans Rothfels, hg. v. WERNER CONZE (Düsseldorf 1951), 103 ff.
[37] FRANZ V. BAADER, Ueber das sogenannte Freiheits- oder das passive Staatswirthschaftssystem (1802), SW Bd. 6 (1854), 167; ADAM HEINRICH MÜLLER, Die Elemente der Staatskunst (1809), hg. v. Jakob Baxa, Bd. 1 (Jena 1922), 375: *die Freiheits-Sekte des Adam Smith.*
[38] BAADER, Staatswirthschaftssystem, 177.

wirtschaftlichen Schranken befreit wird, gleichzeitig aber jeden Schutz verliert, den es in der alten Staats- und Wirtschaftsverfassung im Rahmen der Fürsorgepflicht des Herrn gegenüber den Untertanen im Prinzip genossen hatte. — Die weitgehende Verurteilung des Staates zu wirtschaftlicher Abstinenz und die mit der Gewerbefreiheit verbundene Aufhebung der ständischen Gliederung, d. h. die damit in Gang gesetzte Dynamik der Entfaltung gesellschaftlich-individueller Kräfte außerhalb der politischen Kontrolle, sind auch die Ansatzpunkte für ADAM MÜLLERS Kritik am *verführerischen System der Freiheit* und an der *deutschen Sekte des Adam Smith*[39] (Sartorius, Kraus und ihre Schüler). Daneben sind es die *cosmopolitischen und Freiheits-Ansichten* in der Doktrin des Freihandels — ihre internationale Tendenz, angesichts des *Verfalls aller Nationalität*[40] (1810!) —, die Anstoß erregen bei den deutschen Smith-Kritikern. Der zuletzt genannte Punkt war eher marginal in der ganzen konservativen Kritik; der moderne Freiheitsbegriff dagegen bildete das dominierende Thema in der Auseinandersetzung.

Anders als von konservativer Seite, wo die politischen Implikationen von Freihandel und Gewerbefreiheit durchaus gesehen wurden, waren die deutschen Smith-Anhänger von Anfang an bemüht, die neue Theorie als eine reine Wirtschaftsdoktrin darzustellen. Terminologisch drückt sich dies zum Beispiel darin aus, daß man von der *Freiheit des Privathandels* oder der *Freiheit des Gewerbes*[41] in einem fast technisch zu nennenden Sinne spricht, ohne auch nur mit einem Wort auf den unterstellten Begriff 'Freiheit' einzugehen. KARL HEINRICH RAU wandte sich deshalb gegen die offenbar verbreitete Ansicht, die Nationalökonomie habe *keine Stelle in dem Systeme der Politik* und sei eine bloße *Metaphysik der Betriebsamkeit*, aber seine eigene Analyse des *Smithschen Systems* grenzt politische Probleme dennoch weitgehend aus[42]. Diese Zurückhaltung hängt zusammen mit der ambivalenten Stellung der „altliberalen Ökonomen"[43] zur Politik überhaupt und zur einsetzenden industriekapitalistischen Entwicklung mit ihren sozialen Folgeproblemen im besonderen: sie waren bemüht, die alte Kameral- und Polizeiwissenschaft durch die teilweise Einarbeitung der Smithschen Theorie zu reformieren, um die sozialen und wirtschaftlichen Strukturänderungen begreifen zu können, aber zugleich standen sie politischen Reformen skeptisch gegenüber. An einem Literaturbericht Raus, in dem die behauptete Beziehung zwischen wirtschaftswissenschaftlicher Theorie und politischen Emanzipationsforderungen zum ersten Mal als 'Liberalismus' apostrophiert und abqualifiziert wird, kann dies verdeutlicht werden. GIUSEPPE PECCHIO meinte, es seien die gleichen Theorien *che guidano alla ricchezza* und *alla libertà* und stellte die suggestive politisch-ökonomische Frage: *In che consiste la teoria del credito pubblico e delle imposte, se non del freno dell' autorità arbitraria e assoluta del*

---

[39] PHÖBUS [d. i. A. H. MÜLLER], Zum Schluß über C. J. Kraus, Berliner Abendbll., 24. 11. 1810 (Ndr. Leipzig 1925), 187 f.

[40] [Anonym], Fragmente, Berliner Abendbll., 15. 11. 1810, 158.

[41] G. P. H. NORRMANN, Die Freiheit des Getreidehandels (Hamburg 1802), 21. 14.

[42] KARL HEINRICH RAU, Über das Zunftwesen und die Folgen seiner Aufhebung, 2. Aufl. (Leipzig 1816), 45.

[43] MARIE-ELISABETH VOPELIUS, Die altliberalen Ökonomen und die Reformzeit (Stuttgart 1968).

5. Vulgarisierung der klassischen Ökonomie Exkurs: Wirtschaftlicher Liberalismus

sovrano?[44] Von der reinen Wissenschaft wollte er die Ökonomen hingeführt wissen zu Problemen der politischen Praxis, denn für ihn war die Wissenschaft nur ein *inefficiente surrogato alla libertà*[45]. In seiner Rezension verwahrte sich RAU dagegen, daß dem nationalökonomischen Diskurs ein *ganz fremdartiges Element* imputiert werde: *es ist ein enthusiastischer Liberalismus, der sich in wohlklingenden, aber unklaren Sätzen, in einem vagen Lobe der Freiheit ohne nähere Bestimmung des Begriffs derselben ergehe*. Die gleichberechtigte Erhebung der politischen Freiheit zu einer *Bedingung der Wohlfahrt der Staaten*[46] ist für Rau unannehmbar und abwegig. Was er hier genau meint, wenn er seinem Gegner 'Liberalismus' vorwirft, ist nicht leicht zu klären; u. a. auch deshalb, weil sich der Begriff sonst bei Rau sehr selten findet und dann immer in einem eindeutigen Kontext, d. h. zur Bezeichnung der politischen Bewegung. Für die oben zitierte Stelle ist immerhin eine weitere Interpretation denkbar. Rau hebt nicht allein auf die politische Bewegung des Liberalismus ab, sondern ebenso auf die von Pecchio politisierte Theorie Smiths. Diese Politisierung der klassischen Ökonomie hält der Smith-Kenner Rau für unhaltbar und bezeichnet sie deshalb abwertend als 'Liberalismus'. Vorsicht ist aber bei dieser Lesart insofern am Platz, als diese Terminologie vorerst einmalig dasteht und es noch rund zwanzig Jahre dauerte, bis sie wieder auftauchte. Ferner begründete der deutsche Übersetzer von AUGUSTE BLANQUIS „Geschichte der politischen Ökonomie in Europa" seine Streichung der Passagen über Pecchio mit dem Argument, es handle sich dabei um einen *unbelehrten politischen Liberalismus*[47], blieb also bei der herkömmlichen Sprachregelung und übertrug den Begriff nicht auf die wirtschaftswissenschaftliche und -politische Ebene.

Die Politisierung, gegen die sich Rau und andere altliberale Ökonomen sträubten, fällt nicht zusammen mit dem, was oben als traditionsbestimmtes, politisch-moralisches Fundament der Smithschen Theorie bezeichnet wurde. Dieses Fundament war für die Ökonomen des frühen 19. Jahrhunderts nicht mehr selbstverständlich. Sie begriffen Smith bereits in einem unpolitischen Kontext und wehrten sich deshalb gegen die erneute Politisierung der Nationalökonomie unter den veränderten Bedingungen der nachrevolutionären Zeit bzw. unter dem Vorzeichen der entbundenen gesellschaftlichen Freiheit: die als unpolitisch verstandene Wirtschaft wird also gleichsam zum Vehikel einer neuen Politisierung, die nicht mehr verstanden werden kann als Rekurs auf den Traditionsbegriff, sondern als terminus technicus zur Erfassung der neuen historischen Situation, in der sich Ökonomie und

---

[44] GIUSEPPE PECCHIO, Storia della economia pubblica in Italia, 2. Aufl. (Lugano 1832), 27.
[45] Ebd., 68.
[46] K. H. RAU, Über den Nutzen, den gegenwärtigen Zustand und die neueste Literatur der Nationalökonomie, Arch. d. polit. Oek. u. Polizeiwiss. 1 (1835), 14 f.
[47] AUGUSTE BLANQUI, Geschichte der politischen Ökonomie in Europa, Bd. 2 (Karlsruhe 1841; Ndr. Glashütten 1971), 391 f., Anm. — Auch die erste größere historiographische Arbeit über den politischen Liberalismus überträgt den Begriff nicht auf die Wirtschaftstheorie oder -politik, obwohl en passant festgestellt wird: *Die Idee einer allgemeinen Handelsfreiheit gehört unstreitig mit zu den liberalen Ideen*, WILHELM TRAUGOTT KRUG, Geschichtliche Darstellung des Liberalismus alter und neuer Zeit. Ein historischer Versuch (Leipzig 1823; Ndr. o. O. 1970), 75, Anm.

Politik trennten, erstere das bürgerliche Leben in einem umfassenden Sinn bestimmte und jedermann im Prinzip egalitäre Ansprüche auf Selbstverwirklichung versprach. Begriff man diese zunächst noch als vorpolitisch, so wurden sie später in zunehmendem Maße zum Motor der Politisierung, als sich die Scheinhaftigkeit und die Schwierigkeit der Verwirklichung dieser Ansprüche herausstellten; die als vorpolitisch gedachten Artikulationsformen wirtschaftlicher Interessen gerieten zwangsläufig in den Strudel der gleichzeitig in Gang gekommenen Bewegung zur umfassenden — wirtschaftlichen, sozialen und politischen — Emanzipation. 'Politisierung', wie sie Rau nicht wahrhaben wollte, meint eben diesen Prozeß.

Für die Theorie Smiths und seiner Epigonen bürgerten sich u. a. die folgenden Bezeichnungen ein: *Industrie-System, System allgemeiner Handelsfreiheit, weltbürgerliches Handelssystem*[48], *Lehre von der Freiheit der Gewerbe und des Handels*[49], *Industrialismus*[50], *Smith'sches System, National-Freiheitssystem*[51], *System der Naturgesetze der Volkswirtschaft*[52]. Die Liste der Umschreibungen der Theorie durch mehr oder weniger konsequente Smith-Anhänger ließe sich leicht verlängern. Allen gemeinsam ist das Bestreben, eine Identifizierung von politischem Liberalismus, dem die meisten Ökonomen skeptisch bis ablehnend gegenüberstanden, und Wirtschaftstheorie zu vermeiden. Die herrschende Sprachregelung im Vormärz verweist ferner auf gewisse Einseitigkeiten bei der Smith-Rezeption, dessen Werk über weite Strecken nur noch als Plädoyer für die Industrie, die Gewerbefreiheit und den Freihandel aufgenommen wurde, während seine theoretische Leistung mehr und mehr in Vergessenheit geriet. Die thematische Einseitigkeit der Rezeption war in den meisten Fällen mit einer Vulgarisierung der theoretischen Substanz verbunden.

Verantwortlich für den rapiden theoretischen Substanzverlust nach Ricardos Tod waren nicht allein die Schwächen der Ökonomen, sondern entscheidender noch war der Umstand, daß Teile der klassischen Ökonomie in das Propagandaarsenal politischer Bewegungen abglitten, was eine handliche Popularisierung der Theorie unumgänglich machte. Bereits Ende der dreißiger Jahre in England, in den fünfziger Jahren auch in Deutschland, kam es zur Gründung von Freihandelsbewegungen und freihändlerischen Agitationsvereinen. — Schon 1820 forderten Londoner Kaufleute, daß *der Grundsatz, auf dem wohlfeilsten Markte zu kaufen und auf dem teuersten zu verkaufen ..., auch als die beste Regel für den Handel der ganzen Nation ihre Anwendung*[53] finden solle. 1838 schlossen sich Kaufleute in Manchester zur Anti-

---

[48] KARL MURHARD, Theorie und Politik des Handels. Ein Handbuch für Staatsgelehrte und Geschäftsmänner, Bd. 2: Politik des Handels (Göttingen 1831), 17. 51.

[49] CARL V. ROTTECK, Lehrbuch des Vernunftrechts und der Staatswissenschaften, Bd. 4: Lehrbuch der ökonomischen Politik (Stuttgart 1835), 103.

[50] BLANQUI, Geschichte der politischen Ökonomie, Bd. 2, 216.

[51] G. KELLNER, Zur Geschichte des Physiokratismus. Quesnay, Gournay (Göttingen 1847), 14. 27 f.

[52] KARL ARND, Die naturgemäße Volkswirtschaft gegenüber dem Monopolgeiste und dem Communismus, mit einem Rückblicke auf die einschlagende Literatur (Hanau 1845), 13.

[53] Petition der Londoner Kaufleute zu Gunsten des Freihandels (1820), abgedr. THOMAS TOOKE / WILLIAM NEWMARCH, Die Geschichte und Bestimmung der Preise während der Jahre 1793—1857, Bd. 2 (Dresden 1859), 446. Vgl. dazu JULIUS BECKER, Das deutsche

5. Vulgarisierung der klassischen Ökonomie   Exkurs: Wirtschaftlicher Liberalismus

Corn-Law-League zusammen, deren Ziele die Abschaffung der Getreidezölle und die Einführung des Freihandels waren. Bis zu ihrer Selbstauflösung am 22. 7. 1846 — nach dem Fall der Korngesetze — wuchs diese erste Freihandelsbewegung unter der Führung von JOHN BAWRING, RICHARD COBDEN und JOHN BRIGHT zu einer starken Massenbewegung mit assoziierten Vereinen im ganzen Land. Die im Umfeld dieser Bewegung in ganz Europa entstehenden nationalökonomischen Streitschriften brachten Smiths Theorie auf das Niveau eines ökonomischen Katechismus, wobei vor allem der Begriff 'Freiheit' arg strapaziert wurde. Als 'Liberalismus' wurden aber vorerst weder die Freihandelslehre noch die Freihandelsbewegungen bezeichnet. Vereinzelt sind jedoch Annäherungen an diesen Sprachgebrauch festzustellen. So wandte sich CHARLES DUNOYER, in dessen Buch kein Begriff so häufig erscheint wie der der 'Freiheit', gegen die *tendances prétendues organisatrices de notre temps* und beschwor die *traditions libérales du passé*, das *régime réel de liberté et de commerce*, gelegentlich auch das *régime le plus libéral*[54]. Theoretischer Anspruch und Habitus der Theorie liegen bei Dunoyer weit auseinander. Er tritt mit der Absicht auf zu klären, *comment se produisait cette manière d'être à la quelle je donne le nom de liberté*. Der Fortgang der Analyse vermag das nicht einzulösen und endet mit einem banalen Resumée. Die Freiheit besteht letztlich nur darin, daß der einzelne radikal auf sich selbst zurückverwiesen wird, denn Dunoyers Argumentation läuft auf die Tautologie heraus, daß frei ist, wer sich und seine Tätigkeit nur noch auf sich bezieht. Dunoyer zufolge will die *loi fondamentale de l'humanité et de la société ... que la situation de chacun, en tenant compte de l'état où il est né, dépende surtout de sa conduite, et se proportionne à l'activité, à l'intelligence, à la moralité, à la persistance de ses efforts*[55]. Die Dialektik dieser Freiheit bleibt unreflektiert; sie besteht darin, daß sich gerade das so begriffene freie Individuum ganz dem Markt und seinen Gesetzen ausliefern muß, um überhaupt zu überleben.

Als Selbstbezeichnung gebrauchten die Ideologen des Freihandels nicht den Begriff des 'Liberalen', sondern den der *libres-échangistes*[56], aber dennoch wurde die Bestimmung des Begriffs 'Freihandel' erheblich erweitert und politisch akzentuiert: *La liberté du commerce, les libres relations des peuples, la libre circulation des choses,*

Manchestertum (Karlsruhe 1907), 14 ff. Zur englischen Freihandelsbewegung: G. JAHN, Art. Anti-Corn-Law-League, Hwb. d. Staatswiss., 4. Aufl., Bd. 1 (1923), 350 f.

[54] CHARLES DUNOYER, De la liberté du travail ou simple exposé des conditions dans lesquelles les forces humaines s'exercent avec le plus de puissance, t. 1 (Paris 1845), XIII. 448. 456.

[55] Ebd., 16 f. 453.

[56] FRÉDÉRIC BASTIAT, Deux modes d'égalisation des taxes (1847), Oeuvres compl., 2ᵉ éd., t. 2 (Paris 1862), 224. — Vgl. RICHARD COBDEN, Rede v. 25. 8. 1841, in: ders., Speeches on Questions of Public Policy, ed. John Bright and James E. Thorold Rogers (London 1880), 7: *I call myself neither Whig nor Tory; I am free-trader;* ders., Rede v. 17. 2. 1843, ebd., 18: *School of free-traders.* An einer Stelle spricht er auch im positiven Sinne von *Manchester men;* ders., Rede v. 19. 10. 1843, ebd., 52: *Amongst the other glories which will attach to the name of Manchester will be this, that the Manchester men not only brought manufactures to perfection, but they made the agriculturists also, in spite of themselves, bring their trade to perfection;* ders., Rede v. 18. 3. 1857, ebd., 343: *Manchester-School*, als Selbstbezeichnung erst elf Jahre nach der Auflösung der Anti-Corn-Law-League.

des hommes et des idées, la libre disposition pour chacun du fruit de son travail, l'égalité de tous devant la loi, l'extinction des animosités nationales, la paix des nations assurée par leur mutuelle solidarité . . . voilà ce qui est compris dans le mot: Libre-Échange[57]. Dies zeigt, wie die Protagonisten der Freihandelslehre die politische Dimension ihrer Doktrin zwar erkannten, aber terminologisch vollzog sich ebensowenig eine Verschmelzung von politischem und wirtschaftlichem Liberalismus wie in vielen Fällen in der politischen Praxis. Die führenden liberalen Politiker standen dem missionarischen Eifer der Freihändler skeptisch gegenüber und mißtrauten den feilgebotenen wirtschaftspolitischen Patentrezepten zur Lösung fast aller Probleme von der Handelsbilanz bis zum Weltfrieden. BASTIAT beklagte sich deshalb, daß liberale Politiker und Journalisten *se sont élevés contre l'économie politique et ont cru qu'il suffisait, pour flétrir, d'altérer son nom. Ils l'ont appelée l'économisme. Messieurs, je ne pense pas qu'on ébranlerait les vérités demontrées par la géométrie, en l'appelant géométrisme*[58]. In diesem Ökonomismus befangen, unterschätzten die Freihändler nicht nur politische Probleme, sondern standen auch der sozialen Frage ziemlich hilflos gegenüber, was sie in den Augen liberaler Reformer wie Harkort oder Mevissen verdächtig erscheinen ließ.

FRIEDRICH LIST warnte vor dem Schlagwort *Handelsfreiheit*, hinter dem er die Absicht der *stärksten Nation* vermutete, *den Handel und die Industrie der schwächeren Nationen um so sicherer in den Zustand der Sklaverei zu versetzen*[59], schon 1837 vergeblich, und die Freihandelsagitation griff nach 1848 noch stärker um sich als zuvor. Konservative Gegner von Gewerbefreiheit und Freihandel versahen die entsprechenden Lehren zuerst mit dem Epitheton 'liberal'. STAHL wandte sich gegen die *absolute Freiheit der Verfügung und Bewerbung in allen Verhältnissen* und bezeichnete den Kommunismus und den Sozialismus als *die Wirkung des jetzt herrschenden sogenannten liberalen Systems der Nationalökonomie*[60]. Aber selbst im konservativen Lager setzte sich diese Terminologie nicht allgemein durch; KOSEGARTEN sprach noch 1856 in traditioneller Manier vom *Industriesystem*[61].

Als der erste Autor, der für die Lehre Smiths und seiner Epigonen den Begriff 'Liberalismus' gebrauchte, kann der Außenseiter KARL MARLO (d. i. KARL GEORG WINKELBLECH) gelten. Zwar begriff er den Liberalismus als *Rechtsidee*, meinte aber, die *liberale Literatur* bestehe *nicht nur zu einem großen Teil aus ökonomischen Untersuchungen, sondern diese letzteren machten sogar den wichtigsten Teil derselben*

---

[57] F. BASTIAT, Libre-Échange (1846), Oeuvres Compl., t. 2, 6 f.

[58] Ders., Discours, 3. 7. 1847, ebd., 256. — Ohne Smith direkt zu nennen, wirft ihm Fourier schon über zwanzig Jahre früher 'économisme' vor. CHARLES FOURIER, Traité de l'association doméstique-agricole, ou attraction industrielle (1823), t. 2, Oeuvres compl., t. 2 (Paris 1843), 70. Er spricht allgemein von *doctrines d'économisme, qui ayant pour tâche de s'occuper de l'association, base de toute économie, ne se sont occupées qu'à établir, au lieu de l'association, le morcellement industrielle*.

[59] FRIEDRICH LIST, Das natürliche System der politischen Ökonomie (1837), Schriften, Bd. 4 (1927), 173.

[60] FRIEDRICH JULIUS STAHL, Rede v. 22. 9. 1849, in: ders., Parlamentarische Reden, hg. v. J. P. M. Treuherz (Berlin 1856), 382 f.

[61] WILHELM KOSEGARTEN, Geschichtliche systematische Übersicht der Nationalökonomie oder Volkswirtschaftslehre. Ein Leitfaden für Vorlesungen (Wien 1856), 31.

5. Vulgarisierung der klassischen Ökonomie Exkurs: Wirtschaftlicher Liberalismus

aus. Er unterschied drei chronologisch aufeinanderfolgende *ökonomische Schulen: die alt-, ganz- und neuliberale*[62], wobei die jeweilige Definition der Grenzen der Staatsintervention das Kriterium für die Zuordnung abgibt. *Abstrakte Freiheit* bzw. *die freie Konkurrenz, die Zauberformel zum Umsturz aller Throne*[63] bilden in seinen Augen die Grundlage aller Schattierungen des Liberalismus seit den Physiokraten, und die *Wortführer des Liberalismus*[64] sind für ihn identisch mit den führenden Köpfen aller Revolutionen seit 1789. Die offensichtliche Diskrepanz zwischen den von Marlo analytisch nachgewiesenen Zusammenhängen von wirtschaftlicher Doktrin und politischen Ereignissen einerseits und der ins Extreme verlängerten Beschuldigung des wirtschaftlichen Liberalismus andererseits mögen dazu beigetragen haben, daß diese Terminologie vorerst episodisch bleiben mußte; zu offensichtlich handelte es sich bei ihm um einen, eklektisch gewonnenen, politischen Kampfbegriff, der sich weder in der Fachwelt noch in der politischen Publizistik durchsetzte.

Auch bei den deutschen Anhängern des Freihandels[65], in ihren Schriften und publizistischen Organen, findet sich der Begriff 'Liberalismus' nicht in wirtschafts-

---

[62] KARL MARLO [d. i. KARL GEORG WINKELBLECH], Untersuchungen über die Organisation der Arbeit oder System der Weltökonomie, Bd. 1/2: Historischer Teil (Kassel 1853), 59 f. — Etwa gleichzeitig findet sich der Begriff auch bei einem führenden konservativen Autor, allerdings nur in einem wenig bekannten und verbreiteten, als Manuskript gedruckten „Entwurf zu einem Programm der Rechten" (1855), mit dem Wagener selbst beim *Gros der sogenannten conservativen Partei leider damals, ebenso wie heute* (1885), auf wenig Verständnis stieß: *Das wirtschaftliche Leben ist überall die Grundlage der socialen und politischen Entwicklung und dadurch von eminenter Bedeutung ... In Preußen sind jedoch die wirtschaftlichen Verhältnisse seit einem halben Jahrhundert überwiegend nach den Doktrinen des nationalökonomischen Liberalismus behandelt worden.* Darunter verstand er die einseitige Ausrichtung darauf, *das höchste Gütermaß* zu erzeugen, ohne Rücksicht auf *die höheren sittlichen Güter der Menschheit* und *die produzierende Menschenkraft*, vor allem aber die seiner Ansicht nach verderbliche Einbeziehung der *ländlichen Grundvermögen* in das *gewöhnliche Verkehrsleben*. Vom *nationalökonomischen* unterschied er den *in naturrechtlichen Doktrinen wurzelnden socialen Liberalismus*, den er für *die Atomisierung der Gesellschaft* und den *Kultus des Individuums* verantwortlich machte. Diesem wollte er mit dem Verbot *leichtsinniger Eheschließungen* bzw. der *Befestigung des Familienlebens* entgegentreten; HERMANN WAGENER, Die kleine aber mächtige Partei. Nachtrag zu „Erlebtes". Meine Memoiren aus der Zeit von 1848 bis 1866 und von 1873 bis jetzt (Berlin 1885), 10 f. 13. Auch diese, vergleichsweise präzise Begriffsbestimmung setzte sich nicht durch und blieb eine Randerscheinung, wohl nicht zuletzt deshalb, weil die angesprochenen Grundbesitzer sich zwar gegen einige politisch-soziale Folgen der Reformen sträubten, aber aufs Ganze gesehen von der wirtschaftlichen Befreiung profitierten.

[63] MARLO [d. i. WINKELBLECH], Untersuchungen, Bd. 1/2, 190. 193.

[64] Ebd., 294. — Wenige Jahre später nennt J. C. GLASER, Die allgemeine Wirtschaftslehre oder Nationalökonomie mit Rücksicht auf ihre Anwendung in der Privat- und Staatswirtschaft (Berlin 1858), 35, Jean Baptiste Say einmal *Vertreter des Liberalismus in der Wirtschaft*, ohne aber näher auf die Gründe für die Wahl des Begriffs einzugehen oder die Sprachregelung zu verallgemeinern.

[65] Zur deutschen Freihandelsbewegung vgl. LUDWIG GRAMBOW, Die deutsche Freihandelspartei zur Zeit ihrer Blüte (Jena 1903); HANS GEHRING, Die Begründung des Prinzips der Sozialreform. Eine literar-historische Untersuchung über Manchestertum und Katheder-

wissenschaftlichen und wirtschaftspolitischen Kontexten, sondern lediglich in politischen, d. h. bei der Kennzeichnung der politischen Bewegung oder Partei. Zu dieser aber standen zahlreiche Vertreter der Freihandelsdoktrin in gespannter Beziehung, sei es, weil sie sich politisch nicht mit den liberalen Parteien identifizieren konnten, da sie — wie etwa PRINCE-SMITH — das allgemeine Wahlrecht ablehnten[66], sei es, weil ihnen die Wirtschaftspolitik der Liberalen zu wenig linientreu, zu wenig am Freihandel orientiert war. Theoriegeschichtlich zeitigte die deutsche Freihandelsbewegung wenig Originelles. Im wesentlichen beschränkte man sich auf die Wiederholung und Aufarbeitung französischer und englischer Vulgarisierungen der klassischen Nationalökonomie. Die deutschen Protagonisten des Freihandels, die sich selbst *Freihändler*, aber auch *Anhänger der Selbsthilfe* nannten[67], bevor es zur Auseinandersetzung mit der historischen Schule der Nationalökonomie kam, kaprizierten sich auf alle wirtschaftspolitischen Tagesfragen, blieben dabei aber relativ flexibel, trotz der doktrinär starren Grundlage, von der sie im Prinzip ausgingen. Dieser Doppelcharakter — wirtschaftspolitische Flexibilität und zugleich theoretischer Dogmatismus — macht es schwierig, zum Kern ihrer Aussagen vorzustoßen. Oft erscheint der Angelpunkt ihrer Theorie überhaupt nur negativ definiert, in Form von langen Ausführungen darüber, wo der Staat sich in der Wirtschaft überall nicht engagieren soll. Die Analyse konkreter wirtschaftlicher Vorgänge und ihre begriffliche Erfassung dagegen tritt hinter solche Negativbestimmungen zurück. In aller Offenheit spricht dies nur ein französisches Lexikon aus, der Sache nach trifft die folgende Feststellung aber auch auf die deutsche Theorie zu: *Et voilà pourquoi l'économie politique aboutit forcément ... à ce grand principe: laissez faire, laissez passer, principe qu'on peut qualifier, si l'ont veut, de système, mais qui n'a pas d'autre valeur en soi que d'emporter:* denn dieses große Prinzip ist die *négation de tous les systèmes artificiels* und soll eo ipso die Wiederherstellung und reibungslose Funktion des *ordre naturel préexistant* garantieren[68]. Die Polemik gegen die „künstlichen Systeme" spielt eine wichtige Rolle in der Theorie der Freihändler, und der dabei unvermeidliche Rückgriff auf den Begriff der Natur bzw. die *volkswirtschaftlichen Naturgesetze*[69] schließt sich formal an Smith an, stellt aber — nach dem Wegfall der für diesen noch selbstverständlichen philosophischen und theologischen Rahmenbedingungen der Theorie — lediglich eine Trivialisierung dar. Die Berufung auf den ordre naturel bleibt theoretisch belanglos, weil der Begriff nur eine Hypostasierung ist, die den Zweck erfüllt, den status quo als naturgegeben und unveränderlich zu rechtfertigen. Zur Erreichung

---

sozialismus (Jena 1914); BECKER, Manchestertum (s. Anm. 53); VOLKER HENTSCHEL, Die deutschen Freihändler und der volkswirtschaftliche Kongreß 1858 bis 1885 (Stuttgart 1975).

[66] JOHN PRINCE-SMITH, Der Staat und die Volkswirtschaft (1873), Ges. Schr., hg. v. Otto Michaelis, Bd. 1 (Berlin 1877), 181 ff.

[67] JULIUS FAUCHER, Die Baumwollnot, Vjschr. f. Volkswirtschaft u. Culturgesch. 1 (1863), 173; MAX WIRTH, Die Arbeiterfrage (Frankfurt 1863), 51.

[68] Dictionnaire de l'économie politique, éd. CH. COQUELIN, t. 1 (Paris 1852), 664, Art. Économie politique.

[69] J. GENSEL, Art. Politik, Handwörterbuch der Volkswirtschaftslehre, hg. v. H. RENTZSCH (Leipzig 1866), 651.

6. 'Manchestertum' und 'Kathedersozialismus' — Exkurs: Wirtschaftlicher Liberalismus

desselben Zwecks begnügten sich denn auch weniger prätentiös auftretende Popularisierungen mit pathetischen Lobliedern auf den Kaufmann als deus ex machina: *Wenn alles krank ist, bleibt er* (sc. der Kaufmann), *Gott sei dank, gesund; sein Organismus altert nicht wie der der Nationen und Staaten*[70]. Praktisch, d. h. wirtschaftspolitisch verweist die Beschwörung des ordre naturel auf den Umstand, daß die in den fünfziger und verstärkt in den sechziger Jahren (Beseitigung der Navigationsakte 1850, Abschluß des Cobdenvertrages 1860) einsetzende wirtschaftliche Freizügigkeit — trotz weiterhin bestehender Restriktionen — bereits als Normalzustand und Ziel zugleich verstanden wurde.

6. 'Individualismus', 'Manchestertum' und 'Kathedersozialismus'

Neben den schon genannten Begriffen zur Bezeichnung der Theorien von Smith und dessen Epigonen findet man schon seit den vierziger Jahren die Begriffe *'Egoismus'* und vor allem *'Individualismus'*[71], wobei letzterer in der Regel als

---

[70] FAUCHER, Baumwollnot, 209.
[71] Der Begriff 'Egoismus' findet sich in sozialtheoretischen Zusammenhängen vor allem bei den Frühsozialisten, die damit das Streben der oberen Klassen nach wirtschaftlichem Reichtum bezeichneten und dieses zugleich verantwortlich machten für die Armut der unteren Klassen. Vgl. LOUIS BLANC, Organisation du travail (1840), 4ᵉ éd. (Brüssel 1845), 9; F. SCHNAKE, Das westfälische Dampfboot, Gesellschaftsspiegel 2/8 (1845; Ndr. 1971), 47; [BAZARD/ENFANTIN/CARNOT], Doctrine de Saint-Simon. Exposition (1829), éd. C. Bouglé et E. Halévy (Paris 1924), 148 f.; MOSES HESS, Über die Not in unserer Gesellschaft und deren Abhülfe (1845), in: Die frühen Sozialisten, hg. v. FRITZ KOOL u. WERNER KRAUSE (Freiburg 1967), 548: *Denn was ist der Egoismus anderes als der Wahnsinn, für sich allein das Vermögen der Gattung in Beschlag nehmen zu können?* — Zum Begriff 'Individualismus' vgl. A. RAUSCHER, Art. Individualismus, Hist. Wb. d. Philos., Bd. 4 (1976), 290 f., der sich im wesentlichen auf die begriffsgeschichtlichen Forschungen der Herausgeber von [BAZARD/ENFANTIN/CARNOT], Doctrine de Saint-Simon, 203 f., Anm. 91 stützt. Demzufolge wurde der Begriff 1825 (ebd., 377 f., Anm. 248) aufgebracht, setzte sich also erst nach Saint-Simons Tod bei dessen Anhängern durch, wo er den Gegenbegriff zu 'association' bildete: *Il n'y a en politique que deux systèmes: l'association et l'individualisme;* PIERRE LEROUX (1832), zit. ebd., 205, Anm. 91. — In der romantischen Staatstheorie, als Gegensatz zur Idee des Organischen, und bei den deutschen Anhängern Saint-Simons und seinen Schülern wurde der Begriff übernommen, diente aber sehr bald — von deren Sprachgebrauch abweichend — bei anderen Autoren zur allgemeinen Charakterisierung von Smiths Lehre bzw. der kapitalistischen Produktionsweise. So spricht BRUNO HILDEBRAND, Die Nationalökonomie der Gegenwart und Zukunft (1848), hg. v. Hans Gehring, Bd. 1 (Jena 1922), 122 unter deutlicher Anspielung auf Smiths Lob der Arbeitsteilung von deren *zerstörenden Individualismus*. Vgl. auch KARL KNIES, Die politische Ökonomie (Braunschweig 1853), 25. 67. 193. In der Auseinandersetzung mit den deutschen Freihändlern nannte schließlich Schäffle den *Manchesterstandpunkt* den *absoluten wirtschaftlichen Individualismus aller einzelnen* oder einfach das *Prinzip des ökonomischen Individualismus*, dem das Bürgertum huldige im Gegensatz zur sozialistischen Perspektive der *Arbeiter-Nationalökonomie;* ALBERT EBERHARD FRIEDRICH SCHÄFFLE, Bourgeois- und Arbeiter-Nationalökonomie, Dt.Vjschr. 27 (1864), 252. 267. Hier erscheint der Begriff nicht allein zur Bezeichnung einer Wirtschaftstheorie, sondern auch als Oberbegriff für die Haltung des Bürgertums überhaupt, *dessen Besonderungstrieb ... uns um unsere Existenz als Nation*

Gegenbegriff zu 'Sozialismus' erscheint und als solcher primär die unterschiedlichen Eigentumskonzeptionen umschreibt. Als Gegenbegriff zu 'Sozialismus' war 'Individualismus' — sieht man von sozialistischen und sozial-liberalen Theorien ab — positiv akzentuiert, gemäß dem hohen Stellenwert, den der Eigentumsbegriff in der Tradition der politischen und nationalökonomischen Theorie seit Locke hatte. Häufig wurde der Begriff aber auch im nicht-sozialistischen Lager im kritischen Sinne verwendet und zwar immer dann, wenn als Bezugspunkt nicht der Eigentums-, sondern der Freiheits-, Staats- oder Gesellschaftsbegriff zugrunde gelegt wurde. Schon MARLO kritisierte die gesellschaftliche und staatliche Perspektive der Smithschen Theorie als *rein atomistische Ordnung*[72]. Bei zahlreichen deutschen Autoren spielte dieses Argument in der Folgezeit eine zentrale Rolle bei ihrer Auseinandersetzung mit Smith und der Freihandelsbewegung. WAGNER etwa bezeichnete das *System der freien Konkurrenz* als *individualistisch-atomistische Doktrin*, da es einen *Begriff der persönlichen Freiheit* unterstelle, demzufolge *das Individuum möglichst auf sich selbst gestellt war*[73]. Zwischen den Vorstellungen von Smith und denen seiner Epigonen im 19. Jahrhundert wurde meistens nicht mehr unterschieden. Ein Indiz für die Verbreitung des Begriffs 'Individualismus' bildet ferner die Tatsache, daß ein renommiertes Fachlexikon wie das „Wörterbuch der Volkswirtschaft" weder in der ersten (1898) noch in der zweiten Auflage (1907) einen Artikel „Liberalismus" enthält, wohl aber jeweils einen langen über „Individualismus"[74]. Erst nach der Jahrhundertwende werden *liberaler Individualismus*, konse-

---

gebracht hat und der in *Kleinstädterei und Kleinstaaterei nur seinen konsequentesten, philiströsesten Ausdruck* (ebd., 265) gefunden habe. Allgemein wurde aber diese weite Fassung des Begriffs nicht verwendet. In der Regel galten die *landesüblichen Definitionen von Sozialismus als Gegensatz gegen den Individualismus;* HEINRICH v. SCHEEL, Art. Socialismus und Communismus, Handbuch der politischen Ökonomie, hg. v. Gustav Schönberg, Bd. 1 (Tübingen 1882), 92.
[72] MARLO [d. i. WINKELBLECH], Untersuchungen (s. Anm. 62), 2. Aufl., Bd. 1: Historische Einleitung in die Ökonomie (1850; Tübingen 1885), 261.
[73] ADOLPH WAGNER, Allgemeine oder theoretische Volkswirtschaftslehre, Tl. 1: Grundlegung (Leipzig, Heidelberg 1876), 197. 198, Anm. 353.
[74] Dasselbe gilt für das Hwb. d. Staatswiss., das auch noch in der 3. Aufl., Bd. 5 (1910), 595 ff. nur einen Art. „Individualismus" enthält. Alle während des Kaiserreiches erschienenen Auflagen der großen Lexika enthalten im Art. „Liberalismus" keine Hinweise auf wirtschaftstheoretische oder wirtschaftspolitische Konnotationen des Begriffs. Eine Ausnahme bilden bezeichnenderweise politisch und konfessionell eindeutig festgelegte Lexika von konservativer und katholischer Seite, wo es den Autoren offensichtlich darum ging, das Feindbild des Liberalismus möglichst umfassend zu zeichnen. — Bei WAGENER Bd. 12 (1863), 279, Art. Liberalismus wird nur beiläufig, aber doch klar differenzierend festgestellt: *Der Liberalismus, welcher sich ... auf ökonomischem (Gebiet) als Handels- und Gewerbefreiheit manifestiert, ist auf dem politischen dem Constitutionalismus nahe verwandt, ohne mit diesem zusammenzufallen.* Demgegenüber enthält das „Konservative Handbuch", 2. Aufl. (Berlin 1894), 259 f. zwar einen Artikel „Manchestertum" (in dem der Begriff 'Liberalismus' nicht vorkommt), aber keinen Artikel „Liberalismus". Ganz eindeutig werden dann im „Staatslexikon" der Görres-Gesellschaft politischer und wirtschaftlicher Liberalismus identifiziert und abwertend als *liberalistische Doktrin* bezeichnet; die Kritik daran basiert im wesentlichen auf dem Topos des *schrankenlosen Individualismus*, dringt aber auch unter die ideologische Fassade, wenn abschließend gesagt wird: *Es ist ein*

quenter *Liberalismus* und *wirtschaftlicher Individualismus*[75] synonym verwendet und zwar in der oben angesprochenen Doppelbedeutung als positiv besetzte Gegenbegriffe zu 'Sozialismus' und gleichzeitig als kritisch verstandene Begriffe. Dieser Vorgriff auf die neuere Terminologie illustriert, wie langsam sich die Durchsetzung des Begriffs vollzog. Darin spiegelt sich die Tatsache, daß viele Kritiker aus dem Kreis der historischen Schule der Nationalökonomie aus unterschiedlichen, meist aber politischen Motiven davor zurückschreckten, den für eine politische Partei und Bewegung eingebürgerten Begriff 'Liberalismus' ohne weiteres auf anderen Gebieten anzuwenden. Von akademischer Seite wollte man vermeiden, was man dem Gegner vorwarf: Parteilichkeit und Parteigebundenheit. Den Kongreß der Volkswirte — das Organ der Freihändler — bezeichnete SCHMOLLER als *Agitationsmittel des Liberalismus*, nicht aber die Doktrin der Freihändler; für seinen eigenen Verein für Sozialpolitik dagegen nahm er in Anspruch, *immer mehr eine akademisch parteilose Versammlung* gewesen zu sein[76].

Außer dem Begriff *Smithianismus*[77], dem die pejorative Bedeutung auf der Stirn geschrieben stand, beherrschte der Terminus 'Manchestertum', vorerst als Feindbegriff, später vereinzelt auch als Begriff zur Selbstbezeichnung, das Feld der Auseinandersetzung.

Über die Genesis des Begriffs 'Manchestertum' herrscht in der Literatur Unklarheit. Sicher falsch ist die zuweilen vertretene These, Hermann Wagener habe den Terminus 1861 erstmals im preußischen Abgeordnetenhaus gebraucht[78]; in den entsprechenden Protokollen taucht der Begriff gar nicht auf. Dagegen ist er bedeutend früher in England und da u. a. auch bei deutschen Emigranten zu finden. Der Freihandelsagitation von Cobden und Bright in den vierziger Jahren stand der frühe MARX skeptisch gegenüber, kritisierte *die destruktiven Erscheinungen, welche die freie Konkurrenz in dem Innern eines Landes zeitigt*[79], sprach aber nicht von 'Manchestermännern', sondern nur in pejorativer Weise von *Freihändlern*. Erst im

---

eigentümliches Schauspiel, das uns dieser Liberalismus darbietet. Er proklamiert die unbedingte und schrankenlose Autonomie und Freiheit des Individuums ... Und doch führt diese Doktrin die Menschen zuletzt in die entwürdigendste Knechtschaft hinein. Auf wirtschaftlichem Gebiet kommt der weitaus größte Teil der Menschen in unbedingte Abhängigkeit von einer Anzahl reicher Kapitalisten; als arme, besitzlose Arbeiter sind sie an den Siegeswagen des Kapitals gespannt, STÖCKL, Art. Liberalismus, Staatslexikon, Bd. 3 (1894), 1005 f. 1110.

[75] WILHELM LEXIS, Art. Individualismus, Wb. d. Volkswirtsch., 2. Aufl., Bd. 2 (1907), 116 f.

[76] GUSTAV SCHMOLLER, Die Jahresversammlung des Volkswirtschaftlichen Kongresses und des Vereins für Sozialpolitik im Spätherbst 1882, Jb. f. Gesetzgebung, Verwaltung u. Volkswirtschaft im dt. Reich 7 (1883), 285.

[77] HERMANN ROESLER, Grundsätze der Volkswirtschaftslehre. Ein Lehrbuch für Studierende und für Gebildete aller Stände (Rostock 1864), 56. 58.

[78] BECKER, Manchestertum (s. Anm. 53), 2. — Dagegen spricht auch, daß in Wageners Lexikon der Begriff in den einschlägigen Artikeln nicht auftaucht. Vgl. WAGENER Bd. 4 (1860), 481 f., Art. Bright; ebd., Bd. 5 (1861), 425 f., Art. Cobden; ebd., Bd. 9 (1862), 84 ff., Art. Handel; ebd., Bd. 12 (1863), 279 f., Art. Liberalismus.

[79] MARX, Rede über die Frage des Freihandels (9. 1. 1848), MEW Bd. 4 (1959), 456. 444. Vgl. ENGELS, Der ökonomische Kongreß (1847), ebd., 299 ff.

Laufe der fünfziger Jahre übernahmen Marx und Engels die englische Terminologie und gebrauchten 'Manchesterschule' in dreifachem Sinne. Einmal meinten sie damit eine aus der ökonomischen Doktrin abgeleitete, außenpolitische These Cobdens. Dieser untermauerte die Freihandelslehre zeitlebens mit der Agitation für einen universellen Frieden, für die *Fraternisierung der Nationen*, die ENGELS schlicht für ein *Hirngespinst* hielt[80]. So veröffentlichte Cobden noch kurz vor dem Ausbruch des Krimkrieges eine Schrift, in der er eine lange Friedenszeit diagnostizierte. Diese und andere *sanftmütige Weissagungen* trugen ihm in der englischen Publizistik ein *ironisches Echo* und seiner Lehre den Namen *Manchesterschule* ein. In diesem Sinne formulierte MARX: *Es wäre ein großer Irrtum anzunehmen, daß das Friedensevangelium der Manchesterschule tiefe philosophische Bedeutung habe. Es besagt bloß, daß die feudale Methode der Kriegführung durch die kaufmännische ersetzt werden soll — Kanonen durch Kapital*[81]. Daneben hatte aber 'Manchesterschule' sofort auch anders akzentuierte Bedeutungen: der Begriff meinte den linken Flügel der liberalen Partei, die in Manchester eine feste Basis hatte, in den meisten Fällen aber ganz allgemein die Freihandelsdoktrin, die im Zuge der Agitation gegen die Korngesetze in eben dieser Stadt ihren Anfang genommen hatte[82]. In dieser letzteren Bedeutung setzte sich der Begriff durch und wurde wahrscheinlich über den Briefwechsel zwischen Marx und LASSALLE[83] diesem bekannt, der ihn dann anfangs der sechziger Jahre in seinen Streitschriften benützte und so zu seiner schnellen Verbreitung beitrug. Im „Arbeiterprogramm" (1862) erschien der Terminus zwar noch nicht, wohl aber ein Jahr später in polemischer Zuspitzung: *unsere Nichts-als Freihändler, die Affen der Manchester-Männer, diese Lächerlichen, die sich dünken, Ökonomen zu sein*[84], sind ihm zufolge dafür verantwortlich, daß sich der Staat sozialpolitisch passiv verhielt und die Arbeiter ihrem Schicksal überließ. In der Folge verwendeten sowohl konservative als auch sozialdemokratische Autoren 'Manchesterschule' als polemischen Kampfbegriff gegen ihre liberalen Gegner.

Es waren im wesentlichen vier Bereiche, die mit dem Begriff 'Manchestertum' abgedeckt wurden: der Freihandel, die Rolle des Staates, die Frage der Interessenharmonie und das Problem der Konkurrenz. — In wirtschaftspolitischen Tagesfragen behandelten die Freihändler die Rolle des Staates pragmatisch, in ihren theoretischen Äußerungen jedoch so doktrinär, daß die Polemik von der Gegenseite geradezu herausgefordert wurde. PRINCE-SMITH wollte dem Staat *keine andere Aufgabe* zugestehen *als eben die eine: die Produktion von Sicherheit*[85]. Diese Reduktion und die sich darin ausdrückende Realitätsferne nannte WAGNER zutreffend

---

[80] ENGELS, Das Fest der Nationen in London (1845), MEW Bd. 2 (1957), 614.
[81] MARX, Cobdens Pamphlet (1853), MEW Bd. 8 (1960), 510; vgl. ders., Die großen Männer des Exils (1852), ebd., 291; ders., Mr. Cobden (1853), ebd., 547.
[82] Ders., Die Wahlresultate (1852), ebd., 360; vgl. ders., Verteidigung (1853), ebd., 519.
[83] Ders. an Lassalle, 16. 1. 1861, MEW Bd. 30 (1964), 577.
[84] LASSALLE, Die indirekte Steuer und die Lage der arbeitenden Klassen (1863), Ges. Red. u. Schr., Bd. 2 (1919), 419.
[85] J. PRINCE-SMITH, Art. Handelsfreiheit, Handwörterbuch der Volkswirtschaftslehre (s. Anm. 69), 441.

6. 'Manchestertum' und 'Kathedersozialismus' Exkurs: Wirtschaftlicher Liberalismus

bequeme Straußenpolitik des optimistischen Manchestertums[86]. Die dürren Abstraktionen und apologetischen Vereinfachungen der meisten Freihändler zur sozialen Frage, zum Problem der Interessenharmonie und zum Begriff der 'Konkurrenz', der zum obersten Glaubensartikel der Doktrin avancierte[87], stießen auf heftigen Widerstand. Der methodische Nominalismus und der Hang zu einfachen Deduktionen der Mehrzahl der Freihändler bewirkten, was Rüstow die „Soziologieblindheit" genannt hat, die sich u. a. darin ausdrückte, daß keiner von ihnen „eine umfassende und tiefgreifende Bestandsaufnahme der wirtschaftlichen und gesellschaftlichen Zustände je geleistet"[88] hat. Was so außerhalb der historischen Schule in den sechziger und siebziger Jahren in Deutschland als national-ökonomische Theorie auftrat, war über weite Strecken nur ein aus Versatzstücken der klassischen Ökonomie und der utilitaristischen Psychologie zusammengesetztes, eklektisches Dogmengebäude.

Nachdem die Ökonomen der historischen Schule diesen Dogmatismus scharf anzugreifen begannen, kam es zu einer öffentlichen Kontroverse zwischen den beiden Schulen, den Freihändlern und der akademischen Nationalökonomie. Für die Benennung der akademischen Gegner brachte der Freihandels-Journalist OPPENHEIM im Dezember 1871 das Wort *Kathedersozialist* auf[89]. Fortan bezeichneten die Begriffe 'Manchestertum' und 'Kathedersozialismus' fast ausschließlich die Fronten der Auseinandersetzung. Eine Änderung zeichnete sich Ende der siebziger Jahre ab. BAMBERGER unternahm den Versuch, den Begriff 'Manchestertum' positiv zu akzentuieren und als Selbstbezeichnung einzuführen. In diesem Sinne sprach er von *Manchestermännern* und auch vom *Individualismus* als Gegenbegriff zum *Staatssozialismus*, den er als *Kampf der mechanischen gegen die dynamische Auffassung des menschlichen Getriebes*[90] interpretierte. Diesem Umbewertungsversuch eines eingebürgerten Feindbegriffs war ebensowenig Erfolg beschieden wie einem zweiten Anlauf anfangs der achtziger Jahre[91]. Der Übergang des Kaiserreichs zum Schutzzoll (1878), die Einführung der staatlichen Sozialversicherung (1883) und Bismarcks Monopolpläne bestimmten die wirtschaftspolitische Diskussion, und für die Identifizierung der Gegner dieser Politik blieb der Begriff 'Manchestertum' unverzichtbar.

---

[86] A. WAGNER, Die Abschaffung des privaten Grundeigentums (Leipzig 1870), 46.
[87] Vgl. etwa KARL WALCKER, Richard Cobdens volkswirtschaftliche und politische Ansichten aufgrund älterer und neuerer Quellen systematisch dargestellt (Hamburg 1885), 47: welche Stellung jemand einnimmt, kann *nur durch den wirtschaftlichen Krieg, den Kampf ums Dasein und Wohlsein, die freie Konkurrenz entschieden werden, und zwar von Tag zu Tag.*
[88] ALEXANDER RÜSTOW, Das Versagen des Wirtschaftsliberalismus als religionsgeschichtliches Problem (Zürich, New York 1945), 50; HENTSCHEL, Die deutschen Freihändler (s. Anm. 65), 50.
[89] H. B. OPPENHEIM, Der Katheder-Sozialismus (Berlin 1872), 33. 42.
[90] LUDWIG BAMBERGER, Deutschland und der Socialismus, 2. Aufl. (Leipzig 1878), 108 u. ders., Die Invasion der socialistischen Ideen, in: Gegen den Staatssozialismus, Volkswirtschaftliche Zeitfragen, H. 41/42 (Berlin 1884), 10.
[91] Auf dem Kongreß der Volkswirte (Sept. 1882) kam es zu einer Debatte über den Begriff 'Manchestertum'; vgl. Bericht über die Verhandlungen des 20. Kongresses deutscher Volkswirte in Mannheim am 18., 19. und 20. September 1882 (Berlin 1882). — Während THEODOR BARTH die *jetzige deutsche Freihandelsschule* klar von *Anschauungen*,

7. Langsame Durchsetzung des Liberalismusbegriffs

Entscheidend für die Durchsetzung des Begriffs im wirtschaftstheoretischen und wirtschaftspolitischen Sinne war die Auseinandersetzung LASSALLES mit Schulze-Delitzsch, dessen Ansichten er als *Bourgeoisökonomie*, aber auch als *liberale Ökonomie*[92] bezeichnete, wodurch er von vornherein einen Zusammenhang zwischen politischem Liberalismus und Wirtschaftsdoktrin herstellte. Die Feststellung einer *tiefen Übereinstimmung in der Entwicklung der politischen und der ökonomischen Doktrin der Bourgeoisie*[93] wurde aber von Lassalle terminologisch nicht als 'Liberalismus' ausgedrückt; dieser Begriff blieb auch bei ihm für die politische Bewegung reserviert. Dennoch kann man davon ausgehen, daß Lassalles Sprachregelung den Durchbruch wenigstens vorbereitete, denn im Unterschied zu früheren Ansätzen zur Identifizierung von politischem und wirtschaftlichem Liberalismus wurden seine Schriften schnell einer breiteren Öffentlichkeit bekannt.

In seiner Besprechung der Schriften von Schulze-Delitzsch und Lassalle sprach SCHÄFFLE ganz beiläufig und ohne näher auf die Begründung seiner Wortwahl einzugehen vom *seichten Liberalismus in der Nationalökonomie* und vom *Exzeß des ökonomischen Liberalismus*[94] bei den Vertretern der Freihandelsdoktrin. Mit ausdrücklicher Berufung auf Marlo übernahm dann Schäffle 1870 dessen Terminologie aus den fünfziger Jahren und sprach nicht mehr nur vom *Individualismus der freien Konkurrenz*, sondern auch vom *ökonomischen Altliberalismus* und vom *ökonomischen Liberalismus*[95], womit er die Wirtschaftsdoktrin seiner freihändlerischen Zeitgenossen meinte. Darüber hinaus aber bezeichnete er mit dem gleichen Begriff auch die ganze Epoche — die *liberale Ära*[96] — und verwies damit auf die Verbindung der Begriffe des politischen und des wirtschaftlichen Liberalismus, d. h. deren Verschmelzung zu einem umfassenden Epochenbegriff im modernen Sprachgebrauch. Im *ökonomischen Liberalismus* erblickte er zwei Gefahren. Einmal provoziere er durch die Hypostasierung individueller Freiheit und schrankenloser Konkurrenz *communistische Rückschläge*[97], und zweitens verurteile er den Staat zur

---

wie sie auch noch von Cobden vertreten wurden, abgrenzte und im Begriff 'Manchestertum' lediglich eine *fürchterliche Phrase der offiziösen Presse* (ebd., 31) sah, versuchten andere Redner, den Begriff positiv zu wenden und als Selbstbezeichnung zu reklamieren; schließlich akzeptierte der Kongreß eine Resolution, in der er sich zustimmend auf den Begriff bezog, wenn auch nicht ohne Einschränkungen und Vorbehalte: *Der volkswirtschaftliche Kongreß protestiert mit aller Entschiedenheit gegen die auf ihn und seine Teilnehmer angewandte Bezeichnung, Vertreter des Manchestertums zu sein, wenn damit gemeint ist, daß er und seine Teilnehmer Feinde der deutschen Arbeit und der deutschen Arbeiter seien; der Kongreß akzeptiert dagegen diese Bezeichnung mit Genugtuung, wenn damit gemeint ist, daß er der freien Bewegung des Handels und der Gewerbe Vorschub leisten ... will*, ebd., 35.

[92] LASSALLE, Herr Bastiat-Schulze von Delitzsch (1864), Ges. Red. u. Schr., Bd. 5 (1919), 22. 64. 139. 229. 286. 330.
[93] Ebd., 203.
[94] SCHÄFFLE, Bourgeois- und Arbeiter-Nationalökonomie (s. Anm. 71), 353 f.
[95] Ders., Kapitalismus und Sozialismus mit besonderer Rücksicht auf Geschäfts- und Vermögensformen (Tübingen 1870), 153. 163. 169.
[96] Ebd., 119.
[97] Ebd., 159.

Indifferenz gegenüber dem sozialen Elend, womit er seine Würde verliere und seinen Beruf verfehle.

Ebenso frühe und umfassende Definitionen des Liberalismusbegriffs als Wirtschaftsdoktrin, Partei- und Epochenbegriff finden sich sonst nur im sozialdemokratischen Lager. Für BEBEL war das *ökonomische System des Liberalismus* in geschichtsphilosophischer Perspektive der Grund für das Auftreten und den einstmals zu erwartenden Sieg des *Sozialismus mit allen seinen Konsequenzen,* denn in seinen Augen war *der Liberalismus ... der Vater des Sozialismus und naturgemäß sein eigener Totengräber*[98]. Obwohl Schäffle und Bebel von verschiedenen politischen Positionen her argumentierten, kamen sie zu verblüffend ähnlichen Diagnosen und Prognosen. Dies liegt an der geschichtsphilosophischen Ausdehnung des Begriffs zum allgemeinen Epochenbegriff, die ihn zu einer Chiffre machte, in der die unterschiedlichsten gesellschaftspolitischen Konzeptionen Angriffspunkte fanden, von denen aus sie ihre politischen Ziele formulieren konnten. Es kennzeichnet die sozialdemokratische Kritik am *wirtschaftlichen Liberalismus,* daß sie über rein wirtschaftspolitische Fragen hinaus zu prinzipiellen vorstoßen mußte, denn in der wirtschaftspolitischen Hauptforderung — dem Freihandel — lagen Freihändler und Sozialdemokraten auf der gleichen Linie, wenn diese sie auch nicht zum Dogma machten wie die *Nichts-als-Freihandels-Männer*[99].

Weniger weit gefaßt wird der Begriff des *ökonomischen Liberalismus* dagegen bei jenen Autoren, die darunter lediglich das *Smithsche Industriesystem*[100] oder die *Freihandelslehre*[101] verstanden. 'Liberalismus' heißt hier eine theoretische Richtung innerhalb der Nationalökonomie. Vereinzelt findet sich der Begriff aber auch schon in den siebziger Jahren zur Bezeichnung einer Theorie und der dazu gehörenden wirtschaftspolitischen Praxis. CONTZEN hebt darauf ab, wenn er den *liberalen Ökonomismus und Doktrinarismus unserer Zeit,* die liberale *Wirtschaftspolitik* in einem Atemzug mit dem von *Adam Smith begründeten System des ökonomischen Liberalismus* kritisiert[102].

Alle drei Begriffsvarianten — die umfassende von Schäffle/Bebel, die theoriegeschichtliche und die theoriegeschichtlich-wirtschaftspolitische — setzten sich aber nur äußerst langsam durch und behielten noch lange den Charakter von Außenseiter-Terminologien oder peripherer Sprachpolitik, ohne Chance, allgemein rezipiert zu werden. Noch 1883 wurde festgestellt, der Terminus *Manchesterschule* werde *ziemlich allgemein gegenwärtig* verwendet[103]. Roscher, Brentano, Schmoller, Menger

---

[98] AUGUST BEBEL, Die parlamentarische Tätigkeit 1874—1876, Ausg. Reden u. Schr., Bd. 1, hg. v. Horst Bartel, Rolf Dlubek, Heinrich Gemkow (Berlin 1970), 434.
[99] [C. A. SCHRAMM], Das Ricardo'sche Lohngesetz, Die Zukunft. Socialistische Revue 1 (1878; Ndr. 1971), 345; ders., Über den Gewerbe-Betrieb der Communen, ebd., 241.
[100] HERMANN BISCHOF, Grundzüge eines Systems der Nationalökonomik oder Volkswirtschaftslehre (Graz 1874), 71.
[101] VEIT CUSUMANO, Über die gegenwärtige Lage der volkswirtschaftlichen Studien in Deutschland (Sigmaringen 1881), 34.
[102] HEINRICH CONTZEN, Einleitung in das staats- und volkswirtschaftliche Studium. Ein Beitrag zur Theorie und Geschichte der Nationalökonomie (Leipzig 1870), 151. 154. 189.
[103] GUSTAV TUCH, Schutzzoll und deutsche Warenausfuhr, Jb. f. Gesetzgebung, Verwaltung u. Volkswirtschaft im dt. Reich 7 (1883), 175.

und Böhm-Bawerk — um nur einige zu nennen — gebrauchten den Begriff 'Liberalismus' immer nur für die politische Partei, nicht für eine Wirtschaftstheorie oder Wirtschaftspolitik. PHILIPPOVICH unterschied z. B. noch 1899 drei *wirtschaftspolitische Ideenrichtungen*, nämlich *Individualismus, Sozialismus und Sozialreform*[104]. Von den Standardwerken der Nationalökonomie ist jenes von DIETZEL das einzige, das den Begriff 'Liberalismus' schon im 19. Jahrhundert (1895) in ihr Vokabular aufnimmt und konsequent anwendet[105], wobei er die folgende Unterscheidung einführt: *Der Merkantilismus, der Physiokratismus, der Liberalismus sind Systeme der praktischen Socialökonomie*, d. h. nicht Theorien *um der Erkenntnis willen*, sondern Konzeptionen für die wirtschaftspolitische Praxis, Theorien in praktischer Absicht und damit von je besonderen Interessen geleitet. Begriffsgeschichtlich wichtig ist Dietzels Begründung für die Wahl des Begriffs 'Liberalismus'. *Ich bezeichne so die Richtung, welche, wie auch der Physiokratismus, die möglichst weitgehende Freiheit der wirtschaftlichen Bewegung des Individuums anstrebt, sich aber von letzterem dadurch unterscheidet, daß sie dessen „Lehre vom Ackerbau als oberster wirtschaftlicher Potenz"* *nicht anerkennt. Mit anderen Worten: ich setze diesen Terminus für den mir unsympathischen „Smithianismus"*. Abgesehen davon, daß damit immer noch — wenn auch nicht mehr dem Wortlaut nach — die Theorie von Smith unzulänglicherweise als schlichte wirtschaftspolitische Doktrin begriffen wird, zeigt sich an Dietzels Argumentation, daß die Einführung des Begriffs ins nationalökonomische Fachvokabular auch um die Jahrhundertwende weniger aus sachlichen, denn aus stark subjektiv eingefärbten Gründen erfolgte. Die Situation war auch nicht so, daß der Begriff 'Liberalismus' ohne weiteres im intendierten wirtschaftspolitischen Sinne anwendbar gewesen wäre. Dietzel mußte seiner Definition die folgende Präzisierung nachschieben: *Der größeren Deutlichkeit halber mag vielleicht der Zusatz „wirtschaftlich" gemacht werden, um ihn vom „politischen" Liberalismus abzuheben*[106]. Diese Unterscheidung war sachlich geboten, weil sich politische Bewegung und Wirtschaftsdoktrin in der Tat nach wie vor nicht deckten, aber theorie- und begriffsgeschichtlich blieb sie fragwürdig. Der Begriff suggerierte theoretische Kontinuität von der klassischen Nationalökonomie bis zu deren Epigonen vom Niveau Dunoyers, Bastiats oder Prince-Smiths und behauptete eine Beziehung zum politischen Liberalismus, die in den wenigsten Fällen in ihrer konkreten Gestalt und Bedeutung analysiert wurde. So erscheint der Begriff im Augenblick seiner späten Durchsetzung in der Fachwelt unter theoriegeschichtlichen Gesichtspunkten als ein Anachronismus, unter praktisch-politischen als ein unscharfer Tendenz- oder Parteibegriff.

Schließlich muß festgehalten werden, daß sich der Begriff 'Liberalismus' für eine Wirtschaftstheorie und -politik erst durchzusetzen begann, als eine dem Terminus vernünftigerweise zuzuordnende Theorie in der Nationalökonomie nur noch eine

---

[104] EUGEN V. PHILIPPOVICH, Grundriß der politischen Ökonomie, Bd. 1: Allgemeine Volkswirtschaftslehre, 3. Aufl. (Freiburg, Leipzig, Tübingen 1899), 347; vgl. auch GUSTAV COHN, Grundlegung der Nationalökonomie, Bd. 1 (Stuttgart 1885), 103. 397 f.
[105] HEINRICH DIETZEL, Theoretische Socialökonomie, Bd. 1 (Leipzig 1895), 42. 109. 125. 136 f.
[106] Ebd., 42, Anm. 1.

8. 'Neoliberalismus', 'soziale Marktwirtschaft' Exkurs: Wirtschaftlicher Liberalismus

marginale, in der wirtschaftspolitischen Praxis gar keine Rolle mehr spielte. In der nationalökonomischen Dogmengeschichte, in der Historiographie sowie in anderen Sozialwissenschaften hat er sich dennoch ab 1918 zunehmend als Bezeichnung für sehr unterschiedliche Wirtschaftstheorien etabliert. Für die jeweilige zeitgenössische Nationalökonomie und Wirtschaftspolitik dagegen galt, was MISES 1927 konstatierte: *Die Welt will heute vom Liberalismus nichts mehr wissen. Außerhalb Englands ist die Bezeichnung „Liberalismus" geradezu geächtet*[107].

8. 'Neoliberalismus', 'soziale Marktwirtschaft' und 'Liberalismus'

Nach 1945 bildeten sich in Westeuropa und in den USA verschiedene ökonomische Schulen, die sich in irgendeiner Form auf den Begriff und die Tradition des Liberalismus beriefen, aber gleichzeitig jede Identifizierung mit dem Manchestertum des 19. Jahrhunderts — mit den Lehren von der Interessenharmonie, dem radikalen Freihandel und dem laissez faire — von sich wiesen. Weil die historische Situation eine ungebrochene Anknüpfung an den alten Liberalismus nicht mehr zuließ, wurden Differenzierungen notwendig. So unterschied RÖPKE zwischen einem *unvergänglichen Liberalismus* und einem *vergänglichen*, wobei er den ersteren als *Idee, die im Grunde das Wesen abendländischer Kultur schlechthin ausmacht*[108], stilisierte — ohne Rücksicht auf begriffliche und sachliche Probleme, die dieser terminologische und historische par-force-Ritt zwangsläufig mit sich brachte. Letztlich lief seine Unterscheidung auf eine Abkoppelung des *geistig-politischen Liberalismus* vom *wirtschaftlichen Liberalismus* hinaus, den Röpke als den vergänglichen begriff[109]. Konsequenterweise sprach er in ökonomischen Kontexten denn auch nicht mehr von 'Liberalismus', sondern von *Marktwirtschaft* als Gegenbegriff zu *Kommandowirtschaft, Planwirtschaft und Zentralverwaltungswirtschaft*[110]. Daneben gab es aber auch Bestrebungen, die Begriffe 'Liberalismus', 'Neoliberalismus' und 'Sozialliberalismus' neu zu definieren, um sie weiter verwenden zu können. MIKISCH setzte die durch *eine Kombination von Ordnungsprinzipien* gesteuerte Marktwirtschaft vom Liberalismus ab, hielt aber mit Bedauern fest: *Es gibt nicht viel Schlagworte, die so viel ... unbewußten Dolus enthalten wie das Schlagwort vom Neoliberalismus. Denn niemand, dem die menschliche Freiheit etwas bedeutet, wird sich gern über Gebühr von jener gewaltigen Bewegung des Abendlandes distanzieren, die zum erstenmal mit der Achtung vor der menschlichen Person wirklich Ernst gemacht hat*[111]. Anders dagegen RÜSTOW, der den Begriff *Neoliberalismus* positiv gebrauchte und mit dem *Weg der sozialen Marktwirtschaft* identifizierte, was freilich nicht unumstritten blieb[112]. Unter *Sozialliberalismus* schließlich ver-

---

[107] LUDWIG MISES, Liberalismus (Jena 1927), 2.
[108] WILHELM RÖPKE, Das Kulturideal des Liberalismus (Frankfurt 1947), 11. 21.
[109] Ebd., 25.
[110] Ders., Die Lehre von der Wirtschaft, 7. Aufl. (Erlenbach, Zürich, Stuttgart 1954), 296; vgl. ders., Die Ordnung der Wirtschaft (Frankfurt 1948), 13 ff.
[111] LEONHARD MIKISCH, Die sittliche Bedeutung der inneren Koordination, Ordo 3 (1950), 65 f.
[112] ALEXANDER RÜSTOW, Wirtschaftsordnung und Staatsform, in: ERNST WINKLER/ A. RÜSTOW / WERNER SCHMID / OTTO LAUTERBACH, Magna Charta der sozialen Markt-

stand man *diejenige wirtschaftliche Bewegung, die unter Aufrechterhaltung des Prinzips der individuellen Unternehmung den Standpunkt vertritt, daß die Regierung das Recht und die Pflicht habe, die individuelle und wirtschaftliche Betätigung in allen Fällen einzuschränken, in denen das „Interesse der Allgemeinheit" es erfordert*[113]. — Beide Begriffe, die differenzierend an die traditionelle Sprachregelung anzuknüpfen versuchten, wurden aber sehr bald zurückgedrängt vom neugeschaffenen Terminus 'soziale Marktwirtschaft', der — einem allgemeinen Trend in der politischen Sprache der BRD folgend — die Verbindungsstränge zur geschichtlichen Tradition und deren Terminologie äußerlich kappte, obwohl natürlich der neue theoretische Ansatz ohne die früheren Theorien nicht zu denken ist. 'Neoliberalismus' konnte sich in einem relativ engen Bezirk als wissenschaftlicher Fachterminus für die Bezeichnung einer Schule der Nachkriegs-Nationalökonomie behaupten, wenigstens bei Gegnern und Kritikern dieser Schule. Allerdings war es nötig, präsizierende Adjektive einzuführen, da sich diese Schule keineswegs als festgefügter Block mit einheitlicher Doktrin darstellte und darstellt[114].

Dasselbe gilt für den Begriff 'soziale Marktwirtschaft', der ein äußerst weites Feld von semantischen Varianten abdeckt und deshalb von vielen Autoren überhaupt nur negativ definiert wird als Gegensatz zu 'Planwirtschaft'. Die sich aus solchen Definitionen ergebenden Schwierigkeiten liegen auf der Hand: die differentia specifica bleibt abstrakt, unbegriffen oder erscheint einfach als das ganz Andere, bei dem nicht mehr auszumachen ist, was es seiner Substanz nach ist. — Hayek, Röpke, Böhm, Eucken und Müller-Armack waren die wichtigsten Vertreter einer Wirtschaftsdoktrin, die sie als Synthese zwischen staatlich gelenkter und freier Wirtschaft konzipierten und zunächst einfach 'Marktwirtschaft' oder 'Verkehrswirtschaft' nannten. EUCKEN entwickelte den für den synthetischen Charakter der Konzeption zentralen Begriff 'Ordo', worunter er nicht nur eine *konkrete, positiv gegebene Tatsache* bzw. Struktur verstand, sondern ebenso eine *Ordnung, die dem Wesen des Menschen und der Sache entspricht, ... in der Maß und Gleichgewicht* herrschen und die sich als *sinnvolle Zusammenfügung des Mannigfaltigen zu einem Ganzen*[115] begreifen läßt. In den Ordo-Begriff gehen mithin normative Momente ein, welche die zu gestaltende Wirtschaftsordnung allgemein umschreiben, als

---

wirtschaft (Heidelberg 1952), 23. Vgl. dagegen ALFRED MÜLLER-ARMACK, Soziale Marktwirtschaft nach einem Jahrzehnt ihrer Erprobung (1959), in: ders., Genealogie der sozialen Marktwirtschaft. Frühschriften und weiterführende Konzepte (Bern, Stuttgart 1974), 119 f.: *Während sich die neoliberale Theorie vor allem auf die Technik der Wettbewerbspolitik stützt, ist das Prinzip der sozialen Marktwirtschaft ein umfassender Stilgedanke, der nicht nur im Bereiche des Wettbewerbs, sondern im gesamten Raum des gesellschaftlichen Lebens ... Anwendung findet.* — Zur Genesis des Begriffs 'soziale Marktwirtschaft' vgl. weiter unten.

[113] OTTO V. MEHRING, Steuerpolitik und Vollbeschäftigungspolitik, Ordo 3 (1950), 105.

[114] Vgl. etwa EGON EDGAR NAWROTH, Die Sozial- und Wirtschaftsphilosophie des Neoliberalismus (Heidelberg, Löwen 1961); MANFRED WULFF, Die neoliberale Wirtschaftsordnung. Versuch einer dynamischen Analyse der Konzeption und der Realität (Tübingen 1976), 37: *der individualistische Neoliberalismus;* ebd., 73: *Ordoliberalismus;* ebd., 72: *der dialektische Neoliberalismus.*

[115] WALTER EUCKEN, Grundsätze der Wirtschaftspolitik, hg. v. Edith Eucken u. Paul K. Hensel (Bern, Tübingen 1952), 372.

Telos fixieren und zugleich die Differenz zur reinen Marktordnung einer laisser-faire-Konzeption darstellen. Euckens Konzeption des Ordo hält zu staatlichem Wirtschaftsdirigismus und zum Glauben an eine prästabilierte Harmonie dieselbe Distanz, d. h. sie intendiert eine Mittellösung des Problems von wirtschaftlicher Eigengesetzlichkeit und politischer Dezision. Eine rechtsstaatlich abgesicherte, politische Instanz soll die allgemeinen Rahmenbedingungen schaffen und überwachen, innerhalb derer sich die Wirtschaftssubjekte frei und selbstverantwortlich bewegen können. Über die konkreten Kompetenzen der politischen Instanzen für Eingriffe in den Wirtschaftskreislauf divergieren die Ansichten unter den Anhängern der Ordo-Konzeption sehr stark. Terminologisch drückte sich dies u. a. darin aus, daß die dem Prinzip nach von allen Autoren gleich konzipierte Ordnung vorerst keinen allgemein akzeptierten Namen bekam und die Autoren sich mit Umschreibungen und Analogien behalfen. MÜLLER-ARMACK brachte für die Konzeption den Begriff *soziale Marktwirtschaft*[116] auf, noch bevor auch nur ein Minimalkonsens darüber bestanden hätte, was darunter konkret zu verstehen sei. Wie unklar und unbestimmt die Vorstellungen waren, zeigt sich z. B. darin, daß der Begriff, der sofort in die politische Publizistik einging, — sicher gegen die Absicht des Autors — als Übergangs- und Verlegenheitskonstruktion verstanden wurde: angesichts der prekären Wirtschafts- und Versorgungslage im besetzten Deutschland *wird als Übergangsregelung zur freien Marktwirtschaft die soziale Marktwirtschaft empfohlen*[117] — nämlich von den nordrheinwestfälischen Industriellen, für die Müller-Armack ein Gutachten verfaßt hatte.

---

[116] A. MÜLLER-ARMACK, Stellungnahme der Industrie- und Handelskammern von Nordrhein-Westfalen zur Frage der Prüfung und Kontrolle der Produktionsbetriebe und konstruktiver Vorschlag einer neuen Marktgestaltung (April 1947), in: ders., Genealogie, 61. — Noch im Februar 1947 gebrauchte der Autor eine Formulierung, in der der Begriff nicht wörtlich vorkommt, was die Vermutung zuläßt, daß die Formel nicht systematisch erarbeitet, sondern eher zufällig gefunden und für zutreffend gehalten wurde: *Wir bedürfen einer neuartigen Synthese von Sicherheit und Freiheit, die uns ... befähigt, mehr Sozialismus mit mehr Freiheit zu verbinden. Dies dürfte jedoch nur auf dem Boden einer sozial gesteuerten Marktwirtschaft möglich sein;* ders., Zur Diagnose unserer wirtschaftlichen Lage (Februar 1947), ebd., 46. — Für die terminologische Vielfalt vgl. EUCKEN, Grundsätze, 245: *Wettbewerbsordnung;* ebd., 22: *Verkehrswirtschaft;* W. RÖPKE, Die natürliche Ordnung, in: ders., Maß und Mitte (Erlenbach, Zürich 1950), 142: *Marktwirtschaft* und *freie Marktwirtschaft;* FRIEDRICH A. HAYEK, ,,Freie Wirtschaft" und Wettbewerbsordnung (1947), in: ders., Individualismus und wirtschaftliche Ordnung (Erlenbach, Zürich 1952), 146 f.: *Wettbewerbsordnung* und *Wettbewerbssystem.* Charakteristisch für die schwankende Terminologie und für die Suche nach einem geeigneten Begriff in der Phase des Wiederaufbaus ist auch ein Artikel von HAROLD RASCH, Sinnvolle Planung, Die Zeit, 22. 5. 1947. Darin fordert er *eine möglichst umfassende Wiederherstellung einer Marktwirtschaft* und versteht darunter eine *relativ freie Marktwirtschaft* bzw. eine *geregelte Marktwirtschaft,* ohne daß er im einzelnen auf die Steuerungsmöglichkeiten und Planungsmechanismen einginge.

[117] Soziale Marktwirtschaft, Die Zeit, 31. 7. 1947. — In einer Umfrage unter Spitzenpolitikern von SPD. CDU, FDP und KPD über das ,,Kommende Wirtschaftssystem an Rhein und Ruhr" taucht der Begriff in dieser Zeit noch nicht auf; vgl. Die Zeit, 28. 8. 1947.

Einzelne Nationalökonomen hatten wohl klarere Vorstellungen über das Ziel und die Methoden der sozialen Marktwirtschaft, aber selbst bei Müller-Armack verdichteten sie sich nicht zu einer eigentlichen Theorie, sondern blieben pragmatische, tages- und wirtschaftspolitische Vorschläge. Noch zehn Jahre später beklagte er sich deshalb über die mangelnde *Beschäftigung mit den ihr (sc. der sozialen Marktwirtschaft) zugrunde liegenden theoretischen Gedankengängen*[118]. Dieses theoretische Defizit liegt allerdings nicht allein im mangelnden Willen der Nationalökonomen, sich mit Problemen der theoretischen Grundlagen zu beschäftigen, begründet. Ein wesentlicher Grund liegt in der Sache selbst: die politisch-pragmatische Zielsetzung und Methodik der sozialen Marktwirtschaft, d. h. die schnell wechselnden, nach reiner Opportunität sich bestimmenden Interventionen und gesetzlichen Maßnahmen (etwa in der Sozialpolitik) sowie die — theoriegeschichtlich betrachtet — eklektische Grundlage der ganzen Konzeption sperren sich gegen die Systematisierung zu einer stringenten Theorie.

Den Durchbruch des Begriffs markieren nicht eine ausformulierte Theorie oder eine bewährte Praxis der sozialen Marktwirtschaft, sondern ein politisches Ereignis. In den ersten Bundestagswahlkampf zog die CDU mit den „Düsseldorfer Leitsätzen" vom 15. 7. 1949, in denen die *soziale Marktwirtschaft* als Slogan fungierte[119]. Die Partei distanzierte sich darin von der *sogenannten „freien Wirtschaft"* liberalistischer Prägung und forderte den staatlichen Schutz der *wirtschaftlich und sozial Schwachen* durch ein *System von Ordnungsmitteln, das an die Stelle eines behördlichen oder privaten monopolistischen Ermessens, das von niemandem wirksam kontrolliert werden kann*[120], zu treten habe. Nach den für die Partei erfolgreichen Wahlen verbreitete sich der Begriff 'soziale Marktwirtschaft' sehr schnell in allen Bereichen.

An Versuchen, den Begriff 'Liberalismus' auch danach für die wirtschaftstheoretische und wirtschaftspolitische Diskussion zu erhalten, hat es nicht gefehlt, aber schon die terminologische Fassade dieser Unternehmen verweist auf die Inkompatibilität von altem und neuem Liberalismusverständnis: *Der Liberalismus als Glaube an die allgemeine Harmonie, als universaler Rationalismus, als mit den metaphysischen Positionen rivalisierende Gesamtweltanschauung, als bewußte Säkularisation des Lebens, klingt ab zugunsten einer realistisch-nüchternen Organisationskunst, die das Mittel eines offenen und freien Sicheinpendelns gesellschaftlicher Kräfte und wirtschaftlicher Einzelpläne als geschichtlich unentbehrliche Sozialtechnik auch der Gegenwart begreift*[121]. Das Dilemma, eine neue Einschätzung privatwirtschaftlichen Handelns

---

[118] MÜLLER-ARMACK, Soziale Marktwirtschaft (s. Anm. 106), 120.

[119] Abgedr. Einigkeit und Recht und Freiheit. Westdeutsche Innenpolitik 1945—1955, hg. v. THEO STAMMEN (München 1965), 94.

[120] Ebd., 97 f. — Wie unterschiedlich die Positionen der Anhänger der sozialen Marktwirtschaft sein konnten, zeigt die folgende Passage aus der Schrift eines ihrer rührigsten Protagonisten. VOLKMAR MUTHESIUS, Die Wirtschaft des Wettbewerbs. Freiheit oder Sicherheit (Wiesbaden 1948), 43: *Freiheit ist das Ideal des kraftbewußten Geistes, Sicherheit ist die Furcht der Schwäche. Freiheit ist Fortschreiten, Sicherheit ist Beharren;* sowie ebd., 111: *Die Gesellschaft beruht auf der Tatsache, daß jeder verdient, was er verdient. Das ist Gerechtigkeit.*

[121] A. MÜLLER-ARMACK, Deutung unserer gesellschaftlichen Lage, Ordo 3 (1950), 263. — Einigkeit über das, was Müller-Armack behauptete, bestand keineswegs. In seinem Nach-

8. 'Neoliberalismus', 'soziale Marktwirtschaft' — Exkurs: Wirtschaftlicher Liberalismus

im Rahmen der Gesamtgesellschaft unter einen traditionellen Begriff zu subsumieren, sollte überbrückt werden mit fragwürdigen begrifflichen Modernismen, die aber ihrerseits den alten semantischen Horizont sprengen und damit auch den Begriff, der so zur ideologischen Münze wird: in ihr verbinden sich gegenwärtig politische, ökonomische und kulturelle Traditionsbestände mit neueren Definitionsversuchen unterschiedlichster Herkunft und Reichweite. Heute möchte keine der großen politischen Parteien auf das Epitheton 'liberal' verzichten, jede ist aber gezwungen, dieses für ihre Zwecke mundgerecht zu chiffrieren. Als zentraler Kampfbegriff hat 'Liberalismus' seine Bedeutung wegen seines traditionellen Überhangs und wegen seiner großen Fungibilität weitgehend verloren, zugleich sicherten ihm aber gerade die unscharfen Konturen zwischen der politischen, wirtschaftlichen und allgemein-kulturellen Bedeutung das Überleben — wenigstens als politisches Schlagwort.

RUDOLF WALTHER

---

ruf auf Eucken wollte Böhm den Begriff der 'prästabilierten Harmonie' ausdrücklich beibehalten. Vgl. FRANZ BÖHM, Die Idee des Ordo im Denken Walter Euckens, ebd., XLVIII f.: *Diese prästabilierte Harmonie, die zwar den Menschen in ihre eigenen Gesetzlichkeiten einspannt, ihn zum Ausgleich aber von der Unterwerfung unter die Botmäßigkeit eines von Menschen gehandhabten Regiments freistellt, ist nun eben das, was Eucken unter Ordo verstand, nämlich eben eine vom Menschen vorgefundene, nicht von ihm geschaffene Ordnung ... und man kann sich einer boshaften Regung nicht ganz erwehren, wenn die Intellektuellen von heute, sobald sie dieses Wort (sc. prästabilierte Harmonie) hören, ein Gesicht machen, als erzähle man ihnen vom Osterhasen oder vom Storch.*

Macht, Gewalt

I. Einleitung. II. Terminologie und Begrifflichkeit in der Antike. 1. 'Herrschaft', 'Regierung', 'Macht' und 'Gewalt' bei den Griechen. 2. 'Macht' und 'Gewalt' bei den Römern. III. Die systemgebundene Funktion von 'Macht' und 'Gewalt' im Mittelalter. 1. Wort- und terminologiegeschichtliche Vorbemerkung. 2. 'Potestas' und 'Gewalt' als rechtmäßige Herrschaft. 3. Das Vordringen des Begriffs der 'unrechten Gewalt' seit dem Spätmittelalter. 4. 'Potestas' in der Auseinandersetzung zwischen 'regnum' und 'sacerdotium'. IV. Zwischen Auflösung und Bewahrung der Tradition. 1. Wandlungen des Sprachgebrauchs in der Reformation. 2. Macht und Recht in der frühneuzeitlichen politischen Theorie. 3. 'Gewalt' und 'Macht' im frühneuzeitlichen Reichs- und Territorialstaatsrecht. a) Reichsverfassung und Politik im 16. Jahrhundert. b) Die Reichspublizistik der frühen Neuzeit. 4. Der absolutistische Staat als 'potentia' und seine Machtmittel. 5. 'Gewalt' und 'Macht' in den Lexika des 17. und 18. Jahrhunderts. V. 'Macht' und 'Gewalt' zwischen Aufklärung und Imperialismus. 1. 'Macht' und 'Gewalt' in der deutschen Staatstheorie von der Aufklärung zur Restauration. 2. 'Macht' im allgemeinen Zeitverständnis. a) Ausweitung auf alle gesellschaftlichen Bereiche. b) Entpersönlichung der Machtträger. c) 'Macht' als geistiges und moralisches Prinzip. d) 'Macht' im Singular. e) 'Macht' und 'Gewalt' in der Geschichte. f) Die 'Macht der Geschichte'. g) 'Macht' und 'Gewalt' als natürliche Kräfte. 3. Die Skala der parteilichen Auffassungen von 'Macht' und 'Gewalt'. a) Die politische Romantik. b) Metaphysik der Macht im patrimonialen Konservatismus Karl Ludwig von Hallers. c) Die liberale Lehre von der Staatsgewalt. d) Vom demokratischen zum sozialistischen Gewaltverständnis. 4. 'Macht' und 'Gewalt' bei Marx und Nietzsche. 5. Von den 'Großen Mächten' zu den 'Weltmächten'. VI. Ausblick.

I. Einleitung

'Macht', nach der Definition von MAX WEBER *jede Chance, innerhalb einer sozialen Beziehung den eigenen Willen auch gegen Widerstreben durchzusetzen, gleichviel, worauf diese Chance beruht*[1], und 'Gewalt', im modernen Verständnis primär *die Anwendung von Zwang*[2], verweisen auf Grundtatsachen des menschlichen Zusammenlebens. Die Bedeutungsfelder der beiden Begriffe, die sich keineswegs decken, sondern in einem sich im Laufe der Zeit verändernden Umfang überschneiden, tangieren thematisch die Bereiche fast aller Wissenschaften, die sich mit dem Menschen befassen, angefangen von der Psychologie über die historischen und systematischen Sozialwissenschaften bis hin zur Theologie und politischen Philosophie[3]. Der Vielfalt der Verwendungsweisen entsprechen die beträchtliche Tiefe und Spannweite der wort- und begriffsgeschichtlichen Dimension. Sie kann im Folgenden, auch in der Einschränkung auf den politisch-sozialen Sprachgebrauch, durch eine kontextbezogene Analyse nur in ihren Grundzügen und wichtigsten Differenzierungen umrissen werden, zumal diese in die Begriffsgeschichte zahlreicher anderer

---

[1] MAX WEBER, Wirtschaft und Gesellschaft, 5. Aufl., hg. v. Johannes Winckelmann, 1. Halbbd. (Tübingen 1972), 28.
[2] BROCKHAUS, Enz., Bd. 7 (1969), 265.
[3] Bis hin zur Physiologie in der älteren Bezeichnung des Zeugungsgliedes als 'Gemächt' und 'Macht'; KLUGE/MITZKA 19. Aufl. (1963), 245. 451; GRIMM Bd. 6 (1885), 1405, Art. Macht.

Schlüsselwörter (→ Ausnahmezustand, Autorität, Gewaltenteilung, Herrschaft, Staat u. a.) hineinreichen.

Die Entfaltung des Sinngehaltes von 'Macht' und 'Gewalt' mit den dazugehörigen Wortfeldern ist durch die Tatsache gekennzeichnet, daß sie von Anfang an von den terminologischen und begrifflichen Traditionen der antiken Staats- und Rechtssprache überlagert wurde, deren lateinisches Vokabular ohnehin bis zum späten Mittelalter in den Texten dominierte. Auch die folgende Entwicklung bis zum 18. Jahrhundert stand noch im Zeichen des Nebeneinander der deutschen und lateinischen Sprache. Hinzu kam in der Neuzeit die Übermittlung mancher begrifflicher Modifikationen im Medium des Französischen oder Englischen. Erst die Untersuchung des Begriffswandels vom 18. Jahrhundert an bis zur Gegenwart kann sich mit der Analyse des deutschen Sprachgebrauchs von 'Macht' und 'Gewalt' begnügen.

Unbeschadet der Komplexität dieses sprachgeschichtlichen Befundes, der Fülle der Belege und der weiteren Schwierigkeit, daß die deutschen Wörter 'Macht' und 'Gewalt' jeweils ein breites Spektrum politischer und sozialer Sachverhalte und Zusammenhänge deckten, für die gleichzeitig verschiedene lateinische Vokabeln im Gebrauch waren, daß umgekehrt die lateinischen Äquivalenzbegriffe oft durch mehrere deutsche Termini ausgedrückt wurden, läßt sich begriffsgeschichtlich, sieht man von der erwähnten Überlagerung germanisch-deutscher und antik-christlicher Traditionen im Mittelalter ab, mindestens ein dreifacher, sich zeitlich überschneidender Wandel der Bedeutungsfelder von 'Macht' und 'Gewalt' festmachen, in dem sich die Erfahrung politischer und sozialer Veränderungen im Übergang zur modernen Welt niedergeschlagen hat. Der erste kann vereinfacht als allmähliche Kontraktion der mit den Abstrakta 'Gewalt' (potestas) und 'Macht' (potentia) bezeichneten Zuständlichkeiten — vor allem Herrschaft — und personenbezogenen Eigenschaften auf den Wirkungsbereich des modernen Staates mit seinen Institutionen und Trägern umschrieben werden. Das war ein Vorgang, der im Spätmittelalter, gleichlaufend mit der Rezeption des römischen Rechts, in den Auseinandersetzungen der Fürsten mit den universalen Ansprüchen der kaiserlichen Autorität und der päpstlichen Machtvollkommenheit begann. Er führte danach zur Mediatisierung oder gar Eliminierung der im Mittelalter auf die verschiedensten Herrschaftsträger „verteilten" Machtbefugnisse zugunsten der einen Instanz des Staates und mündete schließlich in die Trennung der relativ autonomen Lebensbereiche des mit dem *Monopol legitimen physischen Zwanges* (Max Weber)[4] ausgestatteten Staates, der unpolitischen bürgerlichen Gesellschaft und der religiös-geistigen Welt. Die dabei zu beobachtende Phasenverschiebung von West- nach Mitteleuropa wird in der längeren, freilich zum Teil nur subsidiären Geltung der älteren, wenn man so will: „mittelalterlichen" Begrifflichkeit und der entsprechenden Terminologie im deutschen Sprachraum greifbar, der im staatlichen Bereich bis 1806, im sozialen noch darüber hinaus durch das Dominieren alteuropäischer Strukturen oder zumindest doch durch ihre Koexistenz mit modernen Formen gekennzeichnet war.

Die zweite grundlegende Veränderung, die mit dem Vorgang der „Verstaatlichung" der Macht und der „Privatisierung" der Gesellschaft zusammenhängt, bezieht sich

---

[4] WEBER, Wirtschaft und Gesellschaft, 29.

auf das Problem der Herleitung und damit der Legitimation von Macht und Gewalt. Nach mittelalterlicher Auffassung waren Gewalt und Macht — abgesehen von der Allmacht Gottes — eingebunden in eine objektive Ordnung von Gerechtigkeit und Sitte, die ihre Wurzel in der Verbindung germanischer Rechtsanschauungen mit der christlichen Ethik hatte. Von hier aus waren sie von vornherein rechtlich normierte, der Aufrechterhaltung dieser Ordnung dienende Funktionen, die so gut wie keiner institutionalisierten Kontrolle im modernen Sinne unterlagen. „Die bedeutung eines mißbrauchs der macht ist fast gar nicht entwickelt"[5]. Die im Spätmittelalter einsetzende Konzentration von Macht im Staate, wodurch ältere Formen von Gewalt und Macht in den Bereich des Unerlaubten und Unrechtmäßigen rückten, sowie die Säkularisierung und Rationalisierung des Rechtsbegriffes lösten jene Verschränkung von Macht und Recht auf, so daß 'Gewalt' und 'Macht' aus normativen Begriffen entweder zu wertneutralen Beschreibungstermini wurden oder gar Sachverhalte bezeichneten, die ohne explizite Legitimation den Verdacht des Unrechtmäßigen an sich trugen.

Mit dem Auseinandertreten von Recht und Macht wurde freilich das Problem der expliziten Legitimation akut. Es fand im Zeichen der Verwissenschaftlichung des modernen Denkens seit dem späten 16. Jahrhundert seinen Niederschlag in philosophischen und staatswissenschaftlichen Theorien des Rechts und der Macht, die auf die Rechtfertigung von Macht mit naturrechtlichen Argumenten oder auf ihre konstitutionelle Zähmung hinausliefen und dabei primär den staatlichen Bereich im Auge hatten. Andererseits erfuhren 'Macht' und 'Gewalt' im Sinne von Kraft und Stärke eine literatursprachliche Bedeutungsausweitung — etwa als *Macht der Vernunft* oder *Gewalt der Leidenschaft* —, die im Folgenden außer Betracht bleiben muß[6], auch wenn sie das Korrelat der Dynamisierung von politisch-sozialer Macht darstellt.

Die politischen und wirtschaftlich-gesellschaftlichen Revolutionen von der Mitte des 18. bis zur Mitte des 19. Jahrhunderts und die sie begleitenden Reflexionen einer sich im Schoße der bürgerlichen Gesellschaft herausbildenden Intelligenz sind der Kontext der dritten, in die moderne Begrifflichkeit einmündenden Phase der Bedeutungsgeschichte von 'Macht' und 'Gewalt'. Sie beruht realhistorisch auf der Repolitisierung der Gesellschaft, wodurch die relative Autonomie von staatlicher Macht wieder in Frage gestellt wurde, genauer: auf der Okkupierung des Staates durch gesellschaftliche Gruppen oder auf seiner Instrumentalisierung durch die Gesellschaft. Die Einsicht in die Dialektik von wirtschaftlicher, kollektiver und staatlicher Macht und die Erfahrung der Anwendung von Gewalt nicht nur zur Durchsetzung begrenzter außenpolitischer Ziele, sondern auch zur Erhaltung alter oder zur Etablierung neuer gesellschaftlicher Systeme, zur Sicherung oder zur Umverteilung von Macht und damit ihre „Kapitalisierung" bewirkten nicht nur eine begriffliche Neubestimmung von 'Macht' und 'Gewalt' innerhalb der traditionellen politischen (Rechts-) Philosophie im Sinne der Einbeziehung der gesellschaftlichen Dimensionen, sondern auch deren Ergänzung durch moderne sozial- und politikwissenschaftliche Machttheorien. Freilich stand und steht diese Entwicklung im Zeichen der

---

[5] Grimm Bd. 4 (1911), 4920, Art. Gewalt.
[6] Grimm Bd. 6, 1402; Bd. 4, 5025; dort auch zahlreiche weitere Belege.

fortschreitenden Ideologisierung des Verständnisses von Macht und Gewalt, die sich aus der Konkurrenz verschiedener gesellschaftspolitischer Globalkonzeptionen und ihrer Legitimationsmechanismen ergeben hat. Daß 'Macht' und 'Gewalt' heute zugleich Termini der Wissenschaftssprache und politische Instrumentalbegriffe sind, deren Stellenwert allenfalls geschichtsphilosophisch bestimmt werden kann, ist symptomatisch für den gegenwärtigen Status der politisch-sozialen Sprache überhaupt.

KARL-GEORG FABER

II. Terminologie und Begrifflichkeit in der Antike

1. 'Herrschaft', 'Regierung', 'Macht' und 'Gewalt' bei den Griechen

Was wir als 'Herrschaft', 'Regierung', 'Macht' und 'Gewalt' begreifen und gegeneinander absetzen, haben die Griechen nur umschrieben, mit einem Komplex von Ausdrücken, die sich weithin überschneiden; in der klassischen Zeit zumal mit ἀρχή, κράτος, κῦρος, ἐξουσία, δύναμις, ἰσχύς und βία. Die drei ersten meinen sowohl „Herrschaft" wie „Macht". Die Griechen haben da begrifflich nicht unterschieden, genauer: sie haben weder einen Macht- noch einen Herrschaftsbegriff gebildet[7], sondern sich im ganzen Bereich zwischen Macht, Überlegenheit und Herrschaft mit elastisch auf die jeweiligen Positionen zielenden Worten und Sätzen ausgedrückt. Bei allen Überschneidungen hat jedes der genannten Worte seinen eigenen Kernbereich, seine besonderen Konnotationen und Nuancen, jedes zielt also auf mehr oder weniger besondere Formen von Macht und Machtausübung. Mit der Nähe, in der die Wahrnehmung von Herrschaft und Macht zum je Gemeinten sich bewegt, hängt zusammen, daß verschiedene speziellere Termini mitten in den Bereich der Machtbegrifflichkeit hineinragen, etwa die Bezeichnung für „Führung, führende Stellung": ἡγεμονία; τιμή als Ausdruck für „Ehre, Amt, Geltung"[8], die Verfassungsbegriffe; wobei etwa τυραννίς jede Art von tyrannischer Herrschaftsausübung meinen kann[9]. Schließlich kann μέγας und μέγεθος („groß/Größe") für „Macht" stehen; πλέον ἔχειν für das Mehrhaben an Macht und Reichtum; πλεονεξία gibt am ehesten „Machtstreben" wieder[10]. Eine Sonderstellung nimmt δεσποτεία ein. Es begegnet erst im 4. Jahrhundert und wird relativ selten gebraucht. Man bezeichnet mit ihm die Herrschaft eines Herrn über sein Haus und Eigentum, darunter vor allem die Sklaven, und im übertragenen Sinne Formen der Tyrannis, in denen eine Bürger-

---

[7] Vgl. auch JOSEPH VOGT, Dämonie der Macht und Weisheit der Antike (1950), in: Thukydides, hg. v. HANS HERTER (Darmstadt 1968), 284.
[8] z. B. HOMER, Ilias 20, 181 f.; mit M. I. FINLEY, The World of Odysseus (1954; Ausg. Harmondsworth 1962), 100 f.; Odyssee 11, 495. 503; SOLON 5, 2; AISCHYLOS, Prometheus 171; Eumeniden 209. 227. 419. 747. 810 ff. 894. 948 ff. 993.
[9] z. B. ARISTOTELES, Pol. 1312 b 36 f. Vgl. THUKYDIDES 3, 62, 3; 6, 60, 1; XENOPHON, Hellenika 2, 3, 48; 4, 1; ANDOKIDES 1, 75 mit 2, 27 und HELMUT BERVE, Die Tyrannis bei den Griechen (München 1967), 612. 632; ARISTOPHANES, Equites 1114; vgl. 1330. 1333; Wespen 549. 587; ARISTOTELES, Pol. 1292 a 11 ff.; 1312 b 5 f. 36 f.; 1313 b 32 ff.
[10] Dazu HEINZ-OTTO WEBER, Die Bedeutung und Bewertung der Pleonexie von Homer bis Isokrates (phil. Diss. Bonn 1967).

schaft wie Sklaven von einem Herrn beherrscht wird[11]. ARISTOTELES hat der δεσποτεία (oder δεσποτικὴ ἀρχή) die πολιτικὴ ἀρχή als der Polis angemessene Herrschaft bzw. Regierung gegenübergestellt[12]. Damit ist dieser Terminus als klar abgrenzbarer Ausdruck für Herrschaft ausgewiesen. All seine Klarheit resultiert aus der Klarheit der Unterscheidung von Haus und Polis und bekräftigt damit nur den Befund der mangelnden begrifflichen Unterscheidung von 'Herrschaft', 'Macht' und 'Regierung' innerhalb der breiten Skala von Möglichkeiten, die in der Polis bestehen[13].

Κράτος und das dazugehörige Verb κρατεῖν haben zunächst „Überlegensein, Bezwingen, Sich-Bemächtigen" bedeutet. Κράτος wird dann der wichtigste Ausdruck für die höchste Macht[14]. Ἄρχειν kommt von „Anfangen, Vorangehen, Führen", wird dann samt dem Substantiv ἀρχή Ausdruck für das Ausüben eines Amtes, Regieren, Herrschen. Κῦρος begegnet erst im 5. Jahrhundert, bedeutet „oberste Macht, Entscheidungsgewalt", es steht noch am reinsten für „Herrschaft", aber es hat sich gegen κράτος und ἀρχή nicht durchsetzen können. Τὸ κύριον bezeichnete im 4. Jahrhundert die oberste (in etwa souveräne) Macht des herrschenden Teils einer Verfassung[15]. Ἐξουσία geht von der Erlaubnis, Freiheit, Vollmacht, etwas zu tun aus. Δύναμις, ἰσχύς und βία leiten sich von der körperlichen Stärke, der Kraft, der ungeheuren Gewaltigkeit her. Δύναμις (von δύναμαι „können, vermögen") entwickelt sich dann zum allgemeinsten Begriff für „Macht, Einfluß, Vermögen", wie sie sowohl aus materiellen wie aus geistigen und moralischen Mitteln resultieren bzw. in ihnen sich auswirken; es zielt auf den ganzen Bereich menschlicher Handlungs- und Bewirkungsfähigkeit und weit darüber hinaus[16]. Ἰσχύς und vor allem βία dehnen sich auf „Gewalt, Gewalttätigkeit, Vergewaltigung" (im Gegensatz etwa zu „Recht, Verhandeln, Schiedsgericht") aus. In dieser Bedeutung treffen sie sich unter anderem mit ὕβρις. Macht und Gewalt (bzw. Zwang) des Zeus werden früh in Κράτος und Βία personifiziert, die beiden werden aber auch homerischen Königen zugesprochen[17].

---

[11] ARISTOTELES, Pol. 1279 b 16; 1285 b 3. 24; 1310 b 19; 1324 b 2. Despotisch kann auch eine Volksherrschaft (ebd. 1292 a 16. 19) und eine Oligarchie (1290 a 28; 1306 b 3) sein.
[12] Ebd. 1325 a 27; vgl. 1254 b 3 ff.; 1255 b 16; 1277 a 33 mit 1277 b 9; 1333 a 5. Vgl. schon die Bestimmung der Polis bei SOPHOKLES, Antigone 737.
[13] Dies gilt mutatis mutandis auch für die von ARISTOTELES (Pol. 1255 b 16; 1325 a 27; vgl. 1252 a 7) bekämpfte Ansicht, nach der jede ἀρχή eine δεσποτεία sei.
[14] HERMANN FRÄNKEL, Dichtung und Philosophie des frühen Griechentums. Eine Geschichte der griechischen Epik, Lyrik und Prosa bis zur Mitte des 5. Jahrhunderts, 2. Aufl. (München 1962), 108 ff.; ALKAIOS 31 (Diehl); AISCHYLOS, Agamemnon 258; Choephoren 244; SOPHOKLES, Antigone 173; Ödipus Rex 237.
[15] z. B. ANTIPHON 3, 1, 1; DEMOSTHENES 19, 259; ARISTOTELES, Pol. 1278 b 10; 1279 a 26; 1289 a 17; Rhetorik 1365 b 26; ISOKRATES 7, 65; GREGORY VLASTOS, Equality and Justice in Early Greek Cosmologies, Classical Philology 42 (1947), 176, Anm. 171.
[16] Für das Verhältnis zu κράτος interessant: EURIPIDES, Bakchen 310. Δύναμις steht auch für die Redekunst und ihren Einfluß: PLATON, Gorg. 447 c; 456 c u. ö. (außerdem für Naturkräfte u. a.). Vgl. ELIE BAR-HEN, Les sens divers du mot Δύναμις chez Thucydide, Scripta Classica Israelica 2 (1975), 73 ff.
[17] HESIOD, Theogonie 383 ff.; vgl. H. FRÄNKEL, Wege und Formen frühgriechischen Denkens, 3. Aufl. (München 1968), 325 ff.; ders., Dichtung, 108 ff.; AISCHYLOS, Prometheus 1 ff.; vgl. FRIEDRICH SOLMSEN, Hesiod and Aeschylus (Ithaka/N.Y. 1949),

In diesem semasiologischen Befund spiegeln sich Grundbedingungen der griechischen Gesellschaftsstruktur und Geschichte. Schon im HOMER ist die Machtterminologie bestimmt durch die ungefestigten Verhältnisse, in denen sich offenbar keine feste Zuordnung von Herrschaft und Macht zu bestimmten institutionalisierten (zumal monarchischen) Positionen ergeben konnte. Wohl herrschen Einzelne als Monarchen[18], aber ihre Herrschaft ist nicht dauerhaft und sicher begründet. Meistens sind sie der Konkurrenz ausgesetzt: denn es gibt den „Ersten" oder „Vorsteher" *(βασιλεύς)* nicht nur im Singular, sondern auch im Plural, auch innerhalb des Gemeinwesens[19]. Da Herrschaft und Macht in hohem Maße je neu behauptet und gewonnen werden muß, kommt neben der ererbten Stellung (samt Reichtum) sehr viel auf die persönliche Überlegenheit, auf Auftreten, körperliche Stärke, unter Umständen Gewalttätigkeit an; allgemein gesagt: auf die Wirkung des Mannes[20], zugleich auf den Respekt, den er sich zu verschaffen weiß. Die Summe der Faktoren bedingt die Vielfältigkeit des Machtvokabulars[21]. Die Terminologie bleibt dicht am empirischen Befund haften. Daß die Macht im Gemeinwesen aber insgesamt bei den Adligen lag, war von Homer bis zum Ende des 6. Jahrhunderts unbestritten. Sie waren selbstverständlich die ἡγεμόνες τοῦ δήμου; μείζους καὶ βίαν ἀμείνονες; οἳ δ'εἶχον δύναμιν καὶ χρήμασιν ἦσαν ἀγητοί[22].

Mit der Entwicklung von Ämtern scheint der Begriff ἀρχή aufgekommen zu sein, der dann bald zugleich etwa die Herrschaft des Tyrannen oder Macht und Herrschaft überhaupt zu bezeichnen begann.

Zunehmend problematisch war in der archaischen Zeit nur die Art, in der die Macht je ausgeübt wurde, vielerlei Übertretungen, Ungerechtigkeit und Gewalt *(ὕβρις, βία, ἄδικα ἔργα)*. In diesem Zusammenhang spitzte sich vor allem *βία* stärker —

134; ERIKA SIMON, Kratos und Bia, Würzburger Jbb. 1 (1975), 177 ff. Vgl. HOMER, Odyssee 6, 197; 4, 415; 18, 139.

[18] Die Termini dafür sind vor allem ἀνάσσειν, κοιρανεῖν, βασιλεύειν, selten ἄρχειν, aber auch Wendungen wie τοῦ κράτος ἐστ' ἐνὶ δήμῳ.

[19] Statt aller: FINLEY, World, 96 ff.; FRITZ GSCHNITZER, Politische Leidenschaft im homerischen Epos, in: Studien zum antiken Epos, hg. v. HERWIG GÖRGEMANNS u. ERNST A. SCHMIDT (Meisenheim/Glan 1976), 1 ff. Βασιλεύς bezieht sich immer auf die Herrschaft oder Macht im Gemeinwesen. Deren Relativität spiegelt sich darin, daß das Wort auch im Komparativ und Superlativ vorkommt. Dagegen bezieht sich ἄναξ / ἀνάσσειν speziell auf die Herrschaft, und zwar eines Einzelnen, über das Gemeinwesen oder über das Haus (sofern nicht auf die des Zeus über Menschen und Götter). Zur frühen Wortgeschichte s. F. GSCHNITZER, Ein terminologischer Beitrag zur Frühgeschichte des Königtums bei den Griechen, in: Fschr. Leonhard C. Franz, hg. v. OSMUND MENGHIN u. HERMANN M. ÖLBERG (Innsbruck 1965), 99 ff.

[20] FRÄNKEL, Dichtung, 88; BRUNO SNELL, Die Entdeckung des Geistes. Studien zur Entstehung des europäischen Denkens bei den Griechen, 4. Aufl. (Göttingen 1975), 28 f.

[21] Neben den genannten Termini bei HOMER noch ἀλκή; ἴς; κῖκυς; κῦδος (vgl. FRÄNKEL, Dichtung, 88; ders., Wege u. Formen, 71, Anm. 2), μένος, ῥώμη, σθένος.

[22] SOLON 3, 7; 5, 7; 25, 4; 5, 3. Die eigentliche Adelsterminologie sieht in dieser Zeit vom Merkmal der Macht ab (→ Adel, Bd. 1, 7 ff.; vgl. auch SOLON 23, 21; 24, 18; 4, 9). Die späteren Ausdrücke δυνατοί und δυνάμενοι beziehen sich nicht unbedingt nur auf Adlige oder auf Adlige als solche.

II. 1. Terminologie bei den Griechen

wenn auch keineswegs ausschließlich — auf „Gewaltsamkeit, Zwang, Tyrannis" zu[23]. Dagegen wandte sich, von den unteren Schichten her, das Rechtsdenken: Zeus wird samt der jetzt personifizierten Rechtsgottheit zum Garanten des Rechts. Er hat den Menschen eine andere Ordnung als den — sich gegenseitig verzehrenden — Tieren gegeben[24]. So schält sich der Gegensatz zwischen Gewalt und Recht heraus. Es geht aber nie gegen die Macht als solche, sondern immer nur gegen den unrechten Gebrauch davon.

Das Rechtsdenken hat bemerkenswerten Widerhall gefunden: in einer „guilt-culture" (die etwa meinte, die ganze Stadt müsse je das Unrecht der Herrschenden büßen)[25], vielfach bestätigt durch zahlreiche Beispiele des Untergangs von Machthabern, sich befestigend in wachsender Empfindlichkeit gegen ungerechte Herrschaft, schließlich kulminierend in der Forderung breiter Schichten nach Mitsprache.

Daraufhin entstanden im 5. Jahrhundert von der Demokratie und ihren Vorformen her ganz neue Arten der Macht, ihrer Lagerung, ihres Verständnisses und Ausdrucks. Die Ordnung, in der breite Schichten mitsprachen, hieß zunächst 'isonomia': der Begriff zielte auf Gleichheit der Teilhabe an der Stadt, das heißt an deren Regierung wie an deren Gütern[26]. Seine politische Konsequenz wurde deutlich in einem anderen Begriff: 'isokratia'[27], mit dem ziemlich genau die Gleichverteilung der Macht gemeint war. Man sprach auch davon, daß die ἀρχή, also Regierung, Macht, Herrschaft den Bürgern „in die Mitte" gelegt wurde[28]. Bei EURIPIDES heißt es ein-

---

[23] SOLON 23, 9. 20; HERODOT 3, 80, 3; AISCHYLOS, Prometheus; s. ANTHONY J. PODLECKI, The Political Background of Aeschylean Tragedy (Ann Arbor 1966), 106 f.; XENOPHON, Hellenika 6, 3, 9; PLATON, Politikos 276 e; ARISTOTELES, Pol. 1281 a 23; 1315 a 14; BERVE, Tyrannis (s. Anm. 9). Dazu MOSCHION, Fragm. 6, 15. Βία kann aber auch für legitime Gewalt stehen, etwa bei SOLON 24, 15 f. (allerdings nicht kraft Nomos). Vgl. auch ARISTOTELES, Pol. 1255 a 16. b 15.

[24] HOMER, Ilias 16, 386 ff.; HESIOD, Erga 202 ff. 275 ff. (vgl. FRÄNKEL, Dichtung, 134 ff.; VOGT, Dämonie, 284 ff.); LYSIAS 2, 18. Als Gegensatz zu βία fungieren nicht nur δίκη und νόμος, sondern etwa auch πείθω (die Überzeugungskraft) bzw. das λόγοις πείθειν (AISCHYLOS, Eumeniden 894 ff. 970. 988 ff.; EURIPIDES, Hiketiden 347; LYSIAS 2, 18).

[25] ERIC R. DODDS, The Greeks and the Irrational (Berkeley, Los Angeles, London 1951), 28 ff. 64 ff.

[26] → Demokratie, Bd. 1, 823; CHRISTIAN MEIER, Entstehung des Begriffs 'Demokratie'. Vier Prolegomena zu einer historischen Theorie (Frankfurt 1970), 36 ff. Dabei war in νέμειν die Bedeutung „verwalten, herrschen" enthalten; ders., Clisthène et le problème politique de la polis grecque, Rev. internat. des droits de l'antiquité, 3ᵉ ser., t. 20 (1973), 137, Anm. 68, wenngleich der Begriff primär im Anschluß an andere Verfassungsbegriffe auf -νομία gebildet wurde. Teilhabe an den Gütern: KURT LATTE, Kollektivbesitz und Staatsschatz in Griechenland, Akad.-Nachrichten (Göttingen 1947), 64 ff.

[27] HERODOT 5, 92 α, 1.

[28] Ebd. 3, 142, 3; G. VLASTOS, Isonomia, American Journal of Philol. 74 (1953), 348 übersetzt: „make power common"; vgl. 3, 80, 2, wo τὰ πράγματα statt ἀρχή steht, dieselbe Sache also von der Seite des Handelns her gesehen ist. Vgl. CHR. MEIER, Der Wandel der politisch-sozialen Begriffswelt im 5. Jahrhundert v. Chr., Arch. f. Begriffsgesch. 21 (1977), 16, Anm. 24.

mal: δεδήμευται κράτος: die Macht ist „vervolklicht", also Sache aller Bürger[29]. Die Gleichheit der Teilhabe war sehr konkret zu verstehen, indem etwa in den Demokratien möglichst viele am Rat und an den Ämtern beteiligt und der Entscheidungsbereich der Volksversammlung stark erweitert wurde. Dies konnte um so eher als Gleichheit empfunden werden, als man — im Rahmen der politischen Identität der damaligen Gesellschaft[30] — politische Rechte besonders werthielt, wirtschaftliche und gesellschaftliche Gleichheit aber kaum als möglich erschienen. Der Turnus der Ämter war z. T. so weit getrieben, daß er als Wechsel von ἄρχειν und ἄρχεσθαι, als Verteilung der Macht auf alle angesehen werden konnte[31]. Eine entsprechende Ordnung fand man in der Natur und am Himmel verwirklicht[32]. So scheint man in den Isonomien und Demokratien gemeint zu haben, daß das Problem der Macht Einzelner, also der adligen Übermacht und Willkür zu meistern sei[33], von den Schwächeren her, welche es nach Aristoteles sind, die *immer nach Gleichheit und Recht streben*, während *die Mächtigen sich nicht darum kümmern*[34]. Die Macht war also in den Polis-Institutionen einzufangen. So konnten die Bürgerschaften Herren ihrer selbst werden *(αὐτοκράτορες)*[35]. Insofern wurde die Macht ver-bürger-licht, „politisiert".

Freilich wurde auch deutlich, daß der Demos als Ganzes in den neuen Verfassungen die Herrschaft innehatte. Es war eine neue Form von Macht entstanden, diejenige einer großen Zahl von Menschen, die jeder für sich wenig bedeuteten[36], eine Macht, die nicht einfach im Regieren und in der Bekleidung von Ämtern[37] bzw. im Besitz politischer Positionen lag. Terminologisch war sie wohl eher als κράτος denn als ἀρχή zu begreifen[38].

---

[29] EURIPIDES, Kyklops 119.
[30] CHR. MEIER, Die politische Identität der Griechen. Konstitutionsformen der Identität (Arbeitstitel), Poetik und Hermeneutik, hg. v. ODO MARQUARD u. KARLHEINZ STIERLE, Bd. 8 (erscheint München 1978).
[31] EURIPIDES, Hiketiden 406 ff.; ARISTOTELES, Pol. 1317 b 2 u. ö. Die Rolle der Amtsbekleidung war besonders wichtig, weil damit die bedeutendste Manifestation der τιμή, d. h. der Geltung im Gemeinwesen gegeben war. (Daß damit Täuschungen über den wirklichen Einfluß einhergehen konnten, steht auf einem anderen Blatt.)
[32] EURIPIDES, Phoenissen, 543 ff.; FERDINAND DÜMMLER, Prolegomena zu Platons Staat und der Platonischen und Aristotelischen Staatslehre (1891), Kl. Schr., Bd. 1 (Leipzig 1901), 164 ff.; VLASTOS, Equality and Justice (s. Anm. 15), 156 ff.; JEAN-PIERRE VERNANT, Les origines de la pensée grecque (Ausg. Paris 1969), 119 ff.
[33] Vgl. bes. HERODOT 3, 80, 6 mit VLASTOS, Isonomia, 358 f.
[34] ARISTOTELES, Pol. 1318 b 4. Zur Macht des πλῆθος *(τέχνη* und *δύναμις)* ANONYMUS JAMBLICHI 6, 4.
[35] THUKYDIDES 3, 62, 4; 4, 63, 2; HIPPOKRATES, Über die Umwelt 16; dt. v. Hans Diller (Berlin 1970).
[36] Diese Problematik wird bei PLATON, Gorgias, 483 b ff. 488 d ff. durchgespielt. Vgl. WILLIAM K. C. GUTHRIE, A History of Greek Philosophy, vol. 3 (London, New York 1969), 103 ff.
[37] Vgl. etwa ARISTOTELES, Pol. 1275 a 27.
[38] Zur Unterscheidung von κράτος und ἀρχή etwa TYRTAIOS 3 a 3. 9; HERODOT 3, 142, 1; AISCHYLOS, Hiketiden 604. 699; SOPHOKLES, Oedipus Tyrannus 585 ff.; ARCHYTAS bei STOBAEUS 2, 83 (Henze); PLATON, Pol. 338 d. e, vgl. Nom. 712 c. 714 c; XENOPHON,

Gegen Ende des 5. Jahrhunderts finden wir die Unterscheidung zwischen einer Macht, die sich im Rahmen von Recht und Gleichheit (des ἴσον ἔχειν) hält, und einer Macht aus und zu maßlosem Vorteilsstreben *(τὸ ἐπὶ τῇ πλεονεξίᾳ κράτος)*[39]. Aber schon bei AISCHYLOS wird die Hegung der Macht im Binnenraum der Polis beschworen und gefeiert, die Besonderheit einer „politischen", nämlich polisgemäßen Herrschaft bzw. Macht vorweggenommen, die später Aristoteles auf den Begriff bringt[40]. Damit wird 'Macht' zum Verfassungsproblem. Die „Politisierung" der damaligen Begriffswelt wirkt sich hier darin aus, daß ein auf der Identität von Bürgerschaft und Polis beruhendes Machtverständnis entsteht. Die Problematik stellt sich nicht mehr vornehmlich ethisch, sondern institutionell. Maßlosigkeit und Hybris von Machthabern sind nur noch in bestimmten schlechten Verfassungen zu gewärtigen.

Die Schaffung von Isonomie und Demokratie aber setzte die Verfügung der Bürgerschaften über die politische Ordnung im ganzen voraus. Diese wurde dadurch möglich, daß ein politischer Bereich aus der Gesellschaft ausgegliedert wurde und seine Ordnung zur Disposition kam. Seitdem wurden die Verfassungen vom Kriterium der Herrschaft her begriffen, etwas ganz Neues entstand: die Macht über die Verfassung[41]. Man nahm die neuen Möglichkeiten rasch für selbstverständlich. Der herrschende Faktor hieß zumeist τὸ κρατοῦν oder τὸ κύριον. Die Vorstellung der Herrschaft über die Verfassung verband sich vornehmlich mit dem Wort κράτος. Die Fähigkeit zur willkürlichen Verfügung über die Polis-Ordnung schlug sich im Bewußtsein außerordentlicher Möglichkeiten methodischen Könnens nieder. Mit der Verfügung über die politische Ordnung aber tat sich zugleich die Freiheit zu ungemein tiefgehender, willkürlicher Machtausübung auf. Das wirkte sich — von Athen her — zugleich in der Außenpolitik aus. In dieser Spannung zwischen Hegung und Erweiterung menschlicher Macht bewegte sich die Diskussion des 5. und 4. Jahrhunderts.

Gerade als der entscheidende Schritt zur Demokratie in Athen getan wurde (um 461), spielte Aischylos in auffallender Weise die Maßlosigkeit und Willkür neuer

---

Memorabilien 1, 2, 42 ff. Überall ist die umfassendere Macht mit κράτος/κρατεῖν ausgedrückt. Eine andere Dimension der Unterscheidung ist die, daß κράτος mehr auf Machterwerb und faktische Herrschaft, ἀρχή/ἄρχειν spezieller auf die institutionalisierte Herrschaft zielt. Das ist die Ursache dafür, daß auch die Herrschaft des Volkes oft mit ἄρχειν wiedergegeben wird (z. B. HERODOT 3, 80, 6. 82, 4 [vgl. aber 81, 1. 3]; PSEUDO-XENOPHON, Athenaion Politeia 1, 8. Schwankend PLATON, Pol. 545b). Demgegenüber ist κράτος/κρατεῖν auf das Ausschlaggeben, eine sehr wichtige Funktion des Volkes, spezialisiert: so TYRTAIOS 3 a 9, wo nicht etwa die Herrschaft des Volkes gemeint ist, sondern der Grundsatz, daß die Mehrheit) *(δήμου πλῆθος)* entscheidet; vgl. PETER STEINMETZ, Das Erwachen des geschichtlichen Bewußtseins in der Polis, in: Politeia und Respublica. Beiträge zum Verständnis von Politik, in: Recht und Staat in der Antike, Gedächtnisschr. Rudolf Stark, hg. v. P. STEINMETZ (Wiesbaden 1969), 68; PLATON, Nom. 714c. 772 d.

[39] ANONYMUS JAMBLICHI 6; THUKYDIDES 3, 82, 8; vgl. 2, 65, 8; 6, 39, 1 f.
[40] AISCHYLOS, Eumeniden 826 ff. 858 ff. 881 ff. 970 ff. 976 ff. 988 ff. (dazu u. Anm. 42); vgl. auch SOPHOKLES, Antigone 73; zu Aristoteles s. u. Anm. 64.
[41] MEIER, Wandel der Begriffswelt (s. Anm. 28), 14 ff.

Herrschaft am Beispiel der Herrschaft des Zeus nach Kronos' Sturz durch[42]. Solche Herrschaft konnte nach Aischylos nur durch Überzeugung der Gegner, durch Mäßigung Dauer gewinnen — wie die Herrschaft des Zeus durch Gerechtigkeit den Kreis von Aufstieg und Fall der Götterdynastien durchbrach[43]. Sophokles' Antigone spiegelte die Befürchtung vor dem immer weiteren Ausgreifen der Macht und des Anspruchs der demokratischen Polis wider. Das Bewußtsein, daß das Recht jetzt für den je herrschenden Faktor verfügbar war, erschütterte die Grundlagen des Denkens. Wohl erstreckte sich diese Verfügung kaum weiter als auf die politische Ordnung. Trotzdem wirkte sie außerordentlich tief und einschneidend: da die Polis-Gesellschaften im Politischen ihre Identität fanden und entsprechend die Verfassungen parteilich stark zugespitzt waren (nur so konnte der jetzt maßgebende Gegensatz zwischen Demokratie und Oligarchie sinnvoll sein). Man war außerdem nicht darauf vorbereitet, da das politische Denken dem Geschehen recht dicht aufgesessen hatte: keiner hatte gewußt, daß Demokratie möglich war. Die Verfügungsgewalt über die ganze Ordnung entstand eher unverhofft[44].

So wurde auf einmal unendlich vieles in Frage gestellt und diskutiert, vor allem in der Sophistik. Das Recht erschien als beliebig, weitgehend als Funktion der Macht[45]. Man suchte nach Orientierung in etwas Festem, Unverrückbarem. Vielfach fand man dieses nur in der Natur; ein Gegensatz von Recht und Natur wurde behauptet und etwa das Recht als Tyrann aufgefaßt, der Gleiche ungleich macht[46]. Man konnte aber auch das Recht des Stärkeren behaupten, das sich aus der gesamten Natur ableiten lasse. Die Natur *zeigt an vielen Orten, daß dies sich so verhalte, sowohl an den anderen Lebewesen als auch an den ganzen Städten und Geschlechtern der Menschen; daß das Gerechte so bestimmt ist, daß der Überlegene über den Unterlegenen herrscht und mehr hat*[47]. Tierische und menschliche Ordnung, deren Gegensatz am Anfang des griechischen Rechtsdenkens gestanden hatte, konnten wieder als analog gelten. Zugleich wurden neue Möglichkeiten der Machtgewinnung gefunden und hoch eingeschätzt, zumal die Rhetorik[48].

Das damit verstärkt einsetzende Nachdenken über die Macht kulminierte — angesichts der Erfahrung des Peloponnesischen Krieges — im Geschichtswerk des

---

[42] Im „Prometheus" — PODLECKI, Political Background (s. Anm. 23), 101 ff. — und in den „Eumeniden" 517 ff. 690 ff. Eine genauere Begründung soll 1979 in der Zeitschrift „Der Staat" gegeben werden. Vgl. PINDAR, Pyth. 2, 87 zur Ungezügeltheit der Demokratie.

[43] GUSTAV GROSSMANN, Promethie und Orestie. Attischer Geist in der attischen Tragödie (Heidelberg 1970), 85 ff. 216 ff. Zum Ideal der Verbindung von Macht und Recht (ἰσχύς und δίκη) AISCHYLOS, Fragm. 381 N. Vgl. noch SOPHOKLES, Oedipus Col. 68 (Herrschaft λόγῳ καὶ σθένει); EURIPIDES, Hiketiden 25 f. 65 f.; GORGIAS B 6, in: Die Fragmente der Vorsokratiker, 12. Aufl., hg. v. HERMANN DIELS u. WALTHER KRANZ, Bd. 2 (Dublin, Zürich 1966), 285 f. Schon SOLON 24, 16 (vgl. GROSSMANN, Promethie, 170 ff.).

[44] Vgl. einstweilen MEIER, Wandel der Begriffswelt, 37 ff.

[45] Vgl. XENOPHON, Memorabilien, 1, 2, 40 ff.; 4, 4, 5 f.; PLATON, Pol. 336 b ff. Nom. 714 c. Zum Standpunkt des Thrasymachos bei Platon wichtig GUTHRIE, History, 88 ff.

[46] PLATON, Protagoras 337 c; ANTIPHON, Fragm. 44; GUTHRIE, History, 148 ff.

[47] Kallikles in PLATONS „Gorgias" 483 d. Vgl. THUKYDIDES 1, 76, 2; 4, 61, 5.

[48] PLATON, Gorgias 452 d. e; 466 b. d; 468 e u. ö.

THUKYDIDES. Der konzentrierte sich in seiner Darstellung streng auf den Machtkampf. Er legte eine bestimmte Theorie des politischen Handelns zugrunde. Danach ist die menschliche Natur immer gleich. Sie wird bestimmt vor allem durch die Antriebe der Furcht, des Vorteilsstrebens und des Ehrgeizes. Daraus resultiert ein Machtstreben: man *folgt der menschlichen Natur, wenn man über andere herrscht.* Im Melierdialog heißt es vom *Menschenwesen, daß es alle Zeit nach dem Zwang seiner Natur, soweit es Macht hat, herrscht. Macht schafft aus Übermut und Stolz das Streben nach immer mehr Macht*[49]. Wie die Menschen auf Grund dieser Natur handeln, hängt wesentlich von den Verhältnissen ab, in denen sie leben. Es ist verschieden von Epoche zu Epoche, von Stadt zu Stadt und vor allem danach, ob Krieg oder Frieden ist. *Denn im Frieden und unter günstigen Verhältnissen sind die Gesinnungen der Poleis und der Einzelnen von sittlicher Haltung, weil sie nicht in unfreiwillige Zwangslagen geraten. Der Krieg aber nimmt unvermerkt die Möglichkeit, das täglich Notwendige leicht zu beschaffen, und wird so zu einem gewalttätigen Lehrmeister, der die Triebe der meisten der jeweiligen Situation anpaßt*[50]. Eben das macht den Peloponnesischen Krieg so interessant: in ihm kommt die menschliche Natur besonders elementar zum Ausdruck.

Thukydides' politisches Denken geht wesentlich von der Ausnahme aus. Dadurch kann er (im Kontext seiner Zeit) zur anthropologischen Reduktion auf letzte Antriebe wie Furcht und blankes Interesse kommen. Daneben aber steht das Bewußtsein der ungeheuren Vielfalt der Institutionen, Meinungen, Situationen, in denen die menschliche Natur je erzogen oder entfesselt werden kann, und damit der Sinn für die Regel, für die gehegte Macht[51]. Thukydides verbindet also, modern gesprochen, eine anthropologische mit einer politisch-soziologischen Theorie. Dadurch wird es möglich, einerseits für die verschiedensten Lagen „den Menschen" und Gesetzmäßigkeiten seines Handelns als bekannte Größen vorauszusetzen, andererseits der Besonderheit der Poleis und der Konstellationen, in denen er sich bewegt, gerecht zu werden.

Mit speziellem Interesse ist die Situation der Athener dargestellt. Diese geraten durch ihre Herrschaft über den Seebund unter den Zwang, vieles zu tun, unabhängig

---

[49] THUKYDIDES 1, 76, 2. 3; 5, 105, 2; 3, 45, 4; vgl. 1, 75, 3; 2, 65, 7; 3, 82, 8; 4, 61, 4; 59, 2. Die Übersetzungen in Anlehnung an Regenbogen und Landmann. Fast alle Zitate stammen aus Reden. Sie müssen im wesentlichen die Meinung des Thukydides wiedergeben, wenn auch für ihn nicht die ganze Wahrheit in ihnen enthalten sein muß; vgl. KARL REINHARDT, Thukydides und Machiavelli, in: ders., Das Vermächtnis der Antike. Gesammelte Essays zur Philosophie und Geschichtsschreibung, hg. v. Carl Becker, 2. Aufl. (Göttingen 1966), 184 ff. Bei eingehenderer Betrachtung müßte etwa die Neigung der Menschen zum Wunschdenken (3, 45) u. a. einbezogen werden. Zu den Voraussetzungen des Thukydides vgl. FRANZ KIECHLE, Ursprung und Wirkung der machtpolitischen Theorien im Geschichtswerk des Thukydides, Gymnasium 70 (1963), 289 ff.
[50] THUKYDIDES 3, 82, 2.
[51] Dies wird in 3, 82 ganz deutlich. Vgl. bes. auch § 8 zum Ausnahmecharakter der ἀρχή ἡ διὰ πλεονεξίαν καὶ φιλοτιμίαν als der Ursache des ἐς τὸ φιλονικεῖν ... τὸ πρόθυμον. Vgl. auch 2, 65, 8.

davon, ob sie es wollen[52]. Ihrer Macht korrespondiert der Haß der Beherrschten[53]. Sie haben folglich von diesen viel mehr zu befürchten als von der feindlichen Großmacht Sparta[54]. Einmal gewonnene Macht nötigt zur Behauptung. So zwingt Athens Aufstieg die Spartaner zum Kriege und die Athener zu tyrannischem Auftreten[55]. Sie behaupten, daß jeder andere, auch die Spartaner, in ihrer Lage genauso handele[56]. Übermacht und Tyrannis unterwerfen also den Handelnden ebenso dem Zwang bestimmter Gesetze wie Schwäche, und das zumal im aufgeheizten Eifer des großen Krieges. Nichts spricht freilich dafür, daß die Athener nach Thukydides jeweils so handeln mußten, wie sie bei ihm zu müssen vorgeben[57].

So hatte Thukydides mindestens einen Ansatz, um Macht und Herrschaft unabhängig von ihren persönlichen und institutionellen Trägern zu denken. Gerade weil er aber die menschliche Natur und ihr Machtstreben so elementar nahm, konnte sich ihm die ganze Komplexität der Macht nicht zu einem Begriff kondensieren. So reduzierte er einerseits die Antriebe auf ihre letzten Wurzeln und fand er andererseits die ganze Unterschiedlichkeit der Positionen, in denen Menschen handeln. Er dachte von den Menschen und ihren Positionen, nicht von „der Macht" her, also konnte ihm die Macht nicht zum Subjekt werden. Zugespitzt gesagt: nicht „die" Macht, sondern „ihre" Macht, d. h. ihre Situation als Herrscher über ein Reich bestimmte die Athener. Die Umstände, unter denen Macht je galt, erworben und angewandt, begrenzt und freigesetzt wurde, waren zu verschieden, und Thukydides blieb — wie alle Griechen — der Empirie zu eng verhaftet.

Das klassische griechische Denken ist bei aller Abstraktionskraft und — später erreichten — Distanz zur Wirklichkeit nie von der ganz und gar politisch bestimmten Welt losgekommen, der es entstammte[58]. Alle nennenswerten Kräfte verstanden sich da als Bürger. Alles wichtige Geschehen vollzog sich zwischen ihnen und zwischen Poleis. Politik war der zentrale Bereich des gesamten Lebens. Da gab es keine Möglichkeit, das Politische von außen (etwa von der Religion oder von einer vom Staat zu unterscheidenden Gesellschaft her) zu betrachten. Die Abstraktionen des politischen Denkens suchten nur die Gegebenheiten auf ihren Kern zurückzuführen. Durch die erfolgreiche Hegung im Innern aber waren so tiefe Unterschiede zwischen den Formen der Macht entstanden, daß dabei ein allgemeiner Machtbegriff nicht zu gewinnen war. Denn davon konnte auch bei der Betrachtung der Außenpolitik nicht abgesehen werden. Schließlich war die Anthropologie des 5. Jahrhunderts wesentlich durch die ungewöhnlich hohe Einschätzung menschlichen Könnens, die

---

[52] Otto Regenbogen, Thukydides als politischer Denker (1933), in: Herter, Thukydides (s. Anm. 7), 49 ff.; Walter Müri, Beitrag zum Verständnis des Thukydides (1947), ebd., 157 ff.; Reinhardt, Thukydides; aber auch H. Herter, Freiheit und Gebundenheit des Staatsmannes bei Thukydides, in: ders., Thukydides, 260 ff.
[53] Thukydides 2, 64, 5; 1, 75, 4; 3, 37, 2; 5, 95. 99; vgl. 6, 16, 3. 78,2; 2, 63, 1; Pseudo-Xenophon, Athenaion Politeia 1, 14; Euripides, Ion 597.
[54] Thukydides 5, 91, 1; 6, 11, 3; vgl. 1, 76, 1 f.
[55] Ebd. 2, 64, 5; 6, 83, 87; Herter, Freiheit, 270 f.
[56] Thukydides 1, 76, 1. 77, 5 f.; 5, 105, 2.
[57] Reinhardt, Thukydides, 202 ff. u. ö.
[58] Meier, Wandel der Begriffswelt, 32 ff.

mögliche Meisterschaft über die Verhältnisse bestimmt[59]. Um es akzentuiert zu sagen: in dieser durch und durch politischen Welt konnte Macht nicht als Größe sui generis sichtbar werden.

Im 4. Jahrhundert ist das Machtproblem weithin als Verfassungsproblem verstanden worden, vor allem in den Philosophien Platons und des Aristoteles. PLATON hat zwar die Faszination der Macht und die These vom Recht des Stärkeren eindrucksvoll geschildert[60], aber vor allem wollte er zeigen, daß der Machthaber, zumal der Tyrann, der Recht und Sitte mit Füßen tritt, seinerseits Sklave seiner Begierden ist[61]. Er gewann zwar so viel Abstand von der griechischen Wirklichkeit, daß er alle bestehenden Verfassungen als *Parteigenossenschaften (στασιωτεῖαι)*, nicht als *bürgerschaftliche Ordnungen (πολιτεῖαι)*, sondern als bloße *Stadtverwaltungsarten (πόλεων οἰκήσεις)* ansehen konnte, in denen je ein Teil über den andern herrscht und ihn knechtet[62]. Aber sein eigentliches Interesse galt der idealen Polis, in der die Philosophen Könige sind, die also so von den Weisen beherrscht wird, wie der Mensch von der Vernunft beherrscht werden soll[63]: hier fallen Macht und Gerechtigkeit in eins.

ARISTOTELES hat gegen Platon die Besonderheit der Polis in Absetzung vom Hause auf den Begriff gebracht. Da die Polis aus Freien und Gleichen bestehen will, entspricht ihr eine *πολιτική* im Unterschied zur *δεσποτικὴ ἀρχή*[64]. Freilich verhält es sich in Wirklichkeit oft anders. Da ist mit dem übermäßigen Machtstreben Einzelner, der *δυνατοί* oder *μέγιστοι* zu rechnen, andererseits mit der eigensüchtigen, gar unbegrenzten Herrschaft von Oligarchien oder Volksversammlungen[65]. Dabei können die Gegensätze von Reich und Arm sehr stark sein, weil jeder Teil herrschen will, und zwar die Reichen auf Grund ihres Ehr-, die Armen auf Grund ihres Gewinnstrebens: dies sind die beiden wichtigsten Antriebe politischen Handelns für Aristoteles[66]. Aus ihnen resultiert das, je verschiedene, Streben nach Macht. Im ganzen bleibt Macht hier bezogen auf die verfassungstypischen Chancen, Gepflogenheiten und Mißbräuche.

Aristoteles gibt dabei eine ganze Phänomenologie der Macht. Besonders erwähnenswert sind seine Beobachtungen über die Voraussetzungen tyrannischer Gewalt: das *Mißtrauen* (samt mangelnder Bekanntschaft), den *Kleinmut*, die *Ohnmacht des*

---

[59] Ders., Ein antikes Äquivalent des Fortschrittsgedankens: Das „Könnens-Bewußtsein" des 5. Jahrhunderts v. Chr., Hist. Zs. 255 (1978), 265 ff.
[60] VOGT, Dämonie (s. Anm. 7), 297 ff.
[61] z. B. PLATON, Nom. 714 a; 863 e.
[62] Ders., Pol. 422 e; 423 a; 551 d; Nom. 712 e; vgl. 832 c.
[63] Ders., Pol. 484 a ff. Vgl. schon SOKRATES bei XENOPHON, Memorabilien 1, 6, 10; auch ARISTOTELES, Pol. 1254 b 4.
[64] ARISTOTELES, Pol. 1252 a 7 ff.; 1255 b 16 ff.; 1261 a 10 ff.; 1277 a 29 ff.; 1295 b 25 ff.; vgl. DEMOSTHENES 10, 4.
[65] z. B. ARISTOTELES, Pol. 1287 a 31 f.; 1293 a 23 ff.; 1295 b 5 ff.; 1302 b 15; 1307 a 19 f.; 1308 b 22; vgl. 1284 a 20. 27; 1293 b 30; 1296 a 28 ff. THUKYDIDES 6, 39, 2. — Ferner Anm. 10.
[66] ARISTOTELES, Pol. 1266 b 36 ff.; 1302 a 31 ff.; 1308 b 31 ff. Vgl. im einzelnen noch: 1294 b 7; 1272 a 39 ff.; 1273 b 18 ff.; 1283 a 16 ff.; 1297 b 6 ff.; 1306 b 22 ff.; 1312 a 20 ff.; 1316 b 5. 18 ff.; 1318 a 33; 1321 a 40; vgl. ders., Nikom. Ethik 1163 a 24 ff.

Handelns (ἀδυναμία τῶν πραγμάτων) in der Bürgerschaft[67]. Dem korrespondieren die Erkenntnisse von der Notwendigkeit der *Freundschaft*, des *Vertrauens* und der *Freiheit*. Das entsprechende Programm findet sich schon bei Aischylos[68]. Aber auch dies weist wie alles andere auf die grundsätzliche Unterschiedlichkeit aller Bedingungen der Macht und des Machtstrebens hin, die durch die Schaffung der Demokratie entstanden war und die in gleichem Maße Macht freisetzte, Voraussetzungen zu ihrer Erkenntnis schuf und doch zugleich die Distanz und Abstraktion verhinderte, aus der allein ein allgemeiner Begriff von Macht hätte entstehen können.

2. 'Macht' und 'Gewalt' bei den Römern

In der römischen Republik ist ebenfalls kein Machtbegriff geprägt worden, wir finden wiederum eine ganze Reihe von Wörtern auf dem Felde von 'Herrschaft', 'Regierung', 'Macht' und 'Gewalt'. Einige davon zielen in ihrer engeren, fast technischen politischen Bedeutung auf verschiedene klar umgrenzte institutionalisierte Formen von „Macht" oder „Amtsgewalt" ('auctoritas', 'dignitas', 'potestas', 'imperium'). Mehrere treffen sich in der allgemeinen Bedeutung von „Macht" und „Einfluß", z. B. 'potestas' (primär für „Verfügungsgewalt"), 'potentia' („Vermögen, Kraft", unter Umständen „übermäßige Macht"), 'opes' (insbesondere für „Machtmittel", u. a. für „Truppen"), 'gratia' (insbesondere „Macht durch Freunde und Clienten"). Schließlich kann auch 'vis' für „Kraft" und „Macht" stehen, es bedeutet aber daneben „Zwang" und „Gewalttätigkeit"[69]. Wesentlich auf „Gewaltsamkeit" (und „Ungestüm") beschränkt ist 'violentia'.

„Herrschaft" gibt es — soweit sie nicht in magistratischer Amtsgewalt und senatorischer auctoritas enthalten bzw. nach außen gerichtet ist — während der Republik in politicis nicht. Sie kommt keinem zu. Denn Herrschaft ist regnum bzw. dominatio/dominatus, und das ist gleichbedeutend mit Tyrannis. Es begegnet nur als Vorwurf in der Agitation, in der Theorie gelegentlich als Übersetzung für ἀρχή bzw. κράτος[70]. Die Stellung des Herrn (dominus) gibt es nur im Haus.

Nennenswerte Veränderungen in der Machtbegrifflichkeit sind während der Republik kaum dingfest zu machen. Erst der Übergang zum Prinzipat bringt erkennbar wesentliche Modifikationen.

'Potestas' ist der allgemeine Terminus für rechtliche Verfügungsgewalt, das heißt im Politischen zumal: für die Amtsgewalt. Es wird für alle römischen Magistrate

---

[67] Ebd. 1313 a 39 ff.; vgl. ALFRED HEUSS, Aristoteles als Theoretiker des Totalitarismus, Antike u. Abendland 17 (1970), 17 ff. Nur daß man dieses Kapitel nicht isolieren darf: dann findet man, daß Aristoteles durchaus Einsichten vortrug, die auf empirischer Basis beruhten.
[68] AISCHYLOS, Eumeniden 984 ff. Vgl. etwa auch ARISTOTELES, Pol. 1295 b 23.
[69] Vgl. JOSEPH HELLEGOUARC'H, Le vocabulaire latin des relations et des partis politiques sous la république (Paris 1963).
[70] Vgl. JEAN BÉRANGER, Recherches sur l'aspect idéologique du principat (Basel 1953), 62 ff. Dazu aber WOLFGANG KUNKEL, Berichte über neuere Arbeiten zur römischen Verfassungsgeschichte (1955), in: ders., Kl. Schr. Zum Römischen Strafverfahren und zur römischen Verfassungsgeschichte, hg. v. Hubert Niederländer (Weimar 1974), 522 ff.

II. 2. 'Macht' und 'Gewalt' bei den Römern

verwandt[71]. Daneben begegnet das Wort technisch für die hausherrliche Gewalt ('patria potestas'). 'Potestas' kann aber auch die legitime Gewalt überhaupt bezeichnen, so etwa die 'summa potestas' der Volksversammlung[72]. *Universi populi Romani potestas ... est maxima*, heißt es bei CICERO[73]. Dieser Gebrauch ist wahrscheinlich erst in der späten Republik aufgekommen. Der Terminus bot sich an, weil er so wenig spezifisch geprägt war. Darüber hinaus kann 'potestas' im allgemeinen Sinne für „Macht" und „Herrschaft" stehen.

'Imperium' bezeichnet die Amtsgewalt der höchsten Magistrate, der Consuln, Praetoren und Dictatoren. Es war ursprünglich offenbar terminus technicus für das militärische Kommando. Im übertragenen Sinne kann es ebenfalls für „Macht" und „Herrschaft" gebraucht werden.

'Auctoritas'[74] wird im politischen Leben vor allem dem Senat, aber auch prominenten Einzelpersonen zugesprochen. Was damit gemeint ist, kann man mit unserem Wort 'Autorität' nur mangelhaft wiedergeben. 'Auctoritas' ist das Gewicht, durch das die Meinung eines Einzelnen oder einer Körperschaft maßgeblichen Einfluß hat. Dieses Gewicht kommt dem Senat zu, weil in ihm die führenden Politiker Roms sitzen und weil damit — nach allgemeiner Auffassung — überlegenes Wissen und Verantwortung in ihm konzentriert sind. Ein entsprechendes Gewicht eignet aber auch den Meinungsäußerungen hochgestellter Senatoren. Man kann sagen: weil sie überlegene Einsicht besitzen, die bereits als solche — ohne daß noch argumentiert werden müßte — überzeugt. Aber mit diesen und ähnlichen Formulierungen würde man das Phänomen zu eng nehmen. Es ist eine bestimmte, auf Ansehen, Erfahrung und Einflüssen vielfältigster Art beruhende Macht[75], die nur eben mit Selbstverständlichkeit anerkannt wird. Man zollt ihr gebührenden Respekt, auch wenn dies dem einen oder anderen und gelegentlich auch einmal vielen als unberechtigt erscheint, auch wenn man den Inhaber von auctoritas gelegentlich mit Erfolg bekämpft. Damit ist sie zwar rechtlich nicht verbindlich[76], aber gleichwohl eine Form

---

[71] THEODOR MOMMSEN, Römisches Staatsrecht, 3. Aufl., Bd. 1 (Leipzig 1887), 24; ULRICH v. LÜBTOW, Art. Potestas, RE Bd. 22/1 (1953), 1040 ff.

[72] SALLUST, Epistulae ad Caesarem 2, 3, 2. Vgl. CICERO, De legibus 3, 28. Zur Sache CHR. MEIER, Res Publica Amissa (Wiesbaden 1966), 117 ff.; JOCHEN BLEICKEN, Lex Publica. Gesetz und Recht in der Römischen Republik (Berlin, New York 1975), 244 ff. 288 ff.

[73] CICERO, Pro domo 80.

[74] Grundlegend immer noch RICHARD HEINZE, Auctoritas (1925), in: ders., Vom Geist des Römertums, Ausg. Aufs., hg. v. Erich Burck, 3. Aufl. (Stuttgart 1960), 43 ff. Vgl. bes. CICERO, De re publica, 2, 57: *Aequabilis haec in civitate conpensatio sit et iuris et officii et muneris, ut et potestatis satis in magistratibus et auctoritatis in principum consilio et libertatis in populo sit.*

[75] CICERO kann z. B. von einem *dignitatem tueri gratia* sprechen, womit gemeint ist, daß er die dignitas, aus der seine auctoritas resultiert, durch Pflege von Clientel und Freundschaft, besonders durch Vertretungen vor Gericht bewahren will; Ad Atticum 1, 17, 10. Gut zur Besonderheit der auctoritas im Vergleich zu anderen Machtquellen CICERO, Ad familiares 1, 7, 10: *Qui plus opibus, armis, potentia valent perfecisse mihi videntur ... ut etiam auctoritate iam plus valerent.*

[76] Vgl. etwa die Formulierung bei TACITUS, Germania 11, 2: *auctoritate suadendi magis quam iubendi potestate.*

institutionalisierter Macht. Die römische „Verfassung" ist gar nicht denkbar ohne die maßgeblich führende Rolle des Senats, die auctoritas senatus, und diese wiederum setzt die Geltung der auctoritas der einflußreichsten Mitglieder voraus.

Das Prestige und Ansehen, die Stellung, die man durch seinen Rang und politisch-militärische Leistung gewinnt, heißt 'dignitas'[77]. Sie eignet vornehmlich den Consularen, den principes civitatis. Der Ausdruck bedeutet genau übersetzt „Würdigkeit", das heißt, 'dignitas' bezieht sich auf das Ansehen, das der Einzelne sich verdient hat. Dabei besteht die Anerkennung besonders darin, daß er die entsprechende auctoritas ausüben kann. Die Homogenität der römischen Aristokratie geht dem Anspruch und auch der Wirklichkeit nach so weit, daß die Leistung, die in der Gewinnung von Ämtern, in der Amtsführung und im öffentlichen Leben überhaupt vollbracht wird, zugleich hohen Einfluß sichert. So kommt es zu weitgehender Deckung zwischen dem, was man politisch geleistet hat, und dem, was man ist. Nur dadurch konnte ein Begriff wie 'dignitas' auch zur Bezeichnung einer Machtposition werden. Der Anspruch auf dignitas war das Zentrum aristokratischen Ehrgeizes. In der Perversion konnte er so weit getrieben werden, daß Caesar um seinetwillen den Bürgerkrieg eröffnete[78].

Die Eigentümlichkeit des römischen Verständnisses von Macht ist, verglichen mit Griechenland, darin begründet, daß im republikanischen Rom eine ungewöhnlich enge Entsprechung zwischen politischer und gesellschaftlicher Ordnung immer bestehen geblieben ist, sich im Laufe der Zeit nur modifiziert hat. Die Forderungen der plebs während der Ständekämpfe konnten im Rahmen der bestehenden gesellschaftlichen Homogenität (des Wissens über die Ordnung) aufgefangen und befriedigt werden. Es gab keine Gelegenheit zur Entstehung eines grundsätzlichen Zweifels an der Macht des Adels, das heißt umgekehrt, zur Ausbildung eines Rechtsdenkens, in dessen Konsequenz das Heranwachsen einer Alternative zum Adelsregime hätte liegen können. So konnte es nicht dazu kommen, daß eine politische Ordnung in Konkurrenz zur gesellschaftlichen aufgebaut wurde. Im Gegenteil: die führende Stellung des Adels und das Clientelwesen, mit dem diese ganz eng verbunden war, wurden infolge der Ständekämpfe sogar noch befestigt. Die politische Ordnung blieb aufs engste in die gesellschaftliche eingebunden. Sie war dabei durch die Besonderheit des römischen Adels und seiner Geschichte bedingt: vor allem dadurch, daß Adel und Bekleidung politischer Positionen ungefähr zur Deckung kamen (die Adligen schlugen die politische Laufbahn ein, die Politiker stammten aus dem Adel: bei kleinen Raten von Nachrückenden), daß alles sich auf die Leistung für das Gemeinwesen konzentrierte, daß also Leistung und Erfahrung (in einem außerordentlich erfolgreichen Gemeinwesen) mit Ansehen und Einfluß honoriert wurden. Komplement dazu war eine starke Solidarität in der Aristokratie und zahlreiche Mechanismen, durch die es immer wieder gewährleistet wurde, daß die Macht des Standes insgesamt stärker blieb als die einzelner Männer oder Geschlechter. In

---

[77] Vgl. HELMUT WEGEHAUPT, Die Bedeutung und Anwendung von dignitas in den Schriften der republikanischen Zeit (phil. Diss. Breslau 1932).
[78] Vgl. CHR. MEIER, Caesars Bürgerkrieg, in: ders., Entstehung (s. Anm. 26), 121 ff.; KURT RAAFLAUB, Dignitatis Contentio. Studien zur Motivation und politischen Taktik im Bürgerkrieg zwischen Caesar und Pompeius (München 1974).

II. 2. 'Macht' und 'Gewalt' bei den Römern

diesem Rahmen konnten dignitas und auctoritas zur relativ eigenständigen, in der Durchsetzung innerhalb des Senats und durch den Senat im Gemeinwesen sich je aktualisierenden Machtquelle werden, neben der Verfügung über Gefolgschaften, neben Verbindungen vielfältiger Art und neben der Amtsgewalt. Ein Großteil der Macht glich sich je innerhalb des Senats aus.

Da dieses System mit Selbstverständlichkeit und großen Erfolgen funktionierte, konnten die Positionen der auctoritas und der dignitas nicht so sehr als Macht wie als Ansehen, Ehre, Würdigkeit erscheinen, anders gesagt: konnte in ihnen ein sehr großer Teil der Macht bestehen. Die Unterordnung unter sie konnte als mehr oder weniger freiwillig erscheinen.

Aber natürlich wurzelte die Macht der Einzelnen und der Geschlechter und indirekt auch die des Adels insgesamt wesentlich auch in Gefolgschaften, den Clientelen, die sich im Laufe der Republik zu einem immer komplizierteren System von Verpflichtungsverhältnissen verschiedenster Art (dem Bindungswesen) modifizierten. Nur daß dieses Clientel- und Bindungswesen ebenso vom Senatsregime bedingt war, wie es dieses bedingte[79]. Die auf solchen Bindungen beruhende Macht heißt zumeist 'gratia'. Es bedeutet zumal „den Einfluß, der demjenigen zukommt, der durch *beneficia* seine *clientes* und *amici* zu *officia* verpflichtet hat"[80].

'Potentia'[81] dagegen bezeichnet „Macht" im allgemeinen Sinne des Wortes, insbesondere die Machtmittel, aufgrund derer ein Einzelner oder eine Gruppe Einfluß hat. Es handelt sich dabei zumeist um beträchtliche Macht. Der Akzent liegt entsprechend oft darauf, daß diese Macht in einer Weise organisiert und eingesetzt wird, die den guten Sitten widerspricht[82]. Das kann in der Senatsaristokratie auf Kritik stoßen; vor allem macht die populare Agitation ihren Gegnern gern deren potentia zum Vorwurf, unter Umständen zusammen mit einer dominatio[83]. Während die führenden Senatoren und ihre Anhänger sich als 'optimates' oder 'boni' bezeichnen (das heißt als ständisch Hohe und ethisch Gute in einem), benutzen die Gegner Termini, die deren bloße Macht herausstellen und eben damit wesentlich negativ gemeint sind: man spricht etwa von 'nobilitas' statt von 'senatus' (um deutlich zu machen, daß der Senat von wenigen nobiles beherrscht ist), von 'factio', 'pauci' oder 'factio paucorum' (im Sinne eines durch Machenschaften agierenden, die anderen „manipulierenden" Klüngels oder einer Clique) oder eben auch von 'potentes',

---

[79] Vgl. MEIER, Res Publica Amissa, 24 ff.

[80] KRISTER HANELL, Bemerkungen zu der politischen Terminologie des Sallustius, Eranos 43 (1945), 275.

[81] HELLEGOUARC'H, Vocabulaire, 240 ff.

[82] Zu denken ist besonders an die Form der factio; vgl. ebd., 99 ff.; HERMANN STRASBURGER, Art. Optimates, RE Bd. 18/1 (1939), 788. Andererseits stehen die opes im Gegensatz zur gehegten, aus der ordentlichen Laufbahn resultierenden Macht; vgl. CICERO, Brutus 280: *Honores quam opes consequi malle!*

[83] Vgl. AUCTOR AD HERENNIUM 1, 8: *In invidiam trahemus, si vim, si potentiam, si factionem, divitias ... clientelas ... adversariorum proferemus et his adiumentis magis quam veritati eos confidere aperiemus.* Vgl. CAESAR, Bellum civile 1, 5, 5; CICERO, Ad Atticum 1, 19, 4; Pro Milone 12; SALLUST, Jugurtha 41, 9. 10; Catilina 38, 1; Historiae 1, 12: *Pauci potentes, quorum in gratiam plerique concesserant ... dominationem affectabant.*

etc.[84]. Ebenfalls auf Machtmittel, zumal Reichtum, bezieht sich 'opes', während 'vis' mehr auf die Kraft und Macht einer Masse zielt[85], sofern es nicht, wie zumeist, Gewalt im Sinne erlaubter Selbsthilfe oder krimineller Gewalttat bezeichnet[86].

Im Prinzipat sind Auffassung und Terminologie der Macht nur allmählich verändert worden. Das war vor allem dadurch bedingt, daß AUGUSTUS seine Monarchie mit republikanischen Formen verkleidete. Er umschreibt seine Macht denn auch mit den berühmten Worten: *Post id tempus auctoritate omnibus praestiti, potestatis autem nihilo amplius habui quam ceteri qui mihi quoque in magistratu conlegae fuerunt*[87], das heißt: er habe keine andere potestas gehabt als die republikanischen Magistrate auch. Er habe nur durch seine auctoritas über alle anderen hinausgeragt. Es war die *auctoritas* des Siegers im Bürgerkrieg, des Befreiers Roms und des Wiederherstellers rechtmäßiger Ordnung. Sie bezog sich also auf ganz außerordentliche Leistungen, die dann auch durch Verleihung des Augustus-Titels bzw. -Namens formell anerkannt wurden. Aus dieser Sonderstellung resultierte — der offiziellen Sprachregelung zufolge, aber in gewissem Sinne auch der Wirklichkeit nach — die besondere Sorge des Augustus für das Gemeinwesen. Daher leiteten sich seine besonderen Aufträge und Vollmachten her: in der 'auctoritas' fassen wir also den eigentlichen Kern der Stellung des Augustus, wie sie nach außen in Erscheinung trat. Es war die Stellung eines alle überragenden „Privatmannes"[88] mit besonderen amtlichen Vollmachten. Augustus gebrauchte schließlich auch das Wort 'princeps' — die alte Bezeichnung für die Consulare —, nur daß er sie als einziger in diesem Sinne führte. 'Princeps' ist derjenige, dem vor allem auctoritas zukommt.

Aber wenn das Prinzipat auch im republikanischen Sinne kein Amt darstellte und seine Gewalt formell aus den verschiedensten Vollmachten bezog, so institutionalisierte sich doch in der Hand des princeps eine Position (samt Apparat), die bei aller inneren Widersprüchlichkeit einen einheitlichen monarchischen Charakter hatte. Wie auch immer sie sich jeweils gab[89], wie sehr sie auch dazu neigte, sich in Bezeichnungen zu präsentieren, die sich eigenartig in einer Schwebe zwischen Namen und Titel hielten[90], allmählich mußte die Sache die Bedeutung der Wörter dahin verändern, daß sie eben das meinten, was die Sache war. Mit der Zeit bürgerte es sich ein, die kaiserliche Gewalt als 'imperium' wiederzugeben[91]. Daneben standen noch

---

[84] STRASBURGER, Art. Optimates, 789 f.; MEIER, Res Publica Amissa, 181 f.; vgl. ebd., 315 f.

[85] Vgl. etwa SALLUST, Jugurtha 41, 6: *plebis vis soluta atque dispersa;* Historiae 3, 48, 15.

[86] Dazu ANDREW W. LINTOTT, Violence in Republican Rome (Oxford 1968).

[87] Res Gestae Divi Augusti 34. Der Text ist zum Teil aus der griechischen Übersetzung ergänzt, aber in allem Wesentlichen zuverlässig. Zum Folgenden etwa BÉRANGER, Recherches (s. Anm. 70), 31 ff. 55 ff.; W. KUNKEL, Über das Wesen des augusteischen Prinzipats, in: ders., Kl. Schr. (s. Anm. 70), 386 ff.

[88] Vgl. dazu J. BÉRANGER, Principatus. Études de notions et d'histoire politiques dans l'antiquité gréco-romaine (Genf 1973), 243 ff.

[89] Vgl. etwa TACITUS, Annales 3, 56, 2.

[90] Vgl. RONALD SYME, Imperator Caesar: A Study in Nomenclature, Historia 7 (1958), 172 ff.

[91] Vgl. z. B. TACITUS, Annales 6, 50, 4; 14, 56, 1; Historiae 2, 84, 2; SUETON, Claudius 27, 2; Corpus Inscriptionum Latinarum, Bd. 2 (Berlin 1956), 5217, Z. 2. 5 u. a. Béranger bereitet eine Arbeit darüber vor.

weiterhin 'principatus'[92], 'potestas'; einmal ist interessanterweise auch von 'potestas auctoritatis' die Rede[93]. 'Dominatus' dagegen scheint in der Prinzipatszeit kaum gebräuchlich gewesen zu sein[94].

Indem Philo von Alexandria und die christliche Apologetik die Monarchie Gottes[95] in enger Anlehnung an das römische Kaisertum verstanden und formulierten, ging das römische Macht- und Herrschaftsvokabular auch in die Kirchenväterliteratur ein. Es hat nicht zuletzt dadurch eine starke Wirkung auf das Mittelalter ausgeübt.

CHRISTIAN MEIER

III. Die systemgebundene Funktion von 'Macht' und 'Gewalt' im Mittelalter

1. Wort- und terminologiegeschichtliche Vorbemerkung

Das Substantiv 'Gewalt', ahd. 'giwalt', ist eine Ableitung aus dem Zeitwort 'walten', das eine Erweiterung der idg. Wurzel *ual- ist und ursprünglich „Kraft haben", „über etwas verfügen", „herrschen" meint[96]. Es hat von Anfang an eine Fülle von Bedeutungen, die sich als feste oder lockere Wortverbindungen in Anknüpfung an die antiken Traditionen um die Sinnfelder der rechtmäßigen Herrschaft oder der göttlichen Herrlichkeit und Macht gruppieren. Es glossiert vor allem, wenn auch nicht ausschließlich, entsprechende Ausdrücke der lateinischen Staatssprache: 'potestas', 'imperium', 'auctoritas', seltener 'maiestas' und 'iura'[97], deren Gebrauch in den überwiegend lateinischen Quellen bis zum Spätmittelalter den Vorrang hat. Sie überschneiden sich hier mit den Bedeutungsfeldern von → Herrschaft oder auch 'Reich'. 'Reich' wird ursprünglich adjektivisch für „mächtig", „gewaltig", „herrlich" oder als Substantiv im Sinne von „Königreich" oder „Machtbereich" gebraucht und bedeutet noch im 17. Jahrhundert die Macht und Gewalt eines Königs[98]. Dagegen treten im Mittelalter zunächst diejenigen Seiten von Gewalt zurück (ohne freilich ganz zu fehlen), die entweder auf die Stärke und Kraft (lat. vis, potentia) der Träger von Gewalt oder auf die Unrechtmäßigkeit (violentia) zielen.

---

[92] z. B. TACITUS, Historiae 1, 1, 4; PLINIUS, Naturalis historia 2, 92 (beide Male 'imperium' und 'principatus' alternierend). Zum gesamten Komplex noch LOTHAR WICKERT, Art. Princeps, RE Bd. 22/2 (1954), 1998 ff.

[93] AMMIANUS MARCELLINUS, Historia Romana 22, 5, 22.

[94] W. KUNKEL, Berichte über neuere Arbeiten zur römischen Verfassungsgeschichte, in: ders., Kl. Schr. (s. Anm. 70), 522 f. 526 ff. 540 ff.

[95] Vgl. etwa ERICH PETERSON, Der Monotheismus als politisches Problem, in: ders., Theologische Traktate (München 1951), 45 ff. Dazu HANS SCHAEFER, Monotheismus als politisches Problem? (1937/38), in: ders., Probleme der Alten Geschichte. Ges. Abh. u. Vorträge, hg. v. Ursula Weidemann u. Walter Schmitthenner (Göttingen 1963), 33 ff.

[96] KLUGE/MITZKA 19. Aufl., 837; GRIMM Bd. 4, 4912 ff.

[97] GRIMM Bd. 4, 4917; RWB Bd. 4 (1939/51), 676 ff.

[98] OTTO BRUNNER, Land und Herrschaft. Grundfragen der territorialen Verfassungsgeschichte Österreichs im Mittelalter, 5. Aufl. (Wien 1965), 202, Anm. 2; vgl. PAUL-LUDWIG WEINACHT, Staat. Studien zur Bedeutungsgeschichte des Wortes von den Anfängen bis ins 19. Jahrhundert (Berlin 1968), 38.

Letztere wird im Spätmittelalter oft mit entsprechenden Wortverbindungen — etwa *Gewalt ân recht* — oder mit Ausdrücken für konkrete Gewalttätigkeiten — etwa *Frevel* oder *Raub und Brand* — umschrieben[99], um schließlich die ursprüngliche Bedeutung von 'Gewalt' = potestas immer mehr zu verdrängen. 'Potestas' wird nun oft mit den Wörtern 'Obrigkeit' oder 'Regiment' bezeichnet; 'Gewalt' lebt allerdings bis zum 19. Jahrhundert in zahlreichen festen Zusammensetzungen — etwa *Gewaltsbrief, Gewaltsbote, Gewaltträger*[100] — fort, während das bloße Substantiv 'Gewalt' immer mehr die Bedeutung von überlegener Kraft oder unerlaubter Gewalttätigkeit mit sich führt, so in der Definition von Wilhelm Traugott Krug (1833): *Gewalt (potestas) ist eigentlich eine Kraft, welche so waltet oder wirkt, daß sie sich anderen Kräften als überlegen zeigt, also Übermacht ... Die Gewalt an sich ist also nicht widerrechtlich ... Wenn aber die Gewalt in irgendeiner Beziehung widerrechtlich gebraucht wird, so heißt die Handlung gewaltsam oder gewalttätig. Jemanden Gewalt tun oder antun bedeutet daher ihn durch Übermacht an seinem Rechte verletzen*[101].

'Macht', ahd. und mhd. 'maht', führt auf germ. *mahti- zurück und ist eine Verbalabstraktion zu got. 'magan', das „können" und „vermögen" bedeutet[102]. Von Anfang an sinnverwandt mit 'Gewalt' und als Synonym für dieses stehend oder formelhaft mit ihm verbunden, liegt der Akzent doch stärker als bei diesem auf der Bedeutung von (körperlicher und seelischer) Kraft und Vermögen (lat. vis, facultas, potentia, virtus), wie es schon bei Wulfila in den Unterscheidungen von *maht* und *waldufni* (für 'virtus' und 'potestas' oder δύναμις und ἐξουσία) zu erkennen ist[103]. Im Mittelalter entfalten der Ausdruck und die lateinischen Äquivalente ihren Sinngehalt vor allem zur Bezeichnung der Macht Gottes und der davon abgeleiteten päpstlichen oder kaiserlichen Gewalt, darüber hinaus partizipial oder adjektivisch („potens" und „mächtig") zur Umschreibung des Einflusses und der Stärke von Personen oder Institutionen. Nicht zuletzt unter dem Einfluß Luthers, der in der Bibelübersetzung häufig für 'Gewalt' im Sinne von potestas außer 'Obrigkeit' das Wort 'Macht' einsetzt, tritt dieses in der Neuzeit immer mehr an die Stelle von 'Gewalt' und indiziert damit das Zusammenrücken der früher relativ deutlich unterschiedenen Begriffe von 'Macht' und 'Gewalt', so wenn das „Juristische Wörterbuch" von Kuppermann 1792 für den Terminus 'potentia' die Bedeutungen *Potenz, Vermögen, Vermögenheit, Macht, Kraft, Gewalt, mächtiger Staat* und umgekehrt für 'potestas' die Bedeutungen *Gewalt, Macht, Herrschaft, Freiheit* verzeichnet[104], und Heinsius 1819 'Gewalt' als *überlegene Macht, größere Kraft*[105] definiert. In seinem großen und kenntnisreichen Artikel „Gewalt" in der „Allgemeinen Ency-

---

[99] Brunner, Land und Herrschaft, 79 ff. 95 f., Anm. 5. 96.
[100] Vgl. die Aufstellung bei Chr. Gottlieb Gmelin, Art. Gewalt, Dt. Enc., Bd. 12 (1787), 281.
[101] Krug Bd. 2 (1833), 260.
[102] Kluge/Mitzka 19. Aufl., 451.
[103] Wulfila, Luk. 9, 1, Die gotische Bibel, hg. v. Wilhelm Streitberg, 5. Aufl., Bd. 1 (Heidelberg 1965), 127.
[104] Kuppermann (1792), 467.
[105] Heinsius, Wb., Bd. 2 (1819), 429.

clopaedie" von Ersch/Gruber vermerkt SCHEIDLER 1857 den *in vielen Fällen synonymen Wortgebrauch von 'Gewalt' und 'Macht' und nennt als ihre Bedeutung im umfassendsten Sinne die Fähigkeit oder das Vermögen, auch wohl die Befugnis, mittels überlegener Kraft etwas zu wirken, insbesondere sofern sie zureicht, Widerstand oder Hindernisse zu überwinden, welche sich dem Einwirkenden oder Gewalt-Habenden oder -Ausübenden entgegensetzen*[106].

2. 'Potestas' und 'Gewalt' als rechtmäßige Herrschaft

Der 'potestas', wie sie in den mittelalterlichen Quellen erscheint, wird in der allgemeinsten Bedeutung von rechtmäßiger Verfügung über Personen (und Sachen) eine doppelte Wurzel zugeschrieben. Sie wird einerseits auf die hausherrliche Gewalt — die patria potestas der römischen Antike und die herrschaftliche Komponente im germanischen Rechtskreis des Hauses — zurückgeführt, aus der sich die frühen Formen einer Herrengewalt über Land und Leute und im weiteren Sinne die Adelsherrschaft entwickelt haben sollen[107]. Sie knüpft andererseits — vor allem in dem Wortfeld 'potestas regalis' oder 'regnum', also der Königsherrschaft — an antikchristliche Vorstellungen der Herrschaft Gottes (oder Christi) an[108]. Im „Heliand" wird der Weltenkönig Christus *alou ualdo alles uuâri, landes endi liudio* genannt[109]. In der Verschränkung von antiken, germanisch-deutschen und christlichen Elementen, zu denen noch die spätantike Rechtstradition 'ius' im Sinne der subjektiven Berechtigung tritt, umgreift das Bedeutungsfeld von 'potestas' im Früh- und Hochmittelalter alle Lebensbereiche, in denen, aufgrund welcher Legitimation auch immer, über Menschen und Güter verfügt wurde. Es deckt damit weitgehend, keineswegs aber nur diejenigen politischen Beziehungen, die von der Mediävistik — zur Vermeidung des modernen Staatsbegriffes — 'Herrschaft' genannt werden[110]. Im Mittelalter fielen die Rechtmäßigkeit der Verfügungsgewalt und ihre Ausübung weitgehend zusammen. Der Gedanke einer unbegrenzten und willkürlichen Macht war der mittelalterlichen Vorstellungswelt fremd. Wenn TACITUS von den Germanen sagt: *nec regibus infinita aut libera potestas*, so daß der König genötigt war, *auctoritate suadendi magis quam iubendi potestate* zu regieren[111], so galt diese Einbindung der 'potestas' auch für das Mittelalter, freilich nunmehr in einem etwas anderen als dem von Tacitus gemeinten Sinn einer Mitregierung oder Kontrolle durch die von den großen Gefolgsherren gebildete Volks- oder Heeresversammlung. Antike und

---

[106] K. H. SCHEIDLER, Art. Gewalt, ERSCH/GRUBER 1. Sect., Bd. 65 (1857), 304.
[107] KARL BOSL, Die alte deutsche Freiheit. Geschichtliche Grundlagen des modernen deutschen Staates, in: ders., Frühformen der Gesellschaft im mittelalterlichen Europa (München, Wien 1964), 204 ff., bes. 206.
[108] EUGEN EWIG, Zum christlichen Königsgedanken im Frühmittelalter, Vorträge und Forschungen, 4. Aufl., Bd. 3 (Sigmaringen 1973), 1 ff.
[109] HELIAND, v. 2287 f., hg. v. Otto Behagel, 7. Aufl. (Tübingen 1958), 81; vgl. WALTER SCHLESINGER, Herrschaft und Gefolgschaft in der germanisch-deutschen Verfassungsgeschichte, Hist. Zs. 176 (1953), 264; auch in: Herrschaft und Staat im Mittelalter, hg. v. HELLMUT KÄMPF (Darmstadt 1964), 178.
[110] → Herrschaft.
[111] TACITUS, Germ. 7. 11.

christliche Rechtsvorstellungen waren inzwischen neben die germanische Tradition getreten und führten zu einer Stärkung der königlichen auctoritas und damit zur Heraushebung des regnum gegenüber der Adelsherrschaft, was aber deren potestas nicht beeinträchtigte.

Der sowohl hinsichtlich der Träger von Gewalt als auch des Inhaltes weite Bedeutungsumfang von 'potestas' läßt sich entsprechend dem noch wenig ausgebildeten Reflexionsniveau und der früh- und hochmittelalterlichen Überlieferungsstruktur mehr aus dem formelhaften Gebrauch der einschlägigen Termini als aus expliziten Begründungen herauslesen, an denen es freilich nicht fehlt. So erhellt die Gründung der Königsherrschaft auf potestas im Sinne der faktischen Gewaltausübung, zugleich aber auch das Vordringen des christlichen Amtsgedankens gegenüber dem germanischen Geblütsrecht aus der von dem Karolinger Pippin erbetenen Anweisung des Papstes ZACHARIAS an die Franken: *Burghardus Wirzeburgensis episcopus et Folradus capellanus missi fuerunt ad Zachariam papam, interrogando de regibus in Francia, qui illis temporibus non habentes regalem potestatem, si bene fuisset an non. Et Zacharias papa mandavit Pippino, ut melius esset illum regem vocari, qui potestatem haberet, quam illum, qui sine regali potestate manebat; ut non conturbaretur ordo, per auctoritatem apostolicam iussit Pippinum regem fieri*[112]. Diente diese Weisung später als Beleg für das Verfügungsrecht des Papstes über das Königsamt, obwohl Pippin erst durch die Wahl seitens der Franken zum König wurde, so dokumentiert sie im mittelalterlichen Kontext die auch aus anderen Quellen ersichtliche Zuordnung von Berechtigung und faktischer Gewalt. Die Urkunden vom 7. bis 11. Jahrhundert enthalten bei Schenkungen die Umschreibung der Besitzübertragung durch Wendungen wie *de nostro iure ac potestate in ius atque potestatem ... tranfudimus* (1029)[113] oder *de iure nostro in potestatem et dominationem* (8. Jahrhundert)[114] oder *a nostra imperiali potestate in ius et proprietatem transfundimus* (1052)[115]. Diese und andere Varianten — etwa *habeat potestatem tenendi tradendi et ... faciendi* (958)[116] — machen deutlich, daß die darin gebrauchten Bezeichnungen 'ius', 'potestas', 'dominium', 'dominatio', 'proprietas' nicht unterschiedliche Bedeutungen tragen, sondern daß weitgehende Synonymität besteht, wobei 'potestas' und 'dominatio' durch ihre Häufigkeit die Nähe zu 'ius' im Sinne von Berechtigung kundtun, während 'proprietas' und 'possessio' mehr auf den Gegenstand des jeweiligen Rechts verweisen[117]. Weniger auf konkrete Sachen als auf eine Amtsgewalt oder Kompetenz

---

[112] Annales regni Francorum a. 749, MG SS rer. Germ. i. u. sch. (1895), 8; FRITZ KERN, Gottesgnadentum und Widerstandsrecht im frühen Mittelalter. Zur Entwicklungsgeschichte der Monarchie, 2. Aufl., hg. v. Rudolf Buchner (1954; Ndr. Darmstadt 1973), 51. 252.

[113] MG DD Konrad II. (1909), 192, Nr. 141. Vgl. hierzu und zum Folgenden GERHARD KÖBLER, Das Recht im frühen Mittelalter. Untersuchungen zu Herkunft und Inhalt frühmittelalterlicher Rechtsbegriffe im deutschen Sprachgebiet (Köln, Wien 1971), 44 ff.

[114] Traditiones possessionesque Wizenburgenses, hg. v. JOH. CASPAR ZEUSS (Speyer 1842), 164 (8. Jh.).

[115] MG DD Heinrich III., 2. Aufl. (1957), 397, Nr. 292.

[116] MG DD Otto I., 2. Aufl. (1956), 278, Nr. 197.

[117] KÖBLER, Recht, 50 f.

III. 2. 'Potestas' und 'Gewalt' als rechtmäßige Herrschaft

beziehen sich Wendungen, in denen etwa von *ius et potestas* eines Bischofs in disziplinarischer Hinsicht die Rede ist[118], oder wenn *ius, fas et potestatem*, einen Markt zu errichten, gewährt wird (999)[119].

Der geschilderte Befund wird dadurch bestätigt, daß in den althochdeutschen Glossen und bei Notker[120] *giwalt*, das im übrigen *potestas, dominatio, imperium, manus, maiestas* und *bracchium* wiedergibt[121], zusammen mit 'hertuom' auch zu 'ius' gestellt wird. So wird *ius dantis invadere* mit *kiwalt* wiedergegeben, *exercere meum ius* mit *geuualt* und *ius puniendi* mit *geuuált tie liute zechelinne* glossiert[122]. Notkers Übersetzung von *ius ac potentia* durch *geuuált únde máhtigi*[123] macht die Zuordnung von Gewalt und Recht im Sinne einer subjektiven Berechtigung besonders deutlich, zugleich aber auch die Fundierung der rechtmäßigen (Amts-)Gewalt in entsprechenden Machtmitteln[124]. Über sie verfügten im Frühmittelalter primär die großen Adelsgeschlechter, die in den Quellen als die potentes den von ihnen abhängigen pauperes gegenübergestellt werden[125]. Wenn in Konzilsbeschlüssen des 6. Jahrhunderts gerügt wird, daß die Wahl von Bischöfen unter dem Druck der potentes zustande gekommen sei[126], wenn in einem Kapitular Karls II. von 876 Bischöfe und Grafen samt ihren Vasallen aufgefordert werden, in ihren Amtssitzen zu bleiben und nicht als „Gäste" in den Häusern der pauperes, d. h. der von ihnen Abhängigen Aufenthalt zu nehmen, und dabei der Machtbereich der angesprochenen potentes in einer Weise mit dem Wort 'potestas' umschrieben wird, die sowohl Amtsgewalt als auch regionale Einflußsphäre beinhaltet[127], so spiegelt sich darin die Struktur mittelalterlicher Herrschaft wider, in der Recht, Amtsgewalt und Macht in oft ununterscheidbarer Weise miteinander verflochten sind. Auch wenn seit dem Investiturstreit der lateinische Begriff der potestas zunehmend in den Bereich der argumentativen Polemik zwischen Kaisertum, Papsttum und (später) dem aufsteigenden Fürstentum gerät, so behält das deutsche Wort 'Gewalt' allein oder in zahlreichen

---

[118] Burchard von Worms, Decretorum libri viginti (1549), in: Migne, Patr. Lat., Bd. 140 (1880), 931.
[119] MG DD Otto III. (1888), 738, Nr. 311.
[120] Die althochdeutschen Glossen, hg. v. Elias Steinmeyer u. Eduard Sievers, 5 Bde. (Berlin 1879—1922); Die Schriften Notkers und seiner Schule, hg. v. Paul Piper, 3 Bde. (Freiburg, Tübingen 1882/83).
[121] Eberhard Gottlieb Graff, Althochdeutscher Sprachschatz oder Wörterbuch der althochdeutschen Sprache, Bd. 1 (Berlin 1834; Ndr. Hildesheim 1963), 809.
[122] Steinmeyer/Sievers, Glossen, Bd. 2 (1882), 213; Piper, Notker, Bd. 1, 60. 288.
[123] Piper, Notker Bd. 1, 104.
[124] Karl Bosl, Macht und Arbeit als bestimmende Kräfte in der mittelalterlichen Gesellschaft, in: Fschr. Ludwig Petry, hg. v. Johannes Bärmann, Karl-Georg Faber, Alois Gerlich (Wiesbaden 1968), 46 ff.
[125] K. Bosl, Potens und Pauper. Begriffsgeschichtliche Studien zur gesellschaftlichen Differenzierung im frühen Mittelalter und zum „Pauperismus" des Hochmittelalters, in: Alteuropa und die moderne Gesellschaft, Fschr. Otto Brunner (Göttingen 1963), 63 ff.
[126] Friedrich Prinz, Klerus und Krieg im frühen Mittelalter (Stuttgart 1971), 48.
[127] MG Capitularia, Bd. 2 (1897), Nr. 221, c. 13 (S. 10) von 876, zit. Prinz, Klerus und Krieg, 94; ebd., 95 ein Beleg für *territorii potestas* im Sinne von Diözese aus einem Kapitular von 814/27, MG Cap. Bd. 1 (1883), 362, Nr. 176.

Ableitungen und Wortverbindungen die ältere Bedeutungsbreite von der Familien- und Hausgewalt über die autogene Adelsherrschaft mit der Verpflichtung zu Schutz und Schirm bis zu den verschiedensten Formen der direkten oder übertragenen Amtsgewalt bei[128]. Dabei verstärkt sich im Laufe der Zeit die von Anfang an in der häufigen Synonymität von 'potestas' und 'dominium' angelegte Tendenz zur besitzrechtlichen Objektivierung von 'Gewalt'. Wortverbindungen und formelhafte Wendungen wie *iurisdictione, que vulgariter dicitur gewalt* (1343), *in unser gewalt, friheid und beschirm* (1342), *in des vaters gewalt* (1347), *die recht unde die gewalt* (1349), *volle macht und gewalt* (1452) im Sinne von „Vollmacht und Ermächtigung", *die vogtei mit alleme gewalt und herschaft* (1316), *in unser gewalt und hant* (1330), *gewalt, nucz und gewere* (um 1390)[129], wobei in der letztgenannten Formel die Verbindung von Besitzrecht und rechtmäßiger Gewaltausübung besonders klar ist, liegen praktisch aus allen Rechtsebenen vor, und die entsprechenden Rechtstermini — wie etwa *Gewaltbrief, Gewalt-Geber, Gewalt-Gericht, Gewalt-Herr, Gewaltsame* (diese im Plural als die Summe der Rechte eines einzelnen) — werden bis zum Ende des 18. Jahrhunderts teils im Rechtsverkehr benutzt, teils in den Lexika noch verzeichnet[130]. Die aufgeführten Belege sind nur ein kleiner Ausschnitt aus der Fülle der Wortverbindungen mit 'Gewalt' und der Ableitungen von ihr. Dagegen wurde der durch das Wort 'Gewalt' umschriebene Sachverhalt rechtmäßiger Herrschaft im Spätmittelalter auch durch zahlreiche andere — meist auf konkrete Herrschaftsformen abzielende — Bezeichnungen ausgedrückt, von denen 'Pflege', 'Zwing und Bann', 'Vogtei', 'Regiment' genannt seien.

3. Das Vordringen des Begriffs der 'unrechten Gewalt' seit dem Spätmittelalter

Liegen die bisher vorgeführten Belege weitgehend innerhalb des Bedeutungsstreifens von „rechter Gewalt" (potestas), so gewinnt seit dem Spätmittelalter zunehmend die von Anfang an zwar vorhandene, aber zunächst nur sekundäre Verwendung von 'Gewalt' im Sinne von lat. 'vis', 'violentia' in allen Abstufungen von „gesteigerter Kraft" über „Eigenmacht" und „Zwang" bis zu „Gewalttat" und „Unrecht" an Boden. Diese Verschiebung reflektiert den mit dem Ausbau herrschaftlicher Institutionen, mit der Landfriedensbewegung und der Rezeption des römischen Rechts zusammenhängenden Vorgang der allmählichen Mediatisierung oder Eliminierung älterer Formen der rechtmäßigen Selbsthilfe — nicht zuletzt des Rechtsinstituts der Fehde[131] — zugunsten staatlich garantierter Friedenssicherung und Rechtswahrung und, dadurch gefördert, zur Trennung von öffentlicher Gewalt und privater Gewalttätigkeit. Schon im „Decretum Gratiani" (ca. 1140) wird jeder als Mörder bezeichnet, *qui, publicam functionem non habens, aliquem accidit aut debilitat*. Er soll um so schärfer bestraft werden, *quanto non sibi a Deo concessam potestatem abusiue usurpare non timuit*[132]. War 'Gewalt' im Fehderecht ein zwar ständisch auf Adelige und

---

[128] Zahlreiche Belege — auch die folgenden — im RWB Bd. 4, 675 ff., s. v. Gewalt.
[129] Vgl. zu dieser Formel BRUNNER, Land und Herrschaft, 361, Anm. 1.
[130] Etwa KRÜNITZ Bd. 18 (1779), 93. 95.
[131] BRUNNER, Land und Herrschaft, 1 ff.
[132] Decretum Gratiani 2, 23, qu. 8, c. 33, Corpus Juris Canonici, ed. AEMILIUS FRIEDBERG, t.1 (Graz 1955), 965, zit. PRINZ, Klerus und Krieg, 34.

III. 3. 'Unrechte Gewalt' seit dem Spätmittelalter

Bürger eingeschränktes[133] und an bestimmte Formen gebundenes Rechtsmittel, das auf dem alten Grundsatz vis vim repellere licet beruhte, so setzte sich als deutsche Entsprechung zu dem Gegensatzpaar 'ius (iustitia)' und 'violentia' im Sinne von „Recht" und „Unrecht"[134] immer mehr das Wortpaar 'Recht' und 'Gewalt' durch, so wenn WALTHER VON DER VOGELWEIDE klagt: *gewalt gêt ûf, reht vor gerihte swindet* oder in einer österreichischen Urkunde von 1252 lat. *sine iure* durch *mit gewalte* übersetzt wird[135]. Es ist bezeichnend für das Nebeneinander der beiden Varianten von rechter und unrechter Gewalt, wodurch eine gewisse Neutralisierung des Substantivs 'Gewalt' eintrat, daß die jüngere, im Vordringen befindliche Bedeutung häufig durch Wortverbindungen ausgedrückt wird, die den unrechtmäßigen Charakter des Handelns eindeutig machen: *mit gewopenter hant und unrechter gewalt* (14. Jh.), *frevenlich mit sim selbs gewalt das sin nimpt on recht* (1495), *mit gewalt oder an recht* (1350)[136]. Während die rechtmäßige Selbsthilfe nach wie vor als 'Gewalt' ohne Zusatz bezeichnet, aber als solche immer mehr auf ein Notrecht bei Versagen der staatlichen Institutionen beschränkt wird, bis hin zur Bestimmung des preußischen „Allgemeinen Landrechts" von 1794, wonach jeder berechtigt ist, *Gewalt mit Gewalt abzuwehren, wenn die Hilfe des Staats zu spät kommen würde*[137], deutet der häufige diskriminierende Gebrauch der Formel *myt eygener gewalt* oder *mit synes selbes gewalt* (1460)[138] auf die neue Rechtsauffassung hin, wonach die Gewaltausübung als solche nicht schon rechtens ist. Daß in der konkreten Rechtssprache des späten Mittelalters für Unrechtshandlungen allgemein (abgesehen von den Termini für spezifische Delikte) verschiedene Synonyma — etwa 'Frevel' oder 'Untat' — im Gebrauch waren, ergibt ein Blick in die Rechtsquellen. Die noch geringe Abstraktionskraft zeigt sich in einer Aufzählung aus dem 13. Jahrhundert: *wunden, haimsuche, diupstal, vraefel unde allen gewalt*[139]. So bildet sich im Laufe der Zeit zur Umschreibung von unrechtmäßiger Gewalttätigkeit (violentia) ein juristisches Wortfeld mit eben demselben Bestimmungswort 'Gewalt' aus, das im Laufe der Zeit eine begriffliche Systematisierung erfährt, die unter dem Einfluß des römischen Rechts steht[140]. Ein gewisser Abschluß dieser Entwicklung spricht aus einer

---

[133] Das Steiermärkische Landrecht (15. Jahrhundert) verzeichnet: *Ain pawr mag nicht gewalt tûn; ain purger, der lechen und aigen hat, den spricht man wol an umb ain gewalt;* zit. BRUNNER, Land und Herrschaft, 96.

[134] Daß 'violentia' allgemein „Unrecht" und nicht bloß „physische Gewaltanwendung" meint, betont KERN, Gottesgnadentum und Widerstandsrecht, 143, Anm. 307. Vgl. auch das Wormser Konkordat (1122): *simonia et aliqua violentia;* Quellensammlung zur Geschichte der Deutschen Reichsverfassung in Mittelalter und Neuzeit, hg. v. KARL ZEUMER, 2. Aufl. (Tübingen 1913), 4, Nr. 5b.

[135] WALTHER VON DER VOGELWEIDE 22, 1, hg. v. Karl Lachmann u. Carl v. Kraus, 10. Ausg. (Berlin, Leipzig 1936), 28; RWB Bd. 4, 692.

[136] Ebd., 688. 693. An den dort gegebenen Belegen läßt sich aber auch das Vordringen von 'gewalt' ohne weitere Qualifizierung im Sinne von „Unrecht" und „Gewalttat" ablesen.

[137] ALR Tl. 1, Tit. 7, § 142.

[138] RWB Bd. 4, 688.

[139] Augsburger Stadtrecht (1276), zit. ebd., 692.

[140] Auf die entsprechende römischrechtliche Nomenklatur, etwa die Unterscheidung zwischen 'vis publica' und 'vis privata' (öffentlicher und privater Gewalt), die nichts mit

Definition vom Ende des 16. Jahrhunderts: *Gwalt oder gwaltthat ist ein iede eigenwillige handlung, damit eines andern leib oder haab und zugehörung ohne recht oder gerichtliche behebnuß ... angegriffen ... wirdet*[141]. Es wird zu zeigen sein, daß die begriffliche Aufspaltung von 'Gewalt' in zwei Wortfelder bis zu Beginn des 19. Jahrhunderts fortbestanden hat. Soweit sie zur Ausdifferenzierung von 'Recht' aus dem Bedeutungsraum von 'Gewalt' führte, hat sie einer stärkeren Monopolisierung der Gewaltinhaber und damit auch des Sprachgebrauchs Vorschub geleistet.

4. 'Potestas' in der Auseinandersetzung zwischen 'regnum' und 'sacerdotium'

Die Abspaltung eines auf juristische Tatbestände begrenzten Wortfeldes ist nur eine Seite der begrifflichen Differenzierung von 'Gewalt' seit dem hohen Mittelalter und im Hinblick auf die neuzeitliche Staatssprache und -theorie nicht einmal die wichtigste. Von größerer, wenn auch indirekter Bedeutung für diese war die Auseinandersetzung zwischen Kaisertum und Papsttum seit dem 11. Jahrhundert, in welcher nicht nur die mittelalterliche Einheit von regnum und sacerdotium zerbrach, sondern auch viele der theologischen, philosophischen und juristischen Argumentationsfiguren entstanden, die schließlich — nach dem Scheitern der kaiserlichen und päpstlichen Weltherrschaftsansprüche im Interregnum und im Schisma — zur Legitimierung der fürstlichen Macht in den sich konsolidierenden Nationalstaaten Westeuropas und den Territorien des Reiches dienten und damit die moderne Souveränitätslehre vorbereiteten[142]. Die weitgehend lateinisch geführte Diskussion ist nicht spurlos an dem Begriffsfeld von 'potestas' vorbeigegangen. Die gegenüber anderen Gewalten durch die Sakralisierung und die Wiederaufnahme der imperialen Tradition der Antike herausgehobene Autorität des Kaisertums, dessen reale Machtbasis freilich das territorial begrenzte „regnum Theutonicum" blieb, wurde seit Karl dem Großen mit verschiedenen lateinischen Vokabeln — 'potentia', 'potestas', 'maiestas', 'auctoritas', 'honor', 'nomen', 'dignitas' — umschrieben, die alle, ohne eindeutige Präferenz für die eine oder andere, die von Gott übertragene Macht und Würde des für die weltliche Regierung der universitas christiana verantwortlichen Kaisers meinten. Wurde zur Zeit Karls des Großen auf die Unterscheidung zwischen Amtsgewalt und faktischer Macht kein großer Wert gelegt, so daß *potestas* und *potentia regalis* oder *imperialis* nebeneinander gebraucht wurden[143], so erscheint

---

dem Gegensatz von öffentlichem Recht und Privatrecht zu tun hat, kann im Rahmen dieses Überblicks nicht eingegangen werden. GMELIN, Art. Gewalt (s. Anm. 100), 280 führt folgende Varianten auf: *Gewalt, ablativa, ... compulsiva, ... defensiva, ... dejectiva, ... expulsiva, ... offensiva, ... turbativa;* davon ist die Defensivgewalt als Verteidigung gegen einen ungerechten Angriff erlaubt, außer *in dem einzigen Fall ..., wenn sie einer rechtmäßigen Gewalt, z. B. der Obrigkeit, welche ein Urteil vollziehen will, entgegengesetzt wird.*

[141] Niederösterr. Landrecht (1599), zit. RWB Bd. 4, 694.

[142] Neuerdings den Forschungsstand zusammenfassend HELMUT QUARITSCH, Staat und Souveränität, Bd. 1 (Frankfurt 1970), 45 ff.

[143] ARNO BORST, Kaisertum und Namentheorie im Jahre 800, in: Fschr. Percy Ernst Schramm, hg. v. PETER CLASSEN u. PETER SCHEIBERT, Bd. 1 (Wiesbaden 1964), 36 ff., bes. 41, Anm. 30; ebd., 51 Belege für *nomen imperatoris* und andere Wortverbindungen im Sinne von imperialer Macht.

III. 4. 'regnum' und 'sacerdotium'

'potentia' später bevorzugt, wenn auch nicht ausschließlich, zur Umschreibung der Macht Gottes, etwa in der Eingangsformel der Enzyklika FRIEDRICHS I. von 1157: *Cum divina potentia, a qua omnis potestas in caelo et in terra, nobis, christo eius, regnum et imperium regendum commiserit*[144]. In demselben Kontext des Jahres 1157/58 ist — und zwar sowohl von seiten des Kaisers als auch vom Papst und den Bischöfen — von der *dignitatis plenitudo*, die der Papst dem Kaiser übertragen habe, von dem *honor imperii*, der *imperialis maiestas* und — in personalisierter Fassung — von den *aures imperialis potentiae* die Rede[145]. Von einer konstant durchgehaltenen begrifflichen Unterscheidung kann angesichts des großen Zeitraums und des mit diesen Termini verbundenen Kampfes nicht gesprochen werden. Allenfalls läßt sich zeigen, daß dem Kaiser in der Regel 'auctoritas' im Sinne einer Ansehensmacht in der christlichen Welt, dagegen 'potestas' für den königlichen Herrschaftsbereich zugesprochen wurde[146]. Erst im Zuge des sich anbahnenden Konflikts zwischen Kaiser und Papst gewann die vom Papst GELASIUS I. im 5. Jahrhundert vorgenommene Unterscheidung zwischen der *auctoritas sacrata pontificum et regalis potestas* eine Bedeutung zur Begründung der Überordnung der päpstlichen über die kaiserliche Gewalt[147], wobei der Papst, wie anläßlich der Absetzung Heinrichs IV. durch GREGOR VII., für sich die *potestas et auctoritas Petri* in Anspruch nahm[148], ein Anspruch, der seinen klassischen Ausdruck in der Behauptung INNOZENZ' III. im Jahre 1198 fand, daß sich die königliche Gewalt *(regalis potestas)* zur päpstlichen Autorität *(pontificalis auctoritas)* wie der Mond zur Sonne verhalte[149].

Wurden 'potestas' und 'auctoritas' durch die metaphorische Umschreibung mit den beiden Schwertern oder mit den Gestirnen sowie durch ihren Einsatz in zahllosen theologischen und politischen Traktaten[150] in ihrer spezifischen Aussagekraft geschwächt, so erfuhren die mit ihnen angesprochenen Sachverhalte — das Postulat des päpstlichen Primats[151] oder der kaiserlichen Weltherrschaft — durch die Ein-

---

[144] ZEUMER, Quellensammlung, 12, Nr. 13 b.
[145] Ebd., 11 ff.
[146] QUARITSCH, Staat und Souveränität, Bd. 1, 48 f., Anm. 21.
[147] Quellen zur Geschichte des Papsttums und des römischen Katholizismus, hg. v. CARL MIRBT, 6. Aufl., hg. v. KURT ALAND, Bd. 1 (Tübingen 1967), 222, Nr. 462. Vgl. LOTTE KNABE, Die Gelasianische Zweigewaltenlehre bis zum Investiturstreit (Berlin 1936; Ndr. Vaduz 1965); WILHELM ENSSLIN, Auctoritas und Potestas. Zur Zweigewaltenlehre des Papstes Gelasius I., Hist. Jb. 74 (1955), 661 ff. Eine eindeutige Zuweisung von 'auctoritas' und 'potestas' an Papst und Kaiser (König) läßt sich weder den spätantiken noch den mittelalterlichen Quellen entnehmen.
[148] MIRBT/ALAND, Quellen, Bd. 1, 283.
[149] Die Register Innocenz III., 1. Pontifikatsjahr, 1198/99, Texte, Bd. 1, hg. v. OTHMAR HAGENEDER u. ANTON HAIDACHER (Graz, Köln 1964), 600, Nr. 401.
[150] ALOIS DEMPF, Sacrum Imperium. Geschichts- und Staatsphilosophie des Mittelalters und der politischen Renaissance, 2. Aufl. (Darmstadt 1954), 170 ff.
[151] HANS ERICH FEINE, Kirchliche Rechtsgeschichte. Die katholische Kirche, 4. Aufl. (Köln, Graz 1964), 311 ff.; WALTER ULLMANN, Die Machtstellung des Papsttums im Mittelalter. Idee und Geschichte (Graz, Wien, Köln 1960). Die von Ullmann vorgenommene Gleichsetzung der päpstlichen 'plenitudo potestatis' mit der 'Souveränität' (vgl. ebd., XL) ist umstritten.

führung römischrechtlicher Kategorien in die Kanonistik seit dem 12. und die auf aristotelischen Grundlagen basierende Staatslehre der Scholastik seit dem 13. Jahrhundert eine differenziertere und begrifflich schärfere Verarbeitung. Der Dekretist RUFINUS (1157/59) hat wohl als erster den Begriff der *plenitudo potestatis* verwendet[152]. Er wurde in der Folgezeit, insbesondere seit Innozenz III., immer mehr zur Bezeichnung des päpstlichen Primats in geistlichen und weltlichen Angelegenheiten eingesetzt, sehr schnell aber auch von der kaiserlichen Gegenseite übernommen. Die Diskussion dieser Gewalt in der Kanonistik führte zu einer vielfältigen Differenzierung in mancherlei, nach Funktionen oder hierarchischer Ordnung unterschiedenen Teilgewalten, von denen hier nur die 'potestas directa' oder 'indirecta', die 'potestas spiritualis' und 'temporalis', die 'potestates dispensandi, ligandi et solvendi', die 'potestas condendi leges' und die 'potestas iurisdictionis' sowie die etwas später aufkommende Unterscheidung zwischen dem dem Papst zustehenden 'dominium universale' (oder 'eminens') und dem den Laien verbleibenden 'dominium particulare' (oder 'utile') genannt seien[153]. Der viel kommentierte Satz INNOZENZ' III.: *secundum plenitudinem potestatis de iure possumus supra ius dispensare* wurde nicht nur auf das kirchliche Recht bezogen, sondern auch auf die weltliche Jurisdiktion ausgedehnt und führte schließlich zur Überspitzung des päpstlichen Herrschaftsanspruches unter BONIFAZ VIII. (Bulle „Unam Sanctam" 1302) und damit zu seinem Scheitern[154].

Wichtiger Bestandteil der plenitudo potestatis und für die spätere Ausbildung des Souveränitätsbegriffs entscheidend wurde die in Ansätzen schon auf das 11. Jahrhundert (Gregor VII. „Dictatus papae") zurückgehende Forderung der *potestas condendi leges*[155]. Mit ihr wurde die traditionelle Weise der Rechtsfindung durch Konsensus und „leges emendare" zugunsten einer mehr oder weniger freien — sola voluntate — Rechtssetzungsbefugnis aufgegeben. In Interpretation des Rechtsbuches Justinians begründete man seit dem Beginn des 12. Jahrhunderts die auctoritas legis condendae auf die Übertragung der potestas in der lex regia durch die Römer auf den Kaiser (Dig. 1,4,1) und auf den Satz *princeps legibus solutus est* (Dig. 1,3,31). Er meinte zunächst nicht eine unbeschränkte Lösung von jeglicher Norm, sondern die Befugnis zur Abweichung von bestehenden Rechten oder ihre Aufhebung unter dem Zwang der necessitas und wurde erst später im kanonischen Recht als Anwendung des göttlichen und des Naturrechts durch den Gesetzgeber, den Papst, interpretiert[156]. Diese Gesetzgebungsgewalt, durch welche die traditionelle Bindung des Papstes an die caritas — d. h. die aequitas, die honestas und die

---

[152] RUFINUS VON BOLOGNA, Summa Decretorum, zit. LUDWIG BUISSON, Potestas und Caritas. Die päpstliche Gewalt im Spätmittelalter (Köln, Graz 1958), 58.

[153] Auf einen gesonderten Nachweis der Belege kann verzichtet werden; vgl. die oben genannten Arbeiten von Feine, Ullmann, Buisson, Dempf und Quaritsch. Zur Unterscheidung zwischen 'dominium eminens' und 'utile' → Eigentum, Bd. 2, 70 f.

[154] INNOZENZ III., Dekretale „Proposuit" (1198), MIGNE, Patr. Lat., Bd. 214 (1890), 116, Nr. 116; MIRBT/ALAND, Quellen, Bd. 1, 458 ff., Nr. 746; QUARITSCH, Staat und Souveränität, Bd. 1, 64 u. passim.

[155] Hierzu bes. QUARITSCH, Staat und Souveränität, Bd. 1, 132 ff. mit zahlreichen Belegen.

[156] BUISSON, Potestas und Caritas, 83 ff.

utilitas — in Frage gestellt wurde[157], ist auch von den übrigen principes in Anspruch genommen worden. Schon 1202 heißt es: *Reges habent potestatem condendi leges sicut et imperatores*[158], und THOMAS VON AQUIN richtete seine Lehre über die menschlichen Gesetze auf den Fürsten aus, etwa in dem Satz: *Lex autem non habet vim coactivam nisi ex principis potestate*[159].

Die päpstliche plenitudo potestatis blieb in ihrer Ausweitung auf die potestas directa in temporalibus nur ein Postulat, dem kein reales Durchsetzungsvermögen gegenüber den weltlichen Gewalten entsprach. Diese, zuerst die französischen Könige und ihre juristischen Ratgeber, haben vielmehr in Auseinandersetzung mit einem verweltlichten Papsttum und mit der imperialen Kaiseridee die höchste Gewalt für ihren Herrschaftsbereich in Anspruch genommen. Sie stützten sich dabei auf einen Nebensatz in dem Dekretale INNOZENZ' III. „Per Venerabilem" (1202): *Cum Rex ipse superiorem in temporalibus minime recognoscat*[160]. Dieser Satz wurde in der Fassung: *Rex est imperator in regno suo* vom 13. Jahrhundert an in Frankreich zu einem locus communis der Staatstheorie und -praxis[161]. Um die Mitte des 14. Jahrhunderts erscheint er sinngemäß in deutschen Quellen, etwa 1367 in einer Urkunde der bayerischen Herzöge: *wan der pabst, kayser noch küng nichtes in unsern landen zu bieten haben*[162]. So sehr diese Auffassung im Laufe der Zeit der Konzentration der Rechtsgewalt in der Hand der Fürsten Vorschub leistete, so war sie im Spätmittelalter weder in Frankreich, noch weniger in den deutschen Territorien, gleichbedeutend mit der Souveränität. Vielmehr war die Ausübung der königlichen oder fürstlichen potestas und superioritas hier wie dort auf die Respektierung bestehender Rechtssphären verpflichtet und generell dem Gebot der Gerechtigkeit und des Gemeinen Besten unterworfen[163]. Die damit zum Ausdruck kommende Zweckbindung herrschaftlicher Gewalt an die Idee der Gerechtigkeit und an das bonum commune ist besonders von THOMAS VON AQUIN betont worden, in der Lehre vom Naturrecht mit der Überordnung des Rechts über die Macht und der im göttlichen Seinsgrund verankerten *ratio gubernationis*[164]. Thomas hat im übrigen, indem er die aristotelische Klassifikation der Verfassungsformen übernahm, die Termini 'potestas' und 'potentia' wertneutral und synonym mit 'regimen' als Zuordnungsbegriffe zu 'respublica' und 'status' im Sinne von politischem Gemeinwesen gebraucht und zwischen der 'potestas' oder 'potentia regalis', 'popularis', 'paucorum', 'multidudinis' etc. unterschieden[165]. Auch hier sind Amts- und Machtcharakter der

---

[157] Dies ist eines der Hauptthemen des Buches von Buisson (mit zahlreichen Belegen).
[158] ALANUS, zit. QUARITSCH, Staat und Souveränität, 138, Anm. 410.
[159] THOMAS VON AQUIN, Prima secundae summae theologiae qu. 5, art. 5, Opera, t. 7 (1892), 185.
[160] MIRBT/ALAND, Quellen, Bd. 1, 309, Nr. 597.
[161] PERCY ERNST SCHRAMM, Der König von Frankreich. Das Wesen der Monarchie vom 9. zum 16. Jahrhundert. Ein Kapitel aus der Geschichte des abendländischen Staates, Bd. 1 (Darmstadt 1960), 181; vgl. QUARITSCH, Staat und Souveränität, Bd. 1, 79 ff.
[162] Zit. BRUNNER, Land und Herrschaft, 391 mit weiteren Belegen.
[163] Ebd., 392 f.; BUISSON, Potestas und Caritas, 292 ff. (Bindung des französischen Königs an den Krönungseid). 315.
[164] Ebd., 99 ff.; DEMPF, Sacrum Imperium, 376 ff., bes. 382.
[165] WOLFGANG MAGER, Zur Entstehung des modernen Staatsbegriffs, Akad.-Abh. Mainz, Geistes- u. Sozialwiss. Kl., Jg. 1968 (Wiesbaden 1968), 418 ff. mit Belegen aus THOMAS,

Herrschaft noch nicht sauber voneinander getrennt. Wenn Thomas die Monarchie *(regimen regale)* von der Demokratie *(regimen politicum)* auf die Weise unterscheidet, daß der Monarch die *plenaria potestas* besitzt, die Demokratie dagegen eine Zwangsgewalt *(potestas coarctata) secundum aliquas leges civitatis*[166], so bezieht sich diese Bindung auf die *lex humana*, und auch der Monarch ist wie jede andere Gewalt auf die *lex aeterna* und *naturalis* verpflichtet.

Die politischen und rechtlichen Distinktionen, die das Begriffsfeld von 'Macht' und 'Gewalt' im Hoch- und Spätmittelalter erfuhr, sind schnell in die Staats- und Rechtssprache der Zeit übernommen worden, ohne daß ihnen immer die Verfassungswirklichkeit entsprach. Das gilt besonders für den Bereich der kaiserlichen Gewalt, die zwar verbal alle Attribute der plenitudo potestatis für sich in Anspruch nahm, in Wirklichkeit aber immer mehr in ihrem Handeln an die Mitwirkung der Reichsfürsten, nicht zuletzt der Kurfürsten, gebunden wurde. Das neue Vokabular findet sich schon in seltener Häufung in der Arenga der Urkunde, mit der RUDOLF VON HABSBURG 1282 seine Söhne Albert und Rudolf mit Österreich belehnte: *Romani moderator imperii ab observancia legis solutus legum civilium nexibus, quia legum conditor non constringitur et tamen legis nature dominium, quod ubique et in omnibus principatur, necessario profitetur. Huius enim legis imperiosa potestas sic regnat potenter, sic in dominii sui potencia exuberat affluenter*[167]. Tatsächlich konnte der König die Belehnung erst vornehmen, nachdem die Kurfürsten in sogenannten Willebriefen zugestimmt hatten[168]. Die Wendung von der imperialis potestatis plenitudo blieb ebenso wie ihr deutsches Äquivalent der kaiserlichen Machtvollkommenheit seit der „Goldenen Bulle" von 1356 eine Tarnformel, durch die die Bindung der kaiserlichen Gewalt an die Reichsgrundgesetze verschleiert wurde. Das hat sich bis zum Ende des Reiches, trotz der Versuche einzelner Kaiser, ihren Handlungsspielraum zu erweitern (Karl V., Ferdinand II.), nicht mehr geändert. Die Macht des Kaisers und des römischen Königs blieb trotz solcher Formeln wie *Von Romischer kuniglicher kraft macht und gewalt*[169] von der Souveränität ebenso weit entfernt wie die übrigen — territorialen — Gewalten im Reich.

Im innerkirchlichen Bereich hat sich dagegen die Lehre von der päpstlichen plenitudo potestatis, trotz mancherlei Anfechtungen durch den Konziliarismus[170], durch episkopalistische Strömungen[171] und Staatskirchentum über das Mittelalter hinaus

---

In libros politicorum Aristoteles expositio und dem Traktat: De regimine principum seines Fortsetzers BARTHOLOMÄUS VON LUCCA.

[166] MAGER, Staatsbegriff, 416, Anm. 2. 417.
[167] ZEUMER, Quellensammlung, 136 f., Nr. 103a.
[168] Ebd., 137, Nr. 103 b ein solcher Brief.
[169] Kurfürstlicher Gesetzentwurf zur Reichsreform vom Nürnberger Reichstag (1438), ebd., 252, Der ewige Landfriede (1495), § 11: *Auß Römischer Konigliche Macht Volkomenhait;* ebd., 284.
[170] MARSILIUS VON PADUA sprach 1324 in seinem „Defensor pacis" (2, 4) dem vom weltlichen Gesetzgeber einberufenen Generalkonzil die *potestas coactiva* in kirchlichen Fragen zu; ebd. 1, 19: *vis coactiva* und *iurisdiccione coactiva seu temporali;* vgl. auch DEMPF, Sacrum Imperium, 432 ff.
[171] Vgl. FEINE, Kirchl. Rechtsgeschichte, 547 ff., bes. 548. Der Trierer Weihbischof JOH. NIKOLAUS V. HONTHEIM veröffentlichte 1763 in Frankfurt unter dem Pseudonym JUSTINUS

behauptet, während der durch die Reformation und den Aufstieg des modernen Staates illusorisch gewordene Weltherrschaftsanspruch im 16. Jahrhundert auch theoretisch — durch die beiden Jesuiten Bellarmin und Suarez — zu einer *potestas indirecta* oder *directiva in temporalibus* abgeschwächt wurde, für deren Durchsetzung die Kirche auf den jeweiligen Staat angewiesen blieb[172]. Es waren die französischen Könige, die vom 13. bis zum 15. Jahrhundert in steter Auseinandersetzung mit der päpstlichen Vollgewalt, in allmählicher Durchsetzung der königlichen Rechtssetzungsbefugnis und in Wahrung des inneren Friedens und der *chose publique* ihre eigene *plenitudo regiae potestatis* entwickelten. Sie fand in den Formeln von der *puissance et autorité royale* ihren Niederschlag, die zwar bis ins 16. Jahrhundert nicht als schrankenlos verstanden wurde, aber doch der Souveränitätslehre Bodins präludierte[173].

IV. Zwischen Auflösung und Bewahrung der Tradition

1. Wandlungen des Sprachgebrauchs in der Reformation

Die Schriften und die theologisch begründete Staatslehre der Reformatoren erschließen die ambivalente wort- und begriffsgeschichtliche Situation im Vorfeld des modernen Staates: der politische Sprachgebrauch der Zeit wurde im Bereich des Deutschen durch die Bibelübersetzung Luthers normiert und dadurch für längere Zeit partiell gegenüber Neuerungen immunisiert. Für den Begründungszusammenhang von politischer Macht und Gewalt stellten dagegen die Reformatoren, so sehr sie in anderer Hinsicht dem mittelalterlichen Denken verhaftet blieben, durch die Abkehr von der thomistischen Theologie und Naturrechtslehre Argumentationsmuster zur Verfügung, die, oft entgegen ihrer ursprünglichen Funktion, auch der säkularisierten Staatspraxis und -theorie zugute kommen konnten.

Schon die Art und Weise, in der LUTHER in der Bibelübersetzung die Worte 'Macht' und 'Gewalt' abweichend vom älteren Gebrauch einsetzt, weist auf Verschiebungen innerhalb des Bedeutungsfeldes der beiden Begriffe hin[174]. Nicht selten tauscht er das ältere 'Gewalt' im Sinne von legitimer und institutionalisierter Macht (griech. ἐξουσία, lat. potestas) mit dem Terminus 'Macht' aus: *Das Volck ... preisete Gott, der solche macht den Menschen gegeben hat* (Matth. 9, 8), oder Jesus zu Pilatus: *Du hettest keine macht uber mich, wenn sie dir nicht were von oben erab gegeben* (Joh. 19, 11)[175]. Diese und ähnliche Stellen (etwa Joh. 17, 2; Luk. 10, 19; 19, 17) lassen

---

FEBRONIUS sein aufsehenerregendes Werk „De statu ecclesiae et legitima potestate Romani pontificis", in dem er den päpstlichen Primat einzuschränken suchte.

[172] FEINE, Kirchl. Rechtsgeschichte, 547 f.
[173] BUISSON, Potestas und Caritas, 328 ff.; QUARITSCH, Staat und Souveränität, Bd. 1, 169 ff.
[174] Vgl. für das Folgende die sorgfältige Registrierung des sprachlichen Wandels von 'Gewalt' und 'Macht' in Luthers Bibelübersetzung im Vergleich zu seinen griechischen und lateinischen Vorlagen und zu älteren deutschen Fassungen durch HERMANN WUNDERLICH in: GRIMM Bd. 4 (1911), bes. 4912 ff. 4946 ff.
[175] MARTIN LUTHER, Biblia: das ist: Die gantze Heilige Schrifft: Deudsch (Wittenberg 1545), Ndr. hg. v. Hans Volz u. Heinz Blanke, 2. Aufl., Bd. 2 (Darmstadt 1973), 1982.

erkennen, daß 'Macht' hier primär im Sinne von Vollmacht und übertragener Gewalt verstanden und damit ihrer Eigenständigkeit entkleidet wird. Hingegen hält sich 'Gewalt' dort, wo sie als Attribut Gottes oder Christi erscheint — *mir ist gegeben alle Gewalt im Himel und Erden* (Matth. 28, 18) —, gelegentlich auch, wenn das Bedürfnis der sprachlichen Variation vorliegt: *uber alle Fürstenthum, Gewalt, Macht, Herrschafft* (Eph. 1, 21 für *supra omnem principatum et potestatem, et virtutem, et dominationem*)[176]. Andererseits erfährt der Terminus 'Gewalt' eine Bedeutungsausweitung im instrumentellen Sinne, sei es synonym mit 'Kraft' (Matth. 6, 13) zur Bezeichnung der Stärke und Überlegenheit (vis, virtus, fortitudo) Gottes (Hiob 12, 13; Luk. 9, 1), sei es zur Verdeutlichung des Einsatzes des dem Machthaber zur Verfügung stehenden Potentials — *er ubet gewalt mit seinem Arm* (Luk. 1, 51) —, vor allem aber zur Umschreibung jeder gewaltsamen Handlung (violentia) — *leidet das Himelreich gewalt, und die gewalt thun, die reissen es zu sich* (Matth. 11, 12 für: *vim patitur, et violenti rapiunt illud*) — und des Unrechts (iniuria) überhaupt: *Der Recht schaffet denen, so gewalt leiden* (Psalm 146, 7)[177]. Unabhängig von dieser Verschiebung des Gebrauchs von 'Macht' und 'Gewalt', wodurch die ältere Unterscheidung zwischen 'potestas' und 'potentia' zumindest terminologisch verwischt wird, neigt Luther dort, wo seine Vorlage 'potestas' (bzw. griech. ἐξουσία) im politisch-staatsrechtlichen Sinne hat, dazu, für 'Gewalt' die Synonyma *Regiment* (Sirach 10, 4), *Herrschafft* (Hiob 25, 2) und *oberkeit* (Luk. 23, 7) einzusetzen[178]. Auf diese Weise wird die begriffliche Zuordnung der Zwangsgewalt auf den Staat hin auch sprachlich möglich: *Jederman sey unterthan der Oberkeit, die gewalt uber jn hat* (Röm. 13, 1)[179].

Der sprachliche Befund der Bibelübersetzung findet seine begriffsgeschichtliche Bestätigung dort, wo sich Luther und die anderen Reformatoren direkt, wenn auch immer in einem theologischen Kontext, zu Fragen der politischen Ordnung geäußert haben. Das gilt für die Konzeption der von Gott eingesetzten Obrigkeit im

---

2180. Vgl. Erke Wolgast, Die Wittenberger Luther-Ausgabe. Zur Überlieferungsgeschichte der Werke Luthers im 16. Jahrhundert (Nieuwkoop 1971).

[176] Luther, Biblia, Bd. 2, 2029. 2356; Novum testamentum Latine, hg. v. Eberhard Nestle, 11. Aufl. (Stuttgart 1971), 491.

[177] Luther, Biblia, Bd. 2, 2072. 1987 (Nestle, Novum testamentum, 27); ebd., Bd. 1 (1973), 1090.

[178] Ebd., Bd. 2, 1765; Bd. 1, 943; Bd. 2, 2131; vgl. Grimm Bd. 4, 4948.

[179] Luther, Biblia, Bd. 2, 2290. Zu älteren Fassungen: *Eyn igliche seele sey der gewallt und uberkeyt unterthan;* ders., Von welltlicher Uberkeytt, wie weyt man yhr gehorsam schuldig sey (1523), WA Bd. 11 (1900), 247. Die altertümliche sprachliche Gleichsetzung findet sich noch in der Übersetzung von Röm. 13 in einer Flugschrift des Bauernkrieges (1525): *Wer sich dem gewalt widersetzt, der widerstrebt gottes ordnung, und wird darumb die urtayl uber sich empfahen, dann der gewalt tregt das schwert nit vergebens. Er ist ein diener Gottes ... Es ist keyn gewalt dann von got;* An die versamlung gemayner Pawerschafft, so in Hochteutscher Nation, und viel anderer ort, mit empörung und auffrur entstanden (Flugschr. 1525), abgedr. Horst Buszello, Der deutsche Bauernkrieg von 1525 als politische Bewegung (Berlin 1969), 154.

IV. 1. Sprachgebrauch in der Reformation   Macht, Gewalt

Rahmen der lutherischen Zwei-Regimenter-Lehre[180] und, damit zusammenhängend, für den reformatorischen Amtsbegriff, für die Diskussion über das Recht zum Widerstand gegen die unrechte Gewalt, schließlich für die Eliminierung (Luther) oder Relativierung (Melanchthon und Zwingli) des Naturrechts als Legitimationsgrund der Staatsgewalt.

Luther versteht das *weltliche Regiment,* das er in doppelter Anlehnung an Augustinus und an die Grundlagen der spätmittelalterlichen Landeshoheit gerne *das schwerd und die gewallt* nennt[181], als ein von Gott gestiftetes *ampt* zur Aufrechterhaltung der äußeren Ordnung und des Friedens unter den im Stande der Erbsünde lebenden Menschen[182]. Da die Obrigkeit aber nicht auf die Christenheit beschränkt ist, sondern jede irdische Ordnung meint[183], wird sie als unmittelbare Stiftung Gottes aus der Unterordnung unter die geistliche Gewalt im mittelalterlichen Sinne gelöst, zugleich unabhängig von einer christlichen Sinngebung gestellt. Immerhin findet es Luther gut, wenn das weltliche Regiment in der Hand von Christen liegt; *denn das schwerd und die gewallt als eyn sonderlicher gottis dienst gepuert den Christen zu eygen fur allen andern auff Erden*[184]. Hieraus ergibt sich die ausdrückliche Forderung an jeden Christen, sich der Obrigkeit, falls es an geeigneten Personen fehlt, als *henger, böttell, richter* zur Verfügung zu stellen, *auff das jah die noettige gewallt nicht veracht und matt wuerde oder untergienge*[185]. In der Praxis des aus der Reformation hervorgegangenen landesherrlichen Kirchenregiments[186] mit dem Fürsten als summus episcopus konnte freilich die Unterscheidung zwischen dem geistlichen Regiment Gottes über die echten Christen und der weltlichen Obrigkeit über alle Menschen nicht durchgehalten werden; auch Zwingli und Calvin haben sich nicht gescheut, die Zwangsmittel des Staates zur Durchsetzung geistlicher Ziele in Anspruch zu nehmen[187].

---

[180] LUTHER, Uberkeytt, 251 ff. Zum Forschungsstand vgl. Luther und die Obrigkeit, hg. v. GUNTHER WOLF (Darmstadt 1972); ferner WALTER V. LOEWENICH, Luthers Stellung zur Obrigkeit, in: Staat und Kirche im Wandel der Jahrhunderte, hg. v. WALTHER PETER FUCHS (Stuttgart 1966), 53 ff.

[181] LUTHER, Uberkeytt, 252. 258.

[182] Ebd., 258. Im übrigen gebraucht Luther gelegentlich auch das Wort 'Gewalt' für die geistliche Herrschaft Gottes über die Herzen der Gläubigen durch Wort und Geist; ders., Uberkeytt, 262; vgl. DIETER CLAUSERT, Das Problem der Gewalt in Luthers Zwei-Reiche-Lehre (1966), in: WOLF, Luther und die Obrigkeit, 398 f.

[183] Auch die *Heydenissche oberkeyt* hat als *Gotts dieneryn ... zu straffen recht und macht;* LUTHER, Ermanunge zum fride auff die zwelff artickel der Bawrschafft ynn Schwaben. Auch widder die reubischen und mördisschen rotten der andern bawren (1525), WA Bd. 18 (1908), 359.

[184] Ders., Uberkeytt, 258.

[185] Ebd., 255. Für Luther gehört auch der Notkrieg, richtig eingesetzt, zu den Strafmitteln der Obrigkeit und ist als solches ein „Amt", das freilich wie jede andere Zwangsgewalt mißbraucht werden kann; Ob Kriegsleute auch in seligem stande sein können (1526), WA Bd. 19 (1897), 625 ff.

[186] Vgl. etwa WILHELM MAURER, Die Entstehung des Landeskirchentums in der Reformation, in: FUCHS, Staat und Kirche, 69 ff.

[187] OTTO KAYSER, Die Anschauungen der großen Reformatoren (Luther, Melanchthon,

Die Tendenz zur Legitimation jeder Staatsgewalt, die in dem Rückbezug auf die Verordnung durch Gott lag, wurde verstärkt durch die konsequente Trennung von Amt und Person, die es möglich machte, die Institution der *noettigen gewallt* von ihrer rechten Handhabung oder ihrem Mißbrauch durch die Amtsträger zu unterscheiden. Auf der einen Seite gilt für Luther: *Potentia esse in terra, non est per se malum*[188]; auf der anderen Seite erkennt er an, daß keine Regierung (sceptrum) *sine tyrannide, iniuria, vitiis* abgehe[189], und auch seine nahe an die moderne Auffassung von der korrumpierenden Wirkung der Macht heranführende Feststellung: *Potentia facit insolentes et Tyrannos*[190] hat nicht das Amt als solches im Auge, sondern die Amtsführung derjenigen Machthaber, die vergessen, daß ihre Gewalt ein Auftrag Gottes gegenüber den Untertanen ist. Für CALVIN gilt, daß die mit dem *ius gladii* und der *potestas publica* ausgestatteten Herrscher auch dann noch Gottesknechte sind, *si tyrannidem exerceant et sint latrones*[191].

Die strikte Scheidung zwischen göttlichem und weltlichem Regiment und dessen von Gott gestiftete Ordnungsfunktion auf Erden sowie die Trennung von Amt und Person sind die theologischen Voraussetzungen, unter denen die Reformatoren zur weitgehenden, wenn auch nicht konsequent durchgehaltenen Ablehnung des gewaltsamen Widerstandes gegen die unrechte Obrigkeit kommen. So gerät in den Flugschriften zum Bauernkrieg und zur Kirchenspaltung der Gewaltbegriff zunehmend in das Spannungsfeld von rechter und unrechter Herrschaft (potestas) und von Gewalt und Gegengewalt (violentia)[192].

Die Mühlhäuser Artikel von 1524, eine Abrechnung mit dem alten Stadtrat, richten sich gegen *alle falsche gewalt und eigennutz* derer, die *die stadt mit falscheit betrogen haben*[193]; ein Jahr später wird die *aygen gewalt vom Adel* zur *tyrannischen vergwaltigung des gemaynen mans* erklärt[194]. Die Erfahrung zunehmender sozialer Gegensätze spricht sich in dem Bedenken aus, *daß der aigengewalt unersettiget ist, also lang, biß er alle ding under sich pringt, und allayn frey sey und niemants anders, sonder sein aygen sein muß, mit leyb und gut*[195]. Eine solche Gewalt wird, in Anlehnung an das

---

Zwingli, Calvin) von der Staatsgewalt (phil. Diss. Breslau 1912), 36. 44 f. mit Belegen; JOSEF BOHATEC, Calvins Lehre von Staat und Kirche mit besonderer Berücksichtigung des Organismusgedankens (Breslau 1937; Ndr. Aalen 1961), 611 ff.

[188] LUTHER, Vorlesungen über 1. Mose (1535/45), WA Bd. 42 (1911), 401. Vgl. ferner ders., Uberkeytt, 257: *Die gewalt ist von natur der art, das man got damit dienen kan.*

[189] Ders., Praelectio in psalmum 45 (1532), WA Bd. 40/2 (1914), 525. Ähnlich in der Römerbriefvorlesung, WA Bd. 56 (1938), 124: *Nulla enim potestas est inordinata, sed bene inordinate affectatur et geritur.*

[190] Ders., Vorlesungen über 1. Mose, 524.

[191] Zit. BOHATEC, Calvins Lehre, 61.

[192] Vgl. neuerdings PETER LUCKE, Gewalt und Gegengewalt in deutschen Flugschriften der Reformation (Göppingen 1974); sowohl diese Arbeit als auch eine kursorische Durchsicht von Quellen zur Geschichte des Bauernkrieges ergibt, daß sie zur Begriffsgeschichte von 'Macht' und 'Gewalt' keine über das mittelalterliche Verständnis hinausführende Veränderungen enthalten, es sei denn die beginnende Einsicht in strukturelle Gewaltverhältnisse.

[193] Flugschriften des Bauernkrieges, hg. v. KLAUS KACZEROWSKY (Reinbek 1970), 38.

[194] An die versamlung gemayner Pawerschafft, in: BUSZELLO, Bauernkrieg, 165.

[195] Ebd., 168.

IV. 1. Sprachgebrauch in der Reformation

Fehderecht, als *warhafftig abgesagt feyndtschaffter jrer aygner landtschafft* bezeichnet und kann von dieser unter Berufung auf die *götliche Juristrey* abgesetzt werden[196]. Noch schärfer THOMAS MÜNTZER, der in sozialrevolutionärer Wendung den Satz des Lukasevangeliums (1, 52): *Er stösset die Gewaltigen vom stuel, Und erhebt die Elenden*[197] zum Ausgangspunkt seiner Drohung an den Grafen von Mansfeld nimmt, daß dieser, wenn er nicht von seinem *tirannischen wuten* ablasse, *durch Gottes kreftige gewalt* der Verfolgung und Ausrottung durch die *cleynen* überantwortet werde[198]. Dieser Gründung der gewaltsamen Revolution auf das göttliche Recht oder das Evangelium setzt LUTHER den unmißverständlichen Satz entgegen: *Denn der uberkeyt soll man nicht widderstehen mit gewalt*[199]. Er wird aber ergänzt durch die Betonung der Pflicht des Christen, derjenigen Obrigkeit, die *ynn Gottis reych und gewallt* greift, gewaltlos, das heißt durch *bekentnis der warheyt* und — so an die Bauern 1525 — durch *stille stehen, leyden und alleyne Gott klagen* — zu widerstehen[200]. HANS SACHS kleidete diese Auffassung 1526, also schon nach der Niederschlagung des Aufstandes, in die Verse:

> *Esel, dich hat Vernunft verblent,*
> *Das du dem Gwalt wilt widerstent,*
> *Den got zu straff deiner sünd hat gesent.*
> *Halt du gott still, bis ehr dir wend*
> *Wucher, tyranisch regiment;*
> *Laß im die rach in seiner hend;*
> *Die rach ist sein, die schrifft bekent.*
> *Die gweltig ehr mit krafft zutrent*[201].

LUTHER mahnte schon 1524 die Fürsten, dem *auffruhr*, der aus Müntzers Lehre entstehen könne, *aus schuld und pflicht ordentlicher gewallt zuvorzukommen*[202], und konkretisierte ein Jahr später in seiner Schrift „Wider die räuberischen und mörderischen Rotten der Bauern" in der schroffen Forderung an das Schwert: *Drumb sol hie zuschmeyssen, wurgen und stechen heymlich odder offentlich, wer da kan, und gedencken, das nicht gifftigers, schedlichers, teuffelichers seyn kan, denn eyn auffrurischer mensch, gleich als wenn man eynen tollen hund todschlahen mus, schlegstu nicht, so schlegt er dich und eyn gantz land mit dyr*[203]. Anderseits bezeichnete Luther es als Pflicht und als einen Gottesdienst des Priesters, offen gegen den Mißbrauch der

---

[196] Ebd., 164. 177.
[197] LUTHER, Biblia, Bd. 2, 2072; in der Nachrevision des Lutherschen Neuen Testaments: *Er stößt die Machthaber vom Thron und erhebt die Niedrigen;* Das Neue Testament. Revidierter Text 1975 (Stuttgart 1976), 128.
[198] THOMAS MÜNTZER, Schriften und Briefe, hg. v. Günther Franz (Gütersloh 1968), 467 f.
[199] LUTHER, Uberkeytt, 277. Vgl. zum Folgenden auch KARL-FERDINAND STOLZENAU, Die Frage des Widerstandes gegen die Obrigkeit bei Luther zugleich in ihrer Bedeutung für die Gegenwart (Auszüge), in: WOLF, Luther und die Obrigkeit, 196 ff.
[200] LUTHER, Uberkeytt, 266. 277; ders., Ermanunge zum fride, 328.
[201] HANS SACHS, Der arm gemain esel, Werke, hg. v. Adelbert v. Keller u. Edmund Goetze, Bd. 23 (Tübingen 1895), 14.
[202] LUTHER, Eyn brieff an die Fürsten zu Sachsen von dem auffrurischen geyst (1524), WA Bd. 15 (1899), 213.
[203] Ders., Ermanunge zum fride, 358.

Schwertgewalt durch die Obrigkeit aufzutreten, auch wenn das von ihr als Aufruhr betrachtet werde. Gerade die Unterlassung einer solchen Bestrafung der Obrigkeit sei aufrührerisch, weil sie den *pöbel böse und unwillig* mache und der *tyrannen bosheit und macht* stärke[204]. Dieselbe Spannung zwischen der göttlichen Legitimation der Obrigkeit und der Gehorsamspflicht der Untertanen auf der einen und der Sündhaftigkeit von Herrscher und Beherrschten auf der anderen Seite spricht aus der Ablehnung der Revolution durch CALVIN als eines Vertragsbruchs, der nicht nur an weltlichen Autoritäten, sondern auch gegenüber Gott begangen worden ist (*fidem promissam violare*), und aus seiner Kritik an den Fürsten, die aus Stolz und Größenwahn den ursprünglichen Sinn der Formel „Dei gratia" in das Gegenteil verkehrt und damit Gott selbst aus seiner Herrschaft vertrieben haben[205].

Wenn Luther später den aktiven Widerstand der evangelischen Reichsfürsten gegen den Kaiser zuließ und, wenn Calvin und Zwingli ein Widerstandsrecht der Volksbehörden (Stände) gegenüber der die Majestät und Souveränität Gottes verletzenden Obrigkeit vorsahen, so geschah das in Verknüpfung theologischer Argumente mit dem reformatorischen Amtsgedanken und mit verfassungspolitischen Überlegungen. LUTHER, der schon 1520 die Papstgewalt mit *des teuffels und Endchristes gewalt* gleichgesetzt und den christlichen Adel zum Widerstand *mit leyb, gut und allem, was wir vormugenn*, gegen solche Gewalt aufgerufen hatte[206], nannte 1538/39 zusammen mit anderen Reformatoren den Kaiser ein Werkzeug des Papstes, des Antichrist; er übe außerhalb seines Amtes, also wie ein Privatmann, unrechte Gewalt — *öffentliche violentia* —, durch welche das Band zwischen Oberherrn und Untertanen *iure naturae* aufgehoben werde. Luther machte darüber hinaus geltend, daß die Kurfürsten *sunt cum caesare aequali potentia*, also Mitregenten des Reiches[207]. CALVIN band die Widerstandspflicht an das Amt der im Staate bestehenden Stände[208], und ZWINGLI erlaubte die Absetzung des Tyrannen zwar nicht durch den Einzelnen — denn *das macht ufrür* —, aber durch *die ganz menge des volks einhelliglich*[209].

Die sich in jenen Äußerungen aussprechende Anerkennung eines Naturrechts im politischen Bereich wird jedoch durchweg, am stärksten bei Luther, relativiert durch die spiritualistische Aufhebung des Naturgesetzes, der *lex exterior*, und der dem Mißbrauch offenstehenden *iustitia coram hominibus* durch die Allmacht Gottes[210]. Diese wird nicht mehr, wie in der Scholastik, in Gottes Weisheit und Wesen (*in sua natura*), sondern unter dem Einfluß von Scotus und Ockham in der über-

---

[204] Ders., Der 82. Psalm ausgelegt (1530), WA Bd. 31/1 (1913), 198.
[205] BOHATEC, Calvins Lehre, 63. 75 ff. u. 78.
[206] LUTHER, An den christlichen Adel deutscher Nation von des christlichen Standes Besserung (1520), WA Bd. 6 (1888), 414.
[207] Ders., Gutachten v. 13./14. Nov. 1538; zit. HEINZ SCHEIBLE, Das Widerstandsrecht als Problem der deutschen Protestanten 1523—1546 (Gütersloh 1969), 93.
[208] Belege bei KAYSER, Anschauungen, 43 f.; BOHATEC, Calvins Lehre, 78. 81.
[209] KAYSER, Anschauungen, 35.
[210] JOHANNES HECKEL, Luthers Lehre von den zwei Regimenten, in: WOLF, Luther und die Obrigkeit, 51 ff. LUTHERS Gleichsetzung des Willens Gottes mit der natürlichen Gewalt Gottes in seiner Schrift „De servo arbitrio" (1525), WA Bd. 18, 709.

raschenden Willkür Gottes gesehen, durch die alle irdischen Ordnungen positiviert werden und nicht mehr rational festzulegen sind: *Omnipotentiam Dei vero voco non illam potentiam, qua multa non facit quae potest, sed actualem illam, qua potenter omnia facit in omnibus*[211]. Aus dieser voluntativen Gotteslehre resultiert zugleich eine aktualistische und dynamische Vorstellung des Machtbegriffs. LUTHER nennt Gottes Willen eine *wirckende macht und stettige tettigkeit, die on unterlaß geht ym schwanck und wirckt*[212], CALVIN die Allmacht Gottes *vigilem efficacem, operosam, et quae in continuo actu versetur*[213]. Höchst aufschlußreich ist in diesem Zusammenhang, daß sich der Genfer Reformator, wenn er die Stellung Gottes zu den Menschen zu umschreiben sucht, der politischen Terminologie des frühmodernen Staates, d. h. aus seiner Perspektive: Frankreichs, bedient. Gott erscheint als der einzige wahre Monarch: *Maistre et Souverain Prince, lequel veut que son droict luy soit gardé*[214], und seine Herrschaft wird umschrieben mit *l'empire souverain par dessus tous hommes, lesquels ne doyvent estre sinon instrumens de sa vertu* ('vertu' = Macht!)[215], die Obrigkeiten schließlich mit den Worten *magistrats* oder *officiers*. Der in solchen Formulierungen aufscheinende Vorsprung an Modernität und Präzision der Sprache Calvins wird vollends deutlich, wenn man ihnen die Verdeutschung einer nur wenig älteren Schrift ZWINGLIS (1529/31) gegenüberstellt, aus der die Schwierigkeiten, mit denen eine adäquate Übersetzung seiner humanistisch gefärbten politischen Theologie zu kämpfen hatte, unschwer zu erkennen sind: *Providentia, Fürsichtigkeit ist eine ewige und unverwandelbarliche Regierung und Verwaltung aller Dingen. By dem Wörtly „Regierung" verstand die Macht, den Gwalt, die Herrligkeyt und Wirde Gottes ... Diewyl aber sölicher Gwalt Gottes nit ein frävler Gwalt und Notzwang ist, nit ein überlägner, beschwärender Gwalt, nit ein grusame Tyranny und Wütery (die allweg verhaßt und unlydlich ist), hab ich in der Ußlegung des Wörtlins „Regierung" diese zwey Wort „Herrliche" und „Wirde" zu besserem Verstand hinzugesetzt; dann „authoritas" heyßt: ein hoch, thür, herrlich Ansehen und hohen Gwalt. „Dignitas" ist ein erwirdige und ersame Höhe und Wirde. So wil ich nun mit disen Worten „herrlich und wirdig" das zu verston geben, daß das Regiment und der Gwalt Gottes erber sye, heylig, thür, angenäm und lieblich, welichem regiment yedermann gern und willig gehorsam sye, der ächt siner Erkantnuß etlicher maaß innen worden ist. Das Wörtlin „Verwaltung" hab ich hinzu gethon, einsteyls, daß Gwallt und die Herrschung Gottes gemengt und gemaaßiget ist, damit niemant meyne, es sye ein ruch, tyrannisch Regiment; andersteils, daß Gott uns durch sin Verwaltung alle Dinge zudienet. Dann Gott herschet nit wie die Menschen; dann dieselben, nachdem inen der Gwalt in ihr Hand kumpt, legend sy denn Schatzung uff ire Underthonen und forderent von inen für ir Sorg und Angst, die sy für die Gmeynd tragen, daß man inen alle Ding zudiene. Gott aber,*

---

[211] LUTHER, Der servo arbitrio, 718; ferner ebd., 712: *Deus est, cuius voluntatis nulla est caussa nec ratio*. Vgl. dazu RICHARD HAUSER, Art. Macht, Handbuch theologischer Grundbegriffe, Bd. 2 (München 1963), 106.
[212] LUTHER, Das Magnificat verdeutschet und ausgelegt (1521), WA Bd. 7 (1897), 574.
[213] CALVIN, Institutio religionis christianae 1, 16, 3, CR Bd. 30 (1869), 146.
[214] Ders., Brief an die Königin von Navarra, 20. 1. 1563, CR Bd. 47 (1879), 644.
[215] Ders., Sermones sur le Deuteronome (1555), CR Bd. 53 (1882), 645.

der gibt frywilligklich und dienet allen Dingen alle Ding zu gnugsamlich und überflüssig[216].

KARL-GEORG FABER

2. Macht und Recht in der frühneuzeitlichen politischen Theorie

Während in der reformatorischen Theologie und in der spätscholastischen Philosophie des 16. Jahrhunderts die christliche theonome Rechtsidee noch einmal kraftvoll erneuert wurde, setzte sich in der politischen Theorie der frühen Neuzeit teils offen, teils unter mehr oder weniger durchsichtigen Zugeständnissen an theologische Vorstellungen die Konzeption einer theologiefreien Rechtstheorie durch, in der die Macht als das eigentümliche Merkmal des Staats angesehen wurde. Begründet ist dies einerseits in dem allgemein festgehaltenen Leitziel einer rationalen Theorie des Rechts und des Staates, andererseits in der Orientierung an jener geschichtlichen Entwicklung, die zur Herausbildung des modernen souveränen Staates geführt hat.

Der enge Zusammenhang zwischen der Herausbildung der Institutionen des modernen Staates und den Erörterungen über Macht und Recht in der politischen Theorie der frühen Neuzeit zeigt sich begriffsgeschichtlich bereits an der Verwendung des Wortes 'Staat' ('stato', 'état'), das mit der Etablierung der modernen Institutionen auch zu ihrer Bezeichnung verwandt wurde. Wenn MACHIAVELLI sich im Widmungsschreiben seines „Principe" als *uomo di basso et infimo stato* bezeichnet[217], so liegt noch die ältere Bedeutung „soziale Stellung" zugrunde. Ohne Zusatz wird 'stato' in seinen Schriften in der Regel dann gebraucht, wenn von der sozialen Stellung dessen die Rede ist, der in einem Gemeinwesen die höchste Macht in sich vereinigt, z. B. wenn er schreibt: *Di poi li stati che vengano subito... non possono avere le barbe e correspondenzie loro in modo, che 'l primo tempo avverso non le spenga*[218]. Hier ist nicht vom Untergang der Staaten die Rede, sondern von der Entmachtung derjenigen, die *solamente per fortuna diventano di privati principi*. In diesem Sinne bedeutet *togliere lo stato* „jemanden entmachten"[219]. Wenn Machiavelli dem Fürsten rät, er solle den schlechten Ruf jener Fehler nicht scheuen, ohne die 'lo stato' schwerlich zu erhalten sei[220], so spricht er nicht etwa von der 'Staatsräson' (ragione di stato), die den Gebrauch moralisch verwerflicher Mittel entschuldigen soll, sondern von der Entschlossenheit des Renaissancefürsten, seine Machtstellung mit allen Mitteln zu verteidigen. Auch dort, wo 'stato' bei Machiavelli bereits die moderne Bedeutung von 'Staat' erhalten hat, bleibt die Konnotation des absoluten Gebrauchs von 'stato' im Sinne von „höchste Macht" erhalten. Die *maestà dello stato*[221] ist nicht eine Eigenschaft der Institution Staat, sondern dessen, der über die Staatsmacht verfügen kann.

---

[216] HULDRYCH ZWINGLI, Von der Fürsichtigkeit Gottes, dt. v. LEO JUD (1529/31), Hauptschriften. Der Prediger, hg. v. Fritz Blanke, Oskar Farner, Rudolf Pfister, Bd. 2 (Zürich 1941), 95 f.
[217] NICCOLÒ MACHIAVELLI, Il principe, ed. Giuliano Procacci, Sergio Bertelli (Mailand 1960), 14.
[218] Ebd. 7 (p. 34).
[219] Ebd., 33; 15 (p. 66).
[220] Ebd., 65 f.
[221] Ebd. 18 (p. 74).

Dieser personenorientierten Verwendung des Wortes 'stato' entspricht bei Machiavelli eine durchgängige Reduzierung des Begriffs 'Macht' auf seine deskriptiven Merkmale. Vom Recht ist in seinen Schriften nur selten, im „Principe" nie die Rede; moralische und religiöse Normen spielen nur eine Rolle, sofern sie für den Erwerb und die Behauptung von Macht belangvoll sind. In seiner konsequenten Orientierung am 'utile' und an den tatsächlichen Lebensbedingungen betrachtet er Normen und Wertvorstellungen als bloße Einbildungen[222], auch wenn seine Anhänglichkeit an tradierte moralische Überzeugungen, insbesondere an die Tugenden der 'umanità', immer wieder durchbricht. Modernität und Rationalität des „Principe" ergeben sich aus diesem methodischen Ansatz einer Technologie des Erwerbs und der Behauptung politischer Macht, die auf Begriffe der rechtmäßigen Staatsgewalt *(potestà)*[223] glaubt verzichten zu können.

Politisch soll diese technologische Reduktion bekanntlich Zielen der nationalen Befreiung und der Erneuerung antiker republikanischer Gesinnung dienen. Aber Machtgewinn ist für Machiavelli unabhängig von diesen politischen Zielen auch Selbstzweck: Die unersättliche Begehrlichkeit der Menschen richtet sich vor allem darauf, andere zu beherrschen oder doch nicht beherrscht zu werden[224].

Er selbst bewundert ungehemmtes Machtstreben, das auch vor Gewaltanwendung nicht zurückschreckt, rückhaltlos. Auf den Machterwerb gerichtete Tatkraft ('virtù') wird daher für ihn zu einem nahezu vollkommen amoralischen Wertbegriff: in Cesare Borgia bewundert er dessen *tanta ferocia e tanta virtù*[225], und er neigt dazu, selbst schreckliche Untaten als 'virtù' zu würdigen, wenn sie um der Macht willen geschehen[226]. Seine gewiß aus der Erfahrung der eigenen und der nationalen Ohnmacht entsprungenen Urteile lassen oft genug erkennen, wie weit er in seinen Analysen seine politischen Ziele aus den Augen verliert. So betont er zwar auch, daß die wichtigste Grundlage politischer Macht *(i principali fondamenti che abbino tutti li stati)* in „guten" Gesetzen und „guten" Waffen bestehe; aber auf eine Erörterung „guter" Gesetze läßt er sich gar nicht erst ein[227]. Daß die Faszination der Macht zur Ursache der Ohnmacht werden könne, ist diesem eminent dialektischen Denker verborgen geblieben. Die Rationalität dieser politischen Theorie besteht in der unerschrockenen Ausklammerung aller moralischen und rechtlichen Wertungen bei der Analyse der zum Erwerb und zur Erhaltung der politischen Macht geeigneten Mittel. Daß auch das Rechtssystem eines Staates im Hinblick auf seine immanente Rationalität theoretisch zu rekonstruieren sei, hat ein halbes Jahrhundert nach Machiavelli erst BODIN begriffen. Zwar folgt er ihm in der Ablehnung idealistischer und utopischer Staatstheorien und in der Hinwendung zu den realen Machtverhältnissen[228], aber im Gegensatz zu Machiavellis naturalistischen Analysen ist Bodins

---

[222] Vgl. Ebd. 15 (p. 65 f.).
[223] Vgl. ders., Discorsi sopra la prima deca di Tito Livio 1, 44 (p. 232).
[224] Ebd. 1, 5 (p. 139); vgl. ebd. 2, Vorwort (p. 274).
[225] Ders., Principe 7 (p. 39).
[226] Ebd. 8 (p. 41).
[227] Ebd. 12 (p. 53 f.); ebd. 18 (p. 72) erklärt er zwar, Gesetze seien dem Menschen vorbehalten, Gewalt *(forza)* sei etwas Tierisches; entscheidend aber ist für ihn wieder die Gewalt: *Perché el primo molte volte non basta, conviene ricorrere al secondo*.
[228] JEAN BODIN, Les six livres de la République 1, 1 (Paris 1583; Ndr. Aalen 1961), 4.

„politische" Erörterung primär rechtlich orientiert. Sein Hauptwerk ist, ähnlich wie Machiavellis Schrift vom Fürsten, ein Traktat von der Macht; aber er spricht von der Macht *(puissance)* stets *en termes de droit*[229], d. h. nicht im Sinne von 'potentia', sondern von 'potestas'. Unfähigkeit, den Staat als rechtliche Institution zu begreifen, ist der Hauptpunkt seiner Kritik an seinen Vorgängern[230]. So betont er mit großer Klarheit: *Les mots de Cité, de Republique, de maison, de paroisse, sont de droit*[231] und entwickelt entsprechend seine Lehre von der Staatsgewalt aus dem Prinzip der Widerspruchsfreiheit und dem Postulat der Einheit des innerhalb eines Staates geltenden Rechts. Grundlage seiner rationalen Staatstheorie ist daher der Begriff einer obersten einheitlichen und unteilbaren Staatsgewalt: *Republique est un droit gouvernement de plusieurs mesnages, et de ce qui eur est commun, avec puissance souveraine*[232]. Aus diesen Prämissen versucht er alle Souveränitätsrechte abzuleiten. Macht ohne Rechtsgrundlage ist für ihn bloße Gewalt ('force', 'violence'), die nur am Rande in seinen Gesichtskreis tritt.

Der Gebrauch der Macht liegt daher bei Bodin nicht in der Ausübung von Zwang, sondern in Befehl und Gehorsam: *Le mot de puissance, est propre à tous ceux qui ont pouvoir de commander à autruy*[233]. Durch die Befehlsgewalt wird die natürliche Freiheit eines Menschen eingeschränkt: *Toute Republique, tout corps et college, et tout mesnage se gouverne par comandement, et obeissance: quand la liberté naturelle, qu'un chacun a de vivre à son plaisir, est rangee sous la puissance d'autruy*[234]. Rechtlich ist diese Gewalt, insbesondere im Staate, wenn sie auf einer wechselseitigen Verpflichtung zu Schutz und Gehorsam beruht: *Les privileges ne font pas le citoyen, mais l'obligation mutuelle du souverain au subiect*[235]. Grundlage der Staatsgewalt ist letztlich die freie Anerkennung der Bürger[236], die nach dem Modell des Staatsvertrages gedeutet werden kann[237]. Die Grenzen der Staatsgewalt und alle Merkmale der Souveränität sollen dann aus dieser Idee des Staatszwecks abgeleitet werden.

Im Hintergrund der Lehre Bodins entdeckt man so die Ansätze einer rationalen Rechts- und Staatstheorie, die in mancher Hinsicht Erkenntnisse vorwegnimmt, die Hobbes in seinem rationalen Natur- und Staatsrecht formuliert hat. Diese Ansätze sind indes keineswegs konsistent durchgehalten; sie verlieren sich vielmehr häufig in positivrechtlichen, theologischen oder gar empirischen Argumentationen.

---

[229] Vgl. z. B. ebd. 1, 8 (p. 123): *La personne du souverain est tousiours exceptée en termes de droit, quelque puissance et auctorité qu'il donne à autruy.*

[230] *Ceux qui ont escrit de la République, sans aucune congnoissance des loix, ny du droit commun ont laissé les principes, voulant bastir de beaux discours en l'air sans aucun fondement;* ebd. 1, 6 (p. 74); vgl. 1, 10 (p. 212).

[231] Ebd. 1, 6 (p. 76).

[232] Mit dieser programmatischen Definition beginnt sein Werk. Vgl. auch ebd. 1, 2 (p. 11).

[233] Ebd. 1, 4 (p. 29).

[234] Ebd. 1, 3 (p. 19).

[235] Ebd. 1, 6 (p. 85); vgl. 1, 7 (p. 101).

[236] Vgl. 1, 6 (p. 93).

[237] *Le peuple s'est dessaisi et despouillé de sa puissance souveraine, pour l'ensaisiner et investir: et à luy, en en luy transporté tout son pouvoir, auctorité, prerogatives, et souveraineté s;* ebd. 1, 8 (p. 127).

Bezeichnend dafür ist Bodins Erörterung der Sklaverei, in der alle diese Argumentationsebenen vorkommen: *Tout esclave est naturel, à sçavoir engendré de femme esclave, ou faict par droit de guerre: ou par crime qu' on appelle esclave de peine: ou qui a eu part au prix de sa liberté, ou qui a ioué la liberté, comme faisoyent anciennement les peuples d'Allemaigne: ou qui volontairement s'est voué d'estre esclave perpetuel d'autruy, comme les Hebrieux le prattiquoyent*[238]. Auch die Natur läßt er immerhin noch als Rechtsgrundlage gelten[239], und er bekräftigt das Gottesgnadentum des Monarchen[240]. Den geschichtlichen Ursprung der Staatsgewalt findet er vollends in der Gewalttätigkeit[241]; und in der zweiten Hälfte seines Werks handelt er vorwiegend nur noch vom zweckmäßigen Gebrauch der Staatsgewalt.

So wird der Vorwurf des HUGO GROTIUS (1625) verständlich, Bodin habe in seinem Werk Rechtslehre und „Politik" nicht sorgfältig genug unterschieden: *Temperavi me ab his, quae alterius sunt tractationis, ut quae docent quid ex usu sit facere: quia ista suam habent artem specialem politicam, quam recte ita solam tractat Aristoteles, ut alieni nihil admisceat, contra quam fecit Bodinus, apud quem haec ars cum iuris nostri arte confunditur*[242]. Er wäre freilich der Sachlage besser gerecht geworden, wenn er Machiavelli als Vertreter einer reinen „Politik" (im Sinne einer Kunstlehre des Machterwerbs) und Bodins Werk als Verbindung von Staatsrechts- und Staatsklugheitslehre charakterisiert hätte. Er selbst jedenfalls geht von der bereits vorgefundenen Unterscheidung zwischen Recht und Politik, Staatsgewalt (summa potestas) und politischer Macht (potentia) aus und beschränkt seine Fragestellung auf das Gebiet des Rechts. Wenn er von 'potestas' oder 'imperium' spricht, so ist stets der rechtliche Begriff der Macht gemeint.

Macht ('potestas') und subjektives Recht fallen bei Hugo Grotius geradezu zusammen. Wie klar er physische Vermögen und rechtliche Kompetenzen voneinander unterscheidet, zeigt sich bereits an seiner Definition des subjektiven Rechts: *Ius est qualitas moralis personae competens ad aliquid iuste habendum*[243]. Diesen ganzen Kompetenzbereich *(facultas)* bezeichnet Grotius als *potestas*: als *potestas . . . in se* heißt sie dann 'Freiheit' (libertas); als *potestas . . . in alios* ist sie 'Herrschaft' (dominium), und als Anspruch auf Leistungen anderer ist sie *creditum* im Gegensatz zu einem *debitum*[244]. Physische oder soziale Macht (vires) wird hingegen nur als (allerdings notwendiges) Mittel der Rechtsdurchsetzung in Betracht gezogen: *fine suo externo carere ius, nisi vires ministras habeat*[245].

Dieser klaren Unterscheidung im Grundsätzlichen entspricht bei Grotius indes keineswegs eine sorgfältige Unterscheidung von Tatsachen- und Rechtsebene in der Durchführung. Er bemüht sich zwar, seiner juristischen Argumentation ein natur-

---

[238] Ebd. 1, 5 (p. 47).
[239] Ebd. 1, 4 (p. 29).
[240] Ebd. 1, 10 (p. 211).
[241] *La force et violence a donné source et origine aux Républiques;* ebd. 1, 6 (p. 69).
[242] GROTIUS, De jure belli ac pacis, Prolegomena 57 (Ausg. Leiden 1939), 27.
[243] Ebd. 1, 1, 4 (p. 31). 'Qualitas moralis' wird (freilich bereits unter dem Einfluß Pufendorfs) im Kommentar zur Stelle von GRONOVIUS (in der Ausgabe Barbeyracs von 1720) erläutert durch *moribus et legibus fundata vis, copia, licentia*.
[244] Ebd. 1, 1, 5 (p. 32).
[245] Ebd., Proleg. 19 (p. 13).

rechtliches Fundament zu geben. Aber da seine Naturrechtslehre noch ganz im Rahmen des stoischen und thomistischen Naturrechts bleibt, ist er stets bereit, traditionellen Rechtsansprüchen die Vermutung der Rechtmäßigkeit einzuräumen, wenn sie sich auf faktische Macht stützen können. Zum Prinzip erhoben, läuft dies auf die Lehre von der „normativen Kraft des Faktischen" (G. Jellinek) hinaus. So findet er: überragende faktische Macht (potentia) geht meistens in rechtliche Befehlsgewalt (imperium) über[246] und konstatiert unumwunden: *Haec cum fiunt, et ita fiunt ut potentia in ius transeat ..., tunc aut qui socii fuerant fiunt subditi, aut certe partitio fit summi imperii*[247]. Im Ergebnis ist daher seine Rechtslehre nicht weniger von „politischen" und empirischen Elementen durchsetzt als diejenige Bodins.

Die Grundlage des Rechts der Eltern über ihre Kinder sucht Grotius daher ganz unbefangen in ihrer biologischen Beziehung *(alius naturaliter inveniri non potest, cui regimen competat, quam parentes)*[248], und das primäre Herrschaftsrecht des Vaters führt er auf die „natürliche" Überlegenheit des Mannes zurück: *Generatione parentibus ius acquiritur in liberos: utrique, inquam, parentum, patri, ac matri: sed si contendant inter se imperia, praefertur patris imperium, ob sexus praestantiam*[249]. Ähnlich versteht er auch die Grundlage der staatlichen Gewalt: Sie soll zwar auf dem Konsens der Mitglieder einer staatlichen Gemeinschaft beruhen[250]; aber die Zugehörigkeit zu einem Staate behandelt er wie ein natürliches Faktum, aus dem Pflichten erwachsen. So bestreitet er, daß Gruppen das Recht haben, aus einem staatlichen Verband auszutreten, mit der Begründung, daß dies den Staatszweck gefährden würde[251]. In diesem Sinne weist er auch die Idee eines Staatsvertrags zurück, aus dem den Untertanen Rechte gegen den Souverän erwachsen würden[252]. Befreiungskriege sieht er als prinzipiell unrechtmäßig an[253]. Stillschweigend unterstellt er als Normalfall, daß die Mitglieder eines Staates Untertanen sind, die ihre Freiheit aufgegeben und sich in die Knechtschaft *(servitus)* begeben haben[254].

Nicht zufällig stützt Hugo Grotius seine Argumentation immer wieder mit Zitaten aus antiken Schriftstellern ab. Während sich etwa Bodin vor allem kritisch auf antike Autoren bezieht, betrachtet Grotius sie in der Regel als Autoritäten. Diese Übereinstimmung ist besonders auffällig bei allen Fragen, die potestas und imperium betreffen, und man wird sie, gerade im Vergleich mit Bodin, gewiß als ein Defizit an Modernität werten müssen. In den kritischen Anmerkungen des GRONO-

---

[246] *Verum est accidere plerumque, ut qui superior est in foedere, si is potentia multum antecellat, paulatim imperium proprie dictum usurpet;* ebd. 1, 3, 21, 10 (p. 133). — Zur Unterscheidung von Eigentumsrecht (dominium im eigentlichen Sinn) und Befehlsgewalt (imperium) vgl. ebd. 2, 3, 4, 1 (p. 206): *In his autem quae proprie nullius sunt duo sunt occupabilia, imperium et dominium quatenus ab imperio distinguitur.*
[247] Ebd. 1, 3, 21, 11 (p. 134).
[248] Ebd. 2, 5, 2, 1 (p. 231).
[249] Ebd. 2, 5, 1 (p. 231).
[250] Vgl. ebd. 2, 5, 8 (p. 234).
[251] Vgl. ebd. 2, 5, 24, 2 (p. 254).
[252] Ebd. 1, 3, 9 (p. 110).
[253] Ebd. 2, 22, 11 (p. 559).
[254] Ebd. 1, 3, 8 (p. 101 ff.); 3, 8, 1 (p. 713 f.).

vius[255] wird deutlich, daß dies schon sehr bald auch in seinem Heimatlande so verstanden worden ist. Gleichwohl wird auch bei Grotius eine Tendenz erkennbar, Rechtsfragen primär als Willensentscheidungen zu begreifen und damit das selbstbewußte Handeln des Subjekts zur Grundlage von Recht und Staat zu machen. Knechtschaft und Unterwerfung versteht er in diesem Sinne nicht mehr als vorgefundene natürliche Tatsachen, deren rechtliche Interpretation vorgegeben ist, sondern als Resultate willentlichen Handelns. So findet sich bei ihm bereits die Wendung *ex voluntate ius metiendum est*[256], in der die berühmte Formel *authoritas, non veritas facit legem* (HOBBES)[257] vorweggenommen ist. Zu Ende gedacht, mußte dieser Ansatz jedoch zu einer Revolutionierung des naturrechtlichen Denkens führen, die das Werk des Grotius von Grund auf in Frage stellte. Diesen Prozeß eingeleitet zu haben, ist das bleibende Verdienst des Begründers eines nicht-teleologischen, rationalen Naturrechts, des THOMAS HOBBES.

Gegen die Lehre, daß die Zeugung und die natürliche Überlegenheit des Mannes ein Herrschaftsrecht der Eltern bzw. des Mannes über die Kinder begründen, wendet Hobbes ein: *They* (diese Autoren, sc. Grotius) *show not, neither can I find out by what coherence, either generation inferreth dominion, or advantage of so much strength, which, for the most part, a man hath more than a woman, should generally and universally entitle the father to a propriety in the child, and take it away from the mother*[258]. Zeugung ist eine natürliche Tatsache, die als solche noch kein Recht begründen kann. Daß Hobbes von dieser Einsicht nicht mehr weit entfernt war, zeigt sich bei seiner Erörterung von Unterwerfung und Knechtschaft. Bloße Zwangsgewalt, so argumentiert er hier, begründet keinerlei Verpflichtung zum Gehorsam[259]. Verbindlichkeit entspringt nach Hobbes letztlich nur aus einer willentlich übernommenen Verpflichtung. Daher erhält das Modell eines Vertrages bei ihm seine zentrale Stellung.

Aus diesem Ansatz würde sich ergeben, daß bloße Macht (potentia) noch keinerlei Herrschaftsrechte (potestas) begründet, solange nicht die Befehlsgewalt (imperium), aus welchen Gründen auch immer, stillschweigend oder ausdrücklich anerkannt worden ist. Macht (potentia) und Gewalt (potestas) wären so prinzipiell zu unterscheiden. Wenn Hobbes gleichwohl diese Unterscheidung keineswegs durchhält, so ist dies nicht einfach auf mangelnde begriffliche Klarheit (in der er bekanntlich nahezu alle seine Vorgänger auf dem Gebiete der praktischen Philosophie bei weitem übertrifft) zurückzuführen. Schuld an seiner Verwischung des Unterschieds zwischen faktischer und normativ begründeter Macht ist vielmehr seine Intention, nach dem Vorbild der Geometrie Euklids und der Neuen Wissenschaft Galileis die Moralphilosophie als strenge Wissenschaft zu begründen[260]. Denn diese Neue Wissenschaft

---

[255] s. Anm. 243.
[256] Ebd. 1, 3, 8, 2 (p. 102). Vgl. 1, 3, 17, 2 (p. 122): *Ius non ex eo quod optimum huic aut illi videtur, sed ex voluntate eius unde ius oritur metiendum est.*
[257] HOBBES, Leviathan 2, 26; → Autorität, Bd. 1, 392, Anm. 38.
[258] Ders., The Elements of Law Natural and Politic 2, 4, 2 (1640), hg. v. Ferdinand Tönnies, 2nd ed. (Cambridge 1928), 103; vgl. De cive 9, 3; Leviathan 2, 20.
[259] Ders., Elements of Law 2, 3, 3 (p. 100); vgl. De cive 8, 3; ähnlich Lev. 2, 20; *Slaves have no obligation at all.*
[260] Vgl. ders., De cive, Widmungsbrief, Opera, t. 2, 137; ebd., Praefatio, 146; De corpore 1, 7.

vom Menschen und vom Bürger sollte einerseits, als deskriptive Naturwissenschaft, die Erkenntnisgrundlagen einer Sozialtechnik bereitstellen[261] und andererseits, als Deontologie, die Grundsätze des Rechts rational entwickeln[262]. Beides (also in der Terminologie seiner Zeit: „Politik" und Naturrecht) gingen in seiner Vorstellung kaum unterscheidbar ineinander über: *A civitatis materia incipiendum, deinde ad generationem et formam eius, et iustitiae originem primam progrediendum esse existimavi*[263]. Da in seiner Physik[264], „Politik"[265], Anthropologie[266] und Wissenschaftslehre[267] 'Macht' (potentia) einer der wichtigsten Grundbegriffe war, verwischte sich ihm die Grenze zum rechtlichen Begriff der Staatsgewalt (potestas) unter solchen Bedingungen unaufhörlich. Indiz dafür ist zunächst, daß Hobbes in seinen lateinischen Schriften das Wort 'potentia' für die Begriffe 'Vermögen' ('Macht') und 'Machtbefugnis' (im Sinne von 'potestas') verwendet, wo etwa Hugo Grotius noch sorgfältig beide Begriffe auch terminologisch unterscheidet. Dies mag auch damit zusammenhängen, daß in den Nationalsprachen 'power', 'puissance' bzw. 'potenza' sowohl deskriptiv wie normativ gebraucht wurden. Entscheidend ist jedoch, daß Hobbes einerseits zwischen faktischer und rechtlicher „Macht" unterscheidet und andererseits die rechtliche Befugnis auf das physische Vermögen reduzieren möchte. Dies zeigt sich in höchst verwirrender Weise bei seiner Definition des subjektiven Rechts: *The right of nature ... is the liberty each man hath, to use his own power, as he will himself*, die er dann wie folgt erläutert: *By liberty, is understood, according to the proper signification of the word, the absence of external impediments: which impediments, may oft take away part of man's power to do what he would; but cannot hinder him from using the power left him*[268]. Während in der Definition 'liberty' im Sinne von „Erlaubnis" verwandt wird, ist in der Erläuterung von der Handlungsfreiheit im Sinne eines physischen Vermögens die Rede. Da aber beide Begriffe identifiziert werden, ergibt sich, daß das subjektive Recht eines Individuums soweit reicht, wie seine physische Macht reicht. Daß demnach „Freiheit" nicht nur vernünftigen, sondern auch unvernünftigen Lebewesen und sogar unbelebten Dingen zukommt, betont er ausdrücklich[269]. Entsprechend deutet er nun aber auch die

---

[261] Vgl. ders., De cive, Praefatio, 146.
[262] Vgl. ebd., 141.
[263] Ebd., 145.
[264] HOBBES identifiziert 'potentia' und 'causa'; vgl. De corpore 10, 1: *Causa enim dicitur respectu effectus iam producti, potentia vero respectu eiusdem effectus producendi; ita ut causa praeteritum, potentia futurum respiciat.*
[265] Ders., Lev. 1, 10: *The greatest of human powers ... is the power of a common-wealth.*
[266] Vgl. ebd. 1, 11: *I put for a general inclination of all mankind, a perpetual und restless desire of power after power, that ceaseth only in death.* — HOBBES definiert 'Macht' bereits ähnlich wie Max Weber: *The power of a man, to take it universally, is his present means; to obtain some future apparent good* (Lev. 1, 10).
[267] Vgl. ders., De corpore 1, 6: *Scientia propter potentiam; Theoremata ... propter problemata, id est propter artem constituendi; omnis denique speculatio, actionis vel operis alicuius gratia instituta est.* HOBBES folgt hier bekanntlich BACON; vgl. Novum organum 1, 3: *Scientia et potentia humana in idem coincidunt, quia ignoratio causae destituit effectum. Natura enim non nisi parendo vincitur.*
[268] HOBBES, Lev. 1, 14.
[269] Ebd. 2, 21.

"Freiheit" der Untertanen in einem Staate: sie umfaßt den ganzen Bereich derjenigen Handlungen, die die Untertanen gefahrlos bzw. unter Berücksichtigung des Gefährdungsrisikos tun können[270]. Dieser Bereich wird jedoch stillschweigend mit den Rechten der Untertanen identifiziert[271]. Den Staat begreift Hobbes daher in erster Linie als Zwangsanstalt: die Staatsmacht *(Civil Power, Common Power)* besteht vor allem in der Fähigkeit zu zwingen; sie ist *coercive power*. Sie gilt jedoch nicht nur, wie etwa bei Grotius, als Mittel zur Rechtsverwirklichung, sondern zugleich als ein Apparat *(artificial man)*[272], durch den die Verbindlichkeit rechtlicher Normen überhaupt erst geschaffen wird[273]: *Covenants, without the sword, are but words, and of no strength to secure a man at all*[274]. Mit diesem berühmten Satz will Hobbes offensichtlich nicht nur die Trivialität formulieren, daß zur Rechtsdurchsetzung Macht erforderlich ist, sondern zugleich die Unverbindlichkeit machtloser Rechte behaupten. Aus dieser Identifikation des Rechts mit der Staatsmacht entspringt bei Hobbes der mythische und geradezu göttliche Charakter des Staates[275].

Im Hinblick auf Gott spricht Hobbes denn auch am deutlichsten aus, daß nach seiner Lehre Herrschaftsrechte in überlegener Macht begründet sind: *Is igitur, quorum potentiae resisti non potest, et per consequens Deo omnipotenti, jus dominandi ab ipsa potentia derivatur*[276]. Aus diesem Grundsatz leitet er zunächst die "Verpflichtung" der Menschen ab, aus Furcht vor Strafe bzw. üblen Folgen den Normen des Naturrechts zu gehorchen[277], offenbar ohne zu bemerken, daß sich bei dieser Interpretation die Normen in kausale Naturgesetze verwandeln: *Manifestum est leges Dei, per solam naturam regnantis, solas esse leges naturales*[278]. Derselbe Grundsatz dient ihm dazu, Herrschaftsrechte im Naturzustand auf die bloße Macht zurückzuführen: *In statu hominum naturali potentiam certam et irresistibilem jus conferre regendi imperandique in eos, qui resistere non possunt; adeo ut omnipotentia, ab ea causa, omnium rerum agendarum jus essentialiter et immediate adhaereat*[279]. Ebenso begründet er gegen Grotius das Herrschaftsrecht der Mutter über ihr Kind[280], des

---

[270] Die Gesetze des Zivilrechts sind *artificial chains ... These bonds, in their own nature but weak, may nevertheless be made to hold, by the danger, though not by the difficulty of breaking them*; ders., Lev. 2, 21.
[271] Vgl. ebd. 2, 21.
[272] Ebd., Introduction. EW vol. 3 (1839; Ndr. 1966), IX.
[273] Entsprechend zur Identifikation von Macht und Gewalt identifiziert Hobbes auch die Durchsetzbarkeit eines Rechts mit der Berechtigung eines Rechtsanspruchs; beides heißt bei ihm 'validity': *The nature of justice, consisteth in keeping of valid covenants: but the validity of covenants begins not but with the constitution of a civil power, sufficient to compel men to keep them* (Lev. 1, 15). Im ersten Teil dieses Zitats bedeutet 'valid' soviel wie "verbindlich", im zweiten wird 'validity' im Sinne von "Durchsetzbarkeit" verwandt.
[274] Ders., Lev. 2, 17.
[275] Ebd.
[276] Ders., De cive 15, 5.
[277] Ebd. 15, 7.
[278] Ebd. 15, 8.
[279] Ebd. 1, 14.
[280] *Ibi* (sc. in statu naturali) *jure naturae victor victi dominus est; jure igitur naturae dominium infantis ad eum primum pertinet, qui primus in potestate sua ipsum habeat* (ebd. 9, 2). An dieser Stelle wird 'potestas' in der Bedeutung "faktische Macht" (potentia) gebraucht.

Souveräns über seine Untertanen[281]. Daher ist es für ihn auch gleichgültig, ob ein Staat auf Konsens oder auf Unterwerfung beruht: *The rights, and consequences of sovereignty, are the same in both*[282]. Die wichtige Einsicht, daß Verpflichtung Vertrauen voraussetzt, in „De Cive" ausgesprochen[283], findet sich im „Leviathan" bezeichnenderweise nicht mehr[284].

Diese Prävalenz der Macht in der Staatslehre des Thomas Hobbes, die sich sowohl aus seiner Orientierung am Vorbild Galileis wie aus seiner Verwendung theologischer Anschauungen ergaben, hat das Staatsdenken der Folgezeit, zumal auch in Deutschland, nachhaltend beeinflußt. Dies gilt vor allem für die Rechts- und Staatslehre SPINOZAS und ihr Prinzip, daß Macht Recht impliziert. Während Hobbes noch an der Fiktion festhält, daß der Gottesbegriff, von dem er in seiner Philosophie Gebrauch macht, den Gott der christlichen Theologie meint, hat Spinoza bekanntlich Gott als die wirkende Macht der Natur definiert: *Dei potentia ... est ipsa ipsius essentia*[285]. Dadurch erhielt in seiner Metaphysik der Gedanke, daß Allmacht ein absolutes Recht verleiht, eine viel bestimmtere Bedeutung als bei Hobbes: *Naturam absolute consideratam ius summum habere ad omnia, quae potest, hoc est, Ius Naturae eo usque se extendere, quo usque eius potentia se extendit. Naturae enim potentia ipsa Dei potentia est, qui summum ius ad omnia habet*[286]. Da im pantheistischen Weltbild Spinozas die Macht eines jeden natürlichen Individuums durch die Macht aller übrigen Individuen begrenzt ist, das Ganze der Natur jedoch ein unbeschränktes Daseinsrecht hat, reicht auch das Selbsterhaltungsrecht eines jeden Individuums so weit wie seine Macht: *ius uniuscuiusque* (sc. individui) *eo usque se extendere, quo usque eius determinata potentia se extendit*[287]. Die Identifikation von Recht und Macht erhält in dieser dynamistischen Wirklichkeitsidee ihr metaphysisches Fundament. Während für Hobbes indes die überlegene Macht ein Zuchtmittel gegen menschliche Selbstherrlichkeit und daher furchtbar ist[288], betrachtet Spinoza das

---

[281] *Ex eo quod civium unusquisque voluntatem suam voluntati ejus subiecit, qui summum in civitate imperium habet, ita ut viribus propriis contra eum uti non possit; sequitur manifeste, impune debere esse, quicquid ab eo factum erit. Nam ut punire naturaliter eum nemo potest, qui satis virium non habet; ita neque iure punire, qui satis virium non habet* (ebd. 6, 12). In der englischen Fassung lautet der letzte Satz: *For as he who hath not power enough, cannot punish him naturally, so neither can he punish him by right, who by right hath not sufficient power.*
[282] Ebd. 2, 20.
[283] *Obligatio enim ex pacto oritur; pactum autem nisi fide habita nullum est;* ders., De cive 8, 3.
[284] Die entsprechende Stelle im „Leviathan" lautet: *It ist not therefore the victory, that giveth the right of dominion over the vanquished, but his own covenant* (Lev. 2, 20). Während in „De Cive" die Naturrechtsidee stärker herausgearbeitet ist, wird im „Leviathan" der Machtstaatsgedanke betont.
[285] SPINOZA, Ethik 1, 34.
[286] Ders., Tractatus theologico-politicus 16.
[287] Ebd.
[288] Vgl. HOBBES, Lev. 2, 17: ... *that miserable condition of war, which is necessarily consequent ... to the natural passions of men, when there is no visible power to keep them in awe, and tie them by fear of punishment;* ferner ebd. 2, 28 (Ende).

Dasein und die Macht[289] eines Individuums als Teilhabe am Dasein und an der Macht Gottes. Hinter seiner Identifikation von Macht und Recht steht daher die Überzeugung, daß alle überlegene Macht im Naturganzen gerechtfertigt und also gut ist.

Im Rahmen seiner pantheistischen Metaphysik konnte Spinoza die alte augustinische Auffassung, daß der Mensch in der Natur ein „imperium in imperio" ausgrenze, nicht mehr gelten lassen. Während Hobbes die normative Ordnung vom Menschen geschaffener sozialer Institutionen der von Gott geschaffenen Naturordnung gegenüberstellt[290], bestreitet Spinoza die Sonderstellung des Menschen in der Natur nachdrücklich[291]. Damit entfällt in seinem Weltbild jede prinzipielle Unterscheidung zwischen Naturgesetzen und Normen. Was bei Hobbes vielfach eine implizite Konsequenz seiner Argumente ist, die Identifikation der Normen des rationalen Naturrechts mit deskriptiven Naturgesetzen, das erklärt Spinoza ausdrücklich[292]. Damit war die bei HOBBES ohnehin schon entscheidend geschwächte Position des Naturrechts gegenüber dem positiven Recht[293] praktisch zugunsten der Macht und Gewalt der Individuen und des Staates beseitigt.

Dies zeigt sich schon daran, wie SPINOZA auch sprachlich zwischen Macht und Recht nicht mehr unterscheidet. Er verwendet 'potestas' und 'ius' ohne jede normative Konnotation zur Beschreibung der Fähigkeit, einen anderen zu beherrschen[294]. Wer es für vorteilhaft hält, ein Versprechen zu brechen, der hat nach Spinoza auch das Recht dazu, denn: *Nihil absolute Naturae Iure prohibetur, nisi quod nemo potest*[295]. Auch den Staat versteht er daher nicht als eine rechtliche Institution, sondern als die organisierte Macht einer Menge, so daß das „Recht" (ius) des Souveräns mit der vereinigten Macht (potentia) der Menge zusammenfällt[296] und das „Recht" eines Individuums um so geringer ist, je mehr die Macht des Staates anwächst[297]. Machtmißbrauch ist nach diesen Voraussetzungen undenkbar: der Staat muß zwar, um seiner Selbsterhaltung willen, Handlungen vermeiden, die die Furcht

---

[289] In SPINOZAS dynamistischer Metaphysik gehören Dasein, Macht und Tätigkeit stets zusammen: *Omnia ex necessitate divinae naturae determinata sunt ... ad certo modo existendum et operandum;* Ethik 1, 29.

[290] HOBBES, Lev., Introduction.

[291] SPINOZA, Tractatus 2, 6.

[292] *Per Ius itaque Naturae intelligo ipsas Naturae leges seu regulas, secundum quas omnia fiunt, hoc est ipsam Naturae potentiam;* ebd. 2, 4.

[293] Vgl. HOBBES, De cive, Praefatio: *Doctrinas de justo et injusto, bono et malo, praeter leges in unaquaque civitate constitutas, authenticas esse nullas;* Opera, t. 2, 145.

[294] Vgl. SPINOZA, Tractatus 2, 10: *Is alterum sub potestate habet, quem ligatum tenet; vel cui arma, et media sese defendendi aut evadendi, ademit, vel cui metum iniecit; vel quem sibi beneficio ita devinxit, ut ei potius quam sibi morem gerere, et potius ex ipsius quam ex sui animi sententia vivere velit.* — Ferner ebd. 2, 11: *Iudicandi facultas eatenus etiam alterius iuris esse potest, quatenus mens potest ab altero decipi.*

[295] Ebd. 2, 12 (vgl. 3, 14); 2, 18.

[296] Ebd. 3, 2: *Imperii seu summarum potestatum ius nihil esse praeter ipsum naturae ius, quod potentia ... multitudinis, quae una veluti una mente ducitur, determinatur.*

[297] Ebd.: *Unusquisque civis seu subditus tanto minus iuris habet, quanto ipsa civitas ipso potentior est.*

und den Respekt *(metum et reverentiam)* der Untertanen aufheben; aber selbst mit offenbaren Untaten schadet er lediglich eigenen Interessen[298]. Die Orientierung des Souveräns an seinen eigenen Interessen betrachtet Spinoza als ausreichenden Schutz der Bürger und als Garantie dafür, daß er das Gemeinwohl *(salus communis)* befördert. Während Hobbes noch Vertrauen (fides) als die Grundlage einer jeden normativen Ordnung erkannt hatte, kommt es nach Spinoza darauf an, den Staat von einer solchen Grundlage unabhängig zu machen[299].

Spinoza ist sich dessen bewußt gewesen, daß er damit die Staatslehre wieder auf eine Technologie des Machterwerbs und der Machterhaltung reduziert. Dies drückt sich schon im Titel seiner Schriften („Tractatus politicus", „Tractatus theologico-politicus") aus[300] und verrät sich auch in seiner Huldigung an Machiavelli[301]. Aber während dieser die Verbindlichkeit moralischer bzw. naturrechtlicher Normen, wenn auch ohne Konsequenz, gelten ließ, hat sie Spinoza auch theoretisch bestritten. Die entschiedene Ablehnung seiner Lehren bei seinen Zeitgenossen ist daher (wenigstens in diesem Punkte) ebenso begreiflich wie berechtigt. Um so mehr ist die überlegene Kritik zu bewundern, die der „Princeps" aller Naturrechtslehrer, SAMUEL PUFENDORF, etwa gleichzeitig mit Spinoza, an der Verwischung der Grenzen zwischen „Politik" und Naturrecht bei Hobbes geübt hat.

Wie fundamental für Pufendorf die sein ganzes Werk „De iure naturae et gentium" (1672) durchziehende Auseinandersetzung mit Hobbes ist, erhellt bereits daraus, daß er den hobbesischen Gegensatz von natürlicher und normativer („künstlicher") Ordnung grundlegend und konsistent zu einem Gegensatz von entia naturalia und entia moralia ausgearbeitet hat[302]. Der Unterschied von 'Macht' und 'Recht' war daher für seine gesamte Rechtslehre von zentraler Bedeutung. 'Potestas' ist folglich bei Pufendorf wieder ein reiner Rechtsbegriff und wird, wie bei Hugo Grotius, durchgehend in der Bedeutung „subjektives Recht" verwandt[303]. 'Potentia' wird demgegenüber frei von normativen Wertungen gebraucht[304]. In seiner Staatslehre kann daher der Unterschied von Macht und Gewalt mit großer Klarheit hervortreten.

Zur Staatsgründung ist nach Pufendorf die Bildung eines dauerhaften, einheitlichen Willens *(unitis in perpetuum voluntatibus omnium, seu ut deinceps una sit omnium voluntas circa ea, quae ad finem societatis faciunt)* und die Schaffung einer hinreichend

---

[298] Ebd. 4, 4.
[299] Ebd. 6, 3: *Imperium necessario ita instituendum est, ut omnes, tam qui regunt quam qui reguntur, velint nolint, id tamen agant, quod communis salutis interest ..., quod fit, si imperii res ita ordinentur, ut nihil, quod ad communem salutem spectat, ullius fidei absolute committatur;* vgl. auch 1, 6.
[300] Ebd. 1, 2.
[301] Ebd. 5, 7.
[302] Wegen dieser Leistung wurde er von JOH. NIKOLAUS HERTIUS 1715 mit Recht als Begründer einer „Metaphysik der Sitten" (Kant) gepriesen: *Primus sane Pufendorfius, ni fallor, fuit, qui vidit, rerum moralium quoque esse Philosophiam, quem vocant, primam, eiusque fundamenta ... posuit;* Vorwort zu SAMUEL PUFENDORF, De iure naturae et gentium (Amsterdam 1715).
[303] Definition und Einleitung des Begriffs, PUFENDORF, De iure naturae et gentium 1, 1, 19 (Lund 1672) 16, schließen sich eng an Hugo Grotius an.
[304] Vgl. die Kritik an der Hobbesischen Lehre, die Macht sei die Grundlage von Ehre und sozialer Anerkennung: ebd. 8, 4, 13 (p. 1118).

starken Befehlsgewalt *(si constituatur aliqua potestas, quae praesens, et in sensus incurrens malum infligere possit communi utilitati reluctantibus)* erforderlich[305]. Auf natürliche Weise *(naturaliter)* ist jedoch weder das eine noch das andere möglich; denn weder eine dauerhafte Einstimmigkeit des Wollens noch eine wirkliche Verschmelzung der Macht *(vires)* der Individuen ist erreichbar oder anzustreben. Ein einheitlicher staatlicher Wille und eine entsprechende Befehlsgewalt entstehen vielmehr nur durch Verpflichtung *(obligatio)* aller Individuen, den Willen eines einzelnen oder einer Versammlung als verbindlich anzuerkennen und ihre Kräfte demgemäß anzuwenden. Für die Untertanen gibt es daher zwei gänzlich verschiedene Triebkräfte zum Gehorsam *(duplici velut pondere librari voluntates, viresque subditorum)*: die Verbindlichkeit staatlicher Befehlsgewalt aufgrund des Staatsvertrags und die Macht des Souveräns, Widerstrebende zu zwingen[306]. Zur Souveränität (summum imperium) sind daher sowohl Macht *(vires naturales, queis subiectus, si forte quod iniungitur detrectare praesumpserit, repraesentatio aliquo malo possit cogi)* als auch Gewalt *(titulum, ex quo iure aliis praestandum quid aut omittendum queat iniungi; cui in istis respondet obligatio eiusdem iussis obsequendi)* erforderlich[307]. Dieselbe sorgfältige Unterscheidung des Faktischen und des Normativen findet sich auch in Pufendorfs Kritik an der Herleitung der Befehlsgewalt aus der Macht (Hobbes) oder aus der natürlichen Überlegenheit (Grotius)[308]. Gegen Hobbes macht er geltend: *Diversa quippe sunt cogere, et obligare. Illud solis viribus naturalibus potest effici; hoc vero nequaquam;* nicht einmal Gottes Herrschaftsrecht sei *ex sola et nuda ipsius omnipotentia* abzuleiten[309]. Gegen Hugo Grotius macht er darauf aufmerksam, daß natürliche Überlegenheit nicht die Verletzung des Selbstbestimmungsrechts anderer gestattet[310]. Die sorgfältige Unterscheidung von Macht und Gewalt gibt Pufendorf auf diese Weise die Möglichkeit, die theoretischen Grundlagen der modernen Idee des Rechtsstaats zu schaffen.

KARL-HEINZ ILTING

3. 'Gewalt' und 'Macht' im frühneuzeitlichen Reichs- und Territorialstaatsrecht

a) **Reichsverfassung und Politik im 16. Jahrhundert.** In den Quellen zur Verfassungsentwicklung und Politik von Kaiser, Reich und Territorien im 16. Jahrhundert tragen die beiden deutschen Termini 'Gewalt' und 'Macht' überwiegend die traditionellen Bedeutungen von rechtmäßiger Obrigkeit oder unrechter Gewalt, dienen aber auch schon zur Umschreibung der faktischen Macht und ihrer Ressourcen. Im-

---

[305] Ebd. 7, 2, 5 (p. 874).
[306] Ebd.; vgl. die Hobbeskritik ebd. 7, 2, 9—12 (p. 879 ff.).
[307] Ebd. 7, 3, 1 (p. 897).
[308] *Ius iniungendi alteri obligationem, seu, quod eodem recidit, ius alteri imperandi, legesque praescribendi non oriri a solis viribus, neque etiam ab ὑπεροχῇ aut praestantia naturae;* ebd. 1, 6, 9 (p. 87).
[309] Ebd. 1, 6, 10 (p. 88 f.).
[310] *Cum enim is, cui obligatio est imponenda, in se ipso habeat principium regendi suas actiones, quod ipse sibi sufficere iudicare potest; non adparet ratio, quare statim, propriae conscientiae dictamine convictus debeat intelligi, si suo potius, quam alterius, cui natura praestantior, arbitrio agat;* ebd. 1, 6, 11 (p. 92).

mer Ausnahmen zugestanden, steht das Wort 'Gewalt' häufiger in der Nachfolge von lat. 'potestas', 'ius' oder 'violentia', während 'Macht' — abgesehen von der königlichen 'Machtvollkommenheit' und der 'Vollmacht' — in der Regel auf das politische Potential zielt. Da es aber an einer verbindlichen Terminologie fehlt, läßt sich die jeweilige Bedeutung nur aus dem Textzusammenhang erschließen, wobei oft eine Gemengelage alter und neuer Bedeutungen in ein und demselben Text vorkommt. Ein solcher Text, von dem aus die Breite des Bedeutungsfeldes von 'Gewalt' im 16. Jahrhundert ersichtlich wird, ist die Begründung der Regimentsordnung MAXIMILIANS I. aus dem Jahre 1500. Hier ist von der Anfechtung die Rede, *so die Türcken gegen der heiligen Christenheit viel Jar und Zeit gübt und dardurch das Griechisch Keyserthumb und viel Künigreich, Gewält (1) und Landt in ihrem Gewalt (2) und vom Christlichen Glauben bracht und also biß an die Grentz Teutscher Nation ihr Oberkeit und Macht erstrecket, daß sie hinfüro mit mercklichem Gewalt (3) Teutsche Nation erreichen, uberziehen und unter sich nöten* (= zwingen) *möchten, und sich darzu ander Gewalt (4) erhebt und mit grosser Heeres-Krafft in des Reichs Land gezogen* ... Da aber ein *außwendiger Krieg so lange unmöglich ist, wo nicht vorhin redlich gut Regiment, Gericht, Recht und Handhabung wäre, auf denen als Grundfesten alle Reich und Gewalt (5) ruhen*, hat man für den Fall der Abwesenheit des Königs die Einrichtung eines Reichsregimentes beschlossen, dessen Handlungen, damit sie *desto mehr Kraft und Macht* haben, im Namen des Königs ergehen sollen[311]. Mindestens vier Varianten von 'Gewalt' lassen sich festmachen.

1) Mit der Formel *Reich und Gewalt* (5) wird, wie der Kontext erkennen läßt, die traditionelle Bindung aller öffentlichen Herrschaft im Reich an die vorausgesetzte Rechtsordnung umschrieben, wobei offen bleibt, ob die beiden Wörter synonym gebraucht werden oder eine attributive (Gewalt im Reich) oder hierarchische Unterscheidung (Reichsgewalt und Gewalt der Reichsstände) ausdrücken. Auf letzteres verweist die Wahlkapitulation von 1519, in der KARL, nachdem er *zu der Er und Wirde des Romischen Kuniglichen Namens und Gewalts* erhoben worden ist, verspricht, die *Teutsch Nation, das Heilig Römisch Reiche und die Churfursten, als die vordristen Gelider desselben, auch ander Fursten, Grafen, Herren und Steende bei iren hochisten Wirden, Rechten und Gerechtigkaiten, Macht und Gewalt, jeden nach seinem Stand und Wesen* zu beschützen[312].

2) 'Gewalt' ist ein wertneutraler Beschreibungsbegriff und meint die territorialen Obrigkeiten innerhalb oder die Staatsgewalten außerhalb des Reiches bzw. ihre Träger, die Fürsten, unbeschadet ihrer rechtlichen Qualität oder Stärke, so daß diese im Bedarfsfall vermerkt sind. Im Reichstagsabschied von 1521 wird die Reichsexekution gegen einen *mächtigen Gewalt, der weder Acht noch Bann fürchten oder ansehen wölt*, vorgesehen[313]. Die Pluralform *Gewält* (1) oder *Gewelten* dient im frühen 16. Jahrhundert oft zur Kennzeichnung von Staaten außerhalb des Reiches: *Die Handhabung Friedens und Rechts* von 1495 enthält das Verbot, ohne Zustimmung des Reichstages *mit frembder Nacion oder Gewelten* Krieg zu führen oder ein

---

[311] ZEUMER, Quellensammlung, 297. 300, Nr. 177.
[312] Ebd., 309, Nr. 180.
[313] Ebd., 325, Nr. 184.

a) Reichsverfassung und Politik im 16. Jahrhundert   Macht, Gewalt

dem Reich schädliches Bündnis zu schließen[314]. Um die Jahrhundertmitte rückt dafür der Ausdruck 'Potentat' ein, und zwar besonders dann, wenn es um die Bündnis- und Außenpolitik geht[315]. Die im 17. und 18. Jahrhundert übliche Beschränkung des Rechts, Bündnisse zu schließen, auf *Potentaten* oder *Puissancen* kündigt sich an[316].

3) Mit der gängigen Formel „in ihrem Gewalt" (2) bringen und haben wird die Verfügung und der tatsächliche Besitz bezeichnet; 'Gewalt' kann in diesem Zusammenhang auch räumlich verwendet werden, so in der Feststellung der Regimentsordnung von 1500, der Türke habe *seine Macht noch weiter dann bißher in der Christglaubigen Gewalt gestreckt*[317].

4) Das Substantiv 'Gewalt' oder das Adjektiv 'gewaltig' dient zur Umschreibung von physischer Gewaltanwendung und Zwang im politischen Bereich — so von gewaltsamer Empörung und Krieg —, aber auch einzelner gewaltsamer Handlungen, gelegentlich auch der dabei eingesetzten Truppen. Die Türken möchten die deutsche Nation *mit mercklichem Gewalt* (3) überziehen und unterwerfen, während gleichzeitig *ander Gewalt ... mit grosser Heeres-Krafft* (4) in das Reich eindringt. Ob es sich um unrechtmäßige oder legitime Gewaltanwendung oder um das bloße Faktum handelt, ergibt der Kontext.

Parallel zur traditionellen Zuordnung von Gewalt und Recht im Reich artikulierte sich im 16. Jahrhundert die Einsicht in den Zusammenhang von Macht und Politik, auch wenn deren Bindung an die Ehre, den Nutzen und die Wohlfahrt des Reiches zumindest verbal anerkannt bleibt. Die Erfahrung mangelnder kaiserlicher Macht war ein Bestandteil des politischen Kalküls Karls V. und seiner Hausmachtpolitik. 1520 begründeten kaiserliche Kommissare den Erwerb Württembergs durch die Habsburger in einem internen Gutachten mit machtpolitischen Argumenten: wenn der Kaiser das mitten im Reich und in der Nachbarschaft der vorderösterreichischen Lande gelegene Herzogtum besitze, dann habe er *die recht und große macht von den streytparisten leuten, so in teutsch landen sein, und durch dise macht mag sein k. M. das gantz Reich in rechter guter gehorsam, frid und recht behalten;* darüber hinaus sei Württemberg eine Sicherheit für das Haus Österreich, *und die beid machten bey ainander haben alweg macht, wo man schon nit ro. konig oder kayser were, andern fursten und stenden, wer die sein, gesatz und legem zu setzen und zu imperiren*[318]. Das 'Setzen' von 'Gesetz' und 'legem' in Verbindung mit dem 'imperiren' meint hier nicht mehr die rechtmäßige Herrschaft, sondern das Geltendmachen der faktischen Überlegenheit.

---

[314] Ebd., 292, Nr. 175.
[315] Vgl. die MELANCHTHON zugeschriebene Übersetzung bei FRIEDRICH HORTLEDER, Der Römischen Keyser- und Königlichen Maiesteten, auch des Heiligen Römischen Reichs geistlicher und weltlicher Stände ... Handlungen und Außschreiben ... von den Ursachen des Teutschen Kriegs Kaiser Carls des V., 2. Aufl. (Gotha 1645), 78 ff.
[316] Briefwechsel Landgraf Philipps des Großmütigen von Hessen mit [Martin] Bucer, hg. v. MAX LENZ, Bd. 3 (Leipzig 1891), 93; → Bund, Bd. 1, 626.
[317] ZEUMER, Quellensammlung, 297. 302, Nr. 177.
[318] Instruction was der propst von Löwen und Jheronimus Brunner, Burgvogt zu Breisach, bey k. M., dem Herren von Chièvres und andern handeln sollen, Augsburg, 22. 4. 1520, abgedr. JAKOB WILLE, Die Übergabe des Herzogtums Württemberg an Karl V., Forsch. z. dt. Gesch. 21 (1881), 561 f.

b) **Die Reichspublizistik der frühen Neuzeit.** Seit dem Ende des 16. Jahrhunderts wurden die Theoreme der im Umkreis der westeuropäischen Staatlichkeit entstandenen Staatslehre in Deutschland rezipiert. Sie trafen hier auf die durch ältere Traditionen geprägten Rechtskreise und Sozialverhältnisse und konnten sich nur zögernd und in vielfältiger Brechung durchsetzen. Das zeigt besonders die unübersehbare Literatur zum Reichs- und Territorialstaatsrecht[319]. Sie spiegelt die Schwierigkeit einer begrifflichen Systematisierung der Reichsverfassung und die allmähliche Verlagerung des Akzentes vom Kaiser und vom Reich auf die Territorien und die Fürsten wider. Indem sich das Interesse zunehmend der Frage nach der Effizienz und Geschlossenheit der staatlichen Gewalt und ihren Machtmitteln zuwandte, geriet das Reich als politische Organisation in Mißkredit, auch wenn es bis zu seinem Ende Verteidiger seiner Funktion als Rechtsordnung fand. Auch hier deutet sich die neuzeitliche Trennung von Recht und Macht an.

Die Souveränitätslehre BODINS hat auf die Diskussion und begriffliche Differenzierung von 'Gewalt' und 'Macht' in der Reichspublizistik einen nachhaltigen Einfluß ausgeübt. Schon 1592 lag die „République" in einer deutschen Übersetzung vor[320], die allerdings den Zugang zu den Gedanken Bodins eher erschwerte als erleichterte. Die deutschen Wörter 'Gewalt', 'Obrigkeit', 'Herrschaft' und 'Regiment' waren zu vieldeutig, personenbezogen und normgebunden, um die abstrakten und wertneutralen Definitionen Bodins angemessen wiederzugeben und erscheinen in beliebiger Austauschbarkeit. Für franz. 'souveraineté' und 'puissance absolue' stehen im Deutschen 'hohe Obrigkeit' und 'vollmächtige (oder 'volle') Gewalt'. Das Wort 'Obrigkeit' dient auch zur Übersetzung von 'magistrat' und 'droit de gouvernement', für das in der deutschen Fassung außerdem 'Herrschaft' sowie 'Gewalt und Regiment' stehen. 'Gewalt' gibt schließlich, ganz in traditioneller Manier und in entsprechenden Verbindungen, franz. 'force', 'violence' und 'injure' ('Gewalt und Unrecht') wieder. Für die Kapitelüberschrift *De l'estat populaire* steht in der Übersetzung *Von dem gwalt unnd Regiment deß Volcks*. Der Abstand zwischen der theoretischen Analyse Bodins und der normativen Vorstellungswelt des Übersetzers zeigt sich schon in der Wiedergabe des ersten Satzes der „République": *Republique est un droit gouvernement de plusieurs mesnages, et de ce qui eur est commun, avec puissance souveraine.* Die Übersetzung lautet: *Dis ist ein gemeiner Nutze oder Herrschafft, wo viel Häuser sampt allem dem, daß sie mit einander gemein haben, under einer hohen Oberkeit recht und ordenlich regieret werden*[321].

---

[319] Zur Problematik vgl. jetzt neben GIERKE, Althusius (s. Anm. 207) FRIEDRICH HERMANN SCHUBERT, Die deutschen Reichstage in der Staatslehre der frühen Neuzeit (Göttingen 1966); HORST DREITZEL, Protestantischer Aristotelismus und absoluter Staat. Die „Politica" des Henning Arnisaeus (ca. 1575—1636) (Wiesbaden 1970).

[320] JEAN BODIN, Respublica. Das ist: Gründliche und recht Underweysung, oder eigentlicher Bericht, in welchem außführlich vermeldet wirdt, wie nicht allein das Regiment wol zu bestellen, sonder auch in allerley Zustandt, so wol in Krieg unnd Widerwertigkeit, als Frieden und Wolstand zuerhalten sey, dt. v. JOHANN OSWALDT (Mömpelgard 1592 [danach zit.]; 2. Aufl. Frankfurt 1611). In seiner Vorrede distanziert sich der Übersetzer — er war Pfarrer in Mömpelgard — ausdrücklich von den *gottlosen Leut..., under welchen der berühmten Bueb Machiavellus den Preiß tregt*.

[321] BODIN, République 2, 7; 1, 1 (s. Anm. 228), 332; dt. Ausg., 234.

b) Reichspublizistik der frühen Neuzeit

Die theoretische Auseinandersetzung mit der Lehre Bodins wurde in Deutschland in der traditionellen Wissenschaftssprache des Lateinischen geführt. Die deutschen Fassungen wichtiger Traktate waren oft Übersetzungen aus dem lateinischen Original (etwa Pufendorf 1667/1710 und noch Christian Wolffs „Naturrecht" 1750/1754). Die Bedeutung jener Auseinandersetzung für die begriffliche Fortentwicklung von 'Gewalt' und 'Macht' und ihrer lateinischen Äquivalenzbegriffe liegt nicht so sehr in der Übernahme der Terminologie Bodins, deren einzelne Elemente schon in der Sprache des römischen Rechts und den spätmittelalterlichen Herrschaftsformeln der Päpste, Kaiser und französischen Könige vorgegeben waren, sondern vielmehr in der Bereitstellung eines Staatsmodells, das trotz der formalen Bindung der *maiesté souveraine et puissance absolue* an das göttliche und natürliche Recht ein kontext- und wertfreies Instrument war, um den Ort, die Substanz und den Status der öffentlichen Gewalt und ihrer Träger im Reich auf den Begriff zu bringen. Bodin hat selbst den Anstoß dazu gegeben, indem er unter Ablehnung der traditionellen Lehre von den res publicae mixtae das Reich zu einer Aristokratie erklärte, in der der Kaiser nur seinen Titel und den Namen der Majestät besitze, während die Souveränität bei der im Reichstag sich darstellenden Gesamtheit der Reichsstände liege[322]. Obwohl diese Interpretation die Verfassungsrealität des Reiches mit ihrem Miteinander von Kaiser und Reichsständen verkannte, hat sie dazu beigetragen, die ältere, durch den Begriff der plenitudo potestatis gestützte Lehre von der kaiserlichen Machtvollkommenheit zu relativieren[323]. Um die Kluft zwischen Theorie und Realität zu überbrücken, wurden zwei Wege eingeschlagen. Der eine bestand in der grundsätzlichen Übernahme der Souveränitätslehre, die jedoch in anderer Weise, als es Bodin getan hatte, auf die Reichsverfassung appliziert wurde. Hierher gehört ALTHUSIUS[324]. Für ihn ist die von Gott abgeleitete *maiestas* oder *summa potestas* Eigentum des Volkes, während die sie ausübenden Regenten, sei es der *summus imperans* oder der *praeses provinciae*, nur seine Beauftragten sind und deshalb *magistratus* oder *minister* heißen[325]. Im Unterschied zu Bodin ist für Althusius, der hier an die Auffassungen der Monarchomachen anknüpft, die *summa potestas* nicht *legibus solutus*, sondern an das Naturrecht und das positive Recht gebunden. Der erste Weg wurde auch von den Monarchisten unter den Reichsrechtlern eingeschlagen, so vor allem

---

[322] Zur Reichsverfassung vgl. ebd. 1, 9; 2, 1. 6; dazu FRIEDRICH HERMANN SCHUBERT, Französische Staatstheorie und deutsche Reichsverfassung im 16. und 17. Jahrhundert, in: HEINRICH LUTZ/F. H. SCHUBERT/HERMANN WEBER, Frankreich und das Reich im 16. und 17. Jahrhundert (Göttingen 1968), 23 ff.

[323] SCHUBERT, Staatstheorie, 34.

[324] JOHANNES ALTHUSIUS, Politica. Methodice digesta atque exemplis sacris et profanis illustrata, 3. Aufl. (Herborn 1614; Ndr. Aalen 1961); GIERKE, Althusius; PETER JOCHEN WINTERS, Die „Politik" des Johannes Althusius und ihre zeitgenössischen Quellen. Zur Grundlegung der politischen Wissenschaft im 16. und im beginnenden 17. Jahrhundert (Freiburg 1963).

[325] Zit. GIERKE, Althusius, 24 f. 31; WINTERS, „Politik", 246 ff. Auf die Ableitung der *potestas* aus Gott und aus dem *dominium* und auf ihre Differenzierung in verschiedene Gewalten *(ipsius = libertas, aliena, privata, publica universalis, specialis, inferior, provincialis)* durch ALTHUSIUS (GIERKE, Althusius, 43 f.) braucht hier nicht eingegangen zu werden, weil sie nicht über die Bedeutung von 'potestas' „Obrigkeit" hinausführt.

von THEODOR REINKINGK, der unter Berufung auf die *lex regia* formulierte: *Imperator Romanus, tanquam summus universi orbis Christiani Magistratus et caput, ipso electionis jure, jura Principis nanciscitur et acquirit. Jura autem Principis consistunt in summa et absoluta imperii potestate*, als deren wichtigstes *symbolum* er die *potestas pacis et belli incendi ac decernendi* nannte[326].

Eine andere Gruppe von Juristen suchte die Souveränitätstheorie der Verfassungswirklichkeit anzupassen, veränderte sie damit aber so, daß sie nahe an die von Bodin abgelehnte Lehre der gemischten Verfassung heranrückte. Hierher gehört die in vielen Traktaten variierte Unterscheidung zwischen der *maiestas realis* und *personalis*, wobei die erstere dem Volk oder der Gesamtheit der Reichsstände, die zweite dem Kaiser allein oder Kaiser und Reichstag gemeinsam zugesprochen wurde[327]. TOBIAS PAURMEISTER unterschied zu diesem Zweck zwischen den *cives potestatis rei publicae Romanae potentia* für das Reichsvolk und dem *collegium civium potestatis rei publicae Romanae actu participium* für den Reichstag, der so zum Teilhaber der *maiestas personalis* wurde, während das Volk, obwohl es die *maiestas realis* der „eigentlichen Berechtigung nach" (Schubert), wie man wohl *potentia* übersetzen muß, besaß, de facto nicht ausübte[328]. Diese Interpretationen verwässerten entweder die Konzeption Bodins in ihrer Verbindung der ausschließlichen Rechtsetzungsbefugnis mit der absoluten Befehlsgewalt oder taten der Reichsverfassung Gewalt an, so daß die Folgerung Pufendorfs, das Reich sei — im Lichte der Theorie — *irregulare aliquod corpus et monstro simile*[329], zutraf.

Die Differenz zur Theorie bestand nicht nur in dem Vorhandensein konkurrierender und voneinander abhängiger Gewalten im Reich, auch wenn ihnen oft das Prädikat der Souveränität zugeschrieben wurde[330], sondern noch mehr darin, daß sowohl die kaiserliche Machtvollkommenheit als auch die Landeshoheit in der Regel nicht als einheitliche Staatsgewalt, sondern als eine Summe von kaiserlichen Reservatrechten und Regalien verstanden und sie außerdem auf die Respektierung des Rechts in allen seinen Abstufungen verpflichtet wurden[331]. SECKENDORFF hob 1655 lobend

---

[326] THEODOR REINKINGK, Tractatus de regimine seculari et ecclesiastico 1, 3, 11, § 1; 1, 2, 2, § 128 (1619), 5. Aufl. (Frankfurt 1651), 307. 72 f.

[327] SCHUBERT, Reichstage, 477 f. mit Nachweisen.

[328] TOBIAS PAURMEISTER v. KOCHSTEDT, De jurisdictione imperii Romani libri duo (Hanau 1608), zit. SCHUBERT, Reichstage, 507.

[329] SEVERINUS DE MONZAMBANO [d. i. SAMUEL PUFENDORF], De statu imperii Germanici 6, 9, hg. v. Fritz Salomon (1667; Ndr. Weimar 1910), 126.

[330] Vgl. die Aufzählung der Benennungsvielfalt in dem umfangreichen Artikel „Landshoheit" bei ZEDLER, Bd. 16 (1737), 500.

[331] JOH. JACOB MOSER, Von der Landeshoheit derer Teutschen Reichsstände überhaupt, Neues Teutsches Staatsrecht, Bd. 14 (Frankfurt, Leipzig 1773; Ndr. Osnabrück 1968), 32. 131. 33. 43. 27. 217; CHR. GOTTLOB BIENER, Bestimmung der kaiserlichen Machtvollkommenheit in der teutschen Reichsregierung (Leipzig 1780), 6. 30. 37 ff. *Die allgemeine Schlußfolge ist endlich, daß in der Machtvollkommenheit des Kaisers gar kein Geheimnis der teutschen Reichsregierung liege; daß sie keine außerordentliche Mittel in sich fasse, Staatshandlungen, wider die Gesetze und Grundverfassung Teutschlands, zu bewirken; daß sie den Kaiser nicht berechtige, von den Vorschriften der Wahlkapitulation und der Gesetze abzugehen* (ebd., 120).

b) Reichspublizistik der frühen Neuzeit

hervor, daß es in Deutschland keine *macht* gebe, *welche von einem einigen menschen im lande, der sich für den obersten hielte, und die meiste gewalt mit oder ohne recht hätte, über die andern alle, zu seinem nuz und vortheil, nach seinem willen und belieben allein, geführet und ausgeübet würde, wie etwa ein herr über seine leibeigene knechte und mägde zu gebieten pflegt.* Er definierte die *landes-fürstliche hoheit und macht* als die *oberste und höchste botmäßigkeit des ordentlichen regierenden Landes-Fürsten*, dem er gleichwohl die Respektierung der *ehre und hoheit des teutschen Reichs, und der Kayserlichen Majestät* zur Pflicht machte[332]. JOHANN JACOB MOSER setzte das seit dem Westfälischen Frieden gebräuchliche *ius Territorii et Superioritatis*[333] ausdrücklich von der als 'despotisch' abqualifizierten Souveränität ab[334]. Auch daß im deutschen staatsrechtlichen Schrifttum die an die Person des Kaisers und an die Reichsfürsten gebundene 'Machtvollkommenheit' und 'Landeshoheit' trotz früher Ansätze bei ARNISAEUS, SECKENDORFF und PUFENDORF[335] erst um die Wende vom 18. zum 19. Jahrhundert in das abstrakte Institut der 'Staatsgewalt' umgewandelt wurde[336], ist kennzeichnend für die „vorstaatliche" Verfassungsstruktur des Reiches.

Unbeschadet der relativen Resistenz des Reichsrechts gegenüber den Kategorien der modernen Staatslehre haben nicht wenige Publizisten das Reich als politische Organisation unter dem Gesichtspunkt seiner inneren und äußeren Macht in Begriffen darzustellen und zu bewerten gesucht, die über das statische juristische Verständnis von 'Gewalt' hinausführten. Die bekanntesten sind Bogislav Philipp von Chemnitz und Pufendorf. CHEMNITZ gründete in seiner „Dissertatio de ratione status in imperio nostro Romano-Germanico" (1640) die *summa potestas*, die er im übrigen mit Bodin den Reichsständen und nicht dem Kaiser zusprach, auf die *vis* und *potentia* des Herrschers: *Ne facienda vis in nomine, sed in qualitate regiminis, et in magnitudine potestatis*[337]. PUFENDORFS bekannter Traktat über das Reich enthält

---

[332] VEIT LUDW. v. SECKENDORFF, Teutscher Fürsten-Stat (1655), hg. v. Andreas Simson v. Biechling (Ausg. Jena 1737; Ndr. Aalen 1972), 32. 131. 33. 43.

[333] Instrumentum pacis Osnabrugense, Art. 5, § 30; ZEUMER, Quellensammlung, 409.

[334] MOSER, Landeshoheit, 4. 253.

[335] ARNISAEUS definierte 1615 *Respublica* als *ordo civitatis, tum aliorum imperiorum, tum praecipue summae potestatis, a quo profluit regimen per medios magistratus in universos subditos*; zit. DREITZEL, Arnisaeus (s. Anm. 319), 174 f. Vgl. SECKENDORFF, Fürsten-Stat, 131 f.: er habe bisher die *landes-fürstliche hoheit und macht* ohne Rücksicht auf die *person des landesherrn* behandelt, *indem diese sterblich ist, und sich öfters ändert, jenes aber ... ihre beständige stetige form und art hat.* PUFENDORF sieht im *summum imperium* die *anima civitatis*; zit. HERBERT KRÜGER, Allgemeine Staatslehre, 2. Aufl. (Stuttgart, Berlin, Köln, Mainz 1966), 819.

[336] QUARITSCH, Staat und Souveränität, Bd. 1, 405 f.; vgl. immerhin CHRISTIAN WOLFF, Vernünfftige Gedancken von dem gesellschafftlichen Leben der Menschen und insonderheit dem gemeinen Wesen (1721; 4. Aufl. Frankfurt, Leipzig 1736; Ndr. Hildesheim, New York 1975 = GW 1. Abt., Bd. 5), 493, § 461: *Die Majestät bestehet in der Macht und Gewalt eines Staates, sie mag entweder bei dem Staate allein verbleiben, oder der Obrigkeit ganz, oder zum Teil übergeben werden.*

[337] HIPPOLITHUS A LAPIDE [d. i. B. PH. V. CHEMNITZ], Dissertatio de ratione status in imperio nostro Romano-Germanico (1640; Ausg. Freistadt 1647), 40. 519. 544. Der Verweis auf 'virtus' und 'prudentia' läßt an Beeinflussung durch Justus Lipsius denken.

ein Kapitel mit der Überschrift *De viribus et morbis Imperii Germanici*, das in der deutschen Fassung von 1715 *Von der Macht und den Gebrechen des Teutschen Reiches* heißt[338]. In ihm löst sich Pufendorf völlig von der reichsrechtlichen Betrachtungsweise und analysiert die *moles* Deutschlands realistisch unter dem Gesichtspunkt der *Macht eines Staats ... an sich (vires alicuius reipublicae ... in se)*, das heißt in Hinblick auf die Bevölkerung und den Besitz *(in viris et in rebus)*, sowie, weil *robur* und *debilitas* relative Begriffe sind, *in Vergleichung ... gegen seine Nachbarn*[339]. Er bekannte sich zu der Maxime: *Alle Stärke und Macht kommt aus der Vereinigung her*[340]. Und es war eine Vorwegnahme des Urteils Hegels über die Machtlosigkeit des Reiches, wenn der kurböhmische Gesandte am Reichstag, FERDINAND GRAF TRAUTTMANSDORFF, 1783 in bezug auf die *arbitrarische Gewalt* Preußens feststellte: *Gegenwärtig ist aber das Jahrhundert nicht mehr, wo mit publizistischen (= reichsrechtlichen) Grundsätzen gefochten und einem solchen Unwesen durch Staatsschriften allein gesteuert werden kann, sondern wo Gewalt mit Gewalt zurückzutreiben sein will, oder wenigstens die öffentliche Staatssprache sich auf eine wohlbestellte Macht gründen muß*[341].

Wie am Ende des 18. Jahrhunderts das Denken in den Kategorien des traditionellen Reichsrechts und die moderne, durch das Naturrecht geprägte Staatslehre unmittelbar nebeneinanderstehen können, dokumentiert die gründliche Abhandlung von CHRISTIAN GOTTLOB BIENER „Bestimmung der kaiserlichen Machtvollkommenheit in der teutschen Reichsregierung" (1780)[342]. Hier wird ein und derselbe Rechtsterminus, die 'Machtvollkommenheit' (plenitudo potestatis), zunächst dogmatisch, nach dem *allgemeinen natürlichen Staatsrecht*, und dann verfassungs- und begriffsgeschichtlich, in seiner spezifischen Bedeutung im Reichsrecht, untersucht[343]. Im ersten Teil des Traktats legt Biener dar, daß der durch den *vereinigten Willen des*

---

[338] PUFENDORF, De statu imperii, c. 7 (p. 129); ders., Kurtzer doch Gründlicher Bericht von dem Zustande des H. R. Reichs Teutscher Nation (1710; 2. Aufl. Leipzig 1715), 700. Im folgenden wird diese Ausgabe als „dt. Ausg.", die Salomonsche Ausgabe (s. Anm. 329) als „lat. Ausg." bezeichnet.

[339] Ebd. 7, 1; 4, 7, lat. Ausg.; 139. 129. 133.; dt. Ausg., 701. 710. Zu 'vis' und 'effectus' im Vokabular Pufendorfs → Bund, Bd. 1, 631.

[340] PUFENDORF, De statu imperii 7, 7, dt. Ausg., 725; lat. Ausg., 139: *Quantumvis magna hominum multitudo uno homine robustior non est, quamdiu quilibet sibi soli tendit, omne ex coniunctione robur est.*; ferner dt. Ausg., 728: *Das Mißtrauen zwischen Kaiser und Reichsständen verhindere, daß einer vor dem andern an Kräften nicht zunehme, oder der andern ihre Potenz gebrochen werde.*

[341] Denkschrift TRAUTTMANSDORFFS über die preußische Reichspolitik und die Möglichkeiten Österreichs, ihr zu begegnen (1783), in: KARL OTHMAR FRH. V. ARETIN, Heiliges Römisches Reich 1776—1806. Reichsverfassung und Staatssouveränität, Bd. 2 (Wiesbaden 1967), 61.

[342] BIENER, Machtvollkommenheit (s. Anm. 331); in der Vorrede ein Lob der Göttinger staatsrechtlichen Schule, weil sie Theorie und Praxis miteinander verbunden habe.

[343] Ebd., 6 f.; vgl. 62: *Obgleich in teutschen Staatssachen die Worterklärungen nicht von dem Gewichte und Nutzen sein, als in römischen und kanonischen Rechten; so ist doch zuweilen die richtige Untersuchung eines Wortes zur genauen Bestimmung des Begriffes nützlich, ja notwendig.* Es folgt die Untersuchung des Gebrauches von 'potestas' und 'plenitudo' bei den „Lateinern" und „Teutschen" (62 ff.).

IV. 4. Der absolutistische Staat als 'potentia'

Fürsten und des Volkes zum *Endzweck der äußerlichen Ruhe und Glückseligkeit* der bürgerlichen Gesellschaft gestiftete Staat *ohne eine höchste Gewalt und Majestät* nicht denkbar ist[344]. Diese *ordentliche Gewalt* hat zwar die Allkompetenz, ist aber in ihrem Gang und ihren Mitteln durch *die Natur und Grundverfassung des Staats* abgemessen. Nur wenn der Staat selbst gefährdet und mit den Mitteln der ordentlichen Gewalt nicht mehr in Gang zu bringen ist, muß er das Äußerste zu seiner Erhaltung wagen: *Dies ist die über die ordentliche Gewalt erhabene Machtvollkommenheit; sie ist der Inbegriff außerordentlicher Mittel zur Erhaltung des Staats in Kollisionsfällen,* deren Gebrauch nur bis zur Rettung des Staates gerechtfertigt und keineswegs ein Recht des Königs ist, nach Belieben *die Grenzen der natürlichen Pflichten gegen den Staat und Bürger zu überschreiten, die Grundverträge des Staats und die Gesetze der Natur zu zertrümmern, und die höchste Gewalt in Despotismus und Tyrannei ... zu verwandeln*[345].

Im Unterschied zu dieser Interpretation der 'Machtvollkommenheit' als Ausnahmerecht zur Erhaltung des Staates leitet Biener die 'kaiserliche Machtvollkommenheit' im Reich historisch aus dem Gegensatz zwischen imperium und sacerdotium im Mittelalter ab. Ursprünglich gleichbedeutend mit der königlichen 'potestas' im Reich, wurde sie zeitweilig unter dem Einfluß des römischen Rechts zu einem besonderen Vorzug kaiserlicher Hoheit hochstilisiert, die zu einer Gefahr für die *teutsche Freiheit* geworden wäre, hätten ihr nicht die Reichsstände *aus bloßer natürlicher Empfindung und dem reinsten Bewußtsein ihrer Gerechtsamen* Grenzen gesetzt[346]. So ist sie, wie zuletzt auf dem Westfälischen Frieden mit Erfolg von den Ständen geltend gemacht wurde, keine *grenzenlose Gewalt,* sondern *kaiserlicher Majestät bloß zur Handhabung der Gesetze, zur Aufrechterhaltung der teutschen Staatsverfassung und Erfüllung ihrer Pflichten nach der Reichsgrundverfassung beigelegt*[347]. Sie ist praktisch *ein Bestätigungs- und Erfüllungsrecht* des Kaisers in bezug auf die vorher im Zusammenwirken von Kaiser und Reichstag und in Ausübung der höchsten Gewalt zustande gekommenen Staatshandlungen; *sie hat bloß den Stempel, die Masse muß ihr geliefert werden*[348].

4. Der absolutistische Staat als 'potentia' und seine Machtmittel

Daß der Staat nicht nur ein Rechtsgebilde, sondern auch eine Machtorganisation darstellte, deren Träger zur Erfüllung des Staatszwecks oder zur Durchsetzung ihrer politischen Ziele über entsprechende Ressourcen verfügen mußten und im Falle der 'necessitas' die 'ratio status' über das formale Recht stellten[349], war eine Erfahrung,

---

[344] Ebd., 4 f.
[345] Ebd., 6. Zum Problem vgl. CARL SCHMITT, Die Diktatur, 3. Aufl. (Berlin 1964); → Ausnahmezustand, Bd. 1, 343 ff.; → Diktatur, ebd., 900 ff.
[346] BIENER, Machtvollkommenheit, 65 ff. 89.
[347] Ebd., 99.
[348] Ebd., 111. 118. *Die Machtvollkommenheit kaiserlicher Majestät und die Macht der Landeshoheit wirken gegeneinander,* so daß Biener eine *Grenzbestimmung* vorzunehmen versucht; ebd., 139 f.
[349] KURT KLUXEN, Politik und menschliche Existenz bei Machiavelli. Dargestellt am Begriff der Necessità (Stuttgart 1967). Zur deutschen Staatsräsonliteratur vor Chemnitz

die aus der Beschäftigung mit der Verfassung des Heiligen Römischen Reiches allenfalls, wie bei Chemnitz und Pufendorf, negativ, durch die Einsicht in seine Schwäche, gewonnen werden konnte. Dagegen wurde sie seit dem späten 16. Jahrhundert durch die auf innere Konsolidierung und äußere Selbsterhaltung gerichtete Politik der europäischen Staaten und der größeren Territorialherren Deutschlands bestätigt. Für die Analyse dieses Sachverhaltes reichte das um den Begriff der 'potestas' = 'Gewalt' gruppierte normative und juristische Vokabular der Reichspublizistik nicht aus. Vielmehr traten, parallel zum Aufkommen der neuen naturwissenschaftlichen Denkweise, Begriffe in den Vordergrund, die eine quantitative und relationale Erfassung der politischen Realität des absolutistischen Staates erlaubten. Seine 'potentia' wurde nun mit den Termini 'vis', 'vires' und 'robur' und mit den für ihre materiellen Konkretisierungen stehenden Vokabeln beschrieben. Im Deutschen entsprach diesem Wandel des Wortgebrauchs die Vorliebe für 'Macht', 'Kraft' und 'Stärke'. Die mit dem mechanistischen Weltbild gegebene Möglichkeit einer Dynamisierung des Machtbegriffs, wie sie sich in dieser Terminologie ankündigte[350], wurde allerdings im 17. Jahrhundert, zumindest von den deutschen Autoren, noch kaum wahrgenommen. Dem stand, nicht zuletzt unter dem Eindruck der konfessionellen Bürgerkriege, die Anerkennung des Staates als stabilisierender Ordnungsfaktor und die, wenn auch schon schwächer gewordene Bindung der Fürsten an den 'Gemeinen Nutzen' oder, wie bei Seckendorff, an religiöse Normen entgegen. Aus demselben Grunde wurde Kritik an der Machtkonzentration im Staate nur selten geäußert. Ordnungsdenken und Empirie traten noch nicht auseinander, ergänzten sich vielmehr in dem Bedürfnis nach einer mit den notwendigen Machtmitteln ausgestatteten Staatsgewalt[351].

Diese Konstellation erklärt den großen Einfluß, den — im Unterschied zu den verpönten Lehren Machiavellis — die politische Wissenschaft eines JUSTUS LIPSIUS, wie sie vor allem in seiner „Politik" (1589) niedergelegt war, auf das politische Denken und dessen Terminologie in Deutschland ausgeübt hat[352]. Ein guter Regent

---

und Pufendorf, die um 1600 einsetzt, s. FRIEDRICH MEINECKE, Die Idee der Staatsräson in der neueren Geschichte, Werke, hg. v. Walther Hofer, 2. Aufl., Bd. 1 (München 1960), 152 ff.

[350] AUGUST NITSCHKE, Wandlungen des Kraftbegriffes in den politischen Theorien des 16. und 17. Jahrhunderts, Sudhoffs Arch. f. Gesch. d. Medizin 55 (1971), 180 ff.; AHLRICH MEYER, Mechanische und organische Metaphorik politischer Philosophie, Arch. f. Begriffsgesch. 13 (1969), 128 ff.

[351] Für England vgl. dagegen WILLIAM H. GREENLEAF, Order, Empiricism and Politics. Two Traditions of English Political Thought 1500—1700 (London, New York, Toronto 1964).

[352] JUSTUS LIPSIUS, Politicorum sive civilis doctrinae libri sex (1589), Opera omnia, t. 4 (Antwerpen 1637) [zit. Politica]; dt. u. d. T.: Von Unterweisung zum Weltlichen Regiment, oder von Burgerlicher Lehr, dt. v. Melchior Haganaeus (Amberg 1599). Bis 1751 waren 53 lateinische Ausgaben der „Politik" erschienen; vgl. GERHARD OESTREICH, Justus Lipsius als Theoretiker des neuzeitlichen Machtstaates (1956), in: ders., Geist und Gestalt des frühmodernen Staates, Ausg. Aufs. (Berlin 1969), 35 ff., bes. 37 f.; ders., Politischer Neustoizismus und Niederländische Bewegung in Europa und besonders in Brandenburg-Preußen (1964), ebd., 101 ff., auch in: Absolutismus, hg. v. WALTHER HUBATSCH (Darmstadt 1973), 360 ff. (grundlegend für den Einfluß des Lipsius in Deutschland).

IV. 4. Der absolutistische Staat als 'potentia' — Macht, Gewalt

muß die auseinanderstrebenden Kräfte der *potentia* und *modestia* fein vermischen, um die Untertanen zwischen den Empfindungen der Liebe und der Furcht zu halten[353]. *Vis et virtus* — zu dt. *Gewalt und Tugend* — sind die beiden Faktoren, *so ein Reich inn guten Stannd und sicherhait setzen*[354]. Die 'Macht' wird durch die *prudentia* zu einer *vis temperata* gemäßigt[355].

Ein durchgehender Zug der Überlegungen des Lipsius ist der Zusammenhang zwischen *vis* und *potentia* des Staates und seines Regenten auf der einen und ihres Ansehens *(auctoritas)* und der Sicherheit auf der anderen Seite. *Gewalt*, soweit sie *das Regiment befördert*, wird von ihm definiert als *einen Gewahrsamb, dene ein Regent ganz zeittiglich gebraucht, sich unnd sein Regiment dardurch zu schützen unnd handzuhaben*[356]. Von ihr unterscheidet Lipsius das, *was ein Regiment zerstört und umstösset*. Es tritt als öffentliche (= offenkundige) *gewalt* (vis aperta) — *Meuterei, Krieg, Auffruhr (factio, seditio, bellum)* — oder in *verborgener oder heimblicher* Form *(vis clancularia)* als *Nachstellung und Verräterey (insidia et proditio)* in Erscheinung[357]. Daß Ruhe und Sicherheit absolute Priorität besitzen und ihre Bewahrung durch die Zuweisung der legitimen Gewaltanwendung an den Fürsten zu gewährleisten ist, zeigt eine doppelte Überlegung des Lipsius. Auch von dem *allerfrömbsten Regenten* darf *füglich Gewalt gebraucht werden, nach dem alten Spruch: Theils muß man handeln mit gewalt / Auf daß man andern Fried erhalt*[358]. Bei der Erörterung des *Inländischen oder Burgerlichen Krieges*, der *auff das äusserste verfluchet und verlästert* wird, benennt Lipsius als eine seiner Ursachen die *Tyranney*, die als *eines eintzigen gewalt samb Regiment, wider Gesatz und herkommen* definiert wird[359]. Ihr gegenüber empfiehlt er zur Vermeidung des *bellum civile* ausdrücklich Geduld statt gewaltsamen Widerstand[360]. Es entspricht der Privilegierung der fürstlichen Gewalt, daß die *auctoritas* des Regenten, diese verstanden als das zweite Attribut seiner *virtus* neben der *benevolentia*, nach Lipsius nicht nur auf den *moribus imperantis* und der *forma imperii* beruht, sondern ihre Hauptstütze in der *potentia imperii* — der *Mächtigkeit und Grösse* des Regiments — findet[361]. Ihre fünf *instrumenta* sind: *opes* (dt.: *Geld und Gut*), *arma*, unter denen Lipsius neben den Festungen das stehende Heer — *ordinarii et perpetui milites* — verstand[362], *consilia* — dann ohne

---

[353] LIPSIUS, Politica, 34.
[354] Ebd., 51; dt. Ausg., 118.
[355] Ders., Politica, 37 (nach Horaz).
[356] Ebd., 51; dt. Ausg., 118 f. An anderer Stelle heißt es (Politica, 55): *Potentiam autem hic intellego, ad sua conservanda, et aliena obtinenda, idonearum rerum facultatem*.
[357] Ders., Politica, 58; dt. Ausg., 143 f.
[358] Dt. Ausg., 121, in freier Übersetzung von: *Pauca admodum vi tractanda, quo ceteris quies esset;* TACITUS, Annalen 1, 9.
[359] LIPSIUS, Politica, 112: *Violentum unius imperium, praeter mores et leges;* dt. Ausg., 341. 321.
[360] Entsprechend kommentiert der in der Tradition des Luthertums stehende, aber auch von Lipsius beeinflußte Seckendorff die leidige Erfahrung *(das leidige carmen)*: *Virtus et summa potestas non coeunt* mit dem Satz: *Nun solchenfalls müssen untertanen leiden und beten;* SECKENDORFF, Fürsten-Stat, 184.
[361] LIPSIUS, Politica, 52. 54; dt. Ausg., 121. 127.
[362] Ders., Politica, 51; dt. Ausg., 119: *ordentliche und in stetiger Bereitschaft stehende Soldaten*.

Raht keine Gewalt beständig —, *foedera* und *fortuna*, die, *wenn ich seine* (= ihre) *Macht recht erwege*, eigentlich zuerst genannt zu werden verdient[363]. Nimmt man hinzu, daß Lipsius zwar in der Verbindung von Gewalt und Laster *(vitium)* den Grund für den Sturz eines Regimentes sieht, zugleich aber unter dem Begriff der prudentia mixta und unter Berufung auf Machiavelli in Fällen der ultima necessitas den politischen Mord, die Aufhebung von Privilegien der Untertanen und den Raub einer Provinz als vor Gott entschuldbar behandelte[364], so wird verständlich, daß sein Werk, indem es den Machtstaat anerkannte und zugleich durch die Grundsätze der stoischen Moral einschränkte, dem ruhebedürftigen Zeitgeist mehr entsprach als eine skrupellose Interessenlehre auf der einen oder das traditionelle Reichsrecht auf der anderen Seite[365].

Die realistische und doch maßvolle[366] Einschätzung der staatlichen oder fürstlichen Macht und ihrer Instrumente durch Lipsius wurde durch die zur gleichen Zeit in Deutschland rezipierte Lehre von der ratio status ergänzt, die eine Fülle von positiven und kritischen Interpretationen im gelehrten wie im populären Schrifttum hervorrief[367]. Sie hat die Lösung des Monarchen von den Schranken des positiven Rechts und des Herkommens zum Zwecke der Selbsterhaltung und zur Machtkonzentration und Sozialdisziplinierung im Innern erleichtert und den Blick für die konkreten Interessen der Staaten geschärft. Auch die Spannung zwischen den Zwängen der Politik und den Normen von Moral und Religion wurde schärfer erkannt. Zur Zeit der Türkenkriege (1684) sieht man eine christliche Allianz, *ohngeachtet die Macht der Europäischen Potentaten ... zu solchen Vornehmen zulänglich seyn möchte*, an dem *offt beklagten widerwärtigen Staats-Interesse* scheitern[368]. Zur begrifflichen Differenzierung von 'Macht' und 'Gewalt' hat aber die Staatsraisonliteratur zunächst, im 17. Jahrhundert, nicht viel beigetragen, es sei denn die weitere Adaption der in der neuen politischen Wissenschaft bereitgestellten Terminologie. Indem man mit der Staatsraison auf eine Politik des wohlverstandenen Interesses und der *prudentia vera* oder *falsa* — je nach der Bewertung — abstellte und die „Praktiken" meinte, durch die auf indirektem Wege ein politisches Ziel erreicht werden konnte, blieb der unmittelbare Zusammenhang mit dem Machtproblem verschleiert, sofern man nicht, wie häufig in ablehnenden Äußerungen, 'Gewalt' und 'List' gleichsetzte[369].

Größeren Einfluß auf die umgangssprachliche Verwendung des neuen Vokabulars gewann im 17. Jahrhundert die weniger anspruchsvolle, aber verbreitete landeskundlich-geographische und statistische Literatur, in der weitschweifig das Machtpotential der „Staaten und Potentaten" beschrieben und miteinander verglichen

---

[363] Ders., Politica, 55 ff.; dt. Ausg., 134 ff., bes. 136.
[364] OESTREICH, Justus Lipsius, 55 ff.
[365] Hierzu bes. ders., Polit. Neustoizismus (s. Anm. 352).
[366] In der „Politik" zitiert LIPSIUS den Valerius Maximus: *Ea demum potentia tuta est, quae viribus suis modum imponit;* dt. Ausg., 136: *Dann der Gewalt endlich sicher: der seinen Kräfften maß zu geben weiß.*
[367] Vgl. außer Meinecke die Belege bei WEINACHT, Staat (s. Anm. 98), 135 ff.
[368] Das regiersüchtige Franckreich (o. O. 1684), 54; zit. WEINACHT, Staat, 157.
[369] Belege bei WEINACHT, Staat, 141. 161.

IV. 4. Der absolutistische Staat als 'potentia' — Macht, Gewalt

wird[370] — ein Indiz dafür, daß man sich der Entstehung eines europäischen Mächtekonzerts bewußt wurde. Vielgelesenes Vorbild war die im letzten Jahrzehnt des 16. Jahrhunderts unter dem Titel „Le relazioni universali" erscheinende Staatenkunde des Italieners GIOVANNI BOTERO[371]. Der barocke Titel eines Auszugs, der im Jahre 1630 in des Londorpius „Acta Publica" erschien[372], zeigt, wie man die traditionelle Vorstellung des hierarchisch gegliederten Orbis christianus mit der neuen Sichtweise zu verbinden verstand: *Macht, Reichthumb, Gewalt der vier mächtigsten Potentaten der gantzen Christenheit, als deren Römis. Kayserl. Mayt., Ihrer Päbstlichen Heiligkeit, Königlicher Mayestet in Hispanien und des hochlöblichen Hauses Oesterreichs, und was ein jeder für Landtschafften hat, auch was er an Fußvolck und Reuterey, auch Schiff auff der See auffbringen kan, was ein jedes Land für den andern besonders hat, wie auch jeder seine Hoffhaltung führet, und dergleichen sachen, ganz lustig und nutzlich zu lesen.* Der Abschluß des Westfälischen Friedens wurde an anderer Stelle mit der Feststellung kommentiert, *daß nun der Hochmuth der Spanier ... ein merckliches abgenomen vnd hingegen der Frantzosen vnd der Staaden* [= Generalstaaten] *Macht unnd Staat sichtbarlich gewachsen vnd zugenommen*[373]. 'Macht' und 'Staat' erscheinen hier als Synonyme![374] HERMANN CONRING las 1661 ein Kolleg: *Examen rerum publicarum potiorum totius orbis* als Staatenkunde[375]. LEIBNIZ beginnt seine *Jetzige Bilance von Europa* (1669) mit dem Satz: *Franckreich sucht auf der wage überzuschlagen, bewirbt sich also sein gewicht zu mehren*[376], und in einem Memoire von 1671 meinte er, so wie Spanien *an euserlicher force, das ist Land und Leuten, so hat Schweden an innerlichen viribus, das ist animae motrice und spiritibus vitalibus mehr verlohren, so daß es an domestiquer Armut leide*[377]. Stand am Beginn des Jahrhunderts noch das Interesse an der Stabilisierung und Konservierung fürstlicher Macht — *in regenda et defenda* (ARNISAEUS)[378] — im Vordergrund, so gehörte jetzt

---

[370] Ebd., 109 f. Hier liegen die Anfänge der im 18. Jahrhundert so beliebten 'Statistik'. Die Formel „Staaten und Potentaten" wird von WEINACHT zuerst für das Jahr 1659 nachgewiesen; Staat, 163, Anm. 139.
[371] Vgl. das Verzeichnis der lat. und dt. Ausgaben bei WEINACHT, Staat, 247 f. Zu Botero s. MEINECKE, Staatsräson (s. Anm. 349), 77 ff.
[372] Acta publica, hg. v. MICHAEL CASPAR LONDORPIUS (Frankfurt 1630), 1243 ff.
[373] PHILANDER [d. i. JOH. MICHAEL MOSCHEROSCH], Somnium sive itinerarium historicopoliticum. Von Wundergeschichten der Welt (Frankfurt 1649), 603; zit. WEINACHT, Staat, 162.
[374] WEINACHT, Staat, 161 ff.
[375] H. CONRING, zit. MEINECKE, Staatsräson, 405.
[376] LEIBNIZ, Jetzige Bilance von Europa, AA 4. R., Bd. 1 (1931), 497. Der Italiener Trajano Boccalini (1556—1613) verfaßte Kommentare über Tacitus, die 1678 unter dem Titel „La bilancia politica" erschienen; MEINECKE, Staatsräson, 84.
[377] LEIBNIZ, Denkschrift für Dänemark zum Zwecke eines Norddeutschen Bundes mit Einschluß Dänemarks zur Sicherheit gegen Schweden, Werke, hg. v. Onno Klopp, Bd. 1 (Hannover 1864), 320 f.; ferner die Argumentation in seiner ersten politischen Flugschrift über die polnische Königswahl (Georgius Ulicovius Lithuanus. Specimen demonstrationum politicarum pro eligendo rege Polonorum (1669), AA 4. R., Bd. 1, 48 ff.) zur Begründung der Proposition: *Eligendus non potens esto*.
[378] Zit. DREITZEL, Arnisaeus, 249.

die Machtvergrößerung im Rahmen des europäischen Staatensystems zu den politischen Zielen, die zu verfolgen sich diejenigen Fürsten im Interesse ihrer 'Reputation' verpflichtet fühlten, die ihre Staaten zu den europäischen *Puissances* oder *Potenzen*[379] gezählt sehen wollten. Ein frommer und in seiner Politik relativ friedfertiger Monarch wie Friedrich Wilhelm I. von Preußen fand nichts dabei, seinem Nachfolger eine weitere *Augmentacion der Armée* mit der Begründung zu empfehlen, daß er dann als *formidable Pu[i]ssance* in der Lage sei, die Balance in Europa aufrechtzuerhalten: *den wehr die Ballance in die weldt halten kahn ist ümer was dabey zu Profittieren vor eure lender und Respectable vor eure freunde und formidable vor eure feinde ist*[380]. Sein Sohn rechtfertigte in der Fassung der „Histoire de mon temps" von 1746 den Kriegsentschluß von 1740 als *moyen immanquable d'augmenter la puissance de ma maison, et d'acquérir de la réputation*, und dies um so mehr, als sein Vater durch eine zurückhaltende Außenpolitik die *mauvaise opinion* erzeugt habe, daß er, statt wirklicher Kräfte *(forces réelles)*, nur den Schein der Macht *(l'appareil de la puissance)* besitze[381].

Die Konsolidierung des absolutistischen Fürstenstaates brachte es mit sich, daß man seit der Mitte des 17. Jahrhunderts schärfer zwischen der äußeren und inneren Macht der Staaten zu unterscheiden begann und der letzteren im politischen Kalkül mindestens eine so große Bedeutung zusprach, im relativ friedlichen 18. Jahrhundert sogar eine größere, als der äußeren Machtentfaltung. Der Aufstieg der Wirtschaftsmächte Holland und England sowie das System des Merkantilismus lenkten den Blick auf die innenpolitischen Voraussetzungen staatlicher Macht. Die Niederlande wurden 1665 — besonders aufgrund ihrer *Schiffs-Macht* — als *der mächtigste und reichste Staat der gantzen Welt* bezeichnet[382]. Um dieselbe Zeit kommt die Unterscheidung zwischen dem 'äußeren' und dem 'inneren' Staat oder — als Variante — zwischen dem 'Kriegsstaat' (früher: *res bellicae*) und dem 'Friedens-' bzw. (später) 'Civilstaat' auf, wobei der Ausdruck 'Staat' nicht die Institution, sondern das entsprechende militärische oder finanziell-ökonomische Potential des Landes meinte[383]. Die Förderung der inneren Macht der Staaten wurde zu einem bevorzugten Feld fürstlicher Politik und der rationalisierten Verwaltung und verband sich unter dem Einfluß der Aufklärung mit der Sorge um die Wohlfahrt der Untertanen. Der

---

[379] Sperander (1728), 489: *Potenzen, heißen die großen Potentaten und Herrschaften in der Welt.* Im politischen Testament von 1752 stellt Friedrich der Grosse fest, daß Holland, das einst eine so große Rolle in Europa gespielt habe, wegen seiner Verschuldung nicht mehr zu den *grandes puissances* gezählt werde; Die politischen Testamente Friedrichs des Großen, hg. v. Gustav Berthold Volz (Berlin 1920), 3.

[380] Friedrich Wilhelm I., Instruktion für seinen Nachfolger (1722), Acta Borussica, Bd. 3 (Berlin 1901), 448. 461.

[381] Friedrich der Grosse, Histoire de mon temps (Redaktion von 1746), hg. v. Max Posner (Leipzig 1879), 212 ff. Vgl. auch im Testament von 1768 (Volz, Testamente, 191) seine Kritik an dem Erwerb der Königskrone durch seinen Großvater: *Il acquit une dignité sans puissance, onéreuse pour le faible, qui flatte la vanité d'un prince, sans augmenter sa puissance.*

[382] V. D. H., Interesse von Holland oder Fondamenten von Hollands Wohlfahrt (o. O. 1665), 176. 193. 238; zit. Weinacht, Staat, 162.

[383] Belege bei Weinacht, Staat, 111 f. 129 ff. 161 ff.

IV. 4. Der absolutistische Staat als 'potentia'

Hallenser Professor HEINRICH BODEN publizierte 1702 eine *Fürstliche Macht-Kunst oder Unerschöpfliche Gold-Grube, wodurch ein Fürst sich kan mächtig und sein Unterthanen reich machen*[384]. Unter Berufung auf die Vorbilder Frankreich, England und Holland, die *nicht so sehr durch Kriegs-Macht, sondern durch eine sonderbare fürstliche Macht-Kunst und Wissenschaft zu einer solchen hohen Potenz gediehen, daß dahin als ein unerschöpfliches Meer aller Welt Gold- und Silberströme sich gleichsam ergossen*, deduzierte der Verfasser aus dem *ersten Zweck des Landes*, dem mit *Reichtum und Auffnahm* gleichgesetzten *Bonum Publicum*, als *Finis Secundus* die *Potenz und grosse Macht eines Landes-Fürsten*[385]. Wenn ein junger Prinz lernen will, wie er ein mächtiger Monarch werden kann, *so muß er nicht in die Credit-lose Machiavellische-Tyrannen-Staats-Schule, sondern in des Königs von Franckreichs, Englands, Italiens und der Holländer Commercien-Schule gehen*[386].
Die Verbindung der äußeren Macht und Reputation des Fürsten oder Staates mit dem Reichtum des Landes und der Wohlfahrt der Untertanen wurde zu einem Topos der politischen Theorie und Praxis des 18. Jahrhunderts. Am eindringlichsten unter den deutschen Schriftstellern des 18. Jahrhunderts hat sich der Kameralist JUSTI im positiven Sinne mit dem Fürstenstaat als Machtorganisation beschäftigt. Er verfaßte eigens eine Abhandlung *Von der wahren Macht der Staaten*[387] und hat darüber hinaus immer wieder auf den Zusammenhang zwischen Macht, äußerer Sicherheit, innerer Ruhe und Glückseligkeit der Untertanen hingewiesen: *Verstehen sie ... durch dieses Wort (Macht) nicht eine eitele, verdammliche und fürchterliche Rüstung der Herrschsucht, die alle ihre Kräfte aufbietet, und unzählige Haufen von Menschen bewaffnet, um ihre Grenzen zu erweitern, den Nachbarn die Ketten der Knechtschaft anzulegen ... Ich rede hier von einem vernünftigen Gebrauch unserer Kräfte, welche die Wohlfahrt des Staates sammeln, und die Vorsicht in stündlicher Bereitschaft zu halten befiehlt; von einer Rüstung, die niemand zu beleidigen gedenkt, die uns aber vor der Unterdrückung und dem reißenden Strome der Herrschsucht in Sicherheit setzet. Denn eine hinlängliche Macht ist allein der Damm, vor welchem die schädlichen Absichten eines länderbegierigen Nachbars zurückprallen müssen*[388]. *Sie ist das Mittel, welches uns die Ruhe versichert, den Frieden dauerhaftig machet, und uns die vergeblichen Kosten des allemal schädlichen Krieges ersparet ...; so ist es gewiß, daß ein Staat nie seinen großen Endzweck, nämlich die Glückseligkeit, erreichen wird, wenn er nicht zugleich mächtig ist*[389]. Für Justi ist *die Macht eines Volkes* (!) *ein relativischer Begriff, der sich auf den Zustand anderer Staaten beziehet*[390]. 'Macht'

---

[384] H. BODEN, Fürstliche Macht-Kunst, 3. Aufl. (Halle o. J.); Vorrede datiert 3. Juli 1702.
[385] Ebd., 8 ff. 13 ff.
[386] Ebd., 26.
[387] JOH. HEINR. GOTTLOB JUSTI, Von der wahren Macht der Staaten, Ges. polit. u. Finanzschr., Bd. 3 (Kopenhagen, Leipzig 1764; Ndr. Aalen 1970), 40 ff.
[388] Eine Anspielung auf Friedrich den Großen.
[389] JUSTI, Rede von dem unzertrennlichen Zusammenhange eines blühenden Zustandes der Wissenschaften mit denjenigen Mitteln, welche einen Staat mächtig und glücklich machen, ebd., Bd. 2 (1761; Ndr. 1970), 146 ff.
[390] Ders., Abhandlung von dem Wesen des Adels, und dessen Verhältniß gegen den Staat, und insonderheit gegen die Commercien, ebd., Bd. 1 (1761; Ndr. 1970), 173. Vgl. auch ders.,

steht bei dem aufgeklärten Beamten Justi unter dem Primat einer eudämonistisch verstandenen Innenpolitik. So konnte er feststellen: *ihre (der Regierung) Gewalt zu zwingen, ist vielleicht nur ein geringer Teil ihrer Macht; ihre Macht zu bilden, und etwas hervorzubringen, ist wenigstens ebenso groß*[391]. Doch bleibt seine Denkweise noch im Banne des fürstlichen Absolutismus. Wie FRIEDRICH DER GROSSE in seinen Schriften[392] und auch JOSEPH II.[393], so hat JUSTI an dem Postulat der monarchischen Selbstregierung als Voraussetzung der Erhaltung und Förderung der staatlichen Macht festgehalten, *weil der Monarch ... der Mittelpunkt und gleichsam der Magnet ist, der alles an sich zieht*[394]. Der Fürst war damit allerdings aus einem von Gott eingesetzten Inhaber der Macht zu ihrem aus dem Staatszweck abgeleiteten Funktionär geworden[395]. Von hier aus war es nur ein kleiner Schritt zur Bindung der Macht an das „Volk" oder an die abstrakte Größe des Staates selbst, so wenn KANT in Anlehnung an Hobbes und Rousseau den Staat *in Verhältnis ... auf andere Völker eine Macht (potentia) schlechthin* nennt und im „Ewigen Frieden" (1795) — nun schon in Ablehnung der *nach aufgeklärten Begriffen der Staatsklugheit* vorgenommenen Gleichsetzung der wahren Ehre des Staats mit der *beständigen Vergrößerung der Macht* — die drei Potenzen *der Heeresmacht, der Bundesmacht und der Geldmacht* auf den Staat bezieht[396].

Was für den Fürsten, das galt im Zeichen des Rationalismus noch mehr für die neuen Wissenschaften der Natur, der Gesellschaft und der Politik. Der von Bacon festgestellte Funktionszusammenhang von potentia und scientia, dem HOBBES die anthropologische Fundierung gegeben hatte[397], ist bis zum Ende des 18. Jahrhunderts als ein notwendiger reflektiert worden, und zwar zumeist im instrumentalen Sinne der Indienstnahme der Wissenschaften für den Staatszweck, wie er vom Fürsten repräsentiert wurde. Die Exaktheit der Naturwissenschaft und die Kalkulierbarkeit der Politik wurden gleichgesetzt. Die Zusammenfassung der als technische 'artes' verstandenen Wissenschaften in der *Fürstlichen Macht-Kunst*

Die große Stadt in verschiedenen Verhältnissen betrachtet, ebd., Bd. 3, 449: *Alles was groß ist, ist es nur vergleichungsweise. Die Größen haben nie ein wirkliches Dasein. Sie sind, wie die Maße selbst, Kinder der Einbildungskraft und die vornehmsten Bürger in dem Reiche der Ideen.*

[391] Ders., Auf was Art die Regierung den Zusammenhang und das Aufnehmen des Nahrungsstandes durch die Abgaben leiten kann, ebd., Bd. 1, 614.

[392] FRIEDRICH DER GROSSE, VOLZ, Testamente, 227: *Il y a plus de nerf dans le gouvernement d'un seul que dans celui de plusieurs;* ferner ebd., 37 ff. 77. 78. 189 ff. u. passim.

[393] *So wie ein Präsident eine unumschränkte Gewalt haben muß in Beobachtung und Erfüllung meiner Befehle, so kann er seine Individuen auch nach Willkür brauchen* (1781), zit. Die österreichische Zentralverwaltung, hg. v. FRIEDRICH WALTER, 2. Abt., Bd. 4 (Wien 1950), 4.

[394] JUSTI, Regierung (s. Anm. 391), 615.

[395] O. BRUNNER, Vom Gottesgnadentum zum monarchischen Prinzip. Der Weg der europäischen Monarchie seit dem hohen Mittelalter (1954), in: Die Entstehung des modernen souveränen Staates, hg. v. HANNS HUBERT HOFMANN (Köln, Berlin 1967), 130 ff.

[396] KANT, Metaphysik der Sitten (1797), Rechtslehre, § 43. AA Bd. 6 (1907), 311; ders., Zum ewigen Frieden, 1. Abschn., 1. 3. AA Bd. 8 (1912), 344 f.

[397] HOBBES, Leviathan 1, 10 f.

IV. 4. Der absolutistische Staat als 'potentia'

(BODEN)[398] war die Konsequenz. JUSTI hat es am klarsten formuliert: *Denn eine dauerhafte Macht muß selbst auf den Grund der Wissenschaften erbauet werden.* Machtzerfall und *die Nacht der Unwissenheit* gehen, wie der Niedergang Roms und die Teilung und Entkräftung des Karolingerreiches beweisen, Hand in Hand[399]. Dem sich in solchen Äußerungen artikulierenden Optimismus der Aufklärung läuft freilich von Anfang an eine gebrochene und damit skeptische Beurteilung des Verhältnisses von 'Macht' und 'Vernunft' parallel. Er ist schon von LEIBNIZ in ähnlichem Kontext (1671) in Frage gestellt worden. In einer tiefsinnigen Betrachtung, die platonisches mit christlichem Gedankengut verband, erkannte er zwar in *der proportion zwischen verstand und macht ... das fundament der Gerechtigkeit, der ordnung, der meriten, ja der form der Republick*, reflektierte aber zugleich die innerweltliche Problematik dieses Gedankens, den er aus der *Gewisheit der Allmacht und Allwißenheit Gottes* ableitete, aber auf Erden nur unvollkommen verwirklicht fand. Hier ist entweder die Macht größer als der Verstand oder umgekehrt. Im ersten Falle ist, wer die Macht besitzt, *entweder ein einfaltig schaff, wo er sie nicht weis zu brauchen, oder ein Wolff und Tyrann, wo er sie nicht weis wohl zu brauchen;* im zweiten Falle ist derjenige, der Verstand hat, *vor unterdrückt zu achten*, und beides ist *unnütz* und *schädlich* zugleich. *Welchen aber Gott zugleich verstand und macht in hohen Grad gegeben, dieß sind die Helden, so Gott zur ausführung seines Willens als principalste instrumenta geschaffen*[400]. Leibniz antizipierte FRIEDRICHS DES GROSSEN Einsicht in die Spannung zwischen Politik und Philosophie[401], wenn er angesichts *so schwehrer condition, so aller großen macht unablößlich anhaftet*, vor der Übernahme einer solchen Aufgabe warnte. Er empfahl den verständigen, aber von der Macht verachteten Ratgebern, *ultra consilia nichts zu tentiren, sondern zu gedencken, daß Gott das guthe vorhaben einer beßern zeit vorbehalten*[402]. KANT bestimmte das Verhältnis zwischen 'Macht' und 'Geist' ein Jahrhundert später ähnlich, wenn er dem Postulat, daß die zum Krieg gerüsteten Staaten *die Maximen der Philosophen über die Bedingungen der Möglichkeit des öffentlichen Friedens* zu Rate ziehen sollten, die einschränkende Reflexion zur Seite stellte, es sei weder zu erwarten noch wünschenswert, *daß Könige philosophieren, oder Philosophen Könige würden ...; weil der Besitz der Gewalt das freie Urteil der Vernunft unvermeidlich verdirbt*[403]. GOETHE tröstete sich 1784 folgendermaßen über die Situation: *Uns Anderen, die zum Erbteil keine*

---

[398] s. Anm. 384.
[399] JUSTI, Rede (s. Anm. 389), 150 f. 170 f. Schon LEIBNIZ wußte aus den „Geschichten", daß *gemeiniglich die Nation und die Sprache [die gleichsam als ein heller Spiegel des Verstandes zu achten] zugleich geblühet, daß der Griechen und Römer Macht aufs höchste gestiegen, als bei jenen Demosthenes, bei diesen Cicero gelebet;* ders., Ermahnung an die Teutsche, ihren Verstand und die Sprache besser zu üben, samt beigefügtem Vorschlag einer teutschgesinnten Gesellschaft (1697), Politische Schriften, hg. v. Hans Heinz Holz, Bd. 2 (Frankfurt, Wien 1967), 73. 75.
[400] LEIBNIZ, Grundriß eines Bedenckens von aufrichtung einer Societät in Teutschland zu auffnehmen der Künste und Wißenschafften, AA 4. R., Bd. 1, 530 ff., bes. 531. 533.
[401] Im Avant-propos zur „Histoire de mon temps" von 1743: *Ich hoffe, daß die Nachwelt, für die ich schreibe, den Philosophen in mir vom Fürsten und den anständigen Menschen vom Politiker unterscheiden wird;* zit. MEINECKE, Staatsräson, 356.
[402] LEIBNIZ, Grundriß, 533.
[403] KANT, Zum ewigen Frieden, 2. Abschn., 2. Zusatz (S. 368 f.).

politische Macht erhalten haben ..., ist nichts willkommener als was die Gewalt des Geistes ausbreitet und befestigt[404]. Der Glaube an die 'Macht der Wahrheit' erleichterte den Rückzug aus der Politik[405]. Und so konnte SCHILLER noch vor dem Ende des Reiches in seinem Gedichtentwurf „Deutsche Größe" es als Vorzug der Deutschen rühmen, daß ihre *Majestät* nie auf dem Haupte ihrer Fürsten geruht habe: *Abgesondert von dem politischen hat sich der Deutsche einen eigenen Wert gegründet, und wenn auch das Imperium unterginge, so bliebe die deutsche Würde unangefochten. Sie ist eine sittliche Größe, sie wohnt in der Kultur und im Charakter der Nation, der von ihren politischen Schicksalen unabhängig ist*[406].

5. 'Gewalt' und 'Macht' in den Lexika des 17. und 18. Jahrhunderts

Da die deutschen Wörter 'Gewalt' und 'Macht' schon zu Beginn der Neuzeit ein überaus breites Spektrum von Bedeutungen tragen und terminologisch nicht scharf voneinander abgegrenzt werden, ist ihre Registrierung in den Wörterbüchern des 17. und 18. Jahrhunderts nur von begrenztem Aussagewert für die Erfassung von Differenzierungen und Bedeutungsverschiebungen in diesem Zeitraum. Außerdem setzt die Gewinnung stichhaltiger Indikatoren gerade in diesem Quellenbereich die systematische Durchmusterung der Lexikonartikel zu anderen, aber verwandten Termini, so besonders 'Herrschaft', unter dem Gesichtspunkt der sich dort zeigenden Verwendung von 'Macht' und 'Gewalt' und ihrer Komposita voraus. Das kann im Folgenden nur begrenzt geleistet werden, indem aus der Wörterbuchebene eine Auswahl von Belegen genannt wird, die die Ergebnisse der vorstehenden, unter bestimmten Aspekten vorgenommenen Begriffs- und Textanalysen bestätigen.

Ein erstes durchgehendes Merkmal ist die weitgehende Austauschbarkeit der Wörter 'Gewalt' und 'Macht'. Sie erläutern sich gegenseitig und werden mit denselben lateinischen und französischen Vokabeln übersetzt. Der „Dictionnaire allemand-françois-latin" (1660) setzt für 'Gewalt' *puissance, forcer, authorité, potentia, vis* und für 'Macht', 'Stärke', 'Vermögen' *puissance* und *potentia* ein[407], so daß sich der Unterschied auf das Fehlen von 'Autorität' bei der Umschreibung von 'Macht' reduziert. Damit wird die ältere Bedeutung von 'Gewalt' als Obrigkeit indiziert. RÄDLEIN (1711) hat je einen Artikel 'Gewalt', 'Stärcke', 'Zwang', 'Gewalt', 'Macht, Vermögen' so wie 'Macht', 'Stärcke', 'Vermögen', 'Gewalt'[408]. 1782 nennt SCHWAN die

---

[404] GOETHE, Brief an Charlotte von Stein, 17. 6. 1784, WA 4. Abt., Bd. 6 (1890), 303.
[405] Hierzu LEONHARD KRIEGER, The German Idea of Freedom (Boston 1957) über die für die deutsche Aufklärung typische Verbindung zwischen „spiritual independence" und „secular submission". Zur Herkunft und zum neuzeitlichen Gebrauch der Metapher von der 'Macht der Wahrheit' s. HANS BLUMENBERG, Paradigmen zu einer Metaphorologie, Arch. f. Begriffsgesch. 6 (1970), 16 ff. u. passim. Ähnliche Metaphern — *vim fatorum* (CHEMNITZ) oder *Gewalt unseres Verhängnisses* (LEIBNIZ für die Kriege des 17. Jahrhunderts) — lassen sich allenthalben nachweisen; vgl. die Artikel „Gewalt" und „Macht" bei GRIMM (s. Anm. 3. 5).
[406] SCHILLER, Deutsche Größe, SA Bd. 2 (o. J.), 386 ff.
[407] Dict. franç.-all.-lat. (1660), 186 f. 291.
[408] RÄDLEIN Tl. 1 (1711), 380 f. 616.

folgenden Bedeutungen von 'Gewalt': *Macht, Vermögen, pouvoir, puissance, force, autorité, droit, faculté, véhémence, impétuosité, violence, oppression, dépendance, sujettion*[409]. Erst relativ spät differenziert man 'Gewalt' und 'Macht' kontextfrei, d. h. unabhängig vom politisch-rechtlichen Sprachgebrauch, dahingehend, daß 'Macht' die potentiellen physischen oder seelischen Kräfte einer Sache oder einer Person bezeichnet, während 'Gewalt' auf die Überwindung eines Widerstandes mit diesen Kräften zielt und damit zum 'Zwang' wird. So definiert KRÜNITZ 'Gewalt' als *überlegene Macht, Überlegenheit in der Macht* (1779), und EBERHARD erläutert 1802: *Auch in der menschlichen Seele ist die physische Macht das Vermögen, welches die Kräfte geben, und die Gewalt das, was den Widerstand überwindet*[410].
Ein weiteres Kennzeichen ist die Registrierung einer größeren Bedeutungsvielfalt für das Stichwort 'Gewalt' und der mit ihm gebildeten Verbindungen im Vergleich zu 'Macht'. Entweder fehlt 'Macht' als Stichwort[411], oder es erscheint nur indirekt im Zusammenhang mit Artikeln zu anderen Termini oder in Fremdwörterbüchern und juristischen und philosophischen Sachwörterbüchern unter den entsprechenden lateinischen und französischen Ausdrücken[412]. 'Gewalt' deckt zunächst im traditionellen Sinne den rechtlich-„staatlichen" Bereich, der alles, was mit 'Obrigkeit' zusammenhängt, umfaßt, so daß hier die zahllosen rechtstechnischen und institutionengeschichtlichen Disjunktionen aufgezählt werden[413]. Ein allmähliches Obsoletwerden des altdeutschen Sprachgebrauches wird ausdrücklich registriert. BESOLD erklärt *Gewaltsame* 1641 mit *Imperium, ut ex notione propria patet;* die Ausgabe von 1740 bemerkt dazu: *Gewaltsame antiquum verbum est, olim valde usitatum pro eo, quod hodie dicimus Obrigkeit*[414]. In dieselbe Richtung zielt die Kontraktion der

---

[409] SCHWAN t. 1 (1782), 742. Es entspricht diesem Befund, daß in italienisch-deutschen und französisch-deutschen Wörterbüchern und Enzyklopädien das, was in deutschen Lexika unter 'Gewalt' und 'Macht' aufgeführt wird, auf die verschiedensten Wörter verteilt ist; vgl. etwa CASTELLI (1700), ital.-dt. Tl., 269. 459. 670 unter *forza, potére, potenza, potentáto, violenza, virtu* sowie die Artikel *Autorité, Force, Pouvoir, Puissance* und *Violence* in der „Encyclopédie", t. 1 (1751), 898 ff.; t. 7 (1757), 109 ff.; t. 13 (1765), 255 f. 555 ff.; t. 17 (1765), 315.
[410] KRÜNITZ Bd. 18 (1779), 90; JOH. AUGUST EBERHARD, Synonymisches Handwörterbuch der deutschen Sprache (Halle 1802), 262; ähnlich EBERHARD/MAASS Bd. 3 (1826), 199.
[411] So bei BESOLD (1641 u. 1740), ZEDLER, HERMANN, KRÜNITZ, Dt. Enc.
[412] NEHRING 9. Aufl. (1736), 909 f. unter 'potens', 'potentatus', 'potentia'; SCHRÖTER (1788), 154 unter 'Potentat' und 'Potenzen'; KUPPERMANN (1792), 467 unter 'Potentat' und 'potentia'.
[413] BESOLD (1641), 352 hat nur 'Gewalt, Mandatum' und 'Gewaltsame, Imperium'; bei HERMANN Bd. 1 (1739), 453 f. die Unterscheidung von 'Gewalt' nach dem römischen Recht, außerdem Bd. 2 (1741), 753 'potestas' = 'Obrigkeit'; die Dt. Enc., Bd. 12 (1787), 278 hat 'Gewalt' im Sinne von 'potestas', 278 ff. die Ableitungen im Sinne von rechtmäßiger und unrechter Gewalt im rechtstechnischen Sinne; ähnlich KUPPERMANN, 467. 641 unter 'potestas' = *Gewalt, Macht, Herrschaft, Freiheit* (!) und 'vis' *(ablativa, bonorum raptorum, compulsiva, expulsiva, publica, turbativa)*.
[414] BESOLD t. 1 (1740; Text v. 1641), 357; Bd. 2 (Annotationen dazu von 1740), 261 f. Ähnlich noch KRÜNITZ Bd. 18 (1779), 95: Beschränkung auf das Oberdeutsche, und die Dt. Enc., Bd. 12, 281: *Gewaltsamer ein altdeutsches Wort . . . hier ehedem soviel, als Obrigkeit oder Magistrat.*

älteren Komposita mit 'Gewalt' auf die juristische Fachterminologie[415], ferner die Verwendung von 'Gewalt' im verfassungsrechtlichen Sinne nur noch mit entsprechenden Zusätzen — 'höchste Gewalt', 'Civil-Gewalt', 'Gewalt der Reichsstände', 'weltliche' oder 'geistliche Gewalt' u. a.[416] —, während 'Gewalt' ohne Zusatz den Verdacht des Unrechtmäßigen oder des bloßen Zwanges mit sich führt. 'Gewalt' im Sinne von physischem Zwang wird auf die zu ihrer Anwendung allein berechtigten Personen und Instanzen — den Fürsten, den Staat und die Beamten — hin instrumentalisiert und außerhalb dieses Kreises diskriminiert. Beides zeigt sich darin, daß der Bedeutungsstreifen, der an lat. 'vis' oder 'violentia' anknüpft, gegenüber dem aus 'potestas' abgeleiteten relativ zunimmt, ohne ihn völlig zu verdrängen[417]. Entsprechend zerfällt etwa die 'Herrschaft' in *eine rechtmäßige Ursache, warum einer von den anderen Gehorsam fordern kann, und dann eine Gewalt, um die Widerspenstigen zu zwingen*[418]. Die Diskriminierung richtet sich im Zuge der Privatisierung der societas civilis auf die Gewaltanwendung im außerstaatlichen Bereich[419], um schließlich, etwa in der Gleichsetzung von 'Gewaltherrscher' mit 'Despot', auf den willkürlich herrschenden Fürsten zurückzuschlagen[420]. Die damit mögliche Ideologisierung wird schon von VOLKNA (1757) erkannt, wenn er 'despotisch' und 'unbeschränkte Gewalt' als *nützliche Beiwörter* bezeichnet, die man den Gegnern und ihrem Betragen beilegt[421]. Ganz allgemein löst sich 'Gewalt' aus dem Bedeutungskreis von

---

[415] z. B. NEHRING 9. Aufl., 581 f. 909 f. 1233; HERMANN Bd. 1, 453 ff.; KUPPERMANN, 245. 363. 467.

[416] HERMANN Bd. 1, 454: *...heißet die Gewalt übern Knecht Potestas dominica, ... welche Gewalt heutiges Tages, da die Knechtschaft gar abgeschaffet, bei unserm Gesinde noch mehr restringieret ...Wenn aber ... das Wort Gewalt oder Potestas von Vätern genommen wird, so heißet es eigentlich weder imperium, noch dominium, sondern eine Zivil-Gewalt.* Im 18. Jahrhundert treten unter dem Einfluß der Lehre von der Gewaltenteilung 'vollziehende Gewalt', 'Strafgewalt' hinzu, schließlich auch 'Staatsgewalt'; KUPPERMANN, 245. 363. 467 unter den Stichwörtern 'Imperium', 'majestas iura immanentia' (= innere Staatsgewalt) und 'potestas'.

[417] RÄDLEIN Tl. 1 (1711), 380 f.; SPERANDER (1728), 782. 784; KRÜNITZ Bd. 18, 90 ff.

[418] WALCH (1726), 1409; ähnlich ZEDLER Bd. 12 (1735), 1801: *Herrschaft, ist ein Recht und Gewalt über eine leibliche Sache nach Belieben in seinem Namen zu disponieren, man werde denn durch rechtliches Verbot daran gehindert.*

[419] WALCH, 1409: *Denn ein anderes ist zwingen; ein anderes aber herrschen, welches eine rechtmäßige Ursache zum Grund haben muß. Ein Straßenräuber kann den andern auch zu was zwingen, deswegen aber hat er noch keine Gewalt oder Herrschaft;* man beachte den ambivalenten Wortgebrauch! Laut Dt. Enc., Bd. 12, 278 ist 'Gewalt' im Sinne von 'vis' der Obrigkeit und ihren Dienern erlaubt zur Vollstreckung der Befehle. *Sonst aber und nach der Regel ist jede Gewalt, welche ein Bürger wider den andern gebrauchet, unerlaubt und ein Verbrechen, weil dadurch immer die öffentliche Ruhe, und die Sicherheit einzelner Bürger gestört wird.*

[420] CAMPE, zit. HEYNATZ, Antibarbarus, Bd. 2/1 (1796), 52 mit dem Verbesserungsvorschlag *Zwangsherrscher;* SCHWAN t. 1 (1782), 742: *Gewalt des Tyrannen.* CAMPE selbst schlägt auch *Selbstwaltiger* für 'Despot' vor, abgeleitet aus dem niederdt. 'selbstwältig' im Sinne von *aus eigener Gewalt und willkürlich;* Nachtrag und Berichtigungen (Braunschweig 1794), 71; auch CAMPE, Fremdwb., Bd. 1 (1801), 298.

[421] VOLKNA (1757), 73 f.

IV. 5. Lexika des 17. und 18. Jahrhunderts

Verfassung und Recht und verlagert sich in das neutrale Feld der faktischen Stärke und ihrer physischen und psychischen Voraussetzungen, hier in Konkurrenz zu 'Macht'[422]. Zunehmend wird auch die „figürliche" oder „uneigentliche" Verwendung der Ausdrücke 'Herrschaft' und 'Gewalt' vermerkt[423], bis es 1827 in der „Synonymik" von EBERHARD zu 'Gewalt/Macht' heißt: *Diese Begriffe haben sich augenscheinlich zuerst an dem Gefühl* (!) *der Oberherrschaft entwickelt, und sind von da aus nach und nach zu ihrer größten Allgemeinheit, worin sie auch leblose Dinge und ihre Beschaffenheiten begreifen, erhöhet*[424].

Verlief die neuzeitliche Geschichte des Begriffs 'Gewalt' von konkreten Bezeichnungen zu einem diffusen Terminus, der normative und deskriptive Konnotationen mit sich führt, so erscheint der gleichzeitige Sprachgebrauch von 'Macht', soweit er sich in den Lexika widerspiegelt, relativ klar. Seine Varianten und Differenzierungen können weitgehend abgeleitet werden aus der allgemeinsten Grundbedeutung von 'potentia' als einem Vermögen oder einer *Kraft, etwas zu seiner Wirklichkeit zu bringen*[425]. Sieht man von der neutralen oder psychologischen Metaphorik ab[426], so lassen sich in der Sprache der Politik besonders zwei Anwendungsbereiche unterscheiden: 'Macht' und 'potentia' als Benennung der Potenz einer politischen Gewalt allgemein oder ihrer Konkretisierungen sowie als Namen für ihre Träger auf der einen, 'Macht' im Sinne von Vollmacht, übertragener Gewalt, Erlaubnis, die auch als 'Freiheit' bezeichnet werden kann, auf der anderen Seite. WALCH definiert etwa das subjektive Recht (attributum personae) als *eine freie Macht zu etwas*[427]. Der erste Bereich weitet sich, entsprechend der allgemeinen Tendenz zur Höherbewertung des Machtfaktors, zuungunsten des zweiten aus.

'Macht' im Sinne von Vermögen und Kraft wird in den älteren Lexika als wesentliche Eigenschaft Gottes registriert[428] und als *uneingeschränkte Macht, Allmacht* und *Omnipotentia* der eingeschränkten und untergeordneten Macht der *Creaturen*

---

[422] WALCH, 1304: 'Gewalt' = *Vermögen, etwas zu tun, welches sich entweder auf Kräfte des Leibes, der Seele und des Glücks oder auf ein gewisses Recht gründet;* KUPPERMANN, 641: 'vis' = *Kraft, Wirkung, Gewalt, Abnötigung.*

[423] Schon WALCH, 1410 bei 'Herrschaft' (über sich selbst, des Willens); KRÜNITZ Bd. 18, 90 f.: *Figürlich. Die Gewalt der Beyspiele, die hinreißende, verführende Kraft derselben; ... Anstrengung ... eigentlich der Kräfte des Leibes, figürlich aber auch zuweilen des Geistes.* Vgl. auch VULPIUS (1788), 37: *Gewalt, ist eine schöne Tugend* (!) *der Mächtigern welche angeboren, oder durch wichtige Ereignisse erlangt wird.*

[424] EBERHARD/MAASS 3. Aufl., Bd. 3 (1827), 197.

[425] WALCH, 1693; EBERHARD, Handwörterbuch (s. Anm. 410), 262.

[426] CASTELLI (1700), ital.-dt. Tl., 459; 'potenza' als *Term. philos.: was in der Macht, nicht aber in der Tat bestehet; ... Macht der Seelen ... la potenza vegetativa, sensitiva e ragionevole die wachsende, empfindende, und vernünftige Kraft.* Vgl. auch die Nachweise über 'Macht der Wahrheit' bei BLUMENBERG, Paradigmen (s. Anm. 405), bes. 23 ff. 36 f. 44 ff.

[427] WALCH, 2092; ferner Dict. franç.-all.-lat. (1660), 291: *Macht haben, dörffen, Ein ding zu thun oder zu lassen haben — avoir pouvoir et liberté, Potestatem habere;* es handelt sich um den rechtlichen Freiheitsbegriff der Vorsattelzeit: Freiheit als verliehene Kompetenz oder als Privileg! Zum Begriff der 'Sattelzeit' → Einleitung, Bd. 1, XV.

[428] ZEDLER Bd. 12, 1799 mit dem wohl aus der protestantischen Tradition zu erklärenden Zusatz, daß zum Wesen Gottes nicht der Begriff des Rechts gehört.

vorangestellt[429]. Das damit angedeutete Abhängigkeitsverhältnis schwächt sich im Laufe der Zeit zugunsten einer innerweltlichen und hier auf den Monarchen oder den Staat bezogenen Umschreibung der natürlichen und moralischen Kräfte ab. Säkularisierung des Machtbegriffes und Machtkonzentration im politischen Bereich gehen Hand in Hand, so wenn NEHRING die Steigerungsformen des Adjektivs 'potens' zu 'potentissimus', 'großmächtig', 'praepotentissimus', 'großmächtigst' als Attribute von *gekrönten Häuptern, Kaisern und Königen* nach ihrer Abstufung in deren Titulatur verzeichnet und in diesem Zusammenhang vorsorglich zu 'omnipotens' anmerkt: *ist bis daher* (!) *dem Allmächtigen und Allgewaltigen Gotte vorbehalten*[430]. KRÜNITZ erwähnt 1779 nur noch nebenbei, daß 'Macht' *in der deutschen Bibel einigemal von Gott gebraucht wird, dessen höchste Macht zu bezeichnen*[431]. Die sich damit andeutende Lösung des Machtverhältnisses aus dem theologischen Kontext führt dazu, daß 'Herrschaft' nicht mehr ohne weiteres aus der von Gott verliehenen Macht abgeleitet werden kann, sondern ein Rechtsgrund gefordert wird, so WALCH unter Ablehnung der von ihm so verstandenen Fundierung der Herrschaft durch die 'Macht' bei Hobbes[432] und ZEDLER mit der Feststellung, daß Herrschaft und Knechtschaft keine natürlichen Verhältnisse seien, da von Natur aus *alle Menschen auch an Macht und Gewalt gleich sind*[433].

Die Konsolidierung des Fürstenstaates als Machtorganisation und die Herausbildung eines europäischen Staatensystems werden auf der Wörterbuchebene durch die Registrierung der lat., ital. oder franz. Ausdrücke 'potentia', 'potentatus' oder 'potentatò', 'puissance' sowie der Pluralformen 'puissances' und 'Potentaten' mit den entsprechenden deutschen Übersetzungen dokumentiert. Ein Wandel des Sprachgebrauchs läßt sich daran ablesen, daß im Deutschen bis ins erste Drittel des 18. Jahrhunderts in der Regel die Verwendung von Abstrakta vermieden wird: 1660 steht für 'puissance' *gewaltiger grosser Herr*, 1700 für 'potentatò' *ein Potentat oder mächtiger Herr*, 1711 für 'puissances' 'potentats' *die Gewaltigen, die großen Herren*[434]. Erst danach kommt es zur Bezeichnung der besonders herausgehobenen Qualität der als Potentaten bezeichneten Träger von 'Macht' oder zur Verwendung von entsprechenden Abstrakta, während 'Macht' als solche bis dahin die Potenz eines Fürsten oder einer Obrigkeit im instrumentalen Sinne, also die verfügbare

---

[429] Dict. franç.-all.-lat. (1660), 16. 291; RÄDLEIN Tl. 1, 616; WALCH, 1693.

[430] NEHRING 9. Aufl., 909 sowie im 5. Anh., 97 ff. die Titulaturen in acht Klassen von den *Hohen Standes-Personen* (1. Klasse) über die *Kriegs-Officierer* (4. Klasse) bis zu den *Künstlern und Handwerkern* (8. Klasse).

[431] KRÜNITZ Bd. 18, 90 ff.

[432] WALCH, 1409 unter dem Stichwort 'Herrschaft': *Der Grund der Gewalt über Menschen* (= Herrschaft) *liegt nicht in der Macht, der andere nicht widerstehen können, wie Hobbes ... sich eingebildet hat*, unter Verweis auf „De Cive" 15 und „Leviathan" 2, 22. Doch endet die Erörterung Walchs mit dem Satz: *Die rechtmäßige Ursach ist hier* (bei der Macht) *unsere Dependenz von Gott, in dem Ursprung und in der Erhaltung, daß wir alles, was wir haben, ihm zu danken, und also eigen sind;* Verweis auf das Naturrecht PUFENDORFS (De jure naturae 1, 6).

[433] ZEDLER Bd. 15 (1737), 1066.

[434] Dict. franç.-all.-lat. (1660), 187; CASTELLI (1700), ital.-dt. Tl., 459; RÄDLEIN Tl. 1, 381.

Kraft, meint[435]. SPERANDER setzt 1728 für 'Potentzen': *die großen Potentaten und Herrschaften in der Welt*, und NEHRING nennt 1736 einen 'Potentaten' *souveräner Monarch, gewaltiger Regent und Herr, der keinen Oberen in der Welt erkennet*, verzeichnet aber zu dem Stichwort 'Potentia' ausdrücklich: *Wird auch in abstracto von Personen und mächtigen Potentaten gebrauchet, und Potenzen gesaget*[436]. Erst Ende des 18. Jahrhunderts findet sich für 'potentia' die Form *mächtiger Staat*[437], möglicherweise im Anschluß an die „Encyclopédie", in der 1765 der Ausdruck 'Puissances de l'Europe' wie folgt erläutert wird: *les divers états souverains de cette partie du monde. L'intérêt forme leurs noeuds, l'intérêt les rompt*[438]. Allerdings dient das Wort 'Macht' zunehmend dazu, 'Gewalt' im Sinne von Herrschaft, Obrigkeit oder Regiment, also von 'potestas', zu erläutern oder zu verdrängen. Das ist die Komplementärerscheinung zur Bedeutungsverschiebung von 'Gewalt' ohne Zusatz in Richtung auf „physischen Zwang".

Unter den Komposita mit 'Macht' verdient neben den traditionellen und als veraltet registrierten Verbindungen, die auf die Bedeutung „Vollmacht" zurückgehen, allein der 'Machtspruch' Erwähnung. Er wird im 18. Jahrhundert auf eine Weise kommentiert, die den Widerspruch zwischen Absolutismus und Aufklärung im deutschen „Aufgeklärten Absolutismus" aufdeckt. Verstanden als außerordentliche, *mit Abschneidung der gewöhnlichen Umschweife* getroffene Entscheidung des Landesherrn, die *kein Gegeneinwenden* leidet[439], wird er in der Regel mißbilligend dem Fürsten als 'Diktator' oder 'Despot' zugeordnet[440]. Es reflektiert den Dualismus zwischen „fortschrittlichen" Monarchen und „hemmendem" Statutenrecht, daß HEYNATZ 1796, nachdem bereits das Allgemeine Landrecht für die Preußischen Staaten[441] *Machtsprüchen oder solchen Verfügungen der oberen Gewalt, welche in streitigen Fällen ohne rechtliche Erkenntnis erteilt worden sind*, die rechtliche Verbindlichkeit abgesprochen hatte, ihnen im Einzelfall doch das Attribut der *gesunden Vernunft* gegenüber der Willkür und Vernunftwidrigkeit mancher *Rechtssprüche der Richter* zubilligte[442]. Noch 1840 heißt es im „Allgemeinen deutschen Conversations-Lexikon", daß der Machtspruch, obwohl *ein Akt der Willkür und mit einem gesetzmäßigen Verfahren im Widerspruche ..., doch ein schönes Vorrecht eines edelen und väterlichen*

---

[435] Etwa WALCH, 1928 f.: 'Obrigkeit' *bedeutet diejenigen Personen, die in der Republik Macht haben, andern zu befehlen;* 'Macht' meint hier 'Vollmacht'. HERMANN Bd. 1, 454 hält noch die beiden Bedeutungen 'Gewalt' (potestas) und 'Macht' (potentia) auseinander, wenn er davon spricht, daß diese Gewalt [= die *superioritas territorialis*] *virtualiter* allen Reichsständen zukomme, *obschon solches zu exerzieren nicht alle die Macht und Gelegenheit haben*.

[436] SPERANDER, 489; NEHRING 9. Aufl., 909 f.

[437] KUPPERMANN, 467.

[438] Encyclopédie, t. 13 (1765), 558.

[439] JABLONSKI 3. Aufl., Bd. 1 (1767), 822.

[440] Vgl. die Zitate von SCHEIDEMANTEL (1793), ADELUNG (1798) und CAMPE (1801), → Diktatur, Bd. 1, 903, Anm. 4.

[441] ALR § 6, Einleitung.

[442] HEYNATZ, Antibarbarus, Bd. 2/1, 239 in Ergänzung der Definition von Campe: *ein vom Herrscher willkürlich ausgesprochenes Dekret*.

Regenten bleibe und *einem schläfrigen Rechtsgange gegenüber sehr viel Gutes wirken kann*[443].

KARL-GEORG FABER

V. 'Macht' und 'Gewalt' zwischen Aufklärung und Imperialismus

1. 'Macht' und 'Gewalt' in der deutschen Staatstheorie von der Aufklärung zur Restauration

Die Grundlagen, die Pufendorf gelegt hatte, blieben in der deutschen Staatslehre des 18. Jahrhunderts maßgebend, obwohl die Unterscheidung von 'Macht' und 'Gewalt' umgangssprachlich weit weniger klar war als der Unterschied von 'potentia' und 'potestas' in der juristischen Terminologie. Solange diese Terminologie Vorbild des deutschen Sprachgebrauchs blieb, war auch in deutschen Texten eindeutig zu entscheiden, ob von der Macht im Sinne einer Erzwingungschance oder im Sinne einer rechtlichen Befugnis die Rede war, etwa wenn CHRISTIAN WOLFF erklärte: *Die Macht muß mit der Gewalt vergesellschaftet werden, weil sie dadurch erst Nachdruck bekommet, indem Gewalt ohne Macht nichts ausrichten kann*[444]. 'Macht' wird hier als *die Möglichkeit auszurichten, oder zu vollführen, was man beschlossen*, verstanden und deutlich von 'Gewalt' als der *Freiheit zu befehlen, oder überhaupt etwas zu tun* unterschieden[445]. Aber schon hier kann auffallen, daß 'Freiheit' in der Definition der Gewalt nicht ganz eindeutig als normativer Begriff im Sinne von 'Befugnis' verwandt wird. Im Sinne der Unterscheidung von 'Macht' und 'Gewalt' betont Wolff jedoch vollkommen konsequent, daß der Umfang der Souveränitätsrechte ('Gewalt') in allen Staaten gleich groß ist: *Ein gemeines Wesen hat so viel Gewalt als wie das andere.* Dagegen setzt er die Feststellung: *So ist auch die Macht in einem reichen und bevölkerten Staate größer als in einem geringern*[446].

Gleichwohl neigt schon Wolff gelegentlich dazu, 'Macht' und 'Gewalt' als Synonyme zu gebrauchen. Wie unklar seine Redeweise dadurch wird, möge das folgende Zitat zeigen: *Gleichwie nun ein jeder Mensch eine unumschränkte Gewalt und Macht hat sein Bestes zu befördern, und ihm niemand sich zu widersetzen Recht hat, als wenn er seine Macht ihm zu schaden mißbrauchen will: ebenso hat ein jedes gemeines Wesen seine Macht und Gewalt, das gemeine Beste zu befördern, ganz unumschränkt, und kann niemand anders mit Recht sich dagegen auflegen, so lange er nicht Schaden abzuwenden verbunden ist*[447]. Wolff will gewiß nicht allen Ernstes behaupten, alle In-

---

[443] Allg. dt. Conv. Lex., Bd. 6 (1840), 744. Im übrigen sei verwiesen auf den metaphorischen Gebrauch von 'Machtspruch'; vgl. HEYNATZ, Antibarbarus, Bd. 2/1, 239: *wird von einigen ältern Weltweisen zur Übersetzung des Ausdruckes Axiom gebraucht, ist aber seit Wolfs Zeit durch Grundsatz verdrängt;* HEINSE Bd. 5 (1802), 184: *nennt man in den redenden Künsten einen Satz, der sich durch vorzügliche Kraft der Wahrheit oder durch besondere Größe auszeichnet, oder auch von der Zuverlässigkeit, womit der Redner ihn vorträgt, Stärke und Gewißheit bekömmt.*

[444] WOLFF, Vernünfftige Gedancken (s. Anm. 336), 475, § 443; vgl. ebd., 479 f., § 447.

[445] Ebd., 475, § 443. 463, § 435.

[446] Ebd., 488, § 456. 490, § 458.

[447] Ebd., 485, § 451.

dividuen hätten nicht nur das gleiche Recht (Gewalt), sondern sogar auch die gleiche, unumschränkte Macht, ihr Eigenwohl zu befördern. Vermutlich will er sagen, jeder habe ebenso wie der Staat die „Gewalt", seine „Macht" unbeschränkt zur Förderung seines Eigenwohls zu verwenden. Aber da er unterstellt, daß die Macht in einem Staat der Staatsgewalt adäquat sein sollte[448] und stillschweigend voraussetzt, daß der jeweilige Inhaber der Staatsgewalt die Vermutung der Rechtmäßigkeit auf seiner Seite habe, verwischt sich ihm der Unterschied zwischen 'Macht' und 'Gewalt'. Sehr häufig treten daher beide Ausdrücke zusammen auf, vor allem, wenn er *Von der Macht und Gewalt der Obrigkeit* handelt[449]. Daß er sie synonym verwendet, zeigt sich z. B., wenn er erklärt: *So wird seine Majestät beleidigt, wenn man etwas seiner Macht und Gewalt zum Nachteil unternimmt*[450]; denn falls man in diesem Satz zwischen 'Macht' und 'Gewalt' unterscheiden wollte, so wäre jedes staatsschädigende (der „Macht" abträgliche) Verhalten gleich eine Majestätsbeleidigung, und das ist gewiß nicht Wolffs Meinung.

Es gibt indes auch theoretische Prämissen in Wolffs Rechtslehre, die einer Verwischung der Grenzen zwischen „physischer" und „moralischer" Ordnung, also letztlich auch zwischen Macht und Recht, Vorschub leisten. Die Grundlagen des Naturrechts sucht er nämlich in der Natur und im Wesen des Menschen[451]. Daher glaubt er, mit der Existenz des Menschen seien bereits gewisse Rechte gesetzt: *Posita essentia et natura hominis, ponitur etiam omne ius connatum*[452]. Darin folgt er seinem ehemaligen Kollegen CHRISTIAN THOMASIUS, der sich in seinem Spätwerk grundsätzlich gegen Pufendorfs Trennung des Faktischen und des Normativen ausgesprochen hatte: *Ipse* (sc. Pufendorfius) *in multis adhuc nimis opponit moralia naturalibus, et in definiendis entibus moralibus nimium impositioni tribuit, cum res ipsa ostendat, intimam esse moralium et naturalium connexionem, et imo moralia omnia demonstrari posse ex naturalibus*[453]. Mit dieser Preisgabe der Pufendorfschen Grundposition ist bei Thomasius zugleich eine charakteristische Annäherung an Hobbes und vor allem Spinoza verbunden. Grundbegriff seiner praktischen Philosophie wird *potentia* (in seinen deutschen Schriften: *Kraft*)[454]: *Totum universum, quod communiter mundus vocatur, constat ex rebus, partim visibilibus, partim invisibilibus, ut aere, luce, aethere etc. Visibilia dicuntur corpora, invisibilia dicemus potentias, facultates, virtutes etc.*[455] Aus diesen Prämissen ergibt sich, daß Thomasius prinzipiell kaum noch zwischen 'potentia' und 'potestas' unterscheiden kann.

---

[448] Ebd., 475, § 443.
[449] Ebd., 459 ff., § 433 ff.
[450] Ebd., 493, § 461.
[451] Ders., Ontologia (1730; 2. Aufl. Frankfurt, Leipzig 1736; Ndr. 1962 = GW 2. Abt., Bd. 3), 96, § 118.
[452] Ders., Jus naturae (Frankfurt, Leipzig 1740; Ndr. 1972 = GW 2. Abt., Bd. 17), 22, § 28.
[453] CHR. THOMASIUS, Fundamenta iuris naturae et gentium (1704), 4. Aufl. (Halle 1718; Ndr. Aalen 1963), 5, § 7; vgl. § 24.
[454] Vgl. ders., Einleitung zur Sittenlehre 1, 9 (Halle 1692; Ndr. Hildesheim 1968), 7: *Das Gute des Menschen aber ist insonderheit von dem Wahren darinnen unterschieden, daß es in der Übereinstimmung anderer Dinge mit den ganzen Menschen, oder mit allen seinen Teilen und Kräften, und nicht mit dem Verstande alleine bestehet.*
[455] Ders., Fundamenta, 28, § 1.

In dieselbe Richtung drängte, abermals in betonter Abkehr von Pufendorf, seine Unterscheidung zwischen 'Recht' und 'Moral'[456]. Denn während er der Moral eine innere Verbindlichkeit *(obligatio interna)* zuschreibt, läßt er für das Recht nur eine *obligatio externa* gelten, d. h. nach seiner Definition: einen Zwang *(vis cogendi)*, der auf menschlicher Willkür beruht *(oritur ex metu et spe lucri et periculi incerti ab arbitrio humano dependentis)* und von einem „Weisen" ausgeht *(a sapiente i. e. eo, qui potestatem metum faciendi habet, quique cum prudentia metum iniicit, aut spem excitat)*[457]. Im Unterschied zu dieser Befehlsgewalt des „Weisen" *(potestas)* ist die „bloße Gewalt" *(mera vis)* durch die Ausübung physischen Zwanges charakterisiert *(quae et corpore fit et in corpus visibiliter, per locomotivam unius corporis in corporis alterius locomotivam)*[458]. Damit wird die Sphäre des Rechts bei Thomasius, weitgehend von aller moralischen Legitimität abgeschnitten, zu einem System der Androhung und Ausübung von Zwang, dessen Berechtigung die Betroffenen in der Regel nicht einzusehen vermögen. Zwar betont er, zunächst noch stärker unter dem Einfluß Pufendorfs, *daß der Befehl und Zwang zufälligerweise in die menschlichen Gesellschaften gekommen sei, so ferne nämlich etliche Personen in denenselben entweder aus Unvollkommenheit oder aus Bosheit dasjenige, was zu dem Zweck einer jeden Gesellschaft zu erreichen dienet, nicht freiwillig tun wollen, oder auch wohl darwider streben*[459]. Aber in seinem Spätwerk steht der Zwangscharakter des Rechts, für das ganze 18. Jahrhundert in der deutschen Rechts- und Staatslehre maßgebend, im Vordergrund: *Legis virtus immediata est praecipere et vetare; mediatae et consequentes, per Magistratus punire, iudicialiter cogere et annullare actiones contra leges*[460]. Mit der für diese Rechtsauffassung höchst bezeichnenden These vom Verbotscharakter des Rechts[461] setzt sich noch Kant gründlich auseinander[462].

Unter diesen Voraussetzungen wird für Thomasius die Macht zur notwendigen Bedingung der Tugend: *Virtus sine potentia est potentia impotens, i. e. nec nocere valens, nec prodesse, adeoque ens moraliter insipidum*[463]. Dieser Vorrang der Idee der Macht ist in der Thomasiusschule lebendig geblieben, wie eine charakteristische Argumentation bei Crusius zeigt: *Ein Gesetz ist ein allgemeiner Wille eines Mächtigern, welcher nicht wiederum einen andern Mächtigern über sich hat, wodurch denen ihm unterworfenen eine Schuldigkeit etwas zu tun oder zu lassen aufgeleget wird,*

---

[456] Ebd., 7, § 12.
[457] Ebd., 150, § 25. 134, § 57. 135, § 60 f.
[458] Ebd., 95, § 100.
[459] Ders., Einleitung 9, 5 (S. 357); vgl. Pufendorf, Jus naturae, 874 f., § 5; ähnlich Chr. Thomasius, Institutionum jurisprudentiae divinae libri tres 3, 6, 27 (1688), 7. Aufl. (Halle, Magdeburg 1730), 389.
[460] Thomasius, Fundamenta, 146, § 4.
[461] *Permissio non est legis actio;* ebd., 146, § 6.
[462] Kant, Zum ewigen Frieden, 1. Abschn., Schlußanmerkung. AA Bd. 8, 347 f., Anm.
[463] Thomasius, Fundamenta, 189, § 7. In der Anmerkung behauptet Thomasius sogar (unter Verweis auf ebd., 28, § 1), 'virtus' und 'potentia' seien synonym. Gleichwohl betont er: *Potentia sine virtute est fons omnis mali. Virtus cum potentia coniuncta fons omnis boni,* um mit anfechtbarer Logik zu schließen: *Eadem est meditatio, si vim et ius compares, quia variant saltem termini, res est una eademque.*

welche auch dem Willen desselben entspringet[464]. Daß der Wille des Souveräns für die Untertanen als solcher verbindlich ist, möchte Crusius mit dem Satz beweisen: *Nun gründet sich alle Schuldigkeit auf die Dependenz*, d. h. er möchte die Gehorsamspflicht der Untertanen von der Macht des Souveräns herleiten, insofern sie nämlich *gewisse Güter von dem Willen* des Souveräns haben, *dergestalt, daß wenn dieser Wille hinwegfiele, auch die Güter hinwegfallen würden*. Aber da dies doch nur eine *Verbindlichkeit der Klugheit*, mithin keinerlei moralische Verbindlichkeit begründet, sieht sich Crusius schließlich zu dem Eingeständnis genötigt, daß die *weltlichen Gesetze . . . ihre gesetzliche Verbindlichkeit allererst von Gott* bekommen, *nämlich von demjenigen Gesetze der Natur, welches der Obrigkeit gehorchet wissen will*[465]. Diese Überzeugung vom religiösen Ursprung der Gehorsamspflicht wird dann sogar zur Grundlage der Staatsmacht: *Der bloß äußerliche Zwang der Oberherren würde auch in der Tat die Untertanen nicht lange im Gehorsam erhalten können, wenn nicht die meisten und die vernünftigsten gerne und freiwillig gehorcheten, weil sie die Notwendigkeit und die Göttlichkeit ihrer bürgerlichen Pflichten im Gewissen empfinden*[466]. Die Untertanen sollen von der Rechtmäßigkeit der staatlichen Machtausübung überzeugt sein[467].

Unter diesen Voraussetzungen muß auch der Unterschied zwischen 'Gewalt' im Sinne von 'potestas' und 'Gewalt' im Sinne von 'violentia' hinfällig werden. Wenn Crusius etwa Unterwerfung der Besiegten unter die Herrschaft des Siegers fordert, so ist überlegene Gewalt für ihn fast schon ein Rechtstitel, auch wenn er abschwächend hinzufügt, die *Verbindlichkeit gegen ihn* folge nicht *an und vor sich selbst . . . aus seiner gebrauchten Gewalt*[468]. Eindeutig als Rechtsbegriff erscheint 'Gewalt' bei Crusius in der Staatslehre nur an einer Stelle[469].

Ganz ähnliche Äußerungen finden sich, auf dem Boden des gemeinsamen lutherischen Erbes, auch bei KANT, etwa wenn er die Gehorsamspflicht der Untertanen gegen jede etablierte staatliche Macht betont: *Der Ursprung der obersten Gewalt ist für das Volk, das unter derselben steht, in praktischer Absicht unerforschlich*, und dies wenig später ausdrücklich auf den Fall bezieht, daß *die Gewalt vorherging, und das Gesetz nur hintennach gekommen ist*[470]. Unter Berufung auf Röm. 13 sollen sich die Untertanen *als gute Staatsbürger* auch nach einer gelungenen Revolution *nicht weigern, derjenigen Obrigkeit ehrlich zu gehorchen, die jetzt die Gewalt hat*[471]. An diesen wie an vielen anderen Stellen bei Kant wird 'Gewalt' offenbar als die überlegene, bezwingende Macht verstanden, die die Vermutung der Rechtmäßigkeit für sich hat, sobald sie sich dauerhaft etablieren konnte.

Diesen Äußerungen stehen indes andere entgegen, in denen Kant den latenten Konflikt zwischen staatlicher Macht und Vernunftrecht deutlicher artikuliert. Dabei

---

[464] CHR. AUGUST CRUSIUS, Anweisung vernünftig zu leben (Leipzig 1744; Ndr. Hildesheim 1969 = Die philosophischen Hauptwerke, hg. v. Giorgio Tonelli, Bd. 1), 206 f., § 165.
[465] Ebd., 207. 161, § 133; 209, § 167.
[466] Ebd., 709, § 606.
[467] Vgl. ebd., 749, § 641.
[468] Ebd., 730, § 629.
[469] Vgl. ebd., 734, § 631: *Gewalt der Majestät*; vgl. ebd., 677, § 575 u. ö.: *väterliche Gewalt*.
[470] KANT, Metaphysik der Sitten (1797), Rechtslehre, § 49, Allg. Anm. A. AA Bd. 6, 318.
[471] Ebd., 323.

verwendet er das Wort 'Gewalt', um zu beschreiben, welchen Gebrauch ein Herrscher von seinen im Sinne des rationalen Naturrechts angemaßten Rechten macht: *Weil doch irgendein obgleich durch viel willkürliche Gewalt verkümmertes Recht besser ist als gar keines*, ist es nach seiner Auffassung *für den Untertan Pflicht,... sie so lange beharren zu lassen, bis die Herrschergewalt sich selbst allmählich zu Reformen durch die Natur der Sachen und die Vorstellungen der Untertanen bewegen wird*[472]. Erst recht unterstellt er, daß ein Konflikt zwischen Moral und Politik jederzeit möglich ist; aber: *Der Grenzgott der Moral weicht nicht dem Jupiter (dem Grenzgott der Gewalt)*[473]. 'Gewalt' im Sinne der Machtvollkommenheit des jeweiligen Inhabers staatlicher Souveränität ist also nach Kant lediglich rechtlich, nicht jedoch moralisch verbindlich, d. h. sie beruht auf dem Legalitätsprinzip und erstreckt sich nicht auf die Gesinnung. Diese Verbindlichkeit würde, *so hart wie es auch klingt, selbst für ein Volk von Teufeln (wenn sie nur Verstand haben)* gelten, *so daß sie sich unter Zwangsgesetze zu begeben einander selbst nötigen, und so den Friedenszustand, in welchem Gesetze Kraft haben, herbeiführen müssen*[474]. Diese ganz und gar hobbesische Auffassung von Macht, Recht und Staat hat Kant besonders deutlich im ersten Jahrzehnt seiner Kritischen Periode vertreten.

Der rechtsverwaltende Staat ist nach Kants Lehre eine Institution, in der *Freiheit unter äußeren Gesetzen im größtmöglichen Grade mit unwiderstehlicher Gewalt verbunden angetroffen wird*. Da die Gesetze nur die „äußeren" Handlungen regeln sollen, ist zur Herstellung der Legalität der Handlungen auch lediglich Macht erforderlich. Als rechtmäßig gilt dieser *Zustand des Zwanges*, weil er aus der *größten ... Not herausführt, welche sich Menschen untereinander selbst zufügen*, da ihre *Neigungen es machen, daß sie in wilder Freiheit nicht lange neben einander bestehen können*[475]; und gegen den Einwand, daß nach dieser Lehre das Gewalt ausübende Staatsoberhaupt *gerecht für sich selbst und doch ein Mensch* sein soll, hält er die von Bodin bis Spinoza geläufige Antwort bereit: *Aus so krummem Holze, als woraus der Mensch gemacht ist, kann nichts ganz Gerades gezimmert werden*[476]. Dieser im Innern rechtsetzenden „Gewalt" des Staates entspricht in seinem äußeren Verhältnis zu anderen Staaten sein Status als „Macht", so daß er *in Verhältnis aber auf andere Völker eine Macht (potentia) schlechthin heißt (daher das Wort Potentaten)*[477]. Während Pufendorf und besonders Crusius bereits klar eingesehen hatten, daß dieser Zwangsstaat zu seiner Legitimierung eine andere Grundlage braucht als die bloße *Verbindlichkeit der Klugheit*[478], glaubt KANT, in seinen Schriften vor der Französischen Revolution offenbar auf eine moralische Legitimationsbasis des Staats verzichten zu können, und auch im folgenden Jahrzehnt finden sich noch zahlreiche Äußerungen dieser Art.

---

[472] Ders., Zum ewigen Frieden, Fragm. der Reinschrift. Anh. AA Bd. 23 (1955), 183 f.
[473] Ders., Zum ewigen Frieden, Anh. 1. AA Bd. 8, 370.
[474] Ebd., 2. Abschn., 1. Zusatz (S. 366).
[475] Ders., Idee zu einer allgemeinen Geschichte in weltbürgerlicher Absicht, 5. Satz, ebd., 22.
[476] Ebd., 5. u. 6. Satz (S. 22 f.).
[477] Ders., Metaphysik der Sitten, Rechtslehre, § 43 (S. 311).
[478] Vgl. Anm. 465.

V. 1. Staatstheorie von der Aufklärung zur Restauration

Charakteristisch für dieses Nebeneinander zweier Auffassungen von Macht und Gewalt ist, daß Kant in seiner Schrift „Zum ewigen Frieden" zunächst die hobbesische Lehre übernimmt, daß im Naturzustand Gewalt Grundlage des Rechts sei[479]. Zwischen souveränen Staaten müsse zwar *irgendein Vertrauen auf die Denkungsart des Feindes ... mitten im Kriege noch übrig bleiben;* aber über das Recht entscheide, so betont er, letztlich die Überlegenheit des Mächtigeren, *da der Krieg doch nur das traurige Notmittel im Naturzustande ist (wo kein Gerichtshof vorhanden ist, der rechtskräftig urteilen könnte), durch Gewalt sein Recht zu behaupten; wo keiner von beiden Teilen für einen ungerechten Feind erklärt werden kann (weil das schon einen Richterausspruch voraussetzt), sondern der Ausschlag desselben (gleich als vor einem so genannten Gottesgerichte) entscheidet, auf wessen Seite das Recht ist*[480]. Aber dieses erstaunliche Zugeständnis nimmt Kant noch in derselben Schrift zurück, indem er erklärt, daß durch den Krieg *und seinen günstigen Ausschlag, den Sieg, das Recht nicht entschieden wird*[481]. Insofern das Völkerrecht auf dem Prinzip beruhe, *nach einseitigen Maximen durch Gewalt, was Recht sei, zu bestimmen,* lasse sich *bei dem Begriffe des Völkerrechts eigentlich gar nichts denken*[482]. Im Anhang zu dieser Schrift möchte er vollends *die falschen Vertreter der Mächtigen der Erde zum Geständnisse bringen, daß es nicht das Recht, sondern die Gewalt sei, der sie zum Vorteil sprechen*[483]. Die Errichtung eines Rechtsstaats ist jetzt doch nicht mehr *eine bloße Kunstaufgabe (problema technicum),* die selbst für ein Volk von Teufeln lösbar sein müßte, sondern *eine sittliche Aufgabe (problema morale)*[484].

Diesem Wandel trägt Kants Sprachgebrauch in der „Metaphysik der Sitten" Rechnung, insofern jetzt in der Regel sehr deutlich zwischen 'Macht' und 'Gewalt' im Sinne der Unterscheidung von 'potentia' und 'potestas' differenziert wird. So unterscheidet er schon im vorstaatlichen Zustand sehr sorgfältig zwischen Besitz und Eigentum: *Ein Gegenstand meiner Willkür aber ist das, wovon beliebigen Gebrauch zu machen ich das physische Vermögen habe, dessen Gebrauch in meiner Macht (potentia) steht;* Eigentum hingegen setzt voraus, *denselben Gegenstand in meiner Gewalt (in potestatem meam redactum) zu haben*[485]. Aber es ist für den Sprachgebrauch am Ende des 18. Jahrhunderts offenbar kennzeichnend, daß Kant es für erforderlich hält,

---

[479] Vgl. HOBBES, De cive 1, 6: *Rem fortiori dandam esse; quis autem fortior sit, pugna iudicandum est.*
[480] KANT, Zum ewigen Frieden, 1. Abschn., 6. Präliminarart. (S. 346 f.).
[481] Ebd., 2. Definitivart. (S. 355).
[482] Ebd., 356.
[483] Ebd., Anh. 1 (S. 376).
[484] Ebd., 377. Gleichwohl kommt KANT auch in diesem Zusammenhang noch einmal auf das von Bodin und Hobbes formulierte Postulat einer durchgängigen Korrelation von Schutz und Gehorsam zurück: Die *unwiderstehliche Obergewalt* stehe *in jeder bürgerlichen Verfassung* unter dem Gesetz, daß der, *welcher nicht Macht genug hat, einen jeden im Volk gegen den andern zu schützen, auch nicht das Recht hat, ihm zu befehlen;* ebd., Anh. 2 (S. 382 f.).
[485] Ders., Metaphysik der Sitten, Rechtslehre, § 2 (S. 246); vgl. § 7 (S. 253): *in meiner Gewalt (in potestate mea positum esse);* § 10 (S. 258): *Was ich (nach dem Gesetz der äußeren Freiheit) in meine Gewalt bringe.*

seine Terminologie durch lateinische Äquivalente zu erläutern. Denn ohne dieses Hilfsmittel bedeutet 'Gewalt' auch in seinen Texten, abgesehen von bis in die Gegenwart üblichen terminologischen Wendungen, in der Regel so viel wie die überlegene, insbesondere die etablierte staatliche Macht, deren Befehlen man gehorchen muß. Der rechtliche Charakter dieser „Gewalt" wird nicht von vornherein unterstellt, allenfalls postuliert, aber die Konnotation 'vis', 'violentia' hat die Konnotation 'potestas' nunmehr endgültig überlagert. Nur dadurch, daß Kant zur Charakterisierung staatlicher Macht immer wieder das Wort 'Gewalt' verwendet, unterscheidet sich sein Sprachgebrauch noch merklich von dem gegenwärtigen.

Aber schon in FICHTES zur gleichen Zeit erschienenen Schriften erscheint an Stellen, wo Kant noch das Wort 'Gewalt' bevorzugt, statt dessen der Ausdruck 'Macht'. Zur Herstellung eines rechtlichen Zustandes ist nach Fichte z. B. *eine zwingende, den Angreifer unwiderstehlich bestrafende Macht* erforderlich, zu deren Einsetzung ein Vertrag geschlossen werden muß, daß beide Seiten *mit vereinigter Macht denjenigen von ihnen beiden, der den anderen verletzt hätte, nach dem Inhalte des Zwangsgesetzes behandeln wollten*[486]. An die Stelle von 'Staatsgewalt' bzw. 'öffentliche Gewalt' tritt jetzt ebenso 'Staatsmacht' oder 'öffentliche Macht', ohne daß noch an die Unterscheidung von 'potestas' und 'potentia' gedacht wäre[487]. Gelegentlich taucht in diesem Zusammenhang auch 'Kraft' auf[488]. Wenn hingegen von der Staatsgewalt in eindeutig rechtlicher Bedeutung die Rede ist, übersetzt Fichte 'potestas' einfach durch 'Recht': Die *Staatsgewalt umfaßt das Recht zu richten, und das Recht, die gefällten Rechtsurteile auszuführen (potestas iudicialis et potestas executiva in sensu strictiori, welche beide zur potestas executiva in sensu latiori gehören)*[489]. An die Stelle des Gegensatzes von 'Macht' und 'Gewalt' tritt so der Gegensatz von 'Macht' und 'Recht'[490].

Dieser Wandel des Sprachgebrauchs hängt gewiß damit zusammen, daß in der Staatstheorie Fichtes an die Stelle des Obrigkeitsstaats die republikanische Verfassung getreten ist: *Eine Verfassung, wo die Verwalter der öffentlichen Macht keine Verantwortlichkeit haben, ist eine Despotie.* Die Inhaber der Staatsgewalt werden damit zu bloßen „Verwaltern der öffentlichen Macht". Gleichwohl hängen auch für Fichte Macht und Recht im Staate noch so eng zusammen, daß er als *Bedingung der Rechtmäßigkeit jeder bürgerlichen Verfassung* meint postulieren zu müssen, *daß unter keinerlei Vorwand die exekutive Gewalt eine Macht in die Hände bekomme, welche gegen die der Gemeine des geringsten Widerstandes fähig sei*[491]. Aber der *Vernunftstaat*, in den Fichte die bestehenden *Notstaaten* überführen möchte[492], ist ein

---

[486] FICHTE, Grundlage des Naturrechts nach Principien der Wissenschaftslehre (1796/97), SW Bd. 3 (1845), 146, § 15.
[487] Vgl. z. B. ebd., 165 f., § 16.
[488] Vgl. ebd., 287, § 21: *wo die Regierung größere Kraft bedarf.*
[489] Ebd., 153, § 16.
[490] Ebd., 296, § 21: *Die Bürger können sonach in einem Hause sich nicht versammeln, ohne daß es die Polizei wisse und die Macht habe, sowohl als das Recht ..., die Versammlung zu verhindern, wenn sie ihr Verdacht erregt.*
[491] Ebd., 160. 178, § 16.
[492] Ders., Der geschlossene Handelsstaat (1800), Einl. SW Bd. 3, 397; ders., Naturrecht, 302, § 21.

vollendeter Polizeistaat, in dem nicht weniger Zwang herrscht als im Obrigkeitsstaat: *ein Staat, wo alles in Ordnung ist, und alles nach der Schnur geht*[493]. Dazu aber braucht Fichtes Staat weitaus mehr Macht als alle früheren Staaten: *Der absolute Staat in seiner Form ist nach uns eine künstliche Anstalt, alle individuellen Kräfte auf das Leben der Gattung zu richten*[494]. Dies ist nach Fichte gleichbedeutend mit dem Satz: *der Staat richte alle individuellen Kräfte ... auf sein eigenes Leben, als Staat*[495]. Das Wort 'Macht' findet sich in diesem Kontext freilich nicht; Fichte spricht hier stets von 'Kraft' und von 'Kräften'. Aber er bekennt offen, daß dieser „absolute Staat" für alle Individuen, *die gar keine Lust, sondern vielmehr ein Widerstreben empfinden, ihr individuelles Leben der Gattung aufzuopfern*, eine *Zwangs-Anstalt* sein werde[496], und er wünscht sich, daß alle *begriffen, der Staat, als höchster Verweser der menschlichen Angelegenheiten, und als der Gott und seinem Gewissen allein verantwortliche Vormund der Unmündigen, habe das vollkommene Recht, die letzteren zu ihrem Heile auch zu zwingen*[497]. Wenn erst das große Erziehungswerk vollendet ist, so glaubt Fichte am Ende seines Lebens weissagen zu können, *so wird der dermalige Zwangsstaat ohne alle Kraftäußerung gegen ihn an seiner eigenen, durch die Zeit herbeigeführten Nichtigkeit ruhig absterben*[498].

Die Originalität HEGELS, aber auch seine Abwendung von der Tradition des modernen Naturrechts, zeigt sich vor diesem Hintergrund auch in seiner Verwendung von 'Macht' und 'Gewalt'. In der Staatslehre seiner „Rechtsphilosophie" (1820) kommen diese beiden Ausdrücke kaum vor und haben jedenfalls nur untergeordnete Bedeutung. Dies rührt daher, daß Hegel den Staat nicht mehr, wie alle Naturrechtslehrer seit Hugo Grotius, als juristische Institution begreift[499]. Damit hören Macht und Gewalt auf, wesentliche Merkmale des Staats zu sein. In Hegels früheren Schriften hingegen und außerhalb seiner Staatslehre hat der Begriff der Macht eine größere Bedeutung als bei irgendeinem Philosophen vor ihm, Hobbes und Spinoza ausgenommen. Hier finden sich Äußerungen, die in der gesamten deutschen Rechts- und Staatsphilosophie des 18. Jahrhunderts ohne Beispiel sind. Dieser auffallende Sachverhalt läßt sich durch einige Zitate aufklären. In seiner Schrift „Die Verfassung Deutschlands" (1799 ff.) findet sich der Satz: *So töricht sind die Menschen, über idealischen Gesichten der uneigennützigen Rettung von Gewissens- und politischer Freiheit, und in der innern Hitze der Begeisterung die Wahrheit, die in der Macht liegt, zu übersehen, und so ein Menschenwerk der Gerechtigkeit und ersonnene Träume gegen*

---

[493] Ders., Naturrecht, 302, § 21.
[494] Ders., Die Grundzüge des gegenwärtigen Zeitalters (1806), 10. Vorlesung. SW Bd. 7 (1846), 144.
[495] Ebd., 145.
[496] Ebd., 144.
[497] Ders., Reden an die deutsche Nation (1808), 11. Rede. Ebd., 436.
[498] Ders., Die Staatslehre, oder über das Verhältniss des Urstaates zum Vernunftreiche (1820), SW Bd. 4 (1845), 599.
[499] Diese Lehren disqualifiziert er als jene *Vorstellung vom Staate, nach welcher er seine Bestimmung nur hat im Schutz und in der Sicherheit des Lebens, Eigentums und der Willkür eines jeden, insofern sie das Leben und Eigentum und die Willkür der andern nicht verletzt, und der Staat so nur als eine Veranstaltung der Not betrachtet wird;* HEGEL, Rechtsphilosophie, § 270.

die höhere Gerechtigkeit der Natur und der Wahrheit sicher zu glauben, welche aber der Not sich bedient, die Menschen unter ihre Gewalt, aller Überzeugung und Theorie und innern Hitze zum Trotz zu zwingen[500]. Die Gegenüberstellung einer „Gerechtigkeit der Natur" und des „Menschenwerks der Gerechtigkeit" mit ihrer radikalen Abkehr von der gesamten Naturrechtstradition seit Pufendorf läßt sofort erkennen, daß sich Hegel hier an Spinozas Reduktion des Rechts auf die Macht der Natur anschließt. Wie Spinoza ist er sich dessen vollauf bewußt, daß er damit an die Stelle der Naturrechtslehre die „Politik" setzt[501]. So setzt er denn gegen das Rechtsurteil das „Urteil der Politik" als das wesentlichere und entscheidende: *Es hängt nur von den Umständen, von den Kombinationen der Macht, d. h. dem Urteil der Politik ab, ob das in Gefahr kommende Interesse und Recht mit der ganzen Gewalt der Macht verteidigt werden soll*[502]. Ganz im Sinne der hobbesischen Lehre vom Naturzustand geht der junge Hegel davon aus, daß ein Rechtsstreit unvermeidlich und unauflöslich ist, solange eine gemeinsam anerkannte Autorität nicht vorhanden ist[503]. Er unterstellt jedoch, mit Spinoza, daß das „wahre" Recht sich in der Auseinandersetzung behauptet: *Der Krieg oder was es ist, hat nunmehr zu entscheiden, nicht, welches Recht der von beiden Teilen behaupteten das wahre Recht ist — denn beide Teile haben ein wahres Recht —, sondern welches Recht dem andern weichen soll. Krieg oder was es sonst ist, hat dies gerade darum zu entscheiden, weil beide sich widersprechende Rechte gleich wahr sind, also ein Drittes, und dies ist der Krieg, sie ungleich machen muß, damit sie vereinigt werden können, was dadurch geschieht, daß eines dem andern weicht*[504]. Indem Hegel so die klassische Lehre des modernen Völkerrechts, daß die Staaten sich im Naturzustand gegeneinander befinden, in ihrer ganzen Härte auf die geschichtlichen Auseinandersetzungen anwendet und zugleich mit Spinoza unterstellt, daß alle partikulären Rechte im Rechte der alles umfassenden Natur bzw. Gottes ihren Grund und ihre Grenze haben, findet er Versöhnung in dem Gedanken, daß Gott, die „Substanz" alles individuellen Daseins, vernünftig oder selbst die Vernunft in allem Geschehen ist.

---

[500] Ders., Die Verfassung Deutschlands, Schr. zur Politik u. Rechtsphilos., hg. v. Georg Lasson (Leipzig 1913), 98.
[501] Vgl. ebd., 67, Anm.: *Der schönen Theorie, daß vorfallenden Streitigkeiten nicht durch Gewalt der Waffen, denn Gewalt könne ja über Recht nicht entscheiden, sondern durch Urteil und Recht entschieden werden sollte, ist die Praxis untreu geworden, und der Natur gefolgt, und die Verhältnisse der mächtigern Stände ... ist aus der Sphäre des Rechts durch die Notwendigkeit der Sache in die Sphäre der Politik versetzt worden.* Hegel bezieht sich hier polemisch auf Kants oben zitierte Äußerungen in der Schrift „Zum ewigen Frieden". Noch im Sommer 1798 hatte Hegel indes selbst solchen „idealischen Geschichten" angehangen: *Gerechtigkeit ist in dieser Beurteilung der einzige Maßstab; der Mut, Gerechtigkeit zu üben, die einzige Macht, die das Wankende mit Ehre und Ruhe vollends wegschaffen und einen gesicherten Zustand hervorbringen kann;* ebd., 151.
[502] Ebd., 100.
[503] *Die Ehrwürdigkeit und moralische Macht der Rechte kann feststehen und bleiben, aber wie sollte sie imstande sein, sie zu halten? Teils wegen Unbestimmtheit der Rechte kann Streit, teils wegen ihrer Bestimmtheit muß Widerspruch derselben entstehen, und in diesem Zwist muß das Recht sich durch seine Macht behaupten;* ebd., 101.
[504] Ebd., 100.

V. 1. Staatstheorie von der Aufklärung zur Restauration

Diese spinozistische Deutung der Geschichte ist natürlich im Zusammenhang mit der durch Lessings Bekenntnis zu Spinoza ausgelösten spinozistischen Bewegung in der deutschen Geistesgeschichte zu sehen[505], deren bedeutendstes und wohl einflußreichstes Ergebnis HERDERS Schrift „Gott" (1787) war. Das dynamistische Weltbild dieser Schrift[506] hat offensichtlich auch HEGELS Spinozastudium geleitet und sein von Fichtes Auffassung völlig abweichendes Spinozabild geprägt. Ganz deutlich ist dies noch in seiner Berliner Vorlesung über die Philosophie der Weltgeschichte (1830), wenn er erklärt, *daß die Vernunft ... die Substanz, wie die unendliche Macht, sich selbst ... die unendliche Form, die Betätigung dieses ihres Inhaltes ist*[507]. Hier sind zwar aus der aristotelischen Prinzipienlehre Form, Stoff und Bewegungsursache in die Deutung des Geschichtsprozesses einbezogen; aber indem Hegel die Prädikate 'Macht' und 'Unendlichkeit' zur Beschreibung der „Substanz", die „Vernunft" ist, verwendet, ist der spinozistische Ursprung dieser Geschichtskonzeption offensichtlich. Dies ist auch der geschichtsphilosophische Hintergrund seines berühmten Wortes: *Was vernünftig ist, das ist wirklich; und was wirklich ist, das ist vernünftig*[508]. Es ist Ausdruck der Überzeugung, daß nur machtvolles Dasein in der Weltgeschichte zu existieren berechtigt ist und daß alles, was sich in der Weltgeschichte durchsetzt, im Zusammenhang des *Ganzen*, das *das Wahre* ist[509], seine Berechtigung hat. In diesem Sinne hat Hegel bekanntlich SCHILLERS (ebenfalls aus der spinozistischen Tradition stammendes) Wort: *Die Weltgeschichte ist das Weltgericht* für seine Geschichtsphilosophie in Anspruch genommen[510].

In Hegels Staatslehre, die sich erst nach Abschluß seiner Arbeit an der Schrift über die Verfassung Deutschlands ausbildete, haben indes diese spinozistischen Ideen über die Macht von Anfang an kaum eine Rolle gespielt. Wenn er das Volk oder den Staat als „Substanz" beschreibt[511], so ist der ursprüngliche aristotelische Substanzbegriff und die aristotelische Lehre vom Menschen als einem politischen Lebewesen

---

[505] Vgl. FRIEDRICH HEINR. JACOBI, Wider Mendelssohns Beschuldigungen betreffend die Briefe über die Lehre des Spinoza (Leipzig 1786).
[506] Vgl. HERDER, Gott, 3. Gespräch. SW Bd. 16 (1887; Ndr. 1967), 478 mit Anm. 8: *An der unendlichen Macht seines Gottes aber ist nicht zu zweifeln, ... da eben diese Macht, d. i. Wirklichkeit und Wirksamkeit, ihm das ist, woher er alles leitet.* Ferner 5. Gespräch, 543f: *Die Gottheit, in der nur eine wesentliche Kraft ist, die wir Macht, Weisheit und Güte nennen, konnte nichts hervorbringen als was ein lebendiger Abdruck derselben, mithin selbst Kraft, Weisheit und Güte sei, die ebenso untrennbar das Wesen jedes in der Welt erscheinenden Daseins bilden.*
[507] HEGEL, Die Vernunft in der Geschichte, hg. v. Johannes Hoffmeister, 5. Aufl. (Hamburg 1955), 28.
[508] Ders., Rechtsphilosophie, Vorrede. SW Bd. 7 (1928), 33.
[509] Vgl. ders., Phänomenologie des Geistes, Vorrede. SW Bd. 2 (1927), 24.
[510] Vgl. SCHILLERS Gedicht „Resignation. Eine Phantasie" (1786), Schlußvers der vorletzten Strophe; HEGEL, Rechtsphilosophie, § 340; ders., Enzyklopädie, § 548.
[511] Vgl. ders., Rechtsphilosophie, § 146: *Für das Subjekt haben die sittliche Substanz, ihre Gesetze und Gewalten einerseits als Gegenstand das Verhältnis, daß sie sind, im höchsten Sinne der Selbständigkeit, — eine absolute, unendlich festere Autorität und Macht, als das Sein der Natur.*

gemeint[512]. Wo immer in seinen Darlegungen zum „Staatsrecht"[513] von 'Macht' oder 'Gewalt' die Rede ist, handelt es sich um normalen, unmetaphysischen Sprachgebrauch. Die spinozistische Konzeption von der Substanz als der „absoluten Macht" tritt in der „Rechtsphilosophie" erst dort wieder hervor, wo Hegel auf die außenpolitischen Verhältnisse eines Staats und die Möglichkeit des Krieges eingeht. Dies ist *die Seite, worin die Substanz als die absolute Macht gegen alles Einzelne und Besondere, gegen das Leben, Eigentum und dessen Rechte, wie gegen die weiteren Kreise, die Nichtigkeit derselben zum Dasein und Bewußtsein bringt*[514]. Die eigentliche Staatslehre hingegen hat Elemente der antiken politischen Philosophie mit den Grundgedanken des rationalen Naturrechts zu einer neuen Einheit geformt, in der die Ideen der Freiheit und des Rechts im Mittelpunkt stehen und in der den Begriffen 'Macht' und 'Gewalt' keine wesentliche Bedeutung mehr zukommt.

Karl-Heinz Ilting

2. 'Macht' im allgemeinen Zeitverständnis

In der Reaktion auf die politischen Umbrüche von 1789 bis 1815 und aus der Erfahrung beschleunigten gesellschaftlichen Wandels wuchsen dem Verständnis von 'Macht' und 'Gewalt' neue Dimensionen zu. 'Macht' wurde geschichtsphilosophisch aufgeladen und zu einem ideologisch verfügbaren Schlüsselwort des 19. Jahrhunderts. Dieser Vorgang, der in seiner Komplexität nur exemplarisch beschrieben werden kann, indiziert einen Wandel des Zeitgeistes, der allerdings, entsprechend der Herkunft der meisten Belege, nur den Führungsschichten in Staat und Gesellschaft und dem Bildungsbürgertum eindeutig zugeordnet werden kann. Aus einem personen- oder institutionsgebundenen Vermögen — der Fürsten, der Regierungen, des Staates, einzelner gesellschaftlicher Gruppen —, ihren Willen durchzusetzen oder bestimmte Aufgaben zu erfüllen und den dazu erforderlichen Ressourcen wird eine Grundbedingung menschlichen Daseins, die, im Unterschied zur „rohen Gewalt", ihre Legitimation in sich selbst findet. Dieser Begriffswandel vollzog sich simultan auf den drei Ebenen der Umgangssprache, der politisch-staatsrechtlichen Literatur und der politischen und sozialen Philosophie, so daß es im Einzelfall oft schwierig oder unmöglich ist, Abhängigkeitsverhältnisse nachzuweisen. Er ist in einem Bündel sich überschneidender und in der Wirkung potenzierender Bedeutungsveränderungen zu fassen, wobei sich die einzelne Verschiebung nicht selten quer durch die weltanschaulichen und politischen Lager verfolgen läßt. Insgesamt ist festzustellen, daß im Laufe dieser Entwicklung 'Macht' und 'Gewalt' als Gegenbegriffe im politischen Sprachgebrauch, weniger in der Rechtsterminologie, an Prägnanz verlieren und damit austauschbar werden.

a) **Ausweitung auf alle gesellschaftlichen Bereiche.** 'Macht', verstanden als wirkende Kraft, erfährt eine bis dahin nicht gekannte Bedeutungsausweitung von der

---

[512] Vgl. die Bezugnahme auf Aristoteles' „Politik"; Hegel, Über die wissenschaftlichen Behandlungsarten des Naturrechts, Schriften (s. Anm. 500), 393.
[513] Ders., Rechtsphilosophie, §§ 257—320.
[514] Ebd., § 323.

a) Ausweitung auf alle gesellschaftlichen Bereiche　　　　　　　　　　　　Macht, Gewalt

staatlichen Sphäre auf alle Lebensbereiche. Sie wird nicht mehr nur dem Staat und seinen Repräsentanten, sondern zunehmend gesellschaftlichen Gruppen oder der Gesellschaft schlechthin zugeschrieben. Dies geschieht entweder in Anknüpfung an das Naturrecht des 18. Jahrhunderts oder in Reaktion darauf. Jenes gilt etwa für P. J. A. FEUERBACH, der in seinem „Anti-Hobbes" (1798) dem „Oberherrn" im Staate die Pflicht zuschreibt, dem Staatszweck, nämlich der Sicherung der Freiheit, *durch die physische Macht der Gesellschaft Kraft und Nachdruck zu verleihen*[515]. Der konservative Sozialphilosoph FRANZ VON BAADER sieht in dem *Zusammenhang der physischen mit der moralischen Macht in der Sozietät ... das Wunder und das Geheimnis der Autorität*[516]. LASSALLE interpretiert 1862 die modernen Verfassungskämpfe als Auseinandersetzungen, in denen entweder die Regierungen die geschriebene Verfassung *in Übereinstimmung mit den tatsächlichen Machtverhältnissen der organisierten Macht der Gesellschaft* (= des Staates) setzen oder, wenn sie dazu nicht fähig sind, *die unorganisierte Macht der Gesellschaft* diese Aufgabe in die Hand nimmt und damit zeigt, *daß sie größer ist als die organisierte*[517]. TREITSCHKE evoziert gegen Ende des Jahrhunderts neben der *unberechenbaren Macht der Persönlichkeit* das Ideal einer Ordnung, in der sich Staat und Gesellschaft so decken, *daß jede lebendige soziale Kraft auch in der Rechtsordnung des Staates die Stellung einnimmt, welche ihr entsprechend ihrer sozialen Macht gebührt*[518]. Es wird im liberalen Sinne von der Staatsgewalt als der *Gesamtkraft der Staatsbürger* (KRUG 1828) oder von der Freiheit als dem *Besitz der bürgerlichen Macht* (ROCHAU 1869) gesprochen[519]. Man reflektiert schließlich auf die Macht einzelner gesellschaftlicher Gruppen oder Klassen. WILHELM HEINRICH RIEHL sieht 1851 in den Bauern die *konservative Macht im Staate*[520], während GEORG HERWEGH 1864 reimt:

> *Mann der Arbeit, aufgewacht!*
> *Und erkenne Deine Macht!*
> *Alle Räder stehen still,*
> *wenn Dein starker Arm es will*[521].

---

[515] PAUL JOH. ANSELM RITTER V. FEUERBACH, Anti-Hobbes, oder über die Gränzen der Höchsten Gewalt und das Zwangsrecht der Bürger gegen den Oberherrn, Bd. 1 [mehr nicht erschienen] (Erfurt, Jena 1798; Ndr. Darmstadt 1967), 195.

[516] F. v. BAADER, Über den Begriff der Autorität (1828), SW Bd. 5 (1854), 297.

[517] F. LASSALLE, Was nun? Zweiter Vortrag über Verfassungswesen (1863), Ges. Red. u. Schr., Bd. 2 (1919), 77.

[518] HEINRICH V. TREITSCHKE, Politik (1896), hg. v. Max Cornicelius, 4. Aufl., Bd. 1 (Berlin 1908), 8. 56. Der Ausdruck 'soziale Macht' wurde von Treitschke schon 1859 in seiner „Gesellschaftswissenschaft" — hg. v. Erich Rothacker (Halle 1927), 73 — verwendet: *Eine soziale Macht muß schon sehr stark geworden sein, wenn der Staat sie anerkennen soll;* möglicherweise im Anschluß an TOCQUEVILLES 'pouvoir social': De la démocratie en Amérique (1835), Oeuvres compl., t. 1/2 (1961), 299.

[519] WILH. TRAUGOTT KRUG, Handbuch der Philosophie und der Philosophischen Literatur, 3. Aufl. (Leipzig 1829; Ndr. Düsseldorf 1969), 193 f.; [LUDWIG AUG. V. ROCHAU], Grundsätze der Realpolitik angewendet auf die staatlichen Zustände Deutschlands (Heidelberg 1869), hg. v. Hans-Ulrich Wehler (Frankfurt, Berlin, Wien 1972), 220.

[520] W. H. RIEHL, Die bürgerliche Gesellschaft (Stuttgart 1851), 33 f. u. passim.

[521] GEORG HERWEGH, Bundeslied für den Allgemeinen deutschen Arbeiterverein (1864), Neue Gedichte (Zürich 1877), 131 f.

Eine bis auf Bonalds „Théorie du pouvoir politique et religieux dans la société civile" (1796) zurückgehende Tradition spricht sich 1877 in der Auffassung des katholischen Sozialpolitikers Franz Hitze aus: *Die katholische Kirche ist die sociale und conservative Macht katexochen, darum auch die Schöpferin der Freiheit und des Fortschritts*[522].

Zunehmend wird die Macht denjenigen Faktoren zugesprochen, die die neue bürgerliche Gesellschaft vor und während der Industriellen Revolution repräsentieren, so von Gervinus, für den die *Herrschaft des Lehenadels* im 15. Jahrhundert durch die *Macht des beweglichen Eigentums* erschüttert wurde[523], mit kritischer Akzentsetzung von Heinrich Leo, der das Spezifische der „Bankiersherrschaft", etwa der Medici in Florenz, darin sieht, *daß die Gewalt nicht in dem Herrscher, sondern in einem anderen Gegenstand liegt, zu welchem der Herrscher in Beziehung steht*, nämlich im Geld, woraus die Härte, Willkür und Gefühllosigkeit jener Herrschaft resultieren[524]. Für Lorenz von Stein trat *die Macht des Geldes* zum ersten Mal in der französischen Geschichte im Staatsstreich vom 18. Fructidor (1797) auf; *sie erzeugte sich immer aufs neue und war ihrer Natur nach, wie alles plötzlich Großgewordene, ebenso brutal gegen das unter ihr Stehende als unterwürfig gegen das Höhere*[525]. Ludwig Feuerbach nannte 1834, unter Berufung auf Bacon, die Macht der Wissenschaft *die höchste, ... die erhabenste Macht auf Erden. Sie sei erhabener als die Macht des Staates über den Willen des Volkes, weil sie über den Verstand, die Überzeugung, die Intelligenz herrsche, die der höchste Teil der Seele ist, und selbst über den Willen gebietet*[526]. Trat für Marx in der kapitalistischen Produktion die *vergegenständlichte Arbeit* in der Form der Maschinerie der *lebendigen Arbeit ... als die sie beherrschende Macht* gegenüber[527], so waren für den Liberalen Rochau *der Reichtum, die Meinung und die Intelligenz* die *gesellschaftlichen Hauptmächte, welche bei der Handhabung des Repräsentativsystems vorzugsweise in Betracht kommen*. Rochau sprach außerdem, in Auseinandersetzung mit dem ständischen Konservativismus, von der *Macht der Partei*[528].

---

[522] Franz Hitze, Die sociale Frage und die Bestrebungen zu ihrer Lösung (Paderborn 1877), 182. Zum 'pouvoir conservateur' bei Bonald s. Robert Spaemann, Der Ursprung der Soziologie aus dem Geist der Restauration. Studien über L.G.A. de Bonald (München 1959), 133 f. Im „Staatslexikon" der Görres-Gesellschaft hieß es 1894 (Bd. 3, 530): *Juda ist eine Macht. Der Antisemitismus setzt sich derselben entgegen.*

[523] Georg Gottfr. Gervinus, Einleitung in die Geschichte des neunzehnten Jahrhunderts (1852), hg. v. Walter Boehlich (Frankfurt 1967), 15.

[524] H. Leo, Zu einer Naturlehre des Staates (1833), hg. v. Kurt Mautz (Frankfurt 1948), 57. Ähnlich Georg Sartorius 1820 in seiner Kritik an der Mobilisierung des Grundbesitzes durch die Bauernbefreiung, bei der kleinbäuerliche Existenzen durch die unwiderstehliche *Gewalt des Geldes* zur Hingabe ihres Eigentums veranlaßt würden; zit. Marie-Elisabeth Vopelius, Die altliberalen Ökonomen und die Reformzeit (Stuttgart 1968), 40.

[525] Lorenz v. Stein, Geschichte der sozialen Bewegung in Frankreich von 1789 bis auf unsere Tage (1850), hg. v. Gottfried Salomon, Bd. 1 (München 1921; Ndr. Darmstadt 1959), 384 f.

[526] L. Feuerbach, Geschichte der neuern Philosophie von Bacon von Verulam bis Benedict Spinoza (1834), Sämtl. Werke, Bd. 4 (Leipzig 1847), 68 f.

[527] Marx, Grundrisse der Kritik der politischen Ökonomie [Rohentwurf 1857/58] (Berlin 1958), 585.

[528] [Rochau], Realpolitik, 43. 94.

b) Entpersönlichung der Machtträger

b) **Entpersönlichung der Machtträger.** Ein weiterer Schritt war die Entpersonalisierung der Machtträger zugunsten psychischer Kräfte oder überindividueller sittlicher und geistiger Potenzen[529]. Die Vertreter der politischen Romantik beriefen sich bei der Begründung der wahren Autorität — im Unterschied zur rohen Gewalt — trotz ihres unbedingten Festhaltens an der Monarchie und trotz ihrer Polemik gegen die „abstrakte Macht" (de Bonald 1796) auf den Glauben, der dem Staat *die wirkliche reelle Macht* gebe (FRIEDRICH SCHLEGEL)[530], auf *die Macht des Reizes und der Liebe* (ADAM MÜLLER)[531] und auf den *christlichen Begriff des Wortes als der Macht (potestas), zu welcher sich die Gewalt (vis ...) als gehörig oder als dienendes Werkzeug verhält* (BAADER)[532].

Ein seit dem späten 18. Jahrhundert sich durchsetzender Topos im politischen Raisonnement des Bürgertums[533] ist die Formel von der Macht der öffentlichen Meinung, die seit dem Auseinandertreten von Staat und Gesellschaft zwischen beiden vermitteln soll. Diese Auffassung, die besonders über die Schriften Benjamin Constants in Deutschland verbreitet wurde[534], war Gemeingut des Frühliberalismus. Der unbefriedigende Verlauf des Wiener Kongresses veranlaßte GÖRRES zu der Warnung: *Es wäre nachteilig und würde den Herren der Völker in der Meinung schaden, die nun einmal eine große Macht geworden, wenn der Kongreß ... nichts den Erwartungen der Völker sich Annäherndes zustande brächte. Diese Meinung arbeitet im Stillen fort unter tausenderlei Formen, und keine Polizei der Welt kann sie hemmen*[535]. Außer in der Presse sah man ihre Macht auch in dem Geschworenengericht institutionalisiert, das in den vierziger Jahren in Rezeption der französischen Lehre von der *Omnipotence du Jury* als über dem positiven Recht stehend und damit als ein Stück Volkssouveränität interpretiert wurde[536].

---

[529] SCHEIDLER, Art. Gewalt (s. Anm. 106), 304: die Begriffe 'Macht' und 'Gewalt' hätten sich zuerst *an dem Verhältnis der Herrschaft oder Regierung und dem Untertanentume entwickelt*, ihre Bedeutung aber nach und nach auf *leblose Dinge oder geistige Potenzen* ausgedehnt.

[530] F. SCHLEGEL, Philosophische Vorlesungen (1804/06), SW Bd. 13 (1964), 122.

[531] A. MÜLLER, Über Machiavelli, Vermischte Schriften über Staat, Philosophie und Kunst, Bd. 1 (Wien 1812), 54 f.

[532] F. v. BAADER, Ueber die Zeitschrift Avenir und ihre Principien (1831), SW Bd. 6 (1854), 36 f. WILHELM V. HUMBOLDT konstatierte 1827/29 in einem unpolitischen Kontext zwar die geringe *Kraft des einzelnen gegen die Macht der Sprache*, erkannte aber doch *die Gewalt des Menschen* zur *Modifizierung der Sprache* als ein aus dem *Prinzip ihrer Freiheit* kommendes dynamisches Wirken an; Über die Verschiedenheiten des menschlichen Sprachbaues; AA Bd. 6/1 (1907), 182. 184.

[533] Vgl. ROUSSEAU, Contrat social 2, 12. Zum Kontext vgl. JÜRGEN HABERMAS, Strukturwandel der Öffentlichkeit (Neuwied 1962), 84. 102 ff.

[534] LOTHAR GALL, Benjamin Constant. Seine politische Ideenwelt und der deutsche Vormärz (Wiesbaden 1963), 57 ff., bes. 81.

[535] J. GÖRRES, Rhein. Merkur, Nr. 303, 23. 9. 1815, Ges. Schr., Bd. 9/11 (1928).

[536] ERICH SCHWINGE, Der Kampf um die Schwurgerichte bis zur Frankfurter Nationalversammlung (Breslau 1926), 113 f. 146 ff. mit Belegen für den Ausdruck aus dem Französischen. Hauptvertreter dieser Lehre in Deutschland war der rheinische Jurist FRIEDR. GOTTLIEB LEUE, Das deutsche Schöffen-Gericht (Leipzig 1847).

Blieb die frühliberale Gleichsetzung der öffentlichen Meinung mit dem „vernünftigen Gesamtwillen" nicht unbestritten, so wurde doch ihre Macht nicht in Frage gestellt[537]. FRIEDRICH ANCILLON, Prinzenerzieher und seit 1832 preußischer Außenminister, stellte 1828 einer *natürlichen* öffentlichen Meinung, wie sie in Zeiten der Ruhe existierte, die seit fünfzig Jahren entstandene *unsichtbare Macht* der manipulierten Meinung gegenüber, auf deren Bindung an die neue bürgerliche Gesellschaft er ausdrücklich verwies. Letzte Ursache ihres Einflusses sei die moderne Gründung des Staatslebens in der Form öffentlicher Anleihen auf den *Kredit*, der früher auf den *Privatverkehr* und die *Handelsverhältnisse* beschränkt war, jetzt aber die Regierungen zwinge, bei den meisten Staatssachen die *allgemeine Meinung* zu befragen[538]. Für TREITSCHKE war die Formel von der Großmacht „*Öffentliche Meinung*" ein *demagogisches Schlagwort*. Sie könne sich, wie die deutsche Einigung gezeigt habe, *vollkommen im Irrtum bewegen*, weil *die Macht der Gemeinheit und Dummheit ... nur zu oft größer als die Macht der Ehrlichkeit und des gesunden Menschenverstandes* sei[539].

c) **'Macht' als geistiges und moralisches Prinzip.** Auf der Grenze zur Loslösung des Machtbegriffes von seiner Bindung an ein handelndes Subjekt oder eine anonyme Kraft stehen Aussagen, in denen 'Macht' unter dem Einfluß der Romantik und der idealistischen Philosophie auf geistige oder sittliche Prinzipien bezogen und damit von der bloßen Gewalt abgesetzt wurde. Auch hier besteht ein verbaler Konsens in allen „Lagern". Sah ANSELM FEUERBACH 1809 im französischen Empire den *durch physische und geistige Macht überwiegenden Staat* in Europa[540], so verfügte für ADAM MÜLLER 1812 der wahre Souverän neben der physischen über eine *geistige Macht*, deren Überlegenheit nicht allein auf der *Klarheit des Verstandes* und auf *Intelligenz*, sondern auf *Weichheit, Milde, Menschlichkeit* und *Gemüt* beruhe[541]. BAADER stellte fest, daß jede Revolution im Guten oder im Bösen von einer *geistigen Macht* ausgehe, der nicht nur mit physischer Gewalt begegnet werden könne[542]. Fanden die Romantiker die Basis dieser Macht in der christlichen Religion[543], so rekurrierten die dem deutschen Idealismus nahestehenden Äußerungen ganz allgemein auf die Macht der „Ideen", des „Geistes", der „Vernunft" und auf sittliche Prinzipien. FRIEDRICH

---

[537] HEGEL, Rechtsphilosophie, § 316, Zusatz; s. auch JOH. KASPAR BLUNTSCHLI, Art. Öffentliche Meinung, BLUNTSCHLI/BRATER Bd. 7 (1862), 347, wonach sie trotz aller Hochschätzung *eine öffentliche Macht, aber keine öffentliche Gewalt* ist.
[538] F. ANCILLON, Zur Vermittlung der Extreme in den Meinungen, 2. Aufl., Bd. 1 (Berlin 1838), 113 ff.; Über die Gewalt der öffentlichen Meinung, hier bes. 113. 123 f. 127 f.
[539] TREITSCHKE, Politik, Bd. 1, 146. 181; ebd., 154: *Unermeßlich ist die Macht des Neides gerade in freien, demokratisierten Nationen.*
[540] A. F. FEUERBACH, Denkschrift über die Einführung des Code Napoléon in Bayern, 8. 11. 1809, zit. ELISABETH FEHRENBACH, Traditionale Gesellschaft und revolutionäres Recht. Die Einführung des Code Napoléon in den Rheinbundstaaten (Göttingen 1974), 18.
[541] MÜLLER, Über Machiavelli, 54.
[542] BAADER, Zeitschrift Avenir, 38.
[543] Man vgl. hierzu die zahlreichen Reflexionen FRIEDRICH SCHLEGELS über den notwendigen Zusammenhang der *geistlichen* mit der *weltlichen Macht*, etwa SW Bd. 18 (1963), 341. 495; Bd. 19 (1971), 91. 189. 202.

d) 'Macht' im Singular

JULIUS STAHL beklagte 1830 als Folge des neuzeitlichen Auseinandertretens von Naturrecht und Politik, daß die Vernunft als *eine Macht, von der zugleich alle reale Wirkung und jedes ideale Ziel ausgeht*, ihren Einfluß auf die *Begebenheiten* verloren habe[544]. ARNOLD RUGE sprach in geschichtsphilosophischer Wendung von der *Macht der Philosophie*, die von den „Deutschtümlern" zu Unrecht aus der *Macht des preußischen Staates* abgeleitet werde; sie besitze ihre ursprüngliche Kraft in sich selbst[545]. ROTTECK erkannte 1845 *die moralische Macht und Autorität des Königtums* an[546], und der junge DROYSEN entwickelte schon vor 1848 ansatzweise und in Auseinandersetzung mit RANKES traditionalistischer Konzeption der *großen Mächte* Europas[547], seine später in der „Historik" voll entfaltete Lehre von den *sittlichen Mächten* des Gemeinschaftslebens, durch deren Zusammenfassung der Staat erst zu einer sittlichen Potenz werde[548]. Es wird zu zeigen sein, wie der realistische Machtstaatsgedanke in der zweiten Jahrhunderthälfte das idealistische Machtkonzept überwucherte.

d) 'Macht' im Singular. Trotz der mit der Bedeutungsausweitung einhergehenden Vervielfältigung der Potenzen[549] wurde 'Macht' im Singular zu einem mit dem politischen Bereich eng verbundenen Agens von hoher Allgemeinheit, das Subjekt seiner selbst ist. FRIEDRICH BUCHHOLZ sah in der 'Macht', die aus Willen und Kraft bestehe, gewissermaßen die Substanz der Souveränität, von der er die *Symbole der Macht* unterschied, deren Delegierung ohne Nachteil für sie möglich sei[550]. ADAM MÜLLER lobte an Machiavelli, daß er das Prinzip von der *Einheit der Macht* richtig erkannt habe, und bedauerte es, daß sich die kleineren deutschen Territorialfürsten nur mit den *Künsten der Intrige* behaupten konnten, *weil ihnen die Sprache der Macht* verweigert war[551]. RANKE wollte keinen Unterschied zwischen *Staat und*

---

[544] F. J. STAHL, Die Philosophie des Rechts nach geschichtlicher Ansicht, Bd. 1 (Heidelberg 1830), 209 f.
[545] A. RUGE, Bei der Übersiedelung nach Sachsen (1841), Ges. Schr., Bd. 3 (Mannheim 1846), 44; ähnlich KÖPPEN 1840: Die Aufklärung als *die zur Macht der Wirklichkeit erhobene Philosophie;* zit. → Aufklärung, Bd. 1, 336.
[546] CARL V. ROTTECK, Vorrede zur neuen Auflage, ROTTECK/WELCKER 2. Aufl., Bd. 1 (1845), XXVIII f.
[547] LEOPOLD V. RANKE, Die großen Mächte (1833), SW Bd. 24 (1872), 3 ff.; vgl. MEINECKE, Staatsraison, 442 ff.
[548] JOH. GUSTAV DROYSEN, Die politische Stellung Preußens (1845), Polit. Schr., hg. v. Felix Gilbert (München, Berlin 1933), 39 f. 48; ders., Historik, hg. v. Rudolf Hübner, 5. Aufl. (München 1967), 202 ff. u. passim.
[549] Die *drei Potenzen Staat, Religion und Kultur* bei JACOB BURCKHARDT, Weltgeschichtliche Betrachtungen (1868/73), hg. v. Rudolf Stadelmann (Tübingen 1949), 51 ff. FRH. CARL V. STUMM-HALBERG verlangte gegen Ende des 19. Jahrhunderts von seinen Arbeitern, daß sie wie ein Mann hinter ihm stünden, wenn es gelte, *die Konkurrenz sowohl wie die finsteren Mächte des Umsturzes zu bekämpfen;* FRITZ HELLWIG, Carl Ferdinand Freiherr v. Stumm-Halberg. 1836—1901 (Heidelberg, Saarbrücken 1936), 296.
[550] F. BUCHHOLZ, Theorie der politischen Welt (o. O. 1807), 76; ders., Der neue Leviathan (Tübingen 1805; Ndr. Aalen 1970), 35 f.
[551] MÜLLER, Über Machiavelli, 52; ders., Über die Ausbildung der politischen Ansichten in Deutschland in der letzten Hälfte des 18ten Jahrhunderts, ebd., 44.

Macht sehen; denn die Idee des Staates entspringt aus dem Gedanken einer Selbständigkeit, welche ohne entsprechende Macht nicht behauptet werden kann. Er fand in der *Macht an sich (...) ein geistiges Wesen, einen ursprünglichen Genius, der sein eigenes Leben hat*[552], und sprach in der „Weltgeschichte" von der *Macht selbst, die, einmal begründet, immerfort wachsen muß*[553]. In Paris und Versailles entdeckte er im Jahre 1843 in den Bildern Ludwigs XIV. das *Gefühl der Macht* und fand in den Palästen eine *Idee der Gewalt* ausgedrückt[554]. DROYSEN bekannte sich im Revolutionsjahr 1848 unter dem Eindruck der Machtlosigkeit der Nationalversammlung zu der Formel *Macht ist der Staat*, um schließlich in der „Historik" im Kapitel „Die Sphäre der Macht" apodiktisch festzustellen: *Das dem Staat Wesentliche ist die Idee der Macht*, die allerdings *am höchsten in der vollsten Gesundheit, Freiheit und Bewegung aller sittlichen Sphären ist* und sich dadurch von der *Herrschaft der rohen Gewalt* unterscheide[555]. TREITSCHKE formulierte 1865 provozierend, *daß das Wesen des Staates zum ersten Macht, zum zweiten Macht und zum dritten nochmals Macht ist*, um später einzuschränken: *Der Staat ist nicht physische Macht als Selbstzweck, er ist Macht, um die höheren Güter der Menschen zu schützen und zu befördern*[556].

e) **'Macht' und 'Gewalt' in der Geschichte.** Eine besondere Fungibilität und damit die Möglichkeit zur Inanspruchnahme durch die verschiedenen Parteiungen im 19. Jahrhundert erfuhr die Kategorie der 'Macht' vor allem durch die Verbindung mit einem neuen, ideologisierbaren Geschichtsbegriff (→ Geschichte). Die Historisierung von Macht und Gewalt setzte den Abbruch der naturrechtlichen Tradition des 18. Jahrhunderts voraus und fand ihre Begründung in der idealistischen Geschichtsphilosophie. Sie durchdrang den politischen Zeitgeist des Bildungsbürgertums, damit die Hiatus-Erfahrung der revolutionären Epoche widerspiegelnd. Das kann nur mit wenigen Belegen aus der Fülle der einschlägigen Äußerungen dokumentiert werden.

Das neue Geschichtsverständnis erlaubte es zunächst, die jeweiligen Formen der Macht und der Gewaltanwendung aus der Stellung und Funktion im historischen Prozeß zu erklären. Eine solche Erklärung konnte der Legitimierung von Macht und damit der Relativierung der normativen Spannung zwischen Macht und Moral dienen. Sie verwies zugleich auf die Wandelbarkeit der Machtverhältnisse, auf das Veralten von Machtkonstellationen oder auch — geschichtsphilosophisch — auf ihre modifizierte Bewahrung auf einer höheren Stufe des historischen Prozesses. Einer solchen historischen Bewertung wurde seit Anfang des 19. Jahrhunderts unter der Erfahrung der Französischen Revolution, des Aufstiegs Napoleons und der Machtlosigkeit Deutschlands vor allem der neuzeitliche Fürstenstaat als Machtorganisation

---

[552] RANKE, Preußische Geschichte, SW Bd. 27/28, 2. Aufl. (Leipzig 1879), 4; ders., Idee der Universalhistorie (1831/32), Vorlesungseinleitungen, hg.v. Volker Dotterweich u. Walther Peter Fuchs (München, Wien 1975), 89.
[553] Ders., Weltgeschichte, 5. Aufl., Bd. 1 (München, Leipzig 1922), 178.
[554] Ders., Tagebücher. Aus Werk und Nachlaß, Bd. 1, hg. v. Walther Peter Fuchs (München, Wien 1964), 224 f. 228.
[555] DROYSEN, Stellung Preußens (1845), 39 f.; ders., Die Spitze des Reiches (1848), 184; ders., Historik, 259. 261.
[556] H. v. TREITSCHKE, Bundesstaat und Einheitsstaat (1865), Historische und politische Aufsätze, Bd. 3 (Leipzig 1929), 71; ders., Politik, 5. Aufl., Bd. 2 (1922), 544.

e) 'Macht' und 'Gewalt' in der Geschichte

unterworfen. BUCHHOLZ, für den die Moral immer nur *das Abstrakt der Sozialverhältnisse* darstellte[557], attestierte Machiavelli, daß er mit seinen angeblich so verdammenswürdigen Maximen *für das Zeitalter, in welchem er schrieb, vollkommen recht hatte, für das unsrige hingegen gar nicht, oder wenigstens nur halb*[558]: die Fürsten des 15. Jahrhunderts waren, weil es an einer *tüchtigen Gesellschaft* und, aufgrund des Gegensatzes der Stände, an der *Einheit des ganzen Staatskörpers* fehlte, gezwungen, was ihnen *an Macht abging*, durch die *List* zu kompensieren. Seither hätten sich die *inneren Verhältnisse durch die zunehmende Fürstenmacht so wesentlich verbessert..., daß, indem der bloße Gedanke an eine Opposizion wegfällt, auch keine der List oder der Gewalt verwandten Zurückwirkungen notwendig sind.* Wie es noch keinem Schriftsteller gelungen sei, *über sein Zeitalter ... hinauszugehen,* so habe auch Machiavelli nur unvollständig erkannt, *daß ein Fürst nur durch sein Volk mächtig ist, daß er folglich, um seine eigene Macht zu vermehren, die Volksmacht verstärken muß, und daß dies nur durch Mittel geschehen kann, welche, wenn sie auch von der Gewalt ausgehen, dennoch der Freiheit verwandt sind*[559]. Auch ADAM MÜLLER, so sehr er sonst ein Kritiker der modernen Interessenpolitik war, die *von der militärischen Macht ihre Instruktionen* erhalte, sah 1812 in der Errichtung der *unumschränkten Macht* des fürstlichen Souveräns eine gegenüber *spekulativen* Vorstellungen von Gewaltenteilung zu verteidigende Errungenschaft der *Arbeit der Jahrhunderte*, weil sie *die Einheit und den Zusammenhang des Ganzen* garantiere[560]. Es war das Fehlen dieser *allgemeinen Staatsmacht* oder der *machthabenden Allgemeinheit*, welches HEGEL ein Jahrzehnt zuvor zu der Feststellung veranlaßt hatte, daß *Deutschland kein Staat mehr sei*[561]. ANCILLON verteidigte noch 1828, vielleicht unter dem Einfluß Hegels, *die von jeder andern Gewalt unabhängige Macht der Könige, wie sie sich in den meisten Staaten gebildet und entwickelt hat*, gegenüber den Bewunderern des Mittelalters als eine Ordnung, *die natürlich und notwendig von den Fortschritten der Kultur herbeigeführt wurde und von einer höheren Zivilisation ausgegangen ist*[562].

Die Kehrseite des Argumentierens mit dem „Fortschritt" und der „Geschichte" bestand darin, daß beide nicht nur zur Rechtfertigung der jeweiligen Machtverhältnisse, sondern auch zu ihrer Kritik im Interesse der „Zukunft" eingesetzt werden konnten. Das sah schon Ancillon, wenn er an der neuen Macht der öffentlichen Meinung kritisierte, daß sie *die Zukunft schon in Beschlag genommen ..., und die Geschichte willkürlich gemodelt* habe[563]. ARNOLD RUGE forderte 1848 die, wenn nötig, gewaltsame Wiederherstellung Polens, *weil Europa nicht frei ist, solange die*

---

[557] [F. BUCHHOLZ], Darstellung eines neuen Gravitazionsgesetzes für die moralische Welt (Berlin 1802), 107.
[558] Ders., Über Niccolo Machiavelli's Fürstenspiegel, Geschichte u. Politik, hg. v. Karl Ludwig Woltmann, Bd. 2 (1803), 70. Über die Machiavelli-Renaissance in der ersten Hälfte des 19. Jahrhunderts — von Hegel über Fichte, Adam Müller u. a. bis Gervinus — → Machiavellismus.
[559] BUCHHOLZ, Machiavelli, 72 f. 76 ff. 97.
[560] A. MÜLLER, Die Diplomatie des 17ten Jahrhunderts, Vermischte Schr., Bd. 1, 321; ders., Über Machiavelli, ebd., 52.
[561] HEGEL, Verfassung (s. Anm. 500), 1. 7.
[562] ANCILLON, Vermittlung (s. Anm. 538), 57.
[563] Ebd., 126.

Tyrannei in Europa noch eine Macht und noch eine historische Geltung hat[564]. DROYSEN sprach ein Jahr später Preußen die *geschichtliche Aufgabe* zu, *die deutsche Macht zu sein* (das heißt: zu werden!)[565], und für ROCHAU hatten *manche derjenigen Kräfte, welche dem heutigen Staate seine Form gegeben, ... einen Teil ihrer früheren Bedeutung verloren, sei es, daß sie gealtert sind, sei es, daß ihr Verhältniswert sich vermindert hat*[566]. LASSALLE zog aus der dauernden *Verschiebung der gegenseitigen Machtverhältnisse* — erst zugunsten des absoluten Fürstentums auf Kosten des Adels, dann im *Machtfortschritt des Bürgertums* — den Schluß, daß eine geschriebene Verfassung verloren sei, wenn sie in Widerspruch zu den Machtverhältnissen gerate[567].

Daß sich in dem Verhältnis von Macht und Gewalt im historischen Prozeß eine Verschiebung zugunsten der Macht als einer sittlichen und vernünftigen Potenz und damit eine qualitative Höherentwicklung des staatlichen Lebens vollzogen habe, war die herrschende Meinung im 19. Jahrhundert. DROYSEN konzedierte, daß der Staat *in niedrigen Entwicklungsstufen ... wenig oder nichts als das Attribut der Gewalt und Willkür* habe. *Aber sein Fortschreiten ist, daß er das Wesen der Macht tiefer, wahrer, sittlicher zu fassen lernt, daß er endlich in dem freien Willen der Menschen, in ihrer Freiheit, Hingebung und Begeisterung, in der höchsten Entwicklung alles Guten, Edlen, Geistigen die wahre Macht erkennt und zu organisieren lernt*[568]. Es war eine späte Verbindung der Hegelschen Auffassung vom „Fortschritt im Bewußtsein der Freiheit" mit politischem Naturalismus, wenn TREITSCHKE, für den die *Macht des Genies* und die *Kraft des Willens* das Movens der staatlichen Entwicklung waren, Ende des Jahrhunderts (1896) als Spezifikum der modernen Geschichte *den unaufhörlichen Drang nach großer nationaler Machtbildung von einem kleinen Zentrum aus* konstatierte, *der zuerst dem bloßen Instinkt der Macht entspringt, allmählich aber bewußt wird und in der Erkenntnis gemeinsamer Nationalität die einigende Kraft findet*[569].

Die Sonderstellung JACOB BURCKHARDTS im historisch-politischen Denken seiner Zeit zeigt sich nicht zuletzt darin, daß er schon zwei Jahrzehnte früher (vor 1873) jene Verbindung des von ihm als anthropologische Konstante verstandenen und ursprünglich auf Gewalt beruhenden Phänomens der Macht mit der Fortschrittsidee gelöst hat. Er verkannte keineswegs die historische Variabilität von „Macht": *Diese Allmacht der Polis aber ist wesentlich verschieden von der modernen Staatsallmacht. Diese will nur, daß ihr niemand materiell entwische, jene wollte, daß jeder ihr positiv diene und mischte sich deshalb in vieles, was jetzt dem Individuum überlassen bleibt*[570]. Burckhardt hob die *große Ausdehnung* des *Machtbegriffes* als Resultat der Revolution hervor[571]. Trotz seiner Überzeugung, daß *die Macht an sich*

---

[564] RUGE am 26. 7. 1848 in der Frankfurter Nationalversammlung, Sten. Ber. Dt. Nationalvers., Bd. 2 (1848), 1185 f.
[565] DROYSEN, Preußen und das System der Großmächte (1849), Polit. Schr. (s. Anm. 548), 228 f.
[566] [ROCHAU], Realpolitik, 32.
[567] LASSALLE, Was nun? (s. Anm. 517), 98 f.
[568] DROYSEN, Historik, 259.
[569] TREITSCHKE, Politik, Bd. 1, 22. 35. 116.
[570] BURCKHARDT, Weltgeschichtliche Betrachtungen, 121.
[571] Ebd., 238.

böse ist[572], erkannte auch Burckhardt so etwas wie eine Aufhebung des Gewaltcharakters von „Macht" und ihre positive Funktion im Prozeß der Geschichte an, freilich nicht im Sinne einer Höherentwicklung, sondern als periodischen Vorgang, der von ihm als Heterogenie der Zwecke oder als Kompensation interpretiert wurde. Nur der Staat sei lebensfähig, der *sich aus Gewalt in Kraft verwandelt*[573]. Burckhardt vindizierte der *Menschheit* das *unermüdliche Streben, bloße Macht in Ordnung und Gesetzlichkeit umzuwandeln* und den *Gewaltzustand* mit ihren *heilen Kräften ... in die Kur* zu nehmen[574]. Zwar sei *noch gar nie eine Macht ohne Verbrechen gegründet worden, und doch entwickeln sich die wichtigsten materiellen und geistigen Besitztümer der Nationen nur an einem durch Macht gesicherten Dasein*[575]. Den Grund für diese Relativierung der auf Gewalt beruhenden Macht des Staates und auch des universalen Anspruchs der 'Potenz' der Religion in der Geschichte fand Burckhardt in der Wirkung der dritten 'Potenz', der 'Kultur', *die als die Welt des Beweglichen ... keine Zwangsgeltung in Anspruch nimmt*[576]. Die geschichtliche Krise[577] seiner Gegenwart sah Burckhardt in dem Widerspruch, daß die moderne Kultur, repräsentiert durch die bürgerliche Erwerbsgesellschaft mit ihren Parteien, den Staat mit seiner wachsenden *Zwangsmacht* für sich arbeiten läßt, ihm aber zugleich die Kompetenzen verweigert, um sich als Organisation zu behaupten[578].

f) **Die 'Macht der Geschichte'.** Die Reflexion auf die Stellung von 'Macht' und 'Gewalt' als wesentliche, aber veränderliche Faktoren in der Geschichte wurde von Anfang an begleitet von der Vorstellung der *Macht der Geschichte*[579] selbst, und zwar in verschiedensten Formulierungen, in denen 'Macht' oft durch das Wort 'Gewalt' und 'Geschichte' durch die Äquivalente 'Leben', 'Zeit', 'Schicksal' und andere ersetzt wurden. War diese Version von 'Macht' zuweilen das Säkularisat der Allmacht

---

[572] Ebd., 61. Die Stelle bei Schlosser, auf die sich Burckhardt hier bezieht, konnte nicht ermittelt werden; vgl. dazu WOLFGANG HARDTWIG, Geschichtsschreibung zwischen Alteuropa und moderner Welt. Jacob Burckhardt in seiner Zeit (Göttingen 1974), 133, Anm. 11.
[573] BURCKHARDT, Weltgeschichtliche Betrachtungen, 60.
[574] Ebd., 317.
[575] Ebd., 292 f.
[576] Ebd., 53; vgl. 158 ff.
[577] Der Skeptiker GEORG CHRISTOPH LICHTENBERG stellte am Ende des 18. Jahrhunderts resignierend fest, man wisse leider von den Menschen, *daß Verrichtungen, worin ihre Macht mit ihrer Einsicht zu gleichen Schritten geht, eben nicht immer ihre Lieblingsbeschäftigungen sind;* Einige Betrachtungen über die physischen Revolutionen auf unserer Erde, Vermischte Schr., Bd. 7 (Göttingen 1806), 28 ff.
[578] BURCKHARDT, Weltgeschichtliche Betrachtungen, 173 f.: *Zugleich aber verlangt sie* [die Reflexion] *für ihn* [den Staat] *eine stets größere und umfangreichere Zwangsmacht, damit er ihr ganzes sublimes Programm ... verwirklichen könne ... Der Staat soll also einesteils die Verwirklichung und der Ausdruck der Kulturideen jeder Partei sein, anderenteils nur das sichtbare Gewand des bürgerlichen Lebens und ja nur ad hoc allmächtig! Er soll alles Mögliche können, aber nichts mehr bedürfen, namentlich darf er seine bestehende Form gegen keine Krisis verteidigen, — und schließlich möchte man doch vor allem wieder an seiner Machtübung teilhaben.*
[579] DROYSEN, Historik (s. Anm. 548), 323.

Gottes und wurde sie je nach dem Kontext der Argumentation als Vehikel des Fortschritts in Anspruch genommen oder — seltener — als quasi naturhafte Schranke menschlichen Handelns erkannt und beklagt[580], so bestand paradoxerweise ihre Funktion in vielen Fällen darin, den auf Gewalt beruhenden Charakter der konkreten Mächte des Staates und der Gesellschaft, der Revolution, der Reaktion oder des Krieges zu mediatisieren und damit der auf soziale und politische Harmonie abgestellten Vorstellungswelt des Bürgertums anzupassen. Das gilt noch nicht für Hegel[581] oder BUCHHOLZ, der etwa den *Philosophen* vorhielt, sie suchten das Faktum, daß das *menschliche Geschlecht* seit je *durch die Gewalt regiert* worden sei, zu verdrängen, indem sie das *bloße Wort* 'Gewalt' vermieden[582], auch nicht für KARL LUDWIG VON HALLER, der *der Allgewalt der sogenannten Mode*, die im übrigen nichts anderes als die Nachahmung der Mächtigen sei, *die ewige unabänderliche Ordnung Gottes* gegenüberstellte, *da der Mächtigere herrsche, herrschen müsse und immer herrschen werde*[583]. Dagegen trug der Topos von der 'Macht der Geschichte' zur Rechtfertigung politischen Handelns oder zur Anerkennung der „Tatsachen" überall dort bei, wo das geschichtsphilosophische Erbe der Aufklärung und des Idealismus die ideologische Basis politischer Forderungen blieb, vom Liberalismus über die verschiedenen demokratischen Gruppierungen bis zum Sozialismus. JOHANN FRIEDRICH BENZENBERG umschrieb 1817 — bereits aus der Defensive gegen die sich anbahnende Reaktion heraus — den Geist der preußischen Reform mit dem Satz: *Das ist die heimliche Gewalt der alles ändernden Zeit, wo die Fürsten den Richterstuhl der Publizität anerkennen*[584]. PFIZER hielt 1832 den Theoretikern einer abstrakten Freiheit entgegen: *Die wahre Freiheit besteht nicht darin, mit einseitigen Abstraktionen der Gewalt der Dinge sich trotzend entgegenzustellen, sondern den Fingerzeig des Geschicks in der Weltgeschichte zu erkennen und hiernach zu handeln* ...; denn *es gibt einen Zwang, der nicht Gewalt ist und doch noch unwiderstehlicher als sie: die unüberwindliche Natur der Dinge und das innere Gesetz ihrer Entwicklung*[585]. ROTTECK stellte 1834 gegenüber den Theorien des *politischen Absolutismus* fest, daß die *Gewalt des Lebens* der politischen Praxis eine Berücksichtigung der gesellschaftlichen Verhältnisse aufgezwungen habe[586]. RUGE bezeichnete die Philosophie Hegels in der

---

[580] Vgl. etwa GEORG BÜCHNER an seine Braut (1834): *Ich fühle mich wie zernichtet unter dem gräßlichen Fatalismus der Geschichte. Ich finde ... in den menschlichen Verhältnissen eine unabwendbare Gewalt, allen und keinem verliehen;* SW u. Br., hg. v. Werner Lehmann, Bd. 2 (Hamburg 1971), 425.
[581] s. o. V. 1.
[582] [BUCHHOLZ], Leviathan (s. Anm. 550), 15 f.
[583] K. L. v. HALLER, Restauration der Staatswissenschaft, 2. Aufl., Bd. 1 (Winterthur 1820), 367. 375.
[584] J. F. BENZENBERG an Gneisenau, 4. 2. 1817, in: Benzenberg — Der Rheinländer und Preuße 1815—1823. Politische Briefe aus den Anfängen der preußischen Verfassungsfrage, hg. v. JULIUS HEYDERHOFF (Bonn 1928), 63.
[585] PAUL ACHATIUS PFIZER, Gedanken über das Ziel und die Aufgabe des Deutschen Liberalismus (1832), in: ders., Briefwechsel zweier Deutscher. Ziel und Aufgaben des deutschen Liberalismus, hg. v. Georg Küntzel (Berlin 1911), 348 f.
[586] CARL THEODOR WELCKER, Allgemeine encyklopädische Übersicht der Staatswissenschaft und ihrer Theile, ROTTECK/WELCKER Bd. 1 (1834), 7 f.

Interpretation der Junghegelianer als die *freie Macht der werdenden Geschichte*[587]. DROYSEN berief sich zur Begründung des deutschen Berufes Preußens auf *eine stille Gewalt der Dinge*[588]. Der österreichische Minister DOBLOFF erklärte im August 1848 vor dem Reichstag in Wien: *Der Weltgeist ruft den Völkern zu: Ihr seid frei ..., wir streben nicht nach einer mit Gewalt erzwungenen Gleichheit, sondern nach einer durch die Geschichte, durch die Notwendigkeit und das Gefühl gebotenen Brüderlichkeit*[589]. Das entsprach dem Optimismus des bürgerlichen Liberalismus, der das Ziel der Revolution auf friedlichem Wege erreicht zu haben glaubte. GERVINUS setzte 1852 in der „Einleitung in die Geschichte des neunzehnten Jahrhunderts" zur Durchsetzung der demokratischen Grundsätze nicht so sehr — wie die Sozialisten — auf die gewaltsame Revolution, sondern auf den *wirksameren ... stillen Weg der untergrabenden Gewalt der Ideen und Sitten*. Der *geschichtlichen Bewegung* wurde der *providentielle Charakter ... der Unwiderstehlichkeit* vindiziert[590]. Gervinus umschrieb sie an anderer Stelle als *die große Gewalt von Verhältnissen, Ideen, Staats- und Lebensordnungen*[591]. Die Instrumentalisierbarkeit des Glaubens an die „Macht der Geschichte" erwies sich paradigmatisch an ihrer Anrufung durch viele Liberale in den Jahren der Reichsgründung, als das Kernstück ihres deutschen Programms durch den „reaktionären" Bismarck verwirklicht wurde[592]. Beklagte RUDOLF HAYM noch am Vorabend des Krieges von 1866 Bismarcks Mangel an *Sinn für moralische Potenzen*, und meinte der liberale Redakteur der „Kölnischen Zeitung", HEINRICH KRUSE, zu demselben Zeitpunkt, daß *der leise Gang der Zeiten uns weit sicherer dem Ziele zuführt, als wenn unruhiger, gewissenloser Ehrgeiz gewaltsam dazwischengreift*[593], so berief sich nach dem Kriege der Jenaer Historiker ADOLF SCHMIDT auf die *moralische Gewalt der Tatsachen* und sah im preußischen Sieg ein notwendiges *Postulat der Geschichte*, deren *sittliche Macht ... zugleich auch das höchste sittliche Recht* beinhalte[594].

g) 'Macht' und 'Gewalt' als natürliche Kräfte. Eine nicht unerhebliche Akzentverschiebung im Bedeutungsspektrum und im Verhältnis der beiden Begriffe 'Macht' und 'Gewalt' zueinander wurde schließlich durch das Eindringen naturaler oder gar naturwissenschaftlicher Kategorien in das politische Denken bewirkt, womit — besonders in der zweiten Hälfte des 19. Jahrhunderts — die idealistische Legitimierung von 'Macht' zunehmend ausgehöhlt wurde. Die Bedeutung dieser „Naturalisierung" von 'Macht' für die moderne politische Theorie und Sprachpraxis liegt auf

---

[587] RUGE, Übersiedelung nach Sachsen (s. Anm. 545), 47.
[588] DROYSEN, Die preußische Verfassung (1847), Polit. Schr. (s. Anm. 548), 70; Preußen und das System der Großmächte, ebd., 227.
[589] Die Rede zitiert in Gervinus' „Deutscher Zeitung" Nr. 225 v. 15. 8. 1848, S. 1785.
[590] GERVINUS, Einleitung (s. Anm. 523), 170 f.
[591] Ders., Kritik der Entscheidungsgründe (1853), in: Der Hochverratsprozeß gegen Gervinus, hg. v. WALTER BOEHLICH (Frankfurt 1967), 207.
[592] Belege bei KARL-GEORG FABER, Realpolitik als Ideologie. Die Bedeutung des Jahres 1866 für das politische Denken in Deutschland, Hist. Zs. 203 (1966), 1 ff.
[593] Zit. Der Deutsche Liberalismus, hg. v. JULIUS HEYDERHOFF, Bd. 1 (Bonn, Leipzig 1925), 285 f. 297 f.
[594] A. SCHMIDT, Preußens Deutsche Politik, 1785, 1806, 1849, 1866, 3. Aufl. (Leipzig 1867), Vorwort. 3. 282.

der Hand und wird heute kritisch reflektiert[595]. Der schleichende terminologische Wandel, der zu diesem Ergebnis führte, knüpfte zum einen an die politische Philosophie des 17. Jahrhunderts, wie sie in den absolutistischen Machttheorien und der Vorstellung von den untereinander im „Naturzustand" lebenden Staaten ihren Niederschlag gefunden hatte, und an die materialistische Psychologie des 18. Jahrhunderts an. Insofern reicht er zeitlich vor die „Sattelzeit" zurück[596]. Er wurde zum anderen in dem Maße in den Prozeß der „Verzeitlichung der kategorialen Bedeutungsgehalte" (Koselleck)[597] hineingezogen, in welchem sich mit dem Aufkommen des biologischen Evolutionsbegriffes 'Natur' und 'Geschichte' anzunähern schienen und damit die der Beschreibung der beiden Bereiche dienenden Termini austauschbar wurden. Die Grenzen zwischen den „natürlichen" und den „historischen" Aspekten des politischen und sozialen Prozesses wurden — etwa in den Kategorien der „Entwicklung", des „Gesetzes" und der „Notwendigkeit" — fließend, und das bedeutete für das Verständnis von 'Macht' und 'Gewalt', daß aus einer Zweck-Mittel-Relation zwischen beiden zunehmend die Reduktion der 'Macht' auf das natürliche und quantifizierbare Gewaltpotential wurde. MAO TSE-TUNG: *Die politische Macht kommt aus den Gewehrläufen*[598].

Die Gründung gesellschaftlicher und staatlicher Macht auf physischen Zwang, weshalb der Staat in Anlehnung an Kant häufig *Zwangsanstalt* genannt wurde[599], hat BUCHHOLZ zu Beginn des Jahrhunderts durch die — wie er sich ausdrückte — „realistische" Einsicht erklärt, daß *durch ein ewiges Naturgesetz das Moralische an das Physische* geknüpft sei. Für ihn war der *Antagonismus des Selbsterhaltungs- und des Geselligkeitstriebes die natürliche Basis der moralischen Welt*[600]. Daraus und aus dem von ihm *Geschichtsgesetz* genannten Faktum der *fortdauernden Entwicklung* leitete er die Gründung des Staates auf der *koerzitiven Macht* ab. Er sah in der Theologie des Gottesgnadentums eine veraltete Ideologie *(= symbolisches Naturrecht)*, welche *die Schrecklichkeit der Macht vermindert*[601]. Eine *richtige Beurteilung der Dinge* lasse erkennen, daß *die unumschränkte Macht . . . da, wo sie stattfand, niemals nachteilig wirkte*[602]. *Der allerwesentlichste Bestandteil einer Regierung ist die Macht, womit sie wirkt. Diese schwächen, heißt das ganze Regierungsgeschäft verkehren*[603].

In den dreißiger Jahren wurde — zum Teil unter dem Einfluß Hegels — der dynamische Charakter der natürlichen Machtentwicklung der Staaten und des gesellschaftlichen „Lebens" betont. HEINRICH LEO unterschied in seiner „Naturlehre

---

[595] Zwei Beispiele: NIKLAS LUHMANN, Klassische Theorie der Macht. Kritik ihrer Prämissen, Zs. f. Politik NF 16 (1969), 149 ff.; HANNAH ARENDT, Macht und Gewalt (München 1970).

[596] Zum Begriff der „Sattelzeit" → Einleitung, Bd. 1, XV.

[597] Ebd., XVI f.

[598] MAO TSE-TUNG, zit. THEODOR SCHIEDER, Art. Revolution, SDG Bd. 5 (1972), 715.

[599] z. B. KARL HEINRICH HEYDENREICH, Versuch über die Heiligkeit des Staats und die Moralität der Revolution (Leipzig 1794), 35 und FICHTE (s. Anm. 496). Instrumental ist schon früher von der *Zwangsgewalt* die Rede, etwa bei SCHEIDEMANTEL (1782), → Bund, Bd. 1, 634.

[600] [BUCHHOLZ], Gravitazionsgesetz (s. Anm. 557), III f. 13 u. passim.

[601] Ebd., 129. 257 ff.; [ders.], Leviathan (s. Anm. 550), 19 f. 22.

[602] Ebd., 48 f.

[603] Ebd., 119 f.

g) 'Macht' und 'Gewalt' als natürliche Kräfte

des Staates" (1833) *Elementarstaaten ... auf dem mechanischen Elemente*, in denen die *sinnliche Gewalt* und der *physische Zwang* das ausschlaggebende *politische Element* sind, auf das sich *in letzter Instanz* alle anderen sinnlichen Gewalten, wie etwa der Hunger, reduzieren, von den *systematischen Staaten ...*, *wo alle Stände und Stämme ... ein organisch zusammengehörendes System von Verhältnissen bilden* und in denen es auf der Grundlage eines *Gewaltzustandes* durch förmlichen Vertrag oder durch Gewohnheit zur Begründung einer Rechtsordnung gekommen ist[604]. BAADER kennzeichnete in einer 1834 veröffentlichten Abhandlung[605] eine Revolution als die *usurpierte sociale Macht oder puissance und als eine abnorme monstrosische Evolution oder Geburt des Lebens* und knüpfte daran die Lehre, daß *jedes ins Leben getretene Institut ..., welches, zu einer gewissen puissance geworden, sich als solche nur dadurch in Bestand erhält, daß es in der Zeit fortschreitend sich des Veraltens oder Verkommens in derselben erwehrt*[606]. Blieb die naturale Begründung der „Macht" zunächst — in pointierter Abkehr von der „natur"-rechtlichen Tradition der Aufklärung und der Französischen Revolution — auf das konservative Denken beschränkt, so setzte es sich seit der Jahrhundertmitte auch bei manchen Vertretern des nationalen Liberalismus in dem Maße durch, als der durch das Scheitern der bürgerlichen Revolution geweckte Fatalismus-Bedarf mit der Historisierung des Naturbegriffes zusammentraf. In dem vielzitierten Satz DAHLMANNS aus der Paulskirche, wonach die *Bahn der Macht die einzige* sei, *die den gärenden Freiheitstrieb befriedigen und sättigen wird*[607], wurde 'Macht' noch instrumental auf das politische Ziel der Freiheit ausgerichtet. Der Umschlag zeigte sich in ROCHAUS Wendung zur „Realpolitik" (1853). Das erste Kapitel der Schrift trägt den Titel „Das dynamische Grundgesetz des Staatswesens". Er postulierte, *daß das Gesetz der Stärke über das Staatsleben eine ähnliche Herrschaft ausübt wie das Gesetz der Schwere über die Körperwelt*. Er kritisierte die neuere Staatswissenschaft, daß sie zwar die falsche Auffassung vom *Recht des Stärkeren* aufgegeben, damit aber auch die *wirkliche Macht des Stärkeren und die Notwendigkeit ihrer staatlichen Geltung* verkannt habe[608]. Die *Staatskraft* (= Staatsmacht) bestand für Rochau aus der *Summe der gesellschaftlichen Kräfte, welche der Staat sich einverleibt hat*[609].
Die sich hier aussprechende Vorstellung von staatlicher und gesellschaftlicher

---

[604] LEO, Naturlehre (s. Anm. 524), 44. 46. 151 ff.
[605] F. v. BAADER, Ueber den Evolutionismus und Revolutionismus oder die positive und negative Evolution des Lebens überhaupt und des socialen Lebens insbesondere (1834), SW Bd. 6 (1854), 75 ff.
[606] Ebd., 75 u. Anm. — GÖRRES hat übrigens schon 1819 in seiner Schrift „Teutschland und die Revolution" letztere mit ähnlichen naturalen Kategorien beschrieben, wahrscheinlich unter dem Einfluß Schellings; K.-G.FABER, Görres, Weitzel und die Revolution (1819), Hist. Zs. 194 (1962), 37 ff. mit Belegen.
[607] DAHLMANN am 22. 1. 1849 in der Frankfurter Nationalversammlung, Sten. Ber. Dt. Nationalvers., Bd. 7 (1848), 4821.
[608] [ROCHAU], Realpolitik, 25.
[609] Ebd., 27. Zur gleichen Zeit meinte der 1848er Demokrat GUSTAV DIEZEL in seiner anonym erschienenen Schrift: Deutschland und die abendländische Civilisation. Zur Läuterung unserer politischen und socialen Begriffe (Stuttgart 1852), 60: *Die Macht des absolutistischen Prinzips ist gleich der Summe der von ihm konfiszierten Freiheiten.*

Macht erfuhr in den sechziger Jahren durch das wissenschaftliche Werk Darwins und durch die machtpolitische Lösung der deutschen Frage eine doppelte Bestätigung[610]. Aus der Fülle der Belege, die diesen Wandel des politischen Denkstils mit oder ohne Beeinflussung durch die politische Philosophie oder die Evolutionstheorie dokumentieren, seien nur einige krasse Beispiele aufgeführt. JULIUS FRÖBEL schrieb 1864: *Die wahre Legitimität beruht auf der zureichenden Macht. Ihr Recht ist das Recht der übermächtigen Tatsache, das göttliche Recht des Schicksals*[611]. Aus dem Verfassungskonflikt (1862) ist die Feststellung ROONS zu nennen: *Wenn ich die Geschichte mit Nutzen gelesen habe, so ist der Hauptinhalt der Geschichte nichts andres als der Kampf um Macht und Machterweiterung ..., sowohl zwischen den einzelnen Staaten als innerhalb der einzelnen Staaten zwischen gesetzlichen, zur Macht berechtigten Faktoren*[612]. In den „Jahrbüchern für Gesellschafts- und Staatswissenschaften" hieß es 1866: *An die Stelle philosophischer Spekulation* sei *die strenge Rechnung mit den mathematischen Größen* getreten. *Die Größen, mit welchen die Politik rechnet, sind Machtverhältnisse*[613]. Ein anderer Autor berief sich darauf, daß in der Weltgeschichte *Naturgesetze die größten Triebfedern der Bewegung* seien. Der Krieg sei eine *Naturforderung* beider Staaten gewesen: *Wenn wir eben nicht den Drang nach Vergrößerung, nach Arrondierung, nach Macht, nach Wiedererwerb des verlorenen Gutes für ein Naturrecht des Völkerlebens ansähen, bedingt durch das naturgemäße Wachstum der Völker und Staaten, so müßten wir ein deutliches Pfui aussprechen. So ist es aber in der ganzen Welt. Ein Tier ist da zur Vernichtung des anderen, ein Volk, ein Staat verdrängt den anderen*[614].

3. Die Skala der parteilichen Auffassungen von 'Macht' und 'Gewalt'

a) **Die politische Romantik.** Der Versuch der politischen Romantik — in Deutschland vor allem repräsentiert von Friedrich Schlegel, Adam Müller und Franz von Baader —, durch den Rückgriff auf Elemente der christlichen Theologie zu einer grundsätzlichen Neubestimmung des Verhältnisses von 'Macht' und 'Gewalt' zu kommen, richtete sich gleichermaßen gegen die „natürliche", d. h. profane Begründung des absolutistischen und gegen diejenige des revolutionären Staates und hatte defensiven Charakter. Um mit FRIEDRICH SCHLEGEL zu sprechen (1805): *Daß die geistliche Macht wieder eine Macht werde, ist nicht zu hoffen, daher muß die weltliche*

---

[610] Belege für den frühen Sozialdarwinismus der sechziger Jahre bei FABER, Realpolitik als Ideologie, 22 ff.

[611] J. FRÖBEL, Theorie der Politik, Bd. 2 (Wien 1864), 84 f. 86. Fröbel wird für das Jahr 1859 der Satz zugeschrieben: *Die deutsche Nation ist der Prinzipien und Doktrinen, der literarischen Größe und theoretischen Existenz satt. Was sie verlangt ist Macht, Macht — Macht! Und wer ihr Macht gibt, dem wird sie Ehre geben, mehr Ehre, als er sich ausdenken kann;* zit. WILHELM SCHÜSSLER, Königgrätz 1866. Bismarcks tragische Trennung von Österreich (München 1958), 11.

[612] ALBRECHT GRAF V. ROON, Im preußischen Abgeordnetenhaus am 12. 9. 1862. Kriegsminister von Roon als Redner, hg. v. WALDEMAR GRAF V. ROON, Bd. 1 (Breslau 1895), 234.

[613] Politische Plänkeleien, Jbb. f. Ges.- u. Staatswiss. 3 (1866), Bd. 6, H. 2, 101.

[614] Die Annexionen und der Norddeutsche Bund. Vom Verfasser der Rundschauen [d. i. ERNST LUDWIG V. GERLACH] (Cammin 1867), 7. 28 f.

a) Romantik

Macht geistlich gemacht werden (durch eine geheime Gesellschaft)[615]. Der Versuch verband sich mit der Rezeption der französischen Restaurationsphilosophie, hier besonders Bonalds, dessen „Théorie du pouvoir" in Heidelberg verfaßt worden war und schon 1796 erschien[616].
Vier Annahmen bestimmten das Machtverständnis der politischen Romantik: erstens die Unterscheidung der 'Macht', die mit dem älteren Begriff der 'Autorität' umschrieben wurde, von der physischen 'Gewalt'; zweitens die Fundierung der Macht im Glauben bzw. in Gott; drittens die instrumentale Zuordnung der Zwangsgewalt auf die Macht; viertens — gewissermaßen als Negativ — Machtzerfall oder/und Terror als Folge der Konfundierung des geistig-theologischen Machtbegriffs mit dem physisch-materialistischen Gewaltbegriff. Es ist auffallend, daß BAADER, um den Unterschied zwischen 'Macht' und 'Gewalt' einsichtig zu machen, ausdrücklich auf den älteren lateinischen und den französischen Sprachgebrauch rekurrierte: *Es besteht aber die wahrhafte Stärke einer Regierung wie eines Volkes in ihrer geistigen (moralischen) und in ihrer physischen (materiellen) Stärke zugleich, welche beide sich zueinander verhalten wie die Macht (als Potestas, Puissance oder Autorität) zur Gewalt (vis, force), wie der Wille zur Muskelkraft*[617]. 'Macht' als 'potestas' wurde von Baader begriffen als *Autorität des Wortes als Geistes*, wobei er ausdrücklich den *christlichen Begriff des Wortes als der Macht (potestas)* von der Ableitung der 'Autorität' aus der 'Natur' durch *unsere soi disants Naturphilosophen* absetzte[618]. SCHLEGEL gründete *die große Macht und Gewalt des einzelnen über die gesamte Menge* auf den *Glauben, der dem Staat die wirkliche reelle Macht gibt*[619]. Auch daß die von Gott eingesetzte 'Macht' (potestas), wie BAADER unter Berufung auf den Apostel Paulus feststellte, *Regiment oder Machtamt* und nicht *Machthaber* oder willkürliche *Eigenmacht* sei, ist christliches Gedankengut[620]. Der defensive Charakter dieses Machtbegriffs wird vollends deutlich, wenn Baader, offenbar in Anlehnung an den alten Begriff der *societas civilis*[621], in der *politischen Gesellschaft ... die Autorität als Macht* sah[622].

---

[615] F. SCHLEGEL, Zur Philosophie (1805), SW Bd. 19 (1971), 139.
[616] SPAEMANN, Bonald (s. Anm. 522). Auf den Nachweis des Einflusses im einzelnen muß verzichtet werden. Die „Théorie du pouvoir" in: BONALD, Oeuvres compl., t. 1. (Paris 1864).
[617] BAADER, Zeitschrift Avenir (s. Anm. 532), 36. Ähnlich ders., Vom Segen und Fluch der Creatur. Drei Sendschreiben an Herrn Professor Görres (1826), SW Bd. 7 (1854), 110: *Wenn man das Wort die Macht der Dinge nennt, so versteht man unter Macht die potestas (pouvoir) oder das über dem exekutiven Vermögen (Force) Stehende, selbes Bestimmende, ihm Richtung Gebende ... Den Neueren ist der Begriff der Autorität darum abhanden gekommen, weil sie überall die geistige Macht (pouvoir) mit der physischen Gewalt (force) vermengten.*
[618] Ders., Zeitschrift Avenir, 37. Bei STAHL heißt es; Die Philosophie des Rechts, 2. Aufl., Bd. 2 (Heidelberg 1847), 224: *Das göttliche Recht (Vollmacht) ... bedeutet, daß die Autorität, kraft der der König herrscht, ... von Gott ist.*
[619] F. SCHLEGEL, Philosophische Vorlesungen (1804/06) (s. Anm. 530), 122.
[620] F. v. BAADER, Omnis potestas a Deo. Socialphilosophische Aphorismen aus verschiedenen Zeitblättern, SW Bd. 5 (1854), 343; ders., Ueber den Begriff der Autorität, ebd., 298.
[621] → Gesellschaft, bürgerliche, Bd. 2, 754 f. u. passim.
[622] BAADER, Begriff der Autorität, 297.

Die Verbindung von geistiger Macht (potestas) und physischem Zwang (vis) in der wahren souveränen Macht (Autorität) wurde von den politischen Romantikern als ein Zweck-Mittel-Verhältnis angesehen, in welchem die physische Macht der Autorität *als selbstloses Werkzeug dient und folgt in den Dienenden oder Gehorchenden*[623]. Wenn *dieser Zusammenhang der physischen mit der moralischen Macht in der Sozietät zerfällt*, dann entstehe, so BAADER und ADAM MÜLLER[624], Despotismus und/oder Revolution: *Die Irreligiosität jedes Absolutismus*[625]. Es ist das Resultat dieser *Verkehrung der Begriffe*, daß *in unserer aufgeklärten Zeit ... die Insurrektion als solche als puissance suprême respektiert* und *der Enthusiasmus des Verbrechens zum souveraine wird*[626].

b) **Metaphysik der Macht im patrimonialen Konservatismus Karl Ludwig von Hallers.** HALLERS Metaphysik der Macht stimmt mit dem Machtverständnis der politischen Romantik insofern überein, als sie sich als eine christliche Lehre verstand und in entschiedener Opposition — in einem *heiligen Krieg*[627] — gegen den Geist des revolutionären Systems sah. Haller machte das Vordringen eines neuen Vokabulars für *die allgemeine Verwirrung der Begriffe* verantwortlich: *Statt des alten kraftvollen und herzlichen, vom Gefühl eigenen und fremden Rechts beseelten hausväterlichen oder grundherrlichen Sprachgebrauchs, hörte man seit den drei letzten Dezennien des 18ten Jahrhunderts, ..., immer mehr von bürgerlichen Vereinigungen, von übertragener Volksgewalt, von gesetzgebender und vollziehender Macht, von Staats-Dienern oder öffentlichen Beamten, Staats-Finanzen, Staats-Gütern, Staats- oder gar von Menschheits-Zwecken, von Staats-Bürgern, Staats-Organisationen, Regenten-Pflichten, Volks-Rechten usw. sprechen*[628]. Ein wesentlicher Unterschied zur politischen Romantik bestand aber darin, daß Haller zwischen dem letzten Grund der Macht, Gott[629], und dieser selbst ihre Herleitung aus der Natur und dem Privatrecht einschob und seiner Lehre damit einen wissenschaftlichen Unterbau zu geben versuchte, weshalb er sie auch als *die wahre Gegen-Revolution der Wissenschaft* qualifizierte[630].

Die Kernfragen, die Haller beschäftigten, waren erstens, ob 'Herrschaft' auf eigener oder delegierter Macht beruhen müsse[631], zweitens das Problem des tatsächlichen und rechtlichen Ursprungs von Macht, drittens die Kriterien für eine Differenzierung

---

[623] Ebd.; vgl. MÜLLER, Machiavelli, 53 f.: *Die bloße physische Macht an der Spitze der Völker taugt nicht, weil sie unvollständige Macht ist ...; die bloße geistige Macht taugt aus demselbigen Grunde ebensowenig.*

[624] BAADER, Begriff der Autorität, 297; vgl. MÜLLER, Machiavelli, 53: *Aber man verwechsle nicht Despotismus mit Macht.*

[625] BAADER, Evolutionismus (s. Anm. 605), 86.

[626] Ders., Audiatur et altera Pars. Socialphilosophische Aphorismen (s. Anm. 620), 304 f.

[627] HALLER, Restauration, 2. Aufl., Bd. 1 (s. Anm. 583), LXXVII.

[628] Ebd., 224 f.

[629] Ebd., LXXI.

[630] Ebd., XLIX.

[631] Ebd., XLVII. Haller hat bewußt den Terminus 'Herrschaft' zur Kennzeichnung der Machtverhältnisse überhaupt gebraucht, um auf diese Weise die von ihm abgelehnte Unterscheidung zwischen privater und öffentlicher 'Macht' (= „Staat") zu umgehen.

b) Patrimonialer Konservatismus: Haller

der verschiedenen Machtverhältnisse und viertens die Unterscheidung zwischen 'natürlicher Macht' und 'schädlicher Gewalt' und die sich daraus ergebende Frage nach dem Widerstandsrecht. Da einerseits alle Herrschaft sich auf das *allgemeine Naturgesetz, daß der Mächtigere herrsche*, gründet, da anderseits aus der natürlichen Macht Unabhängigkeit und Eigentum — mit den Worten Hallers: *Rechte* und *Glücksgüter* — resultieren[632], besteht jede Herrschaft, auch diejenige des Fürsten, *aus erworbenen Privatrechten, mit anderen Worten aus Freiheit und Eigentum*[633]. *Die Souverainität oder Majestät* — die im Deutschen besser *Großmächtigkeit* genannt werden sollte — sei nichts als *eine Gabe der Natur und der Umstände, eine natürliche Folge der absoluten oder relativen eigenen Macht, die niemanden weiter zu dienen braucht, mithin ein Glücksgut*[634]. Die Auffassung von der 'Macht' als Eigentum erklärt Hallers offenbar gegen liberale Vorbehalte gerichtete Feststellung, daß der Mißbrauch der Macht *nicht in dem Besitz der Macht selbst, sondern nur in der Art der Ausübung besteht*[635].

Aus der Gründung aller Herrschaft auf den natürlichen Machtverhältnissen ergab sich für Haller zwingend der Schluß, daß sich *die Staaten ... von anderen sogenannten privatgeselligen Verhältnissen bloß durch die Unabhängigkeit des herrschenden Subjekts, durch höhere Macht und Freiheit*, also nur graduell unterscheiden: *Macht und Überlegenheit, Herrschaft und Dienstbarkeit, Freiheit und Abhängigkeit sind nämlich relative Begriffe, sie zeigen nicht ein Ding an sich, sondern nur ein Verhältnis zu etwas anderem an*[636]. Haller berief sich auf den *gemeinen Sprachgebrauch*, der, im Unterschied von *all unserer sogenannt wissenschaftlichen Terminologie, ... einen Fürsten lediglich einen großen Herrn* nennt, der von anderen Herren *nur durch mehrere Macht oder dadurch unterschieden sei, daß er keinem Höheren dient*[637].

Haller unterschied schließlich die *natürliche Macht oder Überlegenheit (potentia) von der schädlichen* — d. h. mißbräuchlichen — *Gewalt (vis)*[638]. Mißbrauch bestand für ihn — wiederum in privatrechtlicher Argumentation — darin: *aus seinem eigenen, natürlichen oder erworbenen Befugnis herauszutreten, in das Gebiet anderer gewalttätig einzugreifen*[639]. Um diese aus dem Naturgesetz der Macht nicht ableitbare Unterscheidung zu begründen, war Haller freilich gezwungen, als *Schranke aller Macht* ein *allgemeines Pflichtgesetz* einzuführen. Es lautet: *Meide Böses und tue Gutes*[640]. Unter Berufung auf die sonst so scharf von ihm attackierten Hobbes und Kant lehnte Haller jeden Widerstand und jede menschliche Einrichtung gegen den Mißbrauch der höchsten Gewalt als einen Widerspruch in sich selbst ab und deckte

---

[632] Ebd., 355 *(Naturgesetz)*. 387 *(Rechte und Glücksgüter)*.
[633] Ebd., Bd. 2 (1820), 61 f.
[634] Ebd., Bd. 1, 482 f. 483, Anm. 2.
[635] Ebd., Bd. 4 (1822), 249.
[636] Ebd., Bd. 1, 444. 447.
[637] Ebd., 455 f.; vgl. auch seine Abteilungen 'Herr' aus 'dem Höheren' und 'Fürst' aus 'First' (= „oberster Teil des Daches"), ebd., 458 f.
[638] Ebd., 388.
[639] Ebd., 408.
[640] Ebd., 388. 397.

damit die Aporie zwischen seiner naturalen Machttheorie und der Annahme eines „Pflichtgesetzes" auf[641].

c) Die liberale Lehre von der Staatsgewalt. Die Diskussion der beiden Begriffe 'Macht' und 'Gewalt' in den Schriften des deutschen Frühliberalismus fand auf dem Hintergrund eines doppelten — dogmen- und zeitgeschichtlichen — Erfahrungshorizontes statt: auf der einen Seite die janusköpfige Tradition des Aufgeklärten Absolutismus mit den Ansätzen zur Rechtsstaatlichkeit, zugleich aber mit der schroffen Behauptung der souveränen Fürstenmacht; auf der anderen Seite die verfassungspolitische Tradition Englands und Frankreichs von der Revolution bis zur „Charte constitutionelle" (1814), die zu einem großen Teil durch die Schriften Benjamin Constants nach Deutschland vermittelt wurde[642]. Beide Traditionen besaßen im politischen Leben des Vormärz Aktualität: die erstere durch die staatsrechtliche Geltung des monarchischen Prinzips, wonach in den Staaten des Deutschen Bundes *die gesamte Staatsgewalt in dem Oberhaupte ... vereinigt bleiben* müsse und der Souverän *durch eine landständische Verfassung nur in der Ausübung bestimmter Rechte an die Mitwirkung der Stände gebunden werden* könne (1820)[643]; die letztere durch die einzelstaatlichen Verfassungen, die das Material für die konstitutionelle Staatslehre lieferten. Dieser Kontext, der durch das Erbe des Naturrechts verstärkt wurde, ist dafür verantwortlich, daß 'Macht' und 'Gewalt' die deutschen Frühliberalen fast ausschließlich als staats- und verfassungspolitische Kategorien in weitgehender Beschränkung auf die Innenpolitik beschäftigten.

Eine liberale Interpretation der naturrechtlichen Begründung der obersten Staatsgewalt setzte in Deutschland noch vor der Jahrhundertwende in den Schriften einiger Kantianer ein, die das Problem des Verhältnisses von Staatsgewalt und Recht und — damit zusammenhängend — des Widerstandsrechtes in Auseinandersetzung mit Hobbes und Kant behandelten. Die nicht sonderlich originelle und begriffsgeschichtlich wenig ergiebige Grundlinie der Argumentation ist der vertragliche Ursprung des Staates als „Zwangsanstalt" zum Schutz der Sicherheit und der Freiheit der Bürger, die Begrenzung der souveränen Gewalt durch den Staatszweck und eine bedingte Anerkennung eines Widerstandsrechtes[644]. HEYDENREICH formulierte 1794: *Die moralische Anordnung einer unwiderstehlichen Gewalt ist ... die Basis des Staats*, und fügte hinzu, daß der Mensch keine Gewalt üben und sich keiner Gewalt unterwerfen dürfe als einer solchen, *die die Behauptung der Freiheit und Sicherheit zum Zweck hat*[645]. FEUERBACH ging es in seinem „Anti-Hobbes" (1797)

---

[641] Ebd., 436. Vgl. etwa ebd., 43: Hobbes *ist und bleibet, durch sein Principium, der Ahnvater aller Jakobiner, aller revolutionärer Irrtümer, wiewohl dieses nicht seine Absicht war.*

[642] GALL, Constant (s. Anm. 534). Allerdings wurde gerade Constants Lehre vom konstitutionellen Monarchen als *pouvoir neutre* in Deutschland nicht rezipiert; ebd., 158 ff.

[643] Die Wiener Schlußakte (1820), ZEUMER, Quellensammlung (s. Anm. 134), 550 f., Nr. 219. Zum monarchischen Prinzip s. ERNST RUDOLF HUBER, Deutsche Verfassungsgeschichte seit 1789, Bd. 1 (Stuttgart 1957), 640 ff.

[644] MICHAEL STOLLEIS, Staatsraison, Recht und Moral in philosophischen Texten des späten 18. Jahrhunderts (Meisenheim 1972).

[645] HEYDENREICH, Versuch (s. Anm. 599), 35.

c) Liberale Lehre von der Staatsgewalt

um die *Grenzen der höchsten Gewalt und das Zwangsrecht der Bürger gegen den Oberherrn*[646]. Er habe die Pflicht, die aus dem Zweck der bürgerlichen Gesellschaft resultierenden Regierungsrechte — Feuerbach führte sie als *potestates* auf[647] — *mit physischer Gewalt zu behaupten und dem Staatszweck durch die physische Macht der Gesellschaft Kraft und Nachdruck zu erteilen*[648]. In der Frage des Widerstandsrechtes — der *Gewalt der Untertanen gegen ihren Regenten* — differenzierte er zwischen dem Widerstand gegen eine Verletzung des Staatszweckes und einem solchen gegen unrechtmäßige Handlungen des Regenten als Privatperson[649].

Es ist bemerkenswert, daß das Problem der Beschränkung der Staatsgewalt in den liberalen Schriften nach 1815 — trotz der Bekanntschaft mit den einschlägigen Schriften Constants — nur selten unter dem naheliegenden Aspekt der Gewaltenteilung[650], sondern weiterhin primär als eine Rechtsfrage erörtert wurde, so daß der Begrifflichkeit von 'Macht' und 'Gewalt' so gut wie keine neuen Bedeutungsgehalte zuwuchsen. ARETIN versuchte 1824 in seinem „Staatsrecht der constitutionellen Monarchie" das monarchische Prinzip mit der Feststellung zu begründen, daß die Staatsgewalt nicht getrennt werden könne, *denn Gewalt heißt Wille, verbunden mit Macht ... Daher gibt es nur eine Staatsgewalt, die nicht geteilt, nicht durch eine andere Gewalt im Gleichgewicht erhalten, wohl aber beschränkt werden kann, so wie der Ozean nicht von einem anderen Ozean im Gleichgewicht erhalten, sondern vom Ufer beschränkt wird*[651]. Vielfach half man sich damit, daß man zwischen der unteilbaren Staatsgewalt und — wie etwa KRUG — dem *Inhaber und Darsteller der höchsten Gewalt* im Staate unterschied, der *Repräsentant der Rechtsidee* sei[652].

Am stärksten hat sich unter den frühen Liberalen ROTTECK um eine Abgrenzung der willkürlichen von der rechtmäßigen Staatsgewalt bemüht, zugleich um deren Beschränkung auf die Rechts- und Freiheitssicherung, weshalb er vom *Rechtsstaat* sprach[653]. Abgesehen von dem Gebrauch des Terminus *Staatsgewalt* erscheinen allerdings die Ausdrücke 'Gewalt' und 'Macht' bei Rotteck fast ausschließlich zur Kennzeichnung der Willkürherrschaft des Absolutismus, wobei er die neuzeitliche Tendenz, *die Staatsgewalt absolut zu machen oder den, als Zeichen einer herannahenden*

---

[646] FEUERBACH, Anti-Hobbes (s. Anm. 515), Untertitel.
[647] Ebd., 29 f. Dabei ist aber noch nicht von Gewaltenteilung die Rede!
[648] Ebd., 194 f.
[649] Ebd., 290.
[650] → Gewaltenteilung, Bd. 2, bes. 942 ff. Wichtige Ausnahme: CARL THEODOR WELCKER, Art. Cabinets-Justiz., ROTTECK/WELCKER Bd. 3 (1836), 166, besonders unter Hinweis auf die Vereinigten Staaten von Nordamerika, wo die Gewaltenteilung *eine vorher in der Weltgeschichte beispiellose Freiheit und zunehmende Blüte und Macht des Staates* bewirkt habe. Die Diskussion bleibt im folgenden weitgehend ausgeklammert.
[651] JOH. CHRISTOPH V. ARETIN, Staatsrecht der constitutionellen Monarchie, Bd. 1 (Altenburg 1824), 88 f. unter Berufung auf Montesquieu.
[652] KRUG, Handbuch der Philosophie (s. Anm. 519), 194 f. (steht offenbar unter dem Einfluß von Klüber).
[653] ROTTECK im Vorwort zu ROTTECK/WELCKER Bd. 1 (1834), IX. Im Art. „Anarchie" unterschied er zwischen einer *natürlichen* (vorstaatlichen) *Gesellschaftsgewalt*, die freilich historisch sehr wenig vorkomme, und der *positiv eingesetzten Staatsgewalt*, deren beider Abwesenheit das Kennzeichen von Anarchie sei (ebd., 547).

neuen Zeit sich hie und da besorglich erhebenden Volksgeist, durch Machtgebote niederzu halten, besonders hervorhob[654]. Es ist in diesem Zusammenhang pejorativ von *Machthabern*, von der *übermäßig erhöhten Regierungsmacht*, von der *Koalition der Mächte* des Adels und des Klerus die Rede, die in der Französischen Revolution die *Pöbelmacht und Schreckensherrschaft* hervorgerufen habe, schließlich von der sich nach 1830 *entwickelnden Politik der absolutistischen Mächte der Reactionspartei in allen Ländern*, die nur noch mit Ausnahmegesetzen — *Gewaltdiktate* — regierten[655]. FRIEDRICH MURHARD kam zu dem Schluß: *Jeder Gewaltabsolutismus ist von der Vernunft verdammlich, mag er von vielen oder von einem geübt werden*[656].

Wurde die Unterordnung der Staatsgewalt unter das Recht[657] vor 1848, zumindest für die innerstaatliche Sphäre, kaum in Frage gestellt, so begann man auch in liberalen Kreisen in dem Maße, in dem seit etwa 1830 neben der Freiheit die deutsche Einheit zum Programm erhoben wurde, erneut auf die Macht zu reflektieren. DAVID HANSEMANN erklärte im Dezember 1830 in einer an den preußischen König gerichteten Denkschrift: *Preußen kann keinen anderen endlichen Zweck haben als den, selbständig durch eigene Macht zu sein*, und suchte Friedrich Wilhelm III. für seine Verfassungsvorschläge mit dem Argument zu gewinnen: *Die Macht des Königs kann übrigens gar nicht anders als identisch mit der Wohlfahrt und der Macht des Staates gedacht werden ... Der unbeschränkteste König ist deshalb durch seinen eigenen Willen, den Staat zu Wohlfahrt und Macht zu bringen oder darin zu erhalten, beschränkt*[658]. PFIZER forderte 1832 den süddeutschen Liberalismus auf, im Interesse einer deutschen Einigung den mächtigeren deutschen Staaten und Regierungen den Vorzug zu geben, *weil Recht und Macht verschiedene Dinge sind, und weil auf Erden stets die Macht dem Rechte, soll sie ihm nicht feindselig gegenübertreten, ergänzend sich verbünden muß*[659]. Es war die Erfahrung der Machtlosigkeit der Nationalversammlung, die eine weitere Höherbewertung der Macht einleitete. So hat SCHEIDLER 1857 in seinem großen Artikel „Gewalt" im Ersch/Gruber an der Zweckbestimmung der *Staatsgewalt* zum Schutze des Rechts und des Wohlseins der Bürger festgehalten und als Ergebnis der Staatswissenschaft dargelegt, daß das Wort 'Gewalt', das früher *der kontradiktorische Gegensatz von Recht* war, zu einem Synonym desselben geworden sei. Zugleich begründete er aber seine Forderung, daß eine Regierung *Macht* haben müsse, um den Anordnungen ihrer *Gewalt* Gehorsam zu verschaffen, mit dem Hinweis auf das *klägliche Fiasko* der Märzrevolution, das darin bestand, daß *der Träger der Zentral- oder Reichsgewalt — ein Johann ohne Land! — nicht*

---

[654] Ebd., XII f.
[655] Ebd., III. XIV f. XVIII f.
[656] FRIEDRICH MURHARD, Art. Absolutismus, ROTTECK/WELCKER, Bd. 1, 160.
[657] Vgl. ROTTECKS Ablehnung der Rechtsprechung als dritter Gewalt: *Denn dem Rechte muß die Staatsgewalt nur dienen, keineswegs mit Machtvollkommenheit es aussprechen. Die richterliche Gewalt ist also ein Unding;* Lehrbuch des Vernunftrechts und der Staatswissenschaften, 2. Aufl., Bd. 2 (Stuttgart 1830), 206.
[658] D. HANSEMANN, Denkschrift „Preußens Lage und Politik am Ende des Jahres 1830", 31. 12. 1830, in: Rheinische Briefe und Akten zur Geschichte der politischen Bewegung 1830—1850, hg. v. JOSEPH HANSEN, Bd. 1 (Essen 1919; Ndr. Osnabrück 1967), 35. 74.
[659] PFIZER, Gedanken (s. Anm. 585), 347. 349.

d) Vom demokratischen zum sozialistischen Gewaltverständnis

über eine Zentralmacht zu verfügen hatte[660]. Diese Einsicht ging, wie bereits gezeigt, nicht spurlos am liberalen Verständnis des Verhältnisses von 'Macht' und 'Recht' vorbei. ROCHAU, der sich selbst als ein Liberaler verstand, schrieb im Oktober 1866 unter dem Titel „Recht und Macht": *Mit dem Erfolge wird sich Preußen ein unermeßliches Verdienst um die Sache der Nation erworben und dem öffentlichen Recht Europas eine unerschütterliche Grundlage geschaffen haben ... Denn der Erfolg ist der Urteilsspruch der Geschichte, des „Weltgerichts", der höchsten Instanz, von der es keine Appellation in menschlichen Dingen gibt*[661]. Die damit vollzogene Umkehrung des Verhältnisses von 'Macht' und 'Recht' fand in der zweiten Jahrhunderthälfte ihre Parallele in der Entstehung einer positivistischen Rechtslehre, die die Rückführung der Staatsgewalt auf ein vorstaatliches Recht als ein juristisches Unding ablehnte. GEORG JELLINEKS Lehre von der *normativen Kraft des Faktischen* ist kennzeichnend für den angesprochenen Wandel[662].

d) **Vom demokratischen zum sozialistischen Gewaltverständnis.** „Links" vom Liberalismus entstand seit den dreißiger Jahren der demokratische Radikalismus. Die prinzipielle Kritik am Bestehenden und der Entwurf von Alternativen zwang seine Vertreter zur Auseinandersetzung mit dem Problem der Gewalt. Die einschlägigen Äußerungen differieren, und zwar nicht so sehr in ihrem Resultat als in der Begründung. Das entsprach der doppelten ideologischen Ausprägung des bürgerlichen Radikalismus im Vormärz: zum einen als entschiedene Opposition zum Obrigkeitsstaat bürokratischer oder konstitutioneller Spielart, besonders nach 1830 in Südwestdeutschland; zum andern in der Form einer kritischen Revision der idealistischen Philosophie durch die Junghegelianer mit dem Ziel, die Legitimationsbasis der kirchlichen und staatlichen Autorität zu zerstören.

Solange das Fernziel des auf dem Prinzip der Volkssouveränität begründeten „freien Volksstaates" nicht erreicht war, standen sich für die südwestdeutschen Demokraten 'Recht' und 'Gewalt', verkörpert durch das Volk und die Fürsten oder die Regierungen, unversöhnlich gegenüber. In der von JAKOB SIEBENPFEIFFER verfaßten Einladung zum Hambacher Fest (1832) wurde das deutsche Volk zum *Kampfe für Abschüttelung innerer und äußerer Gewalt, für Erstrebung gesetzlicher Freiheit und deutscher Nationalwürde* aufgerufen, und in seiner Rede formulierte er lakonisch: *Die Natur der Herrschenden ist Unterdrückung, der Völker Streben ist Freiheit*[663]. J. G. A. WIRTH schilderte den Deutschen Bund als *System fürstlicher Alleinherrschaft und despotischer Gewalt*, dessen *Macht zu Ende gehen werde, sobald die öffentlichen Angelegenheiten ... nach dem Willen der Gesellschaft selbst und nach den Bedürfnissen des Volkes geleitet werden*[664]. Mit anderen Worten: die unter allen anderen

---

[660] SCHNEIDLER, Art. Gewalt (s. Anm. 106), 307.
[661] ROCHAU, Recht und Macht, Wochen-Bl. d. National-Vereins, 4. 10. 1866.
[662] GEORG JELLINEK, Allgemeine Staatslehre (Berlin 1900; Ndr. Bad Homburg 1960), 359. Zu diesem Wandel vgl. THOMAS WÜRTENBERGER, Die Legitimität staatlicher Herrschaft. Eine staatsrechtlich-politische Begriffsgeschichte (Berlin 1973); → Legalität, Legitimität.
[663] Zit. JOH. GEORG AUG. WIRTH, Das Nationalfest der Deutschen zu Hambach (Neustadt/Haardt 1832), 5. 39.
[664] Ebd., 42.

Staatsformen gegebene Bindung der Gewalt als Institution an Unrecht und Zwang wird in der Demokratie aufgehoben, weil hier Volk und Staat identisch sind. JULIUS FRÖBEL drückte dies 1847 so aus: daß die Souveränität der Gesamtheit der Individuen zugehört, *ist so sehr prinzipielle Wahrheit, daß eben darum der Staat immer nur so weit reicht, als die Souveränität gemeinsames Recht und gemeinsame Gewalt ist*[665]. Es ist aber bezeichnend für die ursprüngliche Nähe der süddeutschen Demokraten zum frühen Liberalismus mit seinem Dualismus von Volk und Regierung[666], daß sie trotz der postulierten Einheit beider in der Demokratie an der verfassungsmäßigen Begrenzung der Staatsgewalt festhielten; so WIRTH mit der Begründung: *Unter allen Gefahren, die der Freiheit drohen, ist keine größer, als ungebührliche Ausdehnung der inneren Macht der Regierungsgewalt*[667], und GUSTAV VON STRUVE, der 1847 sorgfältig zwischen der *Selbsttätigkeit des Volkes* und der *Staatsgewalt* unterscheidet[668].

Blieb der Gewaltbegriff in solchen Äußerungen auf traditionelle Weise im Spannungsfeld von Recht und Unrecht angesiedelt und auf den Staat bezogen, so ging der Radikalismus der Junghegelianer von einer Entzauberung und Anthropologisierung des theologisch-philosophischen und des politischen Machtbegriffs aus. Für LUDWIG FEUERBACH (1841) ist der Satz „Gott ist die Liebe" nur der Ausdruck *von der Selbstgewißheit des menschlichen Gemütes, von der Gewißheit seiner als der allein berechtigten, d. i. göttlichen Macht*. Entsprechend hat sich das „Gesetz" als *der höchste Begriff ... eines politischen Gemeinwesens, eines Volkes* in das *Bewußtsein des Gesetzes als einer absoluten, göttlichen Macht* verwandelt[669]. Die vom Himmel oder aus der Sphäre des „absoluten Geistes" in das menschliche Selbstbewußtsein zurückgeholte Macht sah ARNOLD RUGE zunächst noch im Protestantismus und im preußischen Staate repräsentiert[670]. Wenig später, als sich die in Preußen gesetzten Erwartungen nicht erfüllten, wurde sie zur *Macht der Philosophie*, die die *Freundschaft der Herrscher* nicht braucht[671]. In der Form der *Kritik*[672] und der *Öffentlich-*

---

[665] J. FRÖBEL, System der sozialen Politik, Bd. 2 (Mannheim 1847; Ndr. Aalen 1975), 8.
[666] JOHANN JACOBY, Vier Fragen, beantwortet von einem Ostpreußen (1841), Ges. Red. u. Schr., Bd. 1 (Hamburg 1872), 130: *Das ist das Gebrechen des teuern Vaterlandes: Beamtenallgewalt und Nichtigkeit seiner selbständigen Bürger.*
[667] J. G. A. WIRTH, Die politische Reform Deutschlands (Straßburg 1832), 5 f.
[668] GUSTAV V. STRUVE, Grundzüge der Staatswissenschaft, Bd. 1 (Mannheim 1847), 19; ebd., 66: *Das Volk ist der Gegenstand der Tätigkeit der Staatsgewalt.*
[669] L. FEUERBACH, Das Wesen des Christenthums (1841), SW 2. Aufl., Bd. 6 (Stuttgart 1903), 145.
[670] RUGE, Streckfuß und das Preußentum. Von einem Wirtemberger (1839), Ges. Schr., Bd. 3 (Mannheim 1846), 332 f.; ferner ders., Die Denunciation der Hallischen Jahrbücher, Hallische Jbb. f. deutsche Wissenschaft u. Kunst (1838), 1436 f.: *Niemand projektiert, niemand macht ... eine wirkliche Revolution, ... wenn sie eintritt, so ist diese Gewaltsamkeit der Entwicklung historisch notwendig. Wird nun aber die Entwicklung nicht aufgehalten und gehemmt, im Gegenteile, hat der Staat das reformierende Prinzip, wie Preußen, so gibt es keine Notwendigkeit, ja nicht einmal eine Möglichkeit der Revolution.*
[671] RUGE, Übersiedelung nach Sachsen (s. Anm. 545), 44 f.
[672] Vgl. EDGAR BAUER 1844: *Solange die Kritik eine kämpfende Macht ist, sind die Personen, welche sich in ihren Dienst stellen, gleichgültig;* zit. GUSTAV MAYER, Radikalismus, Sozialismus und bürgerliche Demokratie, hg. v. Hans-Ulrich Wehler (Frankfurt 1969), 58.

d) Vom demokratischen zum sozialistischen Gewaltverständnis

keit des Denkens[673] ist sie zukunftsorientiert. Es ist die *freie Macht der werdenden Geschichte*[674], die das Reich der Freiheit herbeiführt.

Eigentümlich unentschieden blieb bei vielen Vertretern des vormärzlichen Radikalismus die Frage nach der Rolle der Gewalt bei der Durchsetzung des politischen Zieles. Die Rechtfertigung der Revolution als wesentliches Moment des geschichtlichen Fortschritts wird in der Regel von einem Unbehagen über die mit ihr verbundene physische Gewalt begleitet, die nur als notwendiges Übel in Kauf genommen oder als Gegengewalt gegen die unrechtmäßige Gewaltübung der politischen Reaktion begründet wird. JAKOB VENEDEY leitete aus den neuzeitlichen Revolutionen die Lehre ab, daß die *Macht des Gesetzes* der Fels sei, *an dem sich die stärkste Willkür bricht,* und ließ Gewalt nur als Notwehr gegen die *offenbare, rechtlose Gewalt* zu[675]. DAVID FRIEDRICH STRAUSS meinte noch 1839, daß immer nur die Idee *in allem überhaupt allein Macht und Gewalt* besitze[676]. Bald gab RUGE zu, daß die Vernunft, um sich durchzusetzen, zur Gewalt werden müsse; aber: *Glücklich, wenn darüber die Gewalt nicht die Vernunft verliert!*[677] Die Vorliebe der Junghegelianer für den Terminus 'Macht', der eine Überlegenheit meint, die eben nicht in der rohen Gewalt, sondern in der gewaltlosen zwingenden Kraft des „Geistes", der „Theorie" oder der „Geschichte" besteht, findet in dem Mißtrauen gegenüber der bloßen Faktizität der Gewalt ihre Erklärung[678]. Erst Max Stirner und Marx gingen prinzipiell über das idealistische Machtverständnis hinaus; STIRNER mit der Feststellung: *Der theoretische Kampf kann nicht den Sieg vollenden, und die heilige Macht des Gedankens unterliegt der Gewalt des Egoismus,* woraus sich ergibt: *Wer die Gewalt hat, der hat — Recht*[679]; MARX in der Einleitung zur „Kritik der Hegelschen Rechtsphilosophie": *Die Waffe der Kritik kann allerdings die Kritik der Waffen nicht ersetzen, die materielle Gewalt muß gestürzt werden durch materielle Gewalt, allein auch die Theorie wird zur materiellen Gewalt, sobald sie die Massen ergreift*[680].

Die Auseinandersetzung mit dem Radikalismus des Vormärz und die Wendung zur politischen Ökonomie führen bei den sozialistischen Theoretikern Marx und Engels zu einer Verschiebung der Akzente im Gebrauch und in der Bedeutung von 'Macht' und 'Gewalt'. Das Wort 'Macht', das, verglichen mit den Schriften der Junghegelianer, an Häufigkeit auffallend hinter 'Gewalt' zurücktritt, erscheint besonders dort,

---

[673] RUGE, Die Presse und die Freiheit. Ein Memoire für die deutsche Nation, Ges. Schr., Bd. 10 (1848), 358: *Die Öffentlichkeit des Denkens ist der Terrorismus der Vernunft.*
[674] Ders., Übersiedelung nach Sachsen, 47.
[675] JAKOB VENEDEY, John Hampden und die Lehre vom gesetzlichen Widerstande (1843), 3. Aufl. (Duisburg 1865), 85. 101; noch schärfer ebd., 223: *Je mehr Gewalt, desto weniger Freiheit und Recht.*
[676] D. F. STRAUSS, Zwei friedliche Blätter, Hallische Jbb. (1839), 997.
[677] RUGE, Fourier und das Problem der bürgerlichen Gesellschaft, Ges. Schr., Bd. 5 (1846), 135.
[678] Vgl. etwa E. WELLER, Soziale Merkzeichen aus dem vorigen Jahrhundert, Rhein. Jbb. f. gesellschaftliche Reform 2 (1846; Ndr. 1975), 312: *Die soziale Wissenschaft arbeitet mit Macht daran, die rohe Gewalt überflüssig zu machen; das Bewußtsein überwältigt die Gewalt.*
[679] MAX STIRNER, Der Einzige und sein Eigenthum (1844), 2. Aufl. (Leipzig 1882), 155. 196.
[680] MARX, Zur Kritik der Hegelschen Rechtsphilosophie, Einl., MEW Bd. 1 (1956), 385.

wo entweder auf die sozio-ökonomischen Verhältnisse in ihrer Anonymität und determinierenden Kraft oder auf die Unvermeidlichkeit des Geschichtsprozesses abgestellt wird. Schon in den „Ökonomisch-philosophischen Manuskripten" kann man lesen, daß unter den gegenwärtigen Bedingungen die *Entäußerung des Arbeiters in seinem Produkt* dazu führt, *daß seine Arbeit ... außer ihm, unabhängig, fremd von ihm existiert und eine selbständige Macht ihm gegenüber wird*[681]. Präziser heißt es im „Kommunistischen Manifest": *Das Kapital ist also keine persönliche, es ist eine gesellschaftliche Macht*[682]. Gelegentlich ist von der *Staatsmacht* im Sinne von politischer Herrschaft die Rede[683]. 1895 prognostiziert ENGELS, daß die sozialdemokratische Wählerschaft *so spontan, so stetig, so unaufhaltsam und gleichzeitig so ruhig ... wie ein Naturprozeß ... zu der entscheidenden Macht im Lande* anwachsen werde, *vor der alle andern Mächte sich beugen müssen, sie mögen wollen oder nicht*[684]. Dahinter verbirgt sich der Glaube an die Macht der Geschichte: *Es sind also unzählige einander durchkreuzende Kräfte, eine unendliche Gruppe von Kräfteparallelogrammen, daraus eine Resultante — das geschichtliche Ergebnis — hervorgeht, die selbst wieder als das Produkt einer, als Ganzes, bewußtlos und willenlos wirkenden Macht angesehen werden kann*[685]. Der Gebrauch des Terminus 'Macht' im Sinne von 'potentia' ist dagegen selten[686].

Korrespondierend zur restriktiven Verwendung von 'Macht' erfährt das Wort 'Gewalt' bei Marx und Engels eine Bedeutungsausweitung. Es dient nämlich — und deckt damit auch die traditionelle Bedeutung von 'Macht' — oft zur Bezeichnung der gesellschaftlichen und politischen Abhängigkeiten schlechthin, die „in letzter Instanz" Epiphänomene der jeweiligen Produktionsverhältnisse sind. In der Doppelung der 'Gewalt' — hier „materielle Gewalt", dort „politische Gewalt" — und in ihrer Bindung an den Wandel der Produktionsverhältnisse liegt der originelle Beitrag von Marx und Engels zur Begriffs- und Theoriegeschichte von 'Macht' und 'Gewalt'. Nur einige charakteristische Belege: *Zwei Arten von Gewalt haben wir also vor uns, einerseits die Gewalt des Eigentums, d. h. der Eigentümer, andererseits die*

---

[681] Ders., Ökon.-philos. Manuskripte (1844), MEW Erg. Bd. 1 (1968), 512.
[682] MARX/ENGELS, Manifest der Kommunistischen Partei (1848), MEW Bd. 4 (1959), 476; ferner MARX, Das Kapital, MEW Bd. 25 (1964), 274: hier ist vom *Widerspruch zwischen der allgemeinen gesellschaftlichen Macht, zu der sich das Kapital gestaltet, und der Privatmacht der einzelnen Kapitalisten* die Rede.
[683] MARX 1847 in Auseinandersetzung mit dem radikalen Demokraten Karl Heinzen; Die moralisierende Kritik und die kritisierende Moral, MEW Bd. 4, 337; ferner ENGELS an Conrad Schmidt, 27. 10. 1890, MEW Bd. 37 (1967), 490: der Staat als *Macht* von *relativer Selbständigkeit*.
[684] ENGELS in der Einleitung zu Marx' „Klassenkämpfe in Frankreich" (1895), MEW Bd. 22 (1963), 524.
[685] Ders. an Joseph Bloch, 21./22. 9. 1890, MEW Bd. 37, 464.
[686] So im „Kommunistischen Manifest" (MEW Bd. 4, 477): *Der Kommunismus nimmt keinem die Macht, sich gesellschaftliche Produkte anzueignen, er nimmt nur die Macht, sich durch diese Aneignung fremde Arbeit zu unterjochen*. Ferner im „Kapital" Bd. 1, MEW Bd. 23 (1962), 459: Die *Maschinerie als eine dem Lohnarbeiter feindliche Potenz wird ... laut und tendenziell vom Kapital proklamiert und gehandhabt*.

d) Vom demokratischen zum sozialistischen Gewaltverständnis

politische Gewalt, die Staatsmacht[687]. *Die moderne Staatsgewalt ist nur ein Ausschuß, der die gemeinschaftlichen Geschäfte der ganzen Bourgeoisklasse verwaltet*[688]. *Alle* (= Kolonialmächte) *aber benutzten die Staatsmacht, die konzentrierte und organisierte Gewalt der Gesellschaft, um den Verwandlungsprozeß der feudalen in die kapitalistische Produktionsweise treibhausmäßig zu fördern und die Übergänge abzukürzen. Die Gewalt ist der Geburtshelfer jeder alten Gesellschaft, die mit einer neuen schwanger geht. Sie selbst ist eine ökonomische Potenz*[689]; ... *beruht alle politische Gewalt ursprünglich auf einer ökonomischen, gesellschaftlichen Funktion und steigert sich in dem Maß, wie durch Auflösung der ursprünglichen Gemeinwesen die Gesellschaftsmitglieder in Privatproduzenten verwandelt ... werden*[690].

Die so beschriebenen sozioökonomischen oder politischen Gewaltverhältnisse umfassen, wie die beiden letzten Zitate deutlich machen, auch den Aspekt aktueller Gewalt im Sinne der direkten Anwendung von physischem oder anders geartetem Zwang, die Gewaltsamkeit im instrumentellen Sinne. Sie ist als solche wertneutral und erfährt ihre Legitimation durch ihre Stellung in dem als Klassenkampf aufgefaßten Geschichtsprozeß. Die *politische Gewalt* wirkt entweder *im Sinn und in der Richtung der gesetzmäßigen ökonomischen Entwicklung. In diesem Fall besteht kein Streit zwischen beiden, die ökonomische Entwicklung wird beschleunigt. Oder aber sie wirkt ihr entgegen, und dann erliegt sie, mit wenigen Ausnahmen, der ökonomischen Entwicklung regelmäßig*[691]. Die Gewalt ist also, wie Engels gegen den Sozialdarwinismus und Dühring betont, nicht ein Wert an sich oder das *absolut Böse*, sondern das *Werkzeug ..., womit sich die gesellschaftliche Bewegung durchsetzt und erstarrte, abgestorbne politische Formen zerbricht*[692]. Sie kann auch, wie LIEBKNECHT 1887 in Auseinandersetzung mit dem Anarchismus betonte, der Reaktion in die Hände spielen: *Die Gewalt ist ebensogut ein reaktionärer als ein revolutionärer Faktor; ersteres sogar häufiger gewesen als das letztere. Die Taktik der individuellen Anwendung der Gewalt führt nicht zum Ziele und ist, sofern sie das Rechtsgefühl der Masse verletzt, positiv schädlich und darum verwerflich*[693]. Die Rechtfertigung für den Einsatz von Gewalt liegt zum einen in der Vorgegebenheit der bestehenden Gewaltverhältnisse, die nur durch die *unorganisierte, elementare Gewalt der Volksmassen*[694] ge-

---

[687] Ders., Moralisierende Kritik (s. Anm. 683), 337.
[688] MARX/ENGELS, Manifest (s. Anm. 682), 464. So auch LASSALLE: Die *herrschende Klasse in der Gesellschaft bedient sich stets und immer der Staatsgewalt, Staatsform, um ... ihre Herrschaft über die anderen Klassen zu sichern;* Geschichte der sozialen Entwicklung, Nachgel. Br. u. Schr., Bd. 6 (1925), 94.
[689] MARX, Kapital, Bd. 1 (s. Anm. 686), 779.
[690] ENGELS, Herrn Eugen Dührings Umwälzung der Wissenschaft (1878), MEW Bd. 20 (1962), 169 f.
[691] Ebd., 170.
[692] Ebd., 171.
[693] Resolution LIEBKNECHTS über das Verhältnis der Sozialdemokratie zu den Anarchisten auf dem Parteitag der deutschen Sozialdemokratie in St. Gallen 1887; zit. Deutsche Parteiprogramme, hg. v. WILHELM MOMMSEN, 2. Aufl. (München 1964), 332.
[694] ENGELS, Die Rolle der Gewalt in der Geschichte (1887/8), MEW Bd. 21 (1962), 431.

brochen werden kann[695], zum anderen in dem Fernziel, nämlich der Herbeiführung einer klassenlosen und damit gewaltfreien Gesellschaft, in der es *keine eigentliche politische Gewalt mehr geben (wird), weil gerade die politische Gewalt der offizielle Ausdruck des Klassengegensatzes innerhalb der bürgerlichen Gesellschaft ist*[696]. Das Wort 'politisch' meint im Sprachgebrauch von Marx und Engels nicht nur den Überbaucharakter des Staates, sondern zugleich seine Funktion als Herrschaft von Menschen über Menschen. Das wird in Feststellungen deutlich, daß nach der Aufhebung der Klassengegensätze *die öffentliche Gewalt den politischen Charakter (verliert)*[697]; oder daß *in dem Maß wie die Anarchie der gesellschaftlichen Produktion schwindet, ... auch die politische Autorität des Staats einschläft*[698]. Das ist die Lehre vom „Absterben des Staates": *An die Stelle der Regierung über Personen tritt die Verwaltung von Sachen* in einer in diesem Sinne „unpolitischen" und damit freien Gesellschaft[699].

Die Kluft, durch welche die sozialistische Gleichsetzung der Abwesenheit des Staates (= der „politischen Gewalt") und der Klassenlosigkeit mit der Freiheit schlechthin von der politischen Philosophie Hegels getrennt ist, wird in einem Vergleich der unterschiedlichen Funktion der Diktatur des Proletariats bei Marx und Engels auf der einen und bei dem Hegelianer Lorenz von Stein auf der anderen Seite deutlich. Wie der Staat in der Klassengesellschaft, gegen die sich eine soziale Revolution richtet, so ist auch die aus ihr hervorgehende Diktatur des Proletariats für Marx und Engels wie für Stein eine auf Gewalt beruhende Herrschaft. Die Autoren des „Kommunistischen Manifests" bezeichnen die *Eroberung der politischen Macht durch das Proletariat* als eines der nächsten Ziele der Kommunisten[700]. Stein sah es als unvermeidlich an, *daß mit dem Auftreten der Herrschaft des Proletariats eine Gewaltherrschaft entsteht*[701]. Während aber für Marx die *Klassendiktatur des Proletariats* nur ein *notwendiger Durchgangspunkt zur Abschaffung der Klassenunterschiede überhaupt* ist[702], löst die proletarische Gewaltherrschaft bei Stein die gewaltsame Gegenreaktion der besitzenden Klassen aus und mündet schließlich in eine Situation, *in welcher Gewalt als Gewalt, nicht mehr im Namen einer sozialen Idee herrscht*, und das ist die *Diktatur*[703]. So ist die soziale Revolution in sich widersprüchlich; sie führt über den *Terrorismus — die furchtbarste Erscheinung der Ge-*

---

[695] Vgl. Engels' Kommentar zur Ablehnung des Reichstagsmandats durch Johann Jacoby 1874: *Und dabei so ganz platte, vulgärdemokratische Gründe! Auf die Gewalt zu schimpfen als etwas Verwerfliches an sich, wo wir doch alle wissen, daß schließlich ohne Gewalt nichts durchzusetzen ist;* ders. an Wilhelm Blos, 21. 2. 1874, MEW Bd. 33 (1966), 617.
[696] Marx, Das Elend der Philosophie (1847), MEW Bd. 4, 182.
[697] Marx/Engels, Manifest, ebd., 482; das ist übrigens eine der wenigen Stellen, wo 'Gewalt' im Sinne von 'potestas' gebraucht wird.
[698] Engels, Die Entwicklung des Sozialismus von der Utopie zur Wissenschaft (1880/82), MEW Bd. 19 (1962), 228.
[699] Ebd., 224.
[700] Marx/Engels, Manifest (s. Anm. 682), 474.
[701] Stein, Geschichte (s. Anm. 525), Bd. 1, 130.
[702] Marx, Die Klassenkämpfe in Frankreich 1848 bis 1850 (1850), MEW Bd. 7 (1960), 89.
[703] Stein, Geschichte, Bd. 1, 131.

schichte — zu einer neuen Gewaltherrschaft[704]. Die Alternative findet Stein in der Verbindung des Staates, der für den Schüler Hegels *die persönliche Wirklichkeit der sittlichen Idee, der persönlichen Freiheit* ist[705], mit der Idee der sozialen Reform: das *Königtum der gesellschaftlichen Reform, das selbsttätig, gegen den Willen und die natürliche Tendenz der herrschenden Klasse, für die Hebung der niederen, bisher gesellschaftlich und staatlich unterworfenen Klasse auftreten, und die ihm anvertraute höchste Staatsgewalt in diesem Sinne gebrauchen soll*[706]. Die Staatsgewalt gewinnt auf diese Weise, d. h. indem sie sich über die gesellschaftlichen Interessen erhebt, die Bedeutung von potestas im Sinne der 'rechten Gewalt' zurück, während sie für Marx und Engels immer Klassenherrschaft ist und zusammen mit dieser beseitigt wird.

Karl-Georg Faber

4. 'Macht' und 'Gewalt' bei Marx und Nietzsche

Aus den voranstehenden Analysen ergibt sich, daß im 19. Jahrhundert 'Macht' und 'Gewalt' nicht mehr primär politische und auf das rechtlich geordnete Zusammenleben in Staaten bezogene Begriffe sind. Sofern in Äußerungen über den Staat oder in politischem Zusammenhang überhaupt noch von 'Macht' und 'Gewalt' gesprochen wird, ist von der Unterscheidung zwischen 'potestas' und 'potentia' nichts mehr zu erkennen. Nach der Abkehr vom rationalen Naturrecht, die sich in der Restaurationszeit entschieden durchgesetzt hatte, — und bald auch von der tradierten Moral — blieb der Gebrauch des Wortes 'Gewalt' im Sinne von 'potestas' auf spezifisch staatsrechtliche Kontexte beschränkt. Von 'Macht' hingegen wurde nunmehr vorwiegend im Sinne eines indefiniten Vermögens gesprochen; das Subjekt, das als Träger oder Inhaber der Macht bezeichnet werden könnte, wie auch der Zweck, den die Macht zu realisieren bestimmt war, galten als etwas unbestimmt Bleibendes. Je nach dem Standpunkt, von dem aus jetzt von 'Macht' die Rede war, konnte ein solches indefinites, unpersönliches und zweckfrei wirkendes Vermögen nunmehr als eine Bedrohung der Individuen beschrieben oder als ein allen individuellen Zwecken überlegenes Wirken verherrlicht werden. Gerade weil der Bedeutungsgehalt dieses Begriffs nicht mehr primär auf Handlungen von Individuen oder Gruppen bezogen und mithin entpolitisiert wurde, konnte er so zur Beschreibung politischer Zusammenhänge vielfach verwandt werden.

Diese rasch fortschreitende Entpolitisierung des Begriffs 'Macht' ist in den Schriften des jungen Marx dort noch deutlich zu erkennen, wo er der *Macht des politischen Staates* die *Macht des Privateigentums* entgegenstellt und geradezu behauptet, die *Macht des politischen Staates über das Privateigentum*, von der Hegel gesprochen hatte, sei in Wahrheit *die eigne Macht des Privateigentums, sein zur Existenz gebrachtes Wesen*[707]. Der personalen, durch die Inhaber der Staatsgewalt handelnden Macht eines Staates wird so die unpersönliche, „anonyme" Macht des Privateigentums,

---

[704] Ebd., 130.
[705] Ebd., 67.
[706] Ebd., Bd. 3 (1959), 38. 40.
[707] Marx, Kritik des Hegelschen Staatsrechts (1843), MEW Bd. 1, 304.

des Geldes[708], des Reichtums[709] oder des Kapitals[710] als die wahre oder wirkliche Macht entgegengestellt. *Das Geld* wird in einer geschichtlichen Betrachtung geradezu als *Weltmacht* gedeutet[711]. Die mit dieser Entpolitisierung einhergehende Entsubjektivierung des Begriffs der 'Macht' wird offenkundig, wenn Marx betont: *Das Kapital ist also keine persönliche, es ist eine gesellschaftliche Macht*[712], oder wenn er den Glauben an die *Allmacht des Willens* als eine charakteristische Einseitigkeit des *politischen Verstandes*[713] bezeichnet. Nachdem der Staat seinen Anspruch auf ausschließliche Verfügung über vorhandene Macht verloren hatte, mußte Macht im innerstaatlichen Zusammenhang nunmehr spezifizierend als „politische Macht", sei es im Sinne einer staatsrechtlichen Befugnis oder auch im Sinne einer faktischen Durchsetzungschance[714], beschrieben werden.

Von 'Gewalt' hingegen spricht der junge Marx vor allem dann, wenn von einer gegenüber jedem Widerstand überlegenen Macht die Rede ist, die nicht in einem nur geistigen Vermögen oder einem nur rechtlichen Anspruch besteht, sondern in der Veränderung gesellschaftlicher Verhältnisse ihre *Wirklichkeit* und *Diesseitigkeit* beweist[715]: *Die Theorie wird zur materiellen Gewalt, sobald sie die Massen ergreift*[716]. Daß alle Macht und Gewalt in den gesellschaftlichen Lebensverhältnissen der Menschen grundsätzlich als berechtigt gelten muß, ist dabei eine der vielen impliziten Prämissen, die Marx aus der Hegelschen Geschichtsphilosophie übernommen hat. Den Grund dieser Berechtigung findet er, nicht wesentlich anders als Hegel, in der Zurückführung aller gesellschaftlichen Mächte auf die gesellschaftliche Hervorbringung der Bedingungen menschlichen Lebens: *Die gesellschaftliche Gliederung und der Staat gehen beständig aus dem Lebensprozeß bestimmter Individuen hervor*[717]. Da die gesellschaftliche Produktion und Reproduktion der Lebensbedingungen in sich berechtigt ist, so würde Marx wohl argumentiert haben, müssen auch die Resultate dieser *Selbsterzeugung des Menschen*[718] grundsätzlich berechtigt sein.

Dieser Ursprung der gesellschaftlichen Mächte aus der gesellschaftlich vermittelten Arbeit hindert jedoch nicht, daß diese Mächte den Individuen als etwas Fremdes gegenübertreten: *Die soziale Macht, d. h. die vervielfachte Produktionskraft, die durch das in der Teilung der Arbeit bedingte Zusammenwirken der verschiedenen Individuen entsteht, erscheint diesen Individuen, weil das Zusammenwirken selbst nicht freiwillig, sondern naturwüchsig ist, nicht als ihre eigne, vereinte Macht, sondern als eine fremde, außer ihnen stehende Gewalt, von der sie nicht wissen woher und wohin, die sie also*

---

[708] Ders., Ökon.-philos. Manuskripte (s. Anm. 681), 547.
[709] Ebd., 555.
[710] Ebd., 508.
[711] Ders., Zur Judenfrage (1844), MEW Bd. 1, 373.
[712] MARX/ENGELS, Manifest (s. Anm. 682), 476.
[713] MARX, Kritische Randglossen zu dem Artikel „Der König von Preußen" und die Sozialreform. Von einem Preußen (1844), MEW Bd. 1, 402.
[714] Vgl. ders., Kritik des Hegelschen Staatsrechts, 222; ders., Zur Judenfrage, 374; ders., Kritische Randglossen, 400.
[715] Ders., Thesen über Feuerbach (1845), MEW Bd. 3 (1958), 5.
[716] Ders., Kritik des Hegelschen Staatsrechts, 385.
[717] MARX/ENGELS, Die deutsche Ideologie (1845/46), MEW Bd. 3, 25.
[718] MARX, Ökon.-philos. Manuskripte (s. Anm. 681), 574.

nicht mehr beherrschen können[719]. Unter den Bedingungen der „Entfremdung" des Menschen von seiner Arbeit und von sich selbst muß dies nach Marx geradezu als der vorherrschende Aspekt, unter dem die gesellschaftlichen Mächte den Individuen erscheinen, gedeutet werden. Unter diesen Bedingungen bleibt es dem Philosophen vorbehalten, *die sinnliche Welt als die gesamte lebendige sinnliche Tätigkeit der sie ausmachenden Individuen aufzufassen*[720], und damit auch zu einem positiven Begriff der 'Macht' als eines Vermögens der Selbstverwirklichung zu gelangen. Ein Ansatz in dieser Richtung findet sich beim jungen Marx lediglich in einem „materialistischen" Begriff der Freiheit, die nicht in der *negativen Kraft, dies und jenes zu meiden*, besteht, sondern vielmehr in der *positiven Macht, seine wahre Individualität geltend zu machen*[721]. Zur Beschreibung der klassenlosen Gesellschaft als eines Zustandes, in dem die Selbstentfremdung des Menschen aufgehoben ist, hat Marx den Begriff der 'Macht' jedoch nicht benützt.

Eben dieser positive Begriff der 'Macht' ist es, den NIETZSCHE zur Geltung gebracht hat, nachdem er sich von dem Einfluß SCHOPENHAUERS[722] und von JACOB BURCKHARDTS Überzeugung, *daß die Macht an sich böse ist*[723], freigemacht hatte[724]. So betrachtet er schon bald die Macht als das Kriterium, nach dem Rechtsverhältnisse beurteilt werden sollen: *Recht, auf Verträgen zwischen Gleichen beruhend, besteht, solange die Macht derer, die sich vertragen haben, eben gleich oder ähnlich ist*. Da aber die Unterwerfung eines Schwächeren den Zwecken eines Mächtigeren ebenso dienlich sein kann, folgert er: *Rechtszustände sind also zeitweilige Mittel, welche die Klugheit anrät, keine Ziele*[725]. So erscheint es nur konsequent, wenn er an die Stelle *der lächerlichen, weichlichen Frage* nach dem Recht sozialistischer Forderungen das *Problem der Macht* setzen möchte, wieweit man diese Forderungen zu seinem Vorteil benutzen könne[726]. Die Umwertung moralischer Unterscheidungen in solche der Macht hat damit bereits begonnen[727].

Diese Umwertung wurde entschieden dadurch beschleunigt, daß das Machtgefühl immer mehr ins Zentrum seiner Analysen trat. Wenn NIETZSCHE fortan von 'Macht' spricht, so beschäftigt er sich nicht so sehr mit realen Machtverhältnissen als mit dem am Gesichtspunkt der Macht sich orientierenden Selbstgefühl der Individuen. Die Gewährung oder Verweigerung von Rechten deutet er so als *die Konzession*

---

[719] MARX/ENGELS, Dt. Ideologie, 34.
[720] Ebd., 45.
[721] MARX/ENGELS, Die heilige Familie (1845), MEW Bd. 2 (1957), 138.
[722] In der zweiten „Unzeitgemäßen Betrachtung" gilt *das Leben* als *jene dunkle, treibende, unersättliche sich selbst begehrende Macht;* es wird jedoch auch schon, in Umkehrung der Schopenhauerschen Wertungen, als *die höhere, die herrschende Gewalt* dem Erkennen entgegenstellt; NIETZSCHE, Werke, Bd. 1 (1954), 229. 282.
[723] BURCKHARDT, Weltgeschichtliche Betrachtungen 2, 1 (s. Anm. 549), 61.
[724] *Wer von euch will* wie Wotan bei Wagner *auf Macht verzichten, wissend und erfahrend, daß die Macht böse ist?;* NIETZSCHE, Unzeitgemäße Betrachtungen, Werke, Bd. 1, 434.
[725] Ders., Menschliches, Allzumenschliches, Werke. Bd. 1, 889.
[726] Ebd., 669.
[727] Vgl. ebd., 483: *Wer die Macht zu vergelten hat, Gutes mit Gutem, Böses mit Bösem, und auch wirklich Vergeltung übt, also dankbar und rachsüchtig ist, der wird gut genannt*.

unseres Gefühls von Macht an das Gefühl von Macht auf der Seite der Betroffenen[728]; das *Streben nach Auszeichnung* erscheint ihm folglich als ein *Streben nach Überwältigung des Nächsten*[729]. Das Gefühl der Macht bzw. Ohnmacht wird so zur Grundlage der Unterscheidung von Gut und Böse gemacht: *Wenn der Mensch im Gefühle der Macht ist, so fühlt und nennt er sich gut: und gerade dann fühlen und nennen ihn die anderen, an denen er seine Macht auslassen muß, böse!*[730]. Dieses *Bedürfnis des Machtgefühls* gilt nunmehr im Vergleich mit dem Nutzen und der Eitelkeit von Individuen und Völkern als die gewaltigste Macht in der Politik[731].
Als Streben nach Steigerung des eigenen Machtgefühls sucht Nietzsche wenig später auch alles *Wohltun und Wehtun* zu erklären, auch wenn dies die Bereitschaft zu Opfern einschließt, und er fügt hinzu: *Selbst wenn wir unser Leben daran setzen, wie der Märtyrer zugunsten seiner Kirche, — es ist ein Opfer, gebracht unserem Verlangen nach Macht oder zum Zweck der Erhaltung unseres Machtgefühls*[732]. Statt in der Opferbereitschaft eine Anerkennung von Normen oder Werten zu bemerken, die den Selbsterhaltungstrieb eines menschlichen Individuums zu überwinden vermag, deutet Nietzsche sie mithin als einen Willen zur Steigerung des eigenen Selbstgefühls. Damit sind die Voraussetzungen zu einer Verherrlichung des „Willens zur Macht", wie sie sich seit dem „Zarathustra" findet, gegeben: *Wie das Kleinere sich dem Größeren hingibt, daß es Lust und Macht am Kleinsten habe: also gibt sich auch das Größte noch hin und setzt um der Macht willen — das Leben dran*[733]. Leben wird daher charakterisiert als *das, was sich immer selber überwinden muß*, so daß gilt: *Nur, wo Leben ist, da ist auch Wille; aber nicht Wille zum Leben, sondern ... Wille zur Macht*[734]. Daß dieser über den Willen zum Leben hinausgehende Wille in Nietzsches Deutung weder in moralischen Normen noch in irgendwelchen Werten oder Ideen seine Grundlage und nicht eigentlich konkrete Herrschaft, sondern in aller Selbstüberwindung letztlich doch den Selbstgenuß[735] zum Ziele hat, macht die Irrationalität dieser Konzeption aus.
Auch in dem spezifischen Ethos eines geschichtlichen Volkes (als Beispiele dienen Griechen, Perser, Juden und Germanen) bemerkt Nietzsche nur einen Ausdruck des Willens zur Macht: Ein Volk findet seine Identität erst durch den Entwurf einer ihm eigenen Wertordnung, die seiner Existenz Ziele setzt und ihm die Überzeugung verleiht, anderen Völkern überlegen zu sein: *Was da macht, daß es herrscht und siegt und glänzt, seinem Nachbarn zu Grauen und Neide: das gilt ihm das Hohe, das Erste, das Messende, der Sinn aller Dinge.* Wie die spezifische Wertordnung eines Volkes

---

[728] Ders., Morgenröte, Werke, Bd. 1, 1085.
[729] Ebd., 1085 f.
[730] Ebd., 1137.
[731] Ebd., 1136.
[732] Ders., Die fröhliche Wissenschaft, Werke, Bd. 2 (1955), 45 f.
[733] Ders., Zarathustra, ebd., 371.
[734] Ebd., 372.
[735] Auch in der Liebe, die sich selbst als Opfer und Geschenk darbringt, ist dieser Selbstgenuß noch das letzte Ziel: *Wahrlich, zum Räuber an allen Werten muß solche schenkende Liebe werden; aber heil und heilig heiße ich diese Selbstsucht;* ebd., 337.

die Überlegenheit über andere Völker zum Ziele hat, so ist nach dieser Deutung auch möglicher Machtgewinn das einzige Kriterium zu ihrer Beurteilung. Aus der *Tafel der Güter* eines Volkes spricht für Nietzsche daher letzlich nur *die Stimme seines Willens zur Macht*[736].

Das euphorische Pathos, mit dem Nietzsche im „Zarathustra" vom Willen zur Macht spricht, weicht in seinen Schriften der Jahre 1885—1888 der Neigung, tradierte Wertetafeln des Abendlandes zu zerbrechen und den Willen zur Macht als universales metaphysisches Prinzip zu etablieren. So soll *der leibhafte Wille zur Macht* nicht nur *mindestens, mildestens, Ausbeutung* rechtfertigen[737], sondern *zum unbedingten Macht-Willen gesteigert werden*, da vermeintlich *alles Böse, Furchtbare, Tyrannische, Raubtier- und Schlangenhafte am Menschen so gut zur Erhöhung der Spezies „Mensch" dient, als sein Gegensatz*[738]. Auch der das Erkenntnisstreben leitende *Wille zur Wahrheit*[739] wird so als eine Erscheinungsweise des Willens zur Macht gedeutet: Die moderne Physik soll ebenso als eine *Welt-Auslegung und -Zurechtlegung* verstanden werden, wie etwa die platonische Metaphysik, und hier wie dort geht es für Nietzsche lediglich um den *Genuß*, den man *in dieser Welt-Überwältigung und Welt-Auslegung* finden kann[740].

Dieser hermeneutische Relativismus erlaubt es nun auch, nicht nur die gesamte Psychologie *als Morphologie und Entwicklungslehre des Willens zur Macht zu fassen*[741], sondern alles Leben als Manifestation des Willens zur Macht zu verstehen[742], ja ihn als die *Essenz* der ganzen Welt[743] aufzufassen: *Die Welt von innen gesehen ... — sie wäre eben „Wille zur Macht" und nichts außerdem*[744]. In seinem als sein philosophisches Hauptwerk angekündigten Buche über den Willen zur Macht beabsichtigte Nietzsche, diese metaphysische Konzeption auszuarbeiten und eben diese Konzeption zugleich als den höchsten Ausdruck des Willens zur Macht darzustellen. Dabei leitete ihn der Gedanke: *Dem Werdenden Charakter des Seins aufzuprägen — das ist der höchste Wille zur Macht*[745]. Diesen Gipfel einer jeden metaphysischen Betrachtung glaubte er in dem Gedanken, *daß alles wiederkehrt*, gefunden zu haben[746].

KARL-HEINZ ILTING

---

[736] Ebd., 322.
[737] Ders., Jenseits von Gut und Böse, ebd., 729.
[738] Ebd., 606 f.
[739] Ebd., 676.
[740] Ebd., 578; vgl. ders., Aus dem Nachlaß der Achtzigerjahre, Werke, Bd. 3 (1956), 812: *Die Methodik der Wahrheit ist nicht aus Motiven der Wahrheit gefunden worden, sondern aus Motiven der Macht, des Überlegen-sein-wollens.*
[741] Ders., Jenseits von Gut und Böse, 587.
[742] Ebd., 578: *Vor allem will etwas Lebendiges seine Kraft auslassen — Leben selbst ist Wille zur Macht.* Vgl. ders., Fröhliche Wissenschaft, 215.
[743] Ders., Jenseits von Gut und Böse, 644; vgl. ders., Nachlaß der Achtzigerjahre, Werke, Bd. 3, 778.
[744] Ders., Jenseits von Gut und Böse, 601; vgl. ders., Nachlaß der Achtzigerjahre, 750: *... daß alle treibende Kraft Wille zur Macht ist, daß es keine physische, dynamische oder psychische Kraft außerdem gibt.*
[745] Ebd., 895.
[746] Ebd.; vgl. ebd., 917.

5. Von den 'Großen Mächten' zu den 'Weltmächten'

Trat der Machtbegriff in der Verfassungslehre des Frühliberalismus und im Rechtspositivismus, soweit sie sich auf die innerstaatliche Sphäre bezogen, in den Hintergrund, so blieb er doch ein unentbehrliches Requisit in den historisch-politischen Reflexionen über das Außenverhältnis der Staaten, die in der Sprache der Diplomatie traditionell als 'Puissances' ('Mächte') bezeichnet wurden. Eine solche terminologische Kontinuität über die Zäsur der revolutionären Ära hinweg verdeckte freilich die allmähliche Verschiebung des Stellenwertes, die im Laufe des 19. Jahrhunderts der Begriff des Staates als äußeres Machtgebilde im politischen Denken erfuhr. Nicht so sehr der Wandel des Begriffes selbst, sondern die Veränderungen des Interpretationsrahmens, in welchem er gebraucht wurde, reflektiert den Wandel der zwischenstaatlichen Beziehungen und ihrer politischen und gesellschaftlichen Grundlagen. Er läßt sich auf doppelte Weise charakterisieren: geographisch als Übergang vom Konzert der europäischen Mächte zum Weltstaatensystem, strukturell als allmähliche Ablösung der konservativen Politik einer Stabilisierung des Mächtegleichgewichts unter der Führung der europäischen Pentarchie zur dynamischen und antagonistischen Weltpolitik der imperialistischen Mächte unter dem Einfluß nationalistischer Kräfte und ökonomischer Zwänge. Angesichts einer guten Aufarbeitung der Thematik[747] folgt eine Auswahl einschlägiger Textstellen.

Die Zerstörung des europäischen Gleichgewichts, beginnend mit dem Aufstieg Rußlands, der Teilung Polens und mündend in die Französische Revolution, sowie die Gefahr der napoleonischen Universalmonarchie bildeten den Erfahrungshorizont, auf welchem die restaurative und weitgehend statisch konzipierte Lehre von den „Großen Mächten" als Garanten des europäischen Staatensystems von Friedrich Gentz über Arnold Hermann Ludwig Heeren bis zu Ranke entworfen wurde[748]. Für GENTZ war schon 1801 das Schicksal Europas *an das Schicksal und an die Politik der in dem allgemeinen System präponderierenden Mächte gebunden*[749]. Doch gehöre zum Wesen einer solchen Macht nicht das Hegemonialstreben: *Das wahre und bleibende Interesse jedes Staates ohne Ausnahme liegt immer in der richtigen Proportion zwischen seiner und seiner Nachbarn Gewalt, in einer richtigen Verteilung der*

---

[747] ADOLF REIN, Über die Bedeutung der überseeischen Ausdehnung für das europäische Staatensystem, Hist. Zs. 137 (1928), 28 ff.; ERWIN HÖLZLE, Die Weltmächte im Weltbild Altdeutschlands. Analekten aus einer binnendeutschen Bibliothek, in: Alteuropa und die moderne Gesellschaft, Fschr. OTTO BRUNNER (Göttingen 1963), 215 ff., mit einer wort- und begriffsgeschichtlichen Durchmusterung lexikalischer Quellen; HEINZ GOLLWITZER, Geschichte des weltpolitischen Denkens, Bd. 1 (Göttingen 1972), bes. 325 ff.: wortgeschichtliche Zeugnisse; LUDWIG DEHIO, Deutschland und die Weltpolitik im 20. Jahrhundert (München 1955).

[748] Dazu ALEXANDER V. HASE, Auf dem Wege zu Rankes „Großen Mächten". Gentz' Buch „Von dem Politischen Zustande von Europa vor und nach der Französischen Revolution" (1801), Saeculum 22 (1971), 35 ff. Das Wort 'Großmacht' schon bei STIELER (1691), 1204, aber als Übersetzung von 'summum imperium'!

[749] FRIEDRICH V. GENTZ, Von dem politischen Zustande von Europa vor und nach der Französischen Revolution (Berlin 1801), 91 f.

V. 5. Von den 'Großen Mächten' zu den 'Weltmächten'

Macht durch alle Glieder und Organe des Föderativsystems[750]. Diese Auffassung eines durch äußere und innere Gegengewichte stabilisierten Mächtegleichgewichts, das auch dem Schutze der Kleinen dienen sollte, lag der Wiederherstellung des europäischen Staatensystems nach der Niederwerfung Napoleons durch die *quatres principales puissances alliées* auf dem Wiener Kongreß zugrunde[751]. 1814 verpflichteten sie sich zur Herstellung eines soliden Friedens, *fondée sur une juste répartition de forces entre les puissances*[752]. Mit der Gründung des Deutschen Bundes trat nach Meinung der Zeitgenossen Deutschland wieder *als Gesamtmacht* (d. h. als Staatenbund)[753] *ein in die Reihe der Mächte*[754], die als 'Hauptmächte'[755], als 'grandes puissances' oder als 'europäische Mächte' von den Staaten zweiter Ordnung abgehoben wurden. HARDENBERG und WILHELM VON HUMBOLDT lehnten 1817 die Einbeziehung der preußischen Ostprovinzen in den Deutschen Bund mit der Begründung ab, daß Preußen damit *aus der Reihe der europäischen Mächte gleichsam heraustreten und einen bloß deutschen Bundesstaat vorstellen* würde[756]. METTERNICH erinnerte 1824 England an seine Pflicht als Großmacht mit der Feststellung: *Il n'est pas dans la nature d'une grande puissance de pouvoir rester enveloppée de nuage; les doutes finissent bientôt par faire place à des certitudes*[757].

Erschien in solchen Formulierungen das System der europäischen Mächte als politische Doktrin mit normativem Anspruch, so lieferte RANKE in seinem Aufsatz „Die großen Mächte" (1835) die historische Dimension. Er beschrieb es als Strukturprinzip der neuzeitlichen Staatengeschichte Europas, *daß sich große Staaten aus*

---

[750] Ebd., 281.
[751] Die Formel kommt häufiger vor; vgl. etwa die Niederschrift über die Konferenz zwischen Castlereagh, Metternich und Nesselrode in Wien am 16. September 1814 bei KARL GRIEWANK, Der Wiener Kongreß und die europäische Restauration 1814/1815, 2. Aufl. (Leipzig 1954), 396.
[752] Präambel zum Ersten Pariser Frieden, in: Acten des Wiener Congresses in den Jahren 1814 und 1815, hg. v. JOH. LUDWIG KLÜBER, Bd. 1 (Erlangen 1815; Ndr. Osnabrück 1966), 9.
[753] Nach Art. 2 der Wiener Schlußakte von 1820 besteht der Deutsche Bund als *völkerrechtlicher Verein ... in seinem Innern als eine Gemeinschaft selbständiger, unter sich unabhängiger Staaten* mit gleichen Vertragsrechten, *in seinen äußern Verhältnissen aber als eine in politischer Einheit verbundene Gesamt-Macht;* ERNST RUDOLF HUBER, Dokumente zur deutschen Verfassungsgeschichte, 2. Aufl., Bd. 1 (Stuttgart, Berlin, Köln, Mainz 1961), 81.
[754] ARNOLD HERRMANN LUDW. HEEREN, Der Deutsche Bund in seinen Verhältnissen zu dem Europäischen Staatensystem bei der Eröffnung des Bundestages dargestellt (1817), Hist. Werke, Bd. 2 (Göttingen 1821), 435 in fast wörtlicher Anlehnung an die Eröffnungsrede des österreichischen Präsidialgesandten GRAF JOH. RUDOLF BUOL V. SCHAUENSTEIN 1816: Protokolle der deutschen Bundes-Versammlung, Bd. 1, H. 1 (Frankfurt 1816), 50. Eine leicht abweichende Version bei HANS CHRISTOPH v. GAGERN, Mein Antheil an der Politik, Bd. 7 (Stuttgart 1830), 62.
[755] *Hauptmacht* bei HEEREN, Deutscher Bund, 430.
[756] Zit. BRIGITTE WINKLER-SERAPHIM, Das Verhältnis der preußischen Ostprovinzen, insbesondere Ostpreußens zum Deutschen Bund im 19. Jahrhundert, Zs. f. Ostforsch. 4 (1955), 336. 333 ff.
[757] METTERNICH an Wellington, 28. Oktober 1824, Despatches, Correspondence and Memoranda of Field Marshal Arthur Duke of Wellington, vol. 2 (London 1867), 328.

*eigener Kraft erhoben, daß neue nationale Selbständigkeiten in ursprünglicher Macht den Schauplatz der Welt eingenommen hatten*⁷⁵⁸. Nicht zuletzt unter dem Eindruck der Französischen Revolution erweiterte Ranke den klassischen *Begriff der großen Macht*, nämlich daß *sie sich wider alle anderen, selbst zusammen genommen, zu halten vermögen müsse*, durch die *moralische Kraft* — an anderer Stelle: *energische Gewalt* — der *Nationalität*⁷⁵⁹. Er gab ihm damit ungewollt und entgegen seiner Hoffnung auf eine *wahre Harmonie* des erneuerten Staatensystems eine Stoßkraft, die in der zweiten Jahrhunderthälfte die Begründung hegemonialer oder imperialistischer Machtpolitik erleichterte. DROYSEN lehnte noch 1845, in Übertragung der frühliberalen Staats- und Nationalidee auf die Außenpolitik, *die Lehre von den großen Mächten ... als eine Lehre der Ungerechtigkeit, der Gewalt, der Unterdrückung* ab, an deren Stelle *das Prinzip der Staaten, des Staatsbürgertums*, trete⁷⁶⁰. Wenige Jahre später hatte ihn das Scheitern des liberalen Einigungswerkes gelehrt, daß die Schaffung des deutschen Nationalstaates *ein Problem der Ponderation* sei und es *einer Macht gegen die anderen Mächte* bedürfe, um deren Widerstand zu brechen⁷⁶¹.

Seit der Jahrhundertmitte wurde die Lehre von den großen Mächten zunehmend aus dem Kontext des europäischen Staatensystems gelöst und auf die Ebene der „Weltpolitik" transponiert. Der Sinngehalt von 'Großmacht' begann mit der Bedeutung des schon seit Beginn des Jahrhunderts vereinzelt gebrauchten Terminus 'Weltmacht'⁷⁶² zu verschmelzen, so daß beide Ausdrücke austauschbar wurden. Um 1860 prognostizierte JULIUS FRÖBEL als Ziel der modernen Zivilisation eine *Weltpolitik*, die durch die Notwendigkeit des freien Welthandels und die damit verbundene *Rivalität der großen Weltmächte* zu einem System der friedlichen Arbeitsteilung führen werde⁷⁶³. Zählte BISMARCK nach der Reichsgründung die Mäßigung zu den Tugenden einer Großmacht, zu welchem Zwecke er zwischen der „Interessenpolitik" und einer „Machtpolitik" unterschied, *die außerhalb ihrer Interessenssphäre*

---

⁷⁵⁸ RANKE, Die großen Mächte (s. Anm. 547), 28.
⁷⁵⁹ Ebd., 25. 36. 39.
⁷⁶⁰ DROYSEN, Politische Stellung Preußens (1845), Polit. Schr. (s. Anm. 548), 58 f.; ebd., 43 ein kritischer Verweis auf Rankes Aufsatz.
⁷⁶¹ Ders., Preußen und das System der Großmächte (1849), Polit. Schr., 229. Droysen bekannte sich 1857 ausdrücklich zu dem von ihm 1845 kritisierten Satz Rankes (*unser größter Historiker!*): *Das Nationalbewußtsein eines großen Volkes fordert eine angemessene Stellung in Europa und jede Nation wird es empfinden, wenn sie sich nicht an der ihr gebührenden Stelle erblickt;* ders., Zur Situation (1857), ebd., 343.
⁷⁶² Der Terminus 'Weltmacht' wird 1809 von ADAM MÜLLER gebraucht, allerdings in hypothetischer Form: *Wo ist die Weltmacht, welche diese Freiheit des einzelnen auch nur für eine Generation garantieren könnte;* Elemente der Staatskunst, hg. v. JAKOB BAXA, 2. Halbbd. (Jena 1922), 89. Vgl. BROCKHAUS 5. Aufl., Bd. 10 (1820), 362 f.: *Der Freistaat von Nordamerika ist noch nicht fünfzig Jahre alt, und schon bildet er eine Weltmacht, ebenso in der physischen als in der moralischen Erscheinung.* RANKE nennt 1833 (SW Bd. 24, 28) England eine *kolossale Weltmacht*, HEEREN konstatiert schon 1809 als *Stoff für den Geschichtsschreiber kommender Jahrhunderte* den Übergang vom europäischen Staatensystem zu einem *größern, sich bereits mit Macht erhebenden Weltstaatensystem;* Handbuch der Geschichte des Europäischen Staatensystems und seiner Colonieen (Göttingen 1809), XII.
⁷⁶³ FRÖBEL, Politik, Bd. 2 (s. Anm. 611), 343. 348.

V. 5. Von den 'Großen Mächten' zu den 'Weltmächten'

auf die Politik der anderen Länder zu drücken und einzuwirken und die Dinge zu leiten sucht[764], so setzte sich in der Theorie und der Publizistik der dynamisch-naturale und antagonistische Machtbegriff weitgehend durch. Schon 1869 begründete der Innsbrucker Professor der politischen Wissenschaften (sic!) KARL THEODOR INAMA VON STERNEGG *die Tendenz der Groß-Staatenbildung der Gegenwart*[765], die an die Stelle des veralteten Gleichgewichts getreten sei, mit der *allgemeinen naturalistisch-realistischen Auffassung vom Staate*, der es widerspreche, daß ein Staat nur deshalb in seiner *inneren Kraftentwicklung* gestört werde, weil dadurch das bisherige Kräfteverhältnis tangiert werde. Nur die *Großmächte* als Besitzer *realer Machtmittel* könnten, wie Inama Sternegg unter Berufung auf den amerikanischen Grundsatz der „manifest destiny" formulierte, einen *welthistorischen Beruf* erfüllen, während die Kleinstaaten keine Überlebenschance hätten. Diese Auffassung nahm nicht nur MAX WEBERS Forderung einer *deutschen Weltmachtpolitik* (1895)[766], sondern auch FRIEDRICH RATZELS geographisches „Gesetz" vorweg, wonach *ein Staat naturgemäß nach Ausbreitung und, aufrichtig gesagt, Eroberung strebt*[767]. Ratzel benannte in seiner 1900 erschienenen Schrift „Das Meer als Quelle der Völkergröße" Alfred Thayer Mahan als Gewährsmann für seine Auffassung, daß der Begriff 'Großmacht' in seiner Beschränkung auf Landmächte veraltet sei[768]. 'Weltmacht' und 'Großmacht' waren im politischen Vokabular der Vorkriegszeit identisch geworden[769], wie MAX LENZ' Übertragung von Rankes Lehre der „Großen Mächte" auf die Weltpolitik zeigt[770]. War noch zu Beginn des 19. Jahrhunderts mit dem Begriff der 'Großen Macht' die Vorstellung eines Stabilitätsfaktors innerhalb eines als relativ konstant angesehenen Staatensystems verbunden gewesen, so umfaßte er nun denknotwendig den *Willen zu größerer Macht*. Denn: *Großmächte sind Expansionsstaaten*[771].

---

[764] BISMARCK, Rede im Reichstag, 6. 2. 1888, FA Bd. 13 (1930), 331. Ähnlich in „Erinnerung und Gedanke": *Entziehung der Titulatur einer Großmacht;* FA Bd. 15 (1932), 42.
[765] So der Titel seiner Schrift (Innsbruck 1869); das Folgende S. 9. 11 ff.
[766] MAX WEBER in seiner Freiburger Antrittsvorlesung; Der Nationalstaat und die Volkswirtschaftspolitik, Ges. Polit. Schr., 2. Aufl., hg. v. Johannes Winckelmann (Tübingen 1958), 23.
[767] Zuerst formuliert in RATZELS „Anthropo-Geographie" (Stuttgart 1882), 116.
[768] Ders., Das Meer als Quelle der Völker-Größe. Eine politisch-geographische Studie, 2. Aufl. (München, Berlin 1911), 70 f. 73. Ähnlich TREITSCHKE, Politik, Bd. 1, 42 f.: *Es handelt sich doch um unser Dasein als Großstaat bei der Frage, ob wir auch jenseits der Meere eine Macht werden können.*
[769] LADENDORF (1905), 112 verzeichnet für 1863 *Großmachtskitzel* (HERMANN SCHULZE-DELITZSCH gegen Preußen) und für 1900 („Die Grenzboten") *Weltmachtkitzel*.
[770] MAX LENZ, Die Großen Mächte (Berlin 1900); vgl. L. DEHIO, Ranke und der deutsche Imperialismus, in: ders., Deutschland und die Weltpolitik (s. Anm. 747), 37 ff.
[771] RUDOLF KJELLÉN, Die Großmächte und die Gegenwart, 2. Aufl. (Leipzig, Berlin 1914), 199; der Ausdruck 'Expansionsstaat' wird Karl Lamprecht zugeschrieben. ARTHUR DIX definierte 1900 'Imperialismus' als *Weltmacht-Wachstumswillen;* Deutscher Imperialismus (Leipzig 1912), 1. 5. Weitere Belege bei FRITZ FISCHER, Krieg der Illusionen. Die deutsche Politik von 1911 bis 1914, 2. Aufl. (Düsseldorf 1969), 68 ff.

VI. Ausblick

Ohne grundsätzlich neue Sinngehalte hinzuzugewinnen, decken die an sich „amorphen" und neutralen Begriffe 'Macht' und 'Gewalt'[772] im 20. Jahrhundert mehr denn je zuvor ein breites Bedeutungsspektrum in den sich überschneidenden Feldern der politik- und sozialwissenschaftlichen Terminologie und der politisch-ideologischen Sprache. Die wissenschaftliche Diskussion hat in unzähligen Macht- und Gewalttheorien weitgehend, teils zustimmend oder modifizierend, teils kritisch, an die Definitionen und Analysen angeknüpft, die MAX WEBER in seinem monumentalen Torso „Wirtschaft und Gesellschaft" und in anderen Schriften vorgelegt hat[773]. Dabei lassen sich drei Tendenzen unterscheiden: a) die im Ergebnis oft reduktionistische Bemühung um eine schärfere Abgrenzung der Begriffe 'Macht' und 'Gewalt' von verwandten Begriffen: von 'Herrschaft' über 'Autorität' und 'Einfluß' bis zu 'Zwang'; b) eine weitere Verlagerung der Diskussion von Aussagen über die „Substanz" oder das „Wesen" von 'Macht' und 'Gewalt' zur Analyse der relationalen Seite der mit ihnen gemeinten Sachverhalte; c) Versuche zur Überwindung der klassischen Machttheorie der Neuzeit seit Hobbes durch eine verstärkte Reflexion auf das Verhältnis von sozialen und politischen Systemen zur Macht[774].

Aus dem politischen Sprachgebrauch, der die Erfahrung zweier Weltkriege und der sich daran anschließenden weltpolitischen Spannungen, das Erlebnis von totalitären und faschistischen Regimen, ferner die Politisierung und Ideologisierung aller gesellschaftlichen Bereiche und die verstärkte Konzentration wirtschaftlicher Macht zu verarbeiten hat, seien nur drei Tendenzen herausgegriffen, die möglicherweise begriffsgeschichtlich relevant werden können.

1) Im Bereich der zwischenstaatlichen Beziehungen kommt es zunächst zu einer Reduzierung des Kreises der 'Oligarchie der Großmächte'[775] auf die 'Supermächte', die bald nach dem Zweiten Weltkrieg vorübergehend mit den 'Atommächten' gleichgesetzt wurden, oder auf ideologische 'Machtblöcke'. Da beide Kriterien — Atombewaffnung und Ideologie — durch die Erweiterung des Kreises der Atommächte und durch zusätzliche ökonomische und innerideologische Gegensätze fragwürdig geworden sind, verlieren auch die Termini der 'Weltmacht' oder 'Supermacht' oder des 'Machtblocks' an Prägnanz, während der Machtbegriff als solcher im Sinne von 'potentia' unentbehrlich bleibt.

2) 'Macht' zur Bezeichnung innerstaatlicher Strukturen wird im ideologischen Sprachgebrauch oft verdrängt durch den Neologismus 'Herrschaft', der freilich jetzt als politischer Kampfbegriff — im Unterschied zur geschichtswissenschaftlichen

---

[772] WEBER, Wirtschaft und Gesellschaft (s. Anm. 1), 28 f.

[773] „Wirtschaft und Gesellschaft" erschien zuerst 1921; ferner bes.: ders., Nationalstaat (s. Anm. 766).

[774] Vor allem die Arbeiten von LUHMANN und HANNAH ARENDT (s. Anm. 595); einen Überblick über moderne Machttheorien geben KLAUS V. BEYME/CLAUS D. KERNIG, Art. Macht, SDG Bd. 4 (1971), 235 ff.

[775] GEORG SCHWARZENBERGER, Machtpolitik. Eine Studie über die internationale Gesellschaft (Tübingen 1955), 73 ff. Die Formel von der *Oligarchie der großen Mächte* zuerst 1845 bei DROYSEN, Stellung Preußens (s. Anm. 548), 58 u. passim; Schwarzenberger zitiert Droysen nicht.

Terminologie[776] — allgemein die Konnotation des Unrechtmäßigen mit sich führt. Diese Verschiebung reflektiert außerdem die Herabstufung des Staates als bisher einzig legitimem Inhaber des Gewaltmonopols zu einem Machtträger unter anderen.

3) Der Begriff 'Gewalt', der, abgesehen von juristischen Wortverbindungen wie 'Amtsgewalt' oder 'Staatsgewalt', die einstige Bedeutung von 'potestas' völlig zugunsten derjenigen von 'violentia' eingebüßt hat, erfährt eine immense Ausdehnung. Anknüpfend an die Marxsche Konzeption von der „sachlichen Macht" der gesellschaftlichen Verhältnisse, wird aus einem Handlungsbegriff, der mit der Vorstellung direkten physischen und psychischen Zwanges verbunden war, ein Strukturprinzip, das innerhalb der durch es bestimmten Staats- und Gesellschaftsordnungen in manifester oder latenter Form alle politischen und sozialen Beziehungen durchdringt: die „Totalität" der *institutionalisierten Gewalt des Bestehenden* in der bisherigen Gesellschaft[777]. Insofern solche *Gewaltverhältnisse* nicht mehr auf Handlungen konkret identifizierbarer Personen zurückgeführt werden können, sind sie *strukturelle Gewalt*[778]. Die Konsequenz aus dieser, von der anthropologischen Prämisse einer absoluten Autonomie des Individuums bestimmten, allgemeinen Gewaltauffassung ist, daß begrifflich — und das allein interessiert in diesem Zusammenahng — innerhalb eines sozialen und politischen Systems nicht mehr zwischen 'Macht', 'Gewalt', 'Zwang' und 'Abhängigkeit', aber auch nicht zwischen 'legitimer' und 'illegitimer Gewalt', und das heißt: zwischen 'Recht' und 'Macht' unterschieden werden kann. Das Recht, diese „Gewalt" durch „kritische Vernunft" oder, wenn notwendig, durch direkte gewaltsame Aktionen zu destruieren, die ihrerseits 'Revolution' oder 'Gegengewalt' genannt werden, gründet sich scheinbar systemfremd auf den Glauben an eine künftige herrschaftsfreie und damit gewaltlose Gesellschaft.

Literatur

MAX WEBER, Wirtschaft und Gesellschaft, 5. Aufl., hg. v. Johannes Winckelmann (Tübingen 1972); FRIEDRICH MEINECKE, Die Idee der Staatsraison in der neueren Geschichte, Werke, Bd. 1, hg. v. Walther Hofer, 2. Aufl. (München 1960); GERHARD RITTER, Die Dämonie der Macht. Betrachtungen über Geschichte und Wesen des Machtproblems im politischen Denken der Neuzeit, 5. Aufl. u. d. T.: Machtstaat und Utopie (Stuttgart 1946); GEORG SCHWARZENBERGER, Machtpolitik. Eine Studie über die internationale Gesellschaft (Tübingen 1955); BERTRAND DE JOUVENEL, Über die Staatsgewalt. Die Naturgeschichte ihres Wachstums (Freiburg 1972); RAYMOND ARON, Histoire et dialectique de la violence (Paris 1973); ULRICH MATZ, Politik und Gewalt. Zur Theorie des demokratischen Verfassungsstaates und der Revolution (Freiburg, München 1975).

KARL-GEORG FABER

---

[776] BRUNNER, Land und Herrschaft (s. Anm. 98).
[777] HERBERT MARCUSE, Das Problem der Gewalt in der Opposition, in: ders., Psychoanalyse und Politik (Frankfurt, Wien 1968), 202.
[778] Eingeführt von JOHAN GALTUNG, Violence, Peace and Peace Research, Journal of Peace Research 4 (1969), 167 ff.; vgl. ULRICH MATZ, Politik und Gewalt. Zur Theorie des demokratischen Verfassungsstaates und der Revolution (Freiburg, München 1975), 70 ff.

Marxismus

I. Einleitung. II. 1. Der Streit in der Ersten Internationale: 'revolutionäre Sozialisten', 'Internationalisten' und 'Marxianer'. 2. Lassalleaner, Eisenacher, 'Socialdemokraten', 'Socialisten' und 'Communisten'. 3. Sozialismus und Sozialdemokratie im Spiegel von Wissenschaft und Publizistik. 4. Eugen Dühring und Franz Mehring. III. 1. Marx, Engels und der Marxismus. 2. Kautskys Marxismusverständnis. 3. Revisionismus. 4. Sozialdemokratische Linke und Marxismus. 5. 'Austromarxismus'. IV. 1. Lenin, Leninismus, Marxismus-Leninismus. 2. 'Westlicher Marxismus': Georg Lukàcs und Karl Korsch. 3. 'Kritische Theorie'. 4. Marxismus und Sozialdemokratie in der Weimarer Republik. 5. Marxismus und Nationalsozialismus. V. Ausblick.

I. Einleitung

In mancher Hinsicht erscheinen die Geschichte der Marxrezeption und jene des Marxismus wie eine Illustration zu Max Horkheimers Essay über „Kategorien der Bestattung"[1]: In dem Moment, in dem die Theorie „eines genialen Mannes genügend Macht gewinnt, um zwangsläufig von sich reden zu machen, setzt die Arbeit ihrer Angleichung an das Bestehende ein", und eine große Anzahl von Fachleuten und Sachverständigen beeilte sich, „die Begriffe der revolutionären Theorie in ihre Darstellungen gleichsam selbstverständlich ein(zu)weben und ihren ideologischen Bestrebungen dienstbar (zu) machen". Auf der Gegenseite beschäftigten sich von Anfang an verschiedenartige Schulen der Orthodoxie damit — „mit Scheuklappen vor den Augen" — zu wiederholen, was 'Marx wirklich sagte', ohne zu merken, daß gerade dadurch „die Lehre des Meisters ... ihren ursprünglichen Sinn" verlieren mußte[2]. Die Marxsche Theorie wurde oft genug das Opfer dieser beiden strukturell identischen Bestattungsverfahren, und die Totengräber behielten die Oberhand, wie Horkheimer lapidar feststellte. Dieser negative Befund soll allerdings nicht darüber hinwegtäuschen, daß der fragmentarische Charakter der Marxschen Theorie, der unterschiedliche wissenschaftliche Status der einzelnen Werke und vor allem die Differenzen in der Methode und in der Sache zwischen den frühen Schriften und dem Alterswerk — bei durchaus vorhandener Kontinuität durch das ganze Werk hindurch — die Rezeption der Schriften beeinflußt und beeinträchtigt haben. Darüber hinaus enthält die Theorie in Form der materialistischen Geschichtsauffassung ein Korrektiv, das eine unhistorische, dogmatische Festschreibung von letzten Wahrheiten verhindert.

So gesehen kann es einen in jeder historischen Phase verbindlichen Marxismus nicht geben; jeder ist darauf verwiesen, die Marxsche Theorie auf diese selbst anzuwenden, und die verwirrende Fülle von Marxinterpretationen resultiert auch daraus, daß „jede Generation, jede Alters- und Bildungsstufe ihren Marx" erarbeiten muß[3]. Diese zwingende Konsequenz führt dann nicht zum totalen Relativismus, wenn zugleich daran festgehalten wird, daß die Marxsche Theorie strukturelle Momente der

---

[1] HEINRICH REGIUS [d. i. MAX HORKHEIMER], Kategorien der Bestattung, in: ders., Dämmerung. Notizen in Deutschland (Zürich 1934), 35 ff.
[2] Ebd., 35.
[3] OTTO BAUER, Die Geschichte eines Buches, Die Neue Zeit 26/1 (1907/08), 33.

kapitalistischen Produktionsweise aufgedeckt hat, die sich bis heute durchhalten und für die deshalb die Marxschen Erklärungen nach wie vor Geltung beanspruchen können.

Bemerkenswert sind in der Geschichte des Marxismus zwei weitere Umstände. Der Terminus 'Marxismus' bewahrte nicht nur bei Gegnern, sondern ebenso bei Anhängern ein erstaunliches Beharrungsvermögen. Für die Bezeichnung von Gesellschaftstheorien wurde und wird zwar oft der Name des Urhebers der Theorie herangezogen, am Anfang meistens von den Gegnern. Mit dem Ableben oder der Umorientierung der Gegner verschwinden dann oft auch diese „-ismen", wenn sie überhaupt allgemeinere Verbreitung fanden, relativ schnell. Ferner kam und kommt es in der Geschichte sozialer Bewegungen häufiger vor, daß sie sich als Kollektive nach dem Namen der Begründer der Theorie oder der Bewegung nennen bzw. ihre theoretische Grundlage zum personalisierten „-ismus" verdünnen. Für die Marxsche Theorie, deren eine Grundlage der historische Materialismus bildet, erscheint der Rückgriff auf den Personennamen zur Bezeichnung der Theorie der Bewegung und, in einzelnen Fällen, zur Bezeichnung der Bewegung selbst als doppelt paradox: zum einen, weil Marx die Historiographie als Wissenschaft von den Haupt- und Staatsaktionen und den „großen Individuen" ausdrücklich kritisiert, und zum andern, weil er die Genesis der Arbeiterbewegung nicht als sein Werk, sondern als ein Resultat der Veränderung der Sozialstruktur bei der Durchsetzung des Kapitalismus begriffen hat. *Daß in der Bewegung des Privateigentums, eben der Ökonomie, die ganze revolutionäre Bewegung sowohl ihre empirische als theoretische Basis findet*[4], daß die Arbeiterbewegung also nicht etwas von Intellektuellen Ausgehecktes ist, galt dem frühen Marx als ebenso unbestreitbar wie dem späten. Die Bestimmung der Funktion der Intellektuellen im Kampf der Arbeiter wechselt zwar bei Marx im Laufe der Zeit erheblich, aber nie räumte er ihnen eine Stellung ein, die sie dazu berechtigen würde, die Theorie der Bewegung oder die Bewegung selbst mit dem Namen eines Theoretikers des Sozialismus zu kennzeichnen. Ferner ist der Terminus 'Marxismus' in einem buchstäblichen Sinne falsch, denn mehr als Marx' Werke trugen jene von Engels zur Verbreitung der Theorie bei. — Die personalisierenden Termini für sozialistische Theorien und Bewegungen, bei Gegnern und Anhängern gleichermaßen beliebt, behalten etwas Paradoxes und im Falle des 'Marxismus' etwas der Theorie, die damit benannt wird, geradezu Widersprechendes.

Es kann vorweg vermutet werden, daß sich gerade diese personalisierende Nomenklatur für die unkritische Anlehnung an Autoritäten als ebenso geeignet erwies wie für die als Kritik an der Sache ausgegebene Polemik gegen die Person von Marx, wofür es in Form von sogenannten „politischen Biographien" zahlreiche Beispiele gibt. Neben der sozialpsychologischen Erklärung für die praktisch unbeschränkte Disponibilität des Begriffs 'Marxismus' in beliebigen historischen und sachlichen Kontexten und Diskursen kann allerdings die politische Erklärung aus der Interessengebundenheit der Anhänger und Kritiker der Marxschen Theorie mehr Plausibilität für sich beanspruchen. Die Resistenz, die die Marxsche Theorie in der Geschichte und den Begriff 'Marxismus' in theoretischen und politischen Diskursen auszeichnen, sind ein Indiz nicht nur für die wissenschaftliche Tragweite der Theorie, sondern

---

[4] KARL MARX, Ökonomisch-philosophische Manuskripte (1844), MEW Erg.Bd. 1 (1968), 536.

auch für die Aktualität der Blochschen Formulierung, daß der *Umbau der Welt zur Heimat*[5], den Marx' Theorie intendierte, noch nicht gelungen ist. Freunde und Feinde dieser Theorie sehen sich deshalb — aus durchaus unterschiedlichen Motiven — gezwungen, sich an ihr abzuarbeiten.

II.

1. Der Streit in der Ersten Internationale: 'revolutionäre Sozialisten', 'Internationalisten' und 'Marxianer'

Im Laufe des Jahres 1871 bediente sich MICHAIL BAKUNIN in der Auseinandersetzung mit Giuseppe Mazzini jener Kampfbegriffe, die er bald auch auf Marx übertragen sollte. Von Mazzinis republikanischem Programm hielt Bakunin nichts, und er unterstellte dem Italiener eine *douce habitude de commander aux aveugles, crédules, de les manier et de les façonner comme une matière passive, et de s'en faire un piédestal soit pour des idées favorites, mais en dehors de ces masses et par conséquent contraires inévitablement à leurs besoins réels, soit pour sa propre personne*[6]. Anschließend an die letztere Behauptung bildete Bakunin Sprachformen, mit denen er das politische Programm Mazzinis, besonders aber dessen theologische und ethisch-idealistische Implikationen kritisierte. Eindeutig abwertend sprach er von der *propagande mazzinienne*, der *doctrine mazzinienne*, der *théologie mazzinienne* und den *écoles mazziniennes*[7]. Dem Theismus und Idealismus des italienischen Demokraten setzte der russische Atheist und Materialist die Doktrin der „socialistes révolutionnaires" entgegen, derzufolge die Internationale der *initiative spontanée des masses ouvrières, non éclairées, non faussées, non châtrées par l'éducation mazzinienne*[8] entsprungen sei. Dem städtischen Proletariat in Italien traute Bakunin zu, daß es sich niemals *mazzinizzare e garibaldinizzare*[9] lasse und seinem *socialisme instinctif*[10] treu bleibe. Der Name des politischen Gegners diente also Bakunin dazu, um ein ganzes Arsenal von Kampfbegriffen und Schlagworten zu bilden zur Kennzeichnung der gegnerischen Position.

Als Urheber der Doktrin und des Programms der Internationale anerkannte Bakunin Marx, ohne aber deshalb von einem marxistischen Programm zu sprechen. Schon in einem Brief vom 22. 12. 1868 an Marx schrieb Bakunin enthusiastisch: *Mein Vaterland ist jetzt die Internationale, zu deren Hauptgründern Du gehörst. Du siehst also, lieber Freund, daß ich Dein Schüler bin — und ich bin stolz es zu sein*[11]. In der Folge und selbst noch nach dem Bruch mit Marx und dem Londoner Generalrat ließ Bakunin nie einen Zweifel aufkommen über Marx' wissenschaftliche Verdienste, die er trotz entschiedener Opposition gegen die Politik und die Zielvorstel-

---

[5] ERNST BLOCH, Das Prinzip Hoffnung, Bd. 1, 3. Aufl. (Frankfurt 1976), 334.
[6] MICHAIL BAKUNIN, Lettre aux rédacteurs du „Proletariato italiano" (16.—28. Nov. 1871), Oeuvres complètes, éd. Arthur Lehning, 2ᵉ éd. (Paris 1973), t. 1/2, 54.
[7] Ders., L'Internationale et Mazzini (1871), Oeuvres, t. 1/1, 27. 43. 111. 195.
[8] Ebd., 29.
[9] Ders., Il socialismo e Mazzini. Lettera agli amici d'Italia (Okt. 1871), Oeuvres, t. 1/2, 37.
[10] Ders., Contre Mazzini (Nov. 1871), ebd., 82.
[11] Ders. an Marx, 22. 12. 1868, in: ders., Staatlichkeit und Anarchie und andere Schriften, hg. v. Horst Stuke (Frankfurt, Berlin 1972), 731; vgl. ebd., 374. 396. 769. 805.

lungen der „communistes autoritaires" sehr hoch einschätzte. Zur Selbstbezeichnung bzw. Abgrenzung von Mazzini, aber auch von den deutschen Sozialdemokraten um Bebel und Liebknecht, gebrauchte Bakunin die Termini *Internationaux*[12], *nous révolutionnaires socialistes*[13] oder *nous autres socialistes matérialistes*[14]. ARTHUR LEHNING hat darauf hingewiesen, daß seit dem Basler Kongreß von 1869 auch das Wort *collectivisme* von jenen verwendet wurde, die den *communisme antiétatique*[15] anstrebten. Der Terminus 'Anarchist' dagegen scheint den Antiautoritären von ihren Gegnern innerhalb der I. Internationale aufgezwungen worden zu sein, denn BAKUNIN benützte ihn erst gar nicht und später nur spärlich. Noch in einem Fragment von 1872 schrieb er von sich und seinen Anhängern als *socialistes-révolutionnaires autrement appelés anarchistes des communistes autoritaires et doctrinaires de l'Allemagne*[16].

Mit der Verschärfung der Spannungen innerhalb der Internationale nach der Niederlage der Pariser Kommune und der Londoner Konferenz (Herbst 1871) radikalisierte sich Bakunins Vokabular. Er konzentrierte seine Kritik auf Marx, den er für den Urheber des Streites hielt. Nach wie vor war Marx für Bakunin *der erste ökonomische und sozialistische Gelehrte unserer Zeit*, aber gleichzeitig hielt er ihn für einen *autoritären und zentralistischen Kommunisten*, der statt der *Abschaffung des Staates* die Emanzipation der Arbeiterklasse durch die Eroberung der Staatsmacht und damit die *Negation des menschlichen Rechtes*[17] in Aussicht stelle. Die Kritik an Marx formulierte Bakunin in der Folge immer stärker personenbezogen und gebrauchte dieselben Sprachformen wie in der Kontroverse mit Mazzini. Marx' Charakter wurde für die Heftigkeit des Streites verantwortlich gemacht: *Marx ist persönlich bis zur Verrücktheit. Er sagt meine Ideen und will nicht verstehen, daß die Ideen niemand gehören... Marx, der schon an und für sich zur Selbstanbetung neigte, wurde definitiv durch die Abgötterei seiner Schüler verdorben, die aus ihm eine Art doktrinären Papst gemacht haben*[18]. An dieser Stelle sprach Bakunin auch zum ersten Mal von Marx' Schülern als *Marxianern* und reihte sie in ein Glied mit den *Mazzinianern*[19] ein.

[12] Ders., Réponse d'un International à Mazzini (Juli/Aug. 1871), Oeuvres, t. 1/1, 3 ff. 16.
[13] Ders., Contre Mazzini (Nov. 1871), Oeuvres, t. 1/2, 85.
[14] Ders., Fragments (1871/72), Oeuvres, t. 1/1, 217.
[15] Ders., Oeuvres, t. 1/2, 459, Anm. 185.
[16] Ders., Fragments et variantes (1871/72), Oeuvres, t. 1/1, 278; vgl. auch t. 1/2, 179: *la lutte ... des communistes autoritaires ... et des fédéralistes, autrement dits anarchistes.* Erst der Kongreß der italienischen Föderation im März 1873 erklärte sich ausdrücklich als *anarchiste et fédéraliste;* vgl. La Première Internationale. Recueil de documents, éd. JACQUES FREYMOND, t. 3 (Genf 1971), 294.
[17] BAKUNIN an Ludovico Nabruzzi und die anderen Internationalisten der Romagna, 23. 1. 1872, in: ders., Staatlichkeit und Anarchie, 769 f.
[18] Ebd., 771.
[19] Ebd., 771 f. Der Terminus 'Marxianer' tauchte gelegentlich schon in den sechziger Jahren als Selbstbezeichnung der sich politisch mit Marx in Übereinstimmung befindenden Personen auf. Vgl. den Brief LUDWIG KUGELMANNS an Marx vom 29. 9. 1867: *Eine Genugtuung habe ich von meinem Genfer Aufenthalt und das ist, daß ich Sie dort ... an „Herrn Vogt" gerächt habe. — Bei der Wahl der 5 deutschen Vizepräsidenten zum Friedenskongreß wurde auch Vogt vorgeschlagen. — Ich entgegnete, daß ich erwartete, der Name würde hier nicht wieder genannt werden... Trotz eifriger Verteidigung von verschiedenen Seiten... glänzender Sieg, 4 reine Marxianer und Ludwig Büchner, Ihr einstweilen nur noch instinktiver An-*

So wie er von Mazzini sagte, er sei *Italianissimo*, so wurde Marx in seinen Augen ein *Pangermanist bis ins Mark der Knochen*[20]. Die Analogie wurde fortgesetzt mit der *secte marxienne*[21], der *pratique marxienne*, dem *socialisme marxien*, dem *système marxien*[22] und den *calomniateurs mazziniens et marxiens*[23]. In seinem Anfang 1873 entstandenen Werk „Staatlichkeit und Anarchie" führte Bakunin die Termini 'Marxisten' und 'marxistisch' in die Diskussion ein, ohne daß dabei inhaltliche Verschiebungen zum Gebrauch von 'Marxien/Marxianer' bzw. 'marxien/marxianisch' festzustellen wären. Diese Termini fungierten bei Bakunin nicht als tragende Begriffe im theoretischen Diskurs, sondern waren hauptsächlich Etiketten im Abgrenzungskampf, die der inhaltlichen Präzisierung entbehrten.

Bakunin gebrauchte die Begriffe 'Saint-Simonismus', 'Fourierismus' und 'Hegelianismus' in eindeutig pejorativem Sinne[24]. Für die Marxsche Theorie, wie auch für die Proudhons, fehlt dagegen eine solch eindeutige Definition, was wohl in beiden Fällen mit dem Respekt zusammenhängt, den Bakunin diesen Theorien entgegenbrachte.

2. Lassalleaner, Eisenacher, 'Socialdemokraten', 'Socialisten' und 'Communisten'

Nach der Niederlage der Pariser Kommune, die in der Öffentlichkeit als ein Komplott der Internationale unter der Leitung von Marx dargestellt wurde, und nach der Beantwortung von Bismarcks Kommune-Rede im Reichstag (2. 5. 1871) durch Bebel (25. 5. 1871) und der sich daran anschließenden Kontroverse in der Presse, die im Leipziger Hochverratsprozeß vom Frühjahr 1872 kulminierte, erlangte Marx als Person europäische Berühmtheit. Aber weder diese ungewollte Publizität noch die Auseinandersetzungen mit Bakunin führten in der deutschen Arbeiterbewegung zu einer intensiveren Beschäftigung mit der Marxschen Theorie. Das Eisenacher Programm enthielt zwar wesentliche Teile der von Marx redigierten Grundsätze der Internationale, aber die Marxsche Theorie blieb in der Partei eine terra incognita.

---

hänger; in: Die I. Internationale in Deutschland (1864—1872). Dokumente und Materialien, hg. v. den Instituten für Marxismus-Leninismus beim ZK der SED und beim ZK der KPdSU (Berlin 1964), 176. ERNESTO RAGIONIERI, Il Marxismo e la Prima Internazionale, in: ders., Il Marxismo e l'Internazionale. Studi di storia del marxismo (Roma 1972), 17 stellte zur Verwendung des Terminus 'Marxianer' in dieser Phase richtig fest: „Ben lungi dal riferirsi ad una concezione del mondo o a un metodo di analisi scientifica, quella parola ('Marxianer') significava fedeltà sperimentata ad una lotta politica che cercava di collegare nel modo più stretto le nuove esperienze del movimento operaio con la tradizione del 1848". Mit andern Worten, die 'Marxianer' bildeten die Reste der *Partei Marx* (ENGELS an Joseph Weydemeyer, 12. 4. 1853, MEW Bd. 28, 1963, 581) aus der Zeit der Revolution von 1848/49.

[20] BAKUNIN, Persönliche Beziehungen zu Marx (1871), in: ders., Staatlichkeit und Anarchie, 399.

[21] Ders., Lettre aux Internationaux de la Romagne, 23.—26. Jan. 1872, Oeuvres, t. 1/2, 219.

[22] Ders., Lettre au journal „La Liberté" de Bruxelles, 5. 10. 1872, Oeuvres, t. 2 (1965), 147. 166.

[23] Ders., Article français (Jan. 1872), Oeuvres, t. 1/2, 185, Anm.

[24] Ders., Der Sozialismus (1867), in: ders., Staatlichkeit und Anarchie, 66 f.

Selbst Bebels programmatische Schrift „Unsere Ziele" (1870), die bis 1877 fünfmal aufgelegt wurde, *bewegte sich noch wesentlich im Lassalleanischen Gedankengange*[25] und erwähnte Marx nur beiläufig. Auf dem Eisenacher Gründungsparteitag interpretierte BEBEL die Teile des Programms, die demjenigen der Internationale entstammten, mit dem Hinweis, *daß sich die „Abschaffung der jetzigen Produktionsweise" durch nichts anderes herstellen läßt als durch assoziierte Selbstunternehmer, durch großartige, die ganze Arbeiterschaft umfassende Produktivgenossenschaften. Wir meinen also „Staatshilfe" im einzigen vernünftigen Sinn dieses vielfach mißbrauchten Wortes*[26]. Ein Jahr später forderte Bebel die Ausarbeitung eines *Plans des Zukunftstaates*[27] — ein Vorhaben, das der Theorie von Marx strikt zuwiderlief. Das *eherne . . . Lohngesetz, die Forderung des vollen Arbeitsertrages* und der Bezug auf die *Revolution von 1789*, in der sie bereits den *Grundgedanken oder die Grundidee unseres Programms* sahen[28], gehörten ebenso zur heterogenen Programmatik der Sozialdemokraten, wie LIEBKNECHTS Rekurs auf die Revolution von 1848. Nach der ausdrücklichen Erwähnung des Bundes der Kommunisten erklärte sich Liebknecht 1869 als Mitglied der *alten Communistenpartei — der ich damals angehörte, wie ich ihr heute angehöre*[29]. Das Eisenacher Programm betrachtete er als *Produkt eines Kompromisses der sozialistisch-kommunistischen Auffassung mit dem Lassalleanismus, das an der Spitze die Fundamentalsätze der kommunistischen Weltanschauung*[30] enthalte.

Zwar unternahm BRACKE in den frühen siebziger Jahren auf verschiedenen Parteitagen und in einer Broschüre den Versuch, aus der Programmatik der Partei die Lassalleschen Momente herauszubringen, aber er setzte sich damit nicht durch[31]. Auch die Bemühungen DIETZGENS in diesen Jahren brachten keine Klärung der Theorie, denn er kümmerte sich weniger um die vorliegenden Teile der Marxschen Theorie als um die Ausarbeitung der erkenntnistheoretischen Grundlagen für die *materialistische Weltanschauung* — den *Glauben des vierten Standes, der den alten Glauben . . . nach Art der Wissenschaft auf den Kopf* stellt: *Im alten Glauben diente der Mensch dem Evangelium, im neuen Glauben ist das Evangelium dazu da, der Menschheit zu dienen*[32]. Die Theorieansätze, die in der Eisenacher Sozialdemokratie irgendeine Rolle spielten, blieben unvermittelt in eklektischer Heterogenität stek-

---

[25] EDUARD BERNSTEIN, Zur Vorgeschichte des Gothaer Programms, Die Neue Zeit 15/1 (1896/97), 466, Anm. 1.

[26] Protokoll über die Verhandlungen des Allgemeinen deutschen socialdemokratischen Arbeiterkongresses zu Eisenach am 7., 8. und 9. August 1869, Ndr. in: Protokolle der sozialdemokratischen Arbeiterpartei, Bd. 1 (Glashütten/Taunus, Bonn-Bad Godesberg 1971), 30. Die Protokolle werden im folgenden nach der Formel abgekürzt zitiert: Prot. Ort, Jahr des Kongresses, Seitenzahl von Bd. 1 der genannten Ausgabe.

[27] Prot. Stuttgart 1870, 15.

[28] Prot. Dresden 1871, 18. 20; Prot. Mainz 1872, 13.

[29] Prot. Eisenach 1869, 44.

[30] Prot. Coburg 1874, 79.

[31] Vgl. Prot. Eisenach 1873, 46 ff.; Prot. Coburg 1874, 5 f. und WILHELM BRACKE, Der Lassall'sche Vorschlag. Ein Wort an den 4. Congreß der social-demokratischen Arbeiterpartei (Braunschweig 1873).

[32] JOSEF DIETZGEN, Die Religion der Sozialdemokratie (1870/75), Ges. Schr., hg. v. Eugen Dietzgen, Bd. 1, 4. Aufl. (Berlin 1930), 126. 95.

ken. Auch die Vereinigung von Lassalleanern und Eisenachern 1875 fand auf der Basis eines Programms statt, das mit der Marxschen Theorie wenig gemein hatte. Weder im Programm selbst noch in der Programmdiskussion kam die Rede auf Marx oder gar den 'Marxismus'. Dafür wurde auf dem Vereinigungsparteitag ein Antrag angenommen, in dem vorgeschlagen wurde, *daß der Kürze halber zur Benennung der beiden Fraktionen die Ausdrücke Eisenacher und Lassalleaner gebraucht werden möchten*[33]. Diese Sprachregelung hatte sich längst eingebürgert, denn die Nachfolger Lassalles im „Allgemeinen Deutschen Arbeiterverein" (ADAV) beriefen sich von Anfang an positiv auf Lassalle und dessen Theorie: *Die sozialdemokratischen Lassalleaner schreiten ungehindert fort ..., die Lassalleaner schaffen die Arbeitermassen, die fähig sind, die soziale Frage zu lösen*[34]. In der Polemik zwischen Lassalleanern und Eisenachern wiesen zwar die Lassalleaner ihre Gegner immer wieder auf ihre Beziehungen zu *Herrn Marx* hin, aber sie bezeichneten weder Liebknecht noch Bebel als 'Marxisten', noch deren Doktrin als 'Marxismus'[35]. Zur Bezeichnung der feindlichen Gruppen gebrauchte man wechselseitig die Namen der Parteiführer ('Bebelianer', 'Schweitzerianer')[36]. Zusammenfassend kann festgestellt werden, daß die Eisenacher Sozialdemokraten in den siebziger Jahren keine verbindliche Parteidoktrin hatten, sondern aus verschiedensten Quellen schöpften, wobei die Lassalleschen Einflüsse am stärksten gewesen sein dürften. Die Differenzen zu den Lassalleanern lagen nicht so sehr auf theoretischer als vielmehr auf organisatorischer Ebene; der ADAV war diktatorial, die Eisenacher-Partei dagegen demokratisch aufgebaut. Die unterschiedliche Organisationsstruktur und der Streit darum können auch erklären, warum sich die Eisenacher, trotz ihrer Verbindungen zu Marx, nicht 'Marxisten' nannten: *Wir alten Eisenacher hingen so sehr an demokratischen Formen, daß das Wort „Führer" bei uns verpönt war ... Wir alten Eisenacher spotteten ... darüber, daß die Lassalleaner ihre Richtung nach einer Person benannten. Aus diesem radikal-demokratischen Gefühl heraus wäre auch die Bezeichnung „Marxist" und „Marxismus" damals verpönt gewesen, obwohl wir glühende Anhänger der Marxschen Theorien waren*[37].

3. Sozialismus und Sozialdemokratie im Spiegel von Wissenschaft und Publizistik

RODBERTUS sprach schon 1871 vom „Kapital" als einem *Einbruch von Marx in die Gesellschaft* und beabsichtigte, *den Socialismus zur Renovation des Conservatismus*

---

[33] Prot. Gotha 1875, 14.
[34] Der Social-Demokrat, Nr. 99 (23. 8. 1868); vgl. auch Nr. 2 (5. 7. 1871): *... wenngleich wir unerschütterlich festhalten an den bisherigen Grundsätzen unserer Partei, wie sie F. Lassalle vorgezeichnet hat;* Nr. 43 (12. 4. 1872; zu Lassalles Geburtstag).
[35] TÖLCKE gab *Herrn Carl Marx, sowie dessen direkten Schülern (Liebknecht!), Anhängern und Freunden* (Neuer Social-Demokrat, Nr. 143, 8. 12. 1872) die Schuld für die Spaltung. Liebknecht, *der bekannte Agent der antiquierten Marxschen Coterie* (Nr. 145, 13. 12. 1872); *... die Schule der Herren Marx und Liebknecht* (Nr. 103, 7. 9. 1873).
[36] SCHWEICHEL spricht in einem Brief vom 17. 8. 1869 von *Schweitzerianern* (in: WILHELM LIEBKNECHT, Briefwechsel mit deutschen Sozialdemokraten, Bd. 1, hg. v. Georg Eckert, Assen 1973, 260), ADOLF HELD von *Bebelianern* (Die deutsche Arbeiterpresse der Gegenwart, Leipzig 1873, 25. 50. 107) und *Bebelianisch gesinnten* Zeitungen (ebd., 48).
[37] WILHELM BLOS, Denkwürdigkeiten eines Sozialdemokraten, Bd. 1 (München 1914), 224.

zu gebrauchen[38]. In der akademischen und politischen Publizistik wurde Marx in der Folge zwar häufiger diskutiert und kritisiert, aber weder in der sozialdemokratischen Doktrin noch in der Flut der im Vorfeld des Bismarckschen Sozialistengesetzes entstandenen antisozialistischen Literatur wurde der Terminus 'Marxismus' verwendet. SYBEL konstatierte die *Bündigkeit, Geschlossenheit und Folgerichtigkeit*[39], nannte dieses *System* aber nirgends 'Marxismus'. RUDOLF MEYER operierte bei der Darstellung des Streites zwischen Marx und Bakunin mit den Begriffen *Marxianer*, *Marxisten* und *Bakunisten*[40], übertrug diese aber nicht auf die deutschen Verhältnisse, sondern sprach hier von *Lassalleanern* und *Bebelianern*[41]. Weder TREITSCHKE in seinem fulminanten Angriff auf den *Socialismus und seine Gönner* noch SCHMOLLER in der Zurückweisung der Vorwürfe Treitschkes an die Kathedersozialisten[42] bedienten sich des Terminus 'Marxismus', obwohl beide mit der Person Marx' und der deutschen Sozialdemokratie hart ins Gericht gingen. Von noch zu berücksichtigenden Ausnahmen abgesehen, taucht der Begriff 'Marxismus' in der politischen und akademischen Publizistik („Preußische Jahrbücher", „Deutsche Rundschau", „Historisch-politische Blätter für das katholische Deutschland", „Zeitschrift für die gesamte Staatswissenschaft", „Jahrbücher für Nationalökonomie und Statistik", „Jahrbuch für Gesetzgebung, Verwaltung und Volkswirtschaft im Deutschen Reich") sowie in den Werken der namhaften Publizisten, Historiker und Nationalökonomen bis zum Ende der achtziger Jahre nicht auf.

Dieser Befund bestätigt sich auf lexikalischer Ebene. Erst in den neunziger Jahren findet der Begriff 'Marxismus' Aufnahme in den wichtigsten Handbüchern und Lexika. Noch die 14. Auflage des Konversationslexikons von BROCKHAUS aus dem Jahre 1894 widmet dem Begriff keinen eigenen Artikel, und auch der Neudruck des Werkes 1902 verweist unter dem Stichwort „Marxismus" lediglich auf den Artikel „Sozialdemokratie", wo der Terminus verschiedentlich vorkommt[43].

Das Fehlen des Begriffs 'Marxismus' in der akademischen und politischen Diskussion der siebziger und achtziger Jahre ist um so erstaunlicher, als in der Historischen

---

[38] JOH. KARL RODBERTUS, Ges. Werke u. Briefe, hg. v. Thilo Ramm, Bd. 4 (Osnabrück 1972), 275. 521.

[39] HEINRICH V. SYBEL, Die Lehren des heutigen Socialismus und Communismus (Bonn 1872), 25; ebenso EUGEN JÄGER, Der moderne Socialismus. Karl Marx, die Internationale Arbeiter-Association und die deutschen Socialisten (Berlin 1873), XII. 179.

[40] RUDOLF MEYER, Der Emanzipationskampf des vierten Standes, Bd. 1 (Berlin 1874), 42. 163; Bd. 2 (1875), 25. 28. 124. 127. 129. 157 f.

[41] Ebd., Bd. 1, 110. 173. 230; *Marx-Bebelsche Richtung* (410); *Schule von Marx* (417).

[42] HEINRICH V. TREITSCHKE, Der Socialismus und seine Gönner, Preuß. Jbb. 34 (1874), 67 ff. 248 ff.; GUSTAV SCHMOLLER, Offenes Sendschreiben an Herrn Prof. Dr. Heinrich von Treitschke über einige Grundfragen des Rechts und der Volkswirtschaft, Jbb. f. Nationalökonomie u. Statistik 24 (1875), 81 ff.

[43] BROCKHAUS 14. Aufl., Bd. 11 (1894), 642 (hier nur die Stichwörter „Marx" und „Marxisten"); ebd., rev. Jubiläumsausg., 2. Ndr., Bd. 11 (1902), 634; Bd. 15 (1903), 1 ff. In der 4. Aufl. von MEYER erscheint der Begriff 'Marxismus' weder im Art. „Marx" noch im Art. „Sozialismus" (Bd. 11, 1888, 302 f.; Bd. 15, 1889, 55 ff.). Das „Staatslexikon" erwähnt in Bd. 5 (1897), 135 den Begriff einmal: *Es muß demnach der Marxismus als im wesentlichen ebenso verderblich wie der Anarchismus bezeichnet werden.* Einen besonderen Artikel über Marx enthält erst die 4. Aufl., Bd. 3 (1911), 1016 ff.

Schule etwa der Terminus *Smithianismus*[44] als Feindbezeichnung durchaus nicht unüblich war. Daß eine vergleichbare sprachliche Form für die Marxsche Theorie nicht gebräuchlich wurde, erklärt sich zum einen aus der Wissenschaftsgeschichte der deutschen Nationalökonomie, zum andern aus der politischen Geschichte der Ära Bismarck. Wissenschaftsgeschichtlich bedeutete die Gründung des „Vereins für Socialpolitik" (1872) und die faktische Monopolisierung der Universitätslehrstühle durch Kathedersozialisten einen wichtigen Durchbruch. Der Sozialismus wurde damit, wie sich Rodbertus ausdrückte, wissenschaftlich salonfähig. Die als Gegenbewegung zur klassischen, schottisch-englischen Nationalökonomie und ihren manchesterliberalen Nachfolgern in Deutschland entstandene Historische Schule faßte allerdings den Begriff des Sozialismus so weit, daß er mit den herkömmlichen sozialistischen Schulen und Theorien nichts mehr gemein hatte: *Ich bin sogar der Meinung, daß diese Erfindung* (der Begriff 'Kathedersozialismus') *unter anderem das Verdienst hat, daß dadurch der Gebrauch des Wortes Sozialismus zur Bezeichnung jeder mißliebigen, die Ruhe des Bürgers aufrüttelnden Richtung ein Ende nehmen muß ... Socialist ist jeder, der über sociale Organisation und Ordnung Vorschläge macht*[45]. Und SCHMOLLER, der den Kommunismus als *Fanatismus der Gleichheit* und *baren Unsinn* schmähte, sagte dagegen vom Sozialismus, er sei *im Grunde nur die Kehrseite des Individualismus; er ist so berechtigt und so unberechtigt wie dieser*[46]. Diese Bekenntnisse bedeuteten freilich alles andere als eine Annäherung des Kathedersozialismus an die Sozialdemokratie. Die Protokolle des „Vereins für Socialpolitik" zeigen, daß seine Mitglieder mit der *materialistischen, reichsfeindlichen, alle Ideale zerstörenden Socialdemokratie* nichts zu schaffen haben wollten und die Ziele der Partei für *gefährlichen Unsinn*[47] hielten.

In der Nachfolge Steins waren es vor allem Rodbertus und Wagner, die der Konzeption eines von der monarchischen Staatsgewalt als vermittelnder Instanz zwischen den gesellschaftlichen Kräften getragenen Staatssozialismus zu wissenschaft-

---

[44] Vgl. H. v. SCHEEL, Die politische Ökonomie als Wissenschaft, in: Handbuch der Politischen Ökonomie, hg. v. G. SCHÖNBERG, 2. Aufl., Bd. 1 (Tübingen 1885), 87 ff.

[45] HELD, Arbeiterpresse, 15, Anm. Vgl. auch G. KRIEGSMANN, Der christlich-liberale Socialismus des François Huet, Preuß. Jbb. 59 (1887), 66: *In Deutschland hat der Ausdruck „socialistisch" eine Nebenbedeutung erhalten, die uns ganz vergessen macht, daß wir in allen unseren staatlichen und gesellschaftlichen Einrichtungen längst Socialisten im eigentlichen Sinne des Wortes sind.* Ebenso CARL JENTSCH noch 1895 (Grundbegriffe und Grundsätze der Volkswirtschaft. Eine populäre Volkswirtschaftslehre, Leipzig, 388): *Das Wort Socialismus bezeichnet eigentlich bloß das Streben, die Menschen gesellschaftlich zu organisieren.* Dagegen blieb THEODOR BARTH mit seiner Ansicht isoliert: *Wir haben es also bei jenem Sozialismus, der nicht der Sozialismus der Sozialdemokratie ist, mit einem Bastardbegriff zu tun, der wie dazu geschaffen ist, Unklarheiten zu verdecken und zugleich hervorzurufen;* Soziales Königtum (1888/89), in: ders., Die politische Phrase und anderes. Neun politische Aufsätze (München 1910), 27.

[46] SCHMOLLER, Sendschreiben, 106. Symptomatisch dafür sind auch Änderungen, die FRANZ MEHRING in der 3. Aufl. (1879) seines Buches: Die deutsche Sozialdemokratie (Bremen 1877) machte: 1. Aufl., 97: *socialistische Gewerkschaften;* 3. Aufl., 112: *socialdemokratische Gewerkschaften;* vgl. auch 1. Aufl., 110 mit 3. Aufl., 126.

[47] Verh. der 2. Generalversammlung des Vereins für Socialpolitik am 11. u. 12. 10. 1874 (Leipzig 1875), 7. 9. Vgl. auch Verh. 1873 (Leipzig 1874), 158. 159. 180. 182. 192.

licher und politischer Reputation verhalfen. Bismarcks Sympathien für den so verstandenen Sozialismus fanden ihren Ausdruck in den Sozialversicherungsgesetzen der frühen achtziger Jahre. Betrachteten sich Professoren der Nationalökonomie und einflußreiche Politiker als Sozialisten im genannten Sinne, so mußte sich die Stoßrichtung des Sozialismus gleichsam umkehren. Aus der *Wirtschaftsphilosophie der leidenden Klasse*[48] wurde eine Barmherzigkeitslehre aus Staatsräson mit bonapartistischen Zügen; eine Lehre also, in der die Staatsgewalt als über den gesellschaftlichen Kräften und Konflikten stehende, autonome Kraft konzipiert war, durch die soziale Gerechtigkeit verordnet werden sollte. Die theoretischen und politischen Auseinandersetzungen um die Emanzipationsansprüche der Arbeiter bewegten sich deshalb bis zum Ende der achtziger Jahre und in vielen Fällen noch darüber hinaus um die Pole Staatssozialismus/Kathedersozialismus einerseits, Sozialdemokratie andererseits. Die Selbstbezeichnung der Bewegung, nicht die dahinterstehenden theoretischen Ansätze bestimmten die Terminologie. Dieser Umstand verweist zum einen auf den Stellenwert, den die Marxsche Theorie in der sozialdemokratischen Doktrin und Agitation bis etwa 1890 einnahm und zum andern auf das sozialgeschichtlich relevante Faktum, daß mit der begrifflichen Frontstellung 'Staatssozialismus oder Sozialdemokratie' die politische und gesellschaftliche Ausbürgerung der Arbeiterbewegung und ihrer Organisationen in der Bismarckzeit unmittelbar ausgedrückt werden konnte.

Auch in der Auseinandersetzung zwischen staatlicher Gewalt und Arbeiterbewegung spielte der Begriff 'Marxismus' keine Rolle, obwohl allen Beteiligten bewußt war, daß die sozialdemokratische Doktrin mit der Marxschen Theorie irgendwie zusammenhing[49]. Für die unter dem Sozialistengesetz eingerichtete Reichskommission etwa, die als Beschwerdeinstanz für polizeiliche Verfügungen gegen sozialdemokratische Organisationen und Presseerzeugnisse fungierte[50], wurde der Begriff 'Sozialdemokratie' bzw. die Qualifikation 'sozialdemokratisch' zum entscheidenden Kriterium für repressive Maßnahmen. Von staatlicher, politischer und wissenschaftlicher Seite gleichermaßen angetrieben, avancierte der Terminus 'Sozialdemokratie' zum zentralen Kampfbegriff. Man wird sich hüten müssen, dies als bewußtes Kalkül zu interpretieren. Viel eher entsprang die Konzentration auf einen Kampfbegriff einem pragmatischen Interesse, vergleichbar der Bismarckschen Einteilung der politischen Parteien in reichsfeindliche und reichstreue. Gegenüber dem Neologismus 'Marxismus', der als Begriff in zahlreichen Schriften *unausgesprochen* mitschwang[51], hatte der eingebürgerte Terminus 'Sozialdemokratie' den Vorzug der

---

[48] SCHEEL, Socialismus u. Communismus, 107.
[49] Zwei extreme Auffassungen über die Natur dieses Zusammenhangs: *Nun, ob Marx nicht in der Tat Mörder züchtete, das weiß ich nicht; denn so viel ich gehört habe, war der Mann, von dessen Schüssen ich die Narben noch an mir trage, Blind, doch ein Zögling von Marx;* BISMARCK, Reichstagsrede vom 31. 3. 1886, FA Bd. 13 (1930), 138. Und ADOLF HELD war der Meinung, daß das *Marxsche Buch von 1867 ,,Das Kapital" zur anerkannten, unfehlbaren Quelle des Gedankenvorrats der sogenannten Socialisten aller Länder wurde;* Socialismus, Sozialdemokratie und Sozialpolitik (Leipzig 1878), 7.
[50] Vgl. Der Kampf der deutschen Sozialdemokratie in der Zeit der Sozialistengesetze 1878—1890. Die Tätigkeit der Reichskommission, hg. v. LEO STERN (Berlin 1956).
[51] TREITSCHKE, Socialismus, 261: *Wir haben Frankreich geschlagen und unsere Staaten längst befreit von Formeln ausländischer Doktrinen,* die er aber nicht beim Namen nennt.

größeren Plastizität, ja Handgreiflichkeit. Das unausgesprochene Mitschwingen des Marxismusbegriffs tritt bei SCHÄFFLE am deutlichsten hervor: *In der Tat ist die Socialdemokratie philosophisch die Tochter der subjektivistischen Spekulation Hegels. Bei letzterem sind drei bedeutende Socialisten in die Schule gegangen, Marx, Lassalle und Proudhon* ... *Der Hegelianismus ist in dialektischer Herausspinnung der Wirklichkeit aus den logischen Kategorien der menschlichen Vernunft — als sogenannter spekulativer Panlogismus — zugleich ruhelos zersetzende und willkürlich konstruierende Weltbetrachtung. Genau das, was der Socialismus braucht* ... *Der Geist dieser Philosophie* (des Hegelianismus) *ist so recht der Geist des socialdemokratischen Kollektivismus*[52]. Der Hegelianismus, den Schäffle abkanzelte, verlangte als Pendant einen Neologismus, den der Autor mühsam zusammensetzte im Terminus *socialdemokratischer Kollektivismus*, aber es ist evident, daß an dieser Stelle — mit mehr Konsequenz — ebensogut hätte 'Marxismus' stehen können. Nur das vorgegebene politische Feindmuster und die eingeschliffene Kampfterminologie scheinen das in den achtziger Jahren noch verhindert zu haben.

4. Eugen Dühring und Franz Mehring

Eugen Dühring kommt das Verdienst zu, indirekt viel zur Verbreitung der Marxschen Theorie in der deutschen Arbeiterbewegung beigetragen zu haben. Zu seinen Hörern und zu den Lesern seiner Bücher gehörten in den späten siebziger Jahren viele Sozialdemokraten. BEBEL begrüßte Dühring im „Volksstaat" als *neuen „Communisten"*[53], Most und Bernstein waren begeisterte Dühringanhänger. Auf Liebknechts Drängen hin, der den steigenden Einfluß Dührings in der Partei zuerst bemerkte, verfaßte schließlich ENGELS eine ausführliche Kritik an Dührings Theorie[54]. Nicht das „Kapital", wie MEHRING 1877 meinte, wurde zur *Bibel des Communismus*, sondern erst Engels' „Anti-Dühring" verhalf der Marxschen Theorie zur größeren Verbreitung und Anerkennung, was von sozialdemokratischer Seite vielfach betont wurde[55]. DÜHRING revanchierte sich 1879 für Engels' Kritik mit einer wah-

---

CONSTANTIN FRANTZ, Literarisch-politische Aufsätze, nebst einem Vorwort über die Verdienste des Fürsten Bismarck und einem Nachwort über deutsche Politik (München 1876), 257 kritisiert zwar den *Bismarckianismus*, verzichtet aber auf einen entsprechenden Kampfbegriff gegen die Marxsche Theorie. MEYER, Emanzipationskampf, Bd. 1, 417 spricht von *socialen Schulen* und von der *Schule von Marx*, aber nicht von 'Marxismus', LUJO BRENTANO, Die Arbeiter und die Produktionskrisen, Jb. f. Gesetzgebung, Verwaltung u. Volkswirtschaft 2 (1878), 569 f.: *Die socialdemokratische Wertlehre ist bekanntlich nichts anderes, als die konsequente Ausbildung der Werttheorie der älteren Ökonomisten* ... *Die von Marx ausgebildete socialdemokratische Wertlehre* ...

[52] ALBERT SCHÄFFLE, Die Aussichtslosigkeit der Socialdemokratie. Drei Briefe an einen Staatsmann zur Ergänzung der „Quintessenz des Socialismus" (Tübingen 1885), 14.
[53] Der Volksstaat 6 (1874; Ndr. Leipzig 1971), Nr. 30, 13. 3. 1874, o. S.
[54] FRIEDRICH ENGELS, Herrn Eugen Dührings Umwälzung der Wissenschaft (1878), MEW Bd. 20 (1973), 1 ff.
[55] KARL KAUTSKY, Franz Mehring, Die Neue Zeit 22/1 (1903/04), 104; EDUARD BERNSTEIN, Rez. ENGELS, Herrn Eugen Dührings Umwälzung der Wissenschaft, 3. Aufl., Die Neue Zeit 13/1 (1894/95), 143: *ein Lehrbuch ersten Ranges;* LUDWIG WOLTMANN, Der historische Materialismus. Darstellung und Kritik der Marxistischen Weltanschauung (Düsseldorf 1900), 225.

ren Orgie von Beschimpfungen gegen Marx und dessen Theorie: *Marxokratie, Marxsche Scholastik, Marxotheokratie, Marxereien, Marxistischer Jubelstaat, Marxistische Socialdemokraten, Marxistische Art von Socialrabbinismus, Marxistisch autoritärer Staatsdespotismus* etc.[56]. Neben diesen Nominalkonstruktionen gebrauchte Dühring jetzt auch den Terminus *Marxist* sehr oft[57], ganz im Gegensatz zu seinem Sprachgebrauch von 1876, als er die Sozialdemokraten nur einmal als *Marxisten* bezeichnete[58].

Als Wissenschaftler war Dühring ein reiner Eklektiker, der den *Machwerken der Universitätsscholarchen* eine *socialitäre Volkswirtschaftslehre* bzw. eine *Socialistik* entgegenstellte, die in seinen Augen einer *wurzelhaften und praktisch sozusagen mehr nach links weisenden Untersuchung* entsprach[59]. In der Sache trennten ihn von Marx vor allem eine genau umgekehrte Konzeption des Verhältnisses von Ökonomie und Politik, die Ablehnung der Arbeitswerttheorie und ein an Bakunin orientierter entschiedener Anti-Etatismus. Erstaunlicherweise aber fehlt bei Dühring, der sonst jeden Marxschen Gedanken, der sich nicht in seine *Einsicht in die weltgeschichtlichen Schicksale des philosophischen Wissens und Wollens* einfügen ließ, mit dem abwertend gemeinten Epitheton 'marxistisch' versah, der Begriff 'Marxismus', obwohl er gleichzeitig oft von *Lassalleanismus, Ricardianismus, Maltusianismus und Hegelianismus* sprach[60]. Freilich gehörten Dührings auf Marx' Person fixierte Wortschöpfungen trotzdem zu den Wegbereitern des neuen Begriffs.

Wahrscheinlich auch unter dem Eindruck der massiven Polemik Dührings mit ihren verbalen Kaskaden nahm FRANZ MEHRING in der 3. Auflage seiner Schrift „Die deutsche Sozialdemokratie"[61] Änderungen vor gegenüber der ersten Auflage von 1877. Zu diesen Änderungen gehörte auch die, daß er jetzt von der *marxistischen Internationale*, von der *marxistischen Fraktion* und von den *Marxisten*[62] sprach, während er sich in der 1. Auflage noch an den traditionellen Sprachgebrauch *(Socialdemokratisch, socialistisch, communistisch)* gehalten hatte. Ebenfalls erst in der dritten Auflage warf Mehring Schäffles „Quintessenz des Socialismus" vor, dem *strengen Marxismus starke Konzessionen* gemacht zu haben[63]. Dieser Auflage fügte er auch einen Abschnitt bei, in dem er sich mit der Marxschen Werttheorie auseinandersetzte und sie als *Eck- und Grundstein seiner* (Marx') *Weltanschauung* charakterisierte[64]. Aber Mehring bezeichnete auch die *materialistische Geschichtsauffassung*

---

[56] EUGEN DÜHRING, Kritische Geschichte der Nationalökonomie und des Socialismus, 3. Aufl. (Leipzig 1879), 493 ff. 544 ff.
[57] DÜHRINGS Terminologie änderte sich schlagartig nach der Publikation von Engels' Kritik. In der 1875 erschienenen 2. Auflage der „Kritischen Geschichte" spricht er nur an einer Stelle von der *Marxschen Lehre* bzw. der *Marxschen Doktrin* (501), sowie von *Marxistischen Programmen* (503) und einer *Marxistischen Anklageschrift* gegen Bakunin (573).
[58] Ders., Cursus der National- und Socialökonomie, einschließlich der Hauptpunkte der Finanzpolitik (Leipzig 1876), 532.
[59] Ebd., 522. 531. 508.
[60] Ebd., 531. 510 f.; DÜHRING, Krit. Geschichte, 488. 546.
[61] F. MEHRING, Die deutsche Sozialdemokratie, 3. Aufl. (Bremen 1879).
[62] Ebd., 73. 75. 165 ff.
[63] Ebd., 210 (das ist die einzige Stelle, an der der Begriff erscheint).
[64] Ebd., 287; in der 1. Aufl. nennt er die Werttheorie die *Bundeslade der sozialistischen Bewegung* (197).

II. 4. Dühring und Mehring

als das Theorem, auf dem *sich das ganze System von Marx aufbaut*[65], so daß nicht zu entscheiden ist, ob er mit dem Begriff 'Marxismus' die Werttheorie oder den historischen Materialismus oder beides zusammen zu fassen versuchte. Wenn auch nicht mit absoluter Sicherheit, so doch mit großer Wahrscheinlichkeit handelt es sich bei Mehrings Gebrauch des Terminus 'Marxismus' in bezug auf Schäffles Schrift 1879 um das erste Mal, daß im deutschen Sprachgebrauch die Marxsche Theorie oder Teile davon mit diesem Begriff erfaßt wurden.

Ein Jahr vor Mehring gebrauchte A. THUN den Begriff 'Marxismus' in einer Rezension über einen Artikel Mehrings im „Arbeiterfreund" in einem Kontext, der zwar auch auf ein Moment in der Marxschen Theorie verweist, aber durch die Gegenüberstellung von *Bakunismus* (sic) *und Marxismus* vor allem auf die Gegensätze in der I. Internationale abhebt, also weniger theoretische Konzepte als politische Richtungen beschreibt: *Die Gegensätze zwischen Bakunismus und Marxismus lassen sich kurz dahin zusammenfassen: Beide wollen sie Gemeineigentum an Grund und Boden und an allen gesellschaftlichen Produktionsmitteln; die Marxisten wollen es in der Hand des Staates ..., während die Bakunisten es freien Arbeitergruppen überweisen wollen*[66].

Weder Mehrings stark beachtete Schrift, die zum Teil noch in den neunziger Jahren als maßgebliche Quelle für die Geschichte der Arbeiterbewegung zitiert wurde, noch Thuns abgelegene Rezension bzw. sein fachwissenschaftliches Werk führten dazu, daß sich der Begriff 'Marxismus' sofort durchgesetzt hätte. In „Schmollers Jahrbuch" dauerte es noch über zehn Jahre und in der übrigen Literatur immerhin bis zum Ende der achtziger Jahre, bis der Terminus wieder hervortrat. Von den bekannten Universitätsprofessoren war es GEORG ADLER, der den Terminus 'Marxismus' 1887 in die akademische Diskussion einführte. Noch in einem zwei Jahre zuvor erschienenen Buch sprach Adler von der *Marx-Engelsschen Doktrin*, von der *orthodoxmarxistischen Richtung* und von *Marxisten*[67], aber erst 1887 vom *Fanatismus der marxistischen Sekte*, von der *Marxomanie des Herrn Engels*, von der *marxistischen Clique in der Sozialdemokratie* und schließlich auch von *Marxismus* bzw. *konsequentem* und *orthodoxem Marxismus*[68]. Der Sache nach bezog sich Adlers Terminus 'Marxismus' fast ausschließlich auf die Marxsche Arbeitswerttheorie, die er zu widerlegen trachtete.

Den Anlaß für seine kämpferische Abrechnung mit Marx und der *marxistischen Clique* bildete eine Rezension seines Buches von 1885 aus der Hand KARL KAUTSKYS[69]

---

[65] Ebd., 277.
[66] ALPHONS THUN, Rez. von H. 1 u. 2 (1878) des „Arbeiterfreundes" in: Jb. f. Gesetzgebung, Verwaltung u. Volkswirtschaft 2 (1878), 873. In THUNS „Geschichte der revolutionären Bewegungen in Rußland" (Leipzig 1883) wird der Terminus nur zweimal im Schlußwort (335 f.) gebraucht, mit der gleichen Akzentuierung wie in der Rezension.
[67] GEORG ADLER, Die Geschichte der ersten Sozialpolitischen Arbeiterbewegung in Deutschland mit besonderer Rücksicht auf die einwirkenden Theorien. Ein Beitrag zur Entwickelungsgeschichte der sozialen Frage (Breslau 1885; Ndr. Frankfurt 1966), 155. 299. 269. 263. 266.
[68] Ders., Die Grundlagen der Karl Marx'schen Kritik der bestehenden Volkswirtschaft. Kritische und ökonomisch-literarische Studien (Tübingen 1887; Ndr. Darmstadt 1968), VII. 188. 252. 258. 264. 276. 288.
[69] Ebd., 252, Anm. 1; KAUTSKYS Rez. in: Die Neue Zeit 4 (1886), 91 ff.

und die Diskussion über die Werttheorie innerhalb der Sozialdemokratie, auf die noch einzugehen sein wird. Festzuhalten bleibt, daß der Begriff 'Marxismus' von Anfang an nicht einfach zur Bezeichnung der Marxschen Theorie diente, sondern als Kampfbegriff konzipiert war, der sich aber nur sehr langsam einbürgerte. Bevor wir die Herausbildung des Begriffs innerhalb der Sozialdemokratie diskutieren, soll das Verhältnis der Marx-Engelsschen Theorie zum Marxismus geklärt werden.

III.

1. Marx, Engels und der Marxismus

Aus dem von Engels tradierten Marxschen Aperçu — *ce qu'il y a de certain c'est que moi, je ne suis pas Marxiste*[70] — hat man eine grundsätzliche Ablehnung Marx' gegen seine Schüler und gegen jede Schulbildung herauslesen wollen. Maximilien Rubel etwa begreift den Marxismus als „fruit légitime de l'esprit de Friedrich Engels", als einen „slogan mystificateur", der „dès l'origine le stigmate de l'obscurantisme"[71] trage und mit der Marxschen Theorie und Intention nichts zu tun habe. Diese These steht allerdings auf schwachen Füßen, und als Beleg ist das Marxsche Aperçu von seinem historischen Hintergrund her vollends untauglich.

Historischer Anlaß für Marx' Distanzierung von den „Marxisten" waren die verworrenen Parteiverhältnisse und -kämpfe in Frankreich, mit denen Marx bei einem Besuch seines Schwiegersohns behelligt wurde und über die er sich gründlich ärgerte[72]. Die beiden sozialistischen Parteien, die sich anfangs der achtziger Jahre in Frankreich herausbildeten, bedachten sich gegenseitig mit Schimpfbezeichnungen. Der Guesde-Anhänger und maßgebliche Theoretiker José-Marie-Hilaire de Mesa y Leompart gebrauchte als erster für die gegnerische Partei von Paul Brousse den Namen *possibilistes* und den Terminus *possibilisme*[73], wofür sich Brousse und Malon revanchierten, indem sie ihre Gegner um Lafargue und Guesde seit 1881 *marxistes* nannten, „pour désigner ceux qui acceptent de se prêter aux oukases d'un penseur grand sans doute, mais lointain et dominateur"[74]. Für Brousse waren seine Gegner „ultramarins du Socialisme", und 1882 veröffentlichte er ein Buch, das zum ersten Mal den Terminus 'Marxismus' im Titel aufführte: „Le marxisme dans l'Internationale". Er verfolgte mit der Schrift den Zweck, *de rappeler aux vétérans des luttes de l'Internationale et de faire connaître aux jeunes, les manoeuvres marxistes qui tuèrent la grande association*. Mit dem Terminus 'Marxismus' bezeichnete er nicht speziell die Marxsche Theorie — die er kaum kannte —, sondern die politische Praxis der *coterie marxiste*[75].

---

[70] Engels an Eduard Bernstein, 2./3. 11. 1882, MEW Bd. 35 (1967), 388. Eine andere Version lautet: *Tout ce que je sais, c'est que moi, je ne suis pas marxiste;* ders. an die Redaktion der Sächsischen Arbeiter-Zeitung, 13. 9. 1890, MEW Bd. 22 (1963), 69.

[71] Maximilien Rubel, La légende de Marx ou Engels fondateur, in: ders., Marx, critique du marxisme. Essais (Paris 1974), 19 ff.

[72] Vgl. Marx an Engels, 30. 9. 1882, MEW Bd. 35, 100, wo Marx sich beklagt, „*Marxistes*" et „*Anti-Marxistes*" *täten ihr möglichstes ..., um mir den Aufenthalt in Frankreich zu versalzen.*

[73] Mesa y Leompart übertrug sie vom spanischen in den französischen Kontext; vgl. Maurice Dommanget, L'introduction du marxisme en France (Lausanne 1969), 143.

[74] Madeleine Rebérioux, Le socialisme français de 1871—1914. Histoire générale du socialisme, éd. Jacques Droz, t. 2 (Paris 1974), 144.

[75] Paul Brousse, Le marxisme dans l'Internationale (Paris 1882), 9 f.

III. 1. Marx, Engels und der Marxismus

In allen Fällen, in denen Marx und Engels in ihren Briefen von 'Marxisten' und gelegentlich von 'Marxismus' sprachen, meinten sie den Parti ouvrier von Guesde und Lafargue, mit denen sie in kontinuierlicher Verbindung standen, deren schematische Anwendung Marxscher Thesen auf die sozialen Verhältnisse in Frankreich sie ebenso lächerlich fanden, wie den *Pariser Aberglauben, daß immer mit dem Wort Revolution um sich geworfen werden muß*[76].

Wenn man unter 'Marxismus' im Sinne eines heuristischen Vorgriffs den systematischen inneren Zusammenhang zahlreicher Marxscher und Engelsscher Schriften versteht, deren gemeinsamer Nenner die Erkenntnis der bürgerlichen Gesellschaftsformation in praktischer Absicht ist, so läßt sich zeigen, daß Marx dem „Marxismus", d. h. der Verdichtung seiner Schriften und derjenigen von Engels zu einem Ganzen, durchaus nicht nur negativ gegenüberstand. Marx' Kritik am Gothaer Programm wäre demnach als Versuch zu werten, vom erreichten Erkenntnisstand der politischen Ökonomie aus ein konsistentes Programm für die politische Praxis abzuleiten und theoretisch zu begründen. Auch Marx' Mitarbeit an Engels' Schrift gegen Dühring muß als Zustimmung zu einer beinahe enzyklopädisch angelegten Zusammenfassung der gemeinsamen Arbeiten seit den vierziger Jahren betrachtet werden. Zwar entschlossen sich die beiden nicht freiwillig zu einer solchen systematisierenden Zusammenfassung, denn der globale Anspruch von Dührings Werken provozierte eine Antwort, die ebensoweit ausholte und dem „System Dühring" das „System Marx-Engels" entgegensetzte, aber sie hätten dies bestimmt nicht tun können, wenn nicht in ihren eigenen Schriften viele Momente zur zusammenfassenden Synthese geradezu gedrängt hätten.

Schließlich stellt die Architektonik der Aufbaupläne für die „Kritik der politischen Ökonomie" den umfassenden Anspruch, das *System der bürgerlichen Ökonomie*[77] zu begreifen und durch die Darstellung und Kritik desselben in sechs Büchern einen Begriff der Totalität der bürgerlichen Gesellschaftsformation zu entwickeln. Keineswegs bedeutete Marx' Beschäftigung mit der politischen Ökonomie einen Bruch mit der Zielsetzung früherer Werke, die von der „Kritik des Himmels" zur „Kritik der Erde" und von der „Waffe der Kritik" zur „Kritik der Waffen" fortschritten. Durch alle Phasen seines Lebenswerks hält sich ein Grundgedanke durch: die Konzeption einer Theorie zur praktischen Veränderung der Gesellschaft. Gegenüber einer vorschnellen Einteilung der Marxschen Schriften in geschichtsphilosophische und nicht-geschichtsphilosophische, wobei das „Kapital" als rein immanente Darstellung der Gesetze der kapitalistischen Akkumulations- und Krisentendenzen ohne geschichtsphilosophische Implikationen und auf die Praxis verweisende Intentionen begriffen wird, bliebe zweierlei festzuhalten. Erstens enthält der erste Band des „Kapital" einen Abschnitt[78], in dem aus der Analyse der *kapitalistischen Akkumulation* die Zukunft extrapoliert wird. Keine szientifisch verkürzte Marxinterpreta-

---

[76] ENGELS an Bernstein, 25. 10. 1881, MEW Bd. 35, 231.

[77] MARX an Ferdinand Lassalle, 22. 2. 1858, MEW Bd. 29 (1963), 550; vgl. auch zum Aufbau des geplanten Gesamtwerks der „Kritik der politischen Ökonomie" WINFRIED SCHWARZ, Das „Kapital im allgemeinen" und die „Konkurrenz" im ökonomischen Werk von Karl Marx. Zu Rosdolsky Fehlinterpretation der Gliederung des 'Kapital', in: Gesellschaft. Beiträge zur Marxschen Theorie 1, hg. v. HANS-GEORG BACKHAUS u. a. (Frankfurt 1974), 222 ff.

[78] MARX, Das Kapital. Kritik der polit. Ökonomie (1867), Bd. 1, MEW Bd. 23 (1962), 789 ff.

tion vermag darüber hinwegzutäuschen, daß an dieser Stelle handfeste geschichtsphilosophische Momente ins Spiel kommen, und es ist sicher kein Zufall, daß Marx gerade in diesem Abschnitt das „Kommunistische Manifest" zitiert, also jene Schrift, die den kühnsten Entwurf zur geschichtlichen Mission des Proletariats enthält. Zweitens unterstellt der engagierte Marxsche Protest gegen die *menschenmörderische Seite* der Einführung der Maschinerie in der großen Industrie, die Marx zugleich als Mittel für die mögliche Verwirklichung des *total entwickelten Individuums*[79] in ihrer geschichtlichen Dialektik betrachtet, systematisch letztlich nur geschichtsphilosophisch begründbare Kriterien, an denen die „Subjektlosigkeit des Ganzen" (Alfred Schmidt), die Umkehrung und Verkehrung des Verhältnisses von Mittel und Zweck, Subjekt und Objekt unter der Herrschaft des Kapitals gemessen werden kann.

2. Kautskys Marxismusverständnis

Innerhalb der Sozialdemokratie sprach Kautsky als erster, noch zu Lebzeiten von Marx, von der *Marxistischen Schule* und von Leuten, die *vollkommen auf Marxistischem Boden*[80] stünden; im Briefverkehr Kautskys mit Engels und Bebel tauchte auch der Begriff 'Marxismus' auf, den als verbindliche Doktrin durchzusetzen Kautsky als seine Hauptaufgabe betrachtete: *Vielleicht gelangt doch noch mein Streben in Erfüllung, die „N(eue) Z(eit)" zu einem Sammelpunkt der marxistischen Schule zu machen*[81]. Kautsky bediente sich des Begriffs vorerst mehr in seinen Briefen als in seinen Aufsätzen in der „Neuen Zeit", wo er sich vorsichtig äußern mußte, wenn die Zeitschrift dem Verbot entgehen sollte. Zum andern stieß Kautsky mit seinem Sprachgebrauch auf Widerstand. Bebel gebrauchte den Begriff 'Marxismus' gar nicht und Engels nur zur Bezeichnung des Parti ouvrier[82]. Als Kautsky öffentlich den Ausdruck 'marxistische Schule' verwendete, korrigierte ihn Engels umgehend: *Von der marx(istischen) historischen Schule zu sprechen, war allerdings stark antizipiert. Ich würde den Passus ... abkürzen und vor allem auf M(arx) selbst hinweisen*[83].

Den Anlaß für die erste öffentliche Auseinandersetzung über den „Marxismus" in der Sozialdemokratie bildete eine Debatte zwischen Kautsky und Bernstein auf der einen und C. A. Schramm auf der anderen Seite über die Bedeutung von Rodbertus für den Sozialismus und über die Werttheorie[84]. SCHRAMM wollte Rodbertus' Theorie

---

[79] Ebd., 486. 512.
[80] KAUTSKY an Engels, 6. 9. 1882, in: Friedrich Engels' Briefwechsel mit Karl Kautsky, 2. Ausg. von „Aus der Frühzeit des Marxismus", hg. v. BENEDIKT KAUTSKY (Wien 1955), 60.
[81] Ders. an Engels, 9. 1. 1885, ebd., 163.
[82] ENGELS an August Bebel, 18. 8. 1886, MEW Bd. 36 (1967), 509: *Der Sieg des Radikalismus, d. h. des verblaßten alten französischen Sozialismus in der Kammer bedeutet den Sieg des Marxismus zunächst im Pariser Stadtrat.*
[83] Ders. an Kautsky, 20. 9. 1884, ebd., 210. Außer Kautsky benützte auch Josef Dietzgen den Begriff 'Marxismus' in seinen Briefen aus diesen Jahren; vgl. dazu ERNESTO RAGIONERI, Alle origini del marxismo della Seconda Internazionale, Critica Marxista 4 (1966), Nr. 1, 148.
[84] Vgl. die Aufsätze von SCHRAMM (s. Anm. 85) und KAUTSKY, Das 'Kapital' von Rodbertus, Die Neue Zeit 2 (1884), 337 ff. 385 ff.; ders., Schlußwort, ebd., 3 (1885), 224 ff. sowie HANS-JOSEF STEINBERG, Sozialismus und deutsche Sozialdemokratie. Zur Ideologie der Partei vor dem I. Weltkrieg (Hannover 1967), 36 ff.

für den Sozialismus fruchtbar machen und verteidigte dessen Werttheorie gegen die Marxsche. Ferner sperrte er sich gegen die materialistische Geschichtsauffassung, wie sie Kautsky vertrat. Diesem warf Schramm vor, *marxistischer ... als Marx*[85] zu verfahren und dessen Theorie zum *Dogma* des *unfehlbaren Marxismus*[86] entstellt zu haben. Schramm verfolgte zwei Ziele: einmal verwarf er jede zur abgeschlossenen Doktrin erhobene Theorie — *so pfeife ich auf diesen Marxismus, wie ich auf den Lassalleanismus und Rodbertusianismus pfeife* — und zum andern lehnte er die These ab, die Ziele der Sozialdemokratie seien *nur durch den gewaltsamen Umsturz jeder bisherigen Gesellschaftsordnung* zu verwirklichen[87]. Schramms Absage an die revolutionäre Umwälzung interpretierte KAUTSKY als Rückfall in den *kleinbürgerlichen Philistersozialismus*[88], der durch die *Ersetzung des Klassenkampfes durch die Macht der „Gerechtigkeit", die Abneigung gegen den Materialismus und die materialistische Geschichtsauffassung*[89] gekennzeichnet sei. Kautskys Marxismusverständnis gründete vorrangig auf der im „Kommunistischen Manifest" *entwickelten Geschichtsauffassung*[90], d. h. 'Marxismus' bedeutete für ihn in den achtziger Jahren revolutionäre — im Gegensatz zu reformistischer — Theorie plus materialistische Geschichtsauffassung. Marx' ökonomische Theorie tangierte Kautskys „Marxismus" nur so weit, wie die Werttheorie in Frage kam. Seine Interpretation der materialistischen Geschichtsauffassung wurde geleitet von dem Bemühen, Marx und Darwin zu einer Synthese zu amalgamieren. Erst in den neunziger Jahren erkannte er die Problematik einer solchen Synthese und gelangte zu einer klaren Abgrenzung von Darwinismus und Marxismus: *Die Notwendigkeit des Sozialismus nicht durch bestimmte historische Bedingungen, sondern durch ein Naturgesetz beweisen wollen, heißt alles andere, nur nicht marxistisch denken*[91].

Mit dem Fall des Sozialistengesetzes, dem Rücktritt Bismarcks und dem Aufrücken der Sozialdemokratie zur wählerstärksten Partei begann für die deutsche Arbeiterbewegung eine neue Epoche. 1891 gab sich die Partei auf dem Erfurter Parteitag ein neues Programm. Von einem marxistischen Programm zu reden, ist insofern korrekt, als der theoretische Teil des Programms im wesentlichen *nur eine Paraphrase des bekannten Absatzes über „Die geschichtliche Tendenz der kapitalistischen Akkumulation" im „Kapital" darstellt*[92]. Damit wurde jener kurze Abschnitt aus dem ersten Band des Marxschen Hauptwerks, der eine geschichtsphilosophisch weit ausholende Konzeption enthält, zur theoretischen Grundlage des neuen Programms gemacht. Die Abfassung dieses Teils des Programms durch KAUTSKY hängt mit seinem Marxverständnis zusammen. Das „Kapital" begriff er als ein *wesentlich historisches Werk*[93] und interpretierte damit die strukturelle Analyse des Kapitalismus

---

[85] C. A. SCHRAMM, Karl Kautsky und Rodbertus, Die Neue Zeit 2 (1884), 489.
[86] Ders., Rodbertus, Marx, Lassalle (München 1885), 7. 77 f.   [87] Ebd., 78 f.
[88] KAUTSKY an Bebel, 14. 2. 1885, in: August Bebels Briefwechsel mit Karl Kautsky, hg. v. KARL KAUTSKY JR. (Assen 1971), 27.
[89] Ders. an Engels, 29. 5. 1884, ebd., 119.
[90] Ders. an Bebel, 14. 2. 1885, ebd., 27.
[91] Ders., Darwinismus und Marxismus, Die Neue Zeit 13/1 (1894/95), 710.
[92] Ders., Das Erfurter Programm in seinem grundsätzlichen Teil erläutert, 10. Aufl. (Stuttgart 1920), XX (Vorrede zur 5. Aufl. 1904).
[93] Ders., Karl Marx' ökonomische Lehren. Gemeinverständlich dargestellt und erläutert, 17. Aufl. (Stuttgart 1919), VIII (Vorwort zur 1. Aufl. 1886).

bei Marx in eine Geschichte des Kapitalismus um, aus der dann jene Passagen ins „Erfurter Programm" übernommen wurden, die über die Gegenwart hinaus in die Zukunft wiesen.

Kautskys Marxinterpretation beruhte in ihrem Kern auf einer glatten Umkehrung der Marxschen Gewichtung. Wollte dieser in erster Linie die Bewegungsgesetze der kapitalistischen Produktionsweise, wie sie aktuell wirkten, darstellen, so versteifte sich Kautsky darauf, die gegenwärtigen Bewegungsgesetze als Entwicklungsgesetze im Hinblick auf die Zukunft aus dem „Kapital" herauszulesen. Die Marxschen Strukturbegriffe faßte er als unmittelbar politische Kategorien auf. Marx' Strukturanalyse des Kapitalismus aber zielte lediglich auf einen Begriff des 'Kapitals im allgemeinen'. Kautskys Versuch, aus dieser Abstraktion unmittelbar politische Handlungsanweisungen für die Praxis in einer historisch bestimmten Gesellschaft zu gewinnen, führte ihn nicht nur zu einer durch und durch ökonomistischen Auffassung der Marxschen Theorie, sondern auch zu einer 'Politik im allgemeinen', die mit den konkreten politischen Verhältnissen im Kaiserreich nicht vermittelt wurde. Kautskys Marxverständnis verrät denn auch in dieser abstrakten „Politisierung" der Kategorien der politischen Ökonomie ein politisches Defizit, weil die unmittelbar aus dem „Kapital" gewonnenen Programmsätze in allgemeiner Deklamation, ohne konkrete Bezüge zur politischen Realität, steckenblieben. Engels bemerkte diesen Ökonomismus und dieses politische Defizit, als er gegen das „Erfurter Programm" einwandte, die wichtigste politisch-strategische Forderung der Arbeiterbewegung im halbkonstitutionellen Kaiserreich fehle — die Forderung nach der demokratischen Republik. Das politische Defizit, das folgenreicher war als darwinistische Einflüsse, kommt im folgenden Satz Kautskys schlagend zum Ausdruck: *Die Sozialdemokratie ist eine revolutionäre, nicht aber eine Revolutionen machende Partei*[94].

Erst nach dem Ende des Sozialistengesetzes konnten Schriften von Marx und Engels wieder in größerer Zahl gedruckt werden. Diese Verbreitung der Marxschen Theorie und die Annahme des sich an Marx orientierenden Programms ermöglichten es, daß ein führender Exponent der Partei die Übernahme des „Marxismus" als Parteidoktrin im Herbst 1892 ankündigen konnte, wobei die umständliche Begründung darauf schließen läßt, daß Widerstände zu überwinden waren: *Seit es eine Philosophie, eine Wissenschaft gibt, hat man ... jedes bahnbrechende Lehrgebäude mit dem Namen derer bezeichnet, die es zuerst wissenschaftlich entwickelten, und ebenso diejenigen, welche eine neue Theorie akzeptierten und auf ihrer Grundlage weiterarbeiteten. So spricht man in der Philosophie von Platonikern und Aristotelikern, von Cartesianern und Kantianern und Hegelianern, in der Naturwissenschaft von Darwinisten, in der Kunst von Raphaeliten und Wagnerianern, in der Ökonomik von Ricardianern, warum soll man also in bezug auf den Sozialismus nicht von Marxisten und Marxismus sprechen*[95]. Nach diesem offenen Bekenntnis der Sozialdemokratie zum „Marxismus" als theoretischer Grundlage fand der Begriff auch in der akademischen Nationalökonomie und in der politischen Publizistik Eingang. Als Kampfbegriff spielte er

---

[94] Ders., Ein sozialdemokratischer Katechismus, Die Neue Zeit 12/1 (1893/94), 368.
[95] EDUARD BERNSTEIN, Zum zehnjährigen Bestand der „Neuen Zeit", Die Neue Zeit 11/1 (1892/93), 4 f. Die Redaktion der MEW (Bd. 38, 1968, 642, Anm. 494) nennt fälschlicherweise Kautsky als Autor. Vgl. dagegen das unter Kautskys Ägide entstandene Generalregister von EMANUEL WURM (Stuttgart 1905) zur „Neuen Zeit".

aber im Kaiserreich nie die Rolle, die der Begriff 'Sozialdemoktratie' seit den siebziger Jahren einnahm und auch bis 1918 behielt. Dezidierte Gegner des Sozialismus wie Heinrich Class, Paul Liman, Friedrich von Bernhardi oder A. von Boguslawski gebrauchten den Begriff 'Marxismus' — wenn überhaupt — nur beiläufig. PAUL LIMAN etwa — ein Publizist des „Alldeutschen Verbandes" — sprach von der *Phraseologie des ideal-zerstörenden materialistischen Sozialismus*, richtete seine Angriffe aber nicht auf Marx oder den Marxismus, sondern ganz auf die Person Bebels und dessen *Phantasmen*[96].

Eine Sonderstellung in der politischen Publizistik der Wilhelminischen Ära nimmt FRIEDRICH NAUMANN ein. Er gebrauchte nach 1899 den Begriff 'Marxismus' häufig und in einem präzisen Sinn. Er räumte ein, daß er *natürlich von Marx viel gelernt habe*, lehnte aber den *Marxismus als System*[97] ab: *Aus dem reichen, vielseitigen Schatze veraltender und bleibender Gedanken von Marx und Engels hob die Partei* (SPD) *eine katechismusartige Lehre heraus, die so weit unter Marx steht wie der Lutheranismus unter Luther. Der Hauptvertreter dieses Marxismus ist Kautsky. Er ist phantasielos, aber wissenschaftlich gründlich*[98]. Für Naumann wurde also die Marxsche Theorie erst durch die deutschen Sozialdemokraten zum „Marxismus" gemacht und damit zu einem verdünnten Aufguß der ursprünglichen Theorie, zu einer *Sammlung schulmäßiger Begriffe* und zur *speziell proletarischen Denkweise dogmatisiert*[99]. In späteren Jahren neigte Naumann dazu, nicht nur den so definierten „Marxismus", sondern auch die Marxsche Theorie selbst als veraltet und mit *der wirklichen Lage der Gegenwart*[100] unvereinbar zu erklären bzw. die Marxsche Theorie und den Marxismus einander gleichzusetzen.

In der akademischen Diskussion, vor allem in der Nationalökonomie, traf der Marxismusvorwurf nach der Veröffentlichung des dritten Bandes des „Kapitals" und der Böhm-Bawerkschen Kritik daran in der Regel nicht die ganze Marxsche Theorie, sondern nur die Werttheorie, die von der Grenznutzenschule abgelehnt wurde. Zunehmend bürgerte sich in der Nationalökonomie der Brauch ein, Marx und seine Theorie aus dem Gegenstandsbereich der modernen Ökonomie herauszudefinieren und sie allenfalls noch in Dogmengeschichten zu erwähnen. Davon auszunehmen sind lediglich einige jüngere Wissenschaftler — darunter Max Weber und Werner Sombart —, für die der Marxismus noch als Theorie galt, an der sich ihre eigenen Arbeiten zu messen und abzuarbeiten hatten.

SOMBARTS Schrift „Sozialismus und soziale Bewegung im 19. Jahrhundert" war um eine sachliche Würdigung der Marxschen Theorie bemüht. Den *tieferen Sinn des Marxismus* sah Sombart im *sozialpolitischen Realismus*, den Marx ermöglicht habe durch seine Überwindung utopischer *Projektenmacherei* und moralischer *Appelle an*

---

[96] PAUL LIMAN, Die Revolution. Eine vergleichende Studie über die großen Umwälzungen in der Geschichte (Berlin 1906), VII. 190. 195. 198 *(Eigentum und Regierung sind Usurpationen, darum müssen sie fallen. So lehrt Rousseau, so Robespierre, so Bebel)*, 201. 202. 217f.
[97] FRIEDRICH NAUMANN, Gegen Göhre (1899), Werke, Bd. 5 (1964), 260.
[98] Ders., Demokratie und Kaisertum (1900), Werke, Bd. 2 (1964), 10 f.
[99] Ebd., 9. 143.
[100] Ders., Das Schicksal des Marxismus (1908), Werke, Bd. 4 (1964), 348 ff., bes. 371. Ebd., 351: *Noch heute nach 40 Jahren wird in zahllosen Versammlungen Marxismus getrunken. Oft freilich etwas vermischt, weil das reine Wasser zu kalt ist und zu sehr angreift.*

das gute Herz der Menschenfreunde: Indem er (Marx) *die soziale Bewegung in den Fluß der historischen Entwicklung stellte, brachte er sie theoretisch in Einklang mit den objektiv und subjektiv bestimmenden Faktoren der Geschichte, ... wies er ihre ökonomische und psychologische Bestimmtheit nach*[101]. Die materialistische Geschichtsauffassung war also für den frühen Sombart das Zentrum der Marxschen Theorie, und seiner Meinung nach gebührte Marx dafür der *erste Rang unter den Sozialphilosophen des 19. Jahrhunderts*[102]. Nach dem Krieg verfiel Sombart einer nationalistischen Marx-Polemik, in der der Antisemitismus eine beachtliche Rolle spielte.

Von MAX WEBER wird überliefert, er habe jeden für einen Schwindler und Selbstbetrüger gehalten, der nicht zugebe, *daß er gewichtigste Teile seiner eigenen Arbeit nicht leisten könnte, ohne die Arbeit, die diese beiden* (Marx und Nietzsche) *getan haben*[103]. Aber Webers eigene Auseinandersetzung mit Marx war über weite Strecken keine direkte, sondern insofern eine indirekte, als er der Marxschen Theorie sein System gegenüberstellte, ohne sich mehr als beiläufig auf Marx einzulassen. In seinem soziologischen Hauptwerk „Wirtschaft und Gesellschaft"[104] beschränkte er sich darauf, seine Vorbehalte gegenüber dem historischen Materialismus anzuführen.

3. 'Revisionismus'

Was man in der Sozialdemokratie um die Jahrhundertwende 'Revisionismus' nannte, war ein theoretischer Vorstoß in praktischer Absicht. Innertheoretisch wollte BERNSTEIN den dogmatisch erstarrten Marxismus Kautskys aufbrechen, und praktisch zielte sein Vorstoß auf die Beseitigung des politischen Defizits, d. h. auf eine Aktualisierung und Realisierung des politischen Potentials der Partei. Die Revisionsbemühungen auf theoretischer Ebene wurden von der wirtschaftlichen Entwicklung seit 1895 stark beeinflußt; in der seit diesem Jahr einsetzenden Hochkonjunktur sah Bernstein eine Widerlegung der Marxschen Krisentheorie. Als Hauptursache aber für die Fehler der Marxschen Theorie wollte Bernstein Marx' Befangenheit in den *Fallstricken der hegelianisch-dialektischen Methode*[105] verantwortlich machen, die ihn zu spekulativen Schlüssen verführt haben. Bernstein betonte mehrfach, ihm gehe es nicht um die Eliminierung der Marxschen Theorie, sondern lediglich um die Revision jener Teile, die von der wirtschaftlichen Hochkonjunktur und der allgemeinen gesellschaftlichen Entwicklung überholt worden seien. Mit der Verschärfung der innerparteilichen Auseinandersetzungen vermied er es zunehmend, von 'Marxismus'

---

[101] WERNER SOMBART, Sozialismus und soziale Bewegung im 19. Jahrhundert (1896; Ndr. Wien, Frankfurt, Zürich 1966), 77.
[102] Ebd., 66. In akademischen und politischen Kreisen verstand man diese Würdigung offensichtlich als Annäherung an die SPD, denn Sombart bezahlte für sein Buch mit der „Rückstellung ... bei Berufungsverhandlungen"; DIETER LINDENLAUB, Richtungskämpfe im Verein für Sozialpolitik. 1890—1914, Vjschr. f. Sozial- u. Wirtschaftsgesch., Beih. 52/53 (Wiesbaden 1967), 326.
[103] EDUARD BAUMGARTEN, Max Weber. Werk und Person (Tübingen 1964), 554 f., Anm.
[104] MAX WEBER, Wirtschaft und Gesellschaft. Grundriß der verstehenden Soziologie, 5. Aufl., hg. v. Johannes Winckelmann (Tübingen 1972).
[105] EDUARD BERNSTEIN, Die Voraussetzungen des Sozialismus und die Aufgaben der Sozialdemokratie (1899; 2. Aufl. 1921; Ndr. Bonn-Bad Godesberg 1973), 51 ff.

zu sprechen, da der Begriff durch den *Geist des Reliquienhüters* Kautsky so in Verruf gekommen sei, daß er mit *engherzigem Zelotismus* gleichbedeutend erscheine[106]. So geriet der Terminus 'Marxismus' bei den Revisionisten bald zum Schimpfwort. Bernstein forderte später die Entwicklung einer *Marxistik*[107], die sich im Unterschied zum 'Marxismus' um strenge Wissenschaftlichkeit bemühen sollte, um nicht in den Dogmatismus zu verfallen. Den Terminus 'Marxistik' bildete Bernstein im Anschluß an Dühring und HÖCHBERG, die schon in den siebziger Jahren eine Verwissenschaftlichung der Theorie des Sozialismus und ihre Ablösung von den Parteiinteressen anstrebten und dafür den Begriff *Socialistik*[108] vorgeschlagen hatten. Allerdings beschäftigte sich Bernstein nicht systematisch mit der Ausarbeitung einer zum 'Marxismus' in Opposition stehenden 'Marxistik' und ließ den Terminus wieder fallen.

Daß Bernstein den Vorschlag überhaupt machte, wird verständlich, wenn man den Wandel im Gebrauch des Begriffs 'Marxismus' untersucht. In den neunziger Jahren verstanden die Theoretiker darunter noch ausschließlich die Marxsche Theorie und — nur selten davon unterschieden — die Marxsche Methode. Nach 1900 gingen einige Theoretiker dazu über, den gleichen Begriff auch für die sozialdemokratische Bewegung als Ganze zu verwenden. *Der Marxismus ist nicht die Theorie eines Individuums, dem ein anderes Individuum eine andere und höhere Theorie entgegensetzen kann; er ist der proletarische Emanzipationskampf, in Gedanken erfaßt ... Solange der proletarische Emanzipationskampf das Leben der modernen bürgerlichen Gesellschaft beherrscht, ... solange ist der Marxismus das letzte Wort aller Gesellschaftswissenschaft*[109]. MEHRING behielt hier zwar noch im Bewußtsein, daß der Marxismus eine Gesellschaftswissenschaft ist, aber zur umfassenden Identifizierung von Theorie und Bewegung fehlte nicht mehr viel. Bei KAUTSKY verschwindet dann die Differenz zwischen Theorie und sozialer Bewegung ganz — beides bezeichnet er mit dem Terminus 'Marxismus': *In seinen Anfängen bedeutete er* (der Marxismus) *eine Fraktion innerhalb der Arbeiterbewegung, heute werden seine Grundlinien in den meisten Ländern immer mehr identisch mit denen der Arbeiterbewegung selbst*[110]. Dieser für die Parteirechte unannehmbaren Gleichsetzung von 'Marxismus' und 'Sozialdemokratie' hielt ein Kritiker, schon als sie sich erst abzeichnete, entgegen, daß den *Existenzgrund* der Sozialdemokratie nicht die *Quadersteine der marxistischen Theorie, sondern die menschlichen und menschheitlichen Interessen der werktätigen Volksmasse* bildeten[111].

---

[106] Ders., Polemisches über Polemik, Sozialistische Monatsh. 6/1 (1902), 364 f.; vgl. auch ders., Der Marx-Cultus und das Recht der Revision. Ein Epilog, ebd. 7/1 (1903), 255 ff.
[107] Ders., Documente des Socialismus, Bd. 5 (Berlin 1905), 418. — Hinzuweisen wäre auf die Ähnlichkeit des Begriffs 'Marxistik' mit dem in Frankreich für eine wissenschaftliche Beschäftigung mit Marx gebräuchlichen Terminus 'marxologie'. Im deutschen Sprachraum hat 'Marxologie' dagegen einen entschieden negativen und abwertenden Unterton. Vgl. dazu das Pamphlet von WILHELM RAIMUND BEYER, Tendenzen bundesdeutscher Marxbeschäftigung (Köln 1968).
[108] KARL HÖCHBERG, Der Socialismus und die Wissenschaft, Die Zukunft 1 (1877), 4.
[109] FRANZ MEHRING, Zwanzig Jahre, Die Neue Zeit 21/1 (1902/03), 2.
[110] K. KAUTSKY, Parteipolemik, ebd., 31/1 (1912/13), 839.
[111] EDUARD DAVID, Zur vorläufigen Abwehr, Sozialist. Monatsh. 7/1 (1903), 327.

4. Sozialdemokratische Linke und Marxismus

Die Herausbildung eines linken Flügels innerhalb der Sozialdemokratie begann nach der russischen Revolution von 1905, als immer deutlicher wurde, daß Kautsky zur Ausarbeitung einer politischen Strategie, etwa im Wahlrechtskampf in Preußen, nicht nur nichts beitragen konnte, sondern daß er sein ganzes Prestige als Theoretiker dafür einsetzte, den politischen Immobilismus der Partei zu rechtfertigen. Politisch blieb die Sozialdemokratische Linke isoliert und gewann erst gegen Ende des Weltkrieges eine größere Basis. Dagegen entwickelte sie schon früh theoretische Ansätze, die sich als folgenreicher erwiesen und die Neubestimmung des „Marxismus" in den zwanziger Jahren in manchen Punkten vorwegnahmen. Die Beiträge der Gruppe der Linken (Karl Liebknecht, Rosa Luxemburg, Clara Zetkin, Konrad Haenisch, Johann Knief, Paul Lensch, Heinrich Laufenberg, Anton Pannekoek, Karl Radek u. a.) waren weder politisch noch theoretisch einheitlich. Ihr gemeinsamer Nenner bestand lediglich in der Opposition gegen den Kautsky-Marxismus, dessen ökonomische Verflachung und politische Sterilität sie angesichts der drohenden Kriegsgefahr und der innenpolitischen Konfliktherde durch eine Rückbesinnung auf die genuin Marxschen Intentionen aufbrechen wollten.

Theoretisch und praktisch am weitesten ging dabei Rosa Luxemburg. Gab sie sich noch um die Jahrhundertwende der Illusion hin, in Deutschland existiere *kein ... Sozialismus mehr außer ... dem Marxschen*, und *Sozialismus und Marxismus* seien *identisch* geworden[112], so unterzog sie diese Gleichsetzung von sozialer Bewegung und Marxscher Theorie aufgrund der politischen Erfahrungen in den folgenden Jahren einer Kritik. Sie erkannte, daß Kautsky als Vertreter und Verwalter des „Marxismus" die Aufgaben der Theoretiker in der Partei sehr restriktiv definierte: *Mehr als jede Partei hat die Sozialdemokratie die Aufgabe, der Revolution in den Dingen durch eine Revolution in den Köpfen zu folgen: auch da bedarf es der Einsicht und immer wieder der Einsicht in die tatsächlichen Verhältnisse*[113], schrieb er schon anfangs der neunziger Jahre. Kautsky bemühte sich zeitlebens, *den Leuten den Marxismus einzupauken*[114], und die klassisch gewordene Formulierung, die von Lenin wörtlich übernommen wurde, lautete, *das sozialistische Bewußtsein* sei etwas *in den Klassenkampf des Proletariats Hineingetragenes*[115] und fortwährend Hineinzutragendes. Die Marxsche Theorie wurde so zum Mittel, durch das, über die Revolutionierung der Köpfe von außen, Klassenbewußtsein verbreitet werden sollte. Die Vorstellung von der Theorie als Transmissionsriemen für die Verbreitung revolutionären Bewußtseins war nicht nur naiv, sondern mußte in der Konsequenz auch zu dem führen, was Rosa Luxemburg als *Offiziösentum* bezeichnete: *In Marxens Geist ist die theoretische Erkenntnis nicht dazu da, um hinter der Aktion ein-*

---

[112] Rosa Luxemburg, Sozialreform oder Revolution? (1899), GW, hg. vom Institut für Marxismus-Leninismus beim ZK der SED, Redaktion Günther Radczun, Bd. 1/1 (Berlin 1972), 442.
[113] K. Kautsky, An unsere Leser, Die Neue Zeit 9/1 (1890/91), 3.
[114] Ders. an Victor Adler, 13. 6. 1892, in: Victor Adler, Briefwechsel mit August Bebel und Karl Kautsky sowie Briefe von und an Ignaz Auer, Eduard Bernstein u. a., hg. v. Friedrich Adler (Wien 1954), 92.
[115] Ders., Die Revision des Programms der Sozialdemokratie in Österreich, Die Neue Zeit 20/1 (1901/02), 80.

herzugehen und für alles, was von den „obersten Behörden" der Sozialdemokratie jeweilig getan oder gelassen wird, einen rechtfertigenden Beruhigungsschleim zu kochen, sondern umgekehrt, um der Aktion der Partei führend vorauszugehen, um die Partei zur ständigen Selbstkritik anzustacheln, um Mängel und Schwächen der Bewegung aufzudecken, um neue Bahnen und weitere Horizonte zu zeigen[116].

Über diese Funktionsbestimmung der Theorie hinaus vertrat Rosa Luxemburg eine alternative Konzeption zur Verbreitung von Klassenbewußtsein. Sie plädierte nicht ausschließlich für die Vermittlung Marxscher Theorien, die schlecht geeignet waren, in die Köpfe der Betroffenen einzugehen, weil der Zusammenhang dieser Theorien mit den unmittelbaren Erfahrungen und Interessen und mit dem Bewußtseinsstand der Aufzuklärenden nie allein durch intellektuelle Arbeit und pädagogische Bearbeitung hergestellt werden kann. Vielmehr mußten die Betroffenen durch die tägliche Praxis und die eigene politische Erfahrung lernen. Die Bedeutung dieses Lernprozesses sah Rosa Luxemburg darin, daß dadurch *die gewaltige Masse des arbeitenden Volkes selbst aus eigenem Bewußtsein, aus eigener Überzeugung und auch aus eigenem Verständnis sich die Waffen zu ihrer Befreiung schmiedet*[117]. Klassenbewußtsein wird also nicht mehr als etwas von außen Hineinzutragendes definiert, sondern als etwas in der politischen Praxis von den Beteiligten selbst zu Erarbeitendes; die Arbeiterbewegung wird begriffen als kollektiver, theoretischer und praktischer Lernprozeß, wobei dem Marxismus eine wichtige Rolle als Orientierungsmittel zukommt, aber mehr auch nicht. Damit rettete Rosa Luxemburg, was in Kautskys Marxismus nur noch in Form einer Karikatur vorhanden war: den dialektischen Zusammenhang von Theorie und Praxis, wie er im Marxschen Werk konzipiert war. Die theoretische Einsicht der sozialdemokratischen Linken in das nicht zu vergeistigende Substrat von geschichtlicher Praxis bewahrte sie vor dem Irrtum, im Marxismus gleichsam den Schlüssel für die Lösung aller Probleme zu besitzen. Und die Einsicht in die Notwendigkeit der Theorie für die politische Praxis beugte dem Abdriften in blinden Aktionismus oder perspektivenlosen Pragmatismus vor. Als die Linke vor dem Ersten Weltkrieg eine offensive politische Strategie für den Kampf gegen das preußische Dreiklassenwahlrecht forderte und sich dabei auf Marx berief, konnte ihr KAUTSKY nur noch mit dem Argument begegnen, dies sei *vereinfachter Marxismus* und *Übermarxismus*[118].

5. 'Austromarxismus'

Zur Gruppe der Austromarxisten fanden sich 1903 österreichische Intellektuelle im Verein „Zukunft" zusammen. Von 1904 an erschienen unter ihrer Redaktion die „Marx-Studien" und ab 1907 die Monatsschrift „Der Kampf". — Otto Bauer zufolge wurde der Begriff 'Austromarxismus' kurz vor dem Ersten Weltkrieg vom amerikanischen Publizisten russischer Abstammung L. B. BOUDIN geprägt — allerdings nur gesprächsweise, denn er läßt sich in Boudins im deutschen Sprachraum erschie-

---

[116] ROSA LUXEMBURG, Das Offiziösentum der Theorie (1912/13), GW Bd. 3 (1973), 318 f.
[117] Dies., Der politische Massenstreik und die Gewerkschaften (1910), GW Bd. 2 (1972), 465; vgl. auch dies., Wieder Masse und Führer (1911), GW Bd. 3, 38.
[118] K. KAUTSKY, Die neue Taktik, Die Neue Zeit 30/2 (1912), 663 f.

nenen Arbeiten nicht nachweisen[119]. Der Terminus blieb bis 1927 auf den innersozialistischen Gebrauch zur Kennzeichnung einer marxistischen Schule beschränkt und fand erst danach Resonanz im bürgerlichen Lager[120]. Im politischen Kontext suchte der Austromarxismus einen „dritten Weg" zwischen sozialdemokratischem Reformismus und Bolschewismus.

Gemeinsamer Ausgangspunkt der Austromarxisten (Otto Bauer, Max Adler, Rudolf Hilferding, Karl Renner, Friedrich Adler) war die Marxrezeption auf dem Hintergrund und mit genauer Kenntnis der kritischen Philosophie Kants. Auf der Ebene der Theorie stellten sie sich die Aufgabe, eine *bewußte Verknüpfung der marxistischen Denkresultate und -methoden mit dem gesamten Geistesleben, das ist mit dem Inhalt der philosophischen und sozialwissenschaftlichen Arbeit unserer Zeit* herzustellen[121]. Demgemäß warfen sie das Problem „Marxismus und Ethik" sowie die Frage der methodologischen, wissenschafts- und erkenntnistheoretischen Fundierung der Marxschen Theorie auf — Bereiche also, die von Kautsky und seinen Anhängern weitgehend aus der theoretischen Reflexion ausgeblendet worden waren. Während der Versuch, dem Marxismus zur Stärkung seiner Position eine Ethik einzubauen, in Ansätzen steckenblieb und in seiner Schwierigkeit von den Austromarxisten auch unterschätzt wurde, muß die Methodendiskussion, wie sie Bauer und Adler initiierten, trotz ihrer Mängel als historisches Verdienst des Austromarxismus registriert werden. Solange Kautsky das „Kapital" als eine Geschichte des Kapitalismus las, konnten Methodenfragen nicht problematisch werden, und MEHRING hatte vollends kein Verständnis für methodologische Probleme. Als trotzdem eine Diskussion über die Marxsche Methode zustande kam, äußerte Mehring seinen Unmut darüber mit einem drastischen Vergleich. Er meinte, über die Methode nachzudenken, laufe nur darauf hinaus, *die Sense auf den Amboß* (zu) *legen, um Scharten in sie zu hämmern, statt mit ihr die wogende Ernte zu schneiden*[122].

Von diesem vorwissenschaftlichen Methodenverständnis heben sich die Überlegungen der Austromarxisten positiv ab. Für OTTO BAUER etwa war das „Kapital" nicht mehr *ein farbenreiches historisches Gemälde* oder eine *blutige Geschichte des Kapitalismus*, sondern eine *begriffliche Bearbeitung des Historischen, in der die geschichtlichen Erscheinungen als Einzelfälle eines Bewegungsgesetzes in einer Gesetzeswissenschaft begriffen werden, die nach dem Verfahren der mathematischen Naturwissenschaft qualitative Bestimmtheiten auf quantitative Veränderungen bezieht*[123]. Trotz der ausgesprochen fragwürdigen Einebnung der Differenz zwischen Natur-

---

[119] OTTO BAUER, Austromarxismus (1927), in: Austromarxismus. Texte zu 'Ideologie und Klassenkampf', hg. v. HANS-JÖRG SANDKÜHLER/RAFAEL DE LA VEGA (Frankfurt, Wien 1970), 49.

[120] Vgl. NORBERT LESER, Zwischen Reformismus und Bolschewismus. Der Austromarxismus als Theorie und Praxis (Wien, Frankfurt, Zürich 1968), 180 f.

[121] Marx-Studien. Blätter zur Theorie und Politik des wissenschaftlichen Sozialismus, hg. v. Max Adler u. Rudolf Hilferding, 1 (Wien 1904), VII f. (Vorwort der Herausgeber).

[122] F. MEHRING, Kant, Dietzgen, Mach und der historische Materialismus, Die Neue Zeit 28/1 (1909/10), 173.

[123] O. BAUER, Die Geschichte eines Buches, ebd. 26/1 (1907/08), 25. 31. Das Gesetz über den tendenziellen Fall der Profitrate bezeichnete Bauer als *das erste mathematische Bewegungsgesetz der Geschichte* (32), womit er weit über das hinausging, was Marx mit dem Gesetz demonstrieren wollte.

und Sozialwissenschaften kam Bauer damit Marx näher als Kautsky. Die methodologische Reflexion machte den Austromarxisten auch die Einsicht möglich, daß der Marxismus *kein Schema ist, das uns beherrscht, sondern nur eine Methode, die wir beherrschen,* woraus zwingend folgte, daß *jede Generation, jede Alters- und Bildungsstufe ihren Marx* bzw. ihren Marxismus zu erarbeiten hatte[124].

Die Interpretation des Marxismus als Methode bot zum einen eine Sicherung gegen dogmatische Verknöcherung und zum andern die Möglichkeit, das Instrumentarium von Marx dazu zu benützen, neue ökonomische, soziale und politische Phänomene in dessen Sinne zu bearbeiten. Im Politischen blieb zwar der Austromarxismus weitgehend im Kautskyschen Traditionalismus stecken, aber auf theoretischem Feld öffnete er zuerst das Tor, durch das restlos alle neueren Strömungen im Marxismus — auch wenn sie sich dessen selbst nicht bewußt wurden — hindurchgegangen sind.

IV.

1. Lenin, Leninismus, Marxismus-Leninismus

Die Spaltung der sozialdemokratischen bzw. die Neugründung der kommunistischen Parteien wegen der Kriegspolitik der alten sozialdemokratischen Parteien sowie die russische Oktoberrevolution zeitigten auch für die Marxismusdiskussion Konsequenzen. Einserseits wurde die akademische und publizistische Diskussion in Deutschland versachlicht, da jetzt die Sozialdemokratie zu den staatstragenden Parteien der Weimarer Koalition gehörte, sich aber weiterhin auf den Marxismus (vgl. dazu unten Kap. 4) berief. Der Marxismus gewann mit dieser gesellschaftlichen Reputation zugleich ein immer breiteres Anwendungsfeld und wurde als Bezeichnung für Marx' Theorie und für die Theorien jener, die diese für sich beanspruchten, zum Allgemeingut[125]. Andererseits reklamierten verschiedene linke Parteien und Gruppierungen das Marxsche Erbe, wodurch sich die Auseinandersetzungen um den „richtigen" Marxismus erheblich verschärften und vermehrten. In diesen Kontroversen spielten jetzt aber nicht mehr nur Fragen der Marxinterpretation eine Rolle, sondern die jeweiligen Gegner brachten ihre umfassenden politischen, gesellschaftlichen und geschichtsphilosophischen Gesamtkonzeptionen in die Debatten ein. Die gesamte Linke interpretierte das Ende des Ersten Weltkriegs, den Untergang der drei großen Monarchien in Mittel- und Osteuropa sowie die Regierungsbeteiligung oder -übernahme der Sozialdemokraten und Kommunisten als Aufbruch. Die neue gesellschaftliche und politische Lage in Europa und in Deutschland wurde von den

---

[124] Ebd., 33.
[125] Vgl. dazu KARL JASPERS' Definition: *Der Marxismus ist nur das bekannteste Beispiel soziologischer Analyse. In solchen Untersuchungen werden bestimmte partikulare und relative Erkenntnisse gewonnen ... Der Mensch als er selbst geht in solchem vermeintlichen Wissen jedesmal verloren;* Die geistige Situation der Zeit (1931; 5. Aufl. 1932; 5. Ndr. Berlin 1960), 152. Demgegenüber erklärte ein gemäßigter linker Intellektueller: *Der Marxismus ist schon längst keine Theorie mehr: er ist tägliche Erfahrung, die Praxis des Beisammenlebens, ein menschenwürdiges Dasein. Marxismus ist das übliche und alles, was sich von selbst versteht;* HEINRICH MANN, Die erniedrigte Intelligenz (1933), in: ders., Politische Essays (Frankfurt 1968), 120.

linken Parteien in unterschiedlichen Konzeptionen und Theorien reflektiert; die Analyse der Relevanz des „Marxismus" in der neuen geschichtlichen Situation stand dabei oft im Vordergrund. Sowohl die Versuche der russischen Theoretiker, die Marxsche Kritik der bürgerlichen Gesellschaft für eine Theorie des sozialistischen Aufbaus fruchtbar zu machen, als auch die Anstrengungen der Sozialdemokraten, ihre politische Praxis mit dem „Marxismus" theoretisch zu fundieren und zu rechtfertigen[126], verweisen auf das Spannungsverhältnis, in das die Marxsche Theorie geriet: als Kritik der alten Gesellschaft konzipiert, sollte sie nach den revolutionären Umwälzungen auch die theoretische Basis für die neue Gesellschaft abgeben.

Eine begriffsgeschichtliche Untersuchung für die Zeit nach 1917/18 kann sich deshalb nicht mehr auf die Analyse des Verhältnisses zwischen Marx und dem Marxismus beschränken, sondern muß vor allem der Bedeutung des Marxismus innerhalb der jeweiligen politischen Gesamtkonzeptionen nachgehen. Ein Indiz für diesen Wandel ist die Tatsache, daß der Begriff 'Marxismus' allein in den zwanziger Jahren zur Selbst- und Fremdbezeichnung unter den linken Parteien und Gruppierungen untauglich wurde. In jedem Fall mußte hinzugefügt werden, auf welche politische Gesamtkonzeption dieser oder jener „Marxismus" abhob.

In der Geschichte des Marxismus steht LENINS Theorie, neben der Mao Tse-tungs, die ihrerseits auf jener aufbaut, insofern einzigartig da, als sie ein gutes Stück weit die Theorie einer erfolgreichen Revolution darstellt. Wie keine andere sozialistische Theorie kann die von Lenin nicht nur theoretische Stringenz beanspruchen, sondern vermag darüber hinaus ihre, freilich nicht gerade problemlosen, Erfolge bei der praktischen Anwendung ins Feld zu führen.

Als Marxist lehnte sich Lenin stark an Kautskys „Marxismus" an. Noch 1917, d. h. lange nach dem Bruch mit dem Theoretiker der II. Internationale, lobte Lenin Kautskys „Weg zur Macht" (1909) und sah in dieser Schrift einen *Gradmesser dafür ..., was die deutsche Sozialdemokratie vor dem imperialistischen Krieg zu sein versprach*[127]. So nahe sich Lenin und Kautsky in Einzelfragen der Marxinterpretation standen, so groß wurden ihre Differenzen, sobald es über Fragen der Theorie im engeren Sinne hinaus um die politischen, strategischen und organisatorischen Implikationen des Marxismus ging. Stärker als je ein Theoretiker vor ihm betonte Lenin die Einheit und Geschlossenheit des Marxismus, als dessen *drei Quellen und gleichzeitig Bestandteile* er den *Materialismus*, die *Lehre vom Mehrwert* und die *Lehre vom Klassenkampf* begriff[128].

Der Schwerpunkt von Lenins Auseinandersetzung mit Marx lag nicht — wenn man von seinen Arbeiten zur materialistischen Erkenntnistheorie absieht, die weniger als

---

[126] Vgl. die Parteitagsprotokolle der SPD (s. Anm. 26) (Kiel 1927), 41: *Sorgen wir dafür, daß der Vormarsch des Marxismus, der überall zu konstatieren ist, der Vormarsch der Arbeiterschaft, im Zeichen unserer Partei erfolgt!* (OTTO WELS); Prot. Heidelberg 1925, 294: ... *daß in dem Programm nichts gesagt wird, was nicht vor der historischen Kritik — und die Geschichte ist die beste Marxistin — standhält* (RUDOLF HILFERDING); Prot. Görlitz 1921, 304: ... *denn das Wesen des Marxismus ist die klare Anschauung von dem naturnotwendig gegebenen Entwicklungsprozeß* (H. STRÖBEL).

[127] LENIN, Staat und Revolution (1917), Werke, Bd. 25 (1960), 497.

[128] Ders., Drei Quellen und drei Bestandteile des Marxismus (1913), Werke, Bd. 19 (1962), 3 ff.

theoretische Grundlegung, denn als Teil des politischen Kampfes gegen „*Fideismus*" und „*Spiritualismus*" von Belang sind — auf theoretischem, sondern auf politischem, strategischem und organisatorischem Gebiet, den Fragen also, die unmittelbar mit der politischen Praxis zusammenhingen. Hier formte er in seiner Parteitheorie und in seinen Überlegungen zur Bündnispolitik den Marxismus zu einer Theorie der Revolution und speziell zu einer Theorie zur Veränderung der russischen Verhältnisse. Zwar anerkannte Lenin, daß niemals *Millionen von Menschen auf die Ratschläge von Parteien hören, wenn diese Ratschläge nicht mit dem zusammenfallen, was die Erfahrungen ihres eigenen Lebens sie lehren*[129], und er lehnte die Schaffung des Sozialismus *von oben*, im *Geiste* des *fiskalisch-bürokratischen Automatismus* ausdrücklich ab[130]; aber seine eigene Parteitheorie war alles andere als eine wirksame Barriere gegen die Verformung der Diktatur des Proletariats zur Diktatur über das Proletariat.

Die von Lenin als Organisation von Berufsrevolutionären konzipierte und geschaffene Partei verfügte nicht nur über ausgedehnte Leitungs- und Kontrollbefugnisse, sondern verwaltete auch die Theorie, die sie in Form eines homogenen weltanschaulichen Systems von außen in die Massen hineintrug. Der Tendenz nach war die Umformung der Marxschen Theorie, die sich als Kritik verstand, zu einem positiven System der proletarischen Weltanschauung schon in Engels' „Anti-Dühring" angelegt, wenn auch nicht durchgeführt. In der Doktrin der deutschen Sozialdemokratie gewann diese Tendenz schon klarere Umrisse. So faßte PANNEKOEK die *marxistische Nationalökonomie* als *wesentlich proletarische Wissenschaft* auf[131] und verkehrte damit den Anspruch der „Kritik der politischen Ökonomie" virtuell in sein Gegenteil. Exemplarisch ist diese Umkehrung am Begriff der 'Ideologie' nachvollziehbar: bei Marx war er noch eine kritische Kategorie, mit der sowohl verklärende, interessengebundene Theorien als auch die notwendige Scheinhaftigkeit der widersprüchlichen, unversöhnten Realität bezeichnet wurden. LENIN hat dann den Ideologiebegriff ins Positive gewendet und sprach davon, daß die Sozialdemokratie die *proletarische Ideologie, die Lehre des wissenschaftlichen Sozialismus, d. h. den Marxismus, propagieren* müsse[132]. Damit schuf Lenin selbst wenigstens eine Voraussetzung für die Konstruktion des Leninismus als einer verbindlichen, umfassenden und von der Partei bis in alle gesellschaftlichen Bereiche hinein durchzusetzenden Weltanschauung.

Im Herbst 1923, einige Monate vor Lenins Tod, begannen innerhalb der Kommunistischen Partei Rußlands Kontroversen über die Wege der Bewältigung der enormen wirtschaftlichen Schwierigkeiten. Im Rahmen dieser Kontroversen und Fraktionskämpfe wurde der Begriff 'Leninismus' geprägt und von SINOWJEW einmal

---

[129] Ders., Erster Gesamtrussischer Kongreß der Bauerndeputierten (1917), Werke, Bd. 24 (1959), 498.
[130] Ders., Sitzung des Gesamtrussischen Zentralexekutivkomitees (17. 11. 1917), Werke, Bd. 26 (1961), 283.
[131] ANTON PANNEKOEK, Klassenwissenschaft und Philosophie, Die Neue Zeit 23/1 (1904/05), 606.
[132] LENIN, Politische Agitation und „Klassenstandpunkt" (1902), Werke, Bd. 5 (1955), 350. → Ideologie.

zur Bezeichnung der „richtigen Linie" gebraucht[133]. Noch im Mai 1923 sprach er von Beschlüssen, *die wir im Geiste des Bolschewismus der alten Schule des Genossen Lenin angenommen haben,* definierte aber einige Monate später schon den *Leninismus* als *höchsten Ausdruck des revolutionären Marxismus in der Epoche des unmittelbaren Machtkampfes des Proletariats*[134]. Erst nach Lenins Tod fand der Begriff innerhalb und außerhalb Rußlands eine größere Verbreitung und wurde zur Kampfparole gegen alle Abweichungen nach links und rechts bzw. gegen jede Opposition, die sich der gerade herrschenden Parteiführung widersetzte. Im Gegensatz zum Begriff 'Marxismus', der eine lange Anlaufzeit benötigte, bis er sich durchsetzte, gewann der Begriff 'Leninismus' unmittelbar nach Lenins Tod sofort größte Verbreitung. Unter geschickter Ausnützung von Lenins nationalem und internationalem Prestige gelang es seinen Nachfolgern, schnell einen dogmatischen Geltungsanspruch für das, was sie 'Leninismus' nannten, durchzusetzen.

Im Namen Lenins und des „Leninismus" sollte aufgrund eines Beschlusses des 5. Weltkongresses der Kommunistischen Internationale in allen Mitgliedsparteien eine konsequente *Bolschewisierung* durchgeführt werden. *Bolschewisierung — das ist die Schaffung einer festgefügten, wie aus einem Stein gehauenen, zentralisierten Organisation, die harmonisch und brüderlich die Differenzen in ihren eigenen Reihen austrägt, wie es Lenin gelehrt hat. Bolschewisierung ist Marxismus in Aktion, ist Treue gegenüber der Idee der Diktatur des Proletariats, den Ideen des Leninismus. Das ist Bolschewisierung: nicht mechanisch die russischen Bolschewiki nachahmen, sondern das aufnehmen, was im Bolschewismus unsterblich war und ist*[135]. Die kritische Ein-

---

[133] Vgl. GRIGORIJ J. SINOWJEW, Über den Kampf um die Partei. Rede auf der Stadtversammlung des Kollektivbüros der Petrograder Organisation am 15. 12. 1922, Internat. Pressekorrespondenz 4 (1924), Nr. 8 (21. 1. 1924), 80: „Leben und leben lassen", *mag es verschiedene Meinungen geben, wir werden uns nachher schon zurechtfinden. Das klingt natürlich sehr demokratisch ... Aber der Bolschewismus gründet nicht auf Engelsgüte, er wurde durch das proletarische Mißtrauen gegen alles, was nicht zum Bolschewismus gehört, gegen alles, was nicht Leninismus war, gebildet.* — Zum ersten Mal wurde der Begriff 'Leninismus' von einem Theoretiker des Menschewismus 1904 gegen die politische Richtung Lenins verwendet. Vgl. L. MARTOV [d. i. JURIJ O. CEDERBAUM], Bor'ba s „osadnym položeniem" v Rossijskoj Soc. Dem. Rabočej Partii [= Der Kampf gegen den „Belagerungszustand" in der RSDRP] (Genf 1904), 68; DIETRICH GEYER, Lenin in der russischen Sozialdemokratie. Die Arbeiterbewegung im Zarenreich als Organisationsproblem der revolutionären Intelligenz. 1890—1903 (Köln 1962), 419.

[134] G. SINOWJEW, Schlußrede auf dem XII. Parteitag der KPR (1923), Internat. Pressekorrespondenz 3 (1923), Nr. 74 (7. 5. 1923), 630; ders., Fünf Jahre, ebd., Nr. 141 (3. 9. 1923), 1226. Vgl. auch die anonyme Anzeige von Trotzkis „Grundfragen der Revolution", ebd., Nr. 145 (12. 9. 1923), 1259: *Den Leninismus kann man definieren als den in die Sprache der imperialistischen Auflösung der bürgerlichen Gesellschaft übersetzten Marxismus.*

[135] Protokoll des 5. Kongresses der Kommunistischen Internationale, Bd 1 (Hamburg 1924), 508 (Rede SINOWJEWS). Die russische Sozialdemokratie spaltete sich auf dem 2. Parteitag in London (1903) hauptsächlich wegen Differenzen in Organisationsfragen. Die Mehrheit (= 'Bolschewiki', vom russ. 'bolsche' „mehr") vertrat einen rigiden Zentralismus, den die Minderheit (= 'Menschewiki', vom russ. 'mensche' „weniger") ablehnte. Die beiden Fraktionen bezeichneten sich selbst als 'Bolschewiki' bzw. 'Menschewiki'; erst 1952 wurde der Zusatz 'Bolschewiki' im offiziellen Namen der KPdSU (bis dahin: KPdSU [B])

schränkung, es gehe nicht um mechanische Nachahmung, wurde bald fallengelassen, und die russische Partei setzte alle Mittel ein, um den westeuropäischen Parteien den „Leninismus" in Theorie und Praxis förmlich aufzuzwingen. Die Definition des Bolschewismus als *Marxismus in Aktion* zielte auf eine stärkere Betonung der aktivistischen Momente, während die Zusammenfassung von Lenins Theorien zu den *Ideen des Leninismus* die Einheitlichkeit und Geschlossenheit des theoretischen Fundaments sichern sollten. Der Bewegungsbegriff 'Bolschewismus' und das Dogmengebäude des entstehenden 'Leninismus' standen dabei in Widerspruch zueinander, denn der dynamische Aktivismus der revolutionären Bewegung lief der Verfestigung der Theorie zuwider. In der Auseinandersetzung mit Trotzki, dessen Konzeption der permanenten Revolution die aktivistischen Momente herausstellte, sah sich Stalin deshalb schon Ende 1924 gezwungen, ex cathedra zu statuieren: *Bolschewismus und Leninismus* sind eins[136].

Gegenüber der Tendenz, den Leninismus als inhaltlich fixierte und sklavisch anzuwendende Theorie zu behandeln, beharrte KARL KORSCH, obwohl zu dieser Zeit noch durch und durch Leninanhänger, darauf, daß der Leninismus lediglich die *konkreteste und wahrste Methode der materialistischen Dialektik, ... die wiederhergestellte Methode des revolutionären Marxismus*[137] enthalte. Er verwahrte sich gegen eine Interpretation der Leninschen Theorie, die diese nur noch als *passive, ideologische 'Widerspiegelung' einzelner, nach Zeit und Ort verschiedener, geschichtlicher Tatsächlichkeiten* auffaßte und damit in Theorie aufgehen ließ und durch die Theorie vorweg determinieren wollte, was seiner Natur nach nicht auf Theorie reduzierbar ist: *den konkreten historischen Prozeß in seiner materiellen lebendigen Wirklichkeit*[138].

Mit STALINS Vorlesungen „Über die Grundlagen des Leninismus", die er im April/Mai 1924 an der Swerdlow-Universität hielt und die noch im gleichen Jahr unter dem Titel „Über Lenin und den Leninismus" gedruckt erschienen[139], erfolgte dann aber endgültig jene Festschreibung Leninscher Theoriestücke zu einem homogenen Weltanschauungssystem, das für alle Parteien der III. Internationale verbindlich erklärt wurde und als katechetische Keule im Fraktionskampf gegen 'Trotzkismus', 'Luxemburgismus', 'Brandlerismus' etc. seine erste zweifelhafte Bewährungsprobe bestand. Stalin lehnte die Definition des Leninismus als *Anwendung des Marxismus auf die eigenartigen Verhältnisse ... Rußlands* — was er nicht nur, aber weitgehend war — ausdrücklich ab und bestimmte ihn global als *Marxismus der Epoche des Imperialismus und der proletarischen Revolution* bzw. als *Theorie und Taktik der proletarischen Revolution im allgemeinen, die Theorie und Taktik der Diktatur des Proletariats im*

---

gestrichen. Zur Bolschewisierungskampagne in Deutschland vgl. HERMANN WEBER, Die Wandlung des deutschen Kommunismus. Die Stalinisierung der KPD in der Weimarer Republik, 2 Bde. (Frankfurt 1969).

[136] JOSEF W. STALIN, Trotzkismus oder Leninismus (Rede v. 19. 11. 1924), Werke, hg. vom Marx-Engels-Lenin-Institut beim ZK der SED, Bd. 6 (Berlin 1952), 316.

[137] KARL KORSCH, Lenin und die Komintern, Die Internationale 7 (1924), H. 10/11, 322.

[138] Ebd., 325 f. Im gleichen Sinne wandte sich auch AUGUST THALHEIMER gegen die Verklärung des Leninismus zum Dogma: *Möge sie* (die Komintern) *sich immer bewußt sein, daß Leninismus wie Marxismus vor allem eine lebendige schöpferische Methode ist, die Verbindung der größten revolutionären Kühnheit mit der schärfsten realistischen Analyse;* Lenin. Einige Bemerkungen über Lenin als Theoretiker, Internat. Pressekorrespondenz 4 (1924), Nr. 12, 145.

[139] J. W. STALIN, Über die Grundlagen des Leninismus (1924), Werke, Bd. 6, 62 ff.

besonderen[140]. Mit einer Zitatenkompilation aus Lenins Schriften, in der die Textstellen oft genug aus ihrem sachlichen Zusammenhang herausgerissen wurden, hat Stalin die Basis gelegt für einen Typus von Theorie, der vor allem zur Rechtfertigung der Politik der Parteiführung in beliebigen Kontexten herangezogen werden konnte. Die Unterdrückung jener Teile der Leninschen Theorie, die sich nicht zur Herrschaftslegitimation der Partei verwenden ließen, ermöglichte erst den Auf- und Ausbau eines dogmatischen Lehrgebäudes, als dessen spiritus rector Stalin ebenso hervortrat wie als Parteichef, der die *Reihen der Partei mit einem Besen von Unrat säuberte*[141].

Im Sprachgebrauch sind die Übergänge vom 'Leninismus' zum 'Marxismus-Leninismus' fließend. KARL KORSCH sprach schon in einem Artikel vom 21. 7. 1924 von der III. Internationale als einem *Kollektiv lebendiger Marxisten-Leninisten, die das Werk Lenins fortsetzen, in dem brandenden Chaos der kapitalistischen Welt*[142]. Und in seiner Rezension von Stalins „Leninismus"-Schrift vom Ende desselben Jahres tauchte der Begriff 'Marxismus-Leninismus' zum ersten Mal in Deutschland auf [143]. Trotz Korschs Charakterisierung des Stalinschen Buches als *Lernmittel für Anfänger des Leninismus* kann man ihn nicht zu den Schöpfern des „Marxismus-Leninismus" als Legitimationswissenschaft zählen, denn er warnte schon in dieser Rezension davor, den Leninismus *nur formal anzunehmen und äußerlich nachzuplappern und nachzuäffen*, statt ihn *in einem speziellen Sinne zu lernen*[144], nämlich im Hinblick auf seine Tauglichkeit für die deutschen politischen Verhältnisse.

In den Jahren 1925—1928 erschien der Begriff 'Marxismus-Leninismus' in der kommunistischen Literatur sporadisch und durchweg in einem von Korsch befürchteten Zusammenhang; er galt den Autoren als abgeschlossenes System, das man nur in vollem Umfang annehmen oder verwerfen konnte, wobei letzteres nicht nur die politische Isolierung, sondern auch die Gefährdung des Lebens bedeutete. Erst nachdem Stalin den Terminus 'Marxismus-Leninismus' in einer Rede vom 19. 12. 1928 gebraucht hatte[145], setzte er sich allgemein durch und wurde zur Kennmarke für die „richtige" Politik und die „richtige" Theorie.

Die definitive Ausformung des Marxismus-Leninismus erfolgte in den späten zwanziger und den dreißiger Jahren durch Stalin selbst und durch eine Reihe subalterner Ideologen, die direkt unter Stalins Einfluß standen. Der Marxismus-Leninismus diente vor allem auch als ideologisches Bindemittel bei der großangelegten Industrialisierungsschlacht und bei der opferreichen Kollektivierung der Landwirtschaft. Die Grundlagen dieser Theorie bestehen in einem ontologisierten dialektischen Materialismus und in einem schematisch konzipierten historischen Materialismus. Über ihren unmittelbaren Zweck hinaus, als Grundlage des weltanschaulichen Systems, sollten dialektischer und historischer Materialismus Denken und Handeln nicht nur erklären, sondern auch steuern und bestimmen; insofern erfüllten die Naturalisie-

---

[140] Ebd.; vgl. auch ebd., 73. 78.
[141] Rede STALINS auf dem XIII. Parteitag der KPR (B), 1924, ebd., 205.
[142] K. KORSCH, Proletarische Niederlagen, proletarische Siege (1924), in: ders., Politische Texte, hg. v. Erich Gerlach u. Jürgen Seifert (Frankfurt 1975), 61.
[143] Ders., Rez. STALIN, Lenin und der Leninismus (Wien 1924), in: Die Internationale 6 (1924), H. 21/22, 669.   [144] Ebd., 668.
[145] J. W. STALIN, Über die Rechte Gefahr in der deutschen Kommunistischen Partei (1928), Werke, Bd. 11 (1954), 269.

rung der Dialektik und die starre Widerspiegelungstheorie im stalinistischen Weltanschauungssystem direkt politische Funktionen.

Die starke Hervorhebung des „Leninismus" im Zuge der Bolschewisierungskampagne war für die kommunistischen Parteien ein zwiespältiges Unternehmen, weil durch diese Sprachregelung der „Marxismus" wenigstens zeitweise tendenziell an Bedeutung zu verlieren schien. Die Festschreibung der Abgrenzungskämpfe durch die Konstruktion des „Marxismus-Leninismus" sollte dieser Tendenz ein Ende bereiten. Inhaltlich gesehen waren diese Abgrenzungskämpfe charakterisiert durch das Bestreben der russischen und deutschen kommunistischen Orthodoxien, die Theorien von Marx, Engels und Lenin lehrbuchartig zusammenzufassen und zu einem hieb- und stichfesten System zusammenzuschweißen. Demgegenüber sperrten sich Theoretiker anderer Parteien und kritische Intellektuelle gegen die dogmatische Fixierung und verlangten, daß *Lenin von den Kommunisten so studiert wird, wie Marx von Lenin studiert wurde. Studiert, um die dialektische Methode handhaben zu lernen*[146]. Dem Marxismus-Leninismus stand mithin eine Marx-Interpretation gegenüber, die auf die Bedeutung der Methodenerkenntnis für die Weiterentwicklung der Theorie besonderes Gewicht legte.

2. 'Westlicher Marxismus': Georg Lukàcs und Karl Korsch

Schon in den Auseinandersetzungen in der deutschen Sozialdemokratie um den Massenstreik in den Jahren 1905/06 wurde den Befürwortern entgegengehalten, die Übertragung der Erfahrungen mit dem Massenstreik in der russischen Revolution von 1905 auf Deutschland sei *heller Wahnsinn*[147]. Von da an tauchte das Argument der Unübertragbarkeit russischer Erfahrungen und Theorien auf Westeuropa in diversen Zusammenhängen immer wieder auf, so auch in der Kontroverse zwischen Lenin und dem 'linken Radikalismus' im Jahre 1920. LENIN war überzeugt, *daß einige Grundzüge unserer Revolution nicht örtliche, nicht spezifisch nationale, ... sondern internationale Bedeutung haben*[148]. Aber mit der Ausarbeitung der 19 bzw. 21 Bedingungen für die Aufnahme von Parteien in die III. Internationale meldete Moskau dann einen Führungsanspruch im Geiste des *demokratischen Zentralismus* und der *eisernen Disziplin ..., die an militärische Disziplin grenzt*[149] an, wie er von den *westeuropäischen Marxisten*[150] nicht akzeptiert werden konnte.

Spielte sich diese Kontroverse noch vorwiegend auf politisch-strategischer Ebene ab, so wurde die Diskussion über 'westliche' und 'östliche' Theorie durch zwei 1923 unabhängig voneinander entstandene Schriften auf eine theoretische Ebene ge-

---

[146] GEORG LUKÀCS, Lenin. Studie über den Zusammenhang seiner Gedanken (Berlin, Wien 1924), 77; ebd.: *Die Tradition des Leninismus kann also nur darin bestehen, diese lebendige und lebensspendende ... Funktion des historischen Materialismus unverfälscht und unerstarrt zu bewahren.*

[147] Prot. Jena 1905, 328 (Votum DAVID; s. Anm. 26).

[148] LENIN, Der „linke Radikalismus", die Kinderkrankheit im Kommunismus (1920), Werke, Bd. 31 (1966), 5.

[149] Ders., Bedingungen für die Aufnahme in die Kommunistische Internationale (1920), ebd., 197.

[150] HERMANN GORTER, Offener Brief an den Genossen Lenin (1920), in: Die Linke gegen die Parteiherrschaft, hg. v. FRITZ KOOL (Olten, Freiburg 1970), 420.

hoben. Georg Lukàcs' „Geschichte und Klassenbewußtsein" und Karl Korschs „Marxismus und Philosophie" stießen sofort auf den Widerspruch derer, die nach Lenins Tod dessen Theorie zum Gebäude des Leninismus verfestigten und abweichende Konzeptionen nicht duldeten. In Lukàcs' und Korschs Arbeiten sahen sie eine *Verfälschung des Leninismus in einen besonderen „linken", westeuropäischen Kommunismus*[151]. Damit war der Terminus vorformuliert, mit dem theoretische und politische Abweichungen von Stalins Leninismus als *westlicher Marxismus* oder als *europäischer Marxismus*[152] abqualifiziert werden konnten.

Die Werke Lukàcs' und Korschs basierten auf der kritischen Auseinandersetzung mit den Erfahrungen der deutschen und der russischen Revolution sowie auf der Reflexion der Bedeutung Hegels für die Marxsche Theorie. Die Rehabilitierung der Dialektik in einem Moment, in dem sich die Orthodoxie daran machte, Marx' und Lenins Theorien in der undialektischen Positivität eines Katechismus erstarren zu lassen, trug den beiden Autoren umgehend den Vorwurf des 'Idealismus' und des 'Revisionismus' ein.

Lukàcs beantwortete die Frage *Was ist orthodoxer Marxismus?* im ersten Aufsatz von „Geschichte und Klassenbewußtsein" mit der für die Orthodoxie provozierenden Feststellung, daß sich *Orthodoxie in Fragen des Marxismus ... ausschließlich auf die Methode* beziehe und daß die marxistische, d. h. dialektische Methode ihre Geltung behalte, selbst wenn die Forschung die *sachliche Unrichtigkeit sämtlicher einzelnen Aussagen von Marx einwandfrei* nachweisen würde[153]. Lukàcs orientierte sich an Hegels „Phänomenologie des Geistes" und deren Programm, *das Wahre nicht als Substanz, sondern ebensosehr als Subjekt aufzufassen und auszudrücken*[154]. So wie bei Hegel der absolute Geist sich selbst in seinem Anderssein als Welt- und Volksgeist vorantreibt und sich in der Philosophie als Identisches schließlich bei sich selbst findet, so versuchte Lukàcs, in der Marxschen Theorie die widersprüchliche Bewegung der kapitalistischen Gesellschaft als Pseudosubjekt der Geschichte zu begreifen, die erst durch das zu seinem Klassenbewußtsein erwachte Proletariat zu ihrem eigentlichen Subjekt kommt. Durch die Aktion des Proletariats erst wird die Geschichte als Geschichte von Subjekten konstituiert, indem die kapitalistischen Verhältnisse umgewälzt werden.

Die materialistische Fundierung der Hegelschen Philosophie durch die Bestimmung des Subjekt-Objekt-Verhältnisses als konstitutivem Merkmal von Geschichte und Dialektik richtete sich gegen Engels' Versuch im „Anti-Dühring", eine Dialektik der Natur zu konzipieren, und gegen den Kautsky-Marxismus, der die Dialektik zwischen Subjekt und Objekt durch den gleichsam automatisch ablaufenden Fortschritt als Folge der Entwicklung der Produktivkräfte faktisch neutralisierte. Demgegenüber bestand Lukàcs auf der Dialektik als einer Geschichte konstituierenden und durch die geschichtliche Praxis der Subjekte immer neu konstituierten Gesellschaftlichkeit und räumte damit den Subjekten eine weit wichtigere Rolle ein als die Theoretiker der II. Internationale.

---

[151] Heinz Neumann, Der neue Kurs der KPD, Die Internationale 8 (1925), H. 9, 530.
[152] N. Lenzer / Wladimir Ssorin, Die Partei und die Opposition, Die Kommunistische Internationale, H. 7 (1925), 819.
[153] G. Lukàcs, Geschichte und Klassenbewußtsein (1923; Ndr. Amsterdam 1967), 13.
[154] Hegel, Phänomenologie des Geistes (1807), Vorrede. SW Bd. 2 (1964), 22.

In deren Objektivismus figurierte Praxis nur noch als objektiv umfassend determinierte Residualbestimmung. Der Preis, den Lukàcs für diese emphatische Betonung der praktischen Dimension des Marxismus bezahlte, war eine forcierte Idee der Machbarkeit der Geschichte bis zur Annäherung an einen „Praxisbegriff", der „fichteanisch überspannt" wurde[155]. Lukàcs' Definition des Klassenbewußtseins als *bewußt gewordener Sinn der geschichtlichen Lage der Klasse*[156] tendierte ebenso wie sein Praxisbegriff zu einer geschichtsphilosophischen Überladung, denn zwischen den empirischen Subjekten und der Bestimmung ihrer historischen Mission gab es in seiner Konzeption nur eine abstrakte Vermittlung. Diese Vermittlung zwischen Theorie und Praxis, geschichtsphilosophischer Bestimmung und empirischen Subjekten sollte die Organisation, die revolutionäre Partei, leisten. Die Konstruktion der Partei als formaler und inhaltlicher Vermittlungsinstanz steht aber in einem unaufhebbaren Spannungsverhältnis zu den emanzipativen Momenten des Praxisbegriffs: Die Aktualisierung und Rehabilitierung der Bedeutung der Subjekte in der Geschichte und die Begründung einer Parteitheorie, in der die Partei als *Objektivation* des der Masse selbst *noch nicht ganz klaren Willens*[157] begriffen wurde, sind theoretisch nicht zusammenzubringen. In der politischen Praxis zeigte sich diese Parteitheorie als äußerst ambivalent; sie war *je nachdem, bewundernswert oder tödlich*[158], wobei letzteres im Falle von Stalins Handhabung dieser Theorie durchaus wörtlich zu nehmen ist. — Trotz dieser Ambivalenz bildete Lukàcs' Buch die theoretische Grundlage für zahlreiche spätere Auseinandersetzungen mit dem parteioffiziellen Marxismus-Leninismus, vor allem deshalb, weil ihm das Verdienst zukommt, den Begriff der Praxis zum ersten Mal in der marxistischen Tradition zum Gegenstand einer systematischen Untersuchung gemacht zu haben.

Wie Lukàcs durch die Relativierung des Marxismus auf eine Forschungsmethode die Diskussion des Gehalts der Marxschen Theorie nicht nur nicht verhinderte, sondern auf methodologisch reflektierterem Niveau sogar inspirierte, so bedeutete Korschs Historisierung des Marxismus — die Selbstanwendung des historischen Materialismus auf seine eigene Entwicklung — den Ausgangspunkt für eine fruchtbare Kritik am vorausgehenden Marxismus und für die Entdeckung der darin verschütteten Züge der ursprünglichen Marxschen Theorie. Die Rückbeziehung der verschiedenen marxistischen Theorien auf die realen Klassenauseinandersetzungen und die Erklärung der historisch je spezifischen Marxinterpretationen blieben zwar in Korschs Schriften weitgehend ein uneingelöstes Forschungsprogramm, aber sein Postulat nach historischer Spezifizierung bildet bis heute den Nerv jedes nichtdogmatischen Marxismusbegriffs. Korschs eigene Marxinterpretation verschaffte sich durch diese Historisierung einen wirksamen Schutz gegen jede schulmäßige Erstarrung und Verknöcherung.

Korsch begriff den Marxismus nicht als abgehobene Theorie der Gesellschaft, sondern wie der frühe Marx als Ausdruck der realen politischen Bewegung der Arbeiter-

---

[155] Alfred Schmidt, Art. Praxis, Handbuch philosophischer Grundbegriffe, hg. v. Hermann Krings, Hans Michael Baumgartner, Christoph Wild, Bd. 2 (München 1973), 1117.
[156] Lukàcs, Geschichte und Klassenbewußtsein, 86.
[157] Ebd., 54.
[158] Victor Serge, Beruf: Revolutionär. Erinnerungen 1901, 1917, 1941 (Frankfurt 1967), 213.

klasse, die ihrerseits von der Theorie Anleitungen für das politische Handeln verlangte. Die Wiederherstellung dieses dialektischen Verhältnisses von Theorie und Praxis war die Grundintention seines Versuchs, *das umfassende Ganze einer Theorie der sozialen Revolution*[159], als die er die frühen Marxschen Schriften interpretierte, für die Zeit nach der Oktoberrevolution zu erarbeiten. Unter 'Marxismus' verstand Korsch also zuerst und vor allem eine Revolutionstheorie, und deshalb spielten die Marx-Engelsschen Schriften aus der Zeit der Revolution von 1848/49 in seinen Arbeiten eine herausragende Rolle. Dies bewirkte auch, daß die „Kritik der politischen Ökonomie" in ihrer Bedeutung zurücktrat und den Status einer der politischen Praxis und ihren Konzeptionen weitgehend transzendenten Theorie erhielt. Die Verlagerung der Bedeutung der Marxschen Schriften vom „Kapital" auf die frühen Arbeiten erhielt ihren entscheidenden Anstoß natürlich durch die Oktoberrevolution und die Theorie Lenins, zu der sich Korsch bis um die Mitte der zwanziger Jahre bekannte.

3. 'Kritische Theorie'

Daß in den relevanten Texten, vor allem MAX HORKHEIMERS, zwar öfters von Marx, aber nie von 'Marxismus' die Rede ist, liegt in der Entstehungsgeschichte der Kritischen Theorie begründet. Der Begriff 'Marxismus' war seit den späten zwanziger Jahren praktisch identisch mit parteioffiziellen Schulen und Weltanschauungen, die den Gehalt der Marxschen Theorie kompromittierten. Der Terminus 'Kritische Theorie' erscheint bei Horkheimer deshalb oft wie ein nom de guerre für 'Marxismus': *Kritische Theorie entwickelt die gegenwärtigen Zustände aus dem Begriff des einfachen Tausches*[160]. Hier steht der Terminus eindeutig für einen zentralen Teil der Marxschen Theorie. Dennoch wäre es falsch, 'Kritische Theorie' und 'Marxismus' einfach gleichzusetzen. Das Programm und die Analysen der Frankfurter Schule unterschieden sich von Anfang an in wesentlichen Punkten von traditionellen Formen des Marxismus. Zwar anerkannte Horkheimer, daß es *keine Theorie der Gesellschaft* geben könne, *die nicht politische Interessen einschlösse, über deren Wahrheit ... in konkreter geschichtlicher Aktivität entschieden werden müßte*[161], aber er sperrte sich dagegen, daß sich die Kritische Theorie an einen zum voraus ausgemachten Adressaten wende, wie dies der bisherige Marxismus immer getan hatte. Gerade die geschichtsphilosophischen Implikationen des „alten" Marxismus wurden der Kritischen Theorie, deren Entstehung zusammenfiel mit der stalinistischen Herrschaft dort und der Transformation des bürgerlich-demokratischen Rechtsstaates zum *autoritären Staat* hier, zweifelhaft und fragwürdig. *Als caput mortuum des Verwandlungsprozesses der Bourgeoisie ist die oberste industrielle und staatliche Bürokratie übriggeblieben*[162].

---

[159] K. KORSCH, Marxismus und Philosophie (1923), 2. Aufl., hg. v. Erich Gerlach (Frankfurt 1966), 100.
[160] MAX HORKHEIMER, Traditionelle und kritische Theorie (1937), in: ders., Kritische Theorie der Gesellschaft, Bd. 2, hg. v. Alfred Schmidt (Frankfurt 1968), 175.
[161] Ebd., 171.
[162] Ders., Autoritärer Staat (1942), in: ders., Gesellschaft im Übergang. Aufsätze, Reden und Vorträge 1942—1970, hg. v. Werner Brede (Frankfurt 1972), 13.

Um spezifisch ökonomische Probleme kümmerten sich von den Vertretern der Kritischen Theorie vor allem Pollock und Grossmann, während Horkheimer im Rahmen seiner philosophiegeschichtlichen und sozialphilosophischen Studien einen „materialen Begriff von Geschichte, der den objektiven, den Individuen jeweils vorgezeichneten Gang der Ereignisse mit ihrer historischen Praxis" vermittelte[163], auszuarbeiten versuchte. Im Anschluß an Lukács, der den Prozeß der Verdinglichung gesellschaftlicher Verhältnisse zuerst eingehender untersuchte, entwickelten Adorno, Benjamin, Marcuse und Fromm theoretische Ansätze, die in der Literatur- und Musikwissenschaft, in Philosophie und Psychologie richtungweisend wurden. Dem doktrinären Verfahren, Kunstwerke unmittelbar aus der gesellschaftlichen Verfassung nach dem Schematismus von Basis und Überbau abzuleiten, setzten die Vertreter der Kritischen Theorie subtilere Analysen entgegen, in denen sie — einer späten Formulierung ADORNOS zufolge — davon ausgingen, daß *die ungelösten Antagonismen der Realität ... in den Kunstwerken als die immanenten Probleme ihrer Form* wiederkehren[164].

Die Bedeutung des Marxismus in der Kritischen Theorie blieb bei den verschiedenen Autoren und in den verschiedenen Phasen ihrer Arbeit unterschiedlich groß. Selbst dort noch, wo sich die Arbeiten der Kritischen Theorie von der Auseinandersetzung mit Marx und dem Marxismus entfernten, behielten sie oft eine größere Sensibilität gegenüber der Zielrichtung der Marxschen Theorie als jene Werke des offiziell gewordenen Marxismus-Leninismus, in denen sich die *schöpferische Lebenskraft* in einer dürftigen Neufassung der Stalinschen Leninismusdefinition offenbart: *Der Leninismus ist der Marxismus der Epoche des Kampfes der beiden entgegengesetzten Gesellschaftssysteme, Sozialismus und Kapitalismus, der Epoche der sozialistischen Revolution und der nationalen Befreiungsrevolutionen, der Epoche des Zusammenbruchs des Imperialismus und der Liquidierung des Kolonialsystems, der Epoche des Übergangs immer neuer Völker auf den Weg des Sozialismus, der Epoche des Triumphes des Sozialismus und Kommunismus im Weltmaßstab*[165].

4. Marxismus und Sozialdemokratie in der Weimarer Republik

Das Ende des Kaiserreichs beseitigte das schon bei Kriegsausbruch von der sozialdemokratischen Linken bestrittene „Marxismusmonopol" der Mehrheitssozialdemokratie endgültig. Links von ihr bildete sich die Kommunistische Partei, die sich ebenso auf Marx' Erbe berief wie die russischen Revolutionäre und die III. Internationale. Abseits von unmittelbar politischen Zusammenhängen setzte jetzt auch an den deutschen Universitäten eine intensivere Beschäftigung mit Marx und dem Marxismus ein[166]. Sowohl der Rekurs der Kommunisten auf Marx als auch die

---

[163] A. Schmidt, Die Kritische Theorie als Geschichtsphilosophie (München 1976), 20 f.
[164] Theodor W. Adorno, Ästhetische Theorie, hg. v. Gretel Adorno u. Rolf Tiedemann (Frankfurt 1970), 16.
[165] Philos. Wb., 11. Aufl., Bd. 2 (1975), 743.
[166] Vgl. die allgemeine Bibliographie zur einschlägigen Literatur von 1914—1925, in: Marx-Engels-Archiv. Zs. d. Marx-Engels-Instituts in Moskau, hg. v. David Rjazanov, 1 (Frankfurt 1928; Ndr. 1969), 467 ff. mit über 1000 Titeln und die Bibliographie ungedruckter Hochschulschriften für die Jahre 1920/24 (ebd. 2, 1928, 548 ff.) mit rund 70 Titeln.

akademische Marx-Renaissance brachten die sozialdemokratischen Marxinterpretationen in Schwierigkeiten, insofern jetzt Positionen überprüft werden mußten, die bis dahin unangefochten galten. Die zeitweilige Regierungsbeteiligung der Mehrheitssozialdemokratie schließlich erzwang eine Arbeitsteilung zwischen sozialdemokratischen Politikern und Theoretikern, wie sie vor dem Krieg nicht bestanden hatte. — Vereinfachend kann man für die Verwendung des Marxismus-Begriffs in der Mehrheitssozialdemokratie drei Bereiche ausmachen.

Die Berufung auf Marx und den Marxismus diente zur Rechtfertigung der historischen Kontinuität der Partei, zur Bildung einer Theorietradition, auf die man keineswegs verzichten wollte, obwohl sie in der praktischen Politik stark an Bedeutung verlor. In Anlehnung an Otto Bauer und Kautsky sagte WELS auf dem Parteitag 1924, der *primitive Marxismus* des „Kommunistischen Manifests", auf dem der Kommunismus beruhe, sei für die Gegenwart ebenso unbrauchbar wie *ein Lehrbuch der Physik aus dem Jahre 1848*[167] und reklamierte für die Sozialdemokratie einen modernisierten Marxismus. HILFERDING bezeichnete den Marxismus als *Fortschritt des Sozialismus von der Utopie zur Wissenschaft*, der aber ergänzungsbedürftig geworden sei durch den *Übergang vom wissenschaftlichen zum konstruktiven Sozialismus*[168], bei dem sich Probleme stellten, die mit dem *zur Ideologie gewordenen* Marxismus nicht zu lösen seien[169]. Das Bedürfnis nach der Bildung einer Theorietradition drückte sich am stärksten in Kautskys Alterswerk aus. Es steht ganz im Zeichen der Bemühung, seinen theoretischen Lebensweg als kontinuierlichen, bruchlosen hinzustellen; er kehrte deshalb im Alter auch zu seinen frühesten Ansätzen in den achtziger Jahren zurück und versuchte noch einmal eine Synthese von Marxismus und Darwinismus, obwohl er in einer Zwischenphase (1890—1914) solche Versuche selbst kritisiert hatte.

Mehr als einen Ehrenplatz in der Ahnengalerie wollten sozialdemokratische Theoretiker dagegen der Marxschen Methode zubilligen. Gegenüber der Universalisierung des Marxismus zur Weltanschauung beharrten sie darauf, daß dieser kein *Rezept* und keine *Formel* zur Lösung aller *Welträtsel* sei, sondern *eine Gesellschaftslehre ..., eine Methode, um in die Welt der Tatsachen einzudringen* und diese *durch Einsetzen bewußter menschlicher Aktivität* zu verändern[170]. Diese Interpretation der Marxschen Theorie zielte auch darauf, mit dem Instrumentarium der marxistischen Methode bisher unerschlossene soziale Phänomene zu untersuchen. In Hilferdings „Gesellschaft" gibt es dazu einige Ansätze; so die Aufsätze von Kehr, Rosenberg, Meusel, Mayer, Marcuse, Benjamin u. a., deren theoretische Leistung aber in keinem erkennbaren Zusammenhang zur sozialdemokratischen Politik steht.

---

[167] Prot. Berlin 1924, 70 (s. Anm. 26).
[168] RUDOLF HILFERDING, Probleme der Zeit, Die Gesellschaft 1 (1924), Bd. 1, 3.
[169] Ebd., 6.
[170] KARL SCHRÖDER, Marxismus oder Psychologismus, Die Gesellschaft 3 (1926), Bd. 1, 247 f.; vgl. auch WLADIMIR LEWINSKIJ, Marxismus, Erkenntnis und Weltanschauung, ebd. (1926), Bd. 2, 521 ff.; R. HILFERDING, Die Zeit und die Aufgabe, Zs. f. Sozialismus 1 (Okt. 1933), 10: *So wenig wir die Absicht haben, uns in dieser Zeitschrift schützend vor Personen oder Traditionen zu stellen, so sehr muß es unser Streben sein, durch wahrhaft marxistische Methode das Geschehen zu begreifen. Marxistische Methode schließt aber aus, an die Arbeiterbewegung oder an die geschichtliche Entwicklung fertige Patentlösungen ... als dogmatische Forderungen heranzubringen.*

Auf dem dritten Feld, dem der politischen Ökonomie, spielte der Marxismus in der Theorie der Sozialdemokratie nach 1918 nur noch eine sehr untergeordnete Rolle. Hilferding, Naphtali, Braunthal und Lederer beriefen sich in ihren Arbeiten kaum mehr auf Marx. NAPHTALIS Konzept der *Wirtschaftsdemokratie*, deren erste Realisierungsstufe er auf den Rat Otto Suhrs hin präziser als *konstitutionellen Kapitalismus*[171] bezeichnete, enthielt eine klare Absage an den Marxismus. TARNOWS große Rede auf dem Parteitag von 1931 exemplifizierte zwar nur die These, *solange wir die kapitalistische Ordnung noch nicht beseitigt haben, müssen wir der Wirtschaft diejenigen Mittel sichern, die sie nach der kapitalistischen Wirtschaftstechnik gebraucht,* aber das hinderte ein Mitglied der Parteiführung nicht daran, das Referat als *von den Gedankengängen des grundsätzlichen Marxismus* geleitet zu qualifizieren[172]. Diese Konzession an den herkömmlichen Sprachgebrauch verrät, wie inhaltslos der Begriff 'Marxismus' inzwischen geworden war.

5. Marxismus und Nationalsozialismus

Für die nationalsozialistische Propaganda waren 'Bolschewismus', 'Marxismus' und 'Judentum' seit den frühen zwanziger Jahren die zentralen Kampfbegriffe. Anfänglich wurden die drei Begriffe zwar nicht differenziert, aber doch mit unterschiedlicher Akzentuierung verwendet. Dabei zielte der Marxismusvorwurf primär gegen die Intellektuellen: *Intellektuelle, naturentfremdete Gelehrte studierten mit dem blauen Bleistift in der Hand die dicken Schriften von Marx und Genossen, zogen Verbindungslinien zwischen deren nebligen Redensarten, Kant und Goethe und indischer Philosophie; zogen den abgestandenen jüdischen Geist auf Flaschen und machten den Marxismus gesellschaftsfähig*[173]. Im Bolschewismus inkarnierte sich für die Nationalsozialisten die 'russische Gefahr', *die schlimmste Entartung der Moral, verbunden mit einer hottentottenhaften Weltanschauung*[174]. Als vom 'Judentum' inspiriertes Phänomen wurde der Bolschewismus von Anfang an charakterisiert, wobei der Antisemitismus als Scharnier zwischen Intellektuellen- und Russophobie fungierte. Daneben bezeichnete ALFRED ROSENBERG die Sozialdemokratie öfter als *Marxistenpartei*, Otto Wels als den *jetzigen Hauptvertreter des deutschen Marxismus* und die Weimarer Republik als *die plutokratisch-marxistische Novemberrepublik*[175]. Als entscheidende Differenz zwischen Marxismus und Nationalsozialismus bestimmten die Propagandisten des Dritten Reiches das Verhältnis der beiden zur Nation und sprachen dem Marxismus den sozialistischen Charakter ab, weil er nicht *deutsch im Sinne eines kommenden Nationalstaates schicksalgemeinschaftlicher Prägung* sei[176],

---

[171] FRITZ NAPHTALI, Debatten zur Wirtschaftsdemokratie, Die Gesellschaft 6 (1929), Bd. 1, 217.
[172] Prot. Leipzig 1931, 48. 65 (s. Anm. 26).
[173] ALFRED ROSENBERG, Nationalsozialismus (1921), in: ders., Kampf um die Macht. Aufsätze von 1921—1932, hg. v. Thilo v. Trotha (München 1937), 77.
[174] Ders., Von Brest-Litowsk nach Versailles (Völkischer Beobachter, 8.5.1921), ebd., 45.
[175] Ders., Sprüche der Novemberverbrecher (1923), ebd., 223; ders., Internationaler Betrug in Hamburg 1923, ebd., 226; ders., Student und Politik (1923), ebd., 231.
[176] JOSEF GOEBBELS, Wege ins dritte Reich. Briefe und Aufsätze für Zeitgenossen (München 1927), 39.

sondern mit der internationalen „alljüdischen Finanzpolitik" (A. Rosenberg) eine verschwörerische Einheit bilde.

Der spätere Landwirtschaftsminister R. WALTHER DARRÉ polemisierte gegen die *Zwillingsbrüderschaft von Marxismus und Liberalismus*, die von Hardenbergs Reformen eingeleitet worden sei und die Verleugnung des *Gedankens von Blut und Boden* in Staats- und Rechtstradition begründet habe[177]. Nach der Machtergreifung fielen alle Unterscheidungen zwischen 'Bolschewismus', 'Marxismus' und 'Judentum' weg, und die drei Begriffe wurden zu einem einzigen Kampfbegriff verschmolzen, in dem je nach Bedürfnis das jüdische, das russisch-bolschewistische oder das liberale Moment betont wurde. *Unter den Gegnern des Nationalsozialismus steht der Marxismus so stark im Vordergrunde, faßt er das Wesen auch der übrigen Gegner so sehr in sich zusammen, daß man ihn durchaus als den Gegner des Nationalsozialismus bezeichnen muß.* Diesem Hauptgegner imputierte der Autor in absurder Kombination alle negativen Eigenschaften: *Der Jude Marx übernahm den Entwicklungsgedanken von dem deutschen Philosophen Hegel, dessen Schüler er war. Entsprechend dem internationalen Interesse der jüdischen Rasse und getrieben von seiner ererbten, ganz anders gearteten rassischen Veranlagung, mußte er das Übernommene von vornherein in sein Gegenteil verkehren*[178].

Die Verquickung von Antisemitismus, Antimarxismus und Antibolschewismus fand ihren Niederschlag in der a limine herausgestellten jüdischen Herkunft vieler Sozialisten und Kommunisten. Vom *Marxismus-Bolschewismus* sagte GOEBBELS 1936, es handle sich dabei *um einen pathologischen, verbrecherischen Wahnsinn, nachweisbar von Juden erdacht*. Er lieferte die folgenden „Beweise": *Juden sind es gewesen, die diese marxistische Wissenschaft erfunden haben, wie David Ricardo und Marx-Mardochai. Juden haben auch alle Arbeiterbewegungen organisiert, wie Lassalle-Wolfsohn, Adler, Liebknecht, Luxemburg, Levi usw. Juden hetzen von ihren sicheren Redaktionsstuben aus die Arbeiter auf die Barrikaden: Juden wie Paul Singer, Schiff, Kohn usw. waren die Geldgeber und Finanziers des Marxismus-Bolschewismus*[179]. Zwar geriet ein Teil der Grundlage dieser Polemik nach dem Abschluß des deutsch-sowjetischen Nichtangriffspakts ins Wanken, aber ein Schulungstext, der noch 1940 in großer Auflage gedruckt und vertrieben wurde, zeigt die Subsumierung aller Gegner des Nationalsozialismus unter dem Stichwort 'Marx-Jude' nach wie vor in brutaler Schlichtheit: *Begründer dieser Lehre war Karl Marx. Marx war Jude, diese Tatsache bereits erklärt die gesamte Art und Wirkung seiner Anschauungen. Er war kein „Proletarier", sondern stammt aus jüdisch-bürgerlichen Verhältnissen. Marx war auch kein Arbeiterführer, sondern ein typischer Literat . . . Die liberal-kapitalistischen Schriften der englischen Volkswirtschaftslehre haben ihn stark beeinflußt . . . Es gibt*

---

[177] R. WALTHER DARRÉ, Stellung und Aufgabe des Landstandes in einem nach lebensgesetzlichen Gesichtspunkten aufgebauten deutschen Staate (1930), in: ders., Erkenntnisse und Werden. Aufsätze, 2. Aufl. (Goslar 1940), 157. 162. Vgl. auch DIETRICH KLAGGES, Reichtum und soziale Gerechtigkeit (Leipzig 1932), 109: *Der Marxismus ist im Grunde individualistisch und anarchistisch und damit eine Neuauflage des radikalen Liberalismus.*
[178] D. KLAGGES, Idee und System (Leipzig 1934), 2. 26.
[179] J. GOEBBELS, Bolschewismus in Theorie und Praxis. Rede auf dem Parteikongreß (München 1936), 11.

keinen größeren Gegensatz als Karl Marx und Adolf Hitler ... Das Ziel des Marxismus ist dasselbe wie das des Kapitalismus: die Herrschaft des Weltjudentums[180].

V. Ausblick

Die Verwendungsmöglichkeiten des Begriffs 'Marxismus' in der Presse scheinen auf absehbare Zeit keinen Einschränkungen zu unterliegen. Die Wochenzeitung „Die Zeit" pries sich bei ihren Lesern mit einem Marxschen Satz an, der während eines Jahrhunderts Gegenstand heftigster theoretischer Kontroversen war: *Bei mir ist das Ideelle nichts anderes, als das im Menschenkopf umgesetzte und übersetzte Materielle, schrieb Karl Marx in seinem Nachwort zum „Kapital"! Um Marx beizupflichten, muß man nicht Marxist sein. Bei der Wirtschaftsredaktion der „Zeit" besteht da auch keine Gefahr*[181]. Eine andere Zeitung behauptete von einer angolanischen Befreiungsbewegung, sie beabsichtige *einen strengen Marxismus*[182] auf Afrika zu übertragen, ein studentisches Blatt empfahl sich mit dem Argument, seine Autoren stünden auf dem Standpunkt des *blanken Marxismus*[183], und in einem Artikel der „Neuen Zürcher Zeitung" stand, das Wort *Perspektive* stamme aus dem *soziologischen oder marxistischen Sprachschatz*[184]. Ein Leitartikler der „Frankfurter Allgemeinen Zeitung" schließlich erblickte ausgerechnet in den schlecht ausgebildeten, zum Teil des Schreibens und Lesens nicht mächtigen türkischen Arbeitern, den *türkischen Marxisten, eine Gefahr für die innere Stabilität der Bundesrepublik*[185]. Unterscheidungen zwischen dem Marxismus als Gesellschaftslehre, Methode, Weltanschauung, sozialistischer Theorie und sozialer Bewegung, die sich theoretisch und/oder praktisch an der Marxschen Theorie orientiert, sind bei der Verwendung des Begriffs als zusammenfassende Parole gegen „das andere" offensichtlich weder nötig noch wünschbar.

Dieser negativen Totalisierung hierzulande entspricht der Sprachgebrauch in den sozialistischen Staaten: unter den Begriff 'Marxismus-Leninismus' wird anstandslos alles — Ökonomie, Philosophie und Gesellschaftswissenschaft, Theorie, Praxis, Weltanschauung, Ideologie und Wissenschaft — subsumiert, freilich um den Preis einer nur noch grotesk zu nennenden Überstrapazierung der Quellentexte von Marx, Engels und Lenin.

Auf wissenschaftlicher Ebene kam die Marxismusdiskussion[186] in der Bundesrepublik nach der Herrschaft des Nationalsozialismus nur mühsam wieder in Gang, und auf politischer Ebene gab es nach dem KPD-Verbot von 1956 bis zur Neu-

---

[180] H. MÄNNEL, Politische Fibel. Richtlinien für die politisch-weltanschauliche Schulung (Berlin 1940), 115. 119; Verbreitung der Schrift: 156.—166. Tausend.
[181] Anzeige der „Zeit" in der „Frankfurter Allgemeinen Zeitung", Nr. 64 v. 17. 3. 1977.
[182] Aufwind für den gemäßigten MPLA-Flügel, Neue Zürcher Zeitung, Fernausgabe, Nr. 125 v. 1. 6. 1977.
[183] Werbeflugblatt der „Marxistischen Studenten-Zeitung" (München), Febr. 1976.
[184] Neue Zürcher Zeitung, Fernausgabe, Nr. 114 v. 17. 5. 1977.
[185] Frankfurter Allgemeine Zeitung, Nr. 156 v. 9. 7. 1977.
[186] Vgl. dazu IRING FETSCHER, Die Marxismusdiskussion in der Bundesrepublik, in: ders., Marx und der Marxismus (München 1967), 238 ff. und den Literaturbericht von JÜRGEN HABERMAS (zuerst 1957), jetzt in: ders., Theorie und Praxis, 3. Aufl. (Frankfurt 1971), 387 ff.

gründung der DKP und einiger kleiner Splitterparteien im Gefolge der Studentenbewegung keine Partei, die sich in Theorie oder Praxis auf den Marxismus berief. Bis 1968 war die wissenschaftliche Marxismusdiskussion eingeschränkt auf einen relativ kleinen Kreis von Wissenschaftlern im Umkreis der Herausgeber und Mitarbeiter der „Marxismusstudien" und der Frankfurter Schule, die sich durch das Klima des Kalten Krieges nicht davon abhalten ließen, sich mit der Marxschen Theorie auseinanderzusetzen. Die Marxrezeption in den „Marxismusstudien" konzentrierte sich auf eine philosophische Interpretation der 1932 zuerst veröffentlichten „Pariser Manuskripte" von Marx, und es war das Verdienst Fetschers, mit einer großen Anthologie marxistischer Texte[187] die Perspektive für andere, nicht spezifisch philosophische Bereiche des Marxismus wieder geöffnet und viele vergessene Autoren wieder ins Bewußtsein der Sozialwissenschaft zurückgerufen zu haben. Erst während und nach der Studentenbewegung entfaltete sich auf den Hochschulen und in der wissenschaftlichen Publizistik eine Marxismusdiskussion, die von einer Flut von Literatur begleitet wurde, darunter auch einer großen Zahl von Raubdrucken von Büchern und Zeitschriften zur Geschichte des Sozialismus, des "Marxismus" und der Arbeiterbewegung[188]. In der Folge entstanden eine ganze Reihe von Arbeiten, die sich vor allem mit der Marxschen „Kritik der politischen Ökonomie" befaßten, die mittlerweile zu den Theorien gehören dürfte, die in ihrer Genesis und ihrer immanenten Struktur und Problematik am häufigsten dargestellt wurden. Gegen diese Konzentration auf den späten Marx erhob sich früh Einspruch, der sich in Schriften verdichtete, die die Einheit der Marxschen Theorie von den frühen Schriften bis zum „Kapital" betonten. In beiden Forschungsrichtungen wird der Marxismus nicht nur als Methode, sondern auch als materiale Theorie der Gesellschaft verstanden, deren Geltung für die heutigen Verhältnisse nicht bestritten wird. Daneben gab es in den letzten zehn Jahren Versuche — vor allem von den avancierten Sozialwissenschaften her —, die „Marxsche Theorie, die innerhalb ihres Beziehungsgeflechts von Ökonomie, Gesellschaft und Herrschaft eine schwer zu übertreffende Kraft bewiesen hat"[189], in Sozialgeschichte, Soziologie und Psychologie fruchtbar zu machen. Diese neue Marxrezeption zeichnet sich dadurch besonders aus, daß sie über Generationen tradierte Entstellungen der ursprünglichen Theorie durch Marxisten und Nichtmarxisten überwand, d. h. sich die Texte neu aneignete und so zu einem reflektierteren und kritischen Marxismusverständnis gelangte. Der Rekurs auf Marx' und Engels' Schriften (in geringerem Maße auf diejenigen Lenins) erwies sich nicht nur als fruchtbar für die Forschung in den Sozialwissenschaften, sondern schuf auch die Voraussetzungen für die Kritik der Beschlagnahme des Marxismus durch die Vertreter des offiziellen Marxismus-Leninismus.

RUDOLF WALTHER

[187] Der Marxismus. Seine Geschichte in Dokumenten, hg. v. I. FETSCHER (1962; 2. Aufl. München 1967).
[188] Vgl. ALBRECHT GÖTZ v. OLENHUSEN / CHRISTA GNIRSS, Handbuch der Raubdrucke 2: Theorie und Klassenkampf. Sozialisierte Drucke und proletarische Reprints. Eine Bibliographie (Pullach 1973), das 848 Nummern umfaßt.
[189] HANS-ULRICH WEHLER, Soziologie und Geschichte aus der Sicht des Sozialhistorikers, in: Soziologie und Sozialgeschichte. Aspekte und Probleme, hg. v. PETER CHRISTIAN LUDZ (Opladen 1972), 70 f.

Materialismus — Idealismus

I. 1. Einleitung. 2. Die Stammbegriffe. II. 1. Die Einbürgerung von 'Materialismus' und 'Materialist' (bzw. 'Idealist') in Deutschland. a) Die Vorläufer ('materiarius' und 'Epikureismus'). b) Erstbelege für 'Materialist' und 'Idealist'. c) Der Bezichtigungsbegriff 'Materialismus' und der harmlose Sektenbegriff 'Idealist'. III. Die Dominanz von 'Materialismus' im Sprachgebrauch des 18. Jahrhunderts und das Begriffspaar 'Materialismus'—'Spiritualismus'. 1. Die Kritik der Bezichtigungstendenz bei Georg Friedrich Meier. 2. Zedlers Nachwirkung und die Anfänge einer psychologischen Prinzipienkritik. IV. Die Auflockerung der dogmatischen Alternativen durch Kant und der diagnostische Gebrauch des Begriffspaars 'Materialismus'—'Spiritualismus'. 1. Weishaupts Vermittlung von 'Materialismus' und 'Idealismus' auf kantischer Grundlage. 2. Schillers Zeitdiagnose. 3. Hegels Einschätzung des Materialismus. 4. 'Idealismus' und 'Materialismus' als Schlüsselbegriffe zeitgeschichtlicher Betrachtung (F. Schlegel und Radowitz). V. Das Nebeneinander von Diagnose und Polemik in den weltanschaulichen Kontroversen des 19. Jahrhunderts. 1. Der Erstbeleg für die Prägung 'historischer Materialismus' bei Karl Rosenkranz. 2. 'Idealismus' und 'Materialismus' im Vormärz. 3. Der diagnostische Gebrauch von 'Idealismus' bzw. 'Spiritualismus' und 'Materialismus' bei Marx. 4. Der 'historische Materialismus' und das Begriffspaar 'Idealismus'—'Materialismus' bei Engels. 5. Die Polemik der bürgerlichen Kulturkritiker gegen den 'Materialismus' der Zeit. 6. Die Vorbereitung eines nationalistisch erneuerten Idealismus (Treitschke). VI. Ausblick.

I.

1. Einleitung

'Materialismus' und 'Idealismus' ebenso wie 'Materialist' und 'Idealist' sind Begriffe der Umgangssprache, die zugleich Grundpositionen philosophischer Theorien bezeichnen. Von dieser Eigenart muß ihre begriffsgeschichtliche Darstellung ausgehen. Methodisch darf sie aber nicht zur Annahme von zwei Sprachebenen verführen, die getrennt voneinander zu beschreiben wären. So nämlich würde der eigentümliche Vorgang der Rezeption esoterischer Prinzipien durch das öffentliche Bewußtsein unkenntlich, der sich in der Geschichte dieser Begriffe niederschlägt.

Diese Rezeption bringt nicht nur die Vereinfachung der Prinzipien zum Dogma mit sich; die Geschichte des Begriffspaares zeigt, wie bestimmend dabei die Zubereitung von theoretischen Positionen zum polemischen Gebrauch ist. Sehr spät erst — und auch da nur unter besonderen Umständen — wird ein solcher -ismus von denjenigen akzeptiert, die ihn gelehrt haben sollen. Fast ein Jahrhundert lang, vom Beginn ihrer Verbreitung an, sind beide, 'Materialismus' und 'Idealismus', von ihrem Bezichtigungswert bestimmt und dienen dazu, bestimmte Lehrgehalte und Überzeugungen, die ihnen zugerechnet werden, von etablierten Wahrheiten fernzuhalten.

Treffend hat KANT die vor ihm liegende Geschichte solcher Begriffe und ihren semantischen Ort eingeschätzt. Er nennt sie *Namen, welche einen Sectenanhang bezeichnen;* zu aller Zeit hätten sie *viel Rechtsverdrehung bei sich geführt*[1]. SCHELLING

---

[1] KANT, Kritik der praktischen Vernunft (1788), Vorrede. AA Bd. 5 (1908), 13, Anm. Über die Vorgeschichte der ismus-Bildungen in der Antike und ihre Herkunft aus dem Altgriechischen s. FRANZ DORNSEIFF, Der -ismus, Die Wandlung 3 (1948), 346 ff.

hat die -ismen in gleichem Sinne *allgemeine Namen* und eine *vortreffliche Erfindung der Sprache* genannt, womit ganze Ansichten auf einmal zu bezeichnen seien. *Auch der Unwissende* sei mit ihrer Hilfe in der Lage, *über das Gedachteste ab(zu)urteilen*[2]. Was Schelling, der mit dem Pantheismus-Vorwurf seine eigenen Erfahrungen gemacht hatte, hier über den Sprachgebrauch anmerkt, ist von grundsätzlicher Bedeutung. Ebenso wie Kant sieht er die eigentümliche Leistung der -ismen darin, daß sie Grundbegriffe von Theorien in Namen verwandeln, welche die Identität eines Lehrgehalts oder einer Person festlegen und durch den allgemeinen Gehalt, der in ihnen versteinert eingeschlossen ist, dabei suggerieren, es sei durch sie das Gesamte einer Lehre oder die Grundhaltung von Personen begreiflich.

Die dem heutigen Sprachgebrauch geläufige Zusammenstellung 'Idealismus' und 'Materialismus' ist — nach vereinzelten Vorläufern — erst im 19. Jahrhundert üblich und durch Engels für die marxistische Geschichtsschreibung kanonisch geworden. Wir sind es gewohnt, von diesem Gegensatzpaar auszugehen und es, wie Engels rückwärts gewandt, als Raster für weltanschauliche Richtungen zu gebrauchen.

Engels und seine Nachfolger in der marxistischen Philosophiehistorie sehen darin Erklärungsbegriffe, die das Endstadium des Klassenkampfes hervorgebracht hat und die so die antagonistische Grundstruktur eines historischen Prozesses fassen, dem sie selber ihre Genese verdanken. Die begriffsgeschichtliche Betrachtung, die auf den Sprachgebrauch und seine Dynamik im jeweiligen historischen Kontext zu achten hat, ergibt ein anderes Bild. 'Materialismus' ist als Bezichtigungsbegriff bis ins späte 18. Jahrhundert dominant, während die Begriffsnamen 'Idealist' und 'Idealismus' noch lange nach ihrem ersten Auftreten in Deutschland in der Fachsprache der Philosophen sitzen bleiben. Eher noch wird 'Spiritualismus' zu einem gleichgewichtigen Gegenbegriff. In der Überschrift dieses Artikels wurde deshalb — aus historischen Gründen — die Reihenfolge „Materialismus — Idealismus" gewählt.

2. Die Stammbegriffe

'Materialismus' ist abgeleitet aus lat. 'materia', griech. ὕλη. Die ursprüngliche Bedeutung ist „Holz", „Bauholz".

'Idealismus' ist abgeleitet aus lat. 'idea', griech. ἰδέα. Die ursprüngliche Wortbedeutung ist: Gestalt einer Person oder Sache. Die terminologische Festlegung auf 'Form', im Unterschied zu 'Inhalt', geschieht erst bei der Rezeption der platonischen Philosophie durch CICERO[3]. Die Trennung von 'materia' (ὕλη) und 'idea' (ἰδέα) bedeutet selber schon die Dogmatisierung eines bei Aristoteles noch transzendental gedachten Begriffspaares, das die Grenzbedingungen philosophischer Einsicht erfassen soll. Materie, von ihrer sichtbaren Gestalt abgehoben, wäre dann nur das, was wohl der bestimmten Gestalt vorauszusetzen ist, aber als solches, d. h. in unbestimmbarer Gestaltlosigkeit, niemals etwas für sich sein kann[4].

---

[2] SCHELLING, Philosophische Untersuchungen über das Wesen der menschlichen Freiheit und die damit zusammenhängenden Gegenstände (1809), Werke, Bd. 4 (1927), 230 f.
[3] Vgl. H. HEINHARDT, Art. Idee, Hist. Wb. d. Philos., Bd. 4 (1976), 55.
[4] Vgl. HANS-GEORG GADAMER, Gibt es die Materie? Eine Studie zur Begriffsbildung in Philosophie und Wissenschaft, in: Convivium Cosmologicum, Fschr. Helmut Hönl, hg. v. ANASTASIOS GIANNARÁS (Basel, Stuttgart 1973), 93 ff.

II.

1. Die Einbürgerung von 'Materialismus' und 'Materialist' (bzw. 'Idealist') in Deutschland

a) Die Vorläufer ('materiarius' und 'Epikureismus'). Das Wort 'materiarius' wird im 2. Jahrhundert n. Chr. von TERTULLIAN in seiner Streitschrift „Adversus Hermogenem" geprägt. Es soll die spezifische Häresie des Hermogenes bezeichnen, der die Erschaffung der Materie bestritten hatte: *A Christianis enim conversus ad philosophos, de Ecclesia in Academiam et Porticum, inde sumpsit a Stoicis materiam cum Domino ponere, quae ipsa semper fuerit neque nata, neque facta, nec initium habens omnino nec finem, ex qua Dominus omnia postea fecerit*[5]. Tertullian wirft Hermogenes vor, er gebe dem Begriff 'terra' einen falschen Doppelsinn und könne so — in Anlehnung an Gen. 1, 2 *(terra autem erat invisibilis et rudis)* — von einer anfänglich *(in principio)* erschaffenen Erde sprechen, aber auch von einer anderen *(materia)*, aus der Gott die Welt erschuf. *Audio enim apud Hermogenem caeterosque materiarios haereticos, terram quidem illam informem et invisibilem et rudem fuisse: hanc vero nostram proinde et formam, et conspectum, et cultum, a Deo consecutam. Aliud ergo factam quam erat ea ex qua facta est*[6]. Auf die Frage nach der Herkunft des Namens 'terra' antwortet Hermogenes, er komme von dem, woraus die Erde im zweiten Sinne geschaffen sei, denn man pflege das Nachgewachsene nach dem Ursprung und nicht den Ursprung nach dem Nachgewachsenen zu nennen. Tertullian hingegen will zeigen, wie verkehrt es ist, die erschaffene Welt mit einer schon vorher bestehenden Materie in Namens- und Artgemeinschaft zu setzen. Eine Schale, die aus weißem Ton gemacht sei, nenne man doch nicht 'weißen Ton', sondern 'Schale'[7].

Wenn Tertullian den Hermogenes als 'materiarius' bezeichnet, will er ihn zwar als Häretiker abstempeln, der sich von einer griechischen Philosophenschule verführen ließ. Aber der Apologet setzt sich mit dem Häretiker auf einer Ebene auseinander, auf der es um den sinnvollen Gebrauch des Begriffs der Materie geht — noch weit entfernt von dem erst im 18. Jahrhundert einsetzenden Prinzipienstreit, der von dem dogmatischen Gegensatz materieller und immaterieller Substanzialität ausgeht. Rückblickend konnten deshalb Diderot und Holbach die Kirchenväter Tertullian und Origenes als Zeugen für eine Theologie anrufen, die noch jenseits der im Materialismusstreit des 18. Jahrhunderts bezogenen Positionen steht, ja sogar selber materialistisch ist. So zitiert DIDEROT in seinem Encyclopédie-Artikel über „Immaterialismus oder Spiritualismus" beifällig den Satz TERTULLIANS: *Quis autem negabit Deum esse corpus, etsi Deus spiritus? Spiritus etiam corpus sui generis in sua effigie*[8]. Und HOLBACH nennt in seiner „Théologie portative" von 1768 die ersten Kirchenväter aufgeklärte Leute, weil sie Gott und die Seele für materiell gehalten

---

[5] TERTULLIAN, Adversus Hermogenem 25, MIGNE, Patr. Lat., Bd. 2 (1866), 221.
[6] Ebd., 244.
[7] Ebd., 219 f.
[8] DENIS DIDEROT, Art. Immatérialisme ou spiritualité, Encyclopédie, t. 8 (1765), 571; dt. in: ders., Philosophische Schriften, hg. v. Theodor Lücke, Bd. 1 (Frankfurt 1967), 342.

hätten; *die Sorbonne müßte sie, wenn sie heute wiederkehrten, unter Druck setzen, um ihnen das Dogma der mystischen Religion beizubringen*[9].

Bei der Einbürgerung von 'Materialismus' in Deutschland am Anfang des 18. Jahrhunderts fällt auf, daß nicht nur die Bezichtigungstendenz sofort da ist, sondern daß sie auch wie selbstverständlich eine ganz bestimmte Form annimmt. Es wird nämlich nicht, wie bei Tertullian, der theoretische Lehrgehalt angegriffen und widerlegt, sondern es wird auf seine unheilvollen praktischen Folgen verwiesen. Dies deutet auf einen bereits eingespielten Verdacht hin, dem der neue Begriff bei den Zeitgenossen anheimfallen kann. Er unterstellt die Verbindung von Religions- und Moralfeindschaft mit einer kosmologischen Grundhaltung, für die seit dem Mittelalter die Schule Epikurs verantwortlich gemacht worden ist. Jahrhundertelang war so die Polemik der platonisch- und aristotelisch-christlichen Tradition auf den Namen 'Epikur' fixiert, bis der neue Begriffsname 'Materialist' am Ende des 17. Jahrhunderts aufkam.

Vermittelt und bestärkt wurde die Verketzerung der Epikuräer durch die jüdische Religionsphilosophie. Die Epikur-Verdammung ist im Hebräischen sprachlich tief verankert: *Epicuräer ist bei den Juden ein Schimpfwort, und verstehen sie darunter nicht nur einen liederlichen wollüstigen Menschen, sondern besonders einen solchen, der nicht von ihrer Religion ist, und bedeutet dieses Wort bei ihnen eben so viel, als ein Ketzer. Lustig ist die Derivation, die sie von diesem Wort machen. Einige leiten es von dem hebräischen Wort p k r, welches verachten heißt, her, und verstehen darunter einen Menschen, der das Gesetz und diejenigen, die sich damit beschäftigen, verachtet. Andere aber leiten dieses Wort von einem, der Epicurus geheißen habe, her, von diesem sagen sie, er wäre das Haupt von einer Partie Ketzer gewesen, die die Unsterblichkeit der Seele, die göttliche Vorsicht, und die künftige Welt geleugnet hätten*[10]. Aufgrund dieser tendenziösen Volksetymologie konnte man sogar zwischen *heidnischen und israelitischen Epicurern* unterscheiden und zuweilen die Christen selber *mit diesem Ehrennamen belegen*[11].

Die Epikur-Verachtung des Mittelalters setzt sich fort bei Luther, der 'Epicureismus' als Schimpfwort in der Auseinandersetzung mit Erasmus verwendet und davon besonders in den Tischreden ausgiebig und prägnant Gebrauch macht. *Ja, diser* (gemeint ist Erasmus) *khan mich schelten, ... und seinen epicurismum nur gelobt wissen. Ach, epicurismus est pessima secta, quae non potest confutari scriptura, quam nihili facit!*[12] — *Der Turck kan im kein ander vitam imaginirn denn nach dem armen, elenden leben. Do sagt er, es weren schone gerten sein; da werden uns nackete weiber zu tisch dienen etc. Si illa, quamvis re vera non est voluptas, non adesset, so meint er, es were kein freude. So ist die saw auch, der Epicurer: Nulla est voluptas, nisi quae sensu*

---

[9] Paul Thiry d'Holbach, Théologie portative, Religionskritische Schr., hg. v. Manfred Naumann (Berlin, Weimar 1970), 251.
[10] Dt. Enc., Bd. 8 (1783), 518, Art. Epicuräer.
[11] Ebd.
[12] Luther, WA Tischreden, Bd. 4 (1916), 536, Nr. 4828. Vgl. Wilhelm Maurer, Offenbarung und Skepsis. Ein Thema aus dem Streit zwischen Luther und Erasmus, in: ders., Kirche und Geschichte. Gesammelte Aufsätze, hg. v. Ernst-Wilhelm Kohls u. Gerhard Müller, Bd. 2 (Göttingen 1970), 381 f. 392 ff.

b) Erstbelege für 'Materialist' und 'Idealist'

percipitur[13]. — *Nachdem der Widerchrist offenbart ist, wird die Welt thun, was sie will, und gar in ein epicurisch Wesen und Leben gerathen, nicht gläuben, daß ein Gott sey. Alsdenn wird der jüngste Tag nicht fern seyn*[14].

b) **Erstbelege für 'Materialist' und 'Idealist'.** Das Wort 'materialist' bzw. 'materialista' läßt sich zum erstenmal bei HENRY MORE belegen in seiner Schrift „Divine Dialogues", die 1668 in einer englischen und 1679 in einer lateinischen Fassung erschien[15]. In diesen Dialogen, in denen ein zentraler Diskussionspunkt die Frage nach der Realität des Raumes ist, läßt More einen Unterredner mit dem Namen „Hylobares" auftreten: *juvenis ingeniosus ac facetus, probaeque vitae Materialista*. Mit ihm führt das Streitgespräch unter anderen ein „Cuphophron": *fervidus quidem, sed animo paulo leviori, Platonicus et Cartesianus sive Philosophus Mechanicus*[16]. Hylobares und Cuphophron verkörpern eine philosophische Unterscheidung, in der das sachliche Motiv für die Neuprägung 'materialista' erkennbar ist. Durch die Attribute, die Hylobares charakterisieren — er ist der einzige Unterredner, dessen untadeliger Lebenswandel hervorgehoben wird — will sich More offenbar bewußt von der traditionellen Polemik gegen den antiken Atomismus (Demokrit-Epikur) distanzieren. Er tut dies, weil er in einem entscheidenden Punkte den Atomismus über die cartesianische Grundlegung der Mechanik stellt. Die Identifikation von Ausdehnung mit Körperlichkeit macht nämlich die Cartesianer — im Zuge der platonischen Tradition — zu „nullubists", d. h. zu Denkern, für die der göttliche und menschliche Geist ortlos sein muß[17]. More spielt aus theologischen Gründen die Atomtheorie gegen die 'mechanicos' aus, weil sie das Vakuum, den Begriff des Leerseins und der unbeweglichen Ausdehnung, zuläßt. Er setzt sich erst da von der Lehre Demokrits und Epikurs ab, wo sie die Existenz spiritueller, aber gleichwohl ausgedehnter Substanzen leugnet. Von daher ist die Position bestimmt, für die ein neuer Begriffsname zu finden war. 'Epikuräer' kam dafür nicht in Frage; das Wort hätte ja auch jenes Element der Atomtheorie, das More für seine Konzeption vom Wesen des göttlichen Geistes in Anspruch nahm, mit dem traditionellen Bann belegt.

Die Begriffe 'Materialist' und 'Materialismus' sind wahrscheinlich aus England in den deutschen Sprachbereich eingewandert. Das hierfür maßgebliche früheste Zeugnis ist der Briefwechsel zwischen SAMUEL CLARKE und GOTTFRIED WILHELM LEIBNIZ. Clarke hat ihn 1717 in London erscheinen lassen; drei Jahre später kam er — mit einer Vorrede von Christian Wolff — in Deutschland heraus[18]. Der englische Titel

---

[13] LUTHER, WA Tischreden, Bd. 5 (1919), 311, Nr. 5672.
[14] Ebd., Bd. 6 (1921), 307, Nr. 6987.
[15] HENRY MORE, Dialogi divini, Opera omnia, t. 2/1 (London 1679; Ndr. Hildesheim 1966), 638 ff.
[16] Ebd., 642.
[17] Vgl. JOHN TULLOCH, Rational Theology and Christian Philosophy in England in the 17th Century, 2nd ed., vol. 2: The Cambridge Platonists (1874; Ndr. Hildesheim 1966), 383 f.
[18] Merckwürdige Schriften, welche auf gnädigsten Befehl Ihro Königl. Hoheit der Cron-Princeßin von Wallis, zwischen dem Herrn Baron von Leibnitz und dem Herrn D. Clarcke, über besondere Materien der natürlichen Religion, in Frantzös. und Englischer Sprache gewechselt ..., hg. v. HEINRICH KÖHLER (Jena 1720).

nannte als Thema: „The Principles of Natural Philosophy and Religion"; in Köhlers Übersetzung wurden daraus *besondere Materien der natürlichen Religion*. Dies ist bezeichnend für die Tendenz, mit der die englische Grundlagendiskussion der Physik, insbesondere die Lehre vom Wesen des Raumes, in Deutschland kritisch rezipiert worden ist. Auch Leibniz selber nimmt von vornherein den Einklang von Philosophie und Religion als Maßstab seiner Newton-Kritik in Anspruch. In England sei anscheinend sogar schon die natürliche Religion im Verfallen. Er macht Locke und seine Nachfolger, die das immaterielle Wesen der Seele zumindest im Unklaren ließen, dafür verantwortlich. Newton bedeute einen weiteren Schritt auf diesem Wege. Wenn *der Weltraum ein organum sei, wodurch Gott* die Weltdinge empfinde (Sensorium-Dei-Lehre), so hätten die Dinge *keine vollkommene Dependenz* mehr von Gott und seien offenkundig nicht *durch seine Kraft . . . hervorgebracht*. Nach Newtons Grundsätzen sei die *Maschine Gottes* (Welt) *so unvollkommen*, daß er sie von Zeit zu Zeit *durch einen außerordentlichen Einfluß* (Wunder) *säubern* und wieder richtig in Gang bringen müsse. Die Wunder Gottes aber seien — so Leibniz — mitnichten als *Ergänzung des Mangels der Natur*, sondern vielmehr als *Ersetzung des Abgangs der Gnade* zu verstehen. *Wer andere Gedanken* darüber hege, der müsse *einen sehr schlechten Begriff von der Weisheit und Macht Gottes haben*. Clarke räumt auf diese Vorhaltungen hin ein, daß es in England, aber auch in anderen Ländern, Leute gebe, welche die *natürliche Religion entweder leugnen* oder doch *sehr merklich verderben*[19]. Bemüht, die Newtonsche Grundlegung der Mechanik vom Verdacht religionskritischer Konsequenzen zu reinigen, erhebt er nun einen doppelten Vorwurf, der die Bedeutung und den polemischen Gebrauch des Begriffes 'Materialismus' für die Folgezeit vorprägt: *Dieses* — gemeint ist der Verfall der natürlichen Religion — *kommt sowohl von denen unordentlichen und schlimmen Eigenschaften des Menschen überhaupt als insonderheit von der ungegründeten Weltweisheit derer Materialisten her, denen die mathematischen Grundsätze der Philosophie gerade zuwiderlaufen. Es ist auch an dem, daß es Leute gibt, welche die Seele für materiell und Gott selbst für körperlich halten; aber eben diese erklären sich offenbar wider die in der Weltweisheit gebrauchten mathematischen principia, welche alleine dartun, daß die Materie der kleinste und geringste Teil von dem großen Weltgebäude sei*[20]. Wohl gebe es in den Schriften Lockes einige Stellen, die an der Unsterblichkeit der Seele zweifeln ließen; hierin seien *ihm aber nur einige Materialisten, welche sich denen mathematischen Lehrsätzen der Weltweisheit entgegensetzen, gefolgt* — sie hätten *aus dem Locke fast nichts als seine Irrtümer* angenommen[21].
Den Einwand Leibnizens, ein Künstler sei um so besser, je länger seine Maschine ohne seine Nachhilfe funktioniere, versucht Clarke auf den Autor zurückzuwenden: das eben gelte nur für den mechanicus, der die Eigenkraft der Stücke (Federn, Gewichte etc.), die er zusammenfügt, nicht hervorbringen kann. Gott hingegen ist der Urheber und Erhalter der anfänglichen und aller ersten Bewegungskräfte: *Der Begriff dererjenigen, welche behaupten, daß die Welt eine große Maschine sei, die sich nach Art einer ohne Beihülfe ihres Künstlers fortgehenden Uhr ohne besondere Kon-*

---

[19] Ebd., 2 f.
[20] Ebd., 3 f.
[21] Ebd., 4.

b) Erstbelege für 'Materialist' und 'Idelist'

kurrenz Gottes in ihrer Bewegung erhalten kann; dieser Begriff, sage ich, führet den Materialismum und das blinde Verhängnis ein[22]. Leibniz bekräftigt in seiner Antwort zunächst, daß nächst denen lasterhaften Gemütsneigungen derer Menschen die Lehrsätze derer Materialisten zur Unterhaltung der Gottlosigkeit einen großen Beitrag tun[23]. Aber er läßt die Abgrenzung der principia mathematica von den Grundsätzen der Materialisten nicht gelten. Sie seien *vielmehr unter sich einerlei ...; ausgenommen daß die Materialisten nach dem Exempel Democriti, Epicuri und Hobbesii bei denen Lehren der Mathematik stehenbleiben und nichts als Körper annehmen; dahingegen die Muthematici unter denen Christen außer denenselben noch unmaterielle Substanzen zum Grunde setzen.* Man müsse also nicht die principia mathematica, *sondern die principia der Metaphysik den Lehrpunkten der Materialisten entgegensetzen*[24].

Leibniz muß sich nun gegen den Vorwurf des Materialismus wehren, den Clarke kaum verhüllt gegen ihn selber vorgebracht hatte. Dabei weist er gerade einen qualitativen Unterschied zwischen göttlicher Schöpfung und menschlicher Kunstfertigkeit zurück: *Die Ursache, welche Gott einen Vorzug vor einem andern Mechanico gibt, ist nicht eben diese, weil er alles macht, anstatt daß ein Künstler seine Materie erst suchen muß, denn solcher Gestalt käme sein Vorrecht nur von seiner Macht und Gewalt her: die Hoheit, wodurch Gott von einem Mechanico unterschieden wird, hat vielmehr eine ganz andere Ursache, welche in der Weisheit zu suchen, vermöge welcher seine Maschine viel länger dauret und weit richtiger gehet als diejenige, welche von einem andern Künstler, er sei wer er wolle, verfertiget wird. Derjenige, welcher eine Uhr kauft, bekümmert sich nicht, ob der Künstler sie ganz gemachet oder ob er die Stücke von andern habe machen lassen, solche aber nur zusammengesetzt habe; wenn sie nur gehet, wie sie gehen soll*[25]. Allerdings muß die Geschicklichkeit Gottes einen „unendlichen Vorzug" vor der menschlichen haben. Die Hervorbringung aller Dinge wäre zwar ein Beweis der Macht Gottes, nicht aber auch seiner Weisheit: *Welche das Widerspiel behaupten wollen, werden in eben den Fehler geraten, worinnen die Materialisten und Spinozisten stecken*[26]. Man erkennt, wie Leibniz nun seinerseits Clarke als Materialisten erscheinen lassen möchte, wobei er mit dem Stichwort 'Spinozisten' noch die Atheismusanklage zugibt. So spielt sich schon in diesem frühesten Dokument in deutscher Sprache der Materialismus-Vorwurf als argumentative Drohgebärde ein.

In seiner Antwort faßt Clarke schließlich kurz zusammen, was er für die Kennzeichen einer materialistischen Position hält: *daß der Weltbau alleine durch die principia der Mechanik als der Materie, der Bewegung, der unumgänglichen Notwendigkeit und der Fatalität hervorgebracht worden.* Die mathematischen Prinzipien der Philosophie hingegen würden *zu erkennen geben, daß die Bestimmung des Ortes für die Dinge (als die Lage der Sonne und der Planeten) nur von einem mit Verstand und Freiheit begabten Urheber habe entstehen können*[27].

Damit ist die Differenzierung, welcher der Begriff 'materialista' bei Henry More

---

[22] Ebd., 7.
[23] Ebd., 9.
[24] Ebd.
[25] Ebd., 14.
[26] Ebd., 15.
[27] Ebd., 18.

seine Entstehung verdankte, endgültig zugeschüttet. Und in der Folge werden 'mechanicus' und 'Materialist' zumeist als Synonyme betrachtet.

Die frühesten Belege für 'Idealist' finden sich bei CHRISTIAN WOLFF. *Idealisten* sind diejenigen, *welche die würkliche Gegenwart der Welt außer der Seele leugnen*[28]. Dieser Definition des Lehrgehalts folgt sofort ein Urteil über mögliche Konsequenzen seiner Rezeption. Wolff nimmt in diesem Punkte die Idealisten in Schutz. Bezeichnend ist die Begründung, die er dafür gibt. Idealisten nämlich *tun ... den natürlichen Wissenschaften keinen Eintrag, sondern lassen alles, was von der Seele und der Welt richtig kann gelehret werden, in seinem Werte*[29]. Mag auch die Lehre der Idealisten theoretisch widersinnig sein: weil sie mit dem übereinstimmen, was richtig über Seele und Welt zu lehren ist, kann man sie gewähren lassen. Indem Wolff die mögliche Bezichtigung, die sich mit dem Namen einer Sekte verbinden könnte, von dem Begriff 'Idealist' ausdrücklich zurücknimmt, bestätigt er aber gerade die Annahme, daß neu eingeführte Begriffe dieser Art einen im Verständnis der Zeitgenossen vorbereiteten polemischen Gebrauch zu gewärtigen haben.

Christian Wolff geriet drei Jahre nach der Erstauflage seiner „Vernünfftigen Gedancken von Gott, der Welt und der Seele des Menschen" (1720) selber in den Verdacht des Spinozismus und Atheismus und wurde durch Friedrich Wilhelm I. von seinem Lehramt in Halle entbunden. Wolff ließ daraufhin eine Art Anmerkungs- und Erläuterungsband zu den „Vernünfftigen Gedancken" erscheinen, der offensichtlich seiner Verteidigung dienen sollte. Darin findet sich ein erster Beleg für die alternative Zusammenstellung *Materialisten oder Idealisten*[30].

Sie taucht auf bei der Frage nach dem Verhältnis von Seele und Körper. Die Antwort des Leibnizianers Wolff auf diese Frage lautete: „Systema harmoniae praestabilatae". Diese Formel steht nicht für eine theoretische Lösung des Problems, sondern bezeichnet eine Grenze aller Theorie; jenseits dieser Grenze gibt es nur noch den unentscheidbaren Streit von *Hypotheses oder Meinungen ... Und daher tut ein Theologus wohl, wenn er gar nicht darnach fraget, wie dieses zugehe* (gemeint ist: wie die Gedanken der Seele vom Leib und die Bewegungen des Leibes vom Willen dependieren), *sondern damit zufrieden ist, daß die Erfahrung solches lehret, gleichwie es ein Moralist und Politicus macht, der die Metaphysicos sich über Fragen den Kopf zerbrechen und untereinander disputieren lässet, dabei er nicht interessieret ist*[31]. Dies ist im Grunde noch die Antwort, die auch Descartes auf die Frage nach der Einheit von Seele und Körper gegeben hatte. Gerade weil die herrschende Philosophie der deutschen Aufklärung in diesem Punkte theoretisch enthaltsam bleiben mußte, war eine ausdrückliche und praktisch motivierte Distanzierung von Alternativlösungen geboten: *Ja weil überhaupt einige unter den Weltweisen vermeinet, es wäre die Würkung des Leibes und der Seele ineinander ein an sich unauflöslicher Knoten, und deswegen gar dahin verfallen, daß sie eines von beiden, entweder die Seele, oder den*

---

[28] CHRISTIAN WOLFF, Vernünfftige Gedancken von Gott, der Welt und der Seele des Menschen (Halle 1720), 491, § 787.
[29] Ebd.
[30] Ders., Vernünfftige Gedancken von Gott, der Welt und der Seele des Menschen, auch allen Dingen überhaupt, 4. Aufl., Bd. 2 (Frankfurt 1740), 449, ad § 760.
[31] Ebd., 450 f.

c) Bezichtigungsbegriff 'Materialismus' — Sektenbegriff 'Idealist'

Leib, geleugnet, und entweder Materialisten, oder Idealisten worden ...; so war nicht undienlich, sondern fast nötig, daß man ihnen zeigte, es könne die Gemeinschaft des Leibes und der Seele auf eine verständliche Art erkläret werden, und zwar dergestalt, daß man nicht mehr annehmen dörfe, als was sie beide zusammen annehmen. Und dieses war auch um so viel nötiger, weil die Materilasterei heute zu Tage leider! allzusehr überhand nimmt, und die zur Wollust geneigte Menschen dadurch von der Religion und Tugend abgezogen werden, und die Unsterblichkeit der Seele in Zweifel ziehen[32]. Das Dogma von der Unsterblichkeit der Seele dient hier zur Unterscheidung harmloser von gefährlicher Sektiererei. Im moralisch-politischen Kontext beurteilt, können die Idealisten toleriert werden, weil ihre Position die substantielle Scheidung der Seele von der ohnehin bloß scheinbaren Körperwelt einschließt. Allerdings wird dabei auch indirekt deutlich, welchen Kriterien sich die etablierte Philosophie in ihren akademischen Auseinandersetzungen unterwerfen muß.

c) **Der Bezichtigungsbegriff 'Materialismus' und der harmlose Sektenbegriff 'Idealist'.** Der frühe Wolff-Beleg: 'Idealist'—'Materialist' nennt eine akademische Alternative, die auf der lexikalisch erfaßten Sprachebene zunächst nicht rezipiert wird. Die ersten Lexikonartikel zu 'Materialismus' und 'Materialist' bei ZEDLER nehmen sie nicht auf. Dabei spielt wohl der Umstand eine Rolle, daß die Alternative 'Idealist'—'Materialist' eine Gegenposition zum Materialismus angibt, mit der sich die Leibniz-Wolffsche Philosophie der Aufklärung bis zu Kant nicht identifizieren kann. Beide Begriffe bleiben für Abweichler reserviert. 'Idealismus' bleibt so lange irrelevant, als der Begriff eine Art erkenntnistheoretischer Grundhaltung meint, die dem Realismus des common sense zuwiderläuft und so keine Chance besitzt, in ihm Fuß zu fassen. Da diese Haltung — nach ihrem Wert für Tugend und Religion beurteilt — als harmlos eingeschätzt wird, besteht auch kein Anlaß, sie aus volkspädagogischen Gründen dem Lesepublikum zur Kenntnis zu bringen. Solche Gründe spielen aber offenbar eine Hauptrolle bei der Aufnahme von 'Materialismus' und 'Materialist' im Zedler. *Materialismus*, so beginnt der entsprechende Artikel, *zeiget überhaupt einen Irrtum oder falschen Begriff an, den man in Ansehung der Materie hat*. Dann werden zwei Formen angegeben, in denen dieser Irrtum auftritt: 1) Es werden alle *geistlichen Substanzen* geleugnet und keine anderen als körperliche zugelassen. 2) Es wird außer der Seele *kein ander geistlich Principium* eingeräumt, und es werden *alle Begebenheiten und Würkungen der natürlichen Körper bloß aus der Beschaffenheit der Materie, ... als deren Größe, Figur, Schwere, Gegeneinanderhaltung und Mischung* abgeleitet. Die zweite Form sei das, *was man sonst Mechanismum nennet*[33]. Es ist offenbar die cartesianische Version, während die erste, radikalere, von der antiken Atomistik abstammt. Die Begründung, weshalb diese Lehre in beiden Formen von vornherein als irrig zu betrachten ist, liefert der Artikel „Materialisten" nach, der mit dem Verdikt beginnt, sie seien *eine schlimme Secte unter den Philosophen*. Sie leugneten, *daß es Geister gebe* und *die Seele des Menschen von dem Leibe unterschieden* sei. *Allein auf solche Weise fällt nicht allein die Freiheit mit der Unsterblichkeit der Seelen hin, sondern man folgert auch nach diesem noch ein ungleich*

---

[32] Ebd., 449.
[33] ZEDLER Bd. 19 (1739), 2026, Art. Materialismus.

mehrers daraus, welches der Religion und Tugend nachteilig ist. Epikur und sein Anhang gehörten zu den älteren, Spinoza und Hobbes zu den neueren Materialisten. In der Naturlehre sei es nicht ungewöhnlich, die *Mechanicos* auch 'Materialisten' zu nennen und ihnen die *Spiritualisten* entgegenzusetzen, *obwohl die Wörter 'Mechanismus' und 'Mechanicus' viel üblicher* seien[34].

Die beiden Artikel in Zedlers Lexikon reduzieren die Auseinandersetzung mit dem Materialismus umstandslos auf die Warnung vor den schädlichen Folgen für die Moral. Dabei ist nicht nur an Privatmoral zu denken; es ist die politische Bedeutung jener moralischen Folgen, die den Vorwurf des Materialismus verschärft.

Charakteristisch sind dafür die Bemerkungen des Theologen J. G. REINBECK in der Vorrede zu seiner Schrift „Philosophische Gedanken über die vernünftige Seele und deren Unsterblichkeit", die im selben Jahr wie der Zedlersche Artikel in Berlin erschienen ist: *Man setze z. Ex., daß es einem großen Prinzen in dem Sinn käme zu dulden, daß seinen Untertanen eine der Unsterblichkeit der Seelen, und der Vorstellung eines künftigen Lebens zuwiderlaufende Lehre beigebracht würde. In was für einer Sicherheit würde er sich, sowohl für seine Person, als auch in Absicht auf seine Regierungsform wohl befinden? Würde er auch nur einen Augenblick auf ihren Gehorsam, auf ihre Treue, und auf ihre Eidschwüre sich verlassen können?*[35]

III. Die Dominanz von 'Materialismus' im Sprachgebrauch des 18. Jahrhunderts und das Begriffspaar 'Materialismus'—'Spiritualismus'

1. Die Kritik der Bezichtigungstendenz bei Georg Friedrich Meier

Der erste, der die Argumentation gegen die Materialisten kritisch beobachtet und ihre fragwürdigen Prämissen beim Namen genannt hat, ist der Baumgarten-Schüler GEORG FRIEDRICH MEIER (1718—77) in seiner Schrift „Beweiß: daß keine Materie dencken könne" (1743). Meier tritt explizit gegen die Materialisten auf; zugleich aber verwahrt er sich gegen die Art, wie man üblicherweise mit ihnen verfahre. Durch seinen Beweis, daß die Materie niemals die Fähigkeit zu denken aus sich hervorbringen könne, will er den Materialisten einen „theoretischen" Irrtum im Ansatz nachweisen. Meier hebt die Auseinandersetzung auf ein theoretisches Niveau, auf dem die Gegner der Materialisten deren Lehre als wissenschaftliche Hypothese zulassen können. Er hält dies für ein Verfahren, das allein dem Streit um Wahrheit angemessen ist. *Ja man nimmt sich dadurch selbst in acht vor einer Grausamkeit, die der Wahrheit wenig Ehre bringet, wenn man sie bei ihrer Verteidigung merken läßt*[36].

---

[34] Ebd., 2026 f. Vor dem Artikel „Materialist, Speciarius" wird auf „Materialist" als Berufsbezeichnung verwiesen: *Einer, der allerhand Gewürz, Spezerei, Farben, Bergarten, allerhand Lebensmittel ... zu Kauf hat. Man heißet sie auch Gewürzkrämer ... und irrig Apotheker* (2026). — Im Dänischen ist das Wort in dieser Bedeutung erhalten; der Drogist heißt dort 'Materialist'.

[35] J. G. REINBECK, Philosophische Gedanken über die vernünftige Seele und deren Unsterblichkeit (Berlin 1739); zit. Materialisten der Leibniz-Zeit. Ausgewählte Texte, hg. v. GOTTFRIED STIEHLER (Berlin 1966), 25 f., Einleitung.

[36] GEORG FRIEDRICH MEIER, Beweiß: daß keine Materie dencken könne (Halle 1743), 82.

III. 1. Kritik der Bezichtigungstendenz — Materialismus

Meiers Beweisführung zielt darauf ab, die Hypothese der Materialisten, alle Veränderungen von Körpern bestünden in Bewegungen, daraufhin zu überprüfen, ob mit ihr der Ursprung und die Seinsweise von Gedanken zu erklären seien. Sein Ergebnis ist: Gedanken können weder Bewegungen sein, noch können sie aus Bewegung entstehen. In dem Bewußtsein, den Materialisten mit Argumenten ihr Prinzip erfolgreich bestreiten zu können, kann Meier nun auch die entscheidende, in der Materialismusdebatte der Zeitgenossen dogmatisch unterstellte Verbindung des materialistischen Prinzips mit Unmoral in Frage stellen. Es könne zwar sein, *daß alle Materialisten ... verdamliche Absichten* hätten — oder doch die meisten. Dies sei aber nicht aus ihrer theoretischen Einstellung abzuleiten: *Ich behaupte nur, daß die ganze Moral mit diesem Irrtum bestehen kann, und daß man ihn als bloßen theoretischen Irrtum betrachten kann, der nur durch gezwungene Folgen den Grund der Sittlichkeit umstößt*. Als Beispiele aus der *Philosophischen Geschichte* nennt Meier *Gelehrte, die Materialisten gewesen* seien *und doch zugleich Freunde der strengsten Tugend und der Unsterblichkeit der Seele* — so etwa die *Stoiker ... Ist nicht bekannt, daß viele der Alten Gott zu einem zarten Feuer machen, und ihm doch die Unsterblichkeit nicht absprechen? Folglich kann der Irrtum der Materialisten mit der Unsterblichkeit der Seele bestehen, und folglich auch, welches leicht zu erweisen, mit der Sittlichkeit und Religion*[37].

Der Ort, an dem der Materialismus mit Aussicht auf Erfolg zu widerlegen ist, bestimmt nunmehr die systematische Einordnung des Materialismusproblems. So wird bei Crusius in seinem „Entwurf der nothwendigen Vernunft-Wahrheiten" von 1745 die Auseinandersetzung mit den Materialisten nicht im ontologischen oder kosmologischen Teil, sondern in der „Pneumatologie" geführt. Crusius wägt die Wirkung einer theoretischen Widerlegung des Materialismus ab; ihr Prinzip beruhe auf einem *Postulatum der innerlichen Empfindung*. Insofern sei einem *boshaftigen Gegner* nicht zur Wahrheit zu verhelfen, sondern man müsse ihn seiner Torheit überlassen[38]. So bleibt zunächst eine doppelte Abwehr des Materialismus in Kraft: die Widerlegung seines Prinzips und die Verdammung seiner Folgen. Die Widerlegung, die er ähnlich wie Meier auf der Einschränkung der allumfassenden Bewegungshypothese aufbaut, wird von Crusius — weniger tolerant als bei Meier — nicht als ein Streit um Wahrheit verstanden, sondern als ein Angebot an die Materialisten zur Errettung aus prinzipieller Unvernunft und ihren bösen Folgen. Weil Crusius die mögliche Vernünftigkeit des Materialismus von vornherein ausschließt, kostet es ihn moralische Überwindung, sich mit seinen Vertretern zu befassen: *Es ist fast unanständig, sich mit so gar abgeschmackten Leuten einzulassen, und doch müssen sie widerleget werden*. Das *Exempel der Epicureer* ist gegenwärtig und soll die Gleichung: Materialisten — Atheisten plausibel machen[39].

---

[37] Ebd., 58 f.
[38] Christian August Crusius, Entwurf der nothwendigen Vernunft-Wahrheiten, wiefern sie den zufälligen entgegen gesetzet werden (Leipzig 1745); Ndr. in: ders., Die philosophischen Hauptwerke, hg. v. Giorgio Tonelli, Bd. 2 (Hildesheim 1964), 844, § 435.
[39] Ebd., 845 f.

2. Zedlers Nachwirkung und die Anfänge einer psychologischen Prinzipienkritik

G. F. Meiers praktische Toleranz zugunsten theoretischer Widerlegung ist offenkundig ohne Erfolg geblieben. Der Begriff 'Materialismus' hat seinen polemischen Überhang behalten. WALCH hat in seinem „Philosophischen Lexikon" von 1775 den Materialismus-Artikel aus den beiden einschlägigen Artikeln bei Zedler kompiliert[40]. Vereinzelt kündigt sich um die Mitte der siebziger Jahre aber eine Wandlung an, die mit der Emanzipation der Psychologie von metaphysischen Prämissen einhergeht. Über sie hat GEORG CHRISTOPH LICHTENBERG im selben Jahr, in dem Walchs Lexikon erschien, sich notiert: *Unsere Psychologie wird endlich bei einem subtilen Materialismus stille stehn, indem wir immer von der einen Seite (Materie) mehr lernen und von der andern über alles hinausgegeriffen haben*[41]. *Der Mensch wird ein Sophist und überwitzig, wo seine gründlichen Kenntnisse nicht mehr hinreichen; alle müssen es folglich werden, wo es auf Unsterblichkeit der Seele und Leben nach dem Tode ankommt. Da sind wir alle ungründlich. Materialismus ist die Asymptote der Psychologie*[42].

Dieser Einschätzung Lichtenbergs, die seinem Weitblick alle Ehre macht, entspricht der Anlage nach die „Geschichte von den Seelen der Menschen und Thiere" von JUST. CHRISTOPH HENNINGS, die 1774 erschienen ist, und dies, obwohl Hennings im Stil der üblichen Polemik seinen Lesern versichert, gegen jede Art von Materialismus zu streiten[43]. *Der überhand nehmende Materialismus sowohl in Beziehung auf die Seelen der Tiere, als auch sogar in Ansehung der Menschen ist die Veranlassung zu meiner Schrift gewesen*[44]. Energisch distanziert sich Hennings auch von den *Idealisten*[45] und stellt sich selber unter eine methodische Maxime, die sich mit Lichtenbergs Prognose gut verträgt: *Die äußern Empfindungen überzeugen uns allerdings, daß die Seele gar sehr vom Körper und dessen Veränderungen abhange. Man muß nur nicht mehr daraus schließen, als den Regeln der Vernunft gemäß ist*[46]. Man darf annehmen, daß Hennings gerade deshalb sich so dezidiert vom Materialismus abgrenzt, weil sein kritischer Empirismus von seinen dogmatischen Gegnern leicht in die Nähe jener Position gerückt werden konnte.

Eine solche Haltung, sich gegen den Materialismus zu definieren, liegt auch darum nahe, weil es einen positiven Begriffsnamen, der seinen Träger nicht bloß in den Winkel einer gegnerischen Sekte stellt, bis zur Verbreitung der Philosophie Kants gar nicht gibt. Der Anschein, als könnten die Begriffe 'Idealismus' oder 'Spiritualismus' diese Stelle einnehmen, entsteht aus ihrem Gebrauch zu historischer Klassifikation, der z. B. 'Spiritualismus' und 'Materialismus' auf den Gegensatz von pro-

---

[40] WALCH 4. Aufl., Bd. 2 (1775), 62.
[41] GEORG CHRISTOPH LICHTENBERG, Aphorismen. Nach den Handschriften hg. v. Albert Leitzmann, H. 3, Deutsche Literaturdenkmale, Bd. 136 (Berlin 1906), 203, Nr. 422. Vgl. ARSENIJ WLADIMIROVIČ GULYGA, Der deutsche Materialismus am Ausgang des 18. Jahrhunderts (Berlin 1966), 91.
[42] LICHTENBERG, Aphorismen, 212, Nr. 485.
[43] JUST. CHRISTIAN HENNINGS, Geschichte von den Seelen der Menschen und Thiere (Halle 1774), 14, Vorrede.
[44] Ebd., 16, Vorrede.
[45] Ebd., 146.
[46] Ebd., 105.

und antichristlich bringt; im Sprachgebrauch des 18. Jahrhunderts findet sich dafür kaum ein Beleg. Wer gegen den Materialismus als religionsfeindlich, atheistisch und moralzerstörend zu Felde zieht, gibt sich nicht als Spiritualist oder gar als Idealist zu erkennen, weil er gegen den Materialismus nicht von einer selbst als partikular verstandenen Position antreten möchte. Die dogmatischen Voraussetzungen: Unsterblichkeit der Seele und Existenz Gottes werden nicht unter einen Gegenbegriff zu 'Materialismus' subsumiert; das würde ihre Verbindlichkeit degradieren[47].

IV. Die Auflockerung der dogmatischen Alternativen durch Kant und der diagnostische Gebrauch des Begriffspaars 'Materialismus'—'Spiritualismus'

Die Prämissen, von denen die Polemik um den Materialismus ausgegangen war, wandeln sich mit der Philosophie KANTS. Er hat den Sektencharakter der -ismen durchschaut, zugleich aber den Begriff des Idealismus aus der Enge einer harmlosen und dazu noch abstrusen Alternative zum Materialismus befreit und den Grund für seinen Aufstieg gelegt. Bei Kant, Fichte und Schiller wird deutlich, wie sich die esoterische Theorie auf neue Grundlagen stellt, ihre Rezeptionsgeschichte aber erst allmählich die Bedeutungsfelder der alten -ismen erfaßt.

Der Ort, an dem Kant zunächst auf das Problem eingeht, entspricht der Tendenz, die bei den Schulmetaphysikern Meier und Crusius zu beobachten war. Aber der Ton ist anders. Nüchtern prüft Kant in der „Kritik der reinen Vernunft" 'Materialismus' und 'Spiritualismus' als Hypothesen zur Begründung einer *rationalen Psychologie* und verwirft sie beide, weil durch sie nichts von der *Beschaffenheit unserer Seele* zu erkennen sei. Nicht als *Doktrin ..., sondern nur als Disziplin* läßt er *rationale Psychologie* überhaupt noch zu, d. h. als Einsicht in die Grenzen theoretischer Erkenntnis. Seine Leistung besteht in der Auflösung der Wissenschaft, auf die sich die Polemik um den Materialismus gestützt hatte. Wenn das Wesen der Seele als unerkennbar erwiesen ist, dann wird mit dem *seelenlosen Materialism* auch der *grundlose Spiritualism* hinfällig. Nur der praktische Gebrauch der Selbsterkenntnis, der zwar *auf Gegenstände der Erfahrung gerichtet ist*, aber *seine Prinzipien doch höher hernimmt*, ist nach der Disziplinierung der Vernunft noch erlaubt. Diese Selbsterkenntnis zu praktischem Gebrauch ist nur noch dazu legitimiert, das *Verhalten* so zu bestimmen, *als ob unsere Bestimmung unendlich weit über die Erfahrung, mithin über dieses Leben hinaus reiche*[48].

In der Schrift, in der Kant über die Bedeutung der Vernunftkritik für künftige Philosophie reflektiert, fragt er sich, was denn von der übersinnlichen Substantialität der Seele, jener selbstverständlichen Basis für den Anti-Materialismus der Metaphysik, nach der Destruktion der rationalen Psychologie noch bleibe. Er tut dies von einem Gesichtspunkt aus, der nicht den Bedingungen reiner Vernunft unterliegt, sondern den Menschen als Naturwesen betrachtet. Muß, so ist die Frage, die

---

[47] Die französischen Lexika der Zeit geben zumeist 'Spiritualismus' als gleichbedeutend mit 'Immaterialismus' an. Vgl. Artikel „Immatérialisme ou spiritualité" in der Encyclopédie, t. 8, 571; Dict. de Trevoux, 7ᵉ éd., t. 7 (1771), 832.
[48] KANT, Kritik der reinen Vernunft (1781), AA Bd. 3 (1904), 274 f.

psychologische Idee, d. h. die Vorstellung von einer über alle Erfahrung der Endlichkeit des Menschen erhabenen Natur der Seele, anthropologisch als sinnlos angesehen werden, weil sie in theoretischer Erkenntnis prinzipiell nicht ausweisbar ist? Anthropologisch: d. h. unter dem Gesichtspunkt des möglichen Zweckes der Natur, der immer auf Nützlichkeit angelegt ist. Der Zweck positiver Belehrung, der sonst die Nützlichkeit des Erkenntnisvermögens ausmacht, kann es nicht sein. Wenn dennoch ein Naturzweck darin wäre, so vermutlich der, die Verengung der Vernunft aufzuheben, wie sie in den dogmatisch an Erfahrung gebundenen Positionen des *Materialismus, Naturalismus und Fatalismus* behauptet wird, die *den moralischen Ideen außer dem Felde der Spekulation* keinen Raum lassen[49]. Diese drei Positionen sind den verschiedenen Bereichen zugeordnet, auf die sich transzendentale Ideen beziehen: Seele, Welt und Gott. In allen drei Fällen würden also dem Zweck der praktischen Selbstentfaltung der Vernunft hinderliche und deshalb auch anthropologisch unnütze Vorstellungen durch die Kraft der Ideen aufgehoben. Nur in dieser negativen Kraft der Aufhebung, nicht etwa in möglicher Erkenntnis, ist der objektive Schein der Ideen anthropologisch zu rechtfertigen.

Das Bewußtsein Kants, dem Prinzipienstreit der philosophischen Sekten auf beiden Ebenen, der spekulativen und der anthropologischen, durch eine überlegene Ortsbestimmung gewachsen zu sein, erlaubt ihm nun einen freieren Sprachgebrauch, der die Begriffe 'Materialismus' und 'Spiritualismus' diagnostisch verwendet und sie von ihrer Bindung an eine Grundposition ablöst. In der „Religion innerhalb der Grenzen der bloßen Vernunft" läßt sich das belegen. Die Frage ist dort, wie man das Verhältnis der Evangelien-Berichte über den Lebenslauf Jesu zu den wunderbaren Ereignissen nach seinem Tode am Kreuz zu beurteilen habe. Wohl könne, so meint Kant, die *öffentliche Geschichte* des Jesus von Nazareth in der *Religion innerhalb der Gränzen der bloßen Vernunft* thematisch werden, nicht aber die hinzugefügten Geheimnisse, die *von Auferstehung und Himmelfahrt* erzählen. Diese Unterscheidung ist natürlich in der Aufklärung nichts Neues; die Begründung aber, die Kant dafür gibt, bricht aus der geläufigen Sprachregelung aus. Die Geheimnisse erklärt er nämlich nicht deswegen für unbrauchbar in der philosophischen Religionslehre, weil sie die Erfahrung übersteigen und rational nicht faßbar sind, sondern wegen des Materialismus in Vorstellungen wie Auferstehung und Himmelfahrt. Dem Buchstaben nach seien diese Geschichten *zwar der sinnlichen Vorstellungsart der Menschen sehr angemessen, der Vernunft aber in ihrem Glauben an die Zukunft* seien sie lästig. Der *Materialism der Persönlichkeit*, der sie an die *Bedingung eben desselben Körpers* binde, und der Materialismus *der Gegenwart in einer Welt überhaupt*, die *nicht anders als räumlich sein könne*, sei der Vernunft ungünstiger als *die Hypothese des Spiritualismus vernünftiger Weltwesen, wo der Körper tot in der Erde bleiben und doch dieselbe Person lebend da sein ... kann*[50].

C. L. REINHOLD, dessen Arbeiten die Rezeption der Kantischen Philosophie in Gang gebracht haben, hat ihre destruktive Wirkung auf die alten Kontroversen erkannt. Er

---

[49] Ders., Prolegomena zu einer jeden künftigen Metaphysik, die als Wissenschaft wird auftreten können (1783), § 60. AA Bd. 4 (1903), 363.
[50] Ders., Die Religion innerhalb der Grenzen der bloßen Vernunft (1793), 3. Stück. AA Bd. 6 (1907), 128, Anm.

IV. Auflockerung der dogmatischen Alternativen — Materialismus

vergleicht Kant mit einem Reformator, der auch diejenigen Philosophien, welche sich im Einklang mit den *Grundwahrheiten der Religion und der Moral* wußten und dabei die Materialisten und Spinozisten, den Skeptizismus und den Supernaturalismus verbannt hatten, aus den Angeln hebt und so den Kampf gegen die Sekten selber noch als sektiererisch erscheinen läßt. Deshalb könne die Einführung seiner Philosophie auf keinen Beistand irgendeiner Sekte rechnen, weil sie *jeder derselben ein gleiches Schicksal bereitet*[51].

Dieses Urteil entspricht der Selbsteinschätzung Kants. In der Vorrede zur 2. Auflage der „Kritik der reinen Vernunft" erläutert er die Bedeutung der Vernunftkritik für die *spekulativen Philosophen* und für das „große" *Publicum* und versichert, sie allein könne *dem Materialism, Fatalism, Atheism, dem freigeisterischen Unglauben, der Schwärmerei und Aberglauben,* aber *auch dem Idealism und Skeptizism* die Wurzel abschneiden. Materialismus und Idealismus seien dabei nur darin verschieden, daß der erstere *allgemein schädlich* werden kann, während Idealismus und Skeptizismus *mehr den Schulen gefährlich sind und schwerlich ins Publicum übergehen können*[52].

Was Kant und Reinhold nicht voraussahen, war der Bedeutungswandel im Begriff des Idealismus, der sich in der Wirkungsgeschichte der Kantischen Philosophie selber vollzogen hat. Jener Idealismus, den Kant in der Vorrede zur „Kritik der reinen Vernunft" in einem Atemzug mit dem Skeptizismus nennt, wäre freilich nicht fähig gewesen, ins Publikum überzugehen. Aber Kants Begründung der Unsterblichkeit der Seele und der Existenz Gottes aus der moralischen Bestimmung der menschlichen Vernunft — und nicht mehr aus ihrer Fähigkeit zu begrifflicher Erkenntnis —, die postulatorische Neufundierung der beiden Dogmen, um deren Schutz es im Streit um den Materialismus gegangen war: dies beginnt der Begriff des Idealismus in sich aufzunehmen. Das erst gibt ihm die Kraft zum Übergang aus einem Sektenetikett der Metaphysik in das Signum einer Lebenshaltung. Und so wird 'Idealismus' zum zentralen Rezeptionsbegriff der Philosophie Kants und seiner Nachfolger durch das „große Publikum".

Im esoterischen Bereich der Philosophie am Ausgang des 18. Jahrhunderts bleibt der „transzendentale Idealismus" jedoch die von Kant eröffnete Fragestellung nach den Bedingungen der Möglichkeit von Erfahrung und Wissenschaft. Deren Letztbegründung in der Subjektivität — wie bei Fichte — wäre nur um den Preis der Absurdität in den Lebensvollzug einzubringen. Fichte ist deshalb bemüht, bei jeder Gelegenheit die Differenz einzuschärfen und der Bedeutungsverschiebung bei der Rezeption seiner Philosophie entgegenzuwirken. *Der Philosoph sagt nur in seinem Namen: Alles, was für das Ich ist, ist durch das Ich. Das Ich selbst sagt in seiner Philosophie: So wahr ich bin und lebe, existiert etwas außer mir, das nicht durch mich da ist ... Der Idealismus kann nie Denkart sein, sondern er ist nur Spekulation*[53].

F. H. Jacobi, der hellsichtige Kritiker des nachkantischen Theoriebegriffs, konnte in diesem spekulativen Sinne dann Materialismus und Idealismus als *die zwei Haupt-*

---

[51] Carl Leonhard Reinhold, Versuch einer neuen Theorie des menschlichen Vorstellungsvermögens (Prag, Jena 1789; Ndr. Darmstadt 1963), 35 f.
[52] Kant, Kritik der reinen Vernunft, 20 f. Der letzte Satz, der an die bekannte Argumentation von Wolff und Crusius erinnert, läßt erkennen, wie Kant sich auf die Erwartungen der Zeitgenossen einstellt.
[53] Fichte, Zweite Einleitung in die Wissenschaftslehre (1797), SW Bd. 1 (1845), 455, Anm.

wege des Denkens aufeinander beziehen und im Blick auf ihr gemeinsames methodisches Ziel der Letztbegründung eine Konvergenz konstatieren: Ihre Richtung gegeneinander ist keineswegs divergierend, sondern allmählich annähernd bis zur endlichen Berührung. Der spekulative, seine Metaphysik ausarbeitende Materialismus muß zuletzt von selbst in Idealismus verklären; denn außer dem Dualismus ist nur Egoismus als Anfang oder als Ende — für die Denkkraft, die ausdenkt. Wenig fehlte, so wäre eine solche Verklärung des Materialismus in Idealismus schon durch Spinoza zustande gekommen[54].

1. Weishaupts Vermittlung von 'Materialismus' und 'Idealismus' auf kantischer Grundlage

Die neue Qualität, die Kants Vernunftkritik in den zeitgenössischen Prinzipienstreit einbringt, bei dem nach wie vor der Materialismusverdacht nicht nur die Reputation eines Autors, sondern auch seine bürgerliche Existenz bedroht, zeigt exemplarisch ADAM WEISHAUPTS Schrift „Über Materialismus und Idealismus" von 1787. Kants Unterscheidung von 'Ding an sich' und 'Erscheinung' hat es ermöglicht, den schon bei Aristoteles ursprünglich transzendentalen Sinn des Begriffs der Materie wiederzuentdecken: wer die „Dinge", als Objekte theoretischer Wissenschaft oder praktischen Umgangs, als materiell betrachtet, der nimmt bestimmte Prämissen in Anspruch, die aus den Bedingungen der Wissenschaft und ihrer Applikation (wie etwa in der Medizin) abgeleitet sind, ohne damit schon andere Zugangsweisen — und ihnen entsprechende Grundsätze — leugnen zu müssen. Das konnte einen Schutz vor der dogmatischen Alternative: Materialismus oder Immaterialismus bedeuten. Kants Kritik der Voraussetzungen metaphysischer Ontologie erlaubte eine Position, in der die strittige Alternative auf eine Korrelation regionaler Hypothesen reduziert war. Der Bezichtigungswert von 'Materialismus' war in dem Maße zu senken, wie er in eine solche Korrelation eintrat.

Die Zusammenstellung *Materialismus und Idealismus* im Titel von Weishaupts Schrift nimmt die kantische Position in Anspruch; ja der Autor behauptet, eine persönliche Erfahrung habe ihn — noch unabhängig von Kant — zu dieser Lösung gedrängt. So sei er darauf verfallen, die *Materie* als bloße *Vorstellung* zu betrachten. *Ich hatte (meine Frau) sehr geliebt, und ich war nach meiner dortmaligen Überzeugung noch ein sehr eifriger Materialist; aber der Gedanke mich ewig von ihr getrennt zu sehen, hatte mich so sehr beunruhigt, daß ich von diesem Augenblick an auf beruhigendere Vernunftgründe für die Unsterblichkeit unserer Seele dachte*[55].

Weishaupt ist in diesem Zusammenhang bemüht, den Idealismus als sinnvoll zu rechtfertigen und dieses *paradoxe System*[56] als eine dem Materialismus gewachsene Gegenhypothese zu erweisen. Weishaupt wurde vorgehalten, durch sein idealistisches System werde der Grund des Materialismus nicht angetastet. Durch das Substituie-

---

[54] JACOBI an Fichte, 21. 3. 1799, in: Die Schriften zu J. G. Fichtes Atheismus-Streit, hg. v. HANS LINDAU (München 1912), 158 f.
[55] ADAM WEISHAUPT, Ueber Materialismus und Idealismus, 2. Aufl. (Nürnberg 1787; Ndr. Brüssel 1973), 47. 53.
[56] Ebd., 47.

ren der Erscheinung statt des Wirklichen ändere sich an den Verhältnissen nichts; es bleibe alles beim alten[57]. Er räumt ein, daß *in der Physik, Chemie, Arzneiwissenschaft, in der Handlung, Oekonomie, Legislation und Politik* das wohl zutreffe: *Es ist eben soviel, als ob dieser Schein reell wäre.* Aber *in der Logik, Metaphysik, Moral* seien *diese Untersuchungen von einem sehr erheblichen Nutzen*[58]. Fast beiläufig deutet Weishaupt den politischen Sinn seiner idealistischen Position an: *Für alle diese, welche sich mit Untersuchung solcher Wahrheiten beschäftigen, welche über das Gebiet der Sinne hinaus sind, welche auf die Zukunft Bezug haben, können Systeme dieser Art erheblich, nutzbar, und sogar von Wichtigkeit sein*[59]. Dieser Ausgriff über die gegenwärtige Erfahrung gewinnt seine politische Bedeutung dadurch, daß der Autor das geistige Oberhaupt des Geheimbunds der Illuminaten war. Im Zentrum ihrer Lehre stand die Überzeugung, daß besonders von der Moral eine Veränderung der menschlichen Verhältnisse zu erwarten sei: *Geheime Weisheitsschulen ... waren vor allzeit die Archive der Natur, und der menschlichen Rechte, durch sie wird der Mensch von seinem Fall sich erholen, Fürsten und Nationen werden ohne Gewalttätigkeit von der Erde verschwinden, das Menschengeschlecht wird dereinst eine Familie, und die Welt der Aufenthalt vernünftiger Menschen werden. Die Moral allein wird diese Veränderungen unmerkbar herbeiführen. Jeder Hausvater wird dereinst, wie vordem Abraham und die Patriarchen, der Priester und der unumschränkte Herr seiner Familie und die Vernunft das alleinige Gesetzbuch der Menschen sein*[60].

2. Schillers Zeitdiagnose

In der Sprache SCHILLERS wird 'Materialismus' zu einem Begriff der Kulturkritik, der fast nichts mehr mit dem Prinzip einer Welterklärung zu tun hat. Bei dem Versuch, den Rigorismus der Kantischen Moralphilosophie aus den Zeitumständen verständlich zu machen, sieht er im Geist der Zeit die *Sinnlichkeit* in doppelter Gestalt

---

[57] Gothaische gelehrte Zeitung 61 (1786); zit. ebd., 48 f.
[58] Ebd., 49. Einen analogen Versuch, mit der Philosophie Kants die Alternativpositionen des Idealismus und Materialismus zu vermitteln, hat in unserem Jahrhundert Daniel Henry Kahnweiler in seinem Entwurf einer kritizistischen Ästhetik unternommen. *Der Streit, der sich durch die ganze Geschichte der Philosophie hinzieht*, schreibt er 1915, *entbrennt allgemach auch in der Kunstphilosophie. Riegl und seine Schüler erhöben die Fahne des Idealismus ... gegen den „Kunstmaterialismus" des 19. Jahrhunderts. Dies sei gewiß berechtigt, aber der idealistischen Schule könne man auch nicht voll beipflichten, weil sie zu allerhand Wundertheorien greifen müsse. Wäre es nun nicht denkbar, daß ein drittes System die beiden ersten in gewissem Sinne vereinige? Ich glaube es, und zwar erscheint mir der Weg zu einem solchen System in der Einführung derjenigen Methode in die Aesthetik, der die Philosophie ihren größten, entscheidensten Fortschritt verdankt: ... Kants Kritizismus;* DANIEL HENRY KAHNWEILER, Der Gegenstand der Aesthetik (München 1971), 22.
[59] WEISHAUPT, Materialismus und Idealismus, 54.
[60] Ders., Anrede an die neu aufzunehmenden Illuminatos dirigentes (1782), in: RICHARD VAN DÜLMEN, Der Geheimbund der Illuminaten. Darstellung, Analyse, Dokumentation (Stuttgart-Bad Cannstatt 1975), 179. Vgl. auch REINHART KOSELLECK, Kritik und Krise. Ein Beitrag zur Pathogenese der bürgerlichen Welt (Freiburg, München 1959; Ndr. Frankfurt 1973), 74 ff.

am Werk: einerseits im *groben Materialismus der moralischen Prinzipien, der dem schlaffen Zeitcharakter* entgegenkommt, andererseits aber auch im Enthusiasmus eines *gewissen ... Ordensgeistes, der die Sinnlichkeit ... in der imposanten Hülle moralisch löblicher Zwecke* versteckt und seinen *Perfektionsgrundsatz, die abstrakte Idee von allgemeiner Weltvollkommenheit*, die Mittel heiligen läßt[61]. Offenkundig zielt Schiller in dieser zweiten Gestalt auf Aktivitäten wie die der Illuminaten ab. In der Arbeit „Über naive und sentimentalische Dichtung" (1795/96) wird er die Grundzüge solcher Lehren unter den Titel 'idealistisch' bringen, den ja Weishaupt für sich und seine Anhänger bereits in Anspruch genommen hatte.

Der Reduktion von 'Materialismus' auf einen Begriff der Kulturkritik entspricht die Begriffswahl in dieser Schrift. In einer großangelegten Analyse kulturgeschichtlicher Grundbedingungen, die er in einem Konflikt von Grundhaltungen anthropologisch verankert, versammelt er wesentliche Züge des Materialismus, wie z. B. das Bewußtsein von der Naturbestimmtheit aller Dinge und das Streben nach Glück im Typus des „Realisten". Gewiß wirkt bei dieser Benennung auch die Last der Tradition mit, die dem „Materialisten" in der Rolle eines ausgleichenden Idealtypus, wie sie Schiller im Auge hat, die Aufnahme bei den Zeitgenossen verweigern würde.

Schiller konstatiert einen *psychologischen Antagonism unter den Menschen in einem sich kultivierenden Jahrhundert. Er richtet eine schlimmere Trennung unter den Menschen* an, *als es der zufällige Streit der Interessen* je vermöchte. *Es ist ein Gegensatz, welcher schuld ist, daß kein Werk des Geistes und keine Handlung des Herzens bei einer Klasse ein entscheidendes Glück machen kann, ohne eben dadurch bei der andern sich einen Verdammungsspruch zuzuziehen.* Diesen Antagonismus, der so alt sei wie die Kultur selber, bringt Schiller auf ein Begriffspaar, das zwei Klassen von Menschen mit gegensätzlicher psychischer Disposition bezeichnet: *Realisten* und *Idealisten*[62].

Ganz im Gegensatz zu der historischen Einordnung, die Schiller später widerfahren ist, sieht er das Heil der Menschheit nicht in der Vormacht der einen über die andere Klasse: *Gerade diese Ausschließung, welche sich in der Erfahrung findet, bekämpfe ich; und das Resultat der gegenwärtigen Betrachtungen wird der Beweis sein, daß nur durch die vollkommen gleiche Einschließung beider dem Vernunftbegriffe der Menschheit kann Genüge geleistet werden*[63].

Die Beweisführung Schillers besteht im Entwurf einer Psychologie der Tugenden und Mängel beider Grundtypen. Der *Realist* fragt, *wozu eine Sache gut sei*, der *Idealist ..., ob sie gut sei.* Was der *Realist* liebt, will er *beglücken*, was der *Idealist* liebt, will er *veredeln*[64]. Der *Realist* urteilt über die Dinge *in ihrer Begrenzung;* der *Idealist ... wird sich selbst mit dem Extravaganten und Ungeheuren versöhnen, wenn es nur von einem großen Vermögen zeugt. Jener beweist sich als Menschenfreund, ohne eben einen sehr hohen Begriff von den Menschen und der Menschheit zu haben, dieser denkt von der Menschheit so groß, daß er darüber in Gefahr kommt, die Menschen zu verachten*[65]. Im Ergebnis besagt diese Gegenüberstellung: bei einer Vorherrschaft

---

[61] SCHILLER, Über Anmut und Würde (1793), SA Bd. 11 (o. J.), 218 f.
[62] Ders., Über naive und sentimentalische Dichtung (1795/96), SA Bd. 12 (o. J.), 250 f.
[63] Ebd., 251, Anm.
[64] Ebd., 256 f.
[65] Ebd., 257 f.

der Realisten wären die Menschen gesichert, die Entwicklung ihrer Menschheit (= Humanität) aber würde stagnieren; bei einer Vorherrschaft der Idealisten würde die kulturelle Entwicklung beschleunigt, zugleich aber würden die menschlichen Verhältnisse im Ganzen aufs Spiel gesetzt. Und dies vor allem deshalb, weil der Idealist ohne den mäßigenden Einfluß des Realisten leicht zum *Phantasten* werden kann, der *nicht in die Unabhängigkeit von physischen Nötigungen, in die Lossprechung von moralischen seine Freiheit (setzt). Der Phantast verleugnet ... nicht bloß den menschlichen — er verleugnet allen Charakter, er ist völlig ohne Gesetz, er ist also gar nichts und dient auch zu gar nichts. Aber eben darum, weil die Phantasterei keine Ausschweifung der Natur, sondern der Freiheit ist, also aus einer an sich achtungswürdigen Anlage entspringt, die ins Unendliche perfektibel ist, so führt sie auch zu einem unendlichen Fall in eine bodenlose Tiefe und kann nur in einer völligen Zerstörung sich endigen*[66].

In dieser Typologie gebraucht Schiller das Begriffspaar 'Realist'-'Idealist' als Mittel der Diagnose; sein therapeutischer Vorschlag einer kritischen Vermittlung beider Positionen ist frei von der Suggestion heroischen Bekennertums, das der praktisch gemeinte Begriff des Idealismus später annehmen und Schillers Haltung sich selber subsumieren wird.

3. Hegels Einschätzung des Materialismus

Hegels Beurteilung des Materialismus und Idealismus ist unparteiisch, der Horizont und die Eindringlichkeit ihrer Begründung ist aber in der Geschichte dieser zu Bezichtigung und Anpassung verführenden Begriffe ohne Vergleich. In zweifacher Hinsicht hat er sich mit dem Materialismus auseinandergesetzt: 1) im Hinblick auf seine geschichtliche Bedeutung und 2) im Hinblick auf seinen wissenschaftlichen Wert.

1) Als C. L. REINHOLD den *Materialismus* als eine *Geistesverirrung* abtat, die in einer Geschichte der bisherigen teutschen Philosophie kaum einer Erwähnung wert sei[67],

---

[66] Ebd., 263.
[67] Beyträge zur leichteren Uebersicht des Zustandes der Philosophie beym Anfange des 19. Jahrhunderts, hg. v. C. L. REINHOLD, H. 1 (Hamburg 1801), 77; zit. HEGEL, Differenz des Fichteschen und Schellingschen Systems der Philosophie (1801), SW Bd. 1 (1927), 148. Vgl. FRITZ SCHALK, Die Wirkung der Diderot'schen Enzyklopädie in Deutschland, Germanisch-Romanische Monatsschr. NF 3 (1953), 50 ff. Schalk weist nach, wie gering die Resonanz der Enzyklopädie in Deutschland gewesen ist, im Vergleich etwa zu ihrer Wirkung in England oder Italien. Das ändert sich erst um die Mitte des 19. Jahrhunderts im Gefolge der links-hegelianischen Religionskritik. Schalk sieht einen Hauptgrund für die Rezeptionsverzögerung im „geistigen Klima" der deutschen Aufklärung. In ihrer ersten Phase sei „die christliche Welt ... die Norm, an der alles gemessen" werde, und in der zweiten habe die „religiöse Humanität zwar durch Anknüpfung an Diderot, an Shaftesbury, in der Auseinandersetzung mit Sokrates ihre Verbundenheit mit der einheitlichen Bewegung des Jahrhunderts zum Ausdruck" bringen können; „aber sie konnte keine Brücke schlagen zu der antikirchlichen Polemik der Enzyklopädie" (53). Die spezifische Bezichtigungstendenz, die sich in Deutschland mit dem Begriff 'Materialismus' verbindet, fügt sich in diese Begründung ein; um so schärfer sticht Hegels historische Würdigung des französischen Materialismus von den Vorurteilen seiner Zeit ab.

konnte er sich der Zustimmung seiner Leser in Deutschland sicher sein. HEGEL nimmt jedoch gerade diese beiläufigen Sätze zum Anlaß einer kritischen Betrachtung, die zum erstenmal den Materialismus, etwa das „Système de la nature", in seiner Bedeutung einzuschätzen versucht und zwar so, daß nicht seine wissenschaftliche Qualität oder seine Konsequenzen für Religion und Moral die Kriterien bilden, sondern die zeitgeschichtlichen Bedingungen seiner Entstehung. Gemäß seiner These von der *Entzweiung* als dem *Quell des Bedürfnisses der Philosophie* entdeckt Hegel im Materialismus das *ächt philosophische Bedürfnis, die Entzweiung in der Form von Geist und Materie aufzuheben*. Reinholds Diktum von der Geistesverirrung wendet er ins Positive um: es spreche sich im „Système de la nature" *ein an seiner Zeit irre gewordener ... Geist* aus. Durch das Ganze wehe *der Gram über den allgemeinen Betrug seiner Zeit, über die bodenlose Zerrüttung der Natur, über die unendliche Lüge, die sich Wahrheit und Recht* genannt habe — ein Gram, der dennoch die Kraft behalte, sich *in einer Wissenschaft zu konstituieren ... Wenn die westliche Lokalität der Bildung, aus der dies System hervorgegangen ist, es aus einem Lande entfernt hält: so ist die Frage, ob diese Entfernung nicht aus einer entgegengesetzten Einseitigkeit der Bildung herstammt*. Die Form dieser Wissenschaft erscheine zwar *in dem lokalen Prinzip des Objektiven*, aber so, *wie die deutsche Bildung dagegen sich in die Form des Subjektiven — worunter auch Liebe und Glauben gehört — häufig ohne Spekulation einnistet*[68].

Das war — in einer abstrakt-entlegenen Sprache formuliert — eine ihrem Gehalte nach unerhörte und gewagte Analyse. Was mit dem Gram über die Zerrüttung der Natur und der „unendlichen Lüge" gemeint war, kann man sich an Holbachs Kritik des Unsterblichkeitsdogmas verdeutlichen. Im Namen der Unsterblichkeit der Seele, deren Anerkennung als Bedingung wahrer Sittlichkeit galt, gab es die Inquisition, die Ketzer- und Hexenverfolgungen, legitimiert durch den göttlichen Auftrag, die Seele von dem der Sünde und dem Bösen verfallenen Körper zu reinigen, von dem sie ja prinzipiell schon geschieden war — eine theoretische Zerrüttung der menschlichen Natur, die dem Scheiterhaufen eine sinnvolle Funktion zuweisen konnte. Mit der „westlichen Lokalität der Bildung" ist der cartesianische Dualismus gemeint, der eben jene Zerrüttung philosophisch sanktionierte, in deren Auswüchsen seine Lüge ans Licht kam. Solange diese „Bildung" — wie noch in Reinholds Verständnis des transzendentalen Idealismus — den Gram über diese Folgen von sich entfernt hält, ist noch nicht einmal der Impuls einer philosophischen Erneuerung in ihr präsent. So macht Hegel als erster den Fortschritt der Philosophie vom Zustand der menschlichen Lebensverhältnisse abhängig. Die Tatsache, daß er diese These gerade an der provozierenden Gestalt des Materialismus zu bewähren suchte, belegt nur, wie überzeugt er von ihr war.

2) So hoch Hegel den Materialismus Holbachs als Indiz für das Bedürfnis der Philosophie einschätzte, so wenig hielt er von seinem wissenschaftlichen Wert. Im Hinblick darauf ist seine Grundthese, der Materialismus sei die Vollendung des Empirismus, die den Irrtum in seinen Voraussetzungen enthüllt. Der Materialismus führt den Grundsatz, Wahrheit liege nur im Wahrgenommenen, so konsequent durch, daß

---

[68] HEGEL, Differenz, 148 f.

sein impliziter Widerspruch manifest wird. Dem *Materialismus gilt die Materie als solche als das wahrhaft Objektive. Materie aber ist selbst schon ein Abstraktum, welches als solches nicht wahrzunehmen ist. Man kann deshalb sagen, es gibt keine Materie, denn wie sie existiert, ist sie immer ein Bestimmtes, Konkretes. Gleichwohl* — und das ist der Widerspruch, der vom Materialismus nicht aufzuheben ist, der ihn vielmehr selber aufhebt — *soll das Abstraktum der Materie die Grundlage für alles Sinnliche sein*[69]

4. 'Idealismus' und 'Materialismus' als Schlüsselbegriffe zeitgeschichtlicher Betrachtung (F. Schlegel und Radowitz)

Was bei Weishaupt ein erster mühsamer Versuch gewesen war, ein „idealistisches System" gegen den Vorwurf der Paradoxie und Absurdität zu verteidigen und dem Idealismus als Gegenposition zum Materialismus Geltung zu verschaffen, das wird in der nachkantischen Aera selbstverständlich und eingängig. Das Bewußtsein, mit Kants Vernunftkritik eine allen bisherigen Systemen der Philosophie überlegene Stufe erreicht zu haben, legte es nahe, mit Hilfe handlicher -ismen Fortschrittsmodelle des Denkens zu konstruieren[70].

So entwirft SCHLEGEL in seinen Kölner Vorlesungen von 1804/05 eine *Historische Charakteristik der Philosophie nach ihrer sukzessiven Entwicklung*[71]. Darin ist die gesamte Philosophie eingeteilt in: Empirismus, Materialismus, Skeptizismus, Pantheismus — als ineinander übergehende Vorformen der eigentlichen Philosophie, die im Idealismus erreicht wird[72]. In diese Einteilung nach theoretischen Prinzipien mischt sich aber die von Kant eröffnete Perspektive einer praktischen Begründung des Idealismus ein. Schlegel sieht zwar in den *Empirikern geheime Materialisten*, denen zur Bekennung jenes *furchtbaren ... und in moralischer Hinsicht sehr gefährlichen Systems*[73] die Kühnheit fehle, räumt aber dann doch dem empirischen Philo-

---

[69] Ders., System der Philosophie (1827/30), § 38, Zusatz. SW Bd. 8 (1929), 121.
[70] Die Lexika der ersten Hälfte des 19. Jahrhunderts rezipieren zumeist den Sprachgebrauch der einschlägigen philosophischen Schriften; die Verlagerung auf das praktisch-politische Feld registrieren sie mit starker Verzögerung. Auch in Übersetzungsvorschlägen wie bei OERTEL 2. Aufl., Bd. 1 (1806), 339: idealistisch = *erscheinungslehrig*, oder bei CAMPE, Fremdwb., 2. Aufl. (1813; Ndr. 1970), 362: Idealist = *Vernichter der Außenwelt* ist nur der esoterische Sinn präsent. Das Rhein. Conv. Lex., Bd. 6 (1827), 497 f., Art. Idealismus, C. F. BACHMANN, Art. Idealismus, ERSCH/GRUBER Sect. 2, Bd. 15 (1838), 113 ff., BRÜGGEMANN Bd. 4 (1835), 3, Art. Idealismus referieren philosophische Positionen. Eine Ausnahme ist die Verzeichnung des Stichworts *politischer Idealismus* bei KRUG 2. Aufl., Bd. 3 (1833), 288.
[71] F. SCHLEGEL, Die Entwicklung der Philosophie in zwölf Büchern (1804/05), SW 2. Abt., Bd. 12 (1964), 109.
[72] Ebd., 115. — Der *Materialismus*, auch der *dynamische*, der einen Konflikt der Kräfte als Urprinzip der Körper annimmt, kann nach Schlegel *nur als Physik, keineswegs als Philosophie* bestehen (ebd., 121 f.). Aber für die Poesie hat er Bedeutung. Und zwar wegen seiner *überaus kühnen und reichen Phantasie, die es wagt, das ganze Universum (zu) beleben ... Am besten und kräftigsten ... spricht sich die ursprüngliche Denkart des Materialismus in Poesie aus, weit besser als in allen Systemen; ein Beweis davon ist die griechische Poesie, der dies Prinzip durchaus zugrunde liegt* (ebd., 124).
[73] Ebd., 116.

sophen der Praxis eine Sonderstellung ein: *Die Gedanken eines Mannes, der ... mehr auf die Praxis als auf die Spekulation sein Bestreben richtet* und dabei nur Erfahrungserkenntnis zuläßt, *könnten doch der Denkart des wahren Philosophen sehr analog ... sein. Ein solcher moralischer Lebensphilosoph* könne es wohl *nicht zu einem hohen Moralsystem, doch in der Ausbildung des moralischen Sinns und Gefühls sehr weit bringen. Daher mögen sich diese Empiristen auch sehr wohl mit den Idealisten vertragen*[74]. *Im Gegensatz mit dem gewöhnlichen Empirismus* stehe diese Denkart *mit dem Materialismus und Skeptizismus in gar keiner Berührung, noch weniger mit dem Pantheismus, ... wohl aber von seiten der Moral mit dem Idealismus*[75]. Nach Maßgabe dieser durch die praktische Vernunft eingesegneten Bedeutung von 'Idealismus' konstruierte Schlegel in einem Fragment von 1804 auch für das Christentum drei Epochen in aufsteigender Linie: *Katholiken, Lutheraner — und Idealisten*. Über diese Epochen, so meinte er damals, *ließe sich etwas schreiben wie die Erziehung des Menschengeschlechts*[76].

Wenige Jahre später, nach seiner Konversion zum katholischen Glauben (1808), hat Schlegel den Idealismus als die Endstufe wahrer Philosophie verabschiedet. Jetzt beginnt er, einer *christlichen Philosophie* nachzustreben, die aus dem *Abgrunde ... des seichtesten Materialismus* erst wahrhaft zu retten vermag[77]. Die im *abstrakten Bewußtsein befangene ..., zwischen den entgegengesetzten Irrtümern des Idealismus und Realismus, zwischen der absoluten Vernunft und dem erkünstelten Glauben hin und her schwankende* Philosophie Fichtescher und Schellingscher Gestalt erscheint ihm zu schwach, um nicht die *materialistischen Irrtümer ... durch die Hintertür* wieder *einschleichen* zu lassen. Erst das entschiedene Bekenntnis zu den *Grundsätzen des Spiritualismus*, zu denen *in der heiligen Schrift selbst die ... Lichtpunkte in reichster Fülle ausgestreut liegen*, könne den *Materialismus bis auf die letzte Spur vernichten*[78].

Mit der Verabschiedung des Idealismus als der wahren Philosophie wird das Begriffspaar 'Idealismus'-'Materialismus' frei für den deskriptiven Gebrauch in der politischen Theorie. Schlegel notiert sich 1810: *Politischer Idealismus und Materialismus, das ist das herrschende Prinzip der neueren Zeit. Wo ist nun wohl ein Anfang von politischem Theismus? In dem unüberwindlichen Widerstand der Kirche, dann aber auch wohl in der immer deutlicher hervortretenden Nationalität der europäischen Völker. — Das wären also die ersten vorhandenen Keime einer politischen Wiedergeburt. Die Nationalität ist eine natürliche Einheit, die Religion eine göttliche (Volk Gottes). — Große Taten geben eine historische Einheit; Grenzen, Papiergeld usw. eine künstliche*[79]. Es fällt auf, daß Schlegel nicht sagt, Idealismus und Materialismus seien die Prinzipien, sondern „das Prinzip" der neueren Zeit — und zwar im politischen Sinne. In ihrer politischen Bedeutung kann also nicht ihr Gegeneinander im Prinzipienstreit gemeint sein, sondern etwas, das sie gemeinsam charakterisiert. Was das sein könnte,

---

[74] Ebd., 119.
[75] Ebd., 119 f.
[76] Ders., Zur Philosophie Nro. 3 (Fragment), SW 2. Abt., Bd. 19 (1971), 13 f.
[77] Ders., Über Jacobi (1822), SW 1. Abt., Bd. 8 (1975), 594 f.
[78] Ders., Entwicklung des innern Lebens (1823), ebd., 609 f., Anm.
[79] Ders., Vom wahren Kaisertum (1805—1822), Schr. u. Fragm. (1956), 324.

läßt sich aus dieser Notiz nur negativ erschließen, aus dem Kontrast nämlich zu den „Einheiten" (einer natürlichen, göttlichen und historischen), in denen Schlegel die Keime einer politischen Wiedergeburt sieht. Gemessen an diesen der politischen Vernunft vorgegebenen Einheiten ist es dem Idealismus und Materialismus offenbar gemeinsam eigentümlich, die Gestaltung der menschlichen Gesellschaft auf ein letztes Einheitsprinzip der Vernunft zurückzuführen.

Spätere zeitkritische Betrachtungen zeigen deutlicher, daß Schlegel in der Tat diesen Kontrast im Auge hat, wenn er etwa den *merkwürdigen Charakterzug* aufdecken will, *daß jetzt alles sogleich zur Partei wird, daß selbst das Gute und Rechte in Gesinnung und Denkart so häufig von diesem schrankenlosen Ultrageiste ergriffen und beherrscht wird, dessen unbedingtes Wesen und unorganisches Wirken ... mit seinem Feinde, der revolutionären Denkart, zu dem gleichen Ziele und chaotischen Ausgang, gegen seine Absicht zusammenwirkt*[80]. Dagegen setzt Schlegel das dem Prinzipienstreit im ganzen enthobene konservative Vertrauen in das *lebendig Positive*, das sich auf *historische Begründung* verläßt und nicht auf *allgemeine Theorien* und *leere Abstraktionen*. So gilt es, den *Staat* und die *Korporationen*, ... *die Familie als den festen Grund in der Tiefe* und *die Kirche als den erhellenden Himmel in der Höhe*, vor dem Übergang in das *polemische Wesen* zu bewahren[81]. Der Hang zum Unbedingten, der den politischen Gegner nur als *Ultra* sieht, macht die eigentliche Erkrankung eines *Zeitalters der Phrasen* aus[82]. Im Zusammenhang dieser Zeitkritik nehmen die Begriffe 'Idealismus' und 'Materialismus' einen präzisen diagnostischen Sinn an, der — unabhängig von Schlegels Therapievorschlägen — die wachsende Tendenz im 19. Jahrhundert, Politik zum Weltanschauungskampf zu erklären, treffend charakterisiert.

In der Folgezeit haben oft gerade diejenigen, die auf christlich-religiöse Fundamente in der Politik bauten und darin Schlegels Position nahe kamen, in diesem Punkte sein kritisches Niveau verlassen. So macht JOSEPH MARIA VON RADOWITZ in den dreißiger Jahren den scheinbar gleichsinnigen Vorschlag, den *Hauptgegensatz zwischen Idealisten und Materialisten* in das Urteil über politische Parteien einzuführen, da das gewöhnliche Schema in der Parteieneinteilung nicht hinreiche, um die wichtigsten Erscheinungen der Gegenwart richtig zu deuten. Wer *in dieser sichtbaren Welt und in den Genüssen, die sie den Sinnen zu bieten vermag, die erste und letzte Aufgabe des Lebens des einzelnen und des Zusammenlebens der Menschen sieht*, wird den Materialisten zugerechnet; wer diese Welt nur als *Hülle ewiger Gedanken und die Manifestation dieser Gedanken* als *höchsten Zweck des Daseins* betrachtet, den Idealisten. Diese Alternative sei die Frage, um die es sich *in oberster Instanz* handle. Radowitz bestimmt aber nun seinen eigenen Ort innerhalb der Alternative, und zwar im wahren Idealismus, der *als alleiniges Prinzip des Staates nur das im Recht verkörperte göttliche Gebot* setze, während der *konsequente Radicale* — einer falschen Idee folgend — es in die *demokratische Republik* lege, *die auf abstrakten Tugenden wie Freiheit und Gleichheit* basiere[83]. Gleichwohl ist — und da kommt die Abkehr

---

[80] Ders., Studien zur Geschichte und Politik (1820/23), SW 1. Abt., Bd. 7 (1966), 492.
[81] Ebd., 524ff.
[82] Ebd., 517.
[83] JOSEPH MARIA V. RADOWITZ, Idealismus — Materialismus in der Politik (1837), Ges. Schr., Bd. 4 (Berlin 1853), 81.

von Schlegels zeitkritischem Urteil scharf heraus — der *konsequente Republikaner* als *Mann der Bewegung* höher zu achten als sein *materialistischer Genosse*, weil er in den leitenden Gedanken alles setzt, ohne Rücksicht *auf den Genuß der Güter dieser Welt*. Darum könne man *seinem, wenn auch irrigen Gedankengange, einen sittlichen Wert beimessen und stets eher an die Möglichkeit (glauben), daß er zur wahren Erkenntnis gelange.* Im Sinne dieser Bewertung politischer Parteien aus Prinzipien verdienen im Beispiel der Revolution von 1789, *in der zweiten ungemäßigten Periode, ... Robespierre, S. Just und der Wohlfahrtsausschuß* als Vertreter des *reinen Prinzips der Revolution* höhere Achtung als *Danton und die Hebertisten*, die nur den *grobsinnlichen Materialismus* der Revolution abbilden[84].

V. Das Nebeneinander von Diagnose und Polemik in den weltanschaulichen Kontroversen des 19. Jahrhunderts

1. Der Erstbeleg für die Prägung 'historischer Materialismus' bei Karl Rosenkranz

1837 hat der Hegelianer KARL ROSENKRANZ seine „Psychologie oder die Wissenschaft vom subjectiven Geist" veröffentlicht. Er verstand diese Arbeit als Kommentar zu Hegels Entwurf der Lehre vom subjektiven Geist in der „Encyclopädie der philosophischen Wissenschaften". Im Vorwort setzt sich Rosenkranz mit zeitgenössischen Versuchen in der Psychologie auseinander, an Hegels Intention weiterzuarbeiten, die Einheit der Philosophie mit den Grunddogmen der christlichen Religion zu wahren. Dabei verwahrt er sich gegen einen gewissen frommen Eifer, der allzu schnell — und gar nicht im Sinne Hegels — die *Notwendigkeit der Aufklärung, das Recht des Verstandes* aus dem Vermittlungsprogramm ausschließt. *Das süße Schöntun mit dem Glauben und den Glaubensgenossen darf sich nicht in die Wissenschaft eindrängen. Wenn jemand, die Keckheit pantheistischer Verirrungen nachdrücklich bekämpfend, ausruft: Leiblichkeit ist das Ende der Wege Gottes! so schmettert bei diesen Worten der ganze Fronleichnamsjubel der Christenheit mit Posaunenton auf. Wenn aber nun diese Worte zur Phrase werden, die einer dem andern als Losung mit tränenfeuchten Augen zuruft, so wird der Zauber vernichtet. Ein krasser historischer Materialismus fängt an durchzuschimmern, so daß man versucht wird, zu sagen: Geistigkeit ist das Ende der Wege Gottes! Ist das nicht ebenso wahr, nicht ebenso christlich?*[85]
'Historischer Materialismus' tritt hier erstmals und einmalig auf; die Bedeutung ist deshalb aus dem unmittelbaren Kontext zu erschließen. Als Kampfruf gegen den Pantheismus erscheint Rosenkranz das Ende der Wege Gottes in der Leiblichkeit glaubwürdig, weil da der „Fronleichnamsjubel" durchschlägt, d. h. die Freude über die leibhaftige Präsenz des überzeitlichen göttlichen Geistes. Wird aber dieser Ruf zur sentimentalen Phrase, so ist der Zauber der Eucharistie verschwunden; was bleibt, ist die Vergötterung einer geistlosen Leiblichkeit. Das ist mit dem 'Materialismus' gemeint, der in der Phrase durchschimmert. Er kann 'historisch' genannt wer-

---

[84] Ebd., 82 f.
[85] KARL ROSENKRANZ, Psychologie oder die Wissenschaft vom subjectiven Geist, 2. verb. Aufl. (Königsberg 1843), XXXIV.

den, weil die Leerformel nur noch das zufällige Faktum des endlichen Leibes bewahrt, und der überzeitliche, das Gegebene transzendierende Geist ihm lediglich als sentimentaler Schein anhängt. Einer solchen Verfallsform der Eucharistie kann Rosenkranz den spiritualistischen Grundsatz: „Geistigkeit ist das Ende der Wege Gottes" entgegenhalten als ebenso wahr und christlich. 'Historischer Materialismus' meint also hier — in kritischer Absicht — eine Haltung, der die Kontingenz des endlichen Daseins zum Gott wird. Und so zeigt sich dieser Begriff als echter Vorläufer des Titels, den Engels erst sehr spät — und wegen seines dogmatischen Anspruchs fast unwillig — für die marxistische Theorie der Geschichte akzeptieren wird.

2. 'Idealismus' und 'Materialismus' im Vormärz

'Materialismus' wird in den vierziger Jahren des 19. Jahrhunderts immer mehr zu einem Begriff moralischer Selbstkritik der bürgerlichen Kultur, während 'Idealismus' — in der Richtung des Radowitzschen Prinzipienrasters für Parteien — zum politischen Leitbegriff aufsteigt. Eingedenk seiner nachkantischen moralischen Qualität wird ihm die Rechtfertigung des Überschwangs beim politischen Handeln im Erfolg, aber auch und gerade im Mißerfolg anvertraut.

HEINRICH LAUBE sah sich und die Seinen im Sommer 1848 *auf dem Gipfel unseres Idealismus. Dieser Idealismus war so beseligend, daß man sich nicht entschließen kann, Vorwürfe daraus zu bilden; er war so berauschend, daß er auch billige Leute mit ihren Anforderungen an die Zukunft überspannen, daß er den Aufbau einer wirklich haltbaren Zukunft tief erschweren mußte*[86]. Dabei büßt der Begriff die Grundbedeutung vernunftbestimmten Handelns aus der unmittelbaren Kantrezeption ein; die hehren, wirklichkeitsfernen Ziele steuern den Handlungsimpuls so stark, daß er ins Beliebige gerät. Im Kontrast zum *gröbsten Materialismus, dem durch die Not der Zeit aufgezwungenen Glaubenssatz*, schreibt IMMERMANN, hätten schon in den Befreiungskriegen die *wildesten Träume* gestanden, von *goldenen glänzenden Abenteuern tief in Asien oder fern bei Lissabon ... Drastisch zum Gefühle ihrer Wichtigkeit aufgeregt wurde die Jugend ... durch Fichte und Jahn und durch die, welche von den Gedanken dieser Männer einen Anstoß empfangen hatten.* Für den Gemütszustand der Jugend, die *in starken Vorstellungen* gelebt habe, *mehr in Gefühl und Entschluß als in Verstand und Betrachtung*, findet er ein treffendes Wort: *edle Barbarei*[87].

Typisch für die Selbstkritik der Oberschichten ist eine Tagebuchnotiz von FRIEDRICH FÜRST ZU SCHWARZENBERG. In einem gewagten Bild beklagt er den *Materialismus und Egoismus, der, gerade umgekehrt mit der Sintflut, die Hochflächen und Mittelgebirge der Gesellschaft* bedecke. Mit sentimentaler Emphase beschwört er die reinere Moral der Unterschichten, wo *Liebe, Treue, Innigkeit und Selbstaufopferung* keine leeren Worte seien. *Wer an Liebe und Treue nicht glaubt im Wohlleben und in der Genußfülle, der erkennt ihr Dasein oft im Unglück und Elend: ... weil dort am meisten*

---

[86] HEINRICH LAUBE, Das erste deutsche Parlament (1849); zit. Der Vorkampf deutscher Einheit und Freiheit. Erinnerungen, Urkunden, Berichte, Briefe, hg. v. TIM KLEIN (München 1927), 281.
[87] KARL IMMERMANN, Die Jugend vor fünfundzwanzig Jahren (1840), Werke, hg. v. Benno v. Wiese, Bd. 4 (Frankfurt 1973), 547.

Tränen tropfen, und aus Tränen eigentlich werden erst Perlen[88]. Da ist alles versammelt, was von der pathetischen Materialismus-Kritik denjenigen zugemutet wird, die aus naheliegenden Gründen den Gefahren des Wohllebens und der Fülle der Genüsse nicht verfallen können. Ganz im Ton von Schwarzenbergs Kulturkritik sprach der Württembergische Volksschriftenverein 1846 von dem *materialistischen egoistischen Treiben der Zeit*, das die entschiedenste Gegenwehr erfordere[89].

Ein treffendes Urteil über diese zeitkritische Verwendung des Materialismus-Begriffs, in dem die Selbstkritik der Oberschicht mit der erwachenden Kritik der bürgerlichen Erwerbsmoral aus den Unterschichten zusammentrifft, findet sich im BROCKHAUS (1841): *Spricht man von unserer Zeit im allgemeinen, so ist es ziemlich herkömmlich, sie eines vorherrschenden Materialismus zu beschuldigen. Je nachdem diese vage Behauptung begriffen wird, ist sie ebenso richtig als falsch. Wahr ist, daß der Gegensatz zwischen persönlichem und sachlichem Vermögen schärfer hervorgetreten ist, und daß er bitterer empfunden wird. Damit hängt die Unzufriedenheit der untern Classen zusammen, der Kampf der Proletarier mit den Reichen, oder doch die Vorbereitungen zu diesem Kampfe. Aber schon das hellere Bewußtsein dieses Gegensatzes, die moralische Empörung des persönlichen Selbstgefühls gegen das drückende Übergewicht des Reichtums, ist ein Beweis der fortschreitenden Emancipation des Geistes*[90].

Wie einseitig auch der Begriff 'Idealismus' bereits praktisch besetzt und wie weit der frühere Sinn dogmatischer oder auch kritischer Theorie des Wissens geschwunden war, zeigen die Versuche FEUERBACHS, seine Position mit den gängigen Begriffsnamen zu kennzeichnen. Im Bewußtsein, die Dinge rücksichtslos bei ihrem wahren Namen zu nennen und den *Verstoß gegen die Etikette der Zeit* nicht zu scheuen, gibt er sich im „Wesen des Christentums" als „Materialist" zu erkennen und bietet damit der Polemik der Zeitgenossen ein vorfixiertes Ziel an. Zugleich aber hebt er seine praktische Haltung von dieser theoretischen Einstellung scharf ab: *Ich bin Idealist nur auf dem Gebiete der praktischen Philosophie, d. h. ich mache hier die Schranken der Gegenwart und Vergangenheit nicht zu Schranken der Menschheit, der Zukunft ... Die Idee ist mir ... der Glaube an die geschichtliche Zukunft, an den Sieg der Wahrheit und Tugend, hat mir nur politische und moralische Bedeutung; aber auf dem Gebiete der ... theoretischen Philosophie gilt mir im direkten Gegensatze zur Hegelschen Philosophie, ... nur der Realismus, der Materialismus*[91]. Diese Zweiteilung seiner Position

---

[88] KARL AUGUST VARNHAGEN V. ENSE / FRIEDRICH FÜRST ZU SCHWARZENBERG, Europäische Zeitenwende. Tagebücher 1835—1860, hg. v. Joachim Schondorff (München 1960), 49 f.

[89] Württembergischer Volksschriften-Verein. Rechenschafts-Bericht des Ausschusses über die Verwaltungsperiode 1843—46 ([Stuttgart] o. J.), 4. Vgl. RUDOLF SCHENDA, Volk und Buch. Studien zur Sozialgeschichte der populären Lesestoffe 1770—1910 (Frankfurt 1970), 222 f.

[90] WILHELM SCHULZ, Art. Zeitgeist, BROCKHAUS, CL Gegenwart, Bd. 4/2 (1841), 463.

[91] LUDWIG FEUERBACH, Das Wesen des Christentums (1841), Werke, hg. v. Erich Thies, Bd. 5 (Frankfurt 1976), 396. 401. In einer Auseinandersetzung mit dem Artikel „Dualismus" im ERSCH/GRUBER von 1846 hat Feuerbach dann seinen Standpunkt jenseits von Materialismus und Idealismus angesiedelt: *Wahrheit ist nur in der Anthropologie ... nur der Standpunkt der Sinnlichkeit, der Anschauung*, Wider den Dualismus von Leib und Seele, Fleisch und Geist (1846), ebd., Bd. 4 (1975), 179. Und 1848, in seinen Heidelberger Vor-

— nach Maßgabe von Theorie und Praxis — mit dem Doppelnamen 'Materialist' - 'Idealist' belegt den Bedeutungswandel im Begriff des 'Idealismus' deshalb besonders gut, weil sie für Feuerbach überhaupt nur dann sinnvoll sein kann, wenn 'Idealismus' nicht mehr auf einen theoretischen Gegensatz zu 'Materialismus' festgelegt ist. Denn gerade Feuerbach hatte ja für die Junghegelianer das Prinzip der Verbindung des *Abstrakten mit dem Konkreten, des Spekulativen mit dem Empirischen, der Philosophie mit dem Leben* eingeführt, wenn auch in Distanz zum platten *Utilismus* des Jungen Deutschland[92]. Dabei bedeutete die Wahl der Religion als Gegenstand der Kritik von vornherein schon Zuwendung zum Leben. *Praktisch*, sagt ENGELS rückblickend auf den Anfang der vierziger Jahre, seien *im damaligen theoretischen Deutschland vor allem zwei Dinge* gewesen: *die Religion und die Politik*[93]. Und Religionskritik wurde auch als Kritik der Politik verstanden.

3. Der diagnostische Gebrauch von 'Idealismus' bzw. 'Spiritualismus' und 'Materialismus' bei Marx

Wir waren alle momentan Feuerbachianer, schreibt ENGELS in seinem Rückblick auf die Zeit, in der „Das Wesen des Christentums" erschienen war[94]. Aber Marx hatte von vornherein kritische Vorbehalte. Er hat sehr bald bemerkt, daß sich in jenem Doppelnamen Feuerbachs eine theoretische Verlegenheit zu Wort meldete. 'Idealismus' als Schlagwort für die Freiheit politischen Handelns, das sich nicht an die Erfahrung des Vergangenen und Gegenwärtigen bindet, verlangte nach einer theoretischen Rechtfertigung. Der Materialismus im Sinne Feuerbachs, der in der Analyse des objektiv Angeschauten bestand, war dazu nicht fähig. So versuchte MARX, in den „Pariser Manuskripten" den Fichteschen Ansatz eines durch die Tätigkeit des „Setzens" bedingten Gegenstandsbegriffs anthropologisch zu fundieren. Diesem Entwurf, der den Materialismus und Idealismus Feuerbachs in einer universellen Theorie menschlicher Praxis vermitteln sollte, gab er damals den Namen 'Naturalismus': *Wenn der wirkliche, leibliche, auf der festen wohlgerundeten Erde stehende, alle Naturkräfte aus- und einatmende Mensch seine wirklichen, gegenständlichen Wesenskräfte durch seine Entäußerung als fremde Gegenstände setzt, so ist nicht das Setzen Subjekt; es ist die Subjektivität gegenständlicher Wesenskräfte, deren Aktion daher auch eine gegenständliche sein muß. Das gegenständliche Wesen ... setzt nur Gegenstände, weil*

---

lesungen über das Wesen der Religion, hat er unter dem Eindruck des Revolutionsjahrs zum Übergang in direkte Praxis aufgerufen und dabei die frühere Differenzierung nach Theorie und Praxis revidiert: *Wir haben uns lange genug mit der Rede und Schrift beschäftigt und befriedigt...; wir haben, ebenso wie den philosophischen, den politischen Idealismus satt; wir wollen jetzt politische Materialisten sein*, GW, hg. v. Werner Schuffenhauer, Bd. 6 (Berlin 1967), 7 f. Vgl. ALFRED SCHMIDT, Emanzipatorische Sinnlichkeit. Ludwig Feuerbachs anthropologischer Materialismus (München 1973), 13 f.

[92] FEUERBACH, An Karl Riedel. Zur Berichtigung seiner Skizze (1839), Werke, Bd. 2 (1975), 212. 211; vgl. ebd., 367, Anm. 110.
[93] ENGELS, Ludwig Feuerbach und der Ausgang der klassischen deutschen Philosophie (1886), MEW Bd. 21 (1962), 270.
[94] Ebd., 272.

es durch Gegenstände gesetzt ist, weil es von Haus aus Natur ist. In dem Akt des Setzens fällt es also nicht aus seiner „reinen Tätigkeit" in ein Schaffen des Gegenstandes, sondern sein gegenständliches Produkt bestätigt nur seine gegenständliche Tätigkeit ... Wir sehn hier, wie der durchgeführte Naturalismus oder Humanismus sich sowohl von dem Idealismus als dem Materialismus unterscheidet und zugleich ihre beide vereinigende Wahrheit ist. Wir sehn zugleich, wie nur der Naturalismus fähig ist, den Akt der Weltgeschichte zu begreifen[95]. Diese ersten Versuche von Marx, in einem an Fichtes transzendentaler Spekulation orientierten Gedankengang sich der Konsequenz einer Letztbegründung in der Subjektivität zu entwinden, lassen ebenso wie die programmatische Schlußfolgerung den Anstoß durch die Problemlage erkennen, die Feuerbach geschaffen hatte.

Im Grunde aber war der junge Marx schon weit davon entfernt, sich mit einer durch Begriffsnamen wie 'Materialismus', 'Idealismus' oder 'Naturalismus' fixierten Position zu identifizieren. Und dies nicht aus Vorsicht oder Rücksicht auf den Zeitgeist, sondern weil er bereits einen Begriff von Philosophie besaß, der diesem Prinzipienstreit überlegen war. Wenn die Philosophie ihren Begriff erfülle, die *geistige Quintessenz ihrer Zeit* zu sein, dann höre sie auf, *ein bestimmtes System gegen andere Systeme zu sein, sie wird die Philosophie überhaupt gegen die Welt, sie wird die Philosophie der gegenwärtigen Welt*. Solche Weltphilosophie wird nicht mehr im Streit der Systeme ihren Ort suchen, sondern erkennen, welche Funktion der Streit selber hat in der *Berührung und Wechselwirkung* von Philosophie und Welt. *Dieses Geschrei ihrer Feinde hat für die Philosophie dieselbe Bedeutung, welche der erste Schrei eines Kindes für das ängstlich lauschende Ohr der Mutter hat, es ist der Lebensschrei ihrer Ideen, welche die hieroglyphische regelrechte Hülse des Systems gesprengt und sich in Weltbürger entpuppt haben*[96], schreibt er 1842 in der „Rheinischen Zeitung" und verbindet dabei HEGELS Grundgedanken von der Philosophie als *ihre Zeit, in Gedanken erfaßt* mit einer subtilen Anspielung auf Kants Begriff der Philosophie *in sensu cosmopolitico*[97].

In einer Zeit zunehmender „Weltanschauungskämpfe" hält MARX als einziger das Reflexionsniveau, das Kant und Hegel — auch im diagnostischen Gebrauch der Begriffsnamen — erreicht hatten. *Die politische Revolution, die den politischen Staat zur allgemeinen Angelegenheit* machte, habe alle Stände, Korporationen, Innungen etc., überhaupt alles, was die *Trennung des Volkes von seinem Gemeinwesen* ausdrückte, zerschlagen. So sei *die bürgerliche Gesellschaft in ihren einfachsten Bestandteilen erschienen; einerseits in den Individuen, andererseits in den materiellen und geistigen Elementen ... Allein die Vollendung des Idealismus des Staats war zugleich die Vollendung des Materialismus der bürgerlichen Gesellschaft. Die Abschüttlung des politischen Jochs war zugleich die Abschüttlung der Bande, welche den egoistischen Geist der bürgerlichen Gesellschaft gefesselt hielten. Die politische Emanzipation war zugleich die*

---

[95] MARX, Ökonomisch-philosophische Manuskripte aus dem Jahre 1844, MEW Erg.Bd. 1 (1968), 577.
[96] Ders., Der leitende Artikel in Nr. 179 der „Kölnischen Zeitung", MEW Bd. 1 (1956), 97 f.
[97] HEGEL, Rechtsphilosophie, 35, Vorrede; KANT, Vorlesungen über die Metaphysik (Erfurt 1821; Ndr. Darmstadt 1964), 3.

Emanzipation der bürgerlichen Gesellschaft von der Politik, von dem Schein selbst eines allgemeinen Inhalts. Die feudale Gesellschaft war aufgelöst in ihren Grund, in den Menschen. Aber in den Menschen, wie er wirklich ihr Grund war, in den egoistischen Menschen[98].

Das Subjekt solcher „Grundhaltungen" mit dem Hang zu Intoleranz und Abschirmung, der ihnen eigen ist, kann eine Institution oder ein gesellschaftlicher Zustand werden. Damit ist der polemische Drang zur Selbstidentifikation mit jeweils einem jener Begriffsnamen abgelöst. Der antagonistische Sinn, der ihnen verbleibt, wird deskriptiv und nennt strukturelle Widersprüche beim Namen. Ein prägnantes Beispiel für den überlegenen, weltanschaulich nicht zurückgebundenen Umgang mit den Begriffen 'Spiritualismus' und 'Materialismus' findet sich in der Analyse des bürgerlichen Staates. Weil der Staat nach der Aufhebung der Stände und Korporationen keine eigens legitimierte Wirklichkeit mehr besitzt, die ihn mit den Individualbedürfnissen in Harmonie oder Konflikt bringt, bildet sich etwas aus, das mit dem realen Staat, d. h. mit dem Zusammenleben der Bürger, gänzlich unvermittelt ist: *die Bürokratie* als *der Spiritualismus des Staats* — dem Bürger nicht mehr durchschaubar und selber auf der Hut, so mysteriös wie möglich zu bleiben. *Der offenbare Staatsgeist, auch die Staatsgesinnung, erscheinen daher der Bürokratie als ein Verrat an ihrem Mysterium ... Innerhalb ihrer selbst aber wird der Spiritualismus zu einem krassen Materialismus, dem Materialismus des passiven Gehorsams, des Autoritätsglaubens, des Mechanismus eines fixen formellen Handelns, fixer Grundsätze, Anschauungen, Überlieferungen*[99]. *Während die Bürokratie einerseits dieser krasse Materialismus ist, zeigt sich ihr krasser Spiritualismus darin, daß sie alles machen will, d. h., daß sie den Willen zur causa prima macht, weil sie bloß tätiges Dasein ist und ihren Inhalt von außen empfängt, ihre Existenz also nur durch Formieren, Beschränken dieses Inhalts beweisen kann*[100].

4. Der 'historische Materialismus' und das Begriffspaar 'Idealismus'—'Materialismus' bei Engels

Aus dem Spürsinn, der Marx in seiner Begriffssprache eigen war, wird verständlich, warum er seine eigene Theorie nicht unter eine Formel wie die vom 'historischen Materialismus' gebracht wissen wollte. Sie findet sich in seinen Arbeiten nicht. ENGELS hat sie — erst 1892 — in der Einleitung zu „Socialism: Utopic and Scientific", die gleichzeitig mit der Londoner Ausgabe in einer verkürzten Fassung unter dem Titel „Über historischen Materialismus" in der „Neuen Zeit" erschien, für sich und Marx angenommen. Zwei Jahre zuvor hatte auch er sich noch von dieser „Phrase" distanziert, da sie allzuoft als Vorwand diene, die Geschichte nicht zu studieren, und zur Bekräftigung an das Diktum von MARX erinnert: *Tout ce que je sais, c'est que je ne suis pas Marxiste*[101], das auf die französischen Marxisten der achtziger Jahre gemünzt war. Der Zusammenhang, in dem zunächst von *materialisti-*

---

[98] MARX, Zur Judenfrage (1843), MEW Bd. 1, 368 f.
[99] Ders., Aus der Kritik der Hegelschen Rechtsphilosophie (1843), ebd., 248.
[100] Ebd., 250.
[101] ENGELS an Conrad Schmidt, 5. 8. 1890, MEW Bd. 37 (1967), 436.

scher Geschichtsauffassung die Rede ist, deutet darauf hin, daß Engels hier zum erstenmal die Formel gebraucht: *Überhaupt dient das Wort ,,materialistisch" in Deutschland vielen jüngeren Schriftstellern als eine einfache Phrase, womit man alles und jedes ohne weiteres Studium etikettiert, d. h. diese Etikette aufklebt und dann die Sache abgetan zu haben glaubt. Unsere Geschichtsauffassung aber ist vor allem eine Anleitung beim Studium, kein Hebel zur Konstruktion à la Hegelianertum. Die ganze Geschichte muß neu studiert werden, die Daseinsbedingungen der verschiednen Gesellschaftsformationen müssen im einzelnen untersucht werden, ehe man versucht, die politischen, privatrechtlichen, ästhetischen, philosophischen, religiösen etc. Anschauungsweisen, die ihnen entsprechen, aus ihnen abzuleiten ... Statt dessen aber dient die Phrase des historischen Materialismus (man kann eben alles zur Phrase machen) nur zu vielen jüngeren Deutschen nur dazu, ihre eignen relativ dürftigen historischen Kenntnisse — die ökonomische Geschichte liegt ja noch in den Windeln! — schleunigst systematisch zurechtzukonstruieren und sich dann sehr gewaltig vorzukommen*[102].

Die Art, wie Engels in der Schrift von 1892 die Formel einführt, zeigt ihn — im Unterschied zu Marx — doch eher als den Mann, der eine Lehre vertritt, der sie seinem Publikum griffig machen will und dabei die Bedingungen ihrer Rezeption abtastet. 'Materialismus', fürchtet er, werde wohl für die Mehrzahl britischer Leser ein schriller Mißton sein. Eher noch hält er 'Agnostizismus' für möglich. Aber bei *historischem Agnostizismus* würden ihn wohl die Religiösen auslachen und die Agnostiker sich über ihn entrüsten: *Und so hoffe ich, daß auch die britische ,,Respektabilität", die man auf deutsch Philisterium heißt, nicht gar zu entsetzt sein wird, wenn ich im Englischen, wie in so vielen andern Sprachen, den Ausdruck ,,historischer Materialismus" anwende zur Bezeichnung derjenigen Auffassung des Weltgeschichtsverlaufs, die die schließliche Ursache und die entscheidende Bewegungskraft aller wichtigen geschichtlichen Ereignisse sieht in der ökonomischen Entwicklung der Gesellschaft, ... in der daraus entspringenden Spaltung der Gesellschaft in verschiedne Klassen und in den Kämpfen dieser Klassen unter sich*[103].

Die Unterscheidung der beiden philosophischen Lager mit den Titeln 'Idealismus' und 'Materialismus' hat ebenfalls Engels — und auch erst 1888 — eingeführt. Sie soll ihre philosophische Vorgeschichte beschreiben. Engels ist dabei bemüht, die Titel — nach dem Vorbild HEINRICH HEINES[104] — auf eine esoterische Alternative philosophischer Prinzipien zu reduzieren — gegen die Last des eingespielten Sprachverstandes. *Die Frage nach der Stellung des Denkens zum Sein*, schon in der Scholastik von großer Bedeutung, habe sich nach *dem langen Winterschlaf des christlichen Mittelalters* auf die Frage zugespitzt: *Hat Gott die Welt erschaffen, oder ist die Welt von Ewigkeit da? Je nachdem diese Frage so oder so beantwortet wurde, spalteten sich*

---

[102] Ebd., 436 f.
[103] Ders., Einleitung [zur englischen Ausgabe (1892) der ,,Entwicklung des Sozialismus von der Utopie zur Wissenschaft"], MEW Bd. 22 (1963), 298. Vgl. zur Frage des Titels ,,Historischer Materialismus" LAWRENCE KRADER, Ethnologie und Anthropologie bei Marx (München 1973), 125. Krader erwähnt die Briefstelle v. 5. 8. 1890 nicht; auch das Vorwort ebd., X f. meint, Engels gebrauche in der Schrift von 1892 den Ausdruck 'Historischer Materialismus' zum erstenmal.
[104] HEINRICH HEINE, Zur Geschichte der Religion und Philosophie in Deutschland (1834), Sämtl. Schr., Bd. 3 (1971), 555 f.

die Philosophen in zwei große Lager. Diejenigen, die die Ursprünglichkeit des Geistes gegenüber der Natur behaupteten, also in letzter Instanz eine Weltschöpfung irgendeiner Art annahmen — und diese Schöpfung ist oft bei den Philosophen, z. B. bei Hegel, noch weit verzwickter und unmöglicher als im Christentum —, bildeten das Lager des Idealismus. Die andern, die die Natur als das Ursprüngliche ansahen, gehören zu den verschiednen Schulen des Materialismus[105]. So und nicht anders seien diese Ausdrücke zu verstehen. *Der Aberglaube, daß der philosophische Idealismus sich um den Glauben an sittliche, d. h. gesellschaftliche Ideale drehe*, sei *entstanden außerhalb der Philosophie, beim deutschen Philister. Niemand habe aber die durch Schiller vermittelte Philisterschwärmerei für unrealisierbare Ideale grausamer verspottet ... als grade der vollendete Idealist Hegel*[106]. Sarkastisch, aber nicht ohne psychologischen Scharfblick, sucht Engels den Anteil der Spießermoral an dem Prozeß aufzudecken, der 'Materialismus' und 'Idealismus' zu bloßen Begriffen der Lebenspraxis werden ließ. Seine Argumentation nimmt Nietzsches Ressentiment-Verdacht vorweg. Unter 'Materialismus' verstehe der Philister nur noch *Fressen, Saufen ... Fleischeslust ..., Geldgier ... Profitmacherei und Börsenschwindel, kurz, alle die schmierigen Laster, denen er selbst im stillen frönt; und unter Idealismus den Glauben an Tugend, allgemeine Menschenliebe und überhaupt eine „bessere Welt"*. Vor anderen renommiere er damit, glaube aber selbst nur solange daran, als *er den auf seine gewohnheitsmäßigen „materialistischen" Exzesse notwendig folgenden Katzenjammer ... durchzumachen pflegt und dazu sein Lieblingslied singt: Was ist der Mensch — halb Tier, halb Engel*[107].

5. Die Polemik der bürgerlichen Kulturkritiker gegen den 'Materialismus' der Zeit

Die Bedeutung, welche dem 'Materialismus' in den weltanschaulichen Kontroversen der zweiten Jahrhunderthälfte in der Öffentlichkeit zuwächst, ist weniger den Philosophen und Gesellschaftskritikern zu verdanken als vielmehr dem Aufstieg der empirischen Naturwissenschaften, der mit den Namen Alexander von Humboldt, Justus Liebig, Robert Mayer, Hermann von Helmholtz u. a. verbunden ist[108]. Das Bewußtsein der Wissenschaftler, einen Auftrag zur Volksaufklärung und Volksbildung zu haben, ist zwar früh schon wirksam; es bewegt sich aber in der traditionellen Bahn des Antimaterialismus. 1847 erklärt Dr. DEBEY in seiner Abschiedsrede vor der Gesellschaft deutscher Naturforscher, es gebe *kaum eine Wissenschaft ..., welche auf einem so ... realistischen Boden wurzelnd und auf eine so tief eingreifende Weise das praktische Leben beherrschend — zugleich eine sichere Garantie für geistige Freiheit und Unabhängigkeit von dem Materialismus der Interessen gewähre wie die unsrige*[109].

---

[105] ENGELS, Ludwig Feuerbach, 275.
[106] Ebd., 281. Engels hat hier eher einen durch Philisterschwärmerei vermittelten Schiller im Visier. Vgl. Abschn. IV. 2 des vorliegenden Artikels.
[107] Ebd., 282.
[108] Vgl. THEOBALD ZIEGLER, Die geistigen Grundlagen des 19. Jahrhunderts (Berlin 1899), 323 ff. u. WERNER BRÖKER, Politische Motive naturwissenschaftlicher Argumentation gegen Religion und Kirche im 19. Jahrhundert (Münster 1973), 18 ff.
[109] Amtlicher Bericht über die 25. Versammlung der Gesellschaft deutscher Naturforscher und Ärzte in Aachen im September 1847 (Aachen 1849), 48 f.

Erst der sog. „Materialismus-Streit", der um Vogt, Moleschott und Büchner um die Jahrhundertmitte im Kreis jener Gesellschaft ausbrach, hat für den Weltanschauungskampf das Signal gesetzt. Mit CARL VOGT trat zum erstenmal in der deutschen Wissenschaft ein bekennender Materialist auf, der zudem politisch aktiv war und im Frankfurter Parlament bei der Linken eine führende Rolle spielte[110]. In seinem wissenschaftlichen Kontrahenten Wagner erkannte er den politischen Testamentsvollstrecker des konservativen Radowitz, der schon in den dreißiger Jahren Parteipolitik auf den Prinzipienstreit des Idealismus gegen den Materialismus zurückgeführt hatte: *Herrn Rudolph Wagner in Göttingen läßt es keine Ruhe. Er glaubt, von dem selig verstorbenen Radowitz die Mission übernommen zu haben, den schwachen Rest der Gläubigen in der Wissenschaft gegen den stets anwachsenden Materialismus in den Kampf zu führen*[111]. Ironisch gibt er Radowitz zu, *daß zur Stützung seiner Politik, seiner Religion, seiner Moral der* Glaube an die Unsterblichkeit *nötig* sei, und bekennt sich als *ein absoluter Gegner dieser Politik* und Moral[112]. Obwohl seine wissenschaftliche Arbeit und vor allem die prinzipielle Einschätzung als „Materialismus", die er öffentlich vertrat, schon aus politischem Impetus kam, so besaß er doch, ebenso wie seine Mitstreiter, kein theoretisches Problembewußtsein von der Einwirkung naturwissenschaftlichen Wissens auf das politische Handeln, die er propagierte. So war er nur imstande, empfehlend oder warnend darauf hinzuweisen, daß diese Einwirkung geschehe: *Man schreit allgemein, unsere Epoche sei die Blüte der Naturwissenschaften ... Wenn man dies aber anerkennt, warum basiert man nicht unser ganzes Leben auf diesen Grund, um auf ihm selbstständig fortzuschreiten und aus ihm die Zukunft unseres ganzen Lebens zu entwickeln? ... Der christliche Staat, dieser Inbegriff zarter Seelen, wird durch den Materialismus, der in den Naturwissenschaften liegt, so unsanft berührt (...), daß er sogar vor dieser unsanften Berührung in Staub zerfallen müßte, wenn es einzig des Anstoßes der Vernunft bedürfte... Oh! wenn sie wüßten, diese loyalen Professoren der Naturwissenschaften, daß sie es eigentlich sind, welche mit jedem Zuge ihres Skalpells dem christlichen Staate in den Eingeweiden wühlen, ... welche ... die feinsten Elemente darlegen, aus denen das Truggewebe unserer socialen Einrichtung gesprungen ist, ... sie würden mit Schaudern ... die Instrumente ergreifen, welche sie bisher zur innigsten Befriedigung ihrer Untertänigkeit handhabten*[113].

Vor dem „Materialismus-Streit" und auch danach waren die führenden Vertreter der Naturwissenschaft meist bemüht, die sog. materialistischen Konsequenzen ihrer Arbeit von sich zu weisen. RUDOLF VIRCHOW z. B. hielt in dieser Absicht 1863 vor der Gesellschaft deutscher Naturforscher einen Vortrag mit dem Thema: „Über den

---

[110] In seinem Manifest als Kandidat für die Nationalversammlung hat VOGT *die Einheit Deutschlands auf demokratischer Grundlage* gefordert, die *Rede- und Pressefreiheit, freies Versammlungsrecht, die freie Religionsausübung und die Gleichheit vor dem Gesetze in öffentlichem mündlichem Verfahren;* zit. BRÖKER, Politische Motive, 210.
[111] CARL VOGT, Köhlerglaube und Wissenschaft (Gießen 1855), in: ders. / JAKOB MOLESCHOTT / LUDWIG BÜCHNER, Schriften zum kleinbürgerlichen Materialismus in Deutschland, hg. v. Dieter Wittich, Bd. 2 (Berlin 1971), 521.
[112] Ebd., 551.
[113] C. VOGT, Ocean und Mittelmeer. Reisebriefe, Bd. 1 (Frankfurt 1848), 20.

V. 5. Polemik der bürgerlichen Kulturkritiker — Materialismus

vermeintlichen Materialismus der heutigen Naturwissenschaft"[114]. Seine Cellularpathologie war von seiten der Philosophie (Lotze) selbst als 'Materialismus' kritisiert worden[115]. Im Unterschied zu Vogt und Moleschott war Virchow sich des Problems einer Theorie bewußt, nach der gerade die politisch gewordene und zugleich von der Philosophie emanzipierte Wissenschaft verlangte. So entwirft er eigenständig einen „medizinischen Humanismus", mit dem er sich gegen den Materialismus (Vogt) und den Spiritualismus (Ringseis), aber auch gegen den politischen Radikalismus der Konservativen und der Linkssozialisten abgrenzt. Bei der Begründung dieses Humanismus, der die Exaktheit der Wissenschaft nicht antastet, setzt er sich vorsichtig abwägend mit dem Grundvorwurf der Materialismuskritik auseinander, daß die Bindung des Denkens an das Gehirn die Zurechnungsfähigkeit und Verantwortlichkeit des Subjekts aufhebe: *Dieser Vorwurf mag begründet sein, insofern er sich auf einzelne Beispiele bezieht. Vielleicht gibt es unklare Köpfe, welche Lehren verteidigen, mit denen eine individuelle Verantwortlichkeit nicht mehr vereinbar ist. Aber ich muß auf das Entschiedenste dagegen protestieren, daß solche Lehren notwendige Eigentümlichkeit des Humanismus oder auch nur folgerichtiges Ergebnis der naturwissenschaftlichen Anschauung seien. Kein Naturforscher, er mag eine noch so materialistische Richtung haben, wird es in Abrede stellen, daß der Mensch denkt, daß dieses sein Denken nach bestimmten Gesetzen vor sich geht und daß der denkende Mensch sich selbst bestimmen, seine Handlungen regulieren kann. Dies sind aber auch die Voraussetzungen des Staatsmannes und des Richters, welche den gesetzmäßig denkenden und darum zurechnungsfähigen Menschen für seine Handlungen verantwortlich machen*[116].

In der Absicht, die Auseinandersetzung mit dem Materialismus historisch zu fundieren und zugleich die *Aufklärung über die Prinzipien* zu fördern, die ihrem dogmatischen Gebrauch in der Polemik entgegenwirkt, hat FRIEDRICH ALBERT LANGE seine „Geschichte des Materialismus und Kritik seiner Bedeutung in der Gegenwart" konzipiert[117]. In weitausgreifenden Analysen sucht Lange die traditionelle Gleichung des Materialismus mit Irreligiosität und Unmoral aufzulösen. *Geschichtlich habe sich der ethische Materialismus in den Kreisen der Gewerbetreibenden entwickelt, der theoretische unter den Naturforschern. Jener ist mit der kirchlichen Orthodoxie vortrefflich zusammengegangen, dieser hat fast immer für Aufklärung gewirkt* ... Die *Zügellosigkeit der sinnlichen Begierde* hält Lange mit Philosophie prinzipiell nicht vereinbar, tatsächlich jedoch sehr wohl. Die *rücksichtslose Sorge für die eigenen Interessen, zumal auf dem Gebiete des Gelderwerbes* könne sich zwar mit dem theoretischen Materialismus verbinden; weit häufiger sei sie *freilich bei denjenigen Materialisten, welche keine Bücher schreiben*[118].

---

[114] Amtlicher Bericht über die 38. Versammlung ... zu Stettin 1863 (Stettin 1864), 35 ff. (s. Anm. 109).
[115] Vgl. WOLFGANG JACOB, Medizinische Anthropologie im 19. Jahrhundert. Mensch — Natur — Gesellschaft (Stuttgart 1967), 159.
[116] Ebd., 158 f.
[117] FRIEDRICH ALBERT LANGE, Geschichte des Materialismus und Kritik seiner Bedeutung in der Gegenwart, 2. Aufl., hg. v. Hermann Cohen, Bd. 1 (Iserlohn 1873), XV, Vorwort. Zur Bedeutung Langes vgl. HERMANN LÜBBE, Politische Philosophie in Deutschland. Studien zu ihrer Geschichte (Basel, Stuttgart 1963), 136 ff.
[118] LANGE, Geschichte des Materialismus, Bd. 2 (1875), 511 f.

Lange ist nach Marx einer der ganz wenigen Analytiker des im 19. Jahrhundert ausbrechenden Weltanschauungsstreits, der zu einer Kritik seiner Prämissen imstande ist; selbst dem ethischen Sozialismus zuneigend, hat er doch als einer der ersten die theoretische Bedeutung des Marxschen „Kapitals" erkannt. Den Kapitalismus kritisiert er provozierend als eine *rein materialistische Volkswirtschaft, die keine idealen Faktoren des wirtschaftlichen Lebens* anerkenne. Entweder halte sie solche Faktoren *für Einbildungen schwärmerischer Selbsttäuschung, oder sie weise ihnen einen vom eigentlich wirtschaftlichen Leben gänzlich getrennten Spielraum an*[119]. Scharf wendet sich Lange gegen die liberale Selbstinterpretation der Bourgeoisie in der *Freihandelslehre* und rechnet es Marx als *bleibendes Verdienst* an, ihr *die Maske abgerissen und mit aktenmäßigen Beweisen gezeigt zu haben, wie sie überall unter der Firma der Freiheit ... die Unterjochung und Ausbeutung anstrebt und jedes Gebot der Humanität, selbst die klarsten Staatsgesetze ... umgeht, um zu ihrem Ziele zu gelangen*[120].

Unter Berufung auf den Verfasser der „Geschichte des Materialismus" hat DAVID FRIEDRICH STRAUSS den *mit so vielem Lärm geltend gemachten Gegensatz zwischen Materialismus und Idealismus ... einen Wortstreit*[121] genannt, der sich durch die These von zwei unterschiedlichen Zugangsweisen zu ein und derselben Substanz auflösen läßt. Aber die Kulturkritik, die nach dem „Materialismus-Streit" in Broschüren, Lexika und Enzyklopädien losbrach, hat weder Langes anspruchsvolle Analysen noch die gemeinverständlichen Hinweise von Strauß zum Maßstab genommen. Sie hat sich mehr an den Fähigkeiten und dem Stil von Vogt und Moleschott orientiert. Die Grundtendenz, die seit seinem Auftreten im 18. Jahrhundert dem Stichwort 'Materialismus' Bezichtigungswert verliehen hat, wird nun erst recht — und oft auf großangelegter historischer Szenerie — ausgestaltet und radikalisiert.

Darwin, der Sozialismus und der Kommunismus stehen für die „Real-Encyclopädie für protestantische Theologie und Kirche" in direkter Nachfolge zu Epikur; als Reproduzenten seines materialistischen Grundgedankens, der nach dem Verfasser des einschlägigen Artikels (FABRI) in seiner *völligen Stabilität*[122] durch die Geschichte hindurch sich von anderen Geistesrichtungen unterscheidet. Wenn aber an den Gedanken der Stabilität in diesem Zusammenhang etwas richtig ist, so ist es vielmehr die Stabilität der Materialismuspolemik, die sich in der Geschichte dieses Begriffs gleichförmig reproduziert.

Der seit Zedler geläufige Einwand aus den moralischen Folgen überschlägt sich nun in der historisch unhaltbaren, aber polemisch besonders wirksamen These, der *Materialismus* sei *in ältester und neuester Zeit* gar nicht *Ursache*, sondern *Wirkung des in der Aufklärungsperiode weithin herrschenden intellektuellen und sittlichen Verfalls*[123], zu dem er als *Philosophie des großen Haufens*[124] das Prinzip gleichsam nur

---

[119] Ders., Die Arbeiterfrage. Ihre Bedeutung für Gegenwart und Zukunft, 4. Aufl. (Winterthur 1879), 76, Anm. 4.
[120] Ebd., 59 f.; vgl. zum Urteil über Marx ebd., 12, Anm.
[121] DAVID FRIEDRICH STRAUSS, Der alte und der neue Glaube, 3. Aufl. (Leipzig 1872), 211, Nr. 66.
[122] FRIEDRICH FABRI, Art. Materialismus, HERZOG Bd. 9 (1858), 155.
[123] Ebd.
[124] Ebd., 154.

nachliefere. Eben dieser Gedanke wird von dem einflußreichen Neolutheraner Christoph Ernst Luthardt, der 1860 die „Allgemeine Evangelisch-Lutherische Zeitung" gegründet hatte, zu einer elitären Kritik der Sozialdemokraten aktualisiert. Die Denkweise des *materialistischen Realismus*, in die Marx, Engels und Lassalle den *pantheistischen Idealismus* Hegels hätten übergehen lassen, sieht Luthardt sich nun *in den unteren Klassen durcharbeiten*[125]. Gebe es keinen Gott und kein Jenseits, so sei dieses zeitliche Leben alles. Die *Gesellschaft* trete jetzt an *die Stelle des angeblichen Gottes*[126]. In dieser Bewegung sei die *Phantasie des niedrigstehenden Arbeiters* tätig, *welche das ganze Leben unter den Gesichtspunkt der Magenfrage stelle*. Auch was die Ankündigung künftiger Konsequenzen angeht, erreicht der Anti-Materialismus mit Luthardt einen Höhepunkt. In einer apokalyptischen Zunkunftsvision läßt er das *sozialistische Evangelium* des materialistischen Realismus in einem *riesigen Polizeistaat, im absoluten Terrorismus* sich vollenden, der sich *über alles und jedes erstreckt und worin alle Freiheit untergeht. Das Leben wird zu einer großen Fabrik*[127].

In Wetzer/Weltes „Kirchen-Lexikon" wird ein *demagogisch-sozialistischer Materialismus* konstatiert, der *das Volksleben in seiner Wurzel* verpeste. Auch in der Frage der Herkunft des Materialismus zieht die katholische mit der protestantisch-konservativen Seite gleich: *Der Materialismus kennzeichnet sich vom kulturhistorischen Standpunkt aus einerseits als Fäulnisprodukt einer sittlich gesunden Gesellschaft, andererseits als Herd weiterer sittlicher Verpestung derselben und erscheint daher auch vom kulturhistorischen Standpunkt aus als durchaus verwerflich und innerlich unwahr*[128].

6. Die Vorbereitung eines nationalistisch erneuerten Idealismus (Treitschke)

Kaum weniger rigoros in der Belastung des Materialismus mit sittlichen Negativmerkmalen, aber toleranter und barmherziger in der Mittelwahl sind die Vertreter liberal-humanistischer Richtung. Über die rechten Mittel bei der Gegenwehr setzt sich Moriz Carriere mit dem Eduard von Hartmann-Schüler Taubert auseinander. Mit *Materialismus und Genußsucht auf allen Gassen ... drohe die soziale Frage*

---

[125] Christoph Ernst Luthardt, Die modernen Weltanschauungen und ihre praktischen Konsequenzen. Vorträge über Fragen der Gegenwart aus Kirche, Schule, Staat und Gesellschaft, 4. Aufl. (Leipzig 1908), 178.
[126] Ebd., 179.
[127] Ebd., 180. Mit gegenläufiger Sozialtendenz der Artikel „Materialismus" bei Wagener Bd. 13 (1863), 65. Dort wird der Materialismus *eine Verwirrung des Zeitalters* genannt, *die Spitze einer Geistesströmung, welche mit breiter Basis in der Gegenwart wurzelt ... Deshalb ist es auch völlig ungenügend, den heutigen Materialismus als eine rein philosophische Verirrung anzusehen, und es ist ein ... vergebliches Bemühen, den Materialismus mit christlichen Argumenten bekämpfen zu wollen; denn wenn auch die sensualistische Denkweise mit der Entwickelung der Philosophie mannigfach verknüpft ist, so ruhet doch das Geheimnis des Beifalls, den sie unter der Menge findet, wesentlich auf anderen Gründen, als der philosophischen und wissenschaftlichen Stärke ihrer Beweismittel: es liegt in der Verbildung und Gesinnung der Menschen, und zwar mehr derer in den oberen und halbgebildeten, als in den unteren Schichten der Gesellschaft.*
[128] Wetzer/Welte Bd. 8 (1852), 1004.

einen Weltbrand zu entzünden, meint der pessimistische Taubert. Eine Besserung erwartet er nur noch von einer *Erkenntnis des Alleides dieser Welt*. Er beklagt, daß *die gebildeten Klassen den minder gut situierten in ... Glücksjägerei ... vorangehen.* So könnte auch *der Arme und Elende ... zu keiner anderen Theorie gelangen.* Carriere gibt ihm zu, daß der *sittlich religiöse Kern im Herzen des armen Volkes ... angefressen und morsch* sei und *der Idealismus der Liebe*[129] es deshalb schwer habe. Aber — und das ist nun eine sehr bezeichnende Konsequenz dieses Idealismus, die Nachfolge finden wird — die Zeit der „erlösenden Doktrinen" sei überhaupt vorbei. Allein *sittliche Taten* könnten die *sittlich religiöse Wiedergeburt* bringen. *Der Materialismus des Kopfes und des Herzens muß überwunden werden ... Ein Volk, das sich dem theoretischen und praktischen Materialismus ergibt, wird vom Rade der Geschichte zermalmt, wenn es nicht langsam verwest; denn es gibt seine Seele auf*[130].

Auf dieser Linie erhebt Heinrich von Treitschke — wieder vor dem dunklen Hintergrund des Materialismus eines banausischen Lebens — den 'Idealismus' zum staatstheoretischen Leitbegriff, der auch das Christentum zur arisch-völkischen Rechtfertigung des Krieges vereinnahmt. Treitschke nennt als Kardinaltugenden des Staatsmannes *die Kraft des Willens*, den *massiven Ehrgeiz*, die *Freude am Erfolg*[131]. Er rechtfertigt den Krieg als Staatszweck, weil er *die sociale Selbstsucht zurücktreten* lasse und der *Parteihaß* schweige: *Es ist gerade der politische Idealismus, der die Kriege fordert, während der Materialismus sie verwirft. Was ist das für eine Verkehrung der Sittlichkeit, wenn man aus der Menschheit streichen will das Heldentum!*[132] Alle Hinweisung auf das Christentum sei hier verkehrt. Die Bibel sage: „Niemand hat größere Liebe denn die, daß er sein Leben lässet für seine Freunde." *Arisches Völkerleben verstehen die nicht, die den Unsinn vom ewigen Frieden vortragen; die arischen Völker sind vor allen Dingen tapfer*[133]. *Die scheinbar idealistische Anschauung, ... die Güter sollten nach Verdienst und Tugend ausgeteilt werden*, hält

---

[129] Moriz Carriere, Die sittliche Weltordnung (Leipzig 1877), 325.

[130] Ebd., 326. In diese Appelle, vom *herrschsüchtigen Pfaffentume* wie von *veralteten Satzungen der Doktrin* sich loszusagen, den Idealismus der Liebe in *Brüderlichkeit* umzusetzen und so *in der sittlichen Weltordnung den Willen Gottes erkennen zu lassen* (327), schießt belebend und bestätigend die Erfahrung des nationalen Aufbruchs von 1870 ein. Seinem Buch stellt Carriere eine Rede voran, die er — zurückgekehrt von einem *Nothelferzug nach dem Felde der Völkerschlacht an der Mosel* (V, Vorwort) — in München am 3. September 1870 gehalten hatte, am Tage, da morgens die Nachricht vom Sieg bei Sedan eingetroffen sei. Der Vortrag beginnt mit dem kategorischen Satz: *Es gibt eine sittliche Weltordnung!*, der sagen soll, daß soeben mit der Siegesnachricht ein Beleg dafür gemeldet sei, den jedermann im *tatsächlichen Erlebnis* präsent hat. In religiöser Inbrunst wird ein militärischer Erfolg der Nation überhöht: *Es ist der Gott in der Geschichte, dessen Walten wir gespürt haben im Gewissen und Gemüt unserer ganzen Nation, als sie urplötzlich alle Sonderinteressen und allen Parteihader vergaß, um das Vaterland zu retten, als sie alles Irdische gering achtete, um das ideale Gut der Freiheit und der Ehre zu behaupten ... Die aber dem sittlichen Geist sich zum Dienst stellten, sie sind vom Sieg gekrönt, das Recht ist in Kraft, und die Kraft ist im Recht* (1).

[131] Heinrich v. Treitschke, Politik, hg. v. Max Cornicelius, 2. Aufl., Bd. 1 (Leipzig 1899), 66.

[132] Ebd., 74.

[133] Ebd., 74 f.

Treitschke für den *Ausfluß unseres heutigen Materialismus, der alles Schöne, alles Wertvolle in den äußeren Gütern erhalten glaubt. Ein Blick auf die sittliche Ordnung der Welt* lehre aber, *daß Gott einen äußeren Lohn der Tugend hier auf Erden nicht bietet*. Das alttestamentliche Wort: „*auf daß es dir wohl gehe und du lange lebest auf Erden*", stehe selber *noch auf einem materialistischen Standpunkt, den das Christentum überwunden* habe. Für die Armen bleibt auch hier, wie schon bei Schwarzenberg im Vormärz, der Trost einer reinen Menschlichkeit: *Es wird ... immer dabei bleiben, daß grade in den Niederungen der Gesellschaft die reinsten Menschentugenden sich entwickeln können; das soll doch nicht aufgehoben werden zuliebe einer widersinnigen Theorie*[134].

VI. Ausblick

In den siebziger Jahren beginnt ein neuer, mit der Zeit von 1848 vergleichbarer Aufschwung des Idealismus, mit nationalem bis nationalistischem Einschlag, den schließlich das Volkstum und die Rasse immer greller eingefärbt haben. Treitschke hat seine vehementen Nachfolger gefunden. Das Wort 'Idealismus' wird nach der Reichseinigung durch Bismarck mit den Wünschen und Erwartungen eines politischen Machtzuwachses erfüllt, die im Geist der Zeit eine Kraft vermissen, die der nationalen Erneuerung adäquat wäre[135].

So greift man — der Wortführer ist RUDOLF EUCKEN — auf die große Zeit der deutschen Philosophie, auf Kant und Fichte vor allem, zurück. Kants Leistung erscheint nun als eine Vorbereitung des Idealismus nach innen, als eine *Vertiefung des Seelenlebens, ja eine Entdeckung und Belebung einer Welt in der Seele*. Die Wirkung nach außen, die *im Idealismus der Tat* Fichtescher Provenienz — im Unterschied zum *indischen mit seiner Verflüchtigung der Welt* und *zum griechischen mit seiner ... Erfüllung des Lebens durch die Anschauung der ewigen Zier* — angelegt ist, sieht Eucken, ein Jahr nach dem Ausbruch des Ersten Weltkrieges, *zu einem kräftigen ... Schaffen in der sichtbaren Welt* gekommen. Diesen Idealismus, mit den Attributen *herb* und *kräftig*, läßt Eucken nunmehr eine *schwere Aufgabe* finden, bei der er eine *innere Erhöhung erfährt und aus ihr stark genug wird, allen Gegnern draußen und drinnen zu trotzen*[136]. Und dies ist nicht zufällig eine deutsche Leistung; Eucken hält es für den genuinen Ausdruck deutschen Wesens: *Uns Deutsche treibt unsere Natur mit gleicher Stärke sowohl zum Aufbau einer unsichtbaren Welt im Reiche des Gedankens und Gemütes als zu einem ... Wirken ... in der ... Welt*[137].

Die Zuversicht, mit der Eucken diesen Idealismus-Begriff an das deutsche Wesen bindet, hat nicht einmal durch die Niederlage des Reiches 1918 Schaden genommen. Im Vorwort zur Neuauflage seiner Schrift über die „Träger des deutschen Idealismus" von 1924 schreibt Eucken, er habe sie 1915 erstmals erscheinen lassen in der Absicht, *zunächst unsere jungen Krieger durch die Vergegenwärtigung der geistigen*

---

[134] Ebd., 385 f.
[135] Vgl. LÜBBE, Politische Philosophie (s. Anm. 117), 178 ff.
[136] RUDOLF EUCKEN, Die Träger des deutschen Idealismus (Berlin 1915; 2. Aufl. 1924), 34. 99. 34.
[137] Ebd., 99.

Größen (zu) stärken, welche das deutsche Leben auf seiner Höhe erzeugt habe; *ein Zusammenwirken widriger Umstände* aber habe *den Sieg verhindert und unser Volk in tiefe Not versenkt.* Um so notwendiger werde *eine Verstärkung unserer Kraft, und dafür kann die Wendung zu jenen Höhen einiges beitragen*[138].

Aus diesem Begriff des Idealismus sind endgültig alle Elemente einer transzendentalen Theorie, die Fichte seinerzeit scharf vom praktischen Lebensvollzug abgegrenzt hatte, ausgeschieden und durch weltanschauliches Pathos ersetzt. Typisch für die Haltung zu Anfang unseres Jahrhunderts sind aktualisierende historische Arbeiten wie die des Eucken-Schülers OTTO BRAUN, der 1908 einem Buch über Schelling den Titel gab: „Hinauf zum Idealismus!" Er will zeigen, was not tut: *kräftiger und lebensvoller Idealismus;* hinauf — das heiße: nicht zurück zum alten, sondern *durch Schelling zu etwas Neuem, Eigenem kommen*[139]. Die Zuwendung zu Schelling ist mit einer Kritik der idealistischen Lebensanschauung *im populären Bewußtsein* begründet, die *über Krankheit und Tod, Unglück und Leiden, Verbrechen und Katastrophen (hinwegblickt)*[140]. Da wird sichtbar, was — nach Kant und Fichte — nunmehr Schelling zum eigentlichen Helden eines wiederbelebten Idealismus werden läßt: Die *Nachtseite des Daseins* erhält gegenüber der Fichteschen Insistenz auf der Selbstgründung der reinen Vernunft ein Recht auf Sein[141]. Zugleich aber besteht Otto Braun auf der sittlichen Reinheit und Größe seines Helden. Schellings Verhältnis zu Caroline Schlegel macht ihm allerdings Schwierigkeiten. Dabei tritt in der Verdammung Carolines das „Deutsche" seines Idealismus kraß heraus. Braun stellt sie dar als Repräsentantin *ungesunder und dekadenter Strömungen,* einer *genüßlichen ästhetischen Kultur,* eines *undeutschen, krankhaften Wesens.* Die einzige Gestalt aus der Romantik, die noch Verehrung verdient, ist für ihn Bettina, das Kind — und sein *herrliches, echt deutsches Naturgefühl*[142].

Kant erscheint Schelling gegenüber nur *groß als Ausgangspunkt, der durch seine Fortbildner wirkt. Seine formale Pflichtmoral, groß in ihrer unerbittlichen Herbheit, ... (isoliert) den Menschen, trennt ihn ab vom Schaffen an der geistigen Kultur — und sie ist das Werk eines Mannes, der von dem glühenden Ringen des geistigen Lebens nie etwas gefühlt, der nicht die heilige Begeisterung in der rücksichtslosesten Hingabe an die Idee kennengelernt hat, die zu weittragendem Wirken für die Geistigkeit hinreißt*[143]. In diesem Sinne beklagt Braun 1908: *Es sind ... nicht genug Führer da, es fehlen große, schaffende Persönlichkeiten*[144].

---

[138] Ebd., Vorwort.
[139] OTTO BRAUN, Hinauf zum Idealismus! Schelling-Studien (Leipzig 1908), 1.
[140] Ebd., 4.
[141] Ebd., 59.
[142] Ebd., 57 f.
[143] Ebd., 55.
[144] Ebd., 19. Otto Brauns Arbeit ist in dem Leipziger Fritz-Eckardt-Verlag erschienen, der auch die dreibändige Schelling-Auswahl von Otto Weiß herausgebracht hatte. Die Neuedition von Werken klassischer deutscher Philosophie begründet der Verlag in einer Anzeige mit der gebrochenen *Herrschaft des metaphysikscheuen Materialismus* und der Enttäuschung über den *Neukantianismus,* der sich *in fruchtlose philologische Streitigkeiten* verloren habe. *Das Bedürfnis nach einer künstlerischen Weltauffassung und einheitlichen Weltanschauung* könnten *empirische Einzelforschung* und *technische Wissenschaft* nicht befriedigen (ebd., Verlagsanzeigen).

VI. Ausblick

Welche Resonanz das Stichwort 'Idealismus' in der geistigen Situation der Vorkriegszeit bereits erwarten ließ, zeigen die Versuche von Sozialdemokraten, den Begriff für sich in Anspruch zu nehmen. In einem Beitrag zum „Vorwärts" von 1905 hat KURT EISNER den *„Materialismus" der Sozialdemokratie als den einzigen „Idealismus"* verteidigt, *der auf der Welt zu finden sei*[145].

In der Jugendbewegung, im „Wandervogel" vor allem, wird 'Idealismus' als Leitwort moralischer Erneuerung in gesellschaftlichen Schichten verbreitet, die mit der älteren Tradition dieses Namens sonst nichts verband. Hermann Poperts Friesenroman über „Helmut Harringa" von 1910, dem sein „Nordlandsblut" zuspricht, was rechtens ist, noch ehe es sein Verstand als richtig erkennen kann, fand Leser, die sich wenige Jahre später als „Vortrupp-Jugend" organisierten. Die Bremer Jugendgruppe des „Vortrupp" gab 1913 ein programmatisches Werbeblatt heraus; darin bezeichnet sie sich als Sammelpunkt der Jugend, *die in bewußter Abkehr von großstädtischer Unkultur sich bestrebt, ... die sittlichen Kräfte, den Willen zum Guten ... unter der Jungmannschaft zu wecken und zu fördern, damit das künftige Geschlecht so gesund, so tüchtig, so schön und so gut werde, wie es zur dauernden Erhaltung notwendig sei. Die deutsche Vortrupp-Bewegung ist der Ausdruck des wiedererwachten deutschen Idealismus!*[146]

GERTRUD BÄUMER, die Protagonistin der Frauenbewegung, die Politikerin und vielgelesene Schriftstellerin, hat unermüdlich den neuen Idealismus propagiert. Sie schlug dabei einen Sehnsuchtsbogen zum *fernen, ganz vollkommenen Heiligtum* Platon[147]. In der Werkstatt dieses ursprünglichen Schöpfers müsse man sich den Sinn des leer und abgenutzt gewordenen Wortes 'Idealismus' erneuern. Gertrud Bäumers Platonismus ist ganz von den Bedürfnissen der Gegenwart durchstimmt. Was stärker als zu anderen Zeiten heute entbehrt werde, sei *eine Weltanschauung, die den Staat in tieferem Sinne heiligt*. Und eben diese Bestätigung des Staates gehe *wie ein Strom von stählender Kraft von Plato aus*[148]. Die *Sophistik* erscheint ihr als ein *Frevel*, den Platon nicht vergeben könne, weil sie *ohne den frommen ehrfürchtigen Willen zum Aufbau sei*[149].

Zu Anfang des Krieges, in einem Essay vom Sommer 1915, spannte sich Gertrud Bäumer noch nicht bis Platon hin aus, sondern sah auf den *Idealismus von 1800* zurück. Die Differenz zum Neuidealismus ihrer Zeit hat sie damals treffend formuliert. *Vernunft, Humanität, Gesetz* seien die *Zentralbegriffe* von 1800 gewesen. An ihrer Stelle stünden im neuen Idealismus, der sich *in besonderem Sinne „deutsch"*

---

[145] KURT EISNER, Debatten über Wenn und Aber, Vorwärts, 19. 9. 1905, 1. Beilage; zit. HANS-JOSEF STEINBERG, Sozialismus und deutsche Sozialdemokratie. Zur Ideologie der Partei vor dem I. Weltkrieg (Hannover 1967), 102. Zur Materialismus Kritik im Revisionismus-Streit vgl. THEODOR STROHM, Kirche und demokratischer Sozialismus (München 1968), 76 ff.

[146] Zit. HARRY PROSS, Jugend — Eros — Politik. Die Geschichte der deutschen Jugendverbände (Bern, München, Wien 1964), 147.

[147] GERTRUD BÄUMER, Platostunden im Kriege, in: dies., Zwischen Gräbern und Sternen (Jena 1919), 50.

[148] Ebd., 59.

[149] Ebd., 57.

empfinde, die Begriffe *Leben, Liebe, Kraft*[150]. Alle *Wegzeiger* der Zeit sieht Gertrud Bäumer auf diesen *kühnen Idealismus* hindeuten: *die Jugendbewegung, die neueste Kunst, den Geist der jüngsten Literatur*[151].

Bäumers energische Idealismus-Formeln konnten — wie bei Rudolf Eucken — die Aufbruchstimmung von 1914 überhöhen und die moralische Aufrüstung im Angesicht der Niederlage von 1918 bestärken. Freilich: 1914 stand *das Große, dem man sich hingab, lebendig und greifbar vor Augen, nicht bloß als Prinzip oder Idee*[152]. Aus den „Worten eines Idealisten" von WALTER KÖHLER zitiert Gertrud Bäumer eine Stelle, in der sie *Geist und Gesinnung in edelster deutscher Form* präsent findet: *Wer sollte die Welt vorwärts bringen, wer das Neue ... freudig schöpfen und wirken, wenn nicht der Deutsche? Gott hat niemanden, auf den er sich mehr verlassen könnte, niemanden, der im Grunde seines Wesens so auf ihn vertraute*[153]. Ist die Wirklichkeit dahin, so bietet der *Idealismus* die *Kraft, ganz aus dem Geistigen zu leben.* Er schenkt die *geistige Spannkraft, die dem ... eingeschränkten Lebensbesitz das gleiche Maß von Frieden und Glück ... abzuringen vermag*[154]. Die Lösung für die kommende Friedenszeit sieht Bäumer, im letzten Kriegsjahr, in der *Prägung des Gesamtlebens durch die idealistische Gesinnung*[155]. Der *Idealismus* ist ihr jetzt eine *höchste Notwendigkeit ... Ob uns ein Führer geschenkt werden wird, der eine neue einschlagende Formel findet, können wir nicht sagen. Aber wir können uns schon heute ganz und gar dem Gebot dieses Idealismus verpflichten und bewußt eine Richtung schaffen, stärker, entschiedener und wirksamer als bisher*[156].

In ähnlichem Sinne wie Gertrud Bäumer beschwört HANS LEISEGANG 1922 das *Reich der Geister* als Ursprung neuer *schöpferischer Kulturwerte ... Sozialismus und Kapitalismus* hält er beide für *materialistisch fundiert*[157]; naturwissenschaftlicher und historischer Materialismus sind nach Leisegang darin verwandt, daß sie in *ihrem innersten Wesen nicht deutschen Geistes* sind und für die *Gemütstiefen der deutschen Seelen keinen Sinn* haben[158].

Die Wandlung des Zeitbewußtseins seit der Jahrhundertwende, vom bereitwillig rezipierten naturwissenschaftlichen Monismus eines Ernst Haeckel zur Dominanz

---

[150] Dies., Der Genius des Krieges, in: dies., Weit hinter den Schützengräben (Jena 1916), 66.

[151] Dies., Auf der Brücke, in: dies., Zwischen Gräbern, 12.

[152] Dies., Geist aus dem Kriege, ebd., 87.

[153] Ebd., 90 f.

[154] Dies., Gedanken für morgen, ebd., 104. Bezeichnend ist Gertrud Bäumers Urteil über das Wertgefälle des häuslichen Glücks: *Der Materialismus des Magens wird dadurch nicht edler, daß er sich am Familientische auslebt, so angenehm diese Idealisierung irdischer Genußsucht auch dem Spießbürger in den Ohren klingt. Es ist ein Abgrund befestigt zwischen der Hausfrau, die eine perfekte Köchin ist, und der wundervollen Hausfrau, die aus der Fülle der einfachen Lebensnotwendigkeiten ... jeden Tag einen neuen anmutigen Strauß der fürsorgenden Liebe zu binden versteht* (ebd., 109).

[155] Ebd., 10.

[156] Ebd., 107.

[157] HANS LEISEGANG, Die Religion im Weltanschauungskampf der Gegenwart (Leipzig 1922), 27 f.

[158] Ebd., 29 f. Ein heute eher skurril anmutendes, aber doch für die damalige Zeit charakteristisches Beispiel der Deutschtümelei ist das puristische Werk von EDUARD ENGEL,

des Naturgefühls, das gegen *den Materialismus in jeder Form ankämpft*, liest Leisegang an den Verkaufsziffern der Naturromane von Waldemar Bonsels ab. Damals erreichten Haeckels „Welträtsel" in wenigen Jahren eine Auflage von 300 000 Exemplaren — und jetzt der enorme Erfolg jener *Bücher von Blumen, Tieren und Gott*[159]. Wenig später ist ein Führer erschienen, der von jenen Protagonisten eines deutschtümelnden Idealismus gewiß nicht gewollt war, der aber gleichwohl ihr Leitwort für seine Bewegung heilig sprach. In der Hingabe des eigenen Lebens für die Existenz der Gemeinschaft liege, so heißt es in HITLERS „Mein Kampf", die Krönung alles Opfersinnes. *Gerade unsere deutsche Sprache aber besitzt ein Wort, das in herrlicher Weise das Handeln nach diesem Sinne bezeichnet: Pflichterfüllung ... Die grundsätzliche Gesinnung, aus der ein solches Handeln erwächst, nennen wir — zum Unterschied vom Egoismus, vom Eigennutz — Idealismus. Wir verstehen darunter nur die Aufopferungsfähigkeit des einzelnen für die Gesamtheit, für seine Mitmenschen.* Der Idealismus habe *allein erst den Begriff „Mensch" geschaffen*[160]. Diese Menschheitsbedeutung, zu der Hitler den Begriff 'Idealismus' aufspreizt, läßt er dann umstandslos in eine rassistische Begründung übergehen; schließlich setzt er beide auch noch mit dem Wollen der Natur selber in eins. Der inneren Gesinnung des Idealismus verdankte der Arier seine Stellung auf der Welt[161], *und ihr verdankte die Welt den Menschen; denn sie allein hat aus dem reinen Geist die schöpferische Kraft geformt, die in einzigartiger Vermählung von roher Faust und genialem Intellekt die Denkmäler der menschlichen Kultur erschuf ... Da aber wahrer Idealismus nichts weiter ist als die Unterordnung der Interessen und des Lebens des einzelnen unter die Gesamtheit, dies aber wieder die Voraussetzung für die Bildung organisatorischer Formen jeder Art darstellt, entspricht er im innersten Grunde dem letzten Wollen der Natur. Er allein führt die Menschen zur freiwilligen Anerkennung des Vorrechtes der Kraft und der Stärke und läßt sie so zu einem Stäubchen jener Ordnung werden, die das ganze Universum formt und bildet*[162]. Die von Gertrud Bäumer schon erkannte und bejahte Umwand-

---

Entwelschung. Verdeutschungswörterbuch für Amt, Schule, Haus, Leben (Leipzig 1918)*
Für 'Idealismus' schlägt Engel vor: *Seelenadel, Seelenhochwelt, Hochstreben, Sieg des Guten'
Hochglauben* (Rosegger) und verweist auf das Stichwort „Excelsior" (189). Für 'Idealist':
Edelgeist, Hochgeist. Für 'Materialismus': *Stoffglaube, Kraftstoffelei, Unglaube, Religionslosigkeit, Weltsinn, Geldsinn, Nützlichkeitssinn, Äußerlichkeit, Oberflächlichkeit*. 'Materialistisch' soll auf deutsch künftig heißen: *stoffgläubig, kraftstofflig, äußerlich* (326).
[159] LEISEGANG, Religion im Weltanschauungskampf, 32. „Die Biene Maja" erreichte Anfang der zwanziger Jahre ihre 349. Aufl., „Himmelsvolk" die 295., „Indienfahrt" die 180. Aufl.
[160] ADOLF HITLER, Mein Kampf, 636.—640. Aufl. (München 1941), 327. — TRÜBNER Bd. 4 (1943), 2 f. enthält einen ausführlichen Artikel „Idealismus", in dem die umgangssprachliche Bedeutung als *Hingabe an Aufgaben und Arbeiten* angegeben wird, *die keinen äußeren Lohn in sich tragen*. Unter 'Idealisten' verstehe man heute *die Anhänger des tathaften Idealismus*. Das Stichwort „Materialismus" ist überhaupt nicht aufgenommen worden.
[161] Der Verbindung des Ariertums mit dem Idealismus entspricht die antisemitische These von der Unfähigkeit des Juden zu kulturellem Fortschritt: *Der Jude besitzt keine irgendwie kulturbildende Kraft, da der Idealismus, ohne den es eine wahrhafte Höherentwicklung des Menschen nicht gibt, bei ihm nicht vorhanden ist und nie vorhanden war*, HITLER Mein Kampf, 332.
[162] Ebd., 327 f.

lung der Zentralbegriffe des Idealismus ('Vernunft' in 'Leben', 'Humanität' in 'Liebe', 'Gesetz' in 'Kraft') ist hier zu einer — gemessen an den Klassikern — perversen Konsequenz ausgezogen.

Nach dem Ende des Zweiten Weltkrieges erschien in München ein Sammelband mit dem Titel „Zur Klärung der Begriffe"[163]. Er spiegelt das Bedürfnis nach Revision der eingefleischten ideologischen Differenzen, welches die Katastrophe hinterließ. Der Artikel „Idealismus" von ERNST SCHÖNWIESE[164] ist im wesentlichen eine Auseinandersetzung mit Hitlers Bekenntnis zum Idealismus. Jenseits von *Spezialformulierungen für Fachgelehrte* will Schönwiese die bessere Bedeutung von 'Idealismus' im allgemeinen Sprachgebrauch wiederherstellen: *In unserem Sinne ist jeder geistige Mensch ein Idealist ... Der Hunger nach Sinn und das Bedürfnis, sich an etwas mit der ganzen Kraft des Glaubens und Fühlens hinzugeben, sind die Wurzeln jeder idealistischen Gesinnung ... Der Idealist ist somit zugleich der religiöse, der gläubige Mensch*[165]. Hieraus leitet er dann das oft gehörte, nur scheinbar entlastende Argument ab, auch im *Nationalsozialismus* habe es *wirkliche Idealisten* gegeben, die *dem Nationalismus mit religiösen, also subjektiv reinen Motiven und in echter Gläubigkeit* gedient hätten[166]. Entsprechend will HEINZ MAUS im selben Band den „Materialismus" rehabilitieren. Er interpretiert seinen Grundzug, seit Epikur, gerade als die Weigerung, sich auf den Dogmatismus der Urgründe einzulassen; er sei vielmehr *das Eingeständnis, daß es ihm nicht so sehr auf die Erfahrung einer absoluten Wahrheit, als auf die Darstellung dessen ankomme, was heute und hier wahr und vernünftig zu heißen hat, die leidenschaftliche Teilnahme an den Kämpfen für eine Verbesserung der Lebensverhältnisse und die kühle Gleichgültigkeit gegenüber abschlußhaften Formeln*[167].

Solche Versuche einer wohlgemeinten Aufklärung hatten nach der Zweiteilung Deutschlands keine Chance mehr. Für viele — in Ost wie West — war es so, als sei nun die Engelssche These von den beiden Lagern des Denkens auch noch politische Wirklichkeit geworden.

Um die Mitte der fünfziger Jahre begann in der DDR, aber auch in der CSSR und in der Sowjetunion, eine Reihe philosophiegeschichtlicher Arbeiten zu erscheinen, unter der Devise, zu Unrecht vergessene Denker der Gegenwart zu präsentieren. In der Tendenz dieser Studien wiederholt sich — in einfacher Umkehrung — die polemische Situation der Leitbegriffe, die der unermüdlich zitierte Engels sanktioniert: *Das Vergessenwerden, dem die deutschen materialistischen Anschauungen anheimfielen, ist ... nicht so sehr aus dem subjektiven Unvermögen der bürgerlichen Philosophiehistoriker als aus der Fehlerhaftigkeit der idealistischen Ausgangsposition zu erklären*[168].

---

[163] Zur Klärung der Begriffe, hg. v. HERBERT BURGMÜLLER (München 1947).
[164] ERNST SCHÖNWIESE, Art. Idealismus, ebd., 20 ff. Nach der Emigration hat er 1945 in Salzburg die Zeitschrift „das silberboot" neu gegründet.
[165] Ebd., 26.
[166] Ebd., 30.
[167] HEINZ MAUS, Art. Materialismus, ebd., 68.
[168] GULYGA, Deutscher Materialismus (s. Anm. 41), 5. Grundlegende Engelszitate s. ebd., 6 ff.

VI. Ausblick

Das für die DDR maßgebliche „Philosophische Wörterbuch" legt sich in seinem Artikel „Materialismus" von vornherein auf den Gegensatz der Weltanschauungen im Sinne des späten Engels fest. Er sei *keine moralisch-ethische Kategorie, sondern der unversöhnliche weltanschauliche Gegensatz zum philosophischen und religiösen Idealismus. Sein Charakter sei ausgeprägt antispekulativ, atheistisch und erkenntnisoptimistisch,* und *in seiner höchsten, konsequent wissenschaftlichen Gestalt als dialektischer und historischer Materialismus sei er eine einheitliche, in sich geschlossene Lehre von den allgemeinsten Entwicklungsgesetzen der Natur, der Gesellschaft und des menschlichen Denkens. Als Weltanschauung der Arbeiterklasse und ihrer Verbündeten ist er ein mächtiges theoretisches Instrument zur revolutionären Umgestaltung der Gesellschaft und zur bewußten Beherrschung der Natur*[169].

So definiert, kann aber auch das dialektische Denken, das zur Kritik vorausgesetzter Gegensätze prädestiniert ist, seine eigene Fixierung auf einen einfachen Grundwiderspruch nicht mehr aufbrechen. Der operative Sinn, der dem 'Materialismus' ebenso wie der Philosophie im ganzen gegeben wird, läßt — noch innerhalb der traditionellen Polemik — den Bezichtigungswert auf den Gegenbegriff 'Idealismus' bloß umspringen. Von westlichen Kulturkritikern konnte man in den fünfziger Jahren — treuherzig oder ideologiekritisch — oft die provozierende Umkehrung hören, die 'Materialismus' und 'Idealismus' als Begriffe der Lebenspraxis verstand: in Wahrheit stehe nun, in der Wohlstandsgesellschaft, ein *westlicher Materialismus* gegen einen *östlichen Idealismus*[170].

Inzwischen ist 'Idealismus', ohne seine Ehrwürdigkeit einzubüßen, allmählich aus der Alltags- und Politikersprache geschwunden[171]. Auch 'Idee' ist durch das scheinbar realitätsgerechtere 'Vorstellung' abgelöst[172]. Der Materialismus-Verdacht ist jedoch im Westen nach wie vor virulent. Der Versuch einer Einleitung in die Philosophie, den WERNER POST und ALFRED SCHMIDT 1975 in Dialogform vorgelegt haben, beginnt mit dem Satz: *Materialismus gilt immer noch als unseriös*[173]. Die Autoren schließen mit dem abgewogenen Hinweis: *Materialistische Philosophie verkörpert gegenüber dem Idealismus nicht ein für allemal das höhere Bewußtsein. Ob der Materialismus das wahrere Prinzip von Weltinterpretation ist, darüber entscheidet nicht einfach sein Lehrgehalt, sondern das Maß, in dem dieser, kritisch gebrochen, Einsicht ins menschliche Leiden bleibt*[174].

HERMANN BRAUN

---

[169] Philos. Wb., 7. Aufl., Bd.2 (1970), 679. Sowjetische Literatur zum Materialismusproblem ist angegeben bei NIKOLAUS LOBKOWICZ, Art. Materialismus, Abschn. C, SDG Bd. 4 (1961), 408.
[170] Vgl. etwa HELMUT GOLLWITZER, Die sich selbst betrügen, in: Ich lebe in der Bundesrepublik. Fünfzehn Deutsche über Deutschland, hg. v. WOLFGANG WEYRAUCH (München 1961), 137 f.
[171] Die Art, wie der Begriff vereinzelt noch gebraucht wird, bestätigt diese Tendenz. Die „Süddeutsche Zeitung" v. 1. 3. 1973, Nr. 50 zitiert aus einem Artikel der „Times" über Willy Brandt: *Herrn Brandt gegenüberzustehen bedeutet, wieder daran zu glauben, daß politische Führungskunst doch imstande ist, Idealismus mit common sense zu kombinieren.*
[172] „Vorstellungen entwickeln" z. B. ist zu einer Standard-Formel im politischen Journalismus geworden.
[173] WERNER POST / ALFRED SCHMIDT, Was ist Materialismus? Zur Einleitung in Philosophie (München 1975), 7.
[174] Ebd., 96.

Literatur

FRIEDRICH ALBERT LANGE, Geschichte des Materialismus und Kritik seiner Bedeutung in der Gegenwart, 2. Aufl., 2 Bde. (Iserlohn 1873); HERMANN LÜBBE, Politische Philosophie in Deutschland. Studien zu ihrer Geschichte (Basel, Stuttgart 1963); WILHELM MAURER, Offenbarung und Skepsis. Ein Thema aus dem Streit zwischen Luther und Erasmus, in: ders., Kirche und Geschichte. Gesammelte Aufsätze, hg. v. Ernst-Wilhelm Kohls u. Gerhard Müller, Bd. 2 (Göttingen 1970); Philosophy for the Future. The Quest of Modern Materialism, ed. ROY WOOD SELLARS, V. J. MCGILL, MARVIN FARBER (New York 1949).

Mehrheit
Minderheit, Majorität, Minorität

I. Einleitung. II. Grundlagen. 1. Antike. 2. Mittelalter und Reformation. 3. Die naturrechtlichen Vertragslehren bis zur Französischen Revolution. III. Der frühe Liberalismus. 1. Rationale Repräsentation: Sieyès. 2. Rationale Repräsentation: Kant. 3. Der romantische Liberalismus des deutschen Vormärz. 4. Der vernunftrechtlich-fortschrittliche Liberalismus des Vormärz: Rotteck. 5. Die Auseinandersetzung um eine förmliche Opposition und eine kompakte Mehrheit. 6. Mohl. 7. Zusammenfassung. IV. Der Konservatismus. 1. Burke. 2. Der Konservatismus des deutschen Vormärz. V. Mehrheitsprinzip und Demokratie. 1. Die amerikanischen Verfassungsväter. 2. Calhouns Theorie der „concurrent majority". 3. Tocqueville. 4. John Stuart Mill. 5. Bagehot. VI. Marx. VII. Ausblick.

I. Einleitung*

Das Mehrheitsprinzip, „der Grundsatz, daß in Personenverbänden, Vertretungskörperschaften und Kollegialorganen bei Abstimmungen und Wahlen die Mehrheit entscheidet"[1], ist in der Terminologie der modernen Entscheidungstheorie eine kollektive Auswahlregel (collective choice rule), d. h. „eine Vorschrift, die definiert, auf welche Weise aus den individuellen Präferenzrelationen" bezüglich einer Anzahl von Alternativen „eine kollektive Präferenzrelation gewonnen wird"[2]. Das Mehrheitsprinzip zählt zu den selbstverständlichsten Techniken des neuzeitlichen Verfassungsstaates. Neben dem Repräsentativprinzip gilt es in der Demokratie westlicher Prägung als unabdingbares „Hilfsmittel zur Artikulierung des Volkswillens"[3]. Besondere Rechtfertigungen und auch Analysen des Mehrheitsprinzips finden sich in der neueren demokratietheoretischen Literatur kaum noch. Dennoch wird es hinsichtlich seiner Grenzen und Implikationen immer wieder problematisiert, so etwa in den Diskussionen um die Grundrechte, Gewaltenteilung und Gewaltenbalance. Grundsätzlich ist zu bemerken, daß das Mehrheitsprinzip als Entscheidungstechnik nicht an eine bestimmte Staats- und Regierungsform gebunden ist und daß es seine konkrete Bedeutung jeweils erst im Zusammenhang mit anderen politischen Techniken und Prinzipien erlangt. Historisch gesehen gewinnt „der Entscheid durch Mehrheit" seine „volle Bedeutung als wesentliches politisches Formprinzip ... erst in der Neuzeit in Verbindung mit dem Aufstieg des Einflusses repräsentativer Versammlungen, der Einführung allgemeiner Wahlen und dem Vordringen liberaler und dann demokratischer Ideen"[4].

Die Geschichte des Mehrheitsprinzips wird wesentlich von der Beantwortung dreier sich überschneidender Fragen charakterisiert: 1) der Frage nach der Identität der vom Problem der Entscheidungstechnik betroffenen Gruppe, 2) der Frage nach dem Verhältnis von Gruppe und Individuum und 3) der Frage nach der Gewichtung der einzelnen Stimmen und dem damit zusammenhängenden Gleichheitsproblem.

* Für bibliographische Hilfe und kritische Hinweise danke ich Hans-Martin Ottmer.
[1] BROCKHAUS, Enz., Bd. 12 (1971), 347, Art. Mehrheit u. Art. Mehrheitsgrundsatz, Majoritätsprinzip.
[2] EKKEHARD SCHLICHT, Die Theorie der kollektiven Entscheidung und der individualistische Ansatz, Leviathan 2 (1974), 266.
[3] KLAUS V. BEYME, Art. Demokratie, SDG Bd. 1 (1966), 1126.
[4] ULRICH SCHEUNER, Das Mehrheitsprinzip in der Demokratie (Opladen 1973), 10.

Die letzte Frage spricht sicherlich das zentralste Problem an, das Verhältnis von Mehrheit/Minderheit und Gesellschaftsstruktur. Grundsätzlich kann dieses Verhältnis auf zweierlei Art gekennzeichnet sein. Entweder wird das Mehrheitsprinzip an eine bestimmte Gesellschaftsstruktur angepaßt, z. B. dadurch, daß es in einer Gesellschaft nur unter als gleich betrachteten Mitgliedern angewandt wird oder dadurch, daß gesellschaftliche Ungleichheiten nicht dem Mehrheitsentscheid unterzogen werden dürfen. Oder aber das Mehrheitsprinzip wird ungeachtet der Gesellschaftsstruktur voll angewandt — eine Einrichtung, die erwarten läßt, daß sich die Gesellschaftsstruktur gleichsam dem Gleichheitsprinzip unterwirft, das dem Mehrheitsprinzip inhärent ist. Das Tauziehen zwischen den beiden Extremen — immer die Spannung zwischen Mehrheits- und Minderheitsrecht(en) — charakterisiert bis in die Gegenwart die demokratietheoretische und verfassungsrechtliche Diskussion.

Das deutsche Wort 'Mehrheit' ebenso wie das französische Wort 'majorité' setzte sich erst im Zuge der neuzeitlichen Verfassungsentwicklung durch. Obgleich schon NOTKER (um 1000) das spätlateinische 'majoritas' mit *merheit* übersetzte, verscholl dieses Wort, bis es 1719 wieder auftauchte in Anlehnung an das niederländische 'meerderheit', das eine Lehnübersetzung des französischen Wortes 'majorité' ist[5], das seinerseits als Anglizismus das Wort 'pluralité' abgelöst hatte[6]. Im deutschen Sprachgebrauch ersetzten die Begriffe 'Mehrheit' und 'Majorität' die älteren Fremdwörter 'Majora' und 'Pluralität'[7]. In breitem Maße setzte sich 'Mehrheit' erst in den Jahren nach der Französischen Revolution, insbesondere durch das Wirken von Möser, Klopstock, Goethe und Schiller durch[8]. Hatte für ADELUNG (1777) 'Mehrheit' im Sinne von *Mehrheit der Stimmen* nur nachgeordnete Bedeutung[9], so erörterte KRUG (1833) das Stichwort *Mehrheit* ausführlich und ausschließlich als *Mehrheit der Stimmen in einer Versammlung*[10].

Wie selbstverständlich nicht nur das Wort, sondern auch das Mehrheitsprinzip als Entscheidungstechnik — wenngleich nur als unter gleich Anerkannten — schon in den letzten Jahren des 18. Jahrhunderts geworden war, zeigt der Artikel „Mehrheit der Stimmen" im „Repertorium des Teutschen Staats- und Lehnrechts" (1793) von HÄBERLEIN. *Der Endzweck kollegialischer Versammlungen läßt sich ohne Festsetzung der zu einem kollegialischen Schlusse erforderlichen Stimmen unmöglich erreichen. Am natürlichsten ist, daß die Mehrheit der Stimmen entscheide, welches der Regel nach auch in allen Kollegien hergebracht ist.* Ebenso wie der Verfasser das Mehrheitsprinzip als *natürliche Regel* in den Kollegien der Reichstage angewandt sah, hielt er es für in der *Natur der Sache* liegend, daß es Ausnahmen gab: *Fälle, wo die Majora auf allgemeinen Reichstagen und andern reichsständischen Versammlungen nicht gelten,* so etwa in *Reichssteuersachen* und *Religionssachen*[11].

---

[5] KLUGE/MITZKA 18. Aufl. (1960), 470, s. v. Mehrheit.
[6] Vgl. LITTRÉ t. 3 (1874), 399, s. v. majorité.
[7] Vgl. FRIEDRICH KLUGE, Majorität und Mehrheit, Zs. f. dt. Wortforsch. 13 (1911/12), 270.
[8] Vgl. KLUGE/MITZKA (s. Anm. 5); vgl. zu Goethe und Schiller die ausführliche Analyse bei HEINRICH HÖPKER, Grundlagen, Entwicklung und Problematik des Mehrheitsprinzips und seine Stellung in der Demokratie (jur. Diss. Köln 1957), 206 ff. Goethe und Schiller waren Mehrheit als Menge widerwärtig.   [9] Vgl. ADELUNG Bd. 3 (1777), 446.
[10] KRUG 2. Aufl., Bd. 2 (1833), 822, Art. Mehrheit.
[11] CARL FRIEDR. HÄBERLEIN, Repertorium des Teutschen Staats- und Lehnrechts, Bd. 3 (Leipzig 1793), 432. 433 f., Art. Mehrheit der Stimmen.

II. Grundlagen

1. Antike

Das Mehrheitsprinzip als Mittel, in Gruppen oder Versammlungen bei Meinungsverschiedenheit zur Entscheidung zu gelangen, wurde in der Antike schon früh in mannigfaltigen politischen Ordnungsformen angewandt, sei es innerhalb von Ständen, sei es in Volksversammlungen. Das Mehrheitsprinzip als Entscheidungstechnik war selbstverständlich[12], problematisiert wurde es nur in seiner Anwendung auf die Gesamtheit der politischen Ordnung: im Rahmen der Demokratie. Seit dem 5. Jahrhundert war man sich in Griechenland darüber einig, daß es ein wesentliches Merkmal der Demokratie sei, daß alle wichtigen Entscheidungen in der Volksversammlung durch die Mehrheit getroffen würden[13]. Unterschiedlich war allerdings die Bewertung der Demokratie, insbesondere die Einschätzung der Urteilskraft der Menge. Für die Klassiker des griechischen politischen Denkens, Platon und Aristoteles, war dieses Problem zentral, da sie den Kollektivwillen an seinem ethischen Gehalt prüften[14].

Für PLATON bestand kein Zweifel, daß die Menge, sprich: Mehrzahl des Volkes, nicht die Fähigkeit besitze, den ethisch guten Willen zu bilden. Der Menge komme nicht die höchste Tugend des Herrschers[15] zu, die Weisheit. Platon, der in der Gerechtigkeit — der Harmonie des menschlichen Lebens und der menschlichen Ordnung mit der göttlichen kosmologischen Seinsordnung — das Legitimationsprinzip des Staates sah, erkannte ebenso wie in der menschlichen Seele auch in der politischen Ordnung dem philosophisch-weisen Teil die Herrschaft zu. Die Herrschaft der Philosophen steht im Gegensatz zur Herrschaft der Menge.

ARISTOTELES wog sorgsam ab, ob die Mehrzahl des Volkes, eine Minderheit oder aber ein einzelner im Staate herrschen sollten. Vorzüge und Nachteile ließen sich bei allen diesbezüglichen Staatsformen aus unterschiedlichen normativen und empirischen Perspektiven finden. Oberstes Richtmaß seiner Wertung war für Aristoteles die Orientierung der Herrschenden am allgemeinen Staatszweck[16]. So wird der Zweck des Staates, das menschenwürdigste, d. h. ein tugendhaftes Leben zu ermöglichen, weder dadurch erreicht, daß wie in der Oligarchie allein Geschlecht, Besitz und Bildung in ihrem eigenen Interesse den Ton angäben, noch daß wie in der Demokratie allein die gemeine Abkunft, Armut und Roheit der Menge den Ausschlag gäben[17]. Eine gute Verfassung muß der empirisch gegebenen sozialen Struktur des Gemeinwesens Rechnung tragen und in der Zuweisung von sozialen und politischen Funktionen unterschiedliche Fähigkeiten und Tugenden berücksichtigen. Damit wird das von Aristoteles immer wieder als zentral herausgestellte Problem der

---

[12] Dazu ausführlich E. S. STAVELEY, Greek and Roman Voting and Elections (London, Southampton 1972). Speziell zum Mehrheitsprinzip in der Verfassung des antiken Rom LILY ROSS TAYLOR, Roman Voting Assemblies. From the Hannibalic War to the Dictatorship of Caesar (Michigan 1966).
[13] Vgl. → Demokratie, Bd. 1, 817.
[14] Vgl. WOLODYMYR STAROSOLSKYJ, Das Majoritätsprinzip (Wien, Leipzig 1916), 50 f.
[15] Vgl. PLATON, Pol. 484a ff.
[16] Vgl. ARISTOTELES, Pol. 1279a.
[17] Vgl. ebd. 1371b.

Gleichheit angesprochen: die Frage nach dem Ausmaß politischer Gleichheit im Spannungsfeld sozialer und/oder naturgegebener Gleichheit bzw. Ungleichheit. Das Thema der numerischen Mehrheitsherrschaft wird von Aristoteles immer im Zusammenhang mit der Gleichheitsproblematik behandelt. Die extremste Form der Herrschaft der numerischen Mehrheit, die Demokratie, deren Grundprinzip die politische Gleichheit aller ist, führt letztlich zu Ungerechtigkeit und dialektisch auch zur Ungleichheit, da sie die immer existenten sozialen und anthropologisch bedingten Differenzen z. B. mit der Einrichtung des Ostrazismus überrollt[18]. Ohne einen absoluten Idealstaat vorzustellen, läßt Aristoteles doch keinen Zweifel daran, daß für ihn — in Anbetracht der empirischen Gegebenheiten selbstverständlich — jeweils die Verfassung am wünschenswertesten sei, die Qualität, d. h. Freiheit, Reichtum, Bildung und Adel, mit Quantität, d. h. dem Übergewicht der Zahl verbinde. Beide — oligarchische und demokratische Verfassungselemente — müßten im rechten Verhältnis gemischt sein; die Verfassung müsse wie das gute Leben und die Tugend die Mitte halten[19]. Die von Aristoteles der numerischen Menge in bestimmten Situationen zugestandene kollektive Weisheit im Sinne quantitativ kumulierter Tugend und Klugheit könne sich verbinden mit der Qualität der Besten. So berichtet Aristoteles, daß Solon und andere Gesetzgeber der Masse der Bürger die Wahl der Beamten und die Entgegennahme ihrer Rechenschaftsberichte übertragen, ihnen aber die Verwaltung von Einzelämtern verwehrt hätten. Denn wenn sich alle zusammentäten, hätten sie zwar genügende Einsicht, und wenn sie mit den Besseren vermischt seien, stifteten sie Nutzen für die Staaten, für sich aber sei jeder einzelne unzulänglich, um zu urteilen[20]. Bei allen Bemühungen, politische Gleichheit bzw. Ungleichheit einerseits und soziale und menschliche Gleichheit bzw. Ungleichheit institutionell in der Verfassung abgewogen zueinander in Beziehung zu setzen, weiß Aristoteles, daß die stabilste Grundlage auch für seine relativ beste Verfassung die Existenz eines breiten Mittelstandes sei, d. h. aber ein gewisses Ausmaß der Identität von politischer und sozialer Gleichheit. Das Maß und die Mitte verhülfen der Vernunft zur Herrschaft; überwögen dagegen die Extreme — zu viele sehr Arme oder zu viele sehr Reiche —, so zerstörten Neid und Boshaftigkeit bzw. Übermut und Verachtung die politische Gemeinschaft. Unbeschadet der ausführlichen Erörterungen des Mehrheitsprinzips durch Aristoteles als Organisationsprinzip für den Gesamtstaat, war das Mehrheitsprinzip als bloß formale Entscheidungsregel für eine beliebige Gruppe von Gleichen selbstverständlich. Daß der Wille der Mehrheit entscheide, finde sich in allen Verfassungen. Denn in Oligarchie, Aristokratie und Demokratie gelte gleichmäßig dasjenige als maßgebend, was die Mehrheit derer, die an der Staatsleitung teilnähmen, beschließe.

Aristoteles erreichte mit seinen Erörterungen des Mehrheitsprinzips im Zusammenhang der gesamtstaatlichen Ordnung ein theoretisches Niveau, das erst wieder in der Demokratietheorie der Neuzeit, etwa in den Abhandlungen des „Federalist", die explizit an die Antike anknüpften, erreicht wurde. Die eingangs dieses Artikels aufgezeigte allgemeine Problematik von Mehrheits- und Gleichheitsprinzip wurde von Aristoteles zum erstenmal in aller Deutlichkeit vorgeführt. Ihre theoretische

---

[18] Vgl. ebd. 1284a. 1318a.
[19] Vgl. zu diesem ganzen Abschnitt ebd. 1293b ff.
[20] Vgl. ebd. 1281b.

Abhandlung kann als Richtmaß und Leitfaden für die folgende begriffs- und ideengeschichtliche Betrachtung dienen.

Auch in die Institutionen der römischen Republik hatte das Mehrheitsprinzip früh Eingang gefunden. Obgleich es das zentrale Entscheidungsprinzip sowohl bei den Wahlen der Beamten wie bei der Gesetzgebung war, war es nicht demokratisch im klassischen oder modernen Sinne. Während im Senat die Mehrheit der Senatoren den Ausschlag gab, zählte in der Volksversammlung nicht die Mehrheit der Einzelstimmen, sondern der Comitien bzw. Tribus. Die Verfassung der Centuriatscomitien und Tributscomitien jedoch spiegelte die hierarchische römische Gesellschaftsordnung wider. Legitimiert wurde das Mehrheitsprinzip von den klassischen römischen Juristen. Mit einer fictio iuris erklärten sie die Mehrheit zur Gesamtheit, so SCAEVOLA: *Quod maior pars curiae effecit, pro eo habetur, ac si omnes egerint*[21], und ULPIAN: *Refertur ad universos, quod publice fit per maiorem partem*[22].

2. Mittelalter und Reformation

Das germanische Recht kannte ursprünglich das Mehrheitsprinzip nicht. TACITUS beschrieb das Verfahren einer Volksversammlung: *Si displicuit sententia, fremitu aspernantur, sin placuit, frameas concutiunt*[23]. Die ANNALES METTENSES berichteten zum Jahre 690: *Vocibusque simul et armorum plausu sententiam ducis firmaverunt*[24]. Hinter diesem Entscheidungsmodus verbarg sich die Auffassung, daß für die Beschlußfassung Einstimmigkeit erforderlich sei[25]. Die vom größeren Lärm übertönten Stimmen der Minderheit zählten nicht, im Gegenteil: Das Prinzip der germanischen Folgepflicht forderte die Minderheit zur Treuepflicht gegenüber dem Ganzen, d. h. dem von der Mehrheit repräsentierten Ganzen, auf[26]. Dies galt auch noch, als die Mehrheit als eine numerische festgestellt wurde. So besagten schweizerische Offnungen: ... *was denn da das mer ze rat wirt, das sol das minder stät halten* und der *minder teil* solle dem *merteil folgen*[27]. Folgte die Minderheit der Mehrheit nicht, so trat an die Stelle des einheitlichen Beschlusses die „Spaltung in Teilgesamtheiten", zwischen denen im Extremfalle die Waffen entschieden[28]. Es wurde zu Recht bemerkt, daß das mit der Folgepflicht durchgesetzte Einstimmigkeitsprinzip in Wirk-

---

[21] Dig. 50, 1, 19. Vgl. dazu auch FERDINAND ELSENER, Zur Geschichte des Majoritätsprinzips (pars major und pars sanior), insbesondere nach schweizerischen Quellen, Zs. f. Rechtsgesch., kanonist. Abt. 73 (1956), 73 ff.

[22] Dig. 50, 17, 160, 1. Die römische Republik geriet ab 133 v. Chr. in die Krise, als auf dem Wege der „popularen Methode" mit Hilfe der Volksversammlung teilweise erfolgreich versucht wurde, sich gegen die Senatsmehrheit durchzusetzen. Vgl. dazu CHRISTIAN MEIER, Res publica amissa. Eine Studie zu Verfassung und Geschichte der späten römischen Republik (Wiesbaden 1966), 127 ff.

[23] TACITUS, Germania 11, 6; vgl. ELSENER, Majoritätsprinzip, 80 ff.

[24] Annales Mettenses (690), MG SS Bd. 1 (1826), 318.

[25] Weitere Belege bei ELSENER, Majoritätsprinzip, 80.

[26] Vgl. ebd., 82; außerdem OTTO V. GIERKE, Über die Geschichte des Majoritätsprinzips, SCHMOLLERS Jb. f. Gesetzgebung, Verwaltung u. Wirtschaft im Deutschen Reich 39/2 (1915), 7 ff.

[27] Vgl. ELSENER, Majoritätsprinzip, 82.

[28] GIERKE, Majoritätsprinzip, 10.

lichkeit das „verdeckte Mehrheitsprinzip" war[29]. Das Mehrheitsprinzip setzte sich jedenfalls in praxi durch und war in der zweiten Hälfte des Mittelalters allgemein anerkannt, auch wenn zum Teil noch fiktiv an der Einstimmigkeit festgehalten wurde. Ein Beispiel liefert die deutsche Königswahl im Kurfürstenkollegium. Obgleich im 13. Jahrhundert das Mehrheitsprinzip eindeutig praktiziert wurde, unterschied der Schwabenspiegel (um 1275) noch zwischen einer Vorentscheidung (nominatio), die eine eventuelle Minderheit herauskristallisiere, die sich dann in der eigentlichen Küre (electio) der Mehrheit anzuschließen habe, damit der König einstimmig gewählt sei[30]. In der im 14. Jahrhundert erfolgten rechtlichen Fixierung der Königswahl allerdings hatte der Gedanke der Folgepflicht keinen Platz mehr. Schon das Weistum über die Königswahl des Kurvereins von Rense (1338) bestimmte, daß die Wahl *concorditer vel a maiore parte*[31] im Sinne der fictio iuris des römischen Rechts erfolgen solle[32]. Und in der Goldenen Bulle (1356) wurde dann Reichsgesetz, daß der König im Kurfürstenkollegium von der *pars eorum maior numero* gewählt werde[33]. In den ständischen Versammlungen setzte sich das Mehrheitsprinzip im 15. und Anfang des 16. Jahrhunderts durch, so auch beim deutschen Reichstag innerhalb der Kurien[34].

Stark beeinflußt wurde die Entwicklung des Mehrheitsprinzips von der mittelalterlichen Rezeption des römischen Rechts und von der kanonistischen Lehre. Im 12. Jahrhundert übernahmen die Glossatoren, jene Rechtsschule an der Universität Bologna, die sich auf das Corpus Juris Civilis berief, die römische Rechtfertigung des Mehrheitsprinzips. Ihnen folgten die Postglossatoren (Kommentatoren) und die Kanonisten, die formulierten: *Quod maior pars capituli facit, totum capitulum facere videtur*[35].

In der katholischen Kirche hatte sich das Mehrheitsprinzip von der Antike in das Mittelalter hinübergerettet. Bei Konzilen und Bischofswahlen und seit dem 11. Jahrhundert auch bei der Papstwahl — jedoch nie in Angelegenheiten der Lehre — wurde mit unterschiedlich qualifizierten numerischen Mehrheiten entschieden. Der Entscheidung durch die pars maior setzte jedoch das Prinzip der pars sanior, das gleichsam das hierarchische Element der Kirche verkörperte, Grenzen[36]. Die pars maior zählte, die pars sanior wog die Stimmen. Benedikt von Nursia nahm im 6. Jahr-

---

[29] Vgl. HEINRICH MITTEIS, Die deutsche Königswahl. Ihre Rechtsgrundlagen bis zur Goldenen Bulle, 2. Aufl. (Wien 1944), 169. Vgl. ferner ELSENER, Majoritätsprinzip, 82.
[30] Vgl. ebd., 88.
[31] Weistum über die Königswahl (Notariatsinstrument), abgedr. in: KARL ZEUMER, Quellensammlung zur Geschichte der Deutschen Reichsverfassung in Mittelalter und Neuzeit, 2. verm. Aufl., Tl. 1 (Tübingen 1913), 183, Nr. 141c.
[32] Vgl. ELSENER, Majoritätsprinzip, 89.
[33] Vgl. ZEUMER, Quellensammlung, 197, Nr. 148.
[34] Vgl. FRIEDRICH HERMANN SCHUBERT, Die deutschen Reichstage in der Staatslehre der frühen Neuzeit (Göttingen 1966), 301 f.
[35] Zit. ELSENER, Majoritätsprinzip, 86. Vgl. auch GIERKE, Majoritätsprinzip, 15 ff. Ferner STAROSOLSKYJ, Majoritätsprinzip, 111 ff.
[36] 1179 beschloß das 3. Laterankonzil unter Papst Alexander III., daß bei der Papstwahl allein die Zweidrittelmehrheit der Kardinäle entscheide. Vgl. dazu HERBERT GRUNDMANN, Pars quamvis parva. Zur Abtwahl nach Benedikts Regel, in: Fschr. Percy Ernst Schramm, hg. v. PETER CLASSEN u. PETER SCHEIBERT, Bd. 1 (Wiesbaden 1964), 248.

hundert den Gedanken der pars sanior in seine Ordensregel auf[37]. Im 12. und 13. Jahrhundert diskutierten die Kanonisten das Problem pars maior und/oder pars sanior intensiv und neigten schließlich zur Formel *pars maior et sanior*, wobei unterstellt wurde, daß die numerische Majorität, insbesondere die Zweidrittel- oder Dreiviertel-Majorität für die Sanioritas sprach, *quia per plures melius veritas inquiritur*, wie es Papst INNOCENZ IV. formulierte[38]. Die Entscheidung allerdings, ob dies der Fall sei, traf der Superior. Zu einer letzten theoretischen Klärung gebracht wurde das Verhältnis von pars maior und pars sanior von der kanonistischen Lehre nicht[39]. Allgemein ist die pars sanior-Problematik nur zu verstehen vor dem Hintergrund des christlichen Glaubens, daß bei Königs-, Bischofs- und Abtwahlen „Gott oder der Heilige Geist wählt und daß daher jede Wahl eigentlich von allen einmütig anzuerkennen und zu vollziehen sei"[40], und weiterhin, daß derjenige von Gott geleitet sei, der „Handlungen ausführte, die von Weisheit, Gerechtigkeit, Stärke und Demut zeugten"[41].

Wie weit die kirchliche Lehre der pars sanior die politisch-weltliche Mehrheitslehre beeinflußte, ist nicht klar erkennbar. Schweizerische Offnungen, die von der *maior pars in honore* oder vom *merteil an eren* sprechen[42], lassen jedenfalls einen Einfluß vermuten.

Im Sinne der *pars maior et sanior* ist wohl auch jene umstrittene Stelle im „Defensor Pacis" (1324) des MARSILIUS VON PADUA zu verstehen, die von der *valentior pars* spricht, die entscheiden solle — *considerata quantitate personarum et qualitate*[43].

Die Reformation bedeutete für die Entwicklung des Mehrheitsprinzips in der schweizerischen Eidgenossenschaft und in Deutschland eine Zäsur. Indem die Anwendung des Mehrheitsprinzips in Glaubensangelegenheiten auf der eidgenössischen Tagsatzung und innerhalb der Reichsstände abgelehnt wurde, wurden dem Mehrheitsprinzip zukunftsweisende erste Grenzen gesetzt, die im Augsburger Religionsfrieden durch den Grundsatz „cuius regio eius religio"[44] formuliert wurden.

---

[37] *In abbatis ordinatione illa semper consideretur ratio, ut hic constituatur, quem sive omnis concors congregatio ... sive etiam pars quamvis parva congregationis saniore consilio elegerit*, zit. ELSENER, Majoritätsprinzip, 105. Vgl. auch GRUNDMANN, Pars quamvis parva, 217 ff.

[38] Zit. GIERKE, Majoritätsprinzip, 17.

[39] Vgl. ELSENER, Majoritätsprinzip, 109.

[40] Vgl. GRUNDMANN, Pars quamvis parva, 250.

[41] Vgl. AUGUST NITSCHKE, Die Einstimmigkeit der Wahlen im Reiche Ottos des Großen, Mitt. d. Inst. f. Österr. Geschichtsforsch. 70 (1962), 29 ff.

[42] Zit. ELSENER, Majoritätsprinzip, 113.

[43] MARSILIUS VON PADUA, Defensor pacis 1, 12, 2; vgl. dazu die Interpretation von GEORGE DE LAGARDE, La naissance de l'esprit laïque au déclin du moyen âge, t. 2: Marsile de Padoue ou le premier théoricien de l'Etat laïque, 2ᵉ éd. (Paris 1948), 195. Vgl. außerdem ALAN GEWIRTH, Marsilius of Padua. The Defender of Peace, 2nd ed., vol. 1 (New York 1956), 182 ff.; HASSO HOFMANN, Repräsentation. Studien zur Wort- und Begriffsgeschichte von der Antike bis ins 19. Jahrhundert (Berlin 1974), 209 ff.

[44] MARTIN HECKEL, Staat und Kirche nach den Lehren der evangelischen Juristen Deutschlands in der 1. Hälfte des 17. Jahrhunderts (München 1968).

3. Die naturrechtlichen Vertragslehren bis zur Französischen Revolution

Theoretisch wesentlich fortentwickelt wurde das bislang immer noch in der kanonistischen Korporationslehre wurzelnde Mehrheitsprinzip von den naturrechtlichen Vertragslehren seit dem 16. Jahrhundert[45]. Für Althusius' „biblisch begründete Lehre von der Volkssouveränität"[46] wurde das Mehrheitsprinzip freilich nicht zum Problem[47]. Hugo Grotius fand es — unter Berufung auf Thukydides, Appian, Aristoteles, Curtius, Prudentius und Xenophon — ... *iniquum, ut pars major sequatur minorem: quare naturaliter, seclusis pactis ac legibus quae formam tractandis negotiis imponunt, pars major jus habet integri*[48]. Gegründet wurde das Mehrheitsprinzip auf den Konsens, durch den der Gesellschaftsvertrag zustande kam. Einstimmig habe man sich im Gesellschaftsvertrag darauf geeinigt, das Mehrheitsprinzip anzuerkennen. Diese These zieht sich durch die gesamte naturrechtliche Vertragslehre[49], sei es, daß zwischen Gesellschafts- und Herrschaftsvertrag unterschieden wurde, sei es, daß wie bei Thomas Hobbes der Gesellschaftsvertrag mit dem Unterwerfungsvertrag identisch war.

Hobbes, der nur den Unterwerfungsvertrag und keinen diesem vorausgehenden Gesellschaftsvertrag kannte, wandte sich gegen die allgemeine Ansicht, daß die Übereinstimmung der Mehrheit die Übereinstimmung aller in sich schließe, wenn die Untertanen, sei es durch die Obrigkeit zusammengerufen, sei es im Aufruhr, sich versammelten[50]. *Sed procedit ab institutione civili, et verum est tunc tantum, quando is homo vel curia illa, quae summum habet imperium, cives convocans, propter numerum magnum electis esse vult potestatem loquendi pro eligentibus, et loquentium majorem partem circa eas res, quae ab eo discutiendae proponuntur, haberi pro omnibus. Non autem intelligitur is, qui habet summum imperium, convocasse cives ad disputandum de ipsius iure*[51].

Selbstverständlich war für Hobbes das Mehrheitsprinzip nur bei der Errichtung des Staates, beim Zustandekommen des Unterwerfungsvertrages. Da die Menschen einerseits freiwillig zusammentreten und da andererseits in der Menge (multitudo) jeder mit jedem den Vertrag abschließt, ist das Mehrheitsprinzip unproblematisch. *Qui coierunt ad civitatem erigendam, pene eo ipso quod coierunt, democratia sunt. Nam ex eo quod volentes convenerunt, intelliguntur obligati ad id quod consensu majoris partis decernetur*[52]. Überdauern kann das Mehrheitsprinzip den Unterwerfungsvertrag nur, wenn die Menge einzelner Personen darin untereinander durch Verträge die Staatsform der Demokratie und sich selbst als Volk begründet. Zur De-

---

[45] Vgl. Starosolskyj, Majoritätsprinzip, 35.
[46] Erich Hassinger, Das Werden des neuzeitlichen Europa, 2. Aufl. (Braunschweig 1966), 387.
[47] Vgl. Willmoore Kendall, John Locke and the Doctrine of Majority-Rule (Urbana/Ill. 1965), 48 f.
[48] Hugo Grotius, De iure belli ac pacis (Paris 1625), 2, 5, § 17.
[49] Vgl. Gierke, Majoritätsprinzip, 23.
[50] *Subditis enim sive convocatis imperio civitatis, sive seditiose concurrentibus, plurimi arbitrantur consensum omnium contineri in consensu majoris partis*, Hobbes, De cive 6, 20. Opera, t. 2 (1839), 233.
[51] Ebd., 233 f.
[52] Ebd. 7, 5 (p. 239).

II. 3. Naturrechtliche Vertragslehren

mokratie gehöre zweierlei: einerseits begründe die dauernde Festsetzung regelmäßiger und häufiger Zusammenkünfte den demos, wobei jeder ein Stimmrecht habe, andererseits begründe die Mehrheit der Stimmen die Herrschaft im Staat[53].

Hobbes zentraler Gedankengang zum Mehrheitsprinzip findet sich bei den übrigen Vertretern der naturrechtlichen Vertragslehre wieder, so z. B. bei Ulrich Huber, John Locke, Samuel Pufendorf, Christian Thomasius, Christian Wolff und Gottfried Achenwall. Alle gründeten das Mehrheitsprinzip auf den Urvertrag. Im Unterschied zu Hobbes jedoch bemühten sich die meisten Naturrechtslehrer „gleichzeitig um eine rationelle Rechtfertigung des Majoritätsprinzips, aus der sie eine bis zum Nachweise abweichender Abreden durchgreifende Vermutung für dessen vertragsmäßige Einführung bei jeder Gesellschaftsgründung herleiteten"[54]. Eine Schlüsselposition nahm dabei die Souveränitätslehre ein: die Aussage über den Ort der Souveränität des Staates. Liege diese bei einem Kollegium oder sogar beim Volke, so werde die Einheit der Souveränität am ehesten dadurch gewahrt, daß der Mehrheitswille des Kollegiums bzw. des Volkes mit dem Willen aller gleichgesetzt werde[55].

Pufendorf etwa beurteilte die Mehrheit als solche optimistisch, wenn er über den Vertrag schrieb: *Nam et semper sperare potest, maiorem partem civium divini praecepti, fideique datae et iuramenti memorem fore, et nunquam non maioris et melioris partis ex populo interest civitatem tranquillam et salvam esse, ac legitimis imperantibus auctoritatem suam constare*[56]. Gleichzeitig artikulierte Pufendorf jedoch eine gewisse Skepsis, wenn er meinte, daß es unmöglich sei zu bestimmen, ob die Mehrheitsentscheidung mit der *sententia prudentior* identisch sei. Pufendorf ließ daher das Mehrheitsprinzip dort, wo es auf wissenschaftliche Wahrheit oder nur auf Weisheit ankomme, nicht gelten: *Equidem in decidendis veritatibus theoreticis sententiae non numerantur, sed ponderantur*[57].

Besonderer Hervorhebung bedarf Pufendorfs Zeitgenosse John Locke. Obgleich sich seine Begründung des Mehrheitsprinzips substantiell nicht von den übrigen Vertragslehren unterscheidet, kommt ihr doch ein anderer Stellenwert zu, da Lockes majority rule zum ersten Male mit zentralen Prinzipien des modernen Rechtsstaates, Verfassungsstaates und sogar der repräsentativen Demokratie verflochten ist. Lockes Erörterung des Mehrheitsprinzips hat daher auch von allen Rechtfertigungen des Mehrheitsprinzips das größte Interesse der politischen Ideengeschichte gefunden. Diskutiert wird vor allem das Verhältnis individueller Freiheit und kollektiver Mehrheitsherrschaft im Denken Lockes. Zunächst begründete auch Locke das Mehrheitsprinzip im Sinne der traditionellen Vertragslehre. Im Gesellschaftsvertrag wird aus der bis dahin im Naturzustand sich befindlichen Gesellschaft ein einziger Körper, *with a power to act as one body, which is only by the will and determination of the majority*[58]. Das Mehrheitsprinzip gründet sich auf den ursprünglichen Konsens: *And thus every man, by consenting with others to make one body politic under*

---

[53] Ebd.
[54] Gierke, Majoritätsprinzip, 24.
[55] Vgl. ebd.
[56] Samuel Pufendorf, De iure naturae et gentium (1672), 7, 2, § 5.
[57] Ebd., § 15. Vgl. auch Starosolskyj, Majoritätsprinzip, 51 f. Außerdem Scheuner, Mehrheitsprinzip, 8.
[58] John Locke, Two Treatises of Government 2, § 96. Works, vol. 5 (Ndr. 1963), 395.

one government, puts himself under an obligation to every one of that society to submit to the determination of the majority, and to be concluded by it[59]. Im Grunde war das Mehrheitsprinzip für Locke selbstverständlich. Da sich nämlich ein einziger Körper notwendigerweise nur in eine Richtung bewegen könne, müsse er sich auch dorthin bewegen, wohin ihn die größere Kraft ziehe — nämlich die Übereinkunft der Mehrheit[60]. Andererseits bestätigte sich für Locke das Mehrheitsprinzip empirisch, da es in „Versammlungen", z. B. im britischen Parlament, ja wirksam war. Das Mehrheitsprinzip rechtfertigte sich nach dem gesunden Menschenverstande und der Wirksamkeit des Faktischen. Nichts anderes besagt der Satz: *The majority having, . . ., upon men's first uniting into society, the whole power of the community naturally in them, may imploy all that power in making laws*[61].

Problematisch wird das Mehrheitsprinzip jedoch, wenn man es in Beziehung setzt zum Zwecke der Staatsgründung, den Locke in der Erhaltung des Lebens, der Freiheit und der Güter der Gesellschaftsglieder sah, einerseits und zu den Prinzipien des Konstitutionalismus, vor allem der Repräsentation und der Gewaltenteilung, andererseits. Hinzu kommt noch die Problematik des Rechts auf Widerstand gegen *force without right*[62]. Je nachdem, was nun in den Vordergrund gerückt wird, das Mehrheitsprinzip oder die naturrechtliche und rechtsstaatliche Basis der Lockeschen Staatsphilosophie, wird Locke eher als der Vertreter einer kollektivistisch verstandenen demokratischen Mehrheitsherrschaft[63] oder eher als der Vertreter eines individualistisch verstandenen Konstitutionalismus bezeichnet[64]. Es ist nach den jüngsten Locke-Interpretationen jedoch kaum gerechtfertigt, Locke als Vertreter einer „kollektivistischen Mehrheitsherrschaft" zu betrachten. Es gibt bei Locke keinen möglichen Gegensatz zwischen der eigentumslosen Mehrheit und der Minderheit der Eigentümer, da nur diese „vollberechtigte Mitglieder der bürgerlichen Gesellschaft und somit auch der Mehrheit" sind[65]. Staatszweck und Mehrheitsprinzip widersprechen sich nicht, da die Rationalität des Bürgers mit der des Eigentümers identisch ist und beide ihr Eigentum und damit den Reichtum ihrer Gesellschaft zu vermehren trachten. Der Absicherung dieses Ziels im allgemeinen, der Konsolidierung der von der Whig-Revolution bestätigten Parlamentssouveränität und Gesellschaftsstruktur im besonderen diente Lockes Konstitutionalismus. Lockes Staatsphilosophie stand am Beginn des Liberalismus. Wie jedoch die Schwierigkeiten der Interpretation zeigen, wird schon bei Locke die ganze Spannung der neuzeitlichen Demokratietheorie deutlich, die Spannung zwischen Individualismus und Kollektivismus, zwischen repräsentativem und plebiszitärem Prinzip, zwischen Freiheit und Gleichheit — Spannungen, die immer das Verhältnis von Mehrheit und Minderheit problematisieren.

---

[59] Ebd., § 97 (p. 365).
[60] Vgl. ebd., § 96.
[61] Ebd., § 132 (p. 415).
[62] Ebd., § 232 (p. 476).
[63] Vgl. dazu Kendall, John Locke (s. Anm. 47).
[64] Vgl. zu diesem Problemkreis J. W. Gough, John Locke's Political Philosophy. Eight Studies (Oxford 1950).
[65] Vgl. dazu Crawford Brough Macpherson, The Political Theory of Possessive Individualism. Hobbes to Locke, 2nd ed. (Oxford 1964), 252.

Während Locke die Mehrheitsherrschaft vor allem durch Repräsentation, Gewaltenteilung, Besitzindividualismus und Widerstandsrecht einschränkte, gewann das Mehrheitsprinzip bei einem anderen Vertragstheoretiker, bei ROUSSEAU, der Lockes konstitutionelle Prinzipien ablehnte, einen besonderen Rang. Zunächst freilich lieferte auch Rousseau die vertragstheoretische Begründung des Mehrheitsprinzips[66]. Allein der Gesellschaftsvertrag verlange, da er eine freiwillige Handlung sei, nach einer einstimmigen Genehmigung. Unmittelbare Folge des Vertrages sei jedoch, daß die Stimmenmehrheit für alle verbindlich sei. Für die praktische Anwendung des Mehrheitsprinzips legte Rousseau zwei Grundsätze dar: Erstens müsse sich ein Beschluß um so mehr der Einstimmigkeit nähern, je wichtiger und ernster er sei, und zweitens müsse man das bei Meinungsverschiedenheit um so mehr einschränken, je größere Beschleunigung die zur Beratung gelangte Angelegenheit erfordere, bei augenblicklich zu treffenden Entscheidungen müsse schon die Mehrheit einer einzigen Stimme genügen.

Diese eindeutige Stellungnahme für das Mehrheitsprinzip erschöpft jedoch nicht Rousseaus Position. Diese wird durch die zentrale Kategorie der volonté générale kompliziert und verdunkelt. Für Rousseau ging es etwa bei der Abstimmung über einen Gesetzesvorschlag in der Volksversammlung nämlich nicht eigentlich um die Frage, ob man dem Vorschlag zustimmen oder ihn verwerfen solle, *mais si elle est conforme ou non à la volonté générale*[67]. Nur der allgemeine Wille verbürgt Freiheit. Unproblematisch wäre es nun, wenn Rousseau das Mehrheitsprinzip als Technik für das Finden des allgemeinen Willens bezeichnete. Ebendies ist jedoch nicht der Fall. Die volonté générale ist autonom, sie existiert unabhängig von einer bestimmten Entscheidungstechnik. Die Stimmenmehrheit braucht nicht in jedem Falle den allgemeinen Willen zu artikulieren. Für Rousseau bestand kein Zweifel, *que la volonté générale est toujours droite et tend toujours à l'utilité publique: mais il ne s'ensuit pas que les déliberations du peuple aient toujours la même rectitude*[68]. Und: *Il y a souvent bien de la différence entre la volonté de tous et la volonté générale, celle-ci ne regarde qu'à l'intérêt commun, l'autre regarde à l'intérêt privé, et n'est qu'une somme de volontés particulières*[69]. An der Möglichkeit einer Kluft zwischen dem allgemeinen Willen und dem empirischen Volkswillen und an der Frage quis iudicabit entzündete sich der Streit um Rousseaus Bedeutung für die moderne Demokratie und Demokratietheorie: der Streit zwischen eher radikalen und eher repräsentativen Demokraten. Letztere greifen auf das angelsächsische Gedankengut zurück, wie es von Locke, vom anglophilen Montesquieu oder von den Autoren des amerikanischen „Federalist" dargeboten wurde. Sie sehen hinter Rousseaus volonté générale-Vorbehalt gegenüber Mehrheitsbeschlüssen die Gefahr des Totalitarismus lauern[70]. Aus der Spannung zwischen dem allgemeinen und dem empirischen Willen könne „der Ruf nach der Erziehungsdiktatur" erwachsen, „die dazu berufen ist, die sozialökonomischen und moralisch-intellektuellen Voraussetzungen für die Verwirk-

---

[66] Vgl. ROUSSEAU, Du contrat social 4, 2. Oeuvres compl., t. 3 (1964), 440 f.
[67] Ebd., 441.
[68] Ebd. 2, 2 (p. 371).
[69] Ebd.
[70] Vgl. dazu J. L. TALMON, The Origins of Totalitarian Democracy (London 1952), 38 ff.

lichung der plebiszitär-legitimierten, eschatologisch orientierten „herrschaftslosen" Volksherrschaft zu legen"[71].

In der Tat wird gerade hinsichtlich der sozialen Voraussetzungen der gewünschten politischen Ordnung der Unterschied schon zwischen Rousseau und Locke deutlich. Locke paßte das Mehrheitsprinzip, das die gleiche Gewichtung der Stimmen zur Grundlage hat, an die gesellschaftliche Struktur an, indem er nur die Eigentümer als Vollbürger anerkannte. Rousseau dagegen verlagerte das Gleichheitsproblem in den sozio-ökonomischen Bereich; bei aller Einsicht in die Notwendigkeit, in ein Verfassungssystem die spezifischen Verhältnisse eines Landes Eingang finden zu lassen, forderte er die weitgehende Anpassung der sozialen an die politische Struktur. So verstand er unter Gleichheit zwar nicht, daß alle ein gleiches Maß von Macht und Reichtum besitzen sollten, aber doch, *que nul citoyen ne soit assez opulent pour en pouvoir acheter un autre, et nul assez pauvre pour être contraint de se vendre: Ce qui suppose du côté des grands modération de biens et de crédit, et du côté des petits, modération d'avarice et de convoitise*[72]. Für die Geschichte seit der großen Französischen Revolution war mit der im Verhältnis von Locke zu Rousseau aufgezeigten Spannung von Freiheit und Gleichheit im sozialen und politischen Bereich das große Thema der modernen Demokratie angesprochen.

Die naturrechtlichen Vertragslehren konnten, aber mußten nicht in ihrem Gedankenzusammenhang die Mehrheitsherrschaft als unabdingbar rechtfertigen, je nachdem wie der Zweck der Staatsgründung definiert wurde. Ebenso wie allgemein der Akt der Staatsgründung, der ursprüngliche Vertrag, als auf Einstimmigkeit gegründet angesehen wurde, konnte aus der Vertragslehre abgeleitet werden, daß „allein die Forderung einstimmiger Beschlüsse zu begründen sei, daß daher in jeder Sozietät die Vermutung für das Einstimmigkeitsprinzip spräche und nur kraft besonders vereinbarter Ausnahmen das Majoritätsprinzip gelten könne"[73]. Es ist gewiß kein Zufall, daß die diese These vertretenden Naturrechtslehrer im wesentlichen Deutsche waren und in Ländern des aufgeklärten Absolutismus lehrten. Zu nennen sind hier vor allem August Ludwig Schlözer und sein Sohn Christian von Schlözer, aber auch FICHTE. Fichte übernahm zwar die naturrechtliche Vertragslehre der westlichen Aufklärung, aber nicht deren politische Intentionen[74]. Sein *Notstaat*, auf dem Wege der Menschheit zu einem *einzigen organisierten und organisierenden Ganzen der Vernunft*[75], ist nichts anderes als der deutsche aufgeklärte Obrigkeitsstaat, in dessen Zentrum die Bürokratie steht. Die rechtliche Geltung des Mehrheitsprinzips verneinte Fichte einerseits, andererseits führte er es ad absurdum, wenn er der Mehrheit in gewissen Fällen das Recht zur Ausschließung der Dissentierenden zugestand[76].

---

[71] ERNST FRAENKEL, Deutschland und die westlichen Demokratien, 6. Aufl. (Stuttgart, Berlin 1974), 116.
[72] ROUSSEAU, Contrat social 2, 11. Oeuvres compl., t. 3, 391 f.
[73] GIERKE, Majoritätsprinzip, 25.
[74] Vgl. JÜRGEN GEBHARDT, Johann Gottlieb Fichte, in: ders. (Hg.), Die Revolution des Geistes. Politisches Denken in Deutschland 1770—1830 (München 1968), 69 ff., bes. 80 f.
[75] FICHTE, Grundlage des Naturrechts, SW Bd. 3 (1845), 203.
[76] Vgl. GEBHARDT, Fichte, 88.

III. Der frühe Liberalismus

Die kontinentaleuropäische liberale Position bezüglich des Mehrheitsprinzips in den Jahrzehnten nach der Französischen Revolution muß im Rahmen der Debatte um die Repräsentationslehre gesehen werden. Ihre „reinste" Form fand diese in den Schriften des Franzosen Sieyès und des Deutschen Kant. Im deutschen Vormärz sind dann zumindest drei Varianten von Repräsentationslehren zu unterscheiden: einmal die, welche der „reinen Lehre" am nächsten stand, dann jene, die sich mit ständischen Gedankengängen durchsetzte, und schließlich eine mehr pragmatische Repräsentationslehre, die — ausgehend von der Notwendigkeit einer Zusammenarbeit zwischen Regierung und Parlament — eine längerfristige Artikulation und damit Fragmentierung des parlamentarischen Willens berücksichtigte.

Das Mehrheitsprinzip war in dieser Debatte noch nicht in allen seinen Aspekten unproblematisch geworden. In dem Maße zwar, wie sich die Vertragslehren vom Zentrum der politischen Philosophie fortbewegt hatten, hatte auch die Rechtfertigung des Mehrheitsprinzips per se an Bedeutung verloren. Wie etwa schon bei Locke erkennbar, wurde die Technik der Mehrheitsentscheidung als solche um so unproblematischer, einerseits, je mehr sie sich durchsetzte, und andererseits, je konkreter die Reflexionen über die institutionelle Ausgestaltung der staatlichen Ordnung wurden. Das Mehrheitsprinzip war damit jedoch noch nicht zu Ende diskutiert. Im Deutschland des 19. Jahrhunderts spielte sich die über die bloße Technik der Mehrheitsentscheidung hinausgehende Diskussion um das Mehrheitsprinzip vor allem in zwei Phasen ab, die sich teilweise überlagerten. In der ersten Phase, die dem frühen Liberalismus zuzurechnen ist, ging es um das richtige Verständnis parlamentarischer Repräsentation. Repräsentation und Demokratie waren noch unverbunden. Die das Mehrheitsprinzip berührende Streitfrage ging darum, ob der Abgeordnete von Fall zu Fall nach bestem Wissen und Gewissen am Ende einer Debatte abstimmen sollte mit der Konsequenz, daß es im Parlament keine festen Gruppierungen, keine kompakte Mehr- und Minderheit geben konnte, sondern nur ständig wechselnde Mehr- und Minderheiten, oder aber, ob sich im Parlament als Grundstruktur, innerhalb derer auch nach bestem Wissen und Gewissen abgestimmt werden sollte, eine „förmliche", die Regierung stützende Mehrheit und eine „förmliche" Opposition (→ Opposition) herausbilden sollte. Die zweite Phase der Debatte um das Mehrheitsprinzip im 19. Jahrhundert betraf dann seine Demokratisierung. Der Inhalt des Mehrheitsprinzips wurde identisch mit dem demokratischen Prinzip, insbesondere mit dem allgemeinen Wahlrecht. In seiner Ablehnung trafen sich liberale und konservative Positionen. Von den drei Stufen der Entwicklung des Mehrheitsprinzips im neuzeitlichen Verfassungsstaat, der bloßen Entscheidungstechnik, der (förmlichen) parlamentarischen Mehrheit und schließlich der demokratischen Mehrheit in der repräsentativen Demokratie, ist im wesentlichen die Auseinandersetzung um die zweite Stufe Gegenstand dieses Abschnitts.

1. Rationale Repräsentation: Sieyès

Der Kern der französischen Verfassung von 1791 war das Prinzip der Repräsentation. In seine theoretische Rechtfertigung war das Mehrheitsprinzip eingefügt und damit gleichzeitig relativiert. Die ausführliche Erörterung der Repräsentationsidee fand sich bei EMMANUEL JOSEPH SIEYÈS. Sieyès betrachtete die Repräsentation als eine Form der Arbeitsteilung, ohne die keine Gesellschaft denkbar sei. Eine weitere Form der Arbeitsteilung auf der politischen Ebene ist die Gewaltenteilung, die nach Sieyès Machtmißbrauch und Machtkonzentration verhindern sollte. *Il est constant que se faire représenter dans le plus de choses possibles, c'est accroître sa liberté, comme c'est la diminuer que d'accumuler des représentations diverses sur les mêmes personnes. Voyez dans l'ordre privé, si celui-là n'est pas le plus libre, qui fait le plus travailler pour soi, comme aussi tout le monde convient qu'un homme se met d'autant plus dans la dépendance d'autrui, qu'il accumule plus de représentation dans la même personne, au point qu'il arriverait jusqu'à une sorte d'aliénation de lui-même, s'il concentrait tous ses pouvoirs dans le même individu*[77].

Das Gemeinwohl zu finden, obliegt einer Versammlung von Repräsentanten, die von den Bürgern gewählt werden, aber für die Zeit ihres Wirkens auf keinen Fall an ein imperatives Mandat gebunden sein dürfen. Für Sieyès kam es nämlich nicht darauf an, Partikular- und Gruppeninteressen auszugleichen und auf dem Kompromißwege sich zusammenraufen zu lassen, sondern es ging ihm um die Artikulation des Gemeinwohls *(volonté commune)*, das vorgegeben ist und nur gefunden werden muß. Sieyès vertrat die Fiktion der Präexistenz des Gemeinwillens, er ging „von der These eines vorgegebenen und objektiv feststellbaren Gesamtinteresses und der Hypothese aus, daß der Wille des Volkes auf die Förderung des Gesamtinteresses gerichtet sei (Hypothetischer Volkswille)"[78]. Daß dabei die Entscheidungen nach dem Mehrheitsprinzip gefällt werden, war für Sieyès selbstverständlich. Dennoch wird man feststellen müssen, daß in dieser Lehre eines fast idealtypischen repräsentativen Systems das Mehrheitsprinzip einerseits durch die Prinzipien der Repräsentation und der Gewaltenteilung schon stark eingeschränkt bzw. entschärft und mediatisiert, andererseits im verbleibenden Rest durchaus theoretisch gefährdet war. Denn wenn das objektiv feststellbare Gemeinwohl schon von einer kleinen Gruppe von Repräsentanten auf dem Wege rationaler Diskussion nur entdeckt werden kann, ist theoretisch nicht einzusehen, warum die Wahrheit unbedingt bei der Mehrheit dieser Gruppe liegen soll. Die Minderheitenposition ließe sich ebenso rechtfertigen. Einleuchtendes Wahrheitskriterium wäre hier jedenfalls der Konsens der Repräsentanten. Das Mehrheitsprinzip freilich wäre damit ausgeschaltet.

2. Rationale Repräsentation: Kant

In Deutschland fand die Form der rationalen Repräsentation, wie sie Sieyès für Frankreich definierte, ihren bekanntesten Vertreter in KANT. Im *ursprünglichen Contract* — nicht im Sinne eines historischen Faktums, sondern einer a priori-Idee der Vernunft[79] — genauer: in der dem Vertrag immanenten Idee des Konsensus der Bürger sah Kant den *Probierstein der Rechtmäßigkeit eines jeden öffentlichen Gesetzes. Ist nämlich dieses so beschaffen, daß ein ganzes Volk unmöglich dazu seine Einstimmung geben könnte (wie z. B. daß eine gewisse Klasse von Untertanen erblich den Vorzug des Herrenstandes haben sollten), so ist es nicht gerecht; ist es aber nur möglich,*

---

[77] EMMANUEL JOSEPH SIEYÈS, Opinion sur la constitution (Paris 1795), 9.
[78] FRAENKEL, Westliche Demokratien, 113.
[79] KANT, Über den Gemeinspruch: Das mag in der Theorie richtig sein, taugt aber nicht für die Praxis, AA Bd. 8 (1912), 297.

daß ein Volk dazu zusammen stimme, so ist es Pflicht, das Gesetz für gerecht zu halten: gesetzt auch, daß das Volk jetzt in einer solchen Lage, oder Stimmung seiner Denkungsart wäre, daß es, wenn es darum befragt würde, wahrscheinlicherweise seine Beistimmung verweigern würde[80]. Ob ein Gesetz dem *Rechtsprinzip* entspricht, wird von der Vernunft a priori — und nicht aufgrund von Erfahrungen — entschieden. Institutionell sollte das Rechtsprinzip im Staate durch Repräsentation und Gewaltenteilung gewährleistet sein. Darüber hinaus sollte nur der das Stimmrecht haben, d. h. Bürger sein, der *irgendein Eigentum habe (wozu auch jede Kunst, Handwerk oder schöne Kunst oder Wissenschaft gezählt werden kann), welches ihn ernährt*[81], der Bürger dürfe *niemanden als dem gemeinen Wesen im eigentlichen Sinne des Wortes*[82] dienen. Wichtig ist nun, daß Kants Akzentuierung der a priori-Idee des ursprünglichen Vertrags eigentlich den Konsens als Entscheidungsmechanismus in repräsentativen Gremien verlangte. *Es müssen aber auch alle, die dieses Stimmrecht haben, zu diesem Gesetz der öffentlichen Gerechtigkeit zusammenstimmen; denn sonst würde zwischen denen, die dazu nicht übereinstimmen, und den ersteren ein Rechtsstreit sein, der selbst noch eines höheren Rechtsprinzips bedürfte, um entschieden zu werden. Wenn also das erstere von einem ganzen Volk nicht erwartet werden darf, mithin nur eine Mehrheit der Stimmen und zwar nicht der Stimmenden unmittelbar (in einem großen Volke), sondern nur der dazu Delegierten als Repräsentanten des Volks dasjenige ist, was allein man als erreichbar voraussehen kann: so wird doch selbst der Grundsatz, sich diese Mehrheit genügen zu lassen, als mit allgemeiner Zusammenstimmung, also durch einen Contract, angenommen, der oberste Grund der Errichtung einer bürgerlichen Verfassung sein müssen*[83]. Die von Kant hier vorgebrachte a priori-Begründung oder besser: die pragmatische Begründung des Mehrheitsprinzips drückt die Selbstverständlichkeit aus, mit der das Prinzip als solches — freilich in den von den zentralen konstitutionellen Theorien bezüglich der Ausdehnung des Wahlrechts gesetzten Grenzen — anerkannt wurde.

3. Der romantische Liberalismus des deutschen Vormärz

Der Vormärzliberalismus verschärfte die in der liberalen Repräsentationstheorie westlicher Prägung ohnehin durch das nur dem Besitzbürgertum zugestandene Wahlrecht zum Ausdruck kommende Eingrenzung des Mehrheitsprinzips noch. Die Ursache dafür lag im „Kompromißcharakter" des deutschen Frühliberalismus. Einerseits verband sich dieser mit „romantisch-organologischen" Vorstellungen; andererseits paßte er sich weitgehend dem monarchischen Prinzip und der damit geforderten zentralen Entscheidungsgewalt des Fürsten an[84].

Zunächst wurden das Mehrheitsprinzip und zugleich die auf der individualistischen

---

[80] Ebd.
[81] Ebd., 295.
[82] Ebd.
[83] Ebd., 296.
[84] Dazu vor allem HARTWIG BRANDT, Landständische Repräsentation im deutschen Vormärz. Politisches Denken im Einflußfeld des monarchischen Prinzips (Neuwied, Berlin 1968), 160 ff. Brandt bemerkt zu Recht, daß die Mehrzahl der deutschen liberalen Ideologen „den weitestmöglichen Schritt in der Verfolgung eines Trends gemacht" habe, „der allem politischen Liberalismus an sich eigen ist: mehr eine Doktrin hinsichtlich der Begrenzung als der Konstituierung der Staatsgewalt zu sein" (161).

Vertragslehre der westlichen Aufklärung aufbauende Repräsentationstheorie ausgehöhlt durch neuständische Gedankengänge, die teils romantischer, teils vernunftrechtlicher Natur waren. Es ging nicht einfach darum, den Kreis der stimmberechtigten Bürger nach allgemeinen Zensuskriterien abzugrenzen, sondern man stellte das soziale Substrat als repräsentationsstrukturierend vor. Im Unterschied zum klassischen Liberalismus zeichnete sich der romantische Liberalismus vor allem unmittelbar nach den Freiheitskriegen durch ein „organisches Denken" aus, „das eine harmonische Einheit und einen konstitutionellen Ausgleich zwischen der überkommenen Monarchie und der neuerwachten Volksfreiheit erstrebt, den Zusammenhang mit der geschichtlichen Tradition und den gewachsenen politischen Ordnungen erhalten will und allen radikalen oder monistischen Lösungen abgeneigt ist"[85]. Zwar wurde die kastenartige altständische Feudalstruktur zurückgewiesen, aber doch eine sozialständisch orientierte Repräsentation befürwortet[86]. Ein typischer Vertreter dieses frühen romantischen Liberalismus war ERNST MORITZ ARNDT. Sich selbst als Demokraten verstehend, forderte Arndt 1813/14 eine Verfassung für Deutschland, die den Ständen des Adels, der Städte und Bauern Rechnung trug. Das Konzept dieser Repräsentation blieb allerdings nur vage[87]. Ebenso „neuständisch" waren FRIEDRICH CHRISTOPH DAHLMANNS verfassungstheoretische Vorstellungen[88]. Mit dem konservativen Ideenkreis seiner Epoche hatte der romantische Liberalismus des Vormärz die Abneigung gegen eine numerische Reißbrettrepräsentation und den Wunsch, die historische Kontinuität zu wahren, gemein. So heißt es in einer anonymen Schrift von 1817: *Der Gedanke parlamentarischer Volksversammlung, so wie er in England besteht, und in Frankreich versucht wird, ist auf deutsche Staaten überhaupt nicht anwendbar, teils weil diese der Lage nach bei weitem weniger geschlossen, und den Bestandteilen nach weit heterogener sind, teils weil das eigentümlich deutsche Ständewesen eine, von Parlamenten ganz verschiedene Vertretung fordert*[89]. Die gewünschte ständische Vertretung — im Unterschied zur feudalen Ständevertretung eine *wahre Volksversammlung* — solle allen Ständen ein gleichförmiges Repräsentationsrecht zugestehen. Der romantische Liberalismus bezog die neue Lehre der Repräsentation zurück auf die germanische oder deutsche Freiheit[90]. Selbst der sonst nicht dem romantischen Liberalismus zuzurechnende KARL THEODOR WELCKER schlug eine historische Brücke von den *demokratischen Gemeinde-*,

---

[85] Vgl. ERNST-WOLFGANG BÖCKENFÖRDE, Die deutsche verfassungsgeschichtliche Forschung im 19. Jahrhundert. Zeitgebundene Fragestellungen und Leitbilder (Berlin 1961), 92 ff.

[86] BRANDT, Landständische Repräsentation, 174 bezeichnet diese Haltung als 'neuständisch': „Ich nenne diese Vorstellungen, die allen sozial relevanten Gruppen der Gesellschaft ein politisches Vertretungsrecht einzuräumen bereit sind, neuständisch, unter dem Aspekt ihrer politischen Mediatisierung sozialständisch".

[87] Dazu ebd.

[88] Vgl. FRIEDRICH CHRISTOPH DAHLMANN, Ein Wort über Verfassung, Kieler Bll. 1 (1815), 47 ff. 245 ff.; ders., Die Politik, auf den Grund und das Maß der gegebenen Zustände zurückgeführt (1835), hg. v. Otto Westphal (Berlin 1924); vgl. dazu BRANDT, Landständische Repräsentation, 179 f.

[89] Versuch über die Bedeutung ständischer Verfassung für deutsche Völker (Bremen 1817), 157, zit. BRANDT, Landständische Repräsentation, 180 f.

[90] Vgl. BÖCKENFÖRDE, Forschung, 86 ff.

III. 3. Romantischer Liberalismus

Gau- und Reichsversammlungen der Germanen in der vorfeudalen Epoche zum Konstitutionalismus des 19. Jahrhunderts[91]. Auffallend ist bei den romantischen Liberalen die Kluft zwischen der neuständischen Theorie und deren institutionellen Verwirklichung, soweit dazu überhaupt Konkretes vorgelegt wurde. Dahlmann, der Rousseaus Gedanken der politischen Gleichheit nur im *berufslosen Pöbel* verwirklicht sehen konnte[92], zeichnete als ideales Repräsentativsystem ein Vielkammersystem, das der sozialständischen Vielfalt gerecht würde. *Und so wäre das volksgemäße Verfahren wohl eher dieses, so viele Kammern als Hauptberufe sind, zu bilden*[93]. Als Realist freilich gab sich Dahlmann mit dem Zweikammersystem zufrieden[94]. Die dem neuständischen Denken immanente Einschränkung des Mehrheitsprinzips wurde von den romantischen Liberalen ausdrücklich hervorgehoben. So wandte sich Dahlmann gegen einen schematischen Zensus des Wahlrechts oder gegen *numerische* Gesichtspunkte zugunsten einer *innerlichen* Ordnung *nach lebendigen Verhältnissen*[95]. Der romantische Liberalismus war zugleich Reaktion auf Feudalismus und individualistisch-rationalistische Aufklärung. „Die germanische Freiheit ist in ihrem bürgerlich-freiheitlichen Charakter das Gegenbild der „Feudalfreiheit", deren Wesen die Auflösung des allgemeinen, freien und gleichen Staatsbürgervereins und seine Ersetzung durch „private" Schutz-, Dienst- und Abhängigkeitsverhältnisse ist. Zugleich ist sie in ihrer politisch-institutionellen Seite das Gegenbild zum allgemeinen Menschenrecht und der „naturrechtlichen Privatfreiheit der emanzipierten bürgerlichen Gesellschaft"[96].

Sozialgeschichtlich spiegelt die „romantisch-organologische" Richtung des deutschen Liberalismus die Tatsache wider, daß jenes nach Emanzipation von staatlicher Bevormundung bzw. Selbstbestimmung im staatlichen Bereich strebende Bürgertum der westeuropäischen Monarchien, deren Blüte die industrielle Revolution beschleunigt hatte, im deutschen Vormärz nur in einem gewissen Ausmaße vorhanden war. In Deutschland, das mehr Bildungs- als Besitzbürgertum aufwies, kam es nicht so sehr darauf an, dem ökonomischen Liberalismus den politischen Rahmen zu geben, sondern diesen, den gewünschten Konstitutionalismus, der bildungsbürgerlich-bäuerlichen Sozialstruktur anzupassen. Dabei ist seit etwa 1830 sogar ein der westlichen Entwicklung gegenläufiger, die romantische Komponente des „germanischen Genossenschaftsstaates" noch verstärkender Trend des ständischen Denkens im deutschen Liberalismus spürbar: „Statt Gewährung paritätischer landständischer Repräsentation für die sich zunehmend klarer formierenden Mittel- und Unterschichten Beschränkung des Vertretungsrechtes auf eine homogene Schicht von Landeigentümern. Statt Ausrichtung der politischen Organisationspläne an den sozialen Verhältnissen der frühindustriellen Epoche Rückzug in eine vergangene prä-ständische Gesellschaft durch und durch patriarchalischen Zuschnitts"[97].

---

[91] CARL WELCKER, Grundgesetz und Grundvertrag. Grundlagen zur Beurteilung der Preußischen Verfassungsfrage (Altona 1847), 83, zit. BRANDT, Landständische Repräsentation, 200.
[92] DAHLMANN, Politik, 133.
[93] Ebd.
[94] Vgl. ebd., 133 f.
[95] Ebd., 134 f. 142, zit. BRANDT, Landständische Repräsentation, 202 ff.
[96] BÖCKENFÖRDE, Forschung, 88.
[97] BRANDT, Landständische Repräsentation, 203.

Es versteht sich, daß die vom romantischen Liberalismus zusätzlich vollzogene Anpassung an das monarchische Prinzip eine weitere Einschränkung des Mehrheitsprinzips bedeutete. Dies gilt jedoch ebenso für einen großen Teil des im aufklärerischen Sinne vernunftrechtlichen deutschen Liberalismus des Vormärz. Als nützlich für die Rechtfertigung der Fortdauer des monarchischen Prinzips in Verbindung mit der Kontrolle des Fürsten durch eine nach sozialständischen Kriterien gewählte, aber instruktionsfreie Repräsentativversammlung erwies sich eine dreiteilige Version der Vertragstheorie. So unterschied der Leipziger Staatswissenschaftler KARL HEINRICH LUDWIG PÖLITZ zwischen *Vereinigungs-, Verfassungs- und Unterwerfungsvertrag*. Durch letzteren wird die Souveränität dem Fürsten übertragen, der seinerseits bestimmte Funktionen delegieren kann, wie z. B. Teile der gesetzgebenden Gewalt an eine Repräsentativversammlung[98].

4. Der vernunftrechtlich-fortschrittliche Liberalismus des Vormärz: Rotteck

Im Unterschied zum romantischen Liberalismus knüpfte der Freiburger Staatsrechtslehrer KARL VON ROTTECK seine Lehre an die Aufklärung an, ebenso an Rousseau wie an Kant, und im Unterschied zum vernunftrechtlichen Kompromißliberalismus des Vormärz wies er sowohl das monarchische Prinzip wie auch dessen Rechtfertigung durch die dreiteilige Vertragstheorie zurück. Rotteck vertrat einen Dualismus von Fürst und Parlament, wobei letzteres das Übergewicht besitzen sollte[99].

Im Sinne von Rousseau beinhaltet für Rotteck der Gesellschaftsvertrag die *Vereinigung mehrerer Personen zu einer Gesamt-Persönlichkeit, also Vereinigung mehrerer Einzelwillen zu einem Gesamtwillen*. Indem jedes Mitglied dem Gesamtwillen gehorche, gehorche es seinem eigenen Willen und sei damit frei[100]. Rottecks einphasige Vertragslehre erscheint radikaldemokratisch wie Rousseaus „Contrat social". Von besonderem Interesse ist nun, daß Rotteck im Rahmen dieser Vertragslehre eine — vor allem gegen konservative Argumentation gerichtete — ausführliche prinzipielle Rechtfertigung des Mehrheitsprinzips lieferte, unbelastet von Einwänden zugunsten individualistischer Schutzgarantien bzw. Minderheitsrechte.

In einem Abschnitt *Von der natürlichen Entscheidungskraft der Stimmen-Mehrheit* erörterte Rotteck den Satz: *In der gleichen Gesellschaft entscheidet die Mehrheit — eine Wahrheit..., welche folgenreicher als jede andere für die Wissenschaft des gesellschaftlichen und öffentlichen Rechtes, und wohl die eigentliche Grundsäule ist für die echte Theorie der Freiheit*[101]. Zur Artikulation des Gesamtwillens verfüge die Gesellschaft nun über nichts anderes als über *den Verstand und den Willen der Glieder*[102]. Es bestehe für die *Gesellschaft als Gesamtwesen* kein Grund, *die Einsicht*

---

[98] Vgl. KARL HEINRICH LUDWIG PÖLITZ, Die Staatswissenschaften im Lichte unserer Zeit, 2. Aufl., Bd. 1 (Leipzig 1827), 171 ff. Vgl. dazu vor allem BRANDT, Landständische Repräsentation, 214 ff.

[99] Vgl. BRANDT, Landständische Repräsentation, 259.

[100] CARL V. ROTTECK, Ueber den Begriff und die Natur der Gesellschaft und des gesellschaftlichen Gesammtwillens, in: ders., Sammlung kleinerer Schriften meist historischen oder politischen Inhalts, Bd. 2 (Stuttgart 1829), 12.

[101] Ebd., 29 f.

[102] Ebd., 32.

III. 4. Vernunftrechtlich-fortschrittlicher Liberalismus

oder die Stimme eines ihrer Glieder für gültiger, gewichtiger als jene eines andern zu betrachten. Das Mehrheitsprinzip liege im Begriff der Gesellschaft als Gesamtwesen..., es ist keine andere Art, zur Erkenntnis und zum Beschluß zu kommen, für sie möglich. Es ist also der Wille der Mehrheit immer der erscheinende, d. h. also juristisch gültige Gesamtwille[103]. Wer gegen die Majorität auftrete, beanspruche für seine Stimme ein größeres Gewicht als für die der anderen oder aber: er betrage sich als *Nichtverbundener*[104]. Geradezu an Locke erinnert der Satz, daß in der moralischen Welt nicht minder als in der physischen oder materiellen die größere Kraft die geringere und eine größere Summe gleicher Größen die kleinere überwältige[105]. Für Rotteck war die Majorität kraft *Vernunftrecht* das *natürliche Organ* des Gesamtwillens und die *Gesetzgeberin der Gesellschaft*[106].

Über die Eindeutigkeit dieser prinzipiellen Aussage hinaus verweist jedoch zweierlei: Einmal deutete Rotteck das Problem der gleichen Qualifikation des Stimmrechts an[107], zum anderen wies er auf die Möglichkeit einer unterschiedlichen Stimmengewichtung durch *eine vorausgegangene ... Verabredung (positive Einsetzung)*[108] hin. An anderer Stelle forderte Rotteck, daß *das Vermögen und zumal der Grundbesitz*[109] als Voraussetzungen des aktiven Stimmrechts garantieren sollten, daß die Bürger sich für das Gesamtinteresse einsetzten. Der Regierung im engeren Sinne als dem „künstlichen" Organ der Staatsgewalt sollte die Exekutive, der Repräsentation als dem „natürlichen Organ" sollte die Legislativgewalt zukommen[110]. Zwar ging auch Rotteck von der Existenz sozialer Stände aus und wünschte eine gerechte Vertretung der sozialen Hauptklassen z. B. durch die Wahlkreiseinteilung[111], aber ein Mehrkammersystem lehnte er ab. Die parlamentarische Repräsentation in einer Kammer sollte nicht zuletzt die Integration des Gemeinwesens bewirken[112]. Obgleich gefiltert durch Zensus, Repräsentation und Gewaltenteilung, kam bei Rotteck das Mehrheitsprinzip besser zum Zuge als im neuständischen Liberalismus seiner Zeit.

Zusammenfassend fällt in Rottecks Analyse des Mehrheitsprinzips auf, wie weit dessen Rechtfertigung durch eine radikaldemokratische Vertragslehre im Sinne Rousseaus und ihre Einschränkung durch den Rahmen der konstitutionellen Monarchie theoretisch auseinanderklaffen. Das demokratische und das monarchische Prinzip stehen unverbunden nebeneinander. Ebenso wie im neuständischen Liberalismus romantischer Prägung wird man auch darin eine spezifische Form des frühen deutschen Liberalismus sehen müssen, der die Elemente der westeuropäischen und deutschen Staatsphilosophie und die deutsche gesellschaftliche und politische Realität geistig nur unvollkommen und weithin naiv zu verarbeiten vermochte.

---

[103] Ebd., 32 f.
[104] Ebd., 34.
[105] Ebd., 35.
[106] Ebd., 36 f.
[107] Vgl. ebd., 29.
[108] Ebd., 32 f.
[109] Ders., Ideen über Landstände (hg. 1819, bei der Eröffnung des ersten Badischen Landtages), in: Sammlung kleinerer Schriften, Bd. 2, 144.
[110] Dazu BRANDT, Landständische Repräsentation, 258 f.
[111] ROTTECK, Ideen über Landstände, 111.
[112] Vgl. BRANDT, Landständische Repräsentation, 261 ff.

5. Die Auseinandersetzung um eine förmliche Opposition und eine kompakte Mehrheit

Besonderer Erwähnung bedarf noch die in den zwanziger und dreißiger Jahren in den konstitutionellen Staaten Süddeutschlands geführte Debatte um eine „förmliche Opposition" (→ Opposition). Es ging dabei um die Frage, ob die Volksvertretung als ganzes der Regierung in permanenter Opposition gegenüberstehen oder ob der parlamentarische Wille sich in kompakten und dauernden Mehr- und Minderheiten artikulieren solle. Im Gegensatz zu Rotteck vertrat etwa der badische Ministerialrat und spätere Ministerpräsident ALEXANDER VON DUSCH die Auffassung, daß die Regierungsfähigkeit des Ministeriums es erfordere, daß dieses sich zwischen den Wahlen auf eine feste Majorität in der Kammer stützen könne[113]. In Sachsen lehnte der Philosophieprofessor und Landtagsabgeordnete WILHELM TRAUGOTT KRUG eine geschlossene Opposition ab; es dürfe allenfalls Opponenten, aber keine Oppositionspartei geben. Im übrigen aber sei Opposition nur statthaft, wenn die Regierung die Grenzen des Rechts überschreite[114]. Intensiv wurde die Debatte um eine geschlossene parlamentarische Mehrheit bzw. Minderheit in zahlreichen Artikeln des von Rotteck und Welcker herausgegebenen und teilweise verfaßten Staatslexikons geführt. Nicht zuletzt Welcker selbst setzte sich im Gegensatz zu seinem Mitherausgeber für die Anerkennung einer förmlichen parlamentarischen Mehrheit bzw. Minderheit ein[115]. Die theoretische Diskussion dieser Problematik blieb unabgeschlossen und löste sich seit den vierziger Jahren und insbesondere nach dem Scheitern der Paulskirche in den theoretischen Reflexionen um die politischen Parteien weitgehend auf.

6. Mohl

Positiv vom Vormärzliberalismus heben sich die Arbeiten von ROBERT VON MOHL ab. Weder diskutierte er das Mehrheitsprinzip losgelöst von der konkreten sozialen und politischen Realität, noch verflüchtigte sich die Diskussion in nichtindividualistisch-korporativen Zusammenhängen. Wie weit Mohl — ein Außenseiter des zeitgenössischen politischen Denkens — dem deutschen Liberalismus seiner Zeit voraus war[116], zeigen etwa sein Begriff der *repräsentativen Demokratie* und seine Vorstellungen des Parlamentarismus. Gerade sie führen auch vor, wie komplex Mohl das Mehrheitsprinzip sah.

Demokratie als diskussionswerte Staatsform war für Mohl repräsentativ strukturiert. Dennoch wies er, unter dem Einfluß der Analyse der amerikanischen Demokratie durch Tocqueville[117], die repräsentative Demokratie vor allem wegen des allgemeinen Wahlrechts zurück. Sie war für ihn die *Herrschaft der Mehrzahl* oder *Herrschaft der*

---

[113] DUSCHS 1823 anonym erschienene Schrift hieß: „Über das Gewissen eines Deputirten oder von dem System der Abstimmung in ständischen Versammlungen".
[114] WILHELM TRAUGOTT KRUG, Über Opposizions-Parteien in und außer Deutschland und ihr Verhältnis zu den Regierungen (Leipzig 1835).
[115] → Opposition, Bd. 4, 490 ff.
[116] Vgl. BRANDT, Landständische Repräsentation, 242 ff.
[117] Vgl. KLAUS V. BEYME, Einleitung zu: ROBERT V. MOHL, Politische Schriften, Eine Auswahl, hg. v. Klaus v. Beyme (Köln, Opladen 1966), XXXV.

Menge, auch wenn sie in einem großen Lande durch *Versammlungen von Stellvertretern* ausgeübt wurde. Die größte Gefahr der Demokratie und des allgemeinen Wahlrechts erblickte Mohl in der Gefährdung der individuellen Freiheit. Wenn der *eigentliche Inhaber der Staatsgewalt* das Volk sei und dessen *Wille ... Gesetz* werde, gebe es letztlich keine Möglichkeit mehr, *daß jemand aus selbständigem, von dem des Volkes verschiedenartigem, Rechte widerstreiten könnte*[118]. Die repräsentative Demokratie konfligierte für Mohl mit dem Gedanken des freiheitlichen Rechtsstaates, eines Staates, der sich trotz sozialpolitischer Ansätze auf einen engen Kreis von Aktivitäten beschränkte und die Freiheit des Bürgers als seinen obersten Grundsatz anerkannte[119]. Die diesem Anliegen am ehesten gerecht werdende politische Ordnungsform sah Mohl im parlamentarischen System Englands. Nach englischem Vorbild verwirklichte sich für ihn das Mehrheitsprinzip im Gegeneinander von parlamentarischer Mehrheit und Minderheit und in der Existenz von *zwei politischen Parteien ..., welche um die Regierung kämpfen*[120]. Bewegungsprinzip der parlamentarischen Mehrheitsverhältnisse sollte im Unterschied zu einer Schrift von 1837 für Mohl n a c h 1848 die parlamentarische Verantwortlichkeit der Regierung sein. Allerdings komplizierte er das Mehrheitsprinzip durch sozialständische Gedankengänge. Er forderte drei Stufen von „vertretenden Versammlungen", die berufsständisch zusammengesetzt sein sollten: die „Sondervertretungen", die „zusammengesetzten Vertretungen" — gleichsam Ausschüsse der Sondervertretungen — und schließlich die „Gesamtvertretung" — die Versammlung aller dieser Ausschüsse. In den zwei zuletzt aufgeführten Versammlungen werden Mehrheitsbeschlüsse gefaßt, weder sollte es ein imperatives Mandat noch eine itio in partes geben[121]. Obgleich nicht deutlich wird, wie Mohls Vorstellungen einer „organischen" Repräsentation und eines Parteiensystems harmonisieren sollten, hat man doch zu Recht betont, daß er „die nüchtern-realistische Auffassung der Angelsachsen" geteilt habe, „die das Ganze und die Teile im Repräsentationsbegriff pragmatisch nebeneinander bestehen lassen, so wie sie es in der politischen Realität vorfinden"[122].

7. Zusammenfassung

Zusammenfassend ist festzustellen, daß der frühe deutsche Liberalismus ein unterschiedliches Verhältnis zu den verschiedenen Dimensionen des Mehrheitsprinzips aufwies. Als Technik der Entscheidungsfindung wurde es prinzipiell anerkannt, wenngleich nicht immer ohne Mißtrauen. Krugs Aussage ist dafür symptomatisch: *die Mehrheit kann irren, kann sogar von einem bösen Geiste besessen sein; was gar nicht selten der Fall gewesen. Man muß aber in menschlichen, also auch in bürgerlichen*

---

[118] Mohl, Die Verantwortlichkeit der Minister in Einherrschaften mit Volksvertretung (Tübingen 1837), 4, zit. ebd., 41 f.
[119] Dazu vor allem Erich Angermann, Robert von Mohl 1799—1875. Leben und Werk eines altliberalen Staatsgelehrten (Neuwied 1962), 139 ff. 277 ff.
[120] Mohl, Das Repräsentativsystem, seine Mängel und die Heilmittel (1852), in den Grundgedanken unverändert abgedr. in: ders., Staatsrecht, Völkerrecht und Politik. Monographien, Bd. 1 (Tübingen 1860), 431, zit. Brandt, Landständische Repräsentation, 253.
[121] Vgl. ebd., 252.
[122] Beyme, Einleitung, XXXIV f. (s. Anm. 117).

Dingen oft zu solchen Voraussetzungen seine Zuflucht nehmen, weil man sonst zu keinem Beschlusse kommen könnte[123]. In der Frage einer förmlichen parlamentarischen Mehrheit bzw. Minderheit war die Haltung des frühen deutschen Liberalismus gespalten. Einig war man sich jedoch in der Ablehnung eines Mehrheitsprinzips, das im Sinne der *Masse* oder der *Majorität* der *Zeitgenossen* ausgelegt wurde. Herrschaft der Majorität darf auf keinen Fall Herrschaft der Masse bedeuten[124]. Hier kam dieselbe bildungselitäre Haltung wie bei Goethe und Schiller zum Ausdruck[125].

IV. Der Konservatismus

Der deutsche Konservatismus hatte wenig zur Debatte um das Mehrheitsprinzip beizutragen. Er gelangte kaum über das Unbehagen am Quantitativen bzw. Numerischen als Herrschaftsprinzip hinaus. Dies soll im folgenden in einer Gegenüberstellung des Engländers Edmund Burke und des frühen deutschen Konservatismus deutlich werden. Burke, der zu den wesentlichen Theoretikern des englischen Parlamentarismus zählt, wurde allein aus der Perspektive seiner Kritik an der Französischen Revolution in der Nachfolge von Friedrich Gentz weithin zu Unrecht von den Konservativen der Entwicklung des deutschen Konstitutionalismus entgegengestemmt.

1. Burke

BURKE stand in den ersten Jahrzehnten der Regierungszeit König Georgs III. in Opposition gegen dessen vermeintlich verfassungswidriges Verhalten, durch „influence" die Mehrheit des Unterhauses auf der Seite seiner Regierung zu haben und damit die Verfassungsbalance zu stören. Das Thema Mehrheitsprinzip wurde in diesen Attacken Burkes nicht angesprochen. Es war im Rahmen des praktizierten elektoralen und parlamentarischen Systems unproblematisch. Problematisch auch für Burke wurde es erst durch die Französische Revolution, deren theoretische Prämissen er zurückwies. Die Hauptsünde der Revolutionäre sah Burke in deren Versuchen, gleichsam mathematisch-geometrisch, losgelöst vom historischen Erbe, eine politische Ordnung zu konstruieren. *I cannot conceive how any man can have brought himself to that pitch of presumption, to consider his country as nothing but carte blanche, upon which he may srcibble what ever he pleases*[126]. In Burkes antiindividualistischem Staatsdenken hatte das Mehrheitsprinzip nur dort seinen Platz, wo es sich historisch im Rechts- und Sozialgefüge entwickelt hatte. *As in the abstract it is perfectly clear that, out of a state of civil society majority and minority are relations which can have no existence; and that, in civil society, its own specific conventions in each corporation determine what it is that constitutes the people, so as to make their act*

---

[123] KRUG, Opposizions-Parteien, 12.
[124] So etwa: FRIEDRICH ROHMER, Lehre von den politischen Parteien, Tl. 1: Die vier Parteien, hg. v. Theodor Rohmer (Zürich, Frauenfeld 1844), §§ 6. 43 (S. 8. 34).
[125] Zu Goethe und Schiller s. o. Anm. 8.
[126] EDMUND BURKE, Reflections on the Revolution in France (1790), Works, vol. 4 (London 1904; Ndr. 1925), 173.

the signification of the general will: to come to particulars, it is equally clear that neither in France nor in England has the original or any subsequent compact of the state, expressed or implied, constituted a majority of men, told by the head, to be the acting people of their several communities[127]. Aber auch unabhängig von einer empirischen *civil society* lehnte Burke einen demokratischen Abstimmungsmechanismus ab. *Give once a certain constitution of things which produces a variety of conditions and circumstances in a state, and there is in nature and reason a principle which, for their own benefit, postpones, not the interest, but the judgment, of those who are numero plures, to those who are virtute et honore majores. Numbers in a state (supposing, which is not the case in France, that a state does exist) are always of consideration — but they are not the whole consideration. It is in things more serious than a play that it may be truly said, Satis est equitem mihi plaudere*[128].

Für Burke war die naturrechtliche Rechtfertigung des Mehrheitsprinzips *one of the most violent fictions of positive law that ever has been or can be made on the principles of artificial incorporation*[129]. Burke konnte sich keine *nation* ohne eine *natural aristocracy* denken, die in den politischen, sozialen und ökonomischen Bereichen entschied[130]. Mehrheitsentscheidungsmechanismen konnten damit verbunden sein, gekoppelt freilich mit *long habits of obedience*[131]. Burke lehnte das Mehrheitsprinzip als abstractum nicht nur ab, weil es dem natürlichen Prinzip der Ungleichheit unter den Menschen und der natürlichen Gliederung des Staates widersprach, sondern auch, weil er die Komplexität des Mehrheitsprinzips im Problem des Minderheitenschutzes erkannte. Er konstatierte, daß in manchen Ländern qualifizierte Mehrheiten für bestimmte Entscheidungen notwendig seien und daß dadurch — etwa im Extremfalle in Polen durch das liberum veto — die Herrschaft der Mehrheit in die Herrschaft der Minderheit umschlagen könne[132].

2. Der Konservatismus des deutschen Vormärz

Der deutsche Konservatismus hatte nie den Rang des Denkens eines Burke. Da schon der frühe deutsche Liberalismus weithin sowohl den Kompromiß mit dem monarchischen Prinzip gesucht hatte als auch die Idee der Repräsentation sozialständisch verstehen wollte, konnte der Konservatismus sein Profil nur im Rückblick auf altständisches Denken suchen, soweit er überhaupt die ständische Idee aufnahm. Hinzu kam eine noch stärkere Akzentuierung der monarchischen Macht, die allein die Einheit des Staates verkörperte. Dabei verblieben die ständischen Rekonstruktionsvorschläge im romantischen Dunkel; eindeutig war nur die Ablehnung jeglicher individualistisch-rationalistischen Repräsentationsidee französischer Herkunft. Dazu zählte auch das Mehrheitsprinzip. Zwar wies auch der Liberalismus eine durch die Ausdehnung des Wahlrechts bewirkte Herrschaft der Mehrheit weit

---

[127] Ders., An Appeal from the New to the Old Whigs (1791), ebd., vol. 5 (1907), 99 f.
[128] Ebd., 100.
[129] Ebd., 97.
[130] Ebd., 101.
[131] Ebd., 97.
[132] Ebd., 97 f.

von sich, aber er forderte doch die *majorité des capables* im Sinne FRANCOIS GUIZOTS[133]. Die konservativen Denker dagegen rührten alle Emotionen gegen irgendeine numerische Qualifizierung von Herrschaft auf. ADAM MÜLLER schrieb, daß es sich zeigen werde, *daß unser Volk die uralte deutsche Landstandschaft, nicht aber eine neumodische Kopf-, Seelen- oder Geldrepräsentation will*[134]. Als Konsequenz jeder Kopfrepräsentation kündigte Müller eine *rohe Militärtyrannei* im Stile Napoleons an[135]. G. B. MENDELSSOHN vertrat das qualitative Prinzip der ständischen gegen das quantitative Prinzip der konstitutionellen Vertretung und erklärte jede Entscheidung durch Stimmenmajorität mit den Grundsätzen einer monarchisch-ständischen Ordnung für unvereinbar[136]. VICTOR AIMÉ HUBER bezichtigte in einer Polemik die Opposition in Preußen, sie wolle durch die unmittelbare Herrschaft der Majoritäten *die brutalste Tyrannei und die erniedrigendste Knechtschaft, ...deren die neuere Zeit fähig* sei[137].

Am differenziertesten sind die Ausführungen von FRIEDRICH JULIUS STAHL. Er versuchte den „Brückenschlag zwischen ständisch-monarchischer und konstitutioneller Ordnung"[138]. Stahl provozierte die zeitgenössischen Liberalen durch die berühmte, in einer Sitzung des Erfurter Volkshauses (15. 4. 1850) ausgesprochene *Gegenüberstellung von Autorität und Majorität*[139], die dann zum Schlagwort wurde. Was er damit meinte, machte Stahl in seiner berühmten Schrift über *das monarchische Prinzip* klar. Ausgehend von dem Prinzip, daß der Monarch in Deutschland tatsächliches Zentrum der politischen Macht bleiben sollte, sah Stahl den Monarchen über den Fluktuationen eines *bloß numerischen Repräsentationssystems*[140]. Die Autorität des Monarchen berücksichtigt die Majorität und schützt die Minorität. *Bei jeder reichsständischen Verfassung wird der Fürst auf die Stände Rücksicht nehmen müssen, er wird nicht mit Ministern regieren, die den extremsten Gegensatz gegen die Volksgesinnung, ja gegen den Geist der Verfassung bilden, aber er wird nicht für die oder jene politische Partei und noch weniger für die oder jene Schattierung derselben, für die oder jene Cotterie, vollends für das oder jenes Individuum in der*

---

[133] Zit. BRANDT, Landständische Repräsentation, 18.

[134] Dt. Staatsanzeigen, hg. v. ADAM MÜLLER, 1 (1816), 10 (Vorzählung). Ähnlich DAVID HANSEMANN an Friedrich Wilhelm III.: *Unter Majorität ist aber niemals gerade diejenige nach der Kopfzahl zu verstehen, sondern die eigentliche Kraft der Nation, welche zugleich kein anderes Interesse als dasjenige auch der Majorität der Kopfzahl haben soll und sich von dieser ... unterscheidet, daß sie durch größere Bildung mehr Einsicht ... durch Vermögen größeres Interesse für das Bestehen einer festen, kräftigen und guten Staatsregierung hat*, Denkschrift über Preußens Lage und Politik (31. 12. 1830), abgedr. in: Rheinische Briefe und Akten zur Geschichte der politischen Bewegung 1830—1845, hg. v. JOSEPH HANSEN, Bd. 1 (Leipzig 1919), 17.

[135] Vgl. MÜLLER, Staatsanzeigen 1, 14.

[136] Vgl. BRANDT, Landständische Repräsentation, 119.

[137] VICTOR AIMÉ HUBER, Die Opposition. Ein Nachtrag zu der conservativen Parthei (Halle 1842), 65.

[138] BRANDT, Landständische Repräsentation, 106.

[139] FRIEDRICH JULIUS STAHL, Die Philosophie des Rechts, 3. Aufl., Bd. 2/2 (Heidelberg 1856), 176, Anm. u. ders., Rede wider den Liberalismus, in: ders., Parlamentarische Reden, hg. v. J. P. M. Treuherz (Berlin o. J.), 135 f.

[140] Ders., Das monarchische Prinzip. Eine staatsrechtlich-politische Abhandlung (Heidelberg 1845), 26.

Wahl seiner Minister bestimmt werden, er wird selbst die Prinzipien der Minorität durch sein Ansehen aufrecht halten können und der Majorität nur Moderationen derselben zugestehen, nicht ihr die Regierung selbst in die Hand geben müssen. Er wird im Stande sein, den Paroxismen der Zeit den unerschütterlichen Widerstand seiner bessern Einsicht entgegenzusetzen und einen selbständigen Plan, wenn er nur die tiefern Interessen wirklich befriedigt, durch alle Anfechtungen zuletzt zur Erfüllung zu bringen[141]. Die Landesvertretung, im Gegensatz zur Regierung als dem *herrschenden und bildenden Prinzip im Staate das schützende und anregende Prinzip im Staate*[142], mußte nach Stahl ständisch, d. h. nach den Berufsständen, und insbesondere nach dem Grundbesitz, zusammengesetzt sein. Über die Details der Konstituierung der ständischen Kammern war sich Stahl allerdings keineswegs schlüssig. Über eine in unserem Zusammenhang wichtige Frage ließ Stahl jedoch keinen Zweifel. Die sich abgesehen vom hohen Adel in einer Kammer findenden Stände sollten *mehrheitlich* abstimmen. ... *der Unterschied zwischen dem hohen Adel und den übrigen Ständen ist der, daß sie das Nationalinteresse in verschiedener Weise repräsentieren, und nur ein solcher rechtfertigt die Absonderung. Daher müssen die andern Stände außer dem hohen Adel zusammen beschließen, d. h. ohne gegenseitiges Veto durch Stimmenmehrheit zu einem gemeinsamen Resultate kommen. Das Gegenteil ist auch schon faktisch unausführbar. Denn würde einem jeden ein Veto gegen die übrigen eingeräumt, so wäre zu keinem Resultate zu kommen. Die Abstimmung in dieser Kammer aber muß gleichfalls nach den Einzelstimmen geschehen, nicht nach Kurien. Abstimmung nach Kurien würde zwar keineswegs die Einheit der Kammer aufheben, es ergäbe sich aus den Stimmen der gesonderten Stände als Resultat der Beschluß der Volksvertretung, sie würde auch gegen Verwischung der Standescharaktere und Auflösung der Standesinteressen in politische Parteiungen wahren. Allein sie ist nur da naturgemäß, wo, wie ehedem, die Regierung die Stände nur als Ganzes und erst durch sie die einzelnen, nicht wo sie, wie jetzt, in den meisten Dingen unmittelbar die einzelnen trifft*[143].
Stahls Kritik des Mehrheitsprinzips als des zentralen Herrschaftsprinzips richtete sich vor allem gegen die Liberalen. Ausgehend von der grundsätzlichen Dichotomie von Revolutions- und Legitimitätsparteien[144], warf er der liberalen Partei vor, daß das von ihr vertretene Mehrheitsprinzip inkonsequent sei, solange es sich mit dem Zensus verbinde. Der dahinter verborgene Herrschaftsanspruch des *Mittelstandes* über die Proletarier lasse sich genausowenig rechtfertigen, wie der Liberalismus *eine göttliche und natürliche Ordnung* anerkenne, *nach welcher die Obrigkeit Gewalt hat über die Untertanen aus eigenem Ansehen*. Stahl fragt: *Wenn die Bourgeoisie das Königtum nicht über sich erträgt, ja keine etwas hervorragende Grundaristokratie neben sich erträgt, warum soll der peuple die Bourgeoisie über sich ertragen? Wenn die Majorität derjenigen, die 1000 Franks Steuer zahlen, Herr im Staate sein soll, warum nicht die*

---

[141] Ebd., 24.
[142] Zit. u. interpretiert bei Dieter Grosser, Grundlagen und Struktur der Staatslehre Friedrich Julius Stahls (Köln, Opladen 1963), 94.
[143] Stahl, Die Philosophie des Rechts nach geschichtlicher Ansicht, Bd. 2/2 (Heidelberg 1837), 201.
[144] So Stahl in seinen 1850/51 gehaltenen Vorlesungen, die nach seinem Tode im Druck erschienen: Die gegenwärtigen Parteien in Staat und Kirche. Neunundzwanzig akademische Vorlesungen (Berlin 1863), 2 ff.

noch größere Majorität derjenigen, welche nur 10 Franks oder gar keine Franks zahlen?[145] Für Stahl war das Prinzip der Mehrheit qua *Addition der Einzelwillen*[146] das Spezifikum der parlamentarischen Herrschaft der Bourgeoisie. Obgleich er auch die Demokratie als *Zahlenherrschaft* bezeichnete[147], ließ er doch keinen Zweifel daran, daß er die Demokratie nicht vom *Rechte des Einzelwillens*, sondern vom *Rechte des Gesamtwillens* ausgehend verstand. Es entscheide darum *nicht die Zahl und die Addition der Stimmen, sondern die elementarische Strömung der Masse, die intensive Kraft der Volksbewegung, die Energie des Stoßes*. Das Element der liberalen Partei sei *die Majorität des Parlaments*, das der demokratischen Partei sei *die Volkskundgebung und die Emeute*[148]. Beiden Elementen hielt Stahl als Herrschaftsprinzip der von ihm selbst vertretenen *ständisch konstitutionellen Monarchie*[149] das *Bedürfnis der Sache* entgegen[150].

V. Mehrheitsprinzip und Demokratie

In der Mitte des 19. Jahrhunderts hatte sich in Deutschland mit dem Auseinandertreten von Liberalismus und Demokratie die Problematik des Mehrheitsprinzips als Gegenstand der politisch-theoretischen Auseinandersetzung schon weitgehend in den Bereich der Demokratiediskussion verlagert. Das Mehrheitsprinzip wurde als Herrschaft der Mehrheit des Volkes vor allem in der Form des allgemeinen Wahlrechts erörtert. Dabei bestand die Neigung, ebenso wie die Demokratie auch die Mehrheitsherrschaft mit dem Begriff der Republik zu identifizieren[151]. In dem Maße allerdings, wie sich mit der Tendenz zur Demokratie der Idee nach das Mehrheitsprinzip als Herrschaft der Mehrheit der allgemein Stimmberechtigten durchsetzte, komplizierte sich das Problem der Mehrheitsherrschaft. Das Komplementärthema des Mehrheitsprinzips wurde der Minderheitenschutz, die Frage nach den Grenzen der Mehrheitskompetenzen. Für den klassischen Liberalismus war diese Frage auf der Ebene der Mehrheitsentscheidungen weithin unproblematisch, da sie prinzipiell durch den Ausschluß nicht homogener Minderheiten aus dem Willensbildungsprozeß beantwortet war. Für den deutschen Konstitutionalismus schließlich konnte das monarchische Prinzip gleichsam den Damm gegen ein freilich gar nicht denkbares Überborden von Mehrheitsentscheidungen darstellen. Als der herausragendste Vertreter dieser Position des deutschen Konstitutionalismus, der in der Regierung ein Bollwerk gegen die *Höflinge der Majorität, die Registratoren der Majorität* sah, kann BISMARCK zitiert werden: *der Byzantinismus ist in unsern Zeiten nie so weit getrieben worden, als in der Anbetung der Majoritäten (...), und die Leute, die der Majorität unter Umständen fest ins Auge sehen und ihr nicht weichen, wenn sie glauben, im Rechte zu sein, die finden Sie nicht sehr häufig, aber es ist immerhin nützlich, wenn der Staat einige davon in Vorrat hat*[152].

---

[145] Ebd., 80 f.
[146] Ebd., 189.
[147] Ebd., 312.
[148] Ebd., 189 f.
[149] Ebd., 328.
[150] Ebd., 312.
[151] → Demokratie, Bd. 1, 884.
[152] BISMARCK, Rede vor dem Reichstag am 30. 11. 1881, FA Bd. 12 (1929), 304.

Die geistesgeschichtlichen Stationen auf dem Wege zum neuzeitlichen Demokratiebegriff westlicher Prägung, zum demokratischen Verfassungsstaat, der das Verhältnis von Mehrheit(en) und Minderheit(en) als Problem sieht und für die Lösung dieser Spannung Regeln anerkennt, werden durch Namen wie Thomas Jefferson, James Madison, Alexander Hamilton, Alexis de Tocqueville, John Stuart Mill und auch John C. Calhoun markiert.

1. Die amerikanischen Verfassungsväter

Die herausragendste Debatte über das Mehrheitsprinzip in seinen modernen Dimensionen fand unter den amerikanischen Verfassungsvätern statt. Die Gegenpole waren Thomas Jefferson als Verfechter der Doktrin der Mehrheitsherrschaft auf der einen Seite und John Adams und Alexander Hamilton auf der anderen Seite, die immer wieder vor den Gefahren einer Mehrheitstyrannei warnten und Kontrollen der Mehrheitsherrschaft forderten[153]. Es wäre freilich falsch, in diesen Polen radikale Gegensätze zu sehen. Für alle Kontrahenten waren Mehrheit und Minderheit in einem angemessenen rechtlichen Verhältnis zu sehen. So formulierte JEFFERSON in seiner Antrittsrede: *All, too, will bear in mind this sacred principle, that though the will of the majority is in all cases to prevail, that will, to be rightful, must be reasonable; that the minority possess their equal rights, which equal laws must protect, and to violate which would be oppression*[154].

Die Differenz der Positionen kam durch unterschiedliche Akzentsetzungen zustande. Alle waren sich darin einig, daß — wie es HAMILTON im Federalist Nr. 51 ausdrückte — Gerechtigkeit das Ziel allen Regierens sei. Unterschiedlich jedoch war das Vertrauen darauf, daß die Mehrheit des Volkes auch der Minderheit gegenüber Gerechtigkeit walten lasse. Hamilton fehlte dieser Optimismus: *If a majority be united by a common interest, the rights of the minority will be insecure*[155]. Und: *The voice of the people has been said to be the voice of God; and however generally this maxim has been quoted and believed, it is not true in fact. The people are turbulent and changing; they seldom judge or determine right*[156]. Auch JAMES MADISON gab in einem gewissen Ausmaße *(in some degree)* die Berechtigung der Klage zu, *that measures are too often decided, not according to the rules of justice and the rights of the minor party, but by the superior force of an interested and overbearing majority*[157]. Wie aber konnte das Gemeinwohl gesichert werden? Madison sah nur zwei Mittel: *Either the*

---

[153] Einen Überblick über die Debatte gibt HENRY STEELE COMMAGER, Die Rechte der Minderheit im Rahmen der Mehrheitsherrschaft (Wiesbaden 1947).

[154] THOMAS JEFFERSON, Inauguration Address (4. 3. 1801), abgedr. in: The Life and Selected Writings of Thomas Jefferson, ed. ADRIENNE KOCH, WILLIAM PEDEN (New York 1944), 322.

[155] HAMILTON, The Federalist on the New Constitution, Introduction by W. R. Brook (1787/8; Ndr. London 1965), Nr. 51, 266. Beim „Federalist" handelt es sich um 85 Essays von ALEXANDER HAMILTON, JAMES MADISON und JOHN JAY, die zuerst unter dem Pseudonym PUBLIUS in der Zeit von Oktober 1787—1788 in New Yorker Zeitungen erschienen.

[156] ALEXANDER HAMILTON, Constitutional Convention. Speech on a Plan of Government, The Papers of Alexander Hamilton, ed. Harold C. Syrett, Jacob E. Cooke, vol. 4 (New York, London 1962), 200. Von dieser berühmten Rede Hamiltons gibt es fünf Versionen (vgl. ebd., 178 ff.). Zit. wurde nach der Version ROBERT YATES'.

[157] JAMES MADISON, The Federalist, Nr. 10, 41.

existence of the same passion or interest in a majority at the same time must be prevented, or the majority, having such co-existent passion or interest, must be rendered, by their number and local situation, unable to concert and carry into effect schemes of oppression[158]. Jefferson, dessen Ideal die Agrarrepublik war, zeigte auf der anderen Seite größeren Optimismus bezüglich der Entscheidungsfähigkeit des Volkes, allerdings unter der Bedingung, daß Amerika seine agrarische Struktur und die Erziehung seiner Bürger zur politischen Moral bewahrte. *After all, it is my principle that the will of the Majority should always prevail ... I think our governments will remain virtuous for many centuries; as long as they are chiefly agricultural; and this will be as long as there shall be vacant lands in any part of America. When they get piled upon one another in large cities, as in Europe, they will become corrupt as in Europe. Above all things I hope the education of the common people will be attended to; convinced that on their good sense we may rely with the most security for the preservation of a due degree of liberty*[159]. Nicht, daß durch diese Akzentunterschiede der Positionen das prinzipielle System der „checks and balances" der amerikanischen Verfassung irgendwie in Frage gestellt worden wäre. Es ging den Verfassungsvätern nicht um die Verwirklichung einer *Demokratie*, worunter sie die direkte Demokratie der Antike verstanden, sondern um die Schaffung einer *Republik*, d. h. einer Regierung, *in which the scheme of representation takes place*[160]. Mehrheitsherrschaft war Herrschaft auf repräsentativem Wege. Ausgelöst wurde die Debatte um das Mehrheitsprinzip hauptsächlich durch den Anspruch der richterlichen Gewalt, die Funktion der Normenkontrolle auszuüben. Diesen wesentlich in der klassischen Naturrechtslehre wurzelnden und in der Entscheidung Marbury versus Madison (1803) des Obersten Gerichtshofes unter Chief Justice Marshall anerkannten Anspruch lehnte Jefferson ab; Hamilton, auf dessen Argumente Richter Marshall sich berief, begrüßte ihn. Jefferson konnte in der richterlichen Normenkontrolle nur ein Hemmnis für den Mehrheitswillen sehen. Nicht in den obersten Gerichtshöfen, kleinen Gruppen politisch nicht verantwortlicher Männer, gegen deren Entscheidungen es keinen Appell gab, sondern in der Mehrheit des Volkes erblickte er die letzte Kontrolle der Regierung. An sie müsse appelliert werden. Die breite Masse des Volkes sei der zuverlässigste Wahrer ihrer eigenen Freiheiten[161].

2. Calhouns Theorie der „concurrent majority"

Jeffersons Ansichten zum Mehrheitsprinzip wurden von den Präsidenten Andrew Jackson und Abraham Lincoln übernommen. Im Gegensatz dazu entwickelte sich auf dem Boden handfester Minderheitsinteressen eine wahre „Anti-Mehrheits-Theorie"[162], die in der Mitte des 19. Jahrhunderts ihren Höhepunkt in den Schriften von JOHN C. CALHOUN, einem der intellektuellen Führer der amerikanischen Süd-

---

[158] Ebd., 44.
[159] THOMAS JEFFERSON, To James Madison, 20. 12. 1787, The Papers of Thomas Jefferson, ed. Julian P. Boyd u. a., vol. 12 (Princeton/New Jersey 1955), 422.
[160] The Federalist, Nr. 10, 45.
[161] Vgl. COMMAGER, Rechte der Minderheit, 81.
[162] Vgl. ebd., 17.

staaten, fand. Calhoun wurde zum Klassiker des Prinzips der „concurrent majority". Konkreter Anlaß war die Sorge über das wachsende Übergewicht der amerikanischen Nordstaaten nach Bevölkerung und Industrialisierung und das Problem, wie die Minderheit der auf die Sklavenwirtschaft angewiesenen Südstaaten sich gegen die Mehrheit der Nordstaaten zu behaupten vermochte. Calhouns theoretische Lösung waren die Theorie der einzelstaatlichen Souveränität und das Postulat, daß der numerischen Majorität der Konsens der Mehrheiten der verschiedenen Interessen entgegengesetzt werden müsse. Calhoun verband das quantitative Prinzip der numerischen Majorität mit dem qualitativen Prinzip einer „organischen" Willensbildung: *There are two different modes in which the sense of the community may be taken; one, simply by the right of suffrage, unaided; the other, by the right through a proper organism. Each collects the sense of the majority. But one regards numbers only and considers the whole community as a unit having but one common interest throughout, and collects the sense of the greater number of the whole as that of the community. The other, on the contrary, regards interests as well as numbers, — considering the community as made up of different and conflicting interests, as far as the action of the government is concerned — and takes the sense of each through its majority or appropriate organ, and the united sense of all as the sense of the entire community. The former of these I shall call the numerical, or absolute majority, and the latter, the concurrent, or constitutional majority. I call it the constitutional majority because it is an essential element in every constitutional government, be its form what it may. So great is the difference, politically speaking, between the two majorities that they cannot be confounded without leading to great and fatal errors; and yet the distinction between them has been so entirely overlooked that when the term „majority" is used in political discussions, it is applied exclusively to designate the numerical — as if there were no other. Until this distinction is recognized and better understood, there will continue to be great liability to error in properly constructing constitutional governments, especially of the popular form, and of preserving them when properly constructed. Until then, the latter will have a strong tendency to slide, first, into the government of the numerical majority, and finally, into absolute government of some other form*[163].

Der Kern einer institutionalisierten *concurrent majority* war für Calhoun das Vetorecht jedes *interest or portion of the community*[164] gegenüber allen anderen. *The government of the concurrent majority, where the organism is perfect, excludes the possibility of oppression, by giving to each interest, or portion, or order, — where there are established classes, — the means of protecting itself by its negative, against all measures, calculated to advance the peculiar interests of others at its expense*[165]. Calhouns Lehre der einzelstaalichen Souveränität und die Theorie der „concurrent majority" kreuzten sich in der Realität, da zur Zeit des inneramerikanischen Konflikts das Muster der zentralen ökonomischen Interessen sich etwa mit der einzelstaatlichen Nord-Süd-Gliederung deckte.

---

[163] JOHN C. CALHOUN, A Disquisition on Government (1853), abgedr. in: ders., A Disquisition on Government and Selections from the Discourse, ed. C. Gordon Post (New York 1953), 22 f.
[164] Ebd., 28.
[165] Ebd., 30.

3. Tocqueville

Die amerikanische verfassungs- und demokratietheoretische Debatte und das politische System der USA wurden dem europäischen Kontinent in der ersten Hälfte des 19. Jahrhunderts vornehmlich durch Tocquevilles Analyse bekannt, die jedoch vor allem in Deutschland ohne großes Echo blieb. Vor dem Hintergrund seiner pessimistischen Zukunftsahnungen über die fortschreitende „demokratische Revolution" und die Bedrohung der Freiheit durch die Gleichheit, die alles Politische und Gesellschaftliche nivellierende Walze der Demokratie, analysierte Tocqueville das amerikanische politische System. In vielen seiner Aussagen und Urteile stützte er sich dabei auf den konservativen amerikanischen Richter und Staatsrechtslehrer Joseph Story[166]. Tocqueville sah in den Vereinigten Staaten in allen Willensbildungsprozessen die Mehrheit am Werke, der die Minderheit ohne garantierten Schutz ausgeliefert sei. *Lorsqu'un homme ou un parti souffre d'une injustice aux Etats-Unis, à qui voulez-vous qu'il s'adresse? À l'opinion publique? c'est elle qui forme la majorité; au corps législatif? il représente la majorité et lui obéit aveuglément; au pouvoir exécutif? il est nommé par la majorité et lui sert d'instrument passif; à la force publique? la force publique n'est autre chose que la majorité sous les armes; au jury? le jury, c'est la majorité revêtue du droit de prononcer des arrêts: les juges eux-mêmes, dans certains Etats, sous élus par la majorité. Quelque inique ou déraisonnable que soit la mesure qui vous frappe, il faut donc vous y soumettre*[167]. Gegenüber der Gefahr einer tyrannischen Mehrheit in der Demokratie berief sich Tocqueville auf eine Art höherer Mehrheit. *Je regarde comme impie et détestable cette maxime, qu'en matière de gouvernement la majorité d'un peuple a le droit de tout faire, et pourtant je place dans les volontés de la majorité l'origine de tous les pouvoirs. Suis-je en contradiction avec moi-même?*[168] Der scheinbare Widerspruch löst sich auf durch die Berufung auf *une loi générale qui a été faite ou du moins adoptée, non pas seulement par la majorité de tel ou tel peuple, mais par la majorité de tous les hommes. Cette loi, c'est la justice*[169]. Tocqueville folgerte aus diesem Gedankengang, daß derjenige, der einem ungerechten Gesetz den Gehorsam verweigere, der Mehrheit keineswegs das Recht zu befehlen verweigere, sondern sich nur gegenüber der Souveränität des Volkes auf die Souveränität der Menschheit berufe. In der Beantwortung der Frage, ob die Freiheit oder die Despotie angesichts der unabwendbaren Tendenz in Richtung einer *égalité des conditions*[170] die größere Chance habe, blieb Tocqueville skeptisch. Amerika allerdings hatte für ihn trotz mangelnder Garantien gegen die Tyrannei der Mehrheit seine Freiheit noch erhalten. Den Grund für die *douceur* der Mehrheitsherrschaft fand Tocqueville mehr *dans les circonstances et dans les mœurs, plutôt que dans les lois*[171]. Insbesondere von der Bereitschaft der Amerikaner, die Lösung gemeinsamer Aufgaben nicht allein vom Staat zu erwarten, sondern sie in freiwilliger Zusammenarbeit zu lösen, war Tocqueville beeindruckt. Die Vereinigungsfreiheit und die

---

[166] → Demokratie, Bd. 1, 883.
[167] Tocqueville, De la démocratie en Amérique, Oeuvres compl., t. 1/1 (1951), 263.
[168] Ebd., 261: *tyrannie de la majorité*.
[169] Ebd.; zum folgenden vgl. ebd., 263 f.
[170] Ebd., t. 1/2 (1951), 171.
[171] Ebd., t. 1/1, 264.

Existenz vieler freiwilliger Vereinigungen — gleichsam als aristokratische Elemente in der Demokratie — bildeten für ihn *une garantie nécessaire contre la tyrannie de la majorité*[172].

4. John Stuart Mill

Mit dem Fortschreiten der Demokratie im Sinne der Tocquevilleschen Perzeption und mit der Einsicht in die Unaufhaltsamkeit der Ausdehnung des Wahlrechts auch auf die Arbeiterschaft insbesondere in England wandelte sich auch die Beurteilungsperspektive des liberalen Denkens in Europa. Man konnte sich nicht mehr allein mit der Forderung begnügen, das Wahlrecht nur auf die durch Vermögen und Bildung als qualifiziert Ausgewiesenen zu begrenzen. Es galt jetzt, der durch die Ausdehnung der Wahlberechtigten gefürchteten „Tyrannei der Mehrheit" zu wehren. Sowohl JOHN STUART MILL wie WALTER BAGEHOT — die großen englischen Theoretiker des Repräsentativprinzips um die Mitte des 19. Jahrhunderts — beschäftigte die Frage, wie der Gefahr zu begegnen sei, daß an die Stelle des *government by discussion*, das auf der Herrschaft der *middle classes* basiere, ein *government by ignorance and brute numbers* trete, die Herrschaft der *working class*[173]. Mill fürchtete, daß die Demokratie Gefahren zweifacher Art ausgesetzt sei, nämlich *danger of a low grade of intelligence in the representative body, and in the popular opinion which controls it, and danger of class legislation on the part of the numerical majority, these being all composed of the same class*[174]. In einer richtigen Demokratie waren für Mill alle Staatsbürger repräsentiert, nicht nur die Mehrheit. *The pure idea of democracy, according to its definition, is the government of the whole people by the whole people, equally represented. Democracy as commonly conceived and hitherto practised is the government of the whole people by a mere majority of the people, exclusively represented. The former is synonymous with the equality of all citizens, the latter, strangely confounded with it, is a government of privilege, in favour of the numerical majority, who alone possess practically any voice in the State. This is the inevitable consequence of the manner in which the votes are now taken, to the complete disfranchisement of minorities*[175]. Das beste Mittel, auch den Minoritäten ihre Repräsentation und damit die politische Partizipation zu sichern, sah Mill im Verhältniswahlsystem.

5. Bagehot

Im Gegensatz zu John Stuart Mill hielt WALTER BAGEHOT nichts von einer Änderung des Wahlsystems. Ebenso wie von der Ausdehnung des Stimmrechts auf die Arbeiter erwartete er vom Verhältniswahlrecht die Zerstörung des parlamentarischen Systems durch das Vordringen radikaler Klassenvorurteile, von Korruption und Gewalttätigkeit. Für Bagehot konnte *parliamentary government* nur funktionie-

---

[172] Ebd., 197.
[173] R. H. S. CROSSMAN, Introduction, in: WALTER BAGEHOT, The English Constitution, ed. R. H. S. Crossman (London 1964), 7.
[174] JOHN STUART MILL, Representative Government, abgedr. in: ders., Utilitarianism, Liberty and Representative Government, Introduction by A. D. Lindsay (London, New York 1910; Ndr. 1912), 256.
[175] Ebd., 256 f.

ren, *when the overwhelming majority of the representatives are men essentially moderate, of no marked varieties, free from class prejudices*[176]. Die Säule dieses Regierungssystems, das er in England in Aktion sah, waren die *middle classes — the ordinary majority of educated men.* Bagehot analysierte das englische Herrschaftssystem vorwiegend mit sozial-psychologischen und politisch-kulturellen Gedankengängen. *But suppose the mass of the people are not able to elect — and this is the case with the numerical majority of all but the rarest nations — how is a Cabinet government to be then possible? It is only possible in what I may venture to call deferential nations. It has been thought strange, but there are nations in which the numerous unwiser part wishes to be ruled by the less numerous wiser part. The numerical majority — whether by custom or by choice, is immaterial — is ready, is eager to delegate its power of choosing its ruler to a certain select minority. It abdicates in favour of its élite, and consents to obey whoever that élite may confide in. It acknowledges as its secondary electors — as the choosers of its government — an educated minority, at once competent and unresisted, it has a kind of loyalty to some superior persons who are fit to choose a good government, and whom no other class opposes. A nation in such a happy state as this has obvious advantages for constructing a Cabinet government. It has the best people to elect a legislature, and therefore it may fairly be expected to choose a good legislature — a legislature competent to select a good administration*[177].

Das institutionelle Pendant dieser *deference*, die auch heute noch von Politikwissenschaftlern als wichtiges Merkmal der englischen politischen Kultur bezeichnet wird, sah Bagehot in der Existenz von zwei Arten von Institutionen in der Verfassung: den *dignified parts* und den *efficient parts*. Erstere, z. B. die Monarchie, erzeugten und bewahrten Ehrfurcht und Loyalität der Staatsbürger gegenüber Verfassung und Politikern, letztere, z. B. das Kabinett, übten die eigentliche Macht und Autorität aus. Hinter einer *theatrical show* verborgen, spiele sich der wirkliche politische Prozeß ab[178].

VI. Marx

Für Marx mußte das Mehrheitsprinzip dreifach thematisch werden: erstens in seiner Kritik des zeitgenössischen Staates, zweitens im Rahmen des Problems des Übergangs von der kapitalistischen zur sozialistischen und weiterhin zur kommunistischen Gesellschaft und drittens in der Frage nach der Organisation der gewünschten und vorausgesagten kommunistischen Gesellschaft. Ebenso deutlich wie einleuchtend ist dabei, daß Marxens Aussagen zum Mehrheitsprinzip in der Folge der aufgezählten Probleme zunehmend vager wurden. Im Zentrum seines politischen Denkens stand das Mehrheitsprinzip freilich zu keiner Zeit, es wurde als Überbauphänomen immer vom ökonomisch fundierten dichotomischen Klassenkonzept überlagert. Der von Marx heftig kritisierte und bekämpfte Parlamentarismus als spezifische Herrschaftsform der Bourgeois-Klasse war für ihn die Mehrheitsherrschaft einer Minderheit.

---

[176] BAGEHOT, English Constitution, 163.
[177] Ebd., 247.
[178] Vgl. dazu RICHARD ROSE, England: The Traditionally Modern Political Culture, in: Political Culture and Political Development, ed. LUCIAN W. PYE, SIDNEY VERBA (New York 1965), 83 ff.

Das parlamentarische Regime überläßt alles der Entscheidung der Majoritäten, wie sollen die großen Majoritäten jenseits des Parlaments nicht entscheiden wollen?[179] Als Marx diesen Satz schrieb, glaubte er noch, daß zumindest in England das allgemeine Wahlrecht auch im parlamentarischen Regime *das Proletariat* nämlich, *die große Majorität*, auf den Weg zur *politischen Herrschaft* führen[180] und damit die Identität von Mehrheit und Minderheit in der ökonomischen Basis und im politischen Überbau bewirken werde. Zwanzig Jahre später, als er die Pariser Kommune würdigte, vermochte er freilich auch im Parlamentarismus mit allgemeinem Wahlrecht nur ein System zu sehen, in dem das Volk *einmal in drei oder sechs Jahren ...entscheiden* durfte, *welches Mitglied der herrschenden Klasse das Volk im Parlament ver- und zertreten soll*[181]. Das Problem Mehrheit/Minderheit war für Marx nur als Klassenproblem interessant, als Relation zwischen den Klassen, nicht als Relation innerhalb der Klassen. Der Grund dafür liegt darin, daß Marx den primären gesellschaftlichen Konflikt nur am Klassengegensatz festmachte und darüber hinaus das Interesse und den Willen einer Klasse, zumal der *ungeheuren Mehrzahl* des Volkes in der Gestalt der Arbeiterklasse, als homogen betrachtete. Damit waren Gewaltenteilung und Garantien des Minderheitenschutzes unnötig[182]. So hob Marx hervor, daß das allgemeine Wahlrecht dem in den Pariser Kommunen konstituierten Volke dazu diene, *wie das individuelle Stimmrecht jedem anderen Arbeitgeber dazu dient, Arbeiter, Aufseher und Buchhalter in seinem Geschäft auszusuchen. Und es ist bekannt genug, daß Gesellschaften ebensogut wie einzelne, in wirklichen Geschäftssachen gewöhnlich den rechten Mann zu finden und, falls sie sich einmal täuschen, dies bald wieder gutzumachen wissen*[183]. Marxens Glaube an die Homogenität der Klasse macht es verständlich, warum seine Äußerungen über den Staat der Übergangsperiode von der kapitalistischen zur kommunistischen Gesellschaft, über *die revolutionäre Diktatur des Proletariats*[184], so unbestimmt blieben. Die diesem Konzept immanente Brisanz des Verhältnisses von Mehrheit(en) und Minderheit(en) trat spätestens im Handeln der bolschewistischen Revolutionäre zutage.

Dreierlei Relationen standen dabei zur Debatte: das Verhältnis von proletarischer Majorität und bourgeoiser Minorität, das Verhältnis von Proletariat und kommunistischer Partei und schließlich innerhalb der Partei das Verhältnis von Parteimehrheit bzw. Parteiführung zu innerparteilichen Minoritäten bzw. Fraktionen. Marxens eigene Aussagen dazu verblieben auf der Ebene von Andeutungen. *Alle bisherigen Bewegungen waren Bewegungen von Minoritäten oder im Interesse von Minoritäten. Die proletarische Bewegung ist die selbständige Bewegung der ungeheuren Mehrzahl im Interesse der ungeheuren Mehrzahl*[185]. Einmal an die politische Herrschaft gelangt, wird das Proletariat *gewaltsam* die alten Produktionsverhältnisse aufheben[186]. Und schließlich: *Die Kommunisten sind also praktisch der entschiedenste, immer weiter*

---

[179] MARX, Der achtzehnte Brumaire des Louis Bonaparte, MEW Bd. 8 (1960), 154.
[180] Ders., Die Chartisten, ebd., 344.
[181] Ders., Der Bürgerkrieg in Frankreich, MEW Bd. 17 (1962), 340.
[182] Vgl. dazu HANS KREMENDAHL, Parlamentarismus und marxistische Kritik, Aus Politik u. Zeitgesch., Beilage zu „Das Parlament", Nr. 32/72 v. 5. 8. 1972, 14 f.
[183] MARX, Bürgerkrieg, 340.
[184] Ders., Kritik des Gothaer Programms, MEW Bd. 19 (1962), 28.
[185] Ders., ENGELS, Manifest der Kommunistischen Partei, MEW Bd. 4 (1959), 473.
[186] Ebd.

treibende Teil der Arbeiterparteien aller Länder; sie haben theoretisch vor der übrigen Masse des Proletariats die Einsicht in die Bedingungen, den Gang und die allgemeinen Resultate der proletarischen Bewegung voraus[187]. Marxens Aussage über die Kommunisten als den Kopf des Proletariats wurde von Lenin in Theorie und Praxis auf die Spitze getrieben. Lenins Lehre von der Partei als der elitären, disziplinierten Vorhut des Proletariats war eine ausgesprochene Minderheitstheorie im Sinne der Rechtfertigung der Herrschaft einer kleinen Elite. Innerparteilich wurde diese Minoritätsherrschaft noch unterstützt durch das Prinzip des demokratischen Zentralismus und das Verbot von parteiinternen Gruppenbildungen[188].

Noch unbestimmter als Marxens Ausführungen über die Übergangsperiode der Diktatur des Proletariats waren seine Aussagen über die Organisation des Endstadiums der kommunistischen Gesellschaft. Der Staat stirbt ab, die Gesellschaft ist *eine Assoziation, worin die freie Entwicklung eines jeden die Bedingung für die freie Entwicklung aller ist*[189]. Reflexionen über die Institutionalisierung von Willensbildungsprozessen in diesem Stadium der historischen Entwicklung, also etwa das Mehrheitsprinzip, ließ Marx nicht erkennen.

VII. Ausblick

1. Die Demokratisierung des Verfassungsstaats im 19. Jahrhundert durch das allgemeine Wahlrecht und die Parlamentarisierung der Regierung schuf die Grundlagen für eine mehr empirische Betrachtungsweise demokratietheoretischer Probleme im allgemeinen, des Mehrheitsprinzips im besonderen. War die bestehende Demokratie wirklich eine Volksherrschaft als Herrschaft der Mehrheit? Die Antwort auf diese Frage mußte um so negativer ausfallen, je mehr die Wirklichkeit an der radikaldemokratischen Norm der Identität von Regierenden und Regierten gemessen wurde. Umgekehrt sahen jene, die die gestellte Frage bejahten, in der Herrschaft der Mehrheit allzu schnell die Herrschaft der Masse, gegen die es die individuellen Freiheitsrechte zu behaupten galt. Beide Positionen trafen sich im Kulturpessimismus der Wende vom 19. zum 20. Jahrhundert und der Jahre nach dem Ersten Weltkrieg. Das Schlüsselwort war 'Masse', die Bezeichnung für Kollektive, deren Verhalten als wesentlich irrational und mehr sozialpsychologisch als soziologisch erklärbar beschrieben wurde. Seine klassische Analyse fand dieses Monstrum Masse in der Studie „Psychologie des foules" (1895) von GUSTAVE LE BON. Ein Charakteristikum der menschlichen Masse ebenso wie einer Herde Tiere sei ihr Bedürfnis, geführt zu werden[190]. Im Lichte des Begriffspaars 'Masse' und 'Führer' mußte die Analyse des Problems Mehrheit/Minderheit als Gegenstand der Demokratie- und Verfassungs-

---

[187] Ebd., 474.
[188] Vgl. dazu meinen Aufsatz „Lenin: Das revolutionäre Ziel als Opfer der revolutionären Mittel" u. ALEXANDER SCHWAN, Zum Verhältnis von Theorie und Praxis im Marxismus-Leninismus am Beispiel der Parteilehre Lenins, beide in: Marx – Lenin – Mao. Revolution und neue Gesellschaft, hg. v. DIETER OBERNDÖRFER u. WOLFGANG JÄGER (Stuttgart, Berlin, Köln, Mainz 1974), 70 ff. 90 ff.
[189] MARX, ENGELS, Manifest der Kommunistischen Partei, 482.
[190] GUSTAVE LE BON, Psychologie der Massen (Stuttgart 1951), 97 ff. In der Nachfolge der Analyse Le Bons ist vor allem zu nennen: JOSÉ ORTEGA Y GASSET, La rebelión de las masas (Madrid 1930).

diskussion zur Elite- bzw. Minderheitsdiskussion werden. Als solche stand sie denn auch im Zentrum der Krise der Demokratie in den zwanziger und dreißiger Jahren dieses Jahrhunderts.

2. Die Klassiker der Elitetheorie wurden GAETANO MOSCA, Vilfredo Pareto und Robert Michels. Ihnen gemeinsam war das Elite-Masse-Schema und die These, daß in einem politischen System *die Herrschaft einer organisierten, einem einheitlichen Antrieb gehorchenden Minderheit über die unorganisierte Mehrheit unvermeidlich* sei[191]. Die Minderheit als herrschende Klasse zeichnete sich für Mosca intellektuell, moralisch und materiell gegenüber der Mehrheit aus, einer Masse, die von *primitiven Instinkten* getrieben würde[192]. Von der demokratietheoretischen Perspektive aus konnte diese Einsicht in eine angebliche Gesetzmäßigkeit der Gesellschaft und Politik zu einer normativen Reduktion führen. So sah Mosca in allen politischen Systemen demokratische, monarchische und aristokratische Prinzipien vertreten. Die *demokratische Tendenz* beschränke sich auf die *Tendenz zur Erneuerung des Bestandes der herrschenden Klasse,* auf *das langsame Eindringen von Elementen aus der Unterschicht in die Oberschicht*[193]. Darüber hinaus müsse die herrschende Minderheit aus Selbsterhaltungsgründen, d. h. wenn sie nicht durch eine andere ersetzt werden wolle, dem Druck der Unzufriedenheit und der Leidenschaften der beherrschten Massen in einem gewissen Ausmaße nachgeben[194]. Bei PARETO weitete sich dieser Gedankengang zur Theorie des Kreislaufs der Eliten aus, d. h. zur Theorie, daß eine Elite nur so lange herrschen könne, wie es ihr gelinge, die Gegenelite zu integrieren, bzw. wie sich Beharrlichkeit und Flexibilität die Waage hielten[195]. MICHELS dagegen, dessen *ehernes Gesetz der Oligarchie* ebenfalls die Unvermeidbarkeit der Existenz von Eliten und Masse betonte, hielt an der radikaldemokratischen Norm fest[196]. Führte Michels' Verzweiflung über die von ihm aufgezeigten organisationssoziologischen und sozialpsychologischen Zwänge ihn persönlich — für den heutigen Betrachter keineswegs überraschend — auf die Seite der *faschistischen* Fiktion der Identität von Regierenden und Regierten, so lieferten die Analysen Moscas und Paretos nicht nur sozialwissenschaftliche Modelle, sondern auch der faschistischen Ideologie zahlreiche Bausteine.

3. Seine extremste Form erhielt das elitäre Denken im Nationalsozialismus. Er glorifizierte das Führertum und die Gefolgschaft der Massen. Dabei reichte die Ablehnung des Mehrheitsprinzips im Denken der Weimarer Republik weit über das vom Nationalsozialismus — und auch von der extremen Linken — abgedeckte

---

[191] GAETANO MOSCA, Die herrschende Klasse. Grundlagen der politischen Wissenschaft (Bern 1950), 55, übers. nach d. 4. Aufl. (1947); 1. Ausg.: Elementi di scienza politica (1895). Vgl. HELMUT KÖSER, Demokratie und Elitenherrschaft. Das Eliteproblem in der Demokratietheorie, in: Die neue Elite. Eine Kritik der kritischen Demokratietheorie, hg. v. DIETER OBERNDÖRFER u. WOLFGANG JÄGER (Freiburg 1975), 151 ff.
[192] MOSCA, Herrschende Klasse, 105 f.
[193] Ebd., 336.
[194] Vgl. ebd., 53 f.
[195] Vgl. VILFREDO PARETO, Trattato di sociologia generale (Florenz 1916), § 1441.
[196] ROBERT MICHELS, Soziologie des Parteiwesens in der modernen Demokratie. Untersuchungen über die oligarchischen Tendenzen des Gruppenlebens, Ndr. d. 2. Aufl. (1925), hg. v. Werner Conze (Stuttgart 1957), 24 ff. 366 f.

Spektrum hinaus[197]. Die Zurückweisung der Demokratie als Herrschaft der Zahl und die Überhöhung des Führerprinzips bzw. einer irgendwie gearteten Elite gehörte zum gemeinsamen Bestand des antiliberalen Gedankenguts[198]. Tief im Mythischen, Irrationalen und Völkischen wurzelnd, waren sich darin die Vertreter des Ständestaats, des autoritären Staats, des totalen Staats und des Führerstaats einig[199]. OTHMAR SPANN wandte sich leidenschaftlich gegen das Prinzip: *die Mehrheit soll herrschen*[200], und setzte an dessen Stelle die Idee eines organischen Ständestaats: *... die Mehrheit in den Sattel setzen, heißt, das Niedere herrschen machen über das Höhere. Demokratie heißt also ...: Mechanisierung der Organisation unseres Lebens, des Staates, und Ausschaltung jedes Wertgrundsatzes aus dem Baugesetz dieser Organisation durch Abstimmung, durch Herrschaft der Mehrheit*[201]. EDGAR JUNG, ein Vertreter der Idee des autoritären Staates, schrieb, daß nur eine *organisch gewachsene Oberschicht* das Gemeinwohl verwirklichen könne, *eine sozial-ethisch hochstehende Minderheit, die in sich die seelisch-geistige Höchstform des Volkes verkörpert*[202]. Man wandte sich gegen *die uns aufgepfropfte westlerische Demokratie, diese Herrschaft der seelenlosen Zahl*, wie es ein junger Nationalist formulierte[203].

4. Auch liberale Denker, die die Ideen des westlichen Verfassungsstaates und einer staats- und gesellschaftsfreien Sphäre des Individuums vertraten, leisteten dem Mehrheitsprinzip und damit auch der Demokratie nicht immer gute Dienste, wenn sie die Mehrheit kulturkritisch zur Masse abqualifizierten. GEORG JELLINEK warnte in einem Vortrag über „Das Recht der Minoritäten" (1898) vor einer *furchtbaren Gefahr*, die der *gesamten Zivilisation* im Zuge der *Demokratisierung der Gesellschaft* drohe. *Nichts kann rücksichtsloser, grausamer, den primitivsten Rechten des Individuums abholder, das Große und Wahre mehr hassend und verachtend sein als eine demokratische Mehrheit ... Nur ein der Wirklichkeit gänzlich abgewendeter Mensch kann heute noch den Traum von der Güte und Wahrheitsliebe der Massen träumen.* Jellinek beschwor dagegen die Individualität der Minoritäten, denen allein stets die *schöpferischen sozialen Taten* zuzuschreiben gewesen seien; er hoffte auf die Entstehung und Bewahrung eines *trotzigen Minoritätsgefühls*[204].

Die Furcht vor der mehrheitlichen Masse in der Demokratie blieb bis in die verfassungspolitische Diskussion der Jahre nach dem Zweiten Weltkrieg hinein sehr lebendig — nicht zuletzt unter Berufung auf Väter der These von der Massengesellschaft wie Le Bon[205]. Hinter diesem Mißtrauen gegenüber der Mehrheit verbirgt sich zwar keine Theorie der „Machtelite" wie bei Mosca und Pareto, aber doch die These der Notwendigkeit einer „Wertelite", d. h. einer durch Vorbild und Bildung wirksamen gesellschaftlichen Führungsschicht.

---

[197] Dazu KURT SONTHEIMER, Antidemokratisches Denken in der Weimarer Republik. Die politischen Ideen des deutschen Nationalismus zwischen 1918 und 1933 (München 1962).
[198] Vgl. ebd., 260. 269.   [199] Vgl. ebd., 217 f.
[200] OTHMAR SPANN, Der wahre Staat (1921), 4. Aufl. (Jena 1938), 84.
[201] Ebd., 86.
[202] EDGAR JUNG, Die Herrschaft der Minderwertigen, 2. Aufl. (Berlin 1930), 331 f.; vgl. SONTHEIMER, Antidemokratisches Denken, 253 f.
[203] Zit. ebd., 225.
[204] GEORG JELLINEK, Das Recht der Minoritäten (Wien 1898), 40 ff.
[205] Dazu ausführlich KARLHEINZ NICLAUSS, Demokratiegründung in Westdeutschland. Die Entstehung der Bundesrepublik von 1945—1949 (München 1974), 62 ff.

5. Während das Mehrheitsprinzip durch die Blüte von Massenpsychologie, Kulturkritik und völkischem Denken vor allem auf dem europäischen Kontinent in eine tödliche Krise geriet, wurde es in der angelsächsischen pluralistischen Demokratietheorie komplexer gesehen und bewertet. Zwar gab es auch in England und Amerika kulturkritische Gedankengänge. Aber einerseits erhielt sich die naive und optimistische Idee der Notwendigkeit fast plebiszitärer Mehrheitsherrschaft: in England als „radical democracy"[206], in Amerika in der Tradition Jeffersons, Jacksons und Lincolns als „populistic democracy"[207]. Andererseits wurde mit dem Konzept der pluralistischen Demokratie die Synthese populärer Mehrheitsherrschaft mit der offenkundigen Vielfalt von Interessen, Werten und Gruppen in der Gesellschaft, deren Konflikte eben nicht rein numerisch gelöst werden könnten, gesucht. In England wurde die Lösung in der Verbindung der klassischen, immer wieder modifizierten Idee der funktionalen Repräsentation, die sich in der Form des „party government" und der Mitwirkung der Verbände im politischen Prozeß ausdrückt, mit der kollektiven, mehrheitlichen Demokratie gefunden[208]. In Amerika wurde die ohnehin mächtige Tradition der „Madisonian democracy", die der Mehrheitsherrschaft die Macht der Minderheiten in der Sorge vor einer „tyrannischen Republik" entgegengestellt hatte[209], fortentwickelt in der sog. Gruppentheorie, deren klassische Begründung in ARTHUR BENTLEYS „The Process of Government" (1908) gesehen wird[210]. Danach ist der politische Prozeß wesentlich als ein Prozeß ständigen Drucks, Gegendrucks und Kompromisses von Interessengruppen zu verstehen, die Kategorie Interessengruppe umfaßt dabei nicht nur Parteien und Verbände, sondern auch die staatlichen Institutionen und nichtorganisierte Gruppen[211].

6. Die Neugründung der Demokratie westlicher Prägung in Deutschland nach dem Untergang des Nationalsozialismus mußte das Mehrheitsprinzip erneut problematisieren. Zwei Konzeptionen standen sich in der Debatte der Schöpfer des Grundgesetzes und der Länderverfassungen gegenüber: die Konzeption der *sozialen Mehrheitsdemokratie*, die Ähnlichkeit mit der englischen Demokratie aufwies, und die Konzeption der *konstitutionellen Demokratie*, die sich vor allem an der amerikanischen Verfassungstradition orientierte[212]. Die sozialen Mehrheitsdemokraten befürworteten verfassungspolitisch eine möglichst wenig von institutionellen Hemmnissen eingeschränkte Herrschaft der parlamentarischen Mehrheit, wobei den Vertretern dieser Konzeption wohl nicht immer bewußt war, daß die konstitutionell fast uneingeschränkte Mehrheitsherrschaft, wie sie im Vorbild der englischen Demokratie möglich ist, ihre Grenzen in einer politischen Kultur findet, die sich in einem langen

---

[206] SAMUEL H. BEER, Modern British Politics. A Study of Parties and Pressure Groups (London 1965), 39 ff.
[207] ROBERT A. DAHL, A Preface to Democratic Theory (Chicago 1963), 34 ff.
[208] Vgl. BEER, British Politics, 179 ff.; vgl. ferner ders., New Structures of Democracy: Britain and America, in: Democracy Today. Problems and Prospects, ed. WILLIAM N. CHAMBERS, ROBERT H. SALISBURY (New York 1962), 45 ff., bes. 51.
[209] Vgl. DAHL, Democratic Theory, 4 ff.
[210] Vgl. WINFRIED STEFFANI, Einleitung zu: Pluralismus. Konzeptionen und Kontroversen, hg. v. W. STEFFANI u. FRANZ NUSCHELER (München 1972), 21 f.
[211] Die neben Bentleys Werk bedeutendste Arbeit der Gruppentheorie ist: DAVID B. TRUMAN, The Governmental Process (New York 1951).
[212] Dazu ausführlich NICLAUSS, Demokratiegründung, bes. 56 f.

Prozeß herausbildete[213]. Darüber hinaus forderten die sozialen Mehrheitsdemokraten die Demokratisierung der Wirtschaft[214]. Die konstitutionellen Demokraten dagegen stellten dem Mehrheitsprinzip als nur einem Element der westlichen Demokratie die institutionelle Kontrolle der Wählermehrheit und der parlamentarischen Mehrheit durch horizontale und vertikale Gewaltenteilung und Gewaltenbalance zur Seite[215]. Gesellschaftspolitisch entsprach diesem Konzept die Idee der „sozialen Dezentralisation"[216]. Die Diskussion über die beiden Demokratiekonzepte findet auch heute noch statt, verfassungspolitisch etwa im Falle verschiedener Mehrheiten im Bundestag und Bundesrat über die Rolle der Ländervertretung als Kontrolle des direkt gewählten Parlaments.

7. Die neuere verfassungsrechtliche und demokratietheoretische Diskussion neigt dazu, angesichts der immer deutlicher werdenden Komplexität der sozialen und politischen Beziehungen das Konzept der Mehrheitsherrschaft zu relativieren[217]. Gängige Demokratiemodelle werden in ihrer mangelnden Komplexität sowohl bezüglich der Forschungsanleitung wie auch bezüglich der politisch-pädagogischen Handlungsanleitung entlarvt. Das Mehrheitsprinzip wird weitgehend auf seine Funktion der Legitimation von Führungsgruppen reduziert. Das Erfordernis der politischen Führung und die Rolle von Eliten werden — z. B. in der Planungsdiskussion — auch in einer „participatory democracy" als zentral angesehen. DAHLS Konzept der *Polyarchie* etwa sieht als entscheidendes Kriterium der westlichen Demokratie nicht die Herrschaft der Mehrheit, sondern die Herrschaft von Minderheiten im Gegensatz zur Diktatur, die er als Herrschaft einer Minderheit charakterisiert[218]. Dabei entbehrt dieses Demokratiekonzept der kulturkritischen Komponente. Die *nonleaders* werden nicht zur Masse, ihre Partizipationsmöglichkeiten und Fähigkeiten der Interessenartikulation werden sowohl normativ wie empirisch-analytisch Gegenstand sozialwissenschaftlicher Forschung. Die moderne Elitenforschung geht über die simple Dichotomie von Elite und Masse hinaus, indem sie die vertikale und horizontale Differenzierung des gesellschaftlichen und politischen Systems strukturell und funktional — auch vor dem Hintergrund normativer Prämissen — zum Gegenstand der Untersuchung macht[219].

Ein weiterer zentraler — gewiß nicht neuer — Gedanke besteht in der Einsicht, daß das Mehrheitsprinzip in jenen politischen Systemen als Konfliktregelungsmuster nur bedingt taugt, die eine starke Fragmentierung der politischen Kultur und eine starke *Versäulung* bzw. einen ausgeprägten *Sektionalismus* in der Interessenartikulation aufweisen. Sowohl aus Gründen des Minoritätenschutzes wie auch zur Erhal-

---

[213] Vgl. DAHL, Democratic Theory, 36.
[214] Vgl. NICLAUSS, Demokratiegründung, 29 ff.
[215] Ebd., 62 ff. 70.
[216] Ebd., 67 ff.
[217] Vgl. die kritische Analyse von ELIAS BERG, Democracy and the Majority Principle. A Study in Twelve Contemporary Political Theories (Stockholm 1965). Zum Stand der modernen Demokratietheorie: Frontiers of Democratic Theory, ed. HENRY S. KARIEL (New York 1970); FRITZ SCHARPF, Demokratietheorie zwischen Utopie und Anpassung (Konstanz 1970).
[218] Vgl. DAHL, Democratic Theory, 133 ff.
[219] Vgl. GÜNTER C. BEHRMANN, Art. Elite, Handlexikon zur Politikwissenschaft, hg. v. AXEL GÖRLITZ (München 1970), 80 ff.

tung der Stabilität solcher politischen Systeme müssen hier andere Formen der Konfliktregelung angewandt werden — und wenn es nur die *amicabilis compositio* der *Proporzdemokratie* ist[220]. Hier wird das Verhältnis von Mehrheit und Einstimmigkeit angesprochen. Das Mehrheitsprinzip kann als friedliche Konfliktlösung und im Einklang mit dem ihm immanenten Gleichheitsprinzip, das auch für die Minderheit gilt, nur solange funktionieren, wie es auf einer Ordnung aufbaut, die ihrerseits auf Konsens gründet[221].

8. Die moderne Wohlfahrtsökonomik untersucht im Rahmen einer Theorie der kollektiven Entscheidung vor allem „die prinzipielle Möglichkeit rationaler kollektiver Entscheidungen"[222]. Als eine Form der kollektiven Entscheidung wird dabei auch die Mehrheitsentscheidung analysiert. Diskutiert wird dabei vor allem die unterschiedliche Rationalität bzw. Irrationalität von Gremienentscheidungen z. B. nach dem Majoritätsprinzip und der Art von kollektiver Auswahlregel, wie sie die Marktwirtschaft vorsieht. So kann nachgewiesen werden, daß unter bestimmten Voraussetzungen die Mehrheitsentscheidung bestimmten Rationalitätspostulaten nicht genügt und daß „das Marktsystem bei der Produktion und der Verteilung der Güter zu einer optimalen Allokation im Sinne der Pareto-Regel" (d. h. im Sinne des Konsensprinzips) führt[223]. Auf der anderen Seite wird den Vertretern dieser These gesellschafts- und ideologiekritisch entgegengehalten, daß im Marktsystem „die Rolle des Würfels von der Vermögensverteilung übernommen" werde, was zu sozialen Ungerechtigkeiten führe. Kritisiert wird hier im Rückgriff auf Marx insbesondere der individualistische Ansatz der Welfare-Theorie, die in der Tradition der bürgerlichen Ökonomie gleichsam von der Souveränität der individuellen Präferenzen ausgehe und übersehe, wie sehr die individuellen Präferenzen schon gesellschaftlich bestimmt, also ihrerseits schon von kollektiven Entscheidungen geprägt seien. Gefordert wird eine „Theorie über die Entstehung individueller Präferenzen", auf der dann erst eine Theorie aufbauen könne, die Sätze darüber enthalte, unter welchen Bedingungen eine Entsprechung von individuellen Präferenzen und kollektiven Entscheidungen erreicht werden könne[224].

9. Die Problematik Mehrheit/Minderheit wurde in dem vorliegenden Artikel im wesentlichen aus der Perspektive des Mehrheitsprinzips abgehandelt. Es wurde freilich gezeigt, daß die dem Mehrheitsprinzip immanente Spannung von Mehrheit und Minderheit im Zuge der voranschreitenden Demokratisierung und der komplexer werdenden Demokratietheorie immer mehr in die Diskussion der Minderheitsproblematik, sei es normativ, sei es empirisch-analytisch, einmündete.

10. Zu ergänzen allerdings bleibt, daß das Problem der Minderheit(en) als Problem ethnischer, sprachlicher, religiöser und sozialer Minderheiten einen dem dargestellten demokratietheoretischen Zusammenhang gegenüber weithin eigenständigen Rang einnimmt. Das Minderheitenproblem trat zu Beginn der Neuzeit besonders als Problem des religiösen Minderheitenschutzes auf. Es spielte eine zentrale Rolle in der Geschichte der Menschenrechte. Eine Renaissance erlebte es im 19. Jahrhundert in

---

[220] Dazu ausführlich GERHARD LEHMBRUCH, Proporzdemokratie. Politisches System und politische Kultur in der Schweiz und in Österreich (Tübingen 1967), 33. 21 u. ö.
[221] So auch SCHEUNER, Mehrheitsprinzip (s. Anm. 4), 54.
[222] SCHLICHT, Theorie (s. Anm. 2), 265.
[223] Ebd., 272.   [224] Ebd., 278.

der Frage der nationalen Minderheiten. Die Entstehung des Nationalstaats mit der ihm zugrunde liegenden Idee der Einheit von Staat und Nation mußte den Status nationaler Minderheiten problematisieren. Erst die Verbindung des Nationalstaats mit dem Konstitutionalismus jedoch zeigte das Nationalitätenproblem in seiner ganzen Brisanz. Konnte das monarchische Prinzip auch unter dem Anspruch der Integration nationaler Minderheiten positiv gewertet werden, so mußte das parlamentarische oder gar demokratische Mehrheitsprinzip im Sinne der Unterdrückung nationaler Minderheiten aufgefaßt werden, wenn es ohne Einschränkung angewandt wurde.

Zum erstenmal drängte sich das „Nationalitätsprinzip" in seiner negativen Form der nationalen Minderheiten dem deutschen politischen Bewußtsein in der Nationalversammlung von 1848/49 auf. Zwar dominierte schon hier der „Staatsnationalismus westeuropäischer Prägung"[225], doch sah ein eigener Artikel der Paulskirche-Verfassung für die *nicht deutsch redenden Volksstämme Deutschlands* die *Gleichberechtigung ihrer Sprachen* im Kirchenwesen, Unterricht, in der inneren Verwaltung und der Rechtspflege vor[226]. Akut mußte das nationale Minderheitenproblem werden, als Preußen in den Norddeutschen Bund und in das Reich unter seinen 24 Millionen Einwohnern Dänen und vor allem 2,4 Millionen Polen einbrachte[227]. Seit 1867 konnten die Polen, aber auch die Vertreter der übrigen nationalen Minderheiten im Norddeutschen und später im Deutschen Reichstag ihren starken Willen gegen ihre Zugehörigkeit zum Reich unter Berufung auf das Nationalitätsprinzip legal zum Ausdruck bringen[228]. Die Reichsverfassung von 1871 enthielt keinen ausdrücklichen Nationalitätenschutz. Der obrigkeitsstaatlichen Germanisierungspolitik entsprach in der polnischen Minderheit ein wachsendes nationales Selbstwußtsein[229].

Am ausführlichsten und theoretisch am anspruchsvollsten wurde die Problematik des Majoritätsprinzips im nationalen Sinne seit 1848 im Nationalitätenstaat der österreichisch-ungarischen Monarchie erörtert[230]. Immer wieder wurde das Majoritätsprinzip auf den politischen Bereich beschränkt, es wurde prinzipiell zwischen politischen und nationalen Minoritäten unterschieden. Vor allem wurde darauf hingewiesen, daß eine politische Minorität die Majorität von morgen sein könne, eine nationale Minorität jedoch als solche fortdauere. Der gebürtige Böhme ANTON HEINRICH SPRINGER, Revolutionär von 1848, schrieb 1850: *Ich kann und muß meine politische, meine ökonomische Ansicht zu Gunsten einer Majorität zurückdrängen (denn hier verlangt die Majorität nur eine äußere Folgsamkeit und eine innere Um-*

---

[225] THEODOR SCHIEDER, Das Deutsche Kaiserreich von 1871 als Nationalstaat (Köln, Opladen 1961), 17.
[226] Art. XIII, § 188.
[227] HANS-ULRICH WEHLER, Die Polenpolitik im Deutschen Kaiserreich 1871—1918, in: Politische Ideologien und nationalstaatliche Ordnung. Studien zur Geschichte des 19. und 20. Jahrhunderts. Fschr. Theodor Schieder, hg. v. KURT KLUXEN u. WOLFGANG J. MOMMSEN (München, Wien 1968), 299.
[228] SCHIEDER, Kaiserreich, 18 ff.
[229] WEHLER, Polenpolitik, 301 ff.
[230] Vgl. dazu ERWIN VIEFHAUS, Die Minderheitenfrage und die Entstehung der Minderheitenschutzverträge auf der Pariser Friedenskonferenz 1919. Eine Studie zur Geschichte des Nationalitätenproblems im 19. und 20. Jahrhundert (Würzburg 1960), 8 ff.

wandlung), aber auch beim besten Willen kann ich ihr zuliebe meine Nationalität so wenig ändern als meine religiöse Ansicht oder meine Gesichtsbildung: Diese letzteren sind stärker als mein Wille, sie sind bereits vor meinem Willen gegeben[231]. Der ungarische Politiker JOSEPH VON EÖTVÖS zeigte 1854 — nicht zuletzt unter dem Einfluß Tocquevilles — den Zusammenhang von Demokratisierung und Minderheitenfrage auf: *Je freier der Staat in dem Sinne ist, den man der Freiheit in neuerer Zeit beigelegt hat, d. h. je mehr Einfluß die Majorität auf die Handlungen der Staatsgewalt ausübt, desto rücksichtsloser werden die Ansprüche aller Nationalitäten, jene ausgenommen, welche als Majorität den Staat beherrscht, verletzt werden*[232]. Der liberale deutsch-österreichische Politiker ADOLPH FISCHHOF unterschied ebenfalls zwischen politischen und nationalen Minderheiten bzw. Parteien. *Die politische Partei verteidigt Ideen oder Interessen, die, wenn auch heute unberücksichtigt, vielleicht schon morgen beachtet werden. Sie kann somit unterliegen ohne unterzugehen. Die nationale Partei hingegen vertritt eine nationale Existenz, und diese kann nicht gedeihen, wenn sie fortdauernd bedroht, und kaum je wieder erblühen, wenn sie einmal verkümmert ist*[233]. Auch GEORG JELLINEK lehnte in nationalen ebenso wie in religiösen Fragen[234] das Majoritätsprinzip ab, da dieses nur für das *absolut Gleiche* seine Geltung beanspruchen dürfe[235].

Da man das Majoritätsprinzip im Parlamentarismus institutionalisiert sah, hielt man diesen in einem Nationalitätenstaat nicht für realisierbar. ALFRED VON OFFERMANN folgerte, daß das parlamentarische System, *das immer auf Majoritätsherrschaft hinzielt*, ohne ein *geregeltes Nationalitätenrecht* staatsfeindlich und staatszerstörend wirken müsse[236]. Die Parlamentarismuskritik und das Streben nach nationalem Minderheitenschutz konnten sich gegenseitig stützen. Auch Bismarck gestand, wie er am Beispiel Englands darlegte, den Parlamentarismus nur einem Lande mit nationaler Homogenität zu[237].

Ihren Höhepunkt erreichte die nationale Minderheitenfrage im Gefolge des Ersten Weltkriegs in Ostmitteleuropa. Dort führte der Konflikt zwischen zwei Prinzipien bei der Entstehung der neuen Staaten zu neuen nationalen Minderheiten. Einmal berief man sich auf das Selbstbestimmungsrecht der Völker, wie es etwa in Wilsons 14 Punkten klassisch formuliert wurde, zum anderen aber forderte man die alten historischen Grenzen und schuf damit abermals Minderheitenprobleme[238]. Der internationale Minderheitenschutz, insbesondere die Minderheitenschutzverträge der Pariser Friedenskonferenz 1919/20[239], konnten die durch die neuen Inkongruenzen von

---

[231] ANTON HEINRICH SPRINGER, Österreich nach der Revolution (Leipzig 1850), 37.
[232] JOSEF V. EÖTVÖS, Der Einfluß der herrschenden Ideen des 19. Jahrhunderts auf den Staat, Bd. 2 (Leipzig 1854), 515.
[233] ADOLPH FISCHHOF, Österreich und die Bürgschaften seines Bestandes (Wien 1869), 70; vgl. auch VIEFHAUS, Minderheitenfrage, 11 ff.
[234] JELLINEK, Minoritäten (s. Anm. 204), 28 ff.
[235] Ebd., 30.
[236] ALFRED V. OFFERMANN, Die Bedingungen des constitutionellen Österreichs (Wien, Leipzig 1900), 28 f.; VIEFHAUS, Minderheitenfrage, 16 ff.
[237] VIEFHAUS, Minderheitenfrage, 18.
[238] Ebd., 7.
[239] Vgl. dazu auch JACOB ROBINSON, Das Minoritätenproblem und seine Literatur. Kritische Einführung in die Quellen und in die Literatur der europäischen Nationalitätenfrage

Staats- und Volksgrenzen entstandenen Probleme kaum regeln, wie die Konflikte der folgenden Jahrzehnte zeigten. Das nationale Minderheitenproblem trug in den Jahren zwischen den zwei Weltkriegen nicht unwesentlich zur Disqualifizierung der ohnehin labilen Demokratie und zur „Anfälligkeit für antiliberales, autoritäres und faschistisch-totalitäres Denken" bei[240].

Nationale Minderheitenprobleme gibt es auch seit dem Zweiten Weltkrieg in zahlreichen Staaten. Andere aktuelle Minderheitenprobleme sind mehr sozialpolitischer Art wie auch die Rassenfrage in den USA oder das Gastarbeiterproblem in den westlichen Industriegesellschaften. Mehr als in der verfassungs- oder völkerrechtlichen Diskussion der Thematik Mehrheit/Minderheit handelt es sich hierbei um Probleme, die gesellschaftlich verankert sind: in einer vor allem sozio-kulturellen Übermacht der Mehrheit.

Wolfgang Jäger

der Nachkriegszeit, unter besonderer Berücksichtigung des völkerrechtlichen Minderheitenschutzes (Berlin, Leipzig 1928); Carl Georg Bruns, Grundlagen und Entwicklung des internationalen Minderheitenrechts (Berlin 1929); Hugo Wintgens, Der völkerrechtliche Schutz der nationalen, sprachlichen und religiösen Minderheiten (Stuttgart 1930).
[240] Erwin Viefhaus, Nationale Autonomie und parlamentarische Demokratie. Zur Minderheitenproblematik in Ostmitteleuropa nach 1919, in: Kluxen/Mommsen, Politische Ideologien (s. Anm. 227), 381.

Menschheit, Humanität, Humanismus

I. Einleitung. II. Antike und Mittelalter. 1. Antiker und christlicher Begriff. 2. Mittelalterlicher Begriff. III. Die säkulare Entfaltung des Begriffs seit der Renaissance. 1. Der pädagogische und sozialethische Bildungsbegriff der Renaissance. 2. 'Humanité' als aristokratisches Tugendideal. 3. Semantische Rückwirkungen der europäischen Expansion. 4. Semantische Veränderungen seit dem späten 17. Jahrhundert. IV. Der Menschheitsbegriff in der zweiten Hälfte des 18. Jahrhunderts. 1. Emanzipatorische Funktion des Menschheitsbegriffs. 2. Kritische Funktion des Menschheitsbegriffs. 3. Kollektive Funktion des Menschheitsbegriffs. V. Kritik und Erweiterung des aufgeklärten Menschheitsbegriffs. 1. Herder. 2. Schiller und Goethe. 3. Die Anfänge des deutschen Idealismus. 4. Erziehung zur Humanität. 5. Die Vorbildlichkeit der Griechen. VI. Konservative Kritik am aufklärerischen Menschheitsbegriff. VII. Begriffsgeschichtliche Grundzüge und Neuansätze im 19. Jahrhundert. 1. Die lexikalische Ebene im frühen 19. Jahrhundert. 2. Hegel: 'Idee des Menschen'. 3. Anthropozentrischer Neuansatz. 4. Marx und Engels: 'menschliches Wesen'. 5. Nietzsche: 'Menschheit' und 'Übermensch'. 6. Der Kollektivbegriff 'Menschheit'. 7. 'Humanismus'. VIII. Ausblick.

I. Einleitung

Der Terminus 'Menschheit' (ahd. 'mennigkeit', mhd. 'menscheit') — vom 14. bis zur Mitte des 18. Jahrhunderts tritt 'Menschlichkeit' (mhd. 'menschlichheit', 'menschlichkeit') wie 'Menschheit' auf — hat im wesentlichen zwei Bedeutungskomponenten[1]. Zum einen bezeichnet er die „Natur" des Menschen, zum anderen die Gesamtheit aller Menschen. 'Menschheit' als „Natur" des Menschen im Sinne des Wesens des Menschen hat wiederum zwei Bedeutungsebenen. Darin manifestiert sich die Dialektik von 'Menschheit'[2]. Der Begriff 'menschliche Natur' umfaßt einerseits das Wesen des Menschen im Sinne des logischen Artbegriffs zur Abhebung von den Gegenbegriffen 'Tierheit' bzw. 'Gottheit'. Von diesem Begriff 'Menschheit' als der natürlichen Bestimmtheit des Menschen ist 'Menschheit' als die Bestimmung des Menschen zu unterscheiden. 'Menschheit' bezeichnet also sowohl das Naturwesen Mensch als auch andererseits und zugleich das Ziel und den Zweck, zu dem der Mensch sich selber bestimmt. 'Menschheit' in diesem Sinne ist die Bestimmung des Menschen zur Humanität, ist insofern kein Gegebenes und Unveränderliches, sondern hat selber eine Geschichte, verweist auf den Wandel im menschlichen Selbstverständnis in der Selbstauslegung des Menschen. 'Menschheit' in dieser Bedeutungskomponente ist Zielbegriff, umschreibt das Charakteristikum menschlicher Idealität, deren Grundlage die natürliche Bestimmtheit des Menschen ist und bleibt.

'Menschheit' ist ursprünglich ein theologisch bestimmter, in der christologischen Spekulation angesiedelter Begriff, ist christologischer Fachterminus. Da die christ-

---

[1] Vgl. GRIMM Bd. 6 (1885), 2021 ff., s. v. Mensch.
[2] Vgl. KARL LÖWITH, Natur und Humanität des Menschen (1957), Ges. Abh. z. Kritik d. menschlichen Existenz (Stuttgart 1960), 179 ff.; HELMUTH FAHRENBACH, Art. Mensch, Hb. philos. Grundbegriffe, hg. v. HERMANN KRINGS, HANS MICHAEL BAUMGARTNER, CHRISTOPH WILD, Bd. 4 (München 1973), 888 ff.

liche Theologie die Wesensnatur des Menschen nur in Jesus Christus gewußt und nur durch ihn verwirklicht gesehen hat, bedeutet 'Menschheit' insofern dann das Menschsein als eines unvollkommenen Gottesgeschöpfes. Neben dieser über den theologischen Diskurs hinaus bis ins 18. Jahrhundert dominierenden, religiös-dogmatischen Bedeutung nähert sich 'Menschheit' dem Eigenschaftsbegriff im Sinne der Mitmenschlichkeit, der Nächstenliebe.

Seit der Mitte des 18. Jahrhunderts, seit der „anthropologischen Wende", wird der theologisch bestimmte Menschheitsbegriff auf den innertheologischen Diskurs zurückgedrängt. 'Menschheit' wird Zielbegriff im Sinne der sich selbst bestimmenden, autonomen Subjektivität. Dieser Menschheitsbegriff steigt auf zum regulativen Prinzip des sozio-politischen Denkens. Gleichzeitig beginnt die quantitativ-kollektive Bedeutung von 'Menschheit', die bis zur Mitte des 18. Jahrhunderts äußerst selten gebraucht wird, sich auszubreiten. Der Begriff 'Menschheit' bedeutet „alle Menschen" und hebt vorglobale Kollektivbegriffe wie z. B. 'Christenheit' auf, die das Menschengeschlecht bisher physisch, räumlich, geistig, theologisch oder temporal gegliedert haben[3].

Im Gefolge der Ausgrenzung gegenüber theologischer Fremdbestimmung wird der Zielbegriff 'Menschheit' im 19. Jahrhundert mundan bestimmt, verliert schließlich seine qualitative Bedeutung und verengt sich auf die quantitativ-kollektive Bedeutungskomponente.

Die Geschichte des Begriffs 'Menschheit' ist nicht zuletzt von der Substitution durch andere Begriffe bestimmt. Weite Strecken der Begriffsgeschichte sind nicht am Worte 'Menschheit', sondern am lateinischen 'humanitas' zurückzuverfolgen, das erstmals im 16. Jahrhundert in der Form 'humanitet' eingedeutscht wird. Bereits im 17. Jahrhundert wird daraus 'Humanität'[4].

Der Neologismus 'Humanismus' wird in den pädagogischen Diskussionen um 1800 bewußt als Selbstbezeichnung der gymnasial-pädagogischen Richtung geprägt. 'Humanismus' steigt im Vormärz zum geschichtlichen Grundbegriff auf, der in den theoretischen und politischen Richtungskämpfen zur geschichtsphilosophischen Deutung verwandt wird. Gleichzeitig verdichtet und verengt sich die allgemeine Wortbedeutung zum historischen Epochenbegriff, und auch zum Begriff der diese Epoche tragenden Bewegung, wie der aus ihr ableitbaren, sie prägenden Ideen.

II. Antike und Mittelalter

1. Antiker und christlicher Begriff

Der Begriff 'humanitas' ist geprägt worden innerhalb der aristokratischen Oberschicht der späten römischen Republik. Das Substantiv ist erstmalig belegt in der Bedeutung eines „gütigen, menschlichen Verhaltens"[5]. Zu einem zentralen Begriff wird

---

[3] REINHART KOSELLECK, Zur historisch-politischen Semantik asymmetrischer Gegenbegriffe (1975), in: ders., Vergangene Zukunft. Zur Semantik geschichtlicher Zeiten (Frankfurt 1979), 244 ff.

[4] SCHULZ/BASLER Bd. 1 (1913), 273, s. v. Humanität.

[5] Vgl. Auctor ad Herenium 2, 16, 24; 2, 17, 26; 2, 31, 50; 4, 8, 12.

II. 1. Antiker und christlicher Begriff

'humanitas' bei CICERO[6]. Er verwendet den Begriff selten in der Bedeutung „menschliche Natur" im Gegensatz vor allem zu „Tierheit"[7]. Cicero betont in diesem Zusammenhang ausdrücklich die schöpferischen Kräfte des Menschen. Im wesentlichen benutzt er 'humanitas' in untheoretischer Verwendung als zentralen Begriff eines der Nobilität unterstellten Adelsideals[8]. Der traditionsbildende, weitgespannte Bedeutungsgehalt umfaßt bei ihm neben der ethischen Bedeutungskomponente wesentlich den Bereich des kultivierten, unbeschwerten aristokratischen Lebensstils sowie den der ästhetisch-intellektuellen Bildung, die der homo novus Cicero nachdrücklich betont[9]. Erst ein so gebildeter Mensch kann nach Cicero den Anspruch erheben, wirklich ein Mensch zu sein: *appellari ceteros homines, esse solos eos qui essent politi propriis humanitatis artibus*[10]. Nicht alle Menschen sind also 'humani' oder haben 'humanitas'. Nur für die Kulturwelt des römischen Reiches und ihrer gesellschaftlichen Ordnung gilt 'humanitas' als Bildungswert und als sozialethische Tugend. Alle, die außerhalb leben, sind noch nicht vollständig 'human', heißen „Barbaren"[11].

'Humanitas' als wesentlicher Komplex des aristokratischen Ethos ist bezogen auf die Rechts- und Sozialordnung der römischen Republik. Diese Bindung läßt bereits in der augusteischen Zeit unter den veränderten soziopolitischen Bedingungen der Entpolitisierung, Nivellierung und Hervorhebung des princeps den umfassenden ciceronianischen Sinngehalt des Begriffes zurücktreten. Die Kaiserzeit kennt im allgemeinen, das schließt gelegentliche Rezeptionen ciceronianischer Wendungen nicht aus, nur eine 'humanitas' im Sinne der ethischen bzw. philanthropischen Bedeutungskomponente[12]. Sozialgeschichtlich korrespondiert diesem Sprachgebrauch die Verwendung von 'humanitas' als Kern des Herrscherideals. Die Betonung der Herrscherpflichten findet im Begriff 'humanitas' ihren konzentriertesten Ausdruck[13]. Folgerichtig wird 'humanitas' im 2. und 3. nachchristlichen Jahrhundert selbstverständliches Element der Selbsttitulatur des Kaisers, bis schließlich der vergöttlichte Kaiser selbst zur Inkarnation der humanitas bzw. philanthropia wird[14]. Parallel dazu verläuft die Ausprägung von 'humanitas' als gesetzgebungspolitisches Leitmotiv. Zumal unter dem Dominat wird im Begriff 'humanitas' in den Gesetzen als Ziel der Reichsregierung betont, für das Wohl der Untertanen zu sorgen. Umgekehrt wird als Wirkung dieser gesetzgeberischen kaiserlichen humanitas, der fürsorglichen Einstellung des Herrschers gegenüber seinen Untertanen,

---

[6] Vgl. JOSEF MAYER, Humanitas bei Cicero (Diss. Freiburg 1951); FRIEDRICH KLINGNER, Humanität und humanitas, in: ders., Römische Geisteswelt, 3. Aufl. (München 1956), 620ff.
[7] CICERO, De officiis 3, 6, 23.
[8] Ders., De oratore 1, 27.
[9] Ders., Pro Arch. 2; ders., Tusculanae disputationes 5, 66.
[10] Ders., De re publica 1, 28.
[11] Dazu zuletzt JOSEPH VOGT, Kulturwelt und Barbaren. Zum Menschenbild der spätantiken Gesellschaft (Wiesbaden 1967).
[12] Vgl. RUDOLF EGON MATTHIAS RIEKS, Homo, humanus, humanitas. Zur Humanität in der lateinischen Literatur des ersten nachchristlichen Jahrhunderts (München 1967).
[13] Belege bei RICHARD M. HONIG, Humanitas und Rhetorik in spätrömischen Kaisergesetzen (Göttingen 1960), Kap. 3: „Virtus und humanitas".
[14] Ebd., Kap. 4, Belege.

eine stärkere Untertanentreue erwartet[15]. AULUS GELLIUS trifft am Ende des zweiten nachchristlichen Jahrhunderts die Bedeutungsverschiebung präzis, wenn er feststellt, die Autoren der republikanischen Zeit hätten 'humanitas' nicht in der Bedeutung von „philanthropia", sondern von „paideia" benutzt. Mit Recht aber hat Gellius 'humanitas' und 'paideia' nicht einfach gleichgesetzt[16].
Seit dem 3. und 4. nachchristlichen Jahrhundert werden unter dem Einfluß des biblisch-theologischen Menschenbildes dem humanitas-Begriff über die Mannigfaltigkeit seines bisherigen Bedeutungsgehalts hinaus neue Bedeutungen beigelegt. Das Christentum hat in seiner Auffassung des Menschen als eines Geschöpfes Gottes dessen Unvollkommenheit scharf von der Vollkommenheit Gottes abgegrenzt. Der unbedingten Abhängigkeit und Unselbständigkeit des Menschen als eines Ebenbildes Gottes stellt der Apostel PAULUS die *benignitas et humanitas salvatoris nostri* gegenüber[17]. Offensichtlich kennt der Apostel den hellenistischen Kontext von 'philanthropia' als göttlicher und königlicher Tugend. Strenge Theonomie und die Nachfolge Christi stehen dem Gebrauch der antiken Begrifflichkeit entgegen. Seit dem 4. nachchristlichen Jahrhundert wird im Gefolge der theologischen Auseinandersetzungen um die Natur Christi als wahrer Gott und wahrer Mensch 'humanitas' traditionsbildend zur Kennzeichnung der *substantia humana Christi* verwendet[18]. Selbst in der Justinianischen Kodifikation ist von 'humanitas' wie 'divinitas' Christi an besonders hervorgehobener Stelle die Rede[19]. Parallel verbindet sich in den Schriften der alten Kirche 'humanitas' durchgehend mit dem Gedanken der Hinfälligkeit der menschlichen Natur im Gegensatz zur Vollkommenheit der 'divinitas'. Nach AUGUSTINUS ist, was der *humana facultas* unmöglich sei, der *divina potestas* ein Leichtes. Barmherzigkeit müsse der *humana conditio* entgegengebracht werden, um den Menschen zum Frieden mit Gott zu führen[20]. Die humanitas, die menschliche Natur, ist der Gottheit völlig unterworfen, *subiecta divinitati*[21], ist immer *caduca, ... fragilis*[22]. So kann CASSIODOR exemplarisch der *virtus deitatis* die *humilitas humanitatis* entgegensetzen[23]. 'Humanitas' wird schließlich gleichgesetzt mit dem bloß Fleischlichen, vor allem um den Gegensatz zum höheren Status des Christen hervortreten zu lassen. *Scriptura quippe sacra omnes carnalium sectatores, humanitatis nomine notare solet*[24]. Die Betonung der Hinfälligkeit des Menschen führt zu neuen Bedeutungskomponenten, die unmittelbar das

---

[15] Belege ebd., 3 ff.
[16] AULUS GELLIUS, Noctes atticae 13, 16.
[17] Tit. 3, 4; vgl. JOHN FERGUSON, Moral Values in the Ancient World (London 1969), 102 ff. 111.
[18] TLL t. 6/3 (1936/42), 3075, s. v. humanitas.
[19] Codex Iustiniani 1, 1, 8: *in divinitate perfectus ... et in humanitate perfectus;* vgl. ebd. 1, 17, 2; zum theologischen Kontext: FRIEDRICH LOOFS, Leitfaden zum Studium der Dogmengeschichte, 6. Aufl. (Tübingen 1959), 223 ff.
[20] AUGUSTINUS, Ep. 102, CSEL t. 34/2 (1895), 548; vgl. ders., Contr. Crese., ebd., t. 52 (1909), 463.
[21] HIERONYMUS, Ep. 55, 3, 4. MIGNE, Patr. Lat., t. 22 (1845), 562.
[22] CASSIODOR, In psalm. 11, 4. Ebd., t. 70 (1865), 99 B.
[23] Ebd. 2, 20 (p. 43 D).
[24] GREGOR I. Moralia 18, 54, 92. Ebd., t. 76 (1849), 94.

menschliche Leben betreffen. 'Humanitas' bedeutet „Wuchs" und „Statur" des Menschen bzw. seine „Nahrung"[25]. Andererseits erhält 'humanitas' durch die Kirchenväter, entsprechend den universalistischen Tendenzen des Christentums, jetzt die in der klassischen Latinität ungebräuchliche, quantitativ-kollektive Bedeutung für die bisher gebräuchlichen Ausdrücke 'genus humanum' bzw. 'homines'. *Timorem omnem, quo humanitas regitur, sustulerunt*[26]. 'Humanitas' beschreibt stilisierend das ganze sündenverfallene Menschengeschlecht als Gemeinschaft der Gläubigen, wobei die Ungläubigen als potentielle Gläubige mit eingeschlossen werden. Gegenüber der potentiellen Gleichheit und Einheit aller Menschen unter der Signatur der Gotteskindschaft wird jedoch der Unterschied zwischen Gläubigen und Ungläubigen stärker betont, sobald das Christentum als Institution fest etabliert ist[27].

2. Mittelalterlicher Begriff

Der Ausdruck *mennisgheit* ist erstmals bei NOTKER als eine Lehnbildung für den lateinischen Begriff 'humanitas' belegt. Notker gebraucht den Ausdruck traditionsbildend wesentlich als christologischen Fachterminus[28]. Aufschlußreich ist seine Übersetzung der Wendung „personam hominum" durch *manskeit*[29]. Die Bedeutung des Wortes 'Menschheit' wird von der humanitas Christi bestimmt. *Mennisgheit* heißt für Notker die menschliche Kreatürlichkeit im Gegensatz zur Gottheit, und zwar sowohl in ihrer sterblichen Existenz als auch in ihrer theologisch verstandenen Andersartigkeit gegenüber Gott. Bereits bei Notker ist auch — im engen Anschluß an das kirchenlateinische 'humanitas' — die Kollektivbedeutung des deutschen Ausdrucks belegbar; gleichwohl wird diese Bedeutung bis in die zweite Hälfte des 18. Jahrhunderts selten gebraucht.

Im deutschen Sprachbereich läßt sich nach Notker verfolgen, wie der theologische Begriff 'Menschheit' sich langsam konstituiert. Die „Wiener Genesis" führt 'mennescheit' zweimal im Gegensatz zu 'Gottheit'[30]. Häufiger begegnet das Wort in der unter starkem Einfluß der homiletischen Literatur der Kirchenväter stehenden Predigtprosa des „Speculum ecclesiae", wobei die Verwendungen des Begriffs die menschliche Natur Christi betreffen und insofern im heilsgeschichtlichen Zusammenhang stehen[31]. Gleichzeitig nähert sich mhd. 'menscheit' der Bedeutung von „Menschlichkeit" als Übersetzung der ethischen Bedeutungskomponente des kirchenlateinischen 'humanitas'[32]. So wird die Wendung *omnis ei exhibeantur humanitas*

---

[25] ALBERT BLAISE, Dictionnaire latin-française des auteurs chrétiens (Tournhout 1961), 395f., s. v. humanitas; DU CANGE 9ᵉ ed., t. 4 (1883/87; Ndr. 1954), 262, s. v. humanitas.
[26] MINUCIUS FELIX, Octavius 8.
[27] Vgl. VOGT, Kulturwelt (s. Anm. 11), 32ff.
[28] Notker-Wortschatz, hg. v. EDWARD HENRY SEHRT u. WOLFRAM KARL LEGNER (Halle 1955), 356, s. v. mennisgheit.
[29] Ebd.
[30] ROY WISBY, Vollständige Verskonkordanz zur Wiener Genesis (Berlin 1967), 465f.
[31] Speculum Ecclesiae. Eine frühmittelhochdeutsche Predigtsammlung (Cod. germ. Mon. Nr. 39), hg. v. GERT MELLBOURN (Lund, Kopenhagen 1944), 1. 11. 13. 68. 76.
[32] Allein diese Bedeutungskomponente kennt ISIDOR VON SEVILLA, Originum sive etymologiarum libri XX.

der Benediktinerregel als *Dar noch sal yme alle menscheit erboden werden* übersetzt[33].

Erst WOLFRAM VON ESCHENBACH erschließt den theologischen Begriff 'Menschheit' in bewußter Anknüpfung an die geistliche Vorstellungswelt für die ritterlich-höfische Laienliteratur. Die theologischen Reflexionen des ritterlichen Laien Wolfram begreifen die christlich verstandene Menschennatur als einheitlich und allgemein. 'Menschheit' formuliert vor dem Hintergrund der endgültigen Konstituierung des Adels in stilisierter ritterlicher Selbstauslegung — wie schon die römische 'humanitas', aber unter den veränderten Rahmenbedingungen —, Züge eines Adelsethos, dessen Problematik und religiöse Fragwürdigkeit bewußt wahrgenommen werden[34].

Vor dem Hintergrund des wirtschaftlichen, gesellschaftlichen, politischen und kulturellen Strukturwandels nach dem Investiturstreit und den Kreuzzügen gewinnt bereits an der Schwelle zum ritterlich-höfischen Zeitalter besonders unter den „Kleriker-Edelmännern" (Huizinga) 'humanitas' eine dem ursprünglichen Sinngehalt korrespondierende Bedeutung zurück: 'humanitas' wird ausdrücklich als moralische Tugend der Selbstvervollkommnung und -entfaltung, gleichwohl noch ohne persönlich-individuellen Bezug, mit 'Gesittung', 'Menschenliebe', 'Anmut', 'Bildung', selten dagegen mit *'fragilitas humana'* konnotiert[35]. Im Rahmen der christlichen Anthropologie und Frömmigkeit kann aus einer gefestigten inneren Haltung von der *dignitas humanae conditionis* gesprochen werden[36].

Auf der Ebene des theologischen Diskurses unterscheidet THOMAS VON AQUIN im Kontext der Trennung von 'homo' und 'christianus' zwischen 'homo' und 'humanitas'. Während 'homo' vom Individuum ausgesagt werden kann, schließt 'humanitas' den bestimmten individuellen Menschen aus[37]. In christologischer Hinsicht lehrt Thomas die individuelle Menschwerdung Christi. In Anknüpfung an die thomasische Unterscheidung identifiziert MEISTER ECKHART seinen Begriff der 'menschlichen Natur' mit 'humanitas': Ihm geht es dabei im Anschluß an die paulinische Formulierung um die Teilhabe der Menschen an Christus, um seine Geburt in der Seele: *Ich spriche: menscheit unde mensch ist ungelîch. menscheit in ir selber ist als edel. daz oberste an der menscheit hât gelîcheit mit den engelen unde sippschaft mit der gotheit.* Eckart kennt keinen Einmaligkeitscharakter der Menschwerdung Christi: *Dâ wart menschlich nature got, wan er menschliche natûre blôz und keinen menschen an sich nam.* Der Mensch kann, indem er sich dieser in der Menschwerdung Gottes verwirklichten allgemeinen Menschennatur angleicht, „christförmig" werden[38].

---

[33] Benediktiner Ordensregel, Ms. 4486a (Germ. Nationalmuseum Nürnberg), A Middle High German Benedictine Rule, ed. MARY C. SULLIVAN (Hildesheim 1976), 178; zu anderen Übers. vgl. ebd., 255ff.

[34] MAX WEHRLI, Diu menscheit hât wilden art, in: Verbum et Signum, Fschr. Friedrich Ohly, hg. v. HANS FROMM, WOLFGANG HARMS, UWE RUBERG, Bd. 2 (München 1975), 189ff.

[35] Vgl. PETER V. MOOS, Hildebert von Lavardin (1056—1133). Humanitas an der Schwelle des höfischen Zeitalters (Stuttgart 1965), 1ff. 147ff. 276f.; ROLF SPRANDEL, Ivo von Chartres und seine Stellung in der Kirchengeschichte (Stuttgart 1962), 24ff.

[36] IVO VON CHARTRES, Sermones 8. MIGNE, Patr. Lat., t. 162 (1854), 571.

[37] THOMAS VON AQUIN, De ente et essentia 3.

[38] MEISTER ECKART, Von dem Adel der Seele, in: Dt. Mystiker des 14. Jahrhunderts, hg. v. FRANZ PFEIFFER, Bd. 2 (Leipzig 1857), 416f.; ders., Predigt, ebd., 4.

DANTE benutzt angesichts des Zerfalls der hochmittelalterlichen Gesellschaftsformation in seiner kosmologischen Spekulation „De monarchia" 'humanitas' für 'genus humanum', 'humana civilitas', 'societas'. Die als notwendig erachtete universale Menschheitskultur ist den einzelnen civilitates übergeordnet. Dante unterscheidet bewußt zwischen dem Kollektivbegriff 'humanitas' und der 'christianitas', die für ihn die übernatürliche Ergänzung zur *universitas humanae generis* ist[39].

III. Die säkulare Entfaltung des Begriffs seit der Renaissance

1. Der pädagogische und sozialethische Bildungsbegriff der Renaissance

Während bei PETRARCA 'humanitas' noch nicht als Schlüsselbegriff erscheint[40], erlangt der Begriff seit 1400 durch die Protagonisten des Florentinischen „civic humanism" (Baron), Coluccio Salutati und Leonardo Bruni Aretino, in bewußter Anknüpfung an die klassische Antike zentrale Bedeutung als Bezeichnung der Entfaltung des menschlichen Wesens und seines Ethos. 'Humanitas' als Einheit ethischer und intellektueller Fähigkeiten des Menschen, der in freier Entscheidung seine Existenz selbst schafft — SALUTATI definiert einmal *humanitas* als *virtus atque doctrina*[41] —, korrespondiert ein patrizisch-republikanisches Staatsbewußtsein. Bereits der stärker metaphysische als moralphilosophische Begriff 'humanitas' der „Platonischen Akademie" demonstriert den Verlust dieses Staatsbewußtseins. 'Humanitas' gewinnt die Bedeutung „menschliche Natur" als solche[42]. Der bewußt aufgenommene, traditionelle topologische Dualismus zwischen 'humanitas' und 'divinitas', der bei ihren Zeitgenossen in den Hintergrund tritt, verliert in der humanistischen Theologie Ficinos und Picos durch die Betonung der Gottähnlichkeit des Menschen die für das Mittelalter bezeichnenden, schroffen Kontraste. FICINO weist auf den göttlichen Ursprung der humanitas hin, die zur divinitas aufsteigen könne[43]. Und PICO setzt explizit *feritas, humanitas* und *divinitas* in eine diachrone Reihung[44]. Erst mit dem Aufstieg zur divinitas erfüllt der Mensch nach Ficino und Pico seine eigentliche Bestimmung. Schließlich nimmt FICINOS platonisch inspirierte humanitas-Spekulation bewußt die Solidarität aller Menschen über alle Unterschiede hinweg wahr.

---

[39] DANTE ALIGHIERI, De monarchia 1, 3, 7f.
[40] Vgl. KLAUS HEITMANN, Fortuna und Virtus. Eine Studie zu Petrarcas Lebensweisheit (Köln, Graz 1958).
[41] COLUCCIO SALUTATI an Carlo Malatesta, 10. 9. 1401, Epistolario, ed. Francesco Novati, t. 3 (Rom 1896), 536.
[42] Vgl. GIOVANNI PICO DELLA MIRANDOLA, De ente et uno. Ad Angelum Polizianum (1491/96), Scritti vari, ed. Eugenio Garin (Florenz 1942), 430.
[43] MARSILIO FICINO, De religione christianae 19 (1510), Opera, t. 1 (Basel 1561), 23; vgl. PAUL M. KRISTELLER, Il pensiero filosofico di M. Ficino (Florenz 1953).
[44] PICO DELLA MIRANDOLA, Oratio. De hominis dignitate (1486), Scritti, 104f.; vgl. ENGELBERT MONNERJAHN, Giovanni Pico della Mirandola. Ein Beitrag zur philosophischen Theologie des italienischen Humanismus (Wiesbaden 1960).

SALUTATI und nach ihm Bruni sind auch die ersten, die den ciceronianischen Begriff *studia humanitatis* traditionsbildend wieder aufnehmen[45]. Bereits bei Salutati begegnen im Ansatz die Fächer, die den Katalog der studia humanitatis bilden werden: Philologie, Rhetorik, Geschichte, Poetik und Moralphilosophie. Wenn BRUNI die Studien meint, *quae pertinent ad vitam et mores*, sieht er die Verbindung mit der *peritia litterarum*, so daß alle Disziplinen der sittlichen Bildung zugeordnet werden, in ihr sich zu einer Einheit zusammenschließen[46]. Moralphilosophie stellt den eigentlichen Rückhalt des humanistischen Bildungsbegriffs dar. Vor der Gefahr, die studia humanitatis in eine rein kulturelle Angelegenheit aufzulösen, warnen schon Salutati und Bruni. Die in den studia humanitatis zum Ideal erhobene Synthese von rhetorischer Sprach- und philosophischer Geistesbildung ist in Abhängigkeit von den italienischen Vorbildern sehr schnell auch im außeritalienischen Bereich durchaus geläufig[47]. Die studia humanitatis verschafften sich allmählich Eingang in die Universitäten, die teilweise wichtige Zentren dieser Studien werden. Die studia humanitatis sollen zur humanitas als kultivierter und beherrschter Natur des Menschen führen, wie bereits Brunis bekannte frühe Definition behauptet: *propterea humanitatis studia nuncupantur, quod hominem perficiant atque exornent*[48]. Bildung erst verhilft dem Menschen zum wahren Menschsein, das ihm nicht angeboren ist, sondern das er sich erwirbt und damit seine eigentliche Bestimmung erfüllt. Nur der gebildete Mensch ist damit eigentlich Mensch.

Die Proklamierung der studia humanitatis bedeutet die Schaffung einer wesentlich innerweltlich orientierten Bildung, die in einem spannungsreichen Verhältnis zu den studia divinitatis steht. Sozialgeschichtlich gewendet bedeuten die studia humanitatis die Proklamierung einer Bürgerkultur, näherhin die Existenz einer neuen Schicht humanistisch gebildeter Laien, Gebildeter und Gelehrter, neben und gegen die Theologen. Bereits um 1480 kommt die Selbstbezeichnung 'humanista' für die Lehrer und Studenten der studia humanitatis auf[49].

Ihrem Wesen nach setzen die studia humanitatis eine hohe Bildung voraus, die elitäre Züge zeigt und sie um die Breitenwirkung bringt. Der europäische Intellektuelle wird „altsprachlich". In welcher gesellschaftlichen Zuordnung auch immer, der individualistische Wissens- und Tugenddünkel der bürgerlichen Trägerschicht der studia humanitatis führt zu einer Distanzierung von den Ungebildeten wie zur Ausbildung eines quasi aristokratischen Selbst- und Führungsbewußtseins. Ihr Anspruch, als nobilitas litteraria dem Geburtsadel ebenbürtig zu sein, führt schließlich zur Parallelisierung von 'humanitas' und 'nobilitas'.

---

[45] SALUTATI an Lodovico Degli Alidosi, 4. 12. 1402, Epistolario, t. 3, 599.
[46] LEONARDO BRUNI an Leonardo Nicolao, Arretini epistolarum Libri VI, ed. Laurentio Mehus, vol. 2 (Florenz 1741), 49.
[47] Vgl. ERICH KÖNIG, Studia humanitatis und verwandte Ausdrücke bei den deutschen Frühhumanisten, in: Beiträge zur Geschichte der Renaissance und Reformation, Fschr. Joseph Schlecht, hg. v. L. FISCHER u. a. (München, Freiburg 1917), 202 ff.
[48] BRUNI an Nicolao, Epistolarum, vol. 2, 49.
[49] Vgl. P. F. GRENDLER, The Concept of Humanist in Cinquecento Italy, Renaissance Studies in Honor of Hans Baron, ed. ANTHONY MOLHO and JOHN A. TEDESCHI (Dekalb/ Ill. 1971), 445 ff.

III. 1. Bildungsbegriff der Renaissance

Durch seinen reflektierten Gebrauch des Begriffes 'humanitas' zeichnet sich ERASMUS, der eine dominierende Rolle im europäischen Humanismus der ersten Hälfte des 16. Jahrhunderts spielt, vor seinen Zeitgenossen aus. Gegenüber der Übermächtigkeit der divinitas im Mittelalter und der Allmächtigkeit der divinitas im reformatorischen Denken[50] betont Erasmus mit dem Begriff 'humanitas' die menschliche Eigenständigkeit[51]. Gleichwohl verwendet Erasmus 'humanitas' zur Bezeichnung der menschlichen Natur, deren Fähigkeit er doch so hoch erachtet, nur ungern. Vielmehr bezeichnet 'humanitas' die ideale Ausformung der sozialen und intellektuellen natürlichen Veranlagung des Menschen: *hinc est, videlicet, quod vulgus, quicquid ad mutuam benevolentiam pertinet humanum appellat, ut humanitatis vocabulum non iam naturam nobis declaret, sed mores hominis natura dignos*[52]. Aus der Natur des Menschen folgen für Erasmus die sittlichen Verpflichtungen der officia humanitatis, unter denen er insbesondere die Pflege guter gesellschaftlicher Sitten versteht. Sie gelten für den Verkehr unter den Menschen wie unter den Völkern. Störungen von Ruhe und Frieden sind für Erasmus die schlimmste inhumanitas. Die Erfüllung der officia humanitatis machen einen wesentlichen Inhalt der humanitas aus. Auch Erasmus verknüpft humanitas grundsätzlich mit den literarischen Studien, die er bewußt „die guten" nennt. *Bonae litterae homines reddunt.* Und ironisierend fährt er fort: *philosophia plusquam homines, theologia reddit divos*[53]. Weil diese bonae litterae den Menschen nicht nur bilden, vielmehr erst seine Bestimmung realisieren, nennt er sie 'litterae humanae' oder in Anlehnung an antike Wendungen gar 'litterae humaniores' und 'studia humaniora'[54]. Und doch soll diese humanistische Bildung, die saecularis eruditio, vor allem dem Verständnis der Religion und der Frömmigkeit dienen. Die aus den wiederhergestellten bonae litterae erwachsende humanistische Theologie soll auf der Grundlage der Bibelphilologie und des Rückgriffs auf die Patristik ein undogmatisches, spirituales Christentum, eine christlich humane Bildung heraufführen. Im Begriff 'humanitas' verknüpft Erasmus Geistesbildung, Persönlichkeitsformung und eine Religiosität der Innerlichkeit zu einer Einheit: *superest*, schreibt er gegen Hutten, *ut adhorter omnes bonarum litterarum studiosos, ut ... ab huiusmodi intemperiis abstineant, ne bonas litteras reddant invidiosas. Appellantur humanitatis: ... tum demum erunt id quod dicuntur, hoc est bonae litterae, si nos reddant meliores, si serviant gloriae Christi*[55]. 'Humanitas christiana' bezeichnet nicht nur vorbildliches Verhalten im sozialen Bereich, sie gibt zugleich dem relativen Eigenwert des Menschen, seiner Würde,

---

[50] Vgl. LUTHER an Erasmus, 15. 4. 1524, Opus epistolarum Desiderii Erasmi Rotterodami, ed. H. M. Allen, t. 5 (Oxford 1924), 444ff., Nr. 1443; ders. an Johann Lang, 1. 3. 1517, Briefwechsel, hg. v. Ernst Ludwig Enders, Bd. 1 (Frankfurt 1884), 87ff., Nr. 34.
[51] Grundlegend für die Interpretation JAMES D. TRACY, Erasmus. The Growth of a Mind (Genf 1972); RUDOLF PFEIFFER, Humanitas Erasmiana (Leipzig 1931).
[52] ERASMUS, Querela pacis LB 627 (1517/1529), Opera omnia, vol. 4/2, ed. O. Herding (Amsterdam, Oxford 1977), 64f.
[53] Ebd. LB 628 (p. 66).
[54] Belege aus Erasmus stellt P. S. ALLEN, Humanities, Proceedings of the Classical Association 14 (1971), 130, zusammen.
[55] Ders., Spongia Erasmi adversus Aspergines Hutteni, § 405 (1523), in: ULRICH HUTTEN, Schriften/Opera, hg. v. Eduard Böcking, Bd. 2 (Leipzig 1859), 322.

eine neue Betonung. Die auf einen Ausgleich zwischen divina und humana bedachte humanitas christiana, wie sie Erasmus exemplarisch vertritt, vermag sich zunächst nur vereinzelt, allgemein jedoch weder gegenüber Luthers Forderung nach der alleinigen Rechtfertigung durch den Glauben noch gegenüber dem Rigorismus des Tridentismus zu behaupten.

Traditionell stehen 'Menschheit' bzw. 'Menschlichkeit' in der religiösen Sphäre im Gegensatz zu 'divinitas', meinen die sündige menschliche Natur oder die Menschwerdung Christi. Diese Determination stellt sich nicht nur in der theologischen Literatur her, zumal in der reformatorischen unter dem dominierenden Einfluß LUTHERS. So heißt es im Kirchenlied des 16. Jahrhunderts: *O wie köstlich ist sein fleisch und blut, das uns hat erworben das allerhöchste gut! Denn solches ja niemand hat vermocht: uns hat seine menscheit das Leben wiederbracht*[56]. 'Menschheit' und 'Menschlichkeit' werden im Frühneuhochdeutschen in der ursprünglich angelegten, engeren, zur Bezeichnung einer Eigenschaft neigenden Bedeutung im Sinne des mitmenschlichen Verhaltens häufiger benutzt und konnotieren zumal in der Parallelisierung zu 'Barmherzigkeit' christliche Nächstenliebe. Diesen sozialethischen Sprachgebrauch der frühen deutschen Bibelübersetzungen, aber auch humanistischer moralphilosophischer Übersetzungen notierten 1482 der „Vocabularius teutonicus"[57], 1536 DASYPODIUS (ohne die menschheitliche Begrifflichkeit) und MAALER (1561) mit dem Begriff 'Menschlichkeit' in ihren Übersetzungen des Begriffs 'humanitas'[58]. Auffallend ist jedoch, daß der Gedankenkreis der studia humanitatis nicht erwähnt wird. Unter humanistischem Einfluß bildet sich auch zaghaft die Bedeutung aus, die notwendig in dem Begriff liegt: die menschliche Natur als solche, das Sein des Menschen. Diese Bedeutung ist erschließbar bei Maaler. Er begreift *menschligkeit* als Übersetzung für *humanitas* und definiert sie als *menschliche art und natur/ menschliche pflicht und neigung so ein mensch von natur zu einem anderen hat*[59].

Der fast schlagwortartige Gebrauch von 'humanitas' führt im 16. Jahrhundert zur Lehnwortprägung 'humanitet' im sozialethischen Bedeutungsgehalt. Ein charakteristischer Gebrauch parallelisiert *humanitet* und *freündtligkeit*[60]. Über diese Bedeutung greift die wahrscheinlich früheste lexikalische Notierung von 'humanitet' (1571) weit hinaus. Sie erschließt den von 'humanitas' formulierten umfangreichen humanistischen Bedeutungsgehalt: *Humanitet, Menschliche art/pflicht und neygung so ein mensch von natur zum andern hat/menschlichs hertz und gemüt. Item menschligkeit/freündtligkeit/geütigkeit. Item verstendigkeit und bericht der freyen Künsten/darumb das (sie) den Menschen gemeinklich tugenthafft und bescheyden machen*[61].

Der Begriff 'humanité', der im 16. Jahrhundert ein Losungswort zu werden beginnt, formuliert die Fülle der überkommenen und neugewonnenen Bedeutungsgehalte

---

[56] VALENTIN TRILLER v. GORA, Jesus Christus unser Seligkeit, Das deutsche Kirchenlied, hg. v. PHILIPP WACKERNAGEL, Bd. 4 (Leipzig 1874), 29, Nr. 49.
[57] Vocabularius incipiens Teutonicum ante Latinum (Nürnberg 1482).
[58] PETRUS DASYPODIUS, Dictionarium Latino-Germanicum (Straßburg 1536), s. v. humanitas; MAALER (1561), 288f., s. v. humanitas.
[59] MAALER (1561), 288, s. v. humanitas.
[60] CONRAD GRESSNER, Fischbuch (Zürich 1563), Vorrede.
[61] SIMON ROTHS, Fremdwörterbuch (1571), hg. v. Emil Öhmann (Helsinki 1936), 316, s. v. humanitet.

von 'humanitas': die christlich-dogmatische Bedeutung im Gegensatz zu 'divinitas', den christologischen Fachterminus, die sozialethische Bedeutungskomponente, vereinzelt die Bedeutung der menschlichen Natur als solcher, den Gedankenkreis der studia humanitatis, den Begriff freier menschlicher Bildung[62]. Schließlich wird 'humanité' — ausgehend von der humanistischen Idee der Selbstheit des Menschen angesichts der konfessionellen Frontbildungen mit ihren Religionskriegen — konzeptualisiert als mitmenschliche, überkonfessionelle Tugend im privaten wie im öffentlich-politischen Bereich. 'Humanité' kann als zentrales programmatisches Element der „politiques" bei ihren Bemühungen, die französische Monarchie zu stabilisieren, interpretiert werden: *prenons la plus propre et convenable vertu de l'homme*, schreibt CHARRON, *c'est comme porte son nom l'humanité comme le plus étrange et contraire vice, c'est cruauté*[63].

2. 'Humanité' als aristokratisches Tugendideal

Die höfisch-aristokratische Renaissance tritt schon früh hervor. Hofgesellschaften entstehen nicht nur an den Fürstenhöfen, sondern ebenso in den sich oligarchisierenden italienischen Stadtstaaten. Im Prozeß der Aneignung der humanistischen Bildungswelt durch die Herrscher und ihre Umgebungen entwickelt sich der humanistisch geprägte Typus des Hofmannes. Die aus Elementen ritterlicher und humanistischer Erziehung zusammengesetzten, traditionsbildenden Komplexe des Vornehmen, kultivierter Geselligkeit und ästhetischer Bildung finden schließlich in dem zum „uomo universale" stilisierten, vollkommenen Hofmann CASTIGLIONES (1528) ihre für die europäische Adelskultur vorbildhafte literarische Manifestation. In enger Anlehnung an Cicero und Quintilian formuliert Castiglione die vorerst noch spannungsreiche Verknüpfung von Hofideal und humanistisch-rhetorischer Bildung, von 'cortesia' und 'umanità' zur 'graziosa umanità'[64]. Die Faszination, die Castigliones „Cortegiano" auf den europäischen Adel ausübte, ist kaum zu überschätzen. So sehr sich die ideale Hofmannsgestalt verändert oder verzerrt wird, den Durchbruch zu einer auch den humaniora geöffneten Hofkultur hat der „Cortegiano" entscheidend gefördert. Im Prozeß der Herausbildung der absolutistischen Gesellschaftsformation tritt der in der graziosa umanità angelegte spannungsreiche Dualismus zugunsten des rein Höfischen zurück. Der partielle Funktionsverlust des Adels ist von einem Wandel des Adelsethos begleitet, insofern besteht zwischen Adelskultur und Adelsdisziplinierung am Hofe ein enger Zusammenhang. Die Begriffe 'honnêteté', 'civilité', 'courtoisie' und 'humanité' werden in der formalisierten, normativen aristokratisch-höfischen Gesellschaftskultur des 17. und 18. Jahrhunderts als sich berührende, aber nicht unbedingt deckende, auswechselbare Begriffe

---

[62] Vgl. EDUARD V. JAN, Humanité, Zs. f. franz. Sprache u. Lit. 55 (1932), 1 ff.; FRITZ SCHALK, Humanitas im Romanischen, in: ders., Exempla romanischer Wortgeschichte (Frankfurt 1966), 255 ff. 274.
[63] PIERRE CHARRON, De la sagesse (1583), zit. SCHALK, Humanitas, 273; vgl. JEAN BODIN, Les six livres de la République 4, 7 (Ausg. 1583; Ndr. Aalen 1961), 660. 662.
[64] Vgl. E. LOOS, Baldessare Castigliones „Libro del Cortegiano" (Frankfurt 1955).

zur Bezeichnung des höfischen Standesethos benutzt[65]. Vor dem Hintergrund der exemplarischen Sonderstellung des Hofes artikuliert sich in diesem Standesethos der Anspruch des Hofmannes, sozusagen als „eigentlicher" Mensch zu gelten. Nur der weltläufige Hofmann ist wirklich Mensch, während nach RIST *der grössestse Teil der Menschen nur halbe Menschen sind/dieweil sie bei Hofe gar selten/oder auch wohl niemalen gewesen*[66]. Wenn um die Mitte des 17. Jahrhunderts GUEZ DE BALZAC 'humanité' und 'politesse' identifiziert[67] und LA ROCHEFOUCAULD in 'humanité' eine Art idealer 'politesse' sieht[68], manifestiert sich in dieser Bedeutungsverengung auf gesellschaftlich einwandfreies Verhalten — dieser ständisch orientierte Sprachgebrauch wird in den zeitgenössischen Lexika bis in die Mitte des 18. Jahrhunderts hauptsächlich notiert[69] — die Tendenz der weitgehenden Entpersönlichung des höfischen Ideals, die des Umschlagens ins Mondäne und damit in eine gefährliche Scheinhaftigkeit. Diese Tendenz wird in den Wendungen *a la modische humanität* bzw. *a la modische höflichkeit* schlaglichtartig beleuchtet[70].

3. Semantische Rückwirkungen der europäischen Expansion

Die großen Entdeckungen des 15. und 16. Jahrhunderts repräsentieren zugleich die europäische Entdeckung des nicht-europäischen Menschen. Die Erfahrung einer jenseits der christianitas als Menschheit liegenden Welt steht völlig außerhalb des europäischen Bewußtseins und seiner normalen Erwartung. In der Auseinandersetzung mit Wesen anderer Art, aber gleicher Gattung findet sich ein bis zur Mitte des 18. Jahrhunderts äußerst begrenztes Publikum konfrontiert mit der Notwendigkeit, traditionelle Normen und Haltungen zu überprüfen. Die tiefverwurzelte kulturelle Erbschaft der Europäer — die jüdisch-christliche und die klassisch-humanistische — definierte den Menschen nach seiner Teilhabe am Mysterium des Leibes Christi bzw. seiner Vernünftigkeit. Sie bedingte eine duale Klassifikation der Menschheit in 'Christen' und 'Heiden' bzw. 'Zivilisierte' und 'Barbaren', die sich für den Renaissance-Europäer weitgehend überlagert hatten, so daß eine gewisse Identität zwischen 'Heide' und 'Barbar' und andererseits zwischen 'Christ' und 'Zi-

---

[65] H. KRINGS, Die Geschichte des Wortschatzes der Höflichkeit im Französischen (Diss. Bonn 1961); grundlegend zur Entstehung und Entwicklung des Leitbildes des „honnête homme": MAURICE MAGENDIE, La politesse mondaine et les théories de l'honnêteté en France au XVIIe siècle de 1600 à 1660 (Diss. Paris 1925); PAUL HAZARD, Die Krise des europäischen Geistes 1680—1715 (Hamburg 1939), 372ff.; MARIO WANDRUSZKA, Der Geist der französischen Sprache (Hamburg 1959), 93ff.; ANDRÉ LÉVÊQUE, „L'honnête homme" et „l'homme de bien" au XVIIe siècle, Publications of the Modern Language Association of America 72 (1957), 620ff.
[66] JOHANNES RIST, Das Aller Edelste Leben der gantzen Welt ... (Hamburg 1663), 205.
[67] Vgl. SCHALK, Humanitas, 277f.
[68] Vgl. JAN, Humanité, 21.
[69] Vgl. COTGRAVE (1611); STIELER (1691), 558, s. v. Freund; 845f., s. v. Hof, Höflichkeit; RÄDLEIN (1711), 632, s. v. humanité; SPERANDER (1728), 294, s. v. humanitas; ZEDLER Bd. 13 (1735), 1156, Art. Humanität; HÜBNER (Ausg. 1742), 527, Art. Humanität; FRISCH (1741), 49, s. v. humanitas.
[70] Vgl. FRITZ SCHRAMM, Schlagworte der A la mode-Zeit (Straßburg 1914), 26.

III. 3. Semantische Rückwirkungen der Expansion

vilisiertem' besteht. In diesen kategorialen Rahmen wird das neue Wissen von den Naturvölkern hineingestellt[71]. Zwar wird besonders nach der Bulle „Sublimis Deus" (1537), die die Indianer als *veros homines fidei catholicae et sacramentorum capaces*[72] anerkennt, theoretisch akzeptiert, daß die amerikanischen Menschen beiden vorgegebenen Kriterien genügen, um in das menschliche Geschlecht eingeschlossen zu werden, gleichwohl bleibt der Grad der Erfüllung dieser Kriterien Gegenstand andauernder Debatten: in Frage steht die Rationalität der Indianer ebenso wie ihre Eignung, Christen zu werden. Das Thema der „Bestialität" des Indianers und alternativ, aber weniger gewichtig, das des „guten Wilden" durchziehen die frühen europäischen Stellungnahmen. Beide Einstellungen sprechen dem Fremden Menschheit ab. Die Achtung vor den Fremdvölkern steigt kaum. Gegen Ende des 16. und im 17. Jahrhundert kommt auch die Bezeichnung 'Wilde' für Naturvölker auf[73]. Es ist die erste Allgemeinbezeichnung, die seit dem Worte 'Barbaren' für diese Völker gebildet wird. Erst in der zweiten Hälfte des 18. Jahrhunderts wird gegen die Benennung 'Wilde' Front gemacht werden. Vereinzelt aber nimmt das Bewußtsein der Inadäquanz des traditionellen Beurteilungsrahmens zu, die traditionellen Distinktionen werden modifiziert. MONTAIGNE ist einer der ersten Europäer, der die intellektuelle Herausforderung begreift. Seine Reflexionen führen, nach vorangegangenen tastenden Versuchen einer differenzierten Klassifikation, zur skeptischen Auflösung des Barbareibegriffs. Er konstatiert, *que chacun appelle barbarie ce qui n'est pas de son usage*[74]. Nur wenige Zeitgenossen haben die Begriffe 'Kultur' und 'Barbarei' derart grundlegend umgewertet. Hier liegen zugleich nicht unbemerkt bleibende Ansätze einer Theorie sozialer Entwicklung, deren Kriterien ausgesprochen europazentrisch sind, gleichwohl sich durchaus fähig erweisen, ihren christlichen Kontext zu überwinden[75]. Montaigne spricht gleichzeitig zwar nicht von der Einheit, aber von der *obligation mutuelle* aller Menschen unter sich und bezeichnet diese Haltung als *général devoir de l'humanité*[76]. Die Einheit des Menschengeschlechts erhält ihre Verkörperung im Organismus einer den souveränen Einzelstaaten übergeordneten Menschheit, die das auf dem Naturrecht beruhende ius gentium zur Richtschnur für die Beziehungen ihrer christlichen und nichtchristlichen Glieder untereinander macht. So konstatiert SUAREZ, der Wegbereiter GROTIUS': *Humanum genus quantumvis in varios populos et regna divisum, semper habet aliquam unitatem non solum specificam sed etiam quasi politicam et moralem, quam indicat naturale praeceptum mutui amoris et misericordiae, quod ad omnes*

---

[71] MARGARET T. HODGEN, Early Anthropology in the 16th and 17th Centuries (Philadelphia 1964); JOHN H. ROWE, Ethnography and Ethnology in the 16th century, The Kroeber Anthropological Society Papers 30 (1964), 1 ff.

[72] Sublimis Deus (1537), zit. LEWIS HANKE, Pope Paul II. and the American Indians, Harvard Theol. Rev. 30 (1937), 65; vgl. ders., Aristotle and the American Indians (London 1959).

[73] Vgl. GRIMM Bd. 14/2 (1960), 58, s. v. Wilde.

[74] MICHEL DE MONTAIGNE, Des cannibales, Essais (1580/82), éd. Andrée Lhéritier et Michel Butor, t. 1 (Paris 1964), 260f.

[75] Vgl. CORRADO VIVANTI, Alle origini dell' idea di civiltà. Le scoperte geografiche e gli scritti di Henri de la Popelinière, Riv. storica ital. 84 (1962), 225ff.

[76] MONTAIGNE, Des cannibales, 261.

extenditur, etiam extraneos et cujuscumque nationis. Quapropter licet unaquaeque civitas perfecta, respublica, aut regnum, sit in se communitas perfecta ... et suis membris constans, nihilominus quaelibet illarum est etiam membrum aliquo modo hujus universi prout ad genus humanum spectat[77].

Die beginnende Aufklärung überwindet prozessual die mentalen Grenzen gegenüber der Anerkennung des „Fremden", hat in Fortsetzung einer von der Christenheit aufgenommenen, aber nicht vollendeten Aufgabe das Konzept der Gesamtmenschheit erneut zur Geltung gebracht. Im parallelen Prozeß der Konsolidierung der Glaubensspaltung in seiner Pluralität konfligierender religiöser Absolutheitsansprüche wird der Begriff 'Christ' selbst strittig. Die beginnende Distanzierung vom traditionellen religiösen Orientierungssystem ist in ihrer zunächst noch fortwirkenden Dialektik von welthaftem und christlichem Denken greifbar im Prozeß der Verdrängung von 'caritas' durch 'humanitas' im naturrechtlichen Denken. Zwar wird 'caritas' noch tradiert, aber die spezifisch christliche Färbung tritt zurück zugunsten der Wiedergabe der „natürlichen" menschlichen Liebe und Güte. Sie wird begriffen als Wohlwollen, nicht mehr als Nächstenliebe, und von 'humanitas' abgelöst. Immer bezieht sie sich auf die ganze Menschheit. Es geht um das alle Menschen vor allem unpolitisch umfassende Naturrecht[78]. VOLTAIRE, der in der Retrospektive die christliche Tugend nicht nur als beschränkt, sondern vielmehr als gesellschaftszerstörend betrachtet, will eine Moral der menschlichen Solidarität konstituieren. Im Zentrum seiner kritischen Reflexionen steht der Begriff 'humanité'. Die *vraie charité Newtons*, schreibt er, ist die *humanité, vertu qui comprend toutes les vertues*[79]. 'Humanité' wird zur zentralen Tugend der Aufklärung.

'Humanity', 'humanité' und mit einer Phasenverschiebung auch 'Menschheit' steigen auf zu Kristallisationsbegriffen aufklärerisch-bürgerlich-emanzipatorischer Selbstvergewisserung in der Absicht, bürgerliche Lebensweise und Weltanschauung als allgemeinmenschlich zu belegen. Den bürgerlichen Charakter der Diskussion deckt LOCKE auf, wenn er *mankind* und *labour* im Kontext besitzindividualistischer Argumentation grundsätzlich aufeinander bezieht[80]. Das gestiegene Selbstbewußtsein der englischen middle classes, gegründet in gewachsener Bedeutung innerhalb des nationalen Wirtschaftslebens, artikuliert sich im wiederholten Lob kaufmännischer Tätigkeit. Treffend erläutert der Kaufmann Thorowgood in LILLOS „The London merchant" (1731) *the method of merchandize: ... see how it is founded in reason, and the nature of things, — how it has promoted humanity, as it has opened and yet keeps up an intercourse between nations far remote from one another in situation, customs, and religion; promoting arts, industry, peace, and plenty; by mutual benefits diffusing mutual love from pole to pole*[81]. Kategorialer als Lillo formuliert HUME den

---

[77] FRANCISCO SUAREZ, De legibus ac Deo legislatore 2, 19, 9 (1612); JOSEF SODER, Francisco Suarez und das Völkerrecht. Grundgedanken zu Staat, Recht und internationalen Beziehungen (Frankfurt 1973), 155ff.

[78] Vgl. WERNER SCHNEIDERS, Naturrecht und Liebesethik (Hildesheim, New York 1971).

[79] VOLTAIRE, Éléments de la philosophie de Newton (1738), Oeuvres compl., t. 22 (1879), 396.

[80] LOCKE, Two Treatises of Government 2, 5, § 32 (1690), Works, vol. 5 (1823; Ndr. 1963), 356.

[81] GEORGE LILLO, The London Merchant 3, 1 (1731), ed. J. Hamard (Paris 1963), 92.

zugrundeliegenden Zusammenhang der Konstituierung der Weltgesellschaft und des zivilisatorischen Fortschritts, den Zusammenhang von Menschheit, Freiheit, Verständigung, Toleranz, Humanität, Frieden und Wohlstand: *industry, knowledge, and humanity, are linked together by an indissoluble chain, and are found, from experience as well as reason, to be peculiar to the more polished ... ages.* Humes Sprachgebrauch ist eine Politisierung des Begriffs inhärent, Reflex der gesellschaftlichen Bedeutung und des politischen Gewichts der middle classes. *But industry, knowledge and humanity are not only advantageous in private life alone: They diffuse their beneficial influence on the public, and render the government as great and flourishing as they make individuals happy and prosperous.* Im Zusammenhang der Korrelierung von *humanity, ... patriotism* und *public spirit* artikuliert sich ein politisch-partizipatorischer Anspruch[82].

4. Semantische Veränderungen seit dem späten 17. Jahrhundert

Gegen Ende des 17. Jahrhunderts beginnt sich 'humanité' aus seiner höfisch-aristokratischen Einbindung zu lösen. Die nicht erst im frühen 18. Jahrhundert einsetzenden gegenläufigen Prozesse der Verhofung wie der Verbürgerlichung sind ablesbar an zwei fast gleichzeitigen lexikalischen Notierungen. Während RICHELET (1728) der höfisch bestimmte Gebrauch von *humanité (urbanitas, comitas, lenitas)* als *douceur* und *honnêteté* als selten gilt, sucht der Abbé GIRARD bewußt, im Begriff 'humanité' die traditionelle Konzeptualisierung in der Verbindung überkommener Wertvorstellungen und alter Geburtsaristokratie zu tradieren[83]. Gleichwohl ist dieser Versuch bereits obsolet. VOLTAIRE beschreibt schon frühzeitig *humanité* als *le premier caractère d'un être pensant, on y verra ... le désir du bonheur des hommes, l'horreur de l'injustice et de l'oppression*[84]. Im Briefwechsel zwischen Voltaire und Friedrich II. gewinnt 'humanité' zentrale Bedeutung. Der Begriff dient Voltaire zur Beschreibung sowohl der menschlichen Eigenschaften als auch der politisch-humanitären Vorstellungen Friedrichs II. *Vous le sentez, monseigneur*, schreibt er an den Kronprinzen, *c'est que presque tous songent plus à la royauté, qu'à l'humanité; vous faites précisément le contraire*[85]. Diese innovatorische Disjunktion zwischen 'royauté' und 'humanité' hat Folgelasten: sie integriert das fürstliche Amt in den Staat, macht es gleichsam rechtspflichtig. Umgekehrt sucht FRIEDRICH II. in seiner ganz auf der Linie der bürgerlichen Moralphilosophie liegenden Begriffsbestimmung 'humanité' als Kardinaltugend des aufgeklärten Herrschers zu konzeptualisieren. 'Humanité' als Ausdruck des Selbstverständnisses des aufgeklärten Herrschers tritt in der Distanzierung zum iure-divino-Königtum an die Stelle des zur Illusion verkommenen höfisch-aristokratischen Helden- und Erobererideals und ist in Ver-

---

[82] HUME, Of the Refinement in the Arts (1741), Works, vol. 3 (1882; Ndr. 1964), 302; ders., An Enquiry Concerning Human Understanding (1748), ebd., vol. 4 (1882; Ndr. 1964), 225.

[83] RICHELET (Ausg. 1728), art. humanité; GABRIEL GIRARD, Synonymes françaises, leurs différentes significations, et le choix qu'il en faut faire pour parler avec justesse (Paris 1736), art. bénin, doux, human.

[84] VOLTAIRE, Sur Descartes et Newton (1738), Oeuvres compl., t. 22, 127.

[85] Ders. an Friedrich den Großen, 26. 8. 1736, zit. JAN, Humanité (s. Anm. 62), 33.

bindung mit 'justice' Indikator beginnender gesetzesstaatlicher Bestrebungen[86]. In dieser Bedeutungsverwendung spiegelt 'humanité' die Konfiguration des „aufgeklärten Absolutismus". Nicht zuletzt durch Voltaire beginnt 'humanité' zum Schlagwort zu werden, dessen Bedeutung sich u. a. am sich herausbildenden neuen sozialen Leitbild des philosophe orientiert. Im philosophe vollzieht sich der Übergang von der philosophischen Spekulation zur gesellschaftlichen Praxis: er ist ein sich der gesellschaftlich-politischen Verantwortung bewußter und sich ihr nicht entziehender aufgeklärter Mensch. Du Marsais expliziert traditionsbildend die politisch-gesellschaftlichen Konsequenzen dieser Begriffsbestimmung von 'humanité'. *Notre philosophe, qui sait se partager entre la retraite et le commerce des hommes, est plein d'humanité*[87].

Als Stieler 1691 unter den parallelen Stichworten 'Menschlichkeit' und 'Menschheit' die lateinischen Äquivalente *humanitas, mortalitas, natura et conditio humana* bietet, wobei er weiterhin für *humanitas* mit den Parallelbegriffen *urbanitas* und *civilitas* die Übersetzungen *Freundlichkeit* und *Höflichkeit* anführt, notiert er sowohl die traditionelle aristokratisch bestimmte gesellschaftsethische als auch die überkommene christlich-metaphysische Bedeutungskomponente[88]. Länger als das englische oder französische Denken hat sich die deutsche Aufklärung im kirchlich-theologischen Kontext bewegt. Christian Thomasius' wiederholte moralische Einteilung der menschlichen Gattung in 'Bestien', 'Menschen' und 'Christen' scheidet 'Menschheit' bzw. 'humanitas' vom Nichtmenschlichen einerseits und vom Religiösen andererseits[89]. Dieser in durchaus schwankender wechselseitigen Bezogenheit gebrauchten Trias fehlt im Kontext der strengen Scheidung von Vernunft und Glauben der anthropologische und der Vernunftoptimismus sowie die deistische Form der Religion. Gleichwohl klingt in den Begriffen *Menschheit, ... Stand der Menschheit, ... status natura, humanitatis seu honestatis* u. ä. eine betonte Eigenständigkeit vernünftigen Menschseins wie eine vernünftige Weltaufgeschlossenheit an[90]. Mit dem Begriff 'Menschheit' formuliert Thomasius das Menschenbild der bürgerlich-christlichen Frühaufklärung, den verständigen, lebensklugen christlichen Bürger. Seine praktisch-moralische Zielsetzung muß begriffen werden als das Drängen auf Vollendung eines Aufbruchs der Laien, d. h. der Nichttheologen aber auch der Nichtfachleute. Zusehends formuliert die deutsche Frühaufklärung gegenüber dem Menschenbild vor allem protestantischer Prägung die Überzeugung der Dignität des Menschen als natürlicher, gottgegebener menschlicher Disposition zu vernünftiger Selbstbestimmung und Selbstverwirklichung. Die moralische Wochenschrift „Der Mensch" etwa schreibt von *dem uns angeborenen lasterhaften Wesen*, es habe uns *zwar durchdrungen*, aber es sei *unserer Natur etwas Fremdes, ja Widersprechendes;*

---

[86] Friedrich der Grosse, Antimachiavel ou examen du prince de Machiavel (1740), Oeuvres, t. 8 (Berlin 1848); vgl. Jan, Humanité, 35f.
[87] César Chesnau du Marsais, Le philosophe, Recueil philosophique, t. 1 (Amsterdam 1770), 1.
[88] Stieler (1691), 558, s. v. Freund; 845f., s. v. Hof, Höflichkeit.
[89] Christian Thomasius, Einleitung zur Sittenlehre (Halle 1692; Ndr. Hildesheim 1968), Vorrede, § 2; vgl. ebd. 3, § 72 (p. 151); ders., Dissertatio ad Petri Poireti ... (Halle 1694), 316.
[90] Ders., Ausübung der Sittenlehre (Halle 1696; Ndr. Hildesheim 1968), 521f.

das Verderben sei *nicht in der menschlichen Natur natürlich gegründet, ... sondern sei dazugekommen* — nichts Wesenhaftes also, sondern etwas Akzidentelles. *Die hohe Würde des Menschen*, die ihm von Gott verliehen sei, verteidigt die Wochenschrift gegen *niederträchtige Begriffe von der Menschheit*, gegen das als *fromme Demut auftretende, die menschliche Natur herabsetzende Denken*[91]. Doch ist durchgehend der religiöse Kontext impliziert. Charakteristisch für die deutsche bewußtseinsgeschichtliche Konfiguration ist der Hinweis auf die wenig gebräuchliche — so führt das repräsentative zeitgenössische ZEDLERsche Lexikon nur den Artikel „Menschheit Christi" und verweist unter dem Stichwort „Menschheit" auf den Artikel „Mensch"[92] —, nicht-christologische Bedeutungskomponente des Begriffs 'Menschheit': *Die Menschheit klingt bei uns im Deutschen noch so fremd, daß man sie bloß im theologischen Verstande bei der Menschheit Christi als ein theologisches Kunstwort leiden will*[93]. Das bewußte Konstatieren dieses Tatbestandes verweist auf eine grundlegende Bedeutungsveränderung. In der sich andeutenden Enttheologisierung der Bestimmung des Menschen, der „anthropologischen Wende", emanzipiert sich die neuzeitliche Subjektivität. Im Wirkungszusammenhang der Bedingungen und Kräfte, die im 17./18. Jahrhundert in Europa die „Moderne" heraufführen, wird 'Menschheit' im christlichen Traditionsverständnis von Grund auf erschüttert, mochte die Begriffsüberlieferung noch lange nachwirken oder dem modernen Denken angepaßt bzw. entgegengesetzt werden. An die Stelle des theologisch fundierten Substanzbegriffs 'Mensch' tritt der Funktionsbegriff 'Mensch'.

IV. Der Menschheitsbegriff in der zweiten Hälfte des 18. Jahrhunderts

1. Emanzipatorische Funktion des Menschheitsbegriffs

In der damit aufgeworfenen Frage nach der Bestimmung des Menschen vollzieht sich die Umkehr einer ganzen Bewußtseinsstellung: eine Hinwendung zum Menschen selbst, zur Frage, was der Mensch selbst tun müsse, um ein Mensch zu sein. Diese Bedeutungsverschiebung, die zugleich individualisiert und generalisiert, nimmt ISELINS Definition von 'Menschheit' als *Natur des Menschen* auf, die sich konstituiert aus den Trieben zum Dasein, zur Freiheit, zur Tätigkeit, zum Besitz, zum Genuß, zur Fortpflanzung, zur Sicherheit, zur Vervollkommnung[94]. In dieser Begriffsbestimmung fehlen sowohl die traditionelle theologische Dimension als auch das Element der Schwäche und der Angst. 'Menschheit' umschreibt den Menschen als Objekt seines eigenen Leistungs- und Besitzanspruchs, umschreibt — mit universalem Geltungsanspruch — das Syndrom bürgerlich konzipierter Subjektivität, eine auf Selbstbestimmung, Selbständigkeit und Besitzautonomie hin orientierte Selbstauslegung des Menschen. Der Begriff 'Menschheit' interpretiert die menschliche als eine dynamische Natur. Der Gedanke, Menschheit sei nicht ein Zustand,

---

[91] Der Mensch. Eine moralische Wochenschrift 3/7 (1751/56).
[92] ZEDLER Bd. 20 (1739), 794f., Art. Menschheit Christi.
[93] MAGNUS GOTTFRIED LICHTWER, Das Recht der Vernunft in fünf Büchern (1757; Ausg. Wien 1767), 25.
[94] ISAAK ISELIN, Philosophische und patriotische Träume eines Menschenfreundes, 2. Aufl. (Zürich 1758), 13.

in den der Mensch hineingeboren werde, sondern vielmehr eine Aufgabe, der er durch bewußte Entwicklung seiner Fähigkeit zu genügen habe, beherrscht die nachfolgenden Reflexionen über 'Menschheit'. Schärfer als seine Zeitgenossen hat KANT in seiner Unterscheidung zwischen *dem Menschen als Gegenstand der Erfahrung* und *der Idee der Menschheit*, die Differenz zwischen 'homo phaenomenon' und 'homo noumenon', auf den Charakter von 'Menschheit' als Zielbegriff aufmerksam gemacht[95]. 'Menschheit' bedeutet die Selbstkonstituierung des sich selbst wollenden Menschen. Dabei wird menschliche Selbstkonstituierung an die Selbstbestimmung gebunden. 'Menschheit' als sprachlicher Ausdruck vernünftiger Selbstbestimmung grenzt sich nicht nur gegen Fremdbestimmung durch Naturkausalität, sondern auch durch Theologumena aus. Gleichwohl gewinnt 'Selbstbestimmung' erst in Kants Theorie der Autonomie zentrale und umfassende Bedeutung für den Begriff 'Menschheit'[96]. Unmittelbar verknüpft ist damit der Gedanke der Selbstzweckhaftigkeit des Menschen: *Nur der Mensch und mit ihm jedes vernünftige Geschöpf ist Zweck an sich selbst. Er ist nämlich das Subjekt des moralischen Gesetzes, welches heilig ist, vermöge der Autonomie seiner Freiheit.* Das bedeutet die Freisetzung des Menschen als Subjekt der Geschichte[97]. Die Selbstbestimmungsfähigkeit des Menschen als Grundzug neuzeitlicher vernünftiger Individualität wird nicht nur zur Abwehr der Theonomie als Heteronomie, sondern zur Rechtfertigung menschlicher Selbständigkeit in Anspruch genommen.

Andererseits aber impliziert der Begriff 'Menschheit' nicht nur Vernunft- sondern auch Gefühlsautonomie. *Gefühl und Zärtlichkeit* gelten schon 1749 als *Ruhm der Menschheit*[98]. *Wahre Empfindsamkeit nämlich*, schreibt CAMPE 1778, *stützt sich immer auf deutlich erkannte Grundsätze der Vernunft und harmoniert daher, sowohl mit der Natur des Menschen, als auch mit der Natur und Bestimmung anderer Dinge; Empfindelei hingegen beruhet bloß auf dunkeln Gefühlen dessen, was andere Menschen für sittlich schön und für sittlich hässlich halten, und stehet daher nicht selten, sowohl mit der Natur des Menschen, als auch mit der Natur und Bestimmung anderer Dinge im offenbaren Widerspruche*[99].

Die Selbstbestimmungsfähigkeit des Menschen, die sich in Selbstgestaltung umsetzt, ist als innere Praxis der mögliche Anfang der äußeren Praxis. Das *Bewußtsein seiner Menschheit* manifestiert sich nach TETENS ausdrücklich *in freier und vernünftiger Selbsttätigkeit. Menschheit wird erst konstituiert durch menschliche Selbsttätigkeit*[100]. Darin schlägt sich die sich ausbreitende Tendenz nieder, die Arbeit vom Druck ständischer Fixierung zu emanzipieren, sie auf alle Menschen zu beziehen und zugleich als Tätigkeit, die zur Selbstverwirklichung führt, zu begreifen. Entscheidender als das sich artikulierende bürgerliche Bewußtsein gegenüber der Welt des Adels ist die im scharfen Gegensatz zur Tradition enge Verbindung von 'Tätig-

---

[95] KANT, Der Streit der Fakultäten (1798), AA Bd. 7 (1907/17; Ndr. 1968), 58.
[96] Ders., Metaphysik der Sitten (1797), ebd., Bd. 6 (1907/14; Ndr. 1968), 221ff.
[97] Ders., Kritik der praktischen Vernunft (1788), ebd., Bd. 5 (1908/13; Ndr. 1968), 87.
[98] [Anonym], Gedanken von der Zärtlichkeit. Der Freund, Bd. 2 (Anspach 1755), 45. 705.
[99] J. H. CAMPE, Über Empfindsamkeit und Empfindelei in pädagogischer Hinsicht (Hamburg 1779), 13f.
[100] JOHANN NICOLAUS TETENS, Philosophische Versuche über die menschliche Natur und ihre Entwicklung, Bd. 1 (Leipzig 1777), 783.

IV. 1. Emanzipatorische Funktion von 'Menschheit'

keit' mit 'Bildung'. *Arbeit ist für* PESTALOZZI *ohne menschenbildenden Zweck nicht Menschenbestimmung*[101]. Diese Korrelierung von 'Tätigkeit' und 'Bildung' wirkt als eine der mächtigsten Triebkräfte in das bürgerliche und proletarische Bewußtsein des 19. Jahrhunderts hinein. Unter diesen Bedingungen kann SCHLETTWEIN 1773 den die vormoderne Wirtschafts- und Sozialordnung aufhebenden Grundsatz formulieren: *Also ist es ein natürliches, unveränderliches Eigentumsrecht der Menschheit, jede mögliche Arbeit zu verrichten, dadurch ein Mensch Genießungen erwerben kann*[102].

Alle Bestimmungen des aufgeklärten Begriffs 'Menschheit' gehen aus von der konstitutionellen Offenheit und Unabgeschlossenheit des Menschen, konvergieren in seiner Temporalisierung. Die mit dem Begriff 'Menschheit' gedachte Identität von Selbsterhaltung und Selbststeigerung konzeptualisiert den Menschen als 'modifikables Wesen'[103]. 'Menschheit' wird sprachlicher Ausdruck des geschichtlichen Prozesses der Menschwerdung. Die verzeitlichte Struktur des Menschen enthält das Postulat, sich als selbständiges Subjekt aus natürlichen und gesellschaftlichen Zwängen zu emanzipieren. Die Einbeziehung des Endziels menschlicher Entwicklung in die zeitliche Erstreckung dynamisiert den in Bewegung geratenen Erwartungshorizont des Menschen. Die menschliche Selbstkonstituierung transformiert sich in der Ablösung von theologischen und ontologischen Traditionen von begrenzter Vollkommenheit in eine nicht begrenzbare Perfektibilität. SCHLÖZER betont explizit: *Homo non nascitur, sed fit; und diese Ursachen seiner Menschwerdung liegen außer ihm. Von Natur aus ist er nichts, durch Konjunkturen kann er alles werden; die Unbestimmtheit macht den zweiten Teil seines Wesens aus. Der Mensch ist in gewisser Weise seine eigene Erfindung. Der Charakter der Menschheit*, bringt Schlözer gegen seinen entelechial argumentierenden Rezensenten Herder vor, sei die Unbestimmtheit, das heiße aber *nicht bloße Perfektibilität, sondern auch Deterioribilität*[104]. Dabei weiß Schlözer aufs genaueste um den systematischen Zusammenhang mit der politischen Philosophie. Repräsentativer ist jedoch die Unterordnung des unterstellten Prozesses der Menschwerdung als infiniten dialektischen Prozeß unter den in der deutschen Aufklärung dominierenden teleologischen Interpretationshorizont. Hier gründet die systematische Verknüpfung von 'Menschheit', 'Bildung' und 'Kultur'. Der Bildungsbegriff ist der Denkform der Vollendung des Menschengeschlechts endogen[105].

Im aufgeklärten Diskurs gewinnt 'Humanität' im letzten Drittel des 18. Jahrhunderts einen 'Menschheit' korrespondierenden Bedeutungsgehalt, obwohl auf der lexikalischen Ebene die traditionelle, aristokratisch begründete gesellschaftsethische

---

[101] PESTALOZZI, Christoph und Elise (1781/82), SW Bd. 7 (1940), 321.
[102] JOHANN AUGUST SCHLETTWEIN, Die wichtigste Angelegenheit für das ganze Publikum, Bd. 2 (Karlsruhe 1773), 185f.
[103] TETENS, Versuche, Bd. 1, 731. 740; → Fortschritt, Bd. 2, 397ff.
[104] AUGUST LUDWIG SCHLÖZER, Weltgeschichte nach ihren Hauptthemen im Auszug und Zusammenhang, Bd. 1 (Göttingen 1785), 5. 9. 271. 277.
[105] Vgl. GÜNTHER BUCK, Selbsterhaltung und Historizität, in: Geschichte — Ereignis und Erzählung, hg. v. R. KOSELLECK u. W. D. STEMPEL (München 1973), 29ff.

Bedeutungskomponente bis zur Jahrhundertwende tradiert wird[106]. WIELAND setzt noch 1794 'Humanität' für 'Menschheit' bzw. 'Menschlichkeit'[107], deren Gleichsetzung ADELUNG bereits 1777 kritisierte[108]. BECKER versteht unter *Humanität* als Synonym für 'Menschheit', das, *was des Menschen eigentümliche Natur ausmacht, wodurch er sich vom Tiere unterscheidet: sein Vermögen, Schönheit zu empfinden, Wahrheit zu erkennen, Gutes zu wollen und zu tun und sich seinesgleichen mitzuteilen*[109]. Den aufgeklärten Zielbegriff 'Humanität' formuliert präzis JACOBI als *kräftigste Selbstentwicklung* und als *moralische Selbstbestimmung*[110]. 'Humanität' beschreibt wie 'Menschheit' das sich selbst bestimmende, selbstbewußte, selbstmächtige Individuum, charakterisiert *Menschen, die selbst denken, wollen und handeln*. Umgekehrt bedeutet der Verlust von *Selbstdenken, Selbstwollen und Selbsthandeln* den Verlust des Menschseins überhaupt[111]. Die inhärente Prozessualisierung und Temporalisierung des Begriffs schlägt sich nieder in der Wortprägung *Humanisierung*[112]. MERKELS Explikation des Begriffs 'Humanität' als *Gutmütigkeit, ... ästhetische Bildung* und *Weltbürgertum* verkürzt zwar den Bedeutungsgehalt um entscheidende Dimensionen, betont jedoch zu Recht seine Nähe zu 'Bildung'[113]. Den wiederholt anklingenden Vorwurf der Vieldeutigkeit des Begriffs nimmt CAMPE 1813 auf. Zugleich weist er darauf hin, daß der Sprachgebrauch sich auf die Schicht der Gebildeten beschränke, die sich durch diesen Begriff von den Unterschichten bzw. dem Adel absetzen wollten[114].

Das historische Konzept bürgerlicher Subjektivität wird auch im Begriff 'Menschenwürde', einem traditionellen Bestand europäischen Denkens, formuliert[115]. Um die Mitte des 18. Jahrhunderts wird jedoch das überkommene, religiös fundierte Würdekonzept, das im Gnadenerweis Gottes gründet und dessen zentrale Problematik nicht der Gewinn, sondern der Verlust der Menschenwürde ist, eingeholt. Es entwickelt sich eine dynamische Auffassung von 'Menschenwürde'. Diese moderne Konzeptualisierung der Würde bezieht sich, im Gegensatz zum zunehmend obsoleten Konzept 'Ehre'[116], stets auf das aller Rollen oder Normen entkleidete, „bloße" Menschsein. Sie gehört zum Individuum als solchem, zum einzelnen ohne Rücksicht auf seine Stellung in der Gesellschaft. Autonomie und *Freiheit*, formuliert KANT klassisch dieses moderne Würdekonzept in deutlicher Abwehr von Theologumena,

---

[106] Vgl. ZEDLER Bd. 13 (1735), 1156, Art. Humanität; KRACKHERR (1766), 186, s. v. Humanität; CHOFFIN (1770), 1250, s. v. Humanität; ähnlich zahlreiche andere Lexika, unter ihnen HÜBNER, NEHRING, ROTH.
[107] Vgl. FRIEDRICH FELDMANN, Fremdwörter und Verdeutschungen des 18. Jahrhunderts, Zs. f. dt. Wortforsch. 8 (1906/07), 49.
[108] ADELUNG Bd. 3 (1777), 476, s. v. Menschheit.
[109] RUDOLF ZACHARIAS BECKER, Deutsche Zeitung für die Jugend, 5. Stück (1780), 75f.
[110] FRIEDRICH HEINRICH JACOBI, Über gelehrte Gesellschaften (1807), Werke, Bd. 6 (1825), Ndr. hg. v. Friedrich Roth u. Friedrich Köppen (Darmstadt 1968), 52f.
[111] [Anonym], Etwas über den Satz: vor allen Dingen stärke uns Gott in dem freudigsten und unbedingten Gehorsam gegen die Obrigkeit, Genius d. Zeit 2 (1795; Ndr. 1972), 103.
[112] WIELAND, Über Rechte und Pflichten der Schriftsteller (1785), SW Bd. 30 (1857), 385.
[113] GARLIEB MERKEL, Was heißt Humanität? Eine Rede, Eunomia 1 (1801), 195.
[114] Vgl. CAMPE, Fremdwb., 2. Aufl. (1813; Ndr. 1970), 356f., s. v. Humanität.
[115] Vgl. HERSCHEL BAKER, The Image of Man (New York 1947).
[116] → Ehre, Bd. 2, 1ff.

sind also der Grund *der Würde der Menschen ... als vernünftigen Naturwesen ... Die Menschheit selbst ist eine Würde; denn der Mensch kann von keinem Menschen ... bloß als Mittel, sondern muß jederzeit zugleich als Zweck gebraucht werden, und darin besteht eben seine Würde (die Persönlichkeit)*[117]. SALZMANN deckt die im modernen Würdekonzept liegende Umdeutung des traditionellen Konzepts der Gottesebenbildlichkeit auf: *Nun erst neulich hat man sich bemüht, die Würde des Menschen aus seiner Ähnlichkeit mit Gott darzutun, und davon eine solche Vorstellung zu machen, daß man sich dabei etwas Vernünftiges denken kann*[118]. Entscheidend an diesem Begriff 'Menschenwürde' ist, daß sie nicht als eine der menschlichen Natur als solcher zukommende Wertqualität, sondern als Rechtstitel verstanden wird, auf den das menschliche Wesen als potentieller Adressat allgemein verpflichtender Normen Anspruch erheben darf. 'Menschenwürde' als Selbstzweckhaftigkeit, Selbstbestimmung, Selbstgestaltung wird als gelungene Selbstdarstellung bürgerlicher Subjektivität verstanden. Der Begriff 'Menschenwürde' markiert die Differenz zu den Unterschichten wie das Selbstbewußtsein gegenüber dem Adel als Selbstverständnis und als emanzipatorischer Anspruch. *Allein die Empfindung vom Menschenwerte, vom eigenen Werte, von der Würde des Charakters verschafft* dem Gebildeten *das auf eine sichere Weise, was die vom ersten Stande durch Gewohnheit erlangen*[119].

Die Allgemeinbegriffe 'Menschheit', 'Humanität', 'Menschenwürde' erhalten ihre geschichtliche Konkretion im 18. Jahrhundert in dem Konzept der bürgerlichen Subjektivität, die ihren sozialgeschichtlichen Ort in der Aufklärungsgesellschaft hat und deren Protagonisten die „Bürgerlichen", die Gebildeten und die Kaufleute, sind. Die bürgerliche Emanzipation beginnt als Emanzipation des Menschen als solchen, jedenfalls wird sie von ihren Trägern so gedacht. Erst indem das konkrete, also notwendig partikulare Interesse als das schlechthin allgemeine der Menschen auftritt, also bürgerliche Subjektivität schon sprachlich als allgemein-verbindlich und allgemein-menschlich formuliert wird, gewinnt es gegenüber bestehenden — tatsächlich auch mit universalem Anspruch auftretenden — sozialen Ansprüchen seine überlegene Durchschlagskraft. In der Allgemeinheit des bürgerlichen Anspruchs, der den Menschen als Menschen emanzipieren, d. h. ihn zum Subjekt seiner Welt machen will, artikuliert sich das bürgerliche Selbstverständnis, Sachwalter des Menschengeschlechts zu sein. Gleichwohl weist die Partikularität partiell über sich selbst hinaus[120].

2. Kritische Funktion des Menschheitsbegriffs

In der mit dem Begriff 'Menschheit' erreichten theoretischen Isolierbarkeit des Menschen gegenüber allen sozialen Bezügen ist der Ausgangspunkt erreicht, von dem

---

[117] KANT, Metaphysik der Sitten (s. Anm. 96), 418. 462.
[118] CHRISTIAN GOTTHILF SALZMANN, Carl von Carlsberg, oder über das menschliche Elend, Bd. 5 (Leipzig 1786), 96.
[119] ERNST BRANDES, Über die gesellschaftlichen Vergnügungen in den vornehmsten Städten des Churfürstentums, Annalen d. Braunschweigisch-Lüneburgischen Churlande 3/1 (1789), 979.
[120] Vgl. JÜRGEN HABERMAS, Strukturwandel der Öffentlichkeit. Untersuchungen zu einer Kategorie der bürgerlichen Öffentlichkeit (Neuwied, Berlin 1962), 60.

aus das Individuum sich gegen die Gesellschaft, den Staat behaupten kann. Der Mensch, auch und gerade als einzelner, wird herausgenommen aus der prästabilisierten Ordnung des Staates, der Gesellschaft, des Rechts. Er wird in Freiheit gesetzt gegenüber dem gesellschaftlichen Allgemeinen. Zur Vereinzelung des Individuums, die jedoch nicht nur Theorie ist, gehört auf der anderen Seite die rationale Konstruktion der Gesellschaft. Die soziale Ordnung verliert den Charakter ihrer Unveränderlichkeit, sie wird statt dessen den Subjekten zu ihrer Disposition gestellt. Politische Herrschaft rechtfertigt sich, naturrechtlich argumentiert, nicht mehr zeitlos aus sich selbst als natürliche Vorgegebenheit menschlicher Existenz, sondern erscheint als eine von 'Menschheit' abgeleitete, sekundäre Größe. Der Durchbruch zum modernen Vernunftdenken ist auch im Bereich des Rechts und der Staatstheorie bereits im 17. Jahrhundert erfolgt; das 18. Jahrhundert bewegt sich auf den dort eingeschlagenen Wegen fort, baut sie aus und gibt ihnen schließlich eine „politische" Wendung: die universale Kategorie der Erklärung der sozialen Wirklichkeit wird 'Vertrag', die politischen Kategorien werden 'Freiheit' und 'Gleichheit' heißen[121]. Damit wird Herrschaft zumindest dadurch disponibel, daß sie idealtypisch über das rationale Reflexionspotential des sich selbst bestimmenden Individuums konstituiert und kontrolliert wird und sich materiell aus dem individuellen Recht des Menschen legitimiert.

'Menschheit' spricht sich seit der Mitte des 18. Jahrhunderts konkret im Anspruch auf Rechte aus, die unter den parallelen Ausdrücken 'Recht der Menschheit' bzw. 'Menschenrecht' als Instrument der Kritik ausgebildet werden. GEORG FRIEDRICH MEIER erweitert mit dem Begriff *Recht der Menschheit*, einer der frühesten Bezeichnungen für Menschenrechte, die Denkmöglichkeiten von Menschenrechten; indem er das Individuum mit sehr konkreten Rechten ausstattet, zeigt er die Möglichkeit des Umschlagens von Rechten, die dem Individuum im Naturzustand zugeordnet sind, in Rechte des Individuums gegenüber dem Staat[122]. Der Gedanke angeborener, unverstaatlichter Freiheitsrechte als Rechtsanspruch unter dem ursprünglichen Titel des Menschen, der allen geschichtlich bestimmten Gestalten des Lebens übergeordnet ist, erstarkt im Freiheitspathos der Spätaufklärung zum nachdrücklich geltend gemachten Postulat. Es sind Freiheiten außerhalb des Staates, Freiheiten vom Staat und gegen den Staat; sie sind dem homo, nicht dem civis eigen[123]. Zum bestimmenden Begriffsinhalt werden der Gedanke des Schutzes der unverfügbaren Würde der menschlichen Person — keine staatliche oder gesellschaftliche Macht solle das Recht haben, den Menschen zu definieren bzw. über sein Menschsein zu verfügen —, der Gedanke, daß dieses Recht für alle Menschen in gleicher Weise und nicht nur für ausgegrenzte Personenkreise gelten solle, sowie der Gedanke, daß nicht einzelne Rechte gewährleistet werden sollen, sondern die Macht des absoluten Staates insgesamt limitiert werden solle. Die Allgemeingültigkeit der Menschenrechte entsteht in der Auseinandersetzung mit dem Absolutheitsanspruch der absolutistischen Souveränität. Im Prozeß der politischen Bewußtseinsbildung werden den Menschenrechten, Chiffren für das politische Denken der Bürgerlichen, ihre

---

[121] → Freiheit, Bd. 2, 477 ff.; → Gleichheit, Bd. 2, 1014 ff.
[122] GEORG FRIEDRICH MEIER, Recht der Natur (Halle 1767), 38.
[123] Belege bei DIETHELM KLIPPEL, Politische Freiheit und Freiheitsrechte im deutschen Naturrecht des 18. Jahrhunderts (Paderborn 1976), 119 ff.

Freiheitshoffnungen und Sicherheitsbedürfnisse, nicht nur absolute Geltung zugebilligt, sie gewinnen schließlich vereinzelt die Dimension eines politischen Partizipationsanspruchs. Den Menschenrechten fällt im Prozeß der Umgestaltung der Sozialordnung eine aktive Rolle zu. Freiheit, Gleichheit und politische Partizipation bilden die Grundfigur des Menschenrechts, dessen Allgemeinheitsanspruch sich nicht zuletzt im Rekurs auf den bürgerlichen Besitzindividualismus als Allgemeinheitsanspruch der bürgerlichen Subjektivität erweist.

In der Durchsetzung des aufklärerischen Begriffs 'Menschheit' kommt ein kritischer Anspruch des bürgerlichen Publikums zum Ausdruck. In der Berufung auf 'Menschheit' als regulatives Prinzip strebt die Aufklärungsgesellschaft einen kritischen Prozeß an gegen ständische Rechtsabstufungen, gegen die Einengungen durch die ständische Gesellschaft, gegen die totale Bevormundung durch den absolutistischen Staat, gegen die persönliche Herrschaft des Fürsten. Diese kritische Auseinandersetzung, die sich in der Zeit zwischen 1770 und 1790 bereits in konkreten sozialpolitischen Forderungen niederschlägt, wird u. a. theoretisch ausgetragen in den Disjunktionen 1) 'Mensch' — 'Untertan', 2) 'Mensch' — 'Bürger', 3) 'Mensch' — 'Adel', 4) 'Mensch' — 'Fürst'.

1) Der *Untertan einer Monarchie*, erklärt NICOLAI, ist keine *bloße Maschine*, sondern hat einen *eigentümlichen Wert als Mensch*, bevor er Untertan ist[124]. Diese Kritik am Untertanenstatus richtet sich gegen die Fixierung des einzelnen auf einen bestimmten, festgeschriebenen sozialen Status, gegen die Reduktion der gesellschaftlichen Beziehungen auf ein unmittelbares persönliches Abhängigkeitsverhältnis, gegen das Dasein als individualisiertes Herrschaftsobjekt, dessen Gehorsam gegenüber dem fürstlichen Staatsoberhaupt prinzipiell unbegrenzt, wie die Herrschaftsgewalt — der Idee nach — umfassend ist. Sie prangert den exklusiven Herrschaftsanspruch von Menschen an, die sich als eine andere Spezies von Menschen verstehen als die, welche sie regieren.

2) Der Mensch entdeckt sich als Bürger, als ein auf Gesellschaft angewiesenes, Gesellschaft konstituierendes Wesen und Gesellschaft gestaltendes Subjekt. Zum Gegensatz 'Bürger' und 'Untertan', der in der staatstheoretischen Auseinandersetzung des 17. Jahrhunderts eine zentrale Rolle spielt, tritt im naturrechtlichen Denken des 18. Jahrhunderts der von 'Mensch' und 'Bürger'. Diese Disjunktion umschließt neben dem Postulat staatsbürgerlicher Freiheit, die die gesetzlich gesicherte Freiheit gleichberechtigter Mitglieder der Staatsgesellschaft beinhaltet, wesentlich die Freiheit des Denkens, Redens, Glaubens und Urteilens wie auch die Freiheit der Selbstbestimmung, des Handelns und des sozialen Aufstiegs. Politische Intentionen, also der vertrags- und politikkompetente Bürger, sind zunächst nicht im Spiel, geht es doch wesentlich darum, der mit dem Begriff 'Menschheit' formulierten eigenen „bürgerlichen" Denk- und Lebensform, die nur langsam Kontur gewinnt, Raum und Anerkennung zu verschaffen.

3) In der seit 1770 einsetzenden Diskussion über den Adel hat die bürgerliche Kritik an den ständischen Ungleichheiten ihr beherrschendes Thema. Vom Gedanken der Menschenwürde und der Menschengleichheit sowie — verknüpft damit — vom

---

[124] FRIEDRICH NICOLAI, Das Leben und die Meinungen des Herrn Magisters Sebaldus Nothanker, Bd. 1 (Berlin, Stettin 1773/76; Ndr. Darmstadt 1967), 34.

Effizienzdenken der Ökonomisten kann der Adel nicht mehr als gott- oder naturgegeben hingenommen werden. In der ausgedehnten publizistischen Auseinandersetzung über den Adel werden alle Aspekte dieses Standes untersucht, schließlich seine Existenz überhaupt in Frage gestellt: der Adel wird als „Kaste" disqualifiziert. In dieser Diskussion bleibt jedoch unbestritten, daß Rangunterschiede in Staat und Gesellschaft notwendig seien. Sie werden jedoch zur variablen Funktion der persönlichen Leistung und des individuellen Verhaltens, während die traditionellen Maßstäbe als „avantages imaginaires" bloßgestellt werden.

4) Die Bestimmung des „guten Fürsten" wird in der zweiten Hälfte des 18. Jahrhunderts angesichts des unkontrollierten Machtzentrums eines Absolutismus, der über die Inhalte des bonum commune bestimmt, erneut zum Problem. Die sich verschiebenden Positionen der aufklärerischen Kritik des fürstlichen Absolutismus, die sich wandelnden Auffassungen vom absoluten Herrscher zum ersten Diener seines Staates und von da zum reinen Menschen beschreibt bereits 1779 SCHLÖZER als „Varianten in der politischen Terminologie"[125]. Zwar gehört die Disjunktion 'Fürst' — 'Mensch' zum traditionellen Bestand christlichen Denkens, nämlich in bezug auf die gemeinsame Christlichkeit, aber in der aufklärerischen Unterscheidung wird der Herrscher angesichts des aufgeladenen aufklärerischen Menschheitsbegriffs stärkerer Kritik ausgesetzt: er muß sich durch Leistung persönlich ausweisen, wenn er vor der Kritik bestehen will. Das aufgeklärte Theorem vom Fürsten als bloßen Menschen formuliert die Kritik an der unbeschränkten politischen Gewalt eines einzelnen über Menschen als Usurpation eines Anspruchs, der das Menschliche übersteigt und damit zum Verbrechen wird. Die traditionelle These von der „größeren Würde" der Regierenden wird als Anspruch regierender Minoritäten entlarvt, der glauben machen will, die traditionellen Machteliten seien die eigentlichen Menschen. HAMANN macht an Friedrich II. die Verkehrung bewußt, die sich im Verhältnis des Fürsten zu seinen Untertanen herausgebildet hat: ein Fürst, der sich zum *être suprême de la Prusse* hat erheben lassen, degradiert den Menschen zum Untertan, zum Vieh, denaturiert den Menschen[126]. Die menschheitliche Argumentation integriert in der Konsequenz den Fürsten — im Kontext der einsetzenden Objektivierung des Staates und seiner Unterscheidung von der Person des Fürsten — in die staatsbürgerliche Gesellschaft. Die der Disjunktion inhärente Funktionalisierung des Fürsten, die staatsrechtliche Normierung seiner Rechte und Pflichten und ihre Ableitung aus der rechtlichen Verselbständigung des Staates begründen ein neues Verhältnis zwischen Herrscher und Untertan. Vereinzelt gelangt diese Argumentation zur Verfassungsforderung und damit zum Postulat an den Fürsten, vom ersten Diener seines Staates zum ersten Bürger seines Staates zu werden[127]. Repräsentativer für das politische Bewußtsein ist jedoch CRANZ' Diktum von 1790, dem Sinne nach aber bereits für die vorrevolutionäre Epoche zutreffend: *Der Keim aller Revo-*

---

[125] A. L. SCHLÖZER, Varianten der politischen Terminologie, Briefwechsel, 4. Tl., H. 21 (Göttingen 1779), 200 f.
[126] JOHANN GEORG HAMANN, Au Salomon de Prusse (1772), SW hg. v. Josef Nadler, Bd. 3 (Wien 1951), 57. 37.
[127] [Anonym], Neuer Weg zur Unsterblichkeit für Fürsten, Berlinische Monatsschr. (1785), Bd. 5, 239 ff.

lutionen liegt in den Regierungen selbst ... So, wie es Menschenpflicht ist, kein Kind zu beleidigen, so ist es Fürstenweisheit, ihren ersten Dienern des Staates nicht zu gestatten, aus Privatgroll oder Übermut auch den Geringsten zu kränken[128].

3. Kollektive Funktion des Menschheitsbegriffs

Seit der zweiten Hälfte des 18. Jahrhunderts gewinnt 'Menschheit' die ursprünglich zwar schon angelegte, aber äußerst selten belegte quantitative Bedeutung eines Kollektivbegriffs. Auf der lexikalischen Ebene wird diese Bedeutung von ADELUNG (1798) registriert: *Das menschliche Geschlecht, besonders in Rücksicht auf dessen Kultur; eine von einigen Neuern in Gang gebrachte Bedeutung, welche sowohl wider alle Analogie, als auch wider die Bedeutung der Ableitungssilbe -heit*[129]. Wichtig ist sein Hinweis auf die kulturhistorische Dimension des Kollektivbegriffs. 'Menschheit' abstrahiert von allen Unterschieden der Länder und Völker, der Kulturen, Religionen und Herrschaftsformen und stellt ab auf das, worin alle Menschen gleich sind. Auf diese epistomologische Grundfigur weist auch FORSTER hin: *Aus diesen sehr verschiedenen Individualitäten, wenn wir sie vergleichen und das Allgemeine von Lokalen absondern, entwickeln wir uns den richtigeren Begriff der Menschheit*[130]. 'Menschheit' hebt alle vorglobalen Kollektivbegriffe auf, die das Menschengeschlecht bislang in verschiedener Hinsicht gegliedert haben[131]. ISELIN spricht, um die Einheit des Menschengeschlechts besonders zu betonen, vom *System der Menschheit*[132], TETENS von *der ganzen Menschheit* als *dem ganzen Inbegriff aller Individuen ..., die nebeneinander auf der Erde zu vervollkommnen und zu beglücken sind*[133]. Und die Zeitschrift „Vesta" definiert den Kollektivbegriff 'Menschheit' als *Inbegriff sämtlicher Individuen*[134]. Der naturrechtlich konzeptualisierte Kollektivbegriff bedeutet alle Menschen, worin per definitionem kein inneres Unterscheidungskriterium enthalten ist, bedeutet die Abweisung des exklusiven Anspruchs einer konkreten Gruppe auf Allgemeinheit, indem sie einen sprachlichen Universalbegriff nur auf sich selbst bezieht und jede Vergleichbarkeit ablehnt. Diese Bedeutungserweiterung zum Kollektivbegriff, über alle Dualismen hinaus, gründet nicht zuletzt in dem mittlerweile strittig gewordenen Begriff 'Christ' angesichts der konfligierenden, Absolutheitsansprüche stellenden Konfessionen wie der Erfahrung der Pluralität von Hochreligionen vor dem Hintergrund der sich konstituierenden Weltgesellschaft. Der traditionelle Absolutsheitsanspruch des Christentums wird relativiert. *Christ* wird für THOMAS ABBT angesichts der Überwindung der vorglobalen Menschheit *wenigstens der Benennung nach, eine eingeschränktere und engere Beziehung als*

---

[128] AUGUST FRIEDRICH CRANZ, Ein Wort der Beherzigung an die Fürsten und Herren Deutschlands (1790), abgedr. Die Französische Revolution im Spiegel der deutschen Literatur, hg. v. CLAUS TRÄGER (Frankfurt 1975), 653.
[129] ADELUNG 2. Aufl., Bd. 3 (1798), 180, s. v. Menschheit.
[130] GEORG FORSTER, Vorrede zur „Sakontala" (1790), Werke, hg. v. Gerhard Steiner, Bd. 3 (Frankfurt 1970), 290f.
[131] KOSELLECK, Gegenbegriffe (s. Anm. 3), 244ff.
[132] ISELIN, Träume eines Menschenfreundes (s. Anm. 94), 45.
[133] TETENS, Versuche (s. Anm. 100), Bd. 2, 784f.
[134] [Anonym], Sibyllinische Blätter, Neue Vesta 3 (1804), 193.

der Name Mensch mit sich führet. Der partikularen *Einheit* der *Christen* setzt er *die große ausgebreitete der Menschen* entgegen. Gerade Abbt aber verdeutlicht zugleich den Umbruchsprozeß des universalistischen Denkens. Orientiert am Paulinischen Paradox, das die Gesamtheit aller Menschen in ihren Unterschieden negiert zugunsten der in Christi Erlösten, aber es durch einen funktionalen Gebrauch einholend, *fallen* für ihn doch im Rekurs auf das bloße Menschsein *alle Partheybenennungen ... weg;* weiter heißt es bei ihm: *Nicht alle Menschen sind Christen, aber alle sind Erlösete*[135]. LESSING kann dagegen bereits formulieren: *Sind Christ und Jude eher Christ und Jude als Mensch? Ah! Wenn ich einen mehr in Euch gefunden hätte, dem es genügt, ein Mensch zu heißen!*[136]

Im Kollektivbegriff 'Menschheit' werden neben den konfessionellen und religiösen Unterschieden auch die staatlichen Unterschiede als historisch kontingente Inkrustierungen aufgehoben. Es erscheint den Gebildeten an der Zeit, *Menschen von verschiedenen Nationen, Religionen ... unter dem so großen und hohen Namen des Menschen zu vereinigen*[137]. Immer aber wird die Einheit der Menschheit als ein Ganzes interpretiert, das aus Teilen besteht. Diese Einheits-Vielheits-Konzeption aber ist stets gefährdet, durch exklusive Ansprüche in eine Hierarchie umzuschlagen. Der Bewußtseinswandel infolge der sich ausweitenden Erfahrung der planetarischen Einheit und Endlichkeit führt im Zeitalter der Aufklärung innerhalb der europäischen intellektuellen Elite zur Anerkennung des überseeischen Menschen als Menschen[138]. Der überseeische Mensch, bislang als „Wilder" ausgegrenzt und nicht in seinem Menschsein anerkannt, sondern vielmehr, bereits die Etymologie des Wortes 'Wilder' verdeutlicht es, unter den Begriff 'Natur' subsumiert, wird in seinem Menschsein anerkannt, zielt doch der Kollektivbegriff 'Menschheit' kraft seiner naturrechtlichen Verallgemeinerung auch auf die überseeischen Völker. Den schwierigen Prozeß der Anerkennung des überseeischen Menschen als Menschen — im Kontext der kritischen Diskussion um die Legitimität der überseeischen Expansion und der Auseinandersetzung über die Negersklaverei — verdeutlicht TETENS Frage: *Ist sozusagen weniger Menschheit in dem Menschen, der ein Neuseeländer ist, als in dem Individuum, das zu den aufgeklärten Briten gehört?* Mit dem Verständnis des überseeischen Menschen als eines gleichwertigen Menschen unmittelbar verknüpft ist die Vorstellung von der Gesetzmäßigkeit der kulturellen Entwicklung, nach der die Angehörigen fremder Kulturen als nur verschieden kultiviert interpretiert werden. Der Kulturmensch, orientiert am aufgeklärten Menschenbild, wird dem Naturmenschen gegenübergestellt. *So groß ist der Vorzug des Kultivierten vor dem Wilden nicht,* formuliert Tetens die allgemein verbreitete Überzeugung, *aber etwas davon ist vorhanden*[139]. Das Bestreben, die Verschiedenheiten in Erscheinung und Verhalten des Eingeborenen nicht mehr als absonderliche Andersartigkeit, sondern als Eigentümlichkeit aufzufassen, die sich auf der Grundlage des gattungs-

---

[135] THOMAS ABBT, Vom Verdienste (1765), 3. Aufl. (1772), Vermischte Werke, Bd. 1 (Berlin, Stettin 1772), 186f.
[136] LESSING, Nathan der Weise 2, 5 (1779), Sämtl. Schr., 3. Aufl., Bd. 3 (1887), 67.
[137] [ADAM WEISHAUPT], Apologie der Illuminaten (Frankfurt, Leipzig, Nürnberg 1786), 26; vgl. CHRISTIAN FRIEDRICH SINTENIS, Menschenwürde (Leipzig 1817), 137.
[138] Vgl. URS BITTERLI, Die „Wilden" und die „Zivilisierten" (München 1970).
[139] TETENS, Versuche, Bd. 2, 371. 686.

IV. 3. Kollektive Funktion des Begriffs — Menschheit

mäßig Gemeinsamen entwickelt hat, ist offensichtlich. Der Kollektivbegriff 'Menschheit' erfährt seine Auslegung von der naturrechtlichen Überzeugung der Gleichheit der Naturausstattung des Menschen, der Identität der menschlichen Natur zu allen Zeiten und in allen Gegenden und der Akzidentalität aller individuellen Züge und Abweichungen, von der als einheitlich gedachten Menschennatur.

Interessant ist, daß Tetens und andere Autoren von der psychischen bzw. intellektuellen Gleichheit und Einheit des Menschengeschlechts ausgehen, sie also hervorheben, daß bei den Angehörigen „primitiver" Kulturen und bei Angehörigen von „Hochkulturen" die Anlagen gleich sind. Damit wird der gesamte Prozeß der Erziehung als verantwortlich für die verschiedenen Formen des Handelns und Denkens erklärt. Schließlich: als es der Naturwissenschaft gelingt, die philosophischen Beweise von der Einheit des Menschengeschlechts auch in bezug auf den Neger zu unterstützen und abzusichern, kann auch derjenige, der bisher als Muster des barbarischen Wilden gegolten hat, nicht mehr ausgegrenzt werden[140].

Die hypothetisch angenommene, naturwissenschaftlich gestützte ursprüngliche Einheit des Menschengeschlechts wird schließlich als geschichtlich konstituiert wahrgenommen. ISELIN verweist auf den Begründungszusammenhang zwischen dem sich ausweitenden *Commerzium* und der Vorstellung der Einheit des Menschengeschlechts hin[141]. Grundsätzlicher reflektiert FORSTER die Bedeutung des weltweiten Handelns für die Einheit und wachsende Interdependenz der Menschheit. Der europäische Handelsgeist führt über den Austausch von Gütern, aber auch von Begriffen und Kenntnissen, zur Konstituierung der über die ganze Erde verbreiteten Menschheit zu *einem Ganzen*[142]. Im Kollektivbegriff 'Menschheit' wird reflektiert, daß der Mensch zum ersten Male in einer einheitlichen, planetarischen Geschichte lebt. Die Erfahrung der totalen kosmischen Interdependenz als menschlicher Leistung dringt in das Bewußtsein der gebildeten Zeitgenossen. Dieses Bewußtsein bringt 1783 eine Mainzer Dissertation paradigmatisch zum Ausdruck. *Das Menschengeschlecht ist auf einem Punkt angekommen, wo durch bekannte Revolutionen die Mauern, die sonst Weltteil von Weltteil, Volk von Volk trennten, niedergerissen wurden, und die einzelnen Menschenabteilungen in ein großes Ganzes ausgeflossen sind, das durch einen Geist belebt wird — so auch die Geschichte — die Welt ist ein Volk, so auch eine allgemeine Weltgeschichte — und so muß sie auch auf die Welt nützlich und einfließend behandelt werden*[143]. Die Geschichte bildet die Völker stufenweise zur allgemeinen Weltbürgerschaft heran, sie weitet sich aus zur Weltgeschichte.

Die Voraussetzungen und Konsequenzen der Bewußtseinsveränderung denkt 1803 HEYNIG im Kollektivbegriff 'Menschheit' präzis zusammen: *Es gibt nur eine Menschheit, und ein Menschenganzes. Aber es gibt viele und mancherlei Teile desselben, oder Völker, die alle zusammen gehören, und ein liebliches, schön mannigfaltiges Ganzes darstellen ... Es gibt nur eine Erde. Aber es gibt viele und mancherlei Teile*

---

[140] Vgl. dazu UTA SADJI, Der Negermythos am Ende des 18. Jahrhunderts in Deutschland (Frankfurt, Bern, Las Vegas 1979).
[141] ISELIN, Träume eines Menschenfreundes (s. Anm. 94), 45.
[142] G. FORSTER, Ansichten vom Niederrhein (1791/94), AA Bd. 9 (1958), 300.
[143] [NIKLAS VOIGT], Anzeige, wie wir Geschichte behandelten, benutzten und darstellen werden (Diss. Mainz 1783), 3f.

derselben, oder Länder, die alle erst die Erde ausmachen und das herrlichste Gemisch zu Tag legen. ... Es gibt nur eine Zeit und nur eine Geschichte. Aber es gibt mehrere Teile oder Abschnitte, Perioden und Epochen, mehrere Vorstellungsarten und Ansichten von Zeit und Geschichte, wodurch erst das, was die Zeit und die Geschichte ausmacht, zu Stand kommt. ... Es gibt nur eine Kultur der Menschheit. Aber es gibt mehrere Kulturzweige[144].

Die Konzeptualisierung der menschlichen Gattung als Subjekt des Fortschritts macht die Thematisierung der Ungleichzeitigkeit der Entwicklungsstadien innerhalb der Gesamtmenschheit erst möglich[145]. In der Erfahrung der Gleichzeitigkeit des Ungleichzeitigen haben die Legitimierungsversuche politischer Führung ihren systematischen Ort. Indem die Zeitgenossen an der Differenz Europas zum übrigen Menschengeschlecht festhalten, legitimieren sie einen Europazentrismus: menschheitliches Denken ist europazentriert.

V. Kritik und Erweiterung des aufgeklärten Menschheitsbegriffs

1. Herder

Seit den achtziger Jahren rückt der Begriff 'Humanität', den HERDER vorher wegen seines höfisch-aristokratischen Bedeutungsgehalts bzw. wegen seiner rationalistischen Bedeutungsverengung kritisch-distanziert verwendete, zum Schlüsselbegriff seines Denkens auf[146]. *Humanität*, so distanziert sich Herder in seinen Weimarer Jahren von Versuchen, Teilaspekte ihres Inhalts zu isolieren und zu verabsolutieren, *ist weder das weiche Mitgefühl ..., das wir gewöhnlicherweise Menschlichkeit nennen, noch ist es bloß jene leichte Geselligkeit, ein sanftes Zuvorkommen im Umgang*[147]. 'Humanität' sollte auch nicht mit dem Kollektivbegriff 'Menschheit' verwechselt werden[148]. *Ich wünschte*, erklärt er 1784, *daß ich in das Wort Humanität alles fassen könnte, was ich bisher über des Menschen edle Bildung zur Vernunft und Freiheit, zu feinern Sinnen und Trieben, zur zartesten und stärksten Gesundheit, zur Erfüllung und Beherrschung der Erde gesagt habe: denn der Mensch hat kein edleres Wort für seine Bestimmung als er selbst ist, in dem das Bild des Schöpfers abgedruckt lebt*[149]. Ohne die sorgfältigen Unterscheidungen, die er so sehr betont, allzu genau zu beachten, faßt er als Teilaspekte dieses Begriffs gleichermaßen 'Vernunft', 'Freiheit', 'Billigkeit', 'Tugend', 'Toleranz', 'Glückseligkeit', 'Religion', 'Bildung', 'Kultur', 'Wahrheit', 'Schönheit', 'Menschheit', 'Menschlichkeit', 'Menschenrechte', 'Menschenliebe', 'Menschenpflichten', 'Menschenwürde'.

---

[144] JOHANN GOTTLOB HEYNIG, Ideen zur Geschichte des großen Ganges der Weltgeschichte und der Menschheit in der Welt (Zwickau 1803), 276 ff.
[145] → Fortschritt, Bd. 2, 397 ff.
[146] HERDER, Auch eine Philosophie der Geschichte der Menschheit (1774), SW Bd. 5 (1891), 537 f. 541 f.
[147] Ders., Briefe zur Beförderung der Humanität. Dritte Sammlung (1794), ebd., Bd. 17 (1881), 152.
[148] Ebd., 137.
[149] Ders., Ideen zur Philosophie der Geschichte der Menschheit (1784), ebd., Bd. 13 (1887), 154.

Herders komplexer und eminent geschichtsbezogener Humanitätsbegriff trägt ebensoviele Züge der Aufklärung, wie er sie durch die neue Konzeption jedes Seienden, also auch des Menschen, als eines Gleichgewichtszustandes eines Kräftesystems, des Zustandes vollkommener, befriedeter Einheit mit sich selbst, und der Theorie der menschlichen Subjektivität als einer Modifikation der Natur aufbricht und weiterführt. 'Humanität' beschreibt *den Charakter unseres Geschlechts*[150]; in ihm sind alle Qualitäten der menschlichen Natur enthalten, die den Menschen von anderen Lebewesen unterscheiden. Die Natur des Menschen umfaßt immer die beiden Aspekte des Sinnlichen und des Geistigen als Einheit. Andererseits hingegen sind die physischen und psychischen Eigenschaften des Menschen variabel: *Nicht unter allen Himmelsstrichen ist die menschliche Natur als fühlbar völlig dieselbe*[151]. Humanität als das, was die Gattung Mensch von der Angelität einerseits und der Brutalität, d. h. der Tierheit, andererseits unterscheidet, wird von Herder als unerschöpfliche Potentialität begriffen. Der Mensch bringt Humanität zum Unterschied von den Instinkten der Tiere nicht in fertiger Form auf die Welt mit. Um diese grundlegende Differenz herauszuheben, spricht Herder von der Humanität als einem *künstlichen Instinkt*[152], setzt die *menschliche Natur* mit *der innere(n) Anlage zur Humanität* gleich[153]. *Humanität ist der Charakter unseres Geschlechts; er ist uns aber nur in Anlagen angeboren und muß uns eigentlich angebildet werden. Wir bringen ihn nicht fertig auf die Welt mit; auf der Welt aber soll er das Ziel unseres Bestrebens, die Summe unserer Übungen, unser Wert sein ... Humanität ist der Schatz und die Ausbeute aller menschlichen Bemühungen, gleichsam die Kunst unseres Geschlechts*[154].

'Humanität' ist also nicht nur menschliche Gattungsbezeichnung, sondern zugleich auch Zielbegriff, d. h. die der menschlichen Organisation korrespondierende Fähigkeit, die unter gegebenen historischen Bedingungen mögliche, vollkommenste harmonische Entfaltung von Vernunft und Billigkeit zu realisieren. Obwohl sich Humanität als Ideal von Vernunft und Billigkeit erläutert, ist es kein abstraktes Ideal. Der Mensch ist dadurch gekennzeichnet, daß er erst zu dem wird, was er sein kann und soll. *Ist die menschliche Natur keine im Guten selbständige Gottheit: sie muß alles lernen, durch Fortgänge gebildet werden, im allmählichen Kampf immer weiter schreiten; ... in gewissem Betracht ist also jede menschliche Vollkommenheit national, säkular und am genauesten betrachtet individuell*[155]. 'Humanität' als Zielbegriff lebt aus der Spannung der Verwirklichung von Humanität im geschichtlichen Prozeß: *Vernunft und Humanität des Menschen* hängen von *Erziehung, Sprache und Tradition* ab[156].

---

[150] Ders., Briefe zur Beförderung der Humanität, 138.
[151] Ders., Kritische Wälder, oder Betrachtungen über die Wissenschaft und Kunst des Schönen. Viertes Wäldchen (1769), ebd., Bd. 4 (1878), 38.
[152] Ders., Ideen zur Philosophie der Geschichte, 144.
[153] Ebd., 94. — Vgl. ebd., 387. 196.
[154] Ders., Briefe zur Beförderung der Humanität, 138.
[155] Ders., Auch eine Philosophie der Geschichte, 505.
[156] Ders., Ideen zur Philosophie der Geschichte, 405. 346.

'Humanität' als zielbestimmter und teleologischer Bildungsprozeß des Menschen gründet in der Verbindung mit dem Individualitäts- und dem Entwicklungsbegriff. *Jeder einzelne Mensch trägt also wie in der Gestalt seines Körpers, so auch in den Anlagen seiner Seele das Element, zu welchem er gebildet ist und sich selbst ausbilden soll, in sich. Vom Anfange des Lebens an scheint unsre Seele nur ein Werk zu haben, inwendige Gestalt, Form der Humanität zu gewinnen*[157]. Diese Bedeutungsprägung rückt den Begriff in die Nähe von 'Geist', 'Kultur' und 'Bildung' und überholt damit traditionsbildend die aufklärerische Bedeutungsebene[158]. Der von Herder mit dem Begriff 'Humanität' konzipierte Bildungsprozeß zur Humanität wird wesentlich getragen von der Beschäftigung mit den *schönen Wissenschaften*, vor allem *Sprachen und Poesie, Rhetorik und Geschichte* sowie *Philosophie*[159]. Sie *enthalten ... Kenntnisse und Übungen zur Ausbildung des edelsten Teils der Menschheit, des Verstandes, des Geschmacks, des Vortrags und sittlichen Lebens*, sie erziehen *das Gefühl der Menschlichkeit*, den *Sinn der Menschheit, Humanität*[160]. Wenngleich Herder in seinem unmittelbaren Anknüpfen an das rhetorische Erziehungsideal besonderes Gewicht auf die Bildung des Menschen durch Kunst zur Humanität legt, steht er doch der sich entfaltenden Verselbständigung des Ästhetischen kritisch gegenüber.

In einer umfassenden Konzeption einer in den Bereich der Natur eingefügten Menschheitsgeschichte — eines einheitlichen Bildungsprozesses, in dem Natur, Geist und Seele sich entwickeln —, entfaltet Herder in der Verbindung der individualisierenden und der universalen Geschichtsbetrachtung 'Humanität' als geschichtsphilosophische Leit- und Zielidee. 'Humanität' wird als Inhalt *der Menschengeschichte in jeder Form unter jedem Klima* gedeutet; ja er spricht von ihr als *dem Beharrungszustande der Geschichte*[161]. Die ganze *Geschichte der Völker* wird ihm, der *die Menschengeschichte als reine Naturgeschichte menschlicher Kräfte, Handlungen und Triebe nach Ort und Zeit auslegt*[162], eine Schule des Wettlaufs zur Erreichung des *schönsten Kranzes der Humanität und Menschenwürde ... Sie waren Menschen wie wir sind; ihr Beruf zur besten Gestalt der Humanität ist der unsrige, nach unsern Zeitumständen, nach unserm Gewissen, nach unsern Pflichten*[163]. Humanität, verstanden als die jeweils besondere, in sich eigenständige Form menschlicher Selbstverwirklichung, wendet sich gegen die geläufigen Vorstellungen, alle bisherigen Epochen der Menschheitsgeschichte nur als Vorstufen eines glücklichen Endzustands zu begreifen. Humanität erscheint schon im historischen Prozeß selbst, Humanität ist aber auch Ziel der historischen Entwicklung. Dieses Ziel beschreibt Herder sehr

---

[157] Ebd., 187.
[158] → Bildung, Bd. 1, 508 ff.; BERNHARD KOPP, Beitrag zur Kulturphilosophie der deutschen Klassik. Eine Untersuchung im Zusammenhang mit dem Bedeutungswandel des Wortes Kultur (Meisenheim/Glan 1974); NORBERT ELIAS, Über den Prozeß der Zivilisation. Soziogenetische und psychogenetische Untersuchungen (1936), 2. Aufl., 2 Bde. (Bern 1969; Ndr. Frankfurt 1977).
[159] HERDER, Über den Einfluß der schönen in den höheren Wissenschaften (1779), SW Bd. 9 (1893), 304.
[160] Ebd.
[161] Ders., Ideen zur Philosophie der Geschichte, ebd., Bd. 14 (1887), 230.
[162] Ebd., 145; vgl. ebd., 83. 199 ff. 20 f.
[163] Ebd., 212 f.; vgl. ebd., 210.

unbestimmt als *Vernunft und Billigkeit*, bzw. als *Inbegriff der Menschenrechte und Menschenwürde*[164]. In der zugrundeliegenden Theorie der nichtlinearen, widersprüchlichen, progressiven Entfaltung der Humanität — die produktive menschliche Tätigkeit ist tragendes Moment geschichtlicher Progression — vermischen sich in eigentümlicher Weise kausale und teleologische Geschichtsbetrachtung.

Im Gegensatz zur mittelalterlichen Trias von 'Gottheit', 'Menschheit' und 'Tierheit', die den Unterschied zum Göttlichen betont, deutet die Herdersche Trias von 'Angelität', 'Brutalität' und 'Humanität' den Gedanken des Bildungsprozesses des Menschen zur Gottesebenbildlichkeit als Bestimmung des Menschen, die anfänglich nur umrißhaft in der menschlichen Natur gegeben ist. Das klingt an in Herders Diktum: *Der Mensch ist auf gewisse Weise sein eigener Gott auf der Erde, er ist humanisierter Gott der Erde*[165].

2. Schiller und Goethe

SCHILLERS im Begriff 'Menschheit' formulierte emphatische Forderungen der unbedingten Selbstbestimmung und Identität sowie der harmonischen Ganzheit des Menschen — eine Forderung, die bereits die Kräfte- und Arbeitsteilung der Moderne spiegelt — argumentiert gegen die Kantische Zweiteilung des Menschen in ein Sinnenwesen und ein intelligibles Wesen. Diese Dichotomie, die sich bei Schiller u. a. sprachlich niederschlägt in den Begriffspaaren 'Vernunft' und 'Natur', 'Person' und 'Zustand' bzw. 'Anmut' und 'Würde', sucht er im Begriff 'Schönheit' zu vereinen, was zu einem Modell einer inneren Harmonie beider Aspekte, zu einem Begriff 'Menschheit' führt, dem beides in gleicher Hinsicht zugesprochen wird. *Ohne das Schöne ... würde zwischen unserer Naturbestimmung und unserer Vernunftbestimmung ein immerwährender Streit sein, ... würden wir unsere Menschheit versäumen*[166]. Erst beide zusammengenommen gelten ihm konsequenterweise als *Siegel der vollendeten Menschheit*[167].

Dieses Ziel der *innigen Übereinstimmung zwischen seinen beiden Naturen, ... ein harmonierendes Ganzes zu sein und mit seiner vollstimmigen ganzen Menschheit zu handeln*, bezeichnet Schiller auch als *Humanität*[168].

Schließlich exponiert Schiller den *reinen Begriff der Menschheit* als den *der Wechselwirkung zwischen ... Form- und Stofftrieb*[169]. Da beide Triebe als Momente der vorgängigen Einheit der menschlichen Natur erscheinen, kann solche Einheit als eine vollständige, harmonische Verwirklichung des Begriffes 'Menschheit' gelten. Das harmonische Zusammenwirken beider Triebe ist für Schiller im Zustand des Spiels

---

[164] Ebd., 235.
[165] Ders., Fragmente zu einer Archäologie des Morgenlandes (1769), ebd., Bd. 6 (1883), 64; ders., Vom Erkennen und Empfinden der menschlichen Seele (1778), ebd., Bd. 8 (1892), 295.
[166] SCHILLER, Über das Erhabene (1794/85), Werke, Bd. 4, hg. v. Hans Mayer u. Golo Mann (Frankfurt 1966), 133; ders., Über die ästhetische Erziehung des Menschen in einer Reihe von Briefen (1795), ebd., 232.
[167] Ders., Über Anmut und Würde (1793), ebd., 173.
[168] Ebd., 175.
[169] Ders., Über die ästhetische Erziehung, 235.

bereits realisiert. Nur im Zustand des Spiels erlangt der Mensch eine *vollständige Anschauung seiner Menschheit*, nur im Spiel ist er *ganz Mensch*[170]. Das Spiel, d. h. die ästhetische Dimension, ist die Signatur des Menschlichen, die außerhalb des Spiels niemals vollständig erreicht werden kann.

Die Schiller von Anfang an leitende Auffassung, daß sich im Schönen der Mensch als Person objektiviere und realisiere, findet in der wechselseitigen Abhängigkeit der Begriffe 'Schönheit' und 'Menschheit' ihre systematische Begründung. Mit dem *Ideal der Menschheit* ist für Schiller zugleich auch das *Ideal der Schönheit gegeben*[171]. Wie das Schöne als spezifische menschliche Totalitäts- und Einheitsstruktur, dessen Charakteristikum das harmonische Zusammenstimmen von Sinnlichem und Geistigem ist, die *Konsumation der Menschheit* darstellt, so ist auch der ästhetische Zustand ein Zustand der *höchsten Realität*, eine *Gemütsstimmung, welche von dem Ganzen der menschlichen Natur alle Schranken entfernt*, ein Zustand, in dem allein *unsere Menschheit* in vollständiger *Reinheit und Integrität* sich äußert[172]. Es erscheint ursprünglich nicht nur als ein auf das einzelne Individuum bezogenes Bildungsideal, sondern zugleich auch als ein politisches Ideal. Die individuelle und die gesellschaftlich-politische Dimension sind im Ansatz untrennbar verknüpft.

Der diesem Zielbegriff 'Menschheit' korrespondierende Entwurf der ästhetischen Erziehung, die durch ihr unmittelbares Anknüpfen an das rhetorisch-humanistische Ideal der Menschenbildung den Zusammenhang von ästhetischer und aristokratischer Erziehung manifestiert, sucht ursprünglich das Ästhetische in eine emanzipatorische politische Handlungsperspektive zu integrieren. Bei Schiller jedoch verstärkt sich die Tendenz, den politischen Charakter der ästhetischen Erziehung zurückzunehmen, den ausbleibenden politischen Fortschritt in die ästhetische Forderung umzuformulieren. Nicht die Politik, sondern die Kunst ist der Bereich, innerhalb dessen die in der Geschichte verlorene Totalität des Menschseins neu gewonnen wird.

Ohne die Schillersche Anstrengung der Begriffe benutzt GOETHE 'Menschheit' und 'Humanität'. Beide können sich jedoch im Geiste der in diesen Begriffen formulierten ästhetischen Bildung treffen. Im Gegensatz zu Schiller hat Goethe das mit dem Begriff 'Menschheit' formulierte Leitbild des an der stilisierten aristokratischen Tradition festgemachten Konzepts der harmonischen individuellen Totalität, an der Schiller theoretisch festhält, nicht nur thematisiert, sondern zugleich auch problematisiert. *Nur alle Menschen machen die Menschheit*, i. S. des Zielbegriffs der ästhetischen Subjektivität, *aus, und alle Kräfte zusammengenommen die Welt. Wenn einer das Schöne, der andere das Nützliche befördert, so machen beide zusammen erst einen Menschen aus*[173]. Gleichwohl hält Goethe — entgegen seiner Problematisierung des Konzepts der ideologischen Gleichsetzung von aristokratischer Lebensform und humaner Vollendung — letztlich daran fest. Dieses Festhalten wird nicht nur greifbar im Kulturbegriff, den er dem Bereich der Arbeit gegenüberstellt[174]; es ist vielmehr ablesbar im Begriff des 'rein Menschlichen', unter dessen Signatur die kultur-

---

[170] Ebd., 238.
[171] Ebd., 239f.
[172] Ebd., 235f. 232.
[173] GOETHE, Wilhelm Meisters Lehrjahre (1796), HA Bd. 8 (1951), 553.
[174] Vgl. KOPP, Beitrag zur Kulturphilosophie (s. Anm. 158).

politische Zusammenarbeit Goethes und Schillers steht. Das behauptete 'rein Menschliche' und seine unterstellte Allgemeingültigkeit über politische Parteiungen, über ständische Einbindungen, über historische Bedingungen, *über allen Einfluß der Zeiten erhaben* zu sein, sowie die inhärente ästhetische Dimension erweist sich in seiner Distanzierung vom revolutionären Prozeß und — verbunden damit — in seinem apologetischen Bezug auf die stilisierten deutschen Verhältnisse, zumal in „Hermann und Dorothea", als ein historisch bedingtes Politikum[175]. Das zum Überindividuellen, Übergeschichtlichen, Objektiven hypostasierte 'rein Menschliche', das ohne den zeitgeschichtlichen Rahmen der Friedensjahre nach dem Vertrag von Basel (1795) kaum gedacht werden kann, stellt sich als bereits von Zeitgenossen erkannter und offengelegter partikularer und zeitgebundener Interessenstandpunkt heraus. Das im begrifflichen Kontext von 'Menschheit', 'Humanität', 'Kultur' und 'Geschmack' angesiedelte 'rein Menschliche' steht in der idealisierten Gesittungstradition der „guten Gesellschaft", ist, politisch gewendet, der Ausdruck des zum Kompromiß mit den vorbürgerlichen Machteliten bereiten Bürgertums. Andererseits jedoch erscheint in dem Begriff 'Menschheit', wie ihn Goethe und Schiller gebrauchen, die Relativierung des christlichen Transzendenzdenkens, die Aufhebung der Kluft zwischen Gott und Mensch und die Auffassung der Göttlichkeit als Form des seiner Bestimmung folgenden Menschen. GOETHES „Zahmes Xenion": *Je mehr du fühlst ein Mensch zu sein, / Desto ähnlicher bist du den Göttern*, beschreibt prägnant die am Prometheussymbol inspirierte, menschliche Selbstzweckhaftigkeit und die enge Bindung des Menschenbildes an das Gottesbild[176].

3. Die Anfänge des deutschen Idealismus

Die Ursache für das Abweichen von der Kantischen Position der wechselseitig nicht zu vermittelnden Trennung des Menschen in ein Vernunft- und ein Sinnenwesen ist das unter dem Eindruck der Französischen Revolution radikalisierte Verlangen nach Autonomie und Ganzheit im metaphysischen und politischen Sinne, das im Verlaufe der 90er Jahre des 18. Jahrhunderts eine grundsätzliche Kritik an Kants Begriff 'Menschheit', als begrifflicher Fixierung von Trennung und Uneinigkeit, heraufführt. FICHTE begreift 1794 die sich im Kantischen Menschheitsbegriff niederschlagende Dualität von empirischem und intelligiblem Menschen als unvollständige Autonomie, als Selbstentzweiung[177]. 'Menschheit' legt er aus als Freiheit und als Versöhnung des Menschen mit sich selbst: *Das höchste Gesetz der Menschheit und aller vernünftigen Wesen, das Gesetz der völligen Uebereinstimmung mit uns selbst, der absoluten Identität, inwiefern es durch die Anwendung auf eine Natur positiv und material wird, fordert, daß in dem Individuum alle Anlagen gleichförmig entwickelt, alle Fähigkeiten zur höchstmöglichen Vollkommenheit ausgebildet werden*[178]. Die letzte

---

[175] SCHILLER, Ankündigung „Die Horen" (1795), Werke, Bd. 4, 135; GOETHE an Johann Heinrich Meyer, 5. 12. 1796, WA Br., Bd. 11 (1892), 271ff.
[176] GOETHE, Zahmes Xenion, WA 1. Abt., Bd. 3 (1890), 311.
[177] FICHTE, Einige Vorlesungen über die Bestimmung des Gelehrten (1794), AA 1. Abt., Bd. 3 (1966), 31ff.
[178] Ebd., 43.

Bestimmung aller endlichen vernünftigen Wesen ist demnach absolute Einigkeit, stete Identität ... Diese absolute Identität ist die Form des reinen Ich und die einzig wahre Form derselben ... Nicht etwa bloß der Wille soll stets einig mit sich selbst sein — von diesem ist nur in der Sittenlehre die Rede —, sondern alle Kräfte des Menschen, welche an sich nur eine Kraft sind, und bloß in ihrer Anwendung auf verschiedene Gegenstände unterschieden werden — sie alle sollen zu vollkommener Identität übereinstimmen, und unter sich zusammenstimmen[179]. Fichte stellt in seinen verschiedenen „Vorlesungen über den Gelehrten" den Gebildeten als den *Lehrer des Menschengeschlechts* dar, der in der Erfüllung der Bestimmung des Menschen tatsächlich erst Mensch ist[180].

Über Fichtes einseitige Verabsolutierung des Ichs und des Bewußtseins, seine ausschließliche Orientierung an der moralischen Freiheit und seiner Entwirklichung der Natur zum bloßen Mittel der Ich-Entfaltung hinaus suchen Hegel, Hölderlin und Schelling, ebenso wie Schiller in seiner Kritik der Fichteschen Trieblehre, mit dem Begriff 'Menschheit' ein umfassenderes Konzept von Autonomie und Ganzheit zu entwerfen.

HEGEL kritisiert die Unzulänglichkeit des Reflexionsbegriffes von der *einen menschlichen Natur,* denn unter diesen Voraussetzungen werde *die unendliche Mannigfaltigkeit der Erscheinungen der menschlichen Natur in die Einheit einiger allgemeiner Begriffe gezwungen.* Geschichtlich bedingte *Charaktere* würden damit zu *Charakteren der Menschheit* überhaupt, während andere eine Herabwürdigung *zu Zufälligkeiten, Vorurteilen und Irrtümern* erfahren. Gegen diese Auffassung wendet Hegel ein, daß *die menschliche Natur niemals rein vorhanden war, sondern ... ewig ein anderes als der Begriff derselben gewesen sei. Der allgemeine Begriff der menschlichen Natur wird nicht mehr hinreichend sein; die Freiheit des Willens wird ein einseitiges Kriterium*[181]. Nicht nur die vorkantische Aufklärungsphilosophie, sondern auch die von Kant ausgehende Subjektivitätsphilosophie sind zum hinreichenden Verständnis des Menschen ungeeignet. Hegel legt die Kantisch-Fichtische Subjektivitätstheorie als Herr-Knecht-Dualismus des introvertierten Subjekts aus. Sein Konzept der menschlichen Identität und idealen Totalität, der 'ganzen Menschennatur', des 'Menschen im ganzen', das auf eine mehr als bloß subjektive, endliche Synthesis angelegt ist, realisiert sich in der Dimension von Religion[182]. Für Hegel bedeutet 'Religion' die Aufhebung der transzendentalphilosophischen Dualismen — so u. a. des Dualismus von Vernunft- und Sinnenwesen im Menschen — in einer vorgängigen Einheit. Dabei handelt es sich nicht um eine Theologisierung des Subjekts, sondern um eine Subjektivierung der Religion, in der die aufgeklärte Autonomiekonzeption in Korrespondenz zum revolutionären Emanzipationsprozeß erweitert wird.

Stärker als Hegel formuliert HÖLDERLIN im Anschluß an Schillers ästhetisch-anthropologische Position, die das Schöne im menschlichen Umgang mit der Kunst ver-

---

[179] Ebd., 30; ders., Grundlage der gesamten Wissenschaftslehre (1794/95), ebd., 1. Abt., Bd. 2 (1965), 424.

[180] Ders., Einige Vorlesungen über die Bestimmung, 56.

[181] HEGEL, Die Positivität der christlichen Religion (1795/96). [Neufassung des Anfangs (1800)], Werke, hg. v. Eva Moldenhauer u. Karl Markus Michel, Bd. 1 (Frankfurt 1971), 217 ff.

[182] Ebd., 218.

ortet, und über ihn hinausführend, die emphatische Forderung menschlicher Autonomie und umfassender harmonischer Ganzheit in der ästhetischen Dimension. Unter diesem Aspekt konvergieren 'Schönheit' und 'Religion'. *Schönheit ist Name des Eins und Alles* und nach Hölderlin identisch mit *vollendeter Menschennatur*, mit der vollständigen, gleichgewichtigen Ausbildung aller Anlagen, mit der *Einigkeit des ganzen Menschen*[183]. Die Autonomie der moralischen Vernunft und die Autonomie des ästhetischen Sinnes fallen in der sich selbst als Zweck begreifenden menschlichen Produktivität zusammen.

'Menschheit' gewinnt autonomiephilosophisch als 'Religion' bzw. 'Schönheit' die Bedeutung freier Subjektivität, vereinigungsphilosophisch die Bedeutung eines Modells freier und vernünftiger Selbstverständigung sowie freien und vernünftigen Zusammenlebens der Menschen. Das Ideal eines gesellschaftlichen Lebens, in dem die Individuen sich selbst zum Allgemeinen hinaufgestimmt haben und das Allgemeine seine losgelöste, gegen die Individuen verselbständigte Existenzweise verloren hat, impliziert notwendig die Vorstellung eines „Absterbens des Staates" als verselbständigter (polizeilicher) Institution: *Die Idee der Menschheit voran, will ich zeigen, daß es keine Idee vom Staate gibt, weil der Staat etwas Mechanisches ist, so wenig es eine Idee von einer Maschine gibt. Nur was Gegenstand der Freiheit ist, heißt Idee. Wir müssen also über den Staat hinaus! — Denn jeder Staat muß freie Menschen als mechanisches Räderwerk behandeln; und das soll er nicht; also soll er aufhören*[184].

Dieses Streben nach Ganzheit, Identität und Totalität drückt nicht weniger aus, als den Menschen zu theifizieren. Das versuchte bereits der frühe Fichte. HEGEL kritisiert das Christentum, weil es über die Lehre der Verdorbenheit der menschlichen Natur den Menschen in seiner Verirrung ins Jenseits festgehalten und damit die bleibende Versklavung des Menschen bewirkt habe. Die orthodox-theologische Auffassung von *der Verdorbenheit nicht nur der Menschen, sondern der menschlichen Natur* gilt ihm als *Erniedrigung der menschlichen Natur*, die uns nicht erlaube, *in tugendhaften Menschen ... uns selbst wiederzuerkennen*[185]. Er polemisiert gegen die Auffassung der absoluten Verschiedenheit *der menschlichen Natur ... von dem Göttlichen*[186]. Für ihn stammt der *Glaube an das Göttliche ... aus der Göttlichkeit der eigenen Natur; nur die Modifikation der Gottheit kann sie erkennen*[187]. Bei HÖLDERLIN heißt es: *Der Mensch aber ist ein Gott, sobald er Mensch ist, und ist er ein Gott, so ist er schön*[188].

---

[183] FRIEDRICH HÖLDERLIN, Hyperion oder der Eremit in Griechenland (1795), SW hg. v. Friedrich Beißner, Bd. 3 (Stuttgart 1961), 53. 80. 83.
[184] HEGEL, Das älteste Systemprogramm des deutschen Idealismus (1796/97), Werke, Bd. 1, 234f.
[185] Ders., Über Volksreligion und Christentum (1793/94), ebd., 91. 97.
[186] Ders., Positivität der christlichen Religion. [Neufassung], 224.
[187] Ders., Der Geist des Christentums und sein Schicksal (1798/1800), ebd., 382.
[188] HÖLDERLIN, Hyperion, 79; ebd., 90: *Es wird nur eine Schönheit sein; und Menschheit und Natur wird sich vereinen in eine allumfassende Gottheit.*

4. Erziehung zur Humanität

Die mit Herder erreichte innovative Begriffskonstellation der wechselseitigen Bezogenheit von 'Menschheit', 'Humanität', 'Kultur' und 'Bildung' formuliert NIETHAMMER 1808 repräsentativ: *Der ganze Mensch ist die mit mannigfaltigsten Anlagen und Kräften zu einem wunderbaren Ganzen vereinigte Vernunft: die vollendete, allseitige, harmonische Ausbildung zu einem Ganzen ist das Ideal der Menschheit, dem wir den alten oft verkannten, ehrwürdigen Namen der Humanität mit Recht erhalten*[189]. Das Harmonieverhältnis der personalen Einheit des Menschen wird als Ziel des erzieherischen Tuns wie der Selbstbildung herausgestellt. Bildung als ein in der Vervollkommnungsfähigkeit des Menschen gründender, in Stufen sich ausprägender, infiniter Prozeß der Entfaltung der dem Menschen eigenen Möglichkeiten gewinnt als Ziel des menschlichen Lebens Selbstzweckhaftigkeit: der sich bildende Mensch ist Zweck seiner selbst; Selbstbildung gilt ihm als höchstes Ziel. *Sich in sich zu bilden*, ist für HUMBOLDT *der Zweck des Menschen im Menschen*[190]. Und: *Nur durch die Bildung wird der Mensch, der er ganz ist, überall menschlich und von Menschheit durchdrungen*[191]. Die Idee der Selbstverwirklichung des Menschen durch Bildung, bei der der religiöse Bezug ganz zurücktreten kann, enthält den Versuch, den Menschen als Totum aufzudecken. *Die Erhaltung der Vernunft* als Erhaltung der *Menschheit* ist für NIETHAMMER *die unbedingte Aufgabe der Erziehung, und darauf beruht der ganze Begriff der allgemeinen Bildung, die auch aus dem Grunde die Humanitäts- oder Menschen-Bildung heißt, weil sie als angeborenes Recht der Menschen anerkannt werden muß*[192].

Wenn Koch 1811 das entfaltete Bildungsprinzip der *Bildung zur Humanität* definiert als *Entwicklung aller rein-menschlichen Anlagen, durch die der Mensch als solcher (nicht als Fakultätsgelehrter, nicht als Staatsmann oder Geschäftsmann, nicht als Kaufmann oder Künstler, nicht als Bürger oder Soldat) das werden soll, was er ... nach seiner Bestimmung als Mensch sein soll*, dann arbeitet er nicht nur präzis die Identität von 'Bildung', 'Menschheit' und 'Humanität' heraus, sondern thematisiert zugleich die Diskrepanz zwischen der klassisch-idealistischen Bildungskonzeption, die sich im letzten Drittel des 18. Jahrhunderts entwickelt, und der „bürgerlichen" Standes- und Berufserziehung, wie sie die utilitaristische Staatspädagogik des aufgeklärten Absolutismus vorsieht, die Diskrepanz zwischen 'Menschenbildung' und 'Berufsbildung', zwischen 'Vollkommenheit' und 'Brauchbarkeit'[193]. Die zum philosophischen Gedankengut der Zeit gehörende Gegenüberstellung reformuliert EVERS — schärfer als seine Zeitgenossen — als die Diskrepanz zwischen 'Humanität' und 'Bestialität'. 'Bestialität' stellt er in den Kontext von 'Verstand', 'Sinnenhaftigkeit',

---

[189] FRIEDRICH IMMANUEL NIETHAMMER, Der Streit des Philanthropinismus und Humanismus in der Theorie des Erziehungsunterrichts unserer Zeit (Jena 1808), 190.
[190] WILHELM V. HUMBOLDT, Ideen zu einem Versuch, die Gränzen der Wirksamkeit des Staates zu bestimmen (1792), AA Bd. 1 (1903), 56. 76.
[191] FRIEDRICH SCHLEGEL, Ideen (1799), Prosaische Jugendschr., hg. v. J. Minor, Bd. 2 (Wien 1882), 296.
[192] NIETHAMMER, Streit, 130; vgl. ebd., 39. 57ff. 67. 70.
[193] FRIEDRICH KOCH, Die Schule der Humanität. Eine gekrönte Preisschrift (Stettin, Leipzig 1811), 3.

V. 4. Erziehung zur Humanität

'Streben nach Ertrag', 'Nützlichkeitsdenken'; 'Humanität' hingegen in den Kontext von 'Vernunft', 'Menschenwürde', 'Streben nach Wahrheit', 'Freiheit' und 'Vollkommenheit'. Als bloße Ausrichtung auf *Erhöhung des Wohllebens, die Gewöhnung an Sparsamkeit, Fleiß, Industrie und wohlgeordneten Erwerbstrieb* gilt Evers die bloße Berufserziehung, die Erziehung zur Bestialität, als Verzicht auf menschliche Selbstbestimmung und Selbstzweckhaftigkeit, als Absehen vom eigentlich Menschlichen[194]. Dahinter steht die Überzeugung, die utilitaristische Pädagogik funktionalisiere in der Unterordnung unter die gegebenen sozio-politischen Konstellationen den einzelnen Menschen als bloßes Mittel der Gattung und verliere dabei den konkreten einzelnen aus den Augen, während die humanistische Pädagogik die soziale Determination des Menschen aufzuheben trachte. Wird der Bildungsbegriff den höchsten Zwecken der Menschheit subsumiert, müssen 'Menschenbildung' und 'Berufsbildung' voneinander getrennt werden, und zwar so, daß die Berufsbildung der allgemeinen Menschenbildung folgt, nicht aber ihr vorangeht oder gar mit ihr vermischt wird.

PESTALOZZI ordnet die *Berufs- und Standesbildung* dem allgemeinen *Zweck der Menschenbildung unter*[195]. Aus der Unterordnung von 'Bürgerbildung' unter 'Menschenbildung' resultiert die Zeitenfolge: *Das Gymnasium soll erst Menschen, dann Bürger bilden*[196]. Aus dem für die humanistische Pädagogik nach 1800 charakteristischen Kontrast von 'Bildung' und 'Ausbildung' folgert man: *Es gibt nur zwei Arten von Schulen: Erziehungsschulen und Berufsschulen: und das unterscheidende Merkmal der ersten ist, daß sie sich ausschließend mit Menschenbildung beschäftigen*[197]. Die sich aus der Trennung von 'Menschenbildung' und 'Berufsbildung' ergebenden Konsequenzen für die Konzeption von Staat und Gesellschaft hat JACHMANN klar herausgearbeitet: *Nur die Schule, ... die nicht ihren Zweck von der Welt entlehnt, sondern im Gegenteil sich selbst als Zweck der Welt ansieht, die nach dem höchsten Zweck der Menschheit hinstrebt und eben dadurch ihren unveränderlichen Vernunftcharakter bewährt: nur diese Schule ist eine wahre Pflanzschule der Menschheit*[198]. Überdies ist Jachmanns Schule eine Einheitsschule insofern, als in ihr die erzieherische Zielvorstellung, die Bildung zur Humanität, allgemein herrscht[199].

Kein „brauchbarer" sondern ein „gebildeter" Mensch zu sein, ist höchste Menschenwürde. So kann HUMBOLDT 1792 von sich bekennen: *Ich mache keine Ansprüche auf die meisten anderen Vorzüge, auf Talente, Wissen, Gelehrsamkeit, aber gern möcht' ich Anspruch machen auf den Vorzug, Mensch und gebildeter Mensch zu sein*[200]. 'Bildung' ist dabei nicht bloß Ergebnis der „Einsamkeit" und „Freiheit" privile-

---

[194] ERNST AUGUST EVERS, Über die Schulbildung zur Bestialität (Aarau 1807), 50ff. 60.
[195] PESTALOZZI, Die Abendstunde eines Einsiedlers (1779/80), SW Bd. 1 (1927), 270.
[196] Zit. WILHELM SÜVERN, Johann Wilhelm Süvern, Preußens Schulreformer nach dem Tilsiter Frieden (Langensalza, Berlin, Leipzig 1929), 35; vgl. ebd., 33.
[197] NIETHAMMER, Streit, 189.
[198] REINHOLD BERNHARD JACHMANN, Über das Verhältnis der Schule zur Welt. Erstes Programm des Conradinums bei dem Oster-Examen 1811, abgedr. Dokumente des Neuhumanismus, Bd. 1, hg. v. RUDOLF JOERDEN (1931; Ndr. Weinheim 1966), 96.
[199] Ebd., 105.
[200] W. v. HUMBOLDT, Brief v. 20. 7. 1789, abgedr. PAUL SCHWENKE, Aus Wilhelm von Humboldts Studienjahren. Mit ungedruckten Briefen, Dt. Rundschau 66 (1891), 243.

gierter Individualität, sondern ist als *höchste und proportionierlichste Bildung seiner Kräfte [des Menschen] zu einem Ganzen* der Entwurf geschichtlicher Sozialität[201]. 'Bildung' als ursprüngliche Einheit im Selbst- und Weltverhältnis steht gegen das als bedrohlich diagnostizierte Symptom der „Vereinseitigung" des Menschen in der neuzeitlichen Kultur, steht gegen jede Form der Beherrschung des Menschen[202], gegen jede Fremdbestimmung. Somit läßt sich ihre politische Funktion nicht übersehen. Humboldt, für den *Menschen bilden* heißt, sie *nicht zu äußern Zwecken* zu erziehen, und der den Menschen nicht dem Bürger aufopfern will, meint, daß *die freieste, so wenig als möglich schon auf die bürgerlichen Verhältnisse gerichtete Bildung des Menschen überall vorangehen* müsse. *Der so gebildete Mensch müßte denn in den Staat treten, und die Verfassung des Staates sich gleichsam an ihm prüfen,* nur so sei wahre Verbesserung der Verfassung durch die Nation zu erhoffen[203]. In der allgemein-menschlichen Bildung konturiert sich nicht zuletzt die in der Reflexion der Französischen Revolution gewonnene Überzeugung einer Gesellschaftsreform durch Bildungsreform.

In dem so gefaßten Begriff 'Bildung' liegt indes nicht nur eine Herausforderung an die staatlich-gesellschaftliche Wirklichkeit, er drückt auch ein sehr hohes Selbstverständnis der Gebildeten von ihrer sozialen Funktion aus. Präziser als seine Zeitgenossen rekonstruiert NIETHAMMER den sozialgeschichtlichen Zusammenhang von 'Humanität' und 'Gebildeten'. Zur Erhaltung der *Vernunftbildung* bedarf es *einer Classe von Individuen, die vom Schicksal begünstigt, freier von dem Druck der tierischen Not, ausgezeichnet durch Kraft und Regsamkeit des Geistes* zu dieser Aufgabe berufen wäre. Dem auf freie Bildung gegründeten *Stand der Gebildeten* ist es vergönnt, *das Ideal freier Menschenbildung anzustreben: mögen sie dann sich dem Staatsdienst, der Wissenschaft, der Kunst, oder was immer für einer Berufsbestimmung widmen, oder durch ihre Lage im Falle sein, ohne bestimmte Berufsbeschäftigung zu leben — durch jene gemeinschaftliche freie Erziehung sind sie sich gleich und machen den Stand der Gebildeten aus, der aus allen Ständen und Classen der Staatsbürger ausgehend, das geistige Leben der Nation garantiert, dessen Verderbnis also der geistige Tod derselben ist*[204]. Zwar wird die soziale Offenheit postuliert, gleichwohl ist der Kompromiß zwischen Geburtsadel und geistigem Adel sozialgeschichtlich bedeutsamer.

5. Die Vorbildlichkeit der Griechen

In der Formel der Nachahmung der griechischen Antike stellt WINCKELMANN, bei unauflöslicher, wechselseitiger Bezogenheit der ästhetischen und der anthropologischen Dimension, für das mit den Begriffen 'Menschheit' und 'Humanität' gedachte Ideal der harmonischen Totalität der menschlichen Natur, ein historisches bzw. quasi-historisches Paradigma bereit[205]. WIELAND findet bereits 1758 das Vor-

---

[201] Ders., Ideen zu einem Versuch (s. Anm. 190), 107.
[202] Ebd., 107ff.
[203] Ebd., 175. 143f.
[204] NIETHAMMER, Streit, 193f.
[205] JOHANN JOACHIM WINCKELMANN, Gedanken über die Nachahmung der griechischen Werke in der Malerei und Bildhauerkunst, 2. Aufl. (Dresden 1756; Ndr. Baden-Baden 1962), 330.

bild für *die Bildung des Verstandes und des Herzens* oder *die Bildung der Seele* bei *den Griechen.* Ihre Ausbildung habe *edle Simplizität und ungezwungene Eleganz ... Natur, Humanität und Anstand ..., Genie, Geist und Stärke* hervorgebracht, *alle Vorzüge und Vollkommenheiten, ... die einen freien und edlen Menschen von einem Sklaven und menschenähnlichen Tier unterscheiden*[206]. Ihre Kunstwerke begründen für HERDER anschauliche Kategorien der Menschheit und dadurch *eine Schule der Humanität,* die *das Ideal der Menschenbildung* lehrt und *Denkbilder reiner Formen der Menschheit* darstellt[207]. Die griechische Antike steigt auf — unbeschadet der wissenschaftlichen Kenntnisse — zum Sinnbild und Paradigma menschlicher Existenz schlechthin. Gerade HUMBOLDT dokumentiert den systematischen Versuch, die Merkmale menschlicher Idealität der widerspruchslosen Einheit von Natur und Geist, wie sie sich für ihn in seinem Nachdenken über die Bestimmung des Menschen darstellen, sinnenhaft und in ihrer in Erscheinung getretenen Form bei den Griechen aufzuzeigen. Humboldt steigert den griechischen Menschen zum Idealtyp menschlichen Seins überhaupt. *Der Charakter der Griechen* sei *das Ideal alles Menschendaseins,* insofern sie die reine Form der menschlichen Bestimmung unverbesserlich vorzeichneten[208]. Die Griechen werden in seiner überzogen idealisierten Deutung *zum Symbol der Menschheit, und zwar in ihrer zartesten, reinsten und vollkommensten Gestalt*[209]. Sie repräsentieren die vollendete Menschennatur, die harmonische Verwirklichung menschlicher Möglichkeiten: *Richtiges Verhältnis zwischen Empfänglichkeit und Selbsttätigkeit, innige Verschmelzung des Sinnlichen und Geistigen, Bewahren des Gleichgewichts und Ebenmaßes in der Summe aller Bestrebungen ... sind gleichsam die formalen Bestandteile der menschlichen Bestimmung, und diese finden sich in dem griechischen Charakter ... mit aller Bestimmtheit der Umrisse ... gezeichnet*[210]. Die zum Topos geronnene Verschränkung des idealisierten Griechentums und des klassisch-humanistischen Menschenideals bringt der junge SCHLEGEL auf den Begriff: *Die Griechheit* ist ihm *nichts anderes als eine höhere, reinere Menschheit*[211]. Integraler Bestandteil der Griechenbegeisterung ist bereits bei Winckelmann die Auffassung der Göttlichkeit des Menschen als Gleichnis der ethisch-ästhetischen Vollkommenheit[212]. In der Interpretation der Griechen als Modell der

---

[206] WIELAND, Plan einer Academie zur Bildung des Verstandes und des Herzens junger Leute (1758), AA 1. Abt., Bd. 4 (1916), 194. 184. 189. 185.
[207] HERDER, Briefe zur Beförderung der Humanität. Sechste Sammlung (1795), SW Bd. 17, 369.
[208] W. v. HUMBOLDT, Über den Charakter der Griechen, die idealische und historische Ansicht desselben (1807), AA Bd. 7/2 (1908), 613.
[209] Ders., Geschichte des Verfalls und Untergangs der griechischen Freistaaten (1807/08), ebd., Bd. 3 (1904), 216.
[210] Ders., Über den Charakter der Griechen, 613.
[211] SCHLEGEL, Über das Studium der griechischen Poesie (1795/96), Prosaische Jugendschr. (s. Anm. 191), Bd. 1 (1882), 130.
[212] Belege bei IRENE HUSAR, Die Idee der Vergottung des Menschen bei Johann Joachim Winckelmann, in: Beiträge zu einem neuen Winckelmannbild, hg. v. BERTHOLD HÄSLER (Berlin 1973), 67 ff.; vgl. GOETHE, Winckelmann und sein Jahrhundert (1805), HA Bd. 12 (1953), 103. 26 ff; vgl. [CHRISTIAN GOTTFRIED KÖRNER], Ästhetische Ansichten (Leipzig 1808), 25 ff.

mit sich selbst versöhnten menschlichen Existenz wird von Beginn an der freie Polisbürger mitgemeint.

Die Idealisierung der Griechen als Norm menschlicher Selbstverwirklichung steht im Zusammenhang mit der wachsenden Einsicht der Unwiederholbarkeit ihrer geschichtlichen Grundlage. Schiller schreibt: *Die Erscheinung der griechischen Menschheit war unstreitig ein Maximum, das auf dieser Stufe weder verharren noch höher steigen konnte. ... Die mannigfaltigen Anlagen im Menschen zu entwickeln, war kein anderes Mittel, als sie einander entgegenzusetzen.* Die schöne griechische Synthese hatte zugrunde gehen müssen, weil sich der Mensch, um sich weiterzuentwickeln, innerlich spalten mußte. Um *zu einer höheren Ausbildung* fortzuschreiten, hätten auch die Griechen die *Totalität ihres Wesens aufgeben und die Wahrheit auf getrennten Bahnen verfolgen* müssen[213]. Die Vorbildlichkeit der Griechen wird systematisch in das zeitgenössische geschichtsphilosophische Schema integriert, in dem der Gang der Geschichte von allseitiger unreflektierter Natürlichkeit der Antike über die fruchtbare moderne Einseitigkeit zu einer neuen, umfassenden Totalität führt, die das Gesamt der menschlichen Geschichte in sich begreift, sich also als eine Synthese von Antike und Moderne konstituiert.

VI. Konservative Kritik am aufklärerischen Menschheitsbegriff

Die Auseinandersetzung um die im aufgeklärten Begriff 'Menschheit' artikulierte Überzeugung, der Mensch könne autonom seine Bedürfnisse steuern, d. h. sich nach dem Prinzip der Selbstbestimmung von seiner Umwelt emanzipieren bzw. sie gestalten, wird durch die Französische Revolution virulent, ist aber latent schon wesentlich früher zu beobachten. In der Auseinandersetzung um die Revolution wird das Argumentationspotential des Begriffs 'Menschheit' politisch umstritten: es wird einerseits weiter dynamisiert und entfaltet, einschließlich der Dimension der politischen Partizipation; andererseits und zugleich wird — im vielfach funktionalen Rückgriff auf theologische Denkfiguren — ein Begriff 'Menschheit' als ein allgemeingültiger, geschichtlicher Erfahrungsbegriff konstituiert, der eine grundsätzlich unvollkommene, ungleiche, konstant gedachte menschliche Natur unterstellt.

Den Aufklärern werden *falsche Begriffe von der Natur des Menschen* vorgeworfen, weil sie den Menschen unter *Hinweglassung aller spezifischen und individuellen Verschiedenheiten* nur ihrer *generischen Natur* nach betrachten. Die „generische Natur" als Resultat dieses Abstraktionsprozesses klassifiziert Brehm als *ein bloßes Gedankending ..., welches in dem Verstande zwar abgesondert gedacht werden kann, aber in der Wirklichkeit nicht abgesondert vorhanden* ist, *daß also auch die generischen Menschen bloß ideelle Menschen und nicht wirkliche sind*[214]. In dieser Entgegensetzung des „wirklichen" gegen den „ideellen" Menschen, ein paradigmatischer Abwehrversuch des emanzipatorisch-kritischen Menschheitsbegriffs, artikuliert sich eindringlich der konservative Vorwurf, der aufklärerische Menschheitsbegriff sei abstrakt, nicht geschichtlich konkret und damit verfälschend. Diese Negation der

---

[213] Schiller, Über die ästhetische Erziehung (s. Anm. 166), 208f.
[214] Georg Niklas Brehm, Über die natürliche Gleichheit des Menschen (Leipzig 1794), 54.

„generischen Natur" des Menschen und die dagegen gestellte spezifische bzw. individuelle Natur veranschlagt Bedürfnis und Schwäche des Menschen höher als seine Autonomie. *Schwächen und Gebrechen werden sich*, so BRANDES, *in jeder Zeit herrschend finden, allein es sind nicht die nämlichen Schwächen, die da herrschen*[215]. Diese Betonung der imperfectio hominis rekurriert — vielfach funktional — auf das Theologumenon der Erbsündigkeit des Menschen. Der Mensch *ist böse vom Mutterleib an, d. h. er wird mit der Auflage, wie zum Guten, so auch zum Bösen geboren, und letzteres entwickelt sich auch ohne äußere Veranlassung schnell und überwiegend. Die reine Menschheit ist eine schlechte, verdorbene Menschheit*[216]. SNETHLAGE entwirft in seiner Säkularisierung des vor Gott sündigen Menschen paradigmatisch das Modell eines grundsätzlich nicht entwicklungsfähigen Triebwesens Mensch, das er den Freiheits-, Gleichheits- und Selbstbestimmungspostulaten entgegenstellt. Die Betonung des Aspekts der sinnlichen Natur, der vernünftig-sinnlichen Doppelnatur des Menschen ist wesentliches Charakteristikum der konservativen Auslegung des Begriffs 'Menschheit'. *Unglücklich genug war es*, kritisiert BRANDES die aufgeklärten Schriftsteller, *daß sie nur über die Menschen als vernünftige Wesen räsoniert hatten, ohne Rücksicht auf ihre Leidenschaften und Gewohnheiten, die die Handlungen der Menschen bestimmen, ... zu nehmen*[217]. Die Feststellung, daß die vernünftige Natur des Menschen nur in Verbindung mit seiner sinnlichen vorkommt, führt schließlich — infolge der nachdrücklichen Betonung der sinnlichen Natur — zur Ablehnung des Gedankens der Selbstzwecklichkeit des Menschen. *Der Mensch ist also zugleich eine Sache, die bloß als Mittel gebraucht werden kann*[218].

Ein solcher anthropologischer Pessimismus wirkt sich auch einschränkend auf mögliche Freiheitsvorstellungen aus. Angesichts der Auffassung des Menschen als gefährdetes und gefährliches Lebewesen wird Freiheit mehr die moralische Chance, sich willentlich der Autorität unterzuordnen als Berechtigung zu bürgerlicher Partizipation, ist Freiheit mehr das Recht auf Sicherheit als Recht auf aktive Selbstgestaltung der Gesellschaft. Integriert in die Beziehungen der sozialen und politischen Machtmonopole, erscheint der an sich unfreie Mensch als das sich selbst bestimmende Wesen. *Freiheit, Selbstherrschaft, Menschenwürde* können sich nur in *edler Abhängigkeit, großmütiger Dienstbarkeit und freier Demütigung offenbaren*[219].

Die im aufgeklärten Menschheitsbegriff postulierten Gleichheitsansprüche scheitern an der anthropologisch-historisch fixierten Ungleichheit als ein dem Menschen immanenter Wesenszug. Für diesen als ontologische Grundbestimmung unterstellten Sachverhalt werden historische und biblisch-theologische Erweisgründe

---

[215] E. BRANDES, Über den Einfluß und die Wirkungen des Zeitgeistes auf die höheren Stände Deutschlands, Bd. 2 (Hannover 1810), 3.
[216] BERNHARD MORITZ SNETHLAGE, Über einige Hindernisse, welche den Erfolg der Erziehung ... aufhalten (Berlin 1819), 32. 78.
[217] E. BRANDES, Über einige bisherige Folgen der Französischen Revolution in Rücksicht auf Deutschland (Hannover 1792), 62.
[218] AUGUST WILHELM REHBERG, Über das Verhältnis der Theorie zur Praxis (1794), abgedr. Kant. Gentz. Rehberg. Über Theorie und Praxis, hg. v. DIETER HENRICH (Frankfurt 1967), 119.
[219] ADAM HEINRICH MÜLLER, Agronomische Briefe (1812), Ausg. Abh., hg. v. Jakob Baxa, 2. Aufl. (Jena 1931), 140.

beansprucht, aber auch Alltagserfahrungen und naturkundliche Belege herangezogen[220]. Dabei werden die Unterschiede zwischen rechtlich-politischer Gleichberechtigung, von der nie die Rede ist, und psychophysischer Gleichartigkeit bewußt geleugnet. *Die mannigfachen Verschiedenheiten zwischen ihren natürlichen Fähigkeiten, Kräften und Neigungen* sprechen für ZOLLIKOFER gegen eine Gleichheit der Menschen. Da Ungleichheit naturnotwendig mit dem Wesen des Menschen verbunden ist, gilt sie — theologisch oder auch traditional naturrechtlich begründet — auch im sozio-politischen Bereich. Die *Verschiedenheit der Stände, der Macht, des Ansehens, des Reichtums* sind in der *menschlichen Natur* begründet[221]. In der Behauptung der Ungleichheit als Bedingung und Ausweis höherer Ordnung kann die soziale und politische Ungleichheit schließlich ontologisch-ästhetisch sanktioniert werden. Diese Gleichheitskritik als Ableitung hierarchisch gestufter Herrschafts- und Sozialpositionen aus den Kategorien menschlicher Reproduktion bringt BRANDES auf den Begriff: *Der Geist des Standes muß in dem einzelnen wohnen. Die reine Menschheit ist eine Idee, nicht zu realisieren in der Wirklichkeit*[222]. In der konsequenten Trennung von Reproduktions- und Kultursphäre hat die Apologie des Adels ihren systematischen Ort. REHBERG, der zwar die Adelsvorrechte einschränken und *so dem Bedürfnis der Zeiten zuvorkommen* will, kehrt die überlieferte Grundüberzeugung gegenrevolutionär hervor, *daß die Vorzüge der adligen Abkunft tief in der Natur des Menschen und in den ersten Grundzügen aller bürgerlichen Ordnung liegen, und es ein ebenso vergebliches als frevelhaftes Unternehmen sein würde, sie zerstören zu wollen*[223]. Diese Adelsapologie steigert sich im Kontext der politischen Romantik zur Adelsapotheose.

Aus der Kritik der Autonomiethese folgt notwendig die der Idee der menschlichen Perfektibilität als des anderen Grundmotivs aufgeklärten menschheitlichen Denkens. BRANDES lehnt *die übertriebenen Begriffe von der Perfektibilität des Menschengeschlechts und der bürgerlichen Verfassung, nebst der unrichtigen Anwendung dieser Begriffe* ab. Zwar leugnet er nicht den Fortschritt der Kenntnisse, *der größte Teil dieser aber beziehet allein den tierischen Menschen, höchstens dessen Wohlsein ein.* Einen moralischen oder intellektuellen Fortschritt kann er nicht entdecken, haben ihn doch die *großen Weltbegebenheiten* gelehrt, *daß es auch ein Fortschreiten zum Erbärmlichen gäbe.* Die Kritik der Perfektibilität des Menschen hängt nicht zuletzt mit der Kritik der Französischen Revolution zusammen: *Das Fortschreiten der Menschheit ließ sich gar trefflich den Zerstörungsideen anreihen*[224]. Mit der Kritik der Perfektibilitätsidee fällt der Fortschrittsgedanke mehr und mehr der Regression zum Opfer. Kritisiert als *Nichtwissen des Höheren, ... gegen alles Höhere feindselige Aufklärerei*[225], entläßt sie den Menschen aus der Verpflichtung der aktiven

---

[220] Vgl. die Belege bei HANS-WOLF JÄGER, Die Verteidigung des Adels im deutschen Frühkonservativismus, in: Legitimationskrisen des deutschen Adels (1200—1900), hg. v. PETER UWE HOHENDAHL u. PAUL MICHAEL LÜTZELER (Stuttgart 1980).
[221] GEORG JOACHIM ZOLLIKOFER, Die natürliche Gleichheit der Menschen und die Verschiedenheit der Stände und des äußeren Glücks unter denselben (Hannover 1792), 34.
[222] BRANDES, Über den Einfluß, Bd. 1 (1810), 132.
[223] A. W. REHBERG, Über den deutschen Adel (Göttingen 1803), 261.
[224] BRANDES, Über einige bisherige Folgen, 20; ders., Über den Einfluß, Bd. 2, 215. 236.
[225] SCHELLING an Karl Adolf v. Eschenmayer, April 1812, Werke, Bd. 4 (1927), 563.

VI. Konservative Kritik — Menschheit

Selbstgestaltung der menschlichen Lebenswelt. NOVALIS schreibt: *Die absolute Gleichheit ist das höchste Kunststück — das Ideal — aber nicht natürlich. Von Natur sind die Menschen nur relativ gleich — welches die alte Ungleichheit ist — der Stärkere hat auch ein stärkeres Recht*[226]. Im „Revolutions-Almanach" von 1795 heißt es lapidar, daß die Natur des Menschen und der menschlichen Gesellschaft sich nicht ändern läßt[227]. Die Kritik der Idee der Perfektibilität dient dazu, Geschichte und Erfahrung in die Bestimmung des Menschen hineinzunehmen, sie beide zur Grundlage der Kultur und der sozio-politischen Ordnung zu erklären. Diese Kritik stellt in ihrer Option für das geschichtlich Gewordene die Wirklichkeit als menschlicher Willkür und planender Rationalität entzogen dar. Vielmehr sollen Tradition und geschichtlich-gesellschaftliche Institutionen der grundsätzlich unvollkommenen, konstanten menschlichen Natur einen Halt bieten. Daß diese Abhängigkeit das *Los der Menschheit* sei, trägt nicht den Aspekt des Bedauerns[228]. Die bewußte Negation menschlicher Autonomie und ihres Korrelats, der Idee der Perfektibilität, behauptet den traditionell gefestigten, ständischen sozialen status quo, die staatlich-absolutistische Machtmonopolisierung sowie das agrarisch-statische Bedürfnissystem als gleichsam natürliche Lebens- und Herrschaftsform.

Die Überzeugung der Unvereinbarkeit der beiden aufgeklärten Zielbestimmungen der Gleichheit und der Bedürfnisdifferenzierung führt zur Ablehnung der Erwerbs- und Berufsfreiheit, Tendenzen, die die Revolution nicht hervorgebracht, sondern legalisiert hat. REHBERG kritisiert in seiner Auseinandersetzung mit dem Physiokratismus das im aufgeklärten Begriff 'Menschheit' gedachte, nicht herkunftsbezogene Individuum: *Nach der französischen Theorie sollen das Privatinteresse und die allgemeine Menschenehre ... alles ersetzen ... Und so ist es offenbar, der grobe Eigennutz ... wird die alleinige Triebfeder aller Handlungen werden, sobald die Ehre aller abgesonderten Stände in die allgemeine Menschenwürde verschmolzen wird*. In der Ablehnung des Wandels von der ständisch geprägten Bedarfsdeckungsgesellschaft zur Warengesellschaft, ein Wandel, der *am Ende zu einer gänzlichen Herabwürdigung der menschlichen Natur* führe, gelingt Rehberg die Aufdeckung der Widersprüche der sich herausbildenden bürgerlichen Gesellschaft. Hinter der bürgerlichen Kategorie 'Menschheit' diagnostiziert Rehberg Verelendungs- und Entfremdungsgefahren wie Mechanisierung des Arbeitslebens, Konkurrenzegoismus, einseitige Reichtumsakkumulierung bzw. totale Verarmung[229]. Dieser partiell hellsichtige, die sozialen Kosten des sozio-politischen Wandels thematisierende, vormoderne Antikapitalismus[230] als integraler Bestandteil konservativen Argumentierens basiert auf dem Rückgriff auf ältere, vormoderne Traditionen bis hin zur Verteidigung der feudalen Grundwirtschaft mit Einschluß der Leibeigenschaft. Vor

---

[226] NOVALIS, Enzyklopädie (1798). Fragmente I, Werke, hg. v. Ewald Wasmuth, Bd. 2 (Heidelberg 1957), 415.

[227] [Anonym], Goldene Sprüche eines berühmten, oft verkannten, aber weisen und ehrlichen Mannes: ihm nachgeschrieben, Revolutions-Almanach (1795; Ndr. 1976), 5.

[228] A. W. REHBERG, Prüfung der Erziehungskunst (Leipzig 1792), 167.

[229] Ders., Untersuchungen über die Französische Revolution, Bd. 1 (Hannover, Osnabrück 1793), 255. 25.

[230] Vgl. ERNST HANISCH, Der „vormoderne" Antikapitalismus der politischen Romantik, in: Romantik in Deutschland, hg. v. RICHARD BRINKMANN (Stuttgart 1978), 132 ff.

dem Hintergrund der Verklärung der vormodernen Lebensform als Muster einer humanen Lebensform erkennen die Konservativen die Widersprüche der kritisierten bürgerlich-liberalen Wirtschaftsgesellschaft.

Gleichzeitig ist die Frage der Verwirklichung der Menschenrechte durch die „Declaration" der französischen Nationalversammlung von 1789 aktuell geworden, die einer bürgerlichen Gesellschaft die Rechte der Menschheit zugrundelegt. Aber nicht nur die Tatsache, einer *ganzen Staats-Verfassung eine Theorie vom Rechte der Menschheit*[231] zugrunde zu legen und damit die Gleichheits- und Freiheitsideologie zur Basis der Verfassung gemacht zu haben, wird von konservativer Seite kritisiert. Im Zentrum der Kritik steht vielmehr die Erweiterung der teilweise schon erkannten Prinzipien der Rechtsgleichheit, der bürgerlichen Rechte in der Sphäre des Privat- und Strafrechts, zur Anerkennung des Rechts der politischen Partizipation. Die Gültigkeit allgemeiner, uneingeschränkter Menschenrechte im Staat wird bestritten. Gleichwohl glaubt die Theorie, welche die Menschenrechte mit dem Hinweis auf ihre politischen und historischen Grenzen bestreitet, damit selbst der „wahren" Natur des Menschen nähergekommen zu sein. *Recht der Menschheit und bürgerliche Verfassung* haben nach BIESTER — im unmittelbaren Anschluß an Möser und im Gegensatz zu den kritisierten politischen Partizipationspostulaten — *ganz und gar nichts miteinander zu tun. Die letzte baut vorzüglich auf Verträgen, Einrichtungen, Gesetzen und berücksichtigt vorzüglich die Sicherstellung des Eigentums, von welchem allein die bloße Menschheit nichts weiß*[232]. Diese Option für einen die ständische Eigentumssphäre einschließenden Eigentumsbegriff ist zugleich die Sicht der Rechte und der Sozialordnung unter dem Aspekt der wohlerworbenen Rechte.

Die mit der Eigenschaft des Bürgers verbundenen Rechte sind nicht aus den subjektiven Forderungen erwachsen, sondern sind in der vom einzelnen Menschen weitgehend unabhängigen Realität vorgegeben. *Die sogenannten unveräußerlichen Rechte der Menschheit* thematisieren nur den Grad ihrer Fortsetzung als Rechte des Naturzustandes im Staat, nicht aber deren Anteil am Staate. Sie sind *die Schranken der gesetzgebenden Macht*[233]. Entsprechend heißt es in der allgemeinen Erklärung zum ALR von 1794: *Die Rechte des Menschen entstehen durch seine Geburt, durch seinen Stand und durch Handlungen oder Begebenheiten, mit welchen die Gesetze eine bestimmte Wirkung verbunden haben*[234]. Eine ganz und gar empirische Natur des Menschen weist den Menschenrechten eine Schranke. Ihre Bestimmung reicht von der Beschränkung auf ein äußerstes Minimum, nämlich nicht als Vieh behandelt zu werden oder gezwungen zu sein, etwas Unsittliches zu tun[235], bis zu förmlichen Aufzählungen wie den Rechten auf *das Leben, ... die moralische Freiheit,* das Recht zur Selbstvervollkommnung, *das Recht der Mitteilung,* die *Preßfreiheit,* mit Einschrän-

---

[231] BRANDES, Über einige Folgen, 64.
[232] JOHANN ERICH BIESTER, Nachschrift, Berlinische Monatsschr. (1790), Bd. 2, 211.
[233] CARL GOTTLIEB SVAREZ, Von den Privat- oder bürgerlichen Rechte überhaupt (1792), in: ders., Vorträge über Recht und Staat, hg. v. Hermann Conrad u. Gerd Kleinheyer (Köln, Opladen 1960), 584f.
[234] ALR 3. Aufl., Bd. 1 (Berlin 1796), Einl., § 82.
[235] REHBERG, Untersuchungen, Bd. 1, 44f.; ders., Über das Verhältnis der Theorie zur Praxis (s. Anm. 218), 119ff.

kungen, *der freie Gebrauch seiner Fähigkeiten und Kräfte* zur Beförderung *der Privatglückseligkeit*[236]. Menschenrecht aber bleibt Untertanenrecht: so entscheidet LEOPOLD II., daß *bei der Ausarbeitung* eines politischen Codex für Österreich nicht *von den Rechten der Menschheit, sondern nur von jenen des Bürgers zu sprechen* sei[237]. Die emanzipatorisch-kritische Färbung dieses Begriffs ist schon zu stark, als daß er weiter unbefangen hätte benutzt werden können[238].

VII. Begriffsgeschichtliche Grundzüge und Neuansätze im 19. Jahrhundert

1. Die lexikalische Ebene im frühen 19. Jahrhundert

Auf der Ebene der Lexika wird in der ersten Hälfte des 19. Jahrhunderts in der sich seit dem Ende des 18. Jahrhunderts herausbildenden Tradition zwischen dem Kollektivbegriff 'Menschheit' und dem Begriff 'Menschheit' zur Bezeichnung des Wesens des Menschen, und zwar sowohl im Sinne des logischen Artbegriffs als auch im Sinne des Zielbegriffs, unterschieden. CAMPE notiert 1809 unter „Menschheit" 1) *die menschliche Natur sowohl in körperlicher und sinnlicher, als auch in geistiger und sittlicher Hinsicht* sowie 2) *das menschliche Geschlecht, besonders in Ansehung der Ausbildung desselben*[239]. Den kategorialen Rahmen des Sprachgebrauchs des frühen 19. Jahrhunderts umschreibt die Begriffsbestimmung des Artikels „Menschheit" im BROCKHAUS von 1815, der nur unwesentlich modifiziert in die folgenden Auflagen aufgenommen und von anderen Lexika übernommen wird: *Der Ausdruck Menschheit wird in sehr verschiedener Bedeutung gebraucht, denn man bezeichnet damit das menschliche Geschlecht, die menschliche Gattung in ihrer Gesamtheit, die menschliche Natur in ihrer Eigentümlichkeit, und alles jenes, was in dem vieldeutigen, wenig bestimmten Worte Humanität zu befassen suchte. Für dieses letzte hat man Menschentum, Menschentümlichkeit vorgeschlagen ..., um damit die der menschlichen Natur durch die höheren Anlagen ihres Geistes, die sittliche Freiheit und verfeinerte Empfindungsfähigkeit verliehene Würde, Rechte und Pflichten zu bezeichnen.* Ausdrücklich wird bdtont, *der Ausdruck Menschheit sei auch für diese Bedeutung gebräuchlicher*[240].
Etwa gleichzeitig tritt aber die explizit religiöse Dimension des Begriffs 'Menschheit' zurück. So wird etwa die christologische Bedeutungsvariante nur noch

---

[236] Vgl. SVAREZ, Über das Recht der Polizei (1791/92), in: ders., Vorträge, 37. 43f.; ders., Von dem Privat- oder bürgerlichen Rechte, ebd., 584.
[237] LEOPOLD II., 3. 8. 1791, zit. SIGMUND ADLER, Die politische Gesetzgebung in ihren geschichtlichen Beziehungen zum allgemeinen bürgerlichen Gesetzbuche, Fschr. Zur Jahrhundertfeier des Allgemeinen Bürgerlichen Gesetzbuches, Bd. 1 (Wien 1911), 99. 85ff.
[238] → Grundrechte, Bd. 2, 1047ff. — Weitere Belege bei H. E. BÖDEKER, Zur Rezeption der französischen Menschen- und Bürgerrechtserklärung von 1789 in der deutschen Aufklärungsgesellschaft, in: Zur Geschichte der Grund- und Freiheitsrechte vom Ausgang des Mittelalters bis zur Revolution 1848, hg. v. GÜNTER BIRTSCH (Göttingen 1981), 248ff.
[239] CAMPE Bd. 3 (1809; Ndr. 1969), 270, s. v. Menschheit.
[240] BROCKHAUS 2. Aufl., Bd. 6 (1815), 267, Art. Menschheit; ebd., 4. Aufl., Bd. 6 (1817), 267ff., Art. Menschheit; vgl. ebd., 7. Aufl., Bd. 7 (1830), 289ff., Art. Menschheit; Rhein. Conv. Lex., 3. Aufl., Bd. 8 (1834), 401, Art. Menschheit.

in den Synonymenlexika des 19. Jahrhunderts tradiert[241]. KRUG formuliert die mittelalterliche Trias von 'Gottheit', 'Menschheit' und 'Tierheit' charakteristisch um in die Trias von 'Tierheit', 'Menschheit' und 'Vernunftheit'. Er verzeichnet unter „Menschheit" *die Wesenheit des Menschen oder den Inbegriff alles dessen, wodurch er sich von andern Dingen wesentlich unterscheidet, seine eigentümliche sinnlich-vernünftige Natur, der nach unten die bloße Tierheit, nach oben die reine Vernünftigkeit (eigentlich Vernunftheit) entgegensteht*[242].

Als wichtigste Äquivalente für 'Menschheit' im Sinne der „Bestimmung des Menschen" notieren die verschiedenartigen zeitgenössischen Lexika die Begriffe 'Menschentum' bzw. 'Menschentümlichkeit', 'Menschlichkeit' und 'Humanität'[243]. Dabei wird 'Menschentum' nicht nur wider die ursprünglich kollektive Bedeutung explizit als Äquivalent für den Wesens- und Zielbegriff 'Menschheit' notiert, sondern auch mit 'Humanität' gleichgesetzt[244].

Während CAMPE 1813 gegen den Gebrauch des offensichtlich durch Herder seit dem letzten Drittel des 18. Jahrhunderts populären Begriffs 'Humanität' wegen seiner Vieldeutigkeit und Unbestimmtheit polemisiert[245], heißt es 1814/15 im BROCKHAUS von dem *vieldeutigen, wenig bestimmten Worte Humanität*, dem im Anschluß an Campe 'Menschentum' und 'Menschentümlichkeit' parallelisiert werden, nur noch, es werde in der *gebildeten Konversation zu oft im Munde geführt*. Näherhin wird 'Humanität' definiert als *Menschlichkeit, als das, was uns den Charakter der Menschheit gibt im Gegensatz der Bestialität und Brutalität*[246]. Dabei herrscht der im aufgeklärten Diskurs gewonnene, 'Menschheit' entsprechende zielbegriffliche Bedeutungsgehalt eindeutig vor. Im Anschluß an das 18. Jahrhundert und unter dem Einfluß der pädagogischen Diskussion um 1800 überwiegt der Bildungsaspekt. *Humanität* ist eine der *Bestimmung des menschlichen Geistes angemessene Bildung*[247], eine der *menschlichen Bestimmung gemäße Bildung*[248], *Inbegriff und Umfang alles dessen, was zur Bildung gehört, die eines Menschen würdig ..., insofern umfaßt das Wort nicht nur ein menschenfreundliches und feines Betragen, sondern auch den Kreis aller Künste und Wissenschaften*[249]. Humanität ist, heißt es 1830 repräsentativ und traditionsbildend, *die harmonische Ausbildung der menschlichen Kräfte unter der Herrschaft der Vernunft*, und dann 1853: *die harmonische Ausbildung der dem Menschen zukommenden ethischen und intellektuellen Eigenschaften*[250]. Explizit abgesetzt wird dieser Begriff 'Humanität' als Bildung von einer sich auf Philologie beschränkten Bildung, von der *Reduktion des vielumfassenden Begriffs der Humanität, auf den zu verschiedenen Zeiten engeren und weiteren Horizont der Philologie*[251].

---

[241] CAMPE Bd. 3, 270, s. v. Menschheit; EBERHARD/MAAS 2. Aufl., Bd. 4 (1820), 426, s. v. Menschheit; JOHANN GOTTFRIED GRUBER, Versuch einer allgemeinen teutschen Synonymik, 3. Aufl., Bd. 2 (Halle 1827), 445f., s. v. Menschheit.

[242] KRUG 2. Aufl., Bd. 2 (1833), 859, Art. Menschheit.

[243] CAMPE, Fremdwb., 2. Aufl. (1813; Ndr. 1970), 356f., s. v. Humanität.

[244] Ebd. [245] Ebd.

[246] BROCKHAUS 2. Aufl., Bd. 4 (1814), 594, Art. Humanität. [247] Ebd.

[248] Rhein. Conv. Lex., Bd. 6 (1826), 457, Art. Humanität.

[249] BRÜGGEMANN Bd. 3 (1834), 578, Art. Humanität.

[250] BROCKHAUS 7. Aufl., Bd. 4 (1830), 876, Art. Humanität; ebd., 10. Aufl., Bd. 8 (1853), 124, Art. Humanität.

[251] Ebd., 2. Aufl., Bd. 4, 594, Art. Humanität.

VII. 1. Lexikonebene — Menschheit

Andererseits hingegen wissen die Zeitgenossen um die Begriffsveränderungen: Erst neuerdings, so heißt es 1814 im Brockhaus, werde dem *Begriff der Humanität die ihm gebührende Sphäre* zuerkannt, nämlich die *harmonische Ausbildung des Menschen*, sei doch *Humanitätsbildung* die *Menschenbestimmung*, entspräche dem *Prinzip der allgemeinen Menschenbildung*, der *Humanität*. Gleichzeitig wird die traditionelle, aristokratisch bestimmte, gesellschaftsethische Bedeutung von 'Humanität' zwar noch tradiert, aber nur noch als *Nebenvorstellung im Sinne von Leutseligkeit, Menschlichkeit, Feinheit und Artigkeit im Betragen* notiert. Die mit 'Humanität' beschriebenen *gesellschaftlichen Tugenden* beinhalten eine *engere Betrachtung*, einen *untergeordneten, beschränkten* begrifflichen *Aspekt*[252].

Während am Ende des 18. Jahrhunderts die kollektive Bedeutung von 'Menschheit' noch als eine unkorrekte Bildung kritisiert und ihre geschichtsphilosophische Perspektive als Neubildung notiert wird[253], verzeichnet CAMPE sie 1809 kommentarlos in geschichtsphilosophischer Perspektive[254]. 'Menschheit' beschreibt in den Lexika des frühen 19. Jahrhunderts *das menschliche Geschlecht, die menschliche Gattung in ihrer Gesamtheit*[255], die Gesamtheit *aller menschlichen Wesen als Einheit*[256]. KRUG definiert: *Menschengattung oder Inbegriff aller auf Erden lebender Menschen ... die gesamte Menschheit*[257]. Bereits 1836 wird der erst kurz vor 1800 lexikalisch registrierte Kollektivbegriff 'Menschheit' als der gebräuchlichere gegenüber dem Zielbegriff unterstellt: *Menschheit bedeutet zunächst die Gesamtheit der Eigenschaften, welche den Begriff des Menschen bilden, sodann aber auch und zwar gewöhnlicher die Gesamtheit der Menschen selbst*[258]. Gleichzeitig wird 'Menschentum' als der in neuerer Zeit üblichere Begriff für 'Menschheit' als Zielbegriff lexikalisch notiert. Beides deutet auf die sich abzeichnende Tendenz der zunehmenden Verengung des Begriffs 'Menschheit' auf die kollektive Bedeutung. Der BROCKHAUS von 1846 bietet bereits nur noch die kollektive Bedeutung[259].

Andererseits wird ohne große Bedenklichkeit die geschichtsphilosophische Integration des Begriffs 'Menschheit' registriert. Ausgehend von der Prämisse der *Perfektibilität der menschlichen Natur*, entwirft der traditionsbildende Artikel des Brockhaus von 1815 die *Geschichte der Menschheit* als *Entwicklungsgeschichte der Anlagen der menschlichen Natur in ihrem Fortschreiten zu einem Vernunftideal des menschlichen Zustandes* mit den Entwicklungsstufen *Tierheit, Vermenschlichung, Verfeinerung, Versittlichung ... Hier allein ist Menschheit, vorher gab es nur Tierheit oder Menschlichkeiten ... Geschichte der Menschheit in diesem Sinne wäre eigentlich Geschichte des Menschentums, welche zeigt, wie weit, wann, wo und wodurch das menschliche Geschlecht als eine perfektible Gattung sinnlicher Vernunftwesen sich dem, der Würde und dem Charakter seiner höheren Natur angemessenen Vernunft-Ideal seines Zustandes genähert habe oder von ihm entfernt sei*[260]. Im „Staats-Lexicon" von ROT-

---

[252] Ebd.
[253] ADELUNG 2. Aufl., Bd. 3, 180, s. v. Menschheit.
[254] CAMPE Bd. 3, 270, s. v. Menschheit.
[255] BROCKHAUS 7. Aufl., Bd. 7, 289, Art. Menschheit.
[256] BRÜGGEMANN Bd. 7 (1836), 176, Art. Menschheit.
[257] KRUG 2. Aufl., Bd. 2, 859, Art. Menschheit.
[258] BRÜGGEMANNN Bd. 7, 176, Art. Menschheit.
[259] Vgl. BROCKHAUS 9. Aufl., Bd. 9 (1846), 501, Art. Menschheit.
[260] Ebd., 2. Aufl., Bd. 6 (1815), 268, Art. Menschheit.

TECK/WELCKER wird die geschichtsphilosophische Dimension systematisch als die Entwicklung von der Naturnotwendigkeit zur Freiheit expliziert[261]. Während die Lexika des frühen 19. Jahrhunderts die Begriffserweiterung und die Begriffsverschiebung des Begriffs 'Menschheit' in kollektiver Hinsicht bewußt wahrnehmen, ist der Einfluß der sich im Zielbegriff 'Henschheit' niederschlagenden Auseinandersetzungen um die Bestimmung des Menschen im frühen 19. Jahrhundert auf der lexikalischen Ebene sehr begrenzt.

2. Hegel: 'Idee des Menschen'

In der Auseinandersetzung mit der Philosophie seiner Zeit unterscheidet HEGEL nach 1800 scharf zwischen der *Idee des Menschen* einerseits und der von ihm kritisierten reflexionsphilosophischen Position des *Abstraktum(s) der mit Beschränktheit vermischten empirischen Menschheit* andererseits, die nur *eine fixe, unüberwindliche Endlichkeit der Vernunft, ... nicht ... Abglanz der ewigen Schönheit, ... geistiger Fokus des Universums, ... eine absolute Sinnlichkeit sei, welche aber das Vermögen des Glaubens habe*[262]. Hegel kritisiert diese Bestimmung des Menschen, weil sie sich nicht nur die notwendigen Überwindungen der Entzweiung verstelle, sondern auch dort, wo sie die Überwindung der Entzweiung erstrebe (im Ausgang von der verabsolutierten Subjektivität), den Bedingungen ihrer Zeit verpflichtet sei, indem sie nur ein Glied der Entgegensetzung zum Absoluten erhöhe und das Andere vernichte und dadurch den Dualismus von 'Vernunft' und 'Sinnlichkeit', 'Intelligenz' und 'Natur', 'Einheit' und 'Mannigfaltigkeit', zusammengefaßt im Gegensatz der Begriffe 'Subjektivität' und 'Objektivität', vertiefe und perpetuiere. Als deutlichstes Symptom der bleibenden Entzweiung interpretiert Hegel die damit unmittelbar zusammenhängende Vorstellung des unendlichen Progresses.

Gegenüber dieser reflexionsphilosophischen Position der Subjektivität setzt nach HEGEL eine zureichende Konzeptualisierung des Wesens des Menschen eine Theorie des „absoluten Geistes" und die Unterordnung der Anthropologie unter diese voraus. Er betont, daß *erst der Mensch ... der denkende Geist (ist) und dadurch ... wesentlich von der Natur unterschieden*[263]. 'Geist' meint nicht eine theoretische Eigenschaft des Menschen neben anderen, sondern *das Wahrhafte des Menschen wie das Wahrhafte an und für sich*[264]. Im Begriff 'Geist', dem Zentralbegriff seiner Philosophie, hat Hegel sowohl die reflexionsphilosophischen Dualismen als auch die der Psychologie überwunden. Die von ihm apostrophierte „Idee des Menschen" wird insofern spekulativ fundiert, als 'Geist' für ihn nicht nur die Selbstgewißheit des Subjekts gegenüber dem Objekt bezeichnet, sondern sich als die prozeßhaft-dialektische Einheit des Subjektiven und des Objektiven, des Endlichen und des Unendlichen im geschichtlichen Prozeß offenbart.

---

[261] Vgl. ROTTECK/WELCKER Suppl. Bd. 1 (1846), 628, Art. Menschheit.
[262] HEGEL, Glauben und Wissen (1802), Werke (s. Anm. 181(, Bd. 2 (1970), 299.
[263] Ders., Enzyklopädie der philosophischen Wissenschaften (1817/30), ebd., Bd. 10 (1970), 25, § 381.
[264] Ebd., 9, § 377.

VII. 2. Hegel

Hegels Kritik des Standpunkts der bloßen Reflexion einer abstrakten Scheidung von 'Ding an sich' und 'Erscheinung' gelangt zum Konzept der Offenbarung in der Erscheinung, hebt im Begriff 'Geist' die traditionelle Unterscheidung von Gott und Mensch auf. Obwohl er an verschiedenen Stellen als 'Gott' auftaucht, ist Hegels Geistbegriff nicht identisch mit dem traditionellen theistischen Gottesbegriff. Er steht nicht für einen Gott, der gänzlich unabhängig von dem Menschen existieren könnte. Der Mensch weiß nur von *Gott, insofern er von sich selber weiß*. Dies Wissen Gottes vom Menschen ist das Wissen des Menschen von Gott. Das Verhältnis Gott-Mensch sei ein Verhältnis von Geist zu Geist, und die Vorstellung, die der Mensch von Gott hat, ist die, die er von sich selber hat. Zwar scheint jede Differenz zwischen Gott und Mensch eingeebnet, ist Gott nur insofern er sich selber weiß: *sein Sichwissen ist ferner sein Selbstbewußtsein im Menschen*, aber Hegel wahrt die Differenz, da er vom *Sichwissen des Menschen in Gott* und nicht als Gott spricht[265]. Hegels Interpretation der dialektischen Einheit von göttlicher und menschlicher Natur setzt die spekulativ gedeutete christliche Religion als absolute Religion voraus; indem er nämlich das Absolute als Geist denkt, arbeitet er heraus, daß Gott als das absolute Selbst Mensch geworden ist und sich im einzelnen Menschen offenbare. Allein die Integration dieses Konzepts in den Hegelschen Schöpfungsmythos trennt es noch von der späteren anthropozentrischen Wendung. Ausdrücklich weist er den Vorwurf zurück, daß in seiner Philosophie *das menschliche Individuum sich als Gott setze*, ohne jedoch eigentlich den Angriffen zu widersprechen, die sich gegen seinen Gedanken von der Identität des göttlichen und des menschlichen Geistes richten[266]. Durch seinen Geistbegriff, der untrennbar verbunden ist mit dem der 'Bildung', der 'Geschichte' und der 'Arbeit', versucht Hegel, die neuzeitliche Subjektivität aufzubrechen, da die Substanzialität und Allgemeinheit mit als Momente in die Subjektivität aufgenommen sind.

Hegels spekulative Bestimmung des Menschen verweist die bloße *Vorstellung, die man Mensch nennt*, in den Bereich der Bedürfnisse der bürgerlichen Gesellschaft. Von jener Vorstellung ist allein *auf dem Standpunkte der Bedürfnisse ... die Rede*. Es unterliegt — weit davon entfernt, die menschliche Gattungsvernunft zu repräsentieren — dem Mitgliede der bürgerlichen Gesellschaft, dem *Bürger (als Bourgeois)*[267]. Der Mensch ist als bloßer, d.h. natürlicher Mensch, Bedürfniswesen; und als Bedürfniswesen ist er Privatmensch. Der Bourgeois enthält den Menschen in sich; stehen sich doch, wie Hegel erkennt, 'Mensch' und 'Bürger' nicht mehr wie im 18. Jahrhundert gegenüber.

In der Positivierung der Menschenrechte in der Französischen Revolution, als dem Kern des Einbürgerungsprozesses der Freiheit in die politisch-soziale Welt, realisiert sich Hegel zufolge ein Rechtszustand, in dem *der Mensch gilt, ... weil er Mensch, und nicht weil er Jude, Katholik, Protestant, Deutscher, Italiener, usf. ist*[268]. Der Mensch, so betont Hegel nachdrücklich, das ist keine *flache, abstrakte Qualität*, sondern impliziert, *als rechtliche Person in der bürgerlichen Gesellschaft zu gelten*, Subjekt

---

[265] Ebd., 374, § 564.
[266] Ebd., Vorrede zur zweiten Ausgabe (1830), ebd., Bd. 8 (1970), 34.
[267] Ders., Grundlinien der Philosophie des Rechts (1818/21), ebd., Bd. 7 (1970), 348, § 190.
[268] Ebd., 360, § 209.

des „bürgerlichen" Rechts, des Privatrechts, nicht jedoch der vertrags- und politikkompetente Citoyen zu sein[269]. Hegel beschließt die eigentlich metaphysischen Versuche der Bestimmung des Menschen, die noch von etwas Unbedingtem ausgehen und nicht vom Standpunkt des bedingten endlichen Menschen.

3. Anthropozentrischer Neuansatz

Die traditionelle prinzipielle Voraussetzung des Begriffs 'Menschheit', der Gedanke des Transzendierens des Natürlichen, Nur-Mundanen als Wesensbestimmung des Menschen wird immer unglaubwürdiger. Der fruchtbare traditionelle Zusammenhang der Idee des Menschen mit der christlichen Idee vom Gottmenschen ist um 1840 in sein Endstadium getreten. Der Auflösungsprozeß beginnt in den Auseinandersetzungen um die Hegelsche Religionsphilosophie, in deren Verlauf der Menschheitsbegriff anthropozentrisch aufgelöst wird. Die Forderung, den Menschen als ein radikal auf sich selbst gestelltes und nur aus sich selbst zu verstehendes Wesen zu denken, formuliert FEUERBACH äußerst präzis: *Wo ... der Mensch den Grund seiner Humanität außer sich in einem, wenigstens seiner Vorstellung nach, nicht menschlichen Wesen, wo er also aus nicht menschlichen, aus religiösen Gründen menschlich ist, da ist er eben auch noch kein wahrhaft menschliches, humanes Wesen, ich bin nur dann Mensch, wenn ich aus mir selbst das Menschliche tue, wenn ich die Humanität als die notwendige Bestimmung meiner Natur, als die notwendige Folge meines eigenen Wesens kenne und ausübe*[270]. Die proklamierte Tendenz zielt auf den endlichen Menschen in seiner irdischen Bedingtheit. Der neuartige Begriff 'Menschheit' verzichtet in seiner radikalen Diesseitigkeit auf eine theologische oder im Sinne Hegels spekulative Fundierung und geht aus von der Identität des menschlichen Wesens mit sich selbst. Hier gründet die moderne Problematik der Humanität. Die anthropozentrische Auflösung des Menschheitsbegriffs ist der Bruch mit der gesamten religiös-theologischen, aber auch philosophischen Tradition.
Diese allgemeine Tendenz, die sich etwa in Feuerbachs Philosophie als eine Reduktion der Theologie auf die Anthropologie ausspricht, geht auf die Gewinnung der konkreten Wirklichkeit, des konkreten Menschen als der genuinen Basis der Philosophie aus. Feuerbach wendet sich entschieden gegen den idealistischen Standpunkt daß das eigentlich Wirkliche die Vernunft sei. Dem setzt er *die Totalität des wirklichen Menschenwesens* gegenüber. Dies wird zum Grundprinzip der Philosophie, wie Feuerbach sie entwirft. *Die neue Philosophie hat ... zu ihrem Erkenntnisprinzip ... nicht eine wesen-, farb- und namenlose Vernunft, sondern ... das wirkliche und ganze Wesen ... des Menschen*[271]. Schließlich kann Feuerbach in gewollter Einseitigkeit sagen: *Die Sinnlichkeit ist das Wesen des Menschen*. Näherhin betont Feuerbach, *das Wesen des Menschen* seien *die Vernunft, der Wille, das Herz*[272]. Die Bestimmung des Menschen orientiert sich, so inhaltsarm er sich auch äußert, am klassisch-idealistischen Ideal des allseitigen Menschen. Das menschliche Wesen ist im Unter-

---

[269] Ebd., 421, § 270, Anm.
[270] LUDWIG FEUERBACH, Das Wesen des Christentums (1841), SW hg. v. Wilhelm Bolin u. Friedrich Jodl, Bd. 6 (Stuttgart 1903), 326.
[271] Ders., Grundsätze der Philosophie der Zukunft (1843), ebd., Bd. 2 (1904), 313f.
[272] Ebd., 350.

VII. 3. Anthropozentrischer Neuansatz — Menschheit

schied zum Tier kein eingeschränktes, in Instinkten eingebundenes Wesen, *sondern ein universelles ... uneingeschränktes freies Wesen*. Der Mensch, das bedeutet den unbeschränkten, unendlichen, wahren, vollständigen, göttlichen, freilich gottlosen Menschen. Dieser rein mundane Mensch wird bestimmt als *vollständiger Mensch*.
Im mundanen Begriff 'Menschheit' sind alle theologischen Gehalte in der Natur des Menschen aufgehoben. Das Göttliche ist also nur das Menschliche, wie es in der Religion an den Himmel projiziert wird. Die der göttlichen Existenz zugeordneten Prädikate erhalten durch Feuerbach nunmehr den Charakter menschlicher Prädikate und werden als Wesensaussagen über den Menschen nicht zurückgenommen. *Das göttliche Wesen ist nichts anderes als das menschliche Wesen oder besser: das Wesen des Menschen abgesondert von den Schranken des individuellen, d. h. wirklichen, leiblichen Menschen, vergegenständlicht, d. h. angeschaut und verehrt als anderes, von ihm unterschiedenes eigenes Wesen — alle Bestimmungen des göttlichen Wesens sind darum Bestimmungen des menschlichen Wesens*[273].
Immer wieder formuliert Feuerbach, daß die Projektion des menschlichen Wesens als Gott die Entzweiung des Menschen mit sich selbst zur Folge hat, *daß der Gegensatz des Göttlichen und Menschlichen ein illusorischer, d. h. daß er nichts anderes ist als der Gegensatz zwischen dem menschlichen Wesen und dem menschlichen Individuum*[274]. Diese Selbstentfremdung ist von Feuerbach an ein großes Thema im 19. Jahrhundert. Andererseits läßt sich die Religion als Selbstentfremdung nicht schlichtweg anthropozentrisch reduzieren, denn für BAUER etwa verleugnet und vernichtet die Religion die wahre Menschlichkeit nicht bloß durch die Projektion des Menschlichen in ein jenseitiges Göttliches, sondern vielmehr durch die Produktion von unmenschlichen Zügen in ihrem Gottesbild[275]. Bauer anerkennt Gott nicht mehr als das „menschliche Wesen", sondern entlarvt ihn als „unmenschliches". Bauer hält die Produktion Gottes durch das menschliche Selbstbewußtsein also nicht für die erste Stufe auf dem Wege des Menschen zu sich selbst. Trotzdem sei die religiöse Phase für den Menschen nicht überflüssig gewesen, denn *um wahrhafter Mensch zu werden, ... müßte er erst den Unmenschen überwinden, also erst kennenlernen: in der Religion ist er selber Unmensch geworden und hat er die Unmenschlichkeit als sein Wesen verehrt*[276].
Die nachhegelsche anthropozentrische Wendung umspannt gleichermaßen den Unterschied zwischen dem Ausgang von einzelnen Menschen und dem Ansatz der Menschengattung. So identifiziert etwa STRAUSS an entscheidender Stelle 'Idee der Gattung' mit 'Menschheit': *In einem Individuum, einem Gottmenschen gedacht, widersprechen sich die Eigenschaften und Funktionen, welche die Kirchenlehre Christo zuschreibt: in der Idee der Gattung stimmen sie zusammen. Die Menschheit ist die Ver-*

---

[273] Ders., Das Wesen des Christentums, 3. 13; ders., Grundsätze der Philosophie, 316; ders., Das Wesen des Christentums in Beziehung auf den „Einzigen und sein Eigentum" (1845), SW Bd. 7 (1903), 305.
[274] Ders., Das Wesen des Christentums, 17.
[275] Vgl. die Belege bei LOTHAR KOCH, Humanistischer Atheismus und gesellschaftliches Engagement. Bruno Bauers „kritische Kritik" (Stuttgart 1971).
[276] BRUNO BAUER, Das entdeckte Christentum. Eine Erinnerung an das 18. Jahrhundert und ein Beitrag zur Krisis des 19. (1843), in: ERNST BARNIKOL, Das entdeckte Christentum im Vormärz (Kiel 1927), 139.

einigung der beiden Naturen ... der seiner Unendlichkeit sich erinnernde Geist. Strauß' Übertragung der christologischen Prädikate auf 'Menschheit' impliziert die Überführung der Theologie in Anthropologie. Die Menschheit tritt an die Stelle Gottes, und *durch die Belebung der Idee der Menschheit in sich, namentlich nach dem Momente der Natürlichkeit*, findet das individuelle menschliche Leben seine absolute Rechtfertigung[277]. Manifester als bei Strauß tritt etwa gleichzeitig bei FEUERBACH der Begriff 'Mensch' an die Stelle des Gottesbegriffs. *Der Begriff der Gottheit fällt mit dem Begriff der Menschheit in eins zusammen. Alle göttlichen Bestimmungen, alle Bestimmungen, die Gott zu Gott machen, sind Gattungsbestimmungen — Bestimmungen, die in dem einzelnen, dem Individuum beschränkt sind, aber deren Schranken in dem Wesen der Gattung und selbst in ihrer Existenz — inwiefern sie nur in allen Menschen zusammengenommen ihre entsprechende Existenz hat — aufgehoben sind*[278].

Das, was „den" Menschen im Menschen ausmache, sei nicht das Individuelle, sondern das Gattungsmäßige. Dieses sei das „Wesen" des Menschen. In der Gattung ist für Feuerbach die Einheit von Begriff und Existenz des Menschen vorhanden. Insofern trägt der Gattungsbegriff — einmal abgesehen von seiner Bedeutung als Sozialität — transzendentale Züge. In seinem System hat 'Gattung' den gleichen Stellenwert und die gleiche Funktion wie bei RUGE die Idee des *wahren Menschen* bzw. der *wahren Menschheit*[279]. Die transzendentale Struktur der linkshegelianischen Argumentation bleibt auch bei Bauer erhalten: er reproduziert den Feuerbachschen Unterschied von Gattungseigenschaft und individueller Besonderheit innerhalb seiner Kategorie 'Selbstbewußtsein'.

Die Abwendung vom Christentum — die mundane Bestimmung des Menschen — wird nicht als Konsequenz einer subjektiven Entscheidung, sondern als die eines objektiven geschichtlichen Gefälles verstanden, in dem sich die Substanz des Christentums bereits faktisch aufgelöst hat. Die anthropozentrische Aufhebung der christlichen Fremdbestimmung des Menschen bedingt die Freisetzung des Menschen zur Gestaltung der Gegenwart und der Zukunft im wahren Geiste der Zeit. Die anthropozentrische Auflösung der Hegelschen Philosophie bedingt die Forderung des Vollbringens: *Die alte Philosophie hat eine doppelte Wahrheit — die Wahrheit für sich selbst, die sich nicht um den Menschen bekümmerte — die Philosophie — und die Wahrheit für den Menschen — die Religion. Die neue Philosophie dagegen, als die Philosophie des Menschen, ist auch wesentlich Philosophie für den Menschen — sie hat ... wesentlich eine praktische und zwar im höchsten Sinne praktische Tendenz*[280].

Ohne FEUERBACHS Negation des Christentums ist die politisch-soziale Bewegung und Publizistik des Vormärz — gerade auch in ihren Kontroversen — kaum zu verstehen. Aber wie die Ansätze einer praktischen Philosophie im Gefolge der anthropozentrischen Reduktion Gottes, bleiben auch die politischen Forderungen — sie reichen bis an radikaldemokratische Positionen heran — durchaus heterogen. Das entscheidend Neue liegt in der ideologischen Überhöhung der politischen Postulate

---

[277] DAVID FRIEDRICH STRAUSS, Das Leben Jesu, kritisch bearbeitet, Bd. 2 (Tübingen 1836), 735.
[278] FEUERBACH, Das Wesen des Christentums, 183 f.
[279] ARNOLD RUGE, Der Patriotismus (1843/45), SW 3. Aufl., Bd. 6 (Leipzig 1850), 354. 358.
[280] FEUERBACH, Grundsätze der Philosophie, 319 f.

in der Verknüpfung mit dem Bewußtsein der Göttlichkeit des Menschen. Sie kämpfen nun *nicht für die Menschenrechte des Volks, sondern für die Gottesrechte des Menschen*[281].

4. Marx und Engels: 'menschliches Wesen'

Marx und Engels nehmen in ihren Anfängen bewußt die anthropozentrische, antimetaphysische Konzeptualisierung des Begriffs 'Menschheit' — auch im Sinne einer gegebenen und aufgegebenen Wesensbestimmung des Menschen — auf und setzen sie als gültig voraus. Gegen die idealistische Konzeption des Menschen als Selbstbewußtsein bestimmt MARX den Begriff 'Mensch' durch die Einbeziehung deskriptiver Beziehungen (über die normative und emphatische Begrifflichkeit Feuerbachs hinausgehend) als *Naturwesen, ... als mit natürlichen Kräften* und *Trieben, ...Anlagen und Fähigkeiten* ausgestattetes Wesen, also in seiner Natürlichkeit und Naturverbundenheit, jedoch in der Weise, daß er sich der Natur gegenüber zugleich als eine eigene Macht verhält[282]. *Aber der Mensch ist nicht nur Naturwesen, sondern er ist menschliches Naturwesen*, d. h. vor allem, der Mensch ist nicht unmittelbar Naturwesen. *Weder die Natur — objektiv — noch die Natur subjektiv ist unmittelbar dem menschlichen Wesen adäquat vorhanden. Diese Übereinstimmung herzustellen, ist Sache der Geschichte als der Naturgeschichte des Menschen*[283]. Selbst die Bildung der menschlichen Sinne ist, wie Marx erläutert, eine Leistung der gesamten bisherigen Weltgeschichte[284].

Der Mensch ist nicht einfach in die Natur integriert, sondern von ihr abgesetzt. Der Mensch unterscheidet sich vom Tier vor allem durch seine zweckgerichtete Tätigkeit, *die freie bewußte Tätigkeit ist der Gattungscharakter des Menschen*. Die menschliche Tätigkeit bildet das wahre, historische Verhältnis des Menschen zur Natur; sie bewährt sich im *praktischen Erzeugen einer gegenständlichen Welt*. Anders als das Tier produziert der Mensch *universell* und *frei vom physischen Bedürfnis nach den Gesetzen der Schönheit*[285]. Der Mensch reproduziert nicht nur sich selbst, sondern die ganze Natur. Das grundlegende Spezifikum des Menschen erläutert Marx als Universalität und als deren Bedingung die praktische Aktivität, mit der der Mensch die Natur vermenschlicht und sich selbst humanisiert. *Der Mensch eignet sich sein allseitiges Wesen auf eine allseitige Art an, also als ein totaler Mensch. Der reiche Mensch ist der einer Totalität der menschlichen Lebensäußerung bedürftige Mensch*[286].

---

[281] HEINE, Zur Geschichte der Religion und Philosophie in Deutschland (1834), Werke u. Br., Bd. 5 (1961), 234.
[282] MARX, Ökonomisch-philosophische Manuskripte (1844), MEW Erg. Bd. 1 (1968), 578; grundlegend GYÖRGY MARKUS, Der Begriff des 'menschlichen Wesens' in der Philosophie des jungen Marx, Annali 7 (1964/85), 156 ff.; LUCIEN SÈVE, Marxismus und Theorie der Persönlichkeit (Frankfurt 1973), 61 ff.
[283] MARX, Ökon.-philos. Manuskripte, 579.
[284] Vgl. ebd., 541 f.
[285] Ebd., 515 ff.
[286] Ebd., 539. 544.

Vor allem ist der Mensch ein Gattungswesen, d. h. ein gesellschaftliches und Gemeinwesen. Marx hat über Feuerbach hinaus den Gattungsbegriff von Anfang an wesentlich soziologisch ausgelegt. *Die Einheit der Menschen mit den Menschen, die auf dem realen Unterschied der Menschen begründet ist, der Begriff der Menschengattung ... was ist er anders als der Begriff der Gesellschaft!*[287] Die gesellschaftlich-geschichtlichen Bedingungen bilden die wahren, inneren Bedingungen der konkreten Individualität: *Der Mensch, das ist kein abstraktes, außer der Welt hockendes Wesen. Der Mensch, das ist die Welt des Menschen, Staat, Sozietät*[288]. Hier liegen Ansätze für die spätere Umformung des Begriffs des 'menschlichen Wesens'. Schließlich denkt Marx den Menschen wesentlich als geschichtliches Wesen. Die Arbeit, die Vergegenständlichung des menschlichen Wesens, begründet überhaupt die Geschichte. Erst und nur in der Arbeit wird der Mensch als geschichtlicher wirklich, d. h. die Arbeit erscheint anthropologisch-soziologisch definiert als der Prozeß der Selbsterzeugung und Selbstschaffung des Menschen. Die Geschichte ist *Erzeugung des Menschen durch die menschliche Arbeit*[289]. *Die Geschichte der Industrie ist das aufgeschlagene Buch der menschlichen Wesenskräfte*. Die universale anthropozentrische Sinnbestimmung des geschichtlichen Prozesses wird ausgelegt — freilich durch die Negativität der Entfremdung hindurch — als das zielstrebige Werden des Menschen im ganzen Reichtum seines Wesens, *des reichen all- und tiefsinnigen Menschen*. Die geschichtsanthropozentrische Konstruktion führt zu einem *Kommunismus*, der sich als *das aufgelöste Rätsel der Geschichte* begreifen kann, indem er, das Privateigentum positiv aufhebend, *innerhalb des ganzen Reichtums der bisherigen Entwicklung ... die Rückkehr des Menschen für sich als eines gesellschaftlichen, d. h. menschlichen Menschen* vollzieht, Vergegenständlichung und Selbstbetätigung ebenso versöhnt wie Individuum und Gattung, Freiheit und Notwendigkeit[290].

In der ethisch-praktischen Konzeption des „menschlichen Wesens" ist ein normativ-realitätskritischer und zum anderen ein zukunftsbezogener Aspekt mitgesetzt. Radikal konfrontiert Marx die positiven Bestimmungen des 'menschlichen Wesens' mit dem mehrschichtigen Komplex von Entfremdungsverhältnissen, als deren Zentrum er die entfremdete Arbeit herausstellt. Marx erläutert in seiner kenntnisreichen Kritik der Folgen der staatsbürgerlichen Emanzipation seit 1789 — im Rekurs auf Rousseaus Unterscheidung zwischen 'homme' und 'citoyen' einerseits und Hegels Gleichsetzung von 'bourgeois' und 'Mensch' andererseits — die Differenz von 'bourgeois' und 'citoyen' als die des 'homme' mit sich selbst. Die Emanzipation des Staatsbürgers ist Marx zufolge keine Emanzipation des Menschen, des homme im Sinne Rousseaus, sondern die des Menschen als des sich in einer partikularen, bestimmten gesellschaftlichen Lebenssituation befindlichen Individuums. Auch die Menschenrechte erweisen sich insofern als Attribute des bourgeois. Marx will deshalb die *politische* in der *menschlichen Emanzipation* aufheben, in der der Mensch sein *Gattungswesen* realisiert. *Erst wenn der wirkliche individuelle Mensch den abstrakten*

---

[287] Ders. an Feuerbach, 11. 8. 1844, MEW Bd. 27 (1963), 425.
[288] Ders., Zur Kritik der Hegelschen Rechtsphilosophie. Einleitung (1844), MEW Bd. 1 (1956), 378.
[289] Ders., Ökon.-philos. Manuskripte, 546.
[290] Ebd., 542. 536.

Staatsbürger in sich zurücknimmt, ... erst dann ist die menschliche Emanzipation vollbracht[291]. Konkret ist die menschliche Emanzipation in ihrer Form eine soziale Revolution, ihrem Inhalt und ihren aktiven Trägern nach die Revolution des Proletariats, das den Menschen gleichsam repräsentiert[292]. Das Proletariat sei eine im Prozeß der bürgerlichen Gesellschaft entstandene Klasse mit *radikalen Ketten*, eine Klasse, die *kein besonderes Recht* mehr beanspruchen, sondern *nur noch auf den menschlichen Titel provozieren* könne. Als Klasse mit universellen Leiden bilde es keinen eigentlichen Stand, sondern vielmehr *die Auflösung aller Stände*, bilde es jene *Sphäre, ... welche sich nicht emanzipieren kann, ohne sich von allen übrigen Sphären der Gesellschaft und damit alle übrigen Sphären der Gesellschaft zu emanzipieren ... der völlige Verlust des Menschen* führe zur *völligen Wiedergewinnung des Menschen*[293].

In ihrer Auseinandersetzung mit den Junghegelianern (1845/46), in der Marx und Engels weniger den Allgemeinbegriff 'Mensch' neu zu fassen als vielmehr — im Festhalten an ihren emanzipatorischen programmatischen Desideraten — das Menschliche als das Gesellschaftliche in seiner wandelbaren, geschichtlichen Besonderheit zu fassen suchen, transformiert sich der Begriff des 'menschlichen Wesens'. *Das menschliche Wesen ist kein dem einzelnen Individuum innewohnendes Abstraktum. In seiner Wirklichkeit ist es das ensemble der gesellschaftlichen Verhältnisse*[294]. In äußerster Verknappung heißt es, *das Sein der Menschen ist ihr wirklicher Lebensprozeß*[295]. Damit wird die Rede von „dem" Menschen obsolet, statt dessen ist zu sprechen von dem *wirklich existierenden, tätigen Menschen*. Der inhärente Schritt zur materialistischen Geschichtsauffassung macht das Begriffspaar des normativ verstandenen menschlichen Wesens und seiner entfremdeten Wirklichkeit, die Ableitung der *Verhältnisse der Menschen aus dem Begriff ... dem Wesen des Menschen* hinfällig[296]. Der Begriff des 'Menschlichen', der 'menschlichen Natur', hört auf als Normbegriff, als Inbegriff einer ideal-essentiellen Bestimmung zu gelten. Entsprechend umfaßt der Allgemeinbegriff des 'Menschlichen' in gleicher Weise das 'Humane' wie das 'Inhumane'[297]. Das menschliche Wesen erscheint als konkretes historisch-soziales Produkt, als durch den erreichten Entwicklungsstand der Gesellschaft wesentlich determiniert. Die Menschennatur erscheint als eine geschichtliche Ausformung mit einem inhaltlich nur minimal bestimmten Komplex an Naturkonstanz. Marx hat für diesen gesellschaftlich-geschichtlichen Tatbestand den Doppelbegriff der *menschlichen Natur im allgemeinen* und *der in jeder Epoche historisch modifizierten Menschennatur* gesetzt[298]. Man muß Marx zufolge den Inbegriff des Menschlichen immer in seiner historischen Konkretion sehen; man darf also nicht — wie Marx es Feuerbach vorwirft — vom geschichtlichen Verlauf abstrahieren:

---

[291] Ders., Zur Judenfrage (1844), MEW Bd. 1, 370.
[292] Ebd., 388; vgl. aber IVAN DUBSKY, Zur Frage des Wesens des Menschen bei Feuerbach und Marx, Annali 7 (1964/65), 149ff.
[293] MARX, Zur Kritik der Hegelschen Rechtsphilos., 390.
[294] Ders., Thesen über Feuerbach (1845), MEW Bd. 3 (1958), 6.
[295] Ders./ENGELS, Die deutsche Ideologie (1845/46), ebd., 26; vgl. ebd., 38.
[296] Ebd., 26. 44.
[297] Ebd., 271.
[298] MARX, Das Kapital, Bd. 1 (1867), MEW Bd. 23 (1952), 637, Anm.

Feuerbach sieht nicht, daß das abstrakte Individuum, das er analysiert, *einer bestimmten Gesellschaftsform angehört*[299], und zwar der bürgerlichen Gesellschaft. Eine anthropologische Orientierung ohne Geschichtlichkeit führt notwendig zur Mystifikation, wie etwa Benthams Unterstellung des Bourgeois als des *Normalmenschen*[300]. In der Überwindung des normativen Begriffs des 'menschlichen Wesens' löst sich der ganzheitliche Begriff 'Geschichte' und jener der geschichtlichen 'Bestimmung des Menschen' in einen durchaus kontingenten Prozeß auf. In der widersprüchlichen Art sich selbst objektivierend, erzeugen die Menschen durch ihre Geschichte erst die Basis für die — philosophisch gesprochen — Einheit ihrer Existenz mit ihrem Wesen.

5. Nietzsche: 'Menschheit' und 'Übermensch'

NIETZSCHES Begriff 'Menschheit' reflektiert die antimetaphysische, anthropozentrische Wendung wie den ökonomischen, technischen und verkehrstechnischen Prozeß der Globalisierung. Die Bestimmung des Menschen als rein mundanes, sich selbst bedingendes Wesen ist unmittelbar verknüpft mit der Reflexion auf die sich konstituierende Gesamtmenschheit als historisches Subjekt. Nicht nur, daß der Glaube an die *göttliche Abkunft* des Menschen ein *verbotener Weg* geworden ist[301], Nietzsche beansprucht, die menschliche Gottbildung durch die Gottwerdung des Menschen vorzubereiten. Seine Destruktion der überkommenen christlichen Daseinsauslegung ist von Anfang an auf die Wiedergewinnung des Menschen gerichtet. Er überwindet die geschöpfliche Selbstentzogenheit des Menschen, allerdings mit dem Resultat, daß die negierte Kluft Gott-Mensch im Menschen selbst wieder auftaucht.

Die mundane Bestimmung des Menschen bedeutet die Aufhebung der traditionellen Stellung des Menschen zwischen Gott und Tier. Wenn Nietzsche die „Bestialität" des Menschen behauptet, kämpft er gegen die metaphysische Formel „animal rationale" und gegen die theologische Formel vom „Ebenbild Gottes". *Wir haben umgelernt. Wir sind in allen Stücken bescheidener geworden. Wir leiten den Menschen nicht mehr vom „Geist", von der „Gottheit" ab, wir haben ihn unter die Tiere zurückgestellt*[302]. *Der Mensch, das ist das krankhafteste ... auch das interessanteste Tier*. Gleichwohl negiert Nietzsche die Unterschiede zwischen Mensch und Tier nicht, die vor allem auch als geschichtlicher Prozeß interpretiert werden. Mit der anthropozentrischen konvergiert bei Nietzsche die radikal antiteleologische Bestimmung des Menschen. *Wir haben das ganze Pathos der Menschheit gegen uns gehabt — ihren Begriff von dem, was Wahrheit sein soll, ... jedes „du sollst" war bisher gegen uns gerichtet*[303]. Im Rätselhaften und Widerspruchsvollen des moralischen, d. h. des religiös-metaphysisch, also heteronom und teleologisch bestimmten Menschen bereits verbirgt sich etwas *Zukunftsvolles*. *Es ist, als ob mit ihm sich etwas an-*

---

[299] Ders., Thesen über Feuerbach, 7.
[300] Ders., Kapital, Bd. 1, 637, Anm.
[301] NIETZSCHE, Morgenröte, Gedanken über die moralischen Vorurteile (1881), Werke, Bd. 1 (1954), 1045f.
[302] Ders., Der Antichrist. Fluch auf das Christentum (1888), ebd., Bd. 2 (1954), 1174.
[303] Ebd., 1173.

kündige, etwas vorbereite, nämlich, *daß der Mensch kein Ziel, sondern nur ein Weg, ein Zwischenfall, eine Brücke, ein großes Versprechen sei*[304]. Die Kritik des teleologischen Begriffsgefüges[305] ist Voraussetzung des von ihm angestrebten, aus der alten Verengung befreienden, neuen Umschreibung des Grundverhältnisses von Mensch und Welt. In der Auflösung der teleologischen Interpretation des Menschen, als deren zeitgenössische Manifestationen er unterschiedslos das Christentum, den Liberalismus und den Sozialismus betrachtet, sucht Nietzsche ein Ethos radikaler und umfassender menschlicher Selbstgesetzgebung zu konzeptualisieren, um die produktive Gestaltung einer Zukunft des Menschen freizusetzen, so daß Mannigfaltigkeit, Werden und Offenheit für die immanente Sinngebung grundsätzlich gewährleistet sind.

In den bisher vorherrschenden metaphysischen und teleologischen anthropologischen Positionen sieht Nietzsche den Irrtum der Philosophen, denen *„der Mensch" als eine aeterna veritas, als ein Gleichbleibendes in allem Strudel, als ein sicheres Maß der Dinge* vorschwebe. *Alles, was der Philosoph über den Menschen aussagt, ist aber im Grunde nicht mehr als ein Zeugnis über den Menschen eines sehr beschränkten Zeitraumes*[306]. „Der Mensch" ist kein übergeschichtliches Wesen, sondern erzeugt sich in einer langen, notwendigen Geschichte von Irrtümern, so daß seine in die Geschichte fallende Selbsterzeugung sich zugleich als Erzeugtwerden durch die von ihm begangenen Irrtümer erweist[307]. Diese Wesensauslegung des Menschen eröffnet, nicht zuletzt in der Reflexion der Dynamisierung und Horizonterweiterung des geschichtlichen Prozesses, einen unabsehbaren Horizont für die menschliche Selbstgestaltung.

In Nietzsches mundaner Konzeptualisierung des Menschen sowie in der reflektierten faktischen, weltumspannenden Erweiterung des menschlichen Spielraumes gründet, nach dem Wegfall aller Verbindlichkeit, die Aufforderung zur absoluten, uneingeschränkt autonomen Praxis. *In Hinsicht auf die Zukunft erschließt sich uns zum ersten Male in der Geschichte der ungeheure Weitblick menschlich-ökumenischer, die ganze bewohnte Erde umspannender Ziele. Zugleich fühlen wir uns der Kräfte bewußt, diese neue Aufgabe ohne Anmaßung selber in die Hand nehmen zu dürfen, ohne übernatürlicher Beistände zu bedürfen; ... jedenfalls gibt es niemanden, dem wir Rechenschaft schuldeten als uns selbst. Die Menschheit kann von nun an durchaus mit sich anfangen, was sie will*[308]. Die Forderung der uneingeschränkten Planung der Zukunft der Menschheit als der Folgerung aus der durch die Aufklärung bewirkten Skepsis gegenüber einem Gott als Herrn der Geschichte legitimiert die absolute Praxis. Das Absolute, als Vorstellung eines Allmächtigen eliminiert, kehrt in den Menschen als Totalität der weltverändernden, technischen Praxis wieder[309].

---

[304] Ders., Zur Genealogie der Moral. Eine Streitschrift (1887), ebd., 826; vgl. ders., Also sprach Zarathustra. Ein Buch für alle und keinen (1885), ebd., 281. 445.
[305] Vgl. ders., Morgenröte, 1080f.
[306] Ders., Menschliches, Allzumenschliches. Ein Buch für freie Geister (1886), Werke, Bd. 1, 448; vgl. ebd., 581.
[307] Ders., Die fröhliche Wissenschaft. „La gaya scienza" (1882/87), ebd., Bd. 2, 121.
[308] Ders., Menschliches Allzumenschliches, 807f.
[309] Vgl. ebd., 465f.

Nietzsches Bestimmung des Menschen, die im „Tod Gottes" gründet, postuliert die Überwindung des bisherigen, christlichen Menschen. Beides, der „Tod Gottes" und die „Überwindung des Menschen", sind die Bedingungen der Genese des „Übermenschen": *Nun erst kreißt der Berg der Menschen-Zukunft. Gott starb: nun wollen wir — daß der Übermensch lebe*[310]. Im Aufrichten des Bildes des Übermenschen zieht er die Folgerungen einer rein mundanen Existenz des Menschen. 'Übermensch', die abstrakte Negation des Menschen, ist sein *Begriff*, sein *Gleichnis* für 'höhere Gattung'[311]. 'Übermensch' ist die anthropologische Kategorie der reinen Selbstgestaltungskraft im Erwartungshorizont der auf sich selbst verwiesenen Menschheit. Er ist nicht nur Sinn des menschlichen Seins, sondern der Sinn des Seins, *Sinn der Erde*, Verklärer des Daseins[312]. Der Übermensch ist der Mensch der Zukunft, *ein höherer Typus, ... eine stärkere Art* gegenüber dem gegenwärtigen *Durchschnitts-Menschen*[313].

Nicht „Menschheit", sondern Übermensch ist das Ziel[314]. Dabei stellt der Wortlaut einmal „den Menschen" als Gattung und zum anderen „die Menschheit" als die Summe aller einzelnen in einen ausschließenden Gegensatz zum Übermenschen. Andererseits jedoch weitet sich bei Nietzsche die Differenz zwischen der Gattung und dem Individuum zur unüberbrückbaren Kluft zwischen den „vielen" und den wenigen „großen" Menschen aus. Nietzsche denkt den unbedingten Vorrang weniger einzelner vor der als „Masse" aufgefaßten Menschheit. An die Stelle der Evolution der Menschheit setzt er die wenigen *höchsten Exemplare*, während *die Massen* ihm bestenfalls als *Werkzeug der großen Männer* dienen[315]. *Ziel ist ihm der Mensch: nicht die Menschheit! Die Menschheit ist viel eher noch ein Mittel, als ein Ziel. Es handelt sich um den Typus: die Menschheit ist bloß das Versuchsmaterial, der ungeheure Überschuß des Mißratenen: ein Trümmerfeld*[316].

6. Der Kollektivbegriff 'Menschheit'

Im Kollektivbegriff 'Menschheit' wird sowohl die das politische Denken seit 1800 zunehmend prägende nationale Orientierung als auch der ökonomische, technische, kommunikationstechnische und verkehrstechnische Prozeß der Globalisierung, wenngleich vorerst noch unter dem europazentrischen Aspekt, reflektiert[317]. In Fortsetzung der noch wirksamen alteuropäischen Tradition sind die im Begriff 'Menschheit' kondensierten Einheitsvorstellungen von dem Konzept einer gegliederten Staatsgesellschaft geprägt. Die Spannweite dieser Konzeption reicht vom

---

[310] Ders., Also sprach Zarathustra, 523; zum Begriff 'Übermensch' vgl. Der Übermensch. Eine Diskussion, hg. v. ERNST BENZ (Stuttgart 1961).
[311] NIETZSCHE, Aus dem Nachlaß der achtziger Jahre, Werke, Bd. 3 (1954), 628.
[312] Ders., Also sprach Zarathustra, 280.
[313] Ders., Aus dem Nachlaß der achtziger Jahre, 628.
[314] Ebd., 440.
[315] Ders., Unzeitgemäße Betrachtungen, 2. Stück: Vom Nutzen und Nachteil der Historie für das Leben (1874), ebd., Bd. 1, 270. 273.
[316] Ders., Aus dem Nachlaß der achtziger Jahre, 793.
[317] Vgl. HEINZ GOLLWITZER, Geschichte des weltpolitischen Denkens, Bd. 1: Vom Zeitalter der Entdeckungen bis zum des Imperialismus (Göttingen 1972), 313ff.

Modell der gleichberechtigten Mitglieder der Staatengesellschaft, über organische bis hin zu entwicklungsgeschichtlichen Konzeptualisierungen. Dieses Konzept der Einheit in der Vielfalt ist im Prozeß der Nationalisierung wie der späteren Naturalisierung politischen Denkens und Handelns ständig gefährdet, umzuschlagen in eine Hierarchisierung der Völker und der daraus resultierenden Entwicklung eines menschheitlichen Sendungsbewußtseins.

Diesem gegliederten Kollektivbegriff, der wesentlich durch Zwischen- und Überstaatlichkeit geprägt ist, steht zunehmend ein Kollektivbegriff 'Menschheit' gegenüber, der die horizontale Gliederung der menschlichen Gattung gegenüber der vertikalen nationalstaatlichen und sozialen Gliederung betont, theoretisch die Grenzen der einzelnen Staaten aufhebt, wie er die Geschlossenheit der bestehenden Staaten durchbricht. Das marxistische Einheitskonzept, das den übernationalen Menschheitsbegriff nur in der absoluten Einheit der Klasse verwirklicht sieht, wird, nicht immer konsequent, in bewußter Distanzierung zu den gegliederten nicht sozialistischen Einheitsvorstellungen im Begriff 'Internationalismus' formuliert[318].

7. 'Humanismus'

Der Neologismus 'Humanismus' entsteht um 1800. Er begegnet zum ersten Male in ABEGGS Reisetagebuch als unspezifische Bezeichnung menschlichen Verhaltens[319]. Im Kontext der Auflösung der überlieferten Ordnung und ihrem Korrelat, der Erziehung zum persönlichen Stand sowie der Kritik der Aufklärung und der Reformbestrebungen des frühen 19. Jahrhunderts, prägt NIETHAMMER 1808 den Begriff traditionsbildend für das pädagogische System, das alle Bildung auf dem Erlernen der alten Sprachen aufbaut, und spielt es gegen den 'Philantropinismus' aus. Die Bezeichnungen 'Philantropinismus' und 'Humanismus' scheinen ihm am geeignetsten, *den Gegensatz des modernen und älteren Unterrichtssystems überhaupt* zu verdeutlichen. Dabei ist festzuhalten, daß der Begriff 'Humanismus' bei Niethammer nicht allein die Verteidigung der 'Humaniora' der Gelehrtenschule umfaßt, sondern als ein Grundprinzip der gesamten Erziehung verstanden werden muß, insofern sie sich zum Ziele gesetzt hat, die Menschenbildung gegen alle unangemessenen Verkürzungen in Schutz zu nehmen, und zwar sowohl der gelehrten als auch der beruflichen Bildung. Den vordergründigen Lösungsversuch, *daß man dem Humanismus die Gelehrten, dem Philantropinismus die Gewerbsleute zuweise, indem jenen das geistige Gebiet der Innenwelt zur Kontemplation, diesen hingegen das materielle Gebiet der Außenwelt zur Praxis ohnehin angehöre*, lehnt Niethammer ab, geht es ihm doch gerade um die Überwindung der entfremdenden Konsequenzen infolge Arbeitsteilung durch das Konzept des Humanismus, durch Menschenbildung, als dessen Träger er die Gebildeten weiß[320]. Auf der lexikalischen Ebene wird der pädagogische

---

[318] → International.
[319] JOHANN FRIEDRICH ABEGG, Reisetagebuch von 1798, hg. v. Walter Abegg, Jolanda Abegg, Zwi Batscha (Frankfurt 1976), 236.
[320] NIETHAMMER, Streit (s. Anm. 189), 7. 126.

Begriff bereits 1814 notiert³²¹. Die ursprünglich bei Niethammer noch durchaus vorhandene soziale Offenheit über die Schicht der Gebildeten hinaus wird in der anhebenden Restaurationsperiode schnell eingeholt. Durch ihre Gesellschaftsanalyse betonen die Vertreter des verengten Humanismus ihr eigenes Abrücken von der deutschen Mittelklasse. Ihr Bildungsideal dient zwar bürgerlichen Zielen, indem es der Mittelklasse ermöglicht, eine gewisse Gleichstellung mit dem Adel zu erreichen, aber zugleich ist es in seinen Auswirkungen zutiefst antibürgerlich. Realgeschichtlich entspricht dem die Entwicklung des „humanistischen Gymnasiums" zur politischen und institutionellen Basis des vormärzlichen Beamtenstaates sowie die Zugehörigkeit der Beamten zur herrschenden Elite. Die verabsolutierte *klassisch-humane Vorbildung* wird als notwendige Bedingung *einer höheren Berufstätigkeit* tradiert³²². Humanismus degeneriert zur Honoratiorenbildung, die soziale und politische Mobilität zusehends unterbindet. Man zögert nicht, die klassische Bildung mit der Kultur schlechthin gleichzusetzen und jeden Angriff auf sie als ein Zeichen des kommenden Triumphes von Barbarei und Materialismus verächtlich zu machen. Zusehends gerinnt der „gymnasialpädagogische Humanismus" zur sozial und politisch konservativen Bewegung. Immanente Kritik richtet sich gegen ein Abgleiten in die Gleichsetzung von 'Philologie' und 'Humanismus'. Kritiker konstatieren die Kluft zwischen dem Anspruch auf humanistische, d. h. allgemeine, und der Praxis philologischer Bildung für Gelehrte, Beamte und Geistliche³²³.

Der Gegensatz von 'Humanismus' und 'Realismus', der über den rein pädagogischen Bereich weit hinausgreift, gründet in den Überlappungen von moderner und vormoderner Gesellschaft. MAGER bringt die sozialpolitischen Folgelasten des „gymnasialpädagogischen Humanismus" auf den Begriff: *Die fixe Idee des Humanismus ist aber, daß das Reale hüben und das Ideale drüben ist, so macht er die schlechte Abstraktion zwischen Idealien und Realien, teilt den Menschen ebenso in den Geist, oder Mylord Abstrakt, und den Leib, Mylord Bedienten*³²⁴. Mager verweist auf die Kluft zwischen der beamteten staatlichen und der gewerblichen, kaufmännischen und technischen Intelligenz, der steigende Bedeutung zukomme, und die durch gemeinsamen Schulbesuch gemildert werden sollte. Es gilt, eine aus gesellschaftspolitischen Motiven zeitgemäße Erweiterung des Humanismusbegriffs zu realisieren. Umgekehrt geht es nicht nur um die Erweiterung des Begriffs durch weitere *Unterrichtsgegenstände*; es geht auch um das bewußte Einbringen des *christlichen und nationalen Prinzips*³²⁵. Zumal die Gymnasialpädagogik nach 1840 und vor allem nach 1848/49 ist in be-

---

³²¹ Vgl. BROCKHAUS 2. Aufl., Bd. 4 (1814), 595, Art. Humanität; bei CAMPE, Fremdwb., 2. Aufl. (1813; Ndr. 1970), fehlt der Begriff noch; BROCKHAUS 4. Aufl., Bd. 4 (1817), Art. Humanismus: 'Humanismus' bereits als pädagogischer Begriff.
³²² BROCKHAUS, Gegenwart, Bd. 1 (1848), 331. Vgl. ULRICH PREUSS, Bildung und Bürokratie. Sozialhistorische Bedingungen in der ersten Hälfte des 19. Jahrhunderts, Der Staat 14 (1975), 371 ff.
³²³ Vgl. HEINRICH STEPHANI, Über Gymnasien, ihre eigentliche Bestimmung und zweckmäßige Einrichtung (Erlangen 1828), 52.
³²⁴ KARL MAGER, Die deutsche Bürgerschule. Schreiben an einen Staatsmann (Stuttgart 1840), 250.
³²⁵ FRIEDRICH WILHELM KLUMPP, Die Gelehrten-Schulen nach den Grundsätzen des wahren Humanismus und den Anforderungen der Zeit, Bd. 1 (Stuttgart 1829), 12.

wußter politischer Reaktion durch die Tendenz einer Konfessionalisierung gegenüber dem jetzt als unkirchlich und unchristlich angeklagten 'Humanismus' charakterisiert.

Die anthropozentrische Wende um 1840 legt sich aus als 'Humanismus'. *Humanismus ist als die Negation der Theologie ... das Wesen der neueren Zeit*[326]. Humanismus ist die bewußte, planmäßige Gestaltung der Geschichte durch die vernünftige Subjektivität. *Der Mensch macht sich, indem er Geschichte macht, und er macht Geschichte, indem er alle Völker der Erde humanisiert und befreit.* Humanismus, verstanden als geschichtliche Aufgabe, *dem Weltlauf* nachzugehen, hat in seiner Zukunftsorientierung geschichtsphilosophische Valenz[327].

Dieser atheistisch konzipierte 'Humanismus' ist der Kern einer demokratisch-republikanischen und freiheitlichen Gesinnung. STRAUSS gebraucht den Begriff *theologischer Liberalismus* als Benennung für das Konzept einer *Fortbildung des Christentums zum reinen Humanismus*, das sich auf diese Weise dem politischen Liberalismus als Partner empfiehlt[328]. Religionskritik und politisch soziale Kritik bilden die Einheit des demokratischen Humanismus, dessen Ziel die Emanzipation des Menschen als citoyen ist. *Die Erklärung der Religion ... aus dem Wesen des Menschen — der theoretische Humanismus — und die Ableitung aller Konstituierung der menschlichen Gesellschaft aus dem Anspruch aller einzelnen auf die wahrhaft menschliche Existenz — der praktische Humanismus —* bilden die Elemente dieses Humanismus[329]. RUGE spitzt diese Parallelität zu: Die Gesellschaftsreform ist das praktische Pendant zum theoretischen Humanismus in der Religionskritik[330]. Ziel des 'Humanismus' ist der *freie Mensch, seine humane, seine freie Existenz*[331]. Das konkrete Menschenbild ist der allgemein gebildete, aufgeklärte, beruflich erfolgreiche, politisch bewußte und aktive Bürger. Ruge stellt *Humanismus, ... Weltbildung* und die Proklamation der *Rechte der Menschen* zusammen[332]. Der Humanismus ist *eine Folge des Industrialismus und der ideell gesetzten Materie, der Überwindung der Natur durch den Geist*, ist identisch *mit Demokratie, Herrschaft des Volkes und aller Menschen*[333]. Für FRÖBEL ist die *Demokratie der konstituierte Humanismus*[334]. Die mit dem Begriff 'Humanismus' artikulierte menschliche Selbstbestimmung wird nach ihrem politischen Inhalt als *social-demokratische Republik* beschrieben, mit politischer, religiöser und sozialer Freiheit sowie der Gleichheit der Bürger[335]. Dem radikal-demokratischen Humanismus entsprechen also keineswegs der *gemütliche Liberalismus und das süffisante Selbstbewußtsein*, noch ein *religiös-vulgärer Humanismus*[336], der sich gegen die philo-

---

[326] FEUERBACH, Grundsätze der Philosophie (s. Anm. 271), 265.
[327] A. RUGE, Über Wilhelm Heinse und seine Zeit (1840), SW 3. Aufl., Bd. 3 (1850), 320.
[328] D. F. STRAUSS, Der politische und der theologische Liberalismus (Halle 1848), 15f.
[329] A. RUGE, Studien und Erinnerungen aus den Jahren 1843 bis 1845, SW 3. Aufl., Bd. 6, 65.
[330] Ebd., 91f.
[331] Ebd., 92.
[332] Ebd., 62ff.
[333] Ders., Ernst Moritz Arndt (1840), ebd., 3. Aufl., Bd. 2, 90.
[334] JULIUS FRÖBEL, System der sozialen Politik, Bd. 2 (Mannheim 1847), 235.
[335] A. RUGE, Die Loge des Humanismus (Leipzig 1852), 30f.
[336] [K. FISCHER], Arnold Ruge und der Humanismus, Die Epigonen 4 (1847), 122.

sophische und politische Emanzipation ausspricht, noch der Sozialismus als eine *Theologie des Humanismus der sozialen Handwerkerdogmatik, diesem neuen Christenthum, das die Einfältigen predigen und dessen Realisierung ein niederträchtiges Schafstalleben wäre. Hess, Grün, Marx, Everbeck, Engels und selbst die Bauers sind bornierte Apostel des Heils der absoluten Ökonomie*[337].

Ruge konstatiert die im Gefolge der Französischen Revolution von 1789 entstandenen ideologischen Frontbildungen, die über die Grenzen der Staaten hinweg — und quer auch durch die gesellschaftlichen Gruppen innerhalb der Staaten hindurchgehende — internationale Parteigängerschaft. Es gibt nach den beiden Prinzipien der *Naturwüchsigkeit* und der *Freiheit* zwei große zeitgenössische Parteiungen: *Der Patriotismus nimmt die Völker als Parteien und abstrahiert von den Parteien in den Völkern; der Humanismus setzt die Parteien über die Völker, aber er abstrahiert nicht von der Individualität der Völker*[338]. 'Humanismus' beschreibt die ideologischprinzipienpolitisch begründete, bürgerlich republikanisch-demokratische, übernationale Einstellung unterhalb des offiziellen zwischen- und überstaatlichen Internationalismus. Ihr entsprechen die gesellschaftlichen Verbindungen unterhalb der staatlichen Ebene quer durch die Nationen hindurch. Dieser *kosmopolitische Humanismus*[339] ist nicht eine Distanzierung vom Staat, sondern ist ausgerichtet auf die weltumspannende überstaatliche Organisation einer universalen Rechtsgemeinschaft nationaler Demokratien.

In seiner Polenrede legt Ruge die innenpolitisch emanzipatorischen und die damit unmittelbar verknüpften außenpolitisch übernationalen und pazifistischen Inhalte des radikaldemokratischen Begriffs 'Humanismus' offen: *Freiheit, ... das welthistorische Recht der Völker* auf Selbstbestimmung und *Demokratisierung aller Völker*[340]. *Der politische Humanismus, ... die neue Form des Humanismus geht aus auf einen Universalstaat, in dem alle Völker nur Provinzen sind*[341]. Zwar bleibt in dieser Konzeption der einzelne Nationalstaat bestehen, aber nur als ein notwendiges Zwischenglied, denn der Inhalt des Interesses für den eigenen Staat kann nur das allgemeine Interesse sein. Der auf universelle Verwirklichung ausgerichtete Humanismus strebt ein Europa der Demokratien an. Dieser politische Inhalt wird manifest in der Opposition von *heiliger* und *humaner Allianz*, von *Völkerkongreß* und *Fürsten-Kongressen*[342].

Der liberaldemokratische Humanismusbegriff wird in die frühsozialistische Begrifflichkeit übernommen, Ausdruck der noch vorhandenen Ungeschiedenheit der demokratischen und sozialistischen Bewegungen. Noch Ende 1843 werden die Begriffe 'Humanismus', 'Sozialismus', 'Demokratie', 'Kommunismus' fast unterschiedslos nebeneinander gebraucht. *Von zwei Seiten wurde der Sozialismus in Deutschland angeregt: von Seiten der deutschen Handwerker, die in Frankreich Assoziationen in der Absicht bildeten, die sozialistischen Ideen, welche dort aus der Revolution praktisch*

---

[337] Ders., Drei Briefe über den Communismus, 1. Brief (1845), SW 3. Aufl. Bd. 9 (1850), 396.
[338] Ders., Der Patriotismus (s. Anm. 279), 296.
[339] [FISCHER], Ruge und der Humanismus, 118.
[340] RUGE, Rede v. 27. 7. 1848, Sten. Ber. dt. Nationalvers., Bd. 2 (1848), 1184.
[341] Ders., Der Patriotismus, 296f.
[342] Ders., Rede v. 27. 7. 1848, 1184.

sich entwickelten, in Deutschland zu verbreiten — andererseits aus der deutschen Philosophie, die zu ihrem Wesen, dem Humanismus, durchzudringen begann. — Der Sozialismus ist, mit anderen Worten, durch die praktische Not des Proletariats von außen herein gekommen, und durch die theoretische Notwendigkeit der Wissenschaft von innen heraus entstanden.* Demzufolge vertritt HESS, aufgrund des Zusammentreffens und einer *Verwandtschaft zwischen den beiden Seiten, die Vereinigung der deutschen Theorie und der französischen Praxis,* der *Allianz der Philosophie mit dem Sozialismus,* von Philosophie und Proletariat. *In Frankreich vertritt das Proletariat, in Deutschland die Geistesaristokratie den Humanismus.* Mit der Einführung des Proletariats, d. h. mit dem Übergang zu einer im Begriff 'Humanismus' enthaltenen kommunistischen Programmatik vollzieht Hess die Trennung von den bürgerlichen Demokraten. Zwar parallelisiert er noch 'Humanismus' und 'Sozialismus', doch wenn er an die Aufhebung des Privateigentums denkt, an die *Assoziation der Humanität, d. h. ein soziales Leben ..., in welchem die egoistischen Privatinteressen sich ausgleichen und aufheben*[343], überschreitet er den radikaldemokratischen Kontext. Hess spricht 1845 deshalb von der Auflösung des *Humanismus in Socialismus*[344].

An diesen Begriff 'Humanismus' knüpft MARX an und führt ihn fort. Im Hintergrund steht die Denkfigur des 'menschlichen Wesens' und damit unmittelbar verknüpft der Begriff 'menschliche Emanzipation'. Der noch negativ mit der bürgerlichen Gesellschaft vermittelte, als Aufhebung der Religion theoretische Humanismus und als *positive Aufhebung des Privateigentums* praktische Humanismus ist Marx zufolge ein defizienter Humanismus. Erst durch die Aufhebung dieser Vermittlung, die aber eine notwendige Voraussetzung ist — entsteht der positiv von sich selbst beginnende, positive Humanismus. Marx nennt die gemeinte Aufhebung des Privateigentums positiv, weil sie die Ergebnisse des geschichtlichen Prozesses aufhebt und bewahrt. Sie ist dergestalt die *vollständige, bewußte und innerhalb des ganzen Reichtums der bisherigen Entwicklung gewordene Rückkehr des Menschen für sich als eines gesellschaftlichen, d. h. menschlichen Menschen*[345]. Marx unterscheidet zwischen 'Humanismus' als einer politischen Bewegung und 'Humanismus' als umfassender gesellschaftlicher Praxis. Das aber bedeutet ein qualitativ neues Verhältnis des Menschen zur eigenen und äußeren Natur im Sinne der Verwirklichung der menschlichen Wesenskräfte. Die 'menschliche Gesellschaft' — den Begriff emphatisch genommen — *ist als vollendeter Naturalismus = Humanismus, als vollendeter Humanismus = Naturalismus, ... ist die wahrhafte Auflösung des Widerstreits zwischen dem Menschen und der Natur und mit dem Menschen, die wahre Auflösung des Streits zwischen Existenz und Wesen, zwischen Vergegenständlichung und Selbstbestätigung, zwischen Freiheit und Notwendigkeit, zwischen Individuum und Gattung*[346]. In der geschichtsphilosophischen Perspektive betrachtet Marx die menschliche Arbeit als einen Prozeß fortschreitender Humanisierung der Natur, einer Humani-

---

[343] MOSES HESS, Fortschritt und Entwicklung (1845), Philos. u. Sozialistische Schr. 1837—1850, hg. v. Auguste Cornu u. Wolfgang Mönke (Berlin 1961), 286. 300. 303. 306.
[344] Ders., Beachtenswerte Schriften für die neuesten Bestrebungen, Deutsches Bürgerbuch für 1845, hg. v. HERMANN PÜTTMANN (Darmstadt 1845; Ndr. Frankfurt, Köln 1975), 99.
[345] MARX, Ökon.-philos. Manuskripte (s. Anm. 282), 536.
[346] Ebd.

sierung, die zusammenfällt mit der Naturalisierung des Menschen, in dem sich die immer deutlicher hervortretende Gleichung „Naturalismus = Humanismus" herstellt. Marx selbst bezeichnet seine Programmatik des menschlichen Wesens als *realen Humanismus*[347]. Die von ihm angestrebte menschliche Emanzipation steht im Dienste der wirklichen, individuellen Menschen. *Die als Karikatur sich reproduzierende Spekulation* der Junghegelianer betrachten Marx und ENGELS als den gefährlichsten Feind des „realen Humanismus", weil sie *an die Stelle des wirklichen individuellen Menschen* die auf bloßen Bewußtseinsidealismus reduzierten Hegelschen Begriffe *Selbstbewußtsein und Geist* setze[348]. Wiederholt bezeichnen Marx und Engels den wesentlichen Gehalt des französischen Materialismus als Bestandteil der *Lehre des realen Humanismus*, als *logische Basis des Kommunismus*[349]. Im systematischen Zusammenhang mit der Aufgabe eines normativen Begriffs des 'menschlichen Wesens' lassen Marx und Engels die Begrifflichkeit 'Humanismus' fallen, weil ihnen die Gleichung „Humanismus = Naturalismus" nicht mehr aufgeht[350].

Schließlich wird 'Humanismus' zum Epochenbegriff. Während HAGEN den Begriff 1841 auf die ganze humanistische Geisteswelt anwendet, die der Reformation Wegbereiter und Bundesgenosse war, ohne ihn jedoch bereits fixiert zu haben[351], benützt ihn VOIGT 1859 in Anlehnung an Hagen erstmalig als historische Kategorie und hat darin den Inhalt des geschichtlichen Prozesses in die vereinfachende Formel *Wiederbelebung des klassischen Altertums* komprimiert[352]. 'Humanismus' ist ihm die Antizipation einer allseits modernen Frontstellung gegen Christentum und Kirche. Bereits 1862 wird dieser Bedeutungswandel lexikalisch notiert[353]. Um die Eigenart der je verschiedenen Rückgriffe auf die Antike zu erfassen, prägt PAULSEN 1885 den Begriff *Neu-Humanismus*, um mit ihm 1896 den deutsch-griechischen Humanismus im Unterschied zum italienisch-römischen der Renaissance zu kennzeichnen[354]. Der wahrscheinlich 1932 zuerst von HELBING eingeführte Begriff *dritter Humanismus* wird entgegen seiner ursprünglichen Fassung auf die Bestrebungen Jägers übertragen, die die Antike als eine entscheidende Bildungsmacht für die eigene Zeit nachweisen wollen[355]. Der von Beginn an weite Humanismusbegriff führt in der Gegenwart sowohl als mögliche historische Kategorie wie als ethisch-soziale Kategorie zu einer Vielzahl von 'Humanismen'[356].

---

[347] Ders./ENGELS, Die heilige Familie, oder Kritik der kritischen Kritik (1845), MEW Bd. 2 (1957), 7.

[348] Ebd.

[349] Ebd., 139.

[350] Dies., Die großen Männer des Exils (1852), MEW Bd. 8 (1960), 278.

[351] KARL HAGEN, Deutschlands literarische und religiöse Verhältnisse im Zeitalter der Reformation (Erlangen 1841).

[352] GEORG VOIGT, Die Wiederbelebung des klassischen Altertums oder das erste Jahrhundert des Humanismus (Leipzig 1859).

[353] WAGENER Bd. 9 (1862), 701 ff., Art. Humanismus.

[354] Vgl. FRIEDRICH PAULSEN, Geschichte des gelehrten Unterrichts (Berlin 1885), 1; ebd., 2. Aufl. (1896), 2.

[355] Vgl. LOTHAR HELBING [d. i. WOLFGANG FROMMEL], Der dritte Humanismus (Leipzig 1932).

[356] Vgl. WALTER RÜEGG, Humanismus. Studium generale und studia humanitatis in Deutschland (Darmstadt 1954).

VIII. Ausblick

Die weitere begriffsgeschichtliche Entwicklung von 'Humanität' ist charakterisiert durch den Prozeß zunehmender Entleerung wie umgekehrt durch sich verstärkende nationalistische und demokratisierende Verdächtigungen[357]. Im zusammenhängenden Prozeß der Naturalisierung des politischen Denkens und der Brutalisierung des politischen Stils mit ihrer Sanktionierung des Machtegoismus der Gruppe, des Volkes, der Rasse, der man selbst angehört, kommt das böse Wort 'Humanitätsduselei' auf[358].

In der Folge der anthropozentrischen und antimetaphysischen Wende wie der Globalisierung verliert seit der zweiten Hälfte des 19. Jahrhunderts der Begriff 'Menschheit' als Zielbestimmung menschlicher Entwicklung an Bedeutung und wird häufig durch 'Menschentum' ersetzt. 'Menschheit' bleibt zwar in der Philosophie weiter gebräuchlich, so im Neukantianismus[359] oder etwa bei SCHELER, der vom Gott-Mensch-Bezug her die Menschheit des Menschen jenseits seiner Natur zu bestimmen sucht[360]; andererseits hingegen verwendet aber die neue Ontologie seit Husserl, besonders aber HEIDEGGER, den Zielbegriff 'Menschheit' wegen seiner „metaphysischen" Vorbelastungen kaum. Heidegger zufolge muß man, um das Wesen des Menschen aufzufinden, vom Menschen wegblicken und sich, im Gegensatz zum alteuropäischen Humanismus, der *die Menschheit des Menschen nur aus der Nähe des Seins* denke, auf den Ermöglichungsgrund seines Daseins zurückbeziehen[361]. Die kritische, marxistisch beeinflußte Sozialphilosophie wiederum kritisiert, ohne auf anthropologische Aussagen zu verzichten, den qualitativen Begriff 'Menschheit' der aufkommenden philosophischen Anthropologie[362].

Der religiös-metaphysischen Fundierung des Zielbegriffs entspricht ein religiösmetaphysisch konzipierter Kollektivbegriff 'Menschheit'. Für SCHELER etwa hat die Menschheit als *das planetarische*, in Völker und Staaten gegliederte *Geschlecht*, das sich im Ersten Weltkrieg zum ersten Male annäherungsweise als ein geschichtliches Objekt und Subjekt erfahren habe, seine *Einheit in Gott*, läge doch *die Einheit der Menschennatur* in der *Gottesebenbildlichkeit des Menschen* und nicht in der Gleichheit der Naturmerkmale. *Die Gesellschaft* als *die Menschheit als eine reale Gattung*, die nach Scheler zu unterscheiden ist sowohl von der bloßen *Summe der Menschen* als auch vom *Begriff des Menschen*, umfaßt nur *die je gleichzeitig lebenden Menschen*[363].

---

[357] ANNELIESE HÜBOTTER, Das Schicksal der Humanität im 19. Jahrhundert (Göttingen 1929).
[358] CHRISTIAN HELFER, Humanitätsduselei — zur Geschichte eines Schlagwortes, Zs. f. Religions- u. Geistesgesch. 16 (1964), 179ff.
[359] Vgl. z. B. HERMANN COHEN, Der Begriff der Religion im System der Philosophie (Gießen 1906), 66.
[360] MAX SCHELER, Vom Ewigen im Menschen (Leipzig 1933), 138.
[361] MARTIN HEIDEGGER, Platons Lehre von der Wahrheit. Mit einem Brief über den Humanismus, 2. Aufl. (Bern 1954), 90.
[362] MAX HORKHEIMER, Bemerkungen zur philosophischen Anthropologie, Zs. f. Sozialforsch. 4 (1935; Ndr. 1980), 1ff.
[363] SCHELER, Vom Ewigen, 280.

Demgegenüber substituiert SPENGLERS Synthese von Lebensphilosophie und Historismus den Begriff 'Menschheit' durch die „großen" Individuen bzw. die großen Kulturen und verneint die Einheit des Menschengeschlechts als Handlungsobjekt der Geschichte. *„Die Menschheit" hat kein Ziel, keine Idee, keinen Plan, so wenig wie die Gattung der Schmetterlinge oder der Orchideen ein Ziel hat. „Die Menschheit" ist ein zoologischer Begriff*[364]. Wenn es keine Menschheit gibt, dann auch kein Ziel der Menschheit, kein Ziel der Geschichte, kein Recht des Menschen. Das Individuum wird als bloßes Akzidens interpretiert.

Hat bereits Gumplowicz behauptet, 'Menschheit' sei kein soziologischer Begriff, da er mit der Gattungsbezeichnung verschwimme und keinen realen sozialen Inhalt habe, negiert SCHMITT, nicht zuletzt in nationalstaatlicher Befangenheit, gemäß seiner „Freund-Feind-Opposition" als Bedingung des Politischen 'Menschheit' als politischen Begriff. Die ganze Menschheit könne keine politische Einheit darstellen, setze doch *eine politische Einheit eine andere, koexistierende politische Einheit voraus ... Menschheit ist kein politischer Begriff, ihm entspricht auch keine politische Einheit der Gemeinschaft und kein Status. Menschheit schließt den Feind aus*. Die mögliche Universalgesellschaft Menschheit sei charakterisiert durch *völlige Entpolitisierung* und *Staatenlosigkeit,* die mögliche *wirtschaftliche und verkehrstechnische Einheit* der Menschheit gleiche einer *sozialen Einheit* i. S. einer Aggregation. Den echten Begriff 'Menschheit' expliziert Schmitt am Völkerbund als unpolitischer, zwischenstaatlicher Verwaltungsgemeinschaft[365].

GEHLEN schließt in seiner Thematisierung *des epochalen Vorgangs der Selbstbejahung der Menschheit im Erdballumfang* den Begriff 'Menschheit' als möglichen *moralischen Inhalt für Menschen* aus. Weil sie nicht *zur Gegebenheit* komme, könne man *nicht auf sie handeln*[366]. Der gegenwärtige Gebrauch von 'Menschheit' reflektiert die Integration der sich konsolidierenden, überstaatlichen, weltgesellschaftlichen Rechts- und Wirtschaftsgemeinschaft. SCHULZ definiert in diesem Horizont 'Menschheit' als *das werdende Geschichtssubjekt,* dessen Dilemma darin liege, trotz des technologischen Zusammenhangs noch keine einheitliche Aktions- und Verantwortungseinheit zu bilden. *Der Begriff Menschheit als Subjekt der Geschichte hat einen anderen Sinn als der Begriff Volk und Nation. Er ist pragmatisch-politisch ausgerichtet.* 'Menschheit' betrifft nicht nur alle Menschen, sondern jeden einzelnen Menschen in seinem Menschsein: *je ungeschlossener der umfassende Einheitsbegriff ist, desto direkter kommt der einzelne ins Spiel*[367].

HANS ERICH BÖDEKER

---

[364] OSWALD SPENGLER, Der Untergang des Abendlandes. Umrisse einer Morphologie der Weltgeschichte (1918; München 1979), 28.
[365] CARL SCHMITT, Der Begriff des Politischen (1927), 3. Aufl. (Leipzig 1932), 41. 43f.
[366] ARNOLD GEHLEN, Urmensch und Spätkultur, 2. Aufl. (Frankfurt 1964), 142; ders., Moral und Hypermoral. Eine pluralistische Ethik (1969), 3. Aufl. (Frankfurt 1973), 92.
[367] WALTER SCHULZ, Philosophie in der veränderten Welt (Pfullingen 1972), 625ff.